उत्तर प्रदेश पुलिस भर्ती एवं प्रोन्नति बोर्ड

उत्तर प्रदेश पुलिस (रेडियो संवर्ग)

सहायक परिचालक (Assistant Operator) भर्ती परीक्षा

ओ.पी. सिंह

प्रभात एग्जाम
www.prabhatexam.com

प्रकाशक

प्रभात एग्जाम

प्रभात प्रकाशन प्रा. लि. का उपक्रम

4/19 आसफ अली रोड, नई दिल्ली-110002

फोन: 23289555 • 23289666 • 23289777 • हेल्पलाइन/ 7827007777

इ-मेल : prabhatbooks@gmail.com ❖ वेब ठिकाना : www.prabhatexam.com

मूल्य

चार सौ पचास रुपए

अ.मा.पु.स. 978-93-5488-017-9

मुद्रक

डी.बी. कार्पो. लिमिटेड (दैनिक भास्कर), जयपुर

★

UTTAR PRADESH POLICE (RADIO SAMVERG)
SAHAYAK PARICHALAK BHARTI PARIKSHA

O.P. Singh

ISBN 978-93-5488-017-9

₹ 450.00

उत्तर प्रदेश पुलिस भर्ती एवं प्रोन्नति बोर्ड

उत्तर प्रदेश पुलिस
(रेडियो संवर्ग)

सहायक परिचालक (Assistant Operator)
भर्ती परीक्षा

विषय-सूची

विज्ञान/सामान्य ज्ञान

विज्ञान

सामान्य ज्ञान

सामान्य हिन्दी

संख्यात्मक एवं मानसिक योग्यता परीक्षा

संख्यात्मक योग्यता

मानसिक योग्यता परीक्षा

मानसिक अभिरूचि परीक्षा/बुद्धिलब्धि परीक्षा/ तार्किक परीक्षा

मानसिक अभिरूचि परीक्षा

बुद्धिलब्धि परीक्षा

तार्किक परीक्षा

विज्ञान/सामान्य ज्ञान

विज्ञान

अध्याय 1
भौतिकी जगत तथा मापन

राशि जिसे मापा जा सके तथा जिसके द्वारा विभिन्न भौतिक घटनाओं को नियमों के रूप में समझाया तथा व्यक्त किया जा सके, भौतिक राशि कहलाती हैं। उदाहरण के लिए लम्बाई, द्रव्यमान, समय, बल आदि। भौतिक राशि को इसके परिमाण तथा मात्रक द्वारा प्रदर्शित किया जाता है। उदाहरण के लिए, 10 मीटर का अर्थ वह लम्बाई है जो 1 मीटर लम्बाई की 10 गुनी है। यहाँ 10 दी गई राशि का आंकिक मान है तथा मीटर से राशि का मात्रक प्रदर्शित होता है। कुछ भौतिक राशियाँ न तो अदिश और न ही सदिश की तरह व्यवहार करती हैं। उदाहरण के लिए जड़त्व आघूर्ण सदिश राशि नहीं है, क्योंकि घूर्णन की दिशा बदलने पर भी इसका मान अपरिवर्तित रहता है, परन्तु इसे अदिश भी नहीं कहा जा सकता, क्योंकि भिन्न–भिन्न दिशाओं में (अक्ष परिवर्तन करने पर) समान वस्तु के लिए भी इसके भिन्न–भिन्न मान प्राप्त होते हैं।

सामान्यतः प्रत्येक भौतिक राशि को परिभाषित करने के लिए एक मात्रक की आवश्यकता होती है। अतः ऐसा प्रतीत होता है कि कई भौतिक राशियों के लिये कई मात्रक अवश्य होने चाहिए। यद्यपि ऐसा नहीं है। यह पाया गया है कि यदि यांत्रिकी में हम कोई तीन भौतिक राशियों के स्वेच्छ मात्रक चुन लें तो यांत्रिकी में अन्य भौतिक राशियों को इनके पदों में व्यक्त कर सकते हैं। इस उद्देश्य के लिए द्रव्यमान, लम्बाई तथा समय स्वेच्छतः चुनी गई भौतिक राशियाँ हैं। अतः यांत्रिकी में द्रव्यमान, लम्बाई तथा समय के किसी भी मात्रक को मूलभूत या निरपेक्ष या मूल मात्रक कहते हैं। अन्य मात्रक जो इन मूलभूत मात्रकों के पदों में व्यक्त किये जा सकते हैं, व्युत्पन्न मात्रक कहलाते हैं। उदाहरण के लिए प्रकाश वर्ष (Light year) या कि.मी. (Kilometer) मूल मात्रक हैं, क्योंकि ये लम्बाई के मात्रक हैं। जबकि sec^{-1}, m^2 या kg/m व्युत्पन्न मात्रक हैं क्योंकि ये लम्बाई, द्रव्यमान तथा समय के मात्रकों से व्युत्पन्न किये गये हैं।

भौतिक राशियों का मापन

भौतिक राशियाँ

वह राशियाँ जिनका मापन किया जा सकता है एवं जिनके द्वारा विभिन्न भौतिक घटनाओं को समझाया जा सकता है, भौतिक राशियाँ कहलाती हैं। उदाहरणतः लम्बाई, भार, समय, बल इत्यादि। भौतिक राशि सदैव परिमाण व इकाई द्वारा प्रदर्शित की जाती है।

भौतिक राशि = परिमाण × इकाई; $P = n \times u$

जहाँ n संख्यात्मक मान तथा u इकाई को प्रदर्शित करता है।

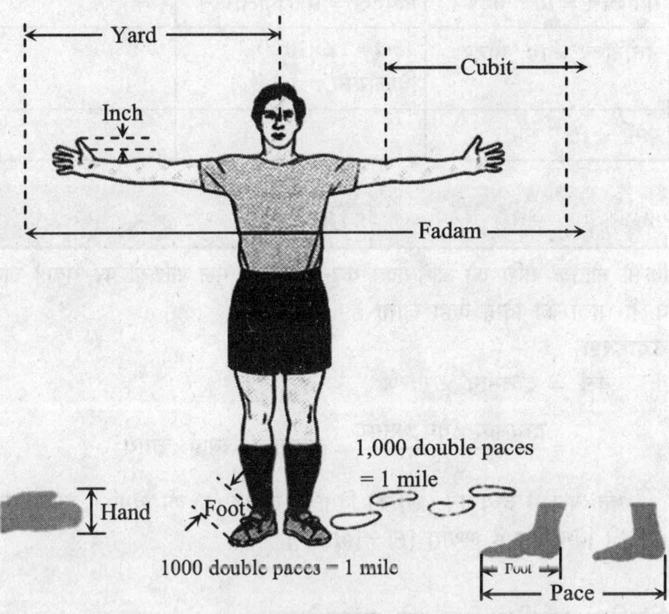

भौतिक राशियों का मापन

भौतिक राशियाँ दो प्रकार की होती हैं

- **मूल राशियाँ:** लम्बाई, द्रव्यमान एवं समय
- **व्युत्पन्न राशियाँ:** त्वरण, बल, आवेग, संवेग, बल आघूर्ण इत्यादि।

मात्रक (Unit)

- **मूल मात्रक:** मीटर, किलोग्राम, सेकण्ड
- **व्युत्पन्न मात्रक:** मीटर/सेकण्ड^2, किलोग्राम/मीटर^3, न्यूटन–सेकण्ड इत्यादि।

मात्रक पद्धतियाँ

- **CGS पद्धति:** लम्बाई (सेण्टीमीटर), द्रव्यमान (ग्राम) एवं समय (सेकण्ड)
- **MKS पद्धति:** लम्बाई (मीटर), द्रव्यमान (किलोग्राम) एवं समय (सेकण्ड)
- **FPS पद्धति:** लम्बाई (फुट), द्रव्यमान (पाउण्ड) एवं समय (सेकण्ड)

- **अंतर्राष्ट्रीय मानक (SI) पद्धतिः** लम्बाई (मीटर), द्रव्यमान (किलोग्राम) एवं समय (सेकण्ड), विद्युत धारा (एम्पियर), ताप (केल्विन), पदार्थ की मात्रा (मोल), ज्योति तीव्रता (कैण्डेला)

इन सात मूल मात्रकों के अतिरिक्त दो पूरक मूल मात्रक रेडियन (समतल कोण के लिये) तथा स्टेरेडियन घन कोण के लिये परिभाषित किये गये हैं।

व्यवहारिक मात्रक

लम्बाई	द्रव्यमान	समय
मील = 1.6×10^3 मीटर	चन्द्रशेखर इकाई = $1.4\times$ सूर्य का द्रव्यमान	शताब्दी = 100 वर्ष
प्रकाश वर्ष = 9.46×10^{15} मीटर	चन्द्रशेखर इकाई = 2.8×10^{30} किलोग्राम	लूनर माह = 27.3 दिन
पारसेक = 3.1×10^{16} मीटर	मीट्रिक टन = 10^3 किलोग्राम	शेक = 10^{-8} सेकण्ड
माइक्रॉन = 10^{-6} मीटर	क्विंटल = 100 किलोग्राम	
नेनोमीटर = 10^{-9} मीटर	$amu = 1.6\times10^{-27}$ किलोग्राम	
फर्मी = 10^{-15} मीटर		

विमीय

किसी भौतिक राशि को अभिव्यक्त करने के लिए मूल राशियों पर चढ़ाई जाने वाली घातों को विमा कहा जाता हैं।

उदाहरण

बल = द्रव्यमान × त्वरण

$$= \frac{\text{द्रव्यमान} \times \text{वेग} / \text{समय}}{\text{समय}} = \text{द्रव्यमान} \times \text{लंबाई} \times \text{समय}^2$$

अतः बल में द्रव्यमान (M) की विमा 1, लंबाई (L) की विमा 1, तथा समय (T) की विमा – 2 है अर्थात् $[F] = [MLT^{-2}]$

विमीय समीकरण के उपयोग

(1) किसी भौतिक राशि का मात्रक ज्ञात करना: किसी भौतिक राशि का मात्रक ज्ञात करने के लिए सर्व प्रथम हम उस दी गई राशि से संबधित सूत्र तथा उसकी विमा लिखते हैं। इसके बाद हम उस मूल राशि जिसका मात्रक पूछा गया है, को ज्ञात करते हैं।

उदाहरणः $F = \frac{GM_1M_2}{d^2}$

$$\Rightarrow \quad G = \frac{Fd^2}{M_1M_2} \quad \Rightarrow G = [M^{-1}L^3T^{-2}]$$

अब M, L, T के मात्रक निम्न विमीय समी. में प्रतिस्थापित करने पर G की इकाई $\frac{(\text{मीटर})^3}{\text{कि.ग्रा. (सेकण्ड)}}$ होगीं।

(2) किसी भौतिक स्थिरांक या नियतांक की विमा ज्ञात करना: कोई भी ऐसा सूत्र लेते हैं जिसमें कि (दी गई) अज्ञात भौतिक राशि आती है, तत्पश्चात् सभी भौतिक राशियों की विमा सूत्र में प्रतिस्थापित करके हम इच्छित राशि की विमा ज्ञात करते हैं।

(3) किसी भौतिक राशि को एक पद्धति से दूसरी पद्धति में बदलना: यह प्रकिया निम्न तथ्य पर आधारित होती हैं कि दी गई भौतिक राशि का परिमाण और इकाई का गुणनफल सदैव नियत रहता है। अतः यदि मात्रक बदलेगा तो परिमाण भी बदलेगा।

$$\text{उदाहरण} = \frac{1\,\text{ग्राम}}{(\text{सेंटीमीटर})^3} = \frac{10^{-3}\,\text{किलोग्राम}}{(10^{-2}\,\text{मीटर})^3}$$

$$= \frac{10^{-3}\,\text{किलोग्राम}}{10^{-6}(\text{मीटर})^3} = 10^3 \text{ किग्रा./मीटर}^3$$

(4) किसी भौतिक राशि की विमीय सत्यता की जाँच करना: कोई भौतिक समीकरण विमीय रूप से सत्य है या नहीं, इस तथ्य को परखने के लिये विमीय ऐक्यता (विमीय संतुलन) का होना आवश्यक है–

विमायी ऐक्यताः एक समीकरण अपने अन्दर उपव्यंजकों भागों में विभाजित रहती है।

उदाहरणः $x = A + \left(\frac{B}{C}\right) - (D \times E)$;

यहाँ पर (B/C) और $(D\times E)$ समीकरण में सहखण्ड हैं।

विमीय ऐक्यता के सिद्धान्त के अनुसार समी. के भिन्न व्यंजकों, उपव्यंजकों को धन, ऋण या बराबर के चिन्हों द्वारा अलग कर दिया जाता है जो कि विमीय दृष्टि से समान है। क्योंकि असमान विमीय राशियाँ हीं आपस में जुड़ या घट नहीं सकती हैं। जिस प्रकार कि वेग बल में नहीं जुड़ सकता। तब विमीय समरूपता के सिद्धांत के अनुसार, $A, B/C$ व $D.E$ की विमा x के मान के बराबर होगी। अतः यहाँ एक बात अतिस्पष्ट है कि दो भिन्न विमा वाली राशि न तो जुड़ सकती हैं और न हीं घट सकती हैं, परन्तु उपरोक्त समीकरण में B, C, D और E की विमाएँ ज्ञात नहीं हैं, किन्तु B/C और $D\times E$ की विमा x के या A के बराबर है।

विमीय ऐक्यता सिद्धांत की सीमायें: $\frac{1}{2}at^2$ की विमा तथा at^2 या $\frac{1}{3}at^2$ की विमायें समान हैं। इसी प्रकार समीकरण $S = ut + at^2$ अथवा $S = ut + \frac{1}{3}at^2$ विमीय रूप से सत्य पायी जाती है, क्योंकि विमा परिमाण पर निर्भर नहीं करती है। अतः विमीय रूप से सत्य समीकरण भौतिक रूप से सत्य या असत्य हो सकती है, परन्तु यदि समीकरण विमीय रूप से असत्य है तो वह असत्य ही होगी।

(5) विमीय संतुलन द्वारा विभिन्न भौतिक राशियों में संबंध स्थापित किया जा सकता है सम्पूर्ण भौतिकी की महत्वपूर्ण विमाएँ

यांत्रिकी

क्रमांक	राशि	मात्रक	विमीय
1.	वेग अथवा चाल (v)	m/s	$[M^0L^1T^{-1}]$
2.	त्वरण (a)	m/s^2	$[M^0LT^{-2}]$
3.	संवेग (P)	$kg\text{-}m/s$	$[M^1L^1T^{-1}]$
4.	आवेग (I)	*Newton-sec* या *kg-m/s*	$[M^1L^1T^{-1}]$
5.	बल (F)	*Newton*	$[M^1L^1T^{-2}]$

6.	दाब (P)	*Pascal*	$[M^1L^1T^{-2}]$
7.	गतिज ऊर्जा (E_K)	*Joule*	$[M^1L^2T^{-2}]$
8.	शक्ति (P)	*Watt* या *Joule/s*	$[M^1L^2T^{-3}]$
9.	घनत्व (d)	*kg/m*^{3}	$[M^1L^{-3}T^0]$
10.	कोणीय विस्थापन (θ)	*Radian (rad.)*	$[M^0L^0T^0]$
11.	कोणीय वेग (ω)	*Radian/sec*	$[M^0L^0T^{-1}]$
12.	कोणीय त्वरण (α)	*Radian/sec*^{2}	$[M^0L^0T^{-2}]$
13.	जडत्व आघूर्ण (I)	*kg-m*^{2}	$[M^1L^2T^0]$
14.	बल आघूर्ण (τ)	*Newton-meter*	$[M^1L^2T^{-2}]$
15.	कोणीय संवेग (L)	*Joule-sec*	$[M^1L^2T^{-1}]$
16.	बल नियतांक अथवा स्प्रिंग नियतांक (k)	*Newton/m*	$[M^1L^0T^{-2}]$
17.	सार्वत्रिक गुरुत्वाकर्षण नियतांक (G)	*N-m*^{2}*/kg*^{2}	$[M^{-1}L^3T^{-2}]$
18.	गुरुत्वीय क्षेत्र की तीव्रता (E_g)	*N/kg*	$[M^0L^1T^{-2}]$
19.	गुरुत्वीय विभव (V_g)	*Joule/kg*	$[M^0L^2T^{-2}]$
20.	पृष्ठ तनाव (T)	*N/m* या *Joule/m*^{2}	$[M^1L^0T^{-2}]$
21.	वेग प्रवणता (V_g)	*Second*$^{-1}$	$[M^0L^0T^{-1}]$
22.	श्यानता गुणांक (η)	*kg/m-s*	$[M^1L^{-1}T^{-1}]$
23.	प्रतिबल	*N/m*^{2}	$[M^0L^{-1}T^{-2}]$
24.	विकृति	मात्रकविहीन	$[M^0L^0T^0]$
25.	प्रत्यास्थता गुणांक (E)	*N/m*^{2}	$[M^1L^{-1}T^{-2}]$
26.	पॉइसन निश्पत्ति (σ)	मात्रकविहीन	$[M^0L^0T^0]$
27.	आवर्तकाल (T)	*Second*	$[M^0L^0T^1]$
28.	आवृत्ति (n)	*Hz*	$[M^0L^0T^{-1}]$

ऊष्मा

क्रमांक	राशि	मात्रक	विमा
1.	ताप (T)	*Kelvin*	$[M^0L^0T^0\theta^1]$
2.	ऊष्मा (Q)	*Joule*	$[ML^2T^{-2}]$
3.	विशिष्ट ऊष्मा (c)	*Joule/kg-k*	$[M^0L^2T^{-2}\theta^{-1}]$
4.	ऊष्मा धारिता	*Joule/K*	$[M^1L^2T^{-2}\theta^{-1}]$
5.	गुप्त ऊष्मा (L)	*Joule/kg*	$[M^0L^2T^{-2}]$
6.	सार्वत्रिक गैस नियतांक (R)	*Joule/mol-K*	$[M^1L^2T^{-2}\theta^{-1}]$
7.	बोल्ट्जमैन नियतांक (k)	*Joule/K*	$[M^1L^2T^{-2}\theta^{-1}]$
8.	ऊष्माचालकता गुणांक (K)	*Joule/m-s-K*	$[M^1L^1T^{-3}\theta^{-1}]$
9.	स्टीफन नियतांक (σ)	*Watt/m*^{2}*-K*^{4}	$[M^1L^0T^{-3}\theta^{-4}]$
10.	वीन नियतांक (b)	*Meter-K*	$[M^0L^1T^0\theta^1]$
11.	प्लांक नियतांक (h)	*Joule-s*	$[M^1L^2T^{-1}]$
12.	रेखीय प्रसार गुणांक (α)	*Kelvin*$^{-1}$	$[\theta^{-1}]$
13.	ऊष्मा का यांत्रिक तुल्यांक (J)	*Joule/Calorie*	$[M^0L^0T^0]$
14.	वाण्डरवॉल नियतांक (a)	*Newton-m*^{4}	$[ML^5T^{-2}]$
15.	वाण्डरवॉल नियतांक (b)	*m*^{3}	$[M^0L^3T^0]$

धारा वैद्युत

क्रमांक	राशि	मात्रक	विमा
1.	आवेश (q)	*Coulomb*	$[M^0L^0T^1A^1]$
2.	धारा (I)	*Ampere*	$[M^0L^0T^0A^1]$
3.	धारिता (C)	*Coulomb/volt* या *Farad*	$[M^{-1}L^{-2}T^4A^2]$
4.	निर्वात् की वैद्युत शीलता (ε_0)	$\frac{Coulomb^2}{Newton-meter^2}$	$[M^{-1}L^{-3}T^4A^2]$
5.	परावैद्युतांक (K)	Unitless	$[M^0L^0T^0]$
6.	प्रतिरोध (R)	*Volt/meter* या *ohm*	$[M^1L^2T^{-3}A^{-2}]$
7.	विशिष्ट प्रतिरोध (ρ)	*Ohm-meter*	$[M^1L^3T^{-3}A^{-2}]$
8.	स्वप्रेरण गुणांक (L)	$\frac{volt-second}{ampere}$ या *hennery* या *ohm-second*	$[M^1L^2T^{-2}A^{-2}]$
9.	चुम्बकीय फ्लक्स (ϕ)	*Volt-second* या *weber*	$[M^1L^2T^{-2}A^{-1}]$
10.	चुम्बकीय प्रेरण (B)	$\frac{newton}{ampere-meter}$ $\frac{Joule}{ampere-meter^2}$ $\frac{volt-second}{meter^2}$ या $\frac{Weber}{meter^2}$ या *tesla*	$[M^1L^0T^{-2}A^{-1}]$
11.	चुम्बकीय तीव्रता (H)	*ampere/meter*	$[M^0L^{-1}T^0A^1]$
12.	चुम्बकीय द्विध्रुव आघूर्ण (M)	*Ampere-meter*^{2}	$[M^0L^2T^0A^1]$
13.	निर्वात् की चुम्बकनशीलता (m_0)	$\frac{Newton}{ampere}$ या $\frac{Joule}{ampere^2-meter}$ या $\frac{volt-second}{ampere-meter}$ या $\frac{Ohm-second}{meter}$ या $\frac{henery}{meter}$	$[M^1L^1T^{-2}A^{-2}]$
14.	पृष्ठीय आवेश घनत्व (σ)	*Coulomb meter*$^{-2}$	$[M^0L^{-2}T^1A^1]$
15.	वैद्युत द्विध्रुव आघूर्ण (p)	*Coulomb – meter*	$[M^0L^1T^1A^1]$
16.	चालकता (G) $(1/R)$	*Ohm*$^{-1}$	$[M^{-1}L^{-2}T^3A^2]$
17.	विशिष्ट चालकता (σ) $(1/\rho)$	*Ohm*$^{-1}$ *meter*$^{-1}$	$[M^{-1}L^{-3}T^3A^2]$
18.	धारा घनत्व (J)	*Ampere/m*^{2}	$M^0L^{-2}T^0A^1$

19.	वैद्युत क्षेत्र तीव्रता (*E*)	*Volt/meter, Newton/coulomb*	$M^1L^1T^{-3}A^{-1}$
20.	वैद्युत विभव (*V*)	*Joule/coulomb*	$M^1L^2T^{-3}A^{-1}$
21.	रिडबर्ग नियतांक (*R*)	m^{-1}	$M^0L^{-1}T^0$

समान विमाओं वाली राशियाँ

क्रमांक	राशि	मात्रक
1.	$[M^0L^0T^{-1}]$	आवृत्ति, कोणीय आवृत्ति, कोणीय वेग, वेग प्रवणता, क्षय स्थिरांक
2.	$[M^1L^2T^{-2}]$	कार्य, आंतरिक ऊर्जा, विभव ऊर्जा, गतिज ऊर्जा, बल आघूर्ण
3.	$[M^1L^{-1}T^{-2}]$	दाब, प्रतिबल, यंग प्रत्यास्थता गुणांक, आयतन प्रत्यास्थता गुणांक, दृढ़ता गुणांक, ऊर्जा घनत्व
4.	$[M^1L^1T^{-1}]$	संवेग, आवेग
5.	$[M^0L^1T^{-2}]$	गुरुत्वीय त्वरण, गुरुत्वीय क्षेत्र की तीव्रता
6.	$[M^1L^1T^{-2}]$	बल, भार, ऊर्जा प्रवणता
7.	$[M^1L^2T^{-1}]$	कोणीय संवेग तथा प्लांक नियतांक
8.	$[M^1L^0T^{-2}]$	पृष्ठीय ऊर्जा, पृष्ठ तनाव
9.	$[M^0L^0T^0]$	विकृति, अपवर्तनांक, आपेक्षिक घनत्व, कोण, घनकोण, परावैद्युतांक
10.	$[M^0L^2T^{-2}]$	गुप्त ऊष्मा तथा गुरुत्वीय विभव
11.	$[M^0L^2T^{-2}\theta^{-1}]$	ऊष्मा धारिता, सार्वत्रिक गैस नियतांक, वोल्ट्जमैन नियतांक, एण्ट्रॉपी
12.	$[M^0L^0T^1]$	$\sqrt{l/g}, \sqrt{m/k}, \sqrt{R/g}$, जहाँ l = लम्बाई, g = गुरुत्वीय त्वरण, m = द्रव्यमान, k = स्प्रिंग नियतांक
13.	$[M^0L^0T^1]$	$L/R, LC, RC$, जहाँ L = प्रेरकत्व, R = प्रतिरोध, C = धारिता
14.	$[ML^2T^{-2}]$	$I^2Rt, \frac{V^2}{R}t, VIt, qV, LI^2, \frac{q^2}{C}, CV^2$ जहाँ I = धारा, t = समय, q = आवेश, L = प्रेरकत्व, C = धारिता, R = प्रतिरोध

सार्थक अंक

किसी माप को जितने अंकों में शुद्ध रूप से प्राप्त किया जा सकता है, उसे सार्थक अंक कहते हैं या किसी निश्चित माप की व्याख्या करने के लिए आवश्यक अंकों की संख्या को सार्थक अंक कहते हैं।

- किसी संख्या में से दशमलव चिन्ह हटाकर तथा बायीं तरफ से शून्य छोड़कर संख्या में जितने अंक होते है वे सभी सार्थक अंक होते हैं।
- किसी भी मापन में जितने अधिक सार्थक अंक होगें, प्रतिशत त्रुटि भी उतनी ही कम होगी।
- सभी अशून्य अंक (digits) सार्थक अंक होते हैं।
- दो अशून्य अंक (digits) के मध्य आने वाले सभी शून्य सार्थक अंक होते हैं।

त्रुटियाँ

- **माध्य निरपेक्ष त्रुटि:** यह मापी गई राशि में निरपेक्ष त्रुटियों के परिमाणों का समान्तर माध्य होती है। यह $\overline{\Delta a}$ से प्रदर्शित की जाती है। अतः
$$\overline{\Delta a} = \frac{|\Delta a_1| + |\Delta a_2| + \ldots\ldots |\Delta a_n|}{n}$$
अतः अंतिम परिणाम निम्न प्रकार लिखा जा सकता है $a = a_m \pm \overline{\Delta a}$
इससे यह प्रदर्शित होता है कि किसी भी राशि का मापन $(a_m + \overline{\Delta a})$ तथा $(a_m - \overline{\Delta a})$ के बीच होता है।
- प्रतिशत त्रुटि (Percentage error)
$= \frac{\Delta x}{x} \times 100$ जहाँ पर $\Delta x, x$ के मापन में त्रुटि है तथा $\frac{\Delta x}{x}$ आंशिक या भिन्नात्मक त्रुटि हैं।
- प्रयोगात्मक प्रतिशत त्रुटि = यथार्थ (मानक मान)
$$\approx \frac{\text{प्रायोगिक मान}}{\text{यथार्थ (मानक)मान}}$$
जहाँ पर ≈ अंतर का प्रतीक है जो यह व्यक्त करता है कि जो भी बड़ी राशि है उसमें से छोटी राशि को घटाना है।

निर्देश:

- सभी मात्रकों के प्रतीक एक वचन तथा बहुवचन में एक समान लिखे जाते हैं।
- दो भौतिक राशियाँ जिनके मात्रक व विमा समान है आवश्यक नहीं है कि वे आपस में भी समान हों।
- किसी भी सूत्र में किसी राशि की घात जितनी अधिक होती है, उसके मापने में उतनी ही अधिक सावधानी रखनी चाहिए।
- संभव त्रुटि प्रेक्षण संख्या के वर्ग के प्रतिलोमानुपाति होती है।
- वह अधिकतम प्रतिशत त्रुटि जो प्रयोग में प्रयुक्त मापक यंत्रों की यर्थाथता की सीमा के कारण आती है अनुमेय प्रतिशत त्रुटि कहलाती है।
- किसी उपकरण के द्वारा जिस सीमा तक यथार्थ मापन किया जा सकता है वह उस उपकरण की यर्थाथता की सीमा कहलाती है। यह सीमा उस उपकरण के अल्पतमांक द्वारा तय होती है।
- यदि $F = \frac{a^x b^y}{c^z}$ हो तो
- अधिकतम संभव प्रतिशत त्रुटि
$$\left|\frac{\Delta F}{F} \times 100\right|_{\text{अधिकतम}} = \left[x\frac{\Delta a}{a} \times 100 + y \times \frac{\Delta b}{b} \times 100 + z\frac{\Delta c}{c} \times 100\right]$$
- संभव प्रतिशत त्रुटि $\frac{\Delta F}{F} \times 100 = \left[x\frac{\Delta a}{a} + y\frac{\Delta b}{b} - z\frac{\Delta c}{c}\right] \times 100$

सदिश

सदिश एक अत्यंत महत्वपूर्ण गणितीय पद्धति को व्यक्त करता है, जिसका उपयोग ज्यामिति, अभियांत्रिकी, भौतिकी तथा गणित के अन्य विभागों से सम्बन्धित समस्याओं के हल करने में होता है। अदिश तथा सदिश राशियाँ: भौतिक राशियाँ दो श्रेणियों में विभाजित की जाती हैं– अदिश राशियाँ एवं सदिश राशियाँ। वे राशियाँ, जिनका केवल परिमाण होता है और जिनका सम्बन्ध त्रिविम में स्थित किसी स्थिर दिशा से नहीं होता, अदिश

राशियाँ कहलाती हैं। द्रव्यमान, आयतन, घनत्व, कार्य, तापमान इत्यादि अदिश राशियों के उदाहरण हैं। किसी अदिश राशि को उपयुक्त इकाई के साथ किसी वास्तविक संख्या द्वारा व्यक्त किया जाता है। दूसरे प्रकार की राशियाँ वे हैं, जिनमें परिमाण एवं दिशा दोनों होते हैं। ये राशियाँ सदिश कहलाती हैं। विस्थापन, वेग, त्वरण, संवेग, भार, बल इत्यादि सदिश राशियों के उदाहरण हैं।

एक सदिश, जो किसी दिए गए सदिश के समान्तर खींचा गया हो तथा त्रिविम में एक विशिष्ट बिन्दु से गुजरता हो, स्थानीकृत सदिश कहलाता है। उदाहरणतः किसी दृढ़ पिंड पर लगा बल एक स्थानीकृत सदिश है, क्योंकि इसका प्रभाव बल की क्रिया-रेखा पर निर्भर करता है। यदि किसी सदिश का मान केवल इसकी लम्बाई तथा दिशा पर निर्भर होता है तथा त्रिविम में इसकी स्थिति से स्वतंत्र है, मुक्त सदिश कहलाता है। x-अक्ष, y-अक्ष तथा z-अक्ष के समान्तर इकाई सदिश को क्रमशः i, j तथा k द्वारा व्यक्त किया जाता है। दो इकाई सदिश समान होंगे, यदि उनकी दिशाएँ समान हों। इकाई सदिश स्व-व्युत्क्रमणीय होता है।दो सदिशों के बीच के कोण का अन्तःकोणार्धक, संगत इकाई सदिशों के सदिश योग के अनुदिश होता है। दो सदिशों के बीच के कोण का बाह्यःकोणार्धक, संगत इकाई सदिशों के सदिश अंतर के अनुदिश होता है। सदिश r को सदिशों $a, b, c...$ इत्यादि का रेखीय संयोजन कहते हैं, यदि x, y, z इत्यादि का अस्तित्व इस प्रकार हो, कि $r = xa + yb + zc + ...$ उदाहरणार्थः सदिश $r_1 = 2a + b + 3c, r_2 = a + 3b + \sqrt{2}c$ सदिशों a, b, c के रेखीय संयोजन हैं।

सदिश संबंधी परिभाषाएँ

- **सदिशः** वह भौतिक राशि जिसको पूर्णतया व्यक्त करने के लिए परिमाण तथा दिशा दोनों की आवश्यकता होती है, सदिश कहलाती है। उदाहरणः विस्थापन, वेग, त्वरण, बल, क्षेत्र तीव्रता, प्रवणता आदि। एक सदिश राशि जो एक सरल रेखा द्वारा व्यक्त की जा सकती है। जिसके एक सिरे पर तीर का निशान लगा दिया जाता है। सरल रेखा की लम्बाई सदिश के परिमाण को व्यक्त करती है तथा तीर का निशान उसकी दिशा को दर्शाता है। बिन्दु P जहाँ से सदिश प्रारम्भ होता है, सदिश का 'टेल' कहलाता है तथा बिन्दु Q जिसमें सदिश का अन्त होता हैं, सदिश का "हैड" कहलाता है।

$$P \xrightarrow{\vec{A}} Q$$

दो सदिशों का अंतर

- **ऋणात्मक सदिशः** वह सदिश जिसका परिमाण दिये हुए सदिश $\vec{A}$ के परिमाण के बराबर होता है किन्तु दिशा सदिश $\vec{A}$ की दिशा के विपरीत होती है, सदिश $\vec{A}$ का ऋणात्मक सदिश $(-\vec{A})$ कहलाता है।
- **एकांक सदिशः** कोई भी सदिश जिसका परिमाण एक इकाई हो, एकांक सदिश कहलाता है। यदि $\vec{A}$ एक सदिश है, तो $\vec{A}$ के अनुदिश एकांक सदिश $(\hat{A})$ दिया जाता है।

$$\hat{A} = \frac{\vec{A}}{|\vec{A}|} = \frac{\vec{A}}{A}$$

$\hat{i}, \hat{j}$ तथा $\hat{k}$ तीन कार्तेशीय, अक्षों के अनुदिश एकांक सदिश है।

सदिशों का योग

दो सदिशों $\vec{A}$ तथा $\vec{B}$ योग एक नया सदिश $\vec{R}$ होता है।

$$\vec{R} = \vec{A} + \vec{B}$$

$\vec{R}$ के परिमाण तथा दिशा सदिशों के समानान्तर चतुर्भुज के नियम द्वारा ज्ञात किये जाते हैं।

नियमः दी हुई दो सदिशों को इस प्रकार खींचा जाता है कि उनकी टेल परस्पर सम्पातित हो। इनके द्वारा निर्मित समानान्तर चतुर्भुज को पूरा कर लिया जाता है। दोनों सदिशों के मध्य से गुजरने वाला समानान्तर चतुर्भुज का विकर्ण दी हुई दोनों सदिशों का परिणामी सदिश $(\vec{R})$ होगा।

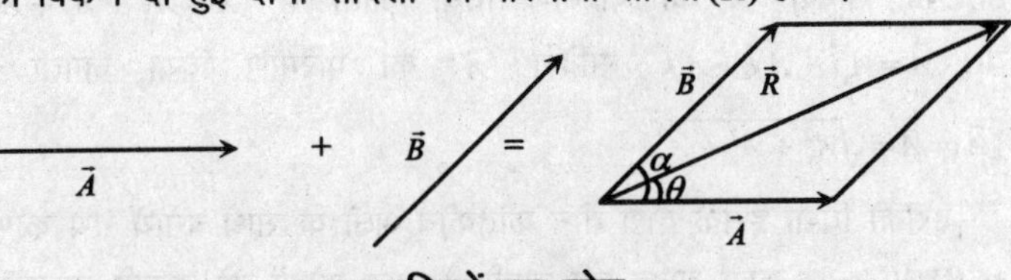

सदिशों का योग

$\vec{R}$ का परिमाण

$R = \sqrt{A^2 + B^2 + 2AB\cos\alpha}$ $\vec{R}$ की दिशा

$$\Rightarrow \tan\theta = \frac{B\sin\alpha}{A + B\cos\alpha}$$

दो सदिशों का अंतर

सदिश $\vec{B}$ को सदिश $\vec{A}$ में से घटाने के लिए हम दो सदिश $\vec{A}$ तथा $(-\vec{B})$ को जोड़ देते है। $\vec{A} - \vec{B} = \vec{A} + (-\vec{B}) = \vec{R}$

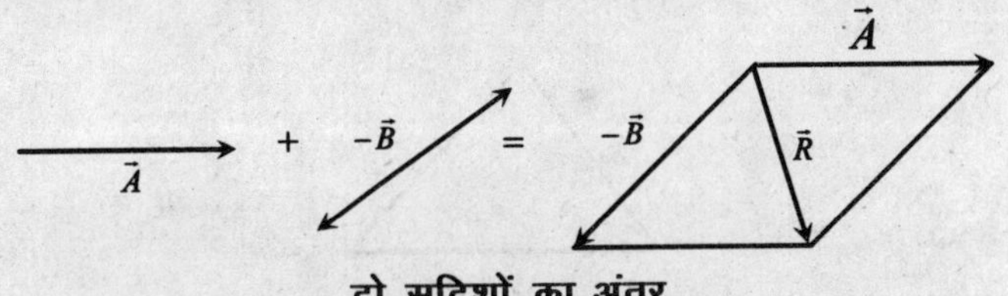

दो सदिशों का अंतर

दो सदिशों का अदिश गुणनफल

यदि दो सदिशों का गुणनफल एक अदिश राशि उत्पन्न करता है, तो ऐसे गुणनफल को अदिश अथवा डॉट, गुणनफल कहते हैं।

$$\vec{A} \cdot \vec{B} = AB\cos\theta = S$$

S एक अदिश है जिसे छद्म अदिश कहते है।

θ दी हुई दोनों सदिशों $\vec{A}$ तथा $\vec{B}$ के मध्य कोण है।

दो सदिशों का सदिश गुणनफल

यदि दो सदिशों का गुणनफल एक सदिश राशि उत्पन्न करता है, तो ऐसे गुणनफल को सदिश अथवा क्रॉस गुणनफल कहते हैं।

$$\vec{A} \times \vec{B} = AB\sin\theta\hat{n} = \vec{V}$$

$\vec{V}$ एक सदिश है जो छद्म सदिश भी कहलाती हैं। इसका परिमाण दिया जाता है:

$$|\vec{V}| = |\vec{A} \times \vec{B}| = AB\sin\theta$$

इसकी दिशा उस तल के लम्बवत् होती हैं जिसमें दी हुई दोनों सदिश स्थित होती है तथा इसे दाहिने हाथ के पेंच के नियम से ज्ञात किया जाता है।

दाहिने हाथ का पेंच का नियमः एक दाँये पेंच को प्रथम सदिश से द्वितीय सदिश की ओर घुमाते हैं। जिस दिशा में दाँया पेंच गति करता है वहीं सदिश $\vec{V}$ की दिशा होती है।

एकांक लम्बवत् सदिश दी जाती है $\hat{n}=\frac{\vec{A}\times\vec{B}}{AB\sin\theta}=\frac{\vec{A}\times\vec{B}}{|\vec{A}\times\vec{B}|}$

सदिश के घटक

यदि $\vec{A}_x, \vec{A}_y, \vec{A}_z$ सदिश $\vec{A}$ के तीन कार्तेकीय अक्षों के अनुदिश घटक हों, तो सदिश $\vec{A}$ का परिमाण दिया जाता है $\vec{A}=\vec{A}_X+\vec{A}_Y+\vec{A}_Z$ या $\vec{A}=A_x\hat{i}+A_y\hat{i}+A_z\hat{k}$ सदिश $\vec{A}$ का परिमाण दिया जाता है $|\vec{A}|=A=\sqrt{A_x^2+A_y^2+A_z^2}$

इसकी दिशा इसके द्वारा तीन कार्तेकीय अक्षों के साथ बनाये गये कोणों α, β तथा α के द्वारा व्यक्त की जाती है। इन कोणों को इनकी कोज्यओं द्वारा व्यक्त किया जाता है जिन्हें दिक् कोज्याएं कहते हैं।

$\cos\alpha=\frac{A_x}{A}, \cos\beta=\frac{A_y}{A}, \cos\gamma=\frac{A_z}{A}$ इनमें सम्बन्ध होता है।

$\cos^2\alpha+\cos^2\beta+\cos^2\gamma=1$

निर्देशः

- $\vec{A}$ तथा $\vec{B}$ द्वारा निरूपित भुजाओं द्वारा निर्मित त्रिभुज का क्षेत्रफल $(\vec{A}\times\vec{B})$ के परिमाण के आधे के बराबर होता है।

  त्रिभुज का क्षेत्रफल $=\frac{1}{2}|\vec{A}\times\vec{B}|$

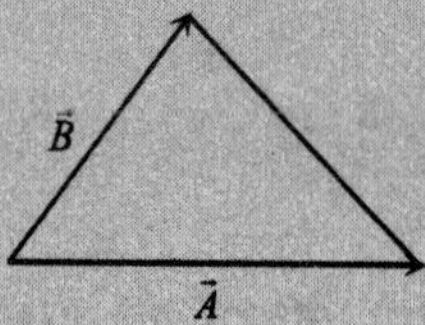

- $\vec{A}$ तथा $\vec{B}$ भुजाओं वाले समानान्तर चतुर्भुज का क्षेत्रफल $(\vec{A}\times\vec{B})$ को अदिश परिमाण द्वारा दर्शाया जाता है।

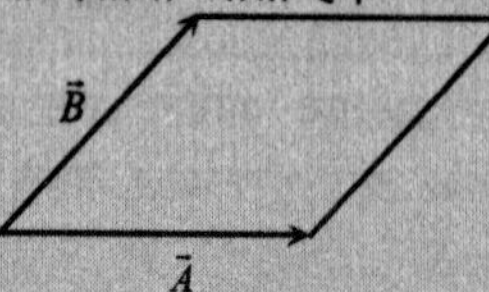

  समानान्तर चतुर्भुज का क्षेत्रफल $=|\vec{A}\times\vec{B}|$

- यदि $\vec{A}=A_x\hat{i}+A_y\hat{j}+A_z\hat{k}$ तथा $\vec{B}=B_x\hat{i}+B_y\hat{j}+B_z\hat{k}$ तो

$$\vec{A}\times\vec{B}=\begin{vmatrix}\hat{i} & \hat{j} & \hat{k}\\ A_x & A_y & A_z\\ B_x & B_y & B_z\end{vmatrix}$$

$$=\hat{i}(A_yB_z-A_zB_y)+(A_zB_x-A_xB_z)+(A_xB_y-A_yB_x)$$

- $\vec{A}, \vec{B}$ तथा $\vec{C}$ भुजाओं वाले घनाभ का आयतन सदिशों के अदिश त्रिगुण गुणनफल द्वारा दिया जाता है

  घनाभ का आयतन $=\vec{A}.(\vec{B}\times\vec{C})=\vec{B}.(\vec{C}\times\vec{A})$

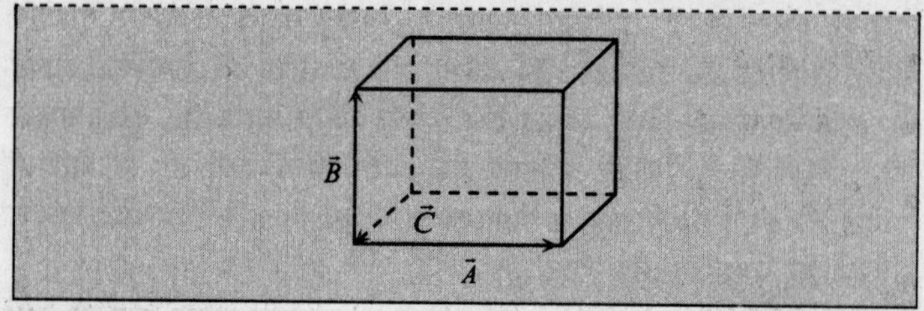

सदिशों के सूत्र

- निर्देशांक अक्ष X-, Y-तथा Z-अक्षों के अनुदिश एकांक सदिश क्रमशः i, j तथा k होते हैं।
- $\hat{i}\cdot\hat{i}=\hat{j}\cdot\hat{j}=\hat{k}\cdot\hat{k}=1$
- $\hat{i}\times\hat{j}=\hat{j}.\hat{k}=\hat{k}.\hat{i}=0$
- $\hat{i}\times\hat{i}=\hat{j}\times\hat{j}=\hat{k}\times\hat{k}=0$
- $\hat{i}\times\hat{j}=\hat{k}, \hat{j}\times\hat{k}=\hat{i}, \hat{k}\times\hat{i}=\hat{j}$
- $\vec{A}=A_x\hat{i}+A_y\hat{j}+A_z\hat{k}$ जहाँ A_x, A_y व A_z क्रमशः X-, Y-व Z-अक्षों के अनुदिश सदिश के प्रक्षेपों के परिमाण है।
- सदिश $\vec{A}$ का परिमाण

  $|\vec{A}|=A\sqrt{A_x^2++A_y^2+A_z^2}$
- सदिश $\vec{A}$ की दिक-कोज्याएँ $\cos\alpha=\frac{A_x}{A}$, $\cos\beta=\frac{A_y}{A}$, $\cos\gamma=\frac{A_z}{A}$; जहाँ α, β व γ सदिश $\vec{A}$ द्वारा क्रमशः X, Y तथा Z-अक्षों के साथ बनाये गये कोण हैं।
- सदिश $\vec{A}$ की दिशा में एकांक संदिश $\hat{A}=\frac{\vec{A}}{|\vec{A}|}$
- $\vec{A}+\vec{B}=\vec{B}+\vec{A}$
- $\vec{A}+(\vec{B}+\vec{C})=(\vec{A}+\vec{B})+\vec{C}$
- दो सदिशों का अदिश अथवा डॉट गुणनफल

  $\vec{A}.\vec{B}=AB\cos\theta=A_xB_x+A_yB_y+A_zB_z$
- $\vec{A}.\vec{B}=\vec{B}.\vec{A}$
- $\vec{A}.\vec{A}=A^2$
- $\vec{A}\cdot(\vec{B}+\vec{C})=\vec{A}\cdot\vec{B}+\vec{A}\cdot\vec{C}$
- दो सदिशों का सदिश अथवा क्रास गुणनफल $\vec{A}\times\vec{B}=AB\sin\theta\,\hat{n}$; जहाँ $\hat{n}$ सदिश $\vec{A}$ व $\vec{B}$ द्वारा निर्देशित तल के लम्बवत् एकांक सदिश है।
- $\vec{A}\times\vec{B}=-(\vec{B}\times\vec{A})$
- $\vec{A}\times\vec{A}=\vec{B}\times\vec{B}=0$
- $\vec{A}\times(\vec{B}+\vec{C})=\vec{A}\times\vec{B}+\vec{A}\times\vec{C}$
- $\vec{A}\times\vec{B}=\begin{vmatrix}\hat{i} & \hat{j} & \hat{k}\\ A_x & A_y & A_z\\ B_x & B_y & B_z\end{vmatrix}$

$$=\hat{i}(A_yB_z-A_zB_y)+\hat{j}(A_zB_x-A_xB_z)+\hat{k}(A_xB_y-A_yB_x)$$

- यदि $\vec{A}\times\vec{B}=0$ हो तो $\vec{A}\parallel\vec{B}$

- यदि $|\vec{A}\times\vec{B}| = AB$ हो तो $\vec{A}\perp\vec{B}$
- $\vec{A}.\vec{B} = 0$ हो तो $\vec{A}\perp\vec{B}$
- $\frac{d}{dt}(\vec{A}+\vec{B}) = \frac{d\vec{A}}{dt}+\frac{d\vec{B}}{dt}$
- $\frac{d}{dt}\vec{A}\cdot\vec{B} = \frac{d\vec{A}}{dt}\cdot\vec{B}+\vec{A}\cdot\frac{d\vec{B}}{dt}$
- $\frac{d}{dt}\vec{A}\times\vec{B} = \frac{d\vec{A}}{dt}\times\vec{B}+\vec{A}\times\frac{d\vec{B}}{dt}$

प्रश्नमाला

1. SI पद्धति में मूल मात्रकों की संख्या है–
(a) 4 (b) 7
(c) 3 (d) 5

2. सार्वत्रिक समय आधारित है–
(a) पृथ्वी के अपने अक्ष पर घूर्णन पर
(b) पृथ्वी के सूर्य के चारों ओर अपने कक्ष में घूर्णन पर (कक्षीय गति)
(c) सीजियम परमाणु के कम्पनों पर
(d) क्वार्टज क्रिस्टल के दोलनों पर

3. क्यूरी एक इकाई है–
(a) γ– किरणों की ऊर्जा की
(b) अर्द्ध–आयु की
(c) रेडियोसक्रियता की
(d) γ– किरणों की तीव्रता की

4. प्रतिघात (Reactance) का मात्रक होगा–
(a) ओम (b) वोल्ट
(c) म्हो (d) न्यूटन

5. विद्युत वाहक बल का मात्रक है–
(a) जूल
(b) जूल–कूलॉम
(c) वोल्ट–कूलॉम
(d) जूल / कूलॉम

6. फैराडे किसका मात्रक है?
(a) आवेश (b) विद्युत वाहक बल
(c) द्रव्यमान (d) ऊर्जा

7. एक गज (One yard) का SI पद्धति में मान है–
(a) 1.9144 मीटर (b) 0.9144 मीटर
(c) 0.09144 किमी (d) 1.0936 किमी

8. निम्न में से कौन–सी इकाई लम्बाई की नहीं है?
(a) पारसैक (b) प्रकाश वर्ष
(c) आंग्रस्ट्रोम (d) नैनो

9. निम्न में से कौन–सा मात्रक वॉट के तुल्य नहीं है?
(a) जूल / सेकेण्ड
(b) ऐम्पियर × वोल्ट
(c) (ऐम्पियर)^2 × ओम
(d) ऐम्पियर / वोल्ट

10. माध्य सौर दिवस और सैडरियल दिवस की लम्बाईयों में लगभग अंतर है–
(a) 1 मिनट (b) 4 मिनट
(c) 15 मिनट (d) 56 मिनट

11. स्टीफन नियतांक σ का मात्रक है–
(a) $Wm^{-2}K^{-1}$ (b) Wm^2K^{-4}
(c) $Wm^{-2}K^{-4}$ (d) $Wm^{-2}K^4$

12. इलेक्ट्रॉन वोल्ट मात्रक है–
(a) आवेश (b) विभवान्तर
(c) संवेग (d) ऊर्जा

13. किसी रोगी को दी जाने वाली नाभिकीय मात्रा की इकाई है–
(a) फर्मी (b) रदरफोर्ड
(c) क्यूरी (d) रोन्टजन

14. स्पर्शज्या धारामापी में परिवर्तन गुणांक का मात्रक है–
(a) ऐम्पियर (b) गौस
(c) रेडियन (d) उक्त कोई नहीं

15. कुण्डली के स्वप्रेरण का मात्रक है–
(a) फैरड (b) हेनरी
(c) वैबर (d) टेसला

16. टेसला मात्रक है–
(a) चुम्बकीय आघूर्ण का
(b) चुम्बकीय प्रेरण का
(c) चुम्बकीय तीव्रता का
(d) चुम्बकीय ध्रुव शक्ति का

17. ऑर्स्टेड (Oersted) मात्रक है–
(a) डिप (Dip) का
(b) चुम्बकीय तीव्रता का
(c) चुम्बकीय आघूर्ण का
(d) ध्रुव शक्ति का

18. सार्वत्रिक गैस नियतांक (R) का S.I. मात्रक है–
(a) वाट K^{-1} मोल$^{-1}$
(b) न्यूटन K^{-1} मोल$^{-1}$
(c) जूल K^{-1} मोल$^{-1}$
(d) अर्ग K^{-1}मोल$^{-1}$

19. यदि X तथा Z क्रमशः धारिता तथा चुम्बकीय क्षेत्र को दर्शाते हों, तो (MKSA) पद्धति में Y की विमा क्या होगी जबकि X, Y और Z में निम्न सम्बन्ध है $X = 3YZ^2$
(a) $M^{-3}L^{-2}T^{-4}A^{-1}$
(b) ML^{-2}
(c) $M^{-3}L^{-2}T^4A^4$
(d) $M^{-3}L^{-2}T^8A^4$

20. $\frac{1}{\mu_0 - \varepsilon_0}$ की विमा है जहाँ प्रतीकों के सामान्य अर्थ हैं–
(a) $[LT^{-1}]$ (b) $[L^{-1}T]$
(c) $[L^{-2}T^2]$ (d) $[L^2T^{-2}]$

21. किसी कण की स्थितिज ऊर्जा, नियत बिन्दु से दूरी x के सापेक्ष $\frac{A\sqrt{x}}{x^2+B}$ के अनुसार परिवर्तित होती है। जहाँ A तथा B विमीय नियतांक है, AB का विमीय सूत्र है
(a) $ML^{7/2}T^{-2}$ (b) $ML^{11/2}T^{-2}$
(c) $ML^{11/2}T^{-2}$ (d) $ML^{11/2}T^{-2}$

22. यदि L, C और R क्रमशः प्रेरकत्व, धारिता तथा प्रतिरोध को प्रदर्शित करते हैं तो C^2LR का विमीय सूत्र है-
(a) $[ML^{-2}T^{-1}I^0]$
(b) $[M^0L^0T^3I^0]$
(c) $[M^{-1}L^{-2}T^6I^2]$
(d) $[M^0L^0T^2I^0]$

उत्तरमाला

1. (b)	2. (c)	3. (c)	4. (a)	5. (d)	6. (a)	7. (b)	8. (d)	9. (d)	10. (b)
11. (c)	12. (d)	13. (d)	14. (a)	15. (b)	16. (b)	17. (b)	18. (c)	19. (d)	20. (d)
21. (b)	22. (b)								

❑❑❑

अध्याय

2

गतिकी

किसी वस्तु की गति द्विविमीय गति कहलाती है, यदि उसकी स्थिति को व्यक्त करने हेतु तीन निर्देशांकों में से कोई दो समय के सापेक्ष परिवर्तित होते हैं। इस प्रकार की गति में, वस्तु समतल में गति करती है। उदाहरण के लिए, टेबुल पर गतिशील बिलियर्ड की गेंद की गति, कमरे के फर्श पर रेंगते हुए कीड़े की गति, सूर्य के चारों ओर चक्कर लगाती पृथ्वी की गति आदि। प्रक्षेप्य गति द्विविमीय गति है अतः इसकी दो भागों में विवेचना की जा सकती है। क्षैतिज गति तथा ऊर्ध्वाधर गति। ये दोनों गतियाँ एक–दूसरे से स्वतंत्र होती हैं। यह गतियों की भौतिकीय अनिर्भरता का सिद्धान्त कहलाता है। जब व्यक्ति स्कैटबोर्ड (Skateboard) को छोड़कर बाधा (Hurdle) के ऊपर से कूदता है, तो इसके वेग का केवल ऊर्ध्वाधर घटक परिवर्तित होता है, जबकि क्षैतिज घटक नियत रहता है और यह स्कैटबोर्ड के वेग के बराबर होता है, परिणामस्वरूप, जब व्यक्ति पुनः पृथ्वी पर लौटता है तो स्कैटबोर्ड भी उसके बराबर क्षैतिज दूरी तय करके व्यक्ति के पैर के नीचे पहुँच जाता है।

वृत्तीय गति द्विविमीय गति का एक महत्वपूर्ण उदाहरण है। वस्तु को वृत्तीय गति देने के लिए इसे कुछ प्रारम्भिक वेग देना चाहिए तथा इस पर लगने वाला बल तात्क्षणिक वेग के लम्बवत् होना चाहिए। एकसमान वृत्तीय गति कर रही किसी वस्तु का त्वरण, अभिकेन्द्रीय त्वरण कहलाता है। यह वस्तु पर हमेशा त्रिज्या के अनुदिश तथा वृत्ताकार मार्ग के केन्द्र की ओर कार्यरत रहता है। जब कोई वस्तु वृत्तीय मार्ग में घूम रही है, तथा यदि इस पर लग रहा अभिकेन्द्रीय बल समाप्त हो जाता है, तब वस्तु वृत्तीय मार्ग छोड़ देती है। इस काल्पनिक बल की संकल्पना उस प्रेक्षक के लिए जड़त्व के प्रभाव की व्याख्या हेतु की जाती है, जो कि स्वयं वृत्तीय गति में भाग लेता है। इस जड़त्वीय बल को ही अपकेन्द्रीय बल कहा जाता है, जो कि केवल घूर्णन निर्देश फ्रेम के लिए ही अस्तित्व रखता है।

दूरी तथा विस्थापन

किसी वस्तु द्वारा किसी समय में तय किये गये रास्ते की लम्बाई (length of path) को उस वस्तु द्वारा चली गई दूरी कहते हैं। जबकि किसी वस्तु की प्रारम्भिक तथा अन्तिम स्थितियों के बीच न्यूनतम चली दूरी को विस्थापन कहते हैं।

- दूरी एक अदिश राशि है, जबकि विस्थापन सदिश राशि है परन्तु इनकी विमाएँ $[L]$ तथा S.I. मात्रक मीटर समान होते है।
- विस्थापन का परिमाण न्यूनतम चली गयी दूरी के बराबर होता है। अतः दूरी ≥ |विस्थापन|
- दो बिन्दुओं के मध्य विस्थापन केवल एक मान ग्रहण करता है। जबकि दूरी वास्तविक पथ पर निर्भर करती है एवं कई मान ग्रहण करती है।
- एक गतिमान कण की दूरी समय के साथ कम नही की जा सकती है। जबकि विस्थापन को कम किया जा सकता है। इसका तात्पर्य यह होता है कि कण अपनी प्रारम्भिक अवस्था की ओर वापस जा रहा है।
- गतिमान कण के लिए दूरी न तो ऋणात्मक हो सकती है और न ही शून्य, परन्तु विस्थापन, धनात्मक, ऋणात्मक अथवा शून्य हो सकता है। (शून्य विस्थापन का तात्पर्य कण की प्रारम्भिक अवस्था में लौट आने से है।) अर्थात् दूरी > 0, किन्तु |विस्थापन| >= और < 0

विस्थापन समय वक्र

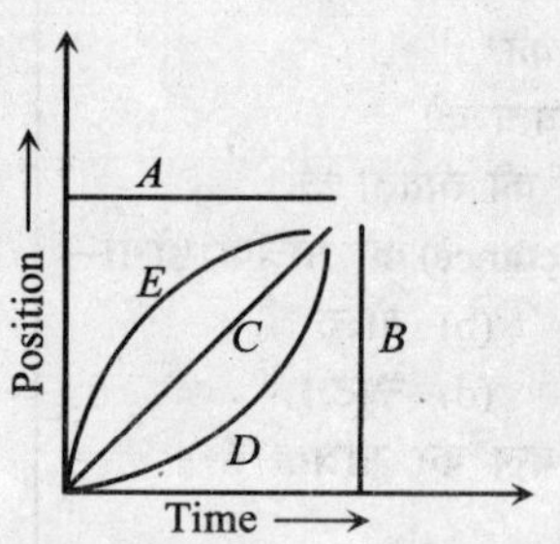

विस्थापन समय वक्र

समय को x-अक्ष पर तथा विस्थापन को y-अक्ष पर लेकर बनाया गया ग्राफ समय-विस्थापन वक्र कहलाता है।

$\therefore \quad \tan\theta = v$ अतः

स्पष्टतः समय विस्थापन वक्र का ढाल वेग को प्रकट करता है।

विस्थापन समय वक्र

ग्राफ (A)	$\theta = 0°$	$v = 0$	वस्तु विराम में हैं
ग्राफ (B)	$\theta = 90°$	$v = \infty$	व्यवहार में असम्भव है
ग्राफ (C)	θ = नियतांक	v = नियतांक	एकसमान वेग
ग्राफ (D)	θ बढ़ रहा है	v बढ़ रहा है	एकसमान त्वरण
ग्राफ (E)	θ घट रहा है	v घट रहा है	एकसमान अवमंदन

चाल तथा वेग

किसी गतिशील वस्तु की चाल उस दूरी के बराबर होती है, जो वह एकांक समय में तय करती है। किसी वस्तु द्वारा एक निर्दिष्ट दिशा में एकांक समय में तय की गई दूरी को उस वस्तु का वेग कहते हैं। चाल एक स्केलर (अदिश) राशि है एवं वेग एक वेक्टर (सदिश) राशि है।

दोनों के मात्रक = मीटर / सेकण्ड, विमा = $[M^0L^1T^{-1}]$

एक समान चाल तथा परिवर्ती चालः वह चाल, जिसमें वस्तु या कण समान समय अंतरालों में समान दूरियाँ तय करता है एक समान चाल कहलाती है। जबकि वह चाल जिसमें वस्तु या कण समान समय अंतरालों में अलग–अलग दूरियाँ तय करता है परिवर्ती चाल कहलाती है।

औसत चाल एवं औसत वेगः वस्तु द्वारा तय की गई कुल दूरी में, यात्रा में लगे कुल समय का भाग देकर प्राप्त चाल वस्तु की औसत चाल कहलाती है। एवं यदि एक ही दिशा में चलती हुई वस्तु का वेग, समय के साथ बदलता है तो वस्तु का औसत वेग, वस्तु के विस्थापन में समयान्तर का भाग देकर ज्ञात किया जाता है। तब यह औसत वेग कहलाता है।

औसत चाल $v = \frac{\text{कुल दूरी } (S)}{\text{कुल समय}(t)}$ *i.e.,* $v_{av} = \frac{\Delta s}{\Delta t}$

औसत वेग $\vec{v}_{av} = \frac{\text{विस्थापन}}{\text{समयान्तर}}$ *i.e.,* $\vec{v}_{av} = \frac{\Delta \vec{r}}{\Delta t}$

- दिये गये समय अंतराल में औसत वेग केवल एक ही मान ग्रहण करता है जबकि औसत चाल कई मानों को ग्रहण करती है।
- यदि गति के पश्चात् कण अपनी प्रारंभिक स्थिति में वापस आता है। $\vec{v}_{av} = 0$ [यहाँ $\Delta\vec{r} = 0$] किन्तु $v_{av} > 0$ या परिमित [यहाँ $\Delta s > 0$]
- गतिमान कण की औसत चाल का मान शून्य या ऋणात्मक नहीं हो सकता (जब तक कि $t \to \infty$) जबकि औसत वेग का मान शून्य या ऋणात्मक हो सकता है। अर्थात् $v_{av} > 0$ जबकि $\vec{v}_{av} >=$ या < 0
- सामान्यतः औसत वेग का परिमाण औसत चाल के बराबर नहीं होता है। (जबकि $\Delta S \neq |\Delta \vec{r}|$)

समय–औसत चालः यदि कोई कण समय अंतरालों $t_1, t_2, t_3 ...$ में क्रमशः $v_1, v_2, v_3, ...$ वेगों से समान दूरी तय करता है

तब संपूर्ण यात्रा में उसकी औसत चाल $v_{av} = \frac{v_1t_1 + v_2t_2 + v_3t_3 + ...}{t_1 + t_2 + t_3 + ...}$

दूरी–औसत चालः यदि कोई कण समान समय अंतरालों में क्रमशः $v_1, v_2, v_3, ...$ वेगों से क्रमशः $d_1, d_2, d_3, ...$ दूरी तय करता है, तो संपूर्ण यात्रा में उसकी औसत चाल $v_{av.} = \frac{d_1 + d_2 + d_3 + ...}{\frac{d_1}{v_1} + \frac{d_2}{v_2} + \frac{d_3}{v_3} + ...}$

तात्कालिक चाल एवं तात्कालिक वेग

किसी निश्चित समय या क्षण पर वस्तु की चाल को तात्कालिक चाल कहते हैं।

तात्कालिक वेग $\vec{v} = \lim_{\Delta t \to 0} \frac{\Delta \vec{r}}{\Delta t} = \frac{\overrightarrow{dr}}{dt}$ तथा तात्कालिक चाल $v = \lim_{\Delta t \to 0} \frac{\Delta s}{\Delta t} = \frac{ds}{dt}$

- एक समान गति में किसी भी समय तात्कालिक वेग समान होगा। तथा इस प्रकार की गति एक समान गति कहलाती है। $\vec{v}$ = नियत $\vec{v}_{av}$ परन्तु इसका विलोम सत्य हो यह आवश्यक नहीं है अर्थात् यदि $\vec{v} = \vec{v}_{av}$ तो यह आवश्यक नहीं है कि गति एक समान होगी।
- यदि वेग नियत है तो चाल भी नियत होती है। परन्तु इसका विलोम सत्य हो यह आवश्यक नहीं है। अर्थात् यदि चाल नियत हो, तब वेग नियत हो भी सकता है और नहीं भी।
- वेग का मान ऋणात्मक या धनात्मक हो सकता है परन्तु चाल वेग का परिमाण होती है अतः इसका मान कभी भी ऋणात्मक नहीं हो सकता है। अर्थात् $\vec{v} = \vec{v}_{av}$
- यदि विस्थापन दिये गये समय का फलन है। तब विस्थापन का समय के सापेक्ष अवकलन वेग एवं चाल को प्रदर्शित करता है।
- वेग समय ग्राफ तथा समय अक्ष से घिरे क्षेत्र का क्षेत्रफल (बीजगणितीय चिन्हों से युक्त) विस्थापन दर्शाता है जबकि चिन्ह रहित ग्राफ वक्र दूरी को प्रकट करता है।

वेग-समय वक्र

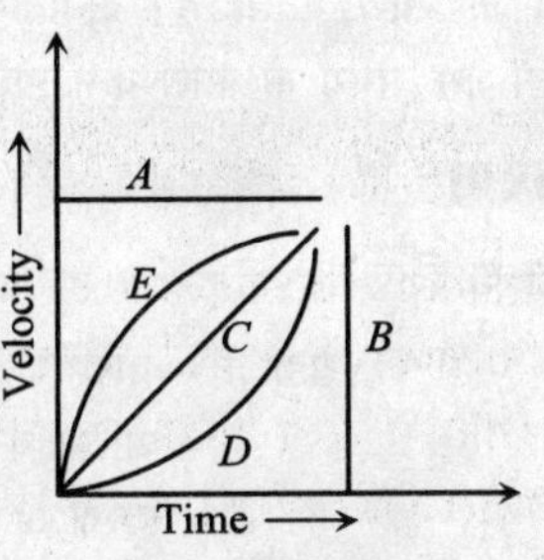

वेग–समय वक्र

समय को x-अक्ष पर तथा वेग को y-अक्ष पर लेकर बनाया गया ग्राफ वेग-समय वक्र कहलाता है। समय-वेग ग्राफ में त्वरण $= \tan\theta$ होता है जहाँ θ = समय अक्ष से बनाया गया कोण है।

वेग–समय वक्र

ग्राफ (A)	$\theta = 0°$	$a = 0$	वस्तु विराम में हैं
ग्राफ (B)	$\theta = 90°$	$a = \infty$	व्यवहार में असम्भव है
ग्राफ (C)	θ = नियतांक	a = नियतांक	एकसमान वेग
ग्राफ (D)	θ बढ़ रहा है	a बढ़ रहा है	एकसमान त्वरण
ग्राफ (E)	θ घट रहा है	a घट रहा है	एकसमान अवमंदन

निर्देश

वेग समय ग्राफ तथा समय-अक्ष के मध्य घिरा हुआ क्षेत्रफल यदि चिन्हों सहित जोड़ दिया जाये तो इसका परिमाण वस्तु के विस्थापन को दर्शाता है। जबकि क्षेत्रफलों का केवल परिमाण जोड़ा जाये तो यह वस्तु द्वारा तय की गई दूरी को दर्शाता है।

औसत एवं तात्कालिक त्वरण

वस्तु या कण के ईकाई समय में कुल वेग में परिवर्तन को औसत त्वरण कहते हैं। यदि किसी क्षण t_1 पर वस्तु का वेग v_1 है तथा क्षण t_2 पर वेग v_2 है तो

$\vec{a} = \frac{\text{कुल वेग में परिवर्तन}}{\text{कुल समय में परिवर्तन}}$

$\vec{a}_{av} = \frac{\Delta\vec{v}}{\Delta t} = \frac{\vec{v}_2 - \vec{v}_1}{t_2 - t_1}$ किसी निश्चित समय या क्षण पर वस्तु या कण के त्वरण को तात्कालिक त्वरण कहते हैं $\vec{a} = \lim_{\Delta t \to 0} \frac{\Delta\vec{v}}{\Delta t} = \frac{d\vec{v}}{dt}$

- यह सदिश राशि है। इसका मात्रक मीटर/सेकण्ड^2 है। इसकी विमा $M^0L^1T^{-2}$ है।
- यदि त्वरण शून्य है तो वेग नियत होगा एवं गति एक समान होगी। इसके अतिरिक्त यदि त्वरण नियत है, तब त्वरण तो नियत रहेगा परन्तु गति एकसमान नहीं होगी एवं यदि त्वरण नियत नहीं है तो भी गति एकसमान नहीं होगी।

- $\vec{a}=\frac{d\vec{v}}{dt}=\frac{d^2\vec{s}}{dt^2}$
- यदि स्थिति का फलन वेग के रूप में परिभाषित है, तब चेन नियम से $a=\frac{dv}{dt}=\frac{dv}{dx}\cdot\frac{dx}{dt}=v\frac{dv}{dx}$
- त्वरण धनात्मक एवं ऋणात्मक हो सकता है। धनात्मक त्वरण का तात्पर्य है कि वेग समय के साथ बढ़ता है। जबकि ऋणात्मक त्वरण मदंन कहलाता है जिसमें वेग समय के साथ कम होता जाता है।

गति के समीकरण

त्वरित/अवमंदित गति के लिए

$v = u \pm at$

$s = ut \pm \frac{1}{2}at^2$

$v^2 = u^2 \pm 2as$

$s_n = u \pm \frac{a}{2}(2n-1)$

यहाँ u = प्रारंभिक वेग,
v = अंतिम वेग
a = त्वरण अथवा अवमंदन
t = समय
$s = t$ सेकण्ड में चली गई दूरी
s_n = nवें सेकण्ड में चली गई दूरी

निर्देश

- यदि कोई वस्तु विराम से एक समान त्वरण से गति करती हुई n सेकण्ड में s दूरी तय करती है। तब $s \propto n^2$
- u वेग से गतिमान वस्तु ब्रेक लगाने पर s दूरी चलकर रूक जाती है यदि वही वस्तु nu वेग से गतिमान हो तो ब्रेक लगाने पर n^2s दूरी चलकर रूक जाती है ब्रेक द्वारा आरोपित बल नियत है तब $s \propto u^2$.
- गुरूत्व के प्रभाव में गिरती हुई/ऊपर जाती वस्तु के लिए

$v = u \pm gt \qquad h = ut \pm \frac{1}{2}gt^2 \qquad a = +g\downarrow$

$v^2 = u^2 \pm 2gh \qquad s_n = u \pm \frac{g}{2}(2n-1) \qquad a = -g\uparrow$

- u वेग से ऊर्ध्वाधर ऊपर की तरफ फेंकी गयी वस्तु द्वारा तय की गई अधिकतम ऊँचाई $h_{\text{अधिकतम}} = \frac{u^2}{2g}$
- अधिकतम ऊँचाई प्राप्त करने में लगा समय $t = \frac{u}{g}$
- ऊँचाई h प्राप्त करने के लिए वस्तु का प्रारम्भिक वेग $u = \sqrt{2gh}$
- u वेग से ऊर्ध्वाधर फेंकी गयी वस्तु को पुनः पृथ्वी तल पर लौटने में लगा समय $T = \frac{2u}{g}$
- यदि वस्तु को ऊर्ध्वाधर फेंका जाए एवं वायु के घर्षण को नगण्य न मानें तो वस्तु को अधिकतम ऊँचाई तक पहुँचने में लगा समय, वस्तु को पुनः पृथ्वी तक आने में लगे समय से कम होता है $t_1 = \frac{u}{g+a}$ तथा $t_2 = \frac{u}{\sqrt{(g+a)(g-a)}}$

(जहाँ a = वायु घर्षण के कारण अवमंदन) अर्थात् $t_1 < t_2$

एक तल में होने वाली गति द्विविमीय गति कहलाती है। इसे दो एक विमीय गतियों का अध्यारोपण माना जा सकता है।

द्विविमीय गति के निम्न लिखित दो प्रकार प्रमुख हैं। प्रक्षेप्य गति और वृतीय गति

प्रक्षेप्य गति

(1) प्रक्षेप्य गति की अवधारणाऐं

- वायु का घर्षण नगण्य होता है
- पृथ्वी के वक्राकार होने का प्रक्षेप्य गति पर प्रभाव नगण्य होता है
- पृथ्वी के घूर्णन का प्रक्षेप्य गति पर प्रभाव नगण्य होता है
- प्रक्षेप्य गति करती हुई वस्तु पर g का सदैव नियत मान कार्य करता है। जिसका परिमाण और दिशा अपरिवर्तित रहती हैं।

उदाहरण

(i) नियत ऊँचाई पर उड़ते हवाई जहाज से छोड़ा गया बम
(ii) बंदूक से दागी गई गोली
(iii) धनुष से छोडा गया बाण

(2) गतियों की भौतिक अनिर्भरता का सिद्धान्त

प्रक्षेप्य गति द्विविमीय गति होती है इसे निम्न दो गतियों का परिणामी प्रभाव कहा जा सकता है।

(i) क्षैतिज गति तथा (ii) ऊर्ध्वाधर गति

ये दोनों गतियाँ एक दूसरे के प्रभाव से पूरी तरह मुक्त होती हैं यही गतियों की भौतिक अनिर्भरता का सिद्धान्त कहलाता है।

किसी भी क्षण पर प्रक्षेप्य के वेग के दो घटक किए जा सकते हैं क्षैतिज घटक तथा ऊर्ध्वाधर घटक। प्रक्षेप्य गति में वेग का क्षैतिज घटक सदैव नियत रहता है जबकि ऊर्ध्वाधर घटक पर गुरूत्व बल का प्रभाव पड़ता है। अर्थात् क्षैतिज गति नियत वेग से होती है जबकि ऊर्ध्वाधर गति एक समान त्वरित या एक समान अवमंदित गति होती है।

क्षैतिज प्रक्षेप्य गति

यदि किसी पिण्ड को किसी ऊँचाई से किसी क्षैतिज वेग से फेंका जाय, तो यह गति क्षैतिज प्रक्षेप्य गति कहलाती है।

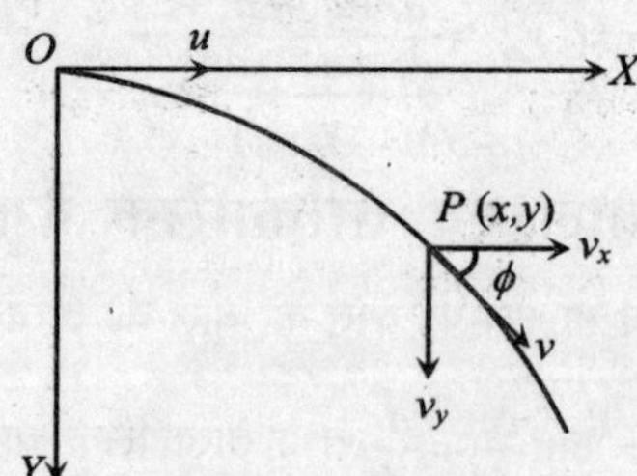

क्षैतिज प्रक्षेप्य गति

(1) क्षैतिज प्रक्षेप्य गति का समीकरणः माना पृथ्वी तल से उर्ध्वाधर y ऊँचाई पर स्थित किसी बिंदु से एक पिण्ड को प्रारंभिक वेग u से क्षैतिज दिशा में प्रक्षेपित किया जाता है। घर्षण की अनुपस्थिति में अन्य कोई बल क्षैतिज गति का विरोध नहीं करता अतः पिण्ड का क्षैतिज वेग सदैव नियत रहता है।

$y = \frac{1}{2}\frac{gx^2}{u^2}$

यह परवलय का समीकरण है अर्थात् प्रक्षेप्य की गति परवलयाकार होती है।

(2) तात्क्षणिक वेग $v = \sqrt{v_x^2 + v_y^2} = \sqrt{u^2 + gt^2}$

(3) तात्क्षणिक वेग की दिशा $\beta=\tan^{-1}\left(\frac{v_y}{v_x}\right)=\tan^{-1}\left(\frac{gt}{u}\right)$

तिर्यक प्रक्षेप्य गति (Oblique Projectile Motion): यदि कण को पृथ्वी तल से θ कोण से एवं u वेग से प्रक्षेपित किया जाये तो कण द्वारा तिर्यक प्रक्षेप्य गति होती है।

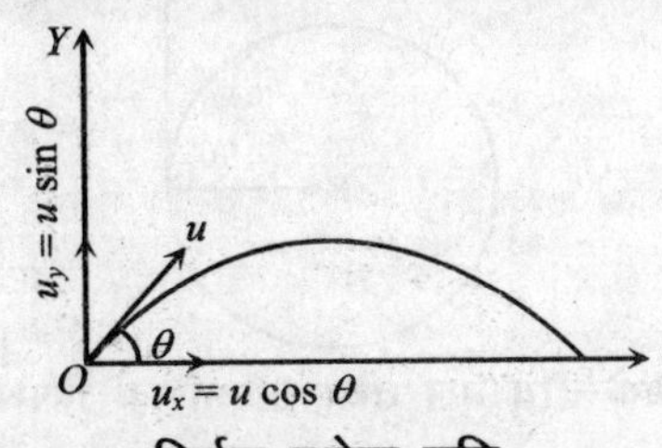

तिर्यक प्रक्षेप्य गति

(1) तिर्यक प्रक्षेप्य गति का समीकरणः माना किसी प्रक्षेप्य को क्षैतिज से θ कोण पर वेग u से प्रक्षेपित किया जाता है। इस वेग के दो घटक किए जा सकते हैं।

(i) $u\cos\theta$ x-अक्ष के अनुदिश

(ii) $u\sin\theta$ y-अक्ष के अनुदिश

प्रक्षेप्य गति का समीकरण $y=x\tan\theta-\frac{1}{2}\frac{gx^2}{u^2\cos^2\theta}$

यह परवलय का समीकरण है अतः प्रक्षेप्य की गति परवलयाकार होती है।

(2) तात्क्षणिक वेग $v=\sqrt{u^2+g^2t^2-2ugt\sin\theta}$

(3) तात्क्षणिक वेग की दिशा $\tan\beta=\frac{v_y}{v_x}=\frac{u\sin\theta-gt}{u\cos\theta}$

$\Rightarrow\ \beta=\tan^{-1}\left(\frac{u\sin\theta-gt}{u\cos\theta}\right)$

(4) उड्डयन काल (Time of Flight): प्रक्षेपण बिन्दु से प्रक्षेप्य को अधिकतम ऊँचाई तक जाने में लगा समय तथा पुनः उसी क्षैतिज तल तक लौटकर आने में कुल जो समय लगता है। उसे प्रक्षेप्य का उड्डयन काल कहते हैं। उड्डयन काल $T=\frac{2u\sin\theta}{g}$

(5) क्षैतिज परास (Horizontal Range): अपने उड्डयन काल में पिण्ड क्षैतिज दिशा में जो दूरी तय करता है वह उसकी क्षैतिज परास कहलाती है। $R=\frac{u^2\sin2\theta}{g}$

(6) अधिकतम ऊँचाई (Maximum Height): प्रक्षेपण बिन्दु से वह उर्ध्वाधर ऊँचाई जहाँ तक प्रक्षेप्य पहुँचता है प्रक्षेप्य की अधिकतम ऊँचाई कहलाती है। $H=\frac{u^2\sin^2\theta}{2g}$

(7) क्षैतिज परास और अधिकतम ऊँचाई में संबंधः $R\quad 4H\cot$

निर्देश

- प्रक्षेप्य गति में वेग का क्षैतिज घटक $(u\cos\theta)$, त्वरण (g) और यॉंत्रिक उर्जा नियत रहती है जबकि चाल, वेग का ऊर्ध्वाधर घटक $(u\sin\theta)$ संवेग, गतिज ऊर्जा और स्थितिज ऊर्जा बदलती रहती है।
- वेग तथा गतिज ऊर्जा प्रक्षेपण बिन्दु पर अधिकतम जबकि उच्चतम बिन्दु पर न्यूनतम (शून्य नहीं) होती है।
- प्रक्षेपण कोण θ या (90° – θ) दोनों के लिए ही क्षैतिज परास समान होती हैं।
- प्रक्षेपण कोण (45 – α) या (45 + α) दोनों के लिए भी क्षैतिज परास समान होती है।
- पिण्ड को क्षैतिज से 45° के कोण पर प्रक्षेपित करने से उसकी परास अधिकतम प्राप्त होगी तथा $R_{max}=\frac{u^2}{g}$

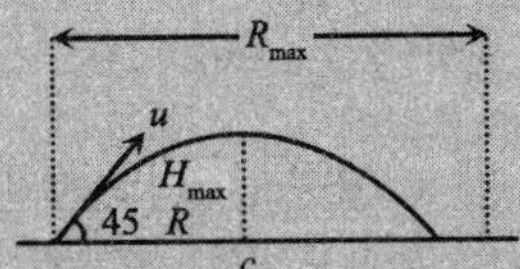

- $H_{max}=\frac{u^2}{2g}$ जबकि $\theta=90°$ अर्थात प्रक्षेप्य की अधिकतम ऊँचाई हेतु प्रक्षेप्य को ऊर्ध्वाधरतः ऊपर की ओर फेंकना चाहिए।
- प्रक्षेप्य गति में उच्चतम बिन्दु पर स्थितिज ऊर्जा अधिकतम होती है।

  $(P.E.)_{max}=mgH_{max}=mg\frac{u^2\sin^2\theta}{2g}=\frac{1}{2}mu^2\sin^2\theta$
- प्रक्षेप्य गति में उच्चतम बिन्दु पर गतिज ऊर्जा न्यूनतम होती है।

  $(KE)_{min.}=\frac{1}{2}mv^2=\frac{1}{2}m(u\cos\theta)^2=\frac{1}{2}mu^2\cos^2\theta$
- कुल ऊर्जा = स्थितिज ऊर्जा + गतिज ऊर्जा

  $T.E.=\frac{1}{2}mu^2\sin^2\theta+\frac{1}{2}mu^2\cos^2\theta=\frac{1}{2}mu^2$
- यह पिण्ड को प्रक्षेपण बिन्दु पर दी गयी यॉंत्रिक ऊर्जा है अर्थात् प्रक्षेप्य गति के प्रत्येक बिन्दु पर पिण्ड की कुल यॉंत्रिक ऊर्जा सदैव नियत रहती है। स्थितिज और गतिज ऊर्जाओं का अनुपात $\tan^2\theta$ होता है।

  $\frac{PE}{KE}=\frac{(1/2)mu^2\sin^2\theta}{(1/2)\,mu^2\cos^2\theta}=\tan^2\theta$
- प्रक्षेप्य गति में यदि क्षैतिज परास (R), अधिकतम ऊँचाई (H) की n गुनी होती है तब

  $R\quad nH\Rightarrow\frac{U^2\sin2\theta}{g}=\frac{nU^2\sin^2\theta}{2g};\ \tan\theta=\frac{4}{n}\left(\theta=\tan^{-1}\frac{4}{n}\right)$

नत तल में प्रक्षेप्य गति का समीकरण

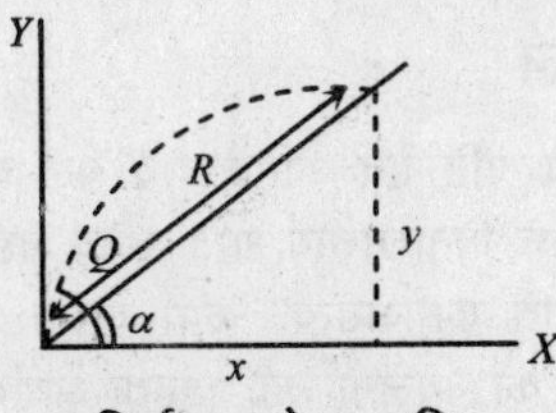

तिर्यक प्रक्षेप्य गति

$\tan\alpha=\frac{y}{x}\Rightarrow y=x\tan\alpha$ ...(i)

प्रक्षेप्य गति का समीकरण $x\tan\alpha=x\tan\theta-\frac{1}{2}\left(\frac{x^2}{x^2\cos^2\theta}\right)$ or

$x=\frac{2(\tan\theta-\tan\alpha)u^2\cos^2\theta}{g}$ ...(ii)

$$\therefore \quad y=\frac{2(\tan\theta-\tan\alpha)u^2\cos^2\theta\tan\alpha}{g} \qquad \ldots(iii)$$

परास $R=\sqrt{x^2+y^2}$ $\qquad \ldots(iv)$

अतः प्रक्षेप्य की परास $R=\dfrac{2(\tan\theta-\tan\alpha)u^2\cos^2\theta}{g\cos\alpha}$

तात्क्षणिक वेग $v=\sqrt{\left(\frac{dy}{dx}\right)^2+\left(\frac{dx}{dy}\right)^2}$

$$v=\sqrt{(u\sin\theta-gt)^2+(u\cos\theta)^2}$$

$$v=\sqrt{(u-2ugt\cdot\sin\theta+g^2t^2)}$$

तात्क्षणिक वेग की दिशा β

$$\tan\beta=\frac{u\sin\theta-gt}{u\cos\theta}\Rightarrow\beta=\tan^{-1}\left(\tan\theta-\frac{gt}{u\cos\theta}\right)$$

वृत्तीय गति

यह द्विविमीय गति का दूसरा उदाहरण है। इसमें कोई कण एक निश्चित बिन्दु के परितः नियत दूरी बनाए रखते हुए गति करता है। कण की ऐसी गति वृत्तीय गति कहलाती है तथा यह नियत दूरी वृत्ताकार मार्ग की त्रिज्या कहलाती है। वृत्तीय गति के त्वरण सदैव विस्थापन के लम्बवत् दिशा में कार्य करता है जबकि प्रक्षेप्य गति में विस्थापन तथा त्वरण के बीच की दिशा प्रतिक्षण बदलती रहती है।

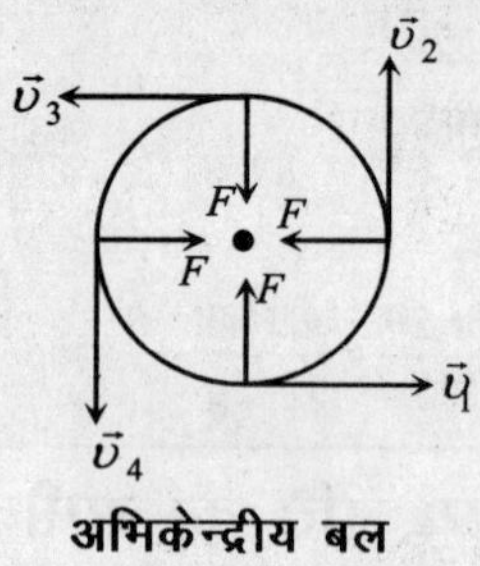

अभिकेन्द्रीय बल

अभिकेन्द्रीय बल

किसी कण की वृत्तीय गति हेतु अभिकेन्द्रीय बल का होना अतिआवश्यक है। अभिकेन्द्रीय बल के बिना वृत्तीय गति संभव नहीं है क्योंकि किसी भी गतिशील कण में "गति का जड़त्व" कार्य करता है जिसके कारण कण अपनी गति की दिशा को बदलना नहीं चाहता अर्थात् कण की वृत्तीय गति हेतु एक बल अनिवार्य है जो कि घूमने वाली वस्तु की जड़त्व की प्रकृति का विरोध करे और उसे वृत्तीय मार्ग में घूमने हेतु बाध्य करें। यही बल अभिकेन्द्रीय बल कहलाता है। यदि कण की चाल v, वृत्तीय मार्ग की त्रिज्या r तथा कण का द्रव्यमान m हो तब अभिकेन्द्रीय बल $F=\frac{mv^2}{r}=m\omega^2 r$, $F=m4\pi^2n^2r=\frac{m4\pi^2r}{T^2}$

अभिकेन्द्रीय बल द्वारा किया गया कार्यः किसी कण को वृत्तीय मार्ग मे घुमाने के लिए अभिकेन्द्रीय बल द्वारा कोई कार्य नहीं किया जाता। इस अभिकेन्द्रीय बल का कार्य केवल गति कर रहे कण के वेग की दिशा को प्रतिक्षण बदलते रहना है। वृत्तीय गति में इस अभिकेन्द्रीय बल तथा तात्क्षणिक विस्थापन की दिशाएँ सदैव परस्पर लम्बवत् होती है।

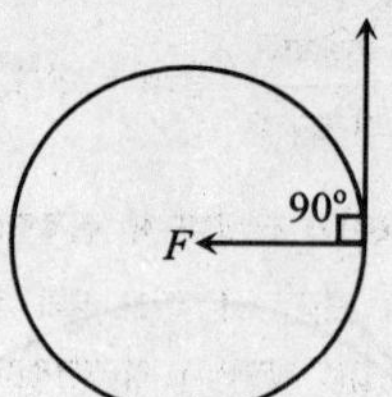

अभिकेन्द्रीय बल तथा तात्क्षणिक विस्थापन

$W=\vec{F}\cdot\vec{d}=Fd\cos\theta=Fd\cos 90^\circ$ या $W=0$

इस कारण इस अभिकेन्द्रीय बल द्वारा किया गया कार्य सदैव शून्य होता है।

अपकेन्द्रीय बल

यह एक प्रकार का छद्म बल है जो वृत्तीय गति कर रहे कण पर त्रैज्यीय बाहर की ओर अनुभव होता है। वास्तव में इस बल का कोई आस्तित्व नहीं होता क्योंकि अभिकेन्द्रीय बल को हटा लेने पर कण त्रैज्यीय बाहर की ओर न जाकर स्पर्श रेखीय दिशा में चला जाता है। अतः वास्तव में यह गतिशील कण के जड़त्व की प्रकृति होती है जिसके कारण पिण्ड उस क्षण पर अपने तात्क्षणिक वेग की दिशा में चला जाता है। अर्थात् अभिकेन्द्रीय बल के रहने पर ही अपकेन्द्रीय बल प्रतीत होता है, इसके न रहने पर अपकेन्द्रीय बल का आभास भी समाप्त होता है। इस अपकेन्द्रीय बल का परिमाण, अभिकेन्द्रीय बल के बराबर अर्थात् $\frac{mv^2}{r}$ होता है। ये अभिकेन्द्रीय बल तथा अपकेन्द्रीय बल, क्रिया और प्रतिक्रिया बल नहीं होते क्योंकि न्यूटन के तृतीय नियमानुसार क्रिया तथा प्रतिक्रिया बल अलग–अलग वस्तुओं पर कार्य करते है। जबकि अभिकेन्द्रीय तथा अपकेन्द्रीय दोनों बल वृत्तीय गति करने वाले एक ही कण पर कार्य करते हैं।

वृत्तीय गति से संबंधित कुछ पद

(1) कोणीय विस्थापन (θ): वृत्तीय मार्ग पर गति करता हुआ कण निश्चित समयान्तराल में वृत्ताकार मार्ग के केन्द्र पर जो कोण अंतरित करता है। वह उसका कोणीय विस्थापन कहलाता है। कोणीय विस्थापन एक सदिश राशि है जिसकी दिशा दाँए हाथ के नियम द्वारा ज्ञात की जा सकती है। मात्रकः रेडियन या डिग्री; विमाः $M^0L^0T^0$

(2) कोणीय विस्थापन तथा रेखीय विस्थापन में संबंधः $S=r\theta\Rightarrow$ रेखीय विस्थापन = त्रिज्या × कोणीय विस्थापन

(3) कोणीय वेग (ω): समय के साथ कोणीय विस्थापन के परिवर्तन की दर कोणीय वेग कहलाती है। कोणीय वेग = कोण / समय $\Rightarrow \vec{\omega}=\frac{d\vec{\theta}}{dt}$ यह एक सदिश राशि है जिसकी दिशा कोणीय विस्थापन की ही दिशा होती है। इसे दाएँ हाथ के नियम द्वारा ज्ञात कर सकते हैं।

मात्रक $=\frac{\text{रेडियन}}{\text{सेकण्ड}}$ या $\frac{\text{डिग्री}}{\text{सेकण्ड}}$ विमा $=M^0L^0T^{-1}$

(4) कोणीय वेग तथा रेखीय वेग में सम्बन्ध

रेखीय वेग = कोणीय वेग × त्रिज्या $\Rightarrow v=r\omega$ अथवा $\vec{v}=\vec{\omega}\times\vec{r}$

(5) कोणीय त्वरण (α): समय के साथ कोणीय वेग के परिवर्तन की दर कोणीय त्वरण कहलाती है। $\alpha = \frac{d\vec{\omega}}{dt} = \frac{d^2\vec{\theta}}{dt^2}$

यह एक सदिश राशि है, जिसकी दिशा दाएँ हाथ के नियम द्वारा ज्ञात की जा सकती है।

मात्रक $= \frac{\text{रेडियन}}{\text{सेकण्ड}}$ या $\frac{\text{रेडियन}}{\text{सेकण्ड}^2}$ विमा $= M^0L^0T^{-2}$

(6) कोणीय त्वरण तथा रेखीय त्वरण में संबंधः $a = r\alpha$ अथवा $\vec{a} = \vec{\alpha} \times \vec{r}$

(7) आवर्तकाल (T): वृत्तीय मार्ग में एक पूरा चक्कर लगाने में कण को जितना समय लगता है वह उसका आवर्तकाल कहलाता है।

मात्रकः सेकण्ड तथा विमाः $M^0L^0T^1$

(8) आवृत्ति (*n*): वृत्तीय मार्ग पर गति करता पिण्ड एक सेकण्ड में जितने चक्कर पूरे कर लेता है वह उसकी आवृत्ति कहलाती है।

मात्रक–चक्कर/सेकण्ड या प्रति सेकण्ड या हर्ट्ज तथा विमा $= [M^0L^0T^{-1}]$

(9) आवर्तकाल तथा आवृत्ति में संबंधः आवर्तकाल $= \frac{1}{\text{आवृत्ति}}$

$\Rightarrow \quad T = \frac{1}{n}$

वृत्तीय गति में विभिन्न त्वरण

(1) अभिकेन्द्रीय त्वरण या त्रैज्यीय त्वरण (Centripetal Accelaration or Radial Acceleration) (a_c or a_r): वृत्तीय मार्ग में गति करने वाले कण के वृत्ताकार मार्ग के केन्द्र के अनुदिश जो त्वरण कार्य करता है उसे अभिकेन्द्रीय त्वरण कहा जाता है। वृत्तीय गति, इस अभिकेन्द्रीय त्वरण के बिना संभव ही नहीं है। अर्थात् वृत्तीय गति चाहे समान हो या असमान, दोनों में ही अभिकेन्द्रीय या त्रिज्यीय त्वरण अनिवार्य रूप से कार्य करता है।

अभिकेन्द्रीय त्वरण $a_c = \frac{v^2}{r} = \omega^2 r = 4\pi^2 n^2 r = \frac{4\pi^2 r}{T^2}$

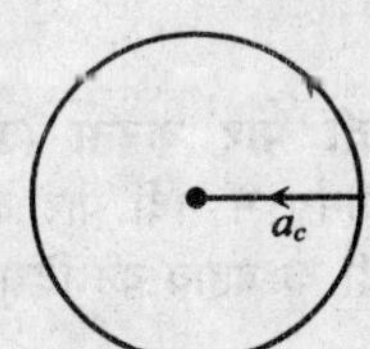

वृत्तीय गति में विभिन्न त्वरण

(2) स्पर्श रेखीय त्वरण (a_t): वृत्तीय मार्ग के किसी बिन्दु पर स्पर्श रेखा की दिशा में जो त्वरण कार्य करता है, स्पर्शरेखीय त्वरण कहलाता है। यह केवल असमान वृत्तीय गति में कार्य करता है। अर्थात् जब कण की चाल बदलती है। एक समान वृत्तीय गति के लिये $a_t = 0$ होता है।

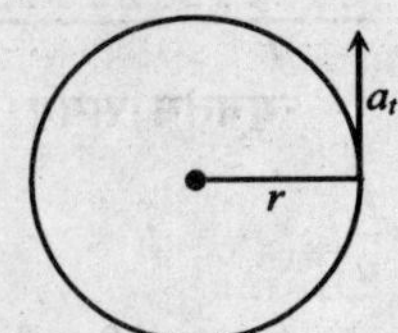

वृत्तीय गति में विभिन्न त्वरण

(3) कोणीय त्वरण (α) : असमान वृत्तीय गति में कोणीय त्वरण कार्य करता है तथा इसकी दिशा घूर्णन तल के लम्बवत् केन्द्र के अनुदिश अन्दर या बाहर की ओर होती है। यदि कण वामावर्त घूमता है तब इसकी दिशा तल के लम्बवत् बाहर की ओर होती है जैसा कि चित्र में प्रदर्शित है।

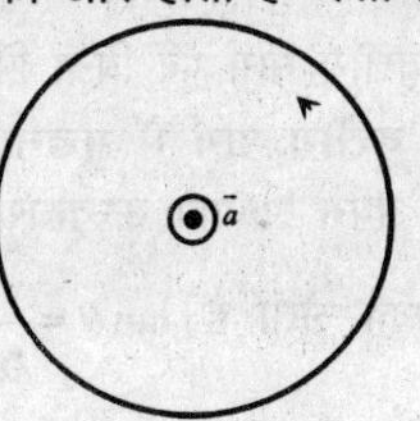

वृत्तीय गति में विभिन्न त्वरण

एकसमान वृत्तीय गति में कोणीय त्वरण

$\alpha = 0$ क्योंकि $\alpha = \frac{d\omega}{dt} = 0$ ($\omega =$ नियतांक)

(4) परिणामी त्वरण (a_N): स्पर्श रेखीय त्वरण तथा अभिकेन्द्रीय त्वरण का परिणामी ही परिणामी त्वरण कहलाता है। इसे a_N से व्यक्त करते हैं।

$a_N = \sqrt{a_c^2 + a_t^2}$

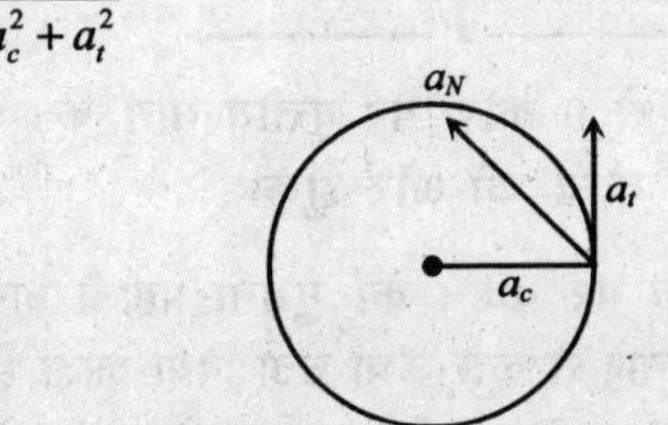

वृत्तीय गति में विभिन्न त्वरण

एकसमान वृत्तीय गति हेतु $a_t = 0$ अतः $a_N = a_c$ अर्थात् एकसमान वृत्तीय गति में केवल अभिकेन्द्रीय त्वरण ही कार्य करता है।

वृत्तीय गति के समीकरण

$\omega = \omega_0 \pm \alpha t;\ \theta = \omega_0 t \pm \frac{1}{2}\alpha t^2;\ \omega^2 = \omega_0^2 \pm 2\alpha\theta;\ \theta_n = \omega_0 \pm \frac{\alpha}{2}[2n-1]$

जहाँ $\omega_0 =$ प्रारंभिक कोणीय वेग;

$\omega =$ अंतिम कोणीय वेग;

$\alpha =$ कोणीय त्वरण;

$\theta =$ कोणीय विस्थापन;

$t =$ समय;

$\theta_n = n$ वें सेकण्ड में कोणीय विस्थापन।

अभिकेन्द्रीय बल के अनुप्रयोग

(1) वृत्तीय मार्ग पर वाहनों का फिसलनाः जब कोई वाहन वृत्तीय मार्ग पर मुड़ता है तो अभिकेन्द्रीय बल की आवश्यकता होती है, यह अभिकेन्द्रीय बल सड़क तथा टायर के मध्य लगने वाले घर्षण से प्राप्त होता है। चूँकि घर्षण बल का मान एक निश्चित सीमा में अधिक नहीं हो सकता अतः वृत्तीय मार्ग पर मुड़ते समय वाहनों का वेग एक निश्चित वेग से अधिक नहीं होना चाहिए अन्यथा पर्याप्त अभिकेन्द्रीय बल न मिलने के कारण वाहनों के फिसलने की संभावना रहती है।

क्रांतिक स्थिति के लिए ⇒ अभिकेन्द्रीय बल = घर्षण बल

$\Rightarrow \quad \frac{mv_{\max}^2}{r} = \mu R \quad \Rightarrow v_{\max} = \sqrt{\mu rg}$

अर्थात् वाहन के मुड़ने का वेग $\sqrt{\mu rg}$ के बराबर या इससे कम होना चाहिए तभी उसका वृत्तीय मार्ग पर बिना फिसले मुड़ने संभव होगा।

(2) साइकिल सवार का वृत्तीय मार्ग में मुड़ना: साइकिल सवार जब वृत्तीय मार्ग में मुड़ता है तो अपने आपको ऊर्ध्वाधर से θ कोण पर वृत्तीय मार्ग के केन्द्र की ओर झुका लेता है। $\tan\theta = \frac{v^2}{rg}$; $\theta = \tan^{-1}\left[\frac{v^2}{rg}\right]$ अर्थात् v वेग से r त्रिज्या के वृत्तीय मार्ग में सुरक्षित मुढ़ने हेतु साइकिल सवार का ऊर्ध्वाधर से बनने वाला कोण $\theta = \tan^{-1}\left[\frac{v^2}{rg}\right]$ होना चाहिए।

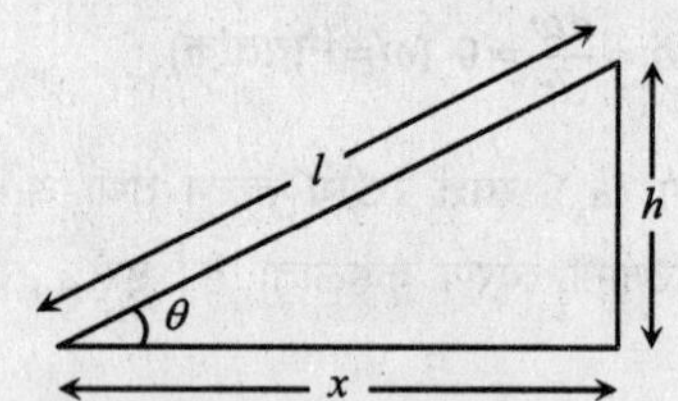

ऊर्ध्वाधर से θ कोण पर वृत्तीय मार्ग के केन्द्र की ओर झुका

(3) घर्षण विहीन सड़क पर वाहन का मुड़ना: पहाड़ी मार्गों पर वृत्तीय सड़कों को बाहरी किनारे से कुछ ऊँचा उठा दिया जाता है। ऐसा करने से वाहन के भार का एक घटक वृत्तीय मार्ग के केन्द्र की ओर कार्य करने से आवश्यक अभिकेन्द्रीय बल प्राप्त हो जाता है।

$$\tan\theta = \frac{v^2}{rg} = \frac{h}{l} = \frac{\omega^2 r}{g} = \frac{v\omega}{g}$$

(4) घर्षण युक्त उठी हुयी सड़क पर कार का मुड़ना: यदि कार वृत्तीय मार्ग में मुड़ रही है और उसे आवश्यक अभिकेन्द्रीय बल घर्षण तथा सड़क के उठाव कोण दोनों की वजह से प्राप्त होता है तब $\frac{v^2}{rg} = \frac{\mu + \tan\theta}{1 - \mu\tan\theta}$
यहाँ μ = घर्षण गुणांक; θ = सड़क का उठाव कोण

ऊर्ध्वाधर वृत्त में गति

यह असमान वृत्तीय गति का उदाहरण है। जैसे–जैसे कण ऊर्ध्वाधर वृत्त में ऊपर की ओर गति करता है इसकी चाल तथा गतिज ऊर्जा घटती जाती है जबकि स्थितिज ऊर्जा बढ़ती जाती है, और पुनः जैसे–जैसे यह कण नीचे की ओर गति करता है चाल तथा गतिज ऊर्जा बढ़ती जाती है और स्थितिज ऊर्जा घटती जाती है। पूरी गति में कण की कुल ऊर्जा (गतिज + स्थितिज) संरक्षित रहती हैं। क्रांतिक स्थितिः ऊर्ध्वाधर वृत्त में गति कर रहे पिण्ड को निम्नतम बिन्दु पर दिया गया वह न्यूनतम वेग जिसके कारण प्राप्त गतिज ऊर्जा से पिण्ड अपना ऊर्ध्वाधर वृत्त पूरा कर लेता है क्रांतिक वेग कहलाता है।

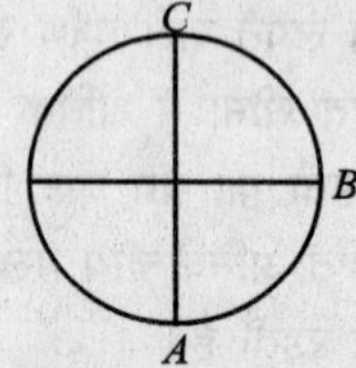

ऊर्ध्वाधर वृत्त में

माना A, B, C, D ऊर्ध्वाधर वृत्त के चार बिन्दु हैं तथा पत्थर को डोरी से बाँधकर इसे ऊर्ध्वाधर वृत्त में घुमाया जा रहा है।

राशि एवं बिन्दु A, B, C तथा D पर मान

राशि	बिन्दु A	बिन्दु B	बिन्दु C	बिन्दु D
रेखीय वेग (v)	$\sqrt{5gr}$	$\sqrt{3gr}$	$\sqrt{gr}$	$\sqrt{3gr}$
कोणीय वेग (ω)	$\sqrt{\frac{5g}{r}}$	$\sqrt{\frac{3g}{r}}$	$\sqrt{\frac{g}{r}}$	$\sqrt{\frac{3g}{r}}$
डोरी में तनाव (T)	$6\,mg$	$3\,mg$	0	$3\,mg$
गतिज ऊर्जा (KE)	$\frac{5}{2}mgr$	$\frac{3}{2}mgr$	$\frac{1}{2}mgr$	$\frac{3}{2}mgr$
स्थितिज ऊर्जा (PE)	0	mgr	$2\,mgr$	mgr

नदी पार करना

(1) न्यूनतम दूरी तय करके नदी पार करना (To Cross the River in the Shortest Path): न्यूनतम दूरी तय करके नदी पार करने के लिए तैराक को नदी की चौड़ाई (h) से θ कोण बनाती हुई दिशा में तैरना प्रारम्भ करना होगा, जहाँ θ का मान दिया जाता है

$$\sin\theta = \frac{v}{u\cos\theta} \text{ या } \theta = \sin^{-1}\left(\frac{v}{u}\right)$$

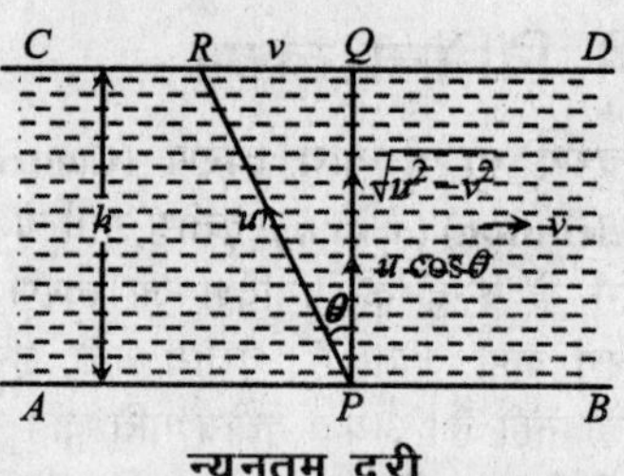

न्यूनतम दूरी

जहाँ v = नदी के बहाव का वेग, u = तैराक का वेग, नदी पार करने में लगा समय

$$t = \frac{h}{u\cos\theta} = \frac{h}{\sqrt{u^2 - v^2}}$$

(2) न्यूनतम समय में नदी पार करना (To Cross the River in the Shortest Time): न्यूनतम समय में नदी पार करने के लिए $\cos\theta = +1$ या $\theta = 0°$ अर्थात् तैराक को नदी के बहाव की दिशा के लम्बवत् दिशा में तैरना प्रारम्भ करना चाहिए।

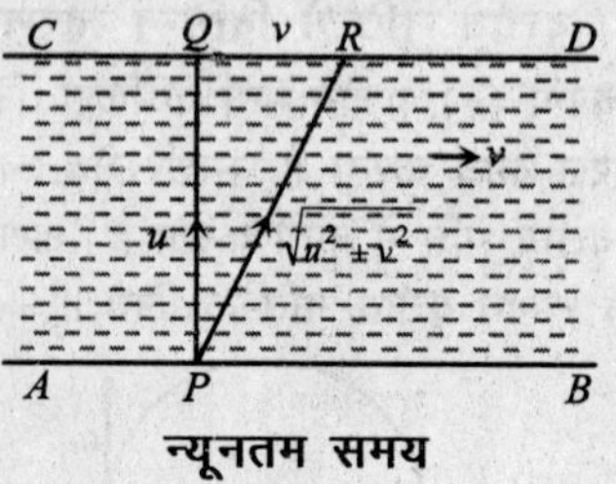

न्यूनतम समय

न्यूनतम समय $t_{min} = \frac{h}{u}$

न्यूनतम समय में तैराक द्वारा तय की दूरी $(PR) = \frac{h}{u}\sqrt{u^2 + v^2}$

न्यूनतम समय में तैराक द्वारा नदी के बहाव की दिशा में तय की गई दूरी $(QR) = \frac{vh}{u}$

प्रश्नमाला

1. प्रक्षेप्य के पथ को $y = \sqrt{3}x - gx^2/2$ द्वारा प्रदर्शित किया जाता है, तो प्रक्षेप्य कोण है–
(a) 30°
(b) 45°
(c) 60°
(d) उपरोक्त में से कोई नहीं

2. *y*-अक्ष के अनुदिश प्रक्षेपित वस्तु का पथ $y = \sqrt{3}x - \frac{1}{2}x^2$ द्वारा दिया जाता है, यदि $g = 10\ m/s^2$ हो तो प्रक्षेप्य का प्रारम्भिक वेग होगा (*x* तथा *y* मीटर में है)–
(a) $3\sqrt{10}$ m/s (b) $2\sqrt{10}$ m/s
(c) $10\sqrt{3}$ m/s (d) $10\sqrt{2}$ m/s

3. किसी तोप से एक गोला 500 *m/s* के वेग से दागा जाता है। यदि प्रक्षेपण कोण 15° हो तथा $g = 10\ m/s^2$ हो तो परास है–
(a) $25 \times 10^3\ m$ (b) $12.5 \times 10^3\ m$
(c) $50 \times 10^2\ m$ (d) $25 \times 10^2\ m$

4. 2 *kg* द्रव्यमान की एक वस्तु का *OE* के अनुदिश प्रारम्भिक वेग 3 *m/s* है। इस पर *OF* दिशा में, *OE* के लम्बवत् 4 न्यूटन का बल लगाया जाता है। *O* से 4 सेकण्ड बाद वस्तु की दूरी होगी?
(a) 12 *m* (b) 28 *m*
(c) 20 *m* (d) 48 *m*

5. एक वस्तु *X*-अक्ष के अनुदिश मूल बिन्दु से प्रारम्भ होकर 6 m/s^2 के त्वरण से तथा *Y*-अक्ष के अनुदिश 8 m/s^2 से त्वरित होती है तो 4 सेकण्ड बाद मूल बिन्दु से इसकी दूरी क्या होगी–
(a) 56 *m* (b) 64 *m*
(c) 80 *m* (d) 128 *m*

6. प्रक्षेप गति में, उच्चतम बिन्दु पर वेग है–
(a) $\frac{u\cos\theta}{2}$ (b) $u\cos\theta$
(c) $\frac{u\sin\theta}{2}$ (d) उपरोक्त में से कोई

7. एक वस्तु क्षैतिज से 30° के कोण पर 30 *m/s* के वेग से फेंकी जाती है। 1 सेकण्ड बाद इसका वेग होगा (मीटर/सेकण्ड में) ($g = 10\ m/s^2$)
(a) $10\sqrt{7}$ (b) $700\sqrt{10}$
(c) $100\sqrt{7}$ (d) $\sqrt{40}$

8. एक प्रक्षेप्य को क्षैतिज से 30° कोण पर फेंका जाता है। इसके वेग का ऊर्ध्वाधर घटक 80 ms^{-1} है। इसका उड्डयन काल *T* है तो समय $t = T/2$ पर प्रक्षेप्य का वेग होगा–
(a) 80 ms^{-1}
(b) $80\sqrt{3}\ ms^{-1}$
(c) $(80/\sqrt{3})\ ms^{-1}$
(d) 40 ms^{-1}

9. एक कण क्षैतिज से 'α' कोण बनाते हुए *u* वेग से, बिन्दु *O* से प्रक्षेपित किया जाता है। किसी क्षण बिन्दु '*P*' पर स्थिति इसके वेग की दिशा, प्रक्षेपण की दिशा के लम्बवत् है, तो बिन्दु *P* पर इसका वेग है–
(a) $u\tan\alpha$ (b) $u\cot\alpha$
(c) $u\,\mathrm{cosec}\,\alpha$ (d) $u\sec\alpha$

10. एक कण *P* क्षैतिज से 30° कोण पर वेग u_1 से प्रक्षेपित किया जाता है। अन्य कण *Q*, कण *P* के पथ के उच्चतम बिन्दु के ठीक नीचे से u_2 वेग से ऊर्ध्वाधर ऊपर फेंका जाता है। उच्चतम बिन्दु पर दोनों कणों के टकराने के लिए आवश्यक शर्त है–
(a) $u_1 = u_2$ (b) $u_1 = 2u_2$
(c) $u_1 = \frac{u_2}{2}$ (d) $u_1 = 4u_2$

11. एक प्रक्षेप्य, प्रक्षेपण के दो सेकण्ड बाद क्षैतिज से 30° कोण बनाकर चल रहा है, एक और सेकण्ड बाद यह क्षैतिजतः चलने लगता है। प्रक्षेपण बिन्दु इसके वेग का परिमाण तथा दिशा होंगे–
(a) $2\sqrt{20}$ *m*/sec, 60°
(b) $20\sqrt{3}$ *m*/sec, 60°
(c) $6\sqrt{40}$ *m*/sec, 30°
(d) $40\sqrt{6}$ *m*/sec, 30°

12. एक प्रक्षेप्य को क्षैतिज से θ कोण बनाते हुए *u* वेग से फेंका जाता है। जब यह उच्चतम बिन्दु पर होगा, तब इसके वेग में परिवर्तन होगा –
(a) $u\cos\theta$ (b) u
(c) $u\sin\theta$ (d) $(u\cos\theta - u)$

13. 0.5 *kg* द्रव्यमान की एक वस्तु क्षैतिज से 30° कोण पर 98 *m/s* की चाल से गुरूत्व के अधीन फेंकी जाती है, तो वस्तु के संवेग में परिवर्तन होगा–
(a) 24.5 *N-s* (b) 49.0 *N-s*
(c) 98.0 *N-s* (d) 50.0 *N-s*

14. 100 *g* द्रव्यमान के एक कण को क्षैतिज से 30° पर वेग 20 $m\ sec^{-1}$ से फेंका जाता है। जब यह अपने पथ के उच्चतम बिन्दु पर पहुँचता है तो इसके संवेग में परिवर्तन होगा–
(a) $\sqrt{3}\ kg\ m\sec^{-1}$ (b) $\frac{1}{2}kg\ m\sec^{-1}$
(c) $\sqrt{2}\ kg\ m\sec^{-1}$ (d) $1\ kg\ m\sec^{-1}$

15. दो समान द्रव्यमान (*m*) के कण दो बिन्दुओं, जिनके बीच दूरी कण की क्षैतिज परास के बराबर है, से समान कोण (θ) पर फेंके जाते हैं, इनके वेग (*v*) समान हैं। संघट्ट के समय निकाय का कुल संवेग होगा–
(a) शून्य
(b) $2mv\cos\theta$
(c) $-2mv\cos\theta$
(d) उपरोक्त में से कोई नहीं

16. एक *m* द्रव्यमान का कण क्षैतिज से 45° कोण पर *v* वेग से प्रक्षेपित किया जाता है। प्रक्षेपण बिन्दु के परितः कण का कोणीय संवेग, अधिकतम ऊँचाई पर होगा (जहाँ *g* = गुरूत्वीय त्वरण है)
(a) शून्य (b) $\frac{mv^3}{4\sqrt{2}g}$
(c) $\frac{mv^3}{\sqrt{2}g}$ (d) $\frac{mv^2}{2g}$

उत्तरमाला

1. (c) **2.** (b) **3.** (b) **4.** (c) **5.** (c) **6.** (b) **7.** (a) **8.** (b) **9.** (b) **10.** (b)
11. (b) **12.** (c) **13.** (b) **14.** (d) **15.** (a) **16.** (b)

अध्याय 3

गति के नियम

किसी वस्तु को बिन्दु द्रव्यमान कहा जाता है, यदि वह गति के दौरान दिये गये समय में अपने आकार की तुलना में अत्यधिक दूरी तय करती है। न्यूटन की गति के प्रथम नियम के अनुसार, जब कोई वस्तु एकसमान वेग से सीधी रेखा में गति करती है, तो उसके इस वेग को बनाए रखने के लिए किसी बल की आवश्यकता नहीं होती। परन्तु जब वस्तु वृत्ताकार मार्ग के अनुदिश एकसमान वेग से गति करती है, तब इसकी दिशा लगातार बदलती है अर्थात् वस्तु की दिशा में परिवर्तन के कारण इसके वेग की दिशा भी बदलती रहती है। न्यूटन की गति के दूसरे नियम के अनुसार किसी वस्तु की दिशा में परिवर्तन केवल तभी होता है, जब उस पर कोई बाह्य बल लगे। बंदूक की गोली को काँच की खिड़की पर फायर करने पर यह स्पष्ट छिद्र बनाती हुई निकलती है, जबकि गेंद पूरी खिड़की के काँच को तोड़ देती है। इसका कारण यह है कि गोली का वेग गेंद की अपेक्षा अत्यधिक होता है, अतः काँच के साथ इसका संपर्क अत्यंत कम समय तक होता है, अतः गोली के कारण, गति काँच के केवल छोटे से भाग में ही संचरित होती है। अतः यह काँच की खिड़की से एक स्पष्ट छिद्र बनाती हुई निकलती है, जबकि गेंद से सम्बधित समय तथा संपर्क क्षेत्रफल अधिक होता है। इस समय में गति पूरी खिड़की के काँच में संचरित हो जाती है, अतः यह पूरी खिड़की को तोड़ (Cracks) देता है।

जब एक वस्तु दूसरी किसी वस्तु पर बल लगाती है, तब दूसरी वस्तु भी प्रथम वस्तु पर बराबर तथा विपरीत दिशा में बल आरोपित करती है। जब कोई व्यक्ति पृथ्वी पर चलता है, तो वह पंजों के द्वारा तिर्यक बल F से पृथ्वी को दबाता है। पृथ्वी भी उतना ही प्रतिक्रिया विपरीत दिशा में लगाती है। इस प्रतिक्रिया बल को दो समकोणिक घटकों में तोड़ा जा सकता है। क्षैतिज घटक व्यक्ति को आगे बढ़ने में मदद करता है, जबकि उर्ध्वाधर घटक व्यक्ति के भार को संतुलित करता है।

न्यूटन का प्रथम नियम

इस नियम के अनुसार प्रत्येक वस्तु अपनी वर्तमान अवस्था में होने वाले किसी भी परिवर्तन का विरोध करती है। वास्तव में न्यूटन का प्रथम नियम जड़त्व का ही नियम है। जड़त्व तीन प्रकार के होते हैं–

- **विराम का जड़त्वः** यदि कोई वस्तु विरामावस्था में है तो तब तक विराम में ही रहेगी जब तक कि कोई बाह्य बल लगाकर उसमें गति कराने का प्रयास न किया जाए।
- **गति का जड़त्वः** यदि कोई वस्तु गतिशील है तो तब तक गति करती रहेगी जब तक कि बाह्य बल लगाकर उसे रोकने का प्रयास न किया जाए।
- **दिशा का जड़त्वः** यदि कोई वस्तु किसी दिशा में गतिशील है, तो तब तक अपनी गति की दिशा परिवर्तित नहीं करेगी जब तक कि उस पर कोई बाहय बल न लगाया जाए।

जड़त्व वस्तु का गुण होता है यह कोई भौतिक राशि नहीं है। अतः इसका कोई मात्रक या विमा नहीं होती। जड़त्व का कारण वस्तु का द्रव्यमान होता है। जिस वस्तु का द्रव्यमान जितना अधिक होता है, उसमें जड़त्व की प्रवृत्ति भी उतनी ही अधिक होती है।

संवेगः किसी वस्तु के द्रव्यमान (संहति) तथा वेग के गुणनफल को संवेग कहा जाता है। यदि m द्रव्यमान की वस्तु v वेग से गतिशील है तब संवेग = द्रव्यमान × वेग $\Rightarrow P = mv$ अथवा $\vec{P} = m\vec{v}$ अर्थात संवेग एक सदिश राशि है। जिसकी दिशा वस्तु के वेग की ही दिशा होती है।

विमा = $[MLT^{-1}]$;

मात्रक = किग्रा × मीटर/सेकण्ड (S.I.), $\frac{\text{ग्राम} \times \text{सेमी.}}{\text{सेकण्ड}^2}$ (C.G.S.)

न्यूटन का द्वितीय नियम

इस नियम के अनुसार "किसी वस्तु के संवेग परिवर्तन की दर उस पर आरोपित बल के समानुपाती होती हैं तथा संवेग में होने वाला परिवर्तन बल की ही दिशा में होता है।"

यदि किसी कण पर dt समय तक F बल आरोपित करने से संवेग मे होने वाला परिवर्तन dp हो, तब

$$F \propto \frac{dp}{dt}$$

$$\Rightarrow \quad F = \frac{dp}{dt} = \frac{m(v_2 - v_1)}{t} = m\vec{a}$$

अर्थात् बल = द्रव्यमान × त्वरण

बल के मात्रक

निरपेक्ष मात्रक $\frac{\text{किग्रा} \times \text{मी}}{\text{सेकण्ड}^2}$ अथवा न्यूटन (S.I.);

$\Rightarrow \frac{\text{ग्राम} \times \text{सेमी}}{\text{सेकण्ड}^2}$ अथवा डाइन (C.G.S.)

$\Rightarrow$ 1 न्यूटन $= 10^5$ डाइन

गुरुत्वीय मात्रकः किग्रा भार (M.K.S.); ग्राम भार (C.G.S.) जहाँ 1 किग्रा भार = 10 न्यूटन तथा 1 ग्राम भार = 980 डाइन

रेखीय संवेग संरक्षण का नियम

इस नियम के अनुसार किसी निकाय के कणों का कुल रेखीय संवेग तब तक नहीं बदलता जब तक कि उस पर कोई बाह्य बल न लगाया जाये।

$F = \frac{dp}{dt}$ से

यदि $F = 0$

तब $P =$ नियतांक

यदि निकाय n कणों से मिलकर बना हुआ है, और m_1 द्रव्यमान वाले कण का वेग v_1, m_2 द्रव्यमान वाले कण का वेग v_2, m_3 द्रव्यमान वाले कण का वेग v_3 है तब बाह्य बल की अनुपस्थिति में निकाय का कुल रेखीय संवेग

$$P = P_1 + P_2 + P_3 + ... = m_1\vec{v}_1 + m_2\vec{v}_2 + m_3\vec{v}_3 + ... = \text{नियतांक}$$

रेखीय संवेग संरक्षण के नियम के अनुप्रयोग

(1) बंदूक से गोली दागने पर बंदूक का पीछे हटनाः यदि किसी बंदूक से गोली दागी जाए, तो गोली छूटने की विपरीत दिशा में बंदूक पीछे की ओर हटती है।

यदि गोली का द्रव्यमान m_B तथा इसका वेग v_B हो और बंदूक का द्रव्यमान m_G तथा इसके पीछे हटने का वेग v_G हो तब

(जहाँ राकेट का प्रारंभिक द्रव्यमान $= m_o$, राकेट से निकलने वाली गैसों का वेग $= U$ राकेट से गैस निकलने की दर अथवा ईंधन के जल ने की दर $= \frac{dm}{dt}$)

$$\vec{v}_a = -\frac{m_B\vec{v}_B}{m_G};$$

यहाँ ऋण चिन्ह यह बताता है कि v_G की दिशा v_B के के विपरीत है।

(2) राकेट का प्रक्षेपणः जब राकेट को पृथ्वी सतह से छोड़ा जाता है, तो उससे निकालने वाली गैसों का वेग बहुत अधिक होता है। इस कारण उनमें संवेग की बहुत अधिक होता है और संवेग संरक्षण हेतु राकेट भी संवेग की ऊपर की ओर कार्य करता है। जिसमें राकेट ऊपर की ओर गति करता है। साथ ही साथ राकेट जैसे–जैसे ऊपर जाता है, वैसे–वैसे ज्वलनशील गैसों के रूप में उसका ईंधन खर्च होने से, उसका द्रव्यमान घटता जाता है। फलस्वरुप उसका वेग बढ़ता जाता है। अर्थात् राकेट का प्रक्षेपण संवेग संरक्षण के नियम पर आधारित है।

राकेट का तात्क्षणिक वेग

$$v = U\ 2.303\log_{10}\left(\frac{m_0}{m}\right)$$

(जहाँ राकेट का प्रारंभिक द्रव्यमान $= m_0$; राकेट से निकलने वाली गैसों का वेग $= U$, राकेट से गैस निकलने की दर अथवा ईंधन के जलने की दर $= \frac{dm}{dt}$)

$$v = U\log_e\left(\frac{m_0}{m}\right)$$

और राकेट पर लगने वाला उत्क्षेप बल या प्रणोद (Thrust)

$$\Rightarrow \quad F = -U\frac{dm}{dt}$$

न्यूटन का तीसरा नियम

प्रत्येक क्रिया की उसके बराबर तथा उसके विरूद्ध दिशा में प्रतिक्रिया होती है। स्थूल रूप से विचार करने पर यह नियम असंभव जान पड़ता है; लेकिन यदि हम इस पर ध्यानपूवक विचार करें, तो इसकी सत्यता स्पष्ट होगी, हम जिस वस्तु को जितने बल से खींचने हैं, वह वस्तु भी हमें उतने ही बल से अपनी ओर खींचती है, फर्क है केवल दिशा में, जितनी जोर से हम जमीन पर अपना पैर पटकते हैं, उतनी ही अधिक हमें चोट लगती है अर्थात् जितनी जोर से हम जमीन को नीचे की ओर दबाते है, उतनी ही जोर से पृथ्वी हमें ऊपर की और ठेलती है, जितनी जोर से हम गेंद को जमीन पर गिराना आदि क्रियाएँ है, वस्तु का विपरीत दिशा में खींचता, पैर में चोट लगना तथा गेंद का ऊपर दिशा में जाना आदि प्रतिक्रियाएँ है, अतः न्यूटन का प्रस्तुत तीसरा नियम क्रिया–प्रतिक्रिया (Law of action and reaction) भी कहलाता है।

संयुक्त द्रव्यमान की गति

जब दो या दो से अधिक द्रव्यमान किसी अवितान्य डोरी से बाँधकर विभिन्न स्थितियों में गति करते हैं तब प्रत्येक स्थिति में निकाय का त्वरण तथा डोरी में तनाव ज्ञात करना होता है।

संयुक्त द्रव्यमान की गति

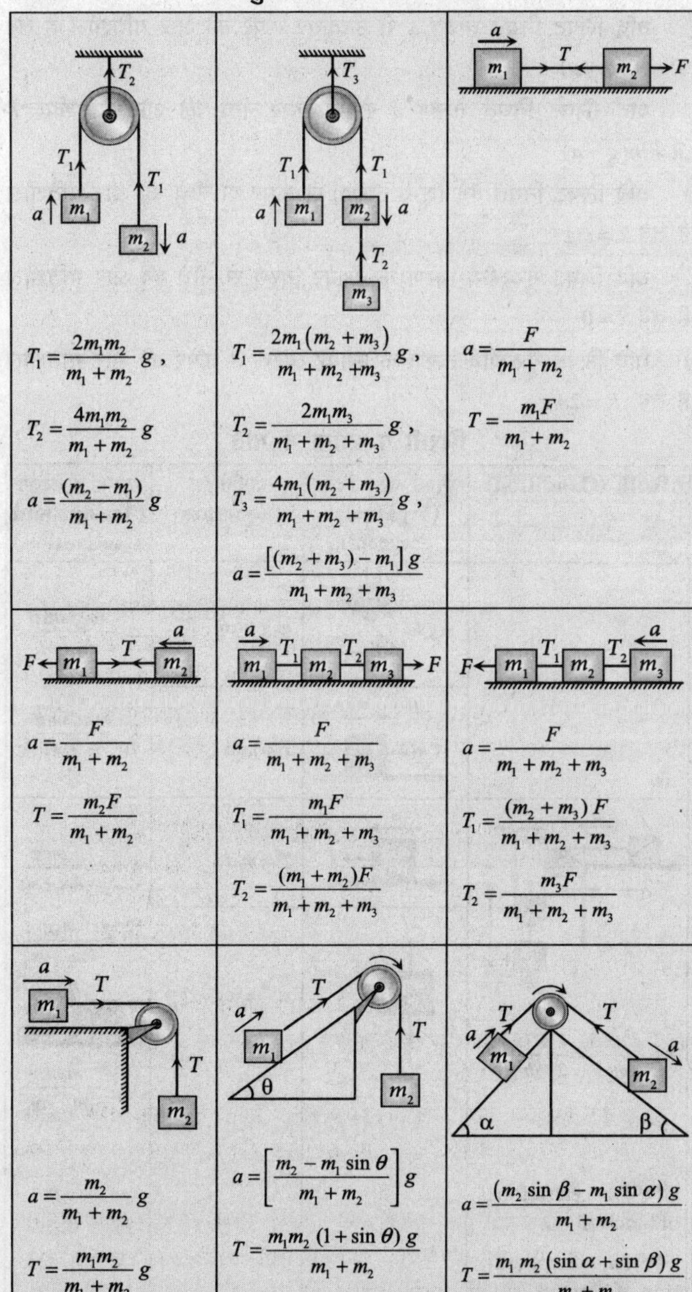

आभासी भार (Apparent Weight)

यदि किसी वस्तु का द्रव्यमान m है तो स्प्रिंग बैलेंस से नापने पर उस वस्तु का भार mg प्राप्त होगा। परंतु भिन्न–भिन्न स्थितियों में उस वस्तु का भार घटता बढ़ता रहता है। वास्तव में वस्तु का भार घटाता बढ़ता नहीं है अपितु यह भार आभासी भार होता है जो कि निर्देश तंत्र की गति के कारण प्रतीत होता है।

यदि कोई द्रव्यमान m, स्प्रिंग बैलेंस पर रखा हुआ है और स्प्रिंग बैलेंस किसी लिफ्ट में रखा हुआ है, तब वस्तु का भार mg ऊर्ध्वाधरतः नीचे की ओर कार्य करता है जबकि प्रतिक्रिया बल R ऊर्ध्वारतः ऊपर की ओर कार्य करता है। इसी R के द्वारा स्प्रिंग बैलेंस के पाठ्यांक से वस्तु का भार मापा जाता है।

यदि लिफ्ट विरामावस्था में है तब $R = mg$

यदि लिफ्ट नियत त्वरण a से ऊर्ध्वाधर ऊपर की ओर गतिशील है तब $R = m(g+a)$

यदि लिफ्ट नियत त्वरण a से ऊर्ध्वाधर नीचे की ओर गतिशील है $R = m(g-a)$

यदि लिफ्ट नियत वेग (शून्य त्वरण) से ऊपर या नीचे की ओर गतिशील है तब $R = mg$

यदि लिफ्ट गुरुत्वीय त्वरण के बराबर त्वरण से नीचे की ओर गतिशील है तब $R = 0$

यदि लिफ्ट गुरुत्वीय त्वरण के बराबर त्वरण से ऊपर की ओर गतिशील है तब $R = 2mg$

घिरनी व ब्लॉक में गति

स्थिति (Condition)	मुक्त वस्तु चित्र (Free body diagram)	समीकरण (Equation)	तनाव व त्वरण (Tension and acceleration)
	a, T, m_1, $m_1 g \sin\theta$, θ	$m_1 g \sin\theta - T = m_1 a$	$a = \frac{m_1 g \sin\theta}{m_1 + m_2}$
	a, T, m_1	$T = m_2 a$	$T = \frac{m_1 m_2 \sin\theta}{m_1 + m_2} g$
A, a, m_1, P, x_1, T, T, x_2, m_2, a, B	a, m_1, T	$T = m_1 a$	$a_1 = a = \frac{2m_2 g}{4m_1 + m_2}$
As $\frac{d^2(x_2)}{dt^2} = \frac{1}{2}\frac{d^2(x_1)}{dt^2}$ ∴ $a_2 = \frac{a_1}{2}$ **त्वरण** acceleration of block A **त्वरण** a_2 = acceleration of block B	$2T$, m_2, $(a/2)$, $m_2 g$	$m_2 \frac{a}{2} = m_2 g - 2T$	$a_2 = \frac{m_2 g}{4m_1 + m_2}$ $\frac{m_1 m_2 g}{m_1 \quad m_2}$

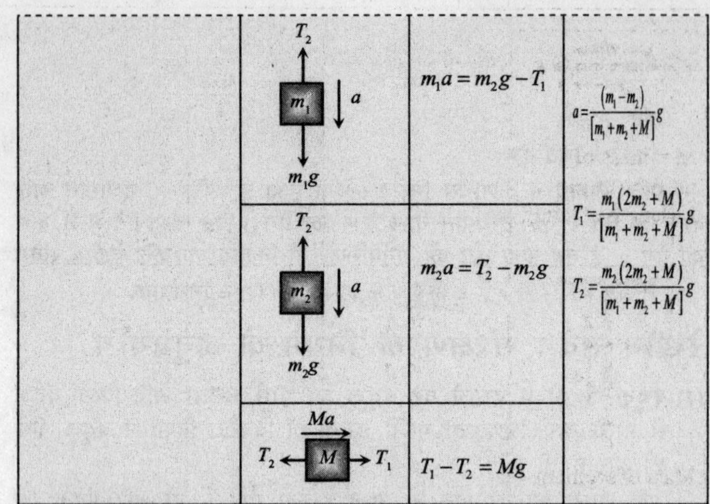

	T_2, m_1, a, $m_1 g$	$m_1 a = m_2 g - T_1$	$a = \frac{(m_1 - m_2)}{[m_1 + m_2 + M]} g$
	T_2, m_2, a, $m_2 g$	$m_2 a = T_2 - m_2 g$	$T_1 = \frac{m_1(2m_2 + M)}{[m_1 + m_2 + M]} g$ $T_2 = \frac{m_2(2m_1 + M)}{[m_1 + m_2 + M]} g$
	Ma, T_2, M, T_1	$T_1 - T_2 = Mg$	

जड़त्वीय और अजड़त्वीय निर्देश तंत्र

(1) जड़त्वीय निर्देश तंत्रः वह निकाय जिसमें कोई त्वरण कार्य नहीं करता, जड़त्वीय निर्देश तंत्र कहलाता है। उदाहरणः नियत चाल से ऊपर जाती या नीचे आती लिफ्ट, विराम में खड़ी हुई लिफ्ट, नियत चाल से चलती हुई कार।

(2) अजड़त्वीय निर्देश तंत्रः वह निकाय जिसमें त्वरण कार्य करता है अजड़त्वीय निर्देश तंत्र कहलाता है।

उदाहरण: उड़ान भरता हुआ हवाई जहाज, वृत्तीय मार्ग में गति करती हुई कार, नियत त्वरण से ऊपर जाती या नीचे आती लिफ्ट।

भारित रस्सी में गति

स्थिति (Condition)	मुक्त वस्तु चित्र (Free body diagram)	समीकरण (Equation)	तनाव व त्वरण (Tension and acceleration)
a, M, m, F	a, m_1, T_1; T_1 = बल force applied by the string on the block	$F = (M+m)a$ $T_1 = Ma$	$a = \frac{F}{M+m}$ $T_1 = M\frac{F}{(M+m)}$
	M, $m/2$, T_1; T_2 = तनाव Tension at mid point of the rope	$T_2 = \left(M + \frac{m}{2}\right)$	$T_2 = \frac{(2M+m)}{2(M+m)} F$
L, F, x	m, F, a	$F = ma$	$a = \frac{F}{m}$
m = द्रव्यमान mass of string T = तनाव Tension in string at a distance x from the end where the force is applied	$m[(L-x)/L]$	$T = m\left(\frac{L-x}{L}\right)a$	$T = \left(\frac{L-x}{L}\right)F$

$F_2 \leftarrow L \rightarrow F_1$, $A \leftarrow x \rightarrow B$ M = mass of uniform string L=length of string	F_2, A $(M/L)x$ B, F_1, a	$F_1 - T = \frac{Mxa}{L}$ $F_1 - F_2 = Ma$	$a = \frac{F_1 - F_2}{M}$ $T = F_1\left(1 - \frac{x}{L}\right) + F_2\left(\frac{x}{L}\right)$
A, L, B, T, x, C, F	T', A, $L-x$, B, F	$T' = \frac{M}{L}(L-x)g + T$	$T' = F + Mg$
Mass of segment $BC = \left(\frac{M}{L}\right)x$	T, B, x, C, F	$T = F + \frac{M}{L}xg$	$T = F + \frac{M}{L}xg$

घर्षण

यह एक प्रकार का प्रतिरोधी बल है, जो तब कार्य करता है जबकि कोई वस्तु किसी सतह पर गति करती है या गति करने का प्रयास करती है। सामान्यतः घर्षण बल तीन प्रकार के होते हैं–

स्थैतिक घर्षण, चरम या सीमांत घर्षण, गतिक घर्षण।

(1) स्थैतिक घर्षण (Static Friction): यदि कोई वस्तु किसी घर्षण युक्त तल पर रखी हुई है और उस पर आरोपित बल P है परन्तु वस्तु में कोई गति उत्पन्न नहीं होती, तो इसका तात्पर्य है कि वस्तु पर आरोपित बल की दिशा के विपरीत एक बल कार्य करता है। यही प्रतिरोधी बल स्थैतिक घर्षण बल कहलाता है। स्थैतिक घर्षण बल $F = P$ जैसे–जैसे आरोपित बल का मान बढ़ाया जाता है वैसे–वैसे स्थैतिक घर्षण बल F का मान भी बढ़ता है। इसी कारण इसे स्वतः परिवर्ती बल कहते हैं।

(2) चरम या सीमांत घर्षण (Limiting Friction): वस्तु पर आरोपित बल P का मान यदि बढ़ाते जाएं, तो एक स्थिति ऐसी आती है कि वस्तु में गति प्रारंभ हो जाती है यह स्थिति क्रांतिक या सीमांत स्थिति कहलाती है तथा इस स्थिति में कार्य करने वाला बल चरम या सीमांत घर्षण बल कहलाता है। सीमांत घर्षण $F_l \propto R$ इस सीमांत घर्षण बल का मान प्रतिक्रिया R के समानुपाती होता है।

$$F_l = \mu_s R$$

यहाँ μ_s एक समानुपातिक नियतांक है जिसका मान संपर्क सतहों की प्रकृति पर निर्भर करता है इसे स्थैतिक घर्षण गुणांक कहा जाता है। स्थैतिक घर्षण गुणांक का मान दी गई संपर्क सतहों के लिए सदैव एक निश्चित राशि होता है, वस्तु के भार से इसका कोई संबंध नहीं है। घर्षण विहीन सतह के लिए μ_s का मान शून्य होता है तथा घर्षण युक्त सतहों के लिए इसका अधिकतम मान 1 होता है।

(3) गतिक घर्षण (Kinetic Friction): यदि आरोपित बल का मान और अधिक बढ़ाया जाए तो वस्तु में गति उत्पन्न हो जाती है। वस्तु इस गत्यावस्था में गति की दिशा के विपरीत जो प्रतिरोधी बल कार्य करता है उसे गतिक घर्षण कहा जाता है। गतिक घर्षण का मान भी प्रतिक्रिया बल R के समानुपाती होता है।

$$F_k \propto R;\ F_k = \mu_k R$$

यहाँ μ_k समानुपातिक नियतांक है जिसे गतिक घर्षण गुणांक कहा जाता है। इसका मान भी संपर्क सतहों की प्रकृति पर निर्भर करता है।

व्यवहारिक अनुभव से ज्ञात होता है कि वस्तु की गति को बनाए रखने के लिए जिस बल की आवश्यकता होती है उसका मान वस्तु की गति प्रारम्भ करने के लिए लगाए गए बल की तुलना में कम होता है अर्थात् सीमांत घर्षण की तुलना में गतिक घर्षण का मान कम होता है।

$$F_k < F_l;\ \mu_k R < \mu_s R;\ \mu_k < \mu_s$$

अर्थात् गतिक घर्षण गुणांक का मान स्थैतिक घर्षण गुणांक की तुलना में सदैव कम होता है।

गतिक घर्षण भी दो प्रकार के होते हैं सर्पी घर्षण, (Sliding Friction) बेल्लनी या लोटनिक घर्षण (Rotating Friction)

- **सर्पी घर्षण:** जब एक वस्तु किसी सतह पर फिसलती है, तब यह घर्षण काम करता है।
- **लोटनिक या बेल्लनी घर्षण :** जब एक वस्तु किसी सतह पर लुढ़कती है, तब यह घर्षण काम करता है।

घर्षण के लाभ व हानियाँ

लाभ	हानियाँ
घर्षण के कारण ही चलना संभव हो पाता है।	घर्षण से मशीनों के पुर्जे घिस जाते हैं।
वाहनों में ब्रेक घर्षण की वजह से ही कार्य करते हैं।	घर्षण के विरुद्ध खर्च होने वाली ऊर्जा की हानि होती है।
ब्लैकबोर्ड पर चॉक से लिखना घर्षण द्वारा ही संभव है।	घर्षण से उत्पन्न होने वाली ऊष्मा से मशीनों के जल जाने की आशंका होती है।
बैल्ट तथा पहिए के बीच घर्षण के कारण ही पहिया घूमता है।	
दीवारों पर कील ठोकना घर्षण के कारण ही संभव है।	

घर्षण कोण तथा विराम कोण

घर्षण कोण (Friction Angle) सीमांत संतुलन की स्थिति में घर्षण बल तथा प्रतिक्रिया का परिणामी, प्रतिक्रिया से जो कोण बनाता है उसे घर्षण कोण कहते हैं। इसे θ से व्यक्त करते हैं।

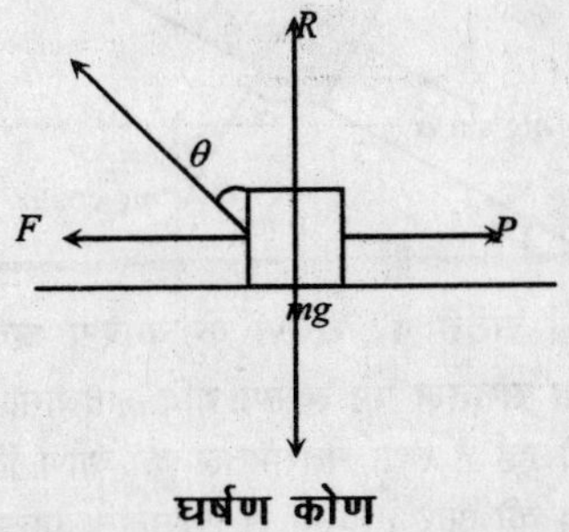

घर्षण कोण

चित्र से स्पष्ट है कि $\tan\theta = \frac{F}{R}$

हम जानते हैं कि $R = \mu R$

$\therefore \quad \mu = \frac{F}{R}$ अतः $\tan\theta = \mu$

अर्थात् घर्षण कोण की स्पर्शज्या, घर्षण गुणांक के बराबर होती है।

विराम कोण: क्षैतिज समतल पर रखी हुई वस्तु को यदि धीरे–धीरे ऊपर उठाएं, तो समतल के क्षैतिज से बनने वाले एक विशेष कोण पर वस्तु में नीचे की ओर गति प्रारंभ हो जाती है। इस कोण को विराम कोण कहते हैं। इसे α से व्यक्त करते हैं। परिभाषा से चित्र में, α विराम कोण होगा

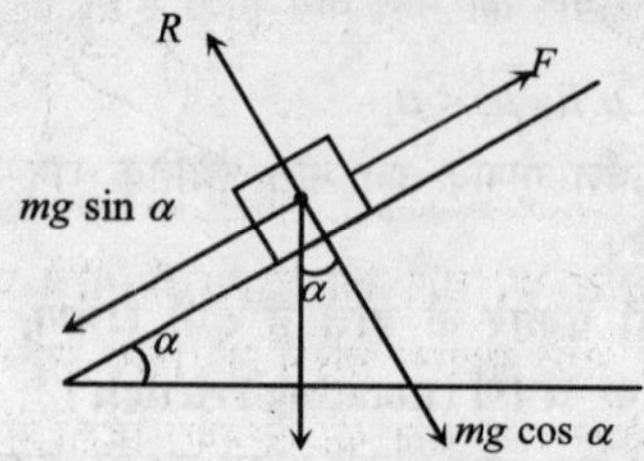

विराम कोण

सीमान्त घर्षण की अवस्था में

$F = mg\sin\alpha$ तथा $R = mg\cos\alpha$

अतः $\frac{F}{R} = \tan\alpha$

∴ $\frac{F}{R} = \mu = \tan\theta = \tan\alpha$ [चूंकि हम जानते हैं कि $\frac{F}{R} = \mu = \tan\theta$]

$\mu = \tan\alpha$; अर्थात् विराम कोण की स्पर्शज्या, घर्षण गुणांक के बराबर होती है।

घर्षण कोण व विराम कोण में संबंध: $\theta = \alpha = \tan^{-1}(\mu) = \tan^{-1}(F/R)$

घर्षण के कारण त्वरण अथवा अवमंदन

(1) क्षैतिज सतह पर घर्षण के कारण अवमंदन: यदि क्षैतिज सतह पर गति करती हुई वस्तु घर्षण के कारण अवमंदित होकर रुक जाती है, तब अवमंदन बल $F = ma = \mu R$

⇒ $ma = \mu\, mg$ अतः अवमंदन $a = \mu g$ और यदि वस्तु विराम में आने से पूर्व S दूरी तय करती है तब $S = \frac{U^2}{2\mu g}$

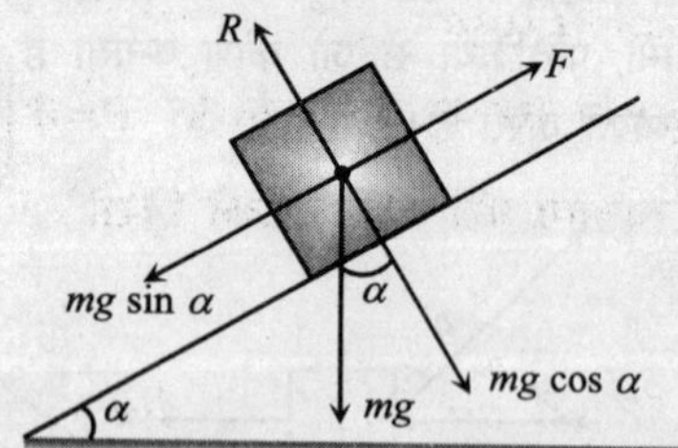

क्षैतिज सतह पर घर्षण के कारण अवमंदन

(2) घर्षण युक्त नत समतल पर त्वरण: यदि m द्रव्यमान की वस्तु किसी नत समतल पर रखी हुई है तथा नतसमतल का कोण विराम कोण से अधिक है, तो वस्तु नीचे की ओर a त्वरण से फिसलना प्रारंभ कर देती है।

$a = g(\sin\theta - \mu\cos\theta)$

(3) घर्षण युक्त नत समतल पर अवमंदन: यदि m द्रव्यमान की वस्तु किमी नत समतल पर ऊपर की ओर खिसकती जाती है, तो उस पर अवमंदन कार्य करता है।

$a = g(\sin\theta + \mu\cos\theta)$

घर्षण के कारण कार्य

(1) क्षैतिज तल पर घर्षण के विरूद्ध कार्य: यदि m द्रव्यमान का पिण्ड किसी क्षैतिज तल पर घर्षण के विरूद्ध s दूरी तक विस्थापित किया जाता है तो किया कार्य $W = \mu mg\,S$

(2) नत समतल पर घर्षण के विरूद्ध कार्य: θ कोण वाले नत समतल पर पिण्ड को यदि S दूरी तक विस्थापित किया जाए तो किया गया कार्य $W = mgS(\sin\theta + \mu\cos\theta)$

नत समतल का घर्षण गुणांक

यदि समान कोण वाले दो समतलों (जिनमें से एक चिकना तथा दूसरा घर्षण युक्त है) के शीर्ष से किसी पिण्ड को विराम से छोड़ा जाए, तो घर्षण युक्त नतसमतल पर पिण्ड को नीचे पहुँचने में लगा समय घर्षण विहीन नत समतल की तुलना में n गुना अधिक होता है तब $\mu = \tan\theta\left(1 - \frac{1}{n^2}\right)$

गुटके पर पृष्ठ द्वारा लगाया गया परिणामी बल (Resultant Force)

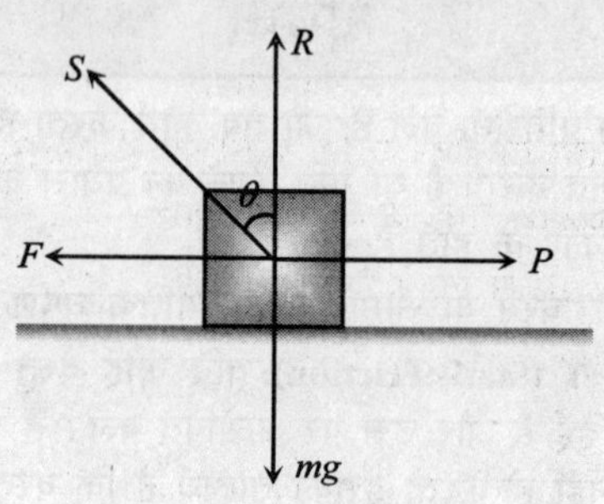

गुटके पर पृष्ठ द्वारा लगाया गया परिणामी बल

उपरोक्त चित्र में परिणामी बल

$S = \sqrt{F^2 + R^2}$ $S = \sqrt{(\mu mg)^2 + (mg)^2}$

$S = mg\sqrt{\mu^2 + 1}$

जब घर्षण नही है। $(\mu = 0)$ S न्यूनतम होगा। अर्थात $S = mg$

अतः S की परास $mg \le S \le mg\sqrt{\mu^2 + 1}$ से दी जायेगी।

विभिन्न स्थितियों में आवश्यक बल की गणना

यदि W = वस्तु का भार, θ = घर्षण कोण, $\mu = \tan\theta$ = घर्षण गुणांक तो हम निम्न प्रकार से विभिन्न स्थितियों में आवश्यक बल की गणना कर सकते हैं।

क्षैतिज से α कोण पर न्यूनतम खिंचाव बल (Pulling force) P

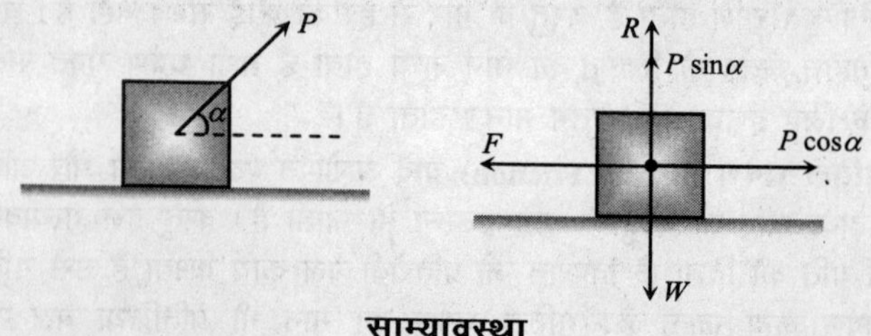

साम्यावस्था

P के क्षैतिज तथा ऊर्ध्वाधर घटक करने पर (चित्रानुसार) साम्यावस्था की स्थिति में $F = P\cos\alpha$

तथा $R = W - P\sin\alpha$

यह मान $F = \mu R$ में रखने पर

$$P\cos\alpha = \mu(W - P\sin\alpha)$$

$$\Rightarrow P\cos\alpha = \frac{\sin\theta}{\cos\theta}(W - P\sin\alpha) \quad [\text{चूँकि } \mu = \tan\theta]$$

$$\Rightarrow P = \frac{W\sin\theta}{\cos(\alpha-\theta)}$$

क्षैतिज से α कोण पर न्यूनतम बल (Pushing force) P

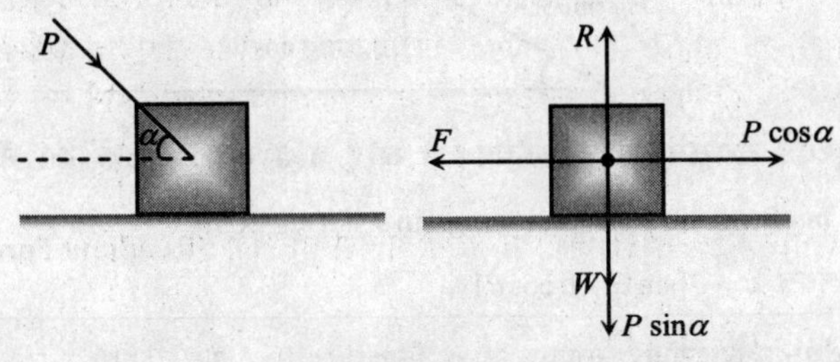

साम्यावस्था

P के क्षैतिज तथा ऊर्ध्वाधर घटक करने पर (चित्रानुसार) साम्यावस्था की स्थिति में $F = P\cos\alpha$ तथा $R = W + P\sin\alpha$

यह मान $F = \mu R$ में रखने पर

$$P\cos\alpha = \mu(W + P\sin\alpha)$$

$$\Rightarrow P\cos\alpha = \frac{\sin\theta}{\cos\theta}(W + P\sin\alpha) \quad [\because \mu = \tan\theta]$$

$$\Rightarrow P = \frac{W\sin\theta}{\cos(\alpha+\theta)}$$

नत समतल पर वस्तु को ऊपर की ओर खींचने के लिए न्यूनतम बल P

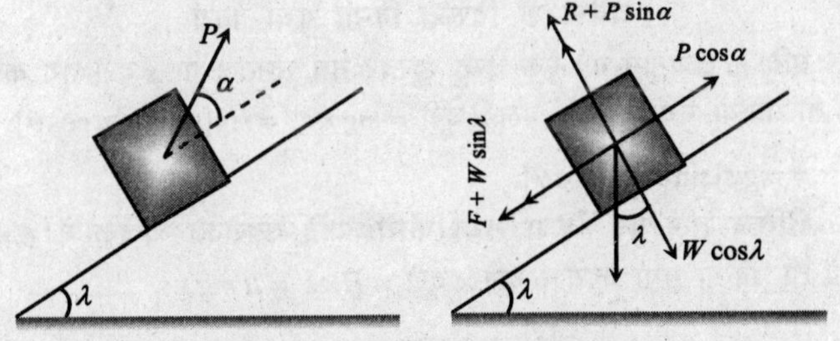

क्षैतिज से α कोण पर न्यूनतम बल

P को तल की दिशा तथा तल की लम्बवत् दिशा में वियोजित करने पर (चित्रानुसार) साम्यावस्था की स्थिति में $R + P\sin\alpha = W\cos\lambda$

$R + P\sin\alpha = W\cos\lambda$

$\therefore \quad R = W\cos\lambda - P\sin\alpha$

तथा $F + W\sin\lambda = P\cos\alpha$

$\therefore \quad F = P\cos\alpha - W\sin\lambda$

यह मान $F = \mu R$ में रखने पर

$$P = \frac{W\sin(\theta+\lambda)}{\cos(\alpha-\theta)}$$

नत समतल पर तल की दिशा में नीचे की ओर वस्तु की गति प्रारम्भ करने के लिए न्यूनतम बल

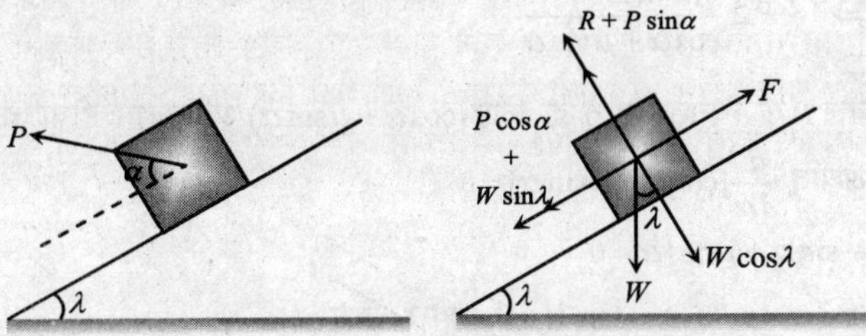

नत समतल पर तल की दिशा में नीचे की ओर वस्तु की गति प्रारम्भ करने के लिए न्यूनतम बल

P को तल की दिशा तथा तल की लम्बवत् दिशा में वियोजित करने पर साम्यावस्था की स्थिति में $R + P\sin\alpha = W\cos\lambda$

$\therefore \quad R = W\cos\lambda - P\sin\alpha$ तथा $F = P\cos\alpha + W\sin\lambda$ यह मान $F = \mu R$ में रखकर हल करने पर $P = \dfrac{W\sin(\theta-\lambda)}{\cos(\alpha-\theta)}$

नत समतल पर वस्तु को नीचे फिसलने से रोकने के लिए न्यूनतम बल (चित्रानुसार)

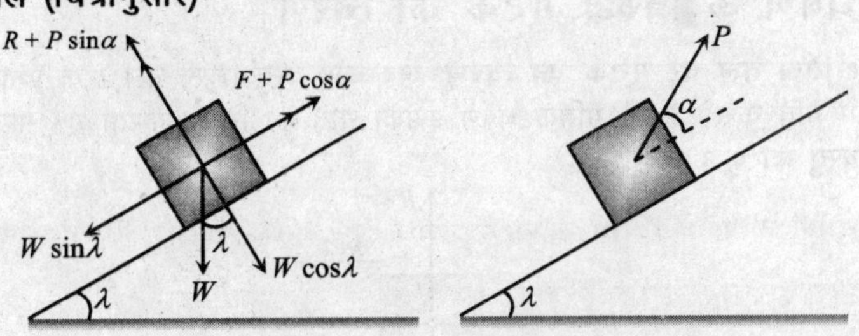

नत समतल पर वस्तु को नीचे फिसलने से रोकने के लिए न्यूनतम बल

P को नतसमतल की दिशा में तथा तल के लम्बवत् वियोजित करने पर साम्यावस्था में $R + P\sin\alpha = W\cos\lambda$

$\therefore \quad R = W\cos\lambda - P\sin\alpha$

तथा $P\cos\alpha + F = W\sin\lambda$

$\therefore \quad F = W\sin\lambda - P\cos\alpha$

यह मान $F = \mu R$ में रख कर हल करने पर $P = W\left[\dfrac{\sin(\lambda-\theta)}{\cos(\theta+\alpha)}\right]$

गति के लिए न्यूनतम बल तथा इसकी दिशा

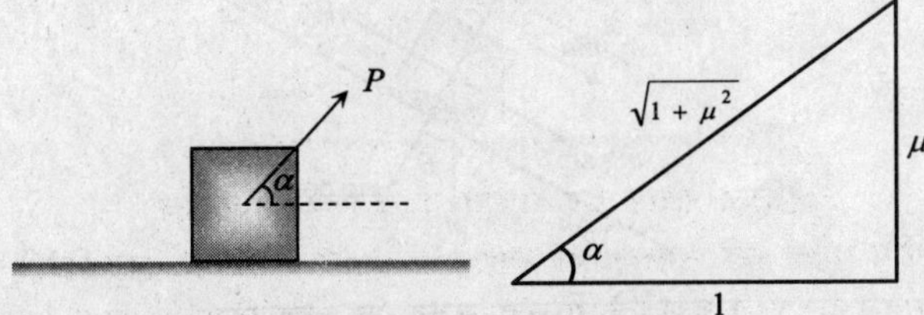

गति के लिए न्यूनतम बल

माना बल P क्षैतिज से α कोण पर लगाया गया है। P के क्षैतिज तथा ऊर्ध्वाधर घटक में ऊर्ध्वाधर साम्यावस्था के लिए $R + P\sin\alpha = mg$

$\therefore \quad R = mg - P\sin\alpha \qquad \ldots(i)$

तथा क्षैतिज गति के लिए $P\cos\alpha \geq F$

अर्थात $P\cos\alpha \geq \mu R \qquad \ldots(ii)$

R का मान (i) से (ii) में रखने पर $P\cos\alpha \geq \mu(mg - P\sin\alpha)$

$$\Rightarrow \quad P \geq \frac{\mu mg}{\cos\alpha + \mu\sin\alpha} \qquad ..(iii)$$

बल P के न्यूनतम होने के लिए $(\cos\alpha + \mu\sin\alpha)$ अधिकतम होना चाहिए

अर्थात् $\frac{d}{d\alpha}[\cos\alpha + \mu\sin\alpha] = 0$

$\Rightarrow \quad -\sin\alpha + \mu\cos\alpha = 0$

$\therefore \quad \tan\alpha = \mu$ या $\alpha = \tan^{-1}(\mu)$ = घर्षण कोण

अर्थात् P के न्यूनतम होने के लिए, क्षैतिज से इसका कोण घर्षण कोण के बराबर होना चाहिए।

चूंकि $\tan\alpha = \mu$ अतः चित्र से $\sin\alpha = \frac{\mu}{\sqrt{1+\mu^2}}$ तथा $\cos\alpha = \frac{1}{\sqrt{1+\mu^2}}$

यह मान (iii) में रखने पर $P \geq \frac{\mu mg}{\frac{1}{\sqrt{1+\mu^2}} + \frac{\mu^2}{\sqrt{1+\mu^2}}} \geq \frac{\mu mg}{\sqrt{1+\mu^2}}$

$$\therefore \quad P_{min} = \frac{\mu mg}{\sqrt{1+\mu^2}}$$

घर्षण के विरुद्ध गुटके का त्वरण

क्षैतिज तल पर गुटके का त्वरणः जब कोई वस्तु किसी बल P के प्रभाव में गति करती है तो गतिक घर्षण इसकी गति का विरोध करता है। माना वस्तु का कुल त्वरण a है

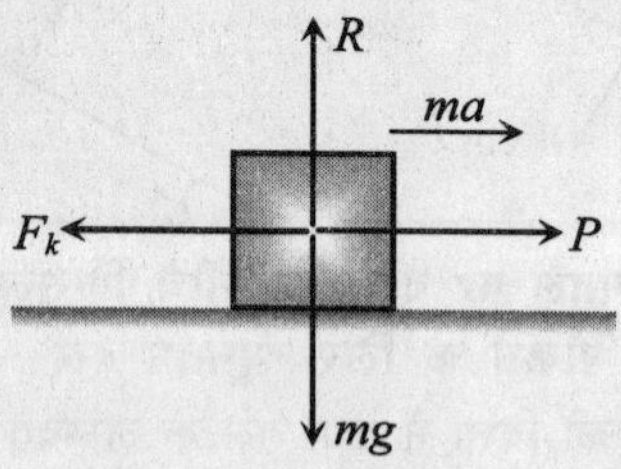

घर्षण के विरुद्ध गुटके का त्वरण

चित्र से $\quad ma = P - F_k \quad \therefore a = \frac{P - F_k}{m}$

खुरदरे नत समतल पर, नीचे की ओर गति करते गुटके का त्वरणः जब नतसमतल का झुकाव कोण, विराम कोण से अधिक हो जाता है तो वस्तु नतसमतल पर नीचे की ओर a त्वरण से फिसलना प्रारम्भ कर देती है।

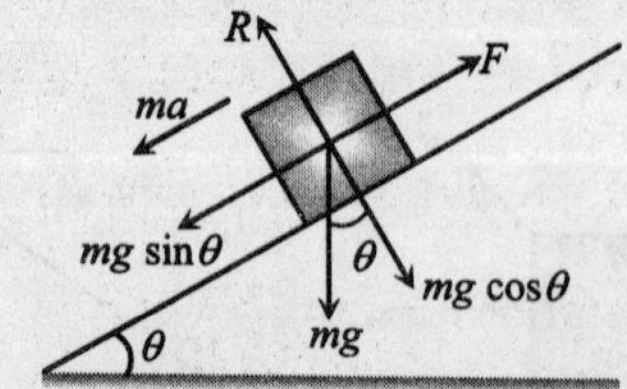

घर्षण के विरुद्ध गुटके का त्वरण

चित्र से, $ma = mg\sin\theta - F$

$\Rightarrow \quad ma = mg\sin\theta - \mu R$

$\Rightarrow \quad ma = mg\sin\theta - \mu mg\cos\theta$

$\therefore$ त्वरण $a = g[\sin\theta - \mu\cos\theta]$

निर्देश

घर्षण रहित नतसमतल के लिए $\mu = 0 \therefore a = g\sin\theta$

खुरदरे नतसमतल पर ऊपर की ओर गति करते गुटके का मंदनः जब नत समतल का झुकाव कोण कोण, विराम कोण से कम होता है तो ऊपर की ओर गति के लिए

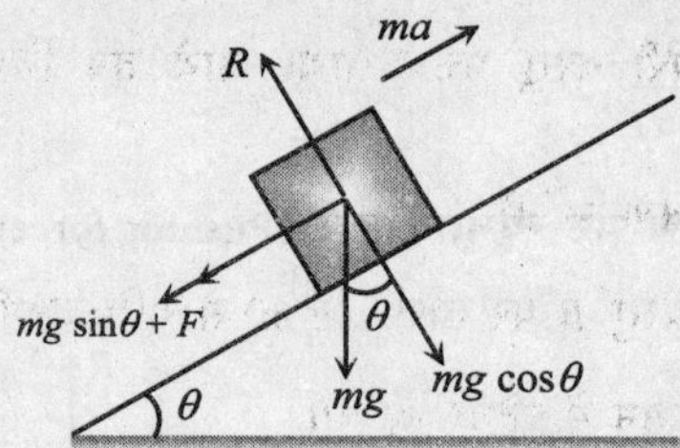

खुरदरे नतसमतल पर ऊपर की ओर गति करते गुटके का मंदन

$ma = mg\sin\theta + F \quad ma = mg\sin\theta + \mu mg\cos\theta$

मंदन $a = g[\sin\theta + \mu\cos\theta]$

निर्देशः घर्षण रहित नतसमतल के लिए $\mu = 0 \quad \therefore a = g\sin\theta$

घर्षण के विरुद्ध किया गया कार्य

खुरदरे नत समतल पर किया गया कार्य

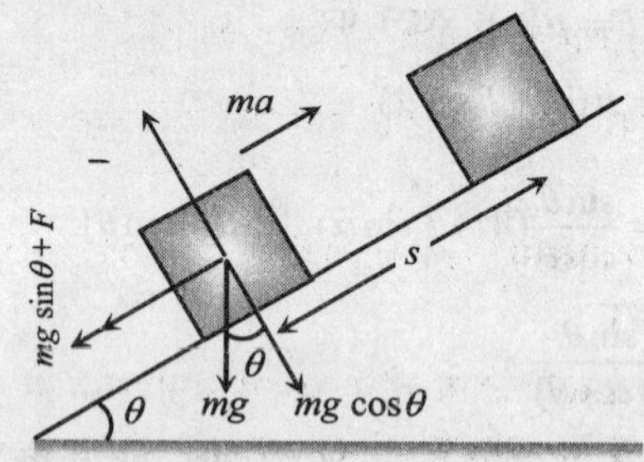

घर्षण के विरूद्ध किया गया कार्य

यदि m द्रव्यमान की एक वस्तु खुरदरे नत समतल पर s दूरी तय करती है, तो किया गया कार्य = बल × दूरी $= mg \times s = mg[\sin\theta + \mu\cos\theta]s$

$= mg\,s[\sin\theta + \mu\cos\theta]$

क्षैतिज तल पर किया गया कार्यः यदि उपरोक्त व्यंजक में $\theta = 0$ रखें तो किया गया कार्य = बल × दूरी $= F \times s = \mu\, mgs$

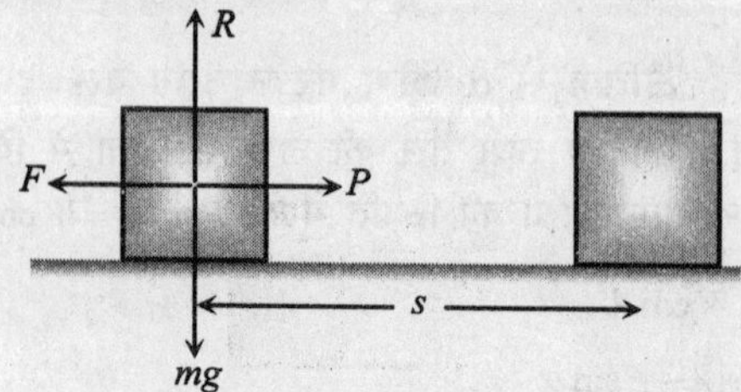

क्षैतिज तल पर किया गया कार्य

यह स्पष्ट है कि किया गया कार्य निम्न पर निर्भर करता है

(i) वस्तु का भार

(ii) सम्पर्क पृष्ठों की प्रकृति तथा पदार्थ

(iii) चली गई दूरी

एक–दूसरे के ऊपर रखी वस्तुओं की गति

जब m द्रव्यमान की एक वस्तु A, M द्रव्यमान की अन्य वस्तु B पर स्थित हो तो दो स्थितियाँ सम्भव हैं।

(1) एक बल F ऊपरी वस्तु पर लगाया जाये

(2) एक बल F नीचे वाली वस्तु पर लगाया जाये

उपरोक्त स्थितियों की हम निम्न प्रकार से एक–एक कर व्याख्या करेंगे।

(1) एक बल ऊपरी वस्तु पर लगाया जाये तब निम्न चार स्थितियाँ सम्भव हैं

(i) जब कोई घर्षण न हो

(a) वस्तु A वस्तु B पर त्वरण (F/m) से गति करेगी $a_A = \dfrac{F}{m}$

(b) वस्तु B विराम में रहेगी $a_B = 0$

(c) यदि B की लम्बाई L हो तो, A, B पर से t समय बाद गिर जायगी

$$t = \sqrt{\frac{2L}{a}} = \sqrt{\frac{2mL}{F}} \qquad \left[\text{चूंकि } s = \frac{1}{2}at^2 \text{ तथा } a = \frac{F}{m}\right]$$

(ii) यदि A तथा B के बीच घर्षण उपस्थित हो तथा आरोपित बल सीमान्त घर्षण से कम हो $(F < F_l)$

(F = ऊपरी वस्तु पर आरोपित बल, $F_l = A$ तथा B के बीच सीमान्त घर्षण $F_k = A$ तथा B के बीच गतिक घर्षण)

(a) A, B पर नहीं फिसलेगी यदि $F < F_l$ अर्थात् $F < \mu_s mg$

(b) संयुक्त निकाय $(m+M)$ एक साथ एक ही त्वरण $a_A = a_B = \dfrac{F}{M+m}$ से गति करेगा।

(iii) यदि A तथा B के बीच घर्षण उपस्थित हो तथा आरोपित बल सीमान्त घर्षण से अधिक हो $(F > F_l)$

इस स्थिति में दोनों वस्तुयें समान दिशा में (अर्थात आरोपित बल की दिशा में) परन्तु विभिन्न त्वरणों से गति करते हैं। यहाँ गतिक घर्षण $(\mu_k mg)$ A की गति का विरोध करेगा तथा B की गति में सहायक होगा।

$$F - F_k = ma_A \qquad F_k = M a_B$$

अर्थात् $a_A = \dfrac{F - F_k}{m}$; $a_A = \dfrac{(F - \mu_k mg)}{m}$

अर्थात् $a_B = \dfrac{F_k}{M}$ $\therefore a_B = \dfrac{\mu_k mg}{M}$

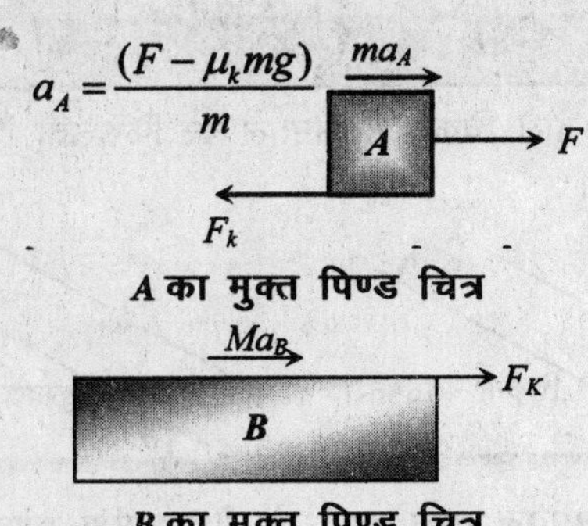

A का मुक्त पिण्ड चित्र

B का मुक्त पिण्ड चित्र

निर्देशः चूंकि दोनों वस्तुयें समान दिशा में गतिमान हैं।

B के सापेक्ष A का त्वरण $a = a_A - a_B = \dfrac{MF - \mu_k mg(m+M)}{mM}$

अतः A, B से t समय बाद गिर जायेगा

$$t = \sqrt{\frac{2L}{a}} = \sqrt{\frac{2mML}{MF - \mu_k mg(m+M)}}$$

(iv) यदि फर्श तथा B के बीच घर्षण हो

(जहाँ $F'_1 = \mu'(M+m)g$ = फर्श तथा B के बीच सीमान्त घर्षण, $F_k = A$ तथा B के बीच गतिक घर्षण)

B गति करेगा यदि $F_k > F'_1$ तथा तब $F_k - F'_1 = Ma_B$

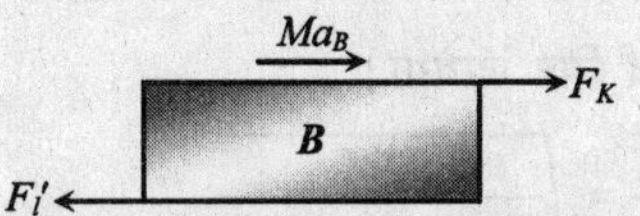

फर्श तथा B के बीच घर्षण कार्य

फिर भी यदि B गति नहीं करता है तो फर्श तथा B के बीच स्थैतिक घर्षण कार्य करेगा (सीमान्त घर्षण नहीं) अर्थात घर्षण बल = आरोपित बल $(= F_k)$ (F'_1 नहीं)

नीचे की वस्तु पर बल F आरोपित किया जाये, तब निम्न चार स्थितियाँ सम्भव हैं

(i) जब कोई घर्षण न हो

(a) B त्वरण (F/M) से गति करेगा जब कि A स्थिर रहेगा (जमीन के सापेक्ष) क्योंकि A पर कोई बल नहीं लग रहा है।

$a_B = \left(\dfrac{F}{M}\right)$ तथा $a_A = 0$

(b) चूंकि B के सापेक्ष A पीछे की दिशा में त्वरण (F/M) से गति करेगा और यह इससे t समय में गिर जायेगा।

$$t = \sqrt{\frac{2L}{a}} = \sqrt{\frac{2ML}{F}}$$

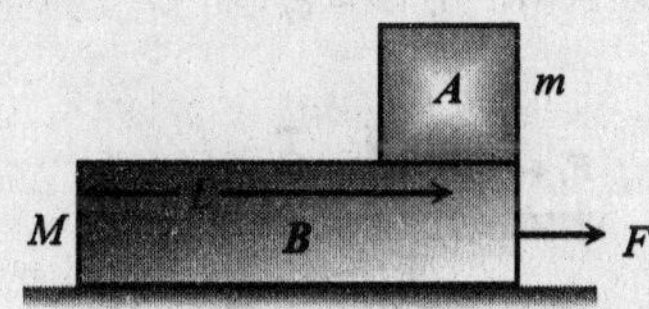

B के सापेक्ष A पीछे की दिशा में त्वरण

(ii) यदि केवल A तथा B के मध्य घर्षण हो तब $F' < F_l$

(जहाँ F' = A पर छद्म बल तथा $F_l = A$ तथा B के बीच सीमान्त घर्षण)

(a) दोनों वस्तुयें एक साथ उभयनिष्ठ त्वरण $a = \dfrac{F}{M+m}$ से गति करेंगी।

(b) A पर छद्म बल $F' = ma = \dfrac{mF}{m+M}$ तथा $F_l = \mu_s mg$

(iii) यदि A तथा B के बीच घर्षण हो तथा $F' > F_l$

दोनों वस्तुयें विभिन्न त्वरण से गति करेंगी

यहाँ गतिक घर्षण $(\mu_k mg)$ B की गति का विरोध करेगा जबकि A की गति में सहायक होगा

$$ma_A = \mu_k mg \qquad F - F_k = Ma_B$$

अर्थात $a_A = \mu_k g$ अर्थात् $a_B = \dfrac{[F - \mu_k mg]}{M}$

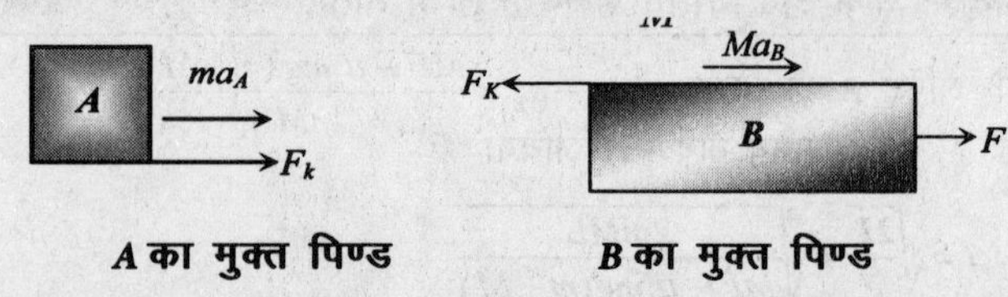

A का मुक्त पिण्ड **B का मुक्त पिण्ड**

निर्देश : चूंकि दोनों वस्तुयें समान दिशा में गतिमान हैं

B के सापेक्ष A का त्वरण $a = a_A - a_B = -\left[\dfrac{F - \mu_k g(m+M)}{M}\right]$ होगा

ऋणात्मक चिन्ह यह दर्शाता है कि B के सापेक्ष, A पीछे की ओर गतिमान है तथा t समय बाद गिर जायेगा।

$$\Rightarrow \quad t = \sqrt{\frac{2L}{a}} = \sqrt{\frac{2ML}{F - \mu_k g(m+M)}}$$

(iv) यदि फर्श तथा B के बीच घर्षण है: निकाय गति करेगा यदि $F > F_l'$ तथा F को $F - F_l'$ से प्रतिस्थापित कर सकते हैं और स्थिति (iii) ही लागू होगी। परन्तु यदि $F < F_l'$ होगा तब निकाय गति नही करता है और B तथा फर्श के बीच घर्षण F होगा, जबकि A व B के बीच घर्षण शून्य होगा।

सीमान्त संतुलन की अवस्था में डोरी से लटकाया गया न्यूनतम

(1) जब द्रव्यमान m_1 खुरदरे क्षैतिज तल पर रखा है: अन्य द्रव्यमान m_2 को डोरी से, घिरनी द्वारा लटकाया गया है, जो डोरी में उत्पन्न तनाव 'T', से द्रव्यमान m_1 को गति में लाने की कोशिश करेगा

सीमान्त घर्षण की स्थिति में, $T = F_l$

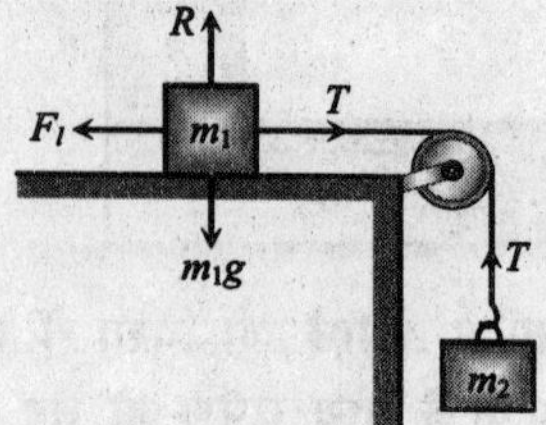

द्रव्यमान m_1 खुरदरे क्षैतिज तल पर

$\Rightarrow \quad m_2 g = \mu R$

$\Rightarrow m_2 g = \mu m_1 g$

$\therefore \quad m_2 = \mu m_1$ यह गति प्रारम्भ करने के लिए m_2 का न्यूनतम मान है।

निर्देश : उपरोक्त स्थिति में घर्षण गुणांक $\mu = \dfrac{m_2}{m_1}$

(2) जब द्रव्यमान m_1 को खुरदरे नतसमतल पर रखा जायें: अन्य द्रव्यमान m_2 को डोरी से घिरनी द्वारा लटकाया गया हैं। तनाव डोरी में उत्पन्न (T) द्रव्यमान m_1 की गति प्रारम्भ करने की कोशिश करेगा।

सीमान्त घर्षण की स्थिति में

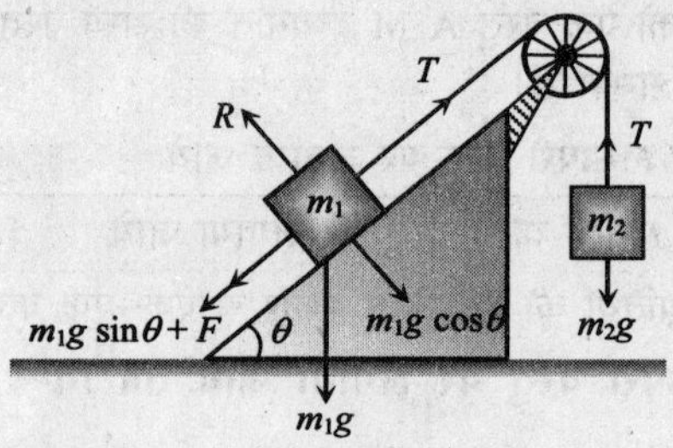

द्रव्यमान m_1 को खुरदरे नतसमतल पर

m_2 के लिए $T = m_2 g$ ...(i)

m_1 के लिए $T = m_1 g \sin\theta + F \quad \Rightarrow \quad T = m_1 g \sin\theta + \mu R$

$\Rightarrow \quad T = m_1 g \sin\theta + \mu m_1 g \cos\theta$ ...(ii)

समी. (i) व (ii) से $m_2 = m_1[\sin\theta + \mu\cos\theta]$

यह गति प्रारम्भ करने के लिए m_2 का न्यूनतम मान है।

निर्देश: उपरोक्त स्थिति में, घर्षण गुणांक $\mu = \left[\dfrac{m_2}{m_1 \cos\theta} - \tan\theta\right]$

लटकी हुई जंजीर की अधिकतम लम्बाई

l लम्बाई की एकसमान जंजीर किसी टेबिल पर इस प्रकार रखी है कि इसका l' भाग टेबिल के एक किनारे से लटक रहा है। चूंकि जंजीर का एकसमान रेखीय घनत्व है। अतः जंजीर के किसी भी भाग की लम्बाईयों का अनुपात व द्रव्यमानों का अनुपात समान होगा।

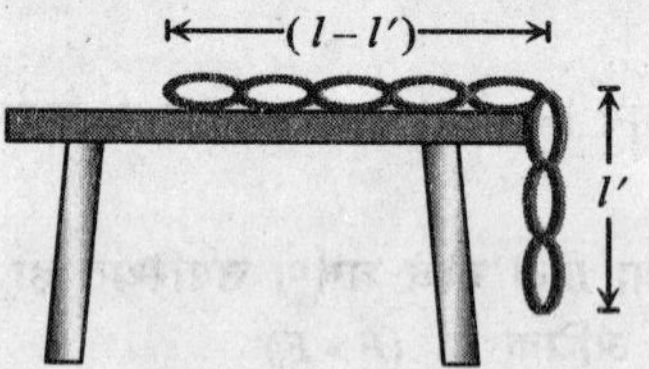

लटकी हुई जंजीर

हम जानते हैं कि $\mu = \dfrac{m_2}{m_1} = \dfrac{\text{टेबिल से लटका द्रव्यमान}}{\text{टेबिल पर रखा द्रव्यमान}}$

उपरोक्त व्यंजक को हम निम्न प्रकार भी लिख सकते हैं–

$$\mu = \frac{\text{टेबिल से लटकी जंजीर की लम्बाई}}{\text{टेबिल पर रखी जंजीर की लम्बाई}}$$

[चूंकि जंजीर का रेखीय घनत्व समान है]

$\therefore \quad \mu = \dfrac{l'}{l - l'}$ हल करने पर, $l' = \dfrac{\mu l}{(\mu + 1)}$

नतसमतल तथा वस्तु के बीच घर्षण गुणांक

एक वस्तु θ कोण वाले चिकने नतसमतल पर फिसलती है और नीचे आने में t समय लेती है।

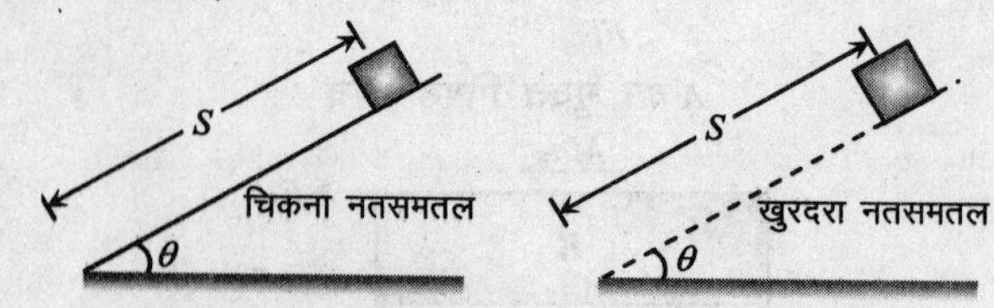

नतसमतल तथा वस्तु के बीच घर्षण गुणांक

यदि वही नतसमतल घर्षण युक्त बनाया जाये तो वस्तु को नीचे आने में n गुना (अर्थात् nt) समय लगता है।

दोनों स्थितियों में पथ की लम्बाई समान है।

नतसमतल तथा वस्तु के बीच घर्षण गुणांक

चिकने नतसमतल के लिए,	खुरदुरे नतसमतल के लिए
$S=ut+\frac{1}{2}at^2$ $S=\frac{1}{2}(g\sin\theta)t^2 \quad ...(i)$ [चूंकि $u=0$ तथा $a=g\sin\theta$]	$S=ut+\frac{1}{2}at^2$ $S=\frac{1}{2}g(\sin\theta-\mu\cos\theta)(nt)^2 \quad ...(ii)$ [चूंकि $u=0$ तथा $a=g(\sin\theta-\mu\cos\theta)$]

समीकरण (i) व (ii) से, $\frac{1}{2}(g\sin\theta)t^2=\frac{1}{2}g(\sin\theta-\mu\cos\theta)(nt)^2$

$\Rightarrow \quad \sin\theta=(\sin\theta-\mu\cos\theta)n^2$

$\Rightarrow \quad \mu=\tan\theta\left[1-\frac{1}{n^2}\right]$

घर्षण के कारण गुटके का रुकना

(1) क्षैतिज सड़क पर

(i) विराम में आने के पूर्व चली दूरी: m द्रव्यमान की एक वस्तु प्रारम्भ में u वेग से खुरदरी सड़क पर चल रही है तथा घर्षण के कारण यह S दूरी तय करके रुक जाती है।

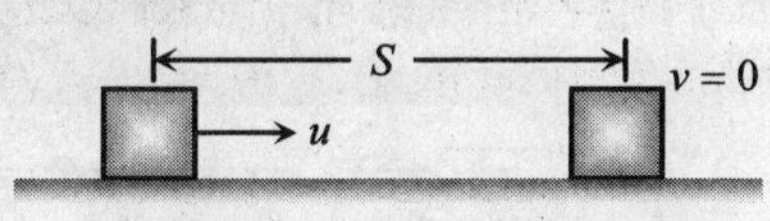

विराम में आने के पूर्व चली दूरी

मंदक बल $F=ma=\mu R$

$\Rightarrow \quad ma=\mu mg \quad \therefore a=\mu g$

समीकरण $v^2=u^2-2aS$ से

$\Rightarrow \quad 0=u^2-2\mu gS \quad$ [चूंकि $v=0, a=\mu g$]

$\therefore \quad S=\frac{u^2}{2\mu g}$ या $S=\frac{P^2}{2\mu m^2 g} \quad$ [चूंकि संवेग $P=mu$]

(ii) विराम में आने में लगा समय

समीकरण $v=u-at$ से

$\Rightarrow \quad 0=u-\mu gt \quad$ [चूंकि $v=0, a=\mu g$]

$\therefore \quad t=\frac{u}{\mu g}$

(iii) वस्तु पर कार्यरत् घर्षण बल

हम जानते हैं कि, $F=ma \quad$ अतः $F=m\frac{(v-u)}{t}$

$\Rightarrow \quad F=\frac{mu}{t} \quad$ [चूंकि $v=0$] $\quad \Rightarrow F=\mu mg$ [चूंकि $t=u/\mu g$]

(2) नतसमतलीय सड़क पर: जब वस्तु प्रारम्भिक वेग u से ऊपर की ओर गति करता है, तो इसकी गतिज ऊर्जा का कुछ भाग स्थितिज ऊर्जा में परिवर्तित हो जाती है तथा कुछ भाग घर्षण के विरुद्ध खर्च होता है तथा S दूरी तय करने के बाद यह विराम में आ जाती है। अर्थात् $v=0$

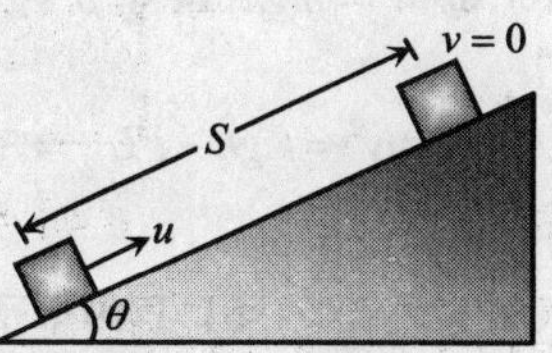

नतसमतलीय सड़क पर

हम जानते हैं कि मंदन $a=g[\sin\theta+\mu\cos\theta]$

v तथा a के मान निम्न समीकरण में रखने पर $v^2=u^2-2aS$

$\Rightarrow \quad 0=u^2-2g[\sin\theta+\mu\cos\theta]S$

$\therefore \quad S=\frac{u^2}{2g(\sin\theta+\mu\cos\theta)}$

घर्षण के कारण दो गुटकों का रुकना

जब दो गुटकों को एक दूसरे की ओर संपीड़ित किया जाये तथा अचानक छोड़ दिया जाये तो प्रत्येक गुटके के द्वारा प्राप्त ऊर्जा घर्षण के विरुद्ध खर्च होती है तथा अंत में गुटके विराम में आ जाते है।

अर्थात् $F\times S=E \quad$ [जहाँ $F=$ घर्षण, $S=$ गुटके के द्वारा चली दूरी, $E=$ गुटके की गतिज ऊर्जा]

$\Rightarrow \quad F\times S=\frac{P^2}{2m} \quad$ [जहाँ $P=$ गुटके का संवेग]

$\Rightarrow \quad \mu mg\times S=\frac{P^2}{2m} \quad$ [चूंकि $F=\mu mg$]

$\Rightarrow \quad S=\frac{P^2}{2\mu m^2 g}$

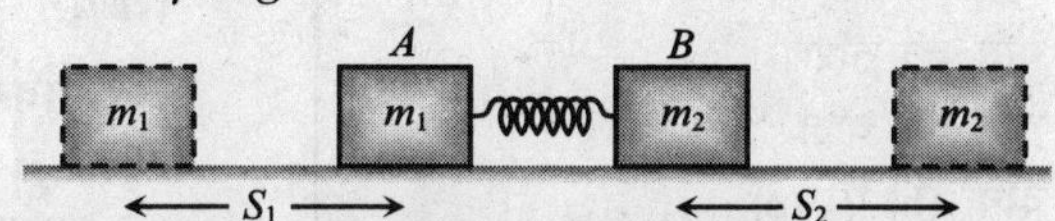

घर्षण के कारण दो गुटकों का रुकना

दी गयी स्थिति में P तथा μ दोनों गुटकों के लिए समान हैं

अतः $\quad S\propto\frac{1}{m^2} \quad \therefore \frac{S_1}{S_2}=\left[\frac{m_2}{m_1}\right]^2$

खुरदरे नतसमतल के निचले सिरे पर वेग

माना m द्रव्यमान का गुटका जो कि खुरदरे नतसमतल के ऊपरी सिरे पर रखा है (ऊँचाई $=h$) तथा नीचे की ओर फिसलना प्रारम्भ करता है व निम्न बिन्दु पर वेग v से पहुँचता है। तो घर्षण के कारण ऊर्जा हानि $=FL$ (घर्षण के विरुद्ध कार्य)

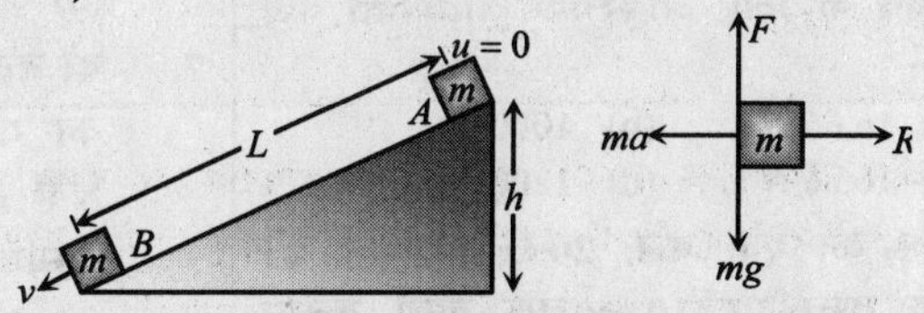

खुरदरे नतसमतल के निचले सिरे पर वेग

बिन्दु A पर स्थितिज ऊर्जा $= mgh$ बिन्दु B पर गतिज ऊर्जा $= \frac{1}{2}mv^2$

ऊर्जा संरक्षण सिद्धान्त से, $\frac{1}{2}mv^2 = mgh - FL \Rightarrow v = \sqrt{\frac{2}{m}(mgh - FL)}$

त्वरित गाड़ी के साथ गुटके का चिपकना

जब एक गाड़ी कुछ त्वरण के साथ दांयी ओर गति करती है, तो गुटके पर एक छद्म बल (ma) बायीं ओर लगता है। यह बल (ma) गाड़ी पर गुटके द्वारा क्रिया बल है। अब गुटका गाड़ी के सापेक्ष स्थिर रहेगा यदि घर्षण बल $\mu R \geq mg$

$\Rightarrow \mu ma \geq mg \quad [\because R = ma] \quad \Rightarrow a \geq \frac{g}{\mu} \therefore a_{min} = \frac{g}{\mu}$

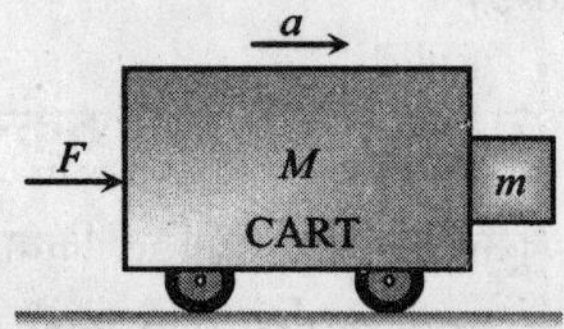

त्वरित गाड़ी के साथ गुटके का चिपकना

यह गाड़ी का न्यूनतम त्वरण है ताकि गुटका नहीं गिरे तथा गुटके को स्थिर बनाये रखने के लिए न्यूनतम बल

$\Rightarrow F_{min} = (M + m)a_{min} \quad \Rightarrow F_{min} = (M + m)\frac{g}{\mu}$

घूर्णक (Rotar) की दीवार के साथ व्यक्ति का चिपकना

एक व्यक्ति जिसका द्रव्यमान m है बेलनाकार ड्रम (घूर्णक) के अंदर की ओर दीवार के सम्पर्क में खड़ा है। दीवार तथा उसके कपड़ों के मध्य घर्षण गुणांक μ है। यदि घूर्णक अपनी अक्ष के परितः घूमना प्रारम्भ कर दे तो व्यक्ति एक विशेष चाल ω पर केन्द्र से दूर अपकेन्द्रीय बल का अनुभव करता है। अतः व्यक्ति दीवार से चिपक जाता है चाहे उसके नीचे का फर्श हटा दिया जाये। क्योंकि इस स्थिति में, घर्षण बल इसके भार को संतुलित करता है। चित्र से,

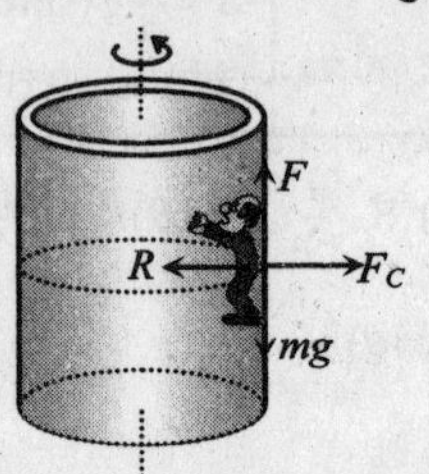

घूर्णक (Rotar) की दीवार के साथ व्यक्ति का चिपकना

घर्षण बल $(F) =$ व्यक्ति का भार $(mg) \Rightarrow \mu R = mg$

$\Rightarrow \mu F_c = mg$ [यहाँ, $F_c =$ अपकेन्द्रीय बल]

$\Rightarrow \mu m\omega_{min}^2 r = mg \therefore \omega_{min} = \sqrt{\frac{g}{\mu r}}$

प्रश्नमाला

1. जब एक बस अचानक मुड़ती है, तो यात्रियों पर बाहर की ओर धक्का लगता है। इसका कारण है–

(a) गति का जड़त्व
(b) गति का त्वरण
(c) गति की चाल
(d) दोनों (b) एवं (c)

2. एक व्यक्ति नियत वेग से गति करती हुई खुली कार में बैठा हुआ है। वह एक गेंद ऊर्ध्वाधर ऊपर की ओर फेंकता है, तब गेंद गिरेगी–

(a) कार के बाहर
(b) सीधे व्यक्ति के हाथ में
(c) कार के अंदर व्यक्ति से आगे
(d) कार के अंदर व्यक्ति के पास

3. 20 m/sec के वेग से गतिमान ट्रेन पर 50 kg/min की दर से धूल गिर रही है। इस ट्रेन को नियत वेग से गतिमान बनाये रखने के लिए आवश्यक अतिरिक्त बल है–

(a) 16.66 N (b) 1000 N
(c) 166.6 N (d) 1200 N

4. 10 N का एक बल, 20 kg द्रव्यमान की एक वस्तु पर 10 sec तक कार्य करता है। इसके संवेग में परिवर्तन है–

(a) 5 kg m/s (b) 100 kg m/s
(c) 200 kg m/s (d) 1000 kg m/s

5. 100 kg द्रव्यमान वाली एक गाड़ी 5 m/sec वेग से गतिमान है। इसे $\frac{1}{10}$ sec में विरामावस्था में लाने के लिए विपरीत दिशा में बल लगाना पड़ेगा–

(a) 5000 N (b) 500 N
(c) 50 N (d) 1000 N

6. $\vec{v}$ वेग से गतिमान कण पर तीन बल एक साथ लगते हैं। इन तीन बलों को परिमाण तथा दिशा में त्रिभुज ABC की तीन भुजाओं द्वारा प्रदर्शित किया गया है। अब कण जिस वेग से गतिमान होगा वह–

(a) $\vec{v}$ अपरिवर्तित रहेगा
(b) $\vec{v}$ से कम
(c) $\vec{v}$ से अधिक
(d) अधिकतम बल BC की दिशा में $\vec{v}$ से

7. दो बल इस प्रकार हैं कि इनके परिमाणों का योग 18 N एवं इनका परिणामी 12 N है तथा यह कम परिमाण के बल पर लम्बवत् है। बलों के परिमाण है–

(a) 12 N, 6 N (b) 13 N, 5 N
(c) 10 N, 8 N (d) 16 N, 2 N

8. दो बलों, का परिणामी दोनों बलों में से कम परिमाण वाले बल के लम्बवत् है यदि एक बल दूसरे बल से परिमाण में दोगुना है, तब दोनों बलों के बीच कोण होगा–

(a) 60° (b) 120°
(c) 150° (d) 90°

9. 20 फीट लम्बी एक भारहीन सीढ़ी क्षैतिज से 60° के कोण पर एक घर्षण रहित दीवार के विरुद्ध रखी है। 150 पाउण्ड का एक व्यक्ति सीढ़ी के शीर्ष से 4 फीट नीचे है। इसे फिसलने से रोकने के लिए एक क्षैतिज बल की आवश्यकता होती है। जिसका परिमाण होगा–

(a) 175 lb (b) 100 lb
(c) 70 lb (d) 150 lb

10. एकल द्रव्यमान M को एक रस्सी द्वारा एक दृढ़ आधार P से चित्रानुसार लटकाया गया है। एक दूसरी रस्सी को सिरे Q से बाँधा गया है और इसे क्षैतिज बल F से खींचा जा रहा है। यदि रस्सी PQ उर्ध्वाधर से θ कोण बनाती है, तब धागे PQ में तनाव होगा–

(a) $F\sin\theta$ (b) $F/\sin\theta$
(c) $F\cos\theta$ (d) $F/\cos\theta$

और यदि दोनों कुण्डलियों मे समान दिशा में धारा बहे एवं पहले इन्हें एक दूसरे की ओर एवं बाद में एक-दूसरे से दूर चलाया जाये तो पहले कुण्डलियों से बहने वाली धारा घटेगी और बाद में बढ़ेगी (क्योंकि पहले प्रेरित धारा मुख्य धारा का विरोध करती है और बाद वाली स्थिति में सहयोग)

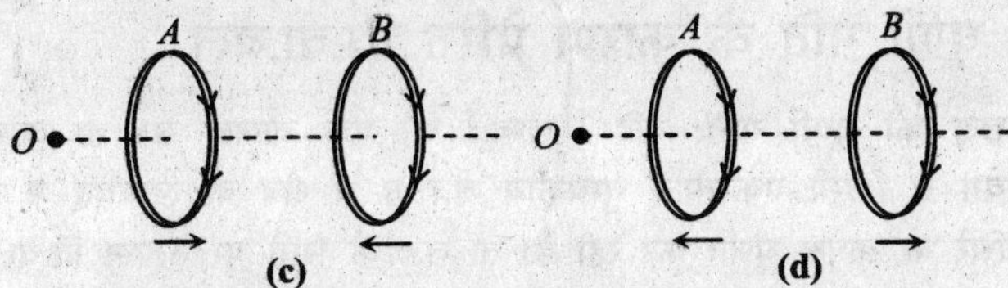

दो समाक्षीय वृताकार कुण्डलियों के बीच सापेक्ष गति

- **जब प्राथमिक कुण्डली के परिपथ को चालू और बंद किया जाये:** प्राथमिक परिपथ चालू करते समय द्वितीयक परिपथ में प्रेरित धारा प्राथमिक धारा के विपरीत दिशा में होगी एवं प्राथमिक परिपथ भंग करते समय द्वितीयक परिपथ में प्रेरित धारा की दिशा प्राथमिक धारा की दिशा में होगी।

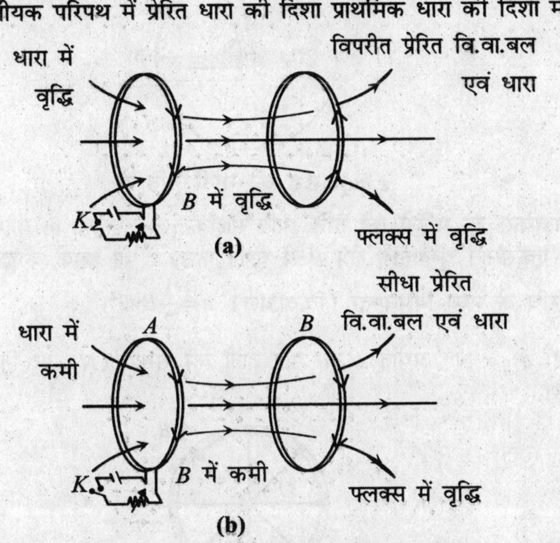

प्रेरित धारा की दिशा

- **छड़ चुम्बक की विभिन्न स्थितियों में गति:** जब कोई छड़ चुम्बक गुरूत्व के अधीन मुक्त रूप से क्षैतिज चालक वलय-खोखले लम्बे बेलनाकार चालक पाइप/परिनालिका के ऊपर 'a" त्वरण से गिरे तो

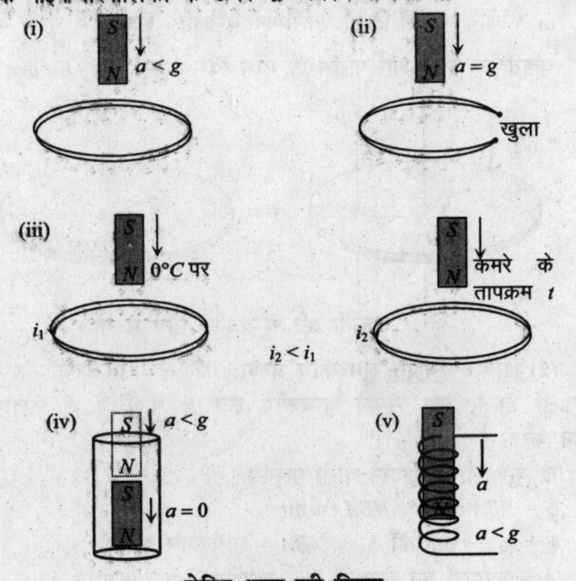

प्रेरित धारा की दिशा

विद्युत चुम्बकीय प्रेरण के प्रकार

(1) गतिक विद्युत चुम्बकीय प्रेरण: जब कोई चालक छड़ किसी चुम्बकीय क्षेत्र में गतिमान हो तो छड़ चुम्बकीय बल रेखाओं को काटती है (जिससे उसके सिरों पर विभवान्तर उत्पन्न हो जाता है। छड़ की गति स्थानान्तरणीय अथवा घूर्णी हो सकती है।

(i) **स्थानान्तरणीय गति के कारण प्रेरित वि.वा.बल:** यदि कोई चालक छड़ जिसकी लम्बाई l है। एकसमान चुम्बकीय क्षेत्र B में क्षेत्र से θ कोण बनाते हुए v वेग से गति करती है तो

प्रेरित वि.वा.बल: उसके सिरों पर उत्पन्न वि.वा.बल (विभवान्तर) $e = Bvl\sin\theta$, इसे गतिक विद्युत वाहक बल भी कहा जाता है। यदि $\theta = 0°$ अर्थात् छड़ की गति की दिशा चुम्बकीय क्षेत्र की दिशा में है तो $e = 0$ यदि $\theta = 90°$ अर्थात् छड़ की गति की दिशा चुम्बकीय क्षेत्र की दिशा के लम्बवत् है तो $e = Bvl$ अधिकतम।

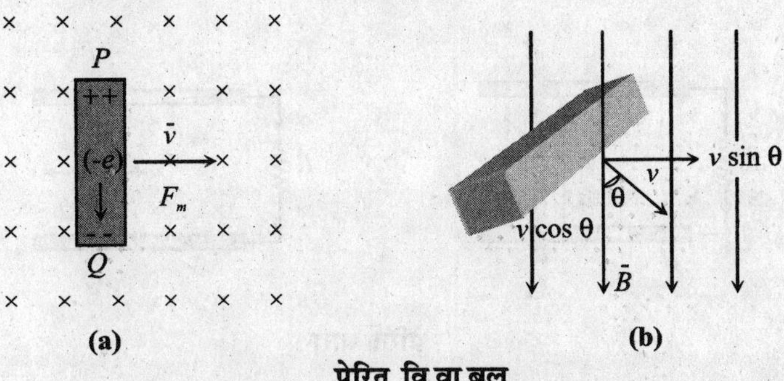

प्रेरित वि.वा.बल

गतिक विद्युत वाहक बल को चालक छड़ के द्वारा चुम्बकीय क्षेत्र में उत्पन्न क्षेत्रफल के द्वारा भी समझा जा सकता है। निम्न चित्र में दिखाये अनुसार t समय में चालक छड़ के द्वारा तय दूरी $= vt$, उत्पन्न क्षेत्रफल $A = lvt$, इस उत्पन्न क्षेत्रफल से सम्बद्ध $\phi = BA = Blvt$

अत: प्रेरित वि.वा.बल $|e| \frac{d\phi}{dt} = Bvl$

गतिक वि.वा.बल का सदिश रूप $e = (\vec{v}.\vec{B}).\vec{l}$

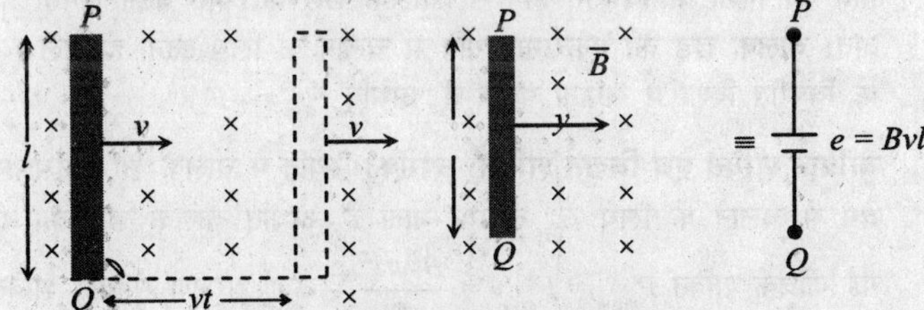

गतिक विद्युत वाहक बल

- यदि $\vec{B}.\vec{v}$ एवं $\vec{l}$ में से कोई दो सदिश समानान्तर हैं तो चालक कोई फ्लक्स नहीं काटेगा।

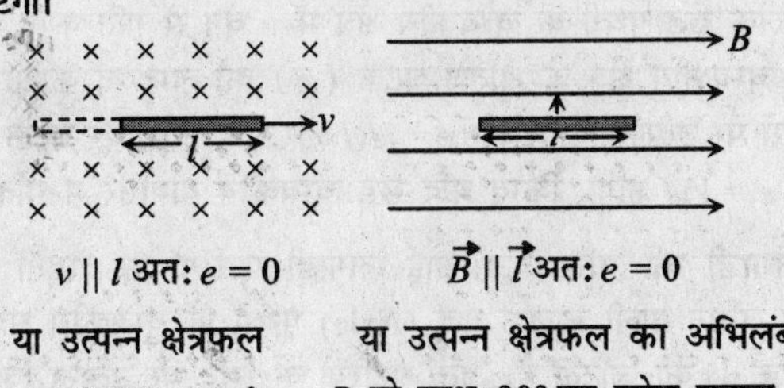

$v \,||\, l$ अत: $e = 0$ या उत्पन्न क्षेत्रफल $A = 0$ अत: $e = 0$

$\vec{B} \,||\, \vec{l}$ अत: $e = 0$ या उत्पन्न क्षेत्रफल का अभिलंब B के साथ 90° का कोण बनाता है।

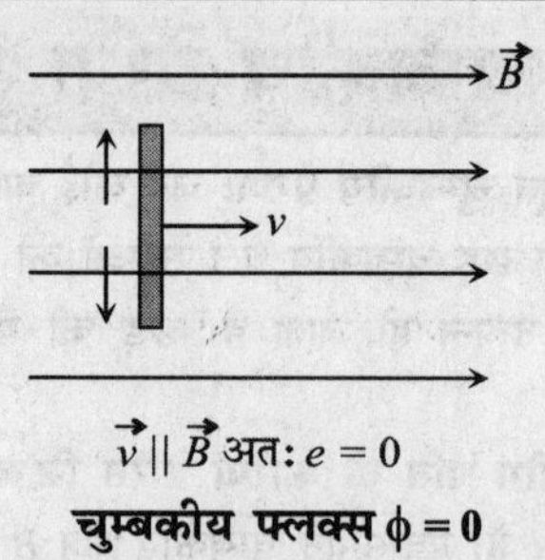

चुम्बकीय फ्लक्स $\phi = 0$

निर्देश: गतिमान चालक को सेल से प्रतिस्थापित किया जा सकता है।

प्रेरित धारा: यदि चालक छड़ PQ को निम्न चित्र में दिखाये अनुसार दो समान्तर एवं घर्षणरहित चालक छड़ों पर चलाया जाये तो प्रेरित धारा $i = \frac{e}{R}; i = \frac{Bvl}{R}$ प्रेरित धारा की दिशा फ्लेमिंग के दांये हाथ के नियम से ज्ञात कर सकते हैं।

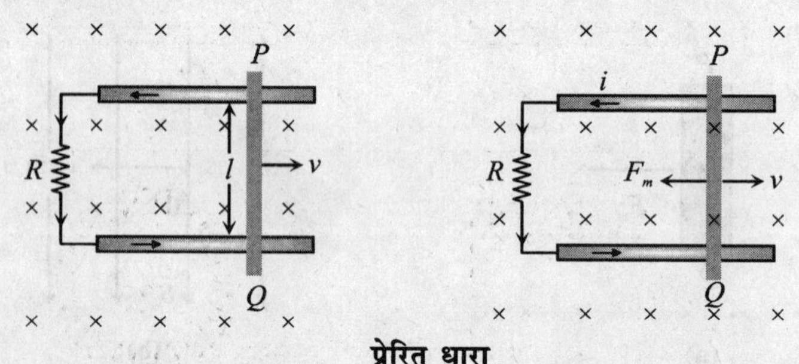

प्रेरित धारा

फ्लेमिंग के दांये हाथ का नियम: यदि दांयें हाथ की ऊँगलियों को इस प्रकार फैलायें कि अंगूठा, मध्यमा और तर्जनी परस्पर लम्बवत् हों तो, तर्जनी चुम्बकीय क्षेत्र की दिशा, अंगूठा, चालक के गति की दिशा एवं मध्यमा प्रेरित धारा की दिशा को प्रदर्शित करेंगे।

- **चालक पर चुम्बकीय बल:** जब चालक छड़ चित्र में दिखाये अनुसार गति करती है तो उत्पन्न प्रेरित धारा के कारण इस पर एक चुम्बकीय बल $F_m = Bil = \frac{B^2vl^2}{R}$ कार्य करने लगता है। इस बल की दिशा चालक के गति की दिशा के विपरीत होने से, चालक छड़ की गति घटने लगती है। अत: चालक छड़ को एकसमान गति से चलाने के लिये इतना ही बल F_m के विपरीत दिशा में लगाना पड़ता है, अर्थात् $F_{ext} = -F_m$.
- **यांत्रिक शक्ति एवं विद्युत शक्ति:** उपरोक्त स्थिति में चालक को एकसमान वेग से चलाने के लिये F_{ext} लगाया जाता है, अर्थात् चालक छड़ को दी गई यांत्रिक शक्ति $P_{mech} = F_{ext}v = \frac{B^2v^2l^2}{R}$, ऊर्जा संरक्षण से यही शक्ति विद्युत शक्ति के रूप में प्राप्त होगी अर्थात् $P_{mech} = P_{electrical}$
- **पृथ्वी के चुम्बकीय क्षेत्र में चालक छड़ की गति:** यदि l लम्बाई की चालक छड़ पृथ्वी के चुम्बकीय क्षेत्र में v वेग से गति करते हुए यदि पृथ्वी के चुम्बकीय क्षेत्र के क्षैतिज घटक (H) को लम्बवत् काटती है। तो इसके सिरों पर उत्पन्न वि.वा.बल $e = Hvl$ और यदि ऊर्ध्वाधर घटक को काटती है तो $e = Vvl$ होगा, किन्तु यदि छड़ चुम्बकीय यामोत्तर में गति करती है। तो
- **रेलगाड़ी की गति:** जब कोई रेलगाड़ी पटरियों पर दौड़ती है तो पटरियों को जोड़ने वाली चालक छड़ (Axle) पृथ्वी के चुम्बकीय क्षेत्र के ऊर्ध्वाधर घटक V को काटती है। अत: पटरियों के सिरों पर उत्पन्न वि.वा.बल $e\ Vvl$ होगा यहाँ v = रेलगाड़ी की गति एवं l = Axle की लम्बाई।
- **हवाई जहाज की गति:** क्षैतिज रूप से उड़ते हुए हवाई जहाज के पंखों के नोकों के मध्य उत्पन्न वि.वा.बल $e = Vvl$ होगा। यहाँ V = पृथ्वी के चुम्बकीय क्षेत्र का ऊर्ध्वाधर घटक, v = हवाई जहाज का वेग, l = पंखों के नोंकों के बीच की दूरी

(ii) घूर्णी गति के कारण प्रेरित वि.वा.बल

- **छड़ की घूर्णी गति:** यदि l लम्बाई की एक चालक छड़ ω कोणीय वेग से किसी एकसमान चुम्बकीय क्षेत्र B में क्षेत्र के लम्बवत् में एक सिरे के सापेक्ष घूर्णन कर रही है। तो छड़ के सिरों पर उत्पन्न वि.वा.बल $e = \frac{1}{2}Bl^2\omega = Bt^2\pi v = \frac{Bl^2\pi}{T}$ यहाँ v = आवृत्ति (प्रति सेकण्ड चक्करों की संख्या), T = आवर्तकाल

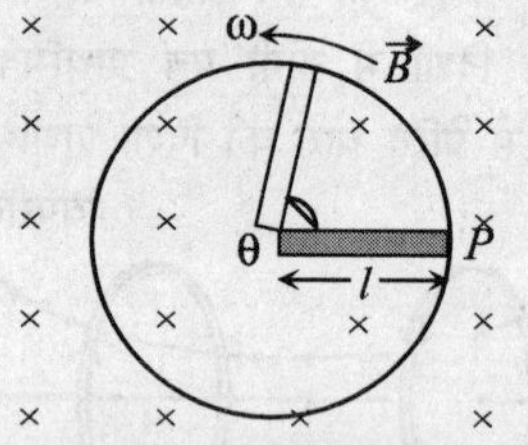

***e.m.f.* छड़ की घूर्णी गति से**

- **साइकिल के पहिये की गति:** यदि साइकिल का पहिया ω कोणीय वेग से एकसमान चुम्बकीय क्षेत्र B में घूर्णन करता है तो इसके केन्द्र O और परिधि के मध्य विभवान्तर (वि.वा.बल) $e = \frac{1}{2}Bwl^2$

यहाँ $e_{net} \propto N^\circ$ अर्थात् e का मान तानों की संख्या (N) पर निर्भर नहीं करता है।

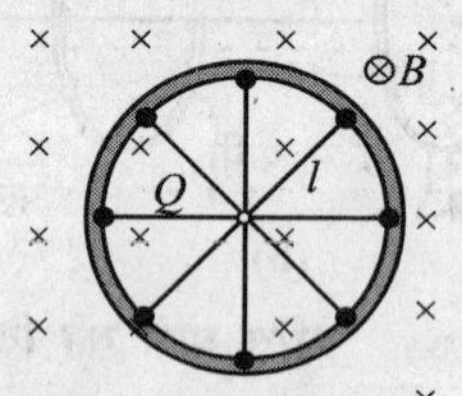

पहिया चुम्बकीय क्षेत्र में

- **चालक चकती की चुम्बकीय क्षेत्र में गति:** यदि r त्रिज्या की चालक चकती ω कोणीय वेग से किसी एकसमान चुम्बकीय क्षेत्र B में घूर्णन करती है तो चकती के केन्द्र और परिधि के मध्य विभवान्तर $e = \frac{1}{2}Br^2\omega = B(\pi r^2)v$

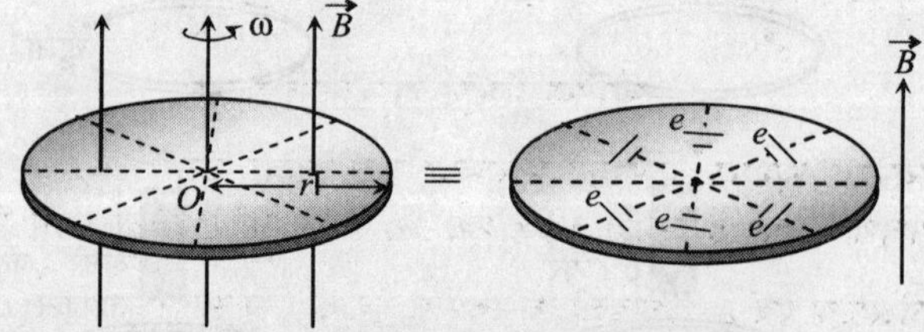

चकती की चुम्बकीय क्षेत्र में गति

(2) आवर्ती विद्युत चुम्बकीय प्रेरण: यदि N फेरों वाली एक आयताकार कुण्डली किसी एक समान चुम्बकीय क्षेत्र B में चित्र में दिखाये अनुसार घूर्णन करती है।

तो कुण्डली से गुजरने वाला फ्लक्स

$\phi = NBA\cos\theta = NBA\cos\omega t$

$\phi = \phi_0\cos\omega t$ यहाँ $\phi_0 = NBA$ = अधिकतम फ्लक्स

A = कुण्डली का क्षेत्रफल; ω = कोणीय वेग; t = समय

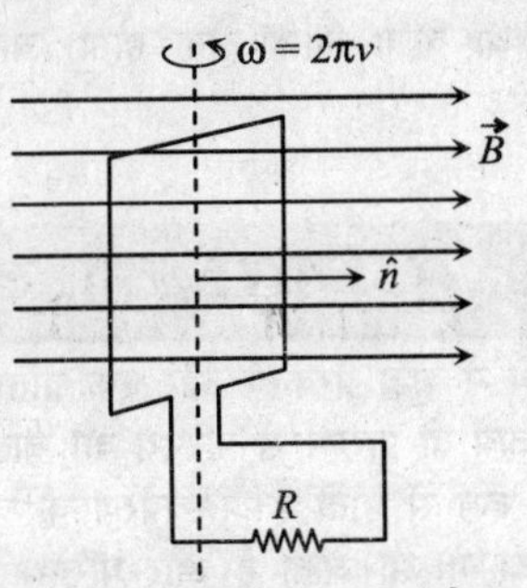

आवर्ती विद्युत चुम्बकीय प्रेरण

प्रेरित वि.वा.बल: कुण्डली में प्रेरित वि.वा.बल $e = \frac{d\phi}{dt} = NBA\omega \sin \omega t$
यहाँ $\varepsilon_0 = \omega nBA$ = अधिकतम वि.वा.बल

> **निर्देश:** कुण्डली के घूर्णन में प्रेरित वि.वा.बल और फ्लक्स में $\frac{\pi}{2}$ का कलान्तर है अर्थात् यदि $\theta = 0°$ तो एवं $\phi = \max = NBA$ एवं यदि $\theta = 90°$ तो $e = e_0$ एवं $\phi = 0$

प्रेरित धारा: किसी समय t पर

$i = \frac{e}{R} = i_0 \sin \omega t; i_0 = \frac{\omega NBA}{R}$ अधिकतम धारा

प्रेरित धारा वि.वा.बल एवं प्रेरित धारा आवर्ती रूप से बदलते हैं। इसलिये इसे आवर्ती विद्युत चुम्बकीय प्रेरण कहते हैं।

(3) स्थैतिक विद्युत चुम्बकीय प्रेरण

(i) स्वप्रेरण: जब किसी कुण्डली या परिपथ से बहने वाली धारा में परिवर्तन होता है। उससे सम्बद्ध फ्लक्स भी बदलता है। फलस्वरूप कुण्डली में एक प्रेरित वि.वा.बल उत्पन्न होता है। जो कि लैंज के नियमानुसार धारा में होने वाले परिवर्तन का विरोध करता है। इस घटना का ''स्वप्रेरण'' कहते हैं प्रेरित वि.वा.बल को विपरीत विद्युत वाहक बल एवं उत्पन्न धारा को प्रेरित धारा कहते है।

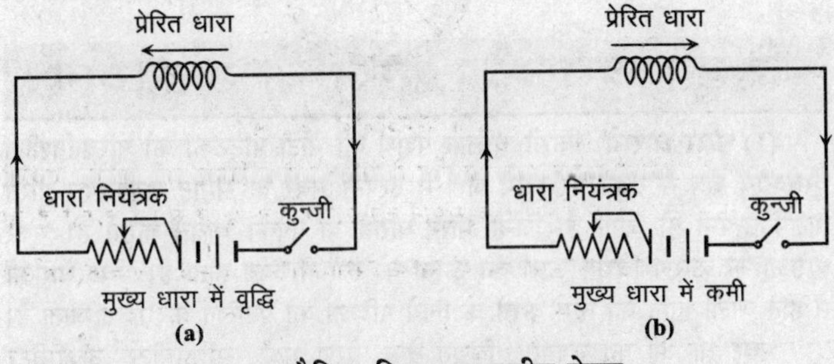

स्थैतिक विद्युत चुम्बकीय प्रेरण

स्वप्रेरण गुणांक: कुण्डली से सम्बद्ध कुल फ्लक्स उससे बहने वाली धारा के समानुपाती होता है अर्थात् $N\phi \propto i$ या $N\phi = Li$ यहाँ N = कुण्डली में कुल फेरों की संख्या एवं L = कुण्डली का स्वप्रेरण गुणांक (या स्वप्रेरकत्व), $L = \frac{N\phi}{i}$

फैराडे के नियम से प्रेरित विद्युत वाहक बल $e = -N\frac{d\phi}{dti}$ अत: $e = -L\frac{di}{dt}$

- **स्वप्रेरण गुणांक के मात्रक एवं विमा**

$\frac{\text{बेबर}}{\text{एम्पीयर}} \times \frac{\text{बेबर} \times \text{मीटर}^2}{\text{एम्पीयर}} \times \frac{\text{न्यूटन} \times \text{मीटर}}{\text{एम्पीयर}}$

$= \frac{\text{जूल}}{\text{एम्पीयर}^2} = \frac{\text{कूलम्ब} \times \text{वोल्ट}^2}{\text{एम्पीयर}^2} = \frac{\text{वोल्ट} \times \text{सेकण्ड}}{\text{एम्पीयर}} = \text{ओहम} \times \text{सेकण्ड}$

इसका प्रायोगिक मात्रक हेनरी (H) है एवं इसका विमीय सूत्र $[L] = [ML^2T^{-2}A^{-2}]$ है।

- **स्वप्रेरकत्व (L) की निर्भरता:** 'L' का मान परिपथ में बहने वाली धारा या उसके परिवर्तन पर निर्भर नहीं करता, किन्तु यह फेरों की संख्या (N), अनुप्रस्थ काट का क्षेत्रफल (A) एवं माध्यम की चुम्बकशीलता (μ) पर निर्भर करता है। (नर्म लोहे की चुम्बकशीलता अधिक होती है इसलिये इसके 'L' का मान अधिक होता है)। किसी परिपथ में 'L' का अस्तित्व केवल तभी आता है जबकि परिपथ में धारा में परिवर्तन हो।
- **प्रेरण कुण्डली में संचित ऊर्जा:** $U = \frac{1}{2}Li^{-2} = \frac{N\phi i}{2}$

अन्य परिस्थितियों में स्वप्रेरण गुणांक

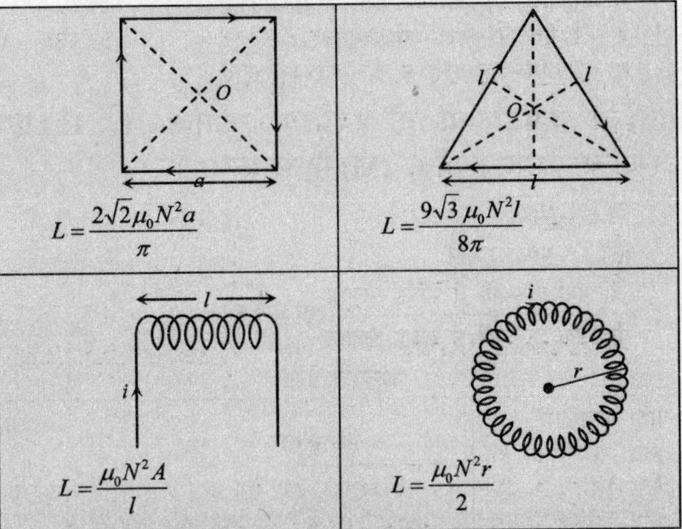

(ii) अन्योन्य प्रेरण: जब समीप रखी दो कुण्डलियों में से किसी एक कुण्डली में बहने वाली धारा (प्राथमिक कुण्डली) में परिवर्तन किया जाये तो दूसरी कुण्डली (द्वितीयक कुण्डली) में प्रेरित विद्युत वाहक बल उत्पन्न हो जाता है। (परिपथ बंद होने पर उसमें प्रेरित धारा बहने लगती है) इस घटना को अन्योन्य प्रेरण कहते हैं।

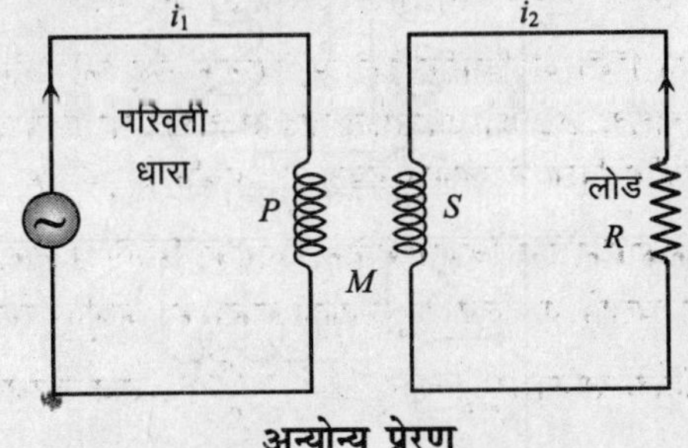

अन्योन्य प्रेरण

द्वितीयक कुण्डली से सम्बद्ध कुल फ्लक्स प्राथमिक कुण्डली में बहने वाली धारा पर निर्भर करता है।

अर्थात् $N_2\phi_2 \propto i_1 \Rightarrow N_2\phi_2 = Mi_1$

यहाँ N_1, N_2 = प्राथमिक एवं द्वितीयक कुण्डली में फेरों की संख्या, ϕ_2 = द्वितीयक कुण्डली के प्रत्येक फेरे से सम्बद्ध फ्लक्स, i_1 = प्राथमिक कुण्डली से बहने वाली धारा, M = अन्योन्य प्रेरण गुणांक।

फैराडे के द्वितीय नियम से

$e_2 = -N_2\frac{d\phi_2}{dt} = -M\frac{di_1}{dt}$

- **मात्रक एवं विमा:** स्वप्रेरण गुणांक (L) के समान ही हैं।

- **'M' की निर्भरता:** स्वप्रेरण गुणांक (M) का मान दोनों कुण्डलियों में फेरों की संख्या (N_1, N_2) उनके स्वप्रेरण गुणांक (L_1, L_2), उनके अनुप्रस्थ काट के क्षेत्रफल (A), उनके बीच के माध्यम की चुम्बकशीलता (μ_r), उनके बीच की दूरी एवं एक दूसरे के सापेक्ष उनकी स्थिति पर निर्भर करता है।

दो कुण्डलियों के मध्य अन्योन्य प्रेरण गुणांक की गणना: द्वितीयक कुण्डली को प्राथमिक कुण्डली के अन्दर रखा जाये तो इनके मध्य अन्योन्य प्रेरण गुणांक: $M = \frac{B_1 N_2 A_2}{i_1}$

यहाँ

i_1 = प्राथमिक कुण्डली में बहने वाली धारा;
N_2 = द्वितीयक कुण्डली में फेरों की संख्या;
A_2 = द्वितीयक कुण्डली का क्षेत्रफल;
B_1 = प्राथमिक कुण्डली के केन्द्र पर चुम्बकीय प्रेरण।

(iii) दो कुण्डलियों के स्वप्रेरण गुणांक (L_1, L_2) एवं अन्योन्य प्रेरण गुणांक (M) में सम्बन्ध

$M = k\sqrt{L_1 L_2}$

यहाँ l = युग्मन गुणांक

$$\frac{\text{द्वितियक कुण्डली से संबद्ध फ्लक्स}}{\text{प्राथमिक कुण्डली से संबद्ध फ्लक्स}} \quad (0 \le k \le 1)$$

अन्योन्य प्रेरण

यदि कुण्डलियाँ दृढ़ता से युग्मित हैं ($k = 1$)	P S $M = \sqrt{L_1 L_2}$
यदि कुण्डलियाँ कम दृढ़ता से युग्मित हैं ($0 < k < 1$)	P वायु गेप S d (सामान्य युग्मन)
युग्मन नहीं है ($k = 0$)	P S

(iv) प्रेरक कुण्डलियों का संयोजन

- **श्रेणी क्रम संयोजन:** यदि कुण्डलियों के मध्य अन्योन्य प्रेरकत्व (M) उपस्थित हो तो तुल्य स्वप्रेरकत्व $L_{ex} = L_1 + L_2 \pm 2M$ यदि दोनों कुण्डलियों के फ्लक्स एक दूसरे को सहयोग करें तो धन चिन्ह लेना होगा और यदि विरोध करें तो ऋण चिन्ह। यदि 'M" अनुपस्थित हो तो $L_{eq} = L_1 + L_2$
- **समान्तर क्रम संयोजन:** यदि कुण्डलियों के मध्य 'M" उपस्थित है तो $L_{eq} = \frac{L_1 L_2 - M^2}{L_1 + L_2 \pm 2M}$ यदि कुण्डलियों के फ्लक्स सहयोग करते हैं तो धन चिन्ह अन्यथा ऋण चिन्ह लेना होगा। यदि 'M" अनुपस्थित है तो $L_{eq} = \frac{L_1 L_2}{L_1 + L_2}$

LR परिपथ में धारा की वृद्धि एवं क्षय

यदि किसी dc परिपथ में शुद्ध प्रेरकत्व और एक प्रतिरोध श्रेणीक्रम में बैटरी और कुंजी के साथ जोड़े जायें तो प्रारम्भ से परिपथ को चालू करने पर परिपथ में धारा की वृद्धि चरघातांकी रूप से होती है। (स्वप्रेरण के कारण) कुछ समय पश्चात् परिपथ स्थायी अवस्था में आ जाता है और परिपथ में स्थायी अधिकतम धारा बहने लगती है जो कि सिर्फ प्रतिरोध पर निर्भर करती है। अब यदि परिपथ को स्थायी अवस्था से भंग कर दिया जाये तो परिपथ में बहने वाली धारा चरघातांकी रूप से घटने लगती है।

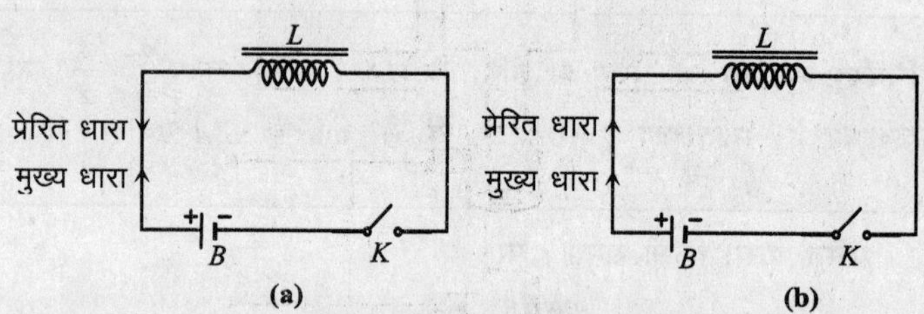

परिपथ में धारा की वृद्धि एवं क्षय

वृद्धि के समय किसी क्षण t पर धारा का मान $i = i_0\left(1 - e^{\frac{Rt}{L}}\right)$ एवं क्षय के समय क्षण t पर धारा का मान $i = i_0 e^{\frac{Rt}{L}}$ होता है।

यहाँ $\frac{L}{R} = \tau$ = समय स्थिरांक एवं $i_0 = \frac{E}{R}$ स्थायी धारा = शिखर धारा सेकण्ड है एवं समय स्थिरांक वह समय है जिसमें वृद्धि के समय धारा का मान स्थायी धारा (i_0) का $\left(1 - \frac{1}{e}\right)$ गुना अर्थात् 0.63 गुना अर्थात् 63% हो जाता है या क्षय के समय स्थायी धारा (i_0) का $\frac{1}{e}$ गुना या 0.37 गुना या 37% रह जाता है।

विद्युत चुम्बकीय प्रेरण के अनुप्रयोग

(1) भंवर धारायें: किसी चालक पदार्थ की मोटी पट्टिका को परिवर्तनशील चुम्बकीय क्षेत्र में रखने पर इसमें जल मे उत्पन्न भंवर के समान चक्करदार प्रेरित धारायें उत्पन्न हो जाती है। जिन्हें भंवर धारायें या फोको धारायें कहते हैं। भंवर धाराओं के कारण विद्युत ऊर्जा का ऊष्मा के रूप में व्यय होता है। भंवर धाराओं से होने वाली हानि को कम करने के लिये पटिका को पटलित कर दिया जाता है।

भंवर धाराओं का उपयोग, विद्युत ब्रेक, प्रेरण भटी, स्पीडोमीटर, ऊर्जामीटर इत्यादि में होता है।

(2) जनित्र/डायनेमो: यह एक ऐसी युक्ति है जो यान्त्रिक ऊर्जा को विद्युत् ऊर्जा में बदल देती है। इसे वैद्युत जनित्र (electric generator) भी कहते हैं। यह विद्युत्-चुम्बकीय प्रेरण के सिद्धान्त पर कार्य करता है। डायनेमो दो प्रकार का होता है- प्रत्यावर्ती धारा डायनेमो, दिष्ट धारा डायनेमो।

(i) प्रत्यावर्ती धारा डायनेमो: इसके मुख्य घटक हैं: आर्मेचर कुण्डली (ABCD), शक्तिशाली क्षेत्र चुम्बक NS, सर्पी वलय (R_1 R_2) एवं ब्रुश (B_1 व B_2)। जब आर्मेचर ABCD को किसी बाहरी स्रोत (Prime mover) से घुमाया जाता है तो इससे सम्बद्ध चुम्बकीय फ्लक्स में परिवर्तन होता है परिणाम स्वरूप इससे प्रेरित वि.वा.बल प्रेरित हो जाता है। कुण्डली ABCD में प्रेरित वि.वा.बल एवं धारा की दिशा फ्लेमिंग के दाहिने हाथ के नियम से ज्ञात की जा सकती है।

$$e = -\frac{Nd\phi}{dt} = NBA\omega \sin \omega t = e_0 \sin \omega t$$

जहाँ $e = NBA\omega$

$i = \frac{e}{R} = \frac{e_0}{R}\sin\omega t = i_0 \sin\omega t$

$R \rightarrow$ परिपथ का कुल प्रतिरोध

प्रेरित ac की आवृत्तिः $[f_{AC}] = \frac{NP}{2}$;

यहाँ P– चुम्बकीय ध्रुवों की संख्या,

N– आर्मेचर की चाल (चक्र प्रति सेकण्ड में)

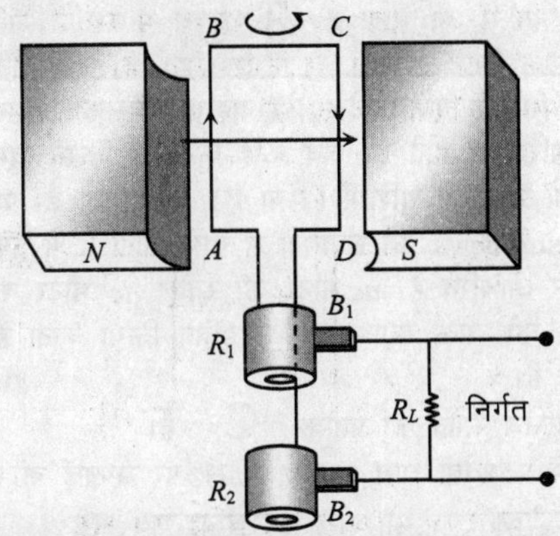

(ii) दिष्ट धारा डायनेमोः इसके निर्गत में प्राप्त वि.वा.बल (या धारा) dc कब होती है। इसके मुख्य घटक हैं- आर्मेचर कुण्डली, क्षेत्र चुम्बक NS, दिक् परिवर्तक एवं ब्रुश।

dc जनरेटर में सर्पी वलय के स्थान पर दिक् परिवर्तक (Commutator) का उपयोग किया जाता है। यह आर्मेचर के साथ घूमता है। इसकी सहायता से बाहरी परिपथ में धारा की दिशा निश्चित रहती है। अर्थात् कब प्राप्त होती है।

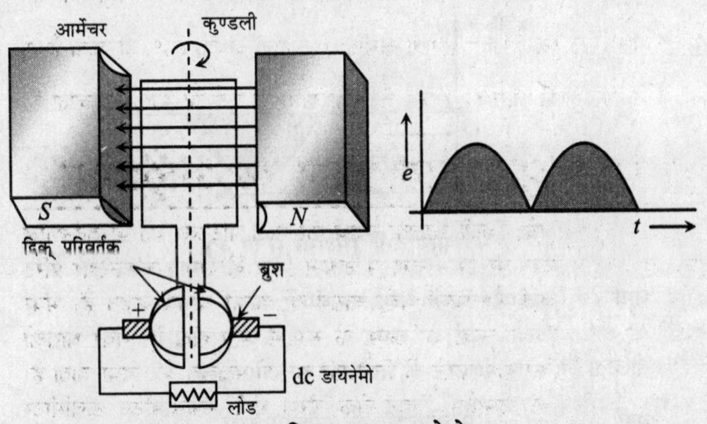

विष्ट धारा डायनेमो

Dc मोटरः यह विद्युत ऊर्जा को यांत्रिक ऊर्जा में बदलता है। dc मोटर इस सिद्धांत पर कार्य करती है, कि जब किसी धारावाही कुण्डली को चुम्बकीय क्षेत्र में रखा जाता है। तो उसमें बल आघूर्ण उत्पन्न हो जाता है। यह बल आघूर्ण कुण्डली को घुमाता है।

इसके मुख्य भाग हैं: क्षेत्र चुम्बक NS, आर्मेचर $ABCD$, विभक्त वलय दिक्परिवर्तक $S_1 S_2$ ब्रुश $B_1 B_2$

विरोधी वि.वा.बलः जब विद्युत् मोटर में विद्युत् धारा प्रवाहित की जाती है, तो उसका आर्मेचर चुम्बकीय क्षेत्र में घूमना प्रारम्भ कर देता है। इस समय आर्मेचर से बद्ध चुम्बकीय फ्लक्स में परिवर्तन होता है। अतः उसमें मुख्य धारा के विपरीत दिशा में प्रेरित वि.वा.बल उत्पन्न हो जाता है। इस प्रेरित वि.वा.बल को विरोधी वि.वा.बल (Back e.m.f.) कहते हैं। अतः ओम के नियम से विरोधी वि.वा.बल $e = E - iR$ जहाँ R आर्मेचर का प्रतिरोध है।

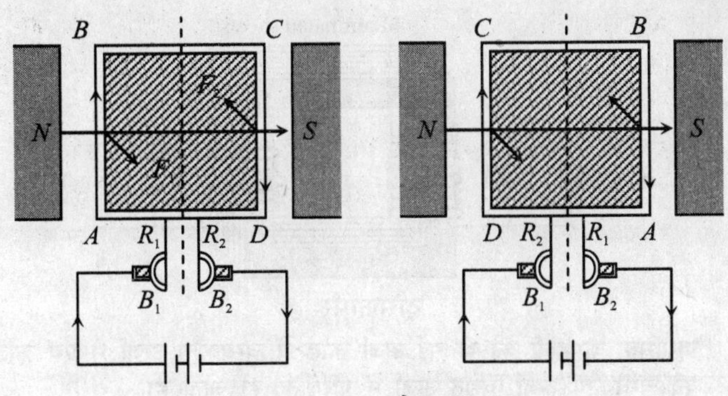

dc मोटर

विरोधी वि.वा.बल का मान कोणीय वेग एवं चुम्बकीय क्षेत्र B पर निर्भर करता है। $e \propto \omega$ यदि B नियत है, अर्थात् $e = k\omega$ $(e = NBA\omega\sin\omega t)$

मोटर में प्रवाहित धाराः $i = \frac{E-e}{R} = \frac{E-k\omega}{R}$

प्रारम्भ में $\omega = 0$ एवं $e = 0$

अतः $i = \frac{E}{R} =$ अधिकतम इस तीव्र धारा से आर्मेचर क्षतिग्रस्त हो सकता है। इसी प्रकार यदि विद्युत् पूर्ति एकाएक बन्द हो जाती है, तो आर्मेचर में प्रबल वि. वा. बल उत्पन्न हो जाता है जो आर्मेचर को नुकसान पहुँचा सकता है। अतः मोटर के आर्मेचर को क्षतिग्रस्त होने से बचाने के लिए उसके साथ श्रेणी क्रम में उच्च मान का परिवर्ती प्रतिरोध लगाया जाता है जिसे स्टार्टर कहते हैं।

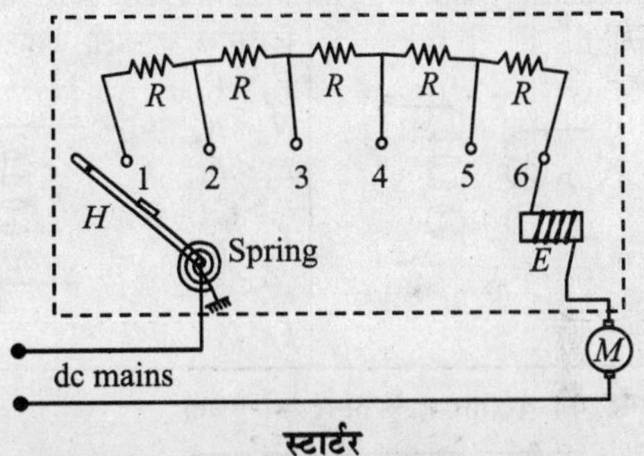

स्टार्टर

निर्देश : छोटी मोटरों का प्रतिरोध बड़ी मोटरों की तुलना में उच्च होता है। अतः इन्हें चालू करने के लिये स्टार्टर की आवश्यकता नहीं होती।

यांत्रिक शक्ति एवं दक्षताः निवेशी विद्युत शक्ति $P_{in} = Ei$, ऊष्मा के रूप में व्यय शक्ति i^2R एवं शेष शक्ति $= Ei = i^2R = ei$, इसे मोटर में उत्पन्न यांत्रिक शक्ति कहते हैं। अतः $P_{\text{यांत्रिक}} = ei$, मोटर की दक्षता $= \frac{\text{निर्गत शक्ति}}{\text{निवेशित शक्ति}} = \frac{ei}{Ei}$ या $\eta = \frac{e}{E}$

(3) ट्रांसफार्मर (परिणामित्र): यह एक ऐसी वैद्युत युक्ति है जिसे प्रत्यावर्ती धारा के विभव को परिवर्तित करने के लिए प्रयुक्त किया जाता है। यह अन्योन्य प्रेरण (Mutual induction) के सिद्धान्त पर कार्य करता है। इसकी रचना सबसे पहले फैराडे ने की थी। इसके तीन भाग होते हैं। प्राथमिक कुण्डली, द्वितीयक कुण्डली एवं पटलित क्रोड। जो कुण्डली स्रोत से जुड़ी होती है उसे प्राथमिक एवं दूसरी कुण्डली को द्वितीयक कुण्डली कहते हैं, इससे लोड जोड़ा जाता है। एक कुण्डली में मोटे तार के कम फेरे तथा दूसरी कुण्डली में पतले तार के अधिक फेरे होते है।

- ट्रांसफार्मर केवल ac पर कार्य करता है कब पर नहीं।
- ट्रांसफार्मर में निवेशित ac सप्लाई की आवृति नियत रहती है।
- प्राथमिक एवं द्वितीयक कुण्डलियों के बीच कोई विद्युत सम्पर्क नहीं होता है, दोनों चुम्बकीय रूप से युग्मित होती हैं।

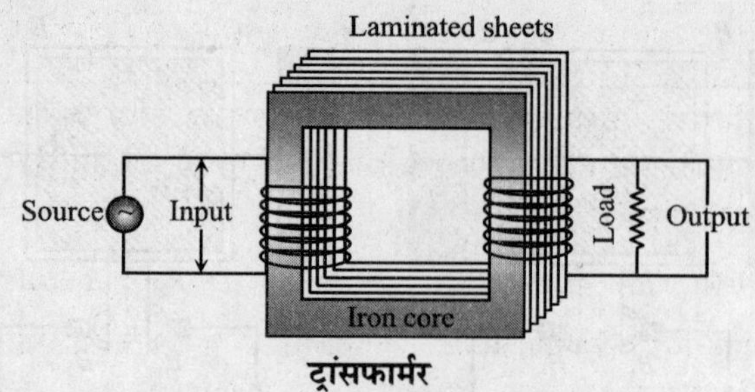

ट्रांसफार्मर

- प्राथमिक कुण्डली को दी गई ऊर्जा क्रोड में चुम्बकीय ऊर्जा में एवं क्रोड की चुम्बकीय ऊर्जा विद्युत ऊर्जा में परिवर्तित हो जाती है।
- ट्रांसफार्मर की प्रत्येक कुण्डली में फ्लक्स प्रति फेरे समान होता है।

परिणमन अनुपात: $\frac{e_s}{e_p} = \frac{N_s}{N_P} = \frac{V_s}{V_P} = \frac{i_p}{i_s} = k$

यहाँ k – परिणमन अनुपात है एवं अन्य संकेतों का सामान्य अर्थ है।

ट्रांसफार्मर के प्रकार

उच्चायी ट्रांसफार्मर	अपचायी ट्रांसफार्मर
यह वोल्टेज को बढ़ाता है एवं धारा को कम करता है। उच्चायी ट्रान्सफॉर्मर में प्राथमिक कुण्डली कम फेरों वाली (मोटी) होती है तथा द्वितीयक (secondary) अधिक फेरों वाली (पतली)।	यह वोल्टेज को कम करता है एवं धारा को बढ़ाता है। अपचायी ट्रान्सफॉर्मर में अधिक फेरों वाली (पतली) कुण्डली प्राथमिक (primary) है तथा कम फेरों वाली (मोटी) द्वितीयक कुण्डली कहलाती है।
$V_S > V_P$ $N_S > N_P$ $E_S > E_P$ $i_S < i_P$ $R_S > R_P$ $t_S > t_P$ $k > 1$	$V_S < V_P$ $N_S < N_P$ $E_S < E_P$ $i_S > i_P$ $R_S < R_P$ $t_S > t_P$ $k < 1$

ट्रांसफार्मर की दक्षता: ट्रान्सफॉर्मर की दक्षता

$$(\eta\%) = \frac{\text{द्वितीयक कुण्डली से प्राप्त ऊर्जा}}{\text{प्राथमिक कुण्डली को दी गई ऊर्जा}} \times 100$$

$$\Rightarrow \eta = \frac{P_{out}}{P_{in}} \times 100 \Rightarrow \eta = \frac{V_s i_s}{V_P i_P} \times 100$$

एक आदर्श ट्रांसफॉर्मर की दक्षता 1 (अथवा 100%) होती है परन्तु विभिन्न रूप में ऊर्जा के ह्रास के कारण व्यवहार में सभी ट्रान्सफॉर्मरों की दक्षता 100% से कम होती है। ट्रांसफार्मर में कोई भी भाग घूर्णन नहीं करता है अत: यांत्रिक ऊर्जा हानि कम होती है। इसलिए इसकी दक्षता बहुत अधिक (90 से 95%) होती है।

ट्रान्सफॉर्मर में ऊर्जा-क्षय

- **चुम्बकीय फ्लक्स क्षरण:** व्यवहार में, प्राथमिक कुण्डली से बद्ध समस्त चुम्बकीय फ्लक्स का द्वितीयक कुण्डली से सम्बद्ध नहीं हो पाता है। अत: कुछ ऊर्जा की हानि होती है। इसको कम करने के लिए अधिक चुम्बकशीलता का (कच्चे लोहे का) बन्द क्रोड़ प्रयोग में लाया जाता है।
- **शैथिल्य ह्रास:** प्राथमिक कुण्डली में प्रत्यावर्ती धारा प्रवाहित होने के कारण लोहे की क्रोड़ बार-बार चुम्बकित एवं विचुम्बकित होती रहती है। इससे क्रोड़ गरम हो जाता है और ऊर्जा क्षय होता है। इस प्रकार के ऊर्जा-ह्रास को शैथिल्य ह्रास कहते हैं। इसको कम करने के लिए क्रोड़ कच्चे लोहे का या नरम लोहे का बनाया जाता है।
- **ताम्र ह्रास:** ट्रान्सफॉर्मर की प्राथमिक तथा द्वितीयक कुण्डलियों में विद्युत्-धारा प्रवाहित होने से ताँबे के तारों में ऊष्मा उत्पन्न होती है जिससे ऊर्जा-क्षय होता है। इस प्रकार के ऊर्जा-क्षय को ताम्र ह्रास कहते हैं।
- **लौह ह्रास:** क्रोड़ में भँवर धाराओं की उत्पत्ति के कारण भी ऊर्जा-क्षय होती है। इसे कम करने के लिए पटलित (laminated) क्रोड़ लेते हैं। इस प्रकार उत्पन्न ऊष्मा को अवशोषित करने के लिए कुण्डलियों के चारों ओर ठण्डी वायु अथवा तेल प्रवाहित किया जाता है।

प्रत्यावर्ती धारा

प्रत्यावर्ती राशि (धारा i या वोल्टेज V) वह है जिसका परिमाण और दिशा समय के साथ परिवर्तित होते हैं। जब कोई कुण्डली किसी चुम्बकीय क्षेत्र में घूर्णन करती है तो प्रत्यावर्ती राशियाँ (i या V) प्राप्त होती हैं। प्रत्यावर्ती राशियों को Hot wire instruments की सहायता से मापा जाता है ये उपकरण धारा के ऊष्मीय प्रभाव पर आधरित है। ac मीटर की स्केल dc मीटर की तरह रैखिक नहीं होती हैं। ac को चोक कुण्डली से नियंत्रित किया जाता है जिसमें ऊर्जा हानि नगण्य होती है।

- प्रत्यावर्ती वोल्टेज स्त्रोत का प्रतीक —(~)— है।
- हमारे घरों में प्रत्यावर्ती धारा 220 V, 50 Hz पर सप्लाई की जाती है।
- $ac \rightarrow$ [दिष्टकारी] $\rightarrow dc$ और $dc \rightarrow$ [इन्वर्टर] $\rightarrow ac$
- इसे कम वोल्टेज पर उत्पन्न करके अधिक वोल्टेज पर भेजा जाता है।
- किसी जनित्र के द्वारा उत्पन्न ac की आवृत्ति $\nu = \frac{Nn}{2}$ यहाँ N = ध्रुवों की संख्या n = कुण्डली की घूर्णन आवृत्ति

प्रत्यावर्ती राशियों के समीकरण एवं ग्राफ

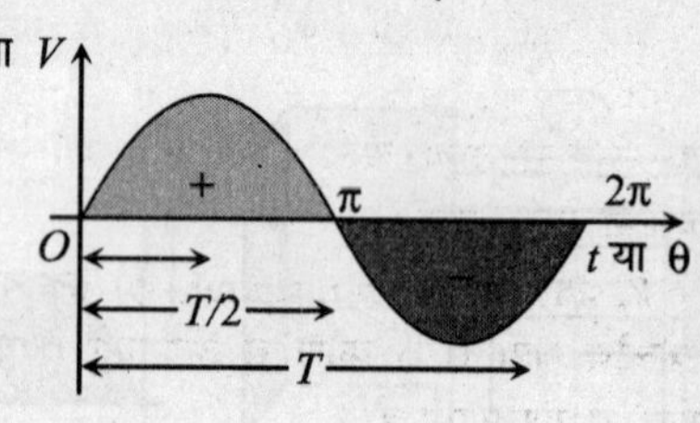

प्रत्यावर्ती राशियाँ (i या V)

धारा $i = i_2 \sin \omega t = i_2 \sin 2\pi\nu t = i_0 \sin \frac{2\pi}{T}.t$

वोल्टता $V = V_0 \sin \omega t = V_0 \sin 2\pi\nu t = V_0 \sin \frac{2\pi}{T}.t$

यहाँ $\omega = rad/sec$ में कुण्डली की कोणीय चाल

$\nu = Hz$ में आवृत्ति, T = आवर्तकाल

i_0 = धारा का शिखर मान, V_0 = वोल्टेज का शिखर मान

माध्य या औसत मान: एक सम्पूर्ण चक्र के लिये प्रत्यावर्ती राशियों (i या V) के औसत मान शून्य होते है। अर्द्धचक्र के लिये

$$i_{av} = \frac{1}{T/2}\int_0^{T/2} i\,dt = \frac{2}{\pi} i_0 - 0.63 i_0 = i_0 \text{ का } 63\%$$

वर्गमाध्य मूल (rms) मान: एक सम्पूर्ण चक्र के लिये

$$i_{max} = \sqrt{\bar{i^2}} = \left[\frac{\int_0^T i^2 dt}{\int_0^T dt}\right]^{1/2} = \frac{i_0}{\sqrt{2}} = 0.707\, i_0 \text{ का } 70.7 \text{ है।}$$

प्रत्यावर्ती धारा का *rms* मान, दिष्टधारा के उस मान के तुल्य होता है जो कि किसी प्रतिरोध में किसी समय तक प्रवाहित होने पर उतनी ही ऊष्मा उत्पन्न करती है जितनी की उसी परिपथ में उतने ही समय में *ac* के प्रवाह से उत्पन्न होती है।

- $i_0 > i_{rms} > i_{av}$ या $V_0 > V_{rms} > V_{av}$
- *RMS* मान को प्रभावी या आभासी मान भी कहा जाता है।
- यदि कुछ न कहा जाये तो दी गई प्रत्यावर्ती राशि को *rms* ही मानें।
- सभी *ac* मीटर *rms* मान ही मापते हैं।
- *ac* अमीटर या वोल्टमीटर में $\theta \propto i_{rms}^2$ या $\theta \propto V_{rms}^2$
- रूप गुणक (Form factor) = $\frac{\pi}{2\sqrt{2}} = 1.11$

शिखर से शिखर मानः प्रत्यावर्ती धारा के एक पूर्ण चक्र में धनात्मक शिखर मान तथा ऋणात्मक शिखर मान के परिमाण के योग को शिखर से शिखर मान कहते हैं $i_{pp} = |+i_0| + |-i_0| = 2l_0 = 2\sqrt{2}i_{rms}$

कला/कलान्तर

प्रत्यावर्ती राशि के तात्क्षणिक मान में sine या cosine के कोणांक (Argument) को कला कहते है अर्थात् यदि कोई प्रत्यावर्ती राशि $X = X_0 \sin(\omega t \pm \phi)$ से प्रदर्शित हो तो ωt = तात्क्षणिक कला, ϕ = प्रारम्भिक कला। दो प्रत्यावर्ती राशियों की कलाओं में अंतर उनके बीच का कलान्तर (ϕ) कहलाता है।

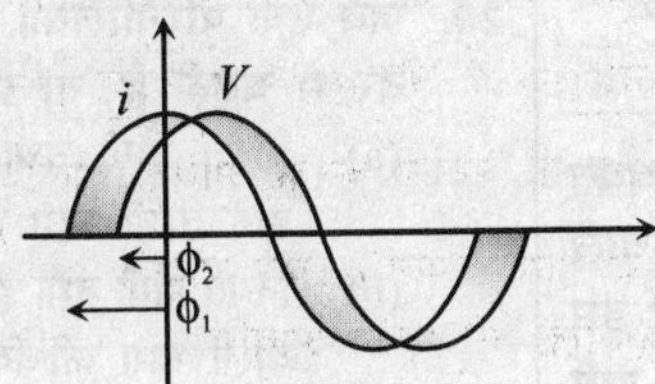

कला/कलान्तर

अर्थात् यदि $V = V_0 \sin(\omega t + \phi_1)$ एवं $i = i_0 \sin(\omega t + \phi_2)$ तो *v* और *i* के मध्य कलान्तर

- तुलनात्मक रूप से उच्च कला वाली राशि को अग्रगामी एवं दूसरी राशि को पश्चगामी कहा जाता है।
- यदि $V = V_0 \sin \omega t$ एवं $i = i_0 \sin(\omega t - \phi)$ तब कलान्तर $= 0-(-\phi) = \phi$; अर्थात् वोल्टेज धारा से ϕ कोण से अग्रगामी है या कहें तो धारा वोल्टेज से ϕ कोण से पश्चगामी है
- **समयान्तरः** यदि दो प्रत्यावर्ती राशियों के मध्य कलान्तर ϕ है तो उनके मध्य समयान्तर T.D.= $\frac{T}{2\pi} \times \phi$

AC परिपथ से संबंधित राशियाँ

- **प्रतिरोधः** चालक का वह गुण जिसके कारण वह उससे प्रवाहित धारा का विरोध करता है, प्रतिरोध कहलाता है प्रतिरोध के व्युत्क्रम को चालकत्व (*G*) कहते हैं।

  अर्थात् $G = \frac{1}{R}$
- **प्रतिबाधाः** संधारित्र, प्रेरकत्व एवं चालक के द्वारा प्रत्यावर्ती धारा के मार्ग में जो रूकावट उत्पन्न की जाती है उसे प्रतिबाधा कहते हैं इसका मात्रक ओहम (Ω) है

  $Z = \frac{V_0}{i_0} = \frac{V_{rms}}{i_{rms}}$
- **प्रतिघातः** प्रेरकत्व या संधारित्र या दोनों के द्वारा प्रत्यावर्ती धारा के मार्ग में उत्पन्न रूकावट को प्रतिघात कहते हैं यह निम्न दो प्रकार की होती है

  $X_L = \omega L = 2\pi\nu L$ या $X_C = \frac{1}{\omega C} = \frac{1}{2\pi\nu C}$

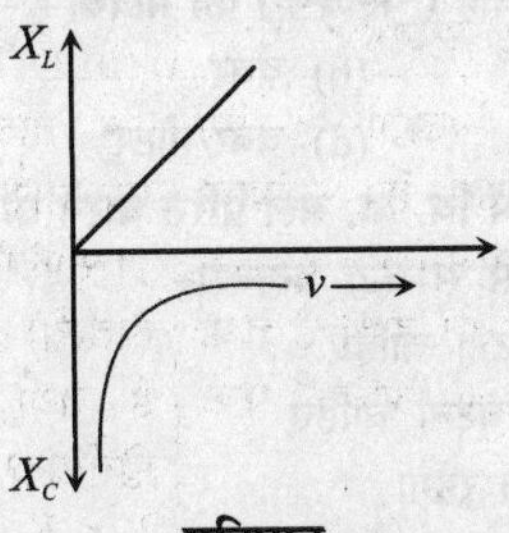

प्रतिघात

वाटहीन धारा एवं चोक कुण्डली

- **वाटहीन धाराः** प्रत्यावर्ती धारा का (शक्ति के सूत्र में) वह घटक जो वोल्टेज से 90° से आगे होता है वाटहीन धारा कहलाती है।

  (i) वाटहीन धारा का *rms* मान $i_{rms} \sin\theta = \frac{i_0}{\sqrt{2}} \sin\theta$

  (ii) वाटहीन धारा का शिखर मान $= i_0 \sin\theta$
- **चोक कुण्डलीः** प्रत्यावर्ती धारा को नियंत्रित करने के लिये अधिक स्वप्रेरकत्व (*L*) तथा अल्प प्रतिरोध की मोटे तांबे के तारों की कुण्डली को चोक कुण्डली कहते हैं यह वॉटहीन धारा के सिद्धान्त पर आधारित है।

प्रश्नमाला

1. किसी परिपथ का प्रतिरोध R है इससे सम्बद्ध फ्लक्स में परिवर्तन समय में है। अतः समय में परिपथ के किसी भी बिन्दु से प्रवाहित आवेश होगा-

(a) $Q = \frac{\Delta\phi}{\Delta t}$ (b) $Q = R.\frac{\Delta\phi}{\Delta t}$

(c) $Q = \frac{1}{R}.\frac{\Delta\phi}{\Delta t}$ (d) $Q = \frac{\Delta\phi}{R}$

2. एकसमान चुम्बकीय क्षेत्र में सदिश क्षेत्रफल से सम्बद्ध चुम्बकीय फ्लक्स है-

(a) $\vec{B} \times \vec{A}$ (b) AB

(c) $\vec{B}.\vec{A}$ (d) $\frac{B}{A}$

3. किसी कुण्डली से निर्गत चुम्बकीय फ्लक्स में परिवर्तन के फलस्वरूप उसमें उत्पन्न प्रेरित विद्युत वाहक बल का सूत्र है (यहाँ A = कुण्डली का क्षेत्रफल, B = चुम्बकीय क्षेत्र है)-

(a) $e = -A\frac{dB}{dt}$ (b) $e = -B.\frac{dA}{dt}$

(c) $e = -\frac{d}{dt}(A.B)$ (d) $e = -\frac{d}{dt}(A \times B)$

4. 100 फेरों वाली एक कुण्डली से बद्ध चुम्बकीय फ्लक्स 0.1 सेकण्ड में 0.5 वेबर से घटकर 0.3 वेबर रह जाता है। कुण्डली के सिरों के बीच प्रेरित विभवान्तर का मान ज्ञात कीजिये।

(a) 2.0 वोल्ट (b) 2.2 वोल्ट

(c) 2.4 वोल्ट (d) 2.6 वोल्ट

5. फैराडे का नियम किसके संरक्षण से सम्बन्धित है-

(a) ऊर्जा

(b) ऊर्जा एवं चुम्बकीय क्षेत्र

(c) आवेश

(d) चुम्बकीय क्षेत्र

6. यदि धात्विक तार से बनी एक कुण्डली को असमान चुम्बकीय क्षेत्र में रखा जाता है, तब-
(a) कुण्डली में एक विद्युत वाहक बल प्रेरित होता है
(b) कुण्डली में एक धारा प्रेरित होती है
(c) न विद्युत वाहक बल और न ही धारा प्रेरित होती है
(d) दोनों विद्युत वाहक बल एवं धारा प्रेरित होते हैं

7. प्रारंभ में किसी कुण्डली का तल किसी एकसमान चुम्बकीय क्षेत्र B के समान्तर है। Δt समय में यह क्षेत्र के लम्बवत् हो जाता है। कुण्डली में प्रवाहित आवेश समय पर निम्न प्रकार निर्भर करेगा-
(a) $\propto \Delta t$ (b) $\propto \frac{1}{\Delta t}$
(c) $\propto (\Delta t)^0$ (d) $\propto (\Delta t)^2$

8. चुम्बकीय अभिवाह (फ्लक्स) का मात्रक है-
(a) वेबर/मीटर^2 (b) वेबर
(c) वेबर/मीटर (d) वेबर/मीटर^4

9. किसी कुण्डली में वि. वा. बल प्रेरित करने के लिए कुण्डली से सम्बद्ध फ्लक्स-
(a) अवश्य घटना चाहिए
(b) बढ़ना या घटना चाहिए
(c) अपरिवर्तित रहेगा
(d) अवश्य बढ़ना चाहिए

10. एक बेलनाकार छड़ चुम्बक किसी वृत्ताकार कुण्डली की अक्ष के अनुदिश रखी है। यदि चुम्बक को उसकी अक्ष के परितः घूर्णन कराया जाये, तो-
(a) कुण्डली में प्रेरित धारा उत्पन्न होगी
(b) कुण्डली में कोई धारा नहीं बहेगी
(c) कुण्डली में सिर्फ एक वि. वा. बल उत्पन्न होगा
(d) कुण्डली में वि. वा. बल एवं धारा दोनों ही उत्पन्न होंगे

11. एक लम्बा धात्विक बेलन ऊर्ध्वाधर स्थित है जब इस बेलन में एक दण्ड चुम्बक को गिराया जाता है, तो चुम्बक का अन्तिम त्वरण होगा-
(a) g के तुल्य
(b) g से कम
(c) प्रारम्भ में g के तुल्य एवं बाद में g से अधिक
(d) शून्य

12. लैंज का नियम संरक्षण का परिणाम है-
(a) आवेश (b) संवेग
(c) द्रव्यमान (d) ऊर्जा

13. एक चुम्बक को अनन्त लम्बाई की ताँबे की ऊर्ध्वाधर नली में गिराया जाता है, तब
(a) प्रारम्भ में चुम्बक का वेग लगातार बढ़ता है एवं अन्ततः नियत वेग प्राप्त कर लेती है
(b) प्रारम्भ में चुम्बक का वेग लगातार घटता है एवं अन्ततः विराम में आ जाती है
(c) चुम्बक का वेग लगातार बढ़ता है, परन्तु त्वरण नियत् रहता है
(d) चुम्बक का वेग एवं त्वरण लगातार बढ़ते हैं

14. लेन्ज का नियम निम्न सूत्र से दिया जाता है (यहाँ e = प्रेरित विद्युत बाहक बल, ϕ = एक फेरे में चुम्बकीय फ्लक्स और N = फेरों की संख्या है)-
(a) $e = -\phi \frac{dN}{dt}$ (b) $e = -N \frac{d\phi}{dt}$
(c) $e = -\frac{d}{dt}\left(\frac{\phi}{N}\right)$ (d) $e = N \frac{d\phi}{dt}$

15. 100 टेस्ल (T) के चुम्बकीय क्षेत्र के लम्बवत् एक तल में एक तार 10 सेमी त्रिज्या वाले वृत्ताकार लूप के रूप में रखा है। यदि इस तार को 0.1 सेकण्ड (s) में खींचकर, उसी तल में वर्गाकार रूप दे दिया जाये, तो लूप में उत्पन्न औसत वैद्युत वाहक बल ज्ञात कीजिये।
(a) 6.75 वोल्ट (b) 6.76 वोल्ट
(c) 6.77 वोल्ट (d) 6.78 वोल्ट

16. किसी कुण्डली के तल से गुजरने वाला चुम्बकीय फ्लक्स, निम्नलिखित सम्बन्ध के अनुसार, समय के साथ बदल रहा है: $\Phi = 5t^3 + 4t^2 - 2t + 5$, t = 2 सेकण्ड पर कुण्डली में प्रेरित धारा का मान ज्ञात कीजियें, जबकि कुण्डली का प्रतिरोध 10 ओम है।
(a) 7.4 (b) 7.5
(c) 7.6 (d) 7.7

17. दो एकसमान समाक्षीय, वृत्तीय लूपों में समान धारा समान दिशा में प्रवाहित हो रही है। यदि लूपों-
(a) प्रत्येक लूप में धारा बढ़ेगी
(b) प्रत्येक लूप में धारा घटेगी
(c) प्रत्येक लूप में धारा समान रहेगी
(d) एक लूप में धारा बढ़ेगी और दूसरे लूप में घटेगी

18. दो भिन्न तार के लूप संकेन्द्रित हैं और एक तल में स्थित हैं। बाहरी लूप में धारा दक्षिणावर्ती है और समय के साथ बढ़ रही है। अन्दर के लूप में प्रेरित धारा होगी-
(a) दक्षिणावर्ती
(b) शून्य
(c) उत्तरावर्ती
(d) उस दिशा में जो कि लूप की त्रिज्या के अनुपात पर निर्भर करती है

19. एक 10 ओम प्रतिरोध की कुण्डली में तार के 1000 चक्कर हैं तथा उनमें चुम्बकीय बल रेखायें गुजर रही है। यदि इनकी संख्या 0.1 सेकण्ड में घटकर रह जाए, तो बताइये कि उस कुण्डली में कितने वोल्ट का वैद्युत वाहक बल तथा कितनी प्रेरित धारा उत्पन्न होगी?
(a) 0.5 ऐम्पियर (b) 0.6 ऐम्पियर
(c) 0.7 ऐम्पियर (d) 0.8 ऐम्पियर

20. जब एक परिनालिका में धारा एक निश्चित दर से बढ़ती है, तो प्रेरित धारा-
(a) नियत होगी तथा इसकी दिशा प्रवाहित होने वाली धारा की दिशा में होगी
(b) नियत होगी तथा इसकी दिशा प्रवाहित होने वाली धारा की दिशा के विपरीत होगी
(c) समय के साथ बढ़ेगी तथा इसकी दिशा प्रवाहित होने वाली धारा की दिशा में होगी
(d) इनमें से कोई नहीं

21. यदि किसी कुण्डली से सम्बद्ध चुम्बकीय फ्लक्स का अधिकतम मान है तथा कुण्डली कोणीय वेग ω से घूर्णन करती है, तो प्रेरित विद्युत बल का शिखर मान होगा-
(a) $\frac{\phi_0}{\omega}$ (b) $\phi_0\omega$
(c) $\frac{\phi_0}{2\omega}$ (d) $\frac{2\phi_0\omega}{\pi}$

22. निम्न कथन में से कौन-सा कथन सही नहीं है?
(a) चोक कुण्डली दिष्ट धारा को अवरुद्ध नहीं करती है
(b) एक पूरे चक्र के लिये प्रत्यावर्ती धारा का औसत मान शून्य होता है
(c) एक पूरे चक्र के लिये प्रत्यावर्ती धारा का औसत वर्गमान शून्य नहीं होता है
(d) प्रत्यावर्ती धारा का उपयोग विद्युत् अपघटन में किया जा सकता है

उत्तरमाला

1. (d)	**2.** (c)	**3.** (c)	**4.** (a)	**5.** (a)	**6.** (c)	**7.** (c)	**8.** (b)	**9.** (b)	**10.** (b)
11. (d)	**12.** (d)	**13.** (a)	**14.** (b)	**15.** (a)	**16.** (a)	**17.** (b)	**18.** (c)	**19.** (a)	**20.** (b)
21. (b)	**22.** (d)								

❑❑❑

अध्याय
9

वैद्युत चुंबकीय तरंगे

समय के साथ परिवर्तित विद्युत क्षेत्र, चुम्बकीय क्षेत्र उत्पन्न करता है तथा समय के साथ परिवर्तित चुम्बकीय क्षेत्र, विद्युत क्षेत्र उत्पन्न करता है। मैक्सवेल (डंगूमसस) ने बताया कि प्रकृति में एक तरंग निहित है जिससे समय तथा त्रिविमीय क्षेत्र (Space) के साथ परिवर्तित विद्युत तथा चुम्बकीय क्षेत्र होते है जो एक-दूसरे में लिए स्त्रोत का कार्य करता है। सभी प्रकार के विद्युत चुम्बकीय विकिरण त्वरित आवेशों द्वारा उत्पन्न होते है।

संचार (communication) का अर्थ सूचना (information) के प्रेषण (transmission) से होता है रेडियों तरंगों की सहायता से संचार मे प्रेषी ऐन्टीना विद्युतचुम्बकीय तरंगे (Electromagnetic Waves) उत्सर्जित करता है। ये तरंग अन्तरिक्ष (space) में चलकर ग्राही ऐन्टीना (receiving antenna) द्वारा ग्रहण होती है जहाँ पर प्रेषित सूचना का उपयोग किया जाता है। रेडियों तरंगों के संरचण की इस विधि में रेडियों तरंगे पृथ्वी तल से 80 किमी ऊँचाई पर स्थित आयनित क्षेत्र, जिसे आयनमण्डल (ionsphere) कहते है, से परावर्तित होकर अभिग्राही ऐन्टीना तक पहुचती है। यह आयनित क्षेत्र वहाँ अल्प दाब तथा सूर्य से तीव्र पराबैंगनी विकिरण (ultraviolet radiation) के कारण वायु के आयनन के कारण उत्पन्न होता है। उपग्रह संचार व्यवस्था में मॉडुलित सूक्ष्म तरंग पुंज को एक उपग्रह की ओर प्रक्षेपित करते है, जिसे उपग्रह पृथ्वी की ओर वापस मोड़ देता है। संचार उपग्रह मुख्यत: भू-स्थिर उपग्रह होता है। इसका परिभ्रमण काल पृथ्वी के परिभ्रमण काल (आयनमण्डल के ऊपर) स्थित होता है। इसके द्वारा संकेतों का स्थाई एवं सुविधाजनक प्रेषण एवं स्वीकरण (reception) होता है। संचार उपग्रह, पृथ्वी के चारों और एक निश्चित कक्षा में परिक्रमण करते हैं, इन्हें रेडियों ट्रांसपोण्डर भी कहते है। यह पृथ्वी पर स्थित ग्राही स्टेशन पर भेज देता है। उपग्रह तकनीक द्वारा वायुमण्डल सम्बन्धी महत्वपूर्ण जानकारियाँ (जैसे मौसम, वर्षा आदि) एकत्रित की जाती है। संचार उपग्रह का उपयोग संचार तकनीक में किया जा सकता है। वर्तमान में संचार उपग्रह का उपयोग Global Positioning System (GPS) में किया जाता है।

एम्पियर का परिपथ नियम

किसी बन्द पथ या परिपथ के अनुदिश चुम्बकीय क्षेत्र (B) का रेखीय समाकलन का मान बन्द परिपथ में बहने वाली धारा का μ_o गुना होता है अर्थात् $\oint \vec{B}.\vec{dl} = \mu_0 i$

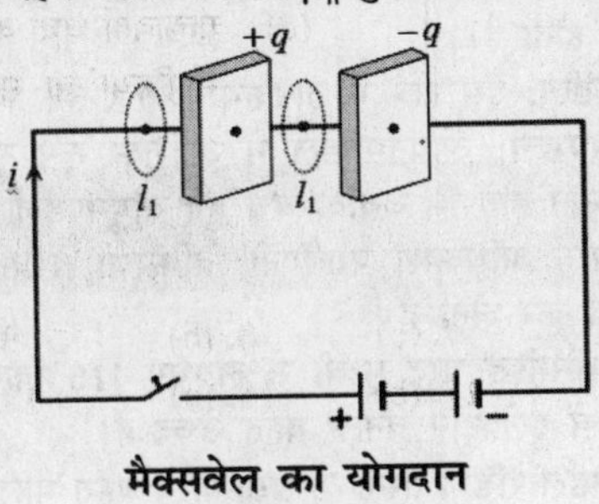

मैक्सवेल का योगदान

- **एम्पियर नियम की असंगतता** $\oint_{l_1} \vec{B}.\vec{dl} = \mu_0 i$ परन्तु $\oint_{l_2} \vec{B}.\vec{dl} = 0$
- **संशोधित एम्पियर नियम या एम्पियर मैक्सवेल नियम** $\oint \vec{B}.\vec{dl} = \mu_0(i_c + i_d)$ या $\oint \vec{B}.\vec{dl} = \mu_0(i_e + \varepsilon_0 \frac{d\phi_E}{dt})$ जहाँ i_c = चालन = धारा चालक मे आवेशों के प्रवाह से उत्पन्न धारा एवं e_d = विस्थापन धारा $= \varepsilon_0 = \frac{d\phi_E}{dt}$ = संधारित्र की प्लेटों के बीच परिवर्ती विद्युत क्षेत्र के कारण उत्पन्न धारा

निर्देश: विस्थापन धारा (i_d) = चालन धारा (i_c); किसी परिपथ i_c में i_d एवं संतत नही हो सकते परन्तु इनका योग सदैव संतत होता है।

मैक्सवेल के नियम

(i) $\oint_s \vec{E}.\vec{ds} = \frac{q}{\varepsilon_0}$ (स्थिर वैद्युत में गॉस नियम)

(ii) $\oint_s \vec{E}.\vec{ds} = 0$ (चुम्बकत्व में गॉस नियम)

(iii) $\oint \vec{E}.\vec{ds} = -\frac{d\phi_B}{dt}$ (विद्युत चुम्बकीय प्रेरण में फैराडे का नियम)

(iv) $\oint \vec{E}.\vec{dt} = \mu_0\left(i_c + \varepsilon_o \frac{d\phi_E}{dt}\right)$ (मैक्सवेल-एम्पियर नियम)

विद्युत चुम्बकीय तरंगे

एक परिवर्ती विद्युत क्षेत्र एक परिवर्ती चुम्बकीय क्षेत्र उत्पन्न करता है जिससे एक अनुप्रस्थ विद्युत चुम्बकीय तरंग उत्पन्न होती है। समय परिवर्ती विद्युत क्षेत्र एवं चुम्बकीय क्षेत्र परस्पर लम्बवत् होते हैं तथा तरंग संचरण की दिशा के भी लम्बवत् होते हैं। विद्युत चुम्बकीय तरंग का स्रोत आवर्ती रूप से दोलायमान आवेश विद्युत चुम्बकीय तरंगों का स्रोत है।

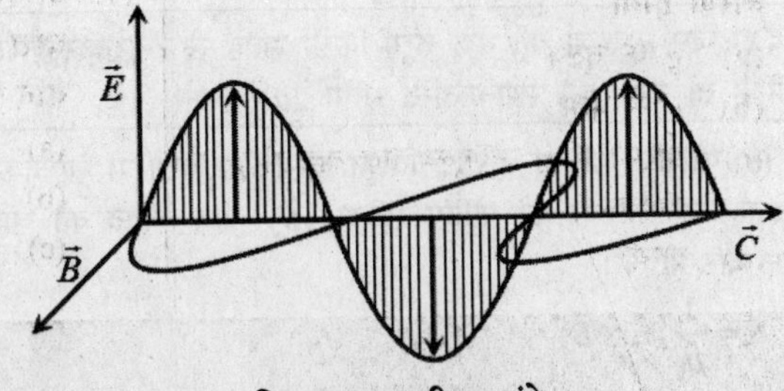

विद्युत चुम्बकीय तरंगे

(1) विद्युत चुम्बकीय तरंगों का इतिहास

- मैक्सवेल (Maxwell) ने सर्वप्रथम विद्युत चुम्बकीय तरंगों की उपस्थिति का पता लगाया।

- हर्ट्ज (Hertz) ने प्रयोगशाला में 6 mm तरंगदैर्ध्य की विद्युत चुम्बकीय तरंगें उत्पन्न की।
- जे.सी. बोस (J.C. Bose) ने अपनी प्रयोगशाला में लगभग 25 mm से 5mm तरंगदैर्ध्य की विद्युत चुम्बकीय तरंगें उत्पन्न की।
- मारकोनी (Marconi) ने सफलतापूर्वक कुछ किलोमीटर तक विद्युत चुम्बकीय तरंगों का संचार किया।

(2) विद्युत चुम्बकीय तरंग का उत्पादन: एक सरल LC परिपथ (दोलक) तथा एक ऊर्जा स्रोत द्वारा निश्चित आवृति की तरंगें उत्पन्न की जा सकती हैं।

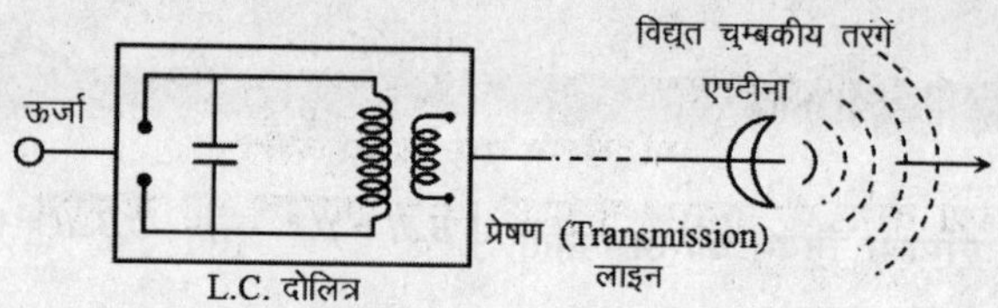

LC परिपथ में दोलनों की आवृति = विद्युत चुम्बकीय तरंग की आवृति $= \dfrac{1}{2\pi\sqrt{LC}}$

विद्युत चुम्बकीय तरंग का उत्पादन

(3) विद्युत चुम्बकीय तरंगों की प्रकृति: ये अनुप्रस्थ प्रकृति की होती हैं तथा इनके संचरण के लिए माध्यम (पदार्थ) की आवश्यकता नहीं होती।

(4) विद्युत चुम्बकीय तरंगों के गुण

(i) चाल: मुक्त आकाश में चाल $c = \dfrac{1}{\sqrt{\mu_0\varepsilon_0}} = \dfrac{E_0}{B_0} = 3\times10^8 m/s$

अन्य किसी माध्यम में $v = \dfrac{1}{\sqrt{\mu\varepsilon}}$; जहाँ μ_0 = मुक्त आकाश की निरपेक्ष चुम्बकीयशीलता, ε_0 = मुक्त आकाश की निरपेक्ष विद्युतशीलता

E_0 एवं B_0 = विद्युत क्षेत्र एवं चुम्बकीय क्षेत्र सदिशों के आयाम

(ii) ऊर्जा: एक विद्युत चुम्बकीय तरंग में ऊर्जा समान रूप से विद्युत क्षेत्र एवं चुम्बकीय क्षेत्र में वितरित होती है विद्युत क्षेत्र में ऊर्जा घनत्व $u_e = \dfrac{1}{2}\varepsilon_0 E^2$, चुम्बकीय क्षेत्र में ऊर्जा घनत्व $u_B = \dfrac{1}{2}\dfrac{B^2}{\mu_0}$

विश्लेषण से प्राप्त होता है कि $u_e = u_B$ एवं $u_{av} = \dfrac{u_e + u_B}{2} = u_e = u_B$

(iii) तीव्रता (I): तरंग संचरण की दिशा के लम्बवत् एकांक क्षेत्रफल से प्रति सेकण्ड प्रवाहित ऊर्जा

$$I = u_{av}\times c = \frac{1}{2}\varepsilon_0 E^2 c = \frac{1}{2}\frac{B^2}{\mu_0}.c$$

(iv) संवेग: संवेग $= \dfrac{\text{ऊर्जा } (u)}{\text{चाल } (c)}$

> **निर्देश:** जब u ऊर्जा की एक तरंग किसी सतह से टकराकर पूर्णतः परावर्तित होती है तो सतह को स्थानान्तरित संवेग $2u/c$ होगा।

(v) पोंटिंग सदिश ($\vec{S}$): विद्युत चुम्बकीय तरंग में, एकांक क्षेत्रफल से प्रवाहित ऊर्जा की दर को पोंटिंग सदिश ($\vec{S}$) द्वारा व्यक्त की जाती है, इसका मात्रक वॉट/मी² है।

$$\vec{S} = \frac{1}{\mu_0}(\vec{E}\times\vec{B})$$

$$\Rightarrow |\vec{S}| = \frac{1}{\mu_0}EB\sin 90° = \frac{EB}{\mu_0} = \frac{E^2}{\mu C}$$

(vi) विकिरण दाब: जब कोई विकिरण (या विद्युत चुम्बकीय तरंग) किसी सतह पर आपतित होती है, तो वह सतह पर दाब आरोपित करती है। आंकिक रूप से दाब का मान प्रति सेकण्ड इकाई क्षेत्रफल को स्थानान्तरित संवेग के तुल्य होता है। पूर्णतः परावर्तक सतह पर आरोपित दाब $P_r = \dfrac{2S}{c}$; S = पोंटिंग सदिश; S = प्रकाश की चाल

पूर्णतः अवशोषक सतह पर आरोपित दाब $P_a = \dfrac{S}{c}$

विद्युत चुम्बकीय स्पेक्ट्रम

विद्युत चुम्बकीय तरंगों की सम्पूर्ण आवृत्तियों या तरंगदैर्ध्यों की क्रमिक व्यवस्था को विद्युत चुम्बकीय स्पेक्ट्रम (Electromagnetic Spectrum) कहते हैं।

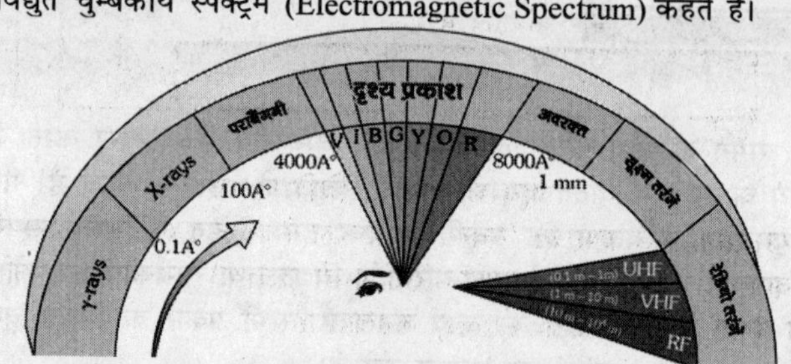

विद्युत चुम्बकीय स्पेक्ट्रम

विद्युत चुम्बकीय स्पेक्ट्रम के उपयोग

विकिरण	उपयोग
γ-किरणें	नाभिक संरचना के अध्ययन में, कैंसर इलाज में
X- किरणें	चिकित्सा जांच में, क्रिस्टल संरचना के अध्ययन में, रेडियोग्रॉफी में,
पराबैगनी किरणें	भोजन संरक्षण में, सर्जीकल उपकरणो की सफाई में, महत्वपूर्ण दस्तावेजों के लेखन परीक्षण में, फिंगर प्रिंटस आदि में
दृश्य प्रकाश	वस्तुओं को देखने में
अवरक्त किरणें	मांस पेशियों के खिंचाव के उपचार में धुंध, कोहरा अथवा, रात्रि फोटोग्राफी में
सूक्ष्म तरंगे व रेडियो तरंगे	राडार दूरसंचार तथा टेलीविजन में

पृथ्वी का वायुमण्डल

पृथ्वी के चारों ओर के गैसीय आवरण को इसका वायुमण्डल कहते हैं। वायुमण्डल में आयतन के अनुसार 78% N_2, 21% O_2, एवं अल्प मात्रा में अन्ये गैसें (जैसे He, Kr, CO_2 आदि) विद्यमान होती हैं।

(1) वायु मण्डल के विभिन्न भाग: पृथ्वी के वायुमण्डल को चित्र में दिखायें अनुसार विभाजित किया गया है

- **क्षोभ मण्डल:** इस क्षेत्र में तापक्रम ऊँचाई के साथ 290 K से घटकर 220 K हो जाता है।
- **समताप मण्डल:** समताप मण्डल का तापक्रम 220 K से 200 K तक परिवर्तित होता है।
- **मध्य मण्डल:** इस क्षेत्र में तापक्रम 180 K तक गिर जाता है।
- **आयन मण्डल:** आयनमण्डल में आंशिक रूप से आवेशित कण, आयन एवं इलेक्ट्रॉन होते हैं, जबकि बचे हुए वायुमण्डल में उदासीन कण होते हैं।
- ओजोन परत अधिकांश पराबैंगनी विकिरणों (Ultraviolet radiations) को अवशोषित कर लेती हैं।
- केनली हेवीसाइड परत पृथ्वी से लगभग 110 किमी. ऊँचाई पर स्थित है। इस परत में इलेक्ट्रॉन घनत्व बहुत उच्च है।
- आयन मण्डल रेडियो तरंगों के प्रसारण में बहुत महत्वपूर्ण भूमिका निभाता है।

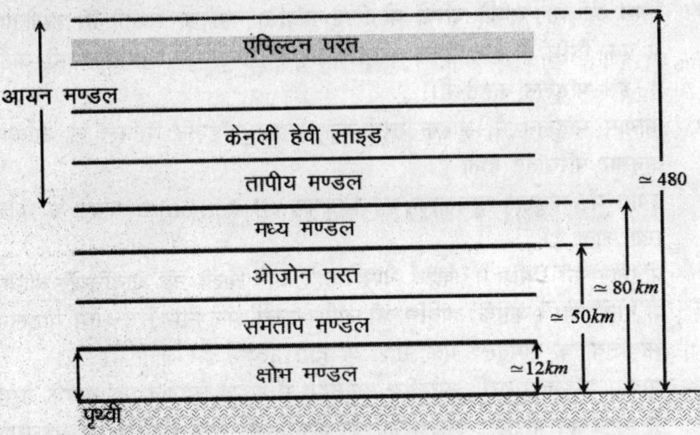

वायु मण्डल के विभिन्न भाग

(2) ग्रीनहाउस प्रभावः निचले वायुमण्डल (बादल CO_2 एवं अन्य गैसें) द्वारा अवरक्त विकिरणों के परावर्तन द्वारा पृथ्वी तल को गर्म बनाये रखना ग्रीन हाउस प्रभाव (Green house effect) कहलाता है।

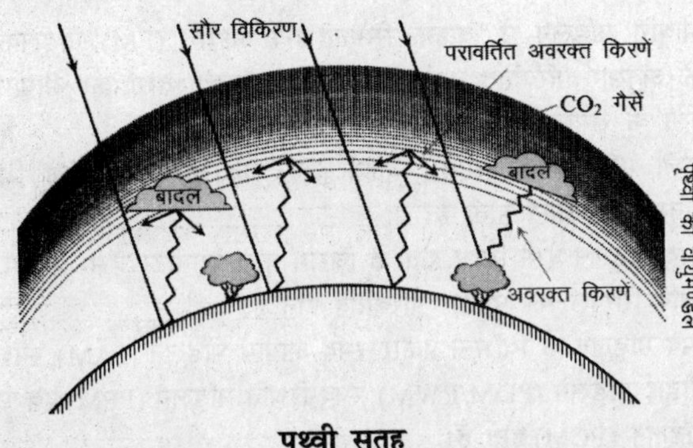

पृथ्वी सतह

(3) मॉडुलेशन एवं डिमॉडुलेशनः श्रव्य तरंगें (कम आवृति) बहुत कम दूरी तक सुनी जा सकती हैं इन तरंगों को बहुत दूरी तक भेजने के लिए इन्हें वाहक तरंगों; उच्च आवृति पर अध्यारोपित करते हैं। इस अध्यारोपण की प्रक्रिया को मॉडुलेशन कहते हैं। मॉडुलित तरंग (वाहक तरंग $ श्रव्य आवृति) में से श्रव्य आवृति को अलग करने की प्रक्रिया डिमॉडुलेशन कहलाती है।

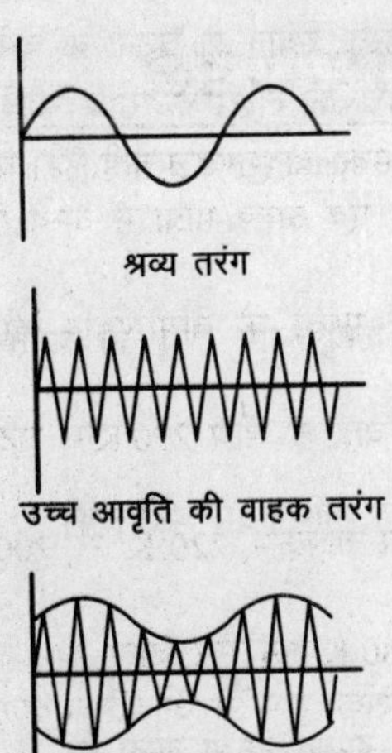

आयाम मॉडुलेशन (वाहक तरंग का आयाम श्रव्य तरंग के आयाम के अनुसार परिवर्तित होता है।)

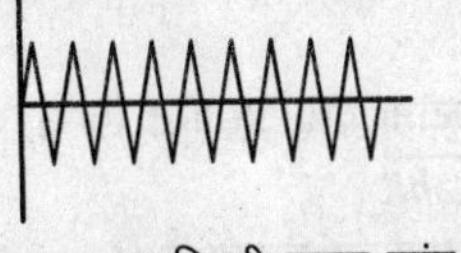

आवृति मॉडुलेशन (वाहक तरंग की आवृति श्रव्य तरंग की आवृति के अनुसार परिवर्तित होती है।)

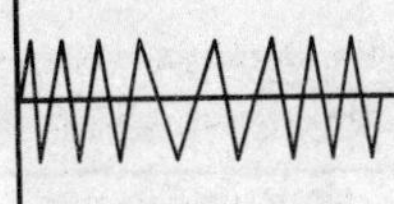

मॉडूलेशन एवं डिमॉडूलेशन

(4) रेडियो तरंगों के प्रसारण में पृथ्वी के वायुमण्डल का योगदान

(i) विभिन्न रेडियों तरंगें

- अत्यन्त लघु आवृति (VLF): 10 KHz से 30 KHz तक
- लघु आवृति (LF): 30 KHz से 300 KHz तक
- मीडियम आवृति (MF) (MW): 300 KHz से 3000 KHz तक
- उच्च आवृति (HF) (SW): 3 MHz से 30 MHz तक
- अति उच्च आवृति (VHF): 30 MHz से 300 MHz तक
- अल्ट्रा उच्च आवृति (UHF): 300 MHz से 3000 MHz तक
- सुपर उच्च आवृति या सूक्ष्म तरंगें: 3000 MHz से 300,000 MHz तक

(ii) आयाम मॉडूलित प्रसारणः इस बैण्ड में 30 MHz आवृति या उससे कम आवृति की तरंगें सम्मिलित होती हैं। ये संकेत (तरंगें) दो प्रकार से संचरित किये जा सकते हैं।

- **भू-तरंगें:** रेडियो तरंगें जो पृथ्वी सतह के अनुदिश गमन करती हैं भू-तरंगें कहलाती हैं। 1500 KHz से कम आवृति की रेडियो तरंगें भू-तरंगों के रूप संचरित होती हैं। 1500 KHz से अधिक आवृति होने पर रेडियो तरंगें पृथ्वी सतह द्वारा अवशोषित कर ली जाती हैं।
- **व्योम तरंगें:** वे आयाम मॉडूलित रेडियों तरंगें जिनकी आवृति 1500 KHz से अधिक होती हैं, आयन मण्डल द्वारा परावर्तित कर दी जाती हैं। इन्हें व्योम तरंगें कहते हैं।

(iii) आवृति मॉडूलित (FM) प्रसारणः इस बैण्ड में 80 MHz से 200 MHz आवृति तक की तरंगें सम्मिलित होती हैं। आयन मण्डल इन तरंगों को मोड़ देता है, परन्तु पृथ्वी की ओर परावर्तित नहीं कर पाता। टेलीविजन सिग्नल (100MHz–200MHz) सामान्यतः आवृति माडूलित होते हैं इनके अभिग्रहण के लिए ग्राही एण्टीना आवश्यक है।

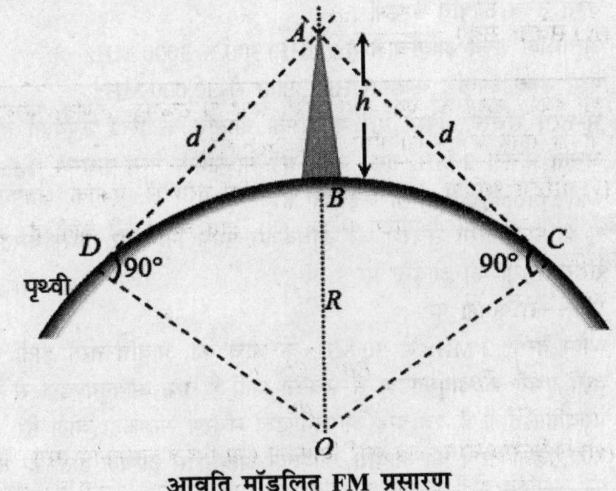

आवृति मॉडूलित FM प्रसारण

(5) टेलीविजन सिग्नल

- टेलीविजन सिग्नलों को एक लम्बे एण्टीना द्वारा प्रसारित किया जाता है
- टेलीविजन सिग्नलों की परास $d = \sqrt{2hR}$
- वह क्षेत्रफल (A) जिसमें TV प्रसारण देखा जा सकता है $A = \pi d^2 = 2\pi hR$
- जनसंख्या जो TV प्रसारण देख सकती है = क्षेत्रफल × जनसंख्या घनत्व

संचार व्यवस्था

संचार एक बिन्दु से दूसरे बिन्दु तक विश्वसनीय रूप से सूचना के संप्रेषण एवं अभिग्रहण का कार्य करता है। प्रेषित, सप्रेषण चैनल एवं अभिग्राही, संचार व्यवस्था की तीन मूल इकाइयाँ हैं। संदेश/सूचना सिग्नल के संपेषण की प्रक्रिया में, शोर सूचना स्त्रोत एवं अभिग्रहण सिरे के बीच कहीं भी जुड़ सकता है।

- संचार व्यवस्था के दो महत्वपूर्ण रूप होते हैं: अनुरूप एवं अंकीय। अनुरूप के लिए संचरित होने वाली सूचना सामान्य रूप से सतत् तंरगरूप में होती है जबकि अंकीय के लिए यह केवल असतत् या क्वाण्टीकृत स्तरों के रूप में होती है।
- ऐसी युक्ति जो ऊर्जा को एक रूप से दूसरे रूप में परिवर्तित करती है, उसे ट्रांसड्यूमर कहते हैं।
- वे अवांछित सिग्नल जो किसी संचार व्यवस्था में संदेश सिग्नल के संचारण तथा प्रक्रिया को बाधित करते हैं, शोर कहलाते हैं।
- किसी माध्यम में प्रसारित करते समय सिग्नल की सामर्थ्य की हानि को क्षीणन कहते हैं।
- प्रवर्धन, इलेक्ट्रॉनिक परिपथ जिसे प्रवर्धक कहा जाता हैं का प्रयोग करके सिग्नल के आयाम को बढ़ाने की विधि है।
- भाषण सिग्नल के लिए, आवृत्ति परास 300 Hz से 3100 Hz तक होती है। अतः भाषण (ध्वनि) सिग्नल आवृत्तियां उच्च होती हैं, इसलिए संगीत की लगभग बैण्ड चौड़ाई 20 kHz होती है।
- आवृत्तियों की श्रव्य परास 20 Hz से 20 kHz तक होती है। संगीत उपकरणों के द्वारा उत्पन्न आवृत्तियाँ उच्च होती है इसलिए संगीत की लगभग बैण्ड चौड़ाई 20 kHz होती है।
- चित्रों, वीडियो सिग्नलों के संचरण के लिए 4.2 MHz की बैण्ड चौड़ाई की आवश्यकता होती है।
- रेडियों तरंगों या सूक्ष्म तरंग संचार व्यवस्था में प्रयुक्त विभिन्न परास निम्न हैं–
- माध्यम आवृत्ति बैण्ड (MF) 300 से 3000 kHz
- उच्च आवृत्ति बैण्ड (HF) 3 से 30 MHz
- बहुत उच्च आवृत्ति बैण्ड
- अत्यधिक उच्च आवृत्ति बैण्ड (UHF) 300 से 3000 MHz
- परम उच्च आवृत्ति बैण्ड (UHF) 3000 से 30,000 MHz
- भू-तरंगे संचरण, निम्न एवं माध्यमिक आवृत्ति के लिए उपुयक्त होता हैं अर्थात् केवल 2 MHz तक, अतः यह माध्यमिक तरंग संचरण (Medium wave propagation) भी कहलाता है।
- भू या सतह तरंग संचरण की अधिकतम परास निम्न पर निर्भर करती है।
- रेडियो तरंगों की आवृत्ति पर
- प्रेषित की क्षमता पर
- व्योम तरंगें, 2 MHz से 30 MHz के बीच की आवृत्ति तरंगें होती है। ये तरंगें पृथ्वी के वायुमण्डल से संचरित होती हैं तथा आयनमण्डल से वापस परावर्तित होती हैं एवं इन्हें आयनमण्डल संचरण भी कहा जाता है।
- यदि रेडियों तरंगों की आवृत्ति, क्रान्तिक आवृत्ति से अधिक होती है, तो यह आयनमण्डल से परावर्तित नहीं होती है।
- निम्न आवृत्ति, लम्बी दूरियों के लिए संचरित नहीं हो सकती हैं। इसलिए, ये एक विधि के द्वारा उच्च आवृत्ति वाहक सिग्नल पर आधारित की जाती है, इसे मॉडुलन कहते हैं।
- आयाम मॉडुलन में, वाहक तरंग का आयाम मॉडुलन सिग्नल के आयाम अनुसार परिवर्तित होता है।
- प्रयोग में, मॉडुलन सूचकांक को विरूपण (Distortion) से बचने के लिए रखा जाता है।
- मॉडुलन की विधि में, पार्श्व बैण्ड कही जाने वाली नई आवृत्तियाँ, वाहक के दोनों ओर (वाहक आवृत्ति की अपेक्ष उच्च और निम्न) उच्त्तम मॉडुलन आवृत्तियों के समतुल्य एक राशि के द्वारा उत्पन्न की जाती हैं।
- आयाम मॉडुलित तरंगें, अरेखीय उपकरण में संदेश सिग्नल एवं वाहक तरंग के अनुप्रयोग के द्वारा उत्पन्न की जा सकती हैं, बैण्ड फिल्टर के अनुसरण के द्वारा।
- AM संसूचन, किसी AM तरंगरूप से मॉडुलक सिग्नल को ग्रहण करने की तकनीक है, जिसे एक दिष्टकारी तथा एक एन्वेलप संसूचक का प्रयोग करके सम्पन्न किया जाता है।
- आवृत्ति मॉडुलन में, वाहक सिग्नल की आवृत्ति (FM), मॉडुलक सिग्नल के अनुसार परिवर्तित होती है। आवृत्ति मॉडुलन तरंग का आयाम, वाहक तरंग के समान होता है।
- कला मॉडुलन में, (PM), वाहक तरंग की कला, मॉडुलक सिग्नल के अनुसार परिवर्तित होती है।
- स्पंद मॉडुलन ऐसी विधि होती है जिसमें कुछ पैरामीटर जैसे-आयाम, चौड़ाई, आदि सिग्नल के अनुसार परिवर्तित होते हैं।
- स्पंद मॉडुलन के विभिन्न प्रकार-स्पंद आयाम मॉडुलन (PAM), स्पंद अवधि/चौड़ाई मॉडुलन (PDM/PWM), स्पंद स्थिति मॉडुलन (PPM) एवं स्पंद कोड मॉडुलन (PCM) होते हैं।
- डिश एन्टीना उच्च रूप से दिशात्मक होता है जबकि द्विध्रुव एण्टीना संवदिशीय होता है। सामान्यतः द्विध्रुव एण्टीना की लम्बाई $\lambda/2$ होती है।
- मॉडेम मॉडुलक एवं डिमॉडुलक के रूप में विस्तारित (Expanded) होता है। अतः संप्रेषण विधा में, मॉडेम मॉडुलक के रूप में कार्य करता है तथा अभिग्राही विधा में, यह डिमाडुलक के रूप में कार्य करता है।
- किसी संवेदक के द्वारा प्राप्त किसी वस्तु, स्थान या घटना के बारे में सूचना प्राप्त करने की वह तकनीक जो जांच के लक्ष्य के साथ सीधे संपर्क में नहीं होती है, सुदूर संवेदक (Remote sensing) कहलाती है।

समीक्षा सूत्र

- वायुमण्डल की परत से परावर्तन के लिए व्योम तरंग की क्रांतिक आवृत्ति को इस प्रकार व्यक्त किया जाता है–
  $vc = 9\,(N_{\text{अधिकतम}})^{1/2}$
  जहाँ $N_{\text{अधिकतम}}$ आकाश में इलेक्ट्रॉन का अधिकतम घनत्व है।
- अधिकतम उपयोगी आवृत्ति,
  $$MUF = \frac{v_c}{\cos i} = v_c \sec i$$
- उछाल (Skip) दूरी को इस प्रकार से व्यक्त किया जाता है–
  $$D_{\text{उछाल}} = 2h\sqrt{\left(\frac{v_0}{v_e}\right) - 1}$$
- यदि h संप्रेषित/प्रेषित एण्टीना की ऊँचाई हैं, तो क्षैतिज (Horizon) से दूरी, $d = \sqrt{2hR}$
  TV सिग्नल के लिए घेरा गया क्षेत्रफल $= \pi d^2 = \pi 2hR$

- पृथ्वी पर h_T एवं h_R ऊँचाईयों वाले दो एण्टीनाओं के बीच की अधिकतम दृष्टिरेखीय दूरी
  $d_M = \sqrt{2Rh_T} + \sqrt{2Rh_R}$
- आयाम मॉडुलित सिग्नल के लिए, यदि मॉडुलक सिग्नल $m(t) = Am\sin\omega_m t$ एवं वाहक सिग्नल, $c(t) = A_c \sin\omega_c t$, AM तरंग की तात्क्षणिक वोल्टता है।
  मॉडुलन सूचकांक, $\mu = \frac{A_m}{A_c} = \frac{A_{max} - A_{min}}{A_{max} + A_{min}}$
- पार्श्व बैण्ड आवृत्ति, $\nu_{SB} = \nu_c \pm \nu_m$
- निम्न पार्श्व बैण्ड आवृत्ति, $\nu_{LSB} = \nu_c - \nu_m$
- उच्च पार्श्व बैण्ड आवृत्ति, $\nu_{USB} = \nu_c + \nu_m$
- AM सिग्नल की बैण्ड चौड़ाई $= \nu_{USB} - \nu_{LSB} = 2\nu_m$
- वाहक तरंग में प्रति चक्र औसत शक्ति होती है-
  $P_c = \frac{A_c^2}{2R}$
  जहाँ R युक्तियों जैसे एण्टीना का प्रतिरोध है।
- मॉडुलित तरंग में प्रति चक्र कुल शक्ति
  $P_t = P_c\left(1 + \frac{\mu^2}{2}\right)$
- शक्ति लाभ (dB) में $= 10\log\frac{P_0}{P_i}$
- यदि I_t, कुल मॉडुलित धारा का *rms* मान है तथा I_c, अमॉडुलित वाहक धारा का *rms* मान है तो $\frac{I_t}{I_c} = \sqrt{1 + \frac{\mu^2}{2}}$
- AM तरंग के संसूचन के लिए, आवश्यक स्थिति,
  $\frac{1}{\nu_c} << RC$
- जहाँ ν_c वाहक तरंग आवृत्ति है तथा RC समय नियतांक है।
- आवृत्ति माडुलित तरंग की तात्क्षणिक आवृत्ति,
  $\nu(t) = \nu_c + k\frac{A_m}{2\pi}\sin\omega_m t$
  जहाँ k समानुपाती नियतांक है।
- आवृत्ति का अधिकतम एवं न्यूनतम मान,
  $\nu_{max} = \nu_c + \frac{kA}{2\pi}$ तथा $\nu_{min} = \nu_c + \frac{kA_m}{2\pi}$
- आवृत्ति विचलन
  $\delta = \nu_{max} - \nu_c = \nu_{min} = \frac{kA_m}{2\pi}$
- आवृत्ति मॉडुलन सूचकांक, $\mu_f = \frac{\delta}{\nu_m}$
- मॉडुलन सूचकांक μ विमाहीन राशि है।
- दूरी का मात्रक km में होता है, आवृत्ति Hz में होती है, शक्ति, वॉट में होती है, घेरा गया क्षेत्रफल, km^2 में होता है।

प्रयुक्त परिवर्तन

- 1 km = 1000 m
- 1 kHz = 1000 Hz
- 1 MHz = 10^6 Hz
- 1 GHz = 10^9 Hz
- 1 THz = 10^{12} Hz

प्रश्नमाला

1. वर्ल्ड वाइड वेब (WWW) का आविष्कारक कौन था?
(a) जे.सी.आर, लिकलाइडर
(b) टिम-वर्नर्स-ली
(c) अलेक्जेन्डर ग्राहम बेल
(d) सेमुअल एफ.बी.मोर्स

2. प्रकाश तंतु में प्रकाश सिग्नल के प्रेषण के लिए प्रयुक्त सिद्धांत है-
(a) परावर्तन
(b) पूर्ण आन्तरिक परावर्तन
(c) व्यतिकरण
(d) विवर्तन

3. निम्न में कौन-सा पांइट-टू-पांइट कम्यूनिकेशन मोड का उदाहरण है?
(a) रेडियो (b) टेलीविजन
(c) टेलीफोन (d) इनमें से सभी

4. संचार व्यवस्था के आवश्यक तत्व हैं-
(a) प्रेषित्र एवं अभिग्राही
(b) अभिग्राही एवं संचार चैनल
(c) प्रेषित्र एवं संचार चैनल
(d) प्रेषित्र, संचार चैन एवं अभिग्राही

5. किसी माध्यम में संचरण के समय सिग्नल की सामर्थ्य की हानि है-
(a) अभिग्रहण (b) अवशोशण
(c) प्रेषण (d) क्षीणन

6. विद्युत परिपथ का प्रयोग करके किसी सिग्नल की बढ़ती हुई सामर्थ्य की विधि को कहते हैं-
(a) प्रवर्धन (b) मॉडुलन
(c) डिमॉडुलन (d) प्रेषण

7. मॉडेम एक ऐसी युक्ति है जो सम्पन्न करती है-
(a) मॉडुलन
(b) डिमॉडुलन
(c) दृष्टिकरण
(d) मॉडुलन एवं डिमॉडुलन

8. निम्न में से कौन-सी विद्युत फ्लक्स व्यवस्था में प्रयुक्त आधारभूत शब्दावली नहीं है?
(a) ट्रांसड्यूसर (b) प्रेषित्र
(c) टेलीग्राफ (d) क्षीणन

9. वह युक्ति जो अभिग्राही एवं प्रेषित्र का संयोजन होती है-
(a) प्रवर्धक (b) पुनरावर्तक
(c) ट्रांसड्यूसर (d) मॉडुलक

10. निम्न में से कौन-सा ट्रांसड्यूसर नहीं है?
(a) लाउडस्पीकर (b) प्रवर्धक
(c) माइक्रोफोन (d) इनमें से सभी

11. मॉडुलन वह विधि है जिसमें-
(a) निम्न आवृत्ति की श्रव्य सिग्नल को उच्च आवृत्ति की रेडियों तरंगों में अध्यारोपित करते हैं
(b) निम्न आवृत्ति की रेडियों सिग्नल, को निम्न आवृत्ति की श्रव्य तरंग में अध्यारोपण करते हैं
(c) उच्च आवृत्ति की रेडियों सिग्नल को निम्न आवृत्ति की श्रव्य सिग्नल में अध्यारोपित करते हैं
(d) उच्च आवृत्ति की श्रव्य सिग्नल को निम्न आवृत्ति की रेडियो तरंगों में अध्यारोपण करते है

12. निम्न में से संचार व्यवस्था का कौन-सा आवश्यक तत्व नहीं है?
(a) प्रेषित (b) ट्रांसड्यूसर
(c) अभिग्राही (d) संचार चैनल

13. 10 kHz के संदेश सिग्नल एवं 10 वोल्ट के शिखर मान को 1 MHz की आवृत्ति एवं

20 V के शिखर वोल्टता वाले वाहक को मॉडुलित करने में प्रयुक्त किया जात है। उत्पन्न पार्श्व बैण्डों की आवृत्ति क्या होगी?

(a) 1000 kHz, 990 kHz
(b) 1010 kHz, 990 kHz
(c) 990 kHz, 1000 kHz
(d) 1010 kHz, 1000 kHz

14. उच्चतर डाट दर के लिए अधिक बैण्ड चौड़ाई किसका प्रयोग करके प्राप्त की जाती है?

(a) उच्च आवृत्ति वाहक तरंग
(b) उच्च आवृत्ति श्रव्य तरंग
(c) निम्न आवृत्ति वाहक तरंग
(d) निम्न आवृत्ति श्रव्य तरंग

15. 1200 nm पर संचालित किये गये प्रकाशिक संचार व्यवस्था में, स्रोत आवृत्ति का केवल 2% भाग ही 5 MHz की बैण्ड चौड़ाई वाले TV संप्रेषण के लिए उपलब्ध होता है। TV चैनलों की वह संख्या जो प्रेषित की जा सकती है, वह है-

(a) 2 मिलियन (b) 10 मिलियन
(c) 0.1 मिलियन (d) 1 मिलियन

16. 10 GHz की केंद्रीय आवृत्ति पर संचालित होने वाली एक सूक्ष्मतरंग टेलीफोन शृंखला तब स्थापित हो जाती है जब इसका 2% सूक्ष्मतरंग संचार चैनल के लिए उपलब्ध हो, तब प्रत्येक टेलीफोन को 8kHz की बैण्ड चौड़ाई प्रदान किए जाने पर कितने टेलीफोन चैनलों को एक साथ अनुमति प्रदान की जा सकती है?

(a) 1.5×10^3 (b) 3.5×10^2
(c) 2.5×10^4 (d) 4.5×10^6

17. मूल स्टेशन (Base station) से मोबाइल संचार के लिए, आवश्यक आवृत्ति बैण्ड क्या होगा?

(a) 540 – 1600 kHz
(b) 200 – 325 MHz
(c) 5.9 – 6.42 GHz
(d) 840 – 935 MHz

18. निम्न में से कौन-सा संचार के प्रसारण विधा का उदाहरण है?

(a) रेडियो (b) टेलीविजन
(c) मोबाइल (d) (a) एवं (b) दोनों

19. स्तम्भ-I को स्तम्भ-II से मिलाइए-

स्तम्भ-I (सेवा)	स्तम्भ-II (आवृत्ति बैण्ड)
(A) टेलीविजन	1. 896 – 935 MHz
(B) सेल्यूलर मोबाइल रेडियो	2. 540 – 1600 MHz
(C) मानक AM प्रसारण	3. 54 – 890 MHz
(D) FM प्रसारण	4. 88 – 108 MHz

(a) (A)→(1), (B) →(3), (C) →(4), (D) →(1)
(b) (A)→(2), (B) →(4), (C) →(2), (D) →(3)
(c) (A)→(3), (B) →(1), (C) →(2), (D) →(4)
(d) (A)→(3), (B) →(4), (C) →(1), (D) →(2)

20. FM प्रसारण को AM प्रसारण की तुलना में प्राथमिकता दी जाती है क्योंकि-

(a) यह शोर कम करता है
(b) उद्धरण काफी अच्छी गुणवत्ता का होता है
(c) यह अधिक शोर करता है
(d) (a) एवं (b) दोनों

21. निम्न में से कौन-सा कथन सही है?

(a) एक अकेला भू-स्थायी उपग्रह सूक्ष्म तरंग संचार के लिए पृथ्वी के सम्पर्णू भाग को घेर सकता है
(b) पृथ्वी के चारों ओर समान कक्षा में कम से कम तीन भू-स्थायी उपग्रह सूक्ष्म भाग संचार के लिए पृथ्वी के सम्पूर्ण भाग को घेर सकते हैं
(c) प्रथम भारतीय संचार उपग्रह ''टेलस्टार'' है
(d) उपग्रह संचार, दृश्टिरेखीय सूक्ष्मतरंग संचार की तरह नहीं होता है

22. स्थित मूल स्टेशन एवं अनेक मोबाइल इकाइयों के मध्य वह संचार जो कि VHF तथा UHF में द्विदिशीय रेडियो संचार (Two way ratio communication) का उपयोग करते हुए, जहाज या विमान पर स्थित होता है, किस आवृत्ति बैण्ड का होता हैं?

(a) 3 से 30 MHz
(b) 30 से 300 MHz
(c) 30 से 470 MHz
(d) 30 से 600 MHz

23. 30 MHz से 300 MHz आवृत्ति की रेडियो तरंगें किससे संबंधित होती हैं?

(a) उच्च आवृत्ति बैण्ड
(b) बहुत उच्च बैण्ड
(c) अत्यधिक उच्च आवृत्ति बैण्ड
(d) परम उच्च आवृत्ति बैण्ड

24. 5 MHz की बैण्ड चौड़ाई, AM संप्रेषण के लिए उपलब्ध है। यदि वाहक (Carrier) के मॉडुलन के लिए प्रयुक्त अधिकतम श्रवण सिग्नल आवृत्ति (5kHz) से अधिक नहीं है, तो कितने स्टेशनों को इस बैण्ड के अंदर बिना एक-दूसरे को बाधा पहुँचाए प्रसारित किया जा सकता है?

(a) 200 (b) 300
(c) 400 (d) 500

25. उपग्रह संचार की डाउनलिंक में प्रयुक्त आवृत्ति बैण्ड है-

(a) 9.5 से 2.5 GHz
(b) 896 से 901 MHz
(c) 3.7 से 4.2 GHz
(d) 840 से 935 MHz

26. निम्न में से कौन-सी युक्ति पूर्ण ड्पलेक्स है?

(a) मोबाइल फोन (b) वॉकी-टॉकी
(c) लाउडस्पीकर (d) रेडियो

27. एक TV संचरित एण्टीना 81m लम्बा है। यदि अभिग्राही एण्टीना भू-स्तर पर है, तो यह कितना सेवा क्षेत्र कवर कर सकता है? (पृथ्वी की त्रिज्या = 6.4 ×106 m)

(a) 3258 km^2 (b) 4180 km^2
(c) 251 km^2 (d) 1525 km^2

28. शीर्ष मीनार पर संचरित करने वाले एण्टीना की ऊँचाई 18 मी एवं अभिग्राही एण्टीना की ऊँचाई 32 मी है। दृष्टिरेखीय विधा में संतोषजनक संचार के लिए उनके मध्य अधिकतम दूरी होगी- (पृथ्वी की त्रिज्या = 6.4 ×106 m)

(a) 15.15 km (b) 21.25 km
(c) 30.45 km (d) 35.42 km

29. एक 20 मी ऊँचाई के संचरण करने वाले एण्टीना एवं h ऊँचाई के अभिग्राही एण्टीना को दृष्टिरेखीय विधा में संतोषजनक संचार के लिए एक-दूसरे से 40 km की दूरी पर रखा गया है, तो h का मान होगा-

(a) 40 m (b) 45 h
(c) 30 m (d) 25 m

30. सूक्ष्मतरंग प्रसारण सेवा के द्वारा प्रयुक्त संचार की विधा है-

(a) आकाश तरंग (b) व्योम तरंग
(c) भू-तरंग (d) (a) एवं (b) दोनों

उत्तरमाला

1. (b)	2. (b)	3. (c)	4. (d)	5. (d)	6. (a)	7. (d)	8. (c)	9. (b)	10. (b)
11. (a)	12. (b)	13. (b)	14. (a)	15. (d)	16. (c)	17. (d)	18. (d)	19. (c)	20. (d)
21. (b)	22. (c)	23. (b)	24. (d)	25. (c)	26. (a)	27. (a)	28. (d)	29. (b)	30. (b)

अध्याय

10

किरण प्रकाशमिति

जब एक प्रकाश किरण किसी माध्यम से चलकर एक परिसीमा (दो माध्यमों को अलग–अलग करने वाली सीमा) पर आपतित होकर उसी माध्यम में वापस आ जाती है, तो इस घटना को प्रकाश का परावर्तन कहते हैं। समतल दर्पण द्वारा बना प्रतिबिम्ब आभासी, सीधा, पार्श्विक उल्टा, आकार में वस्तु के बराबर एवं दर्पण से उतनी ही दूरी पर बनता है, जितनी दूरी पर दर्पण के सामने वस्तु रखी होती है। एक व्यक्ति एक कमरे में खड़ा होकर अपने पीछे की सम्पूर्ण दीवार का प्रतिबिम्ब सामने की दीवार में लगे समतल दर्पण में देखना चाहे, तो दर्पण का न्यूनतम आकार दीवार के आकार का एक तिहाई होना चाहिए एवं व्यक्ति कमरे के बीच में खड़ा हो। यदि आपतित किरण को स्थिर रखते हुए समतल दर्पण को आपतित तल में θ कोण से घुमा दिया जाये तो परावर्तित किरण 2θ कोण से घूम जाती है। परावर्तन के पश्चात् प्रकाश का वेग, तरंगदैर्ध्य और आवृत्ति अपरिवर्तित रहते हैं जबकि तीव्रता घटती है। उत्तल दर्पण के सामने स्थित कोई वस्तु जब दर्पण से दूर की ओर गति करती है, तो प्रतिबिम्ब छोटा होकर फोकस की ओर अग्रसर होने लगता है। उत्तल दर्पणः रोड लेम्प में, गाड़ियों में साइड मिरर के रूप में आदि। अवतल दर्पण में, वास्तविक वस्तु और उसके वास्तविक प्रतिबिम्ब के बीच की न्यूनतम दूरी शून्य होती है। अवतल दर्पणः दाढ़ी बनाने वाले दर्पण, सर्च लाईट, सिनेमा प्रोजेक्टर, टेलीस्कोप में E.N.T. विशेषज्ञ द्वारा आदि।

एक माध्यम से दूसरे माध्यम में प्रवेश करते समय प्रकाश किरण का मार्ग से विचलित हो जाना प्रकाश का अपवर्तन कहलाता है। आपतन कोण की ज्या एवं अपवर्तन कोण की ज्या का अनुपात एक नियतांक है इसे अपवर्तनांक कहते हैं। प्रकाशिक तंतु, पूर्ण आंतरिक परावर्तन के सिद्धान्त पर आधारित एक ऐसी युक्ति है, जिसके द्वारा प्रकाश सिग्नल को इसकी तीव्रता में बिना क्षय हुए, एक स्थान से दूसरे स्थान तक टेढ़े–मेढ़े मार्ग से स्थानांतरित किया जा सकता है। प्रकाशिक तंतु में काँच / क्वार्टज के बने हुए बहुत सारे लम्बे तंतु होते हैं।

प्रकाशमिति

प्रकाशिकी की वह शाखा जिसमें किसी प्रकाश स्त्रोत की प्रकाश ऊर्जा उत्सर्जित करने की क्षमता तथा इस ऊर्जा द्वारा किसी पृष्ठ पर उत्पन्न प्रदीप्ति की माप की जाती है, प्रकाशमिति कहलाती है।

घन कोण (ω- Solid Angle): किसी गोलीय पृष्ठ का क्षेत्रफल गोले के केन्द्र पर एक कोण अन्तरित करता है जिसे घन कोण (ω) कहते हैं।

इसका मात्रक रेडियन $\omega = \frac{\text{क्षेत्रफल}\,\Delta A}{r^2}$ गोले के सम्पूर्ण पृष्ठ द्वारा इसके केन्द्र पर अन्तरित कोण 4ω रेडियन है।

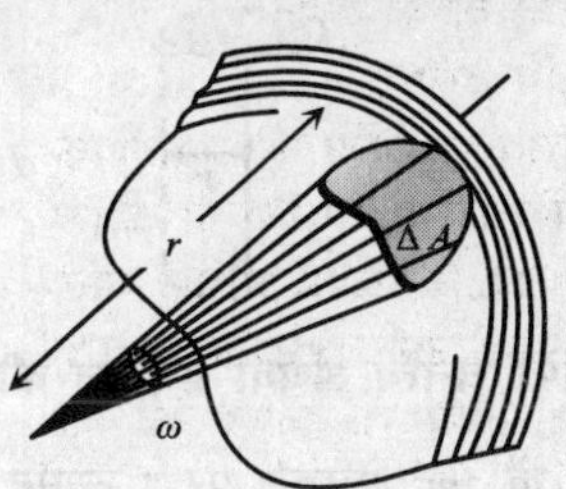

घन कोण

विकिरण फ्लक्स (*R*-Flux): किसी प्रकाश स्त्रोत द्वारा 1 सेकण्ड में उत्सर्जित विकिरण ऊर्जा को विकिरण फ्लक्स कहते हैं।

- **ज्योति फ्लक्स (ϕ-Luminous Flux):** किसी स्त्रोत द्वारा 1 सेकण्ड में उत्सर्जित कुल प्रकाश ऊर्जा को ज्योति फ्लक्स कहते हैं। यह स्रोत की प्रदीपन क्षमता को व्यक्त करता है। इसका SI मात्रक ल्यूमेन है।
- 5500Å तरंगदैर्ध्य पर (1/685) वॉट के ऊर्जा स्त्रोत का ज्योति फ्लक्स 1 ल्यूमेन कहलाता है।
- **ज्योति दक्षता(η):** ज्योति फ्लक्स एवं विकिरण फ्लक्स के अनुपात को ज्योति दक्षता कहते हैं, अर्थात् $\eta = \frac{\phi}{R}$

ज्योति फ्लक्स एवं दक्षता

प्रकाश स्त्रोत	फ्लक्स (ल्यूमेन)	दक्षता (ल्यूमेन वॉट)
40 *W* टंग्स्टन बल्ब	465	12
60 *W* टंग्स्टन बल्ब	835	14
500 *W* टंग्स्टन बल्ब	9950	20
30 *W* टंग्स्टन बल्ब	1500	50

ज्योति तीव्रता (*L*-Luminous Intensity): किसी दी गई दिशा में प्रति एकांक घन कोण में उत्सर्जित ज्योति फ्लक्स को ज्योति तीव्रता कहते हैं। अर्थात्

$$L = \frac{\phi}{\omega} = \frac{\text{प्रकाश ऊर्जा}}{\text{सेकण्ड} \times \text{घनकोण}} \xrightarrow{\text{S.I. मात्रक}} \frac{\text{ल्यूमेन}}{\text{स्टेरेडियम}} = \text{कैण्डला (Cd)}$$

एक बिन्दु स्त्रोत की ज्योति तीव्रता $L = \frac{\phi}{4\pi} \Rightarrow L = 4\pi \times (\phi)$

प्रदीप्ति घनत्व अथवा प्रदीपन की तीव्रता (*I*) : किसी पृष्ठ के प्रति एकांक क्षेत्रफल पर आपतित होने वाले ज्योति फ्लक्स को प्रदीप्ति घनत्व कहते हैं, अर्थात् $I = \frac{\phi}{A}$

मात्रकः S.I. मात्रकः $\frac{\text{ल्यूमेन}}{\text{से. मी}^2}$ या लक्स; CGS मात्रकः फोट;

$1\,\text{फोट} = 10^4\,\text{लक्स} = \frac{\text{ल्यूमेन}}{\text{से मी.}^2}$; r दूरी पर प्रदीपन तीव्रता

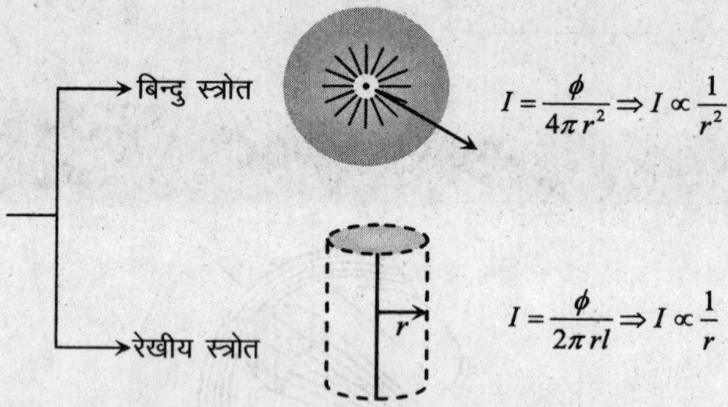

प्रदीप्ति घनत्व अथवा प्रदीपन की तीव्रता

यदि किसी पृष्ठ के 1m^2 क्षेत्रफल पर 1 ल्यूमेन ज्योति फ्लक्स आपतित हो रहा है, तो पृष्ठ की प्रदीप्ति घनत्व 1 लक्स होगी।

किसी पृष्ठ के प्रदीप्ति घनत्व तथा ज्यातिर्मयता या द्युति में अंतरः प्रदीप्ति घनत्व पृष्ठ के प्रति एकांक क्षेत्रफल पर आपतित ज्योति फ्लक्स को व्यक्त करता है, जबकि ज्योतिर्ययता पृष्ठ के प्रति एकांक क्षेत्रफल से परावर्तित ज्योति फ्लक्स को व्यक्त करता है।

ज्योति तीव्रता (L) एवं प्रदीप्ति घनत्व (I) में सम्बन्ध

यदि S एक समदैशिक बिन्दु स्त्रोत है जिसकी ज्योति तीव्रता L है। इससे r दूरी पर एक पृष्ठ है जिस पर प्रकाश अभिलम्बवत् आपतित हो रहा है, तब

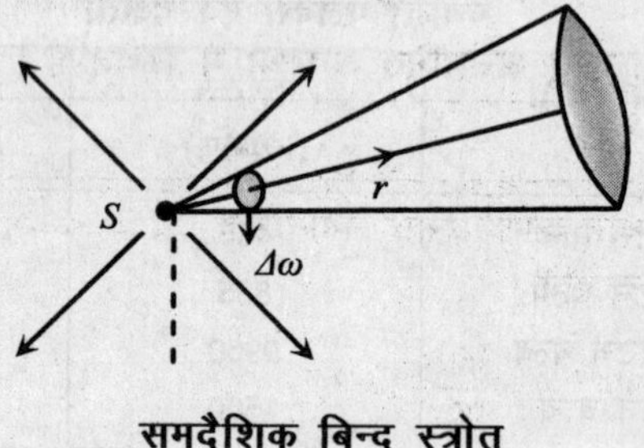

समदैशिक बिन्दु स्त्रोत

- पृष्ठ की प्रदीपन तीव्रताः $I = \frac{L}{r^2}$
- एक दिये गये स्त्रोत के लिये L = नियतांक

$\therefore \; I \propto \frac{1}{r^2}$; इसे प्रदीप्ति घनत्व का व्युत्क्रम वर्ग का नियम कहते हैं।

प्रदीप्ति घनत्व के लिए लैम्बर्ट कोज्या नियम

यदि उपरोक्त विश्लेषण में पृष्ठ पर प्रकाश अभिलम्बवत् आपतित न होकर अभिलम्ब दिशा से किसी कोण θ पर आपतित होता है, तब

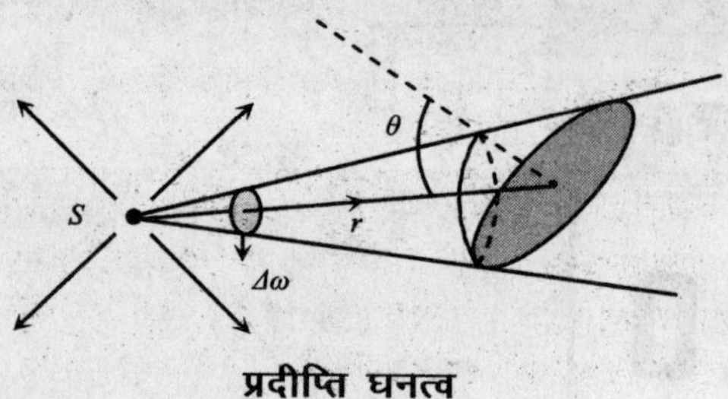

प्रदीप्ति घनत्व

- पृष्ठ का प्रदीप्ति घनत्व $I = \frac{L\cos\theta}{r^2}$
- किसी दिये गये स्त्रोत एवं बिन्दु के लिए (अर्थात् L एवं r = नियतांक) $I \propto \cos\theta$; यही लैम्बर्ट कोज्या नियम है।

$\Rightarrow \; I_{\max} = \frac{L}{r^2} = I_o (\theta = 0°\text{के लिए})$

- किसी दिये गये स्त्रोत एवं प्रदीप्त तल के लिये (अर्थात् L एवं h = नियतांक) $\cos\theta = \frac{h}{r}$

$\therefore \; I = \frac{L}{h^2}\cos^3\theta$ या $I = \frac{Lh}{r^3}$

अर्थात् $I \propto \cos^3\theta$ या $I \propto \frac{1}{r^3}$

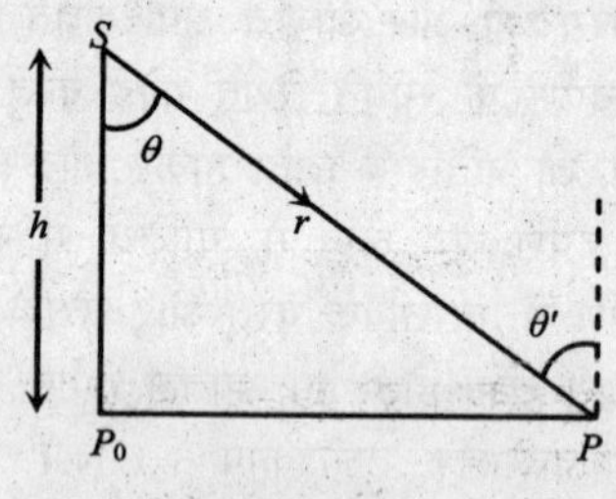

स्त्रोत एवं प्रदीप्त तल

> **निर्देशः** समदैशिक बिन्दु स्त्रोत के लिए $I \propto \frac{1}{r^2}$; रेखीय स्त्रोत के लिए $I \propto \left(\frac{1}{r}\right)$; समान्तर पुंज के लिए $I \propto r^{\circ}$

फोटोमीटर एवं प्रकाशमिति का सिद्धान्त

फोटोमीटर की सहायता से दो प्रकाश स्त्रोतों के प्रदीप्ति घनत्वों की तुलना की जाती है।

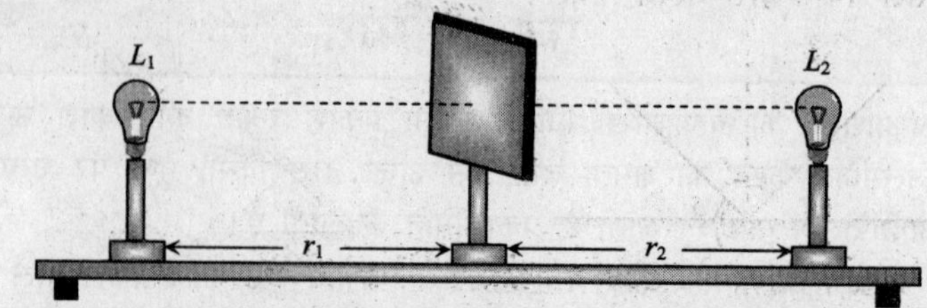

प्रकाश स्त्रोतों के प्रदीप्ति घनत्वों की तुलना

L_1 व L_2 ज्योति तीव्रता वाले दो प्रकाश स्त्रोत एक पर्दे से r_1 व r_2 दूरी पर इस प्रकार रखे हैं कि इनके फ्लक्स पर्दे के लम्बवत् है। दूरियों r_1 व r_2 को इस प्रकार व्यवस्थित करते हैं कि $I_1 = I_2$

तब $\frac{L_1}{r_1^2}=\frac{L_2}{r_2^2} \Rightarrow \boxed{\frac{L_1}{L_2}=\left(\frac{r_1}{r_2}\right)^2}$; यही प्रकाशमिति का सिद्धान्त है।

निर्देश: 40 वॉट की स्फुरदीप्त नलिका (ट्यूब लाइट) समान शक्ति के बल्व की अपेक्षा अधिक प्रकाश देती है, क्योंकि बल्व प्रकाश के साथ पराबैंगनी एवं अवरक्त विकिरणों को उत्सर्जित करता है। स्फुरदीप्त नलिका में गैस विसर्जन से केवल प्रकाश एवं पराबैंगनी विकिरण उत्सर्जित होते हैं। ये पराबैंगनी विकिरण द्वितीयक उत्सर्जन द्वारा दृश्य प्रकाश में रूपान्तरित हो जाते हैं, इसलिये 40 वॉट की ट्यूबलाइट की ज्योति तीव्रता, प्रदीपन–तीव्रता या ज्योति दक्षता समान शक्ति के बल्व से अधिक होती है।

प्रकाश का परावर्तन

जब एक प्रकाश किरण किसी माध्यम में चलकर एक परिसीमा (दो माध्यमों को अलग-अलग करने वाली सीमा) पर आपतित होकर उसी माध्यम में वापिस आ जाती है, तो इस घटना को प्रकाश का परावर्तन कहते हैं।

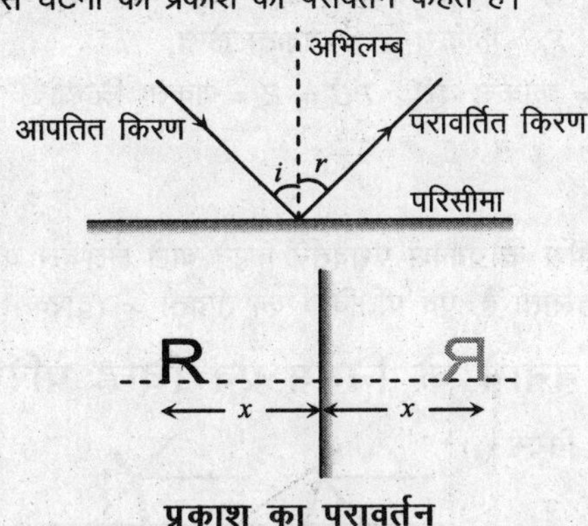

प्रकाश का परावर्तन

- $\angle i = \angle r$
- परावर्तन के पश्चात् प्रकाश का वेग तरंगदैर्ध्य एवं आवृति नियत रहती है, परन्तु तीव्रता घटती है।
- यदि परावर्तन सघन माध्यम से होता है, तो कला ω से परिवर्तित हो जाती है।

यदि प्रकाश किरण किसी सतह पर अभिलम्बवत् आपतित होती है, तो परावर्तन के बाद यह अपने आपतित पथ पर वापिस लौट जाती है।

समतल दर्पण

समतल दर्पण द्वारा बना प्रतिबिम्ब आभासी, सीधा, पार्श्विक उल्टा, आकार में वस्तु के बराबर एवं दर्पण से उतनी ही दूरी पर बनता है, जितनी दूरी पर दर्पण के सामने वस्तु रखी होती है। एक समतल दर्पण एवं दो झुके हुए समतल दर्पणों द्वारा उत्पन्न विचलन

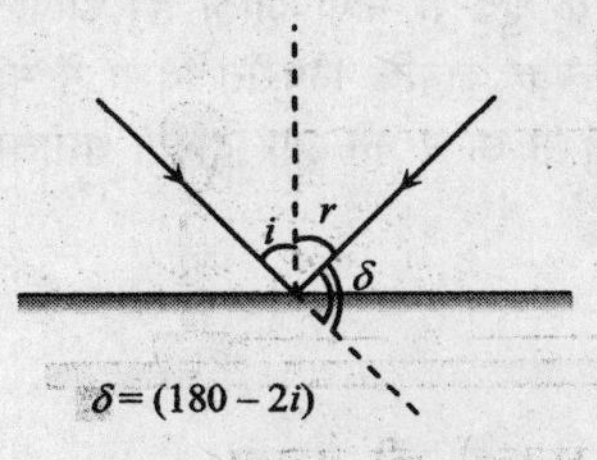

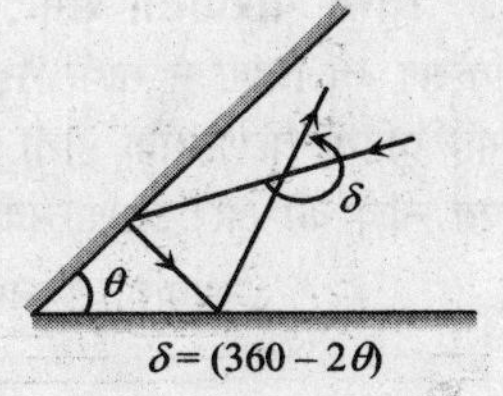

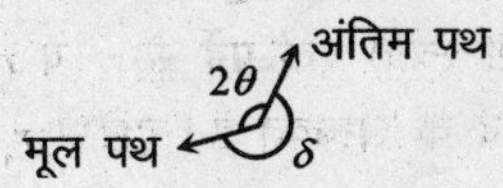

समतल दर्पणों द्वारा उत्पन्न विचलन

घूर्णन: यदि आपतित किरण को स्थिर रखते हुए समतल दर्पण को आपतित तल में θ कोण से घुमा दिया जाये तो परावर्तित किरण 2θ कोण से घूम जाती है।

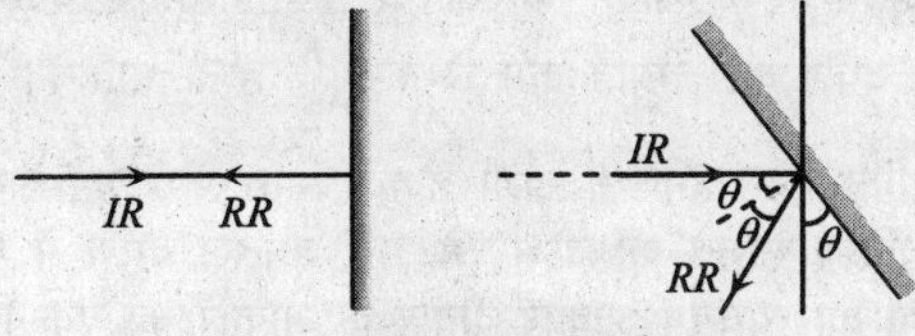

समतल दर्पण घूर्णन

झुके हुए दो समतल दर्पणों द्वारा बने प्रतिबिम्ब

θ कोण पर झुके दो समतल दर्पणों के मध्य स्थित वस्तु के प्रतिबिम्बों की संख्या।

- $n=\left(\frac{360}{\theta}-1\right)$; यदि $\frac{360}{\theta}$ = समपूर्णांक
- यदि $\frac{360}{\theta}$ = विषम पूर्णांक है, तब दो सम्भावनायें हो सकती हैं

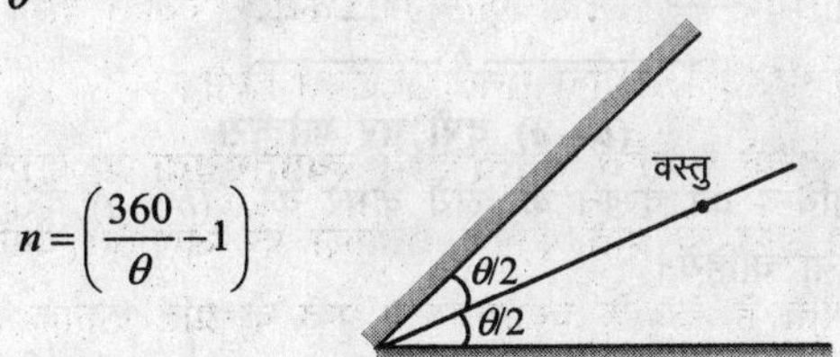

वस्तु की सममित अवस्था में स्थित है

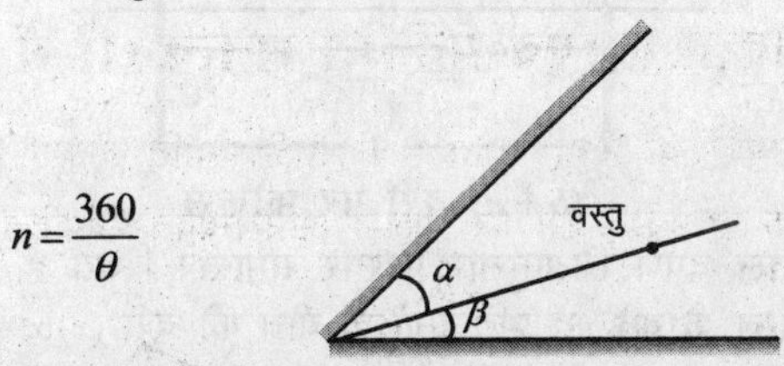

वस्तु असममित अवस्था में स्थित है

निर्देश

यदि $\theta = 0°$ अर्थात् दर्पण परस्पर समान्तर है, तब $n=\infty$ अर्थात् प्रतिबिम्बों की संख्या अनन्त होगी।

- यदि $\theta = 90°$, $n=\frac{360}{90}-1=3$
- यदि $\theta = 72°$, $n=\frac{360}{72}-1=4$; (यदि कुछ नहीं कहा गया हो, तो वस्तु को सममित स्थिति में मानें)
- एक मोटे समतल दर्पण में वस्तु के कई प्रतिबिम्ब बनते हैं, उनमें से केवल द्वितीय प्रतिबिम्ब सबसे चमकदार होता है।
- जब कोई वस्तु u चाल से समतल दर्पण की ओर (या समतल दर्पण से दूर की ओर) गति करती है, तो उसका प्रतिबिम्ब भी u चाल से दर्पण की ओर (या दूर) गति करता है। परन्तु वस्तु के सापेक्ष प्रतिबिम्ब का आपेक्षिक चाल $2u$ होती है।
- जब समतल दर्पण u चाल से स्थिर वस्तु की ओर गति करता है, तो प्रतिबिम्ब $2u$ चाल से गति करता है।
- समतल दर्पण की फोकस दूरी अनन्त एवं क्षमता शून्य होती है।

- एक बड़ा दर्पण छोटे दर्पण की तुलना में अधिक चमकदार प्रतिबिम्ब बनाता है।
- h ऊँचाई के एक व्यक्ति को अपना पूर्ण प्रतिबिम्ब देखने के लिये समतल दर्पण की लम्बाई कम से कम $\frac{h}{2}$ होनी चाहिये।
- एक व्यक्ति एक कमरे में खड़ा होकर अपने पीछे की सम्पूर्ण दीवार का प्रतिबिम्ब सामने की दीवार में लगे समतल दर्पण में देखना चाहे तो दर्पण का न्यूनतम आकार दीवार के आकार का एक-तिहाई होना चाहिये, एवं मनुष्य कमरे के बीचों बीच खड़ा हो।

कुछ विशिष्ट उदाहरण

- एक वस्तु O एवं एक कैमरा C किसी दर्पण से क्रमशः a और b दूरियों पर स्थित है, तब

(i) वस्तु को देखने के लिये कैमरे को $(b-a)$ दूरी पर फोकस करना चाहिये।

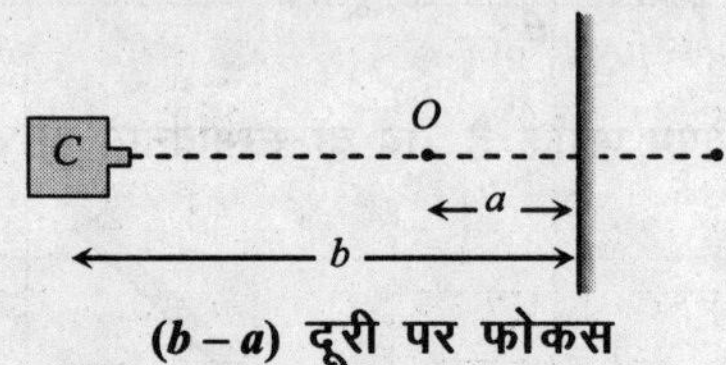

$(b-a)$ दूरी पर फोकस

(ii) प्रतिबिम्ब को देखने के लिये कैमरे को $(b+a)$ दूरी पर फोकस करना चाहिये।

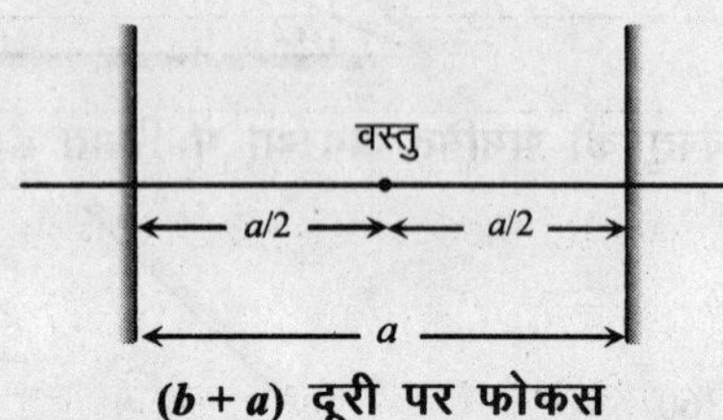

$(b+a)$ दूरी पर फोकस

- दो समतल दर्पण चित्रानुसार परस्पर समान्तर स्थित हैं, तो दर्पणों में किसी वस्तु के बने nवें प्रतिबिम्बों के बीच की दूरी (x) $x = 2na$
- एक व्यक्ति किसी कमरे में खड़ा है, जिसकी छत एवं दो संलग्न दीवारें समतल दर्पण हैं, तब–

(i) प्रतिबिम्बों की कुल संख्या = 7

(ii) व्यक्ति द्वारा स्वयं देखे जा सकने वाले प्रतिबिम्बों की कुल संख्या = 6

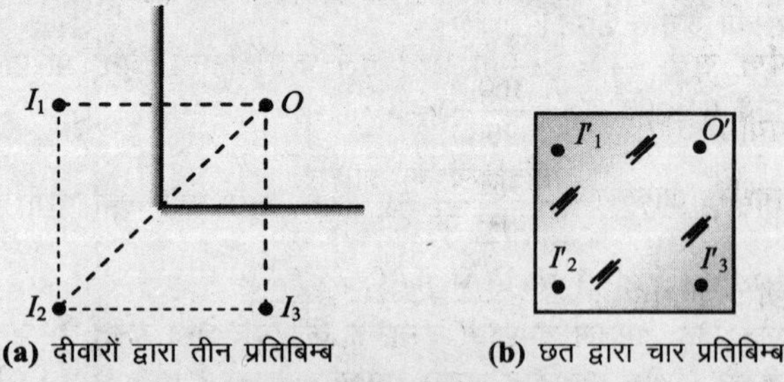

(a) दीवारों द्वारा तीन प्रतिबिम्ब **(b)** छत द्वारा चार प्रतिबिम्ब

प्रतिबिम्बों की संख्या

- यदि एक घड़ी के प्रतिबिम्ब को दर्पण में देखने पर यह घण्टा x : मिनट y समय दर्शाती है, तो वास्तविक समय = $11 : 60 - x : y$ होगा।
- दो समतल दर्पण चित्रानुसार परस्पर समान्तर स्थित है। एक प्रकाश किरण किसी एक दर्पण पर θ कोण पर आपतित होती है, तो बाहर निकलने से पहले प्रकाश किरण के परावर्तनों की संख्या अधिकतम परावर्तनों की संख्या $n = \frac{l}{d \tan\theta}$

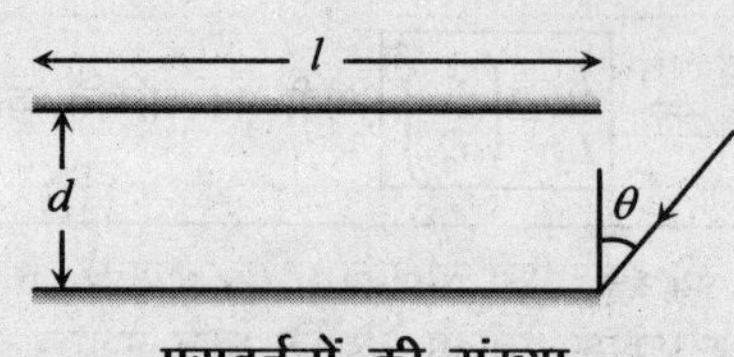

परावर्तनों की संख्या

गोलीय दर्पण: यह एक खोखले पारदर्शी गोले का भाग है, जिसकी एक सतह पर कलई की गई है।

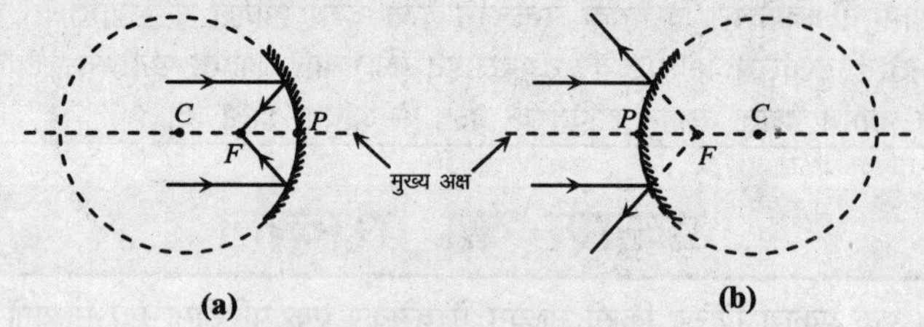

(a) प्रकाश किरणों को अभिसरित,
(b) प्रकाश किरणों को अपसरित करता है

P – ध्रुव, F – फोकस, C – वक्रता केन्द्र,

$PF = f$ = फोकस दूरी, $PC = R$ = वक्रता त्रिज्या

- $f = \frac{R}{2}$
- गोलीय दर्पण के प्रकाश परावर्तन करने वाले क्षेत्रफल का प्रभावी व्यास द्वारक कहलाता है, एवं प्रतिबिम्ब की तीव्रता ∝ (द्वारक)^2

प्रतिबिम्ब बनाने के नियम एवं चिन्ह परिपाटी

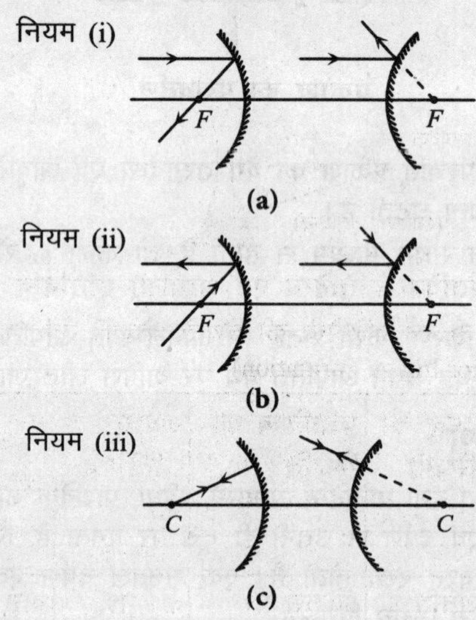

चिन्ह परिपाटी: सभी दूरियाँ दर्पण के ध्रुव से मापी जाती हैं। आपतित किरण की दिशा में मापी गई दूरियाँ धनात्मक, जबकि विपरीत दिशा में मापी गई दूरियाँ ऋणात्मक होती हैं। मुख्य अक्ष से ऊपर की ओर दूरियाँ धनात्मक एवं नीचे की ओर ऋणात्मक होती हैं।

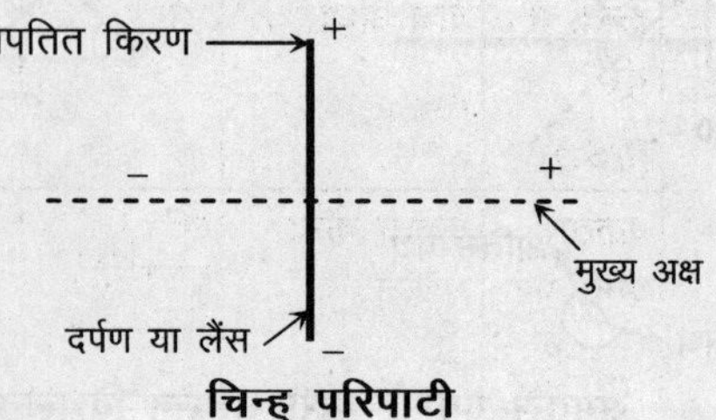

चिन्ह परिपाटी

निर्देश: यह चिन्ह परिपाटी लेन्स के लिये भी लागू है।

वास्तविक प्रतिबिम्ब एवं आभासी प्रतिबिम्ब

यदि परावर्तन या अपवर्तन के पश्चात् प्रकाश किरणें वास्तव में किसी बिन्दु पर मिलती हैं, तो वास्तविक प्रतिबिम्ब बनता है, एवं यदि ये मिलती हुई प्रतीत होती हैं, तो आभासी प्रतिबिम्ब बनता है।

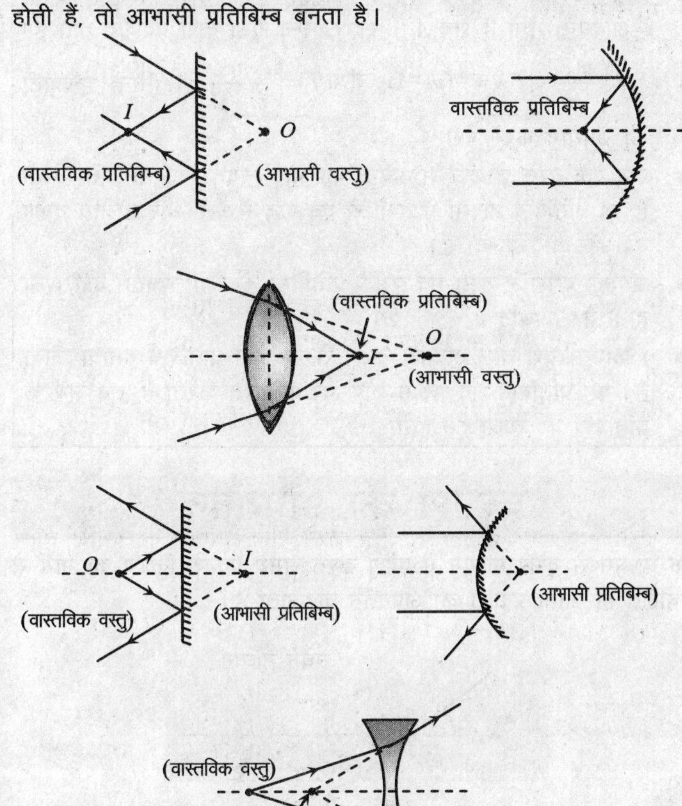

वास्तविक प्रतिबिम्ब एवं आभासी प्रतिबिम्ब

गोलीय दर्पण से बने प्रतिबिम्ब की स्थिति, आकार एवं प्रकृति (Concave and Convex Mirror Image Formation):

दर्पण	वस्तु की स्थिति	प्रतिबिम्ब की स्थिति	आवर्धन प्रतिबिम्ब का आकार	प्रकृति	
				वास्तविक/आभासी	सीधा/उल्टा
(i) अवतल	अनन्त पर अर्थात् $u = \infty$	फोकस पर अर्थात् $v = f$	$m < 1$, छोटा	वास्तविक	उल्टा
∞ C F P	वक्रता केन्द्र से दूर ($u > 2f$)	f एवं $2f$ के बीच अर्थात् $f < v < 2f$	$m < 1$, छोटा	वास्तविक	उल्टा
	वक्रता केन्द्र पर $u = 2f$	वक्रता केन्द्र अर्थात् $v = 2f$	$m = 1$, वस्तु के बराबर	वास्तविक	उल्टा
	वक्रता केन्द्र तथा फोकस के मध्य $f < u < 2f$	वक्रता केन्द्र और ∞ के मध्य अर्थात् $v > 2f$	$m > 1$, आवर्धित	वास्तविक	उल्टा
	फोकस पर, अर्थात् $u = f$	अनन्त पर $v = \infty$	$m = \infty$, आवर्धित	वास्तविक	उल्टा
	ध्रुव तथा फोकस के मध्य $u < f$	दर्पण के पीछे $v > u$	$m > 1$ आवर्धित	आभासी	सीधा
(ii) उत्तल	अनन्त पर अर्थात् $u = \infty$	फोकस पर $v = f$	$m < 1$, छोटा	आभासी	सीधा
∞ P C F	अनन्त एवं ध्रुव के मध्य	ध्रुव एवं फोकस के मध्य	$m < 1$, छोटा	आभासी	सीधा

निर्देश

उत्तल दर्पण के सामने स्थित कोई वस्तु जब दर्पण से दूर की ओर गति करती है, तो प्रतिबिम्ब छोटा होकर फोकस की ओर अग्रसर होने लगता है।

- दर्पणों से बने प्रतिबिम्बों में वर्ण विस्थापन दोष नहीं होता है।
- उत्तल दर्पण में प्रतिबिम्ब की अधिकतम दूरी फोकस दूरी के बराबर होती हैं।

दर्पण सूत्र एवं आवर्धन (Mirror Formula and Magnification): यदि किसी गोलीय दर्पण के लिये u = ध्रुव से वस्तु की दूरी, v = ध्रुव से प्रतिबिम्ब की दूरी, f = फोकस दूरी, R = वक्रता त्रिज्या, O = वस्तु का आकार, I = प्रतिबिम्ब का आकार, m = आवर्धन (या रेखीय आवर्धन), m = क्षेत्रीय आवर्धन, A_o = वस्तु का क्षेत्रफल, A_i = प्रतिबिम्ब का क्षेत्रफल

- **दर्पण सूत्र:** $\frac{1}{f} = \frac{1}{v} + \frac{1}{u}$ य प्रश्न हल करते समय चिन्ह परिपाटी का उपयोग करें।
- **आवर्धन:** आवर्धन $= \frac{\text{प्रतिबिम्ब का आकार}}{\text{वस्तु का आकार}}$

  रेखीय आवर्धन $m = \frac{I}{o} = -\frac{v}{u} = \frac{f}{f-u} = \frac{f-v}{f}$

  क्षेत्रीय आवर्धन $m_s = \frac{A_i}{A_o} = m^2$

निर्देश

वास्तविक एवं उल्टे प्रतिबिम्बों के लिये m ऋणात्मक तथा वास्तविक एवं सीधे प्रतिबिम्बों के लिये m धनात्मक होता है।

न्यूटन का सूत्र: यदि वस्तु की दूरी (x_1) एवं प्रतिबिम्ब की दूरी (x_2) ध्रुव से न मापकर फोकस से मापी जाये तब $f^2 = x_1 x_2$

चिन्हों के नियम एवं चिन्ह परिपाटी

अवतल दर्पण (Concave Mirror)		उत्तल दर्पण (Convex Mirror)
वास्तविक प्रतिबिम्ब (Real Image)	आभासी प्रतिबिम्ब (Virtual Image)	
$u \rightarrow -$	$u \rightarrow -$	$u \rightarrow -$
$\upsilon \rightarrow -$	$\upsilon \rightarrow +$	$\upsilon \rightarrow +$
$f \rightarrow -$	$f \rightarrow -$	$f \rightarrow +$
$O \rightarrow +$	$O \rightarrow +$	$O \rightarrow +$
$I \rightarrow -$	$I \rightarrow +$	$I \rightarrow +$
$R \rightarrow -$	$R \rightarrow -$	$R \rightarrow +$
$m \rightarrow -$	$m \rightarrow +$	$m \rightarrow +$

विभिन्न ग्राफ

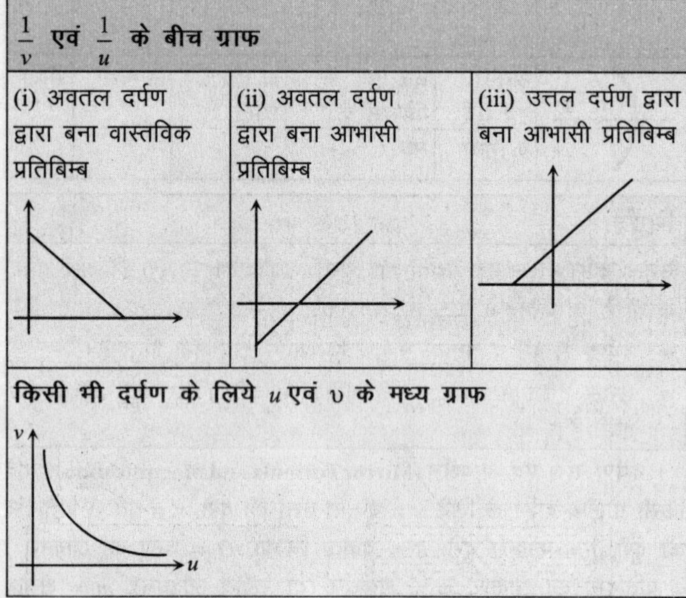

दर्पणों के उपयोग

- **अवतल दर्पण:** दाढ़ी बनाने वाले दर्पण, सर्च लाईट, सिनेमा प्रोजेक्टर, टेलीस्कोप में E.N.T. विशेषज्ञ द्वारा आदि।
- **उत्तल दर्पण:** रोड लैम्प में, गाड़ियों में साइड मिरर के रूप में आदि। अवतल दर्पण की तुलना में, उत्तल दर्पण का दृष्टि क्षेत्र अधिक होता है।

निर्देश

दर्पण की फोकस दूरी, दर्पण के पदार्थ, माध्यम एवं आपतित प्रकाश की तरंगदैर्ध्य पर निर्भर नहीं करती है।

- दर्पण की अभिसारिता या अपसारिता शक्ति माध्यम बदलने पर नहीं बदलती है।
- जब l_o लम्बाई की एक छोटी वस्तु मुख्य अक्ष के अनुदिश स्थित है, तो गोलीय दर्पण में बने प्रतिबिम्ब की लम्बाई (l_i) है, तब $l_i = l_o\left(\frac{v}{u}\right)^2 = l_o\left(\frac{f}{u-f}\right)^2$ (चिन्ह परिपाटी का उपयोग करें)
- यदि एक वस्तु वेग से गोलीय दर्पण की ओर (मुख्य अक्ष के अनुदिश) गति करती है, तो इसके प्रतिबिम्ब की चाल (दर्पण से दूर) है। $v_i = -\left(\frac{f}{u-f}\right)^2 . v_o$ (चिन्ह परिपाटी का उपयोग करें)
- यदि एक गोलीय दर्पण द्वारा बने प्रतिबिम्ब का आकार वस्तु से m (m = आवर्धन) गुना है, तब u, v एवं f निम्न सूत्रों द्वारा प्रदर्शित होते हैं। $u = \left(\frac{m-1}{m}\right)f, v = -(m-1)f$ तथा $f = \left(\frac{m}{m-1}\right)u$ (चिन्ह परिपाटी का उपयोग करने पर)
- जब एक वस्तु फोकस से अनन्त की ओर नियत चाल से गति करती है, तो प्रतिबिम्ब प्रारम्भ में तेजी से एवं बाद में धीरे-धीरे गोलीय दर्पण की ओर गति करता है।
- अवतल दर्पण में वस्तु एवं इसके प्रतिबिम्ब के बीच न्यूनतम दूरी शून्य होती है। (अर्थात् $u = v = 2f$)
- f फोकस दूरी वाले अवतल दर्पण से सूर्य का प्रतिबिम्ब बनाया जाता है। यह प्रतिबिम्ब ध्रुव पर θ कोण पर अन्तरित करता है, तब सूर्य के प्रतिबिम्ब का व्यास $f\theta$ होगा।

प्रकाश का अपवर्तन

एक माध्यम से दूसरे माध्यम में प्रवेश करते समय प्रकाश किरण का मार्ग से विचलित हो जाना प्रकाश का अपवर्तन कहलाता है।

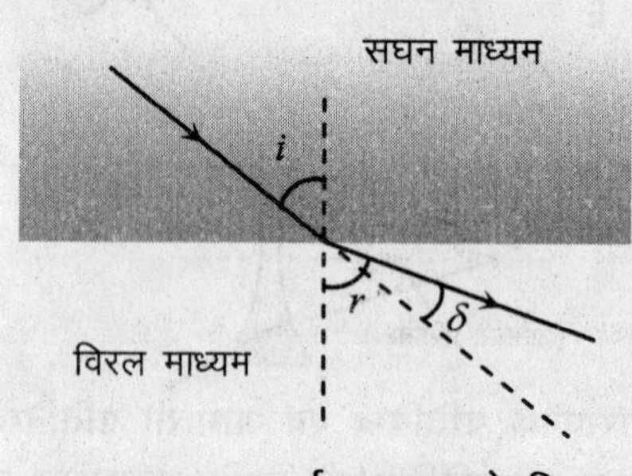

प्रकाश का अपवर्तन सघन से विरल

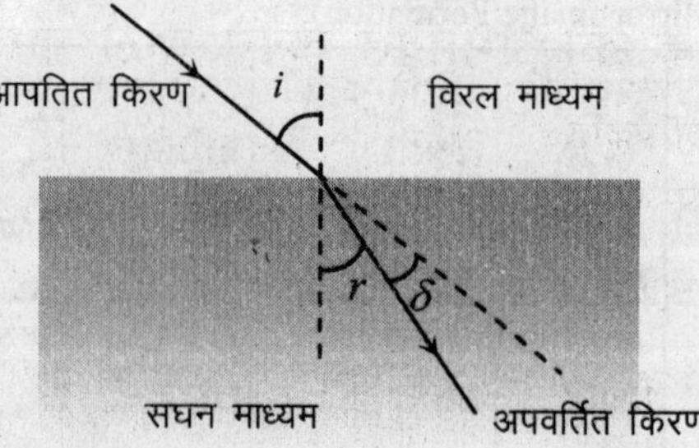

प्रकाश का अपवर्तन विरल से सघन

स्नैल का नियम: आपतन कोण की ज्या एवं अपवर्तन कोण की ज्या का अनुपात एक नियतांक है इसे अपवर्तनांक कहते हैं। अर्थात् $\frac{\sin i}{\sin r} = \mu$ (नियतांक) स्नैल नियम का सदिश रूप: $\hat{i} \times \hat{n} = \mu(\hat{r} \times \hat{n})$

अपवर्तनांक

अपवर्तनांक माध्यम का वह गुण है जो माध्यम में प्रकाश की चाल निर्धारित करता है यह एक अदिश एवं विमाहीन राशि है।

अपवर्तनांक के रूप

निरपेक्ष अपवर्तनांक	सापेक्ष अपवर्तनांक
(i) जब प्रकाश वायु से किसी पारदर्शी माध्यम में गमन करता है तब वायु के सापेक्ष माध्यम का अपवर्तनांक इसका निरपेक्ष अपवर्तनांक कहलाता है अर्थात् ${}_{\text{वायु}}\mu_{\text{माध्यम}} = \frac{c}{v}$	(i) जब प्रकाश माध्यम (1) से माध्यम (2) में गमन करता है तब माध्यम (1) के सापेक्ष माध्यम (2) का अपवर्तनांक इसका सापेक्ष अपवर्तनांक कहलाता है अर्थात् ${}_1\mu_2 = \frac{\mu_2}{\mu_1} = \frac{v_1}{v_2}$
(ii) कुछ निरपेक्ष अपवर्तनांक ${}_a\mu_{\text{काँच}} = \frac{3}{2} = 1.5,$ ${}_a\mu_{\text{जल}} = \frac{4}{3} = 1.33$ ${}_a\mu_{\text{हीरा}} = 2.4,\ {}_a\mu_{Cs_2} = 1.62$ ${}_a\mu_{\text{क्राउन}} = 1.52,\ \mu_{\text{निर्वात}} = 1,$ $\mu_{\text{वायु}} = 1.0003 \approx 1$	(ii) कुछ सापेक्ष अपवर्तनांक (a) जब प्रकाश जल से काँच में प्रवेश करता है ${}_w\mu_g = \frac{\mu_g}{\mu_w} = \frac{3/2}{4/3} = \frac{9}{8}$ (b) जब प्रकाश काँच से हीरे में प्रवेश करता है ${}_g\mu_D = \frac{\mu_D}{\mu_g} = \frac{2.4}{1.5} = \frac{8}{5}$

निर्देश

किन्हीं भी दो माध्यमों के लिए स्नैल नियम निम्न प्रकार व्यक्त किया जा सकता है ${}_1\mu_2 = \frac{\mu_2}{\mu_1} = \frac{\sin i}{\sin r} \Rightarrow \mu_1 \sin i = \mu_2 \sin r$

- कॉशी (Cauchy's) का समीकरण: $\mu = A + \frac{B}{\lambda^2} + \frac{C}{\lambda^4} + \ldots\ldots$ $(\lambda_{\text{लाल}} > \lambda_{\text{नीला}} \therefore \mu_{\text{लाल}} < \mu_{\text{नीला}})$
- यदि प्रकाश किरण माध्यम (1) से माध्यम (2) में गमन करती है तब ${}_1\mu_2 = \frac{\mu_2}{\mu_1} = \frac{\lambda_1}{\lambda_2} = \frac{v_1}{v_2}$

अपवर्तनांक को प्रभावित करने वाले कारक

- माध्यम की प्रकृति
- प्रकाश का रंग या तरंगदैर्ध्य
- विद्युत चुम्बकीय तरंग सिद्वान्त से $\mu = \frac{c}{v} = \sqrt{\mu_r E_r}$

उत्क्रमणीयता का सिद्वान्त एवं विभिन्न माध्यमों से प्रकाश का अपवर्तन

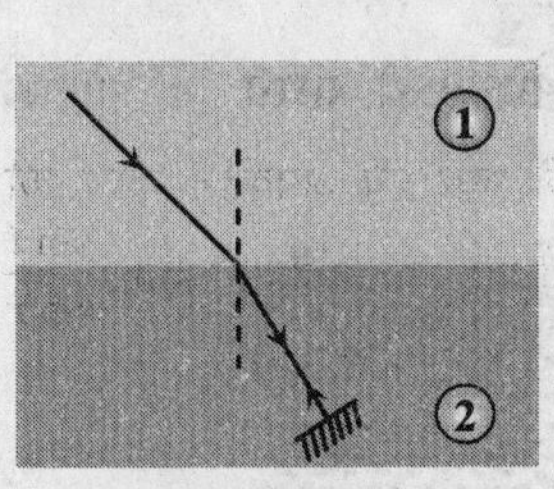

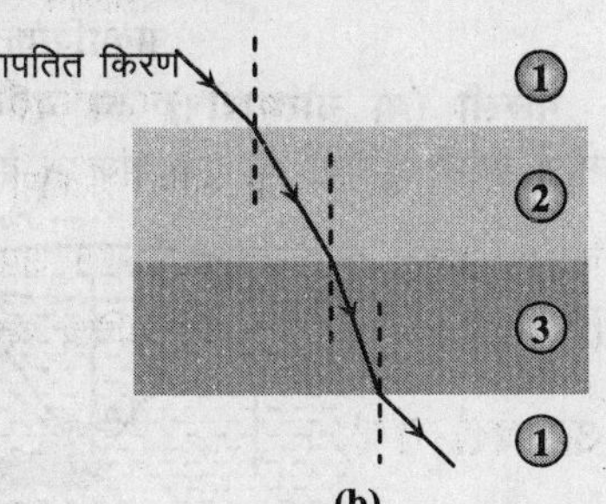

(a) (b)

विभिन्न माध्यमों से प्रकाश का अपवर्तन

काँच के आयताकार गुटके से प्रकाश का अपवर्तन एवं प्रकाशिक पथ.

(i) पार्श्व विस्थापन

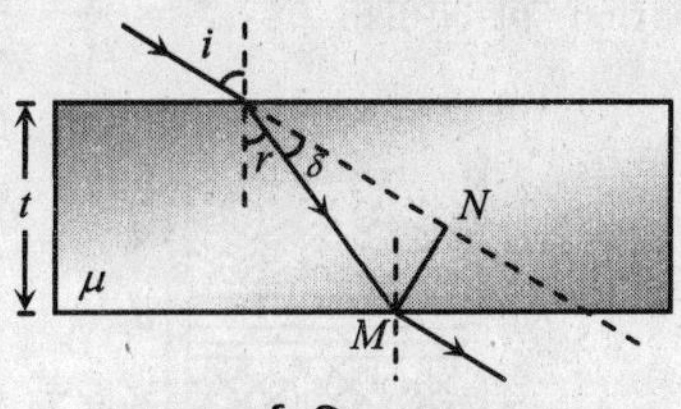

पार्श्व विस्थापन

पार्श्व विस्थापन = $MN = t \sec r \sin(i - r)$

(ii) प्रकाशिक पथ

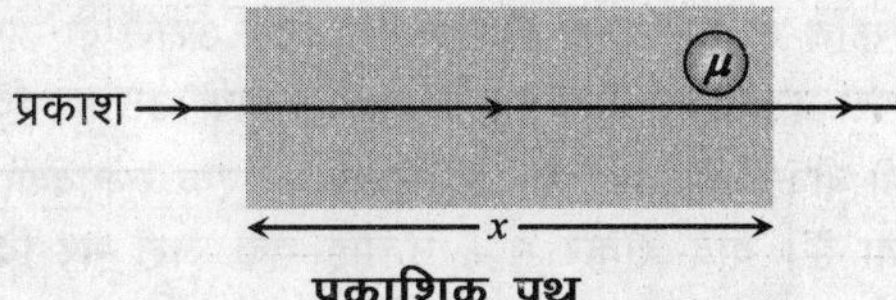

प्रकाशिक पथ

माध्यम को पार करने में प्रकाश को लगा समय $= \frac{\mu x}{c}$; जहाँ x = ज्यामितीय पथ एवं μx = प्रकाशिक पथ

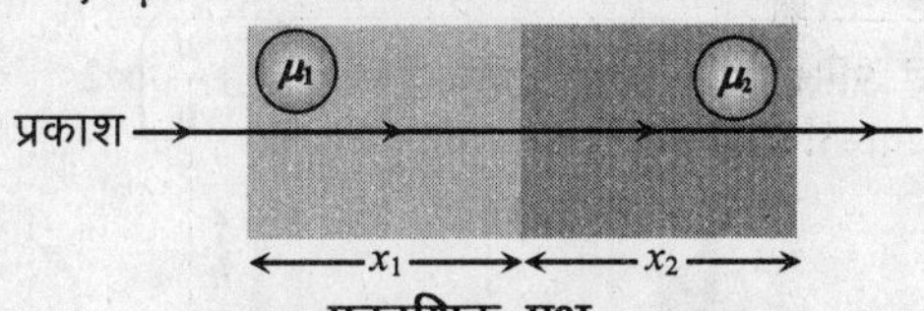

प्रकाशिक पथ

सम्पर्क में रखे दो माध्यमों के लिए प्रकाशिक पथ $= \mu_1 x_1 + \mu_2 x_2$

वास्तविक एवं आभासी गहराई

(1) जब वस्तु सघन माध्यम मे एवं प्रेक्षक विरल माध्यम में स्थित है	(1) जब वस्तु विरल माध्यम में एवं प्रेक्षक सघन माध्यम में स्थित है
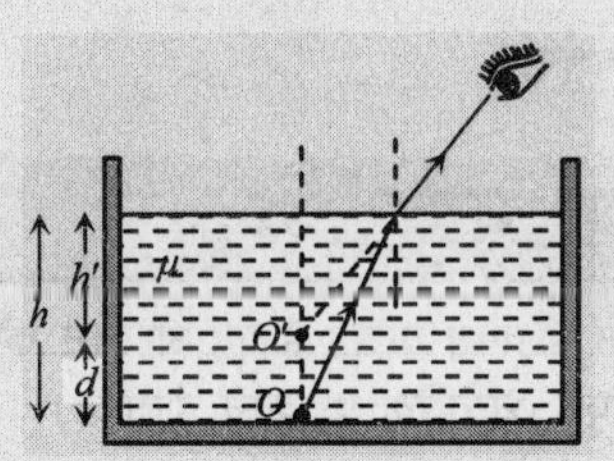	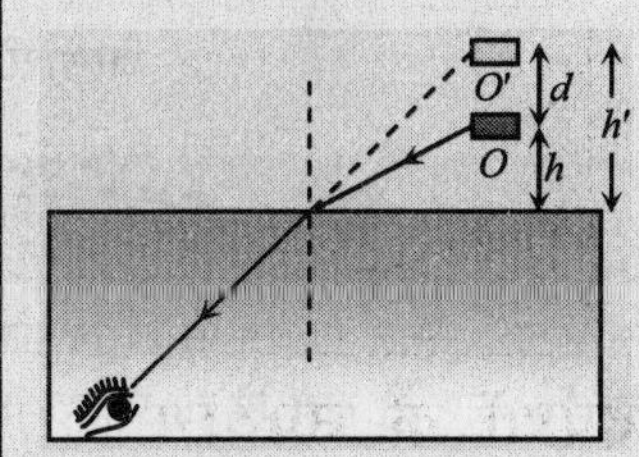
(2) $\mu = \frac{\text{वास्तविक गहराई}}{\text{आभासी गहराई}} = \frac{h}{h'}$	(2) $\mu = \frac{\text{आभासी गहराई}}{\text{वास्तविक गहराई}} = \frac{h'}{h}$
(3) विस्थापन $d = h - h' = \left(1 - \frac{1}{\mu}\right)h$	(3) $d = (\mu - 1)h$
(4) जल के लिए $\mu = \frac{4}{3} \Rightarrow d = \frac{h}{4}$ काँच के लिए $\mu = \frac{3}{2} \Rightarrow d = \frac{h}{3}$	(4) जल के लिए विस्थापन $d = \frac{h}{3}$ काँच के लिए विस्थापन $d = \frac{h}{2}$

निर्देश

यदि वस्तु एवं प्रेक्षक भिन्न–भिन्न माध्यमों में स्थित हैं तो अपवर्तन के कारण वस्तु अपनी वास्तविक स्थिति से विस्थापित हुई प्रतीत होती है।

- यदि एक पात्र में विभिन्न द्रव (आपस में न मिलने वाल) चित्रानुसार भरे हुए हैं तब तली की आभासी गहराई $=\frac{d_1}{\mu_1}+\frac{d_2}{\mu_2}+\frac{d_3}{\mu_3}+....$

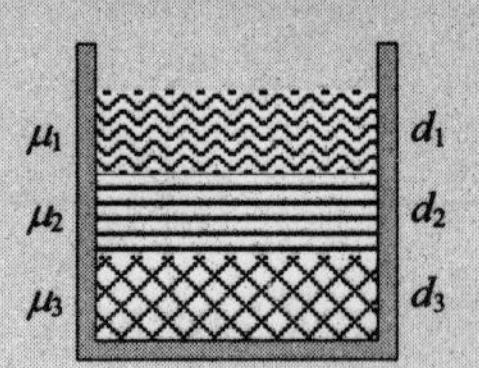

वास्तविक एवं आभासी गहराई से सम्बन्धित कुछ विशिष्ट उदाहरण

- जब एक काँच के गुटके को विभिन्न रंगों वाले अक्षरों के ऊपर रखा जाये तब ऊपर से देखने पर नीले रंग के अक्षर अधिक उठे हुए दिखाई देते हैं।
- एक खाली बीकर की तली में रखे सिक्के को एक सूक्ष्मदर्शी द्वारा फोकस किया गया है। यदि बीकर में h ऊँचाई तक जल भर दिया जाये, तो सिक्के को पुनः फोकस करने के लिए सूक्ष्मदर्शी को $h/4$ ऊँचाई से ऊपर उठाना पड़ेगा।
- यदि पात्र (किसी द्रव से भरा हुआ) की तली एक समतल दर्पण हो

  वस्तु एवं अन्तिम प्रतिबिम्ब के बीच दूरी $=\left(h+\frac{d}{\mu}\right)\times 2$

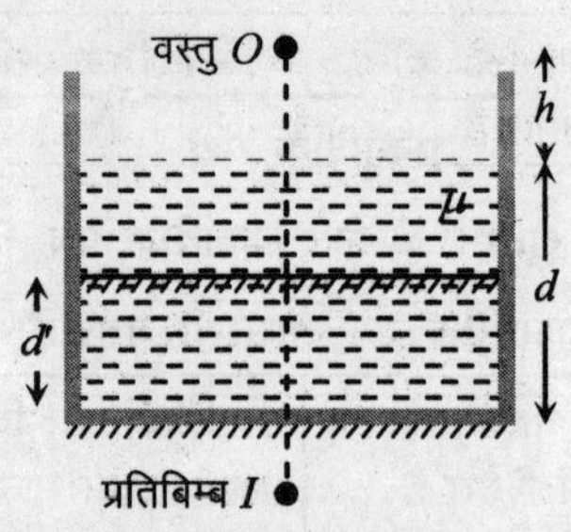

आभासी गहराई

पूर्ण आन्तरिक परावर्तन

जब प्रकाश सघन माध्यम से विरल माध्यम में प्रवेश करता है एवं आपतन कोण क्रान्तिक कोण से बड़ा हो तो प्रकाश का पूर्ण आन्तरिक परावर्तन होता है।

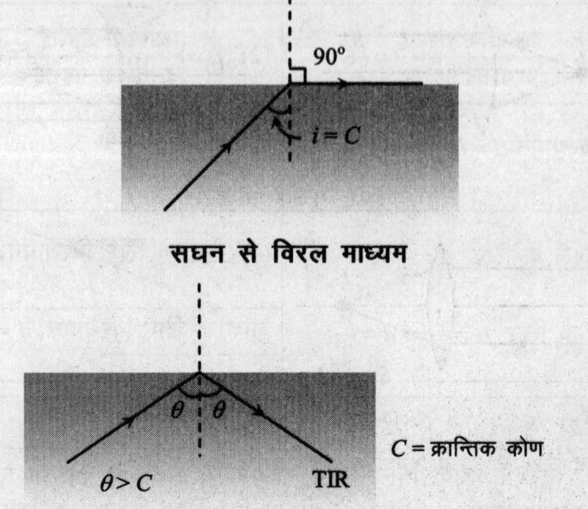

सघन से विरल माध्यम

पूर्ण आन्तरिक परावर्तन

जब एक प्रकाश किरण सघन माध्यम से विरल माध्यम में प्रवेश करती है तब इसका अधिकतम विचलन

$\delta=\pi-2\theta$, जब $\theta \rightarrow$ न्यूनतम $= C$ तब $\delta \rightarrow$ अधिकतम अर्थात्

$\delta_{max}=(\pi-2C)$; $C \rightarrow$ क्रान्तिक कोण

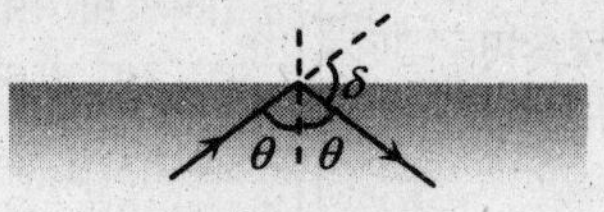

क्रान्तिक कोण

क्रान्तिक कोण की निर्भरता

(i) प्रकाश का रंग (या प्रकाश की तरंगदैर्ध्य) $\lambda \propto \frac{1}{\mu} \propto \sin C$

- $\lambda_R > \lambda_V \Rightarrow C_R > C_V$
- $\sin C=\frac{1}{{}_R\mu_D}=\frac{\mu_R}{\mu_D}=\frac{\lambda_D}{\lambda_R}=\frac{v_D}{v_R}$ (दो माध्यमों के लिए)
- पूर्ण आन्तरिक परावर्तन के लिए $i > \sin^{-1}\left(\frac{\mu_R}{\mu_D}\right)$

(ii) माध्यम के जोड़े की प्रकृति पर

- काँच – वायु $\rightarrow C_{\text{काँच}}=42°$
- जल – वायु $\rightarrow C_{\text{जल}}=49°$
- हीरा – वायु $\rightarrow C_{\text{हीरा}}=24°$

(iii) तापमान: ताप बढ़ने पर पदार्थ का अपवर्तनांक घटता है इसलिए क्रान्तिक कोण बढ़ता है।

पूर्ण आन्तरिक परावर्तन के उदाहरण

- **मृग मरीचिका:** रेगिस्तान में दृष्टि भ्रम
- **लूमिंग:** ठण्डे प्रदेशों में द्वष्टि भ्रम
- **हीरे का चमकना:** उत्तरोत्तर पूर्ण आंतरिक परावर्तन के कारण हीरा चमकता है।
- **प्रकाशिक तन्तु:** प्रकाशिक तन्तु एक काँच का तन्तु है जिसकी त्रिज्या कुछ माइकॉन एवं अपर्वतनांक μ=1.7 बाहरी सतह (क्लेडिंग) $(\mu_2=1.5)$ से अधिक होता है। प्रकाशिक तन्तु में प्रकाश कई पूर्ण आन्तरिक परावर्तनों द्वारा गमन करता है। इसका उपयोग दूर संचार, चिकित्सा विज्ञान आदि में होता है।

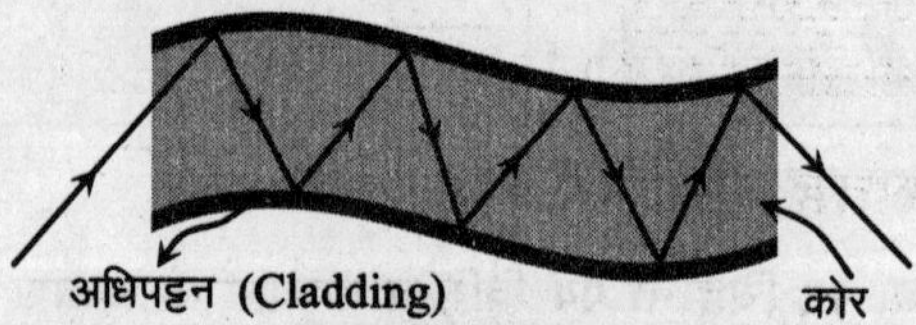

प्रकाशिक तन्तु

मछली (या गोताखोर) का दृष्टिक्षेत्र: एक मछली (या गोताखोर) सम्पूर्ण बाहरी दुनियाँ को एक शंकु में देखती हैं।

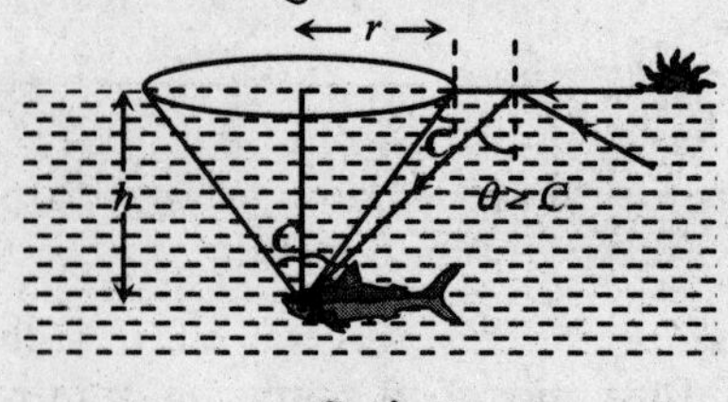

दृष्टिक्षेत्र

- शंकु का शीर्ष कोण $= 2C = 98°$
- आधार का त्रिज्या $r = h\tan C = \dfrac{h}{\sqrt{\mu^2 - 1}}$
- आधार का क्षेत्रफल $A = \dfrac{\pi h^2}{(\mu^2 - 1)}$ जल के लिए $\mu = \dfrac{4}{3}$ इसलिए

$\therefore \quad r = \dfrac{3h}{\sqrt{7}}$ एवं $A = \dfrac{9\pi h^2}{7}$

पोरो प्रिज्म (Right angle Prism): एक समकोण समद्विबाहु प्रिज्म जिसका पेरीस्कोप या वाइनोकुलर में उपयोग होता है। इसके द्वारा प्रकाश किरणों को 90° या 180° से मोड़ सकते हैं एवं प्रतिबिम्ब को सीधा प्राप्त कर सकते हैं।

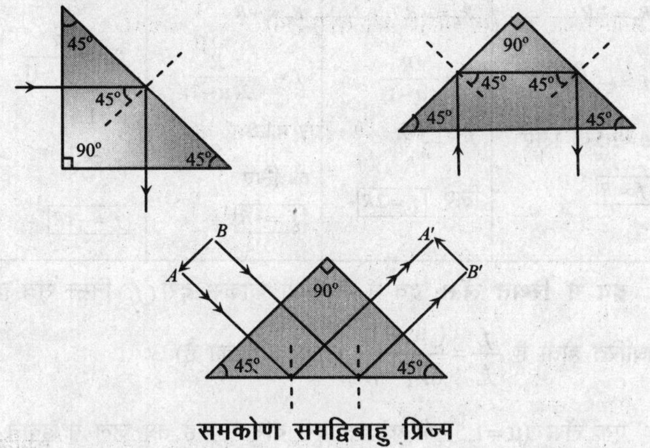

समकोण समद्विबाहु प्रिज्म

पूर्ण आंतरिक परावर्तन पर आधारित कुछ विशिष्ट उदाहरण

(a) काँच के एक प्रिज्म ($\mu = 1.5$) को चित्रानुसार जल में डुबोया गया है तब आपतित किरण को पूर्ण परावर्तित होने के लिए $\theta > \sin^{-1} 8/9$	(b) लाल, हरे एवं नीले रंग से बना एक प्रकाश पुंज एक समकोण प्रिज्म पर आपतित होता हैं इन रंगों के लिए प्रिज्म के अपवर्तनांक क्रमशः 1.39, 1.44 एवं 1.47 हैं तब प्रिज्म लाल रंग को हरे एवं नीले रंग से अलग कर देता है।
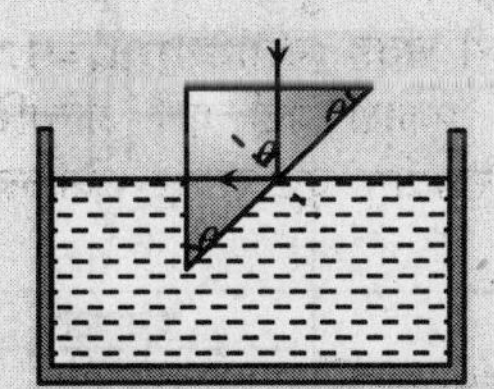	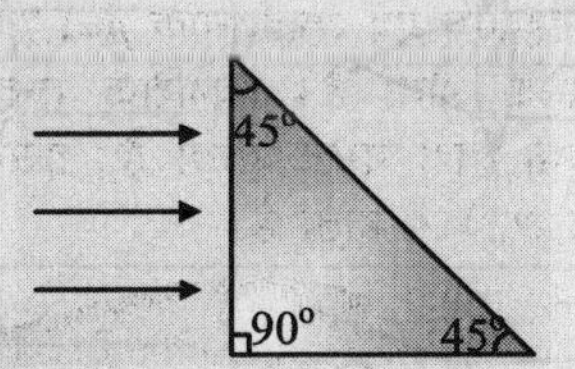

गोलीय सतह से अपवर्तन

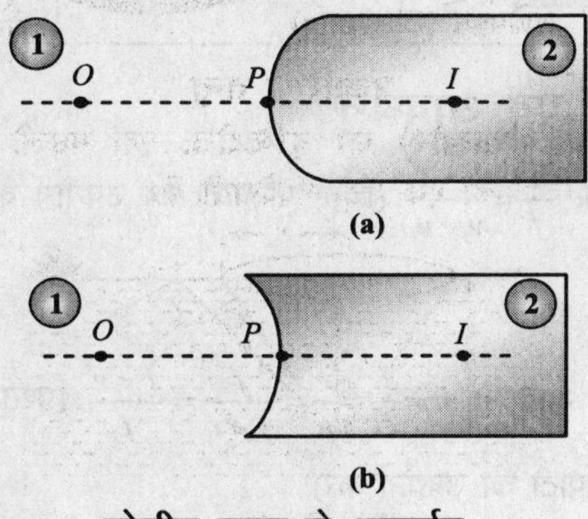

गोलीय सतह से अपवर्तन

μ_1 = माध्यम (1) का अपवर्तनांक जिससे (वस्तु से) प्रकाश किरणें आ रही हैं।
μ_2 = माध्यम (2) अपवर्तनांक जिसमें प्रकाश किरणें जा रही हैं।
u = वस्तु की दूरी, v = प्रतिबिम्ब की दूरी, R = वक्रता त्रिज्या

अपवर्तन सूत्र: $\dfrac{\mu_2 - \mu_1}{R} = \dfrac{\mu_2}{v} - \dfrac{\mu_1}{u}$ (प्रश्न हल करते समय चिन्ह परिपाटी का उपयोग करें)

लेंस

दो अपवर्तक सतहों से घिरा पारदर्शी माध्यम लेंस कहलाता है।

लेंस (Lens)

उत्तल लेंस (प्रकाश किरणों को अभिसरित करता है)	अवतल लेंस (प्रकाश किरणों को अपसरित करता है)
उभयोत्तल समतलोत्तल अवतलोत्तल	उभयावतल समतलावतल उत्तलावतल
मध्य में मोटा होता है	यह मध्य में पतला होता है
यह वास्तविक एवं आभासी दोनों प्रकार के प्रतिबिम्ब बनाता है	यह केवल आभासी प्रतिबिम्ब बनाता है

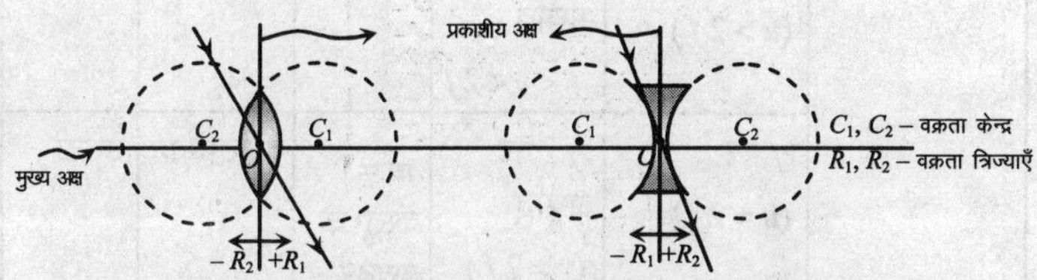

लेंस–दो अपवर्तक सतहों से घिरा पारदर्शी माध्यम

प्रकाश केन्द्र (Optical Center): एक लेंस के लिए वह बिन्दु जिससे होकर प्रकाश अविचलित गुजरता है

मुख्य फोकस (Main Focus): द्वितीय मुख्य फोकस लेंस का मुख्य फोकस है

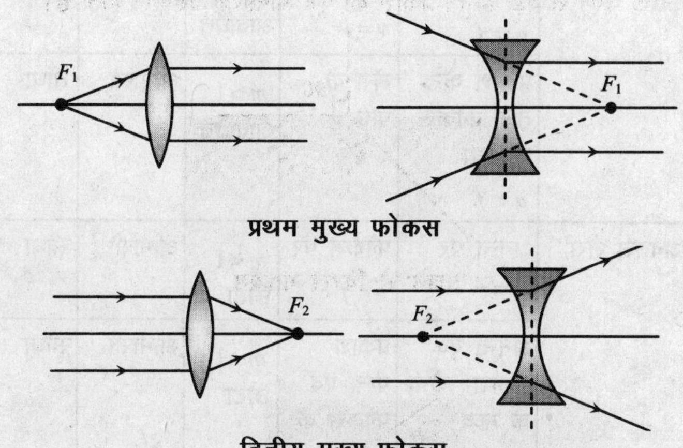

द्वितीय मुख्य फोकस

- यदि लेंस के दोनों ओर एक ही माध्यम है तब $|F_1| = |F_2|$
- यदि लेंस के दोनों ओर भिन्न–भिन्न माध्यम हैं तब $\dfrac{F_1}{F_2} = \dfrac{\mu_1}{\mu_2}$

फोकस दूरी (*f*-Focal Length): प्रकाश केन्द्र से द्वितीय फोकस की दूरी लेंस की फोकस दूरी कहलाती है

$f_{उत्तल} \to +ve$ ए $f_{अवतल} \to$ ऋणात्मक, $f_{समतल} \to \infty$

द्वारक (Aperture): लेंस के उस भाग का प्रभावी व्यास, जिसमें से होकर प्रकाश पारगमित होता है द्वारक कहलाता है। प्रतिबिम्ब की तीव्रता $\propto$ (द्वारक)^2

लेंस की शक्ति (*P*-Power of Lens): अर्थात लेंस की प्रकाश किरणों को अभिसरित करने की क्षमता। शक्ति का मात्रक डायोप्टर (*D*) है।

$P = \frac{1}{f(\text{मीटर में})} = \frac{100}{f(\text{से.मी. में})}$ $P_{उत्तल} \to$ धनात्मक, $P_{अवतल} \to$ ऋणात्मक,

$P_{समतल} \to$ शून्य

लेंस द्वारा प्रतिबिम्ब का बनना

लेंस	वस्तु की स्थिति	प्रतिबिम्ब की स्थिति	प्रतिबिम्ब की प्रकृति		
			आवर्धन	वस्तविक /आभासी	सीधा /उल्टा
उत्तल लेंस (2f f f 2f)	फोकस पर अर्थात् $u=\infty$	फोकस पर अर्थात् $v=f$	$m<1$ छोटा	वास्तविक	उल्टा
	2*f* से दूर अर्थात् $(u>2f)$	*f* एवं 2*f* के बीच अर्थात् $f<v<2f$	$m<1$ छोटा	वास्तविक	उल्टा
	2*f* पर $(u=2f)$	2*f* पर अर्थात् $(v=2f)$	$m=1$ वस्तु के बराबर	वास्तविक	उल्टा
	f तथा 2*f* के बीच $f<u<2f$	2*f* से दूर अर्थात् $v>2f$	$m>1$ आवर्धित	वास्तविक	उल्टा
	फोकस पर $u=f$	अनन्त पर $v=\infty$	$m=\infty$ आवर्धित	वास्तविक	उल्टा
	प्रकाश केन्द्र तथा फोकस के मध्य $u<f$	लेंस के पीछे $v > u$	$m>1$ आवर्धित	आभासी	सीधा
अवतल लेंस	अनन्त पर $u=\infty$	फोकस पर $v=f$	$m<1$ छोटा	आभासी	सीधा
	अनन्त एवं प्रकाश केन्द्र के मध्य	प्रकाश केन्द्र एवं फोकस के मध्य	$m<1$ छोटा	आभासी	सीधा

- उत्तल लेंस द्वारा बने प्रतिबिम्ब एवं वस्तु के बीच न्यूनतम दूरी 4*f* है।
- अवतल लेंस में प्रतिबिम्ब की अधिकतम दूरी इसकी फोकस दूरी के तुल्य होती है।

लेंस निर्माता का सूत्र (Lens Formation Formula) *f*, μ, R_1 एवं R_2 के बीच सम्बन्ध को लेंस निर्माता सूत्र कहते हैं।

$$\frac{1}{f} = (\mu - 1)\left(\frac{1}{R_1} - \frac{1}{R_2}\right)$$

लेंस निर्माता का सूत्र

उभयोतल लेंस	समतलोत्तल लेंस	उभयोवतल लेंस	समतल अवतल लेंस
$R_1 = R$ एवं $R_2 = -R$ $f = \frac{R}{2(\mu-1)}$ $\mu = 1.5$ के लिए $\boxed{f = R}$	$R_1 = \infty$, $R_2 = -R$ $f = \frac{R}{(\mu-1)}$ $\mu = 1.5$ के लिए $\boxed{f = 2R}$	$R_1 = -R$, $R_2 = +R$ $f = -\frac{R}{2(\mu-1)}$ $\mu = 1.5$ के लिए $\boxed{f = -R}$	$R_1 = \infty$, $R_2 = R$ $f = \frac{R}{2(\mu-1)}$ $\mu = 1.5$ के लिए $\boxed{f = -2R}$

द्रव में स्थित लेंस: द्रव में लेंस की फोकस दूरी (f_l) निम्न सूत्र द्वारा निर्धारित होती है $\frac{f_l}{f_a} = \frac{({}_a\mu_g - 1)}{({}_l\mu_g - 1)}$ (लेंस काँच का है)

- एक लेंस $(\mu = 1.5)$ की फोकस दूरी वायु में *f* है तब जल में डूबोने पर इसकी फोकस दूरी 4*f* होगी।
- जल में लेंस की फोकस दूरी बढ़ती है एवं शक्ति घटती है।

लेंस की विपरीत विकृति: सामान्यतः लेंस का अपवर्तनांक $(\mu_L) >$ लेंस के चारों ओर स्थित माध्यम का अवतनांक

लेंस की विपरीत विकृति

$\mu_L > \mu_M$	$\mu_L < \mu_M$	$\mu_L = \mu_M$

लेंस सूत्र एवं आवर्धन

(i) **लेंस सूत्रः** $\frac{1}{f} = \frac{1}{v} - \frac{1}{u}$; (चिन्ह् परिपाटी का उपयोग करें)

(ii) **आवर्धन**

- **अनुप्रस्थ आवर्धनः** $m = \frac{I}{O} = \frac{v}{u} = \frac{f}{f+u} = \frac{f-v}{f}$ (प्रश्न हल करते समय चिन्ह् परिपाटी का उपयोग करें)

- **अनुदैर्ध्य आवर्धन:** $m = \frac{I}{O} = \frac{v_2 - v_1}{u_2 - u_1}$; यदि वस्तु बहुत छोटी है

$$m = \frac{dv}{du} = \left(\frac{v}{u}\right)^2 = \left(\frac{f}{f+u}\right)^2 = \left(\frac{f-v}{f}\right)^2$$

- क्षेत्रीय आवर्धन $m^2 = \frac{A_i}{A_o}$

वस्तु की चाल एवं प्रतिबिम्ब की चाल में सम्बन्ध : यदि कोई वस्तु उत्तल लेंस की ओर अनन्त से फोकस तक नियत चाल (v_o) से गति करती है तब प्रतिबिम्ब प्रारम्भ में धीरे–धीरे एवं बाद में तेजी से गति करता है एवं प्रतिबिम्ब की चाल $v_i = \left(\frac{f}{f+u}\right)^2 . v_o$

विस्थापन विधि द्वारा उत्तल लेंस की फोकस दूरी का निर्धारण

- एक उत्तल लेंस की दो विभिन्न स्थितियों के लिए दोनों प्रतिबिम्ब (I_1 एवं I_2) एक ही स्थिति पर प्राप्त होते है।
- लेंस की फोकस दूरी $f = \frac{D^2 - x^2}{4D} = \frac{x}{m_1 - m_2}$ जहाँ $m = \frac{I_1}{O}$ एवं $m_2 = \frac{I_2}{O}$
- वस्तु का आकार $O = \sqrt{I_1 . I_2}$

लेंस का काटना

- एक सममित लेस को मुख्य अक्ष के अनुदिश दो समान भागों में काटने पर प्रत्येक भाग द्वारा बनाये गये प्रतिबिम्ब की तीव्रता समान एवं पूर्ण लेंस के तुल्य होगी।

मुख्य अक्ष के अनुदिश दो समान भागों में

- एक सममित लेंस को प्रकाशिक अक्ष के अनुदिश दो समान भागों में काटने पर प्रत्येक भाग द्वारा बनाये गये प्रतिबिम्ब की तीव्रता पूर्ण लेंस की तुलना में कम होगी (प्रत्येक भाग का द्वारक पूर्ण लेंस के द्वारक का $\frac{1}{\sqrt{2}}$ गुना)

प्रकाशिक अक्ष के अनुदिश दो समान भागों में

लेंसों का संयोजन

- लेंसों के एक निकाय के लिए, परिणामी शक्ति, फोकस दूरी एवं आवर्धन निम्न सूत्रों द्वारा व्यक्त होते है

$P = P_1 + P_2 + P_3 ....$ $\quad \frac{1}{F} = \frac{1}{f_1} + \frac{1}{f_2} + \frac{1}{f_3} + ...$

$m = m_1 \times m_2 \times m_3 \times ....$

- जब दो पतले लेंस सम्पर्क में हैं

$$\frac{1}{F} = \frac{1}{f_1} + \frac{1}{f_2} \Rightarrow F = \frac{f_1 f_2}{f_1 + f_2} \text{ एवं } P = P_1 + P_2$$

संयोजन उस लेंस की भांति कार्य करेगा जिसकी फोकस दूरी कम या शक्ति अधिक हो।

- यदि समान फोकस दूरी एवं विपरीत प्रकृति के दो लेंस सम्पर्क में रखे हैं तो संयोजन एक समतल ग्लास प्लेट की तरह कार्य करेगा। एवं $F_{\text{संयोजन}} = \infty$

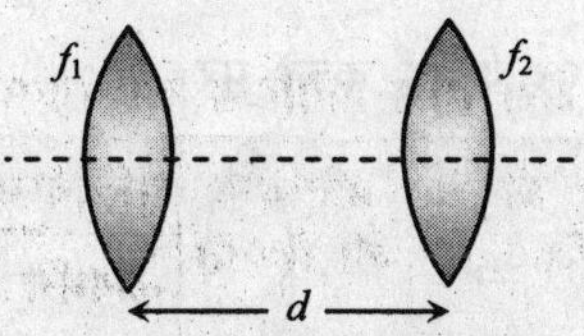

दो लेंसो का संयोजन

- जब दो लेंस परस्पर d दूरी पर समाक्षतः स्थित हैं तो तुल्य फोकस दूरी $\frac{1}{F} = \frac{1}{f_1} + \frac{1}{f_2} - \frac{d}{f_1 f_2}$ और $P = P_1 + P_2 - dP_1P_2$

- लेंस के कटे हुए भागों का संयोजन

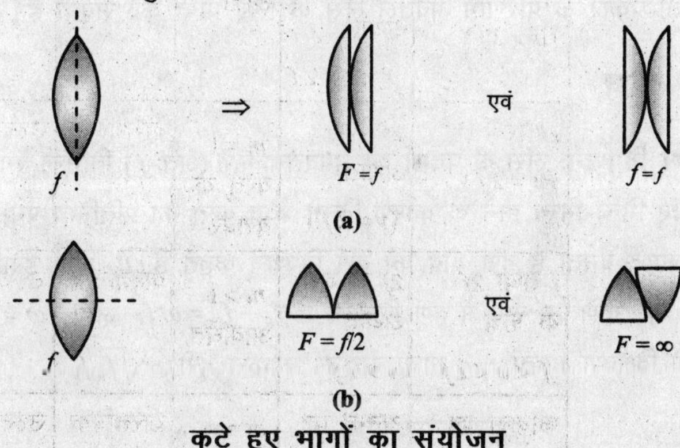

कटे हुए भागों का संयोजन

लेंस की एक सतह पर कलई करना: लेंस की एक सतह पर कलई (चाँदी या पॉलिश) करने पर यह एक दर्पण की तरह कार्य करता है एवं इसकी तुल्य फोकस दूरी (F) है तब $\boxed{\frac{1}{F} = \frac{2}{f_l} + \frac{1}{f_m}}$

$f_l =$ उस लेंस की फोकस दूरी जिससे प्रकाश अपवर्तित होता है (दो बार)

$f_m =$ उस दर्पण की फोकस दूरी जिससे परावर्तन होता है।

- **समतलोत्तल लेंस पर कलई करने पर**

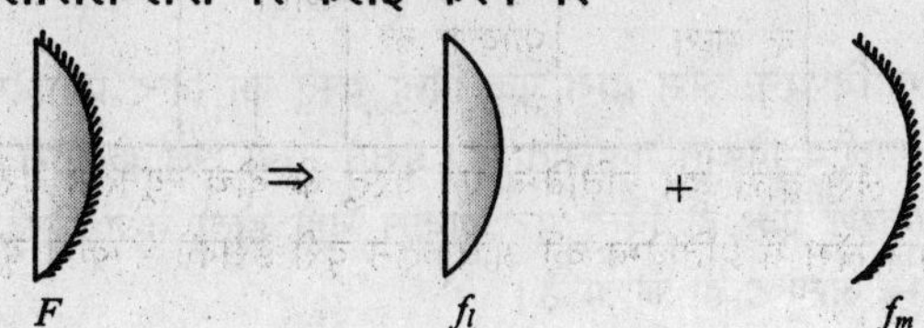

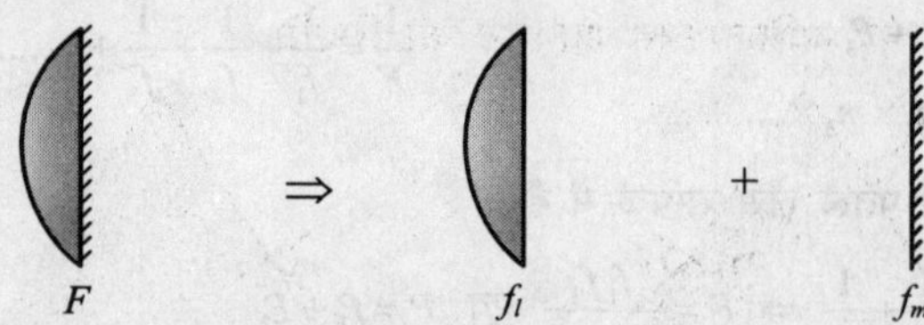

(a) समतलोत्तल लेंस पर कलई

$f_m = \frac{R}{2}, f_l = \frac{R}{(\mu - 1)}$ इसलिये $F = \frac{R}{2\mu}$

$f_m = \infty, f_l = \frac{R}{(\mu - 1)}$ इसलिये $F = \frac{R}{2(\mu - 1)}$

- **उभयोत्तल लेंस पर कलई करने पर**

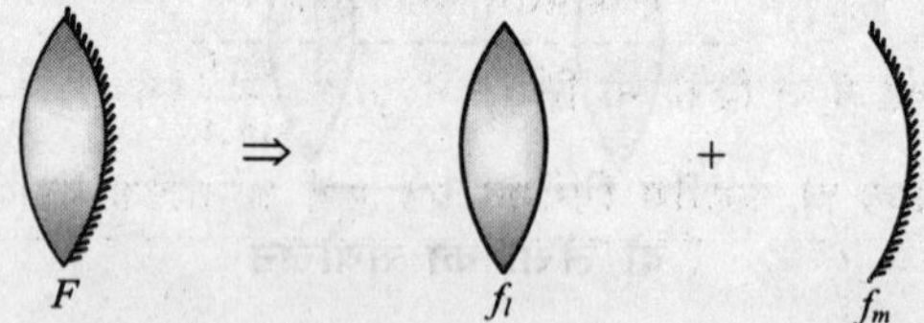

(b) उभयोत्तल लेंस पर कलई

चूँकि $f_l = \frac{R}{2(\mu - 1)}, f_m = \frac{R}{2}$ इसलिये $F = \frac{2(2\mu - 1)}{R}$

इसी प्रकार के परिणाम अवतल लेंस के लिए प्राप्त कर सकते हैं।

लेंस दोष

- **वर्ण विपथनः** लेंस के पदार्थ का अपवर्तनांक μ (अतः f) विभिन्न रंगों के लिए भिन्न भिन्न होने के कारण किसी श्वेत वस्तु का प्रतिबिम्ब रंगीन व अस्पष्ट बनता है इस दोष को वर्ण विपथन कहते हैं। $\mu_V > \mu_R$ इसलिये $f_R > f_V$ गणितीय रूप में वर्ण विपथन $= f_R - f_V = \omega f_Y$ जहाँ, ω = लेंस की विक्षेपण क्षमता f_Y = माध्य रंग की फोकस दूरी $= \sqrt{f_R f_V}$

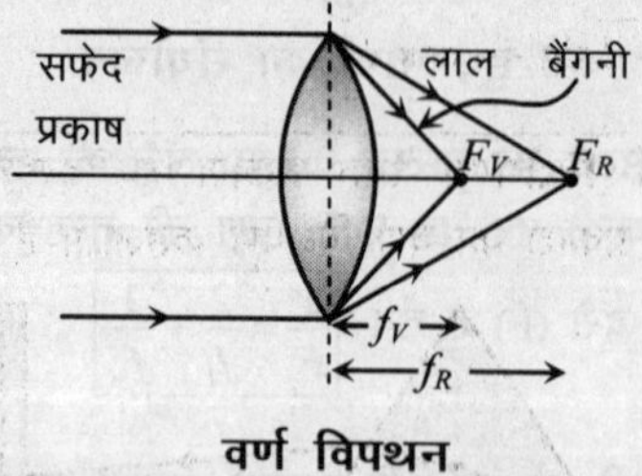

वर्ण विपथन

निवारणः इस दोष को दूर करने के लिए अर्थात अवर्णकता के लिए हम एक लेंस के स्थान पर दो या दो से अधिक लेंसों के संयोजन का उपयोग करते हैं। अवर्णकता के लिए आवश्यक शर्तः $\frac{\omega_1}{f_1} + \frac{\omega_2}{f_2} = 0$ या $\omega_1 f_2 = -\omega_2 f_1$

- **गोलीय विपथनः** लेंस द्वारा एक बिन्दु वस्तु का बिन्दु प्रतिबिम्ब न बना पाना, गोलीय विपथन कहलाता है। इसमें मुख्य अक्ष के पास व दूर की सभी किरणें एक ही बिन्दु पर फोकस नहीं होती तथा बिन्दु वस्तु का प्रतिबिम्ब अस्पष्ट हो जाता है।

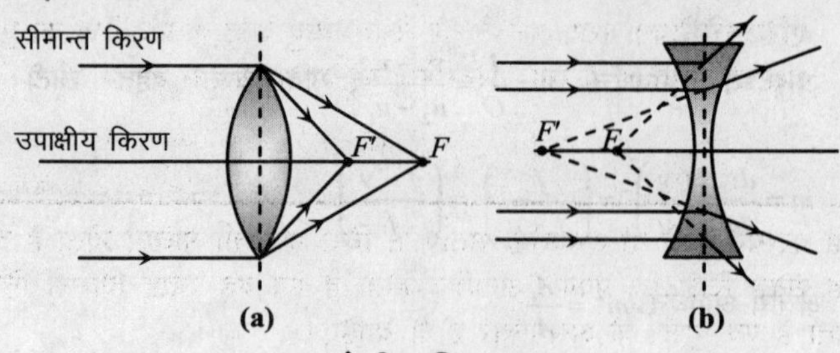

गोलीय विपथन

निवारणः लेंस के सामने रोक (Stop) लगाकर सबसे आसानी से इस दोष को कम कर सकते हैं। इस उपाय से प्रतिबिम्ब की तीव्रता कम हो जाती है क्योंकि अधिकांश किरणों को रोक देते हैं। इसके अतिरिक्त समतल उत्तल लेंसों का उपयोग करके, दो समतल उत्तल लेंसों को एक निचित दूरी पर रखकर $d = F - F'$, क्रॉसित लेंस का उपयोग करके।

निर्देश

सीमान्त (Marginal) किरणें: मुख्य अक्ष से दूर किरणें।

उपाक्षीय (Paraxial) किरणें: मुख्य अक्ष के सन्निकट किरणें। परवलयाकार दर्पणों से बनें प्रतिबिम्बों में गोलीय विपथन दोष नहीं होता है।

- **कोमाः** जब किसी बिन्दु वस्तु को मुख्य अक्ष से दूर रखते हुए इसके प्रतिबिम्ब को मुख्य अक्ष के लम्बवत् रखे पर्दे पर प्राप्त करते हैं तो प्रतिबिम्ब का आकार एक पुच्छल (Coma) जैसा होता है इस दोष को कोमा कहते हैं वास्तव में बिन्दु वस्तु का प्रतिबिम्ब मुख्य अक्ष के लम्बवत् तल में फैल जाता है।

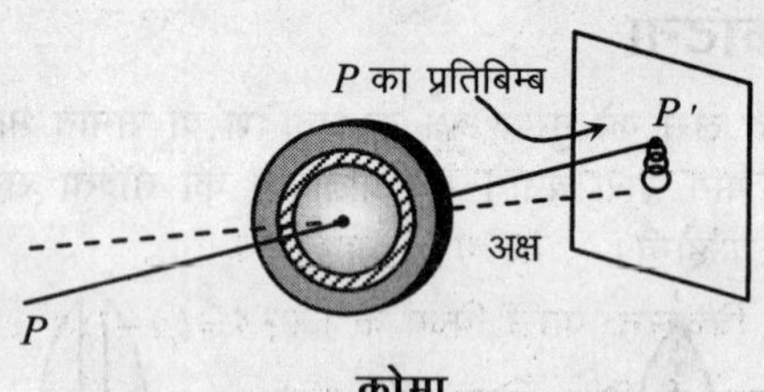

कोमा

निवारणः लेंस की सतहों को उचित रूप से डिजाइन करके, एवं लेन्स के सामने निश्चित दूरियों पर उपयुक्त रोक लगाकर दूर कर सकते हैं।

- **वक्रता (Curvature):** मुख्य अक्ष से दूर स्थित बिन्दु वस्तु का प्रतिबिम्ब मुख्य अक्ष के अनुदिश एवं इसके लम्बवत् फैलता है सामान्यतः अच्छा प्रतिबिम्ब एक समतल पर प्राप्त नहीं होता जबकि एक वक्र सतह पर प्राप्त होता है इस दोष को वक्रता कहते हैं

  निवारणः मुख्य अक्ष के अनुदिश उचित दूरियों पर उपयुक्त रोक लगाकर एस्टिगमेटिज्म या वक्रता को कम कर सकते हैं।

- **विकृति (Distortion):** जब किसी विस्तृत आकार की वस्तु का प्रतिबिम्ब प्राप्त करतें है तो वस्तु के विभिन्न भाग सामान्यतः भिन्न भिन्न दूरियों पर होते हैं अतः भिन्न–भिन्न भागों का आवर्धन भी भिन्न–भिन्न होता है। परिणाम स्वरूप एक रेखीय वस्तु का प्रतिबिम्ब रेखीय न होकर वक्राकार होता है।

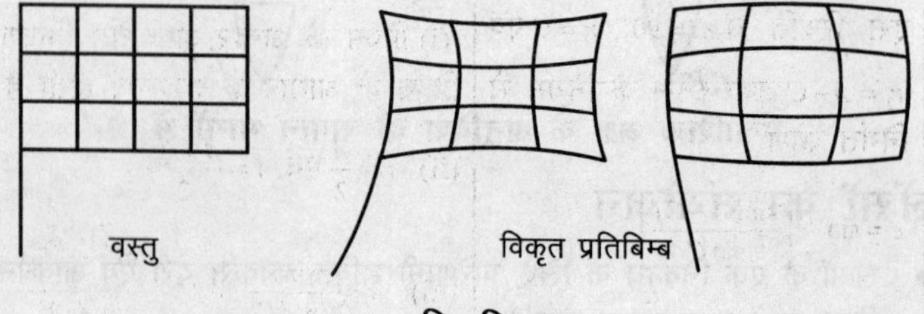

विकृति

- **एस्टिगमेटिज्म:** मुख्य अक्ष से दूर स्थित बिन्दु वस्तु के प्रतिबिम्ब का मुख्य अक्ष के अनुदिश फैलना एस्टिगमेटिज्म कहलाता है।

प्रिज्म

यह परस्पर झुकी दो अपवर्तक सतहों से घिरा पारदर्शी माध्यम होता है तथा वह सतह जिस पर प्रकाश आपतित होता है एवं वह सतह जिससे निर्गत होता है एक दूसरे के असमान्तर होनी चाहिए।

समबाहु प्रिज्म

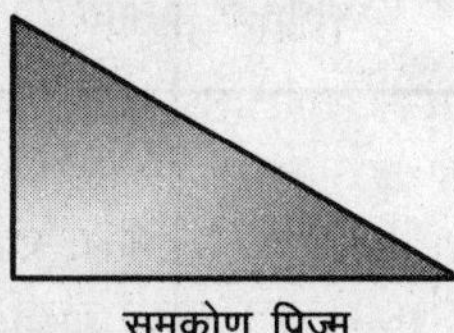
समकोण प्रिज्म

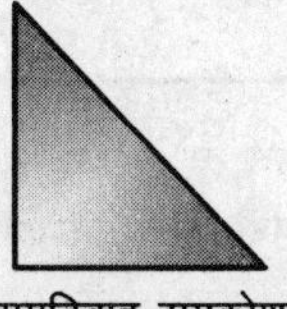
समद्विबाहु समकोण

उपयोग में आने वाले प्रिज्म

(i) प्रिज्म से अपवर्तन (Refraction by Prism)

$A = r_1 + r_2$ एवं $i + e = A + \delta$ सतह AC पर $\mu = \frac{\sin i}{\sin r_1}$

सतह AB पर $\mu = \frac{\sin r_2}{e}$

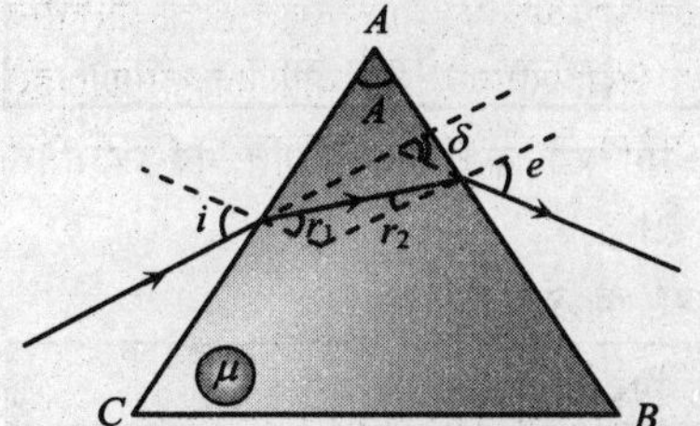

i – आपतन कोण,
e – निर्गत कोण
A – प्रिज्म कोण या अपवर्तक कोण
r_1 एवं r_2 – अपवर्तन कोण
δ – विचलन कोण

प्रिज्म से अपवर्तन

(ii) प्रिज्म से विचलन: पतले प्रिज्म के लिए $\delta = (\mu - 1)A$ विभिन्न रंगों के लिए विचलन भी भिन्न–भिन्न होगा जैसें $\mu_R < \mu_V$

$\therefore \quad \delta_R < \delta_V \Rightarrow \mu_{\text{फिलन्ट}} > \mu_{\text{क्राउन}}$

$\therefore \quad \delta_F > \delta_C$

विचलन

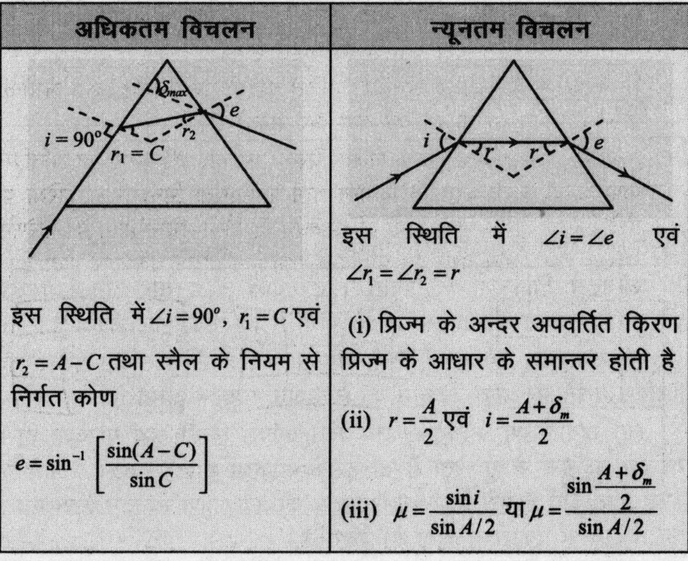

अधिकतम विचलन	न्यूनतम विचलन
इस स्थिति में $\angle i = 90^o$, $r_1 = C$ एवं $r_2 = A - C$ तथा स्नैल के नियम से निर्गत कोण $e = \sin^{-1}\left[\frac{\sin(A-C)}{\sin C}\right]$	इस स्थिति में $\angle i = \angle e$ एवं $\angle r_1 = \angle r_2 = r$ (i) प्रिज्म के अन्दर अपवर्तित किरण प्रिज्म के आधार के समान्तर होती है (ii) $r = \frac{A}{2}$ एवं $i = \frac{A + \delta_m}{2}$ (iii) $\mu = \frac{\sin i}{\sin A/2}$ या $\mu = \frac{\sin \frac{A+\delta_m}{2}}{\sin A/2}$

(iii) प्रिज्म पर अभिलम्बवत् आपतन की स्थिति

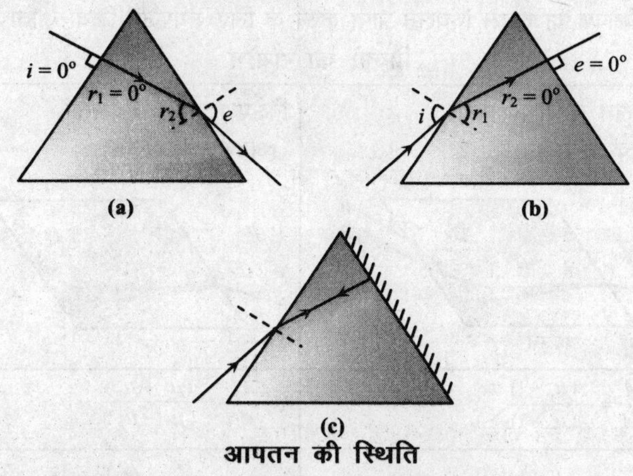

आपतन की स्थिति

उपरोक्त में से किसी भी स्थिति में, $\mu_2 = \frac{\sin i}{\sin A}$ एवं $\delta = i - A$

प्रिज्म से स्पर्शीय निर्गमन एवं पूर्ण आन्तरिक परावर्तन

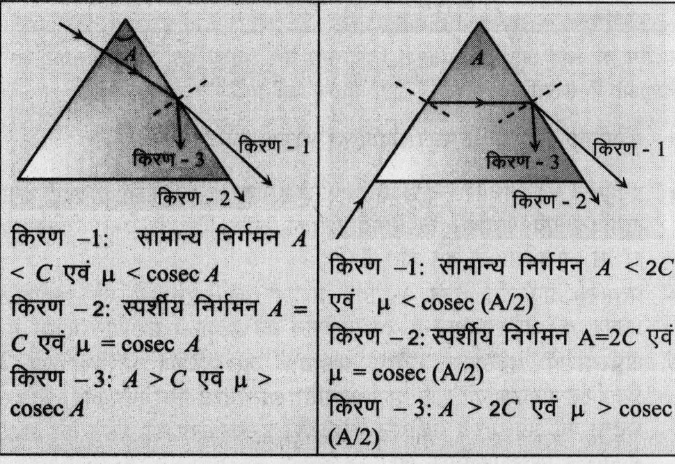

किरण –1: सामान्य निर्गमन $A < C$ एवं $\mu < \text{cosec } A$ किरण – 2: स्पर्शीय निर्गमन $A = C$ एवं $\mu = \text{cosec } A$ किरण – 3: $A > C$ एवं $\mu > \text{cosec } A$	किरण –1: सामान्य निर्गमन $A < 2C$ एवं $\mu < \text{cosec (A/2)}$ किरण – 2: स्पर्शीय निर्गमन $A = 2C$ एवं $\mu = \text{cosec (A/2)}$ किरण – 3: $A > 2C$ एवं $\mu > \text{cosec (A/2)}$

निर्देश

स्पर्शीय निर्गमन के लिए आपतन कोण का न्यूनतम मान

$i_{\min} = \sin^{-1}\left[\sqrt{\mu^2 - 1}\sin A - \cos A\right]$

(iv) प्रिज्म में वर्ण विक्षेपण: श्वेत प्रकाश का इसके अवयवी रंगों में वियोजित होना प्रकाश का वर्ण विक्षेपण कहलाता है।

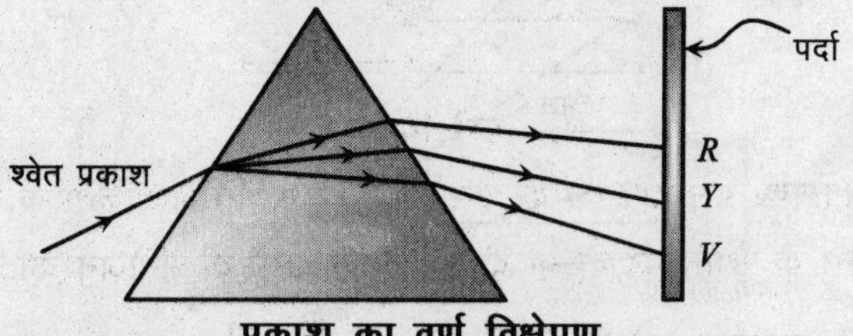

प्रकाश का वर्ण विक्षेपण

- **कोणीय विक्षेपण (θ):** लाल एवं बैंगनी रंगों के बीच कोणीय विस्थापन
  $\theta = \delta_V - \delta_R = (\mu_V - \mu_R)A$
- **वर्ण विक्षेपण क्षमता** $\omega = \frac{\theta}{\delta_y} = \frac{\mu_V - \mu_R}{\mu_y - 1}\left\{\mu_y = \frac{\mu_V + \mu_R}{2}\right\}$
  यह केवल μ पर निर्भर करता है एवं $\omega_{\text{फ्लिंट}} > \omega_{\text{क्राउन}}$

(v) प्रिज्मों का संयोगः दो प्रिज्मों (क्राउन एवं फ्लिण्ट काँच के बने) को केवल विक्षेपण या केवल विचलन प्राप्त करने के लिए संयोजित किया जाता है।

प्रिज्मों का संयोग

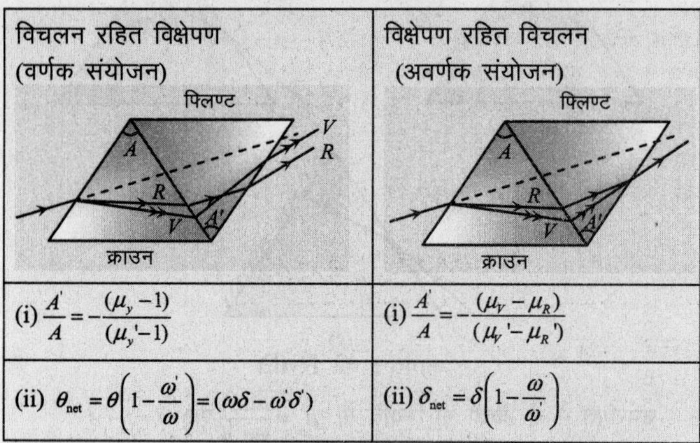

विचलन रहित विक्षेपण (वर्णक संयोजन)	विक्षेपण रहित विचलन (अवर्णक संयोजन)
फ्लिण्ट, क्राउन, A, A', R, V	फ्लिण्ट, क्राउन, A, A', R, V
(i) $\frac{A'}{A} = -\frac{(\mu_y - 1)}{(\mu_y' - 1)}$	(i) $\frac{A'}{A} = -\frac{(\mu_V - \mu_R)}{(\mu_V' - \mu_R')}$
(ii) $\theta_{net} = \theta\left(1 - \frac{\omega'}{\omega}\right) = (\omega\delta - \omega'\delta')$	(ii) $\delta_{net} = \delta\left(1 - \frac{\omega}{\omega'}\right)$

प्रकाश का प्रकीर्णन

माध्यम के अणु आपतित प्रकाश विकिरणों को अवशोषित करके इनको सभी दिशाओं में उत्सर्जित करते हैं इस घटना को प्रकीर्णन कहते हैं।

- वैज्ञानिक रैले के अनुसार प्रकीर्णित प्रकाश की तीव्रता $\propto \frac{1}{\lambda^4}$
- प्रकीर्णन पर आधारित कुछ घटनाएं जैसे प्रकाश का नीला दिखाई देना, सूर्योदय एवं सूर्यास्त के समय इसका लाल दिखाई देना, खतरनाक संकेत लाल रंग के बने होते हैं।
- प्रत्यास्थ प्रकीर्णन: जब आपतित प्रकाश की तरंगदैर्ध्य एवं प्रकीर्णित प्रकाश की तरंग समान है, तो प्रकीर्णन को प्रत्यास्थ प्रकीर्णन कहते हैं।
- **अप्रत्यास्थ प्रकीर्णन (रमन प्रभाव):** कुछ विशेष परिस्थितियों में प्रकीर्णित प्रकाश की तरंगदैर्ध्य आपतित तरंगदैर्ध्य से भिन्न होती है इस घटना को अप्रत्यास्थ प्रकीर्णन कहते है। इसके लिए डॉ. रमन को 1930 में नोबल पुरस्कार मिला था।

इन्द्रधनुषः वायुमण्डल में स्थित जल की बूँदों द्वारा प्रकाश के विक्षेपण एवं पूर्ण आंतरिक परावर्तन के कारण इन्द्रधनुष बनता है।

प्राथमिक इन्द्रधनुषः (i) दो अपवर्तन एवं एक पूर्ण आंतरिक परावर्तन (ii) सबसे भीतरी चाप बैंगनी एवं बाहरी लाल होती है (iii) प्रेक्षक की आँख पर अन्तरित कोण 42° है (iv) अपेक्षाकृत अधिक चमकदार

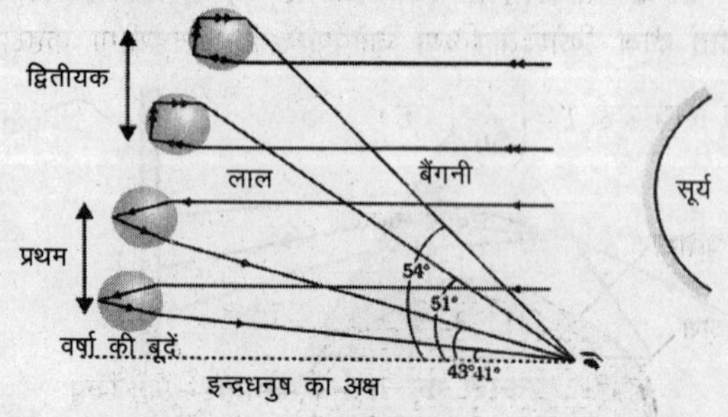

इन्द्रधनुष

द्वितीयक इन्द्रधनुषः (i) दो अपवर्तन एवं दो पूर्ण आन्तरिक परावर्तन (ii) सबसे भीतरी चाप लाल एवं बाहरी बैंगनी होती है (iii) प्रेक्षक की आँख पर अन्तरित कोण 52.5° है। (iv) अपेक्षाकृत कम चमकदार

रंगः एक वस्तु से आने वाले प्रकाश में से आँख द्वारा ग्रहण की गई अनुभूति (Sensation) को रंग कहते हैं।

रंग के प्रकार

प्रकाशिक रंग	पिगमेन्ट एवं रंजक के रंग
हरा (P), मोरपंखी (S), पीला (S), सफेद, नीला (P), मेजेण्टा (S), लाल (P)	पीला (P), हरा (S), नारंगी (S), काला, नीला (P), बैंगनी लाल (S), लाल (P)
(i) पूरक रंग	**(i) पूरक रंग**
हरा एवं मेजेण्टा	पीला एवं बैंगनी लाल
नीला एवं पीला	लाल एवं हरा
लाल एवं मोरपंखी	नीला एवं नारंगी
(ii) संयोजन	**(ii) संयोजन**
हरा + लाल + नीला = श्वेत	पीला + लाल + नीला = काला
नीला + पीला = श्वेत	नीला + नारंगी = काला
लाल + मोरपंखी = श्वेत	लाल + हरा = काला
हरा + मेजेण्टा = श्वेत	पीला + बैंगनी लाल = काला

वस्तुओं के रंगः किसी वस्तु का रंग वस्तु की प्रकृति एवं आपतित प्रकाश की प्रकृति पर निर्भर करता है।

वस्तुओं के रंग

अपारदर्शी वस्तु के रंग	परदर्शी वस्तु के रंग
(i) निश्चित प्रकाश (रंग) के परावर्तन के कारण	(i) निश्चित प्रकाश (रंग) के पारगमन के कारण
(ii) लाल गुलाब, लाल या श्वेत प्रकाश में लाल दिखाई देता है क्योंकि यह लाल रंग का परावर्तन करता है।	(ii) एक लाल रंग का काँच लाल दिखाई देता है क्योंकि यह केवल लाल रंग को पारगमित करता है एवं शेष रंगो को अवशोषित कर लेता है।
(iii) जब फूलों के एक गुलदस्ते पर पीला प्रकाश आपतित किया जाता है तो पीले एवं श्वेत रंग के फूल पीले जबकि शेष रंग के फूल काले दिखाई देते हैं।	(iii) जब हम हरे काँच या हरे फिल्टर से बहुत सी वस्तुओं के देखें तो सफेद और हरी वस्तुएँ तो हरी जबकि अन्य रंग की वस्तुएँ काली दिखाई देती हैं।

निर्देश

श्वेत प्रकाश में रंगीन काँच का महीन चूर्ण श्वेत दिखाई देता है। एक गर्म वस्तु का प्रेक्षित रंग वही हैं जिसे यह गर्म अवस्था में उत्सर्जित करती है।

स्पेक्ट्रमः विकिरणों की आवृति या तरंगदैर्ध्य के अनुसार क्रमिक व्यवस्था को स्पेक्ट्रम कहते हैं स्पेक्ट्रम को दो भागों में विभाजित कर सकते हैं।

(i) उत्सर्जन स्पेक्ट्रमः किसी स्वप्रदीप्त वस्तु से उत्सर्जित प्रकाश का विक्षेपण करने पर प्राप्त स्पेक्ट्रम को उत्सर्जन स्पेक्ट्रम कहते हैं।

(ii) अवशोषण स्पेक्ट्रमः जब श्वेत प्रकाश किसी अर्द्ध पारदर्शी ठोस, या द्रव या गैस से गुजरता है तो इसके स्पेक्ट्रम में कुछ काली रेखायें या बैण्ड प्राप्त होते हैं इस प्रकार के स्पेक्ट्रम को अवशोषण स्पेक्ट्रम (उस पदार्थ का जिसमें से प्रकाश गुजरता है) कहते हैं।

- परमाण्विक अवस्था में पदार्थ रेखिल अवशोषण स्पेक्ट्रम उत्पन्न करते हैं बह-परमाणिक पदार्थ जैसे H_2, CO_2 एवं $KMnO_4$ आदि अवशोषण स्पेक्ट्रम उत्पन्न करते हैं।
- सोडियम वाष्प के अवशोषण स्पेक्ट्रम मे D_1 (5890 Å) एवं D_2 (5896 Å) दो पीली रेखायें प्राप्त होती हैं।

कोई पदार्थ उच्च ताप पर जिन स्पेक्ट्रमी रेखाओं को उत्सर्जित करता है कम ताप पर उन्हीं रेखाओं का अवशोषित कर लेता है। यह किरचॉफ का नियम है।

स्पेक्ट्रम

संतत उत्सर्जन स्पेक्ट्रम	रेखिल उत्सर्जन स्पेक्ट्रम	बैण्ड अवशोषण स्पेक्ट्रम
(i) इसमें सभी रंग एक निश्चित क्रम में उपस्थित होते हैं।	(i) इसमें विभिन्न रंगो की चमकीलीं रेखायें उपस्थित होती हैं।	(iii) इसमें विभिन्न रंगों की चमकीली पट्टियाँ उपस्थित होती हैं।
(ii) यह अतितृप्त ठोसो, द्रवों एवं गैसो द्वारा उत्पन्न होता है।	(ii) यह परमाण्विक अवस्था में उत्तेजित स्त्रोत द्वारा उत्पन्न होता है।	(ii) यह आण्विक अवस्था में उत्तेजित स्त्रोत द्वारा उत्पन्न होता हैं।
(iii) उदाहरण: सूर्य, कार्बनडाई- ऑक्साइड विद्युत बल्ब, मोमबत्ती की ज्वाला आदि।	(iii) उदाहरण: उत्तेजित हीलियम, पारा वाष्प, सोडियम वाष्प, परमाण्विक हाइड्रोजन आदि।	(iii) उदाहरण: आण्विक H_2, CO NH_3 आदि।

फ्रॉनहोफर रेखायें: सूर्य का केन्द्रीय भाग (प्रकाश मण्डल) का ताप बहुत उच्च (कई लाख सेल्सियस) है यह एक संतत् स्पेक्ट्रम उत्सर्जित करता है। जबकि बाहरी भाग (वर्ण मण्डल) का ताप अपेक्षाकृत कम (लगभग 6000 K) है एवं इसमें विभिन्न तत्व वाष्प अवस्था में उपस्थित होते हैं। जब प्रकाश मण्डल से उत्तसर्जित सपेक्ट्रम वर्ण मण्डल से गुजरता है तो उपस्थित वाष्प कुछ तरंगदैर्ध्यों को अवशोषित कर लेते हैं। अतः सूर्य प्रकाश के स्पेक्ट्रम में कई काली रेखायें प्राप्त होती हैं। जिन्हें फ्रॉउनहोफर रेखायें कहते हैं।

- द्रश्य स्पेक्ट्रम के पीले क्षेत्र में उपस्थित रेखाओं को D रेखाएँ, नीले क्षेत्र में F रेखाएँ एवं लाल क्षेत्र में C. रेखाएँ कहते है।
- फ्रॉउनहोफर रेखाओं के अध्ययन से सूर्य के वर्ण मण्डल में उपस्थित विभिन्न तत्वों का पता लगा सकते हैं। उदाहरण के लिए हाइड्रोजन एवं हीलियम की प्रचुरता।

वर्णक्रम मापी (Spectrometer): इसकी सहायता से किसी स्त्रोत का शुद्व स्पेक्ट्रम प्राप्त कर स्पेक्ट्रम सम्बन्धी सभी मापक किये जाते हैं इसका उपयोग किसी प्रिज्म का μ एवं पारदर्शी द्रव का μ ज्ञात करने में भी किया जाता है। इसके मुख्यतः तीन भाग है–

- **समान्तरित्र (Collimator):** यह प्रकाश किरणों का समान्तर पुंज प्रदान करता है।
- **प्रिज्म मंच:** यह प्रिज्म एवं दूरदर्शी का आधार है।
- **दूरदर्शी:** स्पेक्ट्रम को देखने एवं इस पर लगे पैमाने से मापन करना।

सर्वप्रथम दूरदर्शी को समान्तर किरणों के लिए, फिर समान्तरित्र को समान्तर किरणों के लिए समंजित करते हैं। जब प्रिज्म न्यूनतमं विचलन की स्थिति में होता हैं तब शुद्व स्पेक्ट्रम प्राप्त होता है प्रिज्म कोण A एवं न्यूनतम विचलन कोण δ_m को मापकर प्रिज्म सूत्र $\mu = \frac{\sin\frac{A+\delta_m}{2}}{\sin A/2}$ की सहायता से प्रिज्म के पदार्थ का μ ज्ञात कर लेते हैं। द्रव पारदर्शी पदार्थ का μ ज्ञात करने के लिए इस द्रव को खोखले काँच के प्रिज्म में भर कर δ_m एवं A मापकर प्रिज्म सूत्र से द्रव का μ प्राप्त कर लेते हैं।

समक्ष दृष्टि वर्णक्रमदर्शी: यह उपकरण विचलन रहित विक्षेपण के सिद्धान्त पर आधरित है। इसमें क्राउन काँच के $(n-1)$ एवं फ्लिण्ट काँच के n प्रिज्म लगे होते हैं। शून्य विचलन के लिए : $n(\mu-1)A = (n-1)(\mu'-1)A'$

प्रकाशिक यंत्र

मानव नेत्र

- **नेत्र लेंस:** यह एक उभयोत्तल लेंस $(\mu = 1.437)$ की तरह कार्य करता है।
- **रेटिना:** रेटिना पर वस्तु का वास्तविक एवं उल्टा प्रतिबिम्ब बनता है, परन्तु मस्तिष्क इसे सीधा देखता है।
- **पीत बिन्दु:** यह रेटिना का सबसे सुग्राही भाग है इस पर बना प्रतिबिम्ब बहुत स्पष्ट होता है।
- **अन्ध बिन्दु:** इस बिन्दु से दृक तंत्रिकायें मस्तिष्क को जाती हैं यह बिन्दु प्रकाश के लिए सुग्राही नहीं है।
- **सिलियरी पेशियों** (Ciliary muscles): नेत्र लेंस सिलियरी पेशियों के बीच लटका रहता है लेंस की दोनों वक्रता त्रिज्याओं को सिलियरी पेशियों पर दाब डालकर परिवर्तित कर सकते हैं।
- **समंजन क्षमता:** नेत्र की वह क्षमता जिसके कारण नेत्र लेंस की फोकस दूरी में परिवर्तन कर दूर और नजदीक की वस्तुओं को स्पष्ट रूप से देखा जा सकता है नेत्र की संमजन क्षमता कहलाती है।
- **दृष्टि परास:** स्वस्थ्य आँख के लिए 25 cm (निकट बिन्दु) से अनन्त (दूर बिन्दु) तक एक सामान्य आँख 25 cm से दूर स्थित वस्तुओं को स्पष्ट रूप से देख सकती है। इस दूरी स्पष्ट दृष्टि की न्यूनतम दूरी कहते हैं।
- **दृष्टि निर्बन्ध** (Persistence of vision) $\frac{1}{10}$sec होता है, अर्थात् यदि दो क्रमागत प्रकाश स्पंदो (Pulses) के बीच समयान्तराल 0.1 sec है तो आँख इन्हें अलग अलग नहीं देख सकती।
- **द्विनेत्री दृष्टि:** दोनों आँखों से देखना द्विनेत्री दृष्टि कहलाता है।
- **विभेदन सीमा:** दो वस्तुओं के बीच वह न्यूनतम कोणीय विस्थापन ताकि उन्हें ठीक विभेदित किया जा सके, विभेदन सीमा कहलाती है आँख के लिये यह $1' = \left(\frac{1}{60}\right)^\circ$ है।

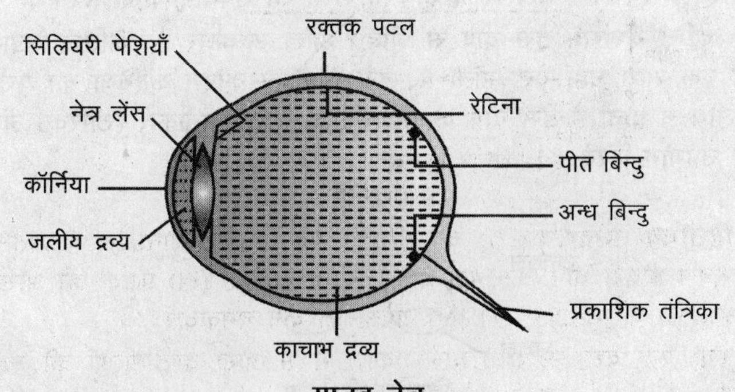

मानव नेत्र

दृष्टि दोष

निकट दृष्टि दोष	दूर दृष्टि दोष
(i) निकटस्थ वस्तुएँ स्पष्ट दिखाई देती हैं परन्तु दूर की नहीं।	(i) दूर की वस्तु स्पष्ट दिखाई देती हैं परन्तु निकटस्थ नहीं।
(ii) प्रतिबिम्ब रेटिना से पहले बनता है। रेटिना	(ii) प्रतिबिम्ब रेटिना के पीछे बनता है। रेटिना
(iii) दूर बिन्दु निकट आ जाता है	(iii) निकट बिन्दु दूर हो जाता है
(iv) कारण (a) लेंस की वक्रता त्रिज्याएँ या फोकस दूरी कम हो जाती है या क्षमता बढ़ जाती है। (b) लैंस व रेटिना के बीच की दूरी बढ़ जाती है।	(iv) कारण (a) लेंस की वक्रता त्रिज्याएँ या फोकस दूरी बढ़ जाती है या क्षमता कम हो जाती है। (b) लैंस व रेटिना के बीच की दूरी कम हो जाती है।
(v) **निवारण:** उचित फोकस दूरी के अवतल लेंस का उपयोग करने पर	(v) **निवारण:** उचित फोकस दूरी के उत्तल लेंस का उपयोग करने पर
(vi) फोकस दूरी (a) एक व्यक्ति x दूरी तक देख सकता है, वह ∞ तक देखना चाहता है तब प्रयुक्त लेंस की फोकस दूरी $f = -x = -$ (दोष पूर्ण आँख का दूर बिन्दु) (b) एक व्यक्ति x दूरी तक देख सकता है, वह y तक देखना चाहता है $(y > x)$ तब प्रयुक्त लेंस की फोकस दूरी $f = \frac{xy}{x-y}$	(vi) फोकस दूरी (a) एक व्यक्ति d दूरी से कम नहीं देख सकता वह D (स्पष्ट दृष्टि की न्यूनतम दूरी) दूरी तक देखना चाहता है तब प्रयुक्त लैंस की फोकस दूरी $f = \frac{dD}{d-D}$

जरा दृष्टि दोष: इस दोष से पीड़ित व्यक्ति को न तो निकट की वस्तुएँ स्पष्ट दिखाई देती है और नही दूर की वस्तुएँ स्पष्ट दिखाई देती है। बुढ़ापे में आँख की समंजन क्षमता कम हो जाने के कारण यह दोष उत्पन्न हो जाता है। इसके निवारण के लिए द्विफोकसी लेंसों का उपयोग करते हैं।

दृष्टि वैशम्य: इस दोष से पीड़ित आँख ऊर्ध्वाधर एवं क्षैतिज रेखाओं को एक साथ नहीं देख पाती है। इस दोष का कारण कॉर्निया का पूर्णत: गोलीय न होना है इस दोष के निवारण के लिए बेलनाकार (टॉरिक) लेंसों का उपयोग करते है।

द्विफोकसी लेंस

सूक्ष्मदर्शी (Microscope): इस प्रकाशिक उपकरण की सहायता से सूक्ष्म वस्तुओं को स्पष्ट रूप से देखा जाता है।

आवर्धन क्षमता

$$m = \frac{\text{प्रतिबिम्ब द्वारा निर्मित दृष्टि कोण}(\beta)}{\text{स्पष्ट दृष्टि की न्यूनतम दूरी पर स्थित वस्तु द्वारा निर्मित दृष्टि कोण}\ (\alpha)}$$

(i) सरल सूक्ष्मदर्शी (Simple Microscope)

- यह कम फोकस दूरी वाला एक उत्तल लेंस है।
- इसे आवर्धक लेंस या रीडिंग लेंस भी कहते हैं।
- आवर्धन जब अन्तिम प्रतिबिम्ब D पर एवं अनन्त (∞) पर बनता है (अर्थात् m_D एवं m_∞) $m_D = 1 + \frac{D}{f}$ (अधिकतम एवं $m_\infty = \frac{D}{f}$ न्यूनतम)
- $m_{\max} - m_{\min} = 1$
- यदि आँख लेंस से a दूरी पर है तब $m_D = 1 + \frac{D-a}{f}$ एवं $m_\infty = \frac{D-a}{f}$

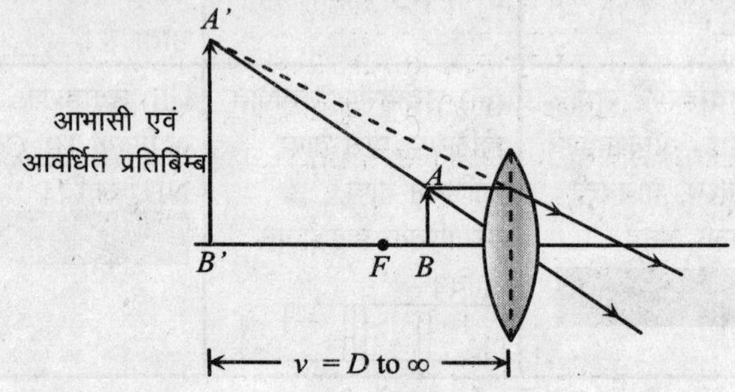

सरल सूक्ष्मदर्शी

(ii) संयुक्त सूक्ष्मदर्शी (Compoud Microscope)

- इसमें दो अभिसारी लेंस, अभिदृश्यक एवं नेत्र लेंस होते हैं।
- $f_{\text{नेत्र लेंस}} > f_{\text{अभिदृश्यक}}$ एवं $(\text{व्यास})_{\text{नेत्र लेंस}} > (\text{व्यास})_{\text{अभिदृश्यक}}$
- अन्तिम प्रतिबिम्ब आवर्धित, आभासी एवं उल्टा बनता है।
- $u_0 =$ अभिदृश्यक (o) लेंस से वस्तु की दूरी $v_0 =$ अभिदृश्यक लेंस से अभिदृश्यक लेंस द्वारा बनाये गये प्रतिबिम्ब $(A'B')$ की दूरी, $u_e =$ नेंत्र लेंस से $A'B'$ की दूरी, $f_0 =$ अभिदृश्यक लेंस की फोकस दूरी, $f_e =$ नेत्र लेंस की फोकस दूरी, v_e त्र नेत्र लेंस से अंतिम प्रतिबिम्ब की दूरी

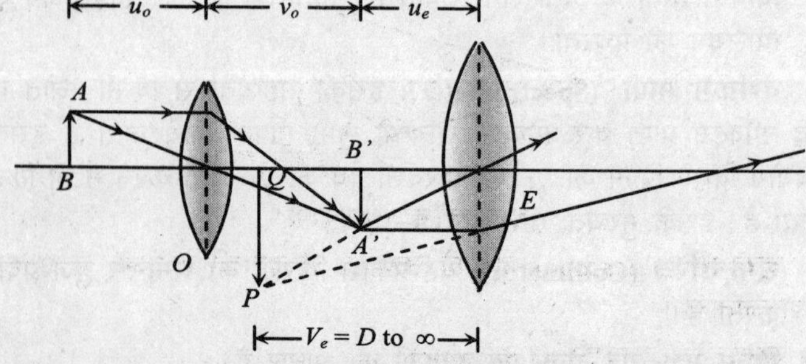

संयुक्त सूक्ष्मदर्शी

आवर्धन: $m_D = -\frac{v_0}{u_0}\left(1 + \frac{D}{f_e}\right) = -\frac{f_0}{(u_0 - f_0)}\left(1 + \frac{D}{f_e}\right) = -\frac{(v_0 - f_0)}{f_0}\left(1 + \frac{D}{f_e}\right)$

$$m_D = -\frac{v_0}{u_0}.\frac{D}{f_e} = \frac{-f_0}{(u_0 - f_0)}\left(\frac{D}{f_e}\right) = -\frac{(v_0 - f_0)}{f_0}.\frac{D}{f_e}$$

नली की लम्बाई (Length of Tube)

अर्थात् दोनों लेंसों के बीच की दूरी: $L_D = v_0 + u_e = \frac{u_0 f_0}{u_0 - f_0} + \frac{f_e D}{f_e + D}$

एवं $L_\infty = v_0 + f_e = \frac{u_0 f_0}{u_0 - f_0} + f_e$

निर्देश

प्रश्न हल करते समय चिन्ह परिपाटी का उपयोग ना करें

- $m_\infty = \frac{(L_\infty - f_0 - f_e)D}{f_0 f_e}$
- अधिकतम आवर्धन के लिए दोनों f_0 व f_e के मान कम होने चाहिये
- $m = m_{\text{अभिदृश्यक}} \times m_{\text{नेत्रिका}}$
- यदि अभिदृश्यक एवं नेत्रिका को परस्पर परिवर्तित कर दे तो व्यवहारिक दृष्टि से सूक्ष्मदर्शी की आवर्धन क्षमता अपरिवर्तित रहती है।

विभेदन सीमा एवं विभेदन क्षमता (Resolving Power): सूक्ष्मदर्शी के सन्दर्भ में, दो रेखाओं के बीच की वह न्यूनतम दूरी जिस पर वे ठीक अलग. अलग देखी जा सकती है, विभेदन सीमा (*RL*) कहलाती है एवं इसके व्युत्क्रम को विभेदन क्षमता (*RP*) कहते हैं।

$$RL = \frac{\lambda}{2\mu \sin\theta}$$

एवं $RP = \frac{2\mu \sin\theta}{\lambda} \Rightarrow RP \propto \frac{1}{\lambda}$

λ = उस प्रकाश का तरंगदैर्ध्य जिससे वस्तु प्रदीप्त है

μ = वस्तु एवं अभिदृश्यक लेंस के बीच उपस्थित माध्यम का अपवर्तनांक

θ = वस्तु एवं अभिदृश्यक के बीच बने प्रकाश शंकु का अर्द्ध शीर्ष कोण

$\mu \sin\theta$ = संख्यात्मक द्वारक

इलेक्ट्रॉन सूक्ष्मदर्शी: इसमें प्रकाश के स्थान पर इलेक्ट्रॉन पुंज ($\lambda \approx 1Å$) का उपयोग किया जाता है इसलिए इसकी विभेदन क्षमता सामान्य सूक्ष्मदर्शी ($\lambda \approx 5000Å$) से 5000 गुना होती है।

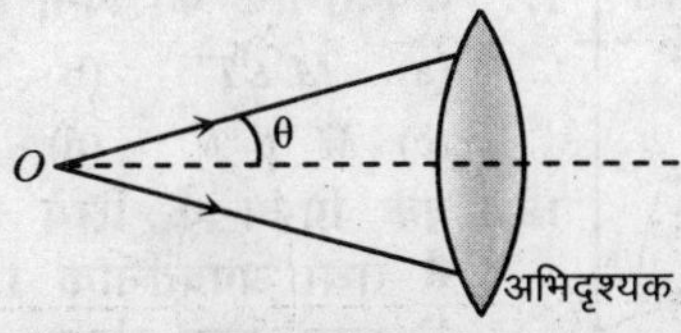

इलेक्ट्रॉन सूक्ष्मदर्शी

दूरदर्शी (Telescope): इसकी सहायता से दूर की वस्तुओं को स्पष्टतः देखा जाता है।

(i) खगोलीय दूरदर्शी (Telescope)

- आकाशीय पिण्डों को देखने में उपयोग किया जाता है।
- $f_{\text{अभिदृश्यक}} > f_{\text{नेत्रिका}}$ एवं $d_{\text{अभिदृश्यक}} > d_{\text{नेत्रिका}}$
- बीच में बना प्रतिबिम्ब छोटा, उल्टा व वास्तविक होता है।
- अन्तिम प्रतिबिम्ब छोटा, उल्टा एवं आभासी होता है।

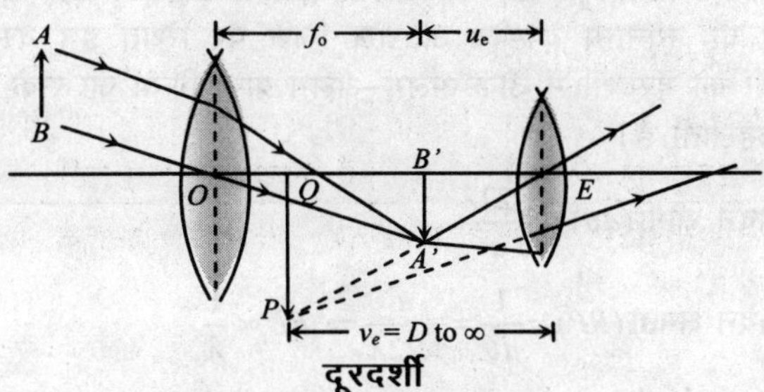

दूरदर्शी

- आवर्धनरू $m_D = -\frac{f_o}{f_e}\left(1 + \frac{f_e}{D}\right)$ एवं $m_\infty = -\frac{f_e}{f_o}$
- नली की लम्बाई: $L_D = f_o + u_e = f_o + \frac{f_e D}{f_e + D}$ एवं $L_\infty = f_o + f_e$

(ii) पार्थिव दूरदर्शी (Terrestrial Telescope): इसका उपयोग पृथ्वी पर स्थित दूरस्थ वस्तुओं को देखने के लिए किया जाता है।

- इसमें तीन अभिसारी लेंसो का उपयोग किया जाता है अभिदृश्यक, नेत्रिका एवं प्रतिलोमक लेंस।
- अन्तिम प्रतिबिम्ब सीधा, छोटा एवं आभासी होता है।
- आवर्धन $m_D = \frac{f_o}{f_e}\left(1 + \frac{f_e}{D}\right)$ एवं $m_\infty = \frac{f_o}{f_e}$
- नली की लम्बाई $L_D = f_o + 4f + v_e = f_o + 4f + \frac{f_e D}{f_e + D}$ एवं
- $L_\infty = f_o + 4f + f_e$

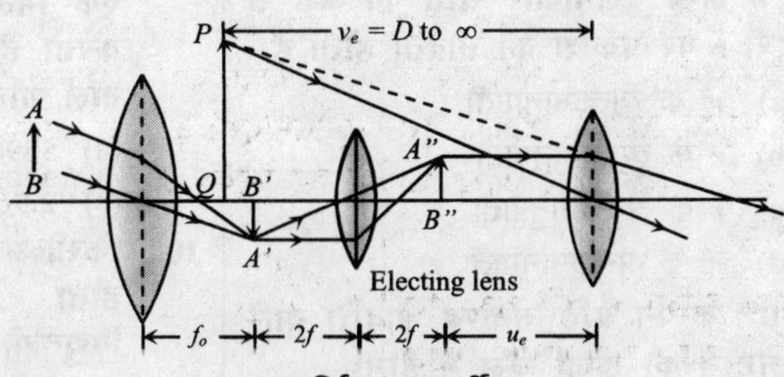

पार्थिव दूरदर्शी

(iii) गेलीलियो दूरदर्शी (GalileoTelescope): यह भी एक पार्थिव दूरदर्शी है परन्तु इसका दृष्टि क्षेत्र कम होता है।

- अभिदृश्यक अभिसारी एवं नेत्रिका अपसारी लेंस है।
- आवर्धन: $m_D = \frac{f_o}{f_e}\left(1 - \frac{f_e}{D}\right)$ एवं $m_\infty = \frac{f_o}{f_e}$
- नली की लंबाई: $L_D = f_o - v_e$ एवं $L_\infty = f_o - f_e$

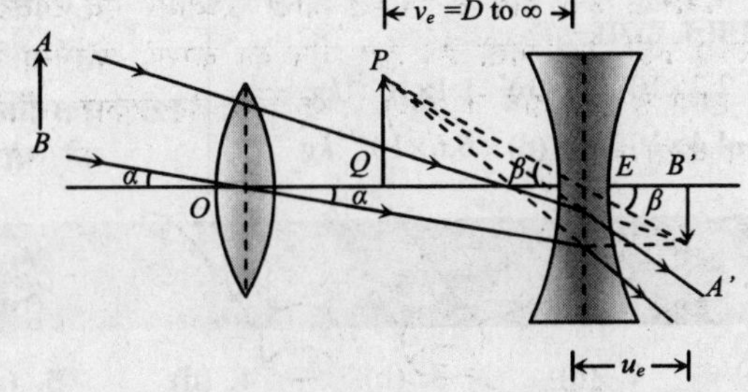

गेलीलियो दूरदर्शी

विभेदन सीमा एवं विभेदन क्षमता (Resolving Power): दो वस्तुओं के बीच वह न्यूनतम कोणीय अंतराल जिस पर स्थित इन वस्तुओं के प्रतिबिम्बों को दूरदर्शी में ठीक अलग–अलग प्राप्त किया जा सके, विभेदन सीमा कहलाती है।

विभेदन सीमा $(d\theta)=\dfrac{1.22\lambda}{a}$

विभेदन क्षमता $(RP)=\dfrac{1}{d\theta}=\dfrac{a}{1.22\lambda}\Rightarrow RP\propto\dfrac{1}{\lambda}$

यहाँ $a=$ अभिदृश्यक का द्वारक

निर्देश

वस्तुओं के बीच न्यूनतम दूरी, ताकि इन्हें दूरदर्शी से ठीक विभेदित किया जा सके $d=\dfrac{r}{RP}$ जहाँ $r=$ दूरदर्शी एवं वस्तु के बीच की दूरी

- अभिदृश्यक एवं नेत्रिका को परस्पर परिवर्तित किया जाये तो दूरदर्शी, सूक्ष्मदर्शी की तरह कार्य नहीं करेगा परन्तु वस्तु बहुत छोटी दिखाई देगी।
- दूरदर्शी में यदि अन्तिम प्रतिबिम्ब अनन्त पर बनता है तब $m=\dfrac{f_o}{f_e}=\dfrac{D}{d}$

प्रश्नमाला

1. फोटोन की ऊर्जा $E=h\nu$ तथा संवेग $p=\dfrac{h}{\lambda}$ होता है। इस आधार पर प्रकाश की तरंग का वेग बराबर होगा–

(a) $\dfrac{p}{E}$ (b) $\dfrac{E}{p}$

(c) $E\times p$ (d) $\left(\dfrac{E}{p}\right)^2$

2. जब कोई तरंग वायु से जल में प्रवेश करती है तो क्या नहीं बदलता है–

(a) आयाम (b) तरंगदैर्ध्य

(c) आवृत्ति (d) चाल

3. एक लम्बे बेलनाकार स्रोत की अक्ष से दूरी r पर प्रकाश की तीव्रता होती है–

(a) r^2 के व्युत्क्रमानुपाती

(b) r के व्युत्क्रमानुपाती

(c) r के अनुक्रमानुपाती

(d) r^2 के अनुक्रमानुपाती

4. 10^{15} कम्पन प्रति सेकण्ड आवृत्ति वाले फोटोन की ऊर्जा जूल में होगी–

(a) 6.6×10^{-47} (b) 6.6×10^{-45}

(c) 6.6×10^{-15} (d) 6.6×10^{-19}

5. प्रकाश की तरंगदैर्ध्य 5000 Å हो तो 1 मिली मीटर में तरंगों की संख्या होगी–

(a) 2 × 103 (b) 5 × 103

(c) 10 × 103 (d) 2 × 104

6. 50 Å तरंगदैर्ध्य के फोटोन पर प्रभावी द्रव्यमान होगा–

(a) $2.2\times10^{-34}\,kg$ (b) $1.1\times10^{-34}\,kg$

(c) $4.4\times10^{-34}\,kg$ (d) $6.6\times10^{-34}\,kg$

7. प्रकाश के रंग का निर्धारण होता है–

(a) प्रकाश आयाम से

(b) तरंगदैर्ध्य से

(c) प्रकाश स्रोत की चाल

(d) स्रोत के चारों ओर के वातावरण से

8. प्रकाश का तरंग स्वरूप निम्न की व्याख्या नहीं कर सकता है–

(a) प्रकाश का विवर्तन

(b) प्रकाश का व्यतिकरण

(c) प्रकाश का ध्रुवण

(d) प्रकाश विद्युत प्रभाव

9. एक सोडियम लैम्प 5890 Å तरंगदैर्ध्य का एक मिली वाट विकिरण का उत्सर्जन करता है। प्रति सेकण्ड उत्सर्जित होने वाले फोटोनों की संख्या का मान होगा–

(a) 5890×10^{10} (b) 2963×10^{15}

(c) 2.963×10^{10} (d) 5890×10^{15}

10. किसी अचुम्बकीय माध्यम का अपवर्तनांक होता है माध्यम की आपेक्षिक विद्युतशीलता)

(a) $n=\sqrt{\varepsilon_r}$ (b) $n=\varepsilon_r$

(c) $n=\dfrac{1}{\varepsilon_r}$ (d) $n=\dfrac{1}{\sqrt{\varepsilon_r}}$

11. निर्वात में प्रकाश का संचरण यह प्रदर्शित करता है प्रकाश की प्रकृति होती है–

(a) कणिका

(b) अनुदैर्ध्य तरंग

(c) विद्युत चुम्बकीय तरंग

(d) याँत्रिक तरंग

12. एक किलोमीटर लम्बी पानी से भरी नली को पार करने में प्रकाश को कितना समय लगेगा? (पानी का अपवर्तनांक = 4/3)

(a) 2×10^{-6} सेकण्ड

(b) 0.54×10^{-6} सेकण्ड

(c) 10^{-6} सेकण्ड

(d) 4.44×10^{-6} सेकण्ड

13. किसी बिन्दु पर दो प्रकाश तरंगों के आयाम का अनुपात 2 : 5 हो तो उनकी तीव्रता का अनुपात होगा–

(a) 2 : 5 (b) 4 : 25

(c) 8 : 125 (d) 16 : 225

14. 1015 हर्ट्ज की आवृत्ति वाले फोटोन का संवेग होगा– (MKS में)

(a) 2.2×10^{-27} (b) 2.2×10^{-34}

(c) 5.5×10^{-27} (d) 5.5×10^{-34}

15. अपवर्त नकी क्रिया में अपरिवर्तित रहता है–

(a) वेग (b) तरंगदैर्ध्य

(c) आवृत्ति (d) आयाम

16. विद्युत चुम्बकीय तरंग में विद्युत सदिश तथा चुम्बकीय सदिश के बीच कलान्तर होता है–

(a) 0° (b) 90°

(c) 180° (d) 360°

17. अपवर्तनांक की विमा है–

(a) $M^1L^1T^1$ (b $M^1L^1T^{-1}$

(c) $M^{-1}L^{-1}T^{-1}$ (d) $M^{\circ}L^{\circ}T^{\circ}$

18. एक प्रिज्म के लिये प्रिज्म कोण 60° है तथा अपवर्तनांक 1.414 है, न्यूनतम विचलन कोण होगा–

(a) 15° (b) 30°

(c) 45° (d) 60°

उत्तरमाला

1. (b)	**2.** (c)	**3.** (b)	**4.** (d)	**5.** (a)	**6.** (c)	**7.** (b)	**8.** (d)	**9.** (b)	**10.** (a)
11. (c)	**12.** (d)	**13.** (b)	**14.** (a)	**15.** (c)	**16.** (a)	**17.** (d)	**18.** (b)		

❑❑❑

सामान्य ज्ञान

अध्याय 11

इतिहास

प्राचीन भारत

सिन्धु घाटी सभ्यता

- सिन्धु घाटी सभ्यता की विस्तार अवधि 2500-1750 ई. पू. थी। इस सभ्यता का विस्तार पंजाब, सिन्ध, बलूचिस्तान, गुजरात, राजस्थान, जम्मू और पश्चिमी उत्तर प्रदेश तक था।
- उत्तर में मांडा (जम्मू), दक्षिण में नर्मदा का मुहाना, पश्चिम में मकरान समुद्र तट (बलूचिस्तान) और पूर्व में आलमगीरपुर (मेरठ, उत्तर-प्रदेश) इस सभ्यता की सीमा थी।
- सिन्धु सभ्यता का क्षेत्र त्रिभुजाकार था तथा क्षेत्रफल 12,99,600 वर्ग किमी. था।

सिन्धु सभ्यता के महत्त्वपूर्ण उत्खनित स्थल

स्थल	वर्ष	निर्देशन
हड़प्पा (मांटगोमरी जिला पंजाब प्रान्त, पाकिस्तान)	1921 ई.	दयाराम साहनी
मोहनजोदड़ो (सिन्ध का लरकाना जिला, पाकिस्तान)	1922 ई.	राखलदास बनर्जी
सुत्कागेंडोर (बलूचिस्तान, पाकिस्तान)	1927 ई.	ऑरेल स्टाइन
चन्हूदड़ों (सिंध, पाकिस्तान)	1931 ई.	एम. जी. मजूमदार
रंगपुर (अहमदाबाद- काठियावाड़ भारत)	1951-53 ई.	माधोस्वरूप वत्स, बी. बी. लाल, एस. आर. राव
कोटदीजी (सिन्ध, पाकिस्तान)	1953 ई.	फजल अहमद
रोपड़ (पंजाब, भारत)	1953 ई.	यज्ञदत्त शर्मा
कालीबंगा (गंगानगर)	1961 ई.	बी. बी. लाल
लोथल (अहमदाबाद- काठियावाड़, भारत)	1954 ई.	एस. आर. राव
आलमगीरपुर (मेरठ-उत्तर प्रदेश, भारत)	1958 ई.	यज्ञदत्त शर्मा
सुरकोटड़ा (कच्छ-गुजरात, भारत)	1972 ई.	जगपति जोशी
बनावली (हिसार- हरियाणा, भारत)	1973 ई.	आर. एस. बिष्ट
धौलावीरा (कच्छ-गुजरात, भारत)	1990 ई.	आर. एस. बिष्ट

- इस सभ्यता की महत्त्वपूर्ण विशेषता नगर योजना थी। नगरों में सड़कें व मकान विधिवत् बनाए गए थे। मकान पक्की ईंटों के बने होते थे तथा सड़कें सीधी थीं।
- प्रत्येक सड़क और गली के दोनों ओर पक्की नालियाँ बनाई गई थीं। नालियाँ पक्की व ढँकी हुई थीं। मोहनजोदड़ो में विशाल स्नानागार मिले हैं इनका प्रयोग आनुष्ठानिक स्नान के लिए होता था।
- सैन्धव निवासियों के जीवन का मुख्य उद्यम कृषि कर्म था। यहाँ के प्रमुख खाद्यान्न गेहूँ तथा जौ थे। खुदाई में गेहूँ तथा जौ के दाने मिले हैं। फलों में केला, नारियल, खजूर, अनार, नींबू, तरबूज आदि का उत्पादन होता था। कृषि के साथ-साथ पशुपालन का भी विकास हुआ था।
- कूबड़दार वृषभ का मुहरों पर अंकन बहुतायत में मिलता है। सुरकोटडा से प्राप्त अश्व-अस्थि की मृण्मूर्तियों के आधार पर अब यह निष्कर्ष निकाला जा रहा है कि सैंधव निवासी अश्व से परिचित थे। ये हाथी से भी परिचित थे। हड़प्पा संस्कृति में तौल के बाट 16 अथवा इसके गुणज भार के थे। (16, 64, 160, 320)
- यहाँ के निवासी धातु, निर्माण उद्योग, आभूषण निर्माण, उद्योग, बर्तन निर्माण उद्योग, हथियार-औजार निर्माण उद्योग व परिवहन उद्योग से परिचित थे।
- खुदाई में प्राप्त नारी मूर्तियों से अनुमान लगाया जा सकता है कि उनका परिवार मातृसत्तात्मक था। समाज व्यवसाय के आधार पर चार भागों में विभाजित था। विद्वान, योद्धा, व्यापारी तथा शिल्पकार और श्रमिक। सैन्धव निवासी शाकाहारी तथा माँसाहारी दोनों प्रकार का भोजन करते थे।
- सैन्धव निवासी आमोद-प्रमोद के प्रेमी थे। जुआ खेलना, शिकार करना, नाचना, गाना-बजाना आदि लोगों के आमोद-प्रमोद के साधन थे। पासा इस युग का प्रमुख खेल था।

धार्मिक जीवन

मातृदेवी के सम्प्रदाय का सैन्धव संस्कृति में प्रमुख स्थान था। यहाँ पर पशुपति, महादेव, लिंग, योनि, वृक्षों व पशुओं की पूजा की जाती थी। लोथल (गुजरात) और कालीबंगा (राजस्थान) के उत्खननों के परिणामस्वरूप कई अग्निकुण्ड तथा अग्निवेदिकाएँ मिली हैं।

मृतकों के संस्कारों में तीन विधियाँ प्रचलित थीं–

(i) पूर्ण समाधीकरण,

(ii) आंशिक समाधीकरण,

(iii) दाह-संस्कार।

सिन्धु-सभ्यता की लिपि को पढ़ा नहीं जा सका है। इसमें चित्र और अक्षर दोनों ही ज्ञात होते हैं। यह लिपि प्रथम लाइन में दाएँ से बाएँ तथा द्वितीय लाइन में बाएँ से दाएँ लिखी गई है। यह तरीका 'बाउस्ट्रोफिडन' कहलाता है।

वैदिक काल

- भारतीय इतिहास में 1500 ई. पू. से 600 ई. पू. तक के कालखण्ड को वैदिक सभ्यता की संज्ञा दी जाती है।
- वैदिक सभ्यता को दो स्पष्ट कालखण्डों में विभाजित किया जाता है। 1500 ई. पू. से 1000 ई. पू. तक के कालखण्ड को ऋग्वैदिक काल और 1000 ई. पू. से 600 ई. पू. तक के कालखण्ड को उत्तर वैदिक काल के नाम से जाना जाता है।

ऋग्वैदिक काल

- **राजनीतिक स्थिति**–आरम्भ में आर्यों के कुटुम्ब कुल या परिवार (गृह) रक्त सम्बन्धों पर आधारित थे, जिसका प्रधान कुलप या कुलपति कहलाता था। वह परिवार का मुखिया होता था।
- अनेक परिवारों को मिलाकर ग्राम बनता था, जिसका प्रधान ग्रामीण कहलाता था तथा अनेक ग्रामों को मिलाकर विश बनता था, जिसका प्रधान विशपति होता था। कुटुम्ब (गृह) ही सबसे छोटी प्रशासनिक इकाई थी।
- अनेक विशों का समूह जन या कबीला कहलाता था जिसका प्रधान राजा/ राजन या गोप होता था।
- ऋग्वेद में पुरोहित, सेनानी तथा ग्रामिणी, इन तीनों अधिकारियों का उल्लेख मिलता है।
- अन्य पदाधिकारियों में 'पुरप' तथा 'दूत' उल्लेखनीय हैं। इनमें 'पुरप' दुर्गपति होते थे।
- समिति समस्त समुदाय की जनसभा थी तथा सभा का स्वरूप गुरुजन सभा से मिलता-जुलता था जिसमें स्त्रियाँ भाग लिया करती थीं।
- विदथ मुख्यत: धार्मिक तथा सैनिक महत्त्व के कार्य करती थी।

ऋग्वैदिक देवी-देवता एक दृष्टि में

वरुण सकल ब्रह्माण्ड का अधिपति, सर्वव्यापी, सर्वज्ञ, नियामक, प्रजारक्षक तथा 'ऋतस्य गोपा'

इन्द्र आँधी, तूफान, बिजली और वर्षा का देवता, युद्धों, में विजय दिलाने वाला पराक्रमी देव

विष्णु संसार का संरक्षक

मरुत आँधी के देवता

ऊषा सूर्योदय-पूर्व की अवस्था का द्योतक

अदिति आर्यों की सार्वभौम भावना की देवी

सोम वनस्पतियों, औषधियों के अधिपति

उत्तर वैदिक काल

- उत्तर वैदिक काल में आर्य सभ्यता पंजाब से कुरुक्षेत्र अर्थात् गंगा-यमुना दोआब में फैल गई।
- कृषि प्रधान अर्थव्यवस्था, कबायली संरचना में दरार पड़ना, वर्ण व्यवस्था की जटिलता बढ़ना, क्षेत्रगत राज्यों का उदय तथा धार्मिक कर्मकाण्डों की प्रधानता इस काल की प्रमुख विशेषताएँ थीं।
- इस समय ऋग्वैदिक कालीन अनेक छोटे-छोटे कबीले एक-दूसरे में विलीन होकर क्षेत्रगत जनपदों में बदलने लगे थे।
- सभा और समिति नामक सभाओं का अन्त हो गया और राजा की शक्ति में वृद्धि होने लगी।
- परिवार पितृ प्रधान एवं संयुक्त परिवार था।
- समाज में स्त्रियों की दशा में पतन हुआ।
- जाति-प्रथा कर्म के आधार पर न होकर जन्म के आधार पर होने लगी और उसमें कठोरता आ गई।
- इन्सान का जीवन चार आश्रमों में विभाजित होने लगा-ब्रह्मचर्य, गृहस्थ, वानप्रस्थ और संन्यास आश्रम।
- मनोरंजन के साधन में लोकनृत्य, संगीत, जुआ एवं युद्ध मुख्य थे।
- आर्थिक जीवन कृषि तथा पशुपालन के अतिरिक्त मछुआ, सारथी, गडरिया, स्वर्णकार, मणिकार, रस्सी बटने वाले, टोकरी बुनने वाले, धोबी, लुहार, जुलाहा आदि व्यवसायों का उल्लेख मिलता है।
- इस समय मिट्टी के एक विशेष प्रकार के बर्तन बनाए जाते थे, जिन्हें चित्रित धूसर मृदभांड कहा जाता है।

आठ प्रकार के विवाह

1. ब्रह्म–कन्या के वयस्क होने पर उसके माता-पिता द्वारा योग्य वर खोजकर उससे अपनी कन्या का विवाह करना।

2. दैव–यज्ञ करने वाले पुरोहित के साथ कन्या का विवाह।

3. आर्ष–कन्या के पिता द्वारा यज्ञ कार्य हेतु एक अथवा दो गाय के बदले में अपनी कन्या का विवाह करना।

4. प्रजापत्य–वर स्वयं कन्या के पिता से कन्या माँगकर विवाह करता था।

5. गंधर्व–कन्या तथा वर प्रेम अथवा कामुकता के वशीभूत होकर जो विवाह करते थे।

6. असुर–कन्या के पिता द्वारा धन के बदले में कन्या का विक्रय।

7. पैशाच–सोई हुई अथवा पागल कन्या के साथ सहवास कर विवाह करना।

8. राक्षस–बलपूर्वक कन्या को छीनकर उससे विवाह करना।

वैदिक साहित्य

वेद–वेद चार हैं–

1. ऋग्वेद
2. सामवेद
3. यजुर्वेद, और
4. अथर्ववेद।

ऋग्वेद

- ऋग्वेद में 10 मण्डल, 1028 श्लोक (1017 सूक्त तथा 11 बालाखिल्य) तथा लगभग 10,600 भंग हैं।
- इसमें पहला और दसवाँ मण्डल बाद में जोड़ा गया है। इसमें दो से सात तक के मण्डल प्राचीनतम माने जाते हैं।
- 10 वें मण्डल में पुरुष सूक्त का जिक्र आता है जिसमें 4 वर्णों (ब्राह्मण, क्षत्रिय, वैश्य एवं शूद्र) का उल्लेख है।
- गायत्री मंत्र का उल्लेख ऋग्वेद में है।

यजुर्वेद

- यजुर्वेद कर्मकाण्ड प्रधान ग्रन्थ है। इसका पाठ करने वाले ब्राह्मणों को 'अध्वर्यु' कहा गया है।
- यजुर्वेद एकमात्र एक ऐसा वेद है जो गद्य और पद्य दोनों में रचा गया है।

सामवेद

- साम का अर्थ 'गान' से है। इसकी ऋचाओं का गान करने वाले ब्राह्मण को 'उद्गातृ' कहा जाता है।
- सामवेद में कुल 1549 ऋचाएँ हैं।
- वेदों में सामवेद को 'भारतीय संगीत का जनक' माना जाता है।

अथर्ववेद

- अथर्ववेद की रचना 'अथर्वा ऋषि' ने की थी।

आरण्यक

- आरण्यक शब्द 'अरण्य' से बना है, जिसका अर्थ है जंगल।
- आरण्यक दार्शनिक ग्रन्थ है जिसके विषय आत्मा, परमात्मा, जन्म, मृत्यु, पुनर्जन्म आदि हैं।

उपनिषद्

- इनका शाब्दिक अर्थ उस विद्या से है जो गुरु के समीप बैठकर, एकान्त में सीखी जाती है।
- इसमें आत्मा और ब्रह्म के सम्बन्ध में दार्शनिक चिन्तन है। ये उपनिषद् 108 हैं।
- इन्हें वेदान्त भी कहते हैं क्योंकि ये वैदिक साहित्य का अन्तिम भाग हैं।

वेदांग

- वेदों का अर्थ समझने व सूक्तियों के सही उच्चारण के लिए वेदांग की रचना की गई।
- ये 6 हैं–शिक्षा, कल्प, व्याकरण, निरुक्त, छन्द और ज्योतिष।

पुराण

- कुल पुराणों की संख्या 18 है। इनमें मुख्य हैं–मत्स्य, विष्णु, नारद, वामन आदि।

रामायण

- रामायण की रचना महर्षि वाल्मिकी ने की थी।
- इसे चतुर्विंशति सहस्त्री संहिता भी कहा जाता है।

महाभारत

- इसकी रचना महर्षि व्यास ने की थी।
- महाभारत को जयसंहिता और सतसहर्सी संहिता के नाम से भी जाना जाता है।

स्मृतियाँ

- इनमें सामाजिक नियम बताए गए हैं। कुछ मुख्य स्मृतियाँ अग्रवत् हैं–

1. मनु स्मृति
2. गौतम स्मृति
3. विष्णु स्मृति
4. नारद स्मृति
5. याज्ञवल्क्य स्मृति
6. वसिष्ठ स्मृति

बौद्ध धर्म

महात्मा बुद्ध का जीवन परिचय

- महात्मा बुद्ध का जन्म 563 ई. पू. में नेपाल की तराई में स्थित कपिलवस्तु के समीप लुम्बिनी ग्राम में शाक्य क्षत्रिय कुल में हुआ था।
- इनके पिता का नाम शुद्धोधन और माता का नाम महामाया था।
- 16 वर्ष की आयु में इनका विवाह यशोधरा नामक राजकुमारी से हुआ।
- 29 वर्ष की आयु में इन्होंने सत्य की खोज के लिए गृहत्याग कर दिया।
- 35 वर्ष की आयु में गया (बिहार) में उरूवेला नामक स्थान पर पीपल वृक्ष के नीचे वैशाख पूर्णिमा की रात्रि में समाधिस्थ अवस्था में इनको ज्ञान प्राप्त हुआ।
- महात्मा बुद्ध ने अपना प्रथम उपदेश (प्रवचन) सारनाथ में दिया।
- 483 ई. पू. में 80 वर्ष की आयु में महात्मा बुद्ध का देहान्त कुशीनगर में हुआ।

चार आर्य सत्य–बुद्ध ने चार आर्य सत्यों का उपदेश दिया है। जो इस प्रकार हैं–

1. दु:ख
2. दु:ख समुदाय
3. दु:ख निरोध
4. दु:ख निरोधगामिनी प्रतिपदा।

अष्टांगिक मार्ग

सम्यक् दृष्टि	सत्य और असत्य को पहचानने की शक्ति
सम्यक् संकल्प	इच्छा एवं हिंसा रहित संकल्प
सम्यक् वाणी	सत्य एवं मृदु वाणी
सम्यक् कर्म	सत्कर्म, दान, दया, सदाचार, अहिंसा आदि।
सम्यक् आजीव	जीवन-यापन का सदाचारपूर्ण एवं उचित मार्ग
सम्यक् व्यायाम	विवेकपूर्ण प्रयत्न
सम्यक् स्मृति	अपने कर्मों के प्रति विवेकपूर्ण ढंग से सहज रहना
सम्यक् समाधि	चित्त की एकाग्रता

बौद्ध धर्मग्रन्थ

- आरम्भिक बौद्ध ग्रन्थ पालि भाषा में लिखे गए थे।
- अंगुत्तर निकाय में छठी शताब्दी ई. पू. के सोलह महाजनपदों का उल्लेख मिलता है।
- 'खुद्दक निकाय' में जातक कथाओं का वर्णन मिलता है, जो बुद्ध के पूर्ण जीवन से सम्बद्ध है।

त्रिपिटक

- **विनय पिटक**–इसमें संघ सम्बन्धी नियमों, दैनिक आचार-विचार व विधि निषेधों का संग्रह है।
- **सुत्त पिटक**–इसमें बौद्ध धर्म के सिद्धान्तों व उपदेशों का संग्रह है।
- **अभिधम्म पिटक**–यह पिटक प्रश्नोत्तर क्रम में है और इसमें दार्शनिक सिद्धान्तों का संग्रह है।

बौद्ध महासंगीतियाँ

संगीति	समय	स्थल	शासक	संगीति अध्यक्ष
प्रथम बौद्ध संगीति	483 ई. पू.	सप्तपर्णि गुफा (राजगृह, बिहार)	अजातशत्रु (हर्यंक वंश)	महाकस्सप
द्वितीय बौद्ध संगीति	383 ई. पू.	चुल्लबग्ग (वैशाली, बिहार)	कालाशोक (शिशु नाग वंश)	सर्वकामी
तृतीय बौद्ध संगीति	250 ई. पू.	पाटलिपुत्र (मगध की राजधानी)	अशोक (मौर्य वंश)	मोग्गलिपुत्त तिस्स
चतुर्थ बौद्ध संगीति	72 ई.	कुण्डलवन (कश्मीर)	कनिष्क (कुषाण वंश)	वसुमित्र
चतुर्थ बौद्ध संगीति में बौद्ध धर्म **हीनयान** और **महायान** में विभक्त हो गया था।				

जैन धर्म

- जैन धर्म का संस्थापक ऋषभदेव को माना जाता है, जो कि पहले जैन तीर्थंकर भी थे।
- जैन धर्म में कुल 24 तीर्थंकर हुए।

1. ऋषभदेव	2. अजितनाथ
3. सम्भवनाथ	4. अभिनन्दन स्वामी
5. सुमति नाथ	6. पद्मप्रभु
7. सुपार्श्वनाथ	8. चन्द्रप्रभु
9. सुविधिनाथ	10. शीतलनाथ
11. श्रेयांसनाथ	12. वासुपूज्यनाथ
13. विमलनाथ	14. अनन्तनाथ
15. धर्मनाथ	16. शान्तिनाथ
17. कुन्थुनाथ	18. अरनाथ
19. मल्लिनाथ	20. मुनिसुब्रत
21. नेमिनाथ	22. अरिष्टनेमि
23. पार्श्वनाथ	24. महावीर स्वामी

- महावीर स्वामी जैन धर्म के 24वें तीर्थंकर थे। इनको जैन धर्म का वास्तविक संस्थापक माना जाता है।

महावीर स्वामी का जीवन परिचय

- महावीर स्वामी का जन्म वैशाली के निकट कुण्डग्राम में 599 ई. पू. में हुआ था।
- इनके पिता का नाम सिद्धार्थ तथा माता का नाम त्रिशला था।
- महावीर स्वामी का विवाह यशोदा नामक राजकुमारी से हुआ था।
- महावीर स्वामी को 12 वर्ष की गहन तपस्या के पश्चात् जम्भिक ग्राम के निकट ऋजुपालिका नदी के तट पर एक वृक्ष के नीचे सर्वोच्च ज्ञान (कैवल्य) की प्राप्ति हुई।
- कैवल्य की प्राप्ति के पश्चात् उन्हें कई नामों से जाना जाने लगा। यथा: कैवलिन, जिन (विजेता), निग्रंथ (बन्धन रहित), महावीर अर्हत (योग्य) आदि।
- लगभग 72 वर्ष की आयु में 527 ई. पू. में महावीर स्वामी की राजगृह के समीप पावापुरी में मृत्यु हो गई।

त्रिरत्न–पापों से बचकर निर्वाण प्राप्ति के लिए मनुष्य को तीन रत्नों (त्रिरत्न) का पालन करना चाहिए। ये तीन रत्न हैं–

1. सम्यक् दर्शन–सत्य में विश्वास को ही सम्यक् दर्शन कहा गया है।

2. सम्यक् ज्ञान–सत्य रूप का शंकाविहीन होना सम्यक् ज्ञान है।

3. सम्यक् आचरण–सांसारिक विषयों से उत्पन्न दु:ख-सुख के प्रति सम्भाव को सम्यक् आचरण कहा जाता है।

जैन धर्मग्रन्थ

- जैन धर्मग्रन्थों की रचना मुख्यत: प्राकृत भाषा में हुई।
- इन ग्रन्थों से महावीर की जीवनी एवं जैन धर्म के उपदेशों के साथ-साथ तत्कालीन राजनीतिक, सामाजिक और आर्थिक व्यवस्था का भी ज्ञान होता है।
- महावीर के दिए मौलिक सिद्धान्त 14 प्राचीन ग्रन्थों में हैं, जिन्हें पूर्व कहते हैं। बाद में इन्हें 12 अंग व 12 उपअंगों में विभाजित कर दिया गया।

सोलह महाजनपद

महाजनपद	राजधानी
1. काशी	वाराणसी
2. कौशल	श्रावस्ती/अयोध्या
3. अंग	चम्पा
4. मगध	गिरिव्रज (राजगृह)
5. वज्जि	वैशाली
6. मल्ल	कुशीनगर/पावा
7. चेदि	सुक्तिमती
8. वत्स	कौशाम्बी
9. कुरु	इन्द्रप्रस्थ
10. पांचाल	अहिछत्र/काम्पिल्य
11. मत्स्य	विराटनगर
12. सूरसेन	मथुरा
13. अश्मक	पैठन/पोतन (प्रतिष्ठान)
14. अवन्ति	उज्जयिनी/महिष्मती
15. गान्धार	तक्षशिला
16. कम्बोज	लाजपुर

मगध साम्राज्य

- छठी शताब्दी ईसा पूर्व जिन 16 महाजनपदों का उदय हुआ उनमें मगध सबसे शक्तिशाली था।

हर्यंक वंश

- बिम्बिसार (544-492 ई. पू.) हर्यंक वंश का प्रथम शक्तिशाली शासक था। इसकी राजधानी गिरिवृज (राजगृह) थी।
- बिम्बिसार के पुत्र अजातशत्रु (492-460 ई. पू.) ने उसकी हत्या कर सिंहासन प्राप्त किया।
- अजातशत्रु बौद्ध धर्म का अनुयायी था एवं उसकी राजधानी में प्रथम बौद्ध महासभा हुई।
- उदायिन हर्यंक वंश का अन्तिम महान शासक था।
- उदायिन ने भी अपने पिता अजातशत्रु की हत्या कर सिंहासन हासिल किया था।
- उदायिन ने पाटलिपुत्र को अपनी राजधानी बनाया।

शिशुनाग वंश

- हर्यंक वंश के एक सेनापति शिशुनाग ने मगध के सिंहासन पर अधिकार करके शिशुनाग वंश की स्थापना की।
- इस वंश के शासक 'कालाशोक' के शासन में दूसरी बौद्ध महासभा का आयोजन राजधानी वैशाली में हुआ।
- नागदाशक शिशुनाग वंश का अन्तिम शासक था।

नन्द वंश

- इस वंश का संस्थापक महापद्मनन्द को माना जाता है।
- महापद्मनन्द ने उड़ीसा में कलिंग को जीता तथा वहाँ नहरों का निर्माण कराया।
- नन्द वंश का अन्तिम शासक धनानन्द था।
- इसी के शासनकाल में सिकन्दर ने भारत पर आक्रमण किया।

सिकन्दर का आक्रमण

- 326 ई. पू. सिकन्दर सिन्धु नदी पार कर तक्षशिला की तरफ बढ़ा। वहाँ के शासकों ने उसके समक्ष आत्मसमर्पण कर दिया।

- पंजाब के राजा पोरस ने सिकन्दर के साथ झेलम नदी के किनारे हाइडेस्पीज का युद्ध (वितस्ता का युद्ध) लड़ा परन्तु हार गया।
- नवम्बर 326 ई. पू. में झेलम नदी के मार्ग से सिकन्दर की वापसी यात्रा आरम्भ हुई।

मौर्य वंश

चन्द्रगुप्त मौर्य (322 ई. पू. 298 ई. पू.)

- चन्द्रगुप्त मौर्य चाणक्य की सहायता से अन्तिम नन्दवंशीय शासक धनानन्द को पराजित कर 25 वर्ष की आयु में (322 ई. पू.) मगध के सिंहासन पर आसीन हुआ और मौर्य साम्राज्य की स्थापना की।
- चन्द्रगुप्त मौर्य ने तत्कालीन यूनानी शासक सेल्यूकस निकेटर को पराजित किया। सन्धि हो जाने पर सेल्यूकस ने चन्द्रगुप्त मौर्य से 500 हाथी लेकर बदले में पूर्वी अफगानिस्तान, बलूचिस्तान और सिन्धु नदी के पश्चिम का क्षेत्र उसे दे दिया था।
- इसके बाद सेल्यूकस ने अपनी पुत्री का विवाह भी चन्द्रगुप्त मौर्य से कर दिया था।
- सेल्यूकस ने मेगस्थनीज को अपने राजदूत के रूप में चन्द्रगुप्त मौर्य के दरबार में भेजा।
- वृद्धावस्था में चन्द्रगुप्त मौर्य ने जैन मुनि भद्रबाहु से जैन दीक्षा ली थी और श्रवण बेलगोला में 298 ई. पू. में उपवास द्वारा अपना शरीर त्याग दिया था।

बिन्दुसार (298 ई. पू. से 273 ई. पू.)

- बिन्दुसार चन्द्रगुप्त मौर्य का पुत्र था।
- यूनानी लेखक बिन्दुसार को 'अमित्तोचेट्स' कहते थे जबकि वायु पुराण में उसे 'भद्रसार' और जैन ग्रन्थों में उसे 'सिंहसेन' कहा गया है।
- बिन्दुसार के राजदरबार में यूनानी शासक एन्टीयोकस प्रथम ने डायमेकस नामक व्यक्ति को राजदूत के रूप में नियुक्त किया।
- बिन्दुसार की मृत्यु 273 ई. पू. के लगभग हुई थी।

अशोक (269 ई. पू. से 232 ई. पू.)

- अशोक, बिन्दुसार का पुत्र था।
- यद्यपि अशोक ने 273 ई. पू. में ही सिंहासन प्राप्त कर लिया था परन्तु 4 साल तक गृहयुद्ध में रत रहने के कारण अशोक का वास्तविक राज्याभिषेक 269 ई. पू. में हुआ।
- अपने राज्याभिषेक के आठवें वर्ष अर्थात् 261 ई. पू. में अशोक ने कलिंग पर आक्रमण किया और उसे जीत लिया।
- अशोक ने अपने पुत्र महेन्द्र तथा पुत्री संघमित्रा को बौद्ध धर्म के प्रचार हेतु श्रीलंका भेजा।
- अशोक के अभिलेखों में शाहबाजगढ़ी एवं मानसेहरा (पाकिस्तान) के अभिलेख खरोष्ठी लिपि में हैं।
- अशोक के तक्षशिला एवं लघ्मान (अफगानिस्तान) अभिलेख आरमेइक लिपि में उत्कीर्ण हैं।
- अशोक का शर-ए-कुना (अफगानिस्तान) अभिलेख आरमेइक एवं ग्रीक (द्विभाषी एवं द्विलिपिक) में उत्कीर्ण है।
- सर्वप्रथम 1837 ई. में जेम्स प्रिंसेप ने अशोक के अभिलेखों को पढ़ने में सफलता हासिल की।
- अशोक ने सांची स्तूप का निर्माण कराया।

मौर्योत्तर काल

शुंग वंश (184 ई. पू. से 75 ई. पू.)

- अन्तिम मौर्य सम्राट वृहद्रथ की हत्या करके उसको सेनापति पुष्यमित्र शुंग ने 184 ई. पू. में शुंग वंश की स्थापना की।
- पुष्यमित्र शुंग ने अपने जीवन काल में दो अश्वमेध यज्ञों का आयोजन किया जिनके पुरोहित महान् संस्कृत वैयाकरण पतंजलि थे।
- शुंगकाल में ही भागवत धर्म का उदय एवं विकास हुआ तथा वासुदेव विष्णु की उपासना हुई।
- शुंगवंश के अन्तिम शासक देवभूति की हत्या करके उसके सचिव वासुदेव ने 75 ई. पू. में कण्व राजवंश की नींव डाली।

कण्व वंश (75 ई. पू. से 30 ई. पू.)

- वासुदेव इस वंश का संस्थापक था।
- कण्व वंश में कुल चार शासक हुए।
- अन्तिम शासक सुशर्मा को हटाकर सिमुक ने सातवाहन वंश की स्थापना की।

दक्षिण भारतीय राज्य (संगम काल)

जिस समय सम्पूर्ण भारत में मौर्य अपना विस्तृत साम्राज्य स्थापित कर रहे थे, ठीक उसी समय सुदूर दक्षिण में कृष्णा एवं तुंगभद्रा नदियों के आसपास तीन छोटे-छोटे राज्य अस्तित्व में थे-पाण्ड्य, चोल तथा चेर।

पाण्ड्य वंश

इस वंश की राजधानी मदुरै थी।

- इस वंश का सबसे पहले वर्णन मेगस्थनीज ने किया था। उसके अनुसार, पाड्य वंश की राजधानी मोतियों के लिए प्रसिद्ध थी और उसका शासन एक स्त्री के हाथ में था।

चोल वंश

इस वंश का साम्राज्य चोलमण्डलम या कोरोमण्डलम कहलाता था।

- इसकी राजधानी कावेरीपट्टनम/पुहार थी।
- चोल राजा 'इलेरा' ने श्रीलंका को जीतकर वहाँ 50 वर्षों तक शासन किया।
- चोल शासक एक सक्षम नौसेना भी रखते थे।

चेर वंश

इनकी राजधानी 'वंजी' थी। इसे केरल देश भी कहा जाता था।

- इस वंश के रोम साम्राज्य के साथ व्यापारिक सम्बन्ध थे और रोम शासकों ने अपनी व्यापारिक गतिविधियों की रक्षा के लिए यहाँ पर दो रेजीमेण्ट भी स्थापित कर रखी थी।
- चेर शासकों ने चोल शासकों के साथ लगभग 150 ई. में लड़ाई लड़ी।
- इस वंश का यशस्वी शासक 'सेंगुट्टवन' था जिसे 'लाल चेर' भी कहा जाता था।

संगम साहित्य की प्रमुख कृतियाँ

कृतियाँ	लेखक
तोलकाप्पियम् (काव्यशास्त्र)	तोलकाप्पियर
शिलप्पादिकरम (महाकाव्य)	इलागो आदियाल
मणिमेकले (तमिल काव्य का उड़ीसी)	सत्तनार
जीवकचिन्तामणि (महाकाव्य)	तिरुतक्कदेवर
कुरूल (अष्टादश लघु उपदेश गीत)	तिरुवल्लूवर

भारत में पहलव राज्य (पार्थियन राज्य)

- पश्चिमोत्तर भारत में शकों के आधिपत्य के पश्चात् पार्थियाई लोगों का आधिपत्य स्थापित हुआ। पार्थियाई लोगों का मूल निवास स्थान ईरान था, भारतीय साहित्य में इन्हें पहलव कहा गया है।
- पहलव वंश का सर्वाधिक प्रसिद्ध शासक गोन्दोफार्निस था। इस पहलव शासक की राजधानी तक्षशिला थी।
- गोन्दोफार्निस के शासनकाल में सेण्ट टॉमस ईसाई धर्म का प्रचार करने के लिए भारत आए थे।
- पहलव शक्ति का वास्तविक संस्थापक 'मिथेड्रेस प्रथम' था।
- पहलवों की शक्ति व प्रभुता का अन्त कुषाणों ने किया था।

कुषाण राज्य

पहलवों के पश्चात् कुषाणों का भारत में आगमन हुआ। अधिकांश आधुनिक विद्वान कुषाणों का सम्बन्ध पश्चिमी चीन में गोबी प्रदेश में रहने वाले यू-ची जाति से मानते हैं।

- 72 ई. में कनिष्क कुषाण साम्राज्य का शासक बना। कनिष्क कुषाण वंश का सबसे प्रतापी शासक था।
- कनिष्क ने अपने शासन काल में गांधार, कश्मीर, सिन्ध एवं पंजाब पर अपना आधिपत्य स्थापित किया था।
- कनिष्क ने 78 ई. में एक सम्वत् प्रचलित किया था, जो 'शक सम्वत्' के नाम से जाना जाता है।
- कनिष्क ने अपने साम्राज्य की प्रथम राजधानी पुरुषपुर (पेशावर) को तथा द्वितीय राजधानी मथुरा को बनाया था।
- कनिष्क के कुल का अन्तिम महान शासक वासुदेव था।
- एक यूनानी राजदूत 'हिलियोडोरस' ने वासुदेव के सम्मान में एक स्तम्भ विदिशा (मध्य प्रदेश) के निकट स्थापित करवाया।
- कुषाण साम्राज्य में कला विधा के कई स्कूल गांधार, मथुरा आदि में स्थापित हुए।

गुप्त वंश

चन्द्रगुप्त प्रथम (319 ई. से 335 ई.)

- चन्द्रगुप्त प्रथम ही गुप्त वंश का प्रथम स्वतन्त्र शासक था जिसकी उपाधि 'महाराजाधिराज' थी।
- चन्द्रगुप्त प्रथम, गुप्त वंश के द्वितीय शासक घटोत्कच का पुत्र था।
- चन्द्रगुप्त प्रथम ने 'गुप्त सम्वत्' की स्थापना 319-20 ई. में की थी।
- चन्द्रगुप्त प्रथम ने लिच्छवी राजकुमारी कुमार देवी के साथ विवाह किया था।
- कुमार देवी से विवाह करके चन्द्रगुप्त प्रथम ने वैशाली का राज्य प्राप्त कर लिया था।

समुद्रगुप्त (335 ई. से 375 ई.)

- चन्द्रगुप्त प्रथम के पश्चात् उसका पुत्र समुद्रगुप्त शासक बना। वह लिच्छवी राजकुमारी कुमार देवी से उत्पन्न हुआ था।
- राजसिंहासन पर आसीन होने के पश्चात् समुद्रगुप्त ने दिग्विजय की योजना बनाई। 'प्रयाग-प्रशक्ति' के अनुसार इस योजना का ध्येय 'धरणि-बन्ध' (भूमण्डल को बाँधना) था।
- समुद्रगुप्त गुप्त वंश का एक महान् योद्धा तथा कुशल सेनापति था, इसी कारण उसे 'भारत का नेपोलियन' कहा जाता है।

चन्द्रगुप्त द्वितीय 'विक्रमादित्य' (380 ई. से 413 ई.)

- समुद्रगुप्त के पश्चात् रामगुप्त नामक एक दुर्बल शासक के अस्तित्व की जानकारी गुप्त वंशावली में निहित है, तत्पश्चात् चन्द्रगुप्त द्वितीय का नाम है। चन्द्रगुप्त द्वितीय, रामगुप्त का अनुज था।
- चन्द्रगुप्त द्वितीय ने वैवाहिक सम्बन्धों और विजय दोनों प्रकार से गुप्त साम्राज्य का विस्तार किया था।
- चन्द्रगुप्त द्वितीय का काल साहित्य और कला का स्वर्ण युग कहा जाता है।
- इसने रजत मुद्राओं का सर्वप्रथम प्रचलन करवाया था।
- चन्द्रगुप्त द्वितीय के दरबार में विद्वानों एवं कलाकारों को आश्रय प्राप्त था। उसके दरबार में नौ रत्न थे-कालिदास, धन्वन्तरि, क्षपणक, अमरसिंह, शंकु, बैताल भट्ट, घटकर्पर, वराहमिहिर और वररुचि।
- चन्द्रगुप्त द्वितीय के शासनकाल में चीनी यात्री फाह्यान (399 ई. से 412 ई.) भारत यात्रा पर आया था।

कुमारगुप्त प्रथम (413 ई. से 455 ई.)

- चन्द्रगुप्त द्वितीय विक्रमादित्य के पश्चात् उसका पुत्र कुमारगुप्त साम्राज्य का शासक बना।
- गुप्त शासकों में सर्वाधिक अभिलेख कुमारगुप्त के ही प्राप्त हुए हैं।

स्कन्दगुप्त (455 ई. से 467 ई.)

- स्कन्दगुप्त गुप्त वंश का अन्तिम प्रतापी शासक था।
- स्कन्दगुप्त ने 'देवराज', 'विक्रमादित्य', आदि उपाधियाँ धारण की थीं।
- स्कन्दगुप्त ने मौर्यों द्वारा निर्मित सुदर्शन झील का जीर्णोद्धार करवाया था।
- स्कन्दगुप्त की दो विजय उल्लेखनीय हैं-पुष्यमित्र पर विजय तथा हूणों पर विजय।

गुप्तकाल में सांस्कृतिक विकास

प्रशासन

- राजाओं को 'परमेश्वर', 'महाराजाधिराज', 'परमभट्टारक' आदि नामों से पुकारा जाता था।
- कुमारामात्य सबसे प्रमुख अधिकारी होते थे।
- केन्द्र में मुख्य विभाग सैन्य था। सन्धिविग्रीहक सेना का मुख्याधिकारी होता था।
- गुप्तवंशी राजाओं ने बड़ी संख्या में सोने के सिक्के जारी किए, जिन्हें 'दीनार' के नाम से जाना जाता था।
- चन्द्रगुप्त प्रथम के सिक्कों पर चन्द्रगुप्त व कुमारदेवी के चित्र व नाम अंकित हैं।

सामाजिक विकास

- जातियाँ, उपजातियों में विभक्त हो गई थीं।
- स्त्रियों की दशा पहले से निम्न हो गई थी। इसी काल में सती प्रथा की प्रथम घटना का उल्लेख मिलता है।
- शूद्रों की दशा में थोड़ा सुधार हुआ था परन्तु छुआछूत की प्रथा ने जड़ें जमानी शुरू कर दी थीं।
- फाह्यान के अनुसार 'चाण्डाल' समाज से बहिष्कृत थे और वे गाँव से बाहर बसा करते थे। उच्च जाति के लोग उनसे घृणा करते थे।
- कुमारगुप्त के शासन के दौरान नालन्दा विश्वविद्यालय की स्थापना की गई थी।

धर्म

- बौद्ध धर्म का प्रचलन कम होता जा रहा था।
- वर्तमान में प्रचलित हिन्दू धर्म के स्वरूप का निर्माण इसी युग में हुआ।

- भगवद्गीता की रचना इसी युग में हुई।
- विष्णु इनके इष्ट देवता थे।
- मूर्ति पूजा सामान्य तौर पर प्रचलन में आ चुकी थी।

कला

- गुप्त युग में विविध प्रकार; यथा-मूर्तिकला, चित्रकला, वास्तुकला, संगीत व नाट्य कला तथा मुद्राकला के क्षेत्र में आशातीत उन्नति हुई।
- सारनाथ की बुद्धमूर्ति, मथुरा की वर्धमान महावीर की मूर्ति, विदिशा की वराह अवतार की मूर्ति, झाँसी की शेषशायी विष्णु की मूर्ति, काशी की गोवर्धनधारी कृष्ण की मूर्ति आदि इस युग की मूर्तिकला के प्रमुख उदाहरण हैं।
- अजन्ता की गुफाओं के चित्र इस युग की चित्रकला के सर्वोत्तम उदाहरण हैं।
- झाँसी स्थित देवगढ़ का दशावतार का मन्दिर, कानपुर स्थित भीतरगाँव का मन्दिर, नागौर स्थित भूमरा का शिव मन्दिर आदि इस युग की वास्तुकला के कुछ श्रेष्ठ उदाहरण हैं।

साहित्य

- हिन्दू, बौद्ध तथा जैन साहित्य इस युग में लिखा गया। रामायण व महाभारत का वर्तमान स्वरूप इसी युग में प्राप्त हुआ।
- विष्णु शर्मा द्वारा पंचतन्त्र और हितोपदेश की रचना की गई।
- संस्कृत साहित्य में कालिदास ने कुमारसम्भव, मेघदूत, अभिज्ञानशाकुन्तलम्, मालविकाग्निमित्रम् आदि की रचना की।
- विशाखदत्त की मुद्राराक्षस, देवी चन्द्रगुप्तम्, भट्टी का रावण वध, शूद्रक का मृच्छकटिकम्, सुबन्धु की वासवदत्ता, दण्डी का दशकुमार चरित इसी युग में लिखे गए।
- हरिषेण, वीरसेन, कालिदास तथा विशाखदत्त आदि इस युग के प्रसिद्ध विद्वान थे।
- प्रसिद्ध पुस्तक 'कामसूत्र' की रचना 'वात्स्यायन' द्वारा इसी समय की गई।

विज्ञान

- गुप्त युग में गणित, पदार्थ विज्ञान, धातु विज्ञान, रसायन विज्ञान, ज्योतिष विज्ञान तथा चिकित्सा विज्ञान की बहुत उन्नति हुई। दशमलव तथा शून्य का अन्वेषण इसी युग में हुआ।
- आर्यभट्ट इस युग के प्रख्यात गणितज्ञ एवं खगोलशास्त्री थे। इन्होंने 'आर्यभट्टीय' नामक ग्रन्थ की रचना की।
- वराहमिहिर ने 'वृत्तसंहिता' एवं 'पंचसिद्धान्तिका' नाम के खगोशालस्त्र के ग्रन्थों की रचना की।
- धन्वन्तरि तथा सुश्रुत इस युग के प्रख्यात वैद्य थे। 'नवनीतकम्' इस युग की प्रसिद्ध चिकित्सा पुस्तक है।

मध्यकालीन भारत

भारत पर विदेशी आक्रमण

मोहम्मद बिन कासिम

मोहम्मद बिन कासिम, भारत पर आक्रमण करने वाला प्रथम अरब मुस्लिम था। जिसने सिन्ध व मुल्तान को (712 ई. में) जीत लिया था। उस समय सिन्ध का शासक ब्राह्मणवंशी राजा दाहिर था।

- भारत पर प्रथम तुर्क आक्रमण 986 ई. में गजनी के शासक सुबुक्तगीन ने किया।

महमूद गजनवी

महमूद गजनवी, सुबुक्तगीन का पुत्र था और अपने पिता की मृत्यु के बाद 997 ई. में वह गजनी के सिंहासन पर बैठा।

- महमूद गजनवी ने भारत पर 1001 ई. से 1027 ई. के बीच 17 आक्रमण किए।
- 1025 ई. में उसका सोमनाथ के शिव मन्दिर पर आक्रमण सबसे प्रसिद्ध है। उसने सोमनाथ मन्दिर से भारी मात्रा में सम्पत्ति लूटी थी।
- महमूद गजनवी ने अन्तिम आक्रमण 1027 ई. में आगरा के निकट भेरा के दुर्ग पर किया था।

मोहम्मद गोरी

मोहम्मद गोरी ने भारत पर प्रथम आक्रमण 1175 ई. में मुल्तान पर किया।

- 1178 ई. के गुजरात आक्रमण के समय वहाँ के शासक भीम द्वितीय (मूलराज) ने गौरी को बन्दी बना लिया था लेकिन बाद में छोड़ दिया था।
- इस समय के दौरान दिल्ली पर चौहान वंश के पृथ्वीराज चौहान तृतीय का शासन था।
- मोहम्मद गोरी और पृथ्वीराज चौहान के बीच दो लड़ाइयाँ हुईं–तराइन का प्रथम युद्ध (1191 ई.) जिसमें गोरी की पराजय हुई तथा तराइन का द्वितीय युद्ध (1192 ई.) जिसमें पृथ्वीराज की पराजय हुई।
- 1194 ई. में चंदावर के युद्ध में मोहम्मद गोरी ने कन्नौज के राजा जयचन्द को हराया।
- मोहम्मद गोरी के सेनापति बख्तियार खिलजी ने पूर्वी भारत को विजित किया और नालन्दा तथा विक्रमशिला विश्वविद्यालयों को नष्ट कर दिया।
- 1206 ई. में गोरी, कुतुबुद्दीन ऐबक को भारत का नेतृत्व सौंपकर वापस अपने गृह प्रान्त की ओर चला। रास्ते में कुछ विद्रोहियों ने अचानक हमला कर उसकी हत्या कर दी।

गुलाम वंश (1206 ई. से 1290 ई.)

कुतुबुद्दीन ऐबक (1206 ई. से 1210 ई.)

यह मोहम्मद गोरी का गुलाम था जो बाद में सेनानायक हो गया था।

- पहले इसकी राजधानी लाहौर थी और बाद में दिल्ली बनी।
- इसने कुतुबमीनार का निर्माण कार्य प्रारम्भ करवाया। कुतुबमीनार का नाम प्रसिद्ध सूफी सन्त ख्वाजा कुतुबुद्दीन बख्तियार काकी के नाम पर रखा गया।
- इसने भारत की प्रथम मस्जिद (कुव्वत-उल-इस्लाम) दिल्ली में और अढ़ाई दिन का झोपड़ा अजमेर में बनवायी।
- इसकी मृत्यु लाहौर में चौगान (पोलो) खेलते हुए घोड़े से गिरकर हुई।

इल्तुतमिश (1210 ई. से 1236 ई.)

कुतुबुद्दीन ऐबक की मृत्यु के पश्चात् उसके पुत्र आरामशाह को सिंहासन पर बैठाया गया परन्तु आरामशाह अयोग्य शासक निकला। इसलिए कुतुबुद्दीन के दामाद इल्तुतमिश ने शासन सम्भाला।

- इल्तुतमिश ने इक्ता व्यवस्था शुरू की। इसके तहत सभी सैनिक व गैर-सैनिक अधिकारियों को नकद वेतन के बदले भूमि प्रदान की जाती थी।
- इल्तुतमिश ने चाँदी का 'टका' तथा ताँबे का 'जीतल' का प्रचलन किया एवं दिल्ली में टकसाल स्थापित की।
- उसने बगदाद के खलीफा से मान्यता प्राप्त की और ऐसा करने वाला वह प्रथम मुस्लिम शासक था।

- उसने चालीस योग्य तुर्क सरदारों के एक दल चालीसा (चहलगानी) का गठन किया जिसने इल्तुतमिश की सफलताओं में अपना महत्त्वपूर्ण योगदान दिया।

रजिया सुल्तान (1236 ई. से 1240 ई.)

- रजिया दिल्ली की प्रथम व अन्तिम मुस्लिम महिला शासक थी।
- सिंहासन पर बैठते ही रजिया ने कूटनीति से काम लिया और अमीर वर्ग में फूट डाल दी।
- रजिया ने अबीसिनिया निवासी एक गुलाम मलिक जलालुद्दीन याकूत को आवश्यकता से अधिक महत्त्व दिया और उसे 'अमीर-ए-आखुर' अर्थात् अश्वशाला प्रधान के पद पर नियुक्त कर दिया।
- इसी बीच इल्तुतमिश के एक पुत्र बहरामशाह ने सत्ता हथिया ली तथा भटिण्डा से दिल्ली आते वक्त अल्तूनिया व रजिया को हराकर उनका वध कर दिया।

बलबन (1266 ई. से 1286 ई.)

- इसका वास्तविक नाम बहाउद्दीन था और यह ग्यासुद्दीन बलबन के नाम से गद्दी पर बैठा।
- बलबन ने पारसी-नववर्ष की शुरुआत पर मनाए जाने वाले उत्सव 'नौरोज' की भारत में शुरुआत की।
- सुल्तान की प्रतिष्ठा बढ़ाने के लिए, बलबन ने दरबार में 'सिजदा' (घुटनों के बल बैठकर सुल्तान के सामने सिर झुकाना) तथा 'पाबोस' (पेट के बल लेटकर सुल्तान के पैरों को चूमना) प्रथाएँ शुरू कीं।

खिलजी वंश (1290 ई. से 1320 ई.)

जलालुद्दीन फिरोज खिलजी (1290 ई. से 1296 ई.)

- यह दिल्ली सल्तनत का प्रथम शासक था जिसका हिन्दू जनता के प्रति उदार दृष्टिकोण था।
- सुल्तान के भतीजे अलाउद्दीन ने देवगिरि के यादव राजा को हराकर अपार धन अर्जित किया और अन्ततः धोखे से अपने चाचा की हत्या करवा दी।

अलाउद्दीन खिलजी (1296 ई. से 1316 ई.)

- अलाउद्दीन खिलजी का जन्म 1266-67 ई. में हुआ था।
- 1290 ई. में जलाउद्दीन ने उसे 'अमीर-ए-तुजुक' पद प्रदान किया।
- अलाउद्दीन का महान् सेनापति मलिक काफूर गुजरात विजय के दौरान नुसरत खाँ द्वारा एक हजार दीनार में खरीदा गया, जिससे उसे 'हजारदीनारी' भी कहा जाता था।
- अलाउद्दीन दिल्ली सल्तनत का प्रथम सुल्तान था, जिसने दक्षिण भारत में विजय पताका लहराई।
- उसने भूमि की उत्पादकता के आधार पर कर निर्धारित किए तथा भूमि को बिस्वा में मापने की प्रथा शुरू की।
- गृहकर, 'घारी' तथा चारागाह पर 'चरी' लागू किए गए।
- राजस्व एकत्र करने के लिए 'मुस्तखराज' नामक अधिकारी की नियुक्ति की गई।
- अलाउद्दीन ने बाजार में सभी आवश्यक वस्तुओं के दाम निर्धारित कर दिए थे।

तुगलक वंश (1320 ई. से 1414 ई.)

गयासुद्दीन तुगलक (1320 ई. से 1325 ई.)

- यह तुगलक वंश का संस्थापक था।
- इसका असली नाम गाजी मलिक था।
- इसने जनता के साथ उदार व्यवहार किया।
- इसने सिंचाई के साधनों विशेषकर नहरों का निर्माण करवाया तथा अकाल संहिता का निर्माण किया।
- गयासुद्दीन ने दिल्ली के निकट तुगलकाबाद नामक नगर बसाकर इसे अपनी राजधानी बनाया।

मुहम्मद बिन तुगलक (1325 ई. से 1351 ई.)

- इसका वास्तविक नाम जूना खाँ था।
- इसे इतिहास में एक बुद्धिमान मूर्ख शासक के रूप में जाना जाता है।
- इसने अपने जीवनकाल में पाँच ऐसे महत्त्वपूर्ण फैसले लिए जो विफल हो गए। जैसे-कर वृद्धि, राजधानी का स्थानान्तरण, सांकेतिक मुद्रा, खुरासान अभियान, कराजिल अभियान।
- उसने कृषि के विकास के लिए 'दीवान-ए-कोही' नामक विभाग की स्थापना की।
- उसके अन्तिम दिनों में लगभग सम्पूर्ण दक्षिण भारत स्वतन्त्र हो गया था और विजयनगर, बहमनी, मदुरै आदि स्वतन्त्र राज्यों की घोषणा हो गई थी।
- इब्नबतूता ने भारतीय समकालीन इतिहास पर आधारित पुस्तक 'सफरनामा' (रेहला) लिखी।
- 1351 ई. में मुहम्मद बिन तुगलक की मृत्यु हो गई।

फिरोजशाह तुगलक (1351 ई. से 1388 ई.)

- वह एक उदार शासक था और उसने उलेमा वर्ग की सलाह मानते हुए धार्मिक आधार पर एक इस्लामिक राज्य की स्थापना की।
- उसने सेना में वंशवाद को बढ़ावा दिया तथा सैनिकों को वेतन के रूप में भूमि प्रदान की। उसके शासनकाल में सेना में भ्रष्टाचार फैल चुका था।
- फिरोजशाह ने हिसार, फिरोजाबाद, फतेहाबाद, फिरोजशाह कोटला, जौनपुर आदि नगरों की स्थापना की।
- उसने गरीब महिलाओं और बच्चों की आर्थिक सहायता के लिए 'दीवान-ए-खैरात' नामक दान विभाग की स्थापना की।
- उसने निर्धन वर्ग की निःशुल्क चिकित्सा हेतु एक खैराती अस्पताल 'दारूल-शफा' की स्थापना की।
- उसने फारसी भाषा में अपनी आत्मकथा 'फुतुहात-ए- फिरोजशाही' की रचना की।

सैयद वंश (1414 ई. से 1451 ई.)

- सैयद वंश की स्थापना खिज्र खाँ (1414 ई. से 1421 ई.) ने की थी।
- खिज्र खाँ ने सुल्तान की उपाधि धारण नहीं की, उसने 'रैयत-ए-आला' की उपाधि ली। उसने सिक्कों पर तुगलक सुल्तानों का नाम उत्कीर्ण करवाया था। वह अपने शासनकाल में तैमूर के पुत्र एवं उत्तराधिकारी शाहरुख के प्रतिनिधित्व के रूप में शासन करने का दिखावा करता रहा।
- मुबारकशाह के शासनकाल में याह्या बिन सरहिन्दी ने प्रसिद्ध पुस्तक 'तारीख-ए-मुबारकशाही' लिखी।
- खिज्र खाँ के उत्तराधिकारी (मुबारकशाह, मोहम्मदशाह, अलाउद्दीन, आलमशाह) अयोग्य थे जिससे बहलोल लोदी को मौका मिला जिसने लोदी वंश की स्थापना की।

लोदी वंश (1451 ई. से 1526 ई.)

बहलोल लोदी (1451 ई. से 1489 ई.)

इसने जौनपुर के शर्की राज्य को विजित कर दिल्ली सल्तनत में शामिल किया।

- उसने बहलोल सिक्के प्रचलित किए।
- वह राजदरबार में सिंहासन पर न बैठकर, अपने दरबारियों के बीच में बैठता था।

सिकन्दर लोदी (1489 ई. से 1517 ई.)

- यह लोदी वंश का सर्वश्रेष्ठ शासक था।
- सिकन्दर लोदी ने भूमि मापन हेतु 'गज-ए-सिकन्दरी' नामक पैमाने का प्रचलन किया।
- उसने 1504 ई. में आगरा शहर की स्थापना की और 1506 ई. में इसे अपनी राजधानी बनाया।
- सिकन्दर लोदी 'गुलरूखी' के उपनाम से फारसी में कविताएँ लिखता था।

इब्राहिम लोदी (1517 ई. से 1526 ई.)

- यह दिल्ली सल्तनत अथवा लोदी वंश का अन्तिम शासक था।
- इब्राहिम लोदी 1526 ई. के पानीपत के प्रथम युद्ध में बाबर के हाथों मारा गया और दिल्ली सल्तनत का काल समाप्त हो गया।

सल्तनतकालीन स्थापत्य कला के चर्चित प्रतीक

इमारत का नाम	शासक	स्थान
कुव्वत उल-इस्लाम मस्जिद	कुतुबुद्दीन ऐबक	दिल्ली
कुतुबमीनार	कुतुबुद्दीन ऐबक एवं इल्तुतमिश	दिल्ली
अढ़ाई दिन का झोपड़ा	कुतुबुद्दीन ऐबक	अजमेर
सुल्तान गढ़ी	इल्तुतमिश	दिल्ली
लाल महल	बलबन	दिल्ली
अलाई दरवाजा	अलाउद्दीन खिलजी	दिल्ली
ग्यासुद्दीन तुगलक का मकबरा	ग्यासुद्दीन तुगलक	दिल्ली
आदिलाबाद का किला	मुहम्मद बिन तुगलक	दिल्ली
फिरोजशाह का मकबरा	फिरोज तुगलक	दिल्ली
बहलोल लोदी का मकबरा	बहलोल लोदी	दिल्ली
मोठ की मस्जिद	सिकन्दर लोदी के प्रधानमन्त्री मिया भुंवा	दिल्ली

धार्मिक आन्दोलन

सूफीवाद या सूफीमत

सूफी सन्त शान्ति, अहिंसा, धार्मिक सहिष्णुता एवं मानव के प्रति प्रेम की भावना पर विशेष बल देते थे।

- सूफी धर्म 12 सिलसिलों अर्थात् वर्गों में विभक्त हो गया था, जिनमें निम्न प्रमुख थे।

चिश्ती

इसके संस्थापक ख्वाजा मुइनुद्दीन चिश्ती (अजमेर) थे।

- अन्य प्रसिद्ध सन्त निजामुद्दीन औलिया, शेख सलीम चिश्ती आदि थे।

सुहरावर्दी–इसके संस्थापक शिहाबुद्दीन सुहरावर्दी तथा हमीदुद्दीन नागौरी थे।

- यह पंजाब एवं सिन्ध में प्रसिद्ध था।

फिरदौसी सिलसिला

यह फिरदौसी ने आरम्भ किया था और बिहार में प्रसिद्ध था।

कादिरी सिलसिला

यह इस्लाम में प्रथम रहस्यवादी पन्थ था। इसकी स्थापना शेख अब्दुल कादिर जिलानी ने की थी। भारत में इस सिलसिले की स्थापना का श्रेय सैय्यद मोहम्मद जिलानी को जाता है।

नक्शबन्दी सिलसिला

इसकी स्थापना ख्वाजा बाकी बिल्लाह ने की थी। शेख अहमद सिरहिन्दी इस सिलसिले के प्रमुख सन्त थे।

भक्ति आन्दोलन

इसकी शुरुआत बारहवीं शताब्दी के लगभग दक्षिण भारत में हुई।

- भक्ति आन्दोलन के सन्तों ने जातिवाद की निन्दा की, कर्मकाण्डों तथा यज्ञों का परित्याग करने पर बल दिया, महिलाओं के सशक्तीकरण पर बल दिया तथा आम बोलचाल की भाषा में लोगों तक अपने सन्देश पहुँचाए।

भक्ति आन्दोलन के मुख्य संचालक

आचार्य रामानुज

भक्ति आन्दोलन के प्रवर्तक रामानुज का आविर्भाव बारहवीं शताब्दी में तमिलनाडु में हुआ। वे सगुण ईश्वर में विश्वास करते थे।

रामानन्द

प्रयाग (इलाहाबाद) में कान्यकुब्ज ब्राह्मण परिवार में जन्मे रामानन्द उत्तरी भारत में भक्ति आन्दोलन के प्रमुख संचालक थे। वे रामानुज के शिष्य थे और भक्ति आन्दोलन को दक्षिण से उत्तर में प्रसारित करने में उनका योगदान उल्लेखनीय था। रामानन्द के 12 शिष्य थे, जो सभी जातियों के लोग थे।

कबीर

काशी में एक जुलाहे परिवार में जन्मे कबीर (1440-1518 ई.) भक्ति आन्दोलन के मुख्य संचालकों में से एक थे। वे रामानन्द के शिष्य तथा निर्गुण ब्रह्म के उपासक थे। वह सामाजिक कुरीतियों, साम्प्रदायिकता तथा छुआछूत के घोर विरोधी थे।

मीराबाई

वह मेड़ता के राठौर रत्न सिंह की पुत्री तथा राणा सांगा के ज्येष्ठ पुत्र राजकुमार भोजराज की पत्नी थीं। वह कृष्ण की उपासिका थीं, उन्होंने घूम-घूम कर सर्वत्र कृष्ण भक्ति का प्रचार प्रसार किया।

चैतन्य

बंगाल में जन्मे चैतन्य (1486-1533 ई.) कृष्ण के उपासक थे। उन्होंने कर्मकाण्ड, बाह्य आडंबर का विरोध किया तथा प्रेम एवं भक्ति पर विशेष बल दिया।

मुगल वंश

बाबर (1526 ई. से 1530 ई.)

बाबर मुगल वंश का संस्थापक था। वह मध्य एशिया स्थित फरगना का शासक था।

- बाबर के पिता उमरशेख मिर्जा तथा माता कुतुलुगनिगार खानम थीं।
- बाबर ने भारत पर पहला आक्रमण 1519 ई. में किया परन्तु उसका प्रथम महत्त्वपूर्ण आक्रमण 1526 ई. में हुआ।
- बाबर ने तुर्की भाषा में अपनी आत्मकथा 'तुजुक-ए-बाबरी' (बाबरनामा) लिखी।
- बाबर की मृत्यु 1530 ई. में आगरा में हुई।

हुमायूँ (1530 ई.-1540 ई. और 1555 ई.-1556 ई)

हुमायूँ ने राज्याभिषेक के बाद अपना राज्य अपने तीन भाइयों (कामरान, असकरी, हिन्दाल) में बाँट दिया जो राजनीतिक दृष्टि से उसकी सबसे बड़ी भूल थी।

- हुमायूँ ने दिल्ली के निकट 'दीन पनाह' नगर की स्थापना की।
- उसका प्रमुख शत्रु शेरशाह सूरी था जिसने उसे चौसा के युद्ध (1539 ई.) में पराजित किया और 1540 ई. में कन्नौज (बिलग्राम) के युद्ध में पराजित करके भारत से बाहर चले जाने के लिए बाध्य कर दिया।
- बाद में उसने ईरान के शाह तथा बैरम खाँ की मदद से 1555 ई. में पुन: सिंहासन प्राप्त किया।
- 1556 ई. में दिल्ली में 'शेरमण्डल' नामक पुस्तकालय की सीढ़ियों से लुढ़ककर हुमायूँ की मृत्यु हो गई।

अकबर (1556 ई. से 1605 ई.)

अकबर का जन्म 1542 ई. में, हुमायूँ के प्रवास काल के दौरान अमरकोट में हुआ। अकबर की माँ का नाम हमीदाबानो था।

- अकबर का राज्याभिषेक 1556 ई. में हुआ।
- सिंहासन पर बैठते ही अकबर ने बैरम खाँ की सहायता से 1556 ई. में पानीपत के द्वितीय युद्ध में हेमू 'विक्रमादित्य' को पराजित किया।
- 1564 ई. में अकबर ने 'जजिया कर' को समाप्त कर दिया।
- 1576 ई. के 'हल्दी घाटी' के प्रसिद्ध युद्ध में अकबर के सेनापति राजा मानसिंह ने मेवाड़ के शासक महाराणा प्रताप को पराजित किया।
- 1582 ई. में अकबर ने सभी धर्मों के उत्तम सिद्धान्तों को लेकर 'तौहीद-ए-इलाही' या 'दीन-ए-इलाही' नामक नए धर्म की स्थापना की।
- 1605 ई. में अकबर की मृत्यु हो गई।
- अकबर के मकबरे का निर्माण जहाँगीर द्वारा आगरा के निकट 'सिकन्दरा' नामक स्थान पर कराया गया।

जहाँगीर (1605 ई. से 1627 ई.)

इसके बचपन का नाम सलीम था।

- जहाँगीर ने सिखों के पाँचवें गुरु, गुरु अर्जुन देव को शहजादे खुसरो की सहायता करने के कारण फाँसी लगवा दी।
- जहाँगीर का विवाह 1611 ई. में शेर-ए-अफगान की विधवा मेहरुन्निसा से हुआ जो बाद में नूरजहाँ के नाम से प्रसिद्ध हुई।
- उसने राज्य की जनता को न्याय दिलाने हेतु न्याय की प्रतीक सोने की जंजीर को अपने महल के बाहर लगवाया।
- जहाँगीर के शासनकाल में प्रथम अंग्रेज मिशन कैप्टन हाकिन्स के नेतृत्व में मुगल दरबार में आया (1608 ई.-1611 ई.) जो व्यापारिक अनुमति प्राप्त नहीं कर सका।
- सर टामस रो के नेतृत्व में दूसरा मिशन भारत आया (1615 ई.-1618 ई.) जो व्यापारिक अनुमति प्राप्त करने में सफल रहा।
- 1627 ई. में जहाँगीर की मृत्यु हो गई।
- जहाँगीर के मकबरे का निर्माण नूरजहाँ ने लाहौर के निकट शाहदरा नामक स्थान पर करवाया।

शाहजहाँ (1627 ई. से 1658 ई.)

इसके बचपन का नाम खुर्रम था।

- इसका विवाह नूरजहाँ के भाई आसफ खाँ की पुत्री अर्जुमंदबानो बेगम से हुआ, जो मुमताज महल के नाम से प्रसिद्ध हुई।
- शाहजहाँ ने दिल्ली के निकट शाहजहाँनाबाद नगर की स्थापना की और आगरा से राजधानी इस स्थान पर परिवर्तित की। इसे आजकल पुरानी दिल्ली के नाम से जाना जाता है।
- उसने स्वयं अपना व अपनी बेगम मुमताज महल का मकबरा आगरा में बनवाया जो 'ताजमहल' के नाम से प्रसिद्ध है।
- इसके अलावा शाहजहाँ ने आगरा में मोती मस्जिद तथा दिल्ली में जामा मस्जिद का निर्माण करवाया (लाल किले में स्थित मोती मस्जिद का निर्माण औरंगजेब ने करवाया था)।
- शाहजहाँ के पुत्र दारा शिकोह, शुजा, औरंगजेब व मुराद थे।
- 1658 ई. में औरंगजेब ने विजय प्राप्त करते हुए राजधानी पर अधिकार कर लिया और शाहजहाँ को गिरफ्तार कर आगरा किले में कैद कर दिया।

औरंगजेब (1658 ई. से 1707 ई.)

- यह औरंगजेब आलमगीर के नाम से सिंहासन पर बैठा।
- उसने 'नौरोज उत्सव' तथा 'झरोखा दर्शन' (जो अकबर ने शुरू किया था) समाप्त कर दिया।
- उसने राज्य की गैर-मुस्लिम जनता पर पुन: 'जजिया' लगा दिया।
- अपने व्यक्तिगत चारित्रिक गुणों के कारण औरंगजेब को 'जिन्दा पीर' के नाम से जाना जाता है।
- उसने 1686 ई. में बीजापुर तथा 1687 ई. में गोलकुण्डा को जीतकर मुगल साम्राज्य में मिला लिया।
- औरंगजेब ने अपनी बेगम के आग्रह पर ताजमहल की प्रतिकृति का निर्माण किया जिसे बीवी का मकबरा या द्वितीय ताजमहल के नाम से भी जाना जाता है। यह औरंगाबाद में स्थित है।
- औरंगजेब की मृत्यु 1707 ई. में हुई। उसका मकबरा औरंगाबाद में स्थित है।

मराठा वंश

- मराठा शक्ति का उदय शिवाजी के नेतृत्व में 17वीं शताब्दी में हुआ।
- शिवाजी का जन्म 1627 ई. में पूना के शिवनेर किले में हुआ। शिवाजी के पिता शाहजी भोंसले और माता जीजाबाई थीं।
- शिवाजी के गुरु समर्थ स्वामी रामदास थे।
- औरंगजेब ने 1665 ई. में राजा जयसिंह को शिवाजी से लड़ने के लिए भेजा। राजा जयसिंह ने शिवाजी को पुरन्दर की सन्धि करने पर विवश किया जिसमें शिवाजी के काफी दुर्ग मुगलों के पास चले गए।
- शिवाजी को 1666 ई. में उनके पुत्र शम्भाजी के साथ आगरा में नजरबन्द भी किया गया परन्तु वे वहाँ से भाग निकले।
- 1674 ई. में शिवाजी ने रायगढ़ के दुर्ग में महाराष्ट्र के स्वतन्त्र शासक के रूप में अपना राज्याभिषेक कराया और 'छत्रपति' की उपाधि ग्रहण की।
- 12 अप्रैल, 1680 ई. को शिवाजी की मृत्यु हो गई।
- शिवाजी के प्रशासन की मुख्य विशेषता 'अष्ठ-प्रधान' यानि उनके आठ प्रमुख मन्त्री थे।

अष्टप्रधान और उनके कार्य

पेशवा	प्रधानमन्त्री
अमात्य	वित्त मन्त्री
सुमन्त	विदेशी मन्त्री
सचिव	सामान्य पत्र व्यवहार
मन्त्री	दरबारी समारोह प्रबन्धक
सेनापति	सैन्य गतिविधियों का प्रबन्धक
पंडित राव	धर्म व दान के मामलों का प्रधान
न्यायाधीश	न्याय विभाग का प्रबन्धक

सिख धर्म गुरु और उनके कार्य

समय (गुरु-काल)	सिख गुरु	कार्य
1469 ई. से 1539 ई.	गुरु नानक देव	सिख धर्म की स्थापना, 'आदि ग्रन्थ' की रचना

1539 ई. से 1552 ई.	गुरु अंगद	गुरुमुखी लिपि के जनक
1552 ई. से 1574 ई.	गुरु अमरदास	धर्म प्रसार हेतु 22 गद्दियों की स्थापना
1574 ई. से 1581 ई.	गुरु रामदास	अमृतसर की स्थापना (1577 ई.)
1581 ई. से 1606 ई.	गुरु अर्जुन देव	'श्री हरमन्दिर साहिब' या 'स्वर्ण मन्दिर' की नींव रखी, 'गुरु ग्रन्थ साहब' का संकलन
1606 ई. से 1645 ई.	गुरु हरगोविन्द सिंह	'अकाल तख्त' की स्थापना, सिखों को सैनिक जाति में बदला।
1645 ई. से 1661 ई.	गुरु हरराय	उत्तराधिकार (मुगलों के) युद्ध में भाग
1661 ई. से 1664 ई.	गुरु हरकिशन	अल्पवयस्क अवस्था में ही मृत्यु
1664 ई. से 1675 ई.	गुरु तेग बहादुर	इस्लाम कुबूल न करने के कारण औरंगजेब द्वारा सिर कटवा दिया गया।
1675 ई. से 1708 ई.	गुरु गोविन्द सिंह	'खालसा' पंथ की स्थापना, अन्तिम गुरु

आधुनिक भारत

यूरोपियनों का आगमन

पुर्तगाली

1498 ई. में वास्कोडिगामा केरल के कालीकट नामक नगर में समुद्री मार्ग से पहुँचा।

- फ्रांसिस्को डी-अल्मीडा भारत में पहला पुर्तगाली गवर्नर था, जो 1505 ई. से 1509 ई. तक भारत में रहा।
- 1509 ई. में पुर्तगाली गवर्नर अल्बुकर्क भारत आया और उसने कोचीन में एक दुर्ग बनवाया।
- 1510 ई. में उसने गोवा पर अधिकार कर लिया।
- अल्बुकर्क को भारत में पुर्तगाली साम्राज्य का वास्तविक संस्थापक माना जाता है।
- पुर्तगाली भारत में 1961 ई. तक रहे, हालांकि तब उनके पास सिर्फ गोवा, दमन और दीव ही रह गए थे।
- पुर्तगालियों के भारत आगमन से भारत में तम्बाकू की खेती, जहाज निर्माण एवं प्रिंटिंग प्रेस का सूत्रपात (1556 ई.) में हुआ।

डच

1602 ई. में यूनाइटेड ईस्ट इण्डिया कम्पनी ऑफ दी नीदरलैण्ड्स अस्तित्व में आई।

- 1605 ई. में पहली फैक्ट्री मुसलीपट्टनम में स्थापित की गई। अन्य फैक्ट्रियाँ–पुलीकट, चिनसुरा, पटना, बालासोर, नागापट्टनम, कोचीन, सूरत, कारीकल, कासिम बाजार में स्थापित की गईं।
- 1639 ई. में उन्होंने गोवा पर (जो पुर्तगाली शक्ति का केन्द्र था) आक्रमण किया, 1641 ई. में मलक्का पर विजय प्राप्त की तथा 1658 ई. में लंका पर अधिकार कायम कर लिया।
- 1759 ई. तक अंग्रेजों तथा डचों के मध्य मसालों के द्वीप को लेकर संघर्ष होता रहा जिसमें अंग्रेज विजयी हुए।

अंग्रेज

ईस्ट इण्डिया कम्पनी (1600 ई.) की स्थापना ब्रिटिश सरकार द्वारा कुछ व्यापारियों को चार्टर प्रदान करने के साथ हुई।

- जेम्स प्रथम के राजदूत टामस रो ने जहाँगीर से सूरत में फैक्टरी खोलने तथा व्यापार करने की आज्ञा प्राप्त कर ली थी।
- बम्बई, सूरत, मद्रास और हुगली को शामिल करके अंग्रेजों ने इन्हें प्रेसीडेन्सी शहर बना दिया।
- 1757 ई. में प्लासी के युद्ध में क्लाइव ने बंगाल के नवाब सिराजुद्दौला को हराकर भारत में अंग्रेजी राज्य की नींव रखी।
- 1764 ई. में बक्सर के युद्ध में अंग्रेजों ने शाहआलम (मुगल सम्राट) शुजाउद्दौला (अवध का नवाब) और मीर कासिम (बंगाल का नवाब) की संयुक्त सेनाओं को हराकर अंग्रेजी राज्य तक फैला दिया।
- 1818 ई. में अंग्रेजों ने मराठा शक्ति को पूर्णतया समाप्त कर दिया तथा 1849 ई. के चिलियानवाला के युद्ध में सिख शक्ति का अन्त करके पंजाब समेत पूरे भारत को अपने राज्य में मिला लिया।

फ्रांसीसी

फ्रांसीसी सम्राट लुई चौदहवें के मन्त्री कोलबर्ट द्वारा 1664 ई. में 'फ्रेंच ईस्ट इण्डिया' कम्पनी की स्थापना की गई थी।

- इन्होंने 1667 ई. में सूरत में अपनी पहली फैक्ट्री खोली।
- 1742 ई. में डूप्ले नामक फ्रेंच गवर्नर भारत आया। वह बहुत महत्वाकांक्षी था परन्तु वांडीवाश के युद्ध में उसे क्लाइव के कारण अंग्रेजों से पराजय देखनी पड़ी।
- 1956 ई. में फ्रांस को भारत की बस्तियाँ पाण्डिचेरी, नगरहवेली, माहे आदि से अपना अधिकार छोड़ना पड़ा।

बंगाल के गवर्नर जनरल

वारेन हेस्टिंग्स (1772 ई. से 1785 ई.)

- 1772 ई. में बंगाल का गवर्नर बना तथा रेग्युलेटिंग एक्ट (1773 ई.) के ब्रिटिश पार्लियामेंट द्वारा पारित कर देने के बाद गवर्नर जनरल बनाया गया।
- 1772 ई. में द्वैध शासन की समाप्ति की घोषणा की और सरकारी खजाने का हस्तान्तरण मुर्शिदाबाद से कलकत्ता कर दिया।
- 1772 ई. में प्रत्येक जिले में एक दीवानी तथा एक फौजदारी न्यायालय स्थापित कर दिया गया।
- इसके समय में ही जोनाथन डंकन ने बनारस संस्कृत कॉलेज की स्थापना की। गीता के अंग्रेजी अनुवादक विलियम विलकिन्स को हेस्टिंग्स ने आश्रम प्रदान किया।

लॉर्ड कार्नवालिस (1786 ई. से 1793 ई.)

- इनके समय में ही तृतीय मैसूर युद्ध (1789-92 ई.) तथा श्रीरंगपट्टनम की सन्धि (1792 ई.) हुई थी।
- कार्नवालिस ने पुलिस सुधार के अन्तर्गत जिलों की सीमा तय कर, जिलों में पुलिस थानों की स्थापना करके एक दरोगा को उसका इन्चार्ज बनाया।
- कार्नवालिस को भारत में 'प्रशासनिक सेवा (सिविल सर्विसेज) का जनक' माना जाता है।

सर जॉन शोर (1793 ई. से 1798 ई.)

- इसने तटस्थ तथा अहस्तक्षेप की नीति का पालन किया। इसी कारण उसने अपने 5 वर्ष के शासन काल में किसी भी युद्ध में भाग नहीं लिया।
- चार्टर अधिनियम, 1793 ई. इसी के समय पारित हुआ।

लॉर्ड वेलेजली (1798 ई. से 1805 ई.)

- चतुर्थ मैसूर युद्ध (1799 ई.), जिसमें टीपू सुल्तान हारा तथा मारा गया, वेलेजली के नेतृत्व में अंग्रेजों ने लड़ा था।
- वेलेजली ने भारतीय राज्यों को अंग्रेजी राजनैतिक परिधि में लाने के लिए सहायक सन्धि प्रणाली का प्रयोग किया।

- सहायक सन्धि करने वाले राज्य थे-हैदराबाद का निजाम, मैसूर के शासक, तंजौर के शासक, अवध का नवाब, पेशवा, बरार के भोंसले राजा, सिन्धिया, जयपुर और जोधपुर के राजपूत।
- द्वितीय मराठा युद्ध (1803-1805 ई.) तथा बेसिन की सहायक सन्धि (1802 ई.) उसी के समय हुई थी।

जॉर्ज बार्लो (1805 ई. से 1807 ई.)

- इसके समय में वेल्लोर विद्रोह (1806 ई.) हुआ, जिसमें अनेक अंग्रेज सैनिक मारे गए।

लॉर्ड मिण्टो प्रथम (1807 ई. से 1813 ई.)

- चार्ल्स मेटकाफ को मिण्टो ने ही महाराजा रणजीत सिंह के दरबार मे भेजा था, जहाँ 1809 ई. में अमृतसर की सन्धि की गई।
- इसी के समय में 1813 का चार्टर अधिनियम पारित हुआ।

लॉर्ड हेस्टिंग्स (1813 ई. से 1823 ई.)

- इसके समय में आंग्ल-नेपाल युद्ध (1814-16 ई.) हुआ जिसमें गोरखाओं की पूर्ण पराजय हुई। 1816 ई. में कम्पनी एवं गोरखों के मध्य 'संगोली की सन्धि' हुई।
- इसने अन्तिम मराठा युद्ध (1818 ई.) लड़ा था जिसमें मराठों के राज्य कम्पनी के राज्य में मिला लिए गए।

लॉर्ड एमहर्स्ट (1823 ई. से 1828 ई.)

- इसके समय में प्रथम आंग्ल-बर्मा युद्ध (1824-26 ई.) लड़ा गया।
- 1824 ई. का बैरकपुर का सैन्य विद्रोह भी इसी के समय हुआ।

भारत के गवर्नर जनरल

लॉर्ड विलियम बैंटिक (1828 ई. से 1835 ई.)

- लॉर्ड विलियम बैंटिक को भारत का प्रथम गवर्नर जनरल का पद सुशोभित करने का गौरव प्राप्त है।
- बैंटिक के सामाजिक सुधारों में सर्वाधिक महत्त्वपूर्ण है 1829 ई. में सती प्रथा का अन्त।

लॉर्ड चार्ल्स मेटकॉफ (1835 ई. से 1836 ई.)

- इसने प्रेस एक्ट (1835 ई.) पारित किया, जिसके तहत भारतीय समाचार पत्रों पर आरोपित नियन्त्रण को समाप्त कर दिया गया।
- इसे भारतीय प्रेस का 'मुक्तिदाता' कहा जाता है।

ऑकलैण्ड प्रथम (1836 ई. से 1842 ई.)

- उसके शासनकाल की महत्त्वपूर्ण घटना थी प्रथम ब्रिटिश अफगान युद्ध (1838-1842 ई.) जिसमें अंग्रेजों को पराजय का सामना करना पड़ा और भारी नुकसान भी हुआ।

लॉर्ड एलनबरो (1842 ई. से 1844 ई.)

लॉर्ड हार्डिंग (1844 ई. से 1848 ई.)

उसके समय की सबसे महत्त्वपूर्ण घटना थी प्रथम आंग्ल-सिख युद्ध (1845-1846 ई.) जिसमें अंग्रेजी सेना ने लाहौर पर अधिकार कर लिया और सिखों पर लाहौर की सन्धि (1848 ई.) थोप दी।

लॉर्ड डलहौजी (1848 ई. से 1856 ई.)

- द्वितीय आंग्ल-सिख युद्ध (1848-49 ई.) तथा पंजाब का ब्रिटिश शासन में विलय (1849 ई.) इसी के समय में हुआ।
- निचले बर्मा तथा पीगू का ब्रिटिश साम्राज्य में डलहौजी के समय में ही विलय किया गया।
- डलहौजी ने (1850 ई.) में सिक्किम पर अंग्रेज डॉक्टरों के साथ दुर्व्यवहार का आरोप लगाकर अधिकार कर लिया।
- डाक विभाग में सुधार करते हुए डलहौजी ने 1854 ई. में नया 'पोस्ट ऑफिस एक्ट' पास किया। पहली बार डलहौजी ने भारत में डाक टिकटों का प्रचलन प्रारम्भ किया।
- भारत में प्रथम टेलीग्राफ लाइन (कलकत्ता से आगरा) 1853 ई. में शुरू हुई।

1857 की क्रान्ति

क्रान्ति के कारण–लॉर्ड डलहौजी की 'राज्य हड़प नीति' और लॉर्ड वैलेजली की सहायक सन्धि ने इसमें महत्त्वपूर्ण भूमिका निभाई।

- राजनीतिक कारणों के साथ ही प्रशासनिक कारण भी क्रान्ति के लिए उत्तरदायी थे। कोई भी भारतीय उच्च पद तक नहीं पहुँच सकता था।
- अंग्रेजों द्वारा भारत का आर्थिक शोषण भी प्रमुख कारण था।
- चर्बी लगे कारतूसों के प्रयोग को क्रान्ति का तात्कालिक कारण माना जाता है।

असफलता के कारण–असफलता का प्रमुख कारण संगठन तथा एकता की कमी थी।

- ग्वालियर के सिंधिया, इंदौर के होल्कर, हैदराबाद के निजाम आदि राजाओं ने अंग्रेजों का खुलकर साथ दिया।

क्रान्ति का प्रभाव–इसका प्रभाव यह हुआ कि कम्पनी का शासन समाप्त करके ब्रिटिश सरकार ने इसे अपने हाथ में ले लिया। इसके लिए भारत शासन अधिनियम, 1858 पारित हुआ।

- फौज का इस तरह पुनर्गठन किया गया कि आगे ऐसी घटना न घटे।

1857 के विद्रोह के प्रमुख केन्द्र व प्रमुख विद्रोही नेता

केन्द्र	विद्रोही नेता	विद्रोह की तिथि	उन्मूलन के सैन्य अधिकारी	उन्मूलन की तिथि
दिल्ली	बहादुर शाह द्वितीय के सेनापति बख्त खाँ	11 मई, 1857 ई.	निकलसन, हडसन	20 सितम्बर, 1857 ई.
कानपुर	नाना साहब, तात्यां टोपे	5 जून, 1857 ई.	कॉलिन कैम्पबेल	सितम्बर, 1857 ई.
लखनऊ	बेगम हजरत महल,	4 जून, 1857 ई.	कॉलिन कैम्पबेल	31 मार्च, 1858 ई.
झाँसी	रानी लक्ष्मीबाई	4 जून, 1857 ई.	जनरल ह्यूरोज	17 जून, 1858 ई.
जगदीशपुर	कुँवर सिंह, अमरसिंह	12 जून, 1857 ई.	विलियम टेलर	दिसम्बर, 1858 ई.
फैजाबाद	मौलवी अहमदुल्ला	जून, 1857 ई.	जनरल रेनॉर्ड	5 जून, 1858 ई.
इलाहाबाद	लियाकत अली	जून, 1857 ई.	कर्नल नील	1858 ई.
बरेली	खान बहादुर	जून, 1857 ई.	विसेण्ट आयर	

भारत के वायसराय

(भारतीय काउन्सिल एक्ट, 1858 के अधीन)

लॉर्ड कैनिंग (1856 ई. से 1862 ई.)

लॉर्ड कैनिंग भारत में कम्पनी द्वारा नियुक्त अन्तिम गवर्नर जनरल तथा ब्रिटिश सम्राट के अधीन नियुक्त भारत का पहला वायसराय था।

- इसके समय में ही 1857 ई. का महत्त्वपूर्ण ऐतिहासिक विद्रोह हुआ तथा 1858 ई. का भारतीय परिषद् अधिनियम भी पारित हुआ।
- न्यायिक सुधारों के अन्तर्गत कैनिंग के 'इण्डियन हाई कोर्ट एक्ट' (1861 ई.) द्वारा बम्बई, कलकत्ता, मद्रास में एक-एक उच्च न्यायालय की स्थापना की।
- कलकत्ता, बम्बई और मद्रास विश्वविद्यालयों की स्थापना (1857 ई.।

लॉर्ड एल्गिन (1862 ई. से 1863 ई.)

1862 ई. में कैनिंग के बाद एल्गिन भारत का वायसराय बनकर आया। इसकी महत्वपूर्ण सफलता थी, वहाबी आन्दोलन का दमन।

सर जॉन लॉरेन्स (1863 ई. से 1869 ई.)

एल्गिन के बाद 1863 ई. में जॉन लॉरेन्स भारत का वायसराय बनकर आया, जिसके समय में भूटान का महत्त्वपूर्ण युद्ध हुआ।

- अफगानिस्तान के सन्दर्भ में लॉरेन्स ने अहस्तक्षेप की नीति का पालन किया और तत्कालीन शासक शेर अली से दोस्ती की।
- 1865 ई. में उसके द्वारा भारत व यूरोप के बीच प्रथम समुद्री टेलिग्राफ सेवा शुरू की गई।

लॉर्ड मेयो (1869 ई. से 1872 ई.)

मेयो ने भारत में वित्तीय विकेन्द्रीकरण की नीति की शुरुआत की तथा आयकर की दर को 1% से बढ़ाकर 2.5% कर दिया।

- उसने पृथक् 'कृषि विभाग' तथा 'भारतीय सांख्यिकी सर्वेक्षण विभाग' की स्थापना की।
- पहली बार भारत में जनगणना (1872 ई.) इसी के काल में हुई।
- मेयो ने भारतीय राजाओं के पुत्रों की उचित शिक्षा के लिए अजमेर में मेयो कॉलेज की स्थापना की और 1872 ई. में ही एक कृषि विभाग की स्थापना की।

लॉर्ड नार्थब्रुक (1872 ई. से 1876 ई.)

इस समय में बिहार-बंगाल में भयानक अकाल पड़ा तथा बड़ौदा के मल्हारराव गायकवाड़ को भ्रष्टाचार के आरोप में पदच्युत कर मद्रास भेज दिया।

- पंजाब का प्रसिद्ध कूका आन्दोलन इसी के समय में हुआ।

लॉर्ड लिटन (1876 ई. से 1880 ई.)

लॉर्ड लिटन एक सुप्रसिद्ध उपन्यासकार, निबन्ध लेखक एवं साहित्यकार था। साहित्यकारों में इसे 'ओवन मैरिडिथ' के नाम से जाना जाता था।

- मार्च, 1878 ई. में लिटन ने वर्नाक्यूलर प्रेस अधिनियम पारित कर भारतीय समाचारपत्रों पर कठोर प्रतिबन्ध लगा दिया।
- इसके समय में द्वितीय अफगान युद्ध (1878-1880 ई.) हुआ जिसमें जन-धन की अपार क्षति हुई।

लॉर्ड रिपन (1880 ई. से 1884 ई.)

अपने सुधार कार्यों के अन्तर्गत रिपन ने सर्वप्रथम 1882 ई. में वर्नाक्यूलर प्रेस एक्ट समाप्त कर दिया। इसके सुधार कार्यों में सर्वाधिक महत्त्वपूर्ण कार्य था–स्थानीय स्वशासन की शुरुआत।

- रिपन के समय में ही 1881 ई. में भारत में नियमित जनगणना की शुरुआत हुई जो तब से लेकर अब तक प्रत्येक दस वर्ष के अन्तराल पर की जाती है।
- प्रथम फैक्ट्री अधिनियम, 1881 ई. में रिपन द्वारा ही लाया गया। इसमें बाल श्रम पर रोक लगाई गई।
- रिपन ने शैक्षिक सुधारों के अन्तर्गत विलियम हण्टर के नेतृत्व में एक आयोग का गठन किया। आयोग ने 1882 ई. में अपनी रिपोर्ट प्रस्तुत की।

लॉर्ड डफरिन (1884 ई. से 1888 ई.)

लॉर्ड डफरिन के शासनकाल की महत्त्वपूर्ण घटना थी तृतीय आंग्ल-बर्मा युद्ध (1885-86 ई.) जिसमें बर्मा पराजित हुआ।

- डफरिन के समय में ही 'भारतीय राष्ट्रीय कांग्रेस' की स्थापना की गई।

लॉर्ड लैंसडाउन (1888 ई. से 1894 ई.)

लॉर्ड लैंसडाउन के समय भारत और अफगानिस्तान के मध्य सीमा (वर्तमान में पाकिस्तान व अफगानिस्तान) का निर्धारण हुआ, जिसे 'डूरण्ड लाइन' के नाम से जाना जाता है।

- मणिपुर में हुए विद्रोह को शान्त करने का श्रेय लैंसडाउन को दिया जाता है।

लॉर्ड एल्गिन द्वितीय (1894 ई. से 1899 ई.)

लॉर्ड एल्गिन द्वितीय के शासनकाल में 1895 से 1898 ई. तक मध्य प्रदेश, उत्तर प्रदेश, बिहार तथा पंजाब में भयंकर अकाल पड़ा। उसने एक अकाल आयोग 'लॉयल आयोग' की नियुक्ति की।

लॉर्ड कर्जन (1899 ई. से 1905 ई.)

पुलिस सुधार के अन्तर्गत कर्जन ने 1902 ई. में सर एण्ड्रयू फ्रेचर की अध्यक्षता में एक पुलिस आयोग की स्थापना की।

- शैक्षिक सुधारों के अन्तर्गत कर्जन ने 1902 ई. में सर टामस रैले की अध्यक्षता में विश्वविद्यालय आयोग का गठन किया तथा भारतीय विश्वविद्यालय अधिनियम, 1904 पास किया।
- 1899 ई. में पारित किए गए 'भारत टंकण व पद-मुद्रण अधिनियम' द्वारा अंग्रेजी पाउण्ड को भारत में विधिग्राह्य बना दिया गया।
- कर्जन ने भारत में पहली बार ऐतिहासिक इमारतों की सुरक्षा व मरम्मत हेतु 'भारतीय पुरातत्व विभाग' (1904 ई.) की स्थापना की।
- कर्जन के समय में ही 1905 ई. में बंगाल का विभाजन हुआ। यह उसकी भारी राजनीतिक भूल साबित हुई।

लॉर्ड मिण्टो द्वितीय (1905 ई. से 1910 ई.)

1905 ई. में भारत के वायसराय बने लॉर्ड मिण्टो का सर्वाधिक महत्त्वपूर्ण कार्य भारत सचिव मार्ले के सहयोग से लाया गया भारतीय परिषद् एक्ट, 1909 ई. अथवा मिण्टो-मार्ले सुधार था।

लॉर्ड हार्डिंग II (1910 ई. से 1916 ई.)

- 4 अगस्त, 1914 ई. को हार्डिंग के काल में ही प्रथम विश्व युद्ध प्रारम्भ हुआ।
- इसके समय में ही तिलक एवं ऐनी बेसेन्ट ने होमरूल लीग (1916 ई.) की स्थापना की।
- 1916 ई. में लॉर्ड हार्डिंग को 'बनारस हिन्दू विश्वविद्यालय' का कुलपति नियुक्त किया गया।

लॉर्ड चेम्सफोर्ड (1916 ई. से 1921 ई.)

इसके समय में 1919 का रौलेट एक्ट पास हुआ, प्रसिद्ध जलियांवाला बाग हत्याकाण्ड चेम्सफोर्ड के समय में ही 13 अप्रैल, 1919 ई. में हुआ।

- भारत सरकार अधिनियम, 1919 ई. या माण्टेग्यू-चेम्सफोर्ड सुधार लाया गया।

लॉर्ड रीडिंग (1921 ई. से 1926 ई.)

गाँधीजी द्वारा चलाया गया पहला असहयोग आन्दोलन चौरी-चौरा घटना (1922 ई.) के कारण लॉर्ड रीडिंग के समय में ही समाप्त हुआ।

- काकोरी रेल काण्ड (1925 ई.) इसी के काल की घटना है।

लॉर्ड इरविन (1926 ई. से 1931 ई.)

इसके समय में 1928 ई. में (साइमन कमीशन) भारत आया तथा 6 अप्रैल, 1930 में सविनय अवज्ञा आन्दोलन (दाण्डी मार्च के बाद) गाँधीजी द्वारा प्रारम्भ किया गया।

- इसके समय में ही नवम्बर 1930 ई. में लन्दन में प्रथम गोलमेज सम्मेलन का आयोजन किया गया। 5 मार्च, 1930 को गाँधी-इरविन समझौते पर हस्ताक्षर किए गए और साथ ही सविनय अवज्ञा आन्दोलन को वापस लिया गया।

लॉर्ड विलिंगटन (1931 ई. से 1936 ई.)

इसके समय में 1 सितम्बर से 1 दिसम्बर, 1931 ई. तक द्वितीय गोलमेज सम्मेलन का आयोजन लन्दन में हुआ। इस सम्मेलन में गाँधीजी ने काँग्रेस का प्रतिनिधित्व किया।

- अगस्त 1932 में रैम्जे मैकडोनाल्ड के प्रसिद्ध 'साम्प्रदायिक अधिनिर्णय' की घोषणा की तथा दिसम्बर, 1932 ई. में विलिंगटन के समय में ही तृतीय गोलमेज सम्मेलन का आयोजन लन्दन में हुआ।

लॉर्ड लिनलिथगो (1936 ई. से 1944 ई.)

इसके समय में पहले चुनाव कराए गए। चुनाव के परिणाम राष्ट्रीय कांग्रेस के पक्ष में रहे।

- 1 सितम्बर, 1939 ई. को द्वितीय विश्वयुद्ध का प्रारम्भ इन्हीं के समय में हुआ।
- 8 अगस्त, 1940 को प्रसिद्ध 'अगस्त प्रस्ताव' अंग्रेजों द्वारा लाया गया।
- 1942 ई. में 'क्रिप्स मिशन' भारत आया तथा 1942 ई. में ही कांग्रेस ने भारत छोड़ो आन्दोलन प्रारम्भ किया।

लॉर्ड वेवेल (1944 ई. से 1947 ई.)

वेवेल के समय में 1945 ई. में शिमला समझौता हुआ।

- कैबिनेट मिशन 1946 ई. में भारत आया। तत्कालीन ब्रिटिश प्रधानमन्त्री क्लीमेण्ट एटली ने भारत को जून 1948 ई. के पहले स्वतन्त्र करने की घोषणा की।

लॉर्ड माउण्टबेटन (मार्च, 1947 ई. से जून, 1948 ई.)

भारत का अन्तिम वायसराय तथा स्वतन्त्र भारत का प्रथम गवर्नर जनरल जिसने 3 जून, 1947 ई. को यह घोषणा की कि भारत और पाकिस्तान के रूप में भारत का विभाजन ही समस्या का हल है। भारतीय स्वतन्त्रता विधेयक ब्रिटिश संसद में जुलाई 1947 ई. में प्रधानमन्त्री एटली द्वारा प्रस्तुत किया गया। विधेयक के अनुसार भारत और पाकिस्तान दो स्वतन्त्र राष्ट्रों के निर्माण की बात कही गई।

चक्रवर्ती राजगोपालाचारी (1948 ई. से 1950 ई.)

लॉर्ड माउण्टबेटन की वापसी के बाद 21 जून, 1948 ई. को चक्रवर्ती राजगोपालाचारी भारत के गवर्नर जनरल बनाए गए। वे स्वतन्त्र भारत के प्रथम भारतीय व अन्तिम गवर्नर जनरल थे। इनके बाद भारत में संविधान के अनुसार शासन प्रमुख राष्ट्रपति तथा प्रधानमन्त्री बनने लगे।

भारत का राष्ट्रीय आन्दोलन

भारत का राष्ट्रीय आन्दोलन

नील की क्रान्ति (1859 ई. से 1860 ई.)

यह आन्दोलन भारतीय किसानों द्वारा ब्रिटिश नील उत्पादकों के खिलाफ बंगाल में किया गया।

- अंग्रेज अधिकारी बंगाल तथा बिहार के रैयतों से भूमि लेकर बिना पैसे दिए ही रैयतों को नील की खेती करने के लिए विवश करते थे जबकि किसान अपनी उपजाऊ जमीन पर चावल की खेती करना चाहते थे।
- इस आन्दोलन की शुरुआत 1859 ई. में बंगाल के नदिया जिले के गोविन्दपुर गाँव में दिगम्बर विश्वास व विष्णु विश्वास ने की थी।

कूका आन्दोलन

कृषि सम्बन्धी समस्याओं के खिलाफ अंग्रेजी सरकार से लड़ने के लिए बनाए गए इस संगठन के संस्थापक भगत जवाहर मल थे।

- 1872 ई. में इनके शिष्य बाबा रामसिंह ने अंग्रेजों का कड़ाई से सामना किया।

भारतीय राष्ट्रीय काँग्रेस की स्थापना (1885 ई.)

कांग्रेस की स्थापना 1885 ई. में ए. ओ. ह्यूम द्वारा की गई थी जो कि एक सेवानिवृत्त अंग्रेज प्रशासनिक अधिकारी था।

- इसका प्रथम अधिवेशन दिसम्बर, 1885 ई. में बम्बई में हुआ जिसकी अध्यक्षता व्योमेश चन्द्र बनर्जी ने की।
- 1885 ई. में कांग्रेस की स्थापना के बाद अगले बीस वर्षों तक इस पर ऐसे गुट का प्रभाव था जिसे 'उदारवादी गुट' कहा जाता था।
- उदारवादियों के प्रमुख नेता थे–दादाभाई नौरोजी, सुरेन्द्र नाथ बनर्जी, फिरोजशाह मेहता, गोविन्द रानाडे, गोपाल कृष्ण गोखले, मदन मोहन मालवीय आदि।
- 1905 ई. से 1911 ई. तक के चरण को नव राष्ट्रवाद अथवा गरमपंथियों के उदय का काल माना जाता है।
- कांग्रेस के गरमपंथी नेताओं में प्रमुख थे–बाल गंगाधर तिलक, विपिन चन्द्र पाल, लाला लाजपतराय, अरविन्द घोष आदि।

बंगाल का विभाजन (1905 ई.)

बंगाल में राष्ट्रीय चेतना को नष्ट करने के उद्देश्य से लॉर्ड कर्जन द्वारा 16 अगस्त, 1905 ई. को बंगाल का विभाजन कर दिया गया।

स्वदेशी व स्वराज (1905 ई. तथा 1906 ई.)

लाल, बाल, पाल और अरविन्द घोष के प्रयासों के कारण कांग्रेस ने स्वदेशी व स्वराज्य की मांग की।

- 1905 ई. के बनारस अधिवेशन में गोपालकृष्ण गोखले की अध्यक्षता में कांग्रेस ने स्वदेशी की मांग रखी।
- 1906 ई. में कलकत्ता अधिवेशन में दादाभाई नौरोजी की अध्यक्षता में कांग्रेस ने स्वराज्य की मांग रखी।

मुस्लिम लीग की स्थापना (1906 ई.)

इसके संस्थापकों में आगा खाँ, नवाब सलीमुल्ला और नवाब मोहसिन उल मुल्क प्रमुख थे जिन्होंने 1906 ई. में इसकी स्थापना की।

काँग्रेस का सूरत अधिवेशन (1907 ई.)

- इस अधिवेशन में कांग्रेस स्पष्ट रूप से नरमपंथियों व गरमपंथियों में विभाजित हो गयी थी।
- विवाद का केन्द्र रासबिहारी बोस थे जिन्हें इस अधिवेशन का अध्यक्ष चुना गया था।

ताना भगत आन्दोलन (1914 ई.)

- इस आन्दोलन की शुरुआत 1914 ई. में बिहार में हुई। यह आन्दोलन ऊँची लगान की दर तथा चौकीदार कर के विरुद्ध किया गया था।

दिल्ली दरबार (1911 ई.)

- इंग्लैण्ड के सम्राट जॉर्ज पंचम एवं महारानी मेरी के स्वागत में 1911 ई. में दिल्ली में एक भव्य दरबार का आयोजन किया गया।
- इस दरबार में बंगाल विभाजन को रद्द करने तथा भारत की राजधानी को कलकत्ता से दिल्ली स्थानान्तरित करने की घोषणा हुई।

लखनऊ समझौता (1916 ई.)

- ब्रिटेन और तुर्की के बीच युद्ध के कारण मुसलमानों में अंग्रेजों के प्रति विद्वेष की भावना उत्पन्न हो गयी थी।
- 1916 ई. में लखनऊ में मुस्लिम लीग के नेता मोहम्मद अली जिन्ना तथा काँग्रेस के मध्य एक समझौता हुआ जिसके अन्तर्गत काँग्रेस व लीग ने मिलकर एक 'संयुक्त समिति' की स्थापना की।

होमरूल लीग आन्दोलन (1916 ई.)

- श्रीमती ऐनी बेसेन्ट के प्रयासों से संवैधानिक उपायों द्वारा स्वशासन प्राप्त करने के उद्देश्य से भारत में होमरूल लीग की स्थापना की गयी।
- सितम्बर 1916 ई. में ऐनी बेसेन्ट द्वारा मद्रास में अखिल भारतीय होमरूल लीग की स्थापना की गयी तथा जॉर्ज अरूडेल को लीग का सचिव बनाया।

रोलैट एक्ट (1919 ई.)

- इस एक्ट के द्वारा अंग्रेज सरकार जिसको चाहे बिना मुकदमा चलाये जेल में बन्द रख सकती थी। यह जनता की सामान्य स्वतन्त्रता पर प्रत्यक्ष कुठाराघात था।
- इस एक्ट को 'बिना अपील' तथा 'बिना दलील' का कानून भी कहा गया। इसे 'काला अधिनियम' एवं 'आतंकवादी अपराध अधिनियम' के नाम से भी जाना जाता है।

जलियांवाला बाग हत्याकाण्ड (13 अप्रैल, 1919 ई.)

- रोलैट एक्ट के विरोध में जगह-जगह जनसंभाएँ आयोजित की जा रही थीं। इसी दौरान सरकार ने पंजाब के लोकप्रिय नेता डॉ. सेफुद्दीन किचलू और डॉ. सत्यपाल को गिरफ्तार कर लिया।
- अंग्रेज सरकार ने बढ़ते जन असन्तोष के कारण लॉर्ड हण्टर की अध्यक्षता में 'हण्टर आयोग' गठित किया।
- 13 मार्च, 1940 ई. को सरदार उधम सिंह ने कैक्सटन हॉल (लंदन) में एक मीटिंग को सम्बोधित कर रहे जनरल डायर की गोली मारकर हत्या कर दी।

खिलाफत आन्दोलन (1920 ई.)

- प्रथम विश्व युद्ध के दौरान ब्रिटेन और उसके सहयोगियों द्वारा तुर्की पर किये गये अत्याचारों ने मुसलमानों को गहरा आघात पहुँचाया।
- इसके परिणामस्वरूप 1919 ई. में अखिल भारतीय खिलाफत कमेटी का आयोजन किया गया।
- इस आन्दोलन में मोहम्मद अली तथा शौकत अली ने महत्त्वपूर्ण भूमिका निभायी।

असहयोग आन्दोलन (1920 ई.)

- लाला लाजपतराय की अध्यक्षता में हुए कलकत्ता अधिवेशन में गाँधीजी के नेतृत्व में असहयोग आन्दोलन का प्रस्ताव पारित हुआ।
- 17 नवम्बर, 1921 ई. को प्रिंस ऑफ वेल्स के भारत आगमन पर सम्पूर्ण भारत में सार्वजनिक हड़ताल का आयोजन किया गया।
- फरवरी 1922 ई. में गाँधीजी ने सविनय अवज्ञा आन्दोलन प्रारम्भ करने की योजना बनायी।
- परन्तु उसके पूर्व ही उत्तर प्रदेश के गोरखपुर जिले में स्थित चौरी-चौरा नामक स्थान पर 5 फरवरी, 1922 ई. को आन्दोलनकारी भीड़ ने पुलिस के 22 जवानों को थाने के अन्दर जिंदा जला दिया।
- इस घटना से गाँधीजी अत्यन्त आहत हो गये और उन्होंने 12 फरवरी, 1922 ई. को असहयोग आन्दोलन वापस ले लिया।

स्वराज पार्टी (1923 ई.)

- असहयोग आन्दोलन की समाप्ति के पश्चात् 1923 ई. में मोतीलाल नेहरू, सी.आर. दास एवं एन.सी. केलकर ने इलाहाबाद में स्वराज पार्टी की स्थापना की।
- स्वराज पार्टी का उद्देश्य था-काँग्रेस के अन्दर रहकर चुनावों में हिस्सा लेना और विधानपरिषद् में स्वदेशी सरकार के गठन की माँग उठाना तथा माँगों के न मानने पर विधान परिषद् की कार्यवाही में बाधा डालना।
- 1925 ई. में सी.आर. दास की मृत्यु हो जाने से स्वराज पार्टी शिथिल पड़ गयी।

साइमन कमीशन (1927 ई.)

- ब्रिटिश सरकार ने सर जॉन साइमन के नेतृत्व में 7 सदस्यीय आयोग की स्थापना की, जिसमें सभी सदस्य ब्रिटेन के थे 18 नवम्बर, 1927 ई. को इस आयोग की स्थापना की घोषणा हुई।
- इस आयोग में किसी भी भारतीय को शामिल नहीं किया गया जिसके कारण भारत में इस कमीशन का तीव्र विरोध हुआ।
- आयोग के विरोध के कारण लखनऊ में जवाहरलाल नेहरू, गोविन्द वल्लभ पन्त आदि ने लाठियाँ खायीं। लाहौर में लाठी की गहरी चोट के कारण लाला लाजपत राय की अक्टूबर 1928 ई. में मृत्यु हो गयी।

नेहरू रिपोर्ट (1928 ई.)

- साइमन कमीशन के विरोध एवं बहिष्कार के पूर्व ही 1925 ई. में भारत सचिव ने काँग्रेसी नेताओं को संविधान की रूपरेखा तैयार करने की चुनौती दी।
- इस सम्मेलन में पण्डित मोतीलाल नेहरू की अध्यक्षता में एक सात सदस्यीय समिति स्थापित हुई, जिसे संविधान के सिद्धान्तों को निर्धारित करना था। इस समिति ने 28 अगस्त, 1928 ई. को अपनी रिपोर्ट प्रस्तुत की।
- मुस्लिम लीग के अध्यक्ष मोहम्मद अली जिन्ना ने नेहरू रिपोर्ट को अस्वीकार कर दिया। नेहरू रिपोर्ट से सिख लोग भी असन्तुष्ट थे।

जिन्ना फार्मूला (1928 ई.)

- मुस्लिम लीग के नेता मोहम्मद अली जिन्ना ने नेहरू रिपोर्ट में मुसलमानों के लिये प्रथम निर्वाचक मण्डल की सुविधा न दिये जाने के कारण मुसलमानों की 14 माँगों का प्रपत्र जारी किया, जिसे 'जिन्ना का चौदह सूत्रीय फार्मूला' कहा जाता है।

बारदोली सत्याग्रह (1928 ई.)

- गुजरात में स्थित बारदोली के किसानों ने सरकार द्वारा बढ़ाये गये 30% कर के विरोध में वल्लभभाई पटेल के नेतृत्व में सत्याग्रह किया।
- बारदौली सत्याग्रह के सफल होने के बाद वहाँ की महिलाओं ने पटेल को 'सरदार' की उपाधि प्रदान की।

काँग्रेस का लाहौर अधिवेशन (1929 ई.)

- 1929 ई. को लाहौर अधिवेशन की अध्यक्षता पण्डित जवाहर लाल नेहरू ने की जिसमें पूर्ण स्वराज्य को अन्तिम लक्ष्य माना गया।
- यह भी निश्चित किया गया कि हर साल 26 जनवरी को सांकेतिक स्वाधीनता दिवस मनाया जायेगा।

दाण्डी यात्रा (1930 ई.)

- इसे नमक सत्याग्रह के रूप में भी जाना जाता है।
- 24 दिन की लम्बी यात्रा के पश्चात् 5 अप्रैल, 1930 ई. को दाण्डी पहुँचकर गाँधीजी ने सांकेतिक रूप से नमक कानून तोड़ा और सविनय अवज्ञा आन्दोलन प्रारम्भ किया।

- पश्चिमोत्तर प्रान्त में खान अब्दुल गफ्फार खान के नेतृत्व में सविनय अवज्ञा आन्दोलन संचालित रहा। उनके द्वारा गठित 'खुदाई खिदमतगार' (लालकुर्ती) संगठन ने इस आन्दोलन में महत्त्वपूर्ण भूमिका निभाई।

प्रथम गोलमेज सम्मेलन

- यह सम्मेलन 12 नवम्बर, 1930 ई. से 13 जनवरी, 1931 ई. तक लंदन में आयोजित किया गया।
- इसमें पहली बार भारतीयों को अंग्रेजों के बराबरी का दर्जा प्रदान किया गया।
- इस सम्मेलन में उदारवादी दल, मुस्लिम लीग, हिन्दू महासभा, दलित वर्ग, व्यापारी वर्ग आदि के प्रतिनिधि शामिल थे।

गाँधी-इरविन समझौता (1931 ई.)

- महात्मा गाँधी और वायसराय इरविन के मध्य 5 मार्च, 1931 ई. को एक समझौता हुआ, जिसे गाँधी-इरविन समझौता के नाम से जाना जाता है।
- इस समझौते के फलस्वरूप काँग्रेस ने अपनी तरफ से सविनय अवज्ञा आन्दोलन समाप्त करने की घोषणा की तथा गाँधीजी द्वितीय गोलमेज सम्मेलन में भाग लेने को तैयार हुए।

द्वितीय गोलमेज सम्मेलन (1931 ई.)

- यह सम्मेलन 7 सितम्बर, 1931 ई. से 1 दिसम्बर, 1931 ई. तक लंदन में हुआ।
- यह सम्मेलन साम्प्रदायिक समस्या पर विवाद के कारण पूर्णत: असफल हो गया।

साम्प्रदायिक पंचाट (1932 ई.)

- 16 अगस्त, 1932 ई. को विभिन्न सम्प्रदायों के प्रतिनिधित्व के विषय पर ब्रिटिश प्रधानमन्त्री रैम्जे मैक्डोनाल्ड ने 'कम्युनल अवार्ड' जारी किया।
- इस पंचाट में पृथक् निर्वाचक पद्धति को न केवल मुसलमानों के लिये जारी रखा गया अपितु इसे दलित वर्गों पर भी लागू कर दिया गया।

पूना समझौता (25 सितम्बर, 1932 ई.)

- गाँधीजी और अम्बेडकर के मध्य 25 सितम्बर, 1932 ई. को एक समझौता हुआ, जिसे 'पूना समझौता' के नाम से जाना जाता है।
- समझौते के अन्तर्गत अम्बेडकर ने हरिजनों के पृथक् प्रतिनिधित्व की माँग को स्वीकारा गया। साथ ही हरिजनों के लिये सुरक्षित 75 स्थानों को बढ़ाकर 148 कर दिया गया।

तृतीय गोलमेज सम्मेलन (1932 ई.)

- 17 नवम्बर, 1932 ई. से 24 सितम्बर, 1932 ई. तक आयोजित यह सम्मेलन लंदन में काँग्रेस के बहिष्कार के फलस्वरूप फीका साबित हुआ।
- इस सम्मेलन में भारत सरकार अधिनियम, 1935 ई. को अन्तिम रूप दिया गया।

विदेशों में भारतीय क्रान्तिकारी संगठन

स्थापना वर्ष	संगठन	संस्थापक	देश
1905 ई.	इण्डिया हाउस	श्यामजी कृष्ण वर्मा	लन्दन (इंग्लैण्ड)
1906 ई.	अभिनव भारत	वी. डी. सावरकर	लन्दन (इंग्लैण्ड)
1907 ई.	इण्डियन इण्डिपेंडेंस लीग	तारक नाथ दास	अमेरिका
1913 ई.	गदर पार्टी	लाला हरदयाल, लाला रामचन्द्र व बरकतुल्ला	सेन फ्रांसिस्को (अमेरिका)
1914 ई.	इण्डियन इण्डिपेंडेंस लीग	लाला हरदयाल व वीरेन्द्र नाथ चट्टोपाध्याय	बर्लिन (जर्मनी)
1915 ई.	इण्डियन इण्डिपेंडेंस लीग	राजा महेन्द्र प्रताप	काबुल (अफगानिस्तान)
1942 ई.	इण्डियन इण्डिपेंडेंस लीग	रास बिहारी बोस	टोक्यो (जापान)
1942 ई.	आजाद हिन्द फौज	रास बिहारी बोस	टोक्यो (जापान)

अगस्त प्रस्ताव (1940 ई.)

8 अगस्त, 1940 ई. को भारत के तत्कालीन वायसराय लॉर्ड लिनलिथगो ने अपने 'अगस्त प्रस्तावों' की घोषणा की।

पाकिस्तान की माँग (1940 ई.)

मुस्लिम लीग के लाहौर अधिवेशन में अध्यक्षता करते हुए मोहम्मद अली जिन्ना ने 23 मार्च, 1940 ई. को भारत से अलग मुस्लिम राष्ट्र पाकिस्तान की माँग की।

- मुसलमानों के पृथक् राज्य का नाम पाकिस्तान हो यह विचार कैम्ब्रिज विश्वविद्यालय के एक अनुस्नातक विद्यार्थी चौधरी रहमत अली के मस्तिष्क में आया था।
- सबसे पहले इकबाल ने 1930 ई. में मुसलमानों के लिए पृथक् राज्य का सुझाव दिया था।

क्रिप्स प्रस्ताव (1942 ई.)

1942 ई. में जापानी फौजों के रंगून पर कब्जा कर लेने से भारत की सीमाओं पर सीधा खतरा पैदा हो गया। अब ब्रिटेन ने भारत का युद्ध में सक्रिय सहयोग पाने के लिए युद्धकालीन मन्त्रिमण्डल के एक सदस्य स्टेफोर्ड क्रिप्स की घोषणा के मसविदे के साथ भारत भेजा।

भारत छोड़ो आन्दोलन (1942 ई.)

अगस्त प्रस्ताव तथा क्रिप्स मिशन की असफलता तथा काँग्रेस द्वारा शुरू किए गए आन्दोलन के दौरान राष्ट्रीय सरकार की स्थापना की माँग को अस्वीकार किए जाने पर काँग्रेस ने बम्बई अधिवेशन में 8 अगस्त, 1942 ई. को 'भारत छोड़ो' प्रस्ताव पारित किया।

- गाँधीजी ने लोगों को 'करो या मरो' का नारा दिया।
- गाँधीजी को गिरफ्तार करने के बाद आगा खाँ पैलेस में नजरबंद रखा गया।
- गाँधीजी व वरिष्ठ नेताओं की गिरफ्तारी के बाद भारत छोड़ो आन्दोलन का नेतृत्व युवाओं ने सम्भाला। परिणामत: आन्दोलन अहिंसक न रह सका।
- आन्दोलन के प्रति ब्रिटिश सरकार की दमनात्मक नीति के विरुद्ध गाँधीजी ने आगा खां पैलेस में 10 फरवरी, 1943 ई. को 21 दिन के उपवास की घोषणा की।

सी. आर. फार्मूला (1944 ई.)

- देश की साम्प्रदायिक समस्या सुलझाने के उद्देश्य से 10 जुलाई, 1944 ई. को गाँधीजी की स्वीकृति से चक्रवती राजगोपालाचारी ने काँग्रेस तथा मुस्लिम लीग के समझौते की एक योजना प्रस्तुत की।

शिमला सम्मेलन (1945 ई.)

- 25 जून, 1945 ई. को शिमला में एक सर्वदलीय सम्मेलन का आयोजन किया गया जिसमें मुस्लिम लीग द्वारा यह शर्त रखी गयी कि वायसराय की कार्यकारिणी परिषद् में नियुक्त होने वाले सभी मुस्लिम सदस्यों का चयन वह स्वयं करेगी।
- मुस्लिम लीग का यही अड़ियल रुख 25 जून से 14 जुलाई तक चलने वाले शिमला सम्मेलन की असफलता का प्रमुख कारण बना।

कैबिनेट मिशन (1946 ई.)

- ब्रिटिश प्रधानमन्त्री एटली ने 15 फरवरी, 1946 ई. को भारतीय संविधान सभा की स्थापना एवं तत्कालीन ज्वलन्त समस्याओं पर भारतीयों से विचार-विमर्श के लिए 'कैबिनेट मिशन' को भारत भेजने की घोषणा की।
- 24 मार्च, 1946 ई. को दिल्ली पहुँचे कैबिनेट मिशन के सदस्य थे-स्टेफोर्ड क्रिप्स, पैथिक लारेंस, ए. वी. एलेक्जेण्डर। 16 मई, 1946 ई. को इस मिशन के अपनी रिपोर्ट प्रस्तुत की।
- जुलाई 1946 ई. में कैबिनेट मिशन योजना के अन्तर्गत संविधान सभा के लिए चुनाव हुआ। मुस्लिम लीग को 389 सदस्यीय संविधान सभा में बहुत कम सीटें प्राप्त हुईं।

एटली की घोषणा (1947 ई.)

- ब्रिटिश प्रधानमन्त्री एटली ने हाउस ऑफ कॉमन्स में 20 फरवरी, 1947 ई. को एक ऐतिहासिक घोषणा करते हुए कहा कि "अंग्रेज जून 1948 ई. के पहले ही उत्तरदायी लोगों का सत्ता हस्तान्तरित करने के उपरान्त भारत छोड़ देंगे।"

माउण्टबेटन योजना और स्वतन्त्रता प्राप्ति (1947 ई.)

- 22 मार्च, 1947 ई. को भारत के अन्तिम ब्रिटिश वायसराय लॉर्ड माउण्टबेटन भारत आए।
- 3 जून, 1947 ई. को लॉर्ड माउण्टबेटन द्वारा एक योजना की घोषणा की गयी, जिसे 'माउण्टबेटन योजना' के नाम से जाना जाता है।
- माउण्टबेटन योजना के आधार पर ही 'भारतीय स्वतन्त्रता विधेयक' ब्रिटिश संसद में 4 जुलाई, 1947 ई. को प्रस्तुत किया गया जिसे 18 जुलाई, 1947 ई. को स्वीकृति मिली।
- माउण्टबेटन योजना को स्वीकार कर देश विभाजन की तैयारी आरम्भ हो गई। इस प्रकार 15 अगस्त, 1947 ई. को भारत तथा पाकिस्तान नामक दो नए राष्ट्र अस्तित्व में आए।

बीसवीं शताब्दी के प्रमुख आन्दोलन/संगठन

आन्दोलन/संगठन	संस्थापक/अध्यक्ष/नेतृत्व	वर्ष
चम्पारण सत्याग्रह	महात्मा गाँधी	1917 ई.
खेड़ा सत्याग्रह	महात्मा गाँधी	1918 ई.
उत्तर प्रदेश किसान सभा	गौरी शंकर मिश्र, इन्द्रनारायण द्विवेदी एवं मदनमोहन मालवीय	1918 ई.
अवध किसान सभा	बाबा रामचन्द्र	1920 ई.
एका आन्दोलन	मदारी पासी	1921 ई.
बारदोली आन्दोलन	वल्लभभाई पटेल	1928 ई.
बिहार किसान सभा	स्वामी सहजानन्द सरस्वती	1929 ई.
अखिल भारतीय किसान सभा	स्वामी सहजानन्द सरस्वती	1936 ई.
तेभागा आन्दोलन	कम्पाराम, भवन सिंह	1946 ई.

राष्ट्रीय स्वतन्त्रता आन्दोलन अवधि में बनी महत्त्वपूर्ण संस्थाएँ

संस्थाएँ	स्थापना वर्ष	प्रमुख सूत्रधार
एशियाटिक सोसाइटी	1784	विलियम जोन्स
युवा बंगाल	–	हेनरी लुई विवियन डिरोजियो
ब्रह्म समाज	1828	राजा राम मोहन राय
ब्रिटिश सार्वजनिक सभा	1843	दादाभाई नौरोजी
रहनुमाई माजदयासन समाज	1851	दादाभाई नौरोजी
साइन्टिफिक सोसाइटी	1862	सर सैयद अहमद खाँ
मोहम्मडन एंग्लो लिटरेरी सोसाइटी	1863	अब्दुल लतीफ
वेद समाज	1871	श्री धरालु नायडू
प्रार्थना समाज	1867	केशव चन्द्र सेन, महादेव रानाडे, देवेन्द्र नाथ टैगोर आदि।
पूना सार्वजनिक सभा	1870	रानाडे/चिपुलणकर और जोशी
इण्डियन सोसाइटी	1872	आनन्द मोहन बोस
आर्य समाज	1875	स्वामी दयानन्द सरस्वती
थियोसोफिकल सोसाइटी	1875	मैडम ब्लावत्स्की और कर्नल अल्काट
मोहम्मडन एंग्लो ओरिएण्टल कॉलेज	1875	सर सैय्यद अहमद खाँ
इण्डियन एसोसिएशन	1876	सुरेन्द्र नाथ बनर्जी
भारतीय राष्ट्रीय कान्फ्रेंस	1883	एस. एन. बनर्जी
भारतीय राष्ट्रीय कांग्रेस	1885	ए. ओ. ह्यूम
बॉम्बे प्रेसीडेन्सी एसोसिएशन	1885	फिरोजशाह मेहता तैलंग तथा तेय्यब जी
बेलूर मठ	1887	स्वामी विवेकानन्द
इण्डियन सोशल कान्फ्रेंस	1887	महादेव गोविन्द रानाडे
यूनाइटेड इण्डियन पेट्रियाटिक एसोसिएशन	1888	सर सैयद अहमद खाँ
रामकृष्ण मिशन	1896	स्वामी विवेकानन्द
सर्वेन्ट्स ऑफ इण्डिया सोसाइटी	1905	गोपालकृष्ण गोखले
मुस्लिम लीग	1906	सलीमुल्ला एवं आगा खाँ
गदर पार्टी	1913	हरदयाल, काशीराम व सोहन सिंह
होमरूल लीग	1916	बाल गंगाधर तिलक
विश्व भारती	1918	रवीन्द्रनाथ टैगोर
कम्यूनिस्ट पार्टी ऑफ इण्डिया	1920	एम. एन. राय (ताशकन्द में)
सर्वेन्ट्स ऑफ पीपुल सोसाइटी	1920	लाला लाजपत राय
अखिल भारतीय ट्रेड यूनियन	1920	एन. एम. जोशी (कांग्रेस)

स्वराज पार्टी	1923	मोतीलाल नेहरू, चितरंजन दास व एन. सी. केलकर
राष्ट्रीय स्वयं सेवक संघ	1925	के. बी. हेडगेवार
हिन्दुस्तान सोशलिस्ट रिपब्लिकन एसोसिएशन	1928	चन्द्रशेखर आजाद, भगत सिंह
अखिल भारतीय किसान सभा	1936	एन.जी. रंगा व सहजानन्द

अखिल भारतीय विद्यार्थी परिषद्	1936	मीनू मसानी, अशोक मेहता व डॉ. अशरफ
खुदाई खिदमतगार	1937	खान अब्दुल गफ्फार खान
फारवर्ड ब्लॉक	1939	सुभाष चन्द्र बोस
रेडिकल डेमोक्रेटिक दल	1940	एम. एन. राय
आजाद हिन्द फौज	1942	रास बिहारी बोस

प्रश्नमाला

1. प्राचीन भाषाशास्त्र का सर्वाधिक प्राचीन ग्रंथ कौन-सा है?
(a) ऋग्वेद (b) महाभारत
(c) अष्टाध्यायी (d) रामायण

2. कुमारसम्भवम् में किसके जन्म की कथा वर्णित है?
(a) चन्द्रगुप्त प्रथम (b) कार्तिकेय
(c) कुमार गुप्त (d) चन्द्रगुप्त विक्रमादित्य

3. सती प्रथा में अभिलेखीय साक्ष्य कहाँ से मिलता है?
(a) 1297 ई. के अलाउद्दीन के दिल्ली अभिलेख से
(b) 629 ई. के पुलकेशिन द्वितीय के ऐहोल अभिलेख से
(c) 510 ई. के भानुगुप्त के ऐरण
(d) 616 ई. के हर्षवर्द्धन के प्रयाग अभिलेख से

4. प्राचीन भारत में किस शब्द का प्रयोग ऐसी विधवा के लिए किया जाता था जिसका पुनः विवाह हो जाता था?
(a) विद्थ (b) पुनर्भू
(c) उषा (d) अयस

5. वासुदेव कृष्ण ने भगवद्गीता में अपनी सभी शिक्षा देते समय किसको सम्बोधित किया है?
(a) कंस (b) अर्जुन
(c) भीम (d) इनमें से कोई नहीं

6. एलोरा की गुफाओं में ब्राह्मण, बौद्ध तथा जैन मंदिरों, विहारों तथा चैत्यों का निर्माण किस वंश के शासनकाल में हुआ?
(a) पल्लव वंश (b) चोल वंश
(c) चालुक्य वंश (d) राष्ट्रकूट वंश

7. राष्ट्रकूट वंश की स्थापना किसने तथा कब की थी?
(a) कालाशोक (383 ई. पू.)
(b) बिन्दुसार (280 ई. पू.)
(c) दंतिदुर्ग (733 ई.)
(d) हर्षवर्द्धन (611 ई.)

8. धनानन्द, नन्द वंश का अंतिम राजा था, इसके काल में भारत पर किस यूनानी शासक ने आक्रमण किया था?
(a) अरस्तु (b) सुकरात
(c) मेगस्थनीज (d) सिकन्दर

9. सिंहली बौद्ध ग्रंथ-दीपवंश तथा महावंश के अनुसार अशोक ने अपने कितने भाइयों की हत्या कर राजसिंहासन प्राप्त किया था?
(a) 73 (b) 99
(c) 78 (d) 88

10. गुप्तकाल में यह किस विद्वान् ने सिद्ध किया था कि पृथ्वी सूर्य के चारों ओर घूमती है तथा उसने शून्य का सिद्धान्त भी विश्व को दिया?
(a) कौटिल्य (b) चरक
(c) आर्यभट्ट (d) कालिदास

11. गौतम बुद्ध का मौलिक नाम क्या था?
(a) सिद्धार्थ (b) कुणाल
(c) आर्यपुरुष (d) महेन्द्र

12. प्रसिद्ध कांस्य नर्तकी किस स्थान से प्राप्त हुई है?
(a) लोथल (b) हड़प्पा
(c) कालीबंगन (d) मोहनजोदड़ो

13. सम्राट अशोक के संरक्षण में कौन-सी बौद्ध संगीति सम्पन्न हुई थी?
(a) द्वितीय बौद्ध संगीति
(b) प्रथम बौद्ध संगीति
(c) चतुर्थ बौद्ध संगीति
(d) तृतीय बौद्ध संगीति

14. प्रथम मौर्य सम्राट चन्द्रगुप्त मौर्य के बाद मौर्य शासक था?
(a) महेन्द्र (b) बिन्दुसार
(c) अशोक (d) वृहदरथ

15. विक्रमादित्य की उपाधि किसने ग्रहण की?
(a) चन्द्रगुप्त द्वितीय ने
(b) चन्द्रगुप्त प्रथम ने
(c) कुणाल ने
(d) वृहदरथ ने

16. कनिष्क ने किस धर्म को संरक्षण दिया?
(a) जैन धर्म को (b) महायान बौद्ध धर्म को
(c) शैव धर्म को (d) वैष्णव धर्म को

17. वैशाली किसी प्राचीन राज्य की राजधानी थी?
(a) अंग (b) काशी
(c) वज्जि (d) मगध

18. ऋग्वेद में 'अघन्या' शब्द का इस्तेमाल किसके लिए हुआ?
(a) दूध देने वाली गाय के लिए
(b) सभा और समिति के सदस्यों के लिए
(c) विधवा स्त्रियों के लिए
(d) राजाओं के लिए

19. भारत में खरोष्ठी लिपि को किसने स्थापित किया था?
(a) कनिष्क ने (b) ईरानियों ने
(c) मेगस्थनीज ने (d) सिकन्दर ने

20. किस अभिलेख से अशोक को पहचाना गया?
(a) मास्की (b) सारनाथ
(c) उज्जैन (d) कौशाम्बी

21. मुद्राराक्षस किसकी रचना है?
(a) हर्षवर्द्धन
(b) विशाखदत्त
(c) पुलकेशिन द्वितीय
(d) कालिदास

22. किस शक शासक ने सुदर्शन झील का पुनर्निर्माण किया?
(a) रुद्रदमन-I (b) अजातशत्रु
(c) चन्द्रगुप्त मौर्य (d) कनिष्क

23. भारत के किस सम्राट ने चीन की सेना को परास्त किया?
(a) अशोक (b) चन्द्रगुप्त विक्रमादित्य
(c) कनिष्क (d) स्कन्दगुप्त

24. ऋग्वैदिक युग में प्रचलित लोकप्रिय शासन-प्रणाली क्या थी?
(a) अमीर लोगों द्वारा शासन
(b) गणतंत्र
(c) तानाशाही
(d) इनमें से कोई नहीं

25. संगम युग में युद्ध का प्रमुख कारण क्या था?
(a) साम्राज्य का विस्तार
(b) पशुओं की चोरी

(c) विद्वानों का पलायन
(d) कृषि योग्य भूमि

26. पुनर्जन्म के सिद्धान्त का प्रथम स्पष्ट आलेख किस ग्रंथ में प्राप्त होता है?
(a) वृहदारण्यक उपनिषद में
(b) ऋग्वेद में
(c) रामचरित मानस में
(d) अर्थशास्त्र में

27. गायत्री मंत्र का उल्लेख किस वेद में मिलता है?
(a) अथर्ववेद में (b) सामवेद में
(c) यजुर्वेद में (d) ऋग्वेद में

28. 'मालविकाग्निमित्र' किसकी रचना है?
(a) कालिदास की (b) गौतम बुद्ध की
(c) महावीर की (d) कनिष्क की

29. सोहन सभ्यता का केन्द्र कहाँ है?
(a) पूर्वी भारत (b) दक्षिण भारत
(c) मध्य भारत (d) उत्तर-पश्चिम भारत

30. गौतम बुद्ध ने अपना प्रथम उपदेश कहाँ दिया था?
(a) वाराणसी (b) सारनाथ
(c) कुशीनगर (d) गया

31. किसे 'एशिया की रोशनी' (The light of Asia) कहा जाता है?
(a) महात्मा गांधी को
(b) गौतम बुद्ध को
(c) माओत्से तुंग
(d) अकबर को

32. जैन परंपरा के अनुसार महावीर कौन-से तीर्थंकर थे?
(a) पहले (b) दसवें
(c) अठारहवें (d) चौबीसवें

33. निम्नलिखित में से किस नगर में प्रथम बौद्ध संगीति/सभा आयोजित की गई थी–
(a) नालंदा (b) गया
(c) राजगृह (d) बोधगया

34. गौतम बुद्ध ने अपनी मृत्यु के उपरांत बौद्ध संघ के नेतृत्व के लिए किसे नामित किया था?
(a) आनंद (b) महाकस्यप
(c) उपालि (d) किसी को नहीं

35. कौटिल्य/चाणक्य किसके प्रधानमंत्री थे?
(a) चन्द्रगुप्त II (b) चन्द्रगुप्त मौर्य
(c) अशोक (d) अजातशत्रु

36. कलिंग विजय के उपरांत अशोक महान् ने निम्नलिखित किस धर्म को अंगीकार कर लिया था?
(a) जुडिज्म (b) बौद्ध
(c) हिन्दू (d) जैन

37. मेगस्थनीज की पुस्तक का नाम क्या है?
(a) अर्थशास्त्र (b) ऋग्वेद
(c) पुराण (d) इण्डिका

38. अशोक के शिलालेखों को पढ़नेवाला प्रथम अंग्रेज कौन था?
(a) जॉन टावर
(b) हैरी स्मिथ
(c) चार्ल्स मेटकॉफ
(d) जेम्स प्रिंसेप

39. निम्नलिखित में से किस राज्यादेश में अशोक के व्यक्तिगत नाम (अशोक) का उल्लेख मिलता है?
(a) कालसी
(b) रुम्मिनदेई
(c) विशिष्ट कलिंग राज्यदेश
(d) मास्की

40. सातवाहनों ने पहले स्थानीय अधिकारियों के रूप में काम किया था–
(a) नंदों के अधीन
(b) मौर्यों के अधीन
(c) चोलों के अधीन
(d) चेरों के अधीन

41. भारत में सर्वप्रथम स्वर्ण मुद्राएँ किसने चलाईं?
(a) कुषाण (b) इण्डो-बैक्ट्रियन
(c) शक (d) पल्लव

42. भारतीयों के महान् रेशम मार्ग (Silk route) किसने आरंभ कराया?
(a) कनिष्क (b) अशोक
(c) हर्ष (d) फाह्यान

43. प्राचीन काल में कलिंग का महान् शासक कौन था?
(a) अजातशत्रु (b) बिन्दुसार
(c) खारवेल (d) मयूरशर्मन

44. तमिल भाषा के 'शिल्पादिकारम्' और 'मणिमेखलई' नाम गौरवग्रंथ किससे संबंधित है?
(a) जैन धर्म (b) बौद्ध धर्म
(c) हिन्दू धर्म (d) ईसाई धर्म

45. इतिहासकार वी. ए. स्मिथ ने किसकी विजयों से प्रभावित होकर उसे 'भारत का नेपोलियन' कहकर पुकारा है?
(a) स्कन्दगुप्त को (b) चन्द्रगुप्त को
(c) ब्रह्मगुप्त को (d) समुद्रगुप्त को

46. अजंता कलाकृतियाँ किससे संबंधित है?
(a) हड़प्पा काल से
(b) मौर्य काल से
(c) बुद्ध काल से
(d) गुप्त काल से

47. एरण अभिलेख का संबंध किस शासक से है?
(a) ब्रह्मगुप्त (b) चंद्रगुप्त-I
(c) चन्द्रगुप्त-II (d) भानुगुप्त

48. भारतीय संस्कृति का 'स्वर्ण युग' (Golden Age) है।
(a) मौर्य काल (b) राजपूत काल
(c) चोल काल (d) गुप्त काल

49. फाह्यान कहाँ का निवासी था?
(a) भूटान (b) अमेरिका
(c) चीन (d) बर्मा

50. समुद्रगुप्त की सैनिक उपलब्धियों का वर्णन उसके किस अभिलेख में उपलब्ध है?
(a) एरण के (b) गया के
(c) प्रयाग के (d) नालंदा के

उत्तरमाला

1. (c)	**2.** (b)	**3.** (c)	**4.** (b)	**5.** (b)	**6.** (d)	**7.** (c)	**8.** (d)	**9.** (b)	**10.** (c)
11. (a)	**12.** (d)	**13.** (d)	**14.** (b)	**15.** (a)	**16.** (b)	**17.** (c)	**18.** (a)	**19.** (b)	**20.** (a)
21. (b)	**22.** (a)	**23.** (c)	**24.** (b)	**25.** (b)	**26.** (a)	**27.** (d)	**28.** (a)	**29.** (d)	**30.** (b)
31. (b)	**32.** (d)	**33.** (c)	**34.** (d)	**35.** (b)	**36.** (b)	**37.** (d)	**38.** (d)	**39.** (d)	**40.** (b)
41. (b)	**42.** (a)	**43.** (c)	**44.** (b)	**45.** (d)	**46.** (d)	**47.** (d)	**48.** (d)	**49.** (c)	**50.** (c)

❑❑❑

अध्याय

12

भारतीय राजव्यवस्था

संविधान का निर्माण

- संविधान सरकार चलाने के नियमों का एक महत्वपूर्ण लिखित दस्तावेज है, जिसके आधार पर देश की शासन व्यवस्था चलती है।
- सन् 1948 में कैबिनेट मिशन प्लान के अन्तर्गत भारत के संविधान के निर्माण के लिए संविधान सभा गठित करने का प्रस्ताव रखा गया।

समितियाँ

समिति	अध्यक्ष
संचालन समिति	डॉ. राजेन्द्र प्रसाद
संघ संविधान समिति	पं. जवाहरलाल नेहरू
प्रांतीय संविधान समिति	वल्लभ भाई पटेल
प्रारूप समिति	डॉ. बी.आर. अम्बेडकर
संघ शक्ति समिति	पं.जवाहरलाल नेहरू
झण्डा समिति	जे.बी. कृपलानी
रिसायत समिति	डॉ. राजेन्द्र प्रसाद

- संविधान को तैयार करने में 2 साल 11 महीने और 18 दिन का समय लगा।
- संविधान 26 नवम्बर, 1949 को बनकर तैयार हो गया था और इसी दिन इस पर अध्यक्ष के हस्ताक्षर हुए।
- संविधान सभा की अन्तिम बैठक 24 जनवरी, 1950 को हुई और इसी दिन संविधान सभा द्वारा डॉ. राजेन्द्र प्रसाद को भारत का प्रथम राष्ट्रपति भी चुना गया।
- नवनिर्मित संविधान में 395 अनुच्छेद, 22 भाग तथा 8 अनुसूचियाँ थीं।

भारतीय संविधान के स्रोत

1. **ब्रिटेन**–संसदीय शासन विधि निर्माण प्रक्रिया, एकल नागरिकता, संसदीय विशेषाधिकार, मंत्रिमण्डल का लोकसभा के प्रति सामूहिक उत्तरदायित्व, औपचारिक प्रधान के रूप में राष्ट्रपति।
2. **अमेरिका**–मौलिक अधिकार, उपराष्ट्रपति, स्वतन्त्र एवं निष्पक्ष न्यायायल, न्यायर्गिक पुनर्विलोकन, सर्वोच्च न्यायालय न्यायलय का गठन एवं शक्तियाँ, सर्वोच्च व उच्च के न्यायाधीशों को हटाने की विधि।
3. **आस्ट्रेलिया**–समवर्ती सूची प्रस्तावना की भाषा केन्द्र-राज्य के बीच सम्बन्ध तथा शक्तियों का विभाजन।
4. **आयरलैण्ड**–नीति-निर्देशक तत्व।
5. **फ्रांस**–गणतन्त्र।
6. **जर्मनी**–आपात उपबन्ध।
7. **कनाड़ा**–संघात्मक व्यवस्था, अवशिष्ट शक्तियों का केन्द्र के पास होना

संविधान की प्रस्तावना

''हम भारत के लोग को एक सम्पूर्ण प्रभुता सम्पन्न, समाजवादी धर्मनिरपेक्ष लोकतान्त्रिक गणराज्य बनाने के लिए तथा उसके समस्त नागरिकों को सामाजिक, आर्थिक और राजनीतिक न्याय, विचार अभिव्यक्ति, विश्वास धर्म और उपासना की स्वतन्त्रता प्रतिष्ठा और अवसर की समता प्राप्त करने के लिए तथा उन सबसे व्यक्ति की गरिमा और राष्ट्र की एकता और अखण्डता सुनिश्चित करने वाली बंधुता बढ़ाने के लिए दृढ़ संकल्प होकर अपनी इस संविधान सभा में आज तारीख 26 नवम्बर, 1949 ई. को एतद्द्वारा इस संविधान को अंगीकृत अधिनियम और आत्मार्पित करते हैं।''

भारतीय संविधान के प्रमुख भाग और अनुच्छेद

भाग	भाग का नाम	अनुच्छेद
भाग–1	संघ और उसका राज्य क्षेत्र	अनुच्छेद (1-4)
भाग–2	नागरिकता	अनुच्छेद (5-11)
भाग–3	मौलिक अधिकार	अनुच्छेद (12-35)
भाग–4	राज्य के नीति निर्देशक तत्व	अनुच्छेद (36-51)
भाग–4 (क)	मूल कर्त्तव्य	अनुच्छेद (51-A)
भाग–5	संघ	अनुच्छेद (52-151)
भाग–6	राज्य	अनुच्छेद (152-237)
भाग–7	पहली अनुसूची के भाग (ख) के राज्य	अनुच्छेद (238)
भाग–8	संघ राज्य क्षेत्र	अनुच्छेद (239-243)
भाग–9	पंचायतें	अनुच्छेद (243'क'-243'ण')
भाग–9 (क)	नगरपालिकाएं	अनुच्छेद (243'त'-243'छ')

भाग–10	अनुसूचित जनजाति क्षेत्र	अनुच्छेद (244-244'क')
भाग–11	संघ और राज्यों के बीच सम्बन्ध	अनुच्छेद (245-263)
भाग–12	वित्त, सम्पत्ति, संविदाएं और वाद	अनुच्छेद (264-300A)
भाग–13	भारत के राज्य के भीतर व्यापार वाणिज्य और समागम	अनुच्छेद (301-307)
भाग–14	संघ और राज्यों के अधीन सेवाएं	अनुच्छेद (308-323)
भाग–14(क)	अधिकरण	अनुच्छेद (323 क-323 ख)
भाग–15	निर्वाचन	अनुच्छेद (324-329 ख)
भाग–16	कुछ वर्गों के सम्बन्ध में विशेष उपबन्ध	अनुच्छेद (330-342)
भाग–17	राजभाषा	अनुच्छेद (345-351)
भाग–18	आपात उपबन्ध	अनुच्छेद (352-360))
भाग–19	प्रकीर्ण	अनुच्छेद (361-367)
भाग–20	संविधान का संशोधन	अनुच्छेद (368)
भाग–21	अस्थायी संक्रमणकालीन और विशेष	अनुच्छेद (369-392)
भाग–22	संक्षिप्त नाम, प्रारम्भ, हिन्दी, में प्राधिकृत पाठ और निरसन	अनुच्छेद (393-395)

संविधान की अनुसूचियाँ

प्रथम अनुसूची–इसमें भारतीय संघ के घटक राज्यों और संघीय क्षेत्रों में उल्लेख है।

द्वितीय अनुसूची–इसमें भारतीय राजव्यवस्था के विभिन्न पदाधिकारियों (राष्ट्रपति, राज्यपाल, लोकसभा के अध्यक्ष और उपाध्यक्ष, राज्यसभा के सभापति और उपसभापति, उच्चतम न्यायालय और उच्च न्यायालयों में न्यायधीशों और भारत के नियन्त्रक एवं महालेख परीक्षक आदि। को प्राप्त होने वाले वेतन, भत्ते और पेंसन आदि का उल्लेख किया गया है।

तृतीय अनुसूची–इसमें विभिन्न पदाधिकारियों (राष्ट्रपति, उप-राष्ट्रपति मंत्री, संसद सदस्य, उच्चतम न्यायालय और उच्च न्यायालयों के न्यायाधीशों आदि द्वारा पद ग्रहण के समय ली जाने वाली शपथ का उल्लेख है।

चतुर्थ अनुसूची–इसमें विभिन्न राज्यों तथा संघीय राज्य क्षेत्रों का राज्यसभा में प्रतिनिधित्व का विवरण दिया गया है।

पाँचवीं अनुसूची–इसमें विभिन्न अनुसूचित जातियों और अनुसूचित जनजातियों के प्रशासन और नियन्त्रण के बारे में उल्लेख है।

छठी अनुसूची–इसमें असोम, मेघालय, त्रिपुरा और मिजोरम राज्यों के जनजाति क्षेत्रों के प्रशासन के बारे में प्रावधान है।

सातवीं अनुसूची–इसमें संघ सूची, राज्य सूची और समवर्ती सूची के विषयों का उल्लेख किया गया है।

आठवीं अनुसूची–इसमें वर्तमान में 22 भाषाओं का उल्लेख किया गया है।

नवीं अनुसूची–इसके अन्तर्गत राज्य द्वारा सम्पत्ति के अधिग्रहण की विधियों का उल्लेख किया गया है।

दसवीं अनुसूची–इसमें दल बदल से सम्बन्धित प्रावधानों का उल्लेख है।

ग्यारहवीं अनुसूची–इस अनुसूची के आधार पर पंचायती राजव्यवस्था को संवैधानिक दर्जा प्रदान किया गया है।

बारहवीं अनुसूची–इस अनुसूची के आधार पर शहरी क्षेत्र के स्थानीय स्वशासन संस्थाओं का उल्लेख कर उन्हें संवैधानिक दर्जा प्रदान किया गया है।

नागरिकता : नागरिकता अधिनियम, 1995

- नागरिकता अधिनियम 1995 के अनुसार भारत की नागरिकता पाँच प्रकार से ग्रहण की जा सकती है।

1. जन्म से नागरिकता

- जिस व्यक्ति का जन्म 26 जनवरी, 1950 को या उसके पश्चात् हुआ हो, जन्म से भारत का नागरिक होगा। किन्तु इस नियम के दो अपवाद हैं। राजनयिकों के बच्चे, विदेशियों के बच्चे।

2. वंशानुगत

- 26 जनवरी, 1950 अथवा उसके पश्चात् भारत के बाहर जन्म लेने वाला शिशु वंशानुक्रम से भारत का नागरिक होगा, यदि उस समय उसका पिता भारत का नागरिक हो।

3. पंजीकरण द्वारा

- संविधान में उल्लेखित उपबन्धों के आधार पर जो व्यक्ति भारत का नागरिक नहीं है, परन्तु निम्नलिखित शर्तों में से किसी एक से भी सम्बन्धित हो।

4. देशीयकरण द्वारा नागरिकता

- कोई भी विदेशी नागरिक भारत सरकार को आवेदन करके भारतीय नागरिकता प्राप्त कर सकता है, परन्तु इस अधिनियम में एक विशेष उपबन्ध शामिल किया गया है जिनके अनुसार यह छूट दी गई है कि यदि कोई व्यक्ति विज्ञान, दर्शन, कला, साहित्य, विश्व-शान्ति अथवा मानव विकास के क्षेत्र में विशेष कार्य कर चुका हो, तो उसे इन सभी शर्तों को पूर्ण किए बिना भी देशीयकण द्वारा नागरिकता प्रदान की जा सकती है।

5. राज्य क्षेत्र में मिल जाने से प्राप्त नागरिकता

- यदि कोई अन्य राज्यक्षेत्र भारत का भाग बन जाता है तो भारत सरकार यह विनिर्दिष्ट करेगी कि उस राज्यक्षेत्र के व्यक्ति भारत के नागरिक होंगे।

मूल अधिकार

- भारतीय नागरिकों को 6 मूल अधिकार प्राप्त हैं, जो निम्नलिखित हैं–

समानता का अधिकार (अनुच्छेद, 14-18)

- कानून के समक्ष समानता (अनुच्छेद 14)
- धर्म, नस्ल, जाति, लिंग या जन्म स्थान के आधार पर भेदभाव का निषेध (अनुच्छेद 15)

- सरकारी पदों की प्राप्ति के लिए अवसर की समानता (अनुच्छेद 16)
- अस्पृश्यता का निषेध (अनुच्छेद 17)
- उपाधियों का अन्त (अनुच्छेद 18)

2. स्वतन्त्रता का अधिकार (अनुच्छेद 19-22)

- विचार और अभिव्यक्ति की स्वतन्त्रता (अनुच्छेद 19)
- अस्त्र-शस्त्र रहित तथा शान्तिपूरक सम्मेलन की स्वतन्त्रता (अनुच्छेद 19)
- समुदाय और संघ निर्माण की स्वतन्त्रता (अनुच्छेद 19)
- भारत राज्य क्षेत्र में अबोध निवास की स्वतन्त्रता (अनुच्छेद 19)
- वृत्ति, उपजीविका या कारोबार की स्वतन्त्रता (अनुच्छेद 19)
- अपराध की दोष सिद्धि के विषय में संरक्षण (अनुच्छेद 20)
- व्यक्तिगत स्वतंत्रता तथा जीवन की सुरक्षा (अनुच्छेद 21)
- बन्दीकरण की अवस्था में संरक्षण (अनुच्छेद 22)

3. शोषण के विरुद्ध अधिकार (अनुच्छेद 23 और 24)

- मनुष्यों के क्रय-विक्रय पर रोक (अनुच्छेद 23)
- वर्ष से कम आयु के बच्चों को कारखानों, खान तथा अन्य खतरनाक कार्यों में नौकरी पर रखने पर निषेध (अनुच्छेद 24)

4. धार्मिक स्वतन्त्रता का अधिकार (अनुच्छेद 25-28)

- अन्तःकरण की स्वतन्त्रता (अनुच्छेद 25)
- धार्मिक मामलों का प्रबन्ध करने की स्वतन्त्रता (अनुच्छेद 26)
- धार्मिक व्यय में लिए निश्चित धन पर कर की अदायगी से छूट (अनुच्छेद 27)
- शिक्षण संस्थाओं में धार्मिक शिक्षा प्राप्त करने या न प्राप्त करने की स्वतन्त्रता (अनुच्छेद 28)

5. संस्कृति और शिक्षा सम्बन्धी अधिकार (अनुच्छेद 29 व 30)

- संविधान सभी अल्पसंख्यकों को अधिकार देता है कि वे अपनी भाषा, लिपि व संस्कृति को बनाए रख सकते हैं। और इस उद्देश्य की प्राप्ति के लिए वे शिक्षा संस्थाओं की स्थापना तथा उनका संचालन कर सकते हैं।

6. संवैधानिक उपचारों का अधिकार (अनुच्छेद 32)

- संविधान द्वारा प्रदान किए गए इस अधिकार को डॉ.बी.आर. अम्बेडकर ने, ''संविधान के हृदय तथा आत्मा' की संज्ञा दी। यह अधिकार सभी नागरिकों को छूट देता है कि वे अपने अधिकारों के संरक्षण के लिए सर्वोच्च न्यायालय के पास जा सकते हैं तथा अपने अधिकारों को लागू करने की माँग कर सकते हैं। सर्वोच्च न्यायालय इन अधिकारों की रक्षा हेतु अनेक प्रकार के लेख जारी कर सकते हैं जैसे कि बन्दी प्रत्यक्षीकरण, परमादेश लेख, प्रतिषेध लेख, अधिकार पृच्छा लेख तथा उत्प्रेक्षण लेख।

मूल कर्त्तव्य

सन् 1976 में संविधान में 42 वें संशोधन के द्वारा भाग 'चतुर्थ अ' (अनुच्छेद 51 क) जोड़ा गया, जिसमें 10 मूल कर्त्तव्यों की व्यवस्था की गई। वर्ष 2002 में 86 वें संशोधन के पश्चात् मूल कर्त्तव्यों की संख्या 11 हो गई, जो निम्नलिखित हैं–

1. संविधान का पालन तथा उसके आदर्शों, संस्थाओं और राष्ट्रीय प्रतीकों का सम्मान।
2. भारत की सम्प्रभुता, एकता और अखण्डता की रक्षा।
3. भारत आन्दोलन के प्रेरक आदर्शों का पालन।
4. भारत के लोगों में समरसता और भ्रातृत्व की भावना का विकास।
5. राष्ट्र की समन्वित संस्कृति की गौरवशाली परम्परा की रक्षा।
6. देश की रक्षा और रष्ट्रसेवा।
7. प्रत्येक बच्चे के अभिभावकों का कर्त्तव्य है कि वे अपने 6-14 वर्ष के बच्चों की शिक्षा के लिए उपयुक्त माहौल तैयार करें (86 वें संशोधन द्वारा वर्ष 2002 में सम्मिलित)
8. प्राकृतिक पर्यावरण की रक्षा और सभी प्राणियों के प्रति दयाभाव।

राज्य के नीति-निर्देशक तत्वः महत्वपूर्ण अनुच्छेद

- **अनुच्छेद 38** –राज्य लोक कल्याण की अभिवृद्धि के लिए सामाजिक व्यवस्था बनाएगा।
- **अनुच्छेद 39**–समस्त न्याय और निःशुल्क विधिक सहायता।
- **अनुच्छेद40**–ग्राम पंचायतों का संगठन।
- **अनुच्छेद41**–कुछ दशाओं में काम, शिक्षा और लोक सहायता पाने का अधिकार।
- **अनुच्छेद42**–काम की न्यायसंगत और मानवोचित दशाओं का तथा प्रसूति सहायता का उपबन्ध।
- **अनुच्छेद43**– कर्मकारों के लिए निर्वाह मजदूरी, आदि।
- **अनुच्छेद44**–नागरिकों के लिए एक समान सिविल संहिता।
- **अनुच्छेद45**–बालकों के लिए निःशुल्क और अनिवार्य शिक्षा।
- **अनुच्छेद49**–राष्ट्रीय महत्व के स्मारकों और स्थानों का संरक्षण।
- **अनुच्छेद50**–कार्यपालिका से न्यायपालिका का पृथक्करण।
- **अनुच्छेद51**–अन्तर्राष्ट्रीय शान्ति और सुरक्षा की अभिवृद्धि।

राष्ट्रपति

- भारतीय संघ की कार्यपालिका के प्रधान को 'राष्ट्रपति' कहा जाता है। राष्ट्रपति भारत का संवैधानिक अध्यक्ष है।
- राष्ट्रपति कार्यपालिका का औपचारिक प्रधान है और मन्त्रिपरिषद् कार्यपालिका की वास्तविक प्रधान।
- राष्ट्रपति अपने अधिकारों का प्रयोग स्वयं या अपने अधीनस्थ अधिकारियों द्वारा करता है।

योग्यताएँ

- वह भारत का नागरिक हो।
- वह 35 वर्ष की आयु पूरी कर चुका हो।
- वह लोक सभा का सदस्य निर्वाचित होने की योग्यता रखता हो।
- वह किसी भी सरकारी लाभ के पद पर आसीन नहीं होना चाहिए। निम्न पद लाभ के पद नहीं माने जाते–राष्ट्रपति, उपराष्ट्रपति, राज्यपाल, केन्द्रीय अथवा राज्य का मन्त्री।
- राष्ट्रपति पद के लिए नाम का प्रस्ताव तथा उसका अनुमोदन कम-से-कम 50-50 निर्वाचकों द्वारा किया जाना चाहिए।
- राष्ट्रपति पद के लिए नाम का प्रस्ताव तथा उसका अनुमोदन कम-से-कम 50-50 निर्वाचकों द्वारा किया जाना चाहिए।

निर्वाचन प्रक्रिया

- भारत का राष्ट्रपति अप्रत्यक्ष रूप से निर्वाचक मण्डल द्वारा चुना जाता है जिसमें संसद के दोनों सदनों के निर्वाचित सदस्य और राज्य विधान सभाओं और संघीय क्षेत्रों की विधान सभाओं के निर्वाचित सदस्य भाग लेते हैं। राष्ट्रपति के निर्वाचक मण्डल में संसद की मनोनीत सदस्य, राज्य विधान सभाओं के मनोनीत सदस्य तथा राज्य विधान परिषदों के सदस्य शामिल नहीं किये जाते।
- राष्ट्रपति के चुनाव के लिए आनुपातिक प्रतिनिधित्व की एकल सक्रमणीय प्रणाली को अपनाया जाता है।
- राष्ट्रपति के चुनाव के पश्चात् उसी व्यक्ति को निर्वाचित घोषित किया जाता है, जो आधे से अधिक मत प्राप्त करता है।
- राष्ट्रपति के चुनाव से सम्बन्धित विवादों की छानबीन तथा निर्णय सर्वोच्च न्यायालय द्वारा किया जाता है।

शपथ

- राष्ट्रपति को अपना पद ग्रहण करने से पूर्व भारत के मुख्य न्यायाधीश या उनकी अनुपस्थिति में सर्वोच्च न्यायालय के वरिष्ठतम न्यायाधीश के समक्ष पद एवं गोपनीयता की शपथ लेनी होती है।

महाभियोग

- भारतीय संविधान ने अनुच्छेद 61 के अनुसार राष्ट्रपति के द्वारा संविधान का उल्लंघन करने पर उसके विरुद्ध महाभियोग चलाकर उसे पदच्युत किया जा सकता है।
- महाभियोग प्रस्ताव संसद के किसी भी सदन में लाया जा सकता है किन्तु अभियोग प्रस्ताव पर विचार करने से पूर्व राष्ट्रपति को 14 दिन का नोटिस दिया जाना आवश्यक है। यह भी आवश्यक है कि महाभियोग लगाने वाले सदन की कुल सदस्य संख्या के कम से कम 1/4 सदस्यों के अभियोग प्रस्ताव पर हस्ताक्षर हो। राष्ट्रपति को सदन में स्वयं उपस्थित होकर अथवा अपने किसी प्रतिनिधि द्वारा महाभियोग की जाँच में हिस्सा लेने का अधिकार प्राप्त है। इसमें दोनों सदनों को प्रस्ताव दो-तिहाई बहुमत से पारित करना होता है। अभियोग सिद्ध होने पर राष्ट्रपति को अपने पद से त्यागपत्र देना पड़ता है।

पद की रिक्ति

- यदि राष्ट्रपति का पद मृत्यु, त्याग पत्र अथवा पद से हटाए जाने के कारण खाली होता है तो उपराष्ट्रपति, राष्ट्रपति के रूप में कार्य करता है। यदि उपराष्ट्रपति की अनुपस्थित है। तो सर्वोच्च न्यायालय का न्यायाधीश राष्ट्रपति के यप में कार्य करता है। मुख्य न्यायाधीश अनुपस्थि में सर्वोच्च न्यायालय को वरिष्ठतम न्यायाधीश राष्ट्रपति के पद में कार्य करता है। मुख्य न्यायाधीश की अनुपस्थिति में सर्वोच्च न्यायालय को वरिष्ठतम न्यायाधीश राष्ट्रपति के रूप में कार्य करता है।
- राष्ट्रपति के पद के लिए नया चुनाव पद रिक्त होने के छः महीने के अन्दर होना आवश्यक है।

राष्ट्रपति के कार्य व शक्तियाँ

- **कार्यपालिका सम्बन्धी शक्तियाँ**–महत्वपूर्ण अधिकारियों की नियुक्ति व पदच्युति, शासन संचालन सम्बन्धी शक्ति, सैनिक क्षेत्र में शक्ति, इत्यादि।
- **विधायी शक्तियां**–विधायी क्षेत्र का प्रशासन सदस्यों का मनोनयन, अध्यादेश जारी करने की शक्ति इत्यादि।
- राष्ट्रपति वित्त आयोग, संघीय लोक सेवा आयोग, चुनाव आयोग, भाषा आयोग और नियंत्रक तथा महालेखा परीक्षक आदि के प्रतिवेदनों को संसद के सामने प्रस्तुत करता है।
- **संकट कालीन शक्तियाँ**–संकट की स्थिति का सामना करने के लिए संविधान द्वारा राष्ट्रपति को विशेष शक्तियाँ प्रदान की गई हैं। 44वें संवैधानिक संशोधन के बाद वर्तमान में संविधान के संकटकालीन प्रावधान निम्न प्रकार से हैं–
- युद्ध, बाहरी आक्रमण या सशस्त्र विद्रोह की स्थिति से सम्बन्धित संकटकालीन व्यवस्था। (अनुच्छेद 352)।
- राज्यों में संवैधानिक तंत्र के विफल होने से उत्पन्न संकटकालीन व्यवस्था (अनुच्छेद 356)।
- वित्तीय संकट (अनुच्छेद 360)।

राष्ट्रपति और उनके कार्यकाल

कार्यकाल	नाम
1. डॉ. राजेन्द्र प्रसाद	1950-1962
2. डॉ. सर्वपल्ली राधाकृष्णन	1962-1967
3. डॉ. जाकिर हुसैन	1967-1969
4. वी.वी. गिरि(कार्यवाहक)	1969-1969
5. एम.हिदायतुल्ला (कार्यवा.)	1969-1969
6. वी.वी. गिरि	1969-1974
7. फखरुद्दीन अली अहमद	1974-1977
8. बी.डी.जत्ती (कार्यवाहक)	11.2.1977-25.7.1977
9.नीलम संजीव रेड्डी	1977-1982
10. एम.हिदायतुल्ला (कार्यवा.)	1982-1982
11. ज्ञानी जैल सिंह	1982-1987
12. रामास्वामी वेंकटरमन	1987-1992
13. डॉ.शंकर दयाल शर्मा	1992-1997
14. डॉ. के.आर. नारायणन	1997-2002
15. ए.पी.जे. अब्दुल कलाम	2002-2007
16. श्रीमती प्रतिभा पाटिल	2007-2012
17. प्रणव मुखर्जी	2012-2017
18. रामनाथ कोविंद	2017 से अब तक

उपराष्ट्रपति

निर्वाचन

- उपराष्ट्रपति का निर्वाचन संसद के दोनों सदनों की संयुक्त बैठक में आनुपातिक प्रतिनिधित्व की पद्धति के अनुसार एकल संक्रमणीय मत से तथा गुप्त मतदान द्वारा लिया जाता है।

योग्यताएँ

- वह भारत का नागरिक हो।
- उसकी उम्र कम-से-कम 35 वर्ष हो।
- वह राज्य सभा का सदस्य चुने जाने की योग्यता रखता हो।

कार्यकाल

- उपराष्ट्रपति का कार्यकाल 5 वर्ष होता है, किन्तु वह स्वेच्छा से त्यागपत्र द्वारा अवधि पूर्व भी अपना पद छोड़ सकता है। अथवा उसे राज्यसभा के कुल बहुमत द्वारा पास किए प्रस्ताव जिसे लोकसभा भी स्वीकार कर ले, पदच्युत किया जा सकता है।

वेतन एवं भत्ते

- वर्तमान में उपराष्ट्रपति को ₹ 4,00,000 प्रतिमाह वेतन प्राप्त होता है।

उपराष्ट्रपति के कार्य

- उपराष्ट्रपति राज्यसभा का पदेन सभापति होता है।
- यदि कभी राष्ट्रपति, रोग अथवा अनुपस्थिति के कारण अस्थायी रूप से अपने कर्त्तव्यों को पूरा करने में असमर्थ हों तो उपराष्ट्रपति ही उसके स्थान पर कार्य करता है।

उपराष्ट्रपति और उनके कार्यकाल

नाम	कार्यकाल
1. डॉ. एस. राधाकृष्णन	1952-1962
2. डॉ. जाकिर हुसैन	1962-1967
3. डॉ. वी. वी. गिरि	1967-1969
4. बी.एस. पाठक	1969-74
5. बी.डी. जत्ती	1974-79
6. एम. हिदायतुल्ला	1979-1984
7. आर. वेंकट रमण	1984-87
8. डॉ. एस.डी. शर्मा	1987-92
9. के आर. नारायणन	1992-97
10. डॉ. कृष्णकान्त	1997-2002
11. भैरोंसिंह शेखावत	2002-2007
12. हामिद अंसारी	2007-2017
13. वैंकयानायडू	2017 से अब तक

मंत्रिपरिषद् और प्रधानमंत्री

- राष्ट्रपति कार्यकारिणी का नाम-मात्र अध्यक्ष है जब कि वास्तविक कार्यकारिणी शक्तियों का प्रयोग प्रधानमंत्री व उसकी मंत्रिपरिषद् द्वारा किया जाता है।

मंत्रिपरिषद् का गठन

- मंत्रिपरिषद् में प्रधानमंत्री तथा आवश्यकतानुसार अन्य प्रमुख मंत्री होते हैं। 91 वें संवैधानिक संशोधन 2003 द्वारा अनुच्छेद 164 में प्रावधान किया गया है कि केन्द्र और राज्य मंत्रिपरिषद् की सदस्य संख्या लोकसभा (केन्द्र के लिए) और विधानसभा (राज्यों के लिए) की कुल संख्या की 15% से अधिक नहीं होनी चाहिए, तथापि छोटे राज्यों के लिए न्यूनतम संख्या 12 निर्धारित की है।

मंत्रिपरिषद और मंत्रिमण्डल

- मंत्रिपरिषद् में प्रधानमंत्री, कैबिनेट मंत्री, राज्य मंत्री और उपमंत्री सम्मिलित होते हैं। लेकिन मंत्रिमण्डल में प्रधानमंत्री और कैबिनेट स्तर के दो मंत्री सम्मिलित होते हैं।

प्रधानमंत्री की नियुक्ति

- संसदात्मक प्रणाली में राष्ट्रपति लोकसभा के बहुमत दल के नेता को प्रधानमंत्री पद पर नियुक्त करने के लिए बाध्य है। फिर भी यदि ऐसी कुछ परिस्थितियाँ हो सकती हैं जिनमें राष्ट्रपति प्रधानमंत्री की नियुक्ति के सम्बन्ध में विवेक का प्रयोग कर सके। जैसे–
- लोकसभा में किसी भी दल को स्पष्ट बहुमत प्राप्त न हों
- जब बहुमत वाले दल में कोई निश्चित नेता न हो या समान रूप से दो प्रभावशाली नेता हों।
- जब राष्ट्रपति लोकसभा भंगकर कुछ समय के लिए किसी को प्रधानमंत्री नियुक्त कर दे।

प्रधानमंत्री के कार्य व शक्तियाँ

- मंत्रीपरिषद् का निर्माण।
- मंत्रियों में विभागों का विभाजन और विभाग परिवर्तन।
- लोकसभा का नेता।
- राष्ट्रपति तथा मंत्रिमण्डल के बीच के बीच सम्बन्ध स्थापित करना।
- अन्तर्राष्ट्रीय क्षेत्र में भारत का प्रतिनिधित्व।
- देश के सर्वोच्च नेता तथा शासक के रूप में कार्य।

भारत की संसद

- भारत की संसद राष्ट्रपति, राज्यसभा तथा लोकसभा से मिलकर बनती है।
- संसद के निम्न सदन को लोकसभा एवं उच्च सदन को राज्यसभा कहते हैं।

राज्यसभा

- राज्यसभा संसद का उच्च सदन है।
- संविधान के अनुच्छेद 80 के अनुसार राज्यसभा के सदस्यों का अधिकतम संख्या 250 हो सकती है परन्तु वर्तमान में यह संख्या 245 है।
- इसमें 12 सदस्य राष्ट्रपति द्वारा मनोनीत किए जाते हैं। ये ऐसे व्यक्ति होते हैं जिन्हें कला, साहित्य विज्ञान, समाजसेवा या सहकारिता के क्षेत्र में विशेष ज्ञान और अनुभव प्राप्त हो। शेष सदस्य जनता द्वारा अप्रत्यक्ष रूप में निर्वाचित होते हैं। इनका चुनाव विभिन्न राज्यों और क्षेत्रों की विधान सभाओं के सदस्यों द्वारा होता है।

सदस्यों की योग्यताएँ

- वह भारत का नागरिक हो।
- उसकी आयु 30 वर्ष से कम न हो।
- वह किसी लाभ के पद पर न हो, विकृत मस्तिष्क का या दिवालिया न हो।
- ऐसी अन्य योग्यताएँ रखता हो जो संसद के किसी कानून द्वारा निश्चित की जाएँ
- राज्य सभा का उम्मीदवार होने के लिए उस राज्य में संसदीय क्षेत्र में मतदाता होना आवश्यक है जिस राज्य से वह चुनाव लड़ रहा हो।

कार्यकाल

- राज्यसभा एक स्थायी सदन है। यह कभी भंग नहीं होती है, बल्कि इसमें एक तिहाई सदस्य हर दो वर्ष बाद अवकाश ग्रहण कर लेते हैं और इनके स्थान पर नए सदस्यों का चुनाव हो जाता है। इस प्रकार राज्यसभा के प्रत्येक सदस्य का कार्यकाल 6 वर्ष का होता है।

पदाधिकारी

- भारत का उपराष्ट्रपति राज्यसभा का पदेन सभापति होता है राज्य सभा अपने सदस्यों में से किसी एक को 6 वर्ष के लिए उपसभापति निर्वाचित करती है।
- उपसभापति को राज्यसभा के सदस्यों द्वारा अपने कुल बहुमत से प्रस्ताव पारित कर हटाया जा सकता है।

राज्यसभा के कार्य तथा शक्तियाँ

- संविधान संशोधन की शक्ति।
- राज्यसभा के निर्वाचित सदस्य राष्ट्रपति के चुनाव में भाग लेते हैं।
- राज्यसभा के सदस्य लोकसभा के सदस्यों के साथ मिलकर उपराष्ट्रपति का चुनाव करते हैं राज्यसभा लोकसभा के साथ मिलकर राष्ट्रपति, सर्वोच्च न्यायालय के न्यायाधीशों तथा अन्य कुछ पदाधिकारियों पर महाभियोग लगा सकती है।
- राज्यसभा लोकसभा के साथ मिलकर बहुमत से प्रस्ताव पास कर उपराष्ट्रपति को उसके पद से हटा सकती है।
- एक माह से अधिक अवधि तक यदि आपातकाल लागू रखना हो तो उस प्रस्ताव का अनुमोदन लोकसभा तथा राज्यसभा दोनों से पारित होना आवश्यक है।

लोकसभा

- संघीय संसद का निम्न अथवा लोकप्रिय सदन है।
- लोकसभा की अधिकतम सदस्य संख्या (530 + 20 + 2) = 552 हो सकती है। वर्तमान में इसकी व्यावहारिक सदस्य संख्या (530 + 13 + 2) = 543 है।
- 84 में संविधान संशोधन अधिनियम (2001) के अनुसार लोकसभा एवं विधान सभाओं की सीटों की संख्या में सन् 2026 तक कोई परिवर्तन नहीं किया जाएगा।

निर्वाचकों की योग्यताएँ

- लोकसभा के चुनाव में उन सभी व्यक्तियों को मतदान का अधिकार होगा जो भारत के नागरिक हैं, जिनकी आयु 18 वर्ष या अधिक है, जो पागल या दिवालिया नहीं हैं और जिन्हें संसद के कानून द्वारा किसी अपराध, भ्रष्टाचार या गैर-कानूनी व्यवहार के कारण मतदान से वंचित नहीं कर दिया गया है।

सदस्यों की योग्यताएँ

- वह व्यक्ति भारत का नागरिक हो।
- उसकी आयु 25 वर्ष या इसके अधिक हो।
- भारत सरकार अथवा किसी राज्य सरकार के अन्तर्गत वह कोई लाभ का पद धारण न किए हुए हो।
- वह किसी न्यायालय द्वारा दिवालिया न ठहराया गया हो तथा पागल न हो। वह संसद द्वारा बनाए गए किसी कानून द्वारा अयोग्य न ठहराया गया हो।
- संसद के कानून तथा निर्धारित अन्य योग्यताएँ हों।

कार्यकाल

- लोकसभा का कार्यकाल 5 वर्ष है किन्तु प्रधानमंत्री के परामर्श के आधार पर राष्ट्रपति के द्वारा लोकसभा को समय के पूर्व भी भंग किया जा सकता है।
- आपातकाल की घोषणा लागू होने पर संसद विधि द्वारा, लोकसभा के कार्यकाल में वृद्धि कर सकती है जो एक बार में एक वर्ष से अधिक नहीं होगी।

पदाधिकारी

- लोकसभा स्वयं ही अपने सदस्यों में से एक अध्यक्ष और एक उपाध्यक्ष का निर्वाचन करेगी। इनका कार्यकाल लोकसभा के कार्यकाल तक अर्थात् समय से पूर्व भंग ने होने की स्थिति में 5 वर्ष होता है, परन्तु इस अवधि के अंदर अध्यक्ष या उपाध्यक्ष स्वेच्छा से अपने पदों से त्यागपत्र दे सकते हैं तथा उनके पद से लोकसभा द्वारा दो तिहाई मत से पारित प्रस्ताव द्वारा हटाया भी जा सकता है।

लोकसभा की शक्तियाँ व कार्य

- राज्यसभा द्वारा पारित उपराष्ट्रपति की पदच्युत के प्रस्ताव पर लोकसभा का अनुमोदन आवश्यक है।
- लोकसभा तथा राज्यसभा मिलकर राष्ट्रपति तथा सर्वोच्च न्यायालय और उच्च न्यायालयों के न्यायाधीशों के विरुद्ध महाभियोग का प्रस्ताव पास कर सकती हैं।
- संविधान संशोधन सम्बन्धी शक्ति।
- राष्ट्रपति द्वारा की गई संकटकाल की घोषणा को एक माह के अन्दर संसद से स्वीकृत होना आवश्यक है।

संसद के सत्र

- संसद के सत्र राष्ट्रपति द्वारा स्वेच्छा से बुलाए जाते हैं, परन्तु दो सत्रों के बीच 6 माह के अधिक अन्तर नहीं होना चाहिए।
- सामान्यत: सदन की वर्ष में 3 बैठकें (सत्र) होती हैं–
  बजट सत्र–फरवरी, मई सबसे लम्बा सत्र।
  मानसून सत्र–जुलाई-अगस्त।
  शीतकालीन सत्र–नवम्बर-दिसम्बर, सबसे छोटा सत्र।
- **सदन का स्थगन**–सदन को स्थगित करने का अधिकार राष्ट्रपति को प्राप्त है। इसके फलस्वरूप सदन का केवल सत्र समाप्त होता है, जीवन नहीं।
- **सदन को भंग करना**–भारत में केवल लोकसभा को भंग किया जा सकता है। लोकसभा को भंग करने की शक्ति राष्ट्रपति के पास है जो इसका प्रयोग प्राय: प्रधानमंत्री के परामर्श से करता है। जब लोकसभा को भंग किया जाता है तो कोई भी विधेयक जो इसके विचाराधीन होता है अपने आप समाप्त हो जाता है।

राज्य/केन्द्र शासित प्रदेश और उनकी सीटें

राज्य/के. शा. प्रदेश	लोकसभा	राज्यसभा	विधानसभा	विधानपरिषद्
आन्ध्र प्रदेश	25	11	175	58
अरुणाचल प्रदेश	2	1	40	–
असोम	12	7	126	–
बिहार	40	16	243	75
गोवा	2	1	40	–
गुजरात	26	11	182	–
हरियाणा	10	5	90	–
हिमाचल प्रदेश	4	3	86	–
*जम्मू-कश्मीर	6	4	100	–
कर्नाटक	28	12	224	75
केरल	20	9	140	–
मध्य प्रदेश	29	11	230	–
महाराष्ट्र	48	19	288	78
मणिपुर	2	1	60	–
मेघालय	2	1	60	–
तेलंगाना	17	7	119	40
मिजोरम	1	1	40	–
नागालैण्ड	1	1	60	–

ओड़िशा	21	10	147	–
पंजाब	13	7	117	–
राजस्थान	25	10	200	–
सिक्किम	1	1	32	–
तमिलनाडु	39	18	234	–
त्रिपुरा	2	1	60	–
उत्तर प्रदेश	80	31	404	100
पश्चिम बंगाल	42	16	294	–
उत्तराखण्ड	5	3	70	–
झारखण्ड	14	6	81	–
छत्तीसगढ़	11	5	90	–
अण्डमान व निकोबार	1	–	1	–
चण्डीगढ़	1	–	–	–
दादरा व नगर हवेली	1	–	–	–
दिल्ली	7	3	70	–
*दमन व दीव	1	–	–	–
लक्षद्वीप	1	–	–	–
पदुचेरी	1	1	30	–

*अगस्त 2019 से जम्मू-कश्मीर का राज्य का दर्जा खत्म करके उसे दो केन्द्रशासित प्रदेशों (जम्मू-कश्मीर और लद्दाख) में बाँट दिया गया है।
*दिसम्बर 2019 में दादरा व नगर हवेली तथा दमन व दीव का विलय कर दिया गया है।

सर्वोच्च न्यायालय

न्यायाधीशों की संख्या

- एक मुख्य न्यायाधीश और 33 अन्य न्यायाधीश।

न्यायाधीशों की नियुक्ति

- ये नियुक्तियाँ राष्ट्रपति द्वारा सर्वोच्च न्यायालय से परामर्श के आधार पर की जाती हैं। सर्वोच्च न्यायालय के मुख्य न्यायाधीश इस प्रसंग में राष्ट्रपति को परामर्श देने के पूर्व अनिवार्य रूप से 'चार वरिष्ठतम् न्यायाधीशों के समूह' से परामर्श प्राप्त करते हैं तथा न्यायाधीशों से प्राप्त परामर्श के आधार पर राष्ट्रपति को परामर्श देते हैं।
- व्यावहारिक तौर पर सर्वोच्च न्यायालय का सबसे वरिष्ठ न्यायाधीश सर्वोच्च न्यायालय का मुख्य न्यायाधीश बनता है।

न्यायाधीशों की योग्यताएँ

- वह भारत का नागरिक हो।
- वह किसी उच्च न्यायालय अथवा दो या दो से अधिक न्यायालयों में लगातार कम-से-कम 5 वर्ष तक न्यायाधीश के रूप में कार्य कर चुका हो अथवा किसी उच्च न्यायालय या न्यायालयों में लगातार 10 वर्ष तक अधिवक्ता रह चुका हो अथवा राष्ट्रपति की दृष्टि में कानून का उच्च कोटि का ज्ञाता हो।

कार्यकाल तथा महाभियोग

- साधारणत: सर्वोच्च न्यायालय का प्रत्येक न्यायाधीश 65 वर्ष की आयु तक अपने पद पर बना रह सकता है। इस अवस्था के पूर्व वह स्वयं त्यागपत्र दे सकता है।
- इसके अतिरिक्त सिद्ध कदाचार अथवा असमर्थता के आधार पर संसद के द्वारा 2/3 सदस्यों के बहुमत से न्यायाधीश को उसके पद से हटाया जा सकता है।
- वर्तमान में सर्वोच्च न्यायालय के मुख्य न्यायाधीश को ₹ 2,80,000 प्रतिमाह व अन्य न्यायाधीशों को ₹ 2,50,000 प्रतिमाह वेतन मिलता है। इनके लिए पेन्शन व सेवा निवृत्ति वेतन की व्यवस्था भी है। उन्हें वेतन व भत्ते भारत की संचित निधि से दिए जाते हैं।

राज्य सरकार

- राज्यपाल राज्य की कार्यपालिका का वैधानिक प्रधान होता है। मंत्रिपरिषद् राज्य की कार्यपालिका सत्ता की वास्तविक प्रधान होती है।

राज्यपाल की नियुक्ति

- राज्यपाल की नियुक्ति राष्ट्रपति के द्वारा की जाती है। संविधान द्वारा स्थापित संसदीय व्यवस्था में राज्यपाल केवल संवैधानिक प्रधान है। अत: राज्यपाल पद के सम्बन्ध में निर्वाचन के स्थान पर मनोनयन की पद्धति को अपनाया गया है।

कार्यकाल तथा वेतन

- राज्यपाल का कार्यकाल 5 वर्ष होता है लेकिन वह अपने उत्तराधिकारी के पद ग्रहण करने तक अपने पद पर बना रह सकता है। संविधान के अनुसार एक ही व्यक्ति दो या दो से अधिक राज्यों का राज्यपाल भी नियुक्त किया जा सकता है।
- राज्यपाल को ₹ 3,50,000 से प्रतिमाह वेतन मिलता है।
  राज्यपाल का वेतन तथा भत्ते राज्य की संचित निधि पर भारित है।

योग्यताएँ

- वह भारत का नागरिक हो।
- उसकी आयु कम-से-कम 35 वर्ष हो।
- राज्यपाल संसद या राज्य के विधान मण्डल का सदस्य नहीं हो सकता है और यदि वह किसी सदन का सदस्य है तो राज्यपाल के पद पर नियुक्ति की तिथि से उसे अपनी सदन की सदस्यता का त्याग करना होगा।

राज्यपाल की शक्तियाँ

- वह मुख्यमंत्री की नियुक्ति करता है तथा उसके परामर्श से अन्य मन्त्रियों की नियुक्ति करता है। वह महाधिवक्ता और राज्य लोक सेवा आयोग के अध्यक्ष तथा सदस्यों की नियुक्ति करता है।

- वह व्यवस्थापिका का अधिवेशन, बुलाता, स्थगित करता व्यवस्थापिका के निम्न सदन 'विधान सभा' को भंग कर सकता है।
- वह विधानमण्डल की पहली बैठक को सम्बोधित करता है और उसके बाद भी वह विधानमण्डल को संदेश भेज सकता है।

मुख्यमंत्री

- मुख्यमंत्री ही राज्य की कार्यपालिका का वास्तविक प्रधान है।

मुख्यमंत्री की नियुक्ति

- संविधान के अनुच्छेद 164 में कहा गया है कि मुख्यमंत्री की नियुक्ति राज्यपाल करेगा। व्यवहार के अन्तर्गत राज्यपाल के द्वारा विधान सभा के बहुमत दल के नेता को ही मुख्यमंत्री पद का नियुक्त किया जाता है।

मुख्यमंत्री के कार्य एवं अधिकार

- मन्त्रिपरिषद् का निर्माण।
- मंत्रिमण्डल में कार्य का बँटवारा और विभाग परिवर्तन।
- मन्त्रिमण्डल का कार्य संचालन।
- शासन के विभिन्न विभागों में समन्वय।
- मन्त्रिपरिषद् और राज्यपाल के बीच की कड़ी।
- विधानसभा के नेता के रूप में कार्य।
- सरकार के प्रधान प्रवक्ता के रूप में कार्य।
- राज्य में बहुमत दल के नेता के रूप में कार्य।
- राज्य की सम्पूर्ण शासन व्यवस्था पर नियन्त्रण रखना।

विधानसभा

- विधानसभा राज्य के विधान मंडल का निम्न सदन है।
- विधानसभा के सदस्यों का निर्वाचन प्रत्यक्ष रूप से राज्य की जनता करती है। इस कारण इस सदन को लोकप्रिय सदन भी कहते हैं।
- विधानसभा विधान परिषद् से अधिक शक्तिशाली होती है।
- राज्य की विधानसभा के सदस्यों की अधिकतम संख्या 500 और न्यूनतम संख्या 60 होती है।

निर्वाचन पद्धति

- आंग्ल भारतीय समुदाय के एक नामजद सदस्य को छोड़कर विधानसभा के अन्य सभी सदस्यों का मतदाताओं द्वारा प्रत्यक्ष रूप से चुनाव होता है।
- विधान सभा के निर्वाचन के लिए वयस्क मताधिकार और संयुक्त निर्वाचन प्रणाली अपनाई गयी है।

मतदाताओं की योग्यताएँ

- मतदाता होने के लिए 18 वर्ष की आयु प्राप्त भारतीय नागरिक होना चाहिए। उसे पागल, दिवालिया या अपराधी नहीं होना चाहिए तथा उसका नाम मतदाता सूची में सम्मिलित होना चाहिए।

सदस्यों की योग्यताएँ

- वह भारत का नागरिक हो
- कम-से-कम 25 वर्ष की आयु पूरी कर चुका हो।
- संसद द्वारा निर्धारित की गई योग्यताएँ रखता हो।
- दिवालिया, पागल तथा सरकारी कर्मचारी न हो।

कार्यकाल

- साधारण अवस्था में राज्य विधान सभा का कार्यकाल उसकी पहली बैठक से पाँच वर्ष का है किन्तु राज्यपाल द्वारा इसे समय से पूर्व भी भंग किया जा सकता है। संकटकाल की घोषणा होने पर 1 वर्ष के लिए संसद इस अवधि को बढ़ा भी सकती है, परन्तु यह बढ़ी हुई अवधि अधिक-से-अधिक संकटकाल की समाप्ति के 6 माह बाद तक हो सकती है।

पदाधिकारी

- प्रत्येक राज्य की विधान सभा के दो मुख्य पदाधिकारी होते हैं : अध्यक्ष और उपाध्यक्ष।
- इन दोनों का चुनाव विधान सभा के सदस्य अपने सदस्यों में से करते हैं तथा इनका कार्यकाल विधान सभा के कार्यकाल तक होता है। इसके बीच अध्यक्ष अपना त्यागपत्र उपाध्यक्ष को तथा उपाध्यक्ष अपना त्याग पत्र अध्यक्ष को दे सकता है।
- इन दोनों की विधान सभा सदस्यों के बहुमत द्वारा स्वीकृत प्रस्ताव के आधार पर हटाया जा सकता है।

विधान परिषद्

- राज्य के विधान मण्डल के दूसरे सदन को विधान परिषद् कहा जाता है इसे उच्च सदन भी कहा जाता है।
- वर्तमान समय में विधान परिषद् भारतीय संघ के केवल 6 राज्यों (उत्तर प्रदेश, बिहार, महाराष्ट्र, कर्नाटक, तेलंगाना और आन्ध्र प्रदेश) में हैं।

सदस्य संख्या

- प्रत्येक राज्य की विधान परिषद् के सदस्यों की संख्या संविधान व्यवस्था के अनुसार उनकी विधान सभा के सदस्यों की संख्या के 1/3 से अधिक नहीं होगी, परन्तु साथ-साथ संविधान में यह भी कहा गया है कि किसी भी दशा में उसकी सदस्य संख्या 40 से कम नहीं होनी चाहिए।

विधान परिषद् का गठन

- 1/3 सदस्य राज्य की स्थानीय संस्थाओं द्वारा चुन जाते हैं।
- 1/3 सदस्य राज्य की विधान सभा द्वारा निर्वाचित होते हैं।
- 1/12 सदस्य राज्य के पंजीकृत स्नातकों द्वारा निर्वाचित होते हैं।
- 1/12 सदस्य राज्य के ऐसे अध्यापकों द्वारा निर्वाचित होते हैं जो माध्यमिक पाठशाला या इससे उच्च शिक्षण संस्था में कम-से-कम 3 वर्ष से अध्यापन का कार्य कर रहे हैं।
- 1/6 सदस्य राज्यपाल द्वारा मनोनीत किए जाते हैं। मनोनयन राज्यपाल द्वारा उन व्यक्तियों में से किया जाता है जो साहित्य, विज्ञान कला और समाज सेवा के क्षेत्र में विशेष रुचि रखते हैं।

सदस्यों की योग्यताएँ

- विधान परिषद् की सदस्यता के लिए भी वही योग्यताएँ हैं, जो विभिन्न सभा की सदस्यता के लिए है। अन्तर केवल यह है कि विधान परिषद् की सदस्यता के लिए आयु न्यूनतम 30 वर्ष होनी चाहिए।
- इसके अतिरिक्त, निर्वाचित सदस्य को उस राज्य की विधान सभा के निर्वाचन क्षेत्र का निर्वाचक होना चाहिए व नियुक्त किए जाने वाले सदस्य को उस राज्य का निवासी होना चाहिए जिसकी विधान परिषद् का यह सदस्य बनना चाहता है।

कार्यकाल

- विधान परिषद् एक स्थायी सदन है। पूरी विधान परिषद् कभी भी भंग नहीं होती है और उसे राज्यपाल द्वारा भी भंग नहीं किया जा सकता है।
- विधान परिषद् के सदस्यों का कार्यकाल 6 वर्ष है। प्रति दो वर्ष पश्चात् एक-तिहाई सदस्य अपना पद छोड़ देते हैं और उनके स्थान के लिए नए निर्वाचन होते हैं।
- भारतीय संसद कानून बनाकर किसी राज्य में (उस राज्य की सहमति के बाद) विधान परिषद् की उत्पत्ति कर सकती है अथवा उसके अस्तित्व को समाप्त कर सकती है।

पदाधिकारी

- विधान परिषद् अपने सदस्यों में से एक सभापति और एक उप-सभापति का चुनाव करती है। यदि सदन के अध्यक्ष का पद रिक्त हो तो उपाध्यक्ष सदन की बैठकों की अध्यक्षता करता है
  1.कानून निर्माण सम्बन्धी कार्य,
  2. कार्यपालिका सम्बन्धी कार्य,
  3. वित्त सम्बन्धी कार्य।

उच्च न्यायालय

न्यायाधीशों की नियुक्ति

- प्रत्येक उच्च न्यायालय में एक प्रमुख न्यायाधीश व कुछ अन्य न्यायाधीश होते हैं, जिनकी संख्या निश्चित करने का अधिकार राष्ट्रपति को है।
- मुख्य न्यायाधीश की नियुक्ति भारत के राष्ट्रपति, भारत के मुख्य न्यायाधीश और उस राज्य के राज्यपाल के परामर्श से होती है तथा अन्य न्यायाधीशों की नियुक्ति में सम्बन्धित राज्य के मुख्य न्यायाधीश का भी परामर्श लेना होता है।

न्यायाधीशों की योग्यताएँ

- वह भारत का नागरिक हो।
- वह कम-से-कम 10 वर्ष तक भारत के किसी क्षेत्र में न्याय सम्बन्धी पद पर कार्य कर चुका हो अथवा एक या एक से अधिक उच्च न्यायालयों को लगातार 10 वर्ष तक अधिवक्ता रह चुका हो।

वेतन एवं भत्ते

- उच्च न्यायालय के मुख्य न्यायाधीश को ₹ 2,50,000 प्रतिमाह तथा अन्य न्यायाधीशों को ₹ 2,25,000 प्रतिमाह वेतन प्राप्त होता है।
- न्यायाधीशों के लिए पेंशन व सेवानिवृत्ति वेतन की व्यवस्था भी की गई है।
- उनके वेतन तथा भत्ते राज्य के संचित निधि पर भारित होते हैं।

कार्यकाल

- उच्च न्यायालय के न्यायाधीशों का कार्यकाल 62 वर्ष की आयु तक निश्चित किया गया है, परन्तु इससे पूर्व वह स्वयं पद त्याग कर सकते हैं।
- **उच्च न्यायालय की शक्तियाँ तथा अधिकार क्षेत्र–**
  1. प्रारम्भिक अधिकार क्षेत्र
  2. अपीलीय क्षेत्राधिकार
  3. न्यायिक पुनर्विलोकन की शक्ति
  4. लेख (Writes) जारी करने का अधिकार
  5. अभिलेख न्यायालय के रूप में
  6. प्रशासनिक शक्तियाँ
  7. संविधान के रक्षक के रूप में कार्य

अधीनस्थ न्यायालय

- उच्च न्यायालय के अधीनस्थ जिला स्तर के न्यायालय होते हैं। भारत के प्रत्येक जिले में तीन प्रकार के अधीनस्थ न्यायालय होते हैं।
- दीवानी न्यायालय
- फौजदारी न्यायालय
- राजस्व न्यायालय

उच्च न्यायालयों की अधिकारिता

नाम	अधिकारिता	स्थित
इलाहाबाद	उत्तर प्रदेश	अमरावती
तेलंगाना	तेलंगाना	हैदराबाद
इलाहाबाद	उत्तर प्रदेश	इलाहाबाद (लखनऊ में खण्डपीठ)
मुम्बई	महाराष्ट्र, दादरा और नगर हवेली, गोवा और दमन एवं दीव समूह	कोलकाता (पोर्टब्लेयर में खण्डपीठ)
दिल्ली	दिल्ली	दिल्ली
गुवाहाटी	आसोम, मिजोरम, नागालैण्ड	गुवाहाटी (कोहिमा में खण्डपीठ और अरुणाचल प्रदेश)
गुजरात	गुजरात	अहमदाबाद
हिमाचल प्रदेश	हिमाचल प्रदेश	शिमला
जम्मू-कश्मीर	जम्मू-कश्मीर	श्रीनगर और जम्मू-कश्मीर
कर्नाटक	कर्नाटक	बेंगलुरु
केरल	केरल और लक्ष्यद्वीप	एर्नाकुलम
मध्य प्रदेश	मध्य प्रदेश	जबलपुर (ग्वालियर और इंदौर में खण्डपीठ)
चेन्नई	तमिलनाडु और पुदुचेरी	चेन्नई
ओड़िशा	ओड़िशा	कटक
उत्तराखण्ड	उत्तराखण्ड	नैनीताल
पटना	बिहार	पटना
पंजाब और हरियाणा	पंजाब, हरियाण और चण्डीगढ़	चण्डीगढ़
राजस्थान	राजस्थान	जोधपुर (जयपुर में खण्डपीठ)
सिक्किम	सिक्किम	गंगटोक
झारखण्ड	झारखण्ड	राँची
छत्तीसगढ़	छत्तीसगढ़	बिलासपुर
मणिपुर	मणिपुर	इम्फाल
मेघालय	मेघालय	शिलांग
त्रिपुरा	त्रिपुरा	अगरतला
कोलकाता	पश्चिम बंगाल, अंडमान और निकोबार द्वीप समूह	कोलकाता

निर्वाचन आयोग

- संविधान के अनुच्छेद–324 के अनुसार निर्वाचन आयोग के नाम से एक स्वतन्त्र संस्था की व्यवस्था है, जो स्वच्छ एवं निष्पक्ष चुनाव का संचालन करती है।
- निर्वाचन आयोग, मुख्य निर्वाचन आयुक्त तथा अन्य निर्वाचन आयुक्तों, जिन्हें राष्ट्रपति समय-समय पर नियत करता है, से मिलकर बनता है। मुख्य निर्वाचन आयुक्त तथा अन्य निर्वाचन आयुक्तों की नियुक्ति संसद द्वारा बनाई गई विधि द्वारा राष्ट्रपति करता है।
- संविधान के निर्वाचन आयोग के आयुक्तों की संख्या का कोई निश्चित निर्धारण नहीं किया है तथा इस कार्य को राष्ट्रपति पर छोड़ दिया गया है।
- सन् 1993 में निर्वाचन आयोग को संसदीय अधिनियम द्वारा तीन सदस्यीय बना दिया गया।
- भारतीय संविधान ने निर्वाचन आयोग के सदस्यों के लिए कोई योग्यता का निर्धारण नहीं किया है, बल्कि राष्ट्रपति किसी भी व्यक्ति को नियुक्त करने के लिए स्वतन्त्र है।
- सामान्यत: उनका कार्यकाल पाँच वर्ष का होता है।
- सर्वोच्च न्यायालय के निर्णयानुसार अन्य निर्वाचन आयुक्तों को अपने पद से राष्ट्रपति मुख्य निर्वाचन आयुक्त की सहमति से हटा सकता है।

पंचायती राज

- आम जनता का सामुदायिक विकास कार्यक्रम से लाभान्वित करने हेतु इस विचार को मूल रूप से किया गया।
- अनुच्छेद 40 के तहत् पंचायती राज व्यवस्था को राज्य के नीति-निर्देशक तत्वों के तहत् रखा गया है।
- इसके लिए राष्ट्रीय विकास परिषद् ने सन् 1956 में बलवन्त राय मेहता की अध्यक्षता में एक समिति गठित की, जिसने अपनी रिपोर्ट सन् 1957 में सौंप दी।
- देश में त्रिस्तरीय पंचायती राज सबसे पहले राजस्थान के नागौर जिले में 2 अक्टूबर, 1956 को अपनाया गया। इसके बाद आन्ध्र प्रदेश, बिहार, गुजरात, हिमाचल प्रदेश, महाराष्ट्र, पंजाब, तमिलनाडु उत्तर प्रदेश तथा पश्चिम बंगाल ने इसे अपनाया।
- पंचायती राज व्यवस्था को और अधिक प्रभावशाली करने के लिए सन् 1977 में जनता सरकार ने अशोक मेहता समिति का गठन किया, जिसने सन् 1978 में अपनी रिपोर्ट पेश की।
- इस समिति ने त्रिस्तरीय व्यवस्था को द्विस्तरीय बनाने का सुझाव दिया –पहला निचले स्तर पर मण्डल पंचायत तथा दूसरा जिला स्तर पर जिला परिषद्।
- दिसम्बर 1992 के 73 वें संविधान संशोधन के अनुसार, पंचायती राजव्यवस्था त्रिस्तरीय है।

जम्मू-कश्मीर के लिए विशेष प्रावधान (अनुच्छेद 370)

- जम्मू-कश्मीर राज्य को कुछ विशेषाधिकार दिए गए हैं, जो कि भारत के अन्य राज्यों को प्राप्त नहीं है।
- संविधान के अनुच्छेद 352 के अन्तर्गत राष्ट्रपति द्वारा आन्तरिक अशान्ति के आधार पर आपातकाल की घोषणा जम्मू-कश्मीर राज्य सरकार को सहमति के बिना नहीं की जा सकती है।
- भारत सरकार, राज्य सरकार की सहमति के बिना राज्य को प्रभावित करने वाला कोई निर्णय नहीं ले सकते हैं।
- संविधान के अनुच्छेद 365 के अन्तर्गत केन्द्र सरकार अपने आदेशों के पालन न होने की जिम्मेदारी के आधार पर राज्य के संविधान को निलम्बित नहीं कर सकती है।
- संविधान के अनुच्छेद 360 के अधीन केन्द्र सरकार, जम्मू-कश्मीर राज्य में वित्तीय आपातकाल की घोषणा नहीं कर सकती है।
- राज्यपाल, राष्ट्रपति की सहमति से राज्य के संवैधानिक तन्त्र के असफल हो जाने की स्थिति में कार्यभार स्वयं ग्रहण कर सकता है।

संविधान संशोधन

- भारतीय संविधान के अनुच्छेद 368 में संविधान में संशोधन के लिए तीन प्रणालियों को अपनाया गया है।

1. संविधान के कुछ प्रावधानों को संसद साधारण बहुमत द्वारा संशोधित कर सकती है। इस प्रकार के प्रावधानों में नए राज्यों की स्थापना, वर्तमान राज्यों का पुनर्गठन राज्यों के विधान-परिषदों की स्थापना अथवा उन्हें समाप्त करने सम्बन्धी विषय सम्मिलित हैं।
2. संविधान के कुछ प्रावधानों को संसद दो-तिहाई बहुमत से संशोधित कर सकती है तथा उनका अनुमोदन अधिकतर राज्यों की विधान सभाओं की स्वीकृति से किया जा सकता है। इस प्रकार जिन प्रावधानों में संशोधन किया जा सकता है उसमें राष्ट्रपति का चुनाव, संघीय व राज्य कार्यकारिणी की शक्तियाँ, संघीय न्यायपालिका, उच्च न्यायालय, संसद में राज्यों को प्रतिनिधित्व, संशोधन प्रक्रिया आदि सम्मिलित हैं।
3. संविधान के अधिकतर भागों में संशोधन संसद द्वारा दो-तिहाई बहुमत से किया जा सकता है। यह स्पष्ट कर देना आवश्यक है कि यह दो-तिहाई बहुमत प्रत्येक सदन की कुल सदस्य संख्या का स्पष्ट बहुमत होना चाहिए।

पहला संशोधन (1951)

- इस संशोधन द्वारा नौवीं अनुसूची को शामिल किया गया।

दूसरा संशोधन (1952)

- संसद में राज्यों के प्रतिनिधित्व को निर्धारित किया गया।

सातवाँ संशोधन (1956)

- इस संशोधन द्वारा भाषायी आधार पर राज्यों का पुनर्गठन किया गया, जिसमें पहले के तीन श्रेणियों में राज्यों के वर्गीकरण को समाप्त करते हुए राज्यों एवं केन्द्रशासित प्रदेशों में उन्हें विभाजित किया गया।

आठवाँ संशोधन (1960)

- अनुसूचित जातियों तथा जनजातियों और एंग्लो इंडिय्यन समुदाय के लिए विशेष आरक्षण की अवधि 10 वर्ष बढ़ाकर सन् 1970 तक की गई।

10वाँ संशोधन (1961)

- दादर और नागर हवेली को भारतीय संघ में शामिल कर उन्हें संघीय क्षेत्र की स्थिति प्रदान की गई।

12वाँ संशोधन (1962)

- गोवा, दमन और दीव का भारतीय संघ में एकीकरण किया गया।

13वाँ संशोधन (1962)

- संविधान में एक नया अनुच्छेद 371 (अ) जोड़ा गया, जिसमें नागालैण्ड के प्रशासन के लिए कुछ विशेष प्रावधान किए गए। दिसम्बर 1963 को नागालैण्ड को एक राज्य की स्थिति प्रदान कर दी गई।

14वाँ संशोधन (1963)

- पाण्डिचेरी को संघ राज्य क्षेत्र के रूप में प्रथम अनुसूची में जोड़ा गया तथा इन संघ राज्य क्षेत्रों (हिमाचल प्रदेश, गोवा, दमन और दीव, पाण्डिचेरी और मणिपुर) में विधान सभाओं की स्थापना की व्यवस्था की गई।

15वाँ संशोधन (1963)

- उच्च न्यायालय के न्यायाधीशों की सेवानिवृत्ति की आयु 60 वर्ष से बढ़ाकर 62 वर्ष की गई।

21वाँ संशोधन (1967)

- आठवीं अनुसूची में 'सिन्धी' भाषा को जोड़ा गया।

22 वाँ संशोधन (1968)

- मेघालय को एक स्वतन्त्र राज्य के रूप में स्थापित करने तथा उसके लिए विधानमण्डल और मन्त्रिपरिषद् का उपबन्ध करने की शक्ति प्रदान की गई।

23वाँ संशोधन (1970)

- अनुसूचित जातियों और जनजातियों के लिए आरक्षण की अवधि को और 10 वर्ष तक बढ़ाया गया।

24वाँ संशोधन (1971)

- संसद को मौलिक अधिकारों सहित संविधान के किसी की भाग में संशोधन का अधिकार दिया गया।

26वाँ संशोधन (1971)

- भूतपूर्व देशी रियासतों के शासकों का प्रिवीपर्स समाप्त कर दिया गया।

27वाँ संशोधन (1971)

- उत्तरी-पूर्वी क्षेत्र के पाँच राज्यों : आनोम, नागालैण्ड, मेघालय, मणिपुर व त्रिपुरा तथा दो संघीय क्षेत्रों : मिजोरम और अरुणाचल प्रदेश का गठन किया गया तथा इनमें समन्वय और सहयोग के लिए एक 'पूर्वोत्तर सीमान्त परिषद्' की स्थापना की गई।

31वाँ संशोधन (1974)

- लोकसभा की अधिकतम सदस्य संख्या 547 निश्चित की गई। इनमें से 545 निर्वाचित व 2 राष्ट्रपति द्वारा मनोनीत होंगे।

36वाँ संशोधन (1975)

- सिक्किम को भारतीय संघ में संघ के 22 वें राज्य के रूप में प्रवेश प्रदान किया गया।

37वाँ संशोधन (1975)

- अरुणाचल प्रदेश में व्यवस्थापिका तथा मन्त्रि परिषद् की स्थापना की गई।

42वाँ संशोधन (1976)

- कुछ विद्वानों द्वारा इसकी व्यापक प्रकृति को दृष्टिगत रखते हुए इसे **'लघु संविधान'** (Mini Constitution) की संज्ञा प्रदान की गई है। इसकी प्रमुख बातें इस प्रकार हैं–
- इसके द्वारा संविधान की प्रस्तावना में 'धर्मनिरपेक्ष', 'समाजवादी' ओर अखण्डता' शब्द जोड़े गए।
- इसके द्वारा अधिकारों के साथ-साथ कर्त्तव्यों की व्यवस्था करते हुए नागरिकों के 10 मूल कर्त्तव्य निश्चित किए गए।
- इसके अनुसार नीति निर्देशक तत्त्वों को प्रभावी करने के लिए मूलाधिकारों में संशोधन किया जा सकता है।
- लोकसभा तथा विधानसभाओं के कार्यकाल में एक वर्ष की वृद्धि की गई।
- निर्देशक तत्त्वों के कुछ नवीन तत्त्व जोड़े गए।
- इसके द्वारा शिक्षा, नाप-तौल, वन और जंगली जानवर तथा पक्षियों की रक्षा, ये विषय राज्य सूची से निकालकर समवर्ती सूची में रख दिए गए।
- यह व्यवस्था की गई कि अनुच्छेद 352 के अन्तर्गत आपातकाल सम्पूर्ण देश में लागू किया जा सकता है या देश के किसी एक या कुछ भागों के लिए।
- संसद द्वारा किए गए संविधान संशोधन को न्यायालय में चुनौती देने से वर्जित कर दिया गया।

43वाँ संशोधन (1977)

- 42वें संवैधानिक संशोधन की कुछ आपत्तिजनक व्यवस्थाओं विशेषतया न्यायपालिका से सम्बन्धित व्यवस्थाओं, को रद्द कर दिया गया।

44वाँ संशोधन (1978)

❑ इसकी प्रमुख बातें इस प्रकार हैं:

- सम्पत्ति के मूलाधिकार को समाप्त करके इसे विधिक अधिकार बना दिया गया।
- लोकसभा तथा राज्य विधान सभाओं की अवधि पुन: 5 वर्ष कर दी गई।
- राष्ट्रपति, उपराष्ट्रपति, प्रधानमन्त्री और लोक सभा अध्यक्ष के चुनाव विवादों की सुनवाई का अधिकार पुन: सर्वोच्च तथा उच्च न्यायालय को ही दे दिया गया।
- मन्त्रिमण्डल द्वारा राष्ट्रपति को जो भी परामर्श दिया जाएगा, राष्ट्रपति मन्त्रिमडण्ल को उस पर दोबारा विचार करने के लिए कह सकेंगे लेकिन पुनर्विचार के बाद मन्त्रिमण्डल राष्ट्रपति को, जो भी परामर्श देगा, राष्ट्रपति उस उस परामर्श को अनिवार्यत: स्वीकार करेंगे।
- (a) राष्ट्रपति द्वारा आपातकाल की घोषणा तभी की जा सकेगी, जबकि मन्त्रिमण्डल लिखित रूप में राष्ट्रपति का ऐसा परामर्श दे। (b) आपातकाल युद्ध, बाहरी आक्रमण या सशस्त्र विद्रोह की स्थिति में ही घोषित किया जा सकेगा 'आन्तरिक अशन्ति' में ही घोषित किया जा सकेगा 'आन्तरिक अशांति' के आधार पर नहीं। (c) घोषणा के एक माह के भीतर संसद के विशेष बहुमत से इसकी स्वीकृति आवश्यक होगी।
- 'व्यक्ति के जीवन और स्वतन्त्रता के अधिकार' को शासन के द्वारा आपातकाल में भी स्थगित या सीमित नहीं किया जा सकता, आदि।

49वाँ संशोधन (1980)

- अनुसूचित जातियों तथा जनजाति वर्गों के लिए आरक्षण की अवधि 25 जनवरी, 1990 तक के लिए कर दी गई।

49वाँ संशोधन (1984)

- इसके आधार पर संविधान की छठी अनुसूची के अन्तर्गत त्रिपुरा में 'स्वायत्तशासी जिला परिषद्' की स्थापना की गई।

51वाँ संशोधन (1984)

- अरुणाचल प्रदेश और मिजोरम की अनुसूचित जनजातियों को लोकसभा में आरक्षण प्रदान किया गया तथा नागालैण्ड ओर मेघालय की विधान सभाओं में जनजातियों के लिए आरक्षणों की व्यवस्था की गई।

52वाँ संशोधन (1985)

- इस संशोधन द्वारा संविधान में दसवीं अनुसूची जोड़ी गई। इसके द्वारा राजनीतिक दल-बदल पर कानूनी रोक लगाने की चेष्टा की गई है।

55वाँ संशोधन (1986)

- अरुणाचल प्रदेश को भारतीय संघ के अन्तर्गत राज्य का दर्जा प्रदान किया गया।

56वाँ संशोधन (1987)

- इसमें गोवा को पूर्ण राज्य का दर्जा देने तथा 'दमन व दीव' को नया संघीय क्षेत्र बनाने की व्यवस्था है।

57वाँ संशोधन (1987)

- मेघालय, मिघालय, मिजोरम, नागालैण्ड तथा अरुणाचल प्रदेश की विधान सभाओं में जनजातियों के लिए आरक्षण की व्यवस्था की गई।

58वाँ संशोधन (1987)

- संविधान के हिन्दी में प्राधिकृत पाठ को मान्यता प्रदान की गई है।

61वाँ संशोधन (1989)

- मताधिकार के लिए न्यूनतम आवश्यक आयु 21वर्ष से घटकर 18 वर्ष कर दी गई।

62वाँ संशोधन (1990)

- लोकसभा तथा राज्य विधान सभाओं में अनुसूचित जातियों तथा जनजातियों के आरक्षण में 10 वर्ष की और वृद्धि की गई।

65वाँ संशोधन (1990)

- 'अनुसूचित जाति तथा जनजाति आयोग' के गठन की व्यवस्था की गई।

69वाँ संशोधन (1991)

- दिल्ली का नाम 'राष्ट्रपति राजधानी राज्य क्षेत्र दिल्ली' किया गया तथा इसके लिए 70 सदस्यीय विधान सभा तथा 7 सदस्यीय मन्त्रिमण्डल के गठन का प्रावधान किया गया।

70वाँ संशोधन (1992)

- दिल्ली तथा पाण्डिचेरी संघ राज्य क्षेत्रों की विधान सभाओं के सदस्यों को राष्ट्रपति के निर्वाचक मण्डल में शामिल करने का प्रावधान किया गया।

71वाँ संशोधन (1992)

- तीन और भाषाओं : कोंकणी, मणिपुरी और नेपाली को संविधान की आठवीं अनुसूची में सम्मिलित किया गया।

73वाँ संशोधन (1992)

- संविधान में एक नया भाग 9 तथा एक नई अनुसूची ग्यारहवीं अनुसूची जोड़ी गई और पंचायती राज व्यवस्था को संवैधानिक दर्जा प्रदान किया गया।

74वाँ संशोधन (1993)

- संविधान में एक नया भाग : भाग 9 और एक नई अनुसूची 12वीं अनुसूची जोड़कर शहरी क्षेत्र की' स्थानीय स्वशासन संस्थाओं को संवैधानिक दर्जा प्रदान किया गया।

79वाँ संशोधन (2000)

- अनुसूचित जातियों तथा अनुसूचित जनजातियों के लिए आरक्षण की अवधि 25 जनवरी, 2010 ई. तक के लिए बढ़ा दी गई है।

81वाँ संवैधानिक संशोधन (2000)

- इस संवैधानिक संशोधन के माध्यम से व्यवस्था की गई है कि अब राज्यों को 'प्रत्यक्ष केन्द्रीय करों' से प्राप्त कुल धनराशि का 29 प्रतिशत हिस्सा मिलेगा।

84वाँ संवैधानिक संशोधन (2001)

- लोकसभा एवं विधान सभाओं की सीटों की संख्या में सन् 2026 तक कोई छेड़छाड़ नहीं करने सम्बन्धी 84 वाँ संवैधानिक संशोधन अधिनियम, 2002 पारित किया गया। निर्वाचन क्षेत्रों का परिसीमन सन् 1991 की जनगणना पर आधारित किया गया।

85वाँ संवैधानिक संशोधन (2001)

- इस संशोधन से सरकारी नौकरिगों में अनुसून्ति जाति त अनुसून्ति जाति के कर्मचारियों को पदोन्नति में आरक्षण का मार्ग प्रशस्त किया गया।

87वाँ संवैधानिक संशोधन विधेयक (2003)

- इसमें यह प्रवधान किया गया है कि निर्वाचन क्षेत्रों का परिसीमन सन् 2001 के जनगणना के आधार पर होगा।

88वाँ संवैधानिक संशोधन विधेयक (2003)

- इस संशोधन के द्वारा संविधान की सातवीं अनुसूची में संशोधन कर केन्द्र सरकार को सेवा कर लगाने का अधिकार प्रदान किया गया है।

91वाँ संवैधानिक संशोधन विधेयक (2003)

- दल बदल व्यवस्था में संशोधन केवल सम्पूर्ण दल के विलय को मान्यता, केन्द्र तथा राज्य में मंत्रिपरिषद् के सदस्य संख्या क्रमशः लोकसभा तथा विधानसभा की सदस्य संख्या का 15 प्रतिशत होगा।

92वाँ संवैधानिक संशोधन विधेयक (2003)

- इसमें आठवीं अनुसूची में चार और भाषाओं–मैथिली, डोगरी, बोडो और सन्थाली को जोड़ा गया है।

93वाँ संवैधानिक संशोधन विधेयक (2005)

- इसके तहत् गैर-सहायता प्राप्त निजी शिक्षण संस्थाओं में आरक्षण की सुविधा प्रदान की गई है। इसे संविधान के अनुच्छेद 15 में जोड़ा गया है।

94वाँ संवैधानिक संशोधन विधेयक (2006)

- इसे अनुच्छेद 165 की धारा (1) में जोड़ा गया है। इसके अन्तर्गत भारत के जनजातीय कल्याण मन्त्री पर बिहार, मध्य प्रदेश और ओडिशा राज्यों के अनुसूचित जाति तथा पिछड़े वर्ग के कल्याण से सम्बन्धित कार्यों का अतिरिक्त प्रभार होगा को संशोधित करके केवल बिहार को इस अनुच्छेद के दायरे से बाहर कर दिया गया है।

95वाँ संवैधानिक संशोधन विधेयक (2009)

- इस संशोधन द्वारा लोक सभा और राज्यों की विधान सभाओं में अनुसूचित जातियों तथा एंग्लो-इंडियन के लिए आरक्षण को दस और वर्षों (2010 तक) के लिए बढ़ा दिया गया है।

96वाँ संवैधानिक संशोधन अधिनियम (2011)

- इस संशोधन द्वारा उड़ीसा के स्थान पर 'ओडिशा' तथा 8वीं अनुसूची (भाषाएँ) की 15वीं प्रविष्टी में 'उड़िया' शब्द के स्थान पर 'ओडिशा' प्रतिस्थापित किया गया है।

97वाँ संवैधानिक संशोधन अधिनियम (2011)

- इस संशोधन के द्वारा सहकारी समितियों को संवैधानिक दर्जा प्रदान किया गया। इस संशोधन से नीति-निर्देशक तत्वों के तहत् अनुच्छेद 43 A जोड़कर सहकारी समितियों को राज्य द्वारा प्रोत्साहन का उपबन्ध किया गया है।

98वाँ संशोधन अधिनियम (2003)

- इस संशोधन द्वारा संविधान में एक नया अनु. 371 J जोड़ा गया है। इसके द्वारा कर्नाटक को हैदराबाद क्षेत्र के सम्बन्ध में विशेष दायित्व सौंपा गया।

99वां संशोधन अधिनियम (2015)

- इस संशोधन में राष्ट्रीय न्यायिक नियुक्ति आयोग से संबंधित अधिनियम 13 अप्रैल, 2015 को पारित हुए।

100वां संशोधन अधिनियम (2015)

- यह संशोधन भारत-बांग्लादेश सीमा-विवाद से संबंधित है, जो 1 अगस्त, 2015 पारित हुआ।

101वां संशोधन अधिनियम (2016)

- यह संशोधन वस्तु और सेवा कर (GST) से संबंधित है, जो 8 अगस्त, 2016 को पारित हुआ।

102वां संशोधन अधिनियम (2018)

- इस संशोधन द्वारा अन्य पिछड़ा वर्ग आयोग को संवैधानिक दर्जा प्रदान किया गया।

103वां संशोधन अधिनियम (2019)

- इस संशोधन द्वारा संविधान के अनुच्छेद 16 में एक नया उपबंध किया गया है जिसके माध्यम से सरकारी सेवाओं में नियुक्ति के लिए आर्थिक रूप से पिछड़े वर्गों के लिए 10 प्रतिशत आरक्षरण का प्रावधान किया गया है।

104वां संविधान संशोधन अधिनियम (2020)

- इसके तहत भारतीय संविधान के अनुच्छेद 334 में संशोधन किया गया है। इस तहत लोकसभा और विधानसभाओं में अनुसूचित जातियों एवं जनजातियों के लिए आरक्षण की अवधि को 10 वर्ष और बढ़ाया गया है। पूर्व में इस आरक्षण की समय सीमा 25 जनवरी, 2020 तक थी। इस संविधान संशोधन विधेयक द्वारा संसद में एंग्लो इंडियन समुदाय के प्रदत्त आरक्षण को समाप्त कर दिया गया है। आरक्षण के तहत एंग्लो-इंडियन समुदाय के 2 सदस्य लोक सभा में प्रतिनिधित्व करते आ रहे थे।

105वां संविधान संशोधन अधिनियम (2021)

- यह अधिनियम सामाजिक और आर्थिक रूप से पिछड़े वर्गों की पहचान उल्लिखित करने के लिए राज्य सरकारों की शक्ति को बहाल करता है।

प्रश्नमाला

1. **भारतीय संविधान निम्न में से कौन-सी नागरिकता प्रदान करता है?**
(a) दोहरी नागरिकता
(b) एकल नागरिकता
(c) a और b दोनों
(d) इनमें से कोई नहीं

2. **निम्नलिखित में से कौन-सी शर्त भारत की नागरिकता प्राप्त करने के लिए नहीं है?**
(a) अधिवास (b) वंशाक्रम
(c) पंजीकरण (d) सम्पत्ति स्वामित्व

3. **एक व्यक्ति नागरिकता के अधिकार कैसे खो सकता है? एक कारण हो सकता है-**
(a) एक व्यक्ति किसी दूसरे देश में दो महीने के लिए चला जाता है
(b) एक व्यक्ति दूसरे राज्य की नागरिकता ले लेता है
(c) एक व्यक्ति राज्य के लिए कर्त्तव्यों का प्रदर्शन नहीं करता है
(d) एक व्यक्ति बहुराष्ट्रीय कम्पनी में काम करता है

4. **नागरिकता प्राप्त करने व खोने के विषय में विस्तार से चर्चा कहाँ की गई है?**
(a) संविधान के भाग-2 में
(b) 1955 ई. के नागरिकता कानून में
(c) संविधान की प्रथम अनुसूची में
(d) संसद के विविध अधिनियमों में

5. **भारत की नागरिकता निम्नलिखित में से किस प्रकार प्राप्त की जा सकती है?**
(a) जन्म से (b) वंशानुक्रम से
(c) देशीयकरण से (d) उपयुक्त सभी से

6. **भारतीय संविधान निम्नलिखित में से कौन-सी नागरिकता प्रदान करता है?**
(a) एकल नागरिकता (b) दोहरी नागरिकता
(c) उपर्युक्त दोनों (d) उपर्युक्त में कोई नहीं

7. **किस देश में दोहरी नागरिकता का सिद्धान्त स्वीकार किया गया है?**
(a) भारत (b) कनाडा
(c) आस्ट्रेलिया (d) सं. रा. अमेरिका

8. **भारतीय संविधान के किन अनुच्छेदों में नागरिकता सम्बन्धी प्रावधान किए गए हैं?**
(a) अनुच्छेद 1-4
(b) अनुच्छेद 5-11
(c) अनुच्छेद 12-35
(d) अनुच्छेद 36-51

9. **भारत में रहने वाला ब्रिटिश नागरिक दावा नहीं कर सकता-**
(a) व्यापार और व्यवसाय की स्वतंत्रता का अधिकार
(b) विधि के समक्ष समता के अधिकार का
(c) जीवन और व्यक्तिगत स्वतंत्रता की सुरक्षा के अधिकार का
(d) धर्म की स्वतंत्रता के अधिकार का

10. **किस अनुच्छेद के तहत संसद को नागरिकता के सम्बन्ध में कानून बनाने का अधिकार प्रदान किया गया है?**
(a) अनुच्छेद 5
(b) अनुच्छेद 9
(c) अनुच्छेद 10
(d) अनुच्छेद 11

11. **नागरिकता निम्नलिखित में से किन विधियों द्वारा प्राप्त की जा सकती है?**
1. जन्म द्वारा
2. आनुवंशिकता द्वारा
3. पंजीयन द्वारा
4. अनुरोध द्वारा
कूट :
(a) 1 और 2 (b) 1, 2 और 3
(c) 2 और 3 (d) 2, 3 और 4

12. **भारतीय नागरिकता नहीं प्राप्त की जा सकती है-**
(a) जन्म द्वारा
(b) देशीयकरण द्वारा
(c) किसी भू-भाग के सम्मिलन द्वारा
(d) भारतीय बैंक में धन जमा करके

13. **नागरिकता प्राप्त करने के लिए शर्तें निर्धारित करने वाला सक्षम निकाय कौन-सा है?**
(a) चुनाव आयोग
(b) राष्ट्रपति
(c) संसद
(d) संसद और विधान सभाएँ

14. **देशीकरण द्वारा नागरिकता प्राप्ति का एक तरीका क्या है?**
(a) माता-पिता की नागरिकता
(b) भाई-बहन की नागरिकता
(c) विदेशी पुरुष से विवाह करने पर
(d) विदेशी से मित्रता करने पर

15. **नागरिक बनने की निम्नलिखित शर्तों में एक आवश्यक शर्त क्या है?**
(a) राज्य की सदस्यता
(b) उच्च परिवार की सदस्यता
(c) उच्च जाति की सदस्यता
(d) विदेशी से मित्रता करने पर

16. **कितने वर्षों तक लगातार बाहर रहने पर नागरिकता समाप्त हो जाती है?**
(a) 3 वर्ष (b) 5 वर्ष
(c) 7 वर्ष (d) 9 वर्ष

17. **पाकिस्तान से आकर भारत में नागरिकता प्राप्त करने सम्बन्धी प्रावधान का वर्णन निम्नलिखित में से किस अनुच्छेद में वर्णित है?**
(a) अनुच्छेद 6 (b) अनुच्छेद 8
(c) अनुच्छेद 9 (d) अनुच्छेद 11

18. **नागरिकता के लोप होने का एक नियम है-**
(a) परिवार से बिछड़ जाने पर
(b) देशद्रोह का अपराध सिद्ध होने पर
(c) भ्रमण के लिए विदेश जाने पर
(d) शिक्षा के लिए विदेश जाने पर

19. **ऐसे सभी व्यक्ति जो.........., या उसके पश्चात् भारत में जन्म ग्रहण किया हो, उन्हें जन्मजात भारतीय नागरिक समझा जाएगा।**
(a) 15 अगस्त, 1947
(b) 1 जनवरी, 1949
(c) 26 जनवरी, 1950
(d) 15 अगस्त, 1950

20. **संविधान द्वारा प्रदत्त नागरिकता के सम्बन्ध में संसद ने एक व्यापक नागरिकता अधिनियम कब अपनाया?**
(a) 1950 (b) 1952
(c) 1955 (d) 1960

21. **निम्न में से किस स्थिति में किसी भारतीय व्यक्ति की भारतीय नागरिकता समाप्त हो सकती है?**
(a) त्यागने पर
(b) पर्यावसन पर
(c) वंचित किए जाने पर
(d) उपर्युक्त सभी

22. **भारत में एकल नागरिकता की अवधारणा अपनायी गई है-**
(a) इंग्लैण्ड से (b) यू.एस.ए. से
(c) कनाडा से (d) फ्रांस से

23. **निम्न में से किस स्थिति में किसी व्यक्ति को भारतीय नागरिकता से वंचित नहीं किया जा सकता है?**
(a) निर्वाचन के दौरान
(b) आपातकाल के दौरान
(c) युद्ध के दौरान
(d) उपर्युक्त सभी

24. निम्नांकित में से सन्दर्भ समूह कौन-सा है?
(a) कॉलेज जाने वाले छात्र
(b) न्यूक्लियर वैज्ञानिक
(c) समुद्री इन्जीनियर
(d) उपरोक्त सभी

25. निम्नांकित में से कौन समिति नहीं है?
(a) एक पार्क में घूमते हुए वृद्ध व्यक्ति
(b) ट्रेड यूनियन
(c) बोट क्लब
(d) टेनिस क्लब

26. निम्नांकित में से संस्था कौन-सी है?
(a) परिवार (b) राज्य
(c) दल-व्यवस्था (d) ये सभी

27. निम्नांकित में से कौन प्रजाति नहीं है?
(a) भारतीय (b) एशियन
(c) नागा (d) इनमें से कोई नहीं

28. निम्नांकित में से कौन संस्कृति का अंग नहीं है?
(a) रेल की सड़कें
(b) संस्कार मनाना
(c) हमारी आध्यात्मिकता
(d) धार्मिक सहिष्णुता

29. निम्न में से सामाजिक संरचना की कौन-सी विशेषता नहीं है?
(a) सामाजिक संरचना अमूर्त होती है
(b) यह स्थायी अवधारणा है
(c) सामाजिक संरचना में विघटनकारी तत्व नहीं होते
(d) सामाजिक संरचना की इकाइयां क्रमबद्ध एवं व्यवस्थित होती हैं

30. सामाजिक भौतिकशास्त्र का नाम 'समाजशास्त्र' किसने रखा?
(a) ऑगस्ट कॉम्टे (b) मैक्स वेबर
(c) जॉनसन (d) इमाइल दुर्खीम

31. कार्ल मार्क्स कहाँ के समाजशास्त्री थे?
(a) फ्रांस
(b) जर्मनी
(c) सोवियत संघ
(d) चेकोस्लोवाकिया

32. कॉम्टे द्वारा दिए गए बौद्धिक विकास क्रम के तीन स्तरों में निम्न में से कौन-सी नहीं है?
(a) धार्मिक (b) अप्रत्यक्ष
(c) प्रत्यक्ष (d) तात्विक

33. 'समाज कुछ हमसे बाहर है, कुछ हमसे है'-यह कथन किसका है?
(a) इमाइल दुर्खीम (b) टेलर
(c) एच. स्पेन्सर (d) रूसो

34. निम्न में से किसने सामाजिक संरचना की तुलना मकड़ियों के जाल से की है?
(a) मैक्स वेबर (b) इमाइल दुर्खीम
(c) कार्ल मार्क्स (d) पारसन्स

35. 'सोशियोलॉजी ऑफ नॉलेज' किसकी कृति है?
(a) कार्ल मार्क्स (b) एच. स्पेन्सर
(c) वेब्लन (d) कार्ल मेनहीम

36. देश के ग्रामीण क्षेत्र के सामाजिक एवं सांस्कृतिक उत्थान के लिए सामुदायिक विकास कार्यक्रम कब प्रारम्भ किया गया?
(a) 15 अगस्त, 1947
(b) 26 जनवरी, 1950
(c) 2 अक्टूबर, 1952
(d) 14 नवम्बर, 1954

37. भारत में त्रिस्तरीय पंचायती राज प्रणाली स्थापित करने की अनुशंसा सर्वप्रथम किसके द्वारा की गयी थी?
(a) अशोक मेहता समिति द्वारा
(b) एल. एम. सिंघवी समिति द्वारा
(c) बलवंत राय मेहता समिति द्वारा
(d) सरकारिया आयोग द्वारा

38. जिस समिति में लोकतांत्रिक विकेन्द्रीकरण और पंचायती राज की सिफारिश की, उसका सभापति कौन था?
(a) के. एम. पन्निकर
(b) ए. एच. कुंजरू
(c) महात्मा गांधी
(d) बलवंत राय मेहता

39. सामुदायिक विकास कार्यक्रम का मुख्य उद्देश्य था-
(a) जरूरतमन्दों को पदार्थों तथा सेवाओं का वितरण
(b) पिछड़े समुदायों की समस्याओं का समाधान
(c) छुआछूत का उन्मूलन
(d) विकास में जनता का सहयोग सुनिश्चित करना

40. पंचायती राज से सम्बन्धित निम्नलिखित कथनों में से कौन-सा सही नहीं है?
(a) पंचायत व्यवस्था भारतीय ग्रामीण जीवन युगों से एक अभिन्न अंग है
(b) 72वां संशोधन 15 अगस्त, 1993 से प्रभावी हुआ
(c) यह एक त्रिस्तरीय जैविकीय रूप से जुड़ी संरचना है
(d) भारतीय संविधान का अनुच्छेद 243 G उसके महत्त्व को बढ़ाता है

41. भारत सरकार द्वारा विकास योजना की शुरुआत की गयी, 2 अक्टूबर-
(a) 1950 को (b) 1951 को
(c) 1952 को (d) 1953 को

42. पंचायती राज प्रथम प्रवर्तित किया गया-
(a) आन्ध्र प्रदेश में
(b) उत्तर प्रदेश में
(c) हिमाचल प्रदेश में
(d) राजस्थान में

43. सामुदायिक विकास कार्यक्रम की असफलता का कारण है-
(a) धन की कमी
(b) सरकारी कर्मचारियों पर निर्भरता
(c) गुटबाजी
(d) अशिक्षा

44. भारत में सबसे पहले राजस्थान में पंचायती राज की स्थापना किस वर्ष हुई?
(a) 1952 ई. (b) 1956 ई.
(c) 1959 ई. (d) 1960 ई.

45. पंचायती राज की दृष्टि से महत्त्वपूर्ण प्रतिवेदन है-
(a) सरकारिया आयोग प्रतिवेदन
(b) प्रशासनिक सुधार आयोग प्रतिवेदन
(c) बलवन्त राय मेहता समिति प्रतिवेदन
(d) आनन्दपुर साहिब प्रस्ताव

46. देश में त्रिस्तरीय पंचायती राज-व्यवस्था को किन राज्यों में सर्वप्रथम अपनाया गया?
(a) पं. बंगाल एवं कर्नाटक
(b) गुजरात एवं राजस्थान
(c) उ. प्र. एवं मध्य प्रदेश
(d) राजस्थान एवं आन्ध्र प्रदेश

47. लोकतांत्रिक विकेन्द्रीकरण का सुझाव दिया गया-
(a) महात्मा गांधी द्वारा
(b) विनोबा भावे द्वारा
(c) जयप्रकाश नारायण द्वारा
(d) बलवन्त राय मेहता द्वारा

48. भारत में पंचायती राज व्यवस्था सर्वप्रथम राजस्थान और .... में आरम्भ की गयी।
(a) हरियाणा (b) गुजरात
(c) उत्तर प्रदेश (d) आन्ध्र प्रदेश

49. लोकतांत्रिक विकेन्द्रीकरण की योजना प्रस्तुत करने वाली समिति है-
(a) राष्ट्रीय विकास परिषद्
(b) योजना आयोग
(c) सादिक अली समिति
(d) बलवन्त राय मेहता समिति

50. 2 अक्टूबर, 1959 को भारत में पंचायती राज का शुभारम्भ निम्नलिखित में से कहाँ पर किया गया था?
(a) नागौर (राजस्थान)
(b) राजमुन्दरी (आन्ध्र प्रदेश)
(c) सीतामढ़ी (बिहार)
(d) अलीगढ़ (उत्तर प्रदेश)

51. भारत में पंचायती राज का प्रारम्भ किया गया था?
(a) 1956 ई. (b) 1957 ई.
(c) 1958 ई. (d) 1959 ई.

52. पंचायती राज का मुख्य उद्देश्य है–
(a) कृषि उत्पादन को बढ़ाना
(b) रोजगार सृजित करना
(c) जनता को राजनीतिक रूप से जागृत करना
(d) जनता को विकासमूलक प्रशासन में भागीदारी योग्य बनाना

53. 73वें संशोधन का सम्बन्ध किससे है?
(a) नगरपालिका निगम से
(b) मकान किराया अधिनियम से
(c) पंचायती राज अधिनियम से
(d) संसदों के वेतन एवं महंगाई भत्ता में वृद्धि से

54. संविधान की ग्यारहवीं अनुसूची में निम्नलिखित में से क्या सम्मिलित है?
(a) राज्य के नीति निदेशक सिद्धान्त
(b) पंचायतों का कार्यक्रम
(c) मूल अधिकार
(d) मूल कर्त्तव्य

55. 73वां संविधान सम्बन्धित है–
(a) राष्ट्रपति के महाभियोग से
(b) शैक्षणिक संस्थाओं में सीटों से
(c) पंचायती राज प्रणाली से
(d) चुनाव आयोग की आरक्षण नियुक्ति से

56. पंचायती राज प्रणाली किस पर आधारित है?
(a) सत्ता के केन्द्रीयकरण पर
(b) सत्ता के विकेन्द्रीकरण पर
(c) प्रशासक व जनता के सहयोग पर
(d) उपर्युक्त सभी पर

57. भारत में निम्नलिखित में से किसके अंतर्गत पंचायती राज प्रणाली की व्यवस्था की गयी है?
(a) मौलिक अधिकार
(b) मौलिक कर्त्तव्य
(c) नीति निदेशक सिद्धान्त
(d) चुनाव आयोग अधिनियम

58. पंचायती राज प्रदान करता है–
(a) पिछड़े क्षेत्रों का कृषि विकास
(b) स्थानीय स्तर पर लोकतांत्रिक प्रशासन
(c) ग्रामीण स्तर पर उचित राजस्व का संचालन
(d) देहाती क्षेत्र में शिक्षा का विकेन्द्रीकरण

59. किस संवैधानिक संशोधन द्वारा पंचायती राज संस्थाओं को संवैधानिक दर्जा प्रदान किया गया है?
(a) 71वें (b) 72वां
(c) 73वां (d) 74वां

60. पंचायती राज का प्रधान लक्ष्य है–
(a) ग्रामवासियों के बीच प्रतिद्विन्द्व को बढ़ाना
(b) चुनाव में लड़ने के लिए ग्रामवासियों को प्रशिक्षण देना
(c) ग्रामवासियों में शक्ति का विकेन्द्रीकरण
(d) इनमें से कोई नहीं

61. 73वें संविधान संशोधन द्वारा संविधान में कौन-सी अनुसूची जोड़ी गयी?
(a) 9वीं (b) 10वीं
(c) 11वीं (d) 12वीं

62. भारतीय संविधान के किस भाग में नगरपालिकाओं से संबंधित प्रावधान है?
(a) भाग–4क (b) भाग–9क
(c) भाग–14क (d) भाग–22क

63. भारतीय संविधान के किस भाग में पंचायती राज में संबंधित प्रावधान है?
(a) भाग–6 (b) भाग–7
(c) भाग–8 (d) भाग–9

64. भारतीय संविधान के निम्नलिखित अनुच्छेदों में से कौन-सा अनुच्छेद राज्य सरकारों को ग्राम पंचायतों को संगठित करने का निर्देश देता है?
(a) अनुच्छेद 40 (b) अनुच्छेद 46
(c) अनुच्छेद 48 (d) अनुच्छेद 51

65. भारतीय संविधान के किस भाग में ग्राम पंचायतों की स्थापना की बात कही गयी है?
(a) भाग–3 (b) भाग–4
(c) भाग–5 (d) भाग–6

66. भारतीय संविधान के किस अनुच्छेद के अंतर्गत संसद के दोनों संदनों द्वारा पारित किसी बिल पर अपनी स्वीकृति रोक सकते हैं?
(a) अनुच्छेद 63 (b) अनुच्छेद 108
(c) अनुच्छेद 109 (d) अनुच्छेद 111

67. राष्ट्रपति द्वारा जारी एक अध्यादेश संसद के सत्र शुरू होने के बाद कितने समय तक रखा जाना आवश्यक है?
(a) 3 माह (b) 6 सप्ताह
(c) 8 सप्ताह (d) 6 माह

68. जब केंद्रीय मंत्रिमंडल ने (वर्ष 2002 में) चुनावी सुधारों पर अध्यादेश में बिना किसी बदलाव के उसे राष्ट्रपति को वापस भेजा तब राष्ट्रपति ने भारतीय संविधान के कौन-से अनुच्छेद के अंतर्गत उसे अपनी सहमति दी?
(a) अनुच्छेद 121 (b) अनुच्छेद 142
(c) अनुच्छेद 123 (d) अनुच्छेद 124

69. निम्नलिखित में से राष्ट्रपति किसकी नियुक्ति करता है?
(a) भारत का महान्यायवादी
(b) नियंत्रक एवं महालेखा परीक्षक
(c) एक राज्य का राज्यपाल
(d) उपरोक्त सभी

70. संविधान असाधारण परिस्थितियों में राष्ट्रपति को राज्यपाल के कृत्यों के निर्वहन हेतु उपबंध कर सकता है?
(a) अनुच्छेद 160 में (b) अनुच्छेद 162 में
(c) अनुच्छेद 165 में (d) अनुच्छेद 310 में

उत्तरमाला

1. (b)	2. (d)	3. (b)	4. (b)	5. (d)	6. (a)	7. (d)	8. (b)	9. (a)	10. (d)
11. (b)	12. (d)	13. (c)	14. (c)	15. (a)	16. (c)	17. (a)	18. (b)	19. (c)	20. (c)
21. (d)	22. (a)	23. (d)	24. (d)	25. (a)	26. (d)	27. (d)	28. (a)	29. (c)	30. (*)
31. (b)	32. (b)	33. (a)	34. (c)	35. (d)	36. (c)	37. (c)	38. (d)	39. (d)	40. (b)
41. (d)	42. (d)	43. (d)	44. (c)	45. (c)	46. (d)	47. (d)	48. (d)	49. (d)	50. (c)
51. (d)	52. (d)	53. (c)	54. (b)	55. (c)	56. (b)	57. (c)	58. (b)	59. (c)	60. (c)
61. (c)	62. (b)	63. (d)	64. (a)	65. (b)	66. (d)	67. (b)	68. (c)	69. (d)	70. (a)

❑❑❑

अध्याय 13 भारतीय अर्थव्यवस्था, कृषि, वाणिज्य एवं व्यापार

(i) **भारतीय अर्थव्यवस्था ग्रामीण तथा कृषि पर आधारित अर्थव्यवस्था है**—भारत की 58.2% श्रमशक्ति कृषि क्षेत्र में लगी हुई है तथा राष्ट्रीय आय में इसका योगदान लगभग 22% है। इसके आधार पर यह कहा जा सकता है कि भारतीय अर्थव्यवस्था कृषि प्रधान ही है।

(ii) **मिश्रित अर्थव्यवस्था है**—मिश्रित अर्थव्यवस्था का अर्थ निजी क्षेत्र तथा सार्वजनिक क्षेत्र का सहअस्तित्व है। उत्पादन के स्रोतों और साधनों पर निजी क्षेत्र का ही वर्चस्व (लगभग 80%) है।

(iii) **अल्पविकसित अर्थव्यवस्था है**—विश्व विकास सूचक, शीर्षक से प्रकाशित रिपोर्ट के अनुसार विश्व में निर्धन लोगों की सर्वाधिक संख्या भारत में है। विश्व की 1.3 अरब निर्धन जनसंख्या का सर्वाधिक 36% भाग भारत में है।

(iv) पूँजी व संसाधनों की न्यूनता है तथा सकल घरेलू बचत की दर काफी नीची है।

(v) जनसंख्या में अत्यधिक वृद्धि हुई है।

राष्ट्रीय आय

- भारत की राष्ट्रीय आय और प्रति व्यक्ति आय की गणना का प्रथम प्रयास दादा भाई नौरोजी ने किया था।
- राष्ट्रीय आय की गणना के लिए उत्पाद पद्धति और आय पद्धति दोनों का सहारा लिया जाता है।

  राष्ट्रीय आय—राष्ट्रीय आय से तात्पर्य अर्थव्यवस्था द्वारा पूरे वर्ष के दौरान उत्पादित अन्तिम वस्तुओं व सेवाओं के शुद्ध मूल्य के योग से होता है। इसमें विदेशों से अर्जित शुद्ध आय भी शामिल होती है। भारत में राष्ट्रीय आय के आंकड़े वित्तीय वर्ष (1अप्रैल, 31 मार्च तक) पर आधारित है।

राष्ट्रीय आय की अवधारणाएँ

- **सकल राष्ट्रीय उत्पाद**—किसी देश के नागरिकों द्वारा सामान्यतया एक वित्तीय वर्ष में उत्पादित कुल अन्तिम वस्तुओं तथा सेवाओं मौद्रिक मूल्य सकल राष्ट्रीय उत्पाद कहलाती है।
- सकल घरेलू उत्पाद अथवा देश की सीमा के अन्दर (सामान्यतया एक वर्ष) में उत्पादित अन्तिम वस्तुओं तथा सेवाओं का कुल मौद्रिक मूल्य होती है। वर्तमान में भारत के सकल घरेलू उत्पाद में सेवा क्षेत्र का द्वितीय, उद्योग का तथा कृषि का योगदान है।
- केन्द्रीय सांख्यिकी संगठन (CSO) (स्थापना-1951 ई.) जारी करता है।
- किसी भी देश की आर्थिक विकास दर का सर्वश्रेष्ठ सूचक प्रति व्यक्ति आय होती है।

आर्थिक नियोजन

- आर्थिक नियोजन वह प्रक्रिया है, जिसके अन्तर्गत पूर्व निर्धारित उद्देश्यों की पूर्ति हेतु सीमित प्राकृतिक संसाधनों का कुशलतम उपयोग किया जाता है।
- भारत में आर्थिक नियोजन के उद्देश्य में—आर्थिक संवृद्धि आर्थिक एवं सामाजिक असमानता को दूर करना, गरीबी उन्मूलन तथा रोजगार वृद्धि आदि सम्मिलित हैं।
- आर्थिक आयोजन सम्बन्धी प्रस्ताव सर्वप्रथम सन् 1934 ई. में 'विश्वेश्वरैया' की पुस्तक 'प्लांड इकोनोमी फॉर इंडिया' में आई थी।
- सन् 1947 ई. में नेहरू की अध्यक्षता में आर्थिक नियोजन समिति गठित हुई। इसी समिति की सिफारिश पर 15 मार्च, 1950 ई. को योजना आयोग का गठन एक गैर-सांविधिक तथा परामर्शदात्री निकाय के रूप में किया गया।
- भारत की पहली पंचवर्षीय योजना 1 अप्रैल, 1951 से प्रारम्भ हुई। भारत में अब तक बारह पंचवर्षीय योजनाएँ लागू की जा चुकी हैं।
- 1978-83 ई. के लिए जनता सरकार ने अनवरत योजना चलायी।

प्रथम पंचवर्षीय योजना (1951-56 ई.)

- इस योजना में कृषि को उच्च प्राथमिकता दी गई।
- देश की प्रथम पंचवर्षीय योजना 'हैरोड-डॉमर मॉडल' पर आधारित थी।

द्वितीय पंचवर्षीय योजना (1956-61 ई.)

- यह योजना पी. सी. महालनोबिस मॉडल पर आधारित थी।
- इसका मुख्य उद्देश्य-समाजवादी समाज की स्थापना करना था।
- इसमें भारी उद्योगों व खनिजों को उच्च प्राथमिकता दी गई।
- अनेक महत्त्वपूर्ण उद्योग: जैसे—दुर्गापुर, भिलाई, राउरकेला के इस्पात कारखाने इसी योजना के दौरान स्थापित किए गए।

तृतीय पंचवर्षीय योजना (1961-66 ई.)

- इस योजना का उद्देश्य अर्थव्यवस्था को आत्मनिर्भर बनाना था।

योजना अवकाश (1966-67 से 1968-69 ई.)

चतुर्थ पंचवर्षीय योजना (1969-74 ई.)

- इस योजना का मुख्य उद्देश्य था—स्थायित्व के साथ विकास तथा आर्थिक आत्मनिर्भरता की प्राप्ति।

पाँचवीं पंचवर्षीय योजना (1974-78 ई.)

- इस योजना का मुख्य उद्देश्य गरीबी उन्मूलन तथा आर्थिक आत्मनिर्भरता की प्राप्ति था।
- इसी में बीस सूत्री कार्यक्रम (1975) की शुरुआत हुई।
- जनता पार्टी शासन द्वारा आरम्भ इस योजना को सन् 1978 ई. में ही समाप्त करने का निर्णय लिया गया।

छठी पंचवर्षीय योजना (1980-85 ई.)

- इस योजना के दौरान समन्वित ग्रामीण विकास कार्यक्रम, जैसे महत्त्वपूर्ण कार्यक्रम शुरू किए गए।

पंचवर्षीय योजनाओं के दौरान संवृद्धि दरें

योजना	अवधि	लक्ष्य	उपलब्धि
पहली योजना	1951-56	2.1	3.5
दूसरी योजना	1956-61	4.5	4.2
तीसरी योजना	1961-66	5.6	2.8
वार्षिक योजना	1966-69	—	3.9
चौथी योजना	1969-74	5.7	3.2
पाँचवीं योजना	1774-78	4.4	4.7
वार्षिक योजना	1978-80	—	5.2
छठी योजना	1980-85	5.2	5.5
सातवीं योजना	1985-90	5.0	5.6
वार्षिक योजना	1990-92	—	3.4
आठवीं योजना	1992-97	5.6	6.5
नौवीं योजना	1997-2002	6.5	5.5
दसवीं योजना	2002-2007	7.9	7.8
ग्यारहवीं योजना	2007-2012	9.0	7.9
बारहवीं योजना	2012-2017	8.2	8.0

सातवीं पंचवर्षीय योजना (1985-90 ई.)

- न्याय पर आधारित सामाजिक प्रणाली की स्थापना।
- देशी तकनीकी विकास के लिए सुदृढ़ आधार तैयार करना था।
- इस योजना में योजना परिव्यय की दृष्टि से पहली बार निजी क्षेत्र को सार्वजनिक क्षेत्र की तुलना में वरीयता दी गई।
- इसी योजना में जवाहर रोजगार योजना जैसा महत्त्वपूर्ण रोजगारपरक कार्यक्रम प्रारम्भ किया गया।

आठवीं पंचवर्षीय योजना (1992-97 ई.)

- इस योजना में सर्वोच्च प्राथमिकता 'मानव संसाधन का विकास' को दी गई।
- यह योजना सफल रही तथा लक्षित विकास दर 5.6% के स्थान पर वार्षिक वृद्धि दर से लक्ष्य से ज्यादा 6.7% वार्षिक वृद्धि दर प्राप्त की गई।
- इसी साल में प्रधानमंत्री रोजगार योजना की शुरुआत हुई।

नौवीं पंचवर्षीय योजना (1997-2002 ई.)

- नौवीं पंचवर्षीय योजना में सर्वोच्च प्राथमिकता 'न्यायपूर्ण वितरण एवं समानता के साथ विकास' को दी गई।

दसवीं पंचवर्षीय योजना (2002-2007 ई.)

- दसवीं पंचवर्षीय योजना का उद्देश्य देश में गरीबी और बेरोजगारी समाप्त करना तथा अगले 10 वर्षों में प्रति व्यक्ति आय दोगुनी करना प्रस्तावित किया गया है।

ग्यारहवीं पंचवर्षीय योजना (2007-2012 ई.)

- इस पंचवर्षीय योजना का मुख्य लक्ष्य 'तीव्रतम एवं समावेशी विकास' तक थी।

12वीं पंचवर्षीय योजना (अप्रैल 2012 - मार्च 2017)

- यह योजना पूरी तरह से समावेशी विकास पर केंद्रित थी, तथा इसकी थीम तीव्र समावेशी एवं सतत् विकास थी।
- भारत में योजना निर्माण हेतु केन्द्रीय निकाय है—योजना आयोग।
- राष्ट्रीय विकास परिषद् का गठन 6 अगस्त, 1952 ई. को हुआ, प्रधानमंत्री इसका अध्यक्ष तथा योजना आयोग का सचिव इसका सचिव होता है।
- दीर्घकालिक योजना वह योजना होती है, जो योजना आयोग द्वारा सामाजिक एवं राजनीतिक उद्देश्यों को ध्यान में रखकर 15 से 20 वर्षों के लिए बनाई जाती है।
- योजना का अंतिम अनुमोदन 'राष्ट्रीय विकास परिषद्' द्वारा होता है।

- उस व्यक्ति को निर्धनता की रेखा के नीचे माना जाता है जो ग्रामीण क्षेत्रों में प्रतिदिन 2,400 कैलोरी व शहरी क्षेत्रों में 2,100 कैलोरी भोजन प्राप्त करने में असमर्थ है।
- निर्धनों की निरपेक्ष संख्या के मामले में उत्तर प्रदेश का स्थान जहाँ सबसे ऊपर है, वहीं निर्धनता अनुपात के मामले में ओडिशा (64.4%) का स्थान सर्वोच्च है।
- नई आर्थिक सुधार की रूपरेखा सर्वप्रथम राजीव गाँधी के प्रधानमंत्री काल में सन् 1985 ई. में शुरू की गई।
- नई आर्थिक सुधार की दूसरी लहर वी. पी. नरसिंह राव की सरकार के काल में सन् 1991 ई. में आयी।
- नई आर्थिक सुधार नीति को शुरू करने का प्रमुख कारण खाड़ी युद्ध तथा भारत के भुगतान संतुलन की समस्या थी। नई आर्थिक नीति के तीन प्रमुख आयाम थे; निजीकरण, उदारीकरण तथा वैश्वीकरण।
- इस समय नई औद्योगिक नीति के तहत् आरक्षित उद्योग निम्नलिखित हैं—(i) परमाणु ऊर्जा, (ii) रेल परिवहन, एवं (iii) परमाणु ऊर्जा, (iv) परमाणु ऊर्जा की अनुसूची में निर्दिष्ट खनिज।

भारतीय बैंकिंग

- असंगठित क्षेत्र के अन्तर्गत देशी बैंकर, साहूकार और महाजन आदि परम्परागत स्रोत आते हैं।
- संगठित क्षेत्र में भारतीय रिजर्व बैंक शीर्ष संस्था है तथा इसके अतिरिक्त सार्वजनिक क्षेत्र के बैंक, निजी क्षेत्र के बैंक, विदेशी बैंक तथा अन्य वित्तीय संस्थाएँ आती हैं।
- भारतीय रिजर्व बैंक देश में मौद्रिक गतिविधियों के नियमन का नियन्त्रण करता है।
- भारतीय रिजर्व बैंक के द्वारा निम्नलिखित कार्य किए जाते हैं—(i) सरकारी बैंकर का काम, (ii) करेंसी नोटों का निर्गमन, (iii) बैंकों के बैंक का काम, (iv) साख नियन्त्रण।
- सेबी के अध्यक्ष का सामान्यतः कार्यकाल तीन वर्ष का होता है, किन्तु अधिकतम 65 वर्ष की आयु तक ही कोई व्यक्ति इस पद पर रह सकता है।

बैंक रेट—जिस सामान्य ब्याज दर पर रिजर्व बैंक द्वारा वाणिज्यिक बैंकों को पैसा उधार दिया जाता है, 'बैंक दर' कहलाती है।

रेपो दर—अल्पकालिक आवश्यकताओं की पूर्ति हेतु जिस ब्याज दर पर कॉमर्शियल बैंक रिजर्व बैंक से नकदी ऋण प्राप्त करते हैं वह 'रेपो दर' कहलाती है।

नकद आरक्षित अनुपात—किसी वाणिज्यिक बैंक में कुल जमा राशि पर वह भाग जिसे रिजर्व बैंक के पास अनिवार्य रूप से रखना पड़ता है, 'वैधानिक तरलता अनुपात' कहलाता है।

भारत की प्रमुख वित्तीय संस्थाओं का स्थापना वर्ष

संस्थान	वर्ष
इम्पीरियल बैंक ऑफ इंडिया	1921
भारतीय रिजर्व बैंक (RBI)	1 अप्रैल, 1935
रिजर्व बैंकों का राष्ट्रीयकरण	1 जनवरी, 1949
भारतीय औद्योगिक वित्त निगम	1948
भारतीय औद्योगिक ऋण व निवेश निगम (ICICI)	जनवरी 1955
कृषि एवं ग्रामीण विकास हेतु राष्ट्रीय बैंक (NABARD)	12 जुलाई, 1982
भारतीय निर्यात-आयात बैंक (EXIM Bank)	1 जनवरी, 1982
क्षेत्रीय ग्रामीण बैंकों का प्रारम्भ	2 अक्टूबर, 1975

विश्व के प्रमुख स्टॉक एक्सचेंज और उनके सूचकांक

सूचकांक	स्टॉक एक्सचेंज
डी जीन्स, नैस्डैक	न्यूयॉर्क
निक्की	टोकियो
मिड डेक्स	फ्रैंकफर्ट (जर्मनी)
हांगकांग	हांगकांग
सिमेक्स, स्ट्रेट्स टाइम्स	सिंगापुर
कोस्पी	कोरिया
सेट	थाइलैण्ड
तेन, TWSFC	ताइवान
बोवेस्पा	ब्राजील
मिब्टेल	इटली
आई. पी. सी.	मैक्सिको
एस. एण्ड. पी. एस. एण्ड पी. सी.	कनाडा
एन. एक्स. निफ्टी–निफ्टी	एन. एस. ई. मुम्बई
सेंसेक्स, डॉलेक्स	मुम्बई
वैंकेक्स,	मुम्बई
एसएमई कपोजिट इंडेक्स	चीन

- भारतीय कम्पनी अधिनियम के अन्तर्गत प्रत्येक कम्पनी को पूँजी के लिए अंशों के निर्गमन का अधिकार होता है। इस प्रकार एकत्रित की गई पूँजी अंश या शेयर कहलाती है।
- शेयर होल्डरों की हुई कमाई को लाभांश कहते हैं।

भारत के प्रमुख शेयर मूल्य सूचकांक

1. **BSE SENSEX** : यह मुम्बई स्टॉक एक्सचेंज का संवेदी शेयर सूचकांक है। यह 30 प्रमुख शेयरों का प्रतिनिधित्व करता है।
2. **NSE-50** : राष्ट्रीय स्टॉक एक्सचेंज (NSE) दिल्ली से सम्बन्धित इस सूचकांक का नाम बदलकर S & PCNX Nifty रखा गया है।

- रिजर्व बैंक भारत का केन्द्रीय बैंक है, इसका मुख्यालय मुम्बई में है।
- एक रुपए के नोट तथा सिक्के का निर्गमन वित्त मंत्रालय करता है तथा इसके अतिरिक्त समस्त करेंसी नोटों का निर्गमन रिजर्व बैंक करता है।
- पहला भारतीय बैंक पंजाब नेशनल बैंक है। इसकी स्थापना 1894 में की गई थी।
- 17 जुलाई, 1969 ई. को 14 बड़े व्यावसायिक बैंकों तथा 15 अप्रैल, 1980 ई. को छः अन्य अनुसूचित बैंकों का राष्ट्रीयकरण कर दिया गया।
- सार्वजनिक क्षेत्र के बैंकों द्वारा कुल बैंक जमा का लगभग 91% का नियन्त्रण किया जाता है।
- सार्वजनिक क्षेत्र के बैंकों में भारतीय स्टेट बैंक समूह सबसे बड़ा है, जो कुल बैंक जमा का लगभग 29% का नियन्त्रण करता है।

भारत के मान्यता प्राप्त 21 स्टॉक एक्सचेंज

क्र.सं	स्टॉक एक्सचेंज
1.	उत्तर प्रदेश स्टॉक एक्सचेंज, कानपुर
2.	वड़ोदरा बैंक एक्सचेंज, बड़ौदा
3.	कोयम्बटूर स्टॉक एक्सचेंज, कोयम्बटूर
4.	यूनाइटेड स्टॉक एक्सचेंज ऑफ इंडिया लि.
5.	मुम्बई स्टॉक एक्सचेंज, मुम्बई
6.	ओवर दी काउण्टर एक्सचेंज ऑफ इंडिया (OTCEI), मुम्बई
7.	राष्ट्रीय स्टॉक एक्सचेंज, मुम्बई
8.	अहमदाबाद स्टॉक एक्सचेंज, अहमदाबाद
9.	बंगलौर स्टॉक एक्सचेंज, बेंगलुरू
10.	भुवनेश्वर स्टॉक एक्सचेंज, भुवनेश्वर
11.	कलकत्ता स्टॉक एक्सचेंज, कोलकाता
12.	कोचीन स्टॉक एक्सचेंज, कोच्चि
13.	दिल्ली स्टॉक एक्सचेंज, दिल्ली
14.	गोहाटी स्टॉक एक्सचेंज, गुवाहाटी
15.	जयपुर स्टॉक एक्सचेंज, जयपुर
16.	इंटर कनेक्टेड स्टॉक एक्सचेंज ऑफ इण्डिया लि.
17.	लुधियाना स्टॉक एक्सचेंज, लुधियाना
18.	चेन्नई स्टॉक एक्सचेंज, चेन्नई
19.	मध्य प्रदेश स्टॉक एक्सचेंज, इन्दौर
20.	पुणे स्टॉक एक्सचेंज, पुणे
21.	कैपिटल स्टॉक एक्सचेंज, केरला लिमिटेड, तिरुवनन्तपुरम (केरल)

- निजी क्षेत्र के बैंकों में सर्वप्रथम यू. टी. आई. बैंक ने 2 अप्रैल, 1994 से कार्य करना आरम्भ किया था।
- राष्ट्रीय कृषि तथा ग्रामीण विकास बैंक (नाबार्ड) देश में कृषि एवं ग्रामीण विकास हेतु वित्त उपलब्ध करने वाली शीर्ष संस्था है।
- भारतीय जीवन बीमा निगम का मुख्यालय मुम्बई में है। इसकी स्थापना सन् 1956 ई. में की गई थी।
- भारतीय साधारण बीमा निगम की स्थापना सन् 1972 ई. में की गई थी।

सेबी द्वारा स्थायी मान्यता प्राप्त स्टॉक एक्सचेंज

- अहमदाबाद स्टॉक एक्सचेंज
- बेंगलुरू स्टॉक एक्सचेंज
- कोलकाता स्टॉक एक्सचेंज
- दिल्ली स्टॉक एक्सचेंज
- मध्य प्रदेश स्टॉक एक्सचेंज
- मद्रास स्टॉक एक्सचेंज
- नेशनल स्टॉक एक्सचेंज–राष्ट्रीय स्तर
- मुम्बई स्टॉक एक्सचेंज–राष्ट्रीय स्तर
- एमसीएक्स एस. एक्स–राष्ट्रीय स्तर

कर के प्रकार

प्रत्यक्ष कर : आय कर, सम्पत्ति कर, उपहार कर।

अप्रत्यक्ष कर : बिक्री कर, तट कर, उत्पाद कर, सीमा शुल्क।

केन्द्र सरकार द्वारा लगाए जाने वाले कर : आय कर, निगम कर, सम्पत्ति कर, उत्तराधिकार कर, सीमा शुल्क।

राज्य सरकार द्वारा लगाए जाने वाले कर : भू-राजस्व कर, कृषि आय कर, बिक्री कर, राज्य उत्पादन शुल्क, मनोरंजन कर, स्टाम्प शुल्क, पथ कर, मोटर वाहन कर, व्यावसायिक कर।

- केन्द्र की सर्वाधिक निवल राजस्व की प्राप्ति सीमा शुल्कों से होती है। सीमा शुल्क से प्राप्त राजस्व का बँटवारा राज्यों को नहीं करना होता है।
- **इण्डिया सिक्योरिटी प्रेस, नासिक (महाराष्ट्र)**—नासिक रोड स्थित भारत प्रतिभूति मुद्रणालय में डाक सम्बन्धी लेखन सामग्री, डाक एवं डाक भिन्न टिकटों, अदालती एवं गैर-अदालती स्टाम्पों, बैंकों के चैकों, बॉण्डों, राष्ट्रीय बचत-पत्रों, पोस्टल ऑर्डर, पासपोर्ट, इंदिरा विकास-पत्रों की छपाई की जाती है।

- **करेन्सी नोट प्रेस, नासिक (महाराष्ट्र)**—नासिक रोड स्थित करेन्सी नोट प्रेस ₹ 10, 50, 100, 500, 2,000 के बैंक नोट छापती है और उनकी पूर्ति करती है।
- सिक्कों का उत्पादन करने तथा सोने और चाँदी की परख करने के लिए भारत सरकार की चार टकसालें मुम्बई, कोलकाता, हैदराबाद तथ नोएडा में स्थित हैं।

व्यापार

- स्वतन्त्रता के बाद विदेशी व्यापार की अन्तर्मुखी नीतियों को अपनाया गया और आयात प्रतिस्थापन की नीति इसका आधार बनी। व्यापार उदारीकरण का प्रयास 80 के दशक से आरम्भ हुआ तथा 90 के दशक (1991 के बाद) में उदारीकरण व विश्वव्यापीकरण की व्यापक नीति बनी।
- विश्व के कुल विदेशी व्यापार से भारत का अंश पिछले वर्षों से लगभग 1% बना रहा है।
- भुगतान सन्तुलन का तात्पर्य किसी देश का अन्य देश के साथ एक वर्ष की अवधि में समस्त लेन-देन होता है। भुगतान सन्तुलन खाते के दो भाग होते हैं-चालू खाता व पूँजी खाता।
- चालू खाते के अन्तर्गत वस्तुगत व्यापार (आयात + निर्यात) के साथ-साथ अदृश्य मदों; जैसे-बीमा, परिवहन, पर्यटन, उपहार आदि की लेनदारियों व देनदारियों को सम्मिलित किया जाता है।
- पूँजीगत खाते में पूँजीगत लेन-देन जैसे ऋणों की प्राप्तियाँ व अदायगियाँ तथा स्वर्ण हस्तान्तरण सम्मिलित की जाती हैं।

व्यापारिक संगठन

- अन्तर्राष्ट्रीय मुद्रा कोष (IMF) की स्थापना 27 दिसम्बर, 1945 ई. में ब्रेटनवुड सम्मेलन के निर्णय के आधार पर की गयी तथा इसका कार्य 1 मार्च, 1947 ई. से शुरू हुआ।
- IBRD अर्थात् 'पुनर्निर्माण' एवं विकास के लिए अन्तर्राष्ट्रीय बैंक' की स्थापना सन् 1945 ई. में हुई।
- IBRD को ही अन्य संस्थाओं के साथ मिलाकर विश्व बैंक के नाम से पुकारा जाता है। इन संस्थाओं में अन्तर्राष्ट्रीय वित्त निगम, अन्तर्राष्ट्रीय विकास संघ तथा बहुपक्षीय विनियोग गारण्टी अभिकरण है।
- 12 दिसम्बर, 1994 ई. को GATT का अस्तित्व समाप्त कर दिया गया तथा 1 जनवरी, 1995 ई. को इसका स्थान WTO अर्थात् विश्व व्यापार संगठन ने ले लिया।
- WTO का मुख्यालय जेनेवा में है।
- मंत्रिस्तरीय सम्मेलन WTO की सर्वोच्च संस्था है। सभी सदस्य देशों के मंत्री इसके सदस्य हैं। इस संस्था की प्रत्येक दो वर्ष में कम-से-कम एक बैठक अवश्य होती है।

महत्त्वपूर्ण समितियाँ

सहकारिता समिति	केन्द्र-राज्य सम्बन्ध
गोस्वामी समिति	औद्योगिक रुग्णता
महालनोबिस समिति	राष्ट्रीय आय
रंगराजन समिति	भुगतान सन्तुलन
राजा चलैया समिति	कर सुधार
भूरेलाल समिति	मोटरवाहन करों में वृद्धि
नरसिम्हम समिति	वित्तीय (बैंकिंग) सुधार
उच्चतर समिति	मुस्लिमों की सामाजिक, आर्थिक व शैक्षणिक स्थिति का अध्ययन
सुरेश तेंदुलकर समिति	गरीबी
एस. तारापोर समिति	रुपए की पूँजी खाते में परिवर्तनीयता
आबिद हुसैन समिति	लघु उद्योग

महत्वपूर्ण आर्थिक शब्दावली

- **बूम**—अर्थव्यवस्था में बूम की स्थिति उस समय कही जाती है, जब आर्थिक क्रियाओं का तेजी से विस्तार होता है। माँग में वृद्धि के परिणामस्वरूप किसी उद्योग विशेष में भी बूम की स्थिति उत्पन्न हो सकती है।
- 101वें संविधान संशोधन अधिनियम, 2016 के द्वारा अनुच्छेद 366 में एक नया खंड (12A) जोड़ा गया, जिसके अनुसार, 'वस्तु एवं सेवा कर' का अर्थ है-मानव उपयोग के लिए मानदक पेय पदार्थों की आपूर्ति पर लगने वाले कर को छोड़कर वस्तुओं या सेवाओं या दोनों आपूर्ति पर लगने वाला कर।
- **बफर स्टॉक**—आयात स्थिति में किसी वस्तु की कमी को पूरा करने के लिए वस्तु का स्टॉक तैयार करना बफर कहलाता है।
- **तेजड़िया और मंदड़िया**—यह स्टॉक एक्सचेंज के शब्द हैं, जो व्यक्ति स्टॉक की कीमतें बढ़ाना चाहता है, तेजड़िया कहलाता है, जो व्यक्ति स्टॉक की कीमतें गिरने की आशा करके किसी वस्तु को भविष्य में देने का वायदा करके बचाता हैं, वह मंदड़िया कहलाता है।
- **अवमूल्यन**—यदि किसी मुद्रा का विनियम मूल्य अन्य मुद्राओं की तुलना में जानबूझकर कम कर दिया जाता है, तो इसे उस मुद्रा का अवमूल्यन कहते हैं। अवमूल्यन सरकार स्वयं करती है।
- **ऐस्टेट ड्यूटी**—किसी व्यक्ति की मृत्यु के पश्चात् उसकी सम्पत्ति के हस्तान्तरण के समय जो कर उस सम्पत्ति पर लगाया जाता है, उसे ऐस्टेट ड्यूटी कहते हैं।
- **मुद्रास्फीति**—मुद्रास्फीति वह अवस्था है, जिसमें मुद्रा का मूल्य गिर जाता है और कीमतें बढ़ जाती हैं, आर्थिक दृष्टि से सीमित एवं नियन्त्रित मुद्रास्फीति, अल्प-विकसित अर्थव्यवस्था हेतु लाभदायक होती है, क्योंकि एक सीमा से अधिक मुद्रास्फीति हानिकारक है।
- **रिसेशन**—रिसेशन से तात्पर्य मन्दी की अवस्था है, जब वस्तुओं की पूर्ति की तुलना में माँग कम हो, तो रिसेशन की स्थिति उत्पन्न होती है। ऐसी स्थिति में धनाभाव के कारण लोगों की क्रय शक्ति कम होती है और उत्पादित वस्तुओं के खरीददार नहीं होते।
- **स्टेगफ्लेशन**—यह अर्थव्यवस्था की ऐसी स्थिति है, जिसमें मुद्रास्फीति के साथ-साथ मंदी की स्थिति होती है।
- **टैरिफ**—किसी देश द्वारा आयातों पर लगाए गए कर को ही टैरिफ कहा जाता है।
- **ब्लोआऊट**—जब कोई कम्पनी अपना नया आई. पी. ओ. इश्यू करती है और उसका सब्सक्रिप्शन पहले ही दिन पूरा होकर बन्द हो जाता है, तो उसे ब्लोआऊट कहा जाता है।
- **इनासाइडर ट्रेडिंग**—यह एक अवैध कार्य है। जब उन व्यक्तियों द्वारा भारी मात्रा में शेयरों का क्रय-विक्रय करके लाभ कमाया जाता है, जिनके पास कम्पनियों की गुप्त सूचनाएँ रहती हैं।
- **शॉर्ट सेलिंग**—जब किसी दलाल द्वारा इतने शेयरों की बिक्री की जाती है, जितने उनके पास शेयर नहीं होते हैं, तो इसे शॉर्ट सेलिंग कहा जाता है। अनुबन्ध पूरा करने के लिए दलाल द्वारा नीलामी में शेयर क्रय किए जाते हैं।
- **निजीकरण**—सार्वजनिक क्षेत्र में पूँजी या प्रबन्धन या दोनों में निजी क्षेत्र की भागीदारी बढ़ाना अथवा उन्हें निजी क्षेत्र को सौंप देना0 ही निजीकरण है।
- **उदारीकरण**—उदारीकरण, सरकारी नियन्त्रण को शिथिल या समाप्त करने की क्रियाविधि है।
- **विश्व व्यापीकरण**—किसी अर्थव्यवस्था को विश्व अर्थव्यवस्था से जोड़ने की क्रिया ही विश्व व्यापीकरण है।

- **विनिवेश**—सरकारी क्षेत्र में सरकारी हिस्सेदारी को कम करना ही विनिवेश कहलाता है।

वस्तु और सेवा कर (GST)

- जी.एस.टी. (GST) का पूरा नाम Goods and Services Tax अर्थात् वस्तु एवं सेवा कर है। जी.एस.टी. एक एकीकृत अप्रत्यक्ष कर प्रणाली है जिसमें केन्द्र एवं राज्य सरकारों द्वारा वस्तु एवं सेवाओं पर विभिन्न चरणों में लगाए जाने वाले करों को समाप्त कर एक कर लगाने की व्यवस्था की गई है। जी.एस.टी. 1 जुलाई, 2017 से लागू हुआ है।

GST की परिभाषा

- **अनुच्छेद-366** (संशोधित): पीने योग्य एल्कोहल को छोड़कर किसी भी वस्तु या सेवा पर लगने वाला कर।

जी.एस.टी. का प्रारूप

यह कुछ अपवादों को छोड़कर राष्ट्रीय स्तर पर एक देश, एक कर की अवधारणा पर आधारित है क्योंकि वर्तमान में देश में केन्द्रीय उत्पाद शुल्क, सीमा शुल्क, सीमा शुल्क का विशेष अतिरिक्त शुल्क, तथा राज्य स्तर पर बिक्री कर प्रवेश कर (Entry Tax), मनोरंजन कर और विलासिता कर आरोपित किए जाते हैं। इन सभी करों का जी.एस.टी. में समावेश कर दिया गया है।

GST द्वारा प्रतिस्थापित होने वाले कर

- केन्द्रीय GST द्वारा प्रतिस्थापित होने वाले कर
- केन्द्रीय उत्पाद शुल्क
- अतिरिक्त उत्पाद शुल्क
- सेवा कर
- प्रतिकारी शुल्क (Countervailing Duty)
- अतिरिक्त सीमा शुल्क (Additional Duties of Customs–CVD)
- केन्द्र द्वारा लगाए जाने वाले अधिभार (Surcharge) तथा उपकर (Cess)

राज्य GST द्वारा प्रतिस्थापित होने वाले कर

- वैट (VAT) बिक्री कर
- खरीद कर (Purchase Tax)
- मनोरंजन कर
- विलासिता कर (Luxury Tax)
- प्रवेश शुल्क-चुंगी (Octroi)
- विज्ञापन कर (अखबार, TV व रेडियो को छोड़कर)
- लॉटरी व जुआ पर लगने वाले कर
- राज्य द्वारा लगाए जाने वाले अधिभार एवं उपकर

बजट

- भारत का प्रथम बजट 13 फरवरी, 1860 को **जेम्स विल्सन** ने प्रस्तुत किया।
- भारत में रेल बजट अलग से प्रस्तुत करने की व्यवस्था वर्ष 1921 में प्रारम्भ हुई थी, जो अब तक यथावत चल रही है। बजट पर मतदान की प्रणाली वर्ष 1935 में हुई।
- **जवाहर लाल नेहरू** प्रथम प्रधानमन्त्री थे जिन्होंने 1958–59 में बजट प्रस्तुत किया।
- स्वतन्त्र भारत का प्रथम बजट आर के **षणमुखम चेट्टी** ने 26 नवम्बर, 1947 को प्रस्तुत किया।
- भारत में सबसे अधिक बार बजट पेश करने का श्रेय **मोरारजी देसाई** (8 बार) को है।

बजट निर्माण प्रक्रिया

प्रत्येक बजट के निर्माण की प्रक्रिया के निम्न चरण हैं—

बजट की तैयारी

- बजट अनुमान तैयारी करने का कार्य जुलाई या अगस्त माह में शुरू होता है। बजट की रूपरेखा तैयार करने का सारा उत्तरदायित्व वित्त-मन्त्रालय और उनके अधीनस्थ कार्यालयों को होता है।
- **वित्त मन्त्रालय द्वारा परीक्षण** वित्त मन्त्रालय इन प्राप्त अनुमानों का निरीक्षण अपने स्तर पर प्रारम्भ करता है। इसके निरीक्षण प्रशासकीय मन्त्रालय द्वारा किए गए निरीक्षण से पृथक् होते हैं।

विधानमंडल की स्वीकृति

- संसद के पूर्वानुमान के बिना कोई कर न तो लगाया जा सकता है और न ही कोई व्यय किया जा सकता है। वित्त-मन्त्रालय द्वारा तैयार होने के पश्चात् बजट को स्वीकृति हेतु संसद में **अनुच्छेद 112** के तहत **वार्षिक वित्तीय विवरण** के नाम से प्रस्तुत किया जाता है।
- **संसद में प्रस्तुत करना:** वित्तमन्त्री फरवरी माह के अन्तिम कार्य दिवस पर बजट प्रस्तुत करता है। इसके तुरन्त बाद वित्त विधेयक पेश किया जाता है। इसके तुरन्त बाद वित्त विधेयक पेश किया जाता है। जिसमें सरकार के कराधान प्रस्ताव होते हैं। उसके बाद सदन स्थगित हो जाता है। उस दिन बजट पर चर्चा नहीं की जाती है।
- **सामान्य चर्चा:** वित्तमन्त्री के बजट भाषण के कुछ दिनों पश्चात् बजट पर सामान्य चर्चा होती है। बजट में अंतर्निहित नीतियों व सिद्धान्त पर चर्चा होती है।
- **अनुदान माँग पर चर्चा तथा मतदान:** सामान्य चर्चा के पश्चात् माँगें प्रस्तुत की जाती हैं।
- अनुदान माँगों पर विचार-विमर्श व मतदान के लिए **कुल 26 दिन** का समय निर्धारित होता है।
- **विनियोग विधेयक पर चर्चा तथा उसे पारित करना (अनुच्छेद 114)** अनुदानों पर मतदान के उपरान्त सरकार को सर्वाधिक कोष से धन निकालने का अधिकार प्राप्त नहीं होता।
- इसके लिए विधि संबंधी सहमति आवश्यक है। अत: अगला स्तर विनियोग विधेयक को एक संविधि के रूप में पारित करना होता है।
- सदन द्वारा मतदान की माँग पर संचित निधि पर भारित माँगों को एक विधेयक में समाविष्ट कर दिया जाता है जिसे विनियोजन विधेयक कहते हैं।
- यदि लोकसभा द्वारा इसे पारित और लोकसभा अध्यक्ष द्वारा **अनुच्छेद 110** के तहत धन विधेयक के रूप में प्रमाणित कर दिया जाता है, तो इसे राज्यसभा को प्रेषित कर दिया जाता है। राज्यसभा के लिए आवश्यक है कि वह इसे 14 दिनों के अन्दर ही अपनी सिफारिशों के साथ वापस कर दे।

वित्तीय कोषों का लेखांकन

- वित्तीय लेन-देन की नियमित लेख सूची को लेखा कहते है। यह लेन-देन या तो सरकारी हो सकता है या निजी। लेखा के द्वारा ही वित्तीय नियन्त्रण सम्भव है।

लेखा परीक्षण

- लेखा परीक्षण का तात्पर्य हिसाब-किताब की जाँच करने से है। लेखा परीक्षण में निम्न बातों की जाँच की जाती है।
- किसी कानून, नियम या अधिनियम के विरुद्ध कोई व्यय तो नहीं हुआ है।
- वित्तीय औचित्य के सिद्धान्तों की अवज्ञा तो नहीं की गई है।
- बजट के विनियोग की अवहेलना तो नहीं हुई है।
- मंजूरी के बिना तो कोई व्यय नहीं किया गया है।
- इन चारों विषयों में पहले तीन विषयों से व्यय के कानूनी पहलू की जाँच की जाती है तथा अन्तिम विषय से यह जाँच की जाती है कि मितव्ययिता के नियमों का पालन किया गया है अथवा नहीं।

प्रश्नमाला

1. 'प्लानिंग फॉर इंडिया' नामक पुस्तक सन् 1934 में लिखी गई थी। इसके लेखक थे–
(a) जवाहरलाल नेहरू
(b) डॉ. राजेन्द्र प्रसाद
(c) सर विश्वेश्वरैया
(d) महात्मा गांधी

2. भारतीय प्रतिभूति एवं विनिमय बोर्ड (SEBI) की स्थापना कब की गई थी?
(a) 5 दिसम्बर 1988 (b) 21 जनवरी 1988
(c) 23 मार्च 1988 (d) 12 अप्रैल 1988

3. न्यूनतम आवश्यकता कार्यक्रम किस पंचवर्षीय योजना में प्रारम्भ किया गया था?
(a) दसवीं पंचवर्षीय योजना
(b) पांचवीं पंचवर्षीय योजना में
(c) तीसरी पंचवर्षीय योजना
(d) आठवीं पंचवर्षीय योजना में

4. शून्य आधारित बजट किसे कहते हैं?
(a) शिक्षा पर विशेष रूप से ध्यान देना
(b) हानि पर आधारित बजट
(c) प्रत्येक बार नए ढंग से बजट बनाना
(d) लाभ पर आधारित बजट

5. कौन-सी संस्था अंतिम रूप से पंचवर्षीय योजनाओं को अनुमोदित करती थी?
(a) वित्त मंत्रालय
(b) योजना आयोग
(c) रक्षा मंत्रालय
(d) राष्ट्रीय विकास परिषद

6. राष्ट्रीय कृषि एवं ग्रामीण विकास बैंक (NABARD) की स्थापना किस समिति की सिफारिश पर की गई थी?
(a) अविनाश समिति
(b) शिवारमन समिति
(c) सरकारिया समिति
(d) तुकाराम समिति

7. संगम योजना का उद्देश्य क्या है?
(a) नागरिकों की रक्षा
(b) भारतीय बैंकों में सुधार
(c) ग्रामीण कल्याण कार्यक्रमों की सहायता व मूल्यांकन
(d) शिक्षा में सुधार

8. जिस दर पर भारतीय रिजर्व बैंक वाणिज्य बैकों के प्रथम श्रेणी के बिलों की पुनर्कटौती करता है उसे क्या कहा जाता है?
(a) लागत दर (b) बैंक दर
(c) रिवर्स रेपो दर (d) इनमें से कोई नहीं

9. क्रोमा रिटेल सीरीज (Croma Retail Series) का संबंध किससे है?
(a) माल्या ग्रुप से (b) टाटा ग्रुप से
(c) अम्बानी ग्रुप से (d) मोदी ग्रुप से

10. जिस रेट पर बैंक रिजर्व बैंक को उधार देते हैं उसे क्या कहते हैं?
(a) बैंक दर (b) विक्रय दर
(c) रिवर्स रेपो रेट (d) क्रय दर

11. UTI की स्थापना कब की गई थी?
(a) 1 अप्रैल 1964 (b) 1 फरवरी 1964
(c) 1 मई 1964 (d) 1 मार्च 1964

12. अमेरिका के किस महानगर में डब्ल्यू टी. सी. स्थित है?
(a) शिकागो में (b) न्यूयार्क में
(c) डलास में (d) बोस्टन में

13. 'दास कैपीटल' के लेखक कौन हैं?
(a) कार्ल मार्क्स
(b) लेनिन
(c) रूसो
(d) फ्रैंकलिन डी रूजवेल्ट

14. किस पंचवर्षीय योजना का प्रारूप पी.सी. महलनोबिस के द्वारा तैयार किया गया था?
(a) प्रथम पंचवर्षीय योजना
(b) द्वितीय पंचवर्षीय योजना
(c) तृतीय पंचवर्षीय योजना
(d) चतुर्थ पंचवर्षीय योजना

15. सातवीं पंचवर्षीय योजना के अन्तर्गत सार्वजनिक क्षेत्र के किस क्षेत्र को सर्वोच्च वरीयता प्रदान की गई थी?
(a) कृषि उत्पादन क्षेत्र को
(b) सुरक्षा क्षेत्र को
(c) ऊर्जा क्षेत्र को
(d) शिक्षा क्षेत्र को

16. डीबियर्स कम्पनी का संबंध किसके व्यवसाय से है?
(a) चावल के व्यवसाय से
(b) इस्पात के व्यवसाय से
(c) कृषि के व्यवसाय से
(d) हीरे के व्यवसाय से

17. भारत में रोलिंग आयोजन (Rolling Plan) की अवधारणा को किस वर्ष अपनाया गया?
(a) 1987 (b) 1978
(c) 1989 (d) 1981

18. भारत में राष्ट्रीय आय का सबसे पहले अनुमान किसने और कब लगाया था?
(a) दादाभाई नौरोजी, 1868 ई. में
(b) आर. सी. दत्त, 1878 ई. में
(c) लॉर्ड रिपन, 1882 ई. में
(d) लॉर्ड कर्जन, 1902 ई. में

19. लोक कार्यक्रम और ग्रामीण प्रौद्योगिकी विकास परिषद् (Council for Advancement of people's Action and Rural Technology CAPART) का मुख्यालय कहाँ स्थित है?
(a) आजमगढ़ (b) नई दिल्ली
(c) नागपुर (d) अलीगढ़

20. 'द थ्योरी ऑफ इकोनॉमिक ग्रोथ' पुस्तक के लेखक हैं?
(a) जॉर्ज वाशिंगटन (b) डब्ल्यू. ए. लेविस
(c) विन्स्टन चर्चिल (d) एडम स्मिथ

21. नासडैक (Nasdaq) क्या है?
(a) इटली का शेयर बाजार
(b) अमेरिका का शेयर बाजार
(c) रूस का शेयर बाजार
(d) जर्मनी का शेयर बाजार

22. पंचवर्षीय योजनाओं को अनुमोदित करने वाली सर्वोच्च संस्था है–
(a) योजना आयोग
(b) वित्त मंत्रालय
(c) रक्षा मंत्रालय
(d) राष्ट्रीय विकास परिषद

23. स्वतंत्र भारत का प्रथम आम बजट प्रस्तुत करने वाले वित्तमंत्री कौन थे?
(a) डॉ. श्यामा प्रसाद मुखर्जी
(b) आर.के. षणमुगम शेट्टी
(c) डॉ. भीमराव अम्बेडकर
(d) मोरारजी देसाई

24. अर्थव्यवस्था के विकास के लिए केन्द्रीकृत नियोजन सर्वप्रथम अपनाया गया था?
(a) चीन में
(b) इटली में
(c) पूर्व सोवियत संघ में
(d) जर्मनी में

25. किसी विधेयक को धन विधेयक होने का अंतिम निर्णय कौन देता है?
(a) लोकसभा अध्यक्ष (b) प्रधानमंत्री
(c) उपराष्ट्रपति (d) राष्ट्रपति

26. वित्त आयोग का गठन कितने समय के अन्तराल पर होता है?
(a) चार वर्ष (b) छः वर्ष
(c) पाँच वर्ष (d) सात वर्ष

27. अन्तर्राष्ट्रीय मुद्राकोष (IMF) की स्थापना किस सम्मेलन का परिणाम था?
(a) ब्रेटनवुड्स सम्मेलन का
(b) वाशिंगटन सम्मेलन का
(c) रियो डि जेनेरियो सम्मेलन का
(d) लंदन सम्मेलन का

28. भारत में वित्तीय वर्ष कब से कब तक होता है?
(a) 1 सितम्बर से 31 अगस्त तक
(b) 1 अप्रैल से 31 मार्च तक
(c) 1 मई से 30 अप्रैल तक
(d) 1 मार्च से 31 दिसम्बर तक

29. भारतीय मानक ब्यूरो का मुख्यालय कहाँ है?
(a) पटना में (b) कानपुर में
(c) गुवाहाटी में (d) नई दिल्ली में

30. शेयर घोटाले से संबंधित विभिन्न पहलुओं की जाँच हेतु कौन-सी समिति गठित की गई थी?
(a) मिश्र समिति (b) जानकीरमन समिति
(c) चन्द्रचूढ़ समिति (d) कालरा समिति

31. अन्तर्राष्ट्रीय मुद्रा कोष (IMF) के मुख्य अर्थशास्त्री के रूप में नियुक्त होने वाले प्रथम भारतीय हैं–
(a) डॉ. मनमोहन सिंह (b) रघुराम राजन
(c) पी. चिदम्बरम (d) कोणार्क सिंह

32. वित्त आयोग की नियुक्ति कौन करता है?
(a) प्रधानमंत्री (b) उपराष्ट्रपति
(c) वित्त मंत्री (d) राष्ट्रपति

33. प्रतिस्पर्धा विधेयक-2001 किस अधिनियम के स्थान पर लाया गया है?
(a) MRTP Act 1984
(b) MRTP Act 1969
(c) MRTP Act 1991
(d) MRTP Act 1976

34. चौथी पंचवर्षीय योजना (1969-74) किस अन्य नाम से जानी जाती है?
(a) सुभाष योजना के नाम से
(b) गाडगिल योजना के नाम से
(c) जवाहर योजना के नाम से
(d) महात्मा गांधी योजना के नाम से

35. पीली क्रांति (Yellow Revolution) किससे संबंधित है?
(a) चावल उत्पादन से
(b) गेहूँ उत्पादन से
(c) सब्जी उत्पादन से
(d) तिलहन उत्पादन से

36. भारत की पहली मानव विकास रिपोर्ट कब जारी की गई थी?
(a) अप्रैल 2002 (b) अगस्त 1990
(c) अप्रैल 1991 (d) सितम्बर 1993

37. राउरकेला इस्पात कारखाने की स्थापना किसके सहयोग से की गई है?
(a) ब्रिटेन (b) फ्रांस
(c) इटली (d) जर्मनी

38. मिश्रित अर्थव्यवस्था का अर्थ है-
(a) जहां कृषि और उद्योग दोनों को समान महत्व दिया जाता है।
(b) जहां राष्ट्रीय अर्थव्यवस्था में सार्वजनिक क्षेत्र के साथ-साथ निजी क्षेत्र भी विद्यमान हो।
(c) जहां राष्ट्रीय अर्थव्यवस्था में भूमण्डलीकरण की प्रक्रिया भारी मात्रा से स्वदेशी से प्रभावित हो।
(d) जहां आर्थिक नियोजन और विकास मे केन्द्र और राज्यों की समान भागीदारी हो।

39. 'रेण्ड' मुद्रा किस देश की मुद्रा है?
(a) घाना (b) दक्षिण अफ्रीका
(c) नाइजीरिया (d) केन्या

40. पांचवीं पंचवर्षीय योजना का प्रारूप किसके द्वारा तैयार किया गया था?
(a) जगजीवन राम (b) डी. पी. धर
(c) आर.के. आनन्द (d) चौधरी चरण सिंह

41. केलकर समिति किस विषय से संबंधित है?
(a) राष्ट्रीय आय
(b) इस्पात उद्योग
(c) प्रत्यक्ष एवं अप्रत्यक्ष कर
(d) कृषि सुधार

42. खुसरो समिति किस विषय से संबंधित है?
(a) जनसंख्या नीति (b) कर सुधार
(c) बेरोजगारी (d) कृषि ऋण

43. भारत में नीति आयोग का अध्यक्ष होता है?
(a) दिल्ली का उपराज्यपाल (b) राष्ट्रपति
(c) वित्तमंत्री (d) प्रधानमंत्री

44. भारत में आर्थिक नियोजन कब प्रारंभ हुआ?
(a) 1 अप्रैल 1953 को
(b) 1 अप्रैल 1951 को
(c) 1 अप्रैल 1952 को
(d) 1 अप्रैल 1950 को

45. भारतीय यूनिट ट्रस्ट की स्थापना किस वर्ष की गई थी?
(a) 1984 में (b) 1964 में
(c) 1981 में (d) 1972 में

46. भारत सरकार ने नई औद्योगिक नीति की घोषणा कब की थी?
(a) 1990 ई. में (b) 1991 ई. में
(c) 1987 ई. में (d) 1992 ई. में

47. राज्यों की आय का सबसे बड़ा स्रोत कौन-सा कर है?
(a) शिक्षा कर (b) कृषि कर
(c) बिक्री कर (d) उद्योग कर

48. आर. सी. दत्त की कौन-सी पुस्तक को भारत के आर्थिक इतिहास पर पहली प्रसिद्ध पुस्तक माना जाता है?
(a) इकोनोमिक हिस्ट्री ऑफ इंडिया
(b) इकोनोमिक प्लानिंग
(c) हिस्ट्री ऑफ इंडिया
(d) इन्डस्ट्रिलाइजेशन

49. विश्व में पहला देश कौन-सा है, जिसने राष्ट्रीय स्तर पर परिवार नियोजन प्रारंभ किया?
(a) श्रीलंका (b) नेपाल
(c) भारत (d) पाकिस्तान

50. 'गोल्डन हैण्ड शेक स्कीम' किससे संबंधित है?
(a) स्वैच्छिक सेनानिवृत्ति से
(b) राष्ट्रीय आय से
(c) राष्ट्रीय उद्योग उत्पादन से
(d) राष्ट्रीय कृषि उत्पादन से

उत्तरमाला

1. (c)	2. (d)	3. (b)	4. (c)	5. (d)	6. (b)	7. (b)	8. (b)	9. (b)	10. (c)
11. (b)	12. (b)	13. (a)	14. (b)	15. (c)	16. (d)	17. (b)	18. (a)	19. (b)	20. (b)
21. (b)	22. (d)	23. (b)	24. (c)	25. (a)	26. (c)	27. (a)	28. (b)	29. (d)	30. (b)
31. (b)	32. (d)	33. (b)	34. (b)	35. (d)	36. (a)	37. (d)	38. (b)	39. (b)	40. (b)
41. (c)	42. (d)	43. (d)	44. (b)	45. (b)	46. (b)	47. (c)	48. (a)	49. (c)	50. (a)

❑❑❑

अध्याय 14

विश्व एवं भारत का भूगोल

ब्रह्माण्ड

- ब्रह्माण्ड की उत्पत्ति एक वृहत विस्फोट (Big Bang) से हुई। वृहत विस्फोट सिद्धान्त वेल्जियम के खगोलशास्त्री बी. ए. जॉर्ज लैमेन्टर ने दिया।
- ब्रह्माण्ड में असंख्य मन्दाकिनियाँ (Galaxies) हैं। वह मंदाकिनी जिसमें हमारा सूर्य, पृथ्वी तथा ग्रह एवं उपग्रह आदि हैं, मिल्की वे (Milky Way) कहलाती हैं।
- आकाशगंगा की आकृति सर्पिल है।
- एडविन पी. हब्बल (अमेरिका) ने 1925 ई. में सर्वप्रथम बताया कि आकाशगंगा के अतिरिक्त ब्रह्माण्ड में अन्य मन्दाकिनियाँ भी हैं।
- आकाशगंगा की निकटतम मन्दाकिनी 'देवीयानी' (Andromedo) मन्दाकिनी है। यह हमारी मन्दाकिनी (मिल्की वे) से 2.2×10^8 प्रकाश वर्ष दूर है।
- आकाशगंगा का सबसे चमकीला तारा (सौरमण्डल के बाहर) 'साइरस' (Dogstar) है। इसे 'व्याध' या 'लुब्धक' भी कहा जाता है।
- प्रोक्सिमा सेंचुरी (Proxima Century) हमारे सौरमण्डल का सबसे नजदीकी तारा है, जो हमसे 4.25 प्रकाश वर्ष दूर है।

सौरमण्डल

- 1543 ई. में सर्वप्रथम कोपर निकस (पोलैण्ड) ने पृथ्वी के स्थान पर सूर्य को केन्द्र में स्वीकार किया तथा सौरमण्डल की खोज की।
- सौरमण्डल में सूर्य के साथ, आठ ग्रह, उनके उपग्रह, कुछ क्षुद्र ग्रह (Asteroids) तथा बड़ी संख्या में धूमकेतु (Comet) सम्मिलित हैं।
- सौरमण्डल में कुल आठ ग्रह हैं—बुध, शुक्र, पृथ्वी, मंगल, बृहस्पति, शनि, अरुण या वरुण।
- पृथ्वी सहित सभी ग्रह सूर्य की परिक्रमा करते हैं। प्रत्येक ग्रह द्वारा सूर्य के चारों ओर एक परिक्रमा करने में लगा समय उस ग्रह का एक वर्ष कहलाता है। यह अवधि सूर्य से ग्रह की दूरी पर निर्भर करती है।
- सभी ग्रह अपनी कक्षा से एक निश्चित डिग्री पर झुके हुए हैं, जिसके परिणामस्वरूप दिन एवं रात्रि की अवधि में परिवर्तन अनुक्रमिक रूप से होता है।

सूर्य से बढ़ती दूरी के आधार पर ग्रह

- बुध, शुक्र, पृथ्वी, मंगल, बृहस्पति, शनि, अरुण, वरुण।

आकार के अनुसार ग्रह

- बृहस्पति, शनि, अरुण, वरुण, पृथ्वी, शुक्र, मंगल, बुध।

सूर्य

- सूर्य के केन्द्र का तापमान **15 मिलियन डिग्री सेन्टीग्रेट** होता है एवं सूर्य की सतह पर तापमान लि 5,760 डिग्री सेन्टीग्रेड होता है।
- सूर्य की ऊर्जा, इसके अन्दर स्थित **हाइस्ट्रोजन के हीलियम में संलयन** (Fusion) के कारण उत्पन्न होती है।
- सूर्य के द्रव्यमान का 70% भाग हाइड्रोजन, 28% हीलियम और 2% अन्य भारी तत्व (जैसे लीथियम से यूरेनियम) हैं।
- सूर्य पर अनेक काले धब्बे (sports) हैं। प्रत्येक ग्यारह वर्षों के समयान्तराल बाद इन धब्बों की संख्या निम्नतम से उच्चतम और फिर उच्चतम से निम्नतम होती रहती है। यह समयान्तराल 'सौर-धब्बा चक्र' (Sun Spot Cycle) कहलाता है।

सौर मण्डल : कुछ महत्त्वपूर्ण तथ्य

सबसे बड़ा ग्रह	बृहस्पति (Jupiter)
सबसे छोटा ग्रह	बुध (Murcury)
पृथ्वी का उपग्रह	चन्द्रमा (Moon)
सूर्य के सबसे निकट ग्रह	बुध (Murcury)
सूर्य के सबसे दूर स्थित ग्रह	वरुण (Neptune)
पृथ्वी के सबसे निकट ग्रह	शुक्र (Venus)
सबसे अधिक चमकीला ग्रह	शुक्र (Venus)
सबसे अधिक चमकीला तारा	साइरस (Dog Star)
सबसे अधिक उपग्रहों वाला ग्रह	शनि (Saturn)
सबसे अधिक ठण्डा ग्रह	वरुण (Neptune)
सबसे अधिक भारी ग्रह	बृहस्पति (Jupiter)
रात्रि में लाल दिखाई देने वाला ग्रह	मंगल (Mars)
सौरमण्डल का सबसे बड़ा उपग्रह	गैनिमीड (Gannymede)
सौरमण्डल का सबसे छोटा उपग्रह	डीमोस (Deimos)
नीला ग्रह	पृथ्वी (Earth)
भोर का तारा	शुक्र (Venus)
साँझ का तारा	शुक्र (Venus)
पृथ्वी की बहिन	शुक्र (Venus)
सौन्दर्य का देव	शुक्र (Venus)
हरा ग्रह	वरुण (Neptune)
विशाल लाल धब्बे वाला ग्रह	बृहस्पति (Jupiter)

चन्द्रमा

- चन्द्रमा पृथ्वी का एकमात्र उपग्रह है और यह पृथ्वी के चारों ओर चक्कर लगाता है।
- चन्द्रमा पर वायुमण्डल नहीं है क्योंकि इसकी गुरुत्वाकर्षण शक्ति गैसों को बनाए रखने में असमर्थ है।
- 21 जुलाई, 1969 ई. को नील आर्मस्ट्रांग एवं बज एल्ड्रिन विश्व के पहले व्यक्ति बने जिन्होंने चन्द्रमा की सतह पर अपने कदम रखे। ये अपोलो-11 नामक अन्तरिक्ष यान में गए थे।
- एक पूर्णिमा से दूसरी पूर्णिमा तक की अवधि चन्द्रमास (Luner Month) कहलाती है। यह 29 दिनों की होती है।
- अमावस्या से पूर्णिमा तक की 15 दिन की अवधि शुक्ल पक्ष कहलाती है। पूर्णिमा से अमावस्या तक की 15 दिन की अवधि कृष्ण पक्ष कहलाती है।

आन्तरिक संरचना

- पृथ्वी के अन्दरूनी भाग को तीन परतों में बाँटा गया है—

भूपटल

- 8–40 किमी. मोटी पटल, भूपृष्ठ भी कहलाता है।
- पटल दो परतों से निर्मित है। पटल की बाह्य परत अवसादी पदार्थों से बनी है। यह परत सिलिका व एल्यूमिनियम से निर्मित है और सियाल (Sial) कहलाती है।
- निचली परत बेसाल्टी चट्टानों से बनी है। यह सिलिका व मैग्नीशियम से निर्मित है और सीमा (Sima) कहलाती है।

मेण्टल

- इसकी गहराई 2,900 किमी. तक होती है। इसकी ऊपरी परत 'एस्थिनोस्फीयर' (Asthoenosphere) कहलाती है।

कोर

- बाह्य कोर (Outer Core) 2,100 किमी. मोटी है। यह द्रव के रूप में होती है। आन्तरिक कोर (Inner Core) 1,370 किमी. मोटी। यह निकिल और आयरन से बनी है और निफे (Nife) कहलाती है।

पृथ्वी की गतियाँ

पृथ्वी की दो गतियाँ हैं—घूर्णन गति (दैनिक गति) परिक्रमण गति (वार्षिक गति)

दोनों गतियाँ साथ-साथ होती हैं।

घूर्णन गति

- पृथ्वी अपने अक्ष पर पश्चिम से पूर्व की ओर चक्कर लगाती है। इसके कारण दिन और रात होते हैं।
- पृथ्वी का जो भाग सूर्य के सामने होता है वहाँ दिन और जो भाग दूसरी ओर होता है वहाँ रात होती है। पृथ्वी को अक्ष पर एक चक्कर पूरा करने में 23 घण्टे 56 मिनट व 40.91 सेकेण्ड का समय लगता है।

परिक्रमण गति

- पृथ्वी सूर्य के चारों ओर दीर्घ वृत्तीय पथ पर घूमती है। इसके कारण ऋतुओं में परिवर्तन होता है तथा दिन-रात की अवधि में अन्तर आ जाता है।
- सूर्य के चारों ओर परिक्रमा करते हुए पृथ्वी का अक्ष दीर्घवृत्त के तल से $66\frac{1}{2}°$ झुका होता है और पृथ्वी इस तल पर लम्बवत् रेखा से $23\frac{1}{2}°$ झुकी होती है जिसके कारण सूर्य की किरणें पृथ्वी पर सामान्य रूप से नहीं पड़तीं और मौसम परिवर्तित हो जाता है।
- परिक्रमण समय 365 दिन, 5 घण्टे 48 मिनट व 45.51 सेकेण्ड है।

अयनांत

- ये वर्ष की वे तिथियाँ हैं, जिनमें दिन तथा रात की लम्बाई में सर्वाधिक अन्तर होता है। **उत्तरी अयनांत** 21 जून उत्तरी गोलार्द्ध का सबसे बड़ा दिन होता है। इस समय सूर्य कर्क रेखा पर लम्बवत् स्थित होता है। इस समय दक्षिण गोलार्द्ध में दिन छोटे व रातें बड़ी होती हैं।

दक्षिण अयनांत—दिसम्बर उत्तरी गोलार्द्ध का सबसे छोटा दिन होता है। इस समय सूर्य मकर रेखा पर लम्बवत् होता है। दक्षिण गोलार्द्ध में दिन बड़ा और रातें छोटी होती हैं। इस समय दक्षिणी गोलार्द्ध में ग्रीष्म ऋतु होती है।

विषुव

- वर्ष का वह समय जब सूर्य भूमध्य रेखा के ऊपर लम्बवत् होता है। इस समय दिन-रात दोनों की अवधि बराबर होती है। (दोनों गोलार्द्धों में)

  बसन्त विषुव—21 मार्च

  शरद् विषुव—23 सितम्बर

ग्रहण

ग्रहण दो प्रकार के होते हैं—

चन्द्रग्रहण

- जब पृथ्वी, सूर्य और चन्द्रमा के बीच में आ जाती है, तब पृथ्वी की छाया चन्द्रमा पर पड़ती है जिसे चन्द्रग्रहण कहते हैं। यह पूर्णिमा के दिन होता है।

सूर्यग्रहण

- जब चन्द्रमा, पृथ्वी और सूर्य के बीच में आ जाता है तब सूर्य ग्रहण होता है। सूर्यग्रहण केवल अमावस्या के दिन होता है।

ज्वार-भाटा

- समुद्री जल दिन में दो बार निश्चित अन्तराल पर ऊपर उठता है तथा नीचे गिरता है। यह प्रक्रिया ज्वार-भाटा कहलाती है। ज्वार-भाटा की उत्पत्ति सूर्य एवं चन्द्रमा की गुरुत्वाकर्षण शक्ति के कारण होती है। चन्द्रमा की ज्वारोत्पादक शक्ति सूर्य की अपेक्षाकृत दो गुना है क्योंकि सूर्य पृथ्वी से चन्द्रमा की अपेक्षा अधिक दूर है। ज्वार-भाटा के बीच का अन्तराल 12 घण्टे 26 मिनट होता है।

दीर्घ ज्वार

- पूर्णिमा एवं अमावस्या के दिन दीर्घ ज्वार की उत्पत्ति होती है क्योंकि इस दिन सूर्य, चन्द्रमा और पृथ्वी तीनों एक सीध में होते हैं।

लघु ज्वार

- कृष्ण व शुक्ल पक्ष की अष्टमी को लघु ज्वार की उत्पत्ति होती है क्योंकि इस दिन सूर्य, चन्द्रमा और पृथ्वी तीनों कोण की स्थिति में होते हैं।

चट्टानें

- पृथ्वी की सतह का निर्माण करने वाले पदार्थ को चट्टान कहते हैं। निर्माण की प्रक्रिया के आधार पर चट्टानों को तीन भागों में बाँटा गया है।

आग्नेय चट्टान

- ये चट्टानें सभी चट्टानों में सबसे ज्यादा 95% मिलती हैं।
- इसका निर्माण ज्वालामुखी उद्गार के समय निकलने वाले लावा के पृथ्वी के अन्दर या बाहर ठण्डा होकर जम जाने के कारण होता है।
- ये प्राथमिक या मातृ चट्टानें कहलाती हैं क्योंकि शेष सभी चट्टानें इन्हीं से निर्मित होती हैं।

ग्रेनाइट

- इन चट्टानों के निर्माण में मैग्मा धरातल के ऊपर न पहुँचकर अन्दर ही जमकर ठोस रूप धारण कर लेता है। मैग्मा के ठण्डा होने की प्रक्रिया बहुत धीमी होती है क्योंकि अन्दर का तापमान अधिक होता है और बनने वाले क्रिस्टल बहुत बड़े होते हैं।

बेसाल्ट

- ये समुद्री सतह पर पाई जाती हैं।

अवसादी चट्टान

- ये प्राचीन चट्टानों के टुकड़ों, जीवावशेषों तथा खनिज के परतदार एवं संगठित जमाव से निर्मित होती हैं। ये भूपृष्ठ का केवल 5% होती हैं। परन्तु भूपृष्ठ के 75% भाग पर फैली रहती हैं। इन्हें परतदार चट्टानों के नाम से भी जाना जाता है। डिप्सम, चीका मिट्टी, चूने का पत्थर, कोयला (एन्थ्रेसाइट के अतिरिक्त) बालुका पत्थर, शैल, ग्रेवल आदि अवसादी चट्टानों के उदाहरण हैं।

रूपान्तरित चट्टान

- अवसादी एवं आग्नेय चट्टानों में ताप, दबाव और रासायनिक क्रियाओं आदि के कारण परिवर्तन हो जाता है। इससे जो चट्टानें बनती हैं उन्हें रूपान्तरित या परिवर्तित चट्टान कहा जाता है।

चट्टानें	रूपान्तरित रूप
शैल	स्लेट
बलुआ पत्थर	क्वार्टजाइट
कांग्लोभेरेट	क्वार्टजाइट
चूना पत्थर	संगमरमर
चाक एवं डोलोमाइट	संगमरमर
कोयला	ग्रेफाइट, हीरा
ग्रेनाइट	नीस
बेसाल्ट	एम्फीबोलाइट सिस्ट
स्लेट	फाइलाइट
फाइलाइट	सिस्ट
गैब्रो	सरपेण्टाइन

भूकम्प

- भूकम्प का शाब्दिक अर्थ होता है भूमि या धरातल का काँपना या हिलना।
- भूकम्प एक आकस्मिक अन्तजाति प्रक्रिया है जो कई प्रकार की भूगर्भिक क्रियाओं का परिणाम है जिसके कारण धरातल पर सन्तुलन की स्थिति में अव्यवस्था उत्पन्न हो जाती है परिणामत: भूमि काँप जाती है।
- भूपटल के नीचे जिस स्थान पर भूकम्प उत्पन्न होता है वह उद्गम स्थल कहलाता है।
- भूकम्प उद्गम स्थल के ठीक ऊपर धरातल पर स्थित बिन्दु भूकम्प का अधिकेन्द्र कहलाता है। भूकम्प तरंगों का अनुभव यहाँ सबसे पहले किया जाता है।
- भूकम्प के दौरान भूकम्प तरंगों का उद्भव होता है, जिन्हें भूकम्पमापी पर रिकार्ड किया जाता है।
- भूकम्प तरंगों की तीव्रता को रिक्टर पैमाने पर मापा जाता है।
- भूकम्प तरंगें तीन प्रकार की होती हैं—

1. प्राथमिक 2. द्वितीयक 3. धरातलीय

प्राथमिक तरंगें

- इन्हें P-waves भी कहा जाता है एवं ये सबसे तीव्र गति वाली तरंगें हैं।
- इनमें ध्वनि तरंगों की भाँति अणुओं का कम्पन तरंगों की दिशा में आगे-पीछे होता है। अत: ये अनुदैर्ध्य तरंगें भी कहलाती हैं।
- ये ठोस, द्रव व गैसे तीनों में से पार हो जाती हैं।

द्वितीयक तरंगें

- इन्हें S-waves भी कहा जाता है एवं ये केवल ठोस माध्यम से गुजर सकती हैं। अत: ये बाह्य कोर से आगे नहीं बढ़ पाती हैं।
- इनमें अणुओं का कम्पन तरंगों की दिशा में आर-पार होता है। अत: इन्हें अनुप्रस्थ तरंगें भी कहा जाता है।

धरातलीय तरंगें

- इन्हें L- waves भी कहा जाता है एवं ये धरातल के निकट ही चलती हैं।
- ये ठोस व द्रव दोनों माध्यम से गुजर सकती हैं।
- ये सबसे ज्यादा विनाशकारी होती हैं।

ज्वालामुखी

- ज्वालामुखी मुख्यत: धरातल पर प्राकृतिक छिद्र अथवा दरार होता है जिससे गैस, जलवाष्प, राख, शैलखण्ड आदि पृथ्वी के अन्दरूनी भाग से ज्वालामुखी (Volcanic Pipe) द्वारा बाहर निकालते हैं।
- इसकी आकृति शंक्वाकार होती है।
- ज्वालामुखी शंकु के शीर्ष पर कोपनुमा गडढ़ा होता है, जिसे 'क्रेटर' कहा जाता है।
- सक्रियता अथवा उद्गार अवधि के आधार पर ज्वालामुखी तीन प्रकार के होते हैं—

I. सक्रिय ज्वालामुखी—स्ताम्बोलो, (लिपारी द्वीप), एटना (सिसली), कोटोपैक्सी (इक्वाडोर)।

II. सुषुप्त ज्वालामुखी—विसूवियस (इटली), क्राकोटाओ (इण्डोनेशिया), फ्यूजीयामा (जापान)।

III. मृत ज्वालामुखी—किलिमंजारो (तंजानिया, अफ्रीका)

- कोटोपैक्सी (ईक्वाडोर) विश्व का सबसे ऊँचा सक्रिय ज्वालामुखी है।
- विश्व के प्रमुख ज्वालामुखी क्षेत्र

I. प्रशान्त महासागरीय पेटी

II. मध्य महाद्वीपीय पेटी

III. मध्य अटलाण्टिक पेटी

IV. पूर्वी अफ्रीका भ्रंश पेटी

विश्व के कुछ प्रमुख ज्वालामुखी

नाम	देश
मेनालोआ	हवाईद्वीप
माउण्ट कैमरून	कैमरून (अफ्रीका)
हेक्ला व लाकी	आइसलैण्ड
कटमई	अलास्का (U.S. A)
माउण्ट रेनियर	U.S.A.
माउण्ट ताल	फिलीपीन्स
माउण्ट पिनाटुबो	फिलीपीन्स
कोहसुल्तान	ईरान
माउण्ट पोपा	म्यांमार(बर्मा)
आजोसडेल सेलेडो	अर्जेण्टीना-चिली

जनसन्धियाँ

जलसन्धियाँ दो भिन्न जलराशियों को जोड़ती हैं एवं दो स्थलखण्डों को अलग करती हैं।

वायुमण्डल

- पृथ्वी के चारों ओर व्याप्त गैसीय आवरण को वायुमण्डल कहते हैं।
- वायुमण्डल अनेक गैसों का मिश्रण है।

नाइट्रोजन	78.09%
ऑक्सीजन	20.95%
आर्गन	0.93%
कार्बन-डाइऑक्साइड	0.03%

अन्य गैसे हैं— नियॉन, हीलियन, ओजोन, हाइड्रोजन, क्रिपटॉन, मीथेन, डोनाना आदि।

वायुमण्डल की ऊँचाई 16 से 29 हजार किमी. तक बताई जाती है परन्तु धरातल से केवल 800 किमी. तक ऊँचा वायुमण्डल ही अधिक महत्वपूर्ण है।

क्षोभमण्डल

- यह पृथ्वी की सतह से सबसे नजदीक होता है। इसकी ऊँचाई विषुवत रेखा (16 किमी.) से ध्रुवों (8 किमी.) की ओर जाने पर घटती है।
- यहाँ पर जलवाष्प, धूलकण, आर्द्रता आदि मिलते हैं। मौसम सम्बन्धी अधिकांश परिवर्तनों के लिए भोरमण्डल ही उत्तरदायी है।
- इस परत से ऊँचाई के साथ-साथ तापमान घटता है। प्रत्येक 165 मीटर पर 1^0C तापमान की कमी हो जाती है। इसे सामान्य ताप या ह्रास दर (Normal Lapse Rate of Temperature) कहते हैं।

- क्षोभमण्डल के शीर्ष पर स्थित क्षोभमण्डल सीमा इसे समताप मण्डल से अलग करती है।

समतापमण्डल

- इसकी ऊँचाई क्षोभमण्डल के ऊपर 50 किमी. तक होती है।
- इसमें तापमान में ऊँचाई के साथ वृद्धि नहीं होती है। तापमान समान रहता है।
- यह परत वायुयान चालकों के लिए आदर्श होती है।
- इस मण्डल में जलवाष्प, धूल कण आदि नहीं पाए जाते हैं।
- इस मण्डल में 20 किमी. से 30 किमी. के मध्य ओजोन परत होती है, जो सूर्य की पराबैंगनी किरणों का अवशोषण करती है। इस कारण ओजोन परत में ऊँचाई के साथ तापमान बढ़ता है।

मध्यमण्डल

- यह समतापमण्डल के ऊपर 80 किमी. की ऊँचाई तक विस्तृत होता है।
- ऊँचाई के साथ तापमान में गिरावट होती है और 80 किमी. की ऊँचाई पर तापमान—100°C हो जाता है।

आयनमण्डल

- इस मण्डल में आयन की प्रधानता होती है।
- आयनमण्डल रेडियो तरंगों को वापस पृथ्वी पर भेजता है, इसी कारण रेडियो संचार सम्भव हो पाता है।

बर्हिमण्डल

- इस परत में हाइड्रोजन व हीलियम गैसों की प्रधानता है।
- यह वायुमण्डल का सबसे ऊपरी परत है।
- बर्हिमण्डल की बाह्य सीमा अनिश्चित है। इसे अन्तरिक्ष व पृथ्वी के वायुमण्डल की सीमा माना जा सकता है।

पवन

एक स्थान से एक निश्चित दिशा में चलती हुई वायु को पवन कहते हैं। ये हमेशा उच्च दाब से निम्न दाब की ओर चलती है।

- पवन मुख्य रूप से तीन प्रकार की होती हैं—स्थायी पवनें, सामयिक पवनें एवं स्थानीय पवनें।

स्थायी पवनें

- से पवनें सदैव एक ही क्रम में वर्षभर एक निश्चित दिशा की ओर चलती हैं। स्थायी पवनें तीन प्रकार की होती हैं—

  (i) व्यापारिक पवनें—30^0 उत्तरी व दक्षिणी अक्षांशों से 0^0 अक्षांश रेखा की ओर बहने वाली पवन को व्यापारिक पवन कहते हैं। उत्तरी गोलार्द्ध में इनकी दिशा उत्तर-पूर्वी से दक्षिण पश्चिम तथा दक्षिण गोलार्द्ध में दक्षिण-पूर्व से उत्तर-पश्चिम होती है।

  (ii) पछुआ पवनें—30^0-35^0 उत्तरी तथा दक्षिणी अक्षांशों में 60^0-65^0 अक्षांशों की ओर बहने वाली पवन पछुआ पवनें कहलाती हैं। उत्तरी गोलार्द्ध में इनकी दिशा दक्षिण-पश्चिम से उत्तर-पूर्व एवं दक्षिणी गोलार्द्ध में उत्तर-पश्चिम से दक्षिण-पूर्व होती है। दक्षिणी गोलार्द्ध में समुद्र की अधिकता होने के कारण इसकी गति बहुत तीव्र होती है। इसी कारण इस गोलार्द्ध में इन्हें 'गरजती चालीसा' 'भयंकर पचासा', 'चीखती साठा' कहा जाता है।

  (iii) ध्रुवीय पवनें— ये ध्रुवीय उच्च दाब से उपध्रुव्रीय निम्न दाब की ओर चलती हैं।

स्थानीय पवनें

- जिन पवनों का विकास स्थानीय स्तर पर तापमान एवं वायुदाब में अन्तर के कारण होता है उन्हें स्थानीय पवन कहते हैं।

प्रमुख स्थानीय पवनें

पवन का नाम	क्षेत्र
ब्रिकफिल्डर	आस्ट्रेलिया
खमसीन	मिस्र
समिन	सहारा तथा अरब के मरुस्थल
सिराको	सहारा मरुस्थल से द. इटली तक
दक्षिणी बर्स्टर	आस्ट्रेलिया
बोरा	मध्य यूरोप
जीन्दा (शीत फॉन)	अर्जेन्टीना (एण्डीज पर्वत)
चिनूक	रॉकी पर्वत श्रेणी
फॉन	उत्तरी आल्पस (यूरोप)
ग्रेगाले	दक्षिणी यूरोप (भू. सागर)
हबूब	सूडान
हरमट्टन (डॉक्टर हवा)	पं. अफ्रीका व सहारा मरुस्थल
पापागायो	मैक्सिको
सैमून	ईरान
जूरन	जूरा पर्वत से जेनेवा झील तक
लीस्टे	सहारा, मंदिरा, कनारी
लेवेन्ट	प. भूमध्यसागर, फ्रांस, स्पेन
नार्दर	सं. रा. अमेरिका (टैक्सास)
मैस्ट्रो	भूमध्यसागर
मिस्ट्रल	फ्रांस
नाटी	सं. रा. अमेरिका
नॉरवेस्टर	न्यूजीलैण्ड

विश्व की प्रमुख मानव-जनजातियाँ

पिग्मी	कांगो (जायरे) बेसिन (अफ्रीका) के निवासी
याकूत	रूस के टुण्ड्रा प्रदेश के निवासी
रेड इण्डियन	उत्तरी अमेरिका के तटीय क्षेत्रों के निवासी
एस्किमो	कनाडा के टुण्ड्रा प्रदेश के रहने वाले लोग।
माओरी	न्यूजीलैण्ड के निवासी
गाडचो	उरूग्वे-अर्जेण्टीना के पम्पास क्षेत्रों में रहने वाले
फिन्स	यूरोप के टुण्ड्रा प्रदेश के निवासी
बन्टूस	मध्य व दक्षिण अफ्रीका के निवासी
खिरगीज	एशिया के स्टेपीज प्रदेश के निवासी
हैमिट्स	उत्तरी अफ्रीका के निवासी
मसाई	पूर्वी अफ्रीका के निवासी
लैपा	यूरोप के टुण्ड्रा प्रदेश के निवासी
सेमोयेड्स	एशियाटिक टुण्ड्रा प्रदेश के निवासी

विश्व : प्रमुख औद्योगिक केन्द्र

औद्योगिक केन्द्र	प्रमुख उद्योग
मैनचेस्टर(ब्रिटेन)	सूती वस्त्र
बर्मिंघम(यू. एस. ए.)	लौहा-इस्पात
शिकागो (यू. एस. ए.)	माँस प्रसंस्करण

लॉरेनसार(फ्रांस)	लौह-इस्पात
ड्रेस्डेन(जर्मनी)	ऑप्टिकल एवं
फोटोग्राफिक उपकरण	
फ्रैंकफर्ट (जर्मनी)	इंजीनियरिंग, परिवहन
गोर्की (रूस)	इंजीनियरिंग
डॉर्टमण्ड(जर्मनी)	लौह-इस्पात, रसायन
ओटावा (कनाडा)	कागज
लन्दन (ब्रिटेन)	इंजीनियरिंग, परिवहन
मॉण्ट्रियल (कनाडा)	वायुयान, जलपोत
हैमिल्टन (कनाडा)	लौह-इस्पात तथा इंजीनियरिंग
पिट्सबर्ग (यू. एस. ए.)	लौह-इस्पात
डेट्रायट (यू. एस. ए.)	मोटरकार
लॉस एंजिल्स (यू. एस.ए.)	वायुयान, फिल्म
सैन-फ्रांसिस्को (यू. एस. ए.)	तेलशोधन, जलपोत, कम्प्यूटर
म्युनिख (जर्मनी)	लेंस निर्माण
मैग्निटोगर्स्क (रूस)	लौह-इस्पात
सेन्ट पीटर्सबर्ग (रूस)	जलपोत, ऑटोमोबाइल
मास्को (रूस)	लौह-इस्पात, रसायन
क्रिवॉयराग (यूक्रेन)	लौह-इस्पात, इंजीनियरिंग
एम्सटर्डम (नीदरलैण्ड)	हीरा पॉलिश
राटरडम (नीदरलैण्ड)	जलपोत निर्माण
ग्लासगो (स्कॉटलैण्ड)	लौह-इस्पात, पोत निर्माण
ओसाका (जापान)	वस्त्र, जलपोत, लौह-इस्पात
बाकू (अजरबैजान)	पेट्रोलियम

विश्व : खनिज एवं उनके प्रमुख उत्पादक देश

खनिज	प्रमुख उत्पादक देश
लोहा	यूक्रेन, चीन, यू. एस. ए.
मैंगनीज	यूक्रेन, गैबन, ब्राजील
बॉक्साइट	ऑस्ट्रेलिया, गिनी, ब्राजील
ताँबा	चिली, यू. एस. ए., कनाडा
टिन	चीन, इण्डोनेशिया, पेरू
अभ्रक	चीन, यू. एस. ए., द. कोरिया
सोना	दक्षिण अफ्रीका, पेरू, कनाडा
चाँदी	मैक्सिको, पेरू, कनाडा
हीरा	रूस, बोल्सवाना, कांगो
कोयला	चीन, यू. एस. ए.,जर्मनी
पेट्रोलियम	सऊदी अरब, रूस, अमेरिका
प्राकृतिक गैस	रूस, अमेरिका, कनाडा
निकेल	रूस, ऑस्ट्रेलिया/कनाडा, इण्डोनेशिया
लेड	चीन, आस्ट्रेलिया, यू. एस. ए.
जिंक	चीन, ऑस्ट्रेलिया
प्लेटिनम	द. अफ्रीका, रूस, कनाडा

विश्व की प्रमुख फसलें एवं उनके उत्पादक देश

फसलें	उत्पादक देश
जौ	रूस, जर्मनी, कनाडा
जई या ओट	रूस, कनाडा, एवं संयुक्त राज्य अमेरिका
सोयाबीन	संयुक्त राज्य अमेरिका, ब्राजील, चीन
गन्ना	भारत, ब्राजील, क्यूबा
चाय	भारत, चीन, श्रीलंका
कहवा	ब्राजील, वियतनाम, कोलम्बिया
कपास	चीन, संयुक्त राज्य अमेरिका, पूर्व सोवियत संघ
तम्बाकू	चीन, संयुक्त राज्य अमेरिका, भारत
प्राकृतिक रबड़	थाइलैण्ड, इण्डोनेशिया, मलेशिया
चुकन्दर	यूक्रेन, फ्रांस, जर्मनी
चावल	चीन, भारत, इण्डोनेशिया
गेहूँ	चीन, भारत, संयुक्त राज्य अमेरिका
तिलहन	संयुक्त राज्य अमेरिका, चीन, भारत
मक्का	संयुक्त राज्य अमेरिका, चीन, ब्राजील

विश्व की प्रमुख स्थानान्तरणशील कृषि

नाम	क्षेत्र
टावी	मालागासी
मिल्पा	यूकाटन एवं ग्वाटेमाला
इचाली	ग्वाडेलूप
मिल्या	मैक्सिको एवं मध्य अमेरिकी देश
कोनूको	वेनेजुएला
रोका	ब्राजील
रे	वियतनाम एवं लाओस
फैंग	भूमध्यरेखीय अफ्रीका देश

भारत का भूगोल

स्थिति व सीमाएँ

- भारत के उत्तर में नेपाल, भूटान व चीन; दक्षिण में श्रीलंका एवं हिन्द महासागर; पूरब में बांग्लादेश, म्यांमार एवं बंगाल की खाड़ी तथा पश्चिम में पाकिस्तान एवं अरब सागर है।
- भारत का अक्षांशीय विस्तार 8°4' उत्तरी अक्षांश से 37°6' उत्तरी अक्षांश तक है।
- भारत का देशान्तर विस्तार 68°7' पूर्वी देशान्तर से 97°25' पूर्वी देशान्तर तक है।
- भारत का क्षेत्रफल 32, 87, 263 वर्ग किमी. का है।
- क्षेत्रफल की दृष्टि से विश्व में भारत का सातवाँ स्थान है।
- जनसंख्या की दृष्टि से विश्व में भारत का दूसरा स्थान है।
- भारत की समुद्री सीमा 7,516 किमी. लम्बी है जब कि स्थलीय सीमा की लम्बाई 15,200 किमी. है।
- क्षेत्रफल की दृष्टि से राजस्थान भारत का सबसे बड़ा राज्य है।
- क्षेत्रफल की दृष्टि से गोवा भारत का सबसे छोटा राज्य है।
- जनसंख्या की दृष्टि से उत्तर प्रदेश भारत का सबसे बड़ा राज्य है।
- जनसंख्या की दृष्टि से सिक्किम भारत का सबसे छोटा राज्य है।
- क्षेत्रफल की दृष्टि से लद्दाख सबसे बड़ा केन्द्रशासित प्रदेश है।
- क्षेत्रफल की दृष्टि से लक्षद्वीप समूह सबसे छोटा केन्द्रशासित प्रदेश है।

- जनसंख्या की दृष्टि से दिल्ली सबसे बड़ा केन्द्रशासित प्रदेश है।
- जनसंख्या की दृष्टि से लक्षद्वीप सबसे छोटा केन्द्र शासित प्रदेश है।
- मध्य प्रदेश भारत का सबसे बड़ा पठारी राज्य है।
- राजस्थान भारत का सबसे बड़ा मरुस्थलीय राज्य है।
- भारत में द्वीपों की कुल संख्या 248 है। बंगाल की खाड़ी में 233 तथा में 25 द्वीप हैं।
- भारत के सबसे दक्षिणी छोर का नाम 'इन्दिरा प्वाइन्ट' है और बंगाल की खाड़ी में स्थित है।

भारत को पाँच प्राकृतिक भागों में बाँटा जा सकता है—

1. उत्तर का पर्वतीय प्रदेश
2. उत्तर का विशाल मैदान
3. दक्षिण का प्रायद्वीपीय पठार
4. समुद्रतटीय मैदान
5. थार मरुस्थल

- भारत का मानक समय इलाहाबाद से लिया गया है, जिसका देशान्तर 80°30' पूर्वी है। यह ग्रीनविच माध्य समय से 5 घण्टे 30 मिनट आगे है।
- भारत की लम्बाई उत्तर से दक्षिण तक 3,214 किमी. तथा पूर्व से पश्चिम तक 2,933 किमी. है।

भौतिक स्वरूप

भौतिक रचना तथा धरातल के स्वरूप के अनुसार भारत को पाँच भागों में बाँटा गया है—

(i) उत्तर पर्वतीय प्रदेश
(ii) दक्षिण का पठार
(iii) विशाल मैदान
(iv) समुद्रतटीय मैदान
(v) द्वीपसमूह

(i) उत्तर पर्वतीय प्रदेश—उत्तर का पर्वतीय प्रदेश भारत में लगभग 5 लाख वर्ग किलोमीटर क्षेत्र में फैला हुआ है। इसकी लम्बाई लगभग 2,400 किमी. है। पश्चिम में इसकी चौड़ाई 500 किमी. है, जबकि पर्व यह लगभग 200 किमी. चौड़ा है। इस पर्वतीय प्रदेश में तीन प्रमुख पर्वत शृंखलाएँ स्थित हैं—

(1) हिमालय पर्वत श्रेणी
(2) ट्रांस हिमालय
(3) पूर्वांचल की पहाड़ियाँ
(4) हिमालय पर्वत श्रेणी

- यह विश्व की नवीनतम वलित पर्वत श्रेणी है। इसकी लम्बाई लगभग 5,000 किमी. है। इसकी औसत चौड़ाई 240 किमी. है। हिमालय पर्वत श्रेणी को तीन भागों में बाँटा गया है :

महान या बृहत हिमालय

- इसकी औसत ऊँचाई 6,000 मी. है।
- यह पूर्व में सिन्धु नदी के गॉर्ज से लेकर पश्चिम में ब्रह्मपुत्र नदी के गॉर्ज तक फैली हुई है।
- हिमालय के सर्वोच्च शिखर जैसे—माउण्ट एवरेस्ट (8,848 मी.), कंचनजंघा (8,598मी) मकालू (8,481 मी.), धौलगिरि (8,172 मी) आदि।
- महान हिमालय के कुछ महत्वपूर्ण दर्रे अग्रलिखित हैं—
  बुर्जिल एवं जोजीला (जम्मू-कश्मीर); शिपकीला, बारालाचाला (हिमाचल प्रदेश); बोमडीला (अरुणाचल प्रदेश)।

लघु हिमालय

- इसे हिमालय एवं मध्य हिमालय के नाम से भी जाना जाता है। इसकी चौड़ाई 80 से 100 किलोमीटर के बीच है।
- इसकी सामान्य ऊँचाई 3700 से 4500 मी के मध्य है।
- लघु हिमालय की कुछ महत्वपूर्ण श्रेणियाँ हैं—
  (i) पीरपंजाल श्रेणी
  (ii) धौलाधर श्रेणी
  (iii) नाग-टिबा श्रेणी
  (iv) महाभारत श्रेणी
  (v) मसूरी श्रेणी

शिवालिक हिमालय

- यह हिमालय की सबसे दक्षिणी श्रेणी है। इसकी औसत ऊँचाई 1,000 मी. है।
- यह श्रेणी पंजाब में पोटावार बेसिन से प्रारम्भ होकर पूर्व में कोसी नदी तक फैली हुई है।
- इसकी औसत ऊँचाई 600 से 1500 मीटर के बीच है।

ट्रॉस हिमालय

- यह महान हिमालय के उत्तर में स्थित है।
- इसमें कराकोरम, लद्दाख, जास्कर एवं कैलाश पर्वत श्रेणियाँ शामिल हैं।
- भारत की सर्वोच्च चोटी गाडविन (K2) कराकोरम श्रेणी पर स्थित है। इसकी ऊँचाई लगभग 8,611 मीटर है।

प्रायद्वीपीय पठार

- यह भू-भाग उत्तर में गंगा-सतलुज से तथा शेष तीनों दिशाओं में घिरा है।
- भ्रंश घाटी में बहने वाली नर्मदा इस पठार की मुख्य रूप से दो भागों में बाँटती है— उत्तर में मालवा का पठार, दक्षिण में दक्कन का पठार।
- दक्कन का पठार क्रिटेशियस-इओनिस युग में लावा निकलने से निर्मित है।
- बेतवा, पार्वती, काली सिन्ध, माही आदि नदियाँ मालवा के पठार से होकर बहती हैं।
- मालवा पठार के दक्षिण में विन्ध्य पठार स्थित है।
- बुन्देलखण्ड पठार मालवा के उत्तर व उत्तर पूर्व में स्थित है।
- इसके पूर्व में छोटा नागपुर का पठार है जिसका सबसे बड़ा भाग राँची का है। यहाँ खनिजों की भरमार है। इसे भारत का रुपये क्षेत्र कहा जाता है। इसकी औसत ऊँचाई 700 मीटर है। यह पठार खनिज संसाधन एवं वन संसाधन की दृष्टि से काफी धनी है।
- दक्कन का पठार लगभग 5 लाख किलोमीटर क्षेत्र में फैला हुआ है। यह भारत में सबसे बड़ा पठार है। इसके अन्तर्गत महाराष्ट्र प्रदेश, गुजरात, कर्नाटक और आन्ध्र प्रदेश राज्यों के भू-भाग आते हैं।
- गोदावरी नदी इसे दो भागों में विभक्त करती हैं—तेलंगाना का पठार व कर्नाटक का पठार।
- इसकी उत्तरी सीमा ताप्ती नदी बनाती है।
- मालवा का पठार लावा निर्मित है। इसका ढाल गंगा नदी की ओर है। उस पर बेतवा, नीवज, चम्बल व माही नदियाँ प्रवाहित होती हैं।
- बुन्देलखण्ड का पठार प्राचीनतम बुन्देलखण्ड नीस शैलों से निर्मित है। इस पठार पर चम्बल एवं यमुना नदियों द्वारा बड़े-बड़े खड्डों, बीहड़ों का निर्माण किया गया है।
- बुन्देलखण्ड का पठार विन्ध्यन श्रेणी के पूर्व में अवस्थित है। यह बलुआ पत्थर, चूना पत्थर एवं ग्रेनाइट से निर्मित है। इसके उत्तर में सोनपुर एवं दक्षिण में रामगढ़ की पहाड़ियाँ स्थित हैं।

विशाल मैदान

- भारत का विशाल मैदान विश्व का सबसे अधिक उपजाऊ व घनी आबादी वाला भू-भाग कहलाता है।
- इस विशाल मैदान का निर्माण नदियों द्वारा बहाकर लाए गए निक्षेपों से हुआ है।
- इसकी मोटाई गंगा के मैदान में सबसे ज्यादा व पश्चिम में सबसे कम है। इसे सिन्धु गंगा-ब्रह्मपुत्र का मैदान भी कहा जाता है।
- इसका निर्माण हिमालय की उत्पत्ति के बाद हुआ। यह पंजाब से लेकर नागालैण्ड की सीमा तक लगभग 2400 किमी. की लम्बाई में फैला हुआ है।
- इसकी चौड़ाई 100 से लेकर 500 किमी. के बीच है। यह पश्चिम में अधिक चौड़ा तथा पूर्व की ओर कम चौड़ा है।
- इसकी अधिकतम ऊँचाई सामान्यत: 250 मी. से कम है।
- इसकी पश्चिमी सीमा राजस्थान मरुभूमि में विलीन हो गई है।

संरचात्मक विशेषताओं व ढाल के आधार पर इस विशाल मैदान को चार अग्रवत् भागों में बाँटा गया है–

1. **भाबर प्रदेश**–हिमालयी नदियों द्वारा पर्वतीय क्षेत्रों से टूटकर गिरे पत्थरों- कंकड़ों को लाने से बना मैदान भाबर कहलाता है। इसमें पानी धरातल पर नहीं ठहरता है।
2. **तराई प्रदेश**–भाबर से निचले भाग में तराई प्रदेश फैला है। यह निम्न समतल मैदान है जहाँ नदियों का पानी इधर-उधर बहकर दल-दली क्षेत्रों का निर्माण करता है।
3. **बागर प्रदेश**–यह पुराने जलोढ़ से निर्मित मैदान है। इसमें कुछ कंकड़ भी पाए जाते हैं। यहाँ बाढ़ का पानी सामान्यत: नहीं पहुँच पाता है।

खादर

- यह नवीन जलोढ़ से निर्मित अपेक्षाकृत नीचा प्रदेश है। यहाँ नदियों के बाढ़ का पानी लगभग प्रतिवर्ष पहुँचता रहता है एवं नई मिट्टी का निक्षेप होता रहता है।

समुद्र तटीय मैदान

- इस मैदान को पश्चिमी तटीय मैदान और पूर्वी तटीय मैदान में विभाजित किया जाता है।

पश्चिमी तटीय मैदान

- इस मैदान का विस्तार सूरत से लेकर कन्याकुमारी तक है।
- इस मैदान को चार भागों में विभाजित किया जा सकता है—
- गुजरात
- कोंकण
- मालाबार
- कन्नड़
- कन्नड़ तटीय मैदान सर्वाधिक सँकरा है। मालाबार तट पर लैगूनों की अधिकता है।

पूर्वी तटीय मैदान

- यह मैदान स्वर्णरिखा नदी से लेकर कन्याकुमारी तक फैला हुआ है। यह मैदान पश्चिमी तटीय मैदान की तुलना में अधिक चौड़ा है।
- इस मैदान को उत्तर से दक्षिण उत्कल, उत्तरी सरकार व कोरोमण्डल तट में विभाजित किया जाता है।

द्वीपसमूह

- भारत में द्वीपों की कुल संख्या लगभग 247 है, जिनमें से 204 बंगाल की खाड़ी में एवं शेष अरब सागर एवं मन्नार की खाड़ी में स्थित हैं।

अण्डमान और निकोबार द्वीपसमूह

- यह द्वीप समूह बंगाल की खाड़ी में स्थित है।
- अण्डमान समूह में 204 द्वीप हैं, जिसमें मध्य अण्डमान सबसे बड़ा है।
- उत्तरी अण्डमान में स्थित सैडल पीक सबसे ऊँची चोटी है।
- निकोबार समूह में 19 द्वीप हैं जिनमें ग्रेट निकोबार सबसे बड़ा है।
- बैरन एवं नारकोण्डम ज्वालामुखी द्वीप हैं जो अण्डमान निकोबार द्वीपसमूह में स्थित है।
- 10 डिग्री चैनल लिटिल अण्डमान एवं कार निकोबार के बीच है। यह अण्डमान को निकोबार से अलग करता है।

लक्षद्वीप समूह

- लक्षद्वीप अरब सागर में स्थित है।
- इस समूह में 25 द्वीप हैं। ये सभी मूंगे के द्वीप हैं।
- मिनीकॉय, लक्षद्वीप द्वीपसमूह का सबसे बड़ा द्वीप है।

भारत की नदियाँ

नदी	उद्गम	संगम/मुहाना	लम्बाई (किमी.)
1. सिंधु	तिब्बत में मानसरोवर झील के पास सानाख्याबाव हिमनद से	अरब सागर	2,880 (भारत में 1,114)
2. गंगा	गंगोत्री के पास गोमुख हिमानी से	बंगाल की खाड़ी	2525
3. ब्रह्मपुत्र	तिब्बत में मानसरोवर झील में	बंगाल की खाड़ी	2,900 (भारत में 916*)
4. महानदी	छत्तीसगढ़ से रायपुर जिले में सिहावा के समीप	बंगाल की खाड़ी (कटक के समीप)	815
5. यमुना	बन्दरपूँछ के पश्चिमी ढाल पर स्थित यमुनोत्री हिमानी	प्रयाग (इलाहाबाद)	1,375
6. बाघरा	नेपाल में तकलाकोट से 37 किमी उ. प. में म्पसातुंग हिमानी	सारन तथा बलिया जिले की सीमा पर गंगा नदी	1,080
7. सतलुज	मानसरोवर झील के समीप	कारागोला को द. पू. में गंगा नदी पटना के समीप गंगा नदी	724
8. व्यास	रोहतांग दर्रे के समीप व्यास कुंड से 4, 330 मी. की ऊँचाई पर	चिनाब नदी	470
9. सोन	अमरकंटक की पहाड़ियाँ (म. प्र.)	हरिके (कपूरथला) के समीप सतलुज नदी	470
10. ताप्ती	बैतूल जिले (म. प्र.) के मुल्ताई (भूलताप्ती) नगर के पास	सूरत के निकट खंभात की खाड़ी	724
11. माही	धार जिला (म. प्र.) के अमझोरा में मेहद झील	बहरामघाट के समीप	602
12. शारदा	कुमायूँ हिमालय का मिलाम (काली मिलाम हिमनद गंगा)	इटावा (उ. प्र.)	585
13. चम्बल	म. प्र. में मऊ के समीप स्थित जाना पाव पहाड़ी	इटावा (उ. प्र.) यमुना नदी	050
14. रावी	कांगड़ा जिले के रोहतांग दर्रे	चिनाब नदी	725
15. झेलम	बेरीनाग (कश्मीर) के समीप शेषनाग झील	चिनाब नदी	724 (भारत में 400)
16. रामगंगा	नैनीताल के समीप मुख्य हिमालय श्रेणी का दक्षिणी भाग	कन्नौज के निकट गंगा नदी	696
17. लूनी	अजमेर जिले में स्थित नाग पहाड़ (अरावली पर्वत) (आनासागर)		कच्छ की रन
18. गोदावरी	नासिक जिले (महाराष्ट्र) के द.-प. में 64 किमी. दूर स्थित त्र्यंबक गाँव की एक पहाड़ी	बंगाल की खाड़ी	1465
19. तुगंभद्रा	कर्नाटक में प. घाट पहाड़ से तुंगा तथा भ्रदा नदी के संगम से	कृष्णा नदी	331
20. बेतवा	म. प्र. के रायसेन जिले में कुमारगाँव के समीप विंध्याचल पर्वत	हमीरपुर के समीप यमुना नदी	480
21. कावेरी	कर्नाटक के कुर्ग जिले में स्थित ब्रह्मगिरि पहाड़ी	बंगाल की खाड़ी	800
22. कृष्णा	महाबलेश्वर के समीप प. घाट पहाड़	बंगाल की खाड़ी	1410

23. नर्मदा	विन्ध्याचल पर्वत श्रेणियों स्थित अमरकंटक नामक स्थान	खंभात की खाड़ी	312
24. कोसी	गोसाईंथान चोटी के उ. में	कारागोला के द.प. में गंगा नदी पटना के समीप गंगा नदी	730
25. गंडक	नेपाल में गंगा	पटना के समीप भारत में नदी	425

मिट्टियाँ

भारत में मुख्य रूप से आठ प्रकार की मिट्टियाँ पाई जाती हैं–

1. जलोढ़ मिट्टी

उत्तर भारत के विशाल मैदानों में यह मिट्टी नदियों द्वारा निक्षेपित की गई है। इस मिट्टी को दो उपवर्गों में विभाजित किया जाता है– नई जलोढ़ मिट्टी एवं पुरानी जलोढ़ मिट्टी। भारत के लगभग 43.4 प्रतिशत क्षेत्र पर इस मिट्टी का विस्तार है।

- इस मिट्टी में नाइट्रोजन, फास्फोरस एवं ह्यूमस की कमी पाई जाती है परन्तु इस मृदा में पोटाश एवं चूने का अंश पर्याप्त होता है।

2. काली मिट्टी

- इस मिट्टी का विस्तार भारत में लगभग 15.20% क्षेत्रफल पर है।
- यह मिट्टी मुख्यत: महाराष्ट्र, दक्षिण एवं पूर्वी गुजरात, पश्चिमी मध्य प्रदेश, उत्तरी कर्नाटक, उत्तरी आन्ध्र प्रदेश, उत्तर-पश्चिम तमिलनाडु, दक्षिण पूर्वी राजस्थान आदि क्षेत्रों में पाई जाती है।
- इस मिट्टी का निर्माण लावा पदार्थों के विखण्डन से हुआ है। कुछ विशिष्ट लवणों जैसे लोहा एवं एल्यूमिनियम के टिटानीफेरस मैग्नेटाइट यौगिक आदि की उपस्थिति है। इसे रेगुर नाम से जाना जाता है।
- यह मिट्टी कपास की कृषि के लिए उत्तम है। इसके अलावा यह मूँगफली, तम्बाकू, गन्ना, दलहन एवं तिलहन की कृषि के लिए अनुकूल है।

लाल मिट्टी

- इस मिट्टी का विस्तार भारत के लगभग 18.6% क्षेत्रफल पर है।
- इस मिट्टी में नाइट्रोजन, फास्फोरस एवं ह्यूमस की कमी होती है।
- इस मिट्टी का विस्तार आन्ध्र प्रदेश एवं पूर्वी मध्य प्रदेश, छोटा नागपुर का पठारी क्षेत्र, पं. बंगाल के उत्तरी पश्चिमी जिले, मेघालय की खासी, जयन्तिया आदि क्षेत्रों में पाई जाती है।
- इस मिट्टी में मुख्यत: मोटे अनाज, दलहन एवं तिलहन की कृषि की जाती है।

लेटराइट मिट्टी

- यह मिट्टी मुख्य रूप से पूर्वी एवं पश्चिमी घाट, राजमहल की पहाड़ी, ओडिशा का पठारी क्षेत्र आदि क्षेत्रों में पाई जाती है। इसका सर्वाधिक विस्तार केरल में है।
- यह मिट्टी चाय की कृषि के लिए उत्तम मानी जाती है।

वनीय मिट्टी

- इस मिट्टी में जीवांश की अधिकता होती है। इसकी उर्वरा शक्ति कम होती है।
- यह मिट्टी बागवानी फसलों; जैसे–चाय, कहवा, मसाले एवं फलों आदि के लिए अधिक उपयुक्त है।

क्षारीय मिट्टी

- इस मिट्टी को रेह, ऊसर या कल्लर के नाम से भी जाना जाता है।
- इन मिट्टियों में सोडियम क्लोराइड एवं सोडियम सल्फेट की अधिकता होती है।

उद्योग

प्रमुख उद्योग

लोहा तथा इस्पात	जमशेदपुर, (झारखंड), बर्नपुर (पश्चिम बंगाल), भद्रावती (कर्नाटक)। बोकारो (झारखण्ड), राउरकेला (ओडिशा), दुर्गापुर, (पश्चिम बंगाल), भिलाई (छत्तीसगढ़), सलेम (तमिलनाडु), विशाखापट्टनम (आन्ध्र प्रदेश)।
रेल लोकोमोटिव	चित्तरंजन, वाराणसी, जमशेदपुर, भोपाल।
रेल के डिब्बे	पैराम्बूर (तमिलनाडु), कपूरथला (पंजाब), बंगलुरु, कोलकाता।
जलयान	कोचीन, मुम्बई, कोलकाता, विशाखापट्टनम, मझगाँव।
सूती वस्त्र	महाराष्ट्र, गुजरात, तमिलनाडु, उत्तर प्रदेश, पश्चिम बंगाल, मध्य प्रदेश।
जूट	पश्चिम बंगाल, आन्ध्र प्रदेश, बिहार, उत्तर प्रदेश।
रेशमी वस्त्र	कर्नाटक, पश्चिम बंगाल, बिहार।
चीनी	उत्तर-प्रदेश, महाराष्ट्र, तमिलनाडु, आन्ध्र प्रदेश, कर्नाटक, बिहार।
औषधि	पिम्परी (पुणे), ऋषिकेश।
हिन्दुस्तान ऐरोनॉटिक्स	बंगलुरु, कानपुर, नासिक, हैदराबाद, कोरापुट, लखनऊ।
ऊनी वस्त्र	पंजाब, महाराष्ट्र, उत्तर प्रदेश।
एल्यूमीनियम	हीराकुड, कोरापुट (ओडिशा), रेनुकूट (उत्तर प्रदेश) कोरबा (छत्तीसगढ़); रत्नगिरि (महाराष्ट्र), मिटठूर (तमिलनाडु)।
ताँबा	खेतड़ी (राजस्थान), सिंहभूम (झारखण्ड)।
भारी मशीन	राँची, विशाखापट्टनम, दुर्गापुर, तिरुचिरापल्ली, मुम्बई, नैनी।
एच. एम. टी. (HMT)	बंगलुरु, पिन्जौर, हैदराबाद, कालामसेरी, श्रीनगर, सिकन्दराबाद, अजमेर।
भेल (BHEL)	भोपाल, हरिद्वार, रामचन्द्रपुरम, बंगलुरु, जगदीशपुर, जम्मू।

प्रमुख खनिज एवं उत्पादन

एसबेस्टस	झारखण्ड, बिहार, कर्नाटक, ओडिशा और राजस्थान।
बॉक्साइट	झारखण्ड, बिहार, ओडिशा, आन्ध्र प्रदेश, मणिपुर, गोवा, गुजरात, जम्मू कश्मीर।
कोयला	पश्चिम बंगाल व झारखण्ड 90% कोयले का उत्पादन करते हैं) रानीगंज, बर्दवान, बाँकुडा, पुरुलिया, वीरभूम, जलपाईगुड़ी, (पश्चिमी बंगाल), झरिया, बोकारो, करनपुर, गिरिडीह, हजारीबाग, पलामू, रामपुर (झारखण्ड), उमरिया, सोहागपुर, सिंगरौली, रामकोला, (मध्य प्रदेश), सिंगरोनी (आन्ध्र प्रदेश), चन्द्रपुर, बल्लारपुर (महाराष्ट्र), रामपुर, हिंदगीर, तलचर, सम्भल (ओडिशा), कोरबा (छत्तीसगढ़)।
ताँबा	सिंहभूम, हजारीबाग, सन्थाल परगना (झारखण्ड), खेतड़ी और कोलीहन (राजस्थान), भोटांग (सिक्किम), देहरादून (उत्तराखण्ड), गुन्टूर (आन्ध्र प्रदेश), जम्मू-कश्मीर, हिमाचल प्रदेश, मध्य प्रदेश, कर्नाटक, पश्चिमी बंगाल।
हीरा	पन्ना, सतना व छतरपुर (मध्य प्रदेश), बाँदा (उत्तर प्रदेश)।
सोना	कोलार व हट्टी (कर्नाटक) और चितूर व अनन्तपुर (आन्ध्र प्रदेश)।

जिप्सम	बीकानेर और जोधपुर (राजस्थान), तिरुचिरापल्ली (तमिलनाडु), गुजरात और हिमाचल प्रदेश।
लौह अयस्क	भारत में विश्व का 20% लोहा पाया जाता है जिसमें 65% लोहा हेमेटाइट किस्म का है। सिंहभूम (झारखण्ड), क्योंझर, तलचर, बौनाई, मयूरभंज (ओडिशा), गोवा, कर्नाटक, मध्य प्रदेश, महाराष्ट्र व तमिलनाडु।
मैंगनीज	महाराष्ट्र, गोवा, गुजरात, आन्ध्र प्रदेश, बिहार, ओडिशा, मध्य प्रदेश।
अभ्रक	अभ्रक के उत्पादन में भारत का विश्व में प्रथम स्थान है। यह झारखण्ड के हजारीबाग एवं कोडरमा जिले में, नैल्लोर, गुंटूर, कूडप्पा (आन्ध्र प्रदेश) आदि में मिलता है।
मोनोजाइट	ट्रावनकोर, समुद्र तट (केरल)।
चाँदी	चित्रदुर्ग और बेल्लारी (कर्नाटक) सिंहभूम तथा सन्थाल परगना (झारखण्ड) जावर क्षेत्र (राजस्थान)
टिन	हजारीबाग (झारखण्ड)।
थोरियम	ट्रावरकोर (केरल)।
टंग्स्टन	राजस्थान, पश्चिमी बंगाल, महाराष्ट्र, कर्नाटक, आन्ध्र प्रदेश, गुजरात और झारखण्ड।
यूरेनियम	जादुगुढ़ा (झारखण्ड), तटीय केरल (मेनोजाइट बालू से)।
सीसा-जस्ता	हजारीबाग (झारखण्ड), जावर क्षेत्र (राजस्थान), चिचोली (मध्य प्रदेश) कुमायूँ अल्मोड़ा, देहरादून (उत्तराखण्ड); अग्निगुण्डल (आन्ध्र प्रदेश), गुजरात व तमिलनाडु
ग्रेफाइट	राजस्थान, आन्ध्र प्रदेश, मध्य प्रदेश, तमिलनाडु, कर्नाटक, ओडिशा तथा केरल।
पेट्रोलियम	असोम (डिग्बोई, बदरपुर, नाहरकटिया, कासिमपुर, पल्हारिया, रुद्रपुर), गुजरात, (खम्भात की खाड़ी, अंकलेश्वर, कलोल) बम्बई हाई (सागर सम्राट प्लेटफार्म से), राजस्थान (थार रेगिस्तान), कृष्णा-गोदावरी बेसिन आदि। गैस के प्रमुख असोम, गुजरात व राजस्थान में हैं।

मुख्य फसल एवं उत्पादक राज्य

फसल	प्रमुख उत्पादन राज्य
चावल	पश्चिमी बंगाल, आन्ध्र प्रदेश, उत्तर प्रदेश
गेहूँ	उत्तर प्रदेश, पंजाब, हरियाणा
मक्का	आन्ध्र प्रदेश, कर्नाटक, राजस्थान
बाजरा	राजस्थान, उत्तर प्रदेश, गुजरात
मोटे अनाज	राजस्थान, महाराष्ट्र, कर्नाटक
दलहन	महाराष्ट्र, मध्य प्रदेश, आन्ध्र प्रदेश
कुल खाद्यान्न	उत्तर प्रदेश, पंजाब, आन्ध्र प्रदेश
तिलहन	मध्य प्रदेश, महाराष्ट्र, गुजरात
मूँगफली	गुजरात, आन्ध्र प्रदेश, तमिलनाडु
सोयाबीन	मध्य प्रदेश, महाराष्ट्र, राजस्थान
सूरजमुखी	कर्नाटक, आन्ध्र प्रदेश, महाराष्ट्र
गन्ना	उत्तर प्रदेश, महाराष्ट्र, तमिलनाडु
कपास	गुजरात, महाराष्ट्र, आन्ध्र प्रदेश
जूट एवं मेस्टा	पश्चिम बंगाल, बिहार, असोम
आलू	उत्तर प्रदेश, पश्चिम बंगाल, बिहार
प्याज	महाराष्ट्र, गुरजात, कर्नाटक
चाय	असम, पश्चिम बंगाल, तमिलनाडु
कॉफी	कर्नाटक, तमिलनाडु, केरल
रबड़	केरल, तमिलनाडु, कर्नाटक, आन्ध्र प्रदेश, गुजरात, बिहार
काजू	केरल, महाराष्ट्र, आन्ध्र प्रदेश

प्रमुख बहुउद्देशीय परियोजनाएँ

परियोजना	नदी	सम्बन्धित राज्य
फरक्का	गंगा नदी	पश्चिम बंगाल
श्रीसेलम	कृष्णा	आन्ध्र प्रदेश
नागार्जुन	कृष्णा	आन्ध्र प्रदेश
ऊपरी कृष्णा	कृष्णा	कर्नाटक
भाखड़ा-नांगल	सतलुज	हिमाचल प्रदेश, पंजाब
नाथपा-झाकड़ी	सतलुज	पंजाब, हिमाचल प्रदेश, हरियाणा
इन्दिरा गाँधी	सतलुज एवं व्यास	हरियाणा, राजस्थान
पोंग बाँध	व्यास	पंजाब, हरियाणा, राजस्थान, हिमाचल प्रदेश
सलाल	चिनाब	जम्मू-कश्मीर
दुलहस्ती	चिनाब	जम्मू-कश्मीर
थीन बाँध	रावी	पंजाब
तुलबुल	झेलम	जम्मू-कश्मीर
दामोदर घाटी	दामोदर	झारखण्ड, पश्चिम बंगाल
हीराकुण्ड	महानदी	ओडिशा
चम्बल	चम्बल	राजस्थान एवं मध्य प्रदेश
टिहरी बाँध	भिलंगना एवं भागीरथी	उत्तराखण्ड एवं उत्तर प्रदेश
कोसी	कोसी	बिहार एवं नेपाल
स्वर्णरेखा	स्वर्णरेखा	झारखण्ड
राजघाट	बेतवा	मध्य प्रदेश, उत्तर-प्रदेश
माताटीला	बेतवा	उत्तर प्रदेश, मध्य प्रदेश
सरदार सरोवर	नर्मदा	मध्य प्रदेश, महाराष्ट्र, गुजरात, राजस्थान
शिवसमुद्रम	कावेरी	कर्नाटक
मैटूर	कावेरी	तमिलनाडु
उकाई	ताप्ती	गुजरात
कोयना	कोयना	महाराष्ट्र
रिहन्द	रिहन्द	उत्तर प्रदेश
इडुक्की	पेरियार	केरल
महात्मा गाँधी	शरावती	कर्नाटक
पापनाशम	ताम्रपर्णी	तमिलनाडु
मयूराक्षी	मयूराक्षी	बिहार, पश्चिम बंगाल
तुंगभद्रा	तुंगभद्रा	कर्नाटक एवं आन्ध्र प्रदेश
मचकुण्ड	मचकुण्ड	ओडिशा, आन्ध्र प्रदेश
लोकटक	—	मणिपुर
पार्वती	पार्वती	हिमाचल प्रदेश
चूखावांग्चू	भारत एवं भूटान	

टनकपुर	महाकाली	भारत एवं नेपाल
पोचमपाद	गोदावरी	आन्ध्र प्रदेश
निजाम सागर	मंजरा	आन्ध्र प्रदेश
पायकारा	पायकारा	तमिलनाडु
पल्लीवासल	मदिरा पूझा	केरल
काली	काली	कर्नाटक
जमनलाल बजाज	माही	गुजरात

वन्य जीव अभयारण्य

प्रदेश	प्रधान उद्यान व अभयारण्य	स्थान
मध्य प्रदेश	पचमढ़ी वन्य जीव अभयारण्य	होशंगाबाद
	बोरी अभयारण्य	होशंगाबाद
	कान्हा-किसली राष्ट्रीय उद्यान	बालाघाट
	मण्डल गाँधी सागर वन जीव अभयारण्य	मंदसौर
	बान्धवगढ़ राष्ट्रीय उद्यान	शहडोल
	फालिस राष्ट्रीय उद्यान	मण्डला
	सतपुड़ा राष्ट्रीय उद्यान	होशंगाबाद
	रातापानी वन्य जीव अभयारण्य	रायसेन
महाराष्ट्र	बोरीवली राष्ट्रीय उद्यान	मुम्बई
	टडोवा राष्ट्रीय उद्यान	चन्द्रपुर
	पेंच राष्ट्रीय उद्यान	नागपुर
राजस्थान	रणथम्भौर वन्य जीव अभयारण्य व टाइगर प्रोजेक्ट	सवाई गमाधोपुर
	सरिस्का वन्य जीव अभयारण्य	अलवर
	केवलादेव घाना पक्षी बिहार	भरतपुर
झारखण्ड	हजारीबाग राष्ट्रीय वन जीव अभयारण्य	हजारीबाग
	डोल्मा वन्य अभयारण्य	सिंहभूम
	बेताप वन्य जीव अभयारण्य	
डाल्टनगंज	महुआडार वन्य जीव अभयारण्य	पलामू
बिहार	गौतम बुद्ध वन्य जीव अभयारण्य	
	राजगीर अभयारण्य	राजगीर
तमिलनाडु	मुदुमलाई वन्य जीव अभयारण्य	नीलगिरि
	वेदान्तंगल पक्षी विहार	चिंगलपेट
केरल	पारम्बिकुलम वन्य जीव अभयारण्य	पालघाट
कर्नाटक	बान्दीपुर राष्ट्रीय उद्यान	बान्दीपुर
	शारावथी घाटी वन्य जीव अभयारण्य	शिमोगा
	रंगीथिटू पक्षी विहार	मैसूर
	बन्नरघट्टा राष्ट्रीय उद्यान	बंगलुरु
	तुंगभद्रा वन्य जीव अभयारण्य	बेल्लारी
सिक्किम	खगचंद्जेंदा राष्ट्रीय उद्यान	इडुक्की
जम्मू-कश्मीर	दचिगाम अभयारण्य	श्रीनगर
पश्चिम बंगाल	जलदापारा वन्य जीव जलापाईगुड़ी, अभयारण्य चौबीस सुन्दर वन टाइगर रिजर्व	परगना
उत्तर प्रदेश	चन्द्रप्रथा अभ्यारण्य	वाराणसी
	दुधवा राष्ट्रीय उद्यान	लखीमपुर खीरी
उत्तराखण्ड	जिम कार्बेट राष्ट्रीय उद्यान	नैनीताल
	मालन पशु, बिहार	पौड़ी गढ़वाल
ओडिशा	सिमिलीपाल वन्य अभयारण्य	मयूरभंज
आन्ध्र प्रदेश	कावल वन्य जीव अभयारण्य	आदिलाबाद
	टाइवाई वन्य जीव अभयारण्य	वारंगल
	नालापट्टी पक्षी विहार	नेल्लोर
	किन्नासानी वन्य जीव अभयारण्य	खम्माम

प्रमुख जनजातियाँ

जनजाति	सम्बन्धित स्थान
गड्डी	हिमाचल प्रदेश
गारो	मेघालय
गोंड	म. प्र. बिहार, झारखण्ड ओडिशा तथा आन्ध्र प्रदेश
साँसी	राजस्थान
संन्थाल	बिहार, झारखण्ड तथा पं. बंगाल
सेन्टीलिज	सेन्टीलिज द्वीप, अण्डमान तथा निकोबार
शोम्पेन	अण्डमान निकोबार
जाखा	अण्डमान एवं निकोबार
गरासिया	राजस्थान
भोटिया	उत्तराखण्ड
बुक्सा	उत्तराखण्ड
अबोर	असोम
अपतामीस	अरुणाचल प्रदेश
उरांव	झारखण्ड एवं ओडिशा
ओंग	अण्डमान निकोबार
कोरबा	छत्तीसगढ़, झारखण्ड
असुर	झारखण्ड
थारू	उत्तर प्रदेश, उत्तराखण्ड
चैंचू	आन्ध्र प्रदेश तथा ओडिशा
टोडा	नीलगिरि (तमिलनाडु)
नागा	नागालैण्ड
जाखा	लघु अण्डमान
उरालीस	केरल
कोल	मध्य प्रदेश एवं छत्तीसगढ़
कोटा	नीलगिरि (तमिलनाडु)
कुली	मध्य प्रदेश एवं छत्तीसगढ़
खस	जीनसार-बाबर क्षेत्र
खासी	असोम एवं मेघालय
खोड	ओडिशा
बडगास	नीलगिरि (तमिलनाडु)
बैगा	मध्य प्रदेश/छत्तीसगढ़
भील	आन्ध्र प्रदेश, राजस्थान
मुड़िया	बस्तर (म. प्र.)
मिकिर	असोम
मुण्डा	बिहार तथा झारखण्ड
वारली	महाराष्ट्र

प्रश्नमाला

1. पृथ्वी के केन्द्र में पाया जाने वाला चुम्बकीय पदार्थ है–
(a) ग्रेनाइट (b) बैसाल्ट
(c) निकेल (d) डायोराइट

2. पृथ्वी की तीन संकेन्द्री परतों में ऊपर से दूसरी परत का नाम क्या है?
(a) सियाल (b) सीमा
(c) निफे (d) इनमें से कोई नहीं

3. निम्नलिखित में से कौन-सा ज्वालामुखी के तीन वर्गों में शामिल नहीं है जो उनके उद्‌भव की आवृत्ति के आधार पर वर्गीकृत किये गए हैं?
(a) जाग्रत ज्वालामुखी
(b) प्रसुप्त ज्वालामुखी
(c) मृत ज्वालामुखी
(d) यौगिक ज्वालामुखी

4. स्थलमण्डल का तात्पर्य है–
(a) पृथ्वी का आन्तरिक भाग
(b) पृथ्वी का मध्यवर्ती भाग
(c) पृथ्वी का ऊपरी भाग
(d) पृथ्वी की बाह्य पपड़ी

5. स्वेस ने पृथ्वी के आन्तरिक भाग को तीन भागों में बाँटा था, उनके विभाजन में नहीं है–
(a) सियाल (b) सीमा
(c) निफे (d) सबस्टैटम

6. विश्व प्रसिद्ध ग्राण्ड कैनियन का संबंध है–
(a) कोलेरेडो नदी से
(b) मिसीसिपी नदी से
(c) हवांहो नदी से
(d) कांगो नदी से

7. ज्वालामुखी में जलवाष्प के अलावा मुख्य गैसें हैं–
(a) नाइट्रोजन, ऑक्सीजन
(b) हाइड्रोजन
(c) कार्बन डाइऑक्साइड
(d) सल्फर डाईऑक्साइड, कार्बन डाईऑक्साड, नाइट्रोजन

8. अग्नि वलय किस कहा जाता है?
(a) अटलाण्टिक परिमेखला
(b) हिन्दी परिमेखला
(c) प्रशान्त परिमेखला
(d) यौगिक ज्वालामुखी

9. पृथ्वी के किस भाग में भूकम्प आना आम बात है–
(a) पूर्वी एशिया में
(b) जर्मनी में
(c) आस्ट्रेलिया में
(d) सं. रा. अमेरिका में

10. 'स्थलरूप संरचना, पक्रम तथा समय पर प्रतिफल होता है' यह सूत्र किसने स्थापित किया–
(a) हटन ने (b) डब्ल्यू. एम. डेविस ने
(c) किंग ने (d) डब्ल्यू. के. डिवीज ने

11. ऋतु अपक्षय का सर्वोत्तम साधन है–
(a) ग्रीष्म एवं शुष्क
(b) शुष्क एवं आर्द्र
(c) उष्ण एवं आर्द्र
(d) ठण्डे एवं आर्द्र

12. पेडीमेण्ट निर्माण संबंधित है–
(a) नदी क्रिया से
(b) लहर क्रिया से
(c) वायु क्रिया से
(d) भूमिगत जल क्रिया से

13. महाद्वीपों और पठारों का निर्माण किस संचलन से होता है?
(a) ऋणात्मक संचलन
(b) क्षैतिज संचलन
(c) ऊर्ध्वाधर संचलन
(d) इनमें से किसी से नहीं

14. निम्नलिखित में से किसे 'प्रकृति का सुरक्षा वॉल्व' कहा जाता है?
(a) भूकम्प (b) ओजोन गैस
(c) ज्वालामुखी (d) नदियाँ

15. महाद्वीप और महासागर किस श्रेणी में उच्चावच हैं?
(a) प्रथम श्रेणी (b) द्वितीय श्रेणी
(c) तृतीय श्रेणी (d) चतुर्थ श्रेणी

16. पर्वत और घाटियाँ किस संचलन से बनते हैं?
(a) क्षैतिज संचलन
(b) ऊर्ध्वाधर संचलन
(c) धनात्मक संचलन
(d) ऋणात्मक संचलन

17. निम्नलिखित में से किसे पर्यावरण के मूल संघटकों में नहीं सम्मिलित किया जाता है?
(a) अजैविक (Abiotic)
(b) जैविक (Biotic)
(c) ऊर्जा (Energy)
(d) स्थानिक (Spatial)

18. भूगोल को 'मानव पारिस्थितिकी' (Human Ecology) के रूप में परिभाषित किया था–
(a) पैट्रिक गिडीस ने
(b) हैरोल्ड मैकिण्डर ने
(c) हॉरलॉन बैरोज ने
(d) ए. हरबर्टसन ने

19. अपने प्राकृतिक परिवेश में वन्यजीवन के लिए कानूनी तौर पर आरक्षित क्षेत्र है–
(a) बायोस्फियर रिजर्व
(b) सेंक्चुअरी
(c) सामाजिक वन
(d) नेशनल पार्क

20. किस नगर के प्रदूषण करने वाले उद्योगों को प्राकृतिक गैस आधारित प्रौद्योगिकी में सर्वोच्च न्यायालय के आदेशानुसार परिवर्तित करना होगा?
(a) आगरा (b) अयोध्या
(c) मथुरा (d) हैदराबाद

21. निम्नलिखित में कौन-सा सत्य नहीं है?
(a) जलोढ़ मैदान, डेल्टा, एक्कर तथा जलोढ़ शंकु तृतीय श्रेणी के उच्चावच्च हैं
(b) पर्वत, पठार, भ्रंश तथा भूभ्रंश घाटी द्वितीय श्रेणी के उच्चावच्च हैं
(c) महाद्वीप प्रथम श्रेणी के उच्चावच्च हैं
(d) पुलिस, स्टैलेक्टाइट तथा स्टैलेग्माइट प्रथम श्रेणी के अपरदनात्मक स्थलरूप हैं

22. जीव-मण्डलीय तंत्र में ऊर्जा तथा पदार्थों के निवेश एवं बहिर्गमन की प्रक्रियाओं का संचालन किस चक्र के माध्यम से होता है?
(a) भूरासायनिक चक्र
(b) जैव रासायनिक चक्र
(c) अवसादी चक्र
(d) जैव-भूरासायनिक चक्र

23. अधोलिखित में कौन-सा आकारानुक्रम सत्य है?
(a) एशिया, अफ्रीका, दक्षिणी अमेरिका एवं उ. अमेरिका
(b) उत्तरी अमेरिका, दक्षिणी अमेरिका, यूरोप तथा अंटार्कटिका
(c) दक्षिण अमेरिका, अंटार्कटिका, आस्ट्रेलिया तथा यूरोप
(d) दक्षिणी अमेरिका, अंटार्कटिका, यूरोप तथा आस्ट्रेलिया

24. निम्नलिखित में से किसका सही मेल बाघ आरक्षित क्षेत्र परियोजना के साथ नहीं बैठता है?
(a) सारिस्का-अलवर
(b) वाल्मीकि-हजारीबाग
(c) पेंच-नागपुर
(d) नागार्जुन सागर-श्री सैलम

25. किस प्रकार के पिरामिड द्वारा विभिन्न पारिस्थितिक तंत्रों की उत्पादकता का बोध होता है?
(a) संख्या पिरामिड
(b) बायोमास पिरामिड
(c) ऊर्जा पिरामिड
(d) (b) एवं (c)

26. बेकार सख्त भूमि में उगने वाले पौधों को कहते हैं
(a) शैलोद्भिद् (b) बालुकोद्भिद्
(c) करसोफाइट्स (d) इनमें से कोई नहीं

27. निम्नलिखित में से कौन-सा अभ्यारण्य जंगली हाथियों के लिए प्रसिद्ध है?
(a) चन्द्रप्रभा (b) बांदीपुर
(c) मानस (d) पेरियार

28. दुधवा राष्ट्रीय उद्यान कहाँ स्थित है?
(a) मध्य प्रदेश (b) उत्तर प्रदेश
(c) तमिलनाडु (d) ओडिशा

29. भारतीय समुद्रतटीय जल के प्रदूषण का प्रमुख कारण है?
(a) तेल का फैल जाना
(b) नगरपालिका द्वारा कूड़ा विसर्जन
(c) औद्योगिक बहिस्राव ((Effluents)
(d) वायुविलय (Aerosols)

30. निम्नलिखित में कौन-सा महासागर एक ओर एशिया को तथा दूसरी ओर उत्तर अमेरिका महाद्वीप को स्पर्श करता है?
(a) अटलांटिक महासागर
(b) प्रशान्त महासागर
(c) हिन्द महासागर
(d) आर्कटिक महासागर

31. वृहत् ज्वार आता है–
(a) जब सूर्य तथा चन्द्रमा एक सीधी रेखा में होते हैं
(b) जब सूर्य तथा चन्द्रमा समकोण बनाते हैं
(c) जब तेज हवा चल रही हो
(d) जब रात बहुत ठण्डी हो

32. उत्तर अमेरिका महाद्वीप के पश्चिम में कौन-सा महासागर स्थित है?
(a) आर्कटिक महासागर
(b) अटलांटिक महासागर
(c) प्रशान्त महासागर
(d) इनमें से कोई नहीं

33. तुर्की के उत्तर में है–
(a) काला सागर (b) कैस्पियन सागर
(c) लाल सागर (d) भूमध्य सागर

34. अग्नि वलय (Ring of Fire) की उपस्थिति किस महासागर में पायी जाती है?
(a) प्रशान्त महासागर
(b) अटलांटिक महासागर
(c) हिन्द महासागर
(d) आर्कटिक महासागर

35. विश्व में क्षेत्रफल की दृष्टि से सबसे बड़ा सागर है–
(a) जापान सागर
(b) दक्षिणी चीन सागर
(c) भूमध्य सागर
(d) काला सागर

36. अटलांटिक महासागर का सबसे गहरा भाग है–
(a) मेरियाना ट्रेंच (b) प्यूर्टोरिको ट्रेंच
(c) सुण्डा ट्रेंच (d) जावा ट्रेंच

37. विश्व में सबसे बड़ी खाड़ी है–
(a) हडसन की खाड़ी
(b) बंगाल की खाड़ी
(c) मैक्सिको
(d) फारस की खाड़ी

38. नाइन्टी ईस्ट रोज कहाँ पर स्थित है?
(a) प्रशान्त महासागर
(b) हिन्द महासागर
(c) आर्कटिक महासागर
(d) अन्ध महासागर

39. 2011 ई. की जनगणना के अनुसार किस राज्य में महिलाओं में साक्षरता दर कम है?
(a) बिहार (b) राजस्थान
(c) ओडिशा (d) सिक्किम

40. वृहत पृष्ठीय क्षेत्रफल वाला महासागर है–
(a) उत्तर ध्रुवीय महासागर
(b) अटलांटिक महासागर
(c) हिन्द महासागर
(d) प्रशान्त महासागर

41. निम्नलिखित में कौन-सी सामुद्रिक नहर उत्तरी सागर और बाल्टिक सागर को जोड़ती है?
(a) स्वेज (b) कील
(c) सू (Soo) (d) मानचेस्टर

42. सुण्डा ट्रैंच कहां है?
(a) हिन्द महासागर
(b) प्रशान्त महासागर
(c) अन्ध महासागर
(d) मैक्सिको की खाड़ी

43. हिन्द महासागर में सबसे बड़ा द्वीप है–
(a) मालदीव (b) लक्षद्वीप
(c) मेडागास्कर (d) सुमात्रा

44. निम्नलिखित लवणों में से सागरीय जल की लवणता में किसका अधिकतम योगदान है?
(a) कैल्शियम सल्फेट
(b) मैग्नीशियम क्लोराइड
(c) मैग्नीशियम सल्फेट
(d) सोडियम क्लोराइड

45. जिस द्वीप के द्वारा अगुलहास धारा दो भागों में विभक्त होती है, वह है–
(a) जावा (b) आइसलैण्ड
(c) क्यूबा (d) मेडागास्कर

46. निम्नलिखित में से कौन-सी धारा दक्षिणी अटलाण्टिक महासागर में धाराओं के एक पूर्ण वृत्त के निर्माण में योगदान नहीं देती है?
(a) बेंगुएला (b) ब्राजील
(c) कनारी (d) पश्चिमी पवन प्रवाह

47. वायुमण्डल की क्षोभमण्डल, समताप मण्डल आदि परतों में विभाजित करने का मुख्य आधार क्या है?
(a) तापमान (b) वायुदाब
(c) संघटन (d) घनत्व

48. निम्नलिखित में से कौन-सी वायु स्विट्जरलैंड में उत्तरी आल्प्स के विमुख ढाल पर बहती है?
(a) फॉन (b) मिस्ट्रल
(c) सिरॉको (d) चिनूक

49. निम्न में से कौन ठंडी स्थानीय हवा है?
(a) मिस्ट्रल (b) बोरा
(c) पैम्पीरो (d) उपर्युक्त सभी

50. समुद्रतल पर औसत वायुदाब कितना होता है?
(a) 1003.25 मिलीबार
(b) 1031.25 मिलीबार
(c) 1023.25 मिलीबार
(d) 1034.25 मिलीबार

उत्तरमाला

1. (c)	2. (b)	3. (d)	4. (d)	5. (d)	6. (a)	7. (c)	8. (d)	9. (a)	10. (b)
11. (c)	12. (a)	13. (c)	14. (c)	15. (a)	16. (a)	17. (d)	18. (a)	19. (a)	20. (c)
21. (b)	22. (a)	23. (a)	24. (d)	25. (d)	26. (a)	27. (d)	28. (b)	29. (d)	30. (b)
31. (d)	32. (c)	33. (d)	34. (d)	35. (d)	36. (b)	37. (a)	38. (c)	39. (a)	40. (a)
41. (c)	42. (b)	43. (a)	44. (a)	45. (a)	46. (c)	47. (a)	48. (a)	49. (d)	50. (b)

अध्याय

15

सामान्य विज्ञान

भौतिक विज्ञान

1. मापन (Measurement)

- **भौतिक राशियाँ**–भौतिकी के नियमों को जिन्हें राशियों के पदों में व्यक्त किया जाता है, उन्हें भौतिक राशियाँ कहते हैं। **जैसे**–वस्तु का द्रव्यमान, लम्बाई, बल, चाल, घनत्व इत्यादि।
- **अदिश राशि (Scalar Quantity)**—वैसी भौतिक राशि, जिनमें केवल परिमाण होता है दिशा नहीं, उसे अदिश राशि कहा जाता है। **जैसे**–द्रव्यमान, चाल, आयतन, कार्य, समय, ऊर्जा आदि।
- **नोट**–विद्युत धारा (Current) तथा ताप (Temperature), दाब (Pressure)।
- **सदिश राशि (Vector Quantity)**—वैसी भौतिक राशि, जिनमें परिमाण के साथ-साथ दिशा भी रहती है और जो योग के निश्चित नियमों के अनुसार जोड़ी जाती है उन्हें सदिश राशि कहते हैं। जैसे–वेग, विस्थापन, बल, त्वरण आदि।

व्युत्पन्न मात्रक

क्षेत्रफल = (लम्बाई)^2 m^2

घनत्व = $\frac{\text{मात्रा}}{\text{आयतन}}$ $\frac{kg}{m^3}$

आयतन = (लम्बाई)^3 m^3

त्वरण = इकाई समय में गति परिवर्तन $\frac{m}{s}/s = \frac{m}{s^2}$

गति = इकाई समय में तय की गई दूरी $\frac{m}{s}$

बल = मात्रा × त्वरण $kg.m/s^2$ (न्यूटन)

दबाव = $\frac{\text{बल}}{\text{क्षेत्रफल}}$ $\frac{kgm}{s^2m^2} = kg/ms^2$ (पास्कल)

ऊर्जा = बल × दूरी $kg.m^2/s^2$ (जूल)

शक्ति = $\frac{\text{ऊर्जा}}{\text{समय}}$ (कार्य करने की दर) $\frac{kgm^2}{s^2}$ (वॉट)

	भौतिक राशि	मात्रक	संकेत
1.	लम्बाई	मीटर (metre)	m (मी.)
2.	द्रव्यमान	किलोग्राम (kilogram)	kg (किग्रा.)
3.	समय	सेकण्ड (second)	s (से)
4.	ताप	केल्विन (kelvin)	K (के)
5.	विद्युत् धारा	ऐम्पियर (ampere)	A (ऐ)
6.	ज्योति-तीव्रता	कैण्डेला (candela)	cd (कैण्ड)
7.	पदार्थ का परिमाण	मोल (mole)	mol (मोल)

S.I. के सम्पूरक मूल मात्रक

1.	समतल कोण	रेडियन (radian)	rad (रेड)
2.	घन कोण (Solid angle)	स्टेरेडियन (steradian)	sr

S.I. के कुछ पुराने मात्रकों के नए नाम और संकेत

1.	ताप	डिग्री सेण्टीग्रेड, ºC (पुराना)	डिग्री सेल्सियस, ºC (नया)
2.	आवृत्ति	कम्पन प्रति सेकण्ड, cps (पुराना)	हर्ट्ज, Hz (नया)
3.	ज्योति-तीव्रता (Luminous intensity)	कैण्डिल शक्ति, C.P. (पुराना)	कैण्डेला, cd (नया)

गति

- यदि किसी वस्तु की स्थिति, किसी स्थिर वस्तु के सापेक्ष एक समान रूप से बदल रही हो, तो वह वस्तु गति कहलाती है।

दूरी

- किसी दिए गए समयान्तराल में वस्तु द्वारा तय किए गए मार्ग की लम्बाई को दूरी कहते हैं।

विस्थापन

- किसी वस्तु की प्रारम्भिक तथा अन्तिम स्थिति के अन्तर को, उस वस्तु का विस्थापन कहते हैं तथा इसे एक वेक्टर के द्वारा प्रदर्शित किया जाता है। यह एक सदिश राशि है। इसका S.I. मात्रक मीटर है।

चाल (Speed)

- किसी गतिशील वस्तु द्वारा एकांक समय में चली गयी दूरी को चाल (speed) कहा जाता है। इसका मात्रक मी. से$^{-1}$ या किमी/घण्टा है।

$$\text{चाल} = \frac{\text{दूरी}}{\text{समय}}$$

वेग (Velocity)

- किसी वस्तु के विस्थापन की दर को या एक निश्चित दिशा में प्रति सेकण्ड वस्तु द्वारा तय की दूरी को वेग (Velocity) कहते हैं। यह एक सदिश राशि है। इसका S.I. मात्रक मी./से है।

$$\text{वेग} = \frac{\text{निश्चित दिशा में वस्तु का विस्थापन}}{\text{समय}}$$

त्वरण (Acceleration)

- किसी वस्तु के वेग में परिवर्तन की दर को 'त्वरण' कहते हैं। यह एक सदिश राशि है। इसका S.I. मात्रक मी./से.^{2} है।

न्यूटन का गति नियम

न्यूटन का प्रथम गति नियम (Newton's First Law of Motion)

- यदि कोई वस्तु विराम अवस्था में है, तो वह विराम अवस्था में रहेगी या यदि वह एक समान चाल से सीधी रेखा में चल रही है, तो वैसी ही चलती रहेगी, जब तक कि उस पर कोई बाह्य बल लगाकर उसकी वर्तमान अवस्था में परिवर्तन न किया जाए।
- प्रथम नियम को गैलिलियो का नियम या जड़त्व का नियम भी कहते हैं।

न्यूटन का द्वितीय गति नियम

- इसके अनुसार किसी वस्तु पर कार्य करने वाले बल का मान उस वस्तु के द्रव्यमान तथा वस्तु में उत्पन्न त्वरण के गुणनफल के समानुपाती होता है।

न्यूटन का तृतीय गति नियम

- प्रत्येक क्रिया के बराबर, परन्तु विपरीत दिशा में प्रतिक्रिया होती है। उदाहरण—(i) बन्दूक से गोली चलाने पर, चलाने वाले को पीछे की ओर धक्का लगना, (ii) नाव से किनारे पर कूदने पर नाव को पीछे की ओर हट जाना, (iii) रॉकेट को उड़ाने में।

बल (Force)

- बल वह धक्का या खिंचाव है जो या तो किसी वस्तु की अवस्था को परिवर्तित कर देता है या परिवर्तित करने का प्रयत्न करता है सदिश राशि है। इसका S.I. मात्रक न्यूटन है।

जड़त्व

- वस्तु का वह गुण जिसके कारण वह अपनी अवस्था परिवर्तन का विरोध करता है, जड़त्व कहलाता है। किसी वस्तु के द्रव्यमान द्वारा वस्तु के जड़त्व की गणना कर सकते हैं।

संवेग (Momentum)

- किसी वस्तु के द्रव्यमान तथा वेग के गुणनफल को उस वस्तु का संवेग कहते हैं।
- यह एक सदिश राशि है, इसका S.I. मात्रक किग्रा. × मी./से. है।

$$\therefore \quad \text{संवेग} = \text{द्रव्यमान} \times \text{वेग}$$

$$P = MV$$

आवेग (Impulse)

- यदि कोई बल किसी वस्तु पर अल्प समय के लिए कार्य करे, तो बल तथा समय के गुणनफल को 'आवेग' कहते हैं।

अर्थात् $\quad \text{आवेग} = \text{बल} \times \text{समय}$

$= \text{संवेग में परिवर्तन}$

S.I. पद्धति में इसका मात्रक न्यूटन सेकण्ड या किग्रा. मी./से. है।

संवेग संरक्षण का सिद्धान्त

- यदि कणों के किसी समूह या निकाय पर कोई बाह्य बल नहीं लग रहा हो, तो उस निकाय का कुल संवेग नियत रहता है अर्थात् टक्कर के पहले और बाद का संवेग बराबर होता है।

अभिकेन्द्रीय बल

- जब कोई वस्तु किसी वृत्ताकार मार्ग पर चलती है तो उस पर एक बल वृत्त के केन्द्र की ओर कार्य करता है। इस बल को ही अभिकेन्द्रीय बल कहते हैं।

अपकेन्द्रीय बल

- अजड़त्वीय फ्रेम में न्यूटन के नियमों को लागू करने के लिए कुछ ऐसे बलों की कल्पना करनी होती है, जिन्हें परिवेश में किसी पिण्ड से सम्बन्धित नहीं किया जा सकता। ये बल छद्म बल या जड़त्वीय बल कहलाते हैं। अपकेन्द्रीय बल एक ऐसा ही जड़त्वीय बल या छद्म बल है।

घर्षण

- घर्षण बल वह विरोधी बल है जो दो सतहों के बीच होने वाली अपेक्षित गति का विरोध करता है।
- जब वस्तु फिसलने की अवस्था में होती है, तो घर्षण बल के अधिकतम मान को सीमान्त घर्षण बल कहते हैं।

घर्षण के नियम

घर्षण के नियम निम्न हैं—

1. घर्षण बल अभिलम्ब प्रतिक्रिया के अनुक्रमानुगाती होता है।
2. घर्षण बल सम्पर्क में स्थित सतहों के क्षेत्रफल पर निर्भर नहीं करता।
3. घर्षण बल सम्पर्क में स्थित सतहों की प्रकृति पर निर्भर करता है।
4. लोटनी घर्षण बल का मान फिसलने वाले घर्षण बल से कम होता है।
5. घर्षण बल वस्तु की गति की दिशा के विपरीत दिशा में कार्य करता है।

विद्युत-चुम्बकीय बल

- ये बल गुरुत्वीय बलों की अपेक्षा बहुत अधिक प्रबल होते हैं।
- यह व्युत्क्रम वर्ग के नियम का पालन करता है।
- ये बल आकर्षण अथवा प्रतिकर्षण बल होते हैं तथा इनकी परास अधिक होती है।

पलायन वेग (Escape Velocity)

- पलायन वेग वह न्यूनतम वेग है। जिससे किसी पिण्ड को पृथ्वी की सतह से ऊपर की ओर फेंके जाने पर वह गुरुत्वीय क्षेत्र को पार कर जाता है। पृथ्वी पर वापस नहीं आता। पृथ्वी के लिए पलायन वेग का मान 11.2 किमी./से. है अर्थात् पृथ्वी-तल से किसी वस्तु को 11.2 किमी./से. या इससे अधिक वेग से ऊपर किसी भी दिशा में फेंक दिया जाए तो वस्तु फिर पृथ्वी-तल पर वापस नहीं आएगी।

कार्य, ऊर्जा सामर्थ्य एवं शक्ति

कार्य (Work)

- कार्य की माप लगाए गए बल तथा बल की दिशा में वस्तु के विस्थापन के गुणनफल के बराबर होता है। कार्य एक अदिश राशि है। इसका S.I. मात्रक जूल है।

कार्य = बल × विस्थापन

या $W = \vec{F} \times \vec{S}$

ऊर्जा (Energy)

- किसी वस्तु के कार्य करने की क्षमता को ऊर्जा कहते हैं।
- यह अदिश राशि है तथा इसका मात्रक जूल है।
- यान्त्रिक ऊर्जा दो प्रकार की होती है—(i) गतिज ऊर्जा, (ii) स्थितिज ऊर्जा।

(I) गतिज ऊर्जा (Kinetic Energy)

- किसी वस्तु की गति के कारण उसमें जो ऊर्जा होती है, उसे क्षितिज कहते हैं।
- यदि m द्रव्यमान की वस्तु v वेग से चल रही हो, तो उस वस्तु की गतिज ऊर्जा :

$$K = \frac{1}{2}mv^2$$

उदाहरण

- वायु गतिज ऊर्जा पवन चक्की को चलाने के काम आती है।
- पानी की गतिज ऊर्जा जल चक्की को चलाने के काम आती है।
- गतिज ऊर्जा के कारण ही बन्दूक की गोली लक्ष्य में धंस जाती है।

(II) स्थितिज ऊर्जा (Potential Energy)

- किसी वस्तु की स्थिति के कारण उसमें जो ऊर्जा होती है, उसे स्थितिज ऊर्जा कहते हैं।
- यदि m द्रव्यमान की वस्तु पृथ्वी तल से h ऊँचाई पर स्थित हो, तो वस्तु की स्थितिज ऊर्जा :

$$U = mgh$$

ऊर्जा रूपान्तरित करने वाले कुछ उपकरण

	उपकरण	ऊर्जा का रूपान्तरण
1.	डायनेमो	यान्त्रिक ऊर्जा को विद्युत ऊर्जा में
2.	मोमबत्ती	रासायनिक ऊर्जा को प्रकाश एवं ऊष्मा ऊर्जा में
3.	माइक्रोफोन ध्वनि	ऊर्जा को विद्युत् ऊर्जा में
4.	लाउडस्पीकर	विद्युत् ऊर्जा को ध्वनि ऊर्जा में
5.	सोलर सेल	सौर ऊर्जा को विद्युत् ऊर्जा में
6.	ट्यूब लाइट विद्युत्	ऊर्जा को प्रकाश ऊर्जा में
7.	विद्युत् मोटर	विद्युत् ऊर्जा को यान्त्रिक ऊर्जा में
8.	विद्युत् बल्ब	विद्युत् ऊर्जा को प्रकाश एवं ऊष्मा ऊर्जा में
9.	विद्युत् सेल	रासायनिक ऊर्जा को विद्युत् ऊर्जा में
10.	सितार	यान्त्रिक ऊर्जा को ध्वनि ऊर्जा में

- शक्ति की एक और मात्रक अश्व शक्ति है।

1 अश्व शक्ति (H.P.) = 746 W

सामर्थ्य (Power)

- कार्य करने की दर को सामर्थ्य कहते हैं।
- यदि t समय में किया गया कार्य W हो, तो सामर्थ्य

$$P = \frac{W}{t}$$

- S.I. पद्धति में सामर्थ्य का मात्रक जूल/सेकण्ड अथवा वॉट है।

दाब (Pressure)—किसी सतह के एकांक क्षेत्रफल पर लगने वाले बल को दाब कहते हैं। दाब का S.I. मात्रक $\frac{N}{m^2}$ होता है, जिसे पास्कल (Pa) भी कहते हैं। दाब एक अदिश राशि है।

वायुमण्डलीय दाब—सामान्यत: वायुमण्डलीय दाब वह दाब है जो पारे के 76 सेमी. लम्बे कॉलम के द्वारा 0°C पर 45° अक्षांश पर समुद्र तल पर लगाया जाता है। वायुमण्डलीय दाब का S.I. मात्रक बार (bar) होता है।

तरंगें

- तरंगों के द्वारा ऊर्जा का एक स्थान से दूसरे स्थान पर स्थानान्तरण होता है। तरंगों को मुख्यत: दो भागों में बाँटा जा सकता है—यान्त्रिक तरंगें तथा विद्युत चुम्बकीय तरंगें।

(1) यान्त्रिक तरंगें (Mechanical Waves)—तरंगें जो किसी पदार्थिक माध्यम ठोस, द्रव एवं गैस में संचारित होती हैं। यान्त्रिक तरंगें कहलाती हैं। इन तरंगों के किसी माध्यम में संचरण के लिए यह आवश्यक है कि माध्यम में प्रत्यास्थता (elasticity) का जड़त्व (inertia) के गुण मौजूद हों।

यान्त्रिक तरंगें मुख्यत: दो प्रकार की होती हैं—(i) अनुप्रस्थ तरंगें, (ii) अनुदैर्घ्य तरंगें।

(i) अनुप्रस्थ तरंगें (Transverse Waves)—जिन यान्त्रिक तरंगों के संचारित होने पर माध्यम के कण तरंग के चलने की दिशा के लम्बवत् कंपन करते हैं। अनुप्रस्थ तरंगें कहलाती हैं। प्रकाश की तरंगें भी अनुप्रस्थ हैं।

(ii) अनुदैर्घ्य तरंगें (Lonitudinal Waves)—जिन यान्त्रिक तरंगों के माध्यम से कण अपनी माध्य स्थिति पर आगे पीछे तरंग गति की दिशा में कम्पन्न करते हैं अनुदैर्घ्य तरंगें कहलाती हैं। ये तरंगें स्पीडन (compression) व विरलन (rarefaction) के रूप में संचारित होती हैं। एक सम्पीडन तथा एक विरलन द्वारा एक तरंग की रचना होती है।

अनुदैर्घ्य तरंगें सभी प्रकार के माध्यमों (ठोस, द्रव तथा गैस) में उत्पन्न की जाती हैं। वायु में उत्पन्न तरंगें सदैव अनुदैर्घ्य तरंगें होती हैं। वायु में ध्वनि, भूकम्प तरंगें या स्प्रिंग में उत्पन्न तरंगें भी अनुदैर्घ्य तरंगें होती हैं।

(2) विद्युत चुम्बकीय तरंगें (Electromagnetic Waves)—यान्त्रिक तरंगों के अतिरिक्त अन्य प्रकार की तरंगें भी होती हैं जिनको संचरण के लिए माध्यम की आवश्यकता नहीं होती तथा ये तरंगें निर्वात् में भी संचरित हो सकती हैं, विद्युत चुम्बकीय तरंगें कहलाती हैं। जैसे—प्रकाश तरंगें, रेडियो तरंगें आदि।

विद्युत चुम्बकीय तरंगें सदैव अनुप्रस्थ होती हैं। इन तरंगों की चाल प्रकाश की चाल के बराबर होती है।

इन तरंगों का तरंगदैर्घ्य परिसर 10^{-14} मीटर से 10^{4} मीटर तक होता है।

ध्वनि

ध्वनि एक प्रकार की ऊर्जा है जिसकी उत्पत्ति वस्तुओं के कम्पन्न से होती है लेकिन यह जरूरी नहीं है कि हर कम्पन्न से ध्वनि उत्पन्न हो।

- जिन यान्त्रिक तरंगों की आवृत्ति 20 Hz से 20000 Hz के बीच होती है। उनकी अनुभूति हमें अपने कानों के द्वारा होती है।

ध्वनि तरंगों का आवृत्ति परिसर

1. **अवश्रव्य तरंगें (Infrasonic Waves)**—20 Hz से नीचे की आवृत्ति वाली ध्वनि तरंगों को 'अवश्रव्य तरंगें' कहते हैं। इसे हमारा कान सुन नहीं सकता है।
2. **श्रव्य तरंगें (Audible Waves)**—20 Hz से 20,000 Hz के बीच की आवृत्ति वाली तरंगों को 'श्रव्य तरंग' कहते हैं। इन तरंगों को हमारा कान सुन सकता है।
3. **पराश्रव्य तरंगें (Ultrasonic Waves)**—20,000 Hz से ऊपर की तरंगों को पराश्रव्य तरंगें कहा जाता है। मनुष्य के कान इसे नहीं सुन सकते हैं। परन्तु कुछ जानवर जैसे—कुत्ता, बिल्ली, चमगादड़ आदि, इसे सुन सकते हैं।

कुछ माध्यमों में ध्वनि की चाल

माध्यम	ध्वनि की चाल (मी/से 0°C पर)		
कार्बन डाइऑक्साइड	260	वायु	332
भाप (100°C)	405	एल्कोहल	1213
हाइड्रोजन	1269	पारा	1450
जल	1493	समुद्री जल	1533
लोहा	5130	काँच	5640
एलुमीनियम	6420		

ऊष्मा

- ऊष्मा ऊर्जा का वह रूप है जिससे हमें वस्तु की गर्माहट का अहसास होता है।
- यह वस्तु के पदार्थ के अणुओं की गतिज ऊर्जा के कारण होती है।
- इसका मात्रक कैलोरी, किलोकैलोरी अथवा जूल है।
- **कैलोरी (Calorie)**—1 ग्राम जल का ताप 1°C (10°C से 11°C) बढ़ाने के लिए आवश्यक ऊष्मा की मात्रा को 1 कैलोरी कहते हैं।
- **किलोकैलोरी (Kilocalorie)**—यह ऊष्मा की वह मात्रा है जो एक किग्रा जल का ताप 1°C बढ़ाने के लिए आवश्यक होती है।

  1 कैलोरी = 4.18 जूल

ताप (Temperature)

- किसी वस्तु की गर्माहट को उस वस्तु का ताप कहते हैं।
- जब दो वस्तुएँ सम्पर्क में स्थित होती हैं, तो ऊष्मा का प्रवाह सदैव ऊँची ताप वाली वस्तु से नीचे ताप वाली वस्तु में होता है।

विशिष्ट ऊष्मा (Specific Heat)

- किसी पदार्थ के एकांक द्रव्यमान का ताप 1°C बढ़ाने के लिए आवश्यक ऊष्मा की मात्रा को उस पदार्थ की विशिष्ट ऊष्मा कहते हैं। इसे प्रायः C के द्वारा व्यक्त किया जाता है।
- विशिष्ट ऊष्मा का मात्रक कैलोरी/ग्राम/°C या किलो कैलोरी/किग्रा/°C अथवा जूल/किग्रा/°C होता है।
- सोने (gold) की विशिष्ट ऊष्मा = 130 जूल/किग्रा/°C
- पानी की विशिष्ट ऊष्मा = 4180 जूल/किग्रा/°C

प्रकार

- प्रकाश एक प्रकार की ऊर्जा है जो जब किसी वस्तु पर पड़ती है, तो वह वस्तु हमें दिखाई देती है।

प्रकाश का परावर्तन (Reflection of Light)

- जब प्रकाश किसी चिकने धरातल पर पड़ता है, तो वह उसी माध्यम में वापस लौट आता है। इस घटना को प्रकाश का परावर्तन कहते हैं।

परावर्तन के नियम (Laws of Reflection)

- आपतन कोण ($\angle i$) का मान परावर्तन कोण ($\angle r$) के बराबर होता है।
- आपतित किरण, परावर्तित किरण तथा आपतन बिन्दु पर अभिलम्ब तीनों एक ही तल में होते हैं।
- पूर्ण आन्तरिक परावर्तन के उदाहरण हैं—(i) हीरे का चमकना, (ii) रेगिस्तान में मरीचिका (Mirage) का बनना, (iii) जल में परखनली का चमकना, तथा (iv) काँच में आई दरार का चमकना।

प्रकाश का अपवर्तन (Refraction of Light)

- जब प्रकाश किरण किसी पारदर्शी माध्यम के पृथक्कारी तल पर पड़ती है, तो वह अपने मार्ग से विचलित हो जाती है। प्रकाश किरण के एक माध्यम से दूसरे माध्यम में जाने पर अपने मार्ग में विचलित होने की घटना को 'प्रकाश का अपवर्तन' कहते हैं।
- जब प्रकाश किरण विरल (rarer) माध्यम से सघन (denser) माध्यम में जाती है, तो प्रकाश की किरण अभिलम्ब की ओर झुक जाती है।
- जब प्रकाश किरण सघन माध्यम से विरल माध्यम में जाती है, तो वह अभिलम्ब से दूर हट जाती है।

प्रकाश का प्रकीर्णन (Scattering of Light)

- जब प्रकाश किसी ऐसे माध्यम से गुजरता है, जिसमें धूल तथा अन्य पदार्थों के अत्यन्त सूक्ष्म कण होते हैं, तो इनके द्वारा प्रकाश सभी दिशाओं में प्रसारित हो जाता है, इस घटना को प्रकाश का प्रकीर्णन कहा जाता है। बैंगनी रंग के प्रकाश का प्रकीर्णन सबसे अधिक तथा लाल रंग के प्रकाश का प्रकीर्णन सबसे कम होता है।
- आकाश का रंग नीला, प्रकाश के प्रकीर्णन के कारण होता है।

समतल दर्पण (Plane Mirror)

- समतल दर्पण किसी वस्तु का प्रतिबिम्ब दर्पण के पीछे उतनी दूरी पर बनता है, जितनी दूरी पर वस्तु दर्पण के सामने रखी होती है। यह प्रतिबिम्ब काल्पनिक, वस्तु के बराबर एवं पार्श्व उल्टा (Lateral Inverse) होता है।
- यदि कोई व्यक्ति v चाल से दर्पण की ओर चलता है, तो उसे दर्पण में अपना प्रतिबिम्ब $2v$ चाल से अपनी ओर आता हुआ प्रतीत होगा।
- समतल दर्पण में वस्तु का पूर्ण प्रतिबिम्ब देखने के लिए दर्पण की लम्बाई वस्तु की लम्बाई की कम-से-कम आधी होनी चाहिए।

गोलीय दर्पण (Spherical Mirrors)

- गोलीय दर्पण काँच के खोखले गोले का भाग होता है, जिसकी एक सतह पर पॉलिश किया जाता है। गोलीय दर्पण दो प्रकार के होते हैं :
  (i) अवतल दर्पण (Concave Mirror)
  (ii) उत्तल दर्पण (Convex Mirror)

अवतल दर्पण (Concave Mirror)

- इनका उपयोग कारों, बसों में परावर्तन के रूप में किया जाता है।
- इनका उपयोग सेविंग (दाढ़ी बनाने) के दर्पणों के बनाने में किया जाता है।
- डॉक्टरों द्वारा आँख, कान व नाक आदि का परीक्षण करने में तीव्र प्रकाश फेंकने में किया जाता है।

उत्तल दर्पण (Convex Mirror)

- कार व बस आदि में पीछे का दृश्य देखने के लिए इनका उपयोग किया जाता है।
- इनका उपयोग सीधा प्रतिबिम्ब देखने में किया जाता है।

गोलीय लेन्स (Spherical Lenses)

- लेन्स एक ऐसा समांग पारदर्शी माध्यम होता है, जो दो गोलीय अथवा एक गोलीय व एक समतल पृष्ठों से घिरा होता है।
- लेन्स दो प्रकार के होते हैं :
  (i) अवतल लेन्स (अपसारी लेन्स)
  (ii) उत्तल लेन्स (अभिसारी लेन्स)

  लेन्स की क्षमता (Power of Lens)—लेन्स की फोकस दूरी के व्युत्क्रमानुपाती (reciprocal) को लेन्स की क्षमता कहते हैं। यदि किसी लेन्स की फोकस दूरी f मी. में हो, तो उसकी क्षमता $p = \frac{1}{f}$ डॉयोप्टर होती है। डॉयोप्टर मात्रक है, जिसे D द्वारा सूचित किया जाता है।

प्रकाश का वर्ण विक्षेपण (Dispersion of Light)

- न्यूटन के अनुसार जब प्रकाश की किरण एक पतले प्रिज्म से गुजरती है, तो निर्गत किरण अपने मार्ग से विचलित होने के साथ-साथ सात विभिन्न रंगों के प्रकाश में विभक्त हो जाती है। इस घटना को वर्ण विक्षेपण कहते हैं।
- प्रिज्म से श्वेत प्रकाश के कारण प्राप्त सात रंगों की पट्टिका (band) को **वर्णक्रम** या **स्पेक्ट्रम** कहते हैं। इस स्पेक्ट्रम में रंगों का क्रम इस प्रकार होता है—बैंगनी, आसमानी, नीला, हरा, पीला, नारंगी तथा लाल या अंग्रेजी VIBGYOR।
- किसी वस्तु का रंग, उसके द्वारा परावर्तित होने वाला प्रकाश होता है।
- बैंगनी रंग सबसे अधिक तथा लाल रंग सबसे कम विचलित होता है।
- लाल, हरा और नीले रंग को **प्राथमिक रंग** या **मूल रंग** कहते हैं।
- रंगों का मिश्रण इस प्रकार होता है :
  लाल + हरा + नीला = सफेद
  हरा + नीला = मोरनी रंग
  लाल + हरा = पीला
  लाल + नीला = मैजेंटा
- मैजेंटा, मोरनी रंग व पीला द्वितीयक रंग कहलाते हैं।
- यदि किसी वस्तु से सफेद प्रकाश के सभी सात रंग परावर्तित होते हैं, तो वह वस्तु हमें सफेद दिखाई पड़ती है।
- यदि किसी वस्तु द्वारा सफेद प्रकाश के सभी सात रंग अवशोषित हो जाते हैं, तो वह वस्तु हमें काली दिखाई पड़ती है।

विद्युतिकी

- भौतिक विज्ञान की वह शाखा जिसमें आवेशों का अध्ययन किया जाता है, विद्युतिकी कहलाती है। इसकी दो उपशाखाएँ होती हैं–
  स्थिर विद्युतिकी (Electrostatics)
  गतिक विद्युतिकी (Electrodynamics)
- विद्युतिकी की वह शाखा जिसमें स्थिरावस्था में आवेशों का अध्ययन किया जाता है, स्थिर विद्युतिकी कहलाती है तथा गतिक अवस्था में आवेशों का अध्ययन किया जाता है, गतिक विद्युतिकी कहलाती है।
- आवेश द्रव्य का एक मूल गुण है। इसे द्रव्य से अलग करना असम्भव है। यह दो प्रकार के होते हैं—

धनावेश—किसी पिण्ड अथवा कण पर पदार्थ में इलेक्ट्रॉन की कमी को धनावेश कहते हैं। धनावेशन पर इसका द्रव्यमान कुछ घट जाता है।

ऋणावेश—किसी पिण्ड अथवा कण पर पदार्थ में इलेक्ट्रॉन की अधिकता को ऋणावेश कहते हैं। ऋणावेशन पर इसका द्रव्यमान कुछ बढ़ जाता है।

- किसी वस्तु को घर्षण अथवा प्रेरण के द्वारा आवेशित किया जा सकता है।

चुम्बकत्व

- प्राकृतिक चुम्बक लोहे का ऑक्साइड (Fe_3O_4) है। इसका कोई निश्चित आकार नहीं होता है।
- कृत्रिम विधियों द्वारा बनाए गए चुम्बक को कृत्रिम चुम्बक कहते हैं। यह विभिन्न आकृति की होती हैं। जैसे—छड़ चुम्बक, घोड़ा नाल, चुम्बक, चुम्बकीय सुई आदि।

रेडियोसक्रियता

- रेडियोसक्रियता की खोज फ्रेंच वैज्ञानिक हेनरी बेकरल, पी क्यूरी एवं एम. क्यूरी ने की थी।
- रेडियो सक्रियता के दौरान निकलने वाली किरणों की पहचान सर्वप्रथम 1902 ई. में रदरफोर्ड नामक वैज्ञानिक ने की।
- सभी प्राकृतिक रेडियो सक्रिय तत्व α, β एवं γ किरणों के उत्सर्जन के बाद अन्ततः सीसा में बदल जाते हैं।

रसायन विज्ञान

पदार्थ और उसकी अवस्थाएँ

- **पदार्थ**—पदार्थ वह है, जो स्थान घेरता है तथा जिसमें भार होता है।
  पदार्थ की तीन अवस्थाएँ—ठोस, द्रव तथा गैस हैं।
  ठोस—पदार्थ की वह भौतिक अवस्था, जिसमें उसका आकार तथा आयतन निश्चित होता है। ठोस अवस्था कहलाती है।
  द्रव—पदार्थ की वह भौतिक अवस्था, जिसमें उसका आयतन निश्चित रहता है, परन्तु आकार पात्र के आकार जैसा हो जाता है, जिसमें वह रखा गया है, द्रव अवस्था कहलाता है।
  गैस—पदार्थ की वह भौतिक अवस्था जिसका न आयतन निश्चित होता है न ही आकार, गैस अवस्था कहलाती है।
- **तत्व**—समान प्रकार (समान परमाणु क्रमांक) के परमाणुओं से बने हुए शुद्ध पदार्थ को तत्व कहा जाता है।
  उदाहरण—सोना, चाँदी इत्यादि।
- **यौगिक**—यौगिक दो या दो से अधिक तत्वों के निश्चित अनुपात का रासायनिक संयोग है।
  यौगिक के कण उसके अवयव तत्वों के गुणों से भिन्न होते हैं।
  यौगिकों के गलनांक तथा क्वथनांक निश्चित होते हैं।
- **मिश्रण**—मिश्रण दो या दो से अधिक किन्हीं भी पदार्थों का किसी भी अनुपात में मिलाने से बन जाते हैं।
  मिश्रण के अवयवों को भौतिक विधियों द्वारा पृथक् किया जा सकता है।

परमाणु संरचना

- **परमाणु**—तत्व का वह सूक्ष्म कण, जिसमें पदार्थ के सभी गुण विद्यमान होते हैं तथा वे रासायनिक क्रिया में भाग लेते हैं, परमाणु कहलाता है।
  परमाणु के तीन मूल कण होते हैं—

	इलेक्ट्रॉन ($-1e^0$)	प्रोटोन (1 H1)	न्यूट्रान (0N1)
प्रकृति	ऋणावेशित	धनावेशित	आवेशहीन
खोजकर्ता	जे.जे. थॉमसन	ई. रदरफोर्ड	जेम्स चैडविक
द्रव्यमान	9.109535×10^{-28} ग्राम	1.672×10^{-24} ग्राम	1.675×10^{-24} ग्राम

- **अणु**—पदार्थ का अति सूक्ष्म कण, जो स्वतंत्र अवस्था में पाया जाता है, अणु कहलाता है।
- यौगिकों के अणुओं में दो या दो से अधिक प्रकार के परमाणु विद्यमान होते हैं।
- **कैथोड किरण**—ये किरणें सीधी रेखा में चलती हैं तथा ये अपने पथ के मध्य रखी ठोस वस्तु की छाया उत्पन्न करती है।
- ये किरणें ऋणावेशित होती हैं तथा यौगिक पर प्रभाव डालती हैं।
- **ऐनोड किरण**—ये किरणें सीधी रेखा में चलती हैं तथा यौगिक प्रभाव उत्पन्न करती हैं।
- ये किरणें धनावेशित होती हैं।
  नाभिक—इसकी खोज सर्वप्रथम रदरफोर्ड ने की थी।
- परमाणु के मध्य में एक अति सूक्ष्म पिण्ड होता है जिसे नाभिक कहते हैं। नाभिक में परमाणु का समस्त धनावेश तथा द्रव्यमान विद्यमान रहता है।
- **परमाणु क्रमांक**—किसी तत्व के परमाणु में उपस्थित प्रोट्रोनों की संख्या, परमाणु क्रमांक के बराबर होती है।
- परमाणु क्रमांक = प्रोट्रोनों की संख्या = इलेक्ट्रोनों की संख्या।
- **द्रव्यमान संख्या**—किसी तत्व के परमाणु में नाभिक में उपस्थित प्रोट्रोनों तथा न्यूट्रोनों की संख्या का योग, द्रव्यमान संख्या कहलाती है।
  अर्थात्
  द्रव्यमान संख्या (परमाणु भार)
  = प्रोटोनों की संख्या + न्यूट्रोनों की संख्या
  = परमाणु संख्या + न्यूट्रोनों की संख्या
  = इलेक्ट्रोनों की संख्या + न्यूट्रोनों की संख्या
- **समस्थानिक**—एक ही तत्व के परमाणुओं को जिनकी परमाणु संख्या समान हो, परन्तु परमाणु द्रव्यमान संख्या भिन्न हो, समस्थानिक कहलाता है।
  उदाहरण—(1) $_1H^1$, $_1H^2$, $_1H^3$ हाइड्रोजन के समस्थानिक हैं। (2) $_8O^{16}$, $_8O^{17}$, $_8O^{18}$ ऑक्सीजन के समस्थानिक हैं।
  समभारी—विभिन्न तत्वों के ऐसे परमाणु जिनकी द्रव्यमान संख्या समान होती है लेकिन परमाणु क्रमांक भिन्न-भिन्न होते हैं, समभारी कहलाते हैं।
  उदाहरण—$_1H^3$ और $_2He^3$, $_{18}Ar^{40}$, $_{19}K^{40}$ और $_{20}Ca^{40}$
  क्वाण्टम सिद्धान्त—"किसी प्रकाश-स्रोत से प्रकाश सतत् ऊर्जा के रूप में उत्सर्जित नहीं होता, बल्कि ऊर्जा के छोटे-छोटे बण्डलों या क्वाण्टम के रूप में उत्सर्जित होता है।" ऊर्जा के इन बण्डलों को फोटोन कहते हैं। इसका तरंगदैर्घ्य निम्न प्रकार व्यक्त किया जा सकता है—$E = h\nu$

रसायनिक बंध

- **आयन**—आयन एक विद्युत-आवेशित परमाणु है। धन आवेश युक्त आयन को धनायन, जबकि ऋण आवेश युक्त आयन को ऋणायन कहते हैं।
- धनायन में एक सामान्य परमाणु से कम इलेक्ट्रॉन होते हैं, जबकि ऋणायन में सामान्य परमाणु से अधिक इलेक्ट्रॉन होते हैं।
- धातु, इलेक्ट्रॉन को देकर धनायन बनाते हैं तथा अधातु इलेक्ट्रॉन को ग्रहण करके ऋणायन बनाते हैं।
- **सम-इलेक्ट्रॉनिक आयन**—ऐसे आयन जिनमें इलेक्ट्रोनों की संख्या समान किन्तु नाभिकीय आवेश भिन्न-भिन्न होता है। सम-इलेक्ट्रोनिक आयन कहलाते हैं।
- **रासायनिक बंध के प्रकार**—परमाणु स्थायी संरचना प्राप्त करने के लिए रासायनिक बंध बनाते हैं, जो वैद्युत संयोजी बंध, सहसंयोजी बंध तथा उपसहसंयोजी बंध इनके अतिरिक्त ये हाइड्रोजन बंध भी बनाते हैं।
- **वैद्युत संयोजी बंध**—परमाणुओं के मध्य इलेक्ट्रोनों के स्थानान्तरण से जो बंध बनते हैं, उन्हें वैद्युत संयोजी बंध या आयनिक बंध कहा जाता है।
- जब कोई धातु, किसी अधातु के साथ संयोग करती है तो उनके मध्य साधारणत: वैद्युत संयोजी बंध बनता है।
- **सहसंयोजी बंध**—परमाणुओं के मध्य इलेक्ट्रोन युग्मों की साझेदारी से जो बंध बनते हैं, उन्हें सहसंयोजी बंध कहते हैं।

सहसंयोजी बंध तीन प्रकार के होते हैं–

(i) एकल बंध (एक e^- युग्म के साझे द्वारा)

(ii) युग्म बंध (दो e^- युग्म के साझे द्वारा)

(iii) त्रिक बंध (तीन e^- युग्म के साझे द्वारा)

- **उप सहसंयोजक बंध**–उप सहसंयोजी बंध, एक विशेष प्रकार का सहसंयोजी बंध है, जिसमें दो परमाणु परस्पर साँझे के एक इलेक्ट्रॉन युग्म के द्वारा बँधे रहते हैं, परन्तु साँझे का इलेक्ट्रोन युग्म केवल एक परमाणु द्वारा दिया जाता है। जो परमाणु साँझे के लिए इलेक्ट्रोन युग्म देते हैं उसे दाता परमाणु कहते हैं तथा जो परमाणु इलेक्ट्रोन युग्म ग्रहण करता है, उसे ग्राही परमाणु कहते हैं।
- **हाइड्रोजन बंध**–यह एक प्रबल ऋणविद्युती परमाणु A से सहसंयोजक बंध द्वारा जुड़े हाइड्रोजन परमाणु में दूसरे प्रबल ऋण विद्युती परमाणु B के साथ एक अपेक्षाकृत क्षीण बंध बनाने की प्रवृत्ति होती है। यह अपेक्षाकृत क्षीण बंध होता है, जो एक ऋण विद्युती परमाणु A से जुड़ा हाइड्रोजन परमाणु दूसरे ऋणविद्युती परमाणु B के साथ बनता है, हाइड्रोजन बंध कहलाता है। यह दो प्रकार के होते हैं–अंतरा अणुक हाइड्रोजन बंध तथा अन्त: अणुक हाइड्रोजन बंध।
- **विद्युत संयोजी यौगिक**–यह यौगिक सामान्यत: क्रिस्टलीय होते हैं। यह कठोर तथा भंगुर होते हैं।
- विद्युत संयोजी यौगिक, विद्युत आवेशित परमाणु या परमाणुओं के समूह से बनते हैं।
- ये कार्बनिक विलायकों में अघुलनशील होते हैं जैसे एल्कोहल आदि।
- इनके गलनांक तथा क्वथनांक उच्च होते हैं।
- जल में घोलने पर विद्युत चालक होते हैं तथा जल में घुलनशील होते हैं।

कुछ महत्वपूर्ण विद्युत संयोजी यौगिक

नाम	रासायनिक सूत्र	उपस्थित आयन
कैल्शियम नाइट्रेट	$Ca(NO_3)_2$	Ca^{2+}, NO^-_3
कॉपर सल्फेट	$CuSO_4$	Cu^{2+}, SO^{2-}_4
कैल्शियम क्लोराइड	$CaCl_2$	Ca^{2+}, Cl^-
मैग्नीशियम क्लोराइड	$MgCl_2$	Mg^{2+}, Cl^-
अमोनियम क्लोराइड	NH_4Cl	NH^+_4, Cl^-
मैग्नीशियम ऑक्साइड	MgO	Mg^{2+}, Cl^-
ऐल्यूमीनियम ऑक्साइड	Al_2O_3	Al^{3+}, O^{2-}
पोटैशियम क्लोराइड	KCl	K^+, Cl^-
सोडियम हाइड्रॉक्साइड	NaOH	Na^+, OH^-
सोडियम क्लोराइड	NaCl	Na^+, Cl^-

- **सहसंयोजी यौगिक**–ये अधिकतर द्रव और गैस होते हैं। ये विद्युत के चालक नहीं हैं तथा जल में अघुलनशील तथा कार्बनिक विलायकों में घुलनशील होते हैं।
- ये समावयवता प्रदर्शित करते हैं, क्योंकि सहसंयोगी बंध प्रकृति में दिशात्मक होते हैं।
- सहसंयोजक यौगिकों के गलनांक व क्वथनांक साधारणत: निम्न होते हैं–

कुछ महत्वपूर्ण सहसंयोजी यौगिक

नाम	रासायनिक सूत्र	उपस्थित तत्व
अमोनिया	NH_3	N और H
कार्बन डाइऑक्साइड	CO_2	C और O
कार्बन टेट्राक्लोराइड	CCl_4	C और Cl
ऐथेन	C_2H_6	C और H
ग्लूकोज	$C_6H_{12}O_6$	C और O
ऐथिलीन	C_2H_4	C और H
मिथेन	CH_4	C और H
शर्करा	$C_{12}H_{22}O_{11}$	C और O
कार्बन डाइसल्फाइड	CS_2	C और S
एसीटिलीन (ऐथाइन)	C_2H_2	C और H
अल्कोहल (एथेनॉल)	C_2H_5OH	C, H, O

ऑक्सीकरण और अपचयन

- **ऑक्सीकरण**–परमाणुओं, आयनों या अणुओं द्वारा एक या एक से अधिक इलेक्ट्रोन त्यागने की प्रक्रिया ऑक्सीकरण कहलाती है।
- ऑक्सीकरण के द्वारा किसी तत्व की धनात्मक संयोजकता बढ़ जाती है।
- इलेक्ट्रोन त्यागना ऑक्सीकरण है।
- **अपचयन**–परमाणुओं, आयनों या अणुओं द्वारा एक या एक से अधिक इलेक्ट्रॉन ग्रहण करने की प्रक्रिया अपचयन कहलाती है।
- अपचयन में तत्व की धनात्मक संयोजकता घटती है।
- **आक्सीकारक**–वह पदार्थ जो रासायनिक प्रक्रिया में इलेक्ट्रोन ग्रहण करता है, आक्सीकारक कहलाता है।
- सभी धनावेशित तत्व, आक्सीकारक की तरह व्यवहार करते हैं।
- **अपचायक**–वे पदार्थ जो रासायनिक प्रक्रिया में इलेक्ट्रोन देते हैं, अपचायक कहलाते हैं।
- सभी ऋणावेशित पदार्थ, अपचायक की तरह व्यवहार करते हैं।

उत्प्रेरक की सामान्य विशेषताएँ

1. यह भार तथा बनावट में अपरिवर्तित रहते हैं।
2. इनकी सूक्ष्म मात्रा अभिक्रिया के वेग को परिवर्तित कर देती है।
3. यह किसी क्रिया को आरम्भ नहीं कर सकते।
4. सामान्यत: यह उत्पादों की प्रवृत्ति नहीं बदलते।
5. यह अपने कार्य में विशिष्ट होते हैं।
6. इनका साम्यावस्था पर कोई प्रभाव नहीं पड़ता।
7. इनका प्रमुख कार्य, अभिक्रिया की संक्रियण ऊर्जा को कम करना है।

एन्जाइम उत्प्रेरण

1. एन्जाइम के द्वारा अभिक्रिया की दर को बढ़ाना,एन्जाइम उत्प्रेरण कहलाता है।
2. एन्जाइम की बहुत सूक्ष्म मात्रा ही पदार्थों की बहुत अधिक मात्रा को प्रभावित करती है।
3. एन्जाइम, जटिल नाइट्रोजन युक्त कार्बनिक पदार्थ है।
4. एन्जाइम ताप के प्रति अधिक संवेदनशील होते हैं, अत: 25-35°C ताप के प्रति अधिक सक्रिय होते हैं।
5. एन्जाइम क्रिया में अत्यन्त ही विशिष्ट होते हैं।

विलयन—दो या दो से अधिक पदार्थों का समांग मिश्रण, विलयन कहलाता है।

- इस समांग मिश्रण में जो पदार्थ घोला जाता है। वह विलेय कहलाता है तथा वह द्रव जिसमें विलेय घोला जाता है, वह विलायक कहलाता है।
- **कोलाइडी अवस्था**—कोलाइडी विलयन में, विलेय के कण, वास्तविक विलयनों के विलेय के कणों से बड़े, किन्तु निलम्बन के विलेय के कणों से छोटे होते हैं।
- कोलाइडी विलयन प्रकाश किरण को प्रकीर्णित कर देते हैं।
- कोलाइडी विलयन का शुद्धिकरण अपोहन विधि द्वारा किया जाता है।
- ये बहुत स्थाई होते हैं और ये अति सूक्ष्मदर्शी द्वारा देखे जा सकते हैं।
- सोल में परिक्षेपण माध्यम द्रव तथा परिक्षिप्त प्रावस्था ठोस होती है।
- **पायस**—ऐसे कोलॉइडी विलयन जिसमें परिक्षेपण माध्यम तथा परिभिप्त प्रावस्था दोनों ही द्रव होते हैं, पायस कहलाते हैं। जैसे—दूध, कॉडलियर तेल आदि।

ये दो प्रकार के होते हैं—

(1) **तेल में जल पायस**—जैसे—दूध, वैनिशिंग, क्रीम आदि।

(2) **जल में तेल पायस**—जैसे—कोल्ड क्रीम, कॉडलिवर तेल आदि।

- **जैल**—ऐसे कोलाइडी विलयन, जिसमें परिक्षेपण माध्यम ठोस किन्तु परिक्षिप्त प्रावस्था द्रव होती है, जैल कहलाते हैं।
- मक्खन व पनीर जैल का उदाहरण है।
- वह विलयन सोल होता है जिसमें परिक्षेपण माध्यम द्रव तथा परिक्षिप्त प्रावस्था गैस होती है। जैसे-अल्कोहल, अरंडी का तेल आदि।

कुछ प्रमुख मिश्र धातुएँ

क्र.सं.	मिश्र धातु	संगठन	प्रमुख उपयोग
1.	सोल्डर	टिन तथा लेड	टाँका लगाने में
2.	टाइम मैटल	टिन, लेड, एन्टीमनी	छपाई में
3.	बैल मैटल	कॉपर, टिन	घण्टे, पुर्जे
4.	पीतल	कॉपर और जिंक	तार, मशीनों के पुर्जे, बर्तन
5.	जर्मन सिल्वर	कॉपर, जिंक और निकिल	बर्तन मूर्तियाँ आदि
6.	डेंटल मिश्र धातु	सिल्वर, मरकरी, जिंक, टिन	दाँतों में भरने के लिए
7.	एल्नीको	आयरन, क्रोमियम, निकिल	स्थाई चुम्बक
8.	काँसा	कॉपर तथा टिन	बर्तन, मूर्तियाँ आदि बनाने में
9.	ब्यूटर	टिन, लेड	बर्तन बनाने में
10.	गन मैटल	कॉपर टिन और जिंक	बन्दूकें, हथियार, मशीनों के पुर्जे
11.	मैग्नेलियम	मैग्नीशियम और एल्यूमीनियम	वायुयान तथा जहाजों को बनाने में
12.	स्टैनलेस स्टील	आयरन, क्रोमियम, निकिल	बर्तन, चिकित्सा के औजार
13.	कॉन्सटैन्टन	कॉपर और निकिल	तार, विद्युतीय यन्त्र
14.	एल्यूमिनियम ब्रान्जा	कॉपर और एल्यूमीनियम	सिक्के, सस्ते आभूषण

मनुष्य द्वारा निर्मित पदार्थ

- **साबुन**—उच्च वसीय अम्लों के सोडियम एवं पोटैशियम लवण साबुन कहलाते हैं; जैसे—सोडियम पालमिटेड, स्टीरेड तथा सोडियम ओलिएट आदि।
- साबुन के निर्माण में आवश्यक प्रयुक्त सामग्री जंतुओं की चर्बी, वनस्पति तेल, सोडियम हाइड्रोक्साइड, सोडियम क्लोराइड आदि (अत: साबुन बनाने का प्रक्रम साबुनीकरण कहलाता है।)
- **डिटरजेंट**—डिटरजैण्ट एक विशेष प्रकार के कार्बनिक यौगिक हैं, जिनमें साबुन के समान ही सफाई का गुण विद्यमान होता है, परन्तु ये स्वयं साबुन नहीं होते।
- डिटरजैंट के निर्माण में आवश्यक प्रयुक्त सामग्री उच्च अणु भार वाले हाइड्रोकार्बन, सल्फ्यूरिक एसिड तथा सोडियम हाइड्रोक्साइड आदि।
- **बहुलक**—अधिक अणु भार वाला वह यौगिक जो कम अणु भार वाले एक या एक से अधिक प्रकार के बहुत से अणुओं के संयोजन से बनते हैं, जिनके बीच सहसंयोजक बंध होते हैं, बहुलक कहलाते हैं तथा यह प्रक्रम बहुलीकरण कहलाता है।
- **बहुलक के प्रकार**—बहुलक उत्पत्ति के आधार पर वर्गीकृत किए जाते हैं—

1. **प्राकृतिक बहुलक**—ये प्रकृति में पाए जाते हैं जैसे—सेल्युलोज, स्टार्च, रबड़ आदि।
2. **कृत्रिम बहुलक**—ये बहुलक प्रयोगशाला में कृत्रिम रूप से बनाए जाते हैं। जैसे—पोलीथीन, नॉयलोन, ओरलॉन, डूक्शन आदि।

कुछ महत्वपूर्ण कृत्रिम बहुलक

1. **पॉली प्रोपाइलीन**—इसमें एकलक इकाई प्रोपाइलीन अणु होते हैं। ये पॉलीथीन से अधिक कठोर, मजबूत तथा हल्के होते हैं। ये पाइप, बोतलें, रस्से, गड्डियों आदि बनाने में प्रयोग किये जाते हैं।
2. **पॉली एथिलीन या पॉलीथीन**—इसमें एकलक इकाई एथिलीन अणु होते हैं। यह प्लास्टिक बैग, विद्युत रोधक, रेफ्रिजरेटर, डिश, कोट आदि बनाने में काम आता है।
3. **पॉली स्टाइरीन**—इनमें एकलक इकाई स्टाइरीन होता है। ये सफेद थर्मोप्लास्टिक पदार्थ है और इनका प्रयोग खिलौने, रेडियो एवं टीवी के कैबिनेट, रेफ्रिजरेटर के अस्तर आदि में किया जाता है।
4. **पाली विनाइल क्लोरॉइड**—इसमें एकलक इकाई विनाइल क्लोराइड के अणु होते हैं। यह प्लास्टिक पाइप, ग्रामोफोन रिकार्ड, हैण्ड बैग, जूते, कोट, इन्सूलेटर आदि में प्रयोग किया जाता है।
5. **निओप्रीन**—यह कृत्रिम रबड़ है, जो प्राकृतिक रबड़ के गुण से समानता रखता है। यह क्लोरोप्रीन के बहुलीकरण से बनता है। यह प्राकृतिक रबड़ से अधिक स्थाई होता है। यह पेट्रोल के पाइप, बेल्ट, जूतों के हील आदि बनाने के काम आता है।
6. **टेफ्लॉन (पालीटेट्रा फ्लोरो एथाईलीन)**—इसमें एकलक इकाई ट्रेटाफ्लोरो एथिलीन होते हैं। यह बहुत कठोर पदार्थ है। ये विद्युत के अच्छे चालक नहीं होते हैं। ये सांड अम्लों के भरने के केन प्रेशर कुकर के गेस्केट बनाने में प्रयोग किये जाते हैं।
7. **बूना**—यह 13 ब्यूटार्डीन तथा स्टाइरीन का सह बहुलक है। यह ऑटोमोबाइल, टायर, रबड़, सोल, जुराबें, बैल्ट आदि बनाने के काम आता है।

8. **नायलोन**—यह एक कृत्रिम तंतु है इसमें जल के एक अणु का विलोपन होता है। इसका प्रयोग संश्लेषित रेशे, दूध, ब्रुश, वस्त्र उद्योग, गलीचे, मछलियों के जाल आदि में किया जाता है।
9. **टेरेलीन**—यह एक पॉली एस्टर तंतु है। यह नॉयलान के समान होता है यह संश्लेषित रेशे, कॉटन के साथ मिलाकर टेरीकोट तथा ऊन के साथ मिलाकर टेरीबूल मैग्नेटिक रिकार्डिंग टेप तथा फिल्म आदि में प्रयोग किया जाता है।

रासायनिक पदार्थों के व्यापारिक तथा रासायनिक नाम एवं सूत्र

व्यापारिक नाम	रासायनिक नाम	सूत्र
साधारण लवण	$Ca(OH)_2$	NaCl
चिली साल्टपीटर	सोडियम नाइट्रेट	$NaNO_3$
खाने का सोडा	सोडियम बाइकार्बोनेट	$NaHCO_3$
धावन सोडासोडियम कार्बोनेट	$Na_2CO_3.10H_2O$	
फिटकरी	पोटैशियम एल्यूमीनियम सल्फेट	$K_2SO_4Al_2(SO_4)_3 24H_2O$
टी. एन. टी.	ट्राई नाइट्रोटाल्वीन	$C_6H_2CH_3(NO_2)_3$
विरंजक चूर्ण	ब्लीचिंग पाउडर	Ca(OCl)Cl
प्लास्टर ऑफ पेरिस	कैल्शियम सल्फेट हाफ हाइड्रेट	$(CaSO_4)_2H_2O$
ग्लोबलर लवण	सोडियम सल्फेट	$Na_2SO_4.10H_2O$
अम्लराज	अम्लराज	$3HCl + HNO_3$
भारी जल	ड्यूटेरियम ऑक्साइड	D_2O
श्वेत पोटाश	पोटैशियम क्लोरेट	$KClO_3$
हाइड्रोजन परॉक्साइड	हाइड्रोजन परॉक्साइड	H_2O_2
हाइपोसोडियम थायोसल्फेट	$Na_2S_2O_3.5H_2O$	
मार्श गैस	मिथेन	CH_4
अल्कोहल	इथाइल अल्कोहल	C_2H_5OH
कॉस्टिक सोडा	सोडियम हाइड्रॉक्साइड	NaOH
तूतिया (नीला थोथा)	कॉपर सल्फेट	$CuSO_4.5H_2O$
उजला थोथा (सफेद कसीस)	जिंक सल्फेट	$ZnSO_4.7H_2O$
संगमरमर	कैल्शियम कार्बोनेट	$CaCO_3$
भखरा चूना कैल्शियम हाइड्रॉक्साइड	$Ca(OH)_2$	
सिन्दूर	मरक्यूरिक सल्फाइड	HgS
शोरे का अम्ल	नाइट्रिक एसिड	HNO_3
नमक का अम्ल	हाइड्रोक्लोरिक एसिड	HCl
नौसादर	अमोनियम क्लोराइड	NH_4Cl
लाफिंग गैस	नाइट्रस ऑक्साइड	N_2O
शुष्क गैस (ड्राई आइस)	ठोस कार्बन डाइऑक्साइड	CO_2

प्रमुख तत्व, अयस्क तथा रासायनिक सूत्र

तत्वों के नाम	अयस्क	रासायनिक सूत्र
चाँदी (Ag) सिल्वर ग्लास	Ag_2S	
ताँबा (Cu) कॉपर ग्लास, कॉपर पाइराइट्स	Cu_2S; CuFeS	
लोहा (Fe)	हेमेटाइट, मैग्नेटाइट	Fe_2O_3; Fe_3O_4
एल्यूमीनियम (Al)	बॉक्साइट, कोरंडम, क्रायोलाइट	$Al_2O_3.2H_2O$; Al_2O_3; Na_3AF_6
मैग्नीशियम (Mg)	डोलोमाइट, कार्नेलाइट	$MgCO_3.CaCO_3$; $KCl.MgCl_2.6H_2O$
पारा (Hg)	सिनेबार, कैलोमल	HgS; Hg_2Cl_2
सोना (Au) कैल्वेराइट, पेटसाइट	$AuTe_2$; $Ag(Au)_2.Te$	
जस्ता (Zn) जिंकब्लेड, केलामाइन या जिंक स्पार	ZnS	
कैल्शियम (Ca)	लाइम स्टोन, डोलोमाइट	$CaCO_3$; $MgCO_3.CaCO_3$
फॉस्फोरस (P)	फॉस्फोराइट, फ्लोएपेटाइट	$Ca_3(PO_4)_2$; $3Ca_3(PO_4)_2CaF_2$
पोटैशियम (K)	कार्नेलाइट, शोरा	KCl $MgCl_2$; $6H_2O$; KNO_3
सोडियम (Na)	रॉक साल्ट, सोडियम कार्बोनेट	NaCl; Na_2CO_3
टिन (Sn)	टिन पाइराइट्स, कैसिटेराइट	Cu_2FeSnS_4; SnO_2
सीसा (Pb) गैलेना	PbS	

जीव विज्ञान

कोशिका

- प्रत्येक जीव के शरीर की सबसे छोटी इकाई को कोशिका कहते हैं। यह सभी जीवों की संरचनात्मक व कार्यात्मक इकाई है।
- एक मनुष्य में कोशिकाओं की संख्या लगभग 1 खरब (10^{14}) होती है। कोशिका के प्रमुख तीन भाग हैं—प्लाज्मा झिल्ली, केन्द्रक और कोशिका द्रव्य।
- प्लाज्मा झिल्ली को कोशिका झिल्ली भी कहते हैं, यह किसी कोशिका की बाहरी दीवार की तरह होती है।
- **केन्द्रक**—यह कोशिका का केन्द्रीय भाग है, जो कोशिका के केन्द्र में स्थित रहता है।
- यह एक गोलाकार, अंडाकार संरचना है। यह कोशिका गतिविधियों का नियंत्रण केन्द्र है।

- **कोशिका द्रव्य**—कोशिका के भीतर उपस्थित अन्य पदार्थ व अंग कोशिका द्रव्य कहलाते हैं, इनके अलग-अलग कार्य होते हैं।
- कोशिका द्रव्य में केन्द्रक झिल्ली, क्रोमैटिन, गॉल्जीकाय, माइटोकॉन्ड्रिया आदि प्रमुख हैं।

जन्तु एवं पादप कोशिका में अन्तर

	जन्तु कोशिका	पादक कोशिका
(1)	प्राय: आकार में छोटी होती है।	अपेक्षाकृत आकार में बड़ी होती है।
(2)	क्लोरोप्लास्ट (प्लास्टिड) नहीं होती है।	क्लोरोप्लास्ट (प्लास्टिड) पाए जाते हैं।
(3)	प्रमुख व बहुत जटिल गॉल्जीकाय केंद्रक के पास होती है।	गॉल्जीकाय कई छोटी इकाइयों में होते हैं, जिन्हें डिक्टियोसोम कहते हैं।
(4)	एक या दो तारक केन्द्रों सहित सैन्ट्रोसोम होता है।	इनके स्थान पर दो छोटे साफ क्षेत्र होते हैं, जिन्हें ध्रुवीय टोपी कहते हैं।
(5)	कोशिकाद्रव्य में अधिकतर धमनियाँ छोटी होती हैं।	केन्द्रीय स्थान वृहतधानी से भरा हुआ होता है और कोशिका द्रव्य परिधि के साथ होता है।
(6)	केवल प्लाज्मा झिल्ली से ही घिरी होती है।	प्लाज्मा, झिल्ली के अतिरिक्त एक मोटी भित्ति से घिरी होती है।

शरीर

शरीर के भीतर ऐसे अंगों के कई समूह हैं, जो एक-दूसरे से जुड़े हैं या एक-दूसरे पर निर्भर हैं और एक साथ मिलकर सामूहिक रूप में कार्य करते हैं। समान क्रिया वाले सहयोगी अंगों के इस समूह को तंत्र कहा जाता है। शरीर की क्रियाएँ निम्नलिखित तंत्रों द्वारा संपादित होती हैं—

पेशी तंत्र

- यह अंगों में गति उत्पन्न करता है एवं शरीर को सुदृढ़ बनाती है।
- संपूर्ण शरीर में 500 से अधिक पेशियाँ हैं।

पेशियों के प्रकार

(a) **ऐच्छिक पेशियाँ :** ये रेखित पेशी ऊतक से बनी होती हैं एवं मनुष्य के इच्छानुसार संकुचित हो जाती हैं।

(b) **अनैच्छिक पेशियाँ :** ये आरेखित पेशी ऊतक से बनी होती हैं एवं मनुष्य की इच्छानुसार नियंत्रित नहीं होती हैं। ये आंतरिक अंगों, रुधिर वाहिकाओं तथा त्वचा की दीवारों में पाई जाती हैं।

अस्थि तंत्र

- यह शरीर को आकार प्रदान करता है, इसे स्थिर रखता है तथा शरीर के कोमल अंगों की रक्षा करता है।
- मानव शरीर छोटी-बड़ी कुल 206 अस्थियों से मिलकर बना है।

पाचन तंत्र

- यह आहार को शरीर के ग्रहण करने योग्य घुलनशील पदार्थों में परिणत कर देता है।
- पाचनतंत्र में मुख, ग्रासनली, आमाशय, पक्वाशय, यकृत, ग्रहणी, छोटी आँत, बड़ी आँत इत्यादि होती है।

श्वसन तंत्र

- इसका कार्य वायुमंडल से ऑक्सीजन ग्रहण करना तथा कार्बन डाइऑक्साइड को बाहर निकालना है।
- शिराए अशुद्ध रक्त का वहन करती हैं तथा धमनी शुद्ध रक्त को विभिन्न अंगों तक पहुँचाती है।

रक्त परिसंचरण तंत्र

- इसका कार्य शरीर के अंगों को ऑक्सीजन, पोषक तत्त्व तथा इसके भीतर बने विभिन्न प्रकार के रसायनों को पहुँचाना तथा शरीर के भीतर उत्पन्न अवशिष्ट पदार्थों को बाहर निकालना है।
- हृदय में रक्त का शुद्धिकरण होता है। धमनी शुद्ध रक्त को शरीर के सभी अंगों तक पहुँचाती है तथा शिराएं अशुद्ध रक्त को विभिन्न अंगों से हृदय में वापस लाती हैं।

तंत्रिका तंत्र

- यह शरीर के सभी तंत्रों की क्रियाओं का संचालन, नियंत्रण तथा विनियमन करता है।
- इसके अंग मस्तिष्क एवं तंत्रिकाएँ हैं। मस्तिष्क तथा मेरुरज्जु तंत्रिका तंत्र का केन्द्रीय भाग बनाती है।
- तंत्रिकाओं में आवेग विद्युत रासायनिक संवेगों के रूप में फैलता है।

मलोत्सर्ग

- शरीर के भीतर चलने वाली क्रियाओं के फलस्वरूप उत्पन्न अवशिष्ट पदार्थों को शरीर के बाहर निकालना इसका कार्य है।
- इस तंत्र के अंग हैं—फुस्फुस, बड़ी आँत, वृक्क और त्वचा।

प्रजनन तंत्र

- इस तंत्र का कार्य है, संतति उत्पन्न करना।
- इसके अंग हैं—वृषण, योनि, गर्भाशय और डिम्ब ग्रंथियाँ आदि। पुरुष जननांग में वृषण, अधिवृषण, शुक्र वाहिका, शुक्राशय, शिश्न आदि प्रमुख अंग हैं।
- स्त्री जननांग में रति-शेल, वृहतभगोष्ठ, भगशिश्निका, योनि, अण्डाशय, गर्भाशय आदि अंग होते हैं। गर्भाशय में भ्रूण का विकास होता है।
- भ्रूण को पोषक तत्व स्त्री के गर्भाशय में विकसित अपरा के माध्यम से स्त्री से ही मिलता है।

ग्रंथि तंत्र

- यह विभिन्न प्रकार के रसायनों का स्रवण कर शरीर की क्रियाओं का नियंत्रण करता है।
- इसके अंतर्गत दो प्रकार की ग्रन्थियाँ हैं—नलिका युक्त और नलिका विहीन।

पाचन क्रिया का सारांश

	पाचक रस	स्रोत	एन्जाइम	पदार्थ जिस पर प्रतिक्रिया होती है	पदार्थ जो बनते हैं
(1)	पित्त	यकृत	—	वसा	इमल्सीफाइड वसा
(2)	अग्न्याशयी रस	अग्न्याशय	ट्रिप्सिन	प्रोटीन पेन्टोन्स एवं प्रोटिओजेज	पॉलीपेप्टाइड्स अमीनो
			काइयोट्रिप्सिन	पॉलीपेप्टाइड्स	अम्ल माल्टोज वसीय
			कार्बोक्सीपेप्टिडेज	मंड व ग्लाइकोजन	अम्ल, ग्लिसरॉल
			इमाइलेज लाइपेज	इमल्सीफाइड वसा	
(3)	जठर रस	जठर ग्रंथियाँ	पेप्सिन	प्रोटीन	पेन्टोन्स एवं
			रेनिन	दूध के प्रोटीन	प्रोटिओजेज
					कैल्शियम पैराकैसीनेट
(4)	लार	लार ग्रंथियाँ	टायलिन	पॉलीसैकेराइड	डाइसैकेराइड
(5)	आंत्रीय रस	आंत्रीय ग्रंथियाँ	एन्टीरोकाइनेज	ट्रिप्सिनोजन	सक्रिय ट्रिप्सिन
		इरेप्सिन समूह		पाली, डाइ, ट्राई	अमीनो अम्ल
		माल्टेज		पेप्टाइड्स माल्टोज	ग्लूकोज,
		सुक्रेज		सुक्रोज	फ्रक्टोज ग्लूकोज,
		लैक्टेज		लैक्टोज	गैलेक्टोज वसीय
		लाइपेज		वसा	अम्ल, ग्लिसरॉल

अन्तःस्रावी ग्रंथियाँ और हार्मोन

अन्तःस्रावी ग्रंथियाँ	स्रावित हार्मोन	कार्य
1. पीयूष ग्रंथि (Pituitary Gland)	(i) थाइरोट्रॉपिक हार्मोन	थाइरॉक्सिन (Thyroxin) के निर्माण में थाइरॉयड ग्रंथि की क्रिया का नियंत्रण
(A) अग्रपालि (Anterior Lobe)	(ii) ऐड्रिनोकॉर्टिको	ट्रॉपिक अधिवृक्क ग्रंथि के कार्टेक्स भाग से कॉर्टिसोल के निर्माण में इस ग्रंथि की क्रिया का नियंत्रण।
	(iii) सोमेटॉपिक हार्मोन	शारीरिक वृद्धि का नियंत्रण
	(iv) फॉलिक स्टिमुलेटिंग हार्मोन (एफ.एस.एच.)	डिम्बाशय (Ovary) में ग्राफीप्टक (Graffian follicles) के परिवर्धन और निर्माण की क्रिया को तीव्र करना
	(v) ल्यूटिनाइजिंग या इन्टर	डिम्बाशय में एस्ट्रोन (Oestrgen) और प्रोजेस्ट्रोन
	स्टिशियल सेल स्टिमुलेटिंग हार्मोन (एफ.एस. एच.) सी. एस. एच.)	(Progestrone) तथा वृषण (Testes) में टेस्टोस्टेरोन के स्राव का नियंत्रण।
	(vi) ल्यूटिया ट्रॉपिन	दुग्ध उत्पादन का नियंत्रण और गर्भाशय में पीतपिंड
	(प्रोलक्टिन)	(Corpus luteum) का निर्माण करना।
2. थाइमस ग्रंथि		
(B) पश्चपालि (Posterior Lobe)	(vii) ऑक्सीटॉसिन	प्रसवकाल में गर्भाशय (Anti-diatretic) की पेशियों को संकुचित करना तथा शिशु को स्तनपान कराते समय स्तन में दूध का स्राव करना।
	(viii) प्रतिमूत्रक हार्मोन	शरीर में जल संतुलन बनाए रखने में वृक्क की मदद करना।
3. थाइरॉयड ग्रंथि	(ix) इरॉकसीन	उपापचय अवयवों की वृद्धि।
(Thyroid gland)	(x) ग्रोडोथाइरोनिन	परिवर्धन तथा तंत्रिकातंत्र को उत्तेजित करना।
4. पारा थाइरॉयड ग्रंथि	(xi) पैराथॉर्मोन	कैल्शियम उपापचय का नियंत्रण तथा रक्त और अस्थि में कैल्शियम की समुचित मात्रा बनाए रखना।
5. लैंगरहैंस की द्वीपिका	(xii) इन्सुलिन	रक्त-शर्करा की मात्रा का संतुलन
6. ऐड्रिनल ग्रंथि	(xiii) कार्टिसोल	उपापचय
	(a) हाइड्रोकॉर्टिसोम	शारीरिक वृद्धि तथा वृक्क के कार्यों में सहायता करना।
(क) कार्टेक्स भाग	(b) एल्डोस्टेरोन	
	(c) कॉर्टिकोस्टेरोन	

(ख) मेडुला भाग	(xiv) एड्रिनेलिन (एपीनेफ्रीन)	यकृत में ग्लूकोज-निर्माण में वृद्धि तथा कार्बोहाइड्रेट उपापचय में सहायता करना।
	(xv) नॉरएड्रेलिन (नॉरएपिनेफ्रिन)	रक्त वाहिकाओं की दीवार के पेशी-तंतुओं को संकुचित कर रक्तदाब में वृद्धि करना।
7. यौन ग्रंथि	(क) पुरुष और हार्मोन	पुरुषों की यौन परिपक्वता
8.पिनिअल ग्रंथि		इसके कार्य की पूरी जानकारी नहीं मिल पाई है। अनुमान लगाया गया है कि यह यौन ग्रंथियों की असामयिक परिपक्वता को रोकती है।
	(xvi) एन्ड्रोस्टेरोन	ज्ञानेन्द्रियों की क्रिया, काम-वासना की प्रेरणा को उत्तेजित करना तथा उपापचय एवं अवयवों के अनन्य कार्यों का नियंत्रण करना।
	(ख) स्त्री यौन हार्मोन	
	(xvii) स्त्रियों की यौन परिपक्वता,	स्तन ग्रंथि का विकास और ऋतुस्राव का नियंत्रण।
	(xviii) प्रोजेस्टोरोन	गर्भावस्था और उपापचय का नियंत्रण।

मानव रक्त (Human Blood)

(1) एक वयस्क मनुष्य में औसतन 5-6 लीटर रक्त पाया जाता है।

(2) रक्त में दो प्रकार के पदार्थ पाए जाते हैं :
 (i) रुधिराणु (RBC, WBC एवं Blood Platelets)
 (ii) प्लाज्मा

(3) रक्त का पीएच मान 7.4 होता है।

मनुष्य के रक्त वर्ग (Blood Group)

- रक्त-समूह की खोज कार्ल लैंडस्टीनर ने 1990 ई. में की थी। इसके लिए इन्हें सन् 1930 ई. में नोबेल पुरस्कार मिला था।
- मनुष्यों के रक्तों की भिन्नता का प्रमुख कारण लाल रक्त कण में पायी जाने वाली ग्लाइको प्रोटीन है, जिसे एण्टीजन कहते हैं।
- एण्टीजन दो प्रकार के होते हैं—एण्टीजन A एवं एण्टीजन B।
- एण्टीजन या ग्लाइको प्रोटीन की उपस्थिति के आधार पर मनुष्य में चार प्रकार के रुधिर वर्ग होते हैं :

रुधिर के चारों वर्गों के साथ एण्टीबॉडी का वितरण

रुधिर वर्ग	एण्टीजन (लाल रुधिर कणिकाओं में)	एण्टीबॉडी (प्लाज्मा में)
A	केवल A	केवल b
B	केवल B	केवल a
AB	A और B दोनों	कोई नहीं
O	कोई नहीं	a और b दोनों

- **Rh-तत्व** (Rh-factor)—सन् 1940 ई. में लैण्डस्टीनर और वीनर ने रुधिर में एक अन्य प्रकार के एण्टीजन का पता लगाया।
- इन्होंने रीसस बन्दर में इस तत्व का पता लगाया। इसलिए इसे Rh-factor कहते हैं। जिन व्यक्तियों के रक्त में यह तत्व पाया जाता है, उनका रक्त Rh-सहित (Rh-positive) कहलाता है तथा जिनमें नहीं पाया जाता, उनका रक्त Rh-रहित (Rh-negative) कहलाता है।

भोजन, पोषण एवं स्वास्थ्य

- **भोजन**—जीवधारियों को जीवित रहने के लिए भोजन की आवश्यकता होती है। भोजन शरीर की क्रियाओं को संचालित रखने, वृद्धि एवं विकास के लिए आवश्यक होता है। प्रोटीन, कार्बोहाइड्रेट, वसा, खनिज एवं विटामिन भोजन के मुख्य अंग हैं। सुविधा की दृष्टि से भोजन को तीन भागों में बाँटा जा सकता है—

भोजन (खाद्य पदार्थों) के प्रमुख घटक

खाद्य वर्ग	प्रमुख पोषक	पोषक तत्व वाले खाद्य पदार्थ
ऊर्जा प्रदान करने वाले शरीर निर्माण करने वाले रोग-रोधी/रक्षात्मक	कार्बोहाइड्रेट एवं वसा प्रोटीन खनिज, विटामिन	खाद्यान्न : गेहूँ, चावल, आलू, चीनी, वसा-घी एवं तेल दूध, माँस-मटन, मुर्गी, मछली, अण्डा, दलहन-दालें, चना, सोयाबीन, मटर सब्जियाँ विशेष रूप से पत्ते वाली हरी सब्जी-पालक, पत्तागोभी, बथुआ इत्यादि। भोजन में रुक्ष अंश (रेशे) सलाद, बैंगन, फल तथा फलियाँ।

सन्तुलित आहार

- वह भोजन जिसमें सभी पोषक तत्व उचित मात्रा में विद्यमान हों, सन्तुलित आहार कहलाता है।
- यह व्यक्ति की आयु, लिंग, स्वास्थ्य एवं व्यवसाय पर निर्भर करता है। सन्तुलित आहार में कार्बोहाइड्रेट, वसा, प्रोटीन, खनिज, विटामिन रफेज एवं जल की सन्तुलित मात्रा का होना आवश्यक है।

कुपोषण

- वह भोजन, जिसमें सभी पोषक तत्व उचित मात्रा में नहीं होते हैं, लेने से कोई भी व्यक्ति कुपोषण का शिकार हो सकता है।
- वास्तव में कुपोषण व्यक्ति के शारीरिक विकार की स्थिति है, जो असन्तुलित अथवा अपर्याप्त आहार के कारण अथवा व्यक्ति में किसी रोग के कारण पोषकों के अवशोषण अथवा स्वांगीकरण की क्षमता के अभाव से उत्पन्न होती हैं।

भोजन के प्रमुख घटक—शरीर के ऊतकों के निर्माण, टूटी-फूटी कोशिकाओं की मरम्मत, आवश्यक ऊर्जा एवं ऊष्मा की प्राप्ति के लिए पोषक तत्वों की आवश्यकता पड़ती है जो भोजन से प्राप्त होते हैं।

- **भोजन के प्रमुख घटक हैं**—प्रोटीन, कार्बोहाइड्रेट, वसा, खनिज लवण, जल तथा विटामिन।

प्रोटीन—प्रोटीन में कार्बन, हाइड्रोजन, ऑक्सीजन, नाइट्रोजन, फॉस्फोरस, सल्फर पाए जाते हैं।

- यह एक जटिल कार्बनिक पदार्थ हैं। प्रोटीन ऊतकों का परिवर्द्धन नई कोशिकाओं का निर्माण एवं टूटी-फूटी कोशिकाओं की मरम्मत करता है।
- इसकी प्राप्ति अण्डे, दूध, पनीर, माँस, मछली, दाल, टमाटर, सेम, बादाम, मूँगफली, अखरोट इत्यादि से होती है।

कार्बोहाइड्रेट—यह कार्बन, हाइड्रोजन तथा ऑक्सीजन का कार्बनिक यौगिक है।

- यह जल में घुला कार्बन है।

वसा—सबसे अधिक ऊर्जा, वसा से प्राप्त होती है।

- वसा से ऊतकों का निर्माण होता है।
- यह कार्बन, ऑक्सीजन तथा हाइड्रोजन का कार्बनिक यौगिक है।
- एक स्वस्थ व युवा व्यक्ति को प्रतिदिन ग्राम वसा की आवश्यकता पड़ती है। वसा घी, दूध, तेल, माँस से प्राप्त होती है।

खनिज लवण—इसका कार्य ऊतकों का निर्माण करना है। यह मांस, दूध, अनाज, हरी सब्जियों से प्राप्त होते हैं।

विटामिन—विटामिन एक कार्बनिक यौगिक है जो शरीर की रोगों से रक्षा तथा सामान्य वृद्धि के लिए अत्यावश्यक है।

- विटामिन 'बी' एवं 'सी' जल में तथा 'ए', 'डी', 'ई' और 'के' वसा में घुलनशील हैं।

महत्वपूर्ण विटामिन

विटामिन	रासायनिक नाम	स्रोत	शारीरिक क्रिया	कमी से उत्पन्न रोग
ए	रेटिनॉल (Retinol)	मछली का यकृत तेल, दूध, मक्खन, घी, गाजर, पत्तेदार और हरी सब्जियाँ आदि।	चाक्षुक वर्णक का संश्लेषण, नेत्र और इसकी श्लेष्मा झिल्ली को स्वस्थ रखना।	रतौंधी, शुष्काक्षिपाक, शारीरिक वृद्धि का रुक जाना, पाचक नाल और नेत्र का संक्रामक रोग।
बी-1	थायमीन (Thiamine)	खमीर, अंकुरित गेहूँ, शिंवी फल (सेम, मटर आदि), माँस, अण्डा और शाक-सब्जियाँ	कार्बोहाइड्रेट उपापचय	बेरी-बेरी
बी-2	राइबोफ्लेवीन (Riboflavin)	दुग्ध, माँस, पत्तेदार सब्जियाँ	ऊतक-ऑक्सीकरण	जिह्वा में सूजन, त्वचा में सूजन, दृष्टि की स्वच्छता में कमी, भ्रूण की अस्थियों का टेढ़ा-मेढ़ा होना।
बी-3	निकोटिन अम्ल, नियासीन (Niacin)	मछली, अण्डे	ऊतक-ऑक्सीकरण	प्लैग्रा
बी-12	सायनोकोबाल्मिन (Cynocobalmin)	यकृत	लाल रक्त कणों का निर्माण	अरक्ता
सी	एस्कॉर्बिक अम्ल (Ascorbic acid)	नींबू कुल के फल, हरी सब्जियाँ	एन्जाइम सम्बन्धी कार्य	स्कर्वी
डी	कैल्सिफेरॉल (Calciferol)	मछली का यकृत, तेल, अण्डे, यकृत, उपापचय	कैल्शियम और फॉस्फोरस का	रिकेट्स
ई	टोकोफेरोल (Tocoferol)	सलाद की पत्तियाँ, शिंवी फल (सेम, मटर) आदि	कोशिकाओं का निर्माण, विटामिन-ए के समुचित उपयोग में सहायता	बन्ध्यता, पेशी तथा तन्त्रिका सम्बन्धी गड़बड़ी
के-1	फिलोक्विनोन (Phylloquinone)	हरी सब्जियाँ	रक्त का जमना	रक्त का दोषपूर्ण जमना

मनुष्य में होने वाले विभिन्न रोग

जीवाणुओं द्वारा होने वाले मनुष्य में कुछ प्रमुख रोग

रोग का नाम	प्रभावित अंग	रोग के लक्षण	जीवाणु का नाम
टेटनस	तन्त्रिका-तन्त्र तथा माँसपेशियाँ	शरीर में झटके लगना, जबड़ा न खुलना, बेहोशी	क्लोस्ट्रीडियम टिटैनी क्लोस्ट्रीडियम बॉट्यूलिनम
बॉट्यूलिज्म या भोजन विषाक्तता	तन्त्रिका-तन्त्र	वमन, दोहरी दृष्टि, श्वास लेने में पीड़ा	
निमोनिया	फेफड़े	फेफड़ों में संक्रमण में जल	डिप्लोकोकस न्यूमोनी भर जाना, तीव्र ज्वर, श्वास लेने में पीड़ा।
कुष्ठ (कोढ़)	त्वचा तथा तन्त्रिकाएँ	व्रणों तथा गाँठों का बन जाना,	माइकोबैक्टीरिया लेप्री हाथ तथा पैर की अंगुलियों के ऊतकों का धीरे-धीरे नष्ट होना।

क्षय रोग	शरीर का कोई भी अंग, विशेषकर फेफड़े	ज्वर, खाँसी, दुर्बलता, श्वास फूलना, बलगम आना तथा थूक में रक्त का आना	माइको बैक्टीरियम ट्यूबरकुलोसिस
मियादी बुखार	आँत का रोग	ज्वर, दुर्बलता, अधिक प्रकोप होने पर आँतों में छेद होना।	सालमोनेला टाइफी
डिफ्थीरिया	श्वास नली	तीव्र ज्वर, श्वास लेने में पीड़ा, दम घुटना	कोरीनेबैक्टीरियम डिफ्थेरी
हैजा	आँत या आहार नाल	निर्जलीकरण, वमन, दस्त	विब्रिओ कोमा
सिफिलिस	जनन अंग, मस्तिष्क,	जननांगों पर चकत्ते बनना, तन्त्रिका-तन्त्र	ट्रेपोनेमा पॉलीडम लकवा, त्वचा पर दाने, बालों का झड़ना
प्लेग	बगलें या काँखें फेफड़े,	तीव्र ज्वर, काँखों में गिल्टी लाल रक्त कणिकाएँ	पासट्यूरेला पेस्टिस का निकलना, बेहोशी
मेनिनजाइटिस	मस्तिष्क के ऊपर की	तीव्र ज्वर, बेहोशी, मस्तिष्क झिल्लियाँ, मस्तिष्क	नीसेरिया मेनिनजाइटिडिस की झिल्ली में शोध या सूजन

प्रोटोजोआ जनित रोग

रोग	रोग का कारक	मुख्य लक्षण
निद्रा रोग	ट्रिपनोसोमा ब्रूसी	बुखार, तेज सिर दर्द, जोड़ों का दर्द, पलकें सूज जाती हैं, भार कम होने लगता है, काम करने का मन नहीं होता, नींद अत्यधिक प्रिय लगती है, मानसिक असन्तुलन।
अमीबायसिस	एण्टअमीबा हिस्टोलिटिका	आँत में रक्तस्राव, अल्सर, उत्सर्जी पदार्थ (दस्त) के साथ श्लेष्मा का निष्कासन।
मलेरिया	प्लाज्मोडियम वाइवेक्स	मलेरिया रोगी की तीन अवस्थाएँ—**जाड़ा** : तापमान बढ़ता व कँपकपी छुटती है, **बुखार** : अधिकतम बुखार, तीव्र सिर दर्द, पीठ में दर्द, उल्टी आती है, **पसीना** : अत्यधिक पसीना आता है, शरीर का तापमान गिर जाता है।
कालाजार	लिसमानिया डोनोवेनी	तेज बुखार, यकृत प्लीहा का फैलाव, रक्तहीनता आदि।

कवक जनित रोग

रोग	रोक का कारक	मुख्य लक्षण
एथलीट्स फूट	ट्राइफोफाइटोन	संक्रमित क्षेत्र में तेज दर्द तथा जलन, पैर की चौथी और पाँचवीं अंगुली के बीच दरारें आ जाती हैं, संक्रमित भाग की चमड़ी कठोर तथा मोटी हो जाती है।
मदूरा फूट	मदूरेल माइसीटोमी	संक्रमित भाग फूल जाता है, गहरे बाल बन जाते हैं, हड्डियों का क्षय होने लगता है।
धोबी इच	अनेक प्रकार के कवक	टाँगों में लाल धब्बे
रिंगवोर्म	माइक्रोस्पोरम	पहले एक धब्बा-सा चमड़ी पर उभरना ट्राइकोफाइटन है, फिर दरारें पड़ने लगती हैं तथा द्वितीयक संक्रमण।

कृमि जनित रोग

रोग	रोग का कारक	मुख्य लक्षण
एन्साइलोस्ओमेसिस	एन्साइलास्टोमा	एनीमिया, ड्याडिनी अल्सर, संक्रमित डयोडिनेलि व्यक्ति पीला पड़ने लगता है, निचली पलक सूज जाती है।
एस्केरियोसिस	एस्केरिस लुम्ब्रीकाइडिस	डायरिया, पीलिया व यकृत में विकार, बच्चों में एस्केरिस संक्रमण से बच्चे कुपोषण के शिकार हो जाते हैं।
फिलोरियेसिस	वॉकेरिया बेन्क्राफ्टी	एलिफैंटेसिस, जिसमें शरीर का कोई भाग; जैसे—लेबिया, क्लिटोरिस व पाँव असामान्य रूप से मोटा या फूल जाता है।
टीनियोसिस	टीनिया सोलियम	अल्सर, पोषण में व्यवधान अपच, उदर शूल।

विषाणुओं द्वारा होने वाले प्रमुख रोग

रोग का नाम	प्रभावित अंग	रोग के लक्षण
रेबीज या हाइड्रोफोबिया	तन्त्रिका-तन्त्र	पीड़ा, ज्वर, पानी से अत्यधिक भय, माँसपेशियों तथा श्वसन-तन्त्र में लकवा, बेहोशा बेचैनी। यह घातक रोग है। (पागल कुत्ते के काटने से होने वाला रोग)
खसरा	सम्पूर्ण शरीर	ज्वर, पीड़ा, सम्पूर्ण शरीर में खराश, नेत्रों में जलन, आँख और नाक से द्रव का बहना
चेचक	सम्पूर्ण शरीर विशेषकर	ज्वर, पीड़ा, जलन व बेचैनी, सम्पूर्ण चेहरा शरीर पर फफोले तथा शरीर में दर्द
गलसुआ	पेरोटिड लार ग्रन्थियाँ	लार ग्रन्थियों में सूजन, अग्न्याशय, अण्डाशय और वृषण में सूजन, ज्वर, सिर दर्द से बन्ध्यता होने का भय रहता है।

फ्लू या इन्फ्लूएंजा	श्वसन तन्त्र	ज्वर, शरीर में पीड़ा, सिर दर्द, जुकाम, खाँसी
पोलियो	तन्त्रिका-तन्त्र (स्पाइनल)	माँसपेशियों के संकुचन में अवरोध तथा (भोजन व पानी कॉर्ड के मोटर तन्त्रिका हाथ व पैरों में लकवा के साथ शरीर की क्षति) प्रवेश करने वाला विषाणु।
हरपीस	त्वचा, श्लेष्मकला	त्वचा में जलन, बेचैनी, शरीर पर फोड़े
रोहे या ट्रेकोमा	नेत्र	नेत्रों में सूजन, जलन तथा पानी का बहना
मस्तिष्क शोध या एन्सेफेलाइटिस	तन्त्रिका-तन्त्र	ज्वर, बेचैनी, दृष्टि-दोष, अनिद्रा, बेहोशी, यह घातक रोग है।

शरीर की बीमारियाँ एवं प्रभावित अंग

बीमारी	प्रभावित अंग
डिप्थीरिया	गला, श्वास नली
एग्जीमा	चमड़ी
केटेरक्ट, ग्लाइकोमा, ट्रेकोमा	आँखें
डायबिटीज	पैंक्रियाज
पायरिया	दाँत तथा मसूड़े
प्लूरिसी	छाती
पीलिया (जोन्डिस)	यकृत
गठिया या र्‍यूमैटिज्म	जोड़ों में
मैनिन्जाइटिस	स्पाइनल कॉर्ड (रीढ़ की हड्‌डी) तथा मस्तिष्क
आर्थटाइटिस	जोड़ों की सूजन
गोइटर (गण्डमाला)	थाइराइड ग्रन्थि
काला जार	रुधिर, प्लीहा व अस्थि मज्जा
सुजाक, श्वेत प्रदर	मूत्र मार्ग
टिटनेस	तन्त्रिका-तन्त्र, माँसपेशी
कुष्ठ	त्वचा, तन्त्रिकाएँ
हैजा	आँत, आहारनाल
काली खाँसी	श्वसन तन्त्र
अतिसार	आँत का अग्रभाग
प्लेग	फेफड़े, लाल रक्त कणिकाएँ
दस्त	बड़ी आँत
सिफलिस	जनन अंग
रिकेट्स	हड्डियाँ
टाइफाइड	समस्त अंग (आँत)
निमोनिया, ट्यूबरक्लोसिस	फेफड़े

प्रश्नमाला

1. प्रतिरोध की S.I. इकाई है–
(a) जूल (b) ओम
(c) न्यूटन (d) एम्पियर

2. जब लोहे की कील को जंग लग जाए, तो कील का वजन–
(a) बढ़ता है
(b) घटता है
(c) न तो बढ़ता है न ही घटता है
(d) इनमें से कोई नहीं

3. रिएक्टर स्केल .... की तीव्रता मापने के लिए उपयोग में लाया जाता है–
(a) भूकंप (b) ज्वाला मुखी विस्फोट
(c) सुनामी (d) हॉरनेडो

4. दिशासूचक यंत्र (कंपास) की सुई हमेशा .... दिशा की ओर संकेत करती है–
(a) दक्षिण (b) उत्तर
(c) पश्चिम (d) पूर्व

5. निम्नलिखित में से कौन-सा यांत्रिक ऊर्जा के विद्युत ऊर्जा में परिवर्तन का उदाहरण नहीं है?
(a) डायमयो
(b) पवन टर्बाइन
(c) पनबिजली संयंत्र
(d) सौर बिजली संयंत्र

6. आर्द्रता मापने के लिए निम्नलिखित में से किस उपकरण का प्रयोग किया जाता है?
(a) कैटा थर्मामीटर
(b) ऐसिमोमीटर
(c) स्लिंग साइक्रोमीटर
(d) डॉक्टरी थर्मामीटर

7. जब प्रिज्म द्वारा प्रकाश का प्रक्षेपण किया जाता है तो जिस रंग का न्यूनतम विचलन होता है वह कौन सा है?
(a) बैंगनी (b) नीला
(c) लाल (d) हरा

8. बिजलीघर से सप्लाई की जाने वाली वोल्टेज को स्थिर करने के लिए प्रयोग में लाई जाती है–
(a) डायनेमो (b) ट्रांसफार्मर
(c) एमीटर (d) जेनरेटर

9. निम्नलिखित में से किस जगह 'g' का मान सर्वाधिक होता है?
(a) माउंट एवरेस्ट
(b) कुतुब मीनार की चोटी पर
(c) विषुवत रेखा पर
(d) अंटार्कटिका में किसी स्थान पर

10. यदि किसी गेंद को ऊर्ध्वाधर रूप से फेंका जाए, तो गुरुत्वीय त्वरण–
(a) गेंद की गति की विपरीत दिशा में होगा।
(b) गेंद की गति की दिशा में होगा
(c) जैसे-जैसे गेंद नीचे आती है, त्वरण में वृद्धि होती है।
(d) उच्चतम बिन्दु पर शून्य हो जाता है।

11. निम्नलिखित में किसका संवहन तरंग द्वारा एक जगह से दूसरी जगह तक किया जाता है?
(a) द्रव्यमान (b) वेग
(c) तरंग दैर्ध्य (d) ऊर्जा

12. निम्नलिखित में से कौन-सी भौतिक राशि है, जो मात्रा में वृद्धि के बाद भी अप्रभावित रहती है?
(a) आयतन (b) भार
(c) द्रव्यमान (d) घनत्व

13. धातु की एक वृत्ताकार चकती के मध्य में पिंड है, चकती को गर्म करने पर पिंड का आकार–
(a) बढ़ेगा
(b) घटेगा
(c) मध्यनत रहेगा
(d) धातु पर निर्भर करेगा

14. पीछे का दृश्य देखने के लिए ऑटो-मोबाइल में प्रयोग किया जाने वाला दर्पण है–
(a) समतल दर्पण (b) उत्तल दर्पण
(c) अवतल दर्पण (d) इनमें से कोई नहीं

15. वायु में ध्वनि तरंगें किस प्रकार की होती हैं?
(a) अनुप्रस्थ तरंगें (b) अनुदैर्ध्य तरंग
(c) श्रव्य तरंगें (d) पराश्रव्य तरंगें

16. एक पिंड (Body) एकसमान वेग (Uniform Velocity) से चल रहा है। उसका त्वरण (Acceleration) क्या होता है?
(a) शून्य (Zero)
(b) धनात्मक (Positive)
(c) ऋणात्मक (Negative)
(d) स्थिर (Constant)

17. इन्द्रधनुष (Rainbow) किस कारण से बनता है?
(a) प्रकाश का परावर्तन (Reflection
(b) प्रकाश का अपवर्तन (Refraction)
(c) प्रकाश का पूर्ण आन्तरिक परावर्तन (Total Internal Reflection)
(d) प्रकाश का विवर्तन (Diffraction)

18. अधिकतम न्यूनतम तापमापी (Maximum and Minimum thermomenter) में एक तरल पदार्थ पारा होता है। दूसरा पदार्थ कौन सा है?
(a) अल्कोहल
(b) स्प्रिट
(c) मिट्टी का तेल
(d) पानी

19. सूर्य की किरणें हम तक किस प्रक्रिया से पहुंचती हैं?
(a) चालन (Conduction)
(b) संवहन (Convection)
(c) विकिरण (Radiation)
(d) इनमें से कोई नहीं

20. छोटी वस्तुओं को देखने के लिए किस उपकरण का प्रयोग होता है?
(a) ओसिलास्कोप (b) टेलिस्कोप
(c) पेरिस्कोप (d) माइक्रोस्कोप

21. संवेग (Momentum) में परिवर्तन की दर को क्या कहते हैं?
(a) त्वरण (Acceleration)
(b) बल (Force)
(c) शक्ति (Power)
(d) ऊर्जा (Energy)

22. एक उत्तोलक (lever) जिस आधारभूत बिन्दु के चारों ओर घूमेगा, उसे क्या कहते हैं?
(a) केन्द्र (Centre)
(b) शिखर (Apex)
(c) भार पड़ने के केन्द्र
(d) आलम्ब (Fulcurm)

23. धारा (Current) की इकाई क्या है?
(a) ओम (b) वाट
(c) एम्पियर (d) इनमें से कोई नहीं

24. वायु की नमी किस से मापी जाती है?
(a) हाइड्रोमीटर द्वारा
(b) हाइग्रोमीटर द्वारा
(c) बैरोमीटर
(d) इनमें से कोई नहीं

25. हाइड्रोलिक प्रेस निम्नलिखित में से किस सिद्धांत पर कार्य करती है?
(a) आर्कीमिडीज सिद्धांत
(b) पास्कल का सिद्धांत
(c) बरनौली का नियम
(d) इनमें से कोई नहीं

26. निम्नलिखित में से सदिश (Vector) मात्रा कौन सी है?
(a) ऊर्जा (Energy)
(b) कार्य (Work)
(c) गति (Speed)
(d) वेग (Velocity)

27. कौन से ताप पर पानी का घनत्व सर्वाधिक होता है?
(a) 0°C (b) 4°C
(c) 2°C (d) 32°C

28. श्वेत प्रकाश का सात रंगों में विखंडित करने की प्रक्रिया को क्या कहते हैं?
(a) विवर्तन (Diffraction)
(b) व्यतिकरण (Interference)
(c) विक्षेपण (Dispersion)
(d) इनमें से कोई नहीं

29. M.K.S. पद्धति में समय का मात्रक है–
(a) मीटर^3 (b) किलोग्राम
(c) सेकेंड (d) ग्राम

30. C.G.S. पद्धति में घनत्व का मात्रक है–
(a) घंटा (b) मिनट
(c) सेकेंड (d) सेमी.

31. M.K.S. पद्धति में घनत्व का मात्रक क्या होता है?
(a) कि.ग्रा. मीटर (b) कि. ग्रा. मीटर$^{-2}$
(c) ग्राम मीटर$^{-3}$ (d) ग्राम मीटर$^{-2}$

32. एक अश्वशक्ति किसके बराबर होती है?
(a) 786 वाट (b) 746 वाट
(c) 766 वाट (d) 746 किलोवाट

33. निम्नलिखित में से कौन-सा कथन सत्य है?
(a) ठोस वस्तुओं का आयतन व आकार अनिश्चित होता है।
(b) द्रवों का आयतन व आकार अनिश्चित होता है।
(c) गैसों का आयतन व आकार अनिश्चित होता है।
(d) ठोस वस्तुओं का आयतन अनिश्चित होता है।

34. द्रव्यमान (Mass) एक–
(a) अदिश राशि (b) सदिश राशि
(c) दिशा राशि (d) परिमेय राशि

35. त्वरण (Acceleration) है–
(a) अदिश राशि (b) सदिश राशि
(c) दिश राशि (d) परिमेय राशि

36. निम्नलिखित में से कौन-सी राशि सदिश है?
(a) त्वरण (b) विस्थापन
(c) दूरी (d) वेग

37. किसी वस्तु पर बल (Force) लगाने से–
(a) उसका द्रव्यमान बदल जाता है।
(b) उसका वेग बदल जाता है।
(c) उसकी चाल बदल जाती है।
(d) उसकी शक्ल बदल जाती है।

38. बल का मान होता है–
(a) $\frac{\text{त्वरण}}{\text{द्रव्यमान}}$ (b) $\frac{\text{द्रव्यमान}}{\text{त्वरण}}$
(c) $\frac{\text{द्रव्यमान}}{\text{त्वरण}}$ (d) द्रव्यमान × त्वरण

39. किसी वस्तु का जड़त्वीय द्रव्यमान उसके गुरुत्वीय द्रव्यमान के–
(a) बराबर होता है
(b) अधिक होता है
(c) कम होता है
(d) कभी कम होता है तो कभी ज्यादा होता है

40. कोई पिण्ड एकसमान वेग से एक सीधी रेखा से चल रहा है। यदि हम उस पर बल न लगाएँ, तो–
(a) उसका वेग बढ़ने लगेगा
(b) उसका वेग घटने लगेगा
(c) उसका वेग न घटेगा न बढ़ेगा
(d) उसका भार घट जाएगा

उत्तरमाला

1. (b)	2. (a)	3. (a)	4. (b)	5. (d)	6. (c)	7. (c)	8. (b)	9. (d)	10. (a)
11. (d)	12. (d)	13. (a)	14. (b)	15. (a)	16. (a)	17. (d)	18. (a)	19. (c)	20. (d)
21. (b)	22. (d)	23. (c)	24. (b)	25. (b)	26. (d)	27. (b)	28. (c)	29. (c)	30. (c)
31. (a)	32. (b)	33. (c)	34. (a)	35. (a)	36. (d)	37. (b)	38. (d)	39. (a)	40. (c)

अध्याय 16 बेसिक सामान्य ज्ञान

(महत्त्वपूर्ण दिवस, पुरस्कार और सम्मान, देश/राजधानी मुद्राएँ, अनुसंधान एवं खोज, पुस्तक और उनके लेखक, सोशल मीडिया कम्युनिकेशन)

महत्त्वपूर्ण दिवस

राष्ट्रीय युवा दिवस – 12 जनवरी
थलसेना दिवस – 15 जनवरी
गणतन्त्र दिवस – 26 जनवरी
शहीद दिवस – 30 जनवरी
तट रक्षक दिवस – 1 फरवरी
उत्पादकता दिवस – 12 फरवरी
वेलेन्टाइन दिवस – 14 फरवरी
केन्द्रीय उत्पाद शुल्क दिवस – 24 फरवरी
राष्ट्रीय सुरक्षा दिवस – 4 मार्च
अन्तर्राष्ट्रीय महिला दिवस – 8 मार्च
विश्व उपभोक्ता संरक्षण दिवस – 15 मार्च
विश्व वानिकी दिवस – 21 मार्च
विश्व मौसम विज्ञान दिवस – 23 मार्च
विश्व थियेटर दिवस – 27 मार्च
नेशनल मेरीटाइम दिवस – 5 अप्रैल
विश्व स्वास्थ्य दिवस – 7 अप्रैल
विश्व विरासत दिवस – 18 अप्रैल
विश्व पृथ्वी दिवस – 22 अप्रैल
विश्व मजदूर दिवस – 1 मई
अन्तर्राष्ट्रीय ऊर्जा दिवस – 3 मई
राष्ट्रीय एकता दिवस – 13 मई
विश्व दूरसंचार दिवस – 17 मई
आतंकवाद विरोध दिवस – 21 मई
कॉमनवेल्थ दिवस – 24 मई
विश्व पर्यावरण दिवस – 5 जून
डॉक्टर्स दिवस – 1 जुलाई
विश्व जनसंख्या दिवस – 11 जुलाई
कारगिल स्मृति दिवस – 26 जुलाई
विश्व युवा दिवस – 12 अगस्त
स्वतंत्रता दिवस – 15 अगस्त
राजीव गाँधी सद्भावना दिवस – 20 अगस्त
राष्ट्रीय खेल दिवस – 29 अगस्त
शिक्षक दिवस – 5 सितम्बर
विश्व साक्षरता दिवस – 8 सितम्बर
हिन्दी दिवस – 14 सितम्बर
विश्व पर्यटन दिवस – 27 सितम्बर
अन्तर्राष्ट्रीय वृद्ध दिवस – 1 अक्टूबर
विश्व डाक दिवस – 8 अक्टूबर
विश्व खाद्य दिवस – 16 अक्टूबर
संयुक्त राष्ट्र दिवस – 24 अक्टूबर
बाल दिवस – 14 नवम्बर
विश्व एड्स दिवस – 1 दिसम्बर
नौसेना दिवस – 4 दिसम्बर
झण्डा दिवस – 7 दिसम्बर
मानव अधिकार दिवस – 10 दिसम्बर
यूनीसेफ दिवस – 11 दिसम्बर
राष्ट्रीय ऊर्जा संरक्षण दिवस – 14 दिसम्बर
किसान दिवस – 23 दिसम्बर
अंतर्राष्ट्रीय योग दिवस – 21 जून
सुशासन दिवस – 25 दिसम्बर
संविधान दिवस – 26 दिसम्बर

भारत के प्रमुख अनुसंधान

- केन्द्रीय भवन निर्माण अनुसंधान संस्थान – रूड़की
- केन्द्रीय खाद्य प्रौद्योगिकी अनुसंधान संस्थान – मैसूर
- भारतीय सर्वेक्षण संस्थान – देहरादून
- भारतीय मौसम विज्ञान विभाग – नई दिल्ली
- भारतीय मौसम वैधशाला – पुणे
- केन्द्रीय चमड़ा अनुसंधान संस्थान – चेन्नई
- उपग्रह नियंत्रण केन्द्र – हासन (कर्नाटक)
- केन्द्रीय नमक समुद्रीय रसायन अनुसंधान संस्थान – भावनगर
- भारतीय राष्ट्रीय समुद्र सूचना सेवा केन्द्र – हैदराबाद
- अखिल भारतीय स्वास्थ्य विज्ञान व जन स्वास्थ्य संस्थान – कोलकाता
- केंद्रीय कुष्ठ अनुसंधान संगठन – चेन्नई
- राष्ट्रीय मानसिक स्वास्थ्य संस्थान – बंगलौर
- नेशनल ऐरोनोटिकल लेबोरेटरी – बैंगलोर
- नेशनल जियो फिजीकल रिसर्च इन्सटीट्यूट – हैदराबाद

स्थल/देश/यंत्र और उनके खोजकर्ता/अविष्कार

स्थल/देश/यंत्र	खोजकर्ता/अविष्कार
आस्ट्रेलिया	जेम्स कुक
डायनामाइट	अल्फ्रेड नोबेल
हड़प्पा सभ्यता	दयाराम साहनी
मोहनजोदड़ो	राखल दास बनर्जी
पारा थर्मामीटर	फारेनहाइट

मोटर कार	कार्ल बेंज
वाष्प के रेल इंजन	जेम्स वाट
डीजल इंजन	रुडोल्फ डीजल
बैटरी	अलेसांद्रो वोल्टा
कागज	साईलुन
दूरबीन	गैलिलियो
लैपटॉप	मोग्गारिज
कम्पास	कैपिलर्स
एलसीडी स्क्रीन	होफमन–ला रोश
मोटर साइकिल	एडवर्ड बटलर
माइक्रोफोन	चार्ल्स व्हिटस्टोन
मशीन गन	जेम्स पक्ले
पोर्टलैंड सीमेंट	जोसेफ आस्पदीन
चीन	मार्कोपोलो
ग्रहों	केपलर
परमाणु बम	ऑटोहन
साइकिल	के.मैकमिलन
कार्बोन पेपर	राल्फ वेजवुड

पुस्तक और उनके लेखक

पुस्तक	लेखक
अ सुटेबल ब्वॉय	विक्रम सेठ
अनब्रेकेबल	मेरीकॉम
अनस्टॉपेबल: माई लाइफ सो फार	मारिया शारापोवा
अंबेडकर गांधी एंड पटेल	राजा शेखर बिंद्रु
अ बिलियन इज इनफ	अशोक गुप्ता
आई डू व्हाट आई डू	रघुराम जी. राजन
इंडिया ए रिस्क	जसवंत सिंह
इंडिया टर्न्स ईस्ट	फ्रेडरिक ग्रारे
इंडिया ट्रांसफार्मड: 25 इयर्स ऑफ़ इकोनॉमिक रिफॉर्म्स	राकेश मोहन
इंदिरा गाँधी: ए लाइफ इन नेचर	जयराम रमेश
इंदिरा: इंडियाज मोस्ट पावरफुल प्राइम मिनिस्टर	सागरिका घोष
इकोनॉमिक नाइटमेयर ऑफ इंडिया	चौधरी चरण सिंह
इन टू द वाटर	पाउला हॉकिंग
इम्परफेक्ट	संजय मांजरेकर
एंड देन वन डे	नसीरुद्दीन शाह
ए हिस्ट्री ऑफ़ इंडियन सपोर्ट थ्रू 100 आटेफैक्ट्स	बोरिया मजूमदार
एडवाइज एंड डिसेंट: माई लाइफ इन पुब्लिक सर्विस	वाई. वी. रेड्डी
गीता रहस्य	बाल गंगाधर तिलक
गीता रिविजेटेड	हृदय नारायण दीक्षित
थिंक बिग: मेक इट हैपेन इन बिजनेस एंड लाइफ	डोनाल्ड जे. ट्रम्प एवं बिल जैन्कर
द इमरजेंसी: इंडियन डेमोक्रेसीज डार्केस्ट ऑवर	ए.सूर्य प्रकाश
द कोएलिशन इयर्स (1996- 2012)	प्रणब मुखर्जी

सोशल मीडिया

'सामाजिक संजाल स्थल' (social networking sites) आज के इंटरनेट का एक अभिन्न अंग है जो दुनिया में एक अरब से अधिक लोगों द्वारा उपयोग किया जाता है। यह एक ऑनलाइन मंच है जो उपयोगकर्ता को एक सार्वजनिक प्रोफाइल बनाने एवं वेबसाइट पर अन्य उपयोगकर्ताओं के साथ सहभागिता करने की अनुमति देता है। प्रोफाइल का उपयोग अपने विचारों को साझा करने, पहचान के लोगों या अजनबियों से बात करने में किया जाता है। उदाहरण- फेसबुक, ट्विटर आदि इस संपूर्ण प्रक्रिया में वेबसाइट पर उपलब्ध उपयोगकर्ता की निजी सूचनाएँ भी साझा हो जाती हैं।

सोशल मीडिया	स्थापना वर्ष	संस्थापक	मुख्यालय
फेसबुक	2004	मार्क जुकरबर्ग, क्रसि ह्यूजेस, एंड्रयू मैककॉलम, डस्टिन मोस्कोविट्ज, एडुआर्डो सेवरिन	मेनलो पार्क, सीए
यूट्यूब	2005	जावेद करीम, चाड हर्ले, स्टीव चेन	सैन ब्रूनो, कैलिफोर्निया
रेडटि (Redditt)	2005	एलेक्सिस ओहानियन, आरोन स्वाट्‌र्ज, स्टीव हफ मैन	सैन फ्रांसिस्को, सीए
ट्विटर	2006	इवान विलियम्स, जैक डोर्सी, नूह ग्लाह, बिज स्टोन	सैन फ्रांसिस्को, सीए
व्हाट्सएप	2009	जान कौम, ब्रायन एक्टन	मेनलो पार्क, कैलिफोर्निया
इंस्टाग्राम	2010	केवनि सिस्ट्रॉम, माइक क्राइगर	मेनलो पार्क, सीए
स्नैपचैट	2011	डेविड क्रैविट्ज, लियो काट्ज, इवान स्पीगल, बॉबी मर्फी, डैनयिल स्मिथ	लास एंजिल्स, सी
टिकटॉक	2016	टाउटियाओ, बाइटडांस, लिमिटेड, झांग यिमिंग	कल्बर सिटी, कैलिफोर्निया

खेल

प्राचीन ओलंपिक खेल की शुरुआत 776 ई. पू. में यूनान में हुई थी। इस खेल को अंतर्राष्ट्रीय खेल समारोह के रूप में समझा जाता है। कुछ समय पश्चात् रोमन सम्राट् ने इस खेल के आयोजन पर प्रतिबंध लगा दिया था। आधुनिक ओलंपिक की शुरुआत 1896 ई. से हुई। इस खेल का आयोजन प्रत्येक चार वर्ष के अन्तराल पर किया जाता है। भारत ने पहली बार सन् 1920 में आयोजित ओलंपिक खेल में हिस्सा लिया था। ओलंपिक खेल का प्रतीक छल्ले होते हैं जो पाँच महादेशों को संबोधित करता है। सन् 1924 से शीत ओलंपिक की शुरुआत हुई थी तथा सन् 1912 से ओलंपिक में महिलाओं को प्रवेश मिला था।

ओलंपिक : कहाँ तथा कब

ओलंपिक खेल	वर्ष	ओलंपिक स्थान	देश
1.	1896	एथेंस	यूनान
2.	1900	पेरिस	फ्रांस
3.	1904	सेंट लुईस	अमेरिका
4.	1908	लंदन	ब्रिटेन

5.	1912	स्टाकहॉम	स्वीडन
6.	1916	बर्लिन	जर्मनी
7.	1920	ऐंटवर्प	बेल्जियम
8.	1924	पेरिस	फ्रांस
9.	1928	ऐमस्टरडम	नीदरलैंड्स
10.	1932	लॉस एंजेल्स	अमेरिका
11.	1936	बर्लिन	जर्मनी
12.	1940	टोकयो	जापान
13.	1944	लंदन	ब्रिटेन
14.	1948	लंदन	ब्रिटेन
15.	1952	हेलसिंकी	ऑस्ट्रेलिया
16.	1956	मेलबोर्न	ऑस्ट्रेलिया
17.	1960	रोम	इटली
18.	1964	टोक्यो	जापान
19.	1968	मैक्सिको सिटी	मैक्सिको
20.	1972	म्यूनिख	जर्मनी
21.	1976	मांट्रियल	कनाडा
22.	1980	मास्को	यू.एस.एस.आर.
23.	1984	लॉस एंजेल्स	अमेरिका
24.	1988	सियोल	द. कोरिया
25.	1992	बार्सिलोना	स्पेन
26.	1996	अटलांटा	अमेरिका
27.	2000	सिडनी	ऑस्ट्रेलिया
28.	2004	एथेंस	यूनान
29.	2008	बीजिंग	चीन
30.	2012	लंदन	ब्रिटेन
31.	2016	रियो	ब्राजील
32.	2020	टोक्यो	जापान
33.	2024	पेरिस	फ्रांस (प्रस्तावित)
34.	2028	लॉस एंजिलस	अमेरिका (प्रस्तावित)

विश्वकप क्रिकेट

1.	1975	(लार्ड्स - इंग्लैंड)	वेस्टइंडीज ने ऑस्ट्रेलिया को हराया।
2.	1979	(लार्ड्स - इंग्लैंड)	वेस्टइंडीज ने इंग्लैंड को हराया।
3.	1983	(लार्ड्स - इंग्लैंड)	भारत ने वेस्टइंडीज को हराया।
4.	1987	(कोलकाता - भारत)	ऑस्ट्रेलिया ने इंग्लैंड को हराया।
5.	1992	(मेलबोर्न - ऑस्ट्रेलिया)	पाकिस्तान ने इंग्लैंड को हराया।
6.	1996	(लाहौर - पाकिस्तान)	श्रीलंका ने ऑस्ट्रेलिया को हराया।
7.	1999	(लार्ड्स - इंग्लैंड)	ऑस्ट्रेलिया ने पाकिस्तान को हराया।
8.	2003	(जोहान्सबर्ग-द. अफ्रीका)	ऑस्ट्रेलिया ने भारत को हराया।
9.	2007	(ब्रिजटाउन-वेस्टइंडीज)	ऑस्ट्रेलिया ने श्रीलंका को हराया।
10.	2011	(मुंबई, भारत)	भारत ने श्रीलंका को हराया।
11.	2015	(मेलबोर्न, ऑस्ट्रेलिया)	ऑस्ट्रेलिया ने न्यूजीलैंड को हराया।
12.	2019	(लार्ड्स, इंग्लैंड)	इंग्लैंड ने न्यूजीलैंड को हराया।
13.	2023	भारत	–
14.	2027	द. अफ्रीका, जिम्बाब्वे, नामीबिया	–

विश्वकप फुटबाल खेल प्रतियोगिता

1.	1930	उरुग्वे ने उरुग्वे में अर्जेण्टीना को हराया।
2.	1934	इटली ने इटली में चेकोस्लोवाकिया को हराया।
3.	1938	इटली ने ब्राजील में हंगरी को हराया।
4.	1950	उरुग्वे ने ब्राजील में स्वीडन को हराया।
5.	1954	पश्चिम जर्मनी ने स्विट्जरलैंड में हंगरी को हराया।
6.	1958	ब्राजील ने स्वीडन में स्वीडन को हराया।
7.	1962	ब्राजील ने चिली में चेकोस्लोवाकिया को हराया।
8.	1966	इंग्लैंड ने इंग्लैंड में पश्चिम जर्मनी को हराया।
9.	1970	ब्राजील ने मैक्सिको में इटली को हराया।
10.	1974	पश्चिम जर्मनी ने पश्चिमी जर्मनी में हालैंड को हराया।
11.	1978	अर्जेण्टीना ने अर्जेण्टीना में हॉलैंड को हराया।
12.	1982	इटली ने स्पेन में प. जर्मनी को हराया।
13.	1986	अर्जेण्टीना ने मैक्सिको में प. जर्मनी को हराया।
14.	1990	प. जर्मनी ने इटली में अर्जेण्टीना को हराया।
15.	1994	ब्राजील ने अमेरिका में इटली को हराया।
16.	1998	फ्रांस ने फ्रांस में ब्राजील को हराया।
17.	2002	ब्राजील ने जापान में जर्मनी को हराया।
18.	2006	जर्मनी में इटली ने फ्रांस को हराया।
19.	2010	स्पेन ने नीदरलैंड को हराया।
20.	2014	जर्मनी ने अर्जेण्टीना को हराया।
21.	2018	फ्रांस ने क्रोएशिया को हराया।
22.	2022	कतर में होगा।

- फुटबॉल विश्वकप फीफा (फेडरेशन ऑफ इंटरनेशनल फुटबाल एसोसिएशन) द्वारा आयोजित किया जाता है।
- विश्वकप को जूल्स रिमेट कप भी कहा जाता है जो 1921-1953 तक फीफा अध्यक्ष के नाम के ऊपर रखा गया था।
- 1942 तथा 1946 में विश्वकप फुटबॉल नहीं खेला गया था।

महत्त्वपूर्ण ट्रॉफियाँ तथा कप

अंतर्राष्ट्रीय

	नाम	संबद्ध खेल
1.	अमेरिकन कप	नौका दौड़
2.	एरोज	क्रिकेट (ऑस्ट्रेलिया-इंग्लैंड)
3.	कनाडा कप	गोल्फ (विश्व चैम्पियनशिप)
4.	कोलंबो कप	फुटबॉल (भारत, पाकिस्तान, श्रीलंका तथा म्यांमार)

5.	कॉरबिलियन कप	टेबल टेनिस (महिला)
6.	डेविस कप	लॉन टेनिस
7.	डर्बी	घुड़दौड़
8.	होल्कर	ब्रिज
9.	जूल्स रिमेट ट्रॉफी	विश्व फुटबॉल
10.	मडेका	फुटबॉल (एशिया कप)
11.	राइडर कप	गोल्फ
12.	रिलाएंस कप	क्रिकेट
13.	स्वेथलींग विश्व कप	टेबल टेनिस (पुरुष)
14.	टॉड मेमोरियल ट्रॉफी	बास्केटबॉल
15.	थॉमस विश्व कप	बैडमिंटन (पुरुष)
16.	टुनकू अब्दुल रहमान कप	एशिया बैडमिंटन
17.	यू. यार कप	लॉन टेनिस
18.	उबेर विश्वकप	बैडमिंटन (महिला)
19.	योनेक्स कप	बैडमिंटन
20.	वॉल्कर कप	गोल्फ
21.	विंबलडन ट्रॉफी	लॉन टेनिस

राष्ट्रीय

1.	आगा खां कप	हॉकी
2.	रणजीत सिंह गोल्ड कप	हॉकी
3.	गुरुनानक चैम्पियनशिप	हॉकी (अखिल भारतीय महिला)
4.	बर्नाबिलेक कप	टेबल टेनिस (पुरुष)
5.	बेटनकप	हॉकी
6.	ध्यानचंद ट्रॉफी	हॉकी
7.	डॉ. बी. सी. राय ट्रॉफी	फुटबॉल (राष्ट्रीय जूनियर)
8.	दिलीप ट्रॉफी	क्रिकेट
9.	डूरंड कप	फुटबॉल
10.	एजार कप	पोलो
11.	ईरानी कप	क्रिकेट
12.	लेडी रतन टाटा ट्रॉफी	हॉकी (महिला)
13.	रतन टाटा ट्राफी	हॉकी
14.	नेहरू ट्रॉफी	हॉकी
15.	निजाम गोल्ड कप	फुटबॉल
16.	रंगास्वामी कप	हॉकी (राष्ट्रीय चैम्पियनशिप)
17.	रणजी ट्रॉफी	क्रिकेट (राष्ट्रीय चैम्पियनशिप)
18.	रोवर्स कप	फुटबॉल
19.	संतोष ट्रॉफी	फुटबॉल
20.	संजय गोल्ड कप	फुटबॉल
21.	शीशमहल ट्रॉफी	क्रिकेट
22.	सुब्रोतो मुखर्जी कप	फुटबॉल
23.	टॉड मेमोरियल ट्रॉफी	फुटबॉल
24.	विट्ठल ट्रॉफी	फुटबॉल
25.	रणजी ट्रॉफी	क्रिकेट
26.	यादवेन्द्र कप	हॉकी

खेल मैदानों के विशेष नाम

	खेल	खेल के क्षेत्र का नाम	खेल नाम	खेलने के क्षेत्र का
1.	बैडमिंटन	कोर्ट	गोल्फ	लिंग, ग्रीन
2.	बेसबॉल	डायमंड	लॉन टेनिस	कोर्ट
3.	मुक्केबाजी	रिंग	स्केटिंग	रिंक
4.	क्रिकेट	पिच	कुश्ती	रिंग, अखाड़ा

महत्त्वपूर्ण राष्ट्रीय खेल

	देश	राष्ट्रीय खेल
1.	ऑस्ट्रेलिया	टेनिस, क्रिकेट
2.	कनाडा	लैकरोस
3.	चीन	टेबल टेनिस (पिंग पोंग)
4.	इंग्लैंड	क्रिकेट फुटबॉल
5.	भारत	हॉकी, कबड्डी, क्रिकेट
6.	जापान	जूडो
7.	मलेशिया	बैडमिंटन
8.	स्कॉटलैंड	रग्बी
9.	स्पेन	बुलफाइट (सांडों की लड़ाई)
10.	अमेरिका	बेसबॉल

भारत के खेल स्टेडियम

	नाम	स्थान
1.	नेताजी इंडोर स्टेडियम	कोलकाता
2.	वानखेड़े स्टेडियम	मुम्बई
3.	नेहरू (चेपॉक) स्टेडियम	चेन्नई
4.	नेशनल स्टेडियम	नई दिल्ली
5.	सरदार वल्लभ भाई पटेल स्टेडियम	अहमदाबाद
6.	किनन स्टेडियम	जमशेदपुर
7.	ब्रैबॉर्न स्टेडियम	मुम्बई
8.	यादवेन्द्र स्टेडियम	पटियाला
9.	रणजीत स्टेडियम	कोलकाता
10.	बाराबती स्टेडियम	कटक
11.	ईडन गार्डन्स	कोलकाता
12.	ग्रीन पार्क स्टेडियम	कानपुर
13.	सवाई मानसिंह स्टेडियम	जयपुर
14.	शिवाजी स्टेडियम	नई दिल्ली

पुरस्कार/सम्मान

अन्तर्राष्ट्रीय

नोबेल पुरस्कार

- नोबेल पुरस्कार स्वीडन के वैज्ञानिक अल्फ्रेड नोबेल की समृति में वर्ष 1901 में शुरू किया गया।
- नोबेल पुरस्कार प्रत्येक वर्ष शांति, साहित्य, भौतिकी, रसायनशास्त्र, चिकित्सा विज्ञान और अर्थशास्त्र में बहुमूल्य योगदान के लिए दिए जाते हैं।
- पहली बार अर्थशास्त्र में नोबेल पुरस्कार की शुरुआत 1969 ई. में हुई।

रैमन मैग्सेसे अवॉर्ड

- यह पुरस्कार फिलीपीन्स के पूर्व राष्ट्रपति रैमन मैग्सेसे की याद में दिया जाता है। इसकी शुरुआत वर्ष 1957 में हुई। इस पुरस्कार को एशिया महाद्वीप के नोबेल पुरस्कार के रूप में जाना जाता है।
- रैमन मैग्सेसे पुरस्कार पाँच अलग-अलग श्रेणियों में (सामाजिक सेवा, सामुदायिक सेवा, पत्रकारिता एवं साहित्य, शांति एवं अन्तर्राष्ट्रीय सद्भावना व प्रशासनिक सेवा के लिए) दिया जाता है।
- इस पुरस्कार को प्राप्त करने वाले प्रथम भारतीय विनोबा भावे (1958 ई.) थे।

ऑस्कर पुरस्कार

- ऑस्कर पुरस्कार की शुरुआत वर्ष 1929 में हुई थी, विश्व स्तर पर सिनेमा के क्षेत्रों में उत्कृष्ट प्रदर्शन के लिए यह पुरस्कार दिया जाता है।

ग्रैमी अवॉर्ड

- अमेरिका के नेशनल एकेडमी ऑफ रिकॉर्डिंग आर्ट्स एण्ड साइंसेज द्वारा संगीत के क्षेत्र में उत्कृष्ट प्रदर्शन के लिए ग्रैमी अवॉर्ड दिया जाता है। इसकी शुरुआत वर्ष 1958 से हुई थी।
- सर्वप्रथम इसे ग्रामोफोन पुरस्कार के नाम से जानते थे।
- **जवाहरलाल नेहरू अंतर्राष्ट्रीय सद्भावना पुरस्कार**–इस पुरस्कार की शुरुआत वर्ष 1965 में हुई थी। यह पुरस्कार अंतर्राष्ट्रीय सद्भावना एवं मैत्री वृद्धि के लिए किए गए विशिष्ट योगदान हेतु दिया जाता है।
- **इंदिरा गांधी अंतर्राष्ट्रीय शांति निःशस्त्रीकरण एवं विकास पुरस्कार**–इस पुरस्कार की शुरूआत वर्ष 1986 में हुई थी। यह पुरस्कार अंतर्राष्ट्रीय शांति, निःशस्त्रीकरण एवं विकास के क्षेत्र में उल्लेखनीय योगदान हेतु दिया जाता है।
- **ओल्फ पामे पुरस्कार**–यह पुरस्कार विभिन्न देशों के मध्य पारस्परिक सम्बन्ध मजबूत बनाने में योगदान के लिए दिया जाता है।
- **यू थांट पुरस्कार**–इस पुरस्कार की शुरुआत वर्ष 1982 में हुई थी। यह पुरस्कार विभिन्न देशों के मध्य पारस्परिक सम्बन्ध मजबूत बनाने में योगदान के लिए दिया जाता है।
- **महात्मा गांधी अंतर्राष्ट्रीय शांति पुरस्कार**–भारतीय प्रधानमंत्री पी. वी. नरसिंह राव ने महात्मा गांधी के 125वीं वर्ष गाँठ के अवसर पर इस पुरस्कार की घोषणा वर्ष 1994 में की थी। यह पुरस्कार नोबेल पुरस्कार पर आधारित होता है।
- **टेम्पलटन पुरस्कार**–धर्म की उन्नति के लिए यह पुरस्कार दिया जाता है। इस पुरस्कार की शुरुआत वर्ष 1972 में हुई थी।
- **नॉरमन बोरलॉग पुरस्कार**–इस पुरस्कार की शुरुआत वर्ष 1973 में हुई थी। यह पुरस्कार कृषि के क्षेत्र में विशेष योगदान के लिए दिया जाता है।
- **गोल्डमैन पर्यावरण पुरस्कार**–इस पुरस्कार की शुरुआत वर्ष 1989 में हुई थी। यह पुरस्कार पर्यावरण संरक्षण में उल्लेखनीय योगदान के लिए दिया जाता है।
- **गोल्डमैन पर्यावरण पुरस्कार**–इस पुरस्कार की शुरुआत वर्ष 1989 में हुई थी। यह पुरस्कार पर्यावरण संरक्षण में उल्लेखनीय योगदान के लिए दिया जाता है।
- **मिस वर्ल्ड/मिस यूनीवर्स**–यह पुरस्कार विश्व की विभिन्न देशों की सुन्दरियों में सर्वश्रेष्ठ सुन्दरी को दिया जाता है। मिस वर्ल्ड पुरस्कार की शुरुआत वर्ष 1951 में हुई थी तथा मिस यूनीवर्स पुरस्कार की शुरुआत वर्ष 1952 में हुई थी।

राष्ट्रीय

भारत रत्न

- यह भारत का सर्वोच्च नागरिक पुरस्कार है। इसकी शुरुआत वर्ष 1954 ई. में हुई थी।
- यह पुरस्कार कला, साहित्य तथा जन सेवा में उत्कृष्ट प्रदर्शन के लिए दिया जाता है। सर्वप्रथम सी. वी. रमण, सर्वपल्ली राधाकृष्णन तथा चक्रवर्ती राजगोपालाचारी को यह पुरस्कार वर्ष 1959 ई. में दिया गया था।

पद्म विभूषण/पद्म भूषण/पद्मश्री

- किसी भी क्षेत्र में उत्कृष्ट प्रदर्शन के लिए यह पुरस्कार भारत सरकार की ओर से दिया जाता है। यह पुरस्कार सरकारी कर्मचारियों को भी दिया जाता है।

दादा साहेब फाल्के पुरस्कार

- यह पुरस्कार भारतीय फिल्म उद्योग के जनक दादा साहेब फाल्के की स्मृति में शुरु हुआ था। प्रथम दादा साहेब पुरस्कार वर्ष 1970 ई. में देविका रानी को प्रदान किया गया था।

अर्जुन पुरस्कार

- इस पुरस्कार की स्थापना 1961 ई. में हुई थी। राष्ट्रीय स्तर पर खेल में उत्कृष्ट प्रदर्शन के लिए यह पुरस्कार दिया जाता है।

द्रोणाचार्य पुरस्कार

- खेल प्रशिक्षक को दिया जाने वाला यह सर्वोच्च भारतीय पुरस्कार है। इसकी शुरुआत वर्ष 1985 में हुई थी। सर्वप्रथम इस पुरस्कार को ओ. एम. नाम्बियार (एथलीट पी. टी. उषा के प्रशिक्षक) को दिया गया था।

ज्ञानपीठ पुरस्कार

- इस पुरस्कार की स्थापना का श्रेय प्रसिद्ध उद्योगपति शांति प्रसाद जैन को दिया जाता है। इसकी शुरुआत वर्ष 1965 में हुई थी। भारतीय संविधान के 8वीं अनुसूची में शामिल 22 भारतीय भाषाओं के लेखकों में से उत्कृष्ट प्रदर्शन करने वाले लेखक को दिया जाता है।

- **साहित्य अकादमी पुरस्कार**–इस पुरस्कार की शुरुआत वर्ष 1955 में हुई थी। यह पुरस्कार अंग्रेजी साहित्य सहित 22 भारतीय भाषाओं में पिछले पाँच वर्षों में प्रकाशित सर्वश्रेष्ठ रचनाओं के आधार पर दिया जाता है।
- **राष्ट्रीय फिल्म पुरस्कार**–इस पुरस्कार की शुरुआत वर्ष 1954 में हुई थी। यह पुरस्कार भारतीय फिल्मों में उच्चस्तरीय सौंदर्य बोध, तकनीकी कुशलता तथा शिक्षाप्रद एवं सांस्कृतिक मूल्यों में वृद्धि के लिए दिया जाता है।
- **चमेली देवी पुरस्कार**–यह पुरस्कार पत्रकारिता के क्षेत्र में महिलाओं की उत्कृष्ट उपलब्धि के लिए दिया जाता है।
- **परमवीर चक्र/अशोक चक्र/कीर्ति चक्र/शौर्य चक्र**–यह पुरस्कार भारत सरकार के द्वारा वीरता या साहस दिखाने या आत्म बलिदान के लिए दिया जाता है।
- **मिस इंडिया**–भारतीय युवतियों के शारीरिक एवं बौद्धिक सौंदर्य को सम्मानित करने के लिए यह पुरस्कार दिया जाता है।
- **तुलसी सम्मान**–इस पुरस्कार की शुरुआत मध्य प्रदेश सरकार द्वारा वर्ष 1983 ई. में हुई थी। यह पुरस्कार राष्ट्रीय स्तर पर जनजातीय लोक कला के विकास में उल्लेखनीय योगदान हेतु दिया जाता है।
- **तानसेन सम्मान**–इस पुरस्कार की शुरुआत मध्य प्रदेश सरकार द्वारा वर्ष 1980 ई. में हुई थी। यह पुरस्कार शास्त्रीय संगीत (गायन एवं वाद्य) के क्षेत्र में उत्कृष्ट प्रदर्शन करने वाले लोगों को दिया जाता है।
- **धनवन्तरि पुरस्कार**–इस पुरस्कार की शुरुआत वर्ष 1971 में हुई थी। यह पुरस्कार चिकित्सा के क्षेत्र में आजीवन सेवा हेतु दिया जाता है।
- **जी. डी. बिड़ला विज्ञान पुरस्कार**–इस पुरस्कार की शुरुआत वर्ष 1991 में हुई थी। यह पुरस्कार भारतीय वैज्ञानिकों को उच्चस्तरीय शोध कार्यों के लिए प्रोत्साहित करने हेतु दिया जाता है।

प्रमुख देश, उनकी राजधानी, मुद्रा एवं भाषाएँ

देश	मुद्रा
रूस	रूबल
चीन	युआन
जापान	येन
जर्मनी	यूरो
फ्रांस	यूरो
यूनाइटेड किंग्डम	पौंड
भारत	रुपया
दक्षिण कोरिया	वॉन
इजरायल	शेकेल
कनाडा	डॉलर
ऑस्ट्रेलिया	ऑस्ट्रेलिया डॉलर
ईरान	रियाल
इराक	इराकी दिनार
सऊदी	सऊदी रियाल
सूडान	सूडानी पौंड
मिस्र	पाउण्ड
मलेशिया	रिंगिट
इण्डोनेशिया	रूपिया

प्रश्नमाला

1. चर्चित पुस्तक 'द इनहेरिटेन्स ऑफ लॉस' जिसे 50 हजार पौण्ड के बुकर पुरस्कार से सम्मानित किया गया है, किसकी कृति है?

(a) रहमान राही
(b) महादेवी वर्मा की
(c) किरण देसाई की
(d) अमृता प्रीतम की

2. प्रथम ज्ञानपीठ पुरस्कार से किसे सम्मानित किया गया था?

(a) जी. शंकर कुरूप
(b) सुमित्रानन्दन पन्त
(c) रामधारी सिंह दिनकर
(d) सत्यव्रत शास्त्री

3. 2016 के ओलंपिक खेल किस देश में हुए?

(a) जापान (b) स्पेन
(c) ब्राजील (d) चीन

4. किस विश्व कप में क्रिकेट खिलाड़ी सचिन तेंदुलकर को 'प्लेयर ऑफ द टूर्नामेण्ट का पुरस्कार दिया गया था?

(a) वर्ष 2001 (ब्राजील)
(b) वर्ष 2003 (दक्षिण अफ्रीका)
(c) वर्ष 1995 (चीन)
(d) वर्ष 1981 (अफगानिस्तान)

5. अर्थशास्त्र में नोबेल पुरस्कार सर्वप्रथम कब घोषित किया गया?

(a) 1961 ई. में
(b) 1969 ई. में
(c) 1957 ई. में
(d) 1973 ई. में

6. ऑस्कर पुरस्कार किस क्षेत्र में श्रेष्ठ प्रदर्शन के लिए दिए जाते हैं?

(a) विज्ञान के क्षेत्र में
(b) सिनेमा के क्षेत्र में
(c) साहित्य के क्षेत्र में
(d) संगीत के क्षेत्र में

7. भारत सरकार निम्नलिखित में से कौनसा पुरस्कार/सम्मान देती है?

(a) कलिंग पुरस्कार
(b) पुलित्जर पुरस्कार
(c) पद्म भूषण
(d) सरस्वती सम्मान

8. निम्नलिखित में से कौन भारतीय मूल का एक प्रसिद्ध वैज्ञानिक है जिसे नोबल पुरस्कार दिया गया था?

(a) सी. वी. रमन
(b) बीरबल साहनी
(c) होमीजहाँगीर भाभा
(d) मेघनाद साहा

9. देश के सर्वोच्च नागरिक सम्मान भारत रत्न से सम्मानित होने वाला प्रथम विदेशी कौन हैं?

(a) खान अब्दुल गफ्फार खान
(b) जॉर्ज बुश
(c) बेनजीर भुट्टो
(d) लेनिन

10. जालियांवाला बाग से क्षुब्ध होकर गांधीजी ने कौनसी उपाधि वापस की?

(a) कैसर-ए-हिन्द
(b) भारत रत्न
(c) पद्म श्री
(d) पद्म भूषण

11. अर्जुन पुरस्कार किस लिए दिया जाता है?
(a) सामाजिक सेवा
(b) खेलकूद
(c) संगीत
(d) वीरता

12. ग्रेमी अवॉर्ड किस क्षेत्र में दिया जाता है?
(a) चिकित्सा के क्षेत्र में
(b) लेखन-कौशल के क्षेत्र में
(c) संगीत के क्षेत्र में
(d) नाटक के क्षेत्र में

13. सरस्वती सम्मान किस क्षेत्र में उत्कृष्टता के लिए प्रदान किया जाता है?
(a) साहित्य के क्षेत्र में
(b) कला के क्षेत्र में
(c) विज्ञान के क्षेत्र मे
(d) अध्ययन के क्षेत्र में

14. नोबेल शांति पुरस्कार विजेता आंग सान सू की किस देश के हैं?
(a) श्रीलंका की
(b) म्यांमार की
(c) पाकिस्तान की
(d) नेपाल की

15. 1954 में आरम्भ प्रथम भारत रत्न सम्मान किसे नहीं दिया गया था?
(a) सी. राजगोपालाचारी को
(b) डॉ. राधाकृष्णन को
(c) डॉ. सी. वी. रमन को
(d) डॉ. एम. विश्वेसरैया

16. कलिंग पुरस्कार दिया जाता है–
(a) कला में
(b) विज्ञान में
(c) साहित्य में
(d) खेल में

17. भारत में वीरता के दो सर्वोच्च पुरस्कार हैं–
(a) परमवीर चक्र तथा अशोक चक्र
(b) परमवीर चक्र तथा वीर चक्र
(c) अशोक चक्र तथा महावीर चक्र
(d) परमवीर चक्र तथा महावीर चक्र

18. किस क्षेत्र में बी. सी. राय पुरस्कार दिया जाता है?
(a) पत्रकारिता (b) संगीत
(c) वातावरण (d) औषधि

19. निम्नलिखित में से किस लेखक ने दो बार बुकर पुरस्कार प्राप्त किया?
(a) मारग्रेट एटवुड
(b) जे. एम. कोयटजी
(c) ग्राहम स्फिट
(d) इयान मैक-ए-वन

20. बुकर पुरस्कार निम्नलिखित में से किस क्षेत्र में दिया जाता है?
(a) साहित्य (b) खेलकूद
(c) समाज सेवा (d) पत्रकारिता

21. महात्मा गांधी के विषय में किस व्यक्ति ने यह विचार व्यक्त किया था–''आगामी पीढ़ियाँ शायद ही विश्वास करें कि ऐसा रक्त मांस का मानव कभी पृथ्वी पर अवतरित हुआ था?''
(a) सत्येन्द्र नारायण सिन्हा
(b) मेघनाद साहा
(c) अलबर्ट आइन्सटीन
(d) जगदीश चन्द्र बसु

22. विश्व कप तीरंदाजी प्रतियोगिता में स्वर्ण पदक जीतने वाली भारत की पहली तीरंदाज हैं–
(a) डोला बनर्जी
(b) सोमा बनर्जी
(c) सोनाली जैन
(d) मृणाल मणि

23. एक लाख रुपए की पुस्तक 'फायर फ्लाई ए फेयरीटेल' की लेखिका कौन हैं?
(a) मधुर भंडारकर
(b) रितु बेरी
(c) जसलीन गुलाटी
(d) गौतम भंडारी

24. नीरजा भानोत पुरस्कार किस हेतु प्रदान किया जाता है?
(a) सामाजिक कल्याण हेतु
(b) महिला सशक्तिकरण हेतु
(c) पर्यावरण हेतु
(d) बालिका शिक्षा हेतु

25. किन उपलब्धियों के लिए 'ग्लोबल-500' पुरस्कार दिया जाता है?
(a) पर्यावरण प्रतिरक्षण हेतु
(b) औषधि में खोज हेतु
(c) खेल में सर्वश्रेष्ठ प्रदर्शन हेतु
(d) इनमें से कोई नहीं

उत्तरमाला

1. (c)	**2.** (a)	**3.** (c)	**4.** (b)	**5.** (b)	**6.** (b)	**7.** (c)	**8.** (a)	**9.** (a)	**10.** (b)
11. (c)	**12.** (a)	**13.** (b)	**14.** (d)	**15.** (d)	**16.** (b)	**17.** (a)	**18.** (d)	**19.** (b)	**20.** (a)
21 (c)	**22.** (a)	**23.** (b)	**24.** (b)	**25.** (a)					

❑❑❑

अध्याय 17

साइबर अपराध, आंतरिक सुरक्षा और आतंकवाद, मानवाधिकार, भारत और उसके पड़ोसी देश

साइबर अपराध

साइबर अपराध शब्द का प्रयोग व्यापक रूप से ऐसे क्रियाकलापों का वर्णन करने के लिए किया जाता है जिनमें कम्प्यूटर अथवा कम्प्यूटर नेटवर्क (इन्टरनेट) का प्रयोग किसी आपराधिक गतिविधि के लिए साधन, लक्ष्य अथवा स्थान के रूप में किया जाता है। साइबर अपराध अनेक प्रकार के होते हैं जिनमें पहचान की चोरी, इन्टरनेट द्वारा जालसाजी कॉपीराइट नियमों का उल्लंघन करके दूसरों की लेखन सामग्री की नकल अथवा चोरी, हैकिंग, कम्प्यूटर वायरस और स्पैम आदि सम्मिलित हैं। अनेक साइबर अपराध तो महज उन विद्यमान आपराधिक क्रियाकलापों का विस्तार हैं जिनके लिए कंप्यूटर और नेटवर्क का प्रयोग अपराध स्थल की भौगोलिक स्थिति, व्यक्ति की जानकारी उसके बैंक खाते आदि सम्बन्धित जानकारी प्राप्त करने के लिए किया जाता है।

साइबर अपराध क्या है?

परिभाषा : साइबर अपराध शब्द सामान्यत: ऐसी आपराधिक गतिविधियों के लिए प्रयोग किया जाता है जिनमें कंप्यूटर अथवा कम्प्यूटर नेटवर्क अपराध का एक अनिवार्य भाग हों। इस शब्द का प्रयोग उन पारंपरिक अपराधों के लिए भी किया जाता है जिनमें कम्प्यूटर अथवा नेटवर्क का प्रयोग किसी गैर कानूनी कार्य के लिए किया गया हो। अत: सरल शब्दों में हम कह सकते हैं कि साइबर अपराध का अर्थ अपराधों को अंजाम देने के लिए कम्प्यूटर का प्रयोग है। मौजूदा आपराधिक गतिविधियों के साथ ही कम्प्यूटर के आविष्कार के साथ कुछ नई श्रेणी के अपराध भी जुड़ गए हैं जिनमें स्पैमिंग और बौद्धिक चोरी तथा कॉपीराइट सम्बन्धी अपराध शामिल हैं। विशेष रूप से ऐसे अपराध जिन्हें परस्पर जुड़े नेटवर्क द्वारा सुगमता से किया जा सकता है।

साइबर अपराध के ऐसे उदाहरण जिनमें कम्प्यूटर अथवा नेटवर्क आपराधिक गतिविधि का स्थान होता है, उनमें सेवा की चोरी और कुछ प्रकार की जालसाजियां सम्मिलित हैं। साइबर अपराध के ऐसे उदाहरण जिनमें कम्प्यूटर अथवा नेटवर्क किसी आपराधिक घटना का लक्ष्य या निशाना हो उनमें गैर कानूनी रूप से लोगों की निजी और गोपनीय जानकारी का पता लगाना (ऐसेस कंट्रोल का निरस्त करके) जाली कोड और डिनायल ऑफ सर्विस हमले सम्मिलित है।

साइबर अपराध के प्रकार

हम कम्प्यूटर द्वारा ऐसे अनेक कार्य करते हैं जो साइबर अपराध की श्रेणी में आते हैं। लेकिन विडंबना ये है कि कई बार तो हमें ये ज्ञात ही नहीं होता है कि हमने कोई साइबर अपराध किया है। जबकि कम्प्यूटर का प्रयोग करने वाला प्रत्येक व्यक्ति कानूनी न सही नैतिक साइबर अपराध तो अवश्य ही करता है। अक्सर हम लोग किसी पाठ्य सामग्री, विडियो अथवा चित्र आदि को कम्प्यूटर से कॉपी करते समय कभी ये नहीं सोचते हैं कि यह भी साइबर अपराध ही श्रेणी में आता है। आइए अब हम विभिन्न प्रकार के साइबर अपराधों के विषय में जानते हैं। साइबर अपराध के प्रमुख प्रकार निम्न हैं :

- **हैकिंग :** यह एक ऐसा अपराध है जिसमें व्यक्ति के कम्प्यूटर अकाउंट खोलकर उसकी व्यक्तिगत और गोपनीय जानकारी का पता लगाया जा सकता है। अमेरिका में तो इसका चलन इतना बढ़ गया था कि अब इसे एक दंडनीय अपराध माना जाता है। यह नैतिक और सम्मत रूप से हैकिंग करने से भिन्न है, जिसमें अनेक संगठन अपनी इंटरनेट सुरक्षा की जांच के लिए हैकिंग का उपयोग करते हैं। हैकिंग में अपराधी व्यक्ति के एकाउंट को खोलने के लिए अनेक प्रकार के साफ्टवेयर का प्रयोग करता है और उसे पता चले बगैर ही दूर से बैठकर भी उसके कम्प्यूटर से विभिन्न जानकारी प्राप्त कर सकता है।
- **किसी का अकाउंट खोलना :** कुछ लोग अपने दोस्तों और साथियों के ईमेल अकाउंट, फेसबुक वगैरह का पासवर्ड ढूंढने की कोशिश करते हैं और कभी कभी सफल भी हो जाते हैं। हो सकता है आप महज मौज मस्ती या मजाक के लिए ऐसा कर रहे हों लेकिन अगर आप किसी का पासवर्ड हासिल करने के बाद उसके अकाउन्ट में लॉग इन करते हैं तो ध्यान रखिए आप एक साइबर अपराध कर रहे हैं। ऐसा तब भी होता है जब किसी ने आप पर भरोसा करके आपको अपना पासवर्ड बताया हो। यह अकाउन्ट ईमेल, सोशल नेटवर्किंग ब्लॉग, वेबसाइट, ऑनलाइन स्टोरेज सर्विस, ई-कॉमर्स साइट, इंटरनेट बैंकिंग आदि कुछ भी हो सकता है। किसी की निजता में सेंध लगाने पर आप 'डेटा प्रोटेक्शन' कानून के साथ-साथ 'सूचना प्रौद्योगिकी कानून, 2000' की धारा 72 के तहत दोषी करार दिए जा सकते हैं।
- **कॉपी-पेस्ट करना अथवा सामग्री की चोरी :** जब कोई व्यक्ति कॉपीराइट कानून का उल्लंघन करके संगीत, पिक्चर, खेल अथवा किसी सॉफ्टवेयर आदि को डाउनलोड करता है तो ये प्रक्रिया साइबर अपराध की श्रेणी में आती है। कॉपीराइट किसी रचनात्मक कार्य करने वाले व्यक्ति को प्राप्त वह अधिकार है जो उसे अपनी सामग्री की गैरकानूनी तरीके से नकल किए जाने के विरुद्ध सुरक्षा प्रदान करता है।
- आपके द्वारा लिखे गए लेख, कहानी, कविताएं, व्यंग्य आदि आपके द्वारा खींचे गए फोटो, आपकी बनाई संगीत की धुन, सॉफ्टवेयर, वीडियो, कार्टून, एनिमेशन, किताब, ईबुक वेबसाइट वगैरह पर आपको यह विशेष अधिकार प्राप्त होते हैं। कोई भी शख्स आपकी अनुमति के बिना आपकी रचना की कॉपी नहीं कर सकता है और ना ही उसे दूसरों को दे सकता है। ऐसा करना कॉपीराइट कानून का उल्लंघन है और आप उसके खिलाफ अदालत में जा सकते हैं।
- कॉपीराइट लेने की एक कानूनी प्रक्रिया है लेकिन अगर आप ऐसा नहीं भी करते तो भी आपकी रचना पर आपका ही अधिकार होता है। इसी तरह अगर आप किसी और का फोटो उसकी लिखित मंजूरी के बिना अपने फेसबुक प्रोफाइल पर पोस्ट करते हैं तो वह साइबर क्राइम

है। गूगल इमेज से दूसरी इमेज होस्टिंग वेबसाइट से अपनी पसंद का कोई फोटो लेकर उसे अपने ब्लॉग, सोशल नेटवर्किंग साइट वेबसाइट या पत्र पत्रिका में इस्तेमाल करना भी साइबर अपराध की श्रेणी में आता है।

- **बच्चों का अश्लील चित्रण :** यह एक गंभीर साइबर अपराध है जिसमें अपराधी 18 वर्ष से कम आयु के बच्चों का अश्लील चित्रण करके उनके वीडियो चित्र आदि कम्प्यूटर पर डाल देते हैं। अगर आप जाने-अनजाने अपने इंटरनेट कनेक्शन के द्वारा बच्चों के अश्लील चित्रण वाले चित्र वीडियो आदि देखते या उनसे सम्बन्धित अश्लील साहित्य पढ़ते हैं तो ये एक साइबर अपराध है और यदि इस सामग्री को अपने मित्रों आदि को फॉरवर्ड कर देते हैं तो आप साथ ही एक अन्य साइबर अपराध भी करते हैं। कई बार अपराधी छोटे बच्चों को चैट रूम के जरिए बहला फुसलाकर उनके अश्लील वीडियो बना लेते हैं और महंगे दामों पर उन्हें बेचते हैं।
- **गूगल क्लिक फ्रॉड :** इंटरनेट पर विज्ञापनों के बदले भुगतान की व्यवस्था थोड़ी अलग होती है। यह विज्ञापनों को क्लिक किए जाने की संख्या पर आधारित है। जैसे दस क्लिक यानी दो डॉलर या करीब 110 रुपए। ऐसे में कुछ लोग खुद ही अपने ब्लॉगों पर लगे विज्ञापनों को क्लिक करते रहते हैं या फिर कुछ दूसरे लोगों के साथ गठजोड़ कर लेते हैं। उन्हें पता नहीं कि इंटरनेट पर ऐसी फर्जी क्लिक की निगरानी रखी जा सकती है। इस तरह के क्लिक से बचें। यह बड़ा आर्थिक अपराध है और पता लगाने पर आपके विज्ञापन तो बंद हो ही सकते हैं बल्कि आपको आर्थिक दंड देना पड़ सकता है अथवा कोई अन्य सजा भी मिल सकती है।
- **बैंडविड्थ की चोरी :** कुछ लोग अपनी वेबसाइट पर दूसरी जगहों से ली गई भारी भरकम ग्राफिक फाइलें, कुछ एमबी के फोटो या विडियो आदि डालने के लिए शॉर्टकट अपनाते हैं। वे फाइलों को अपनी वेबसाइट पर सीधे नहीं डालते बल्कि ऑरिजनल वेबसाइट से ही उन्हें लिंग कर देते हैं। असल में होता यह है कि विडियो या चित्र दिखता तो आपकी वेबसाइट पर लेकिन असल में वह अपनी ऑरिजनल वेबसाइट पर ही लगा रहता है। आपके वेब सर्वर पर नहीं। यहां आप दो तरह के साइबर क्राइम करते हैं। पहला कॉपीराइट संबंधी और दूसरा बैंडविथ की चोरी। बैंडविथ की चोरी को ऐसे समझ सकते हैं। हर वेबसाइट के डेटा डाउनलोड का एक खास कोटा मिला होता है और इस सीमा से बाहर जाने पर उसके संचालक को अलग से पैसे का भुगतान करना होता है। जब आप किसी और की साइट पर मौजूद भारी भरकम विडियो को लिंक करके अपनी साइट पर लगाते हैं तो आपकी साइट पर आने वाले हर विजिटर के लिए वह विडियो ओरिजनल साइट से डाउनलोड होता है। डाउनलोड की इस प्रक्रिया में उसकी बैंडविथ खर्च होती है, जबकि आप अपनी बैंडविथ बचा लेते हैं। यह किसी अनजान व्यक्ति की जेब काटने जैसा है। हमेशा अपनी बैंडविथ ही खर्च करें दूसरों की नहीं।
- **वाईफाई का दुरुपयोग :** जुलाई 2008 में अहमदाबाद बम विस्फोटों के बाद उनकी जिम्मेदारी लेते हुए आतंकवादियों ने जो ईमेल भेजा था, वह आपके हमारे जैसे ही किसी आम इंटरनेट यूजर के वाईफाई कनेक्शन का इस्तेमाल करके भेजा था। जांच एजेंसियों ने पता लगाया कि यह ईमेल नवी मुंबई के एक फ्लैट में लगे वायरलेस इंटरनेट कनेक्शन के जरिए आया था। जाहिर है कि उन्होंने यही निष्कर्ष निकाला कि जिस घर से मेल भेजा गया वह किसी न किसी रूप में हमलावरों से जुड़ा हुआ होगा। लेकिन इस फ्लैट में एक मल्टिनेशनल कंपनी में काम करने वाला अमेरिकी नागरिक केनेथ हैवुड रहता था। जब उससे पूछताछ की गई तब उसे समझ आया कि इंटरनेट कनेक्शन लगाने वाले इंजीनियर ने उससे क्यों कहा था कि उसे अपने वाईफाई नेटवर्क का पासवर्ड जल्दी ही बदल लेना चाहिए। दरअसल हैवुड के वाईफाई कनेक्शन में कोई सिक्योरिटी सेटिंग नहीं की गई थी और आस पास से गुजरता कोई भी व्यक्ति हैवुड के कनेक्शन का इस्तेमाल कर सकता था। आतंकवादियों ने यही किया और हैवुड एक आतंकवादी मामले में गिरफ्तार होते होते बचा। अगर कोई अपराधी आपके इंटरनेट कनेक्शन का इस्तेमाल करते हुए साइबर क्राइम करता है तो पुलिस उसे भले ही न ढूंढ पाए परन्तु आप तक जरूर पहुंच जाएगी और इसके नतीजे भुगतने पड़ सकते हैं। अगर वाईफाई इंटरनेट कनेक्शन इस्तेमाल करते हैं तो उसे पासवर्ड प्रोटेक्ट करना और एनक्रिप्शन का इस्तेमाल करना न भूलें।
- **वायरस स्पाईवेयर :** अगर आपके कंप्यूटर पर किसी वायरस का स्पाईवेयर ने कब्जा जमा लिया है और वह जोम्बी में तब्दील हो गया है तो समझिए पर अपने कंप्यूटर और डेटा की असुरक्षा के साथ साथ साइबर क्राइम में भी फंस सकते हैं। मुमकिन है आप किसी परोक्ष साइबर क्राइम में हिस्सेदार बन रहे हों।

  कुछ वायरस और स्पाईवेयर न सिर्फ आपके कम्प्यूटर के डाटा और निजी सूचनाएं चुराकर अपने संचालकों तक भेजते हैं बल्कि आपके संपर्क में मौजूद दूसरे लोगों तक अपनी प्रतियां पहुंचा देते हैं। कभी इंटरनेट के जरिए, कभी ईमेल के जरिए तो कभी लोकल नेटवर्क के जरिए।
- **सॉफ्टवेयर पायरेसी :** भारत में ज्यादातर कम्प्यूटर यूजर किसी न किसी सॉफ्टवेयर का पाइरेटेड वर्जर (नकली रूप) इस्तेमाल करते हैं। चाहे विंडोज ऑपरेटिंग सिस्टम हो, ऑफिस सॉफ्टवेयर सूइट हों या फिर ग्राफिक्स, पेजमेकिंग के सॉफ्टवेयर हों। ये अधिकतर पाइरेटेड होते हैं। ऐसे सॉफ्टवेयर का इस्तेमाल करना साइबर क्राइम के तहत आता है अतः हमेशा ऑरिजनल सॉफ्टवेयर ही यूज करें।
- **एटीएम फ्रॉड :** कम्प्यूटर द्वारा अन्य गंभीर प्रकार के आर्थिक अपराध करना भी संभव है। आजकल अधिकांश व्यक्ति पैसे निकालने के लिए एटीएम (ऑटोमेटेड टेलर मशीन) का उपयोग करते हैं। अपने खाते से पैसे निकालने के लिए यूजर मशीन में अपना कार्ड डालता है तथा अपना पिन (व्यक्तिगत पहचान संख्या) दर्ज करता है। साइबर अपराधियों ने एटीएम कार्ड की चुंबकीय पट्टी पर दर्ज यूजर डाटा और उसके पिन की जानकारी के लिए साधन विकसित कर लिए हैं। इसके द्वारा वह व्यक्ति द्वारा एटीएम से पैसे निकालने पर उसके कार्ड और पिन की जानकारी प्राप्त करके जाली कार्ड बना लेते हैं और इसका प्रयोग करके व्यक्ति के खाते से पैसे निकाल लेते हैं।

साइबर अपराध की श्रेणियां

साइबर अपराधों को व्यापक रूप से तीन श्रेणियों में बांटा जा सकता है–

1. व्यक्तिगत
2. आर्थिक
3. सरकारी

प्रत्येक श्रेणी में अपराधी अनेक तरीकों के द्वारा अपराध कर सकते हैं और ये तरीके श्रेणी और संलिप्त अपराधी के अनुसार भिन्न हो सकते हैं–

- **व्यक्तिगत :** इस प्रकार के साइबर अपराधों में अश्लील चित्रण (पोर्नोग्राफी) अवैध व्यापार और किसी की व्यक्तिगत और गोपनीय जानकारी का पता लगाना आदि सम्मिलित हैं। वर्तमान में इन

अपराधों की बढ़ती संख्या के कारण कानून प्रवर्तन संस्थाएं इस प्रकार के साइबर अपराधों को बहुत गंभीरता से ले रही हैं।

- **आर्थिक :** जिस प्रकार वास्तविक जगत में चोरी आदि सामान्य है वैसे ही साइबर जगत में भी ये अत्यधिक आसान और प्रचलित है। यहां अपराधी आपके बैंक खाते, आर्थिक स्रोतों, क्रेडिट कार्ड, डेबिट कार्ड आदि का दुरुपयोग करके आपके खाते से पैसे निकाल लेता है। आजकल ऑनलाईन खरीदारी का चलन बढ़ने से ठगी के मामलों में भी अत्यधिक वृद्धि हुई है। कई कंपनियां धन दुगना करने अथवा फर्जी कंपनी आदि की वेबसाइट दिखाकर लोगों से वहां रोजगार का वादा करके पैसे ऐंठ लेती हैं। कई बार लोग अपनी मेहनत से अर्जित पूंजी इनके चक्करों में गवां देते हैं।
- **सरकारी :** यद्यपि सरकारी क्षेत्रों में साइबर सुरक्षा के प्रति सचेत होने के कारण अन्य दोनों श्रेणियों की तुलना में साइबर अपराध कम होते हैं, लेकिन फिर भी कई बार ये अपराधी सरकारी वेबसाइटों से वांछित जानकारी प्राप्त करने में सफल हो जाते हैं। सरकारी और सैन्य दलों की गोपनीय और खुफिया जानकारी प्राप्त करके साइबर अपराधी अक्सर इसे आतंकवादियों को दे देते हैं, जिनकी सहायता से वो लोग फिर आतंकवादी घटनाओं को अंजाम देते हैं।

साइबर अपराध पर नियंत्रण के उपाय

ऐसा पाया गया है कि अधिकांश साइबर अपराधियों का एक नेटवर्क होता है जिसके द्वारा ये एक-दूसरे के साथ सहयोग और संपर्क में रहते हैं। वास्तविक जगत के अपराधियों के विपरीत ये अपराधी एक-दूसरे के साथ झगड़ते अथवा दुश्मनी नहीं करते हैं बल्कि ये अपने कौशल को बेहतर बनाने के लिए एक-दूसरे के साथ मिलकर काम करते हैं और नए अवसर प्रदान करके एक दूसरे की सहायता भी करते हैं। इसलिए साइबर अपराधियों पर हम उन तरीकों से नियंत्रण नहीं कर सकते हैं जैसे अन्य अपराधियों के साथ करते हैं। यद्यपि कानून प्रवर्तन संस्थाएं साइबर अपराधियों पर नियंत्रण करने के लिए प्रयास कर रही हैं। लेकिन ये एक जटिल और दुष्कर कार्य है। ऐसा इसलिए है क्योंकि साइबर अपराधियों द्वारा उपयोग किए जाने वाले तरीकों और तकनीकी एवं प्रौद्योगिकी के क्षेत्र में बहुत तेजी से परिवर्तन होते रहते हैं और कानून प्रवर्तन संस्थाओं द्वारा इन परिवर्तनों के अनुसार इतनी तत्परता से कानून बनाना और उसे लागू करना संभव नहीं होता है। इसीलिए व्यावसायिक प्रतिष्ठानों और सरकारी संगठनों को अपनी सुरक्षा के लिए अन्य सुरक्षा उपायों जैसे एन्टीवायरस आदि का उपयोग करना पड़ता है। यदि हम तकनीकी के विकास का लाभ लेना चाहते हैं तो हमें स्वयं भी सजग और सतर्क रहना होगा और कम्प्यूटर के प्रयोग में उचित सावधानी बरतनी होगी। तभी साइबर अपराधों पर नियंत्रण संभव हो सकता है।

आन्तरिक सुरक्षा और आतंकवाद

आन्तरिक सुरक्षा का अर्थ कानून और व्यवस्था का होना और सरकार द्वारा विधिक तरीके से शांति को बनाए रखना है। आन्तरिक सुरक्षा उत्तरजीविता के खतरों से मुक्ति, राष्ट्र-राज्य तंत्र का परिरक्षण और संरक्षण तथा नागरिकों के बीच सरकार की साख को दर्शाती है। आन्तरिक सुरक्षा आन्तरिक हिंसा, जन असंतोष तथा आन्तरिक अव्यवस्थाओं से सुरक्षा और संरक्षण की स्थिति को बताती है। इसमें सभी संभव आन्तरिक खतरों जैसे राजनीतिक आंदोलनों, हड़तालों, दंगों, तोड़फोड़, गुप्तचरी, सशस्त्र विद्रोहों तथा अलगाववादी आंदोलनों के विरुद्ध कदम उठाना सम्मिलित है। आन्तरिक सुरक्षा को व्यापक रूप से निम्न में श्रेणीकृत किया जा सकते हैं-

(1) आन्तरिक खतरों से जनता की सुरक्षा;

(2) क्षेत्र/राष्ट्र की आन्तरिक खतरों से सुरक्षा;

(3) सरकार की सुरक्षा जिसमें देश की एकता और अखंडता सम्मिलत है, तथा

(4) संप्रभुता की सुरक्षा और सभी प्रकार के आंतरिक खतरों से एक संप्रभुता संपन्न धर्मनिरपेक्ष, समाजवादी प्रजातांत्रिक गणराज्य का संरक्षण।

ये नोट किया जा सकता है कि भारत में पुलिस एवं अर्ध सैनिक बल केन्द्र सरकार और राज्य सरकार को प्राथमिक रूप से सुरक्षा प्रदान करने का कार्य करते हैं जबकि निजी क्षेत्र की भूमिका इसमें बहुत कम है। इसके लिए विशाल वित्तीय और बुनियादी ढांचागत आवश्यकताओं को ध्यान में रखते हुए कोरपोरेट के लिए आंतरिक सुरक्षा में भूमिका निभाने के लिए अपार संभावनाएं हैं। वे देश विशिष्ट की चुनौतियों के लिए विशेष प्रौद्योगिकी विकसिक कर सकते हैं। परिष्कृत उपकरणों की आपूर्ति कर सकते हैं और विभिन्न सुरक्षा समाधानों के समय से क्रियान्वयन को सुनिश्चित कर सकते हैं।

आन्तरिक सुरक्षा के सिद्धान्त

आन्तरिक सुरक्षा निम्न सिद्धान्तों पर आधारित है-

1. आन्तरिक सुरक्षा और बाहरी सुरक्षा निकट रूप से सम्बन्धित है और परस्पर निर्भर होती है।
2. दोनों के लिए निरंतर निगरानी की जरूरत होती है क्योंकि आन्तरिक सुरक्षा को खतरा हो जाता है यदि बाहरी सुरक्षा नहीं होती है अथवा आन्तरिक सुरक्षा के नहीं होने पर बाहरी सुरक्षा को खतरा हो जाता है।
3. आन्तरिक सुरक्षां का रखरखाव एक विशिष्ट कार्य है जिसके लिए प्रत्येक कार्य विशेष के लिए प्रशिक्षित व्यक्तियों की आवश्यकता होती है।
4. आन्तरिक सुरक्षा की चुनौतियों से निबटने के लिए सिविल पुलिस और नियमित सशस्त्र बलों के बीच एक तीसरे बल की आवश्यकता होती है।
5. अन्तरराष्ट्रीय सुरक्षा के आन्तरिक सुरक्षा पर गहरे जटिल. निहितार्थ होते हैं।
6. आन्तरिक सुरक्षा सिर्फ अकेले सरकार का ही काम नहीं है बल्कि इसके लिए समाज के सभी वर्गों के सहयोग की आवश्यकता होती है।
7. समाज विरोधी तत्व तथा गुंडा प्रकृति के व्यक्ति न सिर्फ कानून और व्यवस्था के लिए बल्कि देश की आन्तरिक सुरक्षा के लिए भी खतरा होते हैं।
8. आन्तरिक सुरक्षा के लिए 'सरकार की साख' और स्थानीय प्रशासन में लोगों का भरोसा होना चाहिए।
9. आन्तरिक सुरक्षा राज्य और केन्द्र की संयुक्त जिम्मेदारी होती है।
10. देश की सुरक्षा अविभाज्य होती है और आप कुछ स्थानों पर सुरक्षा और अन्यत्र अराजकता नहीं रहने दे सकते हैं।
11. आन्तरिक सुरक्षा प्रबंधन एक राष्ट्रीय कार्य है, ये सिर्फ पुलिस का दायित्व नहीं है।
12. खुफिया/अभिसूचना विभाग आन्तरिक सुरक्षा का आधार है।
13. आन्तरिक सुरक्षा के दायित्व जटिल होते हैं और इनके उचित निर्वहन के लिए व्यावसायिक विशेषज्ञता की आवश्यकता होती है। गुप्तचरी और प्रति गुप्तचरी, औद्योगिक सुरक्षा, बंदरगाह सुरक्षा, विशिष्ट जन सुरक्षा, आतंकवादियों के विरुद्ध आपरेशन आदि सभी सुरक्षा कार्य के विशिष्ट पहलू हैं जिनके लिए विशिष्ट प्रशिक्षण और लगन की आवश्यकता होती है।
14. आन्तरिक सुरक्षा की संकल्पना के लिए अनुभूति की अस्पष्टता और कानून और व्यवस्था की समस्या से और जनता की व्यवस्था से इसका स्पष्टत विभेदन होना चाहिए। प्रशासनिक अधिकारी और पुलिस अधिकारी आन्तरिक सुरक्षा को (1) मानव जीवन (2) सरकारी और निजी सम्पत्ति (3) शांति और सौहार्द्र (4) सामाजिक आर्थिक और

राजनीतिक तंत्र की देखभाल तथा (5) एक संप्रभु इकाई के रूप में राष्ट्र और उसके क्षेत्र के संरक्षण के लिए खतरे के रूप में देखते हैं।

आन्तरिक सुरक्षा समस्याओं के कारण

आन्तरिक सुरक्षा संबंधी समस्याओं के निम्न कारण हैं–

1. **साम्प्रदायिक उपद्रव**–भारत में साम्प्रदायिक उपद्रव आन्तरिक सुरक्षा का प्रमुख कारण प्रतीत होते हैं। सामान्यत: साम्प्रदायिकता की घटनाएं तभी उत्पन्न होती है, जब धर्म का उपयोग राजनीतिक आवश्यकता के लिए किया जाता है। पिछड़ी और अशिक्षित जनता साम्प्रदायिक तनाव और उपद्रवों में संलिप्त होती अथवा उन्हें जन्म देती है।
2. **आतंकवाद की समस्या**–आतंकवाद की समस्या आन्तरिक सुरक्षा के लिए एक अन्य बड़ा खतरा है। आतंकवाद की घटनाएं दिन प्रतिदिन बढ़ती जा रही है क्योंकि हमारे यहां आतंकवादियों की योजनाओं के बारे में जानने के लिए यथार्थ और सही अभिसूचना की कमी है। उचित रूप से प्रशिक्षित और अत्यधिक प्रोत्साहन प्राप्त पुलिस बल नहीं है और आतंकवादी के डर से जन सहयोग और जनता का सक्रिय समर्थन भी नहीं मिल पाता है।
3. **समाज के निर्बल वर्गों का संरक्षण**–समाज के निर्बल वर्गों को किसी भी अधिकारिक दस्तावेज में स्पष्ट रूप से चिन्हित नहीं किया गया है। जब भी समाज के किसी निर्बल वर्ग के साथ दुर्व्यवहार गाली गलौज, हमला, महिलाओं का यौन उत्पीड़न, हरिजन बस्तियों को जलाने, सामाजिक भेदभाव, हत्या आदि जैसे सामाजिक अन्याय किए जाते हैं तो इससे आन्तरिक सुरक्षा की समस्याएं पैदा होती हैं।
4. **युवा असन्तोष तथा कैम्पस असंतोष**–आन्तरिक सुरक्षा के संदर्भ में विद्यार्थी अनुशासनहीनता की समस्याएं काफी समय से विचारकों को परेशान करती रही हैं। युवा असंतोष मौजूदा व्यवस्था और अन्याय के विरुद्ध युवाओं की क्षोभ, क्रोध और कुंठा आदि आन्तरिक असुरक्षा को जन्म देते हैं।
5. **भूमि सम्बन्धी तनाव**–भूमि सम्बन्धी/कृषक वर्ग के तनाव वे हैं जो भूमि के वितरण और उससे होने वाले लाभों में असमानता और अन्याय के कारण और निर्धन और भूमिहीन वर्गों के मध्य राजनीतिक जागरूकता के प्रसार के कारण होने वाली उम्मीदों के पूरा नहीं होने के कारण होते हैं।
6. **जनजातीय असंतोष तथा उत्तर पूर्वी भारत में जनजातीय विद्रोह**–नागालैंड, मणिपुर और मिजोरम पिछले पांच दशकों से वहां पर विद्यमान विद्रोह की स्थितियों के कारण अत्यधिक सरोकार के मुद्दे रहे हैं। जनजातीय संस्कृति और परंपराओं के आर्थिक विकास और आधुनिकीकरण की राष्ट्रीय चाह के बीच विरोध तथा आधुनिकीकरण और सामाजिक विकास की बढ़ती लहर से उनकी पहचान का संकट असंतोष और विद्रोह के प्रमुख मुद्दे हैं।
7. **श्रमिक असंतोष तथा औद्योगिक विरोध**–भारत में तेजी से औद्योगिकीकरण के होने से औद्योगिक विवाद और श्रमिक असंतोष की घटनाएं व्यापक स्तर पर होने लगी हैं।
8. **जन हिंसा और आन्तरिक सुरक्षा**–डी.एच. बेबाई ने अपने वैचारिक प्रतिपादन/व्याख्या में जन हिंसा की तीन व्यापक श्रेणियों को विभेदित किया था जो निम्न हैं : प्रतिवाद/विरोध स्वरूप हिंसा, टकराव स्वरूप हिंसा तथा कुंठा/अवसाद के कारण हिंसा उपयुक्त श्रेणियों की जन हिंसा भारत में काफी प्रचलित है और अक्सर देश के सभी भागों में व्यापक रूप से व्याप्त है।

आन्तरिक सुरक्षा के लिए प्रशिक्षण

वैज्ञानिक तरीके से आन्तरिक सुरक्षा के लिए प्रशिक्षण के लिए तंत्रबद्ध अभिगम की आवश्यकता है। इसमें वांछित कौशल और तकनीकें प्रदान करने, ज्ञान को बढ़ाने और प्रशिक्षुओं में वांछित सोच सम्बन्धी परिवर्तन लाने की आवश्यकता है। आन्तरिक सुरक्षा के लिए प्रशिक्षण में निम्न बातों को स्पष्ट किया जाना चाहिए :

1. प्रत्येक श्रेणी के प्रशिक्षुओं के लिए प्रशिक्षण आवश्यकताओं की पहचान करना – नीति निर्माता वरिष्ठ प्रशासन, मध्य क्रम के मुखिया तथा क्षेत्र स्तर के अफसर और व्यक्ति।
2. प्रत्येक श्रेणी के प्रशिक्षुओं के लिए प्रशिक्षण के उद्देश्यों की रचना करना।
3. प्रशिक्षण कार्यक्रमों की रूपरेखा बनाना।
4. अनुकूल परिवेश में प्रशिक्षण कार्यक्रमों का क्रियान्वयन और निष्पादन तथा नवीनतम प्रशिक्षण तकनीकों और सहायता सामग्रियों/उपकरणों का उपयोग।
5. प्रशिक्षण के सभी पहलुओं का वैज्ञानिक मूल्यांकन और प्रशिक्षुओं/प्रशिक्षकों से उसके बारे में जानकारी लेना।

आन्तरिक सुरक्षा प्रशिक्षण के उद्देश्य

- आन्तरिक सुरक्षा प्रशिक्षण के उद्देश्यों को व्यापक रूप से निम्न प्रकार से बताया जा सकता हैं।

1. आन्तरिक सुरक्षा कर्मचारियों को आन्तरिक सुरक्षा कर्तव्यों की अपनी निर्धारित भूमिका के प्रभावी निर्वहन के लिए सज्जित करना।
2. जनता के प्रति सही सोच और व्यवहार को विकसित करना तथा सबसे प्रतिकूल या विरोधी स्थितियों में भी मानवीय व्यवहार को बनाए रखना।
3. आन्तरिक सुरक्षा की समस्याओं की प्रकृति की पहचान और उनका विश्लेषण। जनविरोध के पैटर्न/तरीकों को जानना और उनका प्रबंधन। विभिन्न आन्तरिक सुरक्षा के प्रचालनों में विभिन्न जोखिमों का सामना करने के बावजूद भी भागीदारी करने की क्षमता।
4. अनुरूप प्रबंधन तकनीकों और सिद्धान्तों के प्रयोग द्वारा नागरिक असंतोष, प्रबंधन प्रचालनों की योजना बनाना और उनका संचालन करना।
5. शाति और युद्ध दोनों ही कालों में आन्तरिक सुरक्षा प्रचालनों, नागरिक सुरक्षा प्रचालनों तथा संकट प्रबंधन प्रचालनों की पूर्ति के लिए आधुनिक प्रबंधन तकनीकों और नियंत्रण की युक्ति के प्रभावी अनुप्रयोग के लिए क्षमता विकसित करना।
6. ये जानकारी प्रदान करना कि किस प्रकार अन्य प्रजातांत्रिक देश नागरिकों के संवैधानिक अधिकारों सम्बन्धी विवादों का समाधान और शांति कानून व्यवस्था तथा आन्तरिक सुरक्षा बनाए रखने का काम करते हैं। जन कानून को लागू करने में क्या तरीके अपनाए जाते हैं। असंतोष के शासन के लिए वास्तव में कौन से साधन अपनाए जाते हैं और ऐसे मामलों में जन अधिकारियों का क्या सामान्य नजरिया होता है।

- आन्तरिक सुरक्षा के लिए नीति निम्न आधारों पर निर्मित की जानी चाहिए।

1. आन्तरिक सुरक्षा को 'स्वस्थ प्रजातांत्रिक प्रतिरोध' करने देना चाहिए लेकिन राजनीतिक तंत्र को लिखित संविधान के दायरे में काम करने देना चाहिए।
2. आन्तरिक सुरक्षा नीति को नियोजित आर्थिक विकास तथा आधुनिकीकरण की प्रक्रिया की अनुमति देनी चाहिए लेकिन साथ ही व्यवस्थित विवाद प्रबंधन सुनिश्चित करके सामाजिक आर्थिक तनावों को कम करना चाहिए।

3. आन्तरिक सुरक्षा की समस्याओं का देश के कानूनों तथा विधि के नियमों के अनुरूप समाधान करना चाहिए।
4. आन्तरिक सुरक्षा न सिर्फ आर्थिक संपन्नता तथा देश की अखंडता के लिए अपरिहार्य है बल्कि ये संघीय नीति के सभ्य जीवन का मूल आधार है।
5. आन्तरिक सुरक्षा का उद्देश्य मानव जीवन तथा संपत्ति की क्षति द्वारा देश को होने वाली हानि को कम करना और सामाजिक अनुशासन के बोध को प्रबल करना है जिससे प्रजातांत्रिक साहचर्य और सामाजिक आर्थिक विकास के लिए अनुकूल स्थितियां निर्मित हो सकें।
6. आन्तरिक सुरक्षा के लिए राष्ट्रीय प्रयास तथा समाज के सभी वर्गों के सदस्यों के स्वैच्छिक सहयोग तथा समर्थन की आवश्यकता है।
7. आन्तरिक सुरक्षा तथा बाह्य सुरक्षा को कई बार अलग से विभेदित नहीं किया जा सकता है क्योंकि उनकी प्रकृति पूरक होती है और देश के लिए शाश्वत निगरानी और निरंतर उद्यम की आवश्यकता होती है। आन्तरिक सुरक्षा के कर्तव्य बहुत जटिल, चुनौतीपूर्ण और आवश्यक होते हैं। कानून लागू करने वाली संस्थाएं जैसे पुलिस और अर्ध सैनिक संगठनों को प्रशिक्षित, सज्जित और अपने कर्तव्यों को प्रभावी तरीके से करने के लिए उचित रूप से प्रेरित होना चाहिए।

आतंकवाद का अर्थ तथा परिभाषा

आतंकवाद शब्द लैटिन शब्द ''टेरर (आतंक) से व्युत्पन्न हुआ है, जिसका तात्पर्य भय एवं खौफनाक स्थिति पैदा करने से है। अन्तर्राष्ट्रीय आतंकवाद तब होता है, जब एक से अधिक राज्यों या राष्ट्रों का हित प्रभावित होता है। अन्तर्राष्ट्रीय विधि का सम्बन्ध अन्तर्राष्ट्रीय आतंकवाद से ही है। जब एक ही राष्ट्र के विभिन्न राज्यों या क्षेत्रों के भीतर या उसकी सीमाओं के अन्तर्गत सीमित रहता है तो इसे ही हम राष्ट्रीय आतंकवाद कहते हैं। आतंकवाद के शाब्दिक अर्थ के अनुसार उसे आ से आगजनी, तं से तंग करना, क से कत्लेआम, वा से वारदात को अंजाम देना तथा द से दहशत फैलाकर अपने उद्देश्यों को हासिल करने के लिए लोगों के मन में भय उत्पन्न करना, डरा-धमका करके जुल्म ढहाना है। आतंकवाद की आज तक कोई सार्वभौमिक परिभाषा नहीं दी जा सकी है।

आतंकवाद की विशेषताएं क्षेत्र और गतिविधियां

आतंकवाद अनियमित और उत्पीड़न, जोर-जबरदस्ती या जानमाल के नुकसान की तकनीक है। इसका प्रयोग ऐसे उपराष्ट्रीय समूहों द्वारा किया जाता है जो तनाव की भिन्न-भिन्न स्थितियों में काम करते हुए वास्तविक अथवा भ्रांतिमूलक लक्ष्यों को प्राप्त करना चाहते हैं। वर्तमान परिदृश्यों में आतंकवाद की मुख्य विशेषताएं निम्नानुसार व्यक्ति की जा सकती है।

1. आतंकवाद प्रथमतः राज्य या समाज के विरुद्ध होता है।
2. आतंकवाद फैलाने के पीछे राजनीतिक उद्देश्य होता है।
3. आतंकवादी गतिविधियां और क्रियाकलाप अवैध (गैर-कानूनी) होते हैं।
4. आमजन को डराने-धमकाने की चेष्टा के साथ पीड़ित या शिकार व्यक्ति को अवपीड़ित एवं वश में करना होता है।
5. आतंकवादी विध्वंसक गतिविधियों के कारण जनसाधारण में बेबसी और लाचारी की भावना उत्पन्न होती है।
6. आतंकवाद के क्रियाकलाप बुद्धिसंगत विचारों को समाप्त कर देते हैं।
7. आतंकवाद से मुकाबला करने पर इससे लड़ने या भागने की प्रतिक्रिया होती है।
8. आतंकवादयों, उग्रवादियों, चरमपंथियों, अलगाववादियों और नक्सलवादियों द्वारा की गई हिंसा में मनमानी की जाती हैं।
9. आतंकवादी गतिविधियों के अन्तर्गत, अपनाए गए तरीकों का अन्धानुकरण होता हैं।
10. आतंकवाद उत्तेजित भीड़ व सामूहिक हिंसा, विद्रोह एवं उपद्रव से अलग होता है।
11. आतंकवाद राज्य का गुट, अपराध नार्को, विवाद प्रेरित एवं प्रायोजित हो सकता है।
12. आतंकवादी क्रियाकलापों में विरोधियों और मुखबिरों को समाप्त करके, अपने अनुयायियों के अनुसरण को सुनिश्चित करना होता है।
13. आतंकवाद का मुख्य उद्देश्य जन समर्थन हासिल करना, शासन की सैन्य तथा मनोवैज्ञानिक शक्ति को विघटित एवं विधवस्त करना, आन्तरिक स्थिरता की तोड़फोड़ और विकास को रोकना, सामान्य आतंकवादियों के मनोबल को बढ़ाना, सरकार को भड़काना और अपने आन्दोलन का आतंकवादी प्रचार करते हैं।
14. इसमें निर्बल राष्ट्रों की शक्तिशाली राष्ट्रों को अशक्त या कमजोर करने की इच्छा भी पाई जाती है।
15. आतंकवाद में जनसाधारण, सरकार और स्वयं आतंकवादी संगठनों को आतंकवादियों द्वारा अपनाई गई रणनीतियों कारित चालों के तहत इन समूहों को निशाना बनाते हैं।

आतंकवाद की उत्पत्ति और विकास के विविध आयाम

डॉ. एलेग्जेंडर और फिन्गर ने सन् 1977 में आतंकवाद की उत्पत्ति और विकास हेतु निम्नांकित कुछ कारणों को स्पष्ट किया गया है।

1. आज के युग में जटिल प्रौद्योगिकी के कारण समाज आतंकवाद के अकल्पित और बेरहम आक्रमणों का आसानी से शिकार हुआ है। इसमें परिवहन केंन्द्रों, संचार, सुविधाएं कारखानों और कृषि मैदानों को आतंकवादी के बेतरकीब आक्रमणों से नहीं बचाया जा सकता है।
2. अत्यधिक परिष्कृत हथियारों जैसे प्रेक्षपणास्त्रों राडारों और सुदूर नियंत्रण शस्त्रों को प्राप्त करना आतंकवाद संगठनों द्वारा आसान हो गया है। भविष्य में रासायनिक, ऐधेम्स, अणुशास्त्रों मृत्यु और विनाश के उपकरणों तक आतंकवादियों की पहुंच हो जाएगी।
3. श्रीलंका में लिट्टे, भारत में खालिस्तान कमांडो, हिजबुल मुजाहिद्दीन और इजरायल में पीएलओ, शक्तिशाली उप-राष्ट्रीय समूहों आधुनिक युद्ध क्षमताओ के साथ शक्तिहीन, आतंकवादी समूह उपराष्ट्रीय समूहों में परिवर्तित हो गए हैं। इनकी इतनी भयानक शक्ति हो गई है कि वे राज्यों के अंदर पृथक राज्य बनाने की मांग करने के योग्य हो गए हैं। जिसके फलस्वरूप वैध सरकारों के शासन करने या बने रहने की शक्ति कमजोर हो गई है।
4. सुविकसित संचार और परिवहन के साधनों के अधुनातन विकास और सुविधाओं ने आतंकवादी संगठनों के जाल को केन्द्रिय संगठनात्मक संरचना के आधार पर अर्न्तराष्ट्रीय स्तर तक विकसित कर दिया है। समान राजनैतिक स्वार्थों वाले और सैद्धान्तिक रूप से जुड़े समूहों के बीच वित्तीय सहायता प्रशिक्षण, सैन्य सामग्रियों की आपूर्ति संगठनात्मक सहायता और संयुक्त आक्रमण आदि पर परस्पर सहयोग बढ़ा है। मित्रता का यह प्रतिरूप अन्तर्राष्ट्रीय हिंसा के क्षेत्रों का विस्तार कर रहा है।
5. संचार माध्यमों में आई क्रांति के द्वारा आतंकवादी केवल तात्कालिन पीड़ितों को ही अपनी हिंसा का निशाना नहीं बना पाते परन्तु उसकी दिशा को अधिक व्यक्तियों की ओर भी मनोवैज्ञानिक उत्पीड़न और भयादोहन के लिए मोड़ सकते हैं।
6. निर्बल राष्ट्रों को सशक्त करने की इच्छा के कारण आतंकवाद हमारे देश और दुनिया में फैल गया है।

7. आतंकवादियों द्वारा तस्करी और मादक पदार्थों के व्यापार के तरीकों के उपयोग से आधुनिक हथियारों को खरीदने में धनराशि अर्जित हुई है।
8. पूर्व-पश्चिम और वामपंथी विचारधाराओं के बीच संघर्ष ने आतंकवाद को पनपाने में योगदान दिया है।
9. समस्त दुनिया के समूहों में भाषाई, धार्मिक, प्रजातीय और राष्ट्रीय चेतना के संचरण के कारण आतंकवादी क्रियाकलाप बढ़े हैं।
10. अल्पसंख्यकों द्वारा अपने हकों, आजादी और आत्मनिर्णय के लिए संघर्षरत लोगों में वंचना और कुण्ठा की भावनाएं बढ़ी है। नागरिकों द्वारा देशों में सत्तारूढ़ दमनात्मक सरकारों और तानाशाहों के विरोध में वृद्धि के कारण आतंकवाद विकसित हुआ है।

आतंकवाद के परिक्षेत्र

आतंकवादी गतिविधियां भारत के अनेक प्रदेशों और विश्व के अनेक राष्ट्रों की सीमाओं के अंदर और बाहरी क्षेत्रों में घटित हो रही है। आतंकवादियों के क्रियाकलापों के परिक्षेत्र निम्नानुसार हो सकते हैं–

(1) स्थानीय आतंकवाद
(2) अन्तर्राष्ट्रीय आतंकवाद
(3) राष्ट्रीय आतंकवाद और
(4) अन्तर्राष्ट्रीय आतंकवाद दो या दो से अधिक राष्ट्रों के मध्य में व्याप्त होता है।

आतंकवादी गतिविधियां

आतंकवाद के अन्तर्गत हम निम्नलिखित गतिविधियों को सम्मिलित किया गया है–

1. मानवजाति को भय और हिंसा के अधीन रखा जाता है।
2. इसमें सामूहिक नरसंहार किया जाता है।
3. सार्वजनिक और निजी सम्पत्ति को विनष्ट कर दिया जाता है।
4. निर्दोष व्यक्तियों को विकलांग, अपाहिज या दुर्बल बना दिया जाता है।
5. महिलाओं के साथ यौन दुराचार और अनैतिक व्यवहार किए जाते है।
6. सामाजिक पर्यावरण को प्रदूषित किया जाता है।
7. वायुयानों आदि का अपहरण किया जाता है।
8. अपहरण, फिरौती लेने की घटनाएं सामान्यत: कारित होती रहती है।
9. आतंकवाद में बालकों एवं महिलाओं से दुराचार किया जाता है।
10. आतंकवादी क्रियाकलापों को अंजाम देने हेतु हथियारों का जखीरा संग्रहित एवं प्रयोग में लिया जाता है।

आतंकवाद के विभिन्न प्रकार

आज पूरी दुनिया में आतंकवाद का जर्बदस्त कहर बरस रहा है। आतंकवाद आज के समय की सर्वाधिक अवांछित किंतु सर्वाधिक व्याप्त परिघटना है। आज आतंकवाद के कई तरह के स्वरूप देखे जा सकते हैं। आतंकवाद ने भारत में युवाओं को अधिक आकर्षित एवं प्रभावित किया है। इसमें बेरोजगार विभ्रान्त और आदर्शवादी युवक इसके ज्यादा चपेट के घेरे में आते देखे गए है।

1. राजनीतिक आतंकवाद : इस तरह का आतंकवाद राजनैतिक कारणों से फैलता है। श्रीलंका, अफगानिस्तान व भारत में जम्मू-कश्मीर, आसाम राज्यों में राजनैतिक आतंक को बढ़ावा मिला है। 2. धार्मिक आतंकवाद परस्पर विभिन्न धर्मो में कट्टरता फैलने के कारण विभिन्न धर्मो में फैलाना है। इसमें अलकायदा, लश्कर-ए-तैयबा, जैश-ए-मोहम्मद आदि आतंकी संगठन धार्मिक कट्टरता की भावना फैलाकर विभिन्न आपराधिक कृत्यों को अंजाम देते है। 3. सामाजिक आतंकवाद : अपनी सामाजिक स्थिति या अन्य कारणों से उत्पन्न सामाजिक क्रांतिकारी विद्रोह को गैर-राजनीतिक आतंकवाद की श्रेणी में रखा जाता है। भारत में नक्सलवाद इसका ज्वलंत उदाहरण हैं 4. इसके अतिरिक्त आतंकवाद के निम्न प्रकार दृष्टिगोचरित हो रहे है। 5. जैविकीय आतंकवाद 6. रासायनिक आतंकवाद 7. घरेलू आतंकवाद 8. वैचारकीय आतंकवाद 9. आपराधिक आतंकवाद 10. सांस्कृतिक आतंकवाद 11. नारको आतंकवाद 12. तकनीकी आतंकवाद 13. आणविक आतंकवाद 14. नक्सलवादी आतंकवाद 15. सीमा पर आतंकवाद 16. कश्मीरी आतंकवाद 17. साइबर आतंकवाद 18. मुकाबला आतंकवाद 19. टेलीविजन आतंकवाद 20. सरकारी आतंकवाद 21. निहितार्थ आतंकवाद 22. छदमी आतंकवाद 23. संवेदनशील आतंकवाद 24. असंवादनीय आतंकवाद 25. माओवादी आतंकवाद 26. उग्रवादी आतंकवाद 27. पृथकवादी आतंकवाद 28. क्रांतिकारी आतंकवाद 29. मौलिक आतंकवाद 30. अलगाववादी आतंकवाद 31. राष्ट्रीय आतंकवाद 32. अन्तर्राष्ट्रीय 33. गुट/समूह द्वारा प्रयोजित आतंकवाद 34. राज्य द्वारा प्रायोजित आतंकवाद 35. विवाद प्रेरित आतंकवाद 36. खालिस्तानी आतंकवाद 37. स्थानीय आतंकवाद 38. क्षेत्रीय आतंकवाद 39. कट्टरपंथी आतंकवाद

आतंकवाद व्युत्पत्ति के विविध कारक/घटक

भारत तथा दुनिया में आतंकवाद को कई तरह से जन्म होता है। आतंकवाद व्युत्पत्ति के अनेक कारण निम्नानुसार परिगणित किए जा सकते है।

1. उपनिवेशवाद
2. साम्प्रदायिकतावाद
3. धार्मिक उन्माद
4. नक्सलवाद
5. राजनीतिक विद्वेषता
6. आर्थिक विषमता
7. तकनीकी विकास
8. जटिल संचार के साधन
9. संप्रेषण का अंतराल
10. नैतिकता का पतन
11. निर्धनता
12. बेरोजगारी
13. एकाकीपन
14. विरोध या संघर्ष का संकट
15. मानवीय मूल्यों में गिरावट
16. अनुचित निशाने पर लेना
17. हिंसात्मक क्रांति का बढ़ना
18. विदेशी निवेश
19. हथियारों की तस्करी
20. मानव दुर्व्यवहार
21. परमाणु परीक्षण
22. उग्रवादियों
23. पृथकतावाद
24. अहंग्रस्तता
25. सामाजिक मनोवैज्ञानिक
26. छापामार मिथक
27. आधुनिकीरण की प्रवृतियां
28. मानवाधिकारों का उल्लंघन

आतंकवाद के विविध परिप्रेक्ष्य

1. **धार्मिक परिप्रेक्ष्य**–इसके अन्तर्गत एक धर्म से दूसरे धर्म के बीच उत्पन्न की गई कट्टर पंथ की देन आतंकवाद कही जा सकती है। एक धर्म को दूसरे धर्म से लड़ा दिया जाता है। धार्मिक विभिन्नता के लिए पूर्णतया जिम्मेदार है।

2. **ऐतिहासिक परिप्रेक्ष्य**–इसके केन्द्र बिन्दु में आतंकवाद की उत्पत्ति, विकास और उसकी विभिन्न अवस्थाओं में गुणात्मक परिवर्तन आदि को उत्तरदायी बताया गया है।
3. **राजनैतिक परिप्रेक्ष्य**–इसमें (जैम्स मुलर) राजनैतिक आतंकवाद को राजनैतिक हिंसात्मक आन्दोलन माना जाता है। जो राष्ट्रीय अथवा अन्तर्राष्ट्रीय स्तर पर राजनैतिक समूह द्वारा संगठित किया जाता है। इसमें युद्ध और मंदता तीव्रता का संघर्ष में घरेलू और अन्तर्राष्ट्रीय व्यक्त किया गया है।
4. **सामाजिक परिप्रेक्ष्य**–इसमें आतंकवाद के विश्लेषण हेतु जॉर्डन पाइन्ट एलैक्जेण्डर और फिन्गर ने 1977 इनको केन्द्र बिन्दु बना सकता है (i) प्रकार्य (ii) भाग लेने वाले सहभागी (iii) आतंकवाद में आतंकवादियों उनके निशाने, शिकार आदि के रूप में लिप्त सहभागियों के प्रकार (iv) भाग लेने वाले उद्देश्य (v) वास्तविक अन्तर क्रिया की स्थितियां (vi) प्रत्येक प्रकार के भागीदार के पास संसाधनों के प्रकार (vii) आतंक के लिए उपयोग में लाई गई रणनीतियां/हत्याएं, अपहरण, बम विस्फोट, लूट विमान-हरण (viii) आतंकवादी प्रक्रिया के परिणाम में मृत्यु व जानमाल का विनाश इत्यादि शामिल किए गए है।

आतंकवाद के बदलते विविध स्वरूप एवं आयाम

आतंकवाद के बदलते हुए विविध स्वरूपों के अन्तर्गत निम्नानुसार तरीके अपनाए जाते है :- (i) भीड़भाड़ वाले स्थानों, मेला-प्रदर्शनी, हाट बाजार, रैली तथा सार्वजनिक स्थलों पर घटना कारित करना (ii) रेले-बस विमानों मे बम विस्फोटक पदार्थो का उपयोग करना (iii) मानव बम व साईकिल बम का प्रयोग करना (iv) मानव तथा वायुयानों का अपहरण करना (v) रेल पटरियों को उखाड़ देना (vi) निर्दोषियों और राजनीतिकों को बंदी बना लेना (vii) आणविक, जैविकीय, रासायनिक, एन्थ्रेक्स, नारको औषधियों का प्रयोग करना (viii) गोलाबारी, हाथगोले फें कने के लिए बच्चों का उपयोग करना (ix) अत्याचार, अमानवता पूरक व्यवहार करना (x) विध्वंसक आर्ट तोड़फोड़ करना (xi) आगजनी करना (xii) तंग करना (xiii) कत्लेआम करना (xiv) अफवाहों ओर प्रभावशस्त्रों मिसाइलों का प्रयोग करना (xv) आमजन का सफाया करना (xvi) चरमपंथ, अलगाववाद, पृथकवाद, नक्सलवाद, उग्रवाद का उपयोग करना (xvii) महत्वपूर्ण व्यक्तियों को जानमाल को खतरा या विनाश करना (xviii) सामूहिक जन संहार को बढ़ावा देना (xix) आतंकवादी प्रशिक्षित दस्ते तैयार करना।

राष्ट्रीय और अन्तर्राष्ट्रीय आतंकवादी संगठन

भारत में फैले हुए प्रमुख आतंकवादी संगठन : भारत के सुदुर कोने-कोने में फैले हुए आतंकवादी संगठनों को संयुक्त राज्य अमेरिका द्वारा तैयार की गई सूची में निम्न प्रकार से दर्शाया गया है–

(1) अन्तर्राष्ट्रीय बब्बर खालसा (2) खालिस्तान कमाण्डों बल (3) खालिस्तान जिन्दाबाद दल (4) अन्तर्राष्ट्रीय सिख युवा परि संघ (5) हल्का करें लश्कर-ए-तैयबा/पास्बान-ई-अहलेहादिस (6) जैश-ई-मौहम्मद/तहरीक-ए-फूरकान (7) हरकल-उल- मुजाहिद्दीन/हरकत-तल-अंसार/कारकात-उल-जेहाद-ई-इस्लाम (8) हिज्ब-मुजाहिद्धीन/हिज्ब उल्मू जाहिद्धीन परिपंजाल वाहनी (9) अल-उमर-मुजाहिद्धीन (10) जम्मू-कश्मीर इस्लामिक फ्रंट (11) आसाम का संयुक्त मुक्ति मंच (12) बंधुआ का राष्ट्रीय प्रजातांत्रिक मंच (13) जनता मुक्ति सेना (14) संयुक्त राष्ट्रीय मुक्ति मंच (15) कंगली पाल्क की लोक क्रांतिकारी दल (16) कंगली पाल्क साम्यावादी दल (17) कंगली-ई-पाभोल कंबालूप (18) मणिपुर जन मुक्ति मंच (19) अखिल त्रिपुरा टाइगर बल (20) त्रिपुरा की राष्ट्रीय मुक्ति मंच (21) तमिल संघ का मुक्ति चीता (22) भारतीय छात्र इस्लामिक आन्दोलन (23) दीनधार अन्जूमन (24) भारतीय साम्वादी दल (मार्क्स लेन) जनेवर तथा इसके समस्त स्वरूपों और अग्रिम संगठन (25) माइस्ट साम्यवादी केन्द्र और इसके संघ-मंच और संगठन (26) आई.एस.आई.

भारतीय संदर्भ में आतंकवादी समस्याएं एवं चुनौतियां

15 अगस्त, 1947 से आज तक भारत को आतंकवाद के अनेक मुखौटे देखने को मिले है। देश के बंटवारे के समय कट्टर पंथियों की खून की होली ने लाखों परिवारों को त्रस्त किया। देश पाकिस्तानी सैनिक कबायलियों के वेश में आकर कश्मीर के निहत्थे लोगों की हत्या की। भारतीय सुरक्षा के समक्षी आतंकवाद की सबसे बड़ी समस्या एवं चुनौती बन गया है। भारतीय सामाजिक ज्वलंत समस्याएं भी आतंकवाद को बढ़ाने में सहयोग दे रही है। पूर्वोत्तर भारत में नागालैण्ड और मिजोरम में अलगाववादी बहुत सक्रिय हुए है। विदेशी उकसावे में आई.एस.आई. की अहम भूमिका रही है। जो असम, मणिपुर, त्रिपुरा, मेघालय व अरुणाचल प्रदेश तक फैल गई हैं। आज भी विदेशों से आयुध खरीदने, जलमार्गों से कोक्स बाजार, चट्टर गांव, बंदरबन आदि समुद्रतटीय क्षेत्रों में पहुंचकर दुर्गम स्थानों में छिपने और शखस्थली बनाने में बांग्लादेशी भारत-विरोधी तत्व आतंकवादियों की सहायता दे रहे है। पूर्वी पाकिस्तान और बांग्लादेश से डेढ़ करोड़ से भी अधिक लोग पलायन करके भारत में आ बसे हैं। गरीबी, अभावों और अशिक्षा से ग्रस्त इन सहधर्मियों की कट्टर पंथी, सहज ही फुसला लेते हैं। पश्चिम बंगाल के कुछ क्षेत्रों में मस्जिदों और मदरसों की संख्या मे असाधारण वृद्धि हुई है। अनेक भारतीय प्रदेशों, बांग्लादेश, अफगानिस्तान और कश्मीर में जेहाद के लिए स्थानीय युवकों की भर्ती हुई थी। इस्लाम की कट्टरपंथी आधुनिकता, पाश्चात्य सभ्यता एवं आधुनिक रहन-सहन के खानपान एवं शिक्षा पद्धति के विरोधी हैं तालिबान के शासन के दौरान महिलाओं के पति युद्ध में मरने पर महिलाओं को व्यापार एवं नौकरी करने से रोका गया। भारतीय कश्मीर में महिलाओं के लिए बुर्का पहनना अनिवार्य कर दिया और खुलेआम घूमना निषेध कर दिया था। आदेशों का उल्लघंन करने वाली महिलाओं पर गोलियां चली, छुरी से बार हुए और उनके चेहरों पर तेजाब फेंका गया। भारतीय परिदृश्य में इस्लामी चरमपंथी ऐसे भयंकर खतरे के रूप में उभरे है जो देश के विघटन और अलगाव के लिए प्रयत्नशील है। आतंकवाद ने उग्रवाद, चरमपंथवाद, पृथकतावाद, कट्टरपंथवाद, नक्सलवाद जैसी भयंकर समस्याओं को वैध किया है।

मानवाधिकार

मानव अधिकार जनित विचारधाराएं

अधिकारों के संबंध में अनेक प्रकार की विचारधाराएं अस्तित्व में हैं। मूल रूप से इन विचारधाराओं को दो भागों में बांटा जा सकता है। पहली विचारधारा की मान्यता है कि अधिकार मनुष्य को स्वाभाविक, नैसर्गिक एवं प्राकृतिक तौर पर इसलिए मिले हुए हैं कि वह मान्य है। दूसरी विचारधारा के चिन्तक यह मानते हैं कि अधिकार समाज एवं राज्य की उपज हैं। अत: प्रत्येक राज्य अपने नागरिकों को अधिकार उपलब्ध करवाते हैं। वस्तुत: अधिकारों की प्रकृति, स्वरूप एवं प्रकार का गहराई से किया गया अध्ययन यह स्पष्ट करता है। कि अधिकारों की समग्रता के पीछे दोनों विचारधाराएं अर्थपूर्ण एवं कारगर रूप से मौजूद रहती हैं। अत: पुलिस जन को इस सन्दर्भ में अपनी भूमिका के निर्वहन के दौरान इन दोनों ही पक्षों को ध्यान में रखना चाहिए।

प्राकृतिक एवं राज्य-प्रदत्त अधिकार

कुछ ऐसे अधिकार हैं जो प्राणीमात्र को प्रकृति से मिले होते हैं। ये अधिकार राज्य एवं समाज के आविर्भाव के पूर्व से मौजूद रहे हैं। उदाहरण के लिए "जीने का अधिकार" एवं "आत्मरक्षा का अधिकार" ऐसे अधिकार हैं जो प्राणीमात्र को और विशेष रूप से मानव मात्र को प्राकृतिक, तौर पर मिले हुए हैं। यही वजह है कि अपने ऊपर आए खतरे को टालने के लिए आत्मरक्षा का अधिकार सभी समूहों और कबीलों में भी मौजूद रहा है। अब इस अधिकार को कानूनी स्वीकृति सभी समाजों द्वारा मिली हुई है। दूसरी तरफ

ऐसे अधिकार हैं जो राज्य विशेष तौर पर अपने नागरिकों को उनके विकास एवं कल्याण के लिए प्रदान करते हैं। इन अधिकारों की व्यवस्था सभी देश अपने संविधान में या विशेष कानून बना कर करते हैं।

अधिकार: अर्थ एवं अवधारणा

अधिकारों को जीवन की न्यूनतम, प्राथमिक एवं उच्चतम आवश्यकताओं के रूप में भी पहचाना गया है। प्रसिद्ध विद्वान हाब हाउस का कथन है कि अधिकार वही है जैसाकि हम अन्यों से अपने प्रति आशा करते हैं और जैसाकि अन्य हमसे आशा करते हैं। अरस्तु ने अधिकारों के महत्व को बहुत ही खूबसूरती से प्रतिपादित करते हुए कहा है कि जीवन केवल जीना भर नहीं है, बल्कि अच्छी तरह से जीवन बसर करना है। अधिकार अच्छी तरह से जीवन बसर करने की अनिवार्य स्थितियां हैं, जिनके बिना सामान्यत: कोई भी आदमी अपने पूर्ण विकास की उच्चता को नहीं पहुंच सकता या फिर यह कहा जा सकता है कि अधिकार प्रत्येक व्यक्ति के आत्म-विकास एवं संपूर्ण प्रगति की आवश्यक शर्तें हैं।

मानव अधिकार : सामान्य विशेषताएं

अधिकारों, विशेषकर मानव-अधिकारों की कुछ ऐसी सामान्य विशेषताएं हैं जिनके कारण ये अधिकार कारगर एवं अर्थपूर्ण बनते हैं। मानव-अधिकारों की सामान्य विशेषताएं निम्नांकित हैं:

(i) **वैयक्तिक या सामूहिक मांग :** मानव-अधिकार एक प्रकार की वैयक्तिक या सामूहिक मांग है, जो समाज से ही की जाती है। प्रत्येक व्यक्ति की कुछ इच्छाएं या मूलभूत आवश्यकताएं होती हैं, जिनकी पूर्ति के लिए विशेष परिस्थितियों व बुनियादी सुविधाओं की आवश्यकता होती है। नागरिक एवं व्यक्ति-समूह राज्य या समाज से उन परिस्थितियों की मांग करते हैं। यह मांग ही प्रकारान्तर से मानव-अधिकारों का स्वरूप ग्रहण करती है।

(ii) **समाज एवं राज्य की मान्यता :** अधिकार का अस्तित्व समाज से ही सम्भव है। अधिकार के लिए सामाजिक स्वीकृति आवश्यक है। सामाजिक स्वीकृति के अभाव में व्यक्ति जिन शक्तियों का उपयोग करता है वे उसके अधिकार न होकर शक्तियां हैं, जिनका उपयोग वह मात्र अपने ही स्वार्थों की पूर्ति के लिए स्वेच्छापूर्वक करता है। ऐसी दशा में जिसकी लाठी उसकी भैंस वाली कहावत चरितार्थ होने लगती है। अधिकार तो राज्य द्वारा नागरिकों को प्रदान की गयी विशेष स्थिति और सुविधा का नाम है। इस सुविधा की आवश्यकता तथा उपयोग समाज में ही सम्भव है। शून्य में व्यक्ति के कोई अधिकार नहीं हो सकते।

(iii) **लोकहित के आधार पर :** व्यक्ति को अधिकार स्वयं के व्यक्तित्व के विकास और सम्पूर्ण समाज के सामूहिक हित के लिए प्रदान किए जाते हैं। अत: यह आवश्यक है कि अधिकारों का प्रयोग इस प्रकार किया जाए कि व्यक्ति की स्वयं की उन्नति के साथ-साथ सम्पूर्ण समाज की उन्नति हो, अर्थात सर्वजन सुखाय व सर्वजनहिताय जैसी प्रकृति अधिकारों में होनी चाहिए। यदि कोई व्यक्ति अधिकारों का दुरुपयोग करता है एवं सम्पूर्ण समाज के हित-साधन में बाधा पहुंचाता है तो ऐसे व्यक्ति के अधिकारों को सीमित किया जा सकता है।

(iv) **राज्य का संरक्षण :** मानव-अधिकारों का एक आवश्यक लक्षण यह है कि उसकी रक्षा का दायित्व राज्य अपने ऊपर लेता है और इस सम्बन्ध में राज्य आवश्यक व्यवस्था करता है। अर्थात् मानव-अधिकारों को राज्य का संरक्षण प्राप्त होता है। बिना इसके अधिकारों के रक्षण की परिकल्पना सम्भव नहीं हो सकती।

(v) **कल्याणकारी स्वरूप :** मानव-अधिकारों का सम्बन्ध आवश्यक रूप से व्यक्ति के व्यक्तित्व के विकास से होता है। इस कारण अधिकार के रूप में केवल वे ही स्वतंत्रताएं और सुविधाएं प्रदान की जाती हैं जो व्यक्तित्व के विकास हेतु आवश्यक या सहायक हो। व्यक्ति को कभी भी वे अधिकार नहीं मिल सकते हैं जो अन्य व्यक्ति के विकास में बाधक हों। इसी कारण मद्यपान, जुआ खेलना या आत्महत्या मानव-अधिकार के अन्तर्गत नहीं आते हैं। अत: कहना होगा कि अधिकारों का कल्याणकारी होना एक अनिवार्य शर्त है।

(vi) **तर्क और नैतिकता :** व्यक्ति की केवल उन मांगों को ही अधिकार का रूप दिया जा सकता है, जो उसके व्यक्तित्व एवं समाज के सामूहिक जीवन के लिए उचित एवं आवश्यक हों। तर्क एवं नैतिकता का साथ-साथ प्रयोग जरूरी है, क्योंकि बहुत-सी मांगें नैतिकता के आधार पर स्वीकार कर ली जाती हैं, परन्तु उन्हें तर्क के आधार पर उचित एवं न्यायसंगत नहीं कहा जा सकता।

(vii) **समानता की आधारशिला :** भेदभावरहित समता, व्यापक एवं बुनियादी अधिकार का सेतुबन्ध है। अधिकार का उपयोग किसी एक वर्ग तक ही सीमित होना उचित नहीं है। वह समाज के सभी व्यक्तियों को समान रूप से प्राप्त होना चाहिए। जब अधिकार किसी एक वर्ग या जाति के लिए सुरक्षित होता है, तब वह अधिकार न होकर कुछ लोगों का विशेषाधिकार हो जाता है। अधिकार का उपभोग बिना जातिगत, वर्गगत भेदभाव के सभी के लिए होना आवश्यक है।

मानवाधिकार: विशिष्ट सन्दर्भ

मानव-अधिकारों की इन सामान्य विशेषताओं के कारण ही वे सामान्य अधिकारों एवं विशिष्ट अधिकारों के साथ अपनी एकात्मकता स्थापित किए हुए हैं। उपर्युक्त सामान्य विशेषताओं के अलावा मानव-अधिकारों की अपनी विशिष्ट पहचान भी है, जिसे निम्नांकित बिन्दुओं के आधार पर समझा जा सकता है:

(i) **सार्वभौमिकता :** मानव-अधिकारों की प्रकृति सार्वभौमिक एवं सार्वलौकिक है। विश्व के सभी समाज एवं मुल्क मानव-अधिकारों को स्वीकार करते हैं। उनका सम्मान करते हैं तथा उन्हें लागू करते हैं। मानव-अधिकार भौगोलिक सीमाओं में बंधे हुए नहीं हैं। सभी राष्ट्र बिना किसी भेदभाव के इन्हें लागू करते हैं। संयुक्त राष्ट्र संघ ने वर्ष 1984 में सार्वभौमिक मानव-अधिकारों की घोषणा की, जिसके अन्तर्गत मानव-मात्र के लिए मानव अधिकारों को लागू किए जाने के संकल्प की अभिव्यक्ति की गई है। विश्व के करीब सभी देश इस घोषणा को स्वीकार करते हैं एवं सम्मान करते हैं जिसकी वजह से इस घोषणा एवं मानव-अधिकारों का महत्व सार्वलौकिक होकर इन अधिकारों की प्रकृति सार्वभौमिक बन गई है।

(ii) **अभिवक्ता :** मानव-अधिकार अभिव्यक्त प्रकृति के होते हैं। इन्हें विभाजित नहीं किया जा सकता। जिस व्यक्ति एवं वर्ग-समूह को ये मिले हुए होते हैं उनके साथ अभिन्न रूप से जुड़े हुए रहते हैं। इन्हें उन नागरिकों से हटाकर अन्य को नहीं बांटा जा सकता है क्योंकि मानव-अधिकार अपने आप में सम्पूर्ण एवं अभिन्न रूप से उसी नागरिक को उपलब्ध रहते हैं जिनको ये मिले हुए हैं।

(iii) **अन्योन्याश्रितता :** मानव-अधिकार अन्योन्याश्रित होते हैं। वे एक तरफ कर्त्तव्यों के सांगोपांग निर्वाह पर निर्भर करते हैं, वहीं दूसरी तरफ विविध प्रकार के मानव-अधिकार एक-दूसरे पर भी आश्रित रहते हैं। स्वतंत्रता, समानता, आत्म-सम्मान एवं राष्ट्र-गौरव के अधिकार एक-दूसरे से आपस में जुड़े हुए रहते हैं तथा एक की पूर्ति के लिए दूसरे अधिकार का आलम्बन स्वाभाविक तौर पर होता हे।

(iv) **अहस्तान्तरणीयता :** मानव-अधिकार अहस्तान्तरणीय होते हैं। कोई भी नागरिक अपने अधिकार को किसी और को हस्तान्तरित नहीं कर सकता।

कोई व्यक्ति, अपनी स्वतंत्रता, समानता या व्यवसाय के अधिकार को यह कह कर किसी और को नहीं दिलवा सकता कि मेरे हिस्से का यह अधिकार पूरी तौर पर या आंशिक तौर पर अमुक व्यक्ति को दे दिया जाए।

(v) **पवित्रता :** मानव-अधिकार पवित्र होते हैं। उन्हें दूषित करने पर या उनका अतिक्रमण करने पर, अवहेलना करने वाला व्यक्ति दोषी माना जाता है। जिस तरह से पवित्र स्थानों एवं आदरणीय व्यक्तियों की मर्यादा एवं सम्मान की स्थितियां होती हैं, वैसी ही मान-मर्यादा एवं सम्मान की स्थिति मानव-अधिकारों को प्राप्त है।

(vi) **क्रियान्वितता :** मानव-अधिकारों का स्वरूप क्रियान्वयनकारी होता है। जो व्यक्ति मानव अधिकारों की अवहेलना करता है, उसके खिलाफ कानूनी कार्यवाही की जा सकती है। पुलिस जैसे अनेक कानून-क्रियान्वयन-अभिकारण राज्य द्वारा बनाए जाते हैं, जो यह सुनिश्चित करते हैं कि मानव-अधिकार की अवहेलना नहीं हो और यदि कोई इनकी अवहेलना करता है तो दोषी व्यक्ति के खिलाफ कानूनी कार्यवाही करके उसे दण्डित करवाया जाए।

(vii) **सकारात्मकता :** मानव-अधिकार सकारात्मकता की बुनियाद पर अस्तित्व में आते हैं। व्यष्टि एवं समष्टि के स्तर पर इनका उद्देश्य सकारात्मक लक्ष्यों को प्राप्त करने का होता है। सृजन, निर्माण एवं विकास के मूल उद्देश्य से मानव अधिकार अस्तित्व में आते हैं एवं इन लक्ष्यों को प्राप्त करना ही इनका मुख्य ध्येय होता है। नकारात्मकता एवं संकुचित स्थितियों से हटकर व्यापक एवं सर्वग्राही हितों से जुड़कर ही मानव-अधिकार अर्थपूर्ण बनते हैं। अतः कहा जा सकता है कि मानव-अधिकारों की प्रकृति नकारात्मक नहीं होकर सकारात्मक होती है।

(viii) **लोक-कल्याणोन्मुखी :** मानव-अधिकार अपने मूल स्वरूप में लोक-कल्याणकारी एवं सर्वजन हिताय के मूलमंत्र से प्रेरित रहते हैं। इनका मुख्य लक्ष्य जन-जन का हित संवर्धन एवं सार्वजनिक कल्याण का मार्ग प्रशस्त करना है। समाज के सभी वर्गों का हित हो और जहाँ उन्हें कल्याणकारी स्थितियां मिले उसी दिशा में मानव-अधिकारों की गति बनी रहती है।

(x) **मानवतावादी :** उदारता, करुणा, स्नेह, सहयोग एवं भाईचारा जैसी मूलभूत मानवीय संवेदनाओं से प्रेरित होने के कारण मानव-अधिकारों को मूलतः मानवतावादी माना जाता है। मानव-मात्र को मान-सम्मान प्रतिष्ठा एवं आदर का अधिकारी मानने की मूल भावना से मानवतावादी विचारधारा प्रेरित रहती है। मनुष्य से बड़ा कुछ नहीं है। मानव ईश्वर की श्रेष्ठतम कृति है। अतः उसका स्थान उच्च एवं सुविधाएं श्रेष्ठ होनी चाहिए। मनुष्य की श्रेष्ठता बनी रहे और उसकी गरिमा एवं गौरव में कोई अवरोध नहीं आये, इस उद्देश्य की प्राप्ति के लिए विविध प्रकार के मानव-अधिकारों को समाज में प्रचलित किया जाकर, राज्य के माध्यम से उनकी सुरक्षा करवाये जाने की व्यवस्था आधुनिक युग में सभी समाजों में की जा रही है।

(xi) **प्रगतिशीलता :** मानव-अधिकार प्रगतिशील जीवन-मूल्यों पर आधारित होते हैं और प्रजातंत्र, समानता, भाईचारा स्वतंत्रता तथा समृद्धि और विकास के बुनियादी लक्ष्यों से प्रेरित एवं संचालित होने के कारण उनको मूलरूप से प्रगतिशील विचारधारा का संवाहक माना गया है।

नागरिक अधिकारों के संदर्भ में पुलिस की भूमिका

पुलिस एवं समाज एक-दूसरे की सहयोगी इकाइयां हैं। इनके आपसी सहयोग से बेहतर जिन्दगी जीने की स्थितियां बनती हैं। पुलिस एवं समाज एक-दूसरे से गहरे तक जुड़े हुए हैं तथा अपने लक्ष्यों की प्राप्ति के लिए एक-दूसरे पर निर्भर रहते हैं। पुलिस को नागरिकों के अधिकारों के प्रहरी, रक्षक एवं संवाहक के रूप मं पहचाना जाता है। नागरिक-अधिकारों के संदर्भ में इस प्रकार पुलिस की भूमिका को महत्वपूर्ण माना गया है।

आपराधिक एवं सामान्य न्याय-व्यवस्था की संरचना एवं संचालन का पुलिस एक महत्वपूर्ण अंग है। यही कारण है कि नागरिकों के अधिकारों से जुड़े प्रकरण चाहे वे संविधान से संबंधित हों या फिर दीवानी या आपराधिक कानूनों से संबंधित हो, पुलिस का सहयोग एवं भूमिका सभी मामलों में महत्वपूर्ण होती है।

अपराध, मानव अधिकार व पुलिस

प्रत्येक अपराध की घटना को पीड़ित नागरिक के किसी न किसी अधिकार की अवहेलना के रूप में समझा जा सकता है। आपराधिक घटनाओं की पड़ताल करना पुलिस का प्राथमिक दायित्व है। इस तरह नागरिक अधिकार की अवहेलना की सीधा संबंध पुलिस से हो जाता है। पुलिस तत्काल, त्वरित एवं प्रभावी कार्यवाही कर दोषी व्यक्ति को न्यायिक प्रक्रिया के सुपुर्द कर पीड़ित नागरिकों को न्याय दिलवाती है तथा उनके अधिकारों की गरिमा को बनाए रखती हैं।

पुलिस जन-संपर्क, मानव अधिकार व पुलिस भूमिका

पुलिस विभाग से नागरिकों का संपर्क फरियादी, मुल्जिम, गवाह मुखबिर या सहयोगी के रूप में होता रहता है। फरियादी के रूप में जब भी कोई नागरिक पुलिस से संपर्क बनाता है तो यह उस नागरिक का अधिकार है कि पूरी संजीदगी, संवेदनशीलता, धैर्य एवं ध्यान से उसकी तकलीफ एवं समस्या को सुना जाए। फरियादी की रिपोर्ट की प्रकृति के अनुरूप उसका यह भी अधिकार होता है कि पुलिस उसकी सहायता करे। यह सहायता परामर्श, मार्गदर्शन, एवं पुलिस इमदाद के रूप में हो सकती है। यदि समस्या की प्रकृति ऐसी है जिसमें पुलिस सीधे कार्यवाही नहीं कर सकती है, तो मुकदमा दर्ज कर लिया जाना चाहिए। इस प्रकार की घटनाओं को संज्ञेय अपराध कहा जाता है। अपराध की घटनाएं दो तरह की होती हैं, संज्ञेय और असंज्ञेय। संज्ञेय अपराधों को रोजनामचे में दर्ज कर तफ्तीश करती है। असंज्ञेय आपराधिक घटनाओं को रोजनामचे में दर्ज किया जाकर फरियादी को अदालत में सीधे कार्यवाही के लिए परामर्श किया जाता है। कुछ प्रकरणों में पुलिस अदालत में शिकायत भी दर्ज कर सकती है। जिन मामलों में पुलिस ने मुकदमे दर्ज किए हैं, इन सब में नागरिकों का यह अधिकार है कि उनसे संबंधित प्रकरणों में तत्काल, तटस्थ एवं शीघ्र कार्यवाही अमल में लाई जाकर दोषी व्यक्तियों को कानून के हवाले किया जाए। नागरिकों का यह भी अधिकार है कि उन्हें शीघ्र, सुलभ एवं सस्ता न्याय मिले। न्यायिक प्रक्रिया को शीघ्र और प्रभावी बनाने में पुलिस की कारगर भूमिका होती है। गवाहों को गवाही एवं न्यायिक प्रक्रिया के लिए उपलब्ध करवाने का दायित्व पुलिस का होता है। अपने इस दायित्व का निर्वाह कर पुलिस नागरिकों के शीघ्र न्याय प्राप्त करने के नागरिक अधिकार को व्यावहारिक बना सकती हैं।

शांति व्यवस्था, सुरक्षा, मानव अधिकार व पुलिस

चाहे शान्तिभंग होने की स्थिति हो या फिर अपराध घटित होने की संभावना, दोनों ही स्थितियों में आम नागरिक का यह अधिकार है कि उन्हें इन स्थितियों से बचाया जाए। साथ ही अपराधों की रोकथाम कर समाज में शांति एवं व्यवस्था की स्थापना भी की जाएं। नागरिकों के इन अधिकारों की रक्षा करना पुलिस का बुनियादी दायित्व है। फरियादियों और आम नागरिकों के अधिकारों की रक्षा करके तथा उनके अधिकारों पर हो रहे अतिक्रमणों एवं हमलों से उन्हें बचाव देकर पुलिस नागरिकों के अधिकारों की रक्षा कर सकती है और उनकी सच्ची मित्र बन सकती है।

अपराधी के मानव अधिकार व पुलिस

फरियादी के अलावा नागरिक मुल्जिम की हैसियत में भी पुलिस के संपर्क में आते हैं। पुलिस अभिरक्षा के लिए गए व्यक्तियों के भारत में सुपरिभाषित अधिकार है। न्यायालय समय-समय पर इस संबंध में दिशा निर्देश भी जारी करते रहे हैं। माननीय उच्चतम न्यायालय ने पुलिस अभिरक्षा के लिए गए नागरिकों के अधि कारों के बारे में विस्तार से चर्चा की है। देश के सर्वोच्च न्यायालय के निर्णयानुसार अपराधी एवं पुलिस अभिरक्षा में लिए गए नागरिकों के निम्नांकित अधिकार है :

पुलिस को नागरिकों को गिरफ्तार करने एवं उनकी स्वतंत्रता पर सार्वजनिक हित में रोक लगाने का अधिकार है। पुलिस को इस अधिकार का प्रयोग पूरे संयम एवं नियंत्रण के साथ करना चाहिए क्योंकि उनका यह कार्य नागरिकों के मूल अधिकारों पर अंकुश लगाता है। इसी प्रकार जमानत पर रिहा करने, घर की तलाशी, व्यक्तिगत तलाशी एवं पूछताछ जैसे अनेक ऐसे पुलिस दायित्व हैं जिनका निर्वाह प्रकारान्तर में नागरिकों के अधिकारों पर अंकुश लगाता है। अतः यह जरूरी है कि पुलिस पूरी संजीदगी, शालीनता एवं विवेक से इन दायित्वों का निर्वाह करें, जिससे वे नागरिकों के अधिकारों के हनन के आरोपों से बच सकें।

भारत और उसके पड़ोसी देश

पड़ोसी देशों के साथ संबंध भारत की विदेश नीति का केन्द्रीय तत्त्व रहा है। हमारा मानना है कि शांतिपूर्ण परिवेश से हमें विकास के अनिवार्य कार्यों पर ध्यान केन्द्रित करने में मदद मिलेगी। यह भी स्पष्ट है कि एक स्थिर एवं समृद्ध दक्षिण एशिया से भारत की समृद्धि में भी योगदान मिलेगा। भारत की नीति न केवल द्विपक्षीय तौर पर बल्कि **सार्क तंत्र** के जरिए भी मैत्री के क्षेत्रों को मजबूत बनाने और अपने पड़ोसी देशों की सुरक्षा और हित कल्याण को बढ़ावा देने की रही है। भारत यह भी मानता है कि इस नजरिए से पड़ोसी देशों को अपनी-अपनी राष्ट्रीय प्राथमिकताओं को आगे बढ़ाने के लिए व्यापक रूपरेखा मिलती है।

नई सरकार ने दी नई दिशा

26 मई, 2014 को जब नरेन्द्र मोदी के नेतृत्व में नई सरकार शपथ ले रही थी तो उस समय वहाँ सभी सार्क देशों के तत्कालीन प्रमुख उपस्थित थे। यह इस बात का द्योतक था कि नई सरकार अपने पड़ोसी देशों को कितना महत्त्व देती है।

भारत के कुल 17 राज्य पड़ोसी देशों की सीमाओं से लगते हैं। भारत के 7 पड़ोसी देश हैं, जिनकी सीमाएं भारत से लगती हैं : चीन, पाकिस्तान, नेपाल, बांग्लादेश, भूटान, अफगानिस्तान और म्यांमार। श्रीलंका और मालदीव के साथ भी भारत के संबंध पड़ोसी देशों जैसे ही हैं, लेकिन इनके साथ हमारी प्रत्यक्ष सीमाएँ नहीं लगती हैं।

पड़ोसी देशों के साथ भारत के संबंध

- **नेपाल :** भारत और नेपाल के बीच संबंधों की जड़ें हमारी साझी विरासत, सभ्यता, संस्कृति तथा आपसी संपर्कों में छिपी हैं। भारत सरकार इन संबंधों को निरंतर संवर्द्धित तथा विस्तारित करती रहती है। भारत नेपाल का सबसे बड़ा व्यापारिक भागीदार है। नेपाल का लगभग 60% व्यापार भारत के साथ होता है और कुल विदेशी प्रत्यक्ष निवेश का लगभग 48% भारत से आता है। नेपाल जाने वाले पर्यटकों में से लगभग 40% भारत के होते हैं और 5 मिलियन से अधिक नेपाली भारत में कार्यरत हैं। भारत और नेपाल के विकास सहयोग में बुनियादी ढांचा, जल संसाधन, मानव संसाधन, स्वास्थ्य, विद्युत, नागर विमानन, पर्यटन तथा कृषि जैसे क्षेत्र शामिल हैं। दोनों देशों के बीच कई परियोजनाओं पर काम चल रहा है, जिनमें भारत ने निवेश किया हुआ है।
- **बांग्लादेश :** भारत और बांग्लादेश के बीच फिलहाल प्रगाढ़ संबंध हैं। प्रगतिशील एवं व्यावहारिक नज़रिए पर आधारित ये संबंध संप्रभुता, समानता, मैत्री, आस्था एवं विश्वास के प्रति पारस्परिक वचनबद्धता की पुष्टि करते हैं। यह वचनबद्धता भारत तथा बांग्लादेश के लोगों के पारस्परिक लाभ के लिए है और इस क्षेत्र की सामूहिक समृद्धि के लिए उपयोगी है। बांग्लादेशी सामानों पर भारत में कोई शुल्क नहीं लगता और इससे बांग्लादेश में आर्थिक परिदृश्य काफी हद तक बदला भी है। दोनों देशों के बीच के लिए आवश्यक है कि बांग्लादेश के साथ व्यापक भागीदारी का निर्माण कर और उसे कायम रखा जाए।
- **भूटान :** भारत और भूटान के बीच संबंध पारस्परिक विश्वास और समझबूझ पर आधारित हैं। दोनों देशों के बीच सामरिक हितों के संबंध में साझी समझ है और सुरक्षा मुद्दों तथा सीमा प्रबंधन पर घनिष्ठ सहयोग है। हाल में चीन के साथ हुए डोकलाम विवाद के दौरान यह सहयोग देखने को भी मिला, जब चीन के इरादों पर दोनों देशों ने संयुक्त रूप से आपत्ति जताई थी। भूटान यह सुनिश्चित करता है कि उसके क्षेत्रों का उपयोग भारतीय हितों के प्रतिकूल कार्य करने वाली ताकतों को नहीं करने दिया जाएगा। भारत भूटान का सबसे बड़ा व्यापार और विकास भागीदार है तथा भूटान के लिए आवश्यक अधिकांश अनिवार्य वस्तुओं की आपूर्ति का स्रोत भी है। भूटान में जलविद्युत् विकास द्विपक्षीय सहयोग का मूलाधार रहा है। यह एक ऐसी भागीदारी है जिससे दोनों ही देशों के लिए लाभ की स्थिति बनती है। पनबिजली परियोजनाओं से उत्पादित अधिकांश विद्युत का निर्यात भारत में किया जाता है और इसे भूटान को निरंतर राजस्व प्राप्त होता है तथा भारत को स्वच्छ बिजली की आपूर्ति सुनिश्चित होती है।
- **म्यांमार :** म्यांमार आसियान का एकमात्र ऐसा देश है जिसके साथ हमारी ज़मीनी सीमा लगती है। यह हमारे लिए आसियान का प्रवेश द्वार है। भारत की **एक्ट ईस्ट नीति** के तहत सबसे पहले हमारी नज़र म्यांमार पर ही जाती है। दोनों देशों के बीच संस्कृति, भाषा, व्यापार और परंपरा के संबंध हैं जो म्यांमार को हमारे पूर्वोत्तर क्षेत्र के साथ जोड़ते हैं। म्यांमार के साथ भारत की सीमाओं पर शांति और स्थायित्व बना रहता है। भारत विभिन्न अवसंरचना विकास तथा सहयोग परियोजनाओं पर म्यांमार के साथ मिलकर काम कर रहा है। इनमें सड़क, जलमार्ग, बिजली, स्वास्थ्य, शिक्षा और औद्योगिक प्रशिक्षण, दूरसंचार तथा अन्य क्षेत्र शामिल हैं। इसके अलावा इस दशक के अंत तक दक्षिण पूर्व एशिया के लिए प्रत्यक्ष संपर्क व्यवस्था आसान हो जाने की संभावना है, जिससे व्यापार, पर्यटन एवं आपसी संपर्क को बढ़ावा मिलेगा।
- **श्रीलंका :** श्रीलंका के साथ भारत के संबंध साझे ऐतिहासिक, सांस्कृतिक, जातीय एवं सभ्यता मूलक संपर्कों तथा परस्पर संपर्कों के गहन क्रियाकलापों पर आधारित हैं। ये संबंध बहुफलकीय एवं विविधतापूर्ण हैं, जिसमें समसामयिक प्रासंगिकता के सभी क्षेत्र शामिल हैं। इसमें संपर्क व्यवस्था, शिक्षा, मानव संसाधन विकास एवं संस्कृति तथा बेहतर आर्थिक कार्यकलाप शामिल हैं। भारत और श्रीलंका के बीच ठोस व्यापार और निवेश संबंध हैं तथा इस दशक के दौरान द्विपक्षीय व्यापार में पर्याप्त वृद्धि हुई है। फिलहाल श्रीलंका दक्षिण एशिया में भारत का सबसे बड़ा व्यापार भागीदार है। विदेशी प्रत्यक्ष निवेश और पर्यटकों के संबंध में भी भारत सबसे बड़ा स्रोत बनकर उभरा है। इसके अलावा तमिल विस्थापकों के लिए विभिन्न प्रकार की सहायता परियोजनाओं में पारिवारिक राहत पहुँचाना, आपातकालीन

चिकित्सा सहायता उपलब्ध कराना, आवासन, बारूदी सुरंगों को हटाना, कृषि का विकास, अवसंरचना विकास तथा रेलवे, बंदरगाहों, स्कूलों एवं अस्पतालों की मरम्मत एवं उन्नयन शामिल है। भारत शिक्षा, स्वास्थ्य, परिवहन व्यवस्था, लघु एवं मझोले उपक्रम विकास तथा श्रीलंका के विभिन्न भागों में प्रशिक्षण कार्यों में अनुदान वित्त पोषण के जरिए भी शामिल रहा है।

- **मालदीव :** हिंद महासागर में बसा मालदीव सामरिक दृष्टि से भारत के लिये बेहद महत्त्वपूर्ण है। यही कारण है कि चीन यहाँ लगातार ऐसी रणनीतियों पर काम कर रहा है, जो भार के सामरिक हितों के विपरीत हैं। भारत और मालदीव के बीच मैत्री और सहयोग के घनिष्ठ संबंध हैं, लेकिन वर्तमान में चीन इस द्वीपीय देश में बड़े पैमाने पर निवेश कर रहा है, जिसने भारत की चिंताओं में इजाफा किया है। फिर भी दोनों देशों के बीच आतंकवाद, मादक पदार्थों की तस्करी, आपदा प्रबंधन तथा तटीय सुरक्षा, सज़ायाफ्ता व्यक्तियों के अंतरण पर घनिष्ठ सहयोग है। दोनों देशों के बीच कई परियोजनाओं पर काम चल रहा है, जिनमें भारत ने निवेश किया हुआ है। इसके अलावा भारत स्वास्थ्य, शिक्षा, मानव संसाधन विकास, अवसंरचना विकास, क्षमता निर्माण इत्यादि जैसे क्षेत्रों में मालदीव को आर्थिक एवं तकनीकी सहायता उपलब्ध कराता रहा है।

चीन और पाकिस्तान

- भारत की नीति अपने निकटतम पड़ोसियों चीन और पाकिस्तान के साथ भी दोस्ताना संबंध कायम करने की है, लेकिन दोनों ही भारत के प्रति ऐसा नज़रिया नहीं रखते।
- चीन भारत को चारों ओर से घेरने की नीति पर काम कर रहा है और उसने म्यांमार, बांग्लादेश और श्रीलंका के साथ हाल ही में अपने सामरिक और आर्थिक संबंधों का विस्तार किया है।
- मालदीव बेशक भारत का पड़ोसी देश नहीं है, लेकिन चीन ने उसके साथ हाल ही में मुक्त व्यापार समझौता कर भारत की चिंताएँ बढ़ा दी हैं।
- अब नेपाल में जो कम्युनिस्ट सरकार बनने जा रही है, उसके बारे में सर्वविदित है कि उसका झुकाव चीन के प्रति अधिक होगा।
- चीन की नीति वैसे भी भारत के साथ तनाव को कम करने की नहीं रही है, बल्कि वह आक्रामक तेवर दिखाकर दबाव बनाने का काम अधिक करता है।

क्यों दूर हो रहे हैं हमारे पड़ोसी देश?

- अपने सामरिक और आर्थिक लाभ के लिए चीन हर हाल में दक्षिण एशिया में अपने पैर जमाना चाहता है।
- यह भी एक कड़वा सच है कि भारत उसे ऐसा करने से रोक भी नहीं सकता और न ही हमारे पड़ोसी देश ऐसा चाहते हैं।
- चीन से उन्हें भारी मात्रा में आर्थिक सहायता मिल रही है और चीन ने हमारे पड़ोसी देशों की विकास परियोजनाओं में भारी निवेश भी किया हुआ है।
- भारत के पड़ोसी देशों की अंदरूनी राजनीति का भी उनका चीन के निकट जाने में बड़ा हाथ है। देखा यह गया है कि इन देशों में जो भी विरोधी दल होता है, उसका रवैया प्राय: भारत विरोधी होता है और इसी का लाभ चीन उठाता रहा है तथा उठाता रहेगा।
- चीन ने अपनी वित्तीय एवं सामरिक ताकत के बल पर तथा मुक्तहस्त निवेश कर भारत के पड़ोस में अपना मजबूत प्रभाव जमा लिया है, जो हमारी विदेश नीति के उद्देश्यों की राह में बाधक बन रहा है।

महत्त्वपूर्ण तथ्य

- सिक्किम, अरुणाचल प्रदेश लद्दाख और पश्चिम बंगाल तीन देशों के साथ सीमा साझा करते हैं।
- लद्दाख, पाकिस्तान, अफगानिस्तान और चीन के साथ सीमा साझा करता है।
- सिक्किम पूर्व में भूटान, पश्चिम में नेपाल, उत्तर में चीन के साथ सीमा साझा करता है।
- अरुणाचल प्रदेश पूर्व में म्यांमार, पश्चिम में भूटान और उत्तर में चीन के साथ सीमा साझा करता है।
- पश्चिम बंगाल उत्तर में नेपाल, पूर्व में बांग्लादेश, उत्तर-पूर्व में भूटान के साथ सीमा साझा करता है।
- त्रिपुरा बांग्लादेश से तीन दिशाओं (उत्तर, दक्षिण और पश्चिम) में घिरा हुआ है। इसका कुल सीमा का क्षेत्र का 84 की सदी (856 किमी.) क्षेत्र अंतर्राष्ट्रीय सीमा के रूप में है।

❑❑❑

अध्याय **18**

उत्तर प्रदेश की शिक्षा एवं संस्कृति

केंद्रीय विश्वविद्यालय (सामान्य शिक्षा)	
• बनारस हिन्दू वि.वि., वाराणसी	1916
• अलीगढ़ मुस्लिम वि.वि., अलीगढ़ (1975 से)	1921
• डॉ. भी. अम्बेडकर वि.वि., लखनऊ (इसकी एक सेटेलाइट शाखा टीकरमाफी, अमेठी में है) (1996 से)	1989
• प्रयागराज वि.वि., प्रयागराज (2005 से केंद्रीय)	1887
केंद्रीय विश्वविद्यालय (अन्य)	
• राजीव गाँधी राष्ट्रीय विमानन वि.वि., रायबरेली	2013
• रानी लक्ष्मीबाई केंद्रीय कृषि वि.वि., झाँसी	2014
केंद्रीय विश्वविद्यालय (सामान्य शिक्षा)	
• लखनऊ वि.वि., लखनऊ	1921
• डॉ. भीमराव अम्बेडकर वि.वि., आगरा	1927
• पं दीनदयाल उपाध्याय वि.वि., गोरखपुर	1957
• सम्पूर्णानन्द संस्कृत वि.वि., वाराणसी	1958
• छत्रपति साहूजी महाराज वि.वि., कानपुर	1965
• चौधरी चरण सिंह वि.वि., मेरठ	1965
• महात्मा गाँधी काशी विद्यापीठ, वाराणसी	1974
• मैथिलीशरण गुप्त बुन्देलखंड वि.वि., झाँसी	1975
• डॉ. राममनोहर लोहिया अवध वि.वि., अयोध्या	1975
• महा. ज्योतिबा फुले रूहेलखंड वि.वि., बरेली	1975
• बीर बहादुर सिंह पूर्वांचल वि.वि., जौनपुर	1987
• डॉ. राम मनोहर लोहिया राष्ट्रीय विधि वि.वि., लखनऊ 1957	
• ख्वाजा मोइनुद्दीन चिश्ती उर्दू, अरबी-फारसी विश्वविद्यालय, लखनऊ	2010
• सिद्धार्थ वि.वि., सिद्धार्थनगर	2015
• प्रयाग वि.वि., प्रयागराज	2016
राजकीय डीम्ड विश्वविद्यालय	
• दयालबाग एजुकेशनल इंस्टीट्यूट, आगरा	1981
विशेष राजकीय विश्वविद्यालय	
• गौ.बु. वि.वि., गौतम बुद्ध नगर	2002
• उ.प्र. विकलांग उद्धार डॉ. शकुन्तला मिश्रा राष्ट्रीय पुनर्वास वि. वि., लखनऊ	2009

कृषि विश्वविद्यालय	
• चन्द्रशेखर आजाद कृषि एवं प्रौद्योगिकी वि.वि., कानपुर	1957
• आचार्य नरेन्द्रदेव कृषि एवं प्रौद्योगिकी वि.वि., अयोध्या	1958
• सरदार वल्लभभाई पटेल कृषि वि.वि., मेरठ	2000
• सैम हिगिनबॉटम इंस्टीट्यूट ऑफ एग्रीकल्चर	
टेक्नोलॉजी एंड साइंसेज वि.वि. नैनी/प्रयागराज (दिसंबर, 2016 से राज्य वि.वि.)	2000
• बांदा कृषि एवं प्रौद्योगिकी वि.वि., बांदा	2010
राज्य विधि द्वारा निर्मित पशु चिकित्सा वि. वि.	
• पं. दीनदयाल उपाध्याय पशु चिकि. विज्ञान	2001
राज्य विधि द्वारा निर्मित चिकित्सा वि. वि.	
• किंग जॉर्ज मेडिकल वि.वि., लखनऊ	2002
• उ.प्र. आयुर्विज्ञान वि.वि., सैफई (इटावा)	2016
राज्य विधि द्वारा निर्मित तकनीकी वि. वि.	
• डॉ. ए.पी.जे. अब्दुल कलाम टेक्निकल यूनिवर्सिटी, लखनऊ	2000
• म.मो.मा. प्रौद्योगिकी वि.वि., गोरखपुर	2013
• एच.बी.टी.आई वि.वि , कानपुर	2016
अन्य डीम्ड वि. वि.	
• पशुचिकित्सा अनुसंधान संस्थान इज्जतनगर, बरेली	1983
• संजय गाँधी स्नातकोत्तर आयुर्विज्ञान संस्थान, लखनऊ	1983
• केंद्रीय उच्च तिब्बती शिक्षा संस्थान, सारनाथ (वाराणसी)	1989
• भातखंडे हिन्दुस्तानी संगीत महाविद्यालय, लखनऊ	2001
• राष्ट्रीय सूचना प्रौद्योगिकी संस्थान, प्रयागराज	2002
• केंद्रीय हिन्दी शिक्षण मंडल, आगरा	2008
• नेहरू ग्राम भारती वि.वि., जमुनीपुर (प्रयागराज)	2008
राज्य उच्च शिक्षा निदेशालयाधीन निजी वि. वि.	
• इंटीग्रल विश्वविद्यालय, लखनऊ	2004
• एमिटी वि.वि. नोएडा, गौतमं बुद्ध नगर	2005
• मोहम्मद अली जौहर वि.वि., रामपुर	2006
• मंगलायतन विश्वविद्यालय, अलीगढ़	2006
• स्वामी विवेकानन्द सुभारती वि.वि., मेरठ	2008
• तीर्थंकर महावीर वि.वि., मुरादाबाद	2008
• शारदा विश्वविद्यालय, ग्रेटर नोएडा	2009
• श्री वेंक्टेश्वर वि.वि. गजरौला, अमरोहा	2010

• बाबू बनारसी दास वि.वि., लखनऊ	2010
• नोएडा इंटरनेशनल यूनिवर्सिटी ग्रे.नो.गौ.बु.न.	2010
• मोनाड विश्वविद्यालय, हापुड़	2010
• आईएफटीएम विश्वविद्यालय, मुरादाबाद	2010
• जी.एल.ए. विश्वविद्यालय, मथुरा	2010
• इन्वर्टिस विश्वविद्यालय, बरेली	2010
• रामा विश्वविद्यालय रूमाक्षेत्र, कानपुर	2011
• गलगोटियाज विश्वविद्यालय, ग्रेटर नोएडा	2011
• शिवनादर वि.वि. दादरी, गौ.बु.नगर	2011
• रामस्वरूप मेमोरियल वि.वि., बाराबंकी	2012
• द ग्लोबल यूनिवर्सिटी, सहारनपुर	2012
• शोभित विश्वविद्यालय, सहारनपुर	2012
• जे.पी. वि.वि. अनूपशहर, बुलंदशहर	2014
• जे.एस. वि.वि., शिकोहाबाद	2015
• यूनाइटेड वि.वि., प्रयागराज	2015
• बेनेट वि.वि., ग्रेटर नोएडा	2016
• आई.आई.एम.टी.वि.वि., मेरठ	2016
• एरा विश्वविद्यालय, लखनऊ	2016
कुछ अन्य निजी विश्वविद्यालय	
• महर्षि सूचना प्रौद्योगिकी वि.वि., लखनऊ	2001
• जगद्गुरु रामभद्राचार्य विकलांग वि.वि., चित्रकूट	2001

प्रदेश के प्रमुख शिक्षण, शोध संस्थान एवं नक्षत्रशाला	
केंद्रीय विश्वविद्यालय	1. अलीगढ़ मुस्लिम विश्वविद्यालय (अलीगढ़)
	2. बनारस हिन्दू विश्वविद्यालय (वाराणसी)
	3. प्रयागराज विश्वविद्यालय (प्रयागराज)
	4. बाबा साहेब भीमराव अंबेडकर विश्वविद्यालय (लखनऊ)
	5. राजीव गाँधी केंद्रीय उड्डयन विश्वविद्यालय (फुरसतगंज)
	6. इंदिरा गाँधी राष्ट्रीय महिला विश्वविद्यालय (रायबरेली)
राष्ट्रीय संस्थान	1. IIT-कानपुर, 2. IIT-बीएचयू, 3. IIT- प्रयागराज, 4. मोतीलाल नेहरू राष्ट्रीय प्रौद्योगिकी संस्थान (NIT)- प्रयागराज, 5. IIM- लखनऊ, 6. AIIMS- रायबरेली, 7. AIIMS- गोरखपुर
अन्य विश्वविद्यालय	1. सरदार वल्लभभाई पटेल कृषि एवं प्रौद्योगिकी विश्वविद्यालय - मेरठ
	2. ख्वाजा मोइनुद्दीन चिश्ती उर्दू-अरबी-फारसी विश्वविद्यालय - लखनऊ
	3. मंगलायतन विश्वविद्यालय - अलीगढ़
	4. तीर्थंकर महावीर विश्वविद्यालय - मुरादाबाद
	5. संपूर्णानंद संस्कृत विश्वविद्यालय - वाराणसी
	6. उत्तर प्रदेश विकलांग उद्धार डॉ. शंकुतला मिश्रा विश्वविद्यालय - लखनऊ
	7. जगद्गुरु रामभद्राचार्य विकलांग विश्वविद्यालय - चित्रकूट
शोध संस्थान	**लखनऊ**
	♦ नेशनल ब्यूरो ऑफ फिश जेनेटिक रिसोर्सेज
	♦ भारतीय गन्ना अनुसंधान संस्थान
	♦ इंडियन टेक्नोलॉजिकल रिसर्च सेंटर
	♦ भारतीय विष विज्ञान अनुसंधान संस्थान
	♦ बीरबल साहनी इस्टीट्यूट ऑफ पैलियोबॉटनी
	कानपुर
	♦ राष्ट्रीय चीनी अनुसंधान संस्थान
	♦ भारतीय दलहन अनुसंधान संस्थान
	वाराणसी ♦ भारतीय हैंडलूम प्रौद्योगिकी संस्थान
	नोएडा
	♦ फुटवियर डिजाइन एंड डेवलपमेंट इंस्टीट्यूट
	♦ वी.वी. गिरि राष्ट्रीय श्रम संस्थान
नक्षत्रशाला	1. इंदिरा गाँधी नक्षत्रशाला - लखनऊ
	2. जवाहर नक्षत्रशाला - आनंद भवन, प्रयागराज
	3. वीर बहादुर सिंह नक्षत्रशाला - गोरखपुर
	4. डॉ. भीमराव अंबेडकर नक्षत्रशाला - रामपुर
डीम्ड विश्वविद्यालय	1. दयालबाग एजुकेशनल इन्स्टीट्यूट, आगरा-1981
राजकीय मुक्त विश्वविद्यालय :	1. राजर्षि पुरुषोत्तम दास टंडन मुक्त विश्वविद्यालय, प्रयागराज-1998
विशेष राजकीय विश्वविद्यालय	1. गौतम बुद्ध औद्योगिक विश्वविद्यालय, गौतम बुद्ध नगर-2002
	2. उत्तर प्रदेश विकलांग उद्धार डॉ. शकुन्तला मिश्रा विश्वविद्यालय, लखनऊ-2009
कृषि विश्वविद्यालय	1. चन्द्रशेखर आजाद कृषि एवं प्रौद्योगिकी विश्वविद्यालय, कानपुर-1975
	2. आचार्य नरेन्द्र देव कृषि एवं प्रौद्योगिकी विश्वविद्यालय, अयोध्या-1976
	3. सरदार वल्लभभाई पटेल कृषि विश्वविद्यालय, मेरठ-2000
	4. सैम हिगिनबॉटम इंस्टीट्यूट ऑफ एग्रीकल्चर, टेक्नोलॉजी एण्ड साइंसेज (डीम्ड विश्वविद्यालय) नैनी, प्रयागराज-2000
	5. कांशीराम कृषि एवं प्रौद्योगिकी विश्वविद्यालय, बांदा-2010

राज्य विधि द्वारा निर्मित पशु चिकित्सा विश्वविद्यालय	1. पं. दीनदयाल उपाध्याय पशु चिकित्सा विज्ञान विश्वविद्यालय एवं गौ अनुसंधान संस्थान, मथुरा-2001
राज्य विधि द्वारा निर्मित चिकित्सा विश्वविद्यालय	1. किंग जॉर्ज मेडिकल विश्वविद्यालय, लखनऊ-2002
	2. उत्तर प्रदेश आयुर्विज्ञान विश्वविद्यालय सैफई, इटावा-2016
राज्य विधि द्वारा निर्मित तकनीकी विश्वविद्यालय	1. डॉ. एपीजे अब्दुल कलाम टेक्निकल विश्वविद्यालय, लखनऊ-2000
	2. मदन मोहन मालवीय प्रौद्योगिकी विश्वविद्यालय, गोरखपुर-2013
	3. हरकोर्ट बटलर प्राविधिक विश्वविद्यालय, कानपुर-2016
अन्य डीम्ड विश्वविद्यालय	1. पशु चिकित्सा अनुसंधान संस्थान इज्जतनगर, बरेली-1983
	2. संजय गाँधी स्नातकोत्तर आयुर्विज्ञान संस्थान, लखनऊ-1983
	3. केंद्रीय उच्च तिब्बती शिक्षा संस्थान, सारनाथ, वाराणसी-1989
	4. भातखंडे हिन्दुस्तानी संगीत महाविद्यालय, लखनऊ-2001
	5. राष्ट्रीय सूचना प्रौद्योगिकी संस्थान, प्रयागराज-2002
	6. केंद्रीय हिन्दी शिक्षण मण्डल, आगरा-2008
	7. नेहरू ग्राम भारतीय विश्वविद्यालय, जमुनीपुर, प्रयागराज-2008

उत्तर प्रदेश शैक्षिक व्यवस्था

• प्राथमिक, माध्यमिक व उच्चतर शिक्षा के अलग-अलग निदेशालय का गठन	1972
• राज्य शैक्षिक अनुसंधान एवं प्रशिक्षण परिषद	1981
प्रयागराज	
• माध्यमिक शिक्षा चयन बोर्ड (1982)	प्रयागराज
• प्रदेश में सामान्य शिक्षा हेतु केंद्रीय विश्वविद्यालय संचालित हैं	4
• प्रदेश का सबसे पुराना (1887) विश्वविद्यालय है	प्रयागराज विश्वविद्यालय
• एशिया का सबसे बड़ा आवासीय विश्वविद्यालय	बीएचयू (1916)
• प्रदेश में राज्य सरकार के अधीन कृषि विश्वविद्यालय है	5
• प्रदेश में सर्वाधिक विश्वविद्यालय वाला जिला है	लखनऊ
• प्रदेश सरकार का एकमात्र मुक्त विश्वविद्यालय (1998)	राजर्षि टंडन मुक्त विश्वविद्यालय, प्रयागराज
• प्रदेश में दिव्यांग विश्वविद्यालय	2 (लखनऊ, चित्रकूट)
• प्रदेश सरकार का एकमात्र दिव्यांग विश्वविद्यालय है	लखनऊ (2009)
योजना/परियोजना	
• सर्वशिक्षा (अभियान चलो) अभियान (सभी को शिक्षा, सभी को ज्ञान)	2001-02 से
• प्राथमिक स्कूलों में नामांकन वृद्धि हेतु अनुपूरक पोषाहार की मिड डे मील योजना	1995 से
• शिक्षा के सार्वभौमीकरण व अध्यापक-छात्र अनुपात बनाये रखने हेतु शिक्षा मित्र योजना	2000-01 से
• शैक्षिक दृष्टि से पिछड़े ब्लॉकों में बालिका शिक्षा हेतु कस्तूरबा गाँधी बालिका विद्यालय योजना	2004 से
• केंद्र व राज्य के 75:25 की भागीदारी पर साक्षर भारत अभियान	सिसंबर 2009 से
• राष्ट्रीय माध्यमिक शिक्षा अभियान	मार्च 2009 से
• केंद्र द्वारा पारित शिक्षा अधिकार अधिनियम, 2009 को राज्य में लागू किया गया	जुलाई 2011 में
• प्रदेश के चित्रकला विकास में ग्राफिक विद्या की शुरुआत की	ललित मोहन सेन ने
• चमन सिंह ने चित्र व मूर्ति कला पर पुस्तकें लिखीं	50 से अधिक

उत्तर प्रदेश की कला एवं संस्कृति : एक दृष्टि में

प्रदेश में संस्कृति विभाग की स्थापना की गई	1957 में
प्रदेश के प्रमुख सांस्कृतिक क्षेत्र	ब्रज, अवध, बुंदेलखंड, रूहेलखंड तथा भोजपुरी क्षेत्र
प्रदेश में स्थापत्य कला के प्राचीनतम (मौर्यकालीन) नमूने प्राप्त होते हैं	सारनाथ, कौशांबी, कुशीनगर आदि स्थानों से
मंदिर निर्माण कला का विकास हुआ	गुप्त काल में
गुप्तकालीन मंदिरों के साक्ष्य मिलते हैं	देवगढ़ (झाँसी), भीतरगाँव (कानपुर) तथा भीतरी (गाजीपुर) से
मध्यकाल में स्थापत्य की दो प्रमुख शैलियाँ	शर्की और मुगल (आगरा) शैली

शर्की शैली का सर्वोत्कृष्ट नमूना	अटाला मस्जिद (जौनपुर)
मुगल शैली का सर्वोत्कृष्ट नमूना	ताजमहल
आधुनिक स्थापत्य कला की प्रमुख शैली है	लखनऊ शैली
लखनऊ शैली का विशुद्ध नमूना है	बड़े इमामबाड़े का हॉल
लखनऊ में प्रथम कला एवं शिल्प महाविद्यालय की स्थापना की गई	1911 में
भारतीय कला परिषद (वाराण.) की स्थापना की गई	1920 में
भारतीय कला भवन (वाराण.) की स्थापना की गई	1950 में
चित्रकला के प्राचीनतम नमूने मिलते हैं	मिर्जापुर-सोनभद्र के सोनकढ़ा व लखनिया दरी, मानिकपुर, जोगीमारा, होशंगाबाद, रायगढ़ आदि स्थलों के शैलों पर व गुफाओं में
मध्यकाल की प्रमुख चित्रकला शैलियाँ	मुगल (आगरा), मथुरा (ब्रज) तथा बुंदेली शैली
मुगल चित्रकला शैली की नींव रखी	हुमायूँ ने
मुगल चित्रकला शैली का स्वर्णकाल	जहाँगीर काल
काशी नरेश के संरक्षण में विकसित चित्रकला शैली	अपभ्रंश तथा कंपनी शैली
आधुनिक चित्रकला की प्रमुख शैलियाँ	वाश-टेम्पा या लखनऊ शैली
लखनऊ चित्रकला शैली के जनक हैं	असित कुमार हालदार
प्रदेश के चित्रकला विकास में ग्राफिक विद्या की शुरुआत की	ललित मोहन सेन ने
चमन सिंह ने चित्र व मूर्ति कला पर पुस्तकें लिखीं	50 से अधिक

शास्त्रीय गायन/वादन

मध्यकाल के प्रमुख संगीतकार	स्वामी हरिदास, कश्यप, शार्दुल, दत्तिल, मातंगम, अभिनवगुप्त, हरिपाल, अमीर खुसरो, अदारंग, सदारंग, वाजिद अली शाह, तानसेन, बैजू बावरा हुसैन शर्की आदि।
ईरानी-फारसी व भारतीय रागों का मिश्रण किया	अमीर खुसरो ने
कव्वाली, तराना, कौलकल्वाना आदि शैलियों की खोज की	अमीर खुसरो ने
तबला व सितार का आविष्कार किया	अमीर खुसरो ने
मंदिरों में संगीतबद्ध अर्चना पद्धति की शुरुआत की	वल्लभाचार्य ने
प्रसिद्ध संगीतज्ञ, भक्त स्वामी हरिदास की संगीतबद्ध रचनाएँ हैं	श्रीकेलिमाल व अष्टादश पद
स्वामी हरिदास जी रहते थे	निधिवन, वृन्दावन में
स्वामी हरिदास का जन्म हुआ था	हरिदासपुर, अलीगढ़
ध्रुपद-धमार राग का प्रवर्तन किया	स्वामी हरिदास ने
कृष्ण भक्त स्वामी हरिदास प्रसिद्ध हैं	ध्रुपद गायन के लिए
तानसेन, बैजू, गोपाल आदि 8 शिष्य थे	स्वामी हरिदास के
अकबर के दरबारी तानसेन (ग्वालियर) पारंगत थे	ध्रुपद शैली, राग दीपक व वीणा वादन में
बैजू बावरा या बैजनाथ (गुजरात) पारंगत थे	राग मेघ में
तानसेन के दामाद हाजी सुल्तान ने नया रूप दिया	ख्याल गायकी को
जौनपुर का वह सुल्तान जिसने बड़े ख्याल का प्रवर्तन किया	सुल्तान हुसैन शर्की
प्रदेश के प्रमुख संगीत घराने	आगरा, लखनऊ, वाराणसी, सहारनपुर, रामपुर, किराना (मुजफ्फर नगर), अतरौली (अलीगढ़) एवं खुर्जा (अलीगढ़) घराना आदि।
संगीत की दृष्टि से लखनऊ घराने का स्वर्णकाल	वाजिद अली शाह का काल
आधुनिक शास्त्रीय गायन का पिता माना जाता है	उस्ताद फैयाज खाँ को
आफताब-ए-मौसीकी (संगीत के सूर्य) की उपाधि दी गई है	उस्ताद फैयाज खाँ को

वाजिद अली शाह के काल में काफी लोकप्रिय हुआ	ठुमरी
लखनऊ के मियाँ गुलाम नबी शौरी ने प्रवर्तन किया	टप्पा शैली का
वाजिद अली शाह ने ठुमरी की बंदिशें तैयार कीं	'अख्तर पिया' उपनाम से
वाजिद अली शाह के दरबार में रहते थे	बिंदादीन (कथक) व कोदऊ सिंह (पखावजी)
कथक नृत्य में ठुमरी गायन का समावेश किया	अवध के बिंदादीन ने
शाहजहाँपुर व इटावा (गौरीपुर) घराना प्रसिद्ध है	सरोदवादन के लिए
अजराड़ा (मेरठ) घराना प्रसिद्ध है	तबलावादन के लिए
तबले के लखनऊ घराने का सूत्रपात किया	मोदू व बख्शूर खाँ ने
तबले के वाराणसी घराने का सूत्रपात किया	पं. रामसहाय ने
मोदू खाँ, बख्शूर खाँ, मुन्ने खाँ खलीफा, वाजिद हुसैन खाँ, अशफाक, हीरेन्द्र गाँगुली आदि तबलावादक हैं	लखनऊ घराने के
राम सहाय, जानकी सहाय, दुर्गादास सहाय, कंठे महाराज, किशन महाराज, शारदा सहाय, भैरव प्रसाद, पं. अनोखे लाल, महावीर भट्ट, परतप्पू महाराज, वाचा मिश्र, समता प्रसाद मिश्र उर्फ गुदई महाराज, रामजी मिश्र आदि तबला वादक हैं	बनारस घराने के
अलाउद्दीन खाँ व उनके शिष्य पं. रविशंकर, राजभाव सिंह, कुमार मिश्र आदि सितार वादक हैं	बनारस घराने के
रजा खाँ, गुलाम मुहम्मद, रहीमसेन, इलियास खाँ आदि सितारवादक हैं	लखनऊ घराने के
इटावा घराना भी प्रसिद्ध है	सितार वादन हेतु
शंभू महाराज, पागलदास, महन्त अमरनाथ, मन्नू मिश्र, भोलानाथ आदि पखावज वादक हैं	बनारस घराने के
कोदऊ सिंह, पं. सखाराम, पं. अयोध्या प्रसाद आदि पखावजवादक हैं	लखनऊ घराने के
सादिक अली खाँ सारंगीवादक हैं	लखनऊ घराने के
पं. राम बख्श, गणेशजी, हनुमान मिश्र, गोपाल मिश्र, तमाकू जी, वंशी महाराज, शम्भू नाथ मिश्र, विरई जी आदि सारंगी वादक हैं	बनारस घराने के
बिस्मिल्ला खाँ व मुमताज खान शहनाई वादक हैं	बनारस घराने के
श्रीमती एन. राजम (बनारस घराना), ओंकार नाथ ठाकुर व जी.ए. गोस्वामी (लखनऊ) आदि हैं	वायलिन वादक
दुल्ले खाँ व सखावत हुसैन खाँ (लखनऊ) हैं	सरोद वादक
रघुनाथ सेठ व हरिप्रसाद चौरसिया हैं	बांसुरी वादक (प्रयागराज के)
पं. राम सेवक मिश्र, पं. छन्नू लाल मिश्र, शिवा-पशुपति मिश्र, राजन-साजन मिश्र, अमरनाथ-पशुपतिनाथ मिश्र, धर्मराज मिश्र आदि ध्रुपद व शास्त्रीय ख्याल गायक हैं	बनारस घराने की
छोटी मैना, बड़ी मैना, रसूलबाई, सरस्वती देवी, विद्याधरी देवी, मोती केसर आदि ठुमरी-टप्पा गायिकाएँ हैं	बनारस घराने की
सिद्धेश्वरी देवी, गिरिजा देवी, बागेश्वरी देवी, कृष्णा देवी आदि ठुमरी गायिकाएँ हैं	बनारस घराने की
ठुमरी की पृथ्वी अंग शैली है	बनारस घराने की
इमामबाई, चित्राबाई, अकबर अली खाँ, शादे खाँ आदि टप्पा गायक-गायिकाएँ हैं	बनारस घराने के
प्रसिद्ध नृत्यकार उदयशंकर व गोपीकृष्ण हैं	बनारस घराने के
लखनऊ ख्याल गायकी के पितामह	खुर्शीद अली खाँ
सूरज खाँ, चाँद खाँ, छज्जू खाँ, दुल्ले खाँ, नवाब कासिम अली, गुलाम हुसैन आदि ख्याल गायक हैं	लखनऊ घराने के
चंद्राबाई, जसोबाई, जयसुखा बाई, धन्नोबाई, रहीमनबाई आदि ख्याल गायिकाएँ हैं	लखनऊ घराने की
बेगम अख्तर थीं	गजल व शास्त्रीय गायिका
प्रसिद्ध जरीना बेगम व सुनीता झिंगरन हैं	गजल व शास्त्रीय गायिका
बालकृष्ण बुवा, कपिलेश्वरी, रामभाऊ कुंडागोलकर उर्फ गंधर्व, गंगूबाई हंगल, भीमसेन जोशी, सरस्वती राणे, हीराबाई बड़ोदकर, प्रथा अन्ने आदि गायक हैं	किराना घराने के

दक्षिण भारत में हिंदुस्तानी शैली को लोकप्रिय बनाया	**अब्दुल करीम खाँ (किराना घराना)**
रामपुर घराने के वजीर अली खाँ ने वीणा वादन में ख्याल पद्धति के प्रयोग को जन्म दिया	**सैनिया घराने का**
आगरा संगीत घराने का प्रवर्तन किया	**श्यामरंग व सरसरंग ने**
दीपाली नाग, मदुरै रामास्वामी, जगन्नाथ बुवा, गुणीदास, के.जी. गिंदे, गोविन्द राव टेम्बे, स्वामी वल्लभदास, पं. विश्वम्भरदीन, फैयाज खाँ आदि गायक-गायिकाएँ हैं	**आगरा घराने के**
केसरबाई केरकर, किशोरी अमोनकर, मल्लिकार्जुन मंसूर, रत्नाकर पई, पद्मावती आदि गायक-गायिकाएँ हैं	**अतरौली घराने के**
केसरबाई, जानकीबाई उर्फ छप्पन छुरी आदि गायिकाएँ थीं	**प्रयागराज की**

प्रमुख लोकगीत

कजरी, चौलर, कराही, गारी, पूर्वी, कहरवा, सोहनी, रोपनी, दादरा, नकटा, बिरहा, झूमर, झूला, चैती, चैता, होली, दादरा, कव्वाली, सोहर व बधाई गीत	**पूर्वांचल क्षेत्र**
कजरी का विशेष क्षेत्र	**मिर्जापुर-वाराणसी क्षेत्र**
सोहर, संस्कार गीत, नकटा व कव्वाली का विशेष क्षेत्र	**अवध क्षेत्र**
बिरहा सामान्यतः पूरे प्रदेश में और विशेषतः	**पूर्वांचल क्षेत्र**
झूला, होरी, फाग, लंगुरिया व रसिया	**ब्रज क्षेत्र**
हरदौल, पंवारा, ईसुरी फाग	**बुंदेलखंड क्षेत्र**
आल्हा सामान्यतः पूरे प्रदेश में और विशेषतः	**बुंदेलखंड क्षेत्र**
लावणी, बहतरबील	**रूहेलखंड क्षेत्र**
रागिनी, ढोला, स्वांग	**पश्चिमी क्षेत्र**
मल्हार	**कौरवी क्षेत्र**
भजन, पूरनभगत, निर्गुण, पचरा व भर्तृहरि	**भक्तों/साधुओं द्वारा**

शास्त्रीय नृत्य

प्रदेश का एकमात्र शास्त्रीय नृत्य	**कथक**
कथक के लिए प्रसिद्ध घराने	**लखनऊ व वाराणसी**
बिंदादीन, शंभू महाराज, लच्छू महाराज (बैजनाथ मिश्र), कालका महाराज, अच्छन महाराज, बिरजू महाराज, उर्मिजा शर्मा, शैलजा सिंह, परोमिता दास, पायल उपाध्याय, परख मदान, द्विपैयन दास, तनुश्री आदि कथक नर्तक हैं :	**लखनऊ घराने के**
पं. शिवनन्दन मिश्र, बड़े रामदास, छोटे रामदास, जैकरण मिश्र, हरिशंकर मिश्र, गोपीकृष्ण चौबे, उदयशंकर, महादेव मिश्र, सितारादेवी, अलखनन्दा आदि कथक नर्तक हैं	**वाराणसी घराने के**

प्रमुख लोक नृत्य

ख्याल नृत्य (पुत्र जन्मोत्सव पर), धुरिया नृत्य (कुम्हारों द्वारा), सैरा/सौरा/शायरा नृत्य (फसल काटते समय), घोड़ा नृत्य (मांगलिक अवसरों पर घोड़ों द्वारा), देवी नृत्य, राई या मयूर नृत्य (महिलाओं द्वारा जन्माष्टमी), दीप नृत्य (थाली में अनेक दीप रखकर, अहीर समाज), पाई डंडा नृत्य (अहीर समाज), कार्तिक नृत्य (कृष्ण-गोपी बनकर), बरेंडी नृत्य (लट्ठमार होली की तरह, रंग-बिरंगे परिधान, अहीर समाज), कानरा नृत्य (विवाहोत्सव, धोबी समाज)	**बुंदेलखंड**
रामनृत्य, रासक दंड नृत्य, झूला नृत्य (श्रावण मास, मंदिरों में), मयूर नृत्य (मोरपंख पहनकर), चरकुला (108 दीपों का पिंजरा या चरकुला सिर पर रखकर महिलाओं द्वारा), घड़ा नृत्य (रथ के पहिए के ऊपर घड़ा रखकर) व लट्ठमार होली नृत्य	**ब्रज क्षेत्र**
नटवरी नृत्य (अहीर समाज), कठघोड़वा नृत्य (कृत्रिम घोड़ा लेकर), धोबिया नृत्य (धोबी समाज), कहरवा (कहार समाज), पासी नृत्य, नटुवा या नकटौरा नृत्य (महिलाओं द्वारा पुरुष वेश धारण कर)	**पूर्वांचल क्षेत्र**
जोगिनी नृत्य (रामनवमी पर), कलाबाजी नृत्य	**अवध क्षेत्र**
ढेढिया नृत्य	**द्वाबा क्षेत्र**

करमा व शीला नृत्य (खरवार जनजाति), ढरकहरी नृत्य (जनजातियों द्वारा), ठडिया नृत्य (सरस्वती चरणों में), चौलर नृत्य (अच्छी वर्षा व फसल हेतु)	**मिर्जापुर-सोनभद्र क्षेत्र**
छोलिया नृत्य (तलवार-ढाल)	**प्रदेश के राजपूतों द्वारा**

प्रमुख लोकनाट्य

वर्तमान में प्रदेश के प्रमुख लोकनाट्य	रामलीला, रासलीला व नौटंकी (संगीत)
लोकनाट्य की प्रमुख शैलियाँ	रामनगर (काशी, रामलीला), प्रयागराज (रामलीला), ब्रज (रासलीला), अयोध्या (रामलीला), हाथरस (नौटंकी), कानपुर (नौटंकी) आदि।

प्रमुख मेले

कुंभ का मेला (विश्व का सबसे बड़ा)	**प्रयागराज (प्रत्येक 12वें वर्ष)**
अर्द्धकुंभ मेला	**प्रयागराज (प्रत्येक छठे वर्ष)**
माघ मेला	**प्रयागराज (प्रतिवर्ष)**
ककोरा मेला (रुहेलखंड का मिनी कुंभ)	**बदायूँ**
रामनगरिया मेला (गंगा तट)	**फर्रुखाबाद**
बटेश्वर मेला (पशु मेला) (ऊँट मेला)	**आगरा**
ददरी मेला (पशु मेला) (कार्तिक पूर्णिमा)	**बलिया**
सरधाना मेला (नवंबर)	**सरधाना, मेरठ**
नौचंदी मेला	**मेरठ**
बसंत का नौचंडी मेला (बंसत पंचमी)	**लखनऊ**
गढ़मुक्तेश्वर मेला (कार्तिक पूर्णिमा)	**हापुड़**
कंस मेला	**मथुरा व फतेहपुर सीकरी में**
हरिदास जयन्ती मेला	**निधिवन, वृंदावन (मथुरा)**
बुढ़िया पूनो मेला	**गोवर्धन (मथुरा)**
देवा शरीफ मेला (कार्तिक)	**बाराबंकी**
शृंगीरामपुर मेला (दशहरा व कार्तिक पूर्णिमा)	**फर्रुखाबाद**
मकनपुर मेला	**फर्रुखाबाद**
सैयद सालार मेला	**बहराइच**
ढाईघाट मेला	**शाहजहाँपुर**
फाल्गुन मेला	**रामपुर**
खारी झल्लू कार्तिक मेला	**बिजनौर**
चैत रामनवमी मेला	**अयोध्या**
कार्तिक या परिक्रमा मेला	**अयोध्या**
परिक्रमा मेला (फाल्गुन में)	**नैमिषारण्य, सीतापुर**
गोला गोकर्णनाथ मेला (मकर संक्रांति)	**खीरी**
बल सुन्दरी देवी मेला	**अनूपशहर (बुलंदशहर)**
कालिंजर मेला	**बांदा**
कजरी मेला	**महोबा**
देवीपाटन मेला	**बलरामपुर**
श्रावणी मेला	**संकिसा (फर्रुखाबाद)**
देवछठ, श्रावणी व जन्माष्टमी मेला	**मथुरा**
नवरात्रि व गणगौर मेला	**आगरा**
कैलाश मेला (सावन के तीसरे सोमवार को)	**आगरा**
नकटैया मेला (दशहरा)	**चेतगंज, वाराणसी**
रथयात्रा मेला	**वाराणसी**
शाकंभरी देवी मेला (नवरात्र)	**सहारनपुर**
गोविंद साहब मेला	**अंबेडकर नगर**
देवछठ मेला	**मथुरा**
खिचड़ी मेला (मकर सक्रांति)	**गोरखपुर**
रामायण मेला	**अयोध्या, चित्रकूट व शृंगरवेरपुर**
सोरों मेला	**कासगंज**
झूला मेला (श्रावण में)	**मथुरा, अयोध्या**
ध्रुपद मेला	**वृंदावन व वाराणसी**
विंध्याचल देवी मेला (नवरात्र)	**मिर्जापुर**
देवछठ मेला	**दाऊजी (मथुरा)**
प्रदेश में सर्वाधिक व सबसे कम मेले क्रमशः	**मथुरा व पीलीभीत में**

प्रमुख महोत्सव

ताज महोत्सव (फरवरी, मुगल संस्कृति व भारतीय कलाओं का प्रदर्शन)	**आगरा**
सुलहकुल महोत्सव (हिंदू-मुस्लिम एकता)	**आगरा**
राम बारात उत्सव	**आगरा**
लखनऊ महोत्सव (अवध की कलाओं का प्रदर्शन)	**लखनऊ**
वाराणसी महोत्सव (भारतीय दर्शन, ज्ञान व संस्कृति)	**वाराणसी**
गंगा महोत्सव (गंगा दशहरा)	**वाराणसी व प्रयागराज**

बिठूर गंगा महोत्सव	कानपुर
सैफई महोत्सव (जनवरी में, सांस्कृतिक कार्यक्रम)	सैफई, इटावा
झाँसी महोत्सव (फरवरी, आयुर्वेद महोत्सव)	झाँसी
कन्नौज महोत्सव	कन्नौज
त्रिवेणी महोत्सव (फरवरी, वोट क्लब पर)	प्रयागराज
प्रयाग उत्सव	प्रयागराज
लट्ठमार होलिकात्सव	बरसाना, मथुरा
यमुना महोत्सव (चैत्र छठ, विश्रामघाट)	मथुरा
सोन महोत्सव	सोनभद्र

कजरी महोत्सव	मिर्जापुर
कबीर उत्सव/मगहर महोत्सव	मगहर, संत कबीर नगर
सरधाना महोत्सव	मेरठ
शॉपिंग फेस्टिवल	नोएडा
बुद्ध महोत्सव	सारनाथ
कंपिल उत्सव (जैन मंदिरों में)	फर्रुखाबाद
गंगा वाटर रैली महोत्सव	प्रयागराज-वाराणसी
जल-विहार महोत्सव	मऊरानीपुर
अमीर खुसरो महोत्सव	पटियाली

पर्व/त्यौहार/व्रत

मकर संक्रांति या खिचड़ी, षटतिला एकादशी, मौनी अमावस्या, बसंत पंचमी (सरस्वती पूजा), महाशिवरात्रि, होली, वसंतोत्सव, चैत नवरात्रि, रामनवमी (महानवमी), अक्षय तृतीया, वैशाखी, गंगा दशहरा, अन्नकूट, राधाष्टमी, दशहरा, श्रीराम-बलराम रथोत्सव, हरियाली तीज, ललही छठ, नागपंचमी, श्रावणी या रक्षाबन्धन, गणेश चर्तुदशी, कृष्ण जन्माष्टमी, तीज, नवरात्रि, दीपावली, भैयादूज, गोवर्द्धन पूजा, झूलेलाल जयंती, पितृ विर्सजन, गुरु पूर्णिमा, शरद पूर्णिमा, कार्तिक पूर्णिमा, करवा चौथ, छठ, अक्षय नवमी, जीवित्पुत्रिका व्रत, बुढ़वा मंगल, अनंत चतुर्दशी, देवोत्थान (देवउठनी) एकादशी आदि पर्व व त्यौहार हैं।	हिंदू लोगों के
रमजान, ईदुलजुहा, मोहर्रम, इदुलफितर, बारावफात, शबेबरात, रोजा हजारा, चेहल्लुम, शबेकदर आदि त्यौहार हैं।	मुस्लिम लोगों के
वैशाखी, गुरुनानक जयन्ती, गुरु गोविन्द सिंह जयन्ती व गुरु अर्जुन देव जयन्ती व बलिदान दिवस, लोहड़ी-भोगी आदि त्यौहार/पर्व हैं ।	सिक्ख लोगों के
महावीर जयन्ती, संवत्सरी पंचमी, कोकिला पंचमी, श्रुति पंचमी, चौमासी चौदस, मेरु त्रयोदशी, ओली, पौष दशमी, पार्श्वनाथ जयन्ती, पर्यषण पर्व आदि पर्व/त्यौहार हैं।	जैन लोगों के
गुड फ्राइडे, ईस्टर, क्रिसमस, नववर्ष दिवस, ईस्टर संडे, होली थर्सडे, माँ वेलांकनी पर्व आदि त्यौहार/पर्व हैं।	ईसाई लोगों के
बुद्ध पूर्णिमा (बुद्ध जयंती) त्यौहार है।	बौद्ध लोगों का

चलचित्र

राज्य में टी.वी. सेवा की शुरुआत	1975 में लखनऊ से
भारत की पहली बोलती फिल्म 'आलमआरा' के निर्देशक थे	बी.पी. मिश्रा (देवरिया)
उ.प्र. चलचित्र निगम की स्थापना	1975 में
उ.प्र. सरकार की प्रथम तथा संशोधित फिल्म नीतियाँ क्रमशः	1999, 2001 व 2015 में
फिल्म बन्धु उ.प्र. एवं फिल्म विकास परिषद का गठन	2001 में
राज्य में कुल दूरदर्शन केंद्र	3
राज्य में कुल आकाशवाणी केंद्र	13

प्रदेश में प्रयुक्त भाषा/बोलियाँ

प्रदेश में हिन्दी को राजभाषा के रूप में स्वीकार किया गया	अक्टूबर 1947 से
प्रदेश के कार्यालयों में राजभाषा हिन्दी को अनिवार्य किया गया	26 जनवरी, 1968 से
सात प्रयोजनों हेतु उर्दू को राज्य की द्वितीय राजभाषा घोषित किया गया	1989 से
हिन्दी की उपभाषा	5 (पश्चिमी, पूर्वी, पहाड़ी, बिहारी व राजस्थानी हिन्दी)

उपभाषा पश्चिमी हिन्दी की बोलियाँ	6 (खड़ी बोली, ब्रज, बांगरू, बुंदेली, कन्नौजी व दक्षिणी हिन्दी)
उपभाषा पूर्वी हिन्दी की बोलियाँ	3 (अवधी, बघेली व छत्तीसगढ़ी)
उपभाषा पहाड़ी हिन्दी की बोलियाँ	2 (गढ़वाली, कुमाऊँनी)
उपभाषा बिहारी हिन्दी की बोलियाँ	3 (भोजपुरी, मैथिली व मगही)
उपभाषा राजस्थानी हिन्दी की बोलियाँ	4 (मारवाड़ी, मेवाती, मालवी व ढूँढाड़ी)
उ.प्र. में बोली जाने वाली उपबोलियाँ	खड़ी, ब्रज, बुंदेली, कन्नौजी, अवधी, बघेली व भोजपुरी
खड़ी बोली का विकास शौरसेनी से हुआ है। इसके अन्य नाम हैं	कौरवी, हिंदुस्तानी, नागरी व सरहिन्दी
वर्तमान साहित्यिक हिन्दी (सामान्य हिन्दी) और उर्दू आधारित हैं	खड़ी बोली पर
खड़ी बोली का क्षेत्र है	पूर्वी दिल्ली, मेरठ, बागपत, मुजफ्फर नगर, शामली, सहारनपुर, गाजियाबाद, हापुड़, गौ.बु.नगर, बुलंदशहर, बिजनौर, अमरोहा, मुरादाबाद, सम्भल व रामपुर
ब्रजभाषा का भी विकास शौरसेनी से हुआ है। इसका क्षेत्र है	मथुरा, अलीगढ़, हाथरस, कासगंज, एटा, आगरा, पूर्वी फिरोजाबाद, मैनपुरी, बदायूँ, बरेली।
कन्नौजी और ब्रजभाषा में काफी समानता है। इसका क्षेत्र है	कन्नौज, इटावा, औरैया, फर्रुखाबाद, शाहजहाँपुर, हरदोई, पीलीभीत, कानपुर देहात, कानपुर
अवधी का विकास अर्धमागधी से हुआ है। इसकी उपबोलियाँ हैं	बैसवाड़ी, मिर्जापुरी व बनौधी
अवधी का क्षेत्र है	अयोध्या, गोंडा, बलरामपुर, श्रावस्ती, बहराइच, लखीमपुर, सीतापुर, लखनऊ, बाराबंकी, उन्नाव, रायबरेली, अमेठी सुल्तानपुर, प्रतापगढ़, फतेहपुर, कौशांबी, प्रयागराज, मिर्जापुर (अंशतः)
भोजपुरी का विकास अर्धमागधी से हुआ है इसका मुख्य केंद्र है	भोजपुर (बिहार)
प्रदेश में सबसे अधिक लोगों द्वारा बोली जाने वाली उपबोली भोजपुरी है। इसका क्षेत्र है	मिर्जापुर, चंदौली, सं. रविदास नगर, वाराणसी, जौनपुर, गाजीपुर, मऊ, बलिया, आजमगढ़, अंबेडकरनगर, देवरिया, कुशीनगर, गोरखपुर, महराजगंज, सं. कबीर न., सिद्धार्थनगर
बुंदेली का विकास शौरसेनी अपभ्रंश से हुआ है इसका क्षेत्र है	झाँसी, ललितपुर, जालौन, हमीरपुर, महोबा, बांदा, चित्रकूट
बघेली का विकास अर्धमागधी अपभ्रंश से हुआ है इसका मुख्य केंद्र है	रीवा (म.प्र.)
प्रदेश में सबसे कम लोगों द्वारा बोली जाने वाली उपबोली बघेली का क्षेत्र है	बांदा, चित्रकूट, इला., मिर्जापुर तथा सोनभद्र के म.प्र. से लगे कुछ भाग

प्रश्नमाला

1. प्रसिद्ध चरकुला नृत्य संबंधित है–
(a) अवध से (b) बुंदेलखंड से
(c) ब्रजभूमि से (d) रुहेलखंड से

2. निम्नलिखित में से कौन-सा युग्म सुमेलित नहीं है?
(a) वृन्दावन मन्दिर - मथुरा
(b) जे.के. मन्दिर - लखनऊ
(c) विश्वनाथ मन्दिर - वाराणसी
(d) देवी पाटन मन्दिर - तुलसीपुर

3. धुरिया लोकनृत्य है–
(a) अवध का
(b) बुंदेलखंड का
(c) पूर्वांचल का
(d) रुहेलखंड का

4. उत्तर प्रदेश में, जैन एवं बौद्ध दोनों धर्मों का एक प्रसिद्ध तीर्थ स्थल है?
(a) सारनाथ
(b) कुशीनगर
(c) कौशांबी
(d) देवीपाटन

5. यह नृत्य की संस्कृति से संबंधित है?
(a) ख्याल और बाज लखनऊ
(b) बनारसी राज
(c) रामपुर दरबार
(d) आगरा घराना

6. सूची-I को सूची-II से सुमेलित कीजिए तथा सूचियों के नीचे दिए गए कूट की सहायता से सही उत्तर का चयन कीजिए–

सूची-I (मंदिर)	सूची-II (जनपद)
A. दशावतार मंदिर	1. एटा
B. बाबा सोमनाथ मंदिर	2. फर्रुखाबाद
C. श्रृंगी ऋषि का मंदिर	3. देवरिया
D. वराह भगवान का मंदिर	4. ललितपुर

कूटः

	A	B	C	D
(a)	1	2	3	4
(b)	4	3	2	1
(c)	3	4	1	2
(d)	3	4	2	1

7. महर्षि वाल्मीकि आश्रम स्थापित है-
(a) श्रावस्ती में
(b) बिठूर में
(c) कालपी में
(d) उपरोक्त में से कहीं नहीं

8. चरकुला प्रमुख लोक नृत्य है-
(a) बुंदेलखंड का
(b) ब्रज भूमि का
(c) अवध का
(d) उपरोक्त में से कहीं का नहीं

9. उत्तर प्रदेश शासन ने 'संगीत रत्न पुरस्कार' जिसकी स्मृति में प्रारम्भ किया, वे हैं-
(a) उस्ताद रशीद अहमद
(b) उस्ताद निसार हुसैन खाँ
(c) उस्ताद बिस्मिल्ला खाँ
(d) पंडित रविशंकर

10. हिन्दू-मुस्लिम एकता का प्रतीक 'सुलहकुल उत्सव' आयोजित किया जाता है-
(a) आगरा में (b) अलीगढ़ में
(c) इटावा में (d) बाराबंकी में

11. निम्नलिखित जनजातियों में से किसकी संख्या उत्तर प्रदेश में सर्वाधिक है-
(a) वनरावत (b) थारू
(c) सहारिया (d) धुरिया

12. प्रसिद्ध नैमिषारण्य तीर्थ निम्न जनपदों में से किसी एक में स्थित है-
(a) उज्जैन (b) मथुरा
(c) सीतापुर (d) जबलपुर

13. उत्तर प्रदेश में इंदिरा गाँधी नक्षत्रशाला अवस्थित है-
(a) प्रयागराज में (b) लखनऊ में
(c) गोरखपुर में (d) मथुरा में

14. प्रथम विकलांग विश्वविद्यालय स्थापित किया गया है-
(a) लखनऊ में (b) चित्रकूट में
(c) कानपुर में (d) बांदा में

15. अति लोकप्रिय धार्मिक पत्रिका 'कल्याण' प्रकाशित होती है-
(a) मथुरा से
(b) ऋषिकेश से
(c) गोरखपुर से
(d) वाराणसी से

16. उ.प्र. में राजकीय मेडिकल कॉलेज की स्थापना की जा रही है-
(a) बिजनौर व सुल्तानपुर
(b) बदायूँ व जौनपुर
(c) बुलन्दशहर व हरदोई
(d) एटा व प्रतापगढ़

17. प्रदेश में मिड-डे-मिल कार्यक्रम आरम्भ किया गया-
(a) 1985 में (b) 1990 में
(c) 1997 में (d) 1995 में

18. निम्न में से किस वि.वि. की स्थापना 1916 में हुई थी-
(a) कलकत्ता वि.वि
(b) प्रयागराज वि.वि.
(c) बनारस हिन्दू वि.वि.
(d) अलीगढ़ वि.वि.

19. निम्न में से किस राज्य में 2009 में विकलांगों के लिए एक विश्वविद्यालय की स्थापना की गई?
(a) महाराष्ट्र में
(b) केरल में
(c) मध्य प्रदेश में
(d) कर्नाटक में

20. बनारस हिन्दू वि.वि. का शिलान्यास किसने किया?
(a) एनी बेसेंट
(b) लॉर्ड हार्डिंग
(c) म. मो. मालवीय
(d) विभूति नारायण सिंह

उत्तरमाला

1. (c)	2. (b)	3. (b)	4. (c)	5. (a)	6. (b)	7. (b)	8. (b)	9. (c)	10. (a)
11. (b)	12. (c)	13. (b)	14. (b)	15. (c)	16. (c)	17. (c)	18. (c)	19. (c)	20. (c)

❑❑❑

अध्याय

19

उत्तर प्रदेश में राजस्व, पुलिस एवं सामान्य प्रशासनिक व्यवस्था

उत्तर प्रदेश पुलिस व्यवस्था

करीब 243286 वर्ग किलोमीटर क्षेत्र में फैले और लगभग 20 करोड़ (2011 की जनगणना के मुताबिक) से ज्यादा जनसंख्या के साथ, उत्तर प्रदेश को न केवल देश में बल्कि पूरी दुनिया के लिए सबसे बड़ा एकल पुलिस बल होने का गौरव प्राप्त है। उत्तर प्रदेश पुलिस के महानिदेशक 75 जिलों में 33 सशस्त्र बटालियनों खुफिया, जांच, भ्रष्टाचार विरोधी, तकनीकी, प्रशिक्षण, अपराध विज्ञान इत्यादि से संबन्धित विशेषज्ञ प्रकोष्ठ / शाखाओं में फैले करीब 2.5 लाख कर्मियों के बल की कमान संभालते हैं।

देश की वर्तमान पुलिस प्रणाली 1861 के पुलिस एक्ट के परिणामस्वरूप बनी थी। ये एक्ट 1860 में श्री एच.एम. कोर्ट की अगुवाई में गठित पुलिस आयोग की अनुशंसाओं के बाद अधिनियमित हुआ था। यही श्री कोर्ट उत्तर पश्चिम प्रांत और अवध, जो वर्तमान के उत्तर प्रदेश का क्षेत्र है, के पहले पुलिस महानिरीक्षक बने। पुलिस महकमे का ढांचा निम्नलिखित आठ संगठनों के रूप में खड़ा किया गया था।

1. प्रांतीय पुलिस
2. राजकीय रेलवे पुलिस
3. शहर पुलिस
4. छावनी पुलिस
5. नगर पुलिस
6. ग्रामीण एवं सड़क मार्ग पुलिस
7. नहर पुलिस
8. बर्कन्दाज गार्ड (अदालतों की सुरक्षा के लिए)

समय के साथ सिविल पुलिस का विकास होता गया और आजादी के बाद श्री बी.एन. लाहिरी प्रदेश के पहले भारतीय पुलिस महानिरीक्षक बने। अपराध नियंत्रण और विधि-व्यवस्था बनाए रखने में प्रदेश पुलिस के कार्य प्रदर्शन को बहुत सराहा गया और इसे देश के पहले पुलिस बल के रूप में 13 नवंबर 1952 को तत्कालीन प्रधानमंत्री पंडित जवाहर लाल नेहरू द्वारा 'कलर्स' प्राप्त करने का गौरवपूर्ण सौभाग्य हासिल है। तभी से इस पुलिस बल ने सांप्रदायिक और सामाजिक सौहार्द्र और विधि-व्यवस्था बनाए रखने, और अपराध पर नियंत्रण रखने की अपनी गौरवशाली परंपरा को कायम रखा हुआ है ताकि जनमानस के बीच सुरक्षा की भावना समाहित करने और राज्य का सर्वांगीण विकास सुनिश्चित किया जा सके।

संगठित अपराध, आर्थिक अपराध इत्यादि से निपटने के लिए प्रदेश पुलिस बल में विभिन्न विशेषज्ञता प्राप्त प्रकोष्ठ अस्तित्व में आए हैं। अपराध विज्ञान, प्रशिक्षण, कम्प्यूटर, दूर संचार, अपराध विज्ञान, नवीनतम उपकरण, आधुनिक शस्त्र और नए वाहन जैसे तकनीकी साधनों के क्षेत्र में आधुनिकीकरण पर उचित जोर दिया जा रहा है।

स्वयं के प्रशासन और अपराध नियंत्रण, अन्वेषण में कार्यकुशलता को मजबूती प्रदान करने के लिए आज पुलिस बल मुख्य रूप से कई महत्वपूर्ण इकाइयों में विभाजित किया गया है, जिनका विवरण निम्नलिखित है।

1. डीजीपी मुख्यालय
2. पुलिस मुख्यालय
3. राज्य अपराध रिकार्ड ब्यूरो
4. अपराध अन्वेषण विभाग
5. सतर्कता अधिष्ठान
6. सुरक्षा मुख्यालय
7. राजकीय रेलवे पुलिस
8. अग्निशमन सेवा
9. दूर संचार
10. प्रशिक्षण निदेशालय
11. अभियोजन
12. विधि विज्ञान प्रयोगशाला
13. फिंगर प्रिंट ब्यूरो
14. यातायात निदेशालय
15. मानवाधिकार
16. तकनीकी सेवाएं
17. ए.टी.एस.
18. एस. आई. टी.
19. पी.ए.सी.

उत्तर प्रदेश पुलिस निम्नलिखित रेंज और जिलों में विभाजित है–

जोन	रेन्ज	जिला/रेन्ज का नाम	पोस्ट
आगरा		आगरा जोन	एडीजी/आईजी

	(A) आगरा	आगरा रेन्ज आगरा फिरोजाबाद मैनपुरी मथुरा	आईजी/डीआईजी वरिष्ठ पुलिस अधीक्षक पुलिस अधीक्षक पुलिस अधीक्षक वरिष्ठ पुलिस अधीक्षक
	(B) अलीगढ़	अलीगढ़ रेन्ज अलीगढ़ एटा हाथरस कासगंज	पुलिस उप महानिरीक्षक वरिष्ठ पुलिस अधीक्षक वरिष्ठ पुलिस अधीक्षक पुलिस अधीक्षक पुलिस अधीक्षक
प्रयागराज	(A) प्रयागराज	प्रयागराज जोन प्रयागराज रेन्ज प्रयागराज फतेहपुर कौशाम्बी प्रतापगढ़	एडीजी/आईजी आईजी/डीआईजी वरिष्ठ पुलिस अधीक्षक पुलिस अधीक्षक पुलिस अधीक्षक पुलिस अधीक्षक
	(B) चित्रकूट धाम	चित्रकूटधाम रेन्ज बांदा चित्रकूट हमीरपुर महोबा	पुलिस उपमहानिरीक्षक पुलिस अधीक्षक पुलिस अधीक्षक पुलिस अधीक्षक पुलिस अधीक्षक
बरेली	(A) बरेली	बरेली जोन बरेली रेन्ज बरेली बदायूं पीलीभीत शाहजहांपुर	एडीजी/आईजी आईजी/डीआईजी वरिष्ठ पुलिस अधीक्षक वरिष्ठ पुलिस अधीक्षक पुलिस अधीक्षक पुलिस अधीक्षक
	(B) मुरादाबाद	मुरादाबाद रेन्ज अमरोहा बिजनौर मुरादाबाद रामपुर सम्भल	पुलिस उपमहानिरीक्षक पुलिस अधीक्षक पुलिस अधीक्षक वरिष्ठ पुलिस अधीक्षक पुलिस अधीक्षक पुलिस अधीक्षक
गोरखपुर	(A) बस्ती	गोरखपुर जोन बस्तीरेन्ज बस्ती संत कबीर नगर सिद्धार्थ नगर	एडीजी/आईजी पुलिस उपमहा निरीक्षक पुलिस अधीक्षक पुलिस अधीक्षक पुलिस अधीक्षक
	(B) देवीपाटन	देवीपाटन रेन्ज बहराइच बलरामपुर गोण्डा श्रावस्ती	पुलिस उपमहानिरीक्षक पुलिस अधीक्षक पुलिस अधीक्षक पुलिस अधीक्षक पुलिस अधीक्षक
	(C) गोरखपुर	गोरखपुर रेन्ज देवरिया गोरखपुर कुशीनगर महाराजगंज	आईजी/डीआईजी पुलिस अधीक्षक वरिष्ठ पुलिस अधीक्षक पुलिस अधीक्षक पुलिस अधीक्षक

कानपुर		कानपुर जोन	एडीजी/आईजी
	(A) झांसी	झांसी रेन्ज जालौन झांसी ललितपुर	पुलिस उपमहानिरीक्षक पुलिस अधीक्षक वरिष्ठ पुलिस अधीक्षक पुलिस अधीक्षक
	(B) कानपुर	कानपुर रेन्ज औरैया इटावा फतेहगढ़ कन्नौज कानपुर देहात कानपुर नगर	आईजी/डीआईजी पुलिस अधीक्षक वरिष्ठ पुलिस अधीक्षक पुलिस अधीक्षक पुलिस अधीक्षक पुलिस अधीक्षक वरिष्ठ पुलिस अधीक्षक
लखनऊ		लखनऊ जोन	एडीजी/आईजी
	(A) अयोध्या	अयोध्या रेन्ज अम्बेडकर नगर अमेठी बाराबंकी अयोध्या सुल्तानपुर	पुलिस उपमहानिरीक्षक पुलिस अधीक्षक पुलिस अधीक्षक पुलिस अधीक्षक वरिष्ठ पुलिस अधीक्षक पुलिस अधीक्षक
	(B) लखनऊ	लखनऊ रेन्ज हरदोई खीरी लखनऊ रायबरेली सीतापुर उन्नाव	आईजी/डीआईजी पुलिस अधीक्षक पुलिस अधीक्षक वरिष्ठ पुलिस अधीक्षक पुलिस अधीक्षक पुलिस अधीक्षक पुलिस अधीक्षक
मेरठ		मेरठ जोन	एडीजी/आईजी
	(A) मेरठ	मेरठरेन्ज बागपत बुलन्दशहर गौतमबुद्धनगर गाजियाबाद हापुड़ मेरठ	आईजी/डीआईजी पुलिस अधीक्षक पुलिस अधीक्षक वरिष्ठ पुलिस अधीक्षक वरिष्ठ पुलिस अधीक्षक पुलिस अधीक्षक वरिष्ठ पुलिस अधीक्षक
	(B) सहारनपुर	सहारनपुर रेन्ज मुजफ्फरनगर सहारनपुर शामली	पुलिस उपमहानिरीक्षक वरिष्ठ पुलिस अधीक्षक वरिष्ठ पुलिस अधीक्षक पुलिस अधीक्षक
वाराणसी		वाराणसी जोन	एडीजी/आईजी
	(A) आजमगढ़	आजमगढ़ रेन्ज आजमगढ़ बलिया मऊ	पुलिस उपमहानिरीक्षक पुलिस अधीक्षक पुलिस अधीक्षक पुलिस अधीक्षक
	(B) मिर्जापुर	मिर्जापुर रेन्ज मिर्जापुर भदोही सोनभद्र	पुलिस उपमहानिरीक्षक पुलिस अधीक्षक पुलिस अधीक्षक पुलिस अधीक्षक

	(C) वाराणसी	वाराणसीरेन्ज चंदौली गाजीपुर जौनपुर वाराणसी	आईजी/डीआईजी पुलिस अधीक्षक पुलिस अधीक्षक पुलिस अधीक्षक वरिष्ठ पुलिस अधीक्षक

मुख्यालय

उत्तर प्रदेश पुलिस विभाग का मुख्यालय इलाहाबाद में स्थित है। यह पिछले 136 वर्षों से अस्तित्व में है। 1861 में पुलिस एक्ट अनुपालन में आने के पश्चात वर्ष 1863 में पुलिस महा निरीक्षक का पद बनाया गया था। वर्ष 1937 में मुख्यालय- 'पुलिस महानिरीक्षक का शिविर कार्यालय- - लखनऊ स्थानांतरित कर दिया गया और पुलिस मुख्यालय का कामकाज देखने के लिए एक डीआईजी को वहां नियुक्त किया गया।

राज्य अपराध अभिलेख ब्यूरो (SCRB)

उत्तर प्रदेश पुलिस में राज्य अपराध अभिलेख ब्यूरो का क्रमिक विकास समय समय पर होता रहा है। इस ब्यूरो को भारतीय ब्यूरो की सिफारिश पर उत्तर प्रदेश के आपराधिक जांच विभाग (सीआईडी) में वर्ष 1906 में स्थापित किया गया था। ब्यूरो को 'अभिलेख अनुभाग' का नाम दिया गया था और ब्यूरो का काम केवल राज्य स्तर पर अपराध और अपराधी के कार्ड तैयार करना था। वर्ष 1951 में 'पुलिस मान्यता समिति 1947' की सिफारिश पर इसको नया नाम 'राज्य अपराध सूचना कार्यालय' दिया गया और जिला स्तर पर 'जिला अपराध अभिलेख अनुभाग' स्थापित किया गया। इसके बावजूद, वर्ष 1960-61 में प्रदेश में उत्तर प्रदेश पुलिस आयोग की सिफारिश के तहत राज्य अपराध सूचना ब्यूरो में अपराधियों के फिंगर प्रिंट और हिस्ट्री शीट के रखरखाव का काम राज्य स्तर पर शुरू किया गया था। फिर जब केंद्र स्तर पर नई दिल्ली में नेशनल क्राइम रिकार्ड ब्यूरो की स्थापना हुई तब 1992 में इस ब्यूरो का नाम बदल कर राजी अपराध अभिलेख ब्यूरो यानि स्टेट क्राइम रिकार्ड ब्यूरो कर दिया गया।

उद्देश्य

1. अपराधियों के काम करने का ढंग की समानताओं का अध्ययन और उसके आधार पर जांच कर रहे अधिकारियों को संदिग्धों के नामों का सुझाव देना।
2. जांच अधिकारियों को पुराने अपराधों की जानकारी देना जो संभवत: गिरफ्तार व्यक्ति ने किए हों।
3. अपराधी की पहचान स्थापित करने में मदद करना और गिरफ्तार व्यक्ति के पूर्ववृत्त, सहयोगियों, छिपने के ठिकाने, पुराने दोषसिद्धि आदि के विश्वसनीय आंकड़े प्रस्तुत करना।
4. बरामद की गई संपत्ति के संग चोरी की गई संपत्ति का समन्वय करना
5. पुलिस अधिकारियों को सतर्क रखने और किसी संदिग्ध / लापता व्यक्ति की तलाश के कार्य में सूचनाओं का प्रसार करना
6. अपराधों के सांख्यिकीय आंकड़ों को एकत्र करना, उनका विश्लेषण, अतिरिक्त समीक्षा, आदेश, रिपोर्ट, और सुनिश्चित करना की ये नियमित और नियत समय (पाक्षिक / मासिक / त्रैमासिक / अर्धवार्षिक / वार्षिक) पर प्रदेश के पुलिस महानिदेशक / उत्तर प्रदेश सरकार / नेशनल क्राइम रिकार्ड ब्यूरो / सीईआई को प्रदान की जाए।
7. विभिन्न प्रकार के आपराधिक आंकड़े और जानकारी एकत्र और समेकित करना तथा इसे वार्षिक पत्रिक 'भारत में अपराध' के लिए एनसीआरबी, नई दिल्ली भेजना। राज्य स्तर पर यह ब्यूरो भी विभिन्न प्रकार के आपराधिक आंकड़े और जानकारी एकत्र करके एक वार्षिक पत्रिका 'यूपी में अपराध' प्रकाशित करता है।
8. उत्तर प्रदेश में जिलों और राजकीय रेलवे पुलिस (जीआरपी) में तैनात पुलिस उप निरीक्षक को एक सप्ताह का प्रशिक्षण देना। यह प्रशिक्षण एक कैलेंडर वर्ष में रेंज वार प्रशिक्षण कार्यक्रम बना कर अलग अलग तारीखों में किया जाए।
9. अपराधियों के पुनर्वास, उनकी रिमांड, पैरोल, समय से पहले रिहाई आदि कार्यों के लिए दंडात्मक और सुधारक एजेंसियों को आंकड़े की पूर्ति करना।
10. डीसीआरबी का मार्ग निर्देशन, उसके संग समन्वय और कामकाज में मदद करना

राज्य अपराध रिकार्ड ब्यूरो की कार्य प्रणाली

कार्य प्रणाली को आसान बनाने के लिए वर्तमान में निम्न अनुभाग में उप निरीक्षक प्रभारी के रूप में और निरीक्षक की देखरेख में हैं:

एफसी आर अनुभाग	अपराध अनुभाग	सांख्यिकी अनुभाग
गुमशुदा व्यक्ति अनुभाग	शस्त्र अनुभाग	मूर्तिचोरी अनुभाग
डकैती अनुभाग	संधमारी अनुभाग	सपंत्ति अनुभाग
धोखाधड़ी अनुभाग	आबकारी अनुभाग	विस्फोटक अनुभाग
गजट अनुभाग	जल विद्युत और तांबातार अनुभाग	अफरन अनुभाग
अपराध अभिलेख कार्यालय	अपराधी व्यक्ति फाइल अनुभाग	सड़क डकैती अनुभाग
नकली नोट अनुभाग	डीसी आर बी प्रशिक्षण अनुभाग	सदन अनुभाग
माफिया अनुभाग	धार्मिक संस्थान अनुभाग	गैंगस्टर अनुभाग।

प्रश्नमाला

1. पुलिस महानिदेशक के कर्तव्य एवं शक्तियां वर्णित हैं–

(a) पैरा 1 में (b) पैरा 2 में
(c) पैरा 3 में (d) पैरा 4 में

2. पुलिस विभाग का प्रधान व पुलिस प्रशासन के सभी प्रश्नों पर राज्यपाल का सपरिषद् सलाहकार होता है–

(a) पुलिस महानिदेशक
(b) पुलिस महानिरीक्षक
(c) पुलिस उपाधीक्षक
(d) पुलिस अधीक्षक

3. आर्म्स पुलिस सेंटर उत्तर प्रदेश के किस जिले में स्थित हैं?

(a) सीतापुर (b) कानपुर
(c) लखनऊ (d) मुरादाबाद

4. अपराध रजिस्टर से किसी अपराधी का नाम निकालने के सम्बन्ध में किसकी अनुमति आवश्यक है?

(a) महानिदेशक की
(b) महानिरीक्षक की
(c) उप-महानिरीक्षक की
(d) जिला मजिस्ट्रेट की

5. आबकारी विषयों पर आयोजित होने वाले वार्षिक समारोह में व्यक्तिगत उपस्थिति एवं पर्यवेक्षण आवश्यक है-

(a) महानिदेशक का
(b) पुलिस अधीक्षक का
(c) अतिरिक्त महानिरीक्षक का
(d) थाने के भारसाधक अधिकारी का

6. विशेष अवसरों के सिवाय सिविल पुलिस के सिपाही सशस्त्र नहीं होंगे, यह उपबन्ध उ.प्र. पुलिस विनियमन के निम्नलिखित पैरा में किया गया है-

(a) पैरा 60 में (b) पैरा 61 में
(c) पैरा 62 में (d) पैरा 63 में

7. थाने का भारसाधक अधिकारी होता है-

(a) उपनिरीक्षक
(b) क्षेत्र निरीक्षक
(c) रिजर्व निरीक्षक
(d) अधीनस्थ उपनिरीक्षक

8. थाने का द्वितीय अधिकारी होता है

(a) उपनिरीक्षक
(b) अधीनस्थ उपनिरीक्षक
(c) उपाधीक्षक
(d) थाने का प्रधान मुहर्रिर

9. पुलिस ट्रेनिंग कॉलेज उ.प्र. में कहां स्थित है?

(a) रामपुर (b) लखनऊ
(c) सीतापुर (d) मुरादाबाद

10. पुलिस सहायक एवं उपाधीक्षक के बारे में प्रावधान पुलिस विनियम के किस पैरा में किया गया है?

(a) पैरा 18 में
(b) पैरा 16 में
(c) पैरा 17 में
(d) पैरा 19 में

11. पुलिस अधीक्षक को अपने रिजर्व लाइन का वार्षिक निरीक्षण कब करना चाहिए?

(a) 1 जुलाई
(b) 1 अप्रैल
(c) 1 जनवरी
(d) इनमें से कोई नहीं

12. उपनिरीक्षक और सिविल पुलिस के अवर अधिकारियों के बारे में प्रावधान किया गया है-

(a) अध्याय 4 में (b) अध्याय 5 में
(c) अध्याय 6 में (d) अध्याय 7 में

13. फरार अपराधी वर्णित है-

(a) पैरा 215 से 222
(b) पैरा 222 से 226
(c) पैरा 215 से 221
(d) पैरा 115 से 122

14. दण्ड प्रक्रिया संहिता की धारा 150 के अनुसार संज्ञेय अपराधों के किए जाने की परिकल्पना की इत्तिला जब पुलिस अधिकारी को प्राप्त होती है, तब उसके द्वारा सूचना दी जाएगी-

(a) उस पुलिस अधिकारी को जिसके वह अधीनस्थ है।
(b) उस अन्य अधिकारी को जिसका कार्य अपराध निवारण या संज्ञान करना है।
(c) (a) एवं (b) दोनों
(d) उपर्युक्त में से कोई नहीं

15. देश में बढ़ते अपराधों पर नियंत्रण के लिए केन्द्र सरकार द्वारा एन.एस.जी. की स्थापना की गई, इसका मुख्यालय है-

(a) दिल्ली
(b) कोलकाता
(c) अहमदाबाद
(d) आगरा

उत्तरमाला

1. (a)	**2.** (a)	**3.** (a)	**4.** (d)	**5.** (b)	**6.** (b)	**7.** (c)	**8.** (a)	**9.** (d)	**10.** (c)
11. (a)	**12.** (b)	**13.** (a)	**14.** (c)	**15.** (a)					

❑❑❑

सामान्य हिन्दी

अध्याय 1

हिन्दी और अन्य भारतीय भाषाएँ

हिन्दी शब्द की व्युत्पत्ति

- वैदिक संस्कृत, लौकिक संस्कृत, पालि, प्राकृत, अपभ्रंश आदि किसी भी प्राचीन भारतीय भाषा में 'हिन्दी' शब्द उपलब्ध नहीं है।
- वस्तुतः हमारी भाषा का नाम-'हिन्दी' ईरानियों की देन है। संस्कृत की स् ध्वनि फ़ारसी में ह् बोली जाती है; जैसे-सप्ताह-हफ्ताह, असुर-अहुर, सिन्धु-हिन्दू आदि।
- भारतवर्ष की पश्चिमी सीमा के लगभग जो इतिहास प्रसिद्ध सिन्धु नदी बहती है, उसे ईरानी हिन्दू या हिन्द कहते थे। कालान्तर में सिन्धु नदी के पार का सम्पूर्ण भू-भाग **हिन्द** कहा जाने लगा और हिन्द की भाषा **हिन्दी** कहलाई।
- मध्यकालीन अरबी तथा फ़ारसी साहित्य में भारत की संस्कृत, पालि, प्राकृत और अपभ्रंश भाषाओं के लिए **जबान-ए-हिन्दी** शब्द का प्रयोग मिलता है।
- भारत में साहित्यिक भाषाओं-संस्कृत, प्राकृत, अपभ्रंश से भिन्न जनसामान्य की भाषा के लिए भाषा या भाखा शब्द का प्रयोग होता था; जैसे-"संसकीरत है कूप जल भाखा बहता नीर"-कबीर; "लिखि भाखा चौपाई कहै"-जायसी; "भाखा भनित मोरि मति थोरी"-तुलसी; "भाखा बोल न जानहीं जिनके कुल के दास"-केशव इत्यादि।
- कहा जाता है कि **अमीर खुसरो** (1253-1325 ई.) ने सबसे पहले भाषा या भाखा के स्थान पर हिन्दी या हिन्दवी शब्द का प्रयोग किया। खुसरो के ही समय में हिन्दी और हिन्दवी शब्द मध्यदेश की भाषा के अर्थ में प्रचलित हो गए।
- अमीर खुसरो ने ग्यासुद्दीन तुगलक के बेटे को हिन्दी या हिन्दवी की शिक्षा देने के लिए **खालिकबारी** नामक **फारसी-हिन्दी कोश** की रचना की। इस ग्रन्थ में भाषा के अर्थ में **हिन्दवी** शब्द 30 बार और हिन्दी शब्द 5 बार आया है।
- भाषा के लिए **हिन्दी** शब्द का प्राचीनतम् प्रयोग शरफुद्दीन के **ज़फरनामा** (1424 ई.) में मिलता है।

हिन्दी भाषा का प्रादुर्भाव

- प्राचीन भारतीय आर्यभाषा का काल 1500 ई.पू. से 500 ई.पू. तक माना गया है। इस अवधि में संस्कृत बोलचाल की भाषा थी।
- संस्कृत भाषा के दो रूप हैं-(i) **वैदिक संस्कृत** (ii) **लौकिक संस्कृत।**
- संस्कृतकालीन बोलचाल की भाषा कालान्तर में परिवर्तित होकर **पालि** के रूप में विकसित हुई। इसका समय 500 ई.पू. से पहली शताब्दी ई. तक है। पालि का मानक रूप बौद्ध साहित्य में उपलब्ध है।
- कालान्तर में पहली शताब्दी ई. तक आते-आते पालि बोलचाल की भाषा के रूप में विकसित होती हुई, **प्राकृत** के रूप में आई। इस अवधि में **शौरसेनी, पैशाची, ब्राचड़, महाराष्ट्री, मागधी** और **अर्द्धमागधी** नामक क्षेत्रीय बोलियाँ विकसित हुईं।

हिन्दी का विकास क्रम

- संस्कृत-पालि-प्राकृत-अपभ्रंश-अवहट्ठ-हिन्दी-वैदिक लौकिक शौरसेनी पैशाची ब्राचड़, महाराष्ट्री, मागधी, अर्द्धमागधी
- आगे चलकर प्राकृत की विभिन्न बोलियाँ विकसित होती गईं, जो **अपभ्रंश** की बोलियों के रूप में प्रस्तुत हुईं। अपभ्रंश का समय 500 ई. से 1000 ई. तक माना गया है।
- अपभ्रंश और पुरानी हिन्दी के मध्य का समय **संक्रान्ति काल** कहा गया है।
- चन्द्रधर शर्मा गुलेरी ने राजा मुंज को पुरानी हिन्दी का प्रथम कवि माना है।
- अपभ्रंश को रामचन्द्र शुक्ल ने **प्राकृताभास** तथा चन्द्रधर शर्मा गुलेरी ने **पुरानी हिन्दी** कहा है।
- अपभ्रंश की उत्तरकालीन अवस्था 'अवहट्ठ' के नाम से जानी जाती है। अवहट्ठ में विद्यापति ने **कीर्तिलता** और **कीर्तिपताका** की रचना की है।
- 'दोहा' (दूहा) मूलतः अपभ्रंश भाषा का ही छन्द है।

अपभ्रंश से आधुनिक भारतीय आर्य भाषाओं का विकास

अपभ्रंश के भेद	**आधुनिक भारतीय आर्यभाषा**
शौरसेनी अपभ्रंश	पश्चिमी हिन्दी, राजस्थानी, गुजराती, पहाड़ी
पैशाची अपभ्रंश	लैंहदा, पंजाबी
ब्राचड़ अपभ्रंश	सिन्धी
महाराष्ट्री अपभ्रंश	मराठी
मागधी अपभ्रंश	बिहारी, बांग्ला, उडिया और असमिया
अर्द्धमागधी अपभ्रंश	पूर्वी हिन्दी (अवधी, बघेली, छत्तीसगढ़ी)

हिन्दी की उपभाषाएँ, बोलियाँ और उनके क्षेत्र

पश्चिमी क्षेत्र में हिन्दी की पाँच बोलियाँ

पश्चिमी क्षेत्र में हिन्दी की पांच बोलियाँ निम्नलिखित हैं-

(i) **खड़ी बोली/कौरवी** का उद्भव शौरसेनी अपभ्रंश के ऊपरी रूप से हुआ है। इसका क्षेत्र देहरादून का मैदानी भाग, सहारनपुर, मुजफ्फरनगर, मेरठ, दिल्ली का कुछ भाग, बिजनौर, रामपुर तथा मुरादाबाद तक है। खड़ी बोली के लिए सुनीति कुमार चटर्जी ने जनपदीय हिन्दुस्तानी शब्द का प्रयोग किया है। खड़ी बोली **आकार बहुला** है।

(ii) **ब्रजभाषा** का विकास शौरसेनी अपभ्रंश के मध्यवर्ती रूप से हुआ है। यह आगरा, मथुरा, अलीगढ़, धौलपुर, मैनपुरी, एटा, बदायूँ, बरेली तथा उनके आस-पास के क्षेत्रों में बोली जाती है। ब्रजभाषा साहित्य और लोक साहित्य दोनों दृष्टियों से बहुत सम्पन्न है। यह कृष्ण भक्ति की एकमात्र भाषा है। लगभग सारा रीतिकालीन साहित्य ब्रजभाषा में लिखा गया है। साहित्यिक दृष्टि से यह हिन्दी भाषा की सर्वाधिक महत्त्वपूर्ण बोली है।

साहित्यिक महत्त्व के कारण ही इसे ब्रजबोली नहीं, ब्रजभाषा कहा जाता है। सूरदास, नन्ददास, रहीम, रसखान, बिहारी, मतिराम, भूषण, देव, भारतेन्दु हरिश्चन्द्र, जगन्नाथ दास 'रत्नाकर' इत्यादि ब्रजभाषा के अमर कवि हैं। साथ ही, तुलसीदास जी ने भी अपनी कुछ रचनाएँ ब्रजभाषा में लिखी हैं; जैसे-कवितावली, विनयपत्रिका आदि। ब्रजभाषा अपने देश के बाहर उजबेकिस्तान में भी बोली जाती है, जिसे उजबेकी ब्रजभाषा कहा जाता है।

(iii) **बाँगरू** या **हरियाणी** का विकास उत्तरी शौरसेनी अपभ्रंश के पश्चिमी रूप से हुआ है। इसका क्षेत्र हरियाणा तथा दिल्ली का देहाती भाग है। हरियाणी भाषा **आकार बहुला** है।

(iv) **बुन्देली** का विकास शौरसेनी अपभ्रंश से हुआ है। इसका क्षेत्र झाँसी, जालौन, हमीरपुर, ग्वालियर, ओरछा, सागर, नरसिंहपुर, सिवनी, होशंगाबाद तथा उनके आस-पास के क्षेत्र हैं। बुन्देली भाषा **उकार बहुला** है।

(v) **कन्नौजी** का भी विकास शौरसेनी अपभ्रंश से हुआ है। इसके क्षेत्र इटावा, फर्रूखाबाद, शाहजहाँपुर, कानपुर, हरदोई, पीलीभीत हैं। कन्नौजी भाषा **उकार बहुला है।**

पूर्वी क्षेत्र में हिन्दी की तीन बोलियाँ

पूर्वी क्षेत्र में हिन्दी की तीन बोलियाँ निम्नलिखित हैं-

(i) **अवधी** का उद्‌भव अर्द्धमागधी अपभ्रंश से हुआ है। इसके क्षेत्र लखनऊ, इलाहाबाद, फतेहपुर, मिर्जापुर (अंशतः), उन्नाव, रायबरेली, सीतापुर, खीरी, फैजाबाद, गोण्डा, बस्ती, बहराइच, बाराबंकी, सुल्तानपुर, प्रतापगढ़ आदि हैं। अवधी में साहित्य तथा लोक साहित्य पर्याप्त मात्रा में उपलब्ध हैं। प्रबन्ध काव्य परम्परा का विकास विशेष रूप से अवधी में ही हुआ है। सूफी काव्य तथा रामभक्ति काव्य की रचना अवधी में हुई है। मुल्ला दाऊद, कुतुबन, मंझन, जायसी, तुलसीदास, नारायणदास, जगजीवन साहब, रघुनाथ दास, राम सनेही आदि इसके सुप्रसिद्ध साहित्यकार हैं। अवधी में लिखा गया सर्वप्रसिद्ध ग्रन्थ 'रामचरित मानस' है। भारत के बाहर **फिजी** में अवधी बोलने वालों की संख्या अच्छी खासी है।

(ii) **बघेली** का उद्‌भव अर्द्धमागधी अपभ्रंश के ही एक क्षेत्रीय रूप से हुआ है। इसके क्षेत्र रीवा, सतना, शहडोल, मैहर और उसके आस-पास हैं।

(iii) **छत्तीसगढ़ी** का उद्‌भव अर्द्धमागधी अपभ्रंश के दक्षिणी रूप से हुआ है। इसके क्षेत्र सरगुजा, कोरबा, बिलासपुर, रायगढ़, खैरागढ़, रायपुर, दुर्ग, राजनन्दगांव, कांकेर आदि हैं।

राजस्थानी क्षेत्र में हिन्दी की चार बोलियाँ

राजस्थानी क्षेत्र में हिन्दी की चार बोलियाँ निम्नलिखित हैं-

(i) **पश्चिमी राजस्थानी** (मारवाड़ी) का उद्‌भव शौरसेनी अपभ्रंश से हुआ है। इसके क्षेत्र जोधपुर, मेवाड़, सिरोही, जैसलमेर, बीकानेर आदि हैं।

(ii) **पूर्वी राजस्थानी** (जयपुरी या ढूँढाड़ी) इसके क्षेत्र जयपुर, अजमेर, किशनगढ़ आदि हैं।

(iii) **उत्तरी राजस्थानी** (मेवाती) यह अलवर, गुड़गाँव, भरतपुर तथा उसके आस-पास बोली जाती है। इसकी एक मिश्रित बोली **अहीरवाटी** है, जो गुड़गांव, दिल्ली तथा करनाल के पश्चिमी क्षेत्रों में बोली जाती है।

(iv) **दक्षिणी राजस्थानी** (मालवी) यह इन्दौर, उज्जैन, देवास, रतलाम, भोपाल, होशंगाबाद तथा उसके आस-पास बोली जाती है।

पहाड़ी क्षेत्र में हिन्दी की दो बोलियाँ

पहाड़ी क्षेत्र में हिन्दी की बोलियाँ निम्न दो भागों में विभाजित हैं-

(i) **पश्चिमी पहाड़ी** जौनसार, सिरमौर, शिमला, मण्डी, चम्बा के आस-पास क्षेत्र में बोली जाती है।

(ii) **मध्यवर्ती पहाड़ी** कुमाऊँनी तथा गढ़वाली क्रमशः कुमाऊँ, गढ़वाल (उत्तराखण्ड) क्षेत्र में बोली जाती है।

बिहार क्षेत्र में हिन्दी की तीन बोलियाँ

बिहार क्षेत्र में हिन्दी की तीन बोलियाँ निम्नलिखित हैं-

(i) **मगही** मागधी अपभ्रंश से विकसित हुई है। यह पटना, गया, पलामू, हजारीबाग, मुंगेर, भागलपुर और इसके आस-पास बोली जाती है।

(ii) **भोजपुरी** मागधी अपभ्रंश के पश्चिमी रूप से विकसित हुई है। इसके क्षेत्र बनारस, जौनपुर, मिर्जापुर, गाजीपुर, बलिया, गोरखपुर, देवरिया, आजमगढ़, बस्ती, शाहाबाद, चम्पारण, सारन तथा उसके आस-पास है। हिन्दी क्षेत्र की बोलियों में **भोजपुरी** बोलने वाले सर्वाधिक हैं। भोजपुरी हिन्दी की वह बोली है, जिसमें सर्वाधिक फिल्में बनी हैं। वर्तमान में दूरदर्शन द्वारा इसके अनेक धारावाहिक प्रसारित हो रहे हैं। भोजपुरी अन्तर्राष्ट्रीय महत्त्व की बोली है, भारत के बाहर सूरीनाम, फिजी, मॉरिशस, गुयाना, त्रिनिदाद में इस बोली का प्रसार है। भोजपुरी में लिखित साहित्य नगण्य है। इसके रचनाकार भिखारी ठाकुर को **भोजपुरी का शेक्सपियर, भोजपुरी का भारतेन्दु** कहा जाता है।

(iii) **मैथिली** मागधी अपभ्रंश के मध्यवर्ती रूप से विकसित हुई है। इसके क्षेत्र दरभंगा, मुजफ्फरपुर, पूर्णिया, मुंगेर और इसके आस-पास हैं। मगही तथा मैथिली लोक साहित्य की दृष्टि से बहुत सम्पन्न भाषाएँ हैं। मैथिली में साहित्य रचना प्राचीन काल से होती आई है। विद्यापति ने मैथिली को चरमोत्कर्ष पर पहुँचाया। इसके अतिरिक्त नागार्जुन, गोविन्द दास, रणजीत लाल, हरिमोहन झा, राजकमल चौधरी 'स्वरगंधा' मैथिली के प्रमुख साहित्यकार हैं।

प्रश्नमाला

1. मध्यकालीन अरबी तथा फ़ारसी साहित्य में भारत की भाषाओं के लिए किस शब्द का प्रयोग मिलता है?

(a) रेख़्ता (b) दूहा
(c) जबान-ए-हिन्द (d) हिन्दी

2. 'खालिकबारी' किसकी रचना है?

(a) खालिक खलक (b) रहीम
(c) अमीर खुसरो (d) अकबर

3. खड़ी बोली हिन्दी में सर्वप्रथम रचना करने वाले कवि का नाम है-

(a) जायसी (b) अमीर खुसरो
(c) विद्यापति (d) भारतेन्दु

4. हिन्दी के उद्‌भव का सही क्रम है-

(a) पालि, प्राकृत, अपभ्रंश, अवहट्ठ
(b) प्राकृत, पालि, अवहट्ठ, अपभ्रंश
(c) अपभ्रंश, प्राकृत, अवहट्ठ, पालि
(d) अवहट्ठ, प्राकृत, पालि, अपभ्रंश

5. अपभ्रंश को 'पुरानी हिन्दी' किसने कहा है?

(a) ग्रियर्सन
(b) श्याम सुन्दर दास
(c) चन्द्रधर शर्मा 'गुलेरी'
(d) भारतेन्दु हरिश्चन्द्र

6. साहित्यिक अपभ्रंश को पुरानी हिन्दी किसने कहा था?

(a) आचार्य रामचन्द्र शुक्ल
(b) हजारी प्रसाद द्विवेदी
(c) शिवसिंह सेंगर
(d) राहुल सांस्कृत्यायन

7. शौरसेनी अपभ्रंश से उत्पन्न भाषाएँ हैं-
(a) ब्रजभाषा, अवधी, कुमाऊँनी और गढ़वाली
(b) पश्चिमी हिन्दी, राजस्थानी, पहाड़ी और गुजराती
(c) बिहारी, बांग्ला, उड़िया और असमिया
(d) लेंहदा, पंजाबी, गुजराती और मराठी

8. सिन्धी भाषा का उद्भव हुआ है-
(a) ब्राचड़ अपभ्रंश से
(b) पैशाची अपभ्रंश से
(c) मागधी अपभ्रंश से
(d) शौरसेनी अपभ्रंश से

9. 'अवधी' का उद्भव किस अपभ्रंश से हुआ है?
(a) शौरसेनी (b) पैशाची
(c) मागधी (d) अर्द्धमागधी

10. कचहरियों में हिन्दी प्रवेश आन्दोलन का मुखपत्र किस पत्र को कहा जाता है?
(a) कविवचन सुधा
(b) समाचार सुधावर्षण
(c) हिन्दी प्रदीप
(d) भारत-मित्र

11. नागरी प्रचारिणी सभा की स्थापना वर्ष है-
(a) 1893 ई. (b) 1857 ई.
(c) 1902 ई. (d) 1917 ई.

12. नागरी प्रचारिणी सभा के संस्थापकों में थे-
(a) शिवकुमार सिंह और बाबू श्याम सुन्दर दास
(b) रामचन्द्र शुक्ल और भारतेन्दु हरिश्चन्द्र
(c) पं. प्रताप नारायण मिश्र और बालकृष्ण भट्ट
(d) जगन्नाथ दास रत्नाकर और शिवप्रसाद गुप्त

13. काशीनागरी प्रचारिणी सभा के संस्थापकों में कौन नहीं है?
(a) बाबू श्याम सुन्दर दास
(b) ठा. शिवकुमार सिंह
(c) रामनारायण मिश्र
(d) रामचन्द्र शुक्ल

14. भारतीय संविधान में हिन्दी को मान्यता कब मिली?
(a) 26 जनवरी, 1950
(b) 14 सितम्बर, 1949
(c) 15 अगस्त, 1947
(d) 14 सितम्बर, 1955

15. भारतवर्ष के लिए हिन्दी भाषा का नाम सबसे पहले किसने सुझाया?
(a) राजा राममोहन राय
(b) महात्मा गाँधी
(c) रवीन्द्रनाथ ठाकुर
(d) मदन मोहन मालवीय

16. 'आयौ' शब्द निम्नलिखित में से किस बोली का है?
(a) भोजपुरी (b) अवधी
(c) ब्रज (d) खड़ी बोली

17. निम्नलिखित बोलियों में से 'पूर्वी हिन्दी' की बोली नहीं है-
(a) अवधी (b) छत्तीसगढ़ी
(c) भोजपुरी (d) बघेली

18. निम्नलिखित युग्मों में से कौन-सा युग्म गलत है?
(a) अवधी – पूर्वी हिन्दी
(b) ब्रजभाषा – पश्चिमी हिन्दी
(c) भोजपुरी – पूर्वी हिन्दी
(d) खड़ी बोली – पश्चिमी हिन्दी

19. पश्चिमी हिन्दी की सर्वाधिक प्रमुख बोली इनमें से कौन-सी है?
(a) ब्रजभाषा (b) खड़ी बोली
(c) बुंदेली (d) बांगरू

20. हिन्दी खड़ी बोली किस अपभ्रंश से विकसित हुई है?
(a) मागधी (b) अर्द्धमागधी
(c) शौरसेनी (d) पैशाची

21. 'छत्तीसगढ़ी' बोली हिन्दी के किस उपभाषा वर्ग के अंतर्गत आती है?
(a) पश्चिमी हिन्दी (b) पूर्वी हिन्दी
(c) बिहारी (d) पहाड़ी

22. ''तालै के पानी पताले गए बेटी
पुरइनि गइँ कुम्हिलाई हो।
गंगा जमुना बिच रेती परतु है
कइसे कै रचउं बिआह रे।''
उक्त गीत किस बोली का है?
(a) अवधी (b) ब्रज
(c) भोजपुरी (d) कन्नौजी

23. 'बघेली' बोली का संबंध किस उपभाषा से है?
(a) राजस्थानी (b) पूर्वी हिन्दी
(c) बिहारी (d) पश्चिमी हिन्दी

24. 'कौरवी' किस बोली को कहते हैं?
(a) मारवाड़ी (b) खड़ी बोली
(c) अवधी (d) छत्तीसगढ़ी

25. इनमें से कौन-सी बोली पश्चिमी हिन्दी के अंतर्गत नहीं आती?
(a) खड़ी बोली (b) ब्रजभाषा
(c) कन्नौजी (d) अवधी

26. 'बांगरू' किस उपभाषा वर्ग की बोली है?
(a) पश्चिमी हिन्दी (b) पूर्वी हिन्दी
(c) बिहारी (d) पहाड़ी

27. 'ब्रजभाषा' है-
(a) पूर्वी हिन्दी (b) पश्चिमी हिन्दी
(c) बिहारी हिन्दी (d) पहाड़ी हिन्दी

28. 'विनयपत्रिका' की भाषा है-
(a) ब्रजभाषा
(b) अवधी
(c) भोजपुरी
(d) मैथिली

29. हिन्दी भाषा के उद्भव और विकास का सही क्रम चुनिए-
(a) संस्कृत, पालि, प्राकृत, अपभ्रंश, शौरसेनी, पश्चिमी हिन्दी, खड़ी बोली
(b) संस्कृत, प्राकृत, अपभ्रंश, पालि, शौरसेनी, पश्चिमी हिन्दी, खड़ी बोली
(c) संस्कृत, पालि, प्राकृत, अपभ्रंश, संस्कृत, शौरसेनी, पश्चिमी हिन्दी, खड़ी बोली
(d) पालि, प्राकृत, अपभ्रंश, संस्कृत, शौरसेनी, पश्चिमी हिन्दी, खड़ी बोली

30. अवधी किस उपभाषा-वर्ग की बोली है?
(a) पश्चिमी हिन्दी
(b) पूर्वी हिन्दी
(c) बिहारी हिन्दी
(d) राजस्थानी हिन्दी

उत्तरमाला

1. (c)	**2.** (c)	**3.** (b)	**4.** (a)	**5.** (c)	**6.** (c)	**7.** (b)	**8.** (a)	**9.** (d)	**10.** (d)
11. (a)	**12.** (a)	**13.** (d)	**14.** (b)	**15.** (d)	**16.** (c)	**17.** (c)	**18.** (c)	**19.** (b)	**20.** (c)
21. (b)	**22.** (a)	**23.** (d)	**24.** (b)	**25.** (d)	**26.** (a)	**27.** (b)	**28.** (a)	**29.** (a)	**30.** (b)

अध्याय 2

हिंदी वर्णमाला

प्रत्येक भाषा में ध्वनियों का संबंध उच्चारण से होता है। इन्हीं उच्चारित ध्वनियों को लिखित रूप से व्यक्त करने के लिए ''वर्ण चिह्न'' बनाए जाते हैं। हिन्दी में अन्य भाषाओं के समान उच्चारण के धरातल पर अनेक ध्वनियाँ हैं। इन ध्वनियों में स्वर भी हैं तथा व्यंजन भी। स्वर और व्यंजन दोनों ही प्रकार की ध्वनियों के लिए वर्णों की व्यवस्था है। यहाँ तक कि स्वरों के लिए मात्रा चिह्नों की भी व्यवस्था की गई है।

हिन्दी में अन्य भाषाओं से भी अनेक ध्वनियाँ आई हैं। उनके लिए भी वर्णमाला में वर्णों की व्यवस्था की गई है। इसके अतिरिक्त हिन्दी में भाषा विकास की प्रक्रिया में कुछ नई ध्वनियाँ भी विकसित हुई हैं। इन ध्वनियों के लिए भी नए वर्ण विकसित किए गए हैं।

प्रत्येक वर्ण किसी न किसी ध्वनि को अभिव्यक्त करता है। अत: ध्वनि और वर्ण का आपस में संबंध होता है। परन्तु यह नहीं समझना चाहिए कि एक वर्ण केवल एक ही ध्वनि को व्यक्त करता है। हिन्दी में कुछ संयुक्त वर्ण भी हैं, जो एक से अधिक ध्वनियों को व्यक्त करते हैं। इसके अतिरिक्त हिन्दी वर्णमाला में ऐसे वर्ण भी मिलेंगे जिनके लिए कोई अलग ध्वनि नहीं है।

इसी प्रकार उच्चारण में ऐसी अनेक ध्वनियाँ भी मिलेंगी जिनके लिए वर्णमाला में वर्णों की व्यवस्था नहीं है।

हिन्दी की वर्णमाला

नीचे दी गई तालिका में हिन्दी की वर्ण व्यवस्था बताई जा रही है। वर्णमाला में पहले ''स्वर'' और बाद में ''व्यंजन-वर्णों'' का उल्लेख किया जाता है-

हिन्दी के स्वर

अ	आ	इ	ई	उ	ऊ	ऋ
ए	ऐ	ओ	औ			

हिन्दी के व्यंजन

क	ख	ग	घ	ङ	(क-वर्ग)
च	छ	ज	झ	ञ	(च-वर्ग)
ट	ठ	ड	ढ	ण	(ट-वर्ग)
त	थ	द	ध	न	(त-वर्ग)
प	फ	ब	भ	म	(प-वर्ग)
य	र	ल	व		
श	ष	स	ह		
क्ष	त्र	ज्ञ			

मात्रा चिह्न

हिन्दी की वर्णमाला में ''अ'' से ''औ'' तक कुल ग्यारह स्वर हैं। इनमें ''अ'' को छोड़कर शेष सभी स्वरों के लिए मात्रा-चिह्न बनाए गए हैं। मात्रा चिह्न इस प्रकार हैं-

वर्ण		मात्रा	उदाहरण
आ	–	ा	क् + आ = का
इ	–	ि	क् + इ = कि
ई	–	ी	क् + ई = की
उ	–	ु	क् + उ = कु
ऊ	–	ू	क् + ऊ = कू
ऋ	–	ृ	क् + ऋ = कृ
ए	–	े	क् + ए = के
ऐ	–	ै	क् + ऐ = कै
ओ	–	ो	क् + ओ = को
औ	–	ौ	क् + औ = कौ

व्यंजनों का उच्चारण हमेशा स्वरों के साथ मिलाकर किया जाता है। इसलिए वर्णमाला में उनको व्यक्त करने के लिए मात्रा चिह्नों की व्यवस्था की गई है।

''अ'' स्वर के लिए कोई मात्रा चिह्न अलग से नहीं है। इसका कारण यह है कि हर व्यंजन के उच्चारण में ''अ'' शामिल रहता है। ''म'', ''क'' वर्णों का अर्थ है-''म् + अ'' तथा ''क् + अ''! जब व्यंजन को बिना ''अ'' के लिखने की आवश्यकता होती है तब हिन्दी में इसकी अलग व्यवस्था है जैसे-

1. नीचे से गोलाई लिए वर्णों के नीचे हलंत लगा दिया जाता है-

ट्	–	खट्टा
द्	–	गद्दा
ड्	–	अड्डा

2. खड़ी पाई वाले वर्णों की खड़ी पाई हटा दी जाती है-

च	–	सच्चा
ब	–	डिब्बा
ल	–	दिल्ली

3. क् फ् जैसे वर्णों में ''हुक'' हटा दिया जाता है-

क	–	मक्का
फ	–	हफ्ता

4. तथा ''र'' के रूप को परिवर्तित कर (र्) के रूप में लिखा जाता है-

(र्)	–	कर्म

अतिरिक्त चिह्न

वर्ण-चिह्नों के अलावा कुछ अन्य ध्वनियों के लिए भी हिन्दी में अतिरिक्त वर्ण-चिह्नों की व्यवस्था की गई है। हिन्दी के अतिरिक्त वर्ण और उनकी ध्वनियाँ इस प्रकार हैं-

अनुस्वार	(ं)	अंडा, संध्या
अनुनासिक	(ँ)	आँख, चाँद
विसर्ग	(:)	प्रात:, अत:
हलंत	(्)	खट्टा, शुद्ध
ड़, ढ़	(़)	लड़का, मूढ़ा

इन वर्ण चिह्नों में से ''अनुस्वार'' तथा ''विसर्ग'' को तो परंपरागत वर्णमाला में ''अं'' तथा ''अः'' के रूप में दिखाया जाता रहा है। ''हलंत'' को वर्णमाला में नहीं दिखाया जाता क्योंकि यह स्वतंत्र वर्ण नहीं है, केवल व्यंजन में स्वर-अभाव दिखाता है। ''ड़/ढ़'' ट-वर्ग के साथ कभी दिखाए जाते हैं कभी नहीं।

उपर्युक्त वर्ण चिह्नों में अनुस्वार तो व्यंजन तथा स्वर दोनों के साथ लगता है। विसर्ग तथा अनुनासिकता चूँकि स्वरों के गुण हैं। अतः इनके चिह्न केवल स्वरों के साथ लगाए जाते हैं। अनुनासिकता का चिह्न ''आ'' तथा मात्रा वाले स्वरों के ऊपर लगाया जाता है और अन्य मात्रा वाले स्वरों के ऊपर अनुनासिकता को बिंदु से ही दिखा दिया जाता है, जैसे-

1. ''आ'' तथा बिना मात्रा वाले स्वर-आँख, माँ, चाँद, उँगली, बहुएँ
2. मात्रा वाले स्वर-सिंचाई, केंचुए, गोंद, आदि।

हिन्दी में कुछ ही तत्सम शब्द हैं, जिनमें विसर्ग लगता है, जैसे-प्रातः, अतः आदि।

जब व्यंजनों को अ-रहित दिखाना हो तो उसके नीचे हलंत का चिह्न लगाकर उनका आधा स्वरूप दिखाया जाता है।

''ड़/ढ़'' वर्ण हिन्दी में परंपरा से नहीं आए हैं। ये हिन्दी की ड/ढ ध्वनियों से बाद में विकसित हुए हैं। शब्दों के मध्य में दो स्वरों के बीच तथा शब्दों के अंत में ड/ढ ध्वनियों का उच्चारण ड़/ढ़ के रूप में किया जाता है। इन्हीं उच्चारणों के लिए ड/ढ के नीचे बिंदी लगाकर ये दो नए वर्ण विकसित कर लिए गए हैं।

ध्वनि का वर्गीकरण

ध्वनियों का सबसे प्राचीन और प्रचलित वर्गीकरण स्वर (Vowel) और व्यंजन (Consonent) के रूप में मिलता है। 'स्वर' शब्द 'स्वृ' धातु से बना है जिसका अर्थ ध्वनि करना है। इसी तरह व्यंजन का सम्बन्ध 'अंज्' धातु से है जिसका अर्थ है जो प्रकट हो। 'स्वर' उन ध्वनियों को कहा गया जिनका उच्चारण बिना किसी अन्य ध्वनि की सहायता से किया जा सकता है और 'व्यंजन' उन ध्वनियों को जिनका उच्चारण स्वरों की सहायता से होता है। आगे चलकर उच्चारण में हवा के प्रवाह के अबाधित या सबाधित होने के आधार पर पाश्चात्य भाषा वैज्ञानिकों स्वीट, डेनियल जोन्स आदि ने स्वर व्यंजन को इस प्रकार परिभाषित किया-'स्वर वह घोष (कभी कभी अघोष भी) ध्वनि है जिसके उच्चारण में हवा मुख-विवर से अबाध गति से निकलती है।' व्यंजन वह ध्वनि है जिसके उच्चारण में हवा मुख-विवर से अबाध गति से नहीं निकल पाती। या तो इसे पूर्ण अवरुद्ध होकर आगे बढ़ना पड़ता है या संकीर्ण मार्ग से घर्षण करते हुए निकलना पड़ता है।'

कुछ नवीन ध्वनि शास्त्रियों ने 'स्वर' और 'व्यंजन' के लिए नए नाम दिए हैं, जैसे हेफनर ध्वनियों को आक्षरिक (Syllabic) और अनाक्षरिक (Nonsyllabic) दो वर्गों में रखते हैं। 'सिलेबिक' स्वर का समानार्थी न होकर भी उसके निकट है। इसी तरह 'नॉन-सिलेबिक' भी व्यंजन की प्रकृति से भिन्न है। अतः सर्वमान्य परिभाषा के आधार पर यह कह सकते हैं कि 'स्वर' वे ध्वनियाँ हैं जिनके उच्चारण में प्राणवायु मुख-विवर के कंठ, तालु आदि स्थानों से निर्बाध होकर निकलती हो और 'व्यंजन' वे ध्वनियाँ हैं जिनके उच्चारण में प्राणवायु मुख-विवर के कंठ, तालु आदि स्थानों से बाधित होकर निकलती हों। कतिपय अपवादों को छोड़कर स्वर-व्यंजन में भिन्नता है जो उनकी विशेषता भी मानी जा सकती है। जैसे-

1. सभी स्वर आक्षरिक होते हैं और सभी व्यंजन अनाक्षरिक।
2. मुखरता की दृष्टि से स्वर अपेक्षाकृत अधिक मुखर होते हैं और व्यंजन कम मुखर होते हैं।

स्वर ध्वनियाँ

स्वर ध्वनि की प्रकृति के बारे में बहुत-सी बातें स्पष्ट हो चुकी हैं। स्वर- ध्वनियों के वर्गीकरण के निम्नलिखित आधार माने गए हैं-

1. **जीभ का कौन-सा भाग क्रियाशील होता है?** सामान्य रूप से उच्चारण में जीभ का अग्र, मध्य या पश्च भाग सक्रिय होता है। इस आधार पर स्वर ध्वनि के उच्चारण में जीभ का जो भाग (अग्र, मध्य, पश्च) क्रियाशील होता है, उसके आधार पर उसे अग्र स्वर, मध्य स्वर और पश्च स्वर कहते हैं। जैसे जीभ का अग्र भाग इ, ई, ए, ऐ स्वरों के उच्चारण में सहायक होता है। अतः ये इ, ई, ए, ऐ अग्र स्वर हैं। इसी प्रकार जीभ का मध्य भाग अ स्वर तथा पश्च भाग उ, ऊ, ओ, औ स्वर के उच्चारण में क्रियाशील होता है। अतः अ मध्य स्वर तथा आ, उ, ऊ, ओ, औ पश्च स्वर हैं।
2. **जीभ का क्रियाशील भाग कितना ऊपर उठता है?** स्वरों का स्वरूप जीभ के अग्र, पश्च या मध्य भाग के उठने पर भी निर्भर करता है अर्थात् यदि जीभ का विशिष्ट भाग बहुत उठा हो तो मुख-विवर अत्यंत संकरा अर्थात् 'संवृत' होगा और यदि वह नहीं के बराबर उठा तो मुख-विवर बहुत खुला या 'विवृत' होगा। इन दोनों के बीच 'अर्द्ध-विवृत' और 'अर्द्ध संवृत' दो स्थितियाँ और होती हैं। हिन्दी में आ विवृत, ऑ अर्द्ध-विवृत, ए, ऐ, ओ, औ अर्द्धसंवृत और इ, ई, उ, ऊ संवृत स्वर हैं।
3. **ओष्ठ की स्थिति**-प्रत्येक स्वर के उच्चारण में जीभ के साथ ओष्ठों की भी भूमिका होती है। स्वरों के उच्चारण के समय ओष्ठों की दो प्रमुख स्थितियाँ हैं-वृत्ताकार और अवृत्ताकार। ओष्ठ गोल आकार में बनने पर उ, ऊ, ओ तथा औ का वृत्ताकार उच्चारण होता है तथा शेष स्वर अवृत्ताकार होते हैं। कुछ स्वरों में ओष्ठ पूर्ण विस्तृत (ए), उदासीन (अ), स्वल्प वृत्ताकार (ऑ) एवं पूर्ण वृत्ताकार (ऊ) होते हैं।
4. **मात्रा**-स्वर के उच्चारण में जितना समय लगता है, उसे 'मात्रा' कहते हैं। उच्चारण काल के आधार पर स्वरों के दो भेद हैं-ह्रस्व और दीर्घ। ह्रस्व स्वर के उच्चारण में कम समय लगता है और दीर्घ स्वर के उच्चारण में अपेक्षाकृत अधिक। अ, इ, उ, ए, ओ ह्रस्व स्वर हैं। इसी प्रकार आ, ई, ऊ, ऐ, औ दीर्घ स्वर हैं।
5. **कोमल तालु और कौवे की स्थिति**-उच्चारण के समय कोमल तालु और कौवा कभी तो नासिका मार्ग को रोक देते हैं, कभी मध्य में रहते हैं जिससे वायु मुख से या नासिका मार्ग से निकलती है। पहली स्थिति में मौखिक स्वर अ, आ, ए आदि तथा दूसरी स्थिति में अनुनासिक स्वर अँ, आँ, ईँ उच्चारित होते हैं।
6. **स्वरतंत्रियों की स्थिति**-उच्चारण के समय स्वरतंत्रियों की स्थिति के आधार पर स्वर घोष और अघोष कहलाते हैं। घोष उन ध्वनियों को कहते हैं जिनके उच्चारण में स्वरतंत्रियों के बीच से आती हवा घर्षण करते हुए निकलती है। प्रायः सभी स्वर घोष की श्रेणी में आते हैं। जब स्वर तंत्रियाँ खुली रहती है तब हवा बिना किसी घर्षण के बाहर निकलती है। यह स्थिति अघोष कहलाती है।
7. **स्वरों के भेद**-मुख की मांसपेशियों या अन्य वागवयवों की दृढ़ता या शिथिलता के आधार पर भी स्वरों के भेद किए गए हैं। जैसे-अ, इ, उ शिथिल स्वर हैं और ई, ऊ, दृढ़ स्वर।

   कुछ स्वर मूल होते हैं अर्थात् उनके उच्चारण में जीभ एक स्थान पर रहती है, जैसे अ, इ, ए, ओ। इसके सापेक्ष कुछ स्वर संयुक्त होते हैं अर्थात् इनके उच्चारण में जीभ एक स्वर के उच्चारण से दूसरे स्वर के उच्चारण की ओर चलती है। वस्तुतः संयुक्त स्वर दो स्वरों का ऐसा मिला-जुला रूप है जिसमें दोनों अपना स्वतंत्र व्यक्तित्व खोकर एकाकार हो जाते हैं और साँस के एक झटके में उच्चरित होते हैं। दोनों मिलकर एक स्वर जैसे हो जाते हैं। ऐ (अ, ए), औ (अ, ओ) संयुक्त स्वर कहे गए हैं। संक्षेप में विभिन्न आधारों पर स्वरों के वर्गीकरण को निम्नलिखित तालिका से अच्छी तरह समझा जा सकता है।

तालिका-स्वर ध्वनियाँ

स्वर से	उच्चारण स्थान से	उच्चारण काल से	जिह्वा की सक्रियता	मुखविवर के खुलने से	होंठों की आवृत्ति से
अ	कंठ्य	ह्रस्व	मध्य	अर्धसंवृत	अवृत्ताकार
आ	कंठ्य	दीर्घ	पश्च	विवृत	अवृत्ताकार
ऑ	कंठ्य	दीर्घ	पश्च	विवृत	वृत्ताकार
इ	तालव्य	ह्रस्व	अग्र	संवृत	अवृत्ताकार
ई	तालव्य	दीर्घ	अग्र	संवृत	अवृत्ताकार
उ	ओष्ठ्य	ह्रस्व	पश्च	संवृत	वृत्ताकार
ऊ	ओष्ठ्य	दीर्घ	पश्च	संवृत	वृत्ताकार
ऋ	मूर्धन्य	ह्रस्व	अग्र	संवृत	अवृत्ताकार
ए	कंठतालव्य	दीर्घ	अग्र	अर्धसंवृत	अवृत्ताकार
ऐ	कंठतालव्य	दीर्घ	अग	अर्धविवृत	अवृत्ताकार
ए	कंठतालव्य	ह्रस्व	अग्र	अर्धसंवृत	अवृत्ताकार
ओ	कंठोष्ठ्य	दीर्घ	पश्च	अर्धसंवृत	वृत्ताकार
औ	कंठोष्ठ्य	दीर्घ	पश्च	अर्धसंवृत	वृत्ताकार
ओ	कंठोष्ठ्य	ह्रस्व	पश्च	अर्धसंवृत	वृत्ताकार

नोट - ए और ओ की गणना ह्रस्व स्वर में भी होती है।

व्यंजन ध्वनियाँ

व्यंजन ध्वनियों की प्रकृति स्वर ध्वनियों से भिन्न हैं। अत: व्यंजन के वर्गीकरण में स्थान, कारण, प्रयत्न के अतिरिक्त स्वरतंत्री प्राणतत्व, उच्चारण शक्ति, अनुनासिकता आदि आधारों पर भी विचार करने की आवश्यकता है। इस प्रकार व्यंजनों के वर्गीकरण में निम्नलिखित आधार पर विस्तृत अध्ययन किया जा सकता है-

(क) स्थान के आधार पर-स्थान के आधार पर व्यंजन ध्वनियों के कंठ्य (कोमल तालव्य), मूर्धन्य, तालव्य (कठोर तालव्य) वर्त्स्य, दंत्य, दंत्योष्ठ्य, ओष्ठ्य, अलिजिह्वीय, काकाल्य आदि भेद होते हैं। इन भेदों तथा इनके अंतर्गत आने वाली व्यंजन ध्वनियों का संक्षिप्त परिचय इस प्रकार हैं-

1. **कंठ्य (Soft Palatal)**-इसे 'कोमल तालव्य' भी कहते हैं। जीभ के पिछले भाग के सहारे ये ध्वनियाँ उत्पन्न होती हैं। क वर्ग की ध्वनियाँ-क, ख, ग, घ, ङ कंठ्य या कोमल तालव्य की ध्वनियाँ हैं। फ़ारसी की ख, ग जैसी संघर्षी ध्वनियाँ भी यहीं से उच्चारित होती हैं।
2. **तालव्य (Palatal)**-इन ध्वनियों का उच्चारण कठोर तालव्य से होता है। जीभ का अगला भाग या नोक इसमें सहायक होती है। च वर्ग की ध्वनियाँ-च्, छ्, ज्, झ् इसी के अंतर्गत आती हैं।
3. **मूर्धन्य (Cevebral)**-मूर्द्धा की सहायता से उच्चारण की जाने वाली ध्वनियाँ मूर्धन्य कहलाती हैं। ट्, ठ्, ड्, ढ्, ण् अर्थात ट वर्ग की ध्वनियाँ मूर्धन्य हैं।
4. **वर्त्स्य (Alveolar)**-मसूढ़े या वर्त्स और जीभ के अगले भाग की सहायता से उत्पन्न ध्वनियाँ वर्त्स्य कहलाती हैं। र्, ल्, स् तथा ज् वर्त्स्य ध्वनियाँ हैं।
5. **दंत्य (Dental)**-दाँत की सहायता से उत्पन्न ध्वनियाँ दंत्य हैं। इसके उच्चारण में जीभ की नोक भी सहायक होती है। त्, थ्, द्, ध् दंत्य ध्वनियाँ हैं।
6. **दंत्योष्ठ्य (Labiodental)**-जिन ध्वनियों का उच्चारण ऊपर के दाँत और नीचे के ओंठ की सहायता से होता है, वे दंत्योष्ठ्य कहलाती हैं। व् दंत्योष्ठ्य ध्वनि है।
7. **ओष्ठ्य (Bilabial)**-दोनों ओंठ से उच्चारित होने वाली ध्वनियाँ ओष्ठ्य होती हैं प वर्ग में प्, फ्, ब, भ्, म् ओष्ठ्य ध्वनियाँ हैं।
8. **अलिजिह्वीय (Uvular)**-इसे जिह्वामूलीय या जिह्वापश्चार्य भी कहते हैं। इसमें कौवे या अलिजिह्व से ध्वनि का उच्चारण होता है। इसके लिए जिह्वामूल या जिह्वापश्च को निकट ले जाकर वायुमार्ग संकरा करते हैं जिससे संघर्षी ध्वनि उत्पन्न होती है। फारसी की क, ख, ग ध्वनि भी इसी प्रकार की है।
9. **काकल्य (Lavygeal)**-ये स्वरयंत्र मुख से उत्पन्न होने वाली ध्वनियाँ हैं। इसे 'उरस्य' भी कहते हैं। ह और विसर्ग (:) इस वर्ग की ध्वनि हैं।

(ख) प्रयत्न के आधार पर-प्रयत्न के आधार पर ध्वनियों के निम्नलिखित वर्ग हैं-

1. **स्पर्श**-इसे 'स्फोट' या 'स्फोटक' भी कहते हैं। इसके उच्चारण में दो अंग (जैसे दोनों ओंठ या नीचे का ओंठ और ऊपर के दाँत, या जीभ की नोक और दाँत, या जीभ का पिछला भाग और कोमल तालु) एक-दूसरे का स्पर्श करके हवा को रोकते हैं और फिर एक-दूसरे से हटकर हवा को जाने देते हैं। स्पर्श ध्वनि का उच्चारण कभी तो पूर्ण होता है, कभी अपूर्ण। हिन्दी की कवर्ग, टवर्ग, तवर्ग, पवर्ग की ध्वनियों के साथ ही फ़ारसी का ध्वनि स्पर्शीय है।
2. **संघर्षी**-संघर्षी ध्वनि में स्पर्श की तरह हवा का न तो पूर्ण अवरोध होता है और न ही स्वरों की भाँति वह अबाध रूप से मुँह से निकल जाती है। अत: इसकी स्थिति स्वरों और स्पर्श के बीच की है अर्थात् दो अंग एक-दूसरे के इतने समीप आ जाते हैं कि हवा दोनों के बीच घर्षण करके निकलती है। इसलिए इसे संघर्षी कहा जाता है। हिन्दी की श्, स्, ष् तथा फ़ारसी की फ, व, ज़, ख, ग संघर्षी ध्वनियाँ हैं।
3. **स्पर्श संघर्षी**-जिन ध्वनियों के उच्चारण का आरम्भ स्पर्श से हो किन्तु हवा कुछ देर घर्षण के साथ निकले, वे स्पर्श संघर्षी कहलाती है। च्, छ्, ज्, झ् स्पर्श संघर्षी ध्वनियाँ हैं।
4. **नासिक्य (Nasal)**-इन ध्वनियों के उच्चारण में मुख-विवर के दो अंगों (स्पर्श की तरह) के स्पर्श के साथ हवा नाक के रास्ते बाहर निकलती है। इन्हें 'अनुनासिक' भी कहते हैं। हिन्दी में ङ, ण, न, में नासिक्य व्यंजन हैं।
5. **पार्श्विक (Lateral)**-इसमें मुख विवर के मध्य में कहीं भी दो अंगों के सहारे हवा अवरुद्ध कर देते हैं। फलत: हवा दोनों पार्श्वों से निकलती है। इसे 'पार्श्व ध्वनि' भी कहते हैं। ल पार्श्विक व्यंजन है।
6. **लुंठित (Rolled)**-इसमें जीभ की नोक को बेलन की तरह कुछ लपेट कर तालु का स्पर्श कराते हुए ध्वनि का उच्चारण होता है। इसे 'लोड़ित' भी कहते हैं। र् लुंठित व्यंजन है।
7. **उत्क्षिप्त (Flapped)**-जीभ की नोक को उलटकर तालु को झटके से मार उसे फिर सीधा कर लेने से उत्क्षिप्त ध्वनि उच्चारित होती है। ड़, ढ़ उत्क्षिप्त व्यंजन ध्वनि हैं।
8. **अर्द्धस्वर (Semi Vowel)**-ये एक प्रकार से स्वर और व्यंजन के बीच की ध्वनियाँ हैं किन्तु ये स्वर की तुलना में कम मुखर हैं, कम मात्रा वाली हैं। चूंकि इन ध्वनियों का उच्चारण का आरम्भ स्वर ध्वनि जैसा होता है, इसलिए इन्हें अर्द्धस्वर ध्वनि कहा जाता है। य्, व् इसी कोटि की ध्वनि हैं।

(ग) स्वर तंत्रियों के आधार पर-इस आधार पर व्यंजन ध्वनियों के दो प्रमुख भेद हैं-

1. **घोष**-ये वे ध्वनियाँ हैं जिनके उच्चारण में स्वरतंत्रियों के निकट आ जाने से उसके बीच निकलती हवा से उसमें कम्पन होता है। हिन्दी में क वर्ग सहित पाँच वर्गों की अन्तिम तीन ध्वनियाँ ग्, घ्, ङ्, ज्, झ्, ल् आदि तथा य्, र्, ल्, व्, ह्, ढ् आदि घोष हैं।
2. **अघोष**-अघोष ध्वनियों के उच्चारण में स्वर तंत्रियों में कम्पन नहीं होता। हिन्दी में पाँचों वर्ग की प्रथम दो ध्वनियाँ (क्, ख्, च्, छ्, ट्, ठ्, प्, फ् आदि) तथा स्, श् अघोष हैं।

(घ) प्राणतत्व के आधार पर-प्राण का अर्थ है, उच्चारण में लगने वाली हवा या हवा की शक्ति। जिन व्यंजनों के उच्चारण में हवा की अधिकता या

श्वास-बल अधिक हो, उन्हें 'महाप्राण' और जिनमें कम हो उसे 'अल्पप्राण' कहते हैं। प्राणतत्व के आधार पर हिन्दी में व्यंजन ध्वनियाँ इस प्रकार हैं-

अल्पप्राण-क, ग, ङ, च, ज, ल, ट, ड, ण, त, द, न, प, ब, म, ल, र, ड़

महाप्राण-ख, घ, छ, झ, ठ, ढ़, थ, ध, फ, भ,

संयुक्त व्यंजन

दो या दो से अधिक व्यंजन से मिलकर बने व्यंजन को संयुक्त व्यंजन कहते हैं। यदि मिलने वाले दोनों व्यंजन एक हैं (जैसे च् + च् = कच्चा) तो इसे दीर्घ या द्वित्व व्यंजन (Double Consonent) कहते हैं किन्तु यदि दोनों भिन्न-भिन्न हों (जैसे र् + द् = सर्दी) तो उसे संयुक्त व्यंजन (Compund Consonent) कहते हैं। डॉ. भोलानाथ तिवारी ने संयुक्त व्यंजन के दो भेद किए हैं-स्पर्श और स्पर्श संघर्षी या पूर्ण बाधा वाले तथा अन्य। इनके बारे में उनका मत है कि, 'संयुक्त व्यंजन, दो या दो से अधिक व्यंजनों के मिलने से बनते हैं। मिलने वाले दोनों व्यंजन यदि एक हैं (जैसे क् + क्, पक्का) तो उस संयुक्त व्यंजन को दीर्घ या द्वित व्यंजन (long or double consonent) कहते हैं, किन्तु यदि दोनों दो हैं (जैसे र् + म्, गर्मी) तो संयुक्त व्यंजन (compund consonent) कहते हैं। इस दृष्टि से व्यंजन के दो भेद किये जा सकते हैं : स्पर्श और स्पर्श संघर्षी या पूर्ण बाधा वाले तथा अन्य। स्पर्श और स्पर्श संघर्षी के द्वित्त्व में ऐसा होता है कि उसमें स्पर्श की प्रथम (हवा के आने और स्पर्श होने) और अन्तिम या तृतीय (उन्मोचन या स्फोट) स्थिति में तो कोई अंतर नहीं आता केवल दूसरी या अवरोध की स्थिति बड़ी हो जाती है। 'पक्का' में वस्तुतः दो 'क्' नहीं उच्चारित होते, अपितु 'क्' के मध्य की स्थिति अपेक्षाकृत बड़ी हो जाती है। इसलिए वैज्ञानिक दृष्टि से इस प्रकार के द्वित्वों को 'दो क्' आदि न कहकर 'क' का दीर्घ रूप या 'दीर्घ व्यंजन क' या दीर्घ या प्रलम्बित 'क' कहना अधिक समीचीन है, क्योंकि दो 'क' तब कहलाते, जब दोनों की तीन-तीन स्थितियाँ घटित होती है। स्पर्श संघर्षी 'च' आदि व्यंजनों के सम्बन्ध में भी यही स्थिति है। इस प्रकार बग्गी, बच्चा, लज्जा, भट्टी, अड्डा, पत्ती, गद्दी, थप्पड़, अप्पा आदि सभी के द्वित्त्व ऐसे ही हैं। महाप्राणों के इस रूप में द्वित्त्व नहीं होता। वस्तुतः (अन्य दृष्टियों में से एक) अल्पप्राण और महाप्राण ध्वनियों का अन्तर स्फोट के वायु प्रवाह की कमी-बेशी के कारण होता है। अतः जब दो मिलेंगे तो पहले का स्फोट होगा नहीं, इस प्रकार वह अल्पप्राण हो जाएगा। आशय यह है कि खख, घ्घ, छछ, झ, ठ्ठ भ्भ आदि का उच्चारण हो ही नहीं सकता। उच्चारण में ये क्ख, गघ, झ्झ, ट्ठ, ब्भ हो जाएंगे। जैसे घग्घर, गच्छर, झज्झर, भब्भड़ आदि। अन्य प्रायः सभी व्यंजनों के द्वित्त्व में इस प्रकार की कोई बात नहीं होती, केवल उनकी दीर्घता बढ़ जाती है, जैसे-पन्ना, अम्मा, रस्सा, बर्रे, पिल्ला आदि।

तालिका-व्यंजन ध्वनियाँ

व्यंजन वर्ण	स्थान के अनुसार	प्राण के अनुसार	घोष के अनुसार	विशेष
क्	कंठ्य	अल्पप्राण	अघोष	स्पर्श
ख्	कंठ्य	महाप्राण	अघोष	स्पर्श
ग्	कंठ्य	अल्पप्राण	घोष	स्पर्श
घ्	कंठ्य	महाप्राण	घोष	स्पर्श
ङ्	कंठ्य	अल्पप्राण	घोष	स्पर्श तथा नासिक्य
च्	तालव्य	अल्पप्राण	अघोष	स्पर्श-संघर्षी
ज्	तालव्य	अल्पप्राण	घोष	स्पर्श-संघर्षी
झ्	तालव्य	महाप्राण	घोष	स्पर्श-संघर्षी
ञ्	तालव्य	अल्पप्राण	घोष	स्पर्श-संघर्षी
ट्	मूर्धन्य	अल्पप्राण	अघोष	स्पर्श
ठ्	मूर्धन्य	महाप्राण	अघोष	स्पर्श
ड्	मूर्धन्य	अल्पप्राण	घोष	स्पर्श
ढ्	मूर्धन्य	महाप्राण	घोष	स्पर्श
ण्	मूर्धन्य	अल्पप्राण	घोष	स्पर्श नासिक्य
त्	दंत्यवर्त्स्य	अल्पप्राण	अघोष	स्पर्श
थ्	दंत्यवर्त्स्य	महाप्राण	अघोष	स्पर्श
द्	दंत्यवर्त्स्य	अल्पप्राण	घोष	स्पर्श
ध्	दंत्यवर्त्स्य	महाप्राण	घोष	स्पर्श
न्	दंत्यवर्त्स्य	अल्पप्राण	घोष	स्पर्श नासिक्य
प्	ओष्ठ्य	अल्पप्राण	अघोष	स्पर्श
फ्	ओष्ठ्य	महाप्राण	अघोष	स्पर्श
ब्	ओष्ठ्य	अल्पप्राण	घोष	स्पर्श
भ्	ओष्ठ्य	महाप्राण	घोष	स्पर्श
म्	ओष्ठ्य	महाप्राण	घोष	स्पर्श नासिक्य
य्	तालव्य	अल्पप्राण	घोष	अंतःस्थ
र्	वर्त्स्य	अल्पप्राण	घोष	प्रकम्पी
ल्	वर्त्स्य	अल्पप्राण	घोष	पार्श्विक
व्	I. दंत्योष्ठ्	अल्पप्राण	घोष	अंतःस्थ
	II. द्वयोष्ठ्य	अल्पप्राण	घोष	अंतःस्थ
श्	तालव्य	महाप्राण	अघोष	संघर्षी
ष्	तालव्य	महाप्राण	अघोष	संघर्षी
	(मूलतः मूर्धन्य)	महाप्राण	अघोष	संघर्षी
स्	वर्त्स्य	महाप्राण	अघोष	संघर्षी
ह्	कंठ्य	महाप्राण	घोष	संघर्षी
ड़्	मूर्धन्य	अल्पप्राण	घोष	उत्क्षिप्त
ढ़्	मूर्धन्य	महाप्राण	घोष	उत्क्षिप्त

प्रश्नमाला

1. इनमें से कौन-सी ध्वनि अवधी में नहीं है?

(a) क (b) ण

(c) न (d) म

2. 'प्रसन्नता' शब्द में कौन-सी ध्वनि है?

(a) संयुक्त ध्वनि

(b) सम्पृक्त ध्वनि

(c) युग्मक ध्वनि

(d) उपर्युक्त में कोई नहीं

3. 'स्वर ध्वनि' के प्रकार हैं-

(a) दीर्घ (b) प्लुत

(c) ह्रस्व (d) उपर्युक्त तीनों

4. स्वरों के उच्चारण में लगने वाले समय को कहते हैं-

(a) मात्रा (b) अनुस्वार

(c) ह्रस्व (d) प्लुत

5. सही कथन चुनिए-

(a) 'य' और 'व' ध्वनियाँ अर्द्धस्वर कहलाती हैं

(b) व्यंजन का उच्चारण बिना स्वर की सहायता से हो सकता है

(c) अवधेश का विग्रह अव+धेश होता है
(d) हिन्दी में व्यजनों की संख्या साठ है

6. इनमें से अन्तःस्थ वर्ण है–
(a) व (b) त
(c) ए (d) औ

7. इनमें से कौन-सी ध्वनि अन्तःस्थ नहीं है?
(a) व (b) ब
(c) र (d) ल

8. इनमें से कौन-सा वर्ण स्पर्श व्यंजन नहीं है?
(a) क (b) च
(c) ट (d) य

9. कामता प्रसाद गुरु ने बाह्य प्रयत्न के अनुसार व्यंजनों के कितने भेद माने हैं?
(a) तीन (b) पाँच
(c) चार (d) दो

10. निम्नलिखित में कंठ्य ध्वनियाँ कौन-सी हैं?
(a) क, ख (b) य, र
(c) च, ज (d) ट, ण

11. हिन्दी की मूर्धन्य ध्वनियाँ हैं–
(a) च, छ, ज, झ (b) ट, ठ, ड, ढ
(c) प, फ, ब, भ (d) त, थ, द, ध

12. उच्चारण की दृष्टि से 'व' ध्वनि है–
(a) दंत्य (b) दंत्योष्ठ्य
(c) कंठतालव्य (d) तालव्य

13. निम्नलिखित ध्वनियों में कौन-सी दंत्योष्ठ्य है?
(a) थ (b) फ
(c) म (d) व

14. हिन्दी की ओष्ठ्य व्यंजन ध्वनि है–
(a) अ (b) थ
(c) भ (d) ज

15. निम्नलिखित में से हिन्दी की कंठ्य ध्वनि है–
(a) ई (b) त
(c) फ (d) ह

16. निम्नलिखित में ओष्ठ ध्वनि नहीं है–
(a) च में (b) प में
(c) भ में (d) म में

17. 'द' ध्वनि का उच्चारण स्थान का आधार होता है–
(a) तालव्य (b) दंत्य
(c) कण्ठ्य (d) ओष्ठ्य

18. निम्नलिखित में से कौन मूर्धन्य ध्वनि नहीं है?
(a) ट (b) ठ
(c) ढ (d) ढ़

19. 'ओ, औ' किस प्रकार के वर्ण हैं?
(a) तालव्य (b) मूर्द्धन्य
(c) दंतोष्ठ्य (d) कंठोष्ठ्य

20. हिन्दी की 'श' ध्वनि है–
(a) मूर्द्धन्य (b) तालव्य
(c) दंत्य (d) ओष्ठ्य

21. निम्नलिखित में से दंत्य ध्वनि है–
(a) क (b) छ
(c) त (d) प

22. हिन्दी की 'ब' ध्वनि है–
(a) दंत्य ध्वनि (b) ओष्ठ्य ध्वनि
(c) मूर्द्धन्य ध्वनि (d) तालव्य ध्वनि

23. हिन्दी की अग्र अवृत्ताकार, संवृत स्वर ध्वनि है–
(a) अ (b) इ
(c) आ (d) ए

24. निम्नलिखित में से कौन-सा स्वर संवृत है?
(a) आ (b) औ
(c) इ (d) ऐ

25. निम्न में अर्द्धस्वर कहलाता है–
(a) य (b) म
(c) र (d) ल

26. निम्नलिखित में से कौन-सी व्यंजन ध्वनियाँ स्पर्श संघर्षी कहलाती हैं?
(a) च, छ, ज, झ
(b) क, ख, ग, घ
(c) ट, ठ, ड, ढ
(d) प, फ, ब, भ

27. निम्नांकित में अघोष अल्पप्राण ध्वनि कौन-सी है?
(a) झ (b) ठ
(c) ज (d) क

28. निम्नलिखित में से कौन-सा सघोष महाप्राण व्यंजन है?
(a) क (b) झ
(c) ठ (d) प

29. इनमें से कौन-सा व्यंजन अल्पप्राण है?
(a) ख (b) झ
(c) च (d) फ

30. हिन्दी के स्पर्श व्यंजन के पाँचों वर्गों के दूसरे और चौथे वर्ण होते हैं–
(a) अल्पप्राण व्यंजन
(b) महाप्राण व्यंजन
(c) घोष व्यंजन
(d) अघोष व्यंजन

31. निम्नलिखित व्यंजनों में कौन-सा महाप्राण है?
(a) क (b) ग
(c) ड (d) ठ

32. महाप्राण ध्वनियाँ व्यंजन-वर्ग में किससे संबंधित हैं?
(a) पहला, दूसरा (b) दूसरा, तीसरा
(c) दूसरा, चौथा (d) पहला, चौथा

33. निम्न में से कौन-सा एक अल्पप्राण ध्वनि है?
(a) क (b) ख
(c) घ (d) ध

34. श, ष, स..........के अंतर्गत आते हैं।
(a) ऊष्म (b) स्पर्श
(c) अन्तःस्थ (d) संयुक्त

35. अनुनासिक व्यंजन कौन-से होते हैं?
(a) वर्ग के प्रथमाक्षर
(b) वर्ग का तृतीयाक्षर
(c) वर्ग का चौथा व्यंजन
(d) वर्ग का पंचमाक्षर

36. अयोगवाह कहा जाता है–
(a) विसर्ग को
(b) महाप्राण को
(c) संयुक्त व्यंजन को
(d) अल्पप्राण को

37. 'वर्णमाला' किसे कहेंगे?
(a) शब्द-समूह को
(b) वर्णों के संकलन को
(c) शब्द-गणना को
(d) वर्णों के व्यवस्थित समूह को

38. हिन्दी भाषा में कितने व्यंजन हैं?
(a) 21 (b) 33
(c) 36 (d) 40

39. हिन्दी वर्णमाला में वर्ण हैं–
(a) 50 (b) 52
(c) 54 (d) 55

40. व्यंजन और स्वर के संयुक्त रूप को क्या कहते हैं?
(a) वर्ण (b) ध्वनि
(c) अक्षर (d) वाक्य

उत्तरमाला

1. (b)	2. (c)	3. (d)	4. (a)	5. (a)	6. (a)	7. (b)	8. (d)	9. (d)	10. (a)
11. (b)	12. (b)	13. (d)	14. (c)	15. (d)	16. (a)	17. (b)	18. (d)	19. (d)	20. (b)
21. (c)	22. (b)	23. (b)	24. (c)	25. (a)	26. (a)	27. (d)	28. (b)	29. (c)	30. (b)
31. (d)	32. (c)	33. (a)	34. (a)	35. (d)	36. (a)	37. (d)	38. (b)	39. (b)	40. (c)

❑❑❑

अध्याय 3

तत्सम एवं तद्भव शब्द

एक या एक से अधिक वर्णों का सार्थक समूह शब्द कहलाता है। इन्हें प्राय: तीन भागों में विभाजित किया गया है-

- उद्गम या व्युत्पत्ति के आधार पर
- रचना या बनावट के आधार पर
- व्याकरण या प्रयोग के आधार पर

उद्गम या व्युत्पत्ति के आधार पर

हिन्दी में पाँच प्रकार के शब्द पाये जाते हैं। अत: हिन्दी शब्द की पाँच कोटियाँ हैं-1. तद्भव, 2. तत्सम, 3. देशज, 4. विदेशी, तथा 5. संकर।

तद्भव शब्द

तद्भव शब्द तत् और भव के योग से बना है। हिन्दी में प्रयुक्त संस्कृत के वे शब्द जिनका रूप परिवर्तित हो गया है अथवा शब्दों से बिगड़कर बने हुए शब्द तद्भव शब्द कहलाते हैं।

तत्सम शब्द

तत्सम शब्द तत् और सम के योग से बना है। संस्कृत के वे शब्द जो बगैर किसी परिवर्तन के हिन्दी में प्रयुक्त होते हैं उन्हें तत्सम शब्द कहते हैं। स्रोत की दृष्टि से हिन्दी में तत्सम शब्द तीन प्रकार के होते हैं। यथा-

- संस्कृत से सीधे हिन्दी में आने वाले शब्द जैसे तीक्ष्ण, गृह, नर, अग्नि आदि।
- संस्कृत के व्याकरण नियमों के आधार पर हिन्दी में निर्मित शब्द जैसे-वायुयान, पत्राचार, प्रवक्ता इत्यादि।
- वे शब्द जो अन्य भाषाओं से बगैर परिवर्तन के हिन्दी में प्रयुक्त किया गए हैं, जैसे-स्टेशन, कॉलोनी, साइड, रोड, इत्यादि।

देशज/देशी

देशज शब्द देश+ज के योग से बना है अर्थात् ऐसे शब्द जो क्षेत्रीय प्रभाव के कारण परिस्थिति या आवश्यकतानुसार प्रचलित हो गए हैं, देशज शब्द कहलाते हैं; जैसे-थैला, गड़बड़, पगड़ी तथा ठेठ इत्यादि।

विदेशी/विदेशज शब्द

विदेशज शब्द विदेश और ज के योग से बना है। हिन्दी में अनेक ऐसे शब्द हैं जो विदेशी मूल के परस्पर संपर्क के कारण यहाँ प्रचलित हो गए। हिन्दी में विदेशज शब्द मुख्यत: दो प्रकार के हैं-मुस्लिम शासन के दौरान अरबी तथा फ़ारसी और यूरोपीय कंपनियों के आगमन व ब्रिटिश शासन के प्रभाव से आए अंग्रेजी शब्द। हिन्दी में अंग्रेजी, अरबी तथा फ़ारसी शब्दों की संख्या क्रमश: 3000ए 2500 तथा 3500 है।

संकर

दो भिन्न स्रोतों से आए शब्दों के मेल से बने शब्दों को संकर शब्द कहते हैं। जैसे-

रेल (अंग्रेजी) + गाड़ी (हिन्दी) = रेलगाड़ी
पान (हिन्दी) + दान (फ़ारसी) = पानदान
छाया (संस्कृत) + दार (फ़ारसी) = छायादार

रचना या बनावट के आधार पर

हिन्दी में तीन प्रकार के शब्द पाये जाते हैं। अत: हिन्दी शब्द की तीन कोटियाँ हैं-1. रूढ़, 2. योगरूढ़, 3. यौगिक।

रूढ़ शब्द

जिन शब्दों के सार्थक खंड न हो सके और जो अन्य शब्दों के मेल से न बन सके, उन्हें रूढ़, शब्द कहते है, जैसे-चावल का यदि खंड करे तो चाव+ल या चा+वल तो यह निरर्थक खण्ड है अर्थात् चावल रूढ़ शब्द होगा।

योगरूढ़

वे शब्द जो यौगिक तो होते हैं लेकिन जिनका अर्थ किसी विशेष संदर्भ में रूढ़ हो जाता है अर्थात् ये सामान्य अर्थ को न प्रकट कर किसी विशेष अर्थ को प्रकट करते हैं, जैसे-दशानन, हनुमान, नीलकंठ इत्यादि।

यौगिक

वह शब्द जो दो या दो से अधिक शब्दों से मिलकर बनता है, उसे यौगिक शब्द कहते हैं, जैसे-सामाजिक (समाज+इक), विज्ञान (वि+ज्ञान) इत्यादि।

व्याकरण या प्रयोग के आधार पर

हिन्दी में दो प्रकार के शब्द पाये जाते हैं। अत: हिन्दी शब्द की दो कोटियाँ हैं-(1) विकारी शब्द (2) अविकारी शब्द।

विकारी शब्द

वह शब्द जिनमें लिंग, वचन तथा कारक के अनुसार मूल शब्द का रूपांतरण हो तो वे शब्द विकारी शब्द कहलाते हैं। जैसे-

लड़का खेल रहा है-लड़की खेल रही है। (लिंग परिवर्तन)
लड़का पढ़ रहा है-लड़के पढ़ रहे हैं। (वचन परिवर्तन)
लड़के के लिए फल लाओ-लड़कों के लिए फल लाओ। (कारक परिवर्तन)
संज्ञा, सर्वनाम, विशेषण एवं क्रिया शब्द विकारी शब्द है।

अविकारी शब्द

वह शब्द जिनका प्रयोग मूल रूप में होता है तथा लिंग, वचन व कारक के आधार पर उसमें किसी तरह का परिवर्तन नहीं होता अर्थात् जो शब्द हमेशा एक से रहते हैं, वे अविकारी शब्द कहलाते हैं; जैसे-आज, और इत्यादि।

सभी प्रकार के अव्यय शब्द अविकारी शब्द होते हैं।

- **समुच्चयबोधक अव्यय**-यदि, और, परन्तु, या, इसलिए, इत्यादि।
- **संबंधबोधक अव्यय**-आगे, पीछे, ऊपर, नीचे, में, से, की ओर इत्यादि।
- **विस्मयादिबोधक अव्यय**-आहा! हा! हाय! वाह! इत्यादि।

तद्भव	तत्सम
अगुवा	अग्रणी
अनाड़ी	अनार्य
अंगुरी	अंगुलि
अमिय	अमृत
अगम	अगम्य
अदरक	आर्द्रक
अहेर	आखेट
अठारह	अष्टादश
अकाज	अकार्य
अधरम	अधर्म
अलग	अलग्न
अँगूठी	अंगुष्ठिका
अटारी	अट्टालिका
अरपन	अर्पण
अगहन	अग्रहायण
अछोह	अक्षोभ
अद्धा	अर्द्ध
अनेह	अस्नेह
अपना	आत्मन्
अमचूर	आम्रचूर्ण
अकास	आकाश
अखरोट	अक्षोट
अकेला	एकल
अजान	अज्ञान
अच्छर	अक्षर
अमोल	अमूल्य
अचरज	आश्चर्य
अच्छत	अक्षत
अगाड़ी	अग्रणी
अँगोछा	अंगप्रोक्षक
अँखुआ	अंकुर
अमावस	अमावस्या
असीस	आशीष
अंधा	अंध
असाढ़	आषाढ़
अचवन	आचमन
अनसन	अनशन
अपढ़	अपठ
अलच्छन	अलक्षण
अखाड़ा	अक्षवाट
आग	अग्नि
आज	अद्य
आठ	अष्ट
आदृत	आद्यत्व
आधा	अर्ध/अर्द्ध
आप	आत्मा
आम	आम्र
आरसी	आदर्शिका
आलस	आलस्य
आग	अग्नि
आँख	अक्षि
आँच	अर्चि
आँत	आंत्र
आँब	आमा
आँवला	आमलक
आँसू	अश्रु
इकट्ठा	एकत्र
इकतीस	एकत्रिंशत्
इकतालीस	एकचत्वारिंशत्
इकसठ	एकषष्ठि
इक्कीस	एकविंशति
इक्यावन	एकपंचाशत्
इक्यासी	एकाशीति
इतना	इयत
इतवार	आदित्यवार
इस	एतस्य
ईंट	इसिका
ईंधन	इन्धन
ईख	इक्षु
उँगली	अंगुलि
उगना	उद्गत
उगलना	उद्गलन
उघाड़ना	उद्घाटन
उछाह	उत्साह
उजड्ढ	उज्जड
उजाला	उज्ज्वल
उठ	उत्तिष्ठ
उड़	उड्ढ
उन्चास	ऊनपंचाशत्
उन्तालीस	ऊनचत्वारिंशत्
उन्तीस	ऊनत्रिंशत्
उन्नीस	ऊनविंशति
उपजना	उत्पद्यते
उबटन	उद्वर्तन
उबालना	उद्वालन
उलाहना	उपालंभ
उल्लू	उलूक
उस	अमुष्य
ऊँचा	उच्च
ऊँट	उष्ट्र
ऊखल	उद्खल
ऊन	ऊर्णा
एक	एक

एकलौता	एकल पुत्र	गुसाँई	गोस्वामी
एका	ऐक्य	ग्वाला	गोपाल
ऐसा	ईदृश	गुफा	गुहा
ओंठ	ओष्ठ	गाँठ	ग्रन्थि
ओखल	ऊखल	गूँजना	गुंजन
ओझा	उपाध्याय	ग्यारह	एकादश
ओर	अवर	गवैया	गायक
ओस	अवश्याय	गहरा	गम्भीर
औंधा	अवमूर्ध	घड़ा	घट
और	अपर	घड़ी	घटिका
कोढ़	कुष्ठ	घर	गृह
कोना	कोण	घाम	धर्म
किसान	कृषक	घाव	घात
किवाड़	कपाट	घिन	घृणा
कपूत	कुपुत्र	घिसना	घृषण
कारज	कार्य	घी	घृत
क्रोधी	क्रुद्ध	घुँघची	गुज्जा
कलेश	क्लेश	घूँघट	गुंठन
कपड़ा	कर्पट	घोड़ा	घोटक
कछुआ	कच्छप	चूना	चूर्ण
कंधा	स्कंध	चैत	चैत्र
काँटा	कंटक	चोंच	चंचु
कसौटी	कर्षपट्टिका	चिड़िया	चटक
कपास	कपसि	छत	छत्र
कातिक	कार्तिक	छः	षट्
कड़ाह	कटाह	छकड़ा	शकट
कैथा	कपित्थ	छक्का	षट्क
कूदना	कूर्दन	छठा	षष्ठ
कुंजी	कुंचिका	छत्तीस	षट्त्रिंशत
काढ़ा	क्वाथ	छप्पन	षट्पञ्चाशत
कंगन	कंकण	छब्बीस	षट्विंशति
कान	कर्ण	छयालीस	षट्चत्वारिंशत्
खंडहर	खंडगृह	छाँह	छाया
खजूर	खर्जूर	छाजन	छाद्य, छादन
खत्री	क्षत्रिय	छाता	छत्रक
खेती	क्षेत्रित	छिलका	शकल
खेल	खेला	छुरी	क्षुरिका
खैर	खदिर	छेद	छिद्र
खोदना	क्षोदन	छेनी	छेदनी
गोबर	गोमय	छोड़ना	क्षोडन
गनेश	गणेश	जमुना	यमुना
गाँव	ग्राम	जीभ	जिह्वा
गाहक	ग्राहक	जीरन	जीर्ण
गुन	गुण	जाँघ	जंघा
गोरा	गौर	जनम	जन्म
गेंद	कंदुक	जड़	जटा
गड्ढा	गर्त	फुरती	स्फूर्ति
गात	गात्र	फूटना	स्फुटन
गेहूँ	गोधूम	फूल	फुल्ल
गौना	गमन	फूलना	फुल्लन
गिद्ध	गृध्र	फोड़	स्फोट

बगुल	वक	लोहा	लौह
बरस	वर्ष	लाख	लक्ष
बजरंग	वज्रांग	लँगड़ा	लंग
बाँझ	बन्ध्या	लौंग	लवंग
बिन्दी	बिन्दु	लेई	लेपिका
बरगद	वट	लीख	लिक्षा
बालू	बालुका	लकड़ी	लगुड़
बनिया	वणिक	लोन	लवण
बहिरा	बधिर	वह	असौ
बन्दर	वानर	विछोह	विक्षोभ
बाँध	बंध	शक्कर	शर्करा
बिच्छू	वृश्चिक	सँडसी	सदंशिका
बुड्ढ़ा	वृद्ध	सँभल	सफल
बारह	द्वादश	सकना	शक्यते
बहिन	भगिनी	सगा	स्वक
बैल	वृषभ	सच	सत्य
भीख	भिक्षा	सजाना	सज्जापन
भाभी	भ्रातृभार्या	सतसई	सप्तशती
भूषन	भूषण	सतहत्तर	सप्तसप्तति
भतीजी	भ्रातृजा	सताना	संतापन
भभूत	विभूति	सत्त	सत्व
भाई	भ्रातृ	सत्ताईस	सप्तविंशति
भेस	वेष	सतावन	सप्तपंचाशत्
भांजा	भागिनेय	सत्तासी	सप्ताशीति
भौंह	भ्रू	सत्तू	सक्तु
भात	भक्त	सत्रह	सप्तादश
भला	भद्र	सनीचर	शनैश्चर
भीतर	अभ्यंतर	सपना	स्वप्न
भट्ठी	भ्रष्ट्रिका	हाथी	हस्ती
भादो	भाद्रपद	हड्डी	अस्थि
भिखारी	भिक्षाकारी	होंठ	ओष्ठ
रस्सी	रश्मि	हरा	हरित
रहट	अरघट्ट	हल्दी	हरिद्रा
राख	क्षार	हुलास	उल्लास

प्रश्नमाला

1. निम्नलिखित में से कौन-सा एक शब्द तद्भव नहीं है?
(a) हीरा (b) पत्ता
(c) हाथ (d) अंग्रेज

2. 'गधा' का तत्सम रूप है–
(a) गदहा (b) ग्रदर्भ
(c) गद्रभ (d) गर्दभ

3. 'प्रिय' का तद्भव शब्द है-
(a) पिया (b) प्रेम
(c) प्रिया (d) प्यार

4. निम्नलिखित शब्दों में से कौन-सा तत्सम शब्द नहीं है?
(a) कुसुम (b) भूषिका
(c) वंश (d) नेह

5. निम्नलिखित में से कौन-सा तद्भव शब्द है?
(a) पंख (b) पृष्ठ
(c) लज्जा (d) शिला

6. 'पक्ष' का तद्भव रूप है-
(a) पंछी (b) पखेरू
(c) पाख (d) इनमें से कोई नहीं

7. निम्नलिखित में से कौन-सा शब्द तत्सम नहीं है?
(a) स्कन्ध (b) कपोत
(c) ईर्ष्या (d) हल्दी

8. निम्नलिखित में से कौन-सा शब्द तत्सम है?
(a) साँप (b) चिह्न
(c) बीणा (d) विस्मय

9. तद्भव शब्द का चयन कीजिए–
(a) सुर (b) निडर
(c) गति (d) कमल

10. निम्नलिखित में से कौन-सा शब्द तद्भव नहीं है?
(a) दुआर (b) सायं
(c) गिरिस्ती (d) पौंव

11. 'एकल' शब्द का तद्भव शब्द है–
(a) अकल
(b) अकिल
(c) अकेला
(d) उपर्युक्त में से कोई नहीं

12. 'कर्पट' शब्द का तद्भव शब्द है–
(a) कटरना (b) कपाट
(c) कपड़ा (d) कपट

13. 'कैवर्त्त' शब्द का तद्भव रूप है–
(a) मल्लाह (b) केवट
(c) नाविक (d) केवल

14. 'गृध्र' शब्द का तद्भव रूप है–
(a) गीधना (b) गृध
(c) गीधी (d) गीध

15. 'मक्खी' शब्द का तत्सम रूप है–
(a) मच्छिका (b) माछी
(c) मच्छी (d) मक्षिका

16. 'हल्दी' शब्द का तत्सम रूप है–
(a) हरद्रिका (b) हरीद्रा
(c) हरिद्रा (d) हलिद्रा

17. 'हुलास' शब्द का तत्सम रूप है–
(a) हिलास (b) विलास
(c) हास्य (d) उल्लास

18. 'नारियल' शब्द का तत्सम रूप है–
(a) नारिकेल (b) नारिकेलि
(c) नारीकेल (d) नारिकेला

19. 'सींग' शब्द का तत्सम रूप है–
(a) श्रृंग (b) शिंग
(c) शृंग (d) सिंग

20. 'दीठि' का तत्सम रूप है–
(a) द्रष्टि (b) दिष्टि
(c) दीष्टि (d) दृष्टि

21. कौन-सा शब्द तत्सम है?
(a) शुश्रूषा (b) सुन्नर
(c) अपजस (d) अच्छ

22. 'सिंगार' शब्द का तत्सम है–
(a) श्रृंगार (b) श्रंगार
(c) शृंगार (d) शिंगार

23. इनमें कौन-सा शब्द तद्भव है?
(a) मधुप (b) मधुकर
(c) भ्रमर (d) भँवरा

24. 'मुदरी' का तत्सम रूप है–
(a) मुद्री (b) मुन्दरी
(c) मुदरिका (d) मुद्रिका

25. 'चूरन' का तत्सम शब्द है–
(a) चौर (b) चूर्ण
(c) चर्म (d) चक्षु

26. कौन-सा तत्सम शब्द नहीं है?
(a) इन्दु (b) दिनेश
(c) मनोज (d) रात

27. 'तिक्त' शब्द का तद्भव है–
(a) तीता (b) तीखा
(c) तिक्ता (d) तिखन

28. 'ससुर' का तत्सम शब्द है–
(a) सस्वर (b) स्वसुर
(c) श्वसुर (d) श्वश्रु

29. 'तद्भव' शब्द निर्दिष्ट कीजिए–
(a) आधा (b) कूप
(c) विद्या (d) व्योम

30. 'तत्सम' शब्द है–
(a) क्लिष्ठ (b) कठोर
(c) कठिन (d) मजबूत

31. निम्नलिखित में कौन-सा शब्द 'देशज' है?
(a) आँग्न (b) प्रार्थना
(c) क्षेत्र (d) लोटा

32. कौन-सा शब्द 'देशज' नहीं है?
(a) ढिबरी (b) पगड़ी
(c) ढोर (d) पुष्कर

33. जिन शब्दों की उत्पत्ति का पता नहीं चलता, उन्हें कहा जाता है–
(a) तत्सम (b) तद्भव
(c) देशज (d) संकर

34. 'वकील' किस भाषा का शब्द है?
(a) फारसी (b) अरबी
(c) तुर्की (d) पुर्तगाली

35. 'चाय' किस भाषा का शब्द है?
(a) चीनी (b) जापानी
(c) अंग्रेजी (d) फ्रेंच

36. 'स्टेशन' किस भाषा का शब्द है?
(a) फ्रेंच (b) अंग्रेजी
(c) डच (d) चीनी

37. 'संकर' शब्द का अर्थ है–
(a) तत्सम शब्द
(b) तद्भव शब्द
(c) विदेशी शब्द
(d) दो भाषाओं के शब्दों से मिलकर बना शब्द

38. रेलगाड़ी शब्द है–
(a) तत्सम (b) देशज
(c) विदेशज (d) संकर

39. निम्न शब्दों में से देशज भाषा का चयन करें–
(a) प्रताप (b) विभाजन
(c) खिड़की (d) प्रतिकूल

40. निम्न शब्दों में से देशज भाषा का चयन करें–
(a) पशु (b) पुस्तक
(c) पैतृक (d) जूता

उत्तरमाला

1. (d)	**2.** (d)	**3.** (a)	**4.** (d)	**5.** (a)	**6.** (c)	**7.** (d)	**8.** (d)	**9.** (b)	**10.** (b)
11. (c)	**12.** (c)	**13.** (b)	**14.** (d)	**15.** (d)	**16.** (c)	**17.** (d)	**18.** (a)	**19.** (c)	**20.** (d)
21. (a)	**22.** (c)	**23.** (d)	**24.** (d)	**25.** (b)	**26.** (d)	**27.** (a)	**28.** (c)	**29.** (a)	**30.** (a)
31. (d)	**32.** (d)	**33.** (c)	**34.** (b)	**35.** (a)	**36.** (b)	**37.** (d)	**38.** (d)	**39.** (c)	**40.** (d)

अध्याय

4

पर्यायवाची शब्द

❖ पर्याय का अर्थ एकार्थ बोधक, तुल्यार्थक अथवा समान अर्थ देने वाले शब्दों से है अर्थात् जब एक ही अर्थ या भाव का बोध कराने वाले कई शब्द होते हैं, तब वे परस्पर पर्यायवाची कहलाते हैं। पर्यायवाची शब्द को प्रतिशब्द भी कहते हैं। हिन्दी के पर्यायवाची शब्द संस्कृत के तत्सम शब्द हैं, जिन्हें हिन्दी भाषा ने ज्यों का त्यों ग्रहण कर लिया है। किसी भाषा में अनेक पर्यायवाची शब्दों का होना उस भाषा की समृद्धि का सूचक है। परन्तु ध्यान देने की बात है कि पर्यायवाची शब्दों के अर्थ में नितान्त एकरुपता नहीं होती। उनकी अर्थ-छवियाँ भिन्न-भिन्न होती हैं।

शब्द		पर्यायवाची शब्द
अग्नि	:	आग, अनल, पावक, ज्वाला
अंग	:	तन, शरीर, वपु, देह, गात
अश्व	:	हय, तुरंग, घोड़ा, वाजि, सैन्धव, घोटक
अतिथि	:	अभ्यागत, आगन्तुक, पाहुना, मेहमान
अहंकार	:	घमण्ड, दर्प, अभिमान, दंभ
अर्जुन	:	गान्डीवधारी, गुडाकेश, पार्थ, भारत, धनञ्जय
आँख	:	नेत्र, नयन, लोचन, दृग, चक्षु
आकाश	:	अंबर, नभ, गगन, आसमान, अनंत, शून्य, व्योम
आम	:	आम्र, रसाल, पिकप्रिय, सहकार, अतिसौरभ
तालाब	:	सर, सरोवर, ताल, तड़ाग, जलाशय
दूध	:	क्षीर, दुग्ध, गोरस, पेय
दुर्गा	:	चंडिका, चंडी, भवानी, काली, कामाक्षी, कल्याणी
अचल	:	अटल, अडिग, अविचल, स्थिर, दृढ़
अधर्म	:	विधर्म, दुराचार, दुष्कर्म, कुकर्म, पाप, अन्धेर
अभिजात	:	श्रेष्ठ, उच्च, कुलीन, उच्च
अरण्य	:	जंगल, विपिन, कानन, वन, कांतार
अपयश	:	बदनामी, अपकीर्ति, निन्दा, अकीर्ति, अपवाद
अंग	:	अवयव, भाग, हिस्सा, अंश, घटक
अंधकार	:	तम, तिमिर, अंधियारा, ध्वांत, तमस
अंत:पुर	:	रनिवास, जनानखाना, भोगपुर, हरम
अतिथि	:	पाहुन, अभ्यागत, मेहमान, आगंतुक
अनाज	:	धान्य, अन्न, गल्ला, शस्य
अखण्ड	:	समूचा, पूर्ण, अविभक्त, समग्र, सारा, पूरा
अध्ययन	:	अनुशीलन, पढ़ाई, परिशीलन, जाँच, परीक्षण
अदृश्य	:	तिरोहित, लुप्त, गायब, ओझल, अंतर्धान, अस्त
असुर	:	दानव, दनुज, दैत्य, राक्षस, निशिचर, निशिचर, रजनीचर, सुरारि
अवनति	:	अपकर्ष, ह्रास, गिरावट, घटाव
अलग	:	भिन्न, पृथक, जुदा, अलहदा, विलग
उत्तम	:	बढ़िया, उत्कृष्ट, श्रेष्ठ, प्रवर, प्रदृष्ट
उदार	:	महामना, वदान्य, महाशय, दरियादिक, उदार चेता
उद्धार	:	मुक्ति, मोक्षण, निस्तार, छुटकारा, अपमोचन
उनींदा	:	निद्राप्रवण, तंद्रालु, निद्रालु, निंदासा, ऊँघना
उन्नति	:	प्रगति, तरक्की, विकास, उत्थान, बढ़ती
उपयुक्त	:	वांछनीय, ठीक, वाजिब, मुनासिब, उचित
उपवास	:	निराहार, व्रत, अनशन, फाका, लंघन
उपस्थित	:	मौजूद, विद्यमान, प्रस्तुत, हाजिर, वर्तमान
उपाय	:	ढंग, युक्ति, जुगत, जुगाड़, तरीका, तरकीब
उलझन	:	अनिश्चय, संभ्रम, असमंजस, दुविधा, चक्कर
उदास	:	उन्मन, अप्रसन्न, विषण्ण, खिन्न, चिंताकुल
उतावला	:	व्यग्र, आतुर, अधीर, हड़बड़िया, जल्दबाज
कली	:	मुकुल, कलिका, गुंचा, कोरक, पंखुड़ी
कल्पवृक्ष	:	पारिजात, देवद्रुम, कल्पद्रुम, कल्पतरु, मन्दार
कृष्ण	:	माधव, राधारमण, श्याम, नंदनंदन, मुरलीधर, गिरिधर, वंशीधर, कंसारि, हृषीकेश, मधुसूदन, मुकुन्द, गोपीनाथ, वासुदेव, केशव, कन्हैया
कारागार	:	जेल, कारावास, कैदखाना, बन्दीगृह
कर	:	महसूल, टैक्स, शुल्क
कंदरा	:	गुफा, गुहा, खोह, गह्वर
कटु	:	कर्कश, कड़ा, तीक्ष्ण, चरपरा, तीखा
कामुकता	:	लंपटता, भोगासक्ति, व्यभिचारिता, विषयासक्ति
काला	:	कृष्ण, श्याम, स्याह, असित, सुरमइ
नक्षत्र	:	तारा, खद्योत, उडु, ऋक्ष, सितारा, तारक
नरम	:	कोमल, मृदुल, मुलायम
नरेन्द्र	:	राजा, भूपति, नरपति, भूपाल, भूप, नरेश
नश्वर	:	विनाशी, नाशवान, मरणशील, नाशाधीन, अनित्य
नाज़	:	अदा, चौचला, नखरा, हाव-भाव, बनाव, सिंगार
नाजुक	:	कोमल, सुकुमार, मृदुल, मसृण, स्निग्ध
नाम	:	ख्याति, बड़ाई, कीर्ति, यश, प्रसिद्धि, मशहूरी, शोहरत
नाविक	:	मल्लाह, पोतवाहक, पोतचालक, नौचालक
निकट	:	पास, समीप, करीब, आसन्न, निकटस्थ
निगम	:	निकाय, संगठन, समिति, प्रतिष्ठान, संस्था
निजी	:	व्यक्तिगत, खुद का, स्वकीय, अपना

प्रश्नमाला

1. 'उजाला' का पर्यायवाची है—
(a) मुनासिब (b) अंधेरा
(c) आलोक (d) एकान्त

2. 'ऊँट' का पर्यायवाची है—
(a) उष्ट्र (b) महाग्रीव
(c) लम्बोष्ठ (d) उपर्युक्त सभी

3. 'धरती' का पर्यायवाची शब्द है—
(a) चंचला (b) विपुला
(c) सरसी (d) अचला

4. 'विनायक' का पर्यायवाची शब्द है—
(a) सुर (b) पुत्र
(c) शत्रु (d) गणेश

5. 'अंत' शब्द का पर्यायवाची क्या होगा?
(a) फल (b) फासला
(c) अवसान (d) पट

6. 'अधीर' का पर्यायवाची शब्द क्या होगा?
(a) सुधीर (b) व्याघ्र
(c) व्यग्र (d) उजबक

7. 'सूर्य' का अपर्यायवाची शब्द है—
(a) दिनकर (b) दिवाकर
(c) सूरज (d) महेन्द्र

8. 'नागर' का पर्यायवाची शब्द है—
(a) नगर (b) ढोल
(c) चतुर (d) ग्रामवासी

9. 'अनार' का पर्यायवाची है—
(a) शुकोदन (b) दाड़िम
(c) रामबीज (d) उपर्युक्त सभी

10. 'अर्जुन' का पर्यायवाची है—
(a) धनञ्जय (b) गुडाकेश
(c) गान्डीवधारी (d) उपर्युक्त सभी

11. 'कपाल' का समानार्थी शब्द है—
(a) अदृष्ट (b) खप्पर
(c) भाग्य (d) माथा

12. 'छंद' का समानार्थी शब्द है—
(a) आवरण (b) पद
(c) बंधन (d) आचरण

13. 'आकाश' का पर्यायवाची शब्द है—
(a) दृग (b) विप्र
(c) व्योम (d) हय

14. 'फूल' का पर्यायवाची शब्द नहीं है—
(a) सुमन (b) कुसुम
(c) पुष्प (d) तनुजा

15. 'दामिनी' का पर्यायवाची शब्द है—
(a) वर्षा (b) नीरद
(c) बादल (d) विद्युत

16. 'सारंग' का पर्यायवाची शब्द है—
(a) नमक (b) सारथी
(c) मोर (d) घोड़ा

17. 'भुजंग' का पर्यायवाची शब्द है—
(a) केंचुआ (b) गिरगिट
(c) सर्प (d) तोता

18. 'मीन' का पर्यायवाची शब्द है—
(a) शिखि (b) शायक
(c) मत्स्य (d) विभावरी

19. 'आदर्श' का पर्यायवाची शब्द है—
(a) संत्रास (b) प्रतिमान
(c) तात्पर्य (d) कामना

20. 'आलि' का पर्यायवाची शब्द है—
(a) सखि (b) सहेली
(c) भ्रमरी (d) उपर्युक्त सभी

21. भानु, दिनकर तथा मार्तंड किस शब्द के पर्यायवाची हैं?
(a) चन्द्रमा (b) पृथ्वी
(c) शिव (d) सूर्य

22. निम्नलिखित में से कौन 'सखी' का पर्याय शब्द नहीं है?
(a) अली (b) संगिनी
(c) सहेली (d) सधवा

23. 'कुसुमेषु' का पर्यायवाची शब्द है—
(a) कबूतर (b) काला
(c) कामदेव (d) आकाश

24. 'चन्द्रमा' का पर्यायवाची शब्द है—
(a) दिवाकर (b) निशि
(c) मार्तंड (d) शशि

25. 'अतनु' का पर्यायवाची शब्द है—
(a) ईश्वर (b) कृष्ण
(c) कामदेव (d) वसंत

26. 'कानन' का पर्यायवाची शब्द है—
(a) पुष्प
(b) विहिप
(c) वन
(d) इनमें से कोई नहीं

27. 'आलोचना' का पर्यायवाची शब्द है—
(a) सुलोचना (b) विवाद
(c) समीक्षा (d) बाध्यता

28. 'आँसू' का पर्यायवाची शब्द है—
(a) रजनीचर (b) लोचन
(c) पिंगल (d) नयनाम्बु

29. 'मर्कट' का पर्यायवाची शब्द है—
(a) पानी (b) पुत्र
(c) बंदर (d) मित्र

30. 'शांभवी' का पर्यायवाची शब्द है—
(a) दुर्गा (b) दासी
(c) पत्नी (d) पार्वती

31. 'अनुचर' का पर्यायवाची शब्द नहीं है—
(a) भृत्य (b) चाकर
(c) सेवक (d) निर्झर

32. 'वीणापाणि' का पर्यायवाची शब्द है—
(a) रंभा (b) सरस्वती
(c) लक्ष्मी (d) कमल

33. 'पहाड़' का पर्यायवाची शब्द नहीं है—
(a) पर्वत (b) भूधर
(c) शैबाल (d) नग

34. 'घर' का पर्यायवाची शब्द है—
(a) विहार (b) इला
(c) निकेतन (d) नग

35. 'भवन' का पर्यायवाची शब्द है—
(a) मन्दिर (b) धाम
(c) महल (d) घर

उत्तरमाला

1. (c)	**2.** (d)	**3.** (d)	**4.** (d)	**5.** (c)	**6.** (c)	**7.** (d)	**8.** (c)	**9.** (b)	**10.** (d)
11. (d)	**12.** (b)	**13.** (c)	**14.** (d)	**15.** (d)	**16.** (c)	**17.** (c)	**18.** (c)	**19.** (b)	**20.** (d)
21. (d)	**22.** (d)	**23.** (c)	**24.** (d)	**25.** (c)	**26.** (c)	**27.** (c)	**28.** (d)	**29.** (c)	**30.** (a)
31. (d)	**32.** (b)	**33.** (c)	**34.** (c)	**35.** (d)					

❑❑❑

अध्याय

5

विलोम शब्द

विलोम का अर्थ

❖ जो शब्द गुण, अवस्था, स्वभाव, दशा तथा भाव के संदर्भ में विपरीत अर्थ प्रकट करते हैं, उन्हें विलोम शब्द कहा जाता है। विलोम शब्दों को विपरीतार्थक शब्द भी कहते हैं।

विलोम शब्द के उदाहरण

यहाँ कुछ शब्द और उनके विलोम शब्दों की सूची दी जा रही है—

शब्द	विलोम
अर्थ	अनर्थ
अथ	इति
अवनति	उन्नति
अस्त	उदय
अंधकार	प्रकाश
अज्ञ	विज्ञ
अनुराग	विराग
जटिल	सरल
जड़	चेतन
दुर्लभ	सुलभ
दुर्बल	सबल
दयालु	निर्दय
दुराचार	सदाचार
वर	वधू
वीर	कायर
शुक्ल	कृष्ण
शीत	उष्ण
संतुष्टि	असंतुष्टि
आधुनिक	प्राचीन
आयात	निर्यात
आकर्षण	विकर्षण
अमित	परिमित
आभलषित	अनभिलषित
अभिव्यक्त	अनभिव्यक्त
अभिसरण	अपसरण
अभिहित	अनभिहित
अभ्यास	अनभ्यास
अमर	मर्त्य
अमावस्या	पूर्णिमा
अमित	परिमित

शब्द	विलोम
अमीर	गरीब
अवर	प्रवर
अवलंबित	अनवलंबित
अवशेष	अन:शेष
अवसर	अनवसर
अवाक्	सवाक्
अविचल	निचल, ढुलमुल
अशक्त	सशक्त
अशन	अनशन
असंभव	संभव
अतिक्रमण	अनतिक्रमण
अतिवृष्टि	अनावृष्टि
अतुल	तुल्य
अहंकारी	निरहंकारी
अहिंसा	हिंसा
अथ	इति
अदृश्य	दृश्य
अधम	उत्तम
आगमन	प्रस्थान
आदान	प्रदान
आशा	निराशा
आय	व्यय
आशावादी	निराशावादी
आरोह	अवरोह
आकर्षक	अनाकर्षक
आस्था	अनास्था
आसीन	अनासीन
आगामी	विगत
आभ्यान्तर	बाह्य
आनन्द	शोक
आचार	अनाचार
आधिक्य	अभाव
आर्द्र	शुष्क
आबाद	बरबाद
आकर्षक	अनाकर्षक
आधार	निराधार
आकुंचन	प्रसरण
आदिष्ट	निषिद्ध

शब्द	विलोम
उत्कृष्टता	निकृष्टता
उत्तम	अनुत्तम, अधम
उत्तरायण	दक्षिणायन
उत्तरित	अनुत्तरित
उत्तीर्ण	अनुत्तीर्ण
उत्तेजित	अनुत्तेजित, शांत
उत्पन्न	अनुत्पन्न, मृत
उत्पादक	अनुत्पादक
आहत	अनाहत
आपदा	संपदा
इच्छा	अनिच्छा
आवर्तक	अनावर्तक
आकाश	पाताल
आहूत	अनाहूत
आहार	निराहार
आक्रांत	अनाक्रांत
आगत	निर्गत
आसक्ति	विरक्ति
आलसी	कर्मठ
आमदनी	खर्च
आश्रित	अनाश्रित
आकार	निराकार
आत्मावलम्बी	परावलम्बी
आसक्त	अनासक्त
आदरणीय	निन्दनीय
अच्छाई	बुराई
अतिवृष्टि	अनावृष्टि
अपमान	सम्मान
आशा	निराशा
आय	व्यय
आवाहन	विसर्जन
क्रिया	प्रतिक्रिया
कृत्रिम	प्राकृतिक
गुरुता	लघुता
गद्य	पद्य
गुप्त	प्रकट
गरल	सुधा
घृणा	प्रेम
जन्म	मरण
ज्येष्ठ	कनिष्ठ
मिलन	विरह
मूल	निर्मूल
मृदुल	कठोर
यश	अपयश
रक्षक	भक्षक
लौकिक	अलौकिक
लचीला	कठोर
सुख	दु:ख
व्यष्टि	समष्टि
कुपरिणाम	सुपरिणाम
कुप्रथा	सुप्रथा
कुमारी	विवाहिता
कुरूप	सुरूप
कुव्यवस्था	सुव्यवस्था
कुशलता	अकुशलता
कृत	अकृत
कृतज्ञता	अकृतज्ञता
चल	अचल
चाहा	अनचाहा
चिंतित	अचिंतित
चिकित्स्य	अचिकित्स्य
चिरस्थायी	अल्पस्थायी
चुस्त	ढीला, लचर
चैन	बेचैनी
चोर	साधू
देयता	अदेयता
दुष्परिणाम	सुपरिणाम
दुष्ट	सज्जन
दोषी	निर्दोष
दुर्गति	सुगति
दूर	निकट
दु:साध्य	साध्य

प्रश्नमाला

1. 'आध्यात्मिक' का विलोम होता है—
(a) सांसारिक
(b) पारलौकिक
(c) भौतिकी
(d) वैचारिक

2. 'आरोहण' का विलोम शब्द क्या है?
(a) तोरण
(b) आहरण
(c) अवरोहण
(d) आरोही

3. 'संभावना' शब्द का विलोम है—
(a) असंभावना
(b) असंभव
(c) असंभाव्य
(d) असंतोष

4. 'संकल्प' का विलोम होगा—
(a) असंकल्प (b) संकल्पहीन
(c) असंबद्ध (d) असंतोष

5. 'अवनि' का विलोम शब्द कौन-सा है?
(a) पृथ्वी (b) जल
(c) अम्बर (d) पाताल

6. 'अवर' का विलोम शब्द है—
(a) प्रवर (b) विवर
(c) नगर (d) सवर

7. 'विशिष्ट' शब्द का विलोम है—
(a) सामान्य (b) विशुद्ध
(c) लघु (d) अविवेकी

8. 'विकास' शब्द का विलोम है—
(a) विनाश (b) विकृत
(c) विकल (d) लक्षित

9. 'अपकार' का विलोम शब्द बताइए—
(a) अनिष्ट (b) स्वीकार
(c) उपकार (d) परोपकार

10. 'अभियुक्त' का विलोम क्या होगा?
(a) निरपराध (b) योगी
(c) भोगी (d) अभियोगी

11. 'आसक्त' किसका विलोम शब्द है?
(a) आश्रित (b) घृणा
(c) निन्दा (d) विरक्त

12. 'अंधकार' का विलोम क्या होता है?
(a) भूलोक (b) आलोक
(c) प्रकाश (d) परलोक

13. 'विरल' का विलोम शब्द है—
(a) अविरल (b) सुलभ
(c) व्यर्थ (d) व्यग्र

14. 'रचित' शब्द का विलोम है—
(a) अरचित (b) संरचित
(c) संचित (d) लिप्त

15. 'शत्रुता' का विलोम शब्द है—
(a) मित्र (b) मित्रता
(c) अशंकित (d) व्यस्त

16. 'ऋत' का विलोम कौन-सा है?
(a) अनृत (b) विनत
(c) दम्भी (d) सरल

17. 'ऋजु' का विलोम बताइए—
(a) घेरा (b) वक्र
(c) गोला (d) त्रिभुज

18. 'विभक्त' शब्द का विलोम है—
(a) अविभक्त
(b) विखंडित
(c) खंडित
(d) भक्त

19. 'विराट' शब्द का विलोम है—
(a) सम्राट (b) क्षुद्र
(c) सागर (d) कमतर

20. 'विधि' का विलोम शब्द है—
(a) विनम्र (b) निषेध
(c) विदित (d) अव्याप्त

21. 'सामान्य' शब्द का विलोम है—
(a) श्रेष्ठ (b) सर्वज्ञ
(c) साधारण (d) विशिष्ट

22. 'अमर' शब्द का विलोम है—
(a) मृतक (b) मृत्यु
(c) मरण (d) मर्त्य

23. 'उपकार' शब्द का विलोम है—
(a) विकार (b) अनुपकार
(c) अपकार (d) तिरस्कार

24. 'आविर्भाव' शब्द का विलोम है—
(a) अनाविर्भाव (b) विभाव
(c) अविर्भाव (d) तिरोभाव

25. 'उक्त' शब्द का विलोम है—
(a) अनुक्त (b) उपयुक्त
(c) अनुपयुक्त (d) उपर्युक्त

26. 'निर्दय' शब्द का विलोम है—
(a) सह्य (b) सहृदय
(c) सदय (d) सभय

27. 'उन्मीलन' शब्द का विलोम है—
(a) अनुमीलन (b) निमीलन
(c) अवमीलन (d) मीलन

28. 'उत्कर्ष' शब्द का विलोम है—
(a) अकर्ष (b) अनुत्कर्ष
(c) अपकर्ष (d) आकर्ष

29. 'चिरंतन' शब्द का विलोम लिखिए—
(a) चिन्ता करने वाला
(b) चिन्ता नहीं करने वाला
(c) नश्वर
(d) चिता

30. 'अनुग्रह' शब्द का विलोम लिखिए—
(a) ग्रहण (b) गृहीत
(c) आग्रह (d) विग्रह

31. 'अनभिज्ञ' का विलोम है—
(a) अज्ञ (b) प्रज्ञ
(c) अभिज्ञ (d) अविज्ञ

32. 'सौम्य' शब्द का विलोम है—
(a) सौभाग्य (b) उग्र
(c) शत्रु (d) दुराशय

33. 'ह्रास' शब्द का विलोम है—
(a) हास्य (b) वृद्धि
(c) हँसी (d) हस्त

34. 'न्यून' शब्द का विलोम है—
(a) अधिक (b) नवीन
(c) नवनीत (d) नगर

35. 'पुष्ट' शब्द का विलोम है—
(a) क्षीण (b) दुष्ट
(c) पुरस्कार (d) प्रकृति

उत्तरमाला

1. (a)	**2.** (c)	**3.** (a)	**4.** (a)	**5.** (c)	**6.** (a)	**7.** (a)	**8.** (a)	**9.** (c)	**10.** (a)
11. (d)	**12.** (c)	**13.** (b)	**14.** (a)	**15.** (b)	**16.** (a)	**17.** (b)	**18.** (a)	**19.** (b)	**20.** (b)
21. (d)	**22.** (d)	**23.** (c)	**24.** (d)	**25.** (a)	**26.** (c)	**27.** (b)	**28.** (c)	**29.** (c)	**30.** (d)
31. (c)	**32.** (b)	**33.** (b)	**34.** (a)	**35.** (a)					

□□□

अध्याय

6

वाक्यांश के लिए एक शब्द

❖ अनेक शब्दों के स्थान पर प्रयोग किया जाने वाला शब्द '**वाक्यांश के लिए एक शब्द**' कहलाता है। जैसे–'जो बिना वेतन के कार्य करता है', ऐसे शब्दों के प्रयोग से वाक्य विन्यास में सुविधा होती है, उसके लिए 'अवैतनिक' शब्द का प्रयोग किया जाता है।

यहाँ कुछ 'वाक्यांश के लिए एक शब्द' की सूची दी जा रही है—

वाक्यांश		एक शब्द
जिसका आदि न हो	:	**अनादि**
जिसका अन्त न हो	:	**अनन्त**
जिसे जीता न जा सके	:	**अजेय**
जिसकी कल्पना न की जा सके	:	**अकल्पनीय**
जिसका जन्म न हो सके	:	**अजन्मा**
जिसकी तुलना न की जा सके	:	**अतुलनीय**
बड़ा भाई	:	**अग्रज**
जहाँ जाना संभव न हो	:	**अगम**
जो आँखों के सामने न हो	:	**अप्रत्यक्ष**
अवसर के अनुसार बदल जाने वाला	:	**अवसरवादी**
जो बात पहले कभी न हुई हो	:	**अभूतपूर्व**
छोटा भाई	:	**अनुज**
जो वाणी द्वारा व्यक्त न किया जा सके	:	**अनिर्वचनीय**
ईश्वर में विश्वास रखने वाला	:	**आस्तिक**
आदि से अन्त तक	:	**आद्योपान्त**
जिसकी आयु लम्बी हो	:	**दीर्घायु**
जो बहुत बोलता हो	:	**वाचाल**
जो किसी के पक्ष में न हो	:	**तटस्थ**
जिसके हाथ में वज्र हो	:	**वज्रपाणि**
जिसका रूप अच्छा न हो	:	**कुरूप**
तीनों लोकों का स्वामी	:	**त्रिलोकी**
जंगल में लगने वाली आग	:	**दावाग्नि (दावानल)**
जो किसी वस्तु के अंदर दृढ़तापूर्वक विद्यमान या स्थित है	:	**अंतर्निविष्ट**
गुरु के साथ या समीप रहने वाला छात्र	:	**अंतेवासी**
जो अंतिम (शूद्र) वर्ण में जन्मा हो	:	**अंत्यज**
तर्क के बिना मान लिया गया विश्वास	:	**अंधविश्वास**
अपने अंश या हिस्से के रूप में कुछ देना या किसी कार्य में योग देना	:	**अंशदान**
जिसमें काँटे या विघ्न-बाधा न हो	:	**अकंटक**
जो कहा न जा सके	:	**अकथनीय**
जिसके पास कुछ भी न हो	:	**अकिंचन**
जिसमें कुछ करने की क्षमता न हो	:	**अक्षम**
जिसके खंड या टुकड़े न किये गए हों	:	**अखंडित**
पर्वत के पास की भूमि	:	**उपत्यका**
जिसे ऊपर कहा गया हो	:	**उपर्युक्त**
जो भूमि उपजाऊ हो	:	**उर्वरा**
सूर्योदय से पहले का समय	:	**उषाकाल**
जिस पर किसी काम का उत्तरदायित्व हो	:	**उत्तरदायी**
किसी के हट जाने के बाद उसकी संपत्ति या पद को ग्रहण करने वाला व्यक्ति	:	**उत्तराधिकारी**
सूर्य जिस पर्वत के पीछे निकलता है	:	**उदयाचल**
जिस पर उपकार किया गया हो	:	**उपकृत**
जिससे बढ़कर ऊँचा कोई न हो	:	**उच्चतम**
बहुत आगे बढ़ जाने की आकांक्षा	:	**उच्चाकांक्षा**
नीचे की ओर जाने वाला	:	**निम्नगामी**
ऊपर की ओर जाने वाला	:	**ऊर्ध्वगामी**
जिसका संबंध किसी एक देश से हो	:	**एकदेशीय**
किसी एक पक्ष से संबंध रखने वाला	:	**एकपक्षीय**
जिसका चित्त एकाग्रित हो	:	**एकाग्रचित**
चन्द्रमास के किसी पक्ष की ग्यारहवीं तिथि	:	**एकादशी**
चारों युगों में से चौथा काल का युग	:	**कलियुग**
फूल जो अभी खिला न हो	:	**कली**
स्त्री जो कविता रचती है	:	**कवयित्री**
जिसने कोई कसूर किया हो	:	**कसूरवार**
सारे शरीर की हड्डियों का ढाँचा	:	**कंकाल**
काँटों या बाधाओं से भरा हुआ	:	**कंटकाकीर्ण**
जो कहा गया है	:	**कथित**
जो किये जाने या करने योग्य हो	:	**करणीय**
कान का नीचे लटकता हुआ कोमल भाग	:	**कर्णपाली**
किये हुए उपकार को मानने वाला	:	**कृतज्ञ**
जो अपना उद्देश्य सिद्ध होने पर संतुष्ट हो	:	**कृतार्थ**
अँधेरी रातों वाला पखवारा	:	**कृष्णपक्ष**
जो केन्द्र से हटकर दूर जाता हो	:	**केन्द्रापसारी**
नये बनवाये घर में पहले-पहल होने वाला प्रवेश	:	**गृहप्रवेश**
जिसका ज्ञान इन्द्रियों द्वारा हो सके	:	**गोचर**
संध्याकाल जब गायें चरकर लौटती हैं	:	**गोधूलि**
गायों को पालने और रखने का स्थान	:	**गोशाला**
गंगा और यमुना के जल के मेल के दो तरह के रंग का	:	**गंगा-जमुनी**
गणित शास्त्र का जानकार	:	**गणितज्ञ**
जो किसी की गद्दी पर (आकर) बैठा हो	:	**गद्दीनशीन**
बहुत गप्पें हाँकने वाला	:	**गपोड़िया**

प्रश्नमाला

1. 'जिसका जन्म न हो' इसके लिए एक शब्द बताएँ—
(a) अजन्मा (b) अजर
(c) अनादि (d) स्वयंभू

2. वह भाई जो अन्य माता से उत्पन्न हुआ हो—
(a) सहोदर (b) औरस
(c) अन्योदर (d) दूरस्थ

3. 'गंगा से उत्पन्न' होने वाले को कहते हैं—
(a) गांगेय (b) गंगू
(c) गंगपुत्र (d) गंगीय

4. 'सायंकाल गायों के चरकर लौटने का समय' कहलाता है—
(a) संध्या (b) गोधूलि
(c) गोधूम (d) गोकाल

5. जो गणना योग्य न हो—
(a) गण्य (b) नगण्य
(c) असंख्य (d) अधिगण्य

6. 'दूर की सोचने वाला' के लिए एक शब्द है—
(a) दूरगामी (b) दूरदर्शी
(c) भविष्यवक्ता (d) सूक्ष्म दृष्टा

7. 'जिसके पास कुछ भी न हो', उसे कहेंगे—
(a) गरीब (b) दरिद्र
(c) अकिंचन (d) विनीत

8. 'जिसका ज्ञान इन्द्रियों द्वारा न हो' उसे कहेंगे—
(a) इन्द्रियरहित (b) मतिहीन
(c) इन्द्रीमय (d) अगोचर

9. जिसकी आशा न की गई हो—
(a) निराशा (b) अचानक
(c) अप्रत्याशित (d) गलत

10. अन्न को पचाने वाले पेट की अग्नि—
(a) जठराग्नि (b) आंतरिक ऊष्मा
(c) क्षुधाग्नि (d) भूख

11. जिस समय बड़ी मुश्किल से खाद्य-पदार्थ मिलते हों—
(a) दुर्भिक्ष (b) अकाल
(c) दुष्काल (d) भुखमरी

12. जिसकी आशा न की गयी हो—
(a) अकस्मात (b) अप्रत्याशित
(c) असंभावित (d) अननुमेय

13. सुरक्षा के लिए किसी को सौंपी गई वस्तु—
(a) धरोहर (b) अमानती सामान
(c) जमा (d) पूँजी

14. जो तुरन्त कोई उपयुक्त बात या काम सोच ले—
(a) तीक्ष्ण बुद्धि (b) प्रत्युत्पन्नमति
(c) कुशाग्रबुद्धि (d) अग्रचेता

15. अपराध या भूल शमन के लिए किया गया धार्मिक कृत्य—
(a) प्रतिशोध (b) प्रायश्चित
(c) प्रतिकार (d) तपस्या

16. अहसान न मानने वाला—
(a) कृतज्ञ (b) कृतघ्न
(c) विश्वासघाती (d) परोपजीवी

17. जिसका पति जीवित है—
(a) सौभाग्यपती (b) भाग्यवान्
(c) सधवा (d) संयोगिनी

18. जो मांस नहीं खाता—
(a) सात्विक (b) निरामिष
(c) अमांसभक्षी (d) फलाहारी

19. दोपहर के समय शालू आराम कर रही थी—
(a) पूर्वा (b) मध्या
(c) कालिग्रह (d) अपरा

20. वैभव को उस विद्यालय में इम्तिहान लेने वाला बनकर जाना है—
(a) विशेषज्ञ (b) परीक्षक
(c) अध्यापक (d) समन्वयक

21. जो किसी के प्रति आसक्त होता है—
(a) आसक्ति (b) आस्थावान
(c) अनुरक्त (d) विरक्त

22. 'बहुत दान देने वाले' को क्या कहेंगे?
(a) दानी (b) औढरदानी
(c) दीनदयाल (d) दानवीर

23. दूसरे के स्थान पर कार्य करने वाला—
(a) प्रतिनिधि (b) स्थानापन्न
(c) विस्थापित (d) अस्थायी

24. अपने पति के प्रति अनन्य अनुराग रखने वाली—
(a) सती (b) पतिव्रता
(c) प्रेयसी (d) सहधर्मिणी

25. फेंककर चलाया जाने वाला हथियार—
(a) अस्त्र (b) शस्त्र
(c) भाला (d) गुलेल

26. जिसका इन्द्रियों से अनुमान न हो सके—
(a) जितेन्द्रिय (b) अतीन्द्रिय
(c) कालजयी (d) सर्वजयी

27. 'बरसात बिल्कुल न होना' कहलाता है—
(a) अनवृष्टि (b) अल्पवृष्टि
(c) अनासृष्टि (d) अनावृष्टि

28. 'सरकार के प्रयास से जारी होने वाली सूचना' कहलाती है—
(a) संसूचना (b) अध्यादेश
(c) राज्यादेश (d) अधिसूचना

29. जो किए गए उपकारों को मानता है—
(a) कृतज्ञ (b) कृपापात्र
(c) उपकारी (d) सुपात्र

30. जिस स्त्री का पति जीवित हो—
(a) कामिनी (b) सुभगा
(c) सधवा (d) मधवा

31. जिसके पास कुछ न हो—
(a) अकिंचन (b) निर्धन
(c) नंगा (d) दरिद्र

32. क्षेपक—
(a) दूसरों को क्षमा कर देने वाला
(b) शत्रु पर घातक वार करने वाला
(c) किसी ग्रन्थ में अन्य व्यक्ति द्वारा जोड़ा गया भाग
(d) किसी व्यक्ति द्वारा छोड़े गए शेष कार्य को पूरा करने वाला

33. जो देखने में प्रिय लगता हो—
(a) समदर्शी (b) प्रियदर्शी
(c) प्रियपात्र (d) दर्शनप्रिय

34. जो आँखों के सामने न हो—
(a) प्रत्यक्ष (b) अप्रत्यक्ष
(c) दूरस्थ (d) परोक्ष

35. अन्तेवासी—
(a) अन्य स्थान पर रहने वाला
(b) अन्त तक रहने वाला
(c) गुरु के समीप रहने वाला शिष्य
(d) किसी विद्या को अन्त तक पढ़ने वाला

उत्तरमाला

1. (a)	**2.** (c)	**3.** (a)	**4.** (b)	**5.** (c)	**6.** (b)	**7.** (c)	**8.** (d)	**9.** (c)	**10.** (a)
11. (b)	**12.** (b)	**13.** (a)	**14.** (b)	**15.** (b)	**16.** (b)	**17.** (c)	**18.** (b)	**19.** (b)	**20.** (b)
21. (c)	**22.** (b)	**23.** (b)	**24.** (b)	**25.** (a)	**26.** (b)	**27.** (d)	**28.** (d)	**29.** (a)	**30.** (c)
31. (a)	**32.** (c)	**33.** (b)	**34.** (d)	**35.** (c)					

❑❑❑

अध्याय 7

श्रुतिसम भिन्नार्थक शब्द

श्रुतिसम भिन्नार्थक शब्द की परिभाषा

हिन्दी में ऐसे अनेक शब्द प्रयुक्त होते हैं, जिनका उच्चारण प्रायः समान होता है, किन्तु अर्थ में भिन्नता होती है। ऐसे शब्दों को 'श्रुतिसम भिन्नार्थक शब्द' अथवा **'युग्म शब्द'** कहते हैं।

उदाहरण

1. प्रयोगगत व्यावहारिक अर्थ, 2. व्युत्पत्तिमूलक अर्थ तथा 3. शब्दकोशीय अर्थ

महत्वपूर्ण श्रुतिसम भिन्नार्थक शब्द (अर्थ सहित)

शब्द	अर्थ
अंस	कन्धा
अंश	भाग
अन्त	समाप्ति
अत्य	नीच
अन्न	अनाज
अन्य	दूसरा
अग	सूर्य
अघ	पाप
अभिराम	सुन्दर
अविराम	लगातार
अगम	दुर्गम
आगम	प्राप्ति
आदि	आरम्भ
आदी	अभ्यस्त
आकर	खान
आयात	चतुर्भज
आयात	बाहर से आना
आभरण	गहना
आमरण	मरण तक
कर्म	कार्य
क्रम	सिलिसिला
कृति	रचना
कीर्ति	यश
जलज	कमल
जलद	बादल
दिन	दिवस
दीन	गरीब
द्विप	हाथी
द्वीप	टापू
तुरंग	घोड़ा
तरंग	लहर
कली	फूल की पूर्व अवस्था
कलि	कलियुग
बलि	बलिदान
बली	वीर
मणि	रत्न
मणी	सर्प
लक्ष्य	उद्देश्य
लक्ष	लाख
संकर	मिश्रित
शंकर	महादेव
सूर	सूर्य, अन्धा
सुर	देवता
स्वर्ग	समान
सर्ग	अध्याय
सन्देह	शक

सदेह	देह सहित
शब	रात
शव	लाश
शास्त्र	सिद्धान्त की पुस्तक
शस्त्र	हथियार
शौर्य	पराक्रम
सौर्य	सूर्य सम्बन्धी
अकाल	दुर्भिक्ष
आकाल	अनुपयुक्त समय

सीकर	जल बिन्दु
सीकड़	जंजीर
श्वेत	उजला
स्वेद	पसीना
सम्बल	सहारा
समबल	समान शक्ति
सिर	माथा
सीर	हल की रेखा, खूड़

प्रश्नमाला

निर्देश–नीचे दिए गए युग्मों में से सही युग्म के विकल्प को चिह्नित करें–

1. (a) गृह–आवास (b) गृह–नक्षत्र (c) गृह–पहाड़ (d) गृह–ग्रहण करना

2. (a) अनल–आग (b) अनल–हवा (c) अनल–पानी (d) अनल–सूर्य

निर्देश–नीचे दिए गए युग्मों में से सही युग्म के विकल्प को चिह्नित करें–

3. आकर
(a) न करने योग्य (b) न जाने योग्य
(c) खान (d) नगर

4. आकृति
(a) बनावट (b) वस्त्र
(c) चित्र (d) समरूप

5. निगम
(a) संस्था (b) आदमी
(c) दुकान (d) दल

6. सहारा
(a) आजन्म (b) अवलम्ब
(c) थका हुआ (d) निगम

7. नीरद
(a) बादल (b) कमल
(c) प्रेम (d) पानी

8. प्रेषित
(a) पति (b) भेजा गया
(c) प्रवास (d) निराशा

9. निर्वाण
(a) मुक्ति (b) मरा हुआ
(c) निर्माण करना (d) अमर

10. बल
(a) प्रताप (b) मालिक
(c) बलिदान (d) ऊर्जा

11. निशा
(a) रात्रि (b) दिन
(c) सवेरा (d) निराशा

12. तरणि
(a) सूर्य (b) नौका
(c) स्त्री (d) तैराक

13. असि
(a) तलवार (b) शत्रु
(c) अस्सी (d) रस्सी

14. अयस
(a) लोहा (b) घोड़ा
(c) बदनामी (d) दर्पण

15. अमात्य है
(a) नहीं मरने वाला (b) मंत्री
(c) कम मात्रा (d) सन्तान

16. शब
(a) हवा (b) रात
(c) पानी का स्रोत (d) कमल

17. गिरि
(a) पर्वत (b) नारियल
(c) शहर (d) हिमालय

18. जलद
(a) कमल (b) बादल
(c) सागर (d) नदी

19. आलोक
(a) प्रकाश (b) अन्तरिक्ष
(c) सुनसान (d) स्वर्गलोक

20. भुवन
(a) मकान (b) संसार
(c) समुद्र (d) नदी

21. द्वीप
(a) टापू (b) हाथी
(c) सागर (d) पहाड़

22. तोष
(a) सन्तोष (b) हिंसा
(c) गर्म (d) बन्धन

नीचे दिए गए युग्मों में से सही युग्म के विकल्प को चिह्नित करें–

23. (a) कलापी–मोर (b) कलापी–कीट (c) कलापी–तलवार (d) कलापी–तिजोरी

24. (a) चाप–धनुष (b) चाप–वृत्त (c) चाप–दाब (d) चाप–रेखा

25. (a) कूच–किनारा (b) कूच–प्रस्थान (c) कूच–पक्षी (d) कूच–दुष्ट

26. (a) कृपण–कटार (b) कृपण–कंजूस (c) कृपण–बन्दर (d) कृपण–महाजन

27. (a) कलि–कलियुग
(b) कलि–कालिमा
(c) कलि–अधखिला फूल
(d) कलि–चूना

28. (a) चीता–शवदाह
(b) चीता–फुर्तीला जानवर
(c) चीता–एक पेड़
(d) चीता–पक्षी

29. (a) कलम–हाथी (b) कलम–सिंह (c) कलम–वस्त्र (d) कलम–कलम

30. (a) पाश–बन्धन (b) पाश–निकट (c) पाश–लाश (d) पाश–पलाश

उत्तरमाला

1. (a)	**2.** (a)	**3.** (c)	**4.** (a)	**5.** (a)	**6.** (b)	**7.** (a)	**8.** (b)	**9.** (a)	**10.** (a)
11. (a)	**12.** (b)	**13.** (a)	**14.** (a)	**15.** (b)	**16.** (b)	**17.** (a)	**18.** (a)	**19.** (a)	**20.** (b)
21. (a)	**22.** (a)	**23.** (a)	**24.** (a)	**25.** (b)	**26.** (b)	**27.** (a)	**28.** (b)	**29.** (a)	**30.** (a)

अध्याय 8

वाक्य रचना एवं अशुद्धियां

वाक्य

विश्वनाथ की परिभाषा के अनुसार - वाक्य की आकांक्षा, योग्यता, आसक्ति तथा अन्विति चार अनिवार्य शर्तें हैं। 'आकांक्षा' से तात्पर्य शब्दों की परस्पर पूरकता से है। जैसे - 'वह पुस्तक पढ़ता है।' वाक्य में तीन पद हैं - 'वह' 'पुस्तक' 'पढ़ता है'। व्याकरणिक दृष्टि से तीनों परस्पर एक दूसरे की आकांक्षा रखते हैं। 'वह' कर्ता है जिसे 'पढ़ना' क्रिया की आकांक्षा है और 'पढ़ता है' क्रिया है जिसे कर्म की आकांक्षा है। 'पुस्तक' कर्म है जिसे एक कर्ता और एक क्रिया की आकांक्षा है। इस प्रकार ये तीन पद परस्पर आकांक्षा से पूर्ण होकर अर्थात मिलकर एक सार्थक वाक्य की संरचना करते हैं।

'योग्यता' से तात्पर्य अभिव्यक्ति से है। वाक्य में आए शब्द या पद यदि असंगत अर्थ की अभिव्यक्ति करें तो व्याकरणिक दृष्टि से परस्पर सम्बद्ध होते हुए भी वाक्य की कहलायेंगे। 'वह खाना खाता है' वाक्य है किन्तु 'वह अग्नि खाता है' वाक्य नहीं है क्योंकि इसमें अर्थ की संगति नहीं है। इसमें पदों के मध्य परस्पर अर्थबोध की योग्यता नहीं है।

'आसक्ति' का अर्थ समीप होना या सातत्य होना है। वाक्य में पदों के बीच लम्बा अन्तराल नहीं होना चाहिए। वाक्य के अर्थबोध के लिए पदों की निकटता या सातत्व अनिवार्य है।

'अन्विति' का अर्थ है व्याकरणिक दृष्टि से एकरूपता। यह एकरूपता प्राय: वचन, कारक, लिंग और पुरुष आदि की दृष्टि से होती है। हिन्दी में क्रिया प्राय: लिंग, वचन, पुरुष में कर्ता के अनुकूल होती है। 'सुधा गए' या 'सोहन गयी' वाक्य में अन्विति का अभाव है क्योंकि इनमे व्याकरणगत एकरूपता नहीं है। अत: वाक्य में अन्विति का होना अनिवार्य है। आधुनिक भाषा विज्ञान में वाक्य को ही भाषा की पूर्ण इकाई माना गया है। मनुष्य का चिन्तन और लिखित या मौखिक अभिव्यक्ति वाक्य के माध्यम से ही होती है। इसलिए भाषा में वाक्य की सत्ता महत्वपूर्ण है। निष्कर्षत: कहा जा सकता है कि 'वाक्य ही भाषा की पूर्ण एवं सार्थक इकाई है'।

वाक्य की परिभाषाओं के विश्लेषण से वाक्य के सन्दर्भ में निम्नलिखित विशेषताएं स्पष्ट होती हैं–

1. वाक्य सार्थक होता है।
2. वाक्य एक या एक से अधिक शब्दों या पदों का होता है।
3. वाक्य अपने आप में पूर्ण होता है।

उपर्युक्त विश्लेषण में दो बातें और भी सामने आती हैं कि वाक्य को शब्दों का समूह कहा गया है अर्थात् वाक्य में एक से अधिक शब्द होते हैं किन्तु एक शब्द का भी वाक्य हो सकता है। जैसे आग लगने पर कोई 'आग-आग' कहते हुए चिल्लाए या बच्चा माँ से केवल 'पानी' कहे तो भी वह वाक्य होगा और अर्थ की दृष्टि से पूर्ण अभिव्यक्त करेगा। इतना ही नहीं, कई शब्द वाक्य में बिना प्रयोग हुए भी अपना अर्थ व्यक्त करते हैं किन्तु ऐसा उसी स्थिति में होता है जब पूर्वापर प्रसंग ज्ञात हो। नाटक, कहानी उपन्यास के साथ ही प्राय: वार्तालाप में ऐसे वाक्य प्रयोगों को देखा जा सकता है। वाक्य में अप्रयुक्त शब्दों का अर्थ जब पूर्वापर प्रसंगों से व्यक्त होता है तब अध्याहार कहलाता है। उदाहरण के लिए इन वाक्यों को देखें–

सुनो, कहाँ जा रहे हो?	(तुम)
तुम्हारी क्यों सुनूँ।	(बात)
मैंने उसे निकाल दिया।	(नौकरी से)

वाक्य के भेद

निम्नलिखित आधारों पर वाक्य के विभिन्न भेदों का अध्ययन किया जा सकता है–

1. भाषा की आकृति
2. अर्थ की दृष्टि से
3. रचना या व्याकरणिक गठन
4. क्रिया
5. वाच्य
6. शैली

(क) **भाषा की आकृति** - आकृति या रूप की दृष्टि से विश्व में प्रमुखत: दो प्रकार की भाषाएं हैं – अयोगात्मक और योगात्मक। अयोगात्मक या वियोगात्मक भाषाओं में शब्दों में उपसर्ग या प्रत्यय आदि का योग नहीं रहता अर्थात् शब्दों में उपसर्ग, प्रत्यय, विभक्ति आदि जोड़कर अन्य शब्द या वाक्य में प्रयुक्त होने गोग्य रूप नहीं बनाए जाते। अयोगातात्मक भाषा में वाक्य में प्रयुक्त होने पर शब्द में किसी प्रकार का कोई परिवर्तन नहीं होता। वाक्य में केवल स्थान के अनुसार शब्दों का अर्थ प्रकट होता है। इसलिए इस वर्ग में आने वाली भाषाओं के 'स्थान प्रधान' भाषा भी कहते हैं। इस वर्ग की प्रमुख भाषा चीनी है। इसके विपरीत योगात्मक भाषा में वाक्य में प्रयुक्त शब्दों में उपसर्ग, प्रत्यय या विभक्ति आदि का योग रहता है। जैसे 'राम ने रावण को मारा' वाक्य में 'ने' 'को' विभक्ति से शब्दों का परस्पर सम्बंध प्रकट होता है जिससे वाक्य का पूर्ण अर्थ व्यक्त होता है। अत: कह सकते हैं कि हिन्दी की वाक्य रचना आकृति की दृष्टि से योगात्मक है।

(ख) **अर्थ की दृष्टि से** - वाक्य में अर्थ एक अनिवार्य तत्व है। अर्थ की पूर्ण रूप से अभिव्यक्ति करने वाली रचना ही वाक्य कहलाती है। अर्थ की दृष्टि से वाक्य के आठ भेद किए गए हैं-

1. विधानार्थक वाक्य-जिससे किसी बात का होना पाया जाये। जैसे –नैनीताल पहले एक गाँव था।
2. निषेधात्मक वाक्य-किसी बात का निषेध अथवा विषय का अभाव सूचित करता है। जैसे- पानी के बिना कोई जीव जीवित नहीं रह सकता। आपको वहाँ नहीं जाना था।

3. आज्ञार्थक वाक्य-इसमें आज्ञा, विनती या उपदेश का अर्थ व्यक्त होता है। जैसे – सदा सच बोलो। सभी छात्र यहाँ आयें।
4. प्रश्नवाचक वाक्य-प्रश्नवाचक वाक्य किसी प्रश्न का बोध कराते हैं। जैसे- यह व्यक्ति कौन है?
   पेड़ किसने काटा?
   वह काम पर कब आयेगा?
   तुम्हारी माँ कैसी है?
5. विस्मयबोधक वाक्य-वाक्य आश्चर्य, विस्मय आदि भाव प्रकट करते हैं। जैसे – वाह! ताजमहल कितना सुन्दर है।
   वह इतना मूर्ख है।
6. इच्छा बोधक वाक्य-इसमें इच्छा या आशीष व्यक्त होता है। जैसे –
   ईश्वर सबका भला करे।
   सभी सुखी व सम्पन्न हों।
7. संदेह सूचक-इसमें वाक्य से किसी बात का सन्देह या सम्भावना का भाव प्रकट होता है। जैसे –
   कहीं वही तो चोर नहीं है।
   शायद आज वर्षा हो।
8. संकेतार्थक वाक्य-इसमें संकेत अथवा शर्त का भाव होता है। जैसे-
   आप कहें जो मैं जाऊँ।
   गाड़ी आए तब मैं जाऊँ।

(ग) व्याकरणिक रचना की दृष्टि से – व्याकरणिक रचना की दृष्टि से वाक्य तीन प्रकार के होते हैं।

(1) सरल वाक्य (2) मिश्र वाक्य (3) संयुक्त वाक्य

सरल वाक्य – जिस वाक्य में एक क्रिया होती है और एक कर्ता होता है, उसे 'साधारण या सरल वाक्य' कहते हैं, इसमें एक 'उद्देश्य और एक विधेय' रहते हैं। जैसे 'बिजली चमकती है', 'पानी बरसा'। इन वाक्यों में एक उद्देश्य अर्थात कर्ता और विधेय अर्थात क्रिया है, अत: ये साधारण या सरल वाक्य हैं।

मिश्र वाक्य – जिस वाक्य में एक साधारण वाक्य के अतिरिक्त उनके अधीन कोई दूसरा उपवाक्य हो, उसे मिश्र वाक्य कहते हैं। दूसरे शब्दों में, जिस वाक्य में मुख्य उद्देश्य और मुख्य विधेय के अलावा एक या अधिक क्रियाएं हों, उसे 'मिश्र वाक्य' कहते हैं। जैसे 'वह कौन-सा मनुष्य है, जिसने महाप्रतापी राजा भोज का नाम न सुना हो।' 'मिश्र वाक्य के मुख्य उद्देश्य' और 'मुख्य विधेय' से जो वाक्य बनता है, उसे 'मुख्य उपवाक्य' कहते हैं और दूसरे वाक्यों को 'आश्रित उपवाक्य' कहते हैं। पहले को 'मुख्य वाक्य' और दूसरे को 'सहायक वाक्य' भी कहते हैं। सहायक वाक्य अपने में पूर्ण या सार्थक नहीं होते, पर मुख्य वाक्य के साथ आने पर उनका अर्थ निकलता है।

संयुक्त वाक्य – 'संयुक्त वाक्य' उस वाक्य समूह को कहते हैं, जिसमें दो या दो से अधिक सरल वाक्य अथवा मिश्र वाक्य अवयवों द्वारा संयुक्त हों, इस प्रकार वाक्य लम्बे और आपस में सम्बद्ध होते हैं। जैसे – 'मैं रोटी खाकर लेटा कि पेट में दर्द होने लगा, और दर्द इतना बढ़ा कि तुरन्त डाक्टर को बुलाना पड़ा।'

वाच्य की दृष्टि से – इस दृष्टि से वाक्यों को तीन वर्गों में विभक्त किया जा सकता है।

(1) कर्तृवाच्य – जिस वाक्य में कर्ता की प्रधानता होती है, उस वाक्य को कर्तृवाच्य कहते हैं। जैसे – राम पुस्तक पढ़ता है, इस वाक्य में 'राम' उद्देश्य है और यही कर्ता भी है और उसी के बारे में बात कही गयी है।

(2) कर्मवाच्य – जिस वाक्य में कर्म की प्रधानता होती है और वह वाक्य का उद्देश्य भी होता है उस वाक्य को कर्मवाच्य कहा जाता है। उदाहरणत: पत्र लिख जा रहा है, इस वाक्य में पत्र कर्म है और इसी की इसमें प्रधानता भी है तथा यह उद्देश्य भी है।

(3) भाववाच्य – जिस वाक्य में कर्ता अथवा कर्म की प्रधानता न होकर किसी क्रिया के भाव की प्रधानता होती है, उसे भाववाचक वाक्य कहते हैं। उदाहरणत: – उससे अब पढ़ाई की नहीं जाती है। इस वाक्य में पढ़ाई न किए जाने पर के भाव पर बल है, यह उद्देश्य भी है, अत: यह भाववाच्य है।

(घ) क्रिया की दृष्टि से – वाक्य में क्रिया का स्थान प्रमुख है। वह वाक्य का अनिवार्य तत्व है। प्रत्यक्ष या अप्रत्यक्ष रूप से वाक्य में क्रिया अवश्य रहती है। अत: क्रिया के होने या न होने के आधार पर भी वाक्य दो भेद हो सकते हैं- क्रियायुक्त वाक्य और क्रियाहीन वाक्य।

क्रियायुक्त वाक्य का आशय जिन वाक्य में क्रिया हो। अधिकांश वाक्य क्रिया युक्त ही होते हैं।

क्रियाहीन वाक्य में क्रिया नहीं होती। हिन्दी यद्यपि क्रियाहीन वाक्य प्रधान भाषा नहीं है, तो भी समाचार पत्रों, टी.वी. की खबरों, विज्ञापनों और लोकोक्तियों में क्रियाहीन वाक्यों का प्रयोग तेजी से प्रचलित हो रहा है। कुछ उदाहरण देखे जा सकते हैं–

केदारनाथ में जल-प्रलय, रुपया असहाय (समाचार)
जैसे साँपनाथ वैसे नागनाथ, जैसा देश वैसा भेस (लोकोक्ति)
दूध सी सफेदी, ठंडा मतलब कोको-कोला (विज्ञापन)

वाक्य परिवर्तन

ध्वनि विज्ञान व रूप विज्ञान शीर्षक की इकाइयों में आप पढ़ चुके हैं कि भाषा के विकास में ध्वनि और रूप में परिवर्तन होता रहता है। वाक्य रचना भी परिवर्तन के नियम से अछूती नहीं है। भाषा में वाक्य गठन भी समय-समय पर अनेक कारणों से प्रभावित होकर परिवर्तित होता रहता है। यद्यपि ध्वनि, रूप की अपेक्षा वाक्य रचना में परिवर्तन की गति धीमी होती है तो भी परिवर्तन तो होता ही रहता है। संस्कृत और हिन्दी भाषा के सन्दर्भ में वाक्य परिवर्तन को हम निम्नलिखित रूपों में देख सकते हैं–

अयोगात्मकता – भाषा की यह सामान्य प्रवृत्ति है कि वे प्राय: योगात्मकता से अयोगात्मकता की ओर विकसित होती हैं। उदाहरण के लिए संस्कृत में विभक्तियों के संयोग से संज्ञा, सर्वनाम और विशेषण के रूप बनते थे। प्राकृतों तक आते-आते विभक्तियाँ लुप्त हो गयीं और परसर्गों का प्रयोग होने लगा। वर्तमान में हिन्दी में कर्ता और कर्म भी प्राय: अयोगात्मक हो गए हैं। कर्ता का 'ने' परसर्ग केवल भूतकाल में लगता है। जैसे – लता ने गाना गाया। इसी प्रकार 'को' परसर्ग भी केवल प्राणी संज्ञाओं तक सीमित है। जैसे – 'भूखे को अन्न दो, 'पक्षी को दाना खिलाना चाहिए'। वस्तु संज्ञा 'को ' के बिना ही प्रयुक्त होती है। जैसे – 'वह पुस्तक पढ़ता है।

पदक्रम में परिवर्तन – वाक्य गठन में पदक्रम का विशेष महत्व रहा है। लेखन शैली की मौलिकता और रोचकता लाने के लिए तथा कुछ विदेशी भाषाओं से अनुवाद के प्रभाव में वाक्य के पदक्रम को भी काफी प्रभावित किया है। जैसे – हिन्दी में विशेषण प्राय: संज्ञा के पूर्ण और क्रिया विशेषण, क्रिया के पूर्व लगाने का सामान्य नियम है। किन्तु अब वाक्य रचना में इस पदक्रम का ध्यान नहीं रखा जाता है। 'गरीब की व्यथा' की जगह 'व्यथा गरीब की', 'वह धीरे-धीरे जाता है' की जगह 'जाता है वह धीरे-धीरे' जैसी वाक्य रचना देखने में आती है।

अन्वय में परिवर्तन – आप जानते हैं कि संस्कृत में क्रिया, कर्ता के अनुरूप वचन तथा पुरुष की दृष्टि से होती थी किन्तु हिन्दी में कुछ अपवादों को छोड़कर लिंग के आधार पर भी होती है। जैसे संस्कृत में कर्ता पुल्लिंग हो या स्त्रीलिंग, क्रिया नहीं बदलती। किन्तु हिन्दी में क्रिया में परिवर्तन होता है। जैसे – 'सोहन जाता है', 'माला जाती है'। इसी प्रकार हिन्दी में विशेषण भी संज्ञा के लिंग और वचन के अनुसार बदल जाता है। जैसे-अच्छी कविता, अच्छा उपन्यास, अच्छे दोहे।

पद या प्रत्यय आदि का लोप - कभी-कभी वाक्य में किसी पद या प्रत्यय का लोन होना भी वाक्य-परिवर्तन का एक रूप है। ऐसा प्रायः इसके पीछे प्रत्यय लाघव की प्रवृत्ति ही प्रेरक होती है। जैसे - कुछ वाक्यों को देखें -

कानों से सुनी बात।	कानों सुनी बात।
वह पढ़ेगा-लिखेगा नहीं।	वह पढ़े लिखेगा नहीं।
मैं वहाँ नहीं जाता हूं।	मैं वहाँ नहीं जाता।

अधिक/अनावश्यक पदों का प्रयोग - वाक्य में अधिक या अनावश्यक पदों के प्रयोग से भी वाक्य में परिवर्तन आ जाता है। ऐसे वाक्य उदाहरण की दृष्टि से प्रायः अशुद्ध होते हैं। कुछ उदाहरण देखें -

आपका भवदीय	मुझको-मेरे को
दरअसल में	कृपया करके

प्रोक्ति

आप इस तथ्य से भली-भाँति अवगत हैं कि भाषा का काम केवल विचारों या भावों की अभिव्यक्ति मात्र नहीं है बल्कि उसके माध्यम से कही गयी बात को श्रोता तक सम्प्रेषित करना भी है। अपनी बात को सार्थक ढंग से कहने, श्रोता द्वारा उसे ठीक से समझने फिर उसका उचित जवाब देने की प्रक्रिया में एक से अधिक वाक्य सामने आते हैं जो अर्थ और प्रसंग की दृष्टि से एक दूसरे से सम्बद्ध रहते हैं। इस स्थिति में ही दो लोगों के बीच सम्प्रेषण सम्भव हो पाता है। सम्प्रेषण की इस इकाई को ही 'प्रोक्ति' कहा जाता है।

प्रोक्ति की संकल्पना

वक्ता द्वारा विचारों को प्रकट करने और श्रोता द्वारा उसे सही सन्दर्भ और सही अर्थ में समझने में ही सम्प्रेषण सार्थक होता है। सम्प्रेषण में सन्दर्भ की महत्वपूर्ण भूमिका होती है क्योंकि वाक्य में सन्दर्भ की भिन्नता होने से अर्थ भी भिन्न हो जाता है। उदाहरण के लिए एक वाक्य के विभिन्न सन्दर्भ देखें-

तुमने बहुत अच्छा किया?

सन्दर्भ - 1	माँ	-	क्या गिराया?
(व्यंग्य के अर्थ में)	बेटा	-	माँ, कप टूट गया।
	माँ	-	तुमने बहुत अच्छा किया।
सन्दर्भ-2	बेटा	-	माँ, मैंने आज एक अन्धे की मदद की।
(प्रशंसा के अर्थ में)	माँ	-	कैसे?
	बेटा	-	मैंने उसे सहारा देकर सड़क पार करायी।
	माँ	-	तुमने बहुत अच्छा किया।
सन्दर्भ-3	चोर	-	बॉस! हमने आज सेठ को लूट लिया।
(चोर के अर्थ में)	बॉस	-	तुमने बहुत अच्छा किया।

इसी तरह एक अन्य उदाहरण के लिए एक वाक्य देखें -

'दस बज गए हैं।'

इस वाक्य का सामान्य अर्थ समय की जानकारी देना है किन्तु निम्नलिखित वार्तालाप में देखा जाये तो इसका अर्थ भिन्न हो जाता है -

पिता - बेटा, दस बज गए हैं।

पुत्र - बस पिताजी, अभी चलता हूँ।

यहाँ पिता, पुत्र से कहना चाहता है कि 'देर हो रही है।' अर्थात यह संदेश पिता अप्रत्यक्ष कथन के रूप में पुत्र को दे रहा है। पुत्र इस संदेश का सन्दर्भ ग्रहण कर उचित उत्तर देता है। सन्दर्भ की जानकारी के अभाव में इस सन्देश के अन्य सम्भावित उत्तर भी हो सकते थे-

पिता - बेटा, दस बज गए हैं।

पुत्र - (1) तो मैं क्या करूँ?

(2) यह घड़ी आगे चल रही है।

स्पष्ट है कि विचारों का आदान-प्रदान तभी हो सकता है जब वक्ता और श्रोता दोनों को सन्दर्भ की जानकारी हो। अतः प्रोक्ति की संकल्पना के बारे में हम सार रूप में इस प्रकार समझा सकते हैं - 'प्रोक्ति किसी संदेश को संप्रेषित करने वाली वाक्य के ऊपर की वह इकाई है जिसका आधार संलाप होता है। विचारों के आदान-प्रदान के लिए यह एक से अधिक वाक्यों की कड़ी के रूप में सामने आता है क्योंकि सभी वाक्य एक दूसरे के जुड़ने पर ही एक विशेष संदर्भ में सार्थकता पाते हैं। अर्थात उन सबके बीच एक व्यवस्था का होना आवश्यक होता है।'

प्रोक्ति के प्रमुख अभिलक्षण - प्रोक्ति के संबंध में की गई उपर्युक्त चर्चा के आधार पर हम निम्नलिखित तथ्यों का उल्लेख कर सकते हैं-

1. जिस प्रकार वाक्य शब्दों के समूह से बनता है, उस प्रकार प्रोक्ति वाक्यों के समूह से बनती है। इसीलिए इसे वाक्य के ऊपर की इकाई माना गया है।
2. सभी वाक्यों का आपस में संबंध होना आवश्यक है। यदि वाक्यों के बीच पूर्वापर संबन्ध नहीं है तो उसे प्रोक्ति का उदाहरण नहीं माना जा सकता।
3. वक्ता/लेखक द्वारा बोला गया वाक्य सार्थक होना चाहिए जिसका अर्थ या भाव ग्रहण कर श्रोता/पाठक उत्तर दे सके। निरर्थक वाक्यों का प्रोक्ति में स्थान नहीं होता। अर्थात जिस अभिव्यक्ति से विचारों का आदान-प्रदान न हो, उसे प्रोक्ति नहीं माना जा सकता।
4. प्रोक्ति का स्वरूप उसके आकार से निर्धारित नहीं होता, बल्कि उसके प्रकार्य से निर्धारित होता है। कहने का तात्पर्य यह है कि प्रोक्ति अपने आप में पूर्ण होती है। इसका संबंध एक शब्द, एक वाक्य, पूरी एक घटना, प्रसंग या पूरे जीवनवृत से हो सकता है।
5. प्रोक्ति की संरचना का आधार संलाप होता है। इसीलिए संलाप को प्रोक्ति की सार्थक इकाई स्वीकार किया जाता है।
6. प्रोक्ति में संप्रेषणीयता का तत्व विद्यमान रहता है, जो संदर्भ (context) की माँग करता है। यही संदर्भ वक्ता/लेखक और श्रोता/पाठक के कथन या संदेश को एक दूसरे से जोड़ता है।
7. संप्रेषण की इकाई होने के कारण प्रोक्ति संदेश को श्रोता तक केवल पहुँचाती ही नहीं, बल्कि श्रोता की प्रतिक्रिया को वक्ता तक भी पहुँचाती है। इसके कारण ही संलाप की स्थिति बन पाती है। वास्तव में संप्रेषण का सशक्त और स्वाभाविक माध्यम संलाप है।
8. प्रोक्ति के माध्यम से विचारों को विभिन्न रूपों में तथा तर्क संगत ढंग से अभिव्यक्त के किया जा सकता है।
9. किसी संप्रेषण प्रक्रिया में वक्ता/लेखक, श्रोता/पाठक, संदेश, संदर्भ, अभिव्यक्ति के मौखिक/लिखिक रूप तथा कोड का होना अनिवार्य है।

निष्कर्ष रूप में कहा जा सकता है कि 'भाषिक संप्रेषण की इकाई प्रोक्ति है।'

प्रोक्ति के प्रमुख भेद

आप यह समझ गए हैं कि प्रोक्ति में संवाद अनिवार्य है क्योंकि इसका सम्बन्ध भाषा व्यवहार से है। भाषा व्यवहार दो या दो से अधिक लोगों के बीच होता है जिसे 'संलाप' कहते हैं। जहाँ एक ही व्यक्ति वक्ता और श्रोता होता है, वहाँ 'एकालाप' होता है। प्रायः भावावेश की स्थिति में एकालाप की स्थिति होती है। अतः मोटे तौर पर प्रोक्ति के दो प्रमुख भेद किए जा सकते हैं-

1. संलाप
2. एकालाप

वक्त ओर श्रोता की भूमिका के आधार पर संलाप और एकालाप के भी दो-दो उपभेद किए जा सकते हैं-

1. संलाप - (1) गत्यात्मक संलाप (2) स्थिर संलाप

2. एकालाप – (1) गत्यात्मक एकालाप (2) स्थिर एकालाप

अब हम भेदों और उपभेदों पर क्रमश: विस्तार से चर्चा करेंगे।

संलाप की संकल्पना – सभी तरह के भाषा व्यवहार संलाप के अन्तर्गत आते हैं। इसके लिए कम से कम दो व्यक्तियों का होना आवश्यक है। इस आधार पर यह कहा जा सकता है कि 'संलाप भाषा व्यवहार की वह इकाई है जिसमें कम से कम दो पात्रों (वक्ता और श्रोता) के बीच विचारों का परस्पर आदान-प्रदान होता है।' संलाप में वक्ता तथा श्रोता के अनुभवों में साम्य होना जरूरी है। नहीं तो सम्प्रेषण में बाधा आयेगी। इसे दो उदाहरणों से समझा जा सकता है।

माँ – बेटा, क्या कर रहे हो?
बेटा – स्कूल का काम कर रहा हूँ।
माँ – बहुत देर हो गयी है।
बेटा – बस, अभी सोता हूँ।

यहाँ माँ-बेटे में अनुभव की समानता के कारण संवाद सहज रूप में हो रहा है। अब दूसरे उदाहरण देखें-

व्यक्ति – क्या चाय में चीनी डाली है?
चाय वाला – क्या चीनी कम है साहब?
व्यक्ति – नहीं भाई, मुझे बिना चीनी के चाय चाहिए।
चाय वाला – ओह, मैं समझा चीनी और चाहिए।

यहाँ व्यक्ति और चाय वाले के अनुभवों में समानता नहीं है। इसलिए सम्प्रेषण में कठिनाई हो रही है। इस आधार पर कहा जा सकता है कि विचारों के आदान-प्रदान अथवा संलाप के लिए वक्ता और श्रोता के बीच मानसिक स्तर पर भी साम्य होना जरूरी है।

वक्ता और श्रोता की भूमिका के आधार पर संलाप के दो उपभेद होते हैं-

1. गत्यात्मक संलाप
2. स्थिर संलाप

1. **गत्यात्मक संलाप** – इसमें वक्ता तथा श्रोता सक्रियता से आगे बढ़ते हैं। यदि सक्रियता न हो तो संलाप आगे बढ़ ही नहीं सकता साथ ही इसमें वक्ता श्रोता की भूमिका बदलती रहती है। अर्थात वक्ता जो कहता है, उसे सुनकर श्रोता जवाब देता है, तब श्रोता वक्ता की भूमिका में आ जाता है और उसकी बात सुनने के कारण वक्ता, श्रोता हो जाता है।
2. **स्थिर संलाप** – गत्यात्मक संलाप की तुलना में स्थिर संलाप में श्रोता की भूमिका सक्रिय नहीं होती अर्थात वक्ता तो सक्रिय रहता है किन्तु श्रोता निष्क्रिय ही रहता है। वह अपने विचार उस रूप में प्रकट नहीं कर सकता जिससे संलाप आगे बढ़ सके। साथ ही स्थिर संलाप में वक्ता व श्रोता की भूमिका भी नहीं बदलती। रेडियो व दूरदर्शन आदि में प्रसारित होने वाले समाचार जैसे कार्यक्रम स्थिर संलाप के उदाहरण हैं।

एकालाप – ऐसे अवसरों पर जहाँ भावावेश में व्यक्ति स्वयं से कहता है और स्वयं ही उत्तर भी देता है, एकालाप की स्थिति होती है। इसमें भी वक्ता और श्रोता की स्थिति बनी रहती है। अन्तर केवल इतना ही है कि श्रोता वहाँ कोई दूसरा व्यक्ति नहीं होकर स्वयं वक्ता ही होता है।

संलाप की तरह एकालाप के भी दो भेद किए गए हैं-

1. गत्यात्मक एकालाप
2. स्थिर एकालाप

1. **गत्यात्मक एकालाप** – इस प्रकार के एकालाप में वक्ता ही स्वयं से प्रश्न करता है और स्वयं ही उसका उत्तर देता चलता है। इस प्रकार एक ही व्यक्ति वक्ता और श्रोता की भूमिका निभाता है। ऐसा लगता है कि मानों दो व्यक्ति परस्पर बातें कर रहे हों। उदाहरण देखें-

   'कौन जाने कल क्या हो? कल त्याग पत्र देने के बाद कौन जानता है कि क्या होगा? सम्भव है यहाँ रहना न हो। तब क्या होगा? क्या कहीं बाहर जाया जाएगा? क्या पता? सरो, गुणवंती, सुशीला, देवव्रत का क्या होगा? नहीं, यह नहीं हो सकता कि ये लोग अनाथ हो जाएँ। लेकिन माँ हैं ही। पिता चाहे अनासक्त हों, लेकिन माँ उन्हें अभी भी संबंधों से घेरे हुए हैं।'

(यह पथ बंधु था)

2. **स्थिर एकालाप** – गत्यात्मक एकालाप की तुलना में स्थिर एकालाप में वक्ता स्वयं से प्रश्न नहीं करता बल्कि स्थिर विचार के रूप में एक के बाद एक अपने भाव प्रकट करता है।

   स्थिर एकालाप को प्राय: 'स्वगत कथन' भी कहा जाता है। सैद्धान्तिक रूप से इन दोनों में कोई अन्तर नहीं है किन्तु सूक्ष्म अन्तर यह है कि स्वगत कथन किसी को सुनाने के लिए नहीं होता जबकि एकालाप में व्यक्ति अपने मनोभावों को प्रकट करने के लिए स्वयं से बातें करता अर्थात वह स्वयं वक्ता और श्रोता होता है। स्वगत कथन में व्यक्ति केवल वक्ता होता है, श्रोता नहीं।

प्रश्नमाला

1. निम्नलिखित वाक्यों में शुद्ध वाक्य है–

(a) मेरे घर के पास एक हलवाई की दुकान है
(b) मेरे घर के पास एक हलवाई की दुकान स्थित है
(c) मेरे घर के पास एक हलवाइयों की दुकान है
(d) मेरे घर के पास हलवाई की एक दुकान है

2. निम्नलिखित वाक्यों में शुद्ध वाक्य है–

(a) श्रीकृष्ण के अनेकों नाम है
(b) भगवान श्रीकृष्ण के अनेकों नाम का उल्लेख मिलता है
(c) श्रीकृष्ण को अनेकों नाम का उल्लेख मिलता है
(d) श्रीकृष्ण के अनेक नाम हैं

3. निम्नलिखित वाक्यों में शुद्ध वाक्य है–

(a) देखो! फूलों पर भौंरे भिनभिना रहे हैं
(b) देखो! फूलों पर भौंरे गुंजार कर रहे हैं
(c) देखो! फूलों के ऊपर भौंरे गुंजारते हैं
(d) देखो! फूलों के ऊपर भौंरे भिनभिना रहे हैं

4. निम्नलिखित वाक्यों में शुद्ध वाक्य है–

(a) उसकी शंका का निवारण हो गया है
(b) उसकी शंका समाप्त हो गयी है
(c) उसकी शंका का समाधान हो गया है
(d) उन्हें अब शंका नहीं रही है

5. शुद्ध 'संयुक्त वाक्य' का उदाहरण है–

(a) मैं परीक्षा देने के लिए इलाहाबाद जा रहा हूँ
(b) मुझे परीक्षा देनी है, अत: दिल्ली जा रहा हूँ
(c) मुझे परीक्षा देनी है और मैं गोरखपुर जा रहा हूँ
(d) मैं वाराणसी जा रहा हूँ क्योंकि मुझे परीक्षा देनी है

6. 'इनमें से कौन-सा वाक्य अशुद्ध है'?

(a) हर एक खिलाड़ी मैदान में पहुँच गए
(b) सड़क पर बहुत भीड़ है
(c) अध्ययन के लिए अच्छी पुस्तकें आवश्यक है
(d) साहित्य और संस्कृति का गहरा सम्बन्ध है

7. सुसंगत शब्द-प्रयोग में कौन-सा वाक्य सर्वाधिक उपयुक्त है?
(a) दुष्ट को सजा मिलनी चाहिए
(b) अपराधी को सजा मिलनी चाहिए
(c) अशिष्ट को सजा मिलनी चाहिए
(d) शत्रु को सजा मिलनी चाहिए

8. शुद्ध वाक्य का चयन कीजिए।
(a) गुरु आ रहा है
(b) गुरू आ रहे हैं
(c) गुरु आ रहे हैं
(d) गुरूजी आ रहे हैं

9. शब्दानुक्रम में सही वाक्य है–
(a) वह गरीब आदमी था
(b) वह आदमी गरीब था
(c) था वह गरीब आदमी
(d) था गरीब वह आदमी

10. कौन-सा वाक्य शुद्ध है?
(a) यह आँखों से देखी घटना है
(b) यह आँखों देखी घटना है
(c) यह आँखों द्वारा देखी गई घटना है
(d) यह आँखों द्वारा देखी-सुनी घटना है

11. कौन-सा वाक्य शुद्ध है?
(a) आइन्स्टीन के पास विलक्षण बुद्धि थी
(b) आइन्सटीन के पास विचित्र बुद्धि थी
(c) आइन्सटीन के पास अलौकिक बुद्धि थी
(d) आइन्स्टीन के पास दैवीय बुद्धि थी

12. कौन-सा वाक्य शुद्ध है?
(a) शरत्कालीन दिनों में चन्द्रमा की शोभा देखने योग्य होती है
(b) शरद् काल के दिनों में चन्द्रमा की शोभा देखने योग्य होती है
(c) शरत् काल में चन्द्रमा की शोभा देखने योग्य होती है
(d) शरत् काल के दिनों में चन्द्रमा की शोभा देखने योग्य होती है

13. कौन-सा वाक्य शुद्ध है?
(a) दही खट्टी है
(b) दही खट्टा है
(c) दही खटास है
(d) दही खटाई है

14. कौन-सा वाक्य शुद्ध है?
(a) सुरेश को एक पाती लिखना है
(b) सुरेश ने एक पाती लिखनी है
(c) सुरेश के लिए एक पत्र लिखनी है
(d) सुरेश के लिए पत्र लिखना है

15. 'बाघ और बकरी एक घाट पानी पीती है' वाक्य का शुद्ध रूप है–
(a) बाघ-बकरी एक घाट पर पानी पीती हैं
(b) बाघ और बकरी एक घाट पर पानी पीते हैं
(c) बाघ और बकरी एक ही घाट पर पानी पीती हैं
(d) बाघ और बकरी पानी पीती हैं

16. नीचे दिए वाक्यों में कौन-सा वाक्य त्रुटिहीन है?
(a) मेरे घर के पास एक पान की दूकान है
(b) मेरे घर के पास एक पान की दूकान स्थित है
(c) मेरे घर के पास एक पानों की दूकान है
(d) मेरे घर के पास पान की एक दुकान है

17. 'पति-पत्नी के झगड़े का हेतु क्या हो सकता है' वाक्य का शुद्ध रूप लिखिए।
(a) पति-पत्नी के झगड़े का क्या हेतु हो सकता है?
(b) पति-पत्नी के झगड़े का हेतु क्या है?
(c) पति-पत्नी के झगड़े का कारण क्या हो सकता है?
(d) पति और पत्नी के झगड़े का हेतु क्या हो सकता है?

18. निम्नलिखित में से कौन-सा वाक्य शुद्ध है?
(a) यह चेष्टा आपकी अनाधिकार है
(b) यह आपकी अनाधिकार चेष्टा है
(c) यह आपकी चेष्टा अनाधिकार है
(d) यह चेष्टा आपका अनाधिकार है

19. निम्नलिखित में से कौन-सा वाक्य शुद्ध है?
(a) उसने अपनी कमाई का अधिकांश भाग गँवा दिया
(b) वह अपनी कमाई का अधिकांश भाग गवाँ बैठा
(c) उसने कमाई का अधिकांश भाग गवाँ डाला
(d) उसने अपनी कमाई का अधिकांश गवाँ दिया

20. निम्नलिखित में से कौन-सा वाक्य सही है?
(a) श्री राम चौदह वर्ष के बाद वन से वापस लौटे
(b) श्री राम चौदह वर्ष के बाद वनवास से वापस लौटे
(c) श्री राम चौदह वर्ष के बाद वापस वन से लौटे
(d) श्री राम चौदह वर्ष के बाद वन से लौटे

21. कौन-सा वाक्य शुद्ध है?
(a) आपका शासन सम्बन्धी कार्य अधिक विख्यातपूर्ण है
(b) आपको भूमि-भवन-वाहन का अभिनय सुख की प्राप्ति होगी
(c) यह समाचार पूरे देशभर में तुरन्त फैल गया
(d) तुम्हें कल कुछ हो जाये तो मैं कहीं का नहीं रहूँगा

22. कौन-सा वाक्य शुद्ध है?
(a) रोगी अपनी कमजोरियों के कारण उठ तक नहीं पा रहा था
(b) राजपथ की सड़क से झाँकियां वापस लौट गईं
(c) शिकारी उस पर गोली चलाई पर वह शेर बच निकला
(d) उस समय चरखा चलाना भी एक अनुशासन था

23. 'श्याम जल से पौधे सींच रहा है' वाक्य का शुद्ध रूप होगा–
(a) श्याम पौधे को जल से सींच रहा है
(b) पौधे का जल से सींच रहा है श्याम
(c) श्याम पौधे सींच रहा है
(d) जल से सींच रहा है श्याम पौधे को

24. निम्नलिखित विकल्पों में से शुद्ध वाक्य को चयनित कीजिए–
(a) वह उद्दण्डनीय है
(b) वह दण्ड भोगने के योग्य है
(c) वह दण्ड पाने योग्य है
(d) वह दण्ड देने के योग्य है

25. इन वाक्यांशों में एक अशुद्ध वाक्य है, उसका चयन कीजिए–
(a) उसमें बचपन है
(b) उसमें बचपना है
(c) वह बचपन से नटखट है
(d) तुम बचपन से सीधे हो

26. ''महान व्यक्तियों में भौतिक वस्तुओं के प्रति.............पाई जाती है।''–वाक्य के रिक्त स्थान की पूर्ति के लिए उपयुक्त शब्द छाटिए।
(a) निर्लिप्तता (b) लिप्तता
(c) निष्कपटता (d) निपटता

27. निम्नलिखित में से कौन-सा वाक्य शुद्ध है?
(a) यह व्यर्थ बात करने से कोई लाभ नहीं है
(b) संपूर्ण देश भर में निराशा छा गई
(c) भाई ने भाई के सलाह की
(d) कृपया पत्रोत्तर शीघ्र दें

28. निम्नलिखित में कौन-सा वाक्य अशुद्ध है?
(a) कवि ने संपादक को एक कविता भेजी
(b) अध्यापका ने शिष्य से प्रश्न पूछा
(c) बच्चे ने कहा था, पर आप ने नहीं सुना
(d) अमित ने जेब से दस रुपये का नोट निकाला

29. निम्नलिखित में एक वाक्य अशुद्ध है–
(a) उसका कहना था कि आप उसे जानते हैं
(b) राम गाते-गाते सरोवर तक गया
(c) वह प्राय: मेरे यहाँ आता था
(d) आम सभा में प्रत्येक वर्गों के प्रतिनिधि उपस्थिति थे

30. निम्नलिखित वाक्यों में एक वाक्य शुद्ध है–
(a) पेड़ की पत्ता गिरी
(b) पेड़ में से पत्ता गिरा
(c) पत्ता गिर पड़ा पेड़ों से
(d) पेड़ से पत्ता गिरा

31. निम्नलिखित में एक वाक्य त्रुटिपूर्ण है–
(a) संभवत: मैं रविवार को आ जाऊँगा
(b) जीती मक्खी निगली नही जाती
(c) विद्या सदैव साथ रहने वाला धन होता है
(d) मुझे आशंका है कि निष्पक्ष चुनाव नहीं हो पाएँगे

32. निम्नलिखित में एक वाक्य शुद्ध नहीं है–
(a) उसने केवल मुझे निमंत्रित किया
(b) सभी को देश की संस्कृति का सम्मान करना चाहिए
(c) आपने उसे टका-सा जवाब दिया
(d) शिष्य गुरु जी के पैर में गिर पड़े

33. निम्नलिखित वाक्यों में एक अशुद्ध है–
(a) उसने अपने प्राण की बाजी लगा दी थी
(b) राम, सीता और लक्ष्मण वन को गए
(c) उसकी आँखों से आँसू निकल पड़े
(d) आपकी महत्ता से सभी लोग परिचित हैं

34. निम्नलिखित में एक वाक्य त्रुटिपूर्ण है–
(a) निरपराधी को सजा नहीं देनी चाहिए
(b) वह सकुशल घर पहुँच गया
(c) मोती सीप में पलता है
(d) व्यापारी ने पाँच कुंतल कोयला खरीदा

35. निम्नलिखित वाक्यों में से एक वाक्य शुद्ध है–
(a) उसने मिष्टान्न खरीदा
(b) भोजन बहुत गरिष्ट था
(c) पन्तजी की षष्टिपूर्ति पर 'रूपाम्बरा' कृति भेंट में दी गयी
(d) आप तो अन्तर्ध्यान हो गए

36. निम्नलिखित में से शुद्ध वाक्य चिन्हित कीजिए–
(a) उसके प्राण निकल गए
(b) उसका प्राण निकल गया
(c) उसका प्राणपखेरू उड़ गया
(d) प्राण उसका खत्म हो गया

37. निम्नलिखित वाक्यों में से कौन-सा शुद्ध है?
(a) मैंने बाजार से सामान खरीदा
(b) उसने बाजार नहीं जाना है
(c) हम तो आपको बता दिए थे
(d) मुझे अपने गुरु के ऊपर श्रद्धा है

38. निम्नलिखित वाक्यों में से कौन-सा वाक्य शुद्ध है?
(a) विद्या श्रेष्ठ धन होती है
(b) विद्या श्रेष्ठ धन होता है
(c) विद्या श्रेष्ठ धन मानी जाती है
(d) विद्या श्रेष्ठ धन नहीं होती है

39. निम्नलिखित में से शुद्ध वाक्य है–
(a) गौतम ऋषि की पत्नी का नाम अहील्या था
(b) राजीव निरपराधी है
(c) अंगद-रावण सस्वाद पर प्रकाश डालिए
(d) अग्नि प्रज्वलित हो रही है

40. 'शेर को देखकर उसका होश उड़ गया' का शुद्ध रूप है–
(a) शेर को देखकर वह भयभीत हो गया
(b) शेर को देखकर वह बेहोश हो गया
(c) शेर को देखकर उसका होश भाग गया
(d) शेर को देखकर उसके होश उड़ गए

41. निम्नलिखित वाक्यों में शुद्ध वाक्य है–
(a) यहाँ गन्ने का ताजा रस बिकता है
(b) यहाँ ताजे गन्ने का रस बिकता है
(c) ताजा गन्ने का रस यहाँ बिकता है
(d) ताजी गन्ने का रस यहाँ बिकता है

42. इनमें कौन-सा वाक्य शुद्ध है?
(a) सीता ने यह कहा
(b) सीता ने यह कही
(c) सीता यह कही
(d) सीता यह कहा

43. कौन-सा वाक्य सही है?
(a) बैल और बकरी घास चरती हैं
(b) बैल और बकरी घास चरते हैं
(c) बैल और बकरी घास चरता है
(d) बैल और बकरी घास चरती है

44. निम्न में से कौन-सा वाक्य शुद्ध है–
(a) राम ने पेट भर मिठाई खाई
(b) राम ने पेट भर के मिठाई खाई
(c) राम ने भरपेट मिठाई खाई
(d) इनमें से कोई नहीं

45. निम्न में से कौन-सा वाक्य शुद्ध है–
(a) मैं आपकी सौजन्यता पर मुग्ध हूँ
(b) मैं आपके सौजन्य पर मुग्ध हूँ
(c) मैं आपकी सुजन्य पर मुग्ध हूँ
(d) इनमें से तीनों वाक्य अशुद्ध हैं

उत्तरमाला

1. (d)	**2.** (d)	**3.** (b)	**4.** (c)	**5.** (c)	**6.** (a)	**7.** (b)	**8.** (d)	**9.** (b)	**10.** (b)
11. (a)	**12.** (c)	**13.** (b)	**14.** (d)	**15.** (b)	**16.** (d)	**17.** (c)	**18.** (b)	**19.** (a)	**20.** (b)
21. (d)	**22.** (d)	**23.** (c)	**24.** (d)	**25.** (a)	**26.** (a)	**27.** (d)	**28.** (b)	**29.** (d)	**30.** (d)
31. (c)	**32.** (d)	**33.** (a)	**34.** (a)	**35.** (a)	**36.** (a)	**37.** (a)	**38.** (b)	**39.** (d)	**40.** (d)
41. (a)	**42.** (a)	**43.** (b)	**44.** (c)	**45.** (b)					

अध्याय 9

लिंग, वचन और कारक

लिंग

लिंग का अर्थ होता है चिह्न। संज्ञा के जिस रूप में किसी प्राणी या वस्तु की स्त्री अथवा पुरुषजाति का बोध हो, उसे लिंग कहते हैं। हिन्दी में लिंग का विचार संज्ञा (लड़का-लड़की), विशेषण (अच्छा-अच्छी), सम्बन्धकारक (का, की), कृदन्त (चला-चली), सहायक क्रिया (था, थी) तथा क्रिया विशेषण (बड़ा-बड़ी) में होता है। हिन्दी में दो लिंग माने गए हैं–पुल्लिग (Masculine Gender) और स्त्रीलिंग (Feminine Gender)। इसलिए सभी प्राणवाचक और वस्तुवाचक (अप्राणवाचक) संज्ञाएँ भी दो प्रकार की ही होती हैं–पुल्लिग अथवा स्त्रीलिंग।

पुल्लिग प्राणिवाचक संज्ञाएँ

पिता पुत्र चाचा नाना मौसा दादा लड़का राजा काका
बाबा पुरुष पति ससुर समधी गायक नेता अभिनेता साधु

स्त्रीलिंग प्राणिवाचक संज्ञाएँ

माता	पुत्री	चाची	नानी	मौसी
दादी	लड़की	रानी	राजकुमारी	काकी
स्त्री	पत्नी	सास	गायिका	नायिका
जीजी	देवी	अबला	मामी	भाभी
साली	औरत	गाय	साध्वी	घोड़ी
बाघिन	कोयल	बिल्ली	बकरी	बहू
वेश्या	तितली	सर्पिणी	चिड़िया	कुतिया
अभिनेत्री				

लिंग संबंधी विशेष नियम

1. द्वन्द्व समास वाली प्राणीवाचक संज्ञाएँ पुल्लिग होती हैं और तत्पुरुष समास वाली संज्ञाओं का लिंग अन्तिम संज्ञापद के अनुसार होता है। जैसे–

द्वन्द्व समास पुल्लिग–नर-नारी, भाई-बहन, राजा-रानी, गाय-बैल।

तत्पुरुष समास पुल्लिग–राजकुमार, सेनापति, राष्ट्रगीत, राजीभवन, रसाईघर, राजमार्ग, ऋतुराज, विद्यालय, प्रतीक्षालय, बिजलीघर।

तत्पुरुष समास स्त्रीलिंग–राजकुमारी, राजमाता, लोकसभा, विधानसभा, धर्मशाला, देशभक्ति, हथकड़ी, राष्ट्रभाषा, राज्यसभा, रामकहानी, रेतघड़ी, शब्दशक्ति, पर्वतमाला।

2. पशु-पक्षी, कीड़े आदि जातियों का बोध कराने वाली कुछ संज्ञाएँ या तो केवल पुल्लिग या स्त्रीलिंग होती हैं। जैसे–पुल्लिग–खटमल, भेड़िया, मच्छर, उल्लू गैंडा, कौआ, चीता।

स्त्रीलिंग–मछली, चिड़िया, मैना, गिलहरी, चील, तितली, मक्खी, कोयल, बुलबुल, लोमड़ी, जोंक।

3. उपयुक्त पुल्लिग संज्ञाओं से स्त्रीलिंग का बोध कराने के लिए संज्ञा के पूर्व 'मादा' शब्द जोड़ दिया जाता है, जैसे–मादा पक्षी, मादा खटमल, मादा कीड़ा। इसी प्रकार स्त्रीलिंग संज्ञाओं से पुल्लिग का बोध कराने के लिए संज्ञा के पूर्व 'नर' शब्द जोड़ दिया जाता है। जैसे–नर मक्खी, नर चील, नर मछली।

4. समूहवाची संज्ञा का लिंग उनके प्रयोग पर आधारित होता है, जैसे–

पुल्लिग–परिवार, कुटुम्ब, दल, कुंज, गुच्छा, गिरोह, झुण्ड।

स्त्रीलिंग–सभा, मण्डली, फौज, भीड़, सेना, टोली।

अप्राणिवाचक संज्ञाओं के लिंग–अनेक विद्वानों ने अप्राणिवाचक संज्ञाओं का लिंग-निर्णय उनके रूप (एकवचन, बहुवचन) के अनुसार किया है। अतः रूप के अनुसार अप्राणिवाचक संज्ञाओं का लिंग-निर्णय निम्नलिखित रूपों में किया जा सकता है–

1. जिन अप्राणिवाचक संज्ञाओं का बहुवचन बनाने पर 'आ' का 'ए' हो जाता है, वे पुल्लिग और जिनका 'आ' का 'ए' नहीं होता अर्थात् 'आ' का 'आ' ही रहता है, वे स्त्रीलिंग होती हैं–

एकवचन पुल्लिग	बहुवचन
मेला	मेले
पहिया	पहिए
चना	चने
चरखा	चरखे
बुढ़ापा	बुढ़ापे
कृपा	कृपा
लज्जा	लज्जा
याचना	याचना
भिक्षा	भिक्षा
निराशा	निराशा

2. जिन अप्राणिवाचक संज्ञाओं का बहुवचन बनाने पर 'आ' का 'आए' अथवा 'आ' का 'एँ' हो जाता है, वे स्त्रीलिंग होती हैं–

एकवचन	बहुवचन	एकवचन	बहुवचन
दिशा	दिशाएँ	कथा	कथाएँ
लता	लताएँ	कामना	कामनाएँ
सूचना	सूचनाएँ	हवा	हवाएँ
शाखा	शाखाएँ	आलोचना	आलोचनाएँ
घटना	घटनाएँ	कविता	कविताएँ
परीक्षा	परीक्षाएँ	उपमा	उपमाएँ
दवा	दवाएँ	टीका	टीकाएँ
भाषा	भाषाएँ	मंजिल	मंजिलें

3. जिन अप्राणिवाचक संज्ञाओं का रूप एकवचन और बहुवचन में एक समान रहता है अर्थात् उनमें परिवर्तन नहीं होता, वे पुल्लिग होती हैं। जैसे–

कल	तेल	खेल	नाच
दाँत	भवन	जल	मकान
दस्तखत	नमक	गुलाब	क्रोध
प्रेम	प्राण	दर्शन	आँसू
गाल	सामान	अनाज	बाजार
बाल	आनन्द	शरीर	वचन

इसी प्रकार कुछ द्रव्यवाचक तथा जातिवाचक संज्ञाएँ भी पुल्लिग होती हैं जिनका रूप दोनों वचनों में एक समान रहता है, जैसे–दही, मोती, पानी, पक्षी, घी आदि।

अर्थ के अनुसार लिंग निर्णय–ऐसे अनेकार्थी संज्ञा शब्द जो एक अर्थ में पुल्लिग और दूसरे अर्थ में स्त्रीलिंग के रूप में प्रयुक्त होते हैं, उनका लिंग निर्धारण सन्दर्भ पर निर्भर करता है। ऐसे अनेकार्थी शब्दों को कुछ विद्वानों ने 'उभयलिंगी' कहा है, किन्तु हिन्दी व्याकरण में ऐसा कोई लिंग-भेद नहीं है। अत: इन्हें उभयलिंग नहीं कहा जा सकता।

इस प्रकार कुछ उदाहरण निम्नलिखित हैं–

संज्ञा शब्द	लिंग	अर्थ	वाक्य प्रयोग
कल	पुल्लिग	आगामी दिन	तुम्हारा कल कब आएगा?
	स्त्रीलिंग	चैन	रोगी को अभी चैन की पड़ी है।
हार	पुल्लिग	माला	यह फूलों का हार है।
	स्त्रीलिंग	पराजय	हमारी हार हो गई।
टीका	पुल्लिग	तिलक	पूजा पर सबने टीका लगाया।
	स्त्रीलिंग	टिप्पणी	सतसई की अनेक टीकाएँ हैं।

कुछ संज्ञा शब्द (पद या व्यवसाय से सम्बद्ध) ऐसे हैं, जिनका प्रयोग पुरुष और स्त्री दोनों के लिए समान रूप से होता है, जैसे–

मित्र विद्यार्थी मंत्री कुलपति राष्ट्रपति वकील प्रधानमंत्री
दोस्त प्रोफेसर जज प्रवक्ता सचिव रीडर एडवोकेट

यद्यपि इस प्रकार के शब्दों के स्त्रीलिंग भी काफी प्रचलित हो गए हैं। जैसे–प्राचार्य-प्राचार्या, अध्यापक-अध्यापिका, लेखक-लेखिका, शिक्षक-शिक्षिका, छात्र-छात्रा, कवि-कवयित्री आदि। पुल्लिग से स्त्रीलिंग कैसे बनाएँ–पुल्लिग से स्त्रीलिंग संज्ञा बनाने के लिए प्रत्यय का प्रयोग परम्परा से होता आया है। इसके कुछ प्रमुख उदाहरण इस प्रकार हैं–

1. अकारान्त या आकारान्त पुल्लिग संज्ञा में 'ई' प्रत्यय लगाकर–

पुल्लिग	स्त्रीलिंग	पुल्लिग	स्त्रीलिंग
पुत्र	पुत्री	गरम	गरमी
दास	दासी	चालाक	चालाकी
मामा	मामी	बीमार	बीमारी
घोड़ा	घोड़ी	अच्छा	अच्छी
बकरा	बकरी	नौकर	नौकरी

2. अकारान्त या आकारान्त पुल्लिग संज्ञा में 'इया/आई/इमा' प्रत्यय लगाकर–

पुल्लिग	स्त्रीलिंग	पुल्लिग	स्त्रीलिंग
बेटा	बिटिया	बुरा	बुराई
खाट	खटिया	लम्बा	लम्बाई
कुत्ता	कुतिया	कठिन	कठिनाई

3. वर्ग, जाति और व्यवसाय का बोध कराने वाले शब्दों में इन/आइन/आनी, अनी प्रत्यय लगाकर–

पुल्लिग	स्त्रीलिंग	पुल्लिग	स्त्रीलिंग
सुनार	सुनारिन	लाला	ललाइन
लुहार	लुहारिन	मुंशी	मुंशीआइन
वकील	वकीलिन	मास्टर	मास्टरनी
नाई	नाइन	डॉक्टर	डॉक्टरनी

4. धातु में क/त/ती/इ/आई/आस/आवट/आहट प्रत्यय लगाकर भाववाचक संज्ञाएँ बनती हैं–

पुल्लिग	स्त्रीलिंग	पुल्लिग	स्त्रीलिंग
बैठना	बैठक	धोना	धुलाई
रँगना	रँगत	बोना	बुवाई
बचाना	बचत	आना	आहट
गिनना	गिनती	घबराना	घबराहट

5. कुछ स्त्रीलिंग संज्ञाओं से पुल्लिग संज्ञाएँ भी बनती हैं जैसे–भैंस-भैंसा, ननद-ननदोई, बहन-बहनोई, जीजी-जीजा आदि।

6. कुछ पुल्लिग संज्ञाओं के स्त्रीलिंग बिल्कुल भिन्न (स्वतंत्र) होते हैं। जैसे–माता-पिता, भाई-बहन, विधुर-विधवा, बैल-गाय, फूफा-बुआ, बाप-माँ आदि।

वचन

संज्ञा, सर्वनाम, विशेषण तथा क्रिया के जिस रूप से संख्या का बोध होता है, उसे 'वचन' कहते हैं। वचन संख्याबोधक विकारी शब्द होते हैं।

वचन के भेद

वचन के दो भेद होते हैं-
(1) एकवचन तथा (2) बहुवचन

एकवचन

शब्द के जिस रूप से एक व्यक्ति या वस्तु का बोध होता है, उसे 'एकवचन' कहते हैं, जैसे लड़का, पुस्तक, कलम, घड़ी इत्यादि।

बहुवचन

शब्द के जिस रूप से दो या दो से अधिक व्यक्ति या वस्तु का बोध होता हो, उसे बहुवचन कहते हैं, जैसे लड़के, पुस्तकें, कलमें, घड़ियाँ इत्यादि।

- आकारान्त पुल्लिंग शब्दों में 'आ' को 'ए' बनाकर बहुवचन बनाया जाता है; जैसे लड़का–लड़के, घोड़ा-घोड़े, गदहा-गदहे इत्यादि।
- इकारान्त, ईकारान्त, उकारान्त तथा ऊकारान्त पुल्लिंग शब्दों में बहुवचन में रूप परिवर्तित नहीं होता है तथा उनके वचन की पहचान क्रिया के प्रयोग द्वारा की जाती है, जैसे-

  साधु जाता है (एकवचन) साधु जाते हैं। (बहुवचन)

  डाकू जाता है (एकवचन) डाकू जाते हैं। (बहुवचन)
- आकारान्त स्त्रीलिंग शब्दों में अन्त में 'एँ' या 'ये' लगाकर बहुवचन के रूप में प्रयुक्त किया जाता है; जैसे कक्षा-कक्षाएँ, लता-लताएँ इत्यादि।
- 'या' अन्त्य वाले स्त्रीलिंग संज्ञा-शब्दों में अन्तिम स्वर के ऊपर अनुनासिकता (ँ) लगाकर बहुवचन रूप निर्माण किया जाता है; जैसे–चिड़िया-चिड़ियाँ, गुड़िया-गुड़ियाँ इत्यादि।
- अकारान्त स्त्रीलिंग शब्द का बहुवचन में प्रयोग करने के लिए 'अ' का 'ऐ' किया जाता है; जैसे–किताब-किताबें, गाय-गायें, इत्यादि।
- इकारान्त तथा ईकारान्त स्त्रीलिंग संज्ञा शब्दों में 'ई' को 'इ' करके 'याँ' लगाया जाता है। 'इ' तथा 'ई' को 'इयाँ' कर दिया जाता है-

  जैसे–नदी-नदियाँ, लड़की-लड़कियाँ।
- उकारान्त या ऊकारान्त शब्दों को बहुवचन बनाने के लिए 'ऊ' को 'उ' तथा अन्त में 'एँ' का प्रयोग किया जाता है; जैसे–वस्तु-वस्तुएँ, बहू-बहुएँ इत्यादि।
- संज्ञा के पुल्लिंग या स्त्रीलिंग शब्दों का बहुवचन में प्रयोग गण, वर्ग, जन, वृन्द आदि शब्द लगाकर भी किया जाता है-

  जैसे–श्रोता + गण = श्रोतागण, अधिकारी + वर्ग = अधिकारी वर्ग

कारक

संज्ञा या सर्वनाम के जिस रूप से उनका (संज्ञा या सर्वनाम का) क्रिया से सम्बन्ध व्यक्त हो, उसे 'कारक' कहते हैं। स्पष्ट है, कि कारक का मुख्य कार्य वाक्य के अन्य शब्दों–संज्ञा, सर्वनाम, क्रिया से सम्बन्ध को सूचित करना है। जैसे–'राम रावण बाण मार दिया।' इस वाक्य को पढ़कर कोई अर्थ स्पष्ट नहीं होता क्योंकि राम, रावण, बाण का क्रिया 'मार दिया' से कोई सम्बन्ध ही नहीं सूचित होता। अब इस वाक्य को इस रूप में पढ़ें–'राम ने रावण को बाण से मार दिया।' इसमें–ने, को से वाक्य का अर्थ पूर्ण रूप से स्पष्ट होता है और संज्ञा राम, रावण, बाण का क्रिया 'मार दिया' से सम्बन्ध भी सूचित होता है। अत: वाक्य रचना में कारक और विभक्ति (कारक चिह्न) का महत्व स्पष्ट है। संस्कृत में कारकीय रूपों की रचना के लिए जो सम्बन्ध तत्व जोड़े जाते थे, विभक्ति कहलाते थे। हिन्दी में इन्हें विभक्ति के साथ ही कारक-चिह्न या परसर्ग कहा जाता है। भोलानाथ तिवारी ने विभक्ति के स्थान पर 'कारक चिह्न' कहना अधिक उपयुक्त माना है।

विभक्ति/परसर्ग

कारक के भेद–हिन्दी में आठ कारक हैं। इन कारकों को सूचित करने के लिए संज्ञा या सर्वनाम के आगे जो चिह्न लगाए जाते हैं, उन्हें विभक्ति कहते हैं। विभक्ति को कुछ विद्वानों ने परसर्ग भी कहा है। अन्तत: विभक्ति, परसर्ग, कारक चिह्न–तीनों एक ही हैं। यहाँ हमने कारक चिह्नों के लिए परम्परा से प्रसिद्ध विभक्ति शब्द का ही प्रयोग किया है। कारक और उसकी विभक्तियाँ इस प्रकार हैं–

कारक	विभक्ति
1. कर्ता (Nominative)	ने
2. कर्म (Objective)	को
3. करण (Instrumental)	से
4. सम्प्रदान (Dative)	को, के, लिए
5. अपादान (Nominative)	से
6. सम्बन्ध (Genative)	की, को, के, रा, रे, री
7. अधिकरण (Locative)	में, पर
8. सम्बोधन (Addressive)	हे, अहो, अरे, अजी

विभक्ति की विशेषता–हिन्दी में विभक्तियाँ दो प्रकार की होती है–संश्लिष्ट और विश्लिष्ट।

सर्वनाम के साथ आने वाली विभक्तियाँ संश्लिष्ट होती हैं अर्थात् वे सर्वनाम के साथ मिली हुई होती हैं; जैसे–तुम्हें, इन्हें, तुमको, इनको में 'को' और तुम्हारा, आपका में 'का' विभक्ति संश्लिष्ट है।

संज्ञा के साथ आने वाली विभक्तियाँ विश्लिष्ट होती हैं अर्थात् वे संज्ञा से अलग होती हैं। जैसे–राम को, सीता ने, रावण का, मेज पर, घर में आदि।

विभक्तियों का प्रयोग मूलत: संज्ञा या सर्वनाम के साथ होता है। विभक्तियों का स्वतंत्र अर्थ नहीं होता। इनका कार्य शब्दों का परस्पर सम्बन्ध दिखाना होता है। अत: संज्ञा या सर्वनाम के साथ प्रयुक्त होने पर ही विभक्तियाँ सार्थक होती हैं।

यहाँ हम कारक और उसकी विभक्ति के प्रयोग के बारे में उदाहरण सहित चर्चा करेंगे।

कर्ता कारक–कर्ता (शब्द) वह है, जिससे क्रिया या कार्य करने का बोध हो। इसकी विभक्ति 'ने' है। जैसे–श्याम ने पुस्तक पढ़ी। इस वाक्य में कर्ता कारक 'श्याम' है, जो संज्ञा शब्द है। 'ने' विभक्ति संज्ञा श्याम, पुस्तक, का सम्बन्ध क्रिया 'पढ़ी' से सूचित करती है।

कर्म कारक–क्रिया का फल जिस पर पड़ता है, उसे कर्म कहते हैं। इसकी विभक्ति 'को' है। प्राय: बुलाना, सुलाना, पुकारना, जगाना, भगाना आदि क्रियाओं के कर्मों के साथ 'को' विभक्ति लगती है। इन वाक्यों पर ध्यान दें–

माँ ने बच्चे को सुलाया।

शेर बकरी को खा गया।

लोगों ने चोर को मारा।

बड़ी मछली छोटी मछली को खाती है।

किन्तु निम्नलिखित वाक्यों में 'को' का प्रयोग अशुद्ध है–

राम ने रोटी को खाया। (रोटी खायी)

उसने पगड़ी को पहना। (पगड़ी पहनी)

करण कारक–इसमें क्रिया/कार्य में सहायक होने वाले साधन का बोध होता है। इसकी विभक्ति 'से' है। 'से' के अतिरिक्त 'के द्वारा', 'जरिए', 'के साथ', 'के बिना' भी साधन के अर्थ में प्रयुक्त होते हैं। इन वाक्यों में करण कारक विभक्ति को देखें–

मुझसे ये काम नहीं होगा।

सिपाही ने लाठी से चोर को मारा।

आपके जरिए यह काम हो सका।

मेरे द्वारा नींव रखी गई।

'से' करण और अपादान दोनों कारकों की विभक्ति है, किन्तु करण कारक में 'से' साधन का बोध करता है, तो अपादान में अलगाव का। इन वाक्यों से इस अन्तर को स्पष्ट किया जा सकता है।

वह साइकिल से बाजार गया। (करण कारक)

पेड़ से फल गिरा। (अपादान कारक)

सम्प्रदान कारक–जिसके लिए कुछ किया जाए अथवा जिसको कुछ दिया जाए–इसका बोध कराने वाले वाक्य सम्प्रदान कारक के होते हैं। इसकी विभक्ति को, के लिए है। इसके अतिरिक्त 'के हित', 'के वास्ते', 'के निमित्त' आदि

प्रत्यय भी सम्प्रदान कारक के अन्तर्गत आते हैं। इन वाक्यों में प्रयुक्त सम्प्रदान कारक विभक्ति चिह्नों पर ध्यान दें–

पिता ने बेटे को रुपए दिए।
उसने छात्रों को मिठाई खिलाई।
गुरु ही शिष्य को ज्ञान देता है।
उसने मेरे लिए अँगूठी खरीदी।

अपादान कारक–इसमें संज्ञा से किसी वस्तु का अलग होने या तुलना करने का भाव व्यक्त होता है। इसकी विभक्ति 'से' किसी वस्तु के अलग होने का बोध कराती है। जैसे–

पेड़ से पत्ते गिर रहे हैं।
नदियाँ पहाड़ से निकलती हैं।
बन्दर छत से कूद पड़ा।

सम्बन्ध कारक–जैसा कि नाम से स्पष्ट है, इसमें एक वस्तु का दूसरी वस्तु से सम्बन्ध का बोध होता है। इसकी विभक्ति 'का' है जो वचन-लिंग के अनुसार 'के' और 'की' रूप में प्रयुक्त होती है। कभी-कभी सम्बन्ध कारक 'वाला' प्रत्यय भी प्रयोग किया जाता है। उदाहरण देखें–

उसका पुत्र मेधावी है।
प्रेमचन्द के उपन्यास अच्छे हैं।
मुझे चाँदी वाली पेन दो।
मेरे घर आना।

अधिकरण कारक–इसमें क्रिया के आधार का बोध होता है। इसकी विभक्ति 'में', 'पर' है। इन वाक्यों से समझें–

पेड़ पर बन्दर बैठा है।
तुम्हारी पुस्तक मेज पर है।

सम्बोधन कारक–इसमें सम्बोधन अर्थात् किसी को पुकारने या संकेत करने का भाव व्यक्त होता है।

इसकी कोई विभक्ति नहीं होती बल्कि अजी, अरे, अहो प्रत्यय का प्रयोग होता है। जैसे–

अजी सुनते हो।
हे भगवान! मेरे बेटे की रक्षा करो।
अरे! तुम कहाँ जा रहे हो?
ए लड़के! इधर आओ।

अन्य शब्दों की भी सूची दी है, जो कारक चिह्न न होते हुए भी उसी रूप में प्रयोग किए जाते हैं। जैसे–

अन्दर–घर के अन्दर कौन है? मेरे अन्दर कोई चोर नहीं है।
आगे–एक तमाशा मेरे आगे।
ओर–अपनी ओर से मैंने कुछ नहीं कहा।
खातिर–मेरी खातिर, ये काम करो।
नीचे–अँगूठी मेज के नीचे पड़ी थी।
पास–उसके पास कुछ नहीं है।
पीछे–घर के पीछे सुन्दर बगीचा है।
बाहर–कमरे से बाहर कितना गन्दा है।
बीच–घर के बीच पूजा घर है।
भीतर–घर के भीतर बिल्कुल अन्धेरा था।
मारे–चिन्ता के मारे उसका बुरा हाल था।

प्रश्नमाला

1. लिंग किस भाषा का शब्द है?
(a) हिन्दी (b) अंग्रेजी
(c) संस्कृत (d) जर्मनी

2. निम्नलिखित में से कौन-सा शब्द पुल्लिंग है?
(a) लगन (b) मीमांसा
(c) आहट (d) रँगना

3. इनमें से पुल्लिंग शब्द कौन-सा है?
(a) दया (b) निर्धनता
(c) बुढ़ापा (d) दुर्घटना

4. निम्नलिखित में से पुल्लिंग शब्द है–
(a) सरसों (b) मकई
(c) सारस (d) मूँग

5. निम्न में से कौन-सा शब्द स्त्रीलिंग है?
(a) चना (b) सुनार
(c) बाजरा (d) उड़द

6. इनमें से कौन-सा शब्द पुल्लिंग नहीं है?
(a) बनावट (b) छाता
(c) सूर्य (d) अमरूद

7. निम्नांकित में पुल्लिंग शब्द कौन-सा है?
(a) मजा (b) सजा
(c) कजा (d) रजा

8. निम्नलिखित शब्दों में पुल्लिंग का चयन कीजिए–
(a) हवा (b) कोयल
(c) दारा (d) शिक्षा

9. अप्राणिवाचक शब्दों के लिंग निर्णय का आधार है–
(a) उनके साथ प्रयुक्त क्रिया
(b) उनके साथ प्रयुक्त विशेषण
(c) उनके साथ प्रयुक्त अव्यय
(d) ए और बी दोनों सही हैं

10. दिए विकल्पों में से 'ज्ञानवती' का पुल्लिंग शब्द छाँटिए–
(a) ज्ञानवत
(b) ज्ञानवान्
(c) ज्ञानयुक्त
(d) ज्ञानेय

11. निम्नलिखित में से पुल्लिंग शब्द है–
(a) घास (b) आय
(c) व्यय (d) नहर

12. क्रिया के किस रूप में कर्ता के अनुसार लिंग परिवर्तन नहीं होता है?
(a) वर्तमानकालिक रूप में
(b) भविष्यकालिक रूप में
(c) भूतकालिक रूप में
(d) आज्ञाकालिक रूप में

13. लिंग की दृष्टि से 'दही' क्या है?
(a) स्त्रीलिंग
(b) पुल्लिंग
(c) नपुंसकलिंग
(d) उभयलिंग

14. निम्नलिखित शब्दों में से एक पुल्लिंग शब्द है–
(a) चाय (b) शिकंजी
(c) लस्सी (d) दही

15. निम्नलिखित में पुल्लिंग शब्द नहीं है–
(a) रत्न (b) मोती
(c) नकल (d) बचपन

16. निम्नलिखित शब्दों में से पुल्लिंग शब्द का चयन कीजिए–
(a) सूची-पत्र (b) किताब
(c) गंगा (d) संसद

17. निम्नलिखित शब्दों में से स्त्रीलिंग शब्द है–
(a) टकसाल (b) दाग
(c) घर (d) खीरा

18. निम्नलिखित में से कौन-सी ईकारान्त संज्ञा (स्त्रीलिंग) नहीं है–
(a) नदी (b) टोपी
(c) उदासी (d) दही

19. निम्नलिखित में से कौन-सा स्त्रीलिंग में प्रयुक्त होता है?
(a) ऋतु (b) पण्डित
(c) हंस (d) आचार्य

20. निम्नलिखित में से स्त्रीलिंग शब्द को चुनिए-
(a) धुआँ (b) संध्या
(c) भत्ता (d) धावा

21. निम्नलिखित में से कौन-सा शब्द स्त्रीलिंग है?
(a) हाथी (b) मोती
(c) पानी (d) नकेल

22. निम्नलिखित में से कौन-सा शब्द स्त्रीलिंग नहीं है?
(a) झुरमुट (b) अन्त्येष्टि
(c) इच्छा (d) निराशा

23. निम्नलिखित में से कौन-सा शब्द स्त्रीलिंग है?
(a) उत्साह (b) चक्रव्यूह
(c) मृत्यु (d) संकल्प

24. निम्नलिखित शब्दों में से एक स्त्रीलिंग शब्द है-
(a) डोर (b) रस्सा
(c) धागा (d) सूत

25. निम्नलिखित शब्दों में से एक स्त्रीलिंग है?
(a) दूध (b) मक्खन
(c) मट्ठा (d) छाछ

26. निम्नलिखित में से किस शब्द का प्रयोग बहुवचन में नहीं होता है?
(a) आँसू (b) प्रत्येक
(c) दर्शन (d) साधु

27. किस शब्द का प्रयोग बहुवचन के रूप में होता है?
(a) रात (b) सोना
(c) लड़का (d) साधु

28. 'चिड़िया' शब्द का बहुवचन क्या होता है?
(a) चिड़ियाँ (b) चिड़ियों
(c) चिड़िओं (d) चिड़ियें

29. 'भारतीय' शब्द का बहुवचन क्या होता है?
(a) भारतीयों (b) भारती
(c) भारतियों (d) भारतीओं

30. किस संज्ञा का बहुवचन रूप नहीं होता?
(a) भाववाचक (b) द्रव्यवाचक
(c) व्यक्तिवाचक (d) जातिवाचक

31. निम्न में से किस शब्द का प्रयोग हमेशा बहुवचन में होता है?
(a) आँसू (b) दर्शन
(c) प्राण (d) ये सभी

32. 'प्रत्येक' शब्द का प्रयोग सदा होता है-
(a) एकवचन में
(b) बहुवचन में
(c) (a) व (b) दोनों में
(d) उपरोक्त में से किसी में नहीं

33. 'साधु आ रहे हैं' वाक्य में 'साधु' का वचन निर्धारित कीजिए-
(a) एकवचन (b) बहुवचन
(c) द्विवचन (d) इनमें से कोई नहीं

34. 'युवावर्ग' का वचन निर्धारित कीजिए-
(a) एकवचन
(b) बहुवचन
(c) (a) व (b) दोनों
(d) इनमें से कोई नहीं

35. निम्न में से कौन-सा एकवचन-बहुवचन युग्म सही है-
(a) इन्द्र-इन्द्राणी
(b) नायक-नायिका
(c) श्रोता श्रोतागंण
(d) अध्यापक-अध्यापिका

36. कारक के भेद हैं-
(a) पाँच (b) छह
(c) सात (d) आठ

37. 'राम कलम से लिखता है' वाक्य में किस कारक का प्रयोग किया गया है?
(a) करण (b) कर्म
(c) कर्ता (d) अपादान

38. किस कारक में 'से' विभक्ति का प्रयोग साधन के अर्थ में होता है?
(a) अपादान (b) कर्ता
(c) करण (d) सम्प्रदान

39. किस कारक में 'से' विभक्ति का प्रयोग अलगाव के अर्थ में होता है?
(a) करण (b) अपादान
(c) सम्प्रदान (d) सम्बन्ध

40. 'सुधा नेहा को हाथ से मारती है' इस वाक्य में कौन-सा कारक है?
(a) कर्त्ता (b) अपादान
(c) करण (d) अधिकरण

41. 'वृक्ष से पत्ते गिरते हैं' इस वाक्य में कौन-सा कारक है?
(a) अधिकरण (b) कर्म
(c) करण (d) अपादान

42. क्रिया का फल जिस पर पड़ता है, वह कारक कहलाता है-
(a) अधिकरण (b) करण
(c) कर्म (d) कर्त्ता

43. 'वह कार मेरी है' इस वाक्य में कौन-सा कारक है?
(a) करण (b) सम्बन्ध
(c) सम्प्रदान (d) अधिकरण

44. 'तोता डाली पर बैठा है' इस वाक्य में कौन-सा कारक है?
(a) सम्प्रदान (b) करण
(c) अधिकरण (d) अपादान

45. 'पिता ने पुत्र को डण्डे से मारा' इस वाक्य में कौन-सा कारक है?
(a) करण (b) सम्बोधन
(c) कर्त्ता (d) अपादान

उत्तरमाला

1. (c)	2. (d)	3. (c)	4. (c)	5. (d)	6. (a)	7. (a)	8. (c)	9. (d)	10. (b)
11. (c)	12. (c)	13. (b)	14. (d)	15. (c)	16. (a)	17. (a)	18. (d)	19. (a)	20. (b)
21. (d)	22. (a)	23. (c)	24. (a)	25. (d)	26. (b)	27. (d)	28. (a)	29. (a)	30. (b)
31. (d)	32. (a)	33. (b)	34. (b)	35. (c)	36. (d)	37. (a)	38. (c)	39. (b)	40. (c)
41. (d)	42. (c)	43. (b)	44. (c)	45. (a)					

□□□

अध्याय 10

सर्वनाम

सर्वनाम

सर्वनाम उस विकारी शब्द को कहते हैं, जो पूर्वापर सम्बन्ध से किसी भी संज्ञा के बदले आता है। दूसरे शब्दों में, सर्व (सब) नामों (संज्ञाओं) के बदले जो शब्द प्रयोग में आते हैं, उन्हें सर्वनाम कहते हैं। जैसे–मैं, तू, यह, वह। कामताप्रसाद गुरु के अनुसार–''सर्वनाम में एक विशेष विलक्षणता है, जो संज्ञा में नहीं पायी जाती। संज्ञा में सदैव उसी वस्तु का बोध होता है जिसका वह (संज्ञा) नाम है, परन्तु सर्वनाम से पूर्वापर सम्बन्ध के अनुसार किसी भी वस्तु का बोध हो सकता है। 'लड़का' संज्ञा से 'लड़के' का ही बोध होता है, घर, सड़क आदि का बोध नहीं हो सकता किन्तु 'वह' कहने से पूर्वापर सम्बन्ध 'वह' लड़का, घर, सड़क आदि किसी भी वस्तु का बोध हो सकता है।''

सर्वनाम के भेद

हिन्दी में कुल 11 सर्वनाम हैं–मैं, तू, आप, यह, वह, सो, जो, कोई, कुछ, कौन, क्या। प्रयोग के अनुसार सर्वनामों में छह भेद हैं–

1. पुरुषवाचक
2. निजवाचक
3. निश्चयवाचक
4. अनिश्चयवाचक सर्वनाम
5. सम्बन्धवाचक सर्वनाम
6. प्रश्नवाचक सर्वनाम

1. पुरुषवाचक सर्वनाम (Personal Pronoun)–पुरुषवाचक सर्वनाम पुरुष और स्त्री दोनों के नाम के बदले आते हैं। इसकी तीन कोटियाँ हैं–प्रथम पुरुष या उत्तम पुरुष में लेखक या वक्ता आता है, मध्यम पुरुष में पाठक या श्रोता और अन्य पुरुष में लेखक और श्रोता को छोड़कर अन्य लोग आते हैं। जैसे–

उत्तम/प्रथम पुरुष–मैं, हम

मध्यम पुरुष–तू, तुम, आप

अन्य पुरुष–वह, वे, यह, ये

2. निजवाचक सर्वनाम (Reflective Pronoun)–निजवाचक सर्वनाम का रूप 'आप' है। पुरुषवाचक सर्वनाम भी 'आप' है, किन्तु दोनों के अर्थ और प्रयोग में अन्तर है। पुरुषवाचक 'आप' बहुवचन में आदर के लिए प्रयोग किया जाता है। जैसे–आप आए, हमारा सौभाग्य है। किन्तु निजवाचक 'आप' से 'स्वयं' या 'निजता' का बोध होता है। जैसे–आप भला तो जग भला। यह काम आप ही हो गया।

निजवाचक सर्वनाम 'आप' का प्रयोग निम्नलिखित रूपों में होता है–

1. 'आप' के साथ 'ही' जोड़कर–मैं तो आप ही आ रहा था।
2. 'आप' के साथ 'अपने' जोड़कर–कोई अपने-आप नहीं सुधरता।
3. सर्वसाधारण के रूप में–अपने से बड़ों का आदर करना चाहिए।
4. 'आप' के साथ 'स्वयं' 'स्वत:' या 'खुद' जोड़कर–आप स्वयं समझ जाएँगे।

आप खुद आकर देख लीजिए।

5. 'आप' के साथ 'आप से आप' जोड़कर–मेरा हृदय आप से आप उमड़ पड़ा।

3. निश्चयवाचक सर्वनाम (Definite Pronoun)–जिस सर्वनाम से वक्ता के पास अथवा दूर की किसी वस्तु का बोध होता है, उसे निश्चयवाचक सर्वनाम कहते हैं। जैसे–यह, वह, ये, वो। इनके प्रयोग के कुछ उदाहरण दृष्टव्य हैं–

यह किसका कोट है? (निकट की वस्तु के लिए)

वह कौन रो रहा है? (दूर की वस्तु के लिए)

4. अनिश्चयवाचक सर्वनाम (Indefinite Pronoun)–जिस सर्वनाम से किसी निश्चित वस्तु या प्राणी का बोध न हो, उसे अनिश्चयवाचक सर्वनाम कहते हैं। अनिश्चयवाचक सर्वनाम केवल दो हैं–'कोई' और 'कुछ'। 'कोई' पुरुष के लिए और 'कुछ' पदार्थ या उसके गुण धर्म के लिए आता है। 'कोई' का प्रयोग एकवचन और बहुवचन दोनों में होता है, लेकिन 'कुछ' का प्रयोग एकवचन में होता है। नीचे दिए गए उदाहरणों में इसके प्रयोग के विभिन्न रूपों को देखा जा सकता है–

1. देखो, दरवाजे पर कोई खड़ा है।
2. आज कोई न कोई अवश्य आएगा।
3. कोई कुछ कहता है, कोई कुछ।
4. कोई दूसरा होता तो मैं देख लेता।

5. सम्बन्धवाचक सर्वनाम (Relative Pronoun)–जिस सर्वनाम से वाक्य में किसी दूसरे सर्वनाम से सम्बन्ध का बोध हो उसे सम्बन्धवाचक सर्वनाम कहते हैं। जैसे–जो, सो। 'जो' के साथ 'वह' या 'सो' का प्रयोग प्राय: होता है। कुछ उदाहरणों से सम्बन्धवाचक सर्वनाम के प्रयोग के विभिन्न रूपों को समझा जा सकता है–

1. जो बोले सो निहाल।
2. क्या हुआ जो इस बार हार गए।
3. किसी में इतना साहस नहीं जो उसका साहस करे।
4. वह कौन-सा काम है जो तुम नहीं कर सकते।

6. प्रश्नवाचक सर्वनाम (Introgative Pronoun)–प्राणी या वस्तु के सन्दर्भ में प्रश्न करने वाले सर्वनाम प्रश्नवाचक सर्वनाम कहलाते हैं। ये दो हैं–कौन और क्या। 'कौन' व्यक्तियों के लिए और 'क्या' वस्तु या उसके गुण धर्म के लिए प्रयुक्त होता है। इन उदाहरणों में 'कौन' और 'क्या' के प्रयोग के विभिन्न रूपों पर ध्यान दें–

1. दरवाजे पर कौन खड़ा है?
2. बारात में कौन-कौन आया था?
3. मुझे रोकने वाले तुम कौन हो?

4. इसमें नाराज होने वाली कौन-सी बात है?
5. मैं किस-किस से पूछूँ?
6. क्या गाड़ी चली गई?
7. मोहन वहाँ क्या कर रहा है?

सर्वनाम प्रयोग के प्रमुख नियम

1. सर्वनाम विकारी शब्द है, क्योंकि इसमें पुरुष, वचन और कारक की दृष्टि से रूपान्तरण होता है। जैसे–वह (एकवचन), वे (बहुवचन)। सर्वनाम में लिंग-भेद के कारण रूपान्तरण नहीं होता। जैसे–वह खाता है। (पुल्लिंग), वह खाती है। (स्त्रीलिंग)

2. सर्वनाम में केवल सात कारक होते हैं। सम्बोधन कारक नहीं होता। कारक की विभक्तियाँ लगने से सर्वनाम में रूपान्तरण होता है। जैसे–

मैं–मुझे, मुझको, मुझसे, मेरा।
तुम–तुम्हें, तुम्हारा, तुम्हारे।
हम–हमें, हमारा, हमारे।
वह–उसने, उसको, उसे, उससे, उसमें, उन्होंने।
यह–इसने, इसे, इससे, इन्होंने, इन्हें, इनको, इससे।
कौन–किसने, किसको, किसे।

सर्वनाम तथा सार्वनामिक विशेषण

निश्चयवाचक (यह, वह), अनिश्चयवाचक (कोई, कुछ) तथा प्रश्नवाचक (कौन, क्या, कौन-सी) आदि सभी सर्वनाम सार्वनामिक विशेषण के रूप में भी प्रयुक्त हो सकते हैं, अत: सर्वनाम तथा सार्वनामिक विशेषणों में अन्तर करके चलना चाहिए। ध्यान रखिए–

- यदि ये संज्ञा के स्थान पर आ रहे हैं तो 'सर्वनाम' होंगे, जैसे–
  1. मैं यह चाहता हूँ कि आप भी मेरे साथ चलें। (निश्चयवाचक सर्वनाम)
  2. घंटी बजी है, कोई आया है। (अनिश्चयवाचक सर्वनाम)
  3. कौन बुला रहा है? (प्रश्नवाचक सर्वनाम)

इन तीनों वाक्यों में यह, कोई, कौन किसी-न-किसी संज्ञा द्वारा स्थानापन्न किए जा सकते हैं जैसे–

(क) मैं नौकरी चाहता हूँ।
(ख) घंटी बजी है, मोहन आया है।
(ग) मदन बुला रहा है।

- परन्तु जब ये सर्वनाम किसी संज्ञा के पूर्व लगकर संज्ञा की विशेषता बताते हैं, तब सार्वनामिक विशेषण कहलाते हैं–
  1. मैं यह किताब (खरीदना) चाहता हूँ। (सार्वनामिक विशेषण)
  2. घंटी बजी है कोई लड़का आया है। (सार्वनामिक विशेषण)
  3. कौन लड़का तुमसे बात करेगा? (सार्वनामिक विशेषण)

सर्वनाम की रूप रचना

सर्वनामों में परसर्गों के प्रभाव से रूप परिवर्तन होता है। विभिन्न सर्वनामों के निम्नलिखित चार रूपावली वर्ग बनाए जा सकते हैं–

1. रूपावली वर्ग-I पुरुषवाचक सर्वनाम
2. रूपावली वर्ग-II निश्चयवाचक प्रश्नवाचक, सम्बन्धवाचक
3. रूपावली वर्ग-III अनिश्चयवाचक
4. रूपावली वर्ग-IV निजवाचक

रूपावली वर्ग-I पुरुषवाचक सर्वनाम

विभक्ति		एकवचन			बहुवचन		
		उत्तम पुरुष	मध्यम पुरुष	अन्य पुरुष	उत्तम पुरुष	मध्यम पुरुष	अन्य पुरुष
मूल		मैं	तू	वह	हम	तुम/आप	वे
तिर्यक	ने	मैंने	तूने	उसने	हमने	तुमने/आपने	उन्होंने
	से, में, पर	मुझसे, मुझमें, मुझ पर	तुझसे, तुझमें, तुझ पर	उससे, उमें, उस पर	हमसे, हममें, हम पर	तुमसे, तुममें, तुम पर, आपमें, आप पर	उनसे, उनमें, उन पर
	को	मुझे – मुझको	तुझे – तुझको	उसे – उसको	हमें – हमको	तुम्हें – तुमको, आपको	उन्हें – उनको
सम्बन्धवाची	का, के, की, रा, रे, री	मेरा, मेरी, मेरे	तेरा, तेरी, तेरे	उसका, उसकी, उसके	हमारा, हमारी, हमारे	तुम्हारा, तुम्हारी, तुम्हारे	उनका, उनकी, उनके

रूपावली वर्ग-II निश्चयवाचक, प्रश्नवाचक, सम्बन्धवाचक

विभक्ति		एकवचन			बहुवचन		
		निश्चयवाचक	प्रश्नवाचक	सम्बन्धवाचक	निश्चयवाचक	प्रश्नवाचक	सम्बन्धवाचक
मूल		यह, वह	कौन क्या	जो –	ये वे	कौन क्या	जो –
तिर्यक	ने	इसने, उसने	किसने	जिसने	इन्होंने, उन्होंने	किन्होंने	जिन्होंने
	से, में, पर	इससे, इसमें, इस पर उससे, उसमें	किससे, किसमें, किसे, किस पर किसमें, किस पर	जिससे, जिसमें, जिस पर	इनसे, उनसे, इनमें, उनमें इन पर, उन पर	किनसे, किनमें, किन पर	जिनसे, जिनमें, जिन पर

तिर्यक	को	उस पर इसको – इसे उसको – उसे	किसको – किसे	जिसको – जिसे	इनको – इन्हें उनको – उन्हें	किनको – किन्हें	जिनको – जिन्हें
सम्बन्धवाची	का, के, की	इसका, इसकी, इसके, उसका, उसकी, उसके	किसका, किसकी, किसके	जिसका, जिसकी, जिसे	इनका, उनका, इनकी, उनकी, इनके, उनके	किनका	जिनका

रूपावली वर्ग-III अनिश्चयवाचक

विभक्ति		एकवचन			बहुवचन	
मूल		कोई		कुछ	कोई	कुछ
तिर्यक	ने, से, को, में, पर	किसी ने, किसी से, किसी को, किसी में, किसी पर	किसी + परसर्ग	कुछ	किन्हीं ने, किन्हीं से, किन्हीं को, किन्हीं में, किन्हीं पर	कुछ
सम्बन्धवाची	का, के, की	किसी का, किसी के, किसी की	किसी + परसर्ग	कुछ	किन्हीं का, किन्हीं के, किन्हीं की	कुछ

रूपावली वर्ग-IV निजवाचक

विभक्ति		एकवचन	बहुवचन
मूल		(अपने) आप, स्वयं	(अपने) आप, स्वयं
तिर्यक	ने, से, को, में, पर	(अपने) आप से स्वयं से (अपने) आप पर स्वयं पर (अपने) आप में स्वयं में (अपने) आप को स्वयं को	(अपने) आप से स्वयं से (अपने) आप पर स्वयं पर (अपने) आप में स्वयं में (अपने) आप को स्वयं को
सम्बन्धवाची	ना, ने, नी	अपना, अपने, अपनी	अपना, अपने, अपनी

सर्वनाम रूप रचना

- संज्ञा की भाँति सर्वनाम लिंग के अनुसार परिवर्तित नहीं होते। सर्वनाम वाले वाक्यों में लिंग का पता क्रिया के रूप से लगता है, जैसे–
  1. बच्चा दौड़ रहा था, वह गिर गया।
  2. लड़की दौड़ रही थी, वह गिर गई।

  उपर्युक्त दोनों ही वाक्यों में पुल्लिंग कर्ता 'बच्चा' तथा स्त्रीलिंग कर्ता 'लड़की के लिए 'वह' सर्वनाम का ही प्रयोग हुआ है। क्रिया के रूप 'गिर गया/गिर गई' से पता चल रहा है कि कौन-सा 'वह' पुल्लिंगवाची है और कौन-सा स्त्रीलिंगवाची।
- 'आप' सर्वनाम को छोड़कर लगभग सभी सर्वनामों के 'को' परसर्ग वाले दो-दो रूप मिलते हैं। जैसे–

मुझको	–	मुझे	तुमको	–	तुम्हें
तुझको	–	तुझे	हमको	–	हमें
उसको	–	उसे	उनको	–	उन्हें
इसको	–	इसे	इनको	–	इन्हें
जिसको	–	जिसे	किनको	–	किन्हें
किसको	–	किसे	जिनको	–	जिन्हें

- मैं, तू, तुम तथा हम सर्वनामों के कुछ अशुद्ध रूप हिन्दी में चल पड़े हैं। जैसे–मेरे को, तेरे को, तुम्हारे को, हमारे को। इन अशुद्ध रूपों से बचना चाहिए तथा इनके स्थान पर तुझको – तुझे, मुझको– मुझे, तुमको –तुम्हें तथा हमको – हमें रूपों का ही प्रयोग करना चाहिए।
- अनिश्चयवाचक सर्वनाम 'कुछ' (एकवचन) परिमाण तथा संख्या दोनों का बोध कराता है, जैसे–
  1. आपके घर में तो इतना दूध-घी होता है, कुछ हमारे यहाँ भी भिजवा दिया कीजिए। (परिमाणवाची)
  2. आपके घर में इतने मेहमान आए हैं, कुछ को हमारे यहाँ भेज दीजिए। (संख्यावाची)
- प्राय: सभी सर्वनाम रूपों के साथ 'ही' अव्यय जोड़ा जा सकता है, जैसे–
  1. तुम ही को जाना होगा।
  2. उसे ही दूध नहीं मिला।
  3. हमें ही क्यों परेशान करते हो?

सर्वनाम के साथ परसर्ग तथा 'ही' का योग दो प्रकार से हो सकता है–

(क) सर्वनाम + परसर्ग + ही

1. तुम्हारे लिए ही तो मैं यहाँ आया हूँ।
2. मुझे ही सब लोग क्यों याद करते हैं?

(ख) सर्वनाम + ही + परसर्ग, जैसे–मुझी को, उसी को आदि। इस स्थिति में 'ही' अव्यय सर्वनाम के साथ संयुक्त हो जाता है, जैसे–

मुझ + ही → मुझी   तुम + ही → तुम्हीं
उस + ही → उसी   उन + ही → उन्हीं
तुम + ही → तुझी   इन + ही → इन्हीं
इस + ही → इसी   किन + ही → किन्हीं
किस + ही → किसी

सर्वनाम : पुनरुक्ति तथा संयुक्त रूप

हिन्दी में बहुत से सर्वनाम ऐसे हैं, जिनको पुनरुक्ति के रूप में उच्चरित किया जाता है तथा कुछ को संयुक्त रूप में। इससे अर्थ में विशिष्टता आ जाती है।

पुनरुक्त रूप–पुनरुक्त रूपों में उसी सर्वनाम की दुबारा आवृत्ति होती है। जैसे–

	सर्वनाम	उदाहरण
1.	जो-जो	जो-जो चलना चाहे उसे ले चलिए।
2.	कोई-कोई	कोई-कोई तो परेशान कर देता है।
3.	क्या-क्या	क्या-क्या खरीद लाए आप बाजार से?
4.	किस-किस	किस-किस से झगड़ा करते रहोगे?
5.	कौन-कौन	कौन-कौन आ रहा है पार्टी में?
6.	कुछ-कुछ	कुछ-न-कुछ तो खरीदूँगा ही।
7.	अपना-अपना	ये सामान पड़ा है, अपना-अपना उठा ले जाओ।

संयुक्त रूप–कभी-कभी दो सर्वनाम संयुक्त होकर भी प्रयुक्त होते हैं। जैसे–

1. जो + कोई → जो कोई
   जो कोई इधर से निकलेगा, पकड़ा जाएगा।
2. जो + कुछ → जो कुछ
   जो कुछ भी लाए हो, यहीं रख दो।

सर्वनाम पद का व्याकरणिक परिचय

सर्वनाम के पद-परिचय के लिए शब्द-भेद का नाम, सर्वनाम का उपभेद, पुरुष, वचन, कारक और कारकीय सम्बन्ध बताना आवश्यक होता है।

उदाहरण–

(क) मैंने उन्हें चले जाने को कहा।
(ख) इसमें क्या पड़ा है?
(ग) वह मुझे कुछ देने वाला था।

उपर्युक्त वाक्यों से पहले सर्वनाम चुन लीजिए–

(क) मैं (ने), उन्हें (ख) इस (में), क्या (ग) वह, मुझे कुछ।

इनमें से कुछ पदों का परिचय नीचे दिया जा रहा है :

(क) उन्हें : निश्चयवाचक सर्वनाम, अन्य पुरुष, बहुवचन, कर्म कारक, 'कहा' क्रिया का कर्म।
(ख) इस (में) : निश्चयवाचक सर्वनाम, अन्य पुरुष, एकवचन, अधिकरण कारक, 'पड़ा है' क्रिया का आधार।
क्या : प्रश्नवाचक सर्वनाम, अन्य पुरुष, एकवचन, कर्ता कारक, 'पड़ा है' से होने का सम्बन्ध।
(ग) मुझे : पुरुषवाचक सर्वनाम, उत्तम पुरुष, एकवचन, सम्प्रदान कारक, 'देने वाला था' क्रिया से सम्बन्ध।

प्रश्नमाला

1. इनमें से प्रश्नवाचक सर्वनाम बताइए–
(a) कौन (b) क्या
(c) किसको (d) ये सभी

2. कौन-सा शब्द व्याकरण की दृष्टि से सर्वनाम है?
(a) कुशलता (b) क्रोध
(c) तुम्हारा (d) उठाना

3. क्या यह तुम्हारा घर है?
(a) सम्बन्धवाचक सर्वनाम
(b) प्रश्नवाचक सर्वनाम
(c) निजवाचक सर्वनाम
(d) मध्यम पुरुषवाचक सर्वनाम

4. सर्वनाम के कितने भेद हैं?
(a) 4 (b) 5
(c) 6 (d) 8

5. वह बेकार है, क्यों लेते हो?
(a) निश्चयवाचक सर्वनाम
(b) अनिश्चयवाचक सर्वनाम
(c) निजवाचक सर्वनाम
(d) सम्बन्धवाचक सर्वनाम

6. पं. जवाहरलाल नेहरू अपने माता-पिता के इकलौते बेटे थे। आपका विवाह अनिंद्य सुन्दरी कमला नेहरू के साथ हुआ था।
(a) मध्यम पुरुषवाचक सर्वनाम
(b) निजवाचक सर्वनाम
(c) सम्बन्धवाचक सर्वनाम
(d) अन्य पुरुषवाचक सर्वनाम

7. आप यहाँ चले आए। किसी ने आपको रोका नहीं?
(a) निश्चयवाचक सर्वनाम
(b) प्रश्नवाचक सर्वनाम
(c) अनिश्चयवाचक सर्वनाम
(d) सम्बन्धवाचक सर्वनाम

8. आप भला तो जग भला–
(a) उत्तम पुरुषवाचक सर्वनाम
(b) मध्यम पुरुषवाचक सर्वनाम
(c) निजवाचक सर्वनाम
(d) कोई सर्वनाम नहीं

9. सर्वनाम की दृष्टि से अशुद्ध वाक्य छाँटिए–
(a) मैंने तेरे को बोला था
(b) मुझे आगरा जाना है
(c) कुछ हो गया क्या?
(d) कौन आया था?

10. इनमें से कौन-सा सर्वनाम पुरुषवाचक है?
(a) कोई
(b) आप
(c) मेरा
(d) सो

11. तुम्हें क्या चाहिए, रेखांकित का सर्वनाम भेद है-
(a) निजवाचक सर्वनाम
(b) प्रश्नवाचक सर्वनाम
(c) संबंधवाचक सर्वनाम
(d) निश्चयवाचक सर्वनाम

12. "नल बूँद-बूँद टपक रहा है", वाक्य में रेखांकित है-
(a) विशेषण
(b) क्रिया
(c) क्रिया विशेषण
(d) सर्वनाम

13. **निजवाचक सर्वनाम का प्रयोग किस वाक्य में हुआ है?**
(a) यह मेरी निजी पुस्तक है
(b) आज अपनापन कहाँ है
(c) अपनों से क्या छिपाना
(d) आप भला तो जग भला

14. **शिव का विशेषण क्या है?**
(a) शिवेश (b) शंकर
(c) शैव (d) शैल

15. **निम्नलिखित वाक्यों में से किस वाक्य में सर्वनाम का अशुद्ध प्रयोग हुआ है?**
(a) वह स्वयं यहाँ नहीं आना चाहती।
(b) आपके आग्रह पर मैं दिल्ली जा सकता हूँ।
(c) मैं तेरे को एक घड़ी दूँगा।
(d) मुझे इस बैठक की सूचना नहीं थी।

16. **'मुझे' किस प्रकार का सर्वनाम है?**
(a) उत्तम पुरुष (b) मध्यम पुरुष
(c) अन्य पुरुष (d) इनमें से कोई नहीं

17. **निश्चयवाचक सर्वनाम कौन-सा है?**
(a) क्या (b) कुछ
(c) कौन (d) यह

18. **इनमें अनिश्चयवाचक सर्वनाम कौन-सा है?**
(a) कौन (b) जो
(c) कोई (d) वह

19. **'यह घोड़ा अच्छा है' -इस वाक्य में 'यह' क्या है?**
(a) संज्ञा (b) सर्वनाम
(c) विशेषण (d) सार्वनामिक विशेषण

20. **संबंध वाचक सर्वनाम बताएँ-**
(a) कोई (b) कौन
(c) जो (d) वह

21. **सर्वनाम शब्द नहीं है-**
(a) उसका (b) राम का
(c) उनका (d) चस्का

22. **निम्नांकित में किस सर्वनाम का प्रयोग विशेषण के समान भी होता है?**
(a) पुरुषवाचक सर्वनाम
(b) निजवाचक सर्वनाम
(c) निश्चयवाचक सर्वनाम
(d) उपर्युक्त तीनों का

23. **'कोई' सर्वनाम है -**
(a) पुरुषवाचक
(b) सम्बन्धवाचक
(c) निश्चयवाचक
(d) अनिश्चयवाचक

24. **निम्नांकित में प्रथम पुरुष कौन है?**
(a) तुम (b) आप
(c) वह (d) हम

25. **निम्नांकित में अन्य पुरुष कौन है?**
(a) मैं (b) हम
(c) वह (d) आप

26. **निम्नांकित शब्दों से सर्वनाम को अलग करें-**
(a) मनुष्यता (b) अपना
(c) मिठास (d) घोंघा

27. **निम्नांकित में निश्चयवाचक सर्वनाम चुनें-**
(a) कोई (b) कौन
(c) स्वयं (d) यह

28. **निम्नांकित में मध्यम पुरुष कौन है?**
(a) मैं (b) हम
(c) तुम (d) उसकी

29. **........... आकर मेरी सहायता करें। रिक्त स्थानों की पूर्ति करें-**
(a) वह (b) तुम
(c) उसने (d) आप

30. **जिस 'सर्वनाम' का प्रयोग कहने या बोलने वाला अपने लिए करता है उसे कहते हैं-**
(a) प्रथम पुरुष (b) मध्यम पुरुष
(c) अन्य पुरुष (d) इनमें से कोई नहीं

उत्तरमाला

1. (d)	**2.** (c)	**3.** (b)	**4.** (c)	**5.** (a)	**6.** (b)	**7.** (c)	**8.** (c)	**9.** (a)	**10.** (c)
11. (b)	**12.** (c)	**13.** (d)	**14.** (c)	**15.** (c)	**16.** (a)	**17.** (d)	**18.** (c)	**19.** (c)	**20.** (c)
21. (d)	**22.** (d)	**23.** (a)	**24.** (d)	**25.** (c)	**26.** (b)	**27.** (d)	**28.** (c)	**29.** (d)	**30.** (a)

❑❑❑

अध्याय

11

विशेषण

विशेषण

संज्ञा या सर्वनाम की विशेषता (गुण-दोष, रूप-रंग, आकार-प्रकार) आदि बताने वाले शब्द 'विशेषण' कहलाते हैं। जिसकी विशेषता बताई जाती है, उसे 'विशेष्य' कहते हैं। जैसे–

अच्छा लड़का।

काली गाय।

यहाँ 'अच्छा' और 'काली' विशेषण हैं और 'लड़का' 'गाय' विशेष्य। वाक्यों में विशेषण के भी विशेषण प्रयोग करने का प्रचलन बढ़ा है। जैसे– वह बहुत सुन्दर लड़की है।

यहाँ 'सुन्दर' विशेषण है और 'बहुत' विशेषण का भी विशेषण। विशेषण के भी विशेषण को 'प्रविशेषण' कहा जाता है। कामता प्रसाद गुरु ने इन्हें 'अन्तर्विशेषण' कहा है।

विशेषण के भेद

विशेषण के मुख्यतः चार भेद हैं–

1. गुणवाचक विशेषण
2. संख्यावाचक विशेषण
3. परिमाणवाचक विशेषण
4. सार्वनामिक विशेषण

1. गुणवाचक विशेषण (Adjective of Quality)–गुणवाचक विशेषण से संज्ञा के रूप-रंग, आकार-प्रकार, समय-स्थान, गुण-दोष आदि का बोध होता है। विशेषण में इनकी संख्या सबसे अधिक है। **इनके कुछ उदाहरण इस प्रकार हैं–**

काल–नया, पुराना, ताजा, अगला, पिछला, प्राचीन, वर्तमान, भविष्य, आगामी, टिकाऊ आदि।

स्थान–ऊँचा, नीचा, गहरा, भीतरी, स्थानीय, उजड़ा, दायाँ, बायाँ, देशीय, पंजाबी, भारतीय आदि।

आकार–गोल, सुडौल, समान, नुकीला, लम्बा, चौड़ा, तिरछा, सीधा, सँकरा आदि।

रंग–लाल, हरा, नीला, पीला, बैंगनी, सुनहरी, धुँधला, चमकीला, फीका आदि।

दशा–दुबला, पतला, मोटा, भारी, सूखा, गीला, पिघला, गरीब, रोगी, पालतू, उद्यमी आदि।

गुण–भला, बुरा, उचित, अनुचित, सच्चा, झूठा, पापी, दानी, दुष्ट, सीधा, शान्त आदि।

गुणवाचक विशेषण के साथ 'सा' सादृश्यवाचक शब्दहीनता के अर्थ में प्रयुक्त किया जाता है। जैसे–छोटा-सा, पीला-सा, बड़ा-सा आदि।

2. संख्यावाचक विशेषण (Adjective of Number)–संज्ञा की संख्या बताने वाले विशेषण 'संख्यावाचक विशेषण' कहलाते हैं। ये दो प्रकार के होते हैं–

निश्चित संख्यावाचक–दो लड़के, तीन लड़कियाँ, सौ रुपए।

अनिश्चित संख्यावाचक–कुछ लड़के, अनेक लड़कियाँ, थोड़े रुपए।

निश्चित संख्यावाचक विशेषण के भी पाँच भेद हैं–

1. गणनावाचक–एक, दो, तीन, चार।
2. क्रमवाचक–पहला, दूसरा, तीसरा, चौथा।
3. समुदायवाचक–तीनों, चारों, पाँचों।
4. आवृत्तिवाचक–दोगुना, तिगुना, चौगुना।
5. प्रत्येकवाचक–हर, प्रत्येक।

3. परिमाणवाचक विशेषण (Adjective of Quality)–वस्तु की मात्रा या माप-तौल बताने वाले विशेषण 'परिमाणवाचक विशेषण' कहलाते हैं। जैसे–पूरा दूध, कम पानी, बहुत सोना, थोड़ी चाँदी, सारा जेवर, कितनी पुस्तकें, जितनी चाय, उतनी चीनी।

4. सार्वनामिक विशेषण (Pronomial Adjective)–सर्वनाम से बनने वाले विशेषण 'सार्वनामिक विशेषण' कहलाते हैं। इनका प्रयोग संज्ञा के पहले होता है। जैसे–ऐसी लड़की, वैसा लड़का, यह कलम, वह पुस्तक, वैसी गाड़ी, ऐसा चालक, जैसा नाम, वैसा काम, मेरा घर, उसकी खिड़की, ऐसे-वैसे लोग, ऐसी-वैसी बातें।

विशेषण के एक अन्य रूप तुलनात्मक विशेषण का उल्लेख भी यहाँ प्रासंगिक होगा। दो या दो से अधिक वस्तुओं या भावों के गुण, मान आदि के परस्पर मिलान का विशेषण तुलनात्मक विशेषण कहलाता है। इसमें 'से', 'अपेक्षा', 'सामने', 'सबसे', 'सबमें' आदि विशेषणों की तुलना की जाती है। इन वाक्यों को देखें–

यह सबसे अच्छा फूल है।

फूल की अपेक्षा काँटे बहुत हैं।

बाप से बेटा अधिक लम्बा है।

उसके सामने तुम कुछ भी नहीं।

तुम्हारा भाई तुमसे बढ़कर है।

वह तुमसे कहीं अच्छा है।

विशेषण प्रयोग के प्रमुख नियम

1. विशेषण विकारी और अविकारी दोनों होते हैं। अविकारी विशेषणों के रूप, लिंग-वचन के अनुसार परिवर्तित नहीं होते जैसा कि विकारी विशेषणों में होता है। अविकारी विशेषण अपने मूल रूप में बने रहते हैं। लाल, सुन्दर, चंचल, गोल, भारी, सुडौल–अविकारी विशेषण हैं। लिंग-वचन के अनुसार इनमें रूप परिवर्तित नहीं होता। जैसे–लड़का कितना चंचल है। लड़की कितनी चंचल है।

2. संज्ञा में प्रत्यय लगाकर भी विशेषण बनाए जाते हैं। जैसे–

धर्म + इक = धार्मिक

धन + वान = धनवान

चमक + ईला = चमकीला

जाति + इय = जातीय

दान + इ = दानी

प्रश्नमाला

1. **'नीली साड़ी' में कौन-सा विशेषण है?**
(a) संख्यावाचक (b) परिमाणवाचक
(c) गुणवाचक (d) सार्वनामिक
2. **विशेषण के चार भेदों के सामने शब्द दिए हुए हैं, जिनमें एक का शब्द सही नहीं है, उसे चयनित कीजिए–**
(a) गुणवाचक विशेषण – सुगंधित
(b) परिमाणवाचक विशेषण – ढाई
(c) संख्यावाचक विशेषण – कोई
(d) सार्वनामिक विशेषण – कोई
3. **चार शब्दों के आगे उनके विशेषण शब्द दिए हुए हैं, जिनमें एक विकल्प सही है, उसे चयनित कीजिए-**
(a) भूमि-भौम (b) मृत्यु-मरत
(c) लाठी-लठैत (d) रस-रसिक
4. **'गुणवाचक विशेषण' के कितने भेद हैं?**
(a) चार (b) पाँच
(c) छह (d) सात
5. **इनमें से किस वाक्य में गलत विशेषण प्रयुक्त हुआ है?**
(a) कविता परिश्रमी युवती है
(b) प्रबुद्धजनों से हमारी अपेक्षा है
(c) यही सरकारी महिलाओं का अस्पताल है
(d) वह अच्छा आदमी था, लेकिन काम न आया
6. **'दोनों' शब्द किस प्रकार का संख्यावाचक विशेषण है?**
(a) समुदायबोधक
(b) पुनरुक्तिबोधक
(c) आवृत्तिबोधक
(d) क्रमबोधक
7. **निम्नलिखित शब्दों में से विशेषण शब्द है–**
(a) पाँचवा (b) प्रपंच
(c) सरपंच (d) पहुँच
8. **'जिस विकारी शब्द से संज्ञा की व्याप्ति मर्यादित होती है' उसे कहते हैं–**
(a) विशेष्य
(b) विशेषण
(c) विशेषण एवं विशेष्य
(d) विशिष्ट
9. **'वह कृशकाय व्यक्ति दौड़ने लगा'–इस वाक्य में विशेष्य है–**
(a) व्यक्ति
(b) कृशकाय
(c) वह
(d) दौड़ने लगा
10. **निम्नलिखित में से कौन-सा शब्द विशेषण है?**
(a) सुन्दरता (b) कवि
(c) विद्वान (d) भलाई
11. **इनमें से कौन-सा शब्द विशेषण नहीं है?**
(a) भयभीत (b) निर्भीक
(c) भीरु (d) भय
12. **निम्नलिखित शब्दों में से कौन विशेषण नहीं है?**
(a) आन्तरिक (b) अन्तर
(c) आग्नेय (d) अधिकारी
13. **निम्नलिखित शब्दों में से कौन विशेषण है?**
(a) अजय (b) अजित
(c) अकर्म (d) अनुशंसा
14. **निम्नलिखित शब्दों में से विशेष्य कौन है?**
(a) आकाशीय (b) आकाश
(c) आराध्य (d) आश्रित
15. **'दोनों' शब्द है–**
(a) समुदाय वाचक विशेषण
(b) आवृत्तिवाचक विशेषण
(c) गणनावाचक विशेषण
(d) क्रमवाचक विशेषण
16. **'गीला' है–**
(a) सार्वनामिक विशेषण
(b) गुणवाचक विशेषण
(c) संख्यावाचक विशेषण
(d) इनमें से कोई नहीं
17. **नीचे दिए किस वाक्य में विशेषण का प्रयोग हुआ है?**
(a) राम और श्याम भाई हैं
(b) राम ने माँ से पानी और खाना माँगा
(c) माँ ने खाने में दाल और रोटी परोसी
(d) राम ने रोटी खाकर और रोटी माँगी
18. **'दशरथ के प्राण राम के लिए आकुल थे'–वाक्य में मुख्य विशेष्य है–**
(a) दशरथ (b) राम
(c) प्राण (d) आकुल
19. **'समुद्री साँप में घातक परन्तु बहुत कीमती जहर पाया जात है'–वाक्य में हैं–**
(a) तीन विशेषण और दो विशेष्य
(b) दो विशेषण और तीन विशेष्य
(c) दो विशेषण और दो विशेष्य
(d) चार विशेषण और दो विशेष्य
20. **'सुगंधित कस्तूरी के लोभी शिकारी राजस्थानी हिरणों का अवैध शिकार करते हैं'–वाक्य में हैं–**
(a) तीन विशेषण और तीन विशेष्य
(b) दो विशेषण और दो विशेष्य
(c) चार विशेषण और चार विशेष्य
(d) तीन विशेषण और चार विशेष्य
21. **नीचे दिए किस वाक्य में विशेषण का प्रयोग हुआ है?**
(a) लड़का आया है।
(b) वह गुलाब के फूल लाया है।
(c) गुलाब के फूल मुझे पसंद हैं।
(d) वह लड़का फूल देकर चला गया।
22. **निम्नलिखित में कौन-सा शब्द विशेषण नहीं है?**
(a) कुटिलता
(b) जटिलता
(c) कौटिल्य
(d) कुरूपता
23. **निम्नलिखित में से विशेषण पद है–**
(a) उपासना
(b) उद्गार
(c) आयतलोचना
(d) वन्दना
24. **निम्नलिखित में विशेष्य पद है–**
(a) उमा (b) कालिमा
(c) मधुरिमा (d) महिमा
25. **'विशेष्य' शब्द है–**
(a) ललिता (b) सुन्दर
(c) लम्बा (d) लघु

उत्तरमाला

1. (c)	**2.** (c)	**3.** (c)	**4.** (d)	**5.** (c)	**6.** (a)	**7.** (a)	**8.** (b)	**9.** (a)	**10.** (a)
11. (d)	**12.** (b)	**13.** (b)	**14.** (b)	**15.** (a)	**16.** (b)	**17.** (d)	**18.** (a)	**19.** (a)	**20.** (c)
21. (d)	**22.** (c)	**23.** (c)	**24.** (a)	**25.** (d)					

❑❑❑

अध्याय

12

क्रिया एवं काल

क्रिया

क्रिया का सामान्य अर्थ है–काम करना या होना। अतः वाक्य में जिस शब्द से कार्य करने या होने का बोध हो, उसे क्रिया कहते हैं। जैसे–सोना, जागना, खाना, हँसना, रोना, दौड़ना आदि। क्रिया विकारी शब्द है, क्योंकि इसमें लिंग, वचन और पुरुष के अनुसार रूपान्तरण होता है। जैसे–पढ़ना है, पढ़ती है, पढ़ते हैं आदि। सामान्यतः क्रिया धातु से बनती है। मूल धातु में 'ना' प्रत्यय जोड़ने से क्रिया का सामान्य रूप बनता है। जैसे–चल (धातु) + ना = चलना। मार (धातु) + ना = मारना। धातु क्या है? यह जानने के लिए सामान्य क्रिया से 'ना' हटा देने पर जो शब्द रह जाता है वही धातु है। जैसे पढ़ना (क्रिया)–ना = पढ़। इसके अतिरिक्त संज्ञा और विशेषण से भी क्रिया बनती है। जैसे–काम (संज्ञा) + आना = कमाना। चमक (विशेषण) + आना = चमकाना। इन शब्दों को वाक्यों में देखें–वह कमा रहा है। सुनार आभूषण चमका रहा है। कुछ धातुओं का प्रयोग शुद्ध भाववाचक संज्ञा की तरह होता है। इन वाक्यों को देखें–

मुझे बहुत मार पड़ी।

यह बात उसकी समझ में नहीं आती।

यहाँ 'मार' और 'समझ' धातु है, जो भाववाचक संज्ञा की तरह प्रयुक्त हुई है। इनमें यदि 'ना' जोड़ दें तो इनका प्रयोग क्रिया की तरह होता है। जैसे–वह मुझे बहुत मारता है। वह मेरी बात नहीं समझता। इस तरह अब आप ये जान गए होंगे कि धातु में 'ना' प्रत्यय लगाकर क्रिया बनती है। साथ ही संज्ञा और विशेषण से भी क्रिया बनती है। अब हम क्रिया के भेदों पर विचार करेंगे।

क्रिया के भेद

क्रिया के निम्नलिखित भेद हैं–

1. सकर्मक क्रिया
2. अकर्मक क्रिया
3. द्विकर्मक क्रिया
4. संयुक्त क्रिया
5. सहायक क्रिया
6. प्रेरणार्थक क्रिया
7. नामबोधक क्रिया
8. पूर्ण कालिक क्रिया

1. सकर्मक क्रिया–सकर्मक अर्थात् कर्म सहित। सकर्मक क्रिया उसे कहते हैं, जिसमें कर्म जुड़ा हो। कर्म के बिना उसका अर्थ पूरा नहीं होता क्योंकि सकर्मक क्रियाओं का फल कर्म पर पड़ता है। जैसे–उसने पेड़ काटा। माँ ने बेटी को मारा। इन वाक्यों में 'पेड़' और 'बेटी' कर्म है। यदि इन्हें (कर्म) हटा दिया जाए तो यह नहीं स्पष्ट होगा कि 'उसने' क्या काटा अथवा 'माँ' ने किसको मारा। कभी-कभी सकर्मक क्रिया में कर्म छिपा भी रहता है अर्थात् उसके होने की सम्भावना रहती है। इन वाक्यों को देखें–

वह गाता है।

वह पढ़ता है।

2. अकर्मक क्रिया–अकर्मक अर्थात् बिना कर्म के। अकर्मक क्रिया उसे कहते हैं, जिसमें कर्म नहीं होता। अकर्मक क्रिया का सीधा सम्बन्ध कर्ता से है। इसका फल स्वयं कर्ता पर पड़ता है। जैसे–

वह हँसता है।

बच्चा रोता है।

रमेश भागता है।

इन वाक्यों में 'हँसता है', 'रोता है', 'भागता है' अकर्मक क्रिया है, क्योंकि इनका फल क्रमशः वह, बच्चा, रमेश पर पड़ता है। निम्नलिखित क्रियाएँ सदैव अकर्मक रहती हैं–

जातिबोधक क्रियाएँ–आना, जाना, घूमना, दौड़ना आदि।

अवस्थाबोधक क्रियाएँ–होना, रहना, सोना आदि।

3. द्विकर्मक क्रिया–द्वि + कर्मक अर्थात् दो कर्म वाली क्रिया। कुछ सकर्मक क्रियाओं में दो-दो कर्म होते हैं, उन्हें द्विकर्मक क्रिया कहते हैं। जैसे–

शिक्षक ने छात्र से प्रश्न पूछा। (दो कर्म–छात्र, प्रश्न)

माँ बच्चे को दूध पिलाती है। (दो कर्म–बच्चे, दूध)

4. संयुक्त क्रिया–दो क्रियाओं के मेल से बनी क्रिया संयुक्त क्रिया होती है। संयुक्त क्रिया की विशेषता यह है, कि उसमें पहली क्रिया प्रधान होती है ओर दूसरी क्रिया उसके अर्थ में विशेषता उत्पन्न करती है। जैसे–मैं चल सकता हूँ। इस वाक्य में 'चल' प्रधान क्रिया है और 'सकना' सहायक क्रिया जो प्रधान क्रिया 'चल' की विशेषता बताती है। अन्य उदाहरण भी देखें–

श्रद्धा रोने लगी।

सिद्धार्थ घर आ गया।

उसने फूल तोड़ लिया।

सिपाही ने चोर को छोड़ दिया।

संयुक्त क्रियाएँ इन क्रियाओं के मेल से बनती हैं–आना, जाना, होना, लेना, देना, पाना, उठना, बैठना, करना, चाहना, चुकना, डालना, सकना, बनना, पड़ना, रहना, चलना आदि।

संयुक्त क्रिया के भेद–अर्थ के अनुसार संयुक्त क्रिया के निम्नलिखित भेद हैं–

1. आरम्भ बोधक–जहाँ कार्य आरम्भ होने का बोध हो। जैसे–

पानी बरसने लगा।

मैं पढ़ने लगा।

वे खेलने लगे।

वह सोने लगी।

2. **समाप्ति बोधक**–जहाँ कार्य समाप्त होने का बोध हो। जैसे–
वह खा चुका है।
वह पढ़ चुकी है।

3. **अवकाश बोधक**–जहाँ कार्य को सम्पन्न करने में अन्तराल (अवकाश) का बोध हो। जैसे–
माला सो न पायी।
वह जाने न पाया।

4. **अनुमति बोधक**–जहाँ कार्य करने की अनुमति दिए जाने का बोध हो। जैसे–
उसे घर जाने दो।
मुझे अपनी बात कहने दो।

5. **आवश्यकता बोधक**–जहाँ कार्य की आवश्यकता या कर्तव्य का बोध हो। जैसे–
तुम्हें पढ़ना चाहिए।
उसे तुरन्त जाना पड़ा।

6. **शक्ति बोधक**–जहाँ कार्य करने की शक्ति या सामर्थ्य का बोध हो। जैसे–
अब वह चल सकता है।
मैं पढ़ सकता हूँ।

7. **निश्चय बोधक**–जहाँ कार्य व्यापार की निश्चयता का बोध हो। जैसे–
वह पेड़ से गिर पड़ा।
अब उसकी किताब दे ही दो।

8. **इच्छा बोधक**–जहाँ कार्य करने की इच्छा व्यक्त हो। जैसे–
मैं अब सोना चाहता हूँ।
बेटा घर आना चाहता है।

9. **अभ्यास बोधक**–जहाँ कार्य के चालू रहने का बोध हो। जैसे–
वह हमेशा पढ़ा करती है।
वह गाया करती है।

10. **नित्यता बोधक**–जहाँ कार्य के चालू रहने का बोध हो। जैसे–
वर्षा हो रही है।
वह रात भर पढ़ती रही।

11. **आकस्मिकता बोधक**–जहाँ अचानक कार्य होने का बोध हो। जैसे–
वह एकाएक रो उठी।
वह बेटे को मार बैठा।
वह हँस पड़ी।

12. **पुनरुक्त संयुक्त क्रिया**–जहाँ समान वर्ग के दो कार्यों का एक साथ बोध हो। जैसे–
वह यहाँ आया-जाया करता है।
आपस में मिलते-जुलते रहो।
कुछ खाना-पीना हो जाए।

5. सहायक क्रिया–सहायक क्रिया मुख्य क्रिया के अर्थ को स्पष्ट और पूरा करने में सहायक होती है। एक से अधिक सहायक क्रियाएँ भी प्रयुक्त होती हैं। जैसे–मैंने पढ़ा था। तुम सोए हुए थे। इन वाक्यों में 'पढ़ना' और 'सोना' मुख्य क्रिया हैं। शेष 'था', 'हुए थे' सहायक क्रिया जो मुख्य क्रिया के अर्थ को पूरी तरह स्पष्ट करती है।

6. प्रेरणार्थक क्रिया–जिस क्रिया को करने के लिए कर्ता दूसरों की प्रेरणा या सहायता लेता अथवा दूसरों को देता है–ऐसी क्रियाओं को प्रेरणार्थक क्रिया कहते हैं। जैसे–मैंने नौकर से पेड़ कटवाया। इस वाक्य में 'कटवाया' प्रेरणार्थक क्रिया है, क्योंकि कार्य कर्ता (मैंने) द्वारा नहीं 'नौकर' द्वारा किया गया है।

7. नामबोधक क्रिया–संज्ञा या विशेषण के साथ जुड़कर बनने वाली क्रिया नामबोधक कहलाती है। उदाहरण पर ध्यान दें–
भस्म (संज्ञा) + करना (क्रिया)–भस्म करना।
निराश (विशेषण) + होना (क्रिया)–निराश होना
इन वाक्यों में नामबोधक क्रिया का शुद्ध प्रयोग देखें–
उसने मकान हथिया लिया।
सभा विसर्जित हो गई।

नामबोधक क्रिया को संयुक्त क्रिया नहीं माना जा सकता। दोनों में पर्याप्त अन्तर है। नामबोधक क्रिया संज्ञा या विशेषण में क्रिया के संयोग से बनती है जबकि संयुक्त क्रिया में केवल दो क्रियाओं का ही संयोग होता है।

8. पूर्ण कालिक क्रिया–इसमें प्रथम कार्य की समाप्ति का बोध होता है। इसमें कर/करके/पर जैसे शब्दों का प्रयोग होता है। जैसे–
मैंने उसे जानबूझकर नहीं मारा।
यह चमत्कार देखकर मैं दंग रह गया।
सूर्योदय होने पर वह घर आया।
नौकर काम करके चला गया।

कभी-कभी पुनरुक्ति में भी पूर्वकालिक क्रिया का प्रयोग होता है। जैसे–
उसने रो-रो कर सारी बात कही।
वह खोज-खोज कर हार गया।

पूर्वकालिक क्रियाएँ विशेषण का भी काम करती हैं, क्योंकि ये क्रिया की विशेषता (कार्य करने की रीति) बताती हैं। जैसे–
वह मुझे आँखें फाड़ कर देखता रहा।
उसने मुझसे हँसकर कहा।

पूर्वकालिक क्रिया से कार्य का कारण भी स्पष्ट होता है। जैसे–
रात होने पर सब लोग चले गए।
सूर्योदय होने पर अन्धकार छँट गया।

काल

यह तो आप पढ़ ही चुके हैं, कि जिस शब्द से काम करने का बोध होता है, उसे 'क्रिया' कहते हैं। प्रत्येक क्रिया के करने या उसके होने का कोई-न-कोई समय अवश्य होता है। अत: हिन्दी व्याकरण में काल का सम्बन्ध क्रिया से है। क्रिया के उस रूपान्तर को काल कहते हैं, जिससे उसके काल व्यापार को बोध होता है। दूसरे शब्दों में क्रिया के करने या होने में जो समय का बोध होता है, उसे काल कहते हैं।

काल के भेद

1. वर्तमान काल
2. भूत काल
3. भविष्यत् काल

1. वर्तमान काल (Present Tense) –जहाँ क्रिया-व्यापार की निरन्तरता (कार्य होने) को बोध हो, वहाँ वर्तमान काल होता है। जैसे–
वह खाता है।
वह पढ़ती रहती है।
मैं पढ़ रहा हूँ।

इन वाक्यों में क्रिया का कार्य जारी है। अत: यहाँ वर्तमान काल है।

वर्तमान काल के निम्नलिखित भेद हैं-

I. **सामान्य वर्तमान**–क्रिया का वह रूप जिसमें क्रिया का वर्तमान में होना पाया जाए, सामान्य वर्तमान कहलाता है। किसी निरन्तर सत्य, स्थाई रूप से होने वाला कार्य, काम करने की आदत या अभ्यास को व्यक्त करने वाले वाक्यों में भी सामान्य वर्तमान का ही बोध होता है। जैसे–
वह खेलता है।
सूर्य पश्चिम में डूबता है।
आप लोग कहाँ जाते हैं।
वह पढ़ती रहती है।

II. **तात्कालिक वर्तमान**–इसमें क्रिया के वर्तमान में जारी रहने का बोध होता है। जैसे–
मैं गीता पढ़ रहा हूँ।
वह खाना खा रही है।
वह कॉलेज जा रहा है।
वे सब मैदान में टहल रहे हैं।

III. **सन्दिग्ध वर्तमान**–इसमें क्रिया होने में सन्देह का बोध होते हुए भी उसकी वर्तमानता में सन्देह नहीं होता। जैसे–
वह खाता होगा।
वह कॉलेज जा रहा होगा।
वह पढ़ता होगा।
राम घर आ रहा होगा।

IV. **सम्भाव वर्तमान**–इसमें वर्तमान में कार्य पूरा होने की सम्भावना का बोध होता है। जैसे–
वह पढ़ता हो तो उसे तंग मत करना।
वह खेलता हो तो उसे खेलने देना।

2. भूत काल (Past Tense)–भूतकाल से बीते हुए समय का बोध होता है अर्थात् भूतकाल बीते हुए समय में क्रिया के व्यापार के समाप्त होने का सूचक है। जैसे–
कमला घर आयी।
मैं खाना खा चुका था।
वह स्कूल गया था।
तुम कहाँ जा रहे थे?

भूत काल के भेद

I. **सामान्य भूत**–इसमें बीते हुए समय का बोध होते हुए भी उस समय विशेष का पता नहीं चलता जिसमें कार्य समाप्त हुआ था। जैसे–
उसने पुस्तक पढ़ी।
वह घर गया।
मैंने खाना खाया।
सब लोग चले गए।

II. **आसन्न भूत**–इसमें कार्य के हाल ही में समाप्त होने का बोध होता है। जैसे–
वे सब अभी घर गए हैं।
उसने आम खाया है।
मैंने उसे देखा है।
वह आज ही मायके गयी है।

III. **पूर्ण भूत**–इसमें कार्य समाप्त हुए काफी समय का बोध होता है। जैसे–
मैं परसों घर गया था।
उसने मुझे मारा था।
उसने यह बात कही थी।
वह यहाँ आया था।

IV. **अपूर्ण भूत**–इसमें यह तो पता चलता है, कि भूत काल में कार्य हो रहा था, किन्तु कार्य पूर्ण हुआ या नहीं, इसका बोध नहीं होता। जैसे–
वे लोग बाजार जा रहे थे।
वह काम करता आ रहा था।
वह सुनती आ रही थी।
मोहन सो रहा था।

V. **सन्दिग्ध भूत**–बीते हुए समय में जिस कार्य के करने या होने में सन्देह हो, उसे 'सन्दिग्ध भूत' कहते हैं। जैसे–
तुमने पढ़ा होगा।
माँ बाजार चली गई होगी।
वे लोग आ चुके होंगे।
बच्चे ने दूध पी लिया होगा।

VI. **हेतुहेतुमद् भूत**–इसमें पता चलता है, कि कार्य भूत काल में होने वाला था पर हुआ नहीं। इस क्रिया के होने या करने में शर्त या कारण का बोध होता है। जैसे–
यदि वो पढ़ता तो उत्तीर्ण हो जाता।
वर्षा होती तो गरमी कम हो जाती।
तुम आते तो मैं भी साथ चलता।
वह आता तो मेरी मदद करता।

3. भविष्यत् काल (Future Tense)–आने वाले समय में होने वाली क्रियाओं को भविष्यत् काल कहते हैं। जैसे–
वह कल पढ़ेगा।
लता गाना गाएगी।
आज वर्षा होगी।
रात को सम्मेलन होगा।

भविष्यत् काल के भेद

I. **सामान्य भविष्यत्**–इसमें भविष्य में सामान्य रूप से क्रिया के होने का बोध होता है। सामान्य भविष्यत् में क्रिया के निश्चित रूप से होने का भाव होता है। जैसे–
इस वर्ष मेरी शादी होगी।
पिताजी कल लखनऊ जाएँगे।
अब मैं मन लगाकर पढ़ूँगा।
कल मैं कॉलेज नहीं जाऊँगा।

II. **सम्भाव्य भविष्यत्**–इसमें क्रिया के भविष्य में होने या किए जाने की सम्भावना का बोध होता है। जैसे–
हो सकता है, वह कल आए।
शायद आज वर्षा हो।
ईश्वर तुम्हें सद्बुद्धि दे।
सम्भव है, वह बच जाए।

III. **हेतुहेतुमद् भविष्यत्**–इसमें एक क्रिया का (भविष्य में) होना दूसरी क्रिया पर निर्भर रहता है। जैसे–
वह आए तो मैं जाऊँ।
वह गाएगी तो मैं नाचूँगा।

प्रश्नमाला

1. 'वह घर पहुँच गया' इस वाक्य में 'पहुँच गया' निम्नलिखित में से किस क्रिया का उदाहरण है?
(a) प्रेरणार्थक क्रिया (b) द्विकर्मक क्रिया
(c) संयुक्त क्रिया (d) पूर्वकालिक क्रिया

2. 'हँसना' कैसी क्रिया है?
(a) सकर्मक क्रिया
(b) अकर्मक क्रिया
(c) संयुक्त क्रिया
(d) प्रेरणार्थक क्रिया

3. 'गाड़ी चलने लगी' इस वाक्य की क्रिया का रूप बताएँ-
(a) द्विकर्मक क्रिया
(b) सहायक क्रिया
(c) संयुक्त क्रिया
(d) प्रेरणार्थक क्रिया

4. निम्न में से कौन-सी सकर्मक क्रिया है?
(a) आना (b) जाना
(c) लेना (d) मरना

5. 'रमेश गिर पड़ा'। इस वाक्य में 'गिर पड़ा' क्या है?
(a) सकर्मक क्रिया (b) संयुक्त क्रिया
(c) प्रेरणार्थक क्रिया (d) सहायक क्रिया

6. 'गिराना' किस प्रकार की क्रिया है?
(a) यौगिक क्रिया (b) नामधातु क्रिया
(c) प्रेरणार्थक क्रिया (d) संयुक्त क्रिया

7. कौन-सा शब्द सकर्मक क्रिया है?
(a) लिखना (b) हँसना
(c) रोना (d) सोना

8. 'तुम खा रहे हो' वाक्य में सहायक क्रिया है?
(a) हो (b) खा
(c) रहे (d) तुम

9. 'वह खाना खाकर सो गया।' इस वाक्य में कौन-सी क्रिया है?
(a) सहायक
(b) पूर्वकालिक
(c) नामबोधक
(d) इनमें से कोई नहीं

10. मुख्य क्रिया के अर्थ को स्पष्ट करने वाली क्रिया होती है-
(a) सहायक क्रिया (b) प्रेरणार्थक क्रिया
(c) नामबोधक (d) नामधातु

11. निम्नलिखित में कौन-सी अकर्मक क्रिया है?
(a) खाना (b) पीना
(c) उठना (d) आना

12. निम्नलिखित में से कौन प्रेरणार्थक क्रिया नहीं है?
(a) रहना (b) भेजना
(c) चुभोना (d) रखना

13. जिस शब्द से क्रिया के होने का समय निर्धारित हो, उसे कहते हैं-
(a) कारक (b) काल
(c) अव्यय (d) क्रिया-विशेषण

14. निम्नलिखित में से एक वाक्य में क्रिया 'भक्षण' करने के अर्थ में प्रयुक्त हुई है। यह वाक्य है-
(a) वह हराम का पैसा खाता है
(b) वह जूते खाता है
(c) वह कसम खाता है
(d) वह आम खाता है

15. क्रिया के किस रूप में कर्त्ता के अनुसार लिंग परिवर्तन नहीं होता है?
(a) वर्तमानकालिक रूप में
(b) भविष्यकालिक रूप में
(c) भूतकालिक रूप में
(d) आज्ञार्थक रूप में

16. क्रिया चुनिए-
अखिल घर के आंगन में खेलता है।
(a) खेलता है
(b) अखिल
(c) घर के
(d) आंगन में

17. निम्नलिखित में से किस वाक्य में अकर्मक क्रिया है?
(a) पानी बरस रहा है।
(b) मैं गेहूं पिसवाता हूँ।
(c) श्याम निबंध लिखता है।
(d) राम मोहन को रूला रहा है।

18. 'हथियाना' में कौन-सी क्रिया है?
(a) प्रेरणार्थक (b) संयुक्त
(c) अनुकरणात्मक (d) नामधातु

19. 'राम ने खाना खाया' में 'खाया होगा' में कौन-सी क्रिया है?
(a) अपूर्ण भूत (b) संदिग्ध भूत
(c) हेतुहेतुमद्भूत (d) आसन्न भूत

20. मुख्य क्रिया के अर्थ को स्पष्ट करने वाली क्रिया होती है-
(a) सहायक क्रिया (b) प्रेरणार्थक क्रिया
(c) नामबोधक (d) नामधातु

21. सीमांत पकौड़े खा रहा है।
इस वाक्य में क्रिया का भेद बताइए।
(a) अकर्मक (b) सकर्मक
(c) प्रेरणार्थक (d) द्विकर्मक

22. मूल अकर्मक धातुओं के साथ प्रत्यय जोड़कर बनाई गई क्रिया- धातुएँ क्या कहलाती हैं?
(a) संयुक्त धातु
(b) द्विकर्मक धातु
(c) साधित सकर्मक धातु
(d) समस्त धातु

23. 'चूड़ी अच्छी थी' में 'थी' कौन-सी क्रिया है?
(a) योजक क्रिया
(b) अधिकारद्योतक क्रिया
(c) औचित्यबोधक क्रिया
(d) अप्रत्यक्ष क्रिया

24. ''मीरा जोर से हँसी।'' यह वाक्य किस क्रिया का समुचित उदाहरण है?
(a) अकर्मक (b) प्रेरणार्थक
(c) द्विकर्मक (d) सकर्मक

25. मैंने रमेश से पत्र लिखवाया। इस वाक्य में 'लिखवाया' कौन से प्रकार की क्रिया है?
(a) अनुकरणात्मक क्रिया
(b) नगमधातु क्रिया
(c) प्रेरणार्थक क्रिया
(d) संयुक्त क्रिया

उत्तरमाला

1. (b)	**2.** (b)	**3.** (a)	**4.** (b)	**5.** (b)	**6.** (c)	**7.** (a)	**8.** (a)	**9.** (b)	**10.** (a)
11. (d)	**12.** (a)	**13.** (b)	**14.** (d)	**15.** (c)	**16.** (a)	**17.** (a)	**18.** (d)	**19.** (b)	**20.** (a)
21. (b)	**22.** (c)	**23.** (a)	**24.** (a)	**25.** (c)					

❑❑❑

अध्याय

13

अव्यय

अव्यय

अव्यय का अर्थ है–शब्द के रूप में कोई व्यय या विकार (परिवर्तन) न होना, इसलिए 'अव्यय' को अविकारी शब्द कहा जाता है। 'अव्यय' वे शब्द हैं जिनमें लिंग, वचन या कारक के कारण कभी कोई परिवर्तन नहीं होता। वे सदा ज्यों-के-त्यों रहते हैं। 'शब्दानुशासन' में कहा गया है–"जो सब लिंग में एक-सा रहे और सभी विभक्तियों में तथा वचनों में रूपान्तरित न हो, वह 'अव्यय' है।"

अव्यय के भेद

1. परिमाणवाचक
2. प्रश्नवाचक
3. विस्मयादि बोधक
4. समुच्चय बोधक
5. सम्बन्ध बोधक
6. निपात

1. परिमाणवाचक–इससे विशेषण या क्रिया विशेषण की विशेषता प्रकट होती है। जैसे–

बहुत, अधिक, कम, खूब।

2. प्रश्नवाचक–इस अव्यय में प्रश्न का बोध होता है। जैसे–

वह क्यों खेलता है?

तुम क्या करते हो?

3. विस्मयादि बोधक–इस अव्यय से हर्ष, शो, आश्चर्य आदि मनोभाव व्यक्त होते हैं। जैसे–

हर्ष–वाह! वाह! शाबाश! अहा!

शोक–आह! ओहो!

आश्चर्य–ऐं, ए, ओहो, क्या!

अनुमोदन–ठीक! हाँ! अच्छा!

तिरस्कार–छिह! धिक्!

सम्बोधन–रे, अरे, अरी, री, भई।

4. समुच्चय बोधक–ये अव्यय शब्दों या वाक्यों को जोड़ने में प्रयुक्त होते हैं। समुच्चय बोधक अव्यय दो प्रकार के होते हैं–

(1) समानाधिकरण

(2) व्यधिकरण

समानाधिकरण समुच्चय बोधक–इसमें मुख्य वाक्य या एक ही प्रकार के शब्द जोड़े जाते हैं। इसके चार भेद हैं–

संयोजक–और, एवं, तथा।

विभाजक–या, वा, अथवा, नहीं तो, चाहे, क्या-क्या, न-न।

विरोधदर्शक–पर, परन्तु, किन्तु, लेकिन, वरन्, बल्कि।

परिमाणदर्शक–सो, इसलिए, अतः, अतएव।

व्यधिकरण समुच्चय बोधक–इसके द्वारा मुख्य वाक्य के साथ आश्रित वाक्य जोड़े जाते हैं। इसके चार भेद हैं–

कारण वाचक–क्योंकि, चूँकि, इसलिए, कि।

उद्देश्य वाचक–कि, ताकि, जिससे, कि।

संकेत वाचक–जो, तो, यदि, यद्यपि, तथापि, चाहे, पर।

स्वरूप वाचक–कि, जो, अर्थात्, मानो।

5. सम्बन्ध बोधक–ये अव्यय विभक्ति के बाद आते हैं और विभक्ति के पहले आने वाली संज्ञा या सर्वनाम का सम्बन्ध वाक्य के दूसरे शब्द के साथ जोड़ते हैं। अर्थ के अनुसार सम्बन्ध बोधक अव्यय के निम्नलिखित भेद हैं–

काल वाचक–आगे, पीछे, बाद, पहले।

स्थान वाचक–आगे, पीछे, नीचे, ऊपर।

दिशा वाचक–ओर, तरफ, पार, आसपास।

साधन वाचक–द्वारा, सहारे, जरिए, मारफत।

हेतु वाचक–लिए, मारे, कारण, हेतु, वास्ते।

विषय वाचक–विषय, नाम नामे (लेखे)।

व्यतिरेक वाचक–सिवा, अलावा, बगैर, रहित, अतिरिक्त।

सादृश्य वाचक–समान, भाँति, तरह, अनुसार, बराबर।

विरोध वाचक–विपरीत, खिलाफ, विरुद्ध, उलटा।

सहचर वाचक–साथ, संग, सहित, समेत।

तुलना वाचक–अपेक्षा, सामने, आगे।

6. निपात–इस प्रकार के अव्ययों का कोई अर्थ नहीं होता किन्तु इनका प्रयोग किसी शब्द या वाक्य के अर्थ को विशेष बल प्रदान करता है। जैसे–

तो, सो, ही, भी, तक, सिर्फ, हाँ जी, जी आदि।

अव्यय और क्रिया विशेषण में अन्तर

प्रायः अव्यय को क्रिया विशेषण भी मान लिया जाता है। क्रिया विशेषण अव्यय अवश्य है किन्तु प्रत्येक अव्यय क्रिया विशेषण नहीं माना जा सकता। अव्यय और क्रिया विशेषण में अन्तर है जैसा कि व्याकरणाचार्य पं. किशोरी दास बाजपेयी कहते हैं–"जो अव्यय क्रिया की विशेषता प्रकट करे, वे ही क्रिया विशेषण कहलाएँगे, सब नहीं।" अव्यय और क्रिया विशेषण दोनों ही अविकारी होते हैं क्योंकि लिंग, वचन या कारक की विभक्ति के कारण इनके रूप में कोई विकार नहीं आता। क्रिया विशेषण केवल क्रिया की विशेषता बतलाता है, अन्य शब्दों की नहीं पर अव्यय किसी विशेषण या क्रिया विशेषण की विशेषता बतलाता है और प्रश्न करने, विस्मय का भाव प्रकट करने या शब्दों तथा वाक्यों को जोड़ने का भी कार्य करता है। इस प्रकार दोनों का कार्य और क्षेत्र बिल्कुल भिन्न है।

क्रिया-विशेषण

जिस शब्द से क्रिया, विशेषण तथा अन्य क्रिया-विशेषण शब्दों की विशेषता प्रकट हो, उसे क्रिया-विशेषण कहते हैं। जैसे–

सीता धीरे-धीरे आ रही है।

श्याम अभी खा रहा है।

इन वाक्यों में 'धीरे-धीरे' तथा 'अभी' 'आने' तथा 'खाने' की क्रिया की विशेषता बताते हैं :

वह बहुत धीरे चलता है।

इस वाक्य में 'बहुत' क्रिया-विशेषण है, क्योंकि वह 'धीरे' क्रिया-विशेषण की विशेषता बतलाता है।

क्रिया-विशेषण के भेद

प्रयोग के आधार पर

प्रयोग के आधार पर क्रिया-विशेषण के तीन भेद होते हैं-

(i) साधारण, (ii) संयोजक व (iii) अनुबद्ध।

वाक्य में स्वतन्त्र रूप से प्रयुक्त क्रिया-विशेषण को 'साधारण क्रिया-विशेषण' कहते हैं, जैसे जल्दी आ जाओ। यहाँ 'ज़ल्दी' स्वतन्त्र रूप से वाक्य में प्रयुक्त हुआ है।

जिन क्रिया-विशेषणों का सम्बन्ध किसी उपवाक्य से रहता है, उन्हें 'संयोजन क्रिया-विशेषण' कहा जाता है; जैसे–जहाँ अभी महल है, वहाँ कभी जंगल था।

वाक्य में प्रयुक्त होकर निश्चय (अवधारणा) का बोध कराने वाले क्रिया-विशेषण शब्द को 'अनुबद्ध क्रिया- विशेषण' कहते हैं।

रूप के आधार पर

रूप के आधार पर क्रिया-विशेषण को तीन भागों में बाँटा जाता है। ये हैं:

(i) मूल (ii) यौगिक तथा (iii) स्थानीय।

मूल क्रिया-विशेषण दूसरे शब्दों के मेल से नहीं बनते।

जैसे–ठीक, अचानक, नहीं इत्यादि।

यौगिक क्रिया-विशेषण शब्द प्रत्यय अथवा पद जोड़ने से बनते हैं, जैसे–मन से, जिस से, **भूल** से इत्यादि।

स्थानीय क्रिया-विशेषण बिना रूपान्तरण के किसी विशेष स्थान में आते हैं : जैसे–क्यों अपना **सिर** खपाते हो

अर्थ के आधार पर

अर्थ के आधार पर क्रिया-विशेषण के चार भेद हैं-

(i) परिमाणबोधक (ii) रीतिबोधक (iii) कालबोधक (iv) स्थानबोधक।

परिमाणबोधक क्रिया-विशेषण को अधिकताबोधक, न्यूनताबोधक, पर्याप्तिवाचक, तुलनावाचक, श्रेणीवाचक उपभेदों में बांटा जाता है।

- अधिकताबोधक के उदाहरण–बहुत, अति, बड़ा, बिल्कुल, सर्वथा इत्यादि।
- न्यूनताबोधक के उदाहरण–कुछ, लगभग, थोड़ा जरा इत्यादि।
- पर्याप्तिवाचक के उदाहरण–केवल, बस, बराबर, ठीक इत्यादि।
- तुलनावाचक के उदाहरण–जितना, कितना, इतना, अधिक कम इत्यादि।
- श्रेणीवाचक के उदाहरण–थोड़ा-थोड़ा, तिल-तिल इत्यादि।

रीतिबोधक क्रिया विशेषण गुणवाचक विशेषण से अधिक जुड़ते हैं। क्रिया-विशेषण–प्रकार, निश्चय, अनिश्चय, स्वीकार, कारण, निषेध, अवधारणा जैसे अर्थों में आते हैं।

- प्रकार–कैसे, स्वयं, स्वतः, मानो इत्यादि।
- निश्चय–अवश्य, सही, सचमुच, इत्यादि।
- अनिश्चय–कदाचित, शायद, यथासम्भव इत्यादि।
- स्वीकार–हाँ, जी, ठीक, सच इत्यादि।
- कारण–इसलिए क्यों काहे इत्यादि।
- निषेध–न, नहीं मत इत्यादि।
- अवधारण–तो, भी, मात्र इत्यादि।

कालबोधक- वे अधिकारी शब्द जो क्रिया के घरित होने के समय के विषय में बताएँ, कालबोधक क्रिया-विशेषण कहलाते हैं; जैसे- आज, कल, परसों, पीछे, प्रतिदिन, कभी, नित्य, सदा आदि।

स्थानबोधक क्रिया-विशेषण- वे अविकारी शब्द जो क्रिया के घरित होने के स्थान के विषय में बताएँ, स्थानबोधक क्रिया-विशेषण कहलाते हैं; जैसे- यहाँ, वहाँ, कहाँ, जहाँ, इधर, उधर, ऊपर, नीचे, बाहर, भीतर आदि।

अव्यय के शुद्ध प्रयोग

यहाँ अव्यय और क्रिया विशेषण से सम्बन्धित वाक्यों के शुद्ध और अशुद्ध प्रयोग के कुछ उदाहरण दिए जा रहे हैं। इनको पढ़कर वाक्यों की अशुद्धियों पर ध्यान दें–

अशुद्ध प्रयोग

वहाँ पर बहुत भारी भीड़ लगी थी।

जीवन में उधर सुख है, इधर दुख।

ऋचा न पढ़ती है न दीपाली।

रोगी से उठा भी न जाता है।

बच्चा रोता-रोता घर आया।

शुद्ध प्रयोग

वहाँ पर भीड़ लगी थी।

जीवन में इधर सुख है, उधर दुख।

न ऋचा पढ़ती है न दीपाली।

रोगी से उठा भी नहीं जाता है।

बच्चा रोते-रोते घर आया।

प्रश्नमाला

1. निम्नलिखित में कौन अविकारी है?

(a) अव्यय (b) क्रिया-विशेषण
(c) विशेषण (d) (a) तथा (b)

2. निम्न में कौन सही नहीं है?

(a) अव्यय और क्रिया-विशेषण में कोई अन्तर नहीं होता
(b) अव्यय अविकारी होते हैं
(c) सभी अव्यय क्रिया-विशेषण नहीं होते
(d) क्रिया-विशेषण अविकारी होते हैं

3. 'वह लाचार है, क्योंकि वह विकलांग है।' इस वाक्य में कौन-सा अव्यय है?

(a) संकेतवाचक
(b) कारणवाचक
(c) परिमाणवाचक
(d) समुच्चयबोधक

4. निम्न में से कौन अव्यय का भेद नहीं है?

(a) क्रिया-विशेषण अव्यय
(b) समुच्चयबोधक अव्यय
(c) सम्बन्धबोधक अव्यय
(d) गुणवाचक अव्यय

5. समुच्चयबोधक अव्यय के भेद हैं–

(a) दो (b) तीन
(c) चार (d) पाँच

6. 'तथापि' अव्यय है–

(a) समानाधिकरण समुच्चयबोधक
(b) व्याधिकरण समुच्चयबोधक
(c) संबंध बोधक
(d) परिमाण बोधक

7. क्रिया-विशेषण का भेद नहीं है–

(a) काल वाचक
(b) स्थान वाचक
(c) परिमाण वाचक
(d) निपात

8. रीतिवाचक क्रिया-विशेषण है–

(a) धीरे-धीरे
(b) बाद
(c) पीछे
(d) वहाँ

9. अव्यय होते हैं–

(a) विकारी
(b) अविकारी
(c) वचन के कारण परिवर्तनीय
(d) कारक के कारण परिवर्तनीय

10. निम्नलिखित में से कौन-सा समूह विभाजक समानाधिकरण समुच्चयबोधक अव्यय को दर्शाता है?

(a) परन्तु, किन्तु, या
(b) या, अथवा, वा
(c) और, बल्कि, पर
(d) अत:, लेकिन, अथवा

11. प्रयोग की दृष्टि से क्रिया-विशेषण का भेद नहीं है-

(a) साधारण क्रिया-विशेषण
(b) संयोजक क्रिया-विशेषण
(c) अनुबद्ध क्रिया-विशेषण
(d) परिमाणवाचक क्रिया-विशेषण

12. रूप की दृष्टि से निम्न में कौन क्रिया-विशेषण का भेद नहीं है?

(a) मूल
(b) यौगिक
(c) स्थानीय
(d) साधारण

13. 'वह इधर-उधर देख रहा है।' इस वाक्य में 'इधर उधर' शब्द कौन-सी क्रिया विशेषण है?

(a) कालवाचक
(b) स्थानवाचक
(c) रीतिवाचक
(d) परिमाणवाचक

14. अर्थ की दृष्टि से क्रिया-विशेषण के कितने भेद होते हैं?

(a) एक (b) दो
(c) तीन (d) चार

15. निम्नलिखित में किस वाक्य में क्रिया-विशेषण का प्रयोग मिलता है?

(a) राम न पढ़ता है, न खेलता है
(b) यदि वह आएगा तो मैं जाऊँगा
(c) एक धनी है तो दूसरा गरीब
(d) उमा बहुत पढ़ती है

16. संज्ञा विकारी शब्द होते हैं। इनमें से कौन 'संज्ञा' शब्दों में विकार उत्पन्न नहीं करता?

(a) लिंग (b) वचन
(c) कारक (d) विशेषण

17. निम्न में से किस वाक्य में क्रिया-विशेषण अशुद्ध रूप से प्रयुक्त है?

(a) आप मेरी मदद करेंगे न
(b) मानसिक दासता सेवा काल से चली आ रही है
(c) वह न सोता है, न खाता है
(d) वह धीरे-धीरे चला जा रहा है

18. 'आप भले आए।' इस वाक्य में भले' क्या है?

(a) संज्ञा
(b) विशेषण
(c) सर्वनाम
(d) क्रिया-विशेषण

19. निम्नांकित में से किस वाक्य में क्रिया-विशेषण का प्रयोग नहीं है?

(a) वह कपड़े साफ धोता है
(b) वह धीरे-धीरे पढ़ता है
(c) आम मीठा है
(d) समोसे ताजे बन रहे हैं

20. 'जहाँ आज तुम हो, वहाँ कल मैं था' वाक्य में किस प्रकार का क्रिया-विशेषण है?

(a) साधारण क्रिया-विशेषण
(b) संयोजक क्रिया-विशेषण
(c) मूल क्रिया-विशेषण
(d) अनुबद्ध क्रिया-विशेषण

21. 'वह रात-दिन' पढ़ता रहता है, इस वाक्य में किस प्रकार का 'क्रिया-विशेषण' है?

(a) संयोजक क्रिया-विशेषण
(b) स्थानीय क्रिया-विशेषण
(c) यौगिक क्रिया-विशेषण
(d) अनुबद्ध क्रिया-विशेषण

22. 'तुम अपना हिसाब थोड़ा-थोड़ा कर चुकता कर लो' इस वाक्य में कौन-सा क्रिया-विशेषण है?

(a) संयुक्त क्रिया-विशेषण
(h) रीतिवाचक क्रिया-विशेषण
(c) परिमाणवाचक क्रिया-विशेषण
(d) स्थानीय क्रिया-विशेषण

उत्तरमाला

1. (d) **2.** (a) **3.** (d) **4.** (d) **5.** (a) **6.** (b) **7.** (d) **8.** (a) **9.** (a) **10.** (b)
11. (d) **12.** (d) **13.** (b) **14.** (d) **15.** (d) **16.** (d) **17.** (b) **18.** (d) **19.** (c) **20.** (b)
21. (c) **22.** (c)

❑❑❑

अध्याय

14

उपसर्ग-प्रत्यय

उपसर्ग

'उपसर्ग' उस शब्दांश या अव्यय को कहते हैं, जो किसी शब्द के पहले आकर उसका विशेष अर्थ प्रकट करे। उपसर्ग दो शब्दों 'उप' तथा 'सर्ग' से बनता है। 'उप' का अर्थ समीप तथा 'सर्ग' का अर्थ सृजन करने वाला, अर्थात् शब्द के निकट आकर नये शब्द का सृजन करने वाले शब्दांश को 'उपसर्ग' कहलाते हैं; जैसे-

प्र + हार = प्रहार

हिन्दी में संस्कृत, हिन्दी तथा उर्दू के उपसर्ग प्रयुक्त होते हैं। हिन्दी में उपसर्गों की संख्या 41 है, जिसमें संस्कृत के 19 उपसर्ग भी शामिल हैं।

महत्वपूर्ण उपसर्ग तथा उनसे बनने वाले शब्द

उपसर्ग	निर्मित शब्द
अधि	अधिकरण, अधिराज, अध्यात्म, अध्यक्ष, अधिपति, अधिकार इत्यादि।
अप	अपमान, अपशब्द, अपहरण, अपराध, अपयश, अपव्यय, अपवाद, अपकर्ष इत्यादि।
अनु	अनुशासन, अनुकरण, अनुवाद, अनुज, अनुशीलन, अनुकूल, अनुस्वार, अनुपात इत्यादि।
अति	अतिशय, अतिरिक्त, अत्यन्त, अत्याचार, अतिक्रमण, अतिव्याप्ति इत्यादि।
उप	उपकार, उपनिवेश, उपस्थिति, उपवन, उपनाम, उपासना, उपदेश, उपहार इत्यादि।
अभि	अभिभावक, अभियोग, अभिमान, अभ्युदय, अभ्यागत, अभ्यास, अभिनव, अभिलाषा इत्यादि।
अव	अवगत, अवलोकन, अवनत, अवसान, अवशेष, अवतार, अवनति, अवज्ञा, अवरोही इत्यादि।
परि	परिक्रमा, परिजन, परिणाम, परिधि, परिपूर्ण, परिवर्तन, परिणय, परिचय, परिशीलन इत्यादि।
नि	निदर्शन, निपात, नियुक्त, निवास, निमग्न, निदान, निबन्ध, निषेध इत्यादि।
परा	पराजय, पराक्रम, पराभव, परामर्श, पराभूत इत्यादि।
प्र	प्रकाश, प्रचलन, प्रजनन, प्रज्ज्वलित, प्रयास, प्रस्थान, प्रणय, प्रताप इत्यादि।
प्रति	प्रतिकर्त्तव्य, प्रतिकृति, प्रतिगृह, प्रत्येक, प्रतिद्वन्द्वी, प्रतिनायक, प्रतिपालन, प्रतिज्ञा, प्रतिच्छाया इत्यादि।
वि	विकास, विज्ञान, विशुद्ध, विदेश, विराम, वियोग, विभाग, विभिन्न, विनाश, विकराल, विभूति इत्यादि।
सु	सुकोमल, सुडौल, सुजान, सुपात्र, सुविदित, सुवासित, सुशील, सुश्रुत, सुशब्द इत्यादि।
स	सगोत्र, सरस, सहित, सपूत, सजग, सहर्ष, सविनय, सलक्षण, सलज्ज इत्यादि।
ला	लाचार, लाजवाब, लापरवाह, लापता, लावारिस, लानत, लागत इत्यादि।
सम्	संकल्प, संग्रह, सन्तोष, संन्यास, संयोग, संस्कार, संरक्षण, सम्मेलन, संस्कृत इत्यादि।
भर	भरसक, भरपेट, भ्रमर, भरपूर, भरमार, भरपाई इत्यादि।

प्रत्यय

शब्दों के बाद जो अक्षर या अक्षर-समूह लगाया जाता है, उसे 'प्रत्यय' कहा जाता है। 'प्रत्यय' का निर्माण 'प्रति + अय' से हुआ है। प्रति का अर्थ है 'साथ में' तथा 'अय' का अर्थ चलने वाला होता है अर्थात् 'प्रत्यय' का अर्थ होता है 'शब्दों के साथ चलने वाला'; जैसे-

दया + वान = दयावान, 'वान' यहाँ 'प्रत्यय' है।

प्रत्यय के दो भेद होते हैं 1. कृत तथा 2. तद्धित। क्रिया या धातु के अन्त में प्रयुक्त होने वाले प्रत्यय को 'कृत' प्रत्यय कहते हैं तथा इनके संयोग से निर्मित क्रिया या धातु के नवीन रूप को 'कृदन्त' कहा जाता है; जैसे-

वाला (कृत-प्रत्यय) + हँसना (क्रिया) = हँसने वाला (शब्द)

हिन्दी क्रिया पदों के अन्त में कृत-प्रत्ययों के योग से (1) कर्तृवाचक (2) कर्मवाचक (3) करणवाचक तथा (4) भाववाचक संज्ञाएँ बनती हैं।

हिन्दी के कृत-प्रत्ययों के उदाहरण

धातु	प्रत्यय	शब्द
कथा	अन्त	कथान्त
भल	आई	भलाई
चल	अ	चाल
दु:ख	अन्त	दुखान्त
मिल	आन	मिलान

संज्ञा, सर्वनाम तथा **विशेषण** के अन्त में लगने वाले प्रत्यय को **'तद्धित'** कहा जाता है; जैसे-

मानवीय + ता = मानवीयता

कृत प्रत्यय क्रिया या धातु के अन्त में लगता है, जबकि तद्धित प्रत्यय संज्ञा, सर्वनाम तथा विशेषण के अन्त में लगता है। उपसर्ग की तरह की तद्धित प्रत्यय संस्कृत, हिन्दी तथा उर्दू से आकर हिन्दी शब्दों का रूप निर्मित करते हैं। **अ, अक, आयन, इक, इत, इन, इम, इमा, इय, इल्, इष्ट ई, ईन, ईय** इत्यादि तद्धित प्रत्यय के उदाहरण हैं। कतिपय शब्दांश भी तद्धित प्रत्यय के रूप में कार्य करते हैं; **जैसे**-अतीत, अनुरूप, अर्थ, आतुर, आकुल, शाली, हीन इत्यादि।

तद्धित प्रत्यय के प्रयोग से बने शब्दों के उदाहरण

संज्ञा/विशेषण/सर्वनाम	प्रत्यय	शब्द
शिव	अ	शैव
रस	आयन	रसायन
वर्ष	इक	वार्षिक
क्षत्र	इय	क्षत्रिय
कुल	ईन	कुलीन
बाल, दर्श	क	बालक, दर्शक
लघु, दृढ़, जन	ता	लघुता, दृढ़ता, जनता
बुद्धि	मान्	बुद्धिमान
शत्रु, वीर	ता	शत्रुता, वीरता

संज्ञा के अन्त में **आ, आना, आर, आल, ई, ईला, उआ, ऊ, एरा, एड़ी, ऐल, ओं, वाला, वी, वाँ, वन्त, हर, हरा, इला, हा** इत्यादि तद्धित प्रत्यय लगाकर विशेषण बनाया जाता है। संज्ञा तथा विशेषण में आ, आई, अन, आयत, आवट, आहट जैसे तद्धित प्रत्यय जोड़कर भाववाचक संज्ञा का निर्माण किया जा सकता है: **जैसे**

अपना + पन = अपनापन
लम्बा + लाई = लम्बाई
लड़का + पन = लड़कपन

प्रश्नमाला

1. 'गुजारा' में कौन-सा प्रत्यय है?
(a) आऊ (b) आड़ी
(c) अक (d) आ

2. 'पिटाई' में प्रयुक्त प्रत्यय है-
(a) आव (b) आई
(c) आप (d) आका

3. 'चुनाव' में कौन-सा प्रत्यय प्रयुक्त हुआ है?
(a) वि (b) व
(c) अ (d) आव

4. 'संलग्न' शब्द से कौन-सा उपसर्ग जुड़ा है?
(a) सन् (b) सम्
(c) सं (d) संक्

5. 'दु:साहस' शब्द में उपसर्ग जुड़ा है
(a) दुस् (b) दुर्
(c) दुः (d) दुस

6. 'अवलोकन' में प्रयुक्त उपसर्ग है
(a) अप (b) अव
(c) अभि (d) अ

7. 'निर्' उपसर्ग से किस शब्द का निर्माण नहीं हुआ है?
(a) निराकरण (b) निरपराध
(c) निदर्शन (d) निर्भय

8. 'पावक' शब्द में प्रत्यय है
(a) अक (b) आक
(c) आई (d) ति

9. तैराक में कौन-सा प्रत्यय है?
(a) आकू (b) आक
(c) अक (d) अक्कड़

10. उपसर्ग रहित शब्द कौन-सा है?
(a) सुखी (b) आरूढ़
(c) उपकरण (d) निर्विरोध

11. 'अध्यापिका' शब्द में प्रत्यय है-
(a) का (b) पिका
(c) आइका (d) इका

12. निम्नलिखित में से किस शब्द में आयन प्रत्यय प्रयुक्त नहीं हुआ है?
(a) नारायण (b) ऋणायन
(c) पंडिताइन (d) धनायन

13. 'उत्थान' शब्द में कौन-सा शब्द उपसर्ग है?
(a) उ (b) उत्थ
(c) उत् (d) उत्था

14. निम्नलिखित शब्दों में से कौन-सा शब्द उपसर्ग रहित है?
(a) अपमान (b) अपना
(c) आवरण (d) अपकीर्ति

15. 'अनुपस्थित' शब्द में किस उपसर्ग का प्रयोग हुआ है?
(a) अनु (b) अन्
(c) अ (d) अनुप

16. 'अधिपति' शब्द में किस उपसर्ग का प्रयोग हुआ है?
(a) अधि (b) अदि
(c) अद् (d) अद्य

17. 'उपराष्ट्रपति' शब्द में किस उपसर्ग का प्रयोग है?
(a) उप (b) पति
(c) राष्ट्र (d) उपर

18. 'दुर्जन' का उपसर्ग है-
(a) दुर् (b) दु
(c) दुज (d) दुरा

19. 'लापरवाह' शब्द में कौन-सा उपसर्ग है?
(a) ला (b) लापर
(c) लाप (d) वाह

20. 'सम्' उपसर्ग से निर्मित शब्द है-
(a) संयोग (b) संविधान
(c) संस्कृत (d) ये सभी

21. 'कु' उपसर्ग से निर्मित शब्द है-
(a) कुपात्र (b) कुलीन
(c) कृश (d) कर्ता

22. 'निबन्ध' में कौन-सा उपसर्ग है?
(a) नि (b) निर्
(c) नि: (d) बन्ध

23. 'प्रति' उपसर्ग से बना शब्द निम्न में से कौन नहीं है?
(a) प्रतिकूल (b) प्रतिशत
(c) प्रत्येक (d) प्रशान्त

24. 'उत्' उपसर्ग से बना शब्द है
(a) उत्कर्ष (b) उत्तराधिकार
(c) उत्तरवर्ती (d) उत्तरोत्तर

25. 'अभ्यागत' में कौन-सा उपसर्ग है?
(a) अभि (b) अभ्य
(c) अभय (d) अभा

26. 'अध्ययन' शब्द में कौन-सा उपसर्ग है?
(a) अधि (b) अध्य
(c) अध् (d) अ

27. 'अनारूढ़' शब्द में प्रयुक्त उपसर्ग है
(a) अन (b) अना
(c) अ (d) अन्या

28. 'प्रत्युपकार' शब्द में किस उपसर्ग का प्रयोग हुआ है?
(a) प्रत् (b) प्रति
(c) प्रत्यु (d) प्रत्युप

29. 'सदाचार' में प्रयुक्त उपसर्ग है
(a) सत् (b) सद्
(c) सदा (d) सद

30. 'अपहरण' में प्रयुक्त उपसर्ग है
(a) अ (b) अव
(c) अप (d) अपोह

31. 'आरोहण' में किस उपसर्ग का प्रयोग है?
(a) आ (b) अ
(c) अभि (d) अनु

32. 'दुष्परिणाम' में प्रयुक्त उपसर्ग है
(a) दुर् (b) दुस्
(c) दु (d) दुष्प

33. 'अनुचर' में प्रयुक्त उपसर्ग क्या है?
(a) अनु (b) अप
(c) अव (d) अति

34. 'अवतार' में किस उपसर्ग का प्रयोग हुआ है?
(a) अपि (b) अभि
(c) अव (d) अधि

35. 'बद' उपसर्ग से कौन-सा शब्द निर्मित नहीं है?
(a) बदनाम (b) बदकिस्मत
(c) बेरहम (d) बदहजमी

36. एक भिन्न उपसर्ग के निर्मित शब्द को अलग करें
(a) बेडौल (b) बेकसूर
(c) बेवफा (d) बाकायदा

37. 'सु' उपसर्ग से निर्मित शब्द नहीं है
(a) सुन्दर (b) सुकोमल
(c) सुपात्र (d) सुपाच्य

38. निम्न शब्दों में कौन 'स्व' उपसर्ग से नहीं बना?
(a) स्वतन्त्र (b) स्वदेश
(c) स्वरचित (d) सज्जन

39. 'पाठक' शब्द में किस 'प्रत्यय' का प्रयोग हुआ है?
(a) अक्क (b) अक
(c) आक (d) इव

40. 'घुमक्कड़' शब्द में प्रयुक्त प्रत्यय क्या है?
(a) अक्कड़ (b) अक
(c) आक (d) अ

41. 'दाता' में प्रयुक्त प्रत्यय है
(a) आ (b) आऊ
(c) ता (d) आता

42. 'होनहार' में प्रयुक्त प्रत्यय है
(a) हार (b) अ
(c) अ (d) अहार

43. 'उच्चतम' में किस 'प्रत्यय' का प्रयोग हुआ है?
(a) तर (b) तम
(c) दार (d) इया

44. 'ई' प्रत्यय के लगने से निम्न में किस शब्द का निर्माण नहीं हुआ?
(a) बोली (b) देहाती
(c) गगरी (d) चुनौती

45. भिन्न प्रत्यय प्रयोग से बने शब्द को पृथक् करें
(a) ओजस्वी (b) मेधावी
(c) मायावी (d) विद्यार्थी

46. 'गाह' प्रत्यय के प्रयोग से निम्न में से कौन शब्द नहीं बना?
(a) दरगाह (b) बन्दरगाह
(c) आगाह (d) कब्रगाह

47. 'त्व' प्रत्यय से कौन-सा शब्द निर्मित नहीं है?
(a) कवित्व (b) नेतृत्व
(c) कर्त्तव्य (d) मातृत्व

48. 'जलमय' शब्द में कौन-सा 'प्रत्यय' है?
(a) मय (b) इय
(c) अय (d) च

49. 'महीप' में किस प्रत्यय का प्रयोग हुआ है?
(a) प (b) ईप
(c) आप (d) आयप

50. 'बुढ़ापा' में किस प्रत्यय का प्रयोग है?
(a) आपा (b) पा
(c) अप (d) यापा

51. 'बदबू' में कौन-सा उपसर्ग प्रयुक्त है?
(a) ब (b) बद
(c) बा (d) बे

52. कृत प्रत्यय के मेल से बनने वाले शब्द कहलाते हैं
(a) तद्धित
(b) कृदन्त
(c) समास
(d) कारक

53. 'उज्ज्वल' में कौन-सा उपसर्ग है?
(a) उत् (b) उज्
(c) उ (d) उप

54. संज्ञा के अन्त में लगने वाला प्रत्यय कहलाता है
(a) तद्धित (b) कृदन्त
(c) समाज (d) क्त

55. 'अभ्यर्थी' में कौन-सा उपसर्ग है?
(a) अ (b) अभ्य
(c) अभि (d) अभ

56. किस शब्द में उपसर्ग का प्रयोग हुआ है?
(a) उपकार (b) लाभदायक
(c) पढ़ाई (d) अपनापन

57. 'अनुवाद' में प्रयुक्त उपसर्ग है–
(a) अ (b) अन
(c) अव (d) अनु

58. 'निर्वाह' में प्रयुक्त उपसर्ग है–
(a) नि (b) निः
(c) निर (d) निरि

59. हिन्दी में 'कृत' प्रत्ययों की संख्या कितनी है?
(a) 28 (b) 30
(c) 42 (d) 50

60. 'कृदन्त' प्रत्यय किन शब्दों के साथ जुड़ते हैं?
(a) संज्ञा (b) सर्वनाम
(c) विशेषण (d) क्रिया

उत्तरमाला

1. (d)	2. (b)	3. (d)	4. (b)	5. (a)	6. (b)	7. (c)	8. (a)	9. (b)	10. (a)
11. (d)	12. (c)	13. (c)	14. (b)	15. (b)	16. (a)	17. (a)	18. (a)	19. (a)	20. (d)
21. (a)	22. (a)	23. (d)	24. (a)	25. (a)	26. (a)	27. (a)	28. (b)	29. (b)	30. (c)
31. (a)	32. (b)	33. (a)	34. (c)	35. (c)	36. (d)	37. (a)	38. (d)	39. (b)	40. (a)
41. (c)	42. (a)	43. (b)	44. (d)	45. (d)	46. (c)	47. (c)	48. (a)	49. (b)	50. (a)
51. (b)	52. (b)	53. (a)	54. (a)	55. (c)	56. (a)	57. (d)	58. (c)	59. (c)	60. (d)

❑❑❑

अध्याय 15

संधि

संधि

- निकटवर्ती दो वर्णों के सम्मिलन से जो विकार (परिवर्तन) उत्पन्न हो जाता है उसे संधि कहते हैं अर्थात् संधि पहले शब्द के अन्तिम वर्ण एवं दूसरे शब्द के आदि वर्ण के मेल से होता है; जैसे–

  नव + आगत = नवागत

  नारी + ईश्वर = नारीश्वर

- संधि के नियमों द्वारा मिले वर्णों को पुनः मूल अवस्था में ले जाना संधि विच्छेद कहलाता है। जैसे–

  रजनीश = रजनी + ईश

  दिशांतर = दिशा + अंतर

संधि के प्रकार

- संधि तीन प्रकार की होती है–

  (1) स्वर संधि

  (2) व्यंजन संधि

  (3) विसर्ग संधि

स्वर संधि

- स्वर के साथ स्वर अथवा दो स्वरों के मेल से जो विकार (परिवर्तन) होता है उसे स्वर संधि कहते हैं; जैसे–

  महा + आत्मा = महात्मा

  सूर्य + अस्त = सूर्यास्त

- स्वर संधि मुख्यतः पाँच प्रकार की होती है–

  (i) गुण संधि (ii) दीर्घ संधि

  (iii) वृद्धि संधि (iv) यण संधि

  (v) अयादि संधि

(i) गुण संधि

यदि प्रथम शब्द के अन्त में ह्रस्व अथवा दीर्घ 'अ' हो और दूसरे शब्द के आदि में ह्रस्व अथवा दीर्घ इ, उ, ऋ में से कोई वर्ण हो तो अ + इ = ए, अ + उ = ओ, अ + ऋ = अर् हो जाते हैं। यह गुण संधि कहलाती है; जैसे–

- **अ + इ = ए**

  देव + इन्द्र = देवेन्द्र

  सुर + इन्द्र = सुरेन्द्र

- **आ + इ = ए**

  महा + इन्द्र = महेन्द्र

- **अ + ई = ए**

  सुर + ईश = सुरेश

  नर + ईश = नरेश

  खग + ईश = खगेश

- **आ + ई = ए**

  रमा + ईश = रमेश

  महा + ईश्वर = महेश्वर

  महा + ईश = महेश

- **अ + उ = ओ**

  वीर + उचित = वीरोचित

  मानव + उचित = मानवोचित

- **अ + ऊ = ओ**

  सूर्य + ऊर्जा = सूर्योर्जा

  जल + ऊर्मि = जलोर्मि

- **आ + उ = ओ**

  महा + उदय = महोदय

  महा + उत्सव = महोत्सव

  महा + उष्ण = महोष्ण

- **आ + ऊ = ओ**

  दया + ऊर्मि = दयोर्मि

  महा + ऊर्जा = महोर्जा

  महा + ऊष्मा = महोष्मा

- **अ + ऋ = अर्**

  देव + ऋषि = देवर्षि

  सप्त + ऋषि = सप्तर्षि

- **आ + ऋ = अर्**

  महा + ऋषि = महर्षि

(ii) दीर्घ संधि

ह्रस्व या दीर्घ 'अ', 'इ', 'उ', के पश्चात् क्रमशः ह्रस्व या दीर्घ 'अ', 'इ', 'उ' स्वर आएँ तो दोनों को मिलाकर दीर्घ 'आ', 'ई', 'ऊ' हो जाते हैं; जैसे–

- **अ + अ = आ**

  धर्म + अर्थ = धर्मार्थ

  देव + अर्चन = देवार्चन

- **अ + आ = आ**

  देव + आलय = देवालय

  सत्य + आग्रह = सत्याग्रह

  देव + आगमन = देवागमन

- **आ + अ = आ**
  परीक्षा + अर्थी = परीक्षार्थी
  सीमा + अंत = सीमांत
- **आ + आ = आ**
  महा + आत्मा = महात्मा
  वार्ता + आलाप = वार्तालाप
  महा + आनंद = महानंद
- **इ + ई = ई**
  अति + इव = अतीव
  कवि + इंद्र = कवींद्र
- **इ + इ = ई**
  गिरि + ईश = गिरीश
  परि + ईक्षा = परीक्षा
  हरि + ईश = हरीश
- **ई + इ = ई**
  मही + इंद्र = महींद्र
  योगी + इंद्र = योगींद्र
  लक्ष्मी + इच्छा = लक्ष्मीच्छा
- **ई + ई = ई**
  रजनी + ईश = रजनीश
  योगी + ईश्वर = योगीश्वर
- **उ + उ = ऊ**
  भानु + उदय = भानूदय
  गुरु + उपदेश = गुरूपदेश
  लघु + उत्तर = लघूत्तर
- **उ + ऊ = ऊ**
  लघु + ऊर्मि = लघूर्मि
  सिंधु + ऊर्मि = सिंधूर्मि
  साधु + ऊर्जा = साधूर्जा
- **ऊ + उ = ऊ**
  वधू + उत्सव = वधूत्सव
  वधू + उपकार = वधूपकार
  भू + उद्धार = भूद्धार
- **ऊ + ऊ = ऊ**
  सरयू + ऊर्मि = सरयूर्मि
  भू + ऊष्मा = भूष्मा

(iii) वृद्धि संधि

'अ' या 'आ' के बाद 'ए' या 'ऐ' आए तो दोनों के मेल से 'ऐ' हो जाता है तथा 'अ' और 'आ' के पश्चात् 'ओ' या 'औ' आए तो दोनों के मेल से 'औ' हो जाता है; जैसे-

- **अ + ए = ऐ**
  एक + एक = एकैक
  लोक + एषणा = लोकैषणा
- **अ + ऐ = ऐ**
  मत + ऐक्य = मतैक्य
  धन + ऐश्वर्य = धनैश्वर्य
- **आ + ए = ऐ**
  सदा + एव = सदैव
  तथा + एव = तथैव
- **आ + ऐ = ऐ**
  महा + ऐश्वर्य = महैश्वर्य
  रमा + ऐश्वर्य = रमैश्वर्य
- **अ + ओ = औ**
  वन + ओषधि = वनौषधि
  उष्ण + ओदन = उष्णौदन
  जल + ओस = जलौस
- **अ + ओ = औ**
  महा + ओज = महौज
- **अ + औ = औ**
  परम + औषध = परमौषध
  परम + औदार्य = परमौदार्य
- **आ + औ = औ**
  महा + औदार्य = महौदार्य
  महा + औषधि = महौषधि

अपवाद : अ अथवा आ के आगे ओष्ठ्य शब्द आए तो विकल्प से ओ अथवा औ होता है, जैसे-
बिंब + ओष्ठ = बिबोंष्ठ/बिंबौष्ठ
अधर + ओष्ठ = अधरोष्ठ/अधरौष्ठ

(iv) यण संधि

ह्रस्व अथवा दीर्घ इ, उ, ऋ के बाद यदि कोई इनसे भिन्न स्वर आता है तो इ अथवा ई के बदले य्, उ अथवा ऊ के बदले व्, ऋ के बदले र् हो जाता है, इसे यण संधि कहते हैं; जैसे-

- **इ + अ = य**
  यदि + अपि = यद्यपि
  अधि + अयन = अध्ययन
  अति + अधिक = अत्यधिक
- **इ + आ = या**
  इति + आदि = इत्यादि
  अति + आचार = अत्याचार
  अति + आवश्यक = अत्यावश्यक
- **इ + उ = यु**
  उपरि + उक्त = उपर्युक्त
  अति + उत्तम = अत्युत्तम
  प्रति + उपकार = प्रत्युपकार
- **इ + ऊ = यू**
  नि + ऊन = न्यून
  वि + ऊह = व्यूह
- **इ + ए = ये**
  प्रति + एक = प्रत्येक
  अधि + एषणा = अध्येषणा
- **ई + आ = या**
  देवी + आगमन = देव्यागमन
  सखी + आगमन = सख्यागमन

- **ई + ऐ = ये**
  सखी + ऐश्वर्य = सख्यैश्वर्य
  नदी + ऐश्वर्य = नद्यैश्वर्य
- **उ + अ = व**
  सु + अच्छ = स्वच्छ
  अनु + अय = अन्वय
- **उ + आ = वा**
  सु + आगत = स्वागत
  मधु + आलय = मध्वालय
- **उ + इ = वि**
  अनु + इति = अन्विति
  अनु + इत = अन्वित
- **उ + ए = वे**
  प्रभु + एषणा = प्रभ्वेषणा
  अनु + एषण = अन्वेषण
- **ऊ + आ = वा**
  वधू + आगमन = वध्वागमन
  भू + आदि = भ्वादि
- **ऋ + अ = र**
  पितृ + अनुमति = पित्रनुमति
- **ऋ + आ = रा**
  मातृ + आज्ञा = मात्राज्ञा
  पितृ + आज्ञा = पित्राज्ञा
- **ऋ + इ = रि**
  मातृ + इच्छा = मात्रिच्छा
  पितृ + इच्छा = पित्रिच्छा

(v) अयादि संधि

यदि 'ए', 'ऐ', 'ओ', 'औ' स्वरों का मेल दूसरे स्वरों से हो तो 'ए' का 'अय', 'ऐ' का 'आय्', 'ओ' का 'अव्' तथा 'औ' का 'आव्' के रूप में परिवर्तन हो जाता है; जैसे-

- **ए + अ = अय**
  ने + अन = नयन
  शे + अन = शयन
- **ऐ + अ = आय**
  गै + अक = गायक
- **ओ + अ = अव**
  प्रो + अन = पवन
- **ओ + ई = अवी**
  गो + ईश = गवीश
- **औ + अ = आव**
  पौ + अन = पावन
  पौ + अक = पावक
  भौ + अन = भावन
- **औ + इ = आवि**
  नौ + इक = नाविक
  भौ + इनि = भाविनी
- **औ + उ = आवु**
  भौ + उक = भावुक

नोट : इस संधि का प्रयोग संस्कृत में होता है। इन शब्दों को हिंदी में संधियुक्त नहीं माना जाता। ये शब्द केवल व्यवहृत माने जाते हैं। हिन्दी में इन शब्दों की गिनती रूढ़ शब्दों में होती है।

व्यंजन-संधि

व्यंजन के बाद स्वर या व्यंजन आने से जो परिवर्तन होता है, उसे व्यंजन-संधि कहते हैं; जैसे-

वाक् + ईश = वागीश (क् + ई = गी)
सत् + जन = सज्जन (त् + ज = ज्ज)

नोट : व्यंजन का शुद्ध रूप हल् वाला रूप (जैसे-क् ख् ग्.... होता है।)

व्यंजन-संधि के नियम

वर्ग के पहले वर्ण का तीसरे वर्ण में परिवर्तन : किसी वर्ग के पहले वर्ण (क् च् ट् त् प्) का मेल किसी स्वर अथवा किसी वर्ग के तीसरे वर्ण (ग, ज, ड, द, ब) या चौथे वर्ण (घ, झ, ढ, ध, भ) अथवा अंतःस्थ व्यंजन (य, र, ल, व) के किसी वर्ण से होने पर वर्ग का पहला वर्ण अपने ही वर्ग के तीसरे वर्ण (ग् ज् ड् द् ब्) में परिवर्तित हो जाता है; जैसे-

क वर्ग

वाक् + ईश = वागीश
दिक् + अम्बर = दिगम्बर
दिक् + अन्तर = दिगन्तर
वाक् + जाल = वाग्जाल

च वर्ग

अच् + अन्त = अजन्त
अच् + आदि = अजादि

ट वर्ग

षट् + आनन = षडानन

प वर्ग

सुप् + अन्त = सुबन्त
अप् + ज = अब्ज
अप् + धि = अब्धि

त वर्ग

तत् + इच्छा = तदिच्छा
सत् + आचार = सदाचार
वृहत् + रथ = वृहद्रथ
तत् + रूप = तद्रूप
सत् + आशय = सदाशय
सत् + आनन्द = सदानन्द

वर्ग के पहले वर्ग का पंचम वर्ग में परिवर्तन किसी वर्ग के पहले वर्ण का मेल अनुनासिक वर्ण (वस्तुतः केवल न, म) से हो तो उसके स्थान पर उसी वर्ग का पाँचवा वर्ण (ङ् ञ् ण् न् म्) हो जाता है; जैसे-

क् का ङ् होना : वाक् + मय = वाङ्मय
ट् का ण् होना : षट् + मुख = षण्मुख
त् का न् होना : उत् + मत्त = उन्मत्त
तत् + मय = तन्मय

चित् + मय = चिन्मय
जगत् + नाथ = जगन्नाथ

❑ **'छ' संबंधी नियम–**

वर्ग के पहले वर्ग का पंचम वर्ग में परिवर्तन किसी भी ह्रस्व स्वर या 'आ' का मेल 'छ' से होने पर 'छ' से पहले 'च्' जोड़ दिया जाता है; जैसे–

स्व + छंद = स्वच्छंद
परि + छेद = परिच्छेद
अनु + छेद = अनुच्छेद
वि + छेद = विच्छेद

❑ **त् संबंधी नियम–**

- 'त्' के बाद यदि 'च' 'छ' हो तो 'त्' का 'च्' हो जाता है; जैसे–

उत् + चारण = उच्चारण
जगत् + छाया = जगच्छाया
सत् + चरित्र = सच्चरित्र

- 'त्' या 'द्' के बाद 'ज' अथवा 'झ' हो तो 'त्' या 'द्' के स्थान पर 'ज्' हो जाता है; जैसे–

सत् + जन = सज्जन विपद् + जाल = विपज्जाल
उत् + ज्वल = उज्ज्वल उत् + झटिल = उज्झटिल

- 'त्' या 'द्' के बाद 'ट' या 'ठ' हो तो 'त्' या 'द्' के स्थान पद 'ट्' हो जाता है; जैसे–

तत् + टीका = तट्टीका सत् + टीका = सट्टीका
बृहत + टीका = बृहट्टीका

- 'त्' या 'द्' के बाद 'ड' या 'ढ' हो तो 'त्' या 'द्' के स्थान पर 'ड्' हो जाता है जैसे– उत् + डयन = उड्डयन
- 'त्' या 'द्' के बाद 'ल' हो तो 'त्' या 'द्' के स्थान पर 'ल्' हो जाता है जैसे–

तत् + लीन = तल्लीन उत् + लास = उल्लास
उत् + लंघन = उल्लंघन

- 'त्' 'द्' के बाद 'श्' या 'श' हो तो 'त्' या 'द्' का 'च्' और 'श्/श' का 'छ' हो जाता है; जैसे–

सत् + शास्त्र = सच्छास्त्र तत् + श्रुत्वा = तच्छ्रुत्वा
उत् + श्वास = उच्छ्वास उत् + शृंखल = उच्छृंखल

- 'त्' या 'द्' के बाद 'ह' हो तो 'त्' या 'द्' के स्थान पर 'द्' और 'ह' के स्थान पर 'ध्' हो जाता है। जैसे–

उत् + हार = उद्धार
तत् + हित = तद्धित

❑ **'म' संबंधी नियम-**

- 'म्' का मेल 'क' से 'म' तक के किसी भी व्यंजन वर्ग से होने पर 'म्' उसी वर्ग के पंचमाक्षर (अनुस्वार) में बदल जाता है; जैसे–

सम् + कलन = संकलन
सम् + गति = संगति
सम् + चय = संचय

- 'म्' के बाद 'य', 'र', 'ल', 'व', 'श', 'ष', 'स', 'ह' में कोई वर्ण हो तो 'म्' अनुस्वार में बदल जाता है; जैसे–

सम् + सार = संसार
किम् + वा = किंवा
सम् + हार = संहार

- 'म' के बाद 'म' आने पर कोई परिवर्तन नहीं होता; जैसे–

सम् + मान = सम्मान
सम् + मति = सम्मति

नोट : आजकल सुविधा के लिए पंचमाक्षर के स्थान पर प्रायः अनुस्वार का ही प्रयोग होता है।

- ऋ, र्, ष् के बाद न हो तथा इनके बीच में कई स्वर, क वर्ग, प वर्ग, अनुस्वार य, व, ह आता हो तो न का ण हो जाता है; जैसे–

भर् + अन = भरण
प्र + मान = प्रमाण
राम + अयन = रामायण

❑ **'स' संबंधी नियम–**

'स' से पहले 'अ', 'आ' से भिन्न स्वर हो तो 'स' का 'ष' हो जाता है; जैसे–

वि + सम = विषम
वि + साद = विषाद
सु + समा = सुषमा

विसर्ग संधि

विसर्ग के बाद स्वर या व्यंजन आने पर विसर्ग में जो विकार होता है, उसे विसर्ग-संधि कहते हैं; जैसे–

निः + आहार = निराहार
दुः + आशा = दुराशा
तपः + भूमि = तपोभूमि
मनः + योग = मनोयोग

विसर्ग-संधि के प्रमुख नियम

- यदि विसर्ग के पहले 'अ' और बाद में 'अ' अथवा प्रत्येक वर्ग का तीसरा, चौथा पाँचवाँ वर्ण अथवा 'य', 'र', 'ल', 'व', 'ह' हो तो विसर्ग का 'ओ' हो जाता है; जैसे–

मनः + अनुकूल = मनोनुकूल अधः + गति = अधोगति
तपः + भूमि = तपोभूमि पयः + द = पयोद
पयः + धन = पयोधन मनः + योग = मनोयोग

अपवाद : पुनः एवं अंतः में विसर्ग का र् हो जाता है; जैसे–

पुनः + मुद्रण = पुनर्मुद्रण पुनः + जन्म = पुनर्जन्म
अंतः + धान = अंतर्धान अंतः + अग्नि = अंतरग्नि

- **विसर्ग का 'र्' हो जाता है :** यदि विसर्ग के पहले 'अ', 'आ' को छोड़कर कोई दूसरा स्वर हो और बाद में 'आ', 'उ', 'ऊ' या तीसरा, चौथा, पाँचवाँ वर्ण या 'य', 'र', 'ल', 'व' में से कोई हो तो विसर्ग का 'र्' हो जाता है; जैसे–

निः + आशा = निराशा निः + दय = निर्दय
दुः + दशा = दुर्दशा दुः + गुण = दुर्गुण
निः + जर = निर्जर दुः + जन = दुर्जन
निः + गुण = निर्गुण दुः + भाग्य = दुर्भाग्य
दुः + आत्मा = दुरात्मा निः + आधार = निराधार
निः + उपाय = निरूपाय दुः + नाम = दुर्नाम

- विसर्ग के पहले यदि 'इ' या 'उ' हो और विसर्ग के बाद 'क' 'ख' या 'प' 'फ' हो तो इनके पहले विसर्ग के बदले 'ष' हो जाता है। जैसे–

निः + कपट = निष्कपट दुः + प्रकृति = दुष्प्रकृति
निः + पाप = निष्पाप दुः + कर = दुष्कर
नि + पंक = निष्पंक दुः + खचित = दुष्खचित

- विसर्ग के बाद 'च' या 'छ' हो तो विसर्ग का 'श्' हो जाता है। यदि बाद में 'ट्' या 'ठ्' हो तो 'ष्' और 'त्' या 'थ' हो तो 'स्' हो जाता है; जैसे-

नि: + छल = निश्छल | नि: + चल = निश्छल
क: + चित् = कच्छित | दु: + ट = दुष्ट
धनु: + टंकार = धनुष्टंकार | मन: + ताप = मनस्ताप
नि: + चय = निश्चय | नि: + तेज = निस्तेज
नि: + चेष्ट = निष्चेष्ट | दु: + तर = दुस्तर
तत: + ठकार = ततष्ठकार | नि: + तार = निस्तार

- यदि विसर्ग के पहले कोई स्वर हो और बाद में 'च', 'छ' या 'श' हो तो विसर्ग का 'श्' हो जाता है; जैसे-

नि: + चिंत = निश्चिंत
नि: + छल = निश्छल
दु: + शासन = दुश्शासन
दु: + चरित्र = दुश्चरित्र

- यदि विसर्ग के बाद 'र' हो तो विसर्ग लुप्त हो जाता है और उसके पहले का स्वर दीर्घ हो जाता है; जैसे-

नि: + रोग = नीरोग
नि: + रस = नीरस

- यदि विसर्ग से पहले 'अ' या 'आ' हो और विसर्ग के बाद कोई भिन्न स्वर हो तो विसर्ग का लोप हो जाता है; जैसे-

अत: + एव = अतएव

- विसर्ग में परिवर्तन न होना: यदि विसर्ग के पूर्व 'अ' हो तथा बाद में 'क' या 'प' हो तो विसर्ग में परिवर्तन नहीं होता है; जैसे-

प्रात: + काल = प्रात:काल
अंत: + करण = अंत:करण

नोट-परन्तु कुछ शब्दों में विसर्ग का स हो जाता है जैसे-

पुर: + कार = पुरस्कार
तिर: + कार = तिरस्कार
नम: + कार = नमस्कार

- यदि विसर्ग के बाद 'छ' हो तो विसर्ग लुप्त हो जाता है और 'च' का आगम हो जाता है; जैसे-

अनु: + छेद = अनुच्छेद
छत्र: + छाया = छत्रच्छाया

प्रश्नमाला

1. 'तल्लीन' शब्द का संधि विच्छेद होगा–
(a) तव + लीन (b) तल + लीन
(c) तत: + लीन (d) तत् + लीन

2. 'सदैव' शब्द में कौन-सी संधि है?
(a) यण संधि
(b) व्यंजन संधि
(c) वृद्धि संधि
(d) गुण संधि

3. 'वाग्जाल' का संधि विच्छेद होगा–
(a) वाक् + जाल (b) वाक + जाल
(c) वाग् + जाल (d) वाग: + जाल

4. 'द्वावपि' का संधि-विच्छेद होगा-
(a) द्व + आवपि
(b) द्वौ + अपि
(c) दव + अयापि
(d) इनमें से कोई नहीं

5. 'अत्यधिक' का शुद्ध संधि-विच्छेद क्या है?
(a) अत्य + धिक
(b) अति + अधिक
(c) अती + अधिक
(d) अत्यधि + क

6. निम्नलिखित में से कौन-सी विसर्ग संधि है?
(a) निरन्तर (b) दिग्गज
(c) जगदीश (d) महीश

7. 'इति + आदि' = इत्यादि में कौन-सी संधि है?
(a) यण संधि (b) दीर्घ संधि
(c) गुण संधि (d) अयादि संधि

8. 'मनोहर' शब्द में संधि है-
(a) स्वर संधि (b) विसर्ग संधि
(c) व्यंजन संधि (d) दीर्घ संधि

9. निम्नलिखित में से एक कथन गलत है :
(a) संधि में दो पक्षों का मेल होता है।
(b) संधि तोड़ने को 'विच्छेद' कहते हैं।
(c) समास में पदों के प्रत्यय समाप्त कर दिए जाते हैं।
(d) समास तोड़ने को 'विग्रह' कहते हैं।

10. निम्नलिखित में से एक कथन गलत है :
(a) दो वर्णों के मेल से होने वाले विकार को संधि कहते हैं।
(b) दो स्वरों के मेल से उत्पन्न विकार को स्वर संधि कहते हैं।
(c) व्यंजन से स्वर अथवा व्यजंन के मेल से उत्पन्न विकार को व्यंजन संधि कहते हैं।
(d) विसर्ग के साथ विसर्ग के मेल से उत्पन्न विकार को विसर्ग संधि कहते हैं।

11. 'पुरस्कार' में कौन-सी संधि है?
(a) स्वर-संधि
(b) व्यंजन संधि
(c) विसर्ग संधि
(d) इनमें से कोई नहीं

12. निम्नलिखित में से कौन-सा व्यंजन संधि का उदाहरण है?
(a) सदैव (b) मनोरथ
(c) निर्गुण (d) सदाचार

13. 'मृत्यु + उपरांत' में संधि करने से एक शब्द निर्मित होगा :
(a) मृत्युपरांत (b) मृत्योपरांत
(c) मृत्युपर्यन्त (d) मर्त्योपरांत

14. 'अनधिकृत' शब्द का संधि-विग्रह होगा:
(a) अन + अधिकृत
(b) अन् + अधिकृत
(c) अन्य + अधिकृत
(d) अन्नधि + कृतं

15. 'कपि + ईश' का सही संधि-संयोजन कीजिए।
(a) कपिश (b) कपीश
(c) कपेश (d) कपिशि

16. 'विसर्ग' के साथ स्वर अथवा व्यंजन के संयोग से जो विकार उत्पन्न होता है, उसे किस संधि के नाम से जानते हैं?
(a) स्वर संधि (b) व्यंजन संधि
(c) विसर्ग संधि (d) इनमें से कोई नहीं

17. 'परोपकार' शब्द का संधि-विच्छेद होगा-
(a) परा + उपकार
(b) परो + पकार
(c) परोप + कार
(d) पर + उपकार

18. 'मन: + रमा' में संधि करने से जो शब्द बनेगा, उसका संबंध किस संधि से होगा?
(a) विसर्ग संधि (b) स्वर संधि
(c) व्यंजन संधि (d) भाव संधि

19. 'चन्द्रोदय' में कौन-सी संधि है?
(a) यण संधि (b) दीर्घ संधि
(c) वृद्धि संधि (d) गुण संधि

20. निम्नलिखित में से 'वृद्धि स्वर संधि' किस शब्द में है?
(a) रजनीश (b) महौषध
(c) यतीन्द्र (d) शोधार्थी

21. 'सदाशय' का सही संधि-विच्छेद होगा:
(a) सद + आशय (b) सतत + आशय
(c) सत् + आशय (d) सदा + आशय

22. निम्नलिखित में यह संधि-विच्छेद सही है –
(a) परम + आत्मा (b) परम + आत्म
(c) परमा + आत्मा (d) पर + मात्मा

23. निम्नलिखित विकल्पों में यह शुद्ध है-
(a) पर + अधीन
(b) पर + आधीन
(c) पर + अधीना
(d) परा + आधीन

24. 'उच्चारण' का सही संधि विच्छेद है–
(a) उच्च + चारण
(b) उत + चारण
(c) उच् + चारण
(d) उत् + चारण

25. 'महाशय' शब्द का सही संधि विच्छेद है–
(a) महः + आशय
(b) मह + आशय
(c) महा + आशय
(d) महाश् + अय

26. 'पावन' शब्द का सही संधि विच्छेद है–
(a) प + अवन (b) पा + आवन
(c) पाव् + अन (d) पौ + अन

27. 'उल्लास' शब्द का सही संधि विच्छेद होगा–
(a) उत् + लास
(b) उल् + लास
(c) उल + लास
(d) उल्ल + आस

28. निम्नलिखित में 'यण' संधि कौन सी है?
(a) यद्यपि (b) एकैक
(c) सदैव (d) महौजस्वी

29. निम्नलिखित में से 'वृद्धि स्वर संधि' कौन सी है?
(a) पृथ्वीश (b) विद्यार्थी
(c) महीन्द्र (d) महौषध

30. 'अतएव' शब्द का सही संधि विच्छेद है–
(a) अत + एव (b) अति + एव
(c) अती + एव (d) अतः + एव

31. 'पवन' शब्द में कौन-सी संधि है–
(a) गुण संधि (b) यण संधि
(c) अयादि संधि (d) वृद्धि संधि

32. 'उज्ज्वल' में प्रयुक्त संधि है–
(a) गुण संधि (b) व्यंजन संधि
(c) विसर्ग संधि (d) दीर्घ संधि

33. 'उड्डयन' की शुद्ध संधि है–
(a) उत् + डयन (b) उत + डयन
(c) उत् + ड्यन (d) इनमें से कोई नहीं

34. 'अन्वेषण' का शुद्ध संधि-विच्छेद है–
(a) अन्वेष + ण (b) अन्वे + षण
(c) अनु + वेषण (d) अनु + एषण

35. 'यण् संधि' का सम्बन्ध किस संधि विशेष से है–
(a) व्यंजन संधि (b) विसर्ग संधि
(c) स्वर संधि (d) दीर्घ संधि

36. नवोढ़ा का संधि विच्छेद है-
(a) नव + उढ़ा (b) नवो + ढ़ा
(c) नव + ऊढ़ा (d) न + ओढ़ा

37. 'जगन्नाथ' शब्द में सही संधि है–
(a) स्वर संधि (b) विसर्ग संधि
(c) व्यंजन संधि (d) इनमें से कोई नहीं

38. 'व्याप्त' में संधि है-
(a) गुण संधि
(b) दीर्घ संधि
(c) यण संधि
(d) अयादि संधि

39. उन्नति-
(a) उन् + नति (b) उत् + नति
(c) उन्न + ति (d) उ + नति

40. मनोहर-
(a) मनः + हर (b) मनो + हर
(c) मन + ओहर (d) मनोह + र

41. जगदीश-
(a) जगत् + ईश (b) जगत + ईश
(c) जगद् + ईश (d) जगद + ईश

42. संविधान-
(a) सं + विधान (b) संवि + धान
(c) सम् + विधान (d) कोई नहीं

43. प्रतिच्छवि-
(a) प्रति + च्छवि (b) प्रति + छवि
(c) प्र + छवि (d) प्राति + चवि

44. प्रणाम-
(a) प्र + मान (b) प्र + नाम
(c) प्रणा + म (d) प्रो + णाम

45. प्रत्यक्ष-
(a) प्रति + अक्ष (b) प्रति + अक्षि
(c) प्र + त्यक्ष (d) प्रत्य + अक्ष

46. स्वेच्छा-
(a) सु + इच्छा (b) स्वे + इच्छा
(c) स्व + इच्छा (d) कोई नहीं

47. सरोज-
(a) स + रोज (b) सरः + ज
(c) सरो + ज (d) सर + ओज

48. संस्कृति-
(a) सं + स्कृति (b) सम् + कृति
(c) सं + कृति (d) सस् + कृति

49. यशोदा-
(a) यशो + दा (b) यश + दा
(c) यशः + दा (d) य + शोदा

50. 'इत्यादि' शब्द का सही संधि विच्छेद होगा–
(a) इति + आदि (b) इत्य + आदि
(c) इति + यादि (d) इत + आदि

उत्तरमाला

1. (d)	2. (c)	3. (a)	4. (b)	5. (b)	6. (a)	7. (a)	8. (b)	9. (a)	10. (d)
11. (c)	12. (d)	13. (a)	14. (b)	15. (b)	16. (c)	17. (d)	18. (a)	19. (d)	20. (b)
21. (c)	22. (a)	23. (a)	24. (d)	25. (c)	26. (d)	27. (a)	28. (a)	29. (d)	30. (d)
31. (c)	32. (b)	33. (a)	34. (d)	35. (c)	36. (c)	37. (c)	38. (c)	39. (b)	40. (a)
41. (a)	42. (c)	43. (b)	44. (a)	45. (a)	46. (a)	47. (b)	48. (b)	49. (c)	50. (a)

❑❑❑

अध्याय

16

समास

समास

दो या दो से अधिक शब्दों का संक्षेप करके एक शब्द बनाना समास कहलाता है। समास के बाद बना शब्द समस्त पद कहलाता है।

समास का विग्रह

समास के विग्रह का अर्थ है समास के उन सभी शब्दों, कारक-चिन्हों आदि को पुनः ले आना जिनका लोप करके समास बनाया गया था; जैसे- **चरणकमल** समास का विग्रह होगा-**कमल के समान चरण**। यहाँ 'के समान' शब्दों का लोप करके चरणकमल शब्द बनाया गया था। समास-विग्रह करते समय दो बातों का विशेष ध्यान रखने की आवश्यकता है-

(1) समास में विद्यमान शब्दों एवं लुप्त हुए शब्दों को इस प्रकार प्रस्तुत करना कि समास का वास्तविक अर्थ स्पष्ट हो सके; जैसे चरणकमल का विग्रह- चरण के नीचे कमल, चरण में कमल, चरण और कमल, चरण के समान कमल आदि अर्थ नहीं कर सकते, क्योंकि चरणकमल का यह आशय नहीं है, अतः कमल के समान चरण ही सही विग्रह होगा।

(2) समास विग्रह में यथासंभव समास के मूल शब्दों का ही प्रयोग करना चाहिए, उनके समानार्थक शब्दों का नहीं; जैसे- चरणकमल का विग्रह कमल के समान पाँव या अरविंद के समान चरण नहीं करना चाहिए। समास-विग्रह के मायने समास का शब्दार्थ करना नहीं है बल्कि उसमें विद्यमान तथा समास बनाने की प्रक्रिया में गायब हुए शब्दों को पुनः ज्यों का त्यों उपस्थित कर देना है ताकि यह बताया जा सके कि यह समास मूलतः इन शब्दों से बना है। यद्यपि कुछ समासों में उन्हीं शब्दों का प्रयोग करने से अर्थ स्पष्ट नहीं होता, ऐसी स्थिति में अन्य समानार्थक शब्द का प्रयोग भी करना पड़ता है; जैसे-यथाशक्ति में 'यथा' के लिए 'अनुसार' शब्द का प्रयोग करते हुए 'शक्ति के अनुसार' विग्रह करना पड़ता है, न कि 'शक्ति के यथा'।

समास के भेद

समास में प्रायः दो शब्दों का योग होता है। उन दो शब्दों में से किसी एक शब्द का अर्थ प्रमुख होता है। अर्थ की इसी प्रधानता के आधार पर समास के चार भेद होते हैं। जिस समास में पहला शब्द अर्थ की दृष्टि से प्रमुख हो उसे **अव्ययी भाव**, जिसमें दूसरे पद का अर्थ प्रमुख हो **तत्पुरुष**, जिसमें दोनों ही शब्दों के अर्थ समान रूप से प्रधान हों उसे **द्वंद्व** और जिसमें दोनों ही शब्दों के मूल अर्थों से भिन्न कोई तीसरा अर्थ निकले वह **बहुब्रीहि** समास कहलाता है।

बहुब्रीहि समास मूलतः अपनी शाब्दिक संरचना में तो अव्ययभावी, द्वंद्व या तत्पुरुष होता है किंतु विशिष्ट अर्थ देने के कारण यह बहुब्रीहि बनता है। अतः प्रतिकूल (कूल के विपरीत अर्थात् विरोधी) अव्ययभाव की, **लंबोदर** (लंबा है उदर जिसका-गणेश) तत्पुरुष की एवं **लीपा-पोती** (लीपना और पोतना-असलियत को छिपाना) **द्वंद्व** समास की संरचना लिए हुए हैं, किंतु ये विशिष्ट अर्थ देने के कारण बहुब्रीहि समास ही हैं। समास के प्रमुख भेद इस प्रकार हैं-

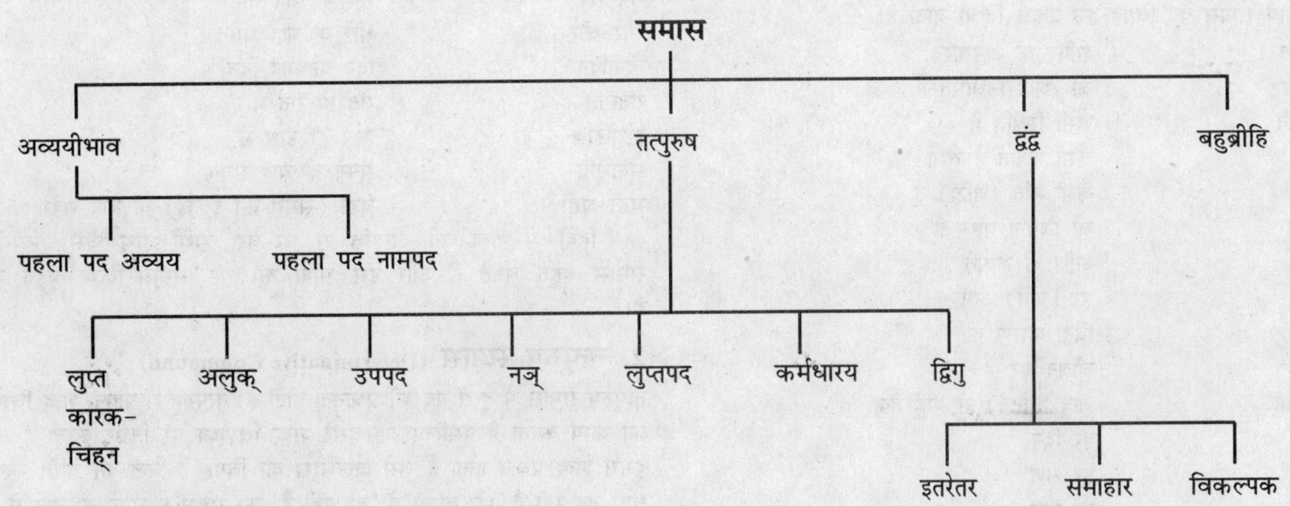

1. अव्ययीभाव समास (Adverbial Compound)

अव्ययीभाव का अर्थ है-जो समास पद अव्यय का भाव दे, अव्यय की तरह काम करे, अर्थात् अपना रूप सदैव एक ही रखे, उसे अव्ययी भाव समास कहते हैं। अव्ययीभाव समास में प्रायः पहला शब्द अव्यय होता है (अव्यय शब्द का आशय उस शब्द से है जिसका भाषा-प्रयोग में रूप सदैव एक जैसा होता है, उसके रूप में कोई व्यय नहीं होता, परिवर्तन नहीं होता); जैसे-**यथासंभव, प्रतिदिन** समासों में पहला शब्द **यथा** तथा **प्रति** अव्यय शब्द हैं तथा दूसरे वाले शब्द (संभव, दिन) की तुलना में इनका अर्थ भी प्रधान है, जैसे-यथासंभव-जैसा संभव हो सके। यहाँ संभव हो सकने का भाव जैसा पर निर्भर करता है; अतः पहले शब्द का ही अर्थ प्रधान है। समासों के भेद के लिए यह पद-प्रधानता एवं पद के स्थान का आधार संस्कृत व्याकरण में पाणिनि के समय से ही चला आया है किंतु इसमें इतने अपवाद हैं कि यह भ्रांति उत्पन्न करता है। जैसे-जिसका मुख अरविंद के समान है, इसे **मुखारविंद** भी कह सकते हैं और **अरविंदमुख** भी कह सकते हैं। यहाँ शब्द-क्रम बदल गया किंतु समास तो कर्मधारय ही है, क्योंकि शब्दों का संबंध वही है। इसी प्रकार अव्ययीभाव समास में यह संभव है कि पहला पद प्रधान नहीं हो या दोनों ही पद प्रधान नहीं हों बल्कि कोई भी पद अव्यय न हो और फिर भी सारा पद अव्यय का भाव रखता हो; जैसे-हाथों-हाथ, घड़ी-घड़ी, पहले-पहल, पल-पल आदि। अतः समास के विभाजन का मुख्य आधार या तो समास में शब्दों का आपसी संबंध है या फिर समास में शब्द की भूमिका, न कि समास में शब्द का स्थान।

हिंदी में अव्ययों से बने हुए कुछ ऐसे शब्द भी हैं जिनके रूप बदल जाते हैं अर्थात् वे अव्ययभावी नहीं रहते; जैसे-**प्रतिध्वनि** के अलावा **प्रतिध्वनियाँ, प्रतिध्वनियों** रूप भी चलते हैं। इसी तरह **प्रतिस्पर्धा, प्रतिबिंब, प्रतियोगिता** आदि शब्द भी अव्ययभावी नहीं रह गए हैं।

संस्कृत में उपसर्गों को अव्यय पदों में सम्मिलित किया गया है, इसलिए उपसर्गों से बने शब्द भी अव्ययीभाव समास होते हैं। दरअसल समास में उपसर्ग भी अर्थ की दृष्टि से वही महत्वपूर्ण भूमिका निभाता है जो एक स्वतंत्र शब्द निभाता है। एक उपसर्ग भी उस शब्द के अर्थ को पूरी तरह बदलकर रख देता है जैसे एक अन्य स्वतंत्र शब्द करता है, अतः समास पदों के निर्माण में उपसर्गों को भी अन्य पदों के समान ही दर्जा दिया गया है। अव्ययीभाव समास दो प्रकार के होते हैं-(1) अव्ययपद पूर्व (2) नामपद पूर्व। संस्कृत के अव्ययीभाव समास हिंदी में ज्यों-के-त्यों आ गए हैं, कुछ अव्ययीभाव समास हिंदी में भी बनाए गए है। अव्ययीभाव समास का विग्रह इस प्रकार किया जाता है।

यथाशक्ति	शक्ति के अनुसार
यथास्थान	जो स्थान निर्धारित है
यथास्थिति	जैसी स्थिति है
यथोचित	जैसा उचित है वैसा
यथामति	जैसी मति (बुद्धि) है
यथायोग्य	जो जितना योग्य है
समक्ष	अक्षि के सामने
प्रत्यंग	हर (प्रति) अंग
अकारण	बिना कारण के
आजीवन	जीवन भर
आजानुबाहु	जानु (घुटने) से बाहु तक
प्रतिदिन	हर दिन
प्रतिक्षण	हर क्षण
प्रत्येक	हर एक
आकंठ	कंठ तक
परोक्ष	अक्षि से परे (परः+अक्षि)
आजन्म	जन्म से
अनुरूप	जैसा रूप है वैसा
निर्विकार	बिना विकार के
निडर	जो डरता न हो
बेखटके	बिना खटके के (निर्भयता से)
नासमझ	बिना समझ के
विशुद्ध	विशेष (वि) रूप से शुद्ध
लाजवाब	जिसका जवाब न हो
भरसक	सक (सामर्थ्य) भर
अनुगमन	गमन के पीछे गमन
हर रोज़	प्रत्येक रोज़
निकम्मा	काम न करने वाला
अत्यधिक	अधिक से अधिक
अतिवृष्टि	वृष्टि की अति
अत्यंत	अंत से भी अधिक परे
प्रतिशत	प्रत्येक शत (सैंकड़ा)
प्रत्यारोप	आरोप के बदले आरोप
प्रतिहिंसा	हिंसा के बदले हिंसा

पहला पद नामपद

पहला पद नामपद समास में पहला पद अव्यय या उपसर्ग न होकर संज्ञा या विशेषण शब्द होता है। हिंदी में ऐसे समासों का प्रयोग बहुत होता है। यहाँ उल्लेखनीय बात यह है कि ये संज्ञा-विशेषण शब्द अन्यत्र तो लिंग वचन-कारक में अपना रूप बदल लेते हैं किंतु अव्ययीभाव समास में आने पर उनका रूप स्थिर रहता है। इन समासों का विग्रह कुछ भिन्न ढंग से होता है-

नित्यप्रति	जो नित्य हो
कथनानुसार	कथन के अनुसार
साफ-साफ	साफ के बाद साफ
अंतर्व्यथा	मन के अंदर (अंतः) की व्यथा
एक-एक	एक के बाद एक
भागमभाग	भागने के बाद भागना
बीचों-बीच	बीच के भी बीच में
घर-घर	घर के बाद घर,
मंद-मंद	मंद के बाद मंद
धीरे-धीरे	धीरे के बाद धीरे
दिनोंदिन	दिन के बाद दिन
रातोंरात	रात ही रात में
हाथोंहाथ	हाथ ही हाथ में
सुनासुनी	सुनने के बाद सुनना
घड़ी-घड़ी	घड़ी (समय की इकाई) के बाद घड़ी

हिंदी में शब्द की आवृत्ति से घर-घर, हाथों हाथ जैसे अव्ययीभाव समास बहुत बनते हैं और इस भाषा की यह समास-क्रिया बहुत समृद्ध है।

2. तत्पुरुष समास (Determinative Compound)

तत्पुरुष समास में दूसरे पद की प्रधानता होती है। तत्पुरुष में पहला शब्द **विशेषण** का कार्य करता है इसलिए वह दूसरे शब्द **विशेष्य** पर निर्भर करता है अर्थात् दूसरा शब्द प्रधान होता है जैसे **जलधारा** का विग्रह है-जल की धारा। जल की धारा बह रही है, इस वाक्य में 'बह रही है' का संबंध **धारा** से है **जल** से नहीं। बह रही क्रिया स्त्रीलिंग में है धारा के कारण। अतः यहाँ बाद वाले शब्द **धारा**

की प्रधानता है, इसलिए यह तत्पुरुष समास है। तत्पुरुष समास का लिंग-वचन अंतिम पद के अनुसार ही होता है। तत्पुरुष समास के निम्नांकित भेद हैं-(क) लुप्त कारक चिह्न, (ख) अलुक्, (ग) उपपद, (घ) नञ्, (ङ) लुप्त पद, (च) कर्मधारय एवं (छ) द्विगु।

(क) लुप्त कारक-चिह्न तत्पुरुष

लुप्त कारक-चिह्न तत्पुरुष में दोनों शब्दों के बीच आने वाले कारक-चिह्नों-को, से, के लिए, का/के/की, में, पर-का लोप हो जाता है। **विग्रह करते समय इन कारक-चिह्नों को पुनः जोड़ देते हैं।** कर्ता और संबोधन कारक को छोड़कर शेष कारकों-कर्म, करण, संप्रदान, अपादान, संबंध अधिकरण के लोप के चिह्नों के आधार पर इनके भेद इस प्रकार हैं-

कर्म तत्पुरुष

कर्म के कारक-चिह्न-**को** का लोप होने से बनने वाला समास; **जैसे-**

विरोधजनक	विरोध को जन्म देने वाला
स्वर्गप्राप्त	स्वर्ग को प्राप्त
शरणागत	शरण को आया हुआ
चिड़ीमार	चिड़ी को मारने वाला
मुँहतोड़	मुँह को तोड़ने वाला
जगसुहाता	जग को सुहाने वाला
विदेशगमन	विदेश को गमन

करण तत्पुरुष

करण कारक के चिह्न-से, के द्वारा के लोप से बनने वाला समास-

अकालपीड़ित	अकाल से पीड़ित
तुलसीकृत	तुलसीदास द्वारा कृत
मदांध	मद से अंधा
धर्मांध	धर्म से अंधा
श्रमसाध्य	श्रम से साध्य
रेखांकित	रेखा के द्वारा अंकित
हस्तलिखित	हस्त द्वारा लिखित
अश्रुपूर्ण	अश्रु से पूर्ण
दोषपूर्ण	दोष से पूर्ण

संप्रदाय तत्पुरुष

सम्प्रदाय के कारक-चिह्न-के लिए-के लोप से बनने वाला समास-

देशभक्ति	देश के लिए भक्ति
सभामंडप	सभा के लिए मंडप
रसोईघर	रसोई के लिए घर
मेज़पोश	मेज़ के लिए पोश
डाकगाड़ी	डाक के लिए गाड़ी
विद्यालय	विद्या के लिए आलय

अपादान तत्पुरुष

अपादान कारक चिह्न-से (अलग होने के अर्थ में) के लोप से बनने वाला समास-

पापमुक्त	पाप से मुक्त
कर्तव्यच्युत	कर्तव्य से च्युत
सत्ताच्युत	सत्ता से च्युत
लोकोत्तर	लोक से उत्तर (परे)
लक्ष्यभ्रष्ट	लक्ष्य से भ्रष्ट
कर्तव्यविमुख	कर्तव्य से विमुख

संबंध तत्पुरुष

संबंध कारक चिह्न-का, के, की-के लोप से बनने वाला समास-

कर्मयोग	कर्म का योग
राजसभा	राजा की सभा
चर्मरोग	चर्म का रोग
जलधारा	जल की धारा
प्राणदान	प्राणों का दान

अधिकरण तत्पुरुष

अधिकरण कारक चिह्न-में, पर-के लोप से बनने वाला समास-

आत्मनिर्भर	आत्म पर निर्भर
कविराज	कवियों में राजा
कविवर	कवियों में वर (श्रेष्ठ)
सिरदर्द	सिर में दर्द
पुरुषसिंह	पुरुषों में सिंह
नरोत्तम	नरों में उत्तम
कानाफूसी	कान में फुसफुसाहट
वाग्वीर	वाक् (बोलने) में वीर
वाक्चातुर्य	वाक् में चातुर्य
ईश्वराधीन	ईश्वर पर अधीन
भगवल्लीन	भगवत् में लीन

(ख) अलुक् तत्पुरुष

जिस समाज में पहले शब्द के बाद कारक्-चिह्न, किसी-न-किसी रूप में विद्यमान रहता है, उसे अलुक् तत्पुरुष कहते हैं। 'मृत्युंजय' में पहला शब्द केवल मृत्यु नहीं है, 'मृत्युम्' है अर्थात् संस्कृत के कर्म कारक की विभक्ति म् मौजूद है, अतः मृत्युंजय अलुक् तत्पुरुष है।

इनके विग्रह हिंदी में इस प्रकार होते हैं-

मृत्युंजय	मृत्यु को जय करने वाला
बृहस्पति	बृहत् है जो पति (गुरु)
कर्मणप्रयोग	कर्म से संबंधित प्रयोग
ठेकेदार	ठेके का दार (करने वाला)
धनंजय	धन (कुबेर) को जय करने वाला

(ग) उपपद तत्पुरुष

ऐसे समास जिनका बादवाला शब्द भाषा में स्वतंत्र रूप से प्रयुक्त नहीं होता और प्रत्यय की तरह किसी अन्य शब्द के साथ ही आता है; जैसे-कार, चर, ज आदि शब्द स्वतंत्र रूप से प्रयोग में नहीं आते किंतु समास शब्दों के निर्माण में सहायक होते हैं। इनमें दिनकर, जलज, जलद, स्वर्ग, तटस्थ, नभचर, खग, महीप, स्वस्थ आदि शब्द विशिष्ट अर्थ रखने के कारण बहुब्रीहि भी है।

स्वर्णकार	स्वर्ण का काम करने वाला
दिनकर	दिन को करने वाला (बहुब्रीहि)
जलचर	जल में विचरण करने वाला
कृतघ्न	कृत (उपकार) को नष्ट करने वाला
स्वर्ग	स्वयं गमन करना
तटस्थ	तट पर स्थित रहने वाला (बहु)
कष्टप्रद	कष्ट को प्रदान करने वाला
फलदायी	फल को देने वाला
शक्तिदायक	शक्ति को देने वाला

(घ) नञ् तत्पुरुष

संस्कृत में निषेध आदि के अर्थ में पूर्वपद न या अन् लगाकर नञ् तत्पुरुष समास बनते हैं। ऐसे शब्दों (न, अन्) को गति शब्द कहा जाता है। इनके विग्रह के उदाहरण इस प्रकार हैं-

अकारण	न कारण
असत्य	न सत्य
अनाथ	न नाथ के
अनजान	न जाना हुआ
अचेतन	न चेतन

(ङ) लुप्तपद तत्पुरुष

किसी समास में न केवल कारक चिह्न बल्कि पद के पद ही लुप्त हो जाएँ तो वह लुप्तपद तत्पुरुष कहलाता है, उसका विग्रह इस प्रकार होता है-

बैलगाड़ी	बैल से चलने वाली गाड़ी
मालगाड़ी	माल को ढोने वाली गाड़ी
वनमानुष	वन में रहने वाला मानुष
पर्णशाला	पर्ण (घास) से बनी हुई शाला
व्यर्थ	जिसका अर्थ चला गया है
मधुमक्खी	मधु एकत्र करने वाली मक्खी

(च) कर्मधारय तत्पुरुष समास

कर्मधारय तत्पुरुष समास को तत्पुरुष से स्वतंत्र कर्मधारय समास के रूप में माना जाता है, किंतु कर्मधारय, समास में भी दूसरे पद का अर्थ प्रधान होता है, अतः वह तत्पुरुष समास ही है और तत्पुरुष समास का एक उपभेद है। कर्मधारय तत्पुरुष में पहला पद विशेषण अथवा उपमान (जिसके द्वारा उपमा दी जाए) होता है तथा दूसरा पद विशेष्य अथवा उपमेय होता है। यद्यपि पद तो आगे-पीछे होते रहते हैं किंतु उनमें विशेषण-विशेष्य तथा उपमान-उपमेय (उपमेय-जिसकी तुलना की जाए) का संबंध अवश्य रहता है। विशेषण-विशेष्य के कुछ उदाहरण इस प्रकार हैं-

नीलोत्पल	नील है जो उत्पल (कमल)
नीलकमल	नील है जो कमल
महासागर	महान् है जो सागर
महापुरुष	महान् है जो पुरुष
शुभागमन	शुभ है जो आगमन
नवयुवक	नव हैं जो युवक
सदाशय	सत् है जिसका आशय
सद्भावना	सत् है जो भावना
बड़भागी	बड़ा है जिसका भाग्य
कापुरुष	कायर है जो पुरुष
सन्मार्ग	सत् है जो मार्ग
सज्जन	सत् हैं जो जन
वीरबाला	वीर है जो बाला

कुछ ऐसे कर्मधारय समास हैं जिनमें दोनों ही पद विशेषण होते हैं तथा उस समास में विशेष्य नहीं होता; जैसे-

देवर्षि	जो देव है जो ऋषि है
कालास्याह	जो काला है जो स्याह (काला) है
हरासघन	जो हरा है जो सघन है
राजर्षि	जो राजा है जो ऋषि है
पीलाजर्द	जो पीला है जो ज़र्द (पीला) है

उपमेय-उपमान कर्मधारय तत्पुरुष

कर्मधारय पुरुष का एक प्रकार यह भी है, जिसमें एक शब्द उपमेय (जिसकी तुलना की जाए) होता है और दूसरा पद उपमान (जिससे तुलना की जाए)। सामान्यतः 'के समान' आदि शब्द लगाकर तुलना की जाती है; जैसे-चंद्रमा के समान मुख, इसका समास बनेगा-चंद्रमुख। इस प्रकार तुलना करने को उपमा देना कहते हैं। इसमें पहला शब्द उपमान होता है और दूसरा शब्द उपमेय होता है जिसके कुछ उदाहरण इस प्रकार हैं-

कमलाक्ष	कमल के समान अक्षि (आँखें)
सिंधुहृदय	सिंधु के समान हृदय
कमलनयन	कमल के समान नयन
तुषारधवल	तुषार (बर्फ) के समान धवल

उपमेय की उपमान से तुलना करने के अलावा उपमेय पर उपमान का आरोप भी किया जाता है, उन्हें समान मानने के बजाय एक ही मान लिया जाता है, जिसे रूपक कहा जाता है। रूपक वाले समासों में पहला शब्द उपमेय होता है और दूसरा शब्द उपमान होता है, जैसे-चंद्र रूपी मुख या मुख जो चंद्र ही है, जिसका समास होगा-**मुखचंद्र**। **'मुखचंद्र'** का विग्रह इस तरह से किया जा सकता है-'मुख जो चंद्र के समान है'। यद्यपि पहले प्रकार के विग्रह के कारण उस समास को **'रूपक कर्मधारय'** कहते हैं व दूसरे प्रकार के समास को **'उपमित कर्मधारय'** कहते हैं। किन्तु सामान्यतौर पर तीनों ही तरह से विग्रह किया जा सकता है। केवल संदर्भ स्पष्ट होने पर ही विग्रह निश्चित किया जा सकता है। उदाहरण इस प्रकार हैं-

करकमल	कमल रूपी कर
देहलता	लता रूपी देह
नरशार्दूल	शार्दूल रूपी नर
क्रोधाग्नि	अग्नि रूपी क्रोध
मुखचंद्र	चंद्र रूपी मुख

(छ) द्विगु तत्पुरुष समास

जिस समास में पहला पद संख्यावाचक विशेषण हो और पूरा समास समाहार (समूह) का बोध कराए उसे द्विगु समास कहते हैं, जैसे-एकांकी। द्विगु एक की संख्या से भी बन सकता है क्योंकि एक तो पहला पद संख्यावाचक है, दूसरे, अर्थ की दृष्टि से पूरे समास की वैसी ही अन्विति होती है, जैसी एक से अधिक की संख्या होने पर होती है। द्विगु समास का विग्रह इस प्रकार किया जा सकता है-

एकांकी	एक अंक का (नाटक)
एकतरफा	एक ही तरफ है जो
एकतंत्र	एक (राजा) का तंत्र
इकट्ठा	एक जगह स्थित
इकलौता	एक ही है जो

3. द्वंद्व समास

द्वंद्व समास में दोनों ही शब्दों की प्रधानता होती है। यह और, या, अथवा आदि संयोजक शब्दों के लोप कर देने से बनता है। इसलिए समास-विग्रह में पुनः इनमें से उपयुक्त संयोजक को पुनः लाना पड़ता है। द्वंद्व समास के तीन प्रकार हैं-(1) इतरेतर द्वंद्व, (2) समाहार द्वंद्व और (3) विकल्पक द्वंद्व। इनका विग्रह इन प्रकारों के अनुसार भिन्न-भिन्न होता है।

1. **इतरेतर द्वंद्व**-इतरेतर (इतर एवं इतर) द्वंद्व में दोनों पद प्रधान तो होते ही हैं, साथ ही अपना अलग-अलग अस्तित्व भी रखते हैं; जैसे-दिन-रात। यहाँ दिन और रात दोनों का बराबर महत्व है तथा दोनों अलग-अलग अर्थ देकर

अपना अर्थगत अस्तित्व बनाए हुए हैं। इतरेतर समास का विग्रह और, तथा, एवं आदि संयोजकों से किया जाता है-

अन्नजल	अन्न और जल
देश-विदेश	देश और विदेश
खटमीठा	खट्टा और मीठा
पच्चीस	पाँच और बीस
हरिहर	हरि (विष्णु) और हर (महादेव)

2. **समाहार द्वंद्व**-समाहार के मायने है, समूह। जब न केवल दो वस्तुओं का अर्थ प्रस्तुत करने के लिए दो शब्दों का प्रयोग किया जाता है, बल्कि वस्तुओं आदि के एक समूह को व्यक्त करने के लिए दो प्रतिनिधि शब्दों द्वारा समास बना लिया जाता है। ऐसे समासों का विग्रह करने में 'इत्यादि', 'आदि' का प्रयोग किया जाता है; जैसे-'गरीब आदमी को तो **दाल-रोटी** भी ठीक से नसीब नहीं होता। इस वाक्य में **दाल-रोटी** का आशय केवल दाल और रोटी से ही नहीं है बल्कि दाल, रोटी तथा जीवन-निर्वाह की अन्य अत्यंत जरूरी वस्तुओं से भी है, अत: यहाँ **दाल-रोटी** समास का विग्रह होगा-**दाल, रोटी इत्यादि (या आदि)**; क्योंकि यहाँ दाल-रोटी स्वयं दाल और रोटी के लिए न आकर दाल, रोटी जैसी अनेक वस्तुओं के प्रतिनिधि के रूप में आई हैं। उदाहरण इस प्रकार हैं-

भला-बुरा	बुरा आदि
कुरता-टोपी	कुरता, टोपी आदि
ऊँच-नीच	नीचा आदि
नोन-तेल	नोन (नमक), तेल आदि
खाना-पीना	खाना, पीना आदि

हिन्दी में समाहार द्वंद्व एक मुख्य शब्द पर केंद्रित समान-सी ध्वनि वाले शब्द का प्रयोग करके निर्मित किया जाता है; जैसे-पड़ोसी शब्द मुख्य है तो उसके पहले अड़ोसी (अड़ोसी-पड़ोसी), सामने के पहले आमने लगाकर आमने-सामने बना दिया। इनका विग्रह इस प्रकार होता है-

अड़ोसी-पड़ोसी	पड़ोसी आदि
अगल-बगल	बगल इत्यादि
ढीला-ढाला	ढीला आदि
आमने-सामने	सामने आदि
चाय-वाय	चाय आदि

3. **विकल्पक द्वंद्व**-जिस समास में दो शब्दों के बीच 'या', 'अथवा' आदि विकल्प सूचक अव्यय का लोप होता है उसे विकल्पक द्वंद्व कहते हैं; जैसे-पाप-पुण्य अर्थात् पाप या पुण्य। विकल्पक द्वंद्व में दो विपरीतार्थक शब्दों का योग रहता है, विग्रह इस प्रकार होता है-

थोड़ा-बहुत	थोड़ा या बहुत
आज-कल	आज या कल
घट-बढ़	घट या बढ़
धर्माधर्म	धर्म या अधर्म
उल्टा-सुल्टा	उल्टा या सुल्टा

संख्यावाचक विकल्पक द्वंद्व

एक-दो	एक या दो
दस-बारह	दस से बारह तक
सौ दो सौ	सौ से दो सौ तक
हजार-पांच सौ	पांच सौ से हजार तक
सौ-पचास	पचास से सौ तक
लाख-दो लाख	लाख से दो लाख तक

4. बहुव्रीहि समास (Attributive Compound)

इस समास में आए हुए पदों में से कोई भी एक पद प्रधान नहीं होता तथा पूरा पद कोई अन्य ही अर्थ देता है; जैसे-**गिरिधर** समास में न तो गिरि (पहाड़) पद प्रधान है न धर (धारण करने वाला) बल्कि पूरे ही समास का अर्थ निकलता है-**कृष्ण।** भाषा की लंबी परंपरा में यह प्राय: होता है कि दो शब्द मिलकर अपना सामान्य अर्थ खो कर विशिष्ट अर्थ प्राप्त कर लेते हैं, वे शब्द एक विशेष अर्थ के लिए रूढ़ हो जाते हैं। जैसे-**युधिष्ठिर, दशमुख, हरिजन, जलज** आदि शब्द विशेष अर्थ को ही व्यक्त करते हैं, अत: ये बहुव्रीहि समास के उदाहरण हैं।

बहुव्रीहि समास की पदगत संरचना अव्यय को लेकर भी हो सकती है, जैसे-प्रतिकूल। प्रतिकूल का सामान्य विग्रह होगा-कूल (किनारा) के विपरीत; किंतु जब हम प्रतिकूल शब्द को एक रूढ़ अर्थ में, विशिष्ट अर्थ में, काम में लाते हैं, अर्थात् विपरीत या विरुद्ध के अर्थ में, तब प्रतिकूल समास बहुव्रीहि समास की भूमिका अदा करता है।

तत्पुरुष समास बहुत व्यापक है और अधिकांश बहुव्रीहि समास तत्पुरुष से ही बनते हैं, अत: जिस समास ने विशिष्ट अर्थ ग्रहण कर लिया है, वह तत्पुरुष न रहकर बहुव्रीहि हो जाता है। मध्यकाल में **हरिजन** शब्द ईश्वरभक्त के अर्थ में था, किंतु गाँधी जी ने इसे सामाजिक न्याय का संदर्भ देकर भंगी आदि समाज की पतित-दलित जातियों के लोगों के लिए प्रयोग किया और अब हरिजन समास बहुव्रीहि बन चुका है।

बहुव्रीहि समास का विग्रह

बहुव्रीहि समास का विग्रह करने में उसका शाब्दिक विग्रह तो करना ही होता है, साथ ही समास का विशेष, रूढ़ अर्थ भी बताना होता है; जैसे-दशमुख का विग्रह करेंगे-दस मुख हैं जिसके-रावण। इसी तरह युद्ध में स्थिर रहता है जो-युधिष्ठिर।

बहुव्रीहि समास के विग्रह के कुछ उदाहरण इस प्रकार हैं (कोष्ठक में दिए गए शब्द अर्थ समझने के लिए हैं; विग्रह में इनको लिखने की आवश्यकता नहीं है)-

पौराणिक पात्रों के लिए रूढ़ हुए बहुव्रीहि समास

इंद्र

देवराज	वह जो देवों का राजा है-इंद्र
शचीपति	वह जो शची का पति है-इंद्र
नाकपति	वह जो नाक (स्वर्ग) का पति है-इंद्र
वज्रायुध	वह जिसके वज्र का आयुध है-इंद्र
सहस्राक्ष	वह जिसके सहस्र (हजार) अक्षि (आँखें) हैं-इंद्र

इसी तरह-सुरेश, सुरपति, देवेश, देवेंद्र, शतक्रतु, अमरपति आदि समास भी इंद्र के लिए प्रयुक्त होते हैं।

कृष्ण

घनश्याम	वह जो श्याम (वर्ण के) घन (बादल) के समान है-कृष्ण
नंदनंदन	वह जो नंद का नंदन (पुत्र) है-कृष्ण
गिरिधर	वह जो गिरि (पहाड़) को धारण करने वाला है-कृष्ण
मुरारि	वह जो मुर (राक्षस का नाम) के अरि (शत्रु) हैं-कृष्ण

इसी तरह-गोपीनाथ, गोपाल, ब्रजेश, ब्रजेश्वर, ब्रजनंदन, ब्रजबिहारी, ब्रजकिशोर, माधव (मधु राक्षस को मारने वाला) कंसारि (कंस + अरि= शत्रु), मुरलीधर, मधुसूदन (मधु का सूदन (वध) करने वाला), द्वारकाधीश, यदुनंदन, चक्रधर आदि कृष्ण के लिए प्रयुक्त होने वाले बहुव्रीहि समास हैं।

कामदेव

अनंग	बिना अंग का-कामदेव
मकरध्वज	वह जिसके मकर का ध्वज है-कामदेव
कुसुमशर	वह जिसके कुसुम के शेर (बाण) हैं-कामदेव
पुष्पधन्वा	वह जिसके पुष्पों का धनुष है-कामदेव

अन्य समास हैं-मन्मथ, (मन को मथनेवाला), मनसिज (मन से जन्म लेने वाला), रतिपति, मीनकेतु (मीन के ध्वजवाला आदि)।

गणेश

लंबोदर	वह जिनका लंबा उदर है-गणेश
वक्रतुंड	जिनका तुंड (मुख) वक्र (टेढ़ा) है-गणेश
एकदंत	वह जिनके एक दंत हैं-गणेश

इसी प्रकार अन्य समास हैं-गजानन-गज (हाथी) का आनन (मुँह); गणपति, गजवदन, भवानीनंदन (भवानी के नंदन पुत्र), मूषकवाहन, गिरिजानंदन (गिरिजा अर्थात् हिमालय की पुत्री-पार्वती के नंदन (पुत्र), मोदकप्रिय, गणपति (गणों के पति), गणनायक (गणों के नायक), गजवदन आदि।

शिव

आशुतोष	वह शीघ्र (आशु) तुष्ट हो जाते हैं जो-शिव
पंचानन	वह जिनके पंच आनन (मुँह) हैं-शिव
त्रिलोचन	वह जिनके लोचन (नेत्र) तीन हैं-शिव
चन्द्रमौलि	वह जिनके मौलि (मस्तक) पर चंद्र हैं-शिव
पशुपति	पशुओं का पति (स्वामी)-शिव
इंदुशेखर	वह जिनके इंदु (चंद्रमा) शेखर (सिर का आभूषण) है-शिव
नीलकंठ	वह जिनका कंठ नीला है-शिव
चन्द्रचूड़	वह जिनके चूड़ (सिर) पर चंद्र है-शिव
शूलपाणि	वह जिनके पाणि (हाथ) में शूल (त्रिशूल) है-शिव
महेश्वर	महान् हैं जो ईश्वर-शिव

इसी प्रकार अन्य समास-विधुशेखर (विधु = चंद्रमा), भूतेश (भूतों का ईश), मदनरिपु (मदन अर्थात् कामदेव का रिपु अर्थात् शत्रु), त्रिनेत्र, त्रिनयन, कैलाशपति, त्र्यंबक (जिनके तीन अंबाएँ = माताएँ हैं), बाघांबर (बाघ की छाल का अंबर-वस्त्र), गंगाधर, सतीश (सती के ईश), महादेव।

अन्य समास हैं-पवनसुत, अंजनिपुत्र, महावीर, मरुतसुत, कपीश, वज्रदेह आदि।

विष्णु

पद्मनाभ	वह जिसकी नाभि में पद्म (कमल) है- विष्णु
चतुर्भुज	वह जिनकी चार भुजाएँ हैं-विष्णु
श्रीश	वह जो श्री (लक्ष्मी) के ईश हैं-विष्णु
गरुड़ध्वज	वह जिनके गरुड़ का ध्वज है-विष्णु
हृषीकेश	वह जो हृषीक (इंद्रियों) के ईश हैं- विष्णु/कृष्ण
शेषशायी	वह जो शेष (नाग) पर शयन करते हैं-विष्णु

अन्य समास-चक्रपाणि, मधुरिपु (मधु दैत्य के शत्रु), लक्ष्मीपति, नारायण (नारा अयन), दीर्घबाहु आदि।

प्रश्नमाला

1. निम्नलिखित में से कौन तत्पुरुष समास का उदाहरण नहीं है?
(a) राजकुमार (b) यज्ञवेदी
(c) आजन्म (d) ग्रामवासी

2. इनमें से कौन-सा अव्ययीभाव समास नहीं है?
(a) आबालवृद्ध (b) यथाशक्ति
(c) बेखटके (d) अकालपीड़ित

3. 'गुरुदेव' शब्द में समास है-
(a) अव्ययीभाव समास
(b) तत्पुरुष समास
(c) बहुब्रीहि समास
(d) कर्मधारय समास

4. 'बारहसिंगा' शब्द में समास है–
(a) बहुब्रीहि समास
(b) कर्मधारय समास
(c) द्वन्द्व समास
(d) अव्ययीभाव समास

5. कर्मधारय समास का उदाहरण है–
(a) गगनचुम्बी (b) पाठशाला
(c) श्वेतपत्र (d) नीलकण्ठ

6. 'परमानन्द' में समास है-
(a) द्वन्द्व समास
(b) कर्मधारय समास
(c) अव्ययीभाव समास
(d) बहुब्रीहि समास

7. निम्नलिखित में कौन-सा अव्ययी भाव समास है?
(a) रात-दिन (b) प्रतिदिन
(c) सेनापति (d) पंचवटी

8. किस समास में दोनों पद प्रधान होते हैं?
(a) बहुब्रीहि समास
(b) तत्पुरुष समास
(c) द्वन्द्व समास
(d) द्विगु समास

9. किस समास में प्रथम पद संख्यावाची तथा अन्तिम पद संज्ञा हो, वह है-
(a) द्वन्द्व समास
(b) तत्पुरुष समास
(c) द्विगु समास
(d) अव्ययीभाव समास

10. 'महाजन' शब्द में समास है-
(a) कर्मधारय समास
(b) द्वन्द्व समास
(c) द्विगु समास
(d) अव्ययीभाव समास

11. जिसमें कोई पद प्रधान नहीं होता तथा अन्य अर्थ प्रधान होता है, वहाँ होता है-
(a) कर्मधारय समास
(b) अव्ययीभाव समास
(c) तत्पुरुष समास
(d) बहुब्रीहि समास

12. 'जलमग्न' शब्द में समास होगा–
(a) द्वन्द्व (b) अव्ययीभाव
(c) तत्पुरुष (d) कर्मधारय

13. 'वज्रपाणि' शब्द में कौन-सा समास है?
(a) तत्पुरुष (b) बहुब्रीहि
(c) द्वन्द्व (d) द्विगु

14. 'पंचवटी' शब्द में समास होगा-
(a) बहुब्रीहि (b) कर्मधारय
(c) द्वन्द्व (d) द्विगु

15. 'सुनीता के बच्चे घास-फूस की तरह बढ़ रहे हैं?' उपर्युक्त वाक्य में प्रयुक्त 'घास-फूस' शब्द में समास होगा-
(a) कर्मधारय (b) द्वन्द्व
(c) द्विगु (d) अव्ययीभाव

16. निम्नलिखित शब्दों में से कौन-सा शब्द बहुब्रीहि समास का उदाहरण है?
(a) शूलपाणि
(b) यथाक्रम
(c) हँसमुख
(d) हथकड़ी

17. इनमें से कौन-सा शब्द 'द्विगु' समास है?
(a) भुजदण्ड (b) माखनचोर
(c) भला-बुरा (d) चतुर्भुज

18. 'प्रतिदिन' शब्द में समास होगा-
(a) द्विगु (b) कर्मधारय
(c) तत्पुरुष (d) अव्ययीभाव

19. जिन समस्त पदों में पहला शब्द संख्यावाची हो और उससे समुदाय का बोध होता हो तो उसे कहते हैं-
(a) द्विगु समास
(b) द्वन्द्व समास
(c) कर्मधारय समास
(d) अव्ययीभाव समास

20. जिसमें पहला शब्द विशेषण हो और दूसरा शब्द विशेष्य तो उसे कौन-सा समास कहेंगे?
(a) द्विगु (b) कर्मधारय
(c) द्वन्द्व (d) तत्पुरुष

21. जिस समास में दूसरा शब्द प्रधान रहता है, उसे कहते हैं-
(a) अव्ययीभाव समास
(b) तत्पुरुष समास
(c) द्वन्द्व समास
(d) बहुब्रीहि समास

22. 'कृष्ण और सुदामा गुरुभाई थे'-रेखांकित में समास है-
(a) अव्ययीभाव समास
(b) तत्पुरुष समास
(c) द्वन्द्व समास
(d) बहुब्रीहि समास

23. 'लड़की चौलड़ी पहने हैं'-रेखांकित में समास है-
(a) द्विगु समास
(b) बहुब्रीहि समास
(c) अव्ययीभाव समास
(d) द्वन्द्व समास

24. जिस समास के दोनों ही पद प्रधान हों, उसे कहते हैं-
(a) द्विगु समास
(b) द्वन्द्व समास
(c) तत्पुरुष समास
(d) कर्मधारय समास

25. जिस समास में पहले या बाद का कोई भी प्रधान नहीं होता, उसे कहते हैं-
(a) अव्ययीभाव समास
(b) बहुब्रीहि समास
(c) द्वन्द्व समास
(d) कर्मधारय समास

26. जिस समास में अर्थ की दृष्टि से उत्तर पद प्रधान और पूर्व पद गौण हो, उसे कहते हैं-
(a) द्विगु समास
(b) कर्मधारय समास
(c) अव्ययीभाव समास
(d) तत्पुरुष समास

27. 'यथाशक्ति' में कौन-सा समास है?
(a) बहुब्रीहि समास
(b) अव्ययीभाव समास
(c) करण तत्पुरुष समास
(d) द्वन्द्व समास

28. 'धनुर्बाण' में किस तरह का समास है-
(a) तत्पुरुष (b) बहुब्रीहि
(c) कर्मधारय (d) द्वन्द्व

29. 'शोकाकुल' में समास है-
(a) तत्पुरुष (b) कर्मधारय
(c) बहुब्रीहि (d) अव्ययीभाव

30. 'अकाल पीड़ित' में समास होगा-
(a) कर्मधारय (b) द्वन्द्व
(c) तत्पुरुष (d) बहुब्रीहि

31. 'जय-पराजय' में कौन-सा समास है-
(a) द्वन्द्व समास (b) कर्मधारय समास
(c) द्विगु समास (d) तत्पुरुष समास

32. 'पर्णकुटी' शब्द का समास है-
(a) तत्पुरुष (b) द्वन्द्व
(c) कर्मधारय (d) बहुब्रीहि

33. 'सिंह द्वार' शब्द में समास है-
(a) तत्पुरुष (b) अव्ययीभाव
(c) कर्मधारय (d) इनमें से कोई नहीं

34. कोशकार-
(a) तत्पुरुष (b) अव्ययीभाव
(c) कर्मधारय (d) द्विगु

35. यथोचित-
(a) कर्मधारय (b) बहुब्रीहि
(c) तत्पुरुष (d) अव्ययीभाव

36. नरभक्षी-
(a) बहुब्रीहि (b) तत्पुरुष
(c) कर्मधारय (d) द्विगु

37. नीलाम्बर-
(a) तत्पुरुष (b) कर्मधारय
(c) बहुब्रीहि (d) द्विगु

38. सप्तर्षि-
(a) तत्पुरुष (b) अव्ययीभाव
(c) द्विगु (d) द्वन्द्व

39. 'नीलोत्पलम्' में कौन-सा समास है-
(a) कर्मधारय (b) बहुब्रीहि
(c) अव्ययीभाव (d) तत्पुरुष

40. 'धनंजय' में समास है-
(a) द्वन्द्व (b) कर्मधारय
(c) बहुब्रीहि (d) अव्ययीभाव

41. 'मनमाना' में कौन-सा समास है-
(a) अव्ययीभाव (b) कर्मधारय
(c) तत्पुरुष (d) बहुब्रीहि

42. 'कतर-ब्योंत' में कौन-सा समास है-
(a) द्वन्द्व (b) द्विगु
(c) तत्पुरुष (d) बहुब्रीहि

43. 'हानि-लाभ' में कौन-सा समास है?
(a) द्विगु समास
(b) तत्पुरुष समास
(c) बहुब्रीहि समास
(d) इनमें से कोई नहीं

44. 'जय-पराजय' में कौन-सा समास है?
(a) अव्ययीभाव (b) बहुब्रीहि
(c) द्वन्द्व (d) द्विगु

45. 'लंबोदर' उदाहरण है-
(a) बहुब्रीहि समास का
(b) द्वन्द्व समास का
(c) द्विगु समास का
(d) कर्मधारय समास का

46. 'तिरंगा' शब्द में समास है-
(a) द्वंद्व समास (b) अव्ययीभाव समास
(c) द्विगु समास (d) कर्मधारय समास

47. 'पंचवटी' शब्द में कौन-सा समास है?
(a) कर्मधारय (b) द्विगु
(c) अव्ययीभाव (d) तत्पुरुष

48. 'परमानन्द' शब्द में कौन-सा समास है?
(a) तत्पुरुष (b) द्वन्द्व
(c) कर्मधारय (d) अव्ययीभाव

49. निम्नलिखित में द्वन्द्व समास बताइए?
(a) शोकाकुल (b) सर्वोत्तम
(c) वीरपुरुष (d) पाप-पुण्य

50. 'यथारुचि' में समास है-
(a) तत्पुरुष (b) बहुब्रीहि
(c) अव्ययीभाव (d) द्वन्द्व

उत्तरमाला

1. (c)	**2.** (d)	**3.** (d)	**4.** (a)	**5.** (c)	**6.** (b)	**7.** (a)	**8.** (c)	**9.** (c)	**10.** (a)
11. (d)	**12.** (c)	**13.** (b)	**14.** (d)	**15.** (b)	**16.** (a)	**17.** (d)	**18.** (d)	**19.** (a)	**20.** (b)
21. (b)	**22.** (b)	**23.** (a)	**24.** (b)	**25.** (b)	**26.** (d)	**27.** (b)	**28.** (d)	**29.** (a)	**30.** (c)
31. (a)	**32.** (a)	**33.** (a)	**34.** (a)	**35.** (d)	**36.** (b)	**37.** (c)	**38.** (c)	**39.** (a)	**40.** (c)
41. (c)	**42.** (a)	**43.** (d)	**44.** (c)	**45.** (a)	**46.** (c)	**47.** (b)	**48.** (c)	**49.** (d)	**50.** (c)

❑❑❑

अध्याय

17

विराम-चिह्न

विराम-चिह्न

हिन्दी में विराम-चिह्न-विराम-चिह्न का शाब्दिक अर्थ है - 'रूकना' अथवा 'ठहराव'। लेखन में भावाभिव्यक्ति की स्पष्टता के लिए विराम-चिह्न की आवश्यकता होती है, डॉ. भोलानाथ तिवारी के अनुसार-"जो चिह्न बोलते या पढ़ते समय रूकने का संकेत देते हैं, उन्हें विराम-चिह्न कहते हैं, विराम-चिह्नों में अब तक अनेक चिह्न सम्मिलित कर लिए गए हैं यद्यपि सभी का काम रूकने का संकेत देना नहीं है तथापि विराम-चिह्नों के अन्तर्गत परम्परा से प्रयोग रहने के कारण इन्हें भी विराम-चिह्नों के रूप में ही जाना जाता है।

अर्थ के स्पष्टीकरण में विराम-चिह्न की कितनी उपयोगिता है, यह निम्नलिखित उदाहरण से स्पष्ट हो जाता है, राम स्कूल गया, यह एक सामान्य वाक्य है किन्तु विराम-चिह्न लगाने के बाद यह 'प्रश्नवाचक' और 'आश्चर्यबोधक' भावों का अलग-अलग बोध कराता है-

1. राम स्कूल गया?
2. राम स्कूल गया?
3. राम स्कूल गया?

इसके अतिरिक्त विराम-चिह्न के प्रयोग से उच्चारण और वाचन की गति में भी सुविधा रहती है।

विराम-चिह्न के प्रकार

प्रकार-हिन्दी भाषा में विराम-चिह्न के छः भेद और उनके चिह्न इस प्रकार हैं-

विराम के भेद	चिह्न
1. पूर्ण विराम	(।)
2. अर्द्ध विराम	(;)
3. अल्प विराम	(,)
4. योजक चिह्न	(-)
5. प्रश्नवाचक चिह्न	(?)
6. विस्मय सूचक चिह्न	(!)

उपर्युक्त विराम-चिह्नों की परिभाषा और उनके प्रयोग निम्नानुसार है-

1. पूर्ण विराम-पूर्ण विराम का अर्थ है, पूरी तरह रूकना या ठहरना, सामान्यतः पढ़ते समय जहाँ वाक्य की गति समाप्त हो जाये, वहाँ पूर्ण विराम का प्रयोग होता है, वाक्य छोटा हो या बड़ा प्रत्येक वाक्य की समाप्ति पर पूर्ण विराम लगाया जाना चाहिए, जैसे-वह घर गया, हिन्दी हमारी राष्ट्रभाषा है, परिश्रम ही सफलता की कुंजी है।

कभी-कभी किसी व्यक्ति या वस्तु का सजीव वर्णन करते समय वाक्यांशों के अन्त में पूर्ण विराम लगाया जाता है, जैसे-गोरा, रंगा मालों पर कश्मीरी सेब की सी सुर्खी, सिर के बाल न अधिक बड़े न अधिक छोटे, कानों के पास बालों में कुछ सफेदी, पानीदार बड़ी-बड़ी आँखे चौड़ा माथा।

यहाँ व्यक्ति की मुखमुद्रा का विविध वाक्यांशों में सजीव वर्णन किया गया है, अतः ऐसे स्थलों पर पूर्ण विराम का उचित प्रयोग हुआ है।

2. अर्द्ध विराम-इसका प्रयोग प्रायः कम होता है क्योंकि अर्द्ध विराम की जगह अल्पविराम लगाकर काम चला लिया जाता है। अर्द्ध विराम का प्रयोग निम्नलिखित स्थितियों में होता है-

(i) एक वाक्य का यदि दूसरे से सम्बन्ध हो और बात पूरी न हो तो पहले वाक्य के अन्त में अर्द्ध विराम लगता है। जैसे-मैं आपका काम कर दूंगा, आप निश्चिंत रहें।

(ii) एक ही वाक्य में उदाहरण स्वरूप कई पदबन्ध होने पर अर्द्ध विराम का प्रयोग होता है, जैसे-कहीं सृजन तो कहीं विनाश, कहीं मिलन तो विछोह; कहीं उत्थान तो कहीं पतन; यही प्रकृति की गति है।

(iii) कोश में एक शब्द के अलग-अलग अर्थ व्यक्त करने के लिए अर्द्धविराम का प्रयोग होता है।

3. अल्प विराम-हिन्दी के विराम-चिह्नों में अल्पविराम का प्रयोग सर्वाधिक होता है, 'अल्पविराम' का अर्थ है थोड़ी देर के लिए रूकना या ठहरना लिखते-पढ़ते समय अनेक ऐसी भाव दशाएँ आती हैं जब थोड़ी देर के लिए रूकना पड़ता है, अल्पविराम निम्नलिखित परिस्थितियों में प्रयोग किया जाता है-

(i) वाक्य में जब दो ये अधिक पदों, पदांशों अथवा वाक्यों में जहाँ 'और' का प्रयोग किया जा सकता हो, अल्प विराम का प्रयोग होता है।

(ii) वाक्य में जब दो ये अधिक पदों, पदांशों अथवा वाक्यों में जहाँ 'और' का प्रयोग किया जा सकता है, जैसे-भारत में हिन्दू, मुसलमान, सिख् और ईसाई सभी को समान अधिकार प्राप्त हैं।

आत्मा अजर, अमर और अविनाशी है। वह रोज आता है, काम करता है और चला जाता है।

(iii) भावावेश में जहाँ शब्दों भी पुनरावृत्ति होती है, वहाँ अल्पविराम का प्रयोग होता है, जैसे-

नहीं, नहीं ऐसा कभी नहीं हो सकता।

देखो, देखो, पिताजी घर लौट आए।

(iv) यदि वाक्य में कोई अन्तर्वती वाक्य खण्ड आ जाये तब अल्पविराम का प्रयोग होता है, जैसे-आलस्य चाहें जिस रूप में हो, व्यक्ति को दरिद्र बनाता है।

क्रोध चाहें जैसा भी हो, मनुष्य को दुर्बल बनाता है।

(v) यदि वाक्यों के बीच में पर, इसी से, इसलिए, किन्तु, परन्तु, अतः, क्योंकि जिससे तथापि आदि अवयवों का प्रयोग होता हो, वहाँ अल्पविराम लगाया जा सकता है, उदाहरण देखें-
वह निर्धन है, किन्तु बेईमान नहीं।
मैं व्यवसायी हूँ, इसलिए सफल होता हूँ।
ऐसा कोई काम न करो, जिससे अपयश मिले।
वह वापस आ गया, क्योंकि बाजार बन्द था।

(vi) वस्तुतः अच्छा, बस, हाँ, नहीं, सचमुच, अन्ततः आदि से प्रारम्भ होने वाले वाक्यों में इन शब्दों के बाद अल्पविराम लगाता है, जैसे-
अच्छा, कब मिलेंगे,
नहीं, मैं वहाँ नहीं जाऊँगा।

4. **योजक चिह्न**-योजक चिह्न का प्रयोग निम्नलिखित अवसरों पर किया जाता है-
(i) द्वन्द्व समास से बने पदों में-
दिन-रात, दाल-चावल
(ii) समान अर्थ वाले युग्म शब्दों में-
रूपया-पैसा, मान-मर्यादा
(iii) विलोम शब्दों के बीच-
राजा-रंक, अपना-पराया
(iv) एक शब्द की पुनरावृत्ति में
घर-घर, अच्छा-अच्छा
(v) निश्चित तथा अनिश्चित संख्यावाचक शब्दों में-
तीन-चार, कम-से-कम
(vi) दो शब्दों के बीच का, की के लुप्त होने पर-
लेखन-कला, जन्म-भूमि, शब्द-सागर, राम-लीला
(vii) शब्दों के बीच ही, से, का, न, का प्रयोग होने पर-
किसी-न-किसी, ज्यों-का-त्यों, आप-ही-आप, बहुत-सा
(viii) दो क्रियाओं के एक साथ प्रयुक्त होने पर-
कहना-सुनना, खाना-पीना
(ix) मूल क्रिया के साथ प्रयुक्त प्रेरणार्थक क्रिया के बीच-
सीखना-सिखाना, पीना-पिलाना
(x) दो विशेषण पदों का संज्ञा के अर्थ में प्रयोग होने पर-
काला-गौरा, मूर्ख-बुद्धिमान

5. **प्रश्नवाचक चिह्न**-प्रश्नवाचक वाक्यों के अन्त में पूर्ण विराम का प्रयोग न होकर प्रश्नवाचक चिह्न (?) लगाया जाता है, जैसे-तुम कहाँ जा रही हो?, तुम्हारा क्या नाम है?
इसके अतिरिक्त अनिश्चय भाव वाले वाक्यों तथा व्यंगयोक्तियों में भी प्रश्नवाचक चिह्न लगाया जाता है, जैसे-आप शायद दिल्ली जा रहे हैं? भ्रष्टाचार आजकल का शिष्टाचार है, है न?

6. **विस्मयोदिबोधक चिह्न**-हर्ष, विषाद, विस्मय, घृणा, आश्चर्य, करूणा, भय आदि भावों को व्यक्त करने वाले वाक्यों में विस्मयादिबोधक चिह्न का प्रयोग किया जाता है, इसके साथ ही शुभकामनाएँ देने तथा व्यंग्यपूर्ण वाक्यों में भी उसका प्रयोग होता है, जैसे-
वाह! कितनी सुन्दर है यह लड़की!
भगवान तुमको दीर्घायु आयु दे!
उफ! वह इतनी नालायक है!
छिःछिः! तुम इतने गन्दे हो!

कभी-कभी एक से अधिक विस्मयादिबोधक चिह्न का प्रयोग भी एक साथ किया जाता है-राजीव गांधी का निधन! शोक!! महाशोक!!!

अन्य चिह्न-कुछ अन्य चिह्नों को भी विराम-चिह्न के अन्तर्गत रखा जाता है, डॉ. भोलानाथ तिवारी ने ऐसे चिह्नों के संदर्भ में लिखा है, ''यद्यपि वास्तविक रूप में इन्हें विराम-चिह्न न कहकर 'चिह्न' कहना अधिक उपयुक्त होता है, यों शुद्ध लेखन और पठन की दृष्टि से इनकी जानकारी भी उपयोगी है।''

अन्य विराम-चिह्न

उपर्युक्त चिह्नों के अतिरिक्त कुछ ऐसे चिह्न होते हैं जो शुद्ध लेखन एवं पठन की दृष्टि से उपयोगी होते हैं। इस तरह के विराम-चिह्न निम्नांकित है-

विराम के भेद	चिह्न
1. विवरण चिह्न	(:-)
2. उद्धरण चिह्न	(' ')
3. कोष्ठक चिह्न	(), {}, []
4. संक्षेप सूचक चिह्न	(.)
5. बिन्दुरेखा	(..............)
6. निर्देश चिह्न	(-)

इनका प्रयोग निम्नानुसार होता है-

1. **विवरण चिह्न** - किसी विषय को विस्तार से समझाने अथवा तथ्यों का विवरण देने के लिए संकेत रूप में विवरण चिह्न (:या:-) का प्रयोग होता है, जैसे-
(1) आज की बैठक में विचारणीय तथ्य है :
(क) समाज में बढ़ता अपराध।
(ख) शिक्षा व्यवस्था में राजनीति।
(2) बीस सूत्रीय कार्यक्रम इस प्रकार है :-
(क) ....
(ख) ....

2. **उद्धरण चिह्न**-यह दो प्रकार के होते हैं-इकहरा (' ') तथा दोहरा ('' '')
जब किसी विशेष पद, शब्द या वाक्य को उद्धरण के रूप में लिखा जाता है, तब इकहरे उद्धरण चिह्न का प्रयोग होता है, जहाँ किसी पुस्तक से कोई वाक्य या अवतरण ज्यों का त्यों उद्धृत किया जाता है वहाँ दुहरे उद्धरण चिह्न का प्रयोग किया जाता है।
पुस्तक, समाचार-पत्र, लेखक का उपनाम, कविता, कहानी का शीर्षक आदि लिखते समय इकहरे उद्धरण चिह्न का प्रयोग किया जाता है, जैसे-'रामचरितमानस' तुलसी दास की सर्वश्रेष्ठ कृति है, 'हिन्दुस्तान' हिन्दी का एक प्रमुख दैनिक पत्र है, 'अज्ञेय' हिन्दी के श्रेष्ठ कवि थे, तिलक ने कहा था-''स्वतंत्रता हमारा जन्म सिद्ध अधिकार है'।

3. **कोष्ठक चिह्न**-लेखन में सामान्यतः ( ) कोष्ठक का ही प्रयोग होता है, कोष्ठक के अन्य चिह्नों का प्रयोग गणित में किया जाता है।
वाक्य में प्रयुक्त किसी शब्द या वाक्यांश को स्पष्ट करने के लिए कोष्ठक चिह्न का प्रयोग होता है, जैसे-
अनेक भारतवासी बापू (महात्मा गाँधी) के अनन्य भक्त हैं?
गेटे (जर्मनी का एक प्रसिद्ध कवि) के कथन अत्यन्त प्रेरणाप्रद हैं।

4. **संक्षेपसूचक शब्द**-किसी शब्द या पद के संक्षिप्त रूप के बाद इसका प्रयोग किया जाता है, जैसे-कृ.पृ.उ. (कृपया पृष्ठ उलटिये), बी.ए. (बैचलर ऑफ आर्ट), डॉ. (डाक्टर), डी.लिट. (डॉक्टर ऑफ लैटर्स/लिटरेचर)

5. **बिन्दु रेखा**-वाक्य में लुप्त, अज्ञात या लिखे न जाने योग्य अंशों को सूचित करने के लिए बिन्दु रेखा (..........) का प्रयोग किया जाता है, जैसे-

सीता पास हो जाती है, परन्तु ....

इस कॉलेज में सब .... है, परन्तु .... नहीं है।

कथा साहित्य विशेषकर नाटकों में बिन्दु रेखा का प्रचुर प्रयोग देखा जा सकता है।

6. **निर्देश चिह्न**-निर्देश चिह्न (–) का प्रयोग संकेत के रूप में होता है- जैसे-इंगलैण्ड, अमेरिका, रूस, भारत आदि,

बड़े आदमियों- महात्मा गाँधी, जवाहरलाल नेहरू, सुभाषचन्द्र बोस की चिन्तन पद्धतियाँ प्राय: समान थीं।

प्रश्नमाला

1. साधारण वाक्य के अन्त में किस विराम-चिह्न का प्रयोग होता है?
(a) पूर्ण विराम
(b) प्रश्न चिह्न
(c) विस्मयादिबोधक चिह्न
(d) अल्पविराम

2. निम्न वाक्य के अन्त में कौन-सा विराम-चिह्न आएगा?
क्या वह सत्य बोल रहा है?
(a) पूर्ण विराम
(b) प्रश्नवाचक चिह्न
(c) विस्मयादिबोधक चिह्न
(d) अर्द्धविराम

3. लेखकों के उपनाम किस विराम-चिह्न के भीतर लिखे जाते हैं?
(a) कोष्ठक
(b) निर्देश चिह्न
(c) दोहरा उद्धरण चिह्न
(d) इकहरा उद्धरण चिह्न

4. हर्ष, विषाद, घृणा, दु:ख को व्यक्त करने हेतु किस विराम-चिह्न का प्रयोग किया जाता है?
(a) । (b) !
(c) ? (d) ;

5. जब पूर्ण विराम से कम व अल्प विराम से अधिक समय हेतु रुकना होता है तो किस विराम-चिह्न का प्रयोग किया जाता है?
(a) प्रश्नवाचक चिह्न
(b) अर्द्धविराम-चिह्न
(c) योजक चिह्न
(d) बिन्दु रेखा

6. निम्नलिखित में से कौन विराम-चिह्न नहीं है?
(a) अल्प विराम
(b) पूर्ण विराम
(c) निर्देशक चिह्न
(d) अवतरण

7. इनमें से कौन-सा विराम-चिह्न ऐसा है जो हिन्दी में अंग्रेजी भाषा से नहीं लिया गया है?
(a) , (b) ;
(c) ? (d) ।

8. किस वाक्य में उचित विराम-चिह्न लगा है-
(a) एम ए. बी.एड.
(b) एम. ए.; बी. एड.
(c) एम. ए., बी.एड.
(d) एम.ए., बी. एड.

9. निम्नलिखित में से कौन-सा अल्प विराम-चिह्न है?
(a) . (b) ;
(c) , (d) ।

10. निम्नलिखित में से कौन-सा अर्द्धविराम-चिह्न है?
(a) . (b) ;
(c) , (d) ।

11. किसी विषय विचार अथवा विभाग के मन्तव्य को सुस्पष्ट करने के लिए .... का प्रयोग किया जाता है।
(a) निर्देशक चिन्ह
(b) विवरण चिन्ह
(c) न्यून विराम चिन्ह
(d) अपूर्ण विराम चिन्ह

12. हंसपद विरामचिन्ह का प्रयोग होता है-
(a) वाक्य पूरा करने के लिए
(b) संकेत देने के लिए
(c) अर्थ स्पष्ट करने के लिए
(d) लिखने में अक्षर छूटने का संकेत देने के लिए

13. साधारण वाक्य के अंत में किस विराम चिह्न का प्रयोग किया जाता है?
(a) पूर्ण विराम
(b) प्रश्न चिह्न
(c) विस्मयादिबोधक चिह्न
(d) अल्पविराम

14. इनमें से हंस पद कौन-सा है?
(a) " "
(b) ________ × ________
(c) ^
(d) " " "

15. छंद पढ़ते समय आने वाले विराम को क्या कहते हैं?
(a) गति (b) यति
(c) तुक (d) गण

उत्तरमाला

1. (a) **2.** (b) **3.** (d) **4.** (b) **5.** (b) **6.** (d) **7.** (d) **8.** (b) **9.** (c) **10.** (b)
11. (b) **12.** (d) **13.** (a) **14.** (c) **15.** (b)

❑❑❑

अध्याय 18

मुहावरे एवं लोकोक्तियाँ

मुहावरों का अर्थ

जो वाक्यांश सामान्य अर्थ के स्थान पर विलक्षण अर्थ प्रकट करता है, उसे मुहावरा कहते हैं।

उदाहरण

- **अपने मुँह मियाँ-मिट्ठू बनना** (अपनी प्रशंसा स्वयं करना)
- **अपना उल्लू सीधा करना** (अपना मतलब निकालना)
- **अपना-सा मुँह लेकर रह जाना** (कार्य में असफल होने पर लज्जा का अनुभव करना)
- **आँखों का तारा** (अत्यधिक प्रिय)
- **आग में घी डालना** (क्रोध को भड़काना)
- **ईंट का जवाब पत्थर से देना** (दुष्ट की दुष्टता से बढ़कर दुष्टता करना)
- **अंगारे उगलना** (क्रोध में कठोर वचन बोलना)
- **अँगुली पर नचाना** (वश में करना)
- **अन्धे के हाथ बटेर** (अयोग्य के हाथ अनायास अच्छी वस्तु का लगना)
- **अँधेरे घर का उजाला** (एकमात्र पुत्र)
- **अगर-मगर करना** (टालमटोल करना)
- **अँधेरे में तीर चलाना** (लक्ष्य-विहीन प्रयास करना)
- **अँगार सिर पर धरना** (कठिन दुःख सहना)
- **अँगारों पर पैर रखना** (खतरनाक कार्य करना)
- **अन्धा होना** (जान-बूझकर किसी बात पर ध्यान न देना)
- **अक्ल का दुश्मन होना** (मूर्ख होना)
- **अंगारों पर लोटना** (रोष और जलन के मारे कुढ़ना)
- **अठखेलियाँ सूझना** (हँसी-दिल्लगी करना)
- **अंगद का पैर होना** (अत्यन्त दृढ़ होना)
- **अगस्त्य का समुद्र पान** (असम्भव कार्य करना)
- **अपना ही राग अलापना** (अपनी कहना, दूसरे की न सुनना)
- **अपनी खिचड़ी अलग पकाना/अढ़ाई चावल की खिचड़ी अलग पकाना** (सबसे अलग विचार रखना, सबके साथ न चलना)
- **अपने पाँव पर कुल्हाड़ी मारना/अपने पैर आप कुल्हाड़ी मारना** (जान-बूझकर स्वयं को संकट में डालना)
- **अंगूर खट्टे होना** (असफलता पर पर्दे डालना)
- **अधर में लटकना** (दुविधा में पड़ा रह जाना)
- **अपनी खाल में मस्त रहना** (अपनी दशा से संतुष्ट रहना)
- **आपे में न होना** (होश में न होना)
- **अक्ल पर पत्थर/पर्दा पड़ना** (अक्ल मारी जाना)
- **अन्धा होना** (विवेक खो देना)
- **अंगूठा चूमना** (चापलूसी करना)
- **अंग लगाना** (आलिंगन करना)
- **अँधेरे मुँह** (उजाला होने से पूर्व)
- **एक आँख से देखना** (सबको बराबर समझना)
- **एक-एक नस पहचानना** (सब कुछ समझना)
- **एक घाट का पानी पीना** (एकता और सहनशीलता होना)
- **एक लकड़ी से सब को हाँकना** (यथायोग्य व्यवहार न करना)
- **एक ही थाली के चट्टे-बट्टे** (एक जैसे चरित्र और विचार के लोग)
- **काठ का उल्लू** (महामूर्ख)
- **काठ मार जाना** (हतप्रभ हो जाना)
- **कान कतरना** (मात देना)
- **कान खड़े होना** (चौकन्ना होना)
- **कान खोलना** (सावधान कर देना)
- **कान गरम करना** (पीटना)
- **कान देना** (ध्यान से सुनना)
- **कान पकड़ना** (गलती मान लेना)
- **कान पर जूँ तक न रेंगना** (कुछ भी परवाह न करना)
- **कान भरना** (चुगली करना)

लोकोक्ति का अर्थ

लोकोक्ति का अर्थ है 'लोक में प्रचलित उक्ति'। इससे तात्पर्य एक ऐसे वाक्य से है जो चमत्कृत ढंग से संक्षेप में किसी सत्य या नीति के आशय को स्पष्ट एवं सशक्त रूप में व्यक्त करता हो।

उदाहरण

- **अब पछताये होत क्या, जब चिड़िया चुग गई खेत**—समय निकल जाने पर पछताना ब्यर्थ होता है।
- **अरहर की टट्टी, गुजराती ताला**—छोटी वस्तु की सुरक्षा में अधिक व्यय।
- **अपनी ढपली, अपना राग**—सबका मत पृथक-पृथक होना।
- **अपनी पगड़ी अपने हाथ**—अपनी प्रतिष्ठा अपने हाथ होना।
- **आँख ओट पहाड़ ओट**—आँख से ओझल हुए तो समझो कि बहुत दूर हो गए।
- **आँख के आगे नाक, सूझे क्या खाक**—आँख पर परदा पड़ा है तो क्या सूझे।

- **आँख सुख कलेजे ठंडक**—परम शान्ति।
- **आँख एक नहीं कलेजा टुक-टुक**—बनावटी दु:ख प्रकट करना।
- **आटे-दाल का भाव मालूम होना**—कठिनाई का अनुभव होना।
- **आज का बनिया कल का सेठ**—काम करते रहने से आदमी बड़ा हो ही जाता है।
- **आटे का चिराग, घर रखूँ तो चूहा खाए, बाहर रखूँ तो कौआ ले जाए**—ऐसी वस्तु जिसे बचाने में कठिनाई हो।
- **आँख फूटी, पीर गयी**—कारण के नष्ट होने पर कार्य अपने आप समाप्त हो जाता है।
- **आप का काज महाकाज**—अपना कार्य स्वयं करना ही श्रेयस्कर है।
- **आठ कन्नौजिया नौ चूल्हे**—मेल से न रहना।
- **आप डूबे तो जग डूबा**—बुरा आदमी सबको बुरा कहता है।
- **आम के आम, गुठलियों के दाम**—दुहरा लाभ।
- **आये थे हरिभजन को ओटन लगे कपास**—प्रमुख कार्य के उद्देश्य को छोड़कर अन्य कार्य में लग जाना।
- **अन्धेर नगरी चौपट राजा; टके सेर भाजी, टके सेर खाझा**—मूर्ख और गुणवान का समान आदर।
- **अन्त भला सो सब भला**—जिसका अन्त उत्तम हो, वही कार्य उत्तम है।
- **अटका बनिया देय उधार**—दबाव पड़ने पर सब कुछ करना पड़ता है।
- **अजगर करे न चाकरी पंछी करे न काम**—ईश्वर सबकी आवश्यकताएँ पूरी करता है।
- **अकेला हँसता भला न रोता भला**—सुख-दु:ख में साथी होने चाहिए।
- **अपने मरे बिना स्वर्ग नहीं दिखता है**—स्वयं अपने आप प्रयत्न करने पर ही काम बनता है।
- **अढ़ाई हाथ की ककड़ी, नौ हाथ की बीज**—अनहोनी बात।
- **एक मुँह दो बात**—अपनी बात से पलटना/एक ही मुँह से दो प्रकार की बात करना।
- **एक हम्माम में सब नंगे**—सहयोगी एक-दूसरे की दुर्बलताएँ जानते हैं।
- **एक पन्थ दो काज/एक ढेले से दो शिकार**—एक उपाय से दो कार्य होना।
- **इस हाथ दे, उस हाथ ले**—सम्मान या लाभ देने से सम्मान या लाभ मिलता है।
- **इतना खाएँ जितना पचे**—सामर्थ्य के अन्दर कार्य करना चाहिए।
- **इन तिलों में तेल नहीं**—यहाँ से कुछ भी हासिल होने वाला नहीं।
- **इधर कुआँ, उधर खाई**—दोनों तरफ मुसीबत।
- **इधर न उधर, यह बला किधर**—विपत्ति का आ जाना।
- **इस घर का बाबा आदम ही निराला है**—सब कुछ निराला है।
- **इमली के पात पर बारात का डेरा**—असम्भव बात।
- **इतनी सी जान, गज भर की ज़बान**—अपनी उम्र के हिसाब से बहुत बोलना।
- **ईंट की देवी, माँगे का प्रसाद**—जैसा व्यक्ति वैसी आवभगत।
- **ईंट की लेनी, पत्थर की देनी**—दुष्टता के बदले और अधिक दुष्टता।
- **उल्टे बाँस बरेली को**—विपरीत काम।
- **उल्टी गंगा पहाड़ को चली**—असंभव या विपरीत कार्य।
- **ऊँट किस करवट बैठता है**—निर्णय किसके पक्ष में होता है।
- **ऊँट के गले में बिल्ली**—विपरीत वस्तुओं का मेल।
- **ऊँट के मुँह में जीरा**—आवश्यता से बहुत कम।
- **एक तवे की रोटी, क्या छोटी क्या मोटी**—किसी प्रकार का भेदभाव न करना।
- **कलाल की दुकान पर पानी पियो तो भी शराब का शक होता है**—बुरी संगति में कलंक लगता है।
- **कहाँ राम-राम, कहाँ टाँय-टाँय**—उच्च कोटि की वस्तु से किसी निम्न कोटि की वस्तु की तुलना नहीं हो सकती।
- **कहीं गधा भी घोड़ा बन सकता है**—बुरा या छोटा आदमी कभी भला/बड़ा नहीं बन सकता।
- **कागज की नाव नहीं चलती**—बेईमानी या धोखेबाजी बहुत दिन नहीं चल सकती।
- **काले के आगे दीया नहीं जलता**—बलवान के आगे किसी का वश नहीं चलता।
- **कचहरी का दरवाजा खुला है**—न्याय के लिए न्यायालय में जाना।
- **कब्र में पाँव लटकाए बैठा है**—मरने वाला है।
- **कभी के दिन बड़े कभी के रात**—सब दिन एक जैसे नहीं होते।
- **कमान से निकला तीर और मुँह से निकली बात वापस नहीं आती**—सोच-विचार कर बात कहनी चाहिए।
- **करत-करत अभ्यास के जड़मति होत सुजान**—प्रयत्न करते रहने से सफलता अवश्य मिलती है।
- **कुम्हार अपना ही घड़ा सराहता है**—हर कोई अपनी वस्तु की प्रशंसा करता है।
- **कोई मरे कोई जीवे सुथरा घोल बताशा पीवे**—सुख-दु:ख से परे मस्त रहने वाला।
- **खेती, खसम लेती**—कोई काम अपने हाथ से करने पर ही ठीक होता है।
- **खूँटे के बल बछड़ा कूदे**—दूसरे के बल पर काम करना।
- **खोदा पहाड़ निकली चुहिया**—अधिक परिश्रम के बाद साधारण लाभ।
- **खेत खाये गदहा मार खाये जुलाहा**—निरपराधी को दण्डित करना।
- **खाने के दाँत और, दिखाने के और**—बाहर-भीतर में बहुत अंतर होना।
- **गुड़ न दें पर गुड़ की सी बात तो करें**—कुछ न दे पर मीठा बोल तो बोले।
- **गुरु जी, चेले बहुत हो गए। भूखों मरेंगे तो आप ही चले जाएँगे**—लोग अधिक हों तो उपेक्षा होती है।
- **गोद में बैठकर आँख में उँगली**—भला करने पर दुष्टता।
- **गाय को अपनी सींग भारी नहीं होती**—अपने कुटुम्बी किसी को कष्टदायक नहीं जान पड़ते।
- **घोड़े की लात, आदमी को बात**—दुष्ट से कठोरता का और सज्जन से नम्रता का व्यवहार करें।
- **घर का भेदी लंका ढावे**—आपसी फूट अत्यधिक हानिकारक होती है।
- **घड़ी में तोला, घड़ी में मासा/ पल में तोला, पल में मासा**—अव्यवस्थित, क्षणभर स्वभाव बदलने वाला व्यक्ति।
- **घड़ी में घर जले नौ घड़ी भद्रा**—समय पर काम न हुआ तो उसका होना न होना बराबर है।
- **चोर-चोर मौसेरे भाई**—एक स्वभाव वाले शीघ्र ही मित्रता कर लेते हैं। दुष्टों की मित्रता शीघ्र होती है।
- **चील के घोंसले में मांस कहाँ**—यहाँ कुछ भी बचा नहीं रह सकता।
- **चुपड़ी और दो-दो**—दोहरा लाभ होना
- **चुल्लू-चुल्लू साधेगा, दुआरे हाथी बाँधेगा**—थोड़ा-थोड़ा जमा करके अमीर हो जाओगे।
- **चूहे के चाम से कहीं नगाड़े मढ़े जाते हैं**—थोड़ी वस्तु से बड़ा काम नहीं हो सकता।
- **छाज (सूप) बोले तो बोले, छलनी क्या बोले जिसमें हजार छेद**—अपने अवगुणों को न देखकर दूसरों की आलोचना करने वाला।
- **छींके कोई, नाक कटावे कोई**—किसी के दोष का फल दूसरा भोगे।
- **छोटा मुँह बड़ी बात**—अपनी योग्यता से बढ़कर बात करना।
- **छोटे मियाँ तो छोटे मियाँ, बड़े मियाँ सुभान अल्लाह**—बड़े में छोटे से अधिक अवगुण होना

- **जंगल में मोर नाचा किसने देखा**—ऐसे स्थान पर गुण प्रदर्शन न करें जहाँ कद्र न हो।
- **जड़ काटते जाएँ पानी देते जाएँ**—भीतर से शत्रु, ऊपर से मित्र।
- **जने-जने की लकड़ी एक जने का बोझ**—सबसे थोड़ा-थोड़ा मिले तो काम पूरा हो जाता है।
- **जूँ के डर से गुदड़ी नहीं फेंकी जाती**—थोड़ी-सी कठिनाई के कारण कोई बड़ा काम छोड़ा नहीं जाता।
- **जैसा करोगे वैसा भरोगे/ जैसा बोवोगे वैसा ही काटोगे**— अपनी करनी का फल मिलता है।
- **जैसा राजा वैसी प्रजा**—जैसा मालिक वैसे उसके कर्मचारी।
- **जैसी तेरी कामरी, वैसे मेरे गीत**—जैसा दोगे वैसा पाओगे।
- **जैसे नागनाथ वैसे साँपनाथ**—दोनों एक से या एक स्वभाव वाले व्यक्ति।
- **जैसे मियाँ काठ का, वैसे सन की दाढ़ी**—उचित मेल होना।
- **जो गरजते हैं, सो बरसते नहीं**—बहुत डींग हाँकने वाले काम के नहीं होते।
- **थूक कर चाटना**—कही बात से मुकर जाना।
- **थका ऊँट सराय ताकता**—थकने पर विश्राम चाहिए।
- **दबी बिल्ली चूहों से कान कतराती है**—दोषी व्यक्ति छोटों के सामने भी सिर नहीं उठा सकता।
- **दबाने पर चींटी भी चोट करती है**—जिस किसी को दु:ख दिया जाए वह बदला लेता है।
- **दर्जी की सुई, कभी तागे में कभी टाट में**—हर परिस्थिति में सहनशीलता बनाये रखना।

प्रश्नमाला

1. ईद का चाँद होना का अर्थ है—
(a) अलभ्य होना
(b) दिखाई न देना
(c) बहुत दिनों पर मिलना
(d) दुर्लभ होना

2. उगल देना का अर्थ है—
(a) वमन करना
(b) गुप्त बात प्रकट कर देना
(c) बलात् कोई बात मुँह से निकल जाना
(d) झटके में कह देना

3. आँखों पर चर्बी छाना का अर्थ है—
(a) धोखा खाना
(b) कुछ समझ न आना
(c) अभिमान करना
(d) निर्लज्ज होना

4. कूपमंडूक होना का अर्थ है—
(a) घर में ही रहना
(b) कुएँ में गिरना
(c) अत्यन्त सीमित ज्ञान होना
(d) मूर्ख होना

5. आँखों में गड़ना का अर्थ है—
(a) आँख में किरकिरी पड़ना
(b) आँखों में कष्ट होना
(c) शत्रुता होना
(d) बुरा लगना

6. आँखें बदल जाना का अर्थ है—
(a) सहानुभूति का न रह जाना
(b) आँखों का रंग बदल जाना
(c) आँखों का रोग-मुक्त होना
(d) इशारों की अदला-बदली होना

7. उन्नीस-बीस होना का अर्थ है—
(a) केवल एक का अंतर होना
(b) लगभग समान होना
(c) तनिक घट-बढ़कर होना
(d) अंतर का नगण्य होना

8. उँगली उठाना का अर्थ है—
(a) उँगली से इशारा करना
(b) क्षति पहुँचाना
(c) बदनाम करना
(d) अपशब्द कहना

9. कलेजे पर पत्थर रखना का अर्थ है—
(a) कठोर यातना देना
(b) छाती के बल शक्ति-प्रदर्शन करना
(c) दिल मजबूत करना
(d) भीषण कार्य करना

10. कलेजे पर साँप लोटना का अर्थ है—
(a) किसी की उन्नति पर जलन होना
(b) भयानक चीज का सामना होना
(c) साँप का शरीर पर रेंगकर चले जाना
(d) सपेरे का एक खेल प्रदर्शन

11. आँख की पुतली का अर्थ है—
(a) आँख की रोशनी (b) आँख का तारा
(c) अत्यन्त प्रिय (d) आँख की किरकिरी

12. आँखें लड़ना का अर्थ है—
(a) आँखों से लड़ाई करना
(b) प्रेम होना
(c) युद्ध-कला का एक रूप
(d) प्रेमपूर्वक देखना

13. एड़ी-चोटी का जोर लगाना का अर्थ है—
(a) योगाभ्यास का एक विशेष रूप
(b) एड़ी को चोटी से मिला देना
(c) भरपूर जोर लगाना
(d) सभी अंगों से कार्य में लग जाना

14. कलेजा चीर कर दिखाना का अर्थ है—
(a) भयानक कृत्य करना
(b) कलेजा चीर कर प्रतिशोध लेना
(c) हत्या करना
(d) विश्वास दिलाना

15. कलेजा धक्-धक् करना का अर्थ है—
(a) कलेजे की प्राकृतिक क्रिया
(b) भयभीत होना
(c) शत्रु से सामना होना
(d) कलेजा धड़कने की बीमारी

16. मूँछ मुड़ाना का अर्थ है—
(a) बुरा-भला सुनाना
(b) अहंकारी होना
(c) बनावटी बातें करना
(d) हार मानना

17. लंगोटी में फाग खेलना का अर्थ है—
(a) पहलवानी करना
(b) व्यायाम करना
(c) ब्रह्मचारी होना
(d) दरिद्रता में आनन्द मनाना

18. कलेजा ठंडा होना का अर्थ है—
(a) मन को शान्ति मिलना
(b) ईर्ष्या पूरी होने पर संतोष होना
(c) बर्फ हो जाना
(d) असहाय हो जाना

19. कलेजा थामकर रह जाना का अर्थ है—
(a) लाचारी का अनुभव होना
(b) मन मसोस कर रह जाना
(c) मन के भाव को प्रकट न कर सकना
(d) मन का काम न कर पाना

20. सीधे मुँह बातें न करना का अर्थ है—
(a) नाराज होना (b) हार मानना
(c) फटकार सुनाना (d) घमण्ड करना

21. अब सुनीता के हाथ पीले करने का समय आ गया है। रेखांकित मुहावरे का अर्थ है—
(a) सजाने का
(b) विवाह करने का
(c) प्यार करने का
(d) अत्यधिक पिटाई करने का

22. बाँसों उछलना का अर्थ है—
(a) अभद्र व्यवहार करना
(b) अहंकार करना
(c) पागल होना
(d) प्रसन्न होना

23. **भाड़ झोंकना का अर्थ है—**
(a) अनाज भूनना
(b) काम बिगाड़ना
(c) मामूली कमाई करना
(d) व्यर्थ-समय नष्ट करना

24. **कलेजा निकाल कर रख देना का अर्थ है—**
(a) शरीर से कलेजा अलग निकाल देना
(b) हृदय की बात कह देना
(c) सत्य-भाषण करना
(d) सब कुछ उगल देना

25. **कलेजा मुँह को आना का अर्थ है—**
(a) गंभीर बीमारी की अवस्था
(b) दिल तेजी से धड़कना
(c) अचेत होना
(d) बहुत घबरा जाना

26. **आसमान टूट पड़ना का अर्थ है—**
(a) गजब का संकट आना
(b) वज्रपात होना
(c) उल्कापात होना
(d) भारी वर्षा होना

27. **आसमान के तारे तोड़ना का अर्थ है—**
(a) बहुत ऊँचे उड़ना
(b) खूब धन कमा लेना
(c) भारी सफलता पाना
(d) असंभव को संभव कर दिखाना

28. **भगीरथ प्रयत्न का अर्थ है—**
(a) साधारण प्रयत्न
(b) असाधारण प्रयत्न
(c) लगातार प्रयत्न करते रहना
(d) कठिन तपस्या करना

29. **भीष्म प्रतिज्ञा का अर्थ है—**
(a) दिखावे मात्र की प्रतिज्ञा
(b) कठोर प्रतिज्ञा
(c) दृढ़ प्रतिज्ञा
(d) इनमें से कोई नहीं

30. **अवसरवादी व्यक्ति हमेशा अपना उल्लू सीधा करने का प्रयास करता है। रेखांकित मुहावरे का अर्थ है—**
(a) लोक व्यवहार के विरुद्ध
(b) स्वार्थ पूर्ति
(c) विश्वासघात
(d) बात बदलने का

31. **'अंगुली पर नचाना' मुहावरे का अर्थ है—**
(a) वश में करना
(b) नाचने को कहना
(c) नाचना
(d) अंगुली के इशारे से नचाना

32. **खून पानी होना का अर्थ है—**
(a) पानी का खून में प्रवेश करना
(b) कोई असर न होना
(c) भाई का खून करना
(d) पानी पीते ही खून की उल्टी करना

33. **अंतड़ियों में बल पड़ना का अर्थ है—**
(a) बहुत रोना
(b) बहुत हँसना
(c) बीमार होना
(d) दौड़-धूप करना

34. **आँखों पर पर्दा पड़ना का अर्थ है—**
(a) आँखों में झिल्ली बन जाना
(b) अज्ञान के अंधकार में रहना
(c) घमंड से सच्चाई की उपेक्षा करना
(d) न दिखाई देना

35. **आँखों में पानी न होना का अर्थ है—**
(a) मर्यादाहीन होना
(b) शील-संकोच का न होना
(c) आँखों का सूख जाना
(d) एक नेत्र-रोग

36. **काठ का उल्लू मुहावरे का अर्थ है—**
(a) महामुर्ख
(b) लकडी का उल्लू
(c) ज्ञानी
(d) इनमें से कोई नहीं

37. **अगर-मगर करना मुहावरे का अर्थ है—**
(a) देर करना
(b) टाल मटोला करना
(c) जल्दी करना
(d) इनमें से कोई नहीं

38. **आठ-आठ आँसू रोना का अर्थ है—**
(a) विलख-विलख कर रोना
(b) दारूढ़ कष्ट में पड़ना
(c) बार-बार रोना
(d) बुरी तरह पछताना

39. **आँसू पीकर रह जाना का अर्थ है—**
(a) बेबसी की अनुभूति
(b) भीतर-ही-भीतर घुट कर रह जाना
(c) आत्म-नियंत्रण का परिचय देना
(d) आँसुओं से प्यास बुझाना

40. **कान भरना मुहावरे का अर्थ है—**
(a) कान में तेल डालना
(b) कान खोलना
(c) चुंगली करना
(d) इनमें से कोई नहीं

41. **अगंद का पैर होना मुहावरे का अर्थ है—**
(a) अत्यंत दृढ़ होना
(b) कमजोर होना
(c) सहनशील होना
(d) इनमें से कोई नहीं

42. **अंधेरे घर का उजाला मुहावरे का क्या अर्थ है?**
(a) एकमात्रा पुत्र
(b) दीया
(c) अनेक पुत्र
(d) इनमें से कोई नहीं

43. **घर का न घाट का अर्थ है—**
(a) बेकार, कहीं का नहीं
(b) जगह-जगह घूमने वाला
(c) बे-घर बार का
(d) व्यर्थ

44. **घर फूँक तमाशा देखना का अर्थ है—**
(a) मूर्खता का काम करना
(b) अपनी क्षति करके आनन्द मनाना
(c) मनोरंजन का शौकीन होना
(d) अपने मन की करना

45. **आसन डोलना का अर्थ है—**
(a) पद पर खतरा आना
(b) मन का अस्थिर हो जाना
(c) लालच में फँसना
(d) विचलित होना

उत्तरमाला

1. (c)	**2.** (b)	**3.** (c)	**4.** (c)	**5.** (c)	**6.** (a)	**7.** (b)	**8.** (c)	**9.** (c)	**10.** (a)
11. (c)	**12.** (b)	**13.** (c)	**14.** (d)	**15.** (b)	**16.** (d)	**17.** (d)	**18.** (b)	**19.** (b)	**20.** (d)
21. (b)	**22.** (d)	**23.** (d)	**24.** (b)	**25.** (d)	**26.** (a)	**27.** (d)	**28.** (b)	**29.** (c)	**30.** (b)
31. (a)	**32.** (b)	**33.** (b)	**34.** (b)	**35.** (b)	**36.** (a)	**37.** (b)	**38.** (d)	**39.** (b)	**40.** (c)
41. (a)	**42.** (a)	**43.** (a)	**44.** (b)	**45.** (d)					

□□□

अध्याय 19

रस एवं छंद

रस के भेद

आचार्य भरतमुनि ने आठ रस माने हैं, तो आचार्य विश्वनाथ ने 10 तथा आचार्य मम्मट ने रसों की संख्या 9 मानी है। आगे चलकर भक्ति तथा वात्सल्य रस जुड़कर 'ग्यारह' हो गए।

श्रृंगार रस

'श्रृंग' तथा 'आर' के योग से उत्पत्ति श्रृंग (काम की उत्पत्ति) तथा आर (गीत या प्राप्ति) अर्थात् श्रृंगार का अर्थ-काम-वृद्धि की प्राप्ति है। श्रृंगार में स्त्री-पुरुष की पवित्र प्रेम भावना का वर्णन होता है।

संयोग श्रृंगार

- कौन हो तुम वसन्त के दूत, विरस पतझड़ में अति सुकुमार; मन तिमिर से चपला की रेख तपन में शीतल मन्द बयारा।
- विश्लेषण-स्थायीभाव-रति। विमाय-आलम्बन-श्रद्धा, आश्रय-मनु, उद्दीपन-एकान्त प्रदेश, श्रद्धा की सुन्दरता, कोकिल कण्ठ रम्स वेशभूषा। **संचारी भाव-हर्ष**, चपलता, आशा, उत्सुकता आदि।

वियोग श्रृंगार

मेरे प्यारे नव जलद से कंज से नेत्र वाले।
जाके आये न मधुवन से औ न भेजा सन्देश।।
में रो-रो के प्रिय-विरह से वावली हो रही हूँ।
जा के मेरी सन दुःख कथा श्याम को तू दे।।

- **विश्लेषण-स्थायी**
  भाव-राति। विभाव-आलम्बन-कृष्ण। आश्रय-राधा।
  उद्दीपन-शीतल-मन्द-पवन और एकान्त स्थल। संचारी

हास्य रस

अपने अथवा पराये परिधान वचन, क्रिया-कलाप आदि से उत्पन्न हुआ हास नामक स्थायी भाव, विभाव अनुभाव और संचारी भाव के संयोग से हास्य का रूप ग्रहण करता है, जैसे-

नाना वाहन नाना वेषा विहँसे सिव समाज निज देखा।
कोउ मुख-हीन विपुल मुख काहा बिनु पद-कर कोउ बहु पद बाह्य।

करुण रस

किसी प्रिय व्यक्ति अथवा प्रिय वस्तु के विनाश हो जाने, प्रेमीजन के वियोग, धन की हानि आदि से हृदय में करुण रस की उत्पत्ति होती है। इसका स्थायी भाव-शोक है।

जो भूरि भाग्य नारी विदित थी निरुपमेय सुहागिनी।
हे हृदय बल्लम। हूँ वही अब में महा हतभागिनी।।
जो साथिनी होकर तुम्हारी थी अतीव सनाथिनी
है अब इसी मुझ-सी जगत में और कौन अनाथिनी।

वीर रस

दुष्कर कार्यों यथा, युद्ध आदि में वीर रस की उत्पत्ति होती है वीरता का प्रदर्शन अनेक क्षेत्रों में सम्भव है और उसी के आधार पर दानवीर, यशवीर, दयावीर, धर्मवीर, युद्धवीर, शोधवीर, कर्मवीर जैसे- अनेक वीर हो सकते हैं। इसका स्थायी भाव उत्साह है।

सौमित्र से धनवाद का ख, अल्प भी न सहा गया।
निज शत्रु को देखे बिना, उससे तनिक न रहा-गया।

रौद्र वीर

अपनी,अपने गुरुजनों या प्रियजनों आदि की निन्दा, भाव-भंग स्वाभिमान पर चोट आदि की स्थिति में रौद्र-रस का जन्म होता है।

इसका स्थायी भाव क्रोध है।

भयानक रस

किसी भयंकर व्यक्ति, वस्तु या दृश्य को देखने, बलशाली के भयंकर कार्य से उत्पन्न रस 'भयानक' रस है। इसका स्थायी भाव 'भय है।

एक और अजगरहि लखि, एक ओर मृगराइ।
विकल बढोही बीच ही, परयो मूर्छा खाइ।।

अद्भुत रस

विचित्र, विस्मयकारक व्यक्ति, वस्तु या कृत्य को देखकर उत्पन्न भाव से अद्भुत रस की उत्पत्ति होती है। इसका स्थायी भाव 'विस्मय' है।

बिनु पद चलै, सुने बिनु काना।
कर बिनु कर्म करै विधि नाना।।
आनन रहित सकल रस भोगी।
बिनु वाणी वक्ता बड़ जोगी।।

वीभत्स रस

'घृणा' नामक स्थायी भाव से इस रस की उत्पत्ति होती है। घृणा पैदा करने वाली वस्तुओं (पीव,हड्डी, मांस, चर्बी आदि) के सड़ने की दुर्गन्ध से हृदय में एक प्रकार की ग्लानि उत्पन्न होती है। इसका स्थायी भाव-'जुगुप्सा' नाम से भी पुकारा जाता है।

कोउ अंतड़िनि का पहिरि माल इतराल दिखावत।
कोउ चरबी से 'चोप सहित निज अंगनि लावत।।
कोउ मुंडनि ले मनि, मोंद कंदुक लौ डारत।
कोउ रुंड़नि पे बैठि करेजी फारि निकारत।।

शान्त रस

संसार की क्षण भंगुरता, असारता तथा विषय-भोगी की अनिश्चितता तथा परमात्मा के ज्ञान से उत्पन्न 'वैराग्य' ही पुष्ट होकर शान्त रस से परिणत होता है।

इसका स्थायी भाव -निर्वेद' (उदासीनता) है।
मन पछितैहे अवसर वीते।
दुर्लभ देह पाई हरिपद भजु, करम वचन अरु होते।
अब नाथहि अनुराग जागु जड़-त्यागु दुराया जीते।
बुझे ने काम अगिनि तुलसी कहुँ विषय भोर बहु घी ते।।

वात्सल्य रस

सन्तान-स्नेह वत्सलता स्थायी भाव से इस रस की उत्पत्ति होती है। प्राचीन आचार्यो ने इसे शृंगार के अन्तर्गत माना, परन्तु आज यह स्वतंत्र रस है। इसका वर्णन हिन्दी साहित्य में अनुपमेय है। सूर तो इसके सम्राट कहे गए।

इसके भी संयोग वात्सल्य' और 'वियोग वात्सल्य' दो भेद किए गए हैं।

भक्ति रस

ईश्वर या देवता के विषय में रति (श्रद्धा) भाव भक्त के हृदय उत्पन्न होता है, उसी से भक्ति रस की उत्पत्ति होती है।

स्थायी भाव-'देवता विनायक रति'।
मेरे तो गिरधर गोपाल दूसरा न कोई।
जाके सिर मुकुट मेरो पति सोई।
साधुन संग बैठि-बैठि लोक लाज खोई।
अब तो बात फैल गई जाने सब कोई।
अँसुअन जल सींचि-सींचि प्रेम बेल दोई।
मीरा की लगन लागी होनी हो सो, होई।

छन्द

व्याकरण के नियमों से बँधी रचना 'गद्य' तथा 'पिंगल' शास्त्र के नियमों से बँधी लयात्मक रचना 'पद्य' कहलाती है।

- हिन्दी साहित्य कोश के अनुसार, ''अक्षर, अक्षरों की संख्या एवं क्रम, मात्रा, मात्रा-गणना तथा यति-गति आदि से सम्बन्धित विशिष्ट नियमों से नियोजित पद्य-रचना 'छन्द कहलाती है।''
- गद्य की अपेक्षा छन्द बद्ध रचना अधिक प्रभावित एवं रस प्रवाह करती है।
- छन्दबद्ध रचना कर्णप्रिय, चिरस्थायी, चिर स्मृति रक्षित होती है।
- छन्द बद्धता से रचना में गेयता, संगीतात्मकता, लयात्मकता आ जाती है।

छन्द के तत्व

- वर्ण, मात्रा, शुभाक्षर, अशुभाक्षर, वर्णिकरण।
- मुख से निकलने वाली ध्वनि को सूचित करने के लिए निश्चित किए गए चिह्न **'वर्ण'** कहलाते हैं।
- **वर्ण** ह्रस्व तथा दीर्घ-दो प्रकार के होते हैं।
- **मात्रा** वर्ण के उच्चारण में जो समय व्यतीत होता है, उसे मात्रा कहते हैं। ह्रस्व (लघु) वर्ण की एक (।) तथा दीर्घ (गुरु) वर्ण की दो (ऽ) मात्रा होती हैं।
- **शुभाक्षर** 15 वर्ण हैं– क, ख, ग, घ, च, छ, ज, द, ध, न, य, श, स, क्ष, ज्ञ।
- **अशुभाक्षर** इन्हें दग्धाक्षर कहते हैं–ङ, झ, ञ, ट, ठ, ड, ढ, ण, त, थ, ब, भ, म, र, ल, व, ष, ह।
- **वर्णिक गण** वार्णिक छन्दों में 3 अक्षरों की मात्रा गणना को 'एक गण' कहा जाता है।
- वर्णिक गणों की संख्या आठ मानी गई है।
- यमाताराज भानसलगा' सूत्र के द्वारा–**यगण** (।ऽऽ), **मगण** (ऽऽऽ), **तगण** (ऽऽ।), **रगण** (ऽ।ऽ), **जगण** (।ऽ।), **भगण** (ऽ।।) **नगण** (।।।), **सगण** (।।ऽ) निर्धारित हैं।
- छन्द मात्रिक एवं वार्णिक दो प्रकार के छन्द होते हैं।
- 'मात्रा की गणना' पर आधारित छन्द (मात्रिक) तथा 'वर्ण-गणना' पर आधारित छन्द 'वार्णिक' छन्द होते हैं।
- एक से 26 वर्ण गणना वाले छन्द **'साधारण'** तथा 26 से अधिक वर्ण-गणना वाले छन्द **'दण्डक'** कहलाते हैं।
- 'यति' का अर्थ विराम, 'गति' का अर्थ लय तथा 'तुक' का अर्थ अन्तिम वर्णों की आवृत्ति है।
- **लघु या ह्रस्व वर्ण**–अ, इ, उ।
- **दीर्घ या गुरु वर्ण**–आ, ई, ऊ, ऋ, ओ, औ अनुस्वार विसर्ग युक्त वर्ण गुरु।
- संयुक्ताक्षर से पूर्व का वर्ण गुरु (ऽ) हो जाता है।

मात्रिक छन्द

1. **दोहा** अर्द्ध-सम मात्रिक छन्द, चार चरण, प्रथम और तृतीय चरण में 13-13 तथा द्वितीय और चतुर्थ चरण में 11-11 मात्राएँ, विषम चरणों के अन्त में जगण (।ऽ।) नहीं होना चाहिए–

   ऽ ऽ ।। ऽऽ ।ऽ ऽऽ ऽ।। ऽ।
   मेरी भव बाधा हरौ, राधा नागरि सोय।
   ऽ ।। ऽ ऽऽ ।ऽ ऽ। ।।। ।। ऽ।
   जा तन की झाँई परै, स्याम हरित दुति होय।।

2. **चौपाई** सम मात्रिक छन्द, चार चरण, प्रत्येक चरण में 16-16 मात्राएँ, अन्त में जगण (।ऽ।), तगण (ऽऽ।) का निषेध।

   ।।। ।।। ऽ।। ।।ऽऽ ।।। ।ऽ। ।ऽ।। ऽऽ
   निरखि सिद्ध साधक अनुरागे । सहज सनेहु सराहन लागे ।।
   ऽ। । ऽ।। ऽ। ।।। ऽ ।।। ।।। ।। ।।। ।।। ऽ
   होत न भूतल भाउ भरत को। अचर सचर वर अचर करत को ।।

3. **सोरठा** अर्द्धसम मात्रिक-छन्द, प्रथम एवं तृतीय चरण में 11-11 और द्वितीय एवं चतुर्थ चरण में 13-13 मात्राएँ, दोहे का उल्टा होता है–

   ऽ। ।ऽ।। ऽ। ।। ।।। ऽ।। ।।।
   नील सरोरुह स्याम, तरुन अरुन बारिज नयन।
   ।।। ऽ ।। ।। ऽ। ।ऽ ऽ। ऽ।। ।।।
   करउ सो मन उर धाम, सदा छीरसागर सयन।

4. **कुण्डलियाँ** विषम मात्रिक छन्द, छः चरण, प्रत्येक चरण में 24 मात्राएँ, अंत में एक दोहा तथा बाद में एक रोला जोड़कर यह छन्द बनता है। जिस शब्द से आरम्भ उसी पर अन्त होता 'दोहे' का चौथा 'रोला' का प्रथम चरण 'एक' ही होता है।

   ऽ ऽ ऽ। । ऽ । ऽ ।। ऽ ।। । । ऽ ।
   साईं-बैर न कीजिए गुरु पण्डित कवि यार।
   ऽ ऽ । । ऽ ऽ । ऽ ऽ। ।ऽ।। ऽ।
   बेटा बनिता पौरिया यज्ञ करावन हार ।।
   ऽ । । ऽ । । ऽ। ऽ। ऽऽ ऽ ऽऽ

यज्ञ, करावन हार, राजमन्त्री जो होई।
ऽ। ।ऽऽऽ ।ऽ ।ऽ।ऽ ।ऽऽ
विप्र पड़ौसी वैद्य आपुनौ तपै रसोई।।

5. **बरवै** अर्द्धसम मात्रिक छन्द, विषम चरणों में 12-12 तथा सम चरणों में 7-7 मात्राएँ। सम चरणों के अन्त में जगण (।ऽ।) होता है–

''चम्पक हरवा अँग मिलि, अधिक सुहाय।
जानि परै सिय हियरे, जब कुंभिलाई।।''

6. **हरिगीतिका** सम मात्रिक छन्द, चार चरण, प्रत्येक चरण में 28 मात्राएँ, 16-12 पर यति, प्रत्येक चरण के अन्त में रगण (ऽ।ऽ) आवश्यक है–
।। ऽ। ऽऽ ऽ ।ऽ ।। ।। ।ऽ ऽऽ ।ऽ
खग-वृन्द सोता है अतः कल-कल नहीं होता यहाँ।

प्रश्नमाला

1. रस के अंग है-
(a) स्थायी भाव
(b) विभाव एवं अनुभाव
(c) संचारी भाव
(d) ये सभी

2. 'रस' के अन्तर्गत स्थायी भावों की संख्या है-
(a) नौ (b) दस
(c) ग्यारह (d) बारह

3. रस रूप में पुष्ट या परिणत होने वाल, व सम्पूर्ण प्रसंग में व्याप्त रहने वाला भाव कहलाता है-
(a) स्थायी भाव (b) विभाव
(c) अनुभाव (d) संचारी भाव

4. जो व्यक्ति, वस्तु परिस्थितियाँ आदि स्थायी भावों को जाग्रत या उद्दीप्त करती है, वे-
(a) स्थायी भाव (b) विभाव
(c) अनुभाव (d) संचारी भाव

5. 'विभाव' के भेद हैं-
(a) आलम्बन (b) उद्दीपन
(c) आश्रय (d) (a) तथा (b)

6. भावों के उदय होने के पश्चात् आश्रय की चेष्टाएँ हैं-
(a) स्थायी भाव (b) विभाव
(c) अनुभाव (d) संचारी भाव

7. 'अनुभाव' के भेद हैं-
(a) सात्विक
(b) वाचिक
(c) कायिक एवं आहार्य
(d) ये सभी

8. छन्द कितने प्रकार के होते हैं?
(a) मात्रिक (b) वार्णिक
(c) आर्थिक (d) (a) और (b) दोनों

9. 'छन्द' के तत्त्व होते हैं-
(a) वर्ण-मात्रा
(b) शुभ-अशुभाक्षर
(c) वर्णिकगण
(d) ये सभी

10. 'यमाताराजभानसलगा' सूत्र के आधार पर 'गणों' की संख्या है-
(a) नौ (b) आठ
(c) दस (d) सात

11. सतगुरु की महिमा अनंत, अनंत किया उपगार।
लोचन अनँत उघाड़िया, अनँत दिखावणहार।।
इस पंक्ति में कौन-सा रस निहित है?
(a) शृंगार रस (b) वीर रस
(c) शांत रस (d) वात्सल्य रस

12. तूँ तूँ करता तूँ भया, मुझमें रही न हूँ।
बारी फेरी बलि गई, जित देखाँ तित तूँ।।
इस पंक्ति में कौन-सा रस निहित है?
(a) वियोग शृंगार रस
(b) वीर रस
(c) शांत रस
(d) वात्सल्य रस

13. पाणी ही तै हिम भया, हिम ह्वै गया बिलाई।
जो कुछ था सोई भया, अब कुछ कहा न जाई।।
इस पंक्ति में कौन-सा रस निहित है?
(a) शृंगार रस (b) वीर रस
(c) शांत रस (d) वात्सल्य रस

14. जब मैं था हरि नहीं, अब हरि हैं मैं नाहिं।
सब अँधियारा मिटि गया, जब दीपक देख्या माहिं।।
इस पंक्ति में कौन-सा रस निहित है?
(a) वियोग शृंगार रस
(b) वीर रस
(c) शांत रस
(d) वात्सल्य रस

15. तपस्वी! क्यों इतने हो क्लान्त, वेदना का यह कैसा वेग?
आह! तुम कितने अधिक हताश बताओ यह कैसा उद्वेग?
इस पंक्ति में कौन-सा रस निहित है?
(a) शृंगार रस (b) वीर रस
(c) शांत रस (d) वात्सल्य रस

16. प्रकृति के यौवन का शृंगार करेंगे कभी न बासी फूल;
मिलेंगे वे जाकर अति शीघ्र
इस पंक्ति में कौन-सा रस निहित है?
(a) शृंगार रस (b) वीर रस
(c) शांत रस (d) वात्सल्य रस

17. तरनि-तनुजा तट तमाल तरुवर बहु छाये।
झुके कूल सो जल परसन हित मनहुँ सुहाये।।
इस पंक्ति में कौन-सा रस निहित है?
(a) वियोग शृंगार रस
(b) वीर रस
(c) शान्त रस
(d) वात्सल्य रस

18. बिनु गोपाल बैरनि भई कुंजैं।
इस पंक्ति में कौन-सा रस निहित है?
(a) शृंगार रस (b) वीर रस
(c) शांत रस (d) वात्सल्य रस

19. घिर रहे थे घुँघराले बाल अंश अवलम्बित मुख के पास;
नील घन-शावक-से सुकुमार, सुधा भरने को विधु के पास।
इस पंक्ति में कौन-सा रस निहित है?
(a) वियोग शृंगार रस
(b) वीर रस
(c) शांत रस
(d) वात्सल्य रस

20. मुझे फूल मत मारो, मैं अबला बाला वियोगिनी,
कुछ तो दया विचारो।।
इस पंक्ति में कौन-सा रस निहित है?
(a) वियोग शृंगार रस
(b) वीर रस
(c) शांत रस
(d) वात्सल्य रस

21. जब पहुँची चपला बीच धार,
छिप गया चाँदनी का कगार!
दो बांहों के दूरस्थ तीर धारा का कृश कोमल शरीर।
आलिंगन करने को अधीर!
इस पंक्ति में कौन-सा रस निहित है?
(a) संयोग शृंगार
(b) वीर रस
(c) शांत रस
(d) वात्सल्य रस

22. हाय! सब मिथ्या बात! आज तो सौरभ का मधुमास
शिशिर में भरता सूनी साँस!
इस पंक्ति में कौन-सा रस निहित है?
(a) वियोग श्रृंगार रस
(b) वीर रस
(c) भयानक रस
(d) वात्सल्य रस

23. ज्यों-ज्यों लगती है नाव पार, उर में आलोकित शत विचार।
इस पंक्ति में कौन-सा रस निहित है?
(a) संयोग श्रृंगार रस
(b) वीर रस
(c) शांत रस
(d) वात्सल्य रस

24. पंथ होने दो अपरिचित प्राण रहने दो अकेला!
घेर ले छाया अमा बन,
आज कज्जल-अश्रुओं में रिमझिला ले यह घिरा घन!
और होंगे नयन सूखे,
तिल बुझे औ पलक रूखे,
आर्द्र चितवन में यहाँ
शत विद्युतों में दीप खेला!
इस पंक्ति में कौन-सा रस निहित है?
(a) वियोग श्रृंगार रस
(b) वीर रस
(c) करुण व श्रृंगार रस
(d) वात्सल्य रस

25. सुर नर असुर गन्धर्व किन्नर आदि कोई भी कहीं।
कल शाम तक मुझसे जयद्रथ को बचा सकता नहीं।।
इन पंक्तियों में कौन-सा रस है?
(a) वीभत्स रस (b) वीर रस
(c) रौद्र रस (d) शान्त रस

26. देखि रूप लोचन ललचाने। हरषे जनु निज निधि पहचाने।। इसमें कौन-सा रस हैं?
(a) श्रृंगार रस (b) करुण रस
(c) रौद्र रस (d) अद्भुत रस

27. चौपाई के प्रत्येक चरण में मात्राएँ होती हैं-
(a) 11 (b) 13
(c) 16 (d) 15

28. छंद कितने प्रकार के होते हैं?
(a) 2 (b) 3
(c) 4 (d) 5

29. मूक होइ वाचाल पंगु चढई गिरिवर गहन।
जसु कृपा सो दयाल द्रवहु सकल कलिमल दहन।।
प्रस्तुत पंक्तियों में कौन-सा छंद हैं?
(a) दोहा (b) चौपाई
(c) सोरठा (d) बरवै

30. दोहा और रोला को क्रम से मिलाने पर कौन-सा छंद बनता है?
(a) हरिगीतिका (b) कुण्डलिया
(c) सवैया (d) बरवै

31. अवधि शिला का उर पर था गुरु भार।
तिल-तिल काट रही थी दृग जल धार।।
प्रस्तुत पंक्तियों में कौन-सा छंद है?
(a) दोहा (b) सोरठा
(c) रोला (d) बरवै

32. हम जो कुछ देख रहे हैं, सुन्दर है सत्य नहीं है।
यह दृश्य जग भासित है, बिन कर्म शिवत्व नहीं है।
उपर्युक्त काव्य-पंक्तियों में कौन-सा छंद है?
(a) 14-14 मात्राओं की यति से 28 मात्राओं वाला मात्रिक छंद
(b) 10-10 वर्णों की यति से 20 वर्णों वाला वर्णिक छंद
(c) 13-13 मात्राओं की यति से 26 मात्राओं वाला मात्रिक छंद
(d) 15-15 मात्राओं की यति से 30 मात्राओं वाला मात्रिक छंद

33. घनाक्षरी छंद है-
(a) मात्रिक (b) वर्णिक
(c) मिश्र (d) इनमें से कोई नहीं

34. वीर या आल्हा किस जाति का छंद है?
(a) वर्णिक (b) मात्रिक
(c) मुक्त (d) इनमें से कोई नहीं

35. जिस छंद में वर्णिक या मात्रिक प्रतिबंध न हो, वह छंद क्या कहलाता है?
(a) वर्णिक छंद
(b) मात्रिक छंद
(c) मुक्त छंद
(d) इनमें से कोई नहीं

36. निराला की कविता 'जूही की कली' उदाहरण है-
(a) वर्णिक छंद का
(b) मात्रिक छंद का
(c) मुक्त छंद का
(d) इनमें से कोई नहीं

37. चरण में वर्णों की संख्या (कम से अधिक) के आधार पर इन वर्णिक छंदों का सही अनुक्रम कौन-सा है?
(a) वसन्त तिलफा-मन्दाक्रान्ता-शार्दूल विक्रीडित-इन्द्रवज्रा
(b) मन्दाक्रान्ता-शार्दूल विक्रीडित-इन्द्रवज्रा-वसन्त तिलका
(c) शार्दूल विक्रीडित-इन्द्रवज्रा-वसन्त तिलका-मन्द्राक्रान्ता
(d) इन्द्रवज्रा-वसन्त तिलका-मन्द्राक्रान्ता-शार्दूल विक्रीडित

38. चरण में मात्राओं की संख्या (कम से अधिक) के आधार पर मात्रिक छंदों का सही अनुक्रम कौन-सा है?
(a) पीयूषवर्धक-रोला-गीतिका-चौपाई
(b) रोला-गीतिका-चौपाई-पीयूषवर्धक
(c) गीतिका-चौपाई-पीयूषवर्धक-रोला
(d) चौपाई-पीयूषवर्धक-रोला-गीतिका

39. छंद का सर्वप्रथम उल्लेख कहाँ मिलता है?
(a) ऋग्वेद (b) यजुर्वेद
(c) सामवेद (d) उपनिषद

40. कोई भी छंद किसमें विभक्त रहता है?
(a) चरणों में
(b) यति में
(c) दोनों में ही
(d) इनमें से कोई नहीं

उत्तरमाला

1. (a)	**2.** (a)	**3.** (a)	**4.** (b)	**5.** (d)	**6.** (a)	**7.** (d)	**8.** (d)	**9.** (d)	**10.** (b)
11. (c)	**12.** (c)	**13.** (c)	**14.** (c)	**15.** (a)	**16.** (a)	**17.** (a)	**18.** (a)	**19.** (a)	**20.** (a)
21. (a)	**22.** (a)	**23.** (a)	**24.** (c)	**25.** (c)	**26.** (a)	**27.** (c)	**28.** (b)	**29.** (c)	**30.** (b)
31. (d)	**32.** (a)	**33.** (b)	**34.** (b)	**35.** (c)	**36.** (c)	**37.** (d)	**38.** (b)	**39.** (a)	**40.** (c)

❑❑❑

अलंकार

❖ अलंकार का अर्थ आभूषण अर्थात् 'जो भूषित करे' होता है। काव्य में जिन धर्मों द्वारा चमत्कार उत्पन्न हो उसे अलंकार कहते हैं। भाषा के शब्द और अर्थ दो प्रमुख अंग होते हैं। अतएव काव्य में चमत्कार, शाब्दिक अथवा अर्थगत हो सकता है।

अलंकार के प्रकार

(1) अनुप्रास

जहाँ पर वर्णों की आवृत्ति हो, वहाँ अनुप्रास अलंकार होता है : जैसे—मुदित महीपति मन्दिर आये। सेवक सचिव सुमन्त बुलाये।

इस चौपाई में पूर्वार्द्ध में म की और उत्तरार्द्ध में स की तीन-तीन बार आवृत्ति हुई है, पर इनमें स्वरों का मेल नहीं है। कहीं-कहीं स्वर भी मिल जाते हैं; जैसे—

सो सुख सुजस सुलभ मोहिं स्वामी।

इसमें स की आवृत्ति पाँच बार हुई है, पर स्वरों का मेल (सुख, सुजस, सुलभ) केवल तीन बार हुआ है।

(2) यमक

जब कोई शब्द एक से अधिक बार प्रयुक्त हो परंतु अर्थ भिन्न हो वहाँ यमक अंलकार होता है। जैसे—

हरि हरि रूप दियो नारद को देखइं
दोउ शिवगण मुस्काई।

यहाँ एक हरि का अर्थ विष्णु व दूसरे का अर्थ बंदर है।

आचार्यों ने यमक की तीन कोटियाँ बताई हैं—आदिपद, यमक, मध्यपद यमक और अंत पद यमक। मोटे तौर पर यमक के दो भेद माने जाते हैं।

(क) सभंग पद यमक
(ख) अभंग पद यमक

(क) सभंग पद यमक—जब किसी शब्द का एक से अधिक बार प्रयोग होता है तथा उस शब्द को भंग करने पर भिन्न-भिन्न अर्थ निकलते हैं, तब सभंग पद यमक होता है। उदाहरणार्थ—

'हरिणी के नैनानी ते हरिनीके ये नैना'

प्रस्तुत उदाहरण में हरिणी (अच्छे) शब्द का प्रयोग दो बार हुआ है, परंतु अर्थ भिन्न है। पहले स्थान पर इसका अर्थ है हिरण जबकि दूसरे स्थान पर हरि नीके। इस प्रकार पूरी पंक्ति का अर्थ बनता है—हरि राधा के नेत्र तो हिरनी के नेत्रों से अधिक भव्य है।

(ख) अभंग पद यमक—जब किसी पद को भंग किए बिना भिन्न-भिन्न अर्थों की प्राप्ति हो, तब वहाँ अभंग पद यमक होता है। उदाहरणार्थ—

जल जो ना होता तो यह जग जाता जल।
अथवा
'जेते तुम तारे तेते नभ में ना तारे है

(3) श्लेष

जब पंक्ति में एक ही शब्द के अनेक अर्थ होते हैं तब वहाँ श्लेष अलंकार होता है। जैसे—

चरण धरत चिन्ताकरत, भावत नींद न शोर।
सुबरन को ढूँढ़त फिरत, कवि, कामी और चोर।।

श्लेष अलंकार के प्रकार—श्लेष अलंकार दो प्रकार का होता है—

(i) शब्द श्लेष (ii) अर्थ श्लेष

(4) उपमा

समान धर्म, स्वभाव, शोभा, गुण आदि के आधार पर जहाँ एक वस्तु की तुलना दूसरी वस्तु से की जाती है, वहाँ उपमा अलंकार होता है। जैसे—

राम का मुख कमल के समान सुन्दर है।

राम का मुख	उपमेय	कमल	उपमान
समानवाचक	सुन्दर	समान धर्म	

(5) रूपक

जहाँ उपमेय में उपमान का आरोप किया जाए, वहाँ रूपक अलंकार होता है। इसमें वाचक और साधारण धर्म लुप्त हो उपमेय और उपमान में अभेद का भाव प्रकट करते हैं। जैसे—

खोलो अपना मुख पंकज सखी, देखो तेरा प्रिय तरणि आया।

(6) उत्प्रेक्षा

जब उपमेय में उपमान से भिन्नता होते हुए भी उपमेय की उपमान के रूप में सम्भावना की जाए। जैसे—

लता भवन ते प्रकट भे तेहि अवसर दो ऊभाई।
निकसे जनु जुग विमल बिधु जलद पटल विलगाइ।

उत्प्रेक्षालंकार के तीन भेद होते हैं—

(i) वस्तूत्प्रेक्षा (ii) फलोत्प्रेक्षा (iii) हेतूत्प्रेक्षा।

(7) अतिशयोक्ति

जहाँ किसी वस्तु का बढ़ा-चढ़ाकर वर्णन किया जाए, वहाँ अतिशयोक्ति अलंकार होता है। जैसे—

लेवत मुख में घास मृग, मोर तजत नृत जात।
आँसू गिरियत जर लता, पीरे-पीरे पात।।

(8) विरोधाभास

जहाँ विरोध न होते हुए भी विरोध का आभास दिया जाए, वहाँ विरोधाभास अलंकार होता है। जैसे—

भर लाऊँ सीपी में सागर, प्रिय ! मेरी अब हार विजय क्या ?

सीपी में भला सागर कैसे भरा जा सकता है? अत: यहाँ विरोधाभास अलंकार है।

(9) वक्रोक्ति

वक्रोक्ति अलंकार वहाँ होता है, जहाँ वक्ता के किसी कथन का श्रोता उसके आशय से भिन्न अर्थ ग्रहण करता है। इसके दो भेद किये जा सकते हैं। जैसे—

को तुम हो ? घनश्याम हम, तो बरसो कित जाय।
नहीं-नहीं गोपाल हूँ, धनु देख बन जाय।।

(10) व्यतिरेक

जहाँ उपमेय में उपमान की अपेक्षा कुछ विशेषता दिखाई जाए, वहाँ व्यतिरेक अलंकार होता है। जैसे–

संत हृदय नवनीत समाना, कहा कविन पै कहत न जाना।

(11) प्रतीप

जब प्रसिद्ध उपमान को उपमेय करके अथवा प्रसिद्ध उपमेय को उपमान करके उपमेय से उपमान की समानता, हीनता अथवा उत्कर्ष दिखाया जाए, इसे प्रतीप अलंकार कहा जाता है।

(12) पुनरुक्तिदाभास

जब समान अर्थ वाले शब्द प्रयुक्त हों, परन्तु अभिप्राय भिन्न हो, तो इस अलंकार की सृष्टि होती है। उदाहरण–

काल समय तव आयहू, मूढ़ सुनेसि मम बात।
अस कहि मारी पवन सुत, कालनेमि इक लात।।

यहाँ 'काल' और 'समय' समानार्थी शब्द हैं परन्तु 'काल' शब्द 'मृत्यु' के अर्थ में प्रयुक्त होने से दोनों का अभिप्राय भिन्न हो गया।

(13) पुनरुक्तिप्रकाश

जब शब्द की आवृत्ति रोचकता के लिए उसी अर्थ में हो, जैसे–

कलिका कलिका किसलय किसलय, में, पवन प्रमादी घूम रहा।
कोमल अंगों को हिला हिला, मंथर गति से वह डोल रहा।।

यहाँ 'कलिका', 'किसलय' और 'हिला' शब्द पुनः उसी अर्थ में प्रयुक्त हुए हैं।

(14) वीप्सा

जहाँ किसी भाव पर बल देने के लिए एक ही शब्द की कई बार आवृत्ति हो, परन्तु प्रत्येक का अर्थ वही हो। जैसे–

दौड़ो! दौड़ो! दौड़ो आगि लगी है हमारे घर,
अरे नाहीं सारी लंक याकी है चपेट में।

प्रश्नमाला

1. 'पट-पीत मानहुं तड़ित रुचि, सुचि नौमि जनक सुतावरं' में कौन-सा अलंकार है?
(a) उपमा (b) रूपक
(c) उत्प्रेक्षा (d) उदाहरण

2. रहिमन जो गति दीप की, कुल कपूत गति सोय। बारे उजियारै लगै, बढ़ै अंधेरो होय।। प्रस्तुत पंक्तियों में कौन-सा अलंकार है?
(a) उपमा (b) रूपक
(c) यमक (d) श्लेष

3. "उदारहि बिमल बिलोचन ही के। मिटहिं दोष दुख भव रजनी के।" में आये अलंकार का नाम बताइए–
(a) अनुप्रास अलंकार (b) उत्प्रेक्षा अलंकार
(c) उल्लेख अलंकार (d) रूपक अलंकार

4. "सो सुख सुजस सुलभ मोहिं स्वामी" में आये अलंकार का नाम बताइए–
(a) उपमा अलंकार (b) यमक अलंकार
(c) रूपक अलंकार (d) अनुप्रास अलंकार

5. "चपला चमके घन बीच जगै छवि मोतिन माल अमोलन की" पद्यांश में अलंकार का नाम बताइए–
(a) श्लेष अलंकार (b) यमक अलंकार
(c) उपमा अलंकार (d) रूपक अलंकार

6. "नवल सुन्दर श्याम-शरीर की, सजल नीरद सी कल कान्ति थी।" उपर्युक्त पद्यांश में जो अलंकार है, वह है–
(a) रूपक अलंकार (b) श्लेष अलंकार
(c) उपमा अलंकार (d) यमक अलंकार

7. 'अयि गौरवशालिनी मानिनि आज' पद्यांश में अलंकार है
(a) रूपक अलंकार (b) श्लेष अलंकार
(c) उत्प्रेक्षा अलंकार (d) यमक अलंकार

8. "सेस महेस गनेस दिनेस सुरेसहु जाँहि निरन्तर गावैं" पद्यांश में जो अलंकार है, वह है–
(a) अनुप्रास अलंकार
(b) उत्प्रेक्षा अलंकार
(c) यमक अलंकार
(d) श्लेष अलंकार

9. कबिरा सोई पीर है, जे जाने पर पीर। जे पर पीर न जानई, सो काफिर बेपीर।। प्रस्तुत पंक्तियों में कौन-सा अलंकार है?
(a) यमक (b) रूपक
(c) पुनरुक्ति (d) श्लेष

10. "संदेसनि मधुवन-कूप भरे" में कौन-सा अलंकार है?
(a) रूपक
(b) वक्रोक्ति
(c) अन्योक्ति
(d) अतिशयोक्ति

11. मेरे नगपति मेरे विशाल। साकार, दिव्य गौरव विराट।। उपर्युक्त पद्यांश में आये अलंकार का नाम बताइए–
(a) उत्प्रेक्षा अलंकार
(b) उल्लेख अलंकार
(c) यमक अलंकार
(d) रूपक अलंकार

12. "सारी बीच नारी है कि नारी बीच सारी है" में आये अलंकार का नाम है–
(a) स्वभावोक्ति अलंकार
(b) दृष्टान्त अलंकार
(c) सन्देह अलंकार
(d) रूपक अलंकार

13. सिंह-सुता क्या कभी स्यार से प्यार करेगी? क्या परनर का हाथ कुलस्त्री कभी धरेगी।। उपर्युक्त पद्यांश में कौन-सा अलंकार है?
(a) उत्प्रेक्षा अलंकार
(b) यमक अलंकार
(c) प्रतिवस्तूपमा
(d) उपमा अलंकार

14. लसत सूर सायक धनु-धारी। रवि प्रताप सन सोहत भारी।। में अलंकार का नाम बताइए–
(a) प्रतिवस्तूपमा अलंकार
(b) स्वभावोक्ति अलंकार
(c) उत्प्रेक्षा अलंकार
(d) उल्लेख अलंकार

15. "तू रूप है किरन में, सौन्दर्य है सुमन में" पद्यांश में कौन अलंकार है?
(a) उल्लेख अलंकार (b) उत्प्रेक्षा अलंकार
(c) यमक अलंकार (d) रूपक अलंकार

16. "जानत सौति अनीति है, जानत सखी सुनीति" में आये अलंकार का नाम बताइए–
(a) उत्प्रेक्षा अलंकार (b) उल्लेख अलंकार
(c) यमक अलंकार (d) श्लेष अलंकार

17. "मुदित महीपति मन्दिर आये,......." पद्यांश में कौन-सा अलंकार है?
(a) अनुप्रास अलंकार (b) यमक अलंकार
(c) रूपक अलंकार (d) श्लेष अलंकार

18. "रीझि-रीझि रहसि-रहसि हँसि-हँसि उठै" पद्यांश में कौन-सा अलंकार है?
(a) उपमा अलंकार
(b) श्लेष अलंकार
(c) अनुप्रास अलंकार
(d) यमक अलंकार

19. "समय सिन्धु चंचल है भारी" में आये अलंकार का नाम बताइए—
(a) उपमा अलंकार
(b) रूपक अलंकार
(c) श्लेष अलंकार
(d) उत्प्रेक्षा अलंकार

20. "अम्बर पनघट में डुबो रही तारा घट ऊषा नागरी" में कौन-सा अलंकार है?
(a) यमक अलंकार
(b) श्लेष अलंकार
(c) रूपक अलंकार
(d) उपमा अलंकार

21. 'बिनु पद चलै सुनै बिनु काना।
कर बिनु कर्म करै विधि नाना।'
इस चौपाई में अलंकार है—
(a) विषम (b) विभावना
(c) असंगति (d) तद्‌गुण।

22. जहाँ उपमेय में उपमान की समानता की संभावना व्यक्त की जाती है, वहाँ अलंकार होता है—
(a) उत्प्रेक्षा (b) उपमा
(c) रूपक (d) सन्देह

23. 'कुल कानन कुंडल मोर पखा
उर पे बनमाल विराजति है।'
प्रस्तुत पंक्तियों में कौन-सा अलंकार है?
(a) अनुप्रास (b) यमक
(c) श्लेष (d) वक्रोक्ति

24. उपमेय पर उपमान का अभेद आरोप होने पर होता है :
(a) उपमालंकार (b) रूपकालंकार
(c) श्लेषालंकार (d) उत्प्रेक्षालंकार

25. सिर झुका तूने नियति की मान ली यह बात।
स्वयं ही मुर्झा गया तेरा हृदय-जलजात।।
प्रस्तुत पंक्तियों में कौन-सा अलंकार है?
(a) लाटानुप्रास (b) रूपक
(c) श्लेष (d) वक्रोक्ति

26. 'तो पर बारौ उरबसी, सुन राधिके सुजान।
तू मोहन की उरबसी, ह्वै, उरबसी, समान।''
इस अवतरण में कौन-सा अलंकार है?
(a) अनुप्रास (b) यमक
(c) श्लेष (d) रूपक

27. नीचे लिखे विकल्पों में से कौन-सा विकल्प रूपक अलंकार से संबंधित है :
(a) इसका मुख चन्द्रमा के समान है
(b) चन्द्रमा इसके मुख के सामने हैं
(c) इसका मुख ही चन्द्रमा है
(d) यह मुख है अथवा चन्द्रमा

28. 'पीपर पात सरिस मनडोला', पंक्ति में अलंकार है-
(a) उत्प्रेक्षा (b) उपमा
(c) रूपक (d) अतिशयोक्ति

29. 'तरनि तनुजा तट तमाल तरुवर बहु छाए' में कौन-सा अलंकार है?
(a) अनुप्रास (b) यमक
(c) उत्प्रेक्षा (d) उपमा

30. 'मुदित महीपति मंदिर आए सेवक सचिव सुमंत बुलाए' पंक्ति में कौन-सा अलंकार है?
(a) उपमा (b) रूपक
(c) अनुप्रास (d) यमक

31. 'नवल सुन्दर श्याम-शरीर की, सजल नीरद-सी कल-क्रान्ति थी।' में कौन-सा अलंकार है?
(a) उपमा (b) रूपक
(c) श्लेष (d) उत्प्रेक्षा

32. 'चरण धरत चिंता करत, चितवत चारिउ ओर।
सुबरन को ढूंढ़त फिरत, कवि व्यभिचारी चोर।'
उपर्युक्त दोहे में कौन-सा अलंकार है?
(a) श्लेष (b) यमक
(c) उपमा (d) रूपक

33. 'सेस महेस गनेस दिनेस सुरेसहू जाहि निरंतर गावैं'-इस पंक्ति में अलंकार है-
(a) रूपक (b) यमक
(c) अनुप्रास (d) श्लेष

34. इसमें कौन-सा उपमा अलंकार का भेद नहीं है?
(a) लुप्तोतमा (b) अनन्वय
(c) मालोपमा (d) दीपक

35. 'फूले काँस सकल महि छाई
जनु बरसा रितु प्रकट बुढ़ाई'- में अलंकार है-
(a) यमक (b) श्लेष
(c) रूपक (d) उत्प्रेक्षा

36. 'चरण-कमल बन्दौ हरिराई'। पंक्ति में अलंकार है—
(a) उपमा (b) रूपक
(c) श्लेष (d) अतिशयोक्ति

37. रूपक अलंकार होता है
(a) उपमेय-उपमान की समानता में
(b) उपमेय-उपमान के अभेद में
(c) उपमेय से उपमान की विशिष्टता में
(d) उपमेय से उपमान की हीनता में

38. 'उस काल मारे क्रोध के, तनु काँपने उनका लगा।
मानो हवा के जोर से, सोता हुआ सागर जगा।''
इस उद्धरण में कौन-सा अलंकार है?
(a) अतिशयोक्ति (b) उपमा
(c) उत्प्रेक्षा (d) रूपक

39. इनमें से कौन-सा अलंकार नहीं है?
(a) दीपक (b) उल्लेख
(c) सन्देश (d) वीर

40. निम्नलिखित विकल्पों में से शब्दालंकार को चिह्नित कीजिए।
(a) यमक (b) रूपक
(c) व्यतिरेक (d) प्रतीप

उत्तरमाला

1. (a)	2. (d)	3. (a)	4. (d)	5. (c)	6. (c)	7. (b)	8. (a)	9. (a)	10. (d)
11. (b)	12. (c)	13. (c)	14. (a)	15. (a)	16. (b)	17. (a)	18. (c)	19. (b)	20. (c)
21. (b)	22. (b)	23. (a)	24. (b)	25. (b)	26. (b)	27. (c)	28. (b)	29. (a)	30. (c)
31. (a)	32. (a)	33. (c)	34. (d)	35. (d)	36. (b)	37. (b)	38. (c)	39. (a)	40. (a)

अध्याय

21

अपठित गद्यांश

निर्देश : गद्यांश को पढ़कर निम्नलिखित प्रश्नों (प्र. सं. 1 से 9) में सबसे उचित विकल्प चुनिए।

मनु बहन ने पूरे दिन की डायरी लिखी, लेकिन एक जगह लिख दिया, ''सफाई वगैरह की।''

गाँधीजी प्रतिदिन डायरी पढ़कर उस पर अपने हस्ताक्षर करते थे। आज की डायरी पर हस्ताक्षर करते हुए गाँधीजी ने लिखा, ''कातने की गति का हिसाब लिखा जाए। मन में आए हुए विचार लिखे जाएँ। जो-जो पढ़ा हो, उसकी टिप्पणी लिखी जाए। 'वगैरह' का उपयोग नहीं होना चाहिए। डायरी में 'वगैरह' शब्द के लिए कोई स्थान नहीं है।''

जिसने जो पढ़ा हो, वह लिखा जाए। ऐसा करने से पढ़ा हुआ कितना पच गया है, यह मालूम हो जाएगा। जो बातें हुई हों वे लिखी जाएँ। मनु ने अपनी गलती का अहसास किया और डायरी विधा की पवित्रता को समझा।

गाँधीजी ने पुन: मनु से कहा — ''डायरी लिखना आसान कार्य नहीं है। यह इबादत करने जैसी विधा है। हमें शुद्ध व सच्चे रूप से प्रत्येक छोटी-बड़ी घटना को निष्पक्ष रूप से लिखना चाहिए चाहे कोई बात हमारे विरुद्ध ही क्यों न जा रही हो। इससे हममें सच्चाई स्वीकार करने की शक्ति प्राप्त होगी।'' (*गाँधीजी के रोचक संस्मरण*)

1. मनु को अपनी किस गलती का अहसास हुआ?

(a) उन्होंने डायरी में सही-सही बातें लिखी थीं
(b) उन्होंने डायरी में 'वगैरह' शब्द का प्रयोग किया था
(c) उन्होंने गाँधीजी की बात नहीं मानी थी
(d) मनु ने डायरी में कातने की गति का हिसाब लिखा था

2. गाँधीजी ने 'वगैरह' शब्द पर अपनी आपत्ति क्यों जताई?

(a) 'वगैरह' शब्द में कार्य और विचार की स्पष्टता नहीं है
(b) वे चाहते थे कि बातों को ज्यों-का-त्यों लिखा जाए
(c) 'वगैरह' शब्द की जगह 'आदि' शब्द का प्रयोग सही है
(d) गाँधीजी चाहते थे कि सही भाषा का प्रयोग हो

3. गाँधीजी ने डायरी लिखने को इबादत करने जैसा क्यों कहा है?

(a) दोनों कार्य रोज किए जाते हैं
(b) दोनों में सच्चाई और ईमानदारी चाहिए
(c) दोनों में समय लगता है
(d) दोनों कार्य हमारे कर्तव्यों में शामिल हैं

4. डायरी लिखना इसलिए महत्वपूर्ण है, क्योंकि—

(a) गाँधीजी इसे महत्त्वपूर्ण मानते हैं
(b) इससे व्यक्ति का समय अच्छा गुजर जाता है
(c) इसमें व्यक्ति स्वयं का विश्लेषण करता है और स्व-मूल्यांकन भी करता है
(d) इससे व्यक्ति पूरे दिन किए गए जमा-खर्च का हिसाब-किताब कर सकता है

5. गाँधीजी प्रतिदिन डायरी पढ़कर क्या करते थे?

(a) डायरी पर हस्ताक्षर करते थे और यह देखते थे कि व्यक्ति अपने कार्य और विचार में किस दिशा में जा रहा है
(b) हस्ताक्षर करते थे ताकि जाँच का प्रमाण दिया जा सके
(c) हस्ताक्षर करते थे क्योंकि यह नियम था
(d) लोगों को उनकी गलती का अहसास कराते थे

6. 'प्रतिदिन' शब्द में कौन-सा समास है?

(a) द्विगु समास
(b) तत्पुरुष समास
(c) द्वंद्व समास
(d) अव्ययीभाव समास

7. 'पढ़ा हुआ कितना पच गया है' का अर्थ है —

(a) पढ़ा हुआ कितना समझ में आया है
(b) पढ़ा हुआ कितना आत्मसात् किया है
(c) कितना सही उच्चारण के साथ पढ़ा है
(d) पढ़े हुए का कितना विश्लेषण किया है

8. 'कार्य' शब्द का तद्भव रूप बताइए।

(a) काज (b) काम
(c) सेवा (d) कारज

9. 'विचार' में इक प्रत्यय लगाकर शब्द बनेगा —

(a) विचौरिक (b) वैचारिक
(c) वैचारीक (d) विचारिक

निर्देश : गद्यांश को पढ़कर निम्नलिखित प्रश्नों (प्र. सं. 10 से 15) में सबसे उचित विकल्प चुनिए।

लोक कथाएँ हमारे आम जीवन में सदियों से रची-बसी हैं। इन्हें हम अपने बड़े-बूढ़ों से बचपन से ही सुनते आ रहे हैं। लोक कथाओं के बारे में यह भी कहा जाता है कि बचपन के शुरुआती वर्षों में बच्चों को अपने परिवेश की महक, सोच व कल्पना की उड़ान देने के लिए इनका उपयोग जरूरी है। हम यह भी सुनते हैं कि बच्चों के भाषा के विकास के संदर्भ में भी इन कथाओं की उपयोगिता महत्वपूर्ण है। ऐसा इसलिए कहा जाता है क्योंकि इन लोक कथाओं के विभिन्न रूपों में हमें लोक जीवन के तत्त्व मिलते हैं जो बच्चों के भाषा विकास में उल्लेखनीय भूमिका निभाते हैं। अगर हम अपनी पढ़ी हुई लोक कथाओं को याद करें तो सहजता से हमें इनके कई उदाहरण मिल जाते हैं। जब हम कहानी सुना रहे होते हैं तो बच्चों से हमारी यह अपेक्षा रहती है कि वे पहली घटी घटनाओं को जरूर दोहराएँ। बच्चे भी घटना को याद रखते हुए साथ-साथ मजे से दोहराते हैं। इस तरह कथा सुनाने की इस प्रक्रिया में बच्चे इन घटनाओं को एक क्रम में रखकर देखते हैं। इन क्रमिक घटनाओं में एक तर्क होता है जो बच्चों के मनोभावों से मिलता-जुलता है।

(*क्या बताती हैं लोक कथाएँ - कमलेश चंद्र जोशी*)

10. लोक कथाओं में शामिल हैं —

(a) लोक कल्पना
(b) लोक जीवन के रंग
(c) लोक की उड़ान
(d) घटनाएँ

11. लोक कथाओं में किस परिवेश की महक की बात की गई है?

(a) बच्चों के आस-पास मौजूद परिवेश की
(b) शहरी परिवेश की
(c) विद्यालयी परिवेश की
(d) ग्रामीण परिवेश की

12. बच्चों से हमारी क्या अपेक्षा रहती है?

(a) वे कहानी की घटनाओं को याद रखें ताकि आगे की कहानी से जुड़ा जा सके

(b) कहानी सुनना

(c) घटनाओं की भाषा को समझना

(d) वे कहानी में मजे लें

13. अनुच्छेद के आधार पर कहा जा सकता है कि इसका मुख्य बिन्दु है —

(a) लोक कथाओं में लोक तत्त्व होता है

(b) लोक कथाओं के माध्यम से कल्पना, तर्क और भाषाका विकास किया जा सकता है

(c) कहानी में याद रखना जरूरी है

(d) लोक कथाएँ हमारे जीवन का हिस्सा हैं

14. 'परिवेश की महक' पद का अर्थ है —

(a) परिवेश की गंध

(b) परिवेश की विशिष्टताएँ, सीमाएँ

(c) परिवेश की कहानियाँ

(d) परिवेश की खुशबू

15. 'कहानी की क्रमिक घटनाओं में एक तर्क होता है जो बच्चों के मनोभावों से मिलता-जुलता है।' वाक्य किस ओर संकेत करता है?

(a) बच्चे भी कहानी के बारे में लगभग उसी तरह सोचते हैं जिस तरह कहानी में घटनाएँ घटती हैं

(b) कहानियों में एक क्रम होता है

(c) बच्चे भी कहानी के क्रम में ही सोचते हैं

(d) कहानियाँ बच्चों की मानसिक दशा को दर्शाती हैं

निर्देश : गद्यांश को पढ़कर निम्नलिखित प्रश्नों (प्र. सं. 16 से 24) में सबसे उचित विकल्प चुनिए।

गाँधीजी मानते थे कि सामाजिक या सामूहिक जीवन की ओर बढ़ने से पहले कौटुम्बिक जीवन का अनुभव प्राप्त करना आवश्यक है। इसलिए वे आश्रम-जीवन बिताते थे। वहाँ सभी एक भोजनालय में भोजन करते थे। इससे समय और धन तो बचता ही था, सामूहिक जीवन का अभ्यास भी होता था। लेकिन यह सब होना चाहिए, समय-पालन, सुव्यवस्था और शुचिता के साथ।

इस ओर लोगों को प्रोत्साहित करने के लिए गाँधीजी स्वयं भी सामूहिक रसोईघर में भोजन करते थे। भोजन के समय दो बार घंटी बजती थी। जो दूसरी घंटी बजने तक भोजनालय में नहीं पहुँच पाता था, उसे दूसरी पंक्ति के लिए बरामदे में इंतजार करना पड़ता था। दूसरी घंटी बजते ही रसोईघर का द्वार बंद कर दिया जाता था, जिससे बाद में आने वाले व्यक्ति अंदर न आने पाएँ।

एक दिन गाँधीजी पिछड़ गए। संयोग से उस दिन आश्रमवासी श्री हरिभाऊ उपाध्याय भी पिछड़ गए। जब वे वहाँ पहुँचे तो देखा कि बापू बरामदे में खड़े हैं। बैठने के लिए न बैंच है, न कुर्सी। हरिभाऊ ने विनोद करते हुए कहा, "बापूजी आज तो आप भी गुनहगारों के कठघरे में आ गए हैं।"

गाँधीजी खिलखिलाकर हँस पड़े। बोले "कानून के सामने तो सब बराबर होते हैं न?"

हरिभाऊ जी ने कहा, "बैठने के लिए कुर्सी लाऊँ बापू?" गाँधीजी बोले, "नहीं, इसकी जरूरत नहीं है। सजा पूरी भुगतनी चाहिए। उसी में सच्चा आनंद है।"

(स्रोत : गाँधीजी के रोचक संस्मरण – डॉ. कृष्णवीर सिंह)

16. गाँधीजी ने किस बात की पूरी सजा भुगतने की बात की?

(a) आश्रम-जीवन बिताने की

(b) गलत नियम बनाने की

(c) देर से रसोईघर में पहुँचने की

(d) सामूहिक जीवन की

17. सामूहिक जीवन बिताने के लिए सबसे महत्त्वपूर्ण है—

(a) समान विचारधारा होना

(b) समूह के सदस्यों की आपसी प्रतिस्पर्धा

(c) समूह के लिए बनाए गए नियमों का पालन

(d) सब समान स्तर के हों

18. "कानून के सामने तो सब बराबर होते हैं न?" गाँधीजी का यह कथन इस ओर संकेत करता है कि—

(a) गाँधीजी पूरी ईमानदारी से नियमों का पालन करने में विश्वास रखते थे

(b) कानून के हाथ लंबे होते हैं

(c) गाँधीजी झेंप गए थे

(d) कानून किसी तरह का भेदभाव नहीं करता

19. दूसरी घंटी के बाद रसोईघर का दरवाजा क्यों बंद कर दिया जाता था?

(a) ताकि लोग एकाध दिन उपवास कर सकें

(b) ऐसा गाँधीजी का निर्देश था

(c) ताकि लोग समय से भोजन करें और नियम का पालन भी

(d) ताकि लोग अंदर न आ सकें

20. सभी भोजनालय में एक साथ भोजन करते थे। इससे—

(a) सामूहिक जीवन का महत्त्व पता चलता था

(b) केवल धन की बचत होती थी

(c) सुव्यवस्था रहती थी

(d) गाँधीजी और हरिभाऊजी को बहुत असुविधा हुई

21. 'शुचिता' शब्द का क्या अर्थ है?

(a) पवित्रता (b) निर्मलता

(c) सरलता (d) निष्पक्षता

22. इनमें कौन-सा 'इक' प्रत्यय का उदाहरण है?

(a) माणिक्य (b) अत्यधिक

(c) कौटुम्बिक (d) आधिक्य

23. 'भोजनालय' का संधि-विच्छेद है —

(a) भोज + नालय (b) भोजन + अलय

(c) भोजन + आलय (d) भोजन + लय

24. 'रसोईघर' शब्द है —

(a) योगरूढ़ (b) यौगिक

(c) तत्सम (d) रूढ़

निर्देश : गद्यांश को पढ़कर निम्नलिखित प्रश्नों (प्र.सं. 25 से 34) में सबसे उचित विकल्प चुनिए।

मुझे मालूम नहीं था कि भारत में 'तिलोनिया' नाम की भी कोई जगह है जहाँ हमारे देश के समसामयिक इतिहास का एक विस्मयकारी पन्ना लिखा जा रहा है। उस वक्त तक तिलोनिया के बारे में मुझे इतनी ही जानकारी थी कि वहाँ पर एक स्वावलंबी विकास-केंद्र चल रहा है, जिसे स्थानीय ग्रामवासी, स्त्री-पुरुष मिलजुलकर चला रहे हैं। मुझे वहाँ जाने का अवसर मिला। बस्ती क्या थी, कुछ पुराने और कुछ नए छोटे-छोटे घरों का झुरमुट थी।

वहाँ एक सज्जन ने बताया कि एक सुशिक्षित तथा उसके दो साथियों टाइपिस्ट तथा फोटोग्राफर ने मिलकर 1972 में इस संस्थान की स्थापना की थी। संस्थान का नाम था - सामाजिक कार्य तथा शोध-संस्थान (एस. डब्ल्यू. आर. सी.)।

मेरे मन में संशय उठने लगे थे। आज के जमाने में वैज्ञानिक उपकरणों और जानकारी के बल पर ही तरक्की की जा सकती है। उससे कटकर और अवहेलना करते हुए नहीं की जा सकती। एक पिछड़े हुए गाँव के लोग अपनी समस्याएँ स्वयं सुलझा लेंगे, यह नामुमकिन था। वह सज्जन कहे जा रहे थे "हमारे गाँव आज नहीं बसे हैं। इन गाँवों में शताब्दियों से हमारे पूर्वज रहते आ रहे हैं। पहले जमाने में भी हमारे लोग अपनी सूझ और पहलकदमी के बल पर ही अपनी दिक्कतें सुलझाते रहे होंगे। जरूरत इस बात की है कि हम शताब्दियों की इस परंपरागत जानकारी को नष्ट न होने दें। उसका उपयोग करें।" फिर मुझे समझाते हुए बोले "हम बाहर की जानकारी से भी पूरा-पूरा लाभ उठाते हैं, पर मूलत: स्वावलंबी बनना चाहते हैं, स्वावलंबी, आत्मनिर्भर।" मुझे बार-बार गाँधीजी के कथन याद आ रहे थे। मैंने गाँधीजी का जिक्र किया तो वह बड़े उत्साह से बोले — "आपने ठीक ही कहा है। यह संस्थान गाँधीजी की मान्यताओं के अनुरूप ही चलता है — सादापन, कर्मठता, अनुशासन, सहभागिता। यहाँ सभी निर्णय मिल-बैठकर किए जाते हैं। आत्मनिर्भरता . . . ." आत्मनिर्भरता से मतलब कि ग्रामवासियों की छिपी क्षमताओं को काम में लाया जाए और गाँधीजी के अनुसार, ग्रामवासी अपनी अधिकांश बुनियादी जरूरत की वस्तुओं का उत्पादन स्वयं करें....। *(एक तीर्थ यात्रा, स्रोत : भीष्म साहनी)*

25. सामाजिक कार्य तथा शोध-संस्थान की स्थापना का उद्देश्य था —

(a) ग्रामवासियों को देश-विदेश की जानकारी प्रदान करना
(b) उन्हें केवल अनुशासित करना
(c) उन्हें स्वावलंबी, आत्मनिर्भर बनाना
(d) उन्हें प्राचीन परंपराओं से परिचित कराना

26. लेखक का मानना था —

(a) आधुनिक समय में वैज्ञानिक उपकरणों ओर जानकारी के बल पर ही तरक्की नहीं की जा सकती है
(b) ग्रामवासी अपनी समस्याएँ स्वयं सुलझा सकते हैं
(c) ग्रामवासियों को अपनी समस्याएँ स्वयं सुलझाने की आदत है
(d) आधुनिक समय में वैज्ञानिक उपकरणों और जानकारी से कटकर या उसकी अवहेलना करके तरक्की नहीं की जा सकती है

27. संस्थान के निर्णय और संचालन में आधारभूत भूमिका इनमें से किसकी है?

(a) संस्थापक की
(b) केवल गरीब और दलित महिलाओं की
(c) उस गाँव में रहने वाले सभी लोगों की
(d) गाँव-प्रधान की

28. 'आत्म' उपसर्ग किस शब्द में नहीं है?

(a) आत्मनिर्भर (b) आत्मसम्मान
(c) आत्मीय (d) परमात्मा

29. लेखक के अनुसार 'तिलोनिया' गाँव में हमारे देश के आजकल के इतिहास का विस्मयकारी पन्ना लिखा जा रहा है। इसका कारण है —

(a) 'तिलोनिया' गाँव पिछड़े गाँव के रूप में जाना जाता है
(b) वहाँ एक स्वावलंबी विकास-केंद्र चल रहा है
(c) वहाँ के लोग अनुदान पर आश्रित हैं
(d) केन्द्र में इतिहास पर विस्मयकारी शोध किया जा रहा है

30. 'शताब्दी' .... समास का उदाहरण है।

(a) बहुव्रीहि (b) द्विगु
(c) तत्पुरुष (d) अव्ययीभाव

31. गाँधीजी .... को मान्यता नहीं देते हैं।

(a) आत्मनिर्भरता (b) कर्मठता
(c) अकर्मण्यता (d) सादापन

32. निम्नलिखित में से संज्ञा का उदाहरण नहीं है—

(a) आत्मनिर्भरता (b) स्वावलंब
(c) अनुशासन (d) अनुशासित

33. 'उपयोगी' शब्द का विलोम है —

(a) अउपयोगी (b) अनुपयोगी
(c) अनपयोगी (d) उपयोगिता

निर्देश : गद्यांश को पढ़कर निम्नलिखित प्रश्नों (प्र.सं. 34 से 40) में सबसे उचित विकल्प चुनिए।

विद्यार्थी जीवन को मानव जीवन की रीढ़ की हड्डी कहें तो कोई अतिशयोक्ति नहीं होगी। विद्यार्थी काल में बालक में जो संस्कार पड़ जाते हैं जीवन-भर वही संस्कार अमिट रहते हैं। इसीलिए यही काल आधारशिला कहा गया है। यदि यह नींव दृढ़ बन जाती है तो जीवन सुदृढ़ और सुखी बन जाता है। यदि इस काल में बालक कष्ट सहन कर लेता है तो उसका स्वास्थ्य सुंदर बनता है। यदि मन लगाकर अध्ययन कर लेता है तो उसे ज्ञान मिलता है, उसका मानसिक विकास होता है। जिस वृक्ष को प्रारंभ से सुंदर सिंचन और खाद मिल जाती है, वह पुष्पित एवं पल्लवित होकर संसार को सौरभ देने लगता है। इसी प्रकार विद्यार्थी काल में जो बालक श्रम, अनुशासन, समय एवं नियमन के साँचे में ढल जाता है, वह आदर्श विद्यार्थी बनकर सभ्य नागरिक बन जाता है। सभ्य नागरिक के लिए जिन-जिन गुणों की आवश्यकता है उन गुणों के लिए विद्यार्थी काल ही तो सुन्दर पाठशाला है। यहाँ पर अपने साथियों के बीच रह कर वे सभी गुण आ जाने आवश्यक हैं, जिनकी कि विद्यार्थी को अपने जीवन में आवश्यकता होती है।

34. मानव जीवन की रीढ़ की हड्डी विद्यार्थी जीवन को क्यों माना जाता है?

(a) पूरा जीवन विद्यार्थी जीवन पर चलता है
(b) जो संस्कार विद्यार्थी जीवन में पड़ जाते हैं वे संस्कारस्थायी हो जाते हैं
(c) विद्यार्थी जीवन सुखी जीवन होता है
(d) विद्यार्थी जीवन में ज्ञान मिलता है

35. गद्यांश में वृक्ष किसे कहा गया है?

(a) पेड़ को
(b) विद्यार्थी को
(c) जीवन को
(d) समय को

36. गद्यांश के आधार पर कहा जा सकता है कि —

(a) विद्यार्थी जीवन में व्यक्ति अनेक गुणों को धारण कर लेता है
(b) विद्यार्थी जीवन के लिए सुंदर पाठशाला की आवश्यकता होती है
(c) कष्ट सहन करने से सेहत बनती है
(d) वृक्षों को सींचना पर्यावरण के लिए आवश्यक है

37. गद्यांश में आदर्श विद्यार्थी के किन गुणों की चर्चा की गई है?

(a) नियमावली का पालन
(b) ज्ञान प्राप्ति हेतु ध्यान की आवश्यकता की
(c) नियमन
(d) व्यायाम

38. 'संसार को सौरभ' देने का अर्थ है —

(a) संसार में सुगंध फैलाना
(b) संसार को बेहतर बनाना
(c) संसार में पेड़ लगाना
(d) संसार को सुगंधित द्रव्य देना

39. किन शब्दों में 'इत' प्रत्यय है?

(a) पुष्पित, पल्लवित
(b) पुष्पित, सिंचन
(c) नागरिक, पल्लवित
(d) मानसिक, नागरिक

40. 'विद्यार्थी' शब्द का संधि-विच्छेद है —

(a) विद्या + आर्थी
(b) विद्या + अर्थी
(c) विद्य + आर्थी
(d) विद्या + आर्थि

उत्तरमाला

1. (b)	**2.** (a)	**3.** (b)	**4.** (c)	**5.** (a)	**6.** (d)	**7.** (b)	**8.** (b)	**9.** (b)	**10.** (b)
11. (a)	**12.** (a)	**13.** (b)	**14.** (b)	**15.** (a)	**16.** (c)	**17.** (c)	**18.** (d)	**19.** (c)	**20.** (a)
21. (a)	**22.** (c)	**23.** (c)	**24.** (b)	**25.** (c)	**26.** (d)	**27.** (c)	**28.** (d)	**29.** (b)	**30.** (b)
31. (c)	**32.** (d)	**33.** (b)	**34.** (b)	**35.** (b)	**36.** (a)	**37.** (a)	**38.** (b)	**39.** (a)	**40.** (b)

❑❑❑

अध्याय 22

प्रसिद्ध कवि, लेखक एवं उनकी प्रसिद्ध रचनाएँ तथा हिन्दी भाषा में पुरस्कार

- **कबीरदास :** बीजक (साखी, सबद, रमैनी), युगान्त के क्षितिज पर।
- **सूरदास :** सूरसागर (समग्र रचनाओं का संकलन), साहित्य लहरी, सूर-पच्चीसी, सूर सारावली, नागलीला, गोवर्द्धनलीला, प्राणप्यारी, सूरसागर-सार।
- **गोस्वामी तुलसीदास :** रामचरितमानस, गीतावली, दोहावली, कवितावली, कुण्डलियाँ, रामायण, कृष्ण गीतावली, रामाज्ञा प्रश्नावली, हनुमानबाहुक, विनय-पत्रिका, रामलला नहछू, पार्वतीमंगल, जानकीमंगल, बरवै रामायण, वैराग्य सन्दीपनी, रामसतसई।
- **नाभादास :** अष्टयाम, रामचरित के पद।
- **मीराबाई :** नरसीजी का माहरा, राम गोविन्द, सोरठा के पद, फुटकर पद, गीत गोविन्द की टीका, मीरा का मल्हार, रागविहाग।
- **रहीम (अब्दुर्रहीम खानखाना) :** रहीम दोहावली, रहीम रत्नावली, रहीम सतसई, बरवै नायिकाभेद, राम पंचाध्यायी, श्रृंगार सोरठा, मदनाष्ट, नगर शोभा, फुटकल बरवै, फुटकल सवैये, नायिकाभेद।
- **रसखान :** प्रेमवाटिका, सुजान रसखान, गीत काव्य।
- **मालिक मुहम्मद जायसी :** पद्मावत, अखरावट, आख़िरी कलाम।
- **भूषण :** शिवराज भूषण, शिवा बावनी, छत्रसाल दशक, भूषण उल्लास, भूषण हजारा, छत्रसाल दशक।
- **लल्लू लाल :** सिंहासन बत्तीसी, बैताल पच्चीसी, शकुन्तला नाटक, माधोनल, प्रेमसागर, राजनीति, भाषा कायदा, सभाबिलास, माधव बिलास, लतायफ़े हिन्दी या नक़लयाते हिन्दी, लाल चन्द्रिका, ब्रजभाषा व्याकरण।
- **लाला श्रीनिवासदास :** परीक्षागुरु (हिन्दी का प्रथम उपन्यास; 1882 ई.), प्रह्लादचरित, ताप्तासंवरणम्, रणधीर प्रेममोहिनी, संयोगिता स्वयंवर (नाटक)।
- **किशोरीलाल गोस्वामी :** त्रिवेणी, प्रणयिनी प्रणय, लवंगलता, राजकुमारी, मस्तानी, चन्द्रावली, हीराबाई, गुलबहार, इन्दुमती, लावण्यमयी (उपन्यास)।
- **गयाप्रसाद शुक्ल 'सनेही' (वे 'त्रिशूल' उपनाम से भी लेखन-कार्य करते थे।) :** प्रेमपच्चीसी, कृषकक्रन्दन, राष्ट्रीय वीणा, त्रिशूलतरंग, कला में त्रिशूल, करुणा कादम्बिनी, संजीवनी।
- **राजा शिवप्रसाद 'सितारेहिन्द' :** योगवासिष्ठ, मानवधर्मसार, उपनिषद्सार।
- **जगन्नाथदास रत्नाकार :** हिण्डोला, कलकाशी, शृंगारलहरी, वीराष्टक, प्रकीर्ण पद्यावली, गंगावतरण, अष्टक, उद्धव शतक।
- **मैथिलीशरण गुप्त :** साकेत, यशोधरा, काबा और कर्बला, मंगलभट्ट, झंकार, स्वदेश-संगीत, वैज्ञानिक, हिन्दू, विकटभट्ट, रंग में भंग, पत्रावली, सिद्धराज, कुणाल, गुरुकुल, हिन्दू, राष्ट्रकुल, राष्ट्रवाणी, स्वस्ति और संकेत, जयद्रथ वध, सैरन्ध्री, किसान, प्रदक्षिणा, तिलोत्तमा, बहुष, विष्णुप्रिया, भारत-भारती, द्वापर, पंचवटी, अनघ, चन्द्रहास, शकुन्तला, शक्ति, वन-वैभव, वक्संहार।
- **अयोध्या सिंह उपाध्याय 'हरिऔध' : महाकाव्य-** प्रिय प्रवास, वैदेही वनवास, **काव्यसंग्रह-** पारिजात, चुभते चौपदे, चोखे चौपदे, रस कलश; **उपन्यास-** अध खिला फूल, ठेठ हिन्दी का ठाठ; **नाटक-** रुक्मिणी परिणय; **अन्य-** हिन्दी भाषा और साहित्य का इतिहास।
- **श्रीधर पाठक :** कश्मीर सुषमा, जगतसचाईसार, भारतगीत, उजड़ग्राम, एकान्त योगी, श्रान्त पथिक।
- **भारतेन्दु हरिश्चन्द : नाटक-** विद्यासुन्दर, रत्नावली, धनंजय विजय, कर्पूर मंजरी, मुद्राराक्षस, भारत जननी, दुर्लभ बन्धु, वैदिकी हिंसा हिंसा न भवति, सत्य हरिश्चन्द्र, श्रीचन्द्रावली, विषस्य विषमौषधम्, भारत दुर्दशा, नील देवी, अंधेर नगरी, सती-प्रताप, प्रेम जोगिनी; कश्मीर कुसुम, महाराष्ट्र देश का इतिहास, **सम्पादन-** कविवचन सुधा, हरिश्चन्द चन्द्रिका; **उपन्यास-** शीलवती, चन्द्रप्रभा प्रकाश, रामलीला, हम्मीर हठ (अपूर्ण)।
- **दयानन्द सरस्वती :** सत्यार्थ प्रकाश।
- **देवकीनन्दन खत्री :** चन्द्रकान्ता सन्तति, देवकान्ता, भूतनाथ, नरेन्द्रमोहिनी, कुसुमकुमारी, वीरेन्द्रवीर, काजर की कोठरी, गुप्त गोदना।
- **दुर्गाप्रसाद खत्री :** प्रतिशोध, लाल पंजा, रक्तमण्डल, काला चोर, सफ़ेद शैतान, भूतनाथ।
- **रविन्द्रनाथ टैगोर :** गीतांजलि, गोरा, चित्रा, राजऋषि, विसर्जन।
- **आचार्य हजारीप्रसाद द्विवेदी : उपन्यास-** बाणभट्ट की आत्मकथा, चारुचन्द्रलेख, पुनर्नवा, अनामदास का पोथा; **निबन्ध-** अशोक के फूल, कल्पलता, विचार-प्रवाह, विचार और वितर्क; **समीक्षा-** सूर-साहित्य, हिन्दी-साहित्य की भूमिका, प्राचीन भारत के कलात्मक विनोद, मेघदूत : एक पुरानी कहानी, सन्देशरासक, पृथ्वीराज रासो, कालिदास की लालित्य-योजना, मध्ययुगीन बोध, आलोकपर्व।
- **आचार्य रामचन्द्र शुक्ल : समालोचना-** जायसी ग्रन्थावली, तुलसीदास, सूरदास, चिन्तामणि (दो भागों में), रस मीमांसा, त्रिवेणी; **कहानी-** ग्यारह वर्ष का समय; **काव्य-** बुद्ध-चरित्, अभिमन्यु-वध; **सम्पादन-**हिन्दी-शब्दसागर, **नागरी-**प्रचारिणी पत्रिका, आनन्द कादम्बिनी, भ्रमर गीतसार; **निबन्ध-**काव्य में प्राकृतिक दृश्य, काव्य में अभिव्यंजनावाद, रसबोध के विविध रूप, काव्य में रहस्यवाद सारणीकरण और व्यक्ति वैचित्र्यवाद, उत्साह, श्रद्धा-भक्ति, करुणा, लज्जा और ग्लानि, लोभ और प्रीति, घृणा, ईर्ष्या, भय, क्रोध; **इतिहास-**हिन्दी-साहित्य का इतिहास, फारस-साहित्य का इतिहास।
- **प्रेमचन्द : उपन्यास-**गोदान, सेवा सदन, प्रतिज्ञा, वरदान, प्रेमाश्रम, निर्मला, रंगभूमि (दो भागों में), कर्मभूमि, काया-कल्प, गबन, मंगल सूत्र; **कहानी-संग्रह-**नवविधि, प्रेम पूर्णिमा, लाल फीता, नमक का

हिन्दी भाषा में पुरस्कार

ज्ञानपीठ पुरस्कार

ज्ञानपीठ पुरस्कार भारत में सर्वोच्च साहित्यिक पुरस्कार है और इसे केवल एक भारतीय नागरिक को प्रतिवर्ष प्रदान किया जा सकता है। भारतीय संविधान (8 वीं अनुसूची) में उल्लिखित अन्य भाषाओं के साथ अंग्रेज़ी में भी यह पुरस्कार प्रदान किया जाता है। यह सांस्कृतिक संगठन भारतीय ज्ञानपीठ द्वारा प्रायोजित है। प्रथम ज्ञानपीठ पुरस्कार 1965 में जी.शंकर कुरुप (मलयालम) को उनके उपन्यास "ओडक्कुज़ल" (बांस की बांसुरी) के लिए दिया गया था।

साहित्य अकादमी पुरस्कार

साहित्य अकादमी पुरस्कार वर्ष 1954 में स्थापित, एक साहित्यिक सम्मान है। यह पुरस्कार साहित्य अकादमी (नेशनल एकेडमी ऑफ लेटर्स) द्वारा प्रतिवर्ष प्रदान किया जाता है। अकादमी द्वारा प्रत्येक वर्ष अपने द्वारा मान्यता प्रदत्त 24 भाषाओं में साहित्यिक कृतियों के साथ ही इन्हीं भाषाओं में परस्पर साहित्यिक अनुवाद के लिये भी पुरस्कार प्रदान किये जाते हैं। भारत के संविधान में शामिल 22 भाषाओं के अलावा साहित्य अकादमी ने अंग्रेज़ी तथा राजस्थानी को भी उन भाषाओं के रूप में मान्यता दी है जिसमें अकादमी के कार्यक्रम को लागू किया जा सकता है। साहित्य अकादमी पुरस्कार ज्ञानपीठ पुरस्कार के बाद भारत सरकार द्वारा प्रदान किया जाने वाला दूसरा सबसे बड़ा साहित्यिक सम्मान है। माखनलाल चतुर्वेदी पहले हिंदी लेखक हैं, जिन्होंने वर्ष 1955 में अपने काव्य "हिम तरंगिनी" (कविता) के लिए यह पुरस्कार जीता था।

सरस्वती सम्मान

सरस्वती सम्मान गद्य या पद्य में उत्कृष्ट साहित्यिक कार्यों के लिए भारत के संविधान की आठवीं अनुसूची में निर्दिष्ट भारत की 22 भाषाओं में से किसी में दिया जाने वाला वार्षिक पुरस्कार है। इसका नाम भारत के ज्ञान की देवी के नाम पर रखा गया है और इसे भारत के शीर्ष साहित्यिक पुरस्कारों में से एक माना जाता है। सरस्वती सम्मान की स्थापना वर्ष 1991 में केके बिड़ला ने की थी। हरिवंश राय बच्चन अपनी चार खंडों वाली आत्मकथा, "क्या भूलों क्या याद करूं, बसेरे से दूर, नीड़ का निर्माण फिर और दशद्वार से सोपान तक के लिए" सरस्वती सम्मान के पहले विजेता थे।

व्यास सम्मान

वर्ष 1991 में शुरू किया गया व्यास सम्मान हिंदी में 'उत्कृष्ट साहित्यिक कृति' के लिए दिया जाता है। यह सम्मान के.के. बिरला फाउंडेशन द्वारा दिया जाता है। पिछले 10 वर्षों के साहित्य कार्य के लिए पात्र होने वाले व्यास सम्मान को हिंदी भाषा में प्रकाशित किया जाना चाहिए। इसके पहले प्राप्तकर्ता राम विलास शर्मा ने वर्ष 1991 में 'भारत के प्राचीन भाषा परिवार हिंदी' के लिए काम किया था।

भारत भारती पुरस्कार

भारत भारती उत्तर प्रदेश हिन्दी संस्थान का सबसे बड़ा साहित्यिक पुरस्कार है। यह पुरस्कार उत्तर प्रदेश हिंदी संस्थान, लखनऊ के माध्यम से साहित्य के क्षेत्र में उत्कृष्ट योगदान के लिए दिया जाता है। महादेवी वर्मा वर्ष 1982 में भारत -भारती पुरस्कार की पहली प्राप्तकर्ता थीं।

अब तक संपन्न हुए 11 विश्व हिंदी सम्मेलनों की सूची

क्रमांक	सम्मेलन	स्थान	सम्मेलन वर्ष
1.	प्रथम विश्व हिंदी सम्मेलन	नागपुर, भारत	10-12 जनवरी, 1975
2.	द्वितीय विश्व हिंदी सम्मेलन	पोर्ट लुई, मॉरीशस	28-30 अगस्त, 1976
3.	तृतीय विश्व हिंदी सम्मेलन	नई दिल्ली, भारत	28-30 अक्तूबर, 1983
4.	चतुर्थ विश्व हिंदी सम्मेलन	पोर्ट लुई, मॉरीशस	02-04 दिसंबर, 1993
5.	पाँचवाँ विश्व हिंदी सम्मेलन	पोर्ट ऑफ स्पेन, ट्रिनिडाड एण्ड टोबेगो	04-08 अप्रैल, 1996
6.	छठा विश्व हिंदी सम्मेलन	लंदन, यू. के.	14-18 सितंबर, 1999
7.	सातवाँ विश्व हिंदी सम्मेलन	पारामारिबो, सूरीनाम	06-09 जून, 2003
8.	आठवाँ विश्व हिंदी सम्मेलन	न्यूयार्क, अमेरिका	13-15 जुलाई, 2007
9.	नौवाँ विश्व हिंदी सम्मेलन	जोहांसबर्ग, दक्षिण अफ्रीका	22-24 सितंबर, 2012
10	दसवाँ विश्व हिंदी सम्मेलन	भोपाल, भारत	10-12 सितंबर, 2015
11.	ग्यारहवां विश्व हिंदी सम्मेलन	स्वामी विवेकानंद अंतर्राष्ट्रीय सभा केंद्र पाई, मॉरीशस	18-20 अगस्त, 2018
12.	बारहवाँ विश्व हिंदी सम्मेलन	देवास, मध्य प्रदेश (प्रस्तावित)	–

प्रश्नमाला

1. 'कस्तूरी कुण्डल बसै' आत्मकथा है-
(a) शीला झुनझुनवाला की
(b) मैत्रेयी पुष्पा की
(c) मृदुला गर्ग की
(d) डॉ. कमल कुमार की

2. 'पुरस्कार' के रचनाकार हैं-
(a) सुदर्शन (b) अमृत लाल नागर
(c) मन्नू भण्डारी (d) जयशंकर प्रसाद

3. 'विनयपत्रिका' के रचयिता का नाम है-
(a) सूरदास (b) कबीरदास
(c) तुलसीदास (d) केशवदास

4. 'मानस का हंस' के लेखक का नाम क्या है?
(a) जयशंकर प्रसाद
(b) प्रेमचन्द
(c) महावीर प्रसाद द्विवेदी
(d) अमृत लाल नागर

5. 'रामलला नहछू' के रचनाकार हैं
(a) रत्नाकर (b) रैदास
(c) तुलसीदास (d) घनानन्द

6. 'यामा' की रचयिता हैं-
(a) तिलोत्तमा
(b) सुभद्राकुमारी चौहान
(c) महादेवी वर्मा
(d) मीराबाई

7. 'चीफ की दावत' कहानी के रचनाकार हैं-
(a) भगवतीचरण वर्मा
(b) इलाचन्द्र जोशी
(c) भीष्म साहनी
(d) दुष्यन्त कुमार

8. 'अतीत के चलचित्र' के रचयिता हैं-
(a) जयशंकर प्रसाद
(b) सूर्यकान्त त्रिपाठी 'निराला'
(c) महादेवी वर्मा
(d) सुमित्रानन्दन पन्त

9. 'रंगभूमि' (उपन्यास) के लेखक हैं-
(a) सुदर्शन (b) राँगेय राघव
(c) प्रेमचन्द (d) शरच्चन्द्र

10. 'शिवा बावनी' के रचनाकार हैं-
(a) पद्माकर (b) भूषण
(c) केशवदास (d) जगनिक

11. 'प्रेम पचीसी' (कहानी-संग्रह) के लेखक हैं-
(a) प्रेमचन्द (b) जयशंकर प्रसाद
(c) अज्ञेय (d) यशपाल

12. 'प्रेम सागर' के लेखक कौन हैं?
(a) ईशाअल्ला खाँ
(b) लल्लू लाल
(c) मुंशी प्रेमचन्द
(d) मुंशी सदासुख लाल

13. 'ईदगाह' (कहानी) के रचनाकार हैं
(a) प्रेमचन्द (b) अज्ञेय
(c) प्रसाद (d) जैनेन्द्र

14. हिन्दी-पत्रिका 'कादम्बिनी' के सम्पादक कौन हैं?
(a) राजेन्द्र अवस्थी
(b) रमेश बक्षी
(c) राजेन्द्र यादव
(d) प्रभाकर माचवे

15. फणीश्वरनाथ 'रेणु' किसके लेखक हैं?
(a) गबन (b) गीतांजलि
(c) मैला आँचल (d) कामायनी

16. नर की और नल नीर की गति एके करि जोय।
जैती नीची है चले तैती ऊँचो होय॥
प्रस्तुत पंक्तियों के रचयिता हैं–
(a) तुलसीदास
(b) महावीर प्रसाद द्विवेदी
(c) बिहारीलाल
(d) केशवदास

17. सखि वे मुझसे कह कर जाते।
प्रस्तुत पंक्तियों के रचयिता हैं–
(a) अज्ञेय (b) मैथिलीशरण गुप्त
(c) हरिऔध (d) जयशंकर प्रसाद

18. निर्गुण भक्ति काव्य के प्रमुख कवि हैं–
(a) सूरदास (b) तुलसीदास
(c) कबीरदास (d) केशवदास

19. हिन्दी कविता को छन्दों की परिधि से मुक्त करानेवाले थे–
(a) सुमित्रानन्दन पंत
(b) जयशंकर प्रसाद
(c) महादेवी वर्मा
(d) सूर्यकांत त्रिपाठी 'निराला'

20. 'श्रद्धा' किस कृति की नायिका है?
(a) कामायनी (b) कुरुक्षेत्र
(c) रामायण (d) साकेत

21. 'तितली' किसकी रचना है?
(a) जयशंकर प्रसाद
(b) आचार्य रामचन्द्र शुक्ल
(c) श्यामसुन्दर दास
(d) आचार्य महावीर प्रसाद द्विवेदी

22. 'तरुवर फल नहिं खात है, सरवर पियहिं न पान।'
प्रस्तुत पंक्ति के रचयिता हैं–
(a) रहीम (b) कबीरदास
(c) रसखान (d) बिहारी

23. 'अतीत के चलचित्र' के रचयिता हैं–
(a) जयशंकर प्रसाद
(b) सूर्यकांत त्रिपाठी 'निराला'
(c) महादेवी वर्मा
(d) सुमित्रानन्दन पंत

24. 'तरनि-तनूजा-तट तमाल तरुवर बहु छाए।'
प्रस्तुत पंक्ति के रचयिता हैं–
(a) भारतेन्दु हरिश्चन्द्र
(b) रामधारी सिंह 'दिनकर'
(c) माखनलाल चतुर्वेदी
(d) राम नरेश त्रिपाठी

25. 'पल्लव' के रचयिता हैं–
(a) सुमित्रानन्दन पंत
(b) निराला
(c) जयशंकर प्रसाद
(d) महादेवी वर्मा

26. 'बुँदेले हरबोलों के मुँह हमने सुनी कहानी थी।
खूब लड़ी मर्दानी वह तो झाँसी वाली रानी थी॥'
प्रस्तुत पंक्तियों के रचयिता हैं–
(a) सत्यनारायण पाण्डेय
(b) मैथिलीशरण गुप्त
(c) सुभद्रा कुमारी चौहान
(d) महादेवी वर्मा

27. 'मुझे तोड़ लेना वनमाली उस पथ में देना तुम फेंक।
मातृभूमि पर शीश चढ़ाने जिस पथ जावें वीर अनेक॥'
प्रस्तुत पंक्तियों के रचयिता हैं–
(a) सत्यनारायण पाण्डेय
(b) सोहन लाल द्विवेदी
(c) बालकृष्ण शर्मा 'नवीन'
(d) माखनलाल चतुर्वेदी

28. 'बैताल पचीसी' के रचनाकार हैं–
(a) लल्लूलाल (b) सदल मिश्र
(c) नाभा दास (d) सुरति मिश्र

29. दरवाजे से चंडालगढ़ी की तरफ नजर दौड़ाने पर एक अद्भुत दृश्य दिखाई देता था। इस पंक्ति के रचनाकार हैं–
(a) राहुल सांकृत्यायन
(b) रामचन्द्र शुक्ल
(c) जवाहर लाल नेहरू
(d) डॉ. राजेन्द्र प्रसाद

30. 'सुहाग के नूपुर' के रचयिता हैं–
(a) निराला
(b) मोहन राकेश
(c) अमृत लाल नागर
(d) प्रेमचन्द

31. भूषण की कविता का प्रधान स्वर है–
(a) व्यंग्यात्मक (b) प्रशस्तिपरक
(c) शृंगारिक (d) कारुणिक

32. 'संस्कृति के चार अध्याय' किसकी रचना है?
(a) रामधारी सिंह 'दिनकर'
(b) भगवती चरण वर्मा
(c) माखनलाल चतुर्वेदी
(d) सुभद्रा कुमारी चौहान

33. अपभ्रंश में कृष्ण काव्य के प्रणेता हैं–
(a) पुष्पदन्त (b) शालिभद्र सूरि
(c) स्वयंभू (d) हरिभद्र सूरि

34. 'अशोक के फूल' (निबंध-संग्रह) के रचनाकार हैं–
(a) कुबेरनाथ राय (b) गुलाब राय
(c) रामचन्द्र शुक्ल (d) हजारी प्रसाद द्विवेदी

35. प्रथम सूफी प्रेमाख्यानक काव्य के रचयिता हैं–
(a) नूर मुहम्मद (b) जायसी
(c) मुल्ला दाऊद (d) कुतबन

36. 'झरना' (काव्य-संग्रह) के रचयिता हैं–
(a) सोहन लाल द्विवेदी
(b) महादेवी वर्मा
(c) जयशंकर प्रसाद
(d) सुभद्रा कुमारी चौहान

37. हिन्दी के प्रथम गद्यकार हैं–
(a) राजा शिवप्रसाद 'सितारेहिन्द'
(b) लल्लूलाल
(c) भारतेन्दु हरिश्चन्द्र
(d) बालकृष्ण भट्ट

38. 'भारत भारती' (काव्य) के रचनाकार हैं–
(a) गोपालशरण सिंह 'नेपाली'
(b) नरेश मेहता
(c) मैथिलीशरण गुप्त
(d) धर्मवीर भारती

39. हिन्दी के सर्वप्रथम प्रकाशित पत्र का नाम है–
(a) सम्मेलन पत्रिका

(b) उतंड-मार्तण्ड
(c) सरस्वती
(d) नागरी प्रचारिणी पत्रिका

40. 'दोहाकोश' के रचयिता हैं–
(a) लुइपा (b) जोइन्दु
(c) सरहपा (d) कण्हपा

41. छायावाद के प्रवर्तक का नाम है–
(a) सुमित्रानन्दन पंत
(b) श्रीधर पाठक
(c) मुकुटधर पांडेय
(d) जयशंकर प्रसाद

42. 'प्रेमसागर' के रचनाकार हैं–
(a) सदल मिश्र (b) उस्मान
(c) लल्लूलाल (d) सुन्दर दास

43. 'प्रगतिवाद उपयोगितावाद का दूसरा नाम है।'–यह कथन किसका है?
(a) रामविलास शर्मा
(b) प्रेमचन्द
(c) नन्द दुलारे वाजपेयी
(d) सुमित्रानन्दन पंत

44. 'पंच परमेश्वर' (कहानी) के लेखक हैं–
(a) रामधारी सिंह 'दिनकर'
(b) प्रेमचन्द
(c) मैथिलीशरण गुप्त
(d) सुमित्रानन्दन पंत

45. प्रेमचन्द के अधूरे उपन्यास का नाम है–
(a) गबन (b) रंगभूमि
(c) मंगलसूत्र (d) सेवासदन

46. 'तोड़ती पत्थर' (कविता) के कवि हैं–
(a) सुभद्रा कुमारी चौहान
(b) महादेवी वर्मा
(c) सूर्यकान्त त्रिपाठी 'निराला'
(d) माखनलाल चतुर्वेदी

47. रामधारी सिंह 'दिनकर' को भारतीय ज्ञानपीठ पुरस्कार प्राप्त हुआ था–
(a) 'रश्मिरथी' पर
(b) 'परशुराम की प्रतीक्षा' पर
(c) 'कुरुक्षेत्र' पर
(d) 'उर्वशी' पर

48. 'हार की जीत' (कहानी) के कहानीकार हैं–
(a) सुदर्शन (b) यादवेन्द्र शर्मा 'चन्द्र'
(c) कमलेश्वर (d) रांगेय राघव

49. हिन्दी साहित्य के इतिहास के सर्वप्रथम लेखक का नाम है–
(a) जॉर्ज ग्रियर्सन
(b) शिव सिंह सेंगर
(c) आचार्य रामचन्द्र शुक्ल
(d) गार्सा द तासी

50. 'रानी केतकी की कहानी' के रचयिता हैं–
(a) वृन्दावन लाल वर्मा
(b) किशोरी लाल गोस्वामी
(c) माधव राव सप्रे
(d) इंशा अल्ला खाँ

51. साहित्य अकादमी पुरस्कार प्राप्त निराला की साहित्य साधना किसकी कृति है?
(a) राम विलास शर्मा
(b) हजारी प्रसाद द्विवेदी
(c) नामवर सिंह
(d) भावनी प्रसाद मिश्र

52. 2018 में 11वां विश्व हिंदी सम्मेलन कहाँ आयोजित किया गया था?
(a) मॉरीशस (b) मुंबई
(c) चंडीगढ़ (d) कोलकाता

53. हिन्दी साहित्य अकादमी से पुरस्कृत रचना 'कल सुनना मुझे' किसकी कृति है?
(a) धूमिल (b) श्री लाल शुक्ल
(c) भीष्म साहनी (d) यशपाल

54. इनमें से कौन-सी रचना ज्ञानपीठ पुरस्कार से सम्मानित नहीं है?
(a) यामा (b) चिदम्बरा
(c) बुनी हुई रस्सी (d) उर्वशी

55. पंत को उनकी किस कृति पर भारतीय ज्ञान-पीठ पुरस्कार मिला?
(a) लोकायतन (b) ग्राम्या
(c) गीतहंस (d) चिदम्बरा

56. रामधारी सिंह दिनकर को किस कृति पर साहित्य अकादमी पुरस्कार मिला ?
(a) कुरूक्षेत्र
(b) उर्वशी
(c) संस्कृति के चार अध्याय
(d) रश्मिरथी

57. छठवाँ विश्व हिन्दी सम्मेलन कहाँ हुआ था?
(a) अमेरिका (b) जापान
(c) ब्रिटेन (d) पोर्टलुई

58. 'विश्व हिन्दी दिवस' कब मनाया जाता है?
(a) 10 फरवरी (b) 10 मार्च
(c) 10 जून (d) 10 जनवरी

59. 'सरस्वती सम्मान' किस क्षेत्र में दिया जाता है?
(a) संगीत (b) साहित्य
(c) पत्रकारिता (d) नृत्य

60. ज्ञानपीठ पुरस्कार पाने वाले पहले हिंदी लेखक कौन थे?
(a) एस. एच. वात्स्यायन
(b) महादेवी वर्मा
(c) सुमित्रा नंदन पंत
(d) डॉ. रामधारी सिंह दिनकरी

उत्तरमाला

1. (b)	**2.** (d)	**3.** (c)	**4.** (d)	**5.** (c)	**6.** (c)	**7.** (c)	**8.** (c)	**9.** (c)	**10.** (b)
11. (a)	**12.** (b)	**13.** (a)	**14.** (d)	**15.** (c)	**16.** (c)	**17.** (b)	**18.** (c)	**19.** (d)	**20.** (a)
21. (a)	**22.** (a)	**23.** (c)	**24.** (a)	**25.** (a)	**26.** (c)	**27.** (d)	**28.** (d)	**29.** (a)	**30.** (c)
31. (b)	**32.** (a)	**33.** (a)	**34.** (d)	**35.** (c)	**36.** (c)	**37.** (b)	**38.** (c)	**39.** (b)	**40.** (c)
41. (d)	**42.** (c)	**43.** (c)	**44.** (b)	**45.** (c)	**46.** (c)	**47.** (d)	**48.** (a)	**49.** (d)	**50.** (d)
51. (a)	**52.** (a)	**53.** (a)	**54.** (c)	**55.** (d)	**56.** (c)	**57.** (c)	**58.** (d)	**59.** (b)	**60.** (c)

❑❑❑

संख्यात्मक एवं मानसिक योग्यता परीक्षा

संख्यात्मक योग्यता

अध्याय 1

संख्या पद्धति

संख्यांक (Number) : किसी भी संख्या को व्यक्त करने के लिए हम निम्न संकेतों 0, 1, 2, 3, 4, 5, 6, 7, 8 व 9 का प्रयोग करते है, इन्हे अंक (digit) कहा जाता है तथा इन अंकों के समूह को संख्यांक कहा जाता है।

संख्याओं में अंकों के स्थानीय मान व जातीय मानः

1. स्थानीय मान (Face value) : किसी संख्या में किसी अंक का वह मान जो उसकी स्थिति विशेष के अनुसार बदलता है, स्थानीय मान कहलाता है।

जैसे: संख्या 7595784 में प्रत्येक अंक का स्थानीय मान निम्नलिखित है:

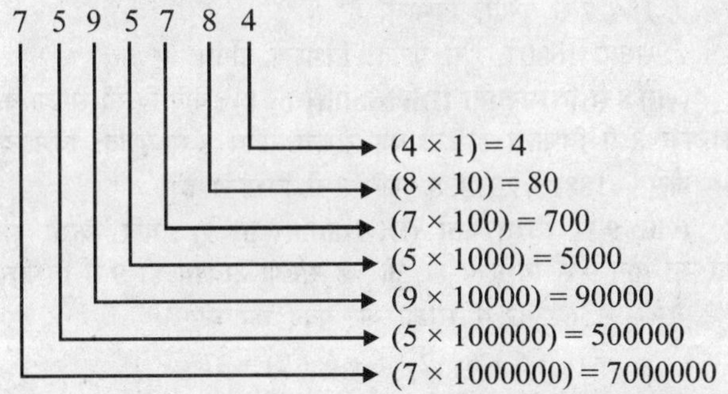

2. जातीय मान (Face value) : किसी भी संख्या में किसी अंक का जातीय मान उसका स्वयं का अपना मान होता है, चाहे वह अंक किसी भी स्थान पर हो।

जैसे: संख्या 879432 में 2 का जातीय मान 2, 3 का जातीय मान 3, 4 का जातीय मान 4, 9 का जातीय मान 9 और इसी प्रकार आगे भी।

संख्याओं के प्रकार (Types of Numbers)

(i) प्राकृतिक संख्याएं (Natural Numbers) : ऐसी संख्याएं जिसका प्रयोग केवल वस्तुओं की गणना के लिए किया जाता है, उन्हे प्राकृतिक संख्याएं कहते हैं। इन्हे 'N' से प्रदर्शित करते है।

$$N = \{1, 2, 3, ..., \infty\}$$

(ii) पूर्ण संख्याएं (Whole Numbers) : यदि प्राकृतिक संख्याओं में शून्य को भी सम्मिलित कर लिया जाए, तो उन्हे पूर्ण संख्याएं कहते हैं, इन्हे 'W' से प्रदर्शित करते हैं।

$$W = \{0, 1, 2, 3, ..., \infty\}$$

(iii) पूर्णांक (Integers) : यदि पूर्ण संख्याओं में ऋणात्मक संख्याओं को सम्मिलित कर लिया जाए, तो प्राप्त संख्याओं को पूर्णांक कहते हैं, इन्हे 'I' या 'Z' से प्रदर्शित करते हैं।

$$I = \{-\infty ..., -4, -3, -1, 0, 1, 2, 3, 4, ... \infty\}$$

धनात्मक पूर्णांकों को I^+ तथा ऋणात्मक पूर्णांकों को I^- से प्रदर्शित करते है:

$$\therefore \quad I^+ = \{+1, +2, +3, +4, + ...\}$$
$$I^- = \{-1, -2, -3, -4, ...\}$$

(iv) सम संख्याएं (Even numbers) : ऐसी संख्याएं जो 2 से पूर्णतः विभाजित हो जाती हैं, सम संख्याएं कहलाती हैं।

जैसे– 2, 4, 6, 8, 10, ...

(v) विषम संख्याएं (Odd numbers) : ऐसी संख्याएं जो 2 से पूर्णतः विभाजित नही होती हैं, विषम संख्याएं कहलाती हैं।

जैसे– 1, 3, 5, 7, 9, 11, ...

(vi) परिमेय संख्याएं (Rational numbers) : ऐसी संख्याएं जिन्हें $\frac{p}{q}$ के रूप में प्रदर्शित किया जा सकता है। (जहां p व q पूर्णांक हैं तथा $q \neq 0$), परिमेय संख्याएं कहलाती हैं।

जैसे– $\frac{1}{2}, \frac{3}{5}, \frac{7}{5}$ आदि।

(vii) अपरिमेय संख्याएं (Irrational numbers) : ऐसी संख्याएं जिन्हें $\frac{p}{q}$ के रूप में प्रदर्शित नहीं किया जा सकता है। अपरिमेय संख्याएं कहलाती हैं।

जैसे– $\sqrt{2}, \sqrt{3}, \pi, e$ आदि।

(viii) भाज्य संख्याएं (Composit numbers) : ऐसी संख्याएं जिनका 1 व स्वयं के अतिरिक्त कम से कम एक गुणनखण्ड अवश्य होता है, भाज्य संख्याएं कहलाती हैं।

जैसे– 4, 6, 8, 9, 10, 12 ...

(ix) अभाज्य संख्याएं (Prime Numbers) : ऐसी संख्याएं जिनका स्वयं और 1 के अतिरिक्त कोई अन्य गुणनखण्ड नहीं होता है अभाज्य संख्याएं कहलाती हैं।

जैसे– 2, 3, 5, 7, 11, 13, 17, 19, 23...

वास्तविक संख्याएं (Real Numbers) : यदि परिमेय और अपरिमेय संख्याओं को सम्मिलित कर लिया जाए, तो संख्याएं वास्तविक संख्याएं कहलाती हैं। इन्हें 'R' से प्रदर्शित करते हैं।

$$R = \frac{1}{\sqrt{2}}, \frac{2}{3}, \sqrt{3}, \pi, (\pi - e) \text{ आदि।}$$

मौलिक संक्रियाएं (Fundamental Operation) : यदि a, b व c धन पूर्णांक संख्याएं हैं, तो ये सख्याएं निम्नलिखित नियमों का पालन करती हैं–

(i) संवरक नियम (Closure Law) :

(a) $a + b =$ धन पूर्णांक संख्या (योग के लिए)

(b) $a \times b =$ धन पूर्णांक संख्या (गुणन के लिए)

(ii) क्रमविनिमेय नियम (Commutative Law) :

(a) $a + b = b + a$ (योग के लिए)

(b) $a \times b = b \times a$ (गुणन के लिए)

(iii) साहचर्य नियम (Associative Law) :

(a) $a + (b + c) = (a + b) + c$ (योग के लिए)

(b) $a \times (b \times c) = (a \times b) \times c$ (गुणन के लिए)

(iv) बंटन नियम (Distributive Law) :

(a) $a \times (b + c) = a + b + a \times c$

(b) $(a + b) \times c = a \times c + b \times c$

(v) योगात्मक तत्समक (Additive Identity) : यदि $a + 0 = a$ तो शून्य को योगात्मक तत्समक कहते हैं।

(vi) योगात्मक प्रतिलोम (Additive Inverse) : यदि $a + (-a) = a$ हो, तो a और $(-a)$ एक दूसरे के योगात्मक प्रतिलोम हैं।

(vii) गुणात्मक तत्समक (Multiplicative Identity) : यदि $a \times 1 = a$ तो 1 को गुणात्मक तत्समक कहते हैं।

(viii) गुणात्मक प्रतिलोम (Multiplicative Inverse) : यदि $a \times b = 1$ अत: $a = \frac{1}{b}$ तथा $b = \frac{1}{a}$ अत: a और b एक दूसरे को गुणात्मक प्रतिलोम कहते हैं।

संख्या में इकाई का अंक ज्ञात करना : यदि कोई बड़ी घात वाली संख्या में इकाई का अंक ज्ञात करना होता है, तो इस स्थिति में दी गई घात में 4 का भाग दिया जाता है तथा जो शेष प्राप्त होता है। उसे उस संख्या की घात मानते हैं। हम चार का भाग इसलिए देते हैं, कि प्रत्येक 4 की घात के पुनरावृत्ति होने पर इकाई का वही अंक प्राप्त होता है।

जैसे–

$(2)^1 = 2$	$(2)^5 = 32$
$(2)^2 = 4$	$(2)^6 = 64$
$(2)^3 = 8$	$(2)^7 = 128$
$(2)^4 = 16$	$(2)^8 = 256$

स्पष्ट है 4 की घात के बाद इकाई अंक की पुनरावृत्ति होती है।

$(2)^4$ के गुणजों में इकाई का अंक = 6

$(3)^4$ के गुणजों में इकाई का अंक = 1

$(4)^4$ के गुणजों में इकाई का अंक = 6

$(5)^4$ के गुणजों में इकाई का अंक = 5

$(6)^4$ के गुणजों में इकाई का अंक = 6

$(7)^4$ के गुणजों में इकाई का अंक = 1

$(8)^4$ के गुणजों में इकाई का अंक = 6

$(9)^4$ के गुणजों में इकाई का अंक = 1

उदाहरण– $(729)^{58}$ में इकाई का अंक ज्ञात कीजिए।

हल– 729 में इकाई का अंक = 9

$\therefore$ $(9)^{58}$ में इकाई का अंक $= \left\{(9^4)^{14} \times 9^2\right\}$ में इकाई का अंक

$= (1 \times 9^2)$ में इकाई का अंक

$= 81$ में इकाई का अंक $= 1$

विभाज्यता की जांच (Test of Divisibility)

(i) 2 से विभाज्यता (Divisibility by 2) : यदि किसी संख्या का इकाई का अंक शून्य या 2 का गुणज हो, तो वह संख्या सदैव 2 से विभाज्य होगी।

जैसे– 2544, 3754, 15000 आदि 2 से विभाज्य हैं।

(ii) 3 से विभाज्यता (Divisibility by 3) : यदि किसी संख्या के अंकों का योग 3 से विभाज्य हो, तो वह संख्या सदैव 3 से विभाज्य होगी।

जैसे– 18762, 137622 आदि 3 से विभाज्य हैं।

(iii) 4 से विभाज्यता (Divisibility by 4) : यदि किसी संख्या के अंतिम दो अंक 4 से विभाज्य हों, तो वह संख्या सदैव 4 से विभाज्य होगी।

जैसे– 1848, 17624, 15832 आदि 4 से विभाज्य हैं।

(iv) 5 से विभाज्यता (Divisibility by 5) : यदि किसी संख्या के इकाई का अंक 0 या 5 हो, तो वह संख्या सदैव 5 से विभाज्य होगी।

जैसे– 18725, 17565, 10000 आदि 5 से विभाज्य हैं।

(v) 6 से विभाज्यता (Divisibility by 6) : यदि कोई संख्या 2 व 3 दोनों से पूर्णत: विभाज्य हो, तो वह संख्या 6 से सदैव पूर्णत: विभाज्य होगी।

जैसे– 1296, 7776, दोनों संख्याएं 2 व 3 से विभाज्य हैं। इसलिए ये संख्याएं सदैव 6 से पूर्णत: विभाज्य होंगी।

(vi) 7 से विभाज्यता (Divisibility by 7) : यदि किसी संख्या के अंतिम अंक में 2 से गुणा करके शेष बची संख्या में घटाने पर प्राप्त संख्या 7 से विभाजित हो, तो वह संख्या सदैव 7 से विभाज्य होगी। यदि संख्या अधिक बड़ी हो, तो यह क्रिया तब तक दोहराते हैं, जब तक कि हमें 7 से विभाज्य सबसे छोटी संख्या प्राप्त न हो जाए।

उदाहरण– 16807, 7 से विभाज्य है या नहीं, जांच कीजिए।

हल– 16807 में इकाई का अंक = 7

इकाई के अंक में 2 का गुणा करने पर प्राप्त गुणनफल $= 2 \times 7 = 14$

अब शेष बची संख्या = 1680

इस संख्या में 14 घटाने पर प्राप्त संख्या

$= (1680 - 14) = 1666$

पुन: इस संख्या के इकाई के अंक में 2 से गुणा करने पर प्राप्त गुणनफल $= 6 \times 2 = 12$

अब शेष बची संख्या =166

इस संख्या में 12 घटाने पर,

$166 - 12 = 154$

$\therefore$ 154, 7 से पूर्णत: विभाज्य है

$\therefore$ संख्या 16807, 7 से पूर्णत: विभाज्य होगी।

(vii) 8 से विभाज्यता (Divisibility by 8) : यदि किसी संख्या के अंतिम तीन अंक 8 से विभाज्य हो, तो वह संख्या सदैव 8 से पूर्णत: विभाज्य होगी।

जैसे– 18816, 235328 आदि 8 से विभाज्य हैं।

(viii) 9 से विभाज्यता (Divisibility by 9) : यदि किसी संख्या के अंकों का योग 9 से विभाज्य हो, तो वह संख्या अवश्य ही 9 से विभाज्य होगी।

जैसे– 1562562 में संख्या के अंकों का योग

$= (1 + 5 + 6 + 2 + 5 + 6 + 2) = 27$

$\therefore$ 27, 9 से पूर्णत: विभाज्य है

$\therefore$ संख्या 1562562, 9 से पूर्णत: विभाज्य होगी।

(ix) 10 से विभाज्यता (Divisibility by 10) : यदि किसी संख्या के इकाई का अंक 0 शून्य हो, तो वह संख्या सदैव 10 से विभाज्य होगी।

जैसे– 15870, 10000 आदि संख्याएं 10 से पूर्णत: विभाज्य हैं।

(x) 11 से विभाज्यता (Divisibility by 11) : यदि किसी संख्या के सम तथा विषम स्थानों के अंकों के योग का अंतर 0 या 11 से पूर्णत: विभाज्य हो, तो वह संख्या सदैव 11 से पूर्णत: विभाज्य होगी।

उदाहरण– 161051, 11 से विभाज्य है या नहीं जांच कीजिए।

हल– संख्या के सम स्थानों का योग $= (6 + 0 + 1) = 7$

संख्या के विषम स्थानों का योग $= (1 + 1 + 5) = 7$

अंतर $= (7 - 7) = 0$

$\therefore$ यह अंतर 0 है, अत: संख्या 161051, 11 से पूर्णत: विभाज्य है।

समांतर श्रेणी (Arithmetic Progression) : यदि कुछ संख्याएं इस प्रकार क्रमबद्ध की गई हों कि प्रत्येक संख्या अपनी पूर्व की संख्या से एक अचर राशि से बढ़ती या घटती हो, तो इन संख्याओं की श्रेणी को समांतर श्रेणी कहा जाता है।

माना एक समांतर श्रेणी $a, a + d, a + 2d, \ldots$ के रूप मे क्रमागत बढ़ रही है।

तब श्रेणी का प्रथम पद $= a$ तथा सार्वन्तर $= d$

$\therefore$ श्रेणी का nवां पद, $T_n = a+(n-1)d$

श्रेणी के n पदों का योग $S_n = \frac{n}{2}\left[2a+(n-1)d\right]$

गुणोत्तर श्रेणी (Geometric Progression) : माना एक गुणोत्तर श्रेणी $a, ar, ar^2, \ldots$ के रूप में क्रमागत रूप से आगे बढ़ रही है।

तब, श्रेणी का प्रथम पद $= a$ तथा सार्वन्तर $= r$

$\therefore$ श्रेणी का nवां पद $= ar^{n-1}$

श्रेणी के n पदों का योगफल $= \frac{a(r^n-1)}{(r-1)}$ जबकि $r > 1$

श्रेणी के n पदों का योगफल $= \frac{a(1-r^n)}{(1-r)}$ जबकि $r < 1$

विभाज्यता के कुछ महत्वपूर्ण परिणाम

(i) $(x^n - a^n)$, n के सभी मानों के लिए $(x-a)$ से विभाज्य होगा।

(ii) $(x^n - a^n)$, n के सम संख्या होने पर $(x+a)$ से विभाज्य होगा।

(iii) $(x^n + a^n)$, n के विषम संख्या होने पर $(x+a)$ से विभाज्य होगा।

योग के लिए कुछ महत्वपूर्ण नियम

(i) प्रथम 'n' प्राकृतिक संख्याओं का योगफल अर्थात्

$$1+2+3+\ldots+n = \frac{n(n+1)}{2}$$

(ii) प्रथम 'n' सम संख्याओं का योगफल अर्थात्

$2+4+6+8+\ldots+n$ (सम संख्या) $= n(n+1)$

(iii) प्रथम 'n' विषम संख्याओं का योगफल अर्थात्

$1+3+5+\ldots+n$ (विषम संख्या) $= n^2$

(iv) प्रथम 'n' प्राकृतिक संख्याओं के वर्गों का योगफल अर्थात्

$$1^2+2^2+3^2+\ldots+n^2 = \frac{n(n+1)(2n+1)}{6}$$

(v) प्रथम 'n' प्राकृतिक संख्याओं के घनों का योगफल अर्थात्

$$1^3+2^3+3^3+\ldots+n^3 = \frac{\left[n(n+1)\right]^2}{4}$$

(vi) प्रथम 'n' प्राकृतिक सम संख्याओं के वर्गों का योगफल अर्थात्

$$2^2+4^2+6^2+\ldots+n^2 = \frac{2n}{3}(n+1)(2n+1)$$

(vii) प्रथम 'n' प्राकृतिक संख्याओं के घनों का योगफल अर्थात्

$$2^3+4^3+6^3+\ldots+n^3 = 2n^2(n+1)^2$$

हल सहित उदाहरण

उदाहरण–1 : प्रथम 20 सम संख्याओं का योगफल ज्ञात कीजिए–

हल– प्रथम 'n' सम संख्याओं का योगफल $= n(n+1)$

$\therefore$ प्रथम '20' सम संख्याओं का योगफल $= 20(20+1)$

$= (20 \times 21) = 420$

उदाहरण–2 : चार अंकों की वह बड़ी से बड़ी संख्या ज्ञात कीजिए, जो 88 से पूरी तरह विभाजित हो जाए–

हल– चार अंकों की सबसे बड़ी संख्या = 9999

$\therefore$ 9999 में 88 से भाग देने पर शेषफल = 55

$\therefore$ अभीष्ट संख्या = (9999 – 55) = 9944

उदाहरण–3 : यदि किसी संख्या को 84 से विभाजित किया जाता है, तो शेषफल 37 बचता है। यदि उसी संख्या को 21 से विभाजित किया जाए, तो शेषफल कितना बचेगा?

हल– माना किसी संख्या को 84 से विभाजित करने पर भागफल = K

$\therefore$ संख्या $= 84\text{K} + 37$

$= 21 \times 4\text{K} + 21 \times 1 + 16$

$= 21(4\text{K}+1) + 16$

अत: संख्या को 21 से भाग देने पर शेषफल 16 बचेगा।

उदाहरण–4 : $7^{35} \times 3^{71} \times 11^{55}$ में इकाई का अंक ज्ञात कीजिए–

हल– $(7^{35} \times 3^{71} \times 11^{55})$ में इकाई का अंक

$= \{(7^4)^8 \times 7^3\}$ में इकाई का अंक $\times \{(3^4)^{17} \times 3^3\}$ में इकाई का अंक $\times \{(11^4)^{13} \times 11^3\}$ में इकाई का अंक

$= (1 \times 7^3)$ में इकाई का अंक $\times (1 \times 3^3)$ में इकाई का अंक $\times (1 \times 11^3)$ में इकाई का अंक

$= 343$ में इकाई का अंक $\times 27$ में इकाई का अंक $\times 1331$ में इकाई का अंक

$= (3 \times 7 \times 1)$ में इकाई का अंक $= 21$ में इकाई का अंक $= 1$

उदाहरण 5 : $(4^{61}+4^{62}+4^{63}+4^{64}+4^{65})$ किससे विभाज्य है?

हल– व्यंजक $= 4^{61}+4^{62}+4^{63}+4^{64}+4^{65}$

$= 4^{61}[1+4+4^2+4^3+4^4]$

$= 4^{61}(1+4+16+64+256)$

$= 341 \times 4^{61}$

$\because$ 341, 11 से विभाज्य है

$\therefore$ व्यंजक $= (4^{61}+4^{62}+4^{63}+4^{64}+4^{65})$ भी 11 से पूर्णत: विभाज्य होगा।

प्रश्नमाला

1. दो संख्याओं का योग उनके अंतर का 25 गुना है। यदि एक संख्या का $\frac{3}{4}$ बराबर 18 हो, तो दूसरी संख्या, जो छोटी है, का मान क्या होगा?

(a) 30 (b) 32
(c) 28 (d) 24

2. 4, 0 और 6 से निर्मित तीन अंकों की महत्तम और लघुत्तम संख्याओं में अंतर कितना है?

(a) 234
(b) 214
(c) 224
(d) 244

3. संख्याएँ 29540, 53416 तथा 21543 में से–

(a) कोई भी 12 से विभाज्य नहीं है
(b) एक 12 से विभाज्य है
(c) दो 12 से विभाज्य हैं
(d) सभी 12 से विभाज्य हैं

4. दो संख्याओं का योगफल 10 है और उनका गुणनफल 20 है। उनके व्युत्क्रम का योगफल क्या होगा?
(a) $\frac{1}{10}$ (b) $\frac{1}{2}$
(c) 1 (d) 2

5. दो संख्याओं का योग 14 है और उनका गुणनफल 48 है। इनमें छोटी संख्या है–
(a) 5 (b) 6
(c) 7 (d) 8

6. विमल को एक संख्या विशेष में 25 गुना करने के लिए कहा गया, किन्तु उसने भूल से 52 से गुणा कर दिया। प्राप्तांक अंक सही उत्तर में 324 का अंतर हो तो वो संख्या जिसमें गुणा करने को कहा गया थी–
(a) 12 (b) 15
(c) 25 (d) 52

7. एक तीन अंकों की संख्या के अंकों का योग 14 है। यदि दहाई, इकाई से दो गुना है तथा इकाई, सैकड़ा की चौथाई है, तो संख्या ज्ञात करें–
(a) 446 (b) 421
(c) 482 (d) 842

8. दो अंकों वाली एक संख्या का योग 11 है। दी गई संख्या में 27 जोड़ने पर इसके अंक उल्टे हो जाते हैं, तो संख्या ज्ञात करें–
(a) 38 (b) 47
(c) 74 (d) 83

9. यदि दो अंकों की एक संख्या उन अंकों के योग की k गुनी है, तो अंकों को आपस में बदल देने से बनी संख्या उन अंकों के योग को किससे गुणा करने पर प्राप्त होगी?
(a) $9 + k$ से (b) $10 + k$ से
(c) $11 - k$ से (d) $k + 1$ से

10. माना कि $a_1, a_2, \ldots, a_7$ अलग-अलग ऐसी स्वेच्छित (arbitrary) धनात्मक पूर्ण संख्यायें हैं, जो कि 1, 2, ..., 7 को एक बार में एक को लेकर बनायी गयी हैं। तब संख्या $(a_1 - 1)(a_2 - 2) \ldots (a_7 - 7)$ है–
(a) विषम संख्या यदि परिमाण शून्य नहीं है
(b) आवश्यक रूप से शून्य हैं
(c) सम संख्या यदि परिमाण शून्य नहीं है
(d) हमेशा शून्य से कम या शून्य के बराबर है

11. यदि किसी दो अंकों वाली संख्या को सबसे बड़े एक अंकों वाली प्राथमिक संख्या (prime number) से विभाजित किया जाये तब शेषफल का मान 4 होता है। यदि उस संख्या के दोनों अंकों का अंतर 4 है तब वह संख्या है–
(a) 73 (b) 25
(c) 53 (d) 95

12. 301 तथा 501 के बीच (301 तथा 501 को लेकर) की ऐसी प्राकृतिक संख्याएं जो 7 से विभाजित हैं, उनका कुल योग है–
(a) 11277 (b) 12571
(c) 15171 (d) 11571

13. किसी संख्या का $\frac{4}{5} = 64$ है, तो उस संख्या का आधा क्या होगा?
(a) 32 (b) 40
(c) 80 (d) 16

14. कौन-सी एक काल्पनिक संख्या है?
(a) $\sqrt{-5}$ (b) 0
(c) -6 (d) $\sqrt{5}$

15. एक संख्या को 36 से भाग देने पर शेषफल 19 आता है, तो उसी संख्या को 12 से भाग देने पर शेषफल क्या बचेगा?
(a) 7 (b) 5
(c) 3 (d) 0

16. यदि दो श्रेणियां $3 + 10 + 17 + \ldots\ldots\ldots$ तथा $63 + 65 + 67 + \ldots\ldots$ का n वां पद बराबर हों, तो n का मान होगा।
(a) 9 (b) 13
(c) 19 (d) 29

17. यदि a तथा b ऐसे धन पूर्णांक हैं, कि $a^2 - b^2 = 19$ हो, तो a का मान होगा–
(a) 19 (b) 20
(c) 9 (d) 10

18. किसी संख्या को 114 से भाग देने पर शेषफल 21 प्राप्त होता है। यदि उसी संख्या को 19 से भाग दिया जाए, तो शेष बचेगा?
(a) 1 (b) 2
(c) 7 (d) 17

19. एक समांतर श्रेणी में 4 पद हैं। दोनों मध्य पदों का योगफल 110 है और बाह्य पदों का गुणनफल 2125 है। तीसरा पद है–
(a) 55 (b) 45
(c) 65 (d) 75

20. यदि $x * y = x^2 + y^2 - xy$ हो तो $11*13$ का मान कितना होगा?
(a) 117 (b) 147
(c) 290 (d) 433

21. एक संख्या को जब 899 से विभाजित किया जाता है, तो उसका शेषफल 65 प्राप्त होता है। यदि उसी संख्या को 31 से विभाजित किया जाए, तो शेषफल क्या होगा?
(a) 2 (b) 3
(c) 4 (d) 1

22. 75070 के निकटतम ऐसी संख्या कौन-सी है, जो 65 से विभाज्य हो?
(a) 75070 (b) 75075
(c) 75010 (d) 75065

23. यदि दो अंकों की एक संख्या उन अंकों के योग की K गुनी है, तो अंकों को आपस में बदल देने पर बनी संख्या उन अंकों का योग है, जिसे गुणा किया जाएगा–
(a) $9 + K$ (b) $10 + K$
(c) $11 - K$ (d) $K - 1$

24. संख्या $[(57)^{25} - 1]$ का अंतिम अंक अर्थात् इकाई के स्थान पर कौन-सा अंक है?
(a) 6 (b) 8
(c) 0 (d) 5

25. निम्नलिखित भिन्न आरोही क्रम में (बाएं से दाएं) लगाए जाएं, तो इनमें से कौन-सा दाएें से दूसरा होगा?
(a) $\frac{4}{7}$ (b) $\frac{12}{17}$
(c) $\frac{7}{13}$ (d) $\frac{5}{11}$

26. $0.01 \times 0.02 + 0.01 \times 0.03 + 0.01 \times 0.04$ का सरलतम मान है–
(a) 0.09 (b) 0.0009
(c) 0.039 (d) 0.01

27. एक तीन अंकों की संख्या 4a3 को दूसरी तीन अंकों की संख्या 984 में जोड़कर एक ऐसी चार अंकों वाली संख्या 13b7 प्राप्त की गई, जो 11 से विभाज्य है, तो $(a + b)$ का मान क्या होगा?
(a) 12 (b) 9
(c) 10 (d) 11

28. वह सबसे छोटी संख्या कौन-सी है, जो 16, 18, 20 तथा 25 से भाग देने पर हर बार शेषफल 4 देती है, लेकिन जब वही संख्या 7 से विभाजित की जाती है, तो शेषफल शून्य देती है?
(a) 17004 (b) 18000
(c) 18002 (d) 18004

29. एक द्विअंकी संख्या के दोनों अंकों के स्थान परस्पर बदलने पर प्राप्त संख्या मूल संख्या से 27 कम है। संख्या के अंक 1 :

2 के अनुपात में है, तो मूल संख्या क्या होगी?

(a) 36 (b) 63
(c) 48 (d) 56

30. निम्नलिखित में से कौन-सी संख्या $(5^{71} + 5^{72} + 5^{73})$ को पूरी तरह विभाजित कर सकती है–

(a) 150 (b) 160
(c) 155 (d) 30

31. जब 'n' को 5 से विभाजित किया जाता है, तो शेषफल 2 आता है। n^2 को 5 से विभाजित करने पर शेषफल कितना होगा?

(a) 2 (b) 3
(c) 1 (d) 4

32. एक संख्या x को 289 से विभाजित करने पर 18 शेष बचता है, उसी संख्या को 17 से विभाजित करने पर y शेष बचता है। y का मान है–

(a) 1 (b) 5
(c) 2 (d) 3

33. 400 और 800 के बीच कितनी संख्याएं 4, 5 व 6 से विभाज्य है?

(a) 7 (b) 8
(c) 9 (d) 10

34. यदि दो संख्याओं का योग a और गुणनफल b हो तो उसके व्युत्क्रम का योग क्या होगा?

(a) $\frac{1}{a}+\frac{1}{b}$ (b) $\frac{b}{a}$
(c) $\frac{a}{b}$ (d) $\frac{1}{ab}$

35. सतत् तीन सम संख्याओं का गुणनफल 4032 है। पहली और तीसरी संख्या का गुणनफल 252 है। दूसरी संख्या का 5 गुना क्या है?

(a) 80 (b) 100
(c) 60 (d) 70

36. यदि 2^{33} को 10 से विभाजित किया जाए, तो शेषफल कितना होगा?

(a) 2 (b) 3
(c) 4 (d) 8

37. $(4387)^{245} \times (621)^{72}$ के गुणनफल में एकल अंक ज्ञात कीजिए–

(a) 1 (b) 2
(c) 5 (d) 7

38. दो संख्याओं का समांतर माध्य 6.5 है और उनका गुणोत्तर माध्य 6 है, तो संख्याएं क्या होंगी?

(a) 6, 9 (b) 5, 9
(c) 6, 7 (d) 4, 9

उत्तर (हल/संकेत)

1. (d) माना संख्याएँ x और y हों, तो दूसरी शर्त के अनुसार,

y का 75% = 18

$$y = \frac{18 \times 100}{75} = 24$$

अब पहली शर्त के अनुसार,

$$(x + y) = 25(x - y)$$
$$\Rightarrow (x + 24) = 25(x - 24)$$
$$\Rightarrow x + 24 = 25x - 600$$
$$\Rightarrow 25x - x = 24 + 600$$
$$\Rightarrow 24x = 624$$
$$\Rightarrow x = \frac{624}{24} = 26$$

∴ अभीष्ट छोटी संख्या = 24

2. (a) 4, 0 और 6 से निर्मित महत्तम संख्या = 640

इन्हीं संख्याओं से बनी लघुत्तम संख्या = 406

दोनों संख्याओं में अंतर = (640 – 406) = 234

3. (a) $\frac{29540}{12} = 2461.66$

$$\frac{53416}{12} = 4451.33$$

$$\frac{21543}{12} = 1795.25$$

अत: कोई भी 12 से विभाज्य नहीं है।

4. (b) माना कि दोनों संख्याएँ क्रमश: m तथा n हैं।

प्रश्नानुसार, $m + n = 10$

तथा $m \times n = 20$

$$\therefore \frac{1}{m}+\frac{1}{n} = \frac{m+n}{mn} = \frac{10}{20} = \frac{1}{2}$$

5. (b) माना दो संख्यायें संख्या x, y हैं।

$x + y = 14$...(i) (शर्त द्वारा)

$xy = 48$...(ii) (शर्त द्वारा)

$$(x - 4y)^2 = (x + y)^2 - 4xy$$
$$= 196 - 192$$
$$(x - y)^2 = 4$$
$$x - y = 2 \quad ...(iii)$$

(i) और (iii) को हल करने पर

$x = 8, y = 6.$

6. (a) माना अभीष्ट संख्या x है।

प्राप्तांक = $52 \times x = 52x$

प्रश्नानुसार,

सही उत्तर = $25 \times x = 25x$

$$52x - 25x = 324$$

$$\Rightarrow x = \frac{324}{52-25} = \frac{324}{27} = 12.$$

7. (d) माना सैकड़ा का अंक = $4k$

∴ इकाई का अंक = $\frac{1}{4}(4k) = k$

तब, दहाई का अंक = $2 \times k = 2k$

∵ संख्या के अंकों का योग

$$= 4k + 2k + k = 14$$

$\Rightarrow k = 2$

अत: अभीष्ट संख्या

$$= (4 \times 2) \times 100 + (2 \times 2) + 10 \times 2$$
$$= 800 + 40 + 2 = 842$$

8. (b) माना कि दो अंकों की संख्या

$= 10x + y$

$x + y = 11$ ...(i)

पुन:

$$(10x + y) + 27 = 10y + x$$
$$\Rightarrow 10x - x + y - 10y = -27$$
$$\Rightarrow 9x - 9y = -27$$
$$\Rightarrow x - y = -3 \quad ...(ii)$$

समी. (i) तथा (ii) से

$\Rightarrow x = 4$ एवं $y = 7$

इसलिए संख्या = $10x + y = 40 + 7 = 47.$

9. (c) संख्या = $10x + y$

$$\therefore 10x + y = k(x + y)$$
$$\therefore 10y + x = 11y + 11x - 10x - y$$
$$= 11(x + y) - k(x + y)$$
$$= (11 - k)(x + y).$$

10. (b) यदि $a_1 = 1, a_2 = 2, ...$

$$(a_1 - 1)(a_2 - 2)(a_3 - 3) ... (a_7 - 7) = 0$$

यदि $a_1 = 7, a_2 = 6, a_3 = 5, ...$

$$(a_1 - 1)(a_2 - 2)(a_3 - 3) ... (a_7 - 7) = 6 \times 4 \times 3 \times 0 \times ... = 0.$$

11. (d) यदि संख्या = 95 हो, तो हम पाते हैं–

9 – 5 = 4 एवं

```
7 ) 95 ( 13
   -7
    25
    21
     4
```

शेषफल = 4

12. (d) सबसे छोटी संख्या = 301

सबसे बड़ी संख्या = 497

सार्व अंतर = $d = 7$

$t_n = a + (n-1)d$

$\Rightarrow \quad 497 = 301 + (n-1) \times 7$

$\Rightarrow \quad (n-1) \times 7 = 497 - 301 = 196$

$\Rightarrow \quad n - 1 = 196 \div 7 = 28$

$\Rightarrow \quad n = 28 + 1 = 29$

$\therefore$ संख्याओं का अभीष्ट योगफल

$= \frac{n}{2}$ (पहला पद + अंतिम पद)

$= \frac{29}{2}(301 + 497) = \frac{29 \times 798}{2} = 11571$

13. (b) माना संख्या $= y$

$\therefore \quad y$ का $\frac{4}{5} = 64$

$\Rightarrow \quad y \times \frac{4}{5} = 64$

$\therefore \quad y = \frac{64 \times 5}{4} = 80$

$\therefore$ संख्या का आधा $= \frac{y}{2} = \frac{80}{2} = 40$

14. (a) काल्पनिक संख्या $= \sqrt{-5}$

15. (a) संख्या $= 36\text{K} + 19$

$= 12 \times 3\text{K} + 12 + 7$

$= 12(3\text{K} + 1) + 7$

अत: अभीष्ट शेषफल $= 7$

16. (b) दोनों श्रेणियां समांतर श्रेणी हैं,

तब श्रेणी $3 + 10 + 17 + ...$ में $a = 3, d = 7$

श्रेणी $63 + 65 + 67 + ...$ में $a_1 = 63, d_1 = 2$

प्रश्नानुसार,

$\Rightarrow 3 + (n-1)7 = 63 + (n-1)2$

$\Rightarrow 3 + 7n - 7 = 63 + 2n - 2$

$\Rightarrow 5n = 65 \therefore n = 13$

17. (d) 19 एक अभाज्य संख्या है

$\therefore (a^2 - b^2) = 19$

$\Rightarrow (a+b)(a-b) = 19 \times 1$

$\therefore a + b = 19$

$a - b = 1$

समीकरण (i) व (ii) से $a = 10$

18. (b) संख्या $= 114\text{K} + 21$

$= 19 \times 6\text{K} + 19 + 2$

$= 19(6\text{K} + 1) + 2$

अत: शेषफल $= 2$

19. (c) माना समांतर श्रेणी के पद क्रमशः $(a-3d)(a-d)(a+d)$ एवं $(a+3d)$ है।

$\therefore (a - d + a + d) = 110$

$\Rightarrow 2a = 110 \therefore a = 55$

पुन: $(a-3d)(a+3d) = 2125$

$(55-3d)(55+3d) = 2125$

$\Rightarrow (55)^2 - 9d^2 = 2125$

$\Rightarrow 3025 - 2125 = 9d^2$

$\Rightarrow 9d^2 = 900$

$d^2 = 100 \therefore d = 10$

$\therefore$ तीसरा पद $= (a+d) = (55+10) = 65$

20. (b) $x * y = x^2 + y^2 - xy$

$11*13 = (11)^2 + (13)^2 - 11 \times 13$

$= 121 + 169 - 143 = 290 - 143 = 147$

21. (b) प्रथम भाजक 899 दूसरे भाजक 31 से पूर्णत: विभाज्य है।

अत: 65 को 31 से भाग देने पर प्राप्त शेषफल $= 3$

अत: अभीष्ट शेषफल $= 3$

22. (b) 75070 को 65 से विभाजित करने पर शेषफल $= 60$

$\therefore$ अभीष्ट संख्या $= 75070 + (65 - 60)$

$= 75075$

23. (c) माना इकाई का अंक x तथा दहाई का अंक y है,

तब, संख्या $= 10y + x$

प्रश्नानुसार, $10y + x = K(x + y)$

पुन: $10x + y = (11-1)x + (11-10)y$

$= 11(x+y) - (10y + x)$

$= 11(x+y) - K(x+y) = (11-12)(x+y)$

अत: उन अंकों का योग है, जिससे गुणा किया जाएगा। $= (11 - \text{K})$

24. (a) संख्या $[(57)^{25} - 1]$ में इकाई का अंक

$=$ संख्या $[(57)^{24} \times (57)^1 - 1]$ में इकाई का अंक

$=$ संख्या $[1 \times 57 - 1]$ में इकाई का अंक

$=$ संख्या 56 में इकाई का अंक $= 6$

25. (a) $\frac{2}{9} = 0.22, \frac{4}{7} = 0.57, \frac{12}{17} = 0.70$

$\frac{7}{13} = 0.53 \quad \frac{5}{11} = 0.45$

$\therefore$ आरोही क्रम

$= \frac{2}{9} < \frac{5}{11} < \frac{7}{13} < \frac{4}{7} < \frac{12}{7}$

अत: दाएं से दूसरा भिन्न $= \frac{4}{7}$

26. (b) व्यंजक $= 0.01 \times 0.02 + 0.01 \times 0.03 + 0.01 \times 0.04$

$= (0.0002 + 0.0003 + 0.0004) = 0.0009$

27. (c) संख्या $13b7$, 11 से विभाज्य है।

$\therefore 1 + b = (7 + 3) \quad \therefore b = 9$

$\because 4a3 + 984 = 1397,\ 4a3 = 413$

$\therefore a = 1$

$\because (a + b) = (1 + 9) = 10$

28. (d) 16, 18, 20 व 25 का ल.स.

$= 2 \times 2 \times 2 \times 2 \times 3 \times 3 \times 5 \times 5 = 3600$

अत: $(3600 + 4) = 3604$ को 7 से विभाजित करने पर शेषफल 0 प्राप्त नहीं होता है।

परंतु $(18000 + 4) = 18004$ को 7 से विभाजित करने पर शेषफल 0 प्राप्त होता है।

$\therefore$ अभीष्ट संख्या $= 18004$

29. (b) माना इकाई का अंक x तथा दहाई का अंक y है।

तब, संख्या $= 10y + x \quad \therefore y = 2x$

अत: संख्या $= (10 \times 2x + x) = 21x$

अंक पलटने पर संख्या $= 10x + y = 12x$

$\therefore 21x - 12x = 27$

$x = 3,\ y = 6$

$\therefore$ संख्या $= (10 \times 6 + 3) = 63$

30. (c) $5^{71} + 5^{72} + 5^{73} = 5^{71}(1 + 5 + 25)$

$= 5^{71} \times 31 = (5^{70} \times 31 \times 5) = 5^{70} \times 155$

अत: संख्या 155 पूर्णत: विभाजित कर सकती है।

31. (d) $n = 5K + 2$

$n^2 = (5K + 2)^2 = 25K^2 + 20K + 4$

$\therefore n^2$ को 5 से विभाजित करने पर शेषफल $= 4$

32. (a) माना संख्या $x = 289 \times a + 18$

जब संख्या को 17 से विभाजित किया जाए,

तब, $\left[\frac{289}{17}\right] + \left[\frac{18}{17}\right]$

$\therefore y = (0 + 1) = 1$

33. (a) 4, 5 व 6 का ल॰ स॰ $= 60$

400 व 800 के बीच 60 से विभाज्य प्रथम संख्या 420 तथा अंतिम संख्या 780 है।

$\therefore$ समांतर श्रेणी $= 420, 480, ...780$

$T_n = a + (n-1)\text{d}$

$780 = 420 + (n-1)60$

$\Rightarrow 780 = 360 + 60n$

$\Rightarrow n = \frac{420}{60} = 7$

34. (c) माना दो संख्याएं x तथा y है तब,

प्रश्नानुसार, $x + y = a$ ...(i)

$xy = b$ ...(ii)

$\therefore$ संख्याओं के व्युत्क्रम का योग $= \frac{1}{x} + \frac{1}{y}$

$= \frac{(x+y)}{xy} = \frac{a}{b}$

35. (a) दूसरी संख्या $= \frac{4032}{252} = 16$

$\therefore$ दूसरी संख्या का 5 गुना

$= (16 \times 5) = 80$

36. (a) 2^{33} का इकाई का अंक

$= 2^{32}$ का इकाई का अंक $\times 2^1$ का इकाई का अंक

$= (2^4)^8$ का इकाई का अंक $\times 2^1$ का इकाई का अंक

$= (6 \times 2)$ में इकाई का अंक

$= 12$ में इकाई का अंक $= 2$

$\therefore$ 10 से विभाजित करने पर शेषफल 2 बचेगा।

37. (d) $(4387)^{245}$ में इकाई का अंक $\times (621)^{72}$ में इकाई का अंक

$= \{(7^4)^{61} \times 7^1\}$ में इकाई का अंक $\times (1)^{72}$ में इकाई का अंक

$= (1 \times 7)$ में इकाई का अंक $= 7$

38. (d) माना संख्याएं क्रमशः a और b हैं।

तब, $\frac{a+b}{2} = 6.5$

$\Rightarrow a + b = 13$ ...(i)

और $\sqrt{ab} = 6 \Rightarrow ab = 36$

$\therefore (a-b)^2 = (a+b)^2 - 4ab$

$= (13)^2 - 4 \times 36 = 169 - 144 = 25$ ...(ii)

$\therefore a - b = 5$

समीकरण (i) व (ii) को हल करने पर,

$a = 9$ व $b = 4$

❑❑❑

अध्याय

2

सरलीकरण

जटिल गणितीय संक्रियाओं वाले प्रश्नों को सरल करके हल करने की क्रिया सरलीकरण कहलाती है।

सरलीकरण को सामान्य नियम VBODMAS द्वारा स्पष्ट किया गया है।

V ⟶ रेखा कोष्ठक (Vineculum or Bar Bracket)

B ⟶ कोष्ठक (Bracket)

O ⟶ का (Of)

D ⟶ भाग (Division)

M ⟶ गुणन (Multiplication)

A ⟶ योग (Addition)

S ⟶ अंतर (Subtraction)

नोट- हल करने की प्रक्रिया में सबसे पहले रेखा कोष्ठक (–), फिर छोटा कोष्ठक ( ), इसके पश्चात् मंझला कोष्ठक { } तथा अन्त में बड़ा [ ] कोष्ठक हल किया जाता है।

सरलीकरण में प्रयोग होने वाली कुछ महत्वपूर्ण सर्वसमिकाएँ-

(i) $(a+b)^2 = a^2 + 2ab + b^2$

(ii) $(a-b)^2 = a^2 - 2ab + b^2$

(iii) $(a+b)^2 - (a-b)^2 = 4ab$

(iv) $(a^2 - b^2) = a + b)\,(a-b)$

(v) $(a^4 - b^4) = (a+b)(a-b)(a^2+b^2)$

(vi) $(a+b+c)^2 = a^2 + b^2 + c^2 + 2(ab+bc+ca)$

(vii) $(a^3 - b^3) = (a-b)(a^2+ab+b^2)$

(viii) $(a^3 + b^3) = (a+b)(a^2-ab+b^2)$

(ix) $(a+b)^3 = a^3 + b^3 + 3ab\,(a+b)$

(x) $(a-b)^3 = a^3 + b^3 - 3ab(a-b)$

(xi) $a^2 + b^2 + c^2 - ab - bc - ca$

$$= \frac{1}{2}[(a-b)^2 + (b-c)^2 + (c-a)^2]$$

(xii) $(a+b+c)^3 = a^3 + b^3 + c^3 - 3[(a+b)(b+c)(c+a)]$

(xiii) $a^3 + b^3 + c^3 - 3abc$

$= (a+b+c)(a^2+b^2+c^2-ab-bc-ca)$

(xiv) यदि $a+b+c = 0$

(a) $a^3 + b^3 + c^3 = 3abc$

(b) $\frac{a^2}{bc} + \frac{b^2}{ac} + \frac{c^2}{ab} = 3$

हल सहित उदाहरण

उदाहरण 1 : $\frac{147\times147\times147+123\times123\times123}{147\times147-147\times123+123\times123}$ **का सरलीकृत मान ज्ञात कीजिए।**

हल– व्यंजक $= \frac{147\times147\times147+123\times123\times123}{147\times147-147\times123+123\times123}$

माना $a = 147$ तथा $b = 123$

$$\therefore \text{ व्यंजक } = \frac{a^3+b^3}{(a^2-ab+b^2)} = \frac{(a+b)(a^2-ab+b^2)}{(a^2-ab+b^2)}$$

$= (a+b) = (147+123) = 270$

उदाहरण 2 :

$$\frac{1}{3-\sqrt{8}} - \frac{1}{\sqrt{8}-\sqrt{7}} + \frac{1}{\sqrt{7}-\sqrt{6}} - \frac{1}{\sqrt{6}-\sqrt{5}} + \frac{1}{\sqrt{5}-\sqrt{2}}$$

का मान ज्ञात कीजिए।

हल– $\frac{1}{3-\sqrt{8}} = \frac{1}{(3-\sqrt{8})} \times \frac{(3+\sqrt{8})}{(3+\sqrt{8})}$

$$= \frac{3+\sqrt{8}}{9-8} = 3+\sqrt{8}$$

$$\frac{1}{\sqrt{8}-\sqrt{7}} = \frac{1}{(\sqrt{8}-\sqrt{7})} \times \frac{(\sqrt{8}+\sqrt{7})}{(\sqrt{8}+\sqrt{7})} = \sqrt{8}+\sqrt{7}$$

इसी प्रकार

$$\frac{1}{\sqrt{7}-\sqrt{6}} = \sqrt{7}+\sqrt{6}, \frac{1}{\sqrt{6}-\sqrt{5}} = \sqrt{6}+\sqrt{5}$$

तथा $\frac{1}{\sqrt{5}-\sqrt{2}} = \frac{\sqrt{5}+\sqrt{2}}{3}$

$\therefore$ व्यंजक

$$= \frac{1}{3-\sqrt{8}} - \frac{1}{\sqrt{8}-\sqrt{7}} + \frac{1}{\sqrt{7}-\sqrt{6}} - \frac{1}{\sqrt{6}-\sqrt{5}} + \frac{1}{\sqrt{5}-\sqrt{2}}$$

$$= 3+\sqrt{8}-\sqrt{8}-\sqrt{7}+\sqrt{7}+\sqrt{6}-\sqrt{6}-\sqrt{5}+\frac{(\sqrt{5}+\sqrt{2})}{3}$$

$$= 3-\sqrt{5}+\frac{\sqrt{5}+\sqrt{2}}{3}$$

$$= \frac{9-3\sqrt{5}+\sqrt{5}+\sqrt{2}}{3}$$

$$= \left(3+\frac{\sqrt{2}}{3}-\frac{2\sqrt{5}}{3}\right) = (3+0.47-1.49) = 1.98$$

उदाहरण 3 : $\sqrt{20+\sqrt{20+\sqrt{20+.....+\infty}}}$ का मान ज्ञात कीजिए।

हल– माना $x = \sqrt{20+x}$

$\Rightarrow x^2 = 20 + x$

$\Rightarrow x^2 - x - 20 = 0$

$\Rightarrow x^2 - 5x + 4x - 20 = 0$

$\Rightarrow x(x-5) + 4(x-5) = 0$

$\Rightarrow (x-5)(x+4) = 0$

$\Rightarrow x = 5$

उदाहरण 4 : $\frac{1}{1+x^{a-b}}+\frac{1}{1+x^{b-a}}$ का मान ज्ञात कीजिए।

हल– व्यंजक $= \frac{1}{1+x^{a-b}}+\frac{1}{1+x^{b-a}}$

$= \frac{1}{1+\frac{x^a}{x^b}}+\frac{1}{1+\frac{x^b}{x^a}}$

$= \frac{x^b}{x^a+x^b}+\frac{x^a}{x^a+x^b} = \frac{x^a+x^b}{x^a+x^b} = 1$

घातांक (Indices)

किसी संख्या के ऊपर लगी धनात्मक या ऋणात्मक घात उस संख्या का घातांक कहलाती है।

यदि किसी संख्या को उसी संख्या से n बार गुणा किया जाए, तो निम्नलिखित परिणाम प्राप्त होता है।

$a \times a \times a ---- \times a = a^n$

यहाँ a तथा n वास्तविक संख्याएँ हैं।

a को आधार तथा n को घातांक कहते हैं।

घातांक के नियम (Rules of Indices)

(i) $a^m \times a^n = a^{m+n}$ (ii) $\frac{a^m}{a^n} = a^{m-n}$

(iii) $(a^m)^n = (a)^{mn}$ (iv) $(ab)^n = a^n b^n$

(v) $\left(\frac{a}{b}\right)^n = \frac{a^n}{b^n}$

करणी (Surds)

यदि a एक परिमेय संख्या है तथा n एक धनपूर्णांक है, तो यदि a का nवाँ मूल $a^{\frac{1}{n}}$ या $\sqrt[n]{a}$ एक अपरिमेय संख्या हो, तो $\sqrt[n]{a}$ को n घात की करणी कहते हैं।

(i) $\left(\sqrt[n]{a}\right) = a^{\frac{1}{n}}$ (ii) $\left(\sqrt[n]{a}\right)^n = a$

(iii) $\sqrt[n]{ab} = \sqrt[n]{a}\cdot\sqrt[n]{b}$ (iv) $\sqrt[n]{\frac{a}{b}} = \frac{\sqrt[n]{a}}{\sqrt[n]{b}} = \left(\frac{a}{b}\right)^{\frac{1}{n}}$

(v) $\left(\sqrt[n]{a}\right)^m \sqrt[n]{a^m}$ (vi) $\sqrt[m]{\sqrt[n]{a}} = \sqrt[mn]{a}$

(vii) $\sqrt[n]{\sqrt[n]{a}} = \left(a^{\frac{1}{n}}\right)^{\frac{1}{n}} = a^{\frac{1}{n^2}}$

हल सहित उदाहरण

उदाहरण 1 : यदि $x = 8 + 2\sqrt{15}$ हो, तो $\sqrt{x}+\frac{1}{\sqrt{x}}$ का मान ज्ञात कीजिए।

हल– $x = 8+2\sqrt{15} = (5+3+2\sqrt{5}\times\sqrt{3}) = (\sqrt{5}+\sqrt{3})^2$

$\therefore \sqrt{x} = \left(\sqrt{5}+\sqrt{3}\right)$

$\frac{1}{\sqrt{x}} = \frac{1}{\sqrt{5}+\sqrt{3}} = \frac{1}{\sqrt{5}+\sqrt{3}} \times \frac{\left(\sqrt{5}-\sqrt{3}\right)}{\sqrt{5}-\sqrt{3}} = \frac{\left(\sqrt{5}-\sqrt{3}\right)}{2}$

$\therefore \sqrt{x}+\frac{1}{\sqrt{x}} = \sqrt{5}+\sqrt{3}+\frac{1}{2}\sqrt{5}-\frac{1}{2}\sqrt{3}$

$= \frac{3}{2}\sqrt{5}+\frac{1}{2}\sqrt{3}$

उदाहरण 2 : $\left(1+\frac{4\sqrt{3}}{2-\sqrt{2}}-\frac{30}{4\sqrt{3}-\sqrt{18}}-\frac{\sqrt{18}}{3+2\sqrt{3}}\right)$ को सरलीकृत कीजिए।

हल– व्यंजक $= \left[1+\frac{4\sqrt{3}}{2-\sqrt{2}}-\frac{30}{4\sqrt{3}-\sqrt{18}}-\frac{\sqrt{18}}{3+2\sqrt{3}}\right]$

$\left[1+\frac{4\sqrt{3}\times\left(2+\sqrt{2}\right)}{\left(2-\sqrt{2}\right)\times\left(2+\sqrt{2}\right)}-\frac{30\times\left(4\sqrt{3}+\sqrt{18}\right)}{\left(4\sqrt{3}-\sqrt{18}\right)\times\left(4\sqrt{3}+\sqrt{18}\right)}-\frac{\sqrt{18}\times\left(3-2\sqrt{3}\right)}{\left(3+2\sqrt{3}\right)\left(3-2\sqrt{3}\right)}\right]$

$= \left[1+\frac{8\sqrt{3}+4\sqrt{6}}{2}-\frac{30\left(4\sqrt{3}+\sqrt{18}\right)}{30}-\frac{\left(2\times3\sqrt{6}-3\sqrt{18}\right)}{3}\right]$

$= \left(1+4\sqrt{3}+2\sqrt{6}-4\sqrt{3}-\sqrt{18}-2\sqrt{6}+\sqrt{18}\right) = 1$

उदाहरण 3 : $\left[\left(\sqrt[5]{x^{\frac{-3}{5}}}\right)^{\frac{-5}{3}}\right]^5$ को सरल कीजिए।

हल– व्यंजक $= \left[\left(\sqrt[5]{x^{\frac{-3}{5}}}\right)^{\frac{-5}{3}}\right]^5$

$= \left[\left(\left(x^{\frac{-3}{5}}\right)^{\frac{1}{5}}\right)^{\frac{-5}{3}}\right]^5 = \left[\left(x^{\frac{-3}{25}}\right)^{\frac{-5}{3}}\right]^5 = \left[x^{\frac{15}{75}}\right]^5 = \left(x^{\frac{1}{5}}\right)^5 = x$

उदाहरण-4 व्यंजक $\sqrt{6+\sqrt{6+\sqrt{6+}}}$ का मान ज्ञात कीजिए।

हल– व्यंजक $= \sqrt{6+\sqrt{6+\sqrt{6+}}}$

माना $x = \sqrt{6+x}$

दोनों ओर वर्ग करने पर

$\Rightarrow x^2 = 6 + x$

$\Rightarrow x^2 - x - 6 = 0$

$\Rightarrow (x-3)(x+2) = 0$

$x = 3$

वर्ग (Square) : जब किसी संख्या को स्वयं से गुणा किया जाता है, तो प्राप्त गुणनफल उस संख्या का वर्ग कहलाता है।

जैसे– (i) 4 का वर्ग $= 4 \times 4 = 16$

(ii) 12 का वर्ग $= 12 \times 12 = 144$

वर्गमूल (Square Root) : किसी संख्या का वर्गमूल वह संख्या है, जिसे स्वयं से गुणा करने पर दी गई संख्या प्राप्त होती है इसे '$\sqrt{\ }$' चिन्ह से प्रदर्शित करते हैं।

वर्गमूल ज्ञात करने की विधियां

(i) अभाज्य गुणनखण्ड विधि (Prime Factorisation Method) : सर्वप्रथम जिस संख्या का वर्गमूल ज्ञात करना होता है, उसके अभाज्य गुणनखण्ड ज्ञात करते हैं, फिर प्रत्येक संख्याओं को जोड़ों में रखते हैं प्रत्येक जोड़े में से एक संख्या लेकर उनका आपस में गुणा करते हैं, इस प्रकार से प्राप्त गुणनफल ही संख्या का अभीष्ट वर्गमूल होता है।

उदाहरण– 441 का वर्गमूल ज्ञात कीजिए।

$$441 = 21 \times 21$$

$$\sqrt{441} = 21$$

(ii) भाग विधि (Division Method) : जब संख्या बहुत बड़ी होती है तथा उसके गुणनखण्ड ज्ञात करना जटिल होता है, तो इस विधि का प्रयोग किया जाता है।

भाग विधि से वर्गमूल ज्ञात करने का विवरण विभिन्न चरणों के रूप में स्पष्ट करेंगे।

चरण–1 : सर्वप्रथम दी गई संख्या के दाईं ओर से बायीं ओर की ओर जोड़े बनाते हैं।

चरण–2 : अब हम ऐसी संख्या लेते हैं, जिसका वर्ग पहले जोड़े या केवल एक ही संख्या (जैसा कि संख्या में स्पष्ट हो) के वर्ग के बराबर या कम हो।

चरण–3 : अब भागफल को दो गुना करके रखते हैं और शेष बची संख्या के आगे दूसरा जोड़ा रखते हैं।

चरण–4 : अब भाजक के साथ नई संख्या लेते हैं, जिससे भाजक को गुणा करने पर प्राप्त गुणनफल भाज्य के बराबर या उससे कम हो।

चरण–5 : चरण (3, 4) की प्रक्रिया को तब तक दोहराते हैं, जब तक कि सभी युग्म समाप्त न हो जाऐं और इस प्रकार प्राप्त भागफल ही दी गई संख्या का अभीष्ट वर्गमूल है।

उदाहरण : 331776 का वर्गमूल ज्ञात कीजिए।

हल–

	576
5	33 17 76
5	25
107	817
+7	749
1146	6876
	6876
	×

अतः $\sqrt{331776} = 576$

(iii) दशमलव संख्याओं का वर्गमूल ज्ञात करना– सर्वप्रथम हम दी गई दशमलव संख्याओं में दशमलव के बाद की संख्या को शून्य लगाकर सम बना लेते हैं, अब दाईं ओर से प्रारंभ करते हुए बायीं ओर की तरफ बढ़कर दो-दो अंकों के जोड़े बनाते हैं इसके पश्चात् भाग विधि से वर्गमूल निकालने की साधारण विधि की सहायता से वर्गमूल ज्ञात कर लेते हैं।

उदाहरण– 20957.773824 का वर्गमूल दशमलव के तीन स्थानों तक ज्ञात कीजिए।

हल– यहां पर दी गई दशमलव संख्या में दशमलव के बाद के अंकों की संख्या सम है अतः हम भाग विधि से वर्गमूल प्राप्त करेंगे।

	144.768
1	2 09 57 77 38 24
+1	1
24	109
+4	96
284	1357
+4	1136
2887	22177
+7	20209
28946	196838
+6	173676
289528	2316224
	2316224
	×××

नोट– छोटी दशमलव संख्याओं का वर्गमूल ज्ञात करने के लिए हम इस संख्या को दशमलव हटाकर भिन्न के रूप में परिवर्तित कर लेते हैं और इसके पश्चात् भिन्न के अंश व हर का अलग-अलग वर्गमूल ज्ञात करते हैं, इसके पश्चात् प्राप्त भिन्न के अंश में हर का भाग देकर दशमलव का वर्गमूल प्राप्त किया जाता है।

उदाहरण– $\sqrt{40.96}$ का मान ज्ञात कीजिए।

हल– $\sqrt{40.96} = \sqrt{\frac{4096}{100}}$

$$= \sqrt{\frac{2\times2\times2\times2\times2\times2\times2\times2\times2\times2\times2\times2}{2\times2\times5\times5}}$$

$$= \frac{2\times2\times2\times2\times2\times2}{2\times5}$$

$$= \frac{64}{10} = 6.4$$

उदाहरण– $\sqrt{6.25}$ का मान ज्ञात कीजिए।

हल– $\sqrt{6.25} = \sqrt{\frac{625}{100}} = \sqrt{\frac{25\times25}{10\times10}} = \frac{25}{10} = 2.5$

घन (Cube) : किसी संख्या का आपस में तीन बार गुणा करने पर प्राप्त गुणनफल उस संख्या का घन कहलाता है।

जैसे– (i) 6 का घन $= 6 \times 6 \times 6 = 6^3 = 216$

(ii) $\sqrt{3}$ का घन $= \sqrt{3} \times \sqrt{3} \times \sqrt{3} = \sqrt[3]{3}$

घनमूल (Cube Root) : किसी दी गई संख्या का घनमूल वह संख्या होती है, जिसकी तीसरे घात से दी गई संख्या प्राप्त होती है, इसे $\sqrt[3]{\ }$ चिह्न से प्रदर्शित करते हैं।

घनमूल ज्ञात करने की अभाज्य गुणनखण्ड विधि– सर्वप्रथम दी गई संख्या के अभाज्य गुणनखण्ड प्राप्त करते हैं प्राप्त गुणनखण्डों में संख्याओं के तीन-तीन के जोड़े बनाते हैं। इसके पश्चात् प्रत्येक समूह से एक-एक संख्या निकालकर उनका आपस में गुणा करने पर प्राप्त गुणनफल ही संख्या का अभीष्ट घनमूल होता है।

उदाहरण– 3375 का घनमूल ज्ञात कीजिए।

हल–

$$3375 = \underline{3\times3\times3}\times\underline{5\times5\times5}$$

$$\sqrt[3]{3375} = 3\times5 = 15$$

उदाहरण– 1331 का घनमूल ज्ञात कीजिए।

हल–

11	1331
11	121
11	11
	1

$$1331 = 11 \times 11 \times 11$$

$$3\sqrt{1331} = 11$$

किसी दी गई संख्या का वर्गमूल दूसरे स्थान तक निकालने की लघु विधि

$$\sqrt{N_S \pm n} = \sqrt{N_S} \pm \frac{n}{2\sqrt{N_S}}$$

जहां N_S एक दी गई संख्या के निकटवर्ती पूर्ण वर्ग संख्या तथा n शेष बची संख्या है।

उदाहरण– 198 का वर्गमूल दशमलव के दो स्थानों तक ज्ञात कीजिए।

हल– $\sqrt{198} = \sqrt{196+2}$ (यहां $N_S = 196$ व $n = 2$)

$$= \sqrt{196} + \frac{2}{2\sqrt{196}}$$

$$= \left(14 + \frac{2}{2 \times 14}\right) = 14 + 0.07 = 14.07$$

वर्गमूल एवं घनमूल के लिए महत्वपूर्ण नियम

- यदि किसी संख्या में n अंक हों, तो उसके वर्ग में अंकों की संख्या $2n$ या $(2n - 1)$ होती है।
- किसी भी संख्या के वर्ग में इकाई के स्थान पर 2, 3, 7 व 8 कभी भी नहीं आता है।
- 1 से छोटी संख्या का वर्गमूल सदैव उस संख्या से बड़ा होता है।
- यदि किसी संख्या में दशमलव के बाद अंकों की संख्या विषम हो तो अंत में एक शून्य लगाएं।
- किसी संख्या में दशमलव के बाद जितने अंक होते हैं, वर्गमूल में दशमलव के बाद उसके आधे अंक होते हैं।

  जैसे– $\sqrt{0.0064} = 0.08$
- एक या दो अंकों वाली संख्या का वर्गमूल एक अंक वाली संख्या होती है तीन या चार अंक वाली संख्या का वर्गमूल दो अंकों वाली संख्या होती है 5 या 6 अंकों वाली संख्या का वर्गमूल 3 अंकों वाली संख्या तथा 6, 7 व 8 अंकों वाली संख्या का वर्गमूल 4 अंकों वाली संख्या होती है।
- सम संख्या का वर्गमूल सम और विषम संख्या का वर्गमूल विषम संख्या होती है।
- किसी भी पूर्ण वर्ग संख्या के अंत में शून्यों की संख्या कभी भी विषम नहीं होती है।
- दो अंकों की सबसे बड़ी पूर्ण वर्ग संख्या 81 है।
- तीन अंकों की सबसे बड़ी पूर्ण वर्ग संख्या 961 है
- चार अंकों की सबसे बड़ी पूर्ण संख्या 9801 है।
- यदि किसी संख्या में इकाई के स्थान पर 0, 1, 2, 3, 4, 5, 6, 7, 8 व 9 हो, तो उसके घनमूल में इकाई के स्थान पर क्रमशः 0, 1, 8, 7, 4, 5, 6, 3, 2 व 9 होगा।

हल सहित उदाहरण

उदाहरण 1 : वह छोटी से छोटी संख्या ज्ञात कीजिए, जिससे 20184 को गुणा करने पर गुणनफल एक पूर्ण वर्ग प्राप्त हो।

हल– 20184 का गुणनखण्ड करने पर

2	20184
2	10092
2	5046
3	2523
29	841
29	29
	1

$\therefore$ $20184 = \underline{2 \times 2} \times 2 \times 3 \times \underline{29 \times 29}$

स्पष्ट है, कि $(2 \times 3) = 6$ का गुणा करने पर संख्या एक पूर्ण वर्ग बन जाएगी।

उदाहरण 2 : चार अंकों की सबसे बड़ी संख्या में कौन-सी न्यूनतम संख्या घटाई जाए कि संख्या पूर्ण वर्ग बन जाए?

हल–

	99
9	99 99
+9	81
189	1899
	1701
	198

चार अंकों की सबसे बड़ी संख्या = 9999

घटाई जाने वाली न्यूनतम संख्या = (9999 – 198) = 9801

उदाहरण 3 : 122825 में कौन-सी छोटी से छोटी संख्या का गुणा किया जाए, ताकि गुणनफल एक पूर्ण घन बन जाए?

हल–

5	122825
5	24565
17	4913
17	289
17	17
	1

$$122825 = 5 \times 5 \times 17 \times 17 \times 17$$

$\therefore$ स्पष्ट है पूर्ण घन संख्या बनाने के लिए हमें संख्या में 5 का गुणा करना होगा।

उदाहरण 4 : यदि $\sqrt[3]{\sqrt[2]{0.000064}} = x$ हो, तो x का मान ज्ञात कीजिए।

हल– $x = \sqrt[3]{\sqrt[2]{0.000064}}$

$$x = 3\sqrt{2\sqrt{\frac{64}{1000000}}}$$

$$= 3\sqrt{\frac{8}{1000}} = 3\sqrt{\left(\frac{2}{10}\right)^3} = \frac{2}{10} = 0.2$$

प्रश्नमाला

1. $40.83 \times 1.02 \times 1.2 = ?$

(a) 41.64660 (b) 42.479532

(c) 49.97592 (d) 58.7952

2. $\frac{(6+6+6+6)\div 6}{4+4+4+4\div 4}$ का मान किसके बराबर होगा–

(a) 1 (b) $\frac{3}{2}$

(c) $\frac{4}{13}$ (d) $3\frac{6}{13}$

3. $8597 - ? = 7429 - 4358$

(a) 5426 (b) 5706

(c) 5526 (d) 5476

4. $(7857 + 3596 + 4123) \div 96 = ?$

(a) 155.06 (b) 162.25

(c) 151.83 (d) 165.70

5. $741560 + 935416 + 1143 + 17364 = ?$

(a) 1694583 (b) 1695438

(c) 1695483 (d) 1659483

6. $\frac{(0.96)^3 - (0.1)^3}{(0.96)^2 + 0.096 + (0.1)^2}$ का निम्नलिखित में से मान बताएँ–

(a) 0.86 (b) 0.95

(c) 0.97 (d) 1.06

7. $0.5 \div 12.5 + 0.25 \times 0.05 = ?$

(a) 0.0525

(b) 0.7

(c) 0.00196

(d) इनमें से कोई नहीं

8. $\frac{112}{\sqrt{196}} \times \frac{\sqrt{576}}{12} \times \frac{\sqrt{256}}{8} = ?$ में '?' का मान क्या होगा?

(a) 8 (b) 32

(c) 12 (d) 16

9. निम्नलिखित में कौन-सा $40 \div 15$ के बराबर है?

(a) $5 \div 15 \times 8$

(b) $40 \div 5 \times 3$

(c) $5(10 \div 3)$

(d) $30 \div 15 + 5 \div 15$

10. $\frac{(0.396+0.104)^2 - (0.396-0.104)^2}{0.396 \times 0.104} = ?$

(a) 4

(b) 0.5

(c) 1

(d) इनमें से कोई नहीं

11. $6\frac{2}{5} \times 6\frac{1}{4} + 7\frac{3}{4} - 3\frac{1}{2}$ का मान निम्नलिखित में से कौन है?

(a) $42\frac{1}{4}$ (b) $44\frac{1}{4}$

(c) $43\frac{3}{4}$ (d) $45\frac{1}{2}$

12. $\frac{4^4 \times 24^3}{2^{16}} = ?$

(a) $\frac{25}{2}$ (b) 54

(c) $\frac{17}{3}$ (d) इनमें से कोई नहीं

13. $\frac{46.40 \times 3.5 - 2.4}{17.5 \times 4.8 - 4.0}$ का मान क्या होगा?

(a) 0 (b) 1

(c) −1 (d) 2

14. निम्नलिखित में ? का मान क्या होगा?

$$\frac{6 \times 21 \times 24}{36 \times 7 \times 15} = ?$$

(a) $\frac{8}{5}$ (b) $\frac{4}{5}$

(c) $\frac{3}{5}$ (d) $\frac{7}{2}$

15. 4031 + 9543 + ? = 15050 में ? का मान है–

(a) 1476

(b) 1236

(c) 1376

(d) 1576

16. $\frac{8.73 \times 8.73 \times 8.73 + 4.27 \times 4.27 \times 4.27}{8.73 \times 8.73 - 8.73 \times 4.27 + 4.27 \times 4.27}$ बराबर है–

(a) 11

(b) 13

(c) $\frac{11}{7}$

(d) इनमें से कोई नहीं

17. $100 \times 10 - 100 + 2000 \div 100$ किसके बराबर होगा?

(a) 29

(b) 920

(c) 980

(d) 1000

18. $\frac{250}{\sqrt{?}} = 10$

(a) 25

(b) 250

(c) 625

(d) 2500

19. $\frac{(0.73)^3 + (0.27)^3}{(0.73)^2 + (0.27)^2 - (0.73 \times 0.27)} = ?$

(a) 1

(b) 0.4087

(c) 0.73

(d) 0.46

20. $\frac{\frac{1}{5} + \frac{1}{5} \text{ का } \frac{1}{5}}{\frac{1}{5} \text{ का } \frac{1}{5} + \frac{1}{5}} = ?$

(a) 1 (b) 5

(c) $\frac{1}{5}$ (d) 25

21. निम्नलिखित व्यंजक का मान ज्ञात करें–

$$\left(-\frac{1}{343}\right)^{-\frac{2}{3}}$$

(a) 7 (b) −7

(c) 49 (d) 35

22. $\sqrt[3]{\sqrt[3]{a^3}}$ का मान होगा–

(a) a (b) 1

(c) $a^{\frac{1}{3}}$ (d) a^3

23. $\sqrt{13} - \sqrt{11}$, $\sqrt{7} - \sqrt{5}$ तथा $\sqrt{5} - \sqrt{3}$ सबसे बड़ी संख्या.......... होगी–

(a) $\sqrt{13} - \sqrt{11}$ (b) $\sqrt{5} - \sqrt{3}$

(c) $\sqrt{7} - \sqrt{5}$ (d) सभी समान

24. आरोही क्रम में लिखें–

$$4\sqrt{3}, 3\sqrt{2}, 6\sqrt{5}, 2\sqrt{3}$$

(a) $4\sqrt{3}, 3\sqrt{2}, 2\sqrt{3}, 6\sqrt{5}$

(b) $6\sqrt{5}, 3\sqrt{2}, 4\sqrt{3}, 2\sqrt{3}$

(c) $2\sqrt{3}, 3\sqrt{2}, 4\sqrt{3}, 6\sqrt{5}$

(d) इनमें से कोई नहीं

25. यदि $\sqrt{6084} = 78$ हो, तो–

$\sqrt{6084} + \sqrt{0.6084} + \sqrt{0.006084} + \sqrt{0.00006084}$ का मान होगा–

(a) 7·8736 (b) 0·788736
(c) 78·8736 (d) 88·8736

26. $\left(\frac{2^n + 2^{n-1}}{2^{n+1} - 2^n}\right)$ का मान है–

(a) $\frac{1}{2}$ (b) $\frac{3}{2}$
(c) $\frac{n-1}{2^{n+1}}$ (d) इनमें से कोई नहीं

27. $8^3 \times 8^2 \times 8^{-5}$ का मान क्या होगा?

(a) 1 (b) 0
(c) 8 (d) इनमें से कोई नहीं

28. $(256)^{0.16} \times (256)^{0.09}$ का मान है–

(a) 64 (b) 4
(c) 8 (d) 16

29. $\sqrt{2\sqrt{2\sqrt{2\sqrt{2\sqrt{2}}}}} = ?$

(a) $2^{9/2}$ (b) $2^{11/2}$
(c) $2^{31/32}$ (d) $2^{29/31}$

30. $\frac{\sqrt{32}+\sqrt{48}}{\sqrt{8}+\sqrt{12}} = ?$

(a) 2 (b) 4
(c) 8 (d) $\sqrt{2}$

31. $\frac{\sqrt{5}-\sqrt{3}}{\sqrt{5}+\sqrt{3}}$ का मान क्या होगा?

(a) $\sqrt{15-3}$ (b) $4-\sqrt{15}$
(c) $3+\sqrt{15}$ (d) $\sqrt{15}+3$

32. $(3+2\sqrt{2})^{-3} + (3-2\sqrt{2})^{-3}$ का मान है–

(a) 189 (b) 180
(c) 108 (d) 198

33. $(-216 \times 1728)^{1/3}$ का मान होगा–

(a) – 72 (b) 27
(c) 72 (d) – 27

34. $\frac{2}{2+\sqrt{2}} = ?$

(a) $2+\sqrt{2}$
(b) $\sqrt{2}$
(c) $2-\sqrt{2}$
(d) $2\sqrt{2}$

35. $\frac{\sqrt{5}+\sqrt{3}}{\sqrt{5}-\sqrt{3}} = ?$ में '?' का मान होगा?

(a) 6.8432 (b) 7.892
(c) 9.3215 (d) 7.8729

उत्तर (हल/संकेत)

1. (c) $? = 40.83 \times 1.02 \times 1.2 = 49.97592$

2. (c) $\frac{(6+6+6+6)\div 6}{4+4+4+4+4\div 4} = \frac{24\div 6}{4+4+4+4+1}$
$= \frac{4}{13}$

3. (c) $8597 - ? = 7429 - 4358$
$8597 - ? = 3071$
$? = 8597 - 3071$
$? = 5526$

4. (b) $? = (7857 + 3596 + 4123) \div 96$
$= \frac{15576}{96} = 162.25$

5. (c) $? = 741560 + 935416 + 1143$
$17364 = 1695483$

6. (a) माना कि $0.96 = a$ एवं $0.1 = b$ है।

$\therefore$ व्यंजक $= \frac{a^3 - b^3}{a^2 + ab + b^2}$

$= \frac{(a-b)(a^2+ab+b^2)}{a^2+ab+b^2}$

$= a - b = 0.96 - 0.1 = 0.86$

7. (a) $? = \frac{0.5}{12.5} + 0.25 + 0.05$
$= 0.04 + 0.0125 = 0.0525$

8. (b) प्रदत्त व्यंजक

$\Rightarrow \frac{112}{14}\times\frac{24}{12}\times\frac{16}{8} = ?$

$\therefore \quad ? = 4 \times 8 = 32$

9. (a) $\because 40 \div 15 = \frac{40}{15} = \frac{8}{3}$

$\therefore \quad 5 \div 15 \times 8 = \frac{5}{15} \times 8 = \frac{8}{3}$

10. (a) माना $0.396 = a$
एवं $0.104 = b$

$\therefore$ व्यंजक $= \frac{(a+b)^2 - (a-b)^2}{ab}$

$= \frac{4ab}{ab} = 4$

11. (b) $6\frac{2}{5}\times 6\frac{1}{4} + 7\frac{3}{4} - 3\frac{1}{2} = ?$

या $\quad ? = \frac{32}{5}\times\frac{25}{4} + \frac{31}{4} - \frac{7}{2}$

$= 40 + \frac{31}{4} - \frac{7}{2}$

$= \frac{160+31-14}{4} = \frac{177}{4} = 44\frac{1}{4}$

12. (b) $\quad ? = \frac{4^4 \times 24^3}{2^{16}}$

$= \frac{(2^2)^4 \times (3\times 8)^3}{2^{16}}$

$= \frac{2^8 \times (3)^3 \times (2^3)^3}{2^{16}}$

$= \frac{2^8 \times 3^3 \times 2^9}{2^{16}} = \frac{2^{17}\times 3^3}{2^{16}}$

$= 2^{(17-16)} \times 3^3$

$= 2 \times 27 = 54$

13. (d) $\frac{46.40\times 3.5 - 2.4}{17.5\times 4.8 - 4.0} = ?$

$= \frac{162.4 - 2.4}{84 - 4} = \frac{160}{80} = 2$

14. (b) $\frac{6\times 21\times 24}{36\times 7\times 15} = \frac{3\times 24}{6\times 15} = \frac{4}{5}$

15. (a) $4031 + 9543 + ? = 15050$
$= 13574 + ? = 15050$
$\therefore \quad ? = 15050 - 13574 = 1476$

16. (b) यदि $8.73 = a$ एवं $4.27 = b$ हो, तो

व्यंजक $= \frac{a^3+b^3}{a^2-ab+b^2} = a + b$

$= 8.73 + 4.27 = 13$

17. (b) व्यंजक $= 100 \times 10 - 100 + 2000 \div 100$

$= 1000 - 100 + 20 = 920$

18. (c) $\quad \frac{250}{?} = 10$

$\Rightarrow \quad \sqrt{?} = \frac{250}{10} = 25$

$\therefore \quad ? = (25)^2 = 625$

19. (a) $\because \frac{a^3+b^3}{a^2+b^2-ab}$

$= \frac{(a+b)(a^2+b^2-ab)}{(a^2+b^2-ab)} = a + b$

माना $\quad a = 0.73,\ b = 0.27$

$\therefore \frac{(0.73)^3 + (0.27)^3}{(0.73)^2 + (0.27)^2 - (0.73\times 0.27)} = 0.73$
$+ 0.27 = 1$

20. (d) $\frac{\frac{1}{5}\div\frac{1}{5} \text{ का } \frac{1}{5}}{\frac{1}{5} \text{ का } \frac{1}{5} + \frac{1}{5}} = \frac{\frac{1}{5}\div\frac{1}{25}}{\frac{1}{25}\div\frac{1}{5}}$

$$= \frac{\frac{(1/5)}{(1/25)}}{\frac{(1/25)}{(1/5)}} = \frac{\left(\frac{1}{5}\times\frac{25}{1}\right)}{\left(\frac{1}{25}\times\frac{5}{1}\right)} = \frac{5}{\frac{1}{5}}$$

$= 5 \times 5 = 25$

21. (c) $\left(-\frac{1}{343}\right)^{-\frac{2}{3}} = -\frac{1}{(7^3)^{-2/3}}$

$= (-7)^{32/3} = (-7)^2 = 49$

22. (c) $\sqrt[3]{\sqrt[3]{a^3}} = \sqrt[3]{(a^3)^{1/3}}$

$= \left[(a^3)^{\frac{1}{3}}\right]^{\frac{1}{3}} = a^{3\times\frac{1}{3}\times\frac{1}{3}} = a^{\frac{1}{3}}$

23. (b) $\sqrt{13} - \sqrt{11} = 0{\cdot}2889$

$\sqrt{7} - \sqrt{5} = 0{\cdot}4097$

$\sqrt{5} - \sqrt{3} = 0{\cdot}5040$

24. (d) $4\sqrt{3} = 6{\cdot}9282$

$3\sqrt{2} = 4{\cdot}24264$

$6\sqrt{5} = 13{\cdot}4164$

$2\sqrt{3} = 3{\cdot}4641$

$\therefore$ आरोही क्रम

$\Rightarrow 3\sqrt{2}, 2\sqrt{3}, 4\sqrt{3}, 6\sqrt{5}$

25. (c) दिया गया व्यंजक

$= \sqrt{6084} + \sqrt{0{\cdot}6084} + \sqrt{0{\cdot}006084}$

$+ \sqrt{0{\cdot}00006084}$

दिया है कि $\sqrt{6084} = 78$

$= 78 + 0{\cdot}78 + 0{\cdot}078 + 0{\cdot}0078 = 78{\cdot}8736$

26. (b) $\frac{2^n + 2^{n-1}}{2^{n+1} - 2^n} = \frac{2^n\left(1+\frac{1}{2}\right)}{2^n(2-1)} = \frac{3}{2}$

27. (a) $8^3 \times 8^2 \times 8^{-5} = (8)^{3+2-5}$

$= (8)^0 = 1$

28. (b) $(256)^{0.16} \times (256)^{0.09}$

$= (256)^{0.16+0.09} = 256^{\frac{25}{100}}$

$= 256^{\frac{1}{4}}$

$= (4^4)^{\frac{1}{4}} = 4$

29. (c) अभीष्ट संख्या $= 2^{\frac{2^5-1}{2^5}} = 2^{\frac{31}{32}}$

30. (a) $\frac{\sqrt{32}+\sqrt{48}}{\sqrt{8}+\sqrt{12}} = \frac{\sqrt{16\times 2}+\sqrt{16\times 3}}{\sqrt{4}\times 2+\sqrt{4\times 3}}$

$= \frac{4(\sqrt{2}+\sqrt{3})}{2(\sqrt{2}+\sqrt{3})} = \frac{4}{2} = 2$

31. (b) व्यंजक $= \frac{\sqrt{5}-\sqrt{3}}{\sqrt{5}+\sqrt{3}}$

हर का परिमेयकरण करने पर,

$= \frac{\sqrt{5}-\sqrt{3}}{\sqrt{5}+\sqrt{3}} \times \frac{\sqrt{5}-\sqrt{3}}{\sqrt{5}-\sqrt{3}}$

$= \frac{(\sqrt{5}-\sqrt{3})^2}{(\sqrt{5})^2-(\sqrt{3})^2} = \frac{5+3-2\sqrt{15}}{5-3}$

$= \frac{8-2\sqrt{15}}{2} = \frac{2(4-\sqrt{15})}{2}$

$= 4-\sqrt{15}$

32. (d) $(3+2\sqrt{2})^{-3} + (3-2\sqrt{2})^{-3}$

$= \frac{1}{(3+2\sqrt{2})^3} + \frac{1}{(3-2\sqrt{2})^3}$

$= \frac{(3-2\sqrt{2})^3+(3+2\sqrt{2})^3}{(3+2\sqrt{2})^3\times(3-2\sqrt{2})^3}$

$$= \frac{(3)^3-(2\sqrt{2})^3-3\times 3^2\times 2\sqrt{2}+3\times 3\times(2\sqrt{2})^2 + (3)^2(2\sqrt{2})^3+3\times 3^2\times 2\sqrt{2}+3\times 3\times(2\sqrt{2})^2}{(3+2\sqrt{2})^3\times(3-2\sqrt{2})^3}$$

$= 2(3)^2 + 2[3\times 3\times(2\sqrt{2})^2]$

$(3)^6-(2\sqrt{2})^6+3\times 3^2\times(2\sqrt{2})^4-3\times 3^4\times(2\sqrt{2})^2$

$$\frac{2\times 27+2\times 9\times 4\times 2}{27\times 27-[(2\sqrt{2})^2]^3+27\times[(2\sqrt{2})^2]^2-243\times 4\times 2}$$

$= \frac{54+144}{729-512+1728-1944}$

$= \frac{198}{2457-2456} = \frac{198}{1} = 198$

33. (a) $(-216 \times 1728)^{1/3}$

संख्याओं के गुणनखण्ड लिखने पर

$= [(-6)\times(-6)\times(-6)\times(12\times 12\times 12)]^{1/3}$

$= -6 \times 12 = -72$

34. (c) $\frac{2}{2+\sqrt{2}} = \frac{2(2-\sqrt{2})}{(2+\sqrt{2})(2-\sqrt{2})}$

हर को प्रमेयीकरण करने पर

$= \frac{2(2-\sqrt{2})}{4-2} = 2-\sqrt{2}$

35. (d) प्रदत्त व्यंजक

$= \frac{(\sqrt{5}+\sqrt{3})}{(\sqrt{5}-\sqrt{3})} \times \frac{(\sqrt{5}+\sqrt{3})}{(\sqrt{5}+\sqrt{3})}$

$= \frac{(\sqrt{5}+\sqrt{3})^2}{5-3}$

$= \frac{5+3+2\sqrt{15}}{2} = 4+\sqrt{15}$

$= (4 + 3.8729) = 7.8729$

□□□

अध्याय

3

दशमलव और भिन्न

भिन्नें (Fraction)

यदि किसी संख्या 'x' को 'y' भागों में विभाजित करना है, तो 'x' को 'y' से भाग देना पड़ेगा तथा इसे $\frac{x}{y}$ से प्रदर्शित करेंगे व प्रत्येक भाग का मान $\frac{x}{y}$ होगा।

$\frac{x}{y}$ को भिन्न कहते हैं। x को अंश (Numerator) व y को हर (Denominator) कहते हैं।

नोट– (i) यदि किसी भिन्न के अंश व हर समान हों, तो उस भिन्न का मान सदैव 1 होता है।

(ii) यदि किसी भिन्न के अंश व हर में समान संख्या से गुणा किया जाए, तो भिन्न का मान सदैव अपरिवर्तित रहता है।

(iii) यदि भिन्न अपने सरलतम रूप में है, तो भिन्न के अंश व हर का म॰स॰ सदैव 1 होता है।

भिन्नों के प्रकार

(i) उचित भिन्न (Proper fraction) : वह भिन्न जिसका अंश, हर से सदैव छोटा होता है उचित भिन्न कहलाती है।

जैसे– $\frac{3}{4}, \frac{4}{5}, \frac{7}{8}, \frac{11}{15}$ आदि।

(ii) अनुचित भिन्न (Improper fraction) : वह भिन्न जिसका अंश, सदैव हर से बड़ा होता है, अनुचित भिन्न कहलाती है।

जैसे– $\frac{7}{5}, \frac{11}{9}, \frac{8}{5}$ आदि।

(iii) इकाई भिन्न (Unit fraction) : वह भिन्न जिसका अंश 1 होता है, इकाई भिन्न कहलाती है।

जैसे– $\frac{1}{5}, \frac{1}{4}, \frac{1}{7}, \frac{1}{8}, \frac{1}{9}$ आदि।

(iv) मिश्रित भिन्न (Mixed fraction) : वह भिन्न जो एक पूर्णांक तथा एक भिन्न से मिलकर बनी होती है, मिश्रित भिन्न कहलाती है।

जैसे– $1\frac{1}{2}$, $3\frac{1}{4}$, $4\frac{5}{7}$ आदि।

(v) जटिल भिन्न (Complex Fraction) : यदि किसी भिन्न का अंश या हर या दोनों भिन्न के रूप में हों, तो इस प्रकार की भिन्न जटिल भिन्न कहलाती है।

जैसे– $\frac{\frac{3}{4}}{11}, \frac{\frac{5}{8}}{\frac{7}{11}}$ आदि।

(vi) सतत् भिन्न (Continued fraction) : वह भिन्न जिसका अंश या हर या दोनों भिन्न के रूप में आगे बढ़ रहे हों, सतत् भिन्न कहलाती है।

जैसे– $1+\cfrac{1}{3+\cfrac{1}{2+\cfrac{1}{2}}}$, $\cfrac{2}{1-\cfrac{3}{2+\cfrac{1}{2-\cfrac{1}{2}}}}$

दशमलव भिन्न (Decimal Fraction) : वह भिन्न जिसका हर 10 या 10 की किसी घात के रूप में होता है, दशमलव भिन्न कहलाती है।

जैसे– $\frac{1}{100}, \frac{7}{1000}, \frac{9}{10,000}$ आदि।

दशमलव भिन्नों के प्रकार (Types of Decimal Fraction)

(i) शांत दशमलव भिन्न (Terminating decimal fraction) : ऐसी दशमलव भिन्न जिसमें भाग की क्रिया कुछ चरणों के पश्चात् खत्म हो जाती है, शांत दशमलव भिन्न कहलाती है।

जैसे– $\frac{1}{8} = 0.125$, $\frac{12}{25} = 0.48$, $\frac{22}{50} = 0.46$ आदि।

(ii) पुनरावृत्त दशमलव भिन्न (Recurring decimal fraction) : ऐसी भिन्न, जिसमें दशमलव के बाद एक अंक या एक से अधिक अंकों की बार-बार पुनरावृत्ति हो, पुनरावृत्त दशमलव भिन्न कहलाती है।

जैसे– (i) $\frac{4}{3} = 1.3333............... = 1.\bar{3}$

(ii) $\frac{1}{9} = 0.1111............... = 0.\bar{1}$

(iii) $\frac{1}{6} = 0.16666 .... = 0.1\bar{6}$

(iii) शुद्ध पुनरावृत्त दशमलव भिन्न (Pure recurring decimal fraction) : ऐसी भिन्न जिसमें दशमलव के बाद के सभी अंकों की पुनरावृत्ति हो, शुद्ध पुनरावृत्त दशमलव भिन्न कहते हैं।

जैसे– (i) $\frac{1}{3} = 1.3333................ = 1.\bar{3}$

(ii) $\frac{4}{9} = 0.444............... = 0.\bar{4}$

(iii) $\frac{1}{7} = 0.142857\,142857 .... = 0.\overline{142857}$

(iv) मिश्रित पुनरावृत्त दशमलव भिन्न (Mixed recurring decimal fractions) : ऐसी दशमलव भिन्न जिसमें दशमलव बिन्दु के बाद केवल कुछ अंकों की ही बार-बार पुनरावृत्ति होती है, मिश्रित पुनरावृत्त दशमलव भिन्न कहलाती हैं।

जैसे– (i) $0.4\bar{6}$, (ii) $2.0\bar{5}$, (iii) $1.53\bar{6}$

दशमलव भिन्नों की कुछ महत्वपूर्ण संक्रियाएं

(i) दशमलव भिन्न को साधारण भिन्न में बदलना : सर्वप्रथम दी गई दशमलव संख्या में दशमलव को ध्यान में न रखते हुए उस संख्या को अंश में लिखा जाता है तथा हर में एक लिखकर उतने शून्य लगाते हैं, जितने कि संख्या में दशमलव के बाद अंक हैं।

उदाहरण–(i) $0.75 = \frac{75}{100} = \frac{3}{4}$, (ii) $1.254 = \frac{1254}{1000} = \frac{627}{500}$

(ii) दशमलव भिन्नों का योग : दशमलव भिन्नों का योग करने के लिए दशमलव भिन्नों को पंक्ति में एक के नीचे एक इस प्रकार लिखते हैं, कि प्रत्येक संख्या का दशमलव बिन्दु एक ही सीध में हो, इसके बाद जोड़ की सामान्य प्रक्रिया से उनका योग प्राप्त करते हैं।

उदाहरण : 1.725, 4.302, 0.0125 का योग ज्ञात कीजिए।

हल :

$$\begin{array}{r} 1.7250 \\ +\ 4.3020 \\ 0.0125 \\ \hline 6.0395 \end{array}$$

(iii) दशमलव भिन्नों का घटाव : जोड़ की प्रक्रिया के अनुसार ही हम घटाव की प्रक्रिया भी संपन्न करते हैं।

उदाहरण : 1.7491 में 0.03152 घटाइए।

हल :

$$\begin{array}{r} 1.74910 \\ -\ 0.03152 \\ \hline 1.71758 \end{array}$$

(iv) दशमलव भिन्नों का 10 या 10 की किसी घात से गुणा : जब दी गई दशमलव संख्या में 10 या 10 की किसी घात का गुणा किया जाता है, तो दशमलव संख्या में दशमलव स्थान के दाईं ओर उतने ही अंक के आगे दशमलव ले जाते हैं, जितनी 10 की घात होती है।

जैसे– (i) $1.725 \times 100 = 172.5$, (ii) $0.0725 \times 1000 = 72.5$

(v) दशमलव भिन्नों का पूर्णांक से गुणा : सर्वप्रथम हम दी गई दशमलव संख्या में दशमलव को ध्यान में न रखते हुए, दिए गए पूर्णांक से गुणा करते हैं, इसके पश्चात् प्राप्त गुणनफल में उतने अंक बाद दशमलव लगाते हैं, जितने अंक बाद दशमलव दी गई भिन्न में हैं।

जैसे– 1.725×4

दशमलव बिन्दु को ध्यान में न रखते हुए गुणा करने पर

$$1725 \times 4 = 6900$$

दशमलव का संख्या के बाद स्थान = 3

$$\therefore \quad 1.725 \times 4 = 6.9$$

(vi) दशमलव भिन्न का दशमलव भिन्न से गुणा : सर्वप्रथम दशमलव संख्याओं के दशमलव स्थान को ध्यान में न रखते हुए गुणन की सामान्य प्रक्रिया से गुणा किया जाता है, इसके पश्चात् दोनों संख्याओं के दशमलव स्थानों का योग करके प्राप्त गुणनफल में दशमलव बिन्दु उतने अंक बाद लगाते है जितना कि योग है।

जैसे– 1.425×2.5

हल– दशमलव संख्याओं को ध्यान में न रखते हुए गुणा करने पर

$$1425 \times 2.5 = 35625$$

दोनों संख्याओं में दशमलव स्थानों का योग = (3 + 1) = 4

$$\therefore \quad 1.425 \times 2.5 = 3.5625$$

(vii) दशमलव भिन्नों 10 या 10 की किसी घात से भाग : दी गई दशमलव संख्या में दशमलव स्थान के बाएं उतने ही अंक के आगे दशमलव ले जाते हैं, जितनी कि 10 की घात होती है।

जैसे–

$$45.485 \div 10 = 4.5485$$
$$418.53 \div 100 = 4.1853$$
$$3.743 \div 1000 = 0.003743$$

(viii) दशमलव भिन्नों का पूर्णांक से भाग : सर्वप्रथम दी गई दशमलव भिन्न में दशमलव को ध्यान में न रखते हुए दी गई संख्या से भाग की सामान्य प्रक्रिया करते हैं तथा भागफल में उतने ही स्थान पहले दशमलव लगाते हैं, जितने कि दी गई दशमलव भिन्न में हैं।

जैसे– $125.85 \div 15$

दशमलव बिन्दु को ध्यान में न रखते हुए भाग की क्रिया करने पर

$$\therefore \quad 12585 \div 15 = 839$$

अतः दी गई दशमलव भिन्न में

$$125.85 \div 15 = 8.39$$

(ix) दशमलव भिन्नों का दशमलव भिन्नों से भाग : सर्वप्रथम हम दी गई दशमलव भिन्नों के अंश व हर से दशमलव हटाकर उन्हें 10 की घातों के रूप में लिखते हैं। तत्पश्चात्, भाग की सामान्य प्रक्रिया द्वारा भाग करते हैं।

जैसे– (i) $\frac{0.1755}{1.5} = \frac{1755}{15000} = 0.117$

(ii) $\frac{0.8257}{32.5} = \frac{8257 \times 10}{325 \times 10000} = \frac{8257}{325000} = 0.0254$

भिन्नों का ल॰स॰ व म॰स॰ ज्ञात करना

(i) भिन्नों का ल॰स॰ = $\frac{\text{भिन्नों के अंश का ल॰स॰}}{\text{भिन्नों के हर का म॰स॰}}$

(ii) भिन्नों का म॰स॰ = $\frac{\text{भिन्नों के अंश का म॰स॰}}{\text{भिन्नों के हर का ल॰स॰}}$

दशमलव भिन्नों के म॰स॰ व ल॰स॰ ज्ञात करना : सर्वप्रथम हम दी गई दशमलव भिन्नों में शून्य लगाकर दशमलव अंकों की संख्या समान कर लेते है। इसके पश्चात् दशमलव को ध्यान में न रखते हुए दी गई संख्याओं के ल॰स॰ व म॰स॰ ज्ञात कर लेते हैं। तत्पश्चात् प्राप्त परिणाम में उतने ही अंक बाद दशमलव लगाते हैं, जितने कि दी गई दशमलव भिन्न में हैं।

उदाहरण 1 : 0.6, 1.8 व 0.36 का ल॰स॰ ज्ञात कीजिए।

हल : सर्वप्रथम हम दशमलव स्थानों को समान करते हैं, जो हमें 0.60, 1.80, 0.36 प्राप्त होते हैं।

अब हम दशमलव को ध्यान में न रखते हुए निम्नलिखित संख्याएं प्राप्त करते हैं।

60, 180 व 36

∴ 60, 180 व 36 का ल॰स॰ = 180

∴ 0.6, 1.8 व 0.36 का ल॰स॰ = 1.80

उदाहरण 2 : 1.2, 1.8 व 3.2 का म॰स॰ ज्ञात कीजिए।

हल : 1.2, 1.8 व 3.2 में दशमलव समान स्थानों पर लगा हुआ है। दशमलव को ध्यान में न रखते हुए 12, 18 व 32 का म॰स॰ ज्ञात करते हैं।

∴ 12, 18 व 32 का म॰स॰ = 2

∴ 1.2, 1.8 व 3.2 का म.स. = 0.2

हर से बड़ा हो, तो भिन्न का मान 1 से अधिक होता है।

भिन्नों के लिए कुछ महत्वपूर्ण नियम

(i) यदि दशमलव संख्याएं $0.a, 0.b$ व $0.abc$ के रूप में दी गई हों, तो इन्हें परिमेय संख्या $\frac{p}{q}$ के रूप में निम्न प्रकार से व्यक्त किया जाता है।

$$0.a = \frac{a}{10}, \quad 0.ab = \frac{ab}{100}, \text{ व } \quad 0.abc = \frac{abc}{1000}$$

(ii) यदि शुद्ध पुनरावृत्त दशमलव संख्याएं $0.\overline{a}, 0.\overline{ab}$ व $0.\overline{abc}$ के रूप में दी गई हों, तो इन्हें परिमेय संख्या में निम्न प्रकार से बदला जा सकता है।

$$0.\overline{a} = \frac{a}{9}, \ 0.\overline{ab} = \frac{ab}{99}, 0.\overline{abc} = \frac{abc}{999}$$

(iii) यदि मिश्रित पुनरावृत्त दशमलव संख्याएं $0.a\overline{b}$, $0.a\overline{bcd}$ के रूप में हों, तो इन्हें परिमेय संख्या $\frac{p}{q}$ के रूप में निम्न प्रकार से व्यक्त किया जा सकता है।

$$0.a\overline{b} = \frac{ab-a}{90}, \ 0.a\overline{bc} = \frac{abc-a}{990}, \ 0.a\overline{bcd} = \frac{abcd-a}{9990}$$

(iv) यदि मिश्रित पुनरावृत्त दशमलव संख्याएं $0.ab\overline{c}$ व $0.abc\overline{d}$ के रूप में हों, तो इन्हें परिमेय संख्या $\frac{p}{q}$ के रूप में निम्न प्रकार से बदला जा सकता है।

$$0.ab\overline{c} = \frac{abc-ab}{900}, \ 0.abc\overline{d} = \frac{abcd-abc}{9000}$$

हल सहित उदाहरण

उदाहरण–1 : $0.\overline{3} + 0.\overline{4} + 0.\overline{5}$ का मान ज्ञात कीजिए।

हल– माना $x = 0.\overline{3} = 0.333$ ...(i)

$10x = 3.333$ ...(ii)

समीकरण (ii) में समी. (i) घटाने पर

$9x = 3$

$\Rightarrow \quad x = \frac{3}{9} = \frac{1}{3}$

इसी प्रकार $\quad y = \frac{4}{9}$

तथा $\quad z = \frac{5}{9}$

$\therefore \quad x + y + z = 0.\overline{3} + 0.\overline{4} + 0.\overline{5}$

$= \frac{1}{3} + \frac{4}{9} + \frac{5}{9} = \frac{12}{9}$

$= \frac{4}{3} = 1.333 = 1.\overline{3}$

उदाहरण–2 : यदि $2\frac{1}{4}$ और $1\frac{2}{3}$ के अंतर के $\frac{3}{4}$ भाग को $3\frac{1}{4}$ के $\frac{2}{3}$ भाग से घटाया जाए, तो प्राप्त परिणाम क्या होगा?

हल– प्रश्नानुसार, $\frac{13}{4} \times \frac{2}{3} - \left(\frac{9}{4} - \frac{5}{3}\right) \times \frac{3}{4}$

$= \frac{13}{6} - \left(\frac{27-20}{12}\right) \times \frac{3}{4}$

$= \left(\frac{13}{6} - \frac{7}{12} \times \frac{3}{4}\right) = \left(\frac{13}{6} - \frac{7}{16}\right)$

$= \left(\frac{104-21}{48}\right) = \frac{83}{48}$

उदाहरण–3 : $(0.\overline{63} + 0.\overline{37} + 0.\overline{80})$ का सरलीकृत मान ज्ञात कीजिए।

हल– व्यंजक $= 0.\overline{63} + 0.\overline{37} + 0.\overline{80}$

$= \left(\frac{63}{99} + \frac{37}{99} + \frac{80}{99}\right)$

$= \frac{180}{99} = \frac{20}{11} = 1.818181... = 1.\overline{81}$

उदाहरण–4 : वह सबसे छोटी भिन्न, जो $5\frac{3}{4}, 4\frac{4}{5}, 7\frac{3}{8}$ व $9\frac{1}{2}$ के योग में जोड़ देने पर एक पूर्ण संख्या बन जाती है।

हल– $5\frac{3}{4} + 4\frac{4}{5} + 7\frac{3}{8} + 9\frac{1}{2}$

$= \left(5 + \frac{3}{4} + 4 + \frac{4}{5} + 7 + \frac{3}{8} + 9 + \frac{1}{2}\right)$

$= 25 + \frac{3}{4} + \frac{4}{5} + \frac{3}{8} + \frac{1}{2}$

$= 25 + \frac{30+32+15+20}{40} = 27\frac{17}{40}$

$\therefore$ अभीष्ट सबसे छोटी भिन्न $= \left(1 - \frac{17}{40}\right) = \frac{23}{40}$

उदाहरण–5 : $3 + \cfrac{1}{3 + \cfrac{1}{3 + \cfrac{1}{3 + \cfrac{1}{3}}}}$ का मान ज्ञात कीजिए।

हल– व्यंजक $= 3 + \cfrac{1}{3 + \cfrac{1}{3 + \cfrac{1}{3 + \cfrac{1}{3}}}}$

$= 3 + \cfrac{1}{3 + \cfrac{1}{3 + \cfrac{3}{10}}} = 3 + \cfrac{1}{3 + \cfrac{10}{33}}$

$= 3 + \frac{33}{109} = (3 \times 109 + 33)$

$\frac{(327+33)}{109} = \frac{360}{109}$

प्रश्नमाला

1. आपके जन्मदिन पर केक का भाग $\frac{4}{7}$ खाया गया। अगले दिन आपके पिताजी शेष भाग का $\frac{1}{2}$ खा लिया। आप केक का समाप्त करना चाहते हैं। कितने अंश बचे हुए हैं?
(a) $\frac{1}{4}$ (b) $\frac{3}{2}$
(c) $\frac{3}{4}$ (d) $\frac{3}{14}$

2. निम्नलिखित में से कौन-सा भिन्न सबसे छोटा है?
(a) $\frac{5}{8}$ (b) $\frac{7}{10}$
(c) $\frac{3}{4}$ (d) $\frac{9}{16}$

3. एक पुस्तकालय में रखी गई पुस्तकों में $\frac{1}{2}$ पुस्तकें टेक्स्ट बुक की हैं, शेष बची पुस्तकों में से $\frac{3}{4}$ सन्दर्भ पुस्तकें और 150 पुस्तकें इन्साइक्लोपीडिया की हैं। पुस्तकालय की कुल पुस्तकों की संख्या ज्ञात करें ?
(a) 1500 (b) 1200
(c) 2000 (d) 400

4. एक व्यक्ति ने अपनी संपत्ति का $\frac{1}{4}$ भाग अपनी पुत्री को दिया, $\frac{1}{2}$ भाग अपने पुत्रों को दिया और $\frac{1}{5}$ भाग दान कर दिया। तदनुसार उसने कुल कितना भाग दे दिया?
(a) $\frac{1}{20}$ (b) $\frac{19}{20}$
(c) $\frac{1}{10}$ (d) $\frac{9}{10}$

5. जब $\frac{7}{8}$ के $\frac{13}{15}$वें भाग में 1 को जोड़ा जाता है, तब उसका मान $\frac{13}{7}$ का nवाँ भाग होता है। तब n का मान है—
(a) $\frac{1560}{1477}$ (b) $\frac{211}{1560}$
(c) $\frac{1477}{1560}$ (d) $\frac{7}{120}$

6. किसी भिन्न के अंश में 5 को जोड़ा जाए तब उस भिन्न का मान 1 होता है तथा यदि उसके हर में 6 जोड़ जाए तब उस भिन्न का मान $\frac{1}{2}$ होता है। वह भिन्न है—
(a) $\frac{16}{21}$ (b) $\frac{13}{18}$
(c) $\frac{11}{16}$ (d) $\frac{18}{23}$

7. $\frac{p}{q}$ के रूप में संख्या 0.121212... बराबर होगा–
(a) $\frac{4}{11}$ (b) $\frac{2}{11}$
(c) $\frac{4}{33}$ (d) $\frac{2}{33}$

8. $\left(1\frac{1}{2}+11\frac{1}{2}+111\frac{1}{2}+1111\frac{1}{2}\right)$ बराबर है–
(a) 1236 (b) 1234½
(c) 618 (d) 617

9. मिट्टी के तेल का एक ड्रम $\frac{3}{4}$ भरा है। उसमें से 30 लीटर मिट्टी का तेल निकालने पर यह $\frac{7}{12}$ रह जाता है। ड्रम की धारिता है–
(a) 120 ली. (b) 135 ली.
(c) 150 ली. (d) 180 ली.

10. एक क्रिकेट टीम 6 मैच जीती और 4 मैच हारी। टीम द्वारा जीते गए मैचों का भिन्न है–
(a) $\frac{2}{3}$ (b) $\frac{1}{5}$
(c) $\frac{2}{5}$ (d) $\frac{3}{5}$

11. भिन्न $\frac{5}{7}$ के अंश व हर में से कितना घटाया जाए, कि भिन्न $\frac{2}{3}$ बन जाए?
(a) 2 (b) 1
(c) 3 (d) 4

12. निम्नलिखित में से सत्य है–
(a) $\frac{11}{13}<\frac{13}{15}$ (b) $\frac{11}{13}>\frac{13}{15}$
(c) $\frac{16}{33}>\frac{21}{31}$ (d) $\frac{7}{11}>\frac{11}{13}$

13. $\frac{1}{2}+\frac{1}{6}+\frac{1}{12}+\frac{1}{20}+\frac{1}{30}+.......+\frac{1}{n(n+1)}=?$
(a) $\frac{1}{n}$ (b) $\frac{1}{(n+1)}$
(c) $\frac{2(n-1)}{n}$ (d) $\frac{n}{(n+1)}$

14. जब किसी लड़के से किसी भिन्न का $\frac{6}{7}$ बताने को कहा गया, तो उसने गलती से उस भिन्न को $\frac{6}{7}$ से भाग दे दिया और सही उत्तर से $\frac{13}{70}$ अधिक प्राप्त किया वह भिन्न है–
(a) $\frac{2}{3}$ (b) $\frac{3}{5}$
(c) $\frac{4}{5}$ (d) $\frac{7}{9}$

15. यदि $4=x+\frac{10}{1+\frac{1}{3+\frac{1}{3}}}$ हो, तो x का मान है–
(a) $\frac{-13}{48}$ (b) $-\frac{48}{13}$
(c) $+\frac{10}{19}$ (d) $+\frac{19}{10}$

16. एक भिन्न का अंश उसके हर से 4 कम है। यदि अंश को 2 से घटाया जाए और हर को 1 बढ़ा दिया जाए, तो हर, अंश का 8 गुना हो जाता है भिन्न है–
(a) $\frac{2}{7}$ (b) $\frac{3}{8}$
(c) $\frac{3}{7}$ (d) $\frac{4}{8}$

17. $\frac{3}{4}$ और $\frac{3}{8}$ के बीच एक परिमेय संख्या है–

(a) $\frac{9}{16}$ (b) $\frac{12}{7}$

(c) $\frac{3}{7}$ (d) $\frac{16}{9}$

18. भिन्न-भिन्न धारिताओं वाले दो खाली पात्रों में जल की बराबर मात्रा डाली गई है। जिसमें एक पात्र $\frac{1}{4}$ भर गया और दूसरा पात्र $\frac{1}{3}$ भर गया। यदि कम धारिता वाले पात्र का जल फिर अधिक धारिता वाले पात्र में डाल दिया जाए, तो बड़े पात्र का जल से भरा भाग होगा–

(a) $\frac{1}{4}$ (b) $\frac{1}{3}$

(c) $\frac{1}{2}$ (d) $\frac{7}{12}$

19. $\frac{1}{2}+\frac{1}{5}+\frac{1}{8}+\frac{1}{11}+\frac{1}{20}+\frac{1}{41}+\frac{1}{110}+\frac{1}{1640}$ **बराबर है–**

(a) 0.92 (b) 0.99

(c) 1 (d) 1.23

20. $3+\cfrac{3}{3+\cfrac{1}{3+\cfrac{1}{3}}}$ **का मान कितना होगा?**

(a) $\frac{40}{11}$ (b) $\frac{43}{11}$

(c) $\frac{46}{11}$ (d) $\frac{41}{11}$

21. $3.\overline{87}-2.\overline{59}$ **का मान क्या होगा?**

(a) $1.\overline{27}$ (b) $1.\overline{28}$

(c) 1.20 (d) $1.\overline{2}$

22. एक वीडियो लाइब्रेरी में $\frac{1}{4}$ भाग चलचित्रों का शेष भाग का $\frac{2}{3}$ भाग गीतों का एवं 200 धार्मिक वीडियोज हैं। लाइब्रेरी में उनमें से गीतों के वीडियोज कितने हैं?

(a) 400
(b) 600
(c) 800
(d) 1200

23. यदि $\left(\frac{7}{15}+\frac{2}{5}\right)\times x=\frac{1}{20}$ **हो, तो x का मान है–**

(a) $\frac{3}{52}$ (b) $\frac{5}{51}$

(c) $\frac{3}{62}$ (d) $\frac{5}{68}$

24. $666.06+66.60+0.66+6.06+6=$

(a) 819.56 (b) 745.38

(c) 826.44 (d) 798.62

25. $\frac{7}{11},\frac{16}{20},\frac{21}{22}$ **को आरोही क्रम में व्यक्त करने का सही क्रम है–**

(a) $\frac{7}{11},\frac{16}{20},\frac{21}{22}$

(b) $\frac{21}{22},\frac{7}{11},\frac{16}{20}$

(c) $\frac{21}{22},\frac{16}{20},\frac{7}{11}$

(d) $\frac{7}{11},\frac{21}{22},\frac{16}{20}$

उत्तर (हल/संकेत)

1. (d) पूरा केक $=1$

जन्मदिन के बाद शेष केक $=1-\frac{4}{7}=\frac{3}{7}$

पिताजी के खाने के बाद शेष केक

$=\frac{3}{7}-\frac{3}{14}=\frac{3}{14}$

2. (d) 8, 10, 4, 16 का L.C.M. = 80

$=\frac{50, 56, 60, 45}{80}$

$\Rightarrow \frac{9}{16}$ सबसे छोटा।

3. (b) माना कि पुस्तकों की कुल संख्या y है।

$\frac{y}{2}+\left(\frac{y}{2}\times\frac{3}{4}\right)+150=y$

$\Rightarrow \frac{y}{2}+\frac{3y}{8}+\frac{150}{1}=y$

$\Rightarrow \frac{4y+3y+1200}{8}=y$

$\Rightarrow 8y-7y=1200$

$\Rightarrow y=1200$

4. (b) कुल भाग $=\frac{1}{4}+\frac{1}{2}+\frac{1}{5}$

$=\frac{5+10+4}{20}=\frac{19}{20}$

5. (a) $\frac{7}{8}\times\frac{13}{15}+1=\frac{91}{120}+1$

$=\frac{91+120}{120}=\frac{211}{120}$

$\therefore \frac{211}{120}=\frac{13}{7n}$

$\Rightarrow 7n\times 211=120\times 13$

$\Rightarrow n=\frac{120\times 13}{7\times 211}=\frac{1560}{1477}$

6. (c) माना कि भिन्न $=\frac{x}{y}$

$\therefore \frac{x+5}{y}=1$

$\Rightarrow x+5=y$ ...(i)

पुन: $\frac{x}{y+6}=\frac{1}{2}$

$\Rightarrow 2x=y+6$

$\Rightarrow 2x=x+5+6$

(समीकरण (i) से)

$\Rightarrow 2x-x=11$

$\Rightarrow x=11$

तब भिन्न $=\frac{x}{y}=\frac{11}{16}$

7. (c) माना $x=0.121212$ ...(i)

$\therefore 100x=12.121212$ ...(ii)

समीकरण (ii) में समीकरण (i) घटाने पर

$99x=12$

$x=\frac{12}{99}=\frac{4}{33}$

8. (a) व्यंजक

$=1\frac{1}{2}+11\frac{1}{2}+111\frac{1}{2}+1111\frac{1}{2}$

$=1+\frac{1}{2}+11+\frac{1}{2}+111+\frac{1}{2}+1111+\frac{1}{2}$

$=(1+11+111+1111)+\left(\frac{1}{2}+\frac{1}{2}+\frac{1}{2}+\frac{1}{2}\right)$

$=1234+2=1236$

9. (d) ड्रम से निकाले गए तेल की मात्रा

$=\left(\frac{3}{4}-\frac{7}{12}\right)=\frac{1}{6}$

$\therefore$ ड्रम की धारिता $=\left(30\div\frac{1}{6}\right)=180$ ली.

10. (d) खेले गए मैचों की संख्या
$= (6 + 4) = 10$

$\therefore$ अभीष्ट भिन्न $= \frac{6}{10} = \frac{3}{5}$

11. (b) माना भिन्न के अंश व हर में x घटाया जाए, तब

$\frac{5-x}{7-x} = \frac{2}{3}$

$\Rightarrow 15 - 3x = 14 - 2x$
$\Rightarrow x = 1$

12. (a) $\frac{11}{13} = 0.846, \frac{13}{15} = 0.866$

$\therefore 0.846 < 0.866$

$\therefore \frac{11}{13} < \frac{13}{15}$

13. (d) व्यंजक

$$= \frac{1}{2} + \frac{1}{6} + \frac{1}{12} + \frac{1}{20} + \frac{1}{30} + ... + \frac{1}{n(n+1)}$$

$$= \frac{1}{1 \times 2} + \frac{1}{2 \times 3} + \frac{1}{3 \times 4} + \frac{1}{4 \times 5} + \frac{1}{5 \times 6} + ... \frac{1}{n(n+1)}$$

$$= \left[1 - \frac{1}{2} + \frac{1}{2} - \frac{1}{3} + \frac{1}{3} - \frac{1}{4} + \frac{1}{4} - \frac{1}{5} + \frac{1}{5} - \frac{1}{6} ... + \frac{1}{n} - \frac{1}{(n+1)}\right]$$

$$= 1 - \frac{1}{(n+1)} = \frac{n}{(n+1)}$$

14. (b) माना भिन्न का अंश a व हर b है।

तब, भिन्न $= \frac{a}{b}$

प्रश्नानुसार, $\frac{a}{b} \div \frac{6}{7} - \frac{a}{b} \times \frac{6}{7} = \frac{13}{70}$

$\Rightarrow \frac{7a}{6b} - \frac{6a}{7b} = \frac{13}{70}$

$\Rightarrow \frac{49a - 36a}{42b} = \frac{13}{70}$

$\Rightarrow \frac{a}{b} = \left(\frac{13}{70} \times \frac{42}{13}\right) = \frac{3}{5}$

15. (b) $\therefore 4 = x + \cfrac{10}{1 + \cfrac{1}{3 + \cfrac{1}{3}}}$

$\Rightarrow x = 4 - \cfrac{10}{1 + \cfrac{1}{3 + \cfrac{1}{3}}} = 4 - \cfrac{10}{1 + \cfrac{3}{10}}$

$= 4 - \frac{100}{13} = \frac{52 - 100}{13} = -\frac{48}{13}$

16. (c) माना भिन्न का अंश a तथा हर b है

$\therefore a = b - 4$ ...(i)

प्रश्नानुसार $b + 1 = 8(a - 2)$

$\Rightarrow b = 8a - 17$ ...(ii)

समीकरण (i) व (ii) से

$b + 8(b - 4) - 17$

$\Rightarrow b + 8b - 32 - 17$

$\Rightarrow 7b = 49$

$\Rightarrow b = 7$ तथा $a = 3$

$\therefore$ भिन्न = 3/7

17. (a) $\frac{3}{4}$ व $\frac{3}{8}$ के बीच की परिमेय संख्या

$= \frac{1}{2}\left(\frac{3}{4} + \frac{3}{8}\right)$

$= \frac{1}{2} \times \frac{9}{8} = \frac{9}{16}$

18. (c) माना प्रत्येक पात्र में x सेमी.^{3} जल डाला गया।

$\therefore$ पहले पात्र की धारिता $= 4x$ सेमी^{3}.

दूसरे पात्र की धारिता $= 3x$ सेमी.^{3}

अब दूसरे पात्र की x सेमी.^{3} धारिता को पहले पात्र में डाला गया है।

$\therefore$ पहले पात्र में जल का भरा हुआ आयतन $= 2x$ सेमी.^{3}

दूसरे पात्र की धारिता $= 3x$ सेमी.^{3}

पहले पात्र में जल का भरा हुआ आयतन

$= \frac{2x}{4x} = \frac{1}{2}$

19. (c) व्यंजक

$$= \frac{1}{2} + \frac{1}{5} + \frac{1}{8} + \frac{1}{11} + \frac{1}{20} + \frac{1}{41} + \frac{1}{110} + \frac{1}{1640}$$

$$= \frac{9020 + 3608 + 2255 + 1640 + 902 + 440 + 164 + 11}{18040}$$

$$= \frac{18040}{18040} = 1$$

20. (b) व्यंजक

$= 3 + \cfrac{3}{3 + \cfrac{1}{3 + \cfrac{1}{3}}} = 3 + \cfrac{3}{3 + \cfrac{3}{10}}$

$= 3 + \frac{30}{33} = \frac{129}{33} = \frac{43}{11}$

21. (b) माना $x = 3.8\overline{7} = 3.878787$ ...(i)

$100x = 387.878787$ ...(ii)

समीकरण (ii) में से समीकरण (i) घटाने पर

$\Rightarrow 99x = 384$

$\Rightarrow x = \frac{384}{99}$

माना $y = 2.595959$ ...(iii)

$100y = 259.5959$ ...(iv)

समीकरण (iv) में से समीकरण (iii) घटाने पर

$\Rightarrow 99y = 257$

$\Rightarrow y = \frac{257}{99}$

$\therefore x - y = \left(\frac{384}{99} - \frac{257}{99}\right) = \frac{127}{99} = 1.\overline{28}$

22. (a) माना लाइब्रेरी में वीडियोज की कुल संख्या $= x$

तब लाइब्रेरी में चलचित्रों की संख्या $= \frac{x}{4}$

लाइब्रेरी में गीतों की संख्या $= \frac{x}{2}$

प्रश्नानुसार $x - \frac{x}{4} - \frac{x}{2} = 200$

$\Rightarrow \frac{4x - 3x}{4} = 200$

$\Rightarrow x = 800$

$\therefore$ गीतों की संख्या $= \frac{800}{2} = 400$

23. (a) $\left(\frac{7}{15} + \frac{2}{5}\right) \times x = \frac{1}{20}$

$\Rightarrow \left(\frac{7+6}{15}\right) \times x = \frac{1}{20}$

$\Rightarrow x = \frac{15}{20 \times 13} = \left(\frac{3}{4 \times 13}\right) = \frac{3}{52}$

24. (b) व्यंजक $= 666.06 + 66.60 + 0.66 + 6.06 + 6 = 745.38$

25. (a) $\frac{7}{11} = \frac{140}{220}, \frac{16}{20}$

$= \frac{176}{220}, \frac{21}{22} = \frac{210}{220}$

$\therefore$ भिन्नों का आरोही क्रम $= \frac{7}{11} < \frac{16}{20} < \frac{21}{22}$

❑❑❑

अध्याय 4

लघुत्तम समापवर्त्य एवं महत्तम समापवर्तक

1. अपवर्तक एवं अपवर्त्य (Factor and Multiple) : यदि एक संख्या a दूसरी संख्या b को पूरी-पूरी विभाजित करती हो, तो a को b का अपवर्तक तथा b को a का अपवर्त्य कहा जाता है।

जैसे– 2, 3 व 4 को 12 का अपवर्तक तथा 12 को 2, 3 व 4 का अपवर्त्य कहा जाता है।

2. समापवर्त्य (Common Multiple) : ऐसी संख्या जो दो या दो से अधिक संख्याओं में से प्रत्येक से पूरी-पूरी विभाज्य हो, समापवर्त्य कहलाती है।

जैसे– 2, 3, 4 व 6 का समापवर्त्य 12 है।

3. लघुत्तम समापवर्त्य (Least Common Multiple) : दो या दो से अधिक संख्याओं का लघुत्तम समापवर्त्य वह न्यूनतम संख्या है, जो उन दी गई संख्याओं से पूर्णत: विभाज्य हो।

जैसे– 3, 5, 6 का समापवर्त्य 30, 60, 90, ... आदि हैं, जबकि 3, 5, 6 का लघुत्तम समापवर्त्य 30 है।

लघुत्तम समापवर्त्य ज्ञात करने की विधियां

(i) अभाज्य गुणनखण्ड विधि (Prime Factorisation Method) : सर्वप्रथम दी गई संख्याओं के अभाज्य गुणनखण्ड प्राप्त करते हैं, इसके पश्चात् इन गुणनखण्डों को घात के रूप में लिखते हैं, इसके पश्चात उभयनिष्ठ गुणनखण्डों के अधिकतम घात का गुणनफल प्राप्त करते हैं, यह गुणनफल ही संख्याओं का अभीष्ट लघुत्तम समापवर्त्य (LCM) कहलाता है।

उदाहरण– 18, 24 व 180 का ल॰ स॰ ज्ञात कीजिए।

हल–

$$18 = 2 \times 3 \times 3 = 2^1 \times 3^2$$
$$24 = 2 \times 2 \times 3 \times 2 = 2^3 \times 3^1$$
$$180 = 2 \times 2 \times 3 \times 3 \times 5 = 2^2 \times 3^2 \times 5^1$$

$\therefore$ अभीष्ट ल॰ स॰ $= 2^3 \times 3^2 \times 5 = 8 \times 9 \times 5 = 360$

(ii) भागविधि (Division Method) : इस विधि में सर्वप्रथम दी गई संख्याओं को एक पंक्ति में व्यवस्थित करते हैं, फिर उस छोटी से छोटी संख्या से भाग देते हैं, जो कम-से-कम दो संख्याओं को अवश्य विभाजित करती हो, यह क्रिया तब तक दोहराते हैं, जब तक कि अंतिम पंक्ति में सभी अभाज्य संख्याएं प्राप्त न हो जाएं। समस्त भाग दी जाने वाली संख्याओं एवं अंतिम पंक्ति की अभाज्य संख्याओं का गुणनफल ही दी गई संख्याओं का अभीष्ट लघुत्तम समापवर्त्य है।

उदाहरण– 12, 15, 90 व 180 का ल॰ स॰ ज्ञात कीजिए।

हल–

2	12	15	90	180
2	6	15	45	90
3	3	15	45	45
5	1	5	15	15
3	1	1	3	3
	1	1	1	1

$\therefore$ अभीष्ट ल॰ स॰ $= 2 \times 2 \times 3 \times 5 \times 3 = 180$

4. दशमलव संख्याओं का ल॰ स॰ ज्ञात करना : सर्वप्रथम दशमलव के बाद के अंकों की संख्या समान बनाते हैं, फिर संख्याओं में दशमलव हटाकर उन्हें साधारण संख्याएं बनाकर उनका ल॰ स॰ प्राप्त करते हैं फिर प्राप्त ल॰ स॰ में उस स्थान पर दशमलव लगाते हैं, जितने अंकों के बाद संख्याओं में दशमलव लगा हुआ था।

उदाहरण– 0.6, 1.6 व 0.36 का ल॰ स॰ ज्ञात कीजिए।

हल– सर्वप्रथम संख्याओं में दशमलव के बाद के अंकों की संख्या को समान बनाने पर 0.60, 1.60 व 0.36

संख्याओं का दशमलव हटाने पर प्राप्त संख्याएं = 60, 160 व 36

2	60	160	36
2	30	80	18
3	15	40	9
2	5	40	3
5	5	20	3
2	1	4	3
	1	2	3

$\therefore$ 60, 160 व 36 का ल॰ स॰

$= 2 \times 2 \times 3 \times 2 \times 5 \times 2 \times 2 \times 3$

$= 1440$

$\therefore$ 0.60, 1.60 व 0.36 का ल॰ स॰ = 14.40

5. भिन्नों का ल॰ स॰ ज्ञात करना

$$\text{भिन्नों का ल॰ स॰} = \frac{\text{अंशों का ल॰ स॰}}{\text{हरों का म॰ स॰}}$$

उदाहरण– $\frac{1}{3}, \frac{2}{9}, \frac{7}{12}$ का ल॰ स॰ ज्ञात कीजिए।

हल– $\frac{1}{3}, \frac{2}{9}$, व $\frac{7}{12}$ का ल॰ स॰ $= \frac{\text{1, 2 व 7 का ल॰ स॰}}{\text{3, 9 व 12 का म॰ स॰}}$

$$= \frac{14}{3} = 4\frac{2}{3}$$

6. समापवर्तक (Common Factor) : वह संख्या जो दी गई दो या दो से अधिक संख्याओं में से प्रत्येक को पूर्णत: विभाजित कर दे समापवर्तक कहलाती है–

जैसे– 9, 18, 27 का समापवर्तक 3 व 9 है।

7. महत्तम समापवर्तक (Highest Common Factor) : दो या दो से अधिक संख्याओं का महत्तम समापवर्तक वह बड़ी से बड़ी संख्या है, जो दी गई सभी संख्याओं को पूरी-पूरी विभाजित कर दे।

जैसे–4, 8, 16 का महत्तम समापवर्तक 4 है। जबकि समापवर्तक 2 व 4 हैं।

महत्तम समापवर्तक ज्ञात करने की विधियां

(i) अभाज्य गुणनखण्ड विधि (Prime Factorisation Method) : सर्वप्रथम दी गई संख्याओं के अभाज्य गुणनखण्ड प्राप्त करते हैं, फिर उभयनिष्ठ गुणनखण्डों को आपस में गुणा करके गुणनफल प्राप्त करते हैं इन उभयनिष्ठ गुणनखण्डों का गुणनफल ही संख्याओं का अभीष्ट महत्तम समापवर्तक होता है।

उदाहरण– 2, 8, 12 व 24 का म॰ स॰ ज्ञात कीजिए।

हल–
$$2 = 2 \times 1$$
$$8 = 2 \times 2 \times 2$$
$$12 = 2 \times 2 \times 3$$
$$24 = 2 \times 2 \times 2 \times 3$$
∴ म॰ स॰ = 2

(ii) भाग विधि (Division Method) : सर्वप्रथम हम दी गई दो संख्याओं में से बड़ी संख्या को छोटी संख्या से भाग देते हैं, फिर भाजक को शेष से भाग देते हैं, पुनः शेष से पिछले भाजक को भाग देते हैं, यह क्रिया तब तक दोहराई जाती है, जब तक कि कोई भी शेष न बचे। अतः अंतिम भाजक ही दी गई संख्याओं का म॰ स॰ है।

उदाहरण– 112 व 860 का म॰ स॰ ज्ञात कीजिए।

हल–

```
112) 860 (7
     784
      76) 112 (1
           76
           36) 76 (2
               72
                4) 36 (9
                   36
                    ×
```

अतः 112 व 860 का म॰ स॰ = 4

8. दशमलव संख्याओं का म॰ स॰ ज्ञात करना : सर्वप्रथम दी गई संख्याओं में दशमलव के बाद अंकों की संख्या को समान करते हैं, इसके पश्चात् दशमलव को नजर अंदाज करते हुए साधारण संख्याओं की तरह उनका म॰ स॰ ज्ञात करते हैं तथा प्राप्त म॰ स॰ में उसी स्थान पर दशमलव लगाते हैं, जिस स्थान पर दी गई संख्याओं का दशमलव है।

उदाहरण– 1.8, 0.51 व 0.78 का म॰ स॰ ज्ञात कीजिए।

हल–सर्वप्रथम दशमलव स्थानों को समान करने पर प्राप्त संख्याएं = 1.80, 0.51 व 0.78

दशमलव को हटाने पर प्राप्त संख्याएं = 180, 51, 78

```
51) 78 (1                 3) 180 (60
    51                       180
    27) 51 (1                  ×
        27
        24) 27 (1
            24
             3) 24 (8
                24
                 ×
```

अतः 180, 51 व 78 का म॰ स॰ = 3

∴ 1.80, 0.51 व 0.78 का म॰ स॰ = 0.0 3

9. भिन्नों का म॰ स॰ ज्ञात करना :

$$\text{भिन्नों का म॰ स॰} = \frac{\text{अंशों का म॰ स॰}}{\text{हरों का ल॰ स॰}}$$

नोट– (i) दो संख्याओं का गुणनफल = संख्याओं का ल॰ स॰ × म॰ स॰

(ii) $$\text{पहली संख्या} = \frac{\text{संख्याओं का ल॰ स॰} \times \text{म॰ स॰}}{\text{दूसरी संख्या}}$$

(iii) दो अभाज्य संख्याओं का म॰ स॰ सदैव 1 होता है।

(iv) दो अभाज्य संख्याओं का ल॰ स॰ उन संख्याओं के गुणनफल के बराबर होता है।

ल.स. एवं म.स. के लिए कुछ महत्वपूर्ण नियम

(i) वह छोटी से छोटी संख्या जो a, b व c से पूर्णतः विभाजित हो, तब

अभीष्ट संख्या = a, b व c का ल॰ स॰

(ii) वह छोटी से छोटी संख्या जिसमें a, b व c से भाग देने पर प्रत्येक स्थिति में R शेष बचे तब,

अभीष्ट संख्या = (a, b व c का ल॰ स॰) + R

(iii) वह छोटी से छोटी संख्या जिसमें a, b व c का भाग देने पर क्रमशः R_1, R_2 व R_3 शेष बचे तब,

अभीष्ट संख्या = (a, b व c का ल॰ स॰) – K

जहां $K = (a - R_1) = (b - R_2) = (C - R_3)$

(iv) वह बड़ी से बड़ी संख्या जो a, b व c को पूर्णतः विभाजित कर दे तब,

अभीष्ट संख्या = $a, b,$ व c का म॰ स॰

(v) वह बड़ी से बड़ी संख्या जिसका a, b व c में भाग देने पर क्रमशः R_1, R_2 व R_3 शेष बचे तब,

अभीष्ट संख्या = $(a - R_1), (b - R_2)$ व $(c - R_3)$ का म॰ स॰

(vi) वह बड़ी से बड़ी संख्या, जिसका a, b व c में भाग देने पर प्रत्येक दशा में R शेष बचे तब,

अभीष्ट संख्या = $(a - R), (b - R)$ व $(c - R)$ का म॰ स॰

(vii) वह बड़ी से बड़ी संख्या जिसका a, b व c में भाग देने पर प्रत्येक दशा में समान शेष बचता हो, तब

अभीष्ट संख्या = $|(a - b)|, |(b - c)|$ व $|c - a|$ का म॰ स॰

हल सहित उदाहरण

उदाहरण– 1 : दो संख्याओं में 1 : 4 का अनुपात है, यदि संख्याओं का ल॰ स॰ व म॰ स॰ क्रमशः 84 व 21 हो तो, दूसरी संख्या ज्ञात कीजिए।

हल– माना संख्याएं क्रमशः x व $4x$ है–

$$\therefore \text{दूसरी संख्या} = \frac{\text{संख्याओं का ल॰ स॰} \times \text{म॰ स॰}}{\text{पहली संख्या}}$$

$$4x = \frac{84 \times 21}{x}$$
$$\Rightarrow x^2 = 441$$
$$\Rightarrow x = 21$$
∴ दूसरी संख्या = $4x = (4 \times 21) = 84$

उदाहरण– 2 : दो संख्याओं का गुणनफल 2160 एवं उनका म॰ स॰ 12 है, तो संख्याओं के ऐसे कितने जोड़े बन सकते हैं?

हल–
$$\text{ल॰ स॰} = \frac{\text{संख्याओं का गुणनफल}}{\text{म॰ स॰}}$$
$$= \frac{2160}{12} = 180$$

माना संख्याएं क्रमशः $12x$ व $12y$ हैं

$\therefore$ पहली संख्या × दूसरी संख्या = 12 × 180

$$12x \times 12y = 12 \times 180$$

$$\Rightarrow \quad xy = \frac{180}{12} = 15$$

$\therefore$ संभव जोड़े (5, 3) व (1, 15) होंगे।

उदाहरण– 3 : वह बड़ी से बड़ी संख्या ज्ञात कीजिए जिससे 55, 127 व 175 में भाग देने पर प्रत्येक दशा में समान शेष बचे।

हल–अभीष्ट संख्या = (127 – 55), (175 – 127), (175 – 55) का म॰ स॰

= 72, 48 व 120 का म॰ स॰

```
48) 72 (1            24) 120 (5
    48                   120
    24) 48 (2             ×
        48
         ×
```

$\therefore$ अभीष्ट संख्या = 24

उदाहरण– 4 : 1300 में से वह कौन सी बड़ी संख्या घटाई जाए ताकि वह 6, 8 व 10 से पूर्णतः विभाजित हो जाए?

हल– 6, 8 व 10 का ल॰ स॰ = 120

$\therefore$ अभीष्ट संख्या = (1300 – 120) = 1180

स्पष्ट है 1300 में से 1180 घटा देने पर 6, 8 व 10 उस संख्या को पूर्णतः विभाजित कर देंगे।

उदाहरण– 5 : चार घंटियां 6, 8, 12 व 18 सेकण्ड के अंतराल पर बजती हैं, यदि वे प्रातः 10 बजे एक साथ बजना आरंभ करें, तो कितने समय बाद एक साथ बजेंगी?

हल– 6, 8, 12 व 18 का ल॰ स॰

2	6	8	12	18
3	3	4	6	9
2	1	4	2	3
	1	2	1	3

= 2 × 3 × 2 × 2 × 3 = 72

$\therefore$ घंटियां 72 सेकण्ड बाद अर्थात, 10 बजकर 1 मिनट 12 सेकण्ड के बाद एक साथ बजेंगी।

प्रश्नमाला

1. दो संख्याओं का ल.स. 90 है, निम्नलिखित में से इन संख्याओं का महत्तम समापवर्तक नहीं है–

(a) 15 (b) 30
(c) 6 (d) 12

2. व्यंजक $x^4 + 6x^3 + 8x^2$ और $7x^5 - 7x^4 - 140x^3$ का म.स. (HCF) होगा–

(a) $x(x-4)$ (b) $x^2(x^2-4)$
(c) $x^2(x+4)$ (d) $x(x+4)$

3. दो संख्याओं का लघुत्तम समापवर्त्य उनके महत्तम समापवर्तक के 12 गुना है। महत्तम समापवर्तक और लघुत्तम समापवर्त्य का योग 403 है। यदि एक संख्या 93 हो, तो दूसरी संख्या क्या होगी?

(a) 134 (b) 124
(c) 128 (d) 310

4. वह न्यूनतम पूर्ण वर्ग संख्या जो 3, 4, 5, 6 एवं 8 से विभाज्य है, है–

(a) 900 (b) 1600
(c) 2500 (d) 3600

5. दो संख्याओं का लघुत्तम समापवर्तक और महत्तम समापवर्तक क्रमशः 4284 और 34 है। यदि उनमें से एक संख्या 204 हो, तो दूसरी संख्या ज्ञात करें–

(a) 714 (b) 720
(c) 700 (d) 715

6. 200 एवं 600 के बीच कितनी संख्याएं हैं, जो 4, 5, और 6 से पूर्णतया विभाजित होंगी?

(a) पाँच (b) छह
(c) चार (d) आठ

7. वह छोटी-से-छोटी संख्या क्या होगी जिसमें से यदि 5 घटा दिया जाये तो 36, 48, 21 और 28 से पूर्णतया विभाजित हो जाये?

(a) 1013 (b) 1008
(c) 1003 (d) इनमें से कोई नहीं

8. वह छोटी-से-छोटी संख्या क्या होगी जिसमें 15, 27, 35 और 42 द्वारा भाग दिए जाने पर हमेशा 7 शेष बचता है?

(a) 1270 (b) 1897
(c) 2087 (d) 2167

9. दो संख्याएँ 6 : 13 के अनुपात में है। यदि उनका ल.स. 468 हो, तो उनका म.स. होगा–

(a) 12 (b) 8
(c) 6 (d) 4

10. 28,42, और 22 का महत्तम समापवर्तक क्या होगा?

(a) 7 (b) 5
(c) 4 (d) 6

11. दो धनात्मक पूर्णांक संख्याओं का जोड़ 10 है, जबकि गुणनफल 24 है। इन संख्याओं का लघुत्तम समापवर्त्य कितना होगा?

(a) 12 (b) 24
(c) 6 (d) 4

12. यदि किन्हीं दो संख्याओं का गुणनफल 768 और लघुत्तम समापवर्त्य 96 है, तो इन संख्याओं का महत्तम समापवर्तक कितना होगा?

(a) 8 (b) 12
(c) 4 (d) 24

13. वह न्यूनतम संख्या क्या है, जो 13 जोड़ने के बाद 42, 36 तथा 45 में प्रत्येक से विभाज्य है?

(a) 1273 (b) 1247
(c) 1207 (d) 2507

14. सैनिकों की कम से कम संख्या क्या है, जिसे 12, 15 और 18 पंक्तियों में व्यवस्थित किया जा सकता हो ताकि हर पंक्ति में सैनिक की संख्या बराबर हो?

(a) 180 (b) 450
(c) 900 (d) 32400

15. दो संख्यायें 6 : 13 के अनुपात में है। उनके लघुत्तम (LCM) 468 हैं, तो उनके बढ़त्तम या महत्तम (HCF) क्या है?

(a) 12 (b) 8
(c) 6 (d) 4

16. $\frac{3}{4}, \frac{6}{7}, \frac{9}{8}$ का लघुत्तम समापवर्त्य है–

(a) 18 (b) 3
(c) $\frac{3}{59}$ (d) $\frac{9}{28}$

17. वह बड़ी से बड़ी संख्या जो 120, 315, 147, 168 को पूर्ण विभाजित करती है–

(a) 3 (b) 7
(c) 21 (d) 4410

18. तीन संख्याएँ 3 : 4 : 5 के अनुपात में हैं तथा लघुत्तम समापवर्त्य (LCM) 2400 है। उनका महत्तम समापवर्तक (HCF) क्या होगा?

(a) 40 (b) 80
(c) 120 (d) 200

19. सामंत, जेसिका और रोजलीन एक वृत्ताकार स्टेडियम के इर्द-गिर्द जॉगिंग करना आरम्भ करते हैं। वे अपनी परिक्रमा क्रमशः 84, 56 व 63 सेकण्ड में पूरी करते है। कितने सेकण्ड के बाद ये लोग आरम्भ बिन्दु पर एक साथ मिलेंगे?

(a) 336 (b) 504
(c) 252 (d) इनमें से कोई नहीं

20. दो संख्याओं का महत्तम समापवर्तक 11 और लघुत्तम समापवर्त्य 7700 है। यदि उनमें एक संख्या 275 हो, तो दूसरी संख्या क्या होगी?

(a) 279 (b) 283
(c) 308 (d) 318

21. दो संख्याओं का लघुत्तम समापवर्त्य 120 है और इनका महत्तम समापवर्तक 10 है, तो निम्नलिखित में कौन-सी संख्या उन दोनों सख्याओं का योग हो सकती है?

(a) 140 (b) 80
(c) 60 (d) 70

22. तीन संख्याओं 3240, 3600 और P का महत्तम समापवर्तक 36 है। यदि इनका लघुत्तम समापवर्त्य $2^4 \times 3^5 \times 5^2 \times 7^2$ हो, तो संख्या P है—

(a) $2^2 \times 3^3 \times 7^2$
(b) $3^5 \times 5^2 \times 7^2$
(c) $2^2 \times 3^5 \times 7^2$
(d) $2^3 \times 3^5 \times 7^3$

23. यदि *a*, *b* का महत्तम समापवर्तक 12 हो और *a*, *b* धनात्मक पूर्णांक हों तथा $a > b > 12$ हो, तो (a, b) के न्यूनतम मान क्रमशः क्या होंगे?

(a) 12, 24 (b) 24, 12
(c) 24, 36 (d) 36, 24

24. एक ही बिन्दु से आरम्भ करते हुए A और B एक वृत्ताकार ट्रैक पर जॉगिंग कर रहे हैं। A, 90 सेकण्ड में ट्रैक का एक चक्कर पूरा करता है और B इसी ट्रैक का एक चक्कर 75 सेकण्ड में पूरा करता है। कितनी देर बाद वे ट्रैक पर एक ही बिन्दु पर फिर मिलेंगे?

(a) 5 मिनट और 30 सेकण्ड
(b) 6 मिनट और 30 सेकण्ड
(c) 7 मिनट और 40 सेकण्ड
(d) 7 मिनट और 30 सेकण्ड

25. एक भिन्न के अंश में से 4 घटाने पर और हर में एक जोड़ने पर वह $\frac{1}{6}$ बन जाती है। यदि उसी भिन्न के अंश तथा हर में क्रमशः 2 तथा 1 जोड़ दिए जाएं, तो वह $\frac{1}{3}$ बन जाती है, तो उसके अंश तथा हर का लघुत्तम समापवर्त्य कितना होगा?

(a) 14 (b) 350
(c) 5 (d) 70

उत्तर (हल/संकेत)

1. (d) इन संख्याओं का महत्तम समापवर्तक 15, 30 तथा 6 होगा जबकि 12 नहीं होगा क्योंकि 90, 12 से विभाज्य नहीं है।

2. (c) व्यंजक $x^2 + 6x^3 + 8x^2$ गुणनखंड

$= x^2 [x^2 + 6x + 8]$
$= x^2 [x^2 + 4x + 2x + 8]$
$= x^2 [x(x+4) + 2(x+8)$
$= x^2 (x+4)(x+2)$

पुन: व्यंजक $7x^5 - 7x^4 - 140x^3$ का गुणनखंड

$= 7x^3 (x^2 - x - 20)$
$= 7x^3 (x^2 - 5x + 4x - 20)$
$= 7x^3 [x(x-5) + 4(x-5)|$
$= 7x^3 (x+4)(x-5)$
$\therefore$ HCF $= x^2 (x+4)$

3. (b) माना कि दोनों संख्याओं का LCM $= x$ तथा HCF $= y$ है।

$x = 12y$
$x - 12y = 0$ ...(i)
$x + y = 403$ ...(ii)

समीकरण (i) व (ii) से,

$\Rightarrow y = 31$
$x = 12y = 12 \times 31 = 372$

पहली सं. × दूसरी सं. = LCM × HCF

$\Rightarrow$ 93 × दूसरी संख्या $= 31 \times 372$

$\Rightarrow$ दूसरी संख्या $= \frac{31 \times 372}{93} = 124$

4. (d) $3 = 3,\ 4 = 2^2,\ 5 = 5$
$6 = 2 \times 3,\ 8 = 2^3$
ल.स. $= 2^3 \times 3 \times 5$

$\therefore$ अभीष्ट संख्या $= 2^3 \times 3 \times 5 \times 2 \times 3 \times 5$
$= 8 \times 15 \times 30$
$= 120 \times 30 = 3600$

5. (a) पहली संख्या × दूसरी संख्या
= महत्तम समापवर्तक × लघुत्तम समापवर्त्य
$\Rightarrow$ 204 × दूसरी संख्या = 34 × 42 84

$\Rightarrow$ दूसरी संख्या $= \frac{34 \times 4284}{204} = 714$

6. (b) कोई संख्या 4, 5 व 6 से विभाज्य होगी यदि वह इनके लघुत्तम समापवर्त्य 60 से विभाज्य हो।
200 एवं 600 के बीच संख्याएँ = 399
399 में 60 से भाग देने पर भागफल = 6
$\therefore$ अभीष्ट संख्याएँ = छह

7. (a) अभीष्ट संख्या = 36, 48, 21 एवं 28 का ल.स. +5

2	36	48	21	28
2	18,	24,	21,	14
3	9,	12,	21,	7
7	3,	4,	7,	7
	3,	4,	1,	1

$\therefore$ ल.स. $= 2 \times 2 \times 3 \times 7 \times 3 \times 4 = 1008$

$\therefore$ अभीष्ट संख्या $= 1008 + 5 = 1013$

8. (b) अभीष्ट संख्या = (15, 27, 35 एवं 42 का LCM) + 7
$= 1890 + 7 = 1897$

9. (c) माना कि संख्याएँ 6*x* एवं 13*x* हैं।

संख्याओं का ल. स. $= 78x$
$\therefore 78x = 468$
$\Rightarrow x = \frac{468}{78} = 6$
$\therefore$ संख्याएँ 36 एवं 78 हुईं।
$\therefore$ इनका महत्तम समापवर्तक = 6

10. (a) $28 = 2 \times 2 \times 7$
$42 = 2 \times 3 \times 7$
$21 = 3 \times 7$
$\therefore$ महत्तम समापवर्तक = 7

11. (a) माना दो धनात्मक संख्याएँ *x* तथा *y* हैं

$x + y = 10$
$xy = 24$

स्पष्टतः यह स्पष्ट है

$x = 4$ या 6
$y = 6$ या 4

$\therefore$ 4, 6 का ल. स. = 12

12. (a) म. स. × ल. स. = संख्याओं का गुणनफल

$\Rightarrow$ म. स. × 96 = 768

$\Rightarrow$ म. स. $= \frac{768}{96} = 8$

13. (b) अभीष्ट संख्या = 42, 36 एवं 45 का ल. स. – 13

2	42,	36,	45
3	21,	18	45
3	7,	6,	15
	7,	2,	5

$\therefore$ ल. स. $= 2 \times 3 \times 3 \times 7 \times 2 \times 5$
$= 1260$

$\therefore$ अभीष्ट संख्या $= 1260 - 13 = 1247$

14. (c) हर पंक्ति में सैनिकों की संख्या 15, 12 और 18 के लघुत्तम समापवर्तक के बराबर होगी।

अतः

2	12, 15, 18
3	6, 15, 9
	2, 5, 3

$\therefore$ लघुत्तम समापवर्तक
$= 2 \times 3 \times 2 \times 5 \times 3$
$= 180$

चूँकि यह एक ठोस वर्ग में भी व्यवस्थित हो, अतः अभीष्ट संख्या
$= 180 \times 5 = 900$

15. (c) माना दोनों संख्याएँ क्रमशः $6x$ तथा $13x$ हैं। इसमें x इसके महत्तम समापवर्तक भी हैं।

$\therefore$ दोनों का लघुत्तम $= 6 \times 13 \times x = 78x$

$\therefore$ प्रश्न से,

$78x = 468$

$\therefore \quad x = \frac{468}{78}$

अतः महत्तम समापवर्तक = 6

16. (a) $\frac{3}{4}, \frac{6}{7}$ तथा $\frac{9}{8}$ लघुत्तम समापवर्तक

$= \frac{3, 6, 9 \text{ का ल. स.}}{4, 7, 8 \text{ का म. स.}}$

$= \frac{18}{1} = 18$

17. (c) 210, 315 , 147 तथा 168 को पूर्ण विभाजित करने वाली संख्या इसका म.स. होगा।

$\therefore 210 = 2 \times \boxed{3} \times 5 \times \boxed{7}$
$315 = 3 \times \boxed{3} \times 5 \times \boxed{7}$
$147 = \boxed{3} \times 7 \times \boxed{7}$
$168 = \boxed{3} \times 8 \times \boxed{7}$

$\therefore$ म. स. $= 3 \times 7 = 21$

18. (a) माना कि संख्याएँ हैं– $3x$, $4x$ तथा $5x$, इसका ल.स $= 3 \times 4 \times 5x = 60x$

$\therefore \quad 60x = 2400 \Rightarrow x = 40$

$\therefore$ म. स. $= x = 40$

अतः म.स. 40 है ।

19. (b) अभीष्ट समय = 84, 56 व 63 का ल.स.
= 504 सेकण्ड

20. (c) पहली संख्या $\times$ दूसरी संख्या
= म.स. $\times$ ल.स.

$275 \times$ दूसरी संख्या $= 11 \times 7700$

$\Rightarrow$ दूसरी संख्या $= \left(\frac{11 \times 7700}{275}\right) = 308$

21. (d) माना संख्याएं $10a$ और $10b$ हैं

$\because \quad 10a$ और $10b$ का ल.स. $= 10ab$

$\therefore \quad 10ab = 120$

$\Rightarrow \quad ab = 12$

$\Rightarrow \quad ab = 3 \times 4$

यदि $\quad a = 3$ व $b = 4$

तब संख्याओं का योग $= (30 + 40) = 70$

22. (a) 3240, 3600 व P का म.स. = 36

$\Rightarrow \quad 3240 = 36 \times 90$

$\Rightarrow \quad 3600 = 36 \times 100$

तथा $\quad P = 36x$

$\therefore$ 3240, 3600, P= 36[90, 100, x]

$\therefore$ 3240, 3600 और P का लघुत्तम समापवर्त्य
$= 36 \times 10 \times 9 \times 10 \times x = 900\text{P}$

$\therefore \text{P} = \frac{2^4 \times 3^5 \times 5^2 \times 7^2}{900}$

$= \frac{2^4 \times 3^5 \times 5^2 \times 7^2}{2^2 \times 3^2 \times 5^2}$

$= 2^2 \times 3^3 \times 7^2$

23. (d) $\because a, b$ का म.स. = 12

माना $\quad a = 12x$ व $b = 12y$

$\because \quad a > b > 12$

$\Rightarrow \quad 12x > 12y > 12$

$x > y > 1$

$\therefore$ a तथा b धनात्मक पूर्णांक हैं, तब x तथा y के न्यूनतम मान क्रमशः 3 तथा 2 होंगे।

$\therefore (a, b)$ के न्यूनतम मान = (36, 24)

24. (d) अभीष्ट समय = 90 एवं 75 का ल. स.
= 450 सेकण्ड
= 7 मिनट 30 सेकण्ड

25. (d) माना भिन्न का अंश x तथा हर y है,

तब $\quad$ भिन्न $= \frac{x}{y}$

प्रश्नानुसार, $\frac{x-4}{y+1} = \frac{1}{6}$

$\Rightarrow \quad 6x - 24 = y + 1$

$\Rightarrow \quad 6x - y = 25 \quad$ ...(i)

पुनः $\quad \frac{x+2}{y+1} = \frac{1}{3}$

$\Rightarrow \quad 3x + 6 = y + 1$

$\Rightarrow \quad 3x - y = -5 \quad$ ...(ii)

समीकरण (i) व (ii) से,

$x = 10, \; y = 35$

$\therefore \quad$ 10 व 35 का ल.स. = 70

❑❑❑

अध्याय

5

अनुपात एवं समानुपात

अनुपात (Ratio) : समान प्रकार की दो राशियों/वस्तुओं के बीच संबंध को 'अनुपात' कहते हैं। दो राशियों का अनुपात एक भिन्न के बराबर होता है। दूसरे शब्दों में हम कह सकते हैं कि "अनुपात एक ऐसा गणितीय व्यंजक है जो समान इकाई की दो असमान राशियों के बीच यह तुलना करता है, कि कौन-सी राशि अधिक या कम अथवा कितने गुना अधिक या कम है।"

यदि दो राशियां a व b हैं, तब इसके बीच अनुपात $= a : b$

अनुपात में पहली संख्या को प्रथम पद (Antecedent) तथा दूसरी संख्या को अंतिम पद (Consequent) कहते हैं।

अनुपात के प्रकार (Types of Ratio)

(i) वर्गानुपात (Duplicate Ratio) : दो संख्याओं के वर्गों के अनुपात को उन संख्याओं का वर्गानुपात कहते हैं।

दो संख्याओं a व b के बीच अनुपात $a : b$ का वर्गानुपात $a^2 : b^2$ है।

(ii) वर्गमूलानुपात (Sub-Duplicate Ratio) : दो संख्याओं के वर्गमूलों के अनुपात को वर्गमूलानुपात कहते हैं।

दो संख्याओं a व b के बीच अनुपात $a : b$ का वर्गमूलानुपात $\sqrt{a} : \sqrt{b}$ है।

(iii) घनानुपात (Triplicate Ratio) : दो संख्याओं के घनों के अनुपात को घनानुपात कहते हैं।

दो संख्याओं a व b के बीच अनुपात $a : b$ का घनानुपात $a^3 : b^3$ होगा।

(iv) घनमूलानुपात (Sub-Triplicate Ratio) : दो संख्याओं के घनमूलों के अनुपात को उन संख्याओं का घनमूलानुपात कहते हैं।

दो संख्याओं a व b का अनुपात $a : b$ का घनमूलानुपात $\sqrt[3]{a} : \sqrt[3]{b}$ है।

(v) विलोमानुपात (Inverse Ratio) : यदि किसी अनुपात के प्रथम पद व अंतिम पद को आपस में बदल दिया जाए तो नया अनुपात पहले अनुपात का विलोमानुपात कहलाता है।

दो संख्याओं a व b का अनुपात $a : b$ का विलोमानुपात $b : a$ है।

(vi) मिश्रानुपात (Compound Ratio) : दो या दो से अधिक अनुपातों के प्रथम पदों व अंतिम पदों के गुणनफलों के अनुपात को उन अनुपातों का मिश्र अनुपात कहा जाता है।

दो अनुपात $a : b$ व $c : d$ का मिश्र अनुपात $ac : bd$ होगा।

समानुपात (Proportion) : जब दो अनुपात आपस में बराबर हों, तो उन्हें समानुपात कहते हैं।

यदि $a : b$ व $c : d$ आपस में समान हों, तो वे समानुपात में होंगे, अतः इन्हें $a : b :: c : d$ से प्रदर्शित करेंगे।

a व d को हम बाह्य पद तथा bc को मध्य पद कहते हैं।

समानुपात की स्थिति में–

$$a \times d = b \times c$$

$$\Rightarrow \quad a = \frac{bc}{d}$$

(i) मध्यानुपाती (Mean Proportion) : यदि दो संख्याओं a व b के बीच का मध्यानुपाती x हो, तब

$$a : x :: x : b$$

$$\Rightarrow \quad x^2 = ab$$

$$\Rightarrow \quad x = \sqrt{ab}$$

(ii) तृतीयानुपात (Third Proportion) : यदि दो संख्याओं a व b का तृतीयानुपाती x हो, तब

$$a : b :: b : x$$

$$\Rightarrow \quad ax = b^2$$

$$\Rightarrow \quad x = \frac{b^2}{a}$$

(iii) चतुर्थानुपाती (Fourth Proportion) : यदि तीन संख्याओं a, b, c का चतुर्थानुपाती x हो,

तब, $$a : b :: c : x$$

$$\Rightarrow \quad ax = bc$$

$$\Rightarrow \quad x = \frac{bc}{a}$$

(iv) योगानुपात (Componendo) : यदि $a : b :: c : d$ हो, तो $(a+b) : b :: (c+d) : d$ को योगानुपात कहते हैं।

अर्थात् यदि $$\frac{a}{b} = \frac{c}{d}$$

तब, $$\left(\frac{a}{b}+1\right) = \frac{(a+b)}{b}$$

तथा $$\left(\frac{c}{d}+1\right) = \frac{(c+d)}{d}$$

$$\therefore \quad \frac{a}{b} = \frac{c}{d} \Rightarrow \frac{(a+b)}{b} = \frac{(c+d)}{d}$$

(v) अंतरानुपात (Dividendo) : यदि $a : b :: c : d$ हो, तो $(a-b) : b :: (c-d) : d$ को अंतरानुपात कहते हैं।

अर्थात् यदि $$\frac{a}{b} = \frac{c}{d}$$

$$\Rightarrow \quad \left(\frac{a}{b}-1\right) = \left(\frac{c}{d}-1\right)$$

$$\Rightarrow \quad \frac{(a-b)}{b} = \frac{(c-d)}{d}$$

(vi) योगान्तरानुपात (Componendo and Dividendo) : योगान्तरानुपात, योगानुपात तथा अंतरानुपात का सम्मिलन है।

यदि $a : b :: c : d$ हो

तब, $(a+b) : (a-b) :: (c+d) : (c-d)$ को योगान्तरानुपात कहते हैं।

अनुपात के लिए कुछ महत्वपूर्ण नियम

(i) चार संख्याओं a, b, c तथा d में कौन सी एक अन्य संख्या घटाई जाए, कि ये संख्याएं समानुपात में हो जाएं,

$$\text{अभीष्ट संख्या} = \left[\frac{ad - bc}{(a+d)-(b+c)}\right] = \left[\frac{\text{गुणनफल में अंतर}}{\text{योग में अंतर}}\right]$$

(ii) चार संख्याओं a, b, c और d में कौन सी संख्या जोड़ी जाए, कि ये संख्याएं समानुपात में हो जाएं,

$$\text{अभीष्ट संख्या} = \left[\frac{bc - ad}{(a+d)-(b+c)}\right]$$

(iii) दो संख्याओं के बीच $a : b$ का अनुपात है और उन संख्याओं के बीच का अंतर D है तब,

$$\text{पहली संख्या} = \left[\frac{Da}{a-b}\right]$$

जबकि $a > b$

$$\text{दूसरी संख्या} = \left[\frac{Db}{a-b}\right]$$

जबकि $a > b$

परंतु यदि $b > a$, तब

$$\text{पहली संख्या} = \left[\frac{Da}{b-a}\right]$$

$$\text{दूसरी संख्या} = \left[\frac{Db}{b-a}\right]$$

हल सहित उदाहरण

उदाहरण–1 : एक मिश्रण में एल्कोहल एवं पानी का अनुपात 8 : 5 है मिश्रण में 6 ली. पानी मिलाने पर एल्कोहल एवं पानी का अनुपात 4 : 3 हो जाता है, तो मिश्रण में एल्कोहल और पानी की मात्रा ज्ञात कीजिए।

हल– माना मिश्रण में एल्कोहल और पानी की मात्रा क्रमशः $8x$ व $5x$ ली. है।

तब प्रश्नानुसार, $\frac{8x}{5x+6} = \frac{4}{3}$

$\Rightarrow$ $24x = 20x + 24$

$\Rightarrow$ $x = 6$

$\therefore$ एल्कोहल की मात्रा = $8x$ ली. = 48 ली.

पानी की मात्रा = $5x$ ली. = 30 ली.

उदाहरण–2 : ₹ 1320 को 7 पुरुषों, 11 महिलाओं एवं 5 बच्चों के बीच विभाजित किया जाना है। यह विभाजन इस प्रकार किया जाना है, कि प्रत्येक महिला को एक बच्चे को प्राप्त राशि का 3 गुना मिले तथा प्रत्येक पुरुष को एक महिला एवं एक बच्चे की संयुक्त राशि के बराबर राशि मिले, तो प्रत्येक पुरुष को कितनी राशि मिलेगी।

हल– प्रश्नानुसार 1 पुरुष = 1 महिला + 1 बच्चा

1 महिला = 3 बच्चे

$\therefore$ 1 पुरुष = (3 बच्चे + 1 बच्चा) = 4 बच्चे

$\therefore$ 7 पुरुष : 11 महिला : 5 बच्चे = 28 बच्चे : 33 बच्चे : 5 बच्चे

= 28 : 33 : 5

$\therefore$ 7 पुरुषों का हिस्सा = $\left\{\frac{28}{(28+33+5)} \times 1320\right\}$

= ₹ $\left(\frac{28}{66} \times 1320\right) = 560$

$\therefore$ 1 पुरुष का हिस्सा = ₹ $\frac{560}{7}$ = ₹ 80

उदाहरण–3 : ₹ 390 को $\frac{1}{2} : \frac{2}{3} : \frac{3}{4}$ के अनुपात में बांटने पर प्रत्येक हिस्से की राशि ज्ञात कीजिए।

हल– $\frac{1}{2} : \frac{2}{3} : \frac{3}{4} = \left(\frac{1}{2} \times 12\right) : \left(\frac{2}{3} \times 12\right) : \left(\frac{3}{4} \times 12\right)$

= 6 : 8 : 9

$\therefore$ पहला हिस्सा = $\left(\frac{6}{23} \times 390\right)$ = ₹ 102

$\therefore$ दूसरा हिस्सा = $\left(\frac{8}{23} \times 390\right)$ = ₹ 136

$\therefore$ तीसरा हिस्सा = $[390 - (102 + 136)]$

= (390 – 238) = ₹ 152

उदाहरण– 4 : 60 लीटर के मिश्रण में दूध एवं पानी का अनुपात 3 : 1 है। इसमें कितना पानी मिलाया जाए, जिससे दूध एवं पानी का अनुपात 3 : 2 हो जाए?

हल– मिश्रण में दूध की मात्रा = $\left\{\frac{60}{(3+1)} \times 3\right\}$ ली. = 45 ली.

$\therefore$ मिश्रण में पानी की मात्रा = (60 – 45) ली. = 15 ली.

माना इसमें x ली. पानी मिलाया जाए,

तब, $\frac{45}{15+x} = \frac{3}{2}$

$\Rightarrow$ $90 = 45 + 3x$

$\Rightarrow$ $3x = 45$

$\Rightarrow$ $x = 15$ ली.

अतः मिलाए गए पानी की अभीष्ट मात्रा = 15 ली.

यदि किसी मिश्रण के दोनों घटकों का मूल्य एवं मिश्रण में उनके अनुपात का मान दिया गया हो, तो मिश्रण का मध्यमान या औसत मान निकालने में मिश्रण (Alligation) विधि का प्रयोग किया जाता है।

मिश्रण (Mixture)

दो या दो से अधिक समान या भिन्न अवस्था वाले पदार्थों को एक निश्चित अनुपात में मिलाकर तैयार किया गया नया पदार्थ, मिश्रण कहलाता है।

मिश्रण का नियम (Rule of Mixture)

(i) यदि मिश्रण के घटक किसी निश्चित अनुपात में मिलाए जाते हों, तब

$$\frac{\text{सस्ती वस्तु की मात्रा}}{\text{महंगी वस्तु की मात्रा}} = \frac{(\text{महंगी वस्तु का क्रय मूल्य}) - \text{औसत मूल्य}}{\text{औसत मूल्य} - (\text{सस्ती वस्तु का क्रय मूल्य})}$$

यदि सस्ती वस्तु का क्रयमूल्य ₹ p तथा महंगी वस्तु का क्रयमूल्य ₹ q तथा औसत मूल्य ₹ m हो, तब

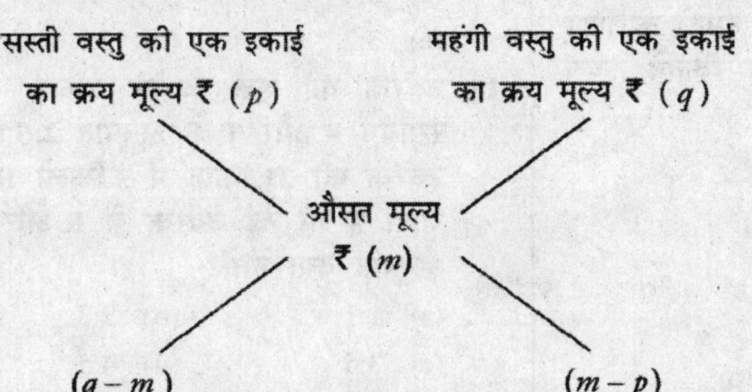

तब, (सस्ती वस्तु की मात्रा) : (महंगी वस्तु की मात्रा)

$= (q-m):(m-p)$

(ii) यदि p लीटर किसी द्रव से भरे किसी बर्तन में से q लीटर द्रव निकालकर उसकी जगह पर उतना ही पानी डाल दिया जाए और यह प्रक्रिया n बार की जाए तो बर्तन में उपस्थित मिश्रण में द्रव की मात्रा निम्नलिखित विधि से प्राप्त की जाती है।

$$\text{शेष द्रव} = \text{सम्पूर्ण द्रव}\left(\frac{1 - \text{पहली बार निकाले गए द्रव की मात्रा}}{\text{कुल द्रव}}\right)^n$$

$$= p\left(1-\frac{q}{p}\right)^n$$

मिश्रण के लिए महत्त्वपूर्ण नियम

(i) W ग्राम किसी पदार्थ के विलयन में पदार्थ की मात्रा $x\%$ है, तो विलयन में उस पदार्थ की कितनी मात्रा मिलाई जाए, कि विलयन में पदार्थ की मात्रा $y\%$ हो जाए, तब

$$\text{पदार्थ की मिलाई गई अभीष्ट मात्रा} = \left[W\left(\frac{y-x}{100-y}\right)\right] \text{ ग्राम}$$

(ii) किसी वस्तु या विलयन में पानी की मात्रा किस अनुपात में मिलाई जाए, कि मिश्रण को उसके क्रय मूल्य पर बेचने पर $x\%$ का लाभ हों तब,

$$\text{अभीष्ट अनुपात} = \frac{x}{100} : 1 \text{ अथवा } x : 100$$

(iii) एक मिश्रण जिसमें दूध की एक निश्चित मात्रा के साथ-साथ 'l' लीटर पानी है, का मूल्य ₹ x प्रति लीटर है। यदि शुद्ध दूध का मूल्य ₹ y प्रति लीटर हो, तब

$$\text{मिश्रण में दूध की मात्रा} = \left[l\left(\frac{x}{y-x}\right)\right] \text{ लीटर}$$

(iv) ₹ x प्रति किग्रा. वाली किसी वस्तु को ₹ y प्रति किग्रा. की किसी वस्तु के साथ किस अनुपात में मिलाया जाए, कि मिश्रण का मूल्य ₹ z प्रति किग्रा. हो जाए, तब

$$\text{अभीष्ट अनुपात} = \left[\frac{y-z}{z-x}\right]$$

(v) एक दुकानदार के पास एक निश्चित वस्तु की W किग्रा. मात्रा है। यह उस वस्तु का कुछ भाग $x\%$ लाभ पर तथा शेष भाग $y\%$ लाभ पर बेच देता है। जिससे उसे कुल मिलाकर $z\%$ लाभ होता है। तब,

(a) $x\%$ लाभ पर बेची गई वस्तु की मात्रा $= \left[\left(\frac{y-z}{y-x}\right)\times W\right]$ किग्रा.

(b) $y\%$ लाभ पर बेची गई वस्तु की मात्रा $= \left[\left(\frac{z-x}{y-x}\right)\times W\right]$ किग्रा.

हल सहित उदाहरण

उदाहरण–1 : ₹ 8 प्रति किलो ग्राम कीमत वाले 25 किग्रा. नमक में ₹ 15 प्रति किग्रा. कीमत वाला कितना नमक मिलाया जाए, ताकि मिश्रण को ₹ 12 प्रति किग्रा. बेचने पर 25% का लाभ हो?

हल– मिश्रण का औसत मूल्य = ₹ $\left(12\times\frac{100}{125}\right)$ = ₹ $\frac{48}{5}$

मिश्रण के नियम से-

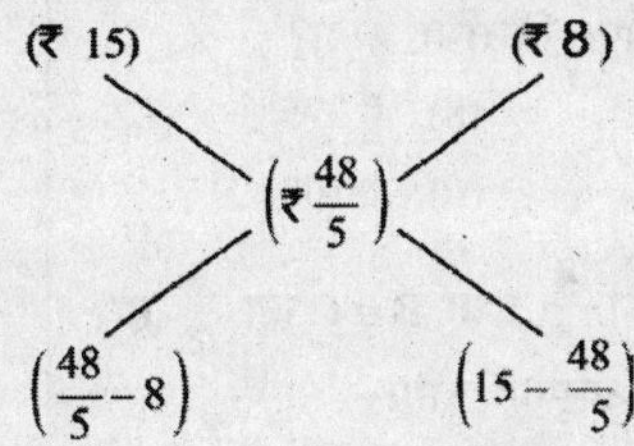

अनुपात $= \frac{8}{5} : \frac{27}{5} = 8 : 27$

$\therefore$ ₹ 15 प्रति किग्रा. वाले नमक की मात्रा

$= \left(25\times\frac{8}{27}\right)$ किग्रा. = 7.41 किग्रा.

उदाहरण 2 : पानी और दूध को किस अनुपात में मिलाया जाए, कि उसे क्रय मूल्य पर बेचने से $16\frac{2}{3}\%$ का लाभ हो?

हल– माना दूध का क्रय मूल्य ₹ 1 प्रति लीटर है।

1 लीटर मिश्रण का क्रय मूल्य = ₹ $\left[\frac{100\times3\times1}{350}\right]$ = ₹ $\frac{6}{7}$

मिश्रण के नियम से-

1 लीटर पानी का क्रय मूल्य 1 लीटर शुद्ध दूध का क्रय मूल्य

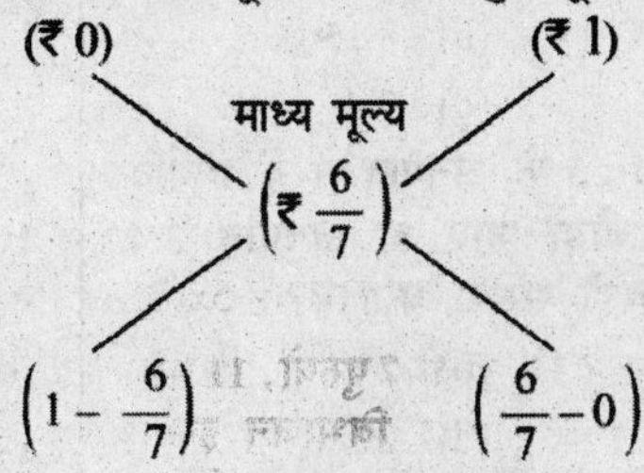

$\therefore$ पानी की मात्रा : दूध की मात्रा $= \frac{1}{7} : \frac{6}{7} = 1 : 6$

प्रश्नमाला

1. A, B तथा C मिलकर कुल ₹ 1,980 कमाते हैं । यदि A एवं B क्रमशः 2:1 तथा B एवं C क्रमशः 3:2 अनुपात में कमाई हैं, तो B की कमाई है–
(a) ₹ 500 (b) ₹ 520
(c) ₹ 540 (d) ₹ 560

2. संख्याओं 6, 7, 15, 17 में से प्रत्येक में कौन-सी संख्या जोड़ने पर परिणामी संख्याए समानुपाती हो जाएँगी?
(a) 6 (b) 5
(c) 4 (d) 3

3. दो रेलवे स्टेशनों के बीच प्रथम तथा द्वितीय श्रेणी, के किरायों का अनुपात 4:1 तथा प्रथम तथा द्वितीय श्रेणियों में यात्रा करने वाले यात्रियों की संख्या का अनुपात 1:40 है। यदि किसी दिन कुल किराया ₹ 100 प्राप्त हुआ हो, तो इसमें प्रथम श्रेणी के यात्रियों से प्राप्त किराया होगा?
(a) ₹ 315 (b) ₹ 275
(c) ₹ 137.50 (d) ₹ 100

4. यदि A = B का $\frac{4}{5}$ तथा B = C का $\frac{5}{2}$ हो, तो A : C का अनुपात होगा–
(a) 1:2 (b) 2:1
(c) 2:3 (d) 1:3

5. A और B की आय का अनुपात 3:2 है और उनके खर्चों का अनुपात 5:3 है। यदि प्रत्येक ₹ 1000 बचा लेता है तो A की आय निकालें?
(a) ₹ 3000 (b) ₹ 5000
(c) ₹ 6000 (d) ₹ 4000

6. यदि $(x : y) = 2 : 1$ है तो, $(x^2 - y^2) : (x^2 + y^2)$ है–
(a) 3:5 (b) 5:3
(c) 1:3 (d) 3:1

7. यदि 2A = 3B और 4B=5C, तो A : C है–
(a) 4:3 (b) 8:15
(c) 15:8 (d) 3:4

8. दो संख्याएँ 2 : 3 के अनुपात में हैं । यदि प्रत्येक में 9 जोड़ा जाए तो अनुपात 3:4 हो जाएगा। बड़ी संख्या क्या है?
(a) 20 (b) 24
(c) 30 (d) 27

9. दो संख्याओं का जोड़ 100 है और उनका अंतर 50 है। उन दो संख्याओं का अनुपात क्या होगा?
(a) 2:1 (b) 3:1
(c) 4:1 (d) 5:1

10. एक तमाशे में पहले दिन प्रति दर्शक से ₹ 150 लिये जाते हैं, दूसरे दिन ₹ 75 लिये जाते हैं और तीसरे दिन ₹ 15 लिये जाते हैं तथा तीनों दिनों की कुल उपस्थिति का अनुपात 2:5:13 था। पूरे तमाशे के लिए प्रत्येक व्यक्ति से औसतन कितने रुपये लिए गये?
(a) ₹ 75.00
(b) ₹ 60.00
(c) ₹ 50.00
(d) ₹ 55.00

11. 35 : 64 ::42: ?
(a) 72 (b) 36
(c) 76 (d) 96

12. निम्नलिखित अनुपातों में सबसे बड़ा अनुपात कौन-सा है?
(a) 7:15 (b) 15:23
(c) 17:25 (d) 21:29

13. एक कॉलेज में लड़के तथा लड़कियाँ 8:5 के अनुपात में हैं। यदि लड़कियों की संख्या 160 है तो कॉलेज में कुल कितने विद्यार्थी हैं?
(a) 356 (b) 416
(c) 260 (d) 250

14. निम्नलिखित अनुपातों का जटिल अनुपात क्या होगा?
3:7, 9 : 13, 5 :12
(a) $\frac{135}{182}$ (b) $\frac{138}{128}$
(c) $\frac{182}{135}$ (d) $\frac{135}{128}$

15. यदि $\frac{A}{B} = \frac{B}{C} = \frac{C}{D} = \frac{D}{E} = \frac{3}{4}$ हो तो A : E का मान निम्न में से कौन होगा?
(a) $\frac{27}{64}$ (b) $\frac{9}{16}$
(c) $\frac{81}{256}$ (d) 3

16. 9 एवं 18 का तृतीयानुपात क्या होगा?
(a) 54 (b) 24
(c) 36 (d) 44

17. बस में भरी और खाली सीटों का अनुपात 1:4 है। बस चलते समय उसमें कुछ और यात्रियों के सवार होने की कोशिश करने से यह अनुपात 4:1 हो जाता है। लेकिन अपने प्रयास में सफल न होने पर उन्होंने उसी क्षमता वाली एक और खाली बस में चढ़ने की कोशिश की और उसमें बैठ गए। इस बस में भरी और खाली सीटों का अनुपात कितना है?
(a) 3:4 (b) 4:1
(c) 3:2 (d) 2:3

18. उर्वरक की एक विशेष प्रकार में, दो रसायन R और T के अनुपात 2:5 है। इस उर्वरक की 21 किग्रा में 3 किलो R जोड़ा जाता है तो नई उर्वरक में R और T के अनुपात क्या होगें?
(a) 1:1 (b) 2:3
(c) 3:5 (d) 4:5

19. एक बॉक्स में एक रुपया, पचास पैसे और पच्चीस पैसे के सिक्के शामिल हैं। सिक्कों की कुल संख्या 378 है। ऊपर सिक्के के मूल्यों का अनुपात 13:11:7 है। पचास पैसे के सिक्के की संख्या का पता लगाएँ–
(a) 78 (b) 164
(c) 168 (d) 132

20. दो संख्याओं का अनुपात 10:7 है और उनका अंतर 105 है। संख्याओं का योग है–
(a) 595 (b) 805
(c) 1190 (d) 1610

21. यदि $\frac{a}{3} = \frac{b}{2}$ हो, तो $\frac{2a + 3b}{3a - 2b}$ का मान क्या होगा?
(a) $\frac{12}{5}$ (b) $\frac{5}{12}$
(c) 1 (d) $\frac{12}{7}$

22. तीन व्यक्ति A, B व C जिनके वेतनों का योग ₹ 72,000 है, क्रमशः अपने वेतन का 80, 85 तथा 75 प्रतिशत खर्च कर देते हैं। यदि उन तीनों की बचतों का अनुपात 8 : 9 : 20 हो, तो A का वेतन कितना है?
(a) ₹ 20,000 (b) ₹ 16,000
(c) ₹ 22,000 (d) ₹ 18,000

23. एक परीक्षा में कक्षा A तथा कक्षा B के सभी छात्रों के प्राप्तांकों का औसत क्रमशः 68.4 तथा 71.2 है। यदि दोनों कक्षाओं के छात्रों के प्राप्त अंकों का सम्मिलित औसत 70 हो, तो कक्षा A तथा कक्षा B के छात्रों की संख्या का अनुपात है–
(a) 15 : 6 (b) 3 : 7
(c) 4 : 3 (d) 3 : 4

24. यदि $(5x^2 - 3y^2) : xy = 11 : 2$ हो, तो $\frac{x}{y}$ का धनात्मक मान कितना होगा?

(a) $\frac{5}{2}$ (b) $\frac{3}{2}$

(c) $\frac{5}{3}$ (d) $\frac{7}{2}$

25. एक चतुर्भुज के कोणों का अनुपात 6 : 5 : 7 : 2 है। चतुर्भुज का सबसे बड़ा कोण त्रिभुज के सबसे बड़े कोण के बराबर है। त्रिभुज का एक कोण 31° का है। त्रिभुज का सबसे छोटा कोण कितना है?

(a) 29° (b) 31°

(c) 23° (d) 27°

उत्तर (हल/संकेत)

1. (c) $\because$ A : B = 2 : 1 = 6 : 3 तथा

B : C = 3 : 2

$\therefore$ A : B : C = 6 : 3 : 2

आनुपातिक योग = 6 + 3 + 2 = 11

$\therefore$ B की कमाई

$= \frac{3}{11} \times 1980 = 540$

2. (d) अभीष्ट संख्या

$= \frac{6 \times 17 - 7 \times 15}{(7+15) - (6+17)}$

$= \frac{102 - 105}{22 - 23} = \frac{-3}{-1} = 3$

3. (d) प्रथम तथा द्वितीय श्रेणी से प्राप्त किराये का अनुपात = (4 × 1) : (1 × 40)

= 4 : 40 + 1 : 10

$\therefore$ प्रथम श्रेणी के यात्रियों से प्राप्त किराया

$= \frac{1100}{(1+10)} \times 1 = \frac{1100}{11} \times 1 =$ ₹ 100

4. (b) A : B = 4 : 5 तथा B : C = 5 : 3

$\therefore$ A : C $= \frac{4}{5} \times \frac{5}{2} = \frac{2}{1} = 2 : 1$

5. (c) माना कि A एवं B की आय क्रमशः 3*m* एवं 2*m* रुपए है एवं उनका खर्च क्रमशः 5*n* एवं 3*m* रुपए है।

प्रश्नानुसार :

$3m - 5n = 1000$ ...(*i*)

$2m - 3n = 1000$ ...(*ii*)

समीकरण (*i*) एवं (*ii*) से

$m = 2000$

तथा

$n = 1000$

$\Rightarrow m = 2 \times 1000 =$ ₹ 2000

$\therefore$ A की आय

$= 3m = 3 \times 2000$

= ₹ 6000

6. (a) $\frac{x}{y} = \frac{2}{1}$ (दिया गया है)

व्यंजक $= \frac{x^2 - y^2}{x^2 - y^2} = \frac{\frac{x^2}{y^2} - 1}{\frac{x^2}{y^2} + 1}$

$\therefore \frac{x}{y} = \frac{2}{1}$ दिया है।

$= \frac{\left(\frac{2}{1}\right)^2 - 1}{\left(\frac{2}{1}\right)^2 + 1} = \frac{4-1}{4+1} = \frac{3}{5} = 3 : 5$

7. (c) 2A = 3B

$\therefore \frac{A}{B} = \frac{3}{2}$ एवं 4B = 5C

$\therefore \frac{B}{C} = \frac{5}{4}$

$\therefore \frac{A}{B} \times \frac{B}{C} = \frac{3}{2} \times \frac{5}{4} = \frac{15}{8}$

$\Rightarrow$ A : C = 15 : 8

8. (d) माना कि संख्याएँ 2*m* एवं 3*m* हैं ।

प्रश्नानुसार,

$\frac{2m+9}{3m+9} = \frac{3}{4}$

$\Rightarrow 9m + 27 = 8m + 36$

$\Rightarrow m = 9$

$\therefore$ बड़ी संख्या

$= 3m = 3 \times 9 = 27$

9. (b) माना कि संख्याएं *x* एवं *y* हैं

एवं $x > y$

$\therefore x + y = 100$ ....(*i*)

$x - y = 50$ ....(*ii*)

जोड़ने पर,

$2x = 150 \Rightarrow x = \frac{150}{2} = 75$

समीकरण (*i*) से

$75 + y = 100$

$\Rightarrow y = 100 - 75 = 25$

$\therefore x : y = 75 : 25 = 3:1$

10. (c) माना कि तीनों दिन क्रमशः 2*m*, 5*m* एवं 13*m* दर्शक उपस्थित थे।

अभीष्ट औसत

$= \frac{2m \times 150 + 5m \times 75 + 13m \times 25}{2m + 5m + 13m}$

$= \frac{300m + 375m + 325m}{20m}$

$= \frac{1000m}{20m} =$ ₹ 50

11. (b) 35 : 64 :: 42 : 36

↓ तथा ↓ ↓

$3+5 \Rightarrow (8)^2 = 64$ $4+2$

$= 6 \rightarrow (6)^2 = 36$

12. (d) $\frac{7}{15} = 0.47;\ \frac{15}{23} = 0.65$

$\frac{17}{23} = 0.68;\ \frac{21}{29} = 0.72$

13. (b) कॉलेज में कुल लड़कों की संख्या

$= \frac{8}{5} \times 160 = 256$

$\therefore$ कॉलेज में कुल विद्यार्थियों की संख्या

= 160 + 256 = 416

14. (a) जटिल अनुपात $= \frac{3 \times 9 \times 5}{7 \times 13 \times 2}$

$= \frac{135}{182}$

15. (c) $A : E = \frac{A}{B} \times \frac{B}{C} \times \frac{C}{D} \times \frac{D}{E}$

$= \frac{3}{4} \times \frac{3}{4} \times \frac{3}{4} \times \frac{3}{4} = \frac{3^4}{4^4} = \frac{81}{256}$

16. (c) दिक्री सूत्र द्वारा

तृतीयानुपाती $= \frac{18 \times 18}{9} = 36$

17. (c) माना कि बस में सीटों की संख्या

= 50

$\therefore$ भरी सीट = 10 खाली सीट = 40

30 यात्रियों के चढ़ने पर,

भरी सीट = 40, खाली सीट = 10

$\therefore$ अभीष्ट अनुपात = 30 : 20 = 3 : 2

18. (c) माना कि R तथा T की मात्रा क्रमशः $2x$ तथा $5y$ है।

प्रश्न से,

$\therefore 2y + 5y = 21$

$\Rightarrow 7y = 21 \therefore y = 3$

R की मात्रा $= 2y = 2 \times 3 = 6kg$

T की मात्रा $= 5y = 5 \times 3 = 15$ kg

अब R में 3kg और मिलाया जाता है।

$\therefore$ अतः R तथा T का अनुपात

$$= \frac{(6+3)\ kg}{15\,kg} = \frac{9}{15} = \frac{3}{5} = 3:5$$

19. (d) माना कि सिक्कों का मूल्य क्रमशः $13m$, $11m$ तथा $7m$ है।

अब, 1 रुपये के सिक्कों की संख्या $= 13m$

50 पैसे के सिक्कों की संख्या

$= 2 \times 11m = 22\ m$

25 पैसे के सिक्कों की संख्या

$= 4 \times 7m = 28\ m$

$\therefore$ प्रश्न से

$13m + 22m + 28m = 378$

$\Rightarrow 63m = 378 \Rightarrow m = \frac{378}{63} = 6$

$\therefore$ 50 पैसे के सिक्कों की संख्या

$= 22m = 22 \times 6 = 132$

20. (a) माना कि संख्याएँ क्रमशः $10y$ तथा $7y$ हैं।

प्रश्न से

$10y - 7y = 105 \Rightarrow 3y = 105$

$\therefore y = 35$

अतः दोनों का योग

$= 10y + 7y = 17y$

$= 17 \times 35 = 595$

21. (a) $\frac{a}{3} = \frac{b}{2}$

$\Rightarrow \frac{a}{b} = \frac{3}{2}$

$$\therefore \frac{2a+3b}{3a-2b} = \frac{2\left(\frac{a}{b}\right)+3}{3\left(\frac{a}{b}\right)-2} = \frac{\left(2\times\frac{3}{2}\right)+3}{3\times\frac{3}{2}-2}$$

$$= \frac{6}{\frac{9-4}{2}} = \frac{12}{5}$$

22. (b) माना A और B के वेतन क्रमशः ₹ x व ₹ y हैं

$\therefore$ C का वेतन = ₹ $[72,000 - (x+y)]$

$\because\ x \times \frac{20}{100} : y \times \frac{15}{100} :$ ₹$[72,000-(x+y)] \times \frac{25}{100}$ $= 8:9:20$

$\Rightarrow 4x : 3y : [72,000-(x+y)] \times 5 = 8:9:20$

$\Rightarrow \frac{x}{2} = \frac{y}{3} = \frac{(72,000-x-y)}{4}$

$\Rightarrow 4x = 1,44,000 - 2x - 2y$

$4y = 2,16,000 - 3x - 3y$

$\Rightarrow 6x = 1,44,000 - 2y$ ...(i)

$7y = 2,16,000 - 3x$ ...(ii)

y का मान समीकरण (ii) से (i) में रखने पर,

$6x = 1,44,000 - \frac{2}{7}(2,16,000 - 3x)$

$42x = 10,08,000 - 4,32,000 + 6x$

$36x = 5,76,000$

$\therefore x = \frac{5,76,000}{36} =$ ₹ 16,000

23. (d) माना कक्षा A तथा कक्षा B में छात्रों की संख्या क्रमशः p तथा q है।

तब $\frac{p \times 68{\cdot}4 + q \times 71{\cdot}2}{(p+q)} = 70$

$\Rightarrow 68{\cdot}4\,p + 71{\cdot}2q = 70p + 70q$

$\Rightarrow 1{\cdot}2q = 1{\cdot}6p$

$\Rightarrow \frac{p}{q} = \frac{1{\cdot}2}{1{\cdot}6} = \frac{12}{16} = \frac{3}{4}$

$\therefore\ p : q = 3 : 4$

24. (b) $\frac{5x^2 - 3y^2}{xy} = \frac{11}{2}$

$\Rightarrow 10x^2 - 6y^2 = 11xy$

$\Rightarrow 10x^2 - 6y^2 - 11\,xy = 0$

$\Rightarrow 10x^2 - 11xy - 6y^2 = 0$

$\Rightarrow (2x - 3y)(5x + 2y) = 0$

$\because 5x + 2y = 0$

$\therefore \frac{x}{y} = \frac{-2}{5}$

(ऋणात्मक मान है)

$\therefore 2x - 3y = 0$

$\Rightarrow 2x = 3y$

$\Rightarrow \frac{x}{y} = \frac{3}{2}$

(धनात्मक मान है)

अतः अभीष्ट धनात्मक मान $= \frac{3}{2}$

25. (c) माना चतुर्भुज के चारों कोण क्रमशः $6x^o, 5x^o, 7x^o$ व $2x^o$ हैं,

तब $6x^o + 5x^o + 7x^o + 2x^o = 360$

$\Rightarrow 20x^o = 360$

$\Rightarrow x^o = 18^o$

प्रश्नानुसार,

त्रिभुज का सबसे बड़ा कोण $= 7x^o$

= चतुर्भुज का सबसे बड़ा कोण

$= (7 \times 18)^o = 126^o$

$\therefore$ त्रिभुज का सबसे छोटा कोण

$= 180^o - (126^o + 31^o)$

$= (180^o - 157^o) = 23^o$

❑❑❑

अध्याय

6

प्रतिशतता

हम जानते हैं 'प्रतिशत' शब्द में प्रति का अर्थ 'प्रत्येक' तथा 'शत' का अर्थ है 'सैकड़ा' अर्थात् प्रतिशत का अर्थ है प्रति सैकड़ा।

दूसरे शब्दों में हम कह सकते हैं 'प्रतिशत' वह भिन्न है, जिसका हर 100 तथा अंश एक अन्य संख्या होती है। भिन्न का अंश प्रतिशत दर (Rate Percent) कहलाता है।

जैसे– (i) $5\% = \frac{5}{100}\% = \frac{1}{20}\%$

(ii) $15\% = \left(15 \times \frac{1}{100}\right) = \frac{3}{20}$

कुछ महत्वपूर्ण स्मरणीय बिन्दु

(i) $\frac{a}{b}$ को प्रतिशत में बदलना–

$$\frac{a}{b} = \left(\frac{a}{b} \times 100\right)\%$$

(ii) $a\%$ को भिन्न में बदलना–

$$a\% = \frac{a}{100}\%$$

(iii) किसी संख्या या वस्तु का $a\%$ ज्ञात करने के लिए–

$$a\% \times \text{वस्तु या संख्या} = \left(\frac{a}{100} \times \text{वस्तु या संख्या}\right)$$

(iv) यदि किसी संख्या का $a\%$, b हो तब

$$\text{संख्या} = \left(\frac{b}{a} \times 100\right)$$

(v) $\text{वृद्धि प्रतिशतता} = \left[\frac{\text{मात्रा में वृद्धि}}{\text{मूल मात्रा}} \times 100\right]\%$

(vi) $\text{कमी प्रतिशतता} = \left[\frac{\text{मात्रा में कमी}}{\text{मूल मात्रा}} \times 100\right]\%$

(vii) किसी संख्या a का $b\%$ ज्ञात करना–

$$a \text{ का } b\% = \frac{ab}{100}$$

प्रतिशतता के लिए महत्वपूर्ण नियम

(i) यदि दो राशियां/संख्याएं, तीसरी राशि/संख्या से क्रमशः $a\%$ व $b\%$ अधिक हों, तब

$$\text{पहली राशि का दूसरी राशि से प्रतिशत} = \left[\frac{100+a}{100+b} \times 100\right]\%$$

(ii) यदि दो राशियां/संख्याएं, तीसरी संख्या/राशि से क्रमशः $a\%$ व $b\%$ बड़ी हों तब,

$$\text{दूसरी संख्या का पहली संख्या से प्रतिशत} = \left[\frac{100+b}{100+a} \times 100\right]\%$$

(iii) यदि दो राशियां/संख्याएं, तीसरा राशि/संख्या से क्रमशः $a\%$ व $b\%$ छोटी हों तब,

$$\text{पहली संख्या का दूसरी संख्या से प्रतिशत} = \left[\frac{100-a}{100-b} \times 100\right]\%$$

(iv) एक शहर की वर्तमान जनसंख्या P है तथा यह $R\%$ वार्षिक दर से बढ़ रही है तब,

$$x \text{ वर्ष बाद शहर की जनसंख्या} = P\left(1 + \frac{R}{100}\right)^n$$

(v) एक शहर की वर्तमान जनसंख्या P है तथा इसमें $R\%$ वार्षिक दर से कमी हो रही है तब,

$$n \text{ वर्ष बाद शहर की जनसंख्या} = P\left(1 - \frac{R}{100}\right)^n$$

(vi) एक शहर की वर्तमान जनसंख्या P है यदि शहर की जनसंख्या में पहले वर्ष $R_1\%$ की वृद्धि, दूसरे वर्ष $R_2\%$ की वृद्धि तथा तीसरे वर्ष $R_3\%$ की वृद्धि हो तो,

$$3 \text{ वर्ष बाद शहर की जनसंख्या} = P\left(1 + \frac{R_1}{100}\right)\left(1 + \frac{R_2}{100}\right)\left(1 + \frac{R_3}{100}\right)$$

हल सहित उदाहरण

उदाहरण–1 : एक परीक्षा में 30% विद्यार्थी गणित में तथा 25% विद्यार्थी अंग्रेजी में अनुत्तीर्ण हुए एवं 15% विद्यार्थी दोनों विषयों में अनुत्तीर्ण हुए कक्षा की सफलता परिणाम का प्रतिशत क्या है?

हल– केवल गणित में अनुत्तीर्ण होने वाले विद्यार्थियों का प्रतिशत

$$= (30 - 15)\% = 15\%$$

केवल अंग्रेजी में अनुत्तीर्ण होने वाले विद्यार्थियों का प्रतिशत

$$= (25 - 15)\% = 10\%$$

$\therefore$ दोनों विषयों में अनुत्तीर्ण होने वाले विद्यार्थियों का कुल का प्रतिशत

$$= (15 + 10 + 15)\% = 40\%$$

$\therefore$ दोनों विषयों में उत्तीर्ण होने वाले कुल विद्यार्थियों का प्रतिशत

$$= (100 - 40)\% = 60\%$$

अत: कक्षा का सफलता परिणाम प्रतिशत = 60%

उदाहरण–2 : 9 लीटर H_2SO_4 के विलयन में 50% अम्ल है तो इसे 30% अम्लीय विलयन बनाने के लिए कितना पानी मिलाना चाहिए?

हल– 9 लीटर H_2SO_4 के विलयन में अम्ल की मात्रा

$$= \left(9 \times \frac{50}{100}\right) \text{लीटर} = 4.5 \text{ लीटर}$$

माना इसमें x लीटर पानी मिलाया जाए,

तब प्रश्नानुसार, $(9 + x) \times \frac{30}{100} = 4.5$

$\Rightarrow$ $270 + 30x = 450$

$\Rightarrow$ $30x = 180$

$x = 6$ लीटर

अत: मिलाए जाने वाले पानी की अभीष्ट मात्रा = 6 लीटर

उदाहरण–3 : एक घर का बीमा, घर की वास्तविक कीमत की $\frac{4}{5}$ राशि पर किया जाता है यदि उस पर प्रीमियम की राशि 1.3% की दर से ₹ 910 है तो मकान की वास्तविक कीमत ज्ञात कीजिए।

हल– माना मकान के ₹ x राशि का बीमा किया गया

$\therefore$ $x \times \frac{1.3}{100} = 910$

$\Rightarrow$ $x = \left(\frac{910 \times 100}{1.3}\right) = 70{,}000$

प्रश्नानुसार, $70000 =$ मकान का मूल्य $\times \frac{4}{5}$

$\therefore$ मकान का मूल्य $=$ ₹ $\left(\frac{70000 \times 5}{4}\right) =$ ₹ 87,500

उदाहरण–4 : विनय अपने वेतन का 15% भाग सावधि जमा खाते में जमा कर देता है और शेष धन राशि का 30% भाग खर्च कर देता है। यदि अब उसके पास ₹ 2380 शेष बचे, तो उसका वेतन कितना होगा?

हल– माना विनय का मासिक वेतन = ₹ x

सावधि जमा खाते में जमा की गई राशि $= x \times \frac{15}{100} =$ ₹ $\frac{15}{100}x$

$\therefore$ शेष धनराशि $= \left(x - \frac{15}{100}x\right) =$ ₹ $\frac{85}{100}x$

$\therefore$ खर्च की गई धनराशि $= \frac{30}{100} \times \frac{85}{100}x$

$\therefore$ शेष धनराशि $= \frac{85}{100}x - \frac{85}{100}x \times \frac{30}{100}$

$$= \frac{85}{100}x\left(1 - \frac{30}{100}\right) = \frac{85}{100} \times \frac{70}{100}x$$

प्रश्नानुसार, $\frac{85}{100} \times \frac{70}{100}x = 2380$

$\Rightarrow$ $x = \left(\frac{2380 \times 100 \times 100}{85 \times 70}\right) =$ ₹ 4000

प्रश्नमाला

1. यदि किसी भिन्न के अंश का 300% बढ़ाया जाता है एवं हर को 500% बढ़ाया जाता है, तो परिणामी भिन्न $\frac{5}{12}$ होता है। मूल भिन्न क्या था?

(a) $\frac{5}{8}$ (b) $\frac{5}{11}$

(c) $\frac{12}{5}$ (d) $\frac{5}{7}$

2. किसी संख्या के 16% का मान 136 के बराबर है। वह संख्या क्या है?

(a) 750 (b) 800

(c) 850 (d) 900

3. एक कक्षा के 54 विद्यार्थियों में 30 लड़के हैं। कक्षा में लड़कियों का प्रतिशत आसन्नत: कितना है?

(a) 30% (b) 33.33%

(c) 44.5% (d) 45%

4. यदि किसी संख्या का 0.002 का 10% हो, तो उसी संख्या के $\frac{3}{5}$ का 10% क्या होगा?

(a) 300 (b) 3000

(c) 30000 (d) 300000

5. किसी संख्या के प्रतिशत का 40 प्रतिशत 80 है। उसी संख्या का 60 प्रतिशत कितना होगा?

(a) 400 (b) 450

(c) 460 (d) 480

6. एक चुनाव में कुल वोटों में 10% प्रतिशत को अवैध घोषित कर दिया गया। पराजित प्रत्याशी को वैध वोटों के 40% वोट प्राप्त हुए तो जीते हुए प्रत्याशी को कुल मतदान के कितने प्रतिशत मत प्राप्त हुए?

(a) 50% (b) 54%

(c) 60% (d) 62%

7. यदि किसी संख्या का 10% इससे घटाया जाय तो परिणाम 1800 होता है, वह संख्या है :

(a) 1900 (b) 2000

(c) 2100 (d) 2140

8. किसी परीक्षा में 52% विद्यार्थी हिन्दी और 42% अंग्रेजी में फेल हुए। यदि 17% विद्यार्थी इन दोनों विषयों में फेल हों तो कितने प्रतिशत विद्यार्थी दोनों विषयों में पास हुए?

(a) 38% (b) 33%

(c) 23% (d) 18%

9. जगदीश अपने मासिक वेतन का $67\frac{1}{2}\%$ घरेलू खर्चों पर व्यय करता है और $13\frac{1}{2}\%$ बैंक में जमा करता है। इसके बाद भी उसके पास ₹ 285 शेष रहते हैं। उसका मासिक वेतन कितना है?

(a) ₹ 1,000 (b) ₹ 1,250
(c) ₹ 1,500 (d) ₹ 1,800

10. एक विद्यालय में 85 लड़के व 35 लड़कियों ने सार्वजनिक परीक्षा दी। लड़कों का माध्य प्राप्त अंक 40% व लड़कियों का माध्य प्राप्त अंक 60% था, तो विद्यालय का औसत प्राप्त अंक प्रतिशत में बताएं।

(a) 50.60 (b) 54.16
(c) 45.83 (d) 48.53

11. निम्नलिखित प्रश्न में प्रश्नचिन्ह (?) के स्थान पर क्या आएगा?

1605 का $\frac{4}{5}$ + 580 का 30% = 6589 – ?

(a) 3461 (b) 3781
(c) 3771 (d) इनमें से कोई नहीं

12. ईंधन के मूल्य में 20% की वृद्धि होने पर इसकी खपत में कितने प्रतिशत की कटौती की जाए कि खर्च पूर्ववत रहे?

(a) 20% (b) 14.44%
(c) $16\frac{2}{3}$% (d) 15%

13. किसी चुनाव में 55% मत पाने वाले उम्मीदवार ने अपने एकमात्र प्रतिद्वन्द्वी को 121 मतों से पराजित किया। बताइये कि कुल मतों की संख्या क्या है?

(a) 2400 (b) 2420
(c) 1360 (d) 1210

14. 3.5 को प्रतिशत रूप में कैसे प्रदर्शित किया जाएगा?

(a) 35% (b) 350%
(c) 3.5% (d) 0.35%

15. एक नगर के 40 प्रतिशत लोग अखबार 'क' पढ़ते है और 50 प्रतिशत लोग अखबार 'ख' पढ़ते हैं। यदि 10 प्रतिशत लोग दोनों अखबार पढ़ते हो तो कितने लोग ऐसे हैं, जो कोई अखबार नहीं पढ़ते?

(a) 10% (b) 15%
(c) 20% (d) 25%

16. एक शहर की वर्तमान जनसंख्या 10,000 है। यदि जनसंख्या प्रतिशत 10% की दर से बढ़े, तो तीन वर्षों के बाद उस शहर की जनसंख्या होगी :

(a) 13,310 (b) 13,500
(c) 14,000 (d) 14,500

17. A, B तथा C की मजदूरी कुल राशि ₹ 333 है। वे अपनी मजदूरी का क्रमश: 80%, 85% तथा 75% खर्च करते हैं। यदि उनकी बचत का अनुपात 7 : 6 : 9 हो, तो उनकी अपनी मजदूरी है, क्रमश :

(a) ₹ 102, ₹ 118, ₹ 113
(b) ₹ 105, ₹ 120, ₹ 108
(c) ₹ 85, ₹ 125, ₹ 123
(d) इनमें से कोई नहीं

18. (450 का 0.9%) ÷ (250 का 0.2%) = ?

(a) 5.04 (b) 7.5
(c) 8.1 (d) 9.1

19. शुद्ध दूध से भरे एक वर्तन से 20% दूध निकाल कर उसके स्थान पर 20% जल डाल दिया गया। यही प्रक्रिया तीन बार दुहराई गयी। तीसरी प्रक्रिया के अन्त में दूध है :

(a) 40% शुद्ध
(b) 50% शुद्ध
(c) 51.2% शुद्ध
(d) 58.8% शुद्ध

20. एक संख्या 10% घटाने से 30 रह जाती है। उसे 40 बनाने के लिए संख्या को कितना बढ़ाया जाए?

(a) 10% (b) 15%
(c) 20% (d) 25%

21. एक आदमी के दैनिक उत्पादन का $33\frac{1}{3}$% एक दूसरे आदमी के दैनिक उत्पादन के 50% के बराबर है। यदि दूसरा आदमी प्रतिदिन 1500 पेच बनाता है, तो पेच बनाने में पहले आदमी का उत्पादन कितना है?

(a) 500 (b) 1000
(c) 2000 (d) 2250

22. चीनी की कीमत में 20% की कमी हो जाने पर, मुझे ₹ 600 में 5 किग्रा अतिरिक्त चीनी खरीदने का अवसर मिल गया, तो कीमत में कमी होने से पहले चीनी की कीमत कितने रुपये प्रति किग्रा थी?

(a) ₹ 24 (b) ₹ 30
(c) ₹ 32 (d) ₹ 36

23. एक नगर में मतदाताओं की संख्या 1,20,000 है। उनमें A तथा B के बीच के एक चुनाव में, 75% मतदान डाले जाते हैं, तो यदि B को डाले गए मतों के 45% मत मिले हों, तो A को कितने मत मिले?

(a) 49,000 (b) 47,900
(c) 49,500 (d) 47,000

24. राम का व्यय और बचत 3 : 2 के अनुपात में है। उसकी आय में 10 प्रतिशत की वृद्धि होती है और उसका व्यय 12% बढ़ जाता है, तो उसकी बचत में कितनी वृद्धि होगी?

(a) 7% (b) 10%
(c) 9% (d) 13%

25. खाद्य तेल का दाम 25% बढ़ गया है। इस मद पर व्यय न बढ़ाने के लिए परिवार को खाद्य तेल के प्रयोग में कितने प्रतिशत की कमी करनी होगी?

(a) 15% (b) 20%
(c) 25% (d) 30%

26. आकाश को विषय A में 73 अंक मिले हैं, उसने विषय B में 56% और विषय C में X अंक पाए हैं। प्रत्येक विषय में अधिकतम अंक 150 थे। तीनों विषयों में मिलाकर आकाश को कुल 54% अंक मिले हैं। उसे विषय C में कितने अंक मिले हैं?

(a) 84 (b) 86
(c) 79 (d) 73

27. किसी नगर की 3,00,000 की जनसंख्या में 1,80,000 पुरुष हैं। 50% जनसंख्या साक्षर है। यदि 70% पुरुष साक्षर हों, तो साक्षर महिलाओं की संख्या होगी—

(a) 30,000 (b) 54,000
(c) 24,000 (d) 60,000

28. एक विद्यालय जिसमें 500 बच्चे पढ़ते हैं, 10% बच्चे क्रिकेट नहीं खेलते हैं, 20% फुटबाल नहीं खेलते हैं और 4% न तो फुटबाल खेलते हैं और न ही क्रिकेट खेलते हैं। ऐसे कितने बच्चे हैं जो कि फुटबाल खेलते हैं, पर क्रिकेट नहीं खेलते हैं?

(a) 80
(b) 50
(c) 30
(d) पर्याप्त जानकारी नहीं है।

29. किसी मशीन के मूल्य में प्रतिवर्ष 5% का ह्रास होता है। यदि उसका वर्तमान मूल्य ₹ 2,00,000 है, तो 2 वर्ष बाद उसका मूल्य होगा :

(a) ₹ 1,80,500 (b) ₹ 1,99,000
(c) ₹ 1,80,000 (d) ₹ 2,10,000

30. 10,000 सीटों वाले एक स्टेडियम में 100 सीटें छोड़कर सभी टिकट बेच दिए गए। उनमें 20% आधी कीमत पर बिके और शेष सभी ₹ 20 की पूरी कीमत पर बिके, तो टिकटों की बिक्री से प्राप्त कुल कितने रुपये मिले?

(a) ₹ 1,58,400 (b) ₹ 1,78,200
(c) ₹ 1,80,000 (d) ₹ 1,98,000

उत्तर (हल/संकेत)

1. (a) माना कि मूल भिन्न $= \frac{x}{y}$

प्रश्नानुसार

$\frac{x \times 400}{y \times 600} = \frac{5}{12}$

$\Rightarrow \frac{2x}{3y} = \frac{5}{12}$

$\Rightarrow \frac{x}{y} = \frac{5}{12} \times \frac{3}{2} = \frac{5}{8}$

2. (c) माना संख्या p है।

$p \times \frac{16}{100} = 136$

$p = \frac{136 \times 100}{16} = \frac{1700}{2} = 850$

3. (c) कक्षा में लड़कियों की संख्या

$54 - 30 = 24$

$\therefore$ लड़कियों का प्रतिशत $= \frac{24 \times 100}{54}$

$= 44.44444 = 44.5\%$

4. (c) माना संख्या $= y$

प्रश्नानुसार

y का $0.002\% = 10$

$\therefore y = \frac{10 \times 100}{0.002} = 500000$

y का $\frac{3}{5}$ का 10%

$= 500000$ के $\frac{3}{5}$ का $\frac{10}{100}$

$= 5000 \times \frac{3}{5} \times 10 = 30000$

5. (d) माना संख्या y है।

y का $25\% = y \times \frac{25}{100} = \frac{y}{4}$

$\frac{y}{4}$ का $40\% = \frac{y}{4} \times \frac{40}{100} = \frac{y}{10}$

$\therefore \frac{y}{10} = 80$

$\Rightarrow y = 800$

y का $60\% = 800 \times \frac{60}{100} = 480$

6. (b) माना कुल वोट $= 100$

अवैध वोट $= 10$

$\therefore$ वैध वोट $= 90$

हारे हुए प्रत्याशी द्वारा प्राप्त वोट

$= \frac{40 \times 90}{100} = 36$

जीते हुए प्रत्याशी द्वारा प्राप्त वोट

$= (90 - 36) = 54\%$

अर्थात् कुल वोटों का 54%

7. (b) माना कि संख्या = y

प्रश्नानुसार

$y - \frac{10y}{100} = 1800 \Rightarrow \frac{9y}{10} = 1800$

$\Rightarrow y = \frac{1800 \times 10}{9} = 2000$

8. (c) दोनों विषयों में पास हुए विद्यार्थियों का प्रतिशत

$= (100 - 52) + (100 - 42) - (100 - 17)$

$= 48 + 58 - 83 = 23\%$

9. (c) जगदीश का व्यय = घरेलू खर्चों का व्यय + बैंक में जमा

$= 67\frac{1}{2}\% + 13\frac{1}{2}\% = 81\%$

अत: शेष राशि $= 100 - 81 = 19\%$

$\therefore 100\% = \frac{100}{19} \times 285 =$ ₹ 1,500

10. (c) विद्यालय का औसत प्राप्तांक प्रतिशत

$= \frac{85 \times 40 + 35 \times 60}{(85 + 35)}$

$= \frac{3400 + 2100}{120} = \frac{550}{12} = 45.83$

11. (b) 1605 का $\frac{4}{5}$ + 5080 का 30%

$= 6589 - ?$

$\Rightarrow 1284 + 1524 = 6589 - ?$

$\Rightarrow ? = 6589 - 1284 - 1524$

$\Rightarrow ? = 3781$

12. (c) **द्विकी सूत्र से**

अभीष्ट % कमी $= \frac{20 \times 100}{120} = 16\frac{2}{3}\%$

13. (d) पराजित प्रत्याशी को मिला मत प्रतिशत

$= 100 - 55 = 45\%$

$\therefore (55 - 45)\% = 121$

$\therefore 100\% = \frac{121 \times 100}{(55 - 45)} = 1210$

14. (b) किसी संख्या को प्रतिशत में बदलने के लिए उसमें 100% से गुणा कर देते हैं।

जैसे– $x = x \times 100\% = 100x\%$

$\therefore 3.5 = 3.5 \times 100 = 350\%$

15. (c) माना शहर में 100 लोग हैं, अखबार 'क' तथा अखबार 'ख' पढ़ने वालों की संख्या

$= 50 + 40 - 10 = 80\%$

अत: कोई भी अखबार न पढ़ने वाले

$= 100 - 80 = 20\%$

16. (a)

$P = P_0\left(1 + \frac{R}{100}\right)^T = 10000\left(1 + \frac{10}{100}\right)^3$

$= \frac{10000 \times 11 \times 11 \times 11}{1000} = 13310$

17. (b) माना कि A की बचत $= 7m$ ₹, B की बचत $= 6x$ ₹ एवं C की बचत $= 9m$ ₹ है

A की आय $= \frac{7m}{20} \times 100 = 35m$

B की आय

$\because 15\% \equiv 6m$

$\therefore 100\% \equiv \frac{6m}{15} \times 100 = 40m$

C की आय $= \frac{9m \times 100}{25}$

$\therefore 35m + 40m + 36m = 333$

$111m = 333$

$m = 3$

A, B, C की मजदूरी

$= 35 \times 3, 40 \times 3, 36 \times 3$

= ₹ 105, ₹ 120, ₹ 108

18. (c) $\left(\frac{0.9}{100} \times 450\right) \div \left(\frac{0.2}{100} \times 250\right)$

या $\frac{0.9 \times 450}{0.2 \times 250} = \frac{9 \times 450}{2 \times 250} = 8.1$

19. (c) माना लिया कि बर्तन में दूध = 100 लीटर है।

$\therefore$ प्रश्नानुसार तीसरी प्रक्रिया के बाद दूध की मात्रा

$= \left[100\left(1 - \frac{20}{100}\right)^3\right]$

$= \left[100\left(\frac{4}{5}\right)^3\right] = \frac{100 \times 64}{125} = 51.2\%$

20. (c) माना वह संख्या = x

तब $x - \frac{10}{100}x = 30$

$\Rightarrow \frac{90}{100}x = 30$

$\therefore x = \frac{100}{3}$

माना संख्या को y % बढ़ाया गया, तब

$x + x \times \frac{y}{100} = 40$

$\Rightarrow \frac{100}{3} + \frac{100}{3} \times \frac{y}{100} = 40$

$\Rightarrow \frac{y}{3} = 40 - \frac{100}{3}$

$\Rightarrow \frac{y}{3} = \frac{20}{3}$

$\Rightarrow y = 20\%$

21. (d) दूसरे आदमी के उत्पादन का 50%

$= \left(1500 \times \frac{50}{100}\right) = 750$

$\therefore$ पहले आदमी का उत्पादन

$= \left(750 \times \frac{3}{100} \times 100\right) = 2250$

22. (b) माना चीनी की वास्तविक कीमत = ₹ x प्रति किग्रा

तब $\frac{600}{\left(\frac{80}{100}x\right)} - \frac{600}{x} = 5$

$\Rightarrow \frac{60 \times 100}{8x} - \frac{600}{x} = 5$

$\Rightarrow 40x = 6,000 - 4,800$

$\Rightarrow 40x = 1,200$

$\therefore x = \frac{1,200}{40}$ = ₹ 30 प्रति किग्रा.

23. (c) डाले गए कुल मतों की संख्या

$= \left(1,20,000 \times \frac{75}{100}\right) = 90,000$

$\therefore$ A को प्राप्त मतों की संख्या

$= 90,000 \times \frac{(100-45)}{100}$

$= \left(90,000 \times \frac{55}{100}\right) = 49,500$

24. (a) माना राम का व्यय ₹ $3x$ व बचत ₹ $2x$ है,

तब राम की आय = ₹ $(3x + 2x)$ = ₹ $5x$

$\therefore$ राम की नई बचत $= 5x \times \frac{110}{100} - 3x \times \frac{112}{100}$

$= \frac{550x - 336x}{100}$

$= \frac{214x}{100} = 2{\cdot}14x$

$\therefore$ बचत में प्रतिशत वृद्धि

$= \left(\frac{2{\cdot}14x - 2x}{2x} \times 100\right)\%$

$= \frac{(0.14x \times 50)\%}{x} = 7\%$

25. (b)

अभीष्ट कमी प्रतिशत $= \frac{25}{(100+25)} \times 100\%$

$= \left(\frac{25}{125} \times 100\right)\% = 20\%$

26. (b)

माना आकाश को विषय C में x अंक मिले,

तब आकाश को मिले कुल अंक

$= \left(\frac{54}{100} \times 450\right) = 243$

$\therefore x = \left(243 - 73 - 56 \times \frac{150}{100}\right)$

$= \left(170 - 56 \times \frac{3}{2}\right)$

$= (170 - 84) = 86$

27. (c) कुल जनसंख्या = 3,00,000

कुल पुरुष = 1,80,000

कुल साक्षर जनसंख्या $= \left(3,00,000 \times \frac{50}{100}\right)$

$= 1,50,000$

साक्षर पुरुषों की संख्या $= \left(1,80,000 \times \frac{70}{100}\right)$

$= 1,26,000$

$\therefore$ कुल साक्षर महिलाएं = (1,50,000 – 1,26,000)

= 24,000

28. (c) वे विद्यार्थी जो क्रिकेट नहीं खेलते हैं

$= \left(500 \times \frac{10}{100}\right) = 50$

वे विद्यार्थी जो फुटबाल नहीं खेलते हैं

$= \left(500 \times \frac{20}{100}\right) = 100$

वे विद्यार्थी जो फुटबाल तथा क्रिकेट दोनों नहीं खेलते हैं

$= \left(500 \times \frac{4}{100}\right) = 20$

$\therefore$ फुटबाल खेलने वाले विद्यार्थी

$= (500 - 100) = 400$

क्रिकेट खेलने वाले विद्यार्थी

$= (500 - 50) = 450$

वे विद्यार्थी जो क्रिकेट नहीं खेलते केवल फुटबाल खेलते हैं

$F \cup C = F + C - F \cap C$

$\therefore 480 = 400 + 450 - F \cap C$

$\therefore F \cap C = (850 - 480) = 370$

$\therefore$ अभीष्ट संख्या = (400 – 370) = 30

29. (a) 2 वर्ष बाद मशीन का मूल्य

$= P\left(1 - \frac{R}{100}\right)^2$

$= 2,00,000\left(1 - \frac{5}{100}\right)^2$

$= \left(2,00,000 \times \frac{19}{20} \times \frac{19}{20}\right)$

= ₹ 1,80,500

30. (b) बेचे गए टिकटों की संख्या

$= (10000 - 100) = 9900$

9900 के 20% टिकट $= 9900 \times \frac{20}{100} = 1980$

$\therefore$ टिकटों की बिक्री से प्राप्त कुल धन

$= (1,980 \times 10 + 7,920 \times 20)$

= ₹ (19,800 + 1,58,400)

= ₹ 1,78,200

❑❑❑

अध्याय

7

लाभ एवं बट्टा

1. क्रय मूल्य (Cost price) : वह मूल्य जिस पर कोई वस्तु क्रय की जाती है, उस वस्तु का क्रय मूल्य कहलाता है।

2. विक्रय मूल्य (Selling price) : वह मूल्य जिस पर कोई वस्तु विक्रय की जाती है, उस वस्तु का विक्रय मूल्य कहलाता है।

3. लाभ (Profit) : किसी वस्तु को उसके क्रय मूल्य से जितने अधिक रुपए पर बेचा जाता है, वह वस्तु का लाभ कहलाता है।

लाभ = (विक्रय मूल्य – क्रय मूल्य)

4. हानि (Loss) : किसी वस्तु को उसके क्रय मूल्य से जितने कम रुपए पर बेचा जाता है, वह वस्तु की हानि कहलाती है।

हानि = (क्रय मूल्य – विक्रय मूल्य)

सामान्य सूत्र

(i) प्रतिशत लाभ $= \left(\frac{\text{लाभ}}{\text{क्रय मूल्य}} \times 100\right)\%$

(ii) हानि प्रतिशत $= \left(\frac{\text{हानि}}{\text{क्रय मूल्य}} \times 100\right)\%$

(iii) क्रय मूल्य $= \frac{100}{(100 + \text{लाभ }\%)} \times \text{विक्रय मूल्य}$

(iv) क्रय मूल्य $= \frac{100}{(100 - \text{हानि }\%)} \times \text{विक्रय मूल्य}$

(v) विक्रय मूल्य $= \frac{(100 + \text{लाभ }\%)}{100} \times \text{क्रय मूल्य}$

(vi) विक्रय मूल्य $= \frac{(100 - \text{हानि }\%)}{100} \times \text{क्रय मूल्य}$

नोट–हानि और लाभ प्रतिशत की गणना सदैव क्रय मूल्य पर की जाती है।

लाभ एवं हानि के लिए कुछ महत्वपूर्ण नियम

(i) किसी व्यक्ति द्वारा 1 वस्तु को ₹ x में बेचने पर जितना लाभ होता है उतना ही उसे उस वस्तु को ₹ y में बेचने पर हानि होती है तब,

$$\text{वस्तु का क्रय मूल्य} = ₹\left(\frac{x+y}{2}\right)$$

(ii) यदि x वस्तुओं का क्रय मूल्य y वस्तुओं के विक्रय मूल्य के बराबर हो, तब

$$\text{लाभ प्रतिशत} = \left[\frac{x-y}{y} \times 100\right]\% \text{ (जबकि } x > y)$$

(iii) यदि x वस्तुओं का क्रय मूल्य y वस्तुओं के विक्रय मूल्य के बराबर हो, तब

$$\text{हानि प्रतिशत} = \left[\frac{y-x}{y} \times 100\right]\% \text{ जबकि } (y > x)$$

(iv) एक व्यक्ति x वस्तुओं को ₹ y में खरीदता है तथा y वस्तुओं को ₹ x में बेचता है तब,

$$\text{उसका लाभ प्रतिशत} = \left[\frac{x^2 - y^2}{y^2} \times 100\right]\% \text{ जबकि } x > y$$

(v) यदि दो वस्तुओं को एक ही मूल्य ₹ R में बेचा जाए और यदि एक वस्तु पर x% लाभ तथा दूसरी वस्तु पर x% की हानि हो, तब पूरे व्यापार में सदैव हानि ही होती है अत:

(i) कुल हानि प्रतिशत $= \left(\frac{x}{10}\right)^2\%$

(vi) एक दुकानदार गलत बांटों का प्रयोग करते हुए x ग्राम बांट के स्थान पर y ग्राम बांट का प्रयोग करता है और वह अपने क्रय मूल्य पर ही सामान को बेचता है तब,

$$\text{बेईमान दुकानदार का प्रतिशत लाभ} = \left[\frac{x-y}{y} \times 100\right]\%$$

हल सहित उदाहरण

उदाहरण–1 : एक व्यक्ति ₹ 4 प्रतिदर्जन की दर से 50 दर्जन अण्डे खरीदता है इसमें से 40 अण्डे टूटे पाए गए। वह शेष अण्डों को किस दर से बेचे कि उसे 5% का लाभ हो?

हल– 50 दर्जन अण्डों का क्रय मूल्य $= (50 \times 4) = ₹\ 200$

40 अण्डे टूट जाने पर शेष बचे अण्डे $= (50 \times 12 - 40)$

$= (600 - 40) = 560$

$\therefore$ 5% लाभ पर विक्रय मूल्य $= \left(200 \times \frac{105}{100}\right) = ₹\ 210$

$\therefore$ 560 अण्डों को बेचा जाता है = ₹ 210 में

$\therefore$ 1 अण्डा बेचा जाता है $= ₹\ \frac{210}{560}$ में

$\therefore$ 12 अण्डों को बेचा जाता है $= ₹\left(\frac{210}{560} \times 12\right) = ₹\ 4.5$ में

उदाहरण–2 : एक व्यक्ति ₹ 40000 में एक खेत खरीदता है वह इसका $\frac{1}{5}$ भाग 25 प्रतिशत की हानि से तथा $\frac{3}{8}$ भाग 25 प्रतिशत लाभ से बेचता है वह शेष भूमि को कितने में बेचे कि उसे कुल मिलाकर 10 प्रतिशत का लाभ हो?

हल– $\frac{1}{5}$ भाग खेत का विक्रय मूल्य $= \left(\frac{1}{5} \times 40000 \times \frac{75}{100}\right)$

$= ₹\ 6000$

$\frac{3}{8}$ भाग खेत का विक्रय मूल्य $= \left(\frac{3}{8} \times 40000 \times \frac{125}{100}\right)$

$= ₹\ 18750$

पूरे खेत में 10 प्रतिशत का लाभ प्राप्त करने के लिए

विक्रय मूल्य $= \left(40000 \times \frac{110}{100}\right)$

$= 44000$

$\therefore$ अभीष्ट विक्रय मूल्य $= 44000 - (6000 + 18750)$

$= ₹\ 19250$

उदाहरण–3 : एक व्यक्ति किसी वस्तु को ₹75 में बेचकर क्रय मूल्य का $\frac{1}{4}$ भाग लाभ उठाता है उस वस्तु का क्रय मूल्य है–

हल– माना वस्तु का क्रय मूल्य $= ₹\ x$

$\therefore$ लाभ $= ₹\ \frac{x}{4}$

$\therefore$ वस्तु का विक्रय मूल्य $= ₹\left(x + \frac{x}{4}\right) = ₹\ \frac{5}{4}x$

$\because$ $\frac{5}{4}x = 75$

$\Rightarrow$ $x = ₹\ 60$

उदाहरण–4 : एक रेफ्रिजरेटर 10% हानि पर ₹8100 में बेच दिया जाता है उसे कितने रुपए में बेचा जाए कि 10 % का लाभ हो?

हल– रेफ्रिजरेटर का क्रय मूल्य $= \frac{100}{100-10} \times 8100$

$= \left(\frac{100}{90} \times 8100\right) = ₹\ 9000$

$\therefore$ 10% लाभ प्राप्त करने के लिए

रेफ्रिजरेटर का विक्रय मूल्य $= \left(\frac{110}{100} \times 9000\right) = ₹\ 9900$

अंकित मूल्य (Marked price or List Price)

किसी वस्तु पर लिखा हुआ मूल्य, उस वस्तु का सूची मूल्य या अंकित मूल्य कहलाता है। बट्टा या छूट सदैव अंकित मूल्य पर ही दिया जाता है।

सामान्य सूत्र

(*i*) बट्टा = अंकित मूल्य-विक्रय मूल्य

(*ii*) फुटकर बट्टा = अंकित मूल्य $\times \frac{\text{बट्टे की दर}}{100}$

(*iii*) बट्टा प्रतिशत $= \frac{\text{अंकित मूल्य-विक्रय मूल्य}}{\text{अंकित मूल्य}} \times 100$

अथवा

बट्टा प्रतिशत $= \frac{\text{वास्तविक बट्टा}}{\text{अंकित मूल्य}} \times 100$

(*iv*) विक्रय मूल्य = अंकित मूल्य $\left(1 - \frac{\text{बट्टा}}{100}\right)$

(*v*) यदि किसी वस्तु की बिक्री पर क्रमिक दो बट्टे $a\%$ और $b\%$ हों, तो इसके समतुल्य बट्टा $(a + b)\%$ के बट्टे से सदैव कम होता है।

बट्टा के लिए कुछ महत्वपूर्ण नियम

(i) दो क्रमिक बट्टों $a\%$ व $b\%$ के समतुल्य–

एकल बट्टा $= \left[100 - \frac{(100-a)(100-b)}{100}\right]\%$

एकल बट्टा $= \left[a + b - \frac{ab}{100}\right]\%$

(ii) तीन क्रमिक छूटों $a\%$, $b\%$ व $c\%$ के समतुल्य–

एकल बट्टा $= 100 - \frac{(100-a)(100-b)(100-c)}{100 \times 100}\%$

(iii) एक वस्तु का अंकित मूल्य ₹ R है। यदि इस पर दो क्रमिक बट्टे $a\%$ व $b\%$ दिए जा रहे हों, तब

उस वस्तु का विक्रय मूल्य $= ₹\left[\frac{R(100-a)(100-b)}{100 \times 100}\right]$

(iv) एक वस्तु का अंकित मूल्य ₹ R है। इसमें तीन क्रमिक बट्टे $a\%$, $b\%$ व $c\%$ दिए जा रहे हैं। तब,

उस वस्तु का विक्रय मूल्य $= ₹\left(\frac{R(100-a)(100-b)(100-c)}{100 \times 100 \times 100}\right)$

(v) एक व्यक्ति अपने सामान का मूल्य, क्रय मूल्य से $x\%$ बढ़ाकर अंकित करता है और नगद भुगतान पर $y\%$ की छूट देता है। यदि वह सामान को ₹ R में बेचता है, तब

उस सामान का क्रय मूल्य $= ₹\left[\frac{R \times 100 \times 100}{(100+x)(100-y)}\right]$

हल सहित उदाहरण

उदाहरण–1 : एक दुकानदार वस्तु के अंकित मूल्य पर 10% की छूट देता है। लेकिन वह दी गई छूट की राशि पर 8% का कर भी लेता है। यदि कर सहित कोई भी ग्राहक उस वस्तु के ₹ 680.40 अदा करता है, तो उस वस्तु का अंकित मूल्य कितना है?

हल– माना वस्तु का अंकित मूल्य $= ₹\ x$

$\therefore$ वस्तु का विक्रय मूल्य $= ₹\ \frac{90}{100}x = \frac{9}{10}x$

$\because$ $\frac{9}{10}x \times \frac{108}{100} = ₹\ 680.40$

$\Rightarrow$ $x = \left(\frac{680.40 \times 100 \times 10}{9 \times 108}\right)$

$= ₹\ 700$

उदाहरण—2 : एक दुकानदार किसी वस्तु की बिक्री पर 5% की छूट देता है और 23.5% का लाभ कमाता है। यदि वह कोई भी छूट न दे, तो उसका लाभ प्रतिशत कितना होगा?

हल— माना वस्तु का क्रय मूल्य = ₹ 100

तब, वस्तु का विक्रय मूल्य = (100 + 23.5) = ₹ 123.5

माना वस्तु का अंकित मूल्य = ₹x

तब, $\frac{95}{100}x = 123.50$

$\Rightarrow$ $x = \left(\frac{12350}{95}\right) = ₹\ 130$

अत: वस्तु का विक्रय मूल्य = उसका अंकित मूल्य = ₹ 130

∴ लाभ प्रतिशत = $\left(\frac{130-100}{100}\times 100\right)\%$

$= 30\%$

उदाहरण—3 : राजा किसी सामान को उसके अंकित मूल्य से $12\frac{1}{2}$% की छूट पर खरीदता है। वह इस सामान को इसके अंकित मूल्य से $17\frac{1}{2}$% लाभ पर बेचता है। राजा का लाभ प्रतिशत ज्ञात कीजिए।

हल— माना सामान का अंकित मूल्य = ₹ 100

∴ राजा के लिए सामान का क्रय मूल्य = $\left(100-12\frac{1}{2}\right)$ = ₹ 87.5

राजा के लिए सामान का विक्रय मूल्य = ₹ $\left(100+17\frac{1}{2}\right)$ = ₹ 117.5

∴ लाभ = ₹ (117.5 − 87.5) = ₹ 30

∴ राजा का लाभ प्रतिशत = $\left(\frac{30}{87.5}\times 100\right)\% = 34\frac{2}{7}\%$

उदाहरण—4 : एक दुकानदार अपने सामान पर इस प्रकार मूल्य अंकित करता है कि 30% का बट्टा देने के पश्चात् भी वह 40% का लाभ कमाता है। उस वस्तु का अंकित मूल्य ज्ञात कीजिए, जिसका क्रय मूल्य ₹ 150 है।

हल— वस्तु का क्रय मूल्य = ₹ 150

∴ वस्तु का विक्रय मूल्य = ₹ $\left(\frac{140}{100}\times 150\right)$ = ₹ 210

माना वस्तु का अंकित मूल्य = ₹ x

तब, वस्तु का विक्रय मूल्य = ₹ $\left(x\times\frac{70}{100}\right)$ = ₹ $\frac{7}{10}x$

∵ $\frac{7}{10}x = 210 \Rightarrow x = ₹\ 300$

प्रश्नमाला

1. तीन वस्तुओं को चार वस्तुओं की लागत पर बेचने से, प्रतिशत लाभ होगा–

(a) 25 % (b) $33\frac{1}{3}$%

(c) $37\frac{1}{2}$% (d) 40 % लाभ

2. किसी वस्तु को ₹ 40 में बेचने पर 40 % की हानि होती है। इसे ₹ 80 में बेचने पर होगा–

(a) 20 % लाभ (b) 10 % हानि

(c) 20 % हानि (d) 10 % लाभ

3. किसी वस्तु को ₹ 270 में बेचने पर 12.5% का लाभ होता है, तो क्रय मूल्य क्या है?

(a) ₹ 240 (b) ₹ 220

(c) ₹ 210 (d) ₹ 250

4. किसी वस्तु का क्रय मूल्य ₹ 7840 हैं 7 % लाभ पाने के लिए उसका विक्रय मूल्य क्या होगा?

(a) ₹ 8388.80 (b) ₹ 8000

(c) ₹ 8383.30 (d) ₹ 8833.80

5. एक आदमी ने एक रेडियो ₹ 800 में खरीदा और उस पर ₹ 400 अतिरिक्त खर्च किया। इसके बाद उसने ₹ 1500 में उसे बेच दिया। उसे कितने प्रतिशत का लाभ होता है?

(a) 55 % (b) 35 %

(c) 25 % (d) 52 %

6. एक व्यापारी ने एक दर्जन साइकिलें ₹ 8,880 में खरीदीं और प्रति साइकिल ₹ 888 में बेची। उसके लाभ का प्रतिशत कितना है?

(a) 18 % (b) 20 %

(c) 22 % (d) 25 %

7. एक बेईमान व्यापारी अपनी वस्तुओं को लागत मूल्य पर बेचने का दावा करता है, परन्तु 1 किलोग्राम बाट के स्थान पर 900 ग्राम के गलत बाट का उपयोग करता है। बताए कि उसे कितने प्रतिशत लाभ होता है?

(a) 10 % (b) $11\frac{1}{9}$%

(c) 11.25 % (d) $12\frac{1}{9}$%

8. एक दुकानदार ₹ 500 की दर से खरीदी गई दो घड़ियों में एक को 20 % लाभ पर तथा दूसरे को 20 % हानि पर बेचता है। उसे कुल कितने रुपये का लाभ या हानि होती है?

(a) कोई लाभ या हानि नहीं

(b) ₹ 16.75 लाभ

(c) ₹ 16.75 हानि

(d) इनमें से कोई नहीं।

9. ₹ 878 में किसी वस्तु को बेचने पर हुआ लाभ उसी वस्तु को ₹ 636 में बेचने पर हुई हानि के बराबर है। वस्तु का लागत मूल्य क्या है?

(a) ₹ 797 (b) ₹ 787

(c) ₹ 676 (d) ₹ 757

10. रमेश ने कुछ किलोग्राम चावल ₹ 14 प्रति किलोग्राम की दर से खरीदकर ₹ 16.50 प्रति किलोग्राम की दर से खरीदे गए 64 किलोग्राम चावल में मिला दिया। अब उसने इस मिश्रण को ₹ 19.50 प्रति किलोग्राम ₹ 390 का लाभ अर्जित किया तो उसने ₹ 14 प्रति किलोग्राम की दर से कितना चावल खरीदा था?

(a) 34 किलोग्राम

(b) 54 किलोग्राम

(c) 36 किलोग्राम

(d) 64 किलोग्राम

11. राम ने 3.75 प्रति दर्जन के हिसाब से 1600 अंडे खरीदें, उसने उनमें से 900 अंडों को एक रुपये में दो तथा शेष को दो रुपये में पाँच के हिसाब से बेच दिया। उसे कितना % लाभ या हानि होगा–
(a) 40 % (b) 45 %
(c) 42 % (d) 46 %

12. 18 वस्तुओं का लागत मूल्य 15 वस्तुओं के विक्रय मूल्य के बराबर है, तो लाभ प्रतिशत है।
(a) 15 % (b) 20%
(c) 25 % (d) 18 %

13. अब्दुल ने एक रुपये में 9 के भाव से आम खरीदकर 10 के भाव में बेचे। उसे प्रतिशत लाभ अथवा हानि हुई–
(a) $10\frac{1}{9}$% लाभ
(b) $11\frac{1}{9}$% हानि
(c) 11% लाभ
(d) 10% हानि

14. एक दुकानदार ने 16 दर्जन खिलौने ₹ 703.20 प्रति दर्जन की दर से खरीदे। यदि उसने खिलौनों को औसत 20% लाभ पर बेचा हो तो उसने प्रति खिलौना लगभग कितना मूल्य प्राप्त किया?
(a) ₹ 65 (b) ₹ 96
(c) ₹ 70 (d) ₹ 74

15. एक व्यापारी ₹ 4000 की रिम की दर से चार रिम कागज खरीदता है और ₹ 800 चुंगी चुकाता है। वह ₹ 1, 200 मजदूरी देकर कापियाँ बनवाता है और प्रति कॉपी ₹ 10.35 की दर से बेचता है। यदि उसे 15 % का लाभ होता है तो उसने कितनी कॉपियाँ बनवाई थीं?
(a) 1500
(b) 2000
(c) 2100
(d) 2400

16. सुधीर ने ₹ 100 मूल्य के 500 शेयर ₹ 120 प्रति शेयर की दर से खरीदें। यदि वर्ष के अंत में कंपनी द्वारा प्रति शेयर ₹ 20 लाभांश घोषित किया गया हो, तो सुधीर को अपनी पूँजी पर कितना प्रतिशत लाभ प्राप्त हुआ?
(a) 15 %
(b) 18 %
(c) 16.7 %
(d) 17.5 %

17. 150 आम बेचने पर एक फल विक्रेता को 30 आमों के विक्रय मूल्य के बराबर लाभ प्राप्त होता है। उसका प्रतिशत लाभ है–
(a) 30 % (b) $27\frac{1}{2}$%
(c) $17\frac{1}{2}$% (d) 25 %

18. एक व्यक्ति 400 आमों की लागत मूल्य पर 320 आम बेचता है। उसके लाभ का प्रतिशत होगा–
(a) 10 % (b) 15 %
(c) 20 % (d) 25 %

19. ₹ 570 में एक सूटकेस बेचने पर एक व्यक्ति को 5% की हानि होती है। उस व्यक्ति को 5% लाभ होने के लिए कितने में सूटकेस बेचना होगा?
(a) ₹ 630 (b) ₹ 650
(c) ₹ 580 (d) ₹ 620

20. एक व्यापारी के पास 100 किलो चीनी है। वह एक भाग 7% के लाभ से और बाकी 17% का लाभ से बेचता है। वह पूरे पर 10% का लाभ करता है। वह 7% लाभ पर कितनी चीनी बेचता है?
(a) 70 किग्रा. (b) 30 किग्रा.
(c) 50 किग्रा. (d) 10 किग्रा.

21. यदि 10 वस्तुओं का लागत मूल्य 16 वस्तुओं के बिक्री मूल्य के बराबर हो, तो उन वस्तुओं की बिक्री पर कितने प्रतिशत लाभ या हानि होगी?
(a) 28% लाभ (b) $37\frac{1}{2}$% लाभ
(c) 28% हानि (d) $37\frac{1}{2}$% हानि

22. एक दुकानदार ₹ 10 प्रति 7 पेन की दर से पेन खरीदकर लाया और उसने उन्हें 40% लाभ पर बेचा, तो किसी खरीदार को ₹ 10 में कितने पेन मिले?
(a) 6 (b) 4
(c) 5 (d) 3

23. 20 वस्तुओं को ₹ 160 में बेचने पर एक व्यक्ति को 20% की हानि हो जाती है, तो 20% का लाभ प्राप्त करने के लिए उस व्यक्ति को ₹ 240 में कितनी वस्तुएं बेचनी चाहिए?
(a) 20 (b) 28
(c) 24 (d) 18

24. A, B को एक वस्तु 20% लाभ पर बेचता है। B उसे C को 10% लाभ पर बेच देता है, तो C को A की तुलना में कितने प्रतिशत ज्यादा भुगतान करना होगा?
(a) 32% (b) 35%
(c) 28% (d) 30%

25. एक फल विक्रेता ने ₹ 48 प्रति दर्जन की दर से 240 केले खरीदे। उसने उनमें से आधे ₹ 5 प्रति केले की दर से बेचे। शेष का $\frac{1}{6}$ भाग खराब हो गए। अपने सम्पूर्ण निवेश पर 25% का लाभ पाने के लिए उसे अपने शेष केले किस मूल्य पर बेचने होंगे?
(a) ₹ 5·50 (b) ₹ 6·00
(c) ₹ 5·00 (d) ₹ 6·50

26. एक विक्रेता ने अपनी वस्तुओं का $\frac{3}{4}$ हिस्सा 24% लाभ पर बेचा और शेष भाग लागत मूल्य पर बेच दिया तो उसका कुल लाभ कितने प्रतिशत रहा?
(a) 15 (b) 18
(c) 24 (d) 32

27. एक व्यक्ति ₹ 12 प्रति बांसुरी के हिसाब से 2 बांसुरी बेचता है। एक पर उसे 20% का लाभ तथा दूसरी पर उसे 20% की हानि होती है। सब मिलाकर उसको–
(a) न तो लाभ न तो हानि
(b) ₹ 1 का लाभ
(c) ₹ 1 का घाटा
(d) ₹ 2 का लाभ

28. एक वस्तु को ₹ 625 में बिक्री करने से जितना लाभ होता है, उतनी ही हानि उसको ₹ 435 में बिक्री करने से होती है, तो वस्तु की कीमत क्या होगी?
(a) ₹ 520 (b) ₹ 530
(c) ₹ 540 (d) ₹ 550

29. किसी वस्तु को बेचने पर एक आदमी को उसके विक्रय मूल्य के 25% के बराबर लाभ होता है। उसका लाभ प्रतिशत है :
(a) 20 (b) 25
(c) $16\frac{2}{3}$ (d) $33\frac{1}{3}$

30. एक आदमी एक वस्तु को 20% के लाभ पर बेचता है। यदि उसने वह 20% कम पर खरीदी होती और ₹ 5 कम पर बेची होती, तो उसे 25% का लाभ होता। वस्तु का क्रय मूल्य है :
(a) ₹ 15 (b) ₹ 20
(c) ₹ 25 (d) ₹ 30

उत्तर (हल/संकेत)

1. (b) माना कि प्रत्येक वस्तु का क्रय मूल्य = ₹ 1

∴ 3 वस्तुओं का क्रय मूल्य = ₹ 3

3 वस्तुओं का विक्रय मूल्य = ₹4

∴ लाभ प्रतिशत $= \frac{4-3}{3} \times 100$

$= \frac{100}{3} = 33\frac{1}{3}\%$

2. (a) पहली स्थिति में,

हानि = 40%

विक्रय मूल्य = ₹40

∴ क्रय मूल्य $= \frac{100}{60} \times 40 =$ ₹ $\frac{200}{3}$

जब विक्रय मूल्य = ₹ 80

लाभ $= 80 - \frac{200}{3} =$ ₹ $\frac{40}{3}$

∴ लाभ % $= \frac{\frac{40}{3}}{\frac{200}{3}} \times 100 = 20\%$

3. (a) क्रय मूल्य $= \frac{100}{112.5} \times 270 =$ ₹ 240

4. (a) विक्रय मूल्य $= \frac{107}{100} \times 7840$

= ₹ 8388.80

5. (c) रेडियो का वास्तविक क्रय मूल्य

= ₹ (800 + 400) = ₹1200

विक्रय मूल्य = ₹ 1500

∴ लाभ % $= \frac{300}{1200} \times 100 = 25\%$

6. (b) एक दर्जन साईकिलों का क्रय मूल्य = ₹ 8.880

∴ 1 साइकिल का क्रय मूल्य $= \frac{8880}{12}$

= ₹ 740

∴ प्रति साइकिल लाभ = 888 − 74 0 = ₹ 148

∴ % लाभ $= \frac{148 \times 100}{740}$

$= \frac{14800}{740} = 20\%$

7. (b) माना कि 1 किग्रा. का क्रय मूल्य $= x$

⇒ 1000 ग्राम का क्रय मूल्य $= x$

⇒ 900 ग्राम का क्रय मूल्य

$= \frac{x}{1000} \times 900 = \frac{9x}{10}$

विक्रय मूल्य = 1000 ग्राम का क्रय मूल्य $= x$

लाभ = विक्रय मूल्य − क्रय मूल्य

$= x - \frac{9x}{10} = \frac{10x - 9x}{10} = \frac{x}{10}$

लाभ % $= \frac{\text{लाभ} \times 100}{\text{क्रय मूल्य}} = \frac{\frac{x}{10}}{\frac{9x}{10}} \times 100\,\%$

$= \frac{x}{10} \times \frac{10}{9x} \times 100 = \frac{100}{9} = 11\frac{1}{9}\%$

8. (a) दोनों घड़ियों का क्रय मूल्य = 500 × 2 = ₹ 1000

पहली घड़ी का 20% लाभ पर विक्रय मूल्य

$= \frac{500 \times 120}{100} =$ ₹ 600.00

दूसरी घड़ी का 20% का हानि पर विक्रय मूल्य

$= \frac{80}{100} \times 500 = 80 \times 5 =$ ₹ 400

∴ कुल विक्रय मूल्य = (600 + 400)

= ₹ 1000

अत: न कोई लाभ न ही हानि होती है।

9. (d) माना कि वस्तु का क्रय मूल्य = ₹x

प्रश्नानुसार,

$878 - x = x - 636$

⇒ $2x = 878 + 636 = 1514$

⇒ $x = \frac{1514}{2} =$ ₹ 757

10. (c) माना कि x किग्रा चावल ₹14 किग्रा की दर से खरीदा गया।

प्रश्नानुसार,

$(x + 64) \times 19.50 - x \times 14 - 64 \times 16.50 = 360$

⇒ $19.5x + 1248 - 14x - 1056 = 390$

⇒ $5.5x + 192 = 390$

⇒ $5.5x = 390 - 192 = 198$

⇒ $x = \frac{198}{5.5} = 36$ किग्रा.

11. (d) 1600 अण्डों का क्रय मूल्य

= ₹ $\left(\frac{3.75 \times 1600}{12}\right) =$ ₹ 500

1600 अण्डों का विक्रय मूल्य

= ₹ $\left(\frac{900}{2} + \frac{2}{5} \times 700\right)$

= ₹ (450 + 280) = ₹ 730

लाभ = ₹ (730 − 500) = ₹ 230

∴ लाभ % $= \frac{230}{500} \times 100 = 46\%$

12. (b) माना कि प्रत्येक वस्तु का क्रय मूल्य = ₹1

∴ 15 वस्तुओं का क्रय मूल्य = ₹ 15

15 वस्तुओं का विक्रय मूल्य = ₹ 18

∴ लाभ = ₹ (18 − 15) = ₹ 3

∴ लाभ प्रतिशत $= \frac{3}{15} \times 100$

$= \frac{1}{5} \times 100 = 20\%$

13. (d) यदि विक्रय की जाने वाली वस्तुओं को संख्या क्रय की गई वस्तुओं की संख्या से अधिक हो, तो हमेशा हानि होगी।

अत: हानि

$\frac{\text{विक्रय की संख्या} - \text{क्रय की संख्या}}{\text{विक्रय की संख्या}} \times 100$

∴ हानि % $= \frac{10-9}{10} \times 100 = 10\%$

14. (c) 1 खिलौने का क्रय मूल्य

$= \frac{703.20}{12} =$ ₹ 58.60

∴ विक्रय मूल्य = 58.60 + 58.60 का 20%

= 58.60 + 11.72 = 70.32 = ₹ 70.00

15. (b) चार रिम कागज का कुल मूल्य

= 4000 × 4 = ₹ 16000

चुंगी और मजदूरी मिलाकर व्यापारी का कुल खर्च = 1600 + 1200 + 800 = ₹ 1800 व्यापारी को कापियों की बिक्री के उपरान्त प्राप्त धनराशि

$= 18000 + 18000 \times \frac{15}{100}$

= 18000 + 2700 = ₹20 700

कापियों की संख्या

$= \frac{20700}{1035} = \frac{20700 \times 100}{1035}$

= 2000

16. (c) शेयरों की खरीद के लिए चुकाया गया मूल्य = 500 × 120 = ₹ 60.000 कम्पनी द्वारा घोषित लाभांश (₹100 के शेयर पर ₹ 20)

= 20 × 500 = ₹ 10.000

∴ सुधीर का लाभ $= \frac{10000 \times 100}{60000}$

= 16.667% = 16.7%

17. (d) प्रतिशत लाभ $= \frac{x \times 100}{y-x}\%$

(प्रश्नानुसार, $x = 30$ और $y = 150$)

$= \frac{30 \times 100}{150-30}\% = \frac{3000}{120} = \frac{300}{12}$

$= \frac{75}{3} = 25\%$

18. (d) **ट्रिकी सूत्र से**

जब m वस्तु का क्रय मूल्य, n वस्तु के विक्रय मूल्य के बराबर होता है।

[जहाँ $m > n$]

तब, लाभ प्रतिशत $= \frac{m-n}{n} \times 100\%$

$= \frac{(400-320)}{320} \times 100\% = 25\%$

19. (a) सूटकेस का क्रय मूल्य

$= \frac{100}{100-5} \times 750 =$ ₹600

$\therefore$ अभीष्ट विक्रय मूल्य $= \frac{600 \times 105}{100}$

$= 6 \times 105$

$=$ ₹ 630

20. (a) कुल लाभ %= 10%

$\therefore$ लाभ = 100 किग्रा. का 10%

= 100 किग्रा. $\times \frac{10}{100}$ = 10 किग्रा.

माना कि 7% लाभ वाला भाग = y किग्रा. है तथा 17% लाभ वाला भाग = $(100 - y)$ किग्रा

$\therefore$ प्रश्न से,

y का 7% + $(100 - y)$ का 17% = 10 y

$\Rightarrow \quad \frac{y+7}{100} + \frac{(100-y) \times 17}{100} = 10$

$\Rightarrow \quad \frac{7y + 1700 - 17y}{100} = 10$

$\Rightarrow \quad 1700y - 10y = 1000$

$\Rightarrow \quad 10y = 1700 - 1000$

$\Rightarrow \quad y = \frac{700}{10} = 70$ किग्रा.

21. (d) माना प्रत्येक वस्तु का क्रय मूल्य = ₹ 1

तब, 16 वस्तुओं का क्रय मूल्य = ₹ 16

16 वस्तुओं का विक्रय मूल्य = 10 वस्तुओं का क्रय मूल्य = ₹ 10

$\therefore$ हानि % $= \left(\frac{16-10}{16} \times 100\right)\%$

$= \left(\frac{6}{16} \times 100\right)\% = 37\frac{1}{2}\%$

22. (c) 1 पेन का क्रय मूल्य = ₹ $\frac{10}{7}$

40% लाभ प्राप्त करने के लिए

1 पेन का विक्रय मूल्य

= ₹ $\left(\frac{100+40}{100} \times \frac{10}{7}\right)$

= ₹ $\left(\frac{140}{100} \times \frac{10}{7}\right)$ = ₹ 2

$\therefore$ ₹ 10 में खरीदे गए पेनों की संख्या

$= \frac{10}{2} = 5$

23. (a) 20 वस्तुओं का विक्रय मूल्य = ₹ 160

$\therefore$ 1 वस्तु का विक्रय मूल्य = ₹ 8

$\therefore$ 1 वस्तु का क्रय मूल्य = ₹ $\left(\frac{100}{80} \times 8\right)$ = ₹ 10

20% लाभ प्राप्त करने के लिए,

1 वस्तु का विक्रय मूल्य = ₹ $\left(\frac{120}{10} \times 10\right)$ = ₹ 12

$\therefore$ ₹ 240 में बेची गई कुल वस्तुएं $= \frac{240}{12} = 20$

28. (a) माना A के लिए वस्तु का क्रय मूल्य = ₹ x

तब B के लिए वस्तु का क्रय मूल्य

$= \left(\frac{120}{100} \times x\right) =$ ₹ $\frac{6}{5}x$

$\therefore$ C के लिए वस्तु का क्रय मूल्य

= ₹ $\left(\frac{6}{5}x \times \frac{110}{100}\right)$

= ₹ $\frac{66}{50}x$

$\therefore$ अभीष्ट प्रतिशत $= \left(\frac{\frac{66}{50}x - x}{x} \times 100\right)\%$

$= \left(\frac{16}{50} \times 100\right)\% = 32\%$

25. (b) कुल केलों का क्रय मूल्य

$= \left(\frac{240}{12} \times 48\right) =$ ₹ 960

सम्पूर्ण निवेश पर 25% का लाभ प्राप्त करने के लिए कुल

केलों का विक्रय मूल्य = ₹ $\left(\frac{125}{100} \times 960\right)$

= ₹ 1,200

माना उसने शेष केले ₹ x प्रति केले की दर से बेचे, तब

$120 \times 5 + 120\left(1 - \frac{1}{6}\right)x = 1200$

$\Rightarrow \quad 600 + 120x - 20x = 1200$

$\Rightarrow \quad 100x = 600$

$\therefore \quad x =$ ₹ 6

26. (b) माना सभी वस्तुओं का क्रय मूल्य = ₹ x

तब वस्तुओं का कुल विक्रय मूल्य

$= \frac{3}{4}x \times \frac{124}{100} + \frac{1}{4} \times x$

$= \frac{1}{4}x\left(\frac{3 \times 124}{100} + 1\right)$

$= \frac{1}{4}x\left(\frac{93}{25} + 1\right) = \frac{118}{100}x$

$\therefore$ अभीष्ट प्रतिशत लाभ $= \frac{\left(\frac{118}{100}x - x\right)}{x} \times 100\%$

$= \left(\frac{18}{100} \times 100\right)\% = 18\%$

27. (c) दो बांसुरी का विक्रय मूल्य = ₹ (2×12)

= ₹ 24

$\therefore$ दो बांसुरी का कुल क्रय मूल्य

= ₹ $\left(12 \times \frac{100}{120} + 12 \times \frac{100}{80}\right)$

= ₹ $(10 + 15)$ = ₹ 25

$\therefore$ हानि = ₹ $(25 - 24)$ = ₹ 1 की हानि

28. (b) वस्तु की अभीष्ट कीमत = ₹ $\left(\frac{625+435}{2}\right)$

= ₹ $\left(\frac{1060}{2}\right)$ = ₹ 530

अत: वस्तु की वास्तविक कीमत = ₹ 530

29. (d) माना विक्रय मूल्य = ₹ 100

तब, लाभ = ₹ 25

$\therefore$ क्रय मूल्य = ₹ (100 – 25) = ₹ 75

$\therefore$ प्रतिशत लाभ $= \left(\frac{25}{75} \times 100\right)\% = 33\frac{1}{3}\%$

30. (c) माना वस्तु का क्रय मूल्य = ₹ 100

$\therefore$ वस्तु का विक्रय मूल्य = ₹ $(100 + 20)$ = ₹ 120

वस्तु का दूसरा क्रय मूल्य = ₹ $(100 - 20)$ = ₹ 80

वस्तु का दूसरा विक्रय मूल्य = ₹ $\left(80 \times \frac{125}{100}\right)$

= ₹ 100

$\therefore$ दोनों विक्रय मूल्य का अन्तर

= ₹ $(120 - 100)$ = ₹ 20

$\because$ जब अन्तर ₹ 20 है, तब क्रय मूल्य = ₹ 100

$\therefore$ जब अन्तर ₹ 5 है, तब क्रय मूल्य

= ₹ $\left(\frac{100 \times 5}{20}\right)$ = ₹ 25

❑❑❑

अध्याय **8**

साधारण ब्याज एवं चक्रवृद्धि ब्याज

मूलधन (Principal) : किसी बैंक, महाजन, साहूकार आदि से उधार लिया गया धन मूलधन कहलाता है।

ब्याज (Interest) : जब कोई व्यक्ति एक निश्चित समय के लिए धन उधार लेता है, तो उसे धन के साथ कुछ अतिरिक्त राशि चुकानी पड़ती है। इस अतिरिक्त धनराशि को ब्याज कहते हैं।

साधारण ब्याज (Simple Interest) : यदि पूरे ऋण अवधि के दौरान मूलधन एक समान बना रहे, तो मूलधन के साथ लौटाया गया ब्याज, साधारण ब्याज कहलाता है।

ब्याज की दर (Rate of Interest) : यदि ब्याज की गणना प्रति ₹ 100 राशि के लिए वर्ष के अंत में अदा की जाने वाली ब्याज के रूप में की जाती है तो इसे 'दर प्रतिशत प्रतिवर्ष' (Rate per cent per annum) कहते हैं।

समय (Time) : जितने समय के लिए धन उधार लिया जाता है, उसे ब्याज की अवधि कहते हैं, इसे 't' से प्रदर्शित करते हैं।

महत्वपूर्ण सामान्य सूत्र– यदि मूलधन को P से, ब्याज की प्रतिशत दर को r से समय को t से तथा साधारण ब्याज को S.I. से प्रदर्शित करें, तब

(i) $S.I. = \frac{Prt}{100}$ (ii) $r = \frac{100 \times S.I.}{P \times t}$

(iii) $t = \frac{100 \times S.I.}{P \times r}$ (iv) $P = \frac{100 \times S.I.}{r \times t}$

(v) मिश्रधन = मूलधन + ब्याज

(vi) यदि कोई धन, साधारण ब्याज की दर से t वर्षों में स्वयं का n गुना हो जाए, तब

$$\text{ब्याज की दर } (r) = \frac{100\,(n-1)}{t}\%$$

(vii) $$\text{समय } (t) = \frac{100\,(n-1)}{r}$$

साधारण ब्याज के लिए कुछ महत्वपूर्ण नियम

(i) यदि कोई धनराशि साधारण ब्याज की दर से t वर्ष में n गुनी हो जाती है, तो वह धनराशि कितने समय में n_1 गुनी हो जाएगी, तब

$$\text{अभीष्ट समय} = \frac{(n_1-1)\,t}{(n-1)}$$

(ii) यदि कोई धन साधारण ब्याज की दर से t वर्ष में n गुना हो जाता है तब,

(a) $$\text{ब्याज की दर } (r) = \left[\frac{100\,(n-1)}{t}\right]\%$$

(b) $$\text{समय } (t) = \left[\frac{100\,(n-1)}{r}\right]\%$$

(iii) यदि कोई धन r % वार्षिक ब्याज की दर से t वर्ष में ₹ A हो जाता है तब,

$$\text{अभीष्ट धन} = \left[\frac{100A}{100+rt}\right]$$

(iv) यदि किसी धनराशि P का साधारण ब्याज $S.I.$ हो, तथा समय और दर का आंकिक मान समान हो, तब

$$\text{दर अथवा समय} = \sqrt{\frac{100 \times S.I.}{P}}$$

(v) एक व्यक्ति ₹ a_1 एक बैंक में r_1% वार्षिक साधारण ब्याज की दर से तथा ₹ a_2 दूसरे बैंक में r_2% वार्षिक ब्याज की दर से जमा करता है तब,

$$\text{पूरे धन की ब्याज दर} = \left[\frac{a_1r_1 + a_2r_2}{a_1 + a_2}\right]\%$$

हल सहित उदाहरण

उदाहरण–1 : ₹ 8000 में से कुछ राशि 6% प्रतिवर्ष की दर से उधार दी जाती है तथा शेष राशि को 4% प्रतिवर्ष की दर से उधार दिया जाता है। यदि 5 वर्षों के बाद ब्याज के रूप में कुल ₹ 1800 प्राप्त हो, तो 4% प्रतिवर्ष की दर से उधार दी गई राशि ज्ञात कीजिए।

हल– माना 6% प्रतिवर्ष की दर से उधार दिया गया धन = ₹ x

तब, 4% प्रतिवर्ष की दर से उधार दिया गया धन = ₹ $(8,000 - x)$

प्रश्नानुसार, $\frac{6 \times 5 \times x}{100} + \frac{(8000-x) \times 4 \times 5}{100} = 1,800$

$\Rightarrow$ $30x + 1,60,000 - 20x = 1,80,000$

$\Rightarrow$ $10x = 20,000$

$\therefore$ $x =$ ₹ 2,000

$\therefore$ 4% प्रतिवर्ष की दर से उधार दिया गया धन = (8,000 – 2,000)
= ₹ 6,000

उदाहरण–2 : ₹ 1000 को दो अलग-अलग बैंकों में 2 वर्षों के लिए जमा किया जाता है। इन दोनों बैंकों से प्राप्त ब्याज में ₹ 25 का अंतर है, तो इनके ब्याज दरों का अंतर ज्ञात कीजिए।

हल– माना पहले बैंक की ब्याज दर r_1% व दूसरे बैंक की ब्याज दर r_2% है।

तब प्रश्नानुसार, $I_1 = \frac{1000 \times 2 \times r_1}{100} = 20r_1$

$$I_2 = \frac{1000 \times 2 \times r_2}{100} = 20r_2$$

$\Rightarrow$ $I_1 - I_2 = 20r_1 - 20r_2$

$\because$ $20(r_1 - r_2) = 25$

$\Rightarrow$ $(r_1 - r_2) = \frac{25}{20} = 1.25\%$

उदाहरण–3 : कोई धन साधारण ब्याज की दर से 10 वर्षों में दुगुना हो जाता है, तो ब्याज दर की गणना कीजिए।

हल– माना अभीष्ट धन = ₹ x

तब, 10 वर्षों के बाद धन = ₹ $2x$

$\therefore$ ब्याज = ₹ $(2x - x)$ = ₹ x

$\therefore$ ब्याज की दर $= \left[\frac{100 \times S.I.}{P \times t}\right]$

$$= \left(\frac{100 \times x}{x \times 10}\right)\% = 10\%$$

उदाहरण–4 : ₹ 5000 को दो हिस्सों में इस प्रकार बांटा जाता है कि यदि एक हिस्से को 4% की दर से तथा दूसरे हिस्से को 8% की दर से निवेश किया जाता है, तो वर्ष के अंत में ब्याज के रूप में ₹ 300 प्राप्त होते हैं। प्रत्येक हिस्सा ज्ञात कीजिए।

gyµ माना 4% वार्षिक दर से निवेशित धन = ₹ x

$\therefore$ 8% वार्षिक दर से निवेशित धन = ₹ $(5000 - x)$

प्रश्नानुसार,

$$\frac{x \times 4 \times 1}{100} + \frac{(5000 - x) \times 8 \times 1}{100} = ₹\ 300$$

$\Rightarrow$ $4x + 40{,}000 - 8x = ₹\ 30{,}000$

$\Rightarrow$ $x = ₹\ \frac{10{,}000}{4} = ₹\ 2{,}500$

अत: 4% वार्षिक दर पर निवेशित राशि = ₹ 2,500

8% वार्षिक दर पर निवेशित राशि =(5000 – 2500) = ₹ 2,500

चक्रवृद्धि ब्याज (Compound Interest) : कोई धनराशि ब्याज पर इस प्रकार लगाई जाती है, कि निश्चित समय या वर्ष के अंत में ब्याज को मूलधन में जोड़ दिया जाता है और इस प्रकार से प्राप्त मिश्रधन को मूलधन मानकर इस पर ब्याज की गणना की जाती है। यह क्रिया तब तक दोहराई जाती है जब तक कि आखिरी अवधि के लिए राशि की गणना न कर ली जाए। मूल राशि (मूलधन) व अंतिम राशि के अंतर को चक्रवृद्धि ब्याज कहते हैं। इसे C.I. से प्रदर्शित करते हैं–

महत्वपूर्ण सामान्य सूत्र–

यदि मूलधन = ₹ P, समय = n वर्ष तथा दर = $R\%$ वार्षिक हो, तब

- यदि ब्याज, वार्षिक देय हो।

$\therefore$ मिश्रधन $(a) = P\left(1 + \frac{R}{100}\right)^n$

- यदि ब्याज, अर्द्धवार्षिक देय हो, तो समय को दोगुना तथा दर को आधा कर दिया जाता है।

$\therefore$ मिश्रधन $(a) = P\left(1 + \frac{R}{200}\right)^{2n}$

- यदि ब्याज, त्रैमासिक देय हो, तो समय को चार गुना तथा दर को $\frac{1}{4}$ कर दिया जाता है।

$\therefore$ मिश्रधन $(a) = P\left(1 + \frac{R}{400}\right)^{4n}$

- यदि ब्याज, मासिक देय हो, तो समय को 12 गुना तथा दर को $\frac{1}{12}$ कर दिया जाता है।

$\therefore$ मिश्रधन $(a) = P\left(1 + \frac{R}{1200}\right)^{12n}$

- यदि समय को भिन्न $n\frac{a}{b}$ के रूप में दिया गया हो, तब

$\therefore$ मिश्रधन $(a) = P\left(1 + \frac{R}{1200}\right)^n \left(1 + \frac{R}{100}\right)^{\frac{a}{b}}$

नोट– $\frac{a}{b}$ का मान सदैव 1 से कम होगा।

(vi) यदि पहले वर्ष ब्याज की दर $R_1\%$, दूसरे वर्ष $R_2\%$ तथा तीसरे वर्ष $R_3\%$ हो, तो

3 वर्ष बाद मिश्रधन (a)

$$= P\left(1 + \frac{R_1}{100}\right)\left(1 + \frac{R_2}{100}\right)\left(1 + \frac{R_3}{100}\right)$$

चक्रवृद्धि ब्याज = मिश्रधन – मूलधन

$\therefore$ चक्रवृद्धि ब्याज $= P\left[\left(1 + \frac{R}{100}\right)^n - 1\right]$

चक्रवृद्धि ब्याज के लिए कुछ महत्वपूर्ण नियम

(i) कोई धनराशि चक्रवृद्धि ब्याज की दर से t_1 वर्षों में n_1 गुना हो जाती है तथा t_2 वर्ष में n_2 गुना हो जाती है तब,

$$(n_1)^{1/t_1} = (n_2)^{1/t_2}$$

(ii) यदि कोई निश्चित धनराशि, चक्रवृद्धि ब्याज की किसी दर से t वर्षों में n गुनी हो जाती है तब,

वार्षिक ब्याज की दर $= 100\left[(n)^{1/t} - 1\right]\%$

(iii) एक धनराशि ₹ P का $R\%$ वार्षिक ब्याज की दर से 2 वर्षों के चक्रवृद्धि ब्याज व साधारण ब्याज का अंतर I_D है तब,

(a) अंतर $I_D = P\left(\frac{R}{100}\right)^2$

(b) $P = I_D\left(\frac{100}{R}\right)^2$

(c) $R = 100\sqrt{\frac{I_D}{P}}$

(iv) एक निश्चित धनराशि ₹ P का $R\%$ वार्षिक चक्रवृद्धि ब्याज की दर से 3 वर्षों के चक्रवृद्धि ब्याज एवं साधारण ब्याज का अंतर I_D है तब,

(a) $I_D = \frac{PR^2(300 + R)}{(100)^3}$

(b) $P = \frac{I_D \times (100)^3}{R^2(300 + R)}$

नोट– यह नियम केवल 3 वर्षों के चक्रवृद्धि ब्याज एवं साधारण ब्याज के अंतर के लिए ही सत्य है।

(v) यदि किसी निश्चित धनराशि का $R\%$ वार्षिक ब्याज की दर से 2 वर्षों का साधारण ब्याज I_S हो तब,

$$\text{चक्रवृद्धि ब्याज एवं साधारण ब्याज में अंतर} = ₹\left[\frac{RI_S}{200}\right]$$

नोट–यह नियम केवल 2 वर्षों के लिए ही सत्य है

हल सहित उदाहरण

उदाहरण–1 : कितने वर्षों में ₹ 800 का मिश्रधन 5% प्रतिवर्ष चक्रवृद्धि ब्याज की दर से ₹ 882 हो जाएगा?

हल–
$$\text{मिश्रधन} = P\left(1+\frac{R}{100}\right)^n$$

$$882 = 800\left(1+\frac{5}{100}\right)^n$$

$$\Rightarrow \left(\frac{21}{20}\right)^n = \frac{882}{800} = \frac{441}{400} = \left(\frac{21}{20}\right)^2$$

$$\Rightarrow n = 2 \text{ वर्ष}$$

उदाहरण–2 : ₹ 1000 की धनराशि का $2\frac{1}{4}$ वर्षों का 5% वार्षिक ब्याज की दर से चक्रवृद्धि ब्याज ज्ञात कीजिए।

हल–
$$\text{मिश्रधन} = P\left(1+\frac{R}{100}\right)^n\left(1+\frac{R}{100}\right)^{\frac{a}{b}}$$

$$= 1000\left(1+\frac{5}{100}\right)^2\left(1+\frac{5}{100}\right)^{\frac{1}{4}}$$

$$= 1000\times\left(\frac{21}{20}\right)^2\times\left(1+\frac{5}{100}\times\frac{1}{4}\right)$$

$$= \left(1000\times\frac{21}{20}\times\frac{21}{20}\times\frac{81}{80}\right)$$

$$= 1116.28$$

$$\therefore \quad \text{चक्रवृद्धि ब्याज} = ₹\,(1116.28-1000)$$

$$= ₹\,116.28$$

उदाहरण–3 : किस वार्षिक चक्रवृद्धि ब्याज की दर से ₹ 2,304, 2 वर्षों में ₹ 2,500 हो जाएंगे?

हल– माना ब्याज की वार्षिक दर = R%

$$\text{तब} \quad 2{,}500 = 2{,}304\left(1+\frac{R}{100}\right)^2$$

$$\Rightarrow \frac{2{,}500}{2{,}304} = \left(1+\frac{R}{100}\right)^2$$

$$\Rightarrow \left(\frac{50}{48}\right)^2 = \left(1+\frac{R}{100}\right)^2$$

$$\Rightarrow 1+\frac{R}{100} = \frac{50}{48} \Rightarrow \frac{R}{100} = \frac{50-48}{48}$$

$$\Rightarrow R = \frac{200}{48}\% = 4\frac{1}{6}\%$$

प्रश्नमाला

1. 6% प्रति वर्ष ब्याज की दर से 8 वर्षों में ₹ 7500 का सामान्य ब्याज कितना होगा?

(a) 4200 (b) 3600
(c) 2800 (d) 3400

2. किसी पूँजीनिवेश योजना के अन्तर्गत ब्याज की दर 4% है और तिमाही ब्याज आकलन कर पूँजी में मिला दिया जाता है। इस योजना के अन्तर्गत यदि एक व्यक्ति 1 वर्ष के लिए ₹ 2000 का निवेश करता है, तो कुल राशि कितनी हो जाएगी?

(a) ₹ 2125.54 (b) ₹ 2081.21
(c) ₹ 2100.25 (d) ₹ 2060

3. ₹ 1600 का $7\frac{1}{2}$ % वार्षिक साधारण ब्याज की दर से दो वर्ष 4 माह में ब्याज होगा–

(a) ₹ 280 (b) ₹ 290
(c) ₹ 275 (d) ₹ 285

4. यदि ₹ 64 का 2 वर्ष में मिश्रधन ₹ 83.20 हो जाता है, तो ₹ 86 का मिश्रधन 4 वर्षों में उसी साधारण ब्याज दर से क्या होगा ?

(a) ₹ 137.60 (b) ₹ 124.70
(c) ₹ 114.80 (d) ₹ 127.40

5. ₹ 1600 का 2 वर्ष और 4 महीना का साधारण ब्याज ₹ 252 है इसका वार्षिक ब्याज दर क्या होगा?

(a) 6% (b) $6\frac{1}{4}$%
(c) $6\frac{1}{2}$% (d) $6\frac{3}{4}$%

6. कितने समय में ₹ 8000 पर 3% वार्षिक साधारण ब्याज की दर से समान अर्जन होगा जो ₹ 6000 पर 5 वर्ष में 4% वार्षिक साधारण ब्याज की दर से होता है?

(a) 3 वर्ष (b) 4 वर्ष
(c) 5 वर्ष (d) 6 वर्ष

7. ₹ 5600 की राशि $3\frac{1}{2}$ वर्ष में ₹ 6678 हो जाती है, तो उसी दर से ₹ 9600 की राशि $5\frac{1}{4}$ वर्ष में कितनी हो जाएगी?

(a) ₹ 12372 (b) ₹ 12320
(c) ₹ 13000 (d) ₹ 13320

8. ₹ 1,550 आंशिक रूप से 5% और आंशिक रूप से 8% साधारण ब्याज पर ऋण दिया गया। 3 वर्ष बाद कुल ब्याज ₹ 300 प्राप्त हुआ। 5% एवं 8% ब्याज दर पर दी गई धन राशियों का क्रमशः अनुपात होगा–

(a) 5 : 8 (b) 8 : 5
(c) 31 : 6 (d) 16 : 15

9. ₹ 450 के मूलधन पर 2 वर्ष में कितना ब्याज मिलेगा, यदि चार वर्ष बाद ₹ 1 पर साधारण ब्याज की उसी दर से ₹ 0.40 का ब्याज मिलता है?

(a) ₹ 90 (b) ₹ 180
(c) पता नहीं (d) ₹ 36

10. साधारण ब्याज पर कोई धन 8 वर्ष में दोगुना हो जाता है तो चार गुना कितने वर्षों में होगा?

(a) 16 वर्ष (b) 32 वर्ष
(c) 24 वर्ष (d) 30 वर्ष

11. कोई धनराशि सरल ब्याज पर 20 वर्षों में दो गुनी हो जाती है, कितने वर्ष में वह चौगुनी होगी?
(a) 40 वर्ष (b) 50 वर्ष
(c) 60 वर्ष (d) 80 वष

12. किसी धन पर 4% वार्षिक की दर से 4 वर्ष का साधारण ब्याज उसी धन पर 5% की दर से 3 वर्ष के साधारण ब्याज से ₹ 80 अधिक है। वह धन ज्ञात कीजिए–
(a) ₹ 7000 (b) ₹ 7500
(c) ₹ 8000 (d) ₹ 8500

13. एक धन साधारण ब्याज की दर से 2 वर्ष में ₹ 2200 तथा 3 वर्ष में ₹ 2300 हो जाता है, तो वह धन क्या है?
(a) ₹ 2100 (b) ₹ 2400
(c) ₹ 2000 (d) ₹ 4500

14. 6 वर्षों में ₹ 5000 का साधारण ब्याज 5 प्रतिशत वार्षिक की दर से कितना होगा?
(a) ₹ 1000 (b) ₹ 1200
(c) ₹ 1500 (d) ₹ 1800

15. एक धनराशि का ब्याज 6 वर्ष में उसके $\frac{3}{8}$ के बराबर हो जाता है। साधारण ब्याज की दर क्या है?
(a) 5% (b) $6\frac{1}{4}$%
(c) $7\frac{1}{2}$% (d) 7%

16. सोनी ₹ 5000 एक बैंक में जमा करती है। यदि बैंक द्वारा 12% वार्षिक ब्याज दिया जाता है तो 5 वर्ष बाद वह कुल कितनी रकम प्राप्त करेगी?
(a) ₹ 7000 (b) ₹ 7500
(c) ₹ 8000 (d) ₹ 8500

17. यदि कोई धन 16 वर्ष में दोगुना हो जाता है, तो वह धन 8 वर्ष में कितने गुना हो जाएगा?
(a) $1\frac{1}{4}$ गुना (b) $1\frac{1}{2}$ गुना
(c) $1\frac{1}{3}$ गुना (d) $1\frac{3}{4}$ गुना

18. कुछ राशि Q को 5 वर्ष एवं 4 महीनों तक 4.5% प्रतिवर्ष साधारण ब्याज पर जमा किया गया था तथा वह राशि ₹ 248 होती है, तो Q का मान होगा–
(a) ₹ 200 (b) ₹ 210
(c) ₹ 220 (d) ₹ 240

19. एक चौथाई राशि साधारण ब्याज पर 2% की दर पर और बाकी राशि साधारण ब्याज पर 3% की दर पर उधार दी गई। समस्त राशि पर ब्याज की औसत दर कितनी है?
(a) $2\frac{1}{4}$% (b) $2\frac{3}{4}$%
(c) $1\frac{1}{4}$% (d) $\frac{3}{4}$%

20. विनोद ने एक मारुति वैन ₹ 1,96,000 में खरीदी। उसके मूल्यह्रास की दर $14\frac{2}{7}$% है। तदनुसार, दो वर्षों के बाद उसका मूल्य कितना रह जाएगा?
(a) ₹ 1,44,000 (b) ₹ 1,40,000
(c) ₹ 1,68,000 (d) ₹ 1,70,000

21. ₹ 2,550 के मूलधन पर 3 वर्ष में एक व्यक्ति को ₹ 1,071 का साधारण ब्याज किस दर से मिलेगा?
(a) 12% (b) 14%
(c) 16% (d) 18%

22. ₹ 450 की एक रकम पर 4·5% प्रतिवर्ष पर साधारण ब्याज की दर से ₹ 81 अर्जित करने के लिए कितने समय की आवश्यकता होगी?
(a) 3·5 वर्ष (b) 4·5 वर्ष
(c) 5 वर्ष (d) 4 वर्ष

23. किसी धनराशि पर 6 वर्षों का साधारण ब्याज उस राशि का $\frac{9}{25}$ है, तो उस ब्याज की दर कितनी है?
(a) 6% (b) $6\frac{1}{2}$%
(c) 8% (d) $8\frac{1}{2}$%

24. किसी धनराशि का साधारण ब्याज कितने समय में उस राशि पर 10% की वार्षिक दर से उसका $\frac{3}{5}$ गुना हो जायेगा?
(a) 6 वर्ष (b) 10 वर्ष
(c) 12 वर्ष (d) 15 वर्ष

25. किसी धन पर 5 वर्ष का साधारण ब्याज उसके मिश्रधन का $\frac{2}{5}$ है, तो साधारण ब्याज की दर है–
(a) 13% (b) $12\frac{1}{3}$%
(c) $14\frac{1}{3}$% (d) $13\frac{1}{3}$%

26. किसी धनराशि पर 2 वर्ष का चक्रवृद्धि ब्याज ₹ 832 है और उसी धनराशि पर उसी समय के लिए साधारण ब्याज ₹ 800 है। 3 वर्षों के लिए चक्रवृद्धि ब्याज और साधारण ब्याज में अन्तर होगा–
(a) ₹ 48 (b) ₹ 66.56
(c) ₹ 98.56 (d) इनमें से कोई नहीं

27. कितने प्रतिशत चक्रवृद्धि ब्याज की दर से 3000 का ब्याज तीन वर्षों में ₹ 993 हो जाएगा?
(a) 8 (b) 10
(c) 12 (d) 6

28. वह धनराशि कितनी होगी, जो 5% वार्षिक की दर पर, दूसरे वर्ष में ₹ 410 चक्रवृद्धि ब्याज प्राप्त कर सके?
(a) ₹ 4,000 (b) ₹ 42,000
(c) ₹ 8,000 (d) ₹ 21,000

29. कम-से-कम पूर्ण वर्षों की संख्या कितनी है जिनमें कोई धन 20% वार्षिक चक्रवृद्धि ब्याज की दर से दुगुने से ज्यादा हो जाए?
(a) 3 वर्ष (b) 4 वर्ष
(c) 6 वर्ष (d) 5 वर्ष

30. कोई धन चक्रवृद्धि ब्याज पर 3 वर्ष में 8 गुना हो जाता है, ब्याज की दर क्या होगी?
(a) 100% (b) 80%
(c) 60% (d) आँकड़े अपर्याप्त है

31. चक्रवृद्धि ब्याज में जमा की गयी एक रकम तीन वर्षों के बाद ₹ 6,690 बनती है और 6 वर्षों के बाद ₹ 10,035 मूलधन क्या है ?
(a) ₹ 3,400 (b) ₹ 4,445
(c) ₹ 4,460 (d) ₹ 4,520

32. कोई धन किसी चक्रवृद्धि ब्याज की दर से दो वर्ष में ₹ 8820 एवं 3 वर्ष में ₹ 9261 हो जाता है। ब्याज की दर प्र.श.प्र.व क्या होगी?
(a) 4% (b) 5%
(c) 6% (d) 7%

उत्तर (हल/संकेत)

1. (b) साधारण ब्याज

$$= \frac{P \times R \times T}{100}$$

$$= \frac{7500 \times 8 \times 6}{100}$$

$$= ₹ 3600.$$

2. (b) दर = 4% वार्षिक = 1% तिमाही
समय = 1 वर्ष = 4 तिमाही

$$\therefore \quad A = P\left(1 + \frac{R}{100}\right)^T$$

$= 2000\left(1+\frac{1}{100}\right)^4$

$= 2000 \times (1{\cdot}01)^4$

$=$ ₹ 2081·21.

3. (a) मूलधन = ₹ 1600

दर $= 7\frac{1}{2}\%$ वार्षिक $= \frac{15}{2}\%$

समय = 2 वर्ष 4 महीने

$= 2 + \frac{1}{3} = \frac{7}{3}$ वर्ष

ब्याज = ?

$\therefore$ ब्याज = $\frac{\text{मूलधन} \times \text{दर} \times \text{समय}}{100}$

$= \frac{1600 \times \frac{15}{2} \times \frac{7}{3}}{100}$

$= 8 \times 5 \times 7 =$ ₹ 280.

4. (a) मूलधन = ₹ 64

ब्याज = मिश्रधन − मूलधन

$= (83.20 - 64) =$ ₹ 19.20

समय = 2 वर्ष; दर = ?

$\therefore$ दर = $\frac{\text{ब्याज} \times 100}{\text{समय} \times \text{मूलधन}}$

$= \frac{19.20 \times 100}{2 \times 64} = \frac{1920}{128} = 15\%$

अब मूलधन = ₹ 86, दर = 15% वार्षिक, समय = 4 वर्ष, ब्याज = ?

$\therefore$ ब्याज = $\frac{\text{मूलधन} \times \text{दर} \times \text{समय}}{100}$

$= \frac{86 \times 15 \times 4}{100} = \frac{86 \times 3}{5}$

$=$ ₹ 51.60

$\therefore$ मिश्रधन = मूलधन + ब्याज = ₹ (86 + 51.60)

$=$ ₹ 137.60.

5. (d) दर = $\frac{\text{ब्याज} \times 100}{\text{समय} \times \text{मूलधन}}$

$= \frac{252 \times 100 \times 12}{28 \times 1600} = 6\frac{3}{4}\%.$

6. (c) माना कि अभीष्ट समय = t वर्ष

प्रश्नानुसार,

$\frac{8000 \times 3 \times t}{100} = \frac{6000 \times 5 \times 4}{100}$

$\Rightarrow \quad 24t = 120$

$\Rightarrow \quad t = \frac{120}{24} = 5$ वर्ष।

7. (a) प्रथम स्थिति में,

ब्याज = ₹ (6,678 − 5,600) = ₹ 1,078

$\therefore$ ब्याज की दर

$= \left(\frac{1,078 \times 100 \times 2}{5,600 \times 7}\right)\% = 5\frac{1}{2}\%$

द्वितीय स्थिति में, ₹ 9,600 का $5\frac{1}{4}$ वर्ष में ब्याज

$=$ ₹ $\left(\frac{9,600}{100} \times \frac{21}{4} \times \frac{11}{2}\right) =$ ₹ 7,772

$\therefore$ अभीष्ट धनराशि = ₹ (9,600 + 2,772)

$=$ ₹ 12,372

8. (d) माना कि 5% ब्याज पर दी गई धनराशि = ₹ x

$\therefore$ 8% ब्याज पर दी गई धनराशि = ₹ $(1550 - x)$

प्रश्नानुसार,

$\frac{(1550 - x) \times 8 \times 3}{100} + \frac{x \times 5 \times 3}{100} = 300$

$\Rightarrow \quad 24(1550 - x) + 15x = 30000$

$\Rightarrow \quad 37200 - 24x + 15x = 30000$

$\Rightarrow \quad 9x = 37200 - 30000$

$\Rightarrow \quad x = \frac{7200}{9} =$ ₹ 800

$\therefore$ 8% ब्याज पर दी गई धनराशि

$= 1550 - 800 =$ ₹ 750

$\therefore$ अभीष्ट अनुपात = 800 : 750

$= 16 : 15.$

9. (a) ब्याज की दर

= ₹ 1 पर 4 वर्ष के लिए ₹ 0.40

= ₹ 1 पर 1 वर्ष के लिए ₹ 0.10 = 10%

$\therefore$ ब्याज = $\frac{\text{मूलधन} \times \text{समय} \times \text{दर}}{100}$

$= \frac{450 \times 2 \times 10}{100} =$ ₹ 90.

10. (c) माना कि मूलधन = ₹ x

$\therefore$ 8 वर्ष बाद धनराशि = ₹ $2x$

$\therefore$ ब्याज = $2x - x$ = ₹ x

$\therefore$ दर = $\frac{\text{ब्याज} \times 100}{\text{मूलधन} \times \text{समय}}$

$= \frac{x \times 100}{x \times 8} = \frac{25}{2}\%$

माना कि धन T वर्ष में चार गुना हो जाता है।

$\therefore$ ब्याज = ₹ $(4x - x)$ = ₹ $3x$

समय = $\frac{\text{ब्याज} \times 100}{\text{मूलधन} \times \text{दर}} = \frac{3x \times 100}{x \times \frac{25}{2}}$

= 24 वर्ष।

11. (c) पहली स्थिति में,

माना, मूलधन = ₹ x

$\therefore$ ब्याज = ₹ x

$\therefore \quad x = \frac{x \times 20 \times R}{100}$

$\Rightarrow \quad R = 5\%$

दूसरी स्थिति में,

ब्याज = $4x - x$ = ₹ $3x$

$\therefore \quad 3x = \frac{x \times T \times 5}{100}$

$\Rightarrow \quad T = \frac{3 \times 100}{5} = 60$ वर्ष।

12. (c) माना कि धन = ₹ x है।

प्रश्नानुसार,

$\frac{x \times 4 \times 4}{100} - \frac{x \times 5 \times 3}{100} = 80$

$\Rightarrow \quad 16x - 15x = 80 \times 100$

$\Rightarrow \quad x =$ ₹ 8000.

13. (c) प्रश्न से,

1 वर्ष का ब्याज = 2300 − 2200 = ₹ 100

$\therefore$ 2 वर्ष का ब्याज = 2 × 100 = ₹ 200

परन्तु 2 वर्ष के बाद मूलधन + ब्याज = ₹ 2200

$\Rightarrow$ मूलधन = 2200 − 200 = ₹ 2000.

14. (c) साधारण ब्याज

$= \frac{5000 \times 5 \times 6}{100} =$ ₹ 1500.

15. (b) ब्याज-दर = $\frac{n(100)}{t}$

(यहाँ $n = \frac{3}{8}$ तथा $t = 6$)

$\therefore \quad \frac{3 \times 100}{8 \times 6} = \frac{300}{48} = 6\frac{1}{4}\%.$

16. (c) प्रश्नानुसार, मूलधन = ₹ 5000

दर = 12% वार्षिक

तथा समय = 5 वर्ष

$\therefore$ साधारण ब्याज = $\frac{\text{मूलधन} \times \text{दर} \times \text{समय}}{100}$

$= \frac{5000 \times 12 \times 5}{100} =$ ₹ 3000

अभीष्ट मिश्रधन = ₹ (5000 + 3000)

$=$ ₹ 8000.

17. (b) माना कोई मूलधन P, 16 वर्षों में $R\%$ वार्षिक ब्याज की दर से दो गुना हो जाता है।

$\therefore \quad 2P = P\left(1 + \frac{R \times 16}{100}\right)$

$\Rightarrow \quad \frac{4R}{25} = 2 - 1 = 1$

$\therefore \quad R = \frac{25}{4}\%$

अब, माना 8 वर्ष बाद मिश्रधन ₹ x हो जाता है।

$\therefore \quad x = P\left(1 + \frac{R \times 8}{100}\right)$

$= P\left(1 + \frac{25}{4} \times \frac{2}{25}\right)$

$= P\left(1 + \frac{1}{2}\right)$

$= P \times \left(1\frac{1}{2}\right)$

अत: 8 वर्ष में मिश्रधन, मूलधन का $1\frac{1}{2}$ गुना होगा।

18. (a) साधारण ब्याज $= \frac{\text{मूलधन} \times \text{दर} \times \text{समय}}{100}$

$\Rightarrow \quad 248 - Q = \frac{Q \times \frac{16}{3} \times 4.5}{100}$

$\Rightarrow \quad 248 - Q = \frac{Q \times 16 \times 4.5}{100 \times 3}$

$\Rightarrow \quad 24800 - 100Q = 24Q$

$\Rightarrow \quad 124Q = 24800$

$\therefore \quad Q = ₹\ 200.$

19. (b) $\frac{\frac{x}{4} \times 2}{100} + \frac{\frac{3x}{4} \times 3}{100} = \frac{x \times r}{100}$

$\Rightarrow \quad r = \frac{1}{2} + \frac{9}{4}$

$\Rightarrow \quad r = \frac{2+9}{4} = \frac{11}{4} = 2\frac{3}{4}\%.$

20. (a) अभीष्ट मूल्य

$= P\left(1 - \frac{R}{100}\right)^2$

$= 196000\left(1 - \frac{100}{7 \times 100}\right)^2$

$= 196000\left(\frac{6}{7}\right)^2 = ₹\ 144000.$

21. (b) ब्याज की दर (R) $= \frac{100 \times \text{S.I.}}{\text{P} \times \text{T}}$

$= \left(\frac{100 \times 1,071}{2,550 \times 3}\right)\% = 14\%$

22. (d) अभीष्ट समय (T) $= \frac{100 \times \text{S.I.}}{\text{R} \times \text{P}}$

$= \left(\frac{100 \times 81}{450 \times 4 \cdot 5}\right) = 4$ वर्ष

23. (a) माना वह राशि = ₹ 100

तब साधारण ब्याज = ₹ $\left(\frac{9}{25} \times 100\right) = ₹\ 36$

$\therefore$ ब्याज की दर (R) $= \left(\frac{100 \times 36}{100 \times 6}\right)\% = 6\%$

24. (a) माना वह धनराशि = ₹ x

तब साधारण ब्याज = ₹ $\frac{3}{5}x$

$\therefore$ अभीष्ट समय (T)

$= \left(100 \times \frac{3x}{5} \times \frac{1}{x} \times \frac{1}{10}\right)$ वर्ष = 6 वर्ष

25. (d) माना मिश्रधन = ₹ 100

$\therefore$ साधारण ब्याज = ₹ $\left(100 \times \frac{2}{5}\right) = ₹\ 40$

$\therefore$ मूलधन = ₹ (100 – 40) = ₹ 60

$\therefore$ ब्याज की दर (R) $= \left(\frac{100 \times 40}{60 \times 5}\right)$

$= \frac{80}{6} = \frac{40}{3} = 13\frac{1}{3}\%$

26. (c) दर $= \frac{32}{400} \times 100 = 8\%$

मूलधन $= \frac{400 \times 100}{8} = 5000$

अंतर $= \frac{PR^2(300 + R)}{100 \times 100^2}$

$= \frac{5000 \times 64 \times 308}{100 \times 100 \times 100}$

$= ₹\ 98.56$

27. (b) $993 = 3000\left[\left(1 + \frac{r}{100}\right)^3 - 1\right]$

$\Rightarrow \quad \frac{993}{3000} = \frac{(100 + r)^3 - (100)^3}{(100)^3}$

$\Rightarrow \quad 331000 = (100 + r)^3 - 1000000$

$\Rightarrow \quad 1000000 + 331000 = (100 + r)^3$

$\Rightarrow \quad 1331000 = (100 + r)^3$

$\Rightarrow \quad (110)^3 = (100 + r)^3$

$\Rightarrow \quad r = 10\%$

28. (a) $\text{C.I.} = \text{P}\left[\left(1 + \frac{\text{R}}{100}\right)^{\text{T}} - 1\right]$

$\Rightarrow \quad 410 = \text{P}\left[\left(1 + \frac{\text{R}}{100}\right)^2 - 1\right]$

$\Rightarrow \quad 410 = \text{P} \times \frac{41}{400}$

$\Rightarrow \quad \text{P} = \frac{410 \times 400}{41}$

$\Rightarrow \quad = ₹\ 4000$

29. (b) माना कि मूलधन 'P' है, तो मिश्रधन A = 2P

$\text{A} = \text{P}\left(1 + \frac{r}{100}\right)^t$

$2\text{P} = \text{P}\left(1 + \frac{20}{100}\right)^t$

$2 = \left(\frac{6}{5}\right)^t$

लेकिन प्रश्न में धन को दोगुने से ज्यादा होना है। अत:

$\left(\frac{6}{5}\right)^4 = 2.0736$

$\therefore$ धन 4 वर्षों में दुगने से ज्यादा हो जायेगा।

30. (a) माना की दर r% है।

प्रश्नानुसार, तीन वर्षों में धन 8 गुना हो जाता है।

$8\text{P} = \text{P}\left(1 + \frac{r}{100}\right)^3$

$8 = \left(1 + \frac{r}{100}\right)^3$

$(2)^3 = \left(1 + \frac{r}{100}\right)^3$

$2 = 1 + \frac{r}{100}$

$2 - 1 = \frac{r}{100}$

$r = 100\%$

31. (c) माना कि मूलधन = x रुपए एवं दर = r % प्रति वर्ष

प्रश्नानुसार,

$6690 = x\left(1 + \frac{r}{100}\right)^3 \quad ...(i)$

$10035 = x\left(1 + \frac{r}{100}\right)^6 \quad ....(ii)$

समीकरण (ii) में (i) से भाग देने पर,

$\left(1 + \frac{r}{100}\right)^3 = \frac{10035}{6690}$

$\therefore$ समीकरण (i) से,

$6690 = x \times \frac{10035}{6690}$

$\Rightarrow \quad x = \frac{6690 \times 6690}{10035}$

$= 4460$

32. (b) ट्रिकी सूत्र से : तीसरे वर्ष के लिए

ब्याज = A – P

(9261 – 8820) = ₹ 441 ब्याज होगा

$\therefore \quad r = \frac{441}{8820} \times 100 = 5\%$ प्रति वर्ष

□□□

अध्याय

9

साझेदारी

साझा (Partnership)–जब दो या दो से अधिक व्यक्ति संयुक्त रूप से पूंजी लगाकर कोई व्यापार आरंभ करते हैं, तो इस व्यापार को साझा कहते हैं। साझा दो प्रकार का होता है–

1. साधारण साझा (Simple Partnership)–यदि सभी साझेदारों द्वारा व्यापार में पूंजी समान समय के लिए लगाई जाए, तो इस प्रकार की साझेदारी को साधारण साझा कहते हैं।

2. मिश्रित साझा (Mixed Partnership)–यदि व्यापार में साझेदारों द्वारा पूंजी भिन्न-भिन्न समय के लिए लगाई जाए, तो इस प्रकार की साझेदारी को मिश्रित साझा कहते हैं।

साझेदारी में साझेदार दो प्रकार के होते हैं–

(i) सक्रिय साझेदार (Active Partner)–वह साझेदार जो व्यापार की देखरेख करता है, सक्रिय साझेदार कहलाता है इस देखरेख या प्रबंधन के लिए उसे लाभ में से पारिश्रमिक के रूप में एक निश्चित राशि प्राप्त होती है।

(ii) सुस्त साझेदार (Sleeping Partner)–वह साझेदार जो व्यापार में पूंजी तो लगाता है परंतु उसकी देखरेख नहीं करता है। सुस्त साझेदार कहलाता है।

3. यदि दो साझेदार A तथा B एक व्यापार में अपनी पूंजी भिन्न-भिन्न समय के लिए निवेशित करते हैं तब,

$$\frac{A \text{ द्वारा निवेशित पूंजी} \times A \text{ की समयावधि}}{B \text{ द्वारा निवेशित पूंजी} \times B \text{ की समयावधि}} = \frac{A \text{ का लाभ में हिस्सा}}{B \text{ का लाभ में हिस्सा}}$$

साझेदारी के लिए कुछ महत्वपूर्ण नियम

(i) यदि तीन साझेदारों द्वारा निवेश की गई पूंजियों का अनुपात $x : y : z$ और पूंजी को निवेश करने के लिए, लिए गए समय का अनुपात $a : b : c$ हो, तो

$$\text{साझेदारों के लाभों का अनुपात} = [xa : yb : zc]$$

(ii) यदि तीन साझेदारों द्वारा निवेश की गई पूंजियों का अनुपात $x : y : z$ हो, तथा व्यापार में प्राप्त लाभों का अनुपात $a : b : c$ हो, तो

$$\text{लगाई गई पूंजी के समय का अनुपात} = \left[\frac{a}{x} : \frac{b}{y} : \frac{c}{z}\right]$$

(iii) तीन साझेदार एक व्यापार में निवेश करते हैं। यदि उनके द्वारा निवेश की गई पूंजी के समय का अनुपात $T_1 : T_2 : T_3$ हो और व्यापार में प्राप्त लाभों का अनुपात $P_1 : P_2 : P_3$ हो तब,

$$\text{उनके द्वारा निवेश की गई पूंजी का अनुपात} = \left[\frac{P_1}{T_1} : \frac{P_2}{T_2} : \frac{P_3}{T_3}\right]$$

(iv) दो साझेदार एक व्यापार में क्रमशः ₹ a तथा ₹ b लगाकर व्यापार प्रारंभ करते हैं वे इस बात से सहमत होते हैं कि कुल लाभ का P% दोनों में समान रूप से बांट लिया जाएगा तथा शेष लाभ को पूंजी पर प्राप्त ब्याज के रूप में समझा जाएगा। यदि पहला साझेदार दूसरे साझेदार से ₹ M अधिक प्राप्त करता है तो

$$\text{व्यापार का कुल लाभ} = ₹\left[M\left(\frac{100}{100-P}\right)\left(\frac{P_1+P_2}{P_1-P_2}\right)\right]$$

जबकि $P_1 > P_2$

नोट–जहां P_1 व P_2 व्यापार में साझेदारों के लाभ का अनुपात है।

हल सहित उदाहरण

उदाहरण–1 : A, B व C एक व्यापार में $\frac{1}{2} : \frac{1}{3} : \frac{1}{4}$ के अनुपात में पूंजी लगाते हैं 2 माह बाद A अपनी आधी पूंजी वापस ले लेता है। यदि 10 माह बाद व्यापार का कुल लाभ ₹ 378 हो, तो B का लाभ में हिस्सा क्या होगा?

हल– A, B व C द्वारा निवेशित पूंजियों का अनुपात

$$= \frac{1}{2} : \frac{1}{3} : \frac{1}{4} = 6 : 4 : 3$$

माना A, B व C द्वारा निवेशित की गई राशियां क्रमशः ₹ $6x$, ₹ $4x$ व ₹ $3x$ है

$$\text{तब } A : B : C = (6x \times 2 + 3x \times 10) : (4x \times 12) : (3x \times 12)$$

$$= 42x : 48x : 36x = 7 : 8 : 6$$

$$\therefore \quad B \text{ का लाभ में हिस्सा} = \left(378 \times \frac{8}{21}\right) = ₹\ 144$$

उदाहरण–2 : प्रदीप तथा विकास मिलकर एक व्यापार प्रारंभ करते हैं। प्रदीप विकास की अपेक्षा 3 गुना अधिक निवेश करता है, और उसके द्वारा निवेशित की गई राशि की अवधि विकास से दोगुनी है। यदि विकास को व्यापार के अंत में लाभ के रूप में ₹ 4000 प्राप्त हुए हों, तो कुल लाभ ज्ञात कीजिए।

हल– माना विकास ₹ R को M महीने के लिए निवेशित करता है।

तब, प्रदीप ₹ $3R$ को $2M$ महीने के लिए निवेशित करेगा

∴ प्रदीप तथा विकास द्वारा निवेशित की गई पूंजियों का अनुपात

$$= (3R \times 2M) : (R \times M)$$

$$= 6\,RM : RM = 6 : 1$$

$$\therefore \quad \text{व्यापार का कुल लाभ} = ₹\left(\frac{4000 \times 7}{1}\right) = ₹\ 28{,}000$$

उदाहरण–3 : X, Y तथा Z मिलकर एक व्यापार प्रारंभ करते हैं X, ₹ 6500, 6 महीने के लिए निवेश करता है Y, ₹ 8400, 5 महीने के लिए निवेश करता है तथा Z, ₹ 10000 को 3 महीने के लिए निवेश करता है। X व्यापार की देख-रेख करता है जिसके लिए उसे कुल लाभ का 5% अतिरिक्त प्राप्त होता है। यदि व्यापार का कुल लाभ ₹ 7400 हो तो लाभ में Y का हिस्सा ज्ञात कीजिए।

हल– X को प्राप्त अतिरिक्त राशि = ₹ $\left(7400 \times \frac{5}{100}\right) = 370$

$\therefore$ शेष बची लाभ की राशि = ₹ $(7400 - 370) = 7030$

X, Y तथा Z द्वारा निवेशित की गई पूंजियों का अनुपात

$= (6500 \times 6) : (8400 \times 5) : (10000 \times 3)$
$= 39000 : 42000 : 30000$
$= 13 : 14 : 10$

शेष बचे लाभ में Y का हिस्सा = ₹ $\left(7030 \times \frac{14}{37}\right)$ = ₹ 2660

उदाहरण–4 : रीना, मीना और शीना एक कारोबार चालू करने के लिए क्रमशः ₹ 63000, ₹ 56000 और ₹ 84000 का निवेश करती हैं वर्ष के अंत में उनके निवेश के अनुपात में लाभ का वितरण किया जाता है। रीना का लाभ में हिस्सा ₹ 54000 है, तो कुल अर्जित लाभ कितना है?

हल–रीना, मीना और शीना द्वारा निवेशित की गई पूंजियों का अनुपात

$= 63000 : 56000 : 84000 = 9 : 8 : 12$

$\therefore$ कुल अर्जित लाभ = $\left(\frac{29}{12} \times 54000\right)$ = ₹ 1,30,500

प्रश्नमाला

1. तीन व्यक्ति साझेदारी में ₹ 600, ₹ 800 तथा ₹ 1000 लगाते हैं। यदि ₹ 480 का मुनाफा हुआ तो पहले व्यक्ति को कितना मिलेगा?

(a) ₹ 90 (b) ₹ 100
(c) ₹ 120 (d) ₹ 85

2. रहीम, करीम व महेश को कोई काम ₹ 800 में करने के लिए लगाया गया। रहीम तथा करीम ने मिलकर $\frac{4}{5}$ काम किया, तथा करीम व महेश ने मिलकर $\frac{3}{4}$ काम किया तो बतायें मजदूरी में महेश का हिस्सा कितना होगा?

(a) ₹ 140 (b) ₹ 440
(c) ₹ 180 (d) ₹ 160

3. तीन भागीदार एक व्यवसाय में ₹ 2000, ₹ 2500 और ₹ 1,000 लगाते हैं। लाभ ₹ 880 होने पर अंतिम भागीदार को कितनी लाभ राशि मिलेगी?

(a) ₹ 400 (b) ₹ 350
(c) ₹ 180 (d) ₹ 160

4. X और Y एक व्यापार में साझेदार हैं। X कुल पूँजी का $\frac{1}{3}$ हिस्सा 9 महीनों के लिए लगाता है और Y को कुल लाभ का $\frac{2}{5}$ हिस्सा प्राप्त होता है। इस व्यापार में Y द्वारा कितनी अवधि के लिए धन लगाया गया?

(a) 2 महीने (b) 3 महीने
(c) 4 महीने (d) 5 महीने

5. ब्रजेश, निरूपम और विभाकर ने एक व्यवसाय ₹ 4,700 में आरंभ किया। ब्रजेश ने निरूपम से ₹ 500 अधिक लगाये और निरूपम ने विभाकर से ₹ 300 अधिक लगाये। यदि लाभ ₹ 1,410 है, तो ब्रजेश को कितना लाभ-अंश मिलेगा?

(a) ₹ 360 (b) ₹ 450
(c) ₹ 480 (d) ₹ 600

6. अशोक ने ₹ 25,000 के निवेश से एक व्यापार प्रारंभ किया। 3 माह पश्चात् ₹ 30,000 की पूँजी के साथ विनोद इसमें शामिल हो गया। वर्ष के अंत में लाभ यदि ₹ 19,000 हो, तब अशोक का हिस्सा क्या होगा?

(a) ₹ 5,000 (b) ₹ 10,000
(c) ₹ 9,000 (d) ₹ 8,000

7. A, B, C ने एक व्यापार के लिए ₹ 47,000 का चन्दा दिया। A ने B से ₹ 7,000 ज्यादा दिये व B ने C से ₹ 5,000 ज्यादा दिये। ₹ 4,900 के कुल लाभ में से B को मिलेंगे–

(a) ₹ 4,400 (b) ₹ 3,000
(c) ₹ 2,000 (d) ₹ 1563.82

8. दो आदमी रमेश और सुरेश क्रमशः ₹ 15000 और ₹ 25,000 एक व्यापार में निवेश करते हैं। वर्ष के अंत में उन्हें ₹ 10000 का लाभ होता है। वे अपने लाभ का 12% फिर से व्यापार में लगाते हैं। बची हुई राशि में से प्रत्येक ₹ 1000 लेते हैं तथा फिर बची हुई राशि उनके मूल निवेश के अनुपात के अनुसार बाँट लेते हैं। तब रमेश का हिस्सा कितना होगा?

(a) ₹ 3300 (b) ₹ 3000
(c) ₹ 2975 (d) ₹ 3550

9. A ₹ 10,000 की पूँजी से व्यापार शुरू करता है और 4 महीनों के बाद B ₹ 5,000 की पूँजी के साथ शामिल होता है। वर्ष के अंत में ₹ 2,000 के कुल लाभ में A का हिस्सा क्या होगा?

(a) ₹ 1,500 (b) ₹ 1000
(c) ₹ 900 (d) ₹ 750

10. राम, सुधीर, नरेन्द्र और महेन्द्र साझेदारी करते हैं। राम ₹ 10,000, 8 माह के लिए, सुधीर ₹ 12,000, 10 माह के लिए, नरेन्द्र ₹ 7,500, 8 माह के लिए तथा महेन्द्र ₹ 15,000, 4 माह के लिए लगाते हैं। ₹ 14,000 के लाभ में से नरेन्द्र का हिस्सा ज्ञात कीजिए–

(a) ₹ 2,400 (b) ₹ 2,625
(c) ₹ 2,500 (d) ₹ 2,100

11. A, B तथा C साझेदारी में एक लघु उद्योग की स्थापना करते हैं। A कुल पूँजी का $\frac{1}{4}$ भाग, $\frac{1}{5}$ समय के लिए, B कुल पूँजी का $\frac{1}{3}$ भाग, $\frac{1}{4}$ समय के लिए तथा C शेष पूँजी शेष समय के लिए लगाता है। यदि कुल लाभ ₹ 17,400 हो तो उनमें से B का हिस्सा क्या होगा?

(a) ₹ 3900 (b) ₹ 4100
(c) ₹ 4000 (d) ₹ 4200

12. X अपने धन का आधा अपनी पत्नी को देता है और बचे हुए का आधा अपने पुत्र को देता है। बाकी बचे धन को उसने अपनी दो पुत्रियों में बराबर बाँट दिया, तो प्रत्येक को कितना हिस्सा मिला?

(a) $\frac{1}{8}$ (b) $\frac{1}{6}$
(c) $\frac{1}{4}$ (d) $\frac{2}{3}$

13. A, B, C तीन साझेदार व्यापार में क्रमश ₹ 34,000 , ₹ 26000 तथा ₹ 10,000 लगाते हैं। ₹ 17,500 के कुल लाभ में A का हिस्सा होगा–

(a) ₹ 8,750 (b) ₹ 8,500
(c) ₹ 7,500 (d) ₹ 3,750

14. आनन्द और दीपक क्रमशः ₹ 22500 और ₹ 35000 लगाकर एक व्यापार चालू करते हैं। कुल ₹ 13800 के लाभ में से दीपक का हिस्सा होगा?

(a) ₹ 5400 (b) ₹ 7200
(c) ₹ 8400 (d) ₹ 9600

15. कांति ने ₹ 9000 के निवेश से एक व्यापार आरंभ किया। पांच माह बाद सुधाकर ₹ 8000 के साथ उस व्यापार में शामिल हो गया। वर्षांत में उन्हें ₹ 6970 का लाभ हुआ। लाभ में सुधाकर का हिस्सा क्या था?

(a) ₹ 3690 (b) ₹ 1883.78
(c) ₹ 2380 (d) ₹ 3864

16. A और B ने एक संयुक्त कंपनी शुरू की। A का निवेश B के निवेश का तिगुना था और उसके निवेश की अवधि B के निवेश की अवधि की दुगुनी थी। यदि B का लाभ के तौर पर ₹ 4,000 मिले तो उनका कुल लाभ है–

(a) ₹ 24,000 (b) ₹ 16,000
(c) ₹ 28,000 (d) ₹ 20,000

17. A और B कोई साझे का कार्य 5 : 6 अनुपात में पूँजी लगाकर कर रहे हैं। 8 महीने के बाद A अपने को इस कार्य से हटा लेता है। यदि उन्होंने 5 : 9 के अनुपात में लाभ पाया तो B ने अपनी पूँजी कितने महीनों तक लगाये रखी?

(a) 4 महीने (b) 8 महीने
(c) 12 महीने (d) इनमें से कोई नहीं

18. अजय, विजय और विनय मिलकर एक व्यापार आरंभ करते हैं, जिसमें अजय ₹ 8,000, विजय ₹ 7000 तथा विनय ₹ 10,000 लगाता है। यदि वर्ष के अंत में ₹ 22,500 का लाभ हो, तो उसमें अजय का हिस्सा कितना होगा?

(a) ₹ 7,000 (b) ₹ 7,200
(c) ₹ 7,250 (d) ₹ 7,500

19. मुकेश ने ₹ 72000 लगाकर एक व्यवसाय आरंभ किया तथा कुछ समय बाद ₹ 60000 के साथ रूबी को भागीदार बना लिया। यदि वर्ष भर के बाद मुकेश एवं रूबी के मध्य लाभ का बंटवारा 3 : 2 में होता हो तो बताइये कि रूबी कितने माह पश्चात व्यवसाय में भागीदार बनी थी?

(a) 9 माह (b) 6 माह
(c) 7.2 माह (d) 2.4 माह

20. किसी व्यापार में A, ₹ 10,000, 9 महीनों के लिए निवेश करता है तथा B ₹ 18,000 कुछ समय के लिए निवेश करता है। यदि A तथा B का लाभ समान है तब B ने कितने समय के लिए पूंजी निवेश किया?

(a) 6 महीना (b) 5 महीना
(c) 4 महीना (d) 3 महीना

21. A तथा B एक व्यवसाय में हिस्सेदार हैं। A ने 15 महीनों तक कुल पूंजी का $\frac{1}{4}$ हिस्सा निवेश किया और B को लाभ का $\frac{2}{3}$ हिस्सा प्राप्त हुआ, तो B की पूंजी का उपयोग कितनी अवधि तक हुआ?

(a) 6 महीने (b) 8 महीने
(c) 10 महीने (d) 12 महीने

22. आनन्द और दीपक ने एक व्यवसाय क्रमशः ₹ 22,500 तथा ₹ 35,000 निवेश करके आरम्भ किया। उसमें ₹ 13,800 के लाभ में दीपक का हिस्सा कितना है?

(a) ₹ 5,400 (b) ₹ 7,200
(c) ₹ 8,400 (d) ₹ 9,600

23. P, Q तथा R ने एक व्यापार के आरम्भ में 1 : 3 : 5 के अनुपात में निवेश किया। 4 महीने बाद P ने दोबारा पहले जैसा ही निवेश किया किन्तु Q तथा R ने अपने निवेश का आधा वापस ले लिया, तो आरम्भिक निवेश के 1 वर्ष बाद, तीनों भागीदारों का लाभ में अनुपात क्या होगा?

(a) 4 : 3 : 5 (b) 5 : 6 : 10
(c) 6 : 5 : 10 (d) 10 : 5 : 6

24. तीन व्यक्ति X, Y, Z, क्रमशः ₹ 8,000, ₹ 6,000 व ₹ 4,000 निवेश करके एक व्यापार में भागीदारी करते हैं। वे इस शर्त पर भी सहमत हैं कि उनका लाभ, उनके निवेश की पूंजी के अनुपात में विपरीत होगा, तो यदि कुल लाभ ₹ 15,453 हो, तो उसमें x का भाग कितना होगा?

(a) ₹ 7,475 (b) ₹ 3,964
(c) ₹ 5,854 (d) ₹ 6,868

25. राम और श्याम ने क्रमशः ₹ 30,000 और ₹ 40,000 के निवेश के साथ व्यवसाय शुरू किया। पहले वर्ष के अन्त में उनका कुल लाभ ₹ 1,400 रहा। लाभ में राम का हिस्सा कितना है?

(a) ₹ 800 (b) ₹ 600
(c) ₹ 650 (d) ₹ 750

26. किसी व्यापार में A और B साझेदार हैं तथा लाभ में इनके हिस्सों का अनुपात 4 : 5 है। अब C इस व्यापार में शामिल होता है तथा लाभ में इनके हिस्सों का अनुपात 2 : 3 : 1 है। C को शामिल करने के लिए, A और B को अपने लाभ के हिस्से के किस अनुपात का त्याग करना पड़ेगा?

(a) 3 : 1 (b) 2 : 1
(c) 1 : 2 (d) 1 : 3

27. A और B क्रमशः ₹ 12,000 व ₹ 16,000 निवेश करके एक साझेदारी करते है। 8 माह पश्चात् C, ₹ 15,000 की पूंजी लेकर व्यापार में प्रवेश करता है। 2 वर्ष पश्चात् ₹ 45,600 के लाभ में C का हिस्सा होगा–

(a) ₹ 12,000 (b) ₹ 14,400
(c) ₹ 19,200 (d) ₹ 21,200

28. A अपना व्यवसाय ₹ 7,000 से आरम्भ करता है। उसके 5 महीनों बाद B उसका भागीदार बन जाता है। तदोपरान्त 1 वर्ष बाद लाभ का बंटवारा 2 : 3 के अनुपात में किया गया है, अतः B की पूंजी का निवेश कितना था?

(a) ₹ 9,000 (b) ₹ 10,000
(c) ₹ 6,500 (d) ₹ 18,000

29. P तथा Q अपने लाभ को 5 : 3 के अनुपात में बांटते हैं। अन्ततः P अपने हिस्से का $\frac{1}{5}$ तथा Q अपने हिस्से का $\frac{1}{3}$ एक नए भागीदार R को दे देते हैं, तो P, Q व R के हिस्सों का अनुपात कितना है?

(a) 1 : 1 : 1 (b) 1 : 2 : 1
(c) 2 : 1 : 1 (d) 1 : 1 : 2

30. तीन हिस्सेदार A, B व C एक व्यापार आरम्भ करते हैं। A की तीन गुना पूंजी, B की पूंजी के 4 गुने के बराबर है और B की दोगुनी पूंजी C की तीन गुनी पूंजी के बराबर है, तो एक वर्ष बाद ₹ 90,000 के कुल लाभ में C का हिस्सा है–

(a) ₹ 25,000 (b) ₹ 30,000
(c) ₹ 20,000 (d) ₹ 40,000

उत्तर (हल/संकेत)

1. (c) साझेदारी के निवेश का अनुपात
$= 600 : 800 : 1000 = 3 : 4 : 5$

$= \frac{3}{3+4+5} \times 480 = ₹ 120$

2. (d) रहीम तथा करीम का काम $= \frac{4}{5}$

करीम तथा महेश का काम $= \frac{3}{4}$

माना कि कुल काम = 1

तो करीम का काम $= \left(\frac{4}{5}+\frac{3}{4}\right)-1$

$= \frac{31}{20} - 1 = \frac{11}{20}$

रहीम का काम $= \frac{4}{5} - \frac{11}{20}$

$= \frac{16-11}{20} = \frac{5}{20} = \frac{1}{4}$

महेश का काम

$= \frac{3}{4} - \frac{11}{20} = \frac{15-11}{20} = \frac{4}{20} = \frac{1}{5}$

तीनों के काम का अनुपात

$= \frac{1}{4} : \frac{11}{20} : \frac{1}{5} = \frac{5, 11, 4}{20}$

$= 5 : 11 : 4$

$\therefore$ महेश का हिस्सा $= 800 \times \frac{4}{20} =$ ₹ 160

3. (d) अंतिम भागीदार की लाभ राशि

$= \frac{1000}{5500} \times 880 =$ ₹ 160

4. (b) Y की पूँजी $= 1 - \frac{1}{3} = \frac{2}{3}$ भाग

माना कि Y, t माह के लिए पैसा लगाया है।

$\frac{\frac{2}{3} \times t}{\frac{2t}{3} + \frac{1}{3} \times 9} = \frac{2}{5}$ लाभ $= \frac{\frac{2t}{3}}{\frac{2t}{3} + 3} = \frac{2}{5}$

$\Rightarrow \quad = \frac{\frac{2t}{3}}{\frac{2t+9}{3}} = \frac{2}{5}$

$\Rightarrow \quad 10t = 4t + 18$

$6t = 18$

$\therefore \quad t = 3$ माह

5. (d) माना कि विभाकर का निवेश $= m$

$\therefore$ निरूपम का निवेश $= m +$ ₹ 300

$\therefore$ ब्रजेश का निवेश $= m + 300 + 500 = m +$ ₹ 800

प्रश्नानुसार,

$m + m + 300 + m + 800 = 4700$

$\therefore \quad 3m = 4700 - 1100 = 3600$

विभाकर का निवेश $m =$ ₹ 1200

$\therefore$ निरूपम का निवेश = ₹ 1500

ब्रजेश का लाभ

$= \frac{2000}{4700} \times 1410 =$ ₹ 600

6. (b) अशोक और विनोद के निवेश का अनुपात

$= 25000 \times 12 : 36000 \times 9 = 10 : 9$

अशोक का हिस्सा

$= 19000 \times \frac{10}{19} =$ ₹ 10,000

7. (d) माना कि C का लाभ ₹ y है।

$y + 5000 + 7000 + y + 5000 + y = 47000$

या $\quad 3y + 17000 = 47000$

या $\quad 3y = 30000$

$\therefore \quad y = 10000$

अतः A, B तथा C का अनुपात

$= 10000 + 5000 + 7000 : 10000 + 5000 : 10000$

$= 22000 : 15000 : 1000 = 22 : 15 : 10$

$\therefore$ B को मिला लाभ

$= \frac{15}{47} \times 4900 =$ ₹ 1563.82

8. (d) निवेश का अनुपात (रमेश : सुरेश)

$= 15000 : 25000 = 15 : 25$

वर्ष के अंत में लाभ = 10000

12% व्यापार में लगाने पर शेष

= 10000 का 88% = ₹ 8800

1000 प्रत्येक का आपस में बांटने पर शेष

8800 – 2000 = ₹ 6800

पुनः प्रश्न से

बची राशि निवेश के अनुपात में वितरित

अर्थात रमेश का इसमें हिस्सा

$= \frac{6800 \times 15}{40} = 2550$

अतः रमेश काकुल हिस्सा

= 2550 + 1000 = ₹ 3550

9. (a) A, B (लाभ)

$= 10,000 \times 12 : 5000 \times 8 = 3 : 1$

A का हिस्सा $= \frac{3}{4} \times 2000 =$ ₹ 1500

10. (b) नरेन्द्र का हिस्सा

$= \frac{7500 \times 8 \times 14000}{10000 \times 8 + 12000 \times 10 + 15000 \times 4}$

$= \frac{(7500 \times 8) \times 14000}{80000 + 120000 + 60000}$

$= \frac{7500 \times 8 \times 14000}{320000} =$ ₹ 2625

11. (c) C द्वारा लगाई गई पूँजी $= 1 - \left(\frac{1}{4} + \frac{1}{3}\right)$

$= 1 - \left(\frac{7}{12}\right) = \frac{5}{12}$

C द्वारा पूंजी लगाने का समय

$= 1 - \left(\frac{1}{5} + \frac{1}{4}\right) = 1 - \left(\frac{9}{20}\right) = \left(\frac{11}{20}\right)$

इसलिए उद्योग में हिस्सेदारी

$= \frac{1}{4} \times \frac{1}{5} : \frac{1}{3} \times \frac{1}{4} : \frac{5}{12} \times \frac{11}{20}$

$= \frac{1}{20} : \frac{1}{12} : \frac{11}{48} = 12 : 20 : 55$

प्रश्नानुसार कुल लाभ = 17,400

B का लाभ $= \frac{17400}{87} \times 20 =$ ₹ 4000

12. (a) माना की X का धान ₹ 1 है

पत्नी का हिस्सा $= \frac{1}{2}$

पुत्र का हिस्सा $= \frac{1}{2} \times \frac{1}{2} = \frac{1}{4}$

प्रत्येक पुत्रियों का हिस्सा $= \frac{1}{4} \times \frac{1}{2} = \frac{1}{8}$

13. (b) लाभ का अनुपात

$= 34000 : 26000 : 10000$

$= 34 : 26 : 10 = 17 : 13 : 5$

$\therefore$ A का हिस्सा $= \frac{17}{35} \times 17500 =$ ₹ 8500

14. (c) पूँजी का अनुपात

$= 22500 : 35000 = 9 : 14$

= आनन्द : दीपक

$\therefore$ दीपक का हिस्सा

$= \frac{14}{9+14} \times 13800 = \frac{14 \times 13800}{23}$

$= 14 \times 600 =$ ₹ 8400

15. (c) कांति एवं सुधाकर की एक माह के लिए समतुल्य पूँजी का अनुपात $= 9000 \times 12 : 7 \times 8000$

$= 9 \times 12 : 7 \times 8 = 27 : 14$

अनुपातिक योग $= 27 + 14 = 41$

$\therefore$ सुधाकर का लाभांश

= ₹ $\left(\frac{14}{41} \times 6970\right) =$ ₹ 2380

16. (c) A एवं B की एक माह के लिए समतुल्य पूँजी का अनुपात

$= 3x \times 2t : x \times t = 6 : 1$

B को प्राप्त लाभ = ₹ 4000

$\Rightarrow \quad \frac{1}{7} \times$ कुल लाभ = ₹ 4000

$\Rightarrow$ कुल लाभ $= 7 \times 4000 =$ ₹ 28000

17. (c) माना कि B ने अपनी पूँजी y महीनों तक व्यवसाय में लगाई रखी।

माना कि A एवं B की पूँजी क्रमशः $5x$ एवं $6x$ ₹ है।

प्रश्नानुसार,

$\frac{5x \times 8}{6x \times y} = \frac{5}{9}$

$\frac{20}{3y} = \frac{5}{9}$

$\Rightarrow \quad y = \frac{20 \times 9}{3 \times 5} = 12$ माह

18. (b) अजय, विजय और विनय द्वारा लगाई गई पूँजी का अनुपात

$= 8000 : 7000 : 10000$

$= 8 : 7 : 10 = \frac{22500}{8+7+10} \times 8$

$= \frac{22500 \times 8}{25} = ₹\ 7200$

19. (d) माना कि रूबी ने y माह के लिए व्यवसाय में पूंजी निवेश किया।

∴ मुकेश एवं रूबी की पूंजियों का अनुपात $= 72000 \times 12 : 60000 \times y = 3 : 2$

या $\frac{72000 \times 12}{60000 + y}$

या $60000 \times y \times 3 = 72000 \times 12 \times 2$

∴ $y = \frac{72000 \times 12 \times 2}{60000 + 3}$

$= \frac{72 \times 12 \times 2}{60 \times 3} = \frac{72 \times 2}{5 \times 3} = \frac{144}{15} = 9.6$

∴ $12 - 9.6 = 2.4$ माह बाद रूबी व्यवसाय में शामिल हुई।

20. (b) A की 1 माह के लिए समतुल्य पूंजी $= 10000 \times 9 = ₹\ 90000$

∴ B के निवेश की अवधि

$= \frac{90000}{18000} = 5$ माह

21. (c) माना B की पूंजी का उपयोग x महीने तक हुआ।

∵ A का लाभ : B का लाभ = A की पूंजी × 15 महीने : B की पूंजी × x

$\Rightarrow \quad \frac{1}{3} : \frac{2}{3} = \left(\frac{1}{4} \times 15\right) : \frac{3}{4} \times x$

$\Rightarrow \quad \frac{1}{3} : \frac{2}{3} = \frac{15}{4} : \frac{3}{4} x$

$\Rightarrow \quad 1 : 2 = 15 : 3x$

$\Rightarrow \quad 3x = 15 \times 2$

∴ $x = 10$ महीने

22. (c) आनन्द और दीपक का लाभ में अनुपात $= 22,500 : 35000$ $= 225 : 350 = 9 : 14$

∴ दीपक का लाभ में हिस्सा

$= \frac{13,800 \times 14}{(9+14)} = ₹\ 8,400$

23. (b) P का निवेश $= \frac{1 \times 4}{(1+3+5)} + \frac{1 \times 8 \times 2}{1+3+5}$

$= \frac{4}{9} + \frac{16}{9} = \frac{20}{9}$

Q का निवेश $= \frac{3 \times 4}{(1+3+5)} + \frac{3 \times 8 \times 1/2}{(1+3+5)}$

$= \frac{12+12}{9} = \frac{24}{9}$

R का निवेश $= \frac{5 \times 4}{(1+3+5)} + \frac{5 \times 8 \times 1/2}{(1+3+5)}$

$= \left(\frac{20+20}{9}\right) = \frac{40}{9}$

∴ P, Q व R के लाभों में अनुपात

$= \frac{20}{9} : \frac{24}{9} : \frac{40}{9}$

$= 20 : 24 : 40 = 5 : 6 : 10$

24. (d) X, Y व Z के लाभ में हिस्सों का अनुपात $= 8,000 : 6,000 : 4,000$ $= 4 : 3 : 2$

∴ लाभ में X का भाग

$= ₹\ \left(\frac{15,453 \times 4}{9}\right) = ₹\ 6,868$

25. (b) राम और श्याम के लाभ में हिस्सों का अनुपात $= 30,000 : 40,000 = 3 : 4$

राम का लाभ में हिस्सा $= ₹\ \left(1,400 \times \frac{3}{7}\right)$ $= ₹\ 600$

26. (b) माना A और B के साझा व्यवसाय का कुल लाभ $= ₹\ x$

तब प्रश्नानुसार,

A का लाभ में हिस्सा : B का लाभ में हिस्सा $= 4 : 5$

∴ A का लाभ में हिस्सा $= \left(\frac{4}{9} \times x\right)$

$= ₹\frac{4}{9}x$

B का लाभ में हिस्सा $= \left(\frac{5}{9} \times x\right)$

$= ₹\frac{5}{9}x$

A और B के व्यापार में C को समायोजित करने के बाद,

A, B व C के लाभ में हिस्सों का अनुपात $= 2 : 3 : 1$

∴ A का लाभ में नया हिस्सा

$= \left(\frac{2}{6} \times x\right) = ₹\frac{1}{3}x$

B का लाभ में नया हिस्सा

$= \left(\frac{3}{6} \times x\right) = ₹\frac{1}{2}x$

C का लाभ में नया हिस्सा

$= \left(\frac{1}{6} \times x\right) = ₹\frac{1}{6}x$

∴ अभीष्ट अनुपात

$= \left(\frac{4}{9}x - \frac{1}{3}x\right) : \left(\frac{5}{9}x - \frac{1}{2}x\right)$

$= \frac{1}{9}x : \frac{1}{18}x = 2 : 1$

27. (a) A, B व C की पूंजियों का अनुपात $= (12,000 \times 24) : (16,000 \times 24) : (15,000 \times 16)$ $= (12 \times 24) : (16 \times 24) : (15 \times 16)$ $= 36 : 48 : 30 = 6 : 8 : 5$

∴ लाभ में C का हिस्सा

$= ₹\left(\frac{45,600 \times 5}{19}\right) = ₹\ 12,000$

28. (d) माना B का पूंजी निवेश ₹ x है, तब :

$\frac{12 \times 7,000}{7 \times x} = \frac{2}{3}$

$\Rightarrow \quad 14x = 3 \times 12 \times 7,000$

∴ $x = \left(\frac{3 \times 12 \times 7,000}{14}\right)$

$= ₹\ 18,000$

29. (c) माना P तथा Q के लाभ क्रमशः ₹ $5x$ व ₹ $3x$ हैं

∴ R का हिस्सा $= \left(5x \times \frac{1}{5} + 3x \times \frac{1}{3}\right) = 2x$

∴ P, Q व R के हिस्सों में अभीष्ट अनुपात $= (5x - x) : (3x - x) : (x + x)$ $= 4x : 2x : 2x = 2 : 1 : 1$

30. (c) माना A की पूंजी = ₹ x

तब B की पूंजी $= ₹\frac{3}{4}x$

C की पूंजी $= ₹\frac{x}{2}$

∴ A, B व C की पूंजियों का अनुपात

$= x : \frac{3}{4}x : \frac{x}{2} = 4 : 3 : 2$

∴ लाभ में C का हिस्सा

$= ₹\left(90,000 \times \frac{2}{9}\right) = ₹\ 20,000$

❑❑❑

अध्याय

10

औसत

औसत (Average)

दी गई राशियों के योगफल को राशियों की संख्या से भाग देने पर प्राप्त परिणाम उन राशियों का औसत कहलाता है।

$$\therefore \quad \text{औसत} = \frac{\text{राशियों का योगफल}}{\text{राशियों की संख्या}}$$

औसत से सम्बन्धित कुछ महत्वपूर्ण परिणाम-

1. प्रथम 'n' प्राकृतिक संख्याओं का औसत $= \left(\frac{n+1}{2}\right)$
2. प्रथम 'n' विषम संख्याओं का औसत $= n$
3. प्रथम 'n' प्राकृतिक संख्याओं के वर्गों का औसत $= \frac{(n+1)(2n+1)}{6}$
4. प्रथम 'n' प्राकृतिक संख्याओं के घनों का औसत $= n\left[\frac{n+1}{2}\right]^2$
5. प्रथम 'n' सम संख्याओं का औसत $= (n+1)$
6. 1 से लेकर 'n' तक की विषम संख्याओं का औसत
$$= \frac{\text{अन्तिम विषम संख्या} + 1}{2}$$
7. 1 से लेकर 'n' तक की सम संख्याओं का औसत
$$= \frac{\text{अन्तिम सम संख्या} + 2}{2}$$
8. किसी संख्या के प्रथम 'n' गुणजों का औसत $= \frac{\text{संख्या} \times (n+1)}{2}$
9. यदि n_1 संख्याओं का औसत x_1 तथा n_2 संख्याओं का औसत x_2 हो,

तो संख्याओं का कुल औसत $= \frac{n_1x_1 + n_2x_2}{n_1 + n_2}$

10. यदि 'm' राशियों का औसत 'x' तथा इनमें से 'n' संख्याओं का औसत 'y' हो, तब

शेष संख्याओं का औसत $= \frac{mx - ny}{m - n}$

हल सहित उदाहरण

उदाहरण 1 : एक कार्यालय में पूरे समूह की औसत आय ₹ 1200 है, इसमें अधिकारियों की औसत आय ₹ 4600 तथा क्लर्कों की औसत आयु ₹ 1100 है, यदि कार्यालय में अधिकारियों की संख्या 15 हो तो क्लर्कों की संख्या ज्ञात कीजिए।

हल—माना क्लर्कों की संख्या $= x$

तब कार्यालय में कुल व्यक्तियों की संख्या $= (x + 15)$

अतः $(x + 15)$ व्यक्तियों की कुल आयु $= 1200 \times (x + 15)$

प्रश्नानुसार,

$$1100\,x + 4600 \times 15 = 1200\,(x + 15)$$

$$\Rightarrow \quad 1100\,x + 69000 = 1200\,x + 18000$$

$$\Rightarrow \quad 100\,x = 51000$$

$$\therefore \quad x = 510$$

उदाहरण 2 : 10 विद्यार्थियों के एक समूह की औसत आयु 15 वर्ष है समूह में 5 विद्यार्थियों के और आ जाने के कारण औसत आयु 1 वर्ष बढ़ जाती है, तो नए विद्यार्थियों की औसत आयु ज्ञात कीजिए।

हल— 10 विद्यार्थियों की कुल आयु $= (10 \times 15) = 150$ वर्ष

5 विद्यार्थियों के और आ जाने पर,

15 विद्यार्थियों की कुल आयु $= 15 \times (15 + 1)$ वर्ष

$= (15 \times 16)$ वर्ष $= 240$ वर्ष

$\therefore$ 5 विद्यार्थियों की कुल आयु $= (240 - 150)$ वर्ष $= 90$ वर्ष

$\therefore$ नए विद्यार्थियों की औसत आयु $= \frac{90}{5} = 18$ वर्ष

उदाहरण 3 : तीन संख्याओं में से यदि पहली संख्या, दूसरी संख्या की दोगुनी तथा तीसरी संख्या की आधी हो, और उनका औसत 42 हो, तो तीनों संख्याओं को ज्ञात कीजिए।

हल—माना पहली संख्या $= x$

$\therefore$ दूसरी संख्या $= \frac{x}{2}$

तीसरी संख्या $= 2x$

प्रश्नानुसार,

$$x + \frac{x}{2} + 2x = 42 \times 3$$

$$\Rightarrow \quad \frac{2x + x + 4x}{2} = 42 \times 3$$

$$\Rightarrow \quad 7x = 42 \times 6$$

$$\therefore \quad x = 36$$

अतः पहली संख्या $= 36$

दूसरी संख्या $= \frac{36}{2} = 18$

तीसरी संख्या $= (2 \times 36) = 72$

उदाहरण 4 : 6 संख्याओं का औसत 12 है, यदि प्रत्येक संख्या में 2 घटा दिया जाए, तो नई संख्याओं का औसत ज्ञात कीजिए।

हल— 6 संख्याओं का कुल योग $= (6 \times 12) = 72$

प्रत्येक संख्या में 2 घटाने पर,

घटाई गई राशि $= (6 \times 2) = 12$

$\therefore$ नई संख्याओं का औसत $= \frac{(72 - 12)}{6} = \frac{60}{6} = 10$

प्रश्नमाला

1. खाना खाने के लिए छः आदमी एक होटल में गए। उनमें से पाँच ने अपने-अपने भोजन पर ₹ 35 खर्च किए जबकि छठे ने सभी छः के औसत खर्च से ₹ 80 अधिक खर्च किए। बताए कि सभी ने कुल कितनी राशि खर्च की?

(a) ₹ 192
(b) ₹ 240
(c) ₹ 288
(d) ₹ 336

2. क्रिकेट के एक खेल के पहले 10 ओवर में रन रेट केवल 3.2 था। शेष 40 ओवरों की रन रेट कितनी रहनी चाहिए कि 282 रन का लक्ष्य दिया जा सके?

(a) 6.25 (b) 6.5
(c) 6.75 (d) 7

3. एक पन्सारी ने 5 लगातार महीनों में ₹ 6,435, ₹ 6,927, ₹ 6,855, ₹ 7,230 और ₹ 6,562 की बिक्री की है। छठे महीने में उसने कितनी बिक्री की औसत ₹ 6,500 का रहे?

(a) ₹ 4,991 (b) ₹ 5,991
(c) ₹ 6,001 (d) ₹ 6,991

4. तीन संख्याओं में, दूसरी संख्या पहली से दो गुना और तीसरी पहली से $\frac{2}{3}$ गुना है। यदि तीनों संख्याओं की औसत 44 हो, तो सबसे बड़ी संख्या है–

(a) 24 (b) 36
(c) 72 (d) 108

5. दो संख्याओं की औसत xy है। यदि एक संख्या x हो, तो दूसरी संख्या कितनी है?

(a) $(2xy - x)$ (b) y
(c) $\frac{y}{2}$ (d) $x(y-1)$

6. 5 परिणामों का औसत 6 है । उनमें से 3 का औसत 4 हैं। शेष दो परिणामों का औसत क्या होगा?

(a) 6 (b) 9
(c) 12 (d) 15

7. यदि 40, 10, 25, 20, 35 एवं x का औसत 25 है, तो x का मान है–

(a) 20 (b) 25
(c) 30 (d) 35

8. 68 कि.ग्राम वजन वाले व्यक्ति को किसी अन्य व्यक्ति से जब प्रतिस्थापित किया जाता है, तो 10 व्यक्तियों का औसत वजन 1.5 कि.ग्रा. से बढ़ जाता है, नए व्यक्ति का वजन ज्ञात कीजिए–

(a) 83 कि.ग्रा.
(b) 82 कि.ग्रा.
(c) 79 कि.ग्रा.
(d) 73 कि.ग्रा.

9. 6 और 34 के मध्य उन सभी संख्याओं का औसत ज्ञात कीजिए जो 5 द्वारा भाज्य हों–

(a) 21 (b) 20
(c) 25 (d) 24

10. 50 संख्याओं का औसत 38 है । यदि दो संख्याएँ 45 और 55 ध्यान में न ली जाए, तो शेष बची संख्याओं का औसत क्या होगा?

(a) 36.5
(b) 37
(c) 37.5
(d) 37.62

11. 25 परिणामों का औसत 18 है। उनमें से पहले 12 का औसत 14 तथा अंतिम 12 परिणामों का औसत 17 है। 13 वाँ परिणाम ज्ञात कीजिए–

(a) 34 (b) 24
(c) 78 (d) 30

12. नौ संख्याओं का औसत 50 है। इनमें से पहली पाँच संख्याओं का औसत 54 हैं तथा अंतिम तीन संख्याओं का औसत 52 है। छठवीं संख्या का मान क्या है?

(a) 34 (b) 24
(c) 44 (d) 30

13. 35 छात्रों का औसत वजन 35 किलोग्राम है। शिक्षक को भी शामिल किया जाए तो औसत वजन बढ़कर 36 किलोग्राम हो जाता है। शिक्षक का वजन है–

(a) 36 किलोग्राम
(b) 71 किलोग्राम
(c) 70 किलोग्राम
(d) 45 किलोग्राम

14. 20 संख्याओं का औसत 12 है पहले 12 संख्याओं का औसत 11 है और अगले 7 संख्याओं का औसत 10 है। अंतिम संख्या है–

(a) 40 (b) 38
(c) 48 (d) 50

15. 11 संख्याओं का औसत 30 है। यदि प्रथम 10 संख्याओं का औसत 22 है तो 11वीं संख्या ज्ञात कीजिए–

(a) 8 (b) 80
(c) 30 (d) 110

16. 55, 60 और 45 छात्रों के तीन समूहों के औसत अंक क्रमशः 60, 55 एवं 60 हो, तो सभी छात्रों का औसत अंक होगा–

(a) 53.33
(b) 54.68
(c) 55
(d) इनमें से कोई नहीं

17. 36 छात्रों की औसत आयु 14 वर्ष है। जब शिक्षक की आयु इसमें शामिल की जाती है, तो औसत आयु में 1 की वृद्धि हो जाती है, तो शिक्षक की आयु है–

(a) 31 वर्ष
(b) 36 वर्ष
(c) 51 वर्ष
(d) इनमें से कोई नहीं

18. A, B तथा C का औसत भार 45 कि.ग्रा. है। यदि A एवं B का औसत भार 40 कि.ग्रा. तथा B एवं C का औसत भार 43 कि.ग्रा. हो, तो B का वजन होगा–

(a) 17 कि.ग्रा.
(b) 20 कि.ग्रा.
(c) 26 कि.ग्रा.
(d) 31 कि.ग्रा.

19. पाँच संख्याओं का औसत 27 है। इनमें से एक संख्या निकालने पर अनुपात 25 हो जाता है, तो निकाली गई संख्या होगी–

(a) 25 (b) 27
(c) 30 (d) 35

20. 15 अवलोकनों का माध्य 15 है । यदि प्रत्येक अवलोकन से 3 को घटाया जाए तो नया औसत क्या होगा?

(a) 5 (b) 12
(c) 18 (d) 45

उत्तर (हल/संकेत)

1. (c) कुल खर्च = ₹ y

$\therefore y - 5 \times 32 = \frac{y}{6} + 80$

$\Rightarrow y - \frac{y}{6} = 160 + 80$

$\Rightarrow \frac{5y}{6} = 240$

$\Rightarrow y = \frac{240 \times 6}{5} =$ ₹ 288

2. (a) 10 ओवर में कुल रन $= 10 \times 3.2 = 32$

$\therefore$ अभीष्ट औसत रन रेट $= \frac{282 - 32}{40}$

$= \frac{250}{40} = 6.25$

3. (a) पांच माह में कुल बिक्री

$= (6435 + 6927 + 6855 + 7230 + 6562)$ रुपए

$= 34009$ रुपए

$\therefore$ छठे माह में बिक्री

$= 6 \times 6500 - 34009$

$= 39000 - 34009 =$ ₹ 4991

4. (c) माना पहली संख्या $= y$

पहली संख्या $= 2y$

तीसरी संख्या $= \frac{2y}{3}$

तीनों संख्याओं का योग $= 44 \times 3 = 132$

$\therefore y + 2y + \frac{2y}{3} = 132$

$\Rightarrow 3y + \frac{2y}{3} = 132$

$\Rightarrow \frac{9y + 2y}{3} = 132$

$\Rightarrow \quad 11y = 132 \times 3$

$\Rightarrow \quad y = \frac{132 \times 3}{11} = 36$

पहली संख्या $= 36$

दूसरी संख्या $= 2 \times 36 = 72$

तीसरी संख्या $= \frac{2 \times 36}{3} = 24$

अत: सबसे बड़ी संख्या $= 72$

5. (a) दो संख्याओं का औसत $= xy$

एक संख्या $= x$

माना दूसरी संख्या $= A$

$\therefore$ औसत $xy = \frac{x + A}{2}$

$2xy = x + A$

$2xy - x = A$

6. (b) माना कि 2 शेष परिणामों का औसत है

$X = \frac{N_1 \bar{m}_1 + N_2 \bar{m}_2}{N_1 + N_2}$

$\bar{X} = 3$ परिणाम का औसत

$N_1 = 3$ परिणाम

$N_2 = 2$ परिणाम

$\bar{m}_1 = 3$ परिणामों का औसत

$\bar{m}_2 = 2$ परिणामों का औसत

$6 = \frac{3 \times 4 + 2 \times m}{3 + 2}$

$\Rightarrow 6 \times 5 = 12 + 2m$

$\Rightarrow 30 - 12 = 2m$

$\Rightarrow 2m = 18$

$\Rightarrow m = \frac{18}{2} = 9$

7. (a) प्रश्न के अनुसार

$\frac{40 + 10 + 25 + 20 + 35 + x}{6} = 25$

$\Rightarrow \frac{130 + x}{6} = 25$

$\Rightarrow x = 25 \times 6 - 130 = 20$

$\Rightarrow x = 20$

8. (a) माना कि 10 व्यक्तियों का औसत वजन m है ।

$\therefore \frac{x_1 + x_2 + ... + x_{10}}{10} = m$

$\therefore x_1 + x_2 + ... x_{10} = 10m \quad ...(i)$

माना नये व्यक्ति का वजन $= q$

$\therefore \frac{x_1 + x_2 + ... x_{10} - 68 + q}{10}$

$= (m + 1.5)$

$\therefore x_1 + x_2 + ... + x_{10} - 68 + q$

$= 10m + 15 \quad ...(ii)$

समीकरण (i) से

$10\,m - 68 + q = 10\,m + 15$

$\Rightarrow q - 68 = 15$

$\therefore q = 68 + 15 = 83$ किग्रा

9. (b) 6 एवं 34 के मध्य 5 से विभाज्य संख्याएँ = 10, 15, 20, 25 एवं 30

$\therefore$ अभीष्ट औसत

$= \frac{10 + 15 + 20 + 25 + 30}{5}$

$= \frac{100}{5} = 20$

10. (c) शेष 48 संख्याओं का योगफल

$= 38 \times 50 - 45 - 55 = 1800$

$\therefore$ शेष 48 अभीष्ट संख्याओं का औसत

$= \frac{1800}{48} = 37.5$

11. (c) प्रश्न से दिया है कि

$\frac{x_1 + x_2 + ... x_{25}}{25} = 18$

$\Rightarrow x_1 + x_2 + ... + x_{25}$ का कुल योग $= 450 \quad ...(i)$

आगे, $\frac{x_1 + x_2 + .. + x_{12}}{12} = 14$

$\Rightarrow x_1 + x_2 + ... + x_{12}$ का कुल योग $= 168 \quad ....(ii)$

$\frac{x_{13} + x_{14} + ... + x_{25}}{12} = 17$

$\Rightarrow x_{13} + x_{14} + ... + x_{25}$ का कुल योग $= 204 \quad ..(iii)$

समीकरण (i) – [समी. (ii)+समी. (iii)]

$\therefore x_{13} = 450 - (168 + 204)$

$= 450 - 372 = 78$

$x_{13} = 450 - 372 = 78$

12. (b) 9 संख्याओं का औसत माध्य

$\because \frac{x_1 + x_2 + .. + x_9}{9} = 50$

$\therefore x_1 + x_2 + ... + x_9 = 450 ...(i)$

आगे $\frac{x_1 + x_2 + ... + x_5}{5} = 54$

$\therefore x_1 + x_2 + ... + x_5 = 270 \,..(ii)$

$\frac{x_7 + x_8 + x_9}{3} = 52$

$\therefore x_7 + x_8 + x_9 = 156 \;...\; (iii)$

समीकरण (i) – [समी. (ii) + समी. (iii)]

$\therefore x_6 = 450 - (270 + 156)$

$= 450 - 426 = 24$

13. (b) शिक्षक का भार
$= 36 \times 36 - 35 \times 35$
$= 1296 - 1225 = 71$ किग्रा

14. (b) 20 संख्याओं का योगफल
$= 20 \times 12 = 240$
प्रथम 12 संख्याओं का योगफल
$12 \times 11 = 132$
अगली 7 संख्याओं का योगफल
$= 7 \times 10 = 70$
$\therefore$ बीसवीं संख्या $= 240 - 132 - 70 = 38$

15. (d) ग्यारहवीं संख्या
$= 30 \times 11 - 10 \times 22 = 330 - 220 = 110$

16. (d) $N_1 = 55 =$ पहले समूह के छात्रों की संख्या
$N_2 = 60 =$ दूसरे समूह के छात्रों की संख्या
$N_3 = 45 =$ तीसरे समूह के छात्रों की संख्या
$\bar{m}_1 = 60 =$ पहले समूह का औसत
$\bar{m}_2 = 55 =$ दूसरे समूह का औसत
$\bar{m}_3 = 60 =$ तीसरे समूह का औसत
सभी छात्रों का औसत अंक या सामूहिक औसत या $\bar{x}_{1.2.3}$

$$= \frac{N_1\ \bar{m}_3 + N_2\ .\ \bar{m}_2 + N_3\ \bar{m}_3}{N_1 + N_2 + N_3}$$

$$= \frac{55 \times 60 + 60 \times 55 + 45 \times 60}{55 + 60 + 45}$$

$$= \frac{3300 + 3300 + 2700}{160}$$

$$= \frac{9300}{160} = 58.125$$

17. (c) $\because$ 36 छात्रों की औसत आयु
$= 14$ वर्ष
$\therefore$ 36 छात्रों की कुल आयु $= 36 \times 14$
$= 504$ वर्ष
$\because$ शिक्षक की आयु को शामिल करने पर औसत आयु में 1 की वृद्धि हो जाती है। अत: 36 छात्र +1 शिक्षक की औसत आयु = 15 वर्ष
36 छात्र +1 शिक्षक की आयु का कुल योग
$= 37 \times 15 = 555$
$= 555 - 504 = 51$ वर्ष

18. (d) A, B तथा C का औसत भार
$= 45$ किग्रा

$$\frac{A + B + C}{3} = 45 \qquad ...(i)$$

A + B + C का कुल भार $= 45 \times 3$
$A + B + C = 135$
A एवं B का औसत 40 किग्रा है।

$$\therefore \frac{A + B}{2} = 40$$

A + B का कुल भार $= 80$ ...(ii)
B एवं C का औसत भार 43 है।

$$\frac{B + C}{2} = 43$$

B + C का कुल भार $= 86$ ...(iii)
समीकरण (i) से (ii) समीकरण को घटाने पर

$$\begin{array}{l} A + B + C = 135 \\ \underline{A + B \qquad = 80} \\ \qquad\quad C = 55 \end{array}$$

समीकरण (iii) में C का मान रखने पर
$B + C = 86$
$B + 55 = 86$
$B + 86 - 55$
$B = 31$

19. (d) $\because$ पाँच संख्याओं का औसत $= 27$
5 संख्याओं का कुल योग $= 27 \times 5 = 135$
चार संख्याओं का कुल योग $= 25 \times 4 = 100$
प्रश्नानुसार,
निकाली गयी संख्या $= 135 - 100 = 35$

20. (b) प्रश्न से

$$\frac{x_1 + x_2 + .. + x_{15}}{15} = 15$$

$$\therefore\ x_1 + x_2 + ... + x_{15} = 225 \ ...(i)$$

प्रत्येक अवलोकन से 3 घटाने पर,
$(x_1 - 3) + (x_2 - 3) + .. + (x_{15} - 3)$
$= 225 - 15 \times 3 = 180$
$\therefore$ नया औसत

$$= \frac{(x_1 - 3) + (x_2 - 3) + ... + (x_{15} - 3)}{15}$$

$$= \frac{180}{15} = 12$$

□□□

अध्याय

11

समय और कार्य तथा नल एवं टैंक

समय और कार्य

महत्वपूर्ण सूत्र

- यदि कोई व्यक्ति एक काम को n दिनों में पूरा करता है, तो उस व्यक्ति द्वारा 1 दिन में किया गया कार्य $= \frac{1}{n}$
- यदि कोई व्यक्ति किसी काम का $\frac{1}{n}$ भाग 1 दिन में पूरा करता है, तो व्यक्ति द्वारा पूरा काम समाप्त करने में लगा समय $= n$ दिन
- यदि A अपने काम में B से x गुना अधिक कार्यकुशल हो, तो A द्वारा कार्य पूरा करने में लगा समय $\frac{1}{x} \times B$ द्वारा कार्य पूरा करने में लगा समय।
- यदि A_1 व्यक्ति W_1 कार्य को D_1 दिनों में पूरा कर सकते हैं तथा A_2 व्यक्ति W_2 कार्य को D_2 दिन में पूरा कर सकते हैं, तब हम इसे एक सामान्य सूत्र से प्रदर्शित कर सकते हैं अत:

$$\frac{A_1D_1}{W_1} = \frac{A_2D_2}{W_2}$$

- यदि A_1 व्यक्ति W_1 कार्य H_1 घंटे करते हुए D_1 दिनों में पूरा कर सकते हैं तथा A_2 व्यक्ति W_2 कार्य H_2 घंटे प्रतिदिन करते हुए D_2 दिनों में पूरा कर सकते हैं, तब हम उपर्युक्त समीकरण को निम्न प्रकार से लिख सकते हैं।

$$\frac{A_1D_1H_1}{W_1} = \frac{A_2D_2H_2}{W_2}$$

समय एवं कार्य के लिए कुछ महत्वपूर्ण नियम

(i) यदि A किसी कार्य को a दिन में पूरा करता है तथा B उसी कार्य को b दिन में पूरा करता है। यदि दोनों मिलकर एक साथ कार्य करें तब,

$$\text{कार्य पूरा करने में लगा समय} = \left(\frac{ab}{a+b}\right) \text{दिन}$$

(ii) A और B मिलकर किसी कार्य को a दिन में पूरा कर लेते हैं तथा A अकेले इस कार्य को b दिन में पूरा कर लेता है, तो B द्वारा अकेले इस कार्य को पूरा करने में

$$\text{लगा अभीष्ट समय} = \left[\frac{ab}{b-a}\right] \text{दिन}$$

(iii) A, B व C किसी कार्य को क्रमशः a दिन, b दिन व C दिन में पूरा करते हैं। यदि तीनों मिलकर एक साथ कार्य करें, तो कार्य पूरा होने में–

$$\text{लगा अभीष्ट समय} = \left[\frac{abc}{ab+bc+ca}\right] \text{दिन}$$

(iv) A व B मिलकर किसी कार्य को a दिन में पूरा करते हैं B व C मिलकर उसी कार्य को b दिन में पूरा करते हैं तथा C व A मिलकर उसी कार्य को c दिन में पूरा करते हैं, तो $(A+B+C)$ द्वारा एक साथ कार्य पूरा करने में

$$\text{लगा अभीष्ट समय} = \left[\frac{2abc}{ab+bc+ca}\right] \text{दिन}$$

हल सहित उदाहरण

उदाहरण–1 : A और B मिलकर किसी कार्य को 30 दिन में कर सकते हैं। A ने अकेले 16 दिन तक कार्य किया और शेष कार्य को B ने अकेले 44 दिन में पूरा किया। B को अकेले पूरा कार्य करने में कितना समय लगेगा?

हल– माना B अकेले इस कार्य को x दिन में पूरा करेगा।

$\therefore$ B द्वारा 44 दिन में किया गया कार्य $= \frac{44}{x}$ भाग

$\therefore$ A द्वारा 16 दिन में किया गया कार्य $= \left(1 - \frac{44}{x}\right)$ भाग

$\therefore$ A द्वारा 1 दिन में किया गया कार्य $= \frac{1}{16x}(x-44)$ भाग

प्रश्नानुसार, $\frac{x-44}{16x} + \frac{1}{x} = \frac{1}{30}$

$\Rightarrow$ $x - 44 + 16 = \frac{16x}{30}$

$\Rightarrow$ $30x - 1320 + 480 = 16x$

$\Rightarrow$ $14x = 840$

$\Rightarrow$ $x = 60$

अत: B अकेले उस कार्य को 60 दिन में पूरा कर लेगा।

उदाहरण–2 : राम, रहीम व विनोद एक कमरे को बनाने में क्रमशः 5 दिन, 6 दिन व 12 दिन का समय लेते हैं। यदि तीनों मिलकर एक साथ कार्य करें, तो कमरे को बनाने में कितना समय लगेगा?

हल– राम का 1 दिन का कार्य $= \frac{1}{5}$ भाग

रहीम का 1 दिन का कार्य $= \frac{1}{6}$ भाग

विनोद का 1 दिन का कार्य = $\frac{1}{12}$ भाग

∴ (राम + रहीम + विनोद) का 1 दिन का कार्य = $\frac{1}{5} + \frac{1}{6} + \frac{1}{12}$

$$= \left(\frac{12+10+5}{60}\right) = \frac{27}{60}$$

अतः राम, रहीम और विनोद मिलकर कार्य को $\frac{60}{27}$ दिन = $2\frac{2}{9}$ दिन में पूरा करेंगे।

उदाहरण 3. 5 आदमी या 10 बच्चे किसी काम को 20 दिन में पूरा कर सकते है, तो 10 आदमी और 10 बच्चे उस काम को कितने दिन में पूरा करेगें?

हलः संक्षिप्त विधि द्वारा–

$$\text{अभीष्ट समय} = \left[\frac{DM_1B_1}{M_1B_2 + B_1M_2}\right]$$

$$= \left[\frac{20\times5\times10}{5\times10+10\times10}\right]$$

$$= \frac{1000}{150} \text{ दिन} = 6\frac{2}{3} \text{ दिन}$$

उदाहरण 4. 10 व्यक्ति एक काम को 15 दिन में पूरा कर सकते है, तो 25 व्यक्ति उससे दोगुने काम को कितने समय में पूरा करेंगे?

हलः सामान्य सूत्र–

$M_1D_1W_2 = M_2D_2W_1$ से

⇒ $10 \times 15 \times 2 = 25 \times D_2 \times 1$

⇒ $D_2 = \left(\frac{10\times15\times2}{25}\right)$ दिन = 12 दिन

अतः अभीष्ट समय = 12 दिन

नल एवं टैंक

महत्वपूर्ण तथ्य

नल एवं टैंक से संबंधित प्रश्न बिल्कुल कार्य एवं समय के प्रश्नों के समान होते है। अतः हम यदि कार्य और समय के प्रश्नों का ध्यानपूर्वक अध्ययन कर लें, तो हम नल एवं टैंक के प्रश्नों को आसानी से हल कर सकते हैं।

नल दो प्रकार के होते हैं–

(i) **निकास नल**–वह नल जो टंकी को खाली करता है निकास नल कहलाता है।

(ii) **प्रवेश नल**–वह नल जो टंकी को भरता है प्रवेश नल कहलाता है।

- यदि एक नल एक टंकी को a घंटे में भर सकता है, तो 1 घंटे में टंकी का भरा गया भाग = $\frac{1}{a}$
- यदि एक नल एक टंकी को b घंटे में खाली कर सकता है, तो 1 घंटे में टंकी का खाली किया गया भाग = $\frac{1}{b}$
- यदि एक नल टंकी को a घंटे में भर सकता है तथा दूसरा नल उसी टंकी को b घंटे में भर सकता है, तब 1 घंटे में दोनों नलों द्वारा टंकी का भरा गया भाग = $\left(\frac{1}{a}+\frac{1}{b}\right)$
- यदि एक नल टंकी को a घंटे में भर सकता है तथा एक दूसरा नल उसी टंकी को b घंटे में खाली कर सकता है, तो 1 घंटे में दोनों नलों द्वारा टंकी का भरा गया भाग = $\left(\frac{1}{a}-\frac{1}{b}\right)$

नोट– (i) यदि परिणाम ऋणात्मक आए, तो समझो कि टंकी को खाली किया जा रहा है।

(ii) टंकी को भरने वाले नल के लिए '+' चिह्न तथा खाली करने वाले नल के लिए (–) चिह्न का प्रयोग किया जाता है।

- यदि n_1 नल किसी टैंक को H_1 घंटे में तथा n_2 नल उसी टैंक को H_2 घंटे में भर सकते हैं, तब हम इसे एक सामान्य सूत्र से प्रदर्शित कर सकते हैं।

$$n_1 H_1 = n_2 H_2$$

- यदि n_1 नल प्रतिदिन H_1 घंटे कार्य करके किसी हौज को D_1 दिन में तथा n_2 नल प्रतिदिन H_2 घंटे कार्य करके किसी हौज को D_2 दिन में भर सकता है तब हम इसे निम्न प्रकार से प्रदर्शित कर सकते हैं।

$$n_1 H_1 D_1 = n_2 H_2 D_2$$

- यदि एक नल किसी टैंक का a_1 भाग t_1 मिनट में तथा उसी टैंक का a_2 भाग t_2 मिनट में भर सकता है, तो हम इसे एक निम्नलिखित सूत्र से प्रदर्शित कर सकते हैं।

$$\frac{t_1}{a_1} = \frac{t_2}{a_2}$$

नल एवं टैंक के लिए कुछ महत्वपूर्ण नियम

(i) एक नल A टैंक को a घंटे में भर या खाली कर सकता है तथा दूसरा नल B टैंक को b घंटे में भर या खाली कर सकता है। यदि दोनों नल एक साथ खोल दिए जाएं, तो

पूरी टंकी भरने या खाली करने में लगा समय = $\left[\frac{ab}{a+b}\right]$ घंटे

(ii) एक नल किसी टैंक को a घंटे में भर सकता है तथा एक अन्य नल इसी टैंक को b घंटे में खाली कर सकता है। यदि दोनों नल एक साथ खोल दिए जाएं, तब

टैंक को भरने में लगा समय = $\left(\frac{ab}{a-b}\right)$ घंटे

नोट–यदि चिन्ह ऋणात्मक होगा तो टैंक खाली होगा।

(iii) एक नल किसी टैंक को a घंटे में भर सकता है परंतु इस टैंक में छिद्र के कारण टैंक को भरने में b घंटे का समय लगता है। यदि टैंक पूरा भरा हो, तो छिद्र द्वारा टैंक को खाली होने में लगा–

अभीष्ट समय = $\left[\frac{ab}{b-a}\right]$ घंटे

(iv) तीन नल A, B व C किसी टंकी को अलग-अलग क्रमशः a, b व c घंटे में भर देते हैं। यदि तीनों नल एक साथ खोल दिए जाएं तो,

$$\text{टंकी को भरने में लगा समय} = \left[\frac{abc}{ab+bc+ca}\right] \text{घंटे}$$

(v) दो नल किसी टैंक को क्रमशः a घंटे व b घंटे में भर सकते हैं जबकि तीसरा नल इस टैंक को c घंटे में खाली कर सकता है। यदि तीनों नल एक साथ खोल दिए जाएं तो,

$$\text{टैंक को भरने में लगा समय} = \left[\frac{abc}{bc+ca-ab}\right] \text{घंटे}$$

हल सहित उदाहरण

उदाहरण–1 : जब दो नल एक साथ काम करते हैं तो एक टैंक 12 घंटे में भर जाता है। एक नल टैंक को 10 घंटे अधिक तेजी से भरता है, टैंक को पूरी तरह से भरने में तेजी से चलने वाले नल को कितना समय लगेगा?

हल– माना तेज चलने वाला नल टैंक को x घंटे में भरता है।

तो, धीरे चलने वाला नल टैंक को $(x + 10)$ घंटे में भरता है।

$$\text{दोनों नलों द्वारा 1 घंटे में टैंक का भरा गया भाग} = \left(\frac{1}{x} + \frac{1}{x+10}\right)$$

$$\frac{1}{12} = \frac{(x+10+x)}{x(x+10)}$$

$$\Rightarrow \quad \frac{x(x+10)}{2x+10} = 12$$

$$\Rightarrow \quad x^2 + 10x = 24x + 120$$

$$\Rightarrow \quad x^2 - 14x - 120 = 0$$

$$\therefore \quad x = 20 \text{ व } 6$$

अतः तेज चलने वाला नल टैंक को 20 घंटे में भर देगा।

उदाहरण–2 : एक टैंक की तली में एक छिद्र होने के कारण टैंक आधा घंटा अधिक समय में भरा जाता है। यदि टैंक में छिद्र न होता, तो यह $2\frac{1}{2}$ घंटे में भर जाता है, तो छिद्र के कारण पूरे भरे टैंक को खाली होने में कितना समय लगेगा?

$$\text{हल–1 घंटे में टैंक का भरा गया भाग} = \frac{1}{2\frac{1}{2}} = \frac{2}{5}$$

$\therefore$ छिद्र होने के कारण टैंक को भरने में लगा समय

$$= \left(2\frac{1}{2} + \frac{1}{2}\right) \text{घंटे} = 3 \text{ घंटे}$$

$$\therefore \text{छिद्र होने के कारण 1 घंटे में टैंक का भरा गया भाग} = \frac{1}{3}$$

$\therefore$ छिद्र द्वारा 1 घंटे में टैंक का खाली किया गया भाग

$$= \left(\frac{2}{5} - \frac{1}{3}\right) = \frac{1}{15}$$

$$\therefore \quad \text{अभीष्ट समय} = 15 \text{ घंटे}$$

उदाहरण–3 : एक टैंक में तीन नल A, B व C लगे हैं, नल A, टैंक को 30 मिनट में तथा नल B, 40 मिनट में भर सकता है जबकि एक तीसरा नल इस टैंक को 60 मिनट में खाली कर सकता है, तो तीनों नलों को एक साथ खोल देने पर टंकी को भरने में कितना समय लगेगा?

हल– नल A द्वारा 1 मिनट में टैंक का भरा गया भाग $= \frac{1}{30}$

नल B द्वारा 1 मिनट में टैंक का भरा गया भाग $= \frac{1}{40}$

नल C द्वारा 1 मिनट में टैंक का खाली किया गया भाग $= \frac{1}{60}$

$\therefore (A + B + C)$ द्वारा 1 मिनट में टैंक का भरा गया भाग

$$= \left(\frac{1}{30} + \frac{1}{40} - \frac{1}{60}\right) = \left(\frac{4+3-2}{120}\right) = \frac{1}{24}$$

अतः A, B व C द्वारा पूरा टैंक भरने में लगा समय = 24 मिनट

उदाहरण–4 : दो नल A तथा B एक टंकी को क्रमशः 12 मिनट तथा 15 मिनट में भर सकते हैं। दोनों नल एक साथ खोल दिए गए, लेकिन नल A तीन मिनट बाद बंद कर दिया गया। उसके कितनी देर बाद टंकी पूरी भर जाएगी?

हल– नल A और B द्वारा 1 मिनट में टंकी का भरा गया भाग

$$= \left(\frac{1}{12} + \frac{1}{15}\right) = \frac{9}{60}$$

$\therefore$ 3 मिनट में दोनों नलों द्वारा टंकी का भरा गया भाग

$$= 3 \times \frac{9}{60} = \frac{9}{20}$$

$$\text{शेष भाग} = \left(1 - \frac{9}{20}\right) = \frac{11}{20}$$

$\therefore$ नल B द्वारा पूरी टंकी भरी जाती है = 15 मिनट में

$\therefore$ नल B द्वारा $\frac{11}{20}$ भाग टंकी भरी जाएगी

$$= \left(\frac{15 \times 11}{20}\right) \text{मिनट में} = 8\frac{1}{4} \text{ मिनट में}$$

प्रश्नमाला

1. X और Y किसी काम को 7 दिनों में समाप्त करते हैं। अकेला X उस काम को 14 दिनों में समाप्त कर सकता है, तो उसी काम को अकेला Y कितने दिनों में समाप्त करेगा?

(a) 17 दिन (b) 14 दिन

(c) 20 दिन (d) 18 दिन

2. यदि 10 पुरुष या 18 लड़के किसी काम को 15 दिन में पूरा कर सकते हैं तो 25 पुरुष तथा 15 लड़के एक साथ मिलकर दुगुने काम को कितने दिन में पूरा करेंगे?

(a) 12 दिन (b) 6 दिन

(c) 9 दिन (d) 14 दिन

3. एक किले में 50 दिनों का राशन (भोज्य सामग्री) है। 15 दिन के बाद 150 आदमी और आ जाते हैं और अब राशन 25 दिन में समाप्त हो जाता है। किले में कितने आदमी थे?

(a) 400 (b) 375

(c) 300 (d) 450

4. 25 आदमी और 10 लड़के उतना ही कार्य 6 दिनों में करते हैं जितना कि 21आदमी और 30 लड़के 5 दिन में। बताइए कि 40 आदमियों के साथ कितने लड़के लगाए जाएँ कि वही कार्य 4 दिन में पूरा हो सके?
(a) 5 लड़के (b) 40 लड़के
(c) 20 लड़के (d) 10 लड़के

5. एक काम को 26 आदमी 17 दिनों में पूरा कर सकते हैं। 13 दिनों में काम पूरा करने के लिए और कितने लोगों की आवश्यकता होगी?
(a) 9 (b) 8
(c) 6 (d) 18

6. अखिलेश किसी कार्य को 6 दिन में कर सकता है। अखिलेश और मोहन उसी कार्य को 4 दिन में कर सकते हैं। मोहन को अकेले उस कार्य को करने में कितना समय लगेगा?
(a) 8 दिन (b) 10 दिन
(c) 12 दिन (d) 11दिन

7. एक कार्य को कुछ व्यक्ति 80दिन में कर सकते हैं। यदि कार्य पर 10 व्यक्ति और लगा दिए जाएँ तो कार्य केवल 60 दिनों में पूरा हो जाता है। कार्य कितने व्यक्तियों द्वारा किया जा रहा है?
(a) 30 (b) 25
(c) 35 (d) 40

8. 12 व्यक्ति किसी काम को 10 दिनों में कर सकते हैं। उस काम को 8 दिनों में करने के लिए कितने व्यक्तियों की आवश्यकता होगी?
(a) 14 (b) 18
(c) 16 (d) 15

9. A और B दोनों मिलाकर किसी काम को 72 दिनों में करते हैं, B और C मिलकर उसी काम को 120 दिनों में करते हैं एवं A और C मिलकर उसी काम को 90 दिनों में करते हैं तो A अकेला उस काम को कितने दिन में करेगा?
(a) 120 (b) 90
(c) 220 (d) 125

10. कोई कार्य 20 दिनों में पूरा किया जाता था लेकिन 16 व्यक्ति प्रथम दिन से नहीं आये तथा काम को शेष ने 36 दिन में पूरा किया जिन व्यक्तियों को काम सौंपा गया था उनकी मूल संख्या क्या है?
(a) 32 (b) 28
(c) 24 (d) 36

11. A किसी कार्य को 10 दिन में समाप्त कर सकता है, जबकि B इसे 15 दिन में समाप्त कर सकता है। दोनों मिलकर इस कार्य को कितने दिन में समाप्त कर सकेंगे?
(a) 5 दिन (b) 6 दिन
(c) 8 दिन (d) 10 दिन

12. 4 आदमी तथा 6 औरत मिलकर किसी कार्य को 8 दिनों में समाप्त करते हैं जबकि 3 आदमी तथा 7 औरतें मिलकर इस कार्य को 10 दिनों में समाप्त कर सकते हैं। 10 औरतें मिलकर इस कार्य को कितने दिनों में समाप्त कर लेगें?
(a) 24 दिनों में (b) 32 दिनों में
(c) 40 दिनों में (d) 36 दिनों में

13. यदि 40 आदमी 224 मीटर लंबी दीवार को 8 दिन में बना सकते हैं तो 24 आदमी 4 दिन में इसी तरह की कितनी लंबी दीवार बना सकेंगे?
(a) $67\frac{1}{5}$ मीटर (b) 65 मीटर
(c) 68 मीटर (d) 66 मीटर

14. आदमियों के एक समूह एक कार्य को 20 दिनों में पूरा करने के लिए दिया जाता है। लेकिन 12 आदमी काम पर नहीं आते हैं। और बाकी आदमी काम को 32 दिनों में पूरा करते हैं। समूह में आदमियों की संख्या वास्तव में कितनी थी?
(a) 32 (b) 34
(c) 36 (d) 40

15. 12 आदमी और 18 लड़के प्रतिदिन $7\frac{1}{2}$ घंटे काम करके एक कार्य को 60 दिनों में पूरा करते हैं, यदि एक आदमी, 2 लड़कों जितना कार्य करता है, तो कितने लड़कों की आवश्यकता होगी जो 21 आदमियों की सहायता करें ताकि प्रतिदिन 9 घंटे काम करके उस कार्य से दुगना कार्य 50 दिन में पूरा करें?
(a) 30 (b) 42
(c) 48 (d) 90

16. A, B और C किसी काम को क्रमशः 15, 20 और 30 दिन में कर सकते हैं। A और B वह काम 8 दिन में करते हैं उसके बाद C उस काम को पूरा करता है। बताएँ C को अकेले शेष काम को पूरा करने में कितना समय लगेगा?
(a) $3\frac{1}{2}$ दिन (b) $4\frac{1}{2}$ दिन
(c) 3 दिन (d) 2 दिन

17. राजू ने एक काम का $\frac{3}{5}$ भाग 18 दिन में करने पर पाया कि यदि वह सिकन्दर को भी शेष काम हेतु शामिल कर ले, तो शेष काम को 4 दिनों में समाप्त किया जा सकता है। बताइए कि सिकन्दर शेष काम अकेले कितने दिनों में कर सकता है?
(a) 9 दिन (b) 15 दिन
(c) 20 दिन (d) 16 दिन

18. रहमान एक कार्य को 15 दिन में कर सकता है। सलीम उसी कार्य को 25 दिन में पूरा करता है और करीम को उसे करने में 30 दिन लगते हैं। यदि तीनों एक साथ मिलकर कार्य को करें तो वे उसे कितने दिन में पूरा कर लेंगे ?
(a) 20 (b) 12
(c) $8\frac{1}{2}$ (d) $7\frac{1}{7}$

19. एक कार्य का पूरा करने में अभिषेक अनुभव से 6 दिन कम समय लेता है। यदि दोनों उस कार्य को 4 दिन में पूरा करते हैं, तो अनुभव अकेला उस कार्य को कितने दिन में पूरा करेगा?
(a) 10 दिन (b) 12 दिन
(c) 13 दिन (d) 15 दिन

20. 'A' और 'B' एक साथ 36 दिनों में काम का एक टुकड़ा पूरा कर सकते हैं, 'A' अकेले पिछले 10 दिनों के लिए काम करता है, तो यह 40 दिनों में पूरा होता है। अकेले 'B' कितने दिन में काम पूरा कर सकता है?
(a) 45 दिन
(b) 60 दिन
(c) 75 दिन
(d) 90 दिन

उत्तर (हल/संकेत)

1. (b) (X + Y) द्वारा 1 दिन में किया गया काम $= \frac{1}{7}$

X द्वारा 1 दिन में किया गया काम $= \frac{1}{14}$

∴ Y द्वारा 1 दिन में किया गया काम

$= \frac{1}{7} - \frac{1}{14} = \frac{2-1}{14} = \frac{1}{14}$

अतः y अकेले उस काम को 14 दिन में पूरा करेगा।

2. (c) 10 पुरुष = 18 लड़के

$\Rightarrow$ 1 पुरुष $= \frac{18}{10}$ लड़के

25 पुरुष + 15 लड़के

$= \left(25 \times \frac{18}{10} + 15\right)$ लड़के = 60 लड़के

अब,

अधिक काम, अधिक दिन

अधिक लड़के, कम दिन

$\left.\begin{matrix}\text{काम} & 1:2 \\ \text{लड़के} & 16:18\end{matrix}\right\} :: 15 : y$

$\therefore 1 \times 60 \times y = 2 \times 18 \times 15$

$\Rightarrow y = \frac{2 \times 18 \times 15}{60} = 9$ दिन

3. (b) माना कि किले में y आदमी थे।

15 दिन बाद,

y आदमी के लिए 35 दिनों का राशन था एवं

$(y + 150)$ आदमी के लिए 25 दिनों का राशन था।

$\because$ ज्यादा आदमी, कम दिन (अप्रत्यक्ष अनुपात)

$y : y + 150 :: 25 : 35$

$\Rightarrow y \times 35 = 25\ (y + 150)$

$\Rightarrow y \times 7 = 5\ (y + 150)$

$\Rightarrow 7y = 5y + 750$

$\Rightarrow 2y = 750$

$\Rightarrow y = \frac{750}{2} = 375$ आदमी

4. (d) 25 आदमी + 10 लड़के 6 दिन में 1 काम करते हैं।

पुन: 21 आदमी + 30 लड़के 5 दिन में 1 काम करते हैं।

$\therefore$ 25 × 6 आदमी + 10 × 6 लड़के

= 21 × 5 आदमी + 30 × 5 लड़के

$\Rightarrow$ 150 आदमी + 60 लड़के

= 105 आदमी + 150 लड़के

$\Rightarrow$ 45 आदमी = 90 लड़के

$\Rightarrow$ 1 आदमी = 2 लड़के

$\therefore$ 25 आदमी + 10 लड़के

= 50 लड़के + 10 लड़के

= 60 लड़के

दिन	लड़के
6 ↑	60 ↑
4	Y

$\therefore 4 : 6 :: 60 : y$

जहाँ y = लड़कों की संख्या

$\Rightarrow 4 \times y = 6 \times 60$

$\Rightarrow y = \frac{6 \times 60}{4} = 90$ लड़के

$\therefore$ 40 आदमी या 80 लड़कों के साथ 10 लड़के काम पर लगाए जाएंगे।

5. (b)

दिन	आदमी
17 ↑	26 ↑
13	y

जहाँ y = आदमियों की संख्या

$\therefore 13 : 17 = 26 : y$

$\Rightarrow 13 \times y = 17 \times 26$

$\Rightarrow y = \frac{17 \times 26}{13} = 34$

$\therefore$ अतिरिक्त आदमियों की संख्या

$= 34 - 26 = 8$

6. (c) अखिलेश द्वारा 1 दिन में किया गया कार्य $= \frac{1}{6}$

अखिलेश और मोहन द्वारा 1 दिन में किया गया कार्य $= \frac{1}{4}$

$\therefore$ मोहन द्वारा 1 दिन में किया गया कार्य

$= \frac{1}{4} - \frac{1}{6} = \frac{1}{12}$

$\therefore$ मोहन को अकेले पूरा कार्य करने में लगा समय = 12 दिन

7. (a) माना व्यक्तियों की संख्या $= y$

प्रश्नानुसार,

y व्यक्ति कार्य को करते हैं 80 दिन में

$\therefore$ 1 व्यक्ति कार्य को करेगा

$= 80 \times y$ दिन में

इसी प्रकार,

$y + 10$ व्यक्ति कार्य को पूरा करते हैं = 60 दिन में

$\therefore$ 1 व्यक्ति कार्य को कर सकता है

$= 60\ (y + 10)$ दिन में

$\therefore 80y = 60\ (y + 10)$

या $80y - 60y = 600$ या, $20y = 600$

$\therefore y = \frac{600}{20} = 30$

8. (d)

दिन	व्यक्ति
10 ↑	2 ↑
8	y

$8 : 10 :: 12 : y$

$\Rightarrow 8y = 12 \times 10$

$\Rightarrow y = \frac{12 \times 10}{8} = 15$

9. (a) (A + B) द्वारा 1 दिन में किया गया काम $= \frac{1}{72}$ ...(i)

(B + C) द्वारा 1 दिन में किया गया काम $\frac{1}{120}$ ...(ii)

(A + C) द्वारा 1 दिन में किया गया काम $= \frac{1}{90}$ ...(iii)

समी. (i), (ii) और (iii) को जोड़ने पर,

2 (A + B + C) द्वारा 1 दिन में किया गया काम $= \frac{1}{72} + \frac{1}{120} + \frac{1}{90}$

$= \frac{5 + 3 + 4}{360} = \frac{12}{360} = \frac{1}{30}$

$\therefore$ (A + B + C) द्वारा 1 दिन में किया गया काम $= \frac{1}{60}$

$\therefore$ A द्वारा 1 दिन में किया गया काम = (A + B + C) द्वारा 1 दिन में किया गया काम – (B + C) द्वारा 1 दिन में किया गया काम

$= \frac{1}{60} - \frac{1}{120} = \frac{2 - 1}{120} = \frac{1}{120}$

$\therefore$ A अकेले उस काम को 120 दिनों में पूरा करेगा।

10. (d) माना कि व्यक्तियों की मूल संख्या $= y$ है

दिन	व्यक्ति
20 ↑	y ↓
36	$y - 16$

$36 : 20 = y : y - 16$

$\Rightarrow \frac{36}{20} = \frac{y}{y - 16}$

$\Rightarrow \frac{9}{5} = \frac{y}{y - 16}$

$\Rightarrow 9y - 144 = 5y$

$\Rightarrow 4y = 144$

$\Rightarrow y = \frac{144}{4} = 36$

11. (b) A द्वारा 1 दिन में किया गया काम $= \frac{1}{10}$

B द्वारा 1 दिन में किया गया काम $= \frac{1}{15}$

(A + B) द्वारा 1 दिन में किया गया काम

$= \frac{1}{10} + \frac{1}{15} = \frac{3 + 2}{30} = \frac{1}{6}$

$\therefore$ A एवं B एक साथ मिलकर 6 दिन में कार्य समाप्त करेंगें

12. (c) $\because$ 4 आदमी एवं 6 औरतें किसी काम को = 8 दिनों में करते हैं।

∴ 32 आदमी एवं 48 औरतें उस काम को 1 दिन में पूरा करेंगे,

∴ 3 आदमी एवं 7 औरतें उसी काम को 10 दिन में पूरा करेंगे।

∴ 30 आदमी एवं 70 औरतें उस काम को 1 दिन में पूरा करेंगे।

∴ 32 आदमी + 48 औरतें
= 30 आदमी + 70 औरतें

⇒ 2 आदमी = 22 औरतें

⇒ 1 आदमी = 11 औरतें

∴ 4 आदमी + 6 औरतें = 44 + 6 = 50 औरतें

∵ 50 औरतें किसी काम को
= 8 दिन में पूरा करती हैं

∴ 10 औरतें उस काम को पूरा करेंगी

$= \frac{50 \times 8}{10} = 40$ दिन में पूरा करेंगी।

13. (a)

आदमी	दिन	लम्बाई (दीवार की)
40 ↓	8 ↓	224 ↓
24	4	y

$\left.\begin{matrix} 40 : 24 \\ 8 : 4 \end{matrix}\right\} :: 224 : y$

⇒ $40 \times 8 \times y = 224 \times 24 \times 4$
8 : 4

$\therefore y = \frac{224 \times 24 \times 4}{40 \times 8} = 67\frac{1}{5}$ मीटर

14. (a) माना कि व्यक्तियों की आरम्भिक संख्या $= y$

अब,

दिन	व्यक्ति
20 ↑	y ↓
32	$y - 12$

$\therefore 32 : 20 = y : y - 12$

⇒ $20y = 32\ (y - 12)$

⇒ $5y = 8\ (y - 12)$

⇒ $8y - 5y = 96$

⇒ $3y = 96$

⇒ $y = \frac{96}{3} = 32$

15. (b) माना कि y लड़कों की आवश्यकता है।

12 व्यक्ति + 18 लड़के = 42 लड़के

21 व्यक्ति + y लड़के = $(42 + y)$ लड़के

कार्य घंटे/दिन	दिन	कार्य	लड़के
$\frac{15}{2}$	60	1	42
9	50	2	$42 + y$

$\left.\begin{matrix} 9 : \frac{15}{2} \\ 50 : 60 \\ 1 : 2 \end{matrix}\right\} :: 42 : 42 + y$

$\therefore 9 \times 50 \times (42 + y)$
$= \frac{15}{2} \times 42 \times 60 \times 2$

$\therefore 42 + y = \frac{15 \times 42 \times 60}{9 \times 50} = 84$

$\therefore y = 84 - 42 = 42$

16. (d) A + B के दिन का काम

$= \frac{1}{15} + \frac{1}{20} = \frac{4+3}{60} = \frac{7}{60}$ काम

A + B का 8 दिन का काम $= \frac{7 \times 8}{60} = \frac{56}{60}$ भाग

C के लिए शेष काम $= 1 - \frac{56}{60}$

$= \frac{4}{60} = \frac{1}{15}$ काम

∵ 1 काम करने में C को लगा समय = 30 दिन

∴ $\frac{1}{15}$ दिन करने में C को लगा समय

$= \frac{1}{15} \times 30 = 2$ दिन

17. (b) राजू द्वारा 1 दिन में काम का किया गया भाग

$= \frac{3}{5 \times 18} = \frac{1}{30}$

∴ सिकन्दर द्वारा 1 दिन में किया गया काम का भाग

$= \frac{2}{5 \times 4} = \frac{1}{20}$

$= \frac{1}{10} - \frac{1}{30} = \frac{3-1}{30} = \frac{2}{30} = \frac{1}{15}$

अतः सिकन्दर शेष काम अकेले 15 दिनों में कर देगा

18. (d) रहमान, सलीम और करीम द्वारा किया गया एक दिन का कार्य

$= \frac{1}{15} + \frac{1}{25} + \frac{1}{30}$

$= \frac{10+6+5}{150} = \frac{21}{150} = \frac{7}{50}$

अतः यदि तीनों मिलकर काम करें तो वे कार्य को $= \frac{50}{7} = 7\frac{1}{7}$ को दिन में पूरा करेंगे।

19. (b) माना 'अनुभव' अकेला उस कार्य को पूरा करेगा $= y$ दिन में

∴ अभिषेक अकेला उस कार्य को पूरा करेगा $= (y - 6)$ दिन में

∵ (अनुभव + अभिषेक) का 1 दिन का कार्य

$\frac{1}{y} + \frac{1}{(y-6)} = \frac{1}{4}$

⇒ $\frac{y - 6 + y}{y\,(y-6)} = \frac{1}{4}$

⇒ $8y - 24 = y^2 - 6y$

⇒ $y^2 - 14y + 24 = 0$

⇒ $(y - 12)(y - 2) = 0$

या, 2 (अग्राह्य)

अतः 'अनुभव' अकेला उस कार्य को पूरा करेगा = 12 दिन में

20. (b) माना कि A तथा B अकेले काम को क्रमश x तथा y दिनों में करते हैं।

अतः $\frac{1}{x} + \frac{1}{y} = \frac{1}{36}$ ... (i)

प्रश्न से,

$30 \times \left(\frac{1}{x} + \frac{1}{y}\right) + \frac{1}{y} \times 10 = 1$

समीकरण (i) का मान रखने पर,

$30 \times \left(\frac{1}{36}\right) + \frac{10}{y} = 1$

⇒ $\frac{10}{y} = 1 - \frac{30}{36} = \frac{6}{36}$

$y = 60$ दिन

B अकेले 60 दिन में कार्य पूरा करेगा।

❑❑❑

अध्याय

12

चाल, समय और दूरी

चाल (Speed) : किसी व्यक्ति या वस्तु द्वारा तय की गई दूरी और दूरी तय करने में लगे समय के अनुपात को 'चाल' कहते हैं–

(*i*) चाल $= \frac{\text{दूरी}}{\text{समय}}$

(*ii*) समय $= \frac{\text{दूरी}}{\text{चाल}}$

(*iii*) दूरी = समय × चाल

दूरी (Distance) : किसी व्यक्ति या वाहन की चाल को, उसके द्वारा लिए गए समय से गुणा करने पर दूरी प्राप्त होती है।

∴ दूरी = समय × चाल

महत्वपूर्ण तथ्य

किलोमीटर प्रति घंटा को मीटर प्रति सेकण्ड में बदलने के लिए $\frac{5}{18}$ से गुणा किया जाता है।

जैसे– x किमी./घंटा $= \left(x \times \frac{5}{18}\right)$ मी./से.

मीटर प्रति सेकण्ड को किलोमीटर प्रति घंटा में बदलने के लिए $\frac{18}{5}$ से गुणा किया जाता है

जैसे– y मी./से. $= \left(y \times \frac{18}{5}\right)$ किमी./घंटा

दो गाड़ियां जिनकी चाल क्रमशः x किमी./घंटा तथा y किमी./घंटा है, यदि दोनों रेलगाड़ियां समान चाल से चल रही हों, तब

उनकी सापेक्ष चाल = $(x - y)$ किमी./घंटा (जहां $x > y$)

दो गाड़ियां जिनकी चाल क्रमशः x किमी./घंटा व y किमी./घंटा है, यदि दोनों गाड़ियां एक-दूसरे की विपरीत दिशा में चल रही हों, तब

उनकी सापेक्ष चाल = $(x + y)$ किमी./घंटा

चाल, समय एवं दूरी के लिए महत्वपूर्ण नियम

(i) एक व्यक्ति कोई निश्चित दूरी जाते समय a किमी./घंटा की चाल से तथा वापस आते समय उतनी ही दूरी b किमी./घंटा की चाल से तय करता है तब,

पूरी यात्रा के दौरान व्यक्ति की औसत चाल $= \left(\frac{2ab}{a+b}\right)$ किमी./घंटा

(ii) एक व्यक्ति किसी निश्चित स्थान तक पैदल जाने तथा वाहन द्वारा वापस आने में a घंटे का समय लेता है। यदि वह दोनों ओर वाहन का प्रयोग करे तो उसे b घंटे कम समय लगता है तब,

व्यक्ति को दोनों ओर पैदल जाने में लगा समय = $(a + b)$ घंटे

(iii) एक व्यक्ति वाहन द्वारा जाने तथा उसी स्थान पर वापस पैदल आने में a घंटे का समय लेता है। यदि वह दोनों ओर पैदल जाता है तो उसे b घंटे का समय अधिक लगता है तब,

व्यक्ति को दोनों ओर वाहन से जाने में लगा समय = $(a - b)$ घंटे

(iv) एक व्यक्ति V_1 किमी./घंटा की चाल से चलकर अपनी यात्रा t_1 घंटे में पूरी करता है। यदि वह चाल को V_2 किमी./घंटा कर दे तो उसे यात्रा पूरी करने में t_2 घंटे का समय लगता है, तब हम इसे एक सामान्य समीकरण से प्रदर्शित कर सकते हैं–

$$V_1 t_1 = V_2 t_2$$

(v) दो व्यक्ति या गाड़ियां एक ही समय में विपरीत स्थानों से चलना प्रारंभ करती हैं तथा एक-दूसरे से मिलने के बाद क्रमशः t_1 व t_2 घंटे में अपनी यात्रा पूरी करती है तब,

$$\frac{\text{पहले व्यक्ति या गाड़ी की चाल}}{\text{दूसरे व्यक्ति या गाड़ी की चाल}} = \sqrt{\frac{t_2}{t_1}}$$

(vi) एक व्यक्ति a किमी./घंटा की चाल से चलता है, यदि वह प्रत्येक किमी. चलने के पश्चात् t घंटे का विश्राम करता है तो b किमी. की दूरी तय करने में–

व्यक्ति को लगा अभीष्ट समय $= \left[\frac{b}{a} + (b-1)t\right]$ घंटे

(vii) एक व्यक्ति कोई यात्रा T घंटे में समाप्त करता है। वह यात्रा का पहला भाग V_1 किमी./घंटा की गति से तथा यात्रा का दूसरा भाग V_2 किमी/घंटा की गति से तय करता है तब,

यात्रा की कुल दूरी $= \left[\frac{2T V_1 V_2}{V_1 + V_2}\right]$ किमी.

(viii) एक व्यक्ति अपनी सामान्य चाल $\frac{a}{b}$ चाल से चलकर ऑफिस t मिनट देरी से पहुंचता है तब, उसे ऑफिस पहुंचने में लगा–

सामान्य समय $= \left[\frac{at}{(b-a)}\right]$ मिनट

हल सहित उदाहरण

उदाहरण–1 : दो घुड़सवार समान दूरी को क्रमशः 15 किमी./घंटा व 16 किमी./घंटा की चाल से तय करते हैं। यदि दूसरे की अपेक्षा, पहले घुड़सवार को 16 मिनट अधिक समय लगता है, तो दोनों के द्वारा तय की गई दूरी ज्ञात कीजिए।

हल–माना अभीष्ट दूरी = x किमी.

$\therefore$ पहले घुड़सवार को लगा समय = $\frac{x}{15}$ घंटे

दूसरे घुड़सवार को लगा समय = $\frac{x}{16}$ घंटे

प्रश्नानुसार, $\frac{x}{15}-\frac{x}{16}=\frac{16}{60}$

$$\frac{16x-15x}{15\times16}=\frac{16}{60}$$

$\Rightarrow$ $x=\left(\frac{16\times16\times15}{60}\right)$ किमी.

= 64 किमी.

उदाहरण–2 : दो बंदूकें एक ही स्थान से 5 मिनट के अंतराल पर छोड़ी गई, लेकिन उसी स्थान की ओर जाती हुई रेलगाड़ी में बैठे व्यक्ति को बंदूक की दूसरी आवाज 4 मिनट 30 सेकण्ड के बाद सुनाई पड़ती है। रेलगाड़ी की चाल ज्ञात कीजिए, यदि ध्वनि की चाल 330 मी./से. हो।

हल– ध्वनि द्वारा 30 सेकण्ड में तय की गई दूरी

= (330 × 30) मीटर = 9900 मीटर

$\therefore$ ध्वनि द्वारा 30 सेकण्ड में तय की गई दूरी रेलगाड़ी द्वारा 4 मिनट 30 सेकण्ड में तय की गई दूरी के बराबर है

$\therefore$ रेलगाड़ी की चाल = $\frac{9900}{270}$ मी./से.

= $\left(\frac{9900}{270}\times\frac{18}{5}\right)$ किमी./घंटा = 132 किमी./घंटा

उदाहरण–3 : एक व्यक्ति कार द्वारा अपनी यात्रा 9 घंटे में पूरी करता है, जिसमें वह पहली आधी यात्रा 20 किमी./घंटा की चाल से तथा शेष आधी यात्रा 25 किमी./घंटा की चाल से तय करता है, तो व्यक्ति द्वारा यात्रा में तय की गई दूरी ज्ञात कीजिए।

हल– माना तय की गई यात्रा की कुल दूरी = x किमी.

तब, $\frac{x}{2}$ किमी. की यात्रा वह 20 किमी./घंटा की चाल से तय करता है।

शेष $\frac{x}{2}$ किमी. की यात्रा वह 25 किमी./घंटा की चाल से तय करता है

$\therefore$ पूरी यात्रा तय करने में लगा समय = $\frac{x}{2\times20}+\frac{x}{2\times25}$

$$9=\frac{x}{40}+\frac{x}{50}$$

$\Rightarrow$ $9x = 9\times200$

$\therefore$ x = 200 किमी.

अतः व्यक्ति द्वारा तय की गई दूरी = 200 किमी.

उदाहरण–4 : एक व्यक्ति बिना रुके हुए कोई निश्चित दूरी 80 किमी./घंटे की चाल से तय करता है तथा विश्राम करते हुए वह उसी दूरी को 60 किमी./घंटा की चाल से तय करता है। वह प्रतिघंटा कितने मिनट रुकता है?

हल–माना कुल अभीष्ट दूरी = x किमी.

$\therefore$ 80 किमी./घंटा की चाल से दूरी तय करने में लगा समय = $\frac{x}{80}$ घंटा

60 किमी./घंटा की चाल से दूरी तय करने में लगा समय = $\frac{x}{60}$ घंटा

$\therefore$ विश्राम की अवधि = $\left(\frac{x}{60}-\frac{x}{80}\right)$ घंटे

= $\frac{20x}{4800}=\frac{x}{240}$ घंटे

$\therefore$ प्रति घंटे विश्राम की अवधि = $\left(\frac{x}{240}\div\frac{x}{60}\right)$ घंटा

= $\left(\frac{x}{240}\times\frac{60}{x}\right)$ घंटा

= $\frac{1}{4}$ घंटा = 15 मिनट

अतः प्रत्येक विश्राम की अवधि = 15 मिनट

रेलगाड़ी पर आधारित प्रश्न

महत्वपूर्ण बिन्दु

- जब दो रेलगाड़ियां क्रमशः x किमी./घंटा व y किमी./घंटा की एक समान चाल से चल रही हों, तब
  रेलगाड़ियों की सापेक्ष चाल = $(x-y)$ किमी./घंटा
  जबकि $(x>y)$
- जब दो रेलगाड़ियां क्रमशः x किमी./घंटा व y किमी./घंटा की एक समान चाल से विपरीत दिशा में चल रही हों, तब
  रेलगाड़ियों की सापेक्ष चाल = $(x+y)$ किमी./घंटा
- जब रेलगाड़ी किसी स्थिर बिन्दु पर स्थित पेड़ या सिग्नल को पार करती है तब,
  रेलगाड़ी द्वारा तय की गई दूरी = रेलगाड़ी की लम्बाई
- जब रेलगाड़ी किसी पुल, सुरंग या प्लेटफार्म को पार करती है तब, रेलगाड़ी द्वारा तय की गई दूरी = (रेलगाड़ी की लम्बाई + प्लेटफार्म या पुल या सुरंग की लम्बाई)
- यदि कोई रेलगाड़ी, दूसरी रेलगाड़ी (स्थिर या गतिक) को पार करती है, तो दोनों रेलगाड़ियों द्वारा तय की गई दूरी,
  = पहली रेलगाड़ी की लम्बाई + दूसरी रेलगाड़ी की लम्बाई
- किसी खंभे या सिग्नल या पेड़ को पार करने में रेलगाड़ी द्वारा लगा समय
  $=\frac{\text{रेलगाड़ी की लम्बाई}}{\text{रेलगाड़ी की चाल}}$
- किसी पुल या सुरंग या प्लेटफॉर्म को पार करने में रेलगाड़ी द्वारा लगा समय
  $=\frac{(\text{रेलगाड़ी की लम्बाई + पुल या सुरंग या प्लेटफॉर्म की लम्बाई})}{\text{रेलगाड़ी की चाल}}$
- यदि रेलगाड़ी की चाल किमी./घंटा में दी गई हो, तो चाल को मी./से. में बदलने के लिए $\frac{5}{18}$ से गुणा किया जाता है।

  जैसे– x किमी./घंटा = $\left(x\times\frac{5}{18}\right)$ मी./से.
- यदि रेलगाड़ी की चाल मी./से. में दी गई हो, तो चाल को किमी./घंटा

में बदलने के लिए $\frac{18}{5}$ से गुणा किया जाता है।

जैसे–y मी./से. $= \left(y \times \frac{5}{18}\right)$ किमी./घंटा

- यदि दो रेलगाड़ियां जिनकी चाल क्रमशः x किमी./से. तथा y मी./से. एवं लम्बाईयां L_1 व L_2 मी. है यदि दोनों रेलगाड़ियां एक-दूसरे के विपरीत दिशा में चल रही हों, तब
दोनों रेलगाड़ियों द्वारा एक-दूसरे को पार करने में लगा समय
$$= \left[\frac{L_1 + L_2}{(x+y)}\right] \text{ से.}$$
- दो रेलगाड़ियां जिनकी चाल क्रमशः x मी./से. तथा y मी./से. हैं एवं लम्बाईयां L_1 मी. व L_2 मी. है यदि दोनों रेलगाड़ियां एक ही दिशा में चल रही हों, तब
दोनों रेलगाड़ियों द्वारा एक-दूसरे को पार करने में लगा समय
$$= \left[\left(\frac{L_1 + L_2}{x - y}\right)\right] \text{से. यदि } (x > y)$$

रेलगाड़ी के लिए कुछ महत्वपूर्ण नियम

(i) दो रेलगाड़ियां जिनकी चाल क्रमशः x किमी./घंटा व y किमी./घंटा है एक ही दिशा में दौड़ रही है यदि तेज-चलने वाली रेलगाड़ी, धीरे चलने वाली रेलगाड़ी में बैठे एक व्यक्ति को t_1 सेकण्ड में पार कर लेती है, तब,

तेज चलने वाली रेलगाड़ी की लम्बाई $= \left[t\,(x-y) \times \frac{5}{18}\right]$ मी.

(ii) दो रेलगाड़ियां जिनकी चाल क्रमशः x किमी./घंटा व y किमी./घंटा है एक-दूसरे के विपरीत दिशा में दौड़ रही है यदि तेज चलने वाली एक रेलगाड़ी, धीरे चलने वाली रेलगाड़ी में बैठे एक व्यक्ति को t सेकण्ड में पार कर लेती है तब,

तेज चलने वाली रेलगाड़ी की लम्बाई $= \left[t\,(x+y) \times \frac{5}{18}\right]$ मी.

(जबकि $x > y$)

(iii) एक रेलगाड़ी x किमी./घंटा की चाल से चलते हुए एक प्लेटफार्म को t_1 सेकण्ड में पार करती है तथा उसी दिशा में y किमी./घंटा की चाल से चलते हुए एक व्यक्ति को t_2 सेकण्ड में पार करती है तब,

(a) रेलगाड़ी की लम्बाई $= \left[t_2\,(x-y) \times \frac{5}{18}\right]$ मी

(b) प्लेटफार्म की लम्बाई $= \left[\{x\,(t_1 - t_2) + y\,t_2\} \times \frac{5}{18}\right]$ मी.

(iv) एक रेलगाड़ी x किमी./घंटा की चाल से चलकर एक प्लेटफार्म को t_1 सेकण्ड में पार करती है तथा अपनी विपरीत दिशा में दौड़ रहे एक व्यक्ति को जिसकी चाल y किमी./घंटा है, को t_2 सेकण्ड में पार करती है तब,

(a) रेलगाड़ी की लम्बाई $= \left[t_2\,(x+y) \times \frac{5}{18}\right]$ मी.

(b) प्लेटफार्म की लम्बाई $= \left[\{x\,(t_1 - t_2) - y\,t_2\} \times \frac{5}{18}\right]$ मी.

(v) एक रेलगाड़ी l_1 मीटर लम्बे प्लेटफार्म को t_1 सेकेण्ड में पार करती है तथा l_2 मी. लम्बे किसी पुल या सुरंग को t_2 सेकण्ड में पार करती है तब,

रेलगाड़ी की लम्बाई $= \left[\frac{l_1\,t_2 - l_2\,t_1}{t_1 - t_2}\right]$ मीटर

(vi) यदि दो रेलगाड़ियां X और Y दो स्थानों से एक ही समय में एक-दूसरे की ओर चलना प्रारंभ करती हैं और एक-दूसरे से मिलने के पश्चात् वे अपने गंतव्य स्थान पर क्रमशः t_1 व t_2 घंटे में पहुंचती है तब,

$$\frac{\text{रेलगाड़ी X की गति}}{\text{रेलगाड़ी Y की गति}} = \sqrt{\frac{t_2}{t_1}}$$

हल सहित उदाहरण

उदाहरण–1 : एक 110 मी. लम्बी रेलगाड़ी 60 किमी./घंटा की चाल से चल रही है, तो वह 6 किमी./घंटा की चाल से विपरीत दिशा में चल रहे एक व्यक्ति को कितने समय में पार कर लेगी?

हल– व्यक्ति के सापेक्ष गाड़ी की चाल

$= (60 + 6) = \left(66 \times \frac{5}{18}\right) = \frac{55}{3}$ मी./से. $\therefore$ व्यक्ति को पार करने में

लगा समय $= \left(110 \times \frac{3}{55}\right) = 6$ सेकण्ड

उदाहरण–2 : 100 मी. लम्बी दो रेलगाड़ियां एक-दूसरे के विपरीत दिशा में दौड़ रही हैं और एक-दूसरे को पार करने में 8 सेकण्ड का समय लेती हैं यदि पहली रेलगाड़ी की चाल, दूसरी रेलगाड़ी से दुगुनी हो, तो तेज चलने वाली रेलगाड़ी की चाल ज्ञात कीजिए।

हल– माना धीरे चलने वाली रेलगाड़ी की चाल $= x$ मी./से.

तब, तेज चलने वाली रेलगाड़ी की चाल $= 2x$ मी./से.

$\therefore$ दोनों रेलगाड़ियां विपरीत दिशा में चल रही है।

$\therefore$ उनकी सापेक्ष चाल $= (x + 2x) = 3x$ मी./से.

तब, $\frac{100+100}{8} = 3x$

$\Rightarrow$ $24x = 200$

$x = \frac{25}{3}$ मी./से.

अतः धीरे चलने वाली रेलगाड़ी की चाल

$= \left(\frac{25}{3} \times \frac{18}{5}\right) = 30$ किमी./घंटा

उदाहरण–3 : एक 150 मी. लम्बी रेलगाड़ी उसी दिशा में 10 किमी./घंटा की चाल से चल रहे, एक व्यक्ति को 20 सेकण्ड में पार करती है रेलगाड़ी की चाल ज्ञात कीजिए।

हल–व्यक्ति के सापेक्ष रेलगाड़ी की चाल $= \left(\frac{150}{20}\right)$ मी./से.

$= \left(\frac{15}{2} \times \frac{18}{5}\right) = 27$ किमी./घंटा

माना रेलगाड़ी की चाल $= x$ किमी./घंटा

तब, रेलगाड़ी की व्यक्ति के सापेक्ष चाल $= (x - 10)$ किमी./घंटा

प्रश्नानुसार, $x - 10 = 27$

$\Rightarrow$ $x = (27 + 10)$ किमी./घंटा

अतः रेलगाड़ी की चाल = 37 किमी./घंटा

उदाहरण–4 : एक 200 मी. लम्बी रेलगाड़ी 150 मी. लम्बे प्लेटफार्म को 15 सेकण्ड में पार कर लेती है, रेलगाड़ी की लम्बाई ज्ञात कीजिए।

हल– रेलगाड़ी द्वारा तय की गई दूरी = (रेलगाड़ी की लम्बाई + प्लेटफार्म की लम्बाई) = (200 + 150) = 350 मी.

$$\text{रेलगाड़ी की चाल} = \frac{\text{कुल तय की गई दूरी}}{\text{लगा समय}}$$

$$= \frac{350}{15} \text{ मी./से.} = \left(\frac{350}{15} \times \frac{18}{5}\right)$$

= 84 किमी./घंटा

नाव एवं धारा

महत्वपूर्ण सूत्र

1. **स्थिर जल (Still Water) :** यदि किसी नदी या तालाब में जल की चाल शून्य हो, तो ऐसे जल को स्थिर जल कहते हैं।
2. **प्रतिकूल गति (Upstream Motion) :** यदि कोई नाव, जहाज या तैराक धारा के प्रवाह के विपरीत गति करता है, तो उसकी गति धारा के प्रतिकूल कहलाती है।
3. **अनुकूल गति (Downstream Motion) :** यदि कोई नाव, जहाज या तैराक धारा के प्रवाह की दिशा में गति करता है, तो उसकी गति धारा के अनुकूल गति कहलाती है।

   यदि स्थिर जल में किसी नाव या तैराक की चाल u किमी./घंटा तथा धारा की चाल v किमी./घंटा हो तो,

   धारा के अनुकूल नाव अथवा तैराक की चाल = $(u + v)$ किमी./घंटा

   धारा के प्रतिकूल नाव अथवा तैराक की चाल = $(u - v)$ किमी./घंटा

   यदि किसी तैराक या नाव की धारा की दिशा में चाल u किमी./घंटा तथा धारा के विपरीत प्रवाह में चाल v किमी./घंटा हो तब

   (i) तैराक की चाल = $\left[\frac{u+v}{2}\right]$ किमी./घंटा

   (ii) धारा की चाल = $\left[\frac{u-v}{2}\right]$ किमी./घंटा

नाव एवं धारा के लिए कुछ महत्वपूर्ण नियम

(i) एक नाव धारा के विपरीत दिशा में एक निश्चित दूरी तय करने में t_1 घंटे का समय लेती है, जबकि धारा की दिशा में समान दूरी तय करने में t_2 घंटे का समय लेती है तब,

(a) यदि नाव की चाल u किमी./घंटा हो, तो

$$\text{धारा की चाल} = \left[\frac{t_1 - t_2}{t_1 + t_2}\right] \times u \text{ किमी./घंटा}$$

(b) यदि नाव की चाल v किमी./घंटा हो, तो

$$\text{नाव की चाल} = \left[\frac{t_1 + t_2}{t_1 - t_2}\right] \times v \text{ किमी./घंटा}$$

(ii) यदि एक नाव धारा के विपरीत दिशा में एक निश्चित दूरी तय करने में t_1 घंटे का समय लेती है तथा धारा की दिशा में उतनी ही दूरी तय करने में t_2 घंटे का समय लेती है तब,

$$\frac{\text{नाव की चाल}}{\text{धारा की चाल}} = \left[\frac{t_1 + t_2}{t_1 - t_2}\right]$$

(iii) एक नाव धारा की दिशा में d_1 किमी. की दूरी तय करने में जितना समय लेती है, उतना ही समय वह धारा के विरुद्ध d_2 किमी. की दूरी तय करने में लेती है तब,

(a) यदि शांत जल में नाव की चाल u किमी./घंटा हो, तब

$$\text{धारा की चाल} = \left[\frac{d_1 - d_2}{d_1 + d_2}\right] \times u \text{ किमी./घंटा}$$

(b) यदि शांत जल में नाव की चाल v किमी./घंटा हो, तब

$$\text{नाव की चाल} = \left[\frac{d_1 + d_2}{d_1 - d_2}\right] \times v \text{ किमी./घंटा}$$

(iv) यदि एक नाव धारा की दिशा में d_1 किमी. तथा धारा के विरुद्ध d_2 किमी. की दूरी तय करने में समान समय लेती हो, तब

$$\frac{\text{नाव की चाल}}{\text{धारा की चाल}} = \left[\frac{d_1 + d_2}{d_1 - d_2}\right]$$

(v) एक नाव धारा की दिशा में जाते हुए एक स्थान से दूसरे स्थान तक पहुंचने में t_1 घंटे का समय लेती है और वह यही दूरी धारा के विपरीत जाते हुए t_2 घंटे में तय करती है। यदि धारा की चाल x कि.मी./घंटा हो, तो

$$\text{दोनों स्थानों के बीच की दूरी} = \left[\left(\frac{2\,t_1\,t_2}{t_2 - t_1}\right) \times x\right] \text{ किमी.}$$

हल सहित उदाहरण

उदाहरण–1 : एक नाव धारा के विरुद्ध 7 किमी. की दूरी 42 मिनट में तय करती है, और धारा की चाल 3 किमी./घंटा है तो शांत जल में नाव की चाल ज्ञात कीजिए।

हल– धारा के विरुद्ध नाव की चाल = $\left(\frac{7}{42} \times 60\right)$ = 10 किमी./घंटा

माना शांत जल में नाव की चाल = x किमी./घंटा

तब, धारा के विरुद्ध नाव की चाल = $(x - 3)$ किमी./घंटा

प्रश्नानुसार $x - 3 = 10$

$\Rightarrow$ $x = 13$ किमी./घंटा

उदाहरण–2 : एक व्यक्ति धारा की दिशा में 32 किमी. तथा धारा के विरुद्ध 14 किमी. की दूरी तय करता है। यदि वह प्रत्येक दूरी को तय करने के लिए 5 घंटे का समय लेता है, तो धारा की चाल ज्ञात कीजिए।

हल– धारा की चाल = $\left[\frac{u-v}{2}\right]$ किमी./घंटा

$$= \frac{1}{2}\left[\frac{32}{5} - \frac{14}{5}\right] \text{ किमी/घंटा}$$

$$= \frac{11}{2}\left(\frac{18}{5}\right) = 19.8 \text{ किमी./घंटा}$$

उदाहरण–3 : स्थिर जल में एक नाव का वेग 15 किमी./घंटा तथा धारा का वेग 3 किमी./घंटा है। धारा की दिशा में 12 मिनट में नाव द्वारा तय की गई दूरी ज्ञात कीजिए।

हल– धारा की दिशा में नाव की चाल = $(u + v)$ किमी./घंटा

= $(15 + 3)$ किमी./घंटा

समय = 12 मिनट = $\left(12 \times \frac{1}{60}\right)$

= $\frac{1}{5}$ घंटा

∴ धारा की दिशा में तय की गई दूरी = $\left(18 \times \frac{1}{5}\right) = 3.6$ किमी.

उदाहरण–4 : एक नाव धारा की दिशा में एक निश्चित दूरी तय करने में 1 घंटे का समय लेती है तथा वापस आने में $1\frac{1}{2}$ घंटे का समय लेती है। यदि धारा की गति 3 किमी./घंटा हो, तो शांत जल में नाव की चाल ज्ञात कीजिए।

हल– माना शांत जल में नाव की चाल x किमी./घंटा है तब,

धारा की दिशा में नाव की चाल = $(x + 3)$ किमी./घंटा

धारा की विपरीत दिशा में नाव की चाल = $(x - 3)$ किमी./घंटा

∴ $(x + 3) \times 1 = (x - 3) \times \frac{3}{2}$

⇒ $2x + 6 = 3x - 9$

⇒ $x = 15$ किमी./घंटा

प्रश्नमाला

1. एक ट्रेन और एक कार की गति के बीच 16 : 15 का अनुपात है। एक बस 480 किमी. की दूरी 8 घंटे में पूरी करती है तथा बस की गति, ट्रेन की गति की तीन-चौथाई है। 6 घंटे में कार द्वारा तय की गई दूरी है–

(a) 450 किमी.
(b) 375 किमी.
(c) 525 किमी.
(d) 475 किमी.

2. एक व्यक्ति साइकिल द्वारा एक घंटे में 18 किमी. जाता है किंतु प्रत्येक 7 किमी. चलने के पश्चात् वह 6 मिनट के लिए विश्राम करता है। 90 किमी. की दूरी तय करने में उसे कितना समय लगेगा?

(a) 6 घंटे 17 मिनट
(b) 5 घंटे 10 मिनट
(c) 6 घंटे
(d) 6 घंटे 8 मिनट

3. एक बस 11 घंटे में 58 किमी./घंटा की गति से 522 किमी. की दूरी तय करती है। यात्रा के बीच एक ठहरने के स्थल पर बस कुछ देर रुकी थी, तो बस ठहराव स्थल पर कितने समय के लिए रुकी थी?

(a) 30 मिनट (b) 1 घंटा
(c) 1 घंटा 30 मिनट (d) 2 घंटे

4. एक व्यक्ति 600 किमी. की दूरी रेल द्वारा 80 किमी./घंटे की चाल से, 800 किमी. की दूरी बस द्वारा 40 किमी./घंटे की चाल से, 500 किमी. की दूरी जहाज द्वारा 40 किमी./घंटे की चाल से, तथा 100 किमी. की दूरी कार द्वारा 50 किमी./घंटे की चाल से तय करता है, तो पूरी यात्रा के दौरान व्यक्ति की औसत चाल क्या है?

(a) $65\frac{5}{123}$ किमी./घंटा

(b) $68\frac{1}{5}$ किमी./घंटा

(c) $56\frac{1}{123}$ किमी./घंटा

(d) इनमें से कोई नहीं

5. 1200 मीटर लम्बे किसी पुल के दोनों ओर दो व्यक्ति खड़े हुए हैं। यदि वे एक-दूसरे की ओर क्रमशः 5 मी./मिनट और 10 मी./मिनट की चाल से चलें, तो एक-दूसरे से मिलने में उन्हें कितना समय लगेगा?

(a) 55 मिनट
(b) 1 घंटा 20 मिनट
(c) 40 मिनट
(d) 50 मिनट

6. 270 मीटर लंबी एक रेलगाड़ी 25 किमी/घंटा के रफ्तार से चल रही है। 2 किमी. प्रति घंटे की रफ्तार से विपरीत दिशा से आते मनुष्य को वह कितने समय में पार करेगी?

(a) 36 सेकण्ड (b) 32 सेकण्ड
(c) 28 सेकण्ड (d) 24 सेकण्ड

7. दो रेलगाड़ियाँ समानांतर लाइन में एक ही दिशा की ओर क्रमशः 50 किमी/घंटा और 30 किमी/घंटा प्रति घंटे की रफ्तार से चल रही हैं। तेज गाड़ी मंद गाड़ी के एक आदमी को 18 सेकण्ड में पार करती है। तेज गाड़ी की लबाई है–

(a) 170 मीटर (b) 100 मीटर
(c) 98 मीटर (d) 85 मीटर

8. एक रेलगाड़ी एकसमान चाल से 200 किमी. चलती है। यदि चाल 10 किमी./घंटा कम होती तो यात्रा में 40 मिनट अधिक लगते। रेलगाड़ी की चाल बताइये।

(a) 50 किमी./घंटा
(b) 60 किमी./घंटा
(c) 45 किमी./घंटा
(d) 40 किमी./घंटा

9. एक रेलयात्री रेलवाली सड़क के टेलीग्राफ स्तम्भों को गुजरने के साथ-साथ गिनते रहता है। टेलग्राफ स्तम्भ एक-दूसरे से 50 मीटर की दूरी पर हैं। यदि ट्रेन की गति 45 किलोमीटर प्रति घंटा हो, तो 4 घंटे में वह कितने स्तम्भों को गिन पाएगा?

(a) 2500 (b) 600
(c) 3600 (d) 5000

10. 180 मीटर की एक रेलगाड़ी A 72 किमी/घंटा की गति से चलकर, 120 मीटर लंबी, 108 किमी/घंटा से विपरीत दिशा में चलने वाली रेलगाड़ी B को, कितनी अवधि में पार कर लेगी?

(a) 24 सेकेण्ड (b) 12 सेकेण्ड
(c) 6 सेकेण्ड (d) 30 सेकेण्ड

11. एक ट्रेन 15 सेकण्ड में एक पोल को पार कर जाती है व 100 मीटर लम्बे एक प्लेटफार्म को 25 सेकण्ड में पार कर जाती है, तो मीटर में ट्रेन की लम्बाई है–

(a) 200 (b) 150
(c) 50 (d) इनमें से कोई नहीं

12. दो स्टेशन A और B एक-दूसरे से सौ किलोमीटर दूर हैं। दो ट्रेनें एक साथ स्टेशन A और B से रवाना होती हैं। स्टेशन से निकलने वाली ट्रेन स्टेशन की तरफ 50

किलोमीटर की घंटा की रफ्तार से चलती है। स्टेशन B से चलने वाली की गति से जाती है। स्टेशन A से कितने फासले पर दोनों ट्रेनें एक-दूसरे को पार करेंगी?

(a) 40 किमी. (b) 20 किमी.
(c) 30 किमी. (d) इनमें से कोई नहीं

13. 150 मीटर लम्बी एक ट्रेन 90 किलोमीटर प्रति घंटे की रफ्तार से 26 सेकण्ड में एक रेलवे पुल को पार कर लेती है। उस पुल की लम्बाई कितनी है?

(a) 500 मीटर (b) 600 मीटर
(c) 650 मीटर (d) 550 मीटर

14. 110 मी/से. लंबी एक ट्रेन 3 सेकेण्ड में एक खंम्भे से गुजरती है। 165 मीटर लंबा रेलवे प्लेटफार्म पार करने के लिए कितना समय लगेगा?

(a) 4 सेकेण्ड (b) 15 सेकेण्ड
(c) 10 सेकेण्ड (d) $7\frac{1}{2}$ सेकेण्ड

15. 30 मी/से. चाल से जा रही ट्रेन, एक 600 मी. लम्बे प्लेटफार्म को 30 से. में पार कर लेती है। उस ट्रेन की लम्बाई क्या है?

(a) 120 मी. (b) 150 मी.
(c) 200 मी. (d) 300 मी.

16. एक रेलगाड़ी किसी 90 मीटर लम्बे प्लेटफार्म को 30 सेकण्ड में तथा प्लेटफार्म पर खड़े किसी व्यक्ति को 15 सेकण्ड में पार करती है। रेलगाड़ी की चाल है—

(a) 12·4 किमी/घंटा
(b) 14·6 किमी/घंटा
(c) 18·4 किमी/घंटा
(d) 21·6 किमी/घंटा

17. ट्रेन A एक स्थिर ट्रेन B को 50 सेकण्ड में और एक खम्भे को उसी गति से 20 सेकण्ड में पार करती है। ट्रेन A की लम्बाई 240 मीटर है, तो स्थिर ट्रेन B की लम्बाई क्या है?

(a) 360 मीटर
(b) 260 मीटर
(c) 300 मीटर
(d) इनमें से कोई नहीं

18. दो रेलवे स्टेशन A और B के बीच का अन्तर 1356 किमी है। एक ट्रेन A और B के बीच की यात्रा 60 किमी/घंटा की एकसमान गति से तय करती है और 40 किमी/घंटा की गति से B से A की ओर वापस आती है, तो पूरी यात्रा के दौरान ट्रेन की औसत गति क्या है?

(a) 48 किमी/घंटा
(b) 50 किमी/घंटा
(c) 52 किमी/घंटा
(d) 46 किमी/घंटा

19. एक मेट्रो इंजन की चाल 42 किमी/घंटा है जब कोई डिब्बा इससे जुड़ा हुआ नहीं है एवं चाल की कमी जुड़े हुए डिब्बों की संख्या के वर्गमूल का समानुपाती है। यदि ट्रेन की चाल इस इंजन से खींचते हुए 24 किमी/घंटा हो, जबकि 9 डिब्बे जुड़े हैं, तो इंजन द्वारा जुड़े हुए खींचे जाने वाले डिब्बों की अधिकतम संख्या कितनी हो सकती है?

(a) 48
(b) 47
(c) 49
(d) इनमें से कोई नहीं

20. 180 मीटर लम्बी एक ट्रेन विपरीत दिशा में चल रही 270 मीटर लम्बी दूसरी ट्रेन को 10·8 सेकण्ड में पार करती है। पहली ट्रेन की गति 60 किमी प्रति घंटा है, तो दूसरी ट्रेन की गति (किमी/घंटा में) कितनी है?

(a) 80
(b) 90
(c) 150
(d) निर्धारित नहीं किया जा सकता

21. निम्नलिखित में से कौन-सी ट्रेन सर्वाधिक तेज होगी—

(a) 25 मीटर/सेकण्ड
(b) 1500 मीटर/मिनट
(c) 90 किमी/घंटा
(d) इनमें से कोई नहीं

22. एक ट्रेन की औसत गति एक कार की औसत गति से $1\frac{3}{7}$ गुना है। कार 6 घंटे में 588 किमी की दूरी तय करती है। ट्रेन 16 घंटे में कितनी दूरी तय करेगी?

(a) 1750 किमी (b) 1760 किमी
(c) 1720 किमी (d) 1820 किमी

23. 40 किमी/घंटा की औसत गति से चलकर एक रेलगाड़ी अपने गंतव्य पर समय पर पहुंच जाती है। यदि वह 35 किमी/घंटा की औसत गति से चले, तो वह 15 मिनट देरी से पहुंचती है, तो उस पूरी यात्रा की दूरी कितनी है?

(a) 35 किमी (b) 60 किमी
(c) 70 किमी (d) 50 किमी

24. 200 किमी दूर, दो स्टेशनों से दो रेलगाड़ियां एक ही समय पर छूटकर विपरीत दिशाओं में जाती हैं और एक स्टेशन से 110 किमी की दूरी पर एक-दूसरे को पार करती हैं, तो उन रेलगाड़ियों की गति का अनुपात क्या है?

(a) 11 : 20 (b) 20 : 9
(c) 9 : 20 (d) 11 : 9

25. 320 मीटर लम्बी एक ट्रेन जिस गति से एक खम्भे को पार करने में जितना समय लगाती है, अपनी लम्बाई से दोगुने प्लेटफार्म को उसी गति से पार करने में 80 सेकण्ड अधिक लगाती है। ट्रेन की गति कितने मीटर/ सेकण्ड है?

(a) 16 (b) 10
(c) 6 (d) 8

26. 100 मीटर लम्बी एक रेलगाड़ी 21 किमी/घंटा की चाल से चल रही है तथा 150 लम्बी दूसरी रेलगाड़ी 36 किमी/ घंटा की चाल से उसी दिशा में जा रही है। तेज रेलगाड़ी पहली गाड़ी को कितने समय में पार कर लेगी?

(a) 10 मिनट (b) 1 मिनट
(c) 2 मिनट (d) 12 मिनट

27. एक रेलगाड़ी, दो ऐसे व्यक्तियों को क्रमशः 9 तथा 10 सेकण्ड में पूरी तरह पार कर लेती है, जो उसी रेलगाड़ी की दिशा में 2 किमी/घंटा तथा 4 किमी/घंटा की गति से चल रहे हैं। रेलगाड़ी की लम्बाई कितने मीटर है?

(a) 45 (b) 54
(c) 50 (d) 72

28. 180 मीटर की एक रेलगाड़ी A, 72 किमी/घंटा की गति से चलकर, 120 मीटर लम्बी, 108 किमी/घंटा की गति से विपरीत दिशा में चलने वाली रेलगाड़ी B को कितनी अवधि में पार कर लेगी?

(a) 24 सेकण्ड (b) 12 सेकण्ड
(c) 6 सेकण्ड (d) 30 सेकण्ड

29. दो स्टेशन A और B एक-दूसरे से 100 किमी दूर हैं। दो ट्रेनें एक साथ स्टेशन A और B से रवाना होती हैं। A से निकलने वाली ट्रेन स्टेशन B की तरफ 50 किमी/घंटा की रफ्तार से चलती है। स्टेशन B से चलने वाली ट्रेन स्टेशन A की तरफ 75 किमी/ घंटा की रफ्तार से जाती है। स्टेशन A से कितने फासले पर दोनों ट्रेनें एक-दूसरे को पार करेंगी?

(a) 40 किमी
(b) 20 किमी
(c) 30 किमी
(d) इनमें से कोई नहीं

30. एक व्यक्ति को नौका नदी के प्रवाह की दिशा में 15 किमी. चलाने के लिए 3 घंटे 45 मिनट लगते हैं और उल्टी दिशा में 5 किमी. चलने में 2 घंटा 30 मिनट लगते हैं। धारा प्रवाह की गति कितने किमी प्रति घंटा होगी?

(a) 1 किमी/घंटा
(b) 3 किमी/घंटा
(c) 2 किमी/घंटा
(d) इनमें से कोई नहीं

31. एक नाविक प्रवाह की अनुकूल दिशा में 5 घंटों में 30 किमी और प्रवाह की प्रतिकूल दिशा में 4 घंटों में 8 किमी जा सकता है। प्रवाह की गति प्रतिघंटा किमी है।

(a) 2 (b) 3
(c) 4 (d) 5

32. एक नाव तथा धारा की दिशा में शांत जल में, 9 किमी./घंटे की दर से दूरी तय कर सकती है। 12 कि.मी. दूरी तय करता है एवं धारा की विपरीत दिशा में उतने दूरी लौट आती है तो कुल 3 घंटे का समय लगता है तो धारा का वेग होगा–

(a) 5 किमी. प्रति घंटा
(b) 4 किमी. प्रति घंटा
(c) 3 किमी. प्रति घंटा
(d) 2 किमी. प्रति घंटा

33. एक व्यक्ति धारा के विरुद्ध नौका को तीन-चौथाई किमी. खेने में $11\frac{1}{4}$ मिनट लेता है और वापस लौटने में $7\frac{1}{2}$ मिनट लेता है। स्थिर जल में व्यक्ति की गति बताइए–

(a) 2 किमी/घंटा (b) 3 किमी/घंटा
(c) 4 किमी/घंटा (d) 5 किमी/घंटा

34. एक नाव नदी के बहाव के साथ-साथ कोई दूरी चलने में 3 घंटे का समय लेती है और नदी के बहाव के विपरीत यही दूरी चलने में 9 घंटे का समय लेती है। शांत जल में यदि नाव की चाल 4 किमी. प्रति घंटा हो, तब धारा का वेग क्या होगा?

(a) 4 किमी./घंटा
(b) 3 किमी./घंटा
(c) 6 किमी./घंटा
(d) इनमें से कोई नहीं

35. एक व्यक्ति नाव की धारा के अनुकूल 14 किमी/घंटा से व धारा के विरुद्ध 9 किमी/घंटा से खे सकता है। ठहरे हुए पानी में व्यक्ति की चाल है–

(a) 5 किमी/घंटा
(b) 23 किमी/घंटा
(c) 11·5 किमी/घंटा
(d) इनमें से कोई नहीं

36. एक नाविक धारा के विरुद्ध 11 किमी जाता है तथा धारा की दिशा में 27 किमी। उसे प्रत्येक दशा में 4 घंटे लगते हैं। धारा का वेग ज्ञात करें–

(a) 9 किमी/घंटा (b) 4 किमी/घंटा
(c) 2 किमी/घंटा (d) 5 किमी/घंटा

37. एक नाव धारा के साथ तथा धारा के विपरीत 16 किमी 3 घंटा में जाती है। यदि धारा की चाल 1 किमी/घंटा है, तो नाव की चाल ज्ञात करें–

(a) 20 किमी/घंटा (b) 8 किमी/घंटा
(c) 9 किमी/घंटा (d) 12 किमी/घंटा

38. एक नाव स्थिर जल में 13 किमी. प्रति घंटा की गति से जाती है। यदि धारा की गति 4 किमी. प्रति घंटा है, तो नाव द्वारा धारा की दिशा में 68 किमी. जाने में लिया गया समय है–

(a) 4 घंटे (b) 3 घंटे
(c) 8 घंटे (d) 6 घंटे

39. एक नाव 8 किमी./घंटा की गति से धारा के साथ तथा 5 किमी./घंटा की गति से धारा की विपरीत दिशा में चलती है, तो धारा की गति क्या है?

(a) 2 किमी प्रति घंटा
(b) 4 किमी प्रति घंटा
(c) $1\frac{1}{2}$ किमी प्रति घंटा
(d) 3 किमी प्रति घंटा

40. एक व्यक्ति 48 किमी दूर एक स्थान पर नाव चलाते हुए जाकर 14 घंटे में वापस आता है। वह पता लगाता है कि वह 4 किमी धारा के साथ उतने ही समय में जाता है जितना 3 किमी धारा के विरुद्ध। धारा की गति क्या है?

(a) 1 किमी/घंटा
(b) 1.8 किमी/घंटा
(c) 0.5 किमी/घंटा
(d) 2 किमी/घंटा

41. एक नाव धारा के प्रतिकूल दिशा में 8 घंटे में 48 किमी. की दूरी तय करती है तथा धारा के अनुकूल दिशा में 6 घंटे में 36 किमी. की दूरी तय करती है तो स्थिर जल में नाव का वेग क्या है?

(a) 16 किमी./घंटा (b) 1 किमी./घंटा
(c) 8 किमी./घंटा (d) 6 किमी./घंटा

42. धारा की दिशा में एक नाव 3 घंटे में 24 किमी. की दूरी तय करती है। धारा की विपरीत दिशा में इसी दूरी को तय करने में नाव को 12 घंटे का समय लगता है। शांत जल में नाव की चाल क्या होगी?

(a) 5 किमी./घंटा
(b) 5.8 किमी./घंटा
(c) 6 किमी./घंटा
(d) 7 किमी./घंटा

43. एक आदमी स्थिर जल में 5 किमी तैर सकता है। यदि नदी की धारा की चाल एक किमी/घंटा है, उसे एक दूरी तक जाने और आने में 75 मिनट का समय लगता है। वह दूरी कितनी है?

(a) 2.5 किमी (b) 3 किमी
(c) 4 किमी (d) 5 किमी

44. एक व्यक्ति अनुप्रवाह में 6 किमी/घंटा एवं ऊर्ध्व प्रवाह में 2 किमी/घंटा की चाल से तैरता है। शांत जल में उसकी चाल है–

(a) 4 किमी/घंटा (b) 2 किमी/घंटा
(c) 3 किमी/घंटा (d) 2.5 किमी/घंटा

45. धारा की दिशा में तथा धारा के विपरीत एक तैराक की चाल क्रमशः 13 किमी./घंटा तथा 10 किमी./घंटा है धारा का वेग क्या है?

(a) 3 किमी./घंटा
(b) 1.5 किमी./घंटा
(c) 11.5 किमी./घंटा
(d) इनमें से कोई नहीं

46. एक नाव धारा की दिशा में एक निश्चित दूरी 6 घंटे में तथा धारा के विपरीत दिशा में 8 घंटे में तय करती है। बताएँ वह निश्चित दूरी क्या है?

(a) 5 किमी
(b) 8 किमी
(c) 14 किमी
(d) आँकड़े अपर्याप्त हैं

47. एक नाव नदी के अनुकूल बहाव में 5 किमी/घंटा की गति से चली और लौटते समय 2 किमी/घंटा से लौटी। नाव की औसत गति ज्ञात करें।

(a) $2\frac{1}{5}$ किमी/घंटा
(b) $2\frac{3}{7}$ किमी/घंटा
(c) $2\frac{5}{7}$ किमी/घंटा
(d) $2\frac{6}{7}$ किमी/घंटा

49. एक व्यक्ति 5 किमी. प्रति घंटे के वेग से शांत जल में तैर सकता है। एक नदी जो 1 किमी. प्रति घंटे के वेग से बह रही है उसमें स्थान *A* से स्थान *B* तक तैर कर वापस आने में उस व्यक्ति को 75 मिनट का समय लगता है। *A* तथा *B* के बीच की दूरी क्या है?

(a) 6 किमी. (b) 5 किमी.
(c) 2.5 किमी. (d) 3 किमी.

49. एक तैराक की अनुप्रवाह चाल (डाउनस्ट्रीम) 11 किमी/घंटा है तथा धारा की चाल 1.5 किमी/घंटा है। उस तैराक की प्रतिप्रवाह (अपस्ट्रीम) चाल ज्ञात कीजिए–

(a) 8 किमी/घंटा
(b) 9.5 किमी/घंटा
(c) 9 किमी/घंटा
(d) 6.25 किमी/घंटा

50. अनुप्रवाह जाती हुई एक नौका 20 किमी की दूरी 2 घंटे में तय करती है और ऊर्ध्वप्रवाह वही दूरी 5 घंटे में तय करती है। स्थिर पानी में नौका की गति है–

(a) 7 किमी/घंटा
(b) 8 किमी/घंटा
(c) 9 किमी/घंटा
(d) 10 किमी/घंटा

उत्तर (हल/संकेत)

1. (a) बस की चाल $= \frac{480}{8}$

$= 60$ किमी./घंटा

$\therefore$ ट्रेन की गति $= \left(60 \times \frac{4}{3}\right)$

$= 80$ किमी./घंटा

$\therefore$ कार की गति $= \left(\frac{15}{16} \times 80\right)$

$= 75$ किमी./घंटा

$\therefore$ 6 घंटे में कार द्वारा तय की गई दूरी $= (75 \times 6) = 450$ किमी.

2. (a) साइकिल सवार की चाल = 18 किमी./घंटा

बिना विश्राम के 90 किमी. की दूरी तय करने में लगा समय

$= \frac{90}{18} = 5$ घंटे

विश्राम में लिया गया समय

$= \left(\frac{90}{7} \times 6\right) = 77$ मिनट

= 1 घंटा 17 मिनट

(केवल पूर्णांक मान लेने पर)

$\therefore$ कुल लिया गया समय = (5 घंटे + 1 घंटा 17 मिनट)

= 6 घंटे 17 मिनट

3. (d) बिना ठहरे बस द्वारा तय की गई दूरी $= (11 \times 58) = 638$ किमी.

तय की गई वास्तविक दूरी = 522 किमी.

$\therefore$ दूरी में अंतर $= (638 - 522)$

= 116 किमी.

$\therefore$ ठहराव का समय $= \frac{116}{58} = 2$ घंटे

4. (a) व्यक्ति द्वारा तय की गई कुल दूरी $= (600 + 800 + 500 + 100) = 2000$ किमी.

दूरी तय करने में लगा कुल समय

$= \left(\frac{600}{80} + \frac{800}{40} + \frac{500}{400} + \frac{100}{50}\right)$ घंटे

$= \left(\frac{15}{2} + 20 + \frac{5}{4} + 2\right)$ घंटे

$= \frac{123}{4}$ घंटे

$\therefore$ औसत चाल $= \left(\frac{2000 \times 4}{123}\right)$

$= 65\frac{5}{123}$ किमी./घंटा

5. (b) सापेक्ष चाल $= (5 + 10)$ मी./मिनट

= 15 मी./मिनट

$\therefore$ एक-दूसरे को पार करने में लगा समय

$= \frac{1200}{15} = 80$ मिनट

= 1 घंटा 20 मिनट

6. (a) रेलगाड़ी की आपेक्षिक चाल = 25 + 2 किमी./घंटा

= 27 किमी./घंटा

मनुष्य को पार करने में रेलगाड़ी द्वारा तय की गई दूरी = 270 मीटर

अब, 27 किमी/घंटा $= 27 \times \frac{5}{18}$ मीटर/सेकण्ड

$= \frac{15}{2}$ मीटर/सेकण्ड

$\therefore$ अभीष्ट समय $= \frac{\frac{270}{15}}{2} = \frac{270 \times 2}{15}$

= 36 सेकण्ड

7. (b) रेलगाड़ी की आपेक्षिक चाल $= (50 - 30)$ किमी./घंटा = 20 किमी./घंटा

$= 20 \times \frac{5}{18} = \frac{50}{9}$ मीटर/सेकण्ड

$\therefore$ रेलगाड़ी की अभीष्ट लंबाई

$= \frac{50}{9} \times 18 = 100$ मीटर

8. (b) माना कि रेलगाड़ी की चाल $= x$ किमी./घं.

प्रश्नानुसार, दिया है।

$$\frac{200}{x-10} - \frac{200}{x} = \frac{40}{60}$$

$$\Rightarrow 200\left(\frac{1}{x-10} - \frac{1}{x}\right) = \frac{2}{3}$$

$$\Rightarrow 200\left(\frac{x-x+10}{x(x-10)}\right) = \frac{2}{3}$$

$$\Rightarrow \frac{2000}{x(x-10)} = \frac{2}{3}$$

$\Rightarrow x^2 - 10x = 3000$

$\Rightarrow x^2 - 10x - 3000 = 0$

$\Rightarrow x^2 - 60x + 50x - 3000 = 0$

$\Rightarrow x(x-60) + 50(x-60) = 0$

$\Rightarrow (x-60)(x+50) = 0$

$\Rightarrow x = 60$ या -50

यहाँ गति का ऋणात्मक मान अग्राह्य है।

9. (c) 4 घंटे में ट्रेन द्वारा तय की गई दूरी $= 45 \times 4 = 180$ किलोमीटर

$\therefore$ स्तम्भों की संख्या

$= \frac{180 \times 1000}{50}$ मीटर

= 3600

10. (c) दोनों रेलगाड़ियों की लम्बाई $= 180 + 120 = 300$ मीटर

$= \left(180 \times \frac{5}{18}\right)$ मीटर/सेकण्ड

$=$ 50 मीटर/सेकण्ड

$\therefore$ अभीष्ट समय $= \frac{300}{50} = 6$ सेकण्ड

11. (b) माना ट्रेन की लम्बाई $= x$ मीटर

तब प्रश्नानुसार,

$\frac{x}{15} = \frac{(x+100)}{25}$

$\Rightarrow \frac{x}{3} = \frac{(x+100)}{5}$

$\Rightarrow 5x = 3x + 300$

$\therefore x = \frac{300}{2} = 150$ मीटर

12. (a) यदि t घंटे बाद ट्रेनें मिलती हैं तो $50t + 75 \times t = 100$

$\Rightarrow 125\,t = 100$

$\Rightarrow t = \frac{100}{125} = \frac{4}{5}$ घंटा

$\therefore$ अभीष्ट दूरी $= \frac{4}{5} \times 50 = 40$ किमी.

13. (a) ट्रेन की चाल $= 90$ किमी./घंटा

$= \frac{90 \times 5}{18} = 25$ मीटर/सेकण्ड

यदि पुल की लम्बाई $= x$ मीटर हो तो गाड़ी की चाल

$= \frac{\text{(पुल + ट्रेन) की लम्बाई}}{\text{समय}}$

$\rightarrow 25 = \frac{x+150}{26}$

$\Rightarrow x + 150 = 25 \times 26 = 650$

$\Rightarrow x = 650 - 150 = 500$ मीटर

अत: पुल की लम्बाई 500 मी. है।

14. (d) ट्रेन की गति

$= \frac{110 \text{ मी.}}{3 \text{ सेकण्ड}} = \frac{110}{3}$ मी./सेकण्ड

165 मीटर लंबा प्लेटफार्म पार करने में लगेगा समय

$= \frac{(110+165) \text{ मी.}}{110/3 \text{ मी./सेकण्ड}} = \frac{275 \times 3}{110}$ सेकण्ड

$= 7\frac{1}{2}$ सेकण्ड

15. (d) माना कि ट्रेन की लंबाई $= x$ मी

$\frac{\text{दूरी}}{\text{समय}} \times$ चाल

$\therefore \frac{(600 + x) \text{ मी.}}{30 \text{ सेकण्ड}} = 30$ मी./से.

$\Rightarrow 600 + x = 900$ मी.

$\Rightarrow x = (900 - 600)$मी.

$\Rightarrow x = 300$ मी.

16. (d) माना रेलगाड़ी की लम्बाई $= x$ मीटर, तब रेलगाड़ी द्वारा तय की गई दूरी $= (x + 90)$

$\because \frac{(x+90)}{30} = \frac{x}{15}$

$\Rightarrow 2x = x + 90$

$x = 90$ मीटर

$\therefore$ रेलगाड़ी की चाल

$= \left(\frac{90}{15}\right)$ मीटर/सेकण्ड

$= 6$ मीटर/सेकण्ड

$= \left(6 \times \frac{18}{5}\right)$ किमी/घंटा

$= 21{\cdot}6$ किमी/घंटा

17. (a) माना स्थिर ट्रेन B की लम्बाई $= x$ मीटर

$\because \frac{240+x}{50} = \frac{240}{20}$

$\Rightarrow 240 + x = \frac{240 \times 50}{20}$

$\Rightarrow 240 + x = 600$

$\therefore x = 360$ मीटर

18. (a) पूरी यात्रा के दौरान ट्रेन की औसत गति

$= \left(\frac{2xy}{x+y}\right)$ किमी/घंटा

$= \left(\frac{2 \times 60 \times 40}{60+40}\right)$ किमी/घंटा

$= \frac{4800}{100}$ किमी/घंटा

$= 48$ किमी/घंटा

19. (c) प्रश्नानुसार,

$42 - 24 \propto \sqrt{9}$

$\Rightarrow (42 - 24) = k\sqrt{9}$

$\Rightarrow 3k = 18 \Rightarrow k = 6$

माना अधिक डिब्बों की संख्या $= n$

$\because 42 = 6\sqrt{n}$

$\Rightarrow (42)^2 = 36n$

$\therefore n = \left(\frac{42 \times 42}{36}\right) = 49$

20. (b) माना दूसरी ट्रेन की गति x किमी/घंटा है

सापेक्ष गति $= (x + 60)$ किमी/घंटा

कुल दूरी $= \frac{(180+270)}{1000}$ किमी

$= \frac{450}{1000}$ किमी

$\because \frac{45}{100} = (x + 60) \times \frac{10{\cdot}8}{60 \times 60}$

$\Rightarrow (x + 60) = \frac{45 \times 60 \times 60}{100 \times 10{\cdot}8} = 150$

$\therefore x = (150 - 60)$ किमी/घंटा

$= 90$ किमी/घंटा

21. (d) $\because$ ट्रेन (a) की गति $= 25$ मीटर/सेकण्ड

ट्रेन (b) की गति $= 1500$ मीटर/मिनट

$= \frac{1500}{60}$ मीटर/सेकण्ड

$= 25$ मीटर/सेकण्ड

ट्रेन (c) की गति $= 90$ किमी/घंटा

$= \left(90 \times \frac{5}{18}\right)$ मीटर/सेकण्ड

$= 25$ मीटर/सेकण्ड

अत: इनमें से कोई ट्रेन सर्वाधिक तेज नहीं है।

22. (d) कार की औसत गति $= \frac{588}{6}$ किमी/घंटा

$= 98$ किमी/घंटा

ट्रेन की औसत गति

$= \left(98 \times 1\frac{3}{7}\right)$ किमी/घंटा

$= \left(98 \times \frac{10}{7}\right)$ किमी/घंटा

$= 140$ किमी/घंटा

ट्रेन द्वारा 13 घंटे में तय की गई दूरी

$= (13 \times 140)$ किमी $= 1820$ किमी

23. (c) माना पूरी यात्रा की दूरी $= x$ किमी

$\because \frac{x}{35} - \frac{x}{40} = \frac{15}{60}$

$\Rightarrow \frac{8x - 7x}{280} = \frac{1}{4}$

$\Rightarrow x = \left(\frac{1}{4} \times 280\right)$ किमी

$= 70$ किमी

24. (d) माना रेलगाड़ी की गतियां क्रमशः x किमी/घंटा व y किमी/घंटा है।

तब $\frac{110}{x} = \frac{90}{y}$

$\Rightarrow \frac{x}{y} = \frac{110}{90} = \frac{11}{9}$

$\therefore x : y = 11 : 9$

25. (d) माना ट्रेन की गति $= x$ किमी/घंटा

ट्रेन की लम्बाई $= 320$ मीटर

$\therefore$ प्लेटफार्म की लम्बाई $= (2 \times 320)$ मीटर

$= 640$ मीटर

$\because \frac{320}{x} + 80 = \frac{320+640}{x}$

$\Rightarrow \frac{320}{x} + 80 = \frac{960}{x}$

$\Rightarrow \quad \dfrac{960}{x} - \dfrac{320}{x} = 80$

$\Rightarrow \quad \dfrac{640}{x} = 80$

$\Rightarrow \quad x = \dfrac{640}{80}$ मीटर/सेकण्ड

= 8 मीटर/सेकण्ड

26. (b) रेलगाड़ी द्वारा तय की गई दूरी
= (100 + 150) मीटर = 250 मीटर
∵ गाड़ियां एक ही दिशा में जा रही हैं।
∴ उनकी सापेक्ष गति
= (36 − 21) किमी/घंटा = 15 किमी/घंटा

$= \left(15 \times \dfrac{5}{18}\right)$ मीटर/सेकण्ड

∴ पार करने में लगा समय

$= \left(\dfrac{250}{\frac{15\times5}{18}}\right)$ सेकण्ड

$= \left(\dfrac{250\times18}{75}\right)$ सेकण्ड

= 60 सेकण्ड = 1 मिनट

27. (c) माना रेलगाड़ी की लम्बाई x मीटर तथा रेलगाड़ी की गति y किमी/घंटा है, तब
पहले व्यक्ति की सापेक्ष गति = $(y - 2)$ किमी/घंटा
दूसरे व्यक्ति की सापेक्ष गति = $(y - 4)$ किमी/घंटा

$\because \quad \dfrac{x}{9} = (y-2) \times \dfrac{5}{18}$

$\Rightarrow \quad 2x = 5y - 10$

$\Rightarrow \quad 2x + 10 = 5y \quad$ ..(i)

पुनः $\quad \dfrac{x}{10} = (y-4) \times \dfrac{5}{18}$

$\Rightarrow \quad \dfrac{18}{10}x = 5y - 20$

$\Rightarrow \quad 1{\cdot}8x + 20 = 5y \quad$ ...(ii)

समीकरण (i) व (ii) से,

$\Rightarrow \quad 2x + 10 = 1{\cdot}8x + 20$

$0{\cdot}2x = 10$

$\therefore \quad x = 50$ मीटर

28. (c) गाड़ी की सापेक्ष गति
= (72 + 108) किमी/घंटा
= 180 किमी/घंटा

$= \left(180 \times \dfrac{5}{18}\right)$ मीटर/सेकण्ड

= 50 मीटर/सेकण्ड
कुल तय की गई दूरी = (180 + 120) मीटर
= 300 मीटर

∴ अभीष्ट समय = $\dfrac{300}{50}$ सेकण्ड = 6 सेकण्ड

29. (a) माना स्टेशन A से x किमी फासले पर दोनों ट्रेनें एक-दूसरे को पार करेंगी।
तब प्रश्नानुसार,

$\dfrac{x}{50} = \dfrac{(100-x)}{75}$

$\Rightarrow \quad \dfrac{x}{2} = \dfrac{(100-x)}{3}$

$\Rightarrow \quad 3x = 200 - 2x$

$\Rightarrow \quad 3x + 2x = 200$

$\Rightarrow \quad 5x = 200$

$\Rightarrow \quad x = 40$ किमी

30. (a) प्रश्नानुसार, व्यक्ति की धारा की दिशा में गति $= \dfrac{15}{\frac{15}{4}} = \dfrac{15\times4}{15} = 4$ किमी/घंटा

तथा व्यक्ति की धारा की विपरीत दिशा में गति

$= \dfrac{5}{\frac{5}{2}} = \dfrac{5\times2}{5} = 2$ किमी/घंटा

∴ धारा की गति $= \dfrac{1}{2}(x-y) = \dfrac{4-2}{2} = 1$ किमी/घंटा।

31. (a) प्रवाह की अनुकूल दिशा में नाविक की चाल $= \dfrac{30}{5} = 6$ किमी/घंटा प्रवाह की प्रतिकूल दिशा में नाविक की चाल $= \dfrac{8}{4}$ किमी/घंटा
= 2 किमी/घंटा

अतः प्रवाह की रफ्तार $= \dfrac{6-2}{2} = 2$ किमी/घंटा।

32. (c) माना कि धारा का वेग
= y किमी/घंटा

प्रश्नानुसार, $\quad \dfrac{12}{9+y} + \dfrac{12}{9-y} = 3$

या $\quad \dfrac{12(9-y)+12(9+y)}{(x+y)(9-y)} = 3$

या $\quad \dfrac{216}{9^2-y^2} = 3$

या $y = 3$ किमी प्रति घंटा।

33. (d) माना कि नाव की शांत जल में चाल x किमी/घंटा
तथा धारा की चाल = y किमी/घंटा

$\therefore \quad x - y = \dfrac{\frac{3}{4}}{\frac{45}{4\times60}} = 4 \quad$ ...(i)

$x + y = \dfrac{\frac{3}{4}}{\frac{15}{2\times60}} = 6 \quad$ ...(ii)

समीकरण (i) और (ii) को जोड़ने पर

$2x = 10$

$x = 5$ किमी/घंटा।

34. (d) माना धारा का वेग x किमी./घं. है।

प्रश्न से, $\quad S = (4+x) \times 3$

पुनः $\quad S = (4-x) \times 9$

$\Rightarrow \quad (4+x) \times 3 = (4-x) \times 9$

$\Rightarrow \quad 4 + x = 12 - 3x$

$\Rightarrow \quad 4x = 8$

$\Rightarrow \quad x = 2$ किमी./घंटा।

35. (c) अभीष्ट चाल $= \dfrac{1}{2}(14 + 9) = \dfrac{23}{2}$
= 11·5 किमी/घंटा।

36. (c) नाविक की धारा की दिशा में चाल

$= \dfrac{27}{4}$ किमी/घंटा

नाविक की धारा के विपरीत चाल

$= \dfrac{11}{4}$ किमी/घंटा

∴ धारा का वेग $= \dfrac{1}{2}\left(\dfrac{27}{4} - \dfrac{11}{4}\right)$ किमी/घंटा

= 2 किमी/घंटा।

37. (d) माना कि नाव की चाल x किमी/घंटा तथा धारा की चाल y किमी/घंटा है।
तब, प्रश्नानुसार

$\dfrac{16}{x+y} + \dfrac{16}{x-y} = 3$

या $\quad \dfrac{16(x-y+x+y)}{x^2-y^2} = 3$

या $\quad \dfrac{2x}{x^2-(4)^2} = \dfrac{3}{16}$

या $\quad 32x = 3x^2 - 48$

या $\quad 3x^2 - 48 - 32x = 0$

या $\quad 3x^2 - 32x - 48 = 0$

या $\quad 3x^2 - 36x + 4x - 48 = 0$

या $\quad 3x(x-12) + 4(x-12) = 0$

या $\quad (3x+4)(x-12) = 0$

$\therefore \quad x = 12, -\dfrac{4}{3}$

– ऋणात्मक मात्रा को ध्यान नहीं देते हैं।

$\therefore \quad x = 12$ किमी/घंटा।

38. (a) धारा की दिशा में नाव की चाल = 13 + 4 = 17 किमी/घंटा।

नाव के द्वारा लिया गया समय = $\frac{\text{दूरी}}{\text{चाल}} = \frac{68}{17}$

= 4 घंटे।

39. (c)

$$x + y = 8$$
$$x - y = 5$$
$$\underline{- \quad + \quad -}$$
$$2y = 3$$

$\therefore$ y = धारा की गति

$= \frac{3}{2}$ किमी/घंटा

$= 1\frac{1}{2}$ किमी/घंटा।

40. (a) माना कि नाव की गति = x किमी/घंटा

धारा की गति = y किमी/घंटा

$$\frac{4}{x+y} = \frac{3}{x-y}$$

$\Rightarrow$ $4x - 4y = 3x + 3y$

$\Rightarrow$ $x = 7y$

$$\frac{48}{x+y} + \frac{48}{x-y} = 14$$

$$\frac{48}{8y} + \frac{48}{6y} = 14$$

$\Rightarrow$ $\frac{6}{y} + \frac{8}{y} = 14$

$\Rightarrow$ $\frac{14}{y} = 14$

$\Rightarrow$ $y = 1$ किमी/घंटा।

41. (d) धारा के प्रतिकूल दिशा में नाव की चाल

$= \frac{48}{8} = 6$ किमी/घंटा

धारा के अनुकूल दिशा में नाव की चाल

$= \frac{36}{6} = 6$ किमी/घंटा

स्थिर धारा में नाव का वेग

$= \frac{6+6}{2} = 6$ किमी/घंटा।

42. (a) धारा की दिशा में नाव की चाल

$= \frac{24}{3} = 8$ किमी/घंटा

धारा की विपरीत दिशा में नाव की चाल

$= \frac{24}{12} = 2$ किमी/घंटा

अब मान लिया कि शांत जल में नाव की चाल = x किमी/घंटा

धारा की चाल = y किमी/घंटा

$\therefore$ $x + y = 8$ ...(i)

$x - y = 2$ ...(ii)

समीकरण (i) और (ii) को हल करने पर

$x = 5$ किमी प्रति घंटा।

43. (b) माना दूरी = x किमी

धारा की दिशा में लगा समय = $\frac{x}{5+1}$

$= \frac{x}{6}$ घंटा

धारा की विपरीत दिशा में लगा समय

$= \frac{x}{4}$ घंटा

x किमी दूर जाने और आने में लगा समय

$= \frac{x}{6} + \frac{x}{4} = \frac{5}{4}$

$= \frac{2x+3x}{12} = \frac{5}{4}$

या $x = \frac{5 \times 12}{4 \times 5} = 3$ किमी।

44. (a) शांत जल में तैराक की चाल

$= \frac{1}{2}(x + y)$

$= \frac{1}{2}(6 + 2) = 4$ किमी./घंटा।

45. (b) धारा का वेग = $\frac{1}{2}(x - y)$

$= \frac{1}{2}(13 - 10)$ किमी.

घंटा = 1.5 किमी/घंटा।

46. (d) माना नाव की चाल P तथा धारा की चाल = Q किलोमीटर प्रति घंटा है तथा निर्धारित दूरी का मान x है।

$\therefore$ प्रश्न से,

$P + Q = \frac{x}{6}$ ...(i)

$P - Q = \frac{x}{8}$ ...(ii)

समीकरण (i) + समीकरण (ii) जोड़ने पर

$$2P = \frac{x}{6} + \frac{x}{8} = \frac{7x}{24}$$

$\therefore$ $x = \frac{24 \times 2P}{7}$

स्पष्ट है कि P के मान के बिना, x का मान ज्ञात नहीं किया जा सकता। अतः आँकड़े अपर्याप्त हैं।

47. (d) औसत गति = $\frac{2ab}{(a+b)}$

(जहाँ a = प्रथम गति, b = द्वितीय गति)

$= \frac{2 \times 5 \times 2}{2+5} = \frac{20}{7} = 2\frac{6}{7}$ किमी/घंटा।

48. (d) अनुप्रवाह गति $= 5 + 1$

= 6 किमी./घंटा

ऊर्ध्व प्रवाह गति = 5 – 1

= 4 किमी./घंटा

यदि $AB = x$ किमी. हो, तो

$$\frac{x}{6} + \frac{x}{4} = \frac{75}{60}$$

$\Rightarrow$ $\frac{2x - 3x}{12} = \frac{5}{4}$

$\Rightarrow$ $\frac{x}{12} = \frac{1}{4}$

$\Rightarrow$ $x = 3$ किमी.।

49. (a) माना कि तैराक की चाल = x किमी/घंटा

धारा के सापेक्ष चाल = 11 किमी./घंटा

$\therefore$ $(x + 1.5)$ किमी./घंटा = 11 किमी./घंटा

x = 11 किमी./घंटा – 1.5 किमी./घंटा

= 9.5 किमी./घंटा

$\therefore$ धारा के विपरीत चाल

$= (x - 1.5)$ किमी./घंटा

$= (9.5 - 1.5)$ किमी./घंटा = 8 किमी./घंटा।

50. (a) धारा की दिशा में नौका की चाल

$= \frac{20}{2} = 10$ किमी/घंटा

धारा के विपरीत दिशा में नौका की चाल

$= \frac{20}{5} = 4$ किमी/घंटा

$\therefore$ स्थिर पानी में नौका की चाल

$= \frac{1}{2}(10 + 4)$ किमी/घंटा

= 7 किमी/घंटा

□□□

अध्याय

13

सारणी और ग्राफ का प्रयोग

जब किसी प्रश्न में बहुत सारे आँकड़े दिए जाते हैं, तो उनको व्यवस्थित करने के लिए पाई-चार्ट, सारणीयन, रेखाचित्र तथा दण्डआरेख का प्रयोग किया जाता है। आँकड़ों का विश्लेषण अध्याय के अन्तर्गत आँकड़ों को ऊपर बताए गए विभिन्न रूपों में प्रस्तुत किया जाता है तथा इसके आधार पर 4 से 5 प्रश्न पूछे जाते हैं। अभ्यर्थी को इस प्रकार के प्रश्न हल करने के लिए सर्वप्रथम दिए गए आँकड़ों का ध्यानपूर्वक विश्लेषण करना चाहिए, तत्पश्चात् उससे सम्बन्धित प्रश्नों के उत्तर देने चाहिए।

नीचे कुछ उदाहरणों के माध्यम से हम आँकड़ों का विश्लेषण अध्याय के प्रश्नों के विभिन्न रूपों का वर्णन कर रहे हैं।

हल सहित उदाहरण

निर्देश (उदाहरण 1-2) : दण्डग्राफ किसी छात्र द्वारा एक परीक्षा में प्रत्येक विषय में 100 अंकों में से प्राप्त अंक दर्शाता है। ग्राफ का ध्यानपूर्वक अध्ययन करके पूछे गए प्रश्नों के उत्तर दीजिए।

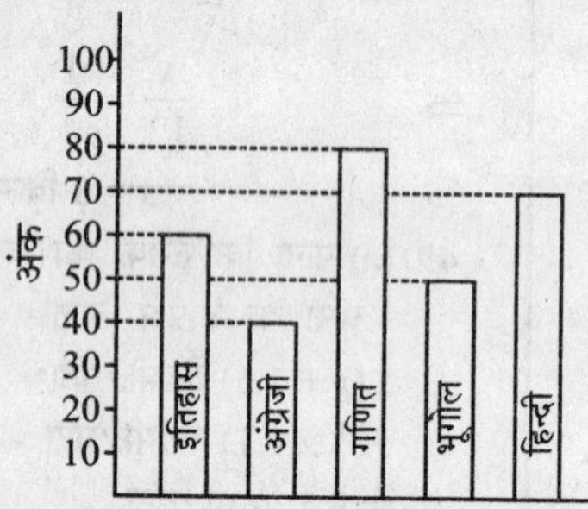

उदाहरण 1. गणित और इतिहास के अंकों का अनुपात ज्ञात कीजिए–

हल : गणित में प्राप्त अंक = 80

इतिहास में प्राप्त अंक = 60

∴ अभीष्ट अनुपात = 80 : 60

= 4 : 3

उदाहरण 2. हिन्दी और अंग्रेजी के औसत प्राप्तांक ज्ञात कीजिए–

हल : अभीष्ट औसत प्राप्तांक $= \left(\frac{70+40}{2}\right) = 55$

निर्देश (उदाहरण 3-4) : एक प्रकाशन कम्पनी द्वारा 2011 में एक पुस्तक प्रकाशित करने के लिए किए गए विभिन्न व्यय नीचे दिए गए हैं। चार्ट का अध्ययन करें और दिए गए प्रश्नों के उत्तर दें–

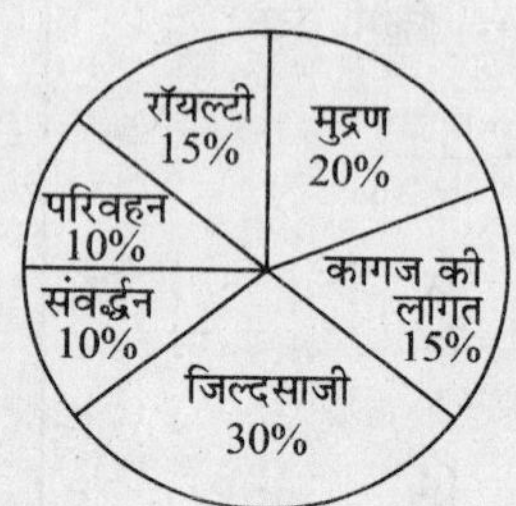

उदाहरण 3. एक पुस्तक की कीमत लागत कीमत से 20% अधिक है। यदि अंकित कीमत ₹ 180 है, तो एक प्रति के लिए कागज की लागत (₹ में) क्या है?

हल : एक प्रति के लिए पुस्तक का विक्रय मूल्य

$= \left(\frac{180}{120} \times 100\right) = ₹\ 150$

∴ कागज की लागत

$= \left(150 \times \frac{15}{100}\right) = ₹\ 22{\cdot}50$

उदाहरण 4. किसी पुस्तक का स्वत्व शुल्क (रॉयल्टी) उसकी मुद्रण-लागत से कितना कम है?

हल : अभीष्ट प्रतिशत

$= \left(\frac{20-15}{20}\right) \times 100\% = 25\%$

प्रश्नमाला

निर्देश : (प्रश्न 1 से 5 तक) : निम्नलिखित प्रश्नों के उत्तर देने के लिए नीचे दी गई सारणी को ध्यान से पढ़िए–

अलग-अलग छह वर्षों के दौरान पाँच अलग-अलग अकादमियों से पास होने वाले अधिकारियों की संख्या (हजारों में) अकादमी

वर्ष	वायुसेना	थलसेना	नौसेना	तटरक्षक	BSF
2004	1.4	4.2	0.6	1.7	2.6
2005	1.7	5.1	0.9	2.8	3.1
2006	0.9	7.7	1.2	1.6	4.7
2007	2.4	3.6	1.8	4.7	5.8
2008	1.3	4.5	2.9	5.1	6.4
2009	2.7	3.9	3.5	3.9	4.3

1. वर्ष 2007 में सभी अकादमियों में मिलकर पास होने वाले अधिकारियों की औसत संख्या क्या है?

(a) 1830 लाख (b) 3660 लाख

(c) 3.66 लाख (d) 1.83 लाख

2. वर्ष 2004 से 2009 तक किस अकादमी में पास होने वाले अधिकारियों की संख्या में सतत् वृद्धि हुई थी?

(a) वायुसेना
(b) केवल थलसेना और BSF
(c) केवल नौसेना
(d) तटरक्षक

3. वर्ष 2006 में वायुसेना अकादमी से पास होने वाले अधिकारियों की संख्या और वर्ष 2009 में तटरक्षक अकादमी से पास होने वाले अधिकारियों की संख्या के बीच का क्रमशः अनुपात क्या है?

(a) 30 : 17 (b) 3 : 23
(c) 17 : 30 (d) इनमें से कोई नहीं

4. वर्ष 2008 में BSF अकादमी से पास होने वाले अधिकारियों की संख्या सभी वर्षों में थल सेना अकादमी से पास होने वाले अधिकारियों की संख्या का लगभग कितना प्रतिशत है?

(a) 12 (b) 19
(c) 33 (d) 22

5. सभी वर्षों में मिलकर किस अकादमी से पास होने वाले अधिकारियों की कुल संख्या अधिकतम थी?

(a) वायुसेना
(b) थलसेना
(c) नौसेना और BSF
(d) तटरक्षक

निर्देश : (प्रश्न 6–9 तक) : निम्नलिखित प्रश्नों के उत्तर देने के लिए नीचे दिए गए ग्राफ को ध्यान से पढ़ें—

विगत वर्षों में अलग-अलग तीन प्रकार की मोबाइल सेवा का उपयोग करने वाले लोगों की संख्या (हजारों में)

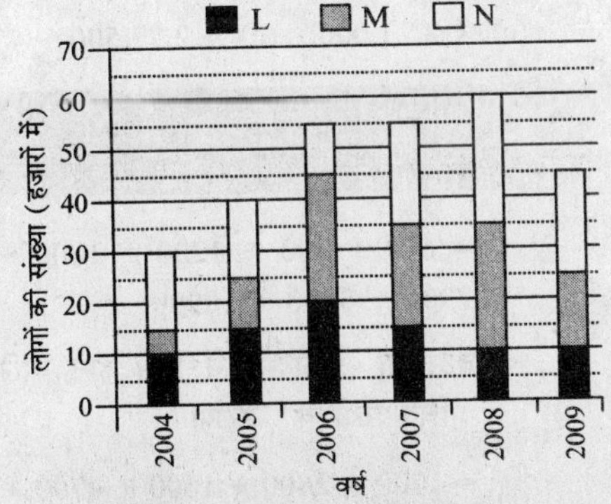

6. वर्ष 2008 और 2009 में मोबाइल सेवा M का उपयोग करने वाले लोगों की कुल संख्या कितनी है?

(a) 35,000 (b) 30,000
(c) 45,000 (d) इनमें से कोई नहीं

7. वर्ष 2006 में मोबाइल सेवा N का उपयोग करने वाले लोगों की संख्या उस वर्ष सभी तीन मोबाइल सेवा का उपयोग करने वाले लोगों की कुल संख्या का लगभग कितना प्रतिशत है?

(a) 18 (b) 26
(c) 11 (d) 23

8. वर्ष 2005 में मोबाइल सेवा L का उपयोग करने वाले लोगों की संख्या का वर्ष 2004 में उसी सेवा का उपयोग करने वाले लोगों से क्रमशः अनुपात क्या था?

(a) 8 : 7
(b) 3 : 2
(c) 19 : 13
(d) 15 : 11

9. वर्ष 2007 में सभी तीन मोबाइल सेवाओं का उपयोग करने वाले लोगों की कुल संख्या वर्ष 2008 में सभी तीन मोबाइल सेवाओं का उपयोग करने वाले लोगों की कुल संख्या का कितना प्रतिशत है? (दशमलव के बाद दो अंकों तक पूर्णांकित)

(a) 89.72 (b) 93.46
(c) 88.18 (d) 91.67

निर्देश : (प्रश्न 10 से 13 तक) : निम्नलिखित प्रश्नों के उत्तर देने के लिए नीचे दिए गए ग्राफ को ध्यान से पढ़ें—

पाँच अलग-अलग वर्षों में एक कंपनी द्वारा उत्पादित तीन अलग-अलग उत्पाद (हजारों में)

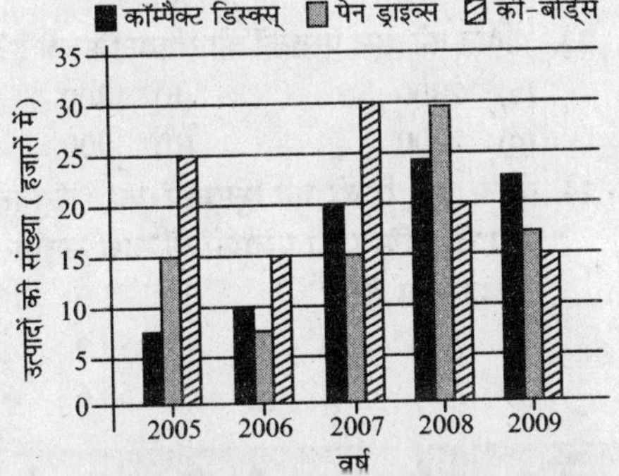

10. सभी वर्षों में मिलकर कंपनी द्वारा उत्पादित पेन ड्राइव्स की औसत संख्या क्या है?

(a) 1700 (b) 1.7 लाख
(c) 17000 (d) 85000

11. वर्ष 2006 और 2008 में मिलकर कंपनी के सभी उत्पादों की कुल कितनी संख्या का उत्पादन किया था?

(a) 10750
(b) 107.5 लाख
(c) 105700
(d) इनमें से कोई नहीं

12. वर्ष 2009 में कंपनी द्वारा उत्पादित CDs की संख्या और वर्ष 2005 में कंपनी द्वारा उत्पादित की-बोर्ड की संख्या के बीच क्रमशः अनुपात क्या था?

(a) 9 : 10 (b) 11 : 10
(c) 10 : 9 (d) 10 : 11

13. वर्ष 2008 में कंपनी द्वारा उत्पादित पेन ड्राइव्स और CDs की कुल संख्या और वर्ष 2008 में कंपनी द्वारा उत्पादित की-बोर्ड की संख्या के बीच क्या अंतर है?

(a) 40000 (b) 4000
(c) 35000 (d) 3500

निर्देश : (प्रश्न 14 से 17 तक) : निम्नलिखित प्रश्नों के उत्तर देने के लिए नीचे दिए गए ग्राफ को ध्यान से पढ़ें—

विगत वर्षों में दो राज्यों की जनसंख्या (लाखों में)

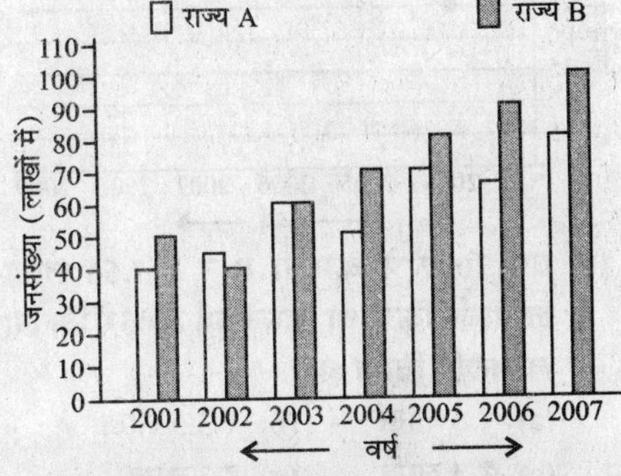

14. वर्ष 2002 में राज्य B की जनसंख्या सभी वर्षों में राज्य B की कुल जनसंख्या का कितना प्रतिशत है? (दशमलव के बाद दो अंकों तक पूर्णांकित)

(a) 8.32 (b) 8.26
(c) 8.16 (d) 7.82

15. वर्ष 2001, 2002 और 2003 में मिलकर राज्य A की कुल जनसंख्या और वर्ष 2005, 2006 और 2007 में मिलकर राज्य B की कुल जनसंख्या के बीच का क्रमशः अनुपात कितना है?

(a) 53 : 27
(b) 29 : 54
(c) 27 : 53
(d) 54 : 29

16. वर्ष 2003 से 2004 में राज्य B की जनसंख्या में कितने प्रतिशत वृद्धि हुई है?

(a) $16\frac{3}{4}$

(b) $17\frac{1}{3}$

(c) $18\frac{1}{3}$

(d) $16\frac{2}{3}$

17. दिए गए सभी वर्षों के लिए राज्य A की औसत जनसंख्या लगभग कितनी है?

(a) 58 लाख (b) 60 लाख
(c) 62 लाख (d) 64 लाख

निर्देश : (प्रश्न 18 से 21 तक) : अग्रलिखित प्रश्नों के उत्तर देने के लिए नीचे दिए गए ग्राफ को ध्यान से पढ़ें—

विगत वर्षों में दो कम्पनियों के लाभ में प्रतिशत वृद्धि

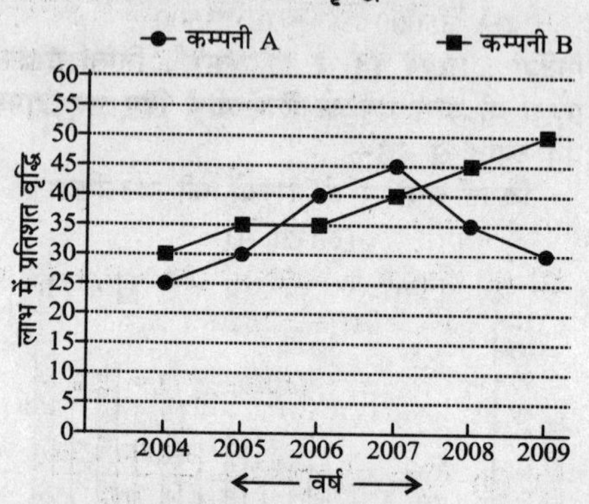

18. वर्ष 2007 में कम्पनी B ने ₹ 7.56 लाख लाभार्जन किया था। इसने वर्ष 2005 में कितना लाभार्जन किया था?

(a) ₹ 5 लाख (b) ₹ 3.5 लाख
(c) ₹ 4 लाख (d) ₹ 3 लाख

19. सभी वर्षों में मिलकर कम्पनी A के लाभ में औसत लगभग कितने प्रतिशत वृद्धि हुई थी?

(a) 31 (b) 27
(c) 40 (d) 34

20. वर्ष 2007 और 2009 में मिलकर कम्पनी B के लाभ में औसतन कितने प्रतिशत वृद्धि हुई थी?

(a) 45 (b) 42
(c) 40 (d) 38

21. वर्ष 2008 में कम्पनी A के लाभ में हुई प्रतिशत वृद्धि और उसी वर्ष कम्पनी B के लाभ में हुई प्रतिशत वृद्धि के बीच का क्रमशः अनुपात क्या है?

(a) 7 : 9 (b) 6 : 11
(c) 9 : 7 (d) 11 : 6

निर्देश : (प्रश्न 22 से 25 तक) : आगे दिए गए वृत्त-चार्ट को ध्यान से अध्ययन कर निम्नलिखित प्रश्नों के उत्तर दीजिए—

एक स्टोर में विभिन्न प्रकार की पुस्तकों का प्रतिशत

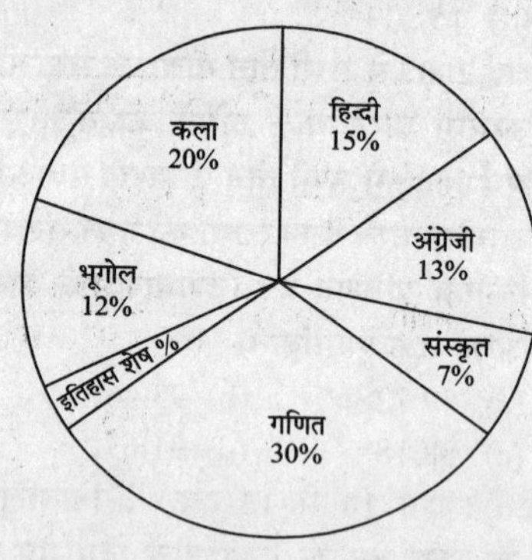

22. इतिहास की पुस्तकों की प्रतिशत संख्या कितनी है?

(a) 12 (b) 3
(c) 7 (d) 14

23. गणित की कुल पुस्तकों की संख्या कितनी है?

(a) 2800 (b) 1400
(c) 2400 (d) 3000

24. कला एवं हिन्दी की पुस्तकों का (संयुक्त रूप से) गणित की पुस्तकों के साथ अनुपात संख्या क्या है?

(a) 7 : 6 (b) 5 : 2
(c) 2 : 1 (d) 5 : 6

25. स्टोर में सबसे कम पुस्तकों की संख्या क्या है?

(a) 100 (b) 400
(c) 300 (d) 200

निर्देश : (प्रश्न 26 से 28 तक) : नीचे दिए गए वृत्त-चार्ट को ध्यान से अध्ययन कर निम्नलिखित प्रश्नों के उत्तर दीजिए—

विभिन्न शीर्षों के अंतर्गत एक संगठन का औसत मासिक व्यय

कुल व्यय = ₹ 1850000

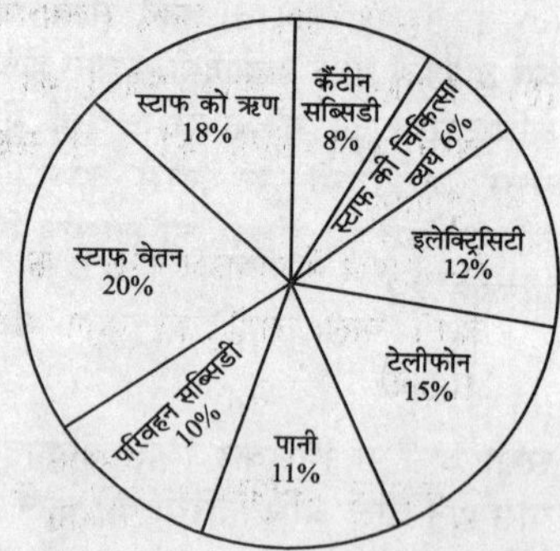

26. स्टाफ के वेतन और स्टाफ के ऋणों पर हुए खर्च के बीच का अंतर क्या है?

(a) ₹ 37,000 (b) ₹ 35,700
(c) ₹ 37,500 (d) ₹ 35,000

27. इलेक्ट्रिसिटी और पानी दोनों में मिलाकर कुल व्यय कितना था?

(a) ₹ 4,25,000 (b) ₹ 4,25,800
(c) ₹ 4,22,500 (d) ₹ 4,25,500

28. टेलीफोन पर कितनी राशि का व्यय हुआ?

(a) ₹ 2,75,000 (b) ₹ 2,70,500
(c) ₹ 2,77,000 (d) ₹ 2,77,500

उत्तर (हल/संकेत)

1. (b) वर्ष 2007 में सभी अकादमियों में मिलकर पास होने वाले अधिकारियों की औसत संख्या

$$= \frac{2400 + 3600 + 1800 + 4700 + 5800}{5}$$

$$= \frac{18300}{5} = 3660$$

2. (c) सारणी में दिए गए आंकड़ों से ज्ञात हुआ कि वर्ष 2004 से 2009 तक केवल नौसेना अकादमी में सतत् वृद्धि हुई है।

3. (d) अभीष्ट अनुपात = 900 : 3900
= 3 : 13

4. (d) अभीष्ट प्रतिशत $= \frac{6400 \times 100}{29000}$
= 22.06%
= 22% (लगभग)

5. (b) वायुसेना अकादमी में पास होने वाले अधिकारियों की संख्या

= 1400 + 1700 + 900 + 2400 + 1300 + 2700 = 10400

थलसेना अकादमी में पास होने वाले अधिकारियों की संख्या

= 4200 + 5100 + 7700 + 3600 + 4500 + 3900 = 29000

नौसेना अकादमी में पास होने वाले अधिकारियों की संख्या

= 600 + 900 + 1200 + 1800 + 2900 + 3500 = 10900

तटरक्षक अकादमी में पास होने वाले अधिकारियों की संख्या

= 1700 + 2800 + 1600 + 4700 + 5100 + 3900 = 19800

बी.एस.एफ. अकादमी में पास होने वाले अधिकारियों की संख्या

= 2600 + 3100 + 4700 + 5800 + 6400 + 4300 = 26900

अतः थलसेना अकादमी से सभी वर्षों में मिलकर पास होने वाले अधिकारियों की संख्या सबसे अधिक है।

6. (b)

7. (a) वर्ष 2006 में मोबाइल सेवा N का उपयोग करने वाले लोगों की कुल संख्या = 10000

वर्ष 2006 में सभी तीन मोबाइल सेवा का उपयोग करने वाले लोगों की कुल संख्या = 5,000

अभीष्ट प्रतिशत $= \frac{10000 \times 100}{55000}\%$

$= 18.18\% = 18\%$ (लगभग)

8. (b) वर्ष 2005 में मोबाइल सेवा L का उपयोग करने वाले लोगों की कुल संख्या = 15000

वर्ष 2004 में मोबाइल सेवा L का उपयोग करने वाले लोगों की कुल संख्या = 10000

अभीष्ट अनुपात $= \frac{15000}{10000} = \frac{3}{2}$

$= 3 : 2$

9. (d) वर्ष 2007 में सभी तीन मोबाइल सेवाओं का उपयोग करने वाले लोगों की संख्या = 55000

वर्ष 2008 में सभी तीन मोबाइल सेवाओं का उपयोग करने वाले लोगों की संख्या = 6000

अभीष्ट प्रतिशत $= \frac{55000 \times 100}{60000}\%$

$= 91.67\%$

10. (c) कंपनी द्वारा उत्पादित पेन ड्राइव्स की औसत संख्या

$= \frac{(15000 + 7500 + 15000 + 30000 + 17500)}{5}$

$= \frac{85000}{5} = 17000$

11. (d) वर्ष 2006 में कंपनी के सभी उत्पादों की कुल संख्या

$= 10000 + 7500 + 15000 = 32500$

वर्ष 2008 में कंपनी के सभी उत्पादों की कुल संख्या

$= 25000 + 30000 + 20000 = 75000$

वर्ष 2006 और 2008 में कंपनी के सभी उत्पादों की कुल संख्या $= 32500 + 75000 = 107500$

12. (a) अभीष्ट अनुपात $= 22500 : 25000$

$= 9 : 10$

13. (c) वर्ष 2008 में कंपनी द्वारा उत्पादित CDs और पेन ड्राइव्स की कुल संख्या

$= 25000 + 30000 = 55000$

अभीष्ट अंतर $= 5500 \sim 2000$

$= 35000$

14. (c) अभीष्ट प्रतिशत

$= \frac{40 \times 100}{(50 + 60 + 40 + 70 + 80 + 90 + 100)}\%$

$= \frac{40 \times 100}{490}\% = 8.16\%$

15. (b) अभीष्ट अनुपात $= \frac{(40 + 45 + 60)}{(80 + 90 + 100)}$

$= \frac{145}{270} = \frac{29}{54}$

$= 29 : 54$

16. (d) अभीष्ट प्रतिशत वृद्धि

$= \frac{70 - 60}{60} \times 100\%$

$= \frac{10 \times 100}{60}\%$

$= \frac{100}{6}\% = \frac{50}{3}\% = 16\frac{2}{3}\%$

17. (a) औसत जनसंख्या

$= \frac{40 + 45 + 60 + 50 + 70 + 65 + 80}{7}$

$= \frac{410}{7} = 58.57$ लाख

$= 58$ लाख (लगभग)

18. (c) माना वर्ष 2005 में ₹ x लाभार्जन किया

$x + \frac{135}{100} \times \frac{140}{100} = 7.56$

$\therefore x = \frac{7.56 \times 100 \times 100}{135 \times 140} =$ ₹ 4 लाख

19. (d) औसत प्रतिशत वृद्धि

$= \frac{(25 + 30 + 40 + 45 + 35 + 30)}{6}\%$

$= \frac{205}{6} = 34.16\% = 34\%$ (लगभग)

20. (a) औसत % वृद्धि $= \frac{40 + 50}{2}\%$

$= \frac{90}{2}\% = 45\%$

21. (a) अभीष्ट अनुपात = वर्ष 2008 में कम्पनी A के साथ में प्रतिशत वृद्धि : वर्ष 2008 में कम्पनी B के लाभ में प्रतिशत वृद्धि = 35 : 45

$= 7 : 9 = 50\%$

22. (b) इतिहास $= 100\% - (30 + 7 + 13 + 15 + 20 + 12)\%$

$= (100 - 97) = 3\%$

23. (d) गणित की पुस्तकें $= \frac{10000 \times 30}{100}$

$= 3000$

24. (a) अभीष्ट अनुपात $= \frac{(20 + 15)\%}{50\%}$

$= \frac{35}{30} = \frac{7}{6}$

$= 7 : 6$

25. (c) स्टोर में सर्वाधिक कम पुस्तकें इतिहास की हैं

$= \frac{10000 \times 3}{100} = 300$

26. (a) अभीष्ट अंतर

$= 1850000 \times \left(\frac{20}{100} - \frac{18}{100}\right)$

$= 1850000 \times \left(\frac{2}{100}\right)$

$= 18500 \times 2 =$ ₹ 37000

27. (d) अभीष्ट खर्च

$= 1850000\left[\frac{12}{100} + \frac{11}{100}\right]$

$= 1850000\left[\frac{23}{100}\right]$

$= 18500 \times 23 =$ ₹ 425500

28. (d) अभीष्ट राशि $= \frac{15}{100} \times 1850000$

$= 15 \times 18500$

$=$ ₹ 277500

□□□

अध्याय

14

क्षेत्रफल तथा परिमाप

क्षेत्रफल तथा परिमाप

क्षेत्रफल (Area) : किसी समतल आकृति द्वारा घेरे गए क्षेत्र की माप को उस आकृति का क्षेत्रफल कहते हैं। क्षेत्रफल को लम्बाई की वर्ग इकाईयों में मापा जाता है।

परिमाप (Perimeter) : किसी आकृति की लम्बाईयों के योगफल को उस आकृति का परिमाप कहते हैं। परिमाप को लम्बाई की इकाईयों में मापा जाता है।

महत्वपूर्ण सामान्य सूत्र

1. आयत (Rectangle) : ऐसी आकृति जिसके आमने-सामने की भुजाएं बराबर तथा प्रत्येक कोण 90° का हो, आयत कहलाती है।

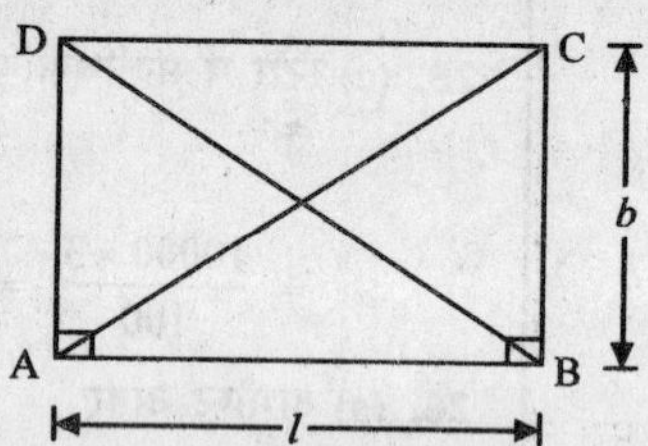

यदि एक आयत की लम्बाई l सेमी. तथा चौड़ाई b सेमी. हो, तब

(i) आयत का क्षेत्रफल = (लम्बाई × चौड़ाई) $= lb$ वर्ग सेमी.

(ii) आयत का परिमाप = 2 (लम्बाई + चौड़ाई) $= 2(l + b)$ सेमी.

(iii) आयत का विकर्ण $= \sqrt{(\text{लम्बाई})^2 + (\text{चौड़ाई})^2}$ $= \sqrt{l^2 + b^2}$ सेमी.

2. वर्ग (Square) : ऐसी आकृति जिसकी चारों भुजाएं आपस में बराबर तथा सभी कोण 90° के हों, वर्ग कहलाती है।

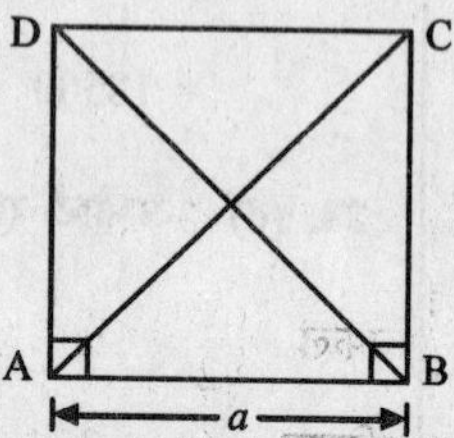

यदि वर्ग की प्रत्येक भुजा a सेमी. हो तब,

(i) वर्ग का क्षेत्रफल = (भुजा)$^2 = a^2$ वर्ग सेमी.

(ii) वर्ग का परिमाप = 4 × भुजा $= 4a$ सेमी.

(iii) वर्ग का विकर्ण $= \sqrt{2}$ × भुजा $= \sqrt{2}\,a$ सेमी.

(iv) वर्ग का क्षेत्रफल $= \frac{1}{2}$ (विकर्ण)^2 वर्ग सेमी.

3. समचतुर्भुज (Rhombus) : ऐसी आकृति जिसकी सभी भुजाएं समान हों, समचतुर्भुज कहलाती है।

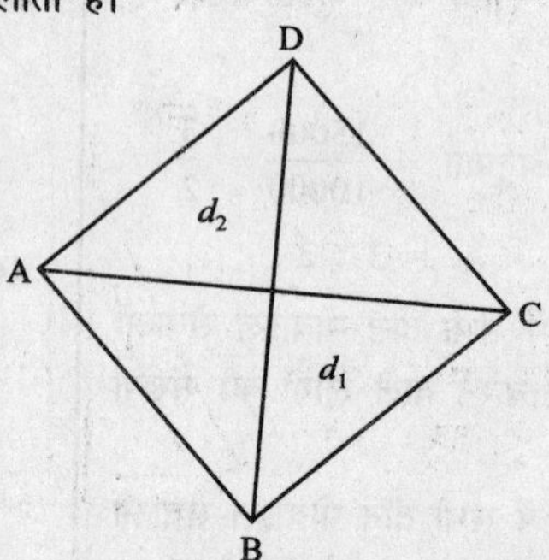

यदि समचतुर्भुज के विकर्ण क्रमशः d_1 व d_2 सेमी. लम्बे हों, तब

(i) समचतुर्भुज का क्षेत्रफल $= \frac{1}{2} d_1 d_2$ वर्ग सेमी.

(ii) समचतुर्भुज का परिमाप = (4 × भुजा) सेमी.

(iii) समचतुर्भुज की भुजा $= \frac{1}{2}\sqrt{d_1^2 + d_2^2}$ सेमी.

4. समांतर चतुर्भुज (Parallelogram) : ऐसी आकृति जिसके आमने-सामने की भुजाएं समान तथा समांतर होती हैं, समांतर चतुर्भुज कहलाती है।

यदि समांतर चतुर्भुज का आधार a सेमी. तथा ऊंचाई h सेमी. हो, तब

(i) समांतर चतुर्भुज का क्षेत्रफल = आधार × ऊंचाई $= ah$ वर्ग सेमी.

(ii) समांतर चतुर्भुज का परिमाप $= 2(a + b)$ सेमी.

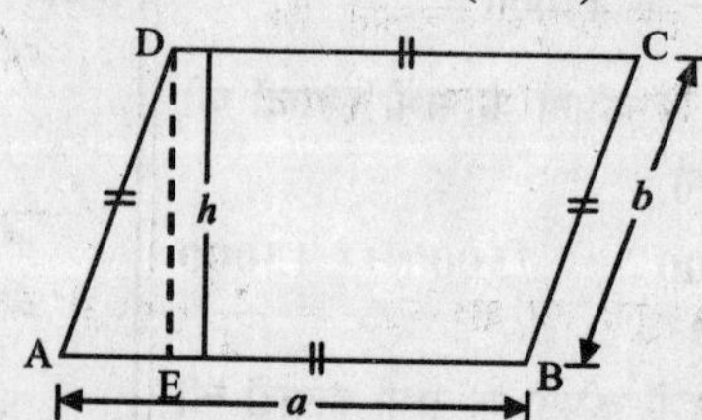

5. समलम्ब चतुर्भुज (Trapezium) : ऐसी आकृति जिसकी केवल दो सम्मुख भुजाएं समांतर हों, समलंब चतुर्भुज कहलाती हैं।

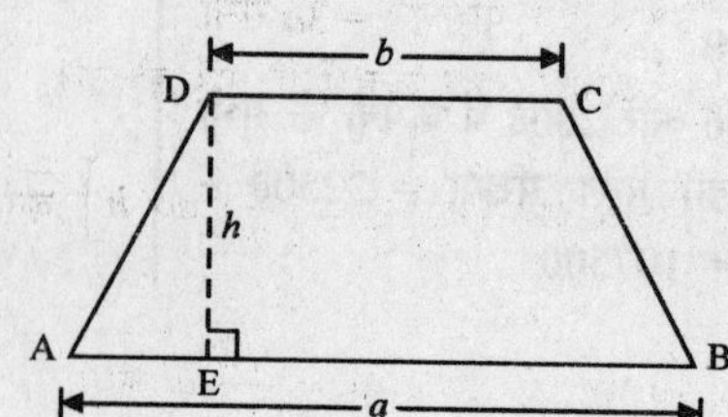

यदि समलंब चतुर्भुज की दो समांतर भुजाएं क्रमशः a सेमी. व b सेमी. हों, तब

(i) समलंब चतुर्भुज का क्षेत्रफल $= \frac{1}{2}$ (समांतर भुजाओं का योग) × ऊंचाई

$$= \frac{1}{2}(a+b)\times h \text{ वर्ग सेमी.}$$

(ii) समलंब चतुर्भुज का परिमाप $= (AB + BC + CD + AD)$ सेमी.

6. चतुर्भुज (Quadrilateral) : माना चतुर्भुज के विकर्ण पर डाले गए लम्ब की लम्बाई क्रमशः h_1 व h_2 सेमी. है तब,

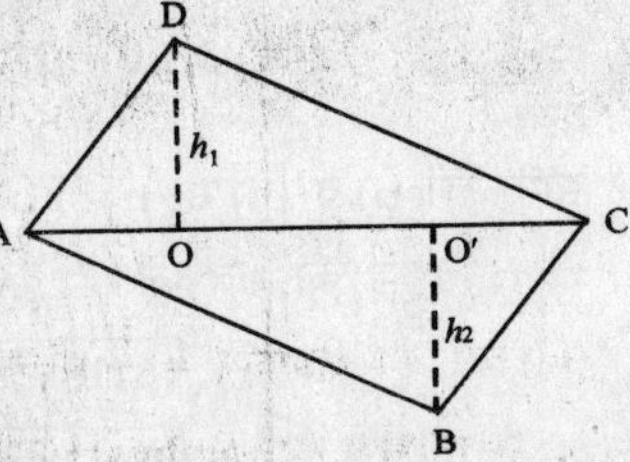

(i) चतुर्भुज का क्षेत्रफल

$= \frac{1}{2}$ (विकर्ण) × (विकर्ण पर डाले गए लम्बों का योग)

$$= \frac{1}{2} AC \times (h_1 + h_2) \text{ वर्ग सेमी.}$$

7. त्रिभुज (Triangle) : ऐसी आकृति जो तीन भुजाओं से घिरी होती है, त्रिभुज कहलाती है।

यदि त्रिभुज का आधार a सेमी. तथा ऊंचाई h सेमी. हो, तब

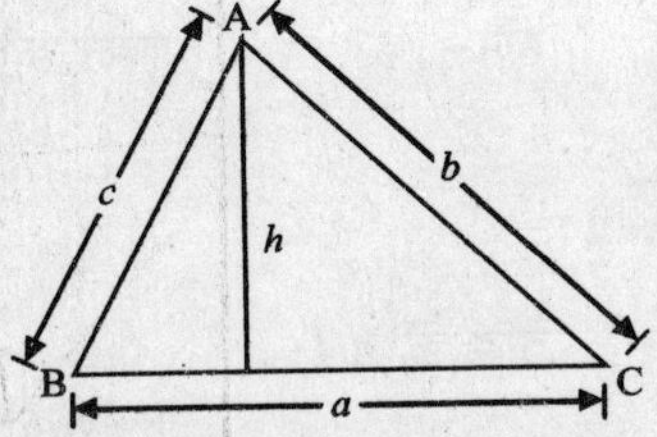

(i) त्रिभुज का क्षेत्रफल $= \frac{1}{2} \times$ आधार $\times$ ऊंचाई $= \frac{1}{2}ah$ वर्ग सेमी.

नोट– यदि त्रिभुज में केवल उसकी भुजाएं दी गई हों, तथा ये भुजाएं क्रमशः a सेमी. b सेमी. तथा c सेमी. हों, तब

(i) त्रिभुज का परिमाप $(2S) = a + b + c$

(ii) त्रिभुज का अर्द्धपरिमाप $(S) = \frac{(a+b+c)}{2}$

(iii) त्रिभुज का क्षेत्रफल $= \sqrt{S(S-a)(S-b)(S-c)}$ वर्ग सेमी.

8. समबाहु त्रिभुज (Equilateral Triangle) : वह त्रिभुज जिसकी सभी भुजाएं समान होती हैं, समबाहु त्रिभुज कहलाता है।

यदि समबाहु त्रिभुज की प्रत्येक भुजा a सेमी. हो, तब

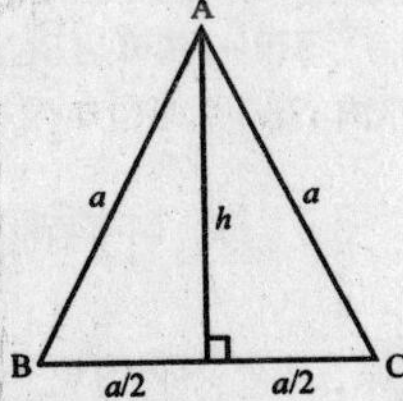

(i) समबाहु त्रिभुज का क्षेत्रफल $= \frac{\sqrt{3}}{4}(\text{भुजा})^2$ वर्ग सेमी.

$$= \frac{\sqrt{3}}{4}a^2 \text{ वर्ग सेमी.}$$

(ii) समबाहु त्रिभुज का परिमाप $= 3a$ सेमी.

नोट– यदि त्रिभुज का आधार तथा ऊंचाई दी गई हो तब,

(iii) समबाहु त्रिभुज का क्षेत्रफल $= \left(\frac{1}{2} \times a \times h\right)$ वर्ग सेमी.

(iv) समबाहु त्रिभुज का शीर्षलम्ब $= \frac{\sqrt{2}}{3}a$ सेमी.

9. समद्विबाहु समकोण त्रिभुज (Isosceles Right Angled Triangle) : यदि किसी त्रिभुज की दो भुजाएं समान हों, तो उसे समद्विबाहु त्रिभुज कहते हैं। यदि एक समद्विबाहु समकोण की दो समान भुजाएं a सेमी. तथा कर्ण h सेमी. हो तब,

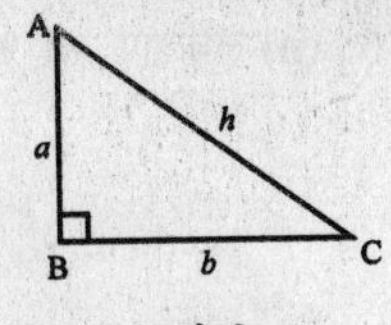

(i) समद्विबाहु समकोण त्रिभुज का परिमाप $= (2a + h)$ सेमी.

(ii) समद्विबाहु समकोण त्रिभुज का क्षेत्रफल $= \frac{1}{2}a^2$ वर्ग सेमी.

10. समकोण त्रिभुज (Right Angled Triangle) : ऐसा त्रिभुज जिसका एक कोण 90° का हो, समकोण त्रिभुज कहलाता है।

यदि एक समकोण त्रिभुज का लम्ब a सेमी., आधार b सेमी. तथा कर्ण h सेमी. हो, तब

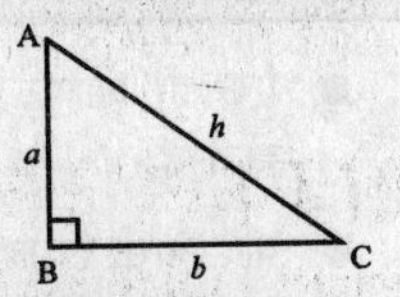

(i) समकोण त्रिभुज का क्षेत्रफल $= \frac{1}{2}$ (लम्ब × आधार) वर्ग सेमी.

$$= \frac{1}{2}(a \times b) \text{ वर्ग सेमी.}$$

(ii) समकोण त्रिभुज का परिमाप $= (a + b + h)$ सेमी.

(iii) समकोण त्रिभुज का कर्ण $h = \sqrt{b^2 + a^2}$ सेमी.

11. समषट्भुज (Hexagon) : ऐसी आकृति जो 6 समान भुजाओं से घिरी होती है, समषटभुज कहलाती है। यदि एक समषट्भुज की प्रत्येक भुजा a सेमी. हो तब,

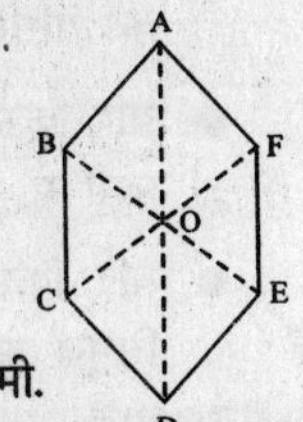

(i) समषट्भुज का क्षेत्रफल $= \frac{3\sqrt{3}}{2} \times \text{भुजा}^2$ वर्ग सेमी.

$$= \frac{3\sqrt{3}}{2}a^2 \text{ वर्ग सेमी.}$$

(ii) समषट्भुज का परिमाप $= 6a$ सेमी.

(iii) समषट्भुज के अंतः कोणों का कुल योग $= 2(n-2) \times 90°$

12. वृत्त (Circle) : किसी बिन्दु को केन्द्र मानकर उसके चारों ओर खींची गई रेखा, जिसकी केंद्र से दूरी समान हों, वृत्त कहलाती है।

यदि एक वृत्त की त्रिज्या r सेमी. हो, तब

(i) वृत्त का क्षेत्रफल $= \pi r^2$ वर्ग सेमी.

(ii) वृत्त की परिधि $= 2\pi r$ सेमी.

(iii) वृत्त का व्यास $= \frac{\text{वृत्त की परिधि}}{\pi}$

13. अर्द्धवृत्त (Semi Circle) : यदि वृत्त का आधा भाग काट दिया जाए, तो प्राप्त आकृति अर्द्धवृत्त कहलाती है।

यदि अर्द्धवृत्त की त्रिज्या r सेमी. हो, तब

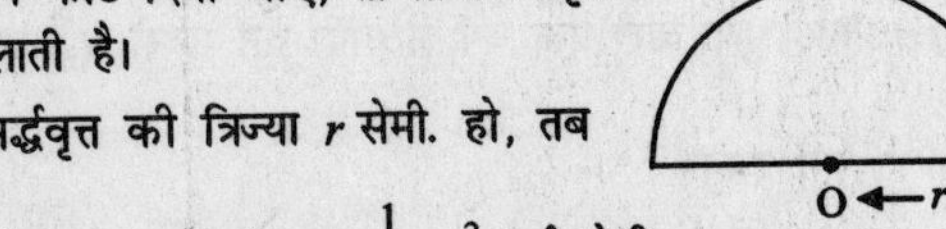

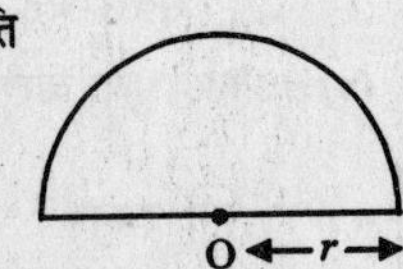

(i) अर्द्धवृत्त का क्षेत्रफल $= \frac{1}{2}\pi r^2$ वर्ग सेमी.

(iii) अर्द्धवृत्त का परिमाप $= (\pi r + 2r)$ सेमी.

14. वृत्त का त्रिज्यखण्ड (Sector of a Circle) :

(i) त्रिज्यखण्ड का क्षेत्रफल $= \left(\frac{\theta}{360°} \times \pi r^2\right)$ वर्ग सेमी.

(ii) लघुचाप की लम्बाई $= \left(\frac{\theta}{360°} \times \text{वृत्त की परिधि}\right)$

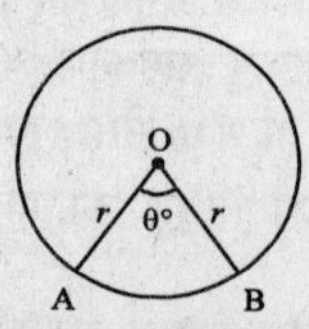

महत्त्वपूर्ण स्मरणीय बिन्दु

- एक ही आधार पर बने समान क्षेत्रफल वाले त्रिभुजों की ऊंचाई समान होती है।
- यदि किसी त्रिभुज और समांतर चतुर्भुज के आधार एवं ऊंचाई एक ही हों, तो त्रिभुज का क्षेत्रफल समांतर चतुर्भुज के क्षेत्रफल का आधा होता है।
- किसी वर्ग के विकर्ण पर बने वर्ग का क्षेत्रफल एवं मूल वर्ग के क्षेत्रफल का अनुपात 2 : 1 होता है।
- वृत्त की सबसे बड़ी जीवा वृत्त का व्यास होती है।
- यदि किसी वृत्त की त्रिज्या या व्यास को x गुना कर दिया जाए, तो वृत्त की परिधि x गुनी तथा क्षेत्रफल x^2 गुना हो जाता है।
- यदि किसी आयत, वृत्त, चतुर्भुज व त्रिभुज के परिमाप समान हों, तो इन चारों में से वृत्त का क्षेत्रफल सबसे अधिक होता है।
- यदि किसी त्रिभुज और आयत के आधार एवं ऊंचाई समान हों, तो त्रिभुज का क्षेत्रफल, आयत के क्षेत्रफल का आधा होता है।

क्षेत्रफल तथा परिमाप के लिए कुछ महत्वपूर्ण नियम

(i) यदि एक वर्ग का विकर्ण D हो, तो

वर्ग का परिमाप $= 2\sqrt{2}D$ इकाई

(ii) यदि किसी वर्ग का विकर्ण बढ़ाकर n गुना कर दिया जाए, तब

वर्ग का क्षेत्रफल $= n^2$ गुना

(iii) यदि एक कमरे की लम्बाई l मीटर, चौड़ाई b मीटर तथा ऊंचाई h मीटर हो, तो

कमरे की चारों दीवारों का क्षेत्रफल $= [2(l+b) \times h]$ वर्ग मी.

(iv) r इकाई त्रिज्या वाले एक अर्द्धवृत्त के अंदर बने

सबसे बड़े त्रिभुज का क्षेत्रफल $= (r^2)$ वर्ग इकाई।

(v) a इकाई भुजा वाले एक वर्ग के अंदर बने सबसे बड़े-वृत्त का क्षेत्रफल

$= \left(\frac{1}{4}\pi a^2\right)$ वर्ग इकाई

(vi) यदि एक त्रिभुज के शीर्षों को केन्द्र मानकर r इकाई त्रिज्या वाले तीन समान वृत्त खींचे जाएं, तो त्रिभुज के अंदर आने वाले वृत्तों के क्षेत्र के क्षेत्रफलों का

अभीष्ट योगफल $= \left(\frac{1}{2}\pi r^2\right)$ वर्ग इकाई

हल सहित उदाहरण

उदाहरण–1 : उस त्रिभुज का क्षेत्रफल ज्ञात कीजिए जिसका परिमाप 32 सेमी. है। एक भुजा 11 सेमी. तथा शेष दोनों भुजाओं का अंतर 5 सेमी. है।

हल– माना त्रिभुज की भुजाएं क्रमशः a सेमी., b सेमी. व c सेमी. है।

तब प्रश्नानुसार, $2S = a + b + c = 32$

$\Rightarrow \quad 11 + b + c = 32$

$\Rightarrow \quad b + c = 21 \quad ...(i)$

तथा $\quad b - c = 5 \quad ...(ii)$

समीकरण (i) व (ii) से, $a = 11$, $b = 13$ तथा $c = 8$

$\Rightarrow$ त्रिभुज का क्षेत्रफल $= \sqrt{S(S-a)(S-b)(S-c)}$

$= \sqrt{16(16-11)(16-13)(16-8)}$ सेमी.^{2}

$= \sqrt{16 \times 5 \times 3 \times 8}$ सेमी.^{2}

$= 8\sqrt{30}$ सेमी.^{2}

उदाहरण–2 : यदि एक गुब्बारे की परिधि को 20 सेमी. से बढ़ाकर 25 सेमी. कर दिया जाए, तो इसके अर्द्धव्यास में कितनी वृद्धि होगी?

हल– गुब्बारे की परिधि $= 2\pi r_1$

$\therefore \quad 2\pi r_1 = 20$

$\Rightarrow \quad r_1 = \frac{20}{2\pi}$ सेमी.

वृद्धि के बाद–

गुब्बारे की परिधि $= 2\pi r_2$

$\therefore \quad 2\pi r_2 = 25$

$\Rightarrow \quad r_2 = \frac{25}{2\pi}$ सेमी.

$\therefore$ त्रिज्या में वृद्धि $= \left(\frac{25}{2\pi} - \frac{20}{2\pi}\right)$ सेमी.

$= \frac{5}{2\pi}$ सेमी.

उदाहरण–3 : एक वर्ग के अन्तवृत्त तथा परिवृत्त के क्षेत्रफल का अनुपात ज्ञात कीजिए।

हल– माना $ABCD$ एक वर्ग है, जिसके प्रत्येक भुजा की लम्बाई a सेमी. है तब,

अन्तर्वृत्त की त्रिज्या $= \frac{a}{2}$ सेमी.

$\therefore$ अन्तर्वृत्त का क्षेत्रफल $= \pi\left(\frac{a}{2}\right)^2$ सेमी.^{2} $= \frac{1}{4}\pi a^2$ सेमी.^{2}

परिवृत्त की त्रिज्या $= \frac{\sqrt{2}a}{2}$ सेमी. $= \frac{a}{\sqrt{2}}$ सेमी.

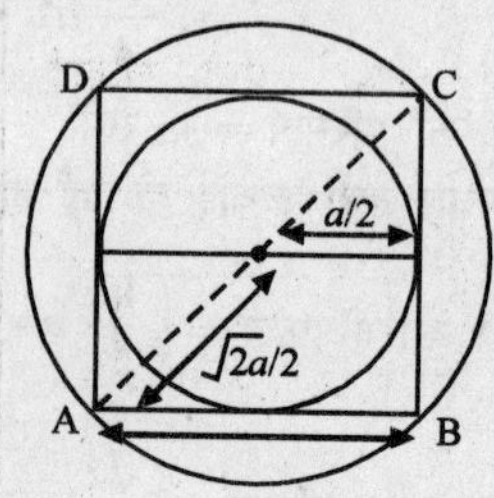

$\therefore$ परिवृत्त का क्षेत्रफल $= \pi\left(\frac{a}{\sqrt{2}}\right)^2$ सेमी.^{2} $= \frac{1}{2}\pi a^2$ सेमी.^{2}

$\therefore$ अभीष्ट अनुपात $= \frac{1}{4}\pi a^2 : \frac{1}{2}\pi a^2$

उदाहरण–4 : एक समचतुर्भुज की एक भुजा 20 सेमी. तथा एक विकर्ण की लम्बाई 24 सेमी. है। इस समचतुर्भुज का क्षेत्रफल ज्ञात कीजिए।

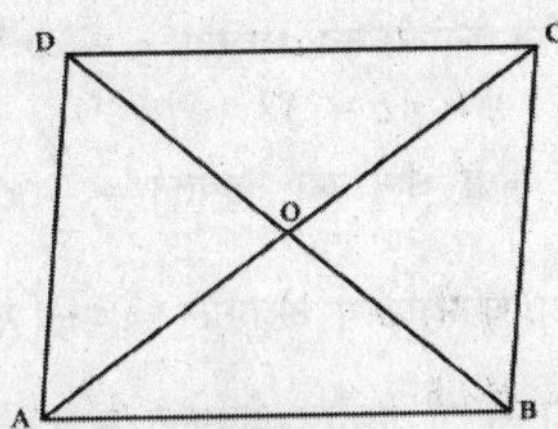

हल–एक समचतुर्भुज *ABCD* के विकर्ण *AC* व *BD* बिन्दु *O* पर काटते हैं।

$\therefore$ समचतुर्भुज के विकर्ण एक-दूसरे को समकोण पर काटते हैं

$\therefore$ $OA = OC$

तथा $OB = OD$

$\therefore$ $AB = 20$ सेमी.

$OA = \frac{1}{2}AC = \left(\frac{1}{2} \times 24\right) = 12$ सेमी.

$\therefore$ $OB^2 = AB^2 - OA^2 = (20)^2 - (12)^2$

$= (400 - 144) = 256$

$\Rightarrow$ $OB = 16$ सेमी.

$\therefore$ $BD = (2 \times 16) = 32$ सेमी.

$\therefore$ समचतुर्भुज का क्षेत्रफल $= \frac{1}{2}d_1 d_2$ सेमी.^{2}

$= \left(\frac{1}{2} \times 24 \times 32\right) = 384$ सेमी.^{2}

ठोसों के आयतन एवं पृष्ठीय क्षेत्रफल

आयतन (Volume)– किसी ठोस वस्तु द्वारा घेरा गया स्थान उसका आयतन कहलाता है। आयतन को लम्बाई की घन इकाईयों में मापा जाता है।

महत्वपूर्ण सामान्य सूत्र

1. घनाभ (Cuboid)– घनाभ एक ठोस आकृति होती है, इसके पृष्ठों की संख्या 6, शीर्षों की संख्या 8 तथा किनारों की संख्या 12 होती है। माचिस, संदूक आदि इसके उदाहरण हैं।

यदि एक घनाभ की लम्बाई *l* सेमी., चौड़ाई a सेमी. तथा ऊंचाई *h* सेमी. हो तब,

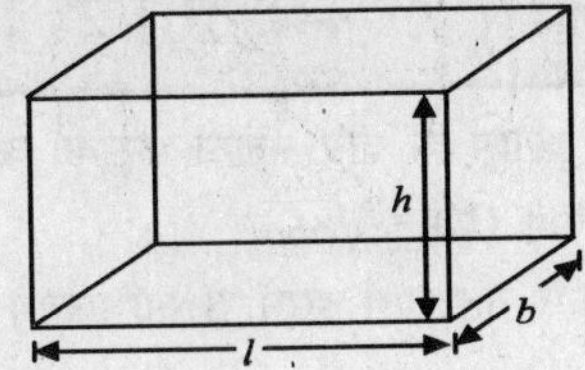

(i) घनाभ का आयतन $= lbh$ घन सेमी.

(ii) घनाभ का संपूर्ण पृष्ठीय क्षेत्रफल $= 2(lb + bh + hl)$ वर्ग सेमी.

(iii) घनाभ का विकर्ण $= \sqrt{l^2 + b^2 + h^2}$ सेमी.

2. घन (Cube)– यदि किसी घनाभ की लम्बाई, चौड़ाई व ऊंचाई समान हो तो वह घन कहलाता है। पासा, वर्गाकार बॉक्स आदि इसके उदाहरण हैं। अत: $l = b = h = a$

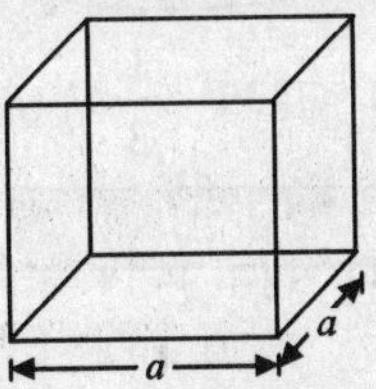

(i) घन का आयतन $= a^3$ घन सेमी.

(ii) घन का संपूर्ण पृष्ठीय क्षेत्रफल $= 6a^2$ वर्ग सेमी.

(iii) घन का विकर्ण $= \sqrt{3}a$ सेमी.

3. बेलन (Cylinder)– यदि एक बेलन की ऊंचाई *h* सेमी. तथा आधार त्रिज्या *r* सेमी. हो, तब

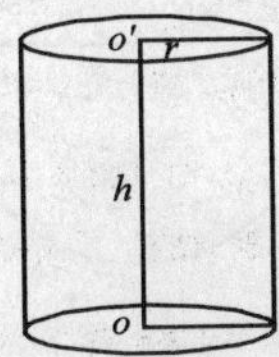

(i) बेलन का आयतन $= \pi r^2 h$ घन सेमी.

(ii) बेलन का वक्र पृष्ठीय क्षेत्रफल $= 2\pi rh$ वर्ग सेमी.

(iii) बेलन का संपूर्ण पृष्ठीय क्षेत्रफल $= 2\pi r(r + h)$ वर्ग सेमी.

4. खोखला बेलन (Hollow Cylinder)– माना एक खोखले बेलन की बाह्य त्रिज्या *R* सेमी., आंतरिक त्रिज्या *r* सेमी. तथा ऊंचाई *h* सेमी. है तब,

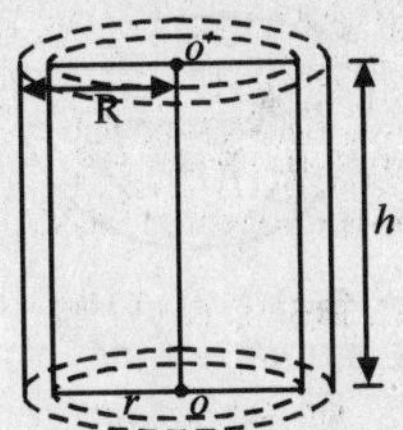

(i) खोखले बेलन का आयतन $= rh\,(R^2 - r^2)$ घन सेमी.

(ii) खोखले बेलन का वक्र पृष्ठीय क्षेत्रफल $= 2\pi\, h\,(R + r)$ वर्ग सेमी.

(iii) खोखले बेलन का संपूर्ण पृष्ठीय क्षेत्रफल $= 2\pi\,(R + r)\,(h + R - r)$ वर्ग सेमी.

5. लंबवृत्तीय शंकु (Right Circular Cone)– माना एक लंबवृत्तीय शंकु की आधार त्रिज्या *r* सेमी, ऊंचाई *h* सेमी. व तिर्यक ऊंचाई *l* सेमी. हो तब,

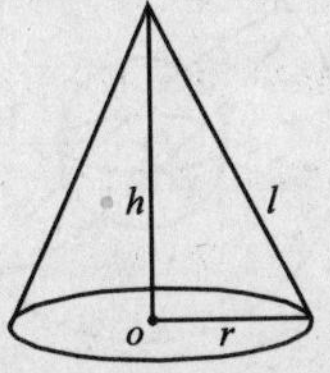

(i) शंकु का आयतन $= \frac{1}{3}\pi r^2 h$ घन सेमी.

(ii) शंकु का वक्र पृष्ठीय क्षेत्रफल $= \pi rl$ वर्ग सेमी.

(iii) शंकु का संपूर्ण पृष्ठीय क्षेत्रफल $= \pi\, r\,(l + r)$ वर्ग सेमी.

(iv) शंकु की तिर्यक ऊंचाई $(l) = \sqrt{h^2 + r^2}$ सेमी.

6. शंकु का छिन्नक (Frustum of a Cone)–माना एक शंकु छिन्नक की ऊपरी त्रिज्या *R* सेमी. निचली त्रिज्या *r* सेमी., ऊंचाई *L* सेमी. तथा तिर्यक

ऊंचाई l सेमी. हो तब,

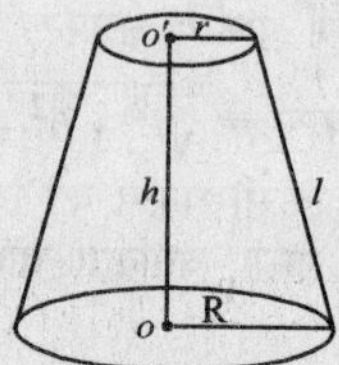

(i) शंकु छिन्नक का आयतन $= \frac{1}{3}\pi h(R^2 + r^2 + Rr)$ घन सेमी.

(ii) शंकु छिन्नक का वक्रपृष्ठीय क्षेत्रफल $= \pi l(R + r)$ वर्ग सेमी.

(iii) शंकु छिन्नक का संपूर्ण पृष्ठीय क्षेत्रफल

$= \pi\{R^2 + r^2 + l(R + r)\}$ वर्ग सेमी.

(iv) शंकु छिन्नक की तिर्यक ऊंचाई $(l) = \sqrt{h^2 + (R - r)^2}$ सेमी.

7. गोला (Sphere)– यदि एक गोले की त्रिज्या r सेमी. हो तब,

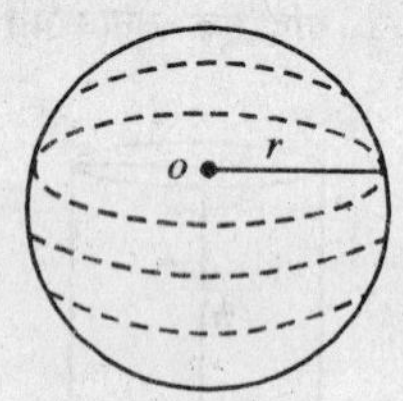

(i) गोले का आयतन $= \frac{4}{3}\pi r^3$ घन सेमी.

(ii) गोले का संपूर्ण पृष्ठीय क्षेत्रफल $= 4\pi r^2$ वर्ग सेमी.

8. अर्द्धगोला (Hemi Sphere)–यदि एक अर्द्धगोले की त्रिज्या r सेमी. हो तब

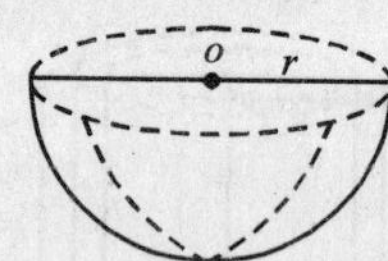

(i) अर्द्धगोले का आयतन $= \frac{2}{3}\pi r^3$ घन सेमी.

(ii) अर्द्धगोले का वक्रपृष्ठीय क्षेत्रफल $= 2\pi r^2$ वर्ग सेमी.

(iii) अर्द्धगोले का संपूर्ण पृष्ठीय क्षेत्रफल $= 3\pi r^2$ वर्ग सेमी.

9. गोलीय कोश (Spherical Shell)– यदि एक गोलीय कोश की बाह्य त्रिज्या R सेमी. व आंतरिक त्रिज्या r सेमी. हो तब,

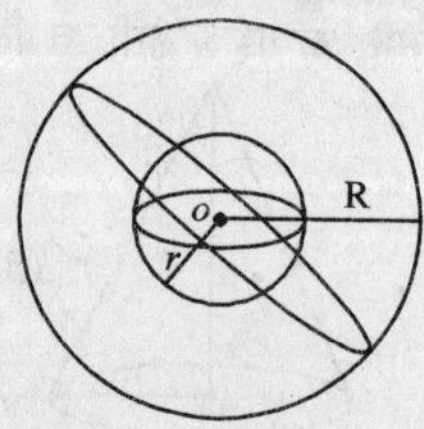

(i) गोलीय कोश का आयतन $= \frac{4}{3}(R^3 - r^3)$ घन सेमी.

(ii) गोलीय कोश का संपूर्ण पृष्ठीय क्षेत्रफल

$= 4\pi(R^2 - r^2)$ वर्ग सेमी.

10. अर्द्धगोलीय प्याला (Hemi Spherical Bowl)–यदि एक अर्द्धगोलीय प्याले की बाह्य त्रिज्या R सेमी. तथा आंतरिक त्रिज्या r सेमी. हो, तब

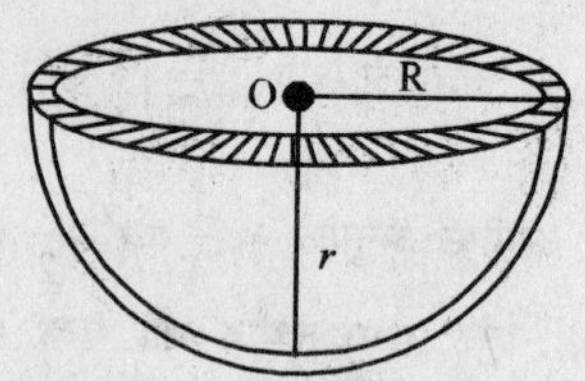

(i) अर्द्धगोलीय प्याले की धारिता $= \frac{2}{3}\pi r^3$ घन सेमी.

(ii) प्याले में लगी धातु का आयतन $= \frac{2}{3}\pi(R^3 - r^3)$ घन सेमी.

(iii) प्याले का वक्रपृष्ठीय क्षेत्रफल $= 2\pi(R^2 + r^2)$ वर्ग सेमी.

(iv) प्याले का संपूर्ण पृष्ठीय क्षेत्रफल $= \pi(3R^2 + r^2)$ वर्ग सेमी.

11. वर्गाकार पिरामिड (Square Pyramid)– माना वर्गाकार पिरामिड की ऊंचाई h सेमी. तिर्यक ऊंचाई l सेमी. व वर्गाकार आधार की प्रत्येक भुजा a सेमी. है तब,

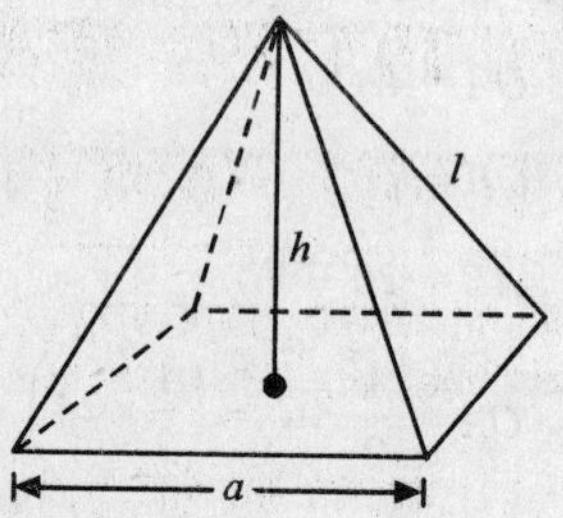

(i) वर्गाकार पिरामिड का आयतन $= \frac{1}{3}a^2h$ घन सेमी.

(ii) वर्गाकार पिरामिड का संपूर्ण पृष्ठीय क्षेत्रफल

$= (2al + a^2)$ वर्ग सेमी.

12. आयताकार पिरामिड (Rectangular Pyramid)–आयताकार पिरामिड में यदि आधार की लम्बाई l सेमी., चौड़ाई b सेमी. तथा ऊंचाई h सेमी. हो तब,

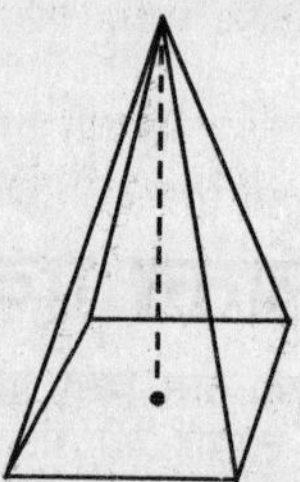

(i) आयताकार पिरामिड का आयतन $= \frac{1}{3} \times (l \times b) \times h$ घन सेमी.

$= \frac{1}{3}lbh$ घन सेमी.

(ii) आयताकार पिरामिड का संपूर्ण पृष्ठीय क्षेत्रफल

= (आधार का क्षेत्रफल) × (चारों त्रिभुजों का क्षेत्रफल)

महत्वपूर्ण स्मरणीय बिन्दु

- यदि किसी घनाभ के तीन संलग्न फलकों का क्षेत्रफल a, b तथा c हो तो घनाभ का आयतन (V) $= \sqrt{abc}$
- एक गोलाकार ठोस एवं इसमें से अधिकतम आयतन के काटे जाने

वाले घन के आयतन में अनुपात = $\pi\sqrt{3}:2$

● घनाकार ठोस एवं इसमें से अधिकतम आयतन के काटे जाने वाले गोलाकार ठोस के आयतन का अनुपात = $6:\pi$

● यदि शंकु, अर्द्ध गोला तथा बेलन की त्रिज्याएं तथा ऊंचाई आपस में समान हो, तो उनके आयतनों में अनुपात = 1 : 2 : 3

● यदि एक गोले का आयतन तथा पृष्ठीय क्षेत्रफल का आंकिक मान समान हों, तो गोले की त्रिज्या = 3 इकाई

● यदि एक घन का आयतन तथा पृष्ठीय क्षेत्रफल के आंकिक मान समान हों, तो घन की भुजा = 6 इकाई

● यदि किसी घन का विकर्ण d इकाई हो, तो घन का पृष्ठीय क्षेत्रफल = $2d$ वर्ग इकाई

$$\text{घन का आयतन} = \frac{d^3}{3\sqrt{3}} \text{ घन इकाई}$$

● यदि गोले को दो समान भागों में विभाजित कर दिया जाए, तो उसके संपूर्ण पृष्ठ में 50% की वृद्धि होती है।

ठोसों के आयतन एवं पृष्ठीय क्षेत्रफल के लिए कुछ महत्वपूर्ण नियम

(i) तीन धातु के घन जिनकी भुजाएं क्रमशः a_1 इकाई, a_2 इकाई व a_3 इकाई हैं, को पिघलाकर एक नया घन बनाया जाता है तब,

$$\text{नए घन की भुजा} = 3\sqrt{a_1^3 + a_2^3 + a_3^3}$$

(ii) एक घन का पृष्ठीय क्षेत्रफल 5 वर्ग इकाई है, तो

$$\text{घन का आयतन} = \left[\sqrt{\frac{5}{6}}\right]^3 \text{ धन इकाई}$$

(iii) एक शंकु की ऊंचाई उसकी त्रिज्या की n गुनी है। इसको गलाकर एक गोला बनाया जाता है। यदि इस प्रक्रिया में कोई धातु नष्ट न हो तो,

$$\text{गोले की त्रिज्या, शंकु की त्रिज्या} = \left[\frac{n}{4}\right]^{\frac{1}{3}}$$

(iv) एक आयताकार चादर जिसकी लम्बाई l मीटर तथा चौड़ाई b मीटर है, को लपेटकर एक बेलन की शक्ल में ढाला जाता है, तो इस प्रकार बनें,

$$\text{बेलन का आयतन} = \left[\frac{b \times l^2}{4\pi}\right] \text{घन मीटर}$$

(v) r इकाई त्रिज्या वाले गोले को, एक बेलन या तार जिसकी त्रिज्या R इकाई है, के शक्ल में ढाला गया है, तो

$$\text{बेलन या तार की लम्बाई} = \left[\frac{4}{3} \times \frac{r^3}{R^2}\right] \text{इकाई}$$

(vi) एक गोले को पिघलाकर एक बेलन की शक्ल में ढाला गया है। जिसकी ऊंचाई बेलन की त्रिज्या की n गुनी है तब,

$$\text{गोले की त्रिज्या : बेलन की त्रिज्या} = \left(\frac{3}{4}n\right)^{\frac{1}{3}}$$

(vii) यदि एक बेलन की त्रिज्या x गुनी तथा ऊंचाई y गुनी कर दी जाए, तब

$$\frac{\text{नए बेलन का आयतन}}{\text{मूल बेलन का आयतन}} = x^2 y$$

(viii) यदि एक घनाभ की लम्बाई में $a\%$ की, चौड़ाई में $b\%$ की तथा ऊंचाई में $c\%$ की वृद्धि कर दी जाए, तब

घनाभ के आयतन में वृद्धि

$$= \left[a + b + c + \frac{ab + bc + ca}{100} + \frac{abc}{(100)^2}\right]\%$$

हल सहित उदाहरण

उदाहरण–1 : एक लम्बवृत्तीय शंकु के आधार का व्यास 14 सेमी. तथा इसके वक्र पृष्ठ का क्षेत्रफल 550 वर्ग सेमी. है। इस शंकु का आयतन ज्ञात कीजिए।

हल– शंकु का पृष्ठीय क्षेत्रफल = πrl

$\therefore$ $\pi rl = 550$

$\Rightarrow$ $l = \left(\frac{550}{22} \times \frac{7}{7}\right)$ सेमी. = 25 सेमी.

$\therefore$ शंकु की ऊंचाई = $\sqrt{l^2 - r^2} = \sqrt{(25)^2 - (7)^2}$ सेमी.

= $\sqrt{625 - 49} = \sqrt{576}$ सेमी. = 24 सेमी.

$\therefore$ शंकु का आयतन = $\frac{1}{3}\pi r^2 h$ घन सेमी.

= $\left\{\frac{1}{3} \times \frac{22}{7} \times (7)^2 \times 24\right\}$ घन सेमी.

= 1232 घन सेमी.

उदाहरण–2 : एक घनाभ की लम्बाई, चौड़ाई तथा ऊंचाई का योग 19 सेमी. है तथा इसके विकर्ण की लम्बाई $5\sqrt{5}$ सेमी. है। घनाभ के संपूर्ण पृष्ठ का मान ज्ञात कीजिए।

हल– माना घनाभ की लम्बाई, चौड़ाई व ऊंचाई क्रमशः l सेमी., b सेमी. व h सेमी. है।

तब, $l + b + h = 19$

तथा $\sqrt{l^2 + b^2 + h^2} = 5\sqrt{5}$

$\therefore$ $l^2 + b^2 + h^2 = 125$

$\therefore$ $(l + b + h)^2 = l^2 + b^2 + h^2 + 2(lb + bh + hl)$

$\Rightarrow$ $(19)^2 = 125 + 2(lb + bh + hl)$

$\Rightarrow$ $2(lb + bh + hl) = (361 - 125)$ वर्ग सेमी.

= 236 वर्ग सेमी.

उदाहरण–3 : 15 सेमी. कोर वाले घन को एक आयताकार बर्तन में पानी में पूरा डुबो दिया जाता है। यदि बर्तन की तली की लम्बाई 20 सेमी. तथा चौड़ाई 15 सेमी. हो, तो पानी की सतह में कितनी वृद्धि होगी?

हल– माना पानी की सतह में वृद्धि = x सेमी.

$\therefore$ पानी के आयतन में वृद्धि = घन का आयतन

$\therefore$ $20 \times 15 \times x = 15 \times 15 \times 15$

$\Rightarrow$ $x = \left(\frac{15 \times 15 \times 15}{20 \times 15}\right)$ सेमी.

= 11.25 सेमी.

उदाहरण–4 : 3 सेमी. त्रिज्या वाले तांबे के गोले को पीटकर 0.2 सेमी. व्यास वाले एक तार में परिवर्तित किया गया है। तार की लम्बाई ज्ञात कीजिए।

हल– तार एक बेलन होता है।

माना तार की लम्बाई = x सेमी.

तब, $\frac{4}{3}\pi \times (3)^3 = \pi(0.1)^2 \times x$

$\Rightarrow \quad x = \left(\frac{4}{3} \times \frac{3 \times 3 \times 3}{0.1 \times 0.1 \times 0.1}\right)$ सेमी.

$= 3600$ सेमी.

उदाहरण–5 : धातु के तीन ठोस गोलों, जिनकी त्रिज्याएं 1 सेमी., 6 सेमी. और 8 सेमी. है, को पिघलाकर एक अन्य ठोस गोला बनाया जाता है। इस नए गोले की त्रिज्या ज्ञात कीजिए।

हल– माना नए गोले की त्रिज्या $= R$ सेमी.

तब, $\frac{4}{3}\pi R^3 = \frac{4}{3}\pi r_1^3 + \frac{4}{3}\pi r_2^3 + \frac{4}{3}\pi r_3^3$

$= \frac{4}{3}\pi\left[(1)^3 + (6)^3 + (8)^3\right]$

$= \frac{4}{3}\pi[1 + 216 + 512] = \frac{4}{3}\pi(729)$

$\Rightarrow \quad R^3 = 729$ सेमी. $\Rightarrow R = 9$ सेमी.

प्रश्नमाला

1. एक घड़ी की मिनट की सुई की लम्बाई 10.5 सेमी. है। मिनट की सुई द्वारा 10 मिनट में तय किया गया वर्ग सेमी में क्षेत्रफल होगा–

(a) 56.25 (b) 57.75
(c) 58.30 (d) 60.55

2. एक तार को जब एक समबाहु त्रिभुज के रूप में मोड़ा जाता है तो S वर्ग सेमी की जगह घेरती है। यदि उसी तार को एक वृत्त के रूप में मोड़ा जाए तो वृत्त का क्षेत्रफल होगा–

(a) $\frac{\pi S^2}{9}$

(b) $\frac{3S^2}{\pi}$

(c) $\frac{3S}{\pi}$

(d) $\frac{3\sqrt{3}S}{\pi}$

3. 25 मीटर लम्बे एवं 16 मीटर चौड़े फर्श के निर्माण के लिए 20 सेमी × 10 सेमी आकार के कितने ईंटों की आवश्यकता होगी?

(a) 30,000 (b) 20,000
(c) 25,000 (d) 40,000

4. एक आयताकार खेत की लम्बाई उसकी चौड़ाई से $1\frac{3}{4}$ गुना अधिक है। खेत का परिमाप 550 मीटर हो, तो उसका क्षेत्रफल कितना होगा?

(a) 16,000 वर्ग मीटर
(b) 1,7200 वर्ग मीटर
(c) 17,500 वर्ग मीटर
(d) 18,000 वर्ग मीटर

6. उस वर्ग का क्षेत्रफल क्या होगा जो 16π परिधि वाले वृत्त के अन्तः स्थित हो?

(a) 256 (b) 64
(c) 32 (d) 128

7. एक समकोण त्रिभुज का आधार 20 सेमी तथा कर्ण 25 सेमी है तो इसका क्षेत्रफल कितना होगा?

(a) 100 वर्ग सेमी (b) 250 वर्ग सेमी
(c) 150 वर्ग सेमी (d) 200 वर्ग सेमी

8. एक वृत्त की त्रिज्या दुगुनी कर दी जाती है तब नई परिधि तथा नए व्यास का अनुपात क्या होगा?

(a) $\frac{2\pi}{3}$ (b) $\frac{\pi}{2}$

(c) $\pi:1$ (d) $\frac{1}{\pi}$

9. यदि समलम्ब चतुर्भुज के समांतर भुजाएँ क्रमशः 15 सेमी तथा 25 सेमी हो एवं उनके बीच की दूरी 10 सेमी हो, तो उसका क्षेत्रफल कितना होगा ?

(a) 200 वर्ग सेमी (b) 150 वर्ग सेमी
(c) 400 वर्ग सेमी (d) 800 वर्ग सेमी

10. यदि दो वर्गों के क्षेत्रफलों का अनुपात 9 : 1 है तो उनकी परिमिति का अनुपात होगा–

(a) 9 : 1 (b) 3 : 1
(c) 3 : 4 (d) 1 : 3

11. 14 मीटर के व्यास वाले वृत्त का परिमाप होता है–

(a) 44 मी (b) 88 मी
(c) 22 मी (d) 154 मी

13. यदि एक वृत्त में एक समबाहु त्रिभुज खींचा जाए, तो त्रिभुज की भुजा और वृत्त के व्यास में अनुपात होगा–

(a) $\sqrt{2}:2$ (b) $\sqrt{3}:2$
(c) $1:\sqrt{3}$ (d) $2:3$

14. एक आयत का विकर्ण 10 सेमी है तथा उसकी लम्बाई एक भुजा की लम्बाई की दुगुनी है। आयत का क्षेत्रफल क्या होगा–

(a) 25 (b) 100
(c) $25\sqrt{3}$ (d) $10\sqrt{3}$

15. किसी वर्गाकार क्षेत्र का क्षेत्रफल 1764 वर्गमीटर है। ऐसे दूसरे वर्गाकार क्षेत्र की परिमिति क्या होगी जिसका क्षेत्रफल पहले वाले का चार गुना है ?

(a) 312 मी. (b) 336 मी.
(c) 344 मी. (d) 352 मी.

17. 10π (पाई) की परिधि के वृत्त का क्षेत्रफल क्या होगा?

(a) 100π (b) 25π
(c) 50π (d) 40π

18. *a* त्रिज्या वाले एक वृत्त को छः बराबर भागों में बाँटा गया है। प्रत्येक भाग की जीवा पर एक समबाहु त्रिभुज खींचा गया जो वृत्त की बाहर की ओर है। प्राप्त चित्र का क्षेत्रफल है–

(a) $\frac{3\sqrt{3}\pi a^2}{2}$ (b) $\frac{3\sqrt{3}a^2}{2}$

(c) $3\pi a^2$ (d) $3\sqrt{3}a^2$

19. एक वृत्ताकार पथ का क्षेत्रफल ज्ञात कीजिये जिसके बाह्य व आन्तरिक व्यास क्रमशः 20 सेमी. तथा 6 सेमी. हो–

(a) 286 वर्ग सेमी (b) 298 वर्ग सेमी
(c) 1144 वर्ग सेमी (d) 285 वर्ग सेमी

20. नीचे दिए गये चित्र में AB = CD = 9 मीटर, AC = BD = 5 मीटर। अछायांकित भाग की लम्बाई व चौड़ाई क्रमशः 3 मीटर और 1 मीटर है। छायांकित भाग का क्षेत्रफल बताइये–

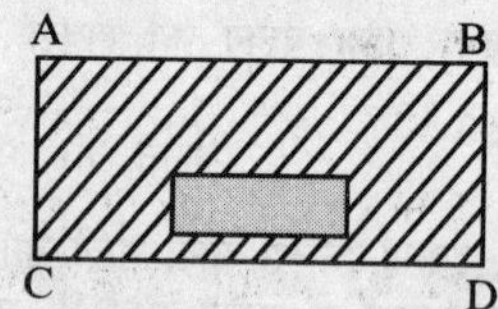

(a) 42 मीटर^2 (b) 47 मीटर^2
(c) 40 मीटर^2 (d) 48 मीटर^2

21. एक आयत की माप 140 मीटर × 70 मीटर है। उसके केन्द्र में वृत्त का व्यास 28 मीटर है। छायांकित भाग का क्षेत्रफल कितना होगा?

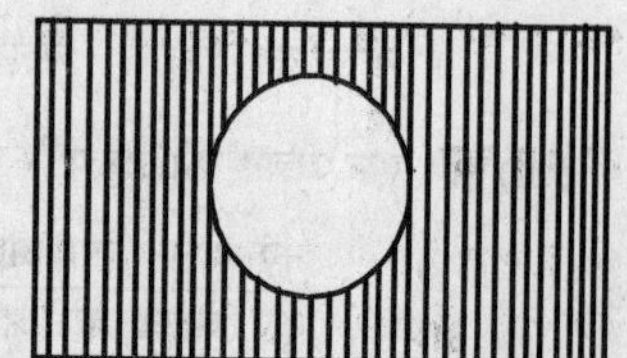

(a) 9624 मीटर^2 (b) 9184 मीटर^2
(c) 9226 मीटर^2 (d) 9824 मीटर^2

22. एक घोड़ा 40 मीटर लम्बे और 24 मीटर चौड़े आयताकार घास के खेत के एक कोने पर गाड़ी गई खूंटी से 14 मीटर लम्बी रस्सी द्वारा बाँधा हुआ है। घोड़ा खेत के कितने क्षेत्र तक चर सकता है?

(a) 154 मीटर^2 (b) 309 मीटर^2
(c) 240 मीटर^2 (d) 480 मीटर^2

23. एक त्रिभुज की भुजाओं का अनुपात 3 : 5 : 7 है और इसकी परिमिति 30 सेमी है। त्रिभुज की सबसे बड़ी भुजा की लम्बाई सेन्टीमीटर में है–

(a) 6 (b) 10
(c) 14 (d) 16

24. यदि एक वर्ग के विकर्ण की लम्बाई $a + b$ हो, तो वर्ग का क्षेत्रफल होगा–

(a) $(a+b)^2$ (b) $\frac{1}{2}(a+b)^2$
(c) a^2+b^2 (d) $\frac{1}{2}(a^2+b^2)$

25. 14 मी. × 19 मी. कमरे के फर्श को ढकने के लिये 63 सेमी. चौड़ी दरी के कितने मीटर की आवश्यकता होगी?

(a) 200 मी. (b) 210 मी.
(c) 220 मी. (d) 185 मी.

26. एक वलय के वृत्तखण्ड का अर्द्धव्यास 21 सेमी है और केन्द्रीय कोण 135° है, तो वलय का परिमाप होगा–

(a) 91·5 सेमी (b) 93·5 सेमी
(c) 94·5 सेमी (d) 92·5 सेमी

27. एक पहिए का अर्द्धव्यास 22·4 सेमी है। 500 परिक्रमा करने के लिए पहिए को कितनी दूरी तय करनी पड़ेगी?

(a) 252 मी. (b) 704 मी.
(c) 352 मी. (d) 808 मी.

28. एक त्रिभुज का आधार उसके शीर्ष लम्ब के दो गुने से 2 सेमी अधिक है। यदि त्रिभुज का क्षेत्रफल 12 वर्ग सेमी हो, तो उसका शीर्ष लम्ब होगा–

(a) 4 सेमी (b) 3 सेमी
(c) 6 सेमी (d) 5 सेमी

29. 5544 वर्ग सेमी क्षेत्रफल वाले एक वृत्त की त्रिज्या का $\frac{3}{14}$ वां भाग एक वर्ग की भुजा के समान है। एक आयत का क्षेत्रफल एक वर्ग के क्षेत्रफल के समान है। इस आयत की चौड़ाई 6 सेमी है, तो इस आयत की लम्बाई क्या है?

(a) 11·5 सेमी (b) 9·5 सेमी
(c) 13·5 सेमी (d) इनमें से कोई नहीं

30. एक आयताकार मैदान का क्षेत्रफल इसकी लम्बाई एवं चौड़ाई के योग का 15 गुना है। यदि मैदान की लम्बाई 40 मीटर हो, तो मैदान की चौड़ाई क्या होगी?

(a) 24 मीटर (b) 25 मीटर
(c) 28 मीटर (d) 32 मीटर

31. किसी वृत्त की त्रिज्या में वृद्धि करने पर उसकी परिधि में 5% की वृद्धि हो जाती है, तो वृत्त के क्षेत्रफल में कितने प्रतिशत की वृद्धि होगी?

(a) 12·5% (b) 10·5%
(c) 10·25% (d) 9·25%

32. एक वृत्त की परिधि 22 सेमी लम्बी भुजा वाले एक वर्ग के परिमाप के बराबर है, तो उस वृत्त का क्षेत्रफल कितना है?

(a) 28π सेमी^{2} (b) 196π सेमी^{2}
(c) 49π सेमी^{2} (d) $\frac{49}{4}\pi$ सेमी^{2}

33. एक घोड़े को 7 मीटर लम्बी एक रस्सी से, 10 मीटर के बराबर भुजा वाले एक वर्गाकार खेत के एक कोने में बांधा गया है, तो उस खेत को चरने से बचा हुआ न्यूनतम सम्भावित क्षेत्रफल कितना होगा?

(a) 56·1 मी^{2} (b) 51·6 मी^{2}
(c) 65·1 मी^{2} (d) 61·5 मी^{2}

34. एक कागज, एक आयत A B C D के आकार में है, उसमें AB = 22 सेमी तथा BC = 14 सेमी है, तो यदि उस कागज से BC व्यास वाला एक अर्द्धवृत्ताकार भाग अलग कर दिया जाए, तो कागज का शेष क्षेत्रफल (सेमी^{2} में) कितना रह जायेगा?

(a) 241 (b) 211
(c) 221 (d) 231

35. एक वर्ग का क्षेत्रफल 1024 वर्ग सेमी है। एक आयत की लम्बाई और चौड़ाई के बीच का क्रमशः अनुपात क्या है, जिसकी लम्बाई वर्ग की भुजा से दो गुनी और चौड़ाई वर्ग की भुजा से 12 सेमी कम हो?

(a) 5 : 18 (b) 16 : 7
(c) 16 : 5 (d) 32 : 5

36. एक वृत्त की त्रिज्या 196 वर्ग सेमी क्षेत्रफल वाले वर्ग की एक भुजा से दो गुनी है। एक आयत की लम्बाई वृत्त के व्यास से दो गुनी है। आयत की चौड़ाई उसकी लम्बाई से आधी है, तो उसकी परिधि क्या है?

(a) 244 सेमी (b) 168 सेमी
(c) 336 सेमी (d) इनमें से कोई नहीं

37. एक समकोण त्रिभुज की सबसे छोटी भुजा 6 सेमी और दूसरी सबसे बड़ी भुजा 8 सेमी है। एक वर्ग की भुजा त्रिभुज की सबसे बड़ी भुजा से तिगुनी है। वर्ग का विकर्ण क्या है?

(a) $30\sqrt{2}$ सेमी
(b) $60\sqrt{2}$ सेमी
(c) 30 सेमी
(d) निर्धारित नहीं किया जा सकता

38. एक आयत की लम्बाई उसकी चौड़ाई से 25% अधिक है। इस आयत का क्षेत्रफल 1620 वर्ग सेमी है। ऐसे वर्ग का क्षेत्रफल क्या है, जिसकी भुजा आयत के लम्बाई की आधी है?

(a) 506·25 सेमी^{2} (b) 512·75 सेमी^{2}
(c) 515·25 सेमी^{2} (d) 509·75 सेमी^{2}

39. किसी एक वर्ग तथा एक सम षड्भुज के परिमाप बराबर है। षड्भुज के क्षेत्रफल तथा वर्ग के क्षेत्रफल में अनुपात है–

(a) $2\sqrt{3}:3$ (b) $\sqrt{3}:1$
(c) $3\sqrt{3}:2$ (d) $\sqrt{2}:3$

40. आकृति में ABCD एक समानान्तर चतुर्भुज है जिसका क्षेत्रफल 120 सेमी^{2} है तथा BX : XC = 3 : 2, CY : YD = 2 : 1 और AZ : ZD = 3 : 1 है, पंचभुज AXCYZ का क्षेत्रफल (सेमी में) है–

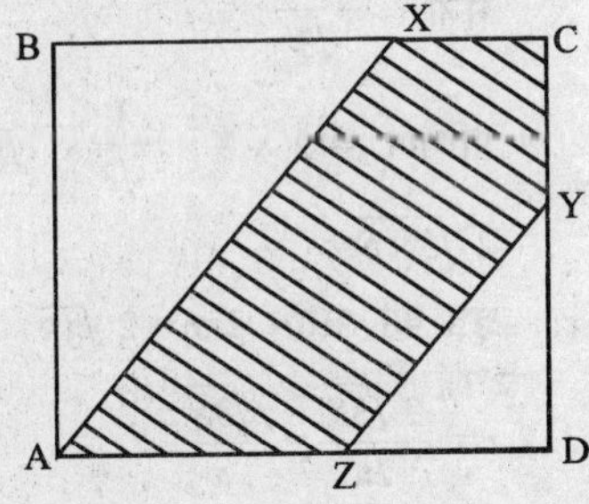

(a) 47 (b) 63
(c) 73 (d) 79

41. एक समद्विबाहु समकोण त्रिभुज का परिमाप 2P एकक है, तो उस त्रिभुज का क्षेत्रफल कितना होगा?

(a) $(2+\sqrt{2})P^2$ वर्ग एकक
(b) $(2-\sqrt{2})P^2$ वर्ग एकक
(c) $(3-\sqrt{2})P^2$ वर्ग एकक
(d) $(3-2\sqrt{2})P^2$ वर्ग एकक

42. एक वर्ग का क्षेत्रफल 1,444 वर्गमीटर है। एक आयत की चौड़ाई वर्ग की भुजा की $\frac{1}{4}$ और आयत की लम्बाई उसकी चौड़ाई से 3 गुनी है। वर्ग और आयत के क्षेत्रफल के बीच क्या अन्तर है?

(a) 1152·38 मीटर²
(b) 1169·33 मीटर²
(c) 1181·21 मीटर²
(d) 1173·25 मीटर²

43. एक आयताकार ओडिटोरियम के फर्श की लम्बाई 572 मीटर परिधि वाले एक वृत्त की त्रिज्या से 6 मीटर अधिक है। इस आयताकार ओडिटोरियम की परिधि 356 मीटर है। यदि फर्श बिछाने की लागत ₹ 12 प्रति मीटर² हो, तो ओडिटोरियम का फर्श बिछाने की लागत क्या होगी?

(a) ₹ 87,954
(b) ₹ 91,236
(c) ₹ 94,284
(d) ₹ 75,490

44. 6 सेमी भुजा वाले किसी समबाहु त्रिभुज के कोनों को काटकर एक समषट्भुज बनाया गया है। इस समषट्भुज का क्षेत्रफल (सेमी² में) होगा—

(a) $3\sqrt{3}$ (b) $3\sqrt{6}$
(c) $6\sqrt{3}$ (d) $\frac{5\sqrt{3}}{2}$

45. यदि किसी वृत्त की परिधि को 50% कम कर दिया जाए, तो इसके क्षेत्रफल में कमी की प्रतिशतता होगी—

(a) 25
(b) 50
(c) 60
(d) 75

उत्तर (हल/संकेत)

1. (b) मिनट की सुई द्वारा 10 मिनट में तय किया गया क्षेत्रफल

$$= \frac{60}{360} \times \pi r^2$$
$$= \frac{60}{360} \times \frac{22}{7} \times 10.5 \times 10.5$$
$$= 57.75 \text{ वर्ग सेमी.}$$

2. (c) समबाहु त्रिभुज का क्षेत्रफल $= \frac{\sqrt{3}}{4} \times$ भुजा² = S वर्ग सेमी

$$\text{भुजा}^2 = \frac{4 \times S}{\sqrt{3}}$$
$$\therefore \text{ भुजा} = \frac{2\sqrt{S}}{\sqrt{3}}$$
$$\therefore \text{ परिमाप} = 2 \times 3 \times \frac{1}{\sqrt{3}} \times \sqrt{S} = 2\sqrt{3 \times S}$$
$$\therefore \text{ वृत्त की परिधि } 2\pi r = 2\sqrt{3S}$$
$$\therefore r = \frac{2\sqrt{3S}}{2\pi} = \frac{\sqrt{3S}}{\pi}$$
$$\therefore \text{ क्षेत्रफल} = \pi r^2 = \pi\left(\frac{\sqrt{3S}}{\pi}\right)^2 = \frac{3S}{\pi}$$

3. (b) ईंटों की अभीष्ट संख्या

$$= \frac{25 \times 16}{0.2 \times 0.1} = 20000$$

4. (c) माना खेत की चौड़ाई $= y$

$$\therefore \text{ खेत की लंबाई} = \frac{7}{4}y$$
$$\therefore 2\left(y + \frac{7}{4}y\right) = 550 \text{ मीटर}$$
$$\text{या, } 2 \times \frac{11}{4}y = 550 \text{ मीटर}$$
$$\therefore y = \frac{550 \times 2}{11} = 100 \text{ मीटर}$$
$$\therefore \text{ लंबाई} = \frac{100 \times 7}{4} = 175 \text{ मीटर}$$
$$\therefore \text{ क्षेत्रफल} = 175 \times 100 = 17500 \text{ वर्गमीटर}$$

6. (d)

$$\text{वृत्त की परिधि} = 16\pi \Rightarrow 2\pi r = 16\pi$$
$$\therefore r = \frac{16\pi}{2\pi} = 8$$
$$\therefore \text{ वृत्त का व्यास} = 2 \times 8 = 16 = \text{वर्ग के विकर्ण}$$
$$\text{वर्ग का विकर्ण} = \sqrt{2} \text{ भुजा}$$
$$\frac{16}{\sqrt{2}} = \text{भुजा}$$
$$\therefore \text{ वर्ग का क्षेत्रफल} = (\text{भुजा})^2$$
$$= \frac{16 \times 16}{\sqrt{2} \times \sqrt{2}} = 8 \times 16 = 128$$

7. (c)

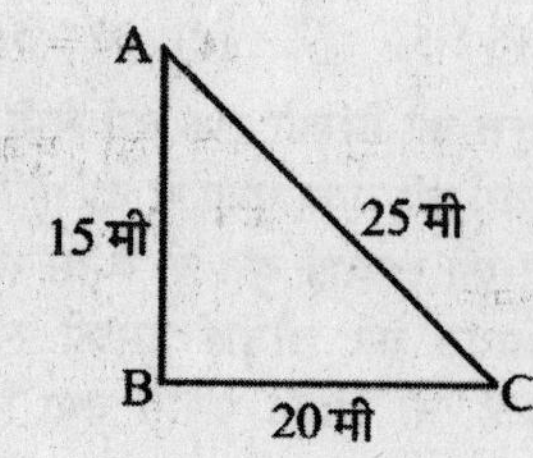

चित्र से,

$$\text{लम्ब} = \sqrt{25^2 - 20^2}$$
$$= \sqrt{625 - 400}$$
$$= \sqrt{225} = 15 \text{ सेमी}$$
$$\therefore \Delta \text{ का क्षेत्रफल} = \frac{1}{2} \times \text{आ.} \times \text{ऊँ}$$
$$= \frac{1}{2} \times 20 \times 15 = 10 \times 15 = 150 \text{ वर्ग सेमी}$$

8. (c) माना कि मूल वृत्त की त्रिज्या $= r$ सेमी है। तब नए वृत्त की त्रिज्या $= 2r$ सेमी होगी।

$$\text{तब अभीष्ट अनुपात} = \frac{2\pi \times 2r}{2 \times 2r}$$
$$= \frac{\pi}{1} = \pi : 1$$

9. (a) समलम्ब चतुर्भुज का क्षेत्रफल

$$= \frac{1}{2} \text{ (समांतर भुजाओं का योग } \times \text{ ऊँ)}$$
$$= \frac{1}{2}(15 + 25) \times 10$$
$$= \frac{1}{2} \times 40 \times 10 = 200 \text{ वर्ग सेमी}$$

10. (b) वर्गों की भुजाओं का अनुपात

$$= \frac{\sqrt{9}}{\sqrt{1}} = \frac{3}{1}$$

∴ दोनों वर्गों की परिमिति का अनुपात

$$= \frac{4 \times 3}{4 \times 1} = 3 : 1$$

11. (a) $2\pi r = \pi^2 r = \pi d$

$$= \frac{22}{7} \times 14 = 44 \text{ मीटर}$$

13. (b) माना समबाहु Δ की एक भुजा $= 2x$ तथा वृत्त की त्रिज्या $= r$

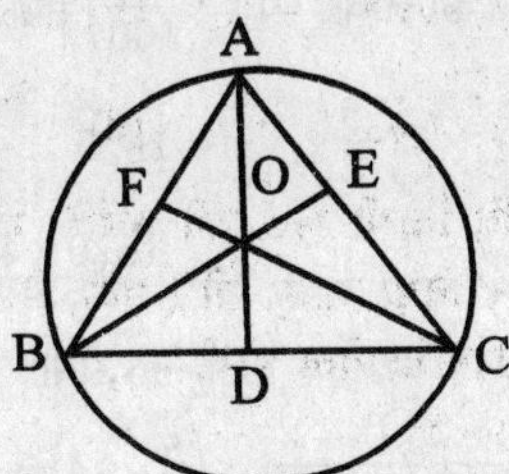

$\therefore \quad \frac{1}{2} \times 2x \times \sqrt{r^2 - x^2} \times 3$

$= \frac{\sqrt{3}}{4} \times (2x)^2$

$\Rightarrow \quad x \times \sqrt{r^2 - x^2} \times 3 \; \frac{\sqrt{3}}{4} \times 4x^2$

$\Rightarrow \quad \sqrt{r^2 - x^2} \times 3 = x\sqrt{3}$

$\Rightarrow \quad \sqrt{r^2 - x^2} \times \sqrt{3} = x^2$

$\Rightarrow \quad 3(r^2 - x^2) = x^2$

$\Rightarrow \quad 3r^2 - 3x^2 = x^2$

$\Rightarrow \quad 4x^2 = 3r^2 \Rightarrow \frac{x^2}{r^2} = \frac{3}{4}$

$\Rightarrow \quad \frac{x}{r} = \frac{\sqrt{3}}{2}$

$\therefore \quad \frac{2x}{2r} = \frac{2\sqrt{3}}{2 \times 2} = \frac{\sqrt{3}}{2} = \sqrt{3} : 2$

14. (c) आयत की एक भुजा $= \frac{10}{2} = 5$ सेमी

$\therefore$ आयत की दूसरी भुजा $= \sqrt{(10)^2 - (5)^2}$

$\sqrt{100 - 25} = \sqrt{75} = \sqrt{25 \times 3} = 5\sqrt{3}$

$\Rightarrow$ आयत का क्षेत्रफल $= 5 \times 5\sqrt{3}$

$= 25\sqrt{3}$ वर्ग सेमी

15. (b) मूलवर्ग का क्षेत्रफल = 1764 वर्ग मी.

$\therefore$ नये वर्ग का क्षेत्रफल $= 1764 \times 4 =$ 7056 वर्ग मीटर

$\therefore$ नये वर्ग की भुजा $= \sqrt{7056} =$ 84 मीटर

$\therefore$ नये वर्ग की परिमिति $= 4 \times 84$ मीटर $= 336$ मीटर

17. (b) $2\pi r = 10\pi$

या, $r = \frac{10\pi}{2\pi} = 5$

$\therefore \quad \pi r^2 = \pi \times 5 \times 5 = 25\pi$

18. (b)

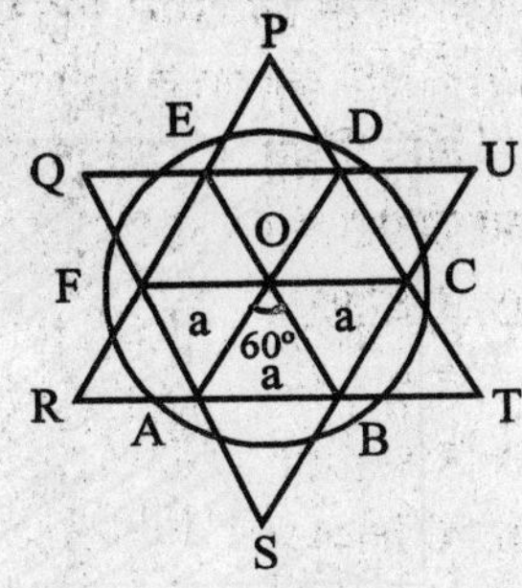

प्राप्त चित्र का क्षेत्रफल $= 6\left(\frac{\sqrt{3}}{4} \times a^2\right)$

$= \frac{3\sqrt{3}\, a^2}{2}$

19. (a) वृत्ताकार पथ की बाह्य त्रिज्या, $R = 10$ सेमी

आन्तरिक त्रिज्या, $r = 3$ सेमी

$\therefore$ वृत्ताकार पथ का क्षेत्रफल $= \pi(R^2 - r^2)$

$= \pi(R + r)(R - r)$

$= \frac{22}{7} \times 13 \times 7$ वर्ग सेमी

$= 286$ वर्ग सेमी.

20. (a) छायांकित भाग का क्षेत्रफल $= (9 \times 5 - 3 \times 1)$ वर्ग मीटर

$= 42$ वर्ग मीटर

21. (b) छायांकित भाग का क्षेत्रफल

$= (140 \times 70 - \pi \times (14)^2)$ वर्ग मीटर

$= \left(9800 - \frac{22}{7} \times 14 \times 14\right)$ वर्ग मीटर

$= (9800 - 616)$ वर्ग मीटर $= 9184$ वर्ग मीटर

22. (a)

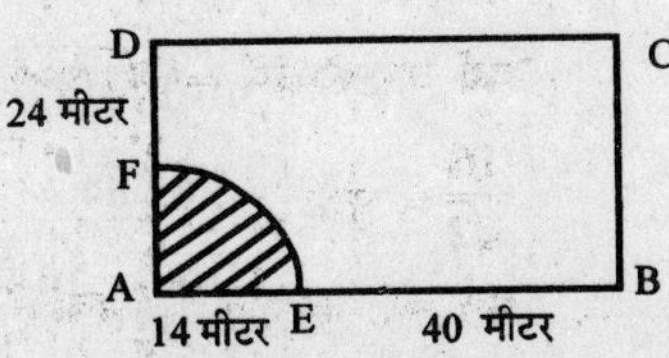

AE = 14 मीटर = चतुर्थांश वृत्त की त्रिज्या

$\therefore$ घोड़े द्वारा चरे जाने वाले भाग का क्षेत्रफल

$= \frac{1}{4}\pi r^2 = \frac{1}{4} \times \frac{22}{7} \times 14 \times 14 = 154$ वर्गमीटर

23. (c) माना कि त्रिभुज की भुजाएँ क्रमशः $3x$, $5x$ एवं $7x$ इकाई हैं।

प्रश्नानुसार,

$3x + 5x + 7x = 30$

$\Rightarrow \quad 15x = 30x \Rightarrow x = \frac{30}{15} = 2$

इसलिए सबसे बड़ी भुजा

$= 7x = 7 \times 2 = 14$ इकाई

24. (b) वर्ग का क्षेत्रफल

$= \frac{1}{2} \times$ (विकर्ण)^2

$= \frac{1}{2} \times (a + b)^2$

25. (a) अभीष्ट लम्बाई $= \frac{\text{फर्श का क्षेत्रफल}}{\text{दरी की चौड़ाई}}$

$= \frac{14 \times 9}{0.63} = 200$ मी.

26. (a) वृत्त खण्ड की परिधि

$= \left(\frac{\theta}{360} \times 2\pi r + 2r\right)$ सेमी

$= \left(\frac{135}{360} \times 2 \times \frac{22}{7} \times 21 + 2 \times 21\right)$ सेमी

$= (49{\cdot}5 + 42)$ सेमी $= 91{\cdot}5$ सेमी

27. (b) एक चक्कर में पहिए द्वारा तय की गई दूरी

$= 2\pi r = \left(2 \times \frac{22}{7} \times 22{\cdot}4\right)$ सेमी

500 चक्कर में पहिए द्वारा तय की गई दूरी

$= \left(500 \times 2 \times \frac{22}{7} \times 22{\cdot}4\right)$ सेमी

$= \left(\frac{500 \times 140{\cdot}8}{100}\right)$ मीटर

$= 704$ मीटर

28. (b) माना त्रिभुज का शीर्ष लम्ब $= x$ सेमी

$\therefore$ त्रिभुज का क्षेत्रफल $= \frac{1}{2} \times$ आधार $\times$ शीर्ष लम्ब

$12 = \frac{1}{2} \times (2x + 2) \times x$

$\Rightarrow \quad 2x^2 + 2x = 24$

$\Rightarrow \quad x^2 + x - 12 = 0$

$\Rightarrow \quad (x - 3)(x + 4) = 0$

$\therefore \quad x = 3$ सेमी

29. (c) वृत्त का क्षेत्रफल $= \pi r^2$

$5544 = \frac{22}{7} \times r^2$

$\Rightarrow \quad r^2 = \frac{5544 \times 7}{22}$

$\Rightarrow \quad r^2 = 1764$

$\therefore \quad r = \sqrt{1764} = 42$ सेमी

तब वर्ग की भुजा $= \frac{3 \times 42}{14} = 9$ सेमी

$\because$ आयत का क्षेत्रफल = वर्ग का क्षेत्रफल

$= (9)^2$ सेमी$^2 = 81$ सेमी^{2}

$\therefore$ आयत की लम्बाई $= \frac{81}{6}$ सेमी

$= 13{\cdot}5$ सेमी

30. (a) माना मैदान की चौड़ाई= x मीटर
तब $40 \times x = 15 \times (40 + x)$
$\Rightarrow 40x = 600 + 15x$
$\Rightarrow \quad 25x = 600$
$\therefore \quad x = 24$ मीटर

31. (c) प्रश्नानुसार,
जब वृत्त की परिधि $= 2\pi r$
तब वृत्त की त्रिज्या $= r$
जब वृत्त की परिधि में 5% के वृद्धि करने पर,

वृत्त की परिधि $= \frac{105}{100} \times 2\pi r$

तब वृत्त की त्रिज्या $= \frac{r}{2\pi r} \times \frac{105}{100} \times 2\pi r$

$= \frac{21}{20} r$

$\therefore$ वृत्त के क्षेत्रफल में वृद्धि $= \pi \left(\frac{21}{20} r\right)^2 - \pi r^2$

$= \pi r^2 \ \frac{41}{400}$

$\therefore$ वृत्त के क्षेत्रफल में प्रतिशत वृद्धि

$= \left(\pi r^2 \times \frac{41}{400} \times \frac{1}{\pi r^2} \times 100\right)\%$

$= 10{\cdot}25\%$

32. (b)वृत्त की परिधि $= 2\pi r$
तब $\quad 2\pi r = 22 \times 4$

$\therefore \quad r = \frac{22 \times 4}{2 \times 22} \times 7 = 14$ सेमी

$\therefore$ वृत्त का क्षेत्रफल $= \pi r^2$

$= \left[\pi \times (14)^2\right]$ वर्ग सेमी

$= 196\pi$ वर्ग सेमी

33. (d) वर्गाकार खेत का क्षेत्रफल
$= (10)^2$ वर्ग मीटर $= 100$ वर्ग मीटर

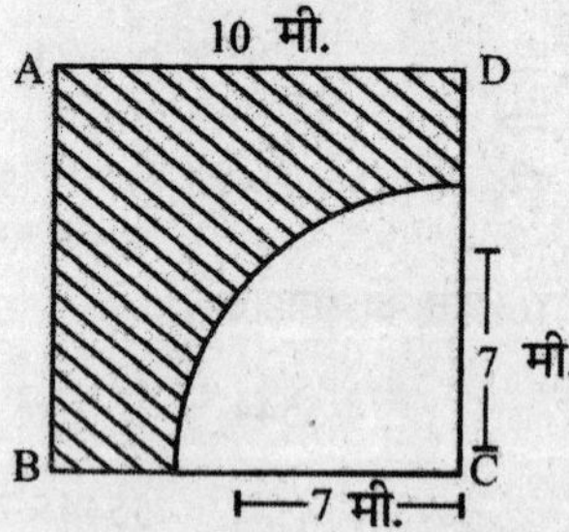

घोड़े द्वारा चरे गए भाग का क्षेत्रफल

$= \left[\frac{90^\circ}{360} \times \frac{22}{7} \times (7)^2\right]$ वर्ग मीटर

$= 38{\cdot}5$ वर्ग मीटर

$\therefore$ खेत को चरने से बचा हुआ न्यूनतम सम्भावित क्षेत्रफल
$= (100 - 38{\cdot}5)$ वर्ग मीटर
$= 61{\cdot}5$ वर्ग मीटर

34. (d) आयताकार कागज का क्षेत्रफल
$= (22 \times 14)$ वर्ग सेमी $= 308$ वर्ग सेमी

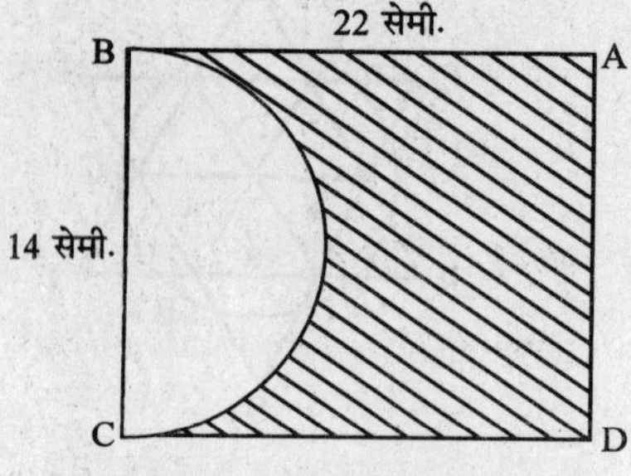

कटे हुए अर्द्धवृत्ताकार भाग का क्षेत्रफल
$= \left(\frac{1}{2} \times \frac{22}{7} \times 7^2\right)$ वर्ग सेमी
$= 77$ वर्ग सेमी
$\therefore$ कागज का शेष क्षेत्रफल
$= (308 - 77)$ वर्ग सेमी
$= 231$ वर्ग सेमी

35. (c) वर्ग का क्षेत्रफल $= 1024$ वर्ग सेमी
$\therefore$ वर्ग की भुजा= $\sqrt{1024}$ सेमी $= 32$ सेमी
प्रश्नानुसार,
आयत की लम्बाई $= (32 \times 2)$ सेमी $= 64$ सेमी
आयत की चौड़ाई $= (32-12)$ सेमी $= 20$ सेमी
$\therefore$ अभीष्ट अनुपात $= 64 : 20 = 16 : 5$

36. (c) वर्ग का क्षेत्रफल $= 196$ वर्ग सेमी
$\therefore$ वर्ग की भुजा $= 14$ सेमी
$\therefore$ वृत्त की त्रिज्या $= (2 \times 14)$ सेमी $= 28$ सेमी
प्रश्नानुसार,
आयत की लम्बाई $= 2 \times (2 \times 28)$ सेमी
$= 112$ सेमी

आयत की चौड़ाई $= \frac{112}{2}$ सेमी $= 56$ सेमी

$\therefore$ आयत का परिमाप $= 2\,(112 + 56)$ सेमी
$= 336$ सेमी

37. (a) समकोण त्रिभुज की सबसे बड़ी भुजा

$BC = \sqrt{(6)^2 + (8)^2}$
$= \sqrt{36+64}$
$= \sqrt{100} = 10$ सेमी

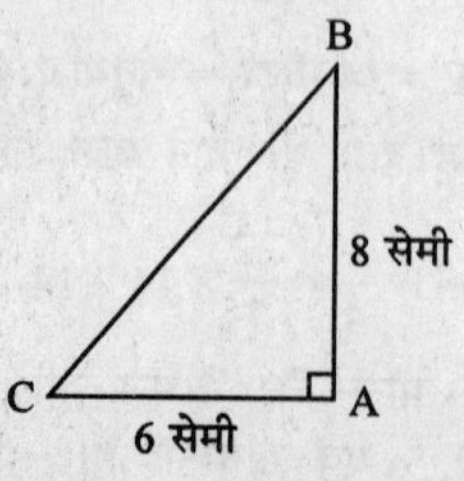

वर्ग की भुजा= (3×10) सेमी $= 30$ सेमी
वर्ग का विकर्ण= $\sqrt{2} \times$ भुजा $= 30\sqrt{2}$ सेमी

38. (a) माना आयत की चौड़ाई $= x$ सेमी
तब

आयत की लम्बाई $= \left(x \times \frac{125}{100}\right)$ सेमी $= \frac{5}{4} x$ सेमी

$\therefore \quad \frac{5}{4} x \times x = 1620$

$\Rightarrow \quad x^2 = \frac{1620 \times 4}{5} = 1296$

$\therefore \quad x = 36$ सेमी

$\therefore$ आयत की लम्बाई $= \left(\frac{5}{4} \times 36\right)$ सेमी $= 45$ सेमी

$\therefore \quad$ वर्ग की भुजा $= \frac{45}{2}$ सेमी

वर्ग का क्षेत्रफल $= \left(\frac{45}{2}\right)^2$ सेमी^{2}

$= 506{\cdot}25$ सेमी^{2}

39. (a) माना समषड्भुज की प्रत्येक भुजा $= a$ सेमी

$\therefore$ वर्ग की भुजा $= \frac{3}{2} a$ सेमी

$\therefore$ समषट्भुज का क्षेत्रफल

$= 3 \times \frac{\sqrt{3}}{2} a^2$वर्ग सेमी

वर्ग का क्षेत्रफल $= \left(\frac{3}{2} a\right)^2$ सेमी

$= \frac{9}{4} a^2$ वर्ग सेमी

$\therefore$ अभीष्ट अनुपात= $\frac{3\sqrt{3}}{2} a^2 : \frac{9}{4} a^2$

$= 6\sqrt{3} : 9 = 2\sqrt{3} : 3$

40. (d) माना $\quad AB = x$ सेमी

$\therefore BC = \frac{120}{x}$ सेमी

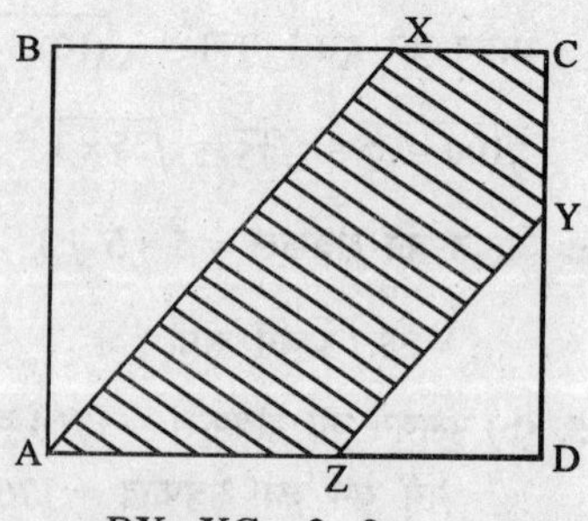

$BX : XC = 3 : 2$

$\therefore BX = \left(\frac{3}{3+2} \times \frac{120}{x}\right)$ सेमी $= \frac{72}{x}$ सेमी

$CX = \left(\frac{2}{5} \times \frac{120}{x}\right)$ सेमी $= \frac{48}{x}$ सेमी

पुन: $CY = \left(\frac{2}{(2+1)} \times x\right)$ सेमी $= \frac{2}{3} x$ सेमी

YD= $\left(\frac{1}{3}\times x\right)$ सेमी = $\frac{x}{3}$ सेमी

ZD= $\left(\frac{1}{4}\times\frac{120}{x}\right)$ सेमी = $\frac{30}{x}$ सेमी

$\therefore$ पंचभुज AXCYD का क्षेत्रफल

= चतुर्भुज ABCD का क्षेत्रफल

– ΔABX का क्षेत्रफल – ΔYDZ का क्षेत्रफल

$= \left(120-\frac{1}{2}x\times\frac{72}{x}-\frac{1}{2}\times\frac{x}{3}\times\frac{30}{x}\right)$ वर्ग सेमी

= (120 – 36 – 5) वर्ग सेमी = 79 वर्ग सेमी

41. (d) माना समद्विबाहु समकोण त्रिभुज की ऊंचाई व आधार x एकक हैं

तब $AC^2 = x^2 + x^2$

$\Rightarrow AC = \sqrt{2x^2}$

$= \sqrt{2}\,x$ एकक

$\because\ x + x + \sqrt{2}x = 2P$

$\Rightarrow\ (2+\sqrt{2})x = 2P$

$\Rightarrow\ x = \frac{2P}{(2+\sqrt{2})}$

$\therefore\ \Delta$ का क्षेत्रफल $= \frac{1}{2}\times x\times x = \frac{1}{2}x^2$

$= \frac{1}{2}\times\left(\frac{2P}{(2+\sqrt{2})}\right)^2$

$= \frac{2P^2}{(2+\sqrt{2})^2} = \frac{2P^2(2-\sqrt{2})^2}{(2+\sqrt{2})^2(2-\sqrt{2})^2}$

$= \frac{2P^2(4+2-4\sqrt{2})}{(4-2)^2} = \frac{2P^2(6-4\sqrt{2})}{4}$

$= \frac{4P^2(3-2\sqrt{2})}{4} = P^2(3-2\sqrt{2})$ वर्ग एकक

42. (d) वर्ग का क्षेत्रफल = 1444 वर्ग मीटर

वर्ग की भुजा= $\sqrt{1444}$ मीटर = 38 मीटर

प्रश्नानुसार,

आयत की चौड़ाई = $\left(38\times\frac{1}{4}\right)$ मीटर = 9·5 मीटर

आयत का लम्बाई= (9·5 × 3) वर्ग मीटर

= 28·5 मीटर

$\therefore$ आयत का क्षेत्रफल = (9·5 × 28·5) वर्ग मीटर

= 270·75 वर्ग मीटर

$\therefore$ अभीष्ट अन्तर = (1444 – 270·75) वर्ग मीटर

= 1173·25 वर्ग मीटर

43. (c) वृत्त की परिधि = $2\pi r$

$\therefore 2\pi r = 572$

$\therefore r = \frac{572\times7}{44} = 91$ मीटर

$\therefore$ आयताकार ओडिटोरियम के फर्श की लम्बाई

= (91 + 6) मीटर = 97 मीटर

माना आयताकार ओडिटोरियम के फर्श की चौड़ाई

= x मीटर

तब $356 = 2(x + 97)$

$\Rightarrow\ 2x = 162$

$\therefore\ x = 81$ मीटर

आयताकार ओडिटोरियम के फर्श का क्षेत्रफल

= (97 × 81) मीटर^2 = 7857 मीटर^2

$\therefore$ फर्श बिछाने का खर्च

= ₹ (12 × 7857) = ₹ 94,284

44. (c)

समषट्भुज को काटकर बने त्रिभुज की भुजा

$x = \frac{6}{3} = 2$ सेमी

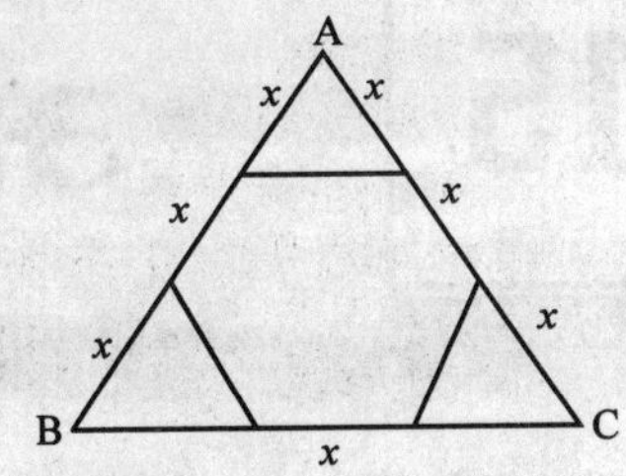

$\therefore$ समषट्भुज का क्षेत्रफल

$= \frac{\sqrt{3}}{4}(6)^2 - 3\times\frac{\sqrt{3}}{4}(2)^2$

$= \frac{\sqrt{3}}{4}(36-12)$

$= \frac{\sqrt{3}}{4}\times24 = 6\sqrt{3}$ सेमी^{2}

45. (d) वृत्त की परिधि में 50% की कमी कर देने पर वृत्त की त्रिज्या आधी रह जायेगी।

अत: वृत्त का प्रारम्भिक क्षेत्रफल = πr^2

परिधि में 50% की कमी करने पर,

वृत्त का नया क्षेत्रफल $= \pi\left(\frac{1}{2}r\right)^2 = \frac{1}{4}\pi r^2$

$\therefore$ क्षेत्रफल में कमी प्रतिशत

$= \left(\frac{\pi r^2-\frac{1}{4}\pi r^2}{\pi r^2}\times100\right)\%$

$= \left(\frac{3}{4}\times100\right)\% = 75\%$

□□□

अध्याय

15

अंकगणितीय संगणना व अन्य विश्लेषणात्मक कार्य

अंकगणितीय तर्क के अन्तर्गत जो प्रश्न पूछे जाते हैं, वे गणितीय नियमों पर ही आधारित होते हैं। जिनका मुख्य उद्देश्य परीक्षार्थियों की सामान्य बौद्धिक क्षमता का आंकलन करना होता है। इस प्रकार के प्रश्नों को हल करने के लिए गणितीय योग्यता के साथ-साथ तार्किक क्षमता तथा बौद्धिक और व्यावहारिक ज्ञान की भी आवश्यकता होती है। इसलिए इस प्रकार के प्रश्नों का अभ्यास परिक्षार्थियों के लिए बहुत आवश्यक हो जाता है।

हल सहित उदाहरण

उदाहरण 1. यदि समान क्षमता के 15 पम्प एक टंकी को 7 दिनों में भर सकते हैं, तो उसी टंकी को 5 दिनों में भरने के लिए कितने अतिरिक्त पम्पों की आवश्यकता होगी?

(a) 6 (b) 7

(c) 14 (d) 21

हल— (A) $\because$ 7 दिनों में 15 पम्प एक टंकी को भरते हैं।

$\therefore$ 1 दिन में 15×7 पम्प एक टंकी को भरेंगे।

$\therefore$ 5 दिनों में $\frac{15 \times 7}{55} = 21$ पम्प एक टंकी को भरेंगे।

अत: अतिरिक्त पम्पों की संख्या $= 21 - 15 = 6$

उदाहरण 2. एक परिशुद्ध घड़ी 3:00 बजे का समय दर्शा रही है। घण्टे की सूई के 135° घूमने के बाद समय क्या होगा?

(A) 6:30 (B) 7:30

(C) 8:30 (D) 9:30

हल— (B) 3 बजे घण्टे की सूई ऊपर होगी।

$\therefore$ 135° घूमने पर यह सुई $7\frac{1}{2}$ पर होगी।

अत: उस समय 7:30 होगा।

उदाहरण 3. एक खरगोश एक बिल्ली से अपनी एक छलाँग का 55 छलाँग आगे है। खरगोश का 5 छलाँग बिल्ली के तीन छलाँग के बराबर है परन्तु जितने देर में खरगोश 3 छलाँग लेता है, बिल्ली 4 छलाँग लगा देती है। बिल्ली कितने छलाँग के बाद खरगोश को पकड़ लेगी?

(A) 50 (B) 54

(C) 70 (D) 60

हल— (D) प्रश्नानुसार, खरगोश द्वारा लगाए गए छलाँगों की संख्या $= 3x$ तथा बिल्ली द्वारा लगाए गए छलाँगों की संख्या $=4x$

$\because$ खरगोश द्वारा की गई दूरी = खरगोश का $(55 + 3x)$ छलाँग

$\therefore$ बिल्ली द्वारा तय की गयी दूरी = बिल्ली का $4x$ छलाँग

खरगोश का 5 छलाँग = बिल्ली का तीन छलाँग

खरगोश का $(55 + 3x)$ छलाँग

= बिल्ली का $\frac{3}{5}$ $(55 + 3x)$ छलाँग $\Rightarrow \frac{3}{5}(55 + 3x) = 4x \Rightarrow x = 15$

अत: बिल्ली द्वारा लगाया गया कुल छलाँग $\Rightarrow 15 \times 4 = 60$

उदाहरण 4. कितने समय में एक बन्दर 60 फीट लम्बे पेड़ के शीर्ष पर पहुँच जाएगा, यदि वह एक सेकण्ड में 3 फीट उछलता है और तुरन्त 2 फीट गिर जाता है?

(A) 60 सेकण्ड (B) 50 सेकण्ड

(C) 58 सेकण्ड (D) 57 सेकण्ड

हल— (C) पेड़ की लम्बाई = 60 फीट बन्दर पहले सकेण्ड में 3 फीट ऊपर जाता है एवं 2 फीट नीचे गिर जाता है अर्थात् 1 सेकण्ड में वह केवल $3 - 2 = 1$ फीट ही ऊपर चढ़ पाता है।

$\because$ बन्दर 1 फुट ऊपर चढ़ता है = 1सेकण्ड में

$\therefore$ 57 फीट चढ़ेगा = 57 सेकण्ड में तथा शेष 3 फीट वह अगले सकेण्ड में चढ़ेगा।

अत: बन्दर द्वारा पेड़ पर चढ़ने में लिया गया कुल समय $= 57 + 1 = 58$ सेकण्ड

उदाहरण 5. बच्चों की किसी निश्चित संख्या के बीच ₹ 250 बराबर वितरीत कर दिए गए। यदि 25 बच्चे अधिक होते, तो प्रत्येक (बच्चे) को 50 पैसे कम मिले होते। बच्चों की संख्या थी।

(A) 100 (B) 120

(C) 150 (D) 125

हल— (A) माना कि बच्चों की संख्या x है।

तब प्रश्नानुसार, $\frac{250}{x+25} = \frac{250}{x} - 0.50$

या $\frac{250}{x+25} = \frac{250}{x} - \frac{1}{2} = \frac{500-x}{2x}$

या $2x \times 250 = (x + 25)((500 - x)$

या $500x = 500x - x^2 + 12500 - 25x$

या $500x - 500x + x^2 + 25x - 12500 = 0$

या $x^2 + 25x - 12500 = 0$

या $x^2 + 125x - 100x - 12500 = 0$

या $x(x + 125) - 100(x + 125) = 0$

या $(x - 100)(x + 125) = 0$

$\therefore x = 100$ या -125 (परन्तु -125 संभव नहीं है)

$\therefore$ बच्चों की संख्या 100 थी।

प्रश्नमाला

1. यदि 5 से भाग होने वाली सभी संख्याओं और जिनमें एक अंक 5 आता है उनमें से 1 से 50 के बीच से 5 अंक हटा दिया जाए, तो कितनी संख्याएँ शेष रहेंगी?
(a) 38 (b) 41
(c) 40 (d) 42

2. एक घर में 40 वाट के 8 बल्ब हैं जो एक दिन में 5 घंटे जलते हैं और 80 वाट के चार बल्ब हैं जो एक दिन में 10 घंटे जलते हैं। यदि बिजली की लागत ₹ 2 प्रति किलोवाट प्रति घंटा हो, तो मासिक बिल कितना होगा?
(a) ₹ 328 (b) ₹ 216
(c) ₹ 268 (d) ₹ 288

3. मकानों की एक कतार में, छज्जे वाला मकान बायीं ओर के छोर से 25 वाँ है और दाएं छोर से चतुर्थ है। कतार में कितने मकान हैं?
(a) 29 (b) 26
(c) 27 (d) 28

निर्देश—(प्र. सं. 4 – 6) निम्नलिखित तथ्यों का ध्यानपूर्वक अध्ययन कीजिए और नीचे दिए गए प्रश्नों के उत्तर दीजिए।

एक कक्षा के बच्चे तीन खेलों बेडमिन्टन, फुटबॉल और क्रिकेट में से केवल एक, दो या तीन खेल खेलते हैं। 5 बच्चे केवल क्रिकेट खेलते हैं, 8 बच्चे केवल फुटबॉल खेलते हैं और 7 बच्चे केवल बैडमिन्टन खेलते हैं। 3 बच्चे दो खेल बैडमिन्टन और फुटबॉल खेलते हैं। 4 बच्चे केवल दो खेल फुटबॉल और क्रिकेट खेलते हैं। 4 बच्चे केवल दो खेल बैडमिन्टन और क्रिकेट खेलते हैं। 2 बच्चे सभी तीनों खेल खेलते हैं।

4. कुल मिलाकर कितने बच्चे बैडमिन्टन खेलते हैं?
(a) 14 (b) 17
(c) 12 (d) 16

5. कुल मिलाकर कितने बच्चे फुटबॉल खेलते हैं?
(a) 8 (b) 17
(c) 15 (d) 18

6. कितने बच्चे बैडमिण्टन के साथ क्रिकेट खेलते हैं?
(a) 9 (b) 10
(c) 4 (d) 6

7. एक मैदान में कुछ बत्तख और बकरे हैं। कुल मिलाकर 77 सिर और 224 पैर हैं। बत्तखों की संख्या कितनी है?
(a) 42 (b) 30
(c) 32 (d) 47

8. एक बस जब चली, तो उसमें निश्चित संख्या में कुछ यात्री बैठे हुए थे। पहले स्टॉप पर बस से आधे यात्री उतर गए और 35 यात्री बस में चढ़े। दूसरे स्टॉप पर $\frac{1}{5}$ यात्री उतर गए और 40 यात्री चढ़े। उसके बाद बस में 80 यात्री थे और वह बिना रूके गन्तव्य स्थल की ओर गई। आरम्भ में बस में कितने यात्री थे?
(a) 25 (b) 30
(c) 40 (d) 50

9. एक बस पुरुषों तथा उनकी आधी संख्या के बराबर महिलाओं को लेकर दिल्ली से चलती है। मेरठ पहुँचने पर दस पुरुष उतर जाते हैं तथा पाँच महिलाएँ सवार हो जाती है। अब बस में पुरुषों तथा महिलाओं की संख्या बराबर है। प्रारम्भ में दिल्ली से कुल कितने यात्री बस में सवार हुए थे?
(a) 36 (b) 45
(c) 15 (d) 30

10. कुछ मित्रों ने मिलकर एक पिकनिक पर जाने की सोची तथा खाने पर ₹ 96 खर्च करने का प्लान बनाया,परन्तु इनमें से चार पिकनिक पर नहीं जा सके। परिणामस्वरूप प्रत्येक को ₹ 4 अधिक देने पड़े, तो कितने लोग पिकनिक पर गए?
(a) 8 (b) 16
(c) 12 (d) 24

11. एक कार्यालय में $\frac{1}{3}$ कर्मचारी महिलाएँ हैं, महिलाओं में $\frac{1}{2}$ विवाहित हैं और विवाहित महिलाओं में से $\frac{1}{3}$ के बच्चे हैं। यदि पुरुषों में से $\frac{3}{4}$ विवाहित हैं और विवाहित पुरुषों में से $\frac{2}{3}$ के बच्चे भी हैं, तो कर्मचारियों का कितना भाग बिना बच्चों के है?
(a) $\frac{5}{18}$ (d) $\frac{4}{7}$
(c) $\frac{14}{18}$ (d) $\frac{17}{36}$

12. तरुण की आयु एक पूर्णांक संख्या का घन है। दो वर्ष पूर्व यह एक अन्य पूर्णांक का वर्ग था। तरूण को कितने वर्ष प्रतीक्षा करनी होगी जब उसकी आयु फिर किसी पूर्णांक का घन हो जाए?
(a) 2 वर्ष (b) 10 वर्ष
(c) 37 वर्ष (d) 39 वर्ष

13. एक बन्दर 12 मी ऊँचे चिकने खम्भे पर चढ़ता है। वह पहले मिनट में 2 मी. चढ़ता है और अगले मिनट में 1 मी नीचे फिसल जाता है। आगे भी इसी प्रकार का क्रम जारी रहे, तो वह कितने मिनट में खम्भे के शीर्ष पर पहुँच जाएगा?
(a) 21 (b) 15
(c) 10 (d) 20

14. कुछ घोड़े और उनती ही संख्या में आदमी कहीं जा रहे हैं। आधे आदमी अपने घोड़े पर बैठे हैं, जबकि शेष आदमी अपने घोड़े का नेतृत्व करते हुए पैदल चल रहे हैं। यदि जमीन पर चल रहे पैरों की संख्या 70 हो, तो बताइए कि घोड़ों की संख्या कितनी है?
(a) 10 (b) 12
(c) 14 (d) 16

15. एक खुदरा दुकान में 154 अलमारियाँ थीं। प्रत्येक अलमारी में 28 रैक बने थे। प्रत्येक रैक में 10 बॉक्स रखे थे। प्रत्येक बॉक्स में 4 कमीजें रखी थीं। एक दिन 500 बॉक्स बेचे गए और 250 खरीदे गए। उस दिन कितनी कमीजें थीं?
(a) 60380 (b) 59360
(c) 59580 (d) 59480

16. रमेश को कुछ आम मिले, जिनमें पके हुए आमों की संख्या, कच्चे आमों से तीन गुनी थी। यदि उसे कुल 68 आम मिले, तो उनमें से कितने कच्चे थे?
(a) 17 (b) 16
(c) 34 (d) 18

17. एक मशीन जो एक फीते को 10मी के टुकड़ों में काटती है, उसे एक बार काटने में 6 सेकण्ड लगते हैं। उसे 3 किमी लम्बा फीता पूरी तरह से टुकड़ों में काटने में कितना समय लगेगा?
(a) 174 सेकण्ड (b)180 सेकण्ड
(c) 1794 सेकण्ड (d)1800 सेकण्ड

18. कितनी बत्तखें कम से कम संख्या में फॉर्मेशन बना कर तैर सकती हैं, यदि एक बत्तख के आगे दो बत्तखें हैं और एक बत्तख के पीछे दो बत्तखें हैं और दो बत्तखों के बीच में एक बत्तख हो?
(a) 3 (b) 4
(c) 5 (d) 6

उत्तर (हल/संकेत)

1. (c) 1 से 50 तक की 5 से भाज्य तथा 5 के अंक वाली कुल संख्याएँ

$= 5, 10, 15, 20, 25, 30, 35, 40, 45, 50 = 10$ संख्याएँ

अत: शेष संख्याएँ $= 50 - 10 = 40$

2. (d) मासिक बिल

$$= \frac{(8 \times 40 \times 5 + 4 \times 80 \times 10) \times 30 \times 2}{1000}$$

$= 288$

3. (d) मकानों की संख्या $= 25 + 4 - 1 = 28$

निर्देश—(प्र. सं. 4 – 6) प्रश्नों को हल करने के लिए सबसे पहले दिए गए तथ्य को व्यवस्थित करेंगे जो निम्न प्रकार है—

केवल क्रिकेट $\rightarrow$ 5, केवल फुटबॉल $\rightarrow$ 8, केवल बैडमिन्टन $\rightarrow$ 7, बैडमिन्टन + फुटबाल $\rightarrow$ 3, बैडमिन्टन + क्रिकेट $\rightarrow$ 4, फुटबॉल + क्रिकेट $\rightarrow$ 4, क्रिकेट + फुटबॉल + बैडमिन्टन $\rightarrow$ 2

4. (d) बैडमिन्टन खेलने वाले बच्चों की संख्या $= 7 + 3 + 2 + 4 = 16$

5. (b) फुटबॉल खेलने वाले बच्चों की संख्या $= 3 + 8 + 4 + 2 = 17$

6. (d) क्रिकेट के साथ बैडमिन्टन खेलने वाले बच्चों की संख्या $= 4 + 2 = 6$

7. (a) माना बत्तखों की संख्या $= x$

तथा बकरों की संख्या $= y$

चूँकि बत्तखों के 2 पैर तथा बकरे के चार पैर होते हैं

प्रश्नानुसार, $x + y = 77$ ...(i)

तथा $2x + 4y = 224$ ...(ii)

समी. (i) को 2 से गुणा करने पर,

$2x + 2y = 154$ ...(iii)

समी. (ii) तथा (iii) को हल करने पर,

$x = 42$ तथा $y = 35$

8. (b) माना आरम्भ में बस में x यात्री थे।

पहले बस स्टॉप पर बस में यात्रियों की संख्या

$= x - \dfrac{x}{2} + 35 = \dfrac{x}{2} + 35$

दूसरे बस स्टॉप पर बस में यात्रियों की संख्या

$= \left(\dfrac{x}{2} + 35\right) \times \dfrac{4}{5} + 40$

$= \left(\dfrac{x + 70}{2}\right) \times \dfrac{4}{5} + 40$

प्रश्नानुसार, $\left(\dfrac{x + 70}{2}\right) \times \dfrac{4}{5} + 40 = 80$

$\Rightarrow \dfrac{4x + 280 + 400}{10} = 80$

$\Rightarrow 4x + 680 = 800$

$\Rightarrow 4x = 800 - 680 = 120$

$\Rightarrow 4x = 120$

$\therefore x = \dfrac{120}{4} = 30$

9. (b) माना बस में पुरुषों की संख्या $= 2x$

तब, महिलाओं की संख्या $= x$

प्रश्नानुसार, $x + 5 = 2x - 10$

$\Rightarrow x = 15$

अत: प्रारम्भ में दिल्ली से सवार कुल यात्रियों की संख्या $= 2x + x$

$= 3x = 3 \times 15 = 45$

10. (a) माना पिकनिक पर x व्यक्ति गए।

$\therefore \dfrac{96}{x} - \dfrac{96}{x+4} = 4$

$\Rightarrow \dfrac{96(x+4) - 96}{x(x+4)} = 4$

$\Rightarrow \dfrac{384}{x^2 + 4x} = 4 \Rightarrow x^2 + 4x = 96$

$\Rightarrow x^2 + 4x - 96 = 0$

$\Rightarrow x^2 + 12x - 8x - 96 = 0$

$\Rightarrow x(x + 12) - 8(x + 12) = 0$

$\Rightarrow (x + 12)(x - 8) = 0$

$\therefore x = 8$ [$\because x = -12$ मान्य नहीं)]

अत: पिकनिक पर गए व्यक्तियों की संख्या $= 8$

11. (c) प्रश्नानुसार, $\dfrac{1}{3} \times \dfrac{1}{2} \times \dfrac{1}{3} = \dfrac{1}{18}$

$\dfrac{2}{3} \times \dfrac{3}{4} \times \dfrac{2}{3} = \dfrac{1}{3}$

$\therefore$ अभीष्ट भाग

$= 1 - \left(\dfrac{1}{18} + \dfrac{1}{3}\right) = \dfrac{11}{18}$

12. (c) माना तरुण की वर्तमान आयु 27 वर्ष है।

$\therefore$ दो वर्ष पूर्व तरुण की आयु = 25 वर्ष

$\therefore$ 3 से अगली संख्या 4 का घन = 64

$\therefore$ अभीष्ट उत्तर $= 64 - 27 = 37$ वर्ष

13. (a) खम्भे की ऊँचाई = 12 मी. बन्दर पहले मिनट में 2 मी ऊपर जाता है एवं दूसरे मिनट में 1 मी नीचे फिसल जाता है। अर्थात् 2 मिनट में वह केवल $2 - 1 = 1$ मी ही ऊपर चढ़ पाता है। चूँकि बन्दर 2 मिनट में 1 मी ऊपर चढ़ता है।

अत: बन्दर, $12 - 2 = 10$ मी ऊपर $10 \times 2 = 20$ मिनट में चढ़ेगा तथा शेष 2 मी वह अगले मिनट में चढ़ जाएगा।

अत: अभीष्ट संख्या $= 20 + 1 = 21$ मिनट

14. (c) माना घोड़े की संख्या $= x$

तथा आदमियों की संख्या $= x$

चूँकि घोड़े के 4 पैर तथा आदमी के 2 पैर होते हैं।

प्रश्नानुसार, $\dfrac{x}{2} \times 2 + x \times 4 = 70$

$\Rightarrow x + 4x = 70 \Rightarrow 5x = 70$

$\therefore x = 14$

15. (d) कुल कमीजों की संख्या

$= 54 \times 28 \times 10 \times 4 = 60480$

बेचे गए बॉक्स = 500

खरीदे गए बॉक्स = 250

अत: 250 बॉक्स कम हुए।

$\therefore$ 250 बॉक्स में कमीजों की संख्या

$= 250 \times 4 = 1000$

अत: उस दिन कुल कमीजों की संख्या

$= 60480 - 1000 = 59480$

16. (a) माना कच्चे आमों की संख्या $= x$

तथा पके हुए आमों की संख्या $= 3x$

प्रश्नानुसार, $x + 3x = 68$

$\Rightarrow 4x = 68$

$\Rightarrow x = 17$

17. (d) हम जानते हैं कि, 1 किमी = 1000 मी

$\therefore$ मशीन को 10 मी फीता काटने में लगा समय

= 6 सेकण्ड

$\therefore$ 1000 मी फीता काटने में लगा समय

= 600 सेकण्ड

$\therefore$ 3000 मी या 3 किमी फीता काटने में लगा समय

$= 600 \times 3 = 1800$ सेकण्ड

18. (a) (R)

बत्तख		बत्तख
बत्तख		
1	2	3

$\leftarrow$

यहाँ बत्तख एक के पीछे दो बत्तख हैं तथा बत्तख तीन के आगे दो बत्तख हैं और बत्तख एक व तीन के बीच में एक बत्तख (बत्तख दो) हैं।

□□□

अध्याय 16

तार्किक आरेख

'न्याय' एक संज्ञा है जिसका अर्थ है ''तर्कशक्ति की वह विधि जिसमें दो या दो से अधिक कथनों से कोई निष्कर्ष निकाला जा सके'' इसमें दो कथन ऐसे क्रम में दिए जाते हैं कि वे संयुक्त रूप से तीसरे कथन का अर्थ देते हैं। इस प्रकार हम 'न्याय' को निम्न प्रकार से परिभाषित कर सकते हैं :

तर्कशक्ति का वह प्रकार जिसमें दो पदों के बीच एक निष्कर्ष द्वारा सम्बन्ध स्थापित किया जाता है तथा ये दोनों पद किसी तीसरे पद के साथ समान रूप से सम्बन्धित होते हैं।

दूसरे शब्दों में न्याय निगनात्मक मध्याश्रित अनुमान का वह रूप है जिसमें दिए गए दो या दो से अधिक कथनों के आधार पर तर्कसंगत निष्कर्ष निकाला जाता है।

उदाहरण 1. सभी मनुष्य बुद्धिमान हैं।
2. राम एक मनुष्य है।
3. राम बुद्धिमान है।

यहाँ निष्कर्ष एक मध्य पद 'मनुष्य' के द्वारा निकालता है, जो कथन के उद्देश्य (Subject) राम तथ विधेय (Predicate) बुद्धिमान दोनों से सम्बन्धित है। इस प्रकार यह स्पष्ट है कि हमें 'न्याय' में निष्कर्ष तक पहुँचने के लिए दो कथनों की अत्यन्त आवश्यकता होती है।

न्याय पर आधारित प्रश्नों में कम-से-कम दो कथन शामिल होते हैं, जिसके बाद कोई निष्कर्ष दिया जाता है। हम आसानी से इन कथनों की सत्यता अथवा असत्यता पर विचार नहीं कर सकते हैं। न्याय में सामान्य रूप से विदित तथ्यों से अलग कथन शामिल हो सकते हैं और कभी-कभी ये असम्भव प्रतीत होते हैं, लेकिन परीक्षार्थियों को इन दोनों कथनों को सत्य मानना होता है तथा पूर्ण कथनों या कथनों के प्रयुक्त पदों के वास्तविक अर्थों की उपेक्षा करनी होती है कथनों में प्रयुक्त पद कुछ निश्चित वर्गों के प्रतीक होते हैं। इस प्रकार उल्लेखित कथन सामान्य परीक्षार्थी की सोच के अनुरूप नहीं भी हो सकते हैं।

इसलिए 'न्याय' के प्रश्न हल करते समय हमें निगमनात्मक व आगमानात्मक तर्कशक्ति के कुछ नियमों का पालन करना चाहिए। तर्कशक्ति की समस्याओं के लिए तर्कों के सभी नियम लागू नहीं किये जा सकते हैं।

जैसे : हम जानते हैं कि निगमानित तर्क कोई मध्यवर्ती निगमनात्मक अनुमान है और यदि हम तर्कशक्ति में इसके इसी आशय में लेते हैं तो हम गलत उत्तरों का आकलन करेंगे निष्कर्षों की वैधता का मूल्यांकन करते समय हम तात्कालिक निगमानात्मक अनुमान तर्कशक्ति की सत्यता लेते हैं।

कोई शब्द हमें विचार की इकाई प्रदान करता है, यदि हम कहें कि 'यह एक बच्चा है' तो यह शब्द हमारे मन में बच्चा कहलाने वाले एक जीवित प्राणी की छवि को दर्शाता है, यह विचार की इकाई है, यह बच्चे के बारे में कुछ भी नहीं बताता है, परन्तु यह केवल प्राणी की मानसिक छवि प्रदान करता है, लेकिन यदि हम यह कहें कि 'बच्चे शरारती होते हैं' तो इससे हमें बच्चों के स्वभाव की जानकारी प्राप्त होती है, जो किसी 'तर्क की इकाई बन सकता है, विचारों की किसी इकाई को पद कहा जाता है और तर्क-विर्तक की इकाई को तार्किक कथन कहा जाता है। कोई भी 'तर्क-वितर्क' तार्किक कथनों का समूह होता है, जिसमें दूसरे के अनुकरण से किसी एक कथन के हासिल होने का दावा किया जाता है। दूसरे तार्किक कथन प्राप्त होने वाले तार्किक कथन की सत्यता के लिए आधार प्रदान करते हैं। वास्तव में, कोई भी तर्क-वितर्क तार्किक कथन का केवल संग्रह ही नहीं होता, इसकी एक निश्चित रूप रेखा होती है इस रूपरेखा का विवरण देने के लिए प्राय: 'कथन' और 'निष्कर्ष' शब्दों का इस्तेमाल किया जाता है।

तार्किक कथन–कोई तार्किक कथन दो पदों के कतिपय सम्बन्धों का कथन होता है। कथन में तीन भाग शामिल होते हैं :

(i) विषय (Subject) (ii) विधेय (Predicate) (iii) संयोजक (Copula)

(i) विषय (Subject) : तार्किक कथन का वह भाग है, जिसके बारे में कुछ उल्लेख किया जाता है।

(ii) विधेय (Predicate) : तार्किक कथन का वह भाग है, जिसके विषय के बारे में उल्लेख किया जाता है।

(iii) संयोजक (Copula) : तार्किक कथन का वह भाग है, जो विषय और निभेय के बीच सम्बन्ध दर्शाता है।

नीचे उदाहरणों के माध्यम से 'विषय' विधेय व संयोजक का स्पष्टीकरण किया गया है।

1. सभी कबूतर काले हैं।
2. आदमी बुद्धिमान हैं।
3. कुछ औरतें सुन्दर हैं।
4. कुछ चिड़ियाँ मनमोहक नहीं होतीं।

उपर्युक्त चार तार्किक कथनों में कबूतर, आदमी औरतें व चिड़ियाँ विषय है, 'काले' बुद्धिमान, सुन्दर व मनमोहक इस विषय के लिए अस्तित्व वाचक गुण हैं और इसलिए 'काले'बुद्धिमान, सुन्दर व मनमोहक 'विधेय' है, जबकि है, है, है, व नहीं होती संयोजक है, क्योंकि पहले प्रस्ताव में कबूतरों के बारे में एक सूचना दी गई है। इसलिए 'कबूतर' विषय है 'काल' इस विषय के लिए अस्तिवाचक गुण है और इसलिए 'काले' विधेय है 'है' कबूतरों (विषय) और काले (विधेय) के बीच सम्बन्ध दर्शाता है इसलिए यह संयोजक है, तार्किक कथन प्राय: चार प्रकार के होते हैं :

1. निरपेक्ष तार्किक कथन : कोई निरपेक्ष तार्किक कथन एक प्रत्यक्ष तर्कवाक्य देता है यह किसी शर्त के बिना किसी वस्तु का प्रत्यक्ष तर्कवाक्य देता है।

जैसे–(i) सभी गेंद बल्ले हैं।

(ii) आदमी बुद्धिमान हैं।

(iii) बन्दर कुत्ता नहीं है।

यहाँ दूसरे कथन में विषय 'आदमी' के बारे में विधेय 'बुद्धिमान' की पुष्टि करता है, जबकि तीसरे कथन में विधेय का खण्डन किया गया है।

2. अनुमानित तार्किक कथन : यह वर्तमान व भविष्य के बीच एक शर्त युक्त वाक्य होता है।

जैसे : 'यदि वह आता है तो मैं उससे मुलाकात करूँगा।

3. नियोजक तार्किक कथन : यह एक शर्तयुक्त कथन होता है, जिसमें कोई वैकल्पिक अभिपुष्टि की जाती है। इस प्रकार के कथन में यह, वह, या, या तो....के साथ वाक्य होता है।

जैसे : (i) वह मेरे घर आयेगा, या मैं उसके घर जाऊँगा।

(ii) वह या तो ईमानदार है या चालबाज है।

4. सम्बन्धदर्शी तार्किक कथन : यह एक ऐसा कथन होता है जिसमें विषय और विधेय के बीच सम्बन्ध दर्शाया जाता है।

जैसे :

(i) राम, रमेश से लम्बा है और सूरज से छोटा है।

(ii) सुधा, राम से कम उम्र की है और ज्योति से बड़ी है।

(iii) सुरेश मेरा मालिक है।

'न्याय' से सम्बन्धित प्रश्नों में सामान्यतः निरपेक्ष तार्किक कथन व सम्बन्धदर्शी तार्किक कथन ही दिए जाते हैं।

1. निरपेक्ष तार्किक कथन : निरपेक्ष तार्किक कथन में किसी वर्ग की परिभाषा 'उन सभी वस्तुओं का संग्रह जिनके बीच कुछ निर्दिष्ट विशेषताएँ सर्वमान्य हैं के रूप में दी जा सकती हैं, ऐसे विभिन्न तरीके हैं, जिनके द्वारा वर्ग एक-दूसरे से सम्बन्धित होते हैं। यदि किसी वर्ग का प्रत्येक सदस्य किसी दूसरे वर्ग का भी सदस्य है, तो पहले वर्ग को दूसरे में शामिल या अन्तर्दिष्ट कहा जाता है यदि किसी वर्ग के कुछ लेकिन सभी सदस्य नहीं, दूसरे वर्ग के भी सदस्य हैं तो पहले वर्ग को आंशिक रूप से दूसरे वर्ग में शामिल कहा जा सकता है। ऐसे वर्ग युग्म भी होते हैं, जिनका कोई भी सदस्य सर्वमान्य नहीं होता है। वर्गों के बीच इन विभिन्न सम्बन्धों की अभिपुष्टि अथवा खण्डन तार्किक कथनों द्वारा किया जाता है।

सामान्यतः निरपेक्ष तार्किक कथन के दो मुख्य रूप होते हैं।

1. सर्वव्यापी तार्किक कथन : सर्वव्यापी तार्किक कथन विषय को पूर्ण रूप से शामिल या पूर्ण रूप से निष्काषित करते हैं।

जैसे : I. सभी नेता झूठे होते हैं।

यहाँ एक वर्ग के सभी सदस्य, दूसरे वर्ग में पूर्णतः शामिल हैं। अतः यह सर्वव्यापी तार्किक कथन है।

II. कोई बैट गेंद नहीं है।

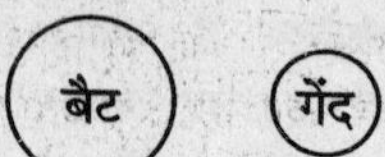

यहाँ एक वर्ग दूसरे वर्ग से पूर्णतः अलग है। अतः यह भी सर्वव्यापी तार्किक कथन है।

2. अंश व्यापी तार्किक कथन : अंशव्यापी तार्किक कथनों में विषय को आंशिक रूप से शामिल या आंशिक रूप से निष्काषित किया जाता है। इस प्रकार के प्रश्नों में विषय परक पद सभी से सम भाग दर्शाता है।

I. कुछ लड़के सुन्दर हैं।

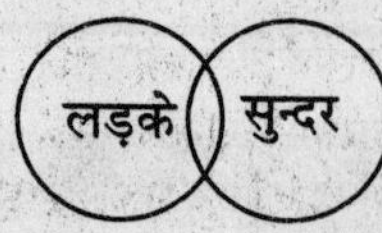

अतः दिखाए गये आरेख का उभयनिष्ठ भाग इस कथन को दर्शाता है। प्रत्येक निरपेक्ष तार्किक कथन में एक गुण उपस्थित होता है, 'सकारात्मक' या नकारात्मक, यदि कथन किसी वर्ग के शामिल होने की पुष्टि करता है चाहे यह पूर्ण या आंशिक हो, तो इसका गुण सकारात्मक हैं, इस प्रकार सर्वव्यापी सकारात्मक कथन व अंशव्यापी सकारात्मक कथन गुण के अनुसार सकारात्मक होते हैं।

(i) सर्वव्यापी सकारात्मक तार्किक कथन : सर्वव्यापी सकारात्मक तार्किक कथन के अनुसार पहले वर्ग (विषय) के सभी सदस्य दूसरे वर्ग (विधेय) के भी सदस्य हैं। यहाँ विषययुक्त पद उन सभी वस्तुओं का सन्दर्भ देता है, जिनका वह प्रतिनिधित्व करता है और सकारात्मक कथन की पुष्टि करता है। ऐसे किसी कथन में केवल विषयपरक पद का ही वर्गीकरण होता है। इस कथन की वैधता को कायम रखते हुए विधेय पद को विषयपरक पद में परस्पर बदला नहीं जा सकता है।

उदाहरण : 'सभी छात्र योग्य हैं।'

इस कथन को निम्न प्रकार से व्यक्त नहीं किया जा सकता है। 'सभी योग्य छात्र हैं'

यह आवश्यक नहीं है कि सभी योग्य छात्र ही हों, अन्य व्यक्ति भी योग्य हो सकते हैं।

सामान्यतः सर्वव्यापी सकारात्मक तार्किक कथनों से पहले निम्न प्रकार के शब्द आते हैं:

सभी, कोई भी, प्रत्येक, निश्चित रूप से, हर हाल में आदि।

जैसे : (i) सभी ग्लास प्लेट हैं।

(ii) प्रत्येक छात्र बुद्धिमान है।

(iii) कोई भी शतरंज खेल सकता है।

(iv) उनमें से प्रत्येक कार का मालिक है।

(ii) अंशव्यापी सकारात्मक कथन : ऐसे तार्किक कथनों में विषयपरक शब्द सभी से कम का सन्दर्भ देता है और वाक्य सकारात्मक होता है। अंशव्यापी सकारात्मक तार्किक कथन यह तर्क देता है कि दोनों वर्गों के कुछ सदस्य उभयनिष्ठ हैं। अंशव्यापी सकारात्मक तार्किक कथन में पहले वर्ग (विषय) का कम- से-कम एक सदस्य दूसरे वर्ग (विधेय) का भी सदस्य है।

उदाहरण–'कुछ शिक्षक बुद्धिमान हैं।'

यह कथन न तो इस बात की पुष्टि करता है और न ही खण्डन करता है कि 'सभी शिक्षक बुद्धिमान है' अतः दिये गए तार्किक कथन का अर्थ यह है कि शिक्षकों के वर्ग व बुद्धिमानों के वर्ग के बीच कुछ सदस्य उभयनिष्ठ हैं।

अंशव्यापी सकारात्मक कथन न तो विषय का व्याप्ति (Distribute) करता है और न ही विधेय का व्याप्ति (Distribute) करता है। सामान्यतः ऐसे तार्किक कथनों से पहले कभी-कभी, अनेक, केवल, बड़ी संख्या में, लगभग, अधिकतर, सामान्यतः, कुछ, कुछ एक आदि शब्द उपस्थित होते हैं।

जैसे : (i) जवान अक्सर गुस्सैल होते हैं।

कुछ जवान गुस्सैल होते हैं।

(ii) अधिकांश घर बड़े हैं।
कुछ घर बड़े हैं।

(iii) कुछ महिलाएँ शिक्षक नहीं हैं।
कुछ महिलाएँ शिक्षक हैं।

(iv) कुछ को छोड़कर सभी लड़कियाँ बुद्धिमान हैं।
कुछ लड़कियाँ बुद्धिमान हैं।

कथन (i) व (ii) सकारात्मक कथन तथा कथन (iii) व (iv) नकारात्मक कथन हैं।

3. सम्बन्ध दर्शी तार्किक कथन : सम्बन्ध दर्शी तार्किक कथन एक ऐसा तार्किक कथन होता है, जिसमें विषय और विधेय के बीच सम्बन्ध दर्शाया जाता है। इस प्रकार के प्रश्नों में दो या तीन कथन दिए जाते हैं। इन कथनों के नीचे दो निष्कर्ष दिए जाते हैं। दिए गए कथनों से निष्कर्ष को निकालना होता है तथा दिए गए विकल्पों में से सही विकल्प का चयन करना होता है।

जैसे : कथन :
राम, श्याम से छोटा तथा राहुल से बड़ा है।
राहुल, विनय से बड़ा है।

निष्कर्ष : I. राम, विनय से बड़ा है।
II. श्याम, विनय से छोटा है।

दिए गए कथनों का अध्ययन करने पर हमें निम्न प्रकार का परिणाम प्राप्त होता है।

श्याम > राम > राहुल
राहुल > विनय
∴ श्याम > राम > राहुल > विनय

अतः राम, विनय से बड़ा है, जबकि श्याम, विनय से छोटा नहीं है।
अतः दिए गए निष्कर्षों में से केवल निष्कर्ष (I) सत्य है।

नीचे कुछ उदाहरणों के माध्यम से 'न्याय' से सम्बन्धित प्रश्नों का स्पष्टीकरण किया जा रहा है।

हल सहित उदाहरण

निर्देश (उदाहरण 1 से 3 तक) : नीचे दिए गए प्रत्येक प्रश्न में दो/तीन कथन और उसके बाद दो निष्कर्ष I और II दिए गए हैं। आपको दिए गए कथनों को सत्य मानना है भले ही वे सर्वज्ञात तथ्यों से भिन्न प्रतीत होते हैं और फिर तय कीजिए कि कौन-सा निष्कर्ष दिए गए दोनों/तीनों कथनों का तार्किक रूप से अनुसरण करता है, भले ही सर्वज्ञात तथ्य कुछ भी हों। उत्तर दीजिए–

(a) यदि केवल निष्कर्ष (I) अनुसरण करता है।
(b) यदि केवल निष्कर्ष (II) अनुसरण करता है।
(c) यदि दोनों निष्कर्ष अनुसरण करते हैं।
(d) यदि या तो निष्कर्ष (I) या निष्कर्ष (II) अनुसरण करता है।

1. कथन : कुछ एक्जॉम टेस्ट हैं।
कोई एक्जॉम प्रश्न नहीं हैं।

निष्कर्ष : I. कोई प्रश्न टेस्ट नहीं है।
II. कुछ टेस्ट निश्चित रूप से एक्जॉम नहीं हैं।

हलः (b)

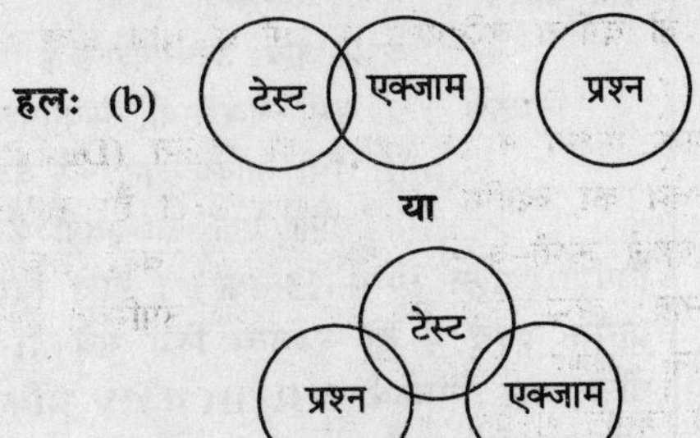

अतः स्पष्ट है कुछ टेस्ट निश्चित रूप से एक्जॉम नहीं हैं। अतः केवल निष्कर्ष II अनुसरण करता है।

2. कथन : कुछ सिंबल फिगर्स हैं।
सभी सिंबल ग्राफिक्स हैं।
कोई ग्राफिक पिक्चर नहीं है।

निष्कर्ष : I. कुछ ग्राफिक्स फिगर्स हैं।
II. कोई सिंबल पिक्चर नहीं हैं।

हलः (c)

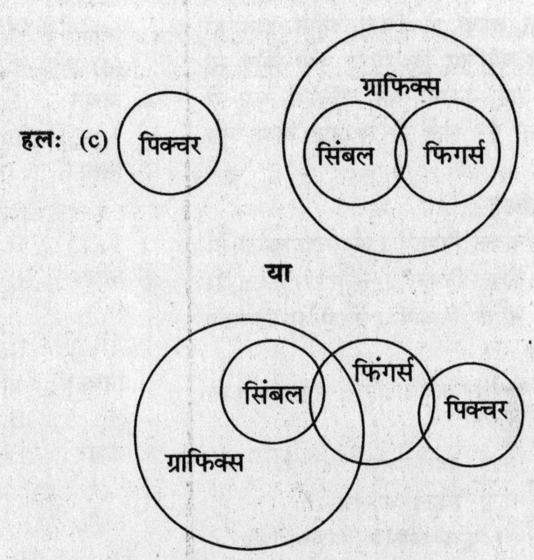

अतः स्पष्ट है कि दोनों निष्कर्ष I व II अनुसरण करते हैं। क्योंकि कुछ ग्राफिक्स फिगर्स हैं और कोई सिंबल पिक्चर नहीं हैं।

3. कथन : सभी वेकेंसियाँ जॉब हैं।
कुछ जॉब ऑक्यूपेशन हैं।

निष्कर्ष : I. सभी वेकेंसियाँ ऑक्यूपेशन हैं।
II. सभी ऑक्यूपेशनों का वेकेंसियाँ होना एक सम्भावना है।

हलः (b)

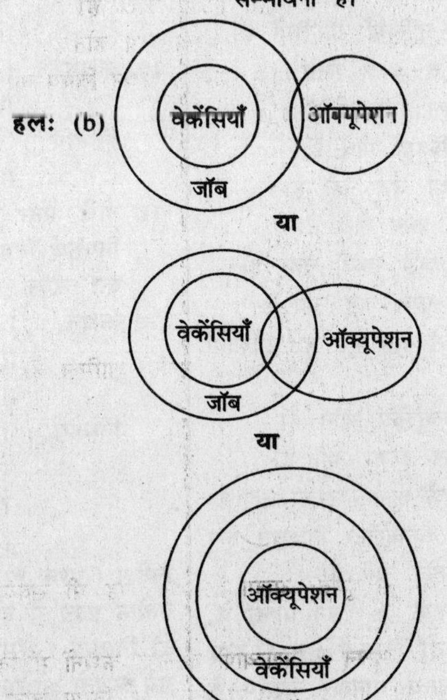

अतः स्पष्ट है केवल निष्कर्ष (II) अनुसरण करता है।

प्रश्नमाला

निर्देश (प्रश्न 1 से 5 तक): नीचे दिए गए प्रत्येक प्रश्न में दो/तीन कथन और उसके बाद दो निष्कर्ष I और II दिए गए हैं। आपको दिए गए दोनों/तीनों कथनों को सत्य मानना है, भले ही वे सर्वज्ञात तथ्यों से भिन्न प्रतीत होते हों और फिर तय कीजिए कि दिया गया कौन-सा निष्कर्ष दिए गए कथनों का तार्किक रूप से अनुसरण करता है? भले ही सर्वज्ञात तथ्य कुछ भी हों,

उत्तर दीजिए–

(a) यदि केवल निष्कर्ष I अनुसरण करता है।
(b) यदि केवल निष्कर्ष II अनुसरण करता है।
(c) यदि न तो निष्कर्ष I न ही II अनुसरण करता है।
(d) यदि दोनों निष्कर्ष I और II अनुसरण करते हैं।

1. कथन : कोई बैंक स्कूल नहीं है।
कुछ स्कूल कॉलेज हैं।
निष्कर्ष : I. कुछ कॉलेज निश्चित रूप से स्कूल नहीं हैं।
II. सभी बैंकों का कॉलेज होना एक सम्भावना है।

2. कथन : कुछ कॉर्ट ट्रॉलियाँ हैं।
सभी टोकरियाँ ट्रॉलियाँ हैं।
निष्कर्ष : I. कम-से-कम कुछ टोकरियाँ कॉर्ट हैं।
II. सभी ट्रॉलियाँ टोकरियाँ हैं।

निर्देश (प्रश्न 3 व 4 के लिए) :
कथन : सभी फल सब्जियाँ हैं।
सभी सब्जियाँ पौधे हैं।
कोई पौधा जड़ नहीं है।

3. निष्कर्ष : I. सभी फल पौधे हैं।
II. कोई जड़ सब्जी नहीं है।

4. निष्कर्ष : I. कोई फल जड़ नहीं है।
II. कम-से-कम कुछ जड़ें सब्जियाँ हैं।

5. कथन : कुछ कैल्कुलेटर फोन हैं।
कोई फोन इरेजर नहीं है।
निष्कर्ष : I. कोई कैल्कुलेटर इरेजर नहीं है।
II. कुछ कैल्कुलेटर निश्चित रूप से फोन नहीं हैं।

निर्देश (प्रश्न 6 से 10 तक) : इन प्रश्नों में, कथन I व II के नीचे दो निष्कर्ष I व II दिए गए हैं। वक्तव्यों को सत्य मानकर यद्यपि वे साधारणतः स्वीकृत तथ्यों से भिन्न भी प्रतीत हो, अपना उत्तर निम्न प्रकार दें–

(a) केवल निष्कर्ष I कथन का अनुसरण करता है।
(b) केवल निष्कर्ष II कथन का अनुसरण करता है।
(c) दोनों निष्कर्ष I या II अनुसरण करता है।
(d) कोई भी निष्कर्ष अनुसरण नहीं करता है।

6. कथन : I. कुछ छन्द कहानियाँ हैं।
II. कुछ कहानियाँ नाटक हैं।
निष्कर्ष : I. प्रत्येक नाटक या तो छन्द है या कहानी है।
II. कुछ नाटक छन्द हैं।

7. कथन : I. प्रत्येक कुर्सी या तो गिलास है या प्लेट है।
II. कुछ प्लेट पारदर्शी हैं।
निष्कर्ष : I. कुछ कुर्सियाँ पारदर्शी हैं।
II. कोई भी प्लेट गिलास नहीं है।

8. कथन : I. आम केलों की अपेक्षा मीठे हैं, परन्तु इतने मीठे नहीं जितने की नींबू हैं।
II. सन्तरे इतने मीठे नहीं हैं जितने कि आम, परन्तु केलों से मीठे हैं।
निष्कर्ष : I. केले सबसे कम मीठे हैं।
II. नींबू सबसे अधिक मीठे हैं।

9. कथन : I. कुछ सैनिक ठिगने हैं।
II. सभी ठिगने व्यक्ति गोरे हैं।
निष्कर्ष : I. कुछ सैनिक गोरे हैं।
II. कोई लम्बा सैनिक गोरा नहीं है।

10. कथन : I. सभी इमारतें वृक्षों से छोटी हैं।
II. सभी वृक्ष पर्वतों से ऊँचे हैं।
निष्कर्ष : I. इमारतें पर्वतों से ऊँची हैं।
II. इमारतें पर्वतों से छोटी हैं।

11. नीचे एक कथन और उसके बाद चार निष्कर्ष दिए गए हैं उनमें से सही निष्कर्ष का चयन कीजिए।
कथन : I. सभी छात्र स्नातक हैं।
II. कुछ छात्र तैराक हैं।
III. सभी तैराक वाहन चालक हैं।
निष्कर्ष : (a) कुछ स्नातक तैराक हैं।
(b) सभी तैराक स्नातक हैं।
(c) सभी स्नातक तैराक हैं।
(d) सभी छात्र वाहन चालक हैं।

निर्देश (प्रश्न 12 से 18 तक) : नीचे दिए गये प्रत्येक प्रश्न में दो/तीन कथन और उसके बाद दो निष्कर्ष I और II दिए गये हैं। आपको दिए गये कथनों को सत्य मानना है, भले ही वे सर्वज्ञात तथ्यों से भिन्न प्रतीत होते हों और फिर तय कीजिए कि दिया गया कौन-सा निष्कर्ष दिए गये दोनों/तीनों कथनों का तार्किक रूप से अनुसरण करता है? भले ही सर्वज्ञात तथ्य कुछ भी हों। उत्तर दीजिए–

(a) यदि केवल निष्कर्ष I अनुसरण करता है।
(b) यदि केवल निष्कर्ष II अनुसरण करता है।
(c) यदि न तो निष्कर्ष I न ही II अनुसरण करता है।
(d) यदि निष्कर्ष I व II दोनों अनुसरण करते हैं।

12. कथन : कुछ एक्जाम टेस्ट हैं।
कोई एक्जाम प्रश्न नहीं है।
निष्कर्ष : I. कोई प्रश्न टेस्ट नहीं है।
II. कुछ टेस्ट निश्चित रूप से एक्जाम नहीं है।

निर्देश (प्रश्न 13 व 14 के लिए) :
कथन : सभी फोर्सिज एनर्जीस हैं।
सभी एनर्जीस पॉवर हैं।
कोई पॉवर हीट नहीं है।

13. निष्कर्ष : I. कुछ फोर्सिज निश्चित रूप से पॉवर नहीं हैं।
II. कोई हीट पॉवर नहीं है।

14. निष्कर्ष : I. कोई एनर्जी हीट नहीं है।
II. कुछ फोर्सिज का हीट होना एक सम्भावना है।

निर्देश (प्रश्न 15 से 16 के लिए) :
कथन : कोई नोट सिक्का नहीं है।
कुछ सिक्के धातुएँ हैं।
सभी प्लास्टिक नोट हैं।

15. निष्कर्ष : I. कोई सिक्का प्लास्टिक नहीं है।
II. सभी प्लास्टिक का धातुएँ होना एक सम्भावना है।

16. निष्कर्ष : I. कोई धातु प्लास्टिक नहीं है।
II. सभी नोट प्लास्टिक हैं।

17. कथन : कुछ सिंबल फिगर्स हैं।
सभी सिंबल ग्राफिक्स हैं।
कोई ग्राफिक पिक्चर नहीं है।
निष्कर्ष : I. कुछ ग्राफिक्स फिगर्स हैं।
II. कोई सिंबल पिक्चर नहीं है।

18. कथन : सभी वेकेंसियाँ जॉब हैं।
कुछ जॉब ऑक्यूपेशन हैं।
निष्कर्ष : I. सभी वेकेंसियाँ ऑक्यूपेशन हैं।
II. सभी ऑक्यूपेशन का वेकेंसियाँ होना एक सम्भावना है।

निर्देश (प्रश्न 19 से 23 तक) : नीचे दिए गये प्रत्येक प्रश्न में दो वक्तव्य दिए गये हैं। उनके नीचे चार निष्कर्ष I, II, III व IV अंकित हैं। आपको दिए गये वक्तव्यों को सत्य मानना है

चाहे वे साधारणतयः ज्ञात तथ्यों से भिन्न प्रतीत हों। सभी निष्कर्षों को पढ़ो एवं साधारणतयः ज्ञात तथ्यों की अवहेलना करते हुए निश्चित करो कि दिए गये दोनों वक्तव्यों में से कौन-सा/कौन-से निष्कर्ष तार्किक रूप से अनुसरण करता है/करते हैं?

19. कथन : कुछ पुरुष गृह निर्माता हैं।
कुछ गृह निर्माता महिलाएँ हैं।

निष्कर्ष : I. कुछ पुरुष महिलाएँ हैं।
II. कुछ महिलाएँ पुरुष हैं।
III. सभी महिलाएँ गृह निर्माता हैं।
IV. सभी गृह निर्माता पुरुष हैं।

(a) सभी अनुसरण करते हैं।
(b) कोई अनुसरण नहीं करता।
(c) केवल I व III अनुसरण करते हैं।
(d) केवल II व IV अनुसरण करते हैं।

20. कथन : सभी विद्वान् अध्यापक हैं।
कुछ अध्यापक अन्वेषक हैं।

निष्कर्ष : I. सभी विद्वान् अन्वेषक हैं।
II. कुछ विद्वान् अन्वेषक हैं।
III. कुछ अन्वेषक अध्यापक हैं।
IV. कुछ अध्यापक अन्वेषक हैं।

(a) कोई अनुसरण नहीं करता।
(b) केवल III व IV अनुसरण करते हैं।
(c) सभी अनुसरण करते हैं।
(d) केवल III अनुसरण करता है।

21. कथन : कुछ पुरुष लड़के हैं।
कोई भी लड़का महिला नहीं है।

निष्कर्ष : I. कोई भी पुरुष महिला नहीं है।
II. कोई भी लड़का पुरुष नहीं है।
III. कुछ पुरुष महिला हैं।
IV. कुछ लड़के पुरुष हैं।

(a) सभी अनुसरण करते हैं।
(b) कोई अनुसरण नहीं करता।
(c) केवल IV अनुसरण करता है।
(d) केवल I व III अनुसरण करते हैं।

22. वक्तव्य : कोई भी प्रबन्धक अध्यापक नहीं है।
सभी अध्यापक अन्वेषक हैं।

निष्कर्ष : I. कोई भी अन्वेषक अध्यापक नहीं है।
II. कोई भी अन्वेषक प्रबन्धक नहीं है।
III. कुछ अध्यापक अन्वेषक हैं।
IV. कुछ अन्वेषक अध्यापक हैं।

(a) कोई अनुसरण नहीं करता।
(b) सभी अनुसरण करते हैं।
(c) केवल II अनुसरण करता है।
(d) केवल IV अनुसरण करता है।

23. कथन : सभी घर कमरे हैं।
सभी कमरे खिड़कियाँ हैं।

निष्कर्ष : I. सभी खिड़कियाँ कमरे हैं।
II. सभी कमरे घर हैं।
III. सभी घर खिड़कियाँ हैं।
IV. कुछ खिड़कियाँ घर हैं।

(a) कोई अनुसरण नहीं करता।
(b) केवल I एवं II अनुसरण करते हैं।
(c) केवल III एवं IV अनुसरण करते हैं।
(d) केवल II अनुसरण करता है।

उत्तर (हल/संकेत)

1. (d)

बैंक, स्कूल, कॉलेज या बैंक, स्कूल, कॉलेज

या

कॉलेज, स्कूल, बैंक

अतः निष्कर्ष I या II दोनों अनुसरण करते हैं।

2. (c)

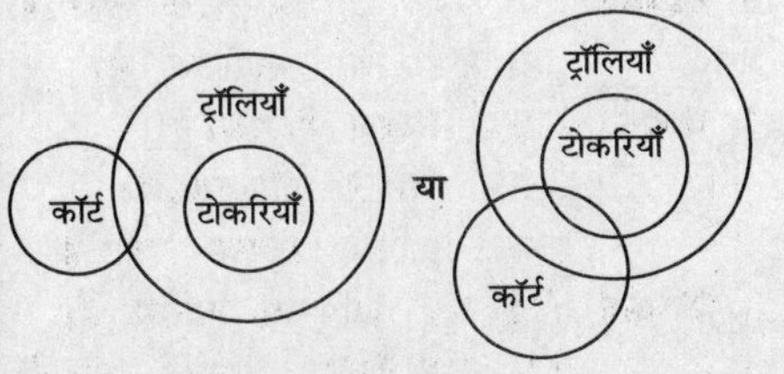

अतः न तो निष्कर्ष I व न ही II अनुसरण करते हैं।

निर्देश (प्रश्न 3 व 4 के लिए) :

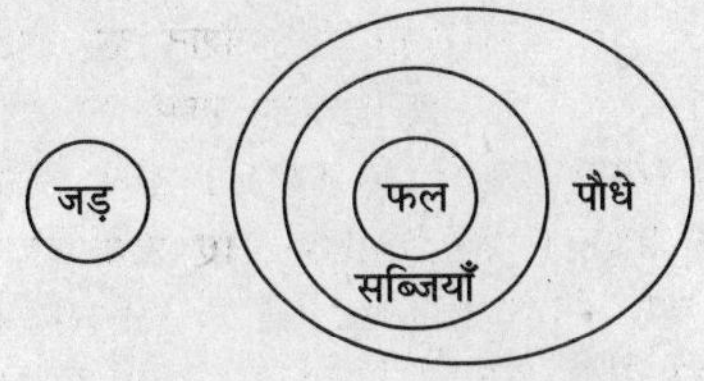

3. (d) अतः निष्कर्ष I व II दोनों अनुसरण करते हैं।

4. (a) परन्तु प्रश्न **4** के अनुसार केवल **निष्कर्ष** I अनुसरण करता है।

5. (b)

फोन, कैल्कुलेटर, इरेजर या इरेजर, कैल्कुलेटर, फोन

अतः केवल निष्कर्ष II अनुसरण करता है।

6. (d)

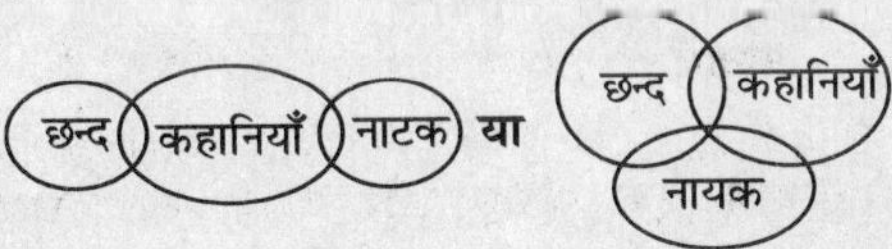

अतः कोई भी निष्कर्ष अनुसरण नहीं करता है।

7. (d)

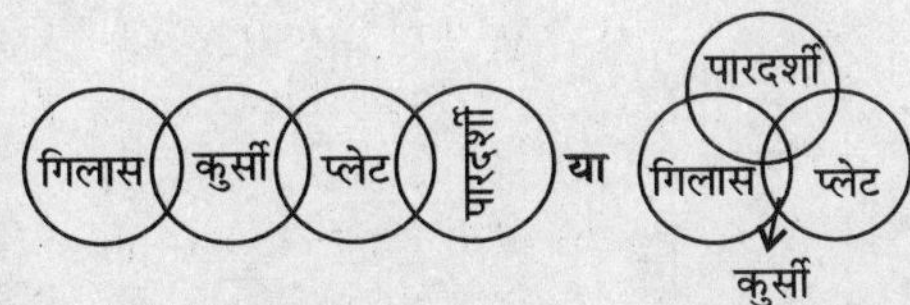

अतः न तो निष्कर्ष I न ही II अनुसरण करते हैं।

8. (c) **कथन : 1. से,** नींबू > आम > केले
कथन : 2. से, आम > सन्तरे > केले
∴ नींबू > आम > सन्तरे > केले

निष्कर्ष : I. केले सबसे कम मीठे हैं। (सत्य)
निष्कर्ष : II. नींबू सबसे अधिक मीठे हैं। (सत्य)

अतः दोनों निष्कर्ष सही हैं।

9. (a)

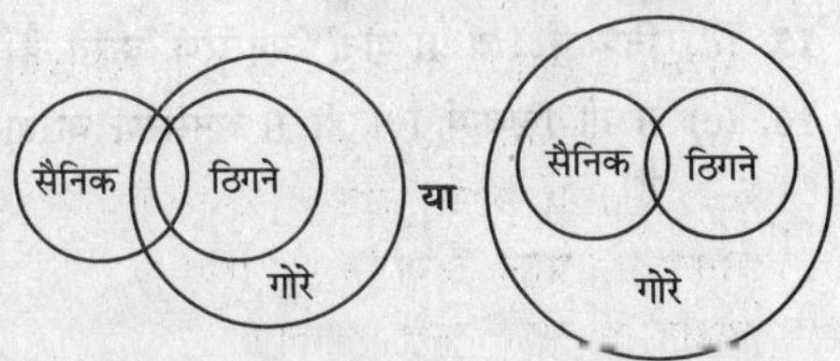

अतः केवल निष्कर्ष I अनुसरण करता है।

10. (c) **कथन 1.** से, वृक्ष > इमारतें
कथन 2. से, वृक्ष > पर्वत
∴ या तो इमारतें पर्वतों से ऊँची हैं। या छोटी हैं।

11. (a)

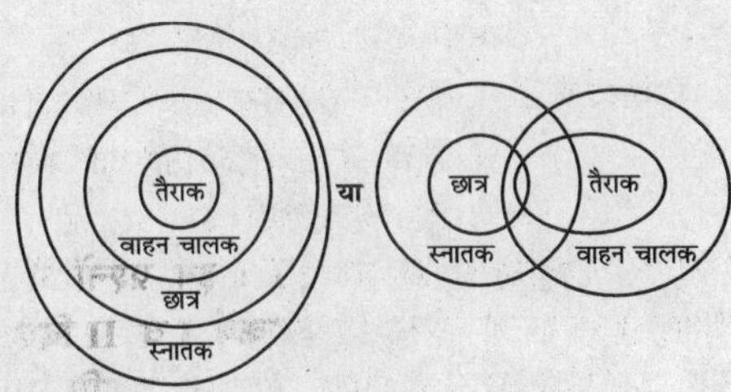

अतः केवल निष्कर्ष (a) सत्य है।

12. (b)

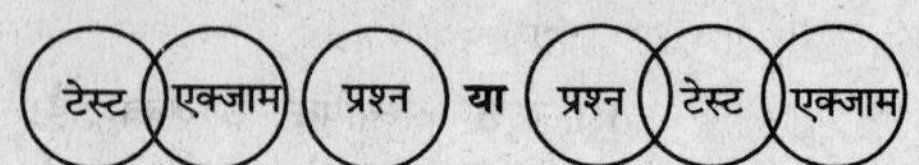

अतः केवल निष्कर्ष II अनुसरण करता है।

निर्देश (प्रश्न 13 व 14 के लिए) :

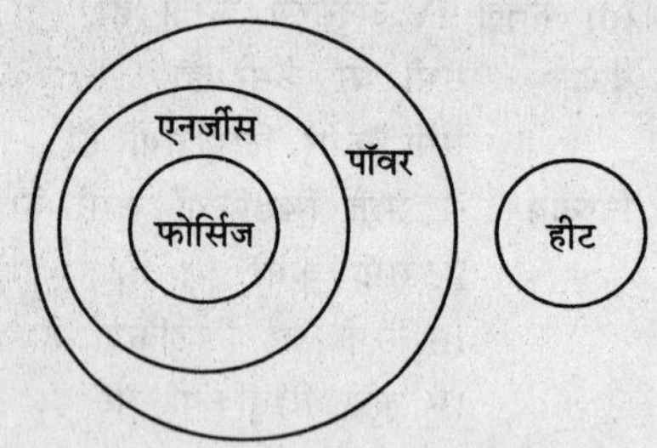

13. (b) केवल निष्कर्ष II अनुसरण करता है।

14. (a) केवल निष्कर्ष I अनुसरण करता है।

निर्देश : (प्रश्न 15 व 16 के लिए) :

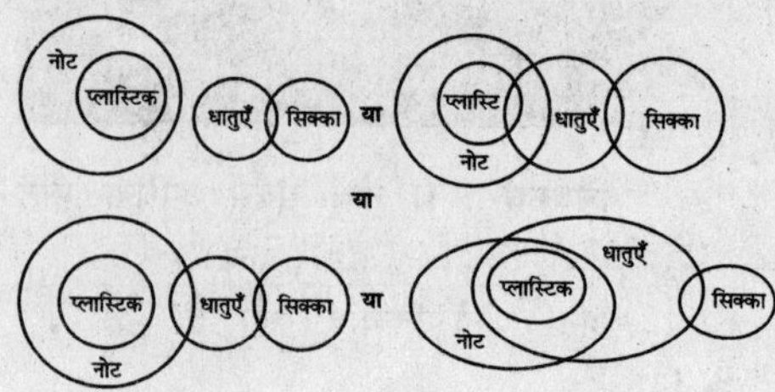

15. (d) निष्कर्ष I व II दोनों अनुसरण करते हैं।

16. (c) न तो निष्कर्ष I न ही II अनुसरण करता है।

17. (d)

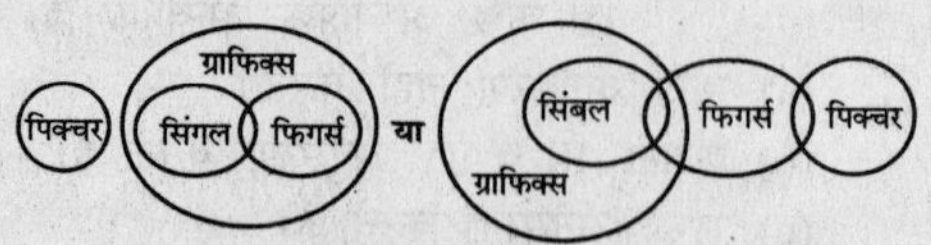

अतः निष्कर्ष I व II दोनों अनुसरण करते हैं।

18. (b)

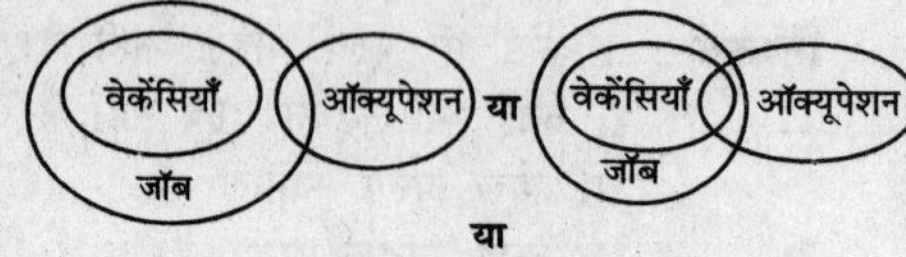

या

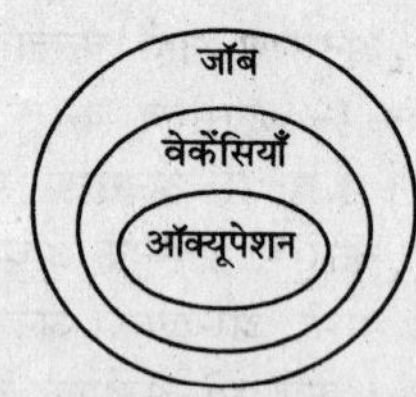

अतः केवल निष्कर्ष II अनुसरण करता है।

19. (b)

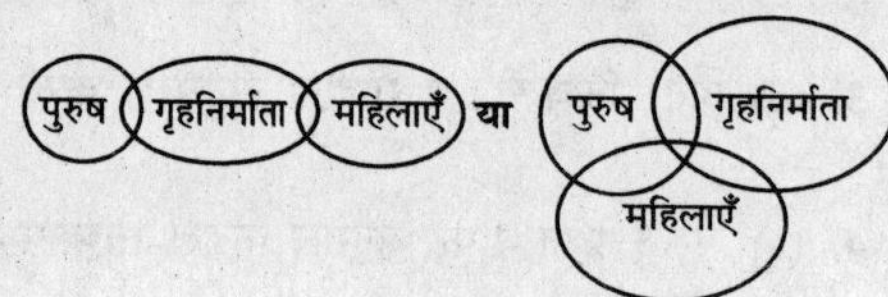

अतः कोई निष्कर्ष अनुसरण नहीं करता है।

20. (b)

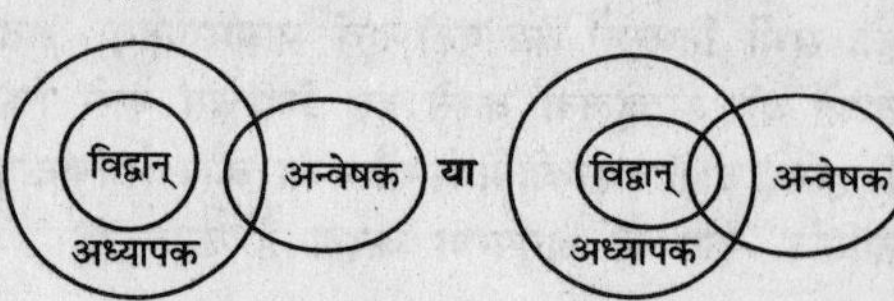

केवल निष्कर्ष III व IV अनुसरण करते हैं।

21. (c)

केवल निष्कर्ष IV अनुसरण करता है।

22. (d)

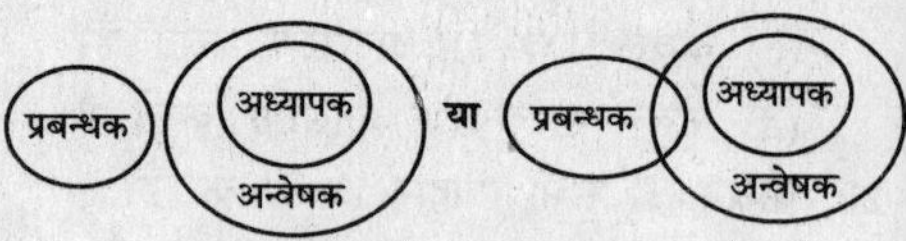

केवल निष्कर्ष IV अनुसरण करता है।

23. (c)

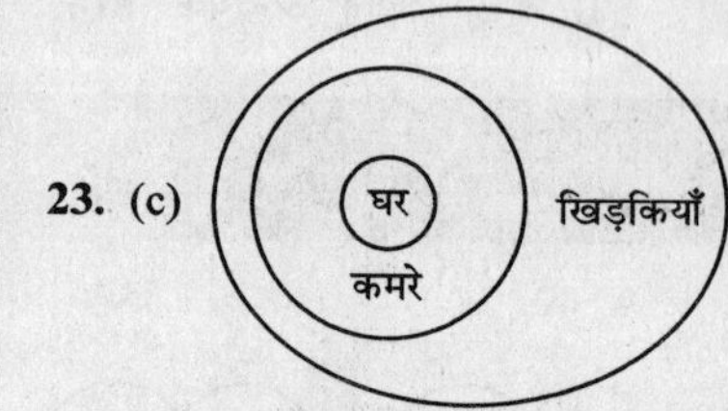

केवल निष्कर्ष III व IV अनुसरण करते हैं।

अध्याय

17

संकेत-संबंध विश्लेषण

गणितीय संक्रियाओं के अंतर्गत दिए गए प्रश्नों में गणितीय या अक्षर युक्त चिन्हों को परिवर्तित करते हुए व्यंजक को हल किया जाता है।

इसके अंतर्गत परीक्षा '÷' का अर्थ '+', '−' तथा '÷', अथवा अन्य संकेतों से युक्त गणितीय समीकरण दिए जाते हैं। इन समीकरणों को प्रश्नानुसार परिवर्तित करके दिए गए समीकरण को हल किया जाता है।

नीचे दिए गए कुछ उदाहरणों के माध्यम से गणितीय संक्रियाओं का स्पष्टीकरण किया जा रहा है।

हल सहित उदाहरण

उदाहरण 1. यदि '+' का अर्थ '÷', '÷' का '×', '×' का अर्थ '−' तथा − का अर्थ '+' हो, तो नीचे दिए गए समीकरण का मान क्या होगा?

$16 + 4 \div 5 \times 3 - 2$

(a) 19 (b) 23

(c) 24 (d) 27

हल: (a) दिया गया समीकरण $= 16 + 4 \div 5 \times 3 - 2$

गणितीय चिन्हों को प्रश्न के अनुसार परिवर्तित करने पर

$= 16 \div 4 \times 5 - 3 + 2$

$= (4 \times 5 - 3 + 2) = (20 - 3 + 2) = 19$

उदाहरण 2. यदि '−' का अर्थ '+', + का अर्थ '×', × का अर्थ '÷' तथा '+' का अर्थ '−' हो, तो नीचे दिए गए समीकरण का मान क्या होगा?

$25 - 5 + 4 \div 8 \times 12$

(a) 19 (b) −17

(c) −15 (d) 15

हल: (c) दिया गया समीकरण $= 25 - 5 + 4 \div 8 \times 12$

प्रश्नों के अनुसार गणितीय चिन्हों को परिवर्तित करने पर

$= 25 \div 5 - 4 \times 8 + 12$

$= 5 - 4 \times 8 + 12$

$= (5 - 4 \times 8 + 12) = (17 - 32) = -15$

उदाहरण 3. यदि '+' और '−', चिन्हों को आपस में बदल दिया जाए, इसी प्रकार '×' और '+' के चिन्हों को आपस में बदल दिया जाए, तो नीचे दिए गए समीकरण का मान क्या होगा?

$10 - 2 + 12 \times 1 \div 2$

(a) 18 (b) −17

(c) 15 (d) − 12

हल: (d) दिया गया समीकरण

$10 - 2 + 12 \times 1 \div 2$

प्रश्नों के अनुसार गणितीय चिन्हों को परिवर्तित करने पर

$10 + 2 - 12 \div 1 \times 2$

$10 + 2 - 12 \times 2$

$= (12 - 12 \times 2) = (12 - 24) = -12$

उदाहरण 4. यदि 'A' का अर्थ '×', 'B' का अर्थ '+' तथा 'C' का अर्थ '+' का अर्थ 'D' का अर्थ हो, '−' तो नीचे दिए गए व्यंजक का मान क्या होगा?

625 A 5 B 25 C 312 D 580

(a) −95 (b) 102

(c) 143 (d) − 143

हल: (d) दिया गया समीकरण = 625 A 5 B 25 C 312 D 580

A, B, C व D को प्रश्नानुसार चिन्हों में बदलने पर

$= 625 \times 5 \div 25 + 312 - 580$

$= 625 \times \frac{1}{5} + 312 - 580$

$= (125 + 312 - 580) = (437 - 580) = -143$

उदाहरण 5. दिए गए समीकरण को संतुलित करने तथा * चिन्हों को प्रतिस्थापित करने के लिए गणितीय चिन्हों का सही क्रम चुनिए–

8 * 5 * 2 * 72 * 4

(a) = × + ÷ (b) × = + ÷

(c) × + = ÷ (d) + × = ÷

हल: (d) दिया गया समीकरण ⇒ 8 * 5 * 2 * 72 * 4

$\Rightarrow 8 + 5 \times 2 = 72 \div 4$

$\Rightarrow 18 = 18$

अतः सही क्रम ⇒ + × = ÷

उदाहरण 6. चिन्हों या संख्याओं की किस अदला-बदली से निम्नलिखित समीकरण संतुलित हो जाएगा?

$(7 \times 2) \times 3 + 4 - 1 = 20$

(a) 2 और 3 (b) × और −

(c) 7 और 3 (d) + और ×

हल: (d) दिया गया समीकरण ⇒ $(7 \times 2) \times 3 + 4 - 1 = 20$

$\Rightarrow (7 \times 2) \times 3 + 4 - 1 = 20$

$\Rightarrow (7 + 2) + 3 \times 4 - 1 = 20$

$\Rightarrow 9 + 12 - 1 = 20$

$\Rightarrow 20 = 20$

अतः + के स्थान पर '×' और × के स्थान पर '+' करने पर समीकरण संतुलित हो जाएगा।

प्रश्नमाला

1. चिन्हों को किस प्रकार बदलने पर नीचे दिया गया समीकरण सही हो जाएगा?
35 ÷ 7 × 5 ÷ 5 – 6 = 24
(a) ×, – (b) +, ×
(c) ÷, × (d) –, ÷

2. दिए गए समीकरण को संतुलित करने तथा * चिन्हों को प्रतिस्थापित करने के लिए गणितीय चिन्हों का सही क्रम समूह चुनिए?
8 * 5 * 2 * 72 * 4
(a) =, ×, +, ÷ (b) × = + ÷
(c) × + = ÷ (d) + × = ÷

3. यदि '–' का अर्थ है '+', '×' का अर्थ है '–', '÷' का अर्थ '×' है तथा '+' का अर्थ है '÷' तो नीचे दिए गए व्यंजक का मान क्या होगा?
9 ÷ 4 – 17 × 25 + 15
(a) 48 (b) 65
(c) 53 (d) 41

4. दिए गए समीकरण को संतुलित करने पर तथा * चिन्हों को प्रतिस्थापित करने के लिए गणितीय चिन्हों का सही क्रम चुनिए-
6 * 15 * 10 * 3 * 12
(a) ÷ + = × (b) + ÷ × =
(c) × ÷ + = (d) + – = ÷

5. चिन्हों या संख्याओं के किस अदल-बदल से निम्न समीकरण सही हो जाएगा?
(7 + 2) × 3 × 4 – 1 = 20
(a) 2 और 3 (b) × और –
(c) 7 और 3 (d) + और ×

6. दिए गए समीकरण को संतुलित करने पर * चिन्हों को प्रतिस्थापित करने के लिए गणितीय चिन्हों का सही क्रम चुनिए?
15 * 3 * 5 * 20 * 2
(a) + – × ÷ (b) × – = ×
(c) + = + × (d) × – = ÷

7. यदि दिए गए विकल्पों में से कौन-से चिन्हों का अदल बदल दिए गए समीकरण को सही कर देगा?
24 ÷ 6 × 3 + 3 – 1 = 14
(a) + एवं × (b) × एवं –
(c) ÷ एवं + (d) – एवं ÷

8. यदि '×' का अर्थ है '–', '+' का अर्थ है '×' और '–' है तथा '+' का अर्थ '÷' हो तो नीचे दिए गए समीकरण का मान क्या होगा?
42 – 14 × 21 + 3
(a) 49 (b) 50
(c) 52 (d) 40

9. यदि '×' का अर्थ '+', '–' का अर्थ '÷', '÷' का अर्थ '–' है और '+' का अर्थ '×' हो तो नीचे दिए गए समीकरण का मान क्या होगा?
42 – 14 × 21 + 3
(a) 42 ÷ 14 + 21 × 3 = 66
(b) 42 + 14 × 3 – 12 = 50
(c) 55 + 10 – 35 × 40 = 25
(d) इनमें से कोई नहीं

10. यदि '+' और '–' चिन्हों को आपस में बदल दिया जाए इसी प्रकार '×' और '÷' को आपस में बदल दिया जाए तो नीचे दिये गए समीकरण का मान ज्ञात कीजिए?
10 – 2 + 12 × 1 ÷ 0
(a) 1 (b) 0
(c) 8 (d) 12

11. नीचे दिए गए समीकरण को हल करने के लिए चिन्हों का उपयुक्त संयोजन चुनिए-
(23 – 5) * (12 ÷ 2) * 3 * 6
(a) × ÷ = (b) + – =
(c) ÷ + = (d) – ÷ =

12. नीचे '–' चिन्ह '+' के लिए हो '+' के लिए '×' चिन्ह '×' के लिये '–' और '+' चिन्ह '×' के लिए हो तो निम्नलिखित में से कौन सा एक सही क्रम है?
(a) 49 + 7 – 3 × 5 ÷ 8 = 20
(b) 49 – 7 + 3 ÷ 5 × 8 = 24
(c) 49 × 7 × 5 ÷ 5 – 8 = 16
(d) 15 ÷ 7 × 3 + 5 – 8 = 26

13. **100 × 10 – 100 + 2000 ÷ 100** किसके बराबर है?
(a) 29 (b) 920
(c) 980 (d) 1000

14. निम्नलिखित समीकरण में * के स्थान पर रखे जाने वाले गणितीय चिन्हों के समूह को चुनिए–
7 * 7 * 2* 1 = 12
(a) × – ÷ (b) + – ×
(c) × – + (d) + × –

15. यदि '+' का अर्थ '×' है, '–' का अर्थ '+' है, '×' का अर्थ '–' है '÷' का अर्थ '÷' है तो निम्नलिखित का मान क्या होगा?
20 + 4 × 6 – 5 ÷ 7
(a) 28 (b) 34
(c) 32 (d) 36

16. यदि 'S' का तात्पर्य 'भाग देना' 'A', का तात्पर्य' 'गुणा करना' 'D' का तात्पर्य 'घटना', 'M' का तात्पर्य 'जोड़ना' है, तो निम्नलिखित समीकरण का मान ज्ञात करे-
[(7 M 3) S2] A 8 D 10
(a) 20 (b) 30
(c) 40 (d) 50

17. यदि '×' का अर्थ '–' है '+' का अर्थ '+' है, '÷' का अर्थ '÷' है तथा '–' का अर्थ '×' है तब–
13 – 12 ÷ 400 + 20 × 100
(a) $\frac{1}{760}$ (b) 76
(c) 176 (d) 186

18. यदि गणितीय चिन्हों '–' को '+', '+' को '÷', '×' को '–', और '÷' को '×' में बदल दिया जाए तो दिए गए समीकरण का सही उत्तर ज्ञात कीजिए-
6 ÷ 8 + 2 × 5 – 8 = ?
(a) 27 (b) 18
(c) 32 (d) 28

19. दिए गए समीकरण को संतुलित करने तथा * चिन्हों को प्रतिस्थापित करने के लिए गणितीय चिन्हों का सही क्रम समूह चुनिए?
[(40 * 2) * 4] * 3 * 8
(a) + – ÷ = (b) ÷ + ÷ =
(c) + ÷ × = (d) + × – =

20. * चिन्हों को बदलने और दिए गए समीकरण को संतुलित करने के लिए अंकगणितीय चिन्हों का सही संयोजन चुनिए?
8 * 6 * 96 * 2 = 0
(a) × ÷ – (b) × – ÷
(c) – × ÷ (d) ÷ – ×

21. यदि P ÷ को निर्दिष्ट करता है, Q × को R + को और S – को निर्दिष्ट करता है तो –
12 Q 15 P3 R 4 S 6 = ?
(a) 70 (b) 57
(c) 58 (d) 68

22. यदि A '+' के लिए है Q '–' के लिए है V '×' के लिए R '÷' के लिए है तो दिए गए समीकरण का मान क्या होगा?
225 R 5A 64 Q 13 V 6 = ?
(a) 41 (b) 31
(c) 38 (d) 30

23. यदि '+' का अर्थ '÷' है '–' का अर्थ है '×', '×' का अर्थ है '+' का अर्थ है '–', तो नीचे दिए गए समीकरण का मान क्या होगा?

$45 + 9 - 3 \times 15 \div 2$

(a) 40 (b) 36

(c) 56 (d) 28

24. यदि 'P' का अर्थ 'X' है, 'R' का अर्थ '+', है 'T' का अर्थ '÷' है तथा 'S' का अर्थ '–' है, तो नीचे दिए गए व्यंजक का मान क्या होगा?

18 T 3 P 9 S 8 R 6 = ?

(a) 52 (b) 46

(c) 35 (d) 15

25. यदि A = '+', B = '×', C = '+' तथा D = '+' तथा D = '–' हो तो नीचे दिए गए समीकरण का मान क्या होगा?

18 B 12 A 4 C 5 D 6 = ?

(a) 46 (b) 65

(c) 53 (d) 58

उत्तर (हल/संकेत)

1. (c) $35 + 7 \times 5 \div 5 - 6 = 24$
चिन्हों को परस्पर बदलने पर
$\Rightarrow 37 \div 7 \times 5 + 5 - 6 = 24$
$5 \times 5 + 5 - 6 = 24$
$24 = 24$

2. (d) 8 * 5 * 2 * 72 * 4
$8 + 5 \times 2 = 72 \div 4$
$18 = 18$

3. (a) व्यंजक $= 9 \div 4 - 17 \times 25 + 5$
चिन्हों को बदलने पर
$9 \times 4 + 17 - 25 \div 5$
$= 36 + 17 - 5 = 48$

4. (c) 6 * 15 * 10 * 3 * 12
$\Rightarrow 6 \times 15 \div 10 + 3 = 12$
$\Rightarrow 6 \times 1.5 + 3 = 12$
$12 = 12$

5. (d) $(7 + 2) \times 3 \times 4 - 1 = 20$
$\Rightarrow (7 + 2) \times 3 \times 4 - 1 = 20$
$\Rightarrow 9 + 12 - 1 = 20$
$\Rightarrow 20 = 20$

6. (b) दिया गया समीकरण
=15 * 3 * 5 * 20 * 2
$\Rightarrow 15 \times 3 - 5 = 20 \times 2$
$\Rightarrow 45 - 5 = 40$
$\Rightarrow 40 = 40$

7. (c) $24 + 6 \times 3 \div 3 - 1 = 14$
$\Rightarrow 24 \div 6 \times 3 + 3 - 1 = 14$
$\Rightarrow 12 + 3 - 1 = 14$
$\Rightarrow 14 = 14$

8. (a) $42 - 14 \times 21 + 3$
$\Rightarrow 42 + 14 - 21 \div 3$
$\Rightarrow 42 + 14 - 7$
$\Rightarrow 42 + 7 = 49$

9. (a) व्यंजक $= 42 - 14 \times 21 + 3$
प्रश्नानुसार चिन्हों को परिवर्तित करने पर
व्यंजक $= 42 \div 14 + 21 \times 3$
$= 3 + 63 = 66$

10. (d) $10 - 2 + 12 \times 1 \div 0$
चिन्हों को आपस में बदलने पर
$10 + 2 - 12 \div 1 \times 0$
$= 12 - 12 \times 0 = 12$

11. (c) (23 – 5) * (12 ÷ 2) * 3 * 6
$\Rightarrow 18 \div 6 + 3 = 6$
$\Rightarrow 3 + 3 = 6$
$\Rightarrow 6 = 6$

12. (b) $49 - 7 + 3 \div 5 \times 8 = 24$
$\Rightarrow 49 \div 7 \times 3 - 5 + 8$
$\Rightarrow 7 \times 3 - 5 + 8$
$\Rightarrow 29 - 5 = 24$

13. (b) दिया गया समीकरण
$= 100 \times 10 - 100 + 2000 \div 100$
$= 1000 - 100 + 20$
$= 920$

14. (b) 7 * 7 * 2 * 1 = 12
$7 + 7 - 2 \times 1 = 12$
अत: चिन्हों का अभीष्ट समूह
$= + - \times$

15. (b) व्यंजक $= 20 + 4 \times 6 - 5 \div 7$
चिन्हों को बदलने पर
$20 \div 4 - 6 + 5 \times 7$
$= 5 - 6 + 35 = 34$

16. (b) [(7M 3) S2] A 8 D 10
अक्षरों के स्थान पर चिन्हों को रखने पर
$= [(7 + 3) \div 2] \times 8 - 10$
$= [10 \div 2] \times 8 - 10$
$= 5 \times 8 - 10$
$= 40 - 10 = 30$

17. (b) व्यंजक $= 13 - 12 \div 400 + 20 \times 100$
चिन्हों को बदलने पर
$= 13 \times 12 + 400 \div 20 - 100$
$= 156 + 20 - 100$
$= 76$

18. (a) दिया गया व्यंजक $= 6 \div 8 + 2 \times 5 - 8$
$= 6 \times 8 \div 2 - 5 + 8$
चिन्हों को बदलने पर
$= 6 \times 4 - 5 + 8$
$= 24 - 5 + 8 = 27$

19. (b) समीकरण में चिन्हों को रखने पर
$[(40 \div 2) + 4] \div 3 = 8$
$[20 + 4] \div 3 = 8$
$24 \div 3 = 8$
$8 = 8$

20. (b) 8 * 6 * 96 * 2 = 0
$\Rightarrow 8 \times 6 - 96 \div 2 = 0$
$\Rightarrow 48 - 48 = 0$

21. (c) प्राप्त समीकरण
12 Q 15 P 3 R 4 S6 = ?
चिन्हों को रखने पर
$= 12 \times 15 \div 3 + 4 - 6$
$= 12 \times 5 + 4 - 6$
$= 64 - 6 = 58$

22. (b) प्राप्त समीकरण
= 225 R 5 A 64 Q 13 V 6 = ?
अक्षरों के स्थान पर चिन्हों को रखने पर
$= 225 \div 5 + 64 - 13 \times 6$
$= 45 + 64 - 78$
$? = 31$

23. (d) दिया गया व्यंजक
$= 45 + 9 - 3 \times 15 \div 2$
प्रश्नानुसार चिन्हों को परिवर्तित करने पर
$45 \div 9 \times 3 + 15 - 2$
$= 5 \times 3 + 15 - 2$
$= 15 + 15 - 2 = 28$

24. (a) दिया गया व्यंजक
= 18 T 3 P 9 S 8 R 6
$= 18 \div 3 \times 9 - 8 + 6$
$= 54 - 8 + 6 = 52$

25. (c) दिया गया व्यंजक
18 B 12 A 4 C 5 D 6
प्रश्नानुसार, चिन्हों का परिवर्तन करने पर
$= 18 \times 12 \div 4 + 5 - 6$
$= 18 \times 3 + 5 - 6$
$= (54 + 5 - 6) = 53$

❑❑❑

अध्याय

18

प्रत्यक्ष ज्ञान बोध

इस अध्याय से सम्बन्धित प्रश्नों के अन्तर्गत परीक्षा में कुछ संख्याएँ एक या एक से अधिक आकृतियों में या मैट्रिक्स के अन्दर या समीकरणों के रूप में दी गई होती हैं, जो एक निश्चित नियम के अनुसार व्यवस्थित की गई होती हैं तथा आकृति में किसी स्थान विशेष पर एक प्रश्नवाचक चिह्न (?) दिया गया होता है।

सामान्यत: ये समस्याएँ किसी नियम विशेष पर आधारित होती हैं, अत: अभ्यर्थियों को संख्याओं के व्यवस्थितकरण के नियम का ध्यानपूर्वक अवलोकन करते हुए यह ज्ञात करना होता है कि लुप्त पद अर्थात् प्रश्नवाचक चिह्न (?) के स्थान पर दिए गए विकल्पों में से कौन-सी उपयुक्त संख्या आएगी?

इस अध्याय के अन्तर्गत पूछे जाने वाले प्रश्नों के प्रारूप एवं उपरोक्त तथ्यों के स्पष्टीकरण हेतु नीचे दिए गए विभिन्न प्रकार के उदाहरणों का ध्यानपूर्वक अवलोकन करें, जो इस अध्याय से सम्बन्धित अन्य प्रश्नों को आसानी से हल करने में काफी सहायक होंगे।

हल सहित उदाहरण

उदाहरण 1. दी गई आकृति में प्रश्नवाचक चिह्न (?) के स्थान पर कौन-सी संख्या आएगी?

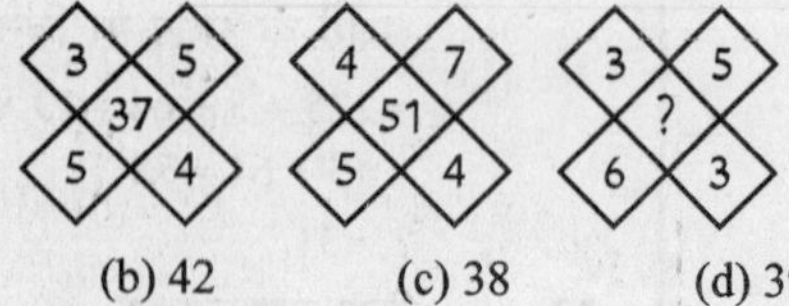

(a) 40 (b) 42 (c) 38 (d) 39

हल: (d) दी गई आकृति का ध्यापूर्वक अवलोकन करने पर हम पाते हैं कि प्रत्येक आकृति में बीच की संख्या, दोनों ओर के आमने-सामने के अंकों के गुणनफल का योगफल है।

जैसे– $3 \times 4 + 5 \times 5 = 12 + 25 = 37$

$4 \times 4 + 7 \times 5 = 16 + 35 = 51$

इसी प्रकार, $3 \times 3 + 5 \times 6 = 9 + 30 = 39$

अत: दी गई तीसरी आकृति में प्रश्नवाचक चिह्न (?) के स्थान पर अभीष्ट संख्या 39 होगी।

प्रदत्तर आकृतियों में लुप्त संख्या ज्ञात करें।

उदाहरण 2.

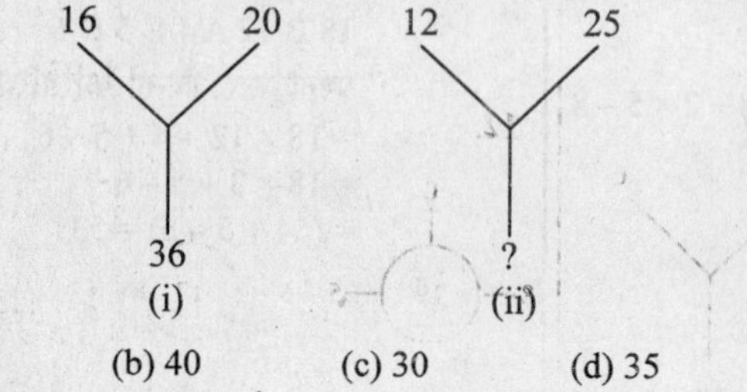

(a) 37 (b) 40 (c) 30 (d) 35

हल: (a) जिस प्रकार चित्र (i) में–

$16 + 20 = 36$

उसी प्रकार चित्र (ii) में–

$12 + 25 = 37$

उदाहरण 3. दी गई आकृति में लुप्त संख्या ज्ञात कीजिए।

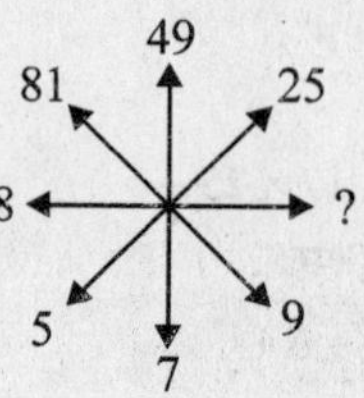

(a) 47 (b) 64 (c) 81 (d) 121

हल: (b) दी गई आकृति में प्रत्येक लकीर के दोनों ओर की संख्याओं में से एक संख्या, दूसरे का वर्ग है।

जैसे– $(5)^2 = 25, (7)^2 = 49, (9)^2 = 81$

इसी प्रकार, $(8)^2 = 64$

अत: प्रश्नवाचक चिह्न (?) के स्थान पर उपयुक्त संख्या 64 होगी।

उदाहरण 4. दी गई आकृति में प्रश्नवाचक चिह्न (?) के स्थान पर कौन-सी संख्या आएगी?

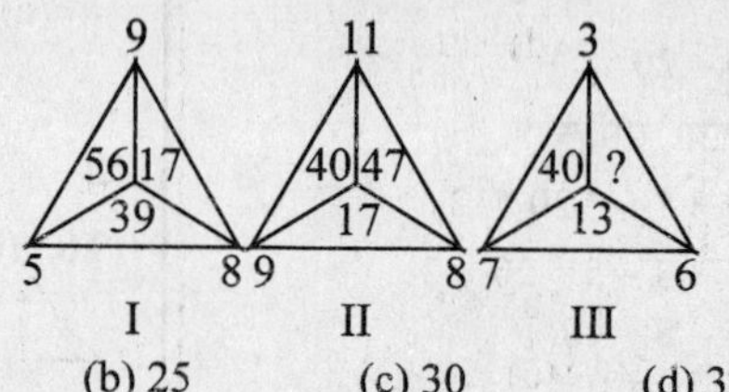

(a) 27 (b) 25 (c) 30 (d) 32

हल: (a) दी गयी आकृति का ध्यानपूर्वक अवलोकन करने पर हम पाते हैं कि प्रत्येक आकृति में दोनों कोणों पर स्थित अंक के बीच की संख्या दोनों कोणों पर स्थित अंक के वर्ग का अन्तर है।

जैसे-आकृति I में, $(9)^2 - (5)^2 = 81 - 25 = 56$

$(9)^2 - (8)^2 = 81 - 64 = 17$

$(8)^2 - (5)^2 = 64 - 25 = 39$

तथा आकृति II में, $(11)^2 - (9)^2 = 121 - 81 = 40$

$(11)^2 - (8)^2 = 121 - 64 = 57$

$(9)^2 - (8)^2 = 81 - 64 = 17$

इसी प्रकार, आकृति III में, $(7)^2 - (3)^2 = 49 - 9 = 40$

$(6)^2 - (3)^2 = 36 - 9 = 27$

$(7)^2 - (6)^2 = 49 - 36 = 13$

अत: प्रश्नवाचक चिह्न (?) के स्थान पर उपयुक्त संख्या 27 होगी।

उदाहरण 5. दी गई आकृतियों में लुप्त संख्या ज्ञात कीजिए—

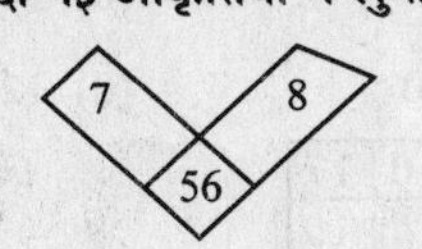

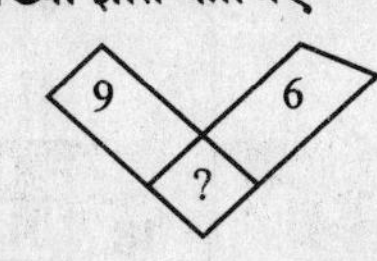

(a) 50 (b) 15 (c) 54 (d) 40

हल— (c) : जिस प्रकार—

$7 \times 8 = 56$

उसी प्रकार—

$9 \times 6 = \boxed{54}$

उदाहरण 6. प्रदत्त आकृति में लुप्त संख्या ज्ञात करें—

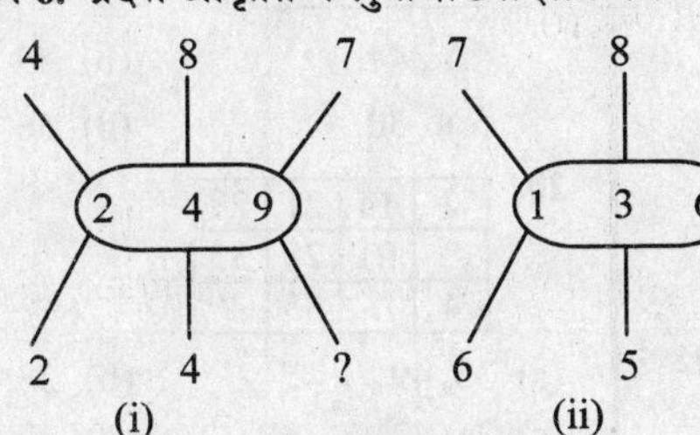

(a) 4 (b) 1 (c) 2 (d) 3

हल— (c) : जिस प्रकार चित्र II में—

$7 - 6 = 1$ (बायीं ओर ऊपर की संख्या – नीचे की संख्या = मध्य की संख्या)

$8 - 5 = 3$ (मध्य में ऊपर की संख्या – नीचे की संख्या = मध्य की संख्या), तथा

$5 + 1 = 6$ (दायीं ओर ऊपर की संख्या + नीचे की संख्या = मध्य की संख्या)

उसी प्रकार चित्र I में—

$4 - 2 = 2$ (बायीं ओर ऊपर की संख्या – नीचे की संख्या = मध्य की संख्या),

$8 - 4 = 4$ (मध्य में ऊपर की संख्या – नीचे की संख्या = मध्य की संख्या), तथा

$\boxed{2} + 7 = 9$ (दायीं ओर ऊपर की संख्या + नीचे की संख्या = मध्य की संख्या)

अत: प्रश्नवाचक चिह्न (?) के स्थान पर उपयुक्त संख्या 2 होगी।

प्रश्नमाला

निर्देश (प्र.सं. 1 – 20)—निम्नलिखित प्रत्येक प्रश्न में एक संख्या लुप्त है। सर्वनिष्ठ गुणों के आधार पर उसका चुनाव दिये गये विकल्पों में से कीजिए—

1.

13	6	4
6	8	6
1	6	?

(a) 25 (b) 10
(c) 15 (d) 20

2.

5	23	41
11	29	?
17	35	53

(a) 48 (b) 49
(c) 47 (d) 50

3.

3	370	7
2	224	6
1	730	?

(a) 5 (b) 8
(c) 9 (d) 11

4.

3	2	3
9	2	2
2	3	2
144	64	?

(a) 30 (b) 46
(c) 125 (d) 25

5.

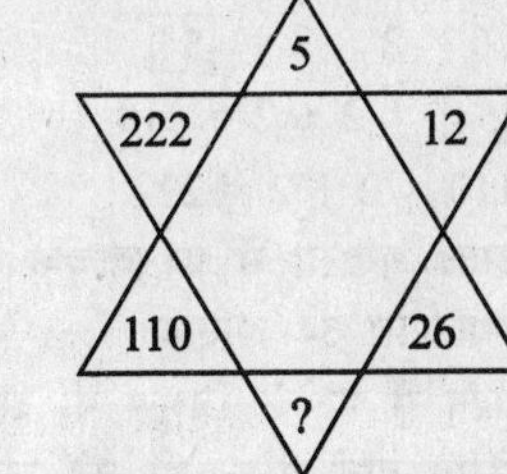

(a) 54 (b) 51
(c) 48 (d) 44

6.

10, 15, 20 : 15 ; 15, 15, 30 : 30 ; 16, 32, 48 : ?

(a) 32 (b) 34
(c) 36 (d) 38

7.

2, 4, 5 : 40 ; 5, 6, 7 : 210 ; 6, 8, 9 : ?

(a) 432 (b) 532
(c) 232 (d) 161

8.

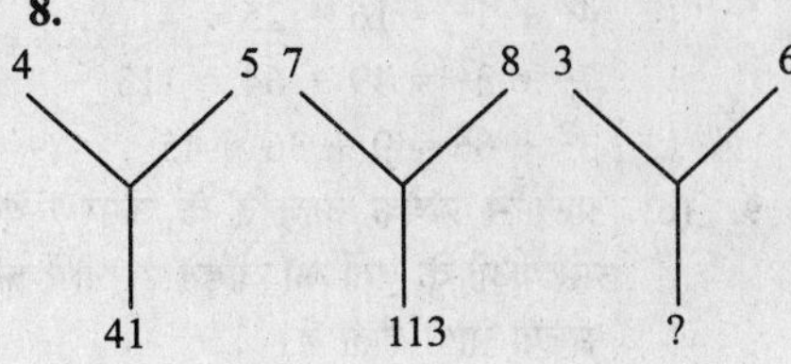

(a) 60 (b) 45
(c) 40 (d) 50

9.

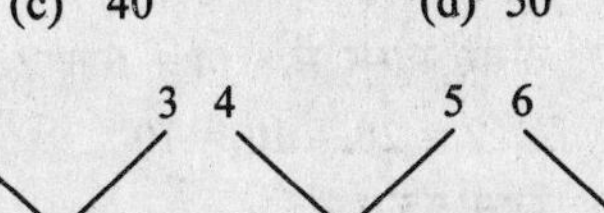

(a) 65 (b) 75
(c) 85 (d) 95

10.

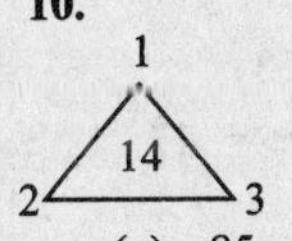

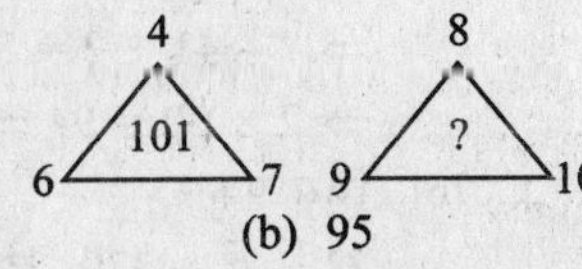

(a) 85 (b) 95
(c) 145 (d) 245

11.

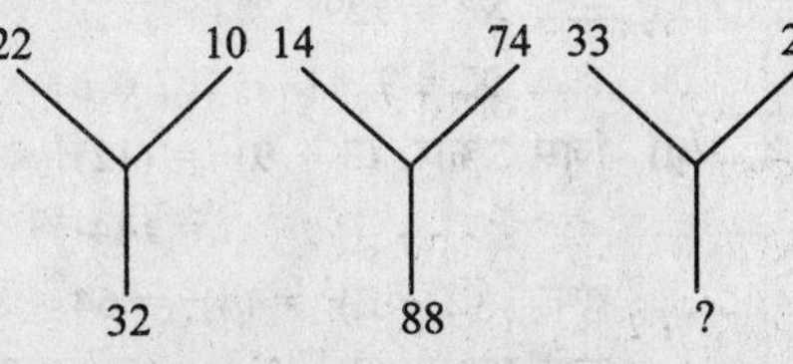

(a) 48 (b) 58
(c) 59 (d) 95

12.

(0, 8, 5, 6 : 19) ; (2, 6, 5, 4 : 17) ; (6, 7, 2, 6 : ?)

(a) 20 (b) 21
(c) 22 (d) 23

13.

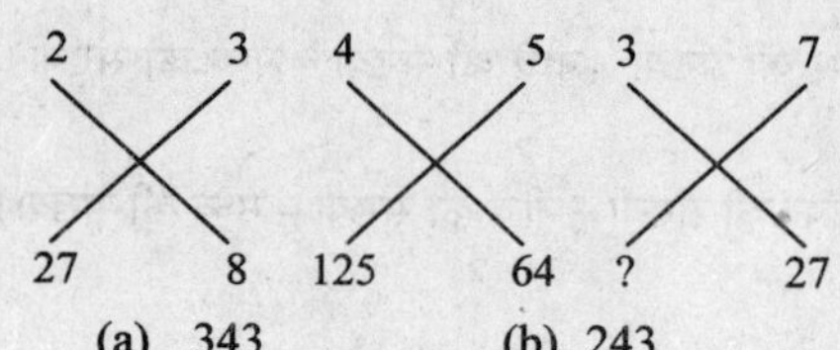

(a) 343 (b) 243
(c) 143 (d) 443

14.

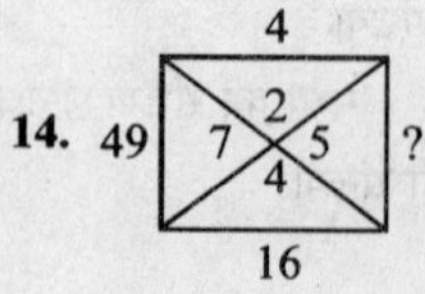

(a) 25 (b) 36
(c) 20 (d) 28

15.

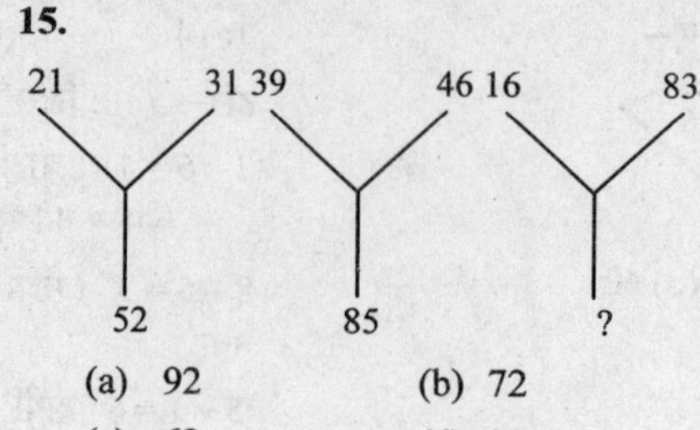

(a) 92 (b) 72
(c) 62 (d) 99

16.

4	3	2	5
5	6	9	2
6	5	3	?

(a) 7 (b) 8
(c) 9 (d) 10

17.

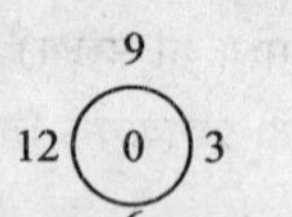

23
16 2 7
2

28
11 ? 8
5

(a) 15 (b) 14
(c) 20 (d) 12

18.

8	10	17
11	?	10
16	11	8

(a) 14 (b) 15
(c) 12 (d) 13

19.

2	3	4
24	39	?
20	30	40

(a) 44 (b) 49
(c) 50 (d) 56

20.

2	14	21	28
3	21	28	35
4	?	35	?

(a) 35, 49 (b) 28, 42
(c) 21, 42 (d) 49, 56

उत्तर (हल/संकेत)

1. (b) पहले स्तम्भ में, $13 + 6 + 1 = 20$
दूसरे स्तम्भ में, $6 + 8 + 6 = 20$
तीसरे स्तम्भ में, $4 + 6 + ? = 20$
$\therefore ? = 20 - 10 = 10$

2. (c) जिस प्रकार,
स्तम्भ I में, $11 - 5 \Rightarrow 6 + 11 \Rightarrow 17$
स्तम्भ II में, $29 - 23 \Rightarrow 6 + 29 \Rightarrow 35$
उसी प्रकार,
स्तम्भ II में, $? - 41$
$\Rightarrow ? - 41 + ? = 53$
$\Rightarrow 2 \times (?) = 94 \Rightarrow = 47$

3. (c) जिस प्रकार,
$3^3 + 7^3 = 370,\ 2^3 + 6^3 = 224$
जिस प्रकार, $1^3 + X^3 = 730$
$\Rightarrow X^3 = 729$
$\therefore X = 9$

4. (d) जिस प्रकार, $(3 + 9)^2 = (12)^2 = 144$
तथा $(2 + 2)^3 = (4)^2 = 64$
उसी प्रकार, $(3 + 2)^3 = (5)^2 = 25$
यहाँ पर प्रश्न में दी गई पहली दो संख्याओं को जोड़कर तीसरी संख्या के अनुसार उसका वर्ग या घन निकालना है।

5. (a) दिए गए चित्र में संख्याओं को निम्न क्रम में लिया गया है
$5 \times 2 + 2 = 12$
$12 \times 2 + 2 = 26$
$26 \times 2 \times 2 = \boxed{54}$
$\boxed{54} \times 2 + 2 = 110$
$110 \times 2 + 2 = 222$
अतः शृंखला में प्रश्नवाचक चिह्न के स्थान पर 54 आएगा।

6. (a) प्रश्न में प्रत्येक त्रिभुज के दायीं ओर स्थित दोनों संख्याओं को जोड़ने पर प्राप्त योगफल में तीसरी संख्या को घटाने पर त्रिभुज के अंदर की संख्या प्राप्त होती है। जैसे–
$(10 + 20) - 15 = 30 - 15 = 15$
$(15 + 30) - 15 = 45 - 15 = 30$
$\therefore (16 + 48) - 32 = 64 - 32 = 32$

7. (a) प्रश्न में प्रत्येक त्रिभुज के बाहर स्थित संख्याओं को गुणा करने पर त्रिभुज के अंदर की संख्या प्राप्त होती है। जैसे–
$2 \times 4 \times 5 = 40$
$5 \times 6 \times 7 = 210$
$\therefore 6 \times 8 \times 9 = 432$

8. (b) प्रश्न में प्रत्येक आकृति के ऊपर स्थित संख्याओं के वर्गों को जोड़ने पर नीचे की संख्या प्राप्त होती है। जैसे–
$4^2 + 5^2 = 16 + 25 = 41$
$7^2 + 8^2 = 49 + 64 = 113$
$\therefore 3^2 + 6^2 = 9 + 36 = 45$

9. (c) प्रश्न में प्रत्येक आकृति के ऊपर स्थित संख्याओं के वर्गों को जोड़ने पर नीचे की संख्या प्राप्त होती है। जैसे–
$2^2 + 3^2 = 4 + 9 = 13$
$4^2 + 5^2 = 16 + 25 = 41$
$\therefore 6^2 + 7^2 = 36 + 49 = 85$

10. (d) प्रश्न में प्रत्येक त्रिभुज के शीर्ष पर स्थित संख्याओं के वर्गों को जोड़ने पर त्रिभुज के अंदर की संख्या प्राप्त होती है। जैसे–
$1^2 + 2^2 + 3^2 = 1 + 4 + 9 = 14$
$4^2 + 4^2 + 7^2 = 16 + 36 + 49 = 101$
$\therefore 8^2 + 9^2 + 10^2 = 64 + 81 + 100 = 245$

11. (c) प्रश्न में, प्रत्येक आकृति में ऊपर स्थित दोनों संख्याओं का योग करने पर नीचे की संख्या प्राप्त होती है। जैसे–
पहली आकृति में, $22 + 10 = 32$
दूसरी आकृति में, $14 + 74 = 88$
$\therefore$ तीसरी आकृति में, $33 + 26 = 59$

12. (b) प्रश्न में प्रत्येक वृत्त के बाहर स्थित अंकों का योग करने पर वृत्त के अंदर स्थित संख्या प्राप्त होती है।
जैसे–
पहले वृत्त में, $0 + 5 + 6 + 8 = 19$
दूसरे वृत्त में, $2 + 5 + 4 + 6 = 17$
$\therefore$ तीसरे वृत्त में, $6 + 2 + 6 + 7 = 21$

13. (a) प्रश्न में प्रत्येक आकृति के ऊपर स्थित संख्याओं का घन करने पर विकर्णवत् संख्या प्राप्त होती है। जैसे–

पहली आकृति में,
2 का घन = $2^3 = 8$
3 का घन = $3^3 = 27$
दूसरी आकृति में,
4 का घन = $4^3 = 64$
5 का घन = $5^3 = 125$
∴ तीसरी आकृति में,
3 का घन = $3^3 = 27$
7 का घन = $7^3 = 343$

14. (a) प्रश्न में तालिका के अंदर स्थित, दी गयी संख्याओं का वर्ग करने पर अंदर स्थित प्रत्येक के सम्मुख उस संख्या का वर्ग प्राप्त होता है। जैसे–
7 का वर्ग = 49
2 का वर्ग = 4
4 का वर्ग = 16
5 का वर्ग = 25

15. (d) प्रश्न में सभी आकृतियों के ऊपर स्थित दोनों संख्याओं का योग करने पर, नीचे की संख्या प्राप्त होती है। जैसे–
पहली आकृति में,
$21 + 31 = 52$
दूसरी आकृति में,
$39 + 46 = 85$
∴ तीसरी आकृति में,
$16 + 83 = 99$

16. (b) तालिका की पहली पंक्ति में,
$(4 + 3) - 2 = 7 - 2 = 5$
दूसरी पंक्ति में,
$(5 + 6) - 9 = 11 - 9 = 2$
∴ तीसरी पंक्ति में,
$6 + 5 - 3 = 11 - 3 = 8$

17. (b) प्रश्न में वृत्त में आमने-सामने स्थित अंकों के योगफलों का अंतर वृत्त में स्थित अंक के समान है।
पहली आकृति में,
$(12 + 3) - (9 + 6) = 15 - 15 = 0$
दूसरी आकृति में,
$(23 + 2) - (16 + 7) = 25 - 23 = 2$
∴ तीसरी आकृति में,
$(28 + 5) - (11 + 8) = 33 - 19$
$= 14$

18. (a) चूँकि प्रत्येक पंक्ति और स्तम्भ में सभी संख्याओं का योग 35 है।
अत: अभीष्ट संख्या 14 होगी।

19. (d) $\left(\frac{\text{तृतीय पंक्ति}}{\text{प्रथम पंक्ति}} + \text{प्रथम पंक्ति}\right) \times \text{प्रथम}$
पंक्ति = द्वितीय
$\left(\frac{20}{2}+2\right)\times 2 = 24$
$\left(\frac{30}{3}+3\right)\times 3 = 24$
$\left(\frac{40}{4}+4\right)\times 4 = 56$

20. (b) प्रथम पंक्ति $7 \times 2 = 14$
$7 \times 3 = 21$
$7 \times 4 = 28$
द्वितीय पंक्ति
$7 \times 3 = 21, 7 \times 4 = 28,$
$7 \times 5 = 35$
तृतीय पंक्ति $7 \times 4 = 28, 7 \times 5 = 35$
$7 \times 6 = 42$

❑❑❑

अध्याय

19

शब्द संरचना परीक्षण

इस अध्याय से सम्बन्धित पूछे जाने वाले प्रश्नों में एक मूल शब्द दिया जाता है, फिर यह पूछा जाता है कि मूल शब्द में प्रयुक्त अक्षरों में से कौन-कौन से शब्द बनाए जा सकते हैं या कौन-कौन से शब्द नहीं बनाए जा सकते हैं। यहाँ ध्यान देना आवश्यक है कि सामान्यत: एक अक्षर का प्रयोग एक ही बार करना होता है।

इसके अतिरिक्त अंग्रेजी के किसी अर्थपूर्ण (Meaningful) शब्द को मिश्रित करके अभ्यर्थियों के सामने प्रश्न के तौर पर रखा जाता है, फिर अभ्यर्थियों से दिए गए इन मिश्रित शब्द को अर्थपूर्ण शब्द में परिवर्तित करते हुए अर्थपूर्ण शब्द का प्रथम अक्षर अथवा मध्य अक्षर अथवा अन्तिम अक्षर पूछा जाता है। एक अन्य रूप में, दिए गए मिश्रित शब्दों को अंकों के रूप में कूटबद्ध कर दिया जाता है, फिर कूटबद्ध किए गए अंकों को विकल्प के रूप में दिया जाता है। अभ्यर्थियों को इन मिश्रित शब्दों को अर्थपूर्ण क्रम में परिवर्तित करने पर जो अर्थपूर्ण शब्द प्राप्त होता है उसी क्रम में अंकों को भी व्यवस्थित करना होता है, यही व्यवस्थित अंक नीचे दिए गए विकल्पों में से कोई एक विकल्प होता है, जिसे उत्तर के रूप में ज्ञात किया जाता है। ऐसे प्रश्नों को हल करने के लिए अभ्यर्थियों को अंग्रेजी के शब्दों पर अच्छी पकड़ रखने की आवश्यकता होती है।

उपरोक्त तथ्यों के स्पष्टीकरण हेतु इसके अन्तर्गत पूछे जाने वाले प्रश्नों के प्रारूप व उसके व्याख्यात्मक हल का ध्यानपूर्वक अवलोकन करें।

हल सहित उदाहरण

निर्देश—(प्रश्न 1-3) निम्नलिखित प्रश्नों में एक शब्द दिया गया है, प्रश्न में दिए गए शब्द के बाद विकल्पों में चार शब्द दिए गए हैं। विकल्पों में दिए गए शब्दों में से एक शब्द प्रश्न में दिए अक्षरों का उपयोग करके बनाया जा सकता है। वह शब्द बताइए।

उदाहरण 1. MEASUREMENT

(a) MASTER (b) MANTLE
(c) SURE (d) Assure

हल: (c) दिए गए शब्द से केवल SURE शब्द बनाया जा सकता है।

उदाहरण 2. ENVIRONMENT

(a) MOVEMENT (b) ENTERTAIN
(c) EMINENT (d) ENTRANCE

हल: (c) दिए गए शब्द से केवल EMINENT शब्द बनाया जा सकता है।

उदाहरण 3. ORANGE

(a) RANGE (b) ARRANGE
(c) CHANGE (d) RAIN

हल: (a) दिए गए शब्द से केवल RANGE शब्द बन सकता है।

निर्देश—(उदाहरण 4-6) निम्नलिखित प्रश्नों में एक शब्द दिया गया है, प्रश्न में दिए गए शब्द के बाद विकल्पों में चार शब्द दिए गए हैं। विकल्पों में दिए गए शब्दों में से एक शब्द प्रश्न में दिए अक्षरों का उपयोग करके नहीं बनाया जा सकता है। वह शब्द बताइए।

उदाहरण 4. RETRENCHMENT

(a) CHEER (b) ENTER
(c) METRE (d) NEVER

हल: (d) 'RETRENCHMENT' शब्द से 'NEVER' शब्द नहीं बनाया जा सकता है, क्योंकि अक्षर (V) का प्रयोग मूल शब्द में नहीं हुआ है।

उदाहरण 5. REPUBLICAN

(a) CLTP (b) PURE
(c) QUBA (d) BANE

हल: (c) 'REPUBLICAN' शब्द से 'QUBA' शब्द नहीं बनाया जा सकता है, क्योंकि 'Q' अक्षर का प्रयोग मूल शब्द में नहीं हुआ है।

उदाहरण 6. SOCIALISATION

(a) SCOUT (b) CLASS
(c) LIAISION (d) ASSOCIATION

हल: (a) 'SOCIALISATION' शब्द से 'SCOUT' शब्द नहीं बनाया जा सकता है, क्योंकि मूल शब्द में 'U' अक्षर का प्रयोग नहीं किया गया है।

उदाहरण 7. नीचे दिए गए अक्षरों को एक शब्द के रूप में व्यवस्थित करने पर निम्न में कौन-सा शब्द बनेगा?

a a d e f g r s u

(a) PSeudograde (b) Grandson
(c) Safeguard (d) Stagnation

हल: (c) चूँकि उपरोक्त में दिए गए अक्षर से दिए गए विकल्पों में से एक मात्रा शब्द 'Safeguard' बनता है, 'Stagnation' शब्द में *t* प्रयुक्त हुआ है, जो कि उपरोक्त शब्द में नहीं है अत: यह शब्द बनना सम्भव नहीं है इसी प्रकार Grandson तथा Pseudograde शब्द भी नहीं बनाया जा सकता है।

उदाहरण 8. नीचे दिए गए अव्यवस्थित शब्दों को अर्थपूर्ण क्रम में व्यवस्थित करने पर उसका अन्तिम अक्षर कौन-सा होगा, यदि दिया गया शब्द किसी खेल से सम्बन्धित हो? "NABMODINT"

(a) N (b) O
(c) I (d) D

हल: (a) $\therefore$ दिए गए शब्दों को व्यवस्थित करने पर अर्थपूर्ण शब्द = 'BADMINTON'
अत: अन्तिम अक्षर = N

प्रश्नमाला

निर्देश—(प्रश्न 1-2) नीचे दिए गए प्रत्येक प्रश्न में शब्दों को शब्दकोश के अनुसार सजाइए तथा उस शब्द को ज्ञात कीजिए, जो शब्दकोश में सबसे अन्तिम स्थान पर आएगा।

1. (a) Hate (b) Heat (c) Heart (d) Heavy

2. (a) Wait (b) Wall (c) Well (d) Walk

निर्देश—(प्रश्न 3-4) नीचे दिए गए प्रत्येक प्रश्न में शब्दों को शब्दकोश के अनुसार सजाइए तथा उस शब्द को ज्ञात कीजिए, जो शब्दकोश में सबसे पहले आएगा।

3. (a) Rural (b) Romance (c) Rajoice (d) Reveal

4. (a) Ram Kumar (b) Rajesh (c) Ramesh (d) Raj Kishore

निर्देश— (प्रश्न 5-6) नीचे दिए गए प्रश्नों में शब्दो के शब्दकोश के अनुसार सजाइए तथा सही कूट का चयन कीजिए।

5. 1. Task 2. Tune 3. Tone 4. Told 5. Tire

(a) 1, 2, 3, 4, 5 (b) 5, 4, 3, 2, 1 (c) 1, 5, 4, 3, 2 (d) 1, 4, 5, 3, 2

6. (1) Sale (2) Selection (3) Selfish (4) Seldom (5) Sendor

(a) 1, 2, 3, 5, 4 (b) 5, 4, 3, 2, 1 (c) 1, 2, 3, 4, 5 (d) 1, 4, 2, 3, 5

निर्देश—(प्रश्न 7-28) निम्नलिखित प्रश्नों में एक शब्द तथा उसके बाद चार विकल्प दिए गए हैं। चार विकल्पों में से केवल एक ही विकल्प ऐसा है, जो दिए गए मूल शब्द के अक्षरों से नहीं बनाया जा सकता है। उस विकल्प को चुनिए।

7. EXAMINATION
(a) EXAMINE (b) NATION (c) NOTE (d) TONE

8. ETHNOGRAPHIC
(a) HEART (b) GEAR (c) EARTH (d) GARMENT

9. ENDEAVOUR
(a) DROVE (b) DEVOUR (c) DROWN (d) ROUND

10. DISSEMINATION
(a) INDIA (b) NATIONS (c) MENTION (d) ACTION

11. DISAPPOINTMENT
(a) POINT (b) OINTMENT (c) TENAMENT (d) POSITION

12. COUNTERPART
(a) PROTECT (b) TEMPER (c) TENOR (d) TREAT

13. COMMENTATOR
(a) TART (b) COMMON (c) MOMENT (d) COSMOS

14. TEMPERAMENT
(a) METER (b) PETER (c) TENTER (d) TESTERS

15. TEASTALL
(a) TASTE (b) STALL (c) LEAST (d) SEATS

16. TEACHERS
(a) REACH (b) CHAIR (c) CHEER (d) SEARCH

17. TRANSPORT
(a) SPORT (b) STRAP (c) TRUST (d) START

18. SOCIALISATION
(a) SCOUT (b) CLASS (c) LIAISON (d) SSOCIATION

19. SUPERINTENDENT
(a) DENTIST (b) TEMPER (c) TENURE (d) INDENT

20. SUGGESTION
(a) GESTURE (b) SUGGEST (c) GUESS (d) NUGGET

21. REPRIMAND
(a) MAIDEN (b) REPAIR (c) MUNDANE (d) REMAND

22. RECREATION
(a) RATION (b) ACTION (c) TORN (d) REFER

23. CONTEMPORARY
(a) PARROT (b) COMPANY (c) CARPENTER (d) PRAYER

24. CHOREOGRAPHY
(a) OGRE (b) PHOTOGRAPHY (c) GRAPH (d) GEOGRAPHY

25. CLASSIFICATION
(a) HCTION (b) ACTION (c) NATION (d) LIASION

26. CATEGORIZATION
(a) ORIENT (b) TIGER (c) GRANITE (d) NEGATIVE

27. AUTOGRAPHS
(a) GRAPH (b) TROUGH (c) PATHOS (d) GREAT

28. ADMINISTRATOR
(a) ADMIT (b) NEST (c) MANIA (d) ROAD

निर्देश—(प्रश्न 29-35) निम्नलिखित प्रश्नों में एक शब्द तथा उसके बाद चार विकल्प दिए गए हैं। उस विकल्प का चयन कीजिए, जो दिए गए शब्द के अक्षरों का प्रयोग करके बनाया जा सकता है।

29. INFORMATION
(a) FARMER (b) MOTION (c) FIREMAN (d) NAME

30. RECRUITMENT
(a) CROWD (b) UNITE (c) TIRED (d) RETIRED

31. RHINOCEROS
(a) RENAL (b) HIND (c) SORE (d) HORSE

32. SUPERCONDUCTOR
(a) PERSONAL (b) SUPPORT (c) COUNTER (d) REPORTER

33. UNIDENTIFIED
(a) UNITED (b) LIMIT (c) DIETS (d) DENTIST

34. VENTURESOME
(a) ROSTRUM (b) SERMON (c) TRAVERSER (d) SEVENTEEN

35. INTERNATIONAL
(a) ANNUAL (b) LAMINATION (c) TERMINATE (d) INTERNAL

उत्तर (हल/संकेत)

1. (d) दिए गए शब्दों को शब्दकोश के अनुसार व्यवस्थित करने पर शब्दों का क्रम निम्न प्रकार होगा—

Hate, Heart, Heat, Heavy

अत: Heavy शब्द, शब्दकोश में सबसे अन्त में आएगा।

2. (c) दिए गए शब्दों को शब्दकोश के अनुसार व्यवस्थित करने पर शब्दों का क्रम निम्न प्रकार होगा—

Wait, Walk, Wall, Well

अतः Well शब्द, शब्दकोश में सबसे अन्त में आएगा।

3. (c) दिए गए शब्दों को शब्दकोश के अनुसार व्यवस्थित करने पर शब्दों का क्रम निम्न प्रकार होगा–

Rejoice, Reveal, Romance, Rural

अतः Rejoice शब्द, शब्दकोश में सबसे पहले आएगा।

4. (b) दिए गए शब्दों को शब्दकोश के अनुसार व्यवस्थित करने पर शब्दों का क्रम निम्न प्रकार होगा–

Rajesh, Raj kishore, Ramesh, Ram Kumar

अतः Rajesh शब्द, शब्दकोश में सबसे पहले आएगा।

5. (d) दिए गए शब्दों को शब्दकोश के अनुसार व्यवस्थित करने पर शब्दों का क्रम निम्न प्रकार होगा–

1. Task 5. Tire 4. Told 3. Tone 2. Tune

6. (d) दिए गए शब्दों को शब्दकोश के अनुसार व्यवस्थित करने पर शब्दों का क्रम निम्न प्रकार होगा–

1. Sale 4. Seldom 2. Selection 3. Selfish 5.Sendor

7. (a)'EXAMINE' में 'E' अक्षर का प्रयोग दो बार हुआ है, जबकि मूल शब्द 'EXAMINATION' में 'E' अक्षर का प्रयोग एक बार हुआ है। अतः 'EXAMINE' प्रदत्त शब्द से नहीं बनाया जा सकता है।

8. (d) 'GARMENT' में 'M' अक्षर का प्रयोग हुआ है, जबकि मूल शब्द 'ETHNOGRAPHIC' में 'M' अक्षर का प्रयोग नहीं हुआ है। अतः 'GARMENT' प्रदत्त शब्द से नहीं बनाया जा सकता है।

9. (c) 'DROWN' में 'W' अक्षर का प्रयोग हुआ है, जबकि मूल शब्द 'ENDEAVOUR' में 'W' अक्षर का प्रयोग नहीं हुआ है। अतः 'DROWN' प्रदत्त शब्द से नहीं बनाया जा सकता है।

10. (d) 'ACTION' में 'C' अक्षर का प्रयोग हुआ है, जबकि मूल शब्द 'DISSEMINATION' में 'C' अक्षर का प्रयोग नहीं हुआ है। अतः 'ACTION' प्रदत्त शब्द से नहीं बनाया जा सकता है।

11. (c) 'TENAMENT' में 'E' अक्षर का दो बार प्रयोग हुआ है, जबकि मूल शब्द 'DISAPPOINTMENT' में 'E' अक्षर का एक बार प्रयोग हुआ है। अतः 'TENAMENT' प्रदत्त शब्द से नहीं बनाया जा सकता है।

12. (b) 'TEMPER' में 'M' अक्षर का प्रयोग हुआ है, जबकि मूल शब्द 'COUNTERPART' में 'M' अक्षर का प्रयोग नहीं हुआ है। अतः 'TEMPER' प्रदत्त शब्द से नहीं बनाया जा सकता है।

13. (d) 'COSMOS' में 'S' अक्षर का प्रयोग दो बार हुआ है, जबकि मूल शब्द 'COMMENTATOR' में 'S' अक्षर का प्रयोग नहीं हुआ है। अतः 'COSMOS' प्रदत्त शब्द से नहीं बनाया जा सकता है।

14. (d) 'TESTERS' में 'S' अक्षर का प्रयोग दो बार हुआ है, जबकि मूल शब्द 'TEMPERAMENT' में 'S' अक्षर का प्रयोग एक बार हुआ है। अतः 'TESTERS' प्रदत्त शब्द से नहीं बनाया जा सकता है।

15. (d) 'SEATS' में 'S' अक्षर का प्रयोग दो बार हुआ है, जबकि मूल शब्द 'TEASTALL' में 'S' अक्षर का प्रयोग एक बार हुआ है। अतः 'SEATS' प्रदत्त शब्द से नहीं बनाया जा सकता है।

16. (b) 'CHAIR' में 'I' अक्षर का प्रयोग हुआ है, जबकि मूल शब्द 'TEACHER' में 'I' अक्षर का प्रयोग नहीं हुआ है। अतः 'CHAIR' प्रदत्त शब्द से नहीं बनाया जा सकता है।

17. (c) 'TRUST' में 'U' अक्षर का प्रयोग हुआ है, जबकि मूल शब्द 'TRANSPORT' में 'U' अक्षर का प्रयोग नहीं हुआ है। अतः 'TRUST' प्रदत्त शब्द से नहीं बनाया जा सकता है।

18. (a) 'SCOUT' में 'U' अक्षर का प्रयोग हुआ है, जबकि मूल शब्द 'SOCIALISATION' में 'U' अक्षर का प्रयोग नहीं हुआ है। अतः 'SCOUT' प्रदत्त शब्द से नहीं बनाया जा सकता है।

19. (b) 'TEMPER' में 'M' अक्षर का प्रयोग है, जबकि मूल शब्द 'SUPERINTENDENT' में 'M' अक्षर का प्रयोग नहीं हुआ है। अतः 'TEMPER' प्रदत्त शब्द से नहीं बनाया जा सकता है।

20. (a) 'GESTURE' में 'E' अक्षर का दो बार तथा 'R' अक्षर का एक बार प्रयोग हुआ है, जबकि मूल शब्द 'SUGGESTION' में 'E' अक्षर का एक बार प्रयोग हुआ है तथा 'R' अक्षर का प्रयोग नहीं हुआ है। अतः 'GESTURE' प्रदत्त शब्द से नहीं बनाया जा सकता है।

21. (c) 'MUNDANE' में 'N' अक्षर का दो बार तथा 'U' अक्षर का एक बार प्रयोग हुआ है तथा मूल्य शब्द REPRIMAND में 'U' अक्षर का प्रयोग नहीं हुआ है। अतः 'MUNDANE' प्रदत्त शब्द से नहीं बनाया जा सकता है।

22. (d) 'REFER' में 'F' अक्षर का प्रयोग हुआ है, जबकि मूल शब्द 'RECREATION' में 'F' अक्षर का प्रयोग नहीं हुआ है। अतः 'REFER' प्रदत्त शब्द से नहीं बनाया जा सकता है।

23. (c) 'CARPENTER' में 'E' अक्षर का दो बार प्रयोग हुआ है, जबकि मूल शब्द 'CONTEMPORARY' में 'E' अक्षर का एक बार प्रयोग हुआ है। अतः 'CARPENTER' प्रदत्त शब्द से नहीं बनाया जा सकता है।

24. (b) 'PHOTOGRAPHY' में 'P' अक्षर का दो बार तथा 'T' अक्षर का एक बार प्रयोग हुआ है, जबकि मूल शब्द 'CHOREOGRAPHY' में 'P' अक्षर का एक बार प्रयोग हुआ है तथा 'T' अक्षर नहीं है। अतः 'PHOTOGRAPHY' प्रदत्त शब्द से नहीं बनाया जा सकता है।

25. (c) 'NATION' में 'N' का अक्षर का दो बार प्रयोग हुआ है, जबकि मूल शब्द 'CLASSIFICATION' में 'N' अक्षर का एक बार प्रयोग हुआ है। अतः 'NATION' प्रदत्त शब्द से नहीं बनाया जा सकता है।

26. (d) 'NEGATIVE' में 'E' अक्षर का दो बार तथा 'V' अक्षर का एक बार प्रयोग हुआ है, जबकि मूल शब्द 'E' अक्षर का एक बार प्रयोग हुआ है तथा 'V' अक्षर नहीं है। अतः 'NEGATIVE' प्रदत्त शब्द से नहीं बनाया जा सकता है।

27. (d) 'GREAT' में 'E' अक्षर का प्रयोग हुआ है, जबकि मूल शब्द 'AUTOGRAPHS' में 'E' अक्षर नहीं है। अतः 'GREAT' प्रदत्त शब्द से नहीं बनाया जा सकता है।

28. (b) 'NEST' में 'E' अक्षर का प्रयोग हुआ है, जबकि मूल शब्द 'ADMINISTRATOR' में 'E' अक्षर नहीं है। अतः 'NEST' प्रदत्त शब्द से नहीं बनाया जा सकता है।

29. (b) प्रदत्त शब्द से 'MOTION' शब्द बनाया जा सकता है, क्योंकि इसके सभी अक्षर मूल शब्द में विद्यमान हैं।

30. (b) प्रदत्त शब्द से 'UNITE' शब्द बनाया जा सकता है, क्योंकि इसके सभी अक्षर मूल शब्द में विद्यमान हैं।

31. (d) प्रदत्त शब्द से 'HORSE' शब्द बनाया जा सकता है, क्योंकि इसके सभी अक्षर मूल शब्द में विद्यमान हैं।

32. (c) प्रदत्त शब्द से 'COUNTER' शब्द बनाया जा सकता है, क्योंकि इसके सभी अक्षर मूल शब्द में विद्यमान हैं।

33. (a) प्रदत्त शब्द से 'UNITED' शब्द बनाया जा सकता है, क्योंकि इसके सभी अक्षर मूल शब्द में विद्यमान हैं।

34. (b) प्रदत्त शब्द से 'SERMON' शब्द बनाया जा सकता है, क्योंकि इसके सभी अक्षर मूल शब्द में विद्यमान हैं।

35. (d) प्रदत्त शब्द से 'INTERNAL' शब्द बनाया जा सकता है, क्योंकि इसके सभी अक्षर मूल शब्द में विद्यमान हैं।

❑❑❑

अध्याय

20

अक्षर और संख्या श्रृंखला

श्रृंखला परीक्षण के अन्तर्गत पूछे जाने वाले प्रश्न अंक अथवा अक्षर पर आधारित होते हैं। इस परीक्षण के माध्यम से अभ्यार्थियों की तेजी से गणना करने की क्षमता की जाँच की जाती है। साथ ही, इस प्रकार प्रश्नों द्वारा विभिन्न अक्षरों या अंकों के बीच उनकी स्थिति के आधार पर आप कितनी शीघ्रता से उनके बीच के सम्बन्धों को ज्ञात करते हैं, इसकी भी जाँच की जाती है।

इस परीक्षण के अन्तर्गत पूछे जाने वाले प्रश्नों को निम्नलिखित वर्गों में वर्गीकृत किया जा सकता है।

अंक श्रृंखला

इसके अन्तर्गत पूछे जाने वाले प्रश्नों में अंकों की एक श्रृंखला दी जाती है। यह श्रृंखला जोड़, घटाव, गुणा, भाग, वर्ग, वर्गमूल, घन, घनमूल आदि पर आधारित होती है। इससे सम्बन्धित प्रश्नों को हल करने के लिए नीचे दिए गए प्रमुख बिन्दुओं पर ध्यान देना आवश्यक है–

1. यदि दी गई श्रृंखला के अंकों के मान में सामान्य वृद्धि हो रही है, तो निश्चित रूप से श्रृंखला में सिर्फ जोड़ का कार्य हो रहा है।
2. यदि दी गई श्रृंखला के अंकों के मान में सामान्य कमी हो रही है, तो निश्चित रूप से श्रृंखला में सिर्फ घटाव का कार्य हो रहा है।
3. यदि श्रृंखला तीव्रता के साथ पहले बढ़ती हो तथा बाद में घटती हो, तो श्रृंखला में गुणा तथा भाग की क्रिया एक-एक करके अपनाई जा रही है।
4. यदि दी गई श्रृंखला के अंकों मे काफी तीव्रता से वृद्धि हो रही है, तो निश्चित रूप से श्रृंखला में गुणा या घात का कार्य हो रहा है। इसके अलावा जोड़ या घटाव भी साथ में सम्भव हैं।
5. यदि श्रृंखला के आंकिक मान में तीव्रता के साथ कमी हो रही है, तो श्रृंखला में भाग का काम हो रहा है तथा साथ ही घटाव भी सम्भव है।
6. यदि श्रृंखला में अंकों का मान पहले बढ़े फिर घटे लेकिन कम-से-कम अन्तर से हो, तो श्रृंखला में जोड़ तथा घटाव का कार्य बदल-बदल कर चल रहा है।

टाइप-1 श्रृंखला को पूरा करना

इसके अन्तर्गत दिए गए श्रृंखला क्रम में किसी विशेष स्थान को रिक्त छोड़ दिया जाता है अथवा प्रश्नवाचक चिह्न (?) द्वारा निरूपित कर दिया जाता है, फिर अभ्यर्थियों से यह अपेक्षा की जाती है कि वह उस क्रम का पता लगाकर प्रश्नवाचक चिह्न (?) के स्थान पर आने वाली उपयुक्त संख्या का चयन करें।

उदाहरण : निम्नलिखित अंकों की श्रृंखला में प्रश्नावाचक चिह्न (?) के स्थान पर नीचे दिए गए विकल्पों में से कौन-सी संख्या आएगी?

12, 6, 6, 9, ?, 45, 135

(a) 18 (b) 24
(c) 28 (d) 32

हल: (a) दी गई श्रृंखला का ध्यानपूर्वक अवलोकन करने पर हम पाते हैं कि श्रृंखला $\times\frac{1}{2}, \times 1, \times 1\frac{1}{2}, \times 2, \times 2\frac{1}{2}, ...$ के क्रम में बढ़ रही है

12 6 6 9 [18] 45 135

$\times\frac{1}{2}$ $\times 1$ $\times 1\frac{1}{2}$ $\times 2$ $\times 2\frac{1}{2}$ $\times 3$

अतः प्रश्नवाचक चिह्न (?) के स्थान पर आने वाली उपयुक्त संख्या '18' होगी।

टाइप-2 श्रृंखला में गलत पद ज्ञात करना

इसके अन्तर्गत दी गई श्रृंखला में किसी विशेष स्थान पर आने वाले अंक के स्थान पर कोई गलत अंक संयोजिक कर दिया जाता है, जिसे अभ्यर्थियों को दिए गए क्रम का पता लगाकर उस गलत पद को ज्ञात करना होता है। इसके लिए अभ्यर्थियों को सर्वप्रथम यह ज्ञात करना चाहिए कि श्रेणी में पद किस नियम के अनुसार बदल रहे हैं, फिर यह ज्ञात करना चाहिए कि उस नियम के अनुसार कौन-सा पद परिवर्तित नहीं हो रहा है, वही गलत पद है।

उदाहरण : निम्नलिखित श्रृंखला में एक पद गलत है, उस गलत पद को ज्ञात कीजिए तथा उस गलत पद के स्थान पर सही पद क्या होगा, जबकि सही पद दिए हुए वैकल्पिक उत्तरों में से एक है?

105, 114, 127, 138, 153, 170, 189

(a) 114 (b) 125
(c) 138 (d) 170

हल: (b) दी गई श्रृंखला का ध्यानपूर्वक अवलोकन करने पर ज्ञात होता है कि दो क्रमिक पदों का अन्तर क्रमशः 9, 13, 15, 17 व 19 है। अतः श्रृंखला का पैटर्न निम्नवत् है–

125

105 114 [127] 138 153 170 189

+9 +11 +13 +15 +17 +19

अतः गलत पद = 127 एवं सही पद = 125

3. अक्षर श्रृंखला

इसके अन्तर्गत दी गई श्रृंखला में अंग्रेजी वर्णमाला से सम्बन्धित अक्षरों की एक श्रृंखला दी जाती है, जिसमें एक या दो अक्षर लुप्त कर दिए जाते हैं अथवा उस स्थान को प्रश्नवाचक चिह्न (?) द्वारा निरूपित किया जाता है, फिर उसके नीचे दिए गए विकल्पों में से प्रश्नवाचक चिह्न (?) के स्थान पर आने वाले उपयुक्त अक्षर का चयन करना होता है।

इसके लिए अभ्यर्थियों को दी गई शृंखला का ध्यानपूर्वक अवलोकन करते हुए यह पता करना होता है कि शृंखला किस नियम के अनुसार परिवर्तित हो रही है और इस परिवर्तित नियम के अनुसार प्रश्नवाचक चिह्न (?) के स्थान पर कौन-सा अक्षर उपयुक्त होगा।

इस शृंखला से सम्बन्धित प्रश्नों को आसानी से हल करने के लिए वर्णमाला के आंकिक मान जैसे–A = 1, B = 2, C = 3, ..., Z = 26 याद रखने आवश्यक हैं।

निर्देश : निम्नलिखित दिए गए प्रत्येक उदाहरण में अक्षरों की एक शृंखला दी गई है। इन शृंखलाओं में एक या दो अक्षरों को लुप्त कर दिया गया है तथा उनके स्थान पर प्रश्नवाचक चिह्न (?) दर्शाए गए हैं। दी गई शृंखला का ध्यान से अध्ययन करके नीचे दिए गए चार विकल्पों में से उस एक विकल्प को ज्ञात कीजिए जोकि शृंखला में प्रश्नवाचक चिह्न (?) के स्थान पर आएगा।

उदाहरण : J K M P T ?

(a) X (b) W
(c) Y (d) इसमें से कोई नहीं

हलः (c) दिए गए वर्णमाला क्रम का ध्यानपूर्वक अवलोकन करने पर हम पाते हैं कि श्रेणी में प्रयुक्त अक्षर अपने वर्णमाला क्रमांकिक मान से क्रमशः + 1, + 2, + 3, + 4,.... के क्रम में बढ़ रहे हैं।

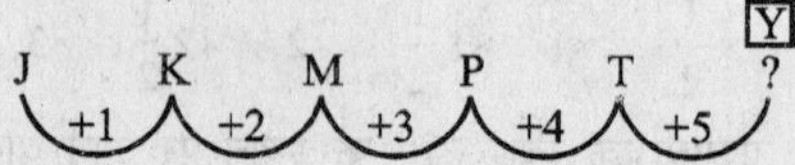

अतः प्रश्नवाचक चिह्न (?) के स्थान पर आने वाला उपयुक्त अक्षर 'Y' होगा।

हल सहित उदाहरण

उदाहरण 1. निम्नलिखित शृंखला में प्रश्नवाचक चिह्न (?) के स्थान पर नीचे दिए गए विकल्पों में से कौन-सी संख्या आएगी?

16, 23, 31, 40, 50, 61

(a) 73 (b) 77
(c) 83 (d) 81

हल (a) दी गई शृंखला का ध्यानपूर्वक अवलोकन करने पर हम पाते हैं कि शृंखला + 7, + 8, + 9, + 10,... के क्रम में बढ़ रही है। इसे निम्न प्रकार से व्यक्त किया जा सकता है

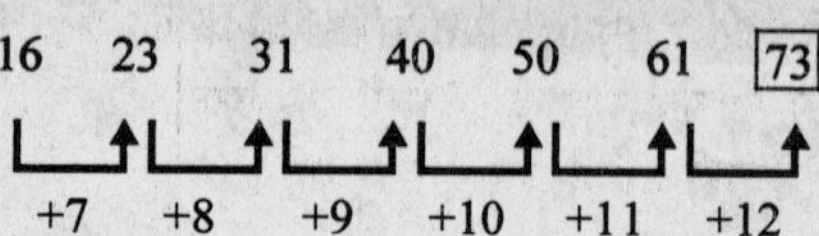

अतः प्रश्नवाचक चिह्न (?) के स्थान पर आने वाली उपयुक्त संख्या 73 होगी।

उदाहरण 2. निम्नलिखित शृंखला में कौन-सी संख्या ऐसी है जो अनुपयुक्त अर्थात् असंगत है?

1, 4, 3, 16, 5, 32, 7, 64

(a) 4 (b) 3
(c) 16 (d) 32

हलः (a) दी गई शृंखला का पैटर्न निम्नवत् है–

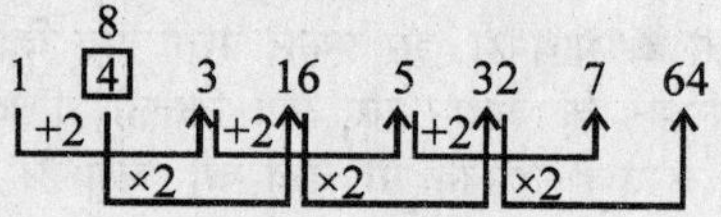

अतः असंगत संख्या = 4

निर्देश : निम्नलिखित दिए गए प्रत्येक उदाहरण में अक्षरों की एक शृंखला दी गई है। इन शृंखलाओं में एक या दो अक्षरों को लुप्त कर दिया गया है तथा उनके स्थान पर प्रश्नवाचक चिह्न (?) दर्शाए गए हैं। दी गई शृंखला का ध्यान से अध्ययन करके नीचे दिए गए चार विकल्पों में से उस एक विकल्प को ज्ञात कीजिए जोकि शृंखला में प्रश्नवाचक चिह्न (?) के स्थान पर आएगा।

उदाहरण 3. Z L X J V H T F ? ?

(a) SE (b) RD
(c) QD (d) RE

हलः (b) दी गई अक्षर शृंखला का पैटर्न निम्नवत् है :

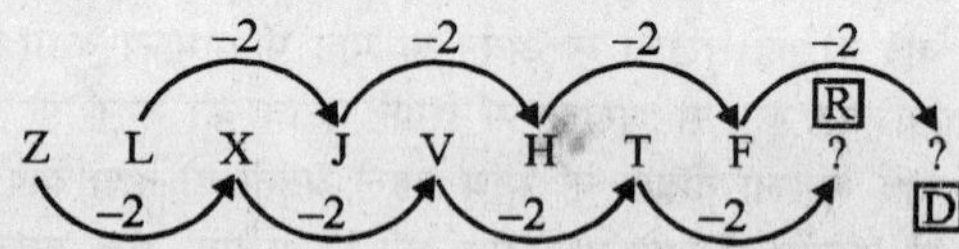

अतः प्रश्नवाचक चिह्न (?) के स्थान पर आने वाले उपयुक्त अक्षर RD होंगे।

प्रश्नमाला

निर्देश (प्र.सं. 1-15) निम्न श्रेणी में लुप्त संख्या को ज्ञात कीजिए :

1. 7, 12, 22, 42, 82, ?

(a) 143 (b) 173
(c) 162 (d) 183

2. 2, 3, 5, 9, 17, ?

(a) 34 (b) 31
(c) 32 (d) 33

3. 0, 3, 8, 15, 24, ?, 48 —

(a) 41 (b) 29
(c) 37 (d) 35

4. 7, 8, 11, 16, 23, ?

(a) 31 (b) 32
(c) 37 (d) 40

5. 3, 9, 6 36, 30, ?

(a) 900 (b) 800
(c) 950 (d) 400

6. 4, 11, 30, 67, 128 ?

(a) 219 (b) 228
(c) 231 (d) 237

7. 5, 6, 9, 14, 21, ?

(a) 28 (b) 30
(c) 31 (d) 29

8. 6, 9, 12, 15, 18, ?

(a) 21 (b) 20
(c) 19 (d) 22

9. 107, 97, 82, 62, ?

(a) 52 (b) 42
(c) 47 (d) 37

10. 8, 3, 11, 14, 25, ?

(a) 50 (b) 39
(c) 29 (d) 11

11. 4, 10, 22, 46, ?

(a) 56 (b) 66
(c) 76 (d) 94

12. 4, ?, 144, 400, 900, 1764

(a) 25 (b) 36
(c) 49 (d) 100

13. 37.5, 7.5, ?, 0.3

(a) 15 (b) 0.5
(c) 3.5 (d) 2.5

14. 325, 259, 204, 160, 127, 105, ?

(a) 94 (b) 96
(c) 98 (d) 100

15. 8, 15, 36, 99, 288, ?

(a) 368
(b) 676
(c) 855
(d) 908

निर्देश (प्र.सं. 16-25) निम्नलिखित संख्या श्रेणी में एक अनुक्रम दिया गया है जिसमें से एक संख्या अनुक्रम में नहीं आती उस संख्या को ज्ञात कीजिए :

16. 19, 28, 39, 52, 67, 84, 102
(a) 84 (b) 67
(c) 52 (d) 102

17. 9, 16,25, 36, 49, 61
(a) 16 (b) 9
(c) 49 (d) 61

18. 196, 169, 144, 121, 101
(a) 169 (b) 121
(c) 101 (d) 196

19. 6, 15, 35, 77, 165, 221
(a) 35 (b) 77
(c) 165 (d) 221

20. 0, 6, 24, 50, 120, 210
(a) 24 (b) 50
(c) 120 (d) 210

21. 24, 27, 31, 33, 36
(a) 24 (b) 27
(c) 31 (d) 33

22. 232, 343, 454, 564, 676
(a) 676 (b) 454
(c) 343 (d) 564

23. 126, 98, 70, 41, 14
(a) 98 (b) 70
(c) 126 (d) 41

24. 10, 26, 74, 218, 654, 1946
(a) 26 (b) 74
(c) 218 (d) 654

25. 2, 5, 10, 50, 500, 5000
(a) 5 (b) 10
(c) 50 (d) 5000

निर्देश (प्र.सं. 26-35) निम्न श्रेणियों में लुप्त अक्षर ज्ञात कीजिए:

26. J, L, N, P, R, T, ?
(a) U (b) V
(c) W (d) X

27. E, O, I, S, M, W, O, A, ?
(a) XF (b) UE
(c) VE (d) ZF

28. A, I, B, J, C, K, ?
(a) E M (b) E L
(c) D L (d) D M

29. ABC, PQR, DEF, STU, ?
(a) GKL (b) VWX
(c) GHI (d) IJK

30. ACE, BDF, CEG, ?
(a) DFE (b) DEF
(c) DFH (d) DEH

31. AC, FH, KM, PR, ?
(a) UX (b) TV
(c) UW (d) VW

32. AZ, BY, CX, ?
(a) EW (b) E U
(c) G H (d) DW

33. AHL, 3 CFJ, ?, DEI
(a) BGK (b) BKG
(c) GKB (d) GBK

34. CX, FU, IR, ?, OL, RI
(a) MD (b) LO
(c) JK (d) TR

35. AC, FH, KM, PR, ?
(a) UW (b) WX
(c) TV (d) SV

निर्देश (प्र.सं. 36-40) अक्षरों का कौन सा समूह खाली स्थानों में क्रमवार रखने से दी गई शृंखला को पूरा करेगा ?

36. bc_bca_cab_ab_a_ca
(a) abcab (b) cabac
(c) abccb (d) cabca

37. ab_d_aaba_na_b_adna_b
(a) dbanb (b) andaa
(c) dabnd (d) andad

38. mc_m_a_ca_ca_c_mc
(a) a c m m m a
(b) c a m c a m
(c) a a a c m m
(d) a c m m m c

39. a_ _b abba_abba_ba
(a) abab (b) abba
(c) aabb (d) aaab

40. AZB_AZ_Y, A_BY, _ZBY
(a) YBZA (b) BYAZ
(c) BZYA (d) AZBY

उत्तर (हल/संकेत)

1. (c) 7 12 22 42 82 [162]
+5 +10 +20 +40 +80
×2 ×2 ×2 ×2

अत: शृंखला में प्रश्नवाचक चिह्न (?) के स्थान पर 162 आएगा।

2. (d)

अत: शृंखला में प्रश्नवाचक चिह्न (?) के स्थान पर 33 आएगा।

3. (d) $1^2 - 1 = 0, 2^2 - 1 = 3, 3^2 - 1 = 8, 4^2 - 1 = 15, 5^2 - 1 = 24, 6^2 - 1 = 35, 7^2 - 1 = 48.$

4. (b) 7 8 11 16 23 [32]
+1 +3 +5 +7 +9
+2 +2 +2 +2

5. (a) 3 9 6 36 30 [900]
+1 –3 ×6 –6 ×30

6. (a)

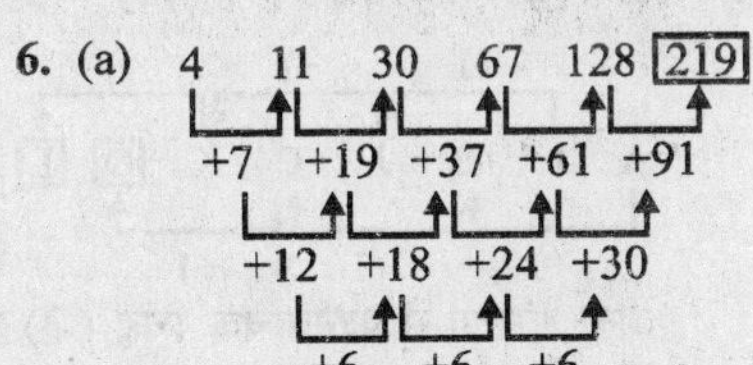

7. (b) 5 6 9 14 21 [30]
+1 +3 +5 +7 +9

8. (a) 6 9 12 15 18 [21]
+3 +3 +3 +3 +3

अत: शृंखला में प्रश्नवाचक चिह्न (?) के स्थान पर 21 आएगा।

9. (d) 107 97 82 62 [37]
–10 –15 –20 –25

अत: शृंखला में प्रश्नवाचक चिह्न (?) के स्थान पर 37 आएगा।

10. (b) दी गई श्रेणी का क्रम निम्न है
8 + 3 = 11 3 + 11 = 14
11 + 14 = 25 14 + 25 = 39
अत: शृंखला में प्रश्नवाचक चिह्न (?) के स्थान पर 39 आएगा।

11. (d) दी गई शृंखला निम्न प्रकार है

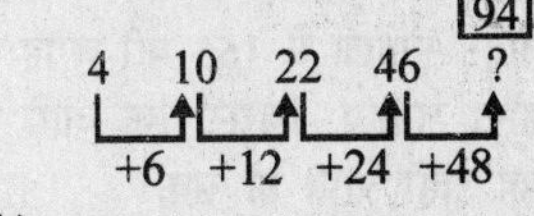

12. (b)
4 [36] 144 400 900 1764
↓ ↓ ↓ ↓ ↓ ↓
$(2)^2$ $(6)^2$ $(12)^2$ $(20)^2$ $(30)^2$ $(42)^2$
+4 +6 +8 +10 +12

13. (a) 37.5 7.5 [1.5] 0.3
÷5 ÷5 ÷5
$\therefore ? = 1.5$

14. (a)

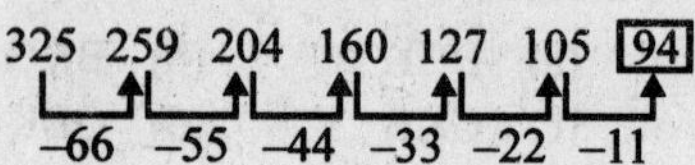

325 259 204 160 127 105 [94]

–66 –55 –44 –33 –22 –11

15. (c)

8 15 36 99 288 [855]

+7 +(7 × 3) +(7 × 3^2) +(7 × 3^3) +(7 × 3^4)

16. (d)

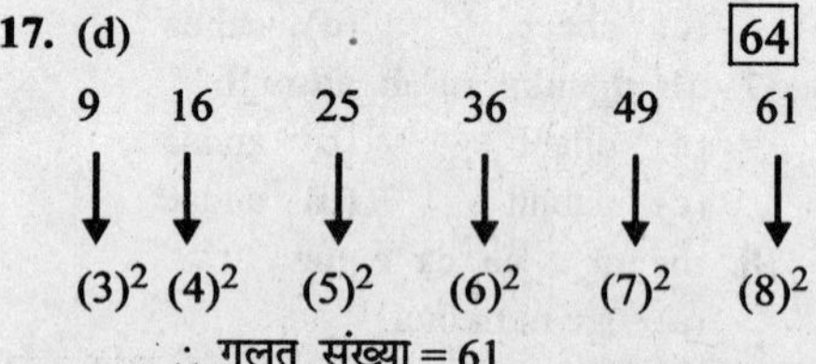

19 28 39 52 67 84 [103]

+9 +11 +13 +15 +17 +19

+2 +2 +2 +2 +2

∴ गलत संख्या = 102

17. (d)

[64]

9 16 25 36 49 61

$(3)^2$ $(4)^2$ $(5)^2$ $(6)^2$ $(7)^2$ $(8)^2$

∴ गलत संख्या = 61

18. (c) दी गई शृंखला है

196 169 144 121 101

[100]

$(14)^2$ $(13)^2$ $(12)^2$ $(11)^2$ $(10)^2$

यदि दी गई शृंखला में 101 के स्थान पर 100 होता, तो होता। अत: दी गई शृंखला में 101 के स्थान पर 100 आना चाहिए।

19. (c) दी गई शृंखला है

6, 15, 35, 77, 165, 221

शृंखला का क्रम निम्नवत् है

6 × 2 + 3 = 15

15 × 2 + 5 = 35

35 × 2 + 7 = 77

77 × 2 + 9 = [163]

163 × 2 + 11 = 337

अत: शृंखला में 165 की जगह पर 163 होना चाहिए, जिससे कि आगे के सभी पद सही प्राप्त हो सकें।

20. (b)

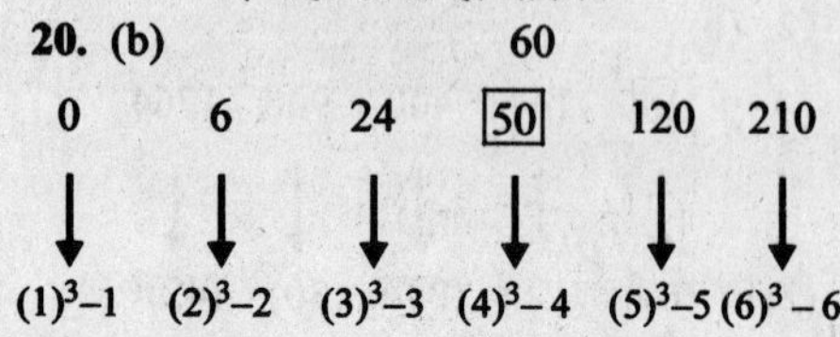

60

0 6 24 [50] 120 210

$(1)^3 – 1$ $(2)^3 – 2$ $(3)^3 – 3$ $(4)^3 – 4$ $(5)^3 – 5$ $(6)^3 – 6$

अत: उपरोक्त से स्पष्ट है कि दी गई संख्या शृंखला में 50 के स्थान पर 60 होगा।

21. (c)

30

24 27 [31] 33 36

+3 +3 +3 +3

22. (d)

565

232 343 454 [564] 676

+111 +111 +111 +111

23. (d)

42

126 98 70 [41] 14

–28 –28 –28 –28

24. (d) दी गई शृंखला है

10, 26, 74, 218, 654, 1946

शृंखला का क्रम निम्नवत् है

10 × 3 – 4 = 26

26 × 3 – 4 = 74

74 × 3 – 4 = 218

218 × 3 – 4 = 650

650 × 3 – 4 = 1946

दी गई शृंखला में 654 की जगह पर 650 होना चाहिए।

25. (d) दी गई शृंखला का पैटर्न निम्वत् है :

2 × 5 – 4 = 26

26. (b) J L N P R T [V]

+2 +2 +2 +2 +2 +2

27. (b)

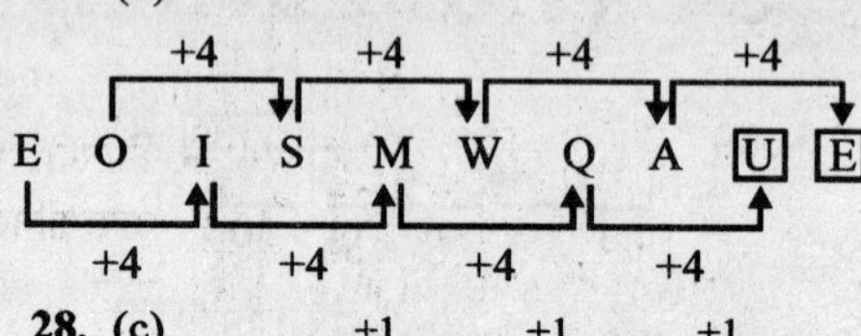

+4 +4 +4 +4

E O I S M W Q A [U] [E]

+4 +4 +4 +4

28. (c)

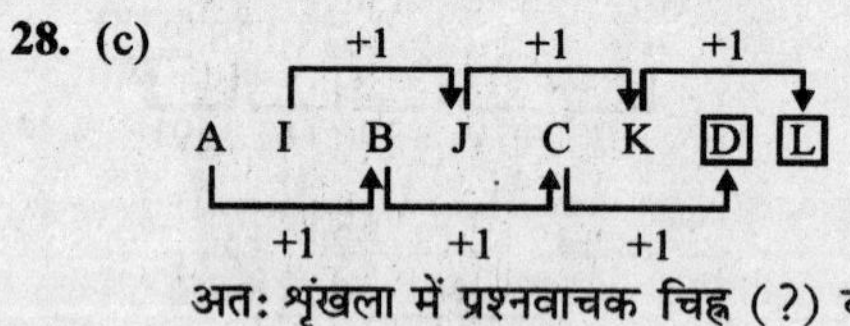

+1 +1 +1

A I B J C K [D] [L]

+1 +1 +1

अत: शृंखला में प्रश्नवाचक चिह्न (?) के स्थान पर DL आएगा।

29. (c) ABC PQR DEF STU [GHI]

+1 +1

+1

अत: शृंखला में प्रश्नवाचक चिह्न (?) के स्थान पर GHI आएगा।

30. (c)

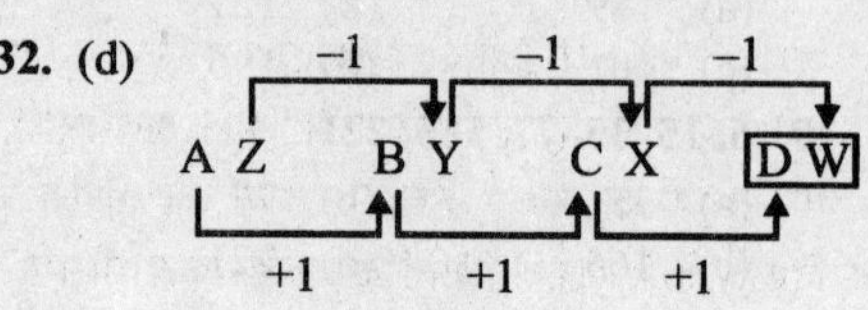

A —+1→ B —+1→ C —+1→ D

C —+1→ D —+1→ E —+1→ F

E —+1→ F —+1→ G —+1→ H

अत: शृंखला में प्रश्नवाचक चिह्न (?) के स्थान पर DFH आएगा।

31. (c)

A C F H K M P R [U W]

+2 +3 +2 +3 +2 +3 +2 +3 +2

32. (d)

–1 –1 –1

A Z B Y C X [D W]

+1 +1 +1

33. (a)

A —+1→ B —+1→ C —+1→ D

H —–1→ G —–1→ F —–1→ E

L —–1→ K —–1→ J —–1→ I

34. (b)

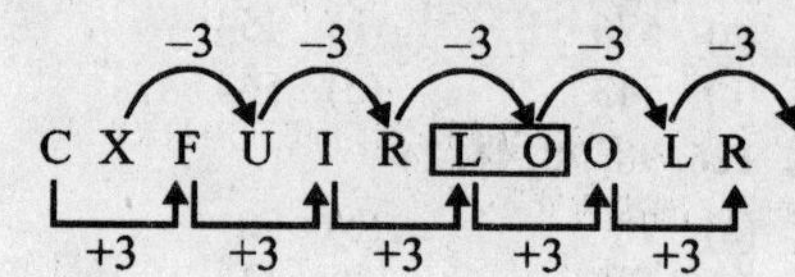

–3 –3 –3 –3 –3

C X F U I R [L O] O L R I

+3 +3 +3 +3 +3

35. (a)

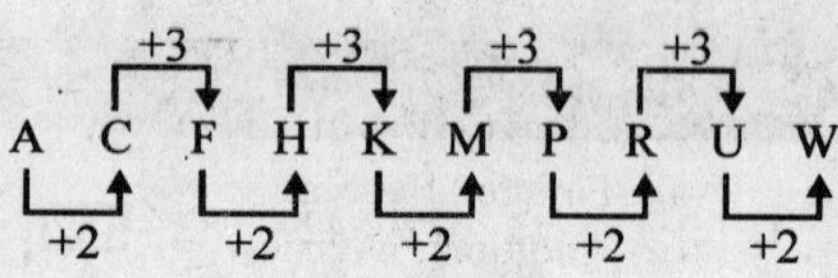

+3 +3 +3 +3

A C F H K M P R U W

+2 +2 +2 +2 +2

36. (c) शृंखला निम्न प्रकार है

b c / a b c / a b c / a b c / a b c / a b c / a

= a b c c b

37. (b) शृंखला निम्न प्रकार है

abadna/abadna/abadna/ab

38. (a) शृंखला निम्न प्रकार है

mca/mca/mca/mca/mca/mc

39. (a) विकल्प (a) से,

aabb/abba/aabb/abba

40. (a) विकल्प (a) से,

AZBY, AZBY, AZBY, AZBY

□□□

अध्याय 21

शब्द और वर्णमाला में आंशिक समरूपता

समरूपता का अर्थ है 'समानता' समरूपता परीक्षण से सम्बन्धित प्रश्नों में वस्तुओं, शब्दों, अंकों, घटनाओं तथा क्रियाओं के सम्बन्धों पर विचार किया जाता है। समरूपता परीक्षण छात्रों की तर्कशक्ति और सही अवधारणा को निरूपित करता है। समरूपता परीक्षण में दो वस्तुएं शब्द या अंक जो आपस में किसी प्रकार सम्बन्धित होते हैं, दिए जाते हैं, इसके अतिरिक्त कोई अन्य तीसरी वस्तु/शब्द या अंक दिया जाता है तथा चार वैकल्पिक उत्तर दिए होते हैं। परीक्षार्थियों को उन वैकल्पिक उत्तरों से एक ऐसा उत्तर चुनना होता है जिसका सम्बन्ध तीसरी या चौथी वस्तु/शब्द/अंक से उसी प्रकार हो, जैसा सम्बन्ध पहली वस्तु का दूसरी वस्तु से है।

हल सहित उदाहरण

निर्देश उदाहरण (1-2) : नीचे दिए गए प्रश्नों में दिए गए शब्दों का सम्बन्ध ज्ञात कीजिए।

उदाहरण 1. जिस प्रकार बैंक का सम्बन्ध 'धन' से है, उसी प्रकार परिवाहन का सम्बन्ध किससे है?

(a) सड़क (b) माल (c) ट्रैफिक (d) भाड़ा

हलः (b) जिस प्रकार बैंक, 'धन' जमा करने तथा निकालने का साधन है, उसी प्रकार परिवहन, 'माल' लाने तथा माल को ले जाने का साधन है।

उदाहरण 2. Loss : Profit : : ?

(a) Failure : Success
(b) Addition : Division
(c) Child : Boy (d) Part : Whole

हलः (a) जिस प्रकार 'loss' का विपरीत 'Profit' है उसी प्रकार, Failure का विपरीत Success है।

उदाहरण 3. EGIK : LJHF : : SUWY : ?

(a) ZXVT (b) LNPR
(c) MOQS (d) TVXZ

हलः (a) जिस प्रकार, उसी प्रकार,

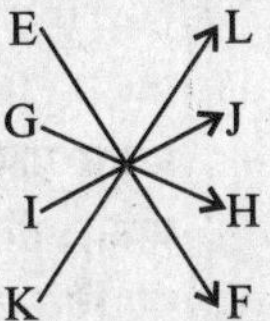

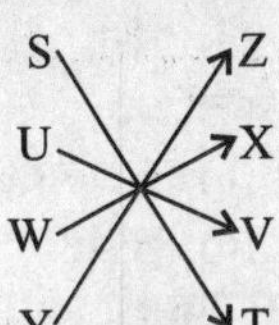

उदाहरण 4. भारत : दिल्ली : : पाकिस्तान : ?

(a) इस्लामाबाद (b) करांची
(c) काबुल (d) मुल्तान

हलः (a) जिस प्रकार भारत की राजधानी 'दिल्ली' है उसी प्रकार पाकिस्तान की राजधानी 'इस्लामाबाद' है।

निर्देश (उदाहरण 5-6) : प्रत्येक प्रश्न में तीन शब्द दिए गए हैं जिनमें परस्पर कोई सम्बन्ध है। वही सम्बन्ध नीचे दिए गए विकल्पों में से एक विकल्प के तीन शब्दों से है उचित विकल्प का चयन करो।

उदाहरण 5. मांसाहारी, शेर, भालू

(a) बिल्ली, गाय, दूध
(b) सेब, अंगूर, टमाटर
(c) विद्यार्थी, लड़का, लड़की
(d) जेलर, मालिक, मैनेजर

हलः (c) जिस प्रकार, शेर और भालू दोनों मांसाहारी होते हैं, उसी प्रकार लड़का और लड़की दोनों विद्यार्थी होते हैं।

उदाहरण 6. दिल्ली, भारत, एशिया

(a) अफगानिस्तान, पाकिस्तान, एशिया
(b) इटली, फ्रांस, यूरोप
(c) पर्थ, कनाडा, यूरोप
(d) रोम, इटली, यूरोप

हलः (d) जिस प्रकार, भारत की राजधानी दिल्ली है और भारत एशिया महाद्वीप में है। उसी प्रकार, इटली की राजधानी रोम है और इटली, यूरोप में है।

प्रश्नमाला

निर्देश प्र. (1-20) : नीचे दिए गए प्रश्नों में जिस प्रकार पहले शब्द का सम्बन्ध दूसरे शब्द से है उसी प्रकार, तीसरे शब्द का सम्बन्ध चौथे शब्द से है अतः दिए गए विकल्पों में से उचित उत्तर का चयन करें।

1. प्रकाश : किरण : : आवाज : ?

(a) श्रव्य (b) सुर
(c) ध्वनि (d) तरंग

2. विदूषक : नाटक : : जोकर : ?

(a) सर्कस (b) हंसी
(c) पुतली का खेल (d) ताश के पत्ते

3. पत्ता : प्रकाश-संश्लेषण : : मूल : ?

(a) पुनरुत्पादन (b) श्वसन
(c) अवशोषण (d) भण्डारण

4. आंख : मोतियाबिन्द : : त्वचा : ?

(a) पायरिया
(b) सिनुसाइटिस
(c) एक्जिमा
(d) रोहा (ट्रोकोमा)

5. विटामिन A : गाजर : : विटामिन C : ?

(a) मांस (b) मछली
(c) अण्डा (d) संतरा

6. पानी : जीवन : : भूख : ?

(a) शान्ति (b) मृत्यु
(c) कठिनाई (d) रोग

7. लेखक : पुस्तक : : ? : गीत
(a) गायक (b) ध्वनि इंजीनियर
(c) संगीतकार (d) रचयिता

8. मुस्कराना : हंसना : : ? : शोर मचाना
(a) चीखना (b) चिल्लाना
(c) बात करना (d) फुसफुसाना

9. कभी नहीं : कभी-कभी : : हमेशा : ?
(a) बहुधा (b) हर समय
(c) अवसरित (d) प्रायिक

10. वानर : मनुष्य : : बिल्ली : ?
(a) चूहा (b) पालतू-पशु
(c) बन्दर (d) चीता

11. मधुमक्खी : छत्ता : : कुत्ता : ?
(a) घोंसला (b) कुत्ता घर
(c) दड़बा (d) अस्तबल

12. तारा : तारामंडल : : सैनिक : ?
(a) रेजिमेंट (b) युद्ध
(c) बहादुरी (d) पाठशाला

13. चन्द्रमा : चन्द्रयान : : मंगल : ?
(a) एप्पल (b) आर्यभट्ट
(c) मंगलयान (d) भास्कर

14. जर्मनी : मार्क : : मोरक्को : ?
(a) डॉलर (b) लीरा
(c) दिरहम (d) क्रून

15. नदी : उपनदी : : वृक्ष : ?
(a) तना (b) जड़
(c) शाखा (d) फूल

निर्देश (16-20 : नीचे दिए गए प्रत्येक प्रश्न में जिस प्रकार पहले शब्द का सम्बन्ध दूसरे शब्द से है उसी प्रकार, तीसरे शब्द का सम्बन्ध चौथे शब्द से है दिए गए विकल्पों में से 'उचित शब्द' का चयन कीजिए।

16. ADIP : DGLS : : BEJQ : ?
(a) EHMT (b) EJQU
(c) CGLS (d) FINU

17. BM : DO : : EB : ?
(a) GD (b) BK
(c) DL (d) GE

18. RPBV : UMES : : XLQD : ?
(a) ATIA (b) AITA
(c) IATA (d) UOTA

19. YWUS : BDFH : : WDSQ : ?
(a) DFHJ (b) FHJL
(c) JLNP (d) RTVX

20. ADCB : KNML : : EHGF : ?
(a) DGFE
(b) RUST
(c) QRST
(d) ZYXW

उत्तर (हल/संकेत)

1. (d) जिस प्रकार, प्रकाश से 'किरणें' निकलती हैं उसी प्रकार, आवाज से 'तरंगें' निकलती हैं।

2. (a) जिस प्रकार, विदूषक नाटक में काम करता है और उसका काम हास्य, मनोरंजन करना है उसी प्रकार जोकर का कार्य सर्कस में हास्य-मनोरंजन करना है।

3. (c) पत्तियों का मुख्य कार्य प्रकाश संश्लेषण द्वारा भोजन का निर्माण करना है। उसी प्रकार जड़ (मूल) का मुख्य कार्य जल एवं अन्य पोषक तत्त्वों का अवशोषण करना है।

4. (c) जिस प्रकार, मोतिया बिन्द, आंख की बीमारी है उसी प्रकार, (छाजन) एक्जिमा त्वचा की बीमारी है।

5. (d) गाजर में विटामिन A होता है उसी प्रकार, संतरा में विटामिन C होता है।

6. (b) जिस प्रकार, पानी से मनुष्य को जीवन प्राप्त होता है उसी प्रकार भूख से मनुष्य को मृत्यु प्राप्त होती है।

7. (d) जिस प्रकार लेखक पुस्तक लिखता है, उसी प्रकार रचयिता गीत लिखता है।

8. (d) मुस्कराना व हंसना छोटे व बड़े रूप हैं उसी प्रकार, फुसफुसाना व शोर मचाना छोटे व बड़े रूप हैं।

9. (a) जो सम्बन्ध 'कभी नहीं' और 'कभी-कभी' में है वही सम्बन्ध 'हमेशा' तथा 'बहुधा' में है।

10. (d) जिस प्रकार, 'वानर' मनुष्य जाति का है उसी प्रकार, 'बिल्ली' चीता जाति की है।

11. (b) जिस प्रकार, 'मधुमक्खी' के घर को 'छत्ता' कहते हैं उसी प्रकार, 'कुत्ते' के घर को 'कुत्ता घर' कहते हैं।

12. (a) जिस प्रकार, 'तारा' 'तारामंडल' से सम्बन्धित है उसी प्रकार, 'सैनिक', 'रेजिमेंट' से।

13. (c) जिस प्रकार, 'चन्द्रयान', 'चन्द्रमा' से सम्बन्धित है उसी प्रकार, 'मंगलयान', मंगल से सम्बन्धित है।

14. (c) जिस प्रकार, 'जर्मनी', 'मार्क' से सम्बन्धित है उसी प्रकार, 'मोरक्को', दिरहम से सम्बन्धित है।

15. (c) जिस प्रकार, 'उपनदी', नदी का भाग होती है, उसी प्रकार 'शाखा', वृक्ष का भाग होती है।

16. (a) जिस प्रकार, | उसी प्रकार,

$A \xrightarrow{+3} D$ | $B \xrightarrow{+3} E$

$D \xrightarrow{+3} G$ | $E \xrightarrow{+3} H$

$I \xrightarrow{+3} L$ | $J \xrightarrow{+3} M$

$P \xrightarrow{+3} S$ | $Q \xrightarrow{+3} T$

17. (a) जिस प्रकार, | उसी प्रकार,

$B \xrightarrow{+2} D$ | $E \xrightarrow{+2} G$

$M \xrightarrow{+2} O$ | $B \xrightarrow{+2} D$

18. (b) जिस प्रकार, | उसी प्रकार,

$R \xrightarrow{+3} U$ | $X \xrightarrow{+3} A$

$P \xrightarrow{-3} M$ | $L \xrightarrow{-3} I$

$B \xrightarrow{+3} E$ | $Q \xrightarrow{+3} T$

$V \xrightarrow{-3} S$ | $D \xrightarrow{-3} A$

19. (a) जिस प्रकार,

$Y \rightarrow B \rightarrow (25 + 2) = 27$

$W \rightarrow D \rightarrow (23 + 4) = 27$

$U \rightarrow F \rightarrow (21 + 6) = 27$

$S \rightarrow H \rightarrow (19 + 8) = 27$

उसी प्रकार,

$W \rightarrow D \rightarrow (23 + 4) = 27$

$U \rightarrow F \rightarrow (21 + 6) = 27$

$S \rightarrow H \rightarrow (19 + 8) = 27$

$Q \rightarrow J \rightarrow (17 + 10) = 27$

20. (a) जिस प्रकार,

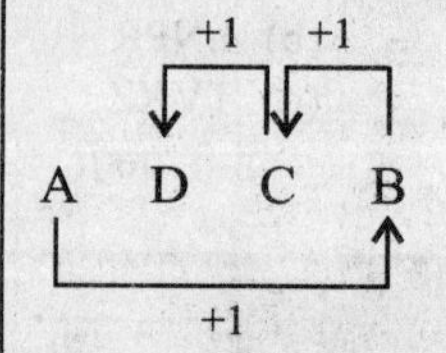

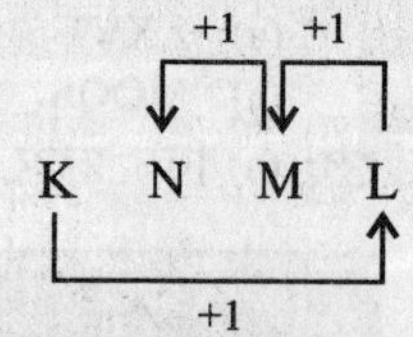

उसी प्रकार,

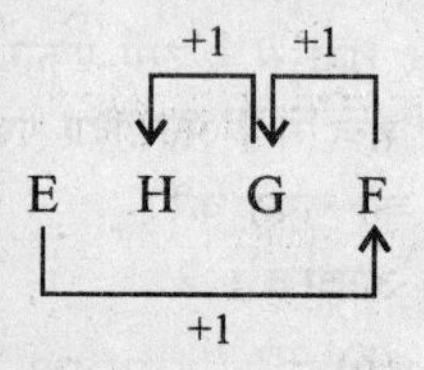

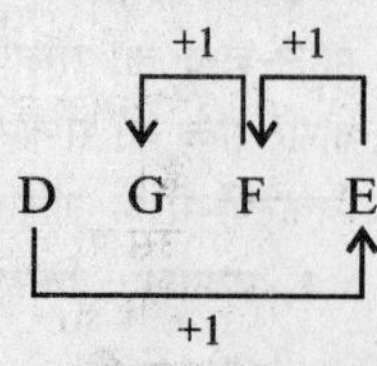

□□□

अध्याय

22

व्यावहारिक ज्ञान परीक्षण

व्यावहारिक ज्ञान परीक्षण या स्थिति प्रतिक्रिया परीक्षण के अन्तर्गत किसी व्यक्ति द्वारा किसी परिस्थिति विशेष में अथवा किसी अन्य व्यक्ति द्वारा की गई क्रिया अथवा प्रतिक्रिया के जवाब में की जाने वाली क्रिया तथा प्रतिक्रिया का विश्लेषण किया जाता है। किसी भी व्यक्ति की व्यावहारिक योग्यता इस बात पर भी निर्भर करती है कि उस व्यक्ति की सोचने की अथवा प्रतिक्रिया करने की अथवा उचित निर्णय लेने की शक्ति कितनी तीव्र है तथा सामान्य अथवा आपातकालीन परिस्थितियों में वह व्यक्ति व्यावहारिक तथा उचित निर्णय लेने में कितना समर्थ है और समाज के प्रति वह कितना उत्तरदायी है।

हल सहित उदाहरण

उदाहरण 1. आप मंदिर में पूजा करने गए है तभी आप देखते हैं एक युवक मंदिर के पास स्कूटर लगाकर वहाँ से तेजी से चला जाता है तब आप क्या करेंगे?

(a) आप उसका पीछा करेंगे।
(b) आप नजदीक के टेलीफोन बूथ से पुलिस को खबर करेंगे।
(c) आप उस युवक को बुलाएंगे।
(d) आप उस पर ध्यान नहीं देंगे।

हल : (b) एक आर्दश नागरिक होने के नाते आपका दायित्व बनता है कि आप सर्वप्रथम इसकी सूचना पुलिस को दें।

उदाहरण 2. आप रेस्तरां में कॉफी पीते हुए अपने मित्र के साथ गप-शप कर रहे थे। अचानक आपने कहीं बहुत पास ही विस्फोट की प्रचंड आवाज सुनी। आप...

(a) उछल पड़ेंगे और अपने मित्र को कस कर पकड़ लेंगे।
(b) आवाज की तरफ से अपना ध्यान बंटाकर सब कुछ बहुत अच्छा हो, इसके लिए दुआ करेंगे।
(c) आवाज कहां से आई इसका पता लगाना शुरू करेंगे।
(d) मदद के लिए चिल्लाना शुरू करेंगे।

हल : (c)

उदाहरण 3. मान लीजिए कि आप परीक्षा भवन में परीक्षा दे रहे हैं। कोई परीक्षार्थी आपसे बार-बार पूछने का प्रयास कर रहा है तथा आपकी कॉपी से नकल करना चाहता है, तो आप—

(a) उसकी उपेक्षा करके अपना कार्य करते रहेंगे।
(b) कक्ष-निरीक्षक को इसकी सूचना देंगे।
(c) उसे नकल करा देंगे, क्योंकि नहीं तो वह इसी प्रकार व्यवधान डालता रहेगा।
(d) अपनी सीट पर खड़े होकर सबके सामने उसे डांट देंगे।

हल : (a) स्वाभाविक है कि आप उस परीक्षार्थी की उपेक्षा करके अपना कार्य करते रहेंगे।

उदाहरण 4. आप सड़क पर जाते हुए देखते हैं कि दो व्यक्ति आपस में लड़ रहे हैं, तो आप—

(a) तुरंत पुलिस को सूचित करेंगे।
(b) चुपचाप सिर झुकाकर रास्ते से आगे बढ़ जाएंगे।
(c) झगड़ा करने वालों को समझाकर शान्त करने का प्रयास करेंगे।
(d) रास्ते में जाते हुए लोगों को इकट्ठा करके झगड़ा रोकने के लिए कहेंगे।

हल : (c) स्वाभाविक है कि आप एक जिम्मेदार नागरिक की तरह झगड़ा करने वालों को समझाकर शान्त करने का प्रयास करेंगे।

प्रश्नमाला

निर्देश—(प्र. सं. 1– 25) दिए गए कथन के आधार पर सर्वोत्तम विकल्प का चयन कीजिए।

1. आप किसी भोज में मेहमान हैं। आपका पेट भरने के बाद भी आपके मेजबान आपसे एक और मिठाई लेने का आग्रह करते हैं, आप क्या करेंगे?

(a) मिठाई ले लेंगे।
(b) विनम्रता से कहेंगे कि आपने बहुत खा लिया है।
(c) उस पर बुरा-सा चेहरा बनाएंगे।
(d) जोर से मना कर देंगे।

2. आपका मित्र अपने जन्मदिन समारोह पर आपको निमन्त्रित नहीं करता है, आप क्या करेंगे?

(a) उससे विरोध जताएंगे।
(b) सारी कार्यवाही को नजर अन्दाज करेंगे।
(c) समारोह में सम्मिलित होंगे।
(d) उसे अपनी शुभकामनाएं भेजेंगे।

3. आप सड़क पर कार चलाते समय एक फल के ठेले में धक्का मार देते हैं। आप क्या करेंगे?

(a) कहेंगे कि वह आपकी गलती नहीं थी।
(b) फलवाले को क्षतिपूर्ण करेंगे।
(c) वहां से भाग लेंगे।
(d) फल वाले को वहां ठेला लगाने के लिए गाली देंगे।

4. आप किसी बस में यात्रा कर रहे हैं। आपकी बस आपके स्टॉप पर पहुंच चुकी है, किंतु भीड़ के कारण आप टिकट नहीं खरीद सके हैं। आप क्या करेंगे?

(a) किराया चालक को दे देंगे।
(b) कंडक्टर को बुलाकर किराया देंगे तथा टिकट ले लेंगे।
(c) अपने पास बैठे किसी सहयात्री को कंडक्टर को देने के लिए किराया दे देंगे।
(d) चुपचाप खिसक लेंगे।

5. किसी चलती हुई रेलगाड़ी में आप देखते हैं कि कुछ ग्रामीण अपनी इच्छानुसार स्थान पर उतरने के लिए जंजीर खींचते हैं। आप क्या करेंगे?

(a) चुप रहेंगे और कुछ नहीं करेंगे।
(b) सारी कार्यवाही को नजरअंदाज कर देंगे।

(c) रेलगाड़ी के रुकने पर गार्ड को इसकी सूचना दे देंगे।
(d) कुछ सहयात्रियों की सहायता से उन्हें ऐसा करने से रोकेंगे।

6. परीक्षा में कम अंक आने पर एक मां अपने छोटे बेटे को बुरी तरह पीट रही है और यह सब कुछ आपके सामने हो रहा है। ऐसी स्थिति में आप—
(a) बच्चे की मां को और उकसाएंगे ताकि आगे से बच्चा अधिक अंक प्राप्त करे।
(b) बच्चे की मां से बहस करेंगे कि उसे ऐसा नहीं करना चाहिए।
(c) बच्चे की पिटाई करना प्रारम्भ कर देंगे।
(d) हालात को बदलने के लिए उनके घर फोन करके उसकी मां को बुलाएंगे और उसे बातों में लगाकर स्थिति को विसरित (diffuse) करने का प्रयत्न करेंगे।

7. आपको किसी व्यक्ति का बटुआ सड़क पर पड़ा मिलता है। उसे खोलने पर उसमें पांच सौ रुपए मिलते हैं। आप क्या करेंगे।
(a) वहीं पर खड़े रहकर उसके स्वामी की राह देखेंगे।
(b) बटुआ लेकर चले जांएगे।
(c) रुपए निकालकर बटुआ वहीं पर फेंक देंगे।
(d) उसे नजदीक के पुलिस स्टेशन में जमा करवा देंगे।

8. आप एक विद्यालय छात्रावास में रहते हैं। आपके भोजन में चावल के साथ अधिक मात्रा में कंकड़ है। आप क्या करेंगे?
(a) अपने चावल खरीदकर अलग पकाएंगे।
(b) चावल खाना छोड़ देंगे।
(c) रसोइए को चावल बदलने को कहेंगे।
(d) मेस-इन्चार्ज को इसकी तत्काल सूचना देंगे।

9. आप किसी कार्यालय में निदेशक के पद पर हैं, जहां आपने अपने किसी साले को भी नियुक्त किया हुआ है। किन्तु, वह अपना कार्य ढंग से नहीं करता है। जब इसकी जानकारी आपको मिलती है, तो आप क्या करेंगे?
(a) उसे नौकरी छोड़ने को कहेंगे।
(b) दूसरों को उसके काम में भागीदारी करने को कहेंगे।
(c) हंसी में टाल देंगे।
(d) इस बात को नजरअंदाज कर देंगे।

10. आप विद्यार्थियों के बीच बैठे हैं और किसी मुद्दे पर बहस छिड़ जाती है। आप जानते है कि आप सही हैं, किंतु कुछ लोग जबरदस्ती अपना विचार आक्रामकता के साथ प्रस्तुत करते हैं। आप क्या करेंगे?
(a) आप भी आक्रामकता अपनाएंगे।
(b) आप चुप हो जाएंगे।
(c) उन पर हंस कर चले जाएंगे।
(d) शांति से अपना तर्क देंगे।

11. आप कुछ बेवकूफी भरी गलतियां करते हैं जो आपको बता दी जाती हैं। आप क्या करेंगे?
(a) धन्यवाद देंगे।
(b) क्रोधित होंगे।
(c) दयनीय अवस्था बना लेंगे।
(d) हंसकर टाल देंगे।

12. यदि आपको पता चले कि वह व्यक्ति जिसे आप अपना मित्र समझ रहे हैं, वह आपके साथ दगा कर रहा है, तो आप क्या करेंगे?
(a) उसके साथ मित्रता छोड़ देंगे।
(b) उसके साथ दगाबाजी का व्यवहार करेंगे।
(c) उनसे कहेंगे कि हम आपकों नहीं जानते।
(d) वहां से भागने की कोशिश करेंगे।

13. एक दिन आधी रात के समय आप किसी सुनसान स्थान से गुजर रहें हैं तथा वहीं पर कुछ सशस्त्र व्यक्ति आपको मिल जाते हैं। वे आपसे घड़ी तथा सोने की अंगूठी उतार कर देने को कहते हैं ऐसी स्थिति में आपकों क्या करना चाहिए?
(a) उनको घड़ी एवं अंगूठी न देकर, उनको डाट लगाएंगे
(b) उनको घड़ी एवं अंगूठी सरलता से दे देंगे
(c) उनसे कहेंगे कि हम आपको नहीं जानते है
(d) वहां से भागने की कोशिश करेंगे

14. आपने यह अफवाह सुनी है कि आपके विवाहित मित्र का किसी अन्य महिला के साथ प्रेम-सम्बन्ध है। यदि उसकी पत्नी आपसे इस संदर्भ में कुछ पूछती है, तो आप क्या करेंगे?
(a) उसकी पत्नी को सारी बातें बता देंगे तथा इस स्थिति को विवेकपूर्ण ढंग से सुलझाने में उसकी सहायता करेंगे
(b) उसकी पत्नी को सारी बातें बता देंगे जिससे कि वह वह अपने पति पर नजर रख सके।
(c) आप अनभिज्ञता जताकर बात को टाल जाएंगे।
(d) चालाकी अपनाएंगे उसे थोड़ी बहुत बातें बता देंगे।

15. आपका मित्र चार महीने पहले आपको एक बधाई पत्र भेजता है जिसका जबाव आप नहीं देते हैं। अब आपको कोई आकस्मिक काम है जो वह कर सकता है। आप उसे क्या लिखेंगे?
(a) आप कहेंगे कि उसका बधाई पत्र आपको देर से प्राप्त हुआ
(b) खेद व्यक्त कर उससे माफी मांगेंगे
(c) आप उसे उन लाभों की याद दिलाएंगे जो आपने उसके लिए किए थे
(d) आप बताएंगे कि पिछले दो महीनों से आप किस कदर व्यस्त थे

16. आप अपने कुछ भाइयों के साथ बैठे हैं। आपका एक भाई कोई मजेदार चटुकुला सुनाता है जिसे आप पहले ही सुन चुके हैं। आप क्या करेंगे?
(a) उतरा हुआ चेहरा बनाएंगे
(b) ढिठाई से कहेंगे कि वह चुटकुला आपका सुना हुआ है
(c) ऐसा भाव प्रकट करेंगे, जैसे उसे आप पहली बार सुन रहे हैं
(d) बोर होने का बहाना कर वहां से चल देंगे

17. आप तैरना जानते हैं और किसी तालाब के बगल से गुजर रहे हैं। अचानक आप किसी डूबते बच्चे की चीख सुनते हैं। आप क्या करेंगे?
(a) रुककर किसी अन्य व्यक्ति की राह देखेंगे
(b) उसे बचाने के लिए तालाब में कूदेंगे
(c) बच्चे के माता-पिता को सांत्वना देंगे
(d) किसी व्यावसायिक तैराक की खोज करेंगे

18. कॉलेज में आपके भाई की नाक से अचानक रक्त बहने लगता है। आप क्या करेंगे?
(a) उसे सिर ऊपर करने को कहेंगे
(b) उसे सिर नीचे करने को कहेंगे
(c) उसे खाने के लिए गोली देंगे
(d) उसके सिर पर गर्म पानी डालेंगे

19. यदि आप किसी सहयात्री को चलती रेलगाड़ी से बाहर गिरते देखते हैं, तो आप क्या करेंगे?
(a) दरवाजा खोलकर देखेंगे कि चोट पहुंची या नहीं
(b) जंजीर खींचकर रेलगाड़ी को रोकेंगे तथा उसे प्राथमिक उपचार देंगे,
(c) चिल्लाकर दूसरे यात्रियों को इसकी सूचना देंगे
(d) अगले स्टेशन पर गार्ड को सूचित करेंगे

20. यदि आप कार चला रहे हैं तथा एक छोटा बालक आपकी कार से टकराकर घायल हो जाता है, तब ऐसी दशा में आप क्या करेंगे?
(a) वहां से शीघ्र भागने की कोशिश करेंगे
(b) उस घायल बालक को पास में किसी डॉक्टर के पास जाकर चिकित्सा कराएंगे
(c) वहां पर उपस्थित लोगों से दुर्घटना के लिए क्षमा मांगेंगे
(d) घायल बालक को कुछ रुपए देकर अपना पीछा छुड़ाएंगे

21. एक तेज कार किसी बालक को रौंदती हुई निकल जाती है। आप भी वहीं से गुजर रहे हैं। ऐसी स्थिति में आप क्या करेंगे?
(a) कार का नम्बर नोट करेंगे
(b) हल्ला करके कार को रोकने का प्रयत्न करेंगे
(c) बालक को चिकित्सा के लिए पास के किसी क्लीनिक में ले जाएंगे
(d) शीघ्र पुलिस में रिपोर्ट लिखवाएंगे

22. आप अपनी मोटरसाइकिल से सड़क पर जा रहे हैं। अचानक आप देखते हैं कि दो बदमाश एक महिला का बटुआ छीनकर स्कूटर से भाग रहे हैं। आप क्या करेंगे?

(a) उन बदमाशों को पकड़ने के लिए उनका पीछा करेंगे
(b) पुलिस को इस घटना की सूचना देंगे
(c) उस औरत को सांत्वना देंगे
(d) खड़े होकर देखेंगे कि आगे क्या होता है

23. आपके भाई बाहर गए हैं तथा कार्यालय के बाद शाम का समय आपका है। आप क्या करेंगे?

(a) सारा समय घर में बैठकर गुजारेंगे
(b) घूमने के लिए बाजार जाएंगे
(c) समय को रचनात्मक कार्यों में लगाएंगे
(d) दोस्तों के पास जाएंगे

24. आप किसी मैदान में क्रिकेट खेल रहे हैं। जब आप गेंद को मारते हैं, तो उससे पास के घर की खिड़की का शीशा टूट जाता है। आप क्या करेंगे?

(a) गृह स्वामी से माफी मांगकर उसकी क्षति की भरपाई करेंगे
(b) गृह स्वामी से गेंद लौटाने की मांग करेंगे
(c) कहेंगे कि इसमें आपकी गलती नहीं थी
(d) चोरी से गेंद को प्राप्त करेंगे

25. यदि आपको कोई अपंग सड़क पर मिल जाता है, तो आप—

(a) उसको एक किनारे पर खींचकर खड़ा कर देंगे
(b) उसका सड़क पर खड़ा होकर बाधक होने के लिए डांट लगाएँगे
(c) उस पर कोई ध्यान नहीं देंगे
(d) उसको उसके स्थान पर पहुंचाने में सहायता करेंगे

26. आपका दोस्त, आपको अपने घर पर रात्रि भोज (Dinner) के लिए आमंत्रित है। आप पूरा खाना खा चुके है, और आपका दोस्त और रोटी लेने के लिए आग्रह कर रहा है, तब .....

(a) आप रूखे ढंग से मना कर देंगे
(b) आप रोटी ले लेंगे
(c) आप नम्रता से कहेंगे की मेरा पेट भर चुका है और अब में नही खा सकता हूं
(d) आप बुरा-सा चेहरा बना लेंगे

27. यदि आपका दोस्त आपसे कुछ रुपया उधार माँगता है तब आप क्या करेंगे?

(a) आप देने से इनकार कर देंगे
(b) आप उसका कारण पूछेंगे
(c) आप उससे बिना कारण पूछे तुरंत रुपया दे देंगे
(d) इनमें से कोई नहीं

28. बस में आपको एक पर्स मिलता है तब आप क्या करेंगे?

(a) आप पर्स के सारे पैसे को भिखारी को दे देंगे
(b) आप पर्स को बस कंडक्टर को दे देंगे
(c) आप पर्स वाले व्यक्ति का पता लगाने की कोशिश करेंगे
(d) आप उसको वहीं छोड़ देंगे

29. आपके दोस्त ने आपको अपनी शादी में नहीं बुलाया। तब आप क्या करेंगे?

(a) आप उसका विरोध करेंगे
(b) आप शादी में शामिल होंगे
(c) आप उसको बधाई संदेश भेज देंगे
(d) आप इस मामले को नजर अंदाज कर देंगे

30. आप एक कंपनी के मालिक है। आपका एक कर्मचारी ठीक ढंग से कार्य नहीं कर रहा है। तब ....

(a) आप उस पर गुस्सा करेंगे
(b) आप उसको ठीक ढंग से कार्य करने के लिए कुछ समय देंगे
(c) आप उसको दूसरे काम में लगाएंगे।
(d) आप उसकी समस्याओं के बारे में बात करेंगे

उत्तरमाला

1. (b)	**2.** (d)	**3.** (b)	**4.** (b)	**5.** (d)	**6.** (d)	**7.** (d)	**8.** (d)	**9.** (a)	**10.** (d)
11. (a)	**12.** (c)	**13.** (b)	**14.** (a)	**15.** (b)	**16.** (c)	**17.** (b)	**18.** (a)	**19.** (b)	**20.** (b)
21. (c)	**22.** (a)	**23.** (c)	**24.** (a)	**25.** (d)	**26.** (c)	**27.** (b)	**28.** (c)	**29.** (c)	**30.** (d)

❑❑❑

अध्याय

23

दिशा ज्ञान परीक्षण

इस परीक्षण के अन्तर्गत किसी निश्चित बिन्दु या किसी निश्चित दिशा से विभिन्न दिशाओं एवं विभिन्न दूरियों में भ्रमण करते हुए किसी निश्चित बिन्दु तक की प्रारम्भिक स्थान से तय की गई दूरीय या सम्बन्धित दिशा को पूछा जाता है। अत: ऐसे प्रश्नों को हल करने से पूर्व दिशा से सम्बन्धित जानकारी होना आवश्यक है।

दिशा को समझने का सबसे सरल तरीका है कि हम सर्योंदय के समय सूर्य की ओर मुख करके खड़े हो, तो हमारे सामने की दिशा 'पूर्व', पीछे की दिशा 'पश्चिम' तथा हमारे बाई ओर 'उत्तर' एवं दाई ओर 'दक्षिण' दिशा होगी।

यदि हम सूर्योदय के समय सूर्य की ओर मुख करके खड़े हो जाएं, तो हमारे सामने की ओर पूर्व दिशा, पीछे की ओर पश्चिम दिशा, हमारे बाएं हाथ की ओर उत्तर दिशा एवं दाएं हाथ की ओर दक्षिण दिशा होगी।

यदि हम सूर्यास्त के समय सूर्य की ओर मुख करके खड़े हो जाएं तो हमारे सामने की ओर पश्चिम दिशा, पीछे की ओर पूर्व दिशा, हमारे बाएं हाथ की ओर दक्षिण दिशा एवं दाएं हाथ की तरफ उत्तर दिशा होगी।

साधारणत: हम सूर्योदय के समय के अनुसार ही दिशा को निरूपित करते हैं। मूल रूप से दिशाएं चार होती हैं, जो निम्न हैं–

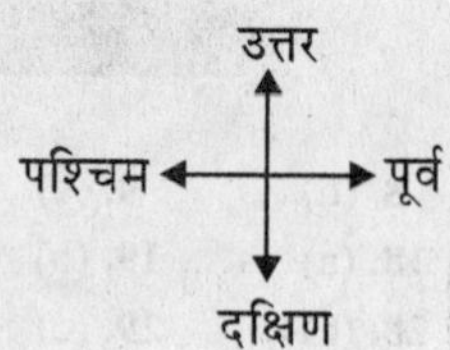

उपर्युक्त चारों मूल दिशाओं के अतिरिक्त निम्न चार उप-दिशाएं भी होती हैं।

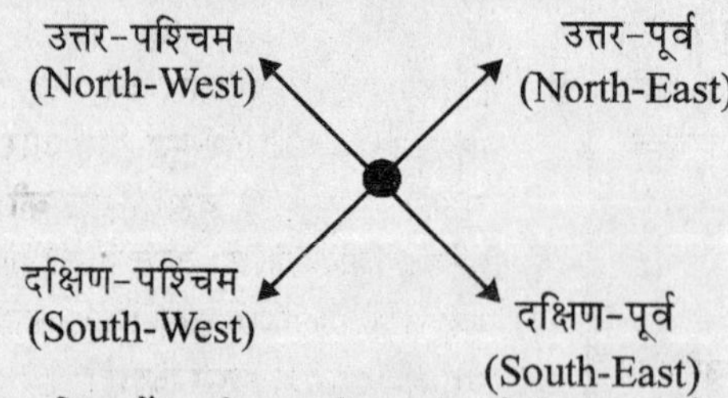

कागज पर दिशाओं का निरूपण निम्न प्रकार से किया जाता है।

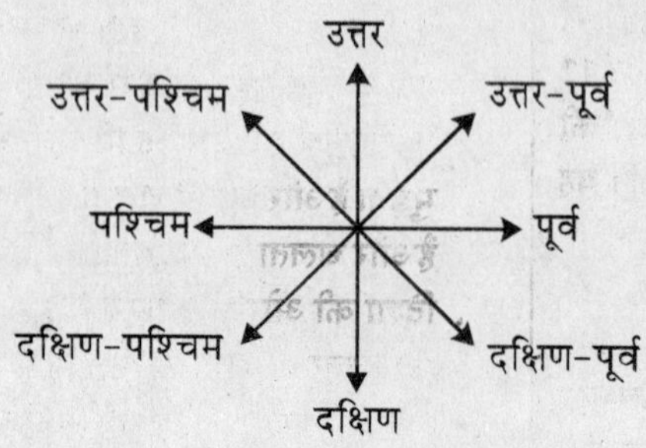

दो बिन्दुओं के बीच की दूरी को पाइथागोरस प्रमेय की सहयता से ज्ञात करना

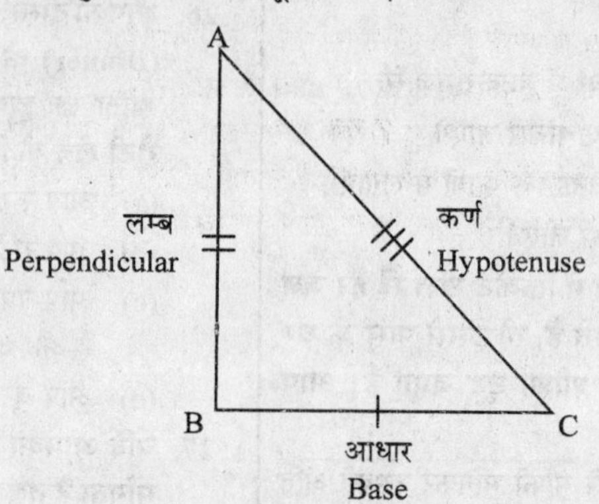

माना ΔABC एक समकोण त्रिभुज है, जिसमें AB लम्ब, BC आधार तथा AC कर्ण है, तो पाइथागोरस प्रमेय के अनुसार,

$$(\text{कर्ण})^2 = (\text{लम्ब})^2 + (\text{आधार})^2$$

$$\Rightarrow \quad (AC)^2 = (AB)^2 + (BC)^2$$

$$\Rightarrow \quad (h)^2 = (p)^2 + (b)^2$$

$$h = \sqrt{(p)^2 + (b)^2}$$

या, $$p = \sqrt{(h)^2 - (b)^2}$$

या, $$b = \sqrt{(h)^2 - (p)^2}$$

हल सहित उदाहरण

उदाहरण 1. मैं 3 किमी दक्षिण की ओर गया। इसके बाद दाईं ओर मुड़कर 5 किमी चला। पुन: दाईं ओर मुड़कर 7 किमी चला। अन्त में मैं किस दिशा की ओर चल रहा था?

(a) पश्चिम (b) दक्षिण
(c) पूर्व (d) उत्तर

हल: (d)

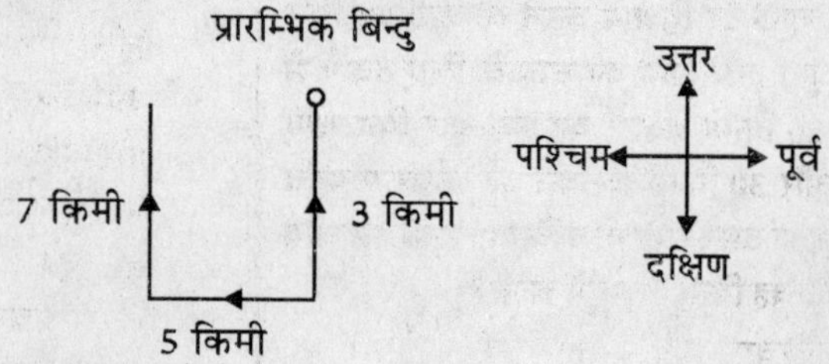

अत: उपरोक्त आरेख से स्पष्ट है कि अन्त में मैं उत्तर दिशा की ओर चल रहा था।

उदाहरण 2. A के दक्षिण-पश्चिम में B है। B के पूर्व में और A के दक्षिण-पूर्व में C है। B और A की सीध में लेकिन C के उत्तर में D है। बताएं कि A से किस दिशा में D स्थित है?

(a) दक्षिण-पश्चिम (b) उत्तर-पूर्व
(c) दक्षिण-पूर्व (d) उत्तर

हल: (b)

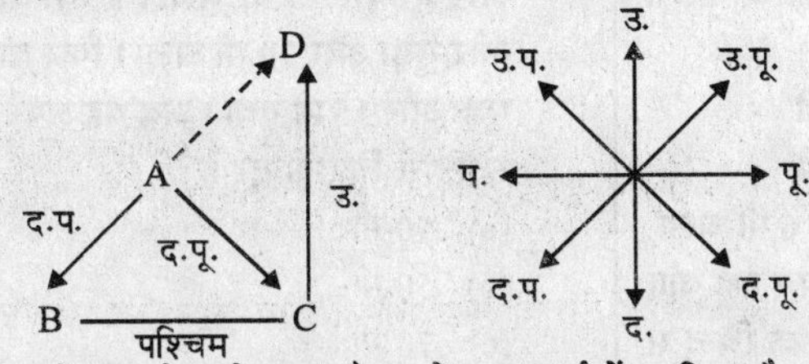

अतः उपरोक्त आरेख से स्पष्ट है A के उत्तर-पूर्व में D स्थित है।

उदाहरण 3. सोहन बिन्दु X से प्रारम्भ करके 8 किमी आगे बिन्दु Y पर पहुंचा, फिर दाहिनी ओर मुड़कर 5 किमी दूर बिन्दु Z तक यात्रा करके पहुंचा, और फिर ये दाहिनी ओर मुड़कर 5 किमी दूर बिन्दु B तक पहुचा, फिर दाहिनी ओर मुड़कर 7 किमी दूर बिन्दु A तक पहुंचा। बिन्दु B और बिन्दु X के बीच दूरी कितनी है?

(a) 1 किमी (b) 2 किमी
(c) 3 किमी (d) 4 किमी

हल: (a) सोहन का गमनपथ निम्नवत् है–

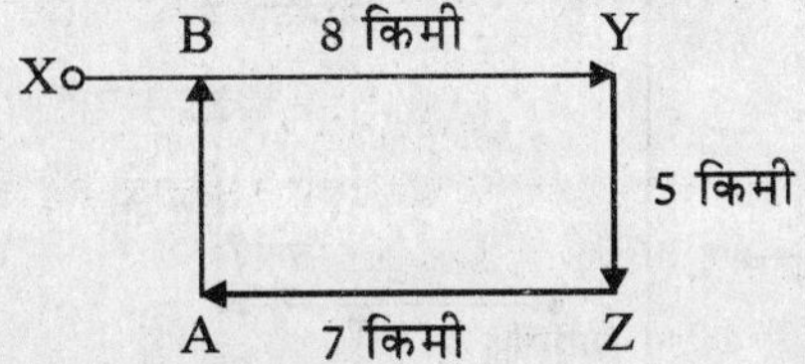

$\therefore$ बिन्दु X से B की दूरी

$= XY - BY = XY - AZ = 8 - 7 = 1$ किमी

उदाहरण 4. संजय उत्तर दिशा में 10 मी चला। पुनः बाएं मुड़कर 30 मी चला और अन्त में बाएं मुड़कर 50 मी चला, तो संजय अब प्रारम्भिक स्थान से कितनी दूरी पर है?

(a) 10 मी
(b) 30 मी
(c) 70 मी
(d) 50 मी

हल: (d)

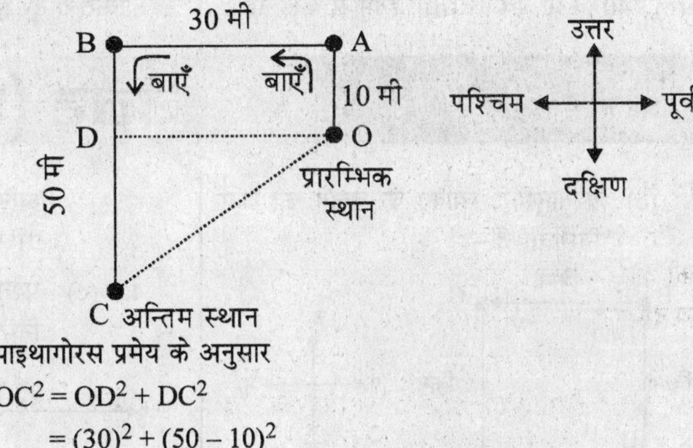

पाइथागोरस प्रमेय के अनुसार

$OC^2 = OD^2 + DC^2$

$= (30)^2 + (50 - 10)^2$

$= 2500$

$\therefore \quad OC = 50$ मीटर

प्रश्नमाला

1. **एक व्यक्ति का मुंह पूर्व की ओर है, फिर वह बाएं घूमता है और 10 किमी चलता है, फिर दाएं घूमता है और 5 किमी चलता है, फिर 5 किमी दक्षिण की ओर जाता है और वहां से 5 किमी पश्चिम की ओर। अपने मूल स्थान से वह किस दिशा में है?**
   (a) पूर्व (b) पश्चिम
   (c) उत्तर (d) दक्षिण

2. **एक ड्राइवर अपने गांव से चला और 20 किमी उत्तर की ओर जाने के बाद जलपान के लिए रुक गया। फिर वह बाएं घूम गया और 30 किमी और चलने के बाद भोजन के लिए रुक गया। कुछ देर विश्राम करने के बाद वह फिर बाएं घूमा और शाम की चाय के लिए रुकने से पहले 20 किमी चला। वह एक बार फिर बाएं घूमा और 30 किमी चलकर उस कस्बे में पहुंच गया, जहां उसने रात्रिभोज किया। शाम की चाय के बाद वह किस दिशा में चला?**
   (a) पश्चिम (b) पूर्व
   (c) उत्तर (d) दक्षिण

3. **एक आदमी एक स्थान से 4 मील उत्तर दिशा में चलता है। फिर बाएं मुड़कर 6 मील चलता है। पुनः दाएं मुड़कर 3 मील चलता है और वहां से दाएं मुड़कर 4 मील चलकर आधा घण्टा विश्राम करता है। विश्राम के बाद उसी दिशा में 2 मील चलता है। इसके बाद दाएं मुड़कर एक मील चलता है। तब अन्तिम स्थिति में उस आदमी का मुख किस दिशा में होगा?**
   (a) उत्तर (b) दक्षिण
   (c) दक्षिण-पूर्व (d) पश्चिम

4. **अरुण ने बिन्दु A से चलना शुरू किया और 10 किमी पूर्व में बिन्दु B तक गया, फिर वह उत्तर की ओर घूमा और 3 किमी चलकर बिन्दु C पर पहुंचा, फिर वह पश्चिम की ओर मुड़ा और 12 किमी बिन्दु D तक चला, फिर वह दक्षिण की ओर मुड़ा और बिन्दु E तक 3 किमी चला। वह आरम्भिक बिन्दु से किस दिशा में है?**
   (a) पूर्व (b) दक्षिण
   (c) पश्चिम (d) उत्तर

5. **मोहन A बिन्दु से दक्षिण दिशा में 1 किमी चलता है। वहां से वह बाएं मुड़कर 1 किमी चलता है और पुनः बाएं मुड़कर 1 किमी चलता है और पुनः बाएं मुड़कर 1 किमी चलता है। अब उसका मुख किस दिशा की ओर है?**
   (a) पूर्व (b) पश्चिम
   (c) उत्तर (d) दक्षिण-पश्चिम

6. **लक्ष्मण 15 किमी उत्तर की ओर चला, फिर वह पश्चिम की ओर मुड़ गया और 10 किमी चला। उसके बाद वह दक्षिण की ओर मुड़ा और 5 किमी चला। अन्त में वह पूर्व की ओर मुड़ा और 10 किमी चला। यह बताइए कि अब वह अपने घर से किस दिशा में है?**
   (a) पूर्व (b) पश्चिम
   (c) उत्तर (d) दक्षिण

7. **एक व्यक्ति एक स्थान से चलना प्रारम्भ करता है और पूर्व की ओर 15 मी चलता है, फिर बाएं मुड़ता है और 10 मी चलता है, फिर दाएं मुड़ता है और चलता है। यह बताइए कि अब वह किस दिशा की ओर चल रहा है?**
   (a) उत्तर (b) पूर्व
   (c) पश्चिम (d) दक्षिण

8. रोहन P बिन्दु से उत्तर दिशा में 20 किमी चलता है। फिर दाएं 10 किमी चलने के बाद पुनः दाएं मुड़ता है तथा 20 किमी चलकर बिन्दु Q पर पहुंचता है। रोहन का मुख किस दिशा में है?

(a) उत्तर (b) दक्षिण
(c) पूरब (d) पश्चिम

9. एक आदमी पूर्व दिशा में 15 किमी चलता है और फिर बाएं मुड़कर 5 किमी जाता है। अब वह दाएं मुड़कर 5 किमी जाता है। प्रारम्भिक स्थान से वह कितनी दूरी पर एवं किस दिशा में है?

(a) 20 किमी पूर्व (b) 30 किमी पूर्व
(c) 40 किमी पूर्व (d) इनमें से कोई नहीं

10. A और B एक दूसरे के विपरीत एक ही बिन्दु से चलना शुरू करते हैं। A, 3 किमी की दूरी तय करता है। तथा B, 4 किमी की दूरी तय करता है। उसके बाद A दाईं ओर मुड़ता है और 4 किमी चलता है तथा B बाईं ओर मुड़ता है और 3 किमी चलता है। प्रारम्भिक बिन्दु से वे कितनी दूर हैं?

(a) 5 किमी (b) 4 किमी
(c) 10 किमी (d) 8 किमी

11. श्याम पूर्व दिशा की ओर मुंह करके 6 मी चला, फिर दाएं मुड़ा और 9 मी चला। फिर वह बाएं मुड़ा और 6 मी चला। वह आरम्भिक बिन्दु से कितनी दूर है?

(a) 15 मी
(b) 21 मी
(c) 18 मी
(d) निर्धारित नहीं किया जा सकता है।

12. मोहन दक्षिण की तरफ 30 मी चला, फिर बाईं ओर मुड़कर 15 मी चला। इसके बाद वह दाईं ओर मुड़ा और 20 मी चला। फिर वह दाईं ओर मुड़ा और 15 मी गया। अब वह अपने प्रारम्भिक स्थान से कितनी दूर है?

(a) 90 मी
(b) 50 मी
(c) 70 मी
(d) जानकारी अधूरी है।

उत्तर (हल/संकेत)

1. (c) प्रश्नानुसार, व्यक्ति के चलने का क्रम निम्नवत् है–

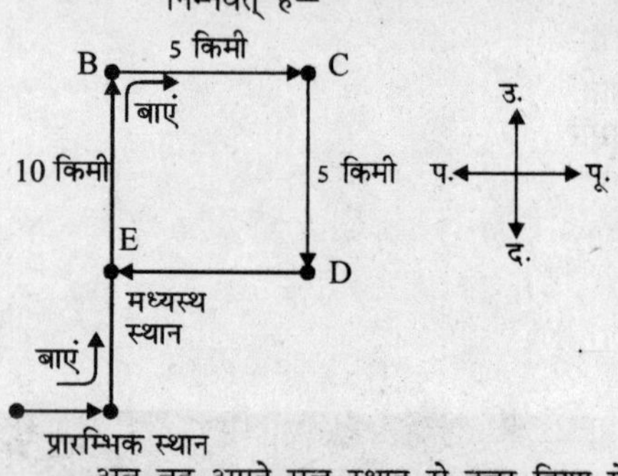

अब वह अपने मूल स्थान से उत्तर दिशा में है।

2. (b) प्रश्नानुसार, ड्राइवर के चलने का क्रम निम्नवत् है

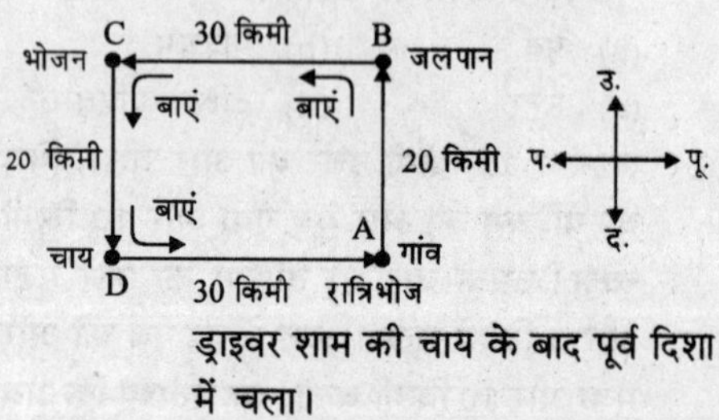

ड्राइवर शाम की चाय के बाद पूर्व दिशा में चला।

3. (b) प्रश्नानुसार, व्यक्ति के चलने का क्रम निम्नवत् है

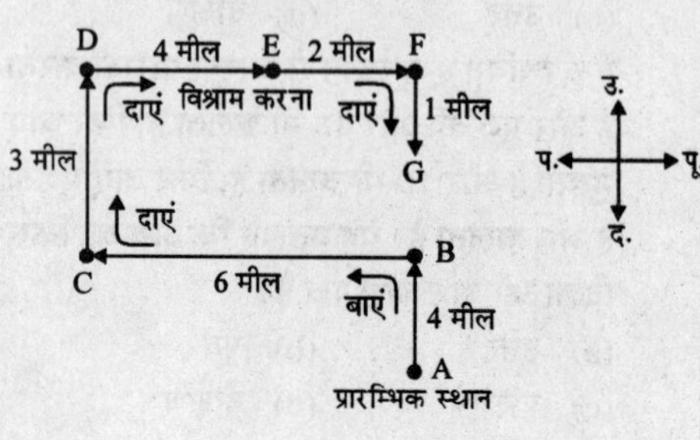

अन्तिम स्थिति में उस आदमी का मुख दक्षिण दिशा में होगा।

4. (c) प्रश्नानुसार, अरुण के चलने का क्रम निम्नवत् है–

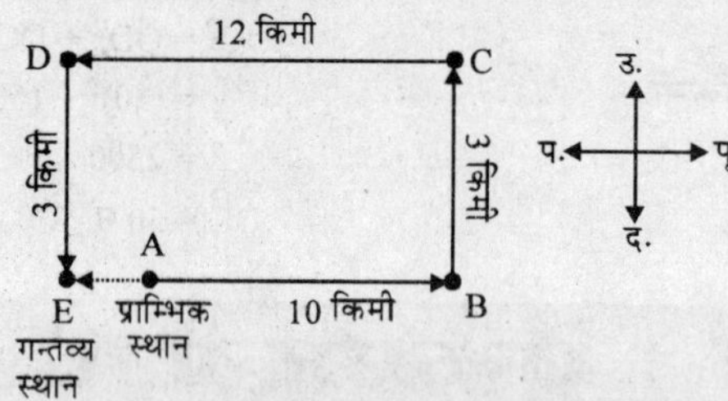

अन्त में अरुण आरम्भिक बिन्दु से पश्चिम दिशा में है।

5. (c) प्रश्नानुसार, मोहन के चलने का क्रम निम्नवत् है–

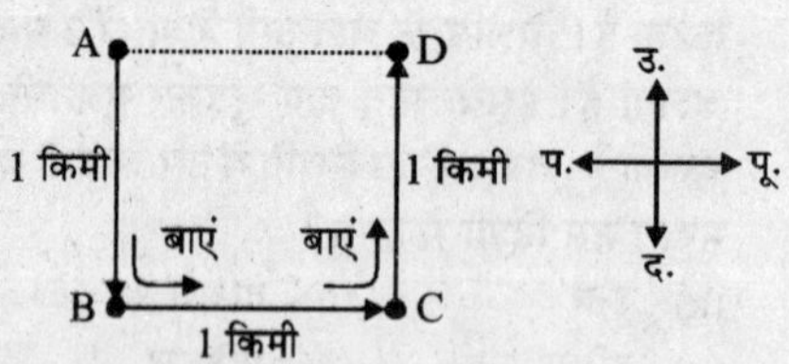

अन्तिम अवस्था में मोहन का मुंह उत्तर दिशा की ओर है।

6. (c) प्रश्नानुसार, लक्ष्मण के चलने का क्रम निम्नवत् है–

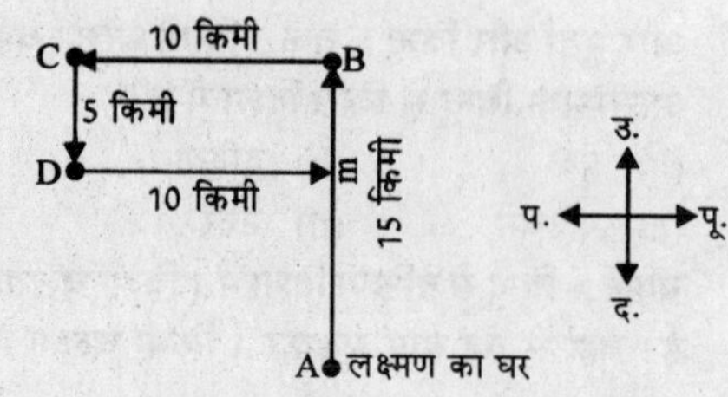

अब लक्ष्मण अपने घर से उत्तर दिशा में है।

7. (b) प्रश्नानुसार, व्यक्ति के चलने का क्रम निम्नवत् है

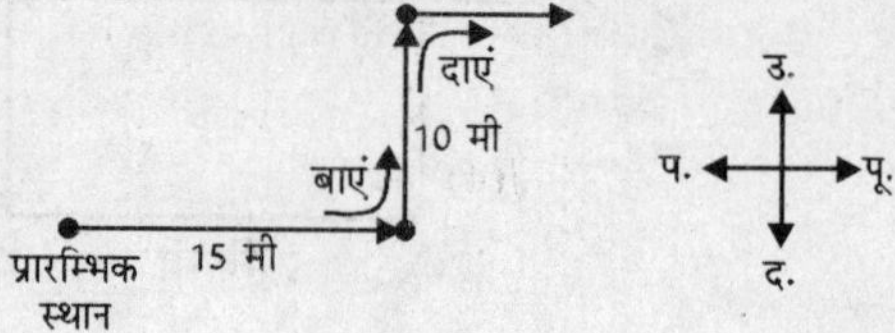

अब वह व्यक्ति पूर्व दिशा की ओर चल रहा है।

8. (b) प्रश्नानुसार,

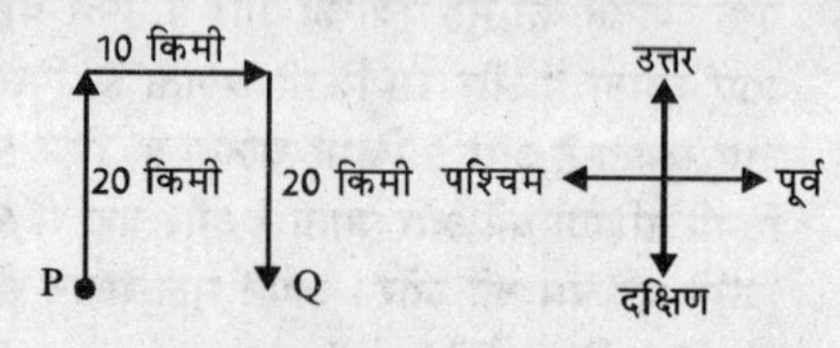

चित्र से स्पष्ट है कि रोहन का मुख अभी दक्षिण दिशा की ओर है।

9. (d) प्रश्नानुसार,

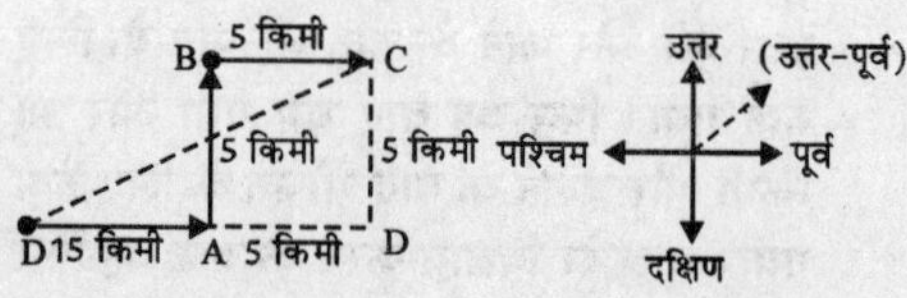

$$\text{दूरी} = \sqrt{(OD)^2 + (DC)^2}$$

$$= \sqrt{(20)^2 + (5)^2}$$

$$= \sqrt{425} = 20.61 \text{ किमी}$$

अतः वह अपने प्रारम्भिक स्थान 20.61 किमी तथा उत्तर-पूर्व दिशा में स्थित है।

10. (a) प्रश्नानुसार,

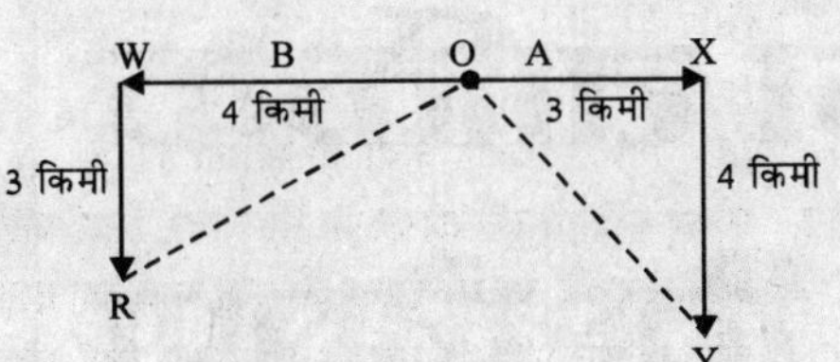

माना A और B बिन्दु O से चलना शुरू करते हैं। A 3 किमी चलता है और X पर पहुंचता है। X पर A दायीं ओर मुड़ता है और Y पर पहुंचता है। B 4 किमी चलता है और W पर पहुंच कर बायीं और मुड़ता है और 3 किमी चलकर R पर पहुंचता है।

अत: $OY = \sqrt{(OW)^2 + (XY)^2}$

$= \sqrt{(3)^2 + (4)^2} = \sqrt{9+16}$

$= \sqrt{25} = 5$ किमी

तथा $RO = \sqrt{(OW)^2 + (WR)^2}$

$= \sqrt{(4)^2 + (3)^2}$

$= \sqrt{16+9}$

$= \sqrt{25} = 5$ किमी

11. (a) प्रश्नानुसार, श्याम के चलने का क्रम निम्नवत् है–

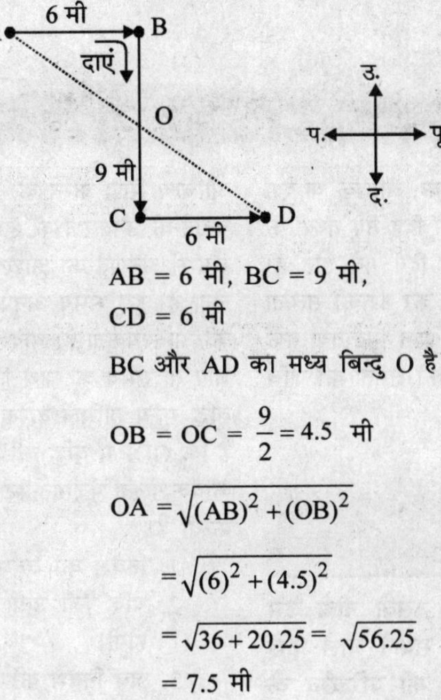

AB = 6 मी, BC = 9 मी,
CD = 6 मी
BC और AD का मध्य बिन्दु O है।

$OB = OC = \frac{9}{2} = 4.5$ मी

$OA = \sqrt{(AB)^2 + (OB)^2}$

$= \sqrt{(6)^2 + (4.5)^2}$

$= \sqrt{36 + 20.25} = \sqrt{56.25}$

$= 7.5$ मी

OD = OA = 7.5 मी

$\therefore$ AD = AO + OD

= 7.5 + 7.5 = 15 मी

$\therefore$ अभीष्ट दूरी = AD = 15 मी

12. (b) प्रश्नानुसार, मोहन के चलने का क्रम निम्नवत् है

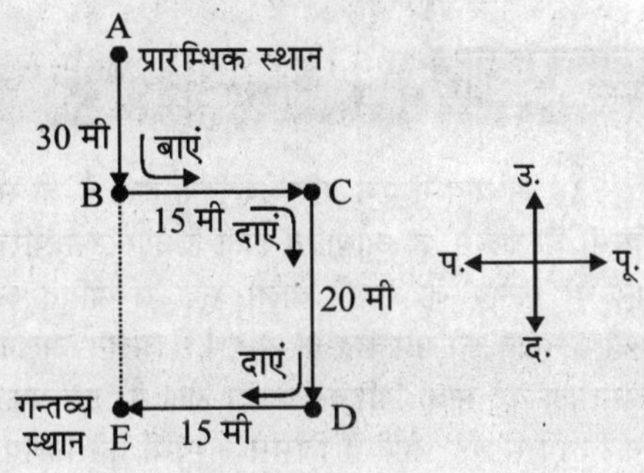

AB = 30 मी, BC = 15 मी
CD = 20 मी, DE = 15 मी
BC = DE = 15 मी,
BE = CD = 20 मी

$\therefore$ AE = AB + BE

= 30 + 20 = 50 मी

$\therefore$ अभीष्ट दूरी = AE = 50 मी

❑❑❑

अध्याय 24

आँकड़ों का तार्किक विश्लेषण

इस अध्याय में एक परिच्छेद दिया होता है जो सामाजिक, आर्थिक या देश के किसी घटनाक्रम पर आधारित होता है और उस परिच्छेद में दिए गए तथ्यों के आधार पर लगाए जा सकने वाली कुछ सम्भावित अनुमान दिये गये होते हैं। आपको अनुमान की परिच्छेद के सन्दर्भ में अलग-अलग जाँच कर उसकी सत्यता या असत्यता की मात्रा निश्चित करना होता है। इस प्रकार के प्रश्न मुख्यतया तर्क शक्ति विषय में बहुत होते हैं जिससे अभ्यर्थी की निर्णय लेने की क्षमता की जाँच होती है।

जिसे आप निम्न उदाहरणों द्वारा समझेंगे–

हल सहित उदाहरण

निर्देश (1-4) : नीचे एक परिच्छेद दिया गया है और उसके नीचे उस परिच्छेद में दिए गए तथ्यों के आधार पर निकाले जा सकने वाले कुछ सम्भावित अनुमान दिए गए हैं। आप हर एक अनुमान की परिच्छेद के सन्दर्भ में अलग-अलग परीक्षा कर उसकी सत्यता या असत्यता की मात्रा निश्चित कीजिए। उत्तर दीजिये–

(a) यदि अनुमान 'निश्चित रूप से सत्य' है अर्थात् वह दिए गए तथ्यों का उचित रूप से अनुसरण करता है।

(b) यदि अनुमान 'सम्भवतः सत्य' है यद्यपि दिए गए तथ्यों के सन्दर्भ में 'निश्चित रूप से सत्य' नहीं है।

(c) यदि 'दिए हुए तथ्य काफी नहीं हैं' अर्थात् दिए हुए तथ्यों से अनुमान सत्य है अथवा असत्य यह आप नहीं कह सकते हैं।

(d) यदि अनुमान 'निश्चित रूप से असत्य' है अर्थात् दिए हुए तथ्यों का सम्भवतः अनुसरण नहीं करता है अथवा वह दिए गए तथ्यों के विपरीत जाता है।

पूँजी की कार्यकुशलता लम्बे समय से उपेक्षा की शिकार रही है और अभी भी बनी हुई है। यह पहलू ग्यारहवीं योजना के मसौदे में रेखांकित हुआ है, विडम्बनात्मक रूप से इसकी माँग के लिए, क्योंकि निवेश की दर 2004-05 में GDP के 29.1% से बढ़ाकर 35.1% की जा रही है। विडम्बना इस तथ्य में निहित है कि योजना आयोग ने लगातार वर्तमान पूँजी उत्पादन अनुपात (ICOR) पर औचित्य सिद्ध करने के उपकरण के रूप में भरोसा किया है न कि कार्यकुशलता बढ़ाने के उपकरण के रूप में, जिसके लिए यह बना है। फिर भी, अवधारणात्मक रूप से अनुपात का आशय विद्यमान और जुड़ रहे पूँजीगत स्टॉक का भी लाभ उठा लेना है। इस समय अनुपात 3.7 है अर्थात् 1 के उत्पादन के लिए 3.7 गुणा पूँजी की आवश्यकता है। यदि 2007-2012 के दौरान प्रभावी अनुपात को कम कर दिया जाए तो समय के साथ निवेश के 35.1% से कम स्तर के साथ GDP का 8.9% वृद्धि मूल्य हासिल करना सम्भव हो सकेगा। इस बात पर कोई संदेह नहीं करता है कि GDP में वृद्धि की ऊँची दर के लिए पूँजी निर्माण महत्वपूर्ण होता है, लेकिन कार्यकुशलता पूँजीगत स्टॉक पर उतना निर्भर नहीं करती जितना इसके उपयोग पर करती है।

1. निवेश की वर्तमान दर GDP के 30% के लगभग है।
2. यदि पूँजी उत्पादन अनुपात ऊँचा होगा तो GDP की वृद्धि भी अधिक होगी।
3. जब निवेश की दर बढ़ जाती है तो पूँजी उत्पादन अनुपात भी बढ़ जाता है।
4. भारत सरकार पूँजी की कार्यकुशलता के मुद्दे को अब पर्याप्त महत्व दे रही है।

हल :

1. (a) यह अनुमान निश्चित रूप से सत्य है, क्योंकि परिच्छेद की छठवीं पंक्ति के अन्त से स्पष्ट है कि निवेश की वर्तमान दर GDP की 29.1% थी जो कि लगभग 30% है।

2. (a) यह अनुमान निश्चित रूप से सत्य है, क्योंकि परिच्छेद में दिया गया है कि GDP में वृद्धि की ऊँची दर के लिए पूँजी निर्माण महत्वपूर्ण होता है। इसलिए यदि पूँजी उत्पादन अनुपात ऊँचा होगा तो GDP की वृद्धि भी अधिक होगी।

3. (a) यह अनुमान निश्चित रूप से सत्य है, क्योंकि परिच्छेद के अनुसार इसमें कोई संदेह नहीं करता कि GDP में वृद्धि की ऊँची दर के लिए पूँजी निर्माण महत्वपूर्ण होता है।

4. (c) दिए हुए तथ्य काफी नहीं है, क्योंकि परिच्छेद में इसके बारे में कुछ नहीं कहा गया है।

प्रश्नमाला

निर्देश (1-5) : नीचे एक परिच्छेद दिया गया है और उसके नीचे उस परिच्छेद में दिए गए तथ्यों के आधार पर निकाले जा सकने वाले कुछ सम्भावित अनुमान दिए गए हैं। आप हर एक अनुमान की परिच्छेद के सन्दर्भ में अलग-अलग परीक्षा कर उसकी सत्यता या असत्यता की मात्रा निश्चित कीजिए। उत्तर दीजिये–

(a) दीजिये, यदि अनुमान 'निश्चित रूप से सत्य' है अर्थात् वह दिए गए तथ्यों का उचित रूप से अनुसरण करता है।

(b) यदि अनुमान 'सम्भवतः सत्य' है यद्यपि दिए गए तथ्यों के सन्दर्भ में 'निश्चित रूप से सत्य' नहीं है।

(c) यदि 'दिए हुए तथ्य काफी नहीं हैं' अर्थात् दिए हुए तथ्यों से अनुमान सत्य है अथवा असत्य यह आप नहीं कह सकते हैं।

(d) यदि अनुमान 'सम्भवत: असत्य' है यद्यपि दिए गए तथ्यों के संदर्भ में 'निश्चित रूप से असत्य' नहीं है।

बैंकों को समग्र आस्ति गुणवत्ता में कमी-सकल अनर्जक आस्तियों (NPAs) के दिसम्बर, 2008 अन्त की तुलना में दिसम्बर 2009 के अन्त में 27% अधिक होने की रिपोर्ट है-आश्चर्यजनक नहीं है। वृद्धि में किसी भी तरह की कमी होने से NPAs में वृद्धि होना निश्चित है, क्योंकि ज्यादा-से-ज्यादा कम्पनियाँ ऋण चुकौती में चूक करती हैं, यह प्रभाव साफ-साफ दिखेगा जब यह कमी गम्भीर वैश्विक मंदी के साथ जा मिलेगी। लेकिन यदि केन्द्रीय बैंक ने उदार शर्तों पर ऋण के पुनर्गठन की अनुमति न दी होती, तो NPAs और भी अधिक होते। जिन विवेकवान बैंकों ने ऋण मंजूर करते समय ख्याल रखा और उसके बाद मंजूरी-उत्तर संवितरण की तत्परता से निगरानी की, वे इस संकट से उबर जाएँगे, लेकिन चाक्रिक मंदी के कारण NPAs में वृद्धि होना एक बात है और नीतिगत त्रुटियों के कारण NPAs का बढ़ना नितांत अलग बात है, जो पूर्णतया नीति निर्माताओं के क्षेत्र में आती है, यह वह चीज है जिससे हमें रक्षा करनी है, अत्यधिक कम ब्याज दरें ऐसी परियोजनाओं को व्यवहार्य दिखाकर जो वास्तव में व्यवहार्य नहीं होतीं, जोखिम-पारितोषिक समीकरण को तब तक निरस्त कर देती हैं-जब तक ब्याज दरें उलट नहीं जातीं और वही परियोजनाएँ व्यवहार्य नहीं रह जातीं। अब यह अच्छी तरह से स्थापित हो चुका है कि अनुचित रूप से कम ब्याज दरों की लम्बी अवधियाँ बैंकों को ज्यादा जोखिम लेने के लिए प्रोत्साहित करती हैं, समष्टि आर्थिक आधारभूत आँकड़ों की बजाय आसान धन वाली नीति द्वारा चालित कम ब्याज दर वाले दौर ऋण के अत्यधिक विस्तार की ओर ले जाते हैं। ये बैंकों को अधिक लाभ की खोज में अधिक जोखिम लेने ओर जोखिम की गलत कीमत लगाने के लिए प्रोत्साहित करते हैं।

1. ऋण पर कम ब्याज दर कई बिना हिसाब वाले जोखिम के घटकों को जज्ब करने की क्षमता को कम कर देते हैं।

2. बैंकों के NPAs केवल आर्थिक घटकों के कारण होते हैं।

3. NPAs बढ़ जाने पर केन्द्रीय बैंक हमेशा बैंकों को अपने ऋणों का पुनर्गठन करने देते हैं।

4. कम ब्याज दर वाला चक्र वाणिज्यिक रूप से अव्यवहार्य परियोजना को व्यवहार्य बनाकर दिखाता है।

5. अधिक NPAs संवितरणों और बैंकों द्वारा दिए गए ऋणों की अनुवर्ती कार्यवाही में कमियाँ दर्शाते हैं।

निर्देश (6-10) : नीचे एक परिच्छेद और उस परिच्छेद में दिए गए तथ्यों के आधार पर निकाले जा सकने वाले कुछ अनेक सम्भाव्य अनुमान दिए जाते हैं। आप प्रत्येक अनुमान की परिच्छेद के सन्दर्भ में अलग-अलग परीक्षा कर उसकी सत्यता या असत्यता की मात्रा निश्चित कीजिए।

उत्तर दीजिये-

(a) यदि अनुमान 'निश्चित रूप से सत्य है' तथा वह दिए हुए तथ्यों से बराबर निकलकर आता है।

(b) यदि अनुमान प्राय: सत्य है यद्यपि दिए हुए तथ्यों के प्रकाश में 'निश्चित रूप से सत्य' नहीं है।

(c) यदि दिए हुए तथ्य पर्याप्त नहीं हैं अर्थात् दिए हुए तथ्यों से अनुमान सत्य है अथवा असत्य, यह प्राय: नहीं कह सकते हैं।

(d) यदि अनुमान प्राय: असत्य है यद्यपि दिए हुए तथ्यों के प्रकाश में 'निश्चित रूप से असत्य' नहीं है, और

माइग्रेन जो अधिकांश युवा महिलाओं में पर्याप्त मात्रा में पायी जाती है, काफी समय से माना जाता है कि यह एक भयंकर प्रहार का सूचक है हाल ही की खोजों से ज्ञात हुआ है कि जिन लोगों को सिलेटी और काले रंग की दृष्टि का अनुभव होता है उन्हें, इस प्रहार का दोगुना खतरा होता है, जिन लोगों को धब्बे, रेखाएँ या तेज प्रकाश कई मिनट तक दिखाई देता है उन्हें भी काफी खतरा होता है। इस अध्ययन के अनुसार जिन महिलाओं को माइग्रेन के रहते हुए, इस प्रकार की दृष्टि दोष की कठिनाई नहीं होती है उनको अधिक खतरा नहीं होता है, यद्यपि पुरानी खोजें विपरीत निष्कर्ष पर पहुँची थीं।

6. काले रंग की दृष्टि का अनुभव मुख्यत: माइग्रेन के कारण होता है।

7. खोजों से ज्ञात हुआ है कि माइग्रेन के कारण भयंकर प्रहार की समस्या होती है।

8. माइग्रेन तथा देखने की परेशानी पुरुषों में बड़े खतरों की ओर संकेत नहीं करती।

9. वे सभी जो माइग्रेन से पीड़ित हैं उन्हें देखने में परेशानी का सामना करना पड़ता है।

10. युवा महिलाएँ जिन्हें दिखाई देने में अधिक परेशानी होती है तथा जो माइग्रेन से पीड़ित हैं, वे खतरे के समूह में आती हैं।

निर्देश (11-15) : नीचे एक परिच्छेद दिया गया है और उसके नीचे उस परिच्छेद में दिए गए तथ्यों के आधार पर लगाए जा सकने वाले कुछ सम्भावित अनुमान दिए गए हैं। आप हर एक अनुमान की परिच्छेद के सन्दर्भ में अलग-अलग परीक्षा कर उसकी सत्यता या असत्यता की मात्रा निश्चित कीजिए।

उत्तर दीजिये-

(a) यदि अनुमान 'निश्चित रूप से सत्य' है अर्थात् वह दिए गए तथ्यों का उचित रूप से अनुसरण करता है।

(b) यदि अनुमान 'सम्भवत: सत्य' है यद्यपि दिए गए तथ्यों के सन्दर्भ में 'निश्चित रूप से सत्य' नहीं है।

(c) यदि अनुमान 'डाटा पर्याप्त नहीं है' अर्थात् दिए हुए तथ्यों से अनुमान सत्य है अथवा असत्य यह आप नहीं कह सकते हैं।

(d) यदि अनुमान 'निश्चित रूप से असत्य है' अर्थात् दिए हुए तथ्यों का संभवत: अनुसरण नहीं करता है अथवा वह दिए गए तथ्यों के विपरीत जाता है।

आज निवेशकों के पास निवेश हेतु कुछ वर्ष पूर्व उपलब्ध विकल्पों से अधिक विकल्प हैं। कोई भी निर्णय लेने के लिए विकल्प का होना तब तक अच्छा है जब तक यह वैविध्य, विभेदीकरण और बेंचमार्किंग उपलब्ध कराता है। यदि विकल्प अधिकांशत: समान और भेदरहित हों, तो परिणाम अव्यवस्था और शोरगुल होता है। विकल्प की इस समस्या से समझदारी से निपटने के लिए, निवेश के लिए अपने उद्देश्य-आय और ग्राह्य जोखिम दोनों को निर्धारित करना और उसके बाद संभव विकल्प पहचानना आवश्यक है निवेशक के लिए मिक्स का चयन और नियमित रूप से यह मॉनीटर करना जरूरी है कि उद्देश्य और निवेश का परिणाम आपस में मेल खाते हों। यह सहज लगता है किन्तु अत्यधिक जटिल परिस्थिति का निर्माण कर सकता है जो धन की मात्रा के साथ कई गुना अधिक जटिल हो सकती है।

11. अधिक राशि का निवेश छोटी राशि के निवेश की अपेक्षा आसान होता है।

12. निवेशक को प्रत्येक निवेश विकल्प के जोखिम का आलोचनात्मक ढंग से मूल्यांकन करना आवश्यक है।

13. आज के निवेशकों को निवेश करने से पहले अपने निर्णय को अधिक आलोचनात्मक ढंग से इस्तेमाल करना होगा।

14. एक ही प्रकार के बहुविध निवेश विकल्प बेहतर निवेश निर्णय करने में सहायक होते हैं।

15. पहले, सामान्यत: निवेशकों का मार्गदर्शन निधि प्रबन्धक करते थे।

निर्देश (16-19) : नीचे एक परिच्छेद दिया गया है और उसके नीचे उस परिच्छेद में दिए गए तथ्यों के आधार पर निकाले जा सकने वाले कुछ सम्भावित अनुमान दिए गए हैं, आप हर एक अनुमान की परिच्छेद के सन्दर्भ में अलग-अलग परीक्षा कर उसकी सत्यता या असत्यता की मात्रा निश्चित कीजिए।

उत्तर दीजिये–

(a) यदि अनुमान 'निश्चित रूप से सत्य' है अर्थात् वह दिए गए तथ्यों का उचित रूप से अनुसरण करता है।

(b) यदि अनुमान 'सम्भवत: सत्य' है यद्यपि दिए गए तथ्यों के सन्दर्भ में 'निश्चित रूप से सत्य' नहीं है।

(c) यदि अनुमान डाटा अपर्याप्त है अर्थात् दिए हुए तथ्यों से अनुमान सत्य है अथवा असत्य यह आप नहीं कह सकते हैं।

(d) यदि अनुमान सम्भवत: असत्य है यद्यपि दिए गए तथ्यों के सन्दर्भ में 'निश्चित रूप से असत्य' नहीं है।

देश यदि अच्छा विदेशी निवेश आकर्षित करना चाहता है, तो विदेशी निवेशकों के पथ में विनियमनों द्वारा लादी गई बाधाएँ दूर की जानी चाहिए। विशेषत: भारतीय स्थिति में बहुत प्रभावित प्रतीत नहीं होते हैं, विदेशी मुद्रा आरक्षितियाँ 1990 के शुरुआती महीनों के स्तर तक गिरने के जोखिम का सामना नहीं कर रही हैं फिर भी, देश को केवल संविभाग अन्तर्वाह या हॉट मनी के बजाए अधिक दीर्घावधि निवेश आकर्षित करने के लिए वातावरण का निर्माण करना चाहिए। 1998 में जारी विनियमन के डाइल्यूटेड वर्शन की यह आवश्यकता कि 2005 से पहले भारत में स्थापित JVs वाले विदेशी भागीदारों को दूसरा समान उद्यम स्थापित करने के लिए देशी भागीदार से अनुमति प्राप्त करनी चाहिए, के दुरुपयोग की सम्भावना है, और आगे, विद्यमान कारोबार क्षेत्र में नए उद्यम की स्थापना से पहले, विदेशी भागीदार को सरकार से भी पूर्वानुमति प्राप्त करनी चाहिए।

16. एशियाई महाद्वीप के बहुत से देशों में विदेशी निवेशकों के लिए अनुकूल दिशा-निर्देश हैं।

17. 1990 से आरम्भ में भारत की विदेशी मुद्रा आरक्षितियाँ वर्तमान स्तर से बहुत कम थीं।

18. प्रमुख क्षेत्रों में विदेशी निवेश को अनुमति देने के लिए भारत को अपने मानदण्ड कड़े करने चाहिए।

19. भारत में प्रत्यक्ष विदेशी, निवेश मुख्यत: अल्पावधि है।

निर्देश (20-24) : नीचे एक परिच्छेद दिया गया है और उसके नीचे उस परिच्छेद में दिए गए तथ्यों के आधार पर निकाले जा सकने वाले कुछ सम्भावित अनुमान दिए गए हैं, आप हर एक अनुमान की परिच्छेद के सन्दर्भ में अलग-अलग परीक्षा कर उसकी सत्यता या असत्यता की मात्रा निश्चित कीजिए। उत्तर दीजिये–

(a) यदि अनुमान 'निश्चित रूप से सत्य' है अर्थात् वह दिए गए तथ्यों का उचित रूप से अनुसरण करता है।

(b) यदि अनुमान 'प्राय: सत्य' है यद्यपि दिए हुए तथ्यों के सन्दर्भ में 'निश्चित रूप से सत्य' नहीं है।

(c) यदि 'दिए हुए तथ्य काफी नहीं हैं' अर्थात् दिए हुए तथ्यों से अनुमान सत्य है अथवा असत्य यह आप नहीं कह सकते हैं।

(d) यदि अनुमान 'निश्चित रूप से असत्य है' अर्थात् वह दिए हुए तथ्यों को संभवत: अनुसरण नहीं करता है अथवा वह दिए हुए तथ्यों के विपरीत जाता है।

जैसे ही FMCG उद्योग ने फिर से उभरने के संकेत देने शुरू किए, तेल की कीमतों और बढ़ती मुद्रास्फीति ने खेल बिगाड़ने का खतरा पैदा कर दिया। हालांकि पिछले कुछ समय से इनपुट और पैकेजिंग लागत बढ़ती चली आ रही है, कम्पनियों ने, जब तक परिणाम ठीक-ठाक रहे, इसके साथ रहना सीख लिया है, आज भी उद्योग जगत् का ज्यादातर हिस्सा महसूस करता है कि पेट्रोल, डीजल और LPG की कीमतों का उपभोक्ता वस्तुओं की माँग पर बहुत ज्यादा असर नहीं पड़ेगा–कार्पोरेट चौकन्ने हैं कि ईंधन की कीमतों के बढ़ने से प्रयोज्य आय घट जाएगी। वे हालांकि इस बात से चिन्तित हैं कि कच्चे माल और पैकेजिंग की बढ़ती कीमतों और प्रतिस्पर्धा के चलते कीमतों को न बढ़ा सकने की पृष्ठभूमि ने उनकी अपने-अपने वास्तविक लाभ-हानि कम होने वाले हैं। साथ ही, उनका कहना है कि डीजल के दाम बढ़ने से लागत के तत्काल बढ़ने की उम्मीद नहीं है, क्योंकि उनमें से अधिकतर ने ट्रांसपोर्टरों के साथ लम्बी अवधि की संविदाएँ की हैं।

20. FMCG कम्पनियाँ अन्य कम्पनियों की तुलना में अधिक लाभ कमाती हैं।

21. विगत समय में FMCG कम्पनियाँ अधिक लाभ नहीं कमा रही थीं।

22. FMCG कम्पनियों के सामने बाजार में अधिक प्रतिस्पर्धा नहीं है।

23. ईंधन के दाम बढ़ने के बाद खरीदारों की व्यय क्षमता अप्रभावित रहेगी।

24. FMCG कम्पनियों का लाभ मोटे तौर पर वर्ष में व्यवसाय की मात्रा पर निर्भर करता है।

निर्देश (25-28) : नीचे एक परिच्छेद दिया गया है और उसके नीचे उस परिच्छेद में दिए गए तथ्यों के आधार पर निकाले जा सकने वाले कुछ सम्भावित अनुमान दिए गए हैं, आप हर एक अनुमान की परिच्छेद के सन्दर्भ में अलग-अलग परीक्षा कर उसकी सत्यता या असत्यता की मात्रा निश्चित कीजिए। उत्तर दीजिये–

(a) यदि अनुमान 'निश्चित रूप से सत्य' है अर्थात् वह दिए गए तथ्यों का उचित रूप से अनुसरण करता है।

(b) यदि अनुमान 'सम्भवत: सत्य' है यद्यपि दिए हुए तथ्यों के सन्दर्भ में 'निश्चित रूप से सत्य' नहीं है।

(c) यदि 'दिए हुए तथ्य काफी नहीं हैं' अर्थात् दिए हुए तथ्यों से अनुमान सत्य है अथवा असत्य यह आप नहीं कह सकते हैं।

(d) यदि अनुमान 'सम्भवत: असत्य है' यद्यपि दिए गए तथ्यों के सन्दर्भ में 'निश्चित रूप से असत्य' नहीं है।

भूकम्प विज्ञान ने अन्वेषण के क्षेत्र में क्रांति ला दी है, आदित: जमीन की सतह पर कोई विस्फोट प्रघाती तरंगों के निर्माण हेतु प्रयुक्त किया जाता था और भूमि के नीचे से तरंगों के परावर्तन से नीचे क्या पड़ा होगा उसके मूल्यवान संकेत मिलते थे तथापि इस स्तर पर भी तेल अन्वेषण आसान नहीं था। भूकम्प सम्बन्धी सभी डाटा विश्लेषण करना आसान नहीं था, क्योंकि पूरी जानकारी प्राप्त करने के लिए विभिन्न प्रकार के बहुत सारे डाटा को एक साथ समझना जरूरी है। प्रौद्योगिकी ने क्रमिक रूप से अन्वेषण में क्रांति पैदा कर दी है और इसे कला से एक यथार्थ विज्ञान के रूप में रूपान्तरित कर दिया है। आज 3D भूकम्पी छबियाँ प्राप्त करना सम्भव है, जबकि भूतकाल में 2D छबियों तक को जोड़ना मुश्किल था। हालांकि ये अत्यधिक महत्वपूर्ण प्रमाण अंश हैं, कतिपय और भी साधन हैं जो भूवैज्ञानिकों को जमीन के नीचे तेल या गैस का भण्डार वास्तव में या नहीं यह जानने के लिए सहायतार्थ बहुत संकेत देते हैं।

25. केवल 3D भूकम्पी छबियाँ नीचे उपलब्ध प्राकृतिक संसाधनों का पता लगाने के लिए पर्याप्त नहीं हैं।

26. पुराने दिनों में तेल की उपस्थिति का पूर्वानुमान वैज्ञानिक प्रमाण की तुलना में निजी अनुभव के आधार पर अधिक किया जाता था।

27. केवल भूकम्प सम्बन्धी डाटा ही हमें नीचे तेल या गैस की उपस्थिति का पूर्वानुमान करने में सहायता कर सकता है।

28. तेल और गैस के अन्वेषण कार्य में लगे वैज्ञानिक वर्तमान में पर्याप्त सही रूप से नीचे तेल और गैस की उपस्थिति का पूर्वानुमान कर सकते हैं।

उत्तर (हल/संकेत)

1. (c) दिए हुए तथ्य काफी नहीं है, क्योंकि परिच्छेद में इसके बारे में कुछ नहीं कहा गया है।

2. (b) यह अनुमान सम्भवत: सत्य है, क्योंकि परिच्छेद में बताया गया है–बैंकों की समग्र आस्ति गुणवत्ता में कमी सकल अनर्जक आस्तियों में है।

3. (a) यह अनुमान निश्चित रूप से सत्य है, क्योंकि परिच्छेद में कहा गया है–केन्द्रीय बैंक ने उदार शर्तों पर ऋण के पुनर्गठन की अनुमति न दी होती तो NPAs और भी अधिक होते।

4. (a) यह अनुमान निश्चित रूप से सत्य है, क्योंकि परिच्छेद में कहा गया है–अत्यधिक कम ब्याज दरें ऐसी परियोजनाओं को व्यवहार्य दिखाकर जो वास्तव में व्यवहार्य नहीं है, जोखिम पारितोषिक समीकरण को तब तक निरस्त कर देती है।

5. (d) यह अनुमान सम्भवत: असत्य है क्योंकि NPAs संवितरणों और बैंकों द्वारा दिए गए ऋणों की अनुवर्ती कार्यवाही में कमियाँ दर्शाते हैं, यह जरूरी नहीं है।

6. (b) यह अनुमान सम्भवत: सत्य है, क्योंकि अधिकांशत: माइग्रेन के कारण काले धब्बे या स्लेटी का अनुभव होता है परन्तु इसका मुख्य कारण माइग्रेन होना जरूरी नहीं है।

7. (a) यह अनुमान निश्चित रूप से सत्य है, क्योंकि परिच्छेद में यह स्पष्ट रूप से दिया हुआ है कि माइग्रेन के कारण भयंकर प्रहार की समस्या होती है।

8. (c) परिच्छेद में पुरुषों के बारे में कुछ नहीं कहा गया है, अत: दिए हुए तथ्य काफी नहीं हैं।

9. (d) यह अनुमान सम्भवत: गलत है, क्योंकि परिच्छेद में कहा गया है कि कुछ महिलाओं को माइग्रेन होते हुए भी दृष्टिदोष की कठिनाई नहीं होती है।

10. (a) यह अनुमान निश्चित रूप से सत्य है, क्योंकि परिच्छेद के अनुसार माइग्रेन के साथ-साथ जिन युवा महिलाओं को दृष्टि दोष की समस्याएँ होती हैं उन्हें भयंकर प्रहार की समस्या बनी रहती है।

11. (d) यह अनुमान निश्चित रूप से असत्य है, क्योंकि परिच्छेद में यह नहीं दिया हुआ है कि अधिक राशि का निवेश छोटी राशि के निवेश की अपेक्षा आसान होता है।

12. (b) यह अनुमान सम्भवत: सत्य है, क्योंकि परिच्छेद में कहा गया है–निवेश के लिए अपने उद्देश्य–आय और ग्राह्य जोखिम दोनों को निर्धारित करना और उसके बाद सम्भव विकल्प पहचानना आवश्यक है।

13. (a) यह अनुमान निश्चित रूप से सत्य है, क्योंकि परिच्छेद में स्पष्ट रूप से कहा गया है कि निवेशक के लिए मिक्स का चयन और नियमित रूप से यह मॉनीटर करना जरूरी है कि उद्देश्य और निवेश का परिणाम आपस में मेल खाते हों।

14. (a) यह अनुमान निश्चित रूप से सत्य है, क्योंकि परिच्छेद में स्पष्ट रूप से कहा गया है कि कोई भी निर्णय लेने के लिए विकल्प का होना तब तक अच्छा है, जब तक यह वैविध्य विभेदीकरण और बेंचमार्किंग उपलब्ध करता है।

15. (c) इसके सम्बन्ध में परिच्छेद में कुछ नहीं कहा गया है।

16. (c) परिच्छेद में एशियाई महाद्वीप के बारे में कुछ भी नहीं कहा गया है, अत: डाटा अपर्याप्त है।

17. (a) यह अनुमान निश्चित रूप से सत्य है, क्योंकि परिच्छेद में स्पष्ट रूप से कहा गया है कि विदेशी मुद्रा आरक्षितियाँ 1990 के शुरूआती महीनों के स्तर तक गिरने के जोखिम का सामना नहीं कर रही हैं।

18. (d) प्रमुख क्षेत्रों में विदेशी निवेश को अनुमति देने के लिए मानदण्ड कड़ा करना असम्भव है, क्योंकि ऐसा करने से निवेश की सम्भावना क्षीण हो जाएगी।

19. (b) परिच्छेद में यह कहा गया है कि देश को केवल संविभाग अंतर्वाह या हॉट मनी के बजाय अधिक दीर्घावधि निवेश आकर्षित करने के लिए वातावरण का निर्माण करना चाहिए। अत: यह अनुमान सम्भवत: सत्य है।

20. (c) इस संदर्भ में परिच्छेद में कुछ नहीं कहा गया है।

21. (b) विगत कुछ दिनों से मुद्रास्फीति और इनपुट तथा पैकेजिंग लागत में बढ़ोत्तरी के कारण FMCG कम्पनियाँ अधिक लाभ नहीं कमा पा रही हैं, अत: यह अनुमान प्राय: सत्य है।

22. (d) यह अनुमान बिल्कुल असत्य है।

23. (b) ईंधन के दाम बढ़ने के बाद खरीदारों की व्यय क्षमता अप्रभावित रहेगी, क्योंकि परिच्छेद के अन्तिम पंक्ति में यह कहा गया है कि उनमें से अधिकतर ने ट्रांसपोर्टरों के साथ लम्बी अवधि की संविदाएँ की हैं अत: यह अनुमान प्राय: सत्य है।

24. (c) इस संदर्भ में परिच्छेद में कुछ नहीं कहा गया है।

25. (a) परिच्छेद की अन्तिम पंक्ति से स्पष्ट है कि 3D के अलावा और भी साधन हैं, जो जमीन के नीचे तेल या गैस का भंडार यानी की प्राकृतिक संसाधनों का पता लगाने में सहायक हैं।

26. (c) इस संदर्भ में परिच्छेद में कुछ नहीं कहा गया है।

27. (d) केवल भूकम्प सम्बन्धी डाटा ही हमें प्राकृतिक संसाधनों का पता लगाने में सहायक है। यह सम्भवत: असत्य है क्योंकि कतिपय और भी साधन हैं जो भूवैज्ञानिकों को नीचे तेल या गैस की उपस्थिति का पूर्वानुमान करने में सहायता करते हैं।

28. (a) प्राकृतिक संसाधनों के अन्वेषण में लगे वैज्ञानिक वर्तमान में पर्याप्त सही रूप से नीचे तेल और गैस की उपस्थिति का पूर्वानुमान कर सकते हैं यह निश्चित रूप से सत्य है, क्योंकि कतिपय और भी साधन हैं जो भूवैज्ञानिकों को नीचे तेल या गैस की उपस्थिति का पूर्वानुमान करने में सहायता करते हैं।

❑❑❑

अध्याय 25

प्रभावी तर्क

किसी कथन के पक्ष या विपक्ष में दिया गया ऐसा तर्क जो कि वास्तविक रूप से कथन से सम्बन्धित हो, साथ-ही-साथ सत्यता को प्रमाणित करता हो, ठोस या प्रबल तर्क कहलाता है, जबकि किसी कथन के पक्ष या विपक्ष में दिया गया ऐसा तर्क जो कि प्रत्यक्ष रूप से कथन से सम्बन्धित न हो, साथ-ही-साथ कथन की सत्यता को प्रमाणित नहीं करता हो, कमजोर या निर्बल तर्क कहलाता है।

1. जो तर्क प्रत्यक्ष रूप से बिल्कुल स्पष्ट हो।
2. जो तर्क सत्यता पर आधारित हो।
3. जो तर्क वैज्ञानिक दृष्टिकोण से सत्य हों।
4. जो तर्क समाज में बताए गए नियम, कानून एवं विचार के अनुरूप हों।
5. जो तर्क स्पष्ट अर्थ वाला हो।
6. जो तर्क बिल्कुल तुलनात्मक न हो।
7. जो तर्क प्रश्नसूचक को न दर्शाता हो।

कथन एवं तर्क से सम्बन्धित प्रश्नों में एक कथन तथा उसके नीचे दो तर्क दिए रहते हैं। आपको कथन तथा उसके नीचे दिए दोनों तर्कों पर विचार करके यह निश्चित करना होता है कि दोनों तर्कों में से कौन-सा तर्क ठोस है और कौन-सा कमजोर है। ठोस तर्कों का कथन से सीधा सम्बन्ध होता है तथा वे कथन के लिए उपयोगी भी होते हैं, जबकि कमजोर तर्कों का कथन से सीधा सम्बन्ध नहीं होता है तथा वे कथन के लिए महत्वहीन होते हैं।

हम नीचे कुछ उदाहरणों के माध्यम से कथन एवं तर्क से सम्बन्धित प्रश्नों का स्पष्टीकरण कर रहे हैं।

हल सहित उदाहरण

निर्देश (उदाहरण 1 से 5 तक) : महत्त्वपूर्ण प्रश्नों के बारे में निर्णय करते समय 'ठोस' और 'कमजोर' तर्क में भेद कर पाना वांछनीय होता है। 'ठोस' तर्क महत्वपूर्ण और प्रश्न से सीधे सम्बन्धित होते हैं। 'कमजोर' तर्क कम महत्वपूर्ण और प्रश्न से सीधे सम्बन्धित नहीं होते हैं।

नीचे दिए गए प्रत्येक प्रश्न के बाद दो तर्क I व II दिए गए हैं। आपको यह तय करना है कि कौन-सा तर्क 'प्रबल' है और कौन-सा 'निर्बल' है।

उत्तर दीजिए—

(a) यदि केवल तर्क I ठोस है

(b) यदि केवल तर्क II ठोस है

(c) यदि या तो तर्क I या तर्क II ठोस है

(d) यदि न तो तर्क I न ही तर्क II ठोस है

उदाहरण 1.

कथन: क्या भारत में सभी इंजीनियरिंग कॉलेजों के लिए दाखिले का एकरूप मानदण्ड होना चाहिए।

तर्क I. हां, इससे इंजीनियरिंग कॉलेजों में दाखिल हुए छात्रों की गुणवत्ता सुनिश्चित होगी।

तर्क II. नहीं, यह विशेषकर सम्भव नहीं है।

हल (a) भारत के सभी इंजीनियरिंग कॉलेजों के लिए दाखिले का एकरूप मानदण्ड होना चाहिए, क्योंकि इससे इंजीनियरिंग कॉलेजों में दाखिल हुए छात्रों की गुणवत्ता सुनिश्चित होगी।

उदाहरण 2.

कथन: क्या विश्वविद्यालय की सभी परीक्षाओं में कैलकुलेटरों के प्रयोग की अनुमति दी जानी चाहिए।

तर्क I. हां कम्प्यूटर युग में हाथ से गणनाएं करने की जरूरत नहीं हैं, केवल पद्धति के ज्ञान को महत्व दिया जाना चाहिए।

तर्क II. नहीं, छात्रों को हाथ से गणनाएं करनी चाहिए ताकि वे भी धाराओं को समझ सकें।

हल (a) आज का युग मशीनरी युग है। अतः प्रत्येक काम मशीन द्वारा शीघ्रता व सरलता से किया जा सकता है, चाहे वह गणनाएं ही क्यों न हों, अत: तर्क I ठोस है।

उदाहरण 3.

कथन: क्या 25 वर्ष की आयु तक, युवाओं द्वारा तम्बाकू के सेवन पर पूर्ण प्रतिबन्ध लगाया जाना चाहिए।

तर्क I. हां, यह एक अच्छा कदम होगा, क्योंकि 25 वर्ष की आयु तक युवा पूर्णत: परिपक्व हो जाते हैं।

तर्क II. नहीं, यह जरूरी नहीं है, क्योंकि 18 वर्ष से अधिक उम्र के सभी वयस्क अपनी जिम्मेदारी समझ सकते हैं।

हल (c) या तो तर्क I या तर्क II सत्य है।

प्रश्नमाला

निर्देश (प्रश्न 1 से 15 तक): महत्वपूर्ण प्रश्नों के बारे में निर्णय करते समय 'ठोस' और 'कमजोर' तर्क में प्रभेद कर सकना वांछनीय होता है, 'ठोस' तर्क महत्वपूर्ण और प्रश्न से सीधे सम्बन्धित होते हैं। 'कमजोर' तर्क कम महत्वपूर्ण होते हैं और प्रश्न से सीधे सम्बन्धित नहीं भी हो सकते हैं या फिर प्रश्न के किसी नगण्य पहलू से सम्बन्धित हो सकते हैं।

नीचे दिए प्रत्येक प्रश्न के बाद दो तर्क I और II दिए गए हैं। आपको यह तय करना है कि कौन-सा तर्क **'ठोस'** है और कौन-सा तर्क **'कमजोर'** है।

उत्तर दीजिए—

(a) यदि केवल तर्क I ठोस है
(b) यदि केवल तर्क II ठोस है
(c) यदि न तो तर्क I और न ही तर्क II ठोस हैं
(d) यदि तर्क I और तर्क II दोनों ठोस हैं

1. कथन : क्या सरकारी कर्मचारियों को दी जाने वाली छुट्टियां घटाकर वर्ष में पांच कर दी जानी चाहिए?

तर्क :

I. हां, ऐसी छुट्टियों से कार्य समय कम हो जाता है और इससे राष्ट्र की अर्थव्यवस्था पर प्रतिकूल प्रभाव पड़ता है।

II. नहीं, भारी कार्य प्रणाली से कर्मचारियों को बीच-बीच में आराम की भी आवश्यकता होती है।

2. कथन : क्या स्नातक स्तर के सभी पत्राचार पाठ्यक्रम बन्द कर दिए जाने चाहिए?

तर्क :

I. नहीं, पत्राचार पाठ्यक्रम गरीब विद्यार्थियों को कमाई करने के साथ-साथ पढ़ाई करने में मदद करते हैं।

II. हां, बिना शिक्षकों और कक्षाओं के अच्छी शिक्षा सम्भव नहीं है।

3. कथन : क्या बिजली पैदा करने के लिए केवल परमाणु शक्ति का उपयोग किया जाना चाहिए?

तर्क :

I. हां, इससे हवा में प्रदूषण की मात्रा बहुत कम हो जाएगी।

II. नहीं, परमाणु प्लान्टों में प्रयुक्त रेडियोएक्टिव सामग्री का बड़े पैमाने पर उपयोग असुरक्षित है।

4. कथन : क्या सरकार को सभी प्रमुख शहरों से झोपड़पट्टी निकाल देनी चाहिए?

तर्क :

I. हां, झोपड़पट्टी बड़े शहरों में रहने वाले लागों के लिए क्षतिकारी है।

II. नहीं, झोपड़पट्टी निवासी भी देश के नागरिक हैं और देश के विकास में उनका भी योगदान होता है।

5. कथन : क्या भारत के राष्ट्रीय खेल के रूप में हॉकी का क्रिकेट द्वारा प्रतिस्थापन किया जाना चाहिए?

तर्क :

I. हां, पिछले कुछ वर्षों से हॉकी टीम का प्रदर्शन निराशाजनक रहा है।

II. नहीं, क्रिकेट ऑस्ट्रेलिया का राष्ट्रीय खेल है और दो देशों का राष्ट्रीय खेल एक ही नहीं होना चाहिए।

6. कथन : क्या सरकार को निजी प्रयोग के लिए कारों की रजिस्ट्रेशन को पूरे देश में तत्काल प्रभाव से रोक देना चाहिए?

तर्क :

I. नहीं, सरकार को ऐसा करने का प्राधिकार नहीं है।

II. हां, भारत के बड़े शहरों की सड़कों पर भीड़ कम करने का यही एकमात्र तरीका है।

7. कथन : क्या भारत के सभी निजी अस्पतालों का प्रबन्धन सरकार को अपने हाथ में ले लेना चाहिए?

तर्क :

I. हां, इससे इन अस्पतालों द्वारा रोगियों को दी जाने वाली सेवा में काफी ज्यादा सुधार होगा।

II. नहीं, इन अस्पतालों का प्रबन्ध करने के लिए सरकार के पास पर्याप्त वित्तीय और मानव संसाधन नहीं हैं।

8. कथन : क्या सरकार को भारत की सभी बड़ी नदियों पर बहुत से स्थानों पर बड़े बांध बनाने चाहिए?

तर्क :

I. नहीं, इससे सारे देश का इकोसिस्टम बर्बाद हो जाएगा।

II. हां, पूरे देश में सिंचाई के लिए पर्याप्त जल-आपूर्ति सुनिश्चित हो जाएगी।

9. कथन : क्या सरकार को लाभ कमाने वाले सार्वजनिक क्षेत्र के सभी उपक्रमों में अपनी हिस्सेदारी के बड़े हिस्से को बेच देना चाहिए?

तर्क :

I. नहीं, सरकार को इन उपक्रमों का नियंत्रण नहीं छोड़ना चाहिए, क्योंकि ये लाभ कमाने वाली संस्थाएं हैं।

II. हां, इससे सरकार को विशाल बजटीय घाटे को कम करने और अपने संसाधनों को बढ़ाने में मदद मिलेगी।

10. कथन : क्या हमारे देश में मिलिट्री सर्विस अनिवार्य कर देनी चाहिए?

तर्क :

I. नहीं, यह अहिंसा नीति के विरुद्ध है।

II. हां, प्रत्येक नागरिक को अपने देश की रक्षा करनी चाहिए।

11. कथन : क्या कुछ NGOs द्वारा उठाए गए आन्दोलन की सरकार द्वारा उपेक्षा करनी चाहिए तथा भारत में जैनेटिक मोडीफाइड कपास के उत्पादन को स्वीकृति देनी चाहिए?

तर्क :

I. हां, इससे उत्पादन स्तर में वृद्धि होगी और कपास की किस्म में सुधार होने से किसानों को लाभ होगा।

II. नहीं, ये NGOs तकनीकी निपुण है। इनकी उपेक्षा नहीं की जा सकती है।

12. कथन : क्या मृत्यु दण्ड को भारत में पूर्णत: समाप्त कर देना चाहिए?

तर्क :

I. हां, यूरोपियन यूनियन के देशों ने मृत्यु दण्ड पूर्णत: समाप्त कर दिया है।

II. नहीं, अपराधियों के दिमाग में भय दिलाने का केवल यही एक तरीका है जोकि उन्हें जघन्य अपराध करने से रोकेगा।

13. कथन : क्या 18 वर्ष से कम आयु वाले व्यक्तियों को देश की सैनिक शक्ति में सम्मिलित होने के लिए स्वीकृति देनी चाहिए?

तर्क :

I. नहीं, 18 वर्ष से कम आयु वाले व्यक्ति शारीरिक एवं मानसिक दोनों ही रूप में ऐसे जिम्मेदारी के लिए परिपक्व नहीं हो पाते हैं।

II. हां, इससे सैनिक शक्ति के विकास में सहायता मिलेगी तथा सैनिक शक्ति अधिक समय तक सेवा कर सकेगी।

14. कथन : क्या तम्बाकू जनित पदार्थों की उत्पादक कम्पनियों द्वारा उत्तेजक विज्ञापनों पर रोक लगानी चाहिए?

तर्क :

I. हां, व्यक्तियों द्वारा तम्बाकू जनित पदार्थों के प्रयोग को रोकने का सिर्फ यही एक तरीका है।

II. नहीं, कम्पनियों द्वारा ऐसे विज्ञापनों के बनाने में काफी धन खर्च किया गया है। अत: इन पर प्रतिबन्ध नहीं लगाना चाहिए।

15. कथन : क्या निर्बल समुदाय के लोगों के लिए प्राइवेट सेक्टर में भी नौकरियों के लिए आरक्षण करना चाहिए?

तर्क :

I. नहीं, प्राइवेट सेक्टर के प्रबन्धक इस प्रकार के आरक्षण के लिए राजी नहीं होंगे।

II. हां, इससे निर्बल समुदाय की आर्थिक दशाओं में काफी सुधार होगा।

निर्देश (प्रश्न 16 से 19 तक) : प्रत्येक प्रश्न में एक कथन और उसके बाद दो तर्क I व II दिए गए हैं। आपको यह निर्णय करना है कि कौन-सा तर्क प्रबल है और कौन-सा तर्क कमजोर है?

उत्तर दीजिए—

(a) यदि सिर्फ तर्क I प्रबल है

(b) यदि सिर्फ तर्क II प्रबल है

(c) यदि या तो तर्क I प्रबल है या तर्क II प्रबल है

(d) यदि न तो तर्क I प्रबल है और न ही तर्क II प्रबल है

16. कथन : क्या फिरौती देना अथवा राजनीतिक लोगों के अपहरणकर्ताओं की शर्तें स्वीकार कर लेना, सही कार्यवाही है?

तर्क :

I. हां, सताए जाने वाले व्यक्ति को हर कीमत पर बचाया जाना चाहिए।

II. नहीं, इससे अपहरणकर्ता को अपनी खेदजनक कार्यवाहियां करने के लिए प्रोत्साहन मिलता है।

17. कथन : क्या ग्राहकों को किस्तों पर चीज खरीदना लाभ दायक है?

तर्क :

I. हां, उसको कम रुपए देना पड़ता है।

II. नहीं, किस्तों के चुकाने से परिवार का बजट बिगड़ जाता है।

18. कथन : क्या ग्रामीण भारत में खेती में यंत्रों का प्रयोग करना चाहिए।

तर्क :

I. हां, इससे उपज बढ़ जाएगी।

II. नहीं, बहुत से ग्रामीण बेरोजगार हो जाएंगे।

19. कथन : क्या मुम्बई में नए कारखाने खोले जाने चाहिए?

तर्क :

I. हां, इससे रोजगार के अवसर बढ़ेंगे।

II. नहीं, इससे शहर में प्रदूषण बढ़ेगा।

उत्तर (हल/संकेत)

1. (b) तर्क II प्रबल है, क्योंकि भारी कार्य प्रणाली से कर्मचारियों को बीच-बीच में आराम की आवश्यकता होती है।

2. (d) दोनों ही तर्क ठोस हैं।

3. (b) तर्क II ठोस है।

4. (c)

5. (b) तर्क II ठोस है, क्योंकि दो देशों का राष्ट्रीय खेल एक ही नहीं होना चाहिए।

6. (b) सरकार को निजी प्रयोग के लिए कारों के रजिस्ट्रेशन को पूरे देश में तत्काल प्रभाव से रोक देना चाहिए, क्योंकि भारत के बड़े शहरों की सड़कों पर भीड़ कम करने का यही एकमात्र तरीका है।

7. (b) भारत के सभी निजी अस्पतालों का प्रबन्धन सरकार को अपने हाथ में नहीं लेना चाहिए, क्योंकि इन अस्पतालों का प्रबन्धन करने के लिए सरकार के पास पर्याप्त वित्तीय और मानव संसाधन नहीं हैं।

8. (b) सरकार को भारत की सभी बड़ी नदियों पर बहुत से स्थानों पर बड़े बांध बनाने चाहिए, क्योंकि इससे पूरे देश में सिंचाई के लिए पर्याप्त जल-आपूर्ति सुनिश्चित हो जाएगी।

9. (a) सरकार को लाभ कमाने वाले सार्वजनिक क्षेत्र के सभी उपक्रमों में अपनी हिस्सेदारी को नहीं बेचना चाहिए, सरकार को इन उपक्रमों का नियंत्रण नहीं छोड़ना चाहिए, क्योंकि ये लाभ कमाने वाली संस्थाएं हैं।

10. (b) मिलिट्री सर्विस, में हिंसा नहीं होती है, बल्कि अपने देश की हिंसा के विरुद्ध बचाव करना है, अत: तर्क I प्रबल नहीं है चूंकि प्रत्येक नागरिक को अपने देश की रक्षा में भाग लेना चाहिए, अत: तर्क II प्रबल है।

11. (d) तर्क I के अनुसार उत्पादन में वृद्धि होगी, कपास की किस्म में सुधार भी होगा तथा किसानों को लाभ भी होगा। अत: तर्क I प्रबल है, परन्तु NGOs ने इसका विरोध किया है और तकनीकी निपुण भी है। इसलिए इनकी उपेक्षा भी नहीं कर सकते हैं। अत: तर्क II भी प्रबल है। इस प्रकार दोनों तर्क प्रबल हैं।

12. (b) तर्क II प्रबल है, क्योंकि यह दण्ड समाप्त करने पर जघन्य अपराध बढ़ जाएंगे।

13. (a) तर्क I प्रबल है, क्योंकि 18 वर्ष से कम आयु वाले व्यक्ति मानसिक एवं शारीरिक शक्ति में परिपक्व नहीं हो पाते हैं। इससे वे देश का हित नहीं कर सकेंगें।

14. (a) उत्तेजक विज्ञापनों पर रोक लगाने से व्यक्ति तम्बाकू जनित पदार्थों का सेवन कम करेंगे, अत: तर्क I प्रबल है।

15. (a) तर्क I प्रबल है, क्योंकि प्राइवेट सेक्टर के प्रबन्धक इस प्रकार के आरक्षण के लिए बिल्कुल राजी नहीं होंगे,

16. (c) पहला तर्क भी सही है, क्योंकि सताए जाने वाले व्यक्ति को हर कीमत पर बचाना चाहिए, परन्तु तर्क II भी सही है, क्योंकि इससे अपहरणकर्ताओं को प्रोत्साहन मिलेगा। अत: ये दोनों तर्क परस्पर विरोधी हैं। अत: या तो तर्क I प्रबल है या तर्क II प्रबल है।

17. (d) किस्तों पर चीजें खरीदने पर उसको अधिक रुपये देना पड़ता है, क्योंकि उसको ब्याज भी देना होता है। अत: तर्क I प्रबल नहीं है। इसके अलावा वस्तुएं किस्त पर खरीदने पर व्यक्ति अपना बजट बना लेता है। ऐसी स्थिति में बिना किस्त पर खरीदने पर पहले से पूरी रकम कैसे दे पाएगा? अत: तर्क II भी प्रबल नहीं है।

18. (a) ग्रामीण भारत में खेती के लिए यन्त्रों का प्रयोग करने से काम तेजी से होगा और उपज भी बढ़ेगी। अत: तर्क I प्रबल है। तर्क II प्रबल नहीं है, क्योंकि खेती में यन्त्रों के प्रयोग करने से कुछ आदमी उसमें ही व्यस्त हो जाएंगे और शेष अन्य काम ढूंढ लेंगे। अत: बेरोजगारी समस्या पैदा नहीं होगी।

19. (c) दोनों ही तर्क प्रबल हैं, परन्तु एक दूसरे के विरोधी हैं। मुम्बई में नए कारखाने खोलने से यहां पर रोजगार के अवसर बढ़ेंगे। इससे लोगों को लाभ होगा अत: तर्क I प्रबल है, परन्तु नए उद्योग खुलने पर प्रदूषण भी बढ़ेगा। अत: तर्क II भी सही है। अत: तर्क I प्रबल है या तर्क II प्रबल है।

❑❑❑

अध्याय

26

आरेखीय निरूपण

दी गई वस्तुओं के समूह को आरेख द्वारा निरूपित करने की प्रक्रिया को आरेखीय निरूपण (Diagramatic Representation) कहा जाता है। आरेखीय निरूपण वेन आरेख द्वारा किया जाता है।

दोनों प्रकार के वेन आरेखों का वर्णनात्मक स्पष्टीकरण

वेन आरेख से सम्बन्धित प्रश्न अभ्यर्थी से मदों के किसी निश्चित समूह को समझने, उनका सम्बन्ध स्थापित करने तथा उनका चित्रात्मक निरूपण करने की योग्यता की जाँच करने के लिए पूछे जाते हैं। आपको यह तय करना होता है कि दी गई वस्तुएँ एक-दूसरे से सम्बन्धित हैं तो वे समुच्चय या उपसमुच्चय बनाएँगा, परन्तु यदि सम्बन्धित नहीं हैं, तो वे अलग-अलग समुच्चय बनाएँगी। इन वस्तुओं का एक-दूसरे से सम्बन्ध समुच्चयों के उभयनिष्ठ अथवा संयोजन (Union) के माध्यम से दर्शाया जाता है। यदि आपने समुच्चय सिद्धान्त का अध्ययन किया है, तो आप वेन आरेख से सम्बन्धित प्रश्नों को आसानी से हल कर सकते हैं।

माना आपको तीन वस्तुएँ X, Y व Z दी जाती हैं। यहाँ यह बात नोट करने वाली है कि प्रत्येक वस्तु किसी निश्चित वस्तु को प्रदर्शित करती है। इस प्रकार, वेन आरेखों के प्रश्न वर्ग की संकल्पना पर आधारित होते हैं। X वर्ग वस्तुओं अथवा तथ्यों का सजातीय समूह है अर्थात् किसी निश्चित वर्ग में शामिल सभी तथ्यों में उनके बीच कुछ सर्वसामान्य लक्षण मौजूद हैं।

यदि हमें तीन वस्तुएँ X, Y और Z दी गई हैं तो हमें केवल छः प्रकार के सम्बन्धों को जाँचने की आवश्यकता होती है, जो सम्भवतः उनके बीच स्थापित किया जा सकता है।

(i) X का Y के साथ सम्बन्ध
(ii) Y का Z के साथ सम्बन्ध
(iii) X का Z के साथ सम्बन्ध
(iv) Y का X के साथ सम्बन्ध
(v) Z का Y के साथ सम्बन्ध
(vi) Z का X के साथ सम्बन्ध

(i) X का Y के साथ निम्न प्रकार वेन आरेख प्रदर्शित किया जा सकता है–

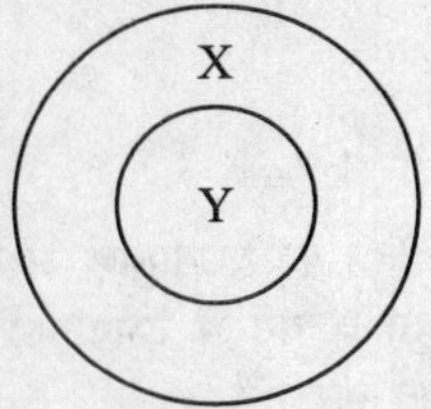

उपर्युक्त आरेख दर्शाता है कि एक वर्ग दूसरे में पूर्ण रूप से समाहित है, लेकिन इसके विपरीत कथन असत्य है, अतः हम कह सकते हैं, कि Y पूर्ण रूप से X में समाहित है, लेकिन X, Y में पूर्ण रूप से समाहित नहीं है।

अतः X के केवल कुछ सदस्य ही Y में शामिल हैं।

(ii)

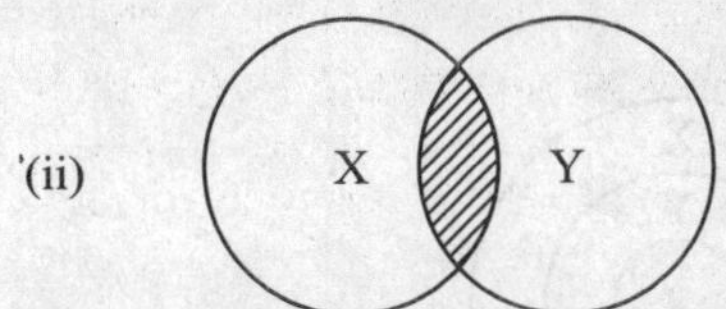

उपर्युक्त आरेख यह प्रदर्शित करता है कि न तो X और न ही Y एक-दूसरे में पूर्णरूप से समाहित हैं। बल्कि X और Y दोनों के कुछ सदस्य उभयनिष्ठ हैं जिनको छायांकित भाग द्वारा प्रदर्शित किया गया है।

(iii)

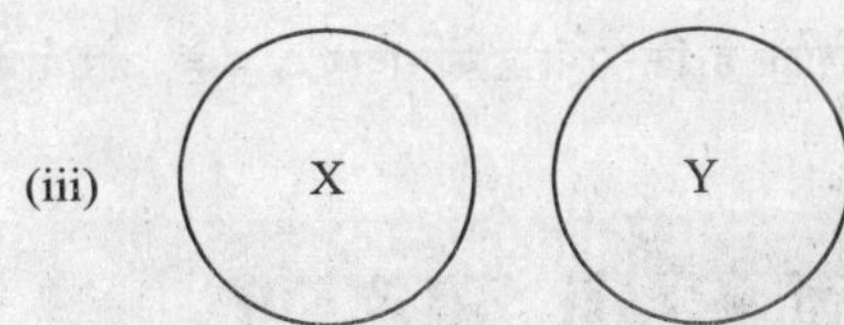

उपर्युक्त आरेख यह प्रदर्शित करता है कि X व Y का कोई भी सदस्य एक-दूसरे में समाहित नहीं है। अतः X व Y दोनों अलग-अलग वर्ग को प्रदशित करते हैं।

(iv)

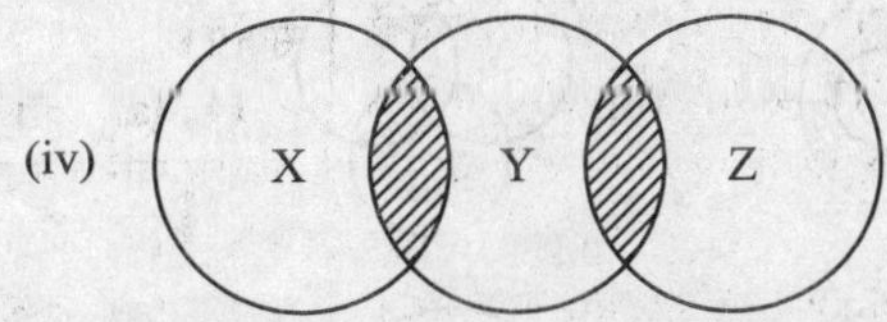

उपर्युक्त आरेख यह प्रदर्शित करता है कि यहाँ तीन वर्ग X, Y व Z हैं। कोई भी वर्ग दूसरे वर्ग में पूर्ण रूप से समाहित नहीं है, परन्तु दो निकटवर्ती वर्गों के साथ उनके कुछ सदस्य उभयनिष्ठ हैं, जो कि छायांकित भाग द्वारा प्रदर्शित हैं।

(v)

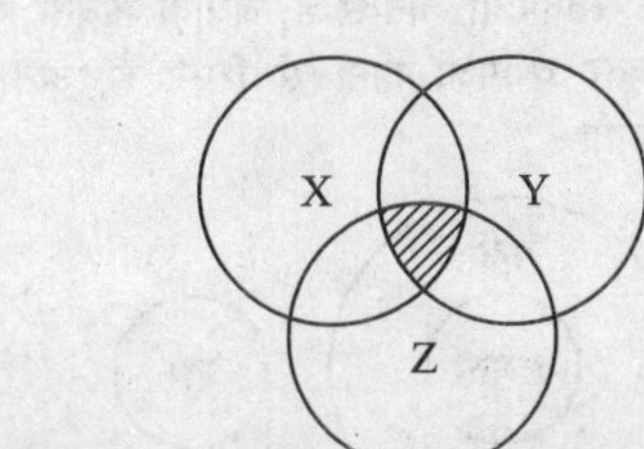

उपरोक्त दिया गया आरेख दर्शाता है कि X, Y और Z के कुछ सदस्य निकटस्थ समूह अथवा वर्गों के साथ उभयनिष्ठ हैं, जबकि छायांकित भाग में ऐसे सदस्य शामिल हैं, जो सभी तीन वर्गों में विद्यमान हैं।

(v)

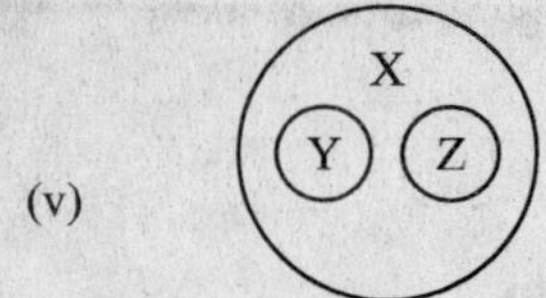

उपर्युक्त आरेख दर्शाता है कि सभी Y और Z के सदस्य X में शामिल हैं, लेकिन X के कुछ सदस्य ही Y में शामिल हैं और X के कुछ सदस्य ही Z में शामिल हैं तथा Y व Z का कोई भी सदस्य उभयनिष्ठ नहीं है।

(vi)

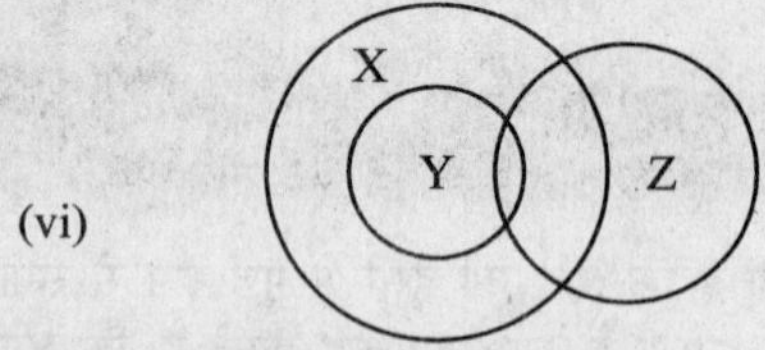

उपर्युक्त आरेख दर्शाता है कि सभी Y के सदस्य, X में शामिल हैं, Y और Z के कुछ सदस्य उभयनिष्ठ हैं तथा इसी प्रकार X और Z के कुछ सदस्य उभयनिष्ठ हैं।

(vii)

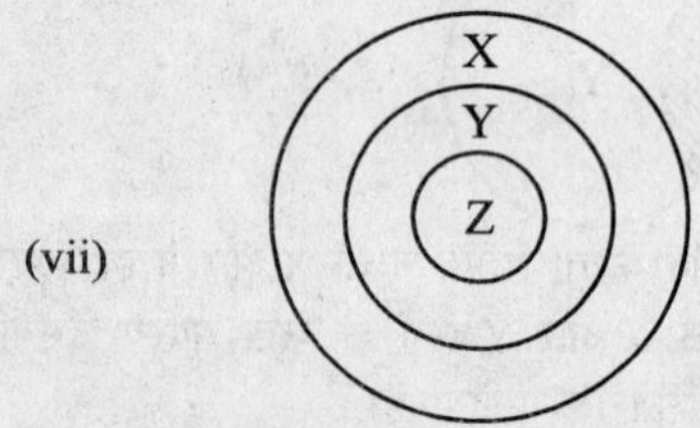

उपर्युक्त आरेख दर्शाता है कि सभी Z के सदस्य Y में हैं, और सभी Y के सदस्य X में हैं।

हल सहित उदाहरण

उदाहरण : 1. नीचे दिये गये वेन आरेख में कौन-सा वेन आरेख शेर, कबूतर व पक्षी के बीच सर्वाधिक सही निरूपण करता है?

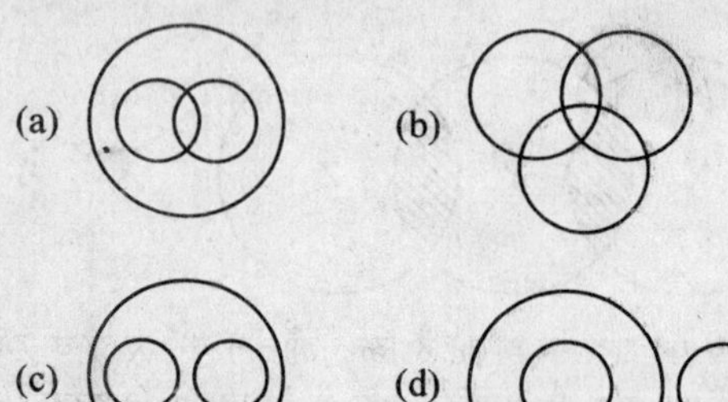

हल : (d) शेर एक स्तनपायी जानवर है, जबकि कबूतर पक्षी वर्ग का एक प्राणी है। अतः शेर, कबूतर व पक्षी दोनों से भिन्न है, अतः सर्वाधिक सही आरेखीय निरूपण निम्न होगा–

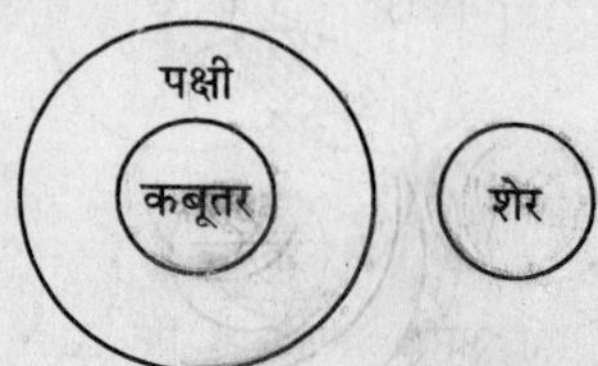

उदाहरण 2. नीचे दिये गये चित्र में 'त्रिभुज वकील को निरूपित करता है।,'वर्ग' शिक्षक को तथा 'वृत्त' डॉक्टर को निरूपित करता है।

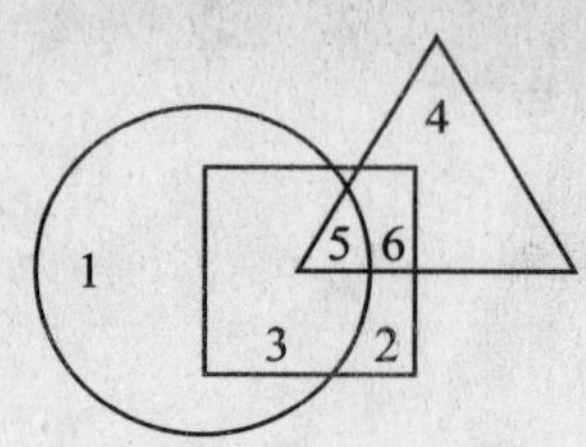

कौन-सी संख्या उस व्यक्ति को निरूपित करती है, जो शिक्षक, वकील व डॉक्टर को प्रदर्शित करती है?

(a) 6 (b) 5
(c) 4 (d) 2

हल : (b) प्रश्नानुसार हमें ऐसी संख्या ज्ञात करनी है, जो तीनों ज्यामितीय आकृतियों में उभयनिष्ठ हो अर्थात् ऐसी संख्या 5 है।

उदाहरण 3. निम्नलिखित में से कौन-सा वेन ओरख सब्जियाँ, बैंगन टमाटर के बीच सर्वाधिक सही सम्बन्ध को दर्शाता है?

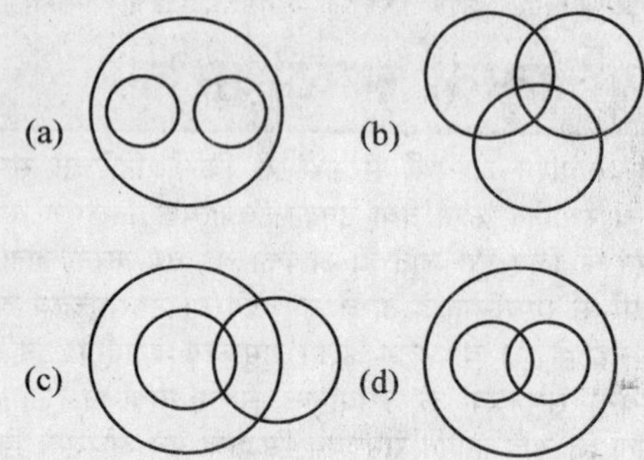

हल : (a) बैंगन, टमाटर सब्जियों की श्रेणी में आते हैं, इसलिए सर्वाधिक सही वेन आरेख निम्न होगा।

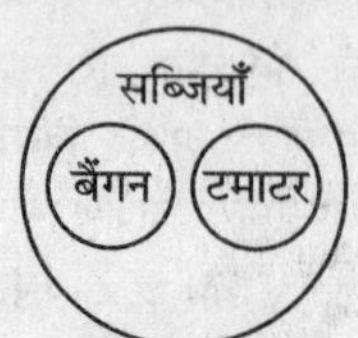

उदाहरण 4. नीचे दिए गए चित्र में 'त्रिभुज' शिक्षित को निरूपित करता है, 'वर्ग' बेराजगारों को तथा 'वृत्त' गरीबों को निरूपित करता है, तो कौन-सी संख्या शिक्षित बेरोजगार गरीबों को प्रदर्शित करती है?

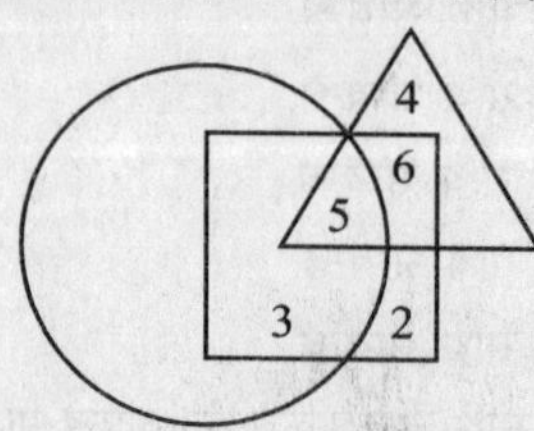

(a) 6
(b) 5 व 6
(c) 3
(d) 5

हल : (d) दिए गए चित्र का ध्यानपूर्वक अध्ययन करने पर यह पता चलता है कि संख्या 5 त्रिभुज, वृत्त व वर्ग में उभयनिष्ठ है, इसलिए संख्या 5 शिक्षित बेरोजगार गरीबों को प्रदर्शित करता है।

प्रश्नमाला

निर्देश (प्रश्न 1 से 13 तक) : नीचे प्रत्येक प्रश्न में एक सम्बन्ध दिया हुआ है और उसके नीचे वेन आकृतियाँ दी गई हैं। आपको दी गई वेन आकृतियों से उस आकृति का पता लगाना है, जो प्रश्न में पूछे गए सही सम्बन्ध को निरूपित करती है?

1. निम्नलिखित में से कौन-सा आरेख विष (Poison), जैव-उत्पाद और भोजन के बीच सही सम्बन्ध को दर्शाता है?

(a) 

(b) 

(c) 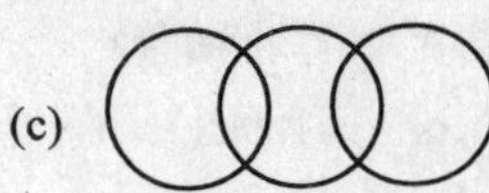

(d) 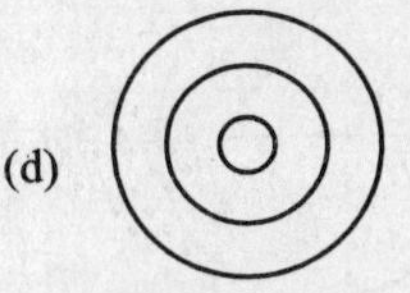

2. निम्नलिखित में से कौन-सा आरेख छात्र, कॉलेज और स्कूल के बीच सम्बन्ध को सर्वाधिक सही दर्शाता है?

(a) 

(b) 

(c) 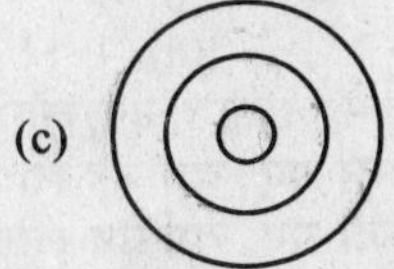

(d) 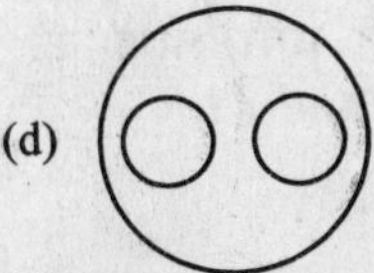

3. निम्नलिखित में से कौन-सा आरेख स्तनपायी, गायें व कौवों के बीच सम्बन्ध को भली-भाँति दर्शाता है?

(a) 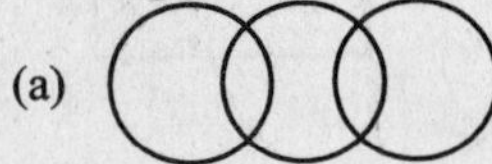

(b) 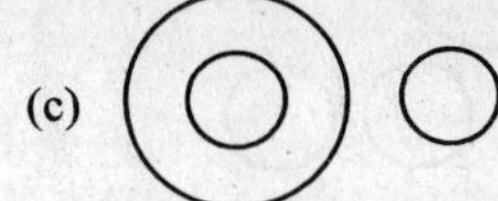

(c) 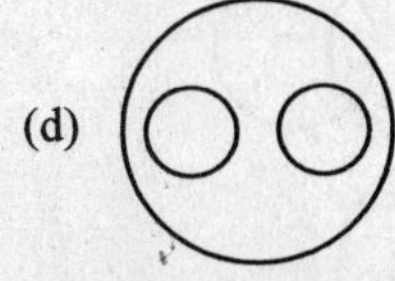

(d) 

4. निम्नलिखित में से कौन-सी आकृति मानव प्राणियों, लड़की और लड़का के बीच सम्बन्ध को भली-भाँति दर्शाता है?

(a) 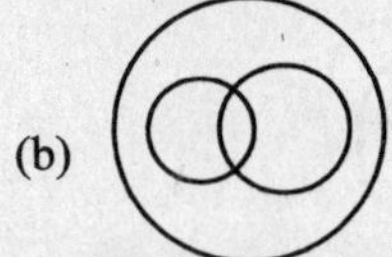

(b) 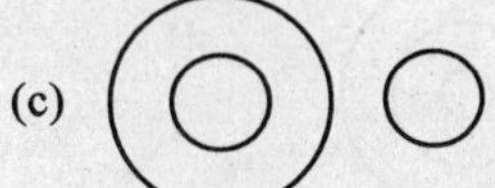

(c) 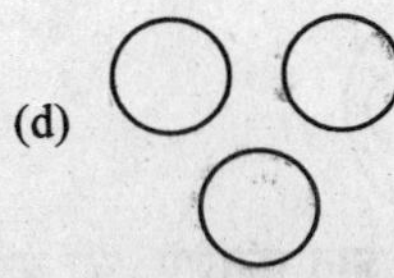

(d) 

5. वह आरेख पहचानिए जो नीचे दिए गए वर्गों के बीच सम्बन्ध का सही निरूपण करता है–
गौरैया, पक्षी, बिल्ली

(a) 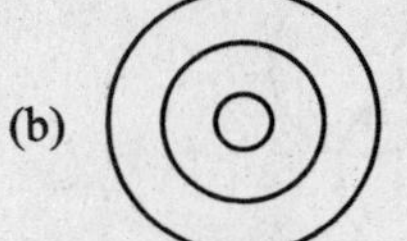

(b) 

(c) 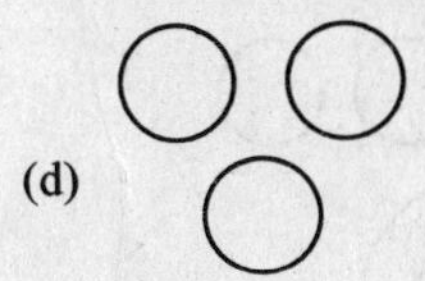

(d) 

6. उस आकृति को पहचानिए, जो मेज, कुर्सी तथा फर्नीचर के सम्बन्ध को सर्वोत्तम ढंग से दर्शाता है?

(a) 

(b) 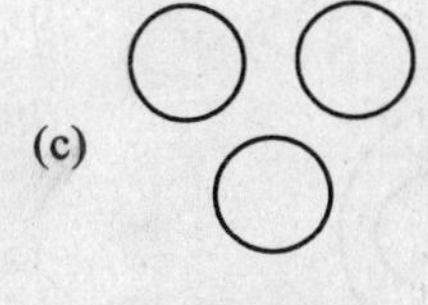

(c) 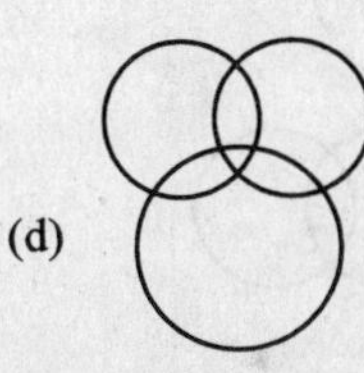

(d) 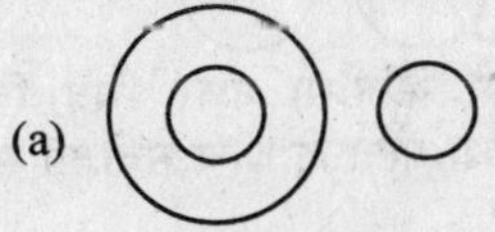

7. वह आरेख चुनिए जो नीचे दिए गए वर्गों के बीच सम्बन्ध का सही निरूपण करता है:

सब्जी, गाजर, सेब

(a) 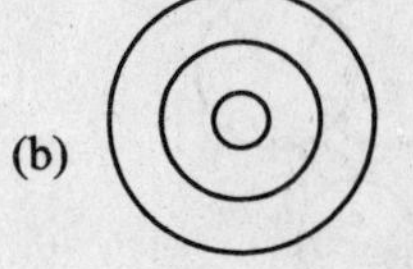

(b) 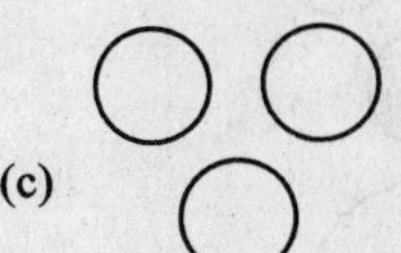

(c) 

(d)

8. कौन-सी आकृति मनुष्य, वनस्पति व गाय के बीच सम्बन्ध को सर्वाधिक सही दर्शाती है?

(a) 

(b)

(c)

(d)

9. निम्न आरेखों में तीन वर्गों के बीच सर्वोत्तम सम्बन्ध ज्ञात कीजिए–

छात्र, बच्चे, चिड़ियाँ

(a) 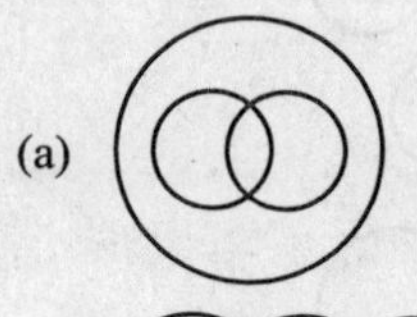

(b)

(c) 

(d)

10. निम्न में से कौन-सा उत्तर चित्र विमान, रेलगाड़ी तथा यात्रा के बीच सर्वोत्तम सम्बन्ध दर्शाता है?

(a) 

(b)

(c) 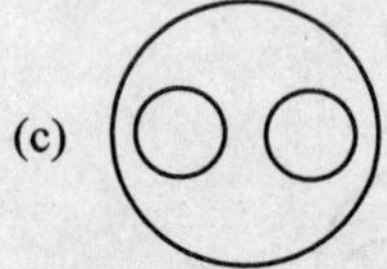

(d)

11. निम्नलिखित में से कौन-सी आकृति शिक्षकों, प्रोफेसरों और क्लर्कों के बीच सही सम्बन्ध को भली-भाँति दर्शाती है?

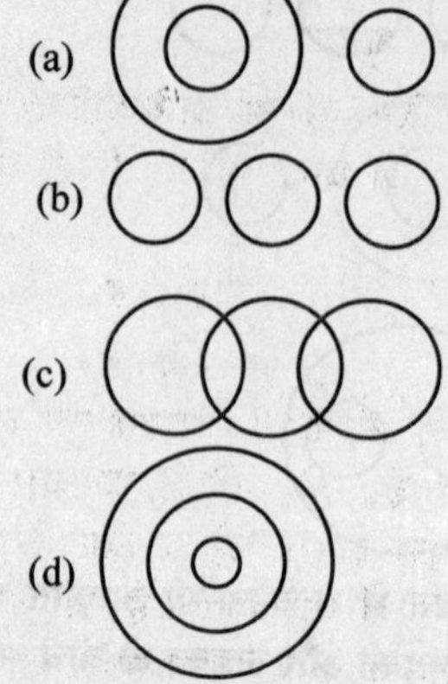

(a)

(b)

(c)

(d)

12. उस आकृति को ज्ञात कीजिए, जो निम्नलिखित समूह का प्रतिनिधित्व करती है–1. कवि, 2. पेन, 3. पुस्तक।

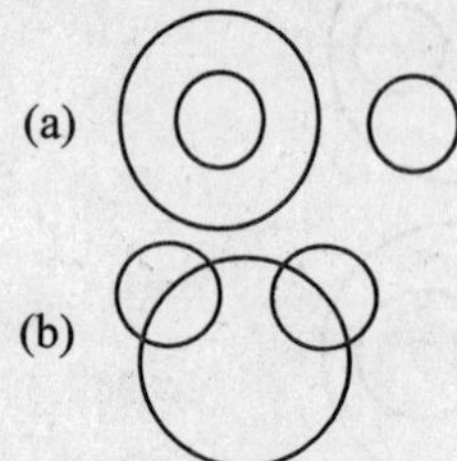

(a)

(b)

(c) 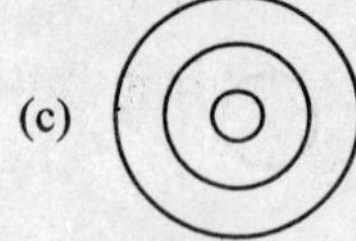

(d) 

13. उस आकृति को ज्ञात कीजिए, जो बगीचा, गुलाब तथा चमेली के सम्बन्ध का सर्वोत्तम प्रतिनिधित्व करती है।

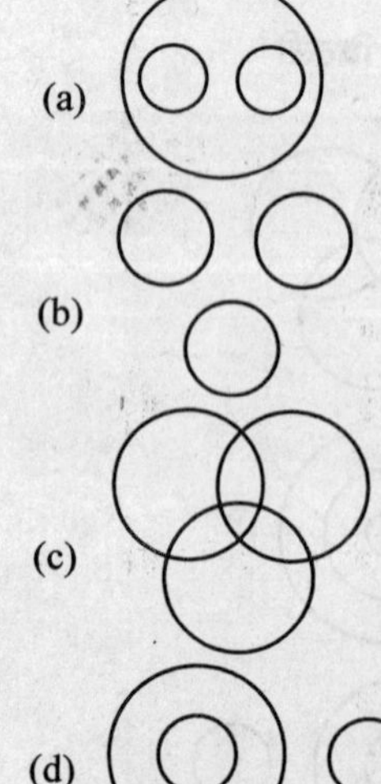

(a)

(b)

(c)

(d)

निर्देश (प्रश्न 14 से 23 तक) : नीचे प्रत्येक प्रश्न में एक त्रिभुज, वर्ग, आयत व गोले के माध्यम से एक सम्बन्ध को दर्शाया गया है। हमें दिए गए चित्र का अध्ययन करके प्रश्न का सही उत्तर दिए गए विकल्पों में से ढूँढ़ना है।

14. इस आकृति में शिक्षकों, गायकों तथा खिलाड़ियों को दर्शाया गया है। आकृति का अध्ययन कीजिए तथा ज्ञात कीजिए कि कितने शिक्षक, गायक भी हैं?

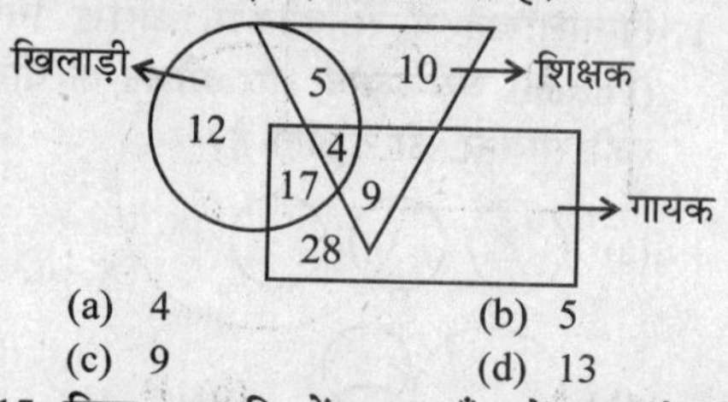

(a) 4 (b) 5
(c) 9 (d) 13

15. निम्न आकृति में एक गाँव में युवाओं के तीन वर्गों को दर्शाया गया है, उसके अनुसार, कितने शिक्षित युवा, गरीब हैं?

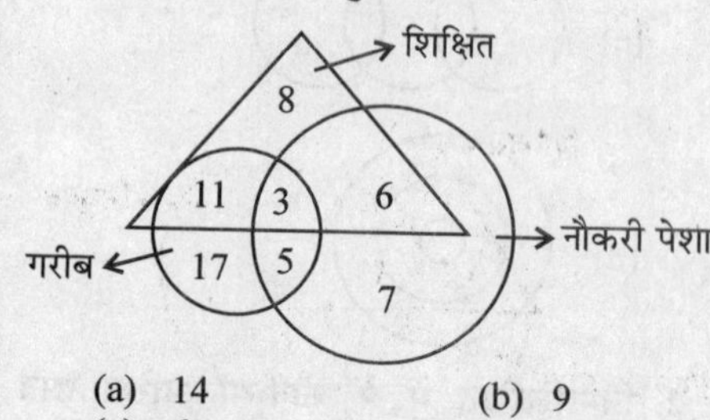

(a) 14 (b) 9
(c) 6 (d) 19

16. निम्नलिखित आकृति में वृत्त तीन अलग-अलग विषय पढ़ने वाले विद्यार्थियों को दर्शाते हैं, कितने विद्यार्थी तीनों विषय पढ़ते हैं?

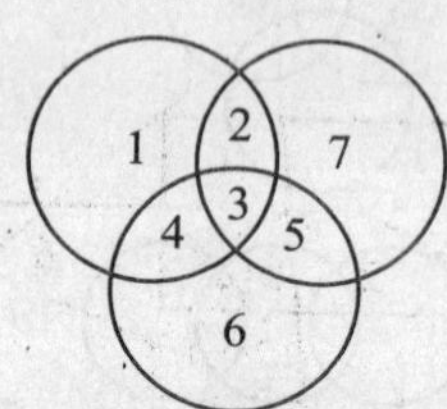

(a) 2 (b) 3
(c) 4 (d) 1

17. दी गई आकृति में, त्रिभुज उन लोगों को दर्शाता है, जो मैसूर गए, वृत्त उन लोगों को दर्शाता है, जो ऊटी गए, वर्ग उन लोगों को दर्शाता है, जो मुन्नार गए, मैसूर और ऊटी दोनों जगह जाने वाले लोगों को दर्शाने वाला हिस्सा कौन-सा है?

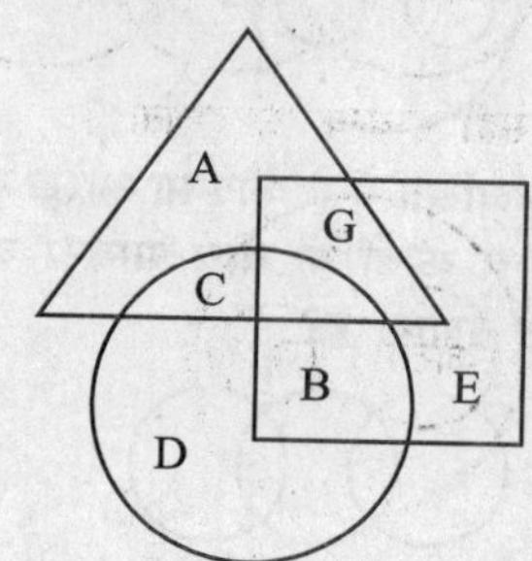

(a) C (b) D
(c) G (d) B

18. निम्नलिखित आरेख में, त्रिभुज माताओं के दर्शाता है, वृत्त शिक्षिकाओं को दर्शाता है और आयत महिलाओं के लिए है। कौन-सा अक्षर (A, B, C और D में से)ऐसी महिलाओं को दर्शाता है, जो माता भी हैं और शिक्षक भी?

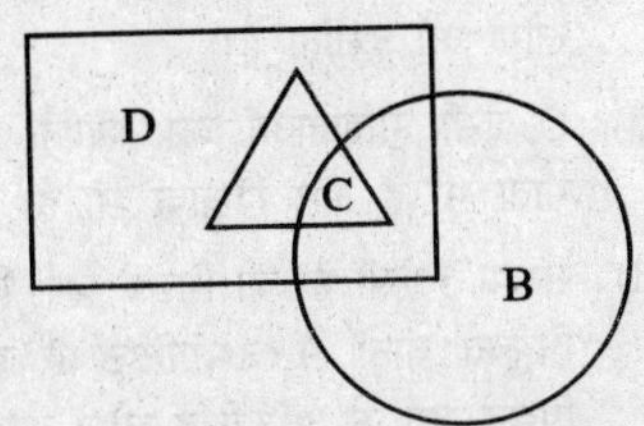

(a) A (b) B
(c) D (d) C

19. पिछड़े वर्ग के अशिक्षित कितने लोग नियुद्र हैं?

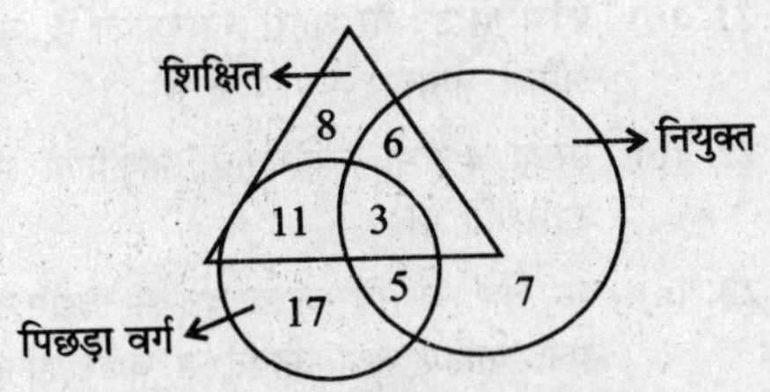

(a) 7 (b) 11
(c) 14 (d) 5

20. निम्नलिखित आकृति में प्रदर्शित हैं–

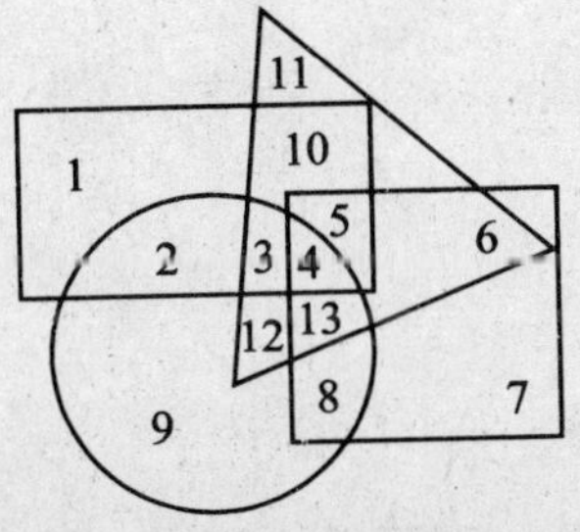

पुलिस → वृत्त
भ्रष्ट → त्रिभुज
कवि → वर्ग
विवाहित → आयत

ऐसे अविवाहित पुलिस अधिकारियों का क्षेत्र बताइए जो भ्रष्ट नहीं हैं, किन्तु कवि हैं?

(a) 8 (b) 9
(c) 2 (d) 4

21. निम्नलिखित आरेख में, आयत उन लोगों को दर्शाता है, जो अंग्रेजी समाचार-पत्र पढ़ते हैं, वृत्त शहरी को दर्शाता है और त्रिभुज उन लोगों को दर्शाता है, जो कन्नड़ समाचार-पत्र पढ़ते हैं, कौन-सा प्रदेश उन गैर-शहरी लोगों को दर्शाता है, जो अंग्रेजी समाचार-पत्र पढ़ते हैं?

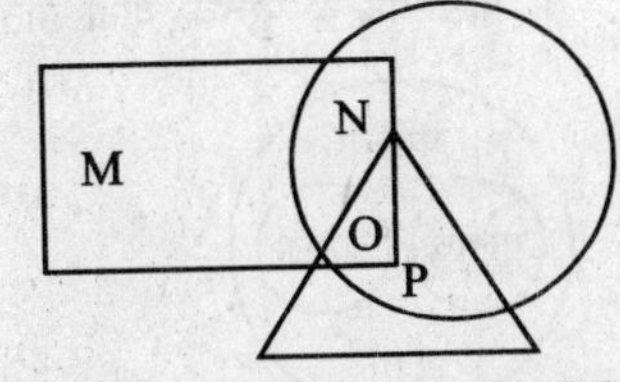

(a) N (b) M
(c) P (d) O

22. वह कौन-सी संख्या है, जो सभी ज्यामितीय आकृतियों में उपलब्ध है?

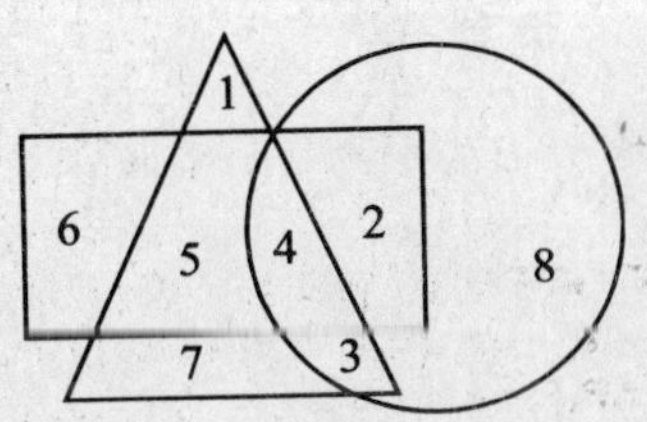

(a) 8 (b) 3
(c) 4 (d) 5

23. निम्नलिखित आरेख में कौन-सी संख्या उन महिला डॉक्टरों को दर्शाती है, जो रोजगार में नहीं हैं?

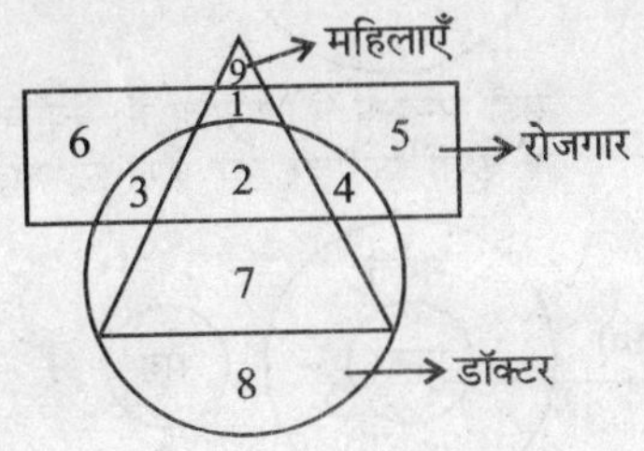

(a) 7
(b) 3
(c) 1
(d) 8

24. निम्नलिखित में से कौन-सी आकृति हिरन, खरगोश का बाघ के बीच सम्बन्ध को भली-भाँति दर्शाती है?

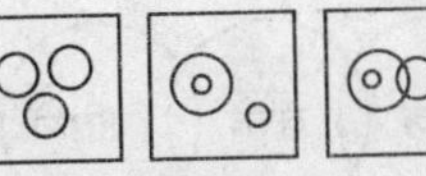
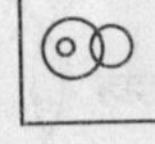

(a) (b) (c) (d)

25. उन सभी व्यक्तियों की संख्या ज्ञात कीजिए, जो अंग्रेजी तथा तेलुगू बोल सकते हों–

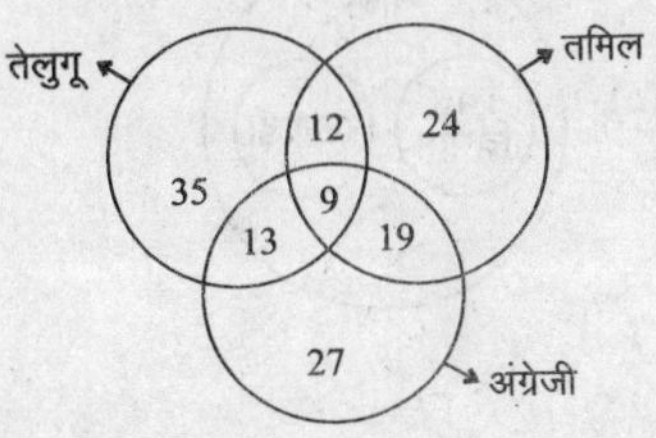

(a) 62
(b) 22
(c) 34
(d) 4

उत्तर (हल/संकेत)

1. (c) विष | जैव-उत्पाद | भोजन

सही सम्बन्ध को दर्शाता है।

2. (d)

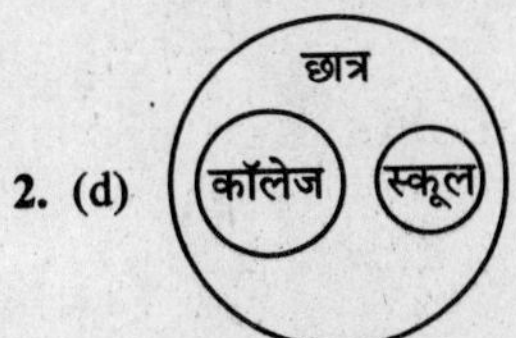

सही सम्बन्ध दर्शाता है।

3. (c)

सही सम्बन्ध को दर्शाता है।

4. (b) मानव प्राणी | लड़का | लड़की

सही सम्बन्ध को दर्शाता है, क्योंकि लड़का व लड़की सभी मानव प्राणियों में ही आते हैं।

5. (c)

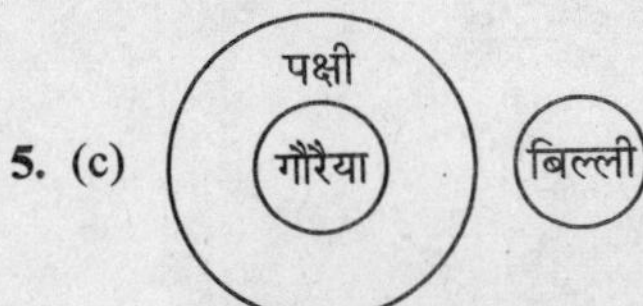

सही सम्बन्ध को दर्शाता है, क्योंकि गौरैया एक पक्षी है, जबकि बिल्ली पक्षी की श्रेणी में नहीं आता है।

6. (b)

फर्नीचर
मेज कुर्सी

सही सम्बन्ध को दर्शाता है, क्योंकि मेज व कुर्सी फर्नीचर की श्रेणी में आते हैं।

7. (a)

सब्जी
गाजर
सेब

सही सम्बन्ध को दर्शाता है, क्योंकि गाजर सब्जी के वर्ग में आती है, जबकि सेब एक फल है।

8. (c)

गाय वनस्पति मुनष्य

सही सम्बन्ध को प्रदर्शित करता है।

9. (b)

छात्र बच्चे चिड़ियाँ

सही सम्बन्ध को दर्शाता है, चूँकि चिड़ियाँ के बच्चे भी बच्चे हो सकते हैं।

10. (c)

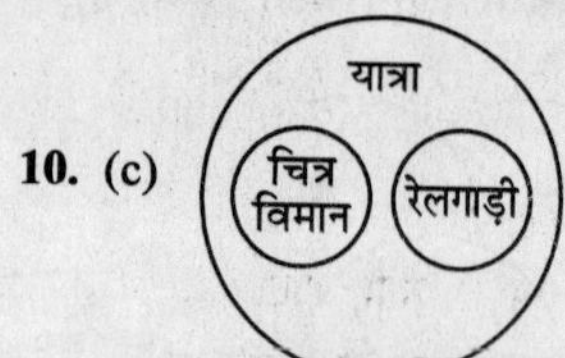

सही सम्बन्ध को दर्शाता है, क्योंकि यात्रा के अन्तर्गत चित्र विमान व रेलगाड़ी दोनों आते हैं।

11. (a)

सही सम्बन्ध को दर्शाता है, क्योंकि सभी प्रोफेसर शिक्षक होते हैं, परन्तु क्लर्क शिक्षक की श्रेणी में नहीं आते हैं।

12. (d)

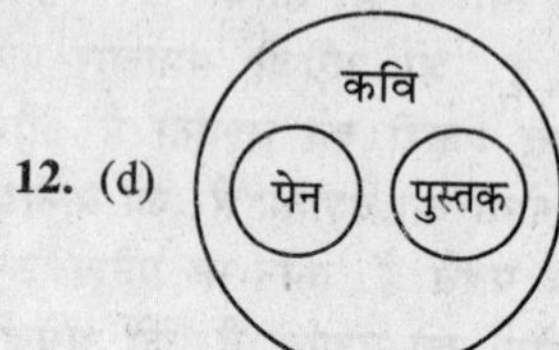

सही सम्बन्ध को दर्शाता है, क्योंकि कवि के पास पेन व पुस्तक दोनों होते हैं।

13. (a)

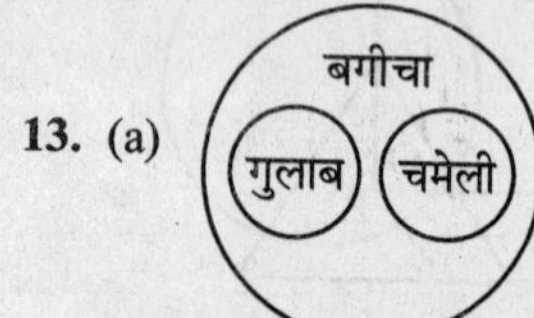

सही सम्बन्ध को दर्शाता है, क्योंकि बगीचे में गुलाब व चमेली के फूल हो सकते हैं।

14. (d) संख्याएँ 4 तथा 9 त्रिभुज एवं आयत दोनों में विद्यमान हैं, इसलिए 13 शिक्षक, गायक भी हैं।

15. (a) संख्याएँ 10 व 3 शिक्षित व गरीब दोनों में उपस्थित हैं, इसलिए 14 शिक्षित युवा गरीब है।

16. (b) संख्या 3 ऐसी है, जो तीनों गोलों में उभयनिष्ठ है, इसलिए केवल 3 विद्यार्थी तीनों विषय पढ़ते हैं।

17. (a) C, मैसूर व ऊटी दोनों जगह जाने वाले लोगों को दर्शाता है।

18. (d) C, ऐसी महिलाओं का दर्शाता है, जो माता भी हैं और शिक्षक भी हैं।

19. (d) संख्या 5 ऐसी है, जो पिछड़े वर्ग, शिक्षित, नियुक्त तीनों में उभयनिष्ठ हैं इसलिए पिछड़े वर्ग के अशिक्षित लोगों की संख्या है।

20. (a) ऐसे पुलिस अधिकारी, जो अविवाहित हैं और भ्रष्ट नहीं हैं, ऐसे पुलिस अधिकारियों की संख्या 8 है।

21. (b) प्रदेश M उन गैर-शहरी को दर्शाता है, जो अंग्रेजी समाचार-पत्र पढ़ते हैं।

22. (c) संख्या 4 सभी ज्यामितीय आकृतियों में उपस्थिति हैं।

23. (a) वह क्षेत्र, जो त्रिभुज व वृत्त में विद्यमान होना चाहिए तथा आयत से बाहर होना चाहिए, ऐसा क्षेत्र '7' द्वारा अंकित है।

24. (a) **25.** (b)

❑❑❑

अध्याय

27

आँकड़ों की पर्याप्तता

इस प्रकार की परीक्षा में कई प्रकार के प्रश्न पूछे जाते हैं, जो तर्क शक्ति या सामान्य बुद्धि पर आधारित होते हैं। इसमें पूछे जाने वाले प्रश्न गणित व तर्कशक्ति (Reasoning) से सम्बन्धित होते हैं। इस प्रकार के प्रश्नों में दो कथन दिए गए होते हैं जिनके आधार पर प्रश्न का उत्तर दिया जाता है।

आँकड़ा (Data) : किसी व्यक्ति/वस्तु या विषय के सन्दर्भ में दी गई जानकारी को आँकड़ा कहते हैं।

आँकड़ों की पर्याप्तता (Data Sufficiency) : किसी व्यक्ति, वस्तु या विषय के सम्बन्ध में दी गई वह जानकारी जिससे उस विषय की समस्या का निराकरण हो सके, आँकड़ों की पर्याप्तता कहलाती है।

इस प्रकार की परीक्षा में पूछे जाने वाले प्रश्न अंकगणित के विभिन्न अध्यायों जैसे-औसत, आयु संख्या आदि पर आधारित होते हैं। इसके साथ-साथ तर्कशक्ति परीक्षण के विभिन्न अध्यायों जैसे-सांकेतिक भाषा, रक्त सम्बन्ध, दिशा परीक्षण आदि पर आधारित होते हैं। दूसरे शब्दों में हम कह सकते हैं कि आँकड़ों की पर्याप्तता से सम्बन्धित प्रश्न लगभग गणित व तर्कशक्ति परीक्षण के सभी अध्यायों से पूछे जाते हैं। इनका उत्तर कथन के आधार पर निकलने वाले निष्कर्ष से दिया जाता है। नीचे कुछ उदाहरणों के माध्यम से आँकड़ों की पर्याप्तता का स्पष्टीकरण किया गया है। परन्तु इससे पहले कुछ मुख्य बिन्दुओं पर ध्यान देना अति आवश्यक है।

- दिए गए आँकड़ों को ध्यानपूर्वक पढ़िए।
- स्पष्ट कीजिए कि दिए गए दोनों आँकड़ों में से कौन से आँकड़े का प्रयोग करके प्रश्न का उत्तर दिया जा सकता है।
- कभी कभी केवल एक कथन से ही प्रश्न का उत्तर प्राप्त हो जाता है। अतः यह ध्यान रखें कि कहीं दोनों कथनों से ही प्रश्न का उत्तर प्राप्त तो नहीं होता है।
- कभी-कभी दोनों दिए गए कथनों से भी प्रश्न का उत्तर प्राप्त नहीं होता है।
- कभी-कभी दोनों कथनों के प्रयोग करने पर ही प्रश्न का उत्तर प्राप्त होता है।

हल सहित उदाहरण

निर्देश (प्र. 1 से 4 तक): नीचे प्रत्येक प्रश्न के नीचे दो कथन I व II दिए गए हैं। आपको यह निर्णय करना है कि किस कथन में दी गई जानकारी प्रश्न का उत्तर देने के लिए पर्याप्त है। उत्तर दीजिए–

(a) यदि कथन I का डाटा प्रश्न का उत्तर देने के लिए पर्याप्त है, जबकि कथन II का डाटा उत्तर देने के लिए पर्याप्त नहीं है।

(b) यदि कथन II का डाटा प्रश्न का उत्तर देने के लिए पर्याप्त है, जबकि कथन I का डाटा प्रश्न का उत्तर देने के लिए पर्याप्त नहीं है।

(c) यदि कथन I और कथन II को मिलाकर प्राप्त जानकारी प्रश्न का उत्तर देने के लिए पर्याप्त नहीं है।

(d) यदि कथन I और कथन II का डाटा मिलकर प्रश्न का उत्तर देने के लिए आवश्यक है।

उदाहरण 1. एक निश्चित कूट भाषा में Over किस प्रकार किया जायेगा?

I. : उस भाषा में over and again को Pit na ja लिखा जाता है।

II. : उस कोड भाषा में boy and girl play को ta ho pa ja लिखा जाता है।

हल : (d) कथन I से,

over and again ⇒ Pit na [ja] ...(i)

boy and girl play ⇒ ta ha pa [ja] ...(ii)

समी. (i) व (ii) से and ⇒ ja

∴ समी. (i) से over ⇒ pit or na

अतः over का एक निश्चित कोड प्राप्त नहीं होता है।

∴ कथन I व II की जानकारी मिलकर प्रश्न का उत्तर देने के लिए पर्याप्त नहीं है।

उदाहरण 2. H, D, T और W केन्द्र की ओर मुँह करके एक वृत्त के चारों ओर बैठे हैं। D के तुरंत बाएँ कौन बैठा है।

I. : T और W के बीच में H है और D, W के तुरन्त दाहिने है।

II. : H के बाएँ D दूसरे स्थान पर है।

हल : (a) कथन I से,

T D H W बाएँ

स्पष्ट है, D के तुरंत बाएँ W है

कथन I से,

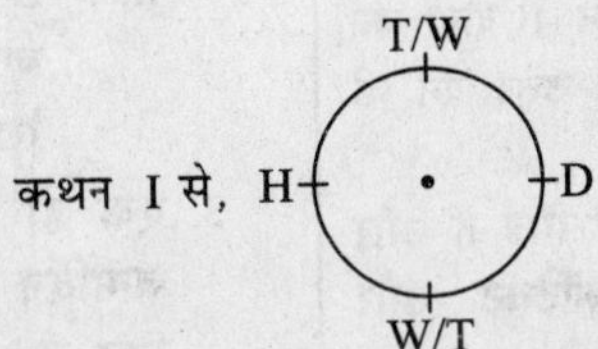

अतः यह स्पष्ट नहीं है कि D के तुरंत बाएँ H है या W

अतः केवल कथन I का डाटा प्रश्न का उत्तर देने के लिए पर्याप्त है।

उदाहरण 3. अपनी ऊँचाई को आरोही क्रम में व्यवस्थित किए जाने पर P, Q, T, V और M के ठीक बीच में कौन है?

I. : V, Q से लम्बा है परन्तु M से छोटा है।

II. : T, Q व M से लम्बा है, किन्तु P से छोटा है।

हल : (d) कथन I से,

$M > V > Q$

कथन II से, $P > T > Q$

∴ कथन I व II से

$P > T > M > V > Q$

अतः स्पष्ट है दोनों कथनों के ठीक मध्य में M है।

अतः कथन I और II दोनों मिलकर प्रश्न का उत्तर देने के लिए आवश्यक है।

उदाहरण 4. प्रारम्भ में विकास का मुँह किस दिशा में था?

I. : यदि विकास अपने दाएँ और पुनः फिर से अपने दाएँ ओर घूमता है, तो उसका मुँह उत्तर की ओर होगा।

II : यदि विकास थोड़ी दूर चलता है और बाएँ मुड़ता है और फिर कुछ दूर चलता है, तो मोहन जिसका मुँह दक्षिण में है, उससे सुरेश का मुँह बाईं ओर होगा।

हल : (a) कथन I से,

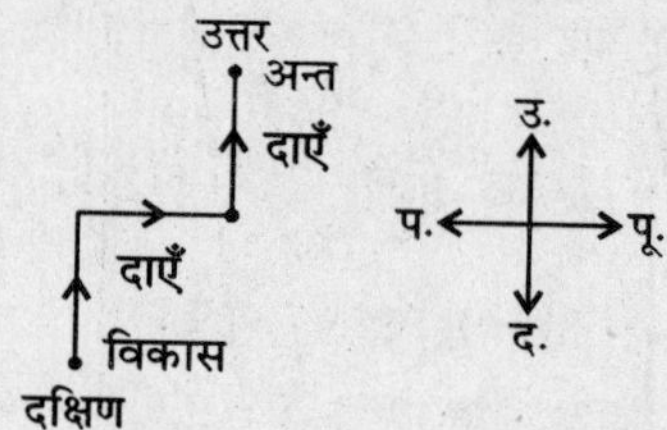

अतः स्पष्ट है, कि विकास का मुँह उत्तर की ओर होगा। अतः उसका प्रारम्भ में मुँह दक्षिण की ओर था।

कथन II से,

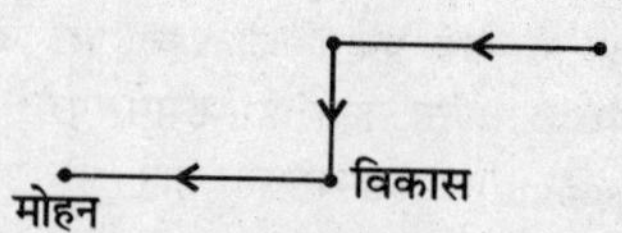

अतः यह स्पष्ट नहीं हो रहा है कि प्रारम्भ में उसका मुँह किस दिशा में था।

स्पष्ट है कि केवल कथन I का डाटा प्रश्न का उत्तर देने के लिए पर्याप्त है।

प्रश्नमाला

निर्देश (प्रश्न 1 से 5 तक) : नीचे दिए गए प्रत्येक प्रश्न में एक प्रश्न और उसके नीचे दो कथन I और II दिए गए हैं। आपको यह तय करना है कि कथनों में दिया गया डाटा प्रश्न का उत्तर देने के लिए पर्याप्त है या नहीं है। दोनों कथनों को पढ़िए और उत्तर दीजिए–

(a) यदि केवल कथन I में दिया गया डाटा प्रश्न का उत्तर देने के लिए पर्याप्त है, जबकि केवल कथन II में दिया गया डाटा प्रश्न का उत्तर देने के लिए पर्याप्त नहीं है।

(b) यदि केवल कथन II में दिया गया डाटा प्रश्न का उत्तर देने के लिए पर्याप्त है, जबकि केवल कथन I में दिया गया डाटा प्रश्न का उत्तर देने के लिए पर्याप्त नहीं है।

(c) यदि कथन I और कथन II दोनों का डाटा मिलकर भी प्रश्न का उत्तर देने के लिए पर्याप्त नहीं है।

(d) यदि कथन I और कथन II दोनों का डाटा मिलकर प्रश्न का उत्तर देने के लिए आवश्यक है।

1. मान लीजिए A, B व C तीन मित्र हैं और वे पेशे से–डॉक्टर, आर्कीटेक्ट और इंजीनियर हैं (जरूरी नहीं है कि इसी क्रम में) इन तीनों में से डॉक्टर कौन है?

I. : B आर्कीटेक्ट है। A इंजीनियर नहीं है।

II. : या तो A या B डॉक्टर है या तो A या C डॉक्टर है।

2. चार लोगों (P, Q, R व S जिनमें एक विवाहित जोड़ा और दो बच्चे शामिल हैं) के परिवार में कितनी महिलाएँ हैं?

I. : P, S का पिता है। S, Q की बहन हैं।

II. : R, Q की माता है।

3. 'writing paper' के लिए क्या कोड है?

I. : 'Read a paper' को '817' लिखा जाता है। 'Thinking and writing' को '624' कोड दिया जाता है।

II. : 'Writing with pen' को '453' लिखा जाता है। 'Paper and pen' को '723' लिखा जाता है।

4. A, B, C, D व E उत्तर की ओर मुँह करके एक सीधी रेखा में बैठे हैं। रेखा के दाएँ छोर से तीसरे स्थान पर कौन बैठा है?

I. : A, B के दाएँ को दूसरे स्थान पर बैठा है। B, C के बाएँ को दूसरे स्थान पर बैठा है।

II. : B, E या D दोनों में से किसी एक के बगल में बैठा है, न तो E न ही D रेखा के किसी अन्तिम छोर पर बैठे हैं।

5. एक ही सप्ताह के किस दिन नेहा का जन्मदिन है? (सोमवार सप्ताह का पहला दिन है)

I. : रमेश को ठीक-ठीक याद है कि नेहा का जन्मदिन मंगलवार के बाद के एक दिन को है, लेकिन उसी सप्ताह के शुक्रवार से पहले है।

II. : किरण को ठीक-ठीक याद है कि नेहा का जन्मदिन सोमवार के बाद के एक दिन को है, लेकिन उसी सप्ताह के गुरुवार से पहले है।

निर्देश (प्रश्न 6 से 10 तक) : नीचे दिए गए प्रत्येक प्रश्न में एक प्रश्न और उसके नीचे दो कथन I और II दिए गए हैं। आपको यह तय करना है कि कथनों में दिया गया डाटा प्रश्न का उत्तर देने के लिए पर्याप्त है या नहीं है। दोनों कथनों को पढ़िए और उत्तर दीजिए–

(a) यदि केवल कथन I में दिया गया डाटा प्रश्न का उत्तर देने के लिए पर्याप्त है जबकि केवल कथन II में दिया गया डाटा प्रश्न का उत्तर देने के लिए पर्याप्त नहीं है।

(b) यदि केवल कथन II में दिया गया डाटा प्रश्न का उत्तर देने के लिए पर्याप्त है जबकि केवल कथन I में दिया गया डाटा प्रश्न का उत्तर देने के लिए पर्याप्त नहीं है।

(c) यदि कथन I और कथन II दोनों का डाटा मिलकर भी प्रश्न का उत्तर देने के लिए पर्याप्त नहीं है।

(d) यदि कथन I और कथन II दोनों का डाटा मिलकर प्रश्न का उत्तर देने के लिए आवश्यक है।

6. क्या D माता है S की?

I. : L, D का पति है। L के केवल तीन बच्चे हैं।

II. : N भाई है S तथा P का। P, L की पुत्री है।

7. कक्षा में कितने विद्यार्थी हैं?

I. : कक्षा में 20 से अधिक परन्तु 27 से कम विद्यार्थी हैं।

II. : कक्षा में 24 से अधिक परन्तु 31 से कम विद्यार्थी हैं। जब कक्षा के विद्याथयों को समूह में विभाजित किया जाता है तब प्रत्येक समूह में पाँच विद्यार्थी होते हैं।

8. J, K, L, M तथा N में प्रत्येक की लम्बाई अलग-अलग हैं, उनमें से दूसरा सबसे लम्बा कौन है?

I. : N लम्बा है M तथा K से। K छोटा है M से।

II. : L लम्बा है N से। J सबसे लम्बा नहीं है।

9. पाँच व्यक्ति–A, B, C, D तथा E एक वृत्त के इर्द-गिर्द केन्द्र की ओर मुँह करके बैठे हैं। D के ठीक बाएँ कौन बैठा है?

I. : A के बाएँ दूसरे स्थान पर C बैठा है। B तथा D एक-दूसरे के अगल-बगल बैठे हैं।

II. : B के ठीक बाएँ D बैठा है। D तथा B का निकटतम पड़ोसी E नहीं है।

10. एक विशेष कोड में 'Cost' किस प्रकार लिखा जाएगा?

I. : उस कोड में 'tell me the cost' को '@0#9' तथा 'Cost was very high' को '$&6#1' लिखा जाता है।

II. : उस कोड में 'some cost was discount' को '187#' तथा 'some peole like discont' को 875% लिखा जाता है।

निर्देश (प्रश्न 11 से 15 तक) : नीचे दिए गए प्रत्येक प्रश्न में एक प्रश्न और उसके नीचे दो कथन I और II दिए गए हैं। आपको यह तय करना है कि कथनों में दिया गया डाटा प्रश्न का उत्तर देने के लिए पर्याप्त है या नहीं हैं। दोनों कथनों को पढ़िए और उत्तर दीजिए–

(a) यदि केवल कथन I में दिया गया डाटा प्रश्न का उत्तर देने के लिए पर्याप्त है, जबकि केवल कथन II में दिया गया डाटा प्रश्न का उत्तर देने के लिए पर्याप्त नहीं है।

(b) यदि केवल कथन II में दिया गया डाटा प्रश्न का उत्तर देने के लिए पर्याप्त है, जबकि केवल कथन I में दिया गया डाटा प्रश्न का उत्तर देने के लिए पर्याप्त नहीं है।

(c) यदि या तो केवल कथन I या केवल कथन II में दिया गया डाटा प्रश्न का उत्तर देने के लिए पर्याप्त है।

(d) यदि न तो कथन I और न ही कथन II प्रश्न का उत्तर देने के लिए पर्याप्त है।

11. उत्तर की ओर मुँह करके सीधी रेखा में बैठे P, Q, R, S और T में रेखा के ठीक मध्य में कौन बैठा है?

I. : P, S के बाएँ को तीसरे स्थान पर बैठा है। T, P और R के बगल में बैठा है।

II. : T, S के बाएँ को दूसरे स्थान पर बैठा है। Q, T या S के बगल में नहीं बैठा है।

12. केन्द्र की ओर मुँह करके एक गोल मेज के इर्द-गिर्द बैठे हुए पाँच मित्रों A, B, C, D और E में से A की दायीं बगल में कौन बैठा है?

I. : E, D के दाएँ को तीसरे स्थान पर बैठा है। A, D की बगल में नहीं बैठा है।

II. : C, B के बाएँ को दूसरे स्थान पर बैठा है। A, C की बगल में नहीं बैठा है।

13. P, Q, R, S और T में से लम्बा कौन है?

I. : P, S व T से लम्बा है पर R से छोटा है। Q, S से लम्बा है।

II. : T, S से लम्बा है। P सबसे लम्बा नहीं है।

14. क्या इस शब्द में निहित चारों अक्षरों पर निम्नलिखित परिचालन करने से 'EAST' शब्द बनेगा?

I. : A व T के बीच केवल एक अक्षर है। E, A की बाईं ओर है।

II. : शब्द T से आरम्भ नहीं होता है। E व S के बीच केवल एक अक्षर है। T, E के बगल में नहीं है।

15. क्या C, M की ग्रांडमदर है?

I. : C, D की माता है। D, M के पिता का भाई है।

II. : E, S की माता है। S, M की बहन है। S की आंटी F, C की एकलौती पुत्री है।

निर्देश (प्रश्न 16 से 20 तक) : नीचे दिए गए प्रत्येक प्रश्न में एक प्रश्न और उसके बाद तीन कथन I, II व III दिए गए हैं। आपको यह तय करना है कि कथनों में दिया गया डाटा प्रश्न का उत्तर देने के लिए पर्याप्त है या नहीं है। तीनों कथनों को पढ़िए और उत्तर दीजिए–

(a) यदि कथन I व II का डाटा उत्तर देने के लिए पर्याप्त है, जबकि III का डाटा प्रश्न का उत्तर देने के लिए आवश्यक नहीं है।

(b) यदि कथन I व III का डाटा उत्तर देने के लिए पर्याप्त है, जबकि कथन II का डाटा प्रश्न का उत्तर देने के लिए आवश्यक नहीं है।

(c) यदि या तो केवल कथन I या केवल कथन II या केवल कथन III प्रश्न का उत्तर देने के लिए पर्याप्त है।

(d) यदि I, II, III तीनों कथनों का डाटा मिलाकर प्रश्न का उत्तर देने के लिए आवश्यक है।

16. P, Q, R, S, T और V नामक छह लोगों में से प्रत्येक व्यक्ति एक छह मंजिला इमारत की किसी मंजिल पर रहता है। इमारत में एक से छह तक छह मंजिलें हैं (भूतल नम्बर 1 है, उसके ऊपर नम्बर 2 और उसके आगे उसी तरह तथा सबसे ऊपर की मंजिल का नम्बर 6 है), सबसे ऊपरी मंजिल पर कौन रहता है?

I. : जिन मंजिलों पर R व Q रहते हैं, उनके बीच में केवल एक मंजिल है। P सम संख्या वाली मंजिल पर रहता है।

II. : T सम संख्या वाली मंजिल पर नहीं रहता है। Q सम संख्या वाली मंजिल पर रहता है। Q सबसे ऊपरी मंजिल पर नहीं रहता है।

III.: S विषम संख्या वाली मंजिल पर रहता है। जिन मंजिलों पर S व P रहते हैं, उन मंजिलों के बीच दो मंजिलें हैं। T, R की मंजिल से एकदम ऊपर वाली मंजिल पर रहता है।

17. W, A, R, S, N व E छह अक्षर हैं। क्या इन छह अक्षरों का प्रयोग करते हुए केवल निम्नलिखित परिचालन करने के बाद 'ANSWER' शब्द बनता है?

I. : E को A के दाएँ चौथे स्थान पर रखा जाता है। S को A या E के एकदम बाद नहीं रखा जाता है।

II. : R को E के एकदम आगे (बाएँ या दाएँ) रखा जाता है। W को S के एकदम आगे (बाएँ या दाएँ) रखा जाता है।

III: N व W दोनों को S के एकदम बाद रखा जाता है। शब्द R से आरम्भ नहीं होता है। A को W के एकदम बाद नहीं रखा जाता है।

18. बिन्दु D, बिन्दु B के सम्बन्ध में किस दिशा को है?

I. : बिन्दु A, बिन्दु B के पश्चिम को है। बिन्दु C, बिन्दु B के उत्तर को है। बिन्दु D, बिन्दु C के दक्षिण को है।

II. : बिन्दु G, बिन्दु D के दक्षिण को है। बिन्दु G, बिन्दु B से 4 मीटर है। बिन्दु D, बिन्दु B से 9 मीटर है।

III : बिन्दु A, बिन्दु B के पश्चिम को है। बिन्दु B, बिन्दु A और बिन्दु E के ठीक मध्य में है। बिन्दु F, बिन्दु E के दक्षिण को है। बिन्दु D, बिन्दु F के पश्चिम को है।

19. कोड भाषा में 'one' को कैसे कोडबद्ध किया जाता है?

I. : 'one of its kind' को 'zo pi ko fe' कोड दिया जाता है और 'in kind and cash' को 'ga to ru ko' कोड दिया जाता है।

II. : 'its point for origin' को 'ba le fe mi' कोड दिया जाता है और 'make a point clear' को 'yu si mi de' कोड दिया जाता है।

III : 'make money and cash' को 'to mi ru hy' कोड दिया जाता है और 'money of various kinds' को 'qu ko zo hy' कोड दिया जाता है।

20. क्या वृत्ताकार मेज के इर्द-गिर्द बैठे हुए चारों मित्रों A, B, C व D का मुँह केन्द्र की ओर है?

I. : B, D के दाएँ को दूसरे स्थान पर बैठा है। D का मुँह केन्द्र की ओर है। C, B व D दोनों की दायीं बगल में बैठा है।

II. : A, B की बायीं बगल में बैठा है। C, A की बगल में नहीं बैठा है। C, D की दायीं बगल में बैठा है।

III : D, A व C दोनों की बगल में बैठा है। B, A की बायीं बगल में बैठा है। C, B की बायीं बगल में बैठा है।

निर्देश (प्रश्न 21 से 25 तक) : नीचे दिए गए प्रत्येक प्रश्न में एक प्रश्न और उसके नीचे दो कथन I और II दिए गए हैं। आपको यह तय करना है कि कथनों में दिया गया डाटा प्रश्न का उत्तर देने के लिए पर्याप्त है या नहीं है। दोनों कथनों को पढ़िए और उत्तर दीजिए–

(a) यदि केवल कथन I में दिया गया डाटा प्रश्न का उत्तर देने के लिए पर्याप्त है, जबकि केवल कथन II में दिया गया डाटा प्रश्न का उत्तर देने के लिये पर्याप्त नहीं है।

(b) यदि केवल कथन II में दिया गया डाटा प्रश्न का उत्तर देने के लिए पर्याप्त है, जबकि केवल कथन I में दिया गया डाटा प्रश्न का उत्तर देने के लिए पर्याप्त नहीं है।

(c) यदि कथन I और कथन II दोनों का डाटा मिलकर भी प्रश्न का उत्तर देने के लिए पर्याप्त नहीं है।

(d) यदि कथन I और कथन II दोनों कथन का डाटा मिलकर प्रश्न का उत्तर देने के लिए आवश्यक है।

21. M का P से क्या सम्बन्ध है?

I. M की बहन ने R से विवाह किया है।

II. R के भाई ने P की बहन से विवाह किया है।

22. K के कितने पुत्र हैं?

I. M और T, D के भाई हैं।

II. D, N और K की एकमात्र पुत्री है।

23. नवीन, मोहन, प्रकाश और किशोर में पहले कार्यालय कौन पहुँचा?

I. मोहन, नवीन और किशोर से पहले पहुँचा, किन्तु सबसे पहले कार्यालय नहीं पहुँचा।

II. किशोर, मोहन के बाद, किन्तु नवीन से पहले कार्यालय पहुँचा।

24. एक कोड भाषा में 'steel' कैसे लिखा जाता है?

I. इस कोड भाषा में 'steel container more costly' को 'ho na pa da' लिखा जाता है।

II. इस कोड भाषा में 'buy more steel vessels' को 'na ka ta da' लिखा जाता है।

25. M, N, T, Q और D में सबसे छोटा कौन है ?

I. T और D, M से छोटे हैं।

II. Q, T से बड़ा, किन्तु D और N से छोटा है।

निर्देश (प्रश्न 26 से 30 तक) : नीचे दिए गए प्रत्येक प्रश्न में एक प्रश्न और उसके नीचे दो कथन I और II दिए गए हैं, आपको यह तय करना है कि कथनों में दिया गया डाटा प्रश्न का उत्तर देने के लिए पर्याप्त है या नहीं है, दोनों कथनों को पढ़िए और–

उत्तर दीजिए–

(a) यदि केवल कथन I में दिया गया डाटा प्रश्न का उत्तर देने के लिए पर्याप्त है, जबकि केवल कथन II में दिया गया डाटा प्रश्न का उत्तर देने के लिए पर्याप्त नहीं है

(b) यदि केवल कथन II में दिया गया डाटा प्रश्न का उत्तर देने के लिए पर्याप्त है जबकि केवल कथन I में दिया गया डाटा प्रश्न का उत्तर देने के लिए पर्याप्त नहीं है

(c) यदि कथन I और कथन II दोनों का डाटा मिलकर भी प्रश्न का उत्तर देने के लिए पर्याप्त नहीं है

(d) यदि कथन I और कथन II दोनों का डाटा मिलकर प्रश्न का उत्तर देने के लिए आवश्यकता है

26. तीस लड़कों की एक पंक्ति में P और Q के बीच कितने लड़के हैं?

I. पंक्ति के दाएँ से P आठवाँ है।

II. पंक्ति के बाएँ से Q नौवा है।

27. बीस सफल विद्यार्थियों के समूह में ऊपर से M का क्रमांक क्या है?

I. M और R के बीच छह विद्यार्थी हैं।

II. R का स्थान नीचे से बारहवाँ है।

28. कोड भाषा में 'now' कैसे लिखा जाता है?

I. इस कोड भाषा में 'now or never' को 'ha na pa' लिखते हैं।

II. इस कोड भाषा में 'you may come now' को 'ja ta ha da' लिखते हैं।

29. M का R से क्या सम्बन्ध है?

I. M का केवल एक भाई और दो बहनें हैं, जिनमें से एक N है

II. R, N की माता है।

30. D की कितनी पुत्रियाँ हैं?

I. B और F, H के भाई हैं।

II. D, H का पिता है।

निर्देश (प्रश्न 31 से 35 तक) : नीचे दिए गए प्रत्येक प्रश्न में एक कथन और उसके नीचे दो कथन I और II दिए गए हैं। आपको यह तय करना है कि कथनों में दिया गया डाटा प्रश्न का उत्तर देने के लिए पर्याप्त है या नहीं है। दोनों कथनों को पढ़िए और–

उत्तर दीजिए–

(a) यदि केवल कथन I में दिया गया डाटा प्रश्न का उत्तर देने के लिए पर्याप्त है जबकि केवल कथन II में दिया गया डाटा प्रश्न का उत्तर देने के लिए पर्याप्त नहीं है

(b) यदि केवल कथन II में दिया गया डाटा प्रश्न का उत्तर देने के लिए पर्याप्त है जबकि केवल कथन I में दिया गया डाटा प्रश्न का उत्तर देने के लिए पर्याप्त नहीं है

(c) यदि केवल कथन I और कथन II दोनों का डाटा मिलकर भी प्रश्न का उत्तर देने के लिए पर्याप्त नहीं है

(d) यदि केवल कथन I और कथन II दोनों का डाटा मिलकर प्रश्न का उत्तर देने के लिए आवश्यक है।

31. संजय का अनिल से क्या सम्बन्ध है?

I. संजय का पुत्र अनिल की इकलौती बहन का भाई है।

II. संजय की इकलौती पुत्री राधिका के केवल दो भाई हैं।

32. सीमा के कितने बच्चे हैं?

I. वर्षा की बहन की माता सीमा का केवल एक पुत्र है।

II. वर्षा के केवल तीन भाई-बहन हैं।

33. कोड भाषा में 'your' का क्या कोड है?

I. कोड भाषा में 'Buy your own book' को 'ta na pi la' और 'do try your best' को 'sa jo ta be' लिखा जाता है।

II. कोड भाषा में 'please submit your reports' को 'ke si do ta' और 'my house is grand' को 'fl ba go hi' लिखा जाता है।

34. P, R, S, T एवं V सबकी लम्बाई अलग-अलग है। इनमें से सबसे लम्बा कौन है?

I. T, R एवं V लम्बा है।

II. P, R से छोटा है।

35. कक्षा में कितने बच्चे हैं?

I. सर्वोच्च स्थान से राधिक का 10वाँ स्थान है वह श्रद्धा से 3 स्थान ऊपर है।

II. सर्वोच्च स्थान से नमिता का 6वाँ स्थान है और वह करण से 5 स्थान ऊपर है जो नीचे से 20वाँ है।

उत्तर (हल/संकेत)

प्रश्न (1 से 5 तक) के लिए हल–

1. (a) I से, B आर्कीटेक्ट है तथा A डॉक्टर है और C इंजीनियर है।
II से ज्ञात नहीं होगा।

2. (c)

3. (d) WRITING → 4
और PAPER → 7
∴ Writing paper → 4, 7

4. (a) I से,

● ● ● ● ●
A B C

अत: दाएँ छोर से तीसरा B है।

● ● ● ● ●
C E B D A

II से, रेखा के दाएँ छोर से तीसरे स्थान पर B बैठा है।

5. (d) I से, नेहा का जन्मदिन – बुधवार तथा गुरुवार
II से, नेहा का जन्मदिन – मंगलवार तथा बुधवार
∴ I और II दोनों से मिलकर नेहा का जन्म दिवस बुधवार है।

प्रश्न (6 से 10 तक) के लिए हल–

6. (d) कथन I से,
L एवं D के केवल तीन बच्चे हैं।
कथन II से,
N, P तथा S बच्चे हैं L के।
दोनों कथनों से,
N, P तथा S बच्चे हैं L तथा D के।
D माता है N, P तथा S की।

7. (d) कथन I से,
कक्षा में विद्यार्थियों की संख्या
= 21, 22, 23, 24 तथा 26
कक्षा में विद्यार्थियों की संख्या = 25 या 30
दोनों कथनों से, कक्षा में 25 विद्यार्थी हैं।

8. (c) कथन I से,
N > M > K
कथन II से,
● > J
L > N
दोनों कथनों से,
L > N > M > K
(N से K तक: J)

9. (d) कथन I से,

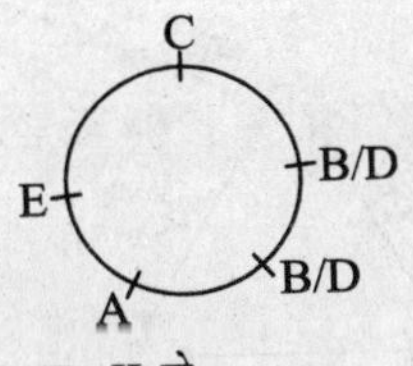

कथन II से,

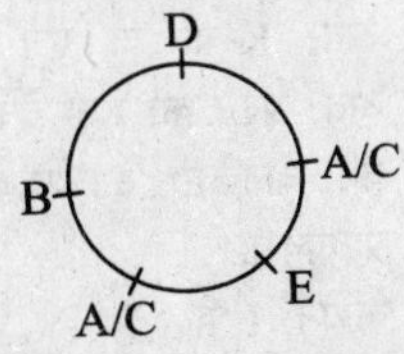

दोनों कथनों से,

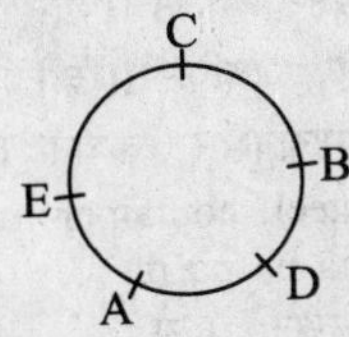

10. (a) कथन I से,
tell me the cost → @ 0 # 9
cost was very high → & 6 # 1
कथन II से,
some cost was discount → 1 8 7 #
some people like discount → 8 7 5 %

प्रश्न (11 से 15 तक) के लिए हल–

11. (c) I से, ठीक मध्य में T बैठा है।

● ● ● ● ●
Q P T R S

II से, ठीक मध्य में T बैठा है।

● ● ● ● ●
Q P/R T R/P S ↑ उत्तर

12. (a) I से, A के दाईं बगल में E बैठा है।

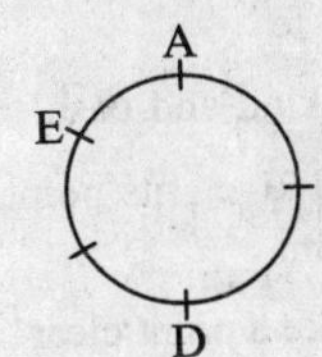

II से,

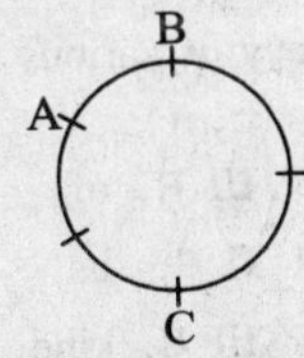

13. (d) I से, R > P > S व T, Q > S
II से, T > S, P
I व II में से किसी से भी उत्तर नहीं मिलता है।

14. (c)

15. (a) I से,

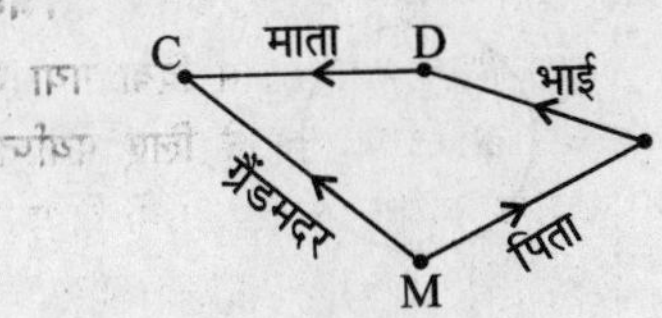

II से,

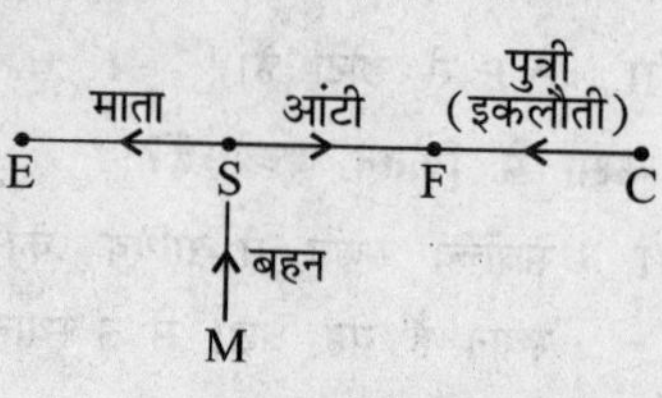

परन्तु C का लिंग ज्ञात नहीं है।

प्रश्न (16 से 20 तक) के लिए हल–

16. (d) ● P ● T ● R ● S ● Q ● V

17. (a) I और II कथन उत्तर देने के लिए पर्याप्त हैं।

18. (b) केवल कथन I और कथन III उत्तर देने के लिए पर्याप्त है।

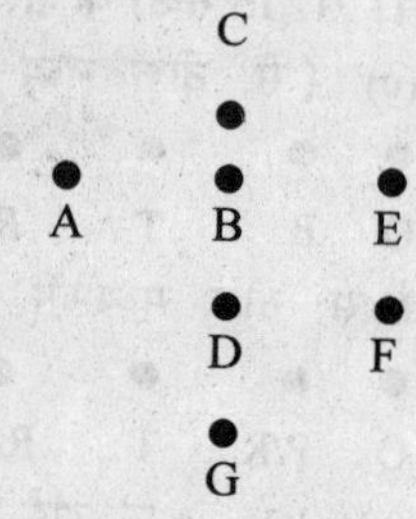

19. (d) कथन : I से : 'one of its kind' ⇒ zo pi ko fe

तथा 'in kind and cash' ⇒ ga to ru ko

कथन : II से : 'its point for origin' ⇒ ba le fe mi

तथा 'make a point clear' ⇒ yu si mi de

कथन : III से : 'make money and cash' ⇒ to mi ru hy

तथा 'money of various kind' ⇒ qu ko zo hy

I और III से, of ⇒ zo या ko

I और II से, its ⇒ fe

I और III से, kind ⇒ zo या ko

∴ one ⇒ pi

अतः कथन I, II व III तीनों कथनों का डाटा मिलकर प्रश्न का उत्तर देने के लिए आवश्यक है।

20. (c) कथन I से,

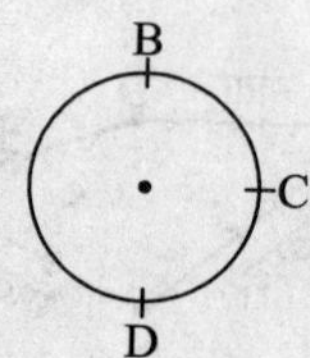

कथन II से,

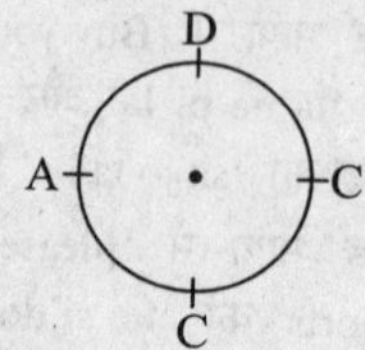

कथन III से,

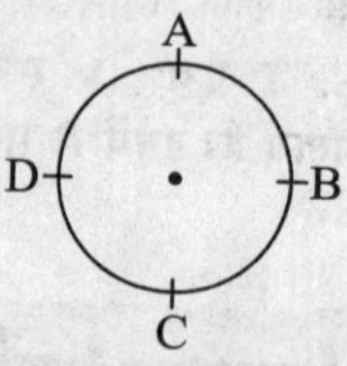

अतः तीनों कथनों से यह स्पष्ट नहीं है कि A, B, C व D का मुँह केन्द्र की ओर है।

21. (d) प्रश्नानुसार

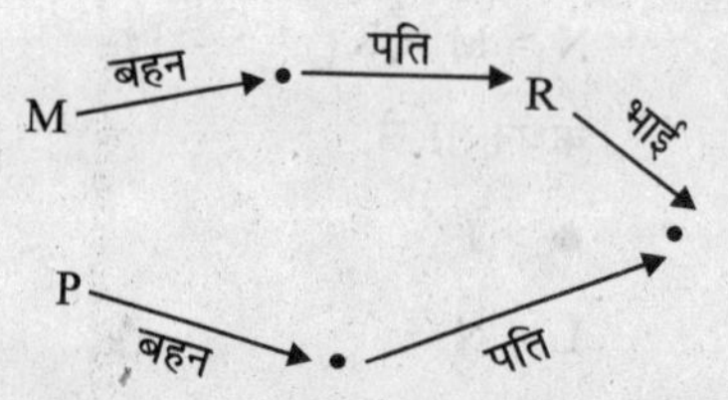

अतः M रिश्ते में P का भाई लगा।

अतः प्रश्न का उत्तर देने के लिए दोनों कथनों की जानकारी आवश्यक है।

22. (d) प्रश्न से

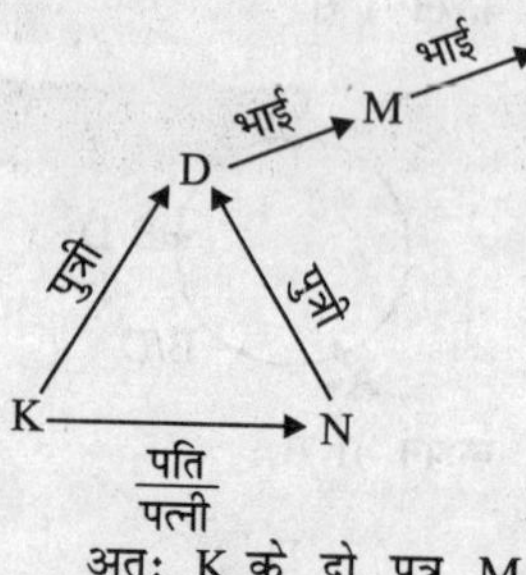

अतः K के दो पुत्र M एवं T हैं,

अतः प्रश्न का उत्तर देने हेतु दोनों कथनों की जानकारी आवश्यक है।

23. (a) प्रश्नानुसार,

कथन I से,

प्रकाश > मोहन > नवीन/किशोर

अतः कथन I की केवल जानकारी प्रश्न का उत्तर देने के लिए पर्याप्त है, जबकि II की नहीं है।

24. (c) प्रश्नानुसार, कथन I से,

steel; container more costly → ha na pa da

कथन II से,

buy more steel vessels → na ka ta da.

∴ दोनों से,

steel more → na da

अतः दोनों कथनों की जानकारी मिलाकर भी प्रश्न का उत्तर नहीं दिया जा सकता है।

25. (c) प्रश्नानुसार, कथन I से,

M > T/D ...(i)

तथा कथन II से,

D/N > Q > T ...(ii)

दोनों कथनो से ज्ञात नहीं किया जा सकता है।

26. (d) S + ● ● + 7
Q P

P और Q के बीच लड़कों की संख्या = 30 – (9 + 8) = 13

27. (c) R के सन्दर्भ में M, R, से ऊपर या नीचे है, स्पष्ट नहीं है।

28. (d) now or never ⇒ ha na pa

you may come now ⇒ ja ta ha da

now ⇒ ha

29. (c) M का लिंग स्पष्ट नहीं है। अतः M, R का पुत्र या पुत्री होगी।

30. (c)

31. (c) **कथन I से**

अनिल संजय का पुत्र है।

परन्तु संजय का लिंग ज्ञात नहीं है।

कथन II से

अनिल के बारे में कोई चर्चा नहीं है।

32. (d) **कथन** I से

सीमा के दो या अधिक पुत्रियाँ हो सकती हैं।

दोनों कथनों से

सीमा के तीन बच्चे हैं।

33. (a) **कथन I से**

Buy your own book → ta na pi la ...(i)

do try your best → sa jo ta be ...(ii)

कथन II से

please submit your reports → ke si do ta ...(iii)

my house is grand → fi ba go hi ...(iv)

34. (c) **दोनों कथनों से**

T > V, R > P

35. (d) **कथन I से**

ऊपर से राधिका का स्थान = 10वाँ

श्रद्धा का ऊपर से स्थान = 13वाँ

कथन II से

ऊपर से करण का स्थान

= 6 + 5 = 11

कक्षा में बच्चों की कुल संख्या

= 20 + 11 – 1 = 30

❑❑❑

मानसिक अभिरुचि परीक्षा/ बुद्धिलब्धि परीक्षा/ तार्किक परीक्षा

अध्याय 1

मानसिक अभिरूचि परीक्षा

(जनहित, कानून एवं शांति व्यवस्था, साम्प्रदायिक सद्भाव, अपराध नियंत्रण, विधि का शासन, अनुकूलन की क्षमता, व्यावसायिक सूचना (बेसिक स्तर की), पुलिस प्रणाली, समकालीन पुलिस मद्दे एवं कानून व्यवस्था, व्यवसाय के प्रति रुचि, मानसिक दृढ़ता, अल्पसंख्यकों एवं अल्प अधिकार वालों के प्रति संवेदनशीलता, लैंगिक संवेदनशीलता)

जनहित

भारत के संविधान में कल्याणकारी राज्य की अवधारणा को साकार किए जाने पर जोर दिया गया है। यह एक ऐसे लोक कल्याणकारी राज्य की अपेक्षा करता है, जिसमें प्रत्येक व्यक्ति को सामाजिक, आर्थिक एवं राजनैतिक न्याय सुलभ हो सके। संविधान के भाग III और IV भाग में क्रमशः मौलिक अधिकारों तथा नीति निर्देशक सिद्धांतों का समावेश समाजवादी लक्ष्य की ओर संकेत करता है। संविधान की सर्वोपरिता बनाए रखने में न्यायालयों का योगदान महत्वपूर्ण होता है, क्योंकि वे संविधान के संरक्षक की भूमिका निभाते हैं। यही कारण है कि न्यायपालिका को नागरिकों के मूलभूत अधिकारों का सजग प्रहरी माना गया है, क्योंकि न्यायिक निर्णयों द्वारा उनके हितों की संरक्षा की जाती है तथा कार्यपालिका के प्राधिकारियों के कार्यकलापों पर आवश्यक अंकुश रखा जाता है।

भारतीय स्वतंत्रता के पश्चात् लोकतांत्रिक शासन प्रणाली के उद्देश्य को प्राप्त करने हेतु भारतीय न्याय व्यवस्था में कुछ आमूल परिवर्तन किए गए ताकि समाज के सभी वर्गों को न्याय के समान अवसर उपलब्ध हो सकें। तथापि इस दिशा में 1960 तथा 1972 के दशकों में न्याय व्यवस्था में कोई विशेष उल्लेखनीय बदलाव नहीं दिखलाई दिया और न्यायालयों में मुकदमें परम्परागत तरीके से ही प्रस्तुत किए जाते रहे। अतः केवल धनी और सम्पन्न वर्ग के व्यक्ति ही अपने व्यक्तिगत एवं स्वामित्व के अधिकारों के रक्षार्थ न्यायालय तक पहुंचने में समर्थ होते थे। जबकि धनहीन गरीबों तथा कमजोर वर्ग के लोगों के लिए प्राप्त करना स्वप्न के समान था, क्योंकि वे न्यायालय तक पहुंचने में असमर्थ थे। यद्यपि इस लम्बी अवधि में जन कल्याण हेतु अनेक हितकारी कानून बनाए गए, परन्तु लोक सेवकों में इनके प्रति आस्था की कमी और अपने संविधानिक कर्त्तव्यों के प्रति उदासीनता के कारण इन कानूनों का प्रवर्तन समुचित रूप से नहीं हो रहा था। परिणामतः परम्परागत न्याय प्रणाली लोगों को त्वरित और सुलभ न्याय दिलाने में पूर्णतः असफल रही।

भारत की बदलती हुई सामाजिक आर्थिक परिस्थितियों को ध्यान में रखते हुए यह अनुभव किया गया कि परम्परागत रूढ़िवादी न्यायिक प्रक्रिया की जटिलताओं तथा तकनीकियों को उदार बनाकर एक ऐसी नई व्यवस्था अपनाई जाए, जिससे प्रत्येक व्यक्ति के लिए न्याय प्रदान करना आसान हो और न्यायपालिका के प्रति लोगों का विश्वास बना रहे। इस दिशा में अस्सी के दशक में आशा की एक किरण दिखाई दी, जब उच्चतम न्यायालय के कुछ सक्रिय न्यायाधीशों ने परम्परागत सुने जाने के अधिकार संबंधी नियम को उदार बनाते हुए जनसाधारण को लोकहित वादों द्वारा न्याय दिलाना प्रारंभ किया। उन्होंने कतिपय महत्वपूर्ण निर्णयों में अपनी परम्परावादी सीमा से बाहर निकलकर जनहित में लोगों को न्याय प्रदान किया, जो उनकी न्यायिक सक्रियता का परिचायक है। परम्परावादी न्याय व्यवस्था के अंतर्गत किसी व्यक्ति के व्यक्तिगत हित के अभाव में मुकदमें न्यायालय के समक्ष लाए जाने से वंचित रह जाते थे, जिसके कारण न्यायिक सिद्धांत ''जहां अधिकार वहां उपचार'' का अनुपालन नहीं हो पाता था। इस कमी को दूर करने हेतु सुने जाने के अधिकार के नियम को उदार बनाते हुए जनसाधारण को लोकहित के प्रकरणों में न्याय दिलाने के लिए मुकदमें में व्यक्तिगत हित की अनिवार्यता को समाप्त कर दिया ताकि कोई भी जनहित में रुचि रखने वाला व्यक्ति या संगठन किसी सार्वजनिक समस्या के निवारणार्थ न्यायालय के समक्ष लोकहित में याचिका दायर कर सके। न्यायपालिका के इस उदारीकरण की नीति से प्रेरित होकर कुछ जनसेवी व्यक्तियों तथा संस्थाओं या संगठनों ने प्रशासकीय प्राधिकारियों द्वारा कर्त्तव्य का पालन न करने या पालन में उपेक्षा बरतने के विरुद्ध न्यायालयों में लोकहित याचिका दायर करके जनसामान्य को न्याय दिलाने का सिलसिला प्रारंभ किया। इस प्रकार न्यायिक सक्रियता के फलस्वरूप समाज के दलित, उपेक्षित तथा साधनहीन लोगों को उचित न्याय प्राप्त होना प्रारंभ हुआ और विगत 25 वर्षों में यह पद्धति भारतीय न्याय प्रणाली में पूर्णतः स्थापित हो चुकी है।

जनहित वाद

जनहित वाद का तात्पर्य उस समस्या से संबंधित होता है, जिसमें व्यापक जनहित अन्तर्ग्रस्त होता है, विधि के द्वारा न्यायालय के समक्ष दाखिल किया विधिक वाद है। जैसा कि स्वयं नाम निर्दिष्ट करता है, जनहित वाद की सहायता से मुख्य उद्देश्य व्यापक रूप से जनता के विधिक हित का संरक्षण है। यद्यपि जनहित वाद की कोई कानूनी परिभाषा नहीं है, फिर भी प्रयास जनहित को समाज के उन सदस्यों के विधिक अधिकार के प्रवर्तन के लिए सामाजिक कार्यवाही वाद के रूप में परिभाषित करने का प्रयास किया गया है, जो अधिकारी विहीन, दलित है, जो अशिक्षित हैं या सामाजिक न्याय के अधिकार को देखते हुए उनके विधिक अधिकारों की जानकारी नहीं है, जो विभिन्न देशों के संविधान द्वारा सुनिश्चित किया गया है। सामाजिक न्याय सुनिश्चित करता है कि कोई व्यक्ति सामाजिक, आर्थिक और शैक्षणिक पिछड़ेपन के आधार पर न्याय से वंचित नहीं किया जाना चाहिए। ऐसे लोग हैं, जिनके विधिक अधिकार का उल्लंघन किया जाता है, किन्तु वे अपने विधिक अधिकारों के प्रवर्तन के लिए न्यायालय में पहुँचने की स्थिति में नहीं है। इस तथ्य के परिणामस्वरूप कि उनके पक्ष में किसी विधिक अधिकार की विद्यमानता के बारे में पूर्ण अज्ञानता है या विधिक अधिकार क्या है या कैसे उनके विधिक अधिकार का उल्लंघन होता है? क्या ऐसे उल्लंघन के लिए उपलब्ध कोई उपचार है। यह अज्ञानता इस तथ्य के कारण है कि वे पूर्णतया अशिक्षित या शैक्षणिक रूप से पिछड़े हैं और यदि उन्हें ऐसे विधिक अधिकार की विद्यमानता और उनके उल्लंघन के बारे में जानकारी है, तो वे अत्यधिक

निर्धनता के कारण उपचारात्मक फोरम में पहुंचने में समर्थ नहीं है क्योंकि वे अधिवक्ता की सेवा प्राप्त करने तथा न्यायालय के व्यय को वहन करने में असमर्थ हैं। ऐसी स्थिति में उनके विधिक अधिकार का लगातार उल्लंघन किया जाता है और उनके अधिकारों का सम्पन्न वर्ग के हाथों लगातार शोषण किया जाता है। यदि कल्याणकारी राज्य और लोकतांत्रिक समाज में ऐसे लोग हैं, जिनके विधिक अधिकार का लगातार उल्लंघन किया जाता है और वे न्याय प्राप्त नहीं करते, क्योंकि वे निर्धन विधि के समक्ष समानता और विधियों के समान संरक्षण के नाम में अभिशप्त है। यह समाज में प्रचलित वास्तविक स्थिति है, जहां लोगों का बहुमत निर्धनता से पीड़ित है, वे अशिक्षित हैं, जो जनहित वाद की अवधारणा के उद्भूत होने और विकास के लिए उत्तरदायी है।

जनहित वाद व्यक्तिगत हित वाद से भिन्न है। जनहित वाद न्यायालयों द्वारा केवल तब स्वीकार किया जा सकता है, जब यह प्रतीत होता है कि कुछ जनहित वाद मामले में अन्तर्ग्रस्त है और निर्णय जनहित का संरक्षण कर सकता है। हमारे देश में विधिक सहायता को संवैधानिक और कानूनी प्रास्थिति प्रदान की गयी है। हमारा संविधान यह स्पष्ट करता है और राज्य को नीति निर्देशक तत्वों के माध्यम से निर्देश देता है कि उन्हें निर्धन को विधिक सहायता सुनिश्चित करना चाहिए और कोई व्यक्ति केवल इस कारण न्याय से वंचित नहीं किया जाना चाहिए कि वह निर्धन और अशिक्षित है। इसका तात्पर्य है कि राज्य पर उन लोगों को विधिक सहायता सुनिश्चित करने के लिए संवैधानिक और कानूनी कर्त्तव्य है, जिन्हें विधिक सहायता की आवश्यकता है और यदि राज्य निर्धन को विधिक सहायता सुनिश्चित करने में अपने कर्त्तव्य में असफल होता है, तो जनहित वाद की भूमिका परिदृश्य में आती है। इसके पश्चात् समाज के सदस्य का नैतिक कर्त्तव्य हो जाता है कि उन्हें विधिक सहायता प्रदान न करने के लिए राज्य या निकायों के विरुद्ध परमादेश की मांग करनी चाहिए, यह माननीय उच्च न्यायालय और माननीय उच्चतम न्यायालय की रिट अधिकारिता का आश्रय लेकर जनहित वाद की सहायता से किया जा सकता है। माननीय न्यायालय के निर्देशों के अधीन विधिक सहायता उन लोगों को सुनिश्चित की जा सकती है, जिन्हें विधिक सहायता की आवश्यकता है।

जनहित - शब्दार्थ

जनहित - शब्दार्थ - स्ट्राउण्ड्म के न्यायिक शब्दकोष में चतुर्थ भाग में (चतुर्थ संस्करण) जनहित को निम्न प्रकार परिभाषित किया है- "जनहित का तात्पर्य लोक मामले अथवा सामान्य हित से है, इसका तात्पर्य जिज्ञासा को संतुष्ट करने वाले हित से नहीं है और न ही स्नेह पूर्ण संसूचना अथवा मनोविनोद से है, अपितु इसका संबंध समुदाय के विशेष हित से है अथवा उस हित से है, जिसके द्वारा विधिक अधिकार एवं दायित्व प्रभावित होते हैं।

ब्लैक विधि शब्दकोष के छठे संस्करण में जनहित को निम्नवत् परिभाषित किया गया है - "जनहित - इसके अंतर्गत यह बात आती है, जिसमें लोक अथवा समुदाय का विशेष हित निहित है अथवा जिसके द्वारा उनका विधिक अधिकार एवं दायित्व प्रभावित होते हैं। इसका तात्पर्य उस तुच्छ वस्तु से नहीं है, जो जिज्ञासा मात्र है अथवा जिसका संबंध किसी खास स्थान से है, जो किसी मामले में प्रश्नगत है। इसके अंतर्गत सामान्यतः स्थानीय लोगों का हित सामूहिक रूप से स्थानीय मामलों में राज्य अथवा राष्ट्रीय सरकार के मामलों में प्रभावित हुआ हो।"

अभिव्यक्ति याचिका का तात्पर्य उस विधिक कार्यवाही से है, जिसमें वे समस्त कार्यवाहियां निहित है, जो विधि न्यायालय में उपचार की प्राप्ति हेतु अपने किसी अधिकार के प्रवर्तन हेतु संस्थित की जाती है। अतएव अभिव्यक्ति जनहित याचिका का तात्पर्य विधि न्यायालय में संस्थित उस विधिक कार्यवाही से है। जिसका उद्देश्य लोकहित अथवा सामान्य हित के प्रवर्तन से है, जिसमें लोक अथवा समुदाय का विशेष हित निहित है अथवा उस हित से है, जिसमें विधिक अधिकार एवं दायित्व प्रभावित होते हों। आधुनिक समाज में जनहित याचिका को व्यापक अर्थ में जाना जाने लगा है एवं जनहित याचिका अभिव्यक्ति की व्याख्या के लिए बहुत उपयुक्त है, कि इसकी उत्पत्ति एवं विकास संबंधी आधारभूत पहलुओं का विश्लेषण किया जाए। यह कहना पर्याप्त है कि जो संभव चुनौतियाँ जनहित वादों के सम्मुख आ रही हैं। उनका परीक्षण सामाजिक, आर्थिक, राजनीतिक एवं वैचारिक आदर्शों के आलोक में किया जाना चाहिए तथा इससे संबंधित मामलों का हल विधि के प्रणाली में इन चुनौतियों को स्वीकार करते हुए किया जाना चाहिए क्योंकि यह उस सागर की भांति है, जिसमें असीमित आवश्यकताएं निहित हैं। ये चुनौतियां निम्नवत् से संबंधित हैं-

(1) आधुनिक सामाजिक राज्य में न्यायालयों की विस्तृत भूमिका एवं न्यायिक उत्तरदायित्व से संबंधित नवीन अपेक्षायें;

(2) न्यायिक पुनर्विलोकन के विविध प्रणालियों की उत्पत्ति एवं विकास एवं ऐसे विकास की वैधता;

(3) न्यायिक उत्तर के रूप में न्याय तक पहुंचने संबंधी आपातिक स्थिति एवं जनहित याचिका के प्रभावित होने संबंधी मांगें एवं उनका विकास;

(4) जनहित याचिका के क्षेत्र में विधिक प्रणाली को विकसित करने के लिए न्यायालयों की भूमिका

जनहित संबंधी इन समस्याओं को हल करने हेतु न्यायालयों द्वारा विविध प्रयास किए जा रहे हैं तथा जनहित से जुड़ी समस्याओं को अभिभावी अधिमान्यता दी जा रही है। पिछले तीन दशकों से न्यायिक सक्रियता ने न्यायिक प्रक्रिया के लिए एक नए क्षेत्र को जन्म दिया है, एवं न्याय चाहने वाले असंख्य लोगों के लिए नई आशा प्रदान की है। जनहित याचिका की वैधता एवं इसके विविध पहलुओं की महत्ता, जिनका संबंध अद्यतन आवश्यकताओं से है, नव सामाजिक आंदोलन के रूप में है, एवं इस संबंध में न्यायालयों ने बहुत सारे निर्णय दिए हैं, जिनसे जनहित याचिकाओं के अभ्युदय एवं इससे संबंधित समस्याओं पर पर्याप्त प्रकाश पड़ता है। इस प्रकार जनहित याचिका संबंधी धारणा, जो न्यायिक सक्रियता द्वारा पोषित है, धीरे-धीरे विशेष महत्व की विषय वस्तु बन गई है तथा संवैधानिक एवं विधिक उपचार के क्षेत्र में इसका महत्वपूर्ण एवं सम्मानजनक स्थान स्थापित हो चुका है, जो सामाजिक न्याय की सार्थकता को प्रभावित कर रहा है तथा सामाजिक समस्याओं एवं जटिलताओं का हल करने हेतु वितरण न्याय की मांग पर बल देता है।

जनहित याचिका

अर्थ - शब्द जनहित याचिका का अर्थ सामान्यजन के लिए लाभकारी होने के कृत्य से है। इसका तात्पर्य लोक उद्देश्य से किए जाने वाली कार्यवाही से है। लोकहित की आवश्यकताएं मामले की परिस्थितियों के अनुसार परिवर्तित होती रहती हैं। लोकहित वाद को स्ट्राउण्ड्म्स जूडिशियल डिक्शनरी में निम्न प्रकार परिभाषित किया गया है -

लोकहित

लोक अथवा सामान्य जन से संबंधित मामला का तात्पर्य यह नहीं है कि वह जनता के हित का पोषण उनकी जिज्ञासा को तुष्ट करके कर रही है, अथवा यह कि वह स्नेह या सूचना अथवा मनोरंजन स्वरूप हो, अपितु इसे उन लोगों की जिज्ञासा को तुष्ट करना चाहिए, जो समुदाय के वर्ग के विशिष्ट हित से सम्बद्ध है अथवा जिनका ऐसा हित हो, जिसके द्वारा उनका विधिक अधिकार एवं दायित्व प्रभावित होता है। ब्लैक की विधि शब्दावली में जनहित याचिका को निम्न प्रकार परिभाषित किया गया है।

जनहित याचिका - ऐसा कुछ है, जिसमें समुदाय का कोई विशिष्ट हित निहित होता है एवं जिसमें ऐसा हित निहित होता है, जिसके द्वारा विधि के अधिकार एवं दायित्व प्रभावित होते हैं। यह ऐसी कुछ संकीर्ण वस्तु नहीं है,

जो जिज्ञासा स्वरूप हो अथवा जो विशिष्ट स्थानीय जन के हित स्वरूप हो, जो प्रश्नगत मामले द्वारा प्रभावित हो। सामान्यत: स्थानीय राज्य अथवा राष्ट्रीय सरकार के मामले में नागरिकों के हितों की सद्भागिता होती है।

जनहित याचिका क्या है?

यहां विस्मयकारी रूप में यह प्रकट किया गया है कि इसे जनहित याचिका के रूप में नहीं स्वीकार किया जाना चाहिए एवं दूसरे यह कि याची को वर्तमान रिट याचिका प्रस्तुत करने संबंधी सुने जाने का कोई अधिकार नहीं है। ऐसा वातावरण इसके अपने स्वरूप के अलावा भी कुछ होता, जिसका संबंध सभी से होता है। यह समस्त जन के लिए, जो मानव के रूप में आवास करते हैं, उपलब्ध है अत: उनके स्वस्थ्य जीवन व्यतीत करने हेतु इसे बनाए रखना अत्यावश्यक है।

उच्चतम न्यायालय ने सुभाष कुमार बनाम स्टेट बिहार (1991) एस.सी.सी. 598, के वाद में प्रेक्षित किया कि-

सुने जाने के अधिकार के संबंध में सर्वोच्च न्यायालय ने जनता दल बनाम एच.एम. चौधरी (पूर्वोक्त) के बाद में प्रकाश डाला है, जिसका संबंध जनहित याचिका से है, यह निम्नवत् है-

सुने जाने का अधिकार, जो वैयक्तिक वाद में प्रयुक्त होने के लिए नहीं है, स्वतंत्र है तथा उसमें व्यापक नियम निहित है, जो सुने जाने का अधिकार प्रदान करता है, जिसका संबंध लोक के किसी ऐसे सदस्य से है, जो सद्भाव में कार्य कर रहा है एवं जिसका इसमें पर्याप्त हित हो कि इससे लोकहित व्यवधानित होने पर क्षतिपूर्ति के लिए कार्यवाही हो सके। चूंकि जनहित याचिका का विस्तार क्षेत्र विधि अथवा संविधान के उपबंधों का पर्यवेक्षण करना है। अत: इसके द्वारा हानि उठाए हुए लोगों अथवा समुदाय को क्षतिपूर्ति दिलवाया जाता है, एवं किसी व्यक्ति को अनुज्ञा देता है कि वह वैयक्तिक अथवा लोकहित का ध्यान रखे, इसके अंतर्गत आता है तथा इसमें लोक क्षति के लिए न्यायिक मशीनरी द्वारा न्यायिक क्षतिपूर्ति की व्यवस्था है। यह उस रोमन विधि की भांति है, जिसमें नागरिक ऐसी कोई कार्यवाही कर सकता है, जिसका संबंध लोकहित से है।

जनहित याचिका का विस्तार एवं प्रकृति

जनहित याचिका के विस्तार एवं प्रकृति के विस्तार पर उच्चतम न्यायालय में पी. यू.डी.आर. बनाम यू.ओ.आई. के वाद में प्रकाश डाला है। इस संदर्भ में न्यायमूर्ति पी.एन. भगवती ने निम्न प्रकार विस्तारित किया है-

''हम इस सबध में यह संकेत देने की इच्छा प्रकट करते हैं कि जनहित याचिका विधिक सहायता आंदोलन का एक सामरिक अस्त्र है, जो न्याय प्रदान करता है, जो गरीब तबके के लोगों के लिए पूर्णत: एक गरीब प्रकार का वाद है, जो सामान्य पारम्परिक वाद से भिन्न हैं एवं जो प्रतिकूल प्रकृति का है, जिसमें दो विवादकारी बातों में विवाद रहता है तथा जिसमें एक पक्ष अनुतोष मांगता है। जनहित याचिका, जो न्यायालय के सम्मुख लाई जाती है, उनमें न्यायालय का उद्देश्य यह नहीं रहता कि वे इसको एक पक्षकार के विरुद्ध दूसरे पक्षकार के अधिकार का प्रवर्तन कराए, जैसा कि सामान्य वाद में होता है, बल्कि इसके अंतर्गत वस्तुत: लोकहित को संवर्द्धित किया जाता है, जिसमें लोकहित अधिलंघित हुआ है एवं इस अधिकार की मांग करने वाले लोग सामाजिक एवं आर्थिक रूप से अलाभकारी स्थिति में होते हैं। इस संदर्भ में अनुपचारित स्थिति में नहीं होना चाहिए, पुन: अगले पृष्ठ में प्रेक्षित किया गया कि जनहित याचिका वास्तव में याची की ओर से एक सहयोगी एवं संयुक्त प्रयास है, जिसमें न्यायालय सामाजिक न्याय तक पहुंचने हेतु साविधिक या विधिक अधिकार लाभ एवं विशेषाधिकार, जो उन्हें प्राप्त हैं, पर विचार करते हैं। उनके हनन होने की स्थिति में अनुतोष की मांग की जाती है। राज्य अथवा लोक अधिकारी जिनके विरुद्ध जनहित याचिका प्रस्तुत किया जाता है, के सम्बन्ध में मानवाधिकारों एवं सांविधिक अधिकारों का होना सुनिश्चित होना चाहिए, जिसे याची न्यायालय के सम्मुख लाता है। राज्य अथवा लोक अधिकारी, जिसे जनहित याचिका प्रत्युत्तर दाता के रूप में जाना जाता है, इसको गरीब एवं कमजोर वर्ग के प्रति किए गए अन्याय के प्रति विश्लेषण करने हेतु अक्सर देना चाहिए, जिनका प्रारंभिक संबंध लोक कल्याण से हैं।''

जनहित याचिका गरीब व कमजोर वर्ग के लोगों का न्यायिक सक्रियता के माध्यम से उनके विधिक अधिकार की रक्षा करते हैं। वे विशेषत: दबे हुए लोगों को, जो सामाजिक व आर्थिक दृष्टि से कमजोर हैं, के रक्षार्थ हैं। न्यायालय ऐसे वर्ग को यह याचिका के माध्यम से सामाजिक एवं आर्थिक न्याय प्रदान करते हैं। इसे सामाजिक एवं आर्थिक न्याय की कसौटी पर पुरानी परम्परा पर सिविल एवं कम्पनी न्यायालय द्वारा नहीं निर्णित किया जा सकता है।

यदि सम्बन्धित वाद में न्यायालय जनहित याचिका के विभिन्न तत्वों को पाते हैं एवं जो सामाजिक एवं आर्थिक दृष्टि से कमजोर लोगों से संबंधित हैं एवं जो विधिक त्रुटि के कारण पीड़ित हैं तथा जो सामाजिक एवं आर्थिक रूप से शांत हैं, ऐसे निस्सहाय लोगों का हित करना इस याचिका का उद्देश्य है। न्यायालय इस याचिका के माध्यम से कोई आदेश या निर्देश देंगे या ऐसी विशेषाधिकार युक्त प्रकृति की रिट द्वारा राहत देंगे, जो अपेक्षित होगा।

''जनहित याचिका की मन्जूरी के समय विधिक प्रक्रिया का दुरुपयोग नहीं होना चाहिए। न्यायालय को इसकी संभावनाओं के विरुद्ध कार्य करना चाहिए। न्यायालय को जनहित याचिकाओं की बाबत होने वाले लाभ, जो जन-सामान्य को सुलभ होंगे, ध्यान में रखना चाहिए। इस संबंध में बहुत से मार्ग खुले हैं, जहां विधिक प्रक्रिया का दुरुपयोग होता है, जिसे रोका जाना चाहिए एवं न्यायालय को इनके प्रति जनहित याचिका को आहरित करने संबंधी आदेश देने के पूर्व सजग रहना चाहिए।''

जनहित याचिका का उद्देश्य

जनहित याचिका का उद्देश्य सामाजिक व आर्थिक रूप से दबे हुए वर्गों अथवा व्यक्तियों के संविधानिक और विधिक अधिकारों की रक्षा के प्रति आश्वासन देना है। इस बात का कोई उचित और उपयुक्त कारण नहीं है कि न्यायालय क्यों गैर सरकारी संस्थाओं या किसी व्यक्ति जिसे संविधि व अधिकार एवं लोक दायित्व कर्त्तव्य से मुक्त किया गया है। उसका लोप करने के संदर्भ में कार्यवाही करते हैं। जिन वर्गों की विधिक क्षति हुई है, उनके अधिकार का संरक्षण होना चाहिए।

प्रत्युत्तरदाताओं द्वारा दिया जाने वाला यह तर्क कि उन्हें अनुतोष स्वरूप वैकल्पिक उपचार मिलना चाहिए, निरर्थक एवं निष्फल हो जाता है, लोकहित याचिका का चरमोद्देश्य जहां कि लोक अधिकार का हनन होता है, सामाजिक एवं आर्थिक न्याय प्रदान करना है, न्यायालय सामाजिक व आर्थिक रूप से दबे हुए लोगों का पर्याप्त ध्यान रखेगी। यह तथ्य कि आर. एन. वी. ने लघु जमाकर्ताओं, जो गरीब ग्रामीणजन है एवं कमजोर वर्ग के हैं, उनका उच्चतम न्यायालय के टाइमेक्स केस (ए.आई.आर. 1992 एस.सी. 1033) में पर्याप्त ध्यान रखा।

उच्चतम न्यायालय ने अब कल्याणकारी राज्य में अपनी समुचित भूमिका का एहसास किया है और जनहित वाद में प्रभावी तथा उद्देश्यपरक क्रियान्वयन के लिए विधि की पूर्णतया नवीन संरचना के विकास के लिए नई रणनीति का प्रयोग कर रही है। कोई भी व्यक्ति किसी न्यायाधीश को एक पत्र या पोस्टकार्ड लिखकर मौलिक अधिकारों के प्रवर्तन के लिए न्यायालय के समक्ष आवेदन कर सकता है। वास्तविक तथ्य सत्य तथ्यों व अवधारणा पर आधारित उस विशिष्ट पत्र को रिट याचिका में परिवर्तित कर दिया जाएगा। जब न्यायालय जनहित वाद का स्वागत करती है, तब इसका प्रयास अकिंचन तथा विकलांग व्यक्तियों के लाभों के लिए सामाजिक तथा आर्थिक कार्यक्रम को प्रोत्साहित करने के लिए होता है। जनहित वाद सामान्य व्यक्तियों के लिए वरदान साबित हुआ है। जनहित वाद ने व्यक्ति अथवा समाज द्वारा कारित दुष्कृत्यों को ठीक किया है। जनहित वाद के परिक्षेत्र में छूट प्रदान करते हुए न्यायालय ने करोड़ों व्यक्ति के द्वार पर विधिक सहायता प्रदान की है, जिसे कार्यपालिका ने केन्द्रीय तथा राज्य स्तर पर चलने वाली नवीन विधिक सहायता योजना पर काफी धन व्यय किए जाने के बावजूद

समर्थ नहीं कर सकी हैं। कार्यपालिका की सुस्त तथा अक्षमता युक्त कार्यप्रणाली के विरुद्ध जनहित वाद के परिक्षेत्र का विस्तार करने में उच्चतम न्यायालय की महत्वपूर्ण भूमिका प्रशंसनीय है।

1. **जनहित का विषय** – सामान्यत: इसके अंतर्गत
   (i) बंधुआ मजदूर का विषय
   (ii) अपेक्षित शिशुओं का विषय,
   (iii) नैमित्तिक मजदूरों का शोषण एवं उनको मजदूरी का असंदाय (व्यैक्तिक मामलों में संदाय),
   (iv) अनुसूचित जातियों, अनुसूचित जनजातियों और आर्थिक रूप से पिछड़े वर्गों से संबंधित व्यक्तियों के या तो सह-ग्रामीणों द्वारा या पुलिस द्वारा उत्पीड़न या यातना का मामला,
   (v) वातावरण प्रदूषण पारिस्थितिक संतुलन का विक्षोभ, औषधि, खाद्य अपमिश्रण, विरासत और सांस्कृतिक पुरावशेषों वनों एवं वन्य जीवन को बनाए रखने से संबंधित विषय,
   (vi) दंगा पीड़ितों से याचिकाएं
   (vii) लोक महत्व के अन्य विषय आते हैं।
2. **निजी प्रकृति के विषय** – इसमें
   (i) निजी व्यक्तियों द्वारा याची के उत्पीड़न की धमकी,
   (ii) स्थानीय पुलिस से भिन्न किसी अन्य अभिकरण द्वारा जांच की मांग करना
   (iii) पुलिस संरक्षण प्राप्त करना
   (iv) भू-स्वामी और किराएदार का विवाद
   (v) सेवा संबंधी मामले
   (vi) चिकित्सा और अभियांत्रिकी महाविद्यालयों में प्रवेश
   (vii) उच्च न्यायालय में और सहायक न्यायालयों में लंबित मामलों की शीघ्र सुनवाई और लोकहित का मामला, जिस पर विचार नहीं किया जा सकता है, आते हैं।

रिट याचिका दाखिला

ऐसी याचिकाएं, मूल अधिकार के प्रवर्तन के लिए किसी अन्य रिट याचिका की तरह उच्चतम न्यायालय को दाखिला काउन्टर पर दाखिल की जा सकती है। तथापि यदि डाक द्वारा प्राप्त हो, ऐसी याचिकाओं को विधिक मार्ग निर्देशक सिद्धांतों के अनुसार रजिस्ट्री द्वारा जाँच की जाती है और उनमें से केवल ऐसी, जो उसमें अधिकथित पैरामीटर के अंतर्गत आती हैं, ऐसी याचिकाओं पर निदेश देने के लिए सम्मानीय न्यायाधीश के समक्ष रखी जाती है। डाक द्वारा प्राप्त याचिकाएं यद्यपि जनहित में न भी हो, रिट याचिका के रूप में समझी जा सकती है। यदि इस प्रयोजन के लिए नाम निर्दिष्ट न्यायाधीश द्वारा ऐसा निदेश दिया गया हो, जेल में या पुलिस द्वारा उत्पीड़न या यातना या मृत्यु का परिवाद करने वाली निजी याचिकाएं, महिलाओं पर नृशंसता, जैसे दहेज के लिए उत्पीड़न, नवविवाहिता को जलाना, दुष्कर्म संग हत्या और अपहरण का परिवाद और पुलिस द्वारा मामला पंजीकृत करने से इंकार करने का परिवाद रिट याचिका के रूप में दर्ज की जा सकती है, यदि संबंधित न्यायाधीश द्वारा अनुमोदित हो।

यदि समीचीन समझा गया हो, संबंधित प्राधिकारी से एक रिपोर्ट निर्देशों के लिए तो पत्र रिट याचिका के रूप में दर्ज किया जाता है और उसके पश्चात् सुनवाई के लिए न्यायालय के समक्ष सूचीबद्ध किया जाता है।

- **भारत में जनहित वाद का विस्तार और परिसीमा** – 1970 के पूर्व तक भारत में वाद अपनी आरंभिक अवस्था में था, क्योंकि यह निजी निहित हितों के अनुरक्षण के लिए एक खोज के रूप में देखा गया था। इस समयावधि के दौरान वाद का आरंभ और निरंतर रखना पीड़ित वैयक्तिक पक्षकार तक ही परमाधिकार था। 1980 में न्यायमूर्ति पी.एन. भगवती और न्यायमूर्ति कृष्ण अय्यर द्वारा किए गए प्रयासों से दृश्य में पूर्ण परिवर्तन आया, इसकी परिधि के भीतर आम सामान्य जनता को प्रभावित करने वाले विवाधकों को व्यापक बनाने का प्रयास चिन्हित किया गया था। परिणामस्वरूप जनहित वाद की धारणा विकसित हुई है, जिसके माध्यम से उच्चतर भारी फीस, जो निजी सिविल वाद में, अपेक्षित है, लगाए बिना मांगा जा सकता है। यह भारत में विधिक क्रांति विस्तार एवं परिसीमाओं का विश्लेषण इसमें किया गया है।

"जनहित अभिव्यक्ति से कोई ऐसी बात प्रतीत होती है, जिसमें सामान्य जनता या आम समुदाय कोई विशिष्ट हित या कुछ हित रखता है। जिसके द्वारा उनके अधिकार या दायित्व प्रभावित होते हैं।

शब्द वाद का अर्थ किसी अधिकार का प्रवर्तन करने या किसी उपचार की मांग करने के प्रयोजन से विधि के न्यायालय में आरंभ की गई, सभी विधिक कार्यवाहियों सहित किसी विधिक कार्यवाही से हैं।

इसलिए विधित: जनहित वाद अभिव्यक्ति वहां जनहित के प्रवर्तन के लिए जहां किसी समूह के अधिकार प्रभावित किए गए हैं, विधि के न्यायालय में आरंभ की गई विधिक कार्यवाही को द्रयोतित करती है।

जनहित से सम्बन्धित उपबन्ध

(धारा 30) लोक जमावों और जुलूसों का विनियमन और उनके लिए अनुज्ञप्ति देना

1. पुलिस का जिला अधीक्षक या सहायक जिला अधीक्षक, लोक सड़कों या लोक मार्गों पर अथवा आम रास्तों में जमाव और जुलूसों के आचरण के अवसर पर यथा अपेक्षित रूप में निर्दिष्ट कर सकेगा और वे मार्ग जिनसे और जिन पर ऐसे जुलूस जा सकेंगे, विहित कर सकेगा।
2. यदि किन्हीं व्यक्तियों या किन्हीं व्यक्तियों के वर्ग का किसी ऐसे सड़क मार्ग या आम रास्ते में ऐसा कोई जमाव बुलाने या एकत्र करने अथवा ऐसा कोई जुलूस बनाने का आशय है, जिनकी बाबत जिले के या जिले के उपखण्ड मजिस्ट्रेट का यह विचार है कि यदि वह अनियन्त्रित रहा तो शान्ति भंग होने की सम्भावना है, साधारण या विशेष सूचना द्वारा यह अपेक्षा कर सकेगा कि ऐसे सम्मेलन को बुलाने या एकत्र करने वाले या ऐसे जुलूस का निर्देशन या सम्प्रवर्तन करने वाले व्यक्ति अनुज्ञप्ति के लिए आवेदन करें।
3. वह त्योहारों और समारोहों के अवसर पर मार्गों में कितना संगीत हो, उसको भी विनियमित कर सकेगा।
4. ऐसा आवेदन किए जाने पर यह अनुज्ञप्तिधारी के नामों को विनिर्दिष्ट करके और उन शर्तों को परिनिश्चित करके, जिन पर ही ऐसा जमाव करने या ऐसा जुलूस बनाने के लिए अनुज्ञा दी गई है, और इस धारा को अन्यथा प्रभावी करने वाली अनुज्ञप्ति दे सकेगा, परन्तु ऐसी किसी अनुज्ञप्ति के लिए आवेदन या उसके अनुदान पर कोई फीस नहीं लगाई जाएगी।

(धारा 30 क) अनुज्ञप्ति की शर्तों का अतिक्रमण करने वाले जमावों और जुलूसों के सम्बन्ध में शक्तियां

1. कोई मजिस्ट्रेट या पुलिस जिला अधीक्षक या पुलिस सहायक जिला अधीक्षक अथवा थाने का भारसाधक पुलिस अधिकारी ऐसे किसी जुलूस को, जो अन्तिम पूर्वगामी धारा के अधीन अनुदत्त किसी अनुज्ञप्ति की शर्तों का अतिक्रमण करता है, रोक सकेगा और उसे या ऐसे किसी जमाव को, जो किन्हीं यथा पूर्वोक्त शर्तों का अतिक्रमण करता है, बिखर जाने का आदेश दे सकेगा।
2. जो कोई जुलूस या जमाव अन्तिम पूर्ववर्ती उपधारा के अधीन दिए गए किसी आदेश का पालन करने में उपेक्षा करता है या इनकार करता है, वह विधि विरुद्ध जमाव समझा जाएगा।

(धारा 31) पुलिस द्वारा लोक मार्गों सड़कों इत्यादि पर व्यवस्था बनाए रखना-पुलिस का कर्त्तव्य होगा कि वह सड़कों, लोक मार्गों, आम रास्तों, घाटों और यात्री उतरने के स्थानों तथा लोक समागम के अन्य सब स्थानों पर व्यवस्था बनाए रखे और जमावों तथा जुलूसों के अवसर पर सड़कों और लोक मार्गों में लोक उपासना के समय उपासना स्थानों के आस-पास और किसी भी अवस्था में, जब किसी सड़क मार्ग, आम रास्ते, घाट या यात्री उतरने के स्थान पर भीड़ हो अथवा उसमें बाधा होने की सम्भावना हो, बाधाओं का निवारण करे।

समकालीन पुलिस मुद्दे एवं कानून व्यवस्था

21वीं सदी में भारत

21वीं सदी में भारत के लिए शासन संबंधी समस्याओं के जटिल होने की संभावनाएं हैं। पहले के युग की राजनीतिक व्यवस्था में पूर्ण रूप से धर्मनिरपेक्ष, सुशिक्षित और राष्ट्रवादी अभिजात वर्ग का प्रभुत्व था और कुछ समय से उच्च अखण्ड पुरुषों के शामिल होने को स्पष्ट देखा जा सकता है। इस प्रक्रिया को आगे भी बल मिलेगा। एक लम्बे अरसे तक आर्थिक विकास की रणनीति में राष्ट्रवाद और लोकतांत्रिक समाजवाद की सार्थकता रही है, लेकिन बाजारोन्मुखी आर्थिक सुधारों के आगमन से यह तनाव की ओर अग्रसर होगा। विकास की सर्वथा भिन्न अवधारणा से संघर्ष उत्पन्न होगा और इसके फलस्वरूप व्यावहारिक परिवर्तन आएंगे ऐसे परिवर्तनों का प्रभाव लगभग आधी सदी से सुनियंत्रित अर्थव्यवस्था के प्रभुत्व पर पड़ेगा।

सामाजिक-आर्थिक परिवर्तन के लिए 'एजेंडा' लागू करना एक और विवादास्पद मुद्दा हो सकता है। इस स्थिति को कम समृद्ध समाज में, मुक्त चल अर्थव्यवस्था को अपेक्षाकृत बड़े अनुपात में नियंत्रित करके हासिल किया गया था। यह अवधारणा बड़े पैमाने पर राष्ट्र के अनिवार्य परिवर्तन पर सामाजिक व आर्थिक प्रगति की आवश्यक निर्भरता बताएगी और यह सामाजिक व्यवहार के अड़चनों का नेतृत्व करेगा।

- भारत को भी अपने संस्थागत तंत्र का ख्याल रखने की जरूरत होगी। नए सामाजिक संरचनाओं की अक्षमता को सामाजिक व सामाजिक-आर्थिक वातावरण में वैध स्थान प्रदान करके अभिभूत नहीं होना है। सत्ता की शून्यता को टालना होगा क्योंकि राष्ट्रीय नेतृत्व के मोहभंग का कोई भी प्रकार, पहले से कमजोर लोकतांत्रिक शासन के संस्थाओं की साख को नुकसान पहुंचा सकते हैं।
- देश को अन्य अंतर्संबंधित मुद्दों और समस्याओं से भी जूझना पड़ेगा। देश को भूमण्डलीकरण के प्रभाव व उसके परिणाम को सीमित करने की आवश्यकता होगी और साथ ही बड़े पैमाने पर अंतर्राष्ट्रीय वैध और अवैध प्रवास को भी देखना होगा।

21वीं सदी के प्रारंभ में ही अंतर्राष्ट्रीय जन पलायन सबसे अधिक जटिल व अस्थिर मुद्दों में से एक के रूप में उभरने की उम्मीद है। आंतरिक संघर्ष व बड़े पैमाने पर पलायन होने से मानवीय समस्याओं का स्तर असहनीय अनुपात में पहुंचने की संभावना है।

कानून व्यवस्था

21वीं सदी में कानून व व्यवस्था और सुरक्षा मुद्दे थोड़ा राहत प्रदान करते हैं। प्रारम्भिक दशकों में हिंसा का स्तर पूर्व की भांति स्थिर ही रहेगा। यहां यह भी संभावना है कि सामूहिक सामाजिक हिंसा बढ़ेगी। भारतीय राष्ट्रवाद की औपचारिक संरचना गंभीर तनाव के फलस्वरूप सामाजिक उथल-पुथल के नए आयाम स्थापित होंगे और वे सत्ता को कमजोर करेंगे। मौजूदा संस्थागत कमजोरियाँ और बढ़ जाएगी तथा खंडित राजनीति का खतरा वास्तविक रूप धारण कर लेगा।

क्षेत्रीय भू-राजनीतिक वास्तुकारों का मानना है कि चीन सहित भारत के पड़ोसियों से संबंध सुधार के बावजूद भारत की सामरिक सुरक्षा की चिंताएं प्रतिकूल रहेंगी। पाकिस्तान केवल विरोधी ही नहीं शत्रु भी है और अभी तक चीन से सामरिक खतरे को समाप्त नहीं किया है। जम्मू-कश्मीर में क्षेत्रीय और स्थानीय तनाव का प्रतिकूल प्रभाव पहले से ही स्पष्ट है और आगे भी इसी तरह की गंभीर स्थिति बनी रहेगी। परमाणु क्षेत्र में रक्षात्मक-आक्रामक रणनीति से जोखिम का स्तर बढ़ जाएगा। चीन के साथ परमाणु हथियारों के संबंध में प्रतिकूल विषमता रहेगी और छोटे हथियारों की उपलब्धता में भारी वृद्धि होगी और इस असंतोषजनक क्षेत्रीय सुरक्षा परिवेश की तस्वीर को हल्के घातक हथियार पूरा करेंगे।

पिछले कुछ वर्षों से जम्मू-कश्मीर में गंभीर अशांति के कारण रहे पृथकतावादी प्रवृत्तियों के विलुप्त होने की उम्मीद नहीं की जा सकती है। उत्तर-पूर्व में प्रारंभिक स्तर का उग्रवाद जारी रहेगा और पंजाब में शांति का स्तर नाजुक रहेगा। स्वायत्तता के लिए बनाया गया दबाव और वैचारिक उन्मुख समूहों व अलगाववादी प्रवृत्तियों द्वारा हिंसा की रोकथाम की उम्मीद 21वीं सदी के प्रारंभ में नहीं की जा सकती है। जातीय और सांप्रदायिक शक्तियां भंग होने के बजाय विघटनकारी राजनीतिक परिधि में समा जाने की ज्यादा संभावना है।

- 21वीं सदी के प्रारंभिक वर्षों में घरेलू व अन्तर्राष्ट्रीय आतंकवाद सुरक्षा एजेंडे में शीर्ष पर ही रहेंगे। काफी हद तक यह संभव है कि आतंकवाद के वैचारिक और अराजकतावादी ब्रांड की जगह धार्मिक, अलगाववादी/राष्ट्रवादी और जातीय/क्षेत्रीय सरीखे आतंकवाद हावी रहें। इसी प्रकार नार्को-आतंकवाद और पारिस्थितिकी आतंकवाद महत्व हासिल कर लेगा।

धार्मिक आतंकवाद काफी हद तक व्यापक रूप ले चुका है। मध्यपूर्व ने 21वीं सदी के प्रारंभिक वर्षों में ही भारत में पांव पसारने की तैयारी कर ली है। धर्म निरपेक्ष विचारधारा की गिरावट और उनके स्पष्ट खालीपन ने एक साथ संपूर्ण विश्व में एक वातावरण बनाया है, जिसमें कथित दमन, भ्रष्टाचार और अन्याय है और शायद यही सबसे महत्वपूर्ण कारण रहा कि इस्लामी समूह धार्मिक आतंकवाद के रास्ते पर निकल पड़ा। वर्तमान में धार्मिक आतंकवाद के विभिन्न इस्लामिक गतिविधियां मध्य पूर्व के वर्गीकृत शिया और सुन्नी उग्रवादी नेटवर्क द्वारा निर्देशित है। पिछले कुछ समय से, सुन्नी समूहों ने शिथिल सहबद्ध संगठन बनाकर अंतर्राष्ट्रीय इस्लामी समूहों के रूप में कार्य करना शुरू किया है और वे एक प्रकार से कई जेहादी संगठनों के लिए सुरक्षा संगठन (अंब्रैला ऑर्गेनाइजेशन) के रूप में कार्य कर रहे हैं।

कानून प्रवर्तन एजेंसियों के एजेंडे में विद्रोही और जातीय हिंसा अन्य प्राथमिक मुद्दा होगा। वर्तमान में आतंकवाद विरोध गतिविधियाँ सशस्त्र बलों की जिम्मेदारी समझी जाती है लेकिन यह करीब से स्थानीय मुद्दों और समस्याओं से जुड़े होने के तथ्य को ध्यान में रखकर इसे पुलिस की जिम्मेदारी बनाना होगा। ऐसी प्रवृत्तियों का मुकाबला आंतरिक सुरक्षा प्रबंधन में दरार बनाएगी।

21वीं सदी में पुलिस के सामने आने वाली चुनौतियां

21वीं सदी में निश्चित रूप से पुलिस को चुनौती के रूप में सूचना संपन्न समाज के उद्भव का सामना करना होगा और साथ ही उनके अद्यतन ज्ञान का सामना करना होगा और ऐसा करने के लिए पुलिस और कानून प्रवर्तन एजेंसियों को अब अपने आप को सीमित न करके अपने जिम्मेदारियों और दैनिक कार्यों में प्रभावी व सतत् सुधार लाने होंगे। नियमों में लगातार बदलाव आ रहे हैं, तो पुलिस को इसमें पीछे न रह कर समय के साथ चलना होगा।

- अगली चुनौती होगी कि कैसे पुलिस के चेतना के स्तर को बढ़ाया जाए, इसमें पुलिस नेतृत्व को अप्रचलित तकनीकों और तरीकों का मूल्यांकन

करना होगा। यहां तक कि आज उच्च स्तरीय सेना भी जैसे नेशनल सिक्युरिटी गार्ड, विभिन्न कमांडो संगठन और रैपिड एक्शन फोर्स भी असमर्थ होते हैं, जब विरोधियों और आतंकवादी तत्वों द्वारा नए प्रकार के हमले किए जाते हैं। समस्या और भी विकट हो जाती है, जब विरोधी, बाहरी एजेंसियों से सहायता प्राप्त व प्रायोजित होते हैं और कभी-कभी विदेशी शक्तियों की खुफिया एजेंसियों का भी हाथ होता है। यदि पुलिस पुरानी तकनीक के अनुसार चली तो आगे भी समाधान की संभावना नहीं है। हमें जरूरत है, कि जिम्मेदार लोग अपने विचारों में शुद्धि लाए और नीति के प्रति अपने नजरिए को बदलें।

- पुलिस और कानून प्रवर्तन में आज के सबसे कमजोर क्षेत्रों में से एक ज्ञान की कमी है, उन्हें बढ़ता आक्रोश, आतंकवाद, उग्रवाद, धार्मिक/कट्टरपंथी हिंसा और अलगाववादी आंदोलनों जैसे महत्वपूर्ण क्षेत्रों की अद्यतन सूचनाएं देने की जरूरत है। कानून एवं व्यवस्था की एजेंसियों के लिए नए धर्मशासित आतंकवादियों को समझना अति आवश्यक है। इसके अलावा घरेलू व अन्तर्राष्ट्रीय आतंकवादी समूहों के बीच मौजूद रिश्ते को भी जानने की जरूरत है। एक पुलिसकर्मी की पेशेवर क्षमता में अलगाववादी, आतंकवादी और उग्रवादी समूहों के आदर्श, कार्यप्रणाली और तकनीकी की समझ को प्रथम स्थान देना होगा।
- अन्य प्रमुख चुनौती पुलिस की जिम्मेदारी के कुछ विशेष क्षेत्रों में उच्च गुणवत्ता के विकास से प्रस्तुत होगी। मसलन विमानन सुरक्षा एक प्रमुख समस्या बन गई है और हमले की धमकी और हमले के पूर्व और उपायों के बीच की खाई हमें आश्वासन प्रदान नहीं कर सकती। तात्कालिक विस्फोटक उपकरणों से खतरे का मुकाबला करते हुए भिन्न-भिन्न प्रकार के विस्फोटक की जानकारी रखनी होगी और उसके साथ ही विस्फोटक संबंधित उपकरणों को पता लगाने की विधि की जानकारी रखना भी एक गंभीर समस्या होगी। इसी से संबंधित एक अन्य मुद्दा है कि बम व अन्य उपकरणों को निष्क्रिय करने के कौशल को भी विकसित करना होगा। यह अभी भी अल्पविकसित है और खतरे के समय हम कुछ विशेषज्ञों पर पूरी तरीके से निर्भर हैं। विस्मयकारी प्रकार के छोटे हथियार के तीव्र प्रसार से पुलिस पर असहनीय दबाव आया है। इस तंत्र में न तो जांच की कोई व्यवस्था है और न ही भिन्न प्रकार के हथियारों, प्रचलित गोला-बारूद, कार्यरत माध्यम, बाहरी हथियार बाजार आदि की पर्याप्त जानकारी है।
- उभरते उच्च तकनीक लैस संगठित आपराधिक व आतंकवादी गतिविधियों के क्षेत्र के बारे में भी अज्ञानता को कम करने की आवश्यकता है। इससे समाज को गंभीर खतरा हो सकता है और यह 21वीं सदी में पुलिस की दक्षता का परीक्षण होगा। पुलिस को ऐसे अपराधों से निपटने के लिए तैयार होना होगा। उदाहरण स्वरूप आज परमाणु, जैविक और रासायनिक हथियारों का ज्ञान न के बराबर विद्यमान है। यहां तक कि खतरे की गंभीरता को भी हल्के में लिया जाता है। संस्थागत तंत्र में थोड़ी-बहुत जागरूकता मौजूद है, उसे ही प्रभावी ढाल के रूप में इस्तेमाल करना होगा।
- संगठित अपराधों के क्षेत्र में बढ़ता परिष्कार पुलिस के लिए विशेष चुनौती प्रस्तुत करती है। पुलिस बलों को देश के विभिन्न हिस्सों के संगठित अपराध और मादक पदार्थ और अंडरवर्ल्ड के मध्य का गठजोड़ अपराध संचालक व तस्करों के बीच के रिश्तों की बेहतर समझ और विस्तृत ज्ञान देने की जरूरत है। उनमें अधिक परिष्कृत अपराध विश्लेषण क्षमता का विकास करना होगा। मात्र व्यवस्थित विश्लेषण ही अपराध के संभावित वृद्धि दर और उनकी भविष्य की संभावनाओं का निर्धारण करने के लिए काफी है। पुलिस को सांप्रदायिक, जातीय व सामुदायिक हिंसा से निपटने के लिए अपने तकनीक व कार्यप्रणाली का विकास करना होगा। साथ ही कौशल का प्रदर्शन करना होगा और व्यवहार में भी बदलाव लाना होगा।

चुनौतियों से निपटना

- पुलिस व कानून प्रवर्तन एजेंसियों को जिस दिशा में बढ़ना है, वह स्पष्ट है। कानून व व्यवस्था के अतिवादियों से निपटने के लिए जिम्मेदार एजेंसियों में एक बड़े स्तर पर बौद्धिक व तकनीकी चेतना जगानी होगी। उदाहरण के लिए क्या पुलिस ईमानदारी से यह स्वीकार कर सकती है कि वे जानकारी और उपकरणों के मामले में पर्याप्त रूप से सुसज्जित है? क्या पुलिस रासायनिक हथियारों के निर्माण में प्रयुक्त होने वाले दोहरे उपयोग से वाकिफ है और क्या उन्हें आतंकवादियों को उपलब्ध होने वाले उत्पाद शृंखला की जानकारी है? क्या पुलिस को परमाणु हथियारों के लघुरूप के बारे में कोई स्पष्ट जानकारी है? क्या इस तरह के हथियारों का प्रयोगशाला से बाहर किए जा रहे निर्माण के बारे में कोई जानकारी है?
- पुलिस में बौद्धिक प्रोत्साहन के अलावा तकनीकी नवाचार की जरूरत भी महत्वपूर्ण हो गई है। कम्प्यूटर नेटवर्किंग में व्यापक रूप से प्रौद्योगिकीय नवाचार (विशेष रूप से सफेदपोश जुर्म और धोखाधड़ी को पता लगाने में उपयोगी) फोरेन्सिक प्रदर्शन का परीक्षण, डी.एन.ए. पहचान सहित कम्प्यूटर फिंगर प्रिंट पहचान के लिए परमाणु उपकरणों का उपयोग और निगरानी क्षमता बढ़ाने व गतिविधियों पर निगरानी रखने सरीखी बातें अति आवश्यक हो गई हैं।
- खुफिया गतिविधियां पुलिस का एक आवश्यक कार्य है, जिसे उपेक्षा का शिकार होना पड़ा है। अब उसे पुनर्जीवित किया जाना चाहिए। इस राजनीतिक कूटनीति व तकनीकी परिवर्तन के युग में खुफिया जानकारियों का संग्रहण, तुलना व विश्लेषण के सुधार में विफलता का परिणाम विपत्तिपूर्ण हो सकता है। एक सुरक्षित भविष्य के लिए खुफिया गतिविधियां महत्वपूर्ण है। हालांकि खुफिया पेशे और अनुशासन में इस सदी के दौरान महत्वपूर्ण परिवर्तन आए हैं। इसका कानून व व्यवस्था से जुड़ी एजेंसियों को फायदा उठाना होगा। खुफिया पुलिस के क्षेत्र में संचालन अनुसंधान और प्रायिकता विश्लेषण का उपयोग करके और साथ-ही-साथ राष्ट्र की अत्याधुनिक प्रौद्योगिकी का खुफिया संग्रहण में एक बड़ा परिवर्तन होगा, जिससे खुफिया एजेंसियां अपराध, आतंकवाद, उग्रवाद और अतिवादियों से निपटने में सहायता प्रदान कर सकते हैं। इलेक्ट्रॉनिक्स ध्वनि की और भिन्न प्रकार के संवेदनशील सेंसिंग उपकरणों से सूचना संग्रह के परिदृश्य का काफी हद तक विस्तार होगा।
- अगली सदी में पुलिस के लिए सामरिक प्रबंधन की अनिवार्यता आसान नहीं होगी। पुलिस प्रबंधन प्रणाली को पुनर्गठित करने की आवश्यकता होगी। क्या प्रत्येक गैर-कानूनी गतिविधियों से निपटने की जिम्मेदारी पुलिस की है या यह एक प्रमुख जिम्मेदारी होनी चाहिए, इसका निर्धारण करने के लिए दृढ़ सोच की जरूरत होगी। सवाल यह है कि ''कितना काफी है'' और इस पर पुलिस नेतृत्व को गंभीरता से सोचना होगा।
- बड़ी संख्या में निपुण अभ्यर्थियों की भर्ती आवश्यक है अर्थात् पुलिस संगठन के निचले पदानुक्रम से ही हर एक व्यक्ति ज्ञान और मस्तिष्क कौशल दोनों से सुसज्जित होगा तो इससे नाटकीय रूप से पुलिस के चरित्र में बदलाव की संभावना है। 21वीं सदी में पुलिस को एक अति निपुण संगठन के रूप में पहचान बनानी होगी और ऐसे व्यक्तियों की मौजूदगी, जो राजनीतिक समझ और विकासवादी व क्रान्तिकारी के भिन्न रूपों की समझ से सुसज्जित हो, उससे कानून प्रवर्तन में एक अवचेतन क्रान्ति आएगी। बेहतर अवधारणा के अलावा आधुनिक सभ्यता में परिष्कृत

संस्थाओं का उपयोग संभव हो पाएगा और यह एक अतिरिक्त कारक होगा कि क्या पुलिस प्रबंधन प्रणाली इस स्थिति को सार्थक कर सकती है।

- इसकी एक और शाखा को देखें तो पुलिसकर्मियों को सशक्त बनाने की आवश्यकता है, उन्हें प्रत्येक स्तर पर अनुमति देनी होगी ताकि वे पहल कर सकें और अपनी आंतरिक क्षमता का दोहन कर सकें। इसका सीधा सा मतलब है कि पुलिस बल के मौजूदा अनुशासन, आदेश और नियंत्रण में भारी संशोधन होगा। यह ज्ञात नहीं है कि क्या पुलिस प्रबंधन वर्तमान में इतनी सुसज्जित है या ऐसे परिवर्तन के लिए कोई तैयारी कर रही है।
- मामला कुछ अधिक जटिल व मुश्किल प्रतीत होता है, जो अति आवश्यक भी है कि कानून और व्यवस्था पर अशांति और हिंसा की स्थितियों का बढ़ता आघात है और उससे भी बड़ा, लम्बवत् संगठन और पदानुक्रम पर अधिक-से-अधिक नियंत्रण करने की प्रवृत्ति समालोचना की जरूरत पर जोर देती है। नए हालात अधिक केन्द्रीकृत अधिकार की कल्पना नहीं करते हैं। लचीले, तरल व्यक्तिगत, उन्नतिशीलता और पहल करने की क्षमता जो एक समानांतर संगठन से जुड़े हो, वही इसका वास्तविक जवाब हो सकता है। आत्मनिरीक्षण का समय अभी हमारे हाथ में ही है। पुलिसकर्मियों की नई नस्ल के आंतरिक ज्ञान व कार्यकुशलता और क्षमता को न पहचान पाना प्रभावी कानून और व्यवस्था के रास्ते में बड़ी बाधा बन सकती है।
- नई सदी के अन्य क्षेत्रों की मानव गतिविधियां पुलिस के कार्यभार को बढ़ा रहे हैं, जो कि एक महत्वपूर्ण मुद्दा है। नवीनतम प्रौद्योगिकी और प्रबंधन के विकास और पुलिस कार्यों के लिए उपयुक्त तकनीकी उपकरण पर पुलिस नेतृत्व को नजर रखनी होगी और पुलिस को इस आवश्यकता को ग्रहण/समायोजित करना होगा। केवल मजबूर व्यक्तियों से काम की आड़ में ज्यादा घंटे तक कार्य करवाने से कई मामलों में कार्य उल्टा हो जाता है, इसलिए अगर उत्पादकता, प्रभाव और प्रदर्शन में सुधार लाना है, तो अब व्यावसायिक दुनिया में प्रचलित नीतियों पर ध्यान देने व अपनाने की जरूरत हैं। अनुकूल परिस्थिति और बेहतर नेटवर्किंग के लिए अधिक-से-अधिक लचीले रास्ते की तलाश करनी होगी और यह पुलिस के विकास में योगदान देगा।
- बड़े स्तर पर पुलिस कामकाज का पुनर्नियोजन और साथ-ही-साथ पुलिस संगठन का पुनर्गठन आवश्यक हो जाएगा। इस आंकड़े में कार्यकुशलता को प्रभावशीलता के साथ और संसाधनों को रेखांकित करना होगा। इस धारणा के अंतर्गत माना जाता है कि सभी क्षेत्र कानून और व्यवस्था के नहीं है, अपराध की रोकथाम को सरकार को अनन्य व एकमात्र अधिकार के रूप में संरक्षित करना होगा। राज्य धीरे-धीरे इसे व्यावहारिक बनाने की ओर अग्रसर है। पुलिस के काम-काज में निजी क्षेत्र की अवधारणा अभी वृहत् घेरे में ही है, इसे मूर्त रूप देना होगा। निश्चित रूप से 21वीं सदी पुलिस से मूल योग्यता के अनुरूप काम करने की मांग करेगा। इससे पुलिस पर दबाव आरोहित होगा कि अपनी मूल योग्यता के अनुरूप ही परिणाम भी दे और प्रभावी ढंग से प्रदर्शन करे। मूल-योग्यता के बाहरी पहलुओं को निजी व अर्द्ध-स्वायत्त निकायों के सुपुर्द किया जाएगा ताकि पुलिस अपने आवश्यक कार्यों पर ध्यान केंद्रित कर सके। यह प्रक्रिया मौजूदा तंत्र के लिए अच्छा साबित होगा और वर्तमान में लगातार जुड़ती नई जिम्मेदारियों में भी परिवर्तन आएगा।

पुलिस के कामकाज में प्रतिस्पर्धात्मक धार प्रदान करने की मांग पहले से ही है पर जैसे हम 21वीं सदी में प्रवेश करेंगे, यह मांग और बढ़ जाएगी। इस मांग को विशिष्टिकरण पर भरोसा करके ही प्राप्त किया जा सकता है और प्रदर्शन में दक्षता व गुणवत्ता के सन्दर्भ में अद्वितीय और बेहतर मूल्य प्रदान करने के लिए भी विशिष्टिकरण पर विश्वास करना होगा। विमानन सुरक्षा, कार्मिक संरक्षण, संवेदनशील प्रतिष्ठानों की सुरक्षा आदि क्षेत्रों को इस वर्गीकरण में रखा जा सकता है। तुलनात्मक रूप से अन्य पुलिस कार्यों की अपेक्षा इस प्रकार के उच्च श्रेणी की सुरक्षा की लागत कहीं अधिक होगी और मुख्य मुद्दा यह भी होगा कि सुव्यवस्थित, सुसज्जित और सक्षम निजी सुरक्षा एजेंसियों के साथ कितनी जिम्मेदारियों को साझा करना है। इसका मतलब शायद यह होगा कि सरकार अपनी जिम्मेदारियों का चयन करेगी, फिर सामाजिक-राजनीतिक परिदृश्य के विषयों पर अपने महत्वपूर्ण प्रभाव को बनाए रखेगी।

गैर-सरकारी एजेंसियों को कार्य बांटने से तीव्र मूल्यह्रास होगा और उससे उच्च लागत की भरपाई में मदद मिलेगी और इससे विशेष कौशल रखने वाले व्यक्तियों का उच्च वेतन भुगतान में भी सक्षम हो जाएंगे। इससे राज्य की आधुनिक प्रौद्योगिकी को अतिरिक्त लाभ मिलेगा और सरकार में प्राय: अनुपलब्ध कार्यप्रणाली में प्रभावशाली सुधार व नवाचार आएंगे।

साम्प्रदायिकता और साम्प्रदायिक सद्भाव

साम्प्रदायिकता

भारत में साम्प्रदायिकता पूर्णरूप से धार्मिक अन्धविश्वास, भक्ति और निष्ठा से संबंधित हैं। धर्म के कारण धर्म के द्वारा तथा धर्म के लिये धार्मिक समूहों में परस्पर घृणा, तिरस्कार, निन्दा, हिंसा, उपेक्षा आदि इतनी बढ़ जाती है कि कभी-कभी इसका हिंसात्मक रूप बन जाता है। साम्प्रदायिकता की अवधारणा की अनेक समाज वैज्ञानिकों ने निम्न प्रकार से परिभाषित किया है-

बृजमोहन के अनुसार, 'भारतीय समाज को ध्यान में रखते हुए साम्प्रदायिकता की परिभाषा' विभिन्न धर्मों (प्रमुखत: हिन्दू व मुस्लिम) के अनुयायियों के मध्य पाई जाने वाली संघर्ष की उस स्थिति के आधार पर की जा सकती है, जिसके कारण इनमें एक-दूसरे के प्रति हिंसा, घृणा, ईर्ष्या तथा एक ऐसी शंका का जन्म होता है, जो हिंसा की घटनाओं में परिवर्तित हो जाती है।

साम्प्रदायिकता की विशेषताएं

1. साम्प्रदायिकता धार्मिक संगठन, समूह अथवा सम्प्रदाय से संबंधित होती है। एक धर्म के व्यक्ति अपने को धार्मिक संगठन का सदस्य मानते हैं। धर्म में भी छोटे-छोटे गुट हैं, तो व्यक्ति अपने को और अधिक संकीर्ण स्थिति में पाता है।
2. एक सम्प्रदाय के सदस्य अपने धर्म, देवी-देवता, मूल्य-आदर्श, रीति-रिवाज आदि के आधार पर अपने को दूसरे समूह से श्रेष्ठ मानते हैं।
3. साम्प्रदायिकता के संघर्ष का मूल कारण दूसरे धर्म के संस्कार, मूल्य, देवी-देवता, वेशभूषा जीवन के तरीके अर्थात् संस्कृति तथा धार्मिक विशेषताओं की उपेक्षा, घृणा के भाव से देखते हैं।
4. साम्प्रदायिकता में एक समूह-दूसरे समूह के लोगों से परस्पर प्रेम, तथा सहयोग के स्थान पर सामाजिक, राजनैतिक, सांस्कृतिक, धार्मिक, अलगाव अधिक दिखाई देता है।
5. इसमें परस्पर एक-दूसरे को क्षति या हानि पहुंचाने का भय बना रहता है। पारस्परिक घृणा बढ़ती जाती है।
6. इसमें एक सम्प्रदाय के लोग अपने धर्म, कर्म, आचार-विचार के प्रति कट्टर निष्ठा रखते हैं, जिससे एक सम्प्रदाय के लोग अपने सम्प्रदाय की श्रेष्ठता के लिए परस्पर समझौता या अनुकूलन नहीं करते हैं।

साम्प्रदायिकता के आयाम

टी.के. ऊमन (1989) ने साम्प्रदायिकता के छह आयाम बतलाए हैं–

आत्मसातीकरणवादी साम्प्रदायिकता-आत्मसातीकरणवादी साम्प्रदायिकता वह है, जिसमें छोटे धार्मिक समूहों का बड़े धार्मिक समूह में समावेश/एकीकरण कर लिया जाता है। इस प्रकार की साम्प्रदायिकता यह दावा करती है कि सब जनजातियां हिन्दू हैं और जैन, सिख और बौद्ध, हिन्दू विवाह अधिनियम, 1955 के अन्तर्गत आते हैं।

कल्याणकारी साम्प्रदायिकता-कल्याणकारी साम्प्रदायिकता का लक्ष्य किसी विशेष समुदाय का कल्याण होता है, जैसे जीवन-स्तर को सुधारना और शिक्षा एवं स्वास्थ्य का प्रबन्ध करना; उदाहरणार्थ, ईसाई संस्थाएं ईसाइयों की उन्नति के लिए काम करती हैं, और पारसी संस्थाएं पारसियों के उत्थान में कार्यरत रहती हैं। इस तरह के सामुदायिक संगठन का उद्देश्य केवल अपने समुदाय के सदस्यों के हित में कार्य करना होता है।

पलायनवादी साम्प्रदायिकता-पलायनवादी साम्प्रदायिकता वह है, जो जिसमें एक छोटा धार्मिक समुदाय अपने को राजनीति से अलग रखता है; उदाहरण के लिए, बहाई समुदाय जिसने अपने सदस्यों के लिए राजनीति में भाग लेना अवैध घोषित किया हुआ है।

प्रतिशोधपूर्ण साम्प्रदायिकता-प्रतिशोधपूर्ण साम्प्रदायिकता दूसरे धार्मिक समुदायों के सदस्यों को हानि और चोट पहुंचाने का प्रयत्न करती है।

पृथकतावादी या अलगाववादी साम्प्रदायिकता-पृथकतावादी या अलगाववादी साम्प्रदायिकता वह है, जिसमें एक धार्मिक समुदाय अपनी संस्कृति की विशेषता बनाए रखना चाहता है और देश में एक अलग राज्य की मांग करता है; उदाहरणार्थ, उत्तरपूर्वी भारत में मिज़ों और नागाओं की मांग, असम में बोर्डो की मांग और बिहार में मिथिलांचल के लोगों की मांग।

साम्प्रदायिकता के कारण

किसी भी समाज में साम्प्रदायिकता की भावना संकीर्णताओं का योग हैं तथा रचना पूर्ति उसका उद्देश्य है। अन्य देशों की तुलना में भारतीय समाज में साम्प्रदायिकता एक जटिल समस्या बनी हुई है। इस समस्या के अनेक कारण हैं, जो ऐतिहासिक तथा समकालीन दोनों हैं–

1. **ऐतिहासिक कारण :** भारतीय इतिहास से ज्ञात होता है कि भारत आर्यों का देश था और यवनों ने यहां आकर साम्राज्य स्थापित किया। शक, हूण, कुषाण, मुगल, पठान आदि भारत में आते रहे तथा संघर्ष होता रहा। कुछ कट्टर धार्मिक मुस्लिम शासकों ने साम्प्रदायिकता को बढ़ावा दिया। ब्रिटिश शासन के दौरान अंग्रेजों ने ''फूट डालों व राज करो'' नीति के अन्तर्गत हिन्दू मुसलमानों को साम्प्रदायिकता को उकसाया। हिन्दू-मुसलमानों की साम्प्रदायिक भावना के कारण सन् 1947 में द्वि-राष्ट्र सिद्धान्त के आधार पर भारत से होकर पाकिस्तान देश बना। प्रारंभ में भारत में साम्प्रदायिकता हिन्दुओं व मुसलमानों के बीच थी।
2. **धार्मिक कारण :** ऐतिहासिक स्रोतों से ज्ञात होता है कि साम्प्रदायिकता की उत्पत्ति का कारण भी धार्मिकता ही रहा है। सभी धर्मों के मठाधीश अपने धर्म को सर्वोपरि, श्रेष्ठ, अच्छा मानते हैं तथा दूसरे धर्मों को हीन भावना से देखते हैं। अपने धर्म की श्रेष्ठता स्थापित करने वाले धर्म प्रचारक तथा दूसरे धर्मों की आलोचना करते हैं। अन्य के प्रति द्वेष, तनाव, वैमनस्य तथा घृणा पैदा करते हैं। इससे धर्मों में परस्पर साम्प्रदायिकता पैदा होती हैं तथा झगड़े बढ़ते हैं।
3. **साम्प्रदायिक राजनीतिक दल सामाजिक-सांस्कृतिक संस्थाएं:** भारत का विभाजन साम्प्रदायिकता की राजनीति के कारण हुआ। स्वतंत्रता के दौरान साम्प्रदायिकता के जो बीज बोए गए, स्वतंत्रता प्राप्ति के पश्चात् संकीर्ण राजनीतिज्ञों ने निहित स्वार्थों की पूर्ति हेतु साम्प्रदायिकता को बढ़ावा दिया। आज प्रजातांत्रिक शासन व्यवस्था में हिन्दू व मुस्लिम तुष्टीकरण करने वाले अनेक राजनीतिक दल प्रत्यक्ष या परोक्ष रूप से साम्प्रदायिकता की समस्या को उठाते रहते हैं।
4. **मनोवैज्ञानिक कारण :** भारत में मुसलमान अल्पसंख्यक हैं तथा हिन्दू बहुसंख्यक हैं। राजनीतिज्ञों द्वारा मुस्लिम तुष्टीकरण व उनमें आर्थिक शोषण की भावना होने के कारण मुस्लिम व हिन्दू सम्प्रदाय में एक-दूसरे के प्रति घृणा, द्वेष, विरोध जन भावना, प्रतिभार बन गया है। यह सब मनोवैज्ञानिक लक्षण साम्प्रदायिकता के कारण है। साम्प्रदायिकता का यह कारण व्यक्ति के स्तर पर कार्य करता है।
5. **साम्प्रदायिकता संगठन :** वर्तमान समय में विज्ञान के तीव्र विकास ने सामाजिक जीवन को भी काफी हद तक प्रभावित किया है। सबसे आधुनिक यातायात के साधन, संचार के साधन, समाचार पत्र, प्रिंटिंग प्रेस का तीव्र गति से विकास किया है। तभी से प्रत्येक धार्मिक समूह के अंतर्गत सक्रिय धार्मिक संगठन भी ग्राम, कस्बा, जिला, प्रान्त तथा अखिल भारतीय स्तर पर संगठित व्यवस्थित हो गए हैं, जो अपने-अपने मतावलम्बियों के प्रति भड़काने वाली भावना पैदा करते हैं, अपनी रक्षा के लिए हथियार एकत्र करते हैं। इस प्रकार के धार्मिक संगठन विभिन्न सम्प्रदायों के मध्य जातीय विद्वेष व हिंसा को बढ़ावा देते हैं। यह धार्मिक संगठन साम्प्रदायिक दंगों, तनावों तथा संघर्षों को बढ़ावा देते हैं।
6. **राजनैतिक कारण :** स्वतंत्रता प्राप्ति के पश्चात् भारत में चुनावों में राजनेताओं द्वारा जातिवाद और साम्प्रदायिक भावना का सहारा लिया जाता रहा है। अनेक राजनैतिक दलों का तो निर्माण ही धर्म तथा साम्प्रदायिकता के आधार पर किया जाता है। ग्राम पंचायत से लेकर लोकसभा के चुनावों में धर्म तथा साम्प्रदायिकता के आधार पर उम्मीदवार खड़े किए जाते हैं। ऐसे उम्मीदवारों द्वारा चुनाव जीतने के बाद अपने सम्प्रदाय के प्रति अधिक निष्ठा, असमानता व साम्प्रदायिक संघर्ष को जन्म देती है।
7. **सामाजिक आर्थिक कारण :** साम्प्रदायिकता की समस्या का एक प्रमुख कारण सामाजिक व आर्थिक भी रहा है। भारत में आज भी गरीबी रेखा के नीचे 30 प्रतिशत से अधिक लोग निवास करते हैं। साथ ही अज्ञानता, अन्धविश्वास एवं शोषण की प्रवृत्ति आज भी विद्यमान है। सन् 1960 से 1998 तक हुए साम्प्रदायिक दंगों के परिस्थिति जन्मय अध्ययनों से निष्कर्ष निकला कि अधिकांश दंगे नगर या कस्बे की निचली व गंदी बस्ती में गरीबों के बीच होते हैं। इन लोगों में अशिक्षा, अनगिनत अन्धविश्वास, गन्दगी, बेरोजगारी, गरीबी, बीमारी आदि का बोलबाला रहता है। इन क्षेत्रों में रहने वाले सम्प्रदाय के राजनीतिक नेता तथा प्रभावी व्यक्ति सामाजिक, आर्थिक और राजनीतिक उपेक्षा के आधार पर इन्हें भड़काकर आर्थिक अधिकारों की प्राप्ति के लिए सरकार पर दबाव बनाने के लिए हिंसा करने को प्रेरित करते हैं।

साम्प्रदायिकता निराकरण के सुझाव

भारत में साम्प्रदायिकता की समस्या प्रगति व विकास के लिए अभिशाप हैं। यद्यपि यह समस्त विश्व के अनेक समाजों में देखने वालों को मिलती हैं। साम्प्रदायिकता विरोधी सम्मेलनों, राष्ट्रीय एकता समितियों तथा शांति समितियों के साथ है। सामाजिक विचारकों व राजनेताओं ने साम्प्रदायिकता के निवारण के लिये महत्वपूर्ण सुझाव दिए हैं–

1. **साम्प्रदायिक संगठनों पर प्रतिबन्ध :** साम्प्रदायिकता की समस्या को दूर करने के लिए सबसे पहले समाज में साम्प्रदायिकता का प्रचार-प्रसार करने वाले संगठनों पर रोक लगानी चाहिए। संगठनों के नामों से हिन्दू, ईसाई, मुसलमान, जैन, सिक्ख या ऐसे ही शब्दों के प्रयोग पर कानून

द्वारा रोक लगा देनी चाहिए, जिनसे साम्प्रदायिकता की भावना का प्रसार होता है।

2. **राष्ट्रीयता की शिक्षा :** साम्प्रदायिकता की भावना को समाप्त करने के लिए शिक्षण संस्थानों में छात्रों को राष्ट्रीय भावना से ओत-प्रोत मूल्यों की व्यावहारिक शिक्षा दी जानी चाहिए। शिक्षा के पाठ्यक्रम में साम्प्रदायिकता के दोष तथा हानियां बतानी चाहिए। वही शिक्षा के द्वारा पारस्परिक एकता, संगठन, राष्ट्रीय चरित्र निर्माण, राष्ट्रीय एकीकरण आदि का ज्ञान विद्यार्थियों को देकर साम्प्रदायिकता को मिटाया जा सकता है।
3. **चुनावों में साम्प्रदायिकता के प्रचार-प्रसार पर रोक :** भारत में चुनावों के प्रचारों में साम्प्रदायिकता को उभारा जाता है, जिससे चुनाव में अपने धर्म के मतदाता प्रत्याशियों का भाषाओं, बहुमत से मतदान प्राप्त करके लाभ उठा सके। चुनावों में किसी भी प्रकार की साम्प्रदायिकता का जैसे-नारों, पोस्टरों, फ्लेटों, फोटो, टेपरिकॉर्डरों, फिल्मों आदि के रूप में उपयोग करने पर प्रत्याशी व राजनैतिक दल को गैर-सरकारी घोषित कर दिया जाना चाहिए।
4. **नैतिक शिक्षा का प्रसार :** सभी समाजों के शाश्वत नियम व धर्मों के प्रचारक हिंसा को समाज विरोधी तत्व मानते रहे हैं। कोई भी धर्म अपने अनुयायियों को हिंसा नहीं सिखाता। शिक्षण संस्थानों में प्रत्येक स्तर पर बच्चों, हवा व प्रौढ़ सदस्यों को यह नैतिक शिक्षा दी जानी चाहिए कि साम्प्रदायिकता समाज के लिए विघटनकारी है। नैतिक शिक्षा द्वारा संकीर्णता पृथक्करण, घृणा, द्वेष आदि को दूर करने के लिए विशेष पाठ्यक्रम तैयार किए जाने चाहिये।
5. **धार्मिक कट्टरता फैलाने वाले संगठनों पर प्रतिबन्ध :** समाज में साम्प्रदायिकता का प्रचार-प्रसार करने वाले संगठनों पर सरकार द्वारा कठोर कार्यवाही करते हुए प्रतिबन्ध लगाया जाना चाहिए। उन्हें सरकार द्वारा किसी भी प्रकार की सहायता व अनुदान नहीं दिया जाना चाहिये।
6. **प्रशासनिक सुधार कार्यक्रम :** सरकार द्वारा राष्ट्र विरोधी गतिविधियों में संलग्न व्यक्तियों, संस्थानों व व्यक्तियों की जनता के सहयोग से पहचान कर कड़ी सजा दी जानी चाहिए। साथ ही आकाशवाणी, समाचार पत्र, दूरदर्शन, चलचित्र, समाचार पत्र व पत्रिकाओं द्वारा साम्प्रदायिकता विरोधी प्रचार करना चाहिए। समाज में लोगों में एकता व समन्वय की भावना को सतत सतत पर प्रसारित करने के लिये प्रशासन को विशेष अभियान चलाना चाहिए।
7. **महापुरुषों के संदेश का प्रसार :** भारत के समाज में एकता व राष्ट्रीयता को स्थापना करने के लिए अनेक महापुरुषों व राष्ट्रीय नेताओं ने अपना-अपना जीवन समर्पित कर दिया। महात्मा गांधी, विनोबा भावे, सरदार वल्लभ भाई पटेल व जय प्रकाश नारायण आदि ने अपने विचारों व व्यवहारों से पारस्परिक एकता व सौहार्द्र परस्पर लोगों में उत्पन्न करने के लिए अनेक कार्य किए। आज साम्प्रदायिकता की बढ़ती हुई भावना को समाप्त करने के इन महापुरुषों के जीवन चरित्र पर अमल करना बहुत जरूरी है।
8. **राष्ट्रीय एकता परिषद् :** केन्द्रीय सरकार ने राष्ट्रीय एकता परिषद् का गठन साम्प्रदायिकता की समस्या को हल करने के लिए किया गया है। 1969 में यह तय किया गया था कि देश के सभी राजनैतिक दलों को साम्प्रदायिक सद्भावना पैदा करना चाहिये।

साम्प्रदायिक सद्भाव

भारत की संस्कृति एवं सभ्यता विश्व में सबसे प्राचीनतम और महान है। भारत विश्व का सातवां सबसे बड़ा देश है, आबादी की दृष्टि से इसका दूसरा स्थान है। संसदीय लोकतंत्र में अपनी गहन आस्था और प्रतिबद्धता के लिए विख्यात भारत विविधता में एकता का अनूठा संगम है। आधुनिक भारत के निर्माताओं की बौद्धिक सूझबूझ एवं प्रयासों का ही परिणाम है कि स्वतंत्रता के बाद हम अपने देश की विविधता और अखंडता की रक्षा करने में सफल रहे।

भारत की संसदीय लोकतंत्र विश्व के उन अनेक देशों के लिए प्रेरक रहा है, जो अपने सामाजिक, आर्थिक, धार्मिक और सांस्कृतिक विभिन्नताओं के कारण समय-समय पर होने वाले संघर्षों का समाधान खोजने का प्रयास कर रहे हैं। उपनिवेशवाद से मुक्त देशों के लिए भारत प्रकाशपुंज रहा है। भारत में स्वतंत्रता के 65 वर्षों बाद भी चुनाव के माध्यम से सत्ता परिवर्तन और सत्ता हस्तांतरण जिस सहजता से होता है, वह अपने आप में विलक्षण है। जबकि भारत के साथ या उसके बाद औपनिवेशिक गुलामी से मुक्त कई देश अपने लोकतंत्र को बचा नहीं पाए और सैन्य तानाशाही या एक दलीय शासन में उनका लोकतंत्र बदल गया।

भारत के संविधान में भारत को एक संपूर्ण प्रभुत्व-संपन्न समाजवादी पंथ निरपेक्ष लोकतंत्रात्मक गणराज्य बनाने का संकल्प किया गया है। जिसमें कहा गया है कि इसके लिए तथा उसके समस्त नागरिकों सामाजिक, आर्थिक और राजनीतिक न्याय, विचार, अभिव्यक्ति, विश्वास, धर्म और उपासना की स्वतंत्रता, प्रतिष्ठा और अवसर की समता प्राप्त करने के लिए तथा उन सबमें व्यक्ति की गरिमा और (राष्ट्र की एकता और अखंडता) सुनिश्चित करने वाली बंधुता बढ़ाने के लिए दृढ़ संकल्प होकर अपनी इस संविधान सभा में आज तारीख 26 नवंबर, 1949 ईस्वी (सिधि मार्गशीर्ष शुक्ल सप्तमी, विक्रमी संवत 2006) को एतद्-द्वारा इस संविधान को अंगीकृत, अधिनियमित और आत्मसमर्पित करते हैं।

भारत के संविधान में देश को संपूर्ण प्रभुत्व संपन्न और धर्मनिरपेक्ष लोकतांत्रिक गणराज्य बनाने का जो संकल्प किया गया, उसके अनुसार देश के सभी धर्मों को अपनी धार्मिक आजादी को बनाए रखने का अधिकार दिया गया है। अल्पसंख्यक समुदायों की सुरक्षा के लिए अनेक प्रावधान किए गए हैं और सरकार किसी धर्म विशेष के मामले में कोई हस्तक्षेप नहीं कर सकती है। देश में सभी धर्मो के लिए समान अवसर उपलब्ध कराने की संवैधानिक गारंटी सुनिश्चित की गई है। इसके बावजूद संविधान में इस बात का ध्यान रखा गया है कि धर्म के नाम पर किसी के साथ किसी भी तरह की ज्यादती, जुल्म और मनमानी न हो और न उसके मूल अधिकारों का हनन हो। समय-समय पर इसके लिए कई सकारात्मक कदम उठाए गए हैं, यह भी ध्यान रखा गया है कि किसी भी तरह से सांप्रदायिक सौहार्द्र और सद्भाव का वातावरण बिगड़ने न पाए। स्वतंत्रता के बाद से अब तक पिछले 72 वर्षों में इस दिशा में लगातार प्रयास किए जाते रहे हैं ताकि सांप्रदायिक बिगड़ने न पाए। सरकार ने साम्प्रदायिक सौहार्द्र को बनाए रखने के लिए संवैधानिक, कानूनी, प्रशासनिक, आर्थिक एवं अन्य कदम उठाकर अपने प्रतिबद्धता की पुष्टि की है।

साम्प्रदायिक सद्भाव, भाईचारे और राष्ट्रीय एकता को बढ़ावा देने के लिए 'राष्ट्रीय साम्प्रदायिक प्रतिष्ठान' की स्थापना की गई है, जो गृह मंत्रालय के प्रशासनिक नियंत्रण में स्वायत्त निकाय है। प्रतिष्ठान का मुख्य कार्य साम्प्रदायिक, जातीय, नृजातीय, आतंकवादी और हिंसा के अन्य रूप, जो सामाजिक सद्भाव में दरार डालते हैं, से प्रभावित बच्चों के पुनर्वास में सहायता करने के कार्यक्रमों और परियोजनाओं को कार्यान्वित करना है। साम्प्रदायिक सद्भाव और राष्ट्रीय एकता को बढ़ावा देने के कार्यक्रमों को आयोजित करने के लिए प्रतिष्ठान शिक्षा संस्थानों, गैर-सरकारी संगठनों और राज्य सरकारों/संघ राज्य क्षेत्र प्रशासनों को वित्तीय सहायता भी प्रदान करता है। प्रतिष्ठान हर साल 19 से 25 नवंबर तक 'कौमी एकता सप्ताह' के साथ साम्प्रदायिक सद्भाव अभियान सप्ताह मनाता है। सप्ताह के दौरान लोगों में साम्प्रदायिक सद्भाव और राष्ट्रीयता के मूल्यों को बढ़ावा देने और सामाजिक सद्भाव का अतिक्रमण करने वाले तत्वों के खिलाफ जागरूकता फैलाने का कार्य किया जाता है।

प्रतिष्ठान हर वर्ष साम्प्रदायिक सद्भाव और राष्ट्रीय एकता के क्षेत्र में उल्लेखनीय योगदान करने वाले 'व्यक्ति' और 'संगठन' की श्रेणी में राष्ट्रीय

साम्प्रदायिक सद्भाव पुरस्कार प्रदान करता है। इसके अंतर्गत व्यक्ति के लिए दो लाख रुपए की राशि तथा संगठन की श्रेणी के लिए पाँच लाख रुपए की राशि एवं प्रशस्तिपत्र प्रदान किए जाते हैं। देश के सभी मंत्रालयों/विभाग तथा राज्य सरकारों एवं संघ राज्य सरकारों को हर वर्ष 31 अक्टूबर को 'संकल्प दिवस' तथा 19 से 25 नवंबर को 'कौमी एकता सप्ताह' मनाने के लिए अनुदेश जारी किए जाते हैं।

देश की शांति, साम्प्रदायिक सद्भाव और सुरक्षा को प्रभावित करने वाले सभी कट्टरवादी धार्मिक संगठनों अथवा ग्रुपों की गतिविधियों पर कानून प्रवर्तनकारी एजेंसियों की सतत् निगरानी रहती है। जहां कहीं भी आवश्यक होता है, ऐसे मामलों में पाबंदी लगाए जाने के साथ अन्य सभी अपेक्षित कानूनी कार्रवाई की जाती है।

केंद्र सरकार ने साम्प्रदायिक सौहार्द्र बनाए रखने के लिए निर्देश जारी किये हैं। साम्प्रदायिक सद्भाव बनाए रखना और साम्प्रदायिक गड़बड़ी एवं दंगों को होने से रोकना राज्यों की जिम्मेदारी है। राज्य सरकारों की यह भी जिम्मेदारी है कि वे प्रभावित को संरक्षण और राहत दें। केंद्र सरकार ने राज्य सरकारों को स्पष्ट रूप से निर्देश दिया है कि वह ऐसी अवांछित हरकतों को रोकने के लिए निरोधात्मक उपाय करें, अगर तमाम सतर्कता एवं निरोधात्मक उपायों के बावजूद ऐसी घटनाएं घटती हैं, तो उन पर तुरंत प्रभावी ढंग से काबू पाया जाए और इसे रोकने के लिए नियोजित तरीके से कदम उठाये जाएं। विभिन्न तरह के धार्मिक जुलूसों एवं लाउडस्पीकरों के अनियंत्रित उपयोग से धार्मिक भावनाएं भड़काने के प्रयासों को कड़ाई से कुचलने में साम्प्रदायिक सद्भाव को बिगड़ने से बचाया जा सकता है। ऐसे अवसरों की वीडियो/ऑडियो कवरेज कराए जाने पर जोर दिया गया है। साथ ही इस बात पर भी ध्यान दिया जाना चाहिए कि किसी भी धार्मिक स्थल को नुकसान न हो।

साम्प्रदायिक झगड़ों और दंगों का सबसे अधिक प्रभाव छोटे दुकानों, ठेले-रेहड़ीवालों, खोमचेवालों, और रोजमर्रा कमाई कर अपने परिवार की गुजर-बसर करने वालों पर पड़ता है। चूल्हों की आंच ठंडी पड़ जाती है, अबोध बच्चे भूख से बिलखते रहते हैं और सार्वजनिक संपत्ति का जो नुकसान होता है वह अलग। सबसे बड़ी मार पड़ती है औरतों पर, जिसके पिता, भाई, पति और बेटा इन दंगों और झगड़ा-फसाद के शिकार होते हैं। रोजमर्रा घरेलू जरूरत की चीजों की आपूर्ति बंद हो जाती है। इन परिवारों पर साम्प्रदायिक दंगों का गहरा असर पड़ता है, उन्हें समुचित राहत या बीमा जैसी कोई सुविधा भी नहीं मिल पाती। यही लोग साम्प्रदायिक सौहार्द्र सद्भाव बनाए रखने में सबसे अधिक मददगार होते हैं। प्रशासन को ऐसे लोगों का सहयोग लेकर साम्प्रदायिक सद्भाव को सुनिश्चित करना चाहिए।

देश में अनेक स्वयंसेवी संगठन शांति, राष्ट्रीय एकता और साम्प्रदायिक सद्भाव को बढ़ाने के क्षेत्र में कार्यरत हैं। साम्प्रदायिक हिंसा और दंगों से जुड़े सभी अपराधियों की सख्त निगरानी सावधानी से करने के साथ उन्हें दंडित करने की कार्रवाई में चूक नहीं होनी चाहिए, जहां जरूरत पड़े वहां निष्पक्ष जांच के लिए विशेष जांच दल गठित किए जाने चाहिये।

साम्प्रदायिक हिंसा से जान-माल की भारी क्षति होती है। यह सुनिश्चित करना प्रशासन का दायित्व है कि राहत सहायता/मुआवजा प्रभावित को वितरित करने में देर और भेदभाव नहीं किया जाना चाहिए। समय पर प्रभावित क्षेत्रों में खाद्यान्न, दवाइयां, पानी, बिजली, दूध की आपूर्ति सुनिश्चित होने से स्थिति सामान्य बनाने में मदद मिल सकती है। आवासीय एवं व्यावसायिक संपत्ति के नुकसान के मामले में अधिक देरी किए बिना प्रभावित संपत्ति का आकलन कर समय पर बीमा दावों तथा वित्तीय संस्थाओं से सहायता उपलब्ध कराने का काम पूरा करने के लिए उपयुक्त वातावरण अपेक्षित है।

केंद्र सरकार ने आतंकवादी और साम्प्रदायिक हिंसा के शिकार लोगों की सहायता के लिए केंद्रीय योजना शुरू की है। इसके अन्तर्गत प्रभावित को मुआवजे के अलावा एक बार तीन लाख रुपए की सहायता दी जाती है। सरकार ने 'धार्मिक संस्थान (दुरुपयोग की रोकथाम) कानून, 1988' बनाया है। जिसका उद्देश्य किसी भी धार्मिक स्थल की पवित्रता को बनाए रखना तथा राजनीतिक, आपराधिक एवं विध्वंस या साम्प्रदायिक कार्यों के लिए दुरुपयोग किए जाने पर रोक लगाना है। इस कानून में किसी भी धार्मिक स्थल के भीतर हथियारों एवं आग्नेयास्त्रों के भंडारण पर पाबंदी है। इसमें प्रबंधकों को जिम्मेदारी दी गई है कि वे ऐसी किसी भी स्थिति के उत्पन्न होने पर धर्मस्थल का दुरुपयोग रोके जाने के लिए पुलिस को जानकारी दें।

पुलिस प्रणाली और अपराध नियंत्रण

नागरिकों को संरक्षण तथा अपराध से समाज को बचाने के लिए प्रत्येक समाज में पुलिस की स्थापना की जाती है। यह राज्य का दायित्व है कि अपराध को रोके, कानून व्यवस्था बनाए रखे और इसमें उसका सबसे प्रमुख अंग पुलिस है। पुलिस को इस दायित्व के निर्वहन के साथ-साथ अपराधियों को पकड़कर उनके विरुद्ध न्यायालय में मुकदमा दर्ज कराने के लिए अपराध की जांच, सबूतों की खोज जैसे महत्वपूर्ण कार्य करने होते हैं। अपराध को रोकने तथा अपराधी की जानकारी हासिल करने के लिए भी पुलिस को समाज के अन्दर अपने संबंधों के माध्यम से सूचनाएं भी संकलित करनी पड़ती है। इस तरह मुखबिर, खबरी जैसे स्रोतों से अपराध के सबूत के अलावा पुलिस यह प्रयास भी करती है कि ऐसे अपराध समाज में घटित ही न हो। वास्तव में कानून व्यवस्था बनाने में राज्य के कार्य का अधिकतम दायित्व इसी पुलिस पर है। चाहे यातायात संचालित करना हो, क्षेत्र में गश्त लगानी हो, नियमों का पालन करवाना हो, पुलिस की भूमिका महत्वपूर्ण होती है। अपराध के खिलाफ सुरक्षा की पहली कड़ी पुलिस है। पुलिस के माध्यम से ही अपराधी पकड़े जाते हैं और मुकदमा अदालत में दर्ज होता है।

आपराधिक मुकदमों के अभियोजन के लिए पुलिस साक्ष्य, वकील ऐसे प्रमुख अंग हैं, जो न्यायालय में न्याय की स्थापना के लिए अत्यंत आवश्यक है। किसी भी घटना के संबंध में सूचना प्राय: सर्वप्रथम पुलिस को ही दी जाती है। उसकी प्रारम्भिक जांच, संदिग्धों की पहचान, उन्हें पकड़ना, अपराध के कारण परिस्थितियों तथा घटनाक्रम का संयोजन, तर्कपूर्ण तरीके से साक्ष्य जुटाना सभी कुछ पुलिस की सक्रियता पर निर्भर करता है। भारत में पुलिस बल की स्थापना भारतीय पुलिस अधिनियम 1861 द्वारा की गई। इनका प्रमुख कार्य मामला दर्ज करना, आपराधिक दंड संहिता में वर्णित प्रक्रिया द्वारा इनकी जांच करना तथा उन्हें मुकदमे के लिए भेज देना है। वास्तव में पुलिस कार्यपालिका की आंख, कान और भुजा का काम करती है। इस पुलिस बल की कई श्रेणियां देखी जाती है। भारत में संघ की पुलिस सेवा, राज्यों की पुलिस सेवा के अतिरिक्त अनेक प्रकार के विशेष पुलिस बल भी गठित किए जाते हैं, परंतु अपराध की सूचना एवं अभियोजन कार्य हेतु मुख्यत: संघ, राज्य तथा सी.बी.आई. की विशेष पुलिस ही अधिकृत मानी गई है।

भारत में कानून व्यवस्था बनाए रखने के लिए केंद्रीय एवं राज्य दोनों स्तर पर कई अधिकरण हैं, सर्वप्रथम केंद्र सरकार के अधीन अथवा संघीय अभिकरणों का अध्ययन आवश्यक है। इनकी अधिकारिता इनके गठन के साथ-के-साथ स्पष्ट की गई है।

केंद्रीय अभिकरण

भारत में गृह मंत्रालय के अधीन अनेक प्रकार के पुलिस बल गठित किए जाते हैं। इन सबके शीर्ष पर भारतीय पुलिस बल सेवा के आई.पी.एस. अधिकारी को दायित्व सौंपा जाता है।

बॉर्डर सिक्योरिटी फोर्स- जैसा कि इसके नाम से स्पष्ट है, यह सीमांत की सुरक्षा हेतु गठित बल है। सीमा के रक्षा के साथ-साथ इसके

पास अश्रुगैस इकाई है, जो इसकी बॉर्डर सिक्योरिटी टेकनपुर, ग्वालियर, (म.प्र.) में स्थित है। यह लगभग सभी राज्यों को दंगा नियंत्रण आदि के लिए अश्रुगैस आपूर्ति भी करती है, यह निर्यात भी करती है। इसके पास अपनी जल, थल और वायु सेना टुकड़ियाँ हैं, जो प्रशमन तथा आतंकवादी विरोधी गतिविधियों में सहायक है। इसके पास प्रशिक्षित जवान भी है, जो राज्यों को आवश्यकतानुसार दिए जा सकते हैं। इसके पास के अपने हेलीकॉप्टर भी राज्यों को पुलिसिंग के लिए भेज दिए जाते हैं। इसे कश्मीर में इस्लामी आतंकियों से सामना करने के लिए भी नियुक्त किया गया।

केंद्रीय रिजर्व पुलिस बल- यह विश्व के सबसे बड़े पुलिस संगठनों में से एक है। यह राज्यों तथा केंद्र शासित प्रदेशों की सहायता के लिए टुकड़ियां प्रदान करती हैं। इसे आतक विरोधी कामों में भी नियुक्त किया जाता है। यह संयुक्त राष्ट्र की शान्ति स्थापना दल में भी युक्त की गई है। विशेषत: वी.आई.पी. सुरक्षा तथा महत्वपूर्ण स्थानों की रक्षा के लिए इसे नियुक्त किया जाता है। मुख्यत: संघ के औद्योगिक प्रतिष्ठानों की सुरक्षा इसका दायित्व है।

इण्डो-तिब्बत बॉर्डर बल- यह लगभग 2115 कि.मी. की भारत तिब्बत सीमा की निगरानी के लिए प्रयुक्त होती है। एक कानून व्यवस्था, सैनिक तथा जंगल युद्ध के अलावा प्रशासन के कार्यों में युक्त है। इसके फुर्तीले तथा अभिजन सदस्यों की संख्या लगभग 90000 है।

नेशनल सिक्योरिटी गार्ड- यह आंतकवाद विरोधी गतिविधियों के लिए बनाई गई एक कमाण्डो इकाई है। इसमें सेना और अन्य केंद्रीय पुलिस इकाइयों से कार्मिक चुने जाते हैं। यह बंधकों को बचाने के मिशन की तरह भी कार्य करती है। इसे 1986 में गठित किया गया और यह अतिविशिष्ट व्यक्तियों को सुरक्षा प्रदान करती है। इसकी एक टुकड़ी पालम हवाई अड्डे पर तैनात रहती है।

स्पेशल सुरक्षा ग्रुप- यह भारत सरकार की कार्यकारी संरक्षण संस्था है तथा प्रधानमंत्री एवं उनके परिवार की सुरक्षा का दायित्व इसी पर है। यह 1985 में श्रीमती गांधी की हत्या के बाद स्थापित की गई। प्रधानमंत्री एवं उनके परिवार को अवकाश प्राप्ति के 10 वर्ष बाद तक इसकी सुरक्षा का प्रावधान है।

सशस्त्र सेना बल- 1963 में बनी यह इकाई भारत नेपाल तथा भारत-भूटान सीमांतों की रक्षा के लिए है, जिसमें लगभग 8200 कार्मिक हैं। यह कानून व्यवस्था के अलावा सैनिक रणनीति, जंगल युद्ध, आतंक विरोधी एवं प्रशमन के लिए प्रशिक्षित होती है। इसके कार्मिक रिसर्च एवं एनालिसिस (RAW), इन्टेलिजेंस ब्यूरो (I.B), स्पेशल सुरक्षा ग्रुप, राष्ट्रीय सुरक्षा गार्ड आदि में प्रतिनियुक्ति पर भेजे जा सकते हैं।

केंद्रीय जांच अभिकरण- सी.बी.आई. या केंद्रीय जांच ब्यूरो- यह भारत की अग्रणी जांच एजेन्सी है, जिसे राष्ट्रीय एवं आपराधिक मामले सौंपे जाते हैं। प्राय: यह माना जाता है कि इसका गठन दिल्ली स्पेशल पुलिस अधिनियम 1946 से हुआ परंतु वास्तव में केंद्र सरकार के द्वारा इसे गठित किया गया है। न्यायालय में इसके स्थापना के विवाद में सर्वोच्च न्यायाल ने इसके संबंध मे गुवाहाटी उच्च न्यायालय के निर्णय को ही वैध ठहराया क्योंकि भारत को एक केंद्रीय पुलिस बल की आवश्यकता है और सी.बी.आई. ने कई महत्वपूर्ण जाँच में सफलता पाई है जैसे- 2 जी स्पेक्ट्रम घोटाला आदि।

भारतीय राजस्व सेवा का आपराधिक जांच निदेशालय (DCI) भारतीय आयकर विभाग के विशेष एजेन्ट द्वारा गठित है जो आर्थिक अपराधों तथा कालाधन, करों की चोरी, अपवंचना की जांच करते हैं। इनके अधिकारियों को शस्त्र रखने की अनुमति भी दी गई।

राष्ट्रीय जांच अभिकरण (NIA)- यह आतंक संबंधी गतिविधियों की जांच के लिए है और राज्यों ने भी राज्य में सरकारों की अनुमति के बिना भी जांच कर सकती है। यह 2008 में मुम्बई आतंकी हमलों के बाद गठित की गई इकाई है जो नशीली दवा, नकली मुद्रा के मामले भी देखती है।

केंद्रीय न्यायालयी विज्ञान संस्थान- यह दक्षिण एवं दक्षिण-पूर्व एशिया की एकमात्र प्रयोगशाला है जिसमें डी.एन.ए. की जांच की जाती है। भारत में 7 केंद्रीय प्रयोगशालाएं हैं जिनकी अलग-अलग विशेषज्ञताएं हैं। यह गृह मंत्रालय के न्यायालयिक विज्ञान निदेशालय के अधीन है। दिल्ली की प्रयोगशाला सी.बी. आई. के अधीन है।

राज्य पुलिस बल- सभी राज्यों के मुख्यमंत्री एवं गृह मंत्री के अधीन गृह सचिव के अंतर्गत पुलिस प्रशासन कार्य करता है। पुलिस के शीर्ष पद पर राज्यों में कमिश्नर या महानिदेशक (DGP) नियुक्त होते हैं। यह भारतीय पुलिस सेवा के वरिष्ठ अधिकारी होते है। राज्यों में पुलिस के गठन और प्रशिक्षण की अपनी संस्थाएं होती है। कुछ राज्य अपने अधिकारियों की विशिष्ट संस्थानों में प्रशिक्षण करवाते हैं। महाराष्ट्र, केरल, तमिलनाडु, पश्चिम बंगाल के पुलिस अधिकारियां को स्काटलैण्ड यार्ड (इंग्लैण्ड), अटलांटा सिटी पुलिस एकेडमी (कनाडा) में प्रशिक्षण दिलवाया जाता है।

1961 में पुलिस अधिनियम में राज्यों को अपनी पुलिस बनाने का अधिकार दिया गया। राज्य के शीर्षस्थ अधिकारी पुलिस निदेशक तथा नीचे के कांस्टेबल के बीच कांस्टेबल के बीच 9 स्तर देखे जा सकते हैं-

- ❖ महानिदेशक (DGP)
- ❖ अपर महानिदेशक (ADGP)
- ❖ महानिरीक्षक (IG)
- ❖ उप महानिरीक्षक (DIG)
- ❖ पुलिस अधीक्षक (SP)
- ❖ अतिरिक्त पुलिस अधीक्षक (ASP)
- ❖ उप पुलिस अधीक्षक (DSP)
- ❖ हेड कांस्टेबल
- ❖ कांस्टेबल

राज्यों की पुलिस में सामान्य एवं परासैनिक या विशिष्ट टुकड़ियां होती है, पुलिस को यातायात के लिए कार्मिक निर्धारित करने होते है। महिला पुलिस को महिला थाने में नियुक्त किया जा सकता है। इसके अलावा राज्य की सी.आई. डी. सूचनाएं एकत्र करती है। पुलिस थाना वह महत्वपूर्ण स्थान है, जहां पुलिस एवं जनता का सीधा संपर्क रहता है।

भारत में ग्रामीण पुलिस- ग्रामीण क्षेत्रों में राज्य की पुलिस कानून व्यवस्था, अपराध नियंत्रण जैसे सभी पुलिस के कार्य करती है। ग्रामीण पुलिसकर्मी कां सेवायें अनवरत् रहती हैं जबकि शहरी पुलिस शिफ्ट में कार्य करती है। ग्रामीण क्षेत्रों में पुलिस की सघनता कम है। अत: इसे अपने सम्पर्कों से सूचना संकलित करने पर अधिक ध्यान देना पड़ता है। ग्रामीण क्षेत्रों में शहरी क्षेत्रों से निम्न अपराध होते हैं जैसे-चोरी, डकैती, जमीन कब्जे में लेना और महिला के विरुद्ध, अंधविश्वास जन्य अपराध आदि। दुर्भाग्यवश इन हिस्सों में पुलिस गश्त लगाने हेतु भी नियुक्त नहीं कर पाती।

दंड प्रक्रिया संहिता, 1973 (यथा आपराधिक कानून संशोधन, 2005, आपराधिक दंड प्रक्रिया (संशोधन) अधिनियम, 2005 द्वारा संशोधित) के द्वारा पुलिस को कार्यवाही की व्यापक शक्तियां दी गई है। पुलिस वारंट या बिना वारण्ट गिरफ्तार कर सकती है, पूछताछ एवं तलाशी कर सकती हैं, जब्त कर सकती है, गवाहों के बयान नोट कर सकती है।, मजिस्ट्रेट द्वारा कबूलनामा रिकार्ड करा सकती है। अपराधों की जांच, खोजबीन में पुलिस इन सभी शक्तियों का प्रयोग संहिता की धारा SS154-173 के अंतर्गत कर सकती हैं या सामान्य कानून व्यवस्था बनाये रखने के कार्य के कार्य के लिए भी कर सकती है। पुलिस की पड़ताल करने की शक्ति तीन प्रकार से उभर सकती है-

(क) किसी द्वारा यह खबर मिलने कि कोई संज्ञेय अपराध घटित हुआ है। धारा (S154)

(ख) किसी मजिस्ट्रेट द्वारा जांच करने के आदेश पाने के कारण है 156 (3) के अंतर्गत।

(क) किसी स्रोत द्वारा यह सूचना मिलने पर कि उसके क्षेत्राधिकार में संज्ञेय अपराध किया जा रहा है। S156 (1) कें अंतर्गत।

चूँकि किसी व्यक्ति की गिरफ्तारी उसकी स्वतंत्रता का उल्लंघन है तथा इसे कानून की मर्यादा में ही किया जाता है। दंड प्रक्रिया संहिता में इसे निर्देशित करने वाले अनेक प्रावधान हैं- यह प्रावधान पुलिस को शक्ति एवं अधिकार प्रदान करते हैं और साथ ही इसके दुरुपयोग को रोकने के विरुद्ध व्यक्ति को संरक्षण भी प्रदान करते हैं।

S 50 के अनुसार बंदी बनाए गए व्यक्ति को गिरफ्तार करने का कारण बताया जाएगा तथा जमानत का अधिकार भी बताया जाएगा।

S 50 । के अनुसार किसी नामित व्यक्ति को गिरफ्तारी और बंदी रखने के स्थान के बारे में सूचना देने का दायित्व है।

S 54 गिरफ्तार किए व्यक्ति की प्रार्थना पर उसका चिकित्सकीय परीक्षण करना।

S 56 बंदी व्यक्ति को बिना अनुचित देरी के किसी मजिस्ट्रेट अथवा पुलिस अधिकारी के समक्ष प्रस्तुत करना।

S 57 बंदी व्यक्ति को चौबीस घंटे के भीतर किसी न्यायिक अधिकारी के समक्ष प्रस्तुत करना।

S 59 बंदी व्यक्ति को उचित न्यायिक आदेश के द्वारा ही रिहा किया जाना।

पुलिस को गिरफ्तारी के साथ पूछताछ करने का अधिकार भी दिया जाता है। अपराधी योजना में लिप्त सम्पत्ति को जब्त करना तथा उसकी तलाशी करना भी पुलिस के अधिकार में है। पुलिस गिरफ्तारी के पहले भी गवाहों से पूछताछ कर सकती है। इसके लिए वह पुलिस हिरासत या न्यायिक हिरासत में भी ले सकती है। इसी तरह संहिता के विभिन्न प्रावधानों जैसे SS 93 से 105 के अंतर्गत सामान्य तलाशी या जब्त कर सकती है या SS 51 से 52 के अंतर्गत गिरफ्तारी के बाद तलाश और जब्त की विशेष शक्ति भी रखती है।

परंतु इन शक्तियों पर सबसे बड़ी सीमा संहिता में S 162 द्वारा निर्धारित है जिसके अंतर्गत पुलिस की जांच पड़ताल में दिये गए वक्तव्य को सबूत की तरह स्वीकार नहीं किया जाएगा। साथ ही यह भी जोड़ती है कि साक्ष्य अधिनियम के S 27 और S32u (1) के अंतर्गत सबूत की खोज का प्रयोग मान्य है तथा S 164 के अंतर्गत स्वीकृति बयान का न्यायिक अभिलेख करने को विस्तृत कदम बतलाया है। इन कदमों से यह सुनिश्चित किया जाता है कि किसी से स्वीकारोक्ति बलात् न निकाली जाय इसके लिए संरक्षण दिया जाए। जांच के पश्चात् दंड संहिता के धारा 281 के अंतर्गत इकबालिया बयान लिए जाते है अर्थात् दंड प्रक्रिया संहिता तथा साक्ष्य अधिनियम यह पूरी तरह सुनिश्चित करने के लिए है कि पुलिस के भय, दबाव से कोई भी अपराध स्वीकार न किया जाए और पुलिस अपनी शक्तियों के द्वारा अपराधी को गिरफ्तार करे, न कि किसी निर्दोष पर अपराध मढ़ दे।

वास्तव में पुलिस पर यह आरोप लगते रहे है। कि तृतीय श्रेणी की हिंसा के द्वारा ही जुर्म कबूलवाती है। ऐसे में बंदी को यातना न दी जाए, चोट, हिंसा के भय से स्वीकार करने को मजबूर न किया जाए, इसके वैधानिक संरक्षण बनाए जाए। पुलिस के आचरण को मर्यादित करने के लिए उनके एक आचार-संहिता भी बनाई गई है। 1985 में भारत सरकार के गृह मंत्रालय ने सभी राज्यों, केंद्रशासित प्रदेशों के प्रमुख सचिवों तथा केंद्रीय पुलिस बलों के प्रमुखों की यह आचार संहिता निर्गतकी इसके अनुसार-

1. पुलिस की भारतीय संविधान में निष्ठा होनी चाहिए तथ इसके अंतर्गत दिए गए नागरिकों के अधिकारों का सम्मान करना आदि।
2. किसी भी विधिवत निर्मित कानून के औचित्य या आवश्यकता पर प्रश्न नही उठाना चाहिए, उन्हें कानून को दृढ़ता से निष्पक्ष होकर भय या कृपा, घृणा या प्रतिशोध की भावना से स्वतंत्र होकर लागू करना चाहिए।
3. पुलिस को अपने अधिकारों और शक्तियों की सीमाओं को समझना और सम्मान करना चाहिए। उन्हें न्यायपालिका की शक्तियां हड़पनी नहीं चाहिए और न ही ऐसा करते प्रतीत होना चाहिए, उन्हें स्वयं मुकदमों को दंड देना नहीं चाहिए।
4. कानून के अनुपालन सुरक्षित करने या व्यवस्था बनाए रखने के लिए जहां तक व्यावहारिक रूप से संभव हो, पुलिस को राजी करने का, समझाने, चेतावनी देने का तरीका अपनाना चाहिए। यदि बल का प्रयोग अपरिहार्य हो जाय तो परिस्थितियों के अनुरूप न्यूनतम बल का प्रयोग करना चाहिए।
5. पुलिस का प्रमुख दायित्व अपराध और अव्यवस्था को रोकना है और पुलिस को यह समझना चाहिए कि उनकी कुशलता का परीक्षण इन दोनों की अनुपस्थिति है, न कि पुलिस द्वारा उनसे निबटने की सक्रियता।
6. पुलिस को यह समझना चाहिए कि वे जनता के सदस्य हैं, केवल इस अंतर के साथ कि समाज के हित में और उसकी ओर से उन्हें उन कर्तव्यों पर पूर्णकालिक ध्यान देने के लिए नियुक्त किया गया है। जो सामान्यतया प्रत्येक नागरिक को पूरा करना चाहिए।
7. पुलिस को समझना चाहिए कि उनके कर्तव्यों का कुशल निर्वहन इस पर निर्भर करेगा कि वे जनता से किस सीमा तक तुरंत सहयोग प्राप्त करते हैं।
8. पुलिस को सदा जनता के कल्याण को ध्यान में रखना चाहिए और उनके प्रति सहानुभूति रखना चाहिए, उनका ध्यान रखना चाहिए। व्यक्ति को हमेशा सेवा और मैत्री देने को तत्पर रहना चाहिए और सबकी आवश्यक सहायता करनी चाहिए, बिना उनकी सम्पत्ति या सामाजिक प्रतिष्ठा को ध्यान में रखकर।
9. पुलिस को सदा ही स्वयं से पहले अपने कर्तव्य को रखना चाहिए। खतरे, घृणा या उपहास के समक्ष शांत बने रहना चाहिए और दूसरों की रक्षा के लिए अपने जीवन को समर्पित करने के लिए तैयार रहना चाहिए।
10. पुलिस को सदा ही शिष्ट एवं शालीन होना चाहिए, उन्हें भरोसेमंद तथा निष्पक्ष होना चाहिए, उनमें गरिमा एवं साहस होना चाहिए उन्हें चरित्र एवं जनता का विश्वास विकसित करना चाहिए।
11. पुलिस की प्रतिष्ठा का मूल आधार सर्वोच्च स्तर की सत्यनिष्ठा है। इसे पहचान कर पुलिस को अपना निजी जीवन में अति सावधानी से शुद्ध रखना चाहिए। आत्मसंयम विकसित करना चाहिए तथा विचार और कर्म में सत्य एवं निष्कपट होना चाहिए, अपने व्यक्तिगत एवं सरकारी जीवन दोनों में, ताकि नागरिक उन्हें एक अनुकरणीय नागरिक मान सकें।
12. पुलिस को यह स्वीकार करना चाहिए कि राज्य के लिए उनकी पूरी उपयोगिता सर्वश्रेष्ठ रूप से तभी सुनिश्चित होगी जबकि वे उच्च स्तर का अनुशासन बनाये रखेंगे, कर्तव्यों का निष्ठावान क्रियान्वयन कानूनों के अनुसार करेंगे, आदेश सत्ता के वैध निर्देशों का पूर्ण पालन करेंगे, बल के प्रति सम्पूर्ण तथा स्वयं को सतत् प्रशिक्षण और तैयारी की अवस्था में कार्य।
13. एक पंथनिरपेक्ष लोकतांत्रिक राज्य के सदस्य की तरह पुलिस निरन्तर इस दिशा में प्रयास करेगी कि व्यक्तिगत भेदभाव से उठकर समरसता बढ़ाने तथा भारत के समस्त लोगों में सामान्य व्यवहार की भावना विकसित कर ले। धार्मिक, भाषाई अथवा साम्प्रदायिक विविधता से ऊपर उठकर तथा महिलाओं के और वंचितों के सम्मान के विरुद्ध अपमानजनक परम्पराओं को त्याग कर करेंगे।

अपराध नियंत्रण हेतु कार्य

पुलिस द्वारा गशत लगाना

पुलिस का सर्वाधिक दिखाई पड़ने वाला कार्य गशत लगाना और नागरिकों को आश्वस्त करना है। ग्रामीण क्षेत्रों में पुलिस बलों की कम संख्या के कारण प्रायः

वहां चौकीदार यह कार्य करते हैं। कानूनी रुप से ग्रामीण क्षेत्र में भी गश्त की व्यवस्था पुलिस की होने के कारण थाने को पूरे क्षेत्र का जिम्मा दिया जाता है। थाने तथा नगर के सभी पुलिसकर्मी कार्य के दबाव के आधार पर गश्त के लिए नियुक्त किए जाते हैं। इस गश्त लगाने से नागरिकों को आश्वस्त किया जाता है कि कानूनी व्यवस्था बनाये रखने के लिए पुलिस सजग है। इसके द्वारा ही बदमाशों, उचक्कों पर निगरानी भी बनी रहती है। पुलिस हर इलाके के असामाजिक तत्वों का हिसाब भी रखती है ताकि कोई घटना होने पर इनसे पूछताछ कर सकें।

अपराधियों को हिरासत में लेना

अपराध के आरोपी या संदिग्ध व्यक्तियों को हिरासत में लेकर पूछताछ कर सकती है। यदि उसे लगता है कि संदिग्ध व्यक्ति के विरुद्ध साक्ष्य मिल रहे हैं तो एक रिपोर्ट लगाकर सक्षम दंड अधिकारी के समक्ष प्रस्तुत कर रिमाण्ड की मांग कर सकती है ताकि और पूछताछ कर सके अधिकतम 15 दिनों की रिमांड दी जा सकती है। परंतु किन कारणों से रिमांड दी जा रही है इसके मजिस्ट्रेट या अन्य दंडाधिकारी को स्पष्ट बताना होगा। अभियुक्त की जमानत होने पर पुलिस को उसे छोड़ना पड़ सकता है। अगर पुलिस सबूत नहीं जुटा पाती तो आरोपी को निजी मुचलके पर छोड़ सकती है। पुलिस अपराध घटे बिना भी हिरासत में ले सकती है। ताकि अपराध होने से रोका जाए वह तनाव के माहौल में भी संदेहास्पद व्यक्तियों को हिरासत में लेकर कानून व्यवस्था बनाए रखती है।

पुलिस का जामा तलाशी और खाना तलाशी लेना

संदिग्ध व्यक्तियों या अपराधियों से पूछताछ के समय पुलिस उनके कपड़ों और धारण किए सामान की तलाशी ले सकती है। इसे जामा तलाशी कहते हैं। इससे हथियार एवं साक्ष्य जुटाने में सहायता मिलती है। पुलिस सबूतों के लिए जो तलाशी लेती है उसे खाना तलाशी कहते हैं। यह तलाशी में प्राप्त हथियार या अन्य साक्ष्य जब्त भी कर सकती है। तलाशी के लिए पुलिस मजिस्ट्रेट से वारंट जारी करने को कह सकती है। परंतु वारंट में वर्णित होना चाहिए कि अपराध घटित होने वाला है, इसके पुष्टिकरण के क्या तथ्य हैं। तलाशी किन स्थानों की ली जाएगी, इसका स्पष्ट उल्लेख, तलाशी लिए जाने की उचित समयावधि।

यदि साक्ष्य के हाथ से निकलने का डर हो, अपराध की सामग्री गतिवान हो तो वारंट की प्रतीक्षा किए बिना ही हिरासत में लेकर तलाशी ले सकती है। तलाशी के समय दो स्वतंत्र साक्षी उपस्थित होने चाहिए।

अपराधी से पूछताछ करना

किसी असंज्ञेय अपराध के संदिग्ध से पुलिस पूछताछ कर सकती है और संतुष्ट न होने पर हिरासत में ले सकती है। पुलिस इस पूछताछ से यदि अपराध से जुड़ी कोई सामग्री बरामद करती है तो वह न्यायालय में साक्ष्य की तरह मानी जाएगी परंतु इस पूछताछ में यदि संदिग्ध किसी बयान पर हस्ताक्षर भी कर दे तो वह पुलिस हिरासत में दिये बयान के कारण न्यायालय में साक्ष्य नहीं माना जाएगा।

अभियोजन में सहायता करना

किसी भी दाण्डिक अपराध में पुलिस की भूमिका अत्यंत महत्वपूर्ण होती है। आरोप की धाराएं में निर्धारित करना उसके लिए साक्ष्य जुटाना किसी अपराध सिद्धि में निणार्यक होता है। अपराध के साक्षी न्याय प्रक्रिया में सहयोग करें, पक्ष द्रोही न हो जाए, इसके लिए अभियोजक को पूर्ण सहायता करना पुलिस का दायित्व हैं पुलिस की रपट तथा साक्ष्य, गवाह इतने विश्वसनीय हो कि न्यायालयीय कार्यवाही तक दृढ़ समर्थन देते रहे इसके लिए पुलिस का रवैया सहयोगात्मक तथा तथ्यों की पुष्टि पर आधारित होना चाहिए। यद्यपि न्यायालय में लोक अभियोजक मुकदमा प्रस्तुत करते हैं परंतु उसकी नींव पुलिस की पुख्ता और उपयुक्त जांच पर निर्भर करती है।

मृत्यु अन्वेषण रिपोर्ट तैयार करना

किसी भी अप्राकृतिक मृत्यु संदिग्ध हत्या य आत्महत्या की सूचना पुलिस को दिया जाना अनिवार्य है। पुलिस के संपर्क सूत्र मुखबिर भी यह जानकारी पुलिस को देते हैं, इसके अलावा अंतिम संस्कार के स्थलों से भी पुलिस को सूचना मिल जाती है यदि संदिग्ध मृत्यु की सूचना परिवार के सदस्य न भी देना चाहे तो भी ऐसे में पुलिस का दायित्व है कि छानबीन करें, संदिग्ध मृत्यु यदि हत्या प्रतीत हो तो पोस्टमार्टम हेतु मजिस्ट्रेट से अनुमति ले। मजिस्ट्रेट ही मृत्यु का कारण पता लगाने के लिए अन्वेषण करते हैं। यदि स्थानीय प्रतिष्ठित व्यक्ति एवं पुलिस संतुष्ट हो जाए तो पंचनामा पर्याप्त होता है, पोस्टमार्टम की आवश्यकता नहीं पड़ती।

अपराधियों के पहचान चिन्ह का संकलन करना

विकसित देशों की तरह हमारे देश में भी आधुनिक तकनीकों के साथ अपराधियों की अंगुली के निशान, फोटो लेकर पुलिस अभिलेख तैयार किए जाने लगे हैं। प्रत्येक अपराधी की पहचान के लिए शिनाख्त के लिए पुलिस अंगुली के निशान और फोटो रखती है। यह पुलिस के अधिकार क्षेत्र में है। सभी स्थानों पर कम्प्यूटर में ऐसे अभिलेख रखने से एक विस्तृत डाटा बैंक से दोबारा अपराध होने पर अपराधी को पकड़ना भी सहज हो जाता है।

बाल अपराध पर नियंत्रण

सामाजिक विघटन और आर्थिक संकट में बालकों एवं किशोरों में भी अपराध बढ़ने लगे हैं। इनकी आयु एवं इनके साथ अपेक्षाकृत कोमल आचरण की आवश्यकता देखकर इनके संबंध में बाल एवं किशोर न्याय बोर्ड बनाए जाते हैं। इन्हें बाल अपराध गृहों में रखा जाता है। ऐसे में पुलिस से भी अपेक्षा की जाती है कि वह ऐसे संदिग्ध अपराधियों को पकड़ने तथा उन्हें मजिस्ट्रेट के समक्ष प्रस्तुति के लिए स्वयंसेवी संगठनों का सहयोग लेगी।

लापता व्यक्तियों को खोजने का दायित्व

किसी भी महिला, पुरुष, बच्चे के लापता की सूचना थाने में मिलने के बाद पुलिस का दायित्व है कि इन्हें ढूढ़ने का प्रयास करें। न्यायपालिका ने अपने निर्देशों में स्पष्ट कहा कि प्रत्येक खोए हुए बच्चे की गुमशुदगी की रिपोर्ट लिखी जाए तथा न्यायपालिका को जवाब दिया जाए कि इस संदर्भ में पुलिस ने क्या प्रयास किया है। वास्तव में खोई हुई महिलाओं और बच्चों की तस्करी एवं मानव अंगों के अवैध व्यापार के कारण पुलिस के लिए सजग रहना अति आवश्यक है। यह नागरिकों की सहायता के साथ-साथ अवैध गतिविधियों को रोकने के लिए अति महत्वपूर्ण कार्य है।

समाज में पुलिस के इन सभी कार्यों को समग्र दृष्टि से देखने और समझने की प्रवृत्ति कम देखी जाती है। प्राय: अपराध नियंत्रण हेतु अपराधियों को पकड़ना और अभियोजन के लिए साक्ष्य जुटाना ही पुलिस को कटघरे में रखने के लिए प्रयुक्त किया जाता है। आंकड़े बतलाते हैं कि अपराध को सिद्ध करना एवं दंड दिलाना एक दुरुह कार्य है। साक्ष्य के अभाव में अपराधी के बरी होने से समाज और व्यवस्था दोनों की प्रतिष्ठा पर आंच आती है। असुरक्षा बढ़ती है घटना की जानकारी हासिल करना, साक्ष्य इकट्ठा करना, पुलिस या विवेचनाधिकारी का दायित्व है। इस दायित्व को निभाते समय पुलिस के समक्ष कई तरह की समस्याएं आती हैं-

जनता और पुलिस प्रशासन में अविश्वास संबंध

देशक की बढ़ती आबादी के कारण जनसंख्या के अनुपात में पुलिसकर्मी उपलब्ध नहीं है, ऐसे में पुलिस का संबल एवं सबसे बड़ा सहयोगी जनता को होना चाहिए। अपराध की सूचना देना, अपराधी के संबंध में जानकारी देना, प्रत्यक्षदर्शी का सहयोग करना यह सभी जनता का दायित्व है परंतु जनता पुलिस और न्याय व्यवस्था से दूर रहना ही श्रेयस्कर समझती है। लम्बी, जटिल न्यायिक प्रक्रिया में पड़ने की समस्या के अलावा पुलिस की जनता में साख इतनी होनी चाहिए कि उसे सूचनाएं उपलब्ध हो। अनेक बार पुलिस गोपनीय रूप से सूचना देने की अपील करती है परंतु जनता का सहयोग अपेक्षित नहीं रहता। पुलिसकर्मी की छवि स्वयं अन्याय करने वालों की है। पुलिसकर्मी के लिए यह भी आवश्यक है कि वे सजा काट चुके व्यक्तियों का उचित मार्गदर्शन करें।

उत्तर प्रदेश पुलिस व्यवस्था

करीब 243286 वर्ग किलोमीटर क्षेत्र में फैले और लगभग 20 करोड़ (2011 की जनगणना के मुताबिक) से ज्यादा जनसंख्या के साथ, उत्तर प्रदेश को न केवल देश में बल्कि पूरी दुनिया के लिए सबसे बड़ा एकल पुलिस बल होने का गौरव प्राप्त है। उत्तर प्रदेश पुलिस के महानिदेशक 75 जिलों में 33 सशस्त्र बटालियनों खुफिया, जांच, भ्रष्टाचार विरोधी, तकनीकी, प्रशिक्षण, अपराध विज्ञान इत्यादि से संबन्धित विशेषज्ञ प्रकोष्ठ / शाखाओं में फैले करीब 2.5 लाख कर्मियों के बल की कमान संभालते हैं।

देश की वर्तमान पुलिस प्रणाली 1861 के पुलिस एक्ट के परिणामस्वरूप बनी थी। ये एक्ट 1860 में श्री एच.एम. कोर्ट की अगुवाई में गठित पुलिस आयोग की अनुशंसाओं के बाद अधिनियमित हुआ था। यही श्री कोर्ट उत्तर पश्चिम प्रांत और अवध, जो वर्तमान के उत्तर प्रदेश का क्षेत्र है, के पहले पुलिस महानिरीक्षक बने। पुलिस महकमे का ढांचा निम्नलिखित आठ संगठनों के रूप में खड़ा किया गया था।

1. प्रांतीय पुलिस
2. राजकीय रेलवे पुलिस
3. शहर पुलिस
4. छावनी पुलिस
5. नगर पुलिस
6. ग्रामीण एवं सड़क मार्ग पुलिस
7. नहर पुलिस
8. बर्कन्दाज गार्ड (अदालतों की सुरक्षा के लिए)

समय के साथ सिविल पुलिस का विकास होता गया और आजादी के बाद श्री बी.एन. लाहिरी प्रदेश के पहले भारतीय पुलिस महानिरीक्षक बने। अपराध नियंत्रण और विधि-व्यवस्था बनाए रखने में प्रदेश पुलिस के कार्य प्रदर्शन को बहुत सराहा गया और इसे देश के पहले पुलिस बल के रूप में 13 नवंबर 1952 को तत्कालीन प्रधानमंत्री पंडित जवाहर लाल नेहरू द्वारा 'कलर्स' प्राप्त करने का गौरवपूर्ण सौभाग्य हासिल है। तभी से इस पुलिस बल ने सांप्रदायिक और सामाजिक सौहार्द्र और विधि-व्यवस्था बनाए रखने, और अपराध पर नियंत्रण रखने की अपनी गौरवशाली परंपरा को कायम रखा हुआ है ताकि जनमानस के बीच सुरक्षा की भावना समाहित करने और राज्य का सर्वांगीण विकास सुनिश्चित किया जा सके।

संगठित अपराध, आर्थिक अपराध इत्यादि से निपटने के लिए प्रदेश पुलिस बल में विभिन्न विशेषज्ञता प्राप्त प्रकोष्ठ अस्तित्व में आए हैं। अपराध विज्ञान, प्रशिक्षण, कम्प्यूटर, दूर संचार, अपराध विज्ञान, नवीनतम उपकरण, आधुनिक शस्त्र और नए वाहन जैसे तकनीकी साधनों के क्षेत्र में आधुनिकीकरण पर उचित जोर दिया जा रहा है।

स्वयं के प्रशासन और अपराध नियंत्रण, अन्वेषण में कार्यकुशलता को मजबूती प्रदान करने के लिए आज पुलिस बल मुख्य रूप से कई महत्वपूर्ण इकाइयों में विभाजित किया गया है, जिनका विवरण निम्नलिखित है।

1. डीजीपी मुख्यालय
2. पुलिस मुख्यालय
3. राज्य अपराध रिकार्ड ब्यूरो
4. अपराध अन्वेषण विभाग
5. सतर्कता अधिष्ठान
6. सुरक्षा मुख्यालय
7. राजकीय रेलवे पुलिस
8. अग्निशमन सेवा
9. दूर संचार
10. प्रशिक्षण निदेशालय
11. अभियोजन
12. विधि विज्ञान प्रयोगशाला
13. फिंगर प्रिंट ब्यूरो
14. यातायात निदेशालय
15. मानवाधिकार
16. तकनीकी सेवाएं
17. ए.टी.एस.
18. एस. आई. टी.
19. पी.ए.सी.

उत्तर प्रदेश पुलिस निम्नलिखित रेंज और जिलों में विभाजित है-

जोन	रेन्ज	जिला/रेन्ज का नाम	पोस्ट
आगरा		आगरा जोन	एडीजी/आईजी
	(A) आगरा	आगरा रेन्ज	आईजी/डीआईजी
		आगरा	वरिष्ठ पुलिस अधीक्षक
		फिरोजाबाद	पुलिस अधीक्षक
		मैनपुरी	पुलिस अधीक्षक
		मथुरा	वरिष्ठ पुलिस अधीक्षक
	(B) अलीगढ़	अलीगढ़ रेन्ज	पुलिस उप महानिरीक्षक
		अलीगढ़	वरिष्ठ पुलिस अधीक्षक
		एटा	वरिष्ठ पुलिस अधीक्षक
		हाथरस	पुलिस अधीक्षक
		कासगंज	पुलिस अधीक्षक

प्रयागराज		प्रयागराज जोन	एडीजी/आईजी
	(A)	प्रयागराज रेन्ज	आईजी/डीआईजी
	प्रयागराज	प्रयागराज	वरिष्ठ पुलिस अधीक्षक
		फतेहपुर	पुलिस अधीक्षक
		कौशाम्बी	पुलिस अधीक्षक
		प्रतापगढ़	पुलिस अधीक्षक
	(B)	चित्रकूटधाम रेन्ज	पुलिस उपमहानिरीक्षक
	चित्रकूट धाम	बांदा	पुलिस अधीक्षक
		चित्रकूट	पुलिस अधीक्षक
		हमीरपुर	पुलिस अधीक्षक
		महोबा	पुलिस अधीक्षक
बरेली		बरेली जोन	एडीजी/आईजी
	(A)	बरेली रेन्ज	आईजी/डीआईजी
	बरेली	बरेली	वरिष्ठ पुलिस अधीक्षक
		बदायूं	वरिष्ठ पुलिस अधीक्षक
		पीलीभीत	पुलिस अधीक्षक
		शाहजहांपुर	पुलिस अधीक्षक
	(B)	मुरादाबाद रेन्ज	पुलिस उपमहानिरीक्षक
	मुरादाबाद	अमरोहा	पुलिस अधीक्षक
		बिजनौर	पुलिस अधीक्षक
		मुरादाबाद	वरिष्ठ पुलिस अधीक्षक
		रामपुर	पुलिस अधीक्षक
		सम्भल	पुलिस अधीक्षक
गोरखपुर		गोरखपुर जोन	एडीजी/आईजी
	(A)	बस्तीरेन्ज	पुलिस उपमहा निरीक्षक
	बस्ती	बस्ती	पुलिस अधीक्षक
		संत कबीर नगर	पुलिस अधीक्षक
		सिद्धार्थ नगर	पुलिस अधीक्षक
	(B)	देवीपाटन रेन्ज	पुलिस उपमहानिरीक्षक
	देवीपाटन	बहराइच	पुलिस अधीक्षक
		बलरामपुर	पुलिस अधीक्षक
		गोण्डा	पुलिस अधीक्षक
		श्रावस्ती	पुलिस अधीक्षक
	(C)	गोरखपुर रेन्ज	आईजी/डीआईजी
	गोरखपुर	देवरिया	पुलिस अधीक्षक
		गोरखपुर	वरिष्ठ पुलिस अधीक्षक
		कुशीनगर	पुलिस अधीक्षक
		महाराजगंज	पुलिस अधीक्षक
कानपुर		कानपुर जोन	एडीजी/आईजी
	(A)	झांसी रेन्ज	पुलिस उपमहानिरीक्षक
	झांसी	जालौन	पुलिस अधीक्षक
		झांसी	वरिष्ठ पुलिस अधीक्षक
		ललितपुर	पुलिस अधीक्षक
	(B)	कानपुर रेन्ज	आईजी/डीआईजी
	कानपुर	औरैया	पुलिस अधीक्षक

		इटावा फतेहगढ़ कन्नौज कानपुर देहात कानपुर नगर	वरिष्ठ पुलिस अधीक्षक पुलिस अधीक्षक पुलिस अधीक्षक पुलिस अधीक्षक वरिष्ठ पुलिस अधीक्षक
लखनऊ		लखनऊ जोन	एडीजी/आईजी
	(A) अयोध्या	अयोध्या रेन्ज अम्बेडकर नगर अमेठी बाराबंकी अयोध्या सुल्तानपुर	पुलिस उपमहानिरीक्षक पुलिस अधीक्षक पुलिस अधीक्षक पुलिस अधीक्षक वरिष्ठ पुलिस अधीक्षक पुलिस अधीक्षक
	(B) लखनऊ	लखनऊ रेन्ज हरदोई खीरी लखनऊ रायबरेली सीतापुर उन्नाव	आईजी/डीआईजी पुलिस अधीक्षक पुलिस अधीक्षक वरिष्ठ पुलिस अधीक्षक पुलिस अधीक्षक पुलिस अधीक्षक पुलिस अधीक्षक
मेरठ		मेरठ जोन	एडीजी/आईजी
	(A) मेरठ	मेरठरेन्ज बागपत बुलन्दशहर गौतमबुद्धनगर गाजियाबाद हापुड़ मेरठ	आईजी/डीआईजी पुलिस अधीक्षक पुलिस अधीक्षक वरिष्ठ पुलिस अधीक्षक वरिष्ठ पुलिस अधीक्षक पुलिस अधीक्षक वरिष्ठ पुलिस अधीक्षक
	(B) सहारनपुर	सहारनपुर रेन्ज मुजफ्फरनगर सहारनपुर शामली	पुलिस उपमहानिरीक्षक वरिष्ठ पुलिस अधीक्षक वरिष्ठ पुलिस अधीक्षक पुलिस अधीक्षक
वाराणसी		वाराणसी जोन	एडीजी/आईजी
	(A) आजमगढ़	आजमगढ़ रेन्ज आजमगढ़ बलिया मऊ	पुलिस उपमहानिरीक्षक पुलिस अधीक्षक पुलिस अधीक्षक पुलिस अधीक्षक
	(B) मिर्जापुर	मिर्जापुर रेन्ज मिर्जापुर भदोही सोनभद्र	पुलिस उपमहानिरीक्षक पुलिस अधीक्षक पुलिस अधीक्षक पुलिस अधीक्षक
	(C) वाराणसी	वाराणसीरेन्ज चंदौली गाजीपुर जौनपुर वाराणसी	आईजी/डीआईजी पुलिस अधीक्षक पुलिस अधीक्षक पुलिस अधीक्षक वरिष्ठ पुलिस अधीक्षक

मुख्यालय

उत्तर प्रदेश पुलिस विभाग का मुख्यालय इलाहाबाद में स्थित है। यह पिछले 136 वर्षों से अस्तित्व में है। 1861 में पुलिस एक्ट अनुपालन में आने के पश्चात वर्ष 1863 में पुलिस महा निरीक्षक का पद बनाया गया था। वर्ष 1937 में मुख्यालय- 'पुलिस महानिरीक्षक का शिविर कार्यालय- - लखनऊ स्थानांतरित कर दिया गया और पुलिस मुख्यालय का कामकाज देखने के लिए एक डीआईजी को वहां नियुक्त किया गया।

राज्य अपराध अभिलेख ब्यूरो (SCRB)

उत्तर प्रदेश पुलिस में राज्य अपराध अभिलेख ब्यूरो का क्रमिक विकास समय समय पर होता रहा है। इस ब्यूरो को भारतीय ब्यूरो की सिफारिश पर उत्तर प्रदेश के आपराधिक जांच विभाग (सीआईडी) में वर्ष 1906 में स्थापित किया गया था। ब्यूरो को 'अभिलेख अनुभाग' का नाम दिया गया था और ब्यूरो का काम केवल राज्य स्तर पर अपराध और अपराधी के कार्ड तैयार करना था। वर्ष 1951 में 'पुलिस मान्यता समिति 1947' की सिफारिश पर इसको नया नाम 'राज्य अपराध सूचना कार्यालय' दिया गया और जिला स्तर पर 'जिला अपराध अभिलेख अनुभाग' स्थापित किया गया। इसके बावजूद, वर्ष 1960-61 में प्रदेश में उत्तर प्रदेश पुलिस आयोग की सिफारिश के तहत राज्य अपराध सूचना ब्यूरो में अपराधियों के फिंगर प्रिंट और हिस्ट्री शीट के रखरखाव का काम राज्य स्तर पर शुरू किया गया था। फिर जब केंद्र स्तर पर नई दिल्ली में नेशनल क्राइम रिकार्ड ब्यूरो की स्थापना हुई तब 1992 में इस ब्यूरो का नाम बदल कर राजी अपराध अभिलेख ब्यूरो यानि स्टेट क्राइम रिकार्ड ब्यूरो कर दिया गया।

उद्देश्य

1. अपराधियों के काम करने का ढंग की समानताओं का अध्ययन और उसके आधार पर जांच कर रहे अधिकारियों को संदिग्धों के नामों का सुझाव देना।
2. जांच अधिकारियों को पुराने अपराधों की जानकारी देना जो संभवतः गिरफ्तार व्यक्ति ने किए हों।
3. अपराधी की पहचान स्थापित करने में मदद करना और गिरफ्तार व्यक्ति के पूर्ववृत्त, सहयोगियों, छिपने के ठिकाने, पुराने दोषसिद्धि आदि के विश्वसनीय आंकड़े प्रस्तुत करना।
4. बरामद की गई संपत्ति के संग चोरी की गई संपत्ति का समन्वय करना
5. पुलिस अधिकारियों को सतर्क रखने और किसी संदिग्ध / लापता व्यक्ति की तलाश के कार्य में सूचनाओं का प्रसार करना
6. अपराधों के सांख्यिकीय आंकड़ों को एकत्र करना, उनका विश्लेषण, अतिरिक्त समीक्षा, आदेश, रिपोर्ट, और सुनिश्चित करना की ये नियमित और नियत समय (पाक्षिक / मासिक / त्रैमासिक / अर्धवार्षिक / वार्षिक) पर प्रदेश के पुलिस महानिदेशक / उत्तर प्रदेश सरकार / नेशनल क्राइम रिकार्ड ब्यूरो / सीईआई को प्रदान की जाएं।
7. विभिन्न प्रकार के आपराधिक आंकड़े और जानकारी एकत्र और समेकित करना तथा इसे वार्षिक पत्रिक 'भारत में अपराध' के लिए एनसीआरबी, नई दिल्ली भेजना। राज्य स्तर पर यह ब्यूरो भी विभिन्न प्रकार के आपराधिक आंकडे और जानकारी एकत्र करके एक वार्षिक पत्रिका 'यूपी में अपराध' प्रकाशित करता है।
8. उत्तर प्रदेश में जिलों और राजकीय रेलवे पुलिस (जीआरपी) में तैनात पुलिस उप निरीक्षक को एक सप्ताह का प्रशिक्षण देना। यह प्रशिक्षण एक कैलेंडर वर्ष में रेंज वार प्रशिक्षण कार्यक्रम बना कर अलग अलग तारीखों में किया जाए।
9. अपराधियों के पुनर्वास, उनकी रिमांड, पैरोल, समय से पहले रिहाई आदि कार्यों के लिए दंडात्मक और सुधारक एजेंसियों को आंकड़े की पूर्ति करना।
10. डीसीआरबी का मार्ग निर्देशन, उसके संग समन्वय और कामकाज में मदद करना

राज्य अपराध रिकार्ड ब्यूरो की कार्य प्रणाली

कार्य प्रणाली को आसान बनाने के लिए वर्तमान में निम्न अनुभाग में उप निरीक्षक प्रभारी के रूप में और निरीक्षक की देखरेख में हैं:

एफसी आर अनुभाग	अपराध अनुभाग	सांख्यिकी अनुभाग
गुमशुदा व्यक्ति अनुभाग	शस्त्र अनुभाग	मूर्तिचोरी अनुभाग
डकैती अनुभाग	सेंधमारी अनुभाग	संपत्ति अनुभाग
धोखाधड़ी अनुभाग	आबकारी अनुभाग	विस्फोटक अनुभाग
गजट अनुभाग	जल विद्युत और तांबातार अनुभाग	अफरन अनुभाग
अपराध अभिलेख कार्यालय	अपराधी व्यक्ति फाइल अनुभाग	सड़क डकैती अनुभाग
नकली नोट अनुभाग	डीसी आर बी प्रशिक्षण अनुभाग	सदन अनुभाग
माफिया अनुभाग	धार्मिक संस्थान अनुभाग	गैंगस्टर अनुभाग।

सुरक्षा शाखा

खुफिया विभाग की सुरक्षा शाखा 1958 में अस्तित्व में आई। प्रारम्भ में इसे खुफिया मुख्यालय का अनुभाग कहा जाता था लेकिन बाद में इसे सुरक्षा शाखा कहा जाने लगा। शुरुआत में यह शाखा सिर्फ अति विशिष्ट लोगों (वीवीआईपी) की संरक्षा और सुरक्षा के इंतजाम से संबन्धित मामलों को देखती थी। बाद में औद्योगिक प्रतिष्ठानों की सुरक्षा, आंतरिक सुरक्षा योजनाओं की तैयारी, सुरक्षा संदिग्ध सूची बनाने, और विमानों के अपहरण से संबंधित मामलों, डाक बम आदि से संबन्धित समस्त समन्वय कार्य इसके दायरे में लाए गए।

इसके साथ यह शाखा आगंतुक वीवीआईपी जनों यथा, राज्यों के मुख्यमंत्रियों, राज्यपालों, केंद्र सरकार के मंत्रियों की व्यक्तिगत सुरक्षा आवश्यकताओं से संबन्धित कार्यवाई को भी देखती है।

प्रशिक्षण विद्यालय, सुरक्षा शाखा, खुफिया विभाग, उत्तर प्रदेश, लखनऊ

कर्मचारियों को उनके दायित्वों के बारे में प्रशिक्षित करने के लिए सीआईडी में एक प्रशिक्षण विद्यालय स्थापित किया गया। स्वतंत्रता के पूर्व यह विद्यालय लखनऊ के सिकंदरबाग में तंबुओं में बनाया गया था। 1958 में सीआईडी से अलग होने के बाद खुफिया विभाग को मान्यता दी गई और इसका प्रशिक्षण विद्यालय ओम निवास, 413, डा. बैजनाथ रोड, न्यू हैदराबाद, लखनऊ स्थित एक किराए के भवन में स्थानांतरित कर दिया गया। विशिष्ट शाखा (स्पेशल ब्रांच) और स्थानीय खुफिया इकाई (लोकल इंटेलिजेंस यूनिट) की कार्यकुशलता और व्यावसायिकता में वृद्धि के लिए और जरूरतों के अनुरूप प्रशिक्षण विद्यालय को उच्चीकृत किया गया। मोटे तौर पर, पुनर्गठन योजना में विशेष शाखा और एलआईयू की कार्यप्रणाली का सीमांकन किया गया। दोनों शाखाओं के लिए प्रशिक्षण सभी शाखाओं यथा, सिविल पुलिस, खुफिया और पीएसी, के पुलिस कर्मियों के लिए प्रशिक्षण इस विद्यालय में प्रदान किया जा रहा है। प्रशिक्षण विद्यालय के लिए एक नए भवन का निर्माण 1982 में किया गया।

वर्तमान में यह प्रशिक्षण विद्यालय नियमित तौर पर प्रति वर्ष 40 पाठ्क्रम का संचालन करता है। प्रत्येक पाठ्क्रम में लगभग 40 प्रशिक्षणार्थी समाहित किए जाते हैं।

प्रशिक्षण विद्यालय में एक तकनीकी विंग और एक फोटोग्राफी विंग है। फोटोग्राफी विंग सभी वीवीआईपी यात्राओं और विभिन्न प्रकार की स्थितियों की वीडियोग्राफी करता है और उन खामियों को उजागर करता है, जो वीवीआईपी दौरे में पता चलती हैं। डीएफएमडी, एचएचएमडी, नाइट विजन, डीएसएमडी जैसे सुरक्षा उपकरण और विस्फोटक पता करने वाले विभिन्न प्रकार के उपकरण अलग-अलग अवसरों की मांग के अनुरूप उत्तर प्रदेश के समस्त जिलों में आपूर्ति किए जा चुके हैं। इस प्रशिक्षण विद्यालय में एक भरा-पूरा पुस्तकालय है, जिसमें सुरक्षा और खुफिया संबंधी विषयों पर पुस्तकें और दृश्य-श्रव्य सहायक हैं। प्रशिक्षण विद्यालय में गोलीबारी अभ्यास के लिए भूमिगत निशानेबाजी रेंज है। सुरक्षा कर्मियों के गोलीबारी अभ्यास के लिए एक नया इलेक्ट्रॉनिक प्रशिक्षण सिम्युलेटर भी स्थापित किया गया है। वास्तविक गोलीबारी अनुभव के लिए विभिन्न प्रकार के लक्ष्य स्थापित किए जा रहे हैं।

विधि विज्ञान प्रयोगशाला

उत्तर प्रदेश में विधि विज्ञान प्रयोगशाला की स्थापना से पूर्व अपराध साक्ष्य से संबन्धित मामलों की जांच आपराधिक अन्वेषण विभाग (सीआईडी) यूपी के वैज्ञानिक अनुभाग द्वारा की जाती थी।

1967 में एक विस्तृत प्रस्ताव पेश किया गया जिसमें पहले के सभी प्रस्तावों के इतर राज्य में एक विधि विज्ञान प्रयोगशाला स्थापित करने की बात कही गई थी। अंततः 1969 में आपराधिक अन्वेषण विभाग के वैज्ञानिक अनुभाग को एक विधि विज्ञान प्रयोगशाला में परिवर्तित करने का शासनादेश जारी किया गया।

यूपी पुलिस आयोग 1970-71, में आगरा स्थित रसायन परीक्षक प्रयोगशाला का विधि विज्ञान प्रयोगशाला, लखनऊ के साथ विलय करने और आगरा, लखनऊ व वाराणसी में तीन पूर्णकालिक विधि विज्ञान प्रयोगशालाएं स्थापित करने की अनुशंसा की। वर्ष 1979 में आगरा की रसायन परीक्षक प्रयोगशाला का विलय विधि विज्ञान प्रयोगशाला, लखनऊ में करने और इन दोनों प्रयोगशालाओं को सभी आवश्यक आधुनिक उपकरणों के साथ पूर्णविकसित करने का एक शासनादेश जारी किया गया। इसके अलावा वाराणसी में एक पूर्ण विकसित विधि विज्ञान प्रयोगशाला स्थापित करने का भी निर्णय लिया गया।

लखनऊ व आगरा की प्रयोगशालाओं के लिए निम्नलिखित सात खंड स्वीकृत किए गए:

1. भौतिकी खंड
2. दस्तावेज खंड
3. रसायनशास्त्र खंड
4. विष विज्ञान खंड
5. अस्त्र-विज्ञान खंड
6. जीव विज्ञान खंड
7. सीरम विज्ञान खंड

1986 में पहली बार विधि विज्ञान प्रयोगशाला के नियमित निदेशक के लिए यूपी लोक सेवा आयोग के जरिए नियुक्ति की गई। 1986 में ही अन्य पदों के लिए यूपी लोक सेवा आयोग द्वारा विज्ञापन निकाला गया। इस बीच प्राथमिक उपकरण के अलावा प्रयोगशाला के विभिन्न खंडों के लिए आवश्यक आधुनिक विश्लेषणात्मक उपकरण प्राप्त किए गए। दोनों प्रयोगशालाओं में प्रत्येक खंड के लिए केंद्र की स्थापना की गई। पहली बार दोनों ही प्रयोगशालाओं में साक्ष्य के परीक्षण का काम 1 अप्रैल 1987 को शुरू हुआ।

विस्फोट हुए पदार्थ की जांच का काम करने के लिए एक विस्फोटक खंड भी मंजूर किया गया। इस खंड ने आगरा में वर्ष 1987 में काम करना शुरू किया। इस खंड से राज्य के सभी जिलों की जरूरतों को पूरा करने की उम्मीद की जाती है। वर्ष 1990 में लखनऊ की प्रयोगशाला में नवगठित विधि चिकित्सा (मेडिको लीगल), झूठ पकड़ना और उपस्कर विश्लेषण खंडों व आगरा प्रयोगशाला के लिए उपस्कर विश्लेषण और विस्फोटक खंड में विभिन्न पदों के लिए सरकार ने मंजूरी दी।

फील्डयूनिट

अपराध स्थल से सुराग की सामग्री एकत्र करना प्रयोगशाला में इनकी जांच करने से ज्यादा महत्वपूर्ण है। अधिकांश मामलों में प्रयोगशाला में दुबारा जांच करना तो मुमकिन होता है। लेकिन अपराध स्थल एक बार बिगड़ जाए तो वहां से उपयुक्त भौतिक साक्ष्य हासिल कर पाना कभी संभव नहीं होता है। इसी के मद्देनजर, राज्य के हर जिले में विधि विज्ञान प्रयोगशाला की फील्ड इकाइयां स्थापित की गई। इन फील्ड इकाइयों को जिले के वरिष्ठ पुलिस अधीक्षक / पुलिस अधीक्षक के परिचालन नियंत्रण के अधीन रखा गया है। विवेचना अधिकारी कि सहायता के लिए कई जिलों में वैज्ञानिक स्टाफ रखा गया है।

उद्देश्य

1. पुलिस, न्यायपालिका व अन्य सरकारी विभाग और उपक्रमों द्वारा इंगित अपराध संबंधी साक्ष्यों की जांच करना।
2. पुलिस कर्मियों, न्यायिक अधिकारियों और संबन्धित लोगों को अपराध विवेचना में विधि विज्ञान कि भूमिका और इसके प्रयोग की जानकारी देना।
3. विवेचना अधिकारी को अपराध विवेचना में वैज्ञानिक सहायता प्रदान करना और उसे अपराध स्थल से वैज्ञानिक साक्ष्य एकत्र करने, उसकी उचित पैकिंग, सील करने और जांच के लिए प्रयोगशाला भेजने में मदद करना।
4. पुलिस व अन्य विधि विज्ञान संस्थानों के कर्मचारियों को प्रशिक्षण देना।
5. पुलिस, न्यायिक व अन्य संबन्धित संस्थानों में प्रशिक्षुओं को विधि विज्ञान पर व्याख्यान देना।

फिंगर प्रिंट ब्यूरो

अपराध विवेचना में उंगली के निशान दो तरह से पहचान में इस्तेमाल किए जाते हैं- व्यक्तिगत शिनाख्त और इत्तेफाकन छाप शिनाख्त। व्यक्तिगत शिनाख्त में हिरासत में रखे व्यक्ति की वास्तविक शिनाख्त स्थापित करना शामिल है। उंगली के निशान का सबसे महत्वपूर्ण और निर्णायक उपयोग अपराध स्थल से उठाए गए उंगली के निशान का अपराध करने वाले अपराधी से संबंध स्थापित करना होता है और इसे 'इत्तेफाकन निशान' शिनाख्त कहा जाता है।

इस उद्देश्यों को प्राप्त करने के लिए फिंगर प्रिंट ब्यूरो में दोष सिद्ध व्यक्तियों के उंगली के निशान अपराधों के अलग अलग वर्गों के तहत रखे जाते हैं। ये रिकार्ड दो वर्गों में रखे जाते हैं- व्यक्तिगत शिनाख्त के लिए वर्गीकरण की हेनरी प्रणाली के तहत दस उंगली निशान रिकार्ड। दूसरा- अपराध स्थल से लिए गए उंगली के निशान के लिए एकल उंगली रिकार्ड वाली बैटले वर्गीकरण प्रणाली का प्रयोग।

सौ वर्षों के दौरान विकसित इस प्रणाली ने विश्व भर में सनसनीखेज अपराधों में सच्चाई को सामने लाने के लिए जांचकर्ता के अचूक औजार के रूप में अपनी क्षमता स्थापित की है। सूचना प्रौद्योगिकी के आगमन के साथ यह प्रणाली, जिसे विशेषज्ञों के हस्त-चालित प्रयासों द्वारा चलाया जाता है, त्वरित प्रतिक्रिया के लिए स्वचालित की जा रही है। साथ ही फिंगर प्रिंट ब्यूरो को कम्प्यूटरीकृत किया जा रहा है।

फिंगर प्रिंट ब्यूरो में निम्नलिखित अनुभाग/ इकाइयां काम कर रही हैं:

1. **10 उंगली अनुभागः** इस अनुभाग में दोष सिद्ध व्यक्तियों की दस उंगलियों के निशान की रिकार्ड स्लिप रखी जाती हैं। यह एक महत्वपूर्ण अनुभाग है, जो अज्ञात अपराधियों और मृत व्यक्तियों की शिनाख्त करने में मदद करता है जो कि पहले किसी अपराध में सजा पा चुके हैं। साथ ही ऐसे व्यक्तियों का आपराधिक इतिहास भी उपलब्ध कराता है।
2. **परीक्षण अनुभागः** अज्ञात संदिग्धों और शवों की उंगलियों के निशान के संभावित सकारात्मक मिलान के लिए फिंगर प्रिंट परीक्षण अनुभाग सक्रिय किया जाता है। ब्यूरो में एफपीएस स्लिप, जिसमें व्यक्ति का असली नाम, वल्दियत, जाति, रिहाइश, और पिछला आपराधिक रिकार्ड जैसी जरूरी जानकारी होती है, उसकी जांच की जाती है।
3. **उंगली निशान अभिमत अनुभागः** यह अनुभाग अदालत के समक्ष मामलों में किसी निर्णय पर पहुंचने में सहायक होता है।
4. **फोटो अनुभागः** यह अनुभाग अदालतों और अपराध स्थल से प्राप्त उंगली के विवादित निशानों के फोटो तैयार करता है, जो अदालत को विश्वास दिलाने के लिए गवाही के समय दिखाए / पेश किए जा सकते हैं।
5. **एकल उंगली ब्यूरोः** भारतीय दंड संहिता की दफा 380 / 454 / 457 / 461 / 379 / 394 / 395 / 396 / 397 / 398 / 399 / 402 के तहत दोष सिद्ध पराधियों के उंगलियों के निशान ये ब्यूरो एकत्र करता है ताकि अपराध स्थल पर मिले उंगलियों के निशान को अभिलेखों में ढूंढा जा सके।
6. **प्रशिक्षण अनुभागः** यह अनुभाग जिला पुलिस के हेड कांस्टेबल / कांस्टेबल को निपुणता का प्रशिक्षण देता है ताकि वे अपराधियों के उंगली निशान सफलतापूर्वक ले कर उसे अभिलेखों के लिए ब्यूरो भेज सकें। डीसीआरबी के एसआई और फील्ड इकाइयों के कर्मियों को भी यहां प्रशिक्षण दिया जाता है।
7. **वर्गीकरण अनुभागः** 1991 में इस ब्यूरो द्वारा उंगलियों के निशान की वर्गीकरण प्रणाली शुरू की गई थी।

प्रादेशिक आर्म्ड कांस्टेबुलरी

1940 में द्वितीय विश्वयुद्ध के दौरान उत्तर प्रदेश सेना पुलिस की 13 कम्पनियां आंतरिक सुरक्षा बनाए रखने हेतु गठित की गई जिनकी संख्या युद्ध के दौरान बढ़ाकर 36 कम्पनियां की गई। सितंबर 1947 में इसके पुनर्गठन की कार्यवाही की गई जिनमें 11 बटालियन (86 कम्पनियां / गठित की गयीं। ग्यारहवीं बटालियन, पीएसी को प्रशिक्षण बटालियन बनाया गया। वर्ष 1948 में उत्तर प्रदेश सैन्य पुलिस व उत्तर प्रदेश राज्य सशस्त्र पुलिस को मिला कर प्रादेशिक आर्म्ड कांस्टेबुलरी बना । स्थानीय पुलिस द्वारा अपने बल पर गम्भीर कानून एवं व्यवस्था की स्थिति को न संभाल पाने के कारण सेना की लगातार तैनाती को रोकने के लिए पीएसी का गठन किया गया था । हालांकि पीएसी का गठन उत्तर प्रदेश में कार्य करने के लिए हुआ था परन्तु पीएसी को सम्पूर्ण देश में सेवा करने का सौभाग्य प्राप्त हुआ।

अस्तित्व के इन 65 वर्षों में पीएसी ने विभिन्न परिस्थितियों में देश को गौरव प्रदान किया । भारत तिब्बत सीमा की रक्षा करने एवं असम में उग्रवाद का दमन करने का कार्य पीएसी ने किया । इसने अपनी ताकत भारत के बाहर नेपाल में भी साबित की। विगत वर्षों में पीएसी ने सांप्रदायिक, धार्मिक, जातीय और क्षेत्रीय गड़बडयों को प्रभावी तौर से निपटाने वालों के तौर पर अपनी प्रतिष्ठा स्थापित की है। अक्सर आलोचना के घेरे में रहने पर, आमतौर पर भयभीत करने वाली और कभी-कभी खतरनाक कार्यों के लिए पीएसी एक अत्यधिक मांग वाला अर्द्ध सैनिक बल है और अक्सर संकट की स्थिति में अन्य राज्यों में भी तैनात किया जाता है ।

पीएसी को वर्तमान सामाजिक परिवर्तन के दौर में खुद को स्थापित करने की चुनौती का सामना करना पड़ रहा है । पीएसी अपने सदस्यों को राष्ट्र निर्माण की प्रक्रिया में योगदान देने हेतु शिक्षित कर रही है। मानवाधिकार, विकास और पर्यावरण से संबंधित कार्यक्रमों के लिए गांवों को गोद लेने से इसकी शुरूआत हो चुकी है। इसके अलावा, रक्तदान शिविर भी आयोजित किए जा रहे हैं ।

खेल और साहस की भावना ही पीएसी के मनोबल की आधार शिला है। पीएसी में खेल के शिविरों और साहसिक गतिविधियों के आयोजन नियमित प्रक्रिया है यह मानव संवेदनाओं को आत्मसात और सामाजिक जागरूकता पैदा करने के लिए जनता के साथ विस्तृत संवाद की एक प्रक्रिया को शुरू करती है ।

मूल रूप से गंभीर कानून एवं व्यवस्था की स्थिति और दस्यू उन्मूलन अभियान के संचालन हेतु गठित पीएसी बल को अब अन्य जिम्मेदारियां भी दी जाने लगी हैं। वर्तमान में पीएसी आतंकवाद विरोधी अभियान, अतिविशिष्ट व्यक्तियों की सुरक्षा, आपदाराहत हेतु बाढ़, भूकंप, दुर्घटनाओं, आदि में पूर्ण रूप से सम्मिलित है। पीएसी की जिम्मेदारियां बढने के कारण एक विशेष दृष्टिकोण अपनाए जाने की आवश्यकता है जिसके लिये पीएसी के प्रशिक्षण को संशोधित किया गया है और नए पाठ्यक्रम जोडे गए हैं।

पीएसी को वर्तमान सामाजिक परिवर्तन के दौर में खुद को स्थापित करने की चुनौती का सामना करना पड़ रहा है । पीएसी अपने सदस्यों को राष्ट्र निर्माण की प्रक्रिया में योगदान देने हेतु शिक्षित कर रही है। मानवाधिकार, विकास और पर्यावरण से संबंधित कार्यक्रमों के लिए गांवों को गोद लेने से इसकी शुरूआत हो चुकी है। इसके अलावा, रक्तदान शिविर भी आयोजित किये जा रहे हैं।

खेल और साहस की भावना ही पीएसी के मनोबल की आधार शिला है। पीएसी में खेल के शिविरों और साहसिक गतिविधियों के आयोजन नियमित प्रक्रिया है यह मानव संवेदनाओं को आत्मसात और सामाजिक जागरूकता पैदा करने के लिए जनता के साथ विस्तृत संवाद की एक प्रक्रिया को शुरू करती है ।

पीएसी का 65 वर्षों का एक बहुत ही शानदार इतिहास है। पीएसी ने उ.प्र. राज्य की ही नहीं बल्कि देश की भी सेवा की है। अब यह देश के गौरवशाली इतिहास को आगे बढ़ाने में अपनी सामाजिक जिम्मेदारी को पूरा करने के लिए प्रतिबद्ध है।

वर्तमान में पीएसी का संगठनात्मक संरचना

वर्तमान में पीएसी 03 जोन, 07 अनुभाग एवं 33 वाहिनियों में विभाजित हैं। पीएसी की 33 वाहिनियों में कुल 273 दल स्वीकृत हैं, जबकि जनशक्ति की कमी के कारण वर्तमान में 200 दल विद्यमान हैं। प्रत्येक वाहिनी में एक सेना नायक, एक उपसेना नायक, 3 सहायक सेना नायक, एक शिविर पाल एवं 8 या 9 दल नायक नियुक्त रहते हैं। प्रत्येक दल में 03 प्लाटून और प्रत्येक प्लाटून में 03 सेक्शन होते हैं ।

वर्तमान में पीएसी में एक इंडिया रिजर्व (आई.आर.) वाहिनी 48वीं वाहिनी, सोन भद्र एव रैपिड रिस्पान्स (आर.आर.एफ.) की 6ठीं वाहिनी, मेरठ में है। 04 कमांडोदल, ए. के 047 रायफलों से युक्त हैं। प्रदेश के सर्वाधिक संवेदनशील स्थल राम जन्म भूमि/बाबरी मस्जिद अयोध्या, कृष्ण जन्म भूमि/शाही ईद गाह मथुरा एवं काशी विश्व नाथ मन्दिर/ज्ञान वापी मस्जिद वाराणसी, आगरा ताज महल सुरक्षा में 27 दल सदैव कर्तव्यरत रहते हैं।

पुलिस एवं विधि का शासन

विधि का शासनः अर्थ व परिभाषा

ब्रिटिश विद्वान ए.वी. डायसी की संविधान की विधि शीर्षक से विख्यात पुस्तक सन् 1885 में प्रकाशित हुई। इस पुस्तक में विधि के शासन की तीन विशेषताएं बताई गई-

1. विधि के सामने सभी व्यक्ति समान हैं।
2. विधि के किसी प्रावधान का उल्लंघन किए बिना किसी व्यक्ति को सजा नहीं दी जा सकती है।
3. न्यायपालिका की सर्वोच्चता।

डायसी द्वारा प्रतिपादित विधि के शासन के तीसरे सिद्धान्त को लेकर मतभेद हो सकते हैं चूंकि जब लिखित संविधान सामने होता है तो संसदीय शासन प्रणाली में संसद की सर्वोच्चता सामने आती है। लिखित संविधान की अनुपलब्धता की स्थिति में विधि की व्याख्या करने की सीमित भूमिका को देखते हुए न्यायपालिका की सर्वोच्चता संभवत: डायसी ने स्वीकार की।

विधि के शासन की अवधारणा मनुष्य के स्तर पर सापेक्षिक हस्तक्षेप को नियन्त्रित करती है यह मानते हुए कि व्यक्ति कभी निरपेक्ष नहीं हो सकता चाहे वह कितना ही सधा और मजा हुआ लोकतान्त्रिक नायक ही क्यों न हो। संवैधानिक इतिहासज्ञ सर आईवर जैनिंग्स ने विधि के शासन को 'अनियन्त्रित घोड़ा' कहा है। प्रख्यात विधिविज्ञ सोली सोराबजी ने इस अभिमत का विरोध करते हुए इस सिद्धान्त का समर्थन किया है कि जहां विधि का अंत होता है, वहां अराजकता आरम्भ होती है। सॉली सोराबजी का स्पष्ट मत है कि 'विधि का शासन सभ्य लोकतान्त्रिक समाजों की खोज को इंगित करता है।' सर्वोच्च न्यायालय के न्यायाधीश वीवियन बोस विधि के शासन को समस्त मानव जाति की धरोहर के रूप में देखते हैं।

विधि के शासन को इकतरफा यातायात नहीं कहा जा सकता। ऐसी व्यवस्था सरकारों व व्यक्तियों पर पाबन्दियां लगाती हैं जिससे वे स्वेच्छाचारी ना बन जायें। इसके लिए आवश्यक है कि हम विधि के शासन की संस्कृति को समग्र लोकतान्त्रिक जीवनशैली का हिस्सा बनाएं। जहां तक विधि की जड़ता की दुर्सम्भावनाओं का सवाल है संसदीय लोकतन्त्र में विधायिका सर्वोच्च होती है जो विधि प्रणाली को संशोधित करती जाती है और नये-नियम कानून निर्मित करती चलती है। इसलिए विधि की जड़ता के सिद्धान्त को नकारते हुए हमें विधि की गत्यात्मकता में विश्वास करना चाहिए।

विधि का शासन लोकतन्त्र, संविधान व सर्वोच्च न्यायालय

लोकतन्त्र को भारतीय संविधान आधारभूत कानूनी ढांचा प्रदान करता है। देश के समस्त केन्द्रीय एवं स्थानीय व विशिष्ट अधिनियम संविधान की भावना के अनुरूप बनाये जाते हैं। यदि कोई भी अधिनियम या अधिनियमों के पालनाक्रम में जारी नियम व प्रक्रिया संविधान के किन्हीं प्रावधानों के साथ मेल नहीं खाती है तो न्यायिक व्याख्या के माध्यम से उन्हें असंवैधानिक घोषित करने की संवैधानिक प्रक्रिया हमारे यहां उपलब्ध है। विधि के शासन से संबंधित महत्वपूर्ण संवैधानिक प्रावधान भाग 3 में उल्लेखित हैं जो मौलिक अधिकारों से सम्बन्ध रखता है। विधि के शासन को स्थापित करते हुए इस भाग में कई विधिक प्रतिबन्ध ऐसे हैं जो संसद की विधि निर्माण सम्बन्धी शक्तियों को उस सीमा तक नियन्त्रित करते हैं जहां संविधान के मौलिक उद्देश्यों यथा समानता, स्वतन्त्रता व पंथनिरपेक्षता (Secular) के संकल्प को किसी भी स्तर पर खण्डित करते हैं। इस व्यवस्था के साथ हमें यह ध्यान में रखना चाहिए कि राष्ट्र व जनहित में इन अधिकारों पर विवेक सम्मत प्रतिबन्ध स्थायी या अस्थायी तौर पर लगाये जा सकते हैं। ये दोनों ही व्यवस्थाएं कानून के शासन को मजबूत करती हैं। उल्लेखनीय है कि कानून के शासन में संवैधानिक दृष्टि से जितना महत्व व्यक्तिगत स्वतन्त्रता एवं विधि के समक्ष समानता को दिया जाता है उतना ही महत्व भारतीय संविधान में राष्ट्र व जनहित को दिया गया है, यह मानते हुए कि कानून का शासन अंतत: उस लोकतन्त्र का आधार है जो राष्ट्र व जन के हित में प्रतिबद्ध है।

ए.डी.एम. जबलपुर बनाम शिवकांत शुक्ला के बन्दी प्रत्यक्षीकरण से संबंधित सर्वोच्च न्यायिक के निर्णय में यह प्रमुख सवाल बहस का मुद्दा बना था कि संविधान की धारा 21 के अलावा क्या कहीं भारत में विधि का शासन है। यह सवाल आपातकाल के दौरान धारा 14, 21, 22 के प्रावधानों के क्रियान्वयन को स्थगित करने की वजह से उठा था। न्यायाधीशों ने बहुमत से उक्त सवाल का नकारात्मक उत्तर दिया था लेकिन न्यायाधीश एच.आर. खन्ना ने इस निर्णय से असहमति व्यक्त करते हुए यह अभिमत व्यक्त किया कि विधि के प्राधिकार के अलावा राज्य को किसी भी व्यक्ति के जीवन व स्वतन्त्रता पर प्रतिबन्ध लगाने का अधिकार नहीं है। यदि ऐसा किया गया तो विधि के अधीन शासन और विधि विहीन समाज में कोई अन्तर नहीं होगा। संविधान में कानून के शासन के साथ सामाजिक न्याय का भी बहुत शानदार सामंजस्य बिठाया गया है ताकि समानता का अधिकार एक सामाजिक दायित्व बोध ग्रहण कर सके।

लोकतन्त्र से अलग अन्य शासन तन्त्रों में व्यक्ति का शासन महत्वपूर्ण होता है जबकि लोकतान्त्रिक प्रणाली में कानून का शासन और कानून का यह शासन भी कोई जड़ अवधारणा नहीं है, प्रत्युत राष्ट्र व जनहित तथा समय की मांग के अनुरूप लचीलापन रखता है ताकि वह प्रगतिकामी हो सके। इस व्यवस्था में यह भी अवसर होता है कि खाली स्थानों को न्याय सम्मत स्वविवेक से भरा जा सके जिससे शासन के संचालन में किसी भी स्तर पर असमंजस या व्यवधान की स्थिति पैदा न हो। कानून के शासन के कुछ दृष्टांत निम्न संवैधानिक प्रावधानों के माध्यम से समझे जा सकते हैं:

1. किन्हीं कानूनी प्रावधानों के उल्लंघन के बिना किसी व्यक्ति को गिरफ्तार नहीं किया जा सकता और ना ही उसके घर या व्यक्तिगत सामान की तलाशी ली जा सकती है। ऐसा करने के भी आधार संबंधित व्यक्ति को बताये जाएंगे।
2. गिरफ्तार किए गए व्यक्ति को 24 घण्टे के भीतर संबंधित न्यायालय में पेश किया जायेगा।
3. ऐसे व्यक्ति को पर्याप्त साक्ष्यों, तथ्य एवं आधार पर जमानत का अवसर दिया जायेगा।
4. किसी भी व्यक्ति को स्वयं के विरुद्ध साक्ष्य देने के लिए बाध्य नहीं किया जायेगा।
5. किसी एक व्यक्ति के लिए एकाधिक सजा नहीं दी जायेगी।
6. ऐसे व्यक्ति को अपने बचाव के लिए सारी सुविधाएं या अवसर प्राप्त करने का अधिकार रहेगा।

विधि का शासन: पुलिस की भूमिका

कानून के शासन की समग्र व्यवस्था में प्रमुख रूप से दीवानी व फौजदारी कानून विधि के क्रियान्वयन के स्तर पर निर्मित किए जाते हैं जो संविधान के विभिन्न प्रावधानों के अनुक्रम में होते हैं। जहां तक विधि के शासन में पुलिस की भूमिका का प्रश्न है, स्पष्ट है कि पुलिस की भूमिका एवं दायित्व केवल फौजदारी कानून की क्रियान्विति तक सीमित है। फौजदारी या आपराधिक विधि तन्त्र की पालना के लिए आपराधिक न्याय प्रणाली को विकसित किया गया है जिसमें प्रमुख रूप से पुलिस, न्यायालय, कारागृह या सुधारगृह तथा पुनर्वास कार्य से जुड़े अन्य विभाग या संस्थाएं होती हैं यथा महिला व बाल सुधारगृह आदि। आपराधिक कानूनों में प्रमुख रूप से भारतीय दण्ड संहिता, दण्ड प्रक्रिया संहिता व साक्ष्य अधिनियम तथा अन्य केन्द्रीय तथा स्थानीय व विशेष अधिनियम शामिल होते हैं। ऐसे कानूनों के किन्हीं दण्डनीय प्रावधानों के उल्लंघन से सम्बन्धित जो कृत्य किसी व्यक्ति या व्यक्तियों द्वारा किये जाते हैं उनके विरुद्ध कानूनी कार्यवाही करने का दायित्व सर्वप्रथम पुलिस का होता है जो संज्ञेय या असंज्ञेय अपराधों से सम्बन्ध रखता है।

प्रक्रिया के अनुसार जांच अनुसंधान सम्पन्न करने के बाद वह केस सम्बन्धित अदालत और बतौर चार्जशीट या कम्पलेन्ट पेश किया जाता है जिस पर ट्रायल की कार्यवाही की जाती है। पुलिस की इस मौलिक भूमिका के अलावा विकास की प्रक्रिया एवं सामाजिक परिवर्तन के महत्वपूर्ण क्षेत्रों में लोकतान्त्रिक व्यवस्था

व जन समाज पुलिस से बहुत सी प्रत्यक्ष व परोक्ष अपेक्षाएं करते हैं जिनमें पुलिस के रेग्यूलेटरी कार्य यथा पर्वोत्सव, मेले, खेलकूद, भीड़ व यातायात नियमन, राजनीतिक सभाएं व अन्य अवसरों पर की जाने वाली व्यवस्था शामिल होती है। एक अन्य महत्वपूर्ण क्षेत्र लोकतान्त्रिक चुनावों के अवसर पर कानून व्यवस्था बनाये रखने के दायित्व से सम्बन्धित होता है। विकास एवं सामाजिक परिवर्तन व समरसता की प्रक्रिया को आगे बढ़ाने में भी एक केटेलिस्ट के रूप में पुलिस को कार्य करना पड़ता है।

कुल मिलाकर अपराध नियन्त्रण व खोजबीन, आन्तरिक सुरक्षा एवं कानून-व्यवस्था बनाए रखना पुलिस का मौलिक, परम्परागत व प्रमुख कार्य है और विकासशील राष्ट्र तथा परिवर्तनशील समाज की दृष्टि से पुलिस की अन्य भूमिका सामने आती है। प्रजातान्त्रिक प्रणाली में पुलिस को एक बल तथा साथ ही एक सेवा के रूप में कार्य करना पड़ता है। उसके सामने सबसे बड़ी चुनौती यह है कि संगठन के स्तर पर एक बल अर्थात फोर्स और नागरिक सेवा के रूप में सेवा प्रदान करने वाली संस्था की भूमिका में सामंजस्य हो जिससे जहां फोर्स के रूप में कार्य करना होता है वहां वह साहस, शौर्य व बलिदान के लिए तत्पर रह सके और नागरिक सेवा के रूप में समय पर दक्षता व पारदर्शिता के साथ लोगों की आकांक्षाओं पर खरी उतर सके।

लोकतान्त्रिक शासन प्रणाली में विधि के शासन के दायरे में पुलिस को अपना कार्य करना होता है लेकिन व्यवहार में विधि के शासन की अवधारणा को आत्मसात करने की मानसिकता विकसित करने की नितान्त आवश्यकता है जो अभी भी पुलिस की उपसंस्कृति में पूरी तरह शामिल नहीं हुई है। दूसरे, विधि के शासन के व्यावहारिक स्वरूप में कई तरह के अंतविरोध, विरोधाभास व टकराव की स्थितियाँ पैदा होने की संभावनाएं रहती हैं जिनमें सामान्य रूप से निम्न को चिन्हित किया जा सकता है:

1. **समाज**-आजादी के बाद आर्थिक विकास एवं सामाजिक परिवर्तन की दृष्टि से बहुत सारे अधिनियम इस तरह के बना दिए गए जिनके लिए समाज का आम आदमी ना तो मानसिक रूप से तैयार था और ना ही जागरूक। ऐसे विशेषरूप से सामाजिक कानूनी प्रावधानों को लागू कराने में पुलिस को समाज के साथ टकराव की स्थिति में आना पड़ा। इन कानूनों में बाल-विवाह, दहेज, भ्रूण हत्या, मृत्यु भोज आदि को शामिल करते हुए पिछड़े व आदिम समुदायों की प्रथा, परम्पराओं व कुरीतियों को ले सकते हैं। इन परिस्थितियों ने कानून के शासन को सहज रूप में लागू होने देने में बाधाएं उत्पन्न कीं।
2. **बहुमत**-लोकतन्त्र में बहुमत का अत्यन्त महत्व है। सरकारें बहुमत के आधार पर मतदान पद्धति के माध्यम से चुनी जाती हैं। कई बार स्पष्ट बहुमत किसी दल को नहीं मिलने से जोड़-तोड़ की राजनीति अपनाई जाती है और उस प्रक्रिया में कानून-कायदों की जगह आपसी लेन-देन व लाभ-हानि महत्वपूर्ण हो जाती है जिसमें विधि से परे के कारकों का हस्तक्षेप सामने आता है जो अन्ततः विधि के शासन को नकारात्मक रूप से प्रभावित करता है। धरातल पर इस प्रकार जोड़-तोड़ की राजनीति में शामिल होने वाले जन प्रतिनिधि या बाहरी शक्ति केन्द्र पुलिस के द्वारा किए जाने वाले विधि सम्मत कार्यों में बाधा उत्पन्न करने लगते हैं। चूंकि ऐसे तत्वों ने जो रास्ता अपनाया वे उसी रास्ते पर आगे बढ़ना चाहते हैं और उनकी एक स्वार्थ केन्द्रित मानसिकता बन जाती है जो पुलिस ही नहीं विधि के शासन की सम्पूर्ण व्यवस्था को दूषित करती है।
3. **दबाव समूह**-प्रजातन्त्र के दबाव समूहों की महत्वपूर्ण भूमिका होती है। प्रसिद्ध राजनीतिक वैज्ञानिक आमण्ड व ईस्टन द्वारा प्रतिपादित 'इनपुट-आउटपुट थियोरी' के अनुसार प्रजातन्त्र रूपी मशीन-बॉक्स के प्रवेश बिन्दु में जिस फोर्स के साथ कोई मांग की जाती है उसी अनुपात में उसके पक्ष में निकास बिन्दु से निर्णय के रूप में सामने आती है। दबाव समूह या लोबिंग प्रजातन्त्र के लिए सकारात्मक भी हो सकती है और नकारात्मक भी। व्यवहार के कठोर धरातल पर औपचारिक व अनौपचारिक दबाव समूहों द्वारा विशेष रूप से पुलिस के निचले स्तर पर अपने पक्ष में कार्य कराने के लिए दबाव डाला जाता है जिसमें आन्दोलन कानून-व्यवस्था की स्थिति तक पहुंच जाते हैं। इसका उग्र रूप ब्लैकमेलिंग तक चला जाता है जो विधि के शासन की प्रणाली में पुलिस की भूमिका को प्रभावित करते हैं और इसी वजह से संदिग्ध भी बनाते हैं।
4. **जनप्रतिनिधि**-लोकतन्त्र में मताधिकार के आधार पर चयनित जनप्रतिनिधियों की अहम भूमिका होती है। वे ही लोकतन्त्र का संचालन करते हैं। वास्तव में मतदान प्रक्रिया से पूर्व प्रत्याशियों का चयन, मतदान के लिए अपनाए जाने वाले तौर-तरीकों और सत्तासीन होने या विरोध में होने वाले दलों के संवैधानिक पदों या दल स्तरीय पदों के लिए जो होड़ व जुगाड़ की स्थिति पैदा होती है उसका काफी कुछ अलोकतान्त्रिक और विधि विरुद्ध होता है। यह स्थिति एक ऐसी राजनैतिक संस्कृति को जन्म देती है जिसका विधि के शासन की रीति-नीति से कोई सामंजस्य नहीं होता। ऐसे जनप्रतिनिधियों या चुनाव में हार जाने पर जननायकों का व्यवहार स्वयं पर पड़ने वाले जन दबावों पर निजी स्वार्थों से प्रेरित होता है। ऐसा व्यवहार स्थानीय पुलिस प्रशासन के लिए जटिल स्थितियां पैदा करता है जहां पुलिस अधिकारियों को कानून से बाहर बातचीत के आधार पर किए जाने वाले समझौते भी करने पड़ते हैं, कई बार तो समर्पण की दशा तक जाना होता है।
5. **मीडिया**-मीडिया को लोकतन्त्र का चौथा स्तम्भ कहा गया है और सकारात्मक मीडिया ने इस अवधारणा को सिद्ध भी किया है। समय के साथ मीडिया के व्यवहार में बदलाव आया और आज मीडिया की मौलिक भूमिका अर्थात् जागृति पैदा करना, खबरों से अवगत कराना तथा मनोरंजन के माध्यम से सामाजिक दायित्व आदि गौण होते जा रहे हैं और टी.आर.पी. तथा व्यावसायिक लक्ष्य प्राथमिकता बनते जा रहे हैं। ऐसा मीडिया के किसी भी लोकतान्त्रिक प्रणाली के लिए उतना कारगर व सहयोगी नहीं कहा जा सकता।

व्यवहार में आने वाले अंतर्विरोध और टकराव

सामाजिक यथार्थ एवं लोकतन्त्र की धरातलीय सच्चाई के दबाव में पुलिस को निम्न कारकों के साथ विभिन्न क्षेत्रों में समझौते करने पड़ते हैं जिनकी अनुमति विधि का शासन नहीं देता-

(i) विधि एवं प्रक्रिया
(ii) प्रशासनिक निर्देश
(iii) जन अपेक्षाएं
(iv) दबाव समूह
(v) व्यक्तिगत नैतिकता

उक्त समझौते नए टकरावों को पैदा करते हैं, जैसे-

(i) पद की शपथ को सीमा तक उपेक्षा करने की विवशता
(ii) आपराधिक प्रशिक्षण के दौरान सीखी गई बातों को लागू नहीं करना
(iii) जब दबाव में झूठे वादे करना या दिलासा देना चाहे सदृशता के साथ ही क्यों न हो
(iv) विधि व प्रक्रिया से पृथक होकर व्यावहारिक समझौते करने से उत्पन्न होने वाली पेचीदगियों का सामना करना यथा दीवानी/आपराधिक मुकदमेबाजी एवं विभागीय कार्यवाही
(v) संवैधानिक संस्थाओं, मीडिया एवं विधि के पक्षधरों की आलोचना का शिकार बनना।

विधि का शासन बनाम गम्भीर संवेदनशील चुनौतियां

1. आतंकवाद
2. दंगे
3. प्राकृतिक आपदाएं
4. खतरनाक अपराधियों का पीछा करना
5. कानून व्यवस्था की गम्भीर स्थिति

उक्त हालात में पुलिस की सर्वोच्च प्राथमिकता कानून-व्यवस्था एवं शांति बनाये रखना, राहत कार्य सुनिश्चित करना एवं लक्ष्य की प्राप्ति करना होता है। यह सब कार्यवाही तत्काल परिणामों की अपेक्षा करती है जहां विधि के शासन के प्रावधानों व प्रक्रिया को अक्षरश: एवं भावनानुरूप लागू करना कठिन हो जाता है।

मानसिक दृढ़ता, तनाव प्रबंध और व्यवसाय के प्रति रुचि

मानसिक दृढ़ता

विश्व ने तकनीकों तथा कार्य प्रणालियों में अत्यधिक प्रगति की है। प्रगति के साथ मनुष्य की दिनचर्या भी व्यस्त और व्यवस्थित होती चली गई है। आज जिन्दगी की भाग दौड़ में मनुष्य मशीन बनता जा रहा है। कार्य की अधिकता तथा उसके विस्तृत दायरे में तनाव में वृद्धि सहज है। तनाव के आने से कार्य हानि के साथ व्यक्ति का भविष्य भी अन्धकारमय हो जाता है। इस स्थिति में व्यक्ति असहज अनुभव करने लगता है। ऐसे में सबसे जरूरी है-मानसिक दृढ़ता।

मानसिक दृढ़ता क्या है?

मानसिक दृढ़ता एक गुण है, जिसके माध्यम से व्यक्ति अपने आन्तरिक गुणों को विस्तार देने में सक्षम होता है। व्यक्ति बिना मानसिक दृढ़ता के जीवन में अत्यधिक सफलता की कामना नहीं कर सकता है। अपने विरोधियों को अनुकूल बनाकर रखना तथा कार्य स्थलों पर अपनी उपस्थिति दर्ज कराना मानसिक दृढ़ता से ही सम्भव है। मानसिक दृढ़ता व्यक्ति के आत्मविश्वास में वृद्धि करती है। मानसिक रूप से दृढ़ व्यक्ति को आपदाएं तोड़ नहीं सकतीं और वह हर परिस्थिति का सामना दृढ़ता के साथ करने में सक्षम होता है। मानसिक दृढ़ता एक प्राकृतिक तथा मनोवैज्ञानिक प्रक्रिया का हिस्सा है जिसकी सहायता से व्यक्ति अपने कार्य की दक्षता को बढ़ा सकता है। वह सतत कार्य करते हुए स्वयं को अनुकूलित रखने में सफल रहता है। ऐसा व्यक्ति किसी प्रकार के दबाव में कार्य करने की दक्षता प्राप्त कर सकता है।

मानसिक दृढ़ता कैसे सम्भव है?

मानसिक माध्यम से कार्य स्थल की परिस्थितियों के अनुरूप आप स्वयं को ढाल सकते हैं। मानसिक दृढ़ता के लिए अपने आप से बातें करना एक सरल तरीका है। आत्मविश्वास पैदा करने की कोशिश होनी चाहिए। पैसे की लालसा और उसके पीछे भागने के बदले 'सादा जीवन उच्च विचार' की नीति को अपनाना जायज है। जीवन में सादगी को महत्व देकर आप मानसिक दृढ़ता की प्रवृत्ति को प्रभावी बना सकते हैं।

वस्तुत: मानसिक दृढ़ता का केन्द्र-बिन्दु तनाव तथा खीझ को दूर कर अपने मस्तिष्क को प्रभावी बनाना है। अपने को कभी छोटा न मानकर अथवा हीनभावना से ग्रसित हुए बिना जीवन में आगे बढ़ने की प्रवृत्तियों को महत्त्व देना ही मानसिक दृढ़ता का मूल मन्त्र है। सकारात्मक सोच तथा अनुशासन आपको हर कठिन परिस्थितियों में से निकालने की सामर्थ्य रखते हैं। सकारात्मकता आत्मविश्वास तथा तेजस्विता के मार्ग की साधक होती है।

तनाव की अवधारणा

'तनाव' शब्द के अन्य समानार्थी शब्द हैं-तानना (Strain), संघर्ष (Conflict) और दबाव (Pressure) आदि। तनाव, चिन्ता एवं नैराश्य (Frustration) से भिन्न होता है। तनाव मन:स्थिति से उपजा विकार है।

सामान्य अर्थ में, तनाव से आशय मन:स्थिति एवं परिस्थिति या वातावरण के बीच उत्पन्न असंतुलन एवं असामंजस्य से है। इसके अतिरिक्त यह द्वन्द्व है, जो मन एवं भावनाओं में गहरी दरार पैदा करता है जिससे मन अशान्त, अस्थिर एवं अस्वस्थता का अनुभव करता है तथा इससे व्यक्ति की कार्यक्षमता प्रभावित होती है।

वीहर और न्यूमैन (Beehar and Newman) के अनुसार तनाव एक दशा है, जो व्यक्ति और उनके कार्यों के अन्तर्सम्बन्ध से उत्पन्न होता है और यह व्यक्ति में परिवर्तन करके सामान्य कार्य करने के तरीकों को बदलने या उनसे हटने को मजबूर कर देता है।

फ्रेड लुथान्स (Fred Luthans) के शब्दों में, ''तनाव एक बाहरी परिस्थिति के प्रति उपयुक्त प्रत्युत्तर (Response) है, जिसका परिणाम संगठनात्मक सहभागियों के शारीरिक, मानसिक एवं व्यावहारिक बदलाव के रूप में देखा जा सकता है।''

तनाव के लक्षण

1. तनाव अपने आप में बुरी चीज नहीं है। यह स्वयं में धनात्मक है, जिससे संगठन में सम्भावित लाभ प्राप्त होते हैं। धनात्मक तनाव नकारात्मक तनाव से उपयोगी होता है।
2. तनाव बाधाओं एवं अपेक्षाओं/मांग से जुड़ी हुई चीज है। जब आप संगठन में अपने कार्यों के दौरान रुकावट महसूस करते हैं अथवा संगठन आपकी अपेक्षाएं या मांग पूरी नहीं करता है तो व्यक्ति तनाव महसूस करता है।
3. संभावित तनाव को वास्तविक तनाव में परिवर्तित करने के लिए दो दशाएं आवश्यक हैं-प्रथम, परिणाम में अनिश्चितता एवं द्वितीय, परिणाम महत्वपूर्ण होने चाहिए। उदाहरण के लिए-दौड़ प्रतियोगिता में दौड़ने वाले को जीतने एवं हारने का पता नहीं होता और प्रथम स्थान पाने पर एक लाख का इनाम हो तो यह स्थिति व्यक्ति में तनाव उत्पन्न करती है।
4. तनाव शरीर की प्रतिक्रिया है, जो सामान्य से अधिक की मांग या अपेक्षाओं के पूर्ण न होने पर शारीरिक एवं मनोवैज्ञानिक रूप से अभिव्यक्त होती हैं।
5. तनाव व्यक्ति के जीवन में इच्छित नहीं होता है। मध्यम स्तर का तनाव व्यक्ति की कार्यक्षमता को बढ़ाता है। यदि उच्च स्तर का तनाव दीर्घ समय तक रहता है तो वह चिन्ता, व्यग्रता एवं दबाव का कारण बनता है, जो व्यक्ति की कार्यक्षमता पर विपरीत असर डालता है।
6. तनाव व्यक्ति के जीवन पर शारीरिक, भावनात्मक एवं व्यावहारात्मक प्रभाव डालता है।
7. तनाव कार्य स्थल पर उत्पन्न परिस्थिति या वातवरण से व्यक्ति की मन:स्थिति से उपजा विकार है।
8. तनाव कई प्रकार का होता है जैसे-पारिवारिक तनाव, आर्थिक तनाव, ऑफिस का तनाव, रोजगार का तनाव, सामाजिक तनाव आदि।
9. तनाव हमेशा नुकसानदेह नहीं होता है। हमारा दैनिक जीवन तनावपूर्ण हो सकता है, किन्तु यह हानिपूर्ण नहीं होता है।
10. तनाव की अवहेलना नहीं कर सकते। इससे बचना नामुमकिन है। तनाव के नकारात्मक पहलुओं से कैसे बचा जाए, इसका प्रबन्धन करना आना चाहिए।

पुलिस विभाग में तनाव के कारण अथवा स्रोत

विभिन्न प्रकार के संगठनों में तनाव की मात्रा तथा कारण भिन्न-भिन्न हो सकते हैं। किसी भी प्रकार की जांच को करते समय तनाव उसका हिस्सा बन चुका है कार्य (जॉब) के अनुसार तनाव की तीव्रता कम या ज्यादा हो सकती है।

पुलिस संगठन में अन्य संगठनों की तुलना में जॉब की प्रकृति एवं कार्य का वातावरण भिन्न होता है। इसलिए पुलिस विभाग में अन्य संगठनों की तुलना में तनाव के कारणों में कुछ भिन्नता हो सकती है। पुलिस विभाग में पुलिस अधिकारियों एवं कांस्टेबलों में वर्तमान परिस्थितियों के अन्तर्गत कार्य करते समय तनावग्रस्त या अवसादग्रस्त होने के निम्नलिखित प्रमुख कारण हो सकते हैं :-

I. व्यक्तिगत कारक (Personal Factors) : पुलिस विभाग में कार्य करने वाले व्यक्तियों में योग्यता, गुण, प्रकृति, सोच में एक-दूसरे के स्तर पर विस्तृत भिन्नता देखने को मिलती है। कार्य के दौरान जटिल एवं असुरक्षित परिस्थितियां उत्पन्न होने पर पुलिसकर्मी तनाव की स्थिति में आ जाते हैं तथा जीवन में अकस्मात परिवर्तन एवं घटना के कारण भी वह तनावग्रस्त हो सकता है। पुलिस विभाग में पुलिस कर्मचारियों के तनाव में आने के व्यक्तिगत कारक निम्नानुसार हैं :

1. **जॉब परिवर्तनः**
2. **उन्नति एवं विकास के अवसरः**
3. **स्थानान्तरण एवं छुट्टियांः**
4. **व्यक्तित्व का प्रकारः** सभी संगठनों में प्रायः दो प्रकार का व्यक्तित्व पाया जाता है-'A' टाईप एवं 'B' टाईप।

   'A' टाईप व्यक्तित्व उतावला, धैर्य न होना, आक्रामकता एवं कार्य को शीघ्रता के साथ एवं समय पर निष्पादित करने वाला होता है। 'B' टाईप व्यक्तित्व वाला व्यक्ति इसके ठीक विपरीत होता है अर्थात् धैर्यवान एवं सोच-समझकर निर्णय लेकर कार्य करने वाला होता है। 'A' टाईप व्यक्तित्व 'B' टाईप की तुलना में जल्दी तनावग्रस्त होता है क्योंकि कार्य करने की जल्दबाजी होती है एवं प्रतिस्पर्धी स्वभाव के कारण हर क्षेत्र में रहना चाहता है।

   पुलिस विभाग में जो पुलिसकर्मी 'A' टाईप का व्यक्तित्व रखते हैं, वो स्वभाव के कारण अधिक तनाव में पाये जाते हैं। ऐसे व्यक्तित्व वाले पुलिसकर्मी फील्ड में कार्य करते समय आक्रामकता युक्त होते हैं उन पर समय पर कार्य करने का दबाव होता है। साथ ही, दूसरे पुलिसकर्मियों से हर क्षेत्र में आगे रहने की प्रतिस्पर्धा इन्हें अधिक तनावग्रस्त बनाती है तथा इनमें सहनशीलता का अभाव पाया जाता है।
5. **वेतन एवं कार्य मूल्यांकन में असमानताः** पुलिस विभाग में कार्यरत कर्मचारियों के वेतन एवं भत्तों में अन्तर देखने को मिलता है। साथ ही, कार्य मूल्यांकन के तौर-तरीकों में भी सामान्यतः भेद किया जाता है, जिसके कारण पुलिस कर्मचारियों में तनाव उत्पन्न होने लगता हैं। कार्य मूल्यांकन के आधार पर ही पुलिसकर्मियों को प्रमोशन, वेतन-भत्ते एवं अन्य सुविधाएं मिलती हैं। पुलिस संगठन में नियम एवं नीतियों को लागू करते समय सभी कर्मचारियों में किसी प्रकार का भेदभाव न रखते हुए समान दृष्टिकोण को अपनाने पर बल दिया जाना चाहिए, जिससे पुलिस संगठन में कर्मचारियों के तनाव का स्तर कम हो सकेगा।
6. **आर्थिक एवं पारिवारिक समस्याएंः**
7. **उच्च अधिकारियों का व्यवहारः**
8. **बेहतर समय एवं कार्य प्रबन्धन का अभावः**

II. वातावरणीय कारक (Environmental Factors) : किसी भी संगठन में तनाव का मुख्य स्रोत उसका वातावरण एवं संगठन की संरचनात्मक स्थिति भी हो सकती है। पुलिस संगठन में कार्य वातावरण एवं कार्य दशाएं सामान्यतः बेहतर नहीं पाई जाती हैं। प्रायः यह देखने में आता है कि पुलिसकर्मियों को जटिल परिस्थितियों में कार्य करना पड़ता है। इसके साथ ही आधुनिक साधनों एवं सुविधाओं का अभाव होता है। सभी पुलिस थानों एवं चौकियों पर परिवहन के आधुनिक साधनों की कमी, नई सूचना प्रौद्योगिकी तन्त्र (कम्प्यूटर, फेक्स मशीन, फोटोस्टेट मशीन आदि) का अभाव, आवासीय सुविधा में कभी, मैस सुविधा में ढेरों कमियां, आधुनिक अस्त्र-शस्त्रों का अभाव आदि कुछ ऐसी प्रमुख समस्याएं हैं, जिनके कारण पुलिस संगठन में पुलिस कर्मचारी खराब हालात में कार्य करते हैं। इस विभाग के उच्च अधिकारियों की अपने पुलिस कर्मचारियों से यूरोपीय या अमेरिकन पुलिस कर्मचारियों जैसी अपेक्षा होती है। अतः इस कारण हमारे पुलिसकर्मी इन अपेक्षाओं के बोझ एवं साधनों के अभाव में तनावपूर्ण स्थिति में कार्य करते हैं।

पुलिस विभाग में उच्चाधिकारियों का अधीनस्थों के प्रति तानाशाही व्यवहार, गलत शब्दों का प्रयोग एवं छोटी-छोटी बातों पर अनुशासनात्मक कार्यवाही, ये कुछ ऐसी चीजें हैं जो पुलिस कर्मचारियों में नफरत की भावना भर देती हैं। एक दिन यह नफरत विस्फोट का रूप ले लेती है, जिसका परिणाम तनाव के रूप में देख सकते हैं। पुलिस अधिकारियों में अपने अधीनस्थों के साथ सहयोगात्मक व्यवहार का अभाव देखने को मिलता है। ये अधीनस्थों को आदेश-निर्देश ही देते हैं, लेकिन उनकी समस्याओं, कठिनाइयों एवं परिवेदनाओं को सुनने के लिए कोई संचार प्रक्रिया विकसित नहीं करते हैं। हम कह सकते हैं कि पुलिस संगठन में सौहार्दपूर्ण वातावरण का प्रायः अभाव पाया जाता है।

III. कार्य की प्रकृति से उत्पन्न होने वाले कारक (Factors Arising from the Nature of the Job) : पुलिस संगठन की कार्य प्रकृति अन्य संगठनों से भिन्न होती है। पुलिसकर्मियों का कार्य समाज में न्याय एवं सुरक्षा की पुख्ता व्यवस्था करना है। इस कार्य हेतु इनको चोर बदमाश, गुंडों, डकैतों, आतंकवादियों एवं नक्सलवादियों को पकड़ना पड़ता है। कई बार ये अपनी एवं अपने परिवार की जान जोखिम में डालकर कार्य करते हैं। कभी-कभी इनकी मुठभेड़ में मृत्यु हो जाती है। बदमाशों एवं आतंकवादियों का राजनेताओं से गठजोड़ होता है। अतः ये लोग पुलिस अधिकारियों तक का स्थानान्तरण करवा देते हैं। इस प्रकार पुलिस कर्मचारियों एवं इनके परिवार को भय एवं तनाव के साये में रहकर कार्यों को अन्जाम देना होता है। पुलिस संगठन में इसकी कार्य प्रकृति के कारण निम्नलिखित परिस्थितियाँ तनाव को जन्म देती हैं:

1. वर्तमान समय में पुलिस कार्य असुरक्षित एवं जोखिमपूर्ण है।
2. पर्याप्त पुलिस स्टॉफ न होने के कारण पुलिस कर्मचारियों पर कार्य का बोझ अत्यधिक होता है।
3. कार्य पर अत्यधिक जवाबदेही, उत्तरदायित्व एवं अनिश्चितता का होना।
4. पुलिस कार्य में व्यक्तिगत एवं परिवार की सुरक्षा दांव पर लगी रहती है।
5. कार्य पर उच्चाधिकारियों द्वारा विभेद एवं असमानता का व्यवहार किया जाता है।
6. उच्चाधिकारियों द्वारा सत्ता एवं शक्ति को केन्द्रीकृत (Centralised) रूप में रखा जाता है। अधीनस्थों को निर्णयों एवं अन्य कार्यों में सहभागी नहीं बनाया जाता तथा कार्य के दौरान सहयोगात्मक व्यवहार का अभाव दिखाई देता है।
7. उच्चाधिकारियों द्वारा पुलिस कर्मचारियों को कार्य हेतु पर्याप्त सुविधाएं उपलब्ध न करा पाना।

IV. संगठनात्मक कारक (Organisation Factors) : पुलिस संगठन में तनाव को उत्पन्न करने के संगठनात्मक कारक निम्नानुसार है :-

1. **भूमिका से सम्बन्धित तत्व :** प्रत्येक व्यक्ति अपने जीवन में एवं कार्य के दौरान विभिन्न भूमिकाओं को निभाते हुए कार्य निष्पादन करता है। पुलिस संगठन में कर्मचारियों की भूमिका से सम्बन्धित विभिन्न आयाम, जो तनाव उत्पन्न करते हैं, निम्नानुसार है–
   (i) पुलिस कर्मचारी को पुलिस संगठन में अपनी भूमिका का पता नहीं हो या भूमिका पूर्णतया स्पष्ट न हो तो यह तनाव को जन्म देती है।
   (ii) यदि पुलिस कर्मचारी भूमिका निभाते समय यह महसूस करे कि उस पर कार्य-भार अत्यधिक है तो वह तनावग्रस्त हो जाता है। सामर्थ्य से अधिक कार्य-भार तनाव का कारण बनता है। कार्य-भार की वजह से इन्हें विश्राम भी नहीं मिलता है।
   (iii) पुलिस संगठन में भूमिका संघर्ष (Role Conflict) की स्थिति भी आती है। सामान्यतया एक पुलिसकर्मी को कई बार एक से अधिक भूमिका में कार्य करना पड़ता है। पुलिस कर्मचारियों के मध्य यदि इस प्रकार का संघर्ष उत्पन्न होता है तो तनाव का कारण बनता है। उदाहरण के लिए, पुलिस विभाग में आपके साथ कार्य करने वाला कांस्टेबल प्रमोशन द्वारा यदि सहायक पुलिस निरीक्षक बन जाता है और वह आपको आदेश देने लगे तो दोनों के मध्य भूमिका-संघर्ष होगा, जो आगे चलकर तनाव में परिवर्तित हो जायेगा।
   (iv) पुलिस अधिकारियों का सहयोगपूर्ण रुख न होने पर पुलिसकर्मी अपना कार्य या अपनी भूमिका को ठीक प्रकार नहीं निभा पायेगा। ऐसी स्थिति उत्पन्न होने पर वह उच्च अधिकारियों से सम्बन्ध खराब कर तनाव उत्पन्न कर लेगा।
2. **संगठनात्मक डिजायन एवं संरचना :** पुलिस संगठन की डिजायन एवं संरचना किस प्रकार की है? यदि पुलिस संगठन की संरचना दोषपूर्ण होगी तो यह भी पुलिस कर्मचारियों के मध्य तनाव का स्रोत होगी। पुलिस संगठन का डिजायन एवं संरचना करते समय निम्नलिखित कमियां रह सकती है, जिसके कारण संगठन के कर्मचारियों में असन्तोष एवं तनाव उत्पन्न हो सकता है–
   (i) पुलिस संगठन संरचना में शक्ति एवं सत्ता का ऊपर स्तर पर केन्द्रीकरण एवं औपचारीकरण (Centralisation and formalisation) हो जाना।
   (ii) पुलिस संगठन में कमजोर संचार प्रणाली तथा संचार की द्विमार्गीय व्यवस्था का अभाव देखने को मिलता है।
   (iii) पुलिस संगठन में पुलिसकर्मियों के कार्य का मूल्यांकन देने हेतु न किया जाकर, बल्कि दण्ड (Punishment) के लिए किया जाता है।
   (iv) पुलिस विभाग अपने कर्मचारियों को स्वतन्त्रता या स्वायत्तता न प्रदान कर कठोर नियन्त्रण लगाती हैं।
   (v) पुलिस संगठन संरचना में अधिकार, उत्तरदायित्व एवं जवाबदेही का स्पष्ट विभाजन नहीं किया जाता है।
3. **व्यक्तियों पर जिम्मेदारी तय करना :**
4. **संगठन के नियम एवं नीतियाँ :**
5. **संगठन का नेतृत्व :** पुलिस संगठन के उच्चाधिकारियों की नेतृत्व शैली कैसी है, यह भी पुलिस संगठन के वातावरण एवं संस्कृति को प्रभावित करती है। पुलिस संगठन के वातावरण में सामान्यतया यह देखने में आता है कि पुलिस उच्चाधिकारियों द्वारा तानाशाही नेतृत्व शैली को पसन्द किया जाता है, जो केवल आदेशात्मक भाषा का प्रयोग करते हैं। वे अधीनस्थ पुलिस कर्मचारियों की समस्याओं, परिवेदनाओं और विचारों पर बिल्कुल गौर नहीं करते हैं। पुलिस उच्चाधिकारियों द्वारा अधीनस्थ पुलिसकर्मियों को निर्णयन में सहभागिता (Participation in Decision-making) के स्थान पर केन्द्रियकृत निर्णय प्रणाली (Centralised Decision Making) पर जोर दिया जाता है। पुलिस कर्मचारियों को अपने अधिकारियों से कार्य के दौरान अपनेपन का एहसास नहीं मिलता। इस प्रकार की नेतृत्व शैली पुलिस संगठन में तनाव को जन्म देती है।
6. **संगठन की कार्य दशाएँ :** किसी भी संगठन की कार्य दशाएँ एवं कार्य के घण्टे कर्मचारी की कार्य-सन्तुष्टि उत्पन्न करने में मददगार होते हैं। पुलिस संगठन में प्रायः यह देखा जाता है कि उनकी कार्य-दशाएँ एवं कार्य के घण्टे उपयुक्त एवं उचित नहीं है। पुलिस विभाग में यह कहा जाता है कि पुलिस कर्मचारियों की ड्यूटी 24 घण्टे की होती है। पुलिस कर्मचारियों के कार्य के घण्टे कभी निश्चित नहीं होते हैं। पुलिस विभाग में फर्नीचर, स्टेशनरी, आधुनिक संसाधनों जैसे कम्प्यूटर फेक्स मशीन, जेरोक्स मशीन आदि की कमी, आवास एवं मनोरंजन के साधनों की कमी प्रायः देखी जाती है। पुलिस संगठन में उपयुक्त कार्य दशाएँ नहीं होने से पुलिस कर्मचारियों पर तनाव के बादल मंडराने लगते हैं।
7. **संगठन में अन्तर्व्यक्तिगत सम्बन्ध:** किसी भी संगठन में अधिकारियों और कर्मचारियों तथा कर्मचारियों एवं कर्मचारियों के बीच पाये जाने वाले मित्रतापूर्ण व्यवहार, सहानुभूति, सहायता, सहयोग, विश्वास, सम्मान, स्नेह आदि पर आधारित अन्तर्व्यक्तिगत सम्बन्ध सकारात्मक होते हैं। यदि इन्हीं लोगों के बीच सम्बन्ध शत्रुता, विद्वेष, घृणा, असहयोगात्मक एवं विश्वास पर आधारित हो तो ये अन्तर्व्यक्तिगत सम्बन्ध नकारात्मक होंगे। ये नकारात्मक सम्बन्ध ही तनाव के कारण बनते हैं।

पुलिस संगठन में तनाव के परिणाम अथवा प्रभाव

किसी भी संगठन में तनाव आज एक गंभीर समस्या एवं चुनौती बन चुका है। पुलिस संगठन भी इसके परिणामों से अछूता नहीं है। पुलिस प्रशासकों के सामने आज यह महत्वपूर्ण चुनौती प्रस्तुत कर रहा है। हम यह जानते हैं कि अत्यधिक तनाव व्यक्ति तथा संगठन दोनों के लिए नाश का कारण बन सकता है। एक अच्छे एवं कुशल पुलिस प्रशासक के लिए आवश्यक है कि पुलिस संगठन में तनाव के परिणाम एवं प्रभाव का अनुमान पूर्व में ही लगा लें जिससे इसके दुष्प्रभावों को न्यूनतम किया जा सकें।

प्रायः यह देखा जाता है कि अलग-अलग लोगों पर तनाव का अलग-अलग प्रभाव या असर होता है। तनाव सर्वप्रथम शरीर पर असर डालता है तथा फिर यह शरीर के पार जाकर दिमाग पर भी असर डाल सकता है। इस तरह शारीरिक तनाव, मानसिक तनाव बना सकता है। मानसिक तनाव से शारीरिक तनाव बढ़ सकता है और जबरदस्त मानसिक तनाव एवं शारीरिक तनाव मिलकर व्यक्ति की जिंदगी तबाह कर सकते हैं। पुलिस संगठन में तनाव का परिणाम एवं प्रभाव का मूल्यांकन हम निम्नलिखित बिन्दुओं में कर सकते हैं:

1. तनाव और कार्य निष्पादन के सम्बन्ध में तनाव को हमेशा नकारात्मक रूप में ही लेते हैं। किन्तु, मध्यम स्तर का तनाव व्यक्ति को क्रियाशील, चैतन्यशील, सृजनशील बनाने एवं कार्य को बेहतर ढंग से करने में मददगार साबित होता है। तनाव का निम्न स्तर एवं उच्च स्तर संगठन के कर्मचारियों के लिए उपयुक्त नहीं होता बल्कि नुकसानदायक होता है। अतः हम कह सकते हैं की तनाव का प्रभाव सकारात्मक एवं नकारात्मक दोनों ही प्रकार का होता है।

   पुलिस संगठन में पुलिस कर्मचारियों में तनाव का स्तर अनुकूलतम (Optimum) रहे, इसका ज्ञान पुलिस प्रशासकों को होना चाहिए, जो कि कठिन कार्य है। यह हम पहले देख चुके हैं कि तनाव अलग-अलग परिस्थितियों और अलग-अलग व्यक्तियों के अनुसार परिवर्तित होता रहता है। उदाहरण के लिए, एक पुलिस कर्मचारी अपने कार्यकाल पर अक्सर अनुपस्थित रहता है, जिसका मुख्य कारण अत्यधिक कार्य-भार (Over-Workload) है। यह स्थिति पुलिस कर्मचारी की अत्यधिक तनाव

की है अथवा यदि वह कम कार्य-भार (Under-Workload) की वजह से अनुपस्थित रहता है तो यह स्थिति कम तनाव (Low Stress) की है। अर्थात् वह बोरियत महसूस करता है तथा यह समझता है कि उसकी योग्यता का उपयोग नहीं हो रहा है। अतः एक पुलिस प्रशासक का यह कार्य होता है कि अपने विभाग के पुलिस कर्मचारियों का तनाव के स्तर की पहचान बनाये रखे ताकि उनकी कार्य निष्पादन योग्यता को बनाए रखा जा सके एवं उनको इस हेतु अभिप्रेरित भी किया जा सके। पुलिस अधिकारियों को ऐसे तरीकों की पहचान कर लेनी चाहिए, जिससे पुलिस संगठन में तनाव की तीव्रता और नकारात्मक तनावकर्ताओं को कम किया जा सके। इस प्रकार कुल मिलाकर टीम की निष्पादन क्षमता में अभिवृद्धि की जा सकें।

2. **तनाव का व्यक्तिगत प्रभाव** : पुलिस संगठन में कार्यरत पुलिस कर्मचारियों पर तनाव के व्यक्तिगत तौर पर निम्नानुसार प्रभाव देखने को मिलते हैं:

(अ) **शारीरिक अस्वस्थता** : सबसे पहले शारीरिक तनाव के लक्षणों को समझते हैं। लोग अक्सर भारी तनाव में रहते हैं, वे यह नहीं जानते कि तनाव शरीर के सभी अंगों पर असर छोड़ जाता है। अगर तनाव शरीर में लम्बे समय तक रहता है तो ब्लड-प्रेशर बढ़कर अंततः हार्ट अटेक हो जाता। तनाव व्यक्ति के पाचन-तंत्र एवं श्वसन-तंत्र पर भी बुरा प्रभाव डालता है। तनाव का सबसे बुरा असर प्रतिरक्षण तंत्र (इम्यून सिस्टम) पर देखा गया है। इसके अतिरिक्त शारीरिक तनाव के कुछ और लक्षण भी होते हैं जैसे कि थकान महसूस करना, सिर दर्द होना, पेट की गड़बड़ी, गैस और अल्सर सम्बन्धित अन्य समस्याएं, अनिद्रा, माइग्रेन आदि। प्रायः सभी प्रकार के संगठनों में कार्य करने वाले कर्मचारियों में तनाव के कारण उपर्युक्त शारीरिक अस्वस्थता देखने को मिलती है।

(ब) **मानसिक अथवा मनोवैज्ञानिक प्रभाव** : पुलिस संगठन में कार्यरत कर्मचारी जब रोजमर्रा के तनावों से जूझते हुए अपने जीवन को सन्तुलित नहीं कर पाता है, तो वह उदास और बैचेन हो जाता है। दुःख, हताशा और क्रोध जैसी भावनाएं बड़ी आसानी से उसके दिमाग की ओर घेर लेती हैं तथा उसकी जिंदगी लक्ष्यहीन हो जाती है। परिणामतः ऐसे व्यक्ति के भीतर मौजूद खुशी, सन्तुष्टि और सफलता पाने की इच्छा खत्म हो जाती है। कुछ अन्य मानसिक एवं मनोवैज्ञानिक प्रभाव के अन्तर्गत हम चिन्तित होना, चिड़चिड़ापन, स्पष्ट सोच का अभाव, निद्रा न आना, नैराश्य, अकेलापन, नकारात्मक विचार, निराशावादिता एव डिप्रेशन में आना आदि को सम्मिलित कर सकते हैं।

(स) **व्यावहारिक प्रभाव** : पुलिस विभाग में कार्यरत पुलिसकर्मियों के व्यावहारिक पहलू पर तनाव का असर देखा जा सकता है। तनाव का प्रभाव उनकी कार्यक्षमता तथा निष्पादन पर सीधे ही असर डालती है अर्थात् इनका निष्पादन स्तर गिर जाता है। तनावग्रस्त व्यक्ति कार्य पर अनुपस्थित रहते हैं अथवा कर्मचारी आवर्तन दर (Employee Turn over Rate) भी कम रहती है। सिगरेट, शराब एवं अन्य नशे की चीजों का सेवन तनावग्रस्त पुलिसकर्मियों में अधिक देखने को मिलता है। ऐसे कर्मचारी अपने घर एवं ऑफिस में विद्रोही माहौल बनाये रखते हैं एवं आवेशपूर्ण बहस करते हैं। साथ ही अपने ऑफिस में सहकर्मियों से वाद-विवाद करते हैं। इस प्रकार पुलिस कर्मचारियों को पुलिस संगठन में आचरण एवं व्यवहार अनेक कारणों से असामान्य (Abnormal Behaviour) हो सकता है। कार्य का तनाव भी इन कारणों में से एक है।

पुलिस संगठन में तनाव का प्रबन्ध अथवा व्यूहरचना

(I) **व्यक्तिगत तनाव हेतु व्यूहरचनाएं (Individual Coping Strategies)** : तनाव का सामना करने का दायित्व व्यक्तिगत होता है। अतः व्यक्तिगत तनाव के समाधान हेतु व्यूह-रचना का प्रयोग किया जाता है। पुलिस विभाग में पुलिस कर्मचारी अपने व्यक्तिगत तनाव के समाधान हेतु निम्नलिखित व्यूह-रचनाओं का प्रयोग कर सकता है :

1. **सकारात्मक मनोवृत्ति बनाए रखना**
2. **समय एवं कार्य प्रबंधन**
3. **शारीरिक व्यायाम**
4. **योग एवं ध्यान**
5. **आराम**
6. **सामाजिक प्रोत्साहन**
7. **पूर्व योजनाबद्ध तरीके से जीना**
8. **आस्था रूपी शक्ति का विकास**
9. **तनाव के पल में स्वयं को इससे विरक्त कर लें**

(II) **संगठनात्मक तनाव हेतु व्यूह रचनाएं (Organisational Coping Strategies)** : व्यक्तिगत तनाव हेतु व्यूह-रचनाओं के साथ-साथ संगठनात्मक स्तर पर पुलिस प्रशासक तनाव को कम या खत्म करने हेतु निम्नलिखित व्यूह-रचनाओं का प्रयोग कर सकता है-

1. समर्पित संगठन वातावरण एवं संस्कृति
2. संगठनात्मक भूमिकाओं को परिभाषित करना
3. कैरियर नियोजन एवं विकास
4. कार्य संवृद्धि
5. कार्य मूल्यांकन एवं पुरस्कार व्यवस्था में समानता

पुलिस विभाग में तनाव के बेहतर प्रबन्ध हेतु निम्नलिखित सुझावों का अनुसरण किया जा सकता है:

1. पुलिस संगठन के भौतिक कार्य वातावरण में सुधार कर तनाव कम किया जा सकता है।
2. पुलिस विभाग में तनाव को कम करने हेतु कार्यशाला (Workshops) एवं मन्त्रणा या सलाह (Counselling) देने की व्यवस्था करना चाहिए।
3. पुलिस कर्मचारियों को कार्य तनाव के बारे में अपने अवबोध (Perception) एवं समझ को परिपक्व बनाना चाहिए।
4. पुलिस संगठन में रिलेक्शन एक्ससाईज हेतु प्रशिक्षण का नियमित संचालन होता रहना चाहिए।
5. पुलिस संगठन में टीम भावना को बढ़ाकर या प्रोत्साहित कर तनाव स्तर कम किया जा सकता है।
6. पुलिसकर्मियों को सीमा से अधिक भावनात्मक नहीं होना चाहिए।
7. जीवन में तनाव कम करने हेतु पुलिसकर्मियों को स्वयं की डायरी लिखनी शुरू करनी चाहिए। तनाव स्तर चार्ट या तालिका बनानी चाहिए, जो सम्बन्धों में तनाव पर काबू करने और ऑफिस और परिवार में खुशी लाने का एक कारगर साधन हो सकता है।
8. सभी प्रकार के तनावों से मुक्ति पाने के लिए रोज 'जाने दो' ध्यान का अभ्यास करें।
9. अगर हम रोजमर्रा की जिन्दगी एवं कार्य-स्थल पर तनाव को सन्तुलित करना सीख लें तो सुस्ती, थकावट, उदासी और बैचेनी की भावनाओं से बच सकते हैं।
10. व्यक्ति अहं एवं ईर्ष्या की वजह से मूर्खतापूर्ण काम करता है। अतः इससे बचना चाहिए तथा दूसरों से अपनी तुलना न करें, यह तनाव से बचने का तरीका है।
11. पुलिस संगठन में पुलिस कर्मचारी तनाव के क्षणों में अपशब्दों का इस्तेमाल करते हैं। इन्हें यदि तनाव से मुक्ति चाहिए तो उन्हें दृढ़ प्रतिज्ञा करनी होगी कि चाहे परिस्थितियां कैसी भी हो, मैं कभी अपनी आवाज ऊंची नहीं करूंगा और ना कभी अपशब्दों का इस्तेमाल करूंगा।

12. हंसने एवं अच्छी आदतों को विकसित करके भी तनाव को कम करने में मदद मिलती है।
13. तनाव को स्वीकार करने की आदत डालिए तथा अपना तनाव दूसरों तक आगे न बढ़ाएं। यह अन्ततः लौटकर हमारे ही पास आएगा और हम तनाव के अंतहीन दुष्चक्र में फंस जायेंगे।
14. अगर हम जीवन एवं कार्यस्थल पर आए परिवर्तनों को स्वीकार नहीं करते तो हमारे मन में असंतोष और प्रतिशोध की भावनाएं उत्पन्न होंगी। अज्ञानवश लोग ऐसे काम करते हैं और स्वयं को ही सबसे ज्यादा नुकसान पहुँचाते हैं। अतः पुलिस कर्मचारियों को कार्य-स्थल पर आए परिवर्तनों को आत्मसात करना चाहिए।
15. जिन्दगी में पैसों की भूख भी तनाव का कारण है। व्यक्ति के जीवन में पैसे का लगातार बहाव बहुत महत्वपूर्ण है। किसी पत्थर या खून के थक्के की तरह पैसों का ढेर लगाना खतरनाक है। पुलिस कर्मचारियों को अधिक पैसों के लिए गलत आचरण नहीं करना चाहिए।
16. तनाव को हमेशा इस दृष्टिकोण से देखें कि यह तरक्की करने में मदद करता है। अगर हम गलत दृष्टिकोण से इसे लेंगे तो सिर्फ दुःख और चिंताएं ही बढ़ेंगी।
17. लोगों को तनाव को पहचानने और उसका प्रबन्धन करने का प्रशिक्षण नहीं मिलता है इसलिए वे अपना नियन्त्रण खो देते हैं। सही प्रशिक्षण द्वारा हम सारी घटनाओं को खेल का हिस्सा मानने लगेंगे।
18. व्यक्ति को अतीत की घटनाओं को याद करके तनावग्रस्त नहीं होना चाहिए। ये पुरानी स्मृतियां सिर्फ डिप्रेशन, अपराध बोध या अफसोस ही लाती हैं।
19. हमारे तनाव का कारण भीतर है इसलिए हमें समाधान की तलाश भी बाहर नहीं, भीतर ही करनी चाहिए। तनाव से दूर रहना रिवाइडिंग है। इसलिए यह महत्वपूर्ण है कि हम स्वयं को रिवाइंड कर लें।
20. तनाव के दुष्चक्र से खुद को बचाने के लिए यह मंत्र हमेशा याद रखना चाहिए "थोड़ा-सा लेकिन आज ही।" इसका मतलब है कि आलस्य त्याग कर आज ही कम-से-कम कुछ देर काम करना।

पुलिस एवं अल्पसंख्यक

बहुलतावादी भारतीय समाज में अल्पसंख्यक

भारतीय समाज ऐतिहासिक रूप से बहुलतावादी समाज रहा है। भारतीय बहुलतावादी समाज में 4700 से अधिक नृजातीय समाज, तीन सौ से अधिक बोलियां एवं भाषाएं, विविध आर्थिक वर्ग, दक्षिणपंथ एवं वामपंथ जैसी विविध विचारधाराएँ विद्यमान है। भाषायी दृष्टि से भारतीय समाज में चार मुख्य परिवार-इन्डो-यूरोपियन, द्रविड़, चीनी-तिब्बती प्रमुख रूप से विद्यमान हैं। धार्मिक रूप से भारत में विविध धर्मों, सम्प्रदायों, पंथों, उपपंथों के लोग निवास करते हैं। जिनके अपने-अपने विविध एवं विशिष्ट रीति-रिवाज भी हैं। भारतीय समाज में दो प्रकार के धर्मों-भारतीय भूमि से उद्धृत धर्म (हिन्दू, बौद्ध, जैन, सिख) तथा विदेशी भूमि से उद्धृत धर्म (इस्लाम, ईसाई, फारसी) का उल्लेख मिलता है। यद्यपि भारत के संविधान में अल्पसंख्यक शब्द की स्पष्ट व्याख्या नहीं की गई है केवल अल्पसंख्यकों, जो धर्म या भाषा पर आधारित हैं का उल्लेख किया गया है।

भारतीय संविधान नागरिकों की समानता ओर भाषा, धर्म और संस्कृति जैसे मुद्दों पर अल्पसंख्यकों को संरक्षण, सुरक्षा और अधिकार दिलाने की देश की जिम्मेदारी के प्रतिबद्ध है। राष्ट्रीय, जातीय, धार्मिक व भाषाई अल्पसंख्यकों के अधिकार से संबंधित संयुक्त राष्ट्र उद्घोषणा में कहा गया है कि ऐसे अल्पसंख्यकों के अधिकारों को सुरक्षा प्रदान करना और बढ़ावा देना उन देशों की राजनीतिक व सामाजिक स्थिरता को सुनिश्चित करता है, जिसमें वे रहते हैं। उनकी उम्मीदों पर खरा उतरना और उनके अधिकारों को सुनिश्चित करना, सभी व्यक्तियों की समानता को स्वीकृत करने के बराबर है और सहयोगात्मक विकास को बढ़ावा देता है। सभी विकसित देश और अधिकतम विकासशील देश अल्पसंख्यकों के हितों का ध्यान रखने पर पर्याप्त जोर देते हैं। इसलिए किसी भी देश की कार्यप्रणाली में अल्पसंख्यकों को यह विश्वास और आस्था होना कि उनके साथ कोई भेदभाव नहीं किया जाता, उस देश के न्यायप्रिय कहलाने की वास्तविक परीक्षा है।

अल्पसंख्यकों के संवैधानिक अधिकार तथा सुरक्षा

यद्यपि भारत के संविधान में अल्पसंख्यक शब्द की स्पष्ट व्याख्या नहीं की गई है केवल अल्पसंख्यकों, जो धर्म या भाषा पर आधारित हैं, का उल्लेख किया गया है। संविधान में अल्पसंख्यकों के अधिकारों के बारे में सविस्तार वर्णन किया गया है। भारतीय संविधान अल्पसंख्यकों के अधिकारों के दो समूह प्रदान करता है। जिन्हें 'सामान्य क्षेत्र में रख सकता है। वे अधिकार जो पृथक क्षेत्र में आते हैं, ये वे हैं जो केवल अल्पसंख्यकों पर लागू होते हैं और उनकी विशिष्टता को संरक्षण प्रदान करने के लिए आरक्षित हैं। संविधान में 'सामान्य क्षेत्र' तथा 'पृथक क्षेत्र' के मध्य भिन्नता तथा इनके संयोग को स्थापित और संरक्षित किया गया है।

मौलिक अधिकारों से संबंधित सामान्य क्षेत्र

संविधान ने 'सामान्य' तथा 'पृथक' दोनों क्षेत्रों के लिए एक निश्चित स्थान प्रदान किया है। संविधान के भाग 'सामान्य क्षेत्र' में निम्नलिखित मौलिक अधिकार तथा स्वतंत्रता आते हैं।

1. कानून के समक्ष 'समानता' तथा 'कानून का समान संरक्षण' का लोगों का अधिकार। (अनुच्छेद 14)
2. धर्म, नस्ल, जाति, लिंग या जन्म स्थान के आधार पर नागरिकों के विरुद्ध भेदभाव का निषेध। (अनुच्छेद 15 (1) तथा (2)
3. राज्य के अधिकारी के द्वारा सामाजिक तथा शैक्षणिक रूप से नागरिकों के पिछड़े वर्गों के उत्थान के लिए विशेष प्रावधान करना। (अनुसूचित जातियों तथा अनुसूचित जनजातियों को छोड़कर) अनुच्छेद (4)
4. राज्य के अधीन किसी कार्यालय में रोजगार या नियुक्ति से संबंधित मामलों, अवसर की समानता का नागरिकों का अधिकार तथा इस संबंध में धर्म, नस्ल, जाति, लिंग तथा जन्म स्थान के आधार पर किसी प्रकार के भेदभाव का निषेध है।
5. राज्य अथॉरिटी के द्वारा नागरिकों में किसी पिछड़े वर्ग के पक्ष में, नियुक्ति को या पदों के आरक्षण का प्रावधान करना, राज्य की राय में राज्य की अधीनस्थ सेवाओं में जिनका उचित प्रतिनिधित्व नहीं है। (अनुच्छेद 16, 4)
6. लोगों की अंतरात्मा की स्वतंत्रता, सार्वजनिक व्यवस्था, नैतिकता तथा अन्य मौलिक अधिकारों की शर्त के साथ धर्म को मानने, अमल करने तथा प्रचार करने की स्वतन्त्रता। (अनुच्छेद 25, 1)
7. सार्वजनिक व्यवस्था, नैतिकता तथा स्वास्थ्य की शर्त पर हर धार्मिक सम्प्रदाय या इसके किसी वर्ग को धार्मिक तथा दान-पुण्य के उद्देश्य से संस्थानों को स्थापित करने तथा इनकी देख-रेख करने, धार्मिक मामलों में स्वयं के मामले का प्रबंध करना तथा चल-अचल संपत्ति का स्वामित्व तथा इसे प्राप्त करने और कानून के अनुसार इसका प्रबंध करने का अधिकार। (अनुच्छेद 26)
8. किसी विशेष धर्म को प्रोत्साहित करने के लिए किसी व्यक्ति को कर का भुगतान करने पर मजबूर करने का निषेध। (अनुच्छेद 27)
9. शैक्षणिक संस्थान जो पूर्ण रूप से चलाए जा रहे, मान्यता प्राप्त हों या राज्य के द्वारा सहायता प्राप्त हों धार्मिक निर्देश या धार्मिक पूजा के लिए उपस्थित होने की लोगों की स्वतंत्रता (अनुच्छेद 28)

अल्पसंख्यक अधिकारों के 'पृथक क्षेत्र'

अल्पसंख्यक अधिकार जो संविधान में प्रदान किए गए हैं वह 'पृथक क्षेत्र' के वर्ग में आते हैं, इस प्रकार हैं :

1. नागरिकों के किसी वर्ग को अपनी विशिष्ट भाषा, लिपि या संस्कृति को 'सुरक्षित' रखने का अधिकार। (अनुच्छेद 29, 1)
2. केवल, धर्म, नस्ल, जाति भाषा या इनमें से किसी आधार पर किसी शैक्षणिक संस्थान में जो राज्य द्वारा चलाया जा रहा हो या सहायता प्राप्त है, में दाखिले से इंकार करने पर पाबंदी। (अनुच्छेद 29, 2)
3. सभी धार्मिक तथा भाषाई अल्पसंख्यकों को अपनी मर्जी के अनुसार शैक्षणिक संस्थान खोलने तथा प्रबंध करने का अधिकार। (अनुच्छेद 30, 1)
4. राज्य से सहायता प्राप्त करने के मामले में अल्पसंख्यक प्रबंधन की शैक्षणिक संस्थानों के साथ किसी प्रकार का भेदभाव नहीं। (अनुच्छेद 30, 2)
5. किसी राज्य की आबादी के एक वर्ग के द्वारा बोली जाने वाली भाषा के संबंध में विशेष प्रावधान। (अनुच्छेद 5,347)
6. प्राथमिक स्तर पर मातृभाषा में शिक्षा प्रदान करने की सुविधा का प्रावधान। (अनुच्छेद 350)
7. भाषाई अल्पसंख्यकों के लिए एक विशेष अधिकारी तथा उसके कर्त्तव्य का प्रावधान। (अनुच्छेद 350)
8. सिख समुदाय के कृपाण रखने तथा ले जाने का अधिकार।

राष्ट्रीय अल्पसंख्यक आयोग

भारत के गृह मंत्रालय के संकल्प में विशेष रूप से उल्लेख किया गया कि संविधान तथा कानून में संरक्षण प्रदान किए जाने के बावजूद अल्पसंख्यक असमानता एवं भेदभाव को महसूस करते हैं। इस क्रम में धर्मनिरपेक्ष परंपरा को बनाए रखने के लिए तथा राष्ट्रीय एकता को बढ़ावा देने के लिए भारत सरकार अल्पसंख्यकों के लिए सुरक्षा उपायों का लागू करने पर विशेष बल दे रही है। अल्पसंख्यकों की स्थिति सुदृढ़ बनाने के लिए संयुक्त राष्ट्र ने दिसंबर 18, 1992 में अल्पसंख्यकों के जातीय, धार्मिक तथा भाषायी अधिकारों के संबंध में घोषणा में कहा कि अमेरिका संबंधित अल्पसंख्यकों के राष्ट्रीय, जातीय, सांस्कृतिक, धार्मिक अधिकारों एवं अस्तित्व की रक्षा करेगा तथा उनकी पहचान को बनाए रखने के लिए उनकी स्थिति को प्रोत्साहित करेगा। भारत में राष्ट्रीय अल्पसंख्यक आयोग की स्थापना संसद के द्वारा 1992 के राष्ट्रीय अल्पसंख्यक आयोग अधिनियम के नियमन के साथ हुई थी। राष्ट्रीय अल्पसंख्यक आयोग हर वर्ष 18 दिसंबर को अल्पसंख्यक अधिकार दिवस के रूप में मनाता है। कल्याण मंत्रालय, भारत सरकार द्वारा 23 अक्टूबर, 1993 को अधिसूचना जारी कर अल्पसंख्यक समुदायों के तौर पर पांच धार्मिक समुदाय यथा मुस्लिम, ईसाई, सिख, बौद्ध तथा पारसी समुदायों को अधिसूचित किया गया था। 2001 की जनगणना के अनुसार देश की जनसंख्या में पांच धार्मिक अल्पसंख्यक समुदायों का प्रतिशत 18.42 है।

आयोग के कार्य

- संघ तथा राज्यों के अर्थात् अल्पसंख्यकों की उन्नति तथा विकास का मूल्यांकन करना।
- संविधान में निर्दिष्ट तथा संसद और राज्यों की विधानसभाओं/परिषदों के द्वारा अधिनियमित कानूनों के अनुसार अल्पसंख्यकों के संरक्षण से संबंधित कार्यों की निगरानी करना।
- केन्द्रीय सरकार या राज्य सरकारों के द्वारा अल्पसंख्यकों के हितों की रक्षा के लिए संरक्षण के प्रभावी क्रियान्वयन के लिए अनुशंसा करना।
- अल्पसंख्यकों को अधिकारों तथा संरक्षण से वंचित करने से संबंधित विशेष शिकायतों को देखना तथा ऐसे मामलों को संबंधित अधिकारियों के सामने प्रस्तुत करना।
- अल्पसंख्यकों के विरुद्ध किसी भी प्रकार के भेदभाव से उत्पन्न समस्याओं के कारणों का अध्ययन और इनके समाधान के लिए उपायों की अनुशंसा करना।
- अल्पसंख्यकों के सामाजिक, आर्थिक तथा शैक्षणिक विकास से संबंधित विषयों का अध्ययन, अनुसंधान तथा विश्लेषण की व्यवस्था करना।
- अल्पसंख्यकों से संबंधित ऐसे किसी भी उचित कदम का सुझाव देना जिसे केन्द्रीय सरकार या राज्य सरकारों के द्वारा उठाया जाना है।
- अल्पसंख्यकों से संबंधित किसी भी मामले, उनके सामने होने वाली कठिनाइयों पर केन्द्रीय सरकार हेतु नियतकालिक या विशेष रिपोर्ट तैयार करना।
- कोई भी अन्य विषय जिसे केन्द्र सरकार के सामने प्रस्तुत किया जा सकता है, उसकी रिपोर्ट तैयार करना।

अल्पसंख्यक सम्बन्धी मिथक

भारत के बहुलतावादी समाज में मुस्लिम, ईसाई, सिख, बौद्ध, पारसी इत्यादि धर्म विद्यमान हैं। भारतीय समाज में अल्पसंख्यकों के सांस्कृतिक ताने-बाने एवं रीति-रिवाजों के सम्बन्ध में बहुसंख्यकों में अनेक मिथक विद्यमान रहे हैं। विशेष रूप से मुस्लिम अल्पसंख्यकों को लेकर भारतीय समाज में अनेक मिथक देखे जा सकते हैं। इन मिथकों के कारण बहुसंख्यकों एवं अल्पसंख्यकों के बीच खाई को पाटना एक चुनौती बन जाती है। समाज में अवैज्ञानिक रूप से पीढ़ी-दर-पीढ़ी इन मिथको का हस्तांतरण होता रहा है। पुलिस बल के अधिकांश सदस्यों का समाजीकरण एवं सांस्कृतिकरण इन्हीं मिथकों के परिवेश में होता है। इस कारण पुलिस बल के बहुसंख्यक वर्ग के सदस्य अल्पसंख्यक समुदाय के सम्बन्ध में वे ही मान्यताएं रखते हैं जो उन्हें मिथकों के अन्तर्गत प्राप्त हुई है। इससे पुलिस बल का दृष्टिकोण भी अल्पसंख्यकों के प्रति वैज्ञानिक एवं सहानुभूतिपूर्ण नहीं हो पाता। इन मिथकों में भारत के विभाजन के लिए मुसलमानों का उत्तरदायी होना, मुसलमानों द्वारा अनेक विवाह (4) किया जाना, मुसलमानों का पाकिस्तान समर्थक होना, धर्म निरपेक्षता को मुस्लिम अल्पसंख्यकों का तुष्टीकरण मानना, मुसलमानों द्वारा धार्मिक कारणों से परिवार नियोजन नहीं अपनाया जाना, मुसलमानों में जनसंख्या वृद्धि दर बहुत अधिक होना प्रमुख है।

अल्पसंख्यक समुदाय संबंधी मिथक वैज्ञानिक एवं सांस्कृतिक दोनों की दृष्टि से उचित नहीं है। भारत में अल्पसंख्यकों के सम्बन्ध में बताए गये इन मिथकों में वैज्ञानिक सत्य नहीं है। भारत के विभाजन के लिए मुसलमान उत्तरदायी नहीं थे अपितु जिन्ना एवं लीग का दृष्टिकोण तथा अंग्रेजों की नीति विभाजन के लिए उत्तरदायी रही। मुस्लिम लीग मुसलमानों की पार्टी अवश्य थी किन्तु यह समस्त भारतीय मुसलमान का प्रतिनिधित्व नहीं करती थी। मोटे तौर पर मुस्लिम लीग भारतीय मुसलमान को 10% भाग का ही प्रतिनिधित्व करती थी। इसके अतिरिक्त बड़ी संख्या में भारतीय मुसलमान कांग्रेस में सम्मिलित थे। दूसरा महत्वपूर्ण मिथक यह है कि मुसलमान कई विवाह करते हैं क्योंकि इस्लाम में चार विवाह करने की अनुमति है। किन्तु मुसलमानों का लिंगानुपात पिछली जनगणनाओं एक हजार मुसलमान पुरुषों पर 932 से भी कम रहा है। एक रिपोर्ट के अनुसार बहु विवाह का सर्वाधिक प्रतिशत जनजातियों (15.25%) में रहा है। इसके उपरान्त बौद्ध (7.9%), जैन (6.72%), हिन्दू (5.8%), मुसलमान (5.7%) समुदाय में बहु विवाह रहा। मुसलमानों से सम्बन्धित मिथकों का वैज्ञानिक रूप से स्पष्टीकरण पुलिस प्रशिक्षण के दौरान पुलिस कार्मिकों को दिये जाने से अल्पसंख्यकों के सम्बन्ध में भ्रान्तियों को दूर किया जा सकता है।

पुलिस एवं दंगा प्रबन्धन

लोक व्यवस्था को बनाये रखने में पुलिस की भूमिका 'लॉ इन्फोर्समेन्ट एजेंसी' के रूप में अत्यन्त महत्वपूर्ण होती है। देश में होने वाले विभिन्न देशों से सम्बन्धित जांच आयोगों की रिपोर्ट में पुलिस की भूमिका पर अनेक बार प्रश्नचिन्ह लगाए गए हैं। यह कहा जाता है कि दंगों के दौरान पुलिस अल्पसंख्यकों के साथ पक्षपातपूर्ण व्यवहार करती है। स्वतंत्रता प्राप्ति के उपरान्त भारत में होने वाली साम्प्रदायिक हिंसा के सम्बन्ध में विविध विद्वानों एवं अकादमिक संस्थाओं द्वारा गहन तथा अनुभवपरक अध्ययन किये गए हैं। सामान्य रूप से आलोचक यह कहते हैं कि पुलिस दंगों में अनेक बार नकारात्मक भूमिका निभाती है।

राष्ट्रीय पुलिस अकादमी, हैदराबाद के फैलो रहे वी.एन. रॉय ने 'कंबेटिंग कम्युनल कनफिलक्ट्स' में 1968 से 1980 के बीच हुए दंगों के दौरान आंकड़ों एवं जुलूसों का विश्लेषण किया है। उन्होंने इस मिथक को तोड़ने का प्रयास किया है कि जातीय दंगों के दौरान दंगे अल्पसंख्यक प्रारंभ करते हैं। सरकारी आंकड़ों के अनुसार इन दंगों के दौरान कुल 3949 वारदातें हुई जिनमें 2289 लोग मारे गए।

वी.एन. रॉय ने अपनी रिपोर्ट में यह भी लिखा है कि दंगों के दौरान पुलिस तंत्र अल्पसंख्यकों के साथ भेदभाव करता है। साम्प्रदायिक संघर्ष के लिए हिंसा फैलाने वाले तत्व काफी समय पहले ही तैयारी प्रारंभ कर देते हैं एवं एक मामूली-सी घटना भी गहरी नफरत होने के कारण साम्प्रदायिक हिंसा को जन्म देती है।

अनेक बार यह देखा गया है कि कारोबार सम्बन्धी शत्रुता एवं भूमि विवाह जैसे मामले भी इस प्रकार की हिंसा द्वारा सुलझाये जाने के प्रयास किये जाते हैं। राय के अनुसार प्रायः पहला पत्थर फेंकने वाले या हमले के लिए पहला हाथ उठाने वाले से पता चल जाता है कि उसके पीछे कोई बाहरी एजेंसी कार्य कर रही है। यह एजेंसी ऐसी स्थिति पैदा करना चाहती है जिससे सरकार के लिये बड़ी मुसीबत खड़ी हो जाये।

पुलिस अधिकारी वी.एन. रॉय ने दंगों का वृहत अध्ययन करते हुए यह निष्कर्ष निकाला है कि अधिकांश दंगों में पुलिस पक्षपातपूर्ण कार्यवाही करती है। पुलिस बल निष्पक्ष रूप से कार्य नहीं करते। दंगों के दौरान पुलिस बल द्वारा भेदभाव किये जाने एवं निष्पक्ष न रहने का संकेत भेदभावपूर्ण गिरफ्तारियों, कर्फ्यू लागू करने, पुलिस कस्टडी में लोगों के साथ दुर्व्यवहार करने, तथ्यों की जानकारी देने एवं अभियोजन सभी स्तरों पर देखा जा सकता है।

सामान्य रूप से पुलिस कार्मिक (विशेष रूप से अधीनस्थ सेवा एवं कांस्टेबल) के रूप में बड़ी संख्या में एक सम्प्रदाय के लोग सेवा में आते हैं। संवैधानिक एवं विधिक रूप से पुलिस कार्मिकों से यह अपेक्षा की जाती है कि वे सभी समुदायों की रक्षा करें किन्तु व्यावहारिक रूप से ऐसा नहीं हो पाता।

वस्तुतः दंगों से पूर्व भीड़ का मनोविज्ञान अत्यन्त जटिल होता है। किसी भी समुदाय के तत्व भीड़ को दूसरे समुदाय के विरुद्ध उकसाने का कार्य करते हैं। समूह या भीड़ को दूसरे पक्ष द्वारा आसन्न हमले का 'डर' दिखाकर इकट्ठा किया जाता है। संगठित रूप से चलाई गई गतिविधियां जैसे जुलूस भड़काने वाले भाषण, लेखन आदि आग में घी का काम करते हैं। अफवाहें जन मनोविज्ञान की वाहक बन जाती हैं। ये अफवाहें बहुत तेजी से फैलती हैं। जुलूस में उकसाने वाले नारे लगाये जाने से दंगे भड़क उठते हैं। किसी गैर-जातीय प्रेम संबंध से भी दंगे भड़क उठते हैं।

पुलिस प्रशिक्षण के दौरान पुलिस कर्मियों को भीड़ मनोविज्ञान के सम्बन्ध में जानकारी दी जाती है। भीड़ नियंत्रण के सम्बन्ध में कोई सर्वमान्य सिद्धान्त प्रतिपादित नहीं किया जा सकता किन्तु इसके लिए यह आवश्यक है कि भीड़ की संख्या प्रकृति को समझा जाए। पुलिस महानिरीक्षकों को 1929 में हुई द्वितीय कॉन्फ्रेन्स में लिए गए निर्णय अर्थात् 'गोली एक नियम के रूप में उपद्रवियों की टांगों पर निशाना साधकर चलाई जानी चाहिए' का अक्षरशः पालन किया जाना चाहिए। भीड़ अत्यधिक नजदीक हो तो राईफल के प्रयोग से बचना चाहिए क्योंकि इससे अधिक जन हानि का भय रहता है।

साधारण जनता की प्रतिक्रिया इस बात पर निर्भर करती है कि आपने उसे व्यवहारकुशल तरीके से निपटाया है या नहीं। उन्होंने यह भी कहा कि ''पुलिस के जवानों को बताया जाना चाहिए कि वे तेज आवाज में चिल्लाएं नहीं और न ही इधर-उधर भाग-दौड़ करें क्योंकि यह भीड़ को प्रभावित कर सकता है। इस मामले में भीड़ का मनोवैज्ञानिक अध्ययन सहायक हो सकता है।''

राष्ट्रीय पुलिस आयोग की छठी रिपोर्ट में साम्प्रदायिक संघर्ष के दौरान पुलिस की भूमिका की विस्तृत विवेचना की गई है। वस्तुतः लोक व्यवस्था बनाये रखने में पुलिस की भूमिका अत्यन्त महत्वपूर्ण होती है। इसी के अन्तर्गत पुलिस को दंगे होने से रोकने एवं दंगा नियन्त्रण में महत्वपूर्ण भूमिका निभानी पड़ती है।

पुलिस द्वारा किये जाने वाले उपायों में साम्प्रदायिक तनाव पैदा करने वाले मुद्दों की पहचान करना, दोनों समुदाय के बीच बातचीत करवाना, कार्यकारी समूहों को स्थापित करना, अफवाहों के फैलने से रोकना, दंगा प्रबन्धन करना आदि होते हैं।

भारत सरकार द्वारा मुस्लिम समुदाय के सामाजिक, आर्थिक एवं शैक्षणिक स्थिति पर प्रकाश डालने के लिए 2005 में न्यायमूर्ति राजेन्द्र सच्चर की अध्यक्षता में एक उच्चस्तरीय कमेटी का गठन किया गया। केन्द्र सरकार इस कमेटी की सिफारिशों को लागू करने की दिशा में अग्रसर है। इसके अतिरिक्त सरकार द्वारा बहुसंख्यकों एवं अल्पसंख्यकों के बीच होने वाले संघर्ष को रोकने के लिए साम्प्रदायिक हिंसा रोकथाम विधेयक बनाया गया है। ताकि साम्प्रदायिक हिंसा भड़काने वालों के खिलाफ सख्त कार्यवाही करना है।

बहुसंख्यकों व अल्पसंख्यकों के बीच होने वाले संघर्ष को रोकने एवं उनके बीच सद्भाव को बनाने में पुलिस की भूमिका महत्वपूर्ण है। राष्ट्रीय एकता को बनाये रखने के लिए साम्प्रदायिक सौहार्द आवश्यक है। पुलिस संस्थागत रूप से कानून एवं न्याय, मौलिक अधिकारों के संरक्षण आदि में महत्वपूर्ण भूमिका का निर्वाह कर साम्प्रदायिक सौहार्द बनाने में अपना योगदान दे सकती है। विविध राज्य के पुलिस ट्रेनिंग अकादमियों द्वारा पुलिसिंग : रिचिंग आउट टू द माईनियोरिटीज द्वारा पुलिस कार्मिकों को बी.पी.आर.एन.डी. के सौजन्य से प्रशिक्षण दिया जा रहा है।

लैंगिक संवेदनशीलता

'जेन्डर' अर्थात् लिंग सामाजिक तथा सांस्कृतिक प्रवृत्तियों के आधार पर निर्धारित जीव-वैज्ञानिक अन्तर के लक्षण हैं। जिन्हें प्रारम्भिक तौर पर दो भागों में बाँटा जाता है–स्त्री तथा पुरुष। यह सही है कि जीव-वैज्ञानिक अन्तर को पाटना सम्भव नहीं है, लेकिन लैंगिक असमानता को समाप्त करना असम्भव नहीं है। स्त्री तथा पुरुष सृष्टि के निर्धारक हैं। किसी एक की अनुपस्थिति से सृष्टि का विकासक्रम अवरुद्ध हो सकता है। पुरुष प्रधान समाज में महिलाओं को अधिक महत्व नहीं मिला है, उसे भोगवादी दृष्टि से देखा गया है। स्त्रियों के प्रति पुरुषों के असहज व्यवहार तथा दृष्टिकोण के कारण उनका अत्यधिक शोषण हुआ है स्त्रियों के प्रति व्यवहार की इस प्रक्रिया के कारण ही लैंगिक संवेदनशीलता (Gender Sensitivity) का विचार सामने आया है।

लैंगिक संवेदनशीलता एक ऐसी विचार-प्रक्रिया है, जिसके अन्तर्गत समाज, संस्कृति राजनीति तथा आर्थिक गतिविधियों के अन्दर पुरुष तथा महिला के बीच के अन्तर को समाप्त किया जा सके। आज जीवन के हर क्षेत्र में महिलाओं की उपस्थिति बढ़ती जा रही है और ऐसे में लोगों के बीच लैंगिक संवेदनशीलता पर बहस हो रही है। महिलाओं की सुरक्षा तथा उनके अधिकारों का संरक्षण तभी सम्भव है, जब उनके साथ होने वाला शोषण तथा उनके प्रति लोगों के नजरिए में बदलाव आये। इसके लिए वैश्विक स्तर पर 'लैंगिक संवेदनशीलता' को महत्व दिया जा रहा है। संयुक्त राष्ट्र ने 1993 ई. में लैंगिक असमानता को समाप्त करने की वकालत की। स्त्रियों पर होने वाले शारीरिक तथा मानसिक अत्याचारों को समाप्त करने तथा उन्हें मानवाधिकार देने को प्रभावी बनाने का प्रयास किया जा रहा है। घरेलू हिंसा तथा कार्य-स्थल पर होने वाली छेड़छाड़ जैसी घटनाएँ

असंवेदनशीलता के उदाहरण हैं, जिन्हें दूर करने के लिए लैंगिक संवेदनशीलता की शिक्षा प्रारम्भिक स्तर पर ही दिए जाने की वकालत की जा रही है।

भारत में यौन उत्पीड़न तथा यौन प्रताड़ना की घटनाओं में लगातार वृद्धि हुई है। यौन शोषण तथा उत्पीड़न की बढ़ती घटनाएँ प्रतिदिन कार्यालयों, स्कूलों तथा अन्य जगहों पर देखने को मिलती हैं। सरकार ने किसी ऐसी गतिविधि को यौन उत्पीड़न माना है, जिसमें मौखिक, अमौखिक, इशारों से अथवा शारीरिक तौर पर विपरीत लिंग को परेशान किया जाए। स्थिति से निपटने तथा समाज में नैतिक मूल्यों की स्थापना के लिए लैंगिक संवेदनशीलता को बढ़ावा दिया जा रहा है।

लैंगिक संवेदनशीलता सामाजिक-सांस्कृतिक प्रक्रिया से जुड़ी है, इसलिए इसके विस्तार की नीति भी इसी परिप्रेक्ष्य में तैयार की जा रही है। राजनीतिक तथा नीति निर्माण के स्तर पर महिलाओं को 30% से अधिक भागीदारी प्रदान करने पर बहस लम्बे समय से चल रही है। महिलाओं के प्रति लैंगिक भेदभाव को समाप्त करने के लिए लैंगिक संवेदनशीलता को पाठ्यक्रम से जोड़ने की कवायद भी चल रही है। जब युवा मस्तिष्क लैंगिक संवेदनशीलता के मुद्दे पर स्पष्ट होगा, तो समाज में किसी प्रकार के उत्पीड़न को रोकना आसान हो जाएगा।

- लैंगिक संवेदनशीलता के विषय में कानून महिला को एक विशेष प्रस्थिति प्रदान करता है।
- दण्ड प्रक्रिया संहिता की धारा 46(4) से असाधारण परिस्थितियों के सिवाय कोई स्त्री सूर्यास्त के पश्चात एवं सूर्योदय के पूर्व गिरफ्तार न की जाएगी एवं जहां ऐसी परिस्थितियां विद्यमान हैं, वहाँ स्त्री पुलिस अधिकारी लिखित में रिपोर्ट करके प्रथम श्रेणी के न्यायिक मजिस्ट्रेट की पूर्व अनुज्ञा अभिप्राप्त करेगी, जिसकी स्थानीय अधिकारिता के भीतर अपराध किया गया या गिरफ्तारी की जानी है।
- **धारा 53(2) के अनुसार** जब कभी किसी स्त्री की शारीरिक परीक्षा की जाती है तब महिला द्वारा शिष्टता का ध्यान रखते हुए रजिस्ट्रीकृत महिला चिकित्सा व्यवसायी द्वारा या उसके अधीन होगी।
- **धारा 64** से जहां सम्मन किया गया व्यक्ति नहीं मिलता तब सम्मन की तामील की एक प्रति उसके कुटुम्ब के साथ रहने पर किसी वयस्क पुरुष पर ही हो सकती है, स्त्री पर नहीं।
- **धारा 125** में भरण-पोषण सन्तान व माता-पिता के भरण-पोषण के लिए दिया जा सकेगा।
- **धारा 416** से यदि स्त्री जिसे मृत्यु दण्डादेश दिया गया है, गर्भवती पायी जाती है, तो उच्च न्यायालय उस दण्डादेश को मुल्तवी किए जाने का आदेश देगा व यदि ठीक समझे तो दण्डादेश का आजीवन कारावास में लघुकरण किया जा सकेगा।

भारतीय संविधान के अनुसार

(i) **अनुच्छेद 5(3)** के अनुसार, धर्म, मूलवंश, जाति, लिंग, जन्म स्थान के आधार पर प्रतिषेध है, लेकिन राज्य स्त्रियों तथा बालकों के लिए कोई विशेष उपबन्ध कर सकेगा।

(ii) **अनुच्छेद 39** में राज्य अपनी नीति का, विशिष्टता इस प्रकार संचालन करेगा जिससे पुरुष और स्त्री सभी नागरिकों को समान रूप से जीविका के पर्याप्त साधन प्राप्त करने का अधिकार हो।

(iii) **अनुच्छेद 42** से राज्य काम की न्यायसंगत एवं मानवोचित दशाओं को सुनिश्चित करने के लिए और प्रसूति सहायता के लिए उपबन्ध करेगा।

(iv) भारतीय संविधान के मूल कर्तव्यों में भी महिला हितों की बात की गयी है।

भारतीय दण्ड संहिता के अनुसार

(i) धारा 354 से जो कोई किसी स्त्री की लज्जा भंग करने के आशय से या सम्भाव्य जानते हुए कि तड़प द्वारा उसकी लज्जा भंग करेगा, उस स्त्री पर हमला करेगा, वह दायी है।

(ii) धारा 375 से बलात्कार सिर्फ महिला के विरुद्ध अपराध है।

(iii) धारा 509 भी महिला के विरुद्ध होता है।

पुलिस विभाग मानवीय भावनाओं का साधक भी है, अत: इसमें मानवीय संवेदना के साथ लैंगिक संवेदनशीलता भी होनी चाहिए, जहां तक हो स्त्रियों या महिलाओं के साथ अभद्रता नहीं करनी चाहिए, उनके संव्यवहार में।

प्रश्नमाला

1. आपके सामने एक दुर्घटना घटित हो जाती है, आप क्या करेंगे?

(a) घायल व्यक्ति को अस्पताल ले जाएंगे एवं चौकी में रिपोर्ट करेंगे
(b) व्यक्ति को अस्पताल ले जाएंगे
(c) केवल कानूनी कार्यवाही करेंगे
(d) व्यक्ति को धमकाएंगे

2. सड़क पर एक लड़की रास्ता भटक गई है, आप उसे–

(a) नारी निकेतन भेज देंगे
(b) उसे भटकने के लिए छोड़ देंगे
(c) अपने घर ले जाएँगे
(d) उसके संरक्षक के पास छोड़ देंगे

3. दुर्भिक्ष की रिपोर्ट राज्य सरकार को भेजेगा–

(a) जिला मजिस्ट्रेट
(b) आयुक्त
(c) पुलिस अधीक्षक
(d) उपखण्ड मजिस्ट्रेट

4. कोई विदेशी व्यक्ति रास्ता भटक गया है, आप उसे–

(a) रास्ता बताएंगे एवं वहां पहुंचाने में मदद करेंगे
(b) रास्ता नहीं बताएंगे और थाने में बिठा देंगे
(c) कुछ नहीं करेंगे
(d) विश्रामालय छोड़ देंगे

5. दुर्भिक्ष के समय पुलिस को भूखे व्यक्ति को–

(a) जेल में डालना चाहिए
(b) अपने घर रखना चाहिए
(c) भोजन कराना चाहिए
(d) काम दिलाना चाहिए

6. भारतीय संविधान के अनुसार प्रदत्त मूल अधिकार है–

(a) आठ (b) सात
(c) छ: (d) चार

7. जब यातायात सप्ताह चल रहा हो, तब पुलिस–

(a) लोगों को यातायात नियमों की जानकारी देगी
(b) लोगों को वाहन उपलब्ध कराएगी
(c) वाहन प्रयोग बढ़ाएगी
(d) यातायात को कम करेगी

8. यदि कोई लावारिस व्यक्ति मरता है, तो उसका मृत शरीर–

(a) जला दिया जाएगा
(b) अस्पताल को दान किया जाएगा
(c) उसके धर्म के अनुसार उसका अन्तिम संस्कार किया जाएगा
(d) उपर्युक्त में से कोई नहीं

9. भारत के संविधान में जनहित से सम्बन्धित प्रावधान है–

(a) मूल अधिकार (b) मूल कर्त्तव्य
(c) प्रस्तावना (d) आपात

10. मूल अधिकारों के प्रवर्तन के लिए कितने प्रकार की रिटें जारी की जा सकती हैं?
(a) एक (b) तीन
(c) पाँच (d) छः

11. किस वाद में उच्चतम न्यायालय ने निर्णीत किया कि कोई मृत्यु कालिक कथन मजिस्ट्रेट के समक्ष होना आवश्यक नहीं है?
(a) पंजाब राज्य बनाम गुरुनाम
(b) विष्णुदत्त बनाम मंजू
(c) मुहम्मद सलीम बनाम मध्य प्रदेश राज्य
(d) राजस्थान राज्य बनाम चम्पालाल

12. वर्तमान में पुलिस-
(a) मार्ग सुरक्षा करती है।
(b) अकाल के समय रक्षा करती है।
(c) भटके हुए बच्चों को आश्रय प्रदान करती है।
(d) उपर्युक्त सभी।

13. वर्तमान में पुलिस राज्य में किस मंत्रालय के अधीन कार्य करती है?
(a) रक्षा (b) गृह
(c) जेल (d) वित्त

14. पुलिस का व्यक्तित्व विकास किसके द्वारा होता है?
(a) कीमती गहनों से
(b) सुन्दरता से
(c) ईमानदारी एवं कर्तव्यनिष्ठा से
(d) उपर्युक्त सभी से

15. पुलिस सुधार के लिए निर्मित समिति थी–
(a) नरसिम्हन समिति
(b) रिबेरो समिति
(c) (a) और (b) दोनों
(d) उपर्युक्त में से कोई नहीं

16. वर्तमान पुलिस के बारे में आम राय है–
(a) निरंकुश, तानाशाह (b) अनुशासित
(c) क्लिष्ट (d) कर्त्तव्यनिष्ठ

17. खराब एवं बिगड़ती कानून व्यवस्था के लिए उत्तरदायी है–
(a) पुलिस
(b) न्यायालय
(c) पुलिस एवं राजनीति
(d) जनता

18. बाल अपराधियों से आप किस तरह पेश आएंगे?
(a) नम्रतापूर्वक
(b) वात्सल्यपूर्वक
(c) कठोरता से
(d) ये सभी

19. आपके विचार से बाल अपराध के कारण हैं–
(a) अनैतिक परिवार, परिवार में निर्धनता
(b) भौतिक दृष्टि से नष्ट परिवार
(c) अपराधी प्रतिमानी वाले परिवार
(d) उपर्युक्त सभी

20. दण्ड प्रक्रिया संहिता की कौन-सी धारा जमाव को तितर-बितर करने के लिए सशस्त्र बल के प्रयोग से सम्बन्धित है?
(a) धारा 128 (b) धारा 129
(c) धारा 130 (d) धारा 140

21. पुलिस व्यवस्था वर्णित है–
(a) राज्य सूची के विषय संख्या-2 में
(b) राज्य सूची के विषम संख्या-4 में
(c) समवर्ती सूची के विषम संख्या-7 में
(d) संघ सूची के विषम संख्या-9 में

22. दोषसिद्धि पर परिशांति के लिए प्रतिभूति कितने समय के लिए मांगी जा सकेगी?
(a) एक वर्ष अधिकतम
(b) दो वर्ष अधिकतम
(c) तीन वर्ष अधिकतम
(d) सात वर्ष अधिकतम

23. कब किसी व्यक्ति से प्रतिभूति की मांग की जा सकेगी?
(a) जब वह आभ्यासिक अपराधी है।
(b) जब वह संदिग्ध है।
(c) जब वह राजद्रोहात्मक बातें फैला रहा है।
(d) उपर्युक्त सभी।

24. कानून के स्रोत हैं–
(a) ससंद (b) न्यायिक निर्णय
(c) रूढ़ि (d) ये सभी

25. आप पुलिस में जाना चाहते हैं, क्योंकि–
(a) आप में कर्त्तव्य क्षमता है।
(b) आप में ईमानदारी है।
(c) आप में ईमानदारी एवं कर्त्तव्य क्षमता है।
(d) उपर्युक्त में से कोई नहीं।

26. दोषसिद्धि पर परिशांति के लिए प्रतिभूति कौन मांग सकता है?
(a) सेशन न्यायालय
(b) कार्यपालक मजिस्ट्रेट
(c) एस.डी.एम.
(d) उपर्युक्त में से कोई नहीं

27. विशेष पुलिस अधिकारी वर्णित है–
(a) धारा 17, पुलिस अधिनियम
(b) धारा 18, भारतीय दण्ड संहिता
(c) धारा 18, पुलिस अधिनियम
(d) उपर्युक्त में से कोई नहीं

28. पुलिस व्यवस्था को किस सूची में रखा गया है?
(a) संघ सूची (b) राज्य सूची
(c) अवशिष्ट सूची (d) समवर्ती सूची

29. राजद्रोहात्मक बातों को फैलाने वाले व्यक्तियों से सदाचार के लिए प्रतिभूति वर्णित है–
(a) धारा 106 में (b) धारा 107 में
(c) धारा 108 में (d) धारा 109 में

30. दण्ड प्रक्रिया संहिता की धारा 129 के अनुसार कौन सिविल बल के प्रयोग द्वारा जमाव को तितर-बितर करने का आदेश दे सकेगा?
(a) कोई कार्यवाहक मजिस्ट्रेट
(b) पुलिस थाने का भारसाधक अधिकारी
(c) (a) और (b) दोनों
(d) तीनों गलत हैं।

31. क्या आप जुलूसों को साम्प्रदायिकता का कारण मानते हैं?
(a) हां, सदैव
(b) नहीं, कभी नहीं
(c) ये जुलूस की प्रवृत्ति पर निर्भर करेगा
(d) ये शासन बताएगा

32. किसी जिले में साम्प्रदायिकता रोके जाने का उपाय है–
(a) केबल नेटवर्क
(b) धार्मिक नेताओं से सहायता
(c) समाचार-पत्र
(d) उपर्युक्त सभी

33. राष्ट्रीय एकता बढ़ाने का प्रभावशाली उपाय है–
(a) विभिन्न स्थानों पर जाना
(b) प्रत्येक समुदाय के लोगों के प्रति समान व्यवहार
(c) राष्ट्रीय गीत का गान
(d) उपर्युक्त में से कोई नहीं

34. राष्ट्रीय एकीकरण के मार्ग में प्रमुख बाधाएं हैं–
(a) जनजातिवाद (b) प्रादेशिकता
(c) भाषावाद (d) उपर्युक्त सभी

35. आप साम्प्रदायिक संवेदनशील क्षेत्र में नियुक्त हैं, आप–
(a) अपना त्याग-पत्र देंगे
(b) आप राजनैतिक संरक्षण लेंगे
(c) आप धार्मिक व राजनैतिक लोगों से सम्पर्क बनाकर सामंजस्य स्थापित करेंगे
(d) आप बदली करवाएंगे

36. धार्मिक स्वतंत्रता का अधिकार वर्णित है–
(a) अनुच्छेद 25 से 28 भारत का संविधान
(b) अनुच्छेद 26 से 32 भारत का संविधान
(c) अनुच्छेद 25 से 30 भारत का संविधान
(d) अनुच्छेद 16 से 18 भारत का संविधान

37. आप साम्प्रदायिकता मानते हैं–
(a) लाइलाज बीमारी
(b) एक धार्मिक कृत्य
(c) धर्म का विध्वंसक रूप
(d) उपर्युक्त में से कोई नहीं

38. साम्प्रदायिक सद्भाव बनाए रखने को क्या करना चाहिए?
(a) धार्मिक नेताओं को कट्टरता कम करने के लिए बाध्य किया जाना चाहिए

(b) जनता को धार्मिक नेताओं के विरुद्ध नहीं भड़काना चाहिए
(c) साम्प्रदायिक सद्भाव पर गोष्ठी आयोजित
(d) उपर्युक्त में से कोई नहीं

39. आप साम्प्रदायिक सद्भाव बनाने को क्या करेंगे?
(a) पिछली धाराओं का विश्लेषण करेंगे
(b) संवेदनशील स्थान चिन्हित करेंगे
(c) लोगों को प्यार से समझाएंगे
(d) उपर्युक्त सभी

40. साम्प्रदायिकता की दृष्टि से अतिसंवेदनशील है–
(a) आगरा (b) अलीगढ़
(c) कानपुर (d) ये सभी

41. अधीक्षक द्वारा तद्निर्मित विशेष रूप से अधिकृत किए जाने पर दण्ड प्रक्रिया की धारा 174 के अधीन मृत्यु समीक्षा की जाती है–
(a) थाने के प्रधान मुहर्रिर लेखक द्वारा
(b) उपनिरीक्षक द्वारा
(c) क्षेत्र निरीक्षक द्वारा
(d) उपर्युक्त में से किसी के द्वारा नहीं

42. जिले के पुलिस बल का प्रमुख होता है–
(a) पुलिस अधीक्षक
(b) पुलिस उपनिरीक्षक
(c) पुलिस उपाधीक्षक
(d) पुलिस महानिरीक्षक

43. डकैती, वध, लूट, विषपान आदि के मामले रजिस्टर के प्रारूप संख्या .... में होने चाहिए।
(a) 138 (b) 137
(c) 136 (d) 135

44. पुलिस महानिदेशक के कर्तव्य एवं शक्तियां वर्णित है–
(a) पैरा 1 में (b) पैरा 2 में
(c) पैरा 3 में (d) पैरा 4 में

45. पुलिस विभाग का प्रधान व पुलिस प्रशासन के सभी प्रश्नों पर राज्यपाल का सपरिषद् सलाहकार होता है–
(a) पुलिस महानिदेशक
(b) पुलिस महानिरीक्षक
(c) पुलिस उपाधीक्षक
(d) पुलिस अधीक्षक

46. आर्म्स पुलिस सेंटर उत्तर प्रदेश के किस जिले में स्थित हैं?
(a) सीतापुर (b) कानपुर
(c) लखनऊ (d) मुरादाबाद

47. अपराध रजिस्टर से किसी अपराधी का नाम निकालने के सम्बन्ध में किसकी अनुमति आवश्यक है?
(a) महानिदेशक की
(b) महानिरीक्षक की
(c) उप-महानिरीक्षक की
(d) जिला मजिस्ट्रेट की

48. आबकारी विषयों पर आयोजित होने वाले वार्षिक समारोह में व्यक्तिगत उपस्थिति एवं पर्यवेक्षण आवश्यक है–
(a) महानिदेशक का
(b) पुलिस अधीक्षक का
(c) अतिरिक्त महानिरीक्षक का
(d) थाने के भारसाधक अधिकारी का

49. विशेष अवसरों के सिवाय सिविल पुलिस के सिपाही सशस्त्र नहीं होंगे, यह उपबन्ध उ.प्र. पुलिस विनियमन के निम्नलिखित पैरा में किया गया है–
(a) पैरा 60 में (b) पैरा 61 में
(c) पैरा 62 में (d) पैरा 63 में

50. थाने का भारसाधक अधिकारी होता है–
(a) उपनिरीक्षक
(b) क्षेत्र निरीक्षक
(c) रिजर्व निरीक्षक
(d) अधीनस्थ उपनिरीक्षक

51. थाने का द्वितीय अधिकारी होता है
(a) उपनिरीक्षक
(b) अधीनस्थ उपनिरीक्षक
(c) उपाधीक्षक
(d) थाने का प्रधान मुहर्रिर

52. पुलिस ट्रेनिंग कॉलेज उ.प्र. में कहां स्थित है?
(a) रामपुर (b) लखनऊ
(c) सीतापुर (d) मुरादाबाद

53. पुलिस सहायक एवं उपाधीक्षक के बारे में प्रावधान पुलिस विनियम के किस पैरा में किया गया है?
(a) पैरा 18 में (b) पैरा 16 में
(c) पैरा 17 में (d) पैरा 19 में

54. पुलिस अधीक्षक को अपने रिजर्व लाइन का वार्षिक निरीक्षण कब करना चाहिए?
(a) 1 जुलाई
(b) 1 अप्रैल
(c) 1 जनवरी
(d) इनमें से कोई नहीं

55. उपनिरीक्षक और सिविल पुलिस के अवर अधिकारियों के बारे में प्रावधान किया गया है–
(a) अध्याय 4 में (b) अध्याय 5 में
(c) अध्याय 6 में (d) अध्याय 7 में

56. विधि का शासन किसके प्रभावी होने पर लागू हो सकेगा?
(a) पुलिस (b) न्यायालय
(c) संसद (d) ये सभी

57. अनुच्छेद-14 में शामिल है–
(a) विधिक व्यक्ति (b) अनागरिक
(c) नागरिक (d) ये सभी

58. विधि के शासन में सम्मिलित नहीं है–
(a) मनमानी शक्ति का अभाव
(b) विधि के समक्ष समता
(c) (a) और (b) दोनों
(d) उपर्युक्त में से कोई नहीं

59. मूल अधिकारों का संरक्षक है–
(a) उच्चतम न्यायालय (b) उच्च न्यायालय
(c) केन्द्र सरकार (d) राज्य सरकार

60. विधि का शासन कहां से लिया गया है?
(a) अमेरिकी संविधान से
(b) ब्रिटेन के संविधान से
(c) जापानी संविधान से
(d) रूस के संविधान से

61. स्टेट ऑफ वेस्ट बंगाल बनाम अनवर अली सरकार AIR 1952 S.C. सम्बन्धित है–
(a) अनुच्छेद-14 से
(b) अनुच्छेद-15 से
(c) अनुच्छेद-16 से
(d) अनुच्छेद-18 से

62. विधि के शासन की विशेषता है–
(a) विधि की सर्वोच्चता
(b) एक विधि
(c) (a) और (b) दोनों सही हैं।
(d) (a) और (b) दोनों गलत हैं।

63. किस वाद में यह कहा गया कि व्यक्ति में विधिक व्यक्ति शामिल है?
(a) चिरंजीत लाल बनाम भारत संघ
(b) इन री बेरुबारी यूनियन
(c) (a) और (b) दोनों सही हैं।
(d) (a) और (b) दोनों गलत हैं।

64. विधि का शासन किसके द्वारा संचालित होता है?
(a) पुलिस (b) न्यायालय
(c) संसद (d) ये सभी

65. विधि का शासन किसका सिद्धान्त है?
(a) समता का
(b) अस्पृश्यता का
(c) क्षति का
(d) प्रजातंत्र का

66. पुलिस निरिक्षक को मानसिक रूप से दृढ़ होना चाहिए, इसका तात्पर्य है–
(a) उसे घर पर अपना काम स्वतः करना चाहिए।
(b) उसे समाज में खतरनाक होना चाहिए।
(c) उसे विधि के अनुसार कर्तव्य पालन में दृढ़ होना चाहिए।
(d) उपर्युक्त सभी

67. एक व्यक्ति गलत सूचना देता है, आप कैसी प्रतिक्रिया देंगे?
(a) आप उसे पीटेंगे।
(b) आप उस पर कड़ी कार्यवाही करेंगे।
(c) विधि के अनुसार कार्यवाही करेंगे।
(d) प्रताड़ित करेंगे।

68. कुशल अवर निरिक्षक वह होता है, जो–
(a) अपने कर्तव्य का निर्वहन उचित प्रकार से करता है।
(b) अपने कर्तव्य का निर्वहन अपने नातेदारों के पक्ष में कारित करता है।
(c) अपने पद के कर्तव्य एवं चमचागिरी करता है।
(d) उपर्युक्त सभी।

69. यदि एक व्यक्ति आपको भांति-भांति से कष्ट देता है, तब आप–
(a) उसे कष्ट देंगे।
(b) उससे नम्रता से पेश आएगें।
(c) उससे कानूनी रूप से निपटेंगे।
(d) उपर्युक्त में से कोई नहीं।

70. यदि आपसे कोई व्यक्ति असभ्यतापूर्वक बर्ताव करता है, तब आप–
(a) उसे गालियां देंगे।
(b) उसे सबक सिखाएंगे।
(c) उसे समझाकर ऐसा न करने को कहेंगे।
(d) उसका सम्मान करेंगे।

71. आप एक पुलिस अधिकारी हैं, आपका एक सिपाही आपको गाली देता है, आप–
(a) उसे समझाकर ऐसा न करने को कहेंगे।
(b) उसे कड़ी फटकार लगाएंगे।
(c) उसके साथ अभद्रता करेंगे।
(d) उसके साथ अति सभ्यता से पेश आएंगे।

72. व्यवसाय का चयन निर्भर है–
(a) सीखने वाले की कार्यकुशलता एवं रुचि पर
(b) सीखने वाले के अध्ययन पर
(c) परिस्थितियों पर
(d) उपर्युक्त सभी पर

73. एक पुलिस अधिकारी के रूप में यदि आपको अतिरिक्त कार्य दे दिया जाता है, तब आप–
(a) सोच-समझकर इनकार कर देंगे।
(b) अतिरिक्त वेतन की मांग करेंगे।
(c) उसे सहर्ष कर्तव्य समझकर स्वीकारेंगे।
(d) उपर्युक्त में से कोई नहीं।

74. किसी व्यवसायिक प्रबुद्धता हेतु किसी व्यक्ति को अपनी रुचि के व्यवसाय का ज्ञान–
(a) रहना जरूरी है।
(b) नहीं रहना जरूरी है।
(c) कुछ ज्ञान पर्याप्त है।
(d) उपर्युक्त में से कोई नहीं।

75. श्रेष्ठ अवलोकनकर्ता का विशिष्ट गुण है–
(a) व्यवहार की चंचलता
(b) व्यवहार की उग्रता
(c) व्यवहार की सफलता
(d) व्यवहार की शीतलता

76. भारत के राज्यक्षेत्र या उसके किसी भाग के निवासी नागरिकों के किसी अनुभाग की, जिसकी अपनी विशेष भाषा, लिपि या संस्कृति है, उसे बनाए रखने का अधिकार होगा, वे वर्णित है–
(a) अनुच्छेद 29(1) में
(b) अनुच्छेद 29(2) में
(c) अनुच्छेद 30 में
(d) अनुच्छेद 30(1) में

77. धार्मिक कार्यों के प्रबन्ध की स्वतंत्रता का अधिकार वर्णित है–
(a) अनुच्छेद 26 में
(b) अनुच्छेद 27 में
(c) अनुच्छेद 28 में
(d) अनुच्छेद 29 में

78. अनुच्छेद 25 में वर्णित है–
(a) अन्तःकरण की और धर्म के अबाध रूप से मानने, आचरण और प्रचार की स्वतंत्रता।
(b) धार्मिक कार्यों के प्रबन्ध में स्वतंत्रता।
(c) कुछ शिक्षा संस्थाओं में धार्मिक शिक्षा एवं धार्मिक उपासना में उपस्थित होने की स्वतन्त्रता।
(d) उपर्युक्त सभी।

79. भारतीय संविधान में अल्पसंख्यकों के हितों का संरक्षण वर्णित है–
(a) अनुच्छेद 25 में
(b) अनुच्छेद 27 में
(c) अनुच्छेद 29 में
(d) अनुच्छेद 30 में

80. लोक व्यवस्था, सदाचार, स्वास्थ्य के अधीन रहते हुए प्रत्येक धार्मिक सम्प्रदाय या उसके अनुभाग को–
(a) धार्मिक और पूर्व प्रयोजनों के लिए संस्थाओं की स्थापना एवं पोषण का अधिकार होगा।
(b) अपने धर्म विषयक कार्यों के प्रबन्ध करने का अधिकार होगा।
(c) ऐसी सम्पत्ति का विधि के अनुसार प्रशासन करने का अधिकार होगा।
(d) उपर्युक्त सभी।

उत्तरमाला

1. (a)	**2.** (d)	**3.** (c)	**4.** (a)	**5.** (c)	**6.** (c)	**7.** (a)	**8.** (c)	**9.** (a)	**10.** (c)
11. (d)	**12.** (d)	**13.** (b)	**14.** (d)	**15.** (b)	**16.** (a)	**17.** (c)	**18.** (a)	**19.** (d)	**20.** (c)
21. (a)	**22.** (a)	**23.** (d)	**24.** (d)	**25.** (c)	**26.** (a)	**27.** (a)	**28.** (b)	**29.** (c)	**30.** (c)
31. (c)	**32.** (d)	**33.** (b)	**34.** (d)	**35.** (c)	**36.** (a)	**37.** (c)	**38.** (c)	**39.** (d)	**40.** (b)
41. (a)	**42.** (a)	**43.** (a)	**44.** (a)	**45.** (a)	**46.** (a)	**47.** (d)	**48.** (b)	**49.** (b)	**50.** (c)
51. (a)	**52.** (d)	**53.** (c)	**54.** (a)	**55.** (b)	**56.** (d)	**57.** (d)	**58.** (d)	**59.** (b)	**60.** (b)
61. (a)	**62.** (c)	**63.** (a)	**64.** (d)	**65.** (a)	**66.** (c)	**67.** (c)	**68.** (a)	**69.** (c)	**70.** (c)
71. (a)	**72.** (d)	**73.** (c)	**74.** (a)	**75.** (d)	**76.** (a)	**77.** (a)	**78.** (a)	**79.** (c)	**80.** (d)

❑❑❑

बुद्धिलब्धि परीक्षा

अध्याय 2

संबंध एवं आंशिक समानता परीक्षण

सादृश्यता का अर्थ है 'समानता'। सादृश्यता से सम्बन्धित प्रश्नों में विभिन्न प्रकार की वस्तुओं/घटनाओं/क्रियाओं आदि के बीच संबंध को ज्ञात करना होता हैं। सादृश्यता परीक्षण का उद्देश्य परीक्षार्थियों के अन्दर उचित तर्क तथा सही निर्णयन क्षमता की जांच करना हैं। इसके अन्तर्गत हमें असमान बातों को अलग कर समान बातों को एक साथ रखना होता है। ऐसी सोच कि कौन-सी घटनाएं/वस्तुएं/क्रियाएं तार्किक रूप से समान है। हमारे दैनिक जीवन की सोच के अनुरूप होती हैं।

सादृश्यता परीक्षण से सम्बन्धित प्रश्नों में दो वस्तुओं के बीच के सम्बन्धों पर विचार किया जाता हैं। दो वस्तुएं/घटनाएं/क्रियाएं, जो आपस में किसी भी प्रकार से संबंधित होती है, दी जाती है तथा तीसरी वस्तु तथा एक प्रश्नचिन्ह् भी दिया रहता है तथा चार वैकल्पिक उत्तर दिए जाते हैं। आपको इन वैकल्पिक उत्तरों में से एक ऐसा वैकल्पिक उत्तर चुनना होता है, जिसे प्रश्न चिन्ह् के स्थान पर रखने से उसका सम्बन्ध तीसरी वस्तु से उसी प्रकार हो जाये, जो संबंध पहली वस्तु का दूसरी वस्तु से हैं।

परीक्षार्थियों को नीचे हम व्यक्ति/वस्तु तथा उनके विभिन्न कार्य क्षेत्रों की जानकारी सारणी के माध्यम से उपलब्ध करा रहे हैं।

क्रम संख्या	व्यक्ति/वस्तु	कार्य-क्षेत्र
1.	न्यायाधीश	सुनवाई
2.	सासद	विधायिका
3.	डॉक्टर	अस्पताल
4.	शेरिफ	अपराध
5.	कैंची	कटाई
6.	जुराब	पांव
7.	दस्ताने	हाथ

क्रम संख्या	व्यक्ति/वस्तु	विशेषता
1.	मेजबान	सत्कार
2.	कूतिनीतिज्ञ	चतुर, नीति, ज्ञानी
3.	कर्मठ	कार्य के प्रति सजग
4.	ज्योतिषी	ज्योतिष विशेषता
5.	शौर्य पुरुष	वीरता
6.	नृत्यवार	नाचना
7.	गीतकार	गीत का निर्माण

क्रम संख्या	व्यक्ति/वस्तु	प्रतीक
1.	राजा	मुकुट
2.	राजा	रौबदार
3.	अस्पताल	रेडक्रॉस
4.	पद	सितारे
5.	शौर्य	विक्टोरिया क्रॉस
6.	एयर इण्डिया	महाराजा
7.	खतरा	लाल रंग
8.	शोक, क्षोभ	काला रंग
9.	शांति	सफेद रंग
10.	संस्कृति, सभ्यता	कमल
11.	शांति	जैतून की पत्तियां
12.	परिवार नियोजन	लाल त्रिकोन
13.	रास्ता साफ	हरा रंग

क्रम संख्या	उपकरण	उपयोग
1.	बंदूक	गोली चलाना
2.	फावड़ा	खुदाई
3.	कलम	लिखना
4.	चाकू	काटना
5.	सुई	सिलना
6.	छेनी	नवकाही
7	कुल्हाड़ी	कटाई
8.	कैंची	कपड़ा, बाल
9.	स्याही	कागज
10.	चॉक	श्यामपट्ट
11.	उस्तरा	बाल
12.	ढाल	बचाव
13.	पेंचकस	पेंच

क्रम संख्या	पशु/जन्तु	उनके बच्चे
1.	कुत्ता	पिल्ला
2.	भेड़	मेमना
3.	गाय	बछड़ा
4.	बकरी	मेमना
5.	हिरन	हिरनौय
6.	मुर्गी	चूजा
7.	तितली	इल्ली
8.	मेढ़क	टैडपोल
9.	कछुआ	कच्छप
10.	व्हेल	शभक

क्रम संख्या	राशियां	इकाई
1.	दाब	पास्कल
2.	क्षेत्रफल	सेमी.^{2}, मी^{2}, हेक्टेयर
3.	कोण	रेडियन
4.	भार	किलोग्राम
5.	समय	सेकण्ड
6.	विद्युत धारा	एम्पियर
7.	दीप्ति	कैंडिला
8.	प्रतिरोध	ओम
9.	कार्य	जूल
10.	बल	न्यूटन
11.	लम्बाई	मीटर
12.	ऊर्जा	कैलोरी
13.	आवृत्ति	हर्ट्ज
14.	विद्युत विभव	वोल्ट
15.	शक्ति	वाट

क्रम संख्या	उपयोग कर्ता	औजार/यंत्र
1.	लेखक	कलम
2.	किसान	हल
3.	माली	बगीचा
4.	लुहार	हथौड़ा
5.	सैनिक	बंदूक
6.	योद्धा	तलवार
7.	लकड़हारा	कुल्हाड़ी
8.	शिकारी	बन्दूक
9.	अध्यापक	श्यामपट्ट
10.	वास्तुकार	नक्शा
11.	नाई	कैंची
12.	दर्जी	सिलाई मशीन
13.	रंगसाज	तूलिका
14.	डॉक्टर	थर्मामीटर

क्रम संख्या	कामगार	उत्पाद
1.	सुनार	जेवर
2.	मोची	जूता
3.	किसान	फसल
4.	कसाई	गोश्त
5.	संपादक	समाचार पत्र
6.	निर्माता	फिल्म, नाटक
7.	वास्तुकार	डिजाइन
8.	बढ़ई	फर्नीचर

क्रम संख्या	कर्मचारी	कार्यस्थल
1.	नाविक	जहाज
2.	अभिनेता	मंच
3.	पंसारी	दुकान
4.	अध्यापक	विद्यालय
5.	अंपायर	पिच
6.	योद्धा	युद्ध भूमि
7.	वकील	न्यायालय
8.	वैज्ञानिक	प्रयोगशाला
9.	चित्रकार	चित्र दीर्घा
10.	वैरा	रेंस्तरां

नीचे कुछ उदाहरणों के माध्यम से सादृश्यता परीक्षण का स्पष्टीकरण किया गया है।

हल सहित उदाहरण

उदाहरण 1. जिस प्रकार 'वृक्ष' 'जड़' से सम्बन्धित है, उसी प्रकार 'धुआं' किससे सम्बन्धित है?

(a) सिगरेट (b) आग
(c) ताप (d) चिमनी

हल: (b) जिस प्रकार 'पेड़' की उत्पत्ति जड़ से होती है, उसी प्रकार 'धुआं' की उत्पत्ति आग से होती हैं।

उदाहरण 2. जिस प्रकार 'अपराधी' 'जेल' से सम्बन्धित है, उसी प्रकार 'पिंजरा' किससे सम्बन्धित है?

(a) गौरैया (b) तोता
(c) कबूतर (d) पक्षी

हल: (d) जिस प्रकार सभी अपराधियों को जेल में कैद करके रखा जाता हैं, उसी प्रकार प्रत्येक पक्षी को पिंजरें में कैद रखा जाता है।

उदाहरण 3. रेडियो : श्रोता : : फिल्म : ?

(a) प्रसारण (b) अभिनेता
(c) गीत (d) दर्शक

हल: (d) जिस प्रकार रेडियो सुनने वाले को 'श्रोता' कहा जाता है, उसी प्रकार फिल्म देखने वाले को 'दर्शक' कहा जाता है।

उदाहरण 4. दर्जी : वस्त्र : : कृषक : ?

(a) फसल (b) हल
(c) फावड़ा (d) भूमि

हल: (a) जिस प्रकार 'दर्जी' वस्त्र तैयार करता हैं, उसी प्रकार कृषक 'फसल' तैयार करता है।

उदाहरण 5. ? : माला : : तारा : ?

(a) फूल, सूर्य (b) अभिनेता, रात्रि
(c) फूल, आकाशगंगा (d) सम्मान, चमक

हल: (c) जिस प्रकार माला में फूल होते हैं, उसी प्रकार 'आकाशगंगा' में तारे होते हैं।

उदाहरण 6. ? : जड़ : : भवन : ?

(a) फूल, सूर्य (b) शाखाएं धरातल
(c) वृक्ष, नींव (d) तना, पर्श

हल: (c) जिस प्रकार 'वृक्ष' का सबसे निचला भाग 'जड़' होती है, उसी प्रकार भवन का सबसे निचला भाग 'नींव' होती है।

उदाहरण 7. AG : IO : : EK : ?

(a) LR (b) MS
(c) PV (d) SY

हल: (b) जिस प्रकार,

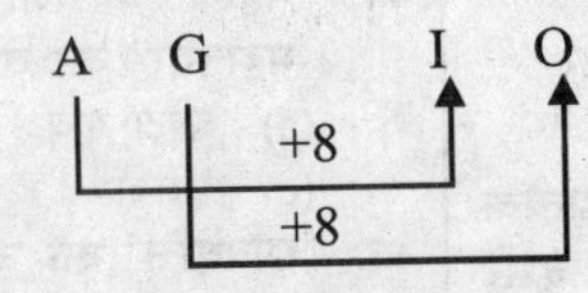

उसी प्रकार,

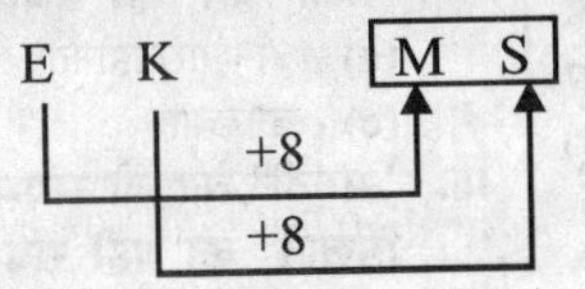

उदाहरण 8. ABDG : TWYZ : : EFHK : ?

(a) VUSP (b) PSUV
(c) PUSV (d) VSQP

हल: (b) जिस प्रकार,

$A \xrightarrow{+1} B \xrightarrow{+2} D \xrightarrow{+3} G$

$T \xrightarrow{+3} W \xrightarrow{+2} Y \xrightarrow{+1} Z$

उसी प्रकार,

$E \xrightarrow{+1} F \xrightarrow{+2} H \xrightarrow{+3} K$

$P \xrightarrow{+3} S \xrightarrow{+2} U \xrightarrow{+1} V$

उदाहरण 9. 8 : 20 : : 14 : ?

(a) 35 (b) 30
(c) 28 (d) 20

हल: (a) जिस प्रकार, 8 : 20 → 2 : 5

उसी प्रकार, 14 : [35] → 2 : 5

उदाहरण 10. 3 : 27 : : 5 : ?

(a) 120 (b) 125
(c) 94 (d) 100

हल: (b) जिस प्रकार, 3 → $(3)^3$ → 27

उसी प्रकार 5 → $(5)^3$ → [125]

प्रश्नमाला

निर्देश (प्र. सं. 1-10): नीचे दिए गए विकल्पों में से सम्बन्धित शब्द चुनिए

1. नाटक: अभिनेता :: संगीत गोष्ठी: ?
(a) पियानो (b) आघात
(c) सुरीलापन (d) संगीतज्ञ

2. टोपी : सिर :: चश्मा: ?
(a) आंख (b) मुंह
(c) दांत (d) कान

3. बोधगया : बिहार :: तिरूपतिः ?
(a) कर्नाटक (b) तमिलनाडु
(c) आन्ध्र प्रदेश (d) केरल

4. मुम्बई : महाराष्ट्र : : त्रिवेंद्रम : ?
(a) कोलकाता (b) तमिलनाडु
(c) सिक्किम (d) केरल

5. हांगकांग : चीन : : वैटिकन : ?
(a) रोम (b) मेक्सिको
(c) कनाडा (d) क्रिश्चनिटी

6. रेशमकीट : रेशम की साड़ी : : नाग : ?
(a) विषहर (b) विष
(c) मृत्यु (d) भय

7. कीटाणु : बीमारी :: जंग : ?
(a) फौज (b) हार
(c) हथियार (d) तबाही

8. मछली : गलफड़ा :: मानव : ?
(a) कान (b) आंख
(c) फेफड़ा (d) नाक

9. अनाज : गोदाम :: जल : ?
(a) पेय (b) नहर
(c) बांध (d) नदी

10. पृथ्वी : सूर्य :: चन्द्रमा : ?
(a) पृथ्वी (b) आकाश
(c) उपग्रह (d) तारा

निर्देश (प्र. सं. 11-20): नीचे दिए गए प्रश्न में पहले शब्द का सम्बन्ध दूसरे शब्द से है, उसी प्रकार तीसरे शब्द का चौथे शब्द से है, तीसरे शब्द का सही सम्बन्ध नीचे दिए गए विकल्प से ज्ञात कीजिए।

11. 'संतान' का 'मां' से वैसा ही सम्बन्ध है जैसे एक 'पेड़' का .... से है।
(a) पौधा (b) फल
(c) जड़ (d) जना

12. दिन का कैलेन्डर के साथ वैसा ही सम्बन्ध है, जैसा कि 'समय' का ....से है।
(a) दिन (b) घंटा
(c) सूर्य (d) घड़ी

13. जिस प्रकार 'झगड़ा' 'युद्ध' से सम्बन्धित है उसी प्रकार 'रोग' का सम्बन्ध .... से है।
(a) संक्रमण (b) महामारी
(c) रोगी (d) दवाई

14. वीडियो उसी प्रकार सम्बन्धित है 'कैसेट' से जिस प्रकार 'कम्प्यूटर' से सम्बन्धित है .... से।
(a) रील (b) रिकॉर्डिक
(c) फाइल (d) फ्लॉपी

15. 'आग' उसी प्रकार सम्बन्धित है 'राख' से, जिस प्रकार 'विस्फोट' सम्बन्धित है .... से।
(a) आवाज (b) अवशेष
(c) प्रकोप (d) ज्वाला

16. जिस प्रकार 'अदालत' का सम्बन्ध 'न्याय' से है, उसी प्रकार 'अस्पताल' का सम्बन्ध किससे है?
(a) उपचार (b) मरीज
(c) पैसा (d) सलाह

17. जिस प्रकार 'राम' का सम्बन्ध 'रावण' से है, उसी प्रकार 'कृष्ण' का सम्बन्ध किससे है?
(a) कंस (b) बालि
(c) राधा (d) अहिल्या

18. जिस प्रकार, 'घोड़ा' सम्बन्धित है 'घास' से उसी प्रकार 'कार' का सम्बन्ध किससे है?
(a) धुआं (b) पेट्रोल
(c) ब्रेक (d) कैरोसीन

19. जिस प्रकार 'ड्रामा' स्टेज से सम्बन्धित है उसी प्रकार 'टेनिस' किससे सम्बन्धित है?
(a) खिलाड़ी (b) रैकिट
(c) कोर्ट (d) प्रतियोगिता

20. जिस प्रकार 'चाक' लिखने से संबंधित है उसी प्रकार 'सुई' किससे संबंधित है?
(a) फाड़ना (b) काटना
(c) जोड़ना (d) सिलना

निर्देश (प्र.सं. 21-28): नीचे दिए गए प्रत्येक प्रश्न में पहले शब्द का जो सम्बन्ध दूसरे शब्द से है, वही सम्बन्ध तीसरे शब्द का चौथे शब्द से है। अतः दिए गए विकल्पों में से चौथे शब्द का चयन कीजिए।

21. मोटर कार : गैरेज : : हवाई जहाज : ?
(a) हैंगर (b) हवाई अड्डा
(c) हवाई पट्टी (d) हवाई स्टाप

22. धागा : कपड़ा : : तार : ?
(a) गेंद (b) गोला
(c) जाली (d) बेलन

33. निराशा : आशा : : भूत : ?
(a) भविष्य (b) वर्तमान
(c) बीता हुआ (d) निराशा

24. बूंद : महासागर : : नक्षत्र : ?
(a) आकाश (b) चमक
(c) टिमटिमाना (d) दीप्त

25. चिकित्सालय : चिकित्सक : : मन्दिर : ?
(a) दंडाधिकारी
(b) प्रबन्धक
(c) पुजारी
(d) मन्दिर के कलाकार

26. लेखक : उपन्यास : : अभिकल्पक : ?
(a) कपड़ा (b) पोशाक
(c) सूट (d) वस्त्र

27. स्पर्श : महसूस करना : : अभिवादन : ?
(a) मुस्कान (b) स्वीकार करना
(c) सफलता (d) शिष्टाचार

28. पोंगी : रेशम : : सैलोट : ?
(a) भवन (b) जहाज
(c) नाव (d) स्रोत

निर्देश (प्र.सं. 29-33): नीचे दिए गए प्रत्येक प्रश्न में पहले प्रश्न में से स्थानो पर प्रश्नसूचक चिह्न दिए गए है। इसमें पहले शब्द का जो सम्बन्ध दूसरे शब्द से है वही सम्बन्ध तीसरे शब्द का चौथे शब्द से है। तो दिए गए विकल्पों मे से प्रश्न चिह्न के स्थान पर उचित विकल्प का चयन कीजिए।

29. ? : जेल : : क्यूरेटर : ?
(a) जेलर, अजायबघर
(b) जेवर, प्रौढ़ता
(c) कोशिश, इलाज
(d) अपराधी, जिज्ञासा

30. ? : समय : : थर्मामीटर : ?
(a) घड़ी, ऊष्मा (b) सूर्य, तापमान
(c) घड़ी, तापमान (d) दिन, ऊर्जा

31. ? : कली : : पौधा : ?
(a) फूल, तना (b) फूल, बीज
(c) सुगन्ध, बीज (d) स्वाद, सुदर

32. ? : जलाना : : कार्बन डाइऑक्साइड : ?
(a) आक्सीजन, गैस
(b) लकड़ी बुझाना
(c) गमी, झाग
(d) ऑक्सीजन, बुझाना

33. ? : पहाड़ : : नाली : ?
(a) बर्फ, नदी (b) पहाड़ी, नहर
(c) पहाड़ी, नदी (d) ढाबू, नाव

निर्देश (प्र.सं. 34-38): नीचे दिए गए प्रत्येक प्रश्न में जो सम्बन्ध पहले अक्षर समूह का दूसरे अक्षर समूह से है वही सम्बन्ध तीसरे अक्षर समूह का चौथे अक्षर समूह से है। अतः दिए गए विकल्पों में से उचित विकल्प का चयन कीजिए।

34. ACE : FHJ : : OQS : ?
(a) RTU (b) TVX
(c) PRT (d) UXY

35. ADHM : ZWSN : :CFJO : ?
(a) TVRM (b) WTPK
(c) XUQL (d) ZXVT

36. BVSC : YEHX : : MRCP : ?
(a) NJXK (b) LKXM
(c) NIXK (d) OIVM

37. EGIK : FILO : : FHJL : ?
(a) GJMP (b) GMJP
(c) JGMP (d) JGPM

38. BDFH : IKMO : : QSUW : ?
(a) GIKL (b) XZBD
(c) OPQR (d) BDFG

निर्देश (प्र.सं. 39-43): नीचे दिए गए प्रत्येक प्रश्न में जो सम्बन्ध पहली संख्या का दूसरी संख्या से है वही सम्बन्ध तीसरी संख्या का चौथी संख्या से हैं। अतः दिए गए विकल्पों में से उचित विकल्प का चयन कीजिए।

39. 3 : 18 : : 13 : ?
(a) 48 (b) 78
(c) 24 (d) 26

40. 1, 2, 3 : 1, 4, 9 : : 3, 2 : ?
(a) 9, 4 (b) 6, 6
(c) 3, 9 (d) 3, 4

41. 335: 216 : : 987: ?
(a) 867 (b) 872
(c) 888 (d) 868

42. 6 : 18 : : 4 : ?
(a) 16 (b) 6
(c) 2 (d) 9

43. 8 : 81 : : 64 : ?
(a) 125 (b) 137
(c) 525 (d) 625

निर्देश (प्र.सं. 44-55): नीचे दिए गए प्रत्येक प्रश्न में जो सम्बन्ध पहले वस्तु/व्यक्ति का दूसरे से है, वही सम्बन्ध तीसरे वस्तु/व्यक्ति का चौथे वस्तु/व्यक्ति से है। अतः नीचे दिए गए विकल्पों में से उचित विकल्प का चयन कीजिए।

44. 'महल' का जो संबंध 'झोपड़ी' से है, 'महानगर' का वही सम्बन्ध किससे है?
(a) छोटा गांव (b) जंगल
(c) गरीबी (d) बहुमंजिली इमारत

45. 'छात्रवृत्ति' का जो सम्बन्ध 'विद्वता' से है, 'सजा' का वही संबंध किससे है?
(a) अनुशासनहीनता (b) दौड़
(c) तनख्वाह (d) ड्राइवर

46. 'अंगूठी' का जो संबंध 'सगाई' से है, 'हाथ मिलाने' का वही संबंध किससे है?
(a) सन्धि (b) हराना
(c) अपमान (d) लड़ाई

47. 'मोड़' का जो संबंध 'दुर्घटना' से है, 'गंदगी' का वही संबंध किससे है?
(a) भिश्ती (b) सड़क
(c) स्वास्थ्य (d) रोग

48. 'मिनट' का जो संबंध 'घंटा' से है, 'पैसा' का वही संबंध किससे है?
(a) महासागर (b) लोग
(c) व्यापारी (d) रूपया

49. 'प्यार' का जो संबंध 'घृणा' से है, 'शिक्षा' का वही संबंध किससे है?
(a) अज्ञानता (b) हिंसा
(c) आलसपन (d) विकास

50. 'गोल' का जो संबंध 'पृथ्वी' से है, 'घन' का वही संबंध किससे है?
(a) पतला (b) ऊंचाई
(c) काँच (d) पासा

51. 'दवाई' का जो संबंध 'गोलियों' से है, 'ज्ञान' का वही संबंध किससे है?
(a) भोजन (b) पुस्तक
(c) समय (d) रेडियो

52. 'संख्या' का जो संबंध 'गणित' से है, 'धुन' का वही संबंध किससे है?
(a) भाषा (b) मुद्रा
(c) संगीत (d) दवाई

53. 'टैगोर' का जो संबंध 'गीतांजलि' से है, 'प्रेमचंद' का वही संबंध किससे है?
(a) गोदान (b) आनंद मठ
(c) माँ (d) मधुशाला

54. 'राजा' का जो संबंध 'रानी' से है, 'घोड़े' का वही संबंध किससे है?
(a) राजकुमारी (b) राजकुमार
(c) घोड़ी (d) गाय

55. 'विचार' का जो संबंध 'मस्तिष्क' से है, 'बादल' का वही संबंध किससे है?
(a) साहित्य (b) महासागर
(c) बैंक (d) ग्रह

उत्तर (हल/संकेत)

1. (d) जिस प्रकार नाटक में अभिनेता होता है, उसी प्रकार संगीत गोष्ठी में संगीतज्ञ होता हैं।

2. (a) जिस प्रकार टोपी सिर पर लगाई जाती है, उसी प्रकार चश्मा आंखों पर लगाया जाता है।

3. (c) जिस प्रकार बोधगया बिहार में स्थित एक धार्मिक स्थल है, उसी प्रकार तिरूपति आन्ध्र प्रदेश में स्थित एक धार्मिक स्थल है।

4. (d) जिस प्रकार मुम्बई महाराष्ट्र की राजधानी है, उसी प्रकार त्रिवेंद्रम केरल की राजधानी है।

5. (a) जिस प्रकार हांगकांग चीन में स्थित है, उसी प्रकार वैटिकन रोम में स्थित है।

6. (b) जिस प्रकार रेशम कीट से रेशम की साड़ी बनती है, उसी प्रकार नाग से विष प्राप्त होता है।

7. (d) जिस प्रकार कीटाणु से बीमारी होती है, उसी प्रकार जंग से तबाही होती है।

8. (d) जैसे मछलियों का श्वसन अंग गलफड़ा है, उसी तरह से मानव का श्वसन अंग नाक है।

9. (c) अनाज का संग्रह गोदाम में किया जाता है, उसी तरह से जल का संग्रह बांध में किया जाता है।

10. (a) जैसे पृथ्वी सूर्य की परिक्रमा करती है, उसी प्रकार चन्द्रमा पृथ्वी की परिक्रमा करता है।

11. (c) जिस प्रकार संतान बिना मां के नहीं हो सकती, उसी प्रकार पेड़ बिना जड़ के नहीं हो सकता है।

12. (b) जिस प्रकार दिन कैलेन्डर का एक अंग उसी प्रकार घंटा समय का एक अंग है।

13. (b) जिस प्रकार झगड़ा बढ़कर युद्ध का रूप लेता है, उसी प्रकार बीमारी ज्यादा बढ़कर महामारी बन जाती है।

14. (d) जिस प्रकार वीडियो के सभी प्रोग्राम कैसेट में रिकार्ड होते है, उसी प्रकार कम्प्यूटर के सभी प्रोग्राम फ्लॉपी में होते है।

15. (b) जिस प्रकार 'आग' लगने के बाद राख बचती है, उसी प्रकार 'विस्फोट' के बाद 'अवशेष' रह जाते है।

16. (a) जिस प्रकार 'अदालत' में 'न्याय' होता है, उसी प्रकार 'अस्पताल' में 'उपचार' होता है।

17. (a) जैसे 'राम' ने 'रावण' को मारा था, उसी प्रकार 'कृष्ण' ने 'कंस' को मारा था।

18. (b) जिस प्रकार से 'घोड़ा', 'घास' खा के चलता है, उसी प्रकार से 'कार', 'पेट्रोल' से चलती है।

19. (c) जिस प्रकार 'ड्रामा', 'स्टेज' पर किया जाता है, उसी प्रकार 'टेनिस' 'कोर्ट' पर खेली जाती है।

20. (d)

21. (a) जिस प्रकार मोटर कार गैरेज में रखा जाता है, उसी प्रकार, हवाई जहाज को हैंगर में रखा जाता है।

22. (c) जिस प्रकार कई धागों से मिलकर कपड़ा बनता है, उसी प्रकार कई तारों से मिलकर जाली बनती है।

23. (a) जिस प्रकार निराशा का विलोम शब्द आशा है, उसी पकार भूत का विलोम शब्द भविष्य है।

24. (a) जिस प्रकार बूंद महासागर का एक अत्यंत सूक्ष्म हिस्सा है, उसी प्रकार नक्षत्र भी आकाश का एक छोटा-सा हिस्सा है।

25. (c) जिस प्रकार चिकित्सक की कार्यशाला उसका चिकित्सालय होता है, उसी प्रकार पुजारी का कार्य क्षेत्र उसका मंदिर होता है।

26. (b) जिस प्रकार लेखक का कार्य उपन्यासों की रचना करना है। उसी प्रकार, अभिकल्पक का कार्य पोशाकों की रचना करना है।

27. (d) जिस प्रकार स्पर्श करना व महसूस करना समानार्थक शब्द है, उसी प्रकार अभिवादन व शिष्टाचार भी समानार्थक शब्द है।

28. (c) जिस प्रकार पोंगी, रेशम की एक अच्छी प्रजाति है, उसी प्रकार सैलोट नाव की एक अच्छी श्रेणी हैं।

29. (a) जिस प्रकार जेलर जेल की देखभाल करता है, उसी प्रकार क्यूरेटर, अजायबघर की देखभाल करता है।

30. (c) जिस प्रकार घड़ी समय बताती है उसी प्रकार थर्मामीटर तापमान बताता है।

31. (b) जिस प्रकार कली का विकसित रूप फूल है, उसी प्रकार बीज का विकसित रूप पौधा है।

32. (d) जिस प्रकार ऑक्सीजन, आग, को जलाती है, उसी प्रकार कार्बन डाइऑक्साइड आग बुझाती है।

33. (c) जिस प्रकार जिस प्रकार पहाड़ का छोटा रूप पहाड़ी है, उसी प्रकार नदी का छोटा रूप नाली है।

34. (b) जिस प्रकार, उसी प्रकार,

$A \xrightarrow{+5} F$ $O \xrightarrow{+5} T$

$C \xrightarrow{+5} H$ $Q \xrightarrow{+5} V$

$E \xrightarrow{+5} J$ $S \xrightarrow{+5} X$

35. (c) जिस प्रकार, उसी प्रकार,

$A \longrightarrow Z$ $C \longrightarrow X$

$D \longrightarrow W$ $F \longrightarrow U$

$H \longrightarrow S$ $J \longrightarrow Q$

$M \longrightarrow N$ $O \longrightarrow L$

36. (c) जिस प्रकार,

$B \longrightarrow V \longrightarrow S \longrightarrow C$

↓ ↓ ↓ ↓ विपरीत वर्ण

$Y \longrightarrow E \longrightarrow H \longrightarrow X$

उसी प्रकार,

$M \longrightarrow R \longrightarrow C \longrightarrow P$

↓ ↓ ↓ ↓ विपरीत वर्ण

$N \longrightarrow I \longrightarrow X \longrightarrow K$

37. (a) जिस प्रकार, उसी प्रकार,

$E \xrightarrow{+1} F$ $F \xrightarrow{+1} G$

$G \xrightarrow{+2} I$ $H \xrightarrow{+2} J$

$I \xrightarrow{+3} L$ $J \xrightarrow{+3} M$

$K \xrightarrow{+4} O$ $L \xrightarrow{+4} P$

38. (b) जिस प्रकार, उसी प्रकार,

$B \xrightarrow{+7} I$ $Q \xrightarrow{+7} X$

$D \xrightarrow{+7} K$ $S \xrightarrow{+7} Z$

$F \xrightarrow{+7} M$ $U \xrightarrow{+7} B$

$H \xrightarrow{+7} O$ $W \xrightarrow{+7} D$

39. (b) जिस प्रकार,

$3 \times 6 = 18$

उसी प्रकार,

$13 \times 6 = 78$

40. (a) जिस प्रकार,

1, 2, 3 के वर्ग = 1, 4, 9

उसी प्रकार,

3, 2 के वर्ग = 9, 4

41. (d) जिस प्रकार,

$(335 - 216) = 119$

उसी प्रकार,

$(987 - 868) = 119$

42. (a) जिस प्रकार,

$(6 + 12) = 18$

उसी प्रकार,

$(4 + 12) = 16$

43. (d) जिस प्रकार, $8 = 2^3$

तथा $81 = (2 + 1)^{3+1}$

$= 3^4 + 81$

उसी प्रकार, $64 = 4^3$

तथा $(4 + 1)^{3+1} = (5)^4 = 625$

44. (a) दोनों शब्दों में उच्चतम तथा निम्नतम सीमाओं का संबंध है।

45. (a) दोनों शब्दों में कारण एवं परिणाम का संबंध है।

46. (a) दोनों शब्दों में अवसर तथा उससे जुड़ी परम्परा का संबंध है।

47. (d) दोनों शब्दों में कारण एवं परिणाम का संबंध है।

48. (d) दोनों शब्दों में छोटी एवं बड़ी इकाई का संबंध है।

49. (a) दोनों शब्द एक-दूसरे के विपरीतार्थक है।

50. (d) दोनों शब्दों में वस्तु तथा उसके आकार का संबंध है।

51. (b) दोनों शब्दों में से पहला दूसरे में निहित होता है।

52. (c) दोनों शब्दों में से पहला दूसरे का आधार है।

53. (a) दोनों शब्दों में रचयिता एवं उसकी रचना का संबंध है।

54. (c) दोनों शब्दों में नर एवं मादा का संबंध है।

55. (b) दोनों शब्दों में परिणाम एवं उसके स्रोत का संबंध है।

❑❑❑

अध्याय

3

असमान को चिह्नित करना

- इस प्रकार के प्रश्नों में किसी अक्षर/शब्द/संख्या को उनके गुण, धर्म, आकार-प्रकार, रूप, रंग, लक्षण एवं अन्य गुणों के आधार पर किसी समूह में वर्गीकृत किया जाता है, इस प्रक्रिया को वर्गीकरण कहते हैं। क्योंकि इस प्रकार के प्रश्नों में सामान्यत: चार अक्षर-समूह/शब्द/संख्या के समूह दिए होते हैं, जिनमें से तीन अक्षर-समूह/ शब्द/संख्या किसी-न-किसी प्रकार से आपस में संबंधित होते हैं, जबकि शेष एक शब्द अन्य शब्दों से भिन्न होता है।

- **अंग्रेजी अक्षर, अक्षर-समूह व शब्दों का वर्गीकरण (Classification of English Letters, Group of Letters and Words)**–इसके अन्तर्गत कुछ अंग्रेजी अक्षर या अक्षर-समूह या शब्द दिए होते हैं, जिनमें से एक को छोड़कर अन्य सभी किसी प्रकार से समान होते हैं। भिन्न अक्षर/अक्षर-समूह/शब्द को उत्तर के रूप में चुनना होता है।

  ऐसे प्रश्नों को हल करने में अंग्रेजी वर्णमाला में अक्षरों की स्थिति, अक्षरों का रेखीय क्रम तथा वृत्तीय क्रम इत्यादि का ज्ञान होना आवश्यक है।

  अंग्रेजी अक्षरों की स्थिति

अंग्रेजी अक्षर	A	B	C	D	E	F	G	H	I	J	K	L	M
संगत क्रमांक	1	2	3	4	5	6	7	8	9	10	11	12	13
अंग्रेजी अक्षर	N	O	P	Q	R	S	T	U	V	W	X	Y	Z
संगत क्रमांक	14	15	16	17	18	19	20	21	22	23	24	25	26

- **संख्याओं का वर्गीकरण**–किसी अंक या संख्या को उसके सामान्य गुणों के आधार पर किसी समूह में वर्गीकृत करने की क्रिया को संख्याओं का वर्गीकरण कहते हैं। इसके अन्तर्गत निम्न प्रश्न पूछे जाते हैं।

- **चार/पाँच अंक या संख्या**–इनके अन्तर्गत प्रश्नों में अंकों या संख्याओं के कुछ समूह दिए गए होते हैं, जिनमें से आपको उस एक अंक/संख्या को ज्ञात करना होता है, जो समूह में उपस्थित अन्य से समानता प्रकट नहीं करता है, अर्थात् अन्य से भिन्न है। संख्याओं का वर्गीकरण निम्नलिखित आधार पर किया जाता है

- **सम संख्या की समानता के आधार पर वर्गीकरण** –इसके अन्तर्गत संख्याओं का वर्गीकरण सम संख्या की समानता के आधार पर किया जाता है।

  वे प्राकृतिक संख्याएँ, जिनमें अंक 2 से भाग देने पर संख्या पूर्णत: विभक्त हो जाए और शेष कुछ भी न बचे, उन्हें सम संख्याएँ कहते हैं।

  जैसे– 2, 4, 6, 8, 12, 14, 50, 100.... इत्यादि।

  ऐसे प्रश्नों में एक संख्या को छोड़कर, अन्य सभी सम संख्या होती हैं।

- **हिन्दी शब्दों का वर्गीकरण** (Classification of Hindi Words)–इसके अन्तर्गत तीन/चार शब्द एक समूह, वर्ग या जाति के होते हैं, जबकि बचा हुआ आखिरी शब्द दूसरे अर्थात् भिन्न समूह, जाति या वर्ग का होता है। इसी एक भिन्न वर्ग, समूह या जाति वाले अर्थात् असंगत, बेमेल या विजातीय शब्द को चुनने के लिए आपसे कहा जाता है।

हल सहित उदाहरण

उदाहरण 1. भिन्न अक्षर-समूह को चुनिए।

(a) BD (b) MO (c) QS (d) FI

हल: (d)

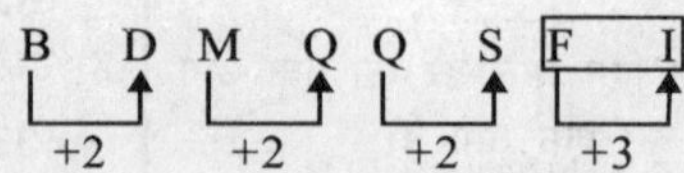

'FI' अक्षर-समूह को छोड़कर, अन्य सभी अक्षर-समूहों में 2 जोड़ा गया है।

उदाहरण 2. भिन्न अक्षर-समूह को चुनिए।

(a) BDH (b) CFL (c) EJU (d) DHP

हल: (c)

B →(+2) D →(+2×2) H E →(+5) J →(+11) U

C →(+3) F →(+3×2) L D →(+4) H →(+4×2) P

उदाहरण 3. भिन्न अक्षर-समूह को चुनिए।

(a) C (b) F (c) J (d) P

हल: (a)

C ↓ 3 F ↓ 6 J ↓ 10 P ↓ 16

C को छोड़कर सभी अक्षरों का वर्णमाला में स्थान सम है।

उदाहरण 4. भिन्न अक्षर-समूह को चुनिए।

(a) MP (b) IL (c) AD (d) FJ

हल: (d)

M →(+3) P I →(+3) L

A →(+3) D F →(+4) J

FJ को छोड़कर सभी अक्षर समूहों में 3 को जोड़ा गया है।

उदाहरण 5. निम्नलिखित तीन संख्याओं के चार संख्या-युग्मों में से तीन संख्या-युग्म किसी प्रकार से एक-से हैं और इस प्रकार से ये अपने एक समूह का निर्माण करते हैं। बताएँ कि इनमें से कौन-सा एक ऐसा संख्या-युग्म है, जो अन्य तीन से भिन्न है?

(a) 12, 24 (b) 18, 30
(c) 20, 40 (d) 25, 50

हल: (b) '18' को छोड़कर, अन्य सभी संख्या-युग्मों में दूसरी संख्या, पहली संख्या की दोगुनी है अर्थात्

$$12 \xrightarrow{\times 2} 24$$
$$18 \xrightarrow{\times 2} \boxed{30}\,36$$
$$20 \xrightarrow{\times 2} 40$$
$$25 \xrightarrow{\times 2} 50$$

उदाहरण 6. भिन्न संख्या को चुनिए।

(a) 144 (b) 676
(c) 324 (d) 729

हल: (d) संख्या '729' को छोड़कर सभी संख्याएँ वर्ग हैं।

संख्या के अंकों के योग की समानता के आधार पर वर्गीकरण : इसके अन्तर्गत संख्याओं का वर्गीकरण, संख्या के अंको के योग की समानता के आधार पर किया जाता है।

ऐसे प्रश्नों में एक संख्या को छोड़कर, अन्य सभी संख्याओं के अंकों का योग एक निश्चित संख्या होती है।

उदाहरण 7. भिन्न संख्या को चुनिए।

(a) 909 (b) 238 (c) 549 (d) 468

हल: (b) संख्या '238' को छोड़कर, अन्य सभी संख्याओं के अंकों का योग समान अर्थात् 18 है।

$909 = 9 + 0 + 9 = 18$
$238 = 2 + 3 + 8 = 13$
$549 = 5 + 4 + 9 = 18$
$468 = 4 + 6 + 8 = 18$

उदाहरण 8. नीचे शब्दों के चार जोड़े दिए गए हैं, जिसमें से तीन किसी प्रकार से एक जैसे हैं और इस प्रकार से ये अपने एक समूह का निर्माण करते हैं। बताएँ कि इनमें से कौन-सा एक जोड़ा ऐसा है, जो अन्य तीन जोड़ों से भिन्न है?

(a) दूध - दही (b) अंगूर - शराब
(c) बांस - कागज (d) कपास - चीनी

हल: (d) दूध से दही बनता है, अंगूर से शराब बनती है, बांस से कागज बनता है, परन्तु कपास से चीनी नहीं बनती है।

उदाहरण 9. नीचे तीन शब्दों के चार समूह दिए गए हैं, इनमें से केवल एक ही समूह ऐसा है, जिसके तीनों शब्दों में कुछ समान लक्षण/विशेषता है और इस प्रकार से यह समूह अन्य तीन से भिन्न है। बताएँ कि वह समूह कौन-सा है?

(a) सूर्य, चन्द्रमा, पृथ्वी (b) पृथ्वी, चन्द्रमा, मंगल
(c) सूर्य, तारा, चन्द्रमा (d) मंगल, बुध, बृहस्पति

हल: (d) मंगल, बुध, बृहस्पति— ये तीनों ग्रह हैं।

प्रश्नमाला

निर्देश (प्र. स. 1 – 5)—निम्नलिखित प्रश्नों में चार संख्याएँ दी गई हैं। चार में से कोई तीन किसी प्रकार समान हैं। अत: उनका एक समूह बनता है। वह एक कौन-सा है, जो इस समूह में नहीं आता है?

1. (a) 144 (b) 169 (c) 196 (d) 210
2. (a) 131 (b) 256 (c) 196 (d) 225
3. (a) 49 (b) 140 (c) 112 (d) 97
4. (a) 121 (b) 169 (c) 225 (d) 289
5. (a) 64 (b) 208 (c) 316 (d) 118

निर्देश (प्र. सं. 6 – 20)—निम्नलिखित प्रश्नों में चार अक्षर- युग्म दिए गए हैं। चार में से कोई तीन किसी प्रकार समान हैं। अत: उनका एक समूह बनता है। वह एक कौन-सा है, जो इस समूह में नहीं आता है?

6. (a) ZMYL (b) VIUH (c) REQD (d) ANBO
7. (a) LJNP (b) ECGI (c) CAFG (d) SQUW
8. (a) PRSQ (b) UWXV (c) LONM (d) CEFD
9. (a) YXVU (b) ORQP (a) KJHG (d) MLJI
10. (a) DCFG (b) FEHI (c) HGJK (d) JILM
11. (a) ZVRN (b) UQMJ (c) SOKG (d) TPLH
12. (a) ADGPT (b) ACEIK (c) ABDEI (d) ADPY
13. (a) DCBA (b) HGFE (c) PQRS (d) RQPO
14. (a) BFJN (b) DHLP (c) GIMQ (d) HLPT
15. (a) ZKXJ (b) CMAL (c) TGRF (d) FRTK
16. (a) BCDC (b) MPON (c) GIHJ (d) UXWV
17. (a) ZX (b) TR (c) OM (d) IF
18. (a) JLMK (b) SUVT (c) SVUT (d) GIJH
19. (a) MORV (b) DFIM (c) QSVZ (d) EFGJ
20. (a) CBCD (b) IHIJ (c) ONOP (d) UTUW

निर्देश (प्र. सं. 21 – 26)—निम्नलिखित प्रश्नों में चार संख्या-युग्म दिए गए हैं। चार में से कोई तीन किसी प्रकार समान हैं। अत: उनका एक समूह बनता है। वह एक कौन-सा है, जो इस समूह में नहीं आता है?

21. (a) 37-74 (b) 26-52 (c) 47-84 (d) 44-88
22. (a) 25-36 (b) 144-169 (c) 100-121 (d) 9-64
23. (a) 13-40 (b) 14-42 (c) 15-46 (d) 16-49
24. (a) 26-156 (b) 39-52 (c) 52-84 (d) 65-78
25. (a) 12-34 (b) 45-67 (c) 23-34 (d) 56-78
26. (a) 72-44 (b) 68-40 (c) 85-57 (d) 19-61

निर्देश (प्र. सं. 27 – 36)—निम्नलिखित प्रश्नों में चार शब्द दिए गए हैं। चार शब्दों में से तीन शब्द किसी प्रकार समान है। अत: उनका एक समूह बनता है। वह एक कौन-सा है, जो इस समूह में नहीं आता है?

27. (a) वर्ग (b) समचतुर्भुज (c) समबाहु त्रिभुज (d) पंचभुज
28. (a) जोड़ना (b) बन्धन (c) काँटा (d) कड़ी
29. (a) द्विफल (b) चुकन्दर (c) गन्ना (d) सेब
30. (a) डाक (b) तार (c) टेलीफोन (d) बिजली
31. (a) नेपच्यून (b) यूरेनस (c) प्लूटो (d) मरकरी

32. (a) 14 नवम्बर (b) 15 अगस्त (c) 26 जनवरी (d) 2 अक्टूबर
33. (a) कुतिया (b) बिल्ली का बच्चा (c) बछड़ा (d) शावक
34. (a) आलू (b) टमाटर (c) फूलगोभी (d) बैंगन
35. (a) चश्मा (b) कृत्रिम दन्तावली (c) बैसाखी (d) प्लास्टर
36. (a) जनवरी (b) मार्च (c) जुलाई (d) सितम्बर

उत्तर (हल/संकेत)

1. (d) 210 को छोड़कर अन्य सभी पूर्ण वर्ग संख्याएँ हैं।

2. (a) 131 को छोड़कर अन्य सभी पूर्ण वर्ग संख्याएँ हैं।

3. (a) 49 को छोड़कर, अन्य सभी पूर्ण वर्ग संख्याएँ नहीं हैं।

4. (c) 225 को छोड़कर, अन्य सभी अभाज्य संख्याओं की पूर्ण वर्ग संख्या हैं।

5. (a) 64 को छोड़कर, अन्य सभी पूर्ण वर्ग संख्याएँ नहीं हैं।

6. (d)

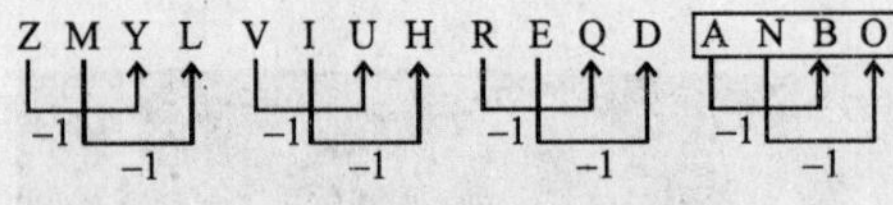

7. (c)

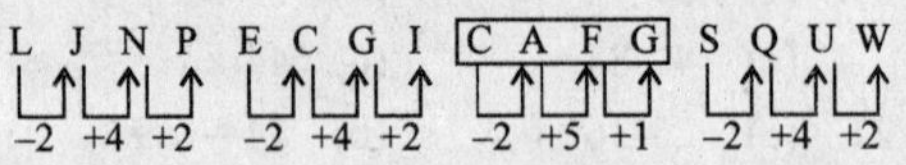

8. (c)

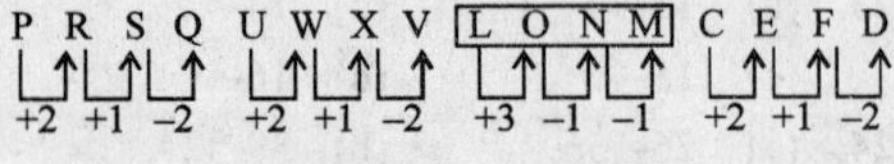

9. (b)

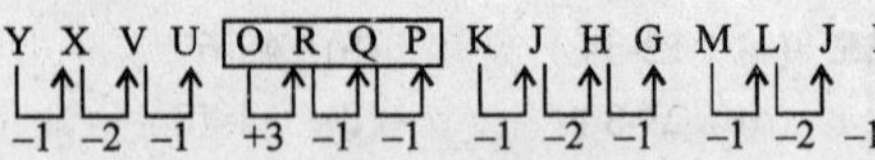

10. (c)

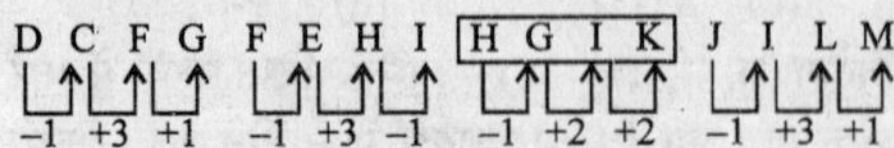

11. (b)

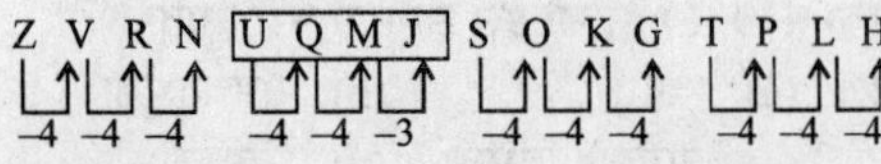

12. (a)

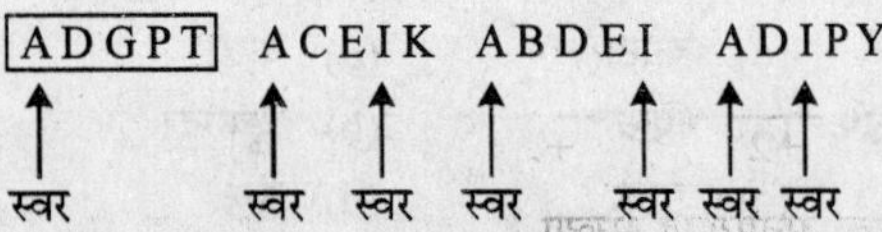

13. (c)

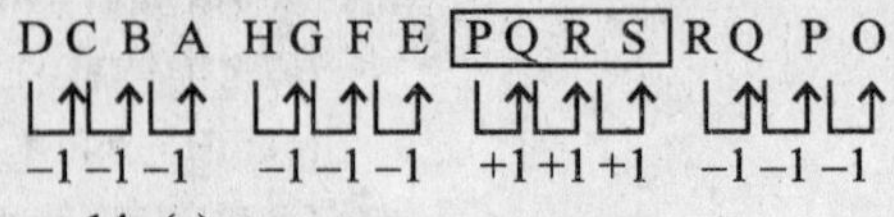

14. (c)

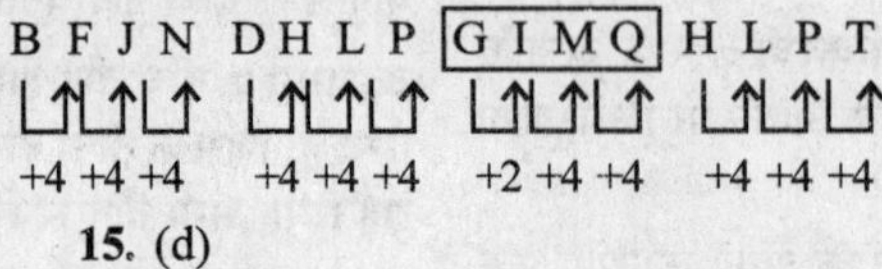

15. (d)

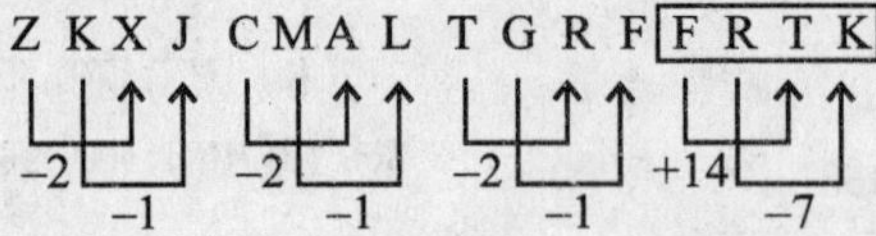

16. (a)

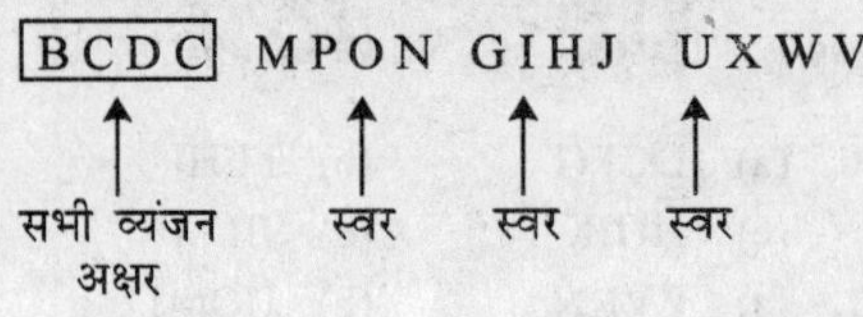

17. (d)

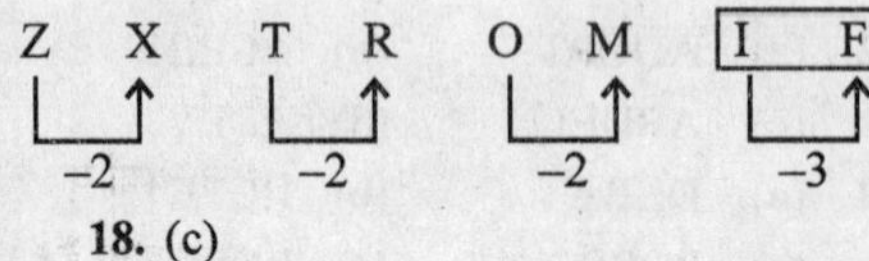

18. (c)

J L M K S U V T [S V U T] G I J H

+2 +1 –2 +2 +1 –2 +3 –1 –1 +2 +1 –2

19. (d)

M O R V D F I M Q S V Z [E F G J]

+2 +3 +4 +2 +3 +4 +2 +3 +4 +1 +1 +3

20. (d)

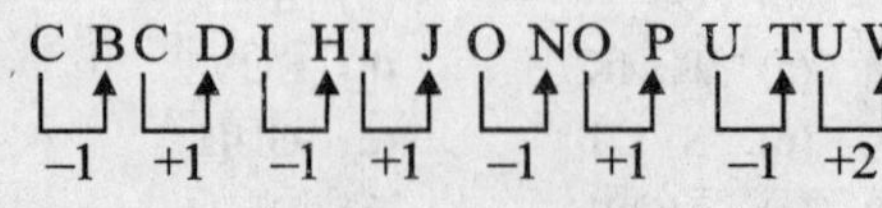

21. (c)

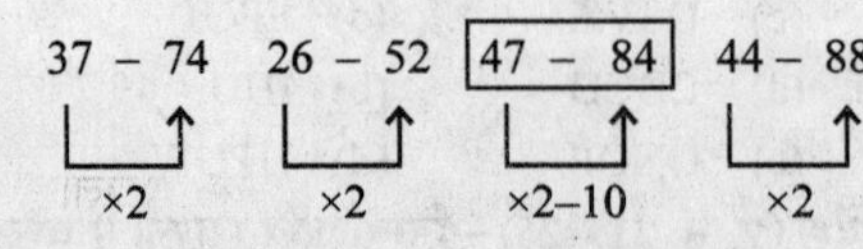

22. (d)

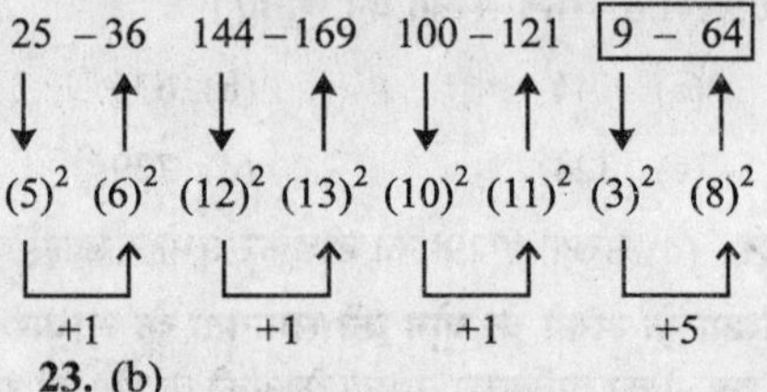

23. (b)

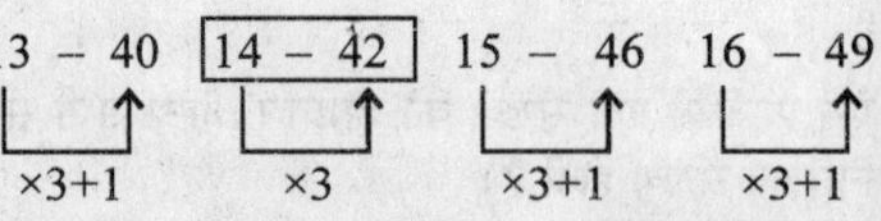

24. (c) '52-84' को छोड़कर अन्य सभी में दोनों संख्याएँ 13 से विभाज्य हैं।

25. (c)

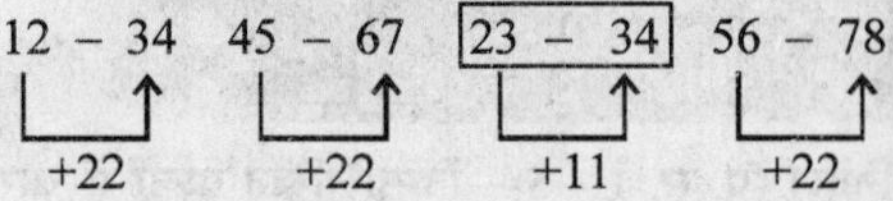

26. (d) '19-61' को छोड़कर अन्य सभी में दोनों संख्याएँ भाज्य हैं।

27. (d) पंचभुज को छोड़कर अन्य सभी में भुजाओं की लम्बाइयाँ सामान होती हैं।

28. (c) काँटा को छोड़कर अन्य सभी समानार्थी शब्द हैं।

29. (b) चुकन्दर को छोड़कर अन्य सभी जमीन के ऊपर होते हैं।

30. (d) बिजली को छोड़कर अन्य सभी सन्देश भेजने के साधन हैं।

31. (d) प्लूटो को छोड़कर अन्य सभी ग्रह हैं।

32. (a) 14 नवम्बर को छोड़कर अन्य सभी भारत के राष्ट्रीय दिवस हैं।

33. (a) कुतिया को छोड़कर अन्य सभी जानवर जानवरों के बच्चे हैं।

34. (a) आलू को छोड़कर अन्य सभी जमीन के ऊपर उपजते हैं।

35. (d) प्लास्टर को छोड़कर अन्य सभी मानव अंग के खराब होने पर सम्बन्धित कार्यों को करने के साधन हैं।

36. (d) सितम्बर को छोड़कर अन्य सभी माह 31 दिन के होते हैं।

❑❑❑

अध्याय

4 अक्षर एवं संख्या श्रृंखला

- अक्षरों एवं अंकों के व्यवस्थित क्रम को श्रृंखला कहते हैं।

श्रृंखला के अन्तर्गत परीक्षा में कुछ अंक एवं अक्षर एक विशेष क्रम में दिए जाते हैं। दिए गए क्रम में किसी विशेष स्थान को खाली छोड़ दिया जाता है या किसी विशेष स्थान पर आने वाले अंक के स्थान पर कोई गलत अंक संयोजित कर दिया जाता है। आपको दी गई श्रृंखला के खाली स्थान को दिए गए विकल्पों में से उपयुक्त अंक या अक्षर या अंक एवं अक्षर का चुनाव करके पूर्ति करना होता है तथा दूसरी प्रकार की श्रृंखला में प्रयुक्त गलत अंक को ज्ञात करना होता है। इसके अलावा श्रृंखला में औपबंधिक संख्या (Conditional Number) से भी प्रश्न पूछे जाते हैं। ऐसे प्रश्नों को हल करने के लिए निम्न जानकारी होना आवश्यक है–

1. सम संख्या, विषम संख्या तथा अभाज्य संख्या की जानकारी।
2. 1 से 20 तक की संख्याओं के वर्ग तथा घन के बारे में जानकारी।
3. अंग्रेजी वर्णमाला के प्रत्येक अक्षर की स्थिति के बारे में जानकारी।

- **संख्या श्रृंखला** (Number Series) : इसके अन्तर्गत पूछे जाने वाले प्रश्नों में अंकों की श्रृंखला दी जाती है। यह श्रृंखला जोड़, घटाव, गुणा, भाग, वर्ग, वर्गमूल, घन, घनमूल आदि पर आधारित होती हैं। इससे संबंधित प्रश्नों को हल करने के लिए नीचे दिए गए प्रमुख बिन्दुओं पर ध्यान देना आवश्यक है–
- यदि दी गई श्रृंखला के अंकों के मान में सामान्य वृद्धि हो रही है, तो निश्चित रूप से वहां सिर्फ जोड़ का कार्य हो रहा है।
- यदि दी गई श्रृंखला के अंकों के मान में सामान्य कमी हो रही है, तो निश्चित रूप से वहां घटाने का कार्य हो रहा है।
- यदि दी गई श्रृंखला के अंकों में काफी तीव्रता के साथ वृद्धि हो रही है, तो निश्चित रूप से वहां गुणा का कार्य हो रहा है, इसके अलावा जोड़ एवं घटाव या जोड़ अथवा घटाव भी साथ में सम्भव है।
- यदि श्रृंखला के आंकिक मान में तीव्रता के साथ कमी हो रही है, तो वहां भाग का काम हो रहा है। साथ ही जोड़ अथवा घटाव भी सम्भव है।
- यदि श्रृंखला तीव्रता के साथ पहले बढ़ती हो तथा बाद में घटती हो, तो वहां गुणा तथा भाग की क्रिया एक-एक करके अपनाई जा रही है।
- यदि श्रृंखला में अंकों का मान कम-से-कम अन्तर से पहले बढ़े, फिर घटे, तो वहां जोड़ तथा घटाव का कार्य बदल-बदल कर चल रहा है।

⇒ संख्या श्रृंखला के अन्तर्गत सामान्यतः दो प्रकार के प्रश्न पूछे जाते हैं–

(A) **दी गई श्रृंखला को पूरा करना** (Complete the Given Series) : इसके अन्तर्गत दिए गए श्रृंखला क्रम में किसी विशेष स्थान को रिक्त छोड़ दिया जाता है अथवा प्रश्नवाचक चिह्न (?) द्वारा निरूपित कर दिया जाता है, फिर अभ्यर्थियों से यह अपेक्षा की जाती है कि वह उस क्रम का पता लगाकर दिए गए प्रश्नवाचक चिह्न (?) के स्थान पर आने वाली उपयुक्त संख्या का चयन करें।

अब उपर्युक्त तथ्यों के स्पष्टीकरण के लिए नीचे दिए गए प्रमुख उदाहरणों का ध्यानपूर्वक अवलोकन करें।

हल सहित उदाहरण

उदाहरण 1. निम्नलिखित अंकों की श्रृंखला में प्रश्नवाचक चिह्न (?) के स्थान पर नीचे दिए गए विकल्पों में से कौन-सा अंक आएगा?

3, 10, 20, 33, 49, ?

(a) 65 (b) 58
(c) 72 (d) 68

हल: (d)

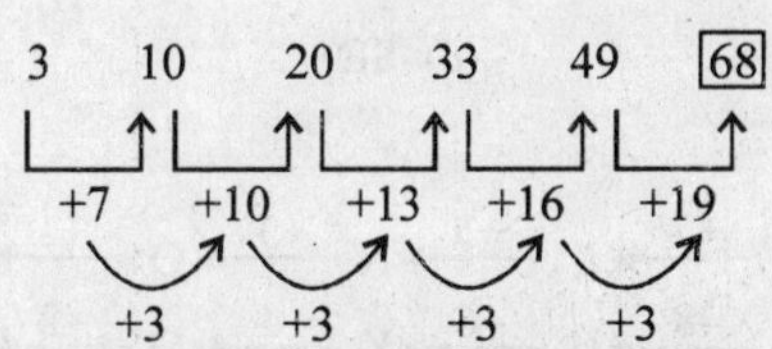

अतः प्रश्नचिह्न के स्थान पर 68 आएगा।

(b) **दी गई श्रृंखला से गलत पद ज्ञात करना** (Finding the wrong term in the given series) : इसके अन्तर्गत दिए गए श्रृंखला क्रम में किसी विशेष स्थान पर आने वाले अंक के स्थान पर कोई गलत अंक संयोजित कर दिया जाता है जिसे अभ्यर्थियों को दिए गए क्रम का पता लगाकर श्रृंखला में प्रयुक्त गलत पद ज्ञात करना होता है। इसके लिए अभ्यर्थियों को सर्वप्रथम यह ज्ञात करना चाहिए कि श्रेणी में पद किस नियम के अनुसार बदल रहे हैं, फिर यह ज्ञात करना चाहिए कि उस नियम के अनुसार कौन-सा पद परिवर्तित नहीं हो रहा है, वही गलत पद है।

अब, उपर्युक्त तथ्यों के स्पष्टीकरण के लिए प्रमुख उदाहरणों का ध्यानपूर्वक अवलोकन करें।

उदाहरण 2. निम्नलिखित संख्या श्रेणी में सिर्फ एक पद गलत है, उस गलत पद को ज्ञात कीजिए।

3, 5, 8, 9, 11

(a) 8 (b) 11
(c) 9 (d) 5

हल: (a)

3 →(+2) 5 →(+2) ⑧ (7) →(+2) 9 →(+2) 11

अतः श्रृंखला में 8 एक अनुपयुक्त संख्या है। क्योंकि 8 के स्थान पर 7 होना चाहिए।

वर्णमाला श्रृंखला (Alphabet Series) : इसके अन्तर्गत दी गई श्रृंखला में अंग्रेजी वर्णमाला से संबंधित अक्षरों की एक श्रृंखला दी जाती है, जिसमें एक या दो

अक्षर लुप्त कर दिया जाता है अथवा उस स्थान को प्रश्नवाचक चिह्न (?) द्वारा निरूपित किया जाता है, फिर नीचे दिए गए विकल्पों से प्रश्नवाचक चिह्न (?) के स्थान पर आने वाले उपयुक्त अक्षर का चयन करना होता है। इसके लिए अभ्यर्थियों को दी गई शृंखला का ध्यानपूर्वक अवलोकन करते हुए यह पता करना होता है कि शृंखला किस नियम के अनुसार परिवर्तित हो रही और उस परिवर्तित नियम के अनुसार, प्रश्नवाचक चिन्ह (?) के स्थान पर कौन-सा अक्षर उपयुक्त होगा।

इस शृंखला से संबंधित प्रश्नों को आसानी से हल करने के लिए वर्णमाला क्रमांकिक रूप में जैसे– A = 1, B = 2, C = 3 ... Z = 26 तक याद रखना आवश्यक है।

अब आइए, उपर्युक्त तथ्यों के स्पष्टीकरण के लिए कुछ प्रमुख उदाहरणों व उसके व्याख्यात्मक हल का ध्यानपूर्वक अवलोकन करें।

निर्देश (उदाहरण 3 – 4)—निम्नलिखित दिए गए प्रत्येक प्रश्न में अक्षरों की एक शृंखला दी गई है। इस शृंखला में एक या दो अक्षर को लुप्त कर दिया गया है तथा उनके स्थान पर प्रश्नवाचक चिह्न अंकित है। दी गई शृंखला का ध्यान से अध्ययन करके नीचे दिए गए चार विकल्पों में से उस एक विकल्प को ज्ञात कीजिए जोकि शृंखला में प्रश्नवाचक चिह्न (?) के स्थान पर उपयुक्त बैठता हो।

उदाहरण 3: निम्नलिखित अक्षरों की शृंखला में प्रश्नवाचक चिन्ह (?) के स्थान पर नीचे दिए गए विकल्पों में से कौन-सा अक्षर समूह आएगा?

BY, IQ, NK, QG, ?

(a) RF (b) TF

(c) RE (d) SE

हलः (c)

$$B \xrightarrow{+7} I \xrightarrow{+5} N \xrightarrow{+3} Q \xrightarrow{+1} R$$

$$Y \xrightarrow{-8} Q \xrightarrow{-6} K \xrightarrow{-4} G \xrightarrow{-2} E$$

अतः विकल्प (c) सही उत्तर होगा।

उदाहरण 4. निम्नलिखित अक्षरों की शृंखला में नीचे दिए गए विकल्पों में से कौन-सा प्रश्नवाचक चिह्न (?) के स्थान पर आएगा?

CWG, EUJ, GSM, IQP, ?

(a) KOM (b) LOM

(c) KNM (d) KOS

हलः (d) दी गई अक्षर शृंखला का ध्यानपूर्वक अवलोकन करने पर हम पाते हैं कि वह शृंखला के प्रत्येक समूह का पहला अक्षर +2, +2, +2, ...के बढ़ते हुए क्रम में, प्रत्येक समूह का दूसरा अक्षर –2, –2, –2, ...के घटते हुए क्रम में एवं प्रत्येक समूह का तीसरा अक्षर +3, +3, +3 .... के बढ़ते हुए क्रम में व्यवस्थित है, जिसे निम्न प्रकार से व्यक्त किया गया है

$$C \xrightarrow{+2} E \xrightarrow{+2} G \xrightarrow{+2} I \xrightarrow{+2} \boxed{K}$$

$$W \xrightarrow{-2} U \xrightarrow{-2} S \xrightarrow{-2} Q \xrightarrow{-2} \boxed{O}$$

$$G \xrightarrow{+3} J \xrightarrow{+3} M \xrightarrow{+3} P \xrightarrow{+3} \boxed{S}$$

अतः प्रश्नवाचक चिह्न (?) के स्थान पर आने वाले अक्षरों का उपयुक्त समूह 'KOS' होगा।

उदाहरण 5. निम्नलिखित दिए गए प्रत्येक प्रश्न में अक्षरों की शृंखला दी गई है। इन शृंखलाओं में कुछ अक्षरों को लुप्त कर दिया गया है तथा उन्हें शृंखला के नीचे दिए गए विकल्पों में उसी क्रम में दिया गया है जिस प्रकार से उसे शृंखला में होना चाहिए। दी गई शृंखला का अध्ययन करके नीचे दिए गए विकल्पों में से उस एक विकल्प को ज्ञात कीजिए जो शृंखला के लुप्त अक्षरों के स्थान पर उपयुक्त है।

ab-ba/abc-a/abcb-/abcb-

(a) cbaa (b) abca

(c) aacb (d) bcaa

हलः (a) ऐसे प्रश्नों को हल करने के लिए दी गई शृंखला के शुरू में हम देखते हैं कि खाली स्थान के दोनों ओर अक्षर 'b' प्रयुक्त होता है तथा उस शृंखला में आगे दो 'b' के बीच 'c' अक्षर प्रयुक्त हुआ है इसलिए शृंखला के शुरू में दो 'b' के बीच खाली स्थान पर अक्षर 'c' प्रयुक्त करेंगे, इस प्रकार बनी शृंखला होगी

ab c baabc b aabcb a abcba

प्रश्नमाला

निर्देश (प्र. सं. 1 – 10) : निम्नलिखित दिए गए प्रत्येक प्रश्न में अक्षरों की एक शृंखला दी गई है। इस शृंखला में एक या दो अक्षर को लुप्त कर दिया गया है तथा उनके स्थान पर प्रश्नवाचक (?) दर्शाए गए हैं। दी गई शृंखला का ध्यान से अध्ययन करके नीचे दिए गए चार विकल्पों में से उस एक विकल्प को ज्ञात कीजिए जोकि शृंखला में प्रश्नवाचक चिन्ह (?) के स्थान पर उपयुक्त बैठता हो।

1. ?, PSVYB, EHKNQ, TWZCF, ILORU

(a) BEHKN (b) ADGJM

(c) SVYBE (d) ZCFIL

2. WAB, XCD, YEF, ?

(a) CMN (b) ZGH

(c) BKL (d) AIJ

3. DAB, IFG, NKL, ?

(a) SPQ (b) SOP

(c) SPO (d) RSQ

4. CGK, EJP, GMU, ?

(a) IRT (b) IPZ

(c) FNV (d) JLN

5. BMO, EOQ, HQS, ?

(a) SOW (b) LMN

(c) KSU (d) SOV

6. NT, QR, TP, WN, ?

(a) ZL (b) LZ

(c) YL (d) ZM

7. CFL, EIK, GLJ, IOI, ?

(a) KHR (b) LRH

(c) HLR (d) KRH

8. BYW, DUX, FQY, ?

(a) HZM (b) HMZ

(c) GMY (d) HNZ

9. G13T, I11Z, L9O, ?

(a) O7K (b) P8K

(c) Q7L (d) P7K

10. 2B, 4C, 8E, 14H, ?

(a) 21L (b) 22K

(c) 22L (d) 20K

निर्देश (प्र. सं. 11–25) नीचे दिए गए प्रश्नों में शृंखला के लुप्त पद का चयन दिए गए विकल्पों में से कीजिए।

11. 27, 32, 30, 35, 33, ?

(a) 28 (b) 31

(c) 36 (d) 38

12. 71, 59, 48, 38, 29, ?
(a) 18 (b) 21
(c) 20 (d) 12

13. 5, 8, 13, ?, 34, 55, 89
(a) 20 (b) 21
(c) 23 (d) 29

14. 18, 23, 27, 32, 36, ?
(a) 41 (b) 42
(c) 40 (d) 43

15. 4, 8, 7, 11, 22, 21, 25, 50, ?
(a) 49 (b) 54
(c) 51 (d) 53

16. 2, 5, 9, 19, 37, ?
(a) 73 (b) 75
(c) 72 (d) 78

17. 71, 76, 69, 74, 67, 72, ?
(a) 65 (b) 76
(c) 96 (d) 80

18. 8, 24, 12, 36, 18, 54, ?
(a) 27 (b) 68
(c) 72 (d) 108

19. 3, 4, 0, 9, –7, ?
(a) 25 (b) 26
(c) 36 (d) 18

20. 8, 13, 26, 51, ?
(a) 69 (b) 92
(c) 102 (d) 41

21. 21, 24, 33, 48, 69, 96, ?
(a) 129 (b) 126
(c) 132 (d) 135

22. 540, 316, 204, 148, 120, 106, ?
(a) 92 (b) 89
(c) 98 (d) 99

23. 135, 124, 111, 96, 79, 60, ?
(a) 37
(b) 41
(c) 43
(d) इनमें से कोई नहीं

24. 23, 32, 50, 77, 113, 158, ?
(a) 213 (b) 212
(c) 203 (d) 121

25. 37, 101, 150, 186, 211, 227, ?
(a) 235 (b) 231
(c) 238 (d) 236

निर्देश (प्र. सं. 26 – 30) : निम्नलिखित दिए गए प्रत्येक प्रश्न में अंकों की एक श्रृंखला दी गई है, जिसमें से एक पद गलत है। प्रत्येक श्रृंखला में स्थित उस गलत पद को ज्ञात कीजिए।

26. 2, 5, 7, 10, 12, 14
(a) 10 (b) 12
(c) 14 (d) 7

27. 15, 20, 30, 40, 65, 90
(a) 30 (b) 40
(c) 65 (d) 90

28. 3, 10, 27, 4, 16, 64, 5, 25, 125
(a) 10 (b) 27
(c) 16 (d) 15

29. 89, 78, 86, 80, 85
(a) 89 (b) 78
(c) 80 (d) 86

30. 10, 14, 28, 34, 64, 68
(a) 28 (b) 34
(c) 64 (d) 68

उत्तर (हल/संकेत)

1. (b)

[A] →(+15) P →(+15) E →(+15) T →(+15) I
[D] →(+15) S →(+15) H →(+15) W →(+15) L
[G] →(+15) V →(+15) K →(+15) Z →(+15) O
[J] →(+15) Y →(+15) N →(+15) C →(+15) R
[M] →(+15) B →(+15) Q →(+15) F →(+15) U

2. (b)

W →(+1) X →(+1) Y →(+1) [Z]
A →(+2) C →(+2) E →(+2) [G]
B →(+2) D →(+2) F →(+2) [H]

3. (a)

D →(+5) I →(+5) N →(+5) [S]
A →(+5) F →(+5) K →(+5) [P]
B →(+5) G →(+5) L →(+5) [Q]

4. (b)

C →(+2) E →(+2) G →(+2) [I]
G →(+3) J →(+3) M →(+3) [P]
K →(+5) P →(+5) U →(+5) [Z]

5. (c)

B →(+3) E →(+3) H →(+3) [K]
M →(+2) O →(+2) Q →(+2) [S]
O →(+2) Q →(+2) S →(+2) [U]

6. (a)

N →(+3) Q →(+3) T →(+3) W →(+3) [Z]
T →(–2) R →(–2) P →(–2) N →(–2) [L]

7. (d)

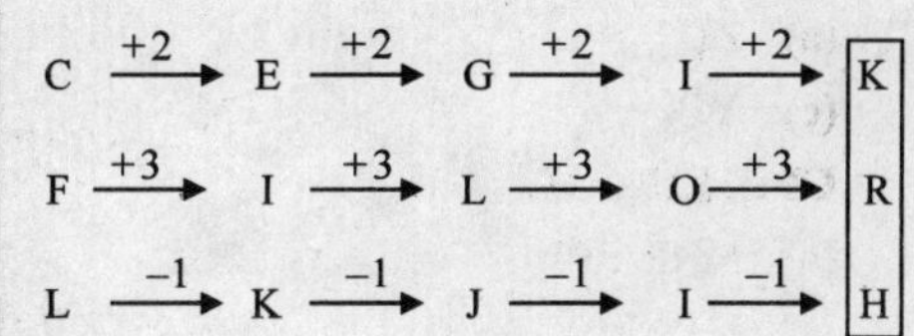

8. (b)

B →(+2) D →(+2) F →(+2) [H]
Y →(– 4) U →(– 4) Q →(– 4) [M]
W →(+1) X →(+1) Y →(+1) [Z]

9. (d)

G →(+2) I →(+3) L →(+4) [P]
13 →(–2) 11 →(–2) 9 →(–2) [7]
T →(–2) R →(–3) O →(–4) [K]

10. (c)

2 →(+2) 4 →(+4) 8 →(+6) 14 →(+8) [22]
B →(+1) C →(+2) E →(+3) H →(+4) [L]

11. (d)

27 →(+5) 32 →(–2) 30 →(+5) 35 →(–2) 33 →(+5) [38]

∴ ? = 38

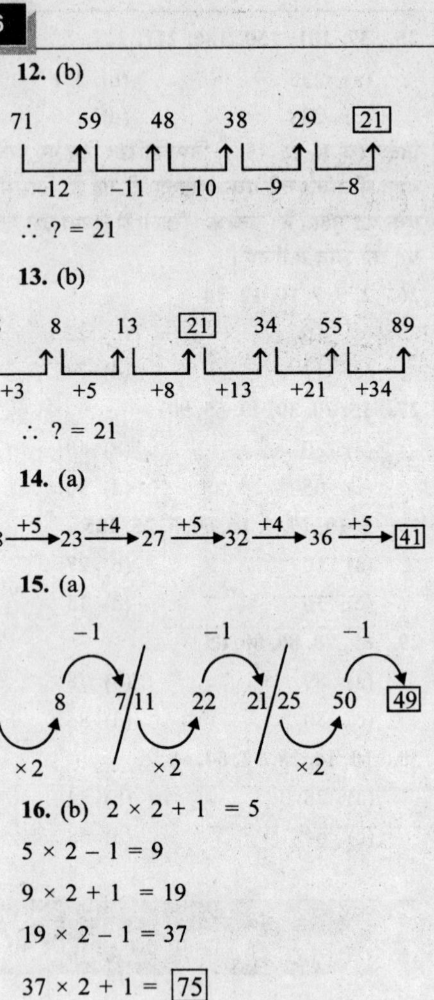
12. (b)
71 59 48 38 29 21
−12 −11 −10 −9 −8
∴ ? = 21
13. (b)
5 8 13 21 34 55 89
+3 +5 +8 +13 +21 +34
∴ ? = 21
14. (a)
18 +5 23 +4 27 +5 32 +4 36 +5 41
15. (a)
−1 −1 −1
4 8 7 11 22 21 25 50 49
×2 ×2 ×2
16. (b) 2 × 2 + 1 = 5
5 × 2 − 1 = 9
9 × 2 + 1 = 19
19 × 2 − 1 = 37
37 × 2 + 1 = 75
17. (a)
−2 −2
71 76 69 74 67 72 65
−2 −2 −2

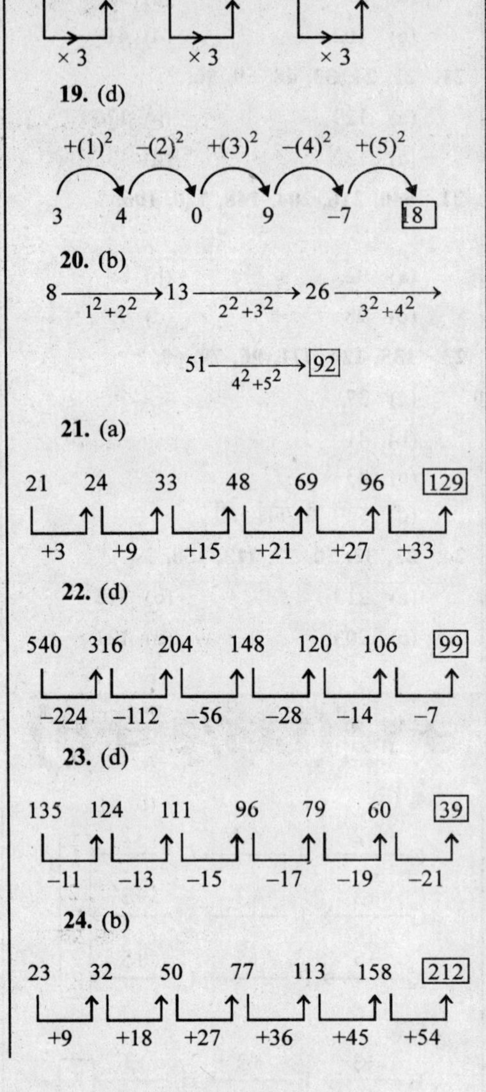
18. (a)
÷ 2 ÷ 2 ÷ 2
8 24 12 36 18 54 27
× 3 × 3 × 3
19. (d)
+(1)^2 −(2)^2 +(3)^2 −(4)^2 +(5)^2
3 4 0 9 −7 18
20. (b)
8 → 13 → 26 →
1^2+2^2 2^2+3^2 3^2+4^2
51 → 92
4^2+5^2
21. (a)
21 24 33 48 69 96 129
+3 +9 +15 +21 +27 +33
22. (d)
540 316 204 148 120 106 99
−224 −112 −56 −28 −14 −7
23. (d)
135 124 111 96 79 60 39
−11 −13 −15 −17 −19 −21
24. (b)
23 32 50 77 113 158 212
+9 +18 +27 +36 +45 +54

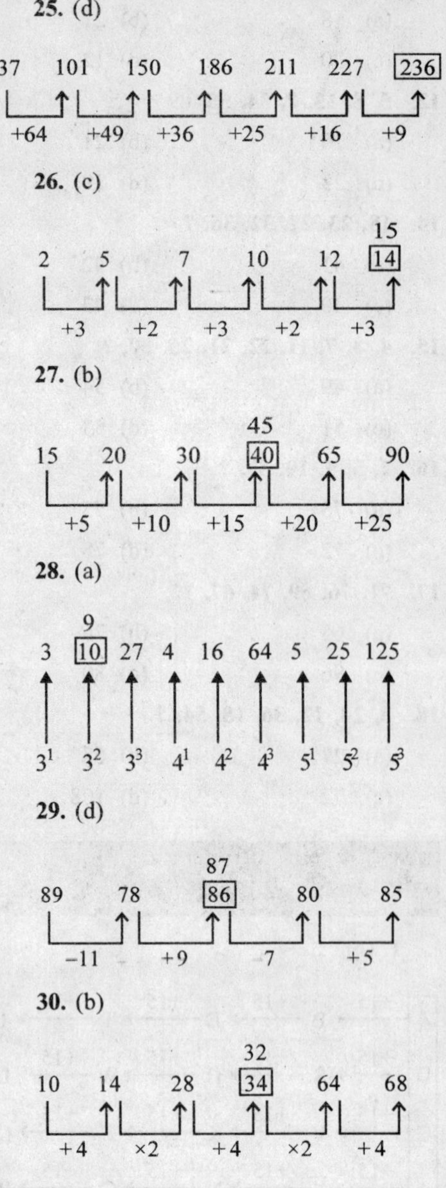
25. (d)
37 101 150 186 211 227 236
+64 +49 +36 +25 +16 +9
26. (c)
15
2 5 7 10 12 14
+3 +2 +3 +2 +3
27. (b)
45
15 20 30 40 65 90
+5 +10 +15 +20 +25
28. (a)
9
3 10 27 4 16 64 5 25 125
3^1 3^2 3^3 4^1 4^2 4^3 5^1 5^2 5^3
29. (d)
87
89 78 86 80 85
−11 +9 −7 +5
30. (b)
32
10 14 28 34 64 68
+4 ×2 +4 ×2 +4

□□□

अध्याय

5

सांकेतिक भाषा

कूट या सांकेतिक भाषा के अंतर्गत उस पद्धति का प्रयोग किया जाता है, जिसके द्वारा गुप्त रूप से दो व्यक्ति परस्पर एक कोड भाषा में बातचीत करते हैं। इस सांकेतिक भाषा को कुछ विशेष नियम के अनुसार बनाया जाता है। इस प्रकार के प्रश्नों में कुछ शब्द/अक्षर/अंक दिए रहते हैं जो अपने वास्तविक माप को प्रदर्शित करते हैं। परीक्षार्थियों को इसके नियमों का अध्ययन करके सांकेतिक भाषा को सही भाषा मे तथा सही भाषा को सांकेतिक भाषा में बदलना होता है।

(1) कोडिंग (Coding)–किसी सही भाषा को एक विशेष नियम के अनुसार उसे सांकेतिक भाषा में परिवर्तित करने की विधि कोडिंग कहलाती है।

(2) डिकोडिंग (Decoding)–किसी सांकेतिक भाषा को एक विशेष नियम के अनुसार सही भाषा में परिवर्तित करने की विधि डिकोडिंग कहलाती है।

सांकेतिक भाषा से संबंधित प्रश्नों को हल करने के लिए परीक्षार्थी को अंग्रेजी वर्णमाला में अक्षरों के स्थान को ध्यान में रखना अति आवश्यक है। अंग्रेजी वर्णमाला में अक्षरों की संख्या 26 होती है। यदि हमें बाईं ओर से अक्षरों को गिनना हो तो A से प्रारंभ करते है तथा यदि दाईं ओर से अक्षरों को गिनना हो, तो Z से प्रारंभ करते है।

अंग्रेजी वर्णमालाा में बाएं ओर से अक्षरों को गिनने के लिए एक सरल सूत्र 'EJOTY' का प्रयोग किया जाता है।

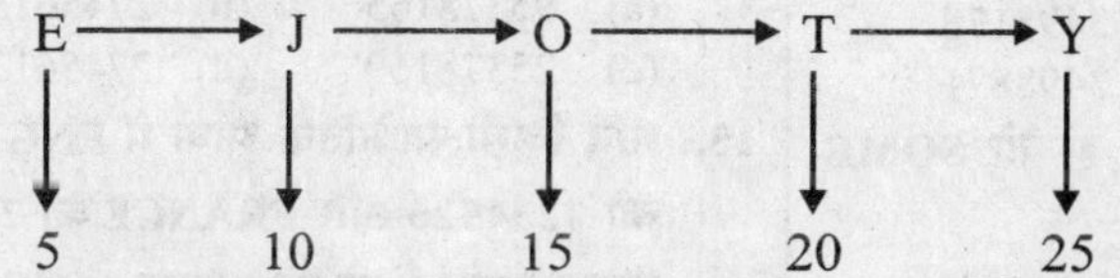

इस सूत्र के बीच वाले वर्णों की स्थान संख्या को आसानी से प्राप्त किया जा सकता है।

इसी प्रकार अंग्रेजी वर्णमाला में दाएँ ओर से अक्षरों को गिनने के लिए सूत्र 'BGLQV' का प्रयोग करते है।

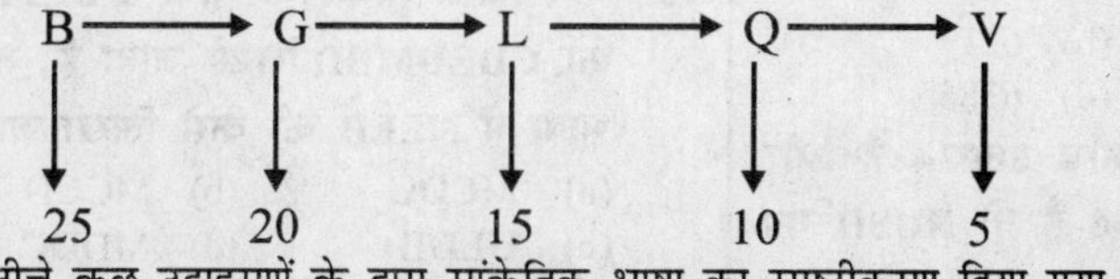

नीचे कुछ उदाहरणों के द्वारा सांकेतिक भाषा का स्पष्टीकरण दिया गया है।

हल सहित उदाहरण

उदाहरण 1. एक कूट भाषा में 'GIRL' को "FHQK' लिखा जाता है। तो BOY को उसी कूट भाषा में क्या लिखा जायेगा?

(a) ANX (b) CMY
(c) DMZ (d) EMX

हलः (a) जिस प्रकार,

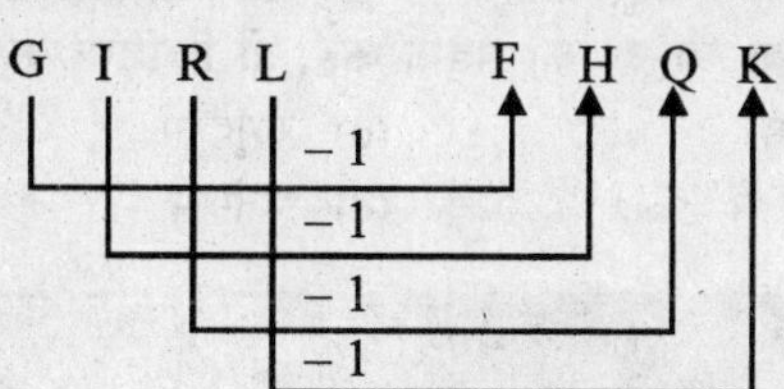

उसी प्रकार

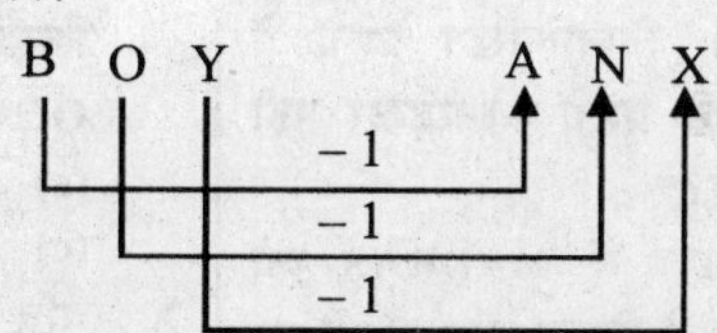

उदाहरण 2. एक निश्चित कूट भाषा में 'ROHAN' को 1, 0, 3, 4, 8 'MOHAN' को 5, 0, 3, 4, 8 तथा VINAY को 7, 2, 8, 4, 9 लिखा जाता है तो उसी कूट भाषा में 'RIHAN' को क्या लिखा जायेगा?

(a) 2, 3, 5, 6, 9
(b) 1, 2, 3, 4, 8
(c) 9, 2, 3, 7, 5
(d) 1, 2, 3, 8, 4

हलः (b) जिस प्रकार

R → 1 M → 5 V → 7
O → 0 O → 0 I → 2
H → 3 H → 3 N → 8
A → 4 A → 4 A → 4
N → 8 N → 8 Y → 9

उसी प्रकार,
R → 1
I → 2
H → 3
A → 4
N → 8

(यहां R = 1, I = R, H = 3, A = 4 तथा N = 8)

उदाहरण 3. एक निश्चित कूट भाषा में 'CAPITAL' को 'CPATILA' लिखा जाता है। उस कूट भाषा में 'PERSONRS' को क्या लिखा जायेगा?

(a) PSONRES
(b) PONSRES
(c) PESONRS
(d) PREOSSN

हलः (d) जिस प्रकार उसी प्रकार

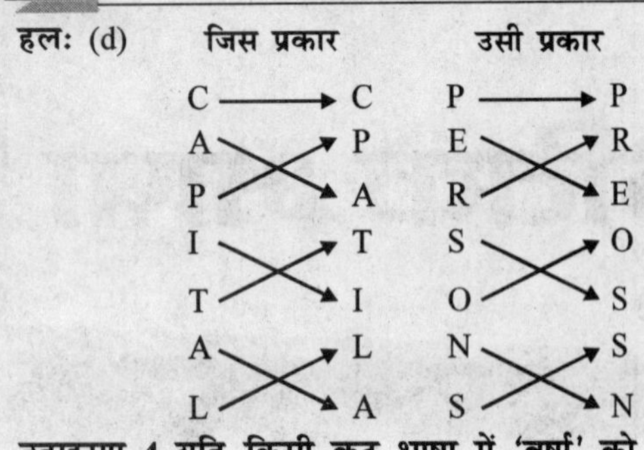

उदाहरण 4. यदि किसी कूट भाषा में 'वर्षा' को 'पानी' कहें, 'पानी, को 'हवा' कहें 'हवा' को 'बादल' कहें, 'बादल' को 'आकाश' कहें 'आकाश' को 'समुद्र' कहें तथा 'समुद्र' को सड़क कहें, तो चिड़ियां कहां उड़ती हैं?

(a) बादल में (b) समुद्र में
(c) आकाश में (d) पानी में

हलः (b) चिड़ियां आकाश में उड़ती है परंतु सांकेतिक भाषा में 'आकाश' को समुद्र कहा गया है, अतः चिड़ियां समुद्र में उड़ती है।

उदाहरण 5. एक कूट भाषा में यदि TOM = 48 तथा DICK = 27 हो, तो HARRY की कूट भाषा में संख्या कम होगी?

(a) 48 (b) 57
(c) 70 (d) 62

हलः (c) T अंग्रेजी वर्णमाला का 20वां अक्षर है।
O अंग्रेजी वर्णमाला का 15वां अक्षर है।
M अंग्रेजी वर्णमाला का 13वां अक्षर है।

∴ TOM = (20+15+13) = 48
इसी प्रकार DICK = (4 + 9 + 3 + 11) = 27
इसी प्रकार HARRY = (8 + 1 + 18 +18+ 25) = 70

प्रश्नमाला

निर्देश (प्र.सं. 1-30): निम्नलिखित प्रश्नों में चार विकल्प दिए गए है। प्रश्नों को पढ़कर सही उत्तर का चयन कीजिए?

1. एक निश्चित भाषा में MADRAS को NBESBT के रूप में लिखा जाता हैं तो उस भाषा में BOMBAY को को किस तरह कूट किया जायेगा?
(a) CPOCBZ (b) CQOCBZ
(c) CPNCBZ (d) DNCBZQ

2. किसी कूट भाषा में THANKS को HTNASK के रूप में लिखा जाता हैं तो उस भाषा में COMMON को किस प्रकार लिखा जाएगा?
(a) ONMMCO (b) OOMMNC
(c) OCMNMO (d) OCMMNO

3. यदि पीले को नीला, नीले को हरा, हरे को काला, काला को सफेद, सफेद को लाल कहा जाए, तो पेड़ की पत्ती का रंग कैसा होता है?
(a) हरा (b) पीला
(c) काला (d) लाल

4. यदि DEER को 1448 से तथा HELP को 94# @ से लिखते तो HEEL को उस कूट भाषा में किस प्रकार लिखा जाएगा?
(a) 9443 (b) 9414
(c) 944# (d) 9144

5. यदि GYPSY = βπγαπ और SCHOOL = αρδθθμ तो उस कूट भाषा में PSYCHOLOGY को किस प्रकार लिखा जाएगा।
(a) απδθθμγπβπ (b) ϖπβπαρσθθμ
(c) γαπρδθμ θβπ (d) γπαρβδπθμθ

6. यदि BOMBAY को कूट भाषा में FSQFEC लिखा जाए तो किस शब्द को कूट भाषा में QCWSVI लिखा जाएगा?
(a) MANDYA (b) MANDAL
(c) MYSORE (d) MYSOER

7. यदि D = 4 और READ को कूट भाषा में 28 लिखा जाता है, तो HEAR को कूट भाषा में क्या लिखा जाएगा?
(a) 32 (b) 33
(c) 7 (d) 30

8. यदि MINJUR को 312547 व TADA को 6898 के रूप में कोडित किया जाता है। तो MADURAI को कैसे कोडित किया जाएगा?
(a) 3849781 (b) 3498178
(c) 3894781 (d) 3498871

9. यदि GO = 32 SHE = 49 हो तो SOME किसके बराबर होगा?
(a) 56 (b) 62
(c) 58 (d) 64

10. यदि PLAY का कोड 8123 तथा RHYME का 49367 है तो MALE का कोड क्या होगा?
(a) 6198 (b) 6217
(c) 6935 (d) 6285

11. यदि SHARP का कोड 58034 है और PUSH का कोड 4658 है तो RUSH का कोड क्या होगा?
(a) 4658 (b) 3658
(c) 6583 (d) 8546

12. यदि किसी सांकेतिक भाषा में VIDYA को 43256 तथा ARTH को 6871 लिखा जाता है। तो उसी भाषा में DIVYATI को किस प्रकार लिखेंगे?
(a) 2345673 (b) 1873254
(c) 2354673 (d) 2345637

13. यदि DELHI को कूट भाषा में 73541 और CALCUTTA को 82589662 लिखा जाए तो CALICUT को उसी भाषा में कैसे लिखेंगे?
(a) 597821 (b) 5279431
(c) 8251896 (d) 8543691

14. यदि किसी सांकेतिक भाषा में CHARCOAL को 45164913 लिखा जाता है। और MORALE को 296187 लिखा जाता है। तो उसी भाषा MECHRALE को किस प्रकार लिखा जाएगा?
(a) 95378165 (b) 27456138
(c) 25378159 (d) 27456137

15. यदि किसी सांकेतिक भाषा में ENGLAND को 1234526 और FRANCE को 785291 लिखा जाता हैं तो उसी भाषा में GREECE को किस प्रकार लिखा जाएगा?
(a) 381191 (b) 381911
(c) 394132 (d) 5621134

16. यदि किसी सांकेतिक भाषा में DEFENCE को CDEDMBD लिखा जाता हैं, तो उसी भाषा में NEED को कैसे लिखा जाएगा?
(a) MCDC (b) MCCD
(c) ULDE (d) MDDC

17. किसी सांकेतिक भाषा में RAJKUMAR को TYLIWKCP लिखा जाता हैं उसी सांकेतिक भाषा में INSANITY को किस प्रकार लिखेंगे?
(a) LKUYPGVW
(b) KLUYPGVW
(c) GPQAXECP
(d) UKLPGWAN

18. यदि एक सांकेतिक भाषा में TAMILNADU को MATNLIUDA लिखा जाता है। उसी सांकेतिक भाषा में COALITION को किस प्रकार लिखेंगे?
(a) AOCTILNOI (b) AOCITLNOI
(c) ACOTNLOIN (d) ACOTNLOI

19. यदि SUMMER को कूट भाषा में RUNNER लिखा है, तो WINTER को लिखा जाएगा–
(a) SUITER (b) VIOUER
(c) WALKER (d) SUFFER

20. यदि BASKET को TEKSAB लिखा जाए तो उसी कूट भाषा में PILLOW को कैसे लिखा जाएगा?
(a) LOWLIP (b) WOLPIL
(c) LOWPIL (d) WOLLIP

21. यदि किसी सांकेतिक भाषा में COURT को 5% @ 38 तथा TILE को 8 C $4 जाए तो उसी कूट भाषा में CITE को कैसे लिखा जाएगा?
(a) 5$ 84 (b) 5% 84
(c) 5 C 84 (d) 3@84

22. यदि किसी सांकेतिक भाषा में AUDIT को 2 # 67$ लिखा जाता है तथा PUB 8 # 5 लिखा जाता है तो उसी कूट भाषा में BUT को कैसे लिखा जाएगा?
(a) 56$ (b) 5 # $
(c) 57 $ (d) 6 # $

23. यदि किस कूट भाषा में DECEMBER को ERMBCEOE लिखा जाए तो उसी कूट लिपि में कौन सा शब्द ERMBVENO के रूप में लिखा जाएगा?
(a) SEPTEMBER
(b) ANOVERMBE
(c) NOVEMBER
(d) NVOEMBER

24. यदि किसी कूट में TOPPER को POTREP लिखा जाए तो उसी कूट में किस शब्द को RUBREG लिखा जाएगा?
(a) BURGET (b) BEURGR
(c) BURGER (d) BLURBE

25. यदि EARN को GCTP लिखा जाए तो उसी कूट भाषा में NEAR को कैसे लिखा जाएगा?
(a) PGCT (b) PCGT
(c) CTGP (d) GPTC

26. यदि 'मेज' को, 'कुर्सी', 'कुर्सी' को 'चारपाई', 'चारपाई' को 'पात्र' और 'पात्र' को फिल्टर कहा जाए तो व्यक्ति कहां बैठता है?
(a) कुर्सी (b) पात्र
(c) चारपाई (d) फिल्टर

27. यदि 'नारंगी' को 'मक्खन', मक्खन को 'साबुन', साबुन को 'स्याही', साबुन को 'शहद' और 'शहद' को 'नारंगी' कहा जाए तो वस्त्रों की घुलाई में क्या प्रयोग किया जाता है?
(a) शहद (b) मक्खन
(c) साबुन (d) स्याही

28. यदि 'वर्षा' को 'गुलाबी', 'गुलाबी', को 'बादल', 'बादल' को 'जल', जल को 'बयार' और 'बयार' को चंद्रमा कहे तो सभी अपने हाथ किससे धोते है?
(a) जल (b) वर्षा
(c) चंद्रमा (d) बयार

29. यदि 'सफेद' को 'लाल', लाल को 'पीला', 'पीले' को 'नीला', और नीले को हरा कहा जाए तो हल्दी का रंग निम्नलिखित में से क्या है?
(a) लाल (b) नीला
(c) हरा (d) पीला

30. यदि 'आसमान' को 'सफेद' को 'वर्षा', 'वर्षा' को 'हरा' और 'हरे' को 'वायु' कहे तो पक्षी किसमें उड़ते है?
(a) सफेद (b) आसमान
(c) हरा (d) वायु

निर्देश (प्र.सं. 31-55): निम्नलिखित प्रश्नों के चार विकल्प दिये गये है। प्रश्नों को पढ़कर सही उत्तर का चयन कीजिए?

31. यदि GOOD को HQRH लिखा जाता है तो DREAM को किस प्रकार लिखा जाएगा?
(a) ESFBN (b) ETHER
(c) ETHPQ (d) ESHDR

32. यदि CONSUL को OCSNLU लिखा जाता है तो ADVICE को किस प्रकार लिखा जाएगा?
(a) DRIVCE (b) DAVCEI
(c) DAVICE (d) DAIVEC

33. यदि TRANSFER को RTNAFSRE हो तो ELEPHANT का कूट क्या होगा?
(a) LEPEHATN (b) LEPEAHTN
(c) LEEPAHTN (d) LEPEAHMT

34. यदि FERTILE का कूट FMJUSFG हो तो PRINT का कूट क्या होगा?
(a) UOJDP (b) UOJSQ
(c) USJMQ (d) QSJOU

35. यदि MERCHANT, NDSBIZOS है तो CANCER क्या होगा?
(a) BZMBDQ (b) BBMBDQ
(c) DBODFS (d) DZOBFQ

उत्तर (हल/संकेत)

1. (c) जिस प्रकार

M A D R A S
↓+1 ↓+1 ↓+1 ↓+1 ↓+1 ↓+1
N B E S B T

उसी प्रकार

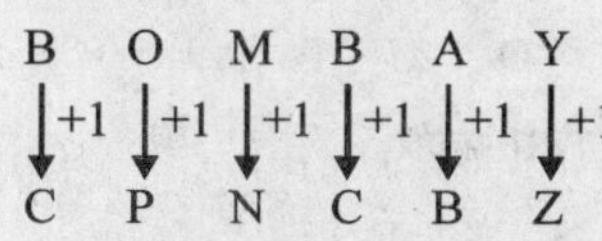

2. (d) जिस प्रकार

उसी प्रकार

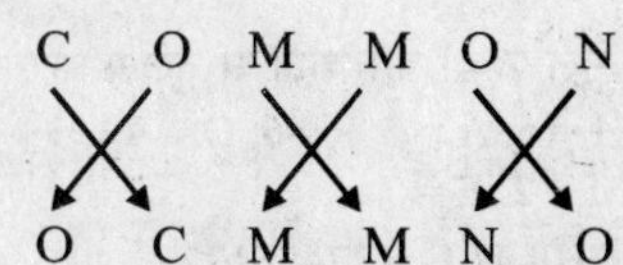

3. (c) पेड़ की पत्ती का रंग हरा होता है। परंतु कथन में हरे को काला कहा गया है।

अत: पेड़ की पत्ती काले रंग की होगी।

4. (c) जिस प्रकार

D E E R तथा R E L P
↓ ↓ ↓ ↓ ↓ ↓ ↓ ↓
1 4 4 8 9 4 # @

उसी प्रकार

H E E L
↓ ↓ ↓ ↓
9 4 4 #

5. (c) जिस प्रकार,

G Y P S Y
↓ ↓ ↓ ↓ ↓
β π γ α π

तथा S C H O O L
↓ ↓ ↓ ↓ ↓ ↓
α ρ δ θ θ μ

उसी प्रकार, से

P S Y C H O L O G Y
↓ ↓ ↓ ↓ ↓ ↓ ↓ ↓ ↓ ↓
γ α π ρ δ θ μ θ β π

6. (c) जिस प्रकार,

B O M B A Y
↓+2 ↓+4 ↓+4 ↓+4 ↓+4 ↓+4
F S Q F E C

उसी प्रकार,

Q C W S V T
↓−4 ↓−4 ↓−4 ↓−4 ↓−4 ↓−4
M Y S O R E

7. (a) जिस प्रकार,

R E A D
↓ ↓ ↓ ↓
18 + 5 + 1 + 4 = 28

उसी प्रकार,

H E A R
↓ ↓ ↓ ↓
8 + 5 + 1 + 18 = 32

8. (c) जिस प्रकार,

M I N J U R
↓ ↓ ↓ ↓ ↓ ↓
3 1 2 5 4 7

तथा T A D A
↓ ↓ ↓ ↓
6 8 9 8

उसी प्रकार,

M A D U R A I
↓ ↓ ↓ ↓ ↓ ↓ ↓
3 8 9 4 7 8 1

9. (a) वर्णाक्षरों को उल्टे क्रम में उनका स्थान Z से A तक करने पर अर्थात्

Z = 1 Y = 2 X = 3 W = 4 ....

जिस प्रकार,

G O तथा S H E
↓ ↓ ↓ ↓ ↓
20 12 8 19 22

= 20 + 12 = 32
8 + 19 + 22 = 49

उसी प्रकार,

S O M E
↓ ↓ ↓ ↓
8 + 12 + 14 + 22 = 56

10. (b) जिस प्रकार,

P L A Y तथा R H Y M E
↓ ↓ ↓ ↓ ↓ ↓ ↓ ↓ ↓
8 1 2 3 4 9 3 6 7

अत: MALE में M = 6, A = 2, L = 1 और E = 7 तो MALE = 6217

11. (b) जिस प्रकार,

S H A R P तथा P U S H
↓ ↓ ↓ ↓ ↓ ↓ ↓ ↓ ↓
5 8 0 3 4 4 6 5 8

उसी प्रकार,

R U S H
↓ ↓ ↓ ↓
3 6 5 8

12. (a) V I D Y A
↓ ↓ ↓ ↓ ↓
4 3 2 5 6

तथा A R T H
↓ ↓ ↓ ↓
6 8 7 1

V = 4, I = 3, D = 2, Y = 5,
A = 6, R = 8, T = 7, H = 1
तो DIVYATI = 2345673

13. (c) जिस प्रकार,

D E L H I
↓ ↓ ↓ ↓ ↓
7 3 5 4 1

तथा C A L C U T T A
↓ ↓ ↓ ↓ ↓ ↓ ↓ ↓
8 2 5 8 9 6 6 2

उसी प्रकार,

C A L I C U T
↓ ↓ ↓ ↓ ↓ ↓ ↓
8 2 5 1 8 9 6

14. (d) मूल शब्दों की कूटों से तुलना करने पर
C = 4, H = 5, A = 1, R = 6, O = 9,
L = 3, M = 2, E = 7
∴ MECHRALE = 27456137

15. (a) जिस प्रकार,

E N G L A N D
↓ ↓ ↓ ↓ ↓ ↓ ↓
1 2 3 4 5 2 6

और F R A N C E
↓ ↓ ↓ ↓ ↓ ↓
7 8 5 2 9 1

उसी प्रकार,

G R E E C E
↓ ↓ ↓ ↓ ↓ ↓
3 8 1 1 9 1

16. (d) जिस प्रकार,

D E F E N C E
↓−1 ↓−1 ↓−1 ↓−1 ↓−1 ↓−1 ↓−1
C D E D M B D

उसी प्रकार,

N E E D
↓−1 ↓−1 ↓−1 ↓−1
M D D C

17. (b) जिस प्रकार,

R A J K U M A R
↓+2 ↓−2 ↓+2 ↓−2 ↓+2 ↓−2 ↓+2 ↓−2
T Y L I W K C P

उसी प्रकार,

I N S A N I T Y
↓+2 ↓−2 ↓+2 ↓−2 ↓+2 ↓−2 ↓+2 ↓−2
K L U Y P G V W

18. (a) जिस प्रकार,

T A M I L N A D U

M A T N L I U D A

उसी प्रकार,

C O A L I T I O N

A O C T I L N O I

19. (b) जिस प्रकार,

S U M M E R
−1↓ ↓ +1↓ +1↓ ↓ ↓
R U N N E R

उसी प्रकार,

W I N T E R
−1↓ ↓ +1↓ +1↓ ↓ ↓
V I O U E R

20. (d) जिस प्रकार,

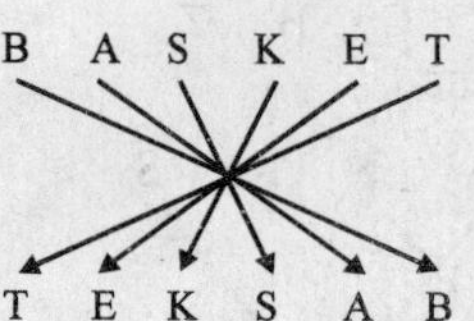

उसी प्रकार,

P I L L O W

W O L L I P

21. (c) जिस प्रकार,

C O U R T और T I L E
↓ ↓ ↓ ↓ ↓ ↓ ↓ ↓ ↓
5 % @ 3 8 8 C $ 4

उसी प्रकार,

C I T E
↓ ↓ ↓ ↓
5 C 8 4

22. (b) जिस प्रकार,

A U D I T तथा P U B
↓ ↓ ↓ ↓ ↓ ↓ ↓ ↓
2 # 6 7 $ 8 # 5

उसी प्रकार,

B U T
↓ ↓ ↓
5 # $

23. (c) जिस प्रकार,

D E C E M B E R
↓ ↓ ↓ ↓ ↓ ↓ ↓ ↓
1 2 3 4 5 6 7 8

→ E R M B C E D E
↓ ↓ ↓ ↓ ↓ ↓ ↓ ↓
7 8 5 6 3 4 1 2

उसी प्रकार,

N O V E M B E R
↓ ↓ ↓ ↓ ↓ ↓ ↓ ↓
1 2 3 4 5 6 7 8

→ E R M B V E N O
↓ ↓ ↓ ↓ ↓ ↓ ↓ ↓
7 8 5 6 3 4 1 2

24. (c) जिस प्रकार,

T O P P E R

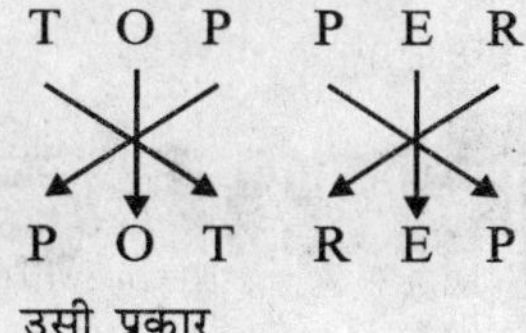

P O T R E P

उसी प्रकार,

R U B R E G

B U R G E R

25. (a) जिस प्रकार,

E A R N
↓+2 ↓+2 ↓+2 ↓+2
G C T P

उसी प्रकार,

N E A R
↓+2 ↓+2 ↓+2 ↓+2
P G C T

26. (c) चूंकि व्यक्ति कुर्सी पर बैठता है और कुर्सी को चारपाई कहा जाता हैं, अत: व्यक्ति चारपाई का प्रयोग करता है।

27. (d) वस्त्रों की घुलाई में साबुन का प्रयोग किया जाता है और यहां साबुन को स्याही कहा जाता है। अत: वस्त्रों की घुलाई स्याही से होती है।

28. (d) चूंकि सभी लोग हाथ जल से धोते है और यहां जल को बयार कहा गया है। अत: सभी लोग हाथ बयार से धोते है।

29. (b) चूंकि हल्दी का रंग पीला होता है और यहां पीला का अर्थ नीला है, अत: हल्दी का रंग नीला है।

30. (a) चूंकि पक्षी आसमान में उड़ते है और यहां आसमान को सफेद कहा गया है अत: पक्षी सफेद में उड़ते है।

31. (b) जिस प्रकार,

G —+1→ H
O —+2→ Q
O —+3→ R
D —+4→ H

उसी प्रकार,

D —+1→ E
R —+2→ T
E —+3→ H
A —+4→ E
M —+5→ R

32. (d)

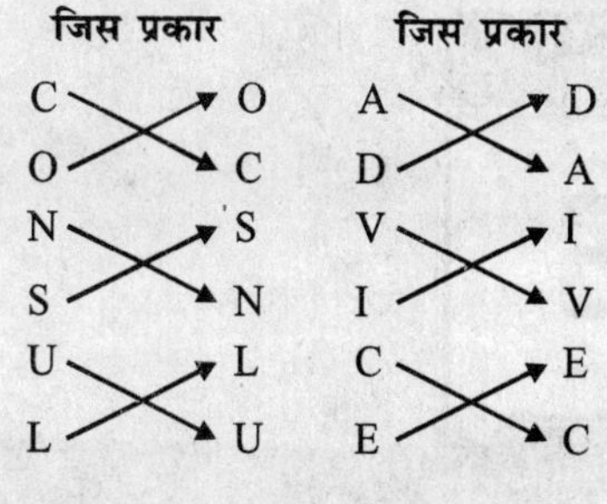

33. (b)

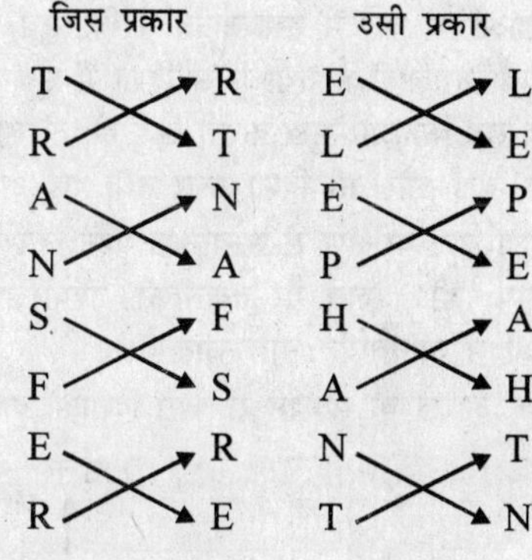

34. (d) जिस प्रकार,

F —+1→ G
E —+1→ F
R —+1→ S
T —+1→ U
I —+1→ J
L —+1→ M
E —+1→ F

उसी प्रकार,

P —+1→ Q
R —+1→ S
I —+1→ J
N —+1→ O
T —+1→ U

35. (d) जिस प्रकार,

M —+1→ N
E —−1→ D
R —+1→ S
C —−1→ B
H —+1→ I
A —−1→ Z
N —+1→ O
T —−1→ S

उसी प्रकार,

C —+1→ D
A —−1→ Z
N —+1→ O
C —−1→ B
E —+1→ F
R —−1→ Q

❑❑❑

अध्याय 6

दिशा ज्ञान परीक्षण

इस प्रकार की परीक्षा का उद्देश्य परीक्षार्थियों में दिशा सम्बन्धी ज्ञान की जांच करना है। दिशाओं के बारे में हम जानते हैं कि सूर्य जिस दिशा में उदय होता है, वह दिशा पूर्व कहलाती है तथा जिस दिशा में सूर्य अस्त होता है, उसे पश्चिम कहते हैं। यदि सूर्य की ओर मुख करके खड़े हों, तो सामने की दिशा पूर्व, पीछे की दिशा पश्चिम, बाईं ओर की दिशा उत्तर तथा दाईं ओर की दिशा दक्षिण कहलाती हैं।

दिशा ज्ञान परीक्षण से सम्बन्धित प्रश्न लगभग सभी प्रतियोगी परीक्षाओं जैसे- रेलवे ग्रुप 'डी', रेलवे गैर-तकनीकी, इंश्योरेंस, पुलिस, एस.एस.सी. तथा अन्य परीक्षाओं में अनिवार्यतः पूछे जाते हैं।

एक आरेख के माध्यम से चारों दिशाओं को प्रदर्शित किया जाता है।

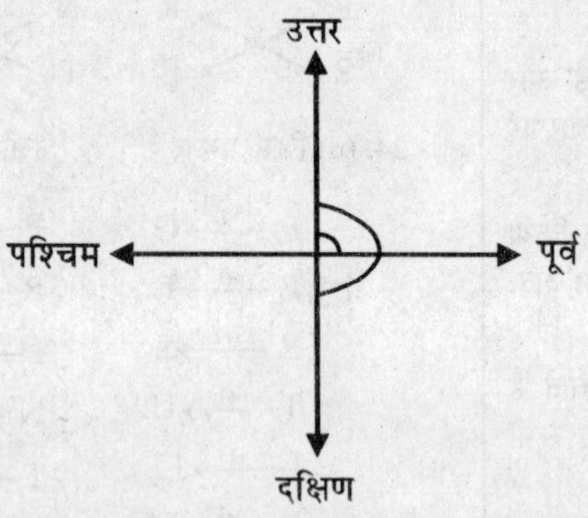

इसके अतिरिक्त प्रतियोगी परीक्षाओं में चार अन्य दिशाओं का भी उल्लेख किया जाता हैं। अतः इन दिशाओं के बारे में जानकारी के लिए एक आरेख नीचे दर्शाया गया हैं।

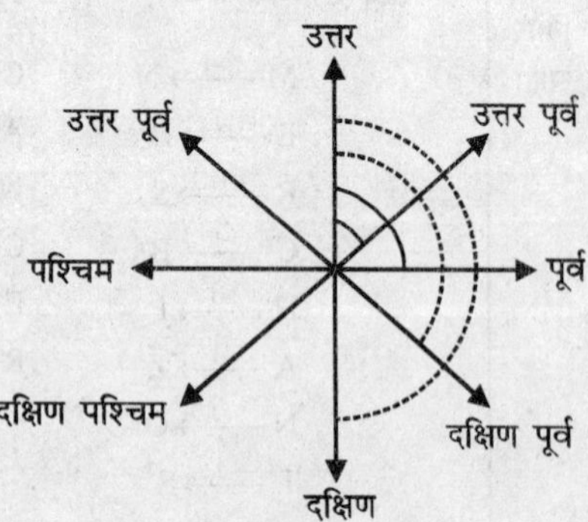

आरेख के अनुसार उत्तर और पूर्व के बीच की दिशा को 'उत्तर-पूर्व', दक्षिण और पूर्व के बीच की दिशा 'दक्षिण-पूर्व', दक्षिण और पश्चिम के बीच की दिशा को 'दक्षिण-पश्चिम' तथा उत्तर और पश्चिम की दिशा को 'उत्तर-पश्चिम' दिशा कहते हैं।

दिशाओं के अतिरिक्त दिशा सम्बन्धी प्रश्नों में 'दाईं ओर' तथा 'बाई ओर' के शब्दों का बहुत उपयोग होता है, इनको भी नीचे एक आरेख के माध्यम से दर्शाया गया है।

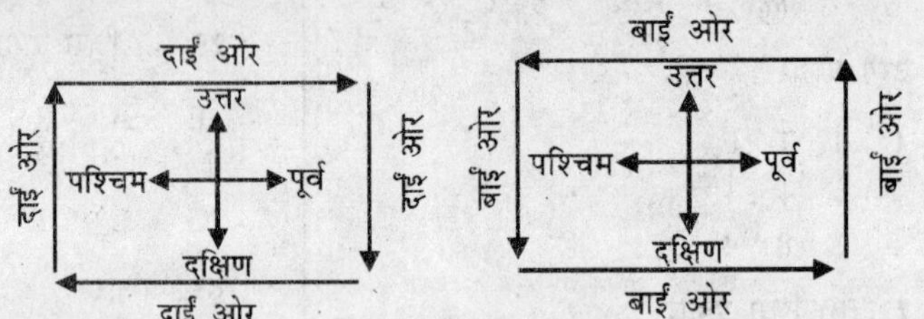

नीचे कुछ उदाहरणों के माध्यम से दिशा संबंधी प्रश्नों का स्पष्टीकरण दिया गया है।

हल सहित उदाहरण

उदाहरण 1. दक्षिण की ओर मुंह करके राम ने चलना प्रारंभ किया और 30 मी. चलने के बाद वह बाई ओर मुड़ गया। वह पुनः 25 मी. चलने के बाद बाई ओर मुड़ जाता है और 30 मी. की दूरी तय करता है। बताएं कि वह अपने प्रारंभिक स्थान से कितनी दूरी पर एवं किस दिशा में है?

(a) प्रारंभिक स्थान पर (b) 25 मी., पश्चिम
(c) 25 मी., पूर्व (d) 30 मी., पूर्व

हल: (c)

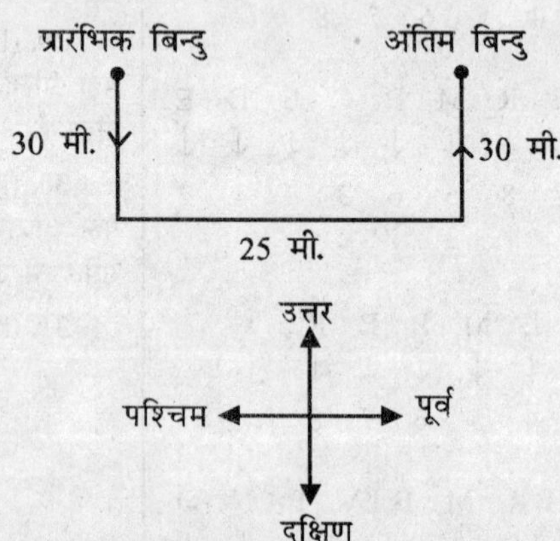

उदाहरण 2. एक व्यक्ति उत्तर की ओर 10 किमी. जाता है। वहां से वह दक्षिण की ओर 6 किमी. जाता है। फिर वह पूर्व की ओर 3 किमी. जाता है। बताएं कि वह अपने प्रारंभिक स्थान से कितनी दूरी पर एवं किस दिशा में हैं?

(a) 7 किमी., पूर्व
(b) 5 किमी., पश्चिम
(c) 5 किमी., उत्तर-पूर्व
(d) 7 किमी., पश्चिम

हल: (c)

∴ अंतिम दूरी $= \sqrt{(4)^2 + (3)^2} = \sqrt{16+9}$

$= \sqrt{25} = 5$ मी., उत्तर-पूर्व

उदाहरण 3. राकेश किसी बिंदु पर खड़ा है। यहां से वह पूर्व की ओर 20 मी. और दक्षिण की ओर 10 मी. और पूर्व की ओर 5 मी. चलता है। बताएं कि उसके चलने के आरंभिक स्थान से वर्तमान स्थान की सीधी दूरी कितने मी. है?

(a) 1 (b) 5
(c) 10 (d) 30

हल: (d)

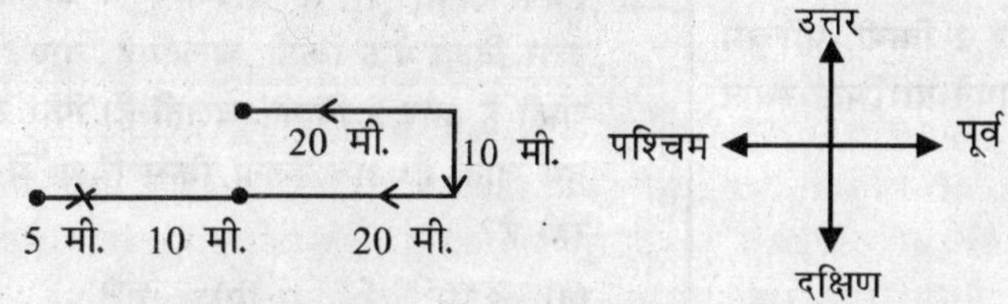

∴ अंतिम सीधी दूरी $= 10 + 20 = 30$ मी.

उदाहरण 4. अशोक दक्षिण की तरफ चलना प्रारंभ करता हैं। 50 मी. चलने के बाद वह दाईं ओर मुड़ता है तथा 30 मीटर चलता है। फिर वह दाईं ओर मुड़ता है तथा 30 मी. चलकर रूक जाता है। वह अपने प्रारंभिक स्थल से किस दिशा में तथा कितनी दूर हैं?

(a) 50 मी. दक्षिण (b) 150 मी. उत्तर
(c) 180 मी. पूर्व (d) 50 मी. उत्तर

हल: (d)

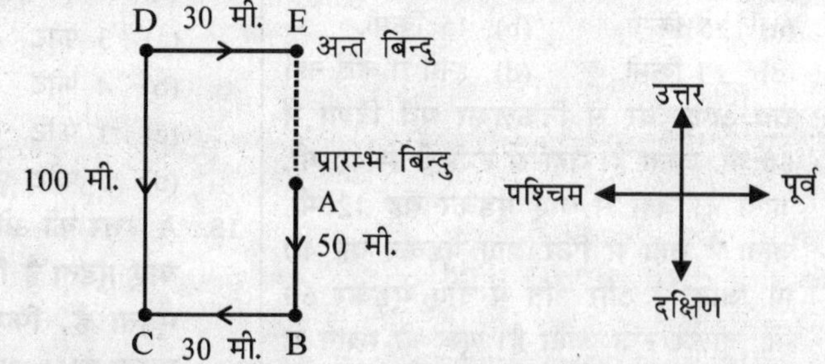

∴ अभीष्ट दूरी (AE) = (EB – AB) मी. = (100 – 50) मी. = 50 मी.

उदाहरण 5. शहर D, शहर M, के पश्चिम में है। शहर R, शहर D के दक्षिण में हैं। शहर K, शहर R के पूर्व में है। शहर K, शहर D की अपेक्षा किस दिशा में हैं?

(a) दक्षिण (b) पूर्व
(c) उत्तर-पूर्व (d) दक्षिण-पूर्व

हल: (d)

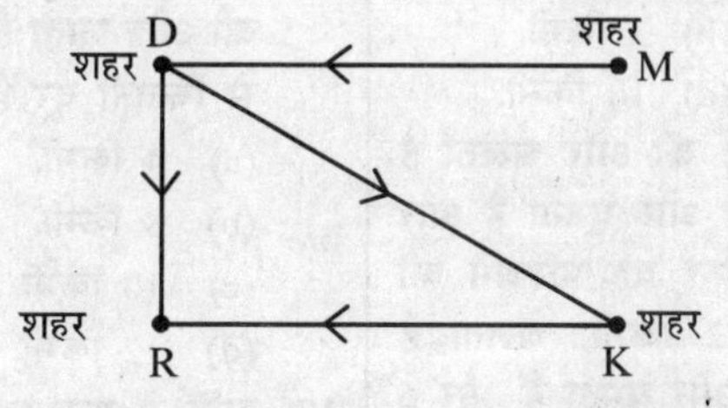

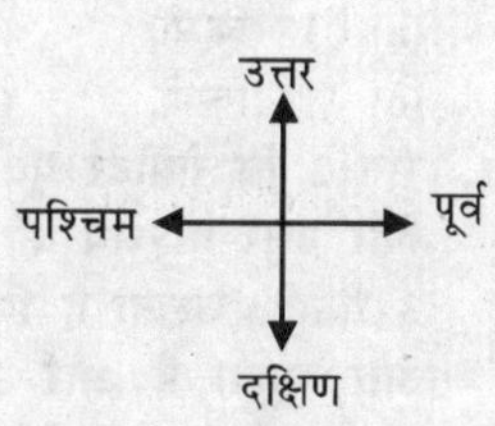

∴ अत: शहर K, D से दक्षिण-पूर्व दिशा में है।

प्रश्नमाला

प्रकाश ने 6 किमी. की यात्रा उत्तर दिशा में की। फिर बाएं मुड़कर 4 किमी. और पुन: बाएं मुड़कर 6 किमी. की यात्राएं की। तदनुसार अपने प्रस्थान बिंदु से प्रकाश कितनी दूरी पहुंच गया?

(a) 10 किमी. (b) 8 किमी.
(c) 6 किमी. (d) 4 किमी.

एक आदमी किसी स्थान से 5 किमी. उत्तर की ओर चला, फिर 90° अपनी दाईं ओर घूमा और 5 किमी. और चला। फिर वह 45° अपनी दाईं ओर घूमा और 2 किमी. चला और 45° अपनी बाईं ओर घूमा। अब उसकी दिशा क्या है?

(a) दक्षिण (b) दक्षिण-पूर्व
(c) पूर्व (d) उत्तर

दक्षिण की ओर भाग रहा लड़का अपनी दाईं ओर घूमता है और भागता है। फिर वह अपनी दाईं ओर अंत में बाईं ओर घूमता है। अब वह किस दिशा में भाग रहा हैं?

(a) पूर्व (b) पश्चिम
(c) दक्षिण (d) उत्तर

4. अविनाश दक्षिण की ओर 2 किमी. चला। वह दाईं ओर मुड़ा और 1 किमी. और चला। फिर वह दाईं ओर मुड़ा और 2 किमी. गया। वह अपने प्रारंभिक स्थान से किस दिशा में हैं?

(a) दक्षिण (b) पश्चिम
(c) उत्तर-पश्चिम (d) उत्तर-पूर्व

5. अरुण उत्तर की ओर 20 मी. चलकर बाईं ओर मुड़ता है और 40 मी. जाता है। वह फिर बाईं ओर मुड़कर 30 मी. जाता है। अंत में वह बाईं ओर मुड़कर 50 मी. चलता है। अब अरुण प्रारंभिक स्थान से कितनी दूर हैं?

(a) 50 मी. (b) 40 मी.
(c) 30 मी. (d) 10 मी.

6. प्रात: काल मैं सूर्य की ओर मुख करके 2 किमी. चला और रुक गया। वहां से मैं 4 किमी. अपनी दाईं ओर चला, वहां से मैं फिर सूर्य की ओर मुख करके 1 किमी. चला, वहां से मैं अपनी दाईं ओर चला। अब मैं किस दिशा में चल रहा हूं?

(a) दक्षिण-पश्चिम
(b) दक्षिण
(c) पूर्व
(d) दक्षिण-पूर्व

7. उत्तर-पश्चिम की ओर मुंह करके एक व्यक्ति खड़ा है। वह 90° घड़ी की दिशा में घूमता है और उसके बाद 135° घड़ी की विपरीत दिशा में तो अब उसका मुंह किस दिशा में हैं?

(a) पूर्व (b) पश्चिम
(c) उत्तर (d) दक्षिण

8. एक गाड़ी A से प्रारंभ करती है और 10 किमी. उत्तर की तरफ चलती है। वह अपने दाहिने मुड़कर फिर 15 किमी. चलती है फिर से अपने दाहिने मुड़कर वह 10 किमी. चलने के पश्चात् B पर पहुंचती है तो A तथा B के बीच की दूरी है?

(a) 25 किमी. (b) 15 किमी.
(c) 10 किमी. (d) इनमें से कोई नही

9. राम अपने घर से निकलकर पूर्व दिशा में 60 मी. जाता है। वहां से दाहिनी से 40 मी. जाता है। जहां से बाएं मुड़कर वह 120मी. जाता है वहां से फिर बाएं मुड़कर वह 40 मी. जाता है और अंत में दाएं मुड़कर 60 मी. जाकर रुक जाता है। शुरू के स्थान से वह कितनी दूरी पर है?

(a) 120 मी. (b) 80 मी.
(c) 320 मी. (d) 240 मी.

10. निवेदिता अपने ऑफिस से 10 किमी. पश्चिम की तरफ चलकर रूक जाती है। तब वह अपनी दाईं तरफ 8 किमी. मुड़ जाती है। इसके बाद वह अपनी दाईं तरफ 4 किमी. जाती है। ऑफिस से वह कितनी दूरी पर हैं।

(a) 18 किमी. (b) 8 किमी.
(c) 16 किमी. (d) 10 किमी.

11. रॉय 2 किलोमीटर पूर्व की ओर चलता है फिर उत्तर-पश्चिम की ओर घूमता है और 3 किमी. चलता है फिर वह पश्चिम की ओर घूमता है और 2 किमी. चलता है अन्ततः वह उत्तर की ओर घूमता है और 6 किमी. चलता है। वह प्रारंभिक स्थल से किस दिशा में है?

(a) दक्षिण-पश्चिम
(b) दक्षिण-पूर्व
(c) उत्तर-पश्चिम
(d) उत्तर-पूर्व

12. राणा 10 किमी. उत्तर की ओर जाता है बाएं घूमता है और 4 किमी. जाता है फिर दाएं घूमता है और 5 किमी. जाता है फिर दाईं ओर घूमकर 4 किमी. और जाता है। अपनी यात्रा शुरू करने के स्थान से वह कितनी दूरी पर है?

(a) 5 किमी.
(b) 4 किमी.
(c) 15 किमी.
(d) 10 किमी.

13. X दक्षिण की ओर चलता है फिर दाएं फिर बाएं और फिर दाएं मुड़ता है। वह अब किस दिशा में जा रहा है?

(a) दक्षिण (b) उत्तर
(c) पश्चिम (d) दक्षिण-पश्चिम

14. कल्पना ने बिंदु B से सीधे बिंदु C तक 8 फीट की दूरी तय की वह बाईं ओर मुड़ी और 5 फीट चली वह फिर बाईं ओर मुड़ी और 7 फीट चली। अंत में वह बाईं ओर मुड़कर 5 फीट चली। वह प्रारंभिक स्थान से कितनी दूर है?

(a) 3 फीट
(b) 4 फीट
(c) 1 फीट
(d) 5 फीट

15. A उत्तर की ओर चलना प्रारंभ करता है वह बाएं मुड़ता है फिर बाएं मुड़ता है, फिर दाएं मुड़ता है, फिर दाएं मुड़ता है फिर बाएं मुड़ता हैं। A अब किस दिशा की ओर चल रहा है?

(a) पूर्व (b) दक्षिण
(c) पश्चिम (d) दक्षिण-पूर्व

16. राम अपने घर से 4 किमी. पश्चिम की ओर चलता है फिर दक्षिण की ओर मुड़कर 8 किमी. तय करता है। अंत में पूर्व की ओर 6 किमी. जाता है और फिर 2 किमी. पश्चिम की ओर जाता है। वह अपने प्रारंभिक स्थान से कितनी दूर है?

(a) 4 किमी.
(b) 8 किमी.
(c) 10 किमी.
(d) 12 किमी.

17. रात्रि में एक व्यक्ति पेड़ के नीचे खड़ा है और उत्तर दिशा में 5 किमी. चलता हैं वह 90° अपने दाहिने तरफ मुड़ता है और 5 किमी. चलता है उसे किस दिशा में पेड़ तक पहुंचने के लिए चलना चाहिए?

(a) दक्षिणं
(b) दक्षिण-पूर्व
(c) दक्षिण-पश्चिम
(d) पश्चिम

18. एक शाम राजा ने सूर्य की ओर चलना प्रारंभ किया। थोड़ी दूर चलकर वह अपनी दाईं ओर घूमा और फिर अपनी दाईं ओर घूमा अब उसका मुंह किस दिशा में है?

(a) दक्षिण (b) पूर्व
(c) पश्चिम (d) उत्तर

19. किसी बिंदु P से रमन ने दक्षिण की दिशा में चलना प्रारंभ किया और 40मी. चला वह तब अपने बाएं मुड़ा और 30मी. चला और एक बिंदु R पर पहुंचा। बिंदु R बिंदु P से किस दिशा में और कितनी न्यूनतम दूरी पर है?

(a) 35मी. दक्षिण-पूर्व
(b) 50 मी. दक्षिण-पश्चिम
(c) 35 मी. दक्षिण-पश्चिम
(d) 50 मी. दक्षिण-पूर्व

20. विवेक और अशोक एक निश्चित स्थान से चलना प्रारंभ करते है। विवेक उत्तर की ओ 3 किमी. चलकर दाएं घूमता है और किमी. तक जाता है। अशोक पश्चिम क ओर 5 किमी. चलकर दाई ओर मुड़ता और तीन किमी. चलता है। अब वे एक दूसरे से कितनी दूरी पर है?

(a) 10 किमी. (b) 9 किमी.
(c) 8 किमी. (d) 6 किमी.

21. कृष्णा पूर्व की ओर 10 किमी. गया वहां वह 6 किमी. की ओर चला फिर वह किमी. उत्तर की ओर चला। वह अप प्रारंभिक स्थान से किस दिशा में हैं?

(a) उत्तर-पश्चिम (b) पश्चिम
(c) उत्तर-पूर्व (d) पूर्व

22. रंजना अपने घर से चलना शुरू करती उत्तर दिशा में 5 किमी. चलती है, दाएं, घू जाती है और 5 किमी. चलती है। फिर दा घूम जाती है। अब रंजना किस दिशा में ज रही है?

(a) उत्तर (b) दक्षिण
(c) पूर्व (d) पश्चिम

23. सुरेश सीधे पूर्व की ओर जा रहा है उसक बाद वह दाएं मुड़ता है और फिर दा मुड़ता है फिर बाएं मुड़ता है अब सुरे किस दिशा में जा रहा है?

(a) दक्षिण (b) उत्तर
(c) पूर्व (d) पश्चिम

24. पीयूष उत्तर की ओर मुख करके 30 मी चलता है। इसके बाद वह बाईं ओर मु जाता है और 20 मी. चलता है। पीयूष क प्रारंभिक स्थान से दूरी तथा दिशा ज्ञा करो-

(a) 20 मी. उत्तर (b) 20 मी. दक्षिण
(c) 20 मी. पूर्व (d) 20 मी. पश्चिम

25. एक लड़का अपने मकान से दक्षिण क ओर 50 मी. चलकर बाईं ओर मुड़ जाता और फिर 20 मी. जाकर उत्तर की ओर मु जाता है, फिर 30 मी. चलकर अपने घर क ओर चलने लगता है। अब वह किस दिश में जा रहा है?

(a) उत्तर-पूर्व (b) उत्तर-पश्चिम
(c) दक्षिण-पूर्व (d) दक्षिण-पश्चिम

उत्तर (हल/संकेत)

1. (d)

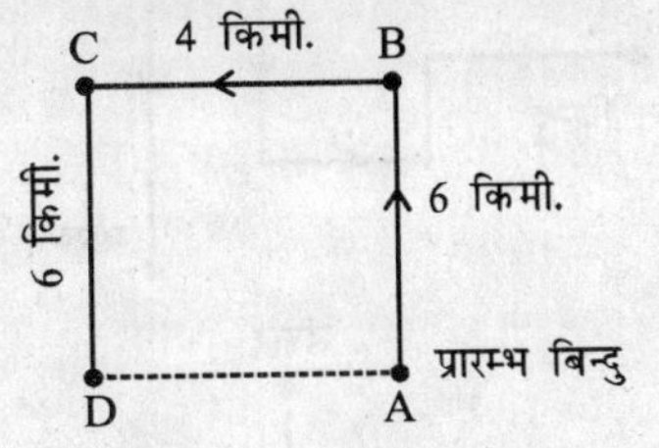

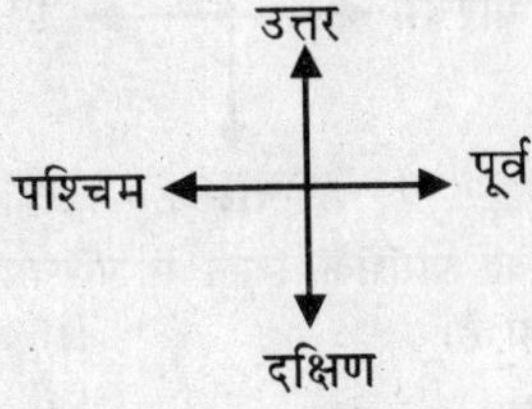

अभीष्ट दूरी = AD = 4 किमी.

2. (d)

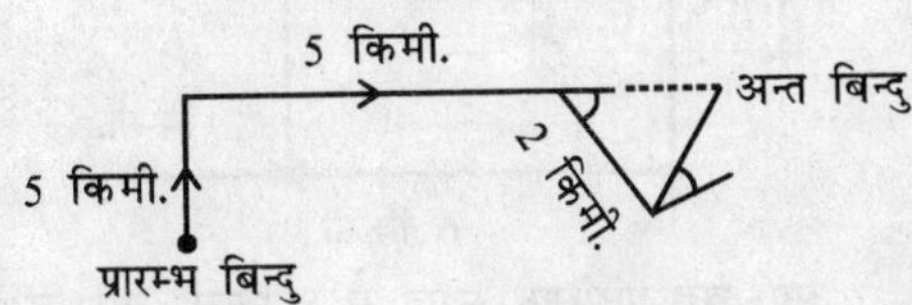

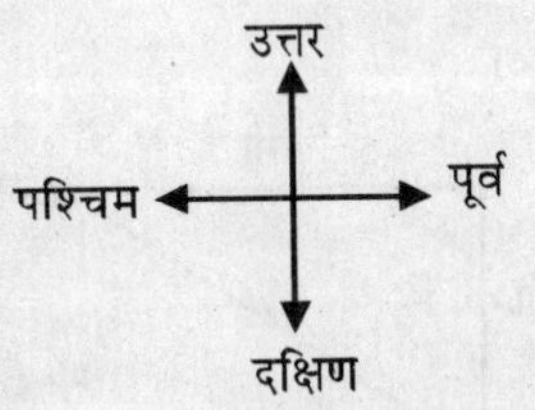

अत: वह उत्तर की ओर जा रहा है।

3. (b)

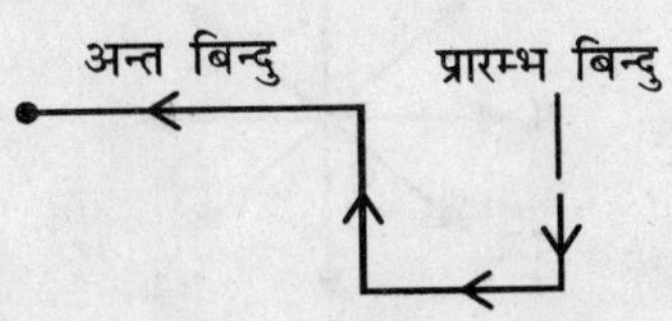

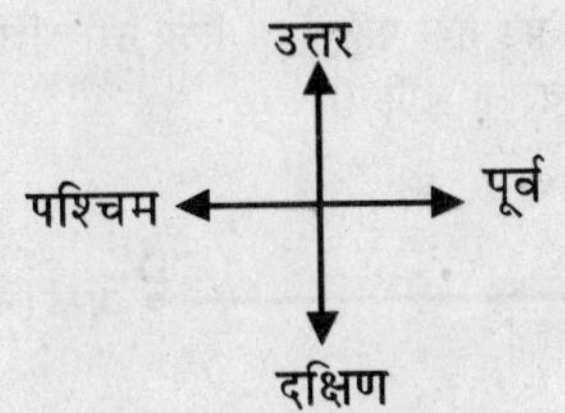

अत: वह पश्चिम दिशा में भाग रहा है।

4. (c)

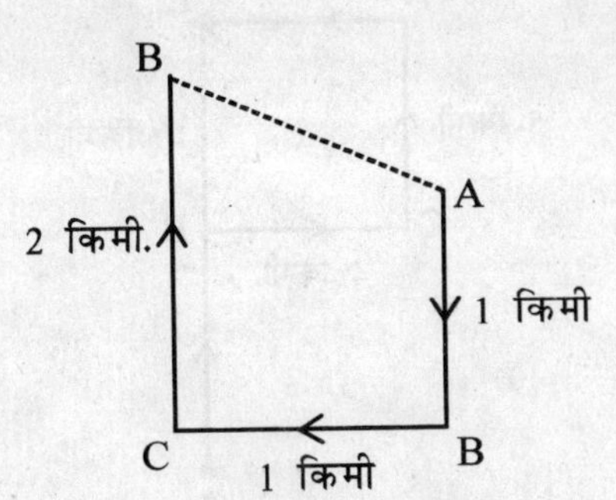

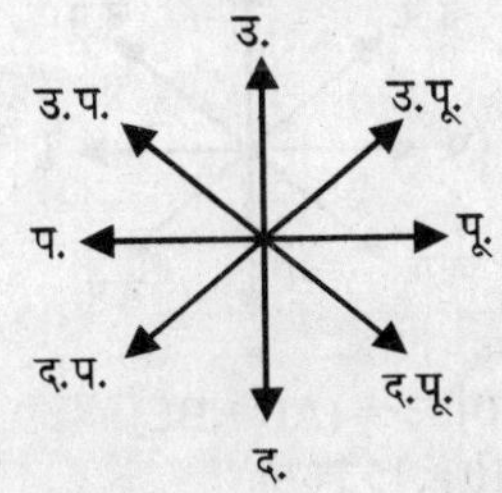

अत: वह अपने प्रारंभिक स्थान से उत्तर-पश्चिम दिशा में है।

5. (d)

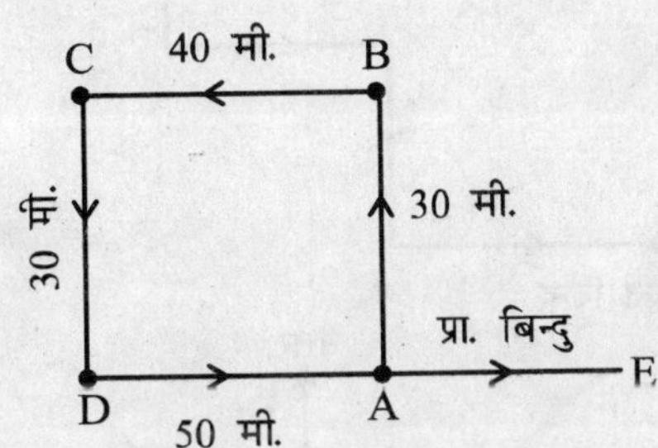

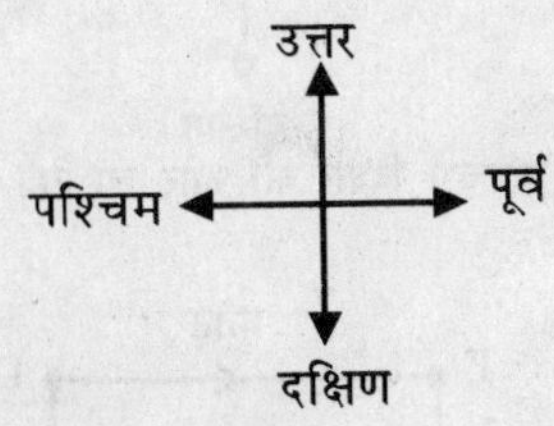

अभीष्ट दूरी = DE – CB
= 50 – 40 = 10 मी.

6. (b)

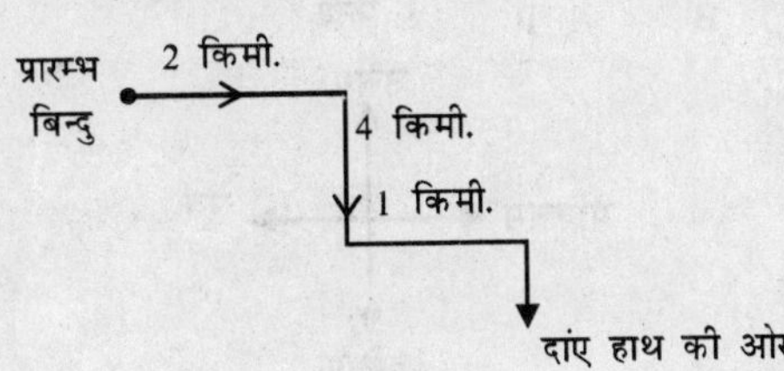

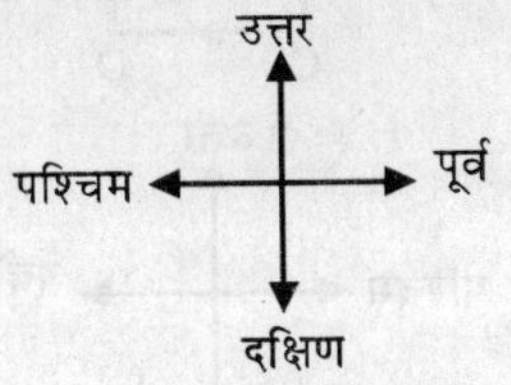

7. (b)

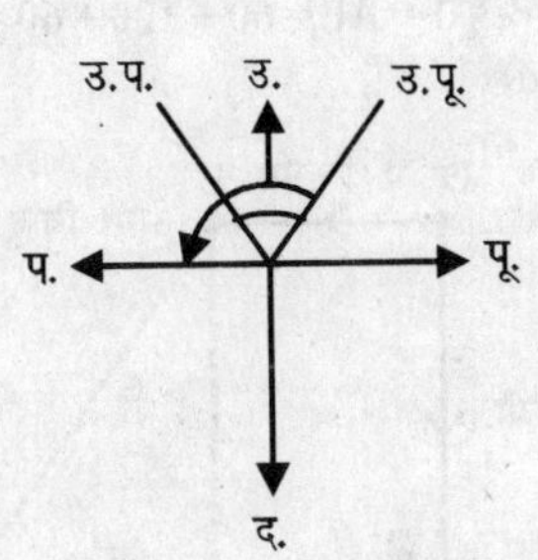

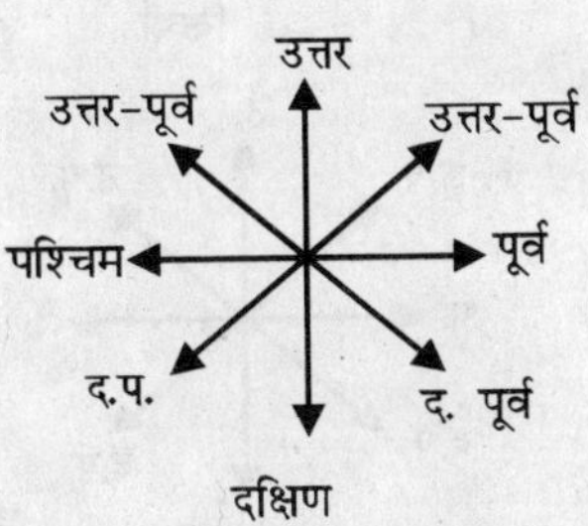

अत: अंत में उसका मुंह पश्चिम दिशा में है।

8. (b)

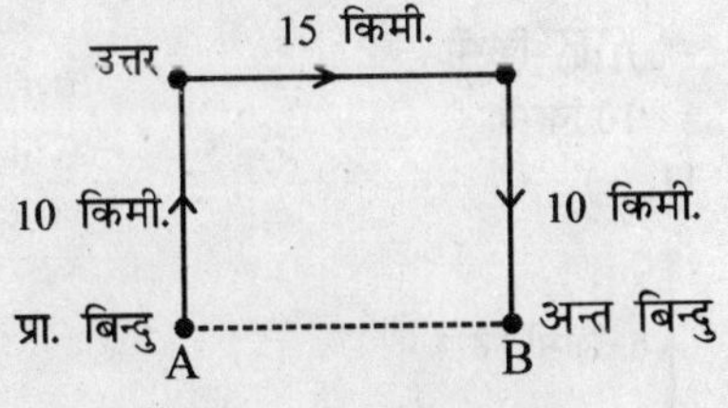

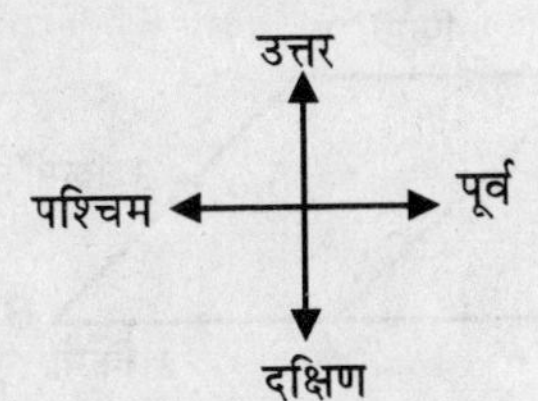

अंत: A से B के बीच की दूरी = 15 किमी.

9. (d)

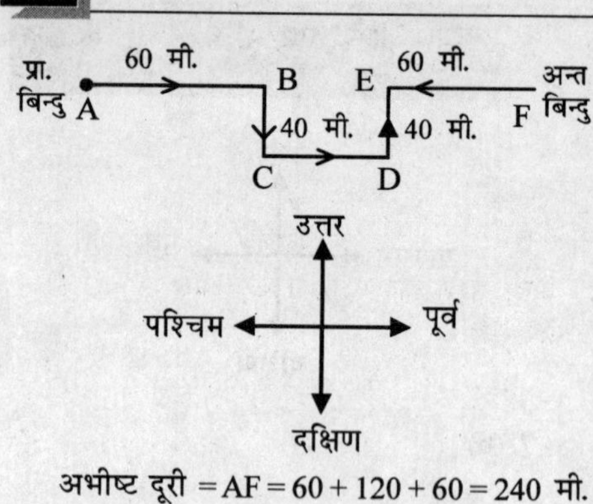

अभीष्ट दूरी $= AF = 60 + 120 + 60 = 240$ मी.

10. (d)

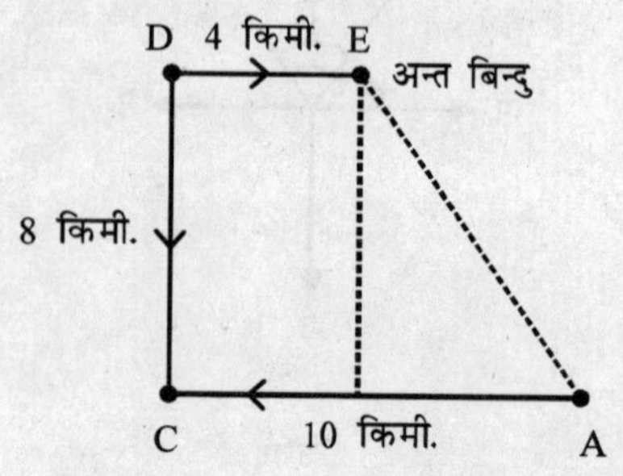

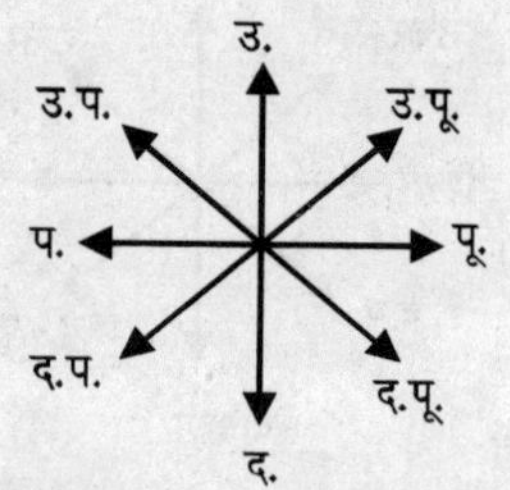

अभीष्ट दूरी (AE) $= \sqrt{AB^2 + BE^2}$

$= \sqrt{(6)^2 + (8)^2}$

$= \sqrt{36 + 64}$

$= \sqrt{100}$ किमी.

$=$ 10 किमी.

11. (c)

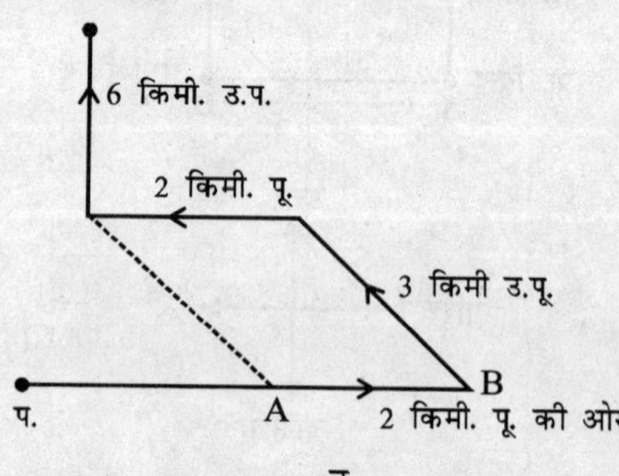

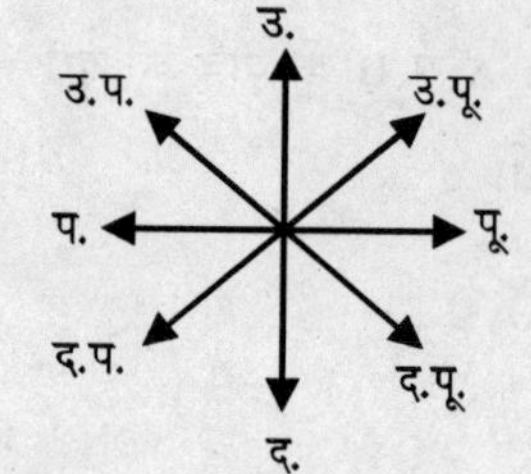

अतः रॉय प्रारंभिक स्थल से उत्तर-पश्चिम दिशा में है।

12. (c)

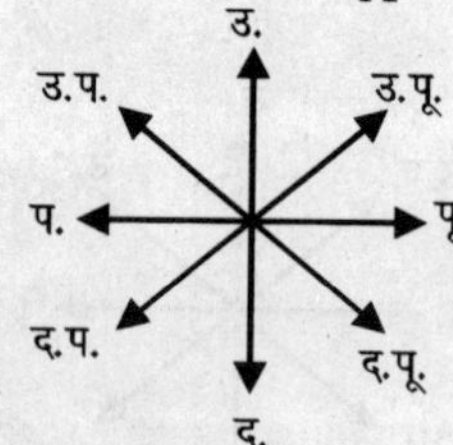

अतः अभीष्ट $= (AB + BE)$

$= 5 + 10 = 15$ किमी.

13. (c)

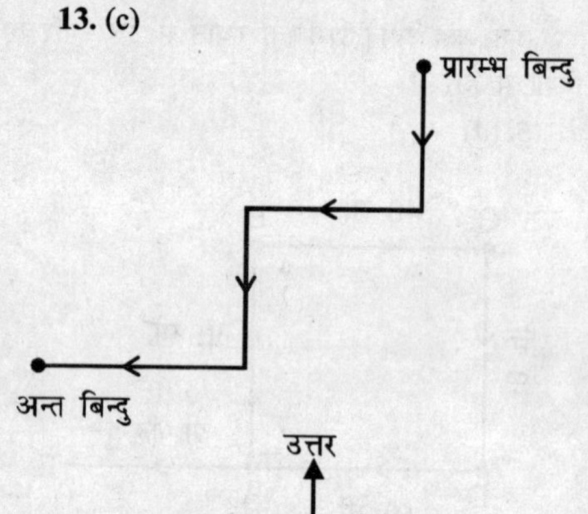

अतः पश्चिम दिशा की ओर जा रहा है।

14. (c)

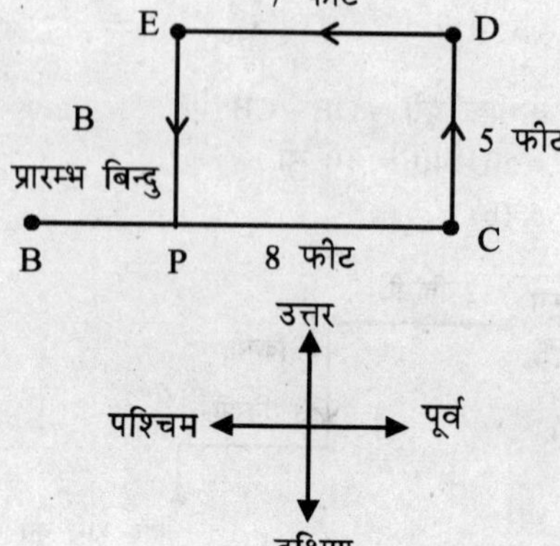

वह प्रारंभिक स्थान से (8 – 7) फीट = 1 फीट दूर है।

15. (c)

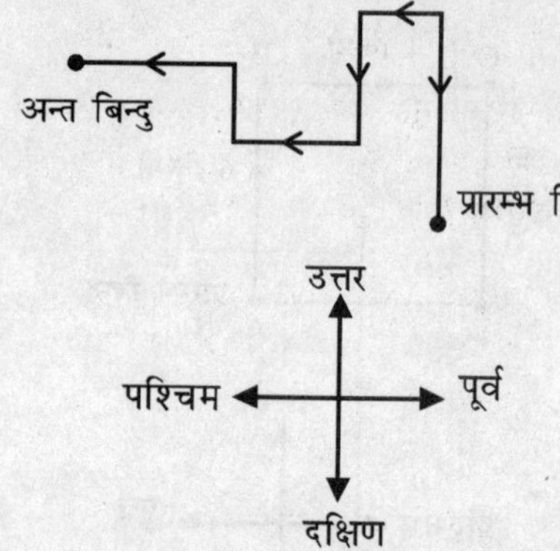

अतः वह प्रारंभिक स्थान से पश्चिम दिशा की ओर जा रहा है।

16. (b)

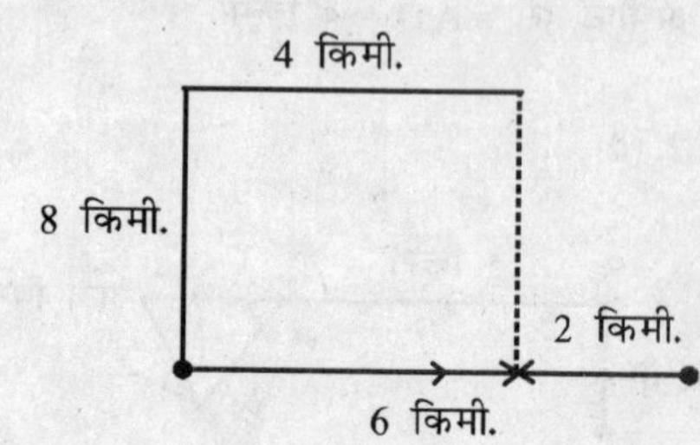

अतः वह प्रारंभिक स्थान से 8 किमी. की दूरी पर है।

17. (c)

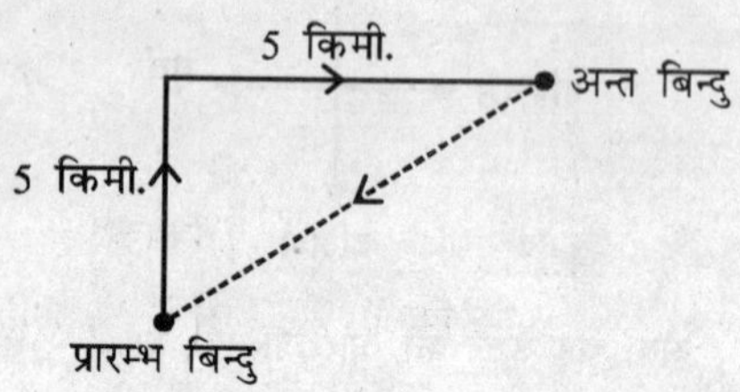

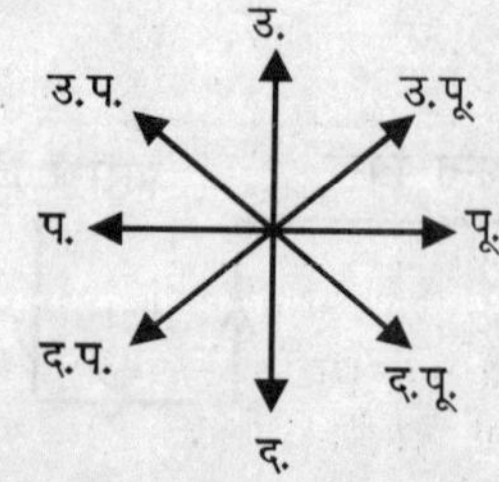

अतः पेड़ तक पहुंचने के लिये उसे दक्षिण-पश्चिम दिशा में चलना चाहिए।

18. (c)

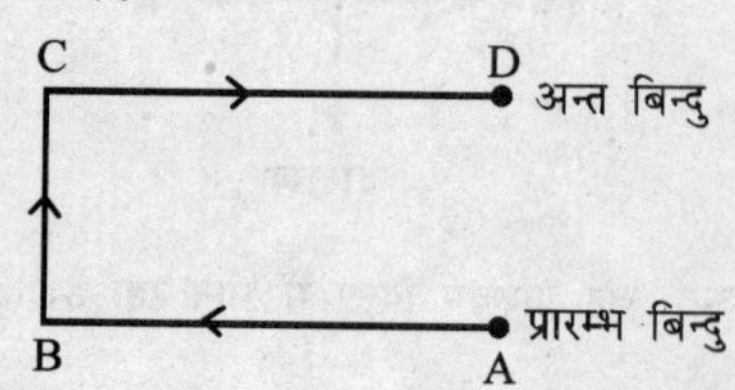

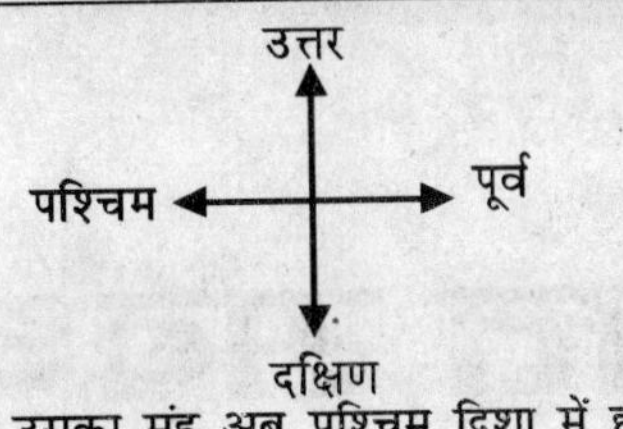

अतः उसका मुंह अब पश्चिम दिशा में होगा।

19. (d)

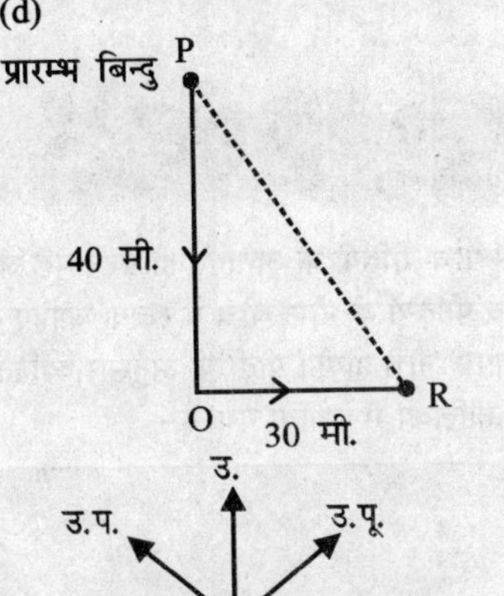

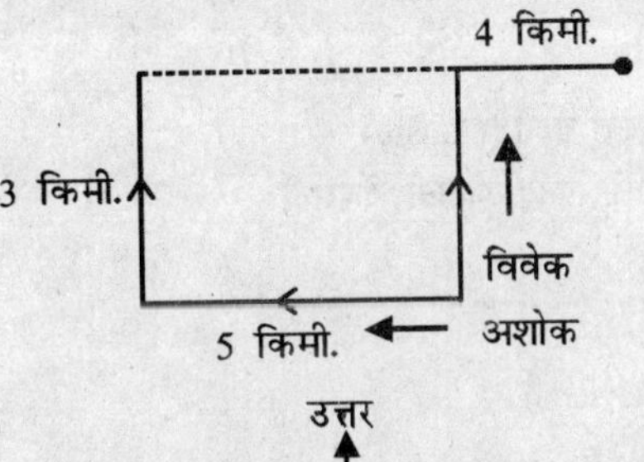

P से R की दिशा 'दक्षिण-पूर्व' है।

P से R की न्यूनतम दूरी $= \sqrt{(40)^2 + (30)^2}$

$= \sqrt{2500} = 50$ मी.

20. (b)

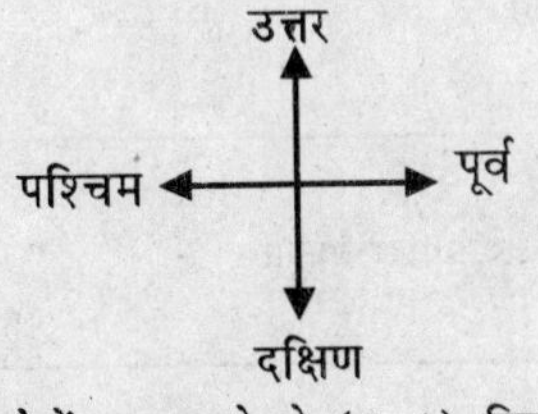

अतः दोनों एक दूसरे से (5+4) किमी. = 9 किमी. दूर हैं।

21. (c)

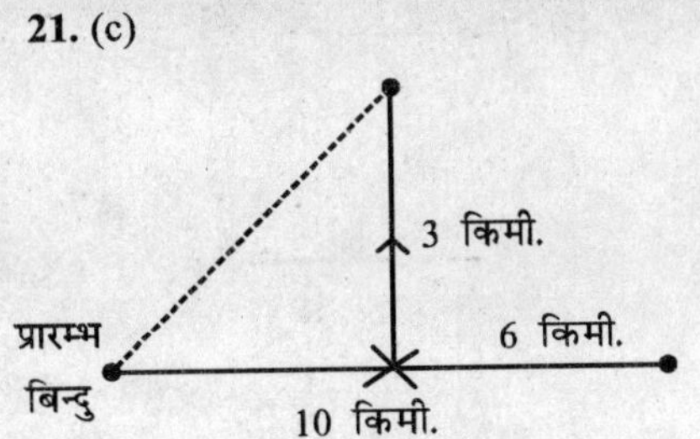

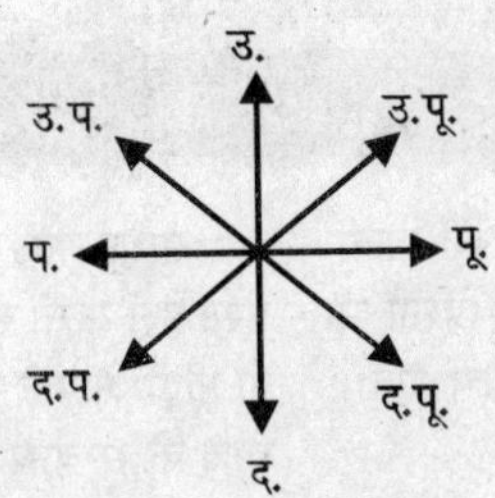

अतः वह अपने प्रारंभिक स्थान से उत्तर-पूर्व दिशा में है।

22. (b)

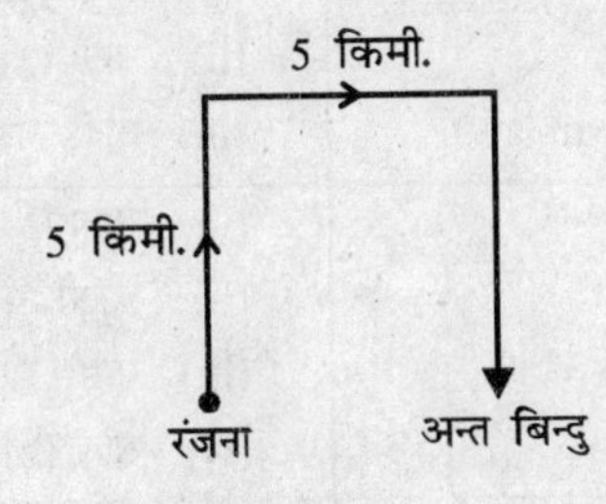

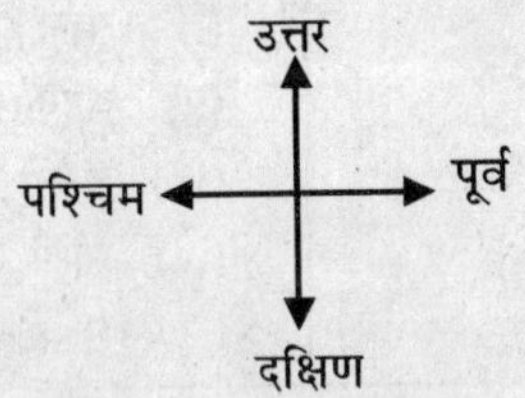

अतः रंजना दक्षिण दिशा की ओर जा रही है।

23. (a)

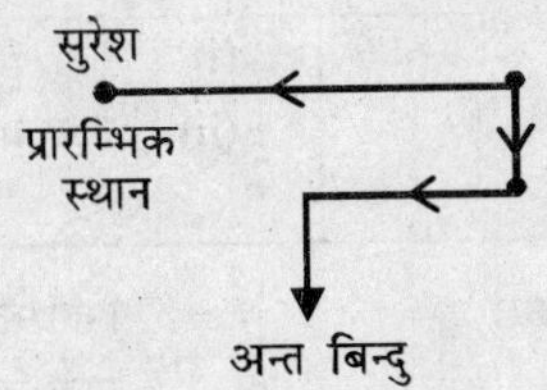

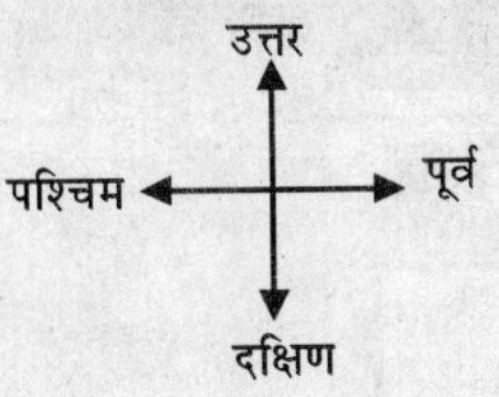

अतः सुरेश दक्षिण दिशा की ओर जा रहा है।

24. (d)

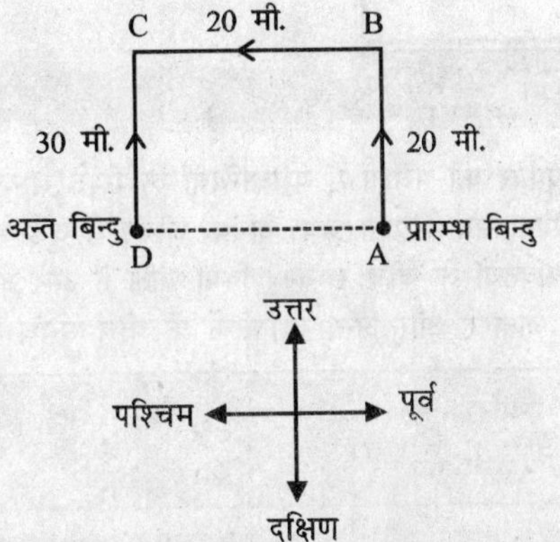

अतः पीयूष प्रारंभिक स्थान से पश्चिम दिशा में 20 मी. की दूरी पर है।

25. (b)

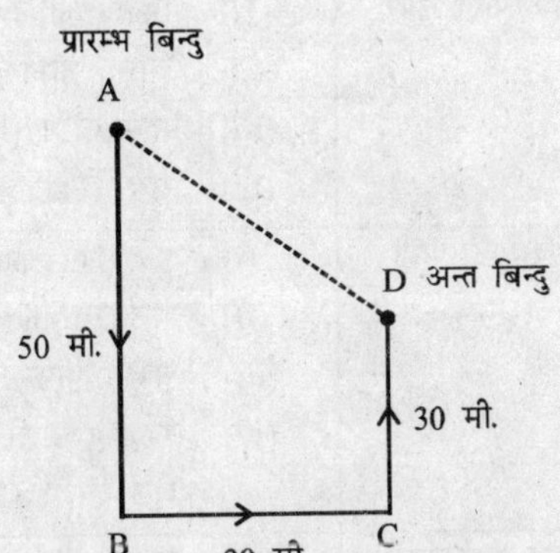

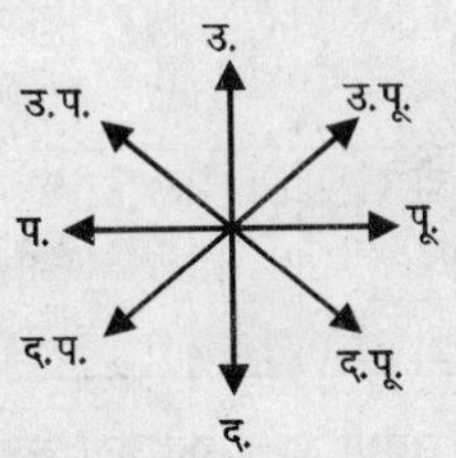

वह लड़का उत्तर-पश्चिम दिशा में जा रहा है।

❑❑❑

अध्याय

7

रक्त संबंध

इस प्रकार की परीक्षा में परीक्षार्थियों के रिश्ते सम्बन्धी ज्ञान की जांच की जाती है। रिश्ता संबंधी प्रश्न प्राय: दैनिक जीवन से जुड़े होते हैं इस प्रकार के प्रश्नों में दो व्यक्तियों के बीच सम्बन्ध दिया जाता है और अन्य व्यक्तियों के बीच संबंध दिया जाता है और अन्य व्यक्तियों के बीच संबंध ज्ञात करना होता है।

साधारणत: रक्त सम्बन्धी प्रश्नों में पांच पीढ़ियों के अन्तर्गत ही प्रश्न पूछे जाते हैं। प्रश्न हल करते समय स्वयं को इन पांच पीढ़ियों के ठीक बीच में रखना चाहिए अर्थात् दो पीढ़ी आपके ऊपर एवं दो पीढ़ी आपके नीचे होंगी। पीढ़ी के अनुसार व्यक्तियों के बीच के सम्बन्ध का नाम नीचे दी गई तालिका में दर्शाया गया है–

पीढ़ी (Generations)	पुरुष (Male)	महिला (Female)
दो पीढ़ी ऊपर ↑↑	(i) दादा (Grand father) (ii) नाना (Maternal grand father) (iii) दादा/नाना ससुर (Grand father-in law)	(i) दादी (Grand mother) (ii) नानी (Maternal grand mother) (iii) दादी/नानी सास (Grand mother-in-law)
एक पीढ़ी ऊपर ↑	(i) पिता (Father) (ii) चाचा, फूफा (Uncle) (iii) मामा, मौसा (Maternal uncle) (iv) ससुर (Father-in-law)	(i) माता (Mother) (ii) चाची, फुआ (बुआ) (Aunt) (iii) मामी, मौसी (Maternal aunt) (iv) सास (Mother-in-law)
स्वयं की पीढ़ी →	(i) पति (Husband) (ii) भाई (Brother) (iii) चचेरा, फूफेरा, ममेरा, मौसेरा भाई (Cousin) (iv) बहनोई, साली का पति, साला, देवर, जेठ, ननदोई (Brother-in-law)	(i) पत्नी (Wife) (ii) बहन (Sister) (iii) चचेरी, फूफेरी, ममेरी, मौसेरी बहन (Cousin) (iv) भाभी, साली, साले की पत्नी, ननद, जेठानी, देवरानी (Sister-in-law)
एक पीढ़ी नीचे ↓	(i) पुत्र (Son) (ii) भतीजा, भांजा (भगीना) (Nephew) (iii) दामाद (Son-in-law)	(i) पुत्री (Daughter) (ii) भतीजी, भांजी (भगीनी) (Niece) (iii) पुत्रवधू (Daughter-in-law)
दो पीढ़ी नीचे ↓↓	(i) पोता, नाती (Grand son) (ii) पोती या नातिन का पति (Grand son-in-law)	(i) पोती, नातिन (Grand daughter) (ii) पोता या नाती की पत्नी (Grand daughter-in-law)

रिश्ता संबंधी प्रश्नों को हल करने के लिए परीक्षार्थियों को कुछ महत्वपूर्ण संबंधों की जानकारी रखना अनिवार्य है।

दैनिक जीवन में प्रयोग किए जाने वाले महत्वपूर्ण रिश्ते–

1.	पिता का पिता	दादा
2.	पिता की माता	दादी
3.	माता का पिता	नाना
4.	माता की माता	नानी
5.	पिता का भाई	चाचा
6.	माता का भाई	मामा
7.	पिता की बहन	बुआ
8.	माता की बहन	मौसी
9.	पिता की बहन का पति	फूफा
10.	माता की बहन का पति	मौसा
11.	पिता के भाई की पत्नी	चाची
12.	माता के भाई की पत्नी	मामी
13.	दादा/दादी का इकलौता पुत्र	पिता
14.	नाना/नानी का पुत्र	मामा
15.	दादा/दादी की पुत्री	बुआ
16.	नाना/नानी की पुत्री	माता/मौसी

17.	दादा/दादी की इकलौती बहू	माता
18.	नाना/नानी की इकलौती बहू	मामी
19.	दादा/दादी का दामाद	फूफा
20.	नाना/नानी का इकलौता दामाद	पिता
21.	पिता के माता/पिता का इकलौता पुत्र	पिता
22.	माता के माता/पिता की इकलौती पुत्री	माता
23.	पिता का ससुर	नाना
24.	माता का ससुर	दादा
25.	पिता की सास	नानी
26.	माता की सास	दादी
27.	फूफा के ससुर का इकलौता पुत्र	पिता
28.	फूफा की सास का इकलौता पुत्र	पिता
29.	मामी के ससुर की इकलौती पुत्री	माता
30.	मामी की सास की इकलौती पुत्री	माता
31.	पिता/माता का इकलौता पुत्र	स्वयं पुत्र
32.	पिता/माता की इकलौती पुत्री	स्वयं पुत्री
33.	आपके पिता/माता का इकलौता/इकलौती पुत्र/पुत्री	स्वयं आप
34.	पुत्र के पिता/माता की पुत्री	बहन
35.	पुत्री के पिता/माता का पुत्र	भाई
36.	पिता के भाई का पुत्र	चचेरा भाई
37.	पिता के भाई की पुत्री	चचेरी बहन
38.	पिता की बहन का पुत्र	फुफेरा भाई
39.	पिता की बहन की पुत्री	फुफेरी बहन
40.	माता के भाई का पुत्र	ममेरा भाई
41.	माता के भाई की पुत्री	ममेरी बहन
42.	माता के बहन का पुत्र	मौसेरा भाई
43.	माता की बहन की पुत्री	मौसेरी बहन
44.	भाई की पत्नी	भाभी
45.	बहन का पति	बहनोई/जीजा
46.	दादा/दादी के पुत्र का पुत्र	पोता
47.	दादा/दादी के पुत्र की पुत्री	पोती
48.	नाना/नानी के पुत्री का पुत्र	नाती
49.	नाना/नानी के पुत्री की पुत्री	नातिन
50.	भाई का पुत्र	भतीजा
51.	भाई की पुत्री	भतीजी
52.	बहन का पुत्र	भांजा
53.	बहन की पुत्री	भांजी

हल सहित उदाहरण

उदाहरण 1. विपिन और विकास भाई हैं। प्रमोद विपिन के पिता हैं। शीला प्रमोद की बहन है। वीनू प्रमोद की भांजी है। यशी, शीला की नातिन है। विपिन यशी के क्या लगते हैं?

(a) भाई
(b) ममेरा भाई
(c) मामा
(d) भांजा

हल: (c)

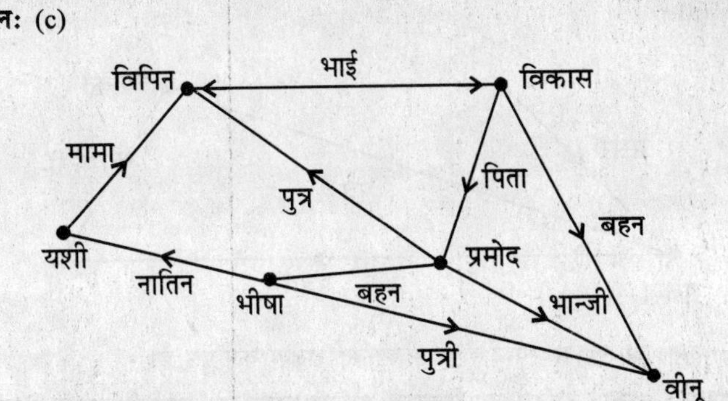

अतः आरेख से स्पष्ट है। विपिन, यशी का मामा है।

उदाहरण 2. B, Q का पिता है। B की केवल दो संतानें है। Q, R का भाई है। R, P की पुत्री है। A, P की ग्रैंड डॉटर है। S, A का पिता है। तो S का Q से क्या संबंध है?

(a) भाई (b) भांजा
(c) दामाद (d) ब्रदर-इन-लॉ

हल: (d)

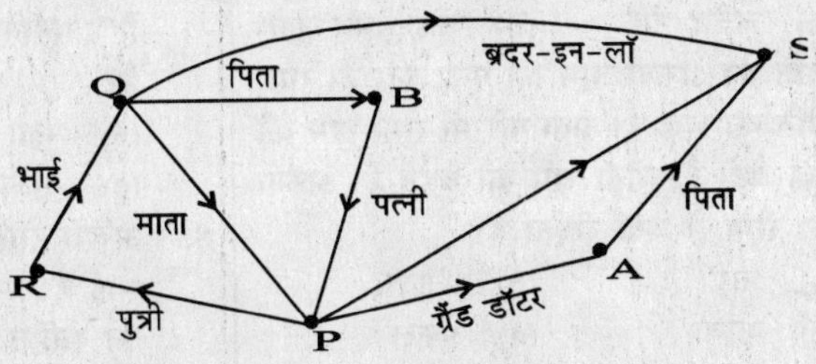

अतः आरेख से स्पष्ट है, S, Q का ब्रदर-इन-लॉ है।

उदाहरण 3. A, C का पुत्र है। C और Q बहन हैं। Z, Q की माँ है। P, Z का पुत्र है। निम्नलिखित में से कौन-सा कथन सत्य है?

(a) P और Q कजिन हैं। (b) P, A का मामा है।
(b) Q, A का नाना है। (d) C तथा P बहिनें हैं।

हल: (b)

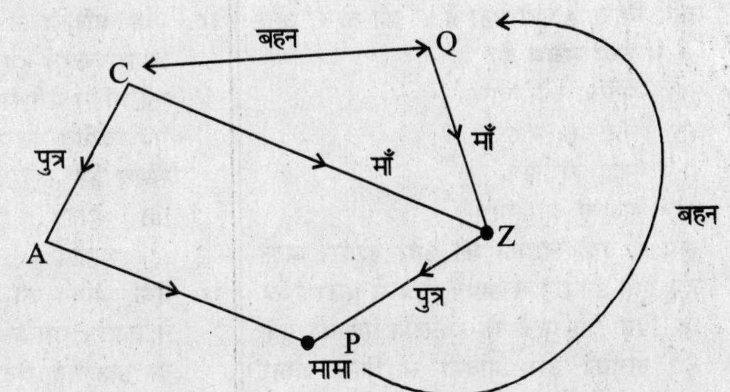

अतः स्पष्ट है कि P, A का मामा है।

उदाहरण 4. एक व्यक्ति की ओर संकेत करते हुए रीना ने कहा कि इसकी पत्नी मेरे ससुर राजेश की एक मात्र पुत्रवधू है। वह व्यक्ति राजेश से किस प्रकार संबंधित है?

(a) पुत्र (b) चाचा
(c) पिता (d) भाई

हलः (a)

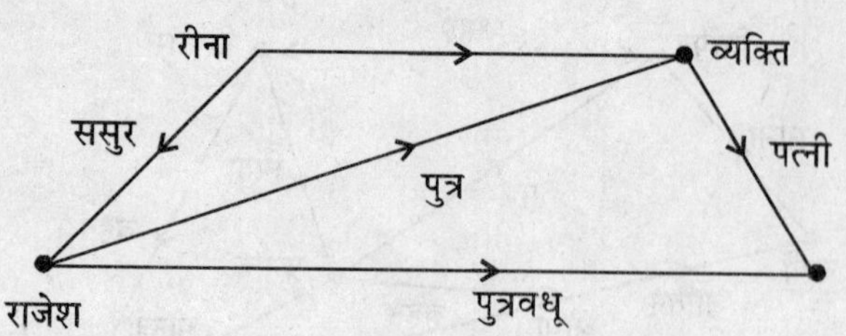

अतः आरेख से स्पष्ट है, वह व्यक्ति राजेश का पुत्र है।

उदाहरण 5. अरुण रोहित का पिता है। रोहित माला का भाई है। माला विनय की पत्नी हैं, विनय का रोहित से क्या संबंध है?

(a) जीजा (b) पिता
(c) पुत्र (d) चाचा

हलः (a)

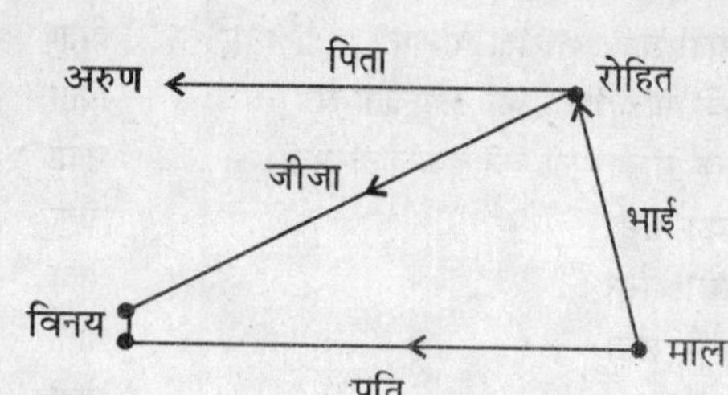

अतः स्पष्ट है विनय, रोहित का जीजा है।

प्रश्नमाला

1. यदि मेरी मां के मामा मेरी पत्नी के दादाजी हो तो वह मेरी दादी से किस प्रकार संबंधित होंगे?

(a) पति (b) भाई
(c) चचेरा भाई (d) कोई संबंध नहीं

2. प्रीति का अरुण नाम का एक बेटा है। राम, प्रीति का भाई है। नीता की भी रीमा नाम की एक बेटी है। नीता राम की बहन है। अरुण का रीमा से क्या रिश्ता है?

(a) भाई (b) भतीजा
(c) कजिन (d) अंकल

3. राहुल और रोबिन भाई हैं। प्रमोद रोबिन के पिता हैं। शीला प्रमोद की बहन है, प्रेमा प्रमोद की भांजी है। शुभा शीला की नातिन है। राहुल शुभा के क्या लगते हैं?

(a) भाई (b) ममेरा भाई
(c) मामा (d) भांजा

4. A और B बच्चे हैं C, के यदि C माता है B की, किन्तु A पुत्री नहीं है C की तो C और A में क्या संबंध है?

(a) भतीजा और चाची
(b) भाई और बहिन
(c) माता और पुत्र
(d) भतीजी और चाची

5. बस में एक लड़की की ओर इशारा करते हुए एक आदमी ने अपने मित्र से कहा "वह मेरे पिता की पत्नी के इकलौते पुत्र की पुत्री है" लड़की उस आदमी से किस प्रकार संबंधित है?

(a) चचेरा भाई (b) पुत्री
(c) माता (d) बहन

6. एक आदमी की ओर संकेत करते हुए रोहिनी ने कहा कि इसकी पत्नी मेरे ससुर महेश की एक मात्र पुत्रवधू है। आदमी महेश से किस प्रकार संबंधित है?

(a) पुत्र (b) चाचा
(c) पिता (d) भाई

7. सुनीता का परिचय देते हुए अमर कहता है–"वह मेरी मां के इकलौते पुत्र की पत्नी है" सुनीता अमर से किस प्रकार संबंधित है?

(a) पत्नी (b) बहन
(c) साली (d) कोई सबंध नहीं

8. अरुण रोहित का पिता है। रोहित माला का भाई है। माला दिलीप की पत्नी है। दिलीप का रोहित से क्या रिश्ता है?

(a) जीजा (b) पिता
(c) चाचा (d) पुत्र

9. कन्नन, कुमार का भाई है। लक्ष्मी, कुमार की पुत्री है। कलई कन्नन की बहन है और गोविंद, लक्ष्मी का भाई है, गोविंद का चाचा कौन है?

(a) लक्ष्मी (b) कन्नन
(c) कुमार (d) कलई

10. एक महिला ने एक फोटोग्राफ की ओर इशारा करते हुए कहा "इस व्यक्ति के पुत्र की बहिन मेरी सास है" फोटोग्राफ में दिखाए गए व्यक्ति का उस महिला के पति से क्या संबंध है?

(a) धेवता (b) पुत्र
(c) दामाद (d) भतीजा

11. एक व्यक्ति की ओर देखते हुये एक औरत ने कहा "उसके भाई का पिता मेरे दादाजी का इकलौता बेटा है" औरत उस व्यक्ति से किस प्रकार संबंधित है?

(a) बुआ (b) बहन
(c) पुत्री (d) माता

12. हरी की ओर संकेत करते हुये सीमा कहती है कि ''यह मेरे सबसे बड़े पुत्र महेश के दादा जी हैं'' हरी का सीमा से क्या संबंध है?

(a) मामा (b) भाई
(c) पिता (d) दादा

13. एक फोटो की ओर संकेत करते हुये विकास ने कहा, "वह मेरे दादा के इकलौते पुत्र की पुत्री है" विकास का फोटो वाली लड़की के साथ क्या संबंध है?

(a) पिता (b) भाई
(c) बहन (d) माता

14. राजीव अतुल का भाई है, सोनिया सुनील की बहन है। अतुल सोनिया का पुत्र है, तो राजीव का सोनिया से क्या संबंध है?

(a) पिता (b) भांजा
(c) मामा (d) पुत्र

15. मीना, गुड़िया और सोनू की मां हैं पुनीत मीना का ससुर है। पुनीत, बिंदु और दीप का पिता है। पुनीत की एक मात्र लड़की है। दीपा गुड़िया की बुआ है। सोनू का बिंदु से क्या संबंध है?

(a) पुत्र (b) पिता
(c) भतीजा (d) इनमें से कोई नहीं

16. विनोद ने विशाल का परिचय अपने पिता की पत्नी के इकलौते भाई के पुत्र के रूप में कराया। विनोद विशाल से किस प्रकार संबंधित है?

(a) ममेरा भाई (b) भाई
(c) चचेरा भाई (d) बहन

17. मेरे भाई के दादा के इकलौते बेटे का इकलौता लड़का मेरा कौन लगेगा?

(a) भाई (b) माता
(c) चचेरा भाई (d) बहन

18. रघु तथा बाबू जुडवां है। बाबू की बहन रीमा है रीमा का पति राजन है। रघु की मां लक्ष्मी है। लक्ष्मी का पति राजेश है। तदनुसार राजेश का राजन से क्या रिश्ता है?

(a) चाचा (b) दामाद
(c) ससुर (d) चचेरा भाई

19. एक लड़की का परिचय कराते हुये विपिन ने कहा "उसकी माता मेरी सास की इकलौती बेटी है" विपिन का उस लड़की से क्या संबंध हैं?
(a) भाई (b) पिता
(c) चाचा (d) पति

20. 'D' पिता है 'B' का 'B' ननद है 'C' की तथा बेटी है 'A' की 'A' 'D' से किस प्रकार संबंधित है?
(a) पत्नी (b) माता
(c) पिता (d) पति

21. A, B का पुत्र है। B और C बहने हैं। E, C की माता है, यदि D, E का पुत्र है, तो निम्नलिखित में से कौन-सा कथन सत्य है?
(a) D, A का मामा है।
(b) E, B का भाई है।
(c) D, A का ममेरा भाई है।
(d) B और D भाई हैं।

22. यदि A, B का पिता है एवं B, C की माता है तथा C, D की पुत्री है, तो 'A' एवं 'D' में क्या संबंध है?
(a) दामाद (b) ससुर
(c) बधू (d) साला

23. एक महिला की ओर संकेत करते हुये एक पुरुष ने कहा "इसके इकलौते भाई का बेटा मेरी पत्नी का भाई है" वह महिला उस पुरुष से किस प्रकार संबंधित है?
(a) ससुर की भतीजी (b) बेटी
(c) ससुर की बहन (d) ससुर की बेटी

24. रुचि का परिचय देते हुए मुकेश ने कहा कि "उसके पिताजी मेरे पिता जी के इकलौते पुत्र हैं" तो बताइए मुकेश रुचि से किस प्रकार संबंधित है?
(a) पिता (b) चाचा
(c) भाई (d) मामा

25. यदि प्रदीप, राजीव का भाई है और रोशन राजीव का भाई है प्रदीप हरी का भाई है, तब निम्नलिखित कथनो में से कौन-सा कथन निश्चित रूप से सत्य है?
(a) प्रदीप रोशन का भाई है।
(b) हरी प्रसाद का भाई है।
(c) राजीव रोशन का भाई है।
(d) राजीव हरी का भाई है।

26. एक पुरुष का परिचय देते हुए एक औरत ने कहा, "उसकी पत्नी मेरी मां की इकलौती पुत्री है", तो बताएं कि उस औरत का उस पुरुष से क्या संबंध है?
(a) साली (b) पत्नी
(c) साला (d) चाची

27. स्नेहल की ओर इंगित करते हुए महेश ने कहा, "उसकी मां की इकलौती पुत्री मेरी पुत्री है", तो बताएँ कि महेश का स्नेहल से क्या संबंध है?
(a) भाई (b) चाचा
(c) पुत्र (d) पिता

28. एक लड़के की तस्वीर की ओर इंगित करते हुए मधु ने कहा, "उसकी बहन मेरे पिता की इकलौती पुत्री है।" बताएं कि वह लड़का मधु के पिता से कैसे संबंधित है?
(a) पिता (b) भाई
(c) पुत्र (d) चचेरा भाई

29. एक औरत की तस्वीर की ओर इंगित करते हुए विमल ने कहा ''वह मेरे दादाजी के इकलौते पुत्र की पुत्री है'' तो बताएं कि विमल उस औरत से कैसे संबंधित है?
(a) भाई (b) फुफेरा भाई
(c) पिता (d) चाचा

30. एक पुरुष का परिचय देते हुए कि एक औरत ने कहा, "वह मेरी मां की मां का इकलौता पुत्र है"। बताएं कि वह औरत उस पुरुष से कैसे संबंधित है?
(a) मां (b) चाची
(c) भांजी (d) बहन

31. एक पुरुष का परिचय देते हुए एक औरत ने कहा, "उसकी पत्नी मेरे पिताजी की इकलौती पुत्री है", तो बताएं कि उस पुरुष का उस औरत से क्या संबंध है?
(a) मामा (b) ससुर
(c) भाई (d) पति

32. एक पुरुष की तस्वीर की ओर इंगित करते हुए एक औरत ने कहा, "इसके भाई का पिता मेरे दादाजी का इकलौता पुत्र है", तो बताएं कि उस तस्वीर वाले पुरुष से औरत का क्या संबंध है?
(a) माता (b) चाची
(c) भाई (d) पुत्री

33. एक महिला की ओर संकेत करते हुए रमेश ने कहा, "उसके पिता मेरे ससुर के इकलौते दामाद हैं।" रमेश उस महिला से किस प्रकार सम्बन्धित है?
(a) पिता (b) चाचा
(c) चचेरा भाई (d) जानकारी अधूरी है

34. नेहा ने एक लड़के की ओर इशारा करते हुए कहा, "वह मेरे दादा की इकलौती सन्तान का पुत्र है।" नेहा का उस लड़के से क्या रिश्ता है?
(a) बहन
(b) चचेरी बहन
(c) चाची
(d) निर्धारित नहीं किया जा सकता

35. वीणा की ओर संकेत करते हुए मोहन ने कहा, "वह मेरे दादा की एकमात्र पुत्री की एकमात्र पुत्री है।" मोहन का वीणा से क्या सम्बन्ध है?
(a) भाई
(b) फूफेरी बहन
(c) चाचा
(d) जानकारी अधूरी है

36. हरि की ओर संकेत करते हुए सीमा कहती है कि, "यह मेरे सबसे बड़े पुत्र महेश के दादा हैं।" हरि का सीमा से क्या सम्बन्ध है?
(a) पिता (b) चाचा
(c) जीजा (d) जानकारी अधूरी है

निर्देश (प्रश्न 37-40)—नीचे दी गई जानकारी का ध्यानपूर्वक अध्ययन कर पूछे गए प्रश्नों के उत्तर दीजिए।

(i) 'A + B' का अर्थ है, A, B का पिता है
(ii) 'A × B' का अर्थ है, A, B की बहन है
(iii) 'A $ B' का अर्थ है, A, B की पत्नी है
(iv) 'A % B' का अर्थ है, A, B की माता है
(v) 'A ÷ B' का अर्थ है, A, B का पुत्र है

37. यदि सिद्ध करने के लिए अभिव्यक्ति में J, T का भाई है, तो प्रश्न चिन्ह के स्थान पर क्या आना चाहिए?

J ÷ P % H ? T % L

(a) ×
(b) ÷
(c) $
(d) या तो ÷ या ×

38. दी गई अभिव्यक्ति में कौन-सा यह निर्दिष्ट करता है, कि M, D की पुत्री है?
(a) L % R $ D + T × M
(b) L + R $ D + M × T
(c) D + L $ R + M × T
(d) L $ D ÷ R % M ÷ T

39. यदि अभिव्यक्ति 'I + T % J × L ÷ K' निश्चित रूप से सत्य हो, तो निम्नलिखित में से कौन-सा विकल्प सत्य है?
(a) L, T की पुत्री है
(b) K, I का दामाद है
(c) I, L की दादी है
(d) T, L का पिता है

40. यह सिद्ध करने के लिए अभिव्यक्ति में T, Q की सिस्टर-इन-लॉ है, तो प्रश्नचिन्ह के स्थान पर क्या आएगा?

R % × P ? Q + V

(a) ÷ (b) %
(c) × (d) $

उत्तर (हल/संकेत)

1. (d)

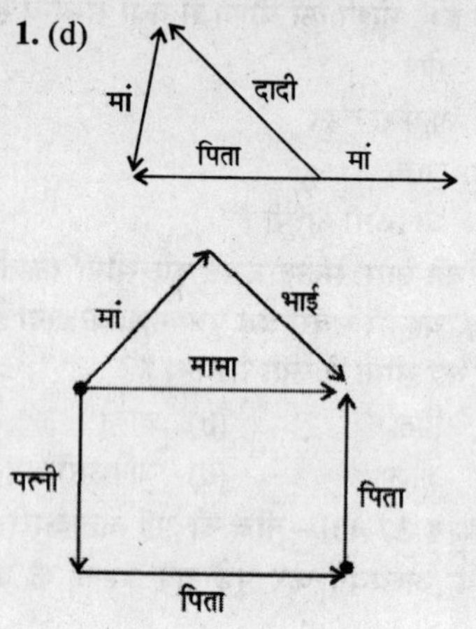

अत: कोई सीधा संबंध नहीं है।

2. (c)

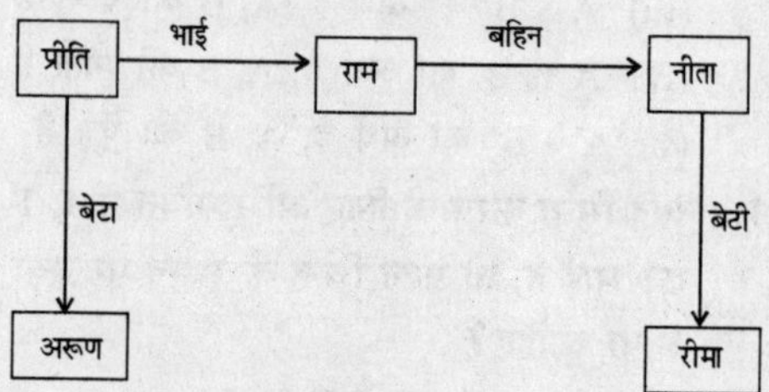

∴ अरूण का रीमा से रिश्ता
= कजिन (मौसेरी बहन)

3. (c)

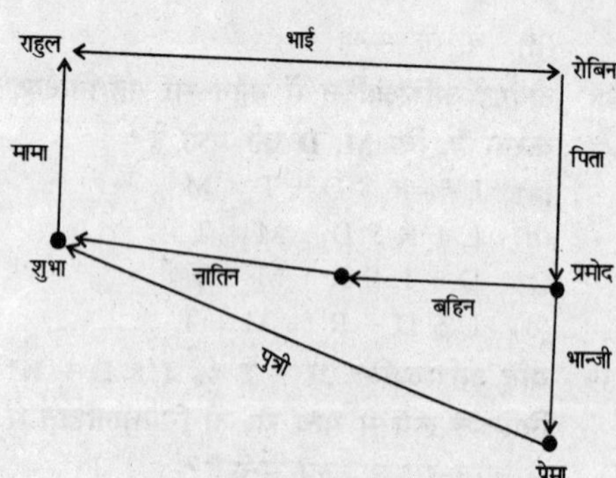

अत: राहुल शुभा का मामा है।

4. (c)

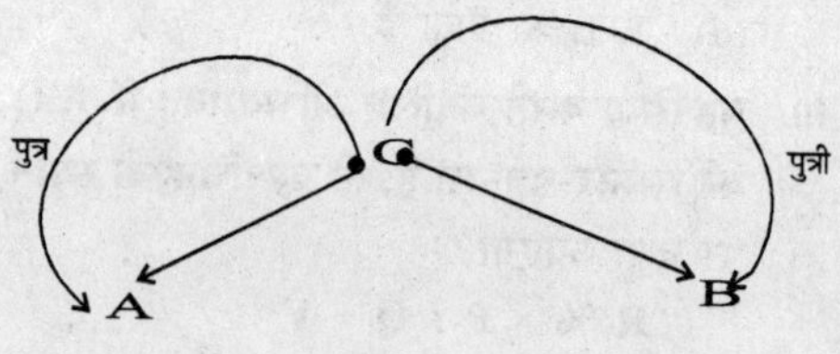

अत: C और A माता और पुत्र हैं।

5. (b)

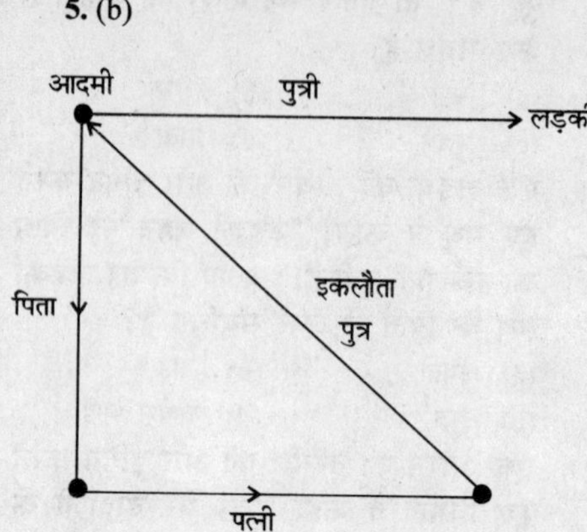

अत: वह लड़की उस आदमी की पुत्री है।

6. (a)

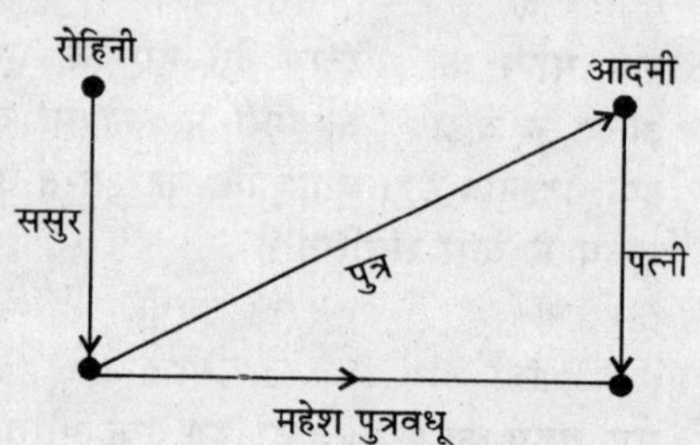

अत: स्पष्ट है, वह आदमी महेश का पुत्र है।

7. (a)

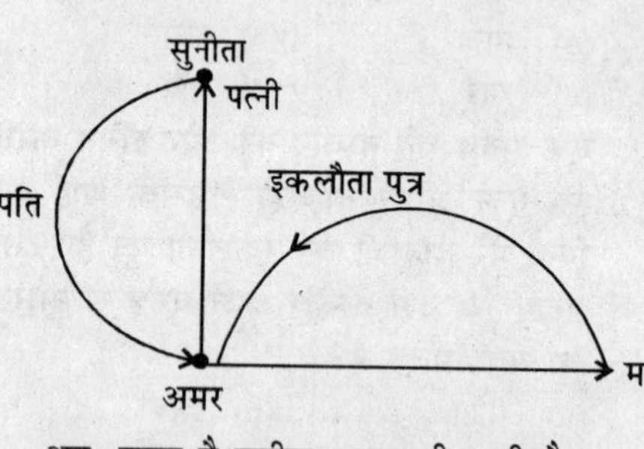

अत: स्पष्ट है सुनीता अमर की पत्नी है।

8. (a)

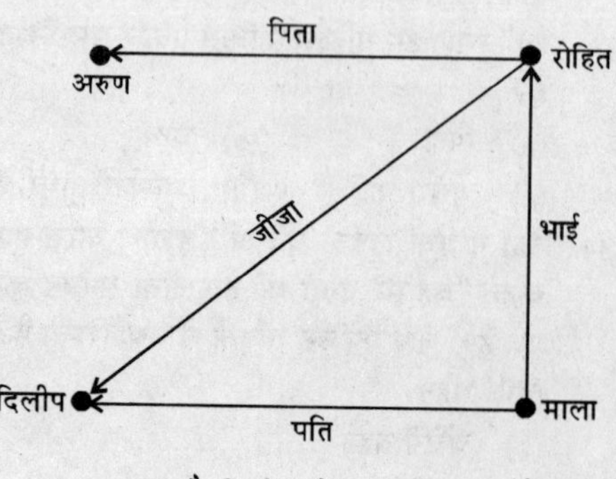

अत: स्पष्ट है दिलीप रोहित का जीजा है।

9. (b)

कुमार
भाई
कन्नन
बहन
पुत्री
चाचा
कलई
भाई
लक्ष्मी
गोविन्द

अत: कन्नन गोविंद का चाचा है।

10. (a)

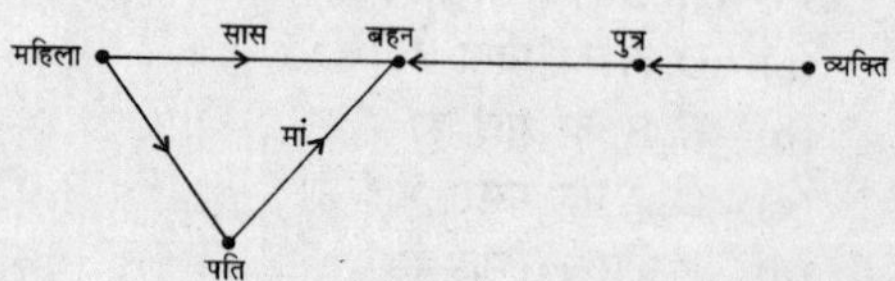

अत: महिला का पति उस व्यक्ति का धेवता है।

11. (b)

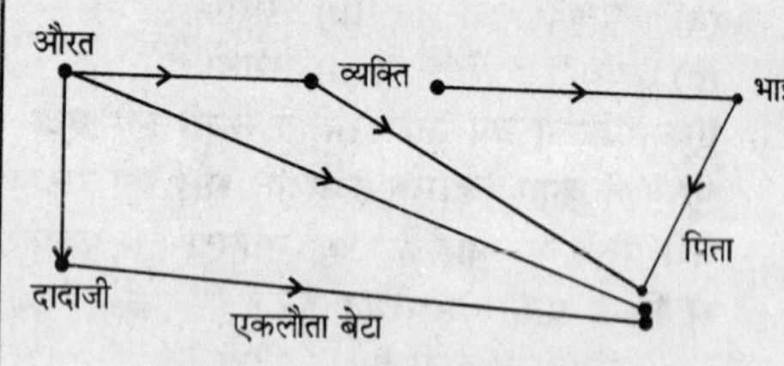

अत: औरत उस व्यक्ति की बहन है।

12. (c)

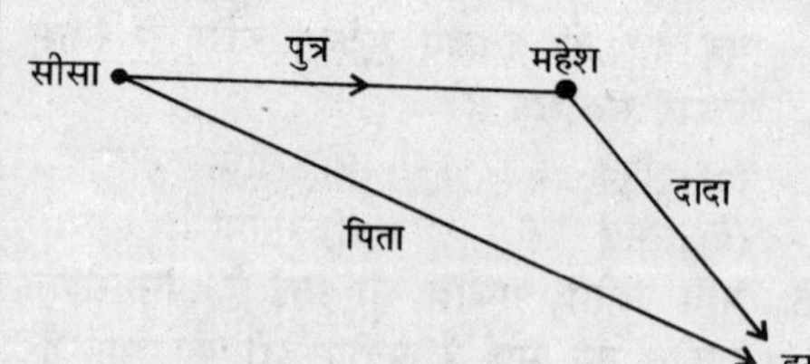

अत: हरि सीमा का पिता है।

13. (b)

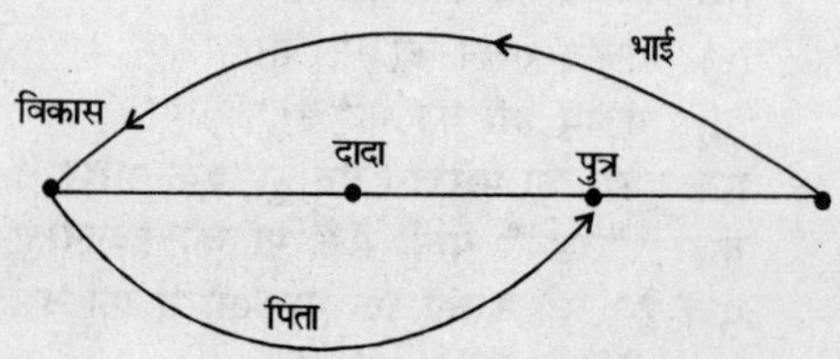

अत: विकास फोटो वाली लड़की का भाई है।

14. (d)

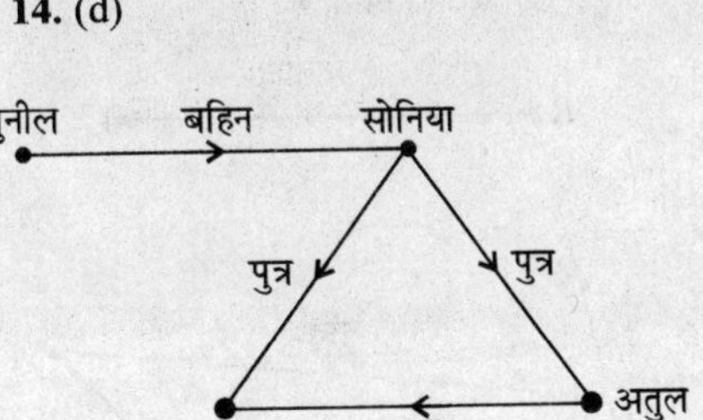

अत: राजीव सोनिया का पुत्र है।

15. (a)

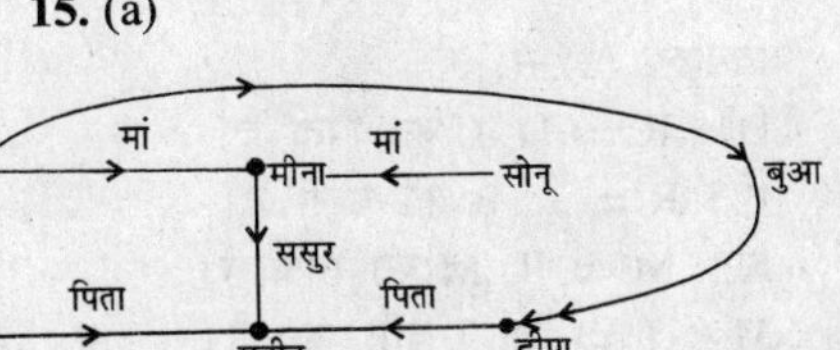

∴ सोनू, बिंदु का पुत्र है।

16. (a)

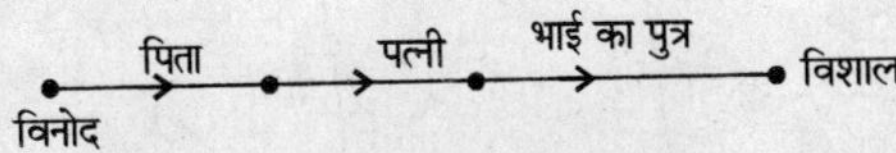

∴ विशाल, विनोद का ममेरा भाई है।

17. (c) भाई के दादा के इकलौते बेटे का इकलौता लड़का मेरा चचेरा भाई लगेगा।

18. (c)

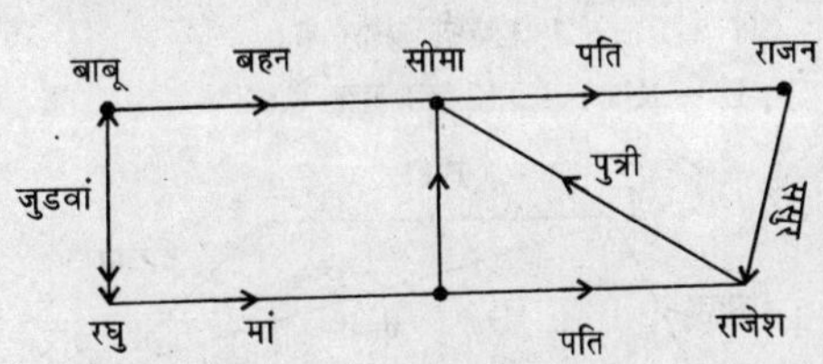

अत: राजेश राजन का ससुर है।

19. (b)

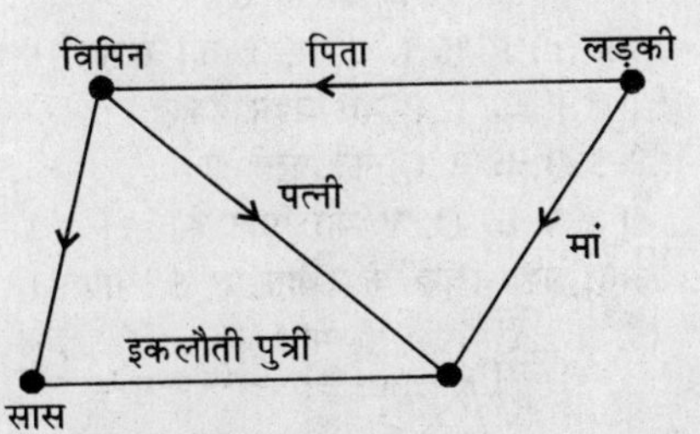

∴ विपिन उस लड़की का पिता है।

20. (a) B, A पुत्री है। D, B का पिता, A, B की माता है।

अत: D, A की पत्नी है।

21. (a) B, A की माँ है। C, E की पुत्री है। D, B एवं C का भाई है।

अत: D, A का मामा है।

22. (b)

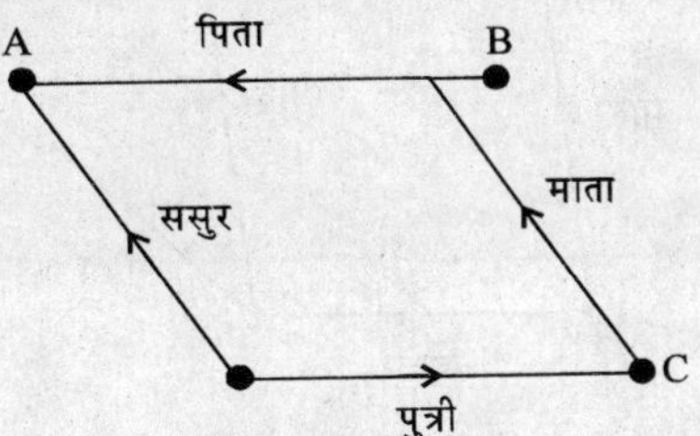

अत: A, D का ससुर है।

23. (c)

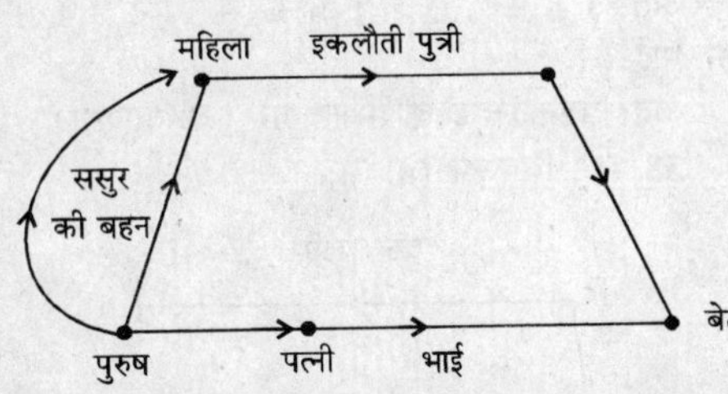

अत: वह महिला उस पुरुष के ससुर की बहन है।

24. (a)

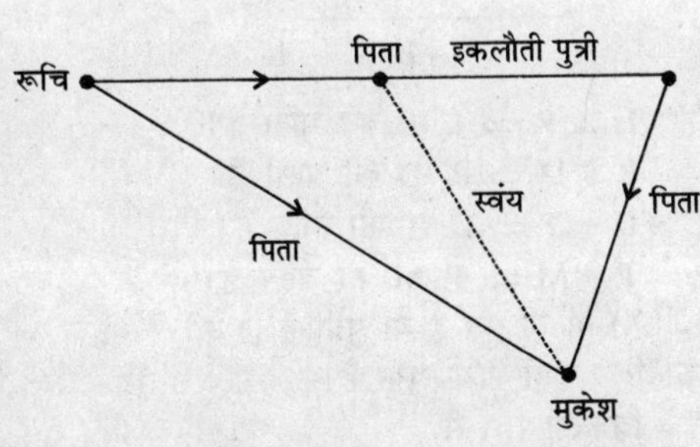

अत: स्पष्ट है, मुकेश रुचि का पिता है।

25. (a)

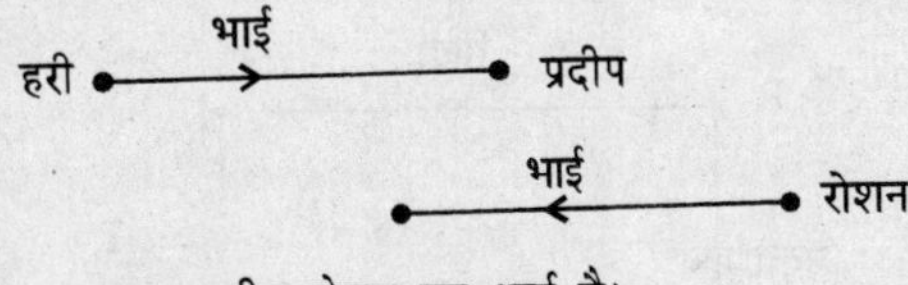

अत: प्रदीप रोशन का भाई है।

26. (b)

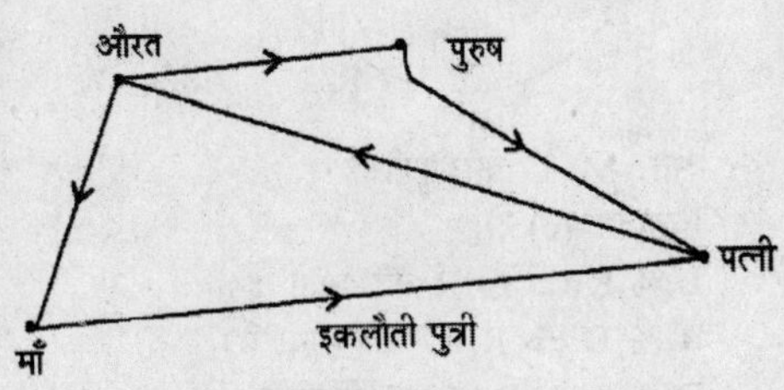

अत: औरत, उस पुरुष की पत्नी है।

27. (d)

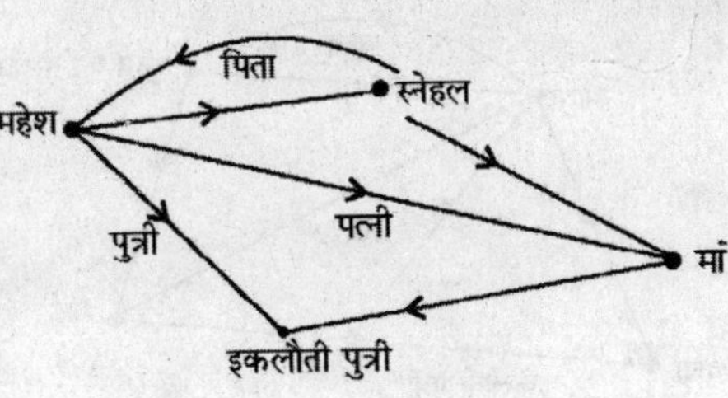

स्पष्ट है महेश, स्नेहल का पिता है।

28. (c)

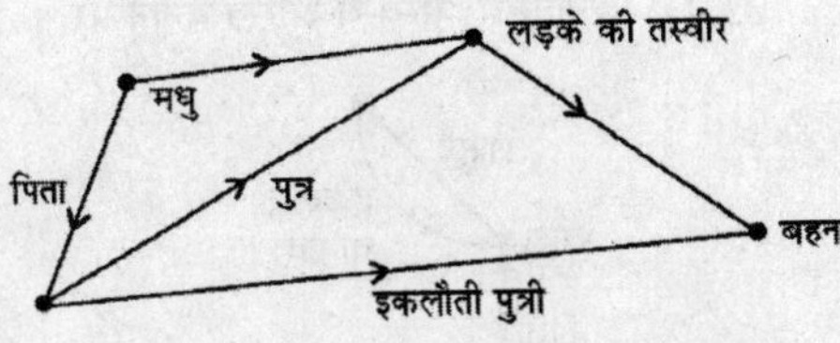

अत: वह लड़का मधु के पिता का पुत्र है।

29. (a)

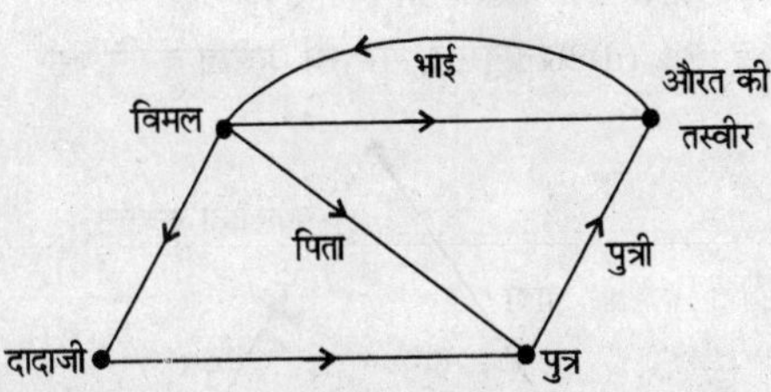

अत: वह औरत विमल की बहन है, विमल उस औरत का भाई है।

30. (c)

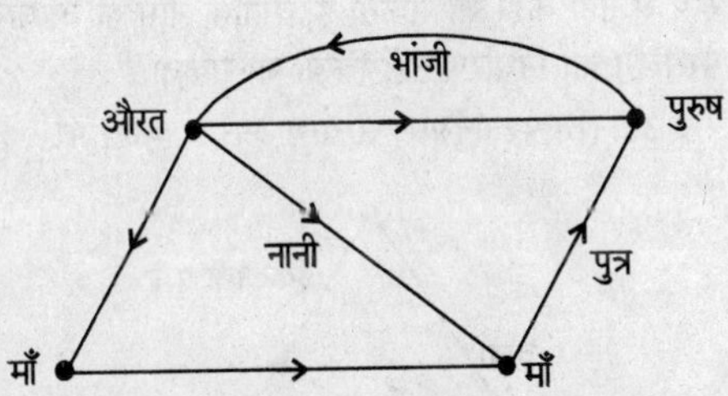

अत: वह औरत उस पुरुष की भांजी है।

31. (d)

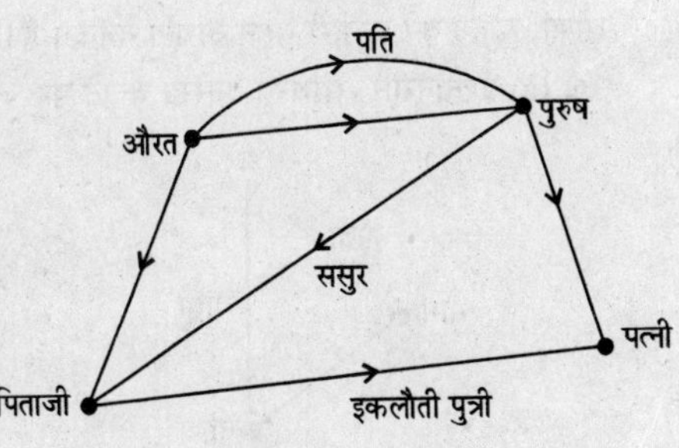

अत: वह पुरुष, उस औरत का पति है।

32. (c)

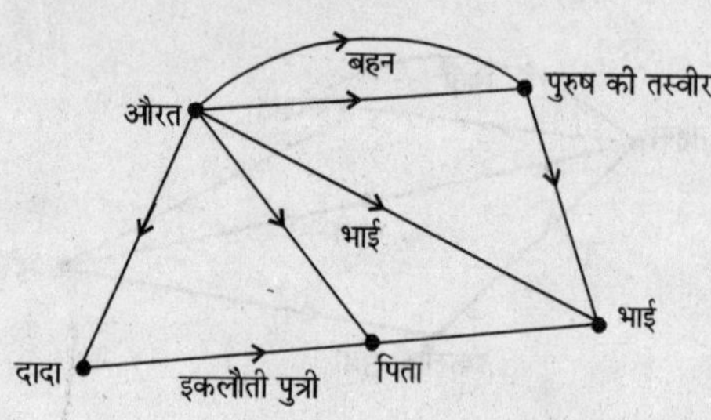

अत: स्पष्ट है, वह पुरुष, औरत का भाई है।

33. (a) प्रश्नानुसार, सम्बन्ध आरेख बनाने पर

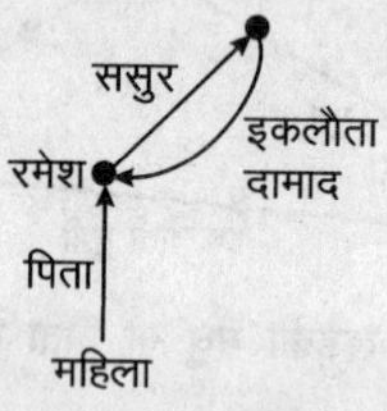

रमेश, उस महिला का पिता है।

34. (d) प्रश्नानुसार, सम्बन्ध आरेख बनाने पर

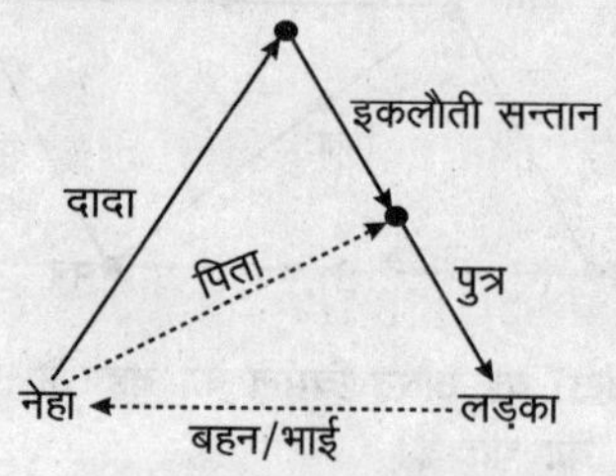

नेहा, उस लड़के की बहन है या भाई है यह निश्चित रूप से नहीं कहा जा सकता है, क्योंकि नाम के आधार पर लिंग का निर्धारण नहीं किया जा सकता है।

35. (b) प्रश्नानुसार, सम्बन्ध आरेख बनाने पर

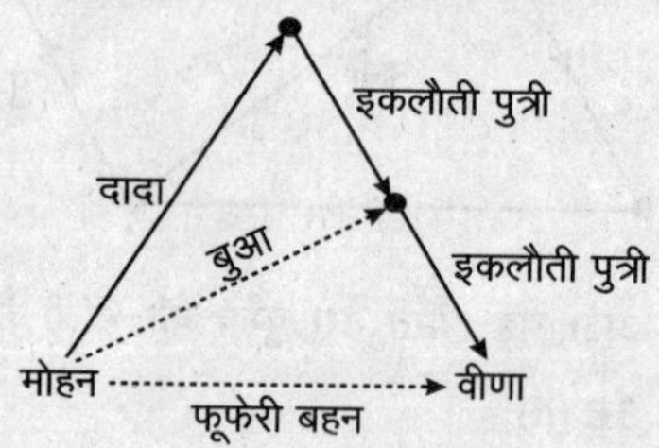

वीणा, मोहन की फूफेरी बहन अर्थात् कजिन है।

36. (a) प्रश्नानुसार, सम्बन्ध आरेख बनाने पर

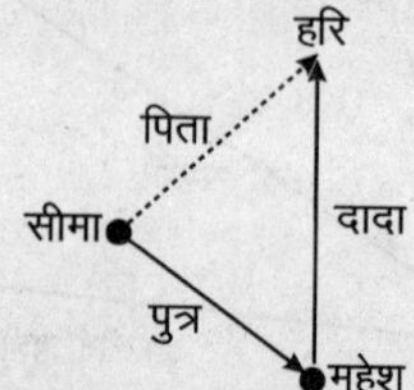

हरि, सीमा का पिता है।

37. (a)

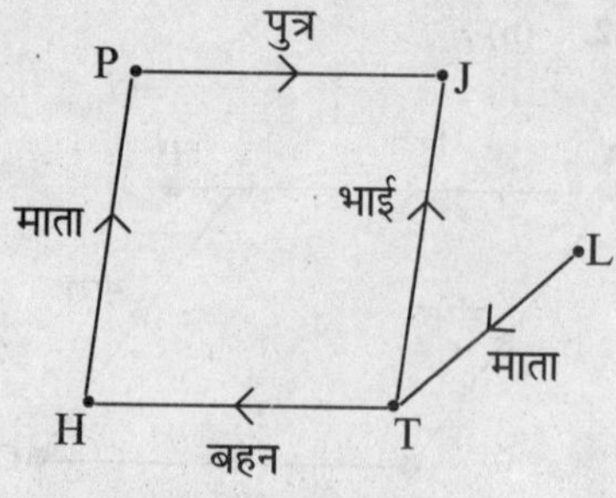

J ÷ P ⇒ J, P का पुत्र है।
P % H ⇒ P, H की माता है।
H × T ⇒ H, T की बहन है।
T % L ⇒ T, L की माता है।
अत: J ÷ P % H × T % L से स्पष्ट है J, T का भाई है।
अत: प्रश्न चिन्ह के स्थान पर '×' आएगा।

38. (b) विकल्प (a) से,

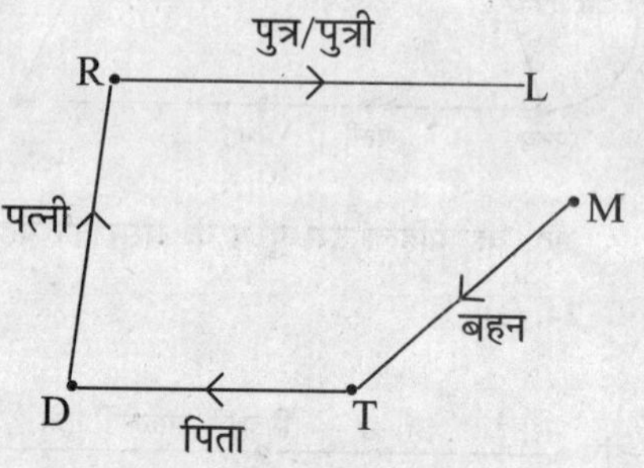

L % R ⇒ L, R की माता है।
R $ D ⇒ R, D की पत्नी है।
D + T ⇒ D, T का पिता है।
T × M ⇒ T, M की बहन है।
M या तो पुत्र है या पुत्री है D की। क्योंकि M का लिंग नहीं दिया गया है।
विकल्प (b) से,
L + R ⇒ L, R का पिता है।
R $ D ⇒ R, D की पत्नी है।
D + M ⇒ D, M का पिता है।
M × T ⇒ M, T की बहन है।

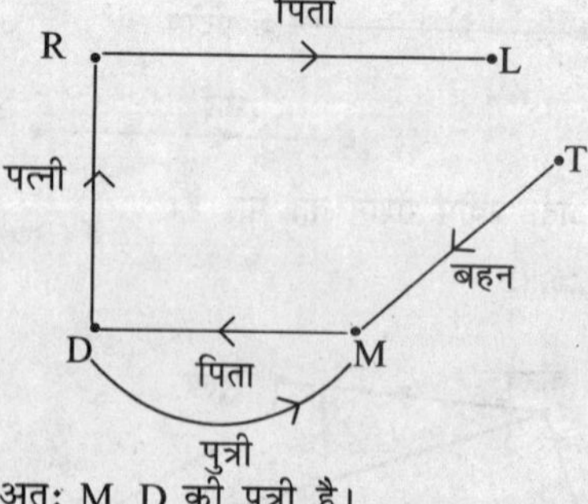

अत: M, D की पुत्री है।
विकल्प (c) से,
L % R ⇒ L, R की माता है।
R % D ⇒ R, D की माता है।
D + T ⇒ D, T का पिता है।
T ÷ M ⇒ T, M का पुत्र है।
अत: D, M का पति है।

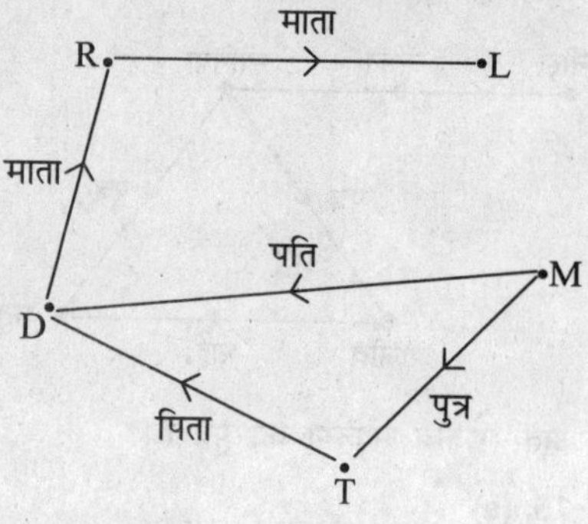

विकल्प (d) से,
D + R ⇒ D, L का पिता है।
L $ R ⇒ L, R की पत्नी है।
R + M ⇒ R, M का पिता है।
M × T ⇒ M, T की बहन है।
अत: M पौत्री है D की।

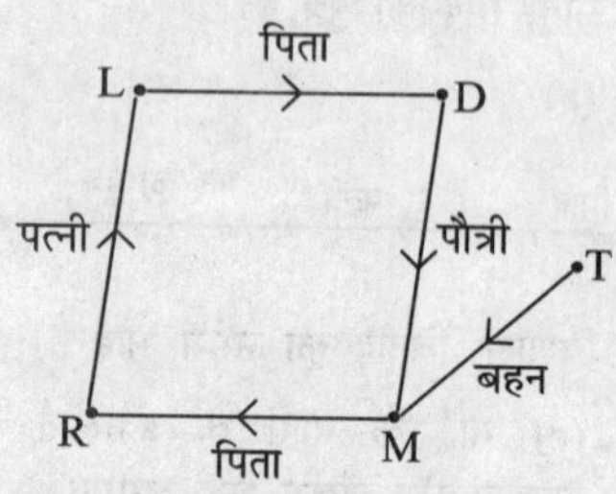

39. (b) I + T ⇒ I, T का पिता है।
T % J ⇒ T, J की माता है।
J × L ⇒ J, L की बहन है।
L ÷ K ⇒ L, K का पुत्र है।

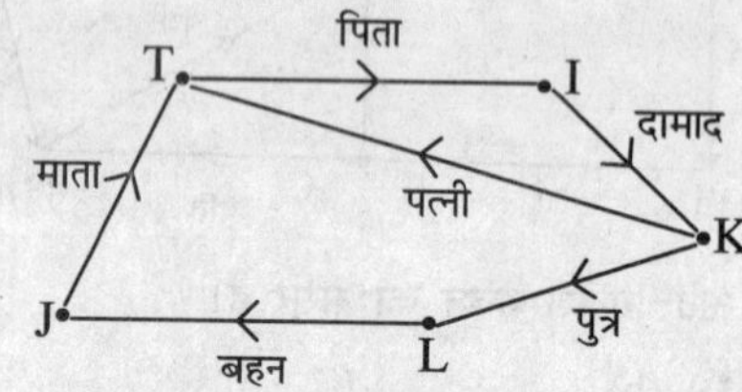

स्पष्ट है K, I का दामाद है।

40. (d) R % T ⇒ R, T की माता है।
T × P ⇒ T, P की बहन है।
P $ Q ⇒ P, Q की पत्नी है।
Q + V ⇒ Q, V का पिता है।
अत: प्रश्न चिन्ह के स्थान पर $ आएगा।

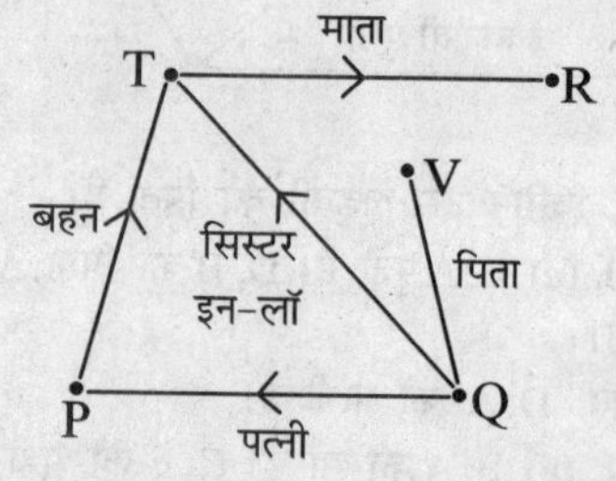

❑❑❑

अध्याय

8

वर्णमाला परीक्षण

इस प्रकार की परीक्षा में परीक्षार्थियों की वर्णमाला संबंधी ज्ञान की जांच की जाती है। इस प्रकार की परीक्षा में कुछ शब्द ऐसे होते हैं, जिसमें अक्षर अव्यवस्थित क्रम में होते हैं तथा उनसे संबंधित कई प्रश्न दिए गए होते हैं। परीक्षार्थियों को इन प्रश्नों को ध्यान में रखते हुए अक्षरों को क्रम से लगाना होता है।

इसके लिए परीक्षार्थियों को अंग्रेजी वर्णमाला में अक्षरों के स्थान को ध्यान में रखना अति महत्वपूर्ण हैं अंग्रेजी वर्णमाला में अक्षरों की संख्या 26 होती हैं, यदि हमें बाईं ओर से अक्षरों को गिनना हो, तो A से प्रारंभ करते हैं तथा यदि दायीं ओर से अक्षरों को गिनना हो, तो Z से प्रारंभ करते है।

अंग्रेजी वर्णमाला में अक्षरों के स्थान को याद रखना बहुत ही मुश्किल है इसके लिए दो सरल सूत्रों को याद रखना अतिआवश्यक है।

अंग्रेजी वर्णमाला में बाएं से अक्षरों को गिनने के लिए सरल सूत्र 'EJOTY' का प्रयोग किया जाता है।

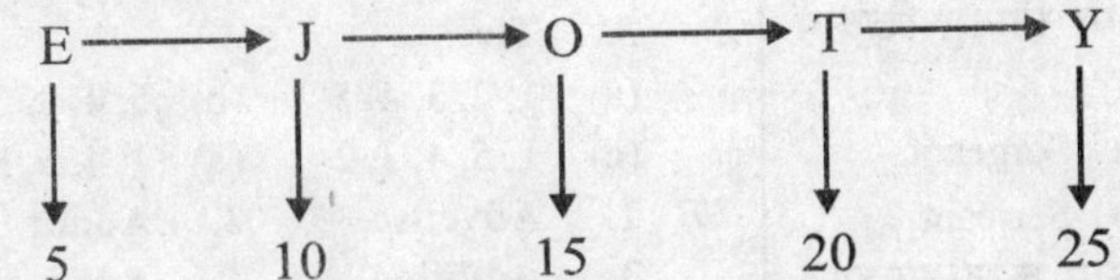

अतः अंग्रेजी वर्णमाला में बाएं ओर से E, 5 के स्थान पर J, 10 वें स्थान पर O, 15 वें स्थान पर तथा T, 20 वें स्थान पर व Y, 25 वें स्थान पर है। इस सूत्र की सहायता से बीच के वर्णों का स्थान आसानी से प्राप्त किया जा सकता है।

इसी प्रकार अंग्रेजी वर्णमाला में दाएं ओर से अक्षरों को गिनने के लिए सूत्र 'BGLQV' का का प्रयोग करते है।

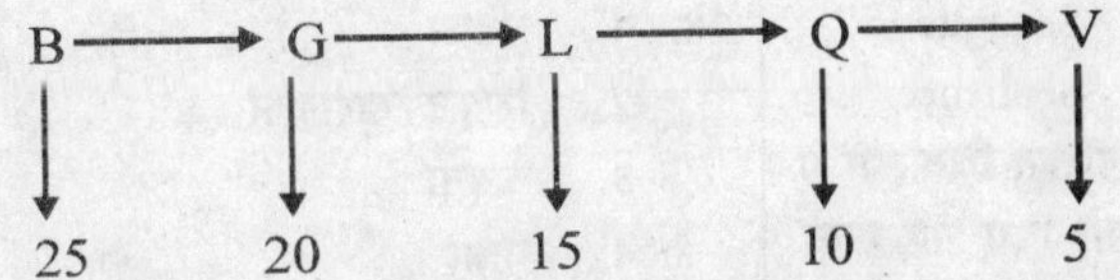

अतः इस सूत्र से भी बीच वाले वर्गों के स्थान संख्या को आसानी से प्राप्त किया जा सकता है।

नीचे कुछ उदाहरणों के माध्यम से अक्षर संबंधी प्रश्न के विभिन्न प्रकारों का स्पष्टीकरण किया जा रहा है।

हल सहित उदाहरण

उदाहरण 1. 'CREATIVE' शब्द में अक्षरों के ऐसे कितने जोड़े हैं, जिनके बीच उस शब्द में उतने ही अक्षर हैं, जितने की वर्णमाला में उनके बीच होते हैं?

(a) 3 (b) 1

(c) 4 (d) 2

हलः (a)

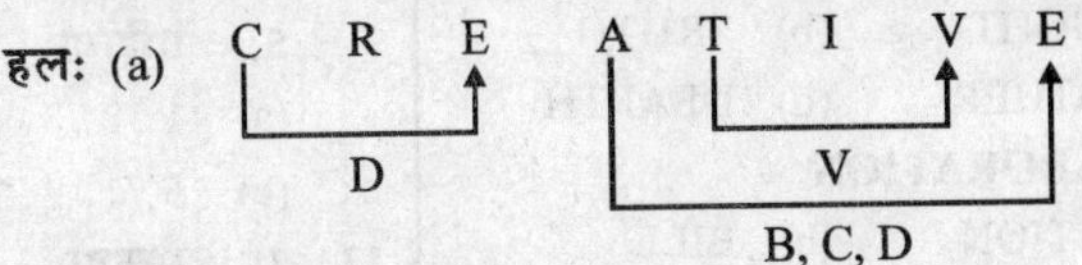

अतः उपर्युक्त शब्द में कथनानुसार अक्षरों के तीन युग्म हैं।

(i) C – E (ii) A – E (iii) T–V

उदाहरण 2. शब्द 'ORIN' के अक्षरों को किसी क्रम में रखने पर एक धातु प्राप्त होती है। उस धातु का पहला अक्षर क्या होगा?

(a) R (b) N

(c) I (d) O

हलः (c) शब्द 'ORIN' के अक्षरों को क्रम से लिखने पर 'IRON' शब्द बनता है, जो एक धातु है। अतः इसका पहला अक्षर I है।

उदाहरण 3. निम्नलिखित अक्षर श्रेणी में ऐसे कितने R हैं, जिनके ठीक पहले H न आता हो, परंतु ठीक बाद में M हो?

H P R X T R M H R M C K R H P T L R M N U S

(a) 2 (b) 3

(c) 5 (d) 6

हलः (a) इस प्रकार की श्रेणी में ऐसे दो R हैं, जिनके ठीक पहले H न हो, परन्तु ठीक बाद में M हो।

HPRXT[R]MHRMCKRHPTL[R]MNOS

उदाहरण 4. नीचे दिए गए शब्द के अक्षरों से कौन-सा शब्द नहीं बनाया जा सकता है?

LIBERATIONIST

(a) LIBERAL (b) RELATION

(c) SERIAL (d) BITTER

हलः (a) स्पष्ट है ऊपर दिए गए शब्द में केवल एक L है। LIBERAL में दो L हैं। अतः शब्द LIBERAL नहीं बनाया जा सकता।

उदाहरण 5. नीचे दिए गए शब्दों को शब्दकोश के क्रमानुसार व्यवस्थित कीजिए?

1. Select, 2. Seldom, 3. Send, 4. Selfish, 5. Seller

(a) 1, 4, 5, 2, 3 (b) 2, 1, 4, 5, 3

(c) 1, 2, 3, 4, 5 (d) 3, 4, 5, 2, 1

हलः (b) शब्दकोश का सही क्रम

2. Seldom, 1. Select, 4. Selfish, 5. Seller 3. Send,

∴ सहीक्रम 2, 1, 4, 5, 3

प्रश्नमाला

निर्देश (प्र.सं. 1-5): निम्नलिखित विकल्पों में से उस शब्द का चयन कीजिए जो दिए गए अक्षरों का प्रयोग करके नहीं बनाया जा सकता है?

1. MUSICAL
(a) LASIUM (b) CLAIM
(c) SLIM (d) CALCIUM

2. DAUGHTER
(a) AUGHT (b) TRUTH
(c) GATHER (d) DEARTH

3. COLLABORATION
(a) ACTION (b) BILL
(c) BORN (d) CRITERTION

4. CAMBRIDGE
(a) BRIDGE (b) CAME
(c) BRIDE (d) CAMP

5. FLOWERBED
(a) WOLF (b) LOWER
(c) FOLLOWER (d) FREE

निर्देश (प्र.सं. 6-8): नीचे दिए गए शब्दों को शब्दकोश के अनुसार व्यवस्थित कीजिए–

6. 1. **Devious** 2. **Devout**
3. **Devloution** 4. **Devotional**
5. **Development**
(a) 2, 5, 1, 3, 4 (b) 4, 2, 3, 5, 1
(c) 5, 2, 3, 1, 4 (d) 5, 1, 3, 4, 2

7. 1. **Premonition** 2. **Prelude**
3. **Premice** 4. **Preliminary**
5. **Premium**
(a) 4, 2, 1, 5, 3 (b) 2, 4, 3, 5, 1
(c) 4, 2, 3, 5, 1 (d) 2, 4, 1, 3, 5

8. 1. **Liver** 2. **Long**
3. **Late** 4. **Load**
5. **Luminous** 6. **Letter**
(a) 3, 6, 1, 4, 2, 5 (b) 3, 6, 1, 2, 4, 5
(c) 3, 1, 6, 2, 4, 5 (d) 3, 1, 6, 2, 5, 4

निर्देश (प्र.सं. 9-13): नीचे दिए गए विकल्पों में से कौन-सा विकल्प शब्दों का सार्थक क्रम दर्शाता है?

9. 1. रेखा 2. कोण
3. वर्ग 4. त्रिभुज
(a) 2, 1, 4, 3 (b) 3, 4, 1, 2
(c) 4, 2, 1, 3 (d) 1, 2, 4, 3

10. 1. सब्जी 2. बाजार
3. काटना 4. पकाना
5. भोजन
(a) 1, 2, 3, 4, 5 (b) 2, 1, 3, 4, 5
(c) 3, 1, 2, 4, 5 (d) 5, 4, 1, 2, 3

11. 1. परामर्श 2. बीमारी
3. डॉक्टर 4. उपचार
5. स्वास्थ्य लाभ
(a) 2, 3, 1, 4, 5 (b) 2, 3, 4, 1, 5
(c) 4, 3, 1, 2, 5 (d) 5, 1, 4, 3, 2

12. 1. लखनऊ 2. उत्तर प्रदेश
3. भारत 4. विश्व
5. एशिया
(a) 1, 2, 3, 5, 4 (b) 4, 1, 2, 3, 5
(c) 5, 1, 2, 3, 4 (d) 5, 1, 3, 2, 4

13. 1. सैकड़ा 2. इकाई
3. हजार 4. दहाई
5. लाख
(a) 2, 4, 1, 3, 5 (b) 4, 1, 2, 3, 5
(c) 5, 1, 2, 3, 4 (d) 5, 1, 3, 4, 2

14. नीचे दिए गए शब्दों में से कौन-सा अंग्रेजी शब्दकोश के अनुसार चौथे स्थान पर आयेगा?
(a) Inhabit (b) Ingenious
(c) Inherit (d) Influence

15. शब्दकोश में तीसरे स्थान पर निम्नलिखित में से कौन सा शब्द आयेगा?
(a) Serif (b) Sergeant
(c) Serous (d) Serjeant

16. अंग्रेजी शब्दकोश के अनुसार कौन-सा शब्द चौथे स्थान पर होगा?
(a) Quick (b) Question
(c) Quality (d) Quit

17. निम्नलिखित शब्दों में से कौन-सा शब्दकोश के अनुसार चौथे स्थान पर होगा?
(a) Sentiment (b) Seqarate
(c) Sentinel (d) Sentience

निर्देश (प्र.सं. 18-22): निम्नलिखित विकल्पों में से उस विकल्प का चयन करें जो दिए गए शब्द के प्रयोग से बनाया गया हो?

18. TRANSFORMATION
(a) TRANSCTION
(b) TRANSFER
(c) INFORMANT
(d) INFORMER

19. MEASUREMENT
(a) MASTER (b) SUMMIT
(c) MANTLE (d) ASSURE

20. LIBERATIONIST
(a) RELATED (b) LIBERAL
(c) LIBELLOUS (d) BIRRERN

21. FATHER
(a) MASTER (b) MAN
(c) BOAT (d) RAT

22. PARROT
(a) ROAD (b) ROAT
(c) TOPE (d) TOPAZ

निर्देश (प्र.सं. 23-27): नीचे दिए गए शब्द को शब्दकोश के अनुसार व्यवस्थित कीजिए?

23. 1. **Noble,** 2. **Mobilitary,**
3. **Noblisse,** 4. **Mobility,**
5. **Nobble**
(a) 1, 4, 3, 2, 5 (b) 3, 4, 1, 2,5
(c) 5, 2, 4, 1, 3 (d) 2, 4, 3, 5, 1

24. 1. **Succeed,** 2. **Shuffle,**
3. **Subtle,** 4. **Subway**
(a) 2, 3, 4, 1 (b) 2, 1, 3, 4
(c) 1, 3, 4,2 (d) 2, 4, 3, 1

25. 1. **Select,** 2. **Seldom,**
3. **Send,** 4. **Selfish,**
5. **Seller**
(a) 2, 1, 5,4, 3 (b) 2, 1, 4, 5, 3
(c) 2, 5, 4, 1, 3 (d) 1, 2, 4, 5,3

26. 1. **Task,** 2. **Tune,**
3. **Tone,** 4. **Tone,**
5. **Tire**
(a) 1, 2, 3, 4, 5 (b) 5, 4, 3, 2,1
(c) 1, 5, 4, 3, 2 (d) 1, 4, 5, 3, 2

27. 1. **Advetise,** 2. **Admit**
3. **Addition,** 4. **Adhensive**
(a) 1, 2, 3, 4 (b) 3, 4, 2,1
(c) 3, 2, 4, 1 (d) 4, 1, 2, 3

निर्देश (प्र.सं. 28-30): नीचे दिये गये विकल्पों में से कौन-सा विकल्प शब्दों का सार्थक क्रम दर्शाता है?

28. 1. गंतव्य
2. टिकट खरीदना
3. चढ़ना
4. यात्रा
5. योजना बनाना
(a) 1, 2, 3, 4, 5 (b) 3, 4, 5, 1, 2
(c) 4, 3, 1, 2, 5 (d) 5, 2, 3, 4, 1

29. 1. निदान 2. चिकित्सक
3. बीमार 4. इलाज
5. स्वास्थ्य लाभ
(a) 1, 2, 3, 4, 5 (b) 3, 2, 1, 4, 5
(c) 2, 1, 3, 4, 5 (d) 4, 5, 1, 3, 2

30. 1. शिशु 2. किशोर
3. बालक 4. वृद्ध
5. वयस्क
(a) 3, 1, 2, 4, 5 (b) 1, 3, 2, 5, 4
(c) 3, 2, 4, 5, 1 (d) 5, 4, 3, 2, 1

उत्तर (हल/संकेत)

1. (d) दिए गए शब्द 'MUSICAL में केवल एक C है। अत: 'CALCIUM' शब्द नहीं बनाया जा सकता है।

2. (b) दिए गए शब्द 'DAUGHTER' में केवल एक T है। अत: शब्द TRUTH नहीं बनाया जा सकता है।

3. (d) दिए गए शब्द 'COLLABORATION' में अक्षर E उपस्थित नहीं है।

4. (d) दिए गए शब्द 'CAMBRIDGE' में अक्षर P उपस्थित नहीं है। अत: शब्द 'CAMP' नहीं बनाया जा सकता है।

5. (c) दिए गए शब्द में O और L एक-एक बार आया है परंतु 'FOLLOWER' में L व O दो-दो बार है।

6. (d) शब्दकोश के अनुसार शब्दों का सही क्रम-

5. Development 1. Devious 3. Devolution 4. Devotional 2, Devout

7. (c) शब्दों का सही क्रम-

4. Premohition 2. Prelude 3. Permice 5. Premium 1. Premohition

8. (d) शब्दों का सही क्रम-

5. Late 6. Letter 1. Liver 4. Load 2. Long 5. Luminous

9. (d) सार्थक क्रम-1. रेखा 2. कोण 4. त्रिभुज 3. वर्ग

10. (b) शब्दों का सार्थक क्रम-2. बाजार 1. सब्जी 3. काटना 4. पकाना 5. भोजन।

11. (a) शब्दों का सार्थक क्रम-2. बीमारी 3. डॉक्टर 1. परामर्श 4. उपचार 5. स्वास्थ्य लाभ

12. (a) शब्दों का सार्थक क्रम-1. लखनऊ 2. उत्तर प्रदेश 3. भारत 5. एशिया 4. विश्व।

13. (a) शब्दों का सार्थक क्रम-2. इकाई 4. दहाई 1. सैकड़ा 3. हजार 5. लाख

14. (c) शब्दकोश के अनुसार-Infuence, Ingenious, Inhabit, Inherit.

15. (b) शब्दकोश के अनुसार तीसरे स्थान पर-Sergeant आएगा।

16. (d) अंग्रेजी शब्दकोश के अनुसार, चौथे स्थान पर-Ouit' आएगा।

17. (b) शब्दकोश के अनुसार-Sentience, Sentiment, Sentinel, Seqarate

अत: शब्दकोश के अनुसार 'Seqarate' चौथे स्थान पर आएगा।

18. (c) दिए गए शब्द TRANSFORMATION में दिए गए विकल्प से केवल INFORMANT शब्द बन सकता है। शेष विकल्पों

(b) TRANSATION में 'C' नहीं है

(c) TRANSFER में 'E' नहीं है

(d) INFORMER में 'E' नहीं है

19. (a) दिए गए शब्द MEASUREMENT के अक्षरों से केवल MASTER शब्द बन सकता है।

(a) SUMMIT में 'T'

(b) MANTLE में 'L'

(c) ASSURE में 'SS' दिए गये शब्द ऊपर दिए गए अक्षरों में उपस्थित नहीं है।

20. (d) दिए गए शब्द में LIBERATIONIST के अक्षरों से केवल शब्द BIRRERN बन सकता है।

(a) RELATED

(b) LIBERAL

(c) LIBELLOUS

ऊपर दिए गये में अन्डरलाइन किए गए 'अक्षर' प्रश्न अक्षरों में आए नहीं हैं। अत: ये शब्द नहीं बन सकता है।

21. (d) दिए गए शब्द FATHER के अक्षरों से केवल शब्द 'RAT' बनाया जा सकता है।

(a) MASTER

(b) MAN

(c) BOAT

ऊपर दिए गए विकल्पों में अन्डरलाइन किए गए अक्षर प्रश्न अक्षरों में नहीं आए अत: ये शब्द नहीं बन सकते है।

22. (b) दिए गए शब्द PARROT के अक्षरों से केवल शब्द 'ROAT' बनाया जा सकता है।

(a) ROAD

(b) TOPE

(c) TOPAZ

ऊपर दिए गए विकल्पों में अन्डरलाइन किए गए अक्षर प्रश्न अक्षरों में नहीं आए अत: ये शब्द नहीं बन सकते हैं।

23. (c) शब्दकोश के अनुसार-शब्दों का सही क्रम

5. Nobble, 2. Nobilitary, 4. Notility, 1. Noble, 3. Noblesse

24. (a) शब्दों का सही क्रम = 2 . Shuffle, 3. Subtle, 4. Subway, 1. Succeed

25. (b) शब्दों का सही क्रम = 2 . Seldom, 1. Select, 4. Selfish, 5. Seller, 3. Send

26. (c) शब्दों का सही क्रम = 1. Task, 5. Tire, 4. Told, 3.Tone, 2.Tune

27. (b) शब्दों का सही क्रम = 3. Addition, 2. Admit, 4. Adhesine, 1. Advertise

28. (d) सार्थक क्रम = 5. योजना बनाना, 2. टिकट खरीदना, 3. चढ़ना, 4. यात्रा, 1 = गंतव्य

29. (b) सार्थक क्रम =3. बीमार, 2. चिकित्सक, 1. निदान, 4. इलाज, 5. स्वास्थ्य लाभ

30. (b) सार्थक क्रम = 1.शिशु, 3. बालक, 2. किशोर, 5. वयस्क, 4. वृद्ध

❑❑❑

अध्याय

9

समय क्रम परीक्षण

समय क्रम परीक्षण से सम्बन्धित प्रश्नों में कुछ अस्पष्ट सूचनाएं दी गई होती हैं। दिन या तिथि के सन्दर्भ में दो व्यक्तियों द्वारा अलग-अलग किसी निश्चित घटना की अनुमानित जानकारी दी जाती है, जो बिल्कुल सत्य होती है। एक व्यक्ति द्वारा दी गई जानकारी के आधार पर निश्चित तिथि या दिन या निर्धारण सम्भव नहीं है परन्तु दो व्यक्तियों द्वारा दी गई सूचनाओं के आधार पर उचित दिन या तिथि ज्ञात की जा सकती है।

इस प्रकार के प्रश्नों का उत्तर देने के लिए हमें दिन, सप्ताह, वर्ष आदि के बारे में उचित जानकारी होनी चाहिए। इस प्रकार के प्रश्न सामान्यत: किसी निश्चित तिथि, दिन या समय से सम्बन्धित होते हैं। प्रश्न के कथन में कुछ जानकारी दी गई होती है, जिनका विश्लेषण करके हम सही उत्तर प्राप्त कर सकते हैं। प्रश्न में दी गई जानकारी अप्रत्यक्ष व अस्पष्ट होती है। उस जानकारी को हमें क्रमबद्ध करना होता है तथा कुछ अन्य अवधारणाओं के आधार पर निश्चित निष्कर्ष निकालना होता है। किसी भी सप्ताह के सातवें भाग को दिन कहते हैं। उसी प्रकार किसी भी 5वें, 6वें, 7वें .... दिन को तिथि कहते हैं। सामान्यत: 1 वर्ष में 365 दिन होते हैं, परन्तु लीप वर्ष में 366 दिन होते हैं। एक दिन में 24 घण्टे, 1 घण्टे में 60 मिनट तथा 1 मिनट में 60 सेकण्ड होते हैं।

तिथि एवं समय परीक्षण से सम्बन्धित कुछ महत्वपूर्ण परिणाम

- वह वर्ष जिसमें 4 का भाग पूरा-पूरा चला जाए, लीप वर्ष (Leap Year) कहलाता है।
- लीप वर्ष में 366 दिन तथा फरवरी 29 दिन की होती है।
- ऐसी शताब्दी जिसमें 400 का भाग पूरा-पूरा चला जाए। वह शताब्दी लीप वर्ष की होती है।
  जैसे—400, 800, 1200, 1600, 2000 .... आदि।
- जिस दिनांक को जो दिन होता है, उससे सातवीं अगली दिनांक को भी वही दिन होगा।

सप्ताह के दिन निकालने की विधि

- किसी महीने के दिए हुए दिनांक के n दिन बाद पड़ने वाले सप्ताह का दिन निम्न प्रकार ज्ञात किया जाता है :
  (i) n में 7 का भाग देकर प्राप्त शेषफल से पड़ने वाला दिन निकाला जाता है।
- यदि शेषफल शून्य होता है, तो दिन वही रहता है।
- यदि शेषफल 1 होता है तो दिन उससे आगे वाला होता है।
- यदि शेषफल 2 होता है तो दिन उस दिन के बाद दूसरा होगा और इसी प्रकार आगे भी यह क्रम जारी रहता है।

सन् के दिनांक से दिन निकालना

(i) सर्वप्रथम सन् को 400 के गुणज में बांटें।
(ii) शेष को 100 के गुणज में बांटें।
(iii) अन्तिम दो अंकों की संख्या को 4 के गुणज में बांटें।
(iv) प्रत्येक खण्ड के विषम दिनों का योगफल निकालें।
(v) 400 के गुणज में विषम दिन शून्य (0) होता है।
(vi) 300 वर्ष में विषम दिन 1 होता है।
(vii) 200 वर्ष में विषम दिन 3 होता है।
(viii) 100 वर्ष में विषम दिन 5 होता है।
(ix) अब वर्तमान महीनों के विषम दिन और दिनांक उपर्युक्त योगफल में जोड़ें।

महीने	विषम दिन	महीने	विषम दिन
जनवरी	3	जुलाई	3
फरवरी	0/1 (लीप वर्ष में)	अगस्त	3
मार्च	3	सितम्बर	2
अप्रैल	2	अक्टूबर	3
मई	3	नवम्बर	2
जून	2	दिसम्बर	3

किसी दिनांक का साप्ताहिक दिन निकालनें का सूत्र

सूत्र = [A + B + C + शेष दिनों की संख्या + दिनांक] ÷ 7

(i) यहां A = शताब्दी के पूर्ण वर्षों की संख्या
जैसे—15 अगस्त, 1947 में पूर्ण वर्षों की संख्या
= (47 – 1) = 46

(ii) B = शताब्दी के बाद पड़ने वाले लीप वर्षों की संख्या
अत: 46 वर्ष में 11 लीप वर्ष होंगे।

(iii) (A) C = 5, यदि 400 के गुणज के बाद 100 शेष बचे।
C = 3, यदि 400 के गुणज के बाद 200 शेष बचे।
C = 1, यदि 400 के गुणज के बाद 300 शेष बचे।
C = 0, यदि शताब्दी 400 का गुणज हो।

समय से सम्बन्धित महत्वपूर्ण परिणाम—

- 1 दिन में 24 घण्टे, 1 घण्टे में 60 मिनट तथा 1 मिनट में 60 सेकण्ड होते हैं।
- घड़ी की छोटी सुई घण्टे को तथा बड़ी सुई मिनट को प्रदर्शित करती है।
- प्रत्येक घण्टे में बड़ी सुई, छोटी सुई से 55 मिनट आगे बढ़ जाती है।
- प्रत्येक घण्टे में दोनों सुईयां दो बार परस्पर समकोण बनाती हैं।

- प्रत्येक घण्टे में दोनों सुईयां एक सीध में एक-दूसरे के विपरीत होती हैं।
- प्रत्येक घण्टे में दोनों सुईयां एक बार एक ही दिशा में एक-दूसरे के ऊपर होती हैं।
- 12 घण्टे में दोनों सुईयां 11 बार एक ही दिशा में रहती हैं।
- 12 घण्टे में 22 बार दोनों सुईयां परस्पर समकोण बनाती हैं।
- एक मिनट में छोटी सुई 1/2 तथा बड़ी सुई 6° घूमती है।
- एक मिनट के अन्तराल पर दोनों सुईयों के मध्य $5\frac{1}{2}°$ का अन्तर होता है।
- जब दोनों सुईयां एक-दूसरे के विपरीत होती हैं, तो उनके बीच की दूरी 30 मिनट की होती है।
- n व $(n+1)$ बजे के बीच n बजकर $\frac{60}{11}n$ मिनट पर दोनों सुईयां एक ही दिशा में होती हैं।

हल सहित उदाहरण

उदाहरण 1. 3 बजकर 35 मिनट पर घण्टे तथा मिनट की सुई के बीच का कोण कितना होगा?

(a) $102\frac{1}{2}°$ (b) 90°
(c) 120° (d) 135°

हलः (a) घण्टे की सुई द्वारा 12 घण्टे में बनाया गया कोण = 360°

∴ घण्टे की सुई द्वारा $\frac{43}{12}$ घण्टे में बनाया गया कोण

$$= \left(\frac{360}{12} \times \frac{43}{12}\right)^{\circ} = 107\frac{1}{2}°$$

मिनट की सुई द्वारा 60 मिनट में बनाया गया कोण = 360°

∴ मिनट की सुई द्वारा 35 मिनट में बनाया गया कोण

$$= \left(\frac{360}{60} \times 35\right)^{\circ} = 210°$$

∴ अभीष्ट कोण $= \left(210 - 107\frac{1}{2}°\right) = 102\frac{1}{2}°$

उदाहरण 2. 16 जनवरी, 1997 को बृहस्पतिवार था। 4 जनवरी, 2000 को कौन-सा दिन था?

(a) गंगलबार (b) रनिनार
(c) सोमवार (d) बृहस्पतिवार

हलः (a) 1997, 1998, 1999 में कोई भी लीप वर्ष नहीं है।

अतः 1998 एवं 1999 को मिलाकर विषम दिनों की संख्या = 2

1997 में शेष दिन = (365 – 16) दिन

= 349 दिन

= 49 सप्ताह + 6 दिन

4 जनवरी, 2000 में विषम दिन = 4

∴ कुल विषम दिन = (2 + 6 + 4) दिन

= 12 दिन = 1 सप्ताह 5 दिन

अतः 4 जनवरी, 2000 को (बृहस्पतिवार + 5 दिन)

= मंगलवार होगा

उदाहरण 3. यदि बीते हुए कल से तीन दिन पहले बुधवार था। तो आगामी कल के दो दिन बाद कौन-सा दिन होगा?

(a) बुधवार (b) सोमवार
(c) शुक्रवार (d) मंगलवार

हलः (a) बीते हुए कल से तीन दिन पहले बुधवार था।

∴ आज का दिन = (बुधवार + 4 दिन)

= रविवार

∴ आगामी कल के दो दिन बाद का समय

= (रविवार + 3 दिन)

= बुधवार

उदाहरण 4. राम को ठीक से याद है, कि उसकी माता का जन्मदिन 16 अगस्त से पहले किन्तु 13 अगस्त के बाद है। उसके भाई को ठीक से याद है कि उनकी माता का जन्मदिन 14 अगस्त के बाद किन्तु 18 अगस्त से पहले हुआ है, तो उनकी माता का जन्मदिन अगस्त के किस निश्चित दिन में था?

(a) 15 अगस्त (b) 16 अगस्त
(c) 14 अगस्त (d) 18 अगस्त

हलः (a) राम के अनुसार, उसकी माता का जन्मदिन 14 या 15 अगस्त है। राम के भाई के अनुसार उसकी माता का जन्मदिन 15, 16 या 17 अगस्त को हुआ है। अतः दोनों के अनुसार उभयनिष्ठ दिनांक 15 अगस्त है। अतः राम की माता का जन्म 15 अगस्त को हुआ था।

उदाहरण 5. सीता की घड़ी में 9 : 35 a.m. बजे थे, जो सही समय था। गीता ने उसे बताया कि बस स्टॉप से अन्तिम बस 9 : 25 बजे छूटी है। गीता की घड़ी 5 मिनट आगे है। बस हर 20 मिनट में चलती है। अगली बस पकड़ने के लिए सीता को कितनी देर इंतजार करना पड़ेगा?

(a) 5 मिनट (b) 10 मिनट
(c) 15 मिनट (d) 25 मिनट

हलः (a) अन्तिम बस के छूटने का समय

= (9 : 25 – 0.05) = 9 : 20 बजे

∴ अगली बस छूटने का समय

= (9 : 20 + 20 मिनट) = 9 : 40 बजे

अतः सीता को 5 मिनट इंतजार करना पड़ेगा।

प्रश्नमाला

1. एक घड़ी प्रतिदिन कितनी लब्धि प्राप्त करती है। यदि इसकी सुईयां प्रत्येक 64 मिनट बाद मिलती हैं?

(a) 37 मिनट
(b) $32\frac{8}{11}$ मिनट
(c) 31 मिनट
(d) इनमें से कोई नहीं

2. यदि बीते कल से पहला दिन बृहस्पतिवार था, तो रविवार कब होगा?

(a) आज
(b) आज से दो दिन बाद
(c) आने वाला कल
(d) आने वाले कल से अगले दिन

3. साढ़े आठ बजे घड़ी की सुईयां आपस में कितने अंश का कोण बनाती हैं?

(a) 60° (b) 70°
(c) 75° (d) 80°

4. यदि बीते कल से पहले वाला दिन रविवार था, तो आने वाले कल से अगले दिन से तीसरे दिन कौन-सा दिन होगा?

(a) रविवार (b) सोमवार
(c) बुधवार (d) शनिवार

5. यदि माह का पांचवां दिन (5 तारीख) सोमवार के दो दिन बाद पड़ता है, तो माह का अठारहवां दिन (18 तारीख) सप्ताह के किस दिन पड़ेगा?

(a) सोमवार (b) मंगलवार
(c) बुधवार (d) बृहस्पतिवार

6. यदि बीते कल से पहले वाला दिन रविवार था, तो आने वाले कल से अगले दिन से तीसरे दिन कौन-सा दिन होगा?
(a) रविवार (b) सोमवार
(c) बुधवार (d) शनिवार

7. श्रीमती सुशीला ने अपनी शादी की वर्षगांठ मंगलवार, 30 सितम्बर, 1997 को मनाई। उसकी अगली शादी की वर्षगांठ वह उसी दिन कब आएगी?
(a) 30 सितम्बर, 2003
(b) 30 सितम्बर, 2004
(c) 30 सितम्बर, 2002
(b) 30 सितम्बर, 2005

8. एक घड़ी प्रति 24 घण्टे में 60 मिनट तेज हो जाती है। उसे 10 बजे मिलाया गया। दूसरे दिन सही समय क्या होगा, जब घड़ी शाम के 4 बजे प्रदर्शित करेगी?
(a) 2 बजकर 48 मिनट
(b) 2 बजकर 30 मिनट
(c) 3 बजकर 10 मिनट
(d) 4 बजकर 5 मिनट

9. एक घड़ी का प्रतिबिम्ब दर्पण में दिखाई दे रहा था। घड़ी में उस समय 5 बजकर 25 मिनट हुए थे। अगर दर्पण में बने घड़ी के प्रतिबिम्ब का किसी दूसरे दर्पण में पुनः प्रतिबिम्ब दिखाई दे, तो इस दर्पण में बने घड़ी के प्रतिबिम्ब में क्या समय प्रदर्शित हो रहा होगा?
(a) 5 बजकर 25 मिनट
(b) 5 बजकर 20 मिनट
(c) 6 बजकर 35 मिनट
(d) 6 बजकर 30 मिनट

10. यदि घड़ी में समय 6 : 20 हो तथा मिनट की सुई उत्तर पूर्व दिशा की ओर इशारा करती हो, तो घण्टे की सुई किस दिशा की ओर इशारा करेगी?
(a) पश्चिम (b) दक्षिण-पूर्व
(c) पूर्व (d) उत्तर-पश्चिम

11. एक घड़ी में 1 : 30 बज रहा है। यदि मिनट की सुई दक्षिण की ओर है, तो घण्टे की सुई किस दिशा में होगी?
(a) उत्तर
(b) दक्षिण-पूर्व
(c) उत्तर-पश्चिम
(d) उत्तर-पूर्व

12. यदि किसी वर्ष 5 फरवरी को शुक्रवार है, तो उसी वर्ष 10 अगस्त को कौन-सा दिन होगा?
(a) बुधवार या मंगलवार
(b) शुक्रवार
(c) शनिवार या रविवार
(d) सोमवार या मंगलवार

13. यदि 5 जुलाई, 1996 को बुधवार है, तो इसी तिथि को वर्ष 1980 में कौन-सा दिन था?
(a) बुधवार (b) मंगलवार
(c) बृहस्पतिवार (d) शुक्रवार

14. यदि 15 जनवरी, 1993 को सोमवार था, तो बताएं कि 17 अगस्त, 2004 को कौन-सा दिन होगा?
(a) शनिवार (b) रविवार
(c) मंगलवार (d) शुक्रवार

15. यदि किसी माह की दसवीं तिथि रविवार के तीन दिन पहले पड़ती हो, तो दूसरी तिथि किस दिन पड़ेगी?
(a) मंगलवार
(b) शुक्रवार
(c) बुधवार
(d) बृहस्पतिवार

16. किसी माह में 3 दिन बाद 4 तिथि को शनिवार आता है। उसी की 27 तिथि को कौन-सा दिन होगा?
(a) सोमवार (b) बृहस्पतिवार
(c) शुक्रवार (d) शनिवार

17. यदि 15 मार्च, 1999 को सोमवार था, तो 10 जुलाई, 1999 को कौन-सा दिन रहा होगा?
(a) शुक्रवार (b) मंगलवार
(c) शनिवार (d) बुधवार

18. यदि माह की 9 तिथि सोमवार के ठीक पहले वाले दिन पड़ती है, तो माह की पहली तिथि किस दिन पड़ेगी?
(a) शनिवार (b) सोमवार
(c) रविवार (d) बुधवार

उत्तर (हल/संकेत)

1. (b) घड़ी की मिनट वाली सुई 56 मिनट दूरी चलती है

= 60 मिनट में

∴ घड़ी की मिनट वाली सुई 60 मिनट दूरी चलेगी

$= \frac{60 \times 60}{55}$ मिनट में

$= 65\frac{5}{11}$ मिनट में

प्रश्नानुसार, घड़ी की दोनों सुईयां 64 मिनट बाद मिलती हैं।

∴ प्रत्येक 64 मिनट में लब्धि

$= \left(65\frac{5}{11} - 64\right)$ मिनट

∴ 1 दिन में लब्धि

$= \left(\frac{16}{11} \times \frac{24 \times 60}{64}\right)$ मिनट

$= \frac{360}{11}$ मिनट $= 32\frac{8}{11}$ मिनट

2. (c) बीते कल से पहला दिन बृहस्पतिवार है।

∴ आज का दिन = शनिवार

∴ आने वाला कल = (शनिवार + 1 दिन)

= रविवार

3. (c) घण्टे की सुई द्वारा 12 घण्टे में बनाया गया कोण = 360°

मिनट की सुई द्वारा $8\frac{1}{2}$ घण्टे में बनाया गया कोण

$= \left(\frac{360}{12} \times \frac{17}{2}\right)^\circ = 175^\circ$

मिनट की सुई द्वारा 60 मिनट में बनाया गया कोण = 360°

∴ मिनट की सुई द्वारा 30 मिनट में बनाया गया कोण

$= \left(\frac{360}{60} \times 30^\circ\right) = 180^\circ$

∴ अभीष्ट कोण = 75°

4. (a) बीते कल से पहले दिन रविवार था।

∴ आज का दिन = मंगलवार

∴ आने वाले कल से अगले दिन से तीसरा दिन।

अतः बुधवार से अगले दिन अर्थात् बृहस्पतिवार से तीसरा दिन = रविवार

5. (b) ∵ 5 तारीख बुधवार की है।

∴ (5 तारीख + 14) दिन बाद

= 19 तारीख को बुधवार होगा

∴ 18 तारीख को (बुधवार – 1 दिन)

= मंगलवार होगा

6. (a) बीते कल से पहले वाला दिन रविवार था, अतः आज मंगलवार है।

∴ आने वाले कल से अगला दिन = बृहस्पतिवार

∴ अभीष्ट दिन = (बृहस्पतिवार + 3 दिन)

= रविवार

7. (a) 30 सितम्बर, 1998 ⇒ बुधवार

(∵ सामान्य वर्ष में 1 विषम दिन होता है)

30 सितम्बर, 1999 ⇒ बृहस्पतिवार

30 सितम्बर, 2000 ⇒ शनिवार

(∵ लीप वर्ष में 2 विषम दिन होते हैं)

30 सितम्बर, 2001 ⇒ रविवार

30 सितम्बर, 2002 ⇒ सोमवार

30 सितम्बर, 2003 ⇒ मंगलवार

अतः उसकी शादी की वर्षगांठ उसी दिन 30 सितम्बर, 2003 को आयेगी।

8. (a) पहले दिन सुबह 10 बजे से दूसरे दिन शाम 4 बजे तक 30 घण्टे होंगे अर्थात् तेज घड़ी जब दूसरे दिन शाम को 4 प्रदर्शित करती है, तब वह अपने हिसाब से 30 घण्टे चल लेती है, किन्तु जब तेज घड़ी 25 घण्टा प्रदर्शित करेगी तब वास्तविक समय 24 घंटा व्यतीत होगा। अतः जब तेज घड़ी 30 घण्टे चलेगी, तब वास्तविक

समय $\frac{24}{25} \times 30$ घण्टा होगा।

$\frac{24}{25} \times 30$ घण्टा $= 28\frac{4}{5}$ घण्टा

= 28 घण्टा 48 मिनट

∴ वास्तविक समय = पहले दिन 10 पूर्वान्ह से 28 घण्टा 48 मिनट = 2 बजकर 48 मिनट

9. (a)

घड़ी में समय=5:25 | प्रतिबिम्ब में समय=6:35 | पुनः प्रतिबिम्ब में समय=5:25

10. (c)

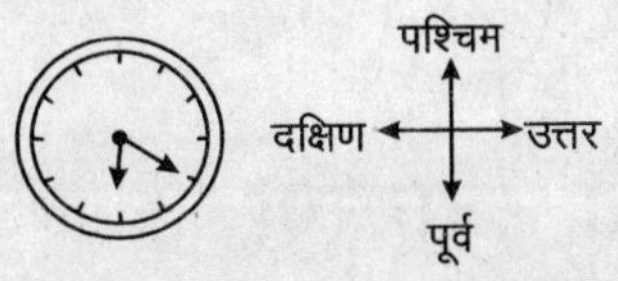

चूंकि मिनट की सूई उत्तर-पूर्व की ओर इशारा करती है, इसलिए घण्टे की सूई पूर्व की ओर इशारा करेगी।

11. (d)

उत्तर, पश्चिम, पूर्व, दक्षिण

अर्थात् उपरोक्त स्थिति से स्पष्ट है कि 1 : 30 बजने पर मिनट की सूई दक्षिण की दिशा की ओर है, तो अवश्य ही घण्टे की सूई उत्तर-पूर्व दिशा में होगी।

12. (a) 6 फरवरी से 10 अगस्त के कुल विषम दिनों की संख्या = 2 (फरवरी) + 3 (मार्च) + 2 (अप्रैल) + 3 (मई) + 2 (जून) + 3 (जुलाई) + 3 (अगस्त) = 18

∴ $\frac{18}{7}$ ⇒ शेषफल = 4

अतः अभीष्ट दिन = शुक्रवार + 4 = मंगलवार

यदि फरवरी माह 29 दिनों का हो, तो कुल विषम दिनों की संख्या पहले से 1 अधिक होगी अर्थात् 19 दिन

∴ शेषफल = 5 दिन

∴ अभीष्ट दिन = शुक्रवार + 5 = बुधवार

अतः अभीष्ट उत्तर होगा = मंगलवार या बुधवार

13. (c) कुल संख्या = दोनों वर्षों का अन्तर + दोनों तिथियों के बीच पड़ने वाले लीप वर्षों की संख्या
= (1996 – 1980) + 4 = 20

∴ $\frac{20}{7}$ ⇒ शेषफल = 6

अतः अभीष्ट दिन = बुधवार – 6 = बृहस्पतिवार

14. (d) 1993-1-15
2004-8-17

जनवरी ↓ फरवरी ↓

सोमवार + (11 + 2) + (3 + 1 + 3 + 2 + 3 + 2 + 3) + 2 = सोमवार + 32
= सोमवार + 4 = शुक्रवार

15. (c) रविवार के तीन दिन पहले बृहस्पतिवार होगा। अतः तिथि 10 को बृहस्पतिवार होगा।

इसलिए (10 – 7) = 3 तिथि को बृहस्पतिवार होगा।

अतः तिथि 2 को बुधवार पड़ेगा।

16. (a) क्योंकि माह की तिथि 4 को शनिवार है।

अतः 3 सप्ताह बाद (4 + 3 × 7)
= 25 तिथि को भी शनिवार पड़ेगा।

25 के 2 दिन बाद अर्थात् 27 तिथि को सोमवार पड़ेगा।

17. (c) 15 मार्च, 1999 से 10 जुलाई, 1999 तक कुल दिनों की संख्या
= 16 + 30 + 31 + 30 + 10 = 117
117 = (16 × 7 + 5)

अतः कुल विषम दिन = 5

अतः सोमवार से 5 विषम दिन आगे शनिवार होगा।

अतः 10 जुलाई, 1999 को शनिवार होगा।

18. (a) माह की 9 तिथि
= सोमवार – 1 दिन = रविवार

चूंकि माह की 2 तिथि को रविवार ही होगा।

अतः माह की 1 तिथि को शनिवार होगा।

❑❑❑

अध्याय

10

वेन आरेख

प्रश्न में दिए गए वस्तुओं के समूह में से वस्तुओं के वर्ग या संख्या को आरेख के माध्यम से निरूपित करने की प्रक्रिया को आरेखीय निरूपण कहते हैं।

आरेखीय निरूपण परीक्षण में दो प्रकार के प्रश्न पूछे जाते हैं।

1. **संख्याओं/अक्षरों के माध्यम से किसी विशेष वर्ग के अंतर्गत आने वाली वस्तुओं अथवा उसकी संख्या ज्ञात करना**—इसके अंतर्गत पूछे जाने वाले प्रश्नों में एक-दूसरे से संयुक्त कुछ आरेख दिए गए होते हैं, जिसके अंदर विभिन्न स्थानों पर भिन्न-भिन्न संख्याओं अथवा अक्षरों को निरुपित किया गया होता है। प्रत्येक आरेख अलग-अलग वर्ग के द्योतक होते हैं। अभ्यर्थियों को इन्हीं आरेख या इनके अंदर दी गई संख्याओं के माध्यम से किसी विशेष वर्ग में आने वाली वस्तुओं की संख्या अथवा वस्तुओं को प्रश्नानुसार ज्ञात करना होता है। इस पद्धति का प्रयोग अंतरों तथा तत्त्वों के आधार पर होता है। यह भिन्न कार्यकारी नियमों द्वारा संचालित होते हैं। तत्त्वों का यह पृथक सेट तभी दिया जाता है, जब यह खास कार्यकारी नियमों से संबंधित हो या दो से ज्यादा ऐसे पृथक सेट के आधार पर कोई नया सेट स्थापित करना हो, इनका संघ तथा प्रतिच्छेदन दो प्रकार से होता है। यहाँ दो सेट A तथा B हो, तो संघ A का अर्थ है कि A तथा B के सारे तत्त्व सम्मिलित होंगे, जबकि A प्रतिच्छेद B के सेट में केवल वही तत्व शामिल रहेंगे जो A तथा B में एक समान होंगे। जब कोई सूचना सेट के रूप में प्रस्तुत की जाती है, तभी समंक प्रस्तुति की प्रक्रिया लागू होती है। एक सेट तत्त्वों का संग्रह है, जो समान कार्यकारी नियमों द्वारा संचालित होते हैं। उदाहरण के तौर पर जैसे वॉलीबॉल खेलने वाली लड़कियों का सेट क्रिकेट खेलने वाली लड़कियों के सेट से भिन्न है।

   अब इसके अंतर्गत पूछे जाने वाले प्रश्नों के प्रारूप एवं उपरोक्त तथ्यों के स्पष्टीकरण हेतु नीचे दिए गए प्रमुख उदाहरणों का ध्यानपूर्वक अवलोकन करें—

2. **आरेखों के माध्यम से दिए गए वस्तुओं के समूहों को व्यवस्थित करना**—इसके अंतर्गत पूछे जाने वाले प्रश्नों में सर्वप्रथम कुछ वस्तुओं के समूह दिए जाते हैं तथा इनके नीचे कुछ आरेख दिए गए होते हैं। प्रतियोगियों को प्रश्नानुसार इन आरेखों के माध्यम से उस एक आरेख को ज्ञात करना होता है, जो कि प्रश्न में दिए गए वस्तुओं के समूहों को पूर्ण एवं सही तौर पर वर्गीकृत करते हैं या उनके बीच के संबंध को निरुपित करते हैं।

   इस प्रकार के प्रश्नों का प्रमुख उद्देश्य अभ्यर्थियों से निश्चित वर्गों को समझने तथा उसके चित्रात्मक व्याख्या करने की क्षमता की जांच करना होता है। अभ्यर्थी को सामान्यतया: यह निर्णय करना होता है कि तथ्य सेट या उप-सेट के आकार से संबंधित है अथवा वह किसी अन्य सेट से संबंधित होगा। तथ्य समुच्चय अथवा उप-समुच्चय से भी संबंधित हो सकता है, यद्यपि प्रश्नों में सेट थ्योरी की भाषा और चिह्नों का प्रयोग नहीं होता है।

   अब नीचे दिए गए संबंधों का ध्यानपूर्वक अवलोकन करें—

   (a) दिया गया आरेख यह दर्शाता है कि एक वर्ग, दूसरे में पूरी तरह समाहित है, लेकिन मिला-जुला नहीं है।

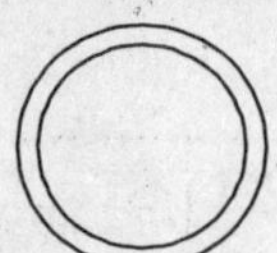

   (b) दिया गया आरेख यह दर्शाता है, कि कोई भी वर्ग एक-दूसरे में पूरी तरह समाहित नहीं है, लेकिन दोनों में कुछ समान सदस्य हैं।

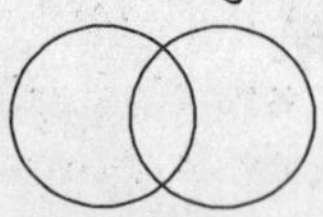

   (c) दिया गया आरेख यह दर्शाता है, कि कोई सदस्य एक समान (common) नहीं है। संबंध परिचयात्मक ढंग से होना चाहिए, जैसे A, A है या A, B नहीं है तथा दोनों में कोई संबंध स्थापित नहीं हो सकता। अत: दो प्रकार के ही संबंध स्थापित हो सकते हैं।

   1. समान वर्ग 2. असमान वर्ग

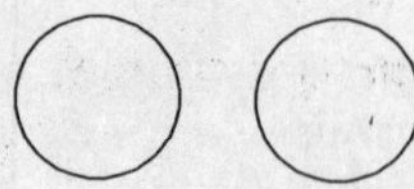

हल सहित उदाहरण

उदाहरण 1: निम्नांकित आरेख में तीन वर्गों में आने वाले व्यक्तियों की संख्या को तीन संयुक्त आरेखों के माध्यम से निरूपित किया गया है। इन आरेखों में से त्रिभुज के द्वारा लेखकों को, वर्ग के द्वारा संपादकों को तथा वृत्त के द्वारा मुद्रकों को निरूपित किया गया है। इन आरेखों का ध्यान से अध्ययन करके यह ज्ञात कीजिए कि ऐसे व्यक्ति जो कि लेखक, संपादक एवं मुद्रक तीनों वर्गों के अंतर्गत आते हैं, उनकी संख्या कितनी हैं?

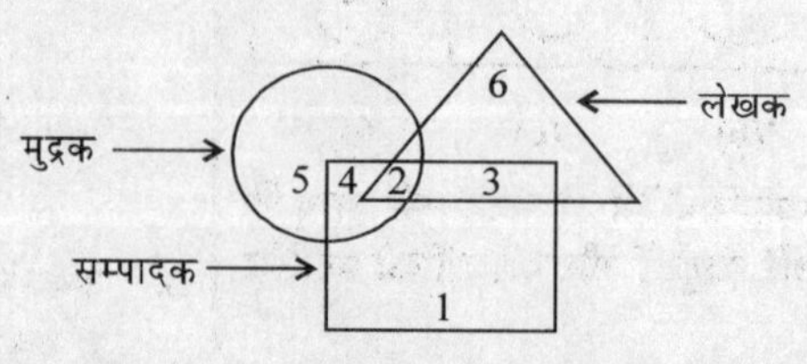

(a) 5 (b) 4

(c) 3 (d) 2

हल: (d) आरेख से यह स्पष्ट है कि ऐसे व्यक्ति जो कि लेखक, संपादक तथा मुद्रक तीनों हैं, उनकी संख्या 2 है।

उदाहरण 2: नीचे दिए गए वेन आरेखों में से कौन-सा आरेख दिए गए तीन वर्ग पशु, कुत्ता तथा बिल्ली के बीच के सम्बन्ध को सही तौर पर निरूपित करता है। सही निरूपण करने वाले वेन आरेख का अक्षरांक ही आपका उत्तर होगा।

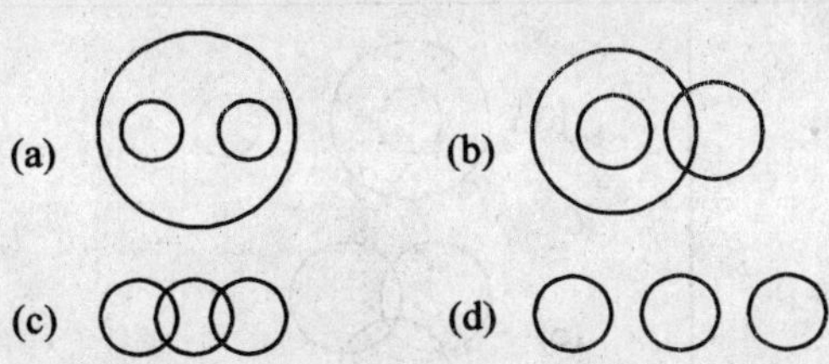

हल: (a) कुत्ता और बिल्ली दोनों पशु के अंतर्गत आते हैं, लेकिन दोनों भिन्न प्रकार के पशु हैं।

प्रश्नमाला

1. किसके द्वारा विज्ञान, आयुर्विज्ञान एवं रसायन प्रदर्शित किए गए हैं?

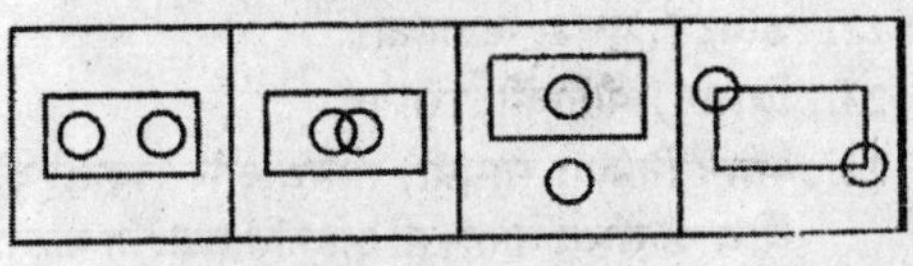

(a) (b) (c) (d)

2. दी गई रेखाकृतियों में से कौन-सी आकृति अपराधी, चोर तथा पॉकेटमार के संबंध को प्रदर्शित करती हैं?

(a) (b) (c) (d)

3. निम्नांकित में से किसके द्वारा चूना, सीमेंट, ईंट प्रदर्शित हैं?

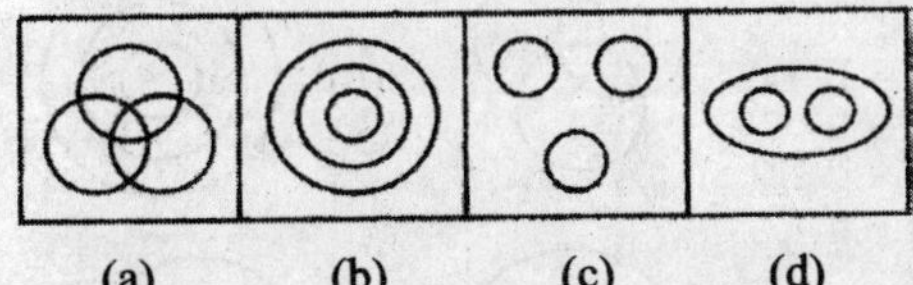

(a) (b) (c) (d)

4. दी गई उस कृतियों में से किसमें तरल पदार्थ, धातुएं व गैसें प्रदर्शित हैं?

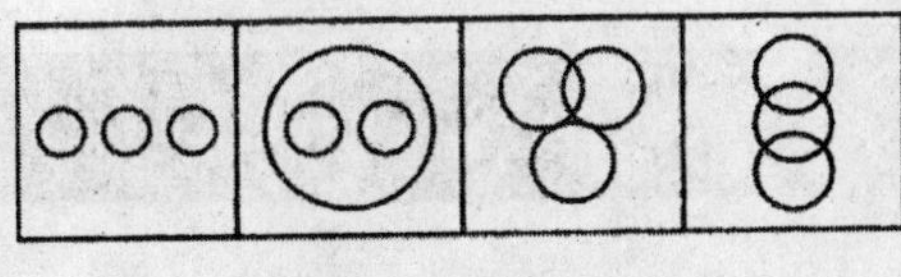

(a) (b) (c) (d)

5. दी गई आकृतियों में से कौन-सी आकृति अभिनेताओं, पशुओं और पक्षियों को प्रदर्शित करती है?

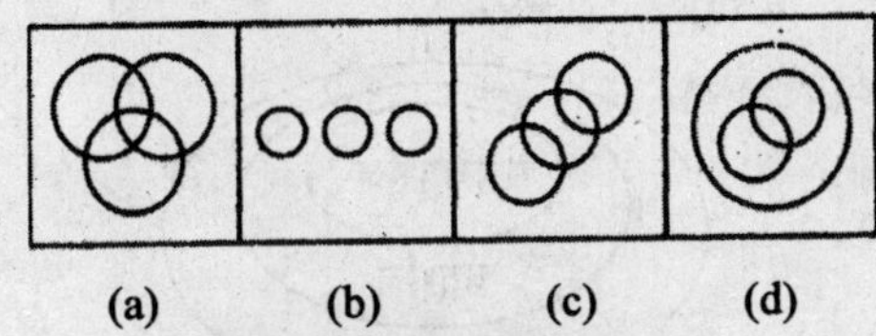

(a) (b) (c) (d)

6. इनमें से कौन-सी आकृति समचतुर्भुजों, चतुर्भुजों और बहुभुजों को दर्शाती है?

(a) 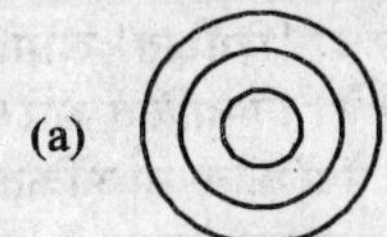

(b) 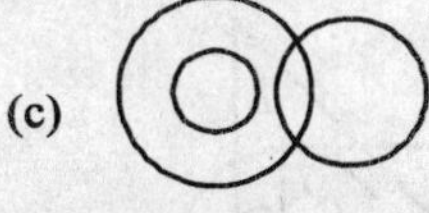

(c) 

(d) 

7. आयत, वर्ग और त्रिभुज के बीच के संबंध को कौन-सी आकृति प्रदर्शित करता है?

(a) 

(b) 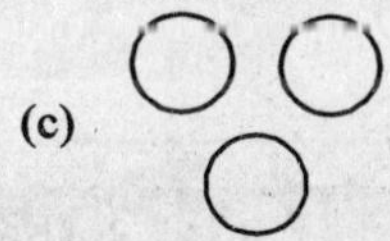

(c) 

(d) 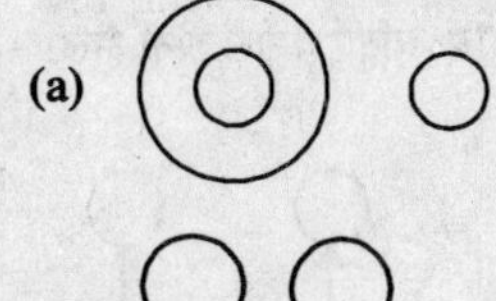

8. दुकानदार, अपराधी और ऑफीसर के बीच के संबंध को कौन-सी आकृति प्रदर्शित करता है?

(a)

(b)

(c) 

(d) 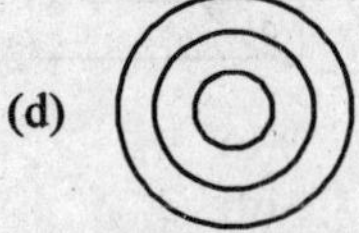

9. इंजन, डीजल इंजन और रेफ्रिजरेटर के बीच के संबंध को कौन-सी आकृति प्रदर्शित करता है?

(a)

(b) 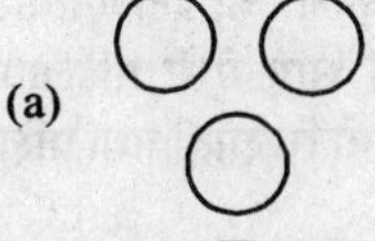

(c) 

(d) 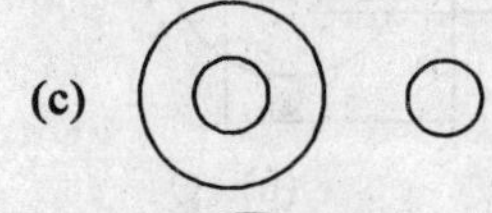

10. दी गई आकृतियों में से कौन-सी आकृति दिन, माह तथा वर्ष के संबंध को प्रदर्शित करती है?

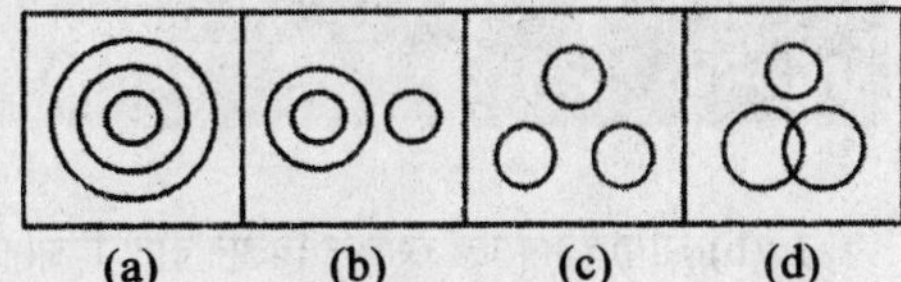

(a) (b) (c) (d)

निर्देश— (प्रश्न 11-15) नीचे दिए गए वेन आरेख में से कौन-सा आरेख दिए गए शब्दों के बीच के संबंध को सही-सही निरूपित करता है?

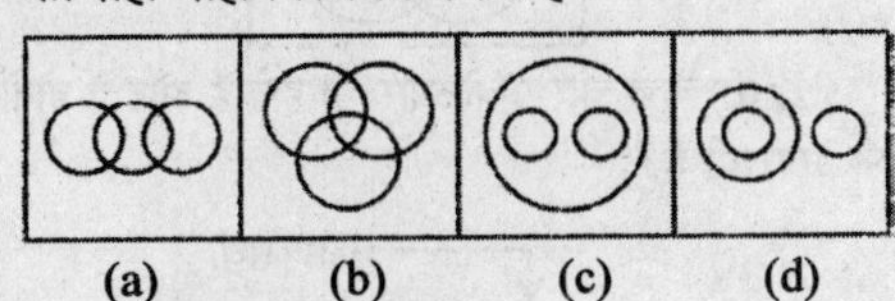

(a) (b) (c) (d)

11. कबूतर, पक्षी, कुत्ता

12. हाथी, भेड़िया, जानवर

13. बाघ, चौपाया, हाथी

14. शिक्षक, कवि, स्नातक

15. महिला, शिक्षक, विद्यार्थी

16. दिए गए रेखाचित्र में आयत महिलाओं को प्रकट करता है, त्रिभुज पुलिस के संब-इंस्पेक्टरों को प्रकट करता है और वृत्त स्नातकों को प्रकट करता है, किस अंक का क्षेत्र उन महिला सब-इंस्पेक्टरों को प्रकट करता है, जो स्नातक नहीं हैं?

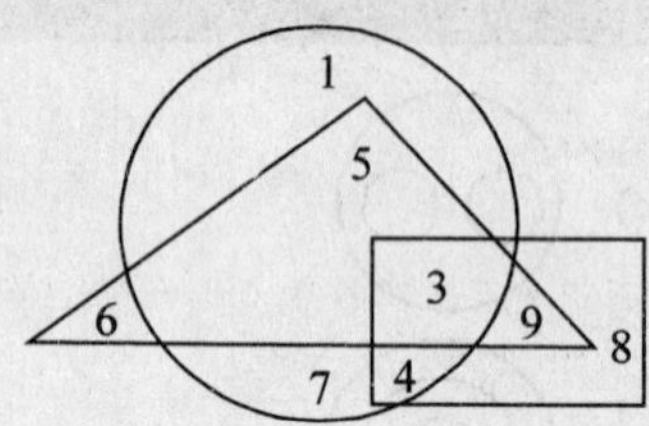

(a) 5 (b) 9
(c) 8 (d) 3

17. दिए गए चित्र में त्रिभुज महिलाओं को प्रदर्शित करता है, वर्ग खिलाड़ियों को प्रदर्शित करता है तथा वृत्त प्रशिक्षिकाओं को प्रदर्शित करता है। चित्र में कौन-सा भाग ऐसी महिलाओं को प्रदर्शित करता है, जो खिलाड़ी तथा प्रशिक्षिका दोनों हैं?

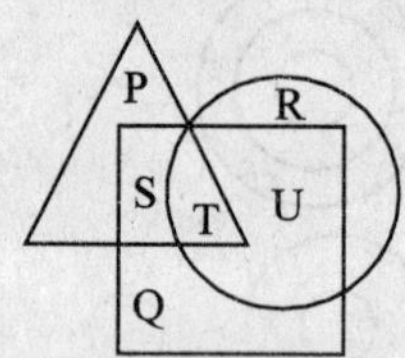

(a) P (b) Q
(c) T (d) U

18. नीचे दिए गए आरेख का ध्यानपूर्वक अध्ययन करके यह ज्ञात करें कि वह युवक जो नौकरी करता है, लेकिन शिक्षित नहीं है, निम्नलिखित में से कौन हैं?

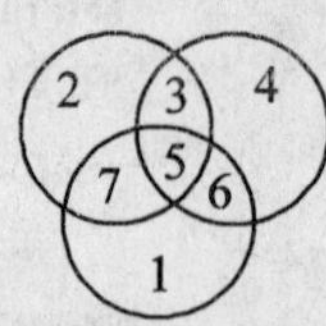

(a) 3 या 7 या 6 (b) 3 या 4
(c) 6 या 4 (d) 2 या 5 या 7

19. नीचे दिए गए आरेख में एक-दूसरे को विच्छेदित करते हुए आपस में संयुक्त त्रिभुज, वर्ग और वृत्त को दर्शाया गया है, जोकि क्रमशः 'शहरी' 'कठोर परिश्रमी' तथा 'शिक्षित' लोगों का प्रतिनिधित्व कर रहे हैं। निम्नांकित आरेख के अंकित A से G क्षेत्र में से कौन-सा अंकित क्षेत्र ऐसे व्यक्तियों को निरूपित करता है, जोकि शहरी और शिक्षित हैं, लेकिन कठोर परिश्रमी नहीं हैं? दिए गए विकल्प से उस क्षेत्र को ज्ञात करें।

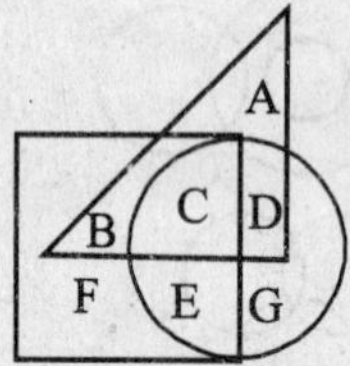

(a) G (b) E
(c) D (d) B

निर्देश-- प्र.सं. (प्रश्न 20-23) नीचे प्रत्येक प्रश्न में तीन प्रकार की वस्तुओं के समूह दिए गए हैं। आपको नीचे दिए गए चार क्रमांकिक आरेखों में से उस एक आरेख को ज्ञात करना है, जोकि प्रश्न में दिए गए तीनों वर्गों के समूह के संबंध को सही रूप से निरूपित करता है।

(a)

(b)

(c)

(d)

20. सोना, गहना, चांदी

21. जीवन, मनुष्य, ग्रह

22. डॉक्टर, पुरुष, कलाकार

23. विज्ञान, भौतिकी, रसायन

24. भवन निर्माण सामग्री, सीमेंट और लकड़ी के बीच के संबंध कौन-सी आकृति प्रदर्शित करता है?

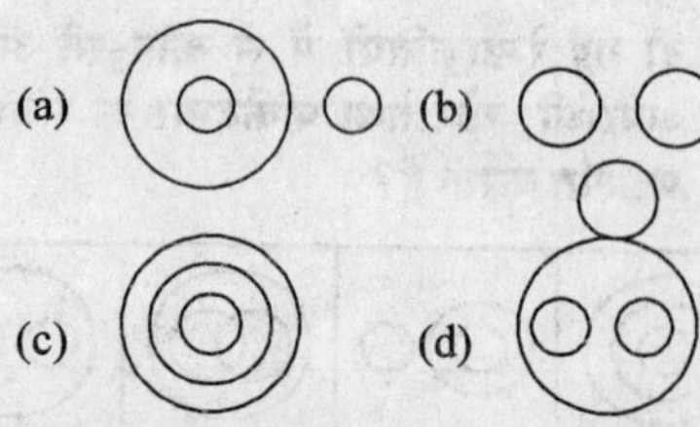

25. निम्नलिखित में से कौन-सा आरेख विधुर, पुरुष और धूम्रपान के शौकीन के बीच संबंध को सही प्रदर्शित करता है?

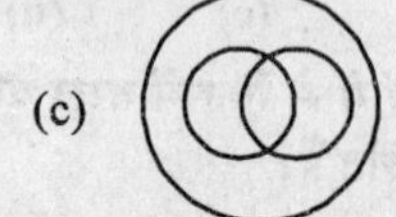

उत्तर (हल/संकेत)

1. (b) आयुर्विज्ञान एवं रसायन विज्ञान दोनों विज्ञान के भाग हैं और आपस में संबंधित हैं।

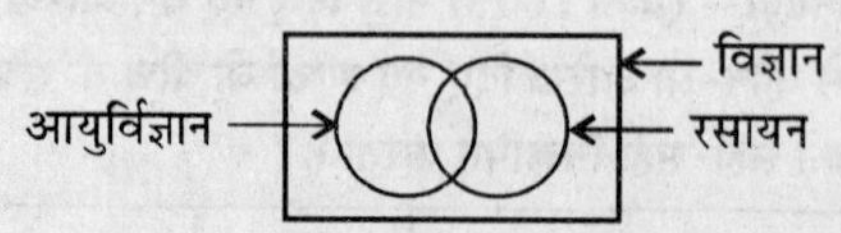

2. (c) कुछ चोर पॉकेटमार भी होते हैं और ये दोनों ही अपराधी हैं।

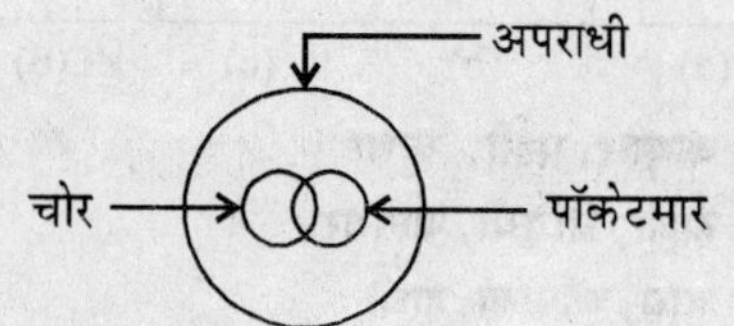

3. (c) चूना, सीमेंट और ईंट तीनों अलग-अलग हैं।

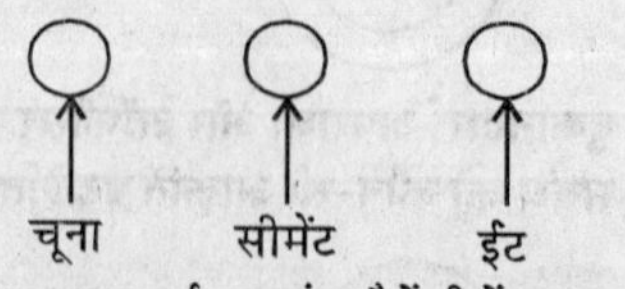

4. (a) तरल पदार्थ, धातुएं व गैसें तीनों अलग-अलग हैं।

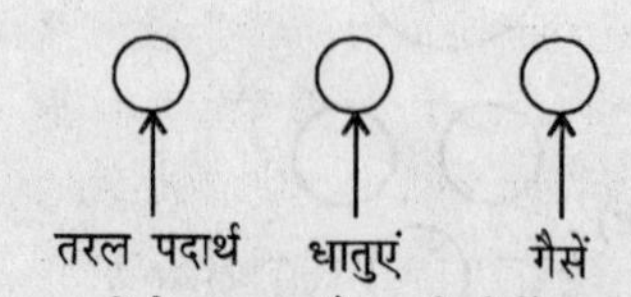

5. (b) अभिनेता, पशु और पक्षी तीनों अलग-अलग हैं।

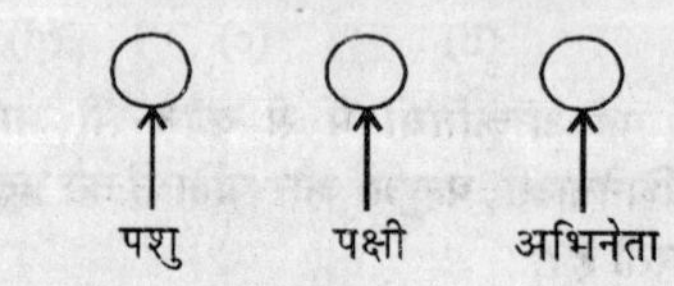

6. (a)

समचतुर्भुज
चतुर्भुज
बहुभुज

सभी समचतुर्भुज, चतुर्भुज होते हैं और सभी चतुर्भुज, बहुभुज होते हैं।

7. (c)

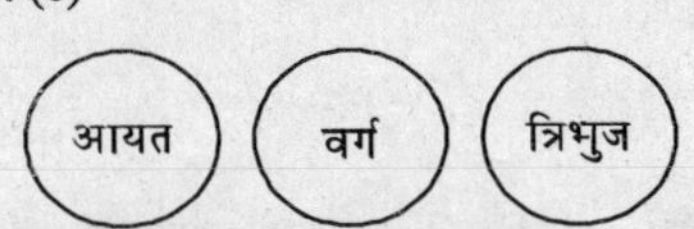

आयत, वर्ग और त्रिभुज अलग-अलग ज्यामितीय आकृतियां हैं।

8. (b)

दुकानदार, अपराधी व ऑफीसर तीनों अलग-अलग समूहों को सूचित करते हैं।

9. (c)

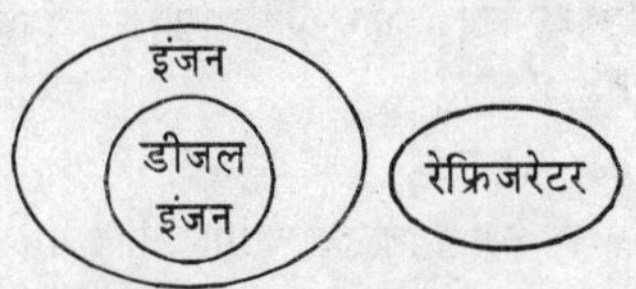

डीजल इंजन, इंजन के अंतर्गत आता है तथा रेफ्रिजरेटर इनसे अलग है।

10. (a) दिन, माह के अंतर्गत तथा माह, वर्ष के अंतर्गत आता है।

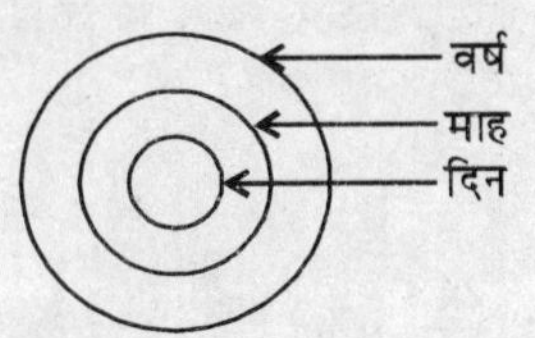

11. (d) कबूतर पक्षी वर्ग का एक प्राणी है, जबकि कुत्ता स्थल वर्ग का एक प्राणी है।

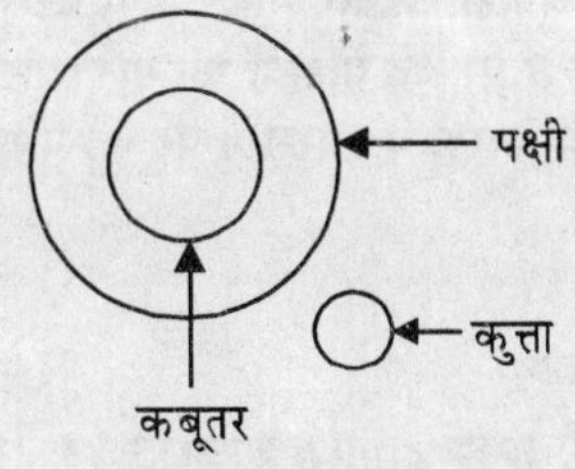

12. (c) हाथी और भेड़िया दोनों अलग-अलग जानवर हैं।

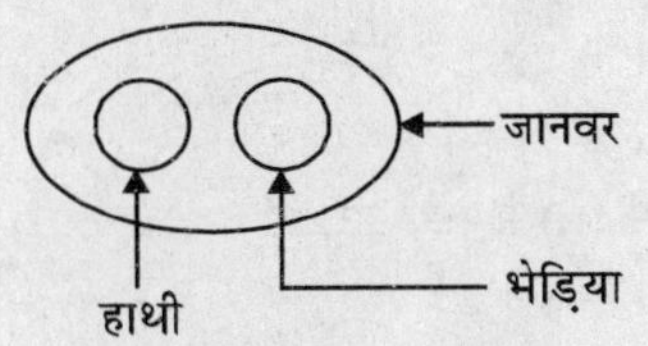

13. (c) बाघ और हाथी दोनों अलग-अलग चौपाया जानवर हैं।

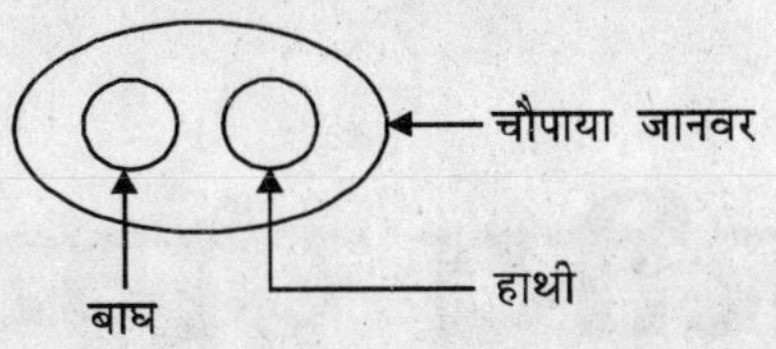

14. (b) कुछ स्नातक शिक्षक एवं कवि हो सकते हैं। कुछ शिक्षक स्नातक एवं कवि हो सकते हैं। कुछ कवि शिक्षक एवं स्नातक हो सकते हैं।

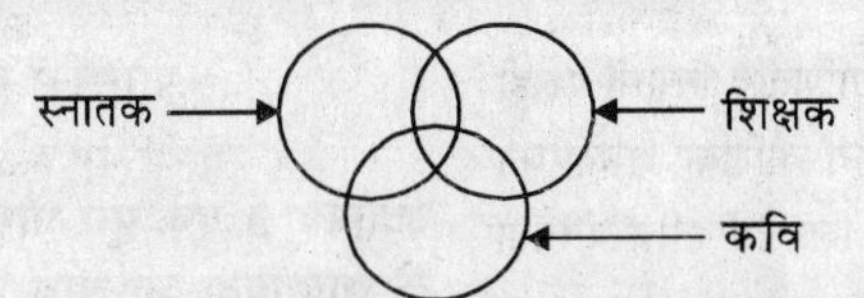

15. (b) कुछ महिला विद्यार्थी हो सकती हैं। कुछ महिला शिक्षक हो सकती हैं। कुछ विद्यार्थी महिला हो सकती हैं। कुछ शिक्षक महिला हो सकती हैं।

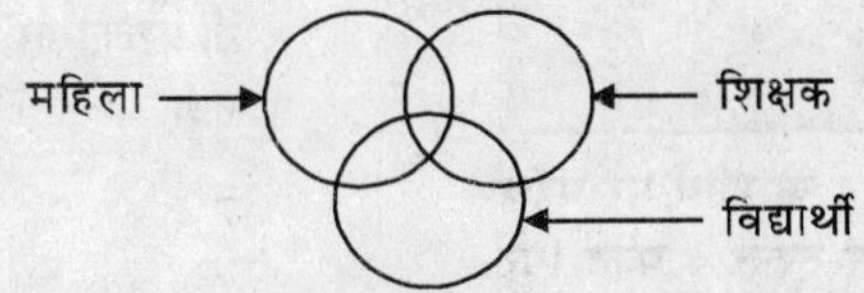

16. (b) अंक 9 से उन महिलाओं को दर्शाया गया है, जो सब-इंस्पेक्टर तो हैं, परंतु स्नातक नहीं हैं।

17. (c) अक्षर T द्वारा उन महिलाओं को दर्शाया गया है, जो खिलाड़ी तथा प्रशिक्षिका दोनों हैं।

18. (a) प्रश्न से, हमें ऐसे युवक को ज्ञात करना है, जो कि नौकरी करता है, लेकिन शिक्षित नहीं है। अतः दिए गए आरेख में हम ऐसी संख्या को देखेंगे जो कि केवल दो आरेखों में एकसमान (common) हो। यहां ध्यान देने पर हम पाते हैं कि ऐसी संख्या केवल '3', '7' एवं '6' है, जोकि दो आरेखों में एकसमान (common) है। अतः '3' या '7' या '6' ऐसे युवक हैं, जो कि नौकरी करते हैं, लेकिन शिक्षित नहीं हैं।

19. (c) चूंकि यहां ऐसे व्यक्तियों को ज्ञात करना है, जो कि शहरी और शिक्षित हो, लेकिन कठिन परिश्रमी न हो अर्थात् हमें ऐसे व्यक्ति को ज्ञात करना है, जो कि शहरी और शिक्षित है। चूँकि आरेख में 'त्रिभुज' में शहरी व्यक्ति को तथा 'वृत्त' से शिक्षित व्यक्ति को निरूपित किया गया है। इसलिए शहरी एवं शिक्षित व्यक्ति को ज्ञात करने के लिए हम दिए गए आरेख में त्रिभुज तथा वृत्त के अंदर ध्यान देंगे कि इन दोनों आरेखों के अंदर वह कौन-सा अक्षर है, जो इन दोनो में एकसमान (common) है। यहां हम देख रहे हैं कि ऐसा अक्षर केवल D है, जो कि त्रिभुज एवं वृत्त में एकसमान (common) है। अतः क्षेत्र 'D' शहरी एवं शिक्षित व्यक्ति को निरुपित करता है।

20. (d)

कुछ गहने सोने के हो सकते हैं, कुछ गहने चांदी के हो सकते हैं, कुछ गहने किसी अन्य धातु के हो सकते हैं।

21. (b)

चूंकि मनुष्य एक जीव है, जबकि ग्रह सौरमण्डल का एक सदस्य है।

22. (c)

कुछ पुरुष कलाकार हो सकते हैं कुछ पुरुष डॉक्टर हो सकते हैं, कुछ कलाकार डॉक्टर हो सकते हैं तथा कुछ डॉक्टर कलाकार हो सकते हैं।

23. (a)

चूंकि भौतिकी एव रसायन दो अलग-अलग विषय हैं, लेकिन दोनों विज्ञान के अंतर्गत आते हैं।

24. (d)

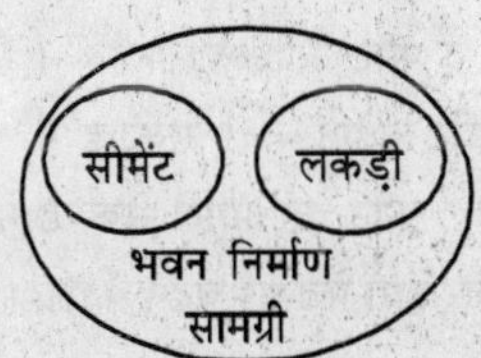

सीमेंट तथा लकड़ी दोनों भवन निर्माण सामग्री के अंतर्गत आते हैं।

25. (d)

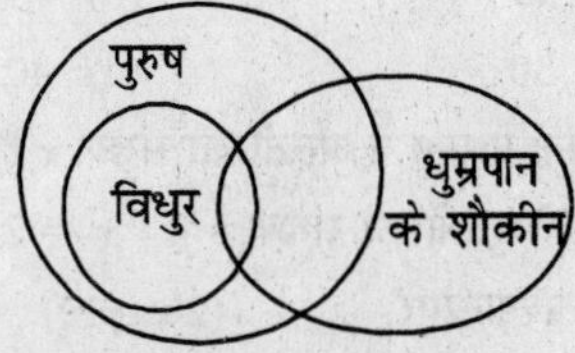

सभी विधुर, पुरुष हैं, जबकि कुछ पुरुष और कुछ विधुर धूम्रपान के शौकीन हो सकते हैं।

❑❑❑

अध्याय

11 गणितीय योग्यता परीक्षण

गणितीय योग्यता परीक्षण के अन्तर्गत जो प्रश्न पूछे जाते हैं, वे गणितीय नियमों पर ही आधारित होते हैं, जिनका मुख्य उद्देश्य परीक्षार्थियों की सामान्य बौद्धिक क्षमता का आंकलन करना होता है। इस प्रकार के प्रश्नों को हल करने के लिए गणितीय योग्यता के साथ-साथ तार्किक क्षमता तथा बौद्धिक और व्यावहारिक ज्ञान की भी आवश्यकता होती है।

इस प्रकार के प्रश्नों को निम्नलिखित उदाहरणों द्वारा समझाया गया है। अत: छात्र इन उदाहरणों का ध्यानपूर्वक अध्ययन करें।

उदाहरण हल सहित

उदाहरण 1. कितने समय में एक बन्दर 50 फीट लम्बे पेड़ के शीर्ष पर पहुँच जाएगा, यदि वह एक सेकण्ड में 5 फीट उछलता है और तुरन्त 4 फीट गिर जाता है?

(a) 45 सेकण्ड
(b) 40 सेकण्ड
(c) 46 सेकण्ड
(d) 48 सेकण्ड

हल: (c) पेड़ की लम्बाई = 50 फीट

बन्दर पहले सेकण्ड में 5 फीट ऊपर जाता है एवं 2 फीट नीचे गिर जाता है अर्थात् 1 सेकण्ड में वह केवल $5-4=1$ फीट ऊपर चढ़ पाता है।

$\therefore$ बन्दर 1 फीट ऊपर चढ़ता है = 1 सेकण्ड में

$\therefore$ 45 फीट चढ़ेगा = 45 सेकण्ड में

तथा शेष 5 फीट वह अगले सेकण्ड में चढ़ेगा।

अत: बन्दर द्वारा पेड़ पर चढ़ने में लिया गया कुल समय $= 45 + 1 = 46$ सेकण्ड

उदाहरण 2. एक बस शहर A से रवाना होती है। इस बस में औरतों की संख्या पुरुषों की संख्या की आधी है। शहर B में बस से 10 पुरुष उतर जाते हैं और 5 औरतें बस में चढ़ जाती हैं और इस प्रकार इस बस में पुरुषों और औरतों की संख्या बराबर हो जाती है। बताइए कि प्रारम्भ में इस बस में कुल कितनी सवारी थी?

(a) 45 (b) 15
(c) 30 (d) 40

हल: (a) माना प्रारम्भ में औरतों की संख्या x है।

तो पुरुषों की संख्या $= 2 \times x = 2x$

प्रश्नानुसार, $(2x-10) = (x+5)$

या $2x - 10 = x + 5$

या $2x - x = 10 + 5$

$\therefore$ $x = 15$

$\therefore$ प्रारम्भ में बस में सवार यात्रियों की अभीष्ट संख्या
$= x + 2x = 3x = 3 \times 15 = 45$

उदाहरण 3. एक पुत्र और उसके पिता की आयु का योग 40 वर्ष है। सोलह साल के बाद पिता की आयु पुत्र की आयु से दोगुनी होगी। इस समय पुत्र की आयु कितनी है?

(a) 6 वर्ष (b) 8 वर्ष
(c) 10 वर्ष (d) 4 वर्ष

हल: (b) माना पुत्र की वर्तमान आयु $= x$ वर्ष तथा पिता की वर्तमान आयु $= y$ वर्ष है,

तो प्रश्नानुसार, $x + y = 40$ ...(i)

तथा $y + 16 = 2(x+16)$

$\Rightarrow$ $y + 16 = 2x + 32$

$\Rightarrow$ $2x - y = -16$ ...(ii)

समी (i) और (ii) से,

$2x - y = -16$

$x + y = 40$

$3x = 24$

$x = \dfrac{24}{3} = 8$ वर्ष

उदाहरण 4. A और B दो शाखाओं पर कुछ पक्षी बैठे हैं। यदि शाखा A से एक पक्षी उड़कर शाखा B पर बैठ जाता है, तो दोनों शाखाओं पर पक्षियों की संख्या समान हो जाती है। किन्तु यदि शाखा B से पक्षी उड़कर शाखा A पर बैठ जाती है, तो शाखा A पर बैठे पक्षियों की संख्या B पर बैठे पक्षियों की मूल (प्रारम्भिक) संख्या की दोगुनी हो जाती है। बताएँ कि प्रारंभ में शाखा A पर बैठे पक्षियों की संख्या कितनी थी?

(a) 7 (b) 6
(c) 5 (d) 4

हल: (c) माना A शाखा पर बैठे पक्षियों की संख्या x तथा B शाखा पर बैठे पक्षियों की संख्या y है।

तो प्रश्नानुसार, $x - 1 = y + 1$

तथा $x = y + 2$ ...(i)

$x + 1 = 2y$

$x = 2y - 1$ ...(ii)

समी (ii) से x का मान समी. (i) में रखने पर,

$2y - 1 = y + 2$

$y = 3$

अत: $x = y + 2 \Rightarrow 3 + 2 = 5$

प्रश्नमाला

1. एक सन्तरे की कीमत ₹ 7 है और एक तरबूज की कीमत ₹ 5 है। श्याम ने दोनों फल ₹ 38 में खरीदे। उसके द्वारा खरीदे गए सन्तरों की संख्या क्या हैं?
(a) 2
(b) 3
(c) 4
(d) उपरोक्त में से कोई नहीं

2. एक पुस्तक में 300 पृष्ठ हैं और प्रत्येक पृष्ठ पर 10-10 शब्दों की 20 पंक्तियाँ हैं। पुस्तक में कुल कितने शब्द हैं?
(a) 6000 (b) 60000
(c) 66000 (d) 600000

3. एक ईंट के भट्टे में 100 ईंटें थी। तापन प्रक्रिया में उनमें से $\frac{1}{4}$ भाग दो टुकड़ों में टूट गई थी और $\frac{1}{5}$ भाग के तीन टुकड़े हो गए थे। कितनी पूरी (अखण्डित) ईंटें शेष बचीं?
(a) 40 (b) 45
(c) 55 (d) 56

4. एक मैदान में कुछ बत्तख और बकरे हैं। कुल मिलाकर 77 सिर और 224 पैर हैं। बत्तखों की संख्या कितनी है?
(a) 42 (b) 30
(c) 32 (d) 47

5. एक बस जब चली, तो उसमें निश्चित संख्या में कुछ यात्री बैठे हुए थे। पहले स्टॉप पर बस से आधे यात्री उतर गए और 35 यात्री बस में चढ़े। दूसरे स्टॉप पर $\frac{1}{5}$ यात्री उतर गए और 40 यात्री चढ़े। उसके बाद बस में 80 यात्री थे और वह बिना रूके गन्तव्य स्थल की ओर गई। आरम्भ में बस में कितने यात्री थे?
(a) 25 (b) 30
(c) 40 (d) 50

6. एक खुदरा दुकान में, 54 अलमारियाँ थी। प्रत्येक अलमारी में 28 रैक बने थे। प्रत्येक रैक में 10 बॉक्स रखे थे। प्रत्येक बॉक्स में 4 कमीजें रखी थीं। एक दिन 500 बॉक्स बेचे गए और 250 खरीदे गए। उस दिन कितनी कमीजें थी?
(a) 60380 (b) 59360
(c) 59580 (d) 59480

7. कुछ मित्रों ने मिलकर एक पिकनिक पर जाने की सोची तथा खाने पर ₹ 96 खर्च करने का प्लान बनाया, परन्तु इनमें से चार पिकनिक पर नहीं जा सके परिणामस्वरूप प्रत्येक को ₹4 अधिक देने पड़े तो कितने लोग पिकनिक पर गए?
(a) 8 (b) 16
(c) 12 (d) 24

8. कुछ घोड़े और उतनी ही संख्या में आदमी कहीं जा रहे हैं। आधे आदमी अपने घोड़े पर बैठे हैं, जबकि शेष आदमी अपने घोड़े का नेतृत्व करते हुए पैदल चल रहे हैं। यदि जमीन पर चल रहे पैरों की संख्या 70 हो, तो बताइए कि घोड़ों की संख्या कितनी है?
(a) 10 (b) 12
(c) 14 (d) 16

9. किसी बाड़े में कुछ खरगोश एवं कबूतर रखे गए हैं, जिनके पैरों की कुल संख्या 224 है, जबकि सिरों की संख्या 90 है। बताइए कि इस बाड़े में रखे गए कबूतरों की संख्या कितनी है?
(a) 22 (b) 58
(c) 68 (d) 75

10. यदि एक पार्टी में प्रत्येक ने प्रत्येक को एक गिफ्ट दिया। यदि वितरित किए गए कुल गिफ्टों की संख्या 90 थी, तो पार्टी में कुल कितने व्यक्ति शामिल थे?
(a) 9 (b) 10
(c) 11 (d) 12

11. एक परीक्षा में प्रत्येक सही उत्तर के 4 अंक मिलते हैं तथा प्रत्येक गलत उत्तर का 1 अंक काट लिया जाता है। यदि एक परीक्षार्थी ने 75 प्रश्न हल किए हों, तो उसे कुल 125 अंक मिले हों, तो उसके कितने उत्तर सही थे?
(a) 50 (b) 40
(c) 35 (d) 42

12. कुछ मित्रों ने पिकनिक पर जाने का निर्णय लिया तथा इस पर ₹ 768 खर्च करना निश्चित किया। इनमें से चार मित्रों के न आने पाने के कारण प्रत्येक मित्र को ₹ 16 अतिरिक्त देना पड़ा। कुल कितने मित्र पिकनिक पर गए?
(a) 10 (b) 12
(c) 14 (d) 11

13. एक छात्रावास में 600 लड़के हैं। इनमें से प्रत्येक हॉकी अथवा फुटबॉल अथवा दोनों खेल खेलता है। यदि 75% लड़के हॉकी तथा 45% लड़के फुटबॉल खेलते हों, तो कितने विद्यार्थी दोनों खेल खेलते है?
(a) 100 (b) 140
(c) 125 (d) 120

14. निम्नलिखित में वह अंक कौन-सा है, जो $1\frac{1}{2}$ में जोड़े जाने और $1\frac{1}{2}$ से गुणा करने पर परिणाम एक समान मिलता है।
(a) 1 (b) 3
(c) 5 (d) 7

15. *A* तथा *B* की वर्तमान आयु क्रमशः 36 वर्ष तथा 16 वर्ष है। कितने वर्ष बाद *A* की आयु *B* की आयु से दोगुनी हो जाएगी?
(a) 4 वर्ष (b) 3 वर्ष
(c) 2 वर्ष (d) 5 वर्ष

16. 6 वर्ष पूर्व रमेश की आयु रश्मि की आयु की तिगुनी थी। कितने वर्ष बाद रमेश की आयु रश्मि की आयु की $\frac{5}{3}$ गुना होगी?
(a) 15 वर्ष (b) 12 वर्ष
(c) 10 वर्ष (d) 18 वर्ष

17. एक कैम्प में कुछ लड़कों तथा लड़कियों के समूह में से 15 लड़कियाँ चली गई। इसके बाद लड़कों की संख्या लड़कियों से दोगुनी हो गई। इसके बाद 45 लड़के चले गए तथा लड़कियों की संख्या लड़कों से पाँच गुना हो गई। आरम्भ में लड़कियों की संख्या कितनी थी?
(a) 20 (b) 40
(c) 15 (d) 12

18. पिता की आयु उसके पुत्र रामू की आयु से तीन गुना अधिक है। 8 वर्ष बाद उसकी आयु रामू की आयु की $2\frac{1}{2}$ गुना है। उसके और 8 वर्ष बाद, पिता की आयु, रामू की आयु की कितनी गुना होगी?
(a) 2 गुनी (b) $2\frac{1}{5}$ गुनी
(c) $2\frac{3}{4}$ (d) 3 गुनी

19. एक क्रिकेट मैच में पाँच बल्लेबाजों *A*, *B*, *C*, *D* तथा *E* ने औसत 36 रन बनाए। *D* ने *E* से पाँच रन अधिक बनाए, *E* ने *A* से 8 रन कम बनाए, *B* ने *D* तथा *E* के योग के बराबर रन बनाए और *B* तथा *C* ने आपस में 107 रन बनाए। *E* ने कितने रन बनाए?
(a) 62 (b) 45
(c) 28 (d) 20

20. राम और जॉन एक स्थान 'A' से क्रमशः 4 किमी. और $5\frac{1}{2}$ किमी/घण्टा की गति से चलना शुरू करते हैं। यदि वे विपरीत दिशाओं में चले, तो $3\frac{1}{2}$ घण्टे बाद वे एक-दूसरे से कितनी दूर होंगे?

(a) 33 किमी (b) 33.5 किमी
(c) $33\frac{1}{4}$ किमी (d) 33.01 किमी

21. एक कार्यालय में $\frac{1}{3}$ कर्मचारी महिलाएँ हैं, महिलाओं में $\frac{1}{2}$ विवाहित हैं और विवाहित महिलाओं में से $\frac{1}{3}$ के बच्चे हैं। यदि पुरुषों में से $\frac{3}{4}$ विवाहित हैं और विवाहित पुरुषों में से $\frac{2}{3}$ के बच्चे भी है, तो कर्मचारियों का कितना भाग बिना बच्चों के है?

(a) $\frac{5}{18}$ (b) $\frac{4}{7}$
(c) $\frac{11}{18}$ (d) $\frac{17}{36}$

22. एक बन्दर 12 मी ऊँचे चिकने खम्भे पर चढ़ता है। वह पहले मिनट में 2 मी चढ़ता है और अगले मिनट में 1 मी नीचे फिसल जाता है, आगे भी इसी प्रकार का क्रम जारी रहे, तो वह कितने मिनट में खम्भे के शीर्ष पर पहुँच जाएगा?

(a) 21 (b) 15
(c) 10 (d) 20

उत्तर (हल/संकेत)

1. (c) 1 सन्तरे की कीमत = ₹ 7
तथा एक तरबूज की कीमत = ₹ 5
$7 \times 4 + 5 \times 2 =$ ₹ 38
₹ $7 \times 4 +$ ₹ $5 \times 2 =$ ₹ 38
अतः खरीदे गए सन्तरों की संख्या 4 है।

2. (b) पुस्तक में कुल शब्द $= 10 \times 20 \times 300 = 60000$

3. (c) प्रश्नानुसार,
$100 - \left(100 \text{ का } \frac{1}{4} + 100 \times \frac{1}{5}\right)$
$= 100 - 45 = 55$

4. (a) माना बत्तखों की संख्या $= x$
तथा बकरों की संख्या $= y$
चूँकि बत्तखों के 2 पैर तथा बकरे के चार पैर होते हैं।

प्रश्नानुसार, $x + y = 77$ ...(i)
तथा $2x + 4y = 224$ ...(ii)
समी (i) को 2 से गुणा करने पर,
$2x + 2y = 154$ ...(ii)
समी (ii) तथा (iii) को हल करने पर,
$x = 42$ तथा $y = 35$

5. (b) माना आरम्भ में बस में x यात्री थे।
पहले बस स्टॉप पर बस में यात्रियों की संख्या
$= x - \frac{x}{2} + 35 = \frac{x}{2} + 35$
दूसरे स्टॉप पर बस में यात्रियों की संख्या
$= \left(\frac{x}{2} + 35\right) \times \frac{4}{5} + 40$
प्रश्नानुसार, $\left(\frac{x+70}{2}\right) \times \frac{4}{5} + 40 = 80$
$\Rightarrow \frac{4x + 280 + 400}{10} = 80$
$\Rightarrow 4x + 680 = 800$
$\Rightarrow 4x = 800 - 680 = 120$
$\Rightarrow 4x = 120$
$\Rightarrow x = \frac{120}{4} = 30$

6. (d) कुल कमीजों की संख्या
$= 54 \times 28 \times 10 \times 4 = 60480$
बेचे गए बॉक्स = 500
खरीदे गए बॉक्स = 250
अतः 250 बॉक्स कम हुए।
$\therefore$ 250 बॉक्स में कमीजों की संख्या
$= 250 \times 4 = 1000$
अतः उस दिन कुल कमीजों की संख्या
$= 60480 - 1000 = 59480$

7. (a) माना पिकनिक पर x व्यक्ति गए।
$\therefore \frac{96}{x} - \frac{96}{x+4} = 4$
$\Rightarrow \frac{96(x+4) - 96x}{x(x+4)} = 4$
$\Rightarrow \frac{384}{x^2 + 4x} = 4$
$\Rightarrow x^2 + 4x = 96$
$\Rightarrow x^2 + 4x - 96 = 0$
$\Rightarrow x^2 + 12x - 8x - 96 = 0$
$\Rightarrow x(x + 12) - 8(x - 12) = 0$
$\Rightarrow (x + 12)(x - 8) = 0$
$\therefore x = 8$ [($\therefore x = -12$) (मान्य नहीं)]
अतः पिकनिक पर गए व्यक्तियों की संख्या = 8

8. (c) माना घोड़ों की संख्या $= x$
तथा आदमियों की संख्या $= x$
चूँकि घोड़े के 4 पैर तथा आदमी के 2 पैर होते हैं
प्रश्नानुसार, $\frac{x}{2} \times 2 + x \times 4 = 70$
$\Rightarrow x + 4x = 70 \Rightarrow 5x = 70$
$\therefore x = 14$

9. (c) माना बाड़े में रखे कबूतरों की संख्या $= x$
तथा बाड़े में रखे खरगोशों की संख्या $= y$
प्रश्नानुसार, $2x + 4y = 224$ ...(i)
(कबूतर के दो पैर तथा खरगोश के चार पैर होते है।)
तथा $x + y = 90$ ...(ii)
समी (ii) को 2 से गुणा करने के बाद
$2x + 2y = 180$ ...(iii)
समी (i) में से समी (iii) को घटाने पर,
$2y = 44$
$y = 22$
अतः $x = 90 - 22 = 68$

10. (b) माना व्यक्तियों की संख्या n है
तो प्रश्नानुसार, $n(n-1) = 90$
या $n^2 - n - 90 = 0$
$\Rightarrow n^2 - 10n + 9n + 90 = 0$
$\Rightarrow n(n - 10) + 9(n - 10) = 0$
$\Rightarrow (n + 9)(n - 10) = 0$
$\Rightarrow n + 9 = 0$
$\therefore n = -9$ (n का मान ऋणात्मक नहीं होगा)
पुनः $\Rightarrow n - 10 = 0$
$\therefore n = 10$ (n का मान धनात्मक होगा)
अतः व्यक्तियों की संख्या = 10

11. (b) माना सही उत्तरों की संख्या $= x$
तब गलत उत्तरों की संख्या $= 75 - x$
प्रश्नानुसार, $x \times 4 - (75 - x) \times 1 = 125$
$\Rightarrow 4x - 75 + x = 125$
$\Rightarrow 5x = 200$
$\Rightarrow x = \frac{200}{5} = 40$

12. (b) माना कुल मित्रों की संख्या $= x$
प्रश्नानुसार,
$\frac{768}{x-4} - \frac{768}{x} = 16$
$\Rightarrow \frac{1}{(x-4)} - \frac{1}{x} = \frac{16}{768}$
$\Rightarrow \frac{1}{(x-4)} - \frac{1}{x} = \frac{1}{48}$
$\Rightarrow \frac{x - (x-4)}{x(x-4)} = \frac{1}{48}$

$\Rightarrow x^2 - 4x - 192 = 0$
$\Rightarrow x^2 - 16x + 12x - 192 = 0$
$\Rightarrow x(x-16) + 12(x-16) = 0$
$\Rightarrow (x+12)(x-16) = 0$
$\Rightarrow x = -12$
$\Rightarrow x = 16$
अत: पिकनिक पर जाने वाले मित्रों की संख्या
$= 16 - 4 = 12$

13. (d) $n(H) = 600 \times \frac{75}{100} = 450$

$n(F) = 600 \times \frac{45}{100} = 270$

$n(H \cup F) = n(H) + n(F) - n(H \cap F)$
$600 = 450 + 270 - n(H \cap F)$
$\Rightarrow n(H \cap F) = (450 + 270) - 600$
$\Rightarrow n(H \cap F) = 720 - 600$
$\Rightarrow n(H \cap F) = 120$
अत: 120 विद्यार्थी दोनों खेल खेलते हैं।

14. (b) माना संख्या x है

तो प्रश्नानुसार, $1\frac{1}{2} + x = 1\frac{1}{2} \times x$

$\Rightarrow \frac{3}{2} + x = \frac{3}{2} \times x$

$\Rightarrow 3 + 2x = 3x$
$\Rightarrow 3x - 2x = 3$
$\Rightarrow x = 3$

15. (a) माना t वर्ष बाद A की आयु B की आयु से दोगुनी हो जाएगी।

तो प्रश्नानुसार, $\frac{36+t}{16+t} = \frac{2}{1}$

$\Rightarrow 32 + 2t = 36 + t$
$\Rightarrow t = 4$

16. (b) माना रश्मि की वर्तमान आयु $= x$ वर्ष तथा
6 वर्ष पूर्व रश्मि की आयु $= (x - 6)$ वर्ष
6 वर्ष पूर्व रमेश की आयु $= 3(x + 6)$ वर्ष
$= 3x - 18$ वर्ष
6 वर्ष बाद रश्मि की आयु $= (x + 6)$ वर्ष
तथा 6 वर्ष बाद रमेश की आयु
$= (3x - 18 + 12)$ वर्ष
$= 3x - 6$

प्रश्नानुसार

$3x - 6 = \frac{5}{3}(x + 6)$

$\Rightarrow 9x - 18 = 5x + 30$
$\Rightarrow 4x = 48$
$\Rightarrow x = 12$ वर्ष

17. (b) माना आरम्भ में लड़कों की संख्या $= x$
तथा आरम्भ में लड़कियों की संख्या $= y$
प्रश्नानुसार, $x = 2 \times (y - 15)$
$\Rightarrow x = 2y - 30$
$\Rightarrow x - 2y = -30$ ...(i)
तथा $y - 15 = 5 \times (x - 45)$
$\Rightarrow y - 15 = 5x - 225$
$\Rightarrow y - 5x = -210$
$\Rightarrow 5x - y = 210$ ...(ii)
समी (ii) को 2 से गुणा करने पर
$10x - 2y = 420$ ...(iii)
समी (i) तथा (iii) को हल करने पर,
$x = 50, \quad y = 40$
अत: आरम्भ में लड़कियों की संख्या = 40

18. (b) माना रामू की वर्तमान आयु x है,
तो पिता की वर्तमान आयु $= 3 \times x = 3x$ वर्ष

प्रश्नानुसार, $(3x + 8) = (x + 8) \times \frac{5}{2}$

$\Rightarrow 6x + 16 = 5x + 40$
$\Rightarrow 6x - 5x = 40 - 16$
$x = 24$
उसके और 8 वर्ष बाद रामू की आयु
$= 24 + 8 + 8 = 40$ वर्ष
तथा उसके और 8 वर्ष बाद पिता की आयु
$= (24 \times 3) + 8 + 8 = 88$ वर्ष

अत: पिता की आयु रामू की आयु से $\frac{88}{40} = 2\frac{1}{5}$ गुनी होगी।

19. (d) पाँचों बल्लेबाजों द्वारा बनाए गए कुल रन
$= 36 \times 5 = 180$
प्रश्नानुसार, $D = E + 5$ ...(i)
$E = A - 8$ या, $A = E + 8$ ...(ii)
$B = D + E$ ...(iii)
$B + C = 107$ ...(iv)
$A + B + C + D + E = 180$
$\Rightarrow (E + 8) + (B + C) + (E + 5) + E = 180$
$\Rightarrow E + 8 + 107 + E + 5 + E = 180$
$\Rightarrow 3E + 120 = 180$
$\Rightarrow 3E = 180 - 120 = 60$
$\Rightarrow E = 20$

20. (c) राम द्वारा तय की गई दूरी = चाल × समय
$= 4 \times \frac{7}{2} = 14$ किमी
जॉन द्वारा तय की गई दूरी = चाल × समय
$= \frac{11}{2} \times \frac{7}{2} = \frac{77}{4}$ किमी $= 19\frac{1}{4}$ किमी
राम और जॉन के बीच की दूरी
$= 14 + 19\frac{1}{4} = 33\frac{1}{4}$ किमी

21. (c) प्रश्नानुसार, $\frac{1}{3} \times \frac{1}{2} \times \frac{1}{3} = \frac{1}{18}$

$\frac{2}{3} \times \frac{3}{4} \times \frac{2}{3} = \frac{1}{3}$

$\therefore$ अभीष्ट भाग $= 1 - \left(\frac{1}{18} + \frac{1}{3}\right) = \frac{11}{18}$

22. (a) खम्भे की ऊँचाई = 12 मी बन्दर पहले मिनट में 2 मी ऊपर जाता है एवं दूसरे मिनट में 1 मी नीचे फिसल जाता है अर्थात् 2 मिनट में वह केवल $2 - 1 = 1$ मी ही ऊपर चढ़ता है।

अत: बन्दर, $12 - 2 = 10$ मी ऊपर $10 \times 2 = 20$ मिनट में चढ़ेगा तथा शेष 2 मी वह अगले मिनट में चढ़ जाएगा।

अत: अभीष्ट समय $= 20 + 1 = 21$ मिनट

□□□

अध्याय

12 क्रम में व्यवस्थित करना

इस अध्याय के अन्तर्गत पूछे जाने वाले प्रश्नों में कुछ व्यक्तियों या स्थानों की सापेक्षिक स्थिति अथवा श्रेणी दी जाती है, जो ऐसे गुणों पर आधारित होते है, जिनकी तुलना की जा सकती है। इस प्रकार के प्रश्नों में प्राय: दो या दो से अधिक व्यक्तियों या वस्तुओं की चर्चा की जाती है और दी गई जानकारी अव्यवस्थित या अप्रत्यक्ष होती है। आपको इस जानकारी को सार्थक क्रम में व्यवस्थित करना होता है तथा दिए गए गुणों का आरोही अथवा अवरोही क्रम में सजाना होता है। कभी-कभी ऐसा प्रतीत होता है कि दी गई जानकारी अधूरी एवं अपर्याप्त है और दिए गए गुणों के आधार पर सार्थक क्रम निर्धारित नहीं किया जा सकता है, परन्तु सावधानीपूर्वक विश्लेषण करके हम वांछित निष्कर्ष निकाल सकते हैं। कभी-कभी प्रश्न में अनावश्यक जानकारी भी दी जा सकती है, वैसे कथनों एवं जानकारियों को शीघ्रतापूर्वक पहचानकर अलग कर लेना चाहिए, ताकि किसी प्रकार का संशय न हो।

क्रम व्यवस्था पर आधारित प्रश्नों को हल करने के लिए कुछ महत्त्वपूर्ण सूत्र प्रयोग में लाए जाते हैं जो निम्न है–

- किसी कक्षा अथवा पंक्ति में कुल व्यक्तियों की संख्या
= (किसी एक व्यक्ति का बाएं या ऊपर से क्रम) + (उसी व्यक्ति का नीचे या दाएं से क्रम)–1
- किसी व्यक्ति का पंक्ति में दाएं अथवा नीचे से स्थान
= (पंक्ति में कुल व्यक्तियों की संख्या) – (उस व्यक्ति का पंक्ति में बाएं या ऊपर से स्थान) + 1
- किसी व्यक्ति का पंक्ति में बाएं अथवा ऊपर से स्थान
= (पंक्ति में कुल व्यक्तियों की संख्या) – (उस व्यक्ति का पंक्ति में दाएं या नीचे से स्थान) + 1

अब आइए, उपरोक्त तथ्यों के स्पष्टीकरण हेतु इस अध्याय से पूछे जाने वाले प्रश्नों के प्रारूप व उसके व्याख्यात्मक हल का उदाहरण के माध्यम से ध्यानपूर्वक अवलोकन करें।

हल सहित उदाहरण

उदाहरण 1. 75 छात्रों के समूह में आकाश का स्थान नीचे से 42वां है, तो ऊपर से उसका स्थान होगा—

(a) 40 वां (b) 34 वां
(c) 42 वां (d) 45 वां

हल: (b) आकाश का स्थान नीचे से 42 वां है अर्थात् ऊपर कुल $(75-42) = 33$ छात्र हैं। इसलिए आकाश का ऊपर से स्थान $33 + 1 = 34$वां होगा। ध्यान दें कि हमने यहां +1 किया है। यहां +1 इसलिए किया है, क्योंकि 33 व्यक्ति उसके स्थान के अलावा हैं, जिनके नीचे आकाश का स्थान है। इसलिए उत्तर (b) होगा।

उदाहरण 2. छात्रों की एक पंक्ति में विजय बाएं से 10वें तथा राम दाएं से 5वें स्थान पर है। जब विजय और राम अपने स्थान आपस में बदल लेते हैं, तो विजय बाएं से 15 वें स्थान पर हो जाता है। बताएं कि स्थान परिवर्तन के बाद राम दाएं से कौन-से स्थान पर होगा?

(a) 10वें (b) 11वें
(c) 12वें (d) 13वें

हल: (a) प्रश्नानुसार, विजय और राम के बीच चार छात्र हैं। चूंकि परिवर्तन के बाद विजय, राम के स्थान पर एवं राम, विजय के स्थान पर आ जाता है, अर्थात् दाएं से राम का स्थान $= (5 + 4 + 1) = 10$वां

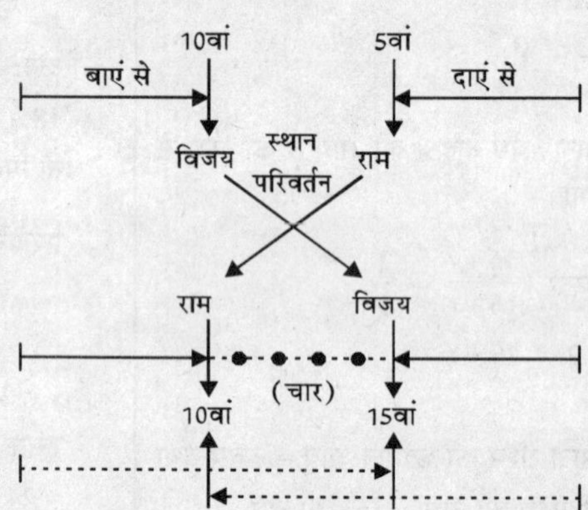

उदाहरण 3. एक पंक्ति में राजू का प्रारम्भ से वही स्थान है, जोकि अन्त से है। यदि पंक्ति में 37 व्यक्ति हों, तो राजू का प्रारम्भ से स्थान क्या होगा?

(a) 19वां (b) 20वां
(c) 22वां (d) 21वां

हल: (a) राजू का प्रारम्भ से स्थान $= \frac{37+1}{2} = \frac{38}{2} = 19$

अत: राजू का स्थान प्रारम्भ से 19 वें स्थान पर है।

उदाहरण 4. A, P, R, X, S तथा Z एक पंक्ति में बैठे हैं। उनमें S तथा Z बीच में है और A तथा P सिरों पर हैं। R, A के बाईं ओर बैठा है तब X के बांयें ओर कौन बैठा है?

(a) S (b) P
(c) Z (d) A

हल: (b) बैठने का क्रम निम्नवत् है

P X S Z R A
• • • • • •

अत: X के बाईं ओर P बैठा है।

उदाहरण 5. **चार लड़कियों (G_1, G_2, G_3, G_4) और तीन लड़कों (B_1, B_2, B_3) को एक रात्रिभोज में इस प्रकार बैठना है, जिससे कोई भी दो लड़के या दो लड़कियाँ एक-साथ न बैठें। यदि वे सब लगातार एक के बाद एक बैठते हैं, तो B_2 और G_3 की बैठने की स्थिति क्रमशः क्या होगी?**

(a) तृतीय और चतुर्थ (b) चतुर्थ और पंचम
(c) पंचम और षष्ठ (d) द्वितीय और तृतीय

हल: (b) बैठने का क्रम निम्नवत् है—

$G_1 \quad B_1 \quad G_2 \quad B_2 \quad G_3 \quad B_3 \quad G_4$

उदाहरण 6. **कॉलेज पार्टी में पाँच लड़कियाँ एक पंक्ति में बैठी हैं। P, M के बाईं ओर और O के दाईं ओर बैठी है। R, N के दाईं ओर, परन्तु O के बाईं ओर बैठी हैं। बीच में कौन-सी लड़की बैठी है?**

(a) O (b) R
(c) P (d) M

हल: (a) पाँचों लड़कियों के बैठने का क्रम निम्नवत् है।

N R O P M
↑ ↑ ↑ ↑ ↑

अत: O बीच में बैठी है।

उदाहरण 7. **पाँच लड़के वृत्ताकार घेरा बनाकर खड़े हैं। अभिनव, आलोक और अंकुर के बीच में है। अपूर्व, अभिषेक के बाईं ओर है। आलोक, अपूर्व के बाईं ओर है। बताइए कि अभिनव के ठीक दाईं ओर कौन है?**

(a) अपूर्व (b) अंकुर
(c) अभिषेक (d) आलोक

हल: (d) पाँचों लड़कों के बैठने का क्रम निम्नवत् है–

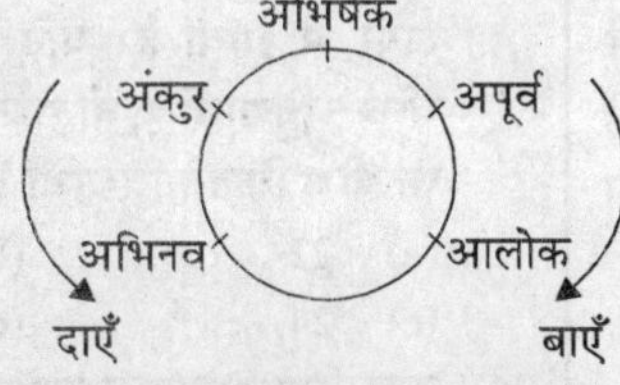

आरेख से स्पष्ट है कि अभिनव के ठीक दाईं ओर आलोक है।

उदाहरण 8: **छ: व्यक्ति A, B, C, D, E तथा F दो पंक्तियों में बैठे हैं, प्रत्येक में तीन। यदि E किसी सिरे पर नहीं है, D, F के बाएँ से दूसरा है, C, E का पड़ोसी है और D के विकर्णवत् सामने बैठा है और B, F का पड़ोसी है, तो B के सामने कौन होगा?**

(a) A (b) E
(c) C (d) D

हल: (b) बैठने का क्रम निम्नवत् है–

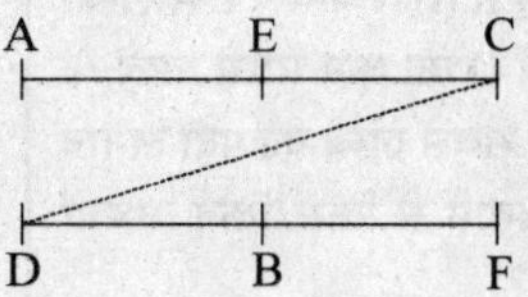

अत: B के ठीक सामने E बैठा है।

उदाहरण 9. **A, B, C, D, E और F खाने की मेज पर आमने-सामने बैठे हैं प्रत्येक ओर तीन हैं। B है A और C के बीच में राजनीतिज्ञ और व्यापारी एक ओर छोरों पर हैं। E एक सैनिक अधिकारी है। C एक प्रोफेसर है और डॉक्टर के बगल में हैं। व्यापारी, इंजीनियर के सामने है। डॉक्टर मध्य में बैठा है और सैनिक अधिकारी के सामने है। बताइए कि डॉक्टर कौन है?**

(a) A (b) B
(c) C (d) D

हल: (b) बैठने का क्रम निम्नवत् है–

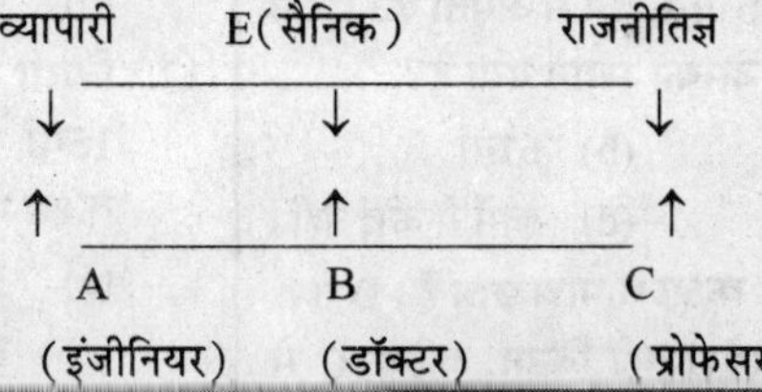

प्रश्नमाला

1. **लड़कों की एक पंक्ति में मोहन बाएं ओर से 20वां और दाएं ओर से 12वां है। उस पंक्ति में प्रताप दाएं छोर से 15वां है। मोहन और प्रताप के बीच कितने लड़के हैं?**

(a) 4 (b) 2
(c) 3 (d) 5

2. **एक मंच, जिसका मुंह उत्तर दिशा की ओर है, के सामने दर्शकों की एक पंक्ति में लड़के और लड़कियां बैठे हैं। रानी, सुनीता के बाएं को 5वीं है। सुनीता, निशान्त के दाएं को 8वीं है। रानी और निशान्त के बीच कितने बच्चे हैं?**

(a) 1
(b) 2
(c) 4
(d) निर्धारित नहीं किया जा सकता है।

3. **बच्चों की एक पंक्ति में श्रीनाथ बाएं से 8वां है। यदि उसे दाएं ओर चार स्थान खिसकाया जाए, तो वह संध्या जो दाएं से 16वीं है, के बाएं तीसरा हो जाता है। पंक्ति में कुल कितने बच्चे हैं?**

(a) 29
(b) 31
(c) 30
(d) निर्धारित नहीं किया जा सकता है।

4. **P, Q, R, S और T में S, R से बड़ा है लेकिन T जितना बड़ा नहीं है, Q सिर्फ P से बड़ा है। उनमें से सबसे छोटा कौन है?**

(a) P
(b) Q
(c) R
(d) निर्धारित नहीं किया जा सकता है।

5. **उत्तर दिशा की ओर उन्मुख लड़कों की एक कतार में अमित, अशोक के बाएं पांचवां है। आलोक, अमित के दाएं तीसरा है। विलास, अशोक के बाएं तीसरा है। निम्नलिखित में से कौन विलास की स्थिति को दर्शाता है?**

(a) अमित के तुरन्त दाईं ओर
(b) आलोक के तुरन्त बाईं ओर
(c) आलोक के तुरन्त दाईं ओर
(d) अमित के दाईं ओर तीसरा

6. **उत्तर दिशा की ओर मुंह किए A, B, C, D, E और F एक पंक्ति में बैठे हैं। A पड़ोसी है B और D का, E पड़ोसी है C और F का, D पड़ोसी C का, तब A और E के मध्य कितने सदस्य हैं?**

(a) दो (d) एक
(c) तीन (d) चार

7. पांच मित्रों में महेश, करण से लम्बा है। परन्तु यश से नहीं, ऋतिक यश से लम्बा है परन्तु अभिषेक से नहीं। यदि इनको बढ़ती हुई लम्बाई के क्रम में खड़ा किया जाए, तो पंक्ति में पहले स्थान पर कौन होगा?

(a) अभिषेक
(b) यश
(c) करण
(d) जानकारी अधूरी है।

8. M, N, O, P और Q में (i) N केवल P से लम्बा है और (ii) पंक्ति में O का क्रम सबसे लम्बे के बाद दूसरा है। इनमें सबसे लम्बे का पता लगाने के लिए निम्नलिखित में से किस/किन कथनों का डाटा पर्याप्त है?

(a) M, N से लम्बा है।
(b) M, यद्यपि N से लम्बा है, Q जितना लम्बा नहीं है।
(c) Q , N से लम्बा है।
(d) Q, M और N दोनों से लम्बा है।

9. विद्यार्थियों की एक कतार में राजेश एक सिरे से 10वां तथा दूसरे सिरे से 9वां है, उस कतार में कितने विद्यार्थी हैं?

(a) 18 (b) 19
(c) 20 (d) 21

10. 56 विद्यार्थियों के एक वर्ग में अमृता का स्थान 9वाँ है। नीचे से उसका स्थान क्या है?

(a) 65वां (b) 67वां
(c) 66वां (d) इनमें से कोई नहीं।

11. A, B, C, D व E कक्षा में पांच छात्र हैं। D ने A या E के साथ प्रवेश नहीं किया, बल्कि C से पहले किया। B ने C से पहले प्रवेश नहीं किया, बल्कि A के साथ किया, तो E ने सबसे अन्त में प्रवेश नहीं किया। निम्न में से कौन-सा निश्चित रूप से सत्य है?

(a) C ने कक्षा में केवल D के बाद प्रवेश किया।
(b) D ने कक्षा में केवल E के बाद प्रवेश किया।
(c) B ने कक्षा में A के बाद प्रवेश किया।
(d) A ने कक्षा में D के बाद प्रवेश किया।

12. M, N, P, R और T में से प्रत्येक को एक परीक्षा में अलग-अलग अंक मिले हैं। R को M और T से अधिक अंक मिले हैं। N को P से कम अंक मिले हैं। इनमें से किसे तीसरे क्रमांक पर सबसे अधिक अंक मिले हैं?

(a) N
(b) R
(c) M
(d) जानकारी अधूरी है।

13. M, N, P, Q और T में से प्रत्येक ने अलग-अलग अंक प्राप्त किए। N ने सिर्फ P से अधिक अंक प्राप्त किए तथा T ने सिर्फ M से कम अंक पाए। इनमें से किसने सबसे कम अंक प्राप्त किए?

(a) P
(b) T
(c) P या T
(d) जानकारी अधूरी है।

14. P, Q, R, S और T में से प्रत्येक के प्राप्तांक अलग-अलग हैं। Q के प्राप्तांक केवल T से अधिक है तथा P के प्राप्तांक S से अधिक, परन्तु R से कम है। सबसे अधिक प्राप्तांक किसके हैं?

(a) P (b) S
(c) R (d) T

15. 40 विद्यार्थियों की एक कक्षा में आयुष्मान का क्रमांक 19वां है। बताएं कि अंतिम से उसका क्रमांक क्या होगा?

(a) 22वां (b) 20वां
(c) 21वां (d) 19वां

16. किसी कक्षा में मनोज का क्रमांक ऊपर से 8वां और नीचे से 28वां है। बताएं कि उस कक्षा में कुल कितने विद्यार्थी हैं?

(a) 37 (b) 34
(c) 36 (d) इनमें से कोई नहीं

17. किसी कक्षा में आशुतोष का क्रमांक ऊपर से 15वां और नीचे से 21वां है। बताएं कि उस कक्षा में कुल कितने विद्यार्थी हैं?

(a) 37 (b) 35
(c) 34 (d) 36

18. उपरोक्त प्रश्न में, Y के ठीक बाएँ में कौन बैठता है?

(a) A (b) B
(c) C (d) X

19. 20 छात्रों की एक पंक्ति में R दाईं ओर से 5वें स्थान पर है तथा T बाईं ओर से चौथे स्थान पर है। R व T के मध्य कितने छात्र हैं?

(a) 11
(b) 12
(c) 10
(d) ज्ञात नहीं किया जा सकता

20. 48 छात्रों की एक कक्षा में अनुज का ऊपर से 19वां स्थान है तथा जीवन का नीचे से 12वां स्थान है। अनुज और जीवन के बीच में कितने छात्र हैं?

(a) 17 (b) 16
(c) 18 (d) इनमें से कोई नहीं

21. 10 लड़कियों और 20 लड़कों की एक कक्षा में जया का स्थान लड़कियों में चौथा और कक्षा में 18वां है। जया का कक्षा में लड़कों के बीच कौन-सा स्थान है?

(a) निर्धारित नहीं किया जा सकता है।
(b) 16
(c) 14
(d) 15

22. 40 विद्यार्थियों के एक वर्ग में समीर का ऊपर से 12वां स्थान है। आलोक, समीर से आठ स्थान नीचे है। नीचे से आलोक का स्थान कौन-सा है?

(a) 20वां (b) 21वां
(c) 22वां (d) 19वां

23. सुरेश 40 छात्रों की एक संख्या में शीर्ष छात्र समीर से 5 स्थान नीचे है। सुरेश का कक्षा में नीचे से कौन-सा स्थान है?

(a) 34वां (b) 36वां
(c) 35वां (d) 33वां

24. अजय का स्थान उसकी कक्षा में ऊपर से 12वां है। प्रसाद का स्थान उसी कक्षा में नीचे से 18वां है, जो अजय से आठ स्थान पीछे है। कक्षा में कुल कितने छात्र हैं?

(a) 35 (b) 34
(c) 36 (d) इनमें से कोई नहीं

25. 40 विद्यार्थियों की कक्षा में मोहन का स्थान ऊपर से 10वां है। यदि मोहन और रोहन के बीच 5 विद्यार्थी हैं, तो रोहन और अंतिम विद्यार्थी के बीच कितने विद्यार्थी हैं?

(a) 22 (b) 23
(c) 24 (d) आंकड़े अधूरे हैं।

26. कुछ मित्र अष्टभुज स्थान पर एक-एक कोने में बैठे हैं। सभी का मुँह बीच की ओर है। महिमा तिरछे रूप में राम के सामने बैठी है। राम, सुषमा के दाईं ओर बैठा है। रवि सुषमा के बगल में और गिरधर के सामने बैठा है। गिरधर चन्द्रा के बाईं ओर बैठा है। सविता, महिमा के दाईं ओर नहीं है लेकिन शालिनी के सामने है। शलिनी के दाईं ओर कौन बैठा है?

(a) रवि (b) महिमा
(c) गिरधर (d) राम

27. चार मित्र वृत्ताकार बैठकर ताश खेल रहे थे। राम के दाईं ओर शंकर बैठा था और अरविन्द के बाईं ओर गोपाल बैठा था। निम्नलिखित में से कौन-से युगल खेल में भागीदार थे?

(a) राम और गोपाल
(b) गोपाल और शंकर
(c) राम और शंकर
(d) गोपाल और अरविन्द

28. छः लड़के एक पंक्ति में बैठे हैं। जोंस और मनु की स्थिति राजू के सन्निकट है। उदय के सन्निकट गोपी और राम हैं। गोपी, जोंस अथवा मनु किसी से भी अगला नहीं है। राजू भी मनु से अगले स्थान पर नहीं बैठा है, तो जोंस के सन्निकट कौन बैठा है?

(a) राजू और उदय
(b) राजू और मनु
(c) राजू और राम
(d) केवल राजू

29. छः व्यक्ति P, Q, R, S, T तथा U एक आयताकार मेज के चारों ओर बैठे हैं। Q मेज की चौड़ाई की ओर बैठा है तथा उसका मुँह पूर्व की ओर है। P का मुँह दक्षिण की ओर है तथा उसके दाएँ R है। T जो Q के सामने है, के बाएँ वाले कोने से लगा हुआ S बैठा है। चौड़ाई की ओर एक-एक व्यक्ति ही बैठा है। R के ठीक सामने कौन बैठा है और S का मुँह किस दिशा में है?

(a) U, उत्तर (b) U, दक्षिण
(c) S, उत्तर (d) S, दक्षिण

30. यदि रजनी और आशा अपना-अपना स्थान अदल-बदल लेती हैं, तो निम्न में से कौन-सा कथन सत्य है?

(a) सुमन, ममता के बाईं ओर तीसरी होगी
(b) आशा, लता और रजनी के बीच होगी
(c) लता, आशा के बाईं ओर दूसरी होगी
(d) उपरोक्त में से कोई नहीं

31. ताश के एक वृत्ताकार खेल में A, B एवं C के बीच में बैठता है। X, Y एवं Z के बीच में बैठता है। यदि Z, B के ठीक दाईं ओर है, तो Y के ठीक दाईं ओर कौन बैठता है?

(a) X (b) C
(c) A (d) B

32. आठ लोगों A, B, C, D, E, F, G और H को आकृति में दिए गए ढंग से बैठाया जाता है।

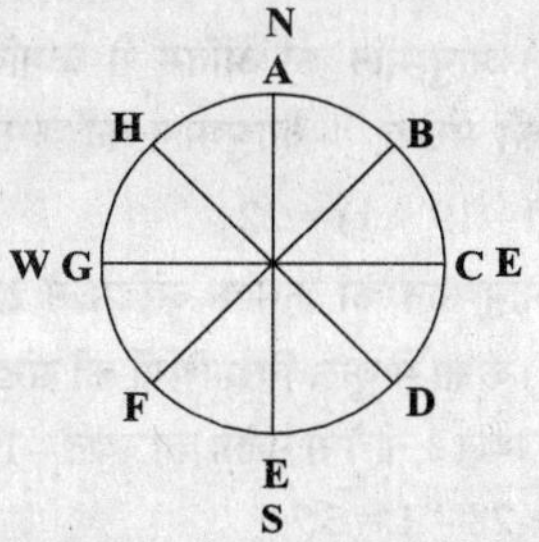

उन सभी का मुँह बाहर की ओर है। यदि सभी लोग दो स्थान दक्षिणावर्त हटें, तो H का मुँह किस दिशा में होगा?

(a) उत्तर-पूर्व
(b) उत्तर
(c) उत्तर पश्चिम
(d) पूर्व

उत्तर (हल/संकेत)

1. (b) प्रश्नानुसार,

मोहन और प्रताप के बीच लड़कों की संख्या

$= (15 - 12) - 1$

$= (3 - 1) = 2$

2. (b) प्रश्नानुसार,

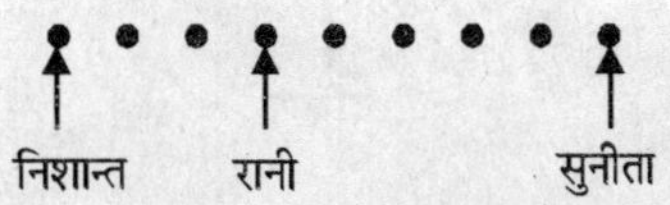

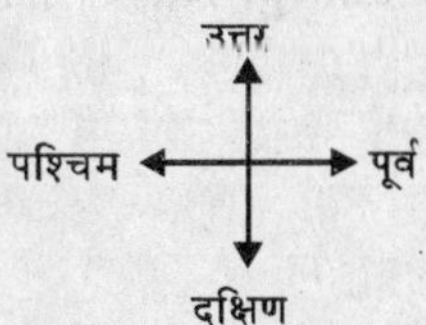

रानी और निशान्त के बीच बच्चों की संख्या

$= (8 - 5) - 1 = 3 - 1 = 2$

3. (c) प्रश्नानुसार,

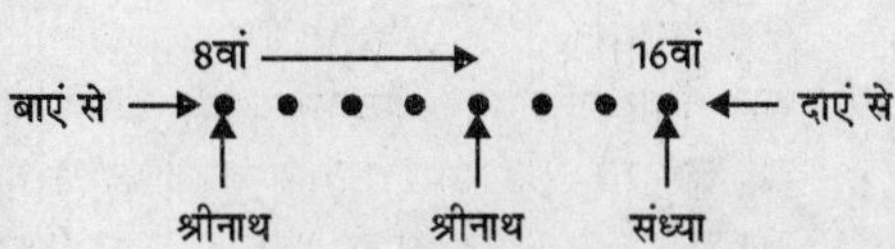

पंक्ति में बच्चों की कुल संख्या

$= (8 + 4 + 3 + 16) - 1$

$= (31 - 1) = 30$

4. (a) $T > S > R > Q > P$

अत: सबसे छोटा P है।

नोट–Q केवल P से बड़ा है; अत: दूसरा छोटा Q हुआ और सबसे छोटा P हुआ।

5. (b)

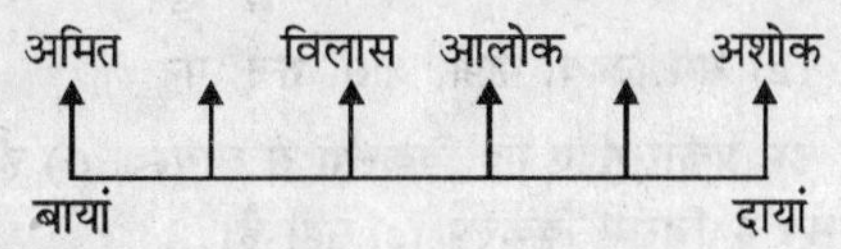

प्रश्नानुसार, विलास, आलोक के तुरंत बाईं ओर है।

6. (a) प्रश्नानुसार, बैठने का क्रम

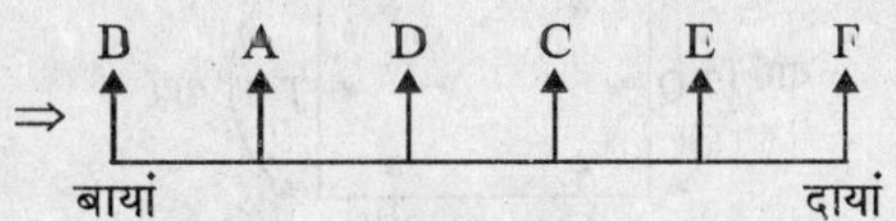

तब A और E के बीच दो व्यक्ति बैठे हुए हैं।

7. (c) प्रश्नानुसार, बढ़ती हुई लम्बाई के अनुसार क्रम

करण < महेश < यश < ऋतिक < अभिषेक

अत: पहले स्थान पर करण आएगा।

8. (b)

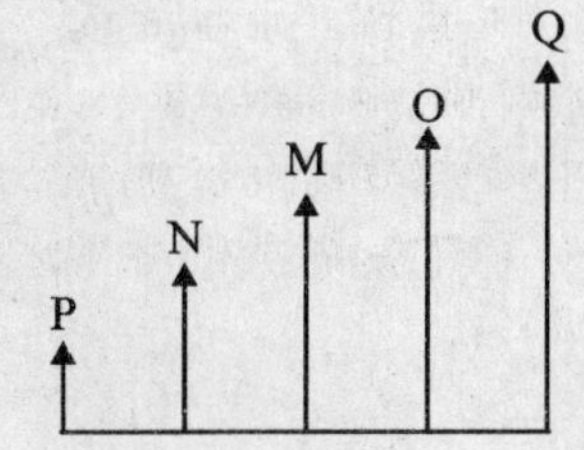

लम्बाई का बढ़ता क्रम

स्पष्ट है, कथन (b) में दिया गया डाटा प्रश्न का उत्तर देने के लिए पर्याप्त है।

9. (a) विद्यार्थियों की संख्या

$= 10 + 9 - 1 = 18$

10. (d) अमृता का स्थान नीचे से $(56 - 9 + 1) = 48$

11. (d) प्रश्नानुसार,

$D > C$

$C > B + A$

परन्तु E सबसे अन्त में नहीं।

$\therefore E > D > C > B + A$

या $D > E > C > B + A$

अत: निश्चित रूप से यह सत्य है, कि A ने कक्षा में D के बाद प्रवेश किया।

12. (d) प्रश्नानुसार,

$R > M, T$

$P > N$

अत: किसे तीसरे क्रमांक पर सबसे अधिक अंक मिले, यह ज्ञात नहीं किया जा सकता है।

13. (a) प्रश्नानुसार,

$N > P$

$M > T/Q$

$\therefore M > T/Q > N > P$

अत: सबसे कम अंक P ने प्राप्त किए।

14. (c) प्रश्नानुसार,

$Q > T$

$R > P > S$

$\therefore R > P > S > Q > T$

अत: सबसे अधिक प्राप्तांक R के हैं।

15. (a) आयुष्मान का अंतिम से क्रमांक = कुल विद्यार्थियों की संख्या – आयुष्मान का क्रमांक + 1

$\Rightarrow (40 - 19 + 1) = 22$

अत: आयुष्मान का क्रमांक अंतिम से 22वां है।

16. (d) कक्षा में कुल विद्यार्थियों की संख्या = ऊपर से मनोज का स्थान + नीचे से मनोज का स्थान – 1

$\Rightarrow 8 + 28 - 1 = 35$

17. (b) कुल विद्यार्थियों की संख्या = आशुतोष का ऊपर से क्रमांक + आशुतोष का नीचे से क्रमांक – 1

$\Rightarrow 15 + 21 - 1 = 35$

18. (d) Y के ठीक बाएँ X बैठता है।

19. (a) प्रश्नानुसार,

R और T के मध्य छात्रों की संख्या

$= 20 - (5 + 4) = (20 - 9) = 11$

20. (a) प्रश्नानुसार,

अनुज और जीवन के मध्य छात्रों की संख्या

$= 48 - (19 + 12) = (48 - 31) = 17$

21. (d) कक्षा में कुल विद्यार्थी

$= (20 + 10) = 30$

कक्षा में 18वां स्थान जया का है तथा लड़की में 4 था।

अत: 3 लड़की उससे आगे हैं।

जया का लड़कों के बीच का स्थान = (18 – 3)

= 15वां

22. (b) आलोक का नीचे से स्थान

$= (40 + 1) - (12 + 8)$

$= (41 - 20) =$ 21वां

23. (c) प्रश्नानुसार समीर का स्थान पहला है।

समीर →| | | |← सुरेश

तो सुरेश का स्थान = $(40 + 1) - (1 + 5) =$ 35वां

24. (d)

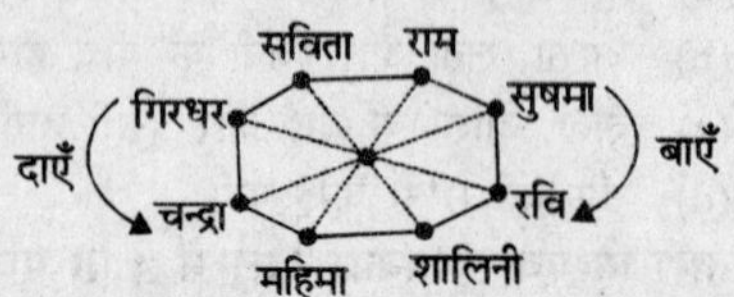

कुल छात्रों की संख्या = 12 + 7 + 18 = 37

25. (d) आंकड़े अधूरे हैं। प्रश्न में यह नहीं दिया हुआ है कि रोहन की स्थिति मोहन से ऊपर है या नीचे।

26. (a) आठों के बैठने का क्रम निम्नवत् है–

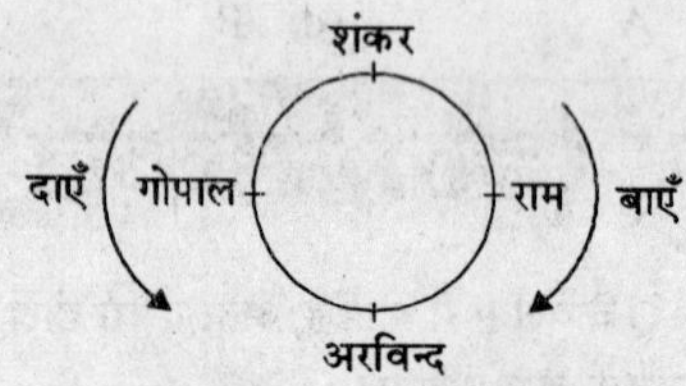

आरेख से स्पष्ट है कि शालिनी के दाईं ओर रवि बैठा है।

27. (a) बैठने की व्यवस्था निम्नवत् है–

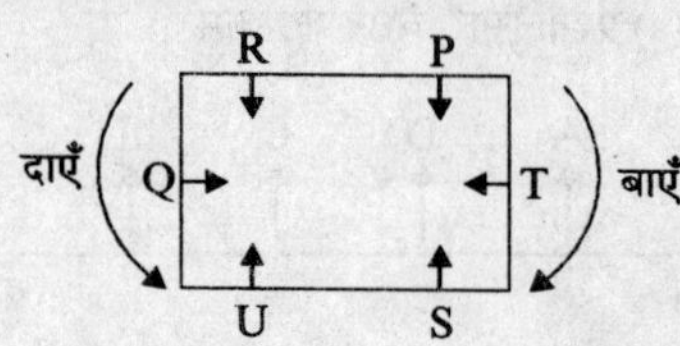

28. (c) बैठने का क्रम निम्नवत् है–

(i) गोपी, उदय, राम, जोंस, राजू, मनु

(ii) राम, उदय, गोपी, जोंस, राजू, मनु

इस प्रकार, दिए गए विकल्पों से व्यवस्था (i) ही सम्भव है जिससे विकल्प (c) सही है।

29. (a) व्यक्तियों के बैठने का क्रम निम्नवत् है–

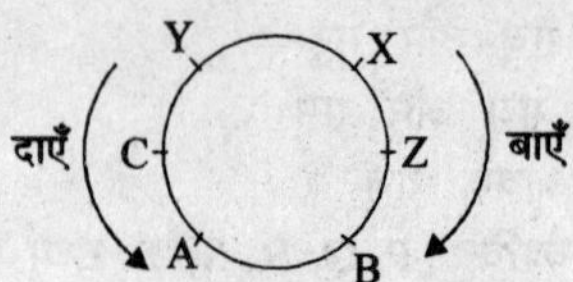

अत: R के सामने U है तथा S का मुँह उत्तर की ओर है।

30. (c) रजनी तथा आशा के स्थान परिवर्तन करने पर लता, आशा के बाईं ओर दूसरी होगी।

31. (b) बैठने का क्रम निम्नवत् है–

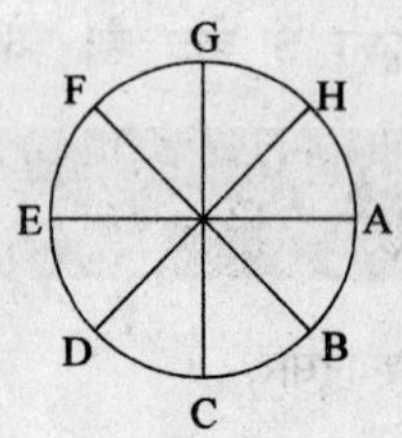

अत: Y के ठीक दाएँ C बैठता है।

32. (a)

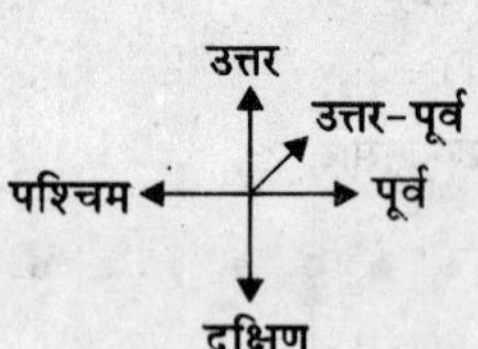

H का मुँह उत्तर-पूर्व दिशा में होगा।

❑❑❑

तार्किक परीक्षा

समरूपता का शाब्दिक अर्थ समानता होता है। अर्थात्, हम कह सकते हैं कि कोई भी दो आकृतियां जो देखने में किसी-न-किसी प्रकार समान हों अथवा एक जैसी दिखती हों, या एक जैसी प्रतीत होती हों, सादृश्य कहलाती है तथा उनका यह गुण समरूपता कहलाता है।

समरूपता का मुख्य लक्षण या इसकी मुख्य विशेषता किन्हीं दो आकृतियों के आपसी सम्बन्ध की समानता में निहित होता है।

इस अध्याय से पूछे जाने वाले प्रश्न दो भागों में दिए गए होते हैं, जिन्हें प्रश्न आकृतियां तथा उत्तर आकृतियां कहा जाता है। प्रश्न आकृतियां भी दो भागों में बंटी होती है। दोनों भागों में दो-दो आकृतियां अर्थात् कुल चार आकृतियां होती है लेकिन केवल तीन ही आकृतियां प्रश्न में दी गई होती है तथा चौथी को अभ्यर्थियों को ज्ञात करना होता है। चौथी आकृति चारों उत्तर आकृतियों में दिए गए विकल्पों में से ही एक होती है। प्रश्न आकृति में प्रथम दो आकृतियां एक-दूसरे से किसी-न-किसी प्रकार से सम्बन्धित होती हैं और इसी सम्बन्ध को ज्ञात कर या समझकर अभ्यर्थियों को तीसरी और चौथी आकृति में सम्बन्ध स्थापित करते हुए विकल्पों में से एक उत्तर चुनना होता है अर्थात् चौथी आकृति तीसरी आकृति से उसी प्रकार सम्बन्धित होनी चाहिए जिस प्रकार दूसरी, पहली से सम्बन्धित हो।

हल सहित उदाहरण

निर्देश (उदाहरण 1 से 4) नीचे दिए गए प्रश्नों में पहला समूह प्रश्न आकृतियों का तथा दूसरा समूह उत्तर आकृतियों का है। प्रश्न आकृति में दो जोड़े आकृतियां दी गई हैं। पहले जोड़े की आकृतियां जिस प्रकार एक-दूसरे से सम्बन्धित हैं, उसी सम्बन्ध के आधार पर दूसरे जोड़े की दूसरी आकृति ज्ञात कीजिए।

उदाहरण 1.

प्रश्न आकृतियां

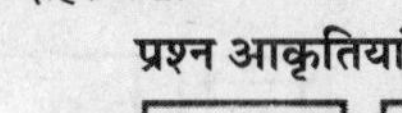

उत्तर आकृतियां

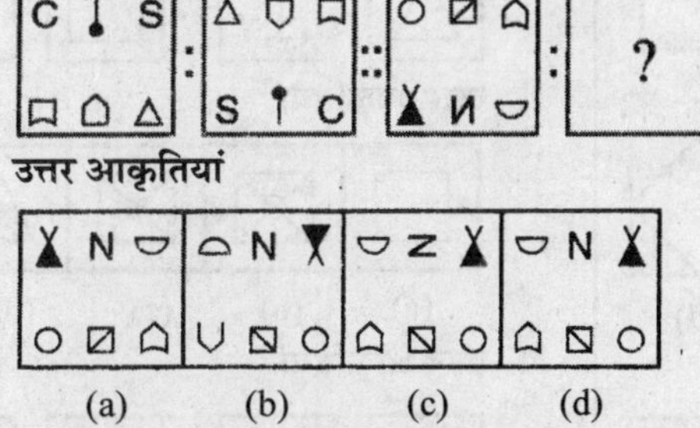

हल: (d) सबसे पहले हमें प्रश्न आकृति में बने बॉक्स की आकृतियों के बदलने के क्रम को जानना होगा। प्रश्न में पहले जोड़े वाले बॉक्सों की आकृतियों के बदलने का क्रम इस प्रकार है

अर्थात् चारों कोनों के सामने वाली आकृति से उसका स्थान परिवर्तन होता है, जबकि बीच वाले का उसके सामने वाले से। साथ-ही-साथ बीच वाली आकृतियों को बदलने के बाद उन्हें उल्टा कर दिया गया है जैसा कि नीचे चित्र में प्रदर्शित है

उदाहरण 2.

प्रश्न आकृतियां

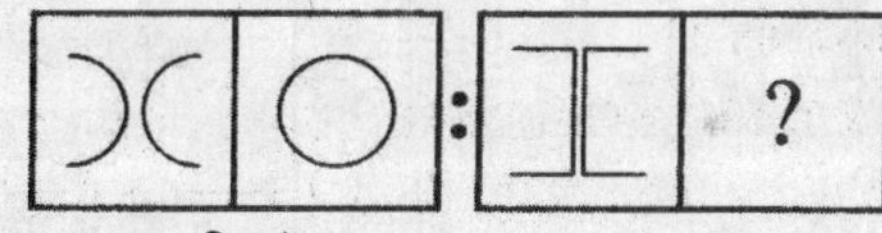

उत्तर आकृतियां

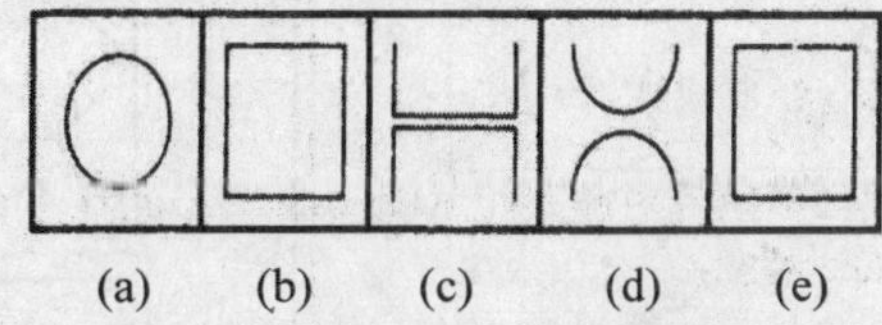

हल: (b) प्रश्न आकृतियों का ध्यानपूर्वक अवलोकन करने के बाद हम पाते हैं कि प्रश्न आकृति के पहले भाग की पहली आकृति से दूसरी आकृति में डिजाइन के दो अर्द्ध भाग अलग होकर तथा दाएं से बाएं पलटकर जुड़ जाते हैं। उसी प्रकार प्रश्न आकृति के दूसरे भाग की तीसरी आकृति से चौथी आकृति में डिजाइन के दो अर्द्ध भाग अलग होकर तथा दाएं से बाएं पलटकर जुड़ जाएंगे और यह उत्तर आकृति (B) के समान दिखेगी।

उदाहरण 3.

प्रश्न आकृतियां

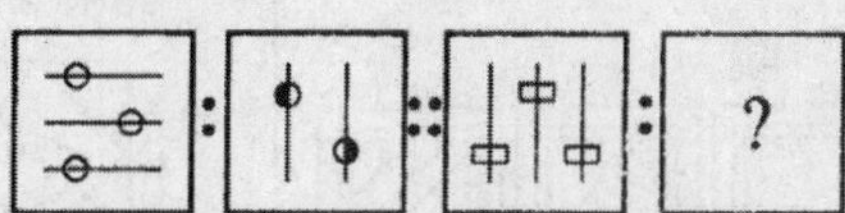

उत्तर आकृतियां

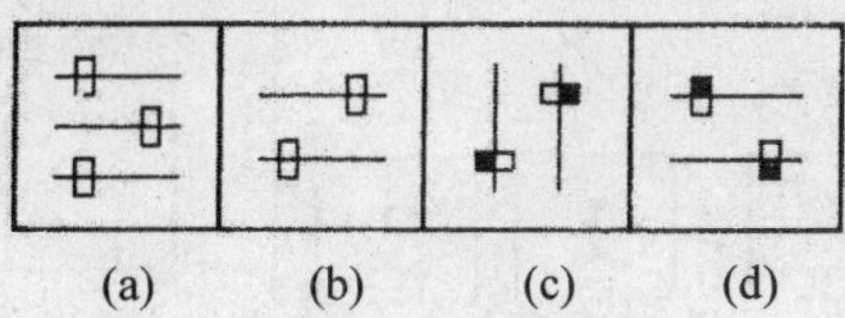

हलः (d) प्रश्न आकृति के प्रथम जोड़े में पिन की संख्या घटी है इसी प्रकार दूसरे जोड़े में भी पिन की संख्या घटेगी और पिन की संख्या तीन से घटकर दो हो जाएगी।

प्रथम जोड़े में प्रथम दो पिनों को दक्षिणावर्त दिशा में घुमाकर दिखाया गया है तथा बाएं पिन के सिरे को बाईं ओर, जबकि दाएं पिन के सिरे को दाईं ओर रंगा गया है। ठीक इसी प्रकार दूसरे जोड़े में भी प्रथम दो पिनों को दक्षिणावर्त दिशा में घुमाएंगे तथा बाईं पिन के सिरे को बाईं ओर तथा दाईं पिन के सिरे को दाईं ओर रंगेंगे।

उदाहरण 4.

प्रश्न आकृतियां

उत्तर आकृतियां

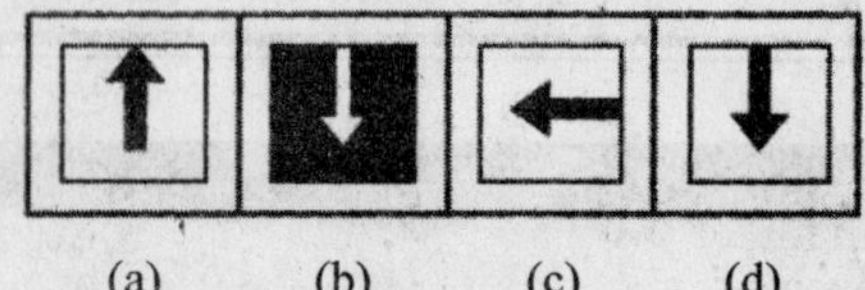

(a) (b) (c) (d)

हलः (d) पहले जोड़े की आकृति से यह स्पष्ट है कि पहली आकृति के बड़े चित्र का आकार छोटा तथा छोटे चित्र का आकार बड़ा हो जाता है। साथ-ही-साथ दूसरी आकृति में बड़ा चित्र (आकृति) उल्टा हो जाता है और दूसरे चित्र में पहला चित्र समा जाता है। अतः सही विकल्प (d) होगा क्योंकि इसी विकल्प की आकृति में छोटा वर्ग बड़ा बन गया है तथा तीर का निशान छोटा तथा उल्टा होकर वर्ग में समा गया है।

प्रश्नमाला

निर्देश (प्र.सं. 1-25) नीचे दिए गए प्रश्नों में पहला समूह प्रश्न आकृतियों का तथा दूसरा समूह उत्तर आकृतियों का है। प्रश्न आकृति में दो जोड़े आकृतियाँ दी गई हैं। पहले जोड़े की आकृतियाँ जिस प्रकार एक-दूसरे से सम्बन्धित हैं, उसी सम्बन्ध के आधार पर दूसरे जोड़े की दूसरी आकृति ज्ञात कीजिए।

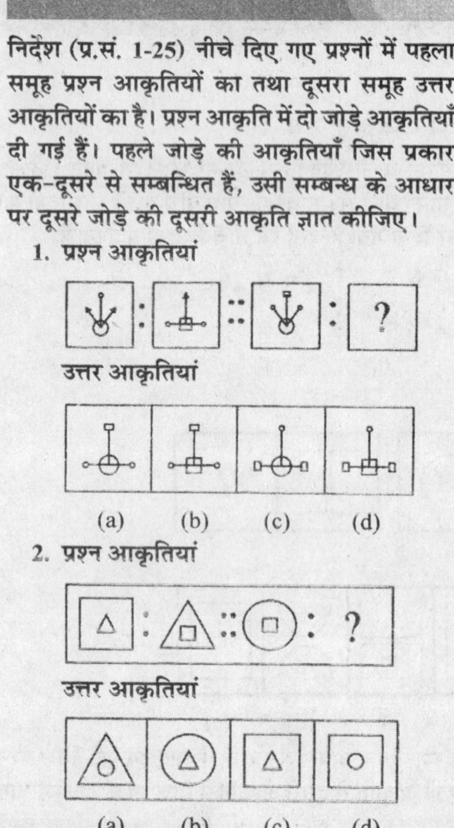

1. प्रश्न आकृतियां

उत्तर आकृतियां

(a) (b) (c) (d)

2. प्रश्न आकृतियां

उत्तर आकृतियां

(a) (b) (c) (d)

3. प्रश्न आकृतियां

उत्तर आकृतियां

(a) (b) (c) (d)

4. प्रश्न आकृतियां

F : E :: I : ?

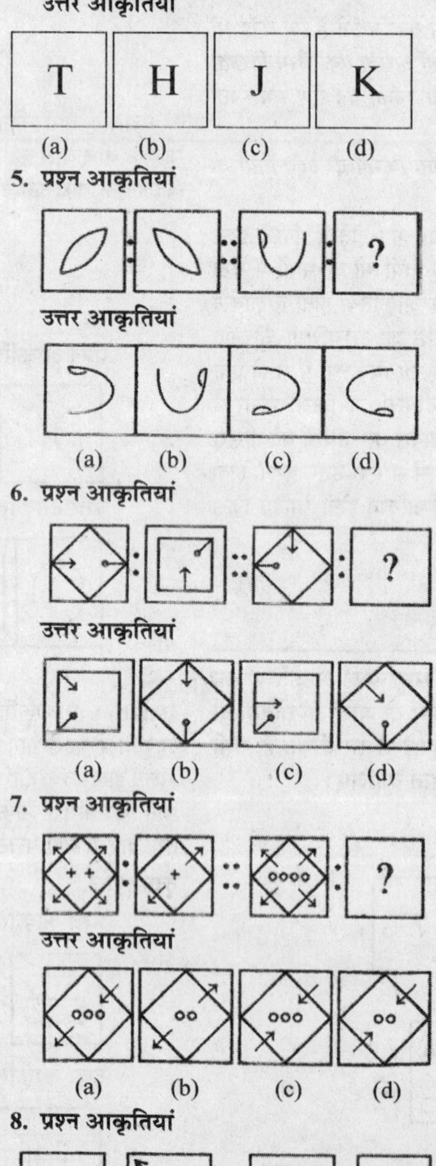

उत्तर आकृतियां

T H J K

(a) (b) (c) (d)

5. प्रश्न आकृतियां

उत्तर आकृतियां

(a) (b) (c) (d)

6. प्रश्न आकृतियां

उत्तर आकृतियां

(a) (b) (c) (d)

7. प्रश्न आकृतियां

उत्तर आकृतियां

(a) (b) (c) (d)

8. प्रश्न आकृतियां

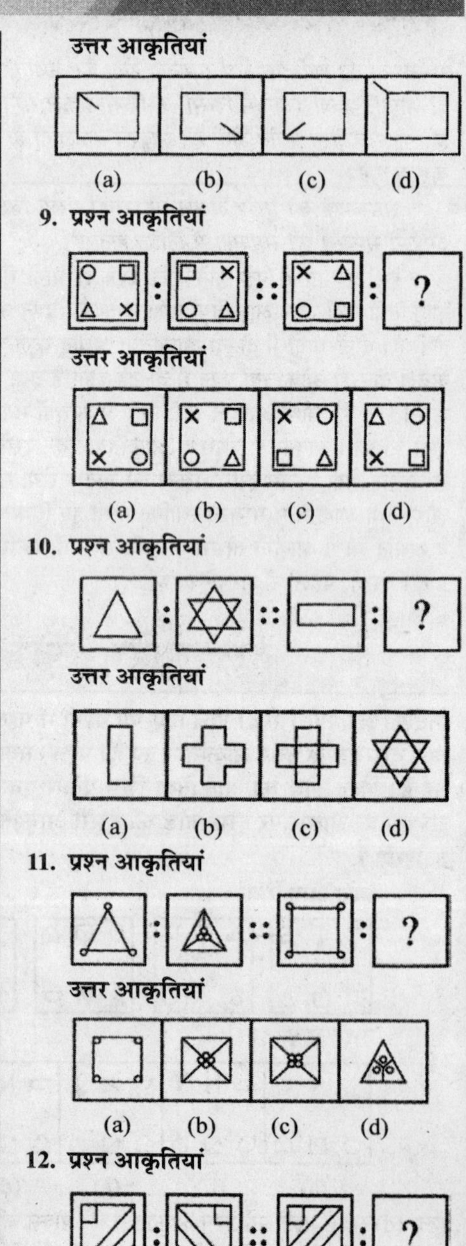

उत्तर आकृतियां

(a) (b) (c) (d)

9. प्रश्न आकृतियां

उत्तर आकृतियां

(a) (b) (c) (d)

10. प्रश्न आकृतियां

उत्तर आकृतियां

(a) (b) (c) (d)

11. प्रश्न आकृतियां

उत्तर आकृतियां

(a) (b) (c) (d)

12. प्रश्न आकृतियां

उत्तर आकृतियां

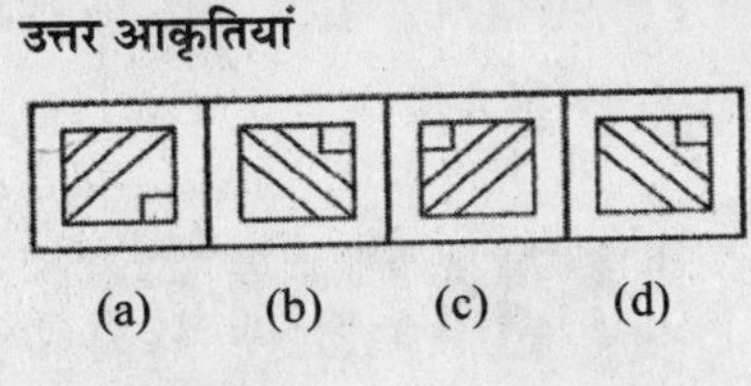

13. प्रश्न आकृतियां

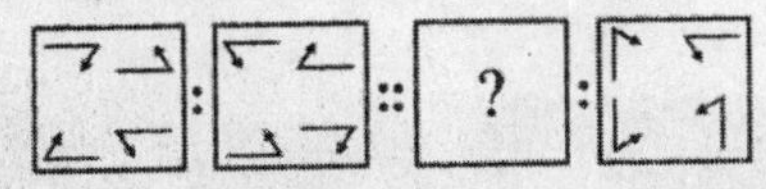

उत्तर आकृतियां

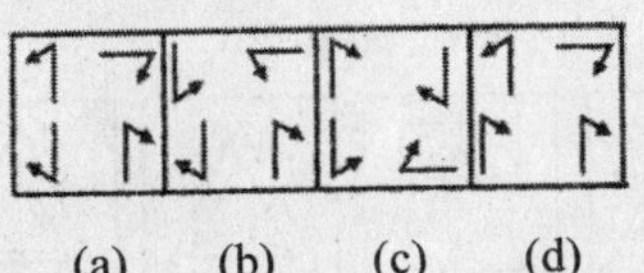

14. प्रश्न आकृतियां

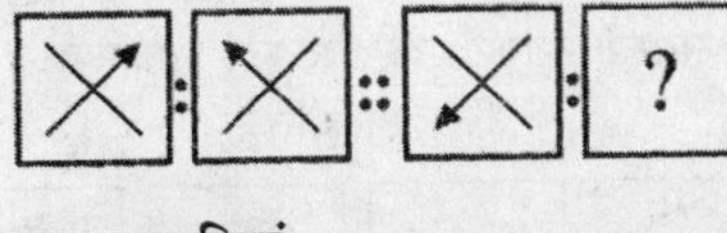

उत्तर आकृतियां

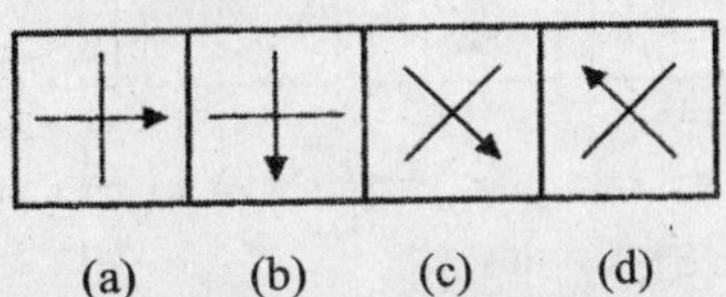

15. प्रश्न आकृतियां

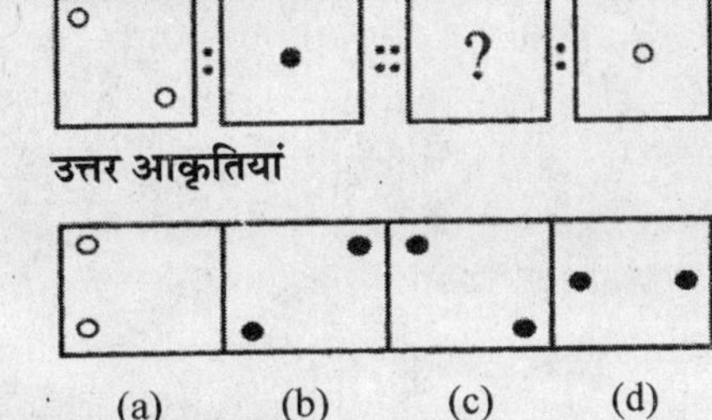

16. प्रश्न आकृतियां

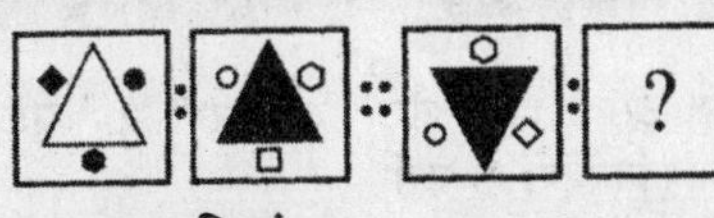

उत्तर आकृतियां

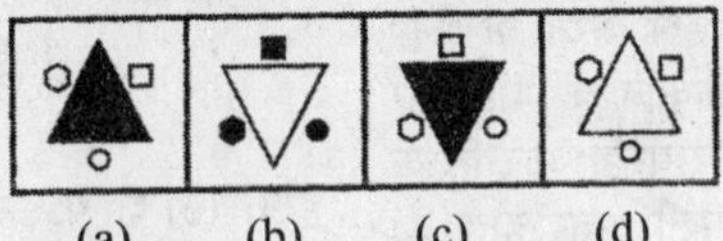

17. प्रश्न आकृतियां

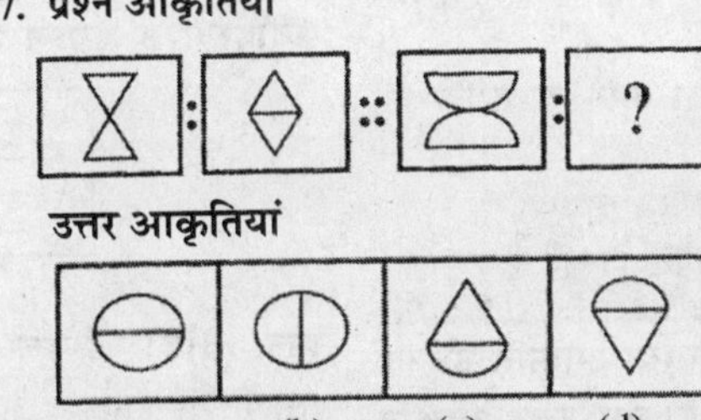

18. प्रश्न आकृतियां

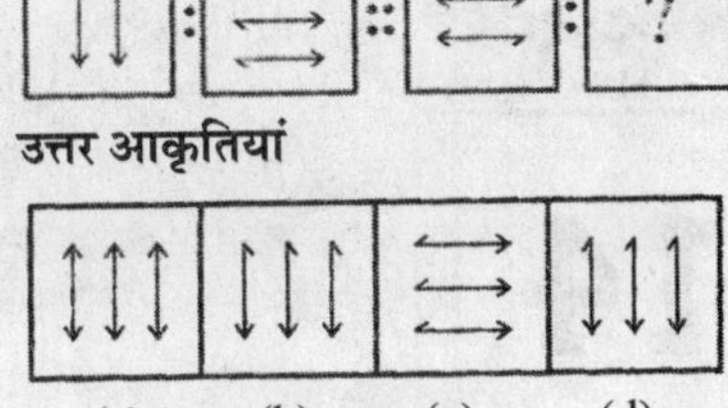

19. प्रश्न आकृतियां

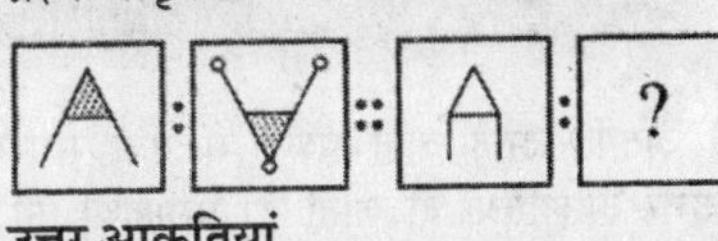

उत्तर आकृतियां

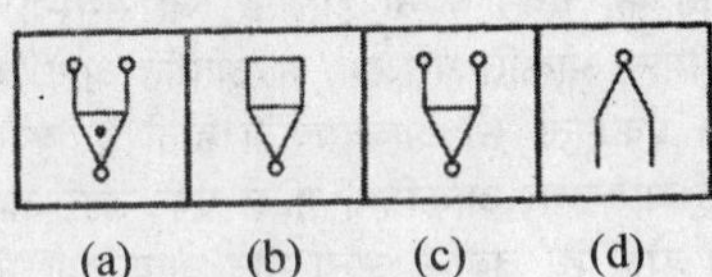

20. प्रश्न आकृतियां

उत्तर आकृतियां

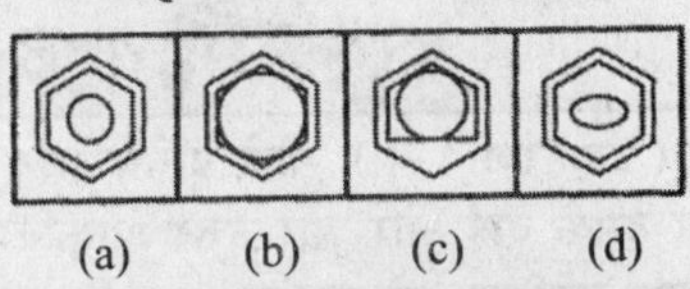

उत्तर (हल/संकेत)

1. (d) जिस प्रकार, पहली से दूसरी आकृति में वृत्त के स्थान पर वर्ग आ गया है तथा तीर के निशान सीधे हो गए हैं तथा उनके प्रारम्भिक बिन्दु पर तीर की जगह छोटा वृत्त के स्थान पर तीर का चिह्न आ गया है, उसी प्रकार का सम्बन्ध तीसरी आकृति से चौथी आकृति को बनाने पर उत्तर विकल्प (d) वाली आकृति प्राप्त होती है।

2. (d) जिस प्रकार, पहली से दूसरी आकृति में त्रिभुज का आकार बड़ा हो जाता है तथा वर्ग का आकार छोटा होकर त्रिभुज के अन्दर आ जाता है। उसी प्रकार, वृत्त का आकार छोटा हो जाएगा तथा वृत्त, वर्ग के अन्दर आ जाएगा। इस प्रकार उत्तर विकल्प (d) की आकृति प्राप्त होती है।

3. (d) पहली आकृति से दूसरी आकृति में अन्दर की बिन्दुमय रेखाएं लगातार बन जाती है तथा अन्य बातों में दूसरी आकृति पहली आकृति का दर्पण प्रतिबिम्ब है। वैसा ही सम्बन्ध तीसरी प्रश्न आकृति और चौथी उत्तर आकृति में है।

4. (b)

5. (b) पहली आकृति का दर्पण प्रतिबिम्ब का दूसरा भाग है उसी प्रकार तीसरी आकृति का दर्पण प्रतिबिम्ब उत्तर आकृति (b) होगी।

6. (c) प्रथम से द्वितीय आकृति में मुख्य डिजाइन वर्ग 45° वामावर्त घूमता है तथा डिजाइन (i) उसी स्थान पर रहती है व डिजाइन '४' वामावर्त आधी भुजा सरकता है। यही परिवर्तन क्रम तृतीय से चतुर्थ आकृति में भी होगा।

7. (b) पहली आकृति से दूसरी आकृति के बीच में डिजाइन आधे कम हो जाते हैं तथा दो तीर कम हो जाते हैं।

8. (b) आकृति के प्रथम जोड़े की पहली आकृति 180° घूमकर दूसरी आकृति बनाते हैं। ठीक इसी प्रकार दूसरे जोड़े की पहली आकृति को 180° घुमाने पर,

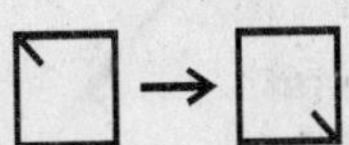

9. (a) प्रश्न आकृति के प्रथम जोड़े की आकृतियों के तत्वों में परिवर्तन का क्रम

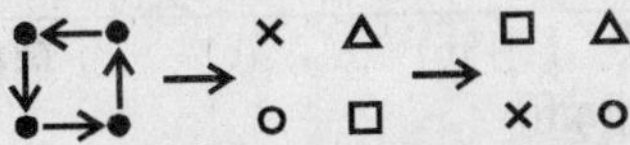

10. (c) त्रिभुज दोगुना होकर दूसरी आकृति बनाता है। इसी प्रकार, आयत दोगुना होकर चौथी आकृति बनाता है।

11. (c) प्रश्न आकृति में प्रथम आकृति में त्रिभुज की सभी शिराओं वाले वृत्त अन्दर आ जाते हैं तथा तीनों वृत्तों तथा कोणों को तीन रेखाएं मिलती हैं। ठीक इसी प्रकार, वर्ग के चारों शिराओं वाले वृत्त अन्दर आएंगे और चारों वृत्त तथा कोणों का चार रेखाएं मिलाएंगी।

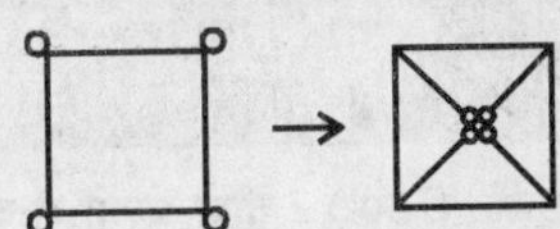

12. (d) प्रश्न आकृति के प्रथम जोड़े की प्रथम आकृति के दाईं ओर शीशा रखने पर दूसरी आकृति प्रतिबिम्ब स्वरूप प्राप्त होती है। ठीक इसी प्रकार दूसरे जोड़े की प्रथम आकृति के दाईं ओर शीशा रखने पर,

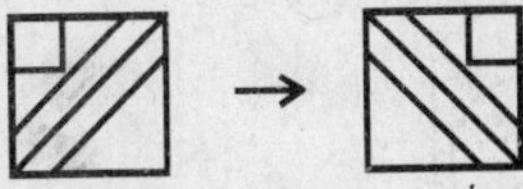

13. (c) दूसरी आकृति की जल प्रतिबिम्ब प्रथम आकृति है। इसी प्रकार चौथी आकृति तीसरी का जल प्रतिबिम्ब होगी।

14. (c) **15.** (c) **16.** (b) **17.** (a) **18.** (d) **19.** (c) **20.** (b)

अध्याय 14

समानता

इसके अंतर्गत आने वाले प्रश्नों में एक समस्या आकृति तथा उसके दाईं ओर चार उत्तर आकृतियाँ दी जाती है। परीक्षार्थी को दी गई उत्तर आकृतियों में से उस आकृति का चयन करना होता है, जो समस्या आकृति के समान हो।

समान आकृति परीक्षण के अंतर्गत आने वाले प्रश्नों को हल करने के लिए अत्यंत एकाग्रता की आवश्यकता होती है, क्योंकि समस्या आकृति के दाईं ओर दी गई चार उत्तर आकृतियों में से एक उत्तर आकृति बिल्कुल समस्या आकृति के समान होती है, जबकि अन्य तीन आकृतियों में बहुत ही मामूली अंतर होता है। अत: परीक्षार्थियों को बहुत ही सावधानी पूर्वक समस्या आकृति के समान उत्तर आकृति का चयन करना होता है।

नीचे हम कुछ उदाहरणों के माध्यम से प्रश्नों को हल करने के तरीके को समझाने का प्रयास कर रहे हैं।

हल सहित उदाहरण

निर्देश (उदाहरण 1-4): नीचे प्रत्येक प्रश्न में एक समस्या आकृति दी गई है तथा उसके दाईं ओर चार उत्तर आकृतियाँ दी गई हैं। उस उत्तर आकृति का चयन कीजिए, जो समस्या आकृति के बिल्कुल समान हो।

उदाहरण 1. **प्रश्न आकृति** **उत्तर आकृतियाँ**

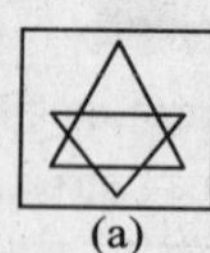
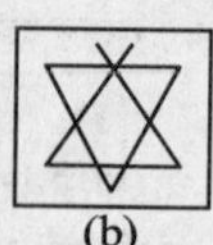

(a) (b) (c) (d)

हल: (c) दी गई उत्तर आकृतियों का ध्यानपूर्वक अवलोकन करने पर यह स्पष्ट है, कि उत्तर आकृति (c) दी गई समस्या आकृति के बिल्कुल समान है।

उदाहरण 2. **प्रश्न आकृति** **उत्तर आकृतियाँ**

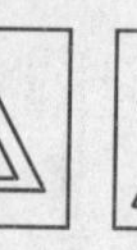
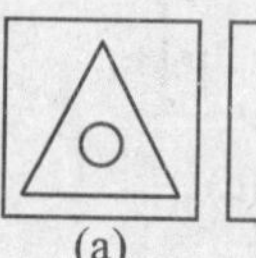

(a) (b) (c) (d)

हल: (c) दी गई उत्तर आकृतियों का ध्यानपूर्वक अवलोकन करने पर यह स्पष्ट है, कि उत्तर आकृति (c) दी गई समस्या आकृति के बिल्कुल समान है।

उदाहरण 3. **प्रश्न आकृति** **उत्तर आकृतियाँ**

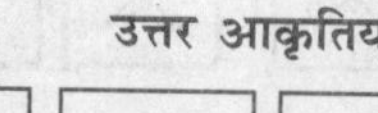
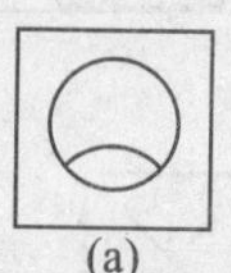
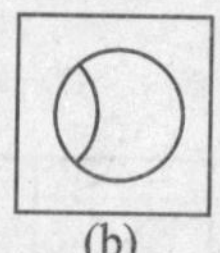
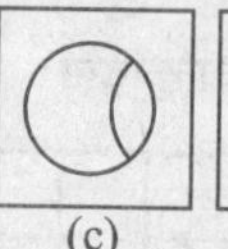
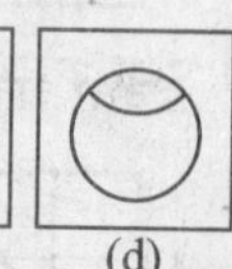

(a) (b) (c) (d)

हल: (d) दी गई उत्तर आकृतियों का ध्यानपूर्वक अध्ययन करने पर उत्तर आकृति (d) दी गई समस्या आकृति के बिल्कुल समान है।

उदाहरण 4. **प्रश्न आकृति** **उत्तर आकृतियाँ**

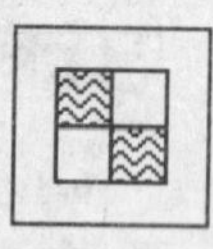
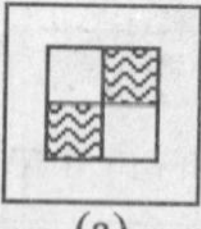
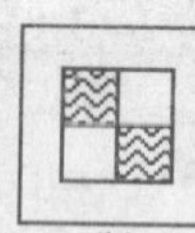

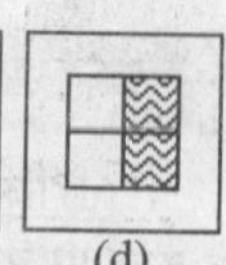

(a) (b) (c) (d)

हल: (b) दी गई उत्तर आकृतियों का ध्यानपूर्वक अवलोकन करने पर, यह स्पष्ट होता है, कि उत्तर आकृति (b) दी गई समस्या आकृति के समान है।

प्रश्नमाला

निर्देश (प्र. सं. 1-50) : नीचे प्रश्नों में बाईं ओर एक समस्या आकृति दी गई है। उसके दाईं ओर (a), (b), (c) तथा (d) अक्षरांक वाली चार उत्तर आकृतियाँ भी दी गई हैं। उस उत्तर आकृति को चुनिए जो समस्या के एकदम सदृश है।

1. प्रश्न आकृति

उत्तर आकृतियाँ

(a) (b) (c) (d)

2. प्रश्न आकृति

उत्तर आकृतियाँ

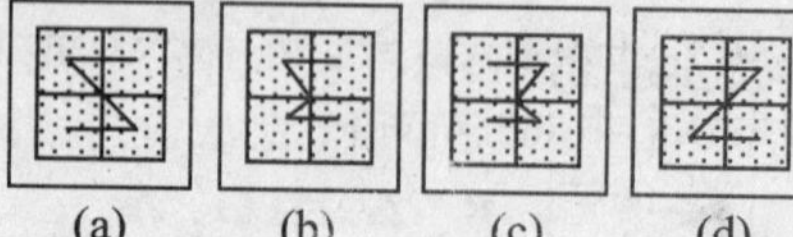

(a) (b) (c) (d)

3. प्रश्न आकृति

उत्तर आकृतियाँ

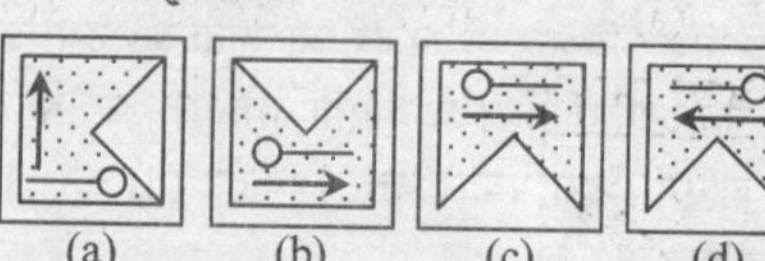

(a) (b) (c) (d)

4. प्रश्न आकृति

उत्तर आकृतियाँ

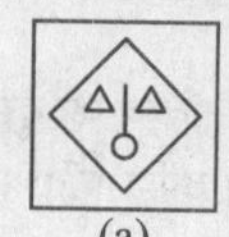
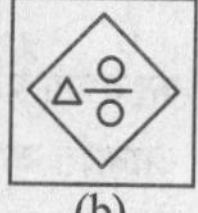
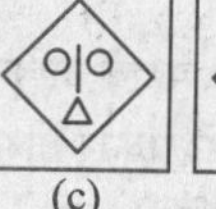

(a) (b) (c) (d)

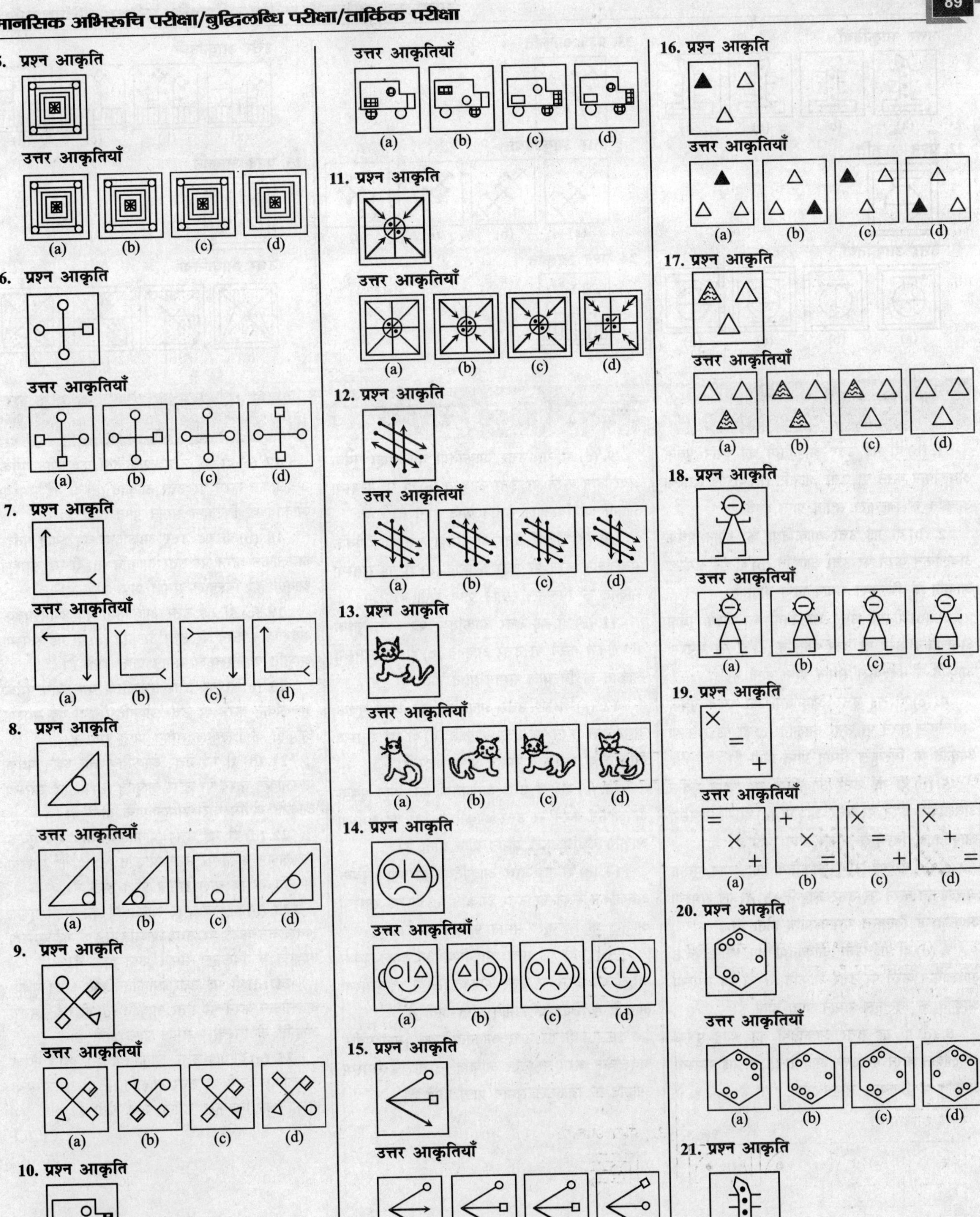
5. प्रश्न आकृति
उत्तर आकृतियाँ
(a) (b) (c) (d)
6. प्रश्न आकृति
उत्तर आकृतियाँ
(a) (b) (c) (d)
7. प्रश्न आकृति
उत्तर आकृतियाँ
(a) (b) (c) (d)
8. प्रश्न आकृति
उत्तर आकृतियाँ
(a) (b) (c) (d)
9. प्रश्न आकृति
उत्तर आकृतियाँ
(a) (b) (c) (d)
10. प्रश्न आकृति
उत्तर आकृतियाँ
(a) (b) (c) (d)
11. प्रश्न आकृति
उत्तर आकृतियाँ
(a) (b) (c) (d)
12. प्रश्न आकृति
उत्तर आकृतियाँ
(a) (b) (c) (d)
13. प्रश्न आकृति
उत्तर आकृतियाँ
(a) (b) (c) (d)
14. प्रश्न आकृति
उत्तर आकृतियाँ
(a) (b) (c) (d)
15. प्रश्न आकृति
उत्तर आकृतियाँ
(a) (b) (c) (d)
16. प्रश्न आकृति
उत्तर आकृतियाँ
(a) (b) (c) (d)
17. प्रश्न आकृति
उत्तर आकृतियाँ
(a) (b) (c) (d)
18. प्रश्न आकृति
उत्तर आकृतियाँ
(a) (b) (c) (d)
19. प्रश्न आकृति
उत्तर आकृतियाँ
(a) (b) (c) (d)
20. प्रश्न आकृति
उत्तर आकृतियाँ
(a) (b) (c) (d)
21. प्रश्न आकृति

उत्तर आकृतियाँ

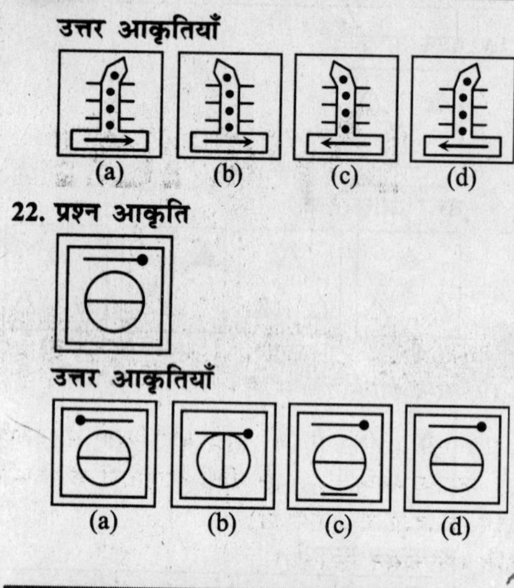

22. प्रश्न आकृति

उत्तर आकृतियाँ

23. प्रश्न आकृति

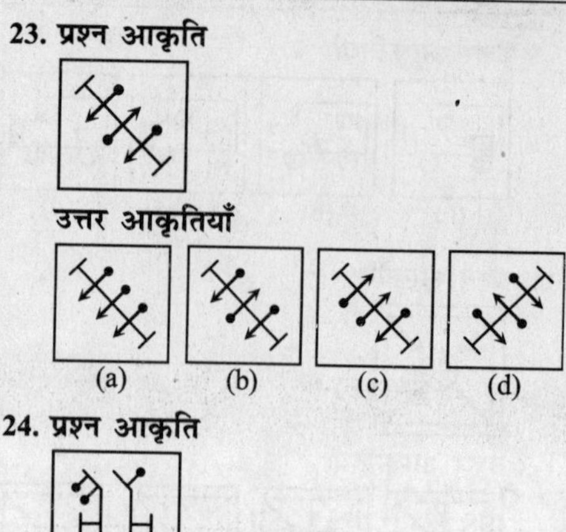

उत्तर आकृतियाँ

24. प्रश्न आकृति

उत्तर आकृतियाँ

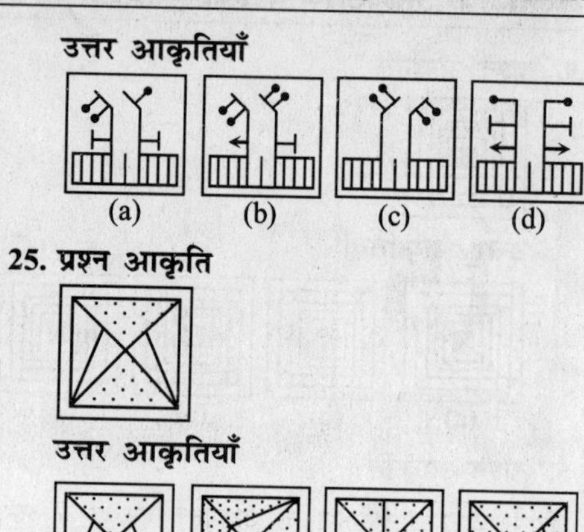

25. प्रश्न आकृति

उत्तर आकृतियाँ

उत्तर (हल/संकेत)

1. (b) दी गई उत्तर आकृतियों का ध्यान पूर्वक अवलोकन करने पर उत्तर आकृति (b) दी गई समस्या आकृति के बिल्कुल समान प्राप्त होती है।

2. (b) दी गई उत्तर आकृतियों का ध्यान पूर्वक अवलोकन करने पर उत्तर आकृति (b) दी गई समस्या आकृति के बिल्कुल समान प्राप्त होती है।

3. (c) दी गई उत्तर आकृतियों का ध्यान पूर्वक अवलोकन करने पर उत्तर आकृति (c) दी गई समस्या आकृति के बिल्कुल समान प्राप्त होती है।

4. (c) दी गई उत्तर आकृतियों का ध्यान पूर्वक अवलोकन करने पर उत्तर आकृति (c) दी गई समस्या आकृति के बिल्कुल समान प्राप्त होती है।

5. (c) दी गई उत्तर आकृतियों का ध्यान पूर्वक अवलोकन करने पर उत्तर आकृति (c) दी गई समस्या आकृति के बिल्कुल समान प्राप्त होती है।

6. (b) दी गई उत्तर आकृतियों का ध्यान पूर्वक अवलोकन करने पर उत्तर आकृति (b) दी गई समस्या आकृति के बिल्कुल समान प्राप्त होती है।

7. (d) दी गई उत्तर आकृतियों का ध्यान पूर्वक अवलोकन करने पर उत्तर आकृति (d) दी गई समस्या आकृति के बिल्कुल समान प्राप्त होती है।

8. (d) दी गई उत्तर आकृतियों का ध्यान पूर्वक अवलोकन करने पर उत्तर आकृति (d) दी गई समस्या आकृति के बिल्कुल समान प्राप्त होती है।

9. (c) दी गई उत्तर आकृतियों का ध्यान पूर्वक अवलोकन करने पर उत्तर आकृति (c) दी गई समस्या आकृति के बिल्कुल समान प्राप्त होती है।

10. (c) दी गई उत्तर आकृतियों का ध्यान पूर्वक अवलोकन करने पर उत्तर आकृति (c) दी गई समस्या आकृति के बिल्कुल समान प्राप्त होती है।

11. (c) दी गई उत्तर आकृतियों का ध्यान पूर्वक अवलोकन करने पर उत्तर आकृति (c) दी गई समस्या आकृति के बिल्कुल समान प्राप्त होती है।

12. (a) दी गई उत्तर आकृतियों का ध्यान पूर्वक अवलोकन करने पर उत्तर आकृति (a) दी गई समस्या आकृति के बिल्कुल समान प्राप्त होती है।

13. (c) दी गई उत्तर आकृतियों का ध्यान पूर्वक अवलोकन करने पर उत्तर आकृति (c) दी गई समस्या आकृति के बिल्कुल समान प्राप्त होती है।

14. (c) दी गई उत्तर आकृतियों का ध्यान पूर्वक अवलोकन करने पर उत्तर आकृति (c) दी गई समस्या आकृति के बिल्कुल समान प्राप्त होती है।

15. (c) दी गई उत्तर आकृतियों का ध्यान पूर्वक अवलोकन करने पर उत्तर आकृति (c) दी गई समस्या आकृति के बिल्कुल समान प्राप्त होती है।

16. (c) दी गई उत्तर आकृतियों का ध्यान पूर्वक अवलोकन करने पर उत्तर आकृति (c) दी गई समस्या आकृति के बिल्कुल समान प्राप्त होती है।

17. (c) दी गई उत्तर आकृतियों का ध्यान पूर्वक अवलोकन करने पर उत्तर आकृति (c) दी गई समस्या आकृति के बिल्कुल समान प्राप्त होती है।

18. (b) दी गई उत्तर आकृतियों का ध्यान पूर्वक अवलोकन करने पर उत्तर आकृति (b) दी गई समस्या आकृति के बिल्कुल समान प्राप्त होती है।

19. (c) दी गई उत्तर आकृतियों का ध्यान पूर्वक अवलोकन करने पर उत्तर आकृति (c) दी गई समस्या आकृति के बिल्कुल समान प्राप्त होती है।

20. (c) दी गई उत्तर आकृतियों का ध्यान पूर्वक अवलोकन करने पर उत्तर आकृति (c) दी गई समस्या आकृति के बिल्कुल समान प्राप्त होती है।

21. (b) दी गई उत्तर आकृतियों का ध्यान पूर्वक अवलोकन करने पर उत्तर आकृति (b) दी गई समस्या आकृति के बिल्कुल समान प्राप्त होती है।

22. (d) दी गई उत्तर आकृतियों का ध्यान पूर्वक अवलोकन करने पर उत्तर आकृति (d) दी गई समस्या आकृति के बिल्कुल समान प्राप्त होती है।

23. (b) दी गई उत्तर आकृतियों का ध्यान पूर्वक अवलोकन करने पर उत्तर आकृति (b) दी गई समस्या आकृति के बिल्कुल समान प्राप्त होती है।

24. (d) दी गई उत्तर आकृतियों का ध्यान पूर्वक अवलोकन करने पर उत्तर आकृति (d) दी गई समस्या आकृति के बिल्कुल समान प्राप्त होती है।

25. (a) दी गई उत्तर आकृतियों का ध्यान पूर्वक अवलोकन करने पर उत्तर आकृति (a) दी गई समस्या आकृति के बिल्कुल समान प्राप्त होती है।

❑❑❑

अध्याय 15 भिन्नता

भिन्न आकृति परीक्षण के अंतर्गत प्रश्न में 4 आकृतियाँ दी जाती है, जिनमें से तीन आकृतियाँ गुणों या लक्षणों के आधार पर समान होती है तथा एक आकृति भिन्न होती है, हमें समान गुणों वाली आकृतियों को एक समूह में करके भिन्न आकृति को अलग करना होता है। इस प्रकार के प्रश्नों को हल करने के लिए विद्यार्थियों को यह पहचानने की आवश्यकता है, कि चार में से तीन आकृतियाँ आपस में किस प्रकार समान हैं तथा उनको हम किस प्रकार एक ही समूह में रख सकते हैं। जो आकृति उस समूह से भिन्न हो उसका चुनाव उत्तर के रूप में करना होता है। छात्रों को आसानी से समझाने के लिए भिन्न आकृति परीक्षण के अंतर्गत आने वाले प्रश्नों के सभी प्रकारों का व्याख्यात्मक वर्णन नीचे किया जा रहा है।

प्रकार 1. ज्यामितीय आकृतियों पर आधारित : इसके अंतर्गत आने वाले प्रश्नों में चार ज्यामितीय आकृतियाँ दी जाती है। इनमें से तीन आकृतियाँ गुणों के आधार पर समानता प्रदर्शित करती है तथा एक आकृति भिन्न होती है। यही भिन्न आकृति आपके प्रश्न का उत्तर होगी।

उदाहरण 1. भिन्न आकृति को चुनिए।

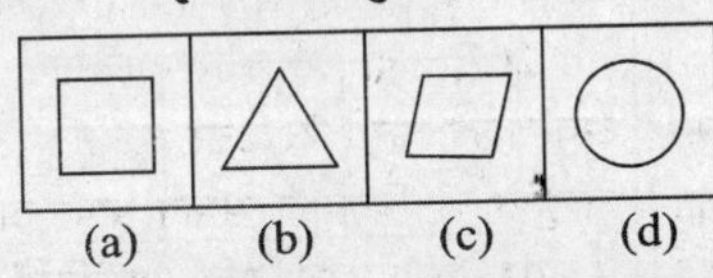

हलः (b) आकृति (d) को छोड़कर अन्य सभी ज्यामितीय आकृतियाँ सीधी रेखाओं से बनी हुई है। अतः आकृति (d) अन्य तीनों ज्यामितीय आकृतियों से भिन्न है।

उदाहरण 2. भिन्न आकृति को चुनिए।

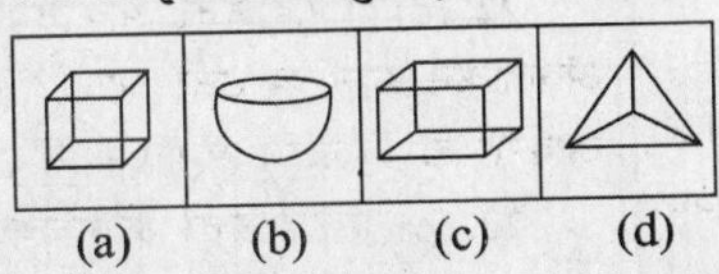

हलः (b) आकृति (a) घन, आकृति (b) अर्द्धगोला, आकृति (c) घनाभ तथा आकृति (d) प्रिस्म है। इनमें से अर्द्धगोला को छोड़कर अन्य सभी ज्यामितीय ठोस आकृतियाँ सरल रेखाओं से मिलकर बनी हैं।

प्रकार 2. आकृतियों के घूर्णन पथ पर आधारित : इसके अंतर्गत आने वाले प्रश्नों में भिन्न आकृति का चयन उसकी घूर्णन पथ की स्थिति के आधार पर करते हैं। इन प्रश्नों में चार आकृतियों में से तीन आकृतियाँ एक समान दिशा में (दक्षिणावर्त या वामावर्त) घूर्णन करती है, जबकि एक आकृति की घूर्णन दिशा अन्य तीनों के विपरीत होती है। वहीं भिन्न आकृति आपके प्रश्न का उत्तर होगी।

उदाहरण 1. भिन्न आकृति का चयन कीजिए।

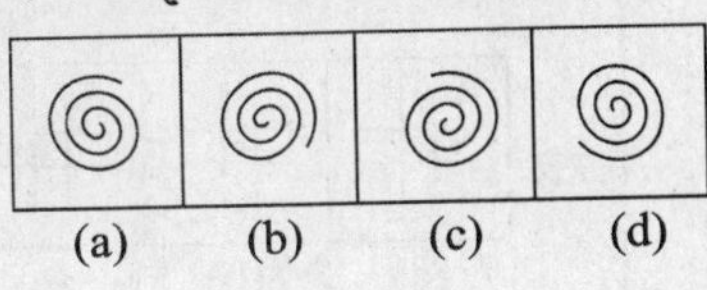

हलः (c) आकृतियाँ (a), (b) तथा (d) घड़ी की सुई की दिशा में अर्थात् दक्षिणावर्त घूर्णन कर रही है, जबकि आकृति (c) इन तीनों आकृतियों के विपरीत अर्थात् घड़ी की सुई के विपरीत दिशा में (वामावर्त)

उदाहरण 2. भिन्न आकृति का चयन कीजिए।

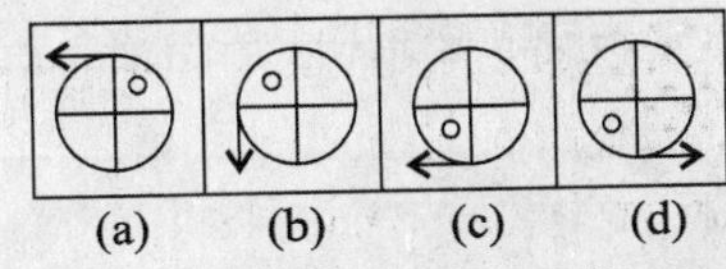

हलः (c) आकृति (c) को छोड़कर अन्य तीनों आकृतियाँ घड़ी की सुई के विपरीत दिशा में अर्थात् वामावर्त घूम रही है, जबकि आकृति (c) इन तीनों आकृतियों के विपरीत दक्षिणावर्त दिशा में घूम रही है।

प्रकार 3. समान विभाजन पर आधारित : इसके अंतर्गत इस प्रकार के प्रश्न आते हैं: कि प्रश्न में दी गई चार आकृतियों में से तीन आकृतियाँ समान भागों में विभाजित होती है, जबकि एक आकृति का विभाजन समान नहीं होता है। यही भिन्न आकृति आपके प्रश्न का उत्तर होगी।

उदाहरण 1. भिन्न आकृति का चयन कीजिए।

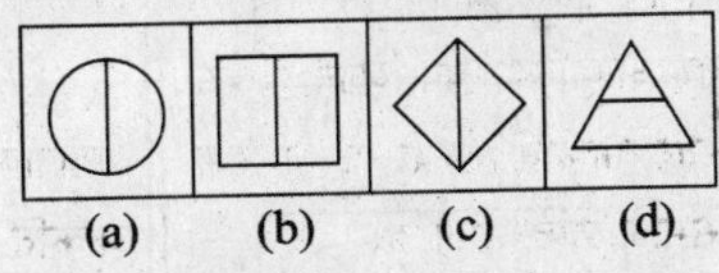

हलः (d) आकृतियों की स्थिति से स्पष्ट है, आकृति (a), (b) तथा (c) दो बराबर भागों में विभाजित हो रही है, जबकि आकृति (d) को बराबर भागों में विभाजित नहीं है।

उदाहरण 2. भिन्न आकृति का चयन कीजिए।

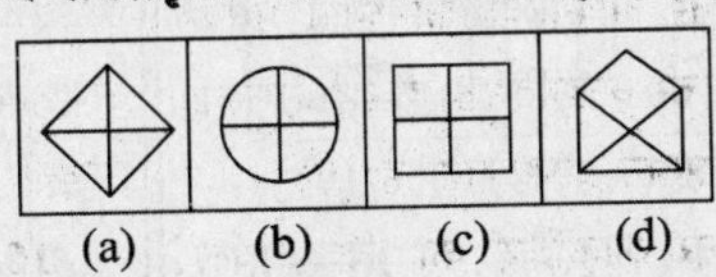

हलः (d) आकृतियाँ (a), (b) तथा (c) चार बराबर-बराबर भागों में विभाजित होती है, जबकि आकृति (d) चार बराबर भागों में विभाजित नहीं होती है।

प्रकार 4. आकृतियों के प्रारुप में समानता पर अधारितः इसके अंतर्गत दिए गए चार प्रश्नों में से तीन प्रश्नों का प्रारुप (पैटर्न) समान होता है, जबकि एक आकृति का पैटर्न अन्य तीनों से भिन्न होता है। वहीं भिन्न आकृति आपके प्रश्न का उत्तर होगी।

उदाहरण 1. भिन्न आकृति का चयन कीजिए।

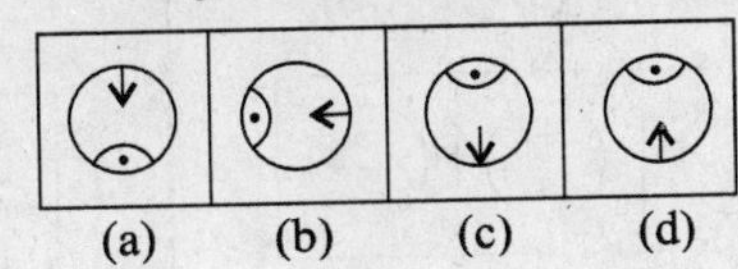

हलः (c) आकृति (a), (b) तथा (c) में तीन की दिशा बिंदु की ओर है जबकि आकृति (c) में तीन की दिशा बिंदु के विपरीत है।

उदाहरण 2. भिन्न आकृति का चयन कीजिए।

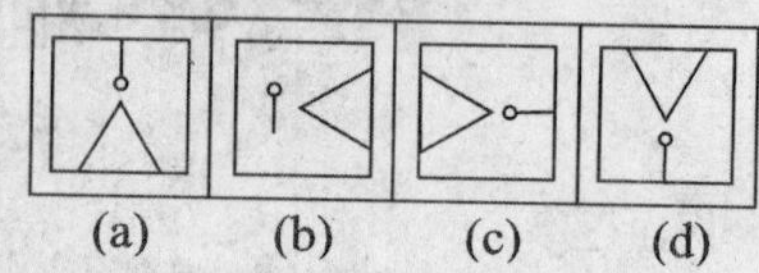

हलः (b) आकृति (a), (c) तथा (d) में (ᐃ) चिन्ह त्रिभुज की ओर है, जबकि आकृति (b) में ऐसा नहीं है। आकृति (b) दिए गए पैटर्न का अनुसरण नहीं करती है।

प्रकार 5. अंग्रेजी वर्णमाला पर आधारित : इसके अंतर्गत आने वाले प्रश्नों में अंग्रेजी वर्णमाला के चार अक्षर दिए जाते हैं, जिनमें से तीन अक्षरों को बिना पेन उठाए लिखा जा सकता है, या इसके विपरीत पेन उठाकर लिखा जा सकता है, जबकि एक अक्षर में इन तीनों के विपरीत स्थिति होती है।

उदाहरण 1. भिन्न आकृति का चयन कीजिए।

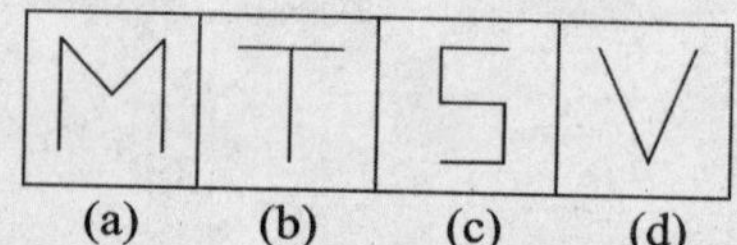

हलः (b) आकृति (a), (c) तथा (d) में दिए अक्षरों को लिखने के लिए पेन उठाने की आवश्यकता नहीं पड़ती है, जबकि आकृति (b) में दिए गए अक्षर में पेन उठाने की आवश्यकता पड़ेगी।

उदाहरण 2. भिन्न आकृति का चयन कीजिए।

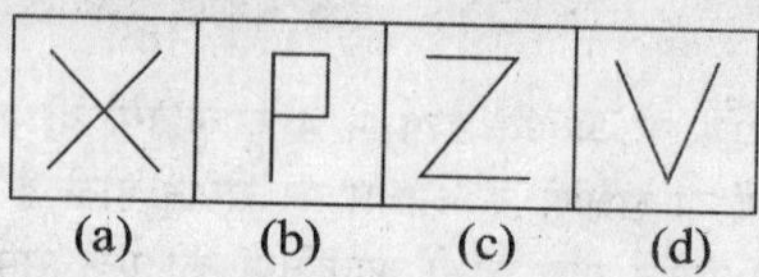

हलः (a) आकृति (b), (c) तथा (d) में दिए गए अक्षरों को लिखने के लिए पेन उठाने की आवश्यकता नहीं पड़ेगी, जबकि आकृति (a) में दी गई आकृति में अक्षर को लिखने के लिए पेन उठाने की आवश्यकता पड़ेगी।

प्रश्नमाला

निर्देश (प्र. सं. 1-42) : नीचे प्रश्नों में प्रत्येक प्रश्न में चार आकृतियाँ दी गई है। इन चार आकृतियों में से तीन किसी रूप में एक ही हैं और एक भिन्न है। भिन्न आकृति का चयन कीजिए।

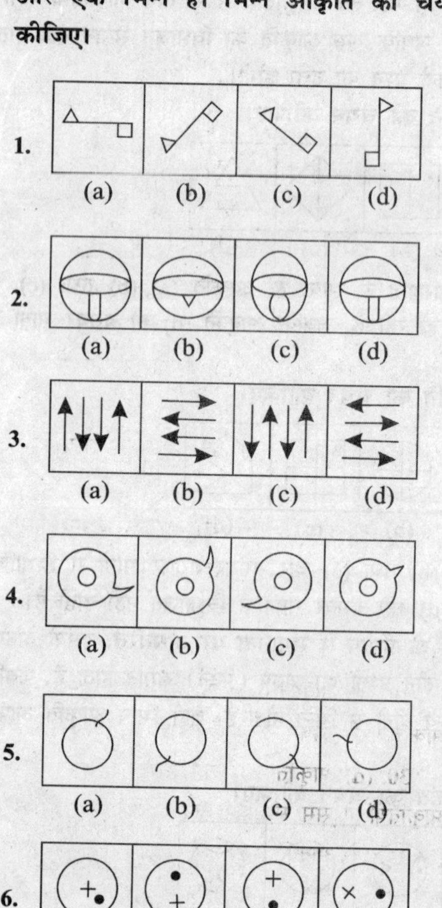

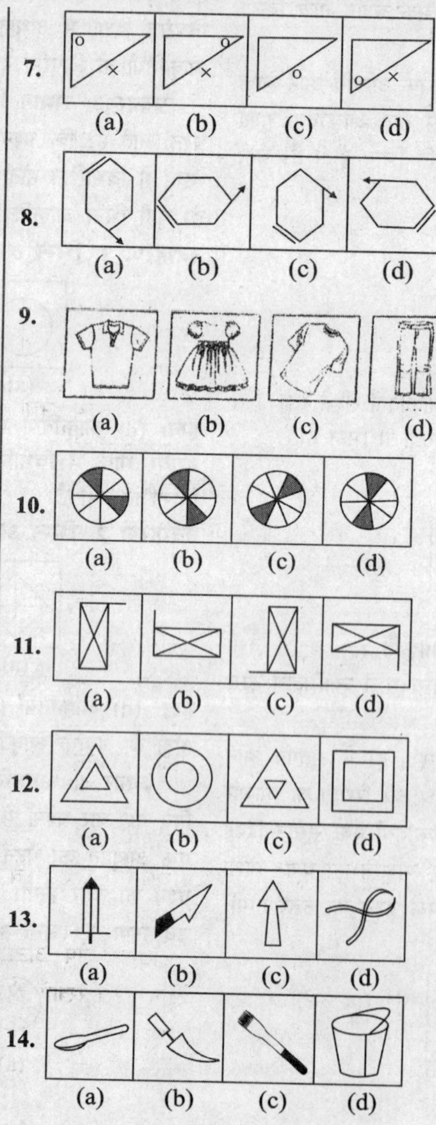

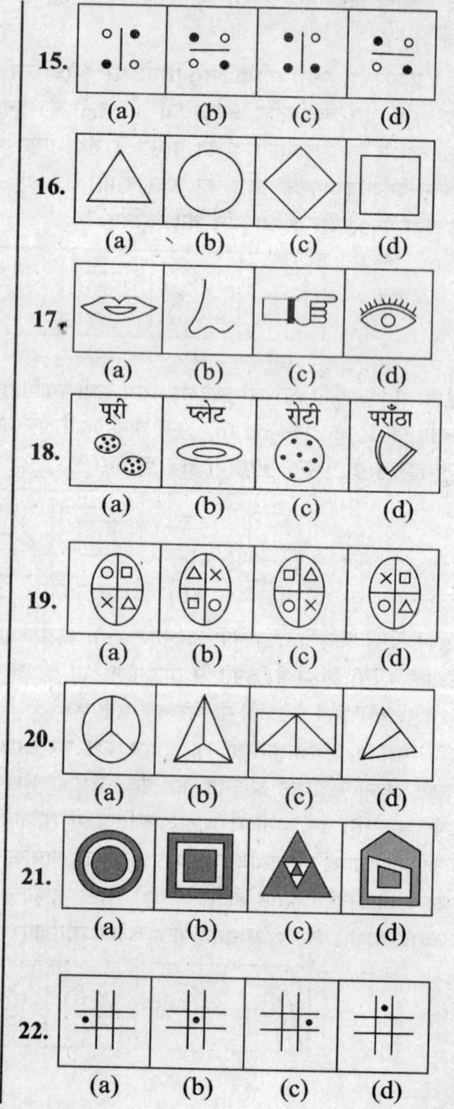

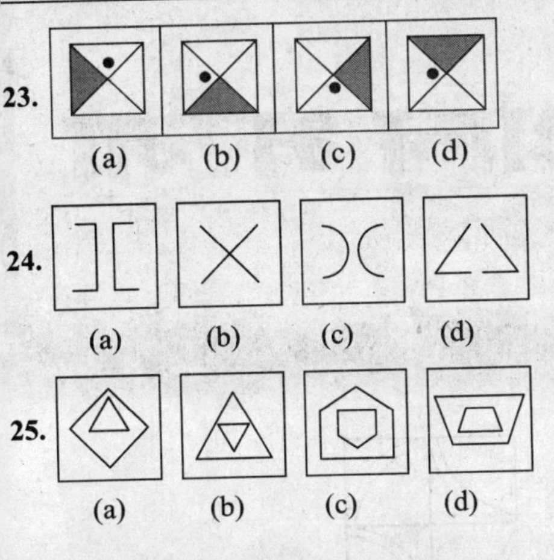

26. (a) (b) (c) (d)

27. (a) (b) (c) (d)

28. (a) (b) (c) (d)

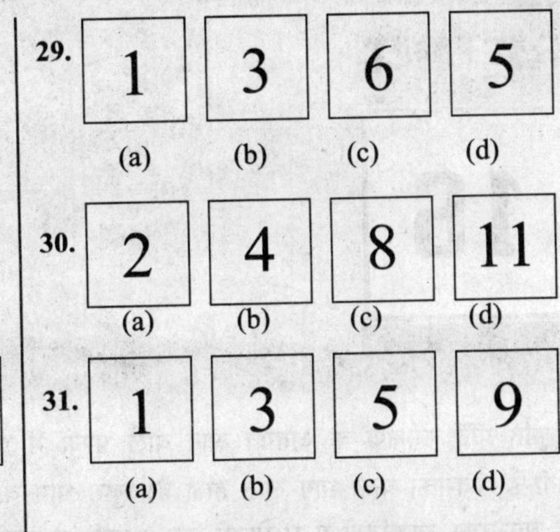

उत्तर (हल/संकेत)

1. (c) आकृति (c) में डिजाइन △ और □ रेखा के एक ही ओर हैं जबकि अन्य में यह एक-दूसरे के विपरीत है।

2. (b) आकृति (b) को छोड़कर अन्य किसी में कोई सरल रेखा नहीं हैं जबकि आकृति (b) में दो सरल रेखाएँ हैं जो आपस में एक दूसरे को छोड़कर एक त्रिभुजनुमा आकृति बना रही है।

3. (b) आकृति (b) को छोड़कर अन्य सभी आकृतियों में प्रत्येक अगले तीर का मुख विपरीत दिशा में है किंतु आकृति (b) में बीच के दो तीरों का मुख एक ही दिशा में है।

4. (d) आकृति (d) को छोड़कर, अन्य सभी आकृतियों में वृत्त के बाहर स्थित वक्र रेखा एकसमान है।

5. (d) आकृति (d) को छोड़कर, अन्य सभी आकृतियों में वृत्त को काटती हुई वक्र रेखा एकसमान है।

6. (d) आकृति (d) को छोड़कर, अन्य सभी आकृतियों में वृत्त के अंदर एक काला बिंदु तथा जोड़ (+) का चिन्ह है। जबकि आकृति (d) में एक काला बिंदु तथा गुणा (×) का चिन्ह है।

7. (c) आकृति (c) को छोड़कर, अन्य सभी में '×' तथा 'O' का चिन्ह उपस्थित है।

8. (c) आकृति (c) को छोड़कर, अन्य सभी में षट्भुज से जुड़ा तीर वामावर्त दिशा में घूर्णन कर रहा है, जबकि आकृति (c) में यह दक्षिणावर्त दिशा में घूर्णन कर रहा है।

9. (d) दी गई आकृतियों में से आकृति (d) अलग है क्योंकि आकृति (d) पैंट है, जो शरीर के निचले हिस्से में पहना जाता हैं जबकि अन्य आकृतियों में दिए गए वस्त्र शरीर के ऊपरी हिस्से में पहने जाते हैं।

10. (a) आकृति (a) को छोड़कर, शेष में आमने-सामने के भाग छायांकित है। जबकि आकृति (a) में ऐसा नहीं है।

11. (c) आकृति (c) को छोड़कर अन्य सभी आकृतियों में अंदर की आकृतियाँ त्रिभुज बनाती है। जबकि आकृति (c) में अंदर की आकृतियाँ चतुर्भुज बनाती है।

12. (c) आकृति (c) को छोड़कर अन्य सभी आकृतियों में अंदर तथा बाहर की आकृतियाँ एकसमान है। जबकि आकृति (c) में अंदर की आकृति बाहर की आकृति के विपरीत है।

13. (d) आकृति (d) को छोड़कर अन्य सभी आकृतियाँ नुकीली हैं।

14. (d) आकृति (d) को छोड़कर अन्य सभी आकृतियाँ खाने वाली वस्तुओं से सम्बंधित हैं।

15. (c) आकृति (c) को छोड़कर अन्य सभी में दो सादे वृत्त तथा दो काले बिंदु है। जबकि आकृति (c) में तीन काले वृत्त है।

16. (b) आकृति (b) को छोड़कर अन्य सभी आकृतियाँ रेखाओं सरल रेखाओं द्वारा बनी हैं।

17. (c) आकृति (c) को छोड़कर अन्य सभी आकृतियाँ मानव के चेहरे के भाग है।

18. (b) आकृति (b) को छोड़कर अन्य सभी आकृतियाँ खाने की वस्तुएँ हैं।

19. (d) आकृति (d) को छोड़कर शेष अन्य डिजाइन में विकर्णवत दो-दो डिजाइनें '△-○' व '□-×' समान हैं।

20. (d) आकृति (d) को छोड़कर शेष अन्य आकृतियों के आंतरिक भाग में तीन सरल रेखाएँ हैं।

21. (d) आकृति (d) को छोड़कर अन्य सभी आकृतियों में तीनों डिजाइनें एकसमान है।

22. (b) आकृति (b) को छोड़कर अन्य सभी आकृतियों में काला वृत्त बाहरी भाग में स्थित है। जबकि आकृति (b) में यह मध्य भाग में स्थित है।

23. (d) आकृति (d) को छोड़कर अन्य सभी आकृतियों में छायांकित भाग बिंदु के दाई ओर है। जबकि आकृति (d) में यह बिंदु के बाई ओर है।

24. (d) आकृति (d) को छोड़कर अन्य सभी में दो डिजाइनें समान एवं एक-दूसरे के विपरीत दिशा में है। जबकि आकृति (d) में दोनों डिजाइनें एक-दूसरे के आमने-सामने हैं।

25. (a) आकृति (a) को छोड़कर अन्य सभी आकृतियों में अंदर तथा बाहर की डिजाइनें एकसमान तथा एक-दूसरे के विपरीत हैं।

26. (c) आकृति (c) को छोड़कर अन्य सभी आकृतियाँ आपस में बराबर-बराबर विभाजित हो रही हैं, जबकि आकृति (c) में यह समान रूप से विभाजित नहीं हो रही है।

27. (a) आकृति (a) को छोड़कर अन्य सभी आकृतियाँ है।

28. (b) आकृति (b) को छोड़कर अन्य सभी आकृतियों में झण्डे के अंदर त्रिभुज बन रहे हैं, जबकि आकृति (b) में झण्डे के अंदर वर्ग बन रहे हैं।

29. (c) आकृति (c) को छोड़कर अन्य सभी आकृतियों में विषम संख्याएँ लिखी हुई हैं।

30. (d) आकृति (d) को छोड़कर अन्य सभी आकृतियों में सम संख्याओं को दर्शाया गया है।

31. (d) आकृति (d) को छोड़कर अन्य सभी आकृतियों में अभाज्य संख्याओं को दर्शाया गया है।

□□□

अध्याय

16

खाली स्थान भरना

आकृति पूर्ति परीक्षण के अंतर्गत आने वाले प्रश्नों में एक समस्या आकृति दी जाती है, जिसका कुछ भाग लुप्त होता है। लुप्त भाग वाला हिस्सा दाईं ओर दी गई चार उत्तर आकृतियों में से किसी एक आकृति में दर्शाया जाता है। परीक्षार्थियों को दी गई चार उत्तर आकृतियों में से उस आकृति का चयन करना होता है, जो दी गई समस्या आकृति के रिक्त भाग में रखने पर समस्या आकृति का ढाँचा पूर्ण करती हो।

इस अध्याय के अंतर्गत पूछे जाने वाले प्रश्नों में दी जाने वाली समस्या आकृति का अधिकतर एक-चौथाई हिस्सा लुप्त होता है। वह एक चौथाई हिस्सा दाईं ओर दी गई चार उत्तर आकृतियों में से किसी एक आकृति में दिया जाता है। परीक्षार्थियों को दी गई समस्या आकृति के पैटर्न की पहचान करके खाली स्थान पर आने वाली उत्तर आकृति का पता लगाना है। इस प्रश्नों को हल करने के लिए समस्या आकृति के पैटर्न का ध्यानपूर्वक अवलोकन करना चाहिए।

नीचे कुछ उदाहरणों के माध्यम से इन प्रश्नों का स्पष्टीकरण किया जा रहा है।

हल सहित उदाहरण

निर्देश (उदाहरण 1-4) : नीचे दिए गए प्रश्नों में बाईं ओर एक समस्या आकृति तथा इसके दाईं ओर चार उत्तर आकृतियाँ दी गई हैं। दी गई उत्तर आकृतियों का ध्यान पूर्वक अवलोकन करके उस आकृति का पता लगाइए, जो बिना दिशा परिवर्तन के समस्या आकृति के रिक्त भाग में रखने पर समस्या आकृति का ढ़ाँचा पूर्ण करती हो।

उदाहरण 1. प्रश्न आकृति

उत्तर आकृतियाँ

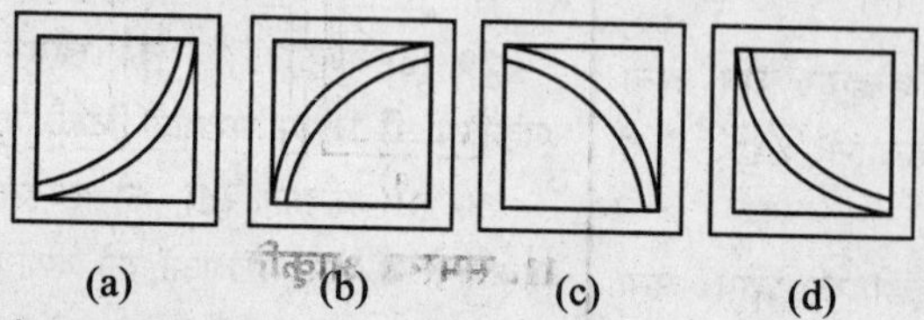

(a) (b) (c) (d)

हलः (c) दी गई समस्या आकृति के रिक्त भाग में उत्तर आकृति (c) रखने पर समस्या आकृति का ढ़ाँचा पूर्ण हो जाता है, जो निम्नवत् है:

उदाहरण 2. प्रश्न आकृति

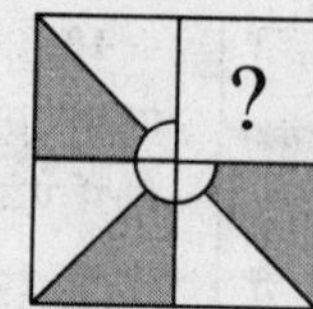

उत्तर आकृतियाँ

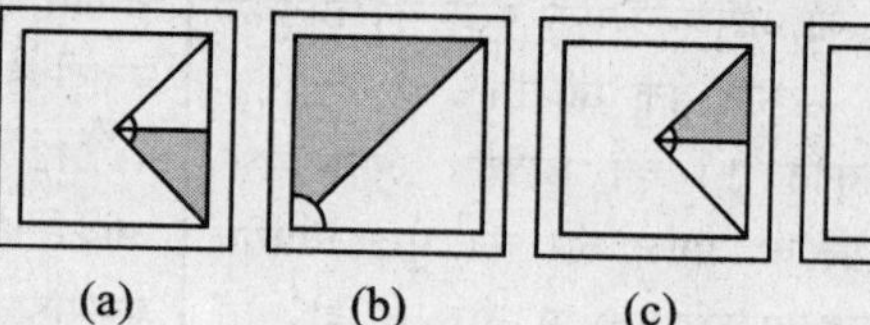

(a) (b) (c) (d)

हलः (b) दी गई समस्या आकृति के रिक्त भाग में उत्तर आकृति (b) रखने पर समस्या आकृति का पैटर्न पूर्ण हो जाता है, जो निम्नवत् है:

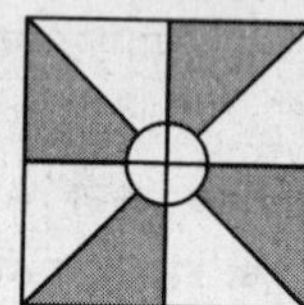

उदाहरण 3. प्रश्न आकृति

उत्तर आकृतियाँ

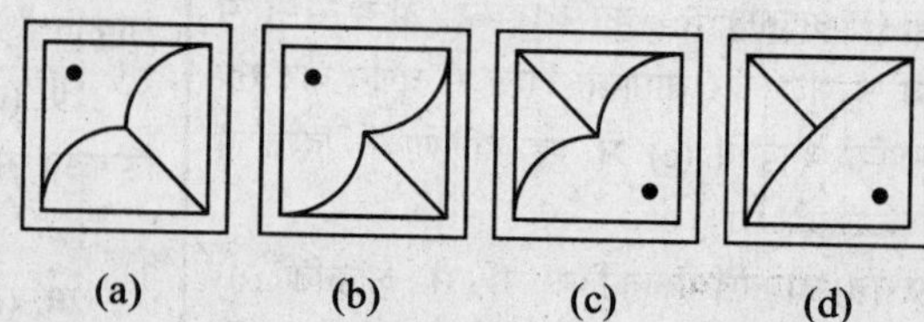

(a) (b) (c) (d)

हलः (c) दी गई समस्या आकृति के रिक्त भाग में उत्तर आकृति (c) रखने पर समस्या आकृति का ढ़ाँचा पूर्ण हो जाता है, जो निम्नवत् है:

उत्तर आकृतियाँ

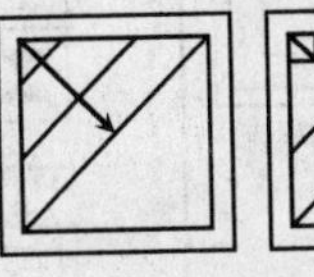

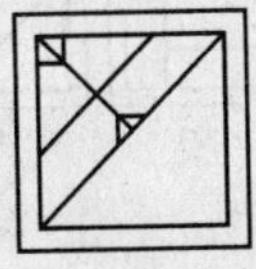

(a) (b) (c) (d)

हलः (d) दी गई समस्या आकृति के रिक्त भाग में, उत्तर आकृति (d) रखने पर समस्या आकृति ढाँचा पूर्ण हो जाएगा, जो निम्नवत् है:

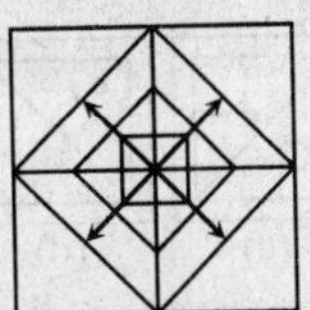

उदाहरण 4. प्रश्न आकृति

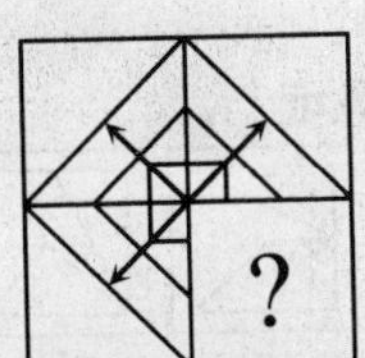

प्रश्नमाला

निर्देश (प्र. सं. 1-40) : दिए गए प्रश्नों में बाईं ओर एक समस्या आकृति दी गई है। दाईं ओर की चारों उत्तर आकृतियों को ध्यानपूर्वक देखिए, उनमें से उस आकृति का पता लगाइए जो बिना दिशा परिवर्तन के प्रश्न आकृति के खाली अंश में इस तरह सही बैठती हो कि समस्या आकृति का ढाँचा पूर्ण हो जाए।

1. समस्या आकृति

उत्तर आकृतियाँ

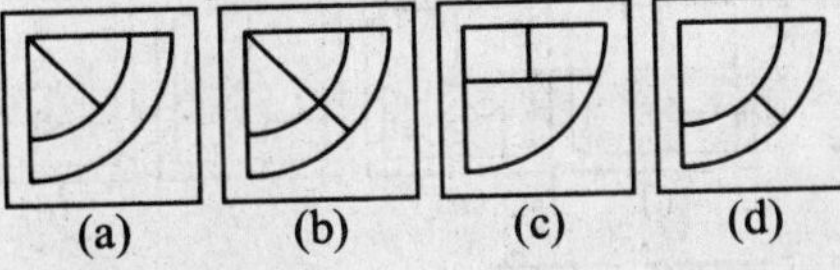

(a) (b) (c) (d)

2. समस्या आकृति

उत्तर आकृतियाँ

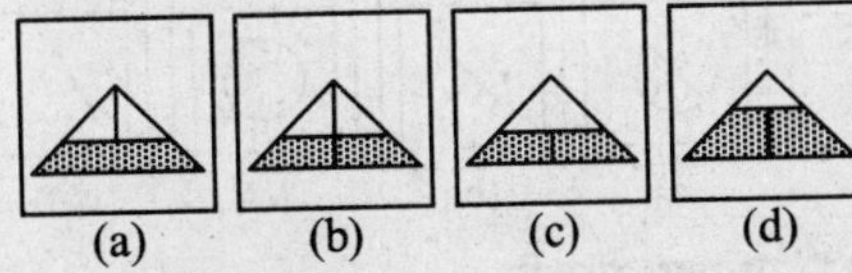

(a) (b) (c) (d)

3. समस्या आकृति

उत्तर आकृतियाँ

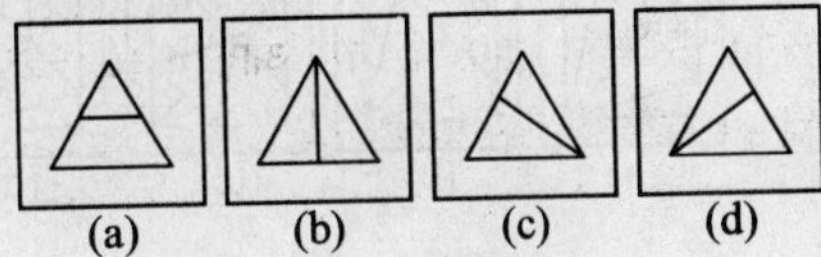

(a) (b) (c) (d)

4. समस्या आकृति

उत्तर आकृतियाँ

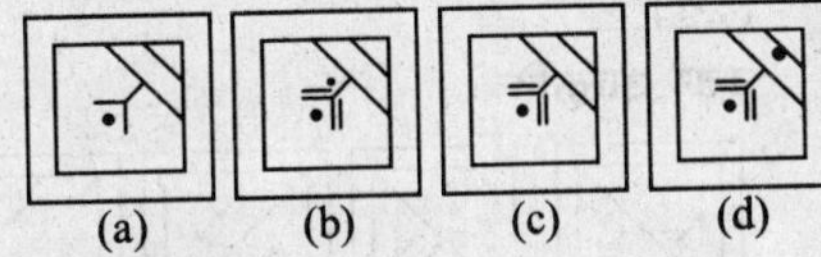

(a) (b) (c) (d)

5. समस्या आकृति

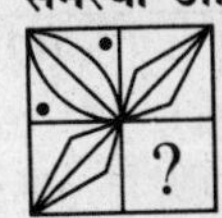

उत्तर आकृतियाँ

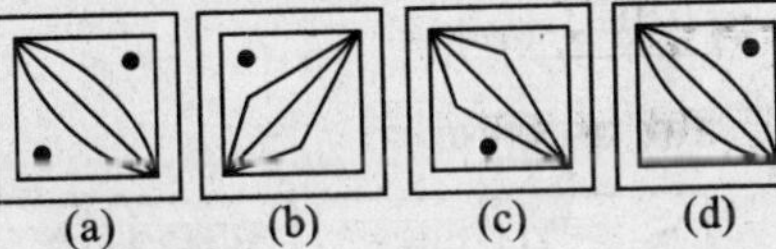

(a) (b) (c) (d)

6. समस्या आकृति

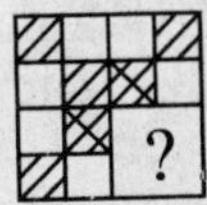

उत्तर आकृतियाँ

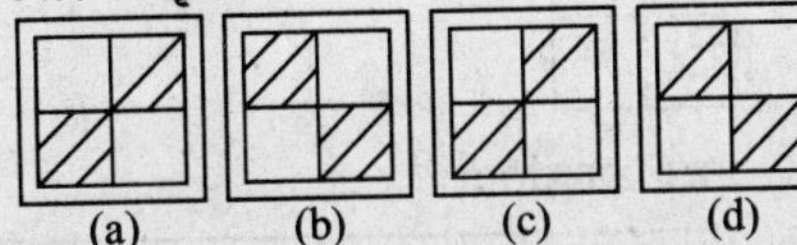

(a) (b) (c) (d)

7. समस्या आकृति

उत्तर आकृतियाँ

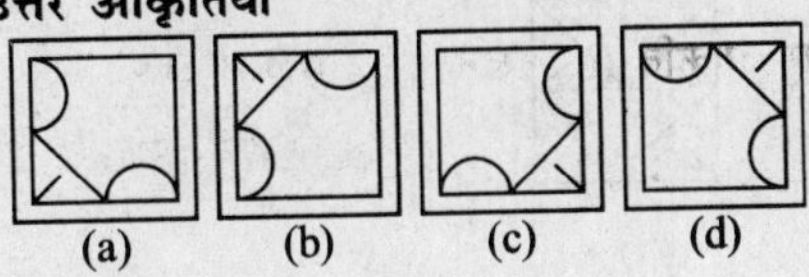

(a) (b) (c) (d)

8. समस्या आकृति

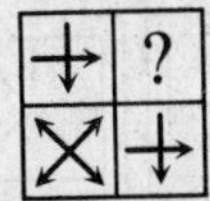

उत्तर आकृतियाँ

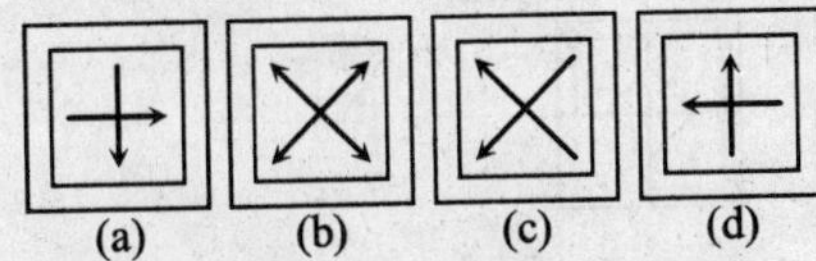

(a) (b) (c) (d)

9. समस्या आकृति

उत्तर आकृतियाँ

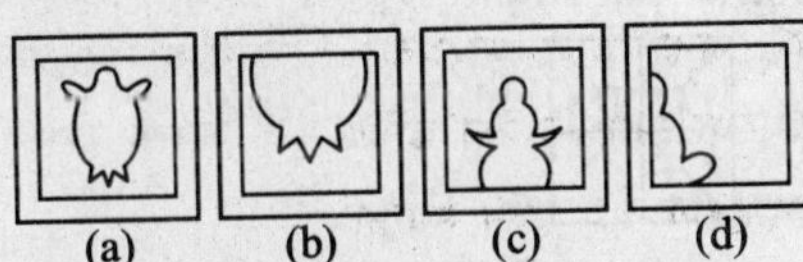

(a) (b) (c) (d)

10. समस्या आकृति

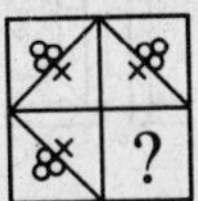

उत्तर आकृतियाँ

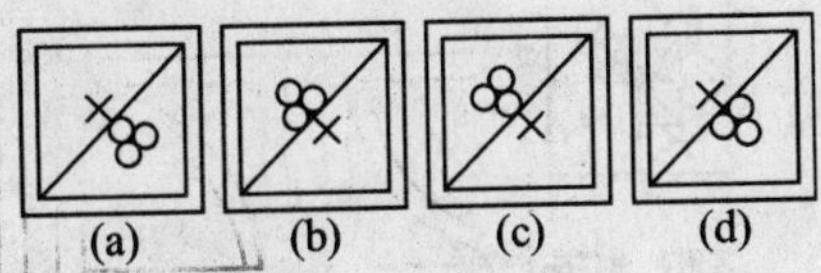

(a) (b) (c) (d)

11. समस्या आकृति

उत्तर आकृतियाँ

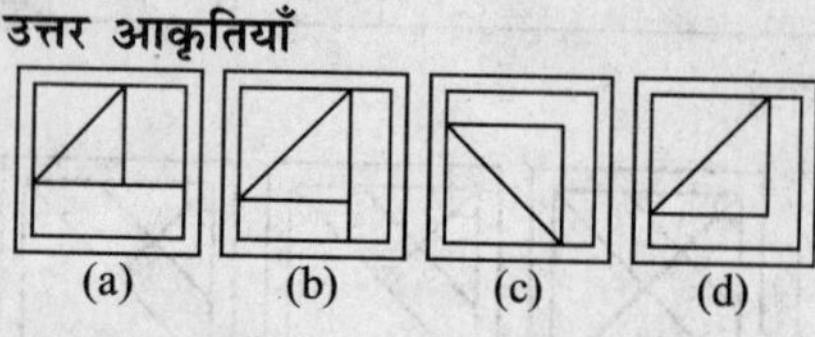

12. समस्या आकृति

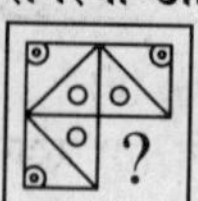

उत्तर आकृतियाँ

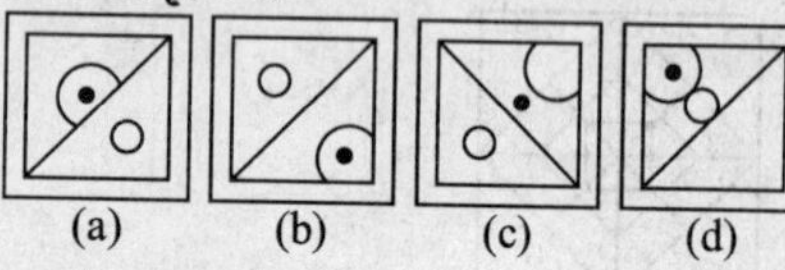

13. समस्या आकृति

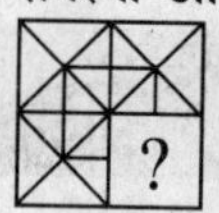

उत्तर आकृतियाँ

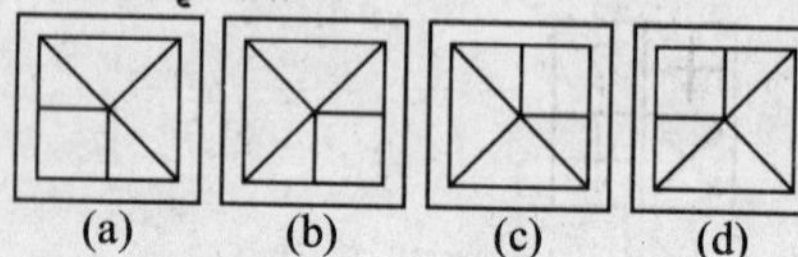

14. समस्या आकृति

उत्तर आकृतियाँ

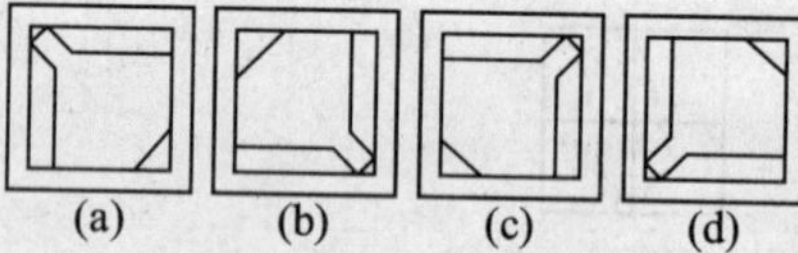

15. समस्या आकृति

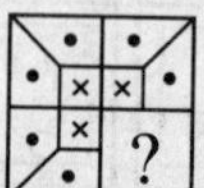

उत्तर आकृतियाँ

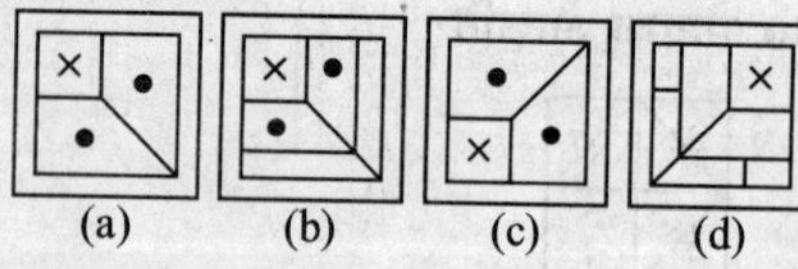

16. समस्या आकृति

उत्तर आकृतियाँ

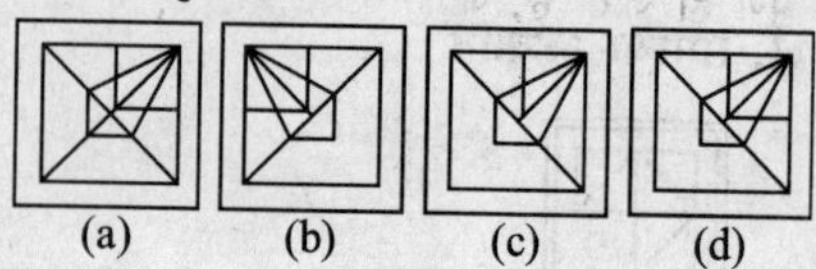

17. समस्या आकृति

उत्तर आकृतियाँ

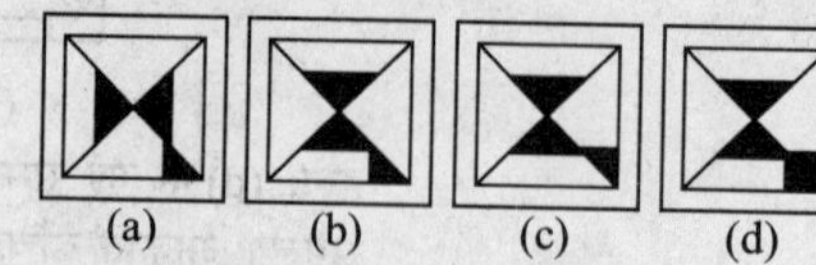

18. समस्या आकृति

उत्तर आकृतियाँ

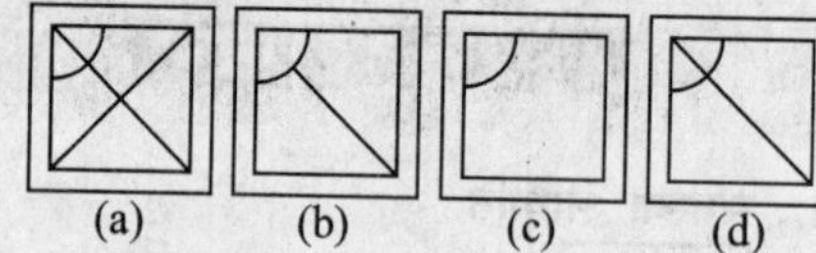

19. समस्या आकृति

उत्तर आकृतियाँ

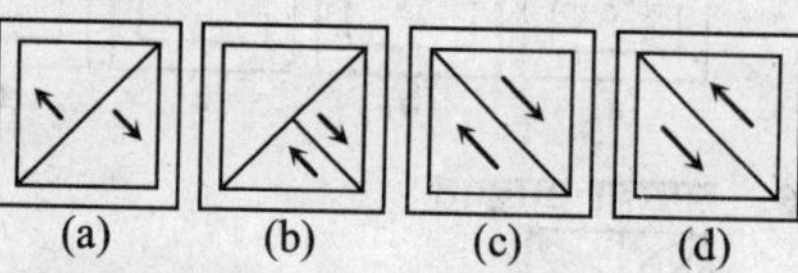

20. समस्या आकृति

उत्तर आकृतियाँ

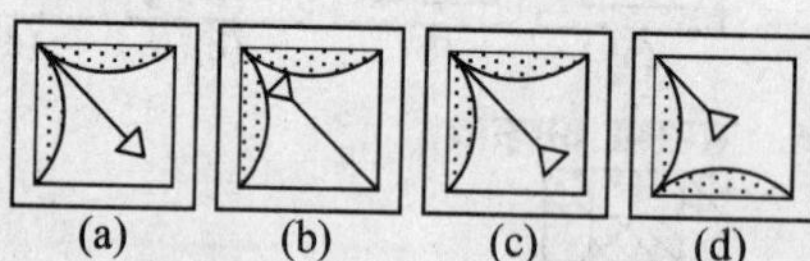

21. समस्या आकृति

उत्तर आकृतियाँ

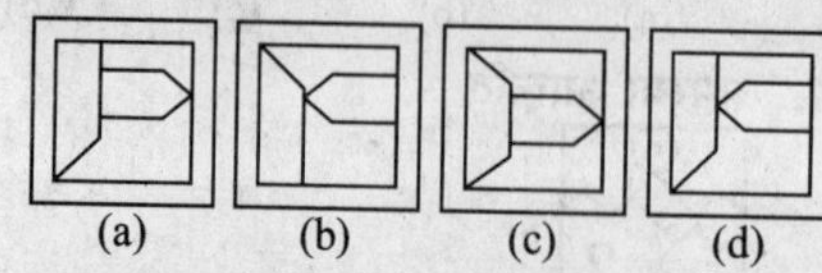

22. समस्या आकृति

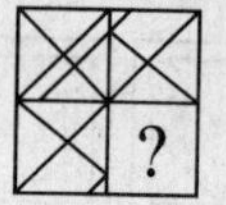

उत्तर आकृतियाँ

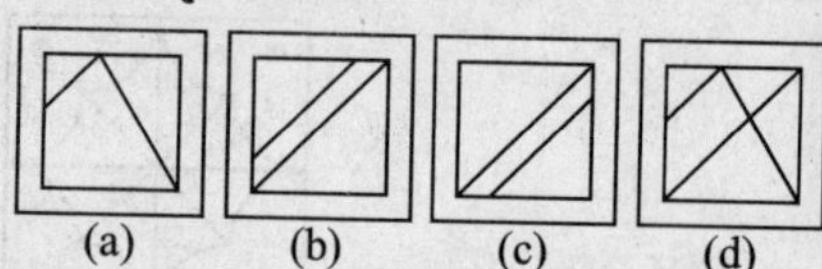

22. समस्या आकृति

उत्तर आकृतियाँ

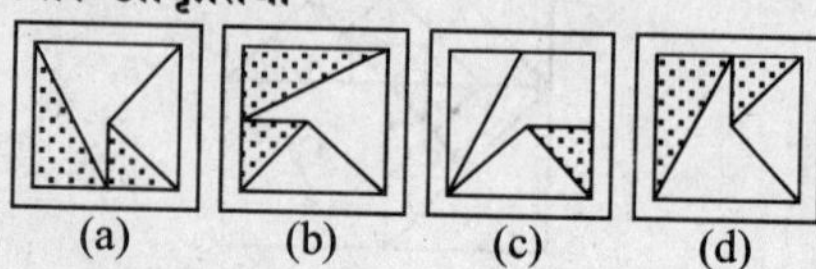

24. समस्या आकृति

उत्तर आकृतियाँ

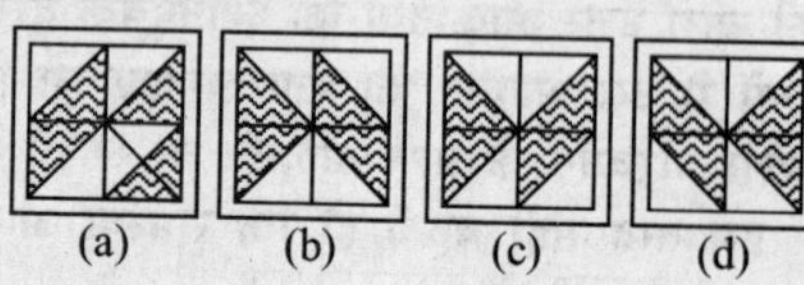

25. समस्या आकृति

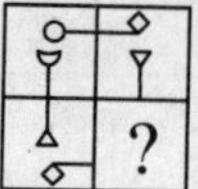

उत्तर आकृतियाँ

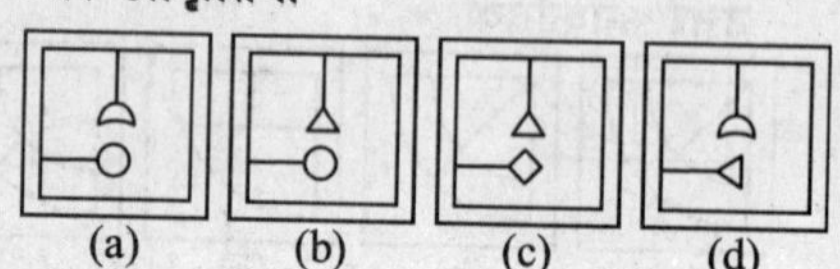

26. समस्या आकृति

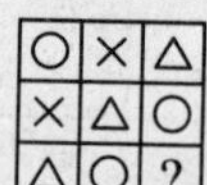

उत्तर आकृतियाँ

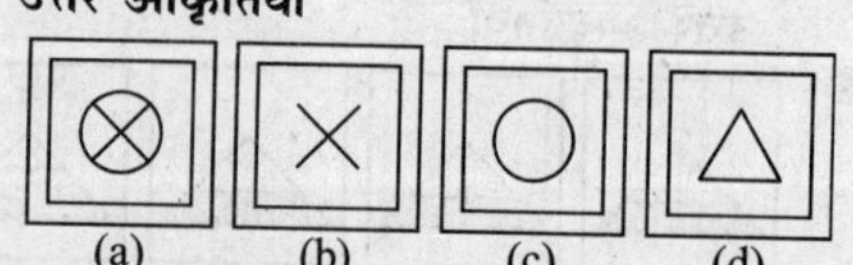

27. समस्या आकृति

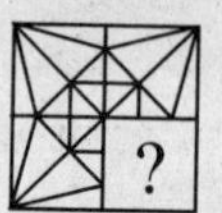

उत्तर आकृतियाँ

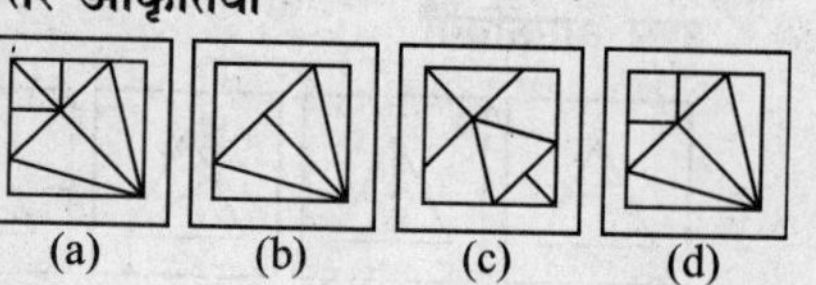

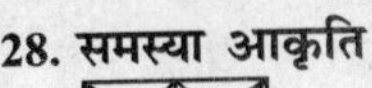

28. समस्या आकृति

उत्तर आकृतियाँ

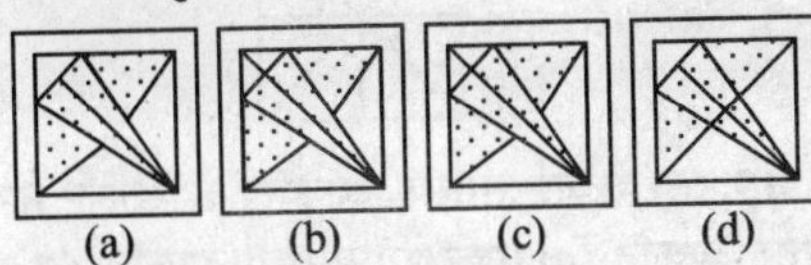

29. समस्या आकृति

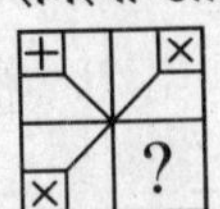

उत्तर आकृतियाँ

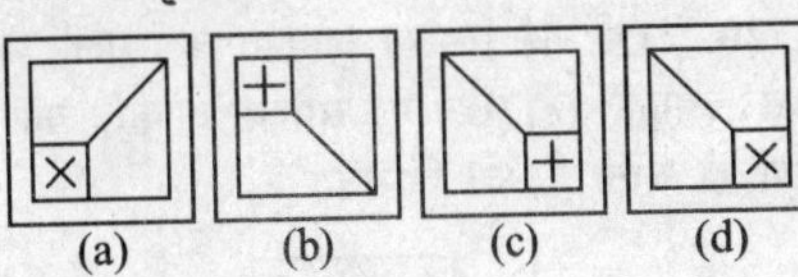

30. समस्या आकृति

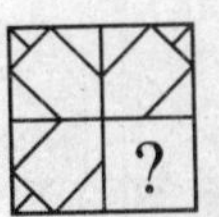

उत्तर आकृतियाँ

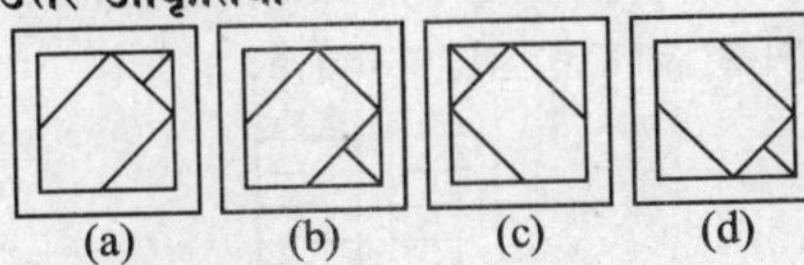

31. समस्या आकृति

उत्तर आकृतियाँ

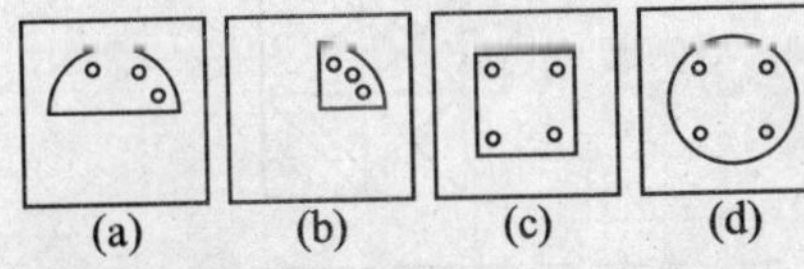

32. समस्या आकृति

उत्तर आकृतियाँ

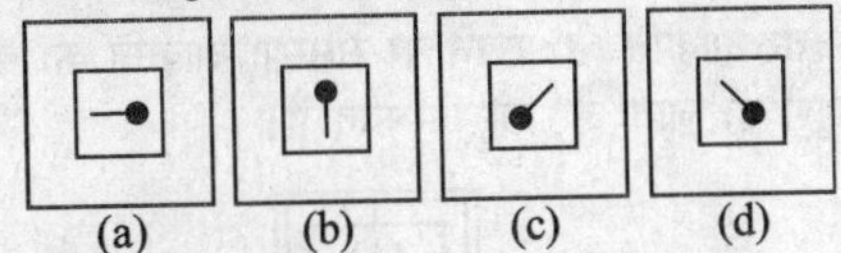

33. समस्या आकृति

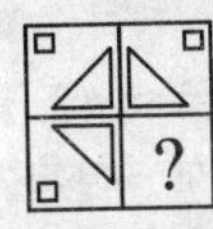

उत्तर आकृतियाँ

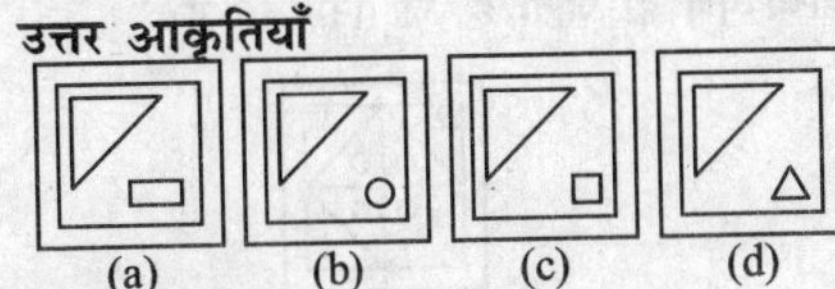

34. समस्या आकृति

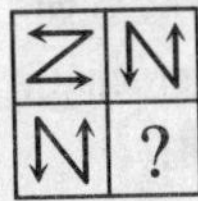

उत्तर आकृतियाँ

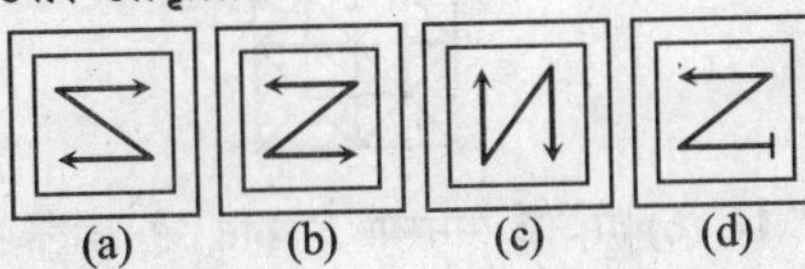

35. समस्या आकृति

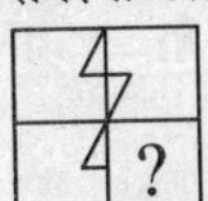

उत्तर आकृतियाँ

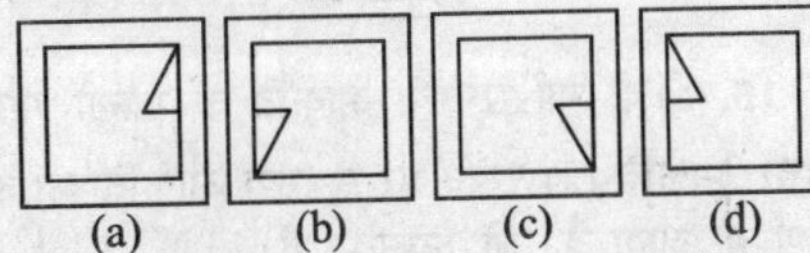

36. समस्या आकृति

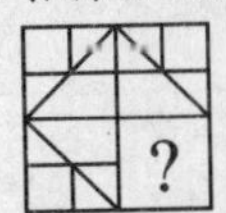

उत्तर आकृतियाँ

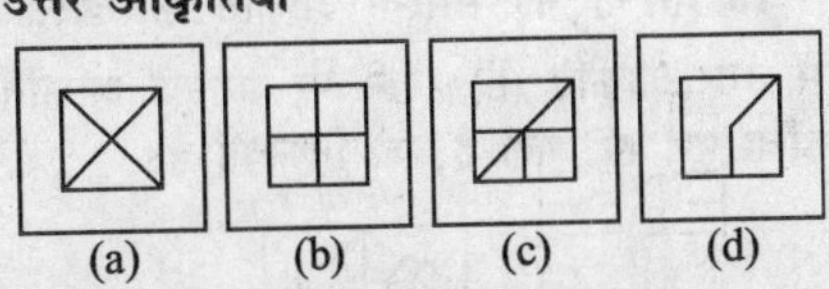

37. समस्या आकृति

उत्तर आकृतियाँ

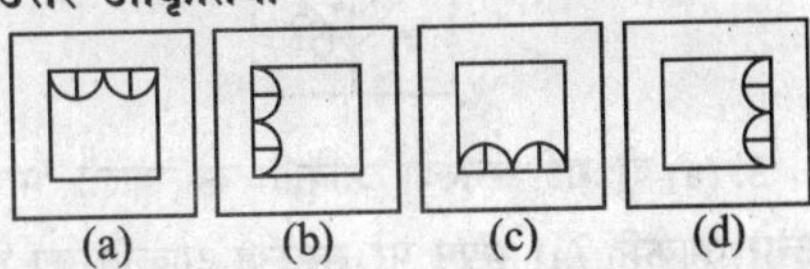

38. समस्या आकृति

उत्तर आकृतियाँ

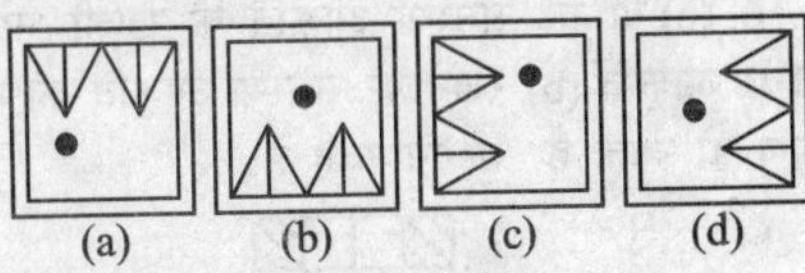

39. समस्या आकृति

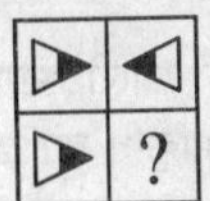

उत्तर आकृतियाँ

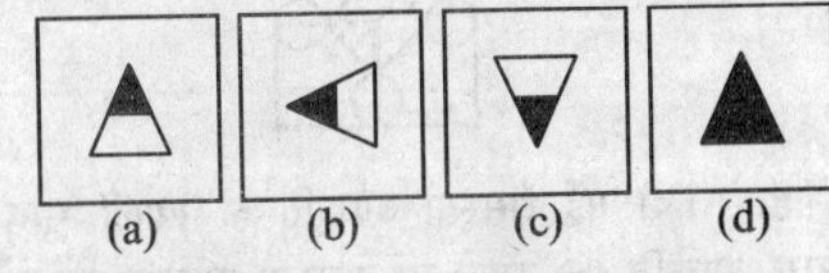

40. समस्या आकृति

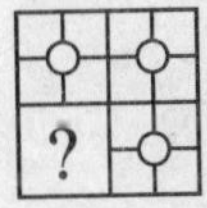

उत्तर आकृतियाँ

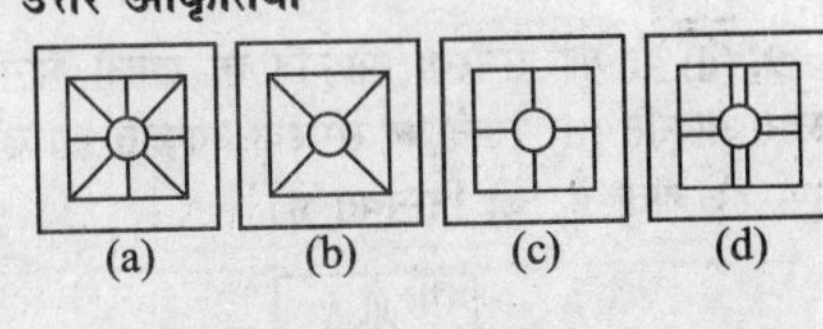

उत्तर (हल/संकेत)

1. (d) दी गई समस्या आकृति के खाली भाग में उत्तर आकृति (d) रखने पर समस्या आकृति का ढाँचा पूर्ण हो जाता है, जो निम्नवत् है:

2. (b) दी गई समस्या आकृति के खाली भाग में उत्तर आकृति (b) रखने पर समस्या आकृति का ढाँचा पूर्ण हो जाता है, जो निम्नवत् है:

3. (c) दी गई समस्या आकृति के खाली भाग में उत्तर आकृति (c) रखने पर समस्या आकृति का ढाँचा पूर्ण हो जाता है, जो निम्नवत् है:

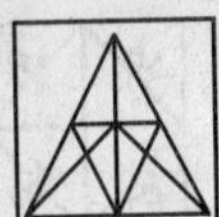

4. (c) दी गई समस्या आकृति के खाली भाग में उत्तर आकृति (c) रखने पर समस्या आकृति का ढाँचा पूर्ण हो जाता है, जो निम्नवत् है:

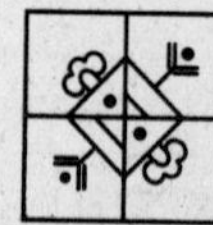

5. (a) दी गई समस्या आकृति के खाली भाग में उत्तर आकृति (a) रखने पर समस्या आकृति का ढाँचा पूर्ण हो जाता है, जो निम्नवत् है:

6. (b) दी गई समस्या आकृति के खाली भाग में उत्तर आकृति (b) रखने पर समस्या आकृति का ढाँचा पूर्ण हो जाता है, जो निम्नवत् है:

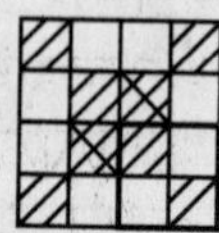

7. (b) दी गई समस्या आकृति के खाली भाग में उत्तर आकृति (b) रखने पर समस्या आकृति का ढाँचा पूर्ण हो जाता है, जो निम्नवत् है:

8. (b) दी गई समस्या आकृति के खाली भाग में उत्तर आकृति (b) रखने पर समस्या आकृति का ढाँचा पूर्ण हो जाता है, जो निम्नवत् है:

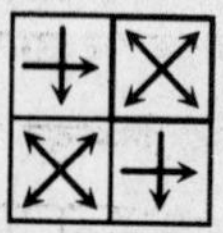

9. (d) दी गई समस्या आकृति के खाली भाग में उत्तर आकृति (d) रखने पर समस्या आकृति का ढाँचा पूर्ण हो जाता है, जो निम्नवत् है:

10. (d) दी गई समस्या आकृति के खाली भाग में उत्तर आकृति (d) रखने पर समस्या आकृति का ढाँचा पूर्ण हो जाता है, जो निम्नवत् है:

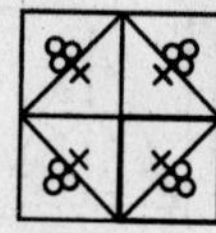

11. (d) दी गई समस्या आकृति के खाली भाग में उत्तर आकृति (d) रखने पर समस्या आकृति का ढाँचा पूर्ण हो जाता है, जो निम्नवत् है:

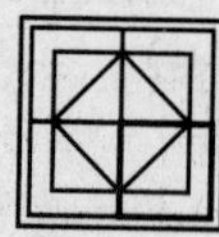

12. (b) दी गई समस्या आकृति के खाली भाग में उत्तर आकृति (b) रखने पर समस्या आकृति का ढाँचा पूर्ण हो जाता है, जो निम्नवत् है:

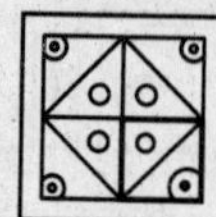

13. (d) दी गई समस्या आकृति के खाली भाग में उत्तर आकृति (d) रखने पर समस्या आकृति का ढाँचा पूर्ण हो जाता है, जो निम्नवत् है:

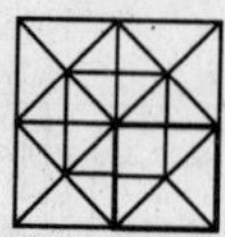

14. (b) दी गई समस्या आकृति के खाली भाग में उत्तर आकृति (b) रखने पर समस्या आकृति का ढाँचा पूर्ण हो जाता है, जो निम्नवत् है:

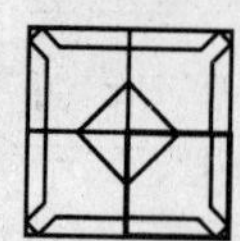

15. (a) दी गई समस्या आकृति के खाली भाग में उत्तर आकृति (a) रखने पर समस्या आकृति का ढाँचा पूर्ण हो जाता है, जो निम्नवत् है:

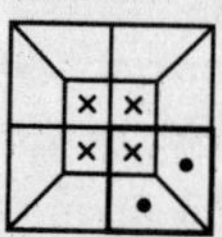

16. (b) दी गई समस्या आकृति के खाली भाग में उत्तर आकृति (b) रखने पर समस्या आकृति का ढाँचा पूर्ण हो जाता है, जो निम्नवत् है:

17. (b) दी गई समस्या आकृति के खाली भाग में उत्तर आकृति (b) रखने पर समस्या आकृति का ढाँचा पूर्ण हो जाता है, जो निम्नवत् है:

18. (d) दी गई समस्या आकृति के खाली भाग में उत्तर आकृति (d) रखने पर समस्या आकृति का ढाँचा पूर्ण हो जाता है, जो निम्नवत् है:

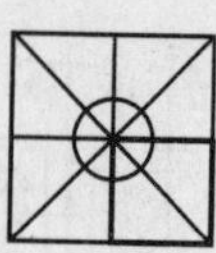

19. (d) दी गई समस्या आकृति के खाली भाग में उत्तर आकृति (d) रखने पर समस्या आकृति का ढाँचा पूर्ण हो जाता है, जो निम्नवत् है:

20. (c) दी गई समस्या आकृति के खाली भाग में उत्तर आकृति (c) रखने पर समस्या आकृति का ढाँचा पूर्ण हो जाता है, जो निम्नवत् है:

21. (d) दी गई समस्या आकृति के खाली भाग में उत्तर आकृति (d) रखने पर समस्या आकृति का ढाँचा पूर्ण हो जाता है, जो निम्नवत् है:

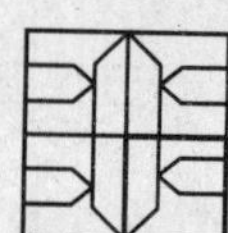

22. (b) दी गई समस्या आकृति के खाली भाग में उत्तर आकृति (b) रखने पर समस्या आकृति का ढाँचा पूर्ण हो जाता है, जो निम्नवत् है:

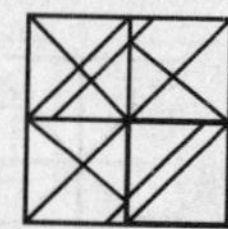

23. (d) दी गई समस्या आकृति के खाली भाग में उत्तर आकृति (d) रखने पर समस्या आकृति का ढाँचा पूर्ण हो जाता है, जो निम्नवत् है:

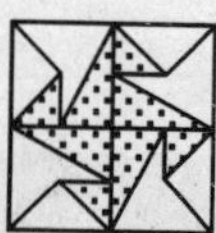

24. (c) दी गई समस्या आकृति के खाली भाग में उत्तर आकृति (c) रखने पर समस्या आकृति का ढाँचा पूर्ण हो जाता है, जो निम्नवत् है:

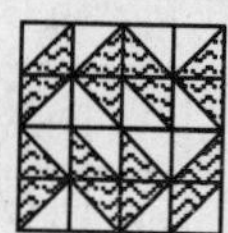

25. (a) दी गई समस्या आकृति के खाली भाग में उत्तर आकृति (a) रखने पर समस्या आकृति का ढाँचा पूर्ण हो जाता है, जो निम्नवत् है:

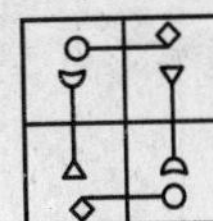

26. (b) दी गई समस्या आकृति के खाली भाग में उत्तर आकृति (b) रखने पर समस्या आकृति का ढाँचा पूर्ण हो जाता है, जो निम्नवत् है:

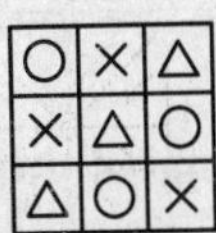

27. (d) दी गई समस्या आकृति के खाली भाग में उत्तर आकृति (d) रखने पर समस्या आकृति का ढाँचा पूर्ण हो जाता है, जो निम्नवत् है:

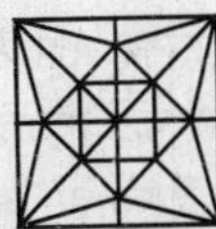

28. (b) दी गई समस्या आकृति के खाली भाग में उत्तर आकृति (b) रखने पर समस्या आकृति का ढाँचा पूर्ण हो जाता है, जो निम्नवत् है:

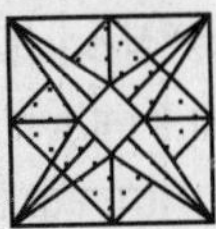

29. (c) दी गई समस्या आकृति के खाली भाग में उत्तर आकृति (c) रखने पर समस्या आकृति का ढाँचा पूर्ण हो जाता है, जो निम्नवत् है:

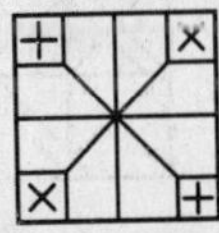

30. (d) दी गई समस्या आकृति के खाली भाग में उत्तर आकृति (d) रखने पर समस्या आकृति का ढाँचा पूर्ण हो जाता है, जो निम्नवत् है:

31. (b) दी गई समस्या आकृति के खाली भाग में उत्तर आकृति (b) रखने पर समस्या आकृति का ढाँचा पूर्ण हो जाता है, जो निम्नवत् है:

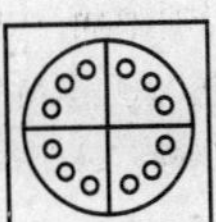

32. (a) दी गई समस्या आकृति के खाली भाग में उत्तर आकृति (a) रखने पर समस्या आकृति का ढाँचा पूर्ण हो जाता है, जो निम्नवत् है:

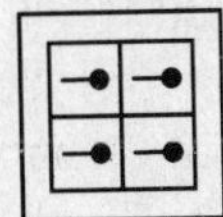

33. (c) दी गई समस्या आकृति के खाली भाग में उत्तर आकृति (c) रखने पर समस्या आकृति का ढाँचा पूर्ण हो जाता है, जो निम्नवत् है:

34. (b) दी गई समस्या आकृति के खाली भाग में उत्तर आकृति (b) रखने पर समस्या आकृति का ढाँचा पूर्ण हो जाता है, जो निम्नवत् है:

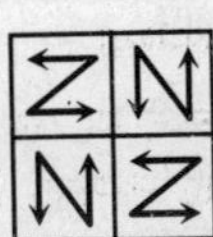

35. (b) दी गई समस्या आकृति के खाली भाग में उत्तर आकृति (b) रखने पर समस्या आकृति का ढाँचा पूर्ण हो जाता है, जो निम्नवत् है:

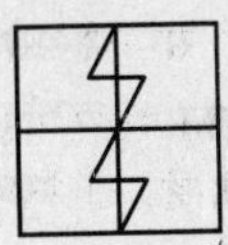

36. (c) दी गई समस्या आकृति के खाली भाग में उत्तर आकृति (c) रखने पर समस्या आकृति का ढाँचा पूर्ण हो जाता है, जो निम्नवत् है:

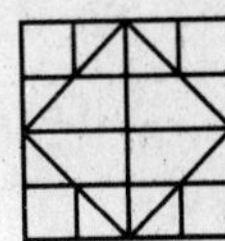

37. (c) दी गई समस्या आकृति के खाली भाग में उत्तर आकृति (c) रखने पर समस्या आकृति का ढाँचा पूर्ण हो जाता है, जो निम्नवत् है:

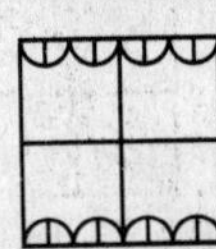

38. (b) दी गई समस्या आकृति के खाली भाग में उत्तर आकृति (b) रखने पर समस्या आकृति का ढाँचा पूर्ण हो जाता है, जो निम्नवत् है:

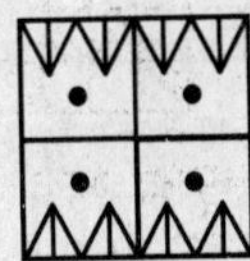

39. (b) दी गई समस्या आकृति के खाली भाग में उत्तर आकृति (b) रखने पर समस्या आकृति का ढाँचा पूर्ण हो जाता है, जो निम्नवत् है:

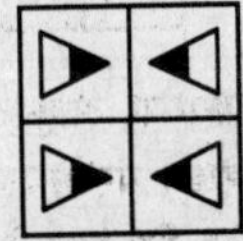

40. (c) दी गई समस्या आकृति के खाली भाग में उत्तर आकृति (c) रखने पर समस्या आकृति का ढाँचा पूर्ण हो जाता है, जो निम्नवत् है:

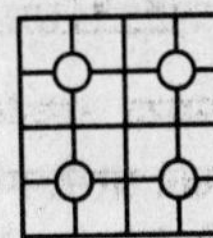

□□□

अध्याय

17

समस्या को सुलझाना

इस अध्याय से संबंधित प्रश्न मुख्यतः दो प्रकार के होते है।

(i) जहां प्रस्तुत स्थिति एक समस्या की बात करती है तथा सुझाई गई समाधान की बात करती हैं।

(ii) जहां प्रस्तुत स्थिति एक साधारण तथ्य होती है (कोई समस्या नहीं, केवल एक स्थिति) एवं सुझाई गई समाधान स्थिति को सुधारने के तरीकों की बात करती है।

अब जबकि आपने समस्या के प्रकार का निर्णय कर लिया है, आप इनमें से प्रत्येक के लिए तार्किक चरणो का अध्ययन कर सकते है- जैसे कि नीचे दिया गया है:

चरण I : समस्या-समाधान संबंध

जैसा कि पहले कहा जा चुका है, इस प्रकार के प्रश्नों के सुझाव में एक समाधान सम्मिलित रहता है जबकि दिया गया तथ्य एक प्रकार की समस्या होती है। इस प्रकार के मामलों में यह देखना आसान होता है कि कब एक सुझाई गई कार्यवाही उचित है एवं कब नहीं। समस्या-समाधान संबंध के मामले में कार्यवाही को सही घोषित करेंगे यदि-

(i) यह समस्या का समाधान करती हो या उसे कम करती हो या न्यूनतम बनाती हो।

(ii) यदि यह एक व्यावहारिक समाधान है।

अब अपने दैनिक अनुभव, व्यावहारिक ज्ञान एवं अपने सागान्य ज्ञान के द्वारा आप आसानी से निर्णय कर सकते हैं कि क्या सुझाई गई कार्यवाही समस्या का समाधान (अथवा कम या न्यूनतम) करती है या नहीं। यह अनुमान लगाना कठिन नहीं है। अब आगे व्यावहारिकता की समस्या आती है। यहां आपको जांच करनी चाहिए कि क्या समाधान दैनिक जीवन में लागू होने के योग्य है? क्या इसका अनुसरण करना व्यावहारिक एवं बुद्धिमत्तापूर्ण होगा? आदि।

1. कैसे निर्धारित करें कि एक सुझाया गया कदम समस्या का समाधान करता है?

यदि आपको यह निर्धारित करने में समस्या है कि एक सुझाया गया कदम समस्या को कम या उसका समाधान करता है? तो आप निम्नलिखित नियमों का अनुसरण कर सकते हैं:

(i) स्थापित तथ्य

(ii) अनुभव ऐसी भविष्यवाणी करते हैं

(iii) तर्क ऐसी भविष्यवाणी करते हैं

(iv) प्रबल सत्य समस्या

(i) स्थापित तथ्य: स्थापित तथ्यों के प्रकार सामाजिक, शैक्षिक, जीव विज्ञान संबंधी, पर्यावरण संबंधी, समाजशास्त्र संबंधी अथवा अन्य भी हो सकते हैं। परंतु यह वर्णित समस्या के समाधान के रूप में सार्वभौमिक तौर पर स्वीकृत हो।

उदाहरण के लिए, यह एक जैव वैज्ञानिक स्थापित तथ्य है कि मच्छरों के विरुद्ध सुरक्षा का उपाय करके मलेरिया को रोका जा सकता है। यह एक सामाजिक रूप से स्थापित तथ्य है कि बाल अपराधियों के साथ दंडनीय तथा दुष्ट अपराधियों जैसा व्यवहार नहीं किया जाना चाहिए। बल्कि उन्हें ऐसा बनाया जाना चाहिए कि वे अपना रास्ता बदल सकें, आदि।

(ii) अनुभव ऐसी भविष्यवाणी करते हैं: समाधान अथवा कार्यवाही एक सार्वभौमिक सत्य के रूप में घोषित नहीं हो सकती है एवं यह पूर्व अनुभव पर आधारित है। यह आसानी से निश्चित किया जा सकता है कि वास्तव में समस्या इस विशेष कार्य या कदम के द्वारा हल की जा सकती है।

उदाहरण के लिए, पूर्व के अनुभव बताते हैं कि भारत केवल तभी विदेशी शक्तियों का शिकार हुआ है जब यह एकजुट नहीं रहा है। पूर्व अनुभव हमें यह भी बताते हैं कि दहेज समस्या के विरुद्ध कई नियम बनाने के बाद भी इसे हल नहीं किया जा सका है। (यहां ध्यान दें कि हम अनुभव की बात कर रहे हैं न कि स्थापित तथ्य की। यह एक स्थापित तथ्य है कि नियम दहेज समस्या को नियंत्रित नहीं कर सकते हैं सभंव है कि एक कठोर नियम ऐसा कर पायेगा; परंतु अब तक हमारे अनुभव कुछ और सिद्ध करते हैं)।

(iii) तर्क ऐसी भविष्यवाणी करता है: ऐसे मामलों में आपको यह देखने के लिए स्वयं तर्क एवं तर्कशक्ति का प्रयोग करना होता है कि एक विशेष समस्या; एक विशेष समाधान के द्वारा कम अथवा हल की जा सकती है या नहीं?

समस्या : पंजाब में फिर से आतंकवादी बढ़ रहे हैं एवं इनके पीछे कश्मीर के अलगाववादियों एवं पाकिस्तान का हाथ स्पष्ट है।

समाधान : भारत को पंजाब एवं कश्मीर के आतंकवाद में पाकिस्तान का हाथ होने के प्रमाण के साथ-साथ अंतर्राष्ट्रीय निकायों के दरवाजे पर भी दस्तक देनी चाहिए कि वो पाकिस्तान को एक आतंकवादी देश घोषित कर दें।

चरण II: तथ्य-अनुवर्ती कार्रवाई की स्थितियां

हमारी परिचर्चा में हमने माना है कि दिया हुआ समाधान के बारे में बात करता है जबकि प्रस्तावित समाधान एक समाधान प्रस्तुत करता है। जोकि अधिकांश स्थितियों में सत्य है कभी-कभी एक अलग स्थिति भी हो सकती है। उदाहरण के लिए, दिया हुआ समाधान कभी-कभी समस्या खड़ी नहीं करता है। यह केवल एक तथ्य देता है। प्रस्तावित समाधान स्थिति को सुधारने का एक तरीका प्रस्तुत करता है। इस प्रकार, पूर्व के समस्या-समाधान जहां हम खराब से अच्छे की तरफ जाना चाहते थे, के बदले, यह तथ्य-अनुवर्ती कार्रवाई खंड का एक उदाहरण है। यहां हम सामान्य (या अच्छे) से और अच्छे की तरफ जाना चाहते हैं।

2. कुछ आखिरी सुझाव

सामान्यतः जब आप एक सुलझाई गई कार्यवाही का परीक्षण कर रहे हो, तो आपको कभी भी अपनी निजी मान्यताओं को मार्ग में नहीं आने देना चाहिए। कई परीक्षार्थी अपनी व्यक्तिगत मान्यताओं से प्रभावित हो जाते हैं एवं इस प्रकार गलत उत्तर चुन लेते हैं आपको महत्व देना चाहिए कि किस प्रकार सरकारी निकाय एवं तंत्र कार्य करता है

तथा यद्यपि आप उन पर विश्वास न कर सकें परंतु आपको उन्हें स्वीकार करना चाहिए। आप स्वयं को संबद्ध प्रभावी अधिकारी मान लीजिए जिसे बिना पक्षपात के एवं व्यक्तिगत हितों से परे होकर निर्णय लेना है। यह आपको सही उत्तर चुनने में मदद करेगा।

हल सहित उदाहरण

उदाहरण 1. समस्या : एक ताजा अध्ययन दर्शाता है कि विकासशील देशों के शहरों में पांच वर्ष से कम उम्र के बच्चे मुख्यत: हैजा एवं परजीवी आंत संक्रमण से मरते हैं।

समाधान:

I. शहरो में स्वास्थ्य अव्यवस्था को बेहतर बनाने के लिए विकासशील देशों की सरकारों को कदम उठाने चाहिए।

II. आवश्यकता है कि विकासशील देशों के शहरों में पांच वर्ष से कम उम्र के बच्चों को लगातार चिकित्सकीय सुविधा के अंतर्गत लाया जाए।

हल : स्वास्थ्य स्थिति को बेहतर बनाना हमेशा स्वागत योग्य कदम है एवं समस्या की दृष्टि से यह और अधिक अनिवार्य है। अत: I नि:संदेह अनुसरण करता है लेकिन II नहीं। कोई बच्चा जब तक किसी रोग से पीड़ित न हो, हमें उसका उपचार करने की जरूरत नहीं है। रोकथाम बिल्कुल सही है लेकिन इलाज केवल तभी आरंभ होना चाहिए जब बीमारी हो चुकी हो।

उदाहरण 2. समस्या : कंपनी का प्रभारी अधिकारी परेशान था क्योंकि अलमारी से कुछ पैसे गायब हो गए थे।

समाधान:

I. उसे अपने स्टॉफ की सहायता से इसकी पुन: गिनती करनी चाहिए एवं इसे बहीखाते से मिलाना चाहिए।

II. उसे पुलिस को सूचित करना चाहिए।

हल : यदि अधिकारी को लगता है कि कुछ पैसे गायब हैं तो उसके लिए सबसे अच्छी बात है कि इसकी जांच करे। अत: I अनुसरण करता है। पुलिस को सूचित करना इस स्थिति में आवश्यक नहीं है। पुलिस केवल तभी बुलानी चाहिए जब यह निश्चित हो कि पैसे गायब हैं।

उदाहरण 3. समस्या : भारत में अधिकांश बच्चे शिक्षा प्राप्त करने में सक्षम नहीं हैं क्योंकि वे बचपन में ही जीवनयापन के लिए अर्जन करने हेतु काम करने लगते हैं।

समाधान:

I. 14 वर्ष की आयु तक के सभी बच्चों के लिए शिक्षा अनिवार्य कर दी जानी चाहिए।

II. 14 वर्ष से कम आयु के बच्चों को काम पर लगाने पर प्रतिबंध लगा देना चाहिए।

हल : इस प्रश्न के लिए हमें पुन: सोचने की जरूरत भी नहीं है। दोनों ही समाधान I एवं II संवैधानिक जिम्मेवारियां हैं। II वास्तव में एक मौलिक अधिकार है। अत: कोई संदेह नहीं कि ये विकल्प सही हैं।

प्रश्नमाला

***निर्देश (प्र 1-20) :* नीचे प्रत्येक प्रश्न में एक समस्या और उसके बाद समाधान के दो उपाय I और II दिए गए हैं। कार्यवाही से तात्पर्य उस उपाय अथवा प्रशासकीय निर्णय से है, जो समस्या, नीति आदि के संदर्भ में सुधार अनुवर्तन या किए जाने वाले वाली समाधान से सबंधित है। समस्या में दी गई जानकारी के आधार पर आपको समाधान में दी गई प्रत्येक बात को सही मानना है और उसके बाद तय करना है कि दिए गए सुझावों में कौन-सा समाधान कार्यान्वयन के लिए तर्कसंगत रूप से अनुसरण करता है।**

उत्तर दीजिए :

(a) यदि केवल समाधान I अनुसरण करता है।

(b) यदि केवल समाधान II अनुसरण करता है।

(c) यदि न तो समाधान I और न ही समाधान II अनुसरण करता है।

(d) यदि I और II दोनों समाधान अनुसरण करती हैं।

1. समस्या : जब एक बस एक पुल के पास नदी में जा गिरी तो कम से कम 15 लोग मारे गए तथा अन्य बहुत सारे घायल हुए।

समाधान:

I. पुल की रक्षा दीवारों को इतना मजबूत बनाया जाना चाहिए कि इस प्रकार की दुर्घटना न हो।

II. आवश्यक जांच-पड़ताल के लिए बस-चालक को तत्काल गिरफ्तार किया जाना चाहिए।

2. समस्या : बाढ़-पीड़ित लोगों के लिए राज्य सरकार ने खाद्यान्न तथा कपड़े मुहैया कराने का निर्णय लिया है।

समाधान:

I. सरकारी तंत्र द्वारा पीड़ित लोगों की पहचान की जानी चाहिए तथा उन्हें राहत प्रदान की जानी चाहिए।

II. पीड़ित लोगों की मदद करने के लिए सरकारी तंत्र को पर्याप्त मात्रा में खाद्यान्न तथा कपड़े एकत्रित कर लेने चाहिए।

3. समस्या : मौसम विभाग ने लगातार दस वर्षों तक अच्छे मानसून की भविष्यवाणी की है तथा इससे फसलों का उत्पादन अच्छा होगा।

समाधान:

I. फसल काटने से पहले सरकार को भंडार खाली करा देना चाहिए।

II. सरकार को किसानों को रासायनिक खाद तत्काल मुहैया करानी चाहिए।

4. समस्या : इन दिनों प्रेक्षकों के थियेटर में जाने के बदले घर में टी.वी. देखना ज्यादा पसंद करने से, चित्रपट थियेटर को काफी हानि सहनी पड़ रही है।

समाधान:

I. थियेटर इमारतों को गिराया जाए और उनके स्थानों पर निवास के उद्देश्य से बहुमंजिली इमारतों का निर्माण किया जाए।

II. थियेटर इमारतों को शॉपिंग माल में परिवर्तित किया जाए।

5. समस्या : प्रत्येक राष्ट्र को प्रतिष्ठा से बने रहने के लिए निरंतर आर्थिक वृद्धि और विकास आवश्यक है।

समाधान :

I. प्रत्येक देश में बैंक और वित्तीय संस्थाओं द्वारा अपने ग्राहकों को आर्थिक वृद्धि और विकास के महत्त्व से अवगत कराना चाहिए।

II. जीवन के हर मोड़ पर प्रतिष्ठा से जीवन बिताने के महत्त्व का उचित रूप में आग्रह रखना चाहिए।

6. समस्या : चालू वित्त वर्ष में चीनी के उत्पादन ने सभी पिछले रिकार्ड तोड़ दिए हैं।

समाधान :

I. उपभोक्ताओं को लाभ पहुंचाने के लिए सरकार को चीनी की बाजार कीमत कम कर देनी चाहिए।

II. अंतर्राष्ट्रीय बाजार में अपनी उपस्थिति बढ़ाने के लिए सरकार को चीनी के निर्यात के लिए भरसक कोशिश करनी चाहिए।

7. समस्या : इस क्षेत्र में फ्लाई-ओवर के निर्माण कार्य के कारण मलेरिया के बहुत-से जानलेवा केस रिपोर्ट हुए हैं।

समाधान :

I. क्षेत्र के लोगों को मच्छरों से बचाव के लिए सावधानी के उपाय करने की सलाह दी जानी चाहिए।

II. तत्काल फ्लाई-ओवर का निर्माण कार्य रोक दिया जाना चाहिए और परियोजना रद्द कर दी जानी चाहिए।

8. समस्या : स्थायी दुकान से नकली शराब के सेवन के बाद बड़ी संख्या में लोग गंभीर रूप से बीमार हो गए।

समाधान :

I. विषाक्तता की मौजूदगी के लिए स्टॉक परीक्षण होने तक सरकार को शराब बेचने वाली दुकानें तत्काल बंद कर देनी चाहिए।

II. शराब की दुकान के मालिक को तुरंत गिरफ्तार किया जाना चाहिए और उस पर आपराधिक लापरवाही के लिए मुकदमा चलाया जाना चाहिए।

9. समस्या : हाल के ही विधान सभा चुनावों में चालीस प्रतिशत से भी कम मतदाताओं ने मतदान किया है।

समाधान :

I. चुनाव आयोग को पूरी चुनाव प्रक्रिया रद्द कर देनी चाहिए क्योंकि लोगों के प्रतिनिधित्व के लिए पर्याप्त मतदान नहीं हुआ है।

II. जिन लोगों ने अपने मताधिकार का उपयोग नहीं किया है चुनाव आयोग को उनका मताधिकार छीन लेना चाहिए।

10. समस्या : एक विषय में दोषपूर्ण प्रश्नों के कारण हाईस्कूल की अंतिम परीक्षा में बहुत बड़ी संख्या में विद्यार्थी अनुत्तीर्ण हुए हैं।

समाधान:

I. उस विषय में अनुत्तीर्ण सभी विद्यार्थियो को अनुपूरक परीक्षा में बैठने की अनुमति दी जानी चाहिए।

II. इस त्रुटि के लिए जिम्मेदार सभी लोगों को निलंबित किया जाना चाहिए और तथ्यों का पता लगाने के लिए जांच आरंभ की जानी चाहिए।

11. समस्या : छुट्टियों के चालू मौसम में लंबी दूरी की अधिकांश ट्रेनों में शायिकाओं के अनुरोध की संख्या में अपूर्व वृद्धि हुई है।

समाधान :

I. अतिरिक्त कोच जोड़कर रेल प्राधिकरण को तत्काल इन सभी ट्रेनों की क्षमता बढ़ा देनी चाहिए।

II. स्थान की मांग कर रहे लोगों को सूचित करना चाहिए कि वे छुट्टियों के बाद अपनी यात्रा की योजना बनाएं।

12. समस्या : एक उपयोगिता कंपनी के लिए पाइप बिछाते समय गैस पाइप लाइन में क्षति होने से भीषण आग लग गई।

समाधान:

I. घटना की जांच पूरी होने तक उपयोगिता कंपनी के सारे लाइसेन्स तत्काल निलंबित किए जाने चाहिए।

II. उस क्षेत्र के निवासियों को सलाह दी जानी चाहिए कि आग में जलने से बचने के लिए वे अपने घरो के भीतर ही रहें।

13. समस्या : इस वर्ष की विद्यालय परित्याग प्रमाणपत्र परीक्षा में सफल विद्यार्थियों की संख्या में अभूतपूर्व वृद्धि हुई है।

समाधान :

I. सरकार को विद्यमान कॉलेजों में इंटरमीडिएट पाठ्यक्रमों की सीटों की संख्या बढ़ाने की व्यवस्था करनी चाहिए।

II. इन सभी सफल विद्यार्थियों का समावेश करने हेतु सरकार को नए कॉलेज खोलने का सक्रिय कदम उठाना चाहिए।

14. समस्या : गत वर्ष के अपर्याप्त मानसून के बाद मौसम विभाग ने इस वर्ष भी अपर्याप्त मानसून की भविष्यवाणी की है।

समाधान :

I. जल-संसाधनो के समुचित प्रबंधन के लिए सरकार को तत्काल एक जल प्राधिकरण की स्थापना करनी चाहिए।

II. इस स्थिति से निपटने के लिए जल आपूर्ति प्राधिकरणों को जल आपूर्ति में कटौती पर अमल करने के लिए कहा जाना चाहिए।

15. समस्या : एक यात्री ट्रेन के दस कोच पटरी से उतर गए हैं जिसने दोनों रेल लाइनों को अवरुद्ध कर दिया है।

समाधान :

I. रेल अधिकारियों को घटनास्थल पर रेल ट्रैक साफ करने के लिए तत्काल अपने आदमी और उपकरण भेजने चाहिए।

II. दोनों दिशाओं से चल रही सभी ट्रेनों को अन्य मार्गों पर स्थानांतरित किया जाना चाहिए।

16. समस्या : ट्रांसपोर्टरों की हड़ताल ने दसवें दिन में प्रवेश कर लिया है तथा अनिवार्य वस्तुओं की लगातार कमी होती जा रही है, परंतु ट्रांसपोर्टरों के कड़े रुख में नरमी के कोई संकेत नहीं दिख रहे हैं।

समाधान :

I. सरकार को अनिवार्य वस्तुओं की आपूर्ति हेतु तत्काल वैकल्पिक व्यवस्था करनी चाहिए।

II. सरकार को तत्काल इस हड़ताल को गैर-कानूनी घोषित कर इसके लिए जिम्मेदार लोगों को जेल भेज देना चाहिए।

17. समस्या : इस महीने एक धर्मिक स्थान पर भीड़ उमड़ने की आशा है जो नागरिक सुविधाओं पर भारी दबाव डाल सकती है।

समाधान :

I. नागरिक प्रशासन को भीड़ पर नजर रखनी चाहिए एवं श्रद्धालुओं की संख्या को नियंत्रित किए जा सकने तक सीमित करना चाहिए।

II. इस दौरान क्षेत्रीय पुलिस को कानून-व्यवस्था बनाये रखने हेतु पूर्ण चौकस रहना चाहिए।

18. समस्या : इस वर्ष कई यात्री गाड़ियों में डाके और लूट की बहुत-सी घटनाएं हुई हैं।

समाधान :

I. रेल प्राधिकरण को तत्काल सभी यात्री गाड़ियों के प्रत्येक डिब्बे में एक पुलिस मैन को लगा देना चाहिए।

II. रेल से यात्रा करने वाले यात्रियों को प्रशिक्षण दिया जाना चाहिए कि डाकुओं और लुटेरों से कैसे निपटा जाए।

19. समस्या : बाढ़ से जिले के बहुत-से गांवों के बह जाने के कारण गांव वासियों के पास न तो खाना है न आश्रय है।

समाधान :

I. जिला प्रशासन को भोजन और दूसरी चीजों के साथ राहत दल को तत्काल प्रभावित क्षेत्रों में भेजना चाहिए।

II. पड़ोसी गांवों में रहने वाले लोगों को सुरक्षित स्थानों पर भेजा जाना चाहिए।

20. समस्या : कर्मचारियों को कठिन परिश्रम करना पड़ता है एवं वे कार्य के बोझ के कारण काफी थक जाते हैं।

समाधान :

I. संस्था को कुछ और कर्मचारियों की भर्ती कर लेनी चाहिए ताकि उनकी कार्यक्षमता बनी रहे।

II. कर्मचारी यदि कार्य में दबाव महसूस करें तो उन्हें और काम नहीं करना चाहिए एवं उन्हें अतिरिक्त स्टाफ की मांग करनी चाहिए।

उत्तर (हल/संकेत)

1. (d) I सलाह योग्य है क्योंकि यह इस प्रकार की दुर्घटनाओं के और होने को सीमित करेगा। II सलाह योग्य है क्योंकि यह दुर्घटना का कारण जानने में मदद करेगा।

2. (d) I एवं II दोनों उपयुक्त हैं क्योंकि ये योजना को ठीक-ठीक लागू करने के लिए आवश्यक चरण हैं।

3. (a) नई फसल के भंडारण के लिए तैयार होने के लिए सलाह-I योग्य है। II तर्कसंगत नहीं है।

4. (c) I समस्या को हाथ में लेने का सही तरीका नहीं है। क्योंकि यह कार्रवाई समस्या को कम करने में मदद नहीं करेगा। अत: I सलाह के योग्य नहीं है। उसी आधार पर II सलाह के योग्य नहीं है।

5. (a) I सलाह योग्य है क्योंकि इन संस्थाओं द्वारा सचेतता से वांछित उद्देश्य को पाने के लिए लोगों की भागीदारी बढ़ेगी। II तर्कसंगत नहीं है।

6. (b) चीनी के मूल्य में कमी से निश्चित रूप से उपभोक्ताओं को लाभ मिलेगा। लेकिन यह किसानों या सरकार के लिए वांछनीय नहीं भी हो सकता है। अत: I सलाह योग्य नहीं है। II अनुसरण करती है क्योंकि उच्च उत्पादन अंतर्राष्ट्रीय उपस्थिति को बढ़ाने का एक अवसर होता है।

7. (a) I में दी गई कार्यवाही एक सुरक्षा उपाय है इसलिए यह सलाह योग्य है। II बेतुका है तथा सलाह योग्य नहीं है।

8. (b) I एक व्यावहारिक तरीका नहीं है। II अनुसरण करता है क्योंकि नकली शराब बेचना एक आपराधिक कृत्य है।

9. (c) I सलाह योग्य नहीं है क्योंकि 40 प्रतिशत से कम मतदान पर पूरी चुनाव प्रक्रिया रद्द करने के संबंध में कोई नियम नहीं है। II मतदाताओं के लिए काफी कठोर उपाय है। इसलिए II भी सलाह योग्य नहीं है।

10. (d) I सलाह योग्य है क्योंकि यह गलत प्रश्न पत्र के शिकार विद्यार्थियों को एक अवसर देगा। II भी सलाह योग्य है क्योंकि गलत प्रश्नपत्र के लिए जिम्मेदार लोगों के विरुद्ध अनुशासनात्मक कार्रवाई इस प्रकार के दूसरे लोगों को एक सही संदेश देगी।

11. (a) I सलाह योग्य है क्योंकि यह समस्या को कुछ हद तक कम करेगा। II सलाह योग्य नहीं है क्योंकि लोगों को इस तरह की सलाह देना मूर्खतापूर्ण है।

12. (c) I सलाह योग्य नहीं है क्योंकि यह आखिरी कार्रवाई है। उपयोगिता कंपनी के सारे लाइसेंस तत्काल क्यों निलंबित किए जाने चाहिए? II सलाह योग्य नहीं है क्योंकि जलने के घावों से बचने के लिए लोगों को घटना की जगह से दूर रहना चाहिए क्योंकि जरूरी नहीं है कि लोग घर के भीतर ही रहें।

13. (a) I सलाह योग्य है क्योंकि यह विद्यार्थियों की मध्यवर्ती पाठ्यक्रमों में प्रवेश संबंधित समस्या को कम करेगा। II सलाह योग्य नहीं है क्योंकि यह केवल अधिशेष (surplus) विद्यार्थियों के बदले सभी विद्यार्थियों को सम- ावेशित करेगा। इसके अतिरिक्त, II एक अव्यावहारिक कार्यवाही है क्योंकि इससे विलंब भी होगा।

14. (d) II सलाह योग्य है क्योंकि नियमित पानी आपूर्ति में कमी पानी का संरक्षण करेगा जिसको पानी के संकट के दौरान उपयोग में लाया जा सकता है। I भी जरूरी है।

15. (d) I सलाह योग्य है क्योंकि यह रेलगाड़ियों के पुन: बिना किसी रुकावट के चलने को सुनिश्चित करता है। II सलाह योग्य है क्योंकि यह दूसरे यात्रियों की असुविधा को कम करेगा।

16. (a) इस तरह की हड़ताल से वस्तुओं के मूल्यों में वृद्धि हो सकती है तथा लोगों के लिए असुविधा उत्पन्न कर सकती है। इसलिए I सलाह योग्य है। II बहुत कमजोर है।

17. (d) नागरिक सुविधाओं की उपलब्धता को सुनिश्चित करने तथा स्थिति को नियंत्रित करने में I एवं II दोनों मदद करेगा। इसलिए I एवं II सलाह योग्य हैं।

18. (c) पुलिस मैन की कमी की वहज से I व्यावहारिक नहीं है। II मूर्खतापूर्ण है।

19. (c) I सलाह योग्य है क्योंकि कष्ट में लोगों के लिए राहत पैकेज दल सहायक होगा। II सलाह योग्य है क्योंकि आश्रय भी एक समस्या है।

20. (a) I अनुसरण करता है क्योंकि कर्मचारियों की क्षमता को बनाए रखना एक अच्छी संस्था का उद्देश्य होता है। II एक अमान्य कार्यवाही है और इसका अनुसरण नहीं होना चाहिए।

❑❑❑

अध्याय

18

विश्लेषण निर्णय

विश्लेषण निर्णय मध्याश्रित अनुमान (Deductive Mediate Inference) का वह रूप है जिसमें दिए गए दो या दो से अधिक कथनों के आधार पर निष्कर्ष निकाला जाता है। Syllogism एक ग्रीक (यूनानी) शब्द है जिसका शाब्दिक अर्थ अनुमान के आधार पर तर्क करना होता है, चाहे दिया गया कथन सत्य हो या न हो, फिर भी हम उन्हें सत्य मानेंगे और निष्कर्ष निकालेंगे।

1. **पद (Term) :** किसी वाक्य में उद्देश्य (Subject) तथा विधेय (Predicate) के रूप में प्रयुक्त होने वाले शब्द को पद कहते हैं। जैसे- रूही एक अच्छी लड़की है।
   यहां वाक्य में रूही, अच्छी तथा लड़की तीनों शब्द अलग-अलग पद हैं।
2. **उद्देश्य पद (Subject) :** वाक्य का ऐसा पद जिसके बारे में कहा गया हो, वह उद्देश्य पद होता है। जैसे- रूही अच्छी लड़की है।
   यहां पर रूही के बारे में कहा गया है कि वह अच्छी लड़की है, अत: रूही वाक्य का उद्देश्य पद हुआ।
3. **विधेय पद (Predicate):** वाक्य का ऐसा पद जो किसी की विशेषता बताता हो, उसे विधेय पद कहते हैं। जैसे- रूही अच्छी लड़की है।
   यहां पर हम देख रहे हैं कि रूही के बारे में कहा गया है कि वह अच्छी लड़की है, अत: यहां 'अच्छी लड़की' वाक्य विधेय पद है।
4. **मध्य पद (Middle term) :** जो पद दिये गये दो कथनों के बीच सम्बन्ध उभयनिष्ठ (Common) हो तथा दोनों के बीच सम्बन्ध स्थापित करते हों तथा इसकी अनुपस्थिति में कोई भी वैध निष्कर्ष (Conclusion) नहीं निकाला जा सकता है। ऐसे पद को मध्य पद कहते हैं। इसे सांकेतिक भाषा में M कहते हैं।
   विशेषताओं को ध्यान में रख़ते हुए तार्किक वाक्यों का वर्गीकरण दो प्रकार से किया गया है।
   A. सर्वव्यापी कथन (Universal Statement)
   B. अंशव्यापी कथन (Particular Statement)

A. सर्वव्यापी कथन (Universal Statement) : ऐसे कथन जिसमें सम्पूर्ण बात उद्देश्य (Subject) के बारे में कही गई हो उसे सर्वव्यापी कथन या वाक्य कहते हैं। ऐसे वाक्य हमेशा सभी या कोई से शुरू होते हैं तथा ये कर्त्ता से पूर्ण रूप से जुड़े हुए होते हैं।

जैसे - सभी बाघ बिल्लियां हैं। कोई बाघ बिल्ली नहीं है।

I. **सर्वव्यापी धनात्मक कथन (Universal Affirmative Statement) :** ऐसे कथन जिसमें सकारात्मक (Positive) अर्थ निकलता है उसे सर्वव्यापी धनात्मक कथन कहते हैं। इन कथनों का प्रारम्भ सभी, सब, हर एक से शुरू होता है इसे A से सूचित किया जाता है।
   जैसे- सभी बाघ बिल्लियां हैं।

II. **सर्वव्यापी ऋणात्मक कथन (Universal Negative Statement) :** ऐसे कथन जिससे नकारात्मक (Negative) अर्थ निकलता है उसे सर्वव्यापी ऋणात्मक कथन कहते हैं। इनका प्रारम्भ कोई नहीं या नहीं इत्यादि से शुरू होता है इसे E से प्रदर्शित करते हैं।
   जैसे - कोई बाघ बिल्ली नहीं है।

B. अंशव्यापी कथन (Particular Statement) : ऐसे वाक्य जिसमें उद्देश्य (Subject) के कुछ अंश के विषय में कहा जाता हो तो ऐसे वाक्य को अंशव्यापी वाक्य कहते हैं। ऐसे वाक्य हमेशा कुछ, कभी-कभी, अनेक, कुछ नहीं इत्यादि से शुरू होते हैं।

जैसे - कुछ बाघ बिल्लियां हैं, कुछ बाघ बिल्लियाँ नहीं हैं।

I. **अंशव्यापी धनात्मक कथन (Particular Affirmative Statement):** ऐसे अंशव्यापी वाक्य जिनसे सकारात्मक अर्थ निकलता है उसे अंशव्यापी धनात्मक कथन कहते हैं। ऐसे वाक्य कुछ, थोड़े से, अनेक इत्यादि से प्रारम्भ होते हैं। इसे I से प्रदर्शित किया जाता है।
   जैसे- कुछ बाघ बिल्लियां हैं।

II. **अंशव्यापी ऋणात्मक कथन (Particular Negative Statement):** ऐसे अंशव्यापी वाक्य जिनसे नकारात्मक (Negative) अर्थ निकलता है, उसे अंशव्यापी नकारात्मक वाक्य कहते हैं। ऐसे वाक्यों की शुरुआत कुछ नहीं, कोई नहीं इत्यादि से शुरू होती है। इसे O से प्रदर्शित किया जाता है।
   जैसे - कुछ बाघ बिल्लियां नहीं हैं।

पदों की व्यापकता (Distribution of Terms): किसी भी कथन में उपस्थित पद या तो व्याप्त होता है या अव्याप्त या दोनों व्याप्त या अव्याप्त हो सकते हैं।

I. **व्याप्त पद (Distributed Term):** किसी कथन में उपस्थित ऐसा पद जो अपने सम्पूर्ण व्यक्ति बोध में व्यवहार में आता है उसे व्याप्त पद कहते हैं।

II. **अव्याप्त पद (Undistributed Term):** किसी कथन में उपस्थित ऐसा पद जो अपने आंशिक व्यक्ति बोध में व्यवहार में आता है उसे अव्याप्त पद कहते हैं।
   परिवर्तन (Conversion): ऐसे अनुमान जिसमें कथन के उद्देश्य और विधेय के निष्कर्ष में आपस में परस्पर स्थान परिवर्तन हो जाता है। ऐसे अनुमान को परिवर्तन कहते हैं। अर्थात् यह ऐसा परिवर्तन है जिसमें कथन में उपस्थित उद्देश्य निष्कर्ष में विधेय हो जाता है तथा कथन में उपस्थित विधेय उद्देश्य हो जाता है।

परिवर्तन के तरीके

(a) परिवर्तन में कथन का उद्देश्य निष्कर्ष वाक्य में विधेय और कथन का विधेय निष्कर्ष वाक्य में उद्देश्य हो जाता है।

(b) जो गुण कथन या मूल वाक्य का होता है, वही गुण निष्कर्ष वाक्य का होता है। अर्थात् वाक्य सकारात्मक होने पर निष्कर्ष सकारात्मक तथा नकारात्मक होने पर निष्कर्ष नकारात्मक होता है। जो पद मूल वाक्य में अव्याप्त होता है वह पद निष्कर्ष में भी व्यक्त होता है। उसे निष्कर्ष में व्याप्त नहीं किया जा सकता है।

परिवर्तन (Conversion) मूलत: दो प्रकार का होता है-

A. सर्वव्यापी परिवर्तन (Universal Conversion)

B. अंशव्यापी परिवर्तन (Partial Conversion)

A. (I) सर्वव्यापी धनात्मक कथन का परिवर्तन
(Conversion of Universal Affirmative Statement)

सभी (A) —परिवर्तन→ कुछ (I)
(सर्वव्यापी सकारात्मक) (अंशव्यापी सकारात्मक)

जैसे -

कथन- सभी बाघ बिल्लियां हैं।

निष्कर्ष- कुछ बिल्लियां बाघ हैं।

यहां पर सर्वव्यापी सकारात्मक के परिवर्तन के बाद निष्कर्ष में अंशव्यापी सकारात्मक निकलता है।

A. (II) सर्वव्यापी ऋणात्मक कथन का परिवर्तन
(Conversion of Universal Negative Statement)

कोई नहीं (E) —परिवर्तन→ कोई नहीं (E)
(सर्वव्यापी नकारात्मक) (सर्वव्यापी नकारात्मक)

जैसे -

कथन- कोई बाघ बिल्ली नहीं है।

निष्कर्ष- कोई बिल्ली बाघ नहीं है।

यहां पर सर्वव्यापी नकारात्मक कथन का परिवर्तन के बाद निष्कर्ष सर्वव्यापी नकारात्मक में निकलता है।

B. (I) अंशव्यापी धनात्मक कथन का परिवर्तन
(Conversion of Particular Affirmative Statement)

कुछ (I) —परिवर्तन→ कुछ (I)
(अंशव्यापी सकारात्मक) (अंशव्यापी सकारात्मक)

जैसे -

कथन- कुछ बाघ बिल्लियां हैं।

निष्कर्ष- कुछ बिल्लियां बाघ हैं।

यहां पर अंशव्यापी सकारात्मक कथन का परिवर्तन के बाद निष्कर्ष अंशव्यापी सकारात्मक में निकलेगा।

B. (II) अंशव्यापी ऋणात्मक कथन का परिवर्तन
(Conversion of Particular Negative Statement)

कुछ नहीं (O) —परिवर्तन→ कोई परिवर्तन नहीं होगा

जैसे-

कथन- कुछ बाघ बिल्लियां नहीं हैं।

निष्कर्ष- कुछ भी नहीं निकलेगा।

यहां पर अंशव्यापी नकारात्मक के परिवर्तन के बाद निष्कर्ष कुछ भी नहीं निकलेगा।

हल करने के तरीके : Syllogism से सम्बन्धित प्रश्नों को सामान्यतः दो विधियों द्वारा हल किया जाता है-

1. विश्लेषणात्मक विधि (Analytical Method)
2. वेन आरेख विधि (Venn-Diagram Method)

1. विश्लेषणात्मक विधि (Analytical Method) : इस विधि में दिए गए कथनों को सबसे पहले पंक्तिबद्ध कर लेंगे। आप देखेंगे कि दो तर्क वाक्यों में हमेशा एक उभयनिष्ठ (Common) पद होता है जो मध्य पद (Middle) कहा जाता है और उसी की सहायता से निष्कर्ष निकाला जाता है।

सभी बाघ बिल्लियां हैं।

कुछ बिल्ली कुत्ते हैं।

यहां बिल्ली उपर्युक्त वाक्यों का मध्य पद है। स्पष्ट है कि दो कथन इस तरह के होने चाहिए कि मध्य पद पहले कथन का विधेय और दूसरे कथन का कर्त्ता हो।

Syllogism बनाने के तरीके :

दिए गए कथनों में मध्य पद का होना परम आवश्यक होता है। उसके बिना निष्कर्ष नहीं निकाला जा सकता है।

I. सभी कापी पेन हैं।
II. सभी मोबाइल कम्प्यूटर हैं।

निष्कर्ष - कुछ भी नहीं।

1. यहां हम देख रहे हैं कि उपर्युक्त कथनों में कोई भी पद उभयनिष्ठ (Common) नही है यानी कोई भी मध्य पद नहीं है अतः Syllogism के नियम से कोई निष्कर्ष नहीं निकाला जा सकता है।

2. दिए गए कथनों में मध्य पद के पूर्ण समग्रवाची (Completely distributed) होने पर ही वैध निष्कर्ष निकाला जा सकता है।

I. सभी लड़कियां महिलाएँ हैं।
II. सभी महिलाएं शिक्षित हैं।

निष्कर्ष - I. सभी लड़कियां शिक्षित हैं।
II. कुछ शिक्षित लड़कियां हैं।

यहां मध्य पद महिलाएं पूर्ण व्यापक हैं। अतः निष्कर्ष सभी लड़कियां शिक्षित हैं , एक वैध निष्कर्ष है। जबकि निष्कर्ष II कुछ शिक्षित लड़कियां हैं निष्कर्ष I का एक वैध परिवर्तन (Conversion) है। अतः निष्कर्ष I तथा II दोनों तर्क संगत रूप से कथन को अनुसरण कर रहे हैं।

3. अगर निष्कर्ष में मध्य पद आता है तो निष्कर्ष अवैध होता है।

I. सभी लड़के चालाक हैं।
II. सभी चालाक शिक्षित हैं।

निष्कर्ष - I. सभी चालाक लड़के हैं।
II. सभी शिक्षित चालाक हैं।

यहां पर निष्कर्ष में मध्य पद नहीं आना चाहिए, क्योंकि इससे निष्कर्ष अधिक व्यापक हो जाता है जो कि निगमनात्मक अनुमान के विरूद्ध है। यहां दोनों निष्कर्ष में मध्य पद चालाक का प्रयोग हुआ है।

अतः नियमानुसार दोनों निष्कर्ष अवैध हैं।

4. यदि दिये गये कथनों में से पहला कथन अंशव्यापी धनात्मक तथा दूसरा कथन सर्वव्यापी धनात्मक हो तथा मध्य पद व्याप्त हो, तो निष्कर्ष हमेशा अंशव्यापी धनात्मक में निकाले जाते हैं।

कथन- I. कुछ पक्षी हाथी हैं।
II. सभी हाथी पहलवान हैं।

निष्कर्ष- I. कुछ पक्षी पहलवान हैं।
II. कुछ पक्षी पहलवान नहीं हैं।

यहां पर निष्कर्ष I में पक्षी पहलवान हैं। यह उपर्युक्त कथनों का एक वैध निष्कर्ष है। जबकि निष्कर्ष II 'कुछ पक्षी पहलवान नहीं हैं' यह एक अवैध निष्कर्ष है क्योंकि धनात्मक कथनों से नकारात्मक निष्कर्ष नहीं निकाले जा सकते हैं।

5. यदि दिये गये कथनों में से दोनों कथन पूर्णव्यापी नकारात्मक हो, तो न्याय के नियम के अनुसार कोई वैध निष्कर्ष नहीं निकाले जा सकते हैं।

कथन - I. कोई लड़की मां नहीं है।
II. कोई मां विद्यार्थी नहीं है।

निष्कर्ष - कोई निष्कर्ष नहीं निकलता है।

2. वेन आरेख विधि (Venn-Diagram Method) : इस विधि से हम Syllogism के वैध निष्कर्ष तक शुद्धता के साथ तथा न्यूनतम अवधि में पहुंच सकते हैं। इस विधि में प्रश्नों को हल करने के लिए अत्यंत महत्त्वपूर्ण है कि कथनों को पूरी तरह समझकर ही पूरी शुद्धता के साथ आरेख खींचे।

हल सहित उदाहरण

उदाहरण 1. (a) सभी चीतें अण्डे देते हैं।
(b) सभी बिल्लियां अण्डे देती हैं।
(c) कुछ बिल्लियां उड़ सकती हैं।
(d) सभी चीतें उड़ नहीं सकते हैं।
(E) सभी चीतें बिल्लियां हैं।
(F) सभी चीतें तैर नहीं सकते हैं।

(a) BEA (b) ABE
(c) DEC (d) ECD

हल: (a) प्रस्तुत प्रश्न में यह स्पष्ट है कि अनुक्रमांक BEA सर्वाधिक उपयुक्त है। क्योंकि यदि सभी बिल्लियां अण्डे देती हैं यह सत्य है तो यह भी सत्य है कि सभी चीतें बिल्लियां हैं। तो यह भी सत्य होगा कि सभी चीते अण्डे देते हैं।

उदाहरण 2. कथन : कुछ बैग, पर्स है
सभी पर्स, कंटेनर है।

निष्कर्ष : I. कुछ बैग कंटेनर है।
II. कुछ पर्स, बैग नहीं है।
III. कोई पर्स, कंटेनर नहीं है।
IV. सभी बैग कंटेनर है।

दिए गए निष्कर्षों में से तर्क के आधार पर कौन-सा तर्क कथन के तर्क संगत है?

कूट :
(a) केवल I (b) केवल II
(c) दोनों I और II (d) I, II और IV

हल: (a) यहां, B = बैग
P = पर्स
C = कंटेनर

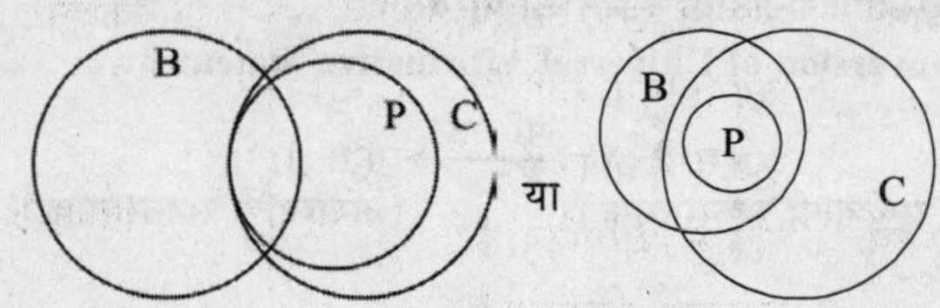

अत: दोनों वेन आरेख से स्पष्ट है कि कुछ बैग कंटेनर हैं।

उदाहरण 3. कथन : सभी इमारतें वर्षा हैं।
सभी कागज इमारतें हैं।
सभी कुत्ते कागज हैं।

निष्कर्ष : I. सभी कुत्ते वर्षा हैं।
II. कोई कागज वर्षा नहीं है।
III. कुछ वर्षा इमारतें हैं।
IV. कुछ वर्षा कागज हैं।

कूट :
(a) I और II
(b) I, III और IV
(c) II और III
(d) उपरोक्त में से कोई नहीं

हल : (b) यहां, R = वर्षा
B = इमारतें
P = कागज
D = कुत्ते

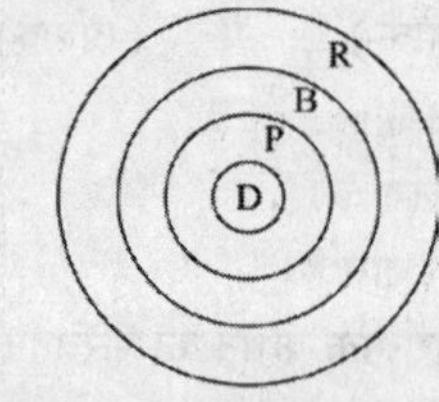

प्रश्नमाला

निर्देश (प्र. 1–15): नीचे प्रत्येक प्रश्न में दो या दो से अधिक कथन दिए गए हैं तथा उसके बाद दो या दो से अधिक निष्कर्ष दिए गए हैं। जो उस दिए गए कथन पर आधारित तथ्यों के अनुसार निकाले गए हैं। आपको कथन में दिए गए वक्तव्यों को बिल्कुल सही मानना है चाहे वह कितना भी काल्पनिक या अतर्कपूर्ण दिखता हो। कथनों को ध्यानपूर्वक पढ़ें तथा पता करें कि कौन-सा निष्कर्ष दिए गए कथन के अनुसार तर्कसंगत है?

(a) केवल निष्कर्ष-I
(b) केवल निष्कर्ष-II
(c) निष्कर्ष-I और निष्कर्ष-II दोनों
(d) न निष्कर्ष-I न निष्कर्ष-II
(e) या निष्कर्ष-I या निष्कर्ष-II

1. कथन: सभी बसें मोटर हैं।
कोई मोटर ट्रेन नहीं है।
कुछ ट्रेनें साइकिल हैं।

निष्कर्ष: I. कोई बस ट्रेन नहीं है।
II. कुछ साइकिलें मोटर हैं।

2. कथन: कुछ खाट गोपियां हैं।
कुछ गोपियां खटाई हैं।

निष्कर्ष: I. कुछ गोपियां खाट हैं।
II. कुछ गोपियां खटाई हैं।

3. कथन: सभी पिल्ले गधे हैं।
सभी कुत्ते गधे हैं।

निष्कर्ष: I. सभी पिल्ले कुत्ते हैं।
II. सभी गधे पिल्ले हैं।

4. कथन: सभी रोटियां दाल हैं।
कुछ सब्जी रोटी हैं।

निष्कर्ष: I. कुछ सब्जी दाल हैं।
II. कोई दाल सब्जी नहीं है।

5. कथन: कुछ रोटी लोटी हैं।
कोई लोटी पैन नहीं है।

निष्कर्ष: I. कुछ रोटी पैन हैं।
II. कोई रोटी पैन नहीं है।

6. कथन: सभी खिलौने रबड़ हैं।
सभी रबड़ इंपोर्टेड हैं।

निष्कर्ष: I. सभी खिलौने इंपोर्टेड हैं।
II. कुछ इंपोर्टेड रबड़ नहीं हैं।

7. कथन: कुछ किताबें कॉपी हैं।
कुछ कॉपी स्याही हैं।
सभी स्याही नींब हैं।

निष्कर्ष: I. कुछ किताबें स्याही हैं।
II. कुछ किताबें नींब हैं।

8. कथन: कुछ तोते कुत्ते हैं।
सभी कुत्ते रेत हैं।
सभी रेत राख हैं।

निष्कर्ष: I. सभी तोते राख हैं।
II. सभी कुत्ते राख हैं।

9. कथन: कुछ अंगुलियां चिड़ियां हैं।
कुछ चिड़ियां हाथी हैं।
कुछ हाथी अंगारे हैं।

निष्कर्ष: I. कुछ अंगारे चिड़ियां हैं।
II. कुछ हाथी अंगुलियां हैं।

10. कथन: सभी पेन हाथ हैं।
कुछ हाथ छड़ी हैं।
कुछ छड़ी ड्रग्स हैं।

निष्कर्ष: I. कुछ ड्रग्स पैन हैं।
II. कुछ छड़ी हाथ हैं।

11. कथन: सभी शहर देश हैं।
सभी महादेश शहर हैं।
सभी जिला देश हैं।

निष्कर्ष: I. कुछ महादेश देश नहीं हैं।
II. कोई जिला महादेश नहीं है।

12. कथन: कुछ कमीजें पैंट हैं।
कोई पैंट मोजे नहीं हैं।

निष्कर्ष: I. कुछ कमीजें मोजे हैं।
II. कुछ मोजे पैंट हैं।

13. कथन: सभी चम्मच लड़के हैं।
सभी लड़के शैतान हैं।

निष्कर्ष: I. कुछ शैतान चम्मच हैं।
II. सभी चम्मच शैतान हैं।

14. कथन: कुछ नर्स यंग हैं।
सभी यंग लड़की हैं।

निष्कर्ष: I. सभी नर्स लड़की हैं।
II. कुछ लड़की नर्स हैं।

15. कथन: कुछ वोट नोट हैं।
कुछ नोट मटन हैं।

निष्कर्ष: I. कोई बंसी वोट नहीं है।
II. कुछ वोट मटन हैं।

उत्तर (हल/संकेत)

1. (a)

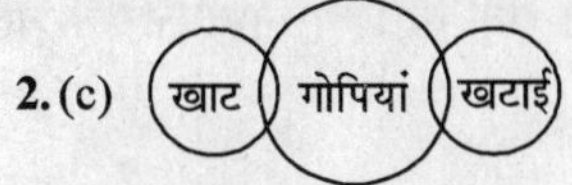

केवल निष्कर्ष I अनुसरण कर रहा है।

2. (c)

निष्कर्ष I तथा II अनुसरण कर रहे हैं।

3. (d)

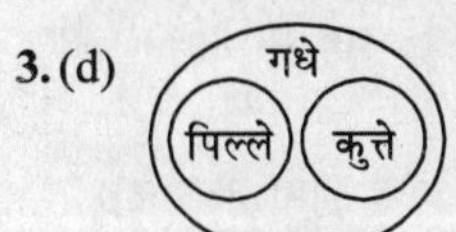

दोनों में से कोई भी निष्कर्ष अनुसरण नहीं कर रहा है।

4. (a)

केवल निष्कर्ष I अनुसरण कर रहा है।

5. (e)

या

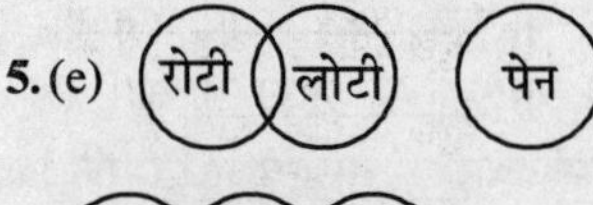

अत: या तो निष्कर्ष I या II अनुसरण करता है।

6. (a)

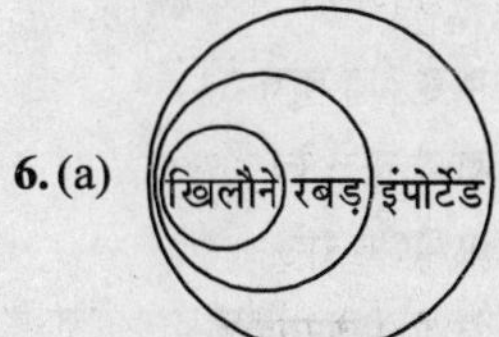

निष्कर्ष I अनुसरण कर रहा है।

7. (d)

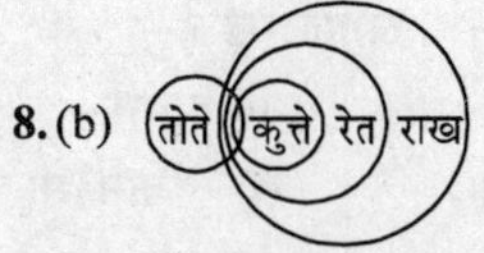

दोनों में से कोई भी निष्कर्ष अनुसरण नहीं कर रहा है।

8. (b)

निष्कर्ष II अनुसरण कर रहा है।

9. (d)

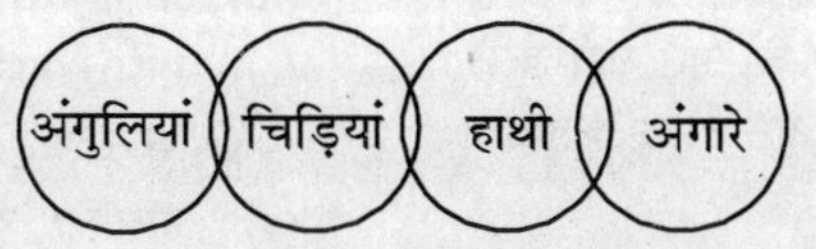

दोनों में से कोई भी निष्कर्ष अनुसरण नहीं कर रहा है।

10. (b)

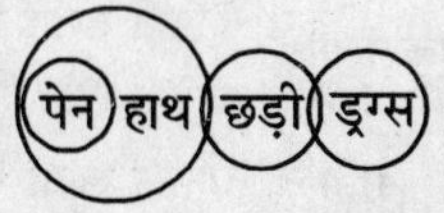

केवल निष्कर्ष II अनुसरण कर रहा है।

11. (d)

दोनों में से कोई भी निष्कर्ष अनुसरण नहीं कर रहा है।

12. (d)

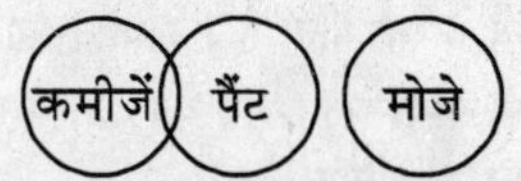

दोनों में से कोई भी निष्कर्ष अनुसरण नहीं कर रहा है।

13. (c)

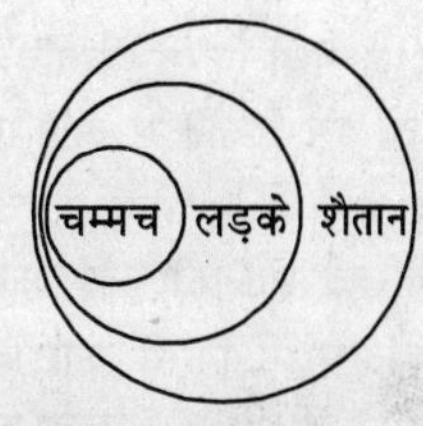

दोनों निष्कर्ष I, II अनुसरण कर रहे हैं।

14. (e)

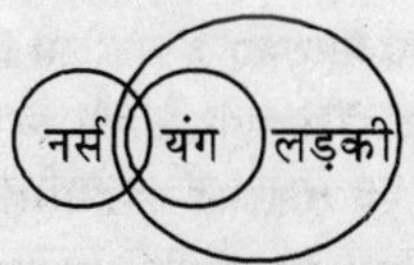

केवल या तो निष्कर्ष I या II अनुसरण कर रहा है।

15. (a)

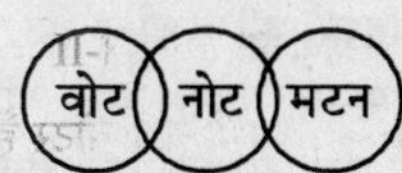

केवल निष्कर्ष I अनुसरण कर रहा है। लेकिन यह अनुमानित है क्योंकि बंसी मूल वाक्य में निहित नहीं है।

❑❑❑

अध्याय

19

निर्णायक क्षमता

'निर्णायक क्षमता' से सम्बन्धित प्रश्नों में किसी विषय, वस्तु अथवा व्यक्ति से सम्बद्ध जानकारी दी गई होती है जिसे आँकड़े कहते हैं।

निर्णय–किसी व्यक्ति, विषय या वस्तु के सन्दर्भ में उपलब्ध पूर्ण जानकारियों के आधार पर उचित परिणाम तक पहुँचना निर्णय कहलाता है।

इस प्रकार की परीक्षा में प्रश्न किसी समस्या से जुड़ा होता है जिसके समाधान के लिए कुछ विशेष परिस्थितियाँ या शर्तें दी गई होती हैं। दी गई शर्तों पर विचार करते हुए निर्णय करना होता है कि कौन-सा प्रश्न के अनुसार सही निर्णय होगा।

'निर्णय' से सम्बन्धित प्रश्नों को हल करने के लिए कुछ महत्वपूर्ण बातों का याद रखना अति आवश्यक है।

(i) सर्वप्रथम प्रश्न को ध्यानपूर्वक पढ़कर उसका आकलन करें।

(ii) प्रश्न में अभ्यर्थी के विषय में दी गई जानकारी को स्पष्टता से समझें।

(iii) यदि अभ्यर्थी के चयन के सम्बन्ध में सारी शर्तें सत्य हैं, तो उसका चयन हो जायेगा, जिसके लिए ये शर्तें दी गई हैं :

(iv) यदि अभ्यर्थी किसी वास्तविक या प्राथमिक शर्त को पूरा नहीं करता है, तो इस स्थिति में अतिरिक्त शर्त की ओर देखा जाता है।

(v) यदि अभ्यर्थी प्राथमिक या वास्तविक शर्त को पूरा कर लेता है, तो अतिरिक्त शर्त की कोई आवश्यकता नहीं पड़ती है।

(vi) यदि अभ्यर्थी किसी कारणवश वास्तविक शर्त को पूरा नहीं कर पाता है तो ही अतिरिक्त शर्तों को पूरा करने पर उसके अनुसार निर्णय लिया जाता है।

(vii) यदि किसी अभ्यर्थी द्वारा वास्तविक शर्त को पूरा नहीं किया गया है तो उस स्थिति में 'आँकड़े अपर्याप्त' होते है।

(viii) यदि अभ्यर्थी दो या दो से अधिक प्राथमिक या वास्तविक शर्तों को पूरा नहीं करता है और दोनों की अतिरिक्त शर्त ही पूरी करता है, तो इस स्थिति में अभ्यर्थी का उस पद के लिय चयन जिसके लिए शर्तें दी गई हैं, नहीं किया जायेगा।

(ix) यदि प्रश्न में प्राथमिक या वास्तविक शर्त की चर्चा न की गई हो, तो उस स्थिति में 'आँकड़ा अपर्याप्त' माना जायेगा।

(x) यदि प्रश्न में प्राथमिक या वास्तविक शर्तों की चर्चा न हो लेकिन, उस शर्त की चर्चा अतिरिक्त शर्तों के साथ जुड़ी हो, तो इस प्रकार की परिस्थिति में भी 'आँकड़ों को अपर्याप्त' माना जायेगा।

(xi) यदि प्राथमिक या वास्तविक शर्त में किसी अभ्यर्थी के चयन के लिए किसी विषय में 60% अंक अनिवार्य हों और यदि प्रश्न में प्रतिशत की चर्चा न की गई हो या शर्तें न दी गई हों, तो 'आँकड़ा अपर्याप्त' होगा, परन्तु यदि प्रश्न में 60% से कम अंक दिए गए हैं तो उस अभ्यर्थी का चयन नहीं होगा, लेकिन यदि अतिरिक्त शर्तें इसके साथ जुड़ी हुई हों और उसे पूरा कर रही हों, तो अतिरिक्त शर्तों के आधार पर अभ्यर्थी का चयन किया जा सकता है।

'निर्णय' से सम्बन्धित प्रश्नों को और अधिक सरल ढंग से प्रस्तुत कर उनका स्पष्टीकरण नीचे किया जा रहा है जिससे परीक्षार्थियों के मन में किसी भी प्रकार का संदेह उत्पन्न न हो, क्योंकि संदेह की स्थिति में अक्सर इस प्रकार के प्रश्नों को हल करने में गलतियाँ हो जाती हैं।

हल सहित उदाहरण

निर्देश (प्र. 1 से 4 तक): नीचे दी गई जानकारी का ध्यानपूर्वक अध्ययन करके उससे सम्बन्धित प्रश्नों के उत्तर दीजिए–

विकास लि. कं. ने ट्रेनी इंजीनियरों की भर्ती के लिए निम्नलिखित शर्तें लगाई गई हैं–

उम्मीदवार–

(i) कम-से-कम 60% अंकों सहित इंजीनियरिंग ग्रेजुएट होना चाहिए।

(ii) 01-05-2010 को 21 वर्ष से कम और 25 वर्ष से अधिक आयु न हो।

(iii) ने कम-से-कम चयन परीक्षा में 50% अंक प्राप्त किए हों।

(iv) ₹ 50,000 की जमानत राशि देने को तैयार हो, जो प्रशिक्षण पूरा होने पर लौटाई जायेगी।

(v) हालाँकि, यदि उम्मीदवार ऊपर दिए गए सभी मानदण्डों को पूरा करता हो, सिवाय

(a) उपरोक्त (i) के, लेकिन अन्तिम सत्र की परीक्षा में बैठा हो और पहले सात सत्रों में कुल मिलाकर न्यूनतम 65% अंक मिले हों, तो उसका मामला कम्पनी के (वाइस प्रेसिडेन्ट) को भेजा जायेगा।

(b) उपरोक्त (iv) में लेकिन कम-से-कम ₹ 25,000 देने को तैयार हो और इंजीनियरिंग डिग्री में कम-से-कम 70% अंक प्राप्त हों, तो उसका मामला कम्पनी के महा प्रबन्धक को भेजा जायेगा।

निम्नलिखित प्रत्येक प्रश्न में प्रत्येक उम्मीदवार के सम्बन्ध में विवरण दिया गया है। आपको ऊपर उपलब्ध कराई गई सूचना व शर्तों के आधार पर निर्णय करना है। आपको प्रत्येक प्रश्न में उपलब्ध कराई गई सूचना के अतिरिक्त अपनी ओर से कोई अनुमान नहीं लगाना है।

उत्तर दीजिए–

(a) यदि उम्मीदवार का चयन किया जाना है

(b) यदि मामला महाप्रबन्धक को भेजा जाना है

(c) यदि मामला वाइस प्रेसीडेन्ट को भेजा जाना है

(d) यदि उपलब्ध कराया गया डाटा निर्णय लेने के लिए अपर्याप्त है

उदाहरण 1. विकास ने वर्ष 2009 में 22 वर्ष की आयु में 68% अंकों सहित कम्प्यूटर इंजीनियरिंग में बी. टेक. की परीक्षा पास की है और वह पिछले छः महीने से एक प्राइवेट इंजीनियरिंग कम्पनी में काम कर रहा है। उसने चयन परीक्षा में 63% अंक प्राप्त किए है। वह डिपॉजिट के रूप में ₹ 50,000 अदा करने को तैयार है।

हलः (a) विकास ऊपर दी गई सभी शर्तें पूरी करता है। अत: विकास का चयन किया जायेगा।

उदाहरण 2. विजय ने हाल ही में 23 वर्ष की उम्र में मैकेनिकल इंजीनियरिंग की डिग्री 70% अंकों सहित पास की है। उसने चयन परीक्षा में 61% अंक प्राप्त किए हैं। वह केवल ₹ 25,000 अदा करने को तैयार है।

हल : (b) विजय शर्त (iv) को छोड़कर बाकी सभी शर्त पूरी करता है, साथ ही अतिरिक्त शर्त (b) के अनुसार ₹ 25,000 देने को तैयार है तथा उसने इंजीनियरिंग डिग्री में 70% अंक भी प्राप्त किए हैं। अत: यह मामला महा प्रबन्धक को भेजा जायेगा।

उदाहरण 3. प्रदीप कुमार ने 66% अंकों सहित वर्ष 2008 में इंजीनियरिंग की डिग्री प्राप्त की है। उसने चयन परीक्षा में 59% अंक प्राप्त किए हैं। वह आवश्यक जमानत राशि जमा करने को तैयार है।

हलः (d) प्रदीप कुमार की उम्र के बारे में कोई जानकारी नहीं दी गई है। अतः उपलब्ध डाटा निर्णय लेने के लिए अपर्याप्त है।

उदाहरण 4. विजय हजारे अन्तिम चरण की इंजीनियरिंग डिग्री परीक्षा में बैठा है और उसे कम-से-कम 70% अंक आने की उम्मीद है। पहले सात चरणों की परीक्षा में उसका कुल स्कोर 72% है। वह 21 वर्ष का है। उसने चयन परीक्षा में 63% अंक प्राप्त किए हैं और जमानत के रूप में ₹ 50,000 देने को तैयार है।

हल : (c) विजय हजारे शर्त (i) को छोड़कर शेष सभी शर्तों को पूरा करता है तथा अतिरिक्त शर्त (a) के अनुसार पहले सात चरणों में 72% (65% से अधिक) अंक भी प्राप्त किए हैं। अत: यह मामला कम्पनी के वाइस प्रेसीडेन्ट को भेजा जायेगा।

निर्देश (प्र. 5 से 10 तक)–नीचे दी गई जानकारी को ध्यानपूर्वक पढ़कर पूछे हुए प्रश्नों के उत्तर दीजिए–

एक संस्था में सहायक महाप्रबंधक-HR का चयन करने की शर्तें नीचे दी गई हैं।

उम्मीदवार–

(i) 01-05-2010 को कम-से-कम 40 वर्ष का और अधिक-से-अधिक 50 वर्ष का हो।

(ii) कम से कम 60 प्रतिशत अंकों के साथ कार्मिक प्रबंधन/HR में पोस्ट ग्रेजुएट हो।

(iii) को योग्यता प्राप्ति के बाद कम-से-कम पन्द्रह वर्ष का कार्य अनुभव हो, जिसमें से वह कम-से-कम 5 वर्ष तक किसी संस्था में वरिष्ठ प्रबन्धक कर रहा हो।

(iv) ने पिछली तीन वर्षों के दौरान अपनी संस्था में HR सिस्टम सफलतापूर्वक लागू किया हो।

(v) को चयन प्रक्रिया में कम-से-कम 45% अंक मिले हों।

यदि कोई उम्मीदवार सभी शर्तें पूरी करता हो सिवाय–

(a) उपर्युक्त (ii) के, लेकिन उसे पोस्ट ग्रेजुएशन में कम-से-कम 50% अंक और चयन प्रक्रिया में कम से कम 65% अंक मिले हों, तो यह मामला कार्यपालक निदेशक को भेजा जायेगा।

(b) उपर्युक्त (iii) के, लेकिन योग्यता प्राप्ति के बाद कम से कम 12 वर्ष का कार्य अनुभव हो, जिसमें से वह किसी संस्था में कम-से-कम 8 वर्ष तक वरिष्ठ प्रबन्धक-HR रहा हो, तो यह मामला अध्यक्ष को भेजा जायेगा।

नीचे प्रत्येक प्रश्न में एक उम्मीदवार का ब्यौरा दिया गया है। आपको उपलब्ध कराई गई जानकारी, शर्तों व अतिरिक्त शर्तों के आधार पर निर्णय लेना है। प्रत्येक प्रश्न में दी गई जानकारी के अतिरिक्त आपको और कोई अनुमान नहीं लगाना है।

उत्तर दीजिए–

(a) यदि उम्मीदवार का चयन किया जाना है

(b) यदि उम्मीदवार का चयन नहीं किया जाना है

(c) यदि उपलब्ध कराया गया डाटा प्रश्न का उत्तर देने के लिए पर्याप्त नहीं है

(d) यदि मामला कार्यपालक निर्देशक को भेजा जायेगा

उदाहरण 5. प्रणव घोष का जन्म 8 मार्च, 1968 को हुआ था। 68% अंकों के साथ HR में पोस्ट ग्रेजुएशन करने के बाद वह पिछले अठारह वर्षों से एक संस्था में काम कर रहा है जिसमें से पिछले सात वर्ष से वरिष्ठ प्रबन्धक HR है। उसने पिछले वर्ष अपनी संस्था में सफलता पूर्वक HR सिस्टम लागू किया है। चयन प्रक्रिया में उसे 50% अंक मिले हैं।

हलः (a) प्रणव घोष ऊपर दी गई सभी शर्तों को पूरी करते हैं अतः इनका चयन सहायक महाप्रबन्धक-HR के रूप में होगा।

उदाहरण 6. शीतल झा 70% अंकों के साथ कार्मिक प्रबन्धन में पोस्ट ग्रेजुएश न करने के बाद पिछले 20 वर्ष से एक संस्था में काम रही हैं जिसमें से दस वर्ष से वह वरिष्ठ प्रबन्धक-HR है। उनका जन्म 2 दिसम्बर, 1965 को हुआ था। उन्हें चयन प्रक्रिया में 65% अंक मिले हैं।

हलः (c) शीतल झा के बारे में शर्त (iv) के विषय में कोई भी जानकारी नहीं दी गई है। अतः उपलब्ध डाटा प्रश्न का उत्तर देने के लिए पर्याप्त नहीं है।

उदाहरण 7. प्रवीण सेन गुप्ता का जन्म 8 मई, 1963 को हुआ था। चयन प्रक्रिया में उसे 65% अंक मिले हैं। 55% अंक प्राप्त कर HR में पोस्ट ग्रेजुएशन करने के बाद वह पिछले पन्द्रह वर्ष से एक संस्था में काम कर रहा है। जिसमें से 12 वर्ष वह वरिष्ठ प्रबन्धक HR रहा है। पिछले दो वर्षों के दौरान उसने अपनी संस्था में HR सिस्टम को सफलतापूर्वक लागू किया है।

हलः (d) प्रवीण सेन गुप्ता शर्त (ii) पूरी नहीं करते है, परन्तु वे अतिरिक्त शर्त (a) कि चयन प्रक्रिया में उन्हें 65% अंक मिले हैं पूरी करते हैं इसलिए यह मामला कार्यपालक निर्देशक के पास भेजा जायेगा।

उदाहरण 8. नवीन चोपड़ा का जन्म 12 जून, 1967 को हुआ था। 75% अंकों के साथ कार्मिक प्रबन्धन में पोस्ट ग्रेजुएशन करने के बाद वह पिछले 16 वर्ष से कार्यरत् है जिसमें से 7 वर्ष वह वरिष्ठ प्रबन्धक-HR रहा है। उसे चयन प्रक्रिया में 44% अंक मिले हैं। उसने पिछले वर्ष अपनी संस्था में सफलतापूर्वक HR-सिस्टम लागू किया है।

हलः (b) नवीन चोपड़ा शर्त (v) पूरी नहीं करता है, क्योंकि चयन के लिए उसे चयन प्रक्रिया में 45% अंक चाहिए, अतः नवीन चोपड़ा का चयन नहीं होगा।

उदाहरण 9. मीरा कुलकर्णी 66 प्रतिशत अंक लेकर कार्मिक प्रबन्धन में पोस्ट ग्रेजुएशन करने के पश्चात् पिछले 17 वर्ष से काम कर रही है जिसमें से वह 8 वर्ष वरिष्ठ प्रबन्धक-HR रही है। पिछले 2 वर्ष के दौरान उसने अपनी संस्था में HR-सिस्टम सफलतापूर्वक लागू किया है उसे चयन प्रक्रिया में 49% अंक मिले हैं उसका जन्म 14 दिसम्बर, 1971 को हुआ है।

हलः (b) मीरा कुलकर्णी की आयु 40 वर्ष से कम है अतः इनका चयन नहीं किया जायेगा।

उदाहरण 10. आकाश शास्त्री का जन्म 12 अप्रैल, 1967 को हुआ था। 58% अंकों के साथ पोस्ट ग्रेजुएशन करने के पश्चात् वह पिछले 16 वर्षों से एक संस्था में काम कर रहा है। जिसमें से 6 वर्ष वह वरिष्ठ प्रबन्धक-HR रहा है उसने पिछले वर्ष अपनी संस्था में सफलतापूर्वक HR-सिस्टम लागू किया है। उसे चयन प्रक्रिया में 65% अंक मिले हैं।

हल : (d) आकाश शास्त्री सिर्फ (ii) शर्त पूरी नहीं करता है, परन्तु उसके स्थान पर अतिरिक्त शर्त (a) पूरी करता है अत: इसका मामला कार्यपालक निर्देशक को भेजा जायेगा।

प्रश्नमाला

निर्देश–(प्र. 1 से 4 तक) निम्नलिखित जानकारी को ध्यान से पढ़िए और नीचे दिए गए प्रश्नों के उत्तर दीजिए–

एक संस्था में प्रबन्धक–HR का चयन करने की शर्तें दी गई हैं–

उम्मीदवार–

(i) यथा 1-3-2012 को कम-से-कम 30 वर्ष का और 35 वर्ष से अधिक का न हो।

(ii) को ग्रेजुएशन में किसी भी अनुशासन में कम-से-कम 60 प्रतिशत अंक मिले हों।

(iii) को कार्मिक प्रबंधन/HR में पोस्ट ग्रेजुएट डिग्री/डिप्लोमा में कम-से-कम 65 प्रतिशत अंक मिले हों।

(iv) को किसी संस्था के कार्मिक/HR विभाग में योग्यता प्राप्ति के बाद कम-से-कम पाँच वर्ष का कार्य अनुभव हो।

(v) को चयन प्रक्रिया में कम-से-कम 50 प्रतिशत अंक मिले हों।

उस उम्मीदवार के मामले में जो उपर्युक्त सभी शर्तें पूरी करता हो सिवाय–

(a) उपर्युक्त (ii) के, लेकिन उसे ग्रेजुएशन में किसी भी अनुशासन में कम-से-कम 55 प्रतिशत अंक मिले हों और कार्मिक प्रबन्ध/HR में पोस्ट ग्रेजुएट डिग्री/डिप्लोमा में कम-से-कम 70 प्रतिशत अंक मिले हों, तो मामला GM-HR को भेजा जाएगा।

(b) उपर्युक्त (iv) के, लेकिन योग्यता प्राप्ति के बाद कम से कम चार वर्ष का कार्य अनुभव हो और उसमें कम-से-कम दो वर्ष उप-प्रबन्धक-HR के तौर पर रहा हो, तो मामला प्रेसीडेन्ट-HR एवं उपशर्तों को भेजा जाएगा।

नीचे प्रत्येक प्रश्न में एक उम्मीदवार का ब्योरा दिया गया है, उपलब्ध कराई गई इस जानकारी और ऊपर दी गई शर्तों के आधार पर आपको निम्नलिखित में से एक कार्यवाही करनी होगी, उस कार्यवाही की संख्या को अपने उत्तर के रूप में दर्शाइए। प्रत्येक प्रश्न में दी गई सूचना के अलावा आपको और कोई अनुमान नहीं लगाना है। ये सभी मामले आपको और अनुमान नहीं लगाना है। ये सभी मामले आपको यथा 1-3-2012 दिए गए हैं।

उत्तर दीजिए–

(a) यदि उम्मीदवार का चयन **नहीं** किया जाना है

(b) यदि उपलब्ध कराया गया डाटा निर्णय लेने के लिए पर्याप्त नहीं है

(c) यदि मामला GM-HR को भेजा जाएगा

(d) यदि उम्मीदवार का चयन किया जाना है

1. रीता भट्ट का जन्म 25 जुलाई, 1978 को हुआ था उसे ग्रेहुएशन में 62 प्रतिशत और प्रबन्धन में पोस्ट ग्रेजुएट डिप्लोमा में 65 प्रतिशत अंक मिले हैं। पोस्ट ग्रेजुएशन करने के बाद वह एक संस्था के कार्मिक विभाग में पिछले छह वर्ष से कार्यरत् है चयन प्रक्रिया में उसे 55 प्रतिशत अंक मिले।

2. आलोक वर्मा का जन्म 4 मार्च, 1976 को हुआ था। वह 66 प्रतिशत अंकों के साथ कार्मिक प्रबंधन में पोस्ट ग्रेजुएट डिप्लोमा पूरा करने के बाद पिछले छह साल से एक संस्था के कार्मिक विभाग में कार्य कर रहा है। उसे चयन प्रक्रिया में 57 प्रतिशत और ग्रेजुएशन में 63 प्रतिशत अंक मिले हैं।

3. स्वप्न घोष 72 प्रतिशत अंक लेकर HR में पोस्ट ग्रेजुएट डिग्री पूरी करने के बाद पिछले पाँच वर्ष से एक संस्था के कार्मिक विभाग में कार्यरत् है। उसे ग्रेजुएशन में 56 प्रतिशत अंक मिले हैं। उसका जन्म 12 मई, 1977 को हुआ था। चयन प्रक्रिया में उसे 58 प्रतिशत अंक मिले हैं।

4. सीमा बहल 70 प्रतिशत अंकों के साथ कार्मिक प्रबन्धन में पोस्ट ग्रेजुएट डिप्लोमा पूरा करने के बाद पिछले सात वर्ष से एक संस्था के कार्मिक विभाग में कार्यरत् है। उसका जन्म 5 जुलाई, 1979 को हुआ था। उसे ग्रेजुएशन में 65 प्रतिशत और चयन प्रक्रिया में 50 प्रतिशत अंक मिले।

निर्देश (प्रश्न 5 से 8 तक)–निम्नलिखित जानकारी को ध्यान से पढ़िए और दिए गए प्रश्नों के उत्तर दीजिए–

एक संस्था में लेखा अधिकारी के चयन की शर्तें निम्नलिखित हैं–

उम्मीदवार–

(i) 1-11-2011 को कम-से-कम 21 वर्ष का हो और 26 वर्ष से अधिक का न हो।

(ii) कम-से-कम 55% कुल अंकों के साथ कॉमर्स ग्रेजुएट (B. Com.) हो।

(iii) को किसी संस्था के लेखा विभाग में कम-से-कम दो वर्ष का काम करने का अनुभव हो।

(iv) को चयन प्रक्रिया में कम-से-कम 50% अंक मिले हों।

ऐसे उम्मीदवार के मामले में जो सभी शर्तें पूरी करता हो सिवाय–

(a) उपर्युक्त (i) के, लेकिन कम-से-कम 21 वर्ष का हो और 28 वर्ष से अधिक आयु का न हो और उसे किसी संस्था में लेखा सहायक के तौर पर काम करने का पाँच वर्ष का अनुभव हो, तो उसका मामला GM–लेखा को भेजा जाएगा।

(b) उपर्युक्त (ii) के, लेकिन उसे ग्रेजुएशन में कम-से-कम 50% कुल अंक मिले हों और चयन प्रक्रिया में कम-से-कम 55% अंक मिले हों, तो उसका मामला VP–लेखा को भेजा जाएगा।

नीचे प्रत्येक प्रश्न में एक उम्मीदवार का ब्योरा दिया गया है। प्रत्येक प्रश्न में उपलब्ध कराई गई जानकारी और ऊपर दी गई शर्तों के आधार पर आपको निम्नलिखित में से एक कार्रवाई करनी है और उस कार्रवाई की संख्या को अपने उत्तर के रूप में दर्शाना है। प्रत्येक प्रश्न में दी गई सूचना के अलावा आपको और कोई अनुमान नहीं लगाना है। ये सभी मामले आपको यथा 1-1-2011 दिए गए हैं।

उत्तर दीजिए–

(a) यदि मामला GM-लेखा को भेजा जाना है

(b) यदि मामला VP-लेखा को भेजा जाना है

(c) यदि उम्मीदवार का चयन किया जाना है

(d) यदि उम्मीदवार का चयन नहीं किया जाना है

अब प्रत्येक प्रश्न में दी गई जानकारी को पढ़िए और तद्नुसार अपना उत्तर दर्शाइए।

5. उमेश चौकसी का जन्म 25 नवम्बर, 1989 को हुआ था। उसे B. Com. में कुल 60% अंक और चयन प्रक्रिया में 65% अंक मिले हैं। वह एक संस्था के लेखा विभाग में पिछले तीन वर्ष से कार्यरत् है।

6. प्रतिभा काले का जन्म 6 जून, 1988 को हुआ था। उसे B. Com. में कुल 60% अंक और चयन प्रक्रिया में 49% अंक मिले हैं। वह पिछले तीन वर्षों से एक संस्था के लेखा विभाग में कार्यरत् है।

7. प्रभा दीक्षित का जन्म 18 अप्रैल, 1985 को हुआ था। वह पिछले पाँच वर्ष से एक संस्था में लेखा सहायक के रूप में कार्यरत् है। उसे B. Com. में कुल 60% और चयन प्रक्रिया में 55% अंक मिले हैं।

8. अमूल वर्मा को B. Com. में कुल 50% अंक और चयन प्रक्रिया में 60% अंक मिले हैं। वह पिछले चार वर्ष से एक संस्था के लेखा विभाग में काम कर रहा है। उसका जन्म 2 जनवरी, 1987 को हुआ था।

निर्देश (प्रश्न 9 से 12 तक)–निम्नलिखित जानकारी को ध्यान से पढ़िए और नीचे दिए प्रश्नों के उत्तर दीजिए–

एक संस्था में प्रबन्धक-विपणन का चयन करने की शर्तें नीचे दी गई हैं–

उम्मीदवार–

(i) 01.05.2010 को कम-से-कम 25 वर्ष और अधिक- से-अधिक 30 वर्ष का हो।

(ii) कम-से-कम 55 प्रतिशत अंकों के साथ किसी भी अनुशासन में स्नातक हो।

(iii) ने कम-से-कम 60 प्रतिशत अंकों के साथ विपणन प्रबन्धन में स्तनाकोत्तर डिग्री/डिप्लोमा पूरा किया हो।

(iv) को योग्यता प्राप्ति के बाद किसी संस्था के विपणन विभाग में कम-से-कम तीन वर्ष का काम करने का अनुभव हो।

(v) को चयन प्रक्रिया में कम-से-कम 45 प्रतिशत अंक मिले हों।

यदि कोई उम्मीदवार सभी शर्तें पूरी करता हो **सिवाय–**

(a) उपरोक्त (ii) के, लेकिन उसे विपणन प्रबन्धक की स्नातकोत्तर डिग्री/डिप्लोमा में कम-से-कम 65 प्रतिशत अंक मिले हों, तो मामला GM-विपणन को भेजा जाएगा।

(b) उपरोक्त (iv) के, लेकिन उसे योग्यता प्राप्ति के बाद किसी संस्था में उप-विपणन प्रबन्धक के तौर पर काम करने का कम-से-कम एक वर्ष का अनुभव हो, तो मामला CGM-विपणन को भेजा जाएगा।

नीचे प्रत्येक प्रश्न में एक उम्मीदवार का ब्योरा दिया गया है। उपलब्ध कराई गई सूचना और ऊपर दी गई शर्तों तथा उप-शर्तों के आधार पर आपको निम्नलिखित में से एक कार्यवाही करनी होगी और उस कार्यवाही की संख्या को अपने उत्तर के रूप में दर्शाइए। प्रत्येक प्रश्न में दी गई सूचना के अलावा और कोई अनुमान नहीं लगाना है। ये सभी मामले आपको यथा 01.05.2010 दिए गए हैं।

उत्तर दीजिए–

(a) यदि उपलब्ध कराया गया डाटा निर्णय लेने के लिए पर्याप्त नहीं है

(b) यदि उम्मीदवार का चयन किया जाएगा

(c) यदि उम्मीदवार का चयन नहीं किया जाएगा

(d) यदि मामला GM–विपणन को भेजा जाएगा

9. अर्चित प्रधान पिछले पाँच वर्ष से एक संस्था में विपणन प्रभाग में काम कर रहा है। B.Sc. तथा विपणन प्रबन्धन की स्नातकोत्तर डिग्री दोनों में 60 प्रतिशत अंक मिले हैं। उनका जन्म 8 मई, 1984 को हुआ था। उसे चयन प्रक्रिया में 46 प्रतिशत अंक मिले हैं।

10. अंकिदा भावे 62 प्रतिशत अंकों के साथ विपणन प्रबन्धन में स्नातकोत्तर डिप्लोमा करने के बाद पिछले चार वर्ष से एक संस्था के विपणन प्रभाग में काम कर रही है। उनका जन्म 11 अगस्त, 1982 को हुआ था। उसे B.Sc. में 52 प्रतिशत अंक मिले हैं। चयन प्रक्रिया में उसे 48 प्रतिशत अंक मिले हैं।

11. निशा अवस्थी का जन्म 29 अप्रैल, 1983 को हुआ था। उसे B. Com. में 57 प्रतिशत अंक मिले हैं। 67 प्रतिशत अंकों के साथ विपणन प्रबन्धन में स्नातकोत्तर डिप्लोमा करने के बाद पिछले चार वर्ष से एक संस्था के विपणन प्रभाग में काम कर रहा है। चयन प्रक्रिया में उसे 48 प्रतिशत अंक मिले हैं।

12. श्रेयस इंगले का जन्म 12 जुलाई, 1983 को हुआ था। उसे B. Com. में 57 प्रतिशत अंक मिले हैं। 67 प्रतिशत अंकों के साथ विपणन प्रबन्धन में स्नातकोत्तर डिप्लोमा करने के बाद वह पहले चार वर्ष से एक संस्था के विपणन प्रभाग में काम कर रहा है। चयन प्रक्रिया में उसे 48 प्रतिशत अंक मिले हैं।

निर्देश (प्रश्न 13 से 17 तक)–निम्नलिखित जानकारी को ध्यानपूर्वक पढ़िए और नीचे दिए गए प्रश्नों के उत्तर दीजिए–

उम्मीदवार–

(i) को प्रवेश परीक्षा में कम-से-कम 55 प्रतिशत अंक प्राप्त होने चाहिए।

(ii) कम-से-कम 60 प्रतिशत अंकों के साथ स्नातक होना चाहिए।

(iii) के पास मानव संसाधन प्रबन्धन/प्रबन्धन में पोस्ट ग्रेजुएट डिग्री/डिप्लोमा होना चाहिए।

(iv) की आयु तथा 01.09.2013 को 30 वर्ष से कम होनी चाहिए।

(v) को हायर सेकण्डरी विद्यालय परीक्षा में कम-से-कम 55 प्रतिशत अंक प्राप्त होना चाहिए।

यदि कोई उम्मीदवार सभी शर्तें पूरी करता है। **सिवाय–**

(a) उपरोक्त (i), किन्तु प्रबन्धन के अन्तिम सेमेस्टर में उसे 65 प्रतिशत अंक तथा प्रवेश परीक्षा में 45 प्रतिशत अंक मिले हों तो उसे हेड HR के रूप में नियुक्त किया जा सकता है।

(b) उपरोक्त (ii), किन्तु उसे अर्हता प्राप्ति के बाद किसी कम्पनी में कार्थ करने का एक वर्ष का अनुभव है तथा हायर सेकेण्डरी विद्यालय परीक्षा में 50 प्रतिशत अंक मिले हों तो उसे कम्पनी का CEO नियुक्त किया जा सकता है।

नीचे प्रत्येक प्रश्न में एक उम्मीदवार का विवरण दिया गया है। आपको दी गयी सूचना तथा ऊपर दी गई शर्तों एवं उप-शर्तों के आधार पर निम्नलिखित में से एक कार्यवाही करनी है और उस कार्यवाही की संख्या को उत्तर रूप में दर्शाना है। प्रत्येक प्रश्न में दी गयी सूचना के अलावा आपको कोई और अनुमान नहीं लगाना है। आपको ये सारे मामले यथा 01.09.2013 दिए गए हैं।

13. शिव कुमार कामथ का जन्म 13 अगस्त, 1987 को हुआ था तथा उसने मानव संसाधन प्रबन्धन में पोस्ट ग्रेजुएशन किया है। उसे

प्रवेश परीक्षा में 65 प्रतिशत अंक तथा हायर सेकण्डरी विद्यालय परीक्षा में 60 प्रतिशत अंक मिले हैं। उसने 62 प्रतिशत अंकों के साथ ग्रेजुएशन पूरा किया है।

(a) कम्पनी में हेड HR के रूप में नियुक्ति हो सकती है
(b) कम्पनी में HR प्रबन्धक के रूप में नियुक्ति हो सकती है
(c) दिया गया डाटा निर्णय लेने के लिए अपर्याप्त है
(d) कम्पनी के CEO के रूप में नियुक्ति हो सकती है

14. राहिल खान बिजनेस मैनेजमेन्ट सिस्टम से पोस्ट ग्रेजुएट है। उसका जन्म 9 अप्रैल, 1988 को हुआ था। उसे ग्रेजुएशन में 64 प्रतिशत अंक तथा हायर सेकेण्डरी विद्यालय परीक्षा में 70 प्रतिशत अंक मिले।

(a) कम्पनी में हेड HR के रूप में नियुक्ति हो सकती है
(b) कम्पनी में HR प्रबन्धक के रूप में नियुक्ति हो सकती है
(c) दिया गया डाटा निर्णय लेने के लिए अपर्याप्त है
(d) कम्पनी के CEO के रूप में नियुक्ति हो सकती है

15. नकुल भटनागर का जन्म 17 मई, 1985 को हुआ था तथा वह बिजनेस मैनेजमेन्ट सिस्टम में पोस्ट ग्रेजुएट है। उसे अन्तिम सेमेस्टर में 71 प्रतिशत अंक तथा प्रवेश परीक्षा में 50 प्रतिशत अंक मिले। हायर सेकेण्डरी विद्यालय परीक्षा में उसे 60 प्रतिशत अंक मिले। उसने 63 प्रतिशत अंकों के साथ ग्रेजुएशन पूरा किया है।

(a) कम्पनी में हेड HR के रूप में नियुक्ति हो सकती है
(b) कम्पनी में HR प्रबन्धक के रूप में नियुक्ति हो सकती है
(c) दिया गया डाटा निर्णय के लिए अपर्याप्त है
(d) कम्पनी के CEO के रूप में नियुक्ति हो सकती है

16. मनोहर ताम्बे का जन्म 3 मार्च, 1984 को हुआ था और उसने 58 प्रतिशत अंकों के साथ ग्रेजुएशन किया है। उसने मानव संसाधन प्रबन्धन में डिप्लोमा किया है। वह विगत दो वर्षों से एक कम्पनी में कार्यरत् है तथा उसे हायर सेकण्डरी विद्यालय परीक्षा में 60 प्रतिशत अंक मिले। प्रवेश परीक्षा में उसने 60 प्रतिशत अंक प्राप्त किए।

(a) कम्पनी में हेड HR के रूप में नियुक्ति हो सकती है
(b) कम्पनी में HR प्रबन्धक के रूप में नियुक्ति हो सकती है
(c) दिया गया डाटा निर्णय लेने के लिए अपर्याप्त है
(d) कम्पनी के CEO के रूप में नियुक्ति हो सकती है

17. स्वाति शिन्दे का जन्म 1 जनवरी, 1986 को हुआ था। उसे मानव संसाधन के विधिक दल में काम करने का पाँच वर्ष का अनुभव है। उसने हायर सेकण्डरी प्रवेश परीक्षा में 60 प्रतिशत अंक तथा प्रवेश परीक्षा में 65 प्रतिशत अंक प्राप्त किया। ग्रेजुएशन में उसे 58 प्रतिशत अंक मिले। उसने विशिष्टता के साथ प्रबन्धन में डिप्लोमा किया है।

(a) कम्पनी में हेड HR के रूप में नियुक्ति हो सकती है
(b) कम्पनी में HR प्रबन्धक के रूप में नियुक्ति हो सकती है
(c) दिया गया डाटा निर्णय लेने के लिए अपर्याप्त है
(d) कम्पनी के CEO के रूप में नियुक्ति हो सकती है

उत्तर (हल/संकेत)

प्रश्न (1 से 4) के लिए हल–

1. (b) रीता भट्ट प्रबन्धन में पोस्ट ग्रेजुएट हैं, जबकि कार्मिक प्रबन्धन में पोस्ट ग्रेजुएट वांछित है। अत: डाटा निर्णय लेने के लिए अपर्याप्त है।

2. (a) आलोक वर्मा की आयु 35 वर्ष से अधिक है। अत: इनका चयन नहीं किया जाना है।

3. (c) स्वप्न घोष सिर्फ (ii) शर्त पूरी नहीं कर रहे हैं, परन्तु (a) के अनुसार इनका मामला GM-HR के पास भेजा जाएगा।

4. (d) सीमा बहन सभी शर्तें पूरी कर रही हैं। अत: इनका चयन किया जाना है।

प्रश्न (5 से 8) के लिए हल–

5. (c) उमेश चौकसी सभी शर्तें पूरी करते हैं। अत: इनका चयन किया जाना है।

6. (d) प्रतिभा काले सिर्फ (iv) शर्त पूरी नहीं करती है। अत: इनका चयन नहीं किया जाना है।

7. (a) प्रभा दीक्षित की आयु 26 वर्ष से अधिक है, परन्तु इनको 5 वर्ष का लेखा सहायक का अनुभव है। अत: इनका मामला GM-लेखा को भेजा जाएगा।

8. (b) अमूल वर्मा शर्त (ii) पूरी नहीं करते हैं, परन्तु चयन प्रक्रिया 60% अंक तथा B. Com. में 50% अंक इनको प्राप्त हुए। अत: इनका मामला VP-लेखा को भेजा जाएगा।

प्रश्न (9 से 12) के लिए हल–

उम्मीदवार	शर्तें					
	(i)	(ii) या (a)		(iii)	(iv) या (b)	(v)
अर्चित	√	√	–	√	√ –	√
अंकिदा	√	×	×	√	√ –	√
सुबोध	√	√	–	√	√ √	√
निशान	√	–	√	√	√ –	√
श्रेयस	√	√	–	√	√ –	√

9. (b) अर्चित प्रधान सभी शर्तें पूरी करता है। अत: उसका चयन किया जा सकता है।

10. (c) अंकिदा भावे शर्तें (ii) या (a) पूरी नहीं करती है। अत: उसका चयन नहीं किया जा सकता है।

11. (d) निशा अवस्थी शर्तें (i), (a), (iii), (iv) तथा (v) पूरी करती है। अत: उसका मामला GM-विपणन के पास भेजा जाएगा।

12. (b) श्रेयस इंगले सभी शर्तें पूरी करता है। अत: उसका चयन किया जा सकता है।

प्रश्न (13 से 17) के लिए हल–

उम्मीदवार शर्तें	(i) या	(a)	(ii) या	(b)	(iii)	(iv)	(v)
शिव	√	–	√	–	√	√	√
राहिल	NG	–	√	–	√	√	√
नकुल	–	√	√	–	√	√	√
मनोहर	√	–	–	√	√	√	√
स्वाति	√	–	–	√	√	√	√

13. (b) शिव कुमार कामथ सभी शर्तें पूरी करता है। अत: इसे कम्पनी में HR प्रबन्धक के रूप में नियुक्त किया जा सकता है।

14. (c) शर्त (i) या (a) के बारे में कोई जानकारी नहीं दी गयी है।

15. (a) नकुल भटनागर शर्तें (a), (ii), (iii), (iv) तथा (v) पूरी करता है। अत: उसे कम्पनी में हेड HR के रूप में नियुक्त किया जा सकता है।

16. (d) मनोहर ताम्बे शर्तें (i), (b), (iii), (iv) तथा (v) पूरी करता है। अत: उसे कम्पनी के CEO के रूप में नियुक्त किया जा सकता है।

17. (d) स्वाति शिन्दे शर्तें (i), (b), (iii), (iv) तथा (v) पूरी करती है। अत: उसे कम्पनी के CEO के रूप में नियुक्त किया जा सकता है।

❑❑❑

अध्याय

20

दृश्य स्मृति

किसी वस्तु, अक्षर, संख्या, आकृति आदि को दर्पण के सामने रखने पर जो प्रतिबिम्ब बनता है उसे दर्पण प्रतिबिम्ब कहते हैं। इस अध्याय के अंतर्गत आने वाले प्रश्न प्राय: दो प्रकार के होते हैं।

1. **जब दर्पण वस्तु के दाएँ, बाएँ, ऊपर या नीचे रखा हो:** यदि दर्पण वस्तु के दाएँ या बाएँ रखा हो, तो वस्तु के ऊपर का तथा निचला भाग सदैव स्थिर (Constant) रहता है, परंतु वस्तु का दायाँ भाग दर्पण प्रतिबिम्बि में बाई ओर तथा बायाँ भाग दाई ओर हो जाता है।

जैसे–

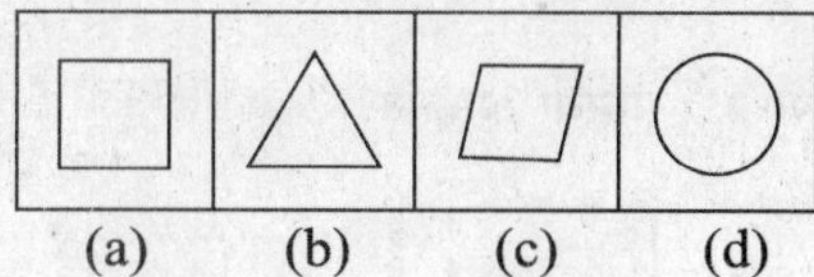

(a) (b) (c) (d)

यदि दर्पण वस्तु के ऊपर या नीचे रखा जाए, तो दर्पण प्रतिबिम्ब में वस्तु के ऊपर का भाग नीचे तथा नीचे का भाग ऊपर हो जाता है।

जैसे– (वस्तु के नीचे दर्पण) (वस्तु के ऊपर दर्पण)

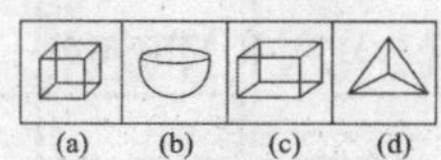

(a) (b) (c) (d)

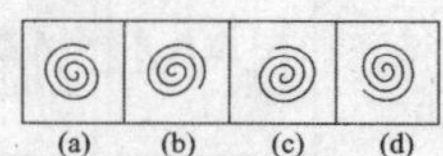

(a) (b) (c) (d)

दर्पण प्रतिबिम्ब से संबधित प्रश्नों को हल करने के लिए कुछ महत्वपूर्ण तथ्यों की जानकारी होना अति आवश्यक है।

- **0 से 9 तक के अंको के दर्पण प्रतिबिम्ब:**

अंक	दर्पण प्रतिबिम्ब	अंक	दर्पण प्रतिबिम्ब
0	0	5	ᘕ
1	1	6	მ
2	Ƨ	7	ᒣ
3	Ɛ	8	8
4	ᔭ	9	୧

स्पष्ट है 0 से 9 तक के अंकों के दर्पण प्रतिबिम्ब से हम सभी संख्याओं के दर्पण प्रतिबिम्ब प्राप्त कर सकते हैं।

- **अंग्रेजी वर्णमाला के बड़ें अक्षरों के दर्पण प्रतिबिम्ब**

अक्षर	दर्पण प्रतिबिम्ब	अक्षर	दर्पण प्रतिबिम्ब
A	A	N	И
B	ᗺ	O	O
C	Ɔ	P	ꟼ
D	ᗡ	Q	Ϙ
E	Ǝ	R	Я
F	ꟻ	S	Ƨ
G	Ә	T	T
H	H	U	U
I	I	V	V
J	Ⴑ	W	W
K	ꓘ	X	X
L	⅃	Y	Y
M	M	Z	ᘔ

- **अंग्रेजी वर्णमाला के छोटे अक्षरों के दर्पण प्रतिबिम्ब:**

अक्षर	दर्पण प्रतिबिम्ब	अक्षर	दर्पण प्रतिबिम्ब
a	ɒ	n	n
b	d	o	o
c	ɔ	p	q
d	b	q	p
e	ɘ	r	ɿ
f	ɟ	s	ƨ
g	ǫ	t	ƚ
h	ʜ	u	u
i	i	v	v
j	ᒑ	w	w
k	ʞ	x	x
l	l	y	γ
m	m	z	z

नोट–अक्षर A, H, I, M, O T, U, V, W, व X के दर्पण प्रतिबिम्ब नहीं बदलते हैं। अर्थात् जो अक्षर की वास्तविक स्थिति है वहीं रहती है।

समान दर्पण प्रतिबिम्ब वाली आकृतियाँ

(1)
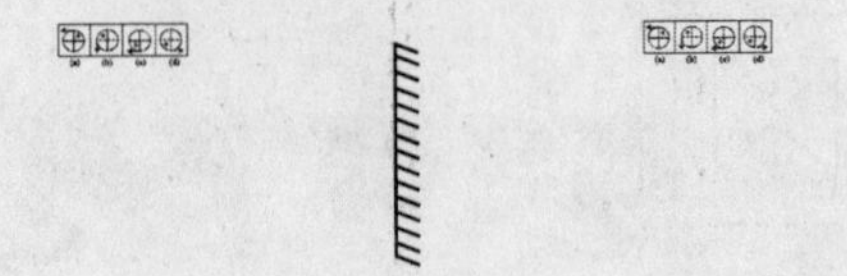

(2)
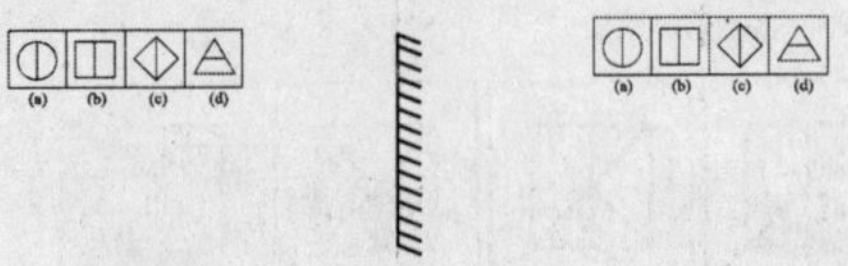

(3)
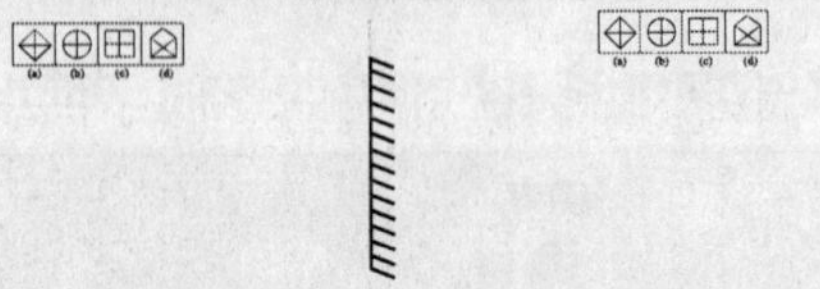

(4)
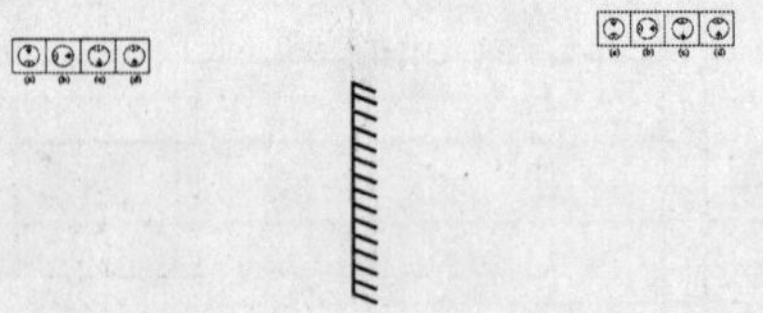

(5)
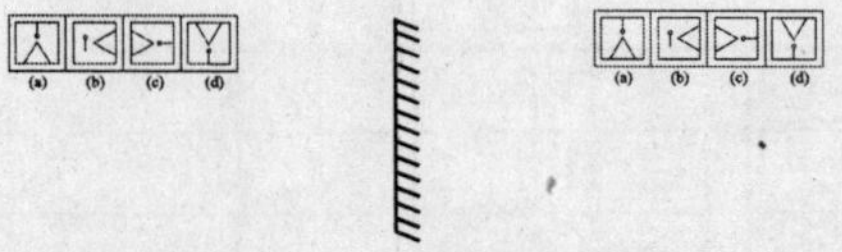

(6)
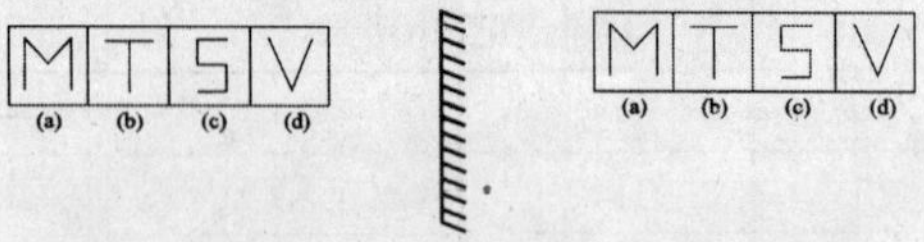
M T S V
(a) (b) (c) (d)
M T S V
(a) (b) (c) (d)

(7)
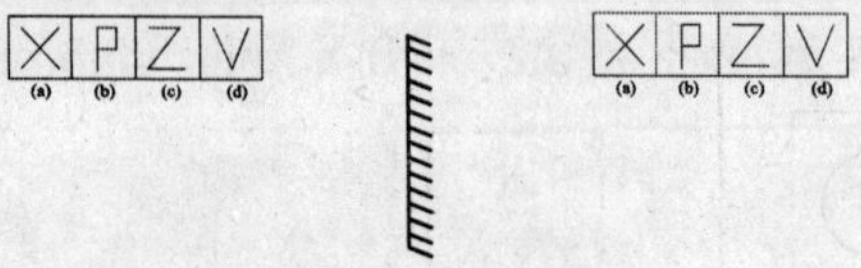
X P Z V
(a) (b) (c) (d)
X P Z V
(a) (b) (c) (d)

(8)
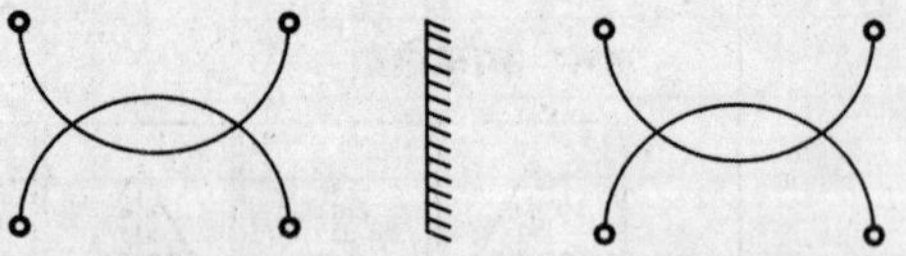

(9)
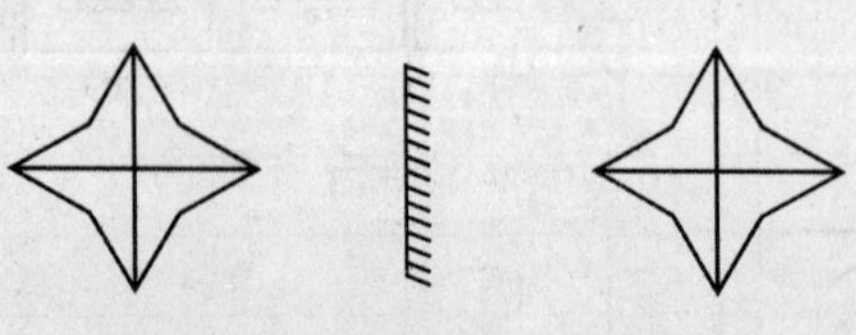

हल सहित उदाहरण

निर्देश (उदाहरण 1-4) : नीचे दिए गए प्रत्येक प्रश्न में एक समस्या आकृति तथा चार उत्तर आकृतियाँ (a), (b), (c) तथा (d) दी गई है। उत्तर आकृतियों में से उस उत्तर आकृति का चयन करें, जो समस्या आकृति का सही दर्पण प्रतिबिम्ब है।

उदाहरण 1. समस्या आकृति

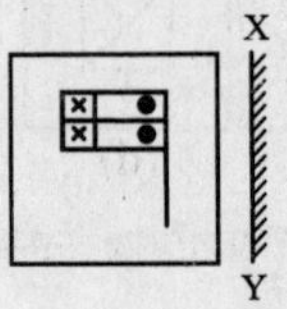
X
Y

उत्तर आकृतियाँ

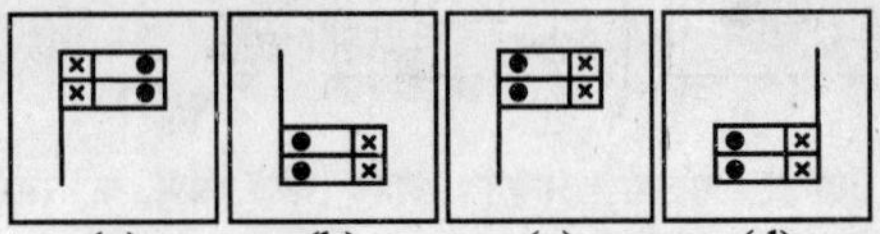

(a) (b) (c) (d)

हलः (c) दी गई समस्या आकृति का सही दर्पण प्रतिबिम्ब निम्नवत् है:

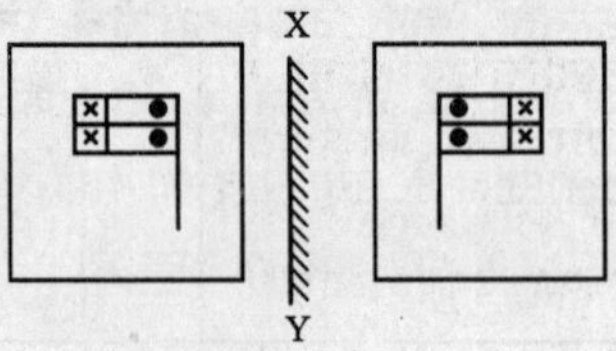
X
Y

उदाहरण 2. समस्या आकृति

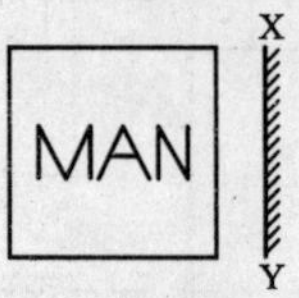
X
MAN
Y

उत्तर आकृतियाँ

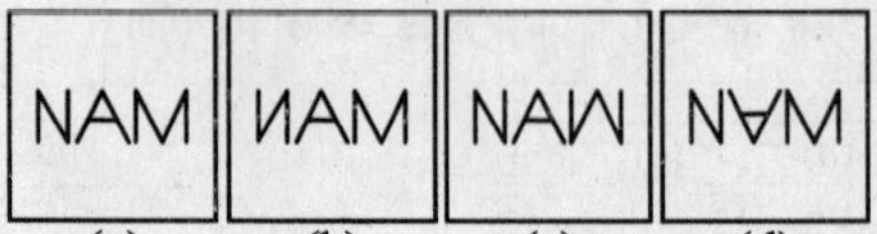

(a) (b) (c) (d)

हलः (b) दी गई समस्या आकृति का सही दर्पण प्रतिबिम्ब निम्नवत् है:

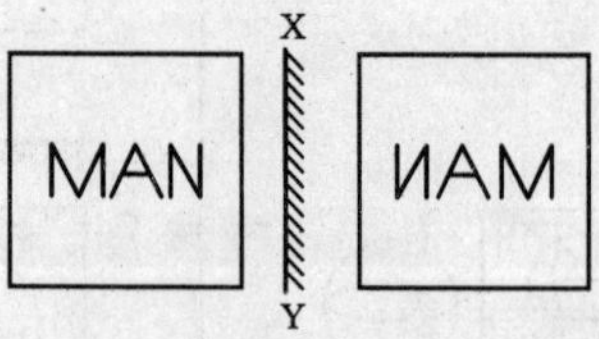
X
MAN
Y

उदाहरण 3. समस्या आकृति

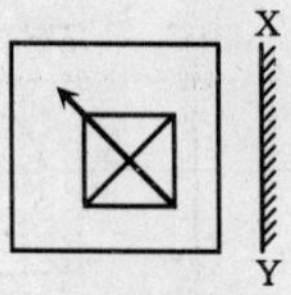
X
Y

उत्तर आकृतियाँ

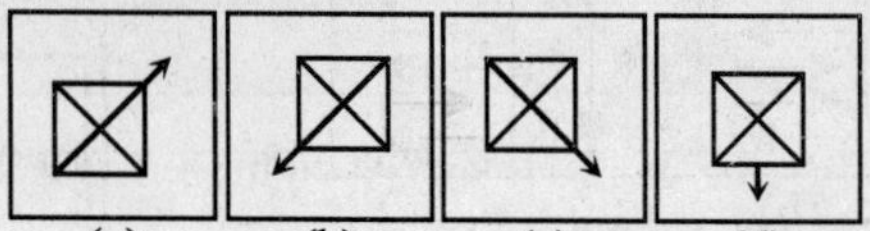

(a) (b) (c) (d)

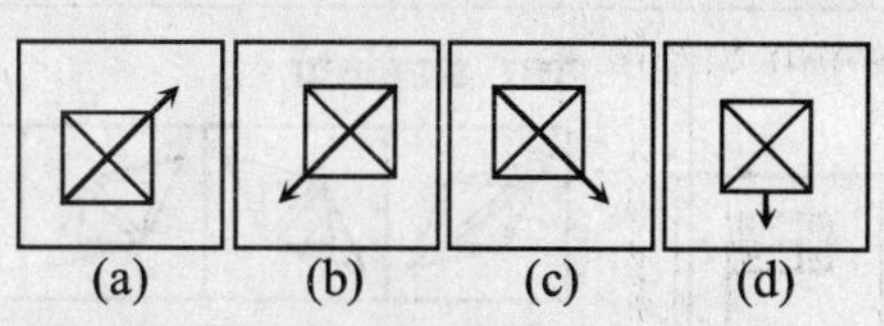

हलः (a) दी गई समस्या आकृति का सही दर्पण प्रतिबिम्ब निम्नवत् है:

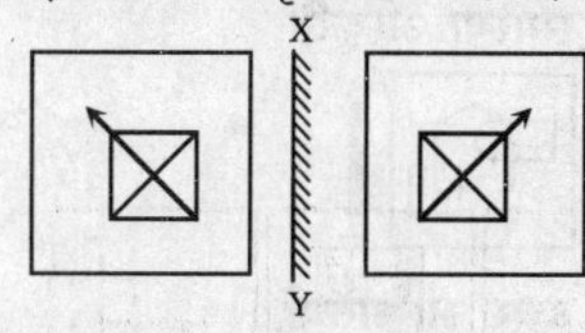

उदाहरण 4. समस्या आकृतिय

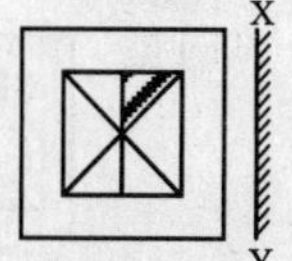

उत्तर आकृतियाँ

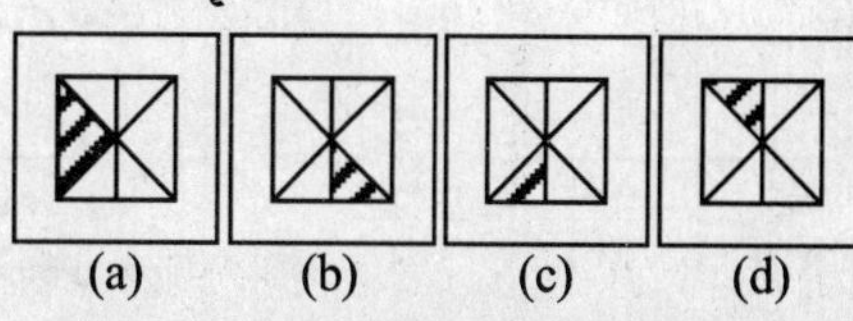

हलः (d) दी गई समस्या आकृति का सही दर्पण प्रतिबिम्ब निम्नवत् है:

प्रश्नमाला

निर्देश (प्र. सं. 1-32) निम्नलिखित प्रश्नों में एक समस्या आकृति तथा चार उत्तर आकृतियाँ 1, 2, 3 व 4 दी गई है। उस उत्तर आकृति को चुनिए जो समस्या आकृति की दर्पण आकृति के बिल्कुल सदृश हो, जब दर्पण को XY पर रखा गया हो।

1. समस्या आकृति

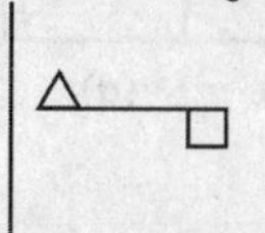

उत्तर आकृतियाँ

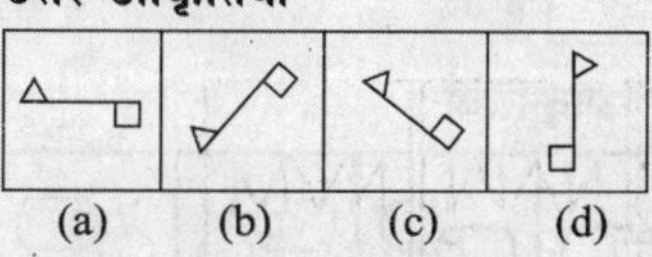

2. समस्या आकृति

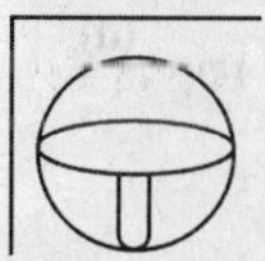

उत्तर आकृतियाँ

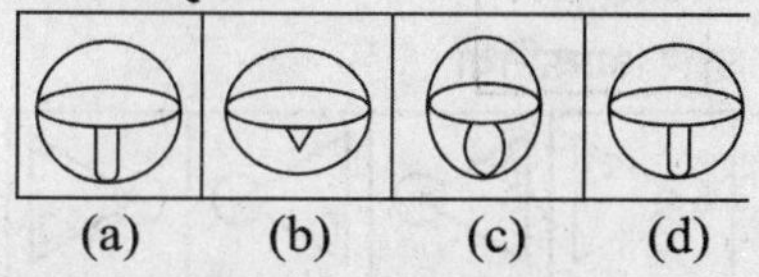

3. समस्या आकृति

उत्तर आकृतियाँ

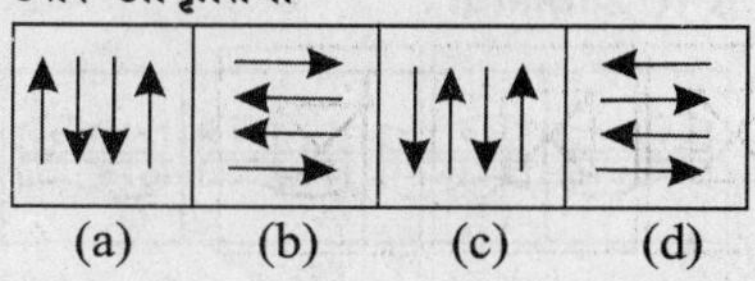

4. समस्या आकृति

उत्तर आकृतियाँ

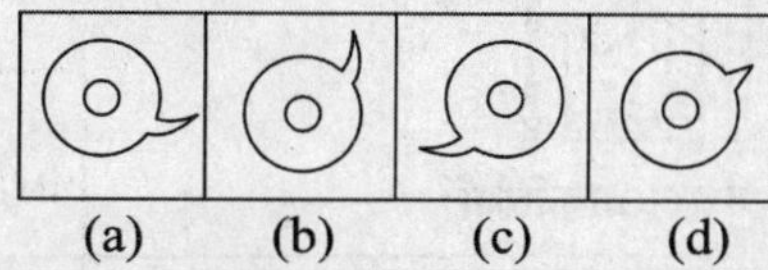

5. समस्या आकृति

उत्तर आकृतियाँ

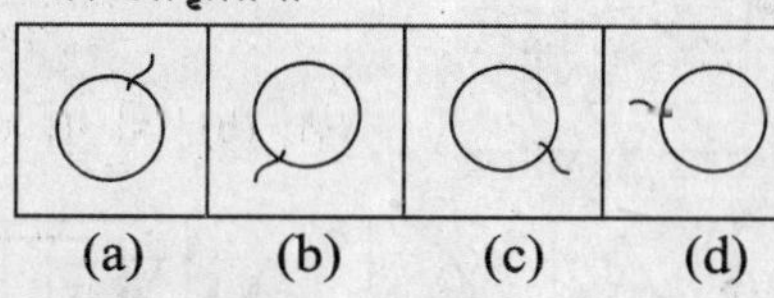

6. समस्या आकृति

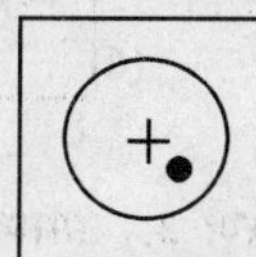

उत्तर आकृतियाँ

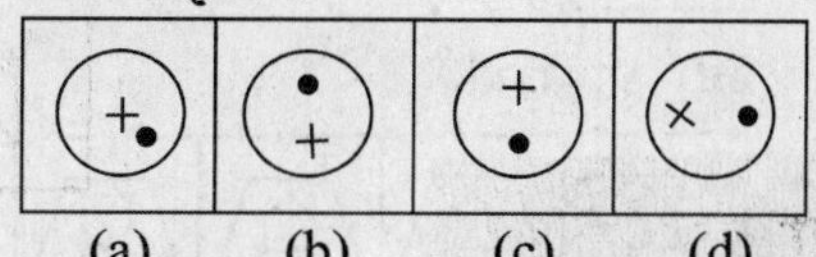

7. समस्या आकृति

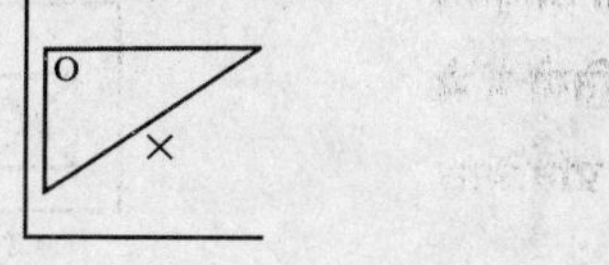

उत्तर आकृतियाँ

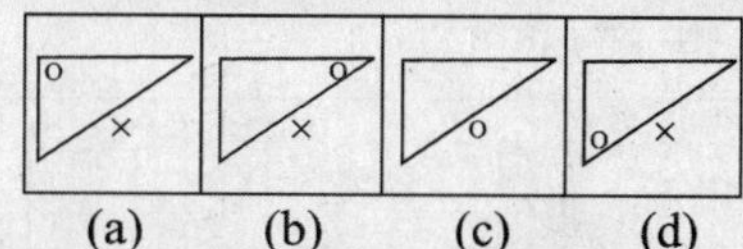

8. समस्या आकृति

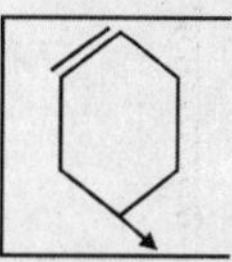

उत्तर आकृतियाँ

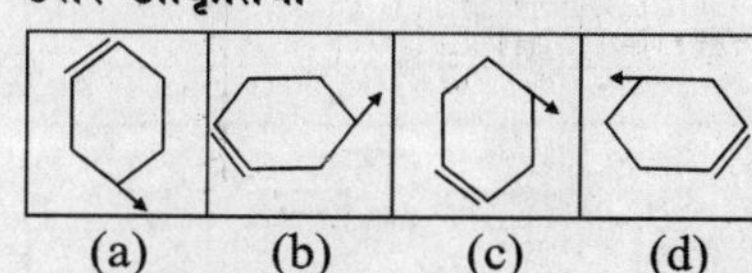

9. समस्या आकृति

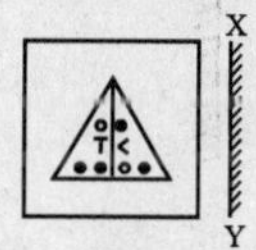

उत्तर आकृतियाँ

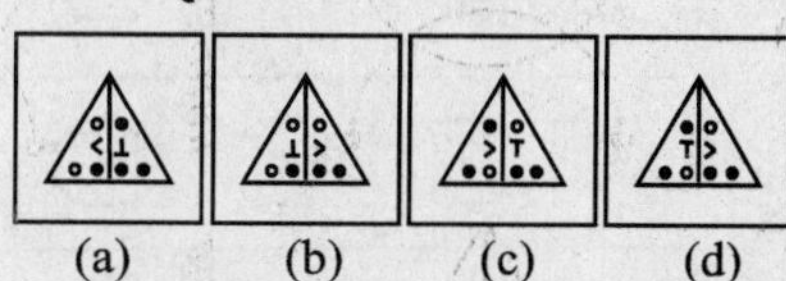

10. समस्या आकृति

उत्तर आकृतियाँ

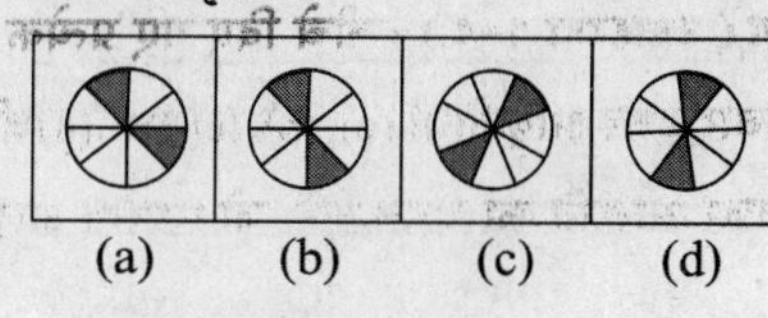

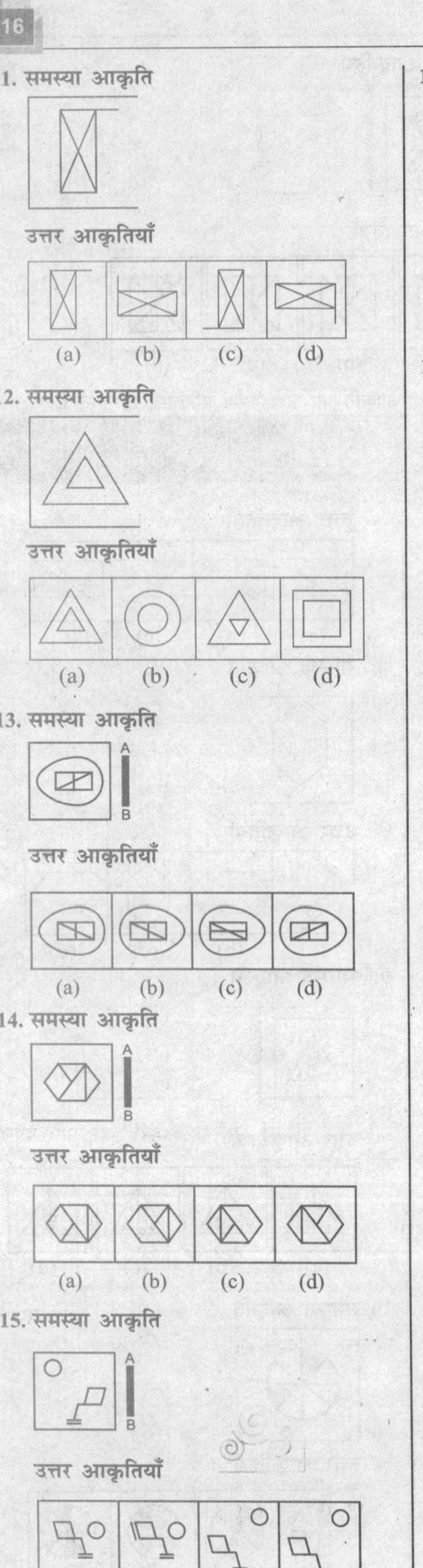
11. समस्या आकृति
उत्तर आकृतियाँ
(a) (b) (c) (d)
12. समस्या आकृति
उत्तर आकृतियाँ
(a) (b) (c) (d)
13. समस्या आकृति
A
B
उत्तर आकृतियाँ
(a) (b) (c) (d)
14. समस्या आकृति
A
B
उत्तर आकृतियाँ
(a) (b) (c) (d)
15. समस्या आकृति
A
B
उत्तर आकृतियाँ
(a) (b) (c) (d)

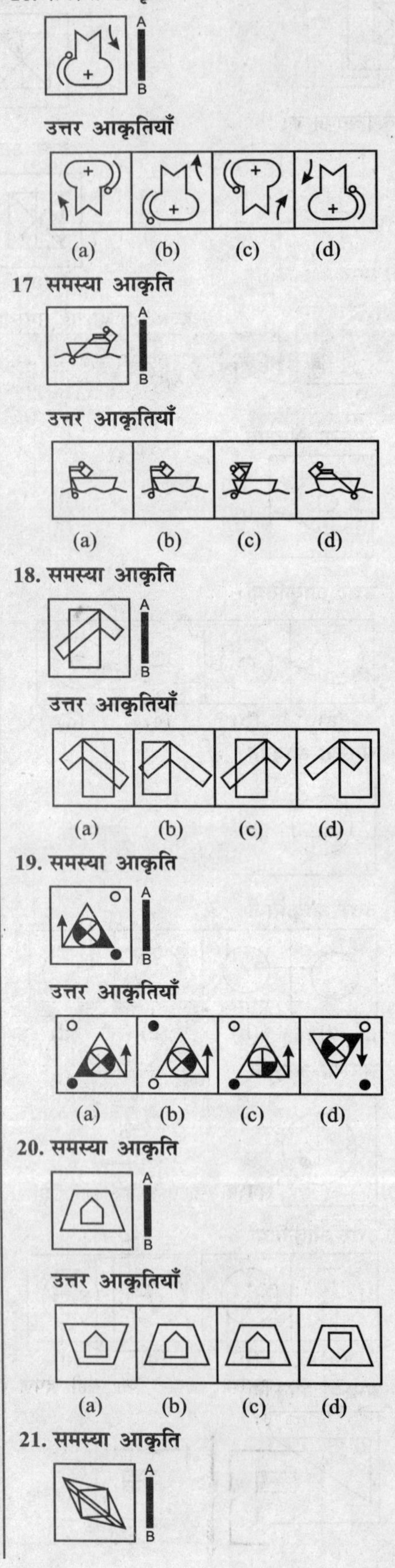
16. समस्या आकृति
A
B
उत्तर आकृतियाँ
(a) (b) (c) (d)
17 समस्या आकृति
A
B
उत्तर आकृतियाँ
(a) (b) (c) (d)
18. समस्या आकृति
A
B
उत्तर आकृतियाँ
(a) (b) (c) (d)
19. समस्या आकृति
A
B
उत्तर आकृतियाँ
(a) (b) (c) (d)
20. समस्या आकृति
A
B
उत्तर आकृतियाँ
(a) (b) (c) (d)
21. समस्या आकृति
A
B

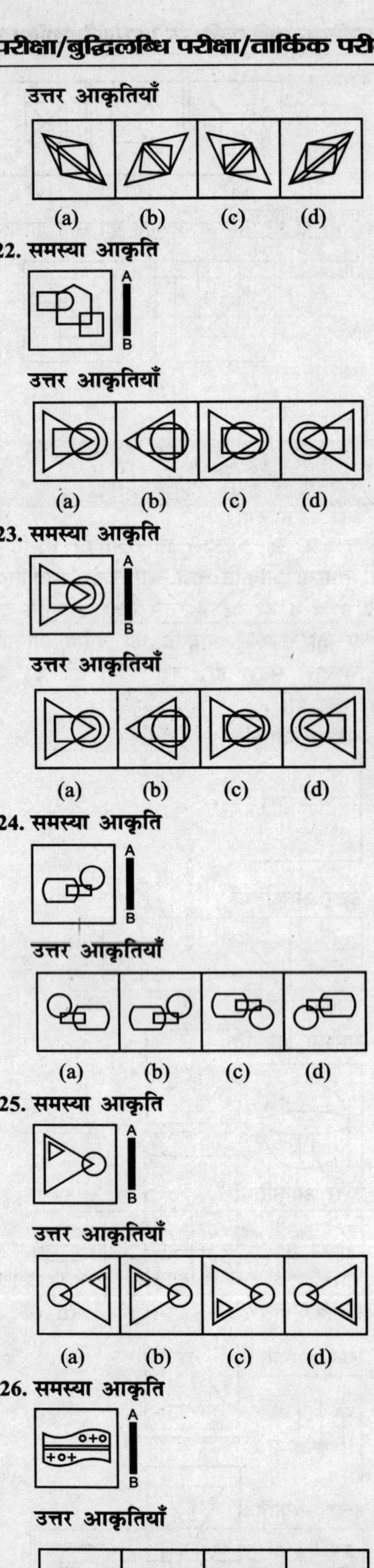
उत्तर आकृतियाँ
(a) (b) (c) (d)
22. समस्या आकृति
A
B
उत्तर आकृतियाँ
(a) (b) (c) (d)
23. समस्या आकृति
A
B
उत्तर आकृतियाँ
(a) (b) (c) (d)
24. समस्या आकृति
A
B
उत्तर आकृतियाँ
(a) (b) (c) (d)
25. समस्या आकृति
A
B
उत्तर आकृतियाँ
(a) (b) (c) (d)
26. समस्या आकृति
A
B
उत्तर आकृतियाँ
(a) (b) (c) (d)

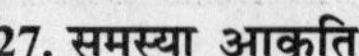

27. समस्या आकृति

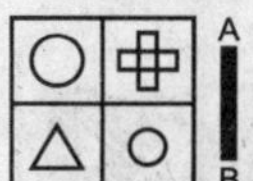

उत्तर आकृतियाँ

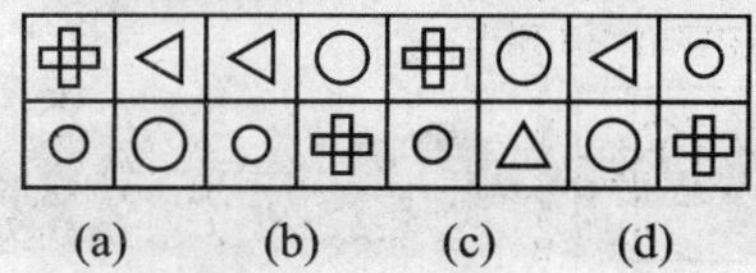

(a) (b) (c) (d)

28. समस्या आकृति

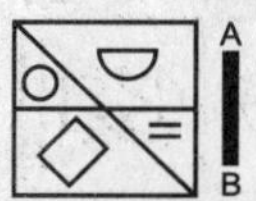

उत्तर आकृतियाँ

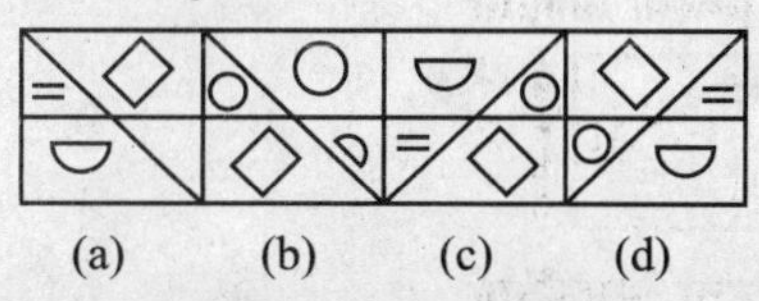

(a) (b) (c) (d)

29. समस्या आकृति

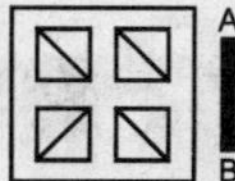

उत्तर आकृतियाँ

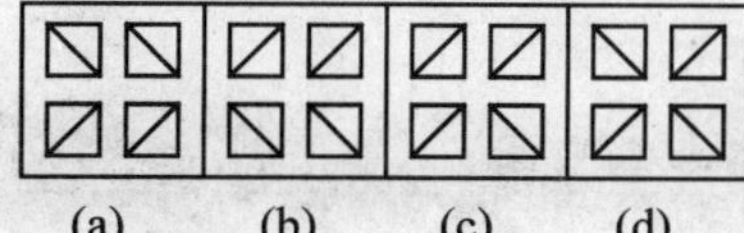

(a) (b) (c) (d)

30. समस्या आकृति

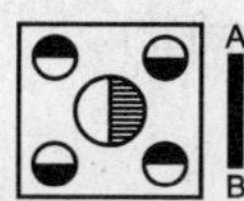

उत्तर आकृतियाँ

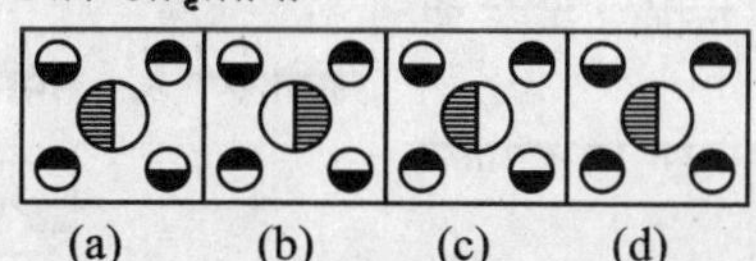

(a) (b) (c) (d)

31. समस्या आकृति

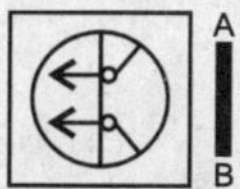

उत्तर आकृतियाँ

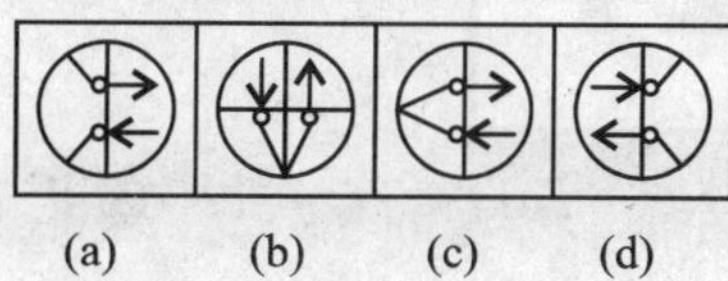

(a) (b) (c) (d)

32. समस्या आकृति

उत्तर आकृतियाँ

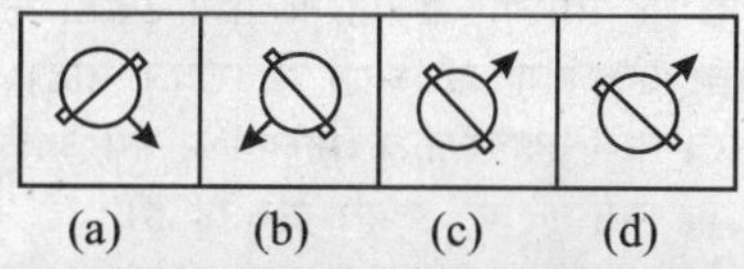

(a) (b) (c) (d)

उत्तर (हल/संकेत)

1. (d) दी गई समस्या आकृति का सही दर्पण प्रतिबिम्ब निम्नवत् है:

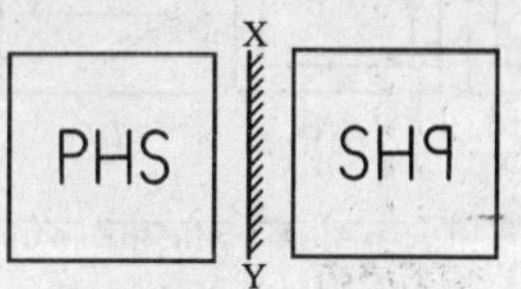

2. (c) दी गई समस्या आकृति का सही दर्पण प्रतिबिम्ब निम्नवत् है:

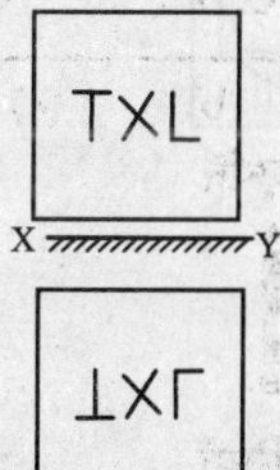

3. (d) दी गई समस्या आकृति का सही दर्पण प्रतिबिम्ब निम्नवत् है:

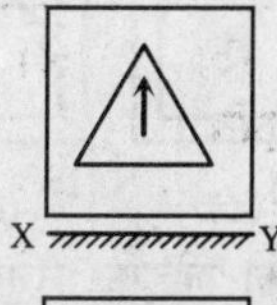

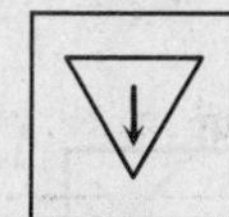

4. (c) दी गई समस्या आकृति का सही दर्पण प्रतिबिम्ब निम्नवत् है:

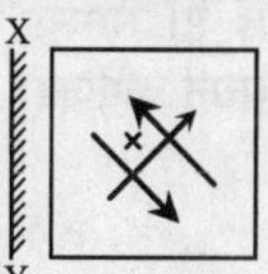

5. (c) दी गई समस्या आकृति का सही दर्पण प्रतिबिम्ब निम्नवत् है:

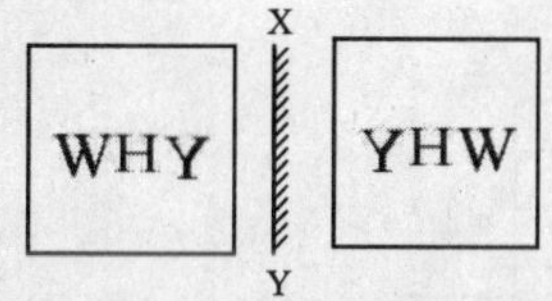

6. (c) दी गई समस्या आकृति का सही दर्पण प्रतिबिम्ब निम्नवत् है:

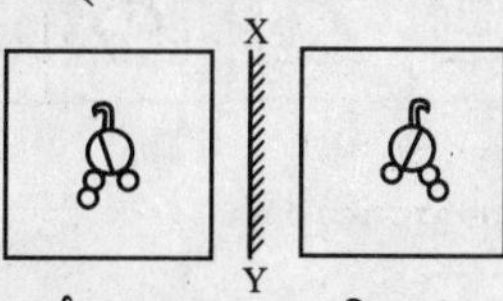

7. (c) दी गई समस्या आकृति का सही दर्पण प्रतिबिम्ब निम्नवत् है:

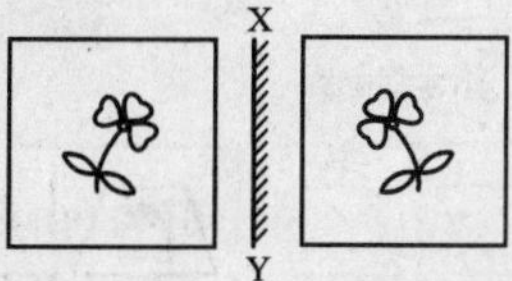

8. (c) दी गई समस्या आकृति का सही दर्पण प्रतिबिम्ब निम्नवत् है:

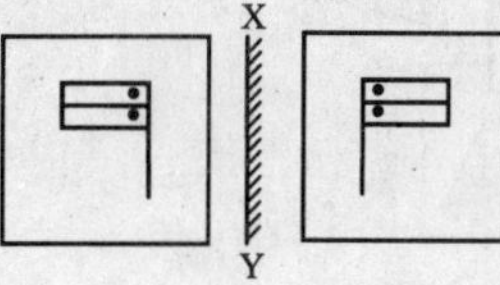

9. (c) दी गई समस्या आकृति का सही दर्पण प्रतिबिम्ब निम्नवत् है:

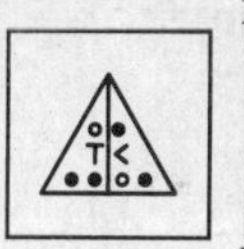

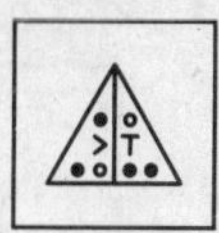

10. (b) दी गई समस्या आकृति का सही दर्पण प्रतिबिम्ब निम्नवत् है:

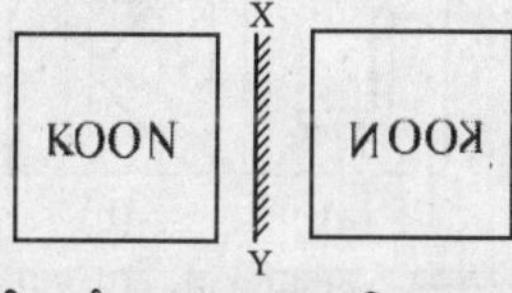

11. (a) दी गई समस्या आकृति का सही दर्पण प्रतिबिम्ब निम्नवत् है:

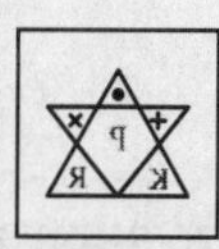

12. (c) दी गई समस्या आकृति का सही दर्पण प्रतिबिम्ब निम्नवत् है:

13. (b) **14.** (d) **15.** (c) **16.** (d) **17.** (d)
18. (a) **19.** (a) **20.** (b) **21.** (d) **22.** (c)
23. (d) **24.** (a) **25.** (a) **26.** (b) **27.** (c)
28. (c) **29.** (c) **30.** (a) **31.** (a) **32.** (c)

❑❑❑

अध्याय

21

विभेदन क्षमता

इस अध्याय के अंतर्गत आने वाले प्रश्नों में आकृति में अलग-अलग डिजाइनों के छोटे-छोटे टुकड़े दिए जाते हैं तथा उसके साथ-साथ उत्तर आकृतियाँ दी जाती है। अभ्यर्थियों को दी गई समस्या आकृति में छोटे-छोटे टुकड़ों को इस प्रकार से जोड़ना है, कि प्राप्त आकृति, दी गई चार उत्तर आकृतियों में से किसी एक आकृति के समान दिखाई दे। इसके अंतर्गत आने वाले प्रश्नों को हल करने के लिए दी गई समस्या आकृति के सभी टुकड़ों का ध्यानपूर्वक निरीक्षण करके दी गई उत्तर आकृतियों को ध्यान में रखकर जोड़ें।

नीचे कुछ उदाहरणों के माध्यम से हम आकृति निर्माण परीक्षण पर आधारित प्रश्नों को समझाने का प्रयास कर रहे हैं।

हल सहित उदाहरण

निर्देश (उदाहरण 1-4): नीचे दिए गए प्रत्येक प्रश्न में एक समस्या आकृति तथा चार उत्तर आकृतियाँ (a), (b), (c) तथा (d) दी गई है। समस्या आकृति में दिए गए कटे हुए टुकड़ों से बनी उत्तर आकृति का चयन कीजिए।

उदाहरण 1. समस्या आकृति

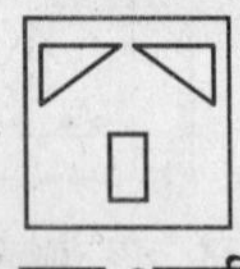

उत्तर आकृतियाँ

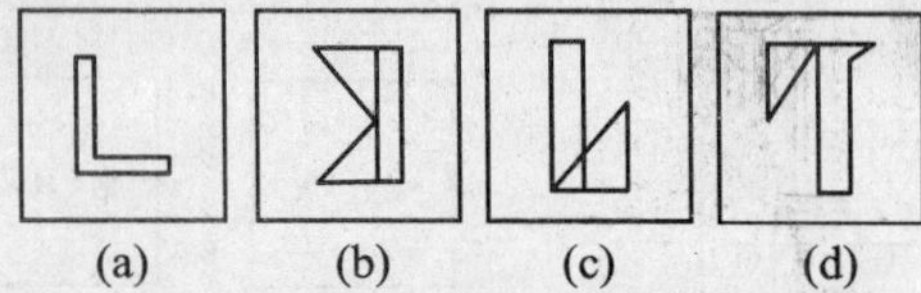

(a) (b) (c) (d)

हल: (b) समस्या आकृति में दिए गए टुकड़ों से उत्तर आकृति (b) बनाई जा सकती है।

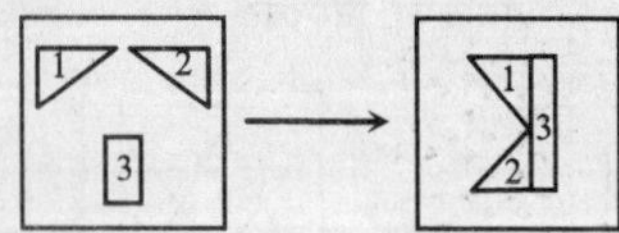

उदाहरण 2. समस्या आकृति

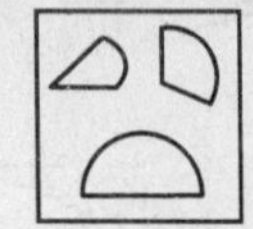

उत्तर आकृतियाँ

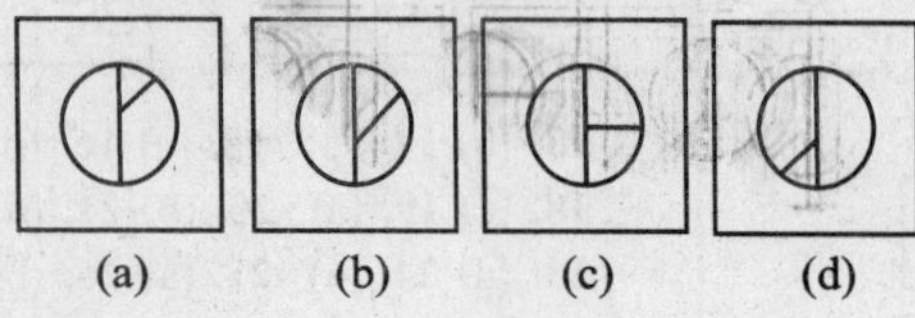

(a) (b) (c) (d)

हल: (a) समस्या आकृति में सभी टुकड़ों को जोड़कर उत्तर आकृति (a) बनाई जा सकती है।

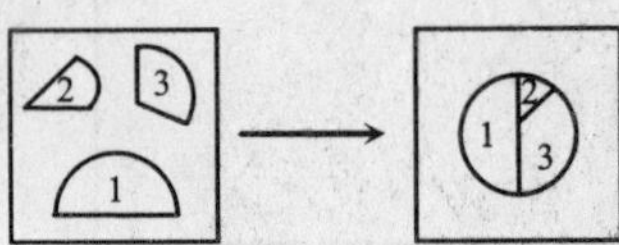

उदाहरण 3. समस्या आकृतियाँ

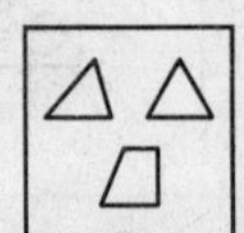

उत्तर आकृतियाँ

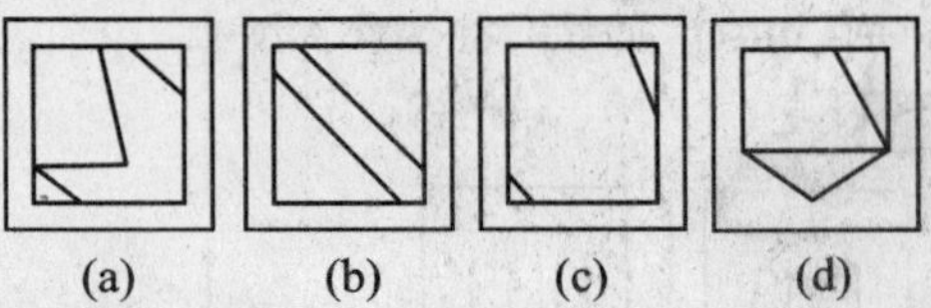

(a) (b) (c) (d)

हल: (d) दी गई समस्या आकृति में सभी टुकड़ों को जोड़कर उत्तर आकृति (d) बनाई जा सकती है।

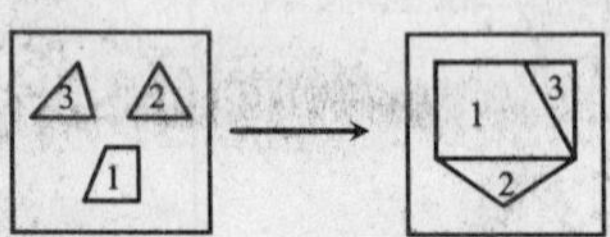

उदाहरण 4. समस्या आकृतियाँ

उत्तर आकृतियाँ

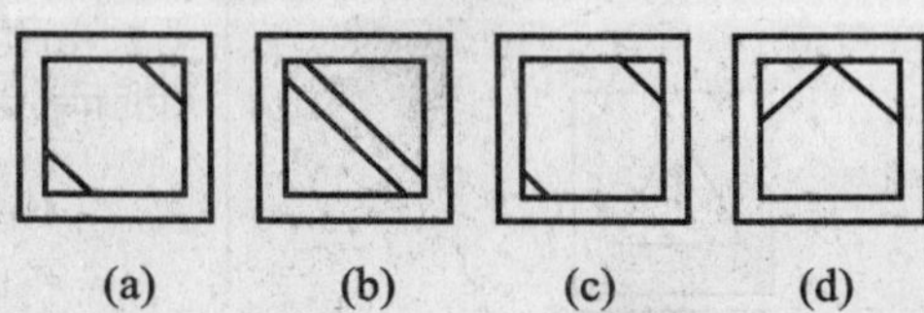

(a) (b) (c) (d)

हल: (a) समस्या आकृति के सभी टुकड़ों को जोड़कर उत्तर आकृति (a) प्राप्त की जा सकती है।

प्रश्नमाला

निर्देश (प्र. सं. 1-10) निम्नलिखित प्रश्नों में ऊपर की ओर एक समस्या आकृति तथा नीचे की ओर चार उत्तर आकृतियाँ (a), (b), (c) तथा (d) दी गई हैं। समस्या आकृति में दिए गए कटे हुए टुकड़े से बनी उत्तर आकृति को चुनिए।

1. समस्या आकृति

उत्तर आकृतियाँ

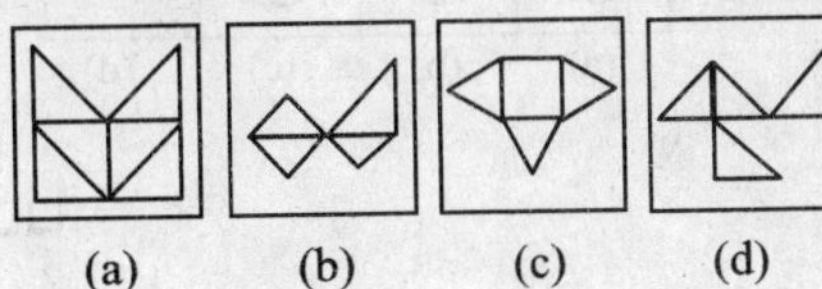

(a) (b) (c) (d)

2. समस्या आकृति

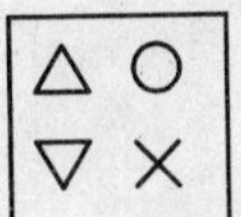

उत्तर आकृतियाँ

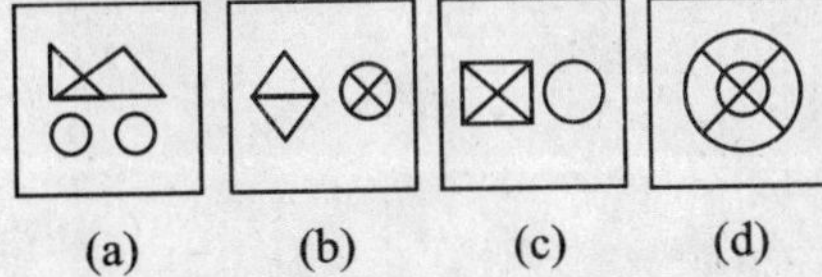

(a) (b) (c) (d)

3. समस्या आकृति

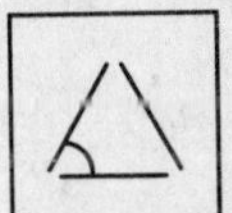

उत्तर आकृतियाँ

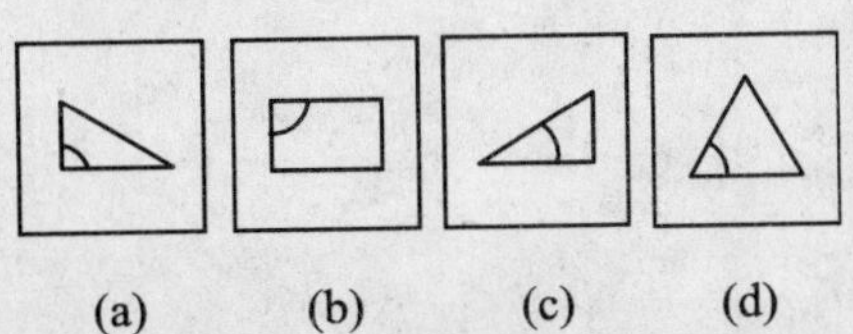

(a) (b) (c) (d)

4. समस्या आकृति

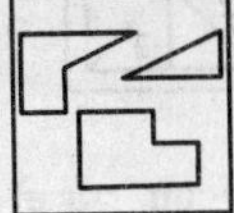

उत्तर आकृतियाँ

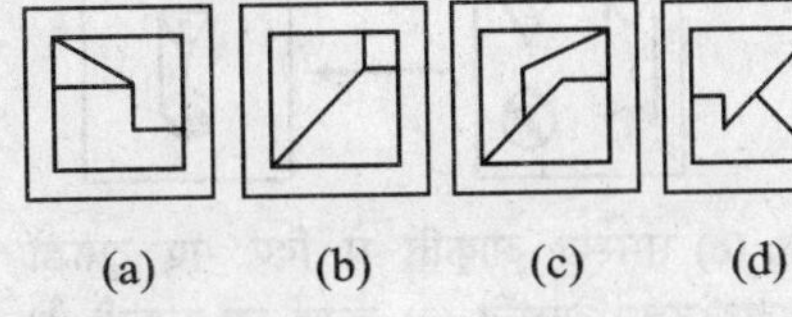

(a) (b) (c) (d)

5. समस्या आकृति

उत्तर आकृतियाँ

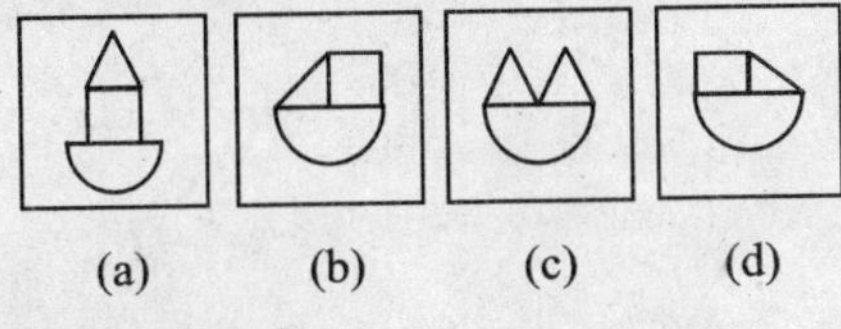

(a) (b) (c) (d)

6. समस्या आकृति

उत्तर आकृतियाँ

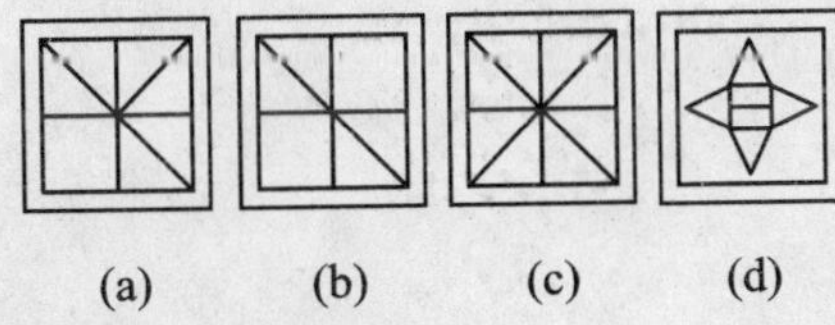

(a) (b) (c) (d)

7. समस्या आकृति

उत्तर आकृतियाँ

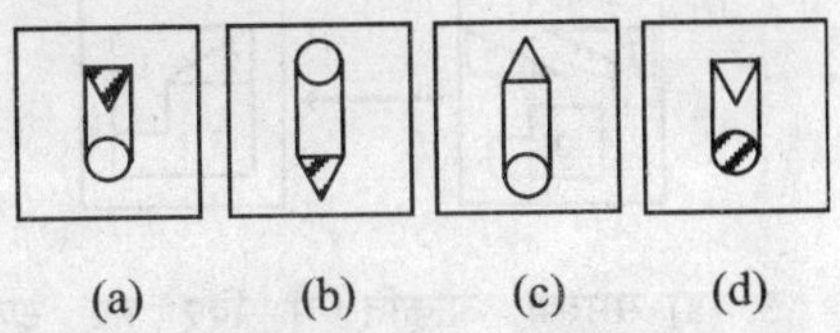

(a) (b) (c) (d)

8. समस्या आकृति

उत्तर आकृतियाँ

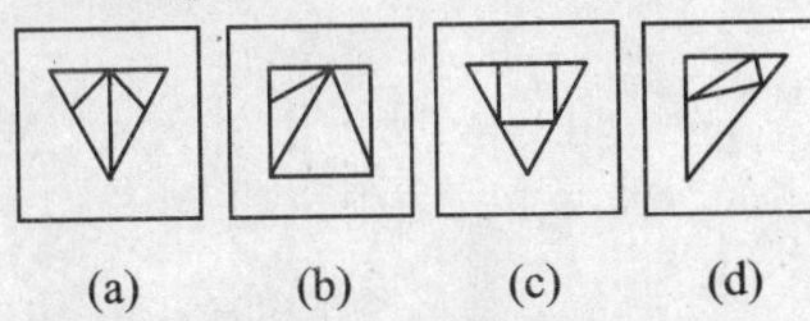

(a) (b) (c) (d)

9. समस्या आकृति

उत्तर आकृतियाँ

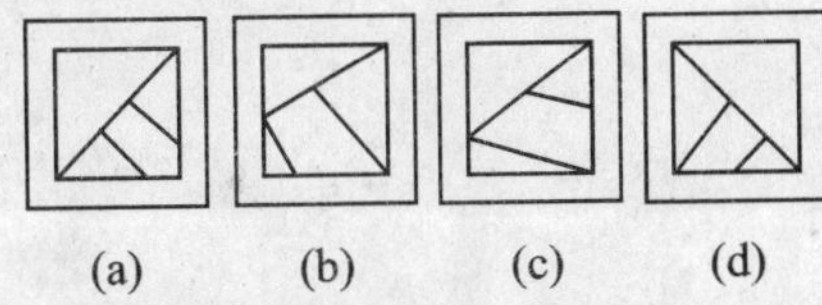

(a) (b) (c) (d)

10. समस्या आकृति

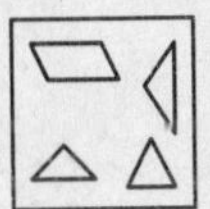

उत्तर आकृतियाँ

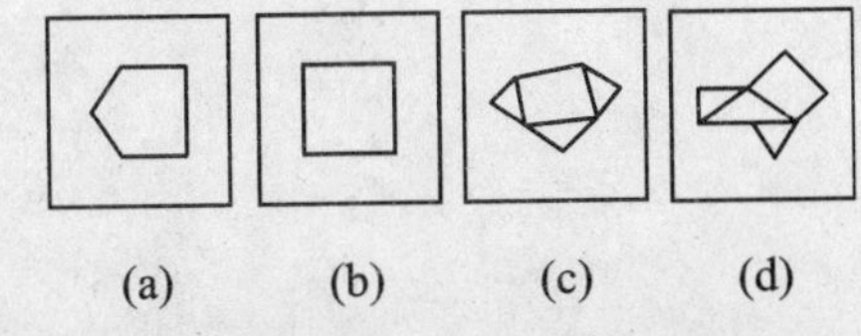

(a) (b) (c) (d)

उत्तर (हल/संकेत)

1. (d) दी गई समस्या आकृति में दिए गए टुकड़ों को जोड़कर उत्तर आकृति (d) बनाई जा सकती है।

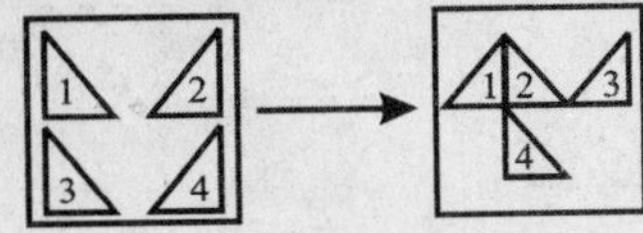

2. (b) दी गई समस्या आकृति में दिए गए टुकड़ों को जोड़कर उत्तर आकृति (b) बनाई जा सकती है।

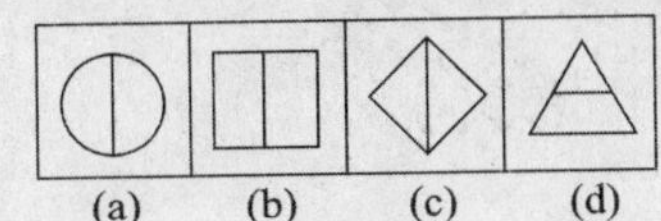

(a) (b) (c) (d)

3. (d) दी गई समस्या आकृति में दिए गए टुकड़ों को जोड़कर उत्तर आकृति (d) बनाई जा सकती है।

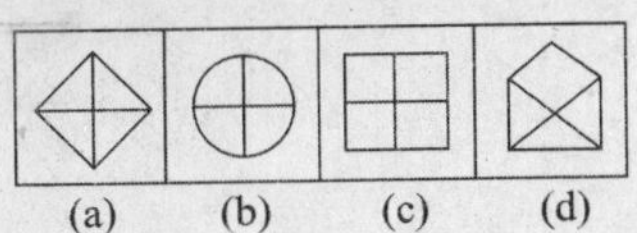

(a) (b) (c) (d)

4. (a) दी गई समस्या आकृति में दिए गए टुकड़ों को जोड़कर उत्तर आकृति (a) बनाई जा सकती है।

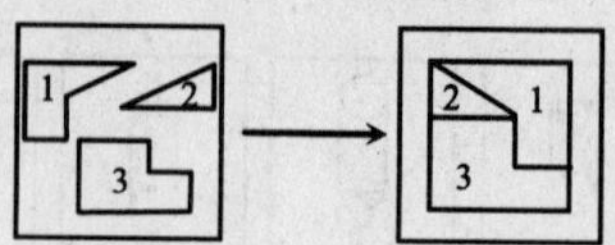

5. (a) समस्या आकृति में दिए गए टुकड़ों को जोड़कर उत्तर आकृति (a) बनाई जा सकती है।

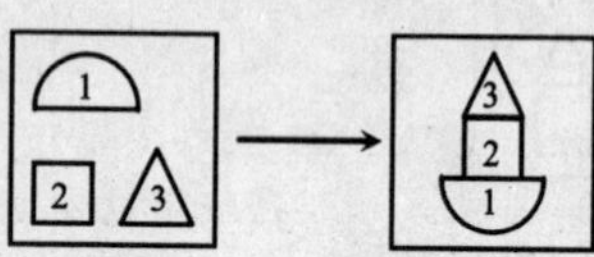

6. (c) समस्या आकृति में दिए गए टुकड़ों को जोड़कर उत्तर आकृति (c) बनाई जा सकती है।

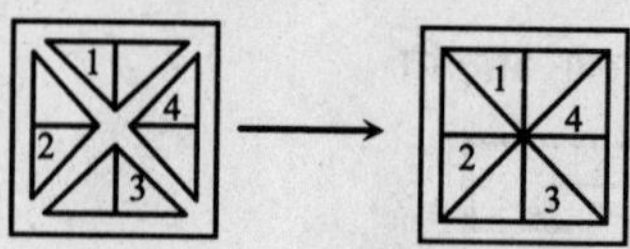

7. (d) समस्या आकृति में दिए गए टुकड़ों को जोड़कर उत्तर आकृति (d) बनाई जा सकती है।

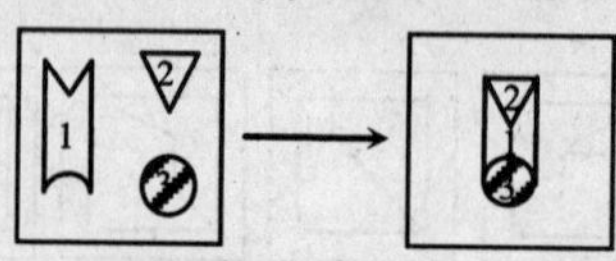

8. (c) समस्या आकृति में दिए गए टुकड़ों को जोड़कर उत्तर आकृति (c) बनाई जा सकती है।

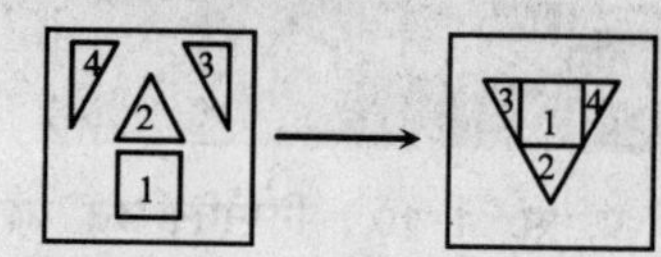

9. (b) समस्या आकृति में दिए गए टुकड़ों को जोड़कर उत्तर आकृति (b) बनाई जा सकती है।

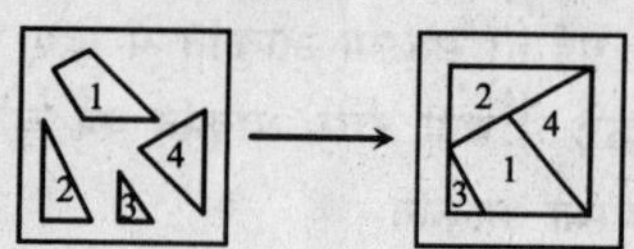

10. (c) समस्या आकृति के सभी टुकड़ों को जोड़कर उत्तर आकृति (c) बनाई जा सकती है।

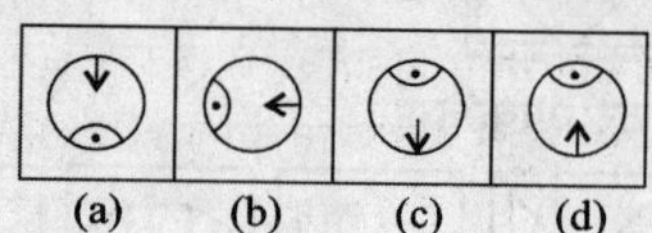

❑❑❑

अध्याय 22

पर्यवेक्षण

इस प्रकार के प्रश्नों में आपको दिए गए कथन या घटना को आधार मान कर दिए गए विभिन्न सर्वश्रेष्ठ विकल्प का चुनाव अपने मानसिक ज्ञान एवं तर्कशक्ति की सहायता से करना होता है। प्रायः कथनों के विकल्प शंका उत्पन्न करते हैं, परन्तु परिस्थिति और देशकाल को ध्यान में रखकर यदि चुनाव किया जाए तो यह सर्वोत्तम हो सकता है।

हल सहित उदाहरण

उदाहरण 1. बहुत पुराने चौपहिया वाहनों को बंद कर दिया जाना चाहिए। क्योंकि?

(a) इनसे अधिक प्रदूषण फैलता है।
(b) इनके कागज अधूरे हैं।
(c) ये सड़कों पर कभी भी खराब हो जाते हैं।
(d) ये तेज नहीं चलते है।

हल: (a) बहुत पुराने चौपहिया वाहनों को बंद कर दिया जाना चाहिए, क्योंकि इनसे अधिक प्रदूषण फैलता है, जो स्वास्थ्य के लिए हानिकारक है।

उदाहरण 2. गर्मियों में हल्के रंग के कपड़े पहनने चाहिए, क्योंकि-

(a) इनसे कम गर्मी लगती है।
(b) ये चमकदार होते हैं।
(c) ये सुन्दर दिखते हैं।
(d) ये सस्ते मिलते हैं।

हल: (a) गर्मियों में हल्के रंग के कपड़े पहनने चाहिए, क्योंकि ये ऊष्मा का अवशोषण कम करते हैं, जबकि चटक रंग के कपड़े ऊष्मा का अवशोषण अधिक करते हैं, जिससे गर्मी अधिक लगती है।

प्रश्नमाला

1. आप किसी नौकरी के लिए साक्षात्कार दे रहे हैं। निम्नलिखित में से कौन-सा प्रश्न आपके लिए सर्वाधिक महत्वपूर्ण है?
(a) वेतन/भत्ता जो आपको मिलेगा।
(b) आगे उन्नति के अवसर।
(c) अपने विचारों तथा सुझावों से निःसंकोच बोलने का अवसर।
(d) उपर्युक्त सभी समान रूप से महत्वपूर्ण हैं।

2. आपके मित्र ने आपको अपनी शादी में नही बुलाया है। आप क्या करेंगे?
(a) आप भी उसे अपनी शादी में नहीं बुलाएंगे।
(b) आप उससे कभी बात नहीं करेंगे।
(c) उसे तार/टेलीफोन/पत्र द्वारा अपनी शुभकामनाएं भेज देंगे।
(d) उसकी शादी में शामिल हो जाएंगे।

3. कक्षा में पढ़ते समय अध्यापक की बातों पर ध्यान देना चाहिए, क्योंकि—
(a) ऐसा नहीं करने पर हमें दंडित किया जा सकता है।
(b) इससे कक्षा में शांति बनी रहेगी।
(c) इससे अध्यापक प्रसन्न होते हैं और अधिक अंक देते हैं।
(d) इससे बहुत अच्छी तरह से समझ में आता हैं।

4. आपके मित्र ने आपको, आपकी कुछ कमियां बताई हैं। आप क्या करेंगे?
(a) उन्हें हंस कर टाल देंगे।
(b) दुःखी अनुभव करेंगे।
(c) कृतज्ञ अनुभव करेंगे।
(d) मित्र से नाराज हो जाएंगे।

5. आप शाम को अपने घर लौट रहे हैं, अचानक सड़क पर आपको हजार रूपए का एक नोट पड़ा दिखता है। आप क्या करेंगे?
(a) नोट उठा कर स्वयं रख लेंगे।
(b) उसे कहीं छुपा देंगे।
(c) किसी अनाथ आश्रम में उसे दान-स्वरूप दे देंगे।
(d) पास के थाने में जमा करा देंगे।

6. लड़कियां शृंगार एवं आभूषण धारण करती हैं, क्योंकि—
(a) वे सुंदर दिखना चाहती हैं।
(b) उन्हें सुंदर वर खोजने में मदद मिलती है।
(c) वे अपने दोषों को छिपाना चाहती हैं।
(d) इससे पता लगता है कि वे दौलतमंद हैं।

7. जूतों पर रबड़ का सोल लगा होता है, क्योंकि—
(a) रबड़ सोल मजबूत होते हैं।
(b) रबड़ सोल सस्ते होते हैं।
(c) चमड़े की अपेक्षा रबड़ अधिक छिद्रित होता है।
(d) रबड़ सोल से आवाज कम होती है।

8. पैदल चलना एक अच्छा व्यायाम है, क्योंकि—
(a) इससे अन्य राहगीरों से दोस्ती की जा सकती है।
(b) इससे प्रदूषण नहीं होता।
(c) यह समस्त व्यायामों में सबसे आसान है।
(d) मोटे लोगों के लिए लाभप्रद है।

9. आप एक बस में हैं। बहुत भीड़ होने के कारण आप टिकट नहीं खरीद पाए हैं। बस आपके गंतव्य स्टॉप पर पहुंच गई हैं। आप क्या करेंगे?
(a) कंडक्टर से नजरें बचाकर आप बस से उतर जाएंगे।
(b) कंडक्टर को बुलाकर उसे पैसे देंगे और टिकट ले लेंगे।
(c) किसी अन्य मुसाफिर को पैसा देकर उसे कण्डक्टर को देने के लिए कहेंगे।
(d) मौका देखकर तुरंत बस से बाहर कूद जाएंगे।

10. हमें शिक्षित होना चाहिए, क्योंकि—
(a) इससे अच्छी नौकरी मिल सकती है।
(b) इससे मानसिक विकास के साथ-साथ आर्थिक विकास भी होता है।

(c) इससे हम समाज में प्रतिष्ठित कहलाते हैं।
(d) इससे देश की साक्षरता दर में वृद्धि होती है।

11. कोई व्यक्ति आपका शत्रु है, यदि वह—
(a) आपका मित्र नहीं है।
(b) आपकी हां में हां नहीं मिलाता।
(c) काम में आपका हाथ नहीं बंटाता।
(d) विपत्ति के समय में आपके प्रतिकूल परिस्थितियां उत्पन्न करता है।

12. महिलाएं रसोईघर में कार्य करते समय एप्रोन (apron) का उपयोग करती हैं, क्योंकि—
(a) इससे खाना बनाने में आसानी होती है।
(b) इससे उनके वस्त्र सुरक्षित तथा साफ रहते हैं।
(c) इसे पहनना आसान होता है।
(d) इससे यह पता लगता है कि वे रसाईघर की सफाई कर रही है।

13. रात्रि में वृक्षों के नीचे नहीं सोना चाहिए क्योंकि—
(a) यह वैज्ञानिकों का मानना है।
(b) रात को वृक्षों से कीड़े-मकोड़े/बिच्छू आदि जंतुओं के गिरने का भय रहता है।
(c) रात्रि को यदि पेड़ या उसकी डाली टूट जाए तो उससे चोट आ सकती है।
(d) रात्रि में वृक्ष कार्बन-डाइऑक्साइड गैस छोड़ते हैं, जो स्वास्थ के लिए हानिकारक है।

14. बिजली के तारों पर रबड़ चढ़ी होती है, क्योंकि—
(a) रबड़ बिजली के प्रवाह को गति प्रदान करता है।
(b) तार पकड़ने पर करंट से बचाव होता है।
(c) इससे तार की अच्छी कीमत मिलती है।
(d) तारों में मजबूती आती है।

15. 'प्लैटिनम' धातु चांदी से अधिक कीमती है, क्योंकि—
(a) इसकी चमक चांदी से अधिक होती है।
(b) यह अधिक भारी है।
(c) यह अधिक विरलतर है।
(d) यह काली नहीं पड़ती।

उत्तरमाला

1. (d)	**2.** (c)	**3.** (d)	**4.** (c)	**5.** (d)	**6.** (a)	**7.** (c)	**8.** (c)	**9.** (b)	**10.** (b)
11. (d)	**12.** (b)	**13.** (d)	**14.** (b)	**15.** (c)					

❑❑❑

अध्याय

23

घन एवं पासा

'पाँसा' घन या घनाभ के आकार की त्रिविमीय आकृति होती है, जिसमें कुल छः फलक या सतहें होती हैं, परन्तु कागज पर छः में से केवल तीन सतहें दिखाई पड़ती हैं तथा तीन सतहें छिपी हुई होती हैं अतः पाँसे की सभी सतहों को चित्र के माध्यम से प्रदर्शित करने के लिए कम-से-कम दो चित्र आवश्यक हैं, पाँसे पर आधारित प्रश्नों में सामान्यतः पाँसे की तीन सतहों को प्रदर्शित करते हुए दो, तीन या चार आकृतियाँ दी जाती हैं। इन आकृतियों के आधार पर किसी सतह के विपरीत सतह पर विद्यमान अंक, चित्र या संकेत का पता लगाना होता है।

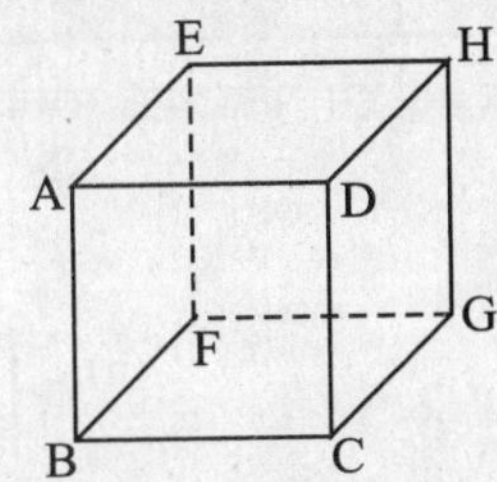

एक पाँसे या घन में लम्बाई = चौड़ाई = ऊँचाई का सम्बन्ध होता है-

(i) ABCD → (सामने वाली सतह)

(ii) EFGH → (पीछे वाली सतह)

(iii) ADHE → (ऊपरी सतह)

(iv) BCGF → (नीचे वाली सतह)

(v) ABEF → (बायीं ओर की सतह)

(vi) DCGH → (दायीं ओर की सतह)

घन एक त्रिआयामी आकृति होती है जो केवल वर्गों के द्वारा ही बनाई जाती है, घन में किनारों की संख्या 12 तथा कोनों की संख्या 8 होती है जो दिए गए चित्र में क्रमशः ABCDEFG व H है।

किसी घन की सतह की छः सतहें होती हैं-

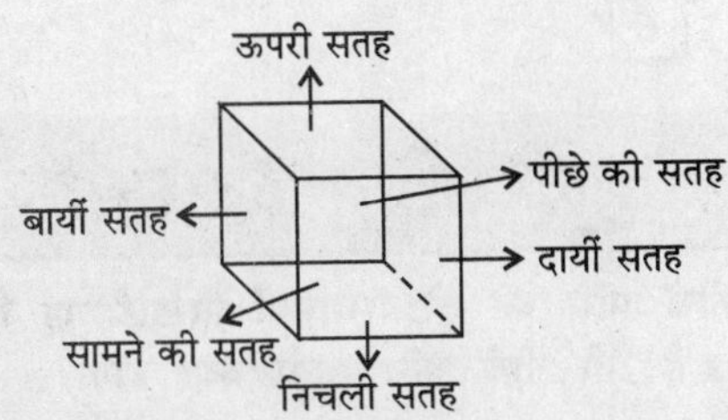

घन की प्रत्येक सतह का दूसरी सतह से प्रत्यक्ष सम्बन्ध होता है। इसलिए किसी एक सतह की चार निकटस्थ सतहें होती हैं और केवल इसके विपरीत की सतह इसके निकटस्थ नहीं होती है-

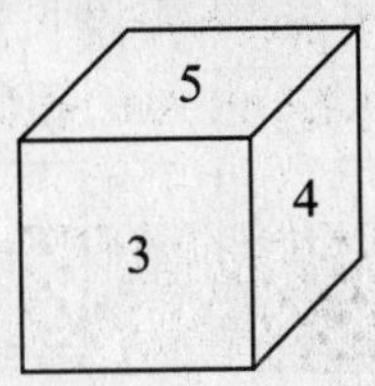

दिए गए घन में-

3 के विपरीत 4 अथवा 5 नहीं हो सकता है।

4 के विपरीत 5 अथवा 3 नहीं हो सकता है।

5 के विपरीत 3 अथवा 4 नहीं हो सकता है।

पाँसा एवं घन के प्रकार

- प्रतियोगी परीक्षाओं में पूछे जाने वाले प्रश्नों में किसी एक पाँसे की तीन सतहें दिखाई पड़ती हैं और तीन सतहें छिपी हुई होती हैं-

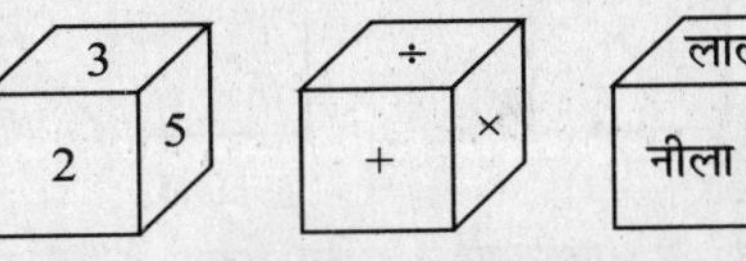

- किसी एक पाँसे में प्रदर्शित तीनों सतहों के अंक, ऊपर एवं आकृतियाँ कभी भी आपस में एक-दूसरे के विपरीत नहीं हो सकती है।
- यदि प्रतियोगी परीक्षाओं में पूछे गए प्रश्न में मूल पाँसे का उल्लेख हो और पाँसा नहीं बनाया गया हो, तो ऐसी स्थिति में दो विपरीत सतहों पर विद्यमान संख्याओं का योग सदैव (7) होता है।
- जब प्रश्न में केवल एक पाँसा दिया गया हो, तो हमें सर्वप्रथम यह पहचानना होता है कि यह मानक पाँसा है 'है या नहीं'।

मानक पाँसे में विपरीत सतहों पर उल्लेखित अंकों का योग सदैव 7 होता है अतः—

6 के विपरीत 1 आयेगा।

2 के विपरीत 5 आयेगा।

3 के विपरीत 4 आयेगा।

(I) नीचे दिए गए घन में आप एक बार में तीन से अधिक सतह नहीं देख सकते हैं। घन में आपको जो सतह दिखाई देती हैं। वह किसी घन की सामने की सतह, ऊपरी सतह, बायीं सतह या दायीं सतह हो सकती है।

प्रत्येक सतह पर आपको कुछ अंक मिलेंगे, आप प्रत्येक दो अंकों के तीन युग्म बना सकते हैं और उनका योग ज्ञात कर सकते हैं-

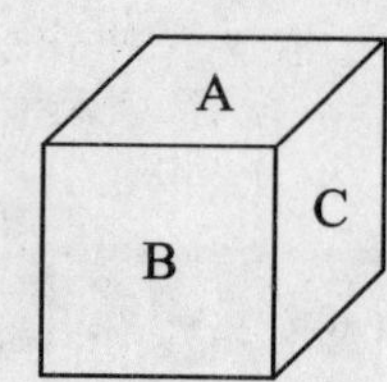

अर्थात् A + B, B + C, C + A

यदि, इन तीन युग्मों के अंकों को जोड़ने पर आपको किसी एक युग्म में 7 मिलता है तो यह एक मानक पाँसा नहीं है।

(II) यदि दो घन दिए गए हों, तो निम्नलिखित परिस्थितियाँ हो सकती है-

(a) यदि दोनों घनों पर दिखाई देने वाले अंकों में कोई समानता नहीं है-

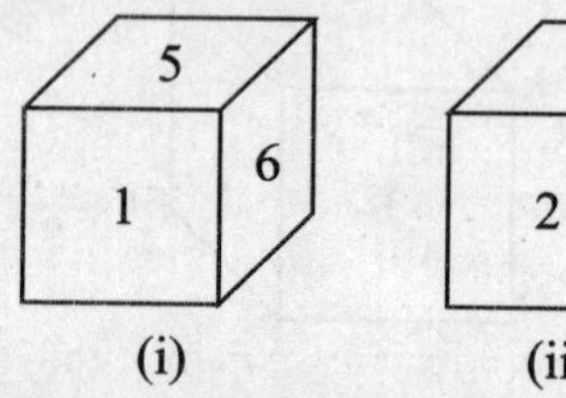

किसी भी अंक के विपरीत सतह का अंक दूसरे घन या पाँसे पर लिखे अंकों में से कोई भी एक हो सकता है। ऊपर दिए गए चित्र के अनुसार 5 के विपरीत 2 या 3 या 4 होगा तथा 4 के विपरीत 1 या 5 या 6 होगा।

(b) यदि दोनों घनों पर लिखे अंकों में एक अंक समान हो, तो दो परिस्थितियाँ हो सकती हैं।

(b) (i) जब समान अंक एक ही ऊपर की सतह पर हों-

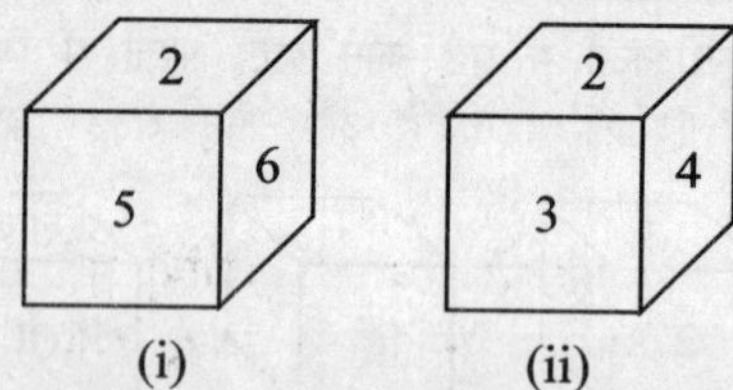

इन आकृतियाँ के आधार पर कहा जा सकता है कि दोनों घनों के ऊपरी सतह पर लिखे अंक विपरीत होंगे तथा दाहिनी सतह पर लिखे गए अंक विपरीत होंगे। अंक 5 के विपरीत 3 तथा अंक 6 के विपरीत अंक 4 होगा। दोनों घनों में जो अंक समान है उसके विपरीत वह अंक होगा जो अदृश्य हैं अर्थात् 2 के विपरीत अंक 1 होगा।

(b) (ii) जब समान अंक अलग-अलग प्रकार की सतह पर हों-

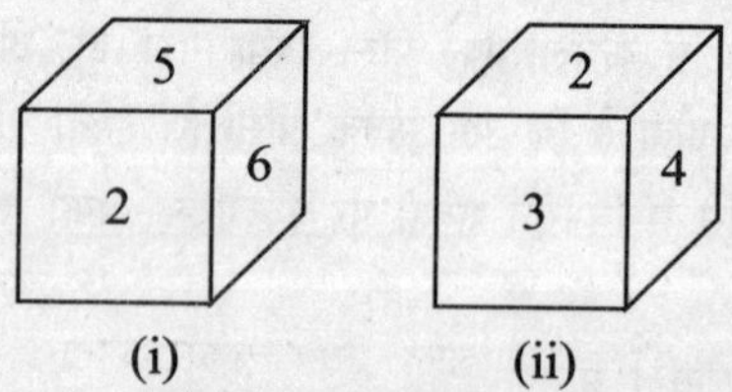

दोनों घनों पर अंक 2 अलग-अलग सतहों पर है। पहले घन में यह पहली सतह पर और दूसरे घन में यह ऊपरी सतह पर है।

इसलिए, अंक 2 के विपरीत सतह पर अंक 5, 6, 3 व 4 नहीं होंगे।

अर्थात् 2 के विपरीत अंक 1 होगा।

दूसरे अंकों के विपरीत अंक ज्ञात करने के लिए हम बायीं ओर से दायीं ओर घड़ी की सुइयों की दिशा में दो अलग-अलग क्रम तैयार करते हैं। जैसे- दिए गए चित्रों में एक घन में यह क्रम 2, 5, 6 है और दूसरे घन में यह क्रम 2, 4 व 3 है। दोनों क्रमों में एक ही अंक 2 के बाद प्रकार होने वाले अंक क्रमशः विपरीत सतह पर होंगे।

(c) जब दोनों घनों में अलग-अलग सतहों पर दो अंक समान हों-

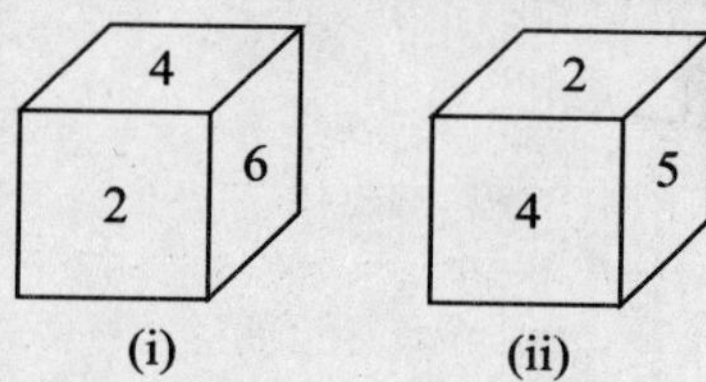

दोनों घनों में लिखे अंकों पर दो घन समान होने पर समान अंकों के विपरीत सतह पर जो दोनों अंकों के आने की सम्भावना है वे दोनों अंक दोनों घनों पर लिखे गए अंकों में दिखाई नहीं पड़ेंगे जैसे-

∴ 2 के विपरीत 1 या 3 होगा।

4 के विपरीत 1 या 3 होगा।

घनों पर दिखाई न देने वाले अंक दिखाई देने वाले अंकों के युग्मों के विपरीत सतह पर होंगे। जैसे-

3 के विपरीत 4 या 2 होगा।

1 के विपरीत 4 या 2 होगा।

पाँसे के विभिन्न जाल

एक कागज को मोड़कर भी हम पाँसा बना सकते हैं। ऐसे पाँसे निम्न प्रकार के होते हैं।

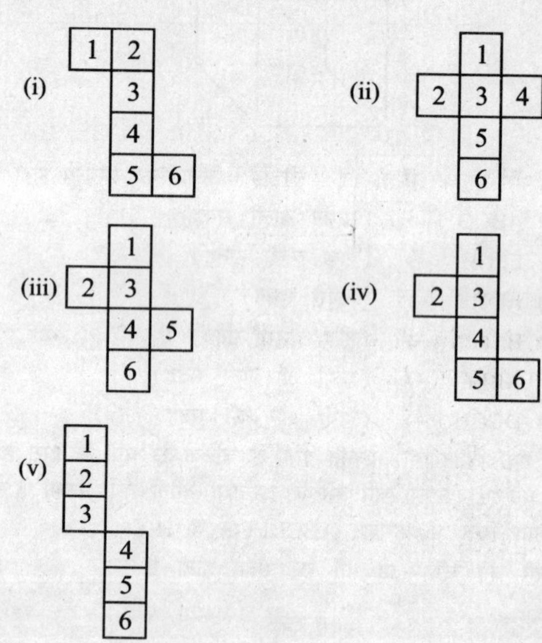

हल सहित उदाहरण

उदाहरण 1. नीचे पाँसे की दो स्थितियाँ दिखाई गई है। जब पाँसे के सबसे ऊपर 3 है, तो नीचे की संख्या क्या होगी?

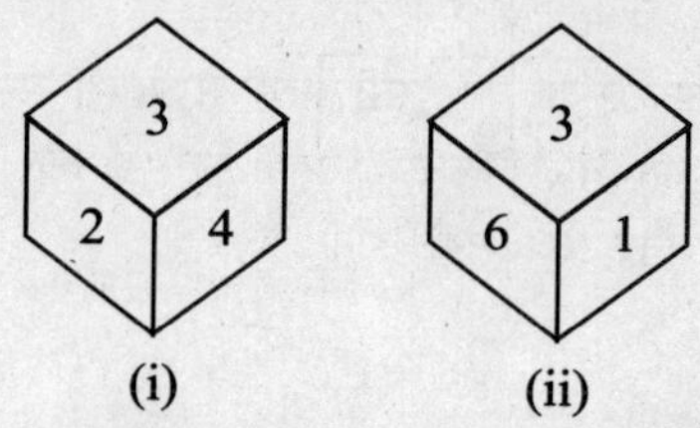

(a) 2 (b) 4
(c) 5 (d) 6

हल: (c) पाँसे के दोनों चित्रों को देखते हुए कह सकते हैं कि संख्या 1, 3, 4 एवं 5 संख्या 6 की बगल वाली सतह पर है। अत: संख्या 2 संख्या 6 के विपरीत हैं। संख्या 4 तथा 6 संख्या 5 के बराबर में है। अत: 5 के विपरीत में 1 या 3 है, परन्तु संख्या 1 तथा 3 सन्निकट हैं तथा जब संख्या 1 पाँसे के सबसे ऊपर होती है, तब 3 उसके सन्निकट होती है। अत: संख्या 3 संख्या 5 के विपरीत है। अत: जब संख्या 3 सबसे ऊपर होगी तो सबसे नीचे की संख्या 5 होगी।

उदाहरण 2. नीचे पाँसे की चार स्थितियाँ दिखाई गई हैं। यदि ऊपर की संख्या 6 है, तो नीचे की संख्या क्या होगी?

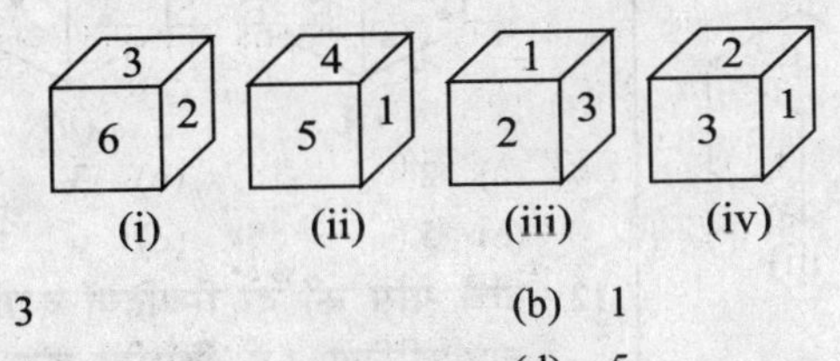

(a) 3 (b) 1
(c) 4 (d) 5

हल: (b) पाँसे की दूसरी तथा तीसरी स्थितियों का ध्यानपूर्वक अध्ययन करने पर दोनों स्थितियों में संख्या 1 उभयनिष्ठ के अत: पाँसे का जाल निम्न प्रकार होगा :

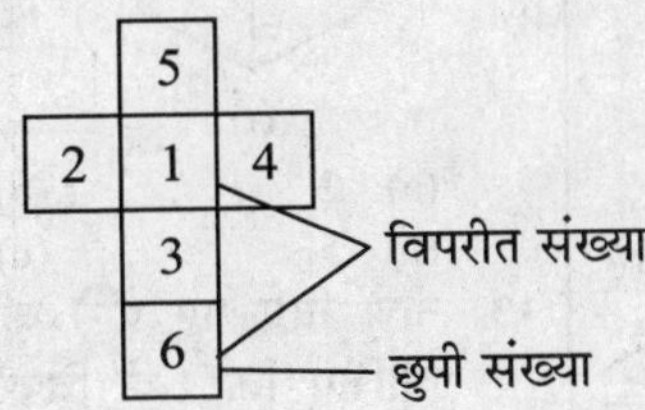

अत: स्पष्ट है 6 के विपरीत संख्या 1 होगी।

उदाहरण 3. नीचे पाँसे की चार स्थितियाँ दर्शाई गई हैं, तो 3 के विपरीत कौन-सी संख्या होगी ?

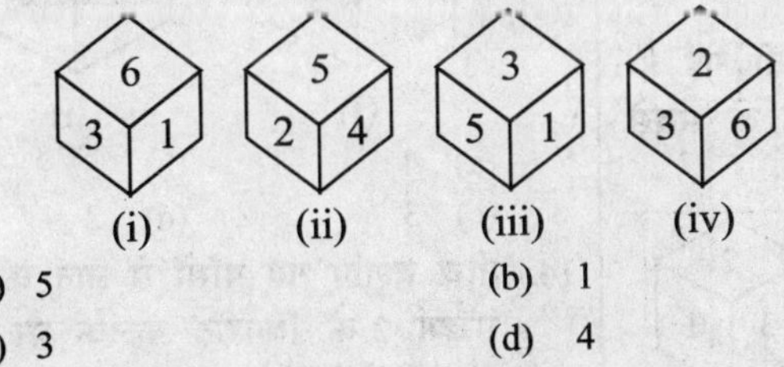

(a) 5 (b) 1
(c) 3 (d) 4

हल: (d) चूँकि पाँसे की दूसरी तथा चौथी स्थितियों का अध्ययन करने पर दोनों स्थितियों में संख्या 2 उभयनिष्ठ है। अत: पाँसे का जाल निम्न प्रकार होगा–

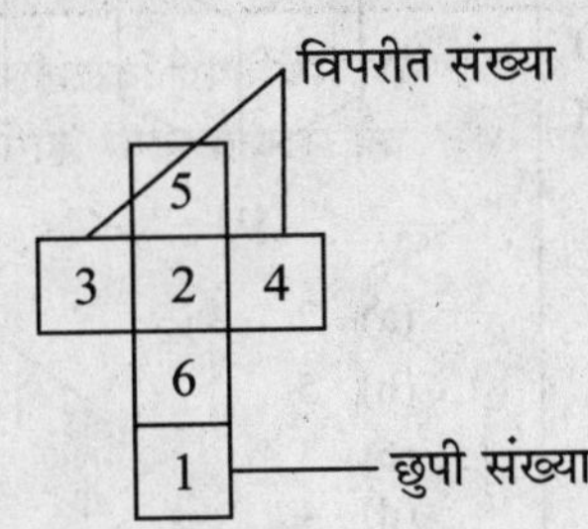

स्पष्ट है, 3 के विपरीत संख्या 4 है।

उदाहरण 4. नीचे एक पाँसे की दो स्थितियाँ दर्शायी गई हैं। यदि पाँसे के ऊपरी सतह पर 5 हो, तो इसकी निचली सतह पर कौन-सी संख्या होगी?

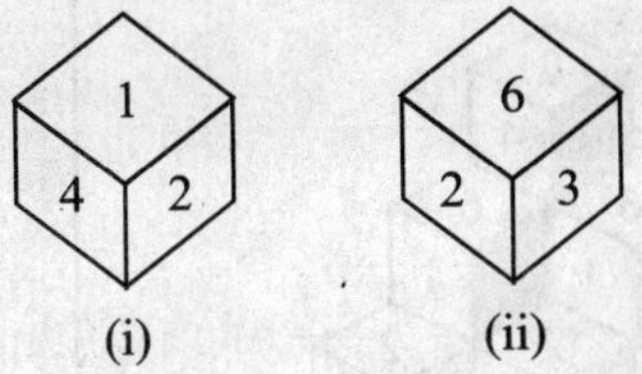

(a) 3
(b) 2
(c) 4
(d) 6

हल: (b) दोनों घनों में संख्या 2 उभयनिष्ठ है, इसलिए 2 के संलग्न फलकों पर संख्याएँ 1, 3, 4 व 6 होगी।

अत: स्पष्ट है के 2 विपरीत फलक पर संख्या 5 होगी। हम जाल के माध्यम से इसको निम्न प्रकार प्रकट कर सकते हैं।

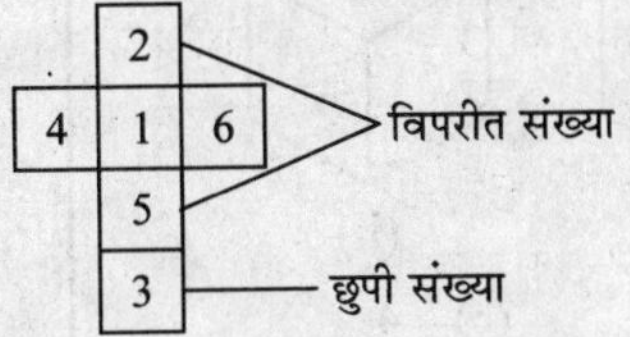

अत: स्पष्ट है, यदि 5 ऊपरी सतर पर है, तो 2 उसकी निचली सतह पर होगा।

उदाहरण 5. एक घन की दो स्थितियाँ दर्शायी गई हैं। 2 बिन्दुओं वाले फलक के विपरीत फलक पर कितने बिन्दु होंगे ?

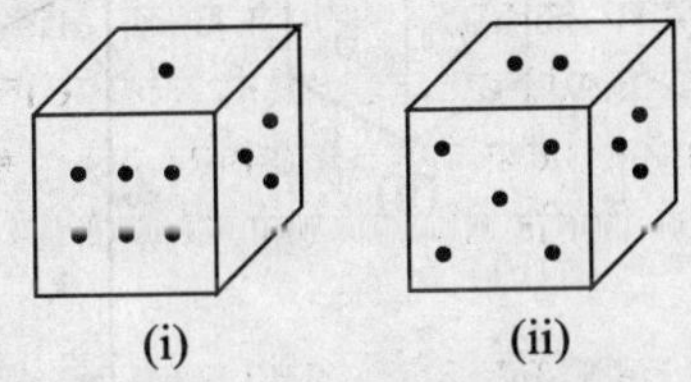

(a) 3
(b) 5
(c) 1
(d) 4

हल: (c) दिए गए घन का जाल निम्न प्रकार होगा।

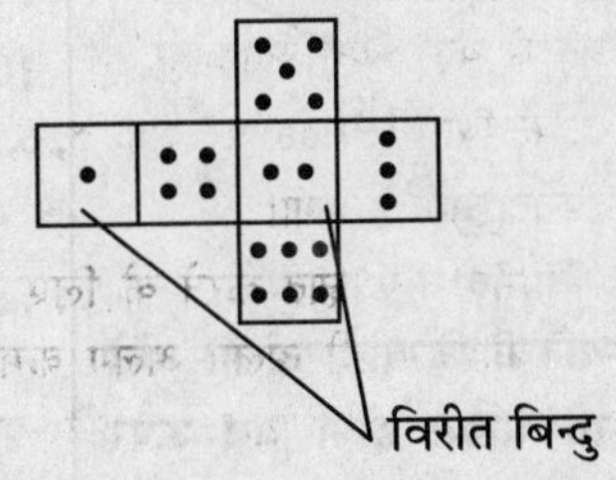

अत: 2 के विपरीत फलक पर 1 बिन्दु होगा।

प्रश्नमाला

1. चित्र में कितने पाँसे दिए गए हैं?

(a) 6 (b) 10
(c) 8 (d) 12

2. प्रश्न में 3 के विपरीत वाली संख्या क्या है? दी हुई 2 स्थितियाँ एक ही पाँसे का भाग है, जिसकी प्रत्येक सतह पर संख्याओं 1, 2, 3, 4, 5 और 6 में से कोई एक होती है।

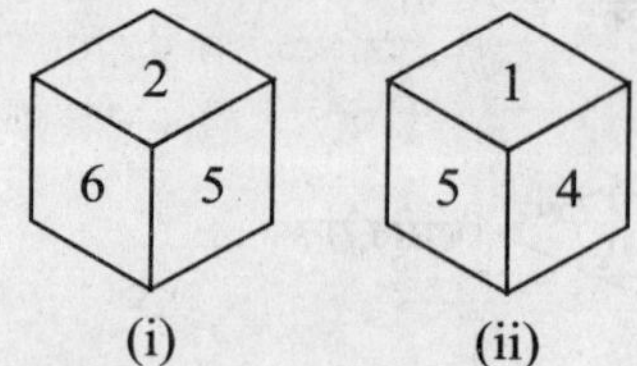

(a) 2 (b) 4
(c) 5 (d) 6

3. निम्न पाँसे में 1 के विपरीत कौन-सी संख्या आएगी?

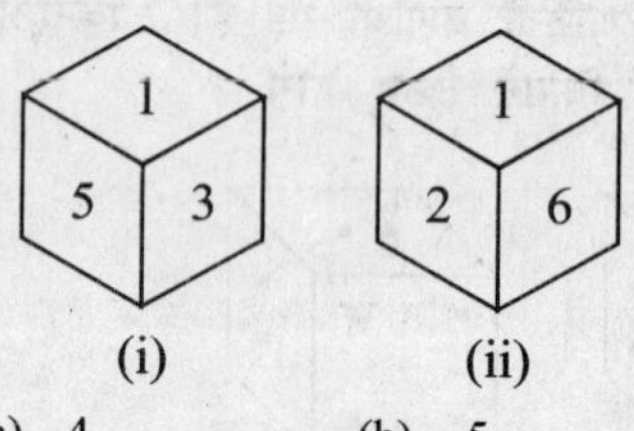

(a) 4 (b) 5
(c) 3 (d) 2

4. पाँसे के निम्न दो चित्रों के आधार पर बताए कि नीचे वाली संख्या क्या होगी जब ऊपर की संख्या 5 है?

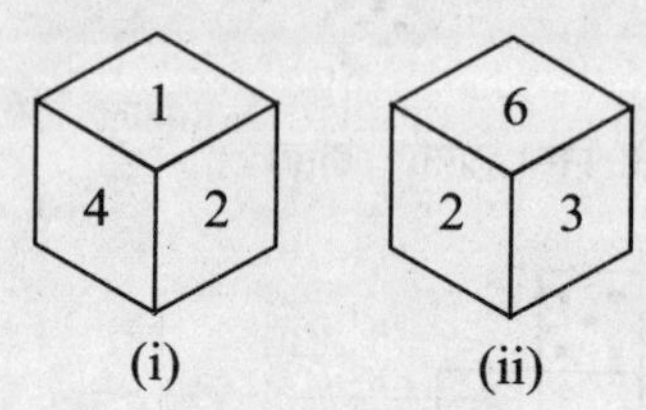

(a) 3 (b) 2
(c) 4 (d) 6

5. पाँसे की दो स्थितियाँ दिखाई गई हैं। पाँसे के नीचे कौन-सी संख्या होगी जब ऊपर की संख्या 3 है?

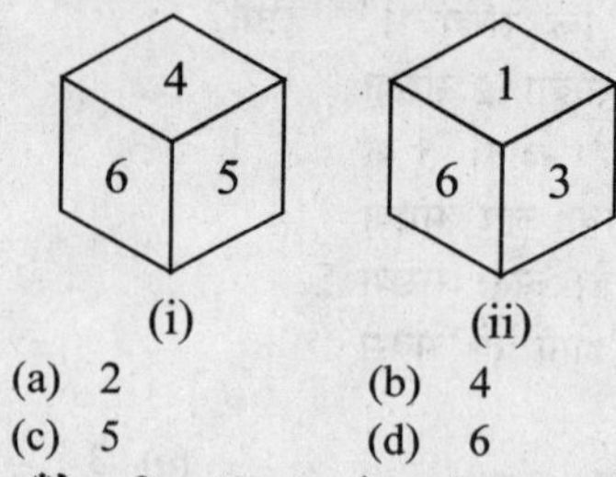

(a) 2 (b) 4
(c) 5 (d) 6

6. पाँसे की 3 स्थितियाँ नीचे दी गई हैं। 6 के विपरीत सतह पर कौन-सी संख्या है?

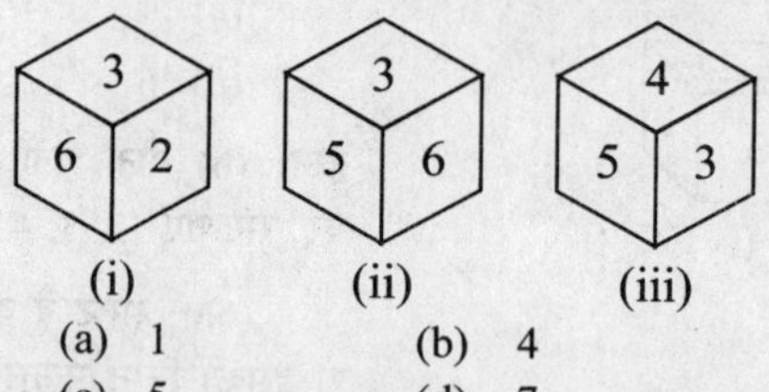

(a) 1 (b) 4
(c) 5 (d) 7

7. संख्या 1 के विपरीत में कौन-सी संख्या है?

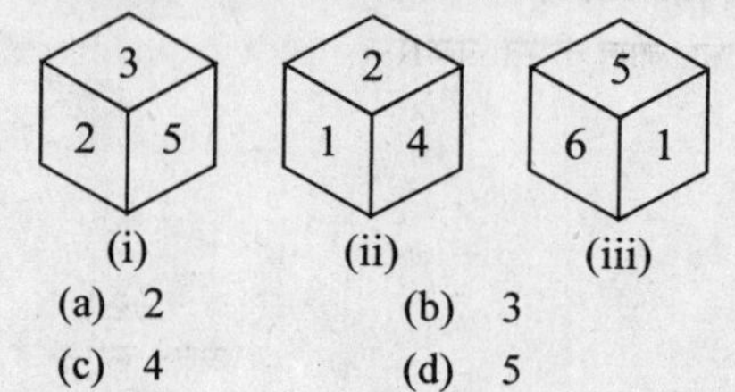

(a) 2 (b) 3
(c) 4 (d) 5

8. पीले रंग के विपरीत में कौन-सा रंग है?

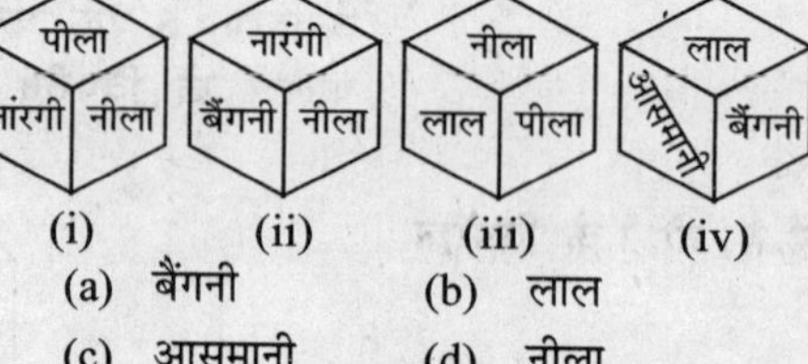

(a) बैंगनी (b) लाल
(c) आसमानी (d) नीला

9. पाँसे की चार स्थितियाँ नीचे दी गई हैं। जब सबसे ऊपर की संख्या 6 है तो सबसे नीचे की संख्या क्या होगी?

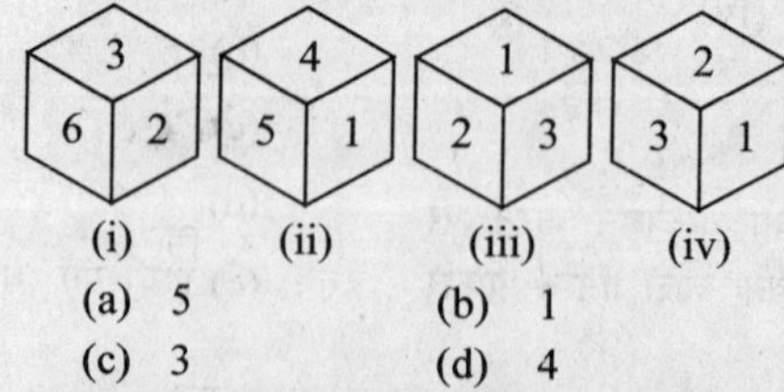

(a) 5 (b) 1
(c) 3 (d) 4

10. पाँसे में बिन्दुओं को देखें (1 से 6 बिन्दु) 4 बिन्दु की विपरीत वाली सतह पर कितने बिन्दु होंगे?

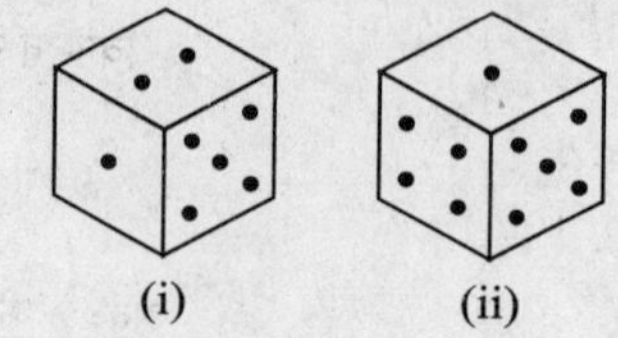

(a) 2
(b) 3
(c) 6
(d) निर्धारित नहीं किया जा सकता

11. नीचे पाँसे की दो स्थितियाँ दर्शायी गई हैं। ज्ञात कीजिए बिन्दु 2 के विपरीत फलक पर कितने बिन्दु होंगे?

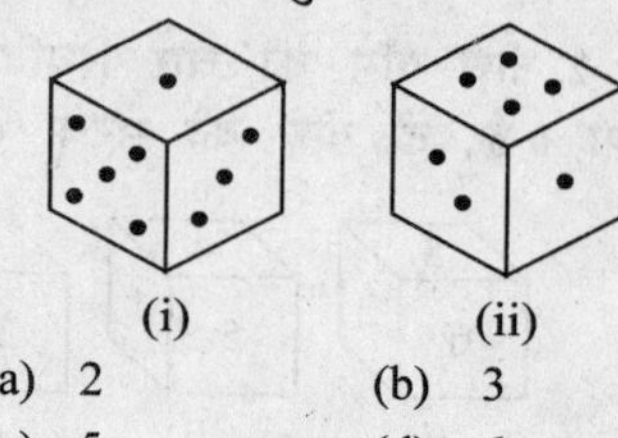

(a) 2 (b) 3
(c) 5 (d) 6

12. नीचे पाँसे की दो स्थितियाँ दर्शायी गई हैं। ज्ञात कीजिए 2 के विपरीत कौन-सी संख्या होगी?

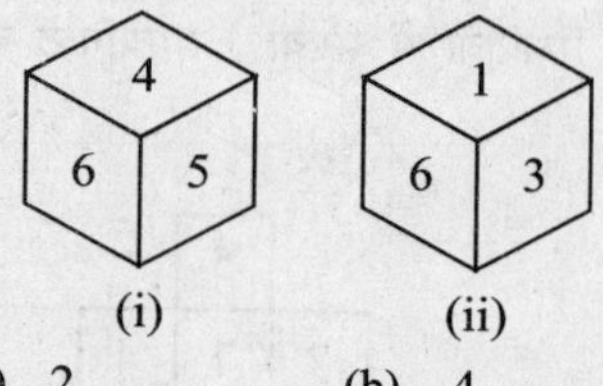

(a) 2 (b) 4
(c) 5 (d) 6

13. नीचे दिए गए पाँसे की स्थितियों से ज्ञात कीजिए कि 1 के विपरीत कौन-सी संख्या होगी?

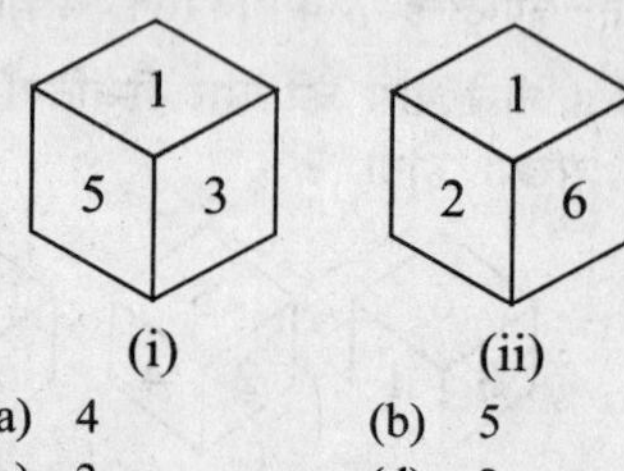

(a) 4 (b) 5
(c) 3 (d) 2

14. नीचे दर्शाए गए पाँसों से ज्ञात कीजिए कि संख्या 2 के विपरीत फलक पर कौन-सी संख्या होगी?

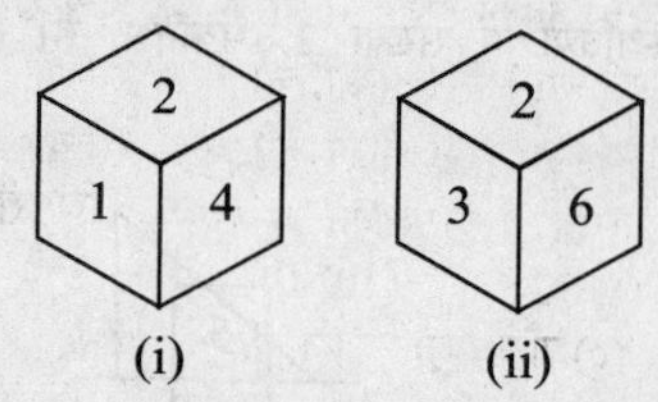

(a) 2
(b) 5
(c) 3
(d) 4

15. नीचे दर्शायी गई पाँसों की तीन स्थितियों में अक्षर *f* के विपरीत कौन-सा अक्षर होगा?

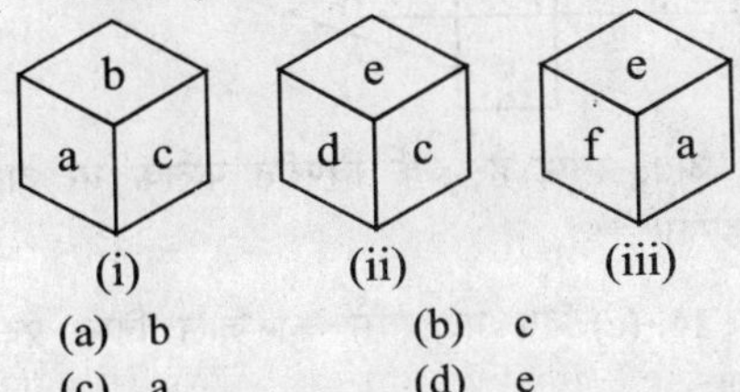

(a) b (b) c
(c) a (d) e

16. नीचे दिए गए पाँसों में 1 के विपरीत कौन-सी संख्या होगी?

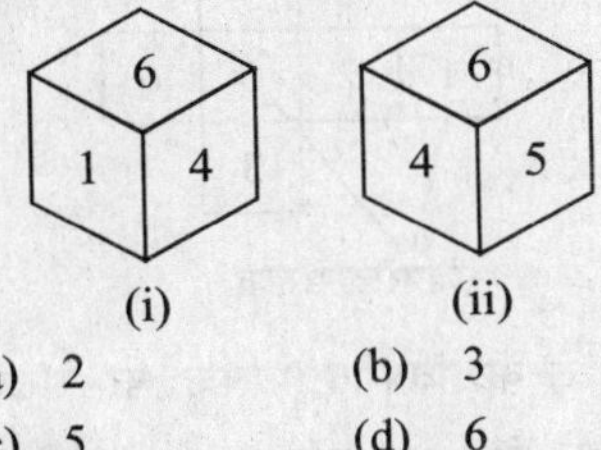

(a) 2 (b) 3
(c) 5 (d) 6

17. नीचे पाँसे की तीन स्थितियाँ दर्शायी गई हैं। ज्ञात कीजिए 1 के विपरीत कौन-सी संख्या होगी?

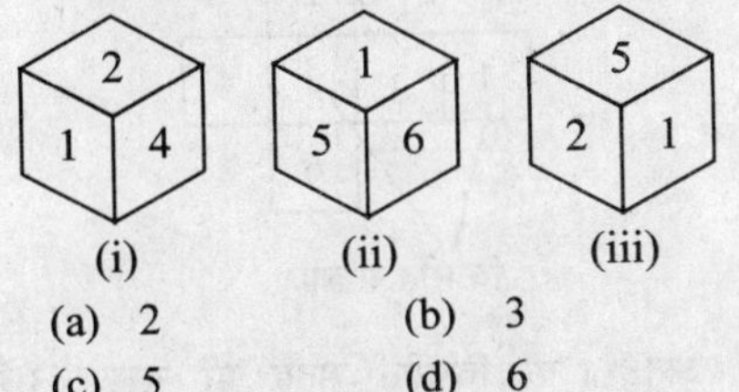

(a) 2 (b) 3
(c) 5 (d) 6

18. नीचे पाँसे की तीन स्थितियाँ दर्शायी गई हैं। ज्ञात कीजिए 3 के विपरीत सतह पर कौन-सी संख्या होगी?

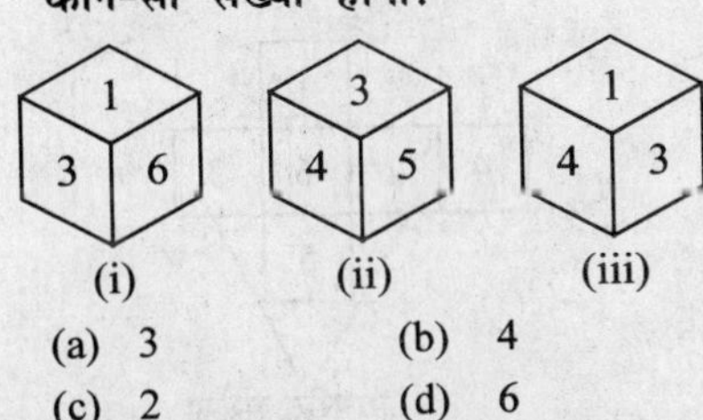

(a) 3 (b) 4
(c) 2 (d) 6

19. नीचे पाँसे की तीन स्थितियाँ दर्शायी गई हैं। ज्ञात कीजिए 1 के विपरीत सतह पर कौन-सी संख्या होगी?

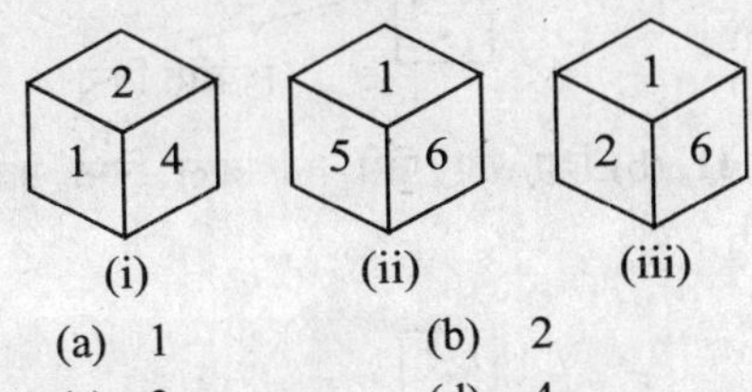

(a) 1 (b) 2
(c) 3 (d) 4

20. नीचे दी गई पाँसों की स्थितियों से ज्ञात कीजिए। 3 के विपरीत सतह पर कौन-सी संख्या होगी?

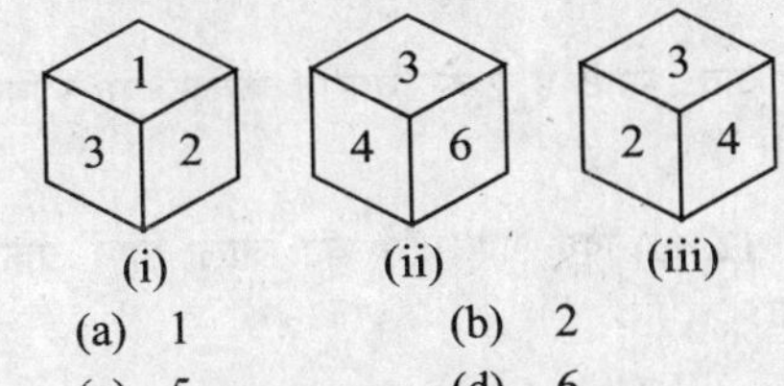

(a) 1 (b) 2
(c) 5 (d) 6

21. एक पासे की निम्न दोनों स्थितियों को देखकर बताइए कि Δ (त्रिभुज) की विपरीत सतह पर क्या होगा?

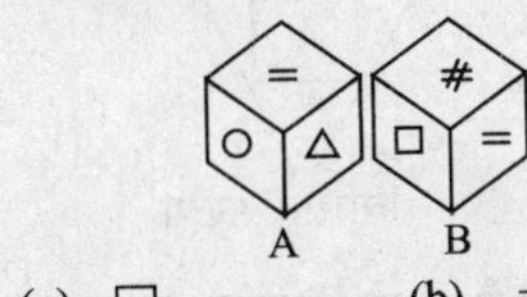

(a) □ (b) =
(c) # (d) इनमें से कोई नहीं

22. नीचे एक पासे की दो स्थितियों को दर्शाया गया है। उन्हें देखकर बताएँ कि 3 की विपरीत सतह पर कौन-सा अंक होगा?

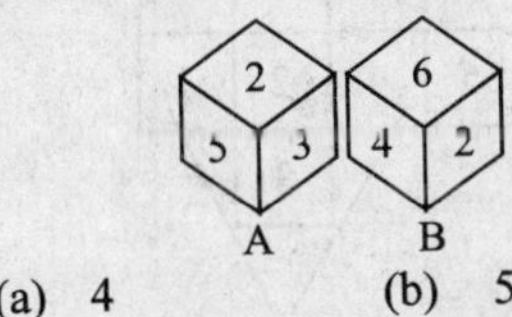

(a) 4 (b) 5
(c) 6 (d) 1

23. नीचे एक पासे की दो स्थितियों को दर्शाया गया है। यदि अंक दो को ऊपरी सतह पर दर्शाया जाए, तो बताइए कि निचली सतह पर कौन-सा अंक होगा?

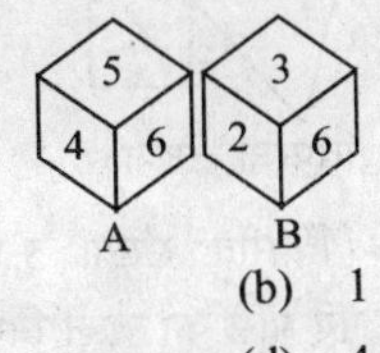

(a) 3 (b) 1
(c) 2 (d) 4

24. नीचे एक पासे की दो अवस्थितियाँ दर्शाई गई हैं यदि नीचे 4 है, तो ऊपर क्या होगा?

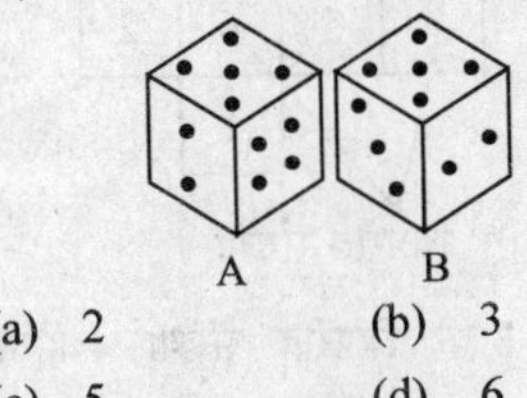

(a) 2 (b) 3
(c) 5 (d) 6

25. पासे की दो स्थितियाँ इस प्रकार दी गई हैं। जब 2 तल में होगा, तो कौन-सी संख्या शीर्ष पर होगी?

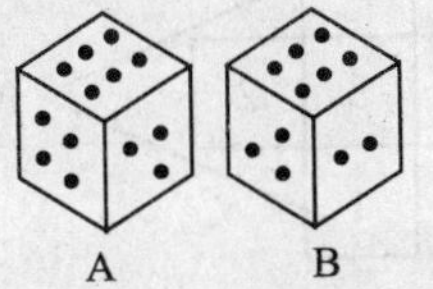

(a) 4 (b) 5
(c) 6 (d) 1

26.

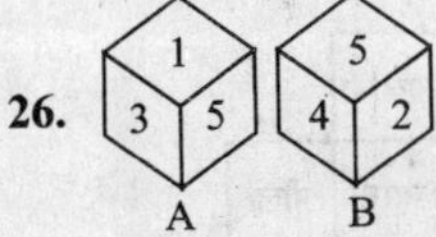

2 की विपरीत सतह का अंक होगा–

(a) 1
(b) 6
(c) 4
(d) 3

उत्तर (हल/संकेत)

1. (b) पहली सतह में पाँसों की कुल संख्या = 6
दूसरी सतह पर पाँसों की कुल संख्या = 3
तीसरी सतह में पाँसों की कुल संख्या = 1
∴ चित्र में पासों की कुल संख्या
= (6 + 3 + 1) = 10

2. (c) पाँसें का जाल निम्न प्रकार होगा:

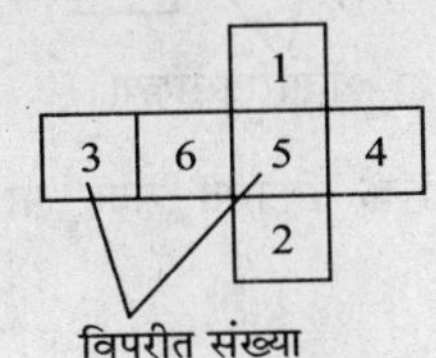

अतः स्पष्ट है पाँसे में 3 के विपरीत संख्या 5 है।

3. (d) पाँसे का जाल निम्न प्रकार होगा:

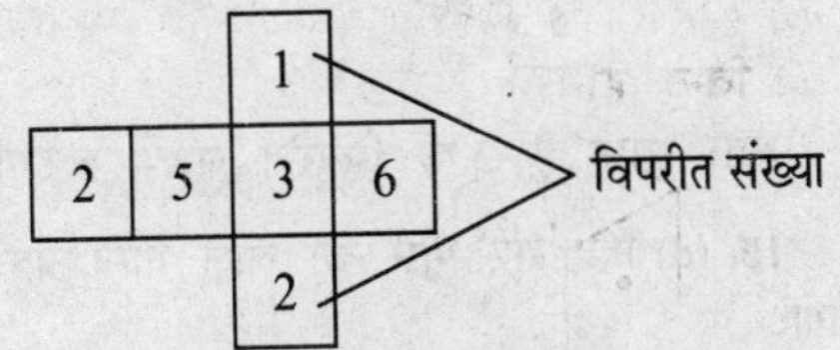

अतः 1 के विपरीत में संख्या 2 होगी।

4. (b) दिए गए पाँसे का जाल निम्न प्रकार होगा:

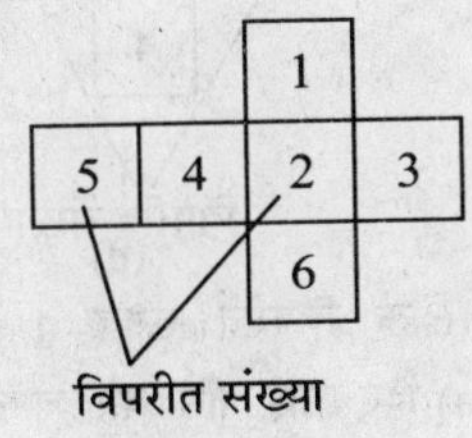

अतः 5 के विपरीत संख्या 2 होगी।

5. (c) दिए गए पाँसे का जाल निम्न प्रकार होगा:

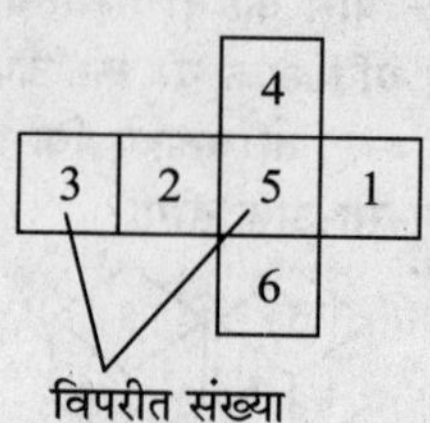

अत: 3 के विपरीत संख्या 5 होगी।

6. (b) दिए गए पाँसे का जाल निम्न प्रकार होगा:

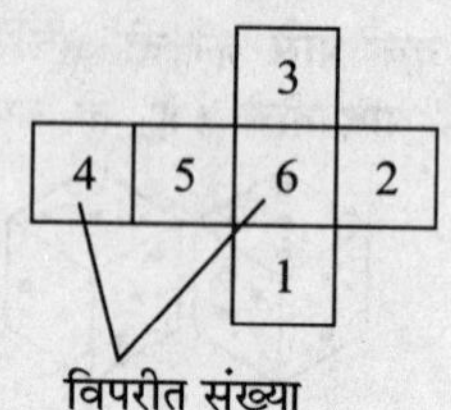

स्पष्ट है 6 के विपरीत संख्या 4 होगी।

7. (b) दिए गए पाँसे का जाल निम्न प्रकार होगा:

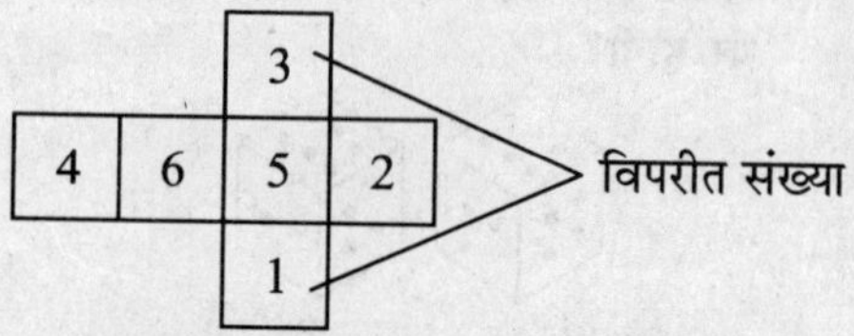

अत: स्पष्ट है 1 के विपरीत संख्या 3 है।

8. (a) दिए गए पाँसे का जाल निम्न प्रकार होगा:

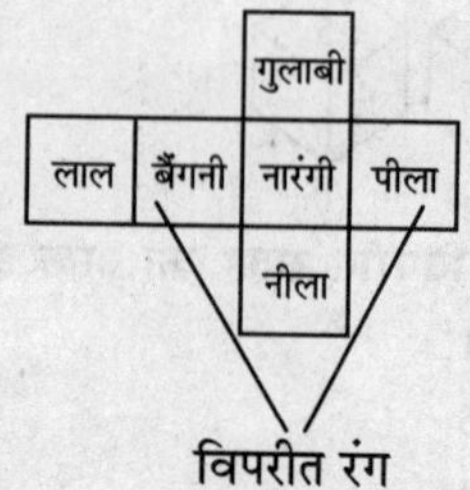

अत: पीले रंग के विपरीत रंग बैंगनी है।

9. (b) दिए गए पाँसे का जाल निम्न प्रकार होगा :

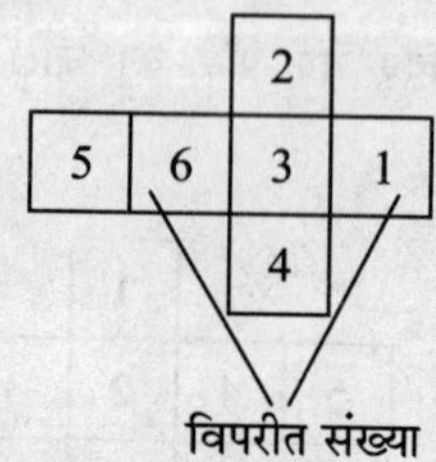

अत: 6 के विपरीत संख्या 1 है।

10. (a) दिए गए पाँसे का जाल निम्न प्रकार होगा:

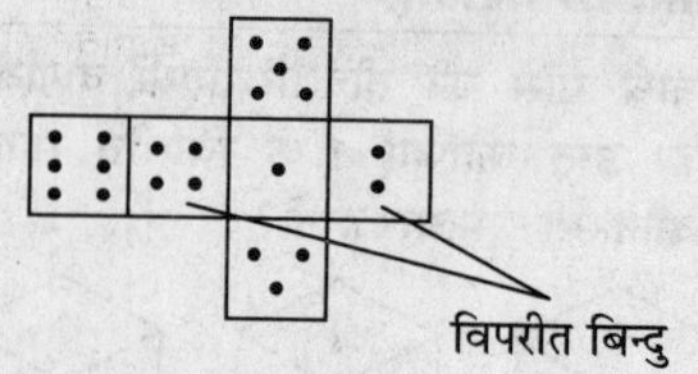

11. (b) दिए गए पाँसे का जाल निम्न प्रकार होगा:

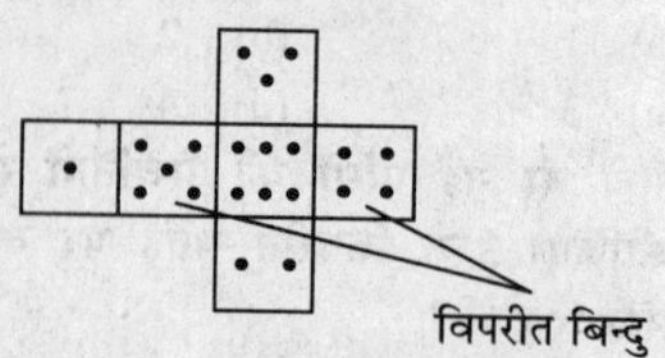

अत: स्पष्ट है 2 के विपरीत फलक पर 3 बिन्दु होंगे।

12. (d) दिए गए पाँसे का जाल निम्न प्रकार होगा:

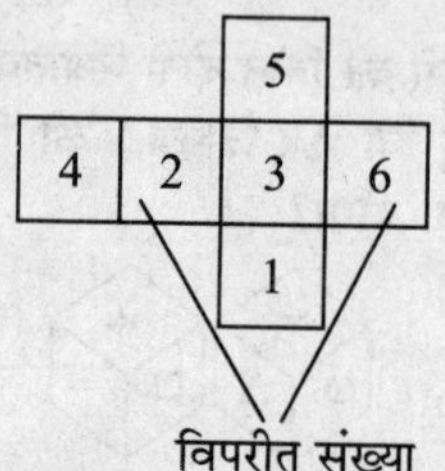

अत: स्पष्ट है 2 के विपरीत संख्या 6 होगी।

13. (a) दिए गए पाँसे का जाल निम्न प्रकार होगा:

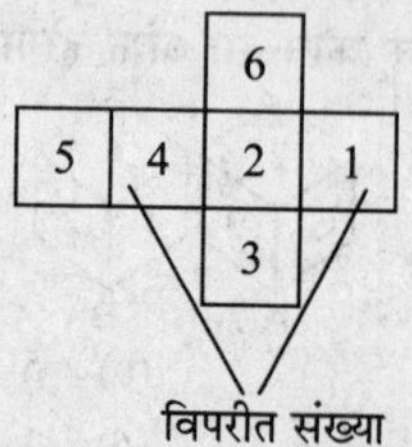

अत: स्पष्ट है 1 के विपरीत संख्या 4 होगी।

14. (b) दिए गए पाँसे का जाल निम्न प्रकार होगा:

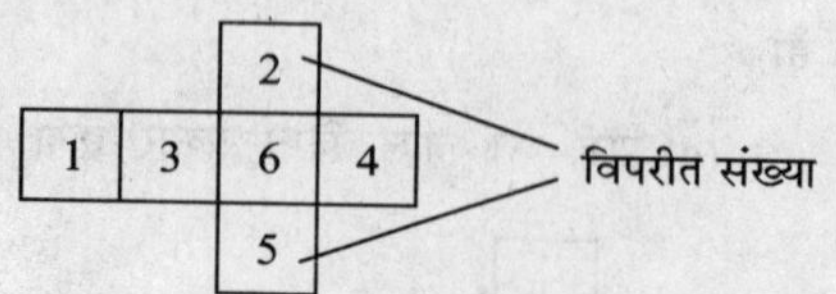

अत: स्पष्ट है 2 के विपरीत संख्या 5 होगी।

15. (d) दिए गए पाँसे का जाल निम्न प्रकार होगा:

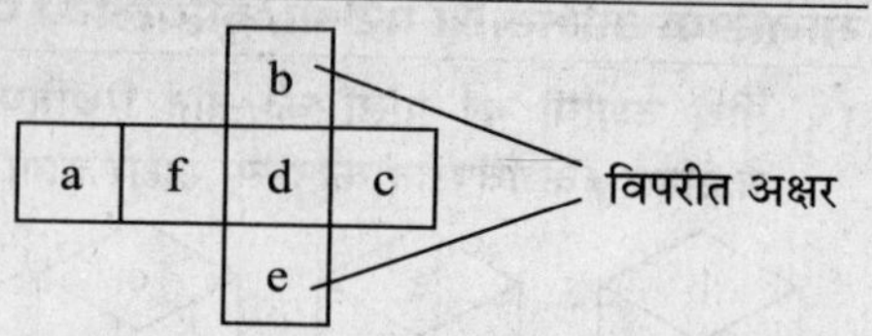

अत: स्पष्ट है, f के विपरीत फलक पर अक्षर e होगा।

16. (c) दिए गए पाँसे का जाल निम्न प्रकार होगा:

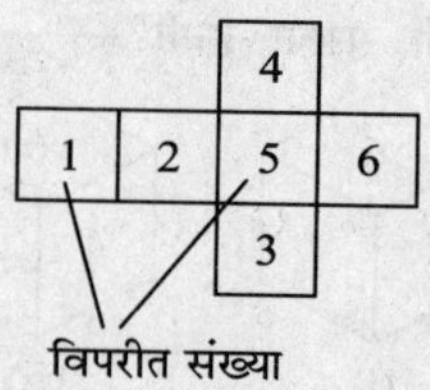

अत: 1 के विपरीत फलक पर संख्या 5 है।

17. (b) दिए गए पाँसे का जाल निम्न प्रकार होगा:

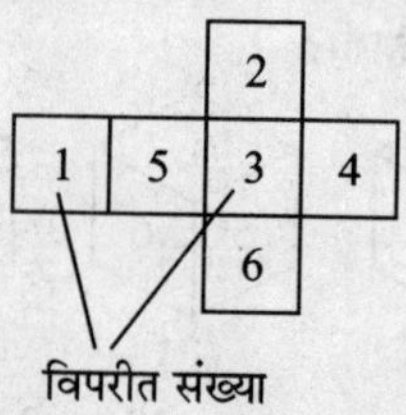

अत: 1 के विपरीत सतह पर संख्या 3 है।

18. (c) दिए गए पाँसे का जाल निम्न प्रकार होगा:

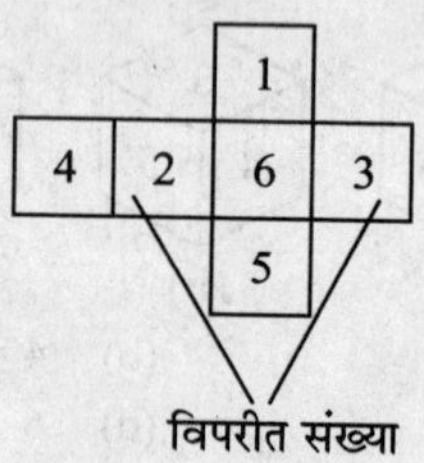

अत: 3 के विपरीत सतह पर संख्या 2 है।

19. (c) दिए गए पाँसे का जाल निम्न प्रकार है:

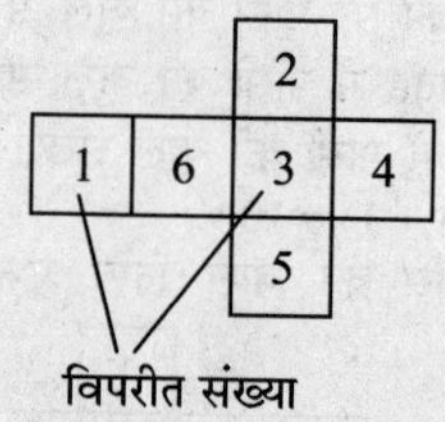

अत: 1 के विपरीत सतह पर संख्या 3 है।

20. (c) दिए गए पाँसे का जाल निम्न प्रकार है:

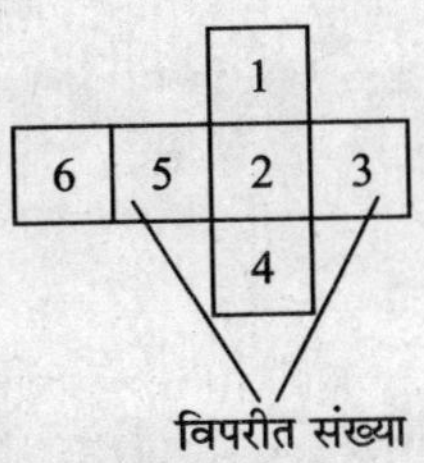

अत: 3 के विपरीत सतह पर संख्या 5 है।

21. (a) पासे की स्थितियों को वामावर्त लिखने पर,

A के लिए → Δ O

B के लिए → #

अत: Δ के विपरीत सतह पर □ होगा।

22. (a) पासे की स्थितियों को वामावर्त लिखने पर,

A के लिए – 2, 3, 5

B के लिए – 2, 4, 6

अत: 3 की विपरीत 4 होगा।

23. (d) पासे की स्थितियों को वामावर्त लिखने पर,

A के लिए – 6, 4, 5

B के लिए – 6, 2, 3

अत: 2 की विपरीत सतह पर 4 होगा।

24. (b) पासे स्थिति A और B से स्पष्ट हो गया कि 4 बिन्दु वाली साइड के सामने 3 बिन्दु होगा।

25. (a) चित्र को देखने से स्पष्ट है कि 4 और 5 अदृश्य सतहें हैं।

उभयनिष्ठ सतह की विपरीत सतहें = अदृश्य सतह

3 की विपरीत सतह = 4 या 5

परन्तु 3 और 4 संलग्न सतहें हैं।

3 की विपरीत सतह = 5

अत: जब 2 तल में होगा, तब 4 शीर्ष पर होगा।

26. (d) पासे की दोनों स्थितियों में 5 से शुरू कर वामावर्त देखने पर स्पष्ट है कि 2 के विपरीत 3 अंक होगा।

□□□

अध्याय

24

अवधारणा

अवधारणा या पूर्वधारणा का अर्थ समझने के लिए अगर इसे संधि विच्छेद किया जाए तो बनेगा पूर्व+धारणा अर्थात् किसी घटना के पहले सोची गई बात या वो घटना क्यों हुई उसके पीछे क्या कारण था, पूर्वधारणा कहलाती है। अतः सोची गई बात एक नहीं होगी मस्तिष्क में बहुत सारे कारण आयेंगे यही पूर्वधारणा होती है।

हल सहित उदाहरण

उदाहरण 1. कथन : प्रतिस्पर्धी क्लर्क की परीक्षा पास करने के लिए हमारे Yashi's Institute को ज्वाइन करिये-एक विज्ञापन

पूर्वधारणाएं : I. प्रतियोगी क्लर्क बनना चाहते हैं।

II. प्रतियोगी Yashi's Institute को Join करेंगे।

हल : कथन में दोनों ही पूर्वधारणा सही है क्योंकि जिसने विज्ञापन दिया है उसने विज्ञापन देने के पहले क्या ये बातें सोची होगी क्योंकि प्रतियोगी क्लर्क बनना चाहते हैं तभी उसने विज्ञापन दिया और विज्ञापन क्यों दे रहा है ताकि प्रतियोगी प्रवेश ले सके।

उदाहरण 2. कथन : किसानों की स्थिति सुधारने के लिए उन्हें शिक्षा देना बेहद जरूरी है- रमेश ने सुरेश से कहा।

पूर्वधारणाएं : I. सुरेश, रमेश की बात सुनेगा।

II. शिक्षा से किसानों की स्थिति सुधर सकती है।

हलः कथन में दोनों ही पूर्वधारणा सही है क्योंकि रमेश ने सुरेश से कहते समय यही विचार किया होगा कि सुरेश मेरी कही बात सुनेगा। रमेश के अनुसार शिक्षा से किसानों की स्थिति को सुधारा जा सकता है तभी रमेश, सुरेश से कह रहा है। अतः रमेश के अनुसार दोनों ही पूर्वधारणा सही है।

वैध पूर्वधारणाओं के प्रकार

(1) सकारात्मक : पूर्वधारणा कथन के अनुसार सकारात्मक होनी चाहिए अर्थात् जिसने घटना की या जिसकी वजह से कोई कार्य हुआ उसने क्या सोचा होगा ये जब हम निकालते हैं तो ध्यान रखिए कि कोई भी अपने बारे में नकारात्मक विचार नहीं रखता है।

उदाहरण 3. कथन : डॉक्टर ने रोगी से कहा कि स्वस्थ रहने के लिए रोज 3 घंटे योग करो।

पूर्वधारणाएं : I. हो सकता है रोगी डॉक्टर की बात मान ले और रोज 3 घंटे योगा शुरू कर दें।

II. हो सकता है रोगी डॉक्टर की बात न माने और रोज योगा न करे।

हल : यहां पूर्वधारणा I सही है क्योंकि जब डॉक्टर रोगी से यह बात कहेगा तो क्या सोच कर कहेगा कि रोगी बात मानेगा या नहीं डॉक्टर के अनुसार वह यह बात इसलिए कहेगा क्योंकि उसके मस्तिष्क में सकारात्मक विचार होगा कि मरीज डॉक्टर कि बात सुनेगा और मानेगा।

(2) सकता/सकती का होना : पूर्वधारणाओं में की गई धारणा कभी भी एक नहीं हो सकती है। हम अपने बारे में अर्थात् किसी घटना के बारे में उसके घटित होने के पीछे कई बातें सोच सकते हैं अतः सकता, सकती का होना कथन के अनुसार सकारात्मक पूर्वधारणा कहलाती है।

उदाहरण 4. कथन : अधिकारी ने कर्मचारियों से कहा कि ग्राहकों के साथ अच्छा व्यवहार करें।

पूर्वधारणाएं : I. हो सकता है कर्मचारी ग्राहकों से अच्छा व्यवहार करे।

II. हो सकता है कर्मचारी ग्राहकों से अच्छा व्यवहार न करें।

हल : दोनों कथनों में सकता है आया है लेकिन पहला सकारात्मक और दूसरा नकारात्मक है। अतः अधिकारी के कर्मचारियों से कहने से पहले उसके मस्तिष्क में सकारात्मक विचार आया होगा। अतः उत्तर I पूर्वधारणा है।

(3) विज्ञापन, सलाह, निर्देश, प्रार्थना : इन सभी क्रियाओं में पहले जो सोचा जाता है। वह सकारात्मक होता है और इसका प्रतिफल भी सकारात्मक विचार माना जाता है। ये सभी पूर्वधारणा होती हैं।

उदाहरण 5. कथन : पानी के सकंट को देखते हुए नगरपालिका ने कहा कि पानी के इस्तेमाल में कटौती करें।

पूर्वधारणा : I. लोग इस सलाह को मान सकते हैं।

II. लोग पानी के इस्तेमाल में कटौती कर सकते हैं।

हलः नगर पालिका ने क्या सोचकर यह बात कही कि लोग सलाह मान लेंगे लोग पानी के इस्तेमाल में कटौती कर देंगे अतः दोनों ही पूर्वधारणा है।

अवैध पूर्वधारणाओं के प्रकार

(1) अन्य या दूसरा : जब भी धारणा की जाती है वह उसी के लिए होती है जिस पर कार्य किया जा रहा है।

उदाहरण 6. कथन : X कंपनी ने अपने विमान किराये में 10% बढ़ोत्तरी की।– सूचना

पूर्वधारणाएं : I. अन्य विमान कंपनियां भी अपने किराए बढ़ाएगी।

II. लोग अब X कंपनी के विमान से यात्रा नहीं करेंगे।

हलः X कंपनी ने किराया बढ़ाने से पहले अन्य विमान कंपनियों के बारे में नहीं सोचा होगा तथा लोग यात्रा नहीं करेंगे। ये भी X कंपनी के अनुसार नकारात्मक है अतः दोनों ही पूर्वधारणा नहीं होगी।

(2) कुछ शब्द जैसे- सभी, प्रत्येक, केवल, एकमात्र, सर्वोत्तम, निश्चित कुछ ऐसे शब्द हैं जो कभी पूर्वधारणा नहीं होते हैं।

उदाहरण 7. कथन : यदि आप विदेश में पढ़ाई करना चाहते हैं तो हमारे पास अवश्य आए-एक विज्ञापन

पूर्वधारणाएं : I. केवल हम ही ऐसी ऐजेंसी चलाते हैं जिसके द्वारा विदेश में पढ़ाई करने भेजा जा सकता है।

II. सभी विद्यार्थी विदेश में पढ़ाई करने की चाहत रखते हैं।

हल: यहां दोनों ही पूर्वधारणा सही नहीं हैं क्योंकि केवल यही एक ऐजेंसी है यह धारणा विज्ञापन से पहले नहीं थी तथा सभी विद्यार्थी विदेश में पढ़ाई करना चाहते है। यह भी पूर्वधारणा नहीं है।

(3) वाक्य की पुनरावृत्ति : वाक्य की पुनरावृत्ति अगर पूर्वधारणा में हो रही है तो वह पूर्वधारणा नहीं होगी।

उदाहरण 8. कथन : दोस्ती लाभदायक साबित होती है।

पूर्वधारणाएं : I. दोस्ती नुकसानदायक नहीं होती है।
II. दुश्मनी हानिकारक होती है।

हल : यहां पर दोनों ही पूर्वधारणाओं का अर्थ कथन की तरह ही है। दोस्ती लाभदायक है अत: यही बात दोनों में कही जा रही है कि दोस्ती हानिकारक नहीं है तथा दुश्मनी हानिकारक अर्थात् दोस्ती लाभदायक है पूरे कथन की पुनरावृत्ति हो रही है। अत: दोनों ही पूर्वधारणा नहीं हैं।

उदाहरण 9. कथन : ट्रक ड्राइवर ने आटो रिक्शा से टक्कर को बचाने के लिए इमरजेंसी ब्रेक लगा दी।

पूर्वधारणाएं : I. आटो रिक्शा ड्राइवर टक्कर होने से बचा ले जाएगा।
II. ट्रक ड्राइवर टक्कर होने से बचा ले जाएगा।

हल: यह पूर्वधारणा II होगी क्योंकि धारणा किसकी होगी ट्रक ड्राइवर की क्योंकि ब्रेक कौन लगा रहा है ट्रक ड्राइवर अत: पूर्वधारणा उसके अनुसार होगी।

प्रश्नमाला

***निर्देश (प्र 1-40) :* नीचे दिए गए प्रत्येक प्रश्न में एक कथन दिया गया है और उसके नीचे दो पूर्वधारणाएं दी गई हैं जिन्हें I और II क्रमांक दिया गया है। कोई मानी हुई या गृहीत बात पूर्वधारणाएं कहलाती है। आपको कथन और दी गई पूर्वधारणाओं दोनों पर विचार करना है और फिर यह तय करना है कि कौन-सी पूर्वधारणा कथन में अंतर्निहित है।**

उत्तर दीजिए—

(a) यदि केवल पूर्वधारणा I अंतर्निहित है।
(b) यदि केवल पूर्वधारणा II अंतर्निहित है।
(c) यदि न तो पूर्वधारणा I और न ही पूर्वधारणा II अंतर्निहित है।
(d) यदि पूर्वधारणाएं I और II दोनों ही अंतर्निहित हैं।

1. **कथन :** एक विज्ञान: यदि आप आदर्श नेता के पदचिन्हों का अनुसरण करना चाहते हों तो 'X' छाप के जूते पहनें।

पूर्वधारणाएं : I. ज्यादातार लोगों को आदर्श नेता बनना अच्छा लगता है।
II. कोई आदर्श नेता नहीं बन सकता जब तक कि वह 'X' छाप का जूता नहीं पहनता।

2. **कथन :** प्रत्येक नागरिक को सामाजिक हितों के प्रति वचनबद्ध होना आवश्यक है, यदि वह नहीं है तो उसकी नागरिकता रद्द होनी चाहिए।

पूर्वधारणाएं : I. यह ज्ञात करना संभव है कि क्या कोई नागरिक सामाजिक हितों हेतु वचनबद्ध है या नहीं।
II. किसी भी नागरिक की नागरिकता रद्द हो सकती है।

3. **कथन :** जब तक हम समग्र शासन प्रणाली का सुधार नहीं कर लेते हैं तब तक भ्रष्टाचार और स्वजन पक्षपात को हमारें समाज से नहीं मिटाया जा सकता है।

पूर्वधारणाएं : I. भ्रष्टाचार और स्वजन पक्षपात का बना रहना अच्छा है।
II. शासन प्रणाली में परिवर्तन करने के लिए पर्याप्त लचीलापन है।

4. **कथन :** भविष्य के लिए अपने अतीत से पीछा छुड़ाइए। पुराने फ्रिज के बदले हमारा नई पीढ़ी का फ्रिज छूट पर प्राप्त कीजिए।

पूर्वधारणाएं : I. आने वाले महीनों में नए फ्रिज की बिक्री बढ़ सकती है।
II. मनुष्य अतीत को भविष्य में बदलने को प्राथमिकता देता है।

5. **कथन :** रेलवे अधिकारियों ने दस नई ट्रेनें शुरू की हैं और चौदह विद्यमान ट्रेनों की आवृति में भी वृद्धि की है।

पूर्वधारणाएं : I. विद्यमान ट्रेनें सभी यात्रियों को जगह देने के लिए पर्याप्त नहीं हैं।
II. नई और अतिरिक्त ट्रेनों को पर्याप्त रूप से यात्री मिल पाएंगे जिससे कि ये आर्थिक रूप से परिचालन योग्य होंगी।

6. **कथन :** सरकार ने स्कूल फीस की राशि को माता-पिता की आय के साथ जोड़कर स्कूल फीस के ढांचे का कायापलट करने का निर्णय लिया।

पूर्वधारणाएं : I. माता-पिता अपनी वास्तविक आय की जानकारी स्कूल को देंगें।
II. माता-पिता ढांचे के कायापलट के बाद फीस को अदा करने के लिए राजी होंगे।

7. **कथन :** उसके द्वारा हाल ही में कंपनी 'A' के शेयरों में निवेश, केवल एक जुआ है।

पूर्वधारणाएं : I. उसे अपने निवेश पर हानि हो सकती है।
II. उसे निवेश से कुछ लाभ हो सकता है।

8. **कथन :** यह हमेशा सच नहीं होता है कि अत्याधुनिक तकनीक अपनाने से उत्पादकता और क्षमता में वृद्धि सुनिश्चित होती है।

पूर्वधारणाएं : I. अत्याधुनिक तकनीक अपनाने के कारण उत्पादकता और क्षमता में हुई वृद्धि को प्रमाणित करना संभव है।
II. अत्याधुनिक तकनीक से छुटकारा पाकर उत्पादकता और क्षमता में वृद्धि की जा सकती है।

9. **कथन :** एक विज्ञापन-''बिना लागत के कंप्यूटर सीखिए और अपना जीवन अधिक सार्थक बनाइए''।

पूर्वधारणाएं : I. लोग किसी शुल्क के बिना पाठ्यक्रमों में भर्ती होना अधिक पसंद करते हैं।
II. कंप्यूटर का ज्ञान जीवन को अधिक सार्थक बनाता है।

10. **कथन :** संगठन के प्रमुख ने उन कर्मचारियों को पुरस्कृत करने का निर्णय किया है जो नवीन तकनीकें सुझाकर व्यय में भारी कटौती करने में सहायता करेंगे''।

पूर्वधारणाएं : I. कर्मचारी नवीन सुझाव लेकर सामने आने में समर्थ हो सकते हैं।
II. कर्मचारियों को इसके लिए प्रोत्साहित किया जा सकता है कि वे पुरस्कार जीतने के लिए अपना दिमाग लगाएं।

11. **कथन :** यदि आप बुद्धिमान हैं तो आपके निष्पादन में सुधार लाने के लिए हम ही सही लोग हैं।''- एक कोचिंग क्लास का विज्ञापन।

पूर्वधारणाएं : I. कुशाग्र बुद्धि वाले विद्यार्थी कोचिंग क्लासों में भर्ती होना अधिक पंसद करते हैं।

II. कोचिंग क्लासें विद्यार्थियों को उनका निष्पादन सुधारने में मदद करती हैं।

12. कथन : कोई भी यह भविष्यवाणी नहीं कर सकता कि हमारे देश को दुर्भाग्यपूर्ण और विनाशकारी आतंकवादी गतिविधियों को रोकने में कितना समय लगेगा।

पूर्वधारणाएं : I. आतंकवादी गतिविधियों को समाप्त करना असंभव है।

II. आतंकवादी गतिविधियों के नियंत्रण के प्रयास जारी हैं।

13. कथन : यद्यपि अधिकांश युद्ध शांतिप्रिय लोगों के लिए पीड़ादायक हों तब भी युद्ध का तीव्रता से तिरस्कार किया जाना चाहिए।

पूर्वधारणाएं : I. कुछ लोग शांतिप्रिय लोगों के लिए समस्याएं खड़ी कर देते हैं।

II. युद्ध में अधिकांशत: दुष्ट जन मारे जाते हैं।

14. कथन : युद्ध के अधिकांश शिकार शांतिप्रिय लोगों के लिए त्रासदायक हों तब भी युद्ध का तीव्रता से तिरस्कार किया जाना चाहिए।

पूर्वधारणाएं : I. युद्ध में निर्दोष लोग भी मारे जाते हैं।

II. युद्ध के तीव्र विरोध का कुछ वांछित असर पड़ सकता है।

15. कथन : सूखा सहायता निधि के लिए सरकार ने देय कर-राशि पर 2 प्रतिशत अधिभार लगाने का निर्णय लिया है।

पूर्वधारणाएं : I. सूखा सहायता कार्यक्रमों के लिए निधि जुटाने हेतु सरकार के पास पर्याप्त धन नहीं है।

II. अधिभार के रूप में उगाही गई राशि इन सूखा सहायता कार्यक्रमों के निधिकरण के लिए पर्याप्त होगी।

16. कथन : अन्य कई देशों की तुलना में भारत में स्वास्थ्य पर प्रति व्यक्ति व्यय बहुत कम है, इसलिए विश्व स्वास्थ्य संगठन ने भारत में विविध स्वास्थ्य कार्यक्रमों को अपनी सहायता दोगुनी करने का निर्णय लिया है।

पूर्वधारणाएं : I. बढ़ी हुई सहायता से भारत में प्रति व्यक्ति स्वास्थ्य व्यय में पर्याप्त वृद्धि होगी और यह अन्य देशों के समतुल्य हो जाएगा।

II. भारत में आधारभूत चिकित्सा सुविधा उपलब्ध कराने के लिए सरकारी निधिकरण अपर्याप्त हैं।

17. कथन : सरकार ने रेल दुर्घटना में मृतकों के परिवारों को 1 लाख रु. का मुआवजा देने का निर्णय लिया है।

पूर्वधारणाएं : I. मुआवजे के कारण होने वाले व्यय की पूर्ति के लिए सरकार के पास पर्याप्त निधियां हैं।

II. निकट भविष्य में रेल दुर्घटनाओं में कमी आएगी।

18. कथन : एक स्कूल के पैरेंट्स टीचर एसोशिएशन (PTA) ने प्रधानाचार्य को सूचित किया है कि यदि स्कूल अधिकरण तत्काल फीस नहीं घटाता है तो वे अपने बच्चों को स्कूल नहीं भेजेंगे।

पूर्वधारणाएं : I. अधिकांश माता-पिता ने पैरेंट्स टीचर एसोशिएशन (PTA) के द्वारा प्रधानाचार्य को सूचित किया है कि यदि स्कूल अधिकरण तत्काल फीस नहीं घटाता है तो वे अपने बच्चों को स्कूल नहीं भेजेंगे।

II. स्कूल अधिकरण पैरेंट्स टीचर एसोशिएशन (PTA) की मांग स्वीकार कर फीस घटाएगा।

19. कथन : ''यदि आप प्रथम श्रेणी स्नातक हैं तो हमारा संगठन आपके लिए काम करने का श्रेष्ठ स्थान है।''- एक विज्ञापन।

पूर्वधारणाएं : I. किसी अन्य संगठन को प्रथम श्रेणी स्नातकों की आवश्यकता नहीं होगी क्योंकि उन्हें पर्याप्त संख्या में आवेदन प्राप्त नहीं होंगे।

II. प्रथम श्रेणी स्नातक आकर्षित हो सकेंगे और इस संगठन में आवेदन करेंगे।

20. कथन : X एयरलाइंस ने तत्काल प्रभावी रूप से यात्री किराए में 15 प्रतिशत की वृद्धि करने का निर्णय लिया है।

पूर्वधारणाएं : I. किराये में वृद्धि के बाद भी X एयरलाइंस की सीटों की मांग अपरिवर्तित रहेगी।

II. अन्य एयरलाइंस कंपनियां भी यात्री किराए में वृद्धि कर सकती हैं।

उत्तर (हल/संकेत)

1. (a) केवल पूर्वधारणा I अंतर्निहित है; इसलिए विज्ञापन दिया गया है। दूसरा निरर्थक है।

2. (d) I स्पष्टत: अंतर्निहित है। II भी अंतर्निहित है; इसलिए नागरिकता रद्द करने की बात कही गई है।

3. (c) I अंतर्निहित नहीं है। वैध पूर्वधारणा यह है कि भ्रष्टाचार एवं स्वजन पक्षपात वांछनीय नहीं है। II भी अंतर्निहित नहीं है। कथन इस बात पर चुप है कि क्या शासन प्रणाली को सुधारा जा सकता है।

4. (d) पूर्वधारणा I अंतर्निहित है। विज्ञापन के द्वारा इस प्रकार का विज्ञापन क्यों प्रकाशित किया गया है? निश्चित रूप से विज्ञापन I को मान रहा है। II भी अंतर्निहित है इसलिए विज्ञापन ऐसा करने की वकालत करता है।

5. (d) दोनों ही पूर्वधारणाएं कथन में अंतर्निहित हैं

6. (d) दोनों ही पूर्वधारणाएं कथन में अंतर्निहित हैं

7. (d) कंपनी 'A' के शेयरों में निवेश को 'एक जुआ' माना गया है। इसका अर्थ है कि प्रवक्ता अवश्य ही यह मान रहा होगा कि निवेश से उसे हानि भी हो सकती है या लाभ भी हो सकता है।

8. (a) शब्द हमेशा सच नहीं होता का अर्थ है कि कभी-कभी ऐसा करने से धनात्मक परिणाम मिलता है। अत: वक्ता अवश्य ही I को मान रहा होगा। II स्पष्टत: अंतर्निहित नहीं है।

9. (d) बिना लागत के कम्प्यूटर सीखने का लक्ष्य है सीखने वालों को आकर्षित करना। अत: I अंतर्निहित है। II भी एक पूर्वधारणा है; इसलिए विज्ञापन कम्प्यूटर सीखने की वकालत करता है।

10. (d) अच्छे सुझाव के लिए पुरस्कार क्यों? स्पष्टत: अधिकारी यह मान रहे हैं कि पुरस्कार नवोन्मेषी तकनीकें सामने लाने में कर्मचारियों को प्रोत्साहित करेगा। अत: II अंतर्निहित है। दूसरी तरफ, नवोन्मेषी तकनीकें सामने लाने के लिए कर्मचारियों की सहायता ढूंढने का तात्पर्य है कि कर्मचारियों के पास अभीष्ट सामर्थ्य है। इसलिए I भी अंतर्निहित है।

11. (d) दोनों ही पूर्वधारणाएँ कथन में अंतर्निहित हैं

12. (b) I अंतर्निहित नहीं है। वस्तुत: कथन यह संकेत करता है कि आतंकवादी गतिविधियों को रोका जा सकता है। कितना समय लगेगा पर विवाद है। लेकिन II अंतर्निहित है। कार्यवाही शुरू हो चुकी है पर इसका अंत कब होगा पता नहीं।

13. (a) शिकार शांतिप्रिय लोगों के लिए त्रासदायक है I से अंतर्निहित है। II एक पूर्वधारणा नहीं है। ध्यान दें कि यहां पूर्वधारणा हो सकती है: युद्ध में मारे गए अधिकांश लोग दुष्ट होते हैं।

14. (d) कथन में प्रयुक्त शब्द तीव्रता से तात्पर्य है कि वक्ता अवश्य ही II को मान रहा होगा। युद्ध के अधिकांश शिकार शांतिप्रिय लोगों के लिए त्रासदायक हों तब भी युद्ध का तीव्रता से तिरस्कार किया जाना चाहिए, के पक्ष में क्यों है? वक्ता अवश्य ही यह मान रहा होगा कि शांतिप्रिय लोगों के लिए भी युद्ध विध्वंसकारी होता है। अत: I भी अंतर्निहित है।

15. (d) कोई सरकार अतिरिक्त कर थोपने का निर्णय नहीं लेती है जब तक वह, यह नहीं मानती है कि उसके पास जो राशि है वह उद्देश्य की पूर्ति के लिए अपर्याप्त है, अन्यथा सरकार ने 2% अधिभार लेने के लक्ष्य को बढ़ा दिया होता।

16. (b) केवल पूर्वधारणा II अंतर्निहित है।

17. (a) सरकार के द्वारा लिए गए निर्णय से तात्पर्य है कि सरकार अवश्य ही I को मान रही होगी? ध्यान दें कि कोई संस्था/सरकार/व्यक्ति तब तक दुख की क्षतिपूर्ति करने का निर्णय नहीं ले सकती है जब तक कि वह, यह नहीं मानती है कि उसके पास खर्च करने के लिए पर्याप्त भंडार है। II को सहसंबंधित नहीं किया जा सकता है। अत: II अंतर्निहित नहीं है।

18. (d) PTA ने ऐसा कड़ा निर्णय क्यों लिया? वे अवश्य ही यह मान रहे होंगे कि इसका निर्णय स्कूल फीस पर पुनर्विचार करने के लिए प्रधानाचार्य को बाध्य कर सकता है। अत: पूर्वधारणा II अंतर्निहित है। पुन:, निर्णय ऐसा परिणाम कैसे दिखा सकता है? स्पटष्त:, PTA अवश्य ही यह मान रहा होगा कि बच्चों के माता-पिता सहयोग करेंगे। अत: पूर्वधारणा I भी अंतर्निहित है।

19. (b) पूर्वधारणा I को कथन के साथ सह संबंधित नहीं किया जा सकता है। अत: पूर्वधारणा I अंतर्निहित नहीं है। अब, संगठन ने विज्ञापन क्यों दिया? स्पष्टत: II अवश्य ही मान लिया गया होगा। अत: केवल II अंतर्निहित है।

20. (a) एयरलाइंस ने अवश्य ही अधिक राजस्व प्राप्त करने के लिए कदम उठाया होगा। बिना I को माने वांछित परिणाम प्राप्त नहीं किया जा सकता है। अत: I अंतर्निहित है। II एक पूर्वधारणा हो भी सकती है और नहीं भी।

❑❑❑

अध्याय

25

अंकगणितीय तर्क

इसके अन्तर्गत जो प्रश्न पूछे जाते हैं, वे गणितीय नियमों पर ही आधारित होते हैं। जिनका मुख्य उद्देश्य परीक्षार्थियों की सामान्य बौद्धिक क्षमता का आंकलन करना होता है। इस प्रकार के प्रश्नों को हल करने के लिए गणितीय योग्यता के साथ-साथ तार्किक क्षमता तथा बौद्धिक और व्यावहारिक ज्ञान की भी आवश्यकता होती है। इसलिए इस प्रकार के प्रश्नों का अभ्यास परीक्षार्थियों के लिए बहुत आवश्यक हो जाता है। और अब हर प्रतियोगी परीक्षा में इस प्रकार के प्रश्न पूछे जाने लगे जिनको आप नीचे दिए गए कुछ उदाहरणों द्वारा समझेंगे।

हल सहित उदाहरण

उदाहरण 1. एक खरगोश एक बिल्ली से अपनी एक छलाँग का 55 छलाँग आगे है। खरगोश का 5 छलाँग बिल्ली के तीन छलाँग के बराबर है परन्तु जितने देर में खरगोश 3 छलाँग लेता है, बिल्ली 4 छलाँग लगा देती है। बिल्ली कितने छलाँग के बाद खरगोश को पकड़ लेगी?

(a) 50 (b) 54
(c) 70 (d) 60

हल: (d) प्रश्नानुसार, खरगोश द्वारा लगाई गई छलाँगों की संख्या = $3x$

तथा बिल्ली द्वारा लगाई गई छलाँगों की संख्या = $4x$

∵ खरगोश द्वारा की गई दूरी = खरगोश की $(55 + 3x)$ छलाँग

∴ बिल्ली द्वारा तय की गयी दूरी = बिल्ली की $4x$ छलाँग

खरगोश की 5 छलाँग = बिल्ली की तीन छलाँग

खरगोश की $(55 + 3x)$ छलाँग

= बिल्ली का $\frac{3}{5}$ $(55 + 3x)$ छलाँग

$\Rightarrow \frac{3}{5}(55 + 3x) = 4x$

$\Rightarrow x = 15$

अत: बिल्ली द्वारा लगाई गई कुल छलाँग $\Rightarrow 15 \times 4 = 60$

उदाहरण 2. यदि समान क्षमता के 15 पम्प एक टंकी को 7 दिनों में भर सकते हैं, तो उसी टंकी को 5 दिनों में भरने के लिए कितने अतिरिक्त पम्पों की आवश्यकता होगी?

(a) 6 (b) 7
(c) 14 (d) 21

हल: (a) ∵ 7 दिनों में 15 पम्प एक टंकी को भरते हैं।

∴ 1 दिन में 15×7 पम्प एक टंकी को भरेंगे।

∴ 5 दिनों में $\frac{15 \times 7}{55} = 21$ पम्प एक टंकी को भरेंगे।

अत: अतिरिक्त पम्पों की संख्या $= 21 - 15 = 6$

उदाहरण 3. एक परिशुद्ध घड़ी 3:00 बजे का समय दर्शा रही है। घण्टे की सूई के 135° घूमने के बाद समय क्या होगा?

(a) 6:30 (b) 7:30
(c) 8:30 (d) 9:30

हल: (b) 3 बजे घण्टे की सूई ऊपर होगी।

∴ 135° घूमने पर यह सुई $7\frac{1}{2}$ पर होगी।

अत: उस समय 7:30 होगा।

उदाहरण 4. यदि पाँच अंकों की न्यूनतम संख्या से चार अंकों की अधिकतम संख्या को घटाया जाए, तो शेष होगा।

(a) 1 (b) 9998
(c) 9009 (d) 8999

हल: (a) पाँच अंकों की न्यूनतम संख्या = 10000

चार अंकों की अधिकतम संख्या = 9999

शेष = 1

उदाहरण 5. बच्चों की किसी निश्चित संख्या के बीच ₹ 250 बराबर वितरीत कर दिए गए। यदि 25 बच्चे अधिक होते, तो प्रत्येक (बच्चे) को 50 पैसे कम मिले होते। बच्चों की संख्या थी।

(a) 100 (b) 120
(c) 150 (d) 125

हल: (a) माना कि बच्चों की संख्या x है।

तब प्रश्नानुसार, $\frac{250}{x+25} = \frac{250}{x} - 0.50$

या $\frac{250}{x+25} = \frac{250}{x} - \frac{1}{2} = \frac{500 - x}{2x}$

या $2x \times 250 = (x + 25)((500 - x)$

या $500x = 500x - x^2 + 12500 - 25x$

या $500x - 500x + x^2 + 25x - 12500 = 0$

या $x^2 + 25x - 12500 = 0$

या $x^2 + 125x - 100x - 12500 = 0$

या $x(x + 125) - 100(x + 125) = 0$

या $(x - 100)(x + 125) = 0$

∴ $x = 100$ या -125 (परन्तु -125 संभव नहीं है)

∴ बच्चों की संख्या 100 थी।

उदाहरण 6. 8.8 किमी दूरी तय करने में एक चक्का 4000 बार परिक्रमा करता है। इसका व्यास होगा।

(a) 73 मी (b) 70 मी
(c) 72 मी (d) 75 मी

हल: (b) दूरी = 8.8 किमी = 8.8 × 1000 × 100 = 880000 सेमी

चक्के की परिधि = $\frac{880000}{4000}$ = 220 सेमी

चक्के की परिधि π × व्यास

या 220 = $\frac{22}{7}$ × व्यास

∴ व्यास = $\frac{220 \times 7}{22}$ = 70 सेमी

प्रश्नमाला

1. 2400 व्यक्तियों का एक समूह जिसमें कैप्टन और सैनिक मौजूद हैं किसी ट्रेन में यात्रा कर रहे हैं। इस समूह के प्रत्येक 15 सैनिकों के साथ एक कैप्टन शामिल है। बताएँ कि इस समूह में कुल कितने कैप्टन मौजूद हैं।

(a) 85 (b) 80
(c) 75 (d) 150

2. किसी टोकरी में रख गये फूल प्रत्येक मिनट दोगुने हो जाते हैं और 30 मिनट में टोकरी पूर्ण रूप से भर जाती है। बताएँ कि टोकरी का एक-चौथाई भाग फूलों से कितने मिन्ट में भरा होगा?

(a) 15 मिनट (b) 28 मिनट
(c) 7.5 मिनट (d) 22.5 मिनट

3. मनीष गाड़ी के डिब्बे में यात्रा कर रहा था। वहाँ वह एक पुरुष और पाँच महिलाओं से मिला। हर महिला की बाँहों में एक बच्चा था। डिब्बे में कुल कितने व्यक्ति थे?

(a) 9 (b) 10
(c) 11 (d) 12

4. यदि 4 गायें 4 दिन में 4 डिब्बे दूध देती हैं, तो 8 गायें 8 डिब्बे दूध कितने दिन में देंगी?

(a) 16 (b) 4
(c) 2 (d) 8

5. किसी कक्षा में लड़कों की संख्या लड़कियों की संख्या की तीन गुनी है। नीचे दिये गई संख्याओं में से कौन-सी संख्या विद्यार्थियों की कुल संख्या को व्यक्त नहीं कर सकती है?

(a) 48 (b) 44
(c) 42 (d) 40

6. किसी चौराहे पर ट्रैफिक लाइट हर 25 सेकेण्ड के बाद बदल जाती है। इसके अगले चौराहे पर ट्रैफिक लाइट हर 30 सेकेण्ड के बाद बदलती है। एक समय पर दोनों एक साथ बदलती हैं। कितने समय पश्चात् दोनों लाइटें फिर एक साथ बदलेंगी?

(a) $2\frac{1}{2}$ मिनट (b) $1\frac{1}{2}$ मिनट
(c) 3 मिनट (d) 5 मिनट

7. चार घंटियाँ एक साथ बजने लगीं। फिर क्रमानुसार 8, 9, 10 और 15 सेकेण्ड के अंतर में बजने लगीं। कितने मिनट के पश्चात् पहली बार चारों घंटियाँ फिर एक साथ बजने लगेंगी?

(a) 5 (b) 6
(c) 3.6 (d) 7.2

8. यातायात बत्तियाँ तीन विभिन्न प्रतिच्छेद बिन्दुओं पर क्रमशः 24, 48, 72 सेकेण्ड के अंतराल पर बदलती हैं। यदि इन तीनों को एक साथ 9 : 10 : 24 घंटों पर बदल दिया गया हो तो आगामी परिवर्तन एक साथ कब होगा?

(a) 9 : 13 : 00 (b) 9 : 12 : 48
(c) 9 : 13 : 48 (d) 9 : 12 : 00

9. यदि किसी पानी की टंकी $\frac{1}{3}$ भरे होने पर उसमें 80 लीटर पानी आता है जो जब वह आधी भरी हो तो उसमें कितना लीटर पानी आयेगा?

(a) 120 (b) 130
(c) 140 (d) 100

10. एक विद्यालय में $\frac{1}{4}$ भाग लड़कियाँ तथा $\frac{1}{6}$ भाग लड़के एक शिविर में भाग लेते हैं। कुल विद्यार्थियों का कितना भाग शिविर में भाग नहीं लेता है?

(a) $\frac{5}{12}$ (b) $\frac{7}{12}$
(c) $\frac{7}{24}$ (d) $\frac{13}{24}$

11. ₹ 1050 को A, B, C में इस प्रकार वितरित किया गया है कि A का भाग B तथा C के कुल भाग का $\frac{2}{5}$ है, तो A का भाग क्या होगा?

(a) 200 (b) 300
(c) 320 (d) 420

12. जितने समय में एक खरगोश 5 छलाँगें लगाता है, उतनी देर में एक कुत्ता 3 छलाँगें लगाता है। यदि कुत्ते की एक छलाँग में तय की गई दूरी खरगोश की 3 छलाँग में लगाई गई दूरी के बराबर हो, तो कुत्ते व खरगोश की चालों का अनुपात क्या है?

(a) 8 : 5 (b) 9 : 5
(c) 8 : 7 (d) 9 : 7

13. यदि 45 आदमी 12 घंटे प्रतिदिन काम करके किसी काम को 30 दिन में पूरा कर सकते हैं, तो 60 आदमी उसी काम को 10 घंटे प्रतिदिन काम करके कितने दिन में पूरा कर लेंगे?

(a) 31 (b) 29
(c) 25 (d) 27

14. एक टोकरी में रखे आमों में से 20% खराब हैं। यदि इस टोकरी में खराब आमों की संख्या 35 हो, तो कुल आम कितने हैं?

(a) 150 (b) 175
(c) 180 (d) 185

15. एक परीक्षा में 58% छात्र अंग्रेजी में, 37% गणित में तथा 19% दोनों विषयों में अनुत्तीर्ण हुए तो दोनों विषयों में कितने प्रतिशत छात्र उत्तीर्ण हुए?

(a) 76% (b) 24%
(c) 34% (d) 36%

16. एक परीक्षा में 35% विद्यार्थी एक विषय में तथा 42% दूसरे विषय में अनुत्तीर्ण रहे जबकि 15% विद्यार्थी दोनों विषयों में अनुत्तीर्ण रहे। यदि कुल विद्यार्थी की संख्या 2500 हो, तो केवल एक ही विषय में कितने विद्यार्थी उत्तीर्ण हुए?

(a) 325
(b) 1175
(c) 2125
(d) इनमें से कोई नहीं

17. एक परीक्षा में 80% विद्यार्थी अंग्रेजी में, 85% गणित में तथा 75% दोनों विषयों में उत्तीर्ण हुए। यदि दोनों विषयों में 40% विद्यार्थी अनुत्तीर्ण रहे हों, तो कुल विद्यार्थियों की संख्या कितनी है?

(a) 200 (b) 400
(c) 600 (d) 800

18. एक छात्रावास में 600 लड़के हैं, इनमें से प्रत्येक हॉकी अथवा फुटबॉल अथवा दोनों खेलते हैं। यदि 75% लड़के हॉकी तथा 45% फुटबॉल खेलते हों, तो कितने विद्यार्थी दोनों खेल खेलते हैं?

(a) 48 (b) 60
(c) 80 (d) 120

19. एक आदमी ने ₹ 4200 में कुछ बकरियाँ खरीदकर देखा कि उस रुपए में यदि एक बकरी और खरीदता, तो प्रत्येक बकरी का औसत मूल्य दस रुपया कम होता। उसने कितनी बकरियाँ खरीदी थीं?

(a) 22 (b) 20
(c) 21 (d) 24

20. किसी सेना को 4 की गहराई के अंतः शून्य वर्ग में सजाने पर सामने की पंक्ति में जितने सैनिक रहते हैं, उससे 16 सैनिक सामने की पंक्ति मे कम रहते हैं। जब सैनिकों को ठोस वर्ग में सजाया जाता है। सैनिकों की संख्या निकालें।

(a) 576 (b) 577
(c) 24 (d) 26

21. एक माँ और उसकी बेटी की आयु का योग 60 वर्ष है और उनके बीच आयु का अन्तर 30 वर्ष है, तो माँ की आयु कितनी है?

(a) 40 वर्ष (b) 45 वर्ष
(c) 50 वर्ष (d) 55 वर्ष

22. मेरे पिता मुझसे 21 वर्ष बड़े हैं। 12 वर्ष में उनकी आयु मुझसे दोगुनी हो जाएगी। यह बताइए कि अब मेरी आयु क्या है?

(a) 9 वर्ष (b) 8 वर्ष
(c) 10 वर्ष (d) 11 वर्ष

23. एक पुत्र और उसके पिता की आयु का योग 40 वर्ष है। सोलह के बाद पिता की आयु पुत्र की आयु से दोगुनी होगी। इस समय पुत्र की आयु कितनी है?

(a) 4 वर्ष (b) 6 वर्ष
(c) 8 वर्ष (d) 10 वर्ष

24. पिता, माता से 5 वर्ष बड़ें हैं और माता की आयु भी लड़की से तीन गुनी है। लड़की की आयु अभी 10 वर्ष है। पिता की आयु पुत्री के जन्म के समय क्या थी?

(a) 20 वर्ष (b) 15 वर्ष
(c) 25 वर्ष (d) 30 वर्ष

25. राम की आयु श्याम की आयु से दोगुनी है और सोहन की आयु से आधी है। श्याम मोहन से बड़ा है, तो बताइए कि इनमें सबसे बड़ा कौन है?

(a) मोहन (b) राम
(c) सोहन (d) श्याम

26. पिछले वर्ष राम की आयु किसी संख्या के वर्ग के बराबर थी और अगले वर्ष वह एक संख्या के घन के बराबर होगी। उसकी आयु दोबारा किसी संख्या के घन के बराबर हो, उसके लिए उसे कितने समय और प्रतिक्षा करनी पड़ेगी?

(a) 39 त्रर्ष (b) 10 वर्ष
(c) 38 वर्ष (d) 64 वर्ष

27. कुछ व्यक्तियों की जन्मतिथि नीचे दी गई है। सबसे कम आयु के व्यक्ति की जन्मतिथि बताइए।

1. 12-08-2008 2. 13-09-2008
3. 19-06-2008 4. 20-02-2008
5. 22-03-2008 6. 20-01-2008
7. 10-12-2008

(a) 7 (b) 2
(c) 5 (d) 3

28. नीचे दिखाई गई प्रतिशतों में से कौन-सी अन्य तीन के बराबर नहीं है?

(a) $\frac{3}{5}\%$ (b) $\frac{6}{5}\%$
(c) $\frac{9}{15}\%$ (d) $\frac{6}{10}\%$

29. ? का 37.5% = 375

(a) 500 (b) 800
(c) 1000 (d) 900

30. यदि x, y का 40% है, तो y, x का कितने प्रतिशत है?

(a) 20% (b) 60%
(c) 250% (d) 200%

31. उस संख्या को चुनिए जिसे प्रश्नवाचक चिन्ह के स्थान पर लिखा जाएगा।
75% का 220 = ? × 15

(a) 165 (b) 110
(c) 11 (d) 1.1

32. एक पिता अपने पुत्र के जेब खर्च में 20% की बढ़ोत्तरी कर देता है। यदि पुत्र को बढ़ोत्तरी के बार ₹ 300 मिलें, तो बढ़ोत्तरी से पहले उसे कितने रुपए मिले थे?

(a) ₹ 250 (b) ₹ 240
(c) ₹ 200 (d) ₹ 230

33. एक व्यापारी शुरू में किसी वस्तु को उसकी लागत में 10% की वृद्धि करते हुए बेचता है। उसके बाद वह उसकी कीमत में 10% की कमी कर देता है। उक्त व्यवसाय में व्यापारी पर कितना निबल प्रभाव पड़ा?

(a) न हानि न लाभ
(b) 1% हानि
(c) 1% लाभ
(d) 2% लाभ

34. यदि किसी आयताकार क्षेत्र की लम्बाई और चौड़ाई दोनों को 20% बढ़ा दिया जाए, तो वर्द्धित क्षेत्र का प्रतिशत होगा–

(a) 20% (b) 30%
(c) 44% (d) 40%

उत्तर (हल/संकेत)

1. (d) कुल व्यक्तियों की संख्या = 2400
प्रत्येक समूह में शामिल व्यक्तियों की संख्या = 15 सैनिक + 1 कैप्टन = 16
∵ प्रत्येक 16 व्यक्तियों के समूह में कैप्टन की संख्या= 1
∴ 2400 व्यक्तियों के समूह में कैप्टनों की संख्या
$= \frac{2400}{16} = \boxed{150}$

2. (b) 30 मिनट में पूरा भर जाता है।
⇒ (30 – 1) = 29 मिनट में आधा भर जायेगा
⇒ (29 – 1) = 28 मिनट में $\frac{1}{4}$ भर जायेगा
⇒ $\boxed{28}$

3. (d) डिब्बे में व्यक्तियों की कुल संख्या
⇒ 1 पुरुष + 5 महिला + 5 बच्चे + 1 मनीष
⇒ 1 + 5 + 5 + 1
⇒ $\boxed{12}$

4. (b) अभीष्ट दिन $= \frac{4 \times 4 \times 8}{4 \times 8} = \boxed{4}$ दिन

5. (c) प्रश्नानुसार, लड़कियों की संख्या $= x$
तथा लड़कों की संख्या $=3x$
विद्यार्थियों की कुल संख्या $= x + 3x = 4x$
$4x$ से 48, 44 और 40 पूरी-पूरी विभाजित हो जाते हैं।
अतः $\boxed{42}$ विद्यार्थियों की कुल संख्या नहीं हो सकता है।

6. (a) 25 तथा 30 सेकेण्ड का ल.स.
= 150 से.
⇒ 2 मिनट 30 सेकेण्ड
⇒ $2\frac{1}{2}$ मिनट

7. (b) 8, 9, 10, 15 सेकेण्ड का ल. स.
= 360 सेकेण्ड
⇒ 6 मिनट

8. (b) 24, 48, 72 सेकेण्ड का ल. स.
= 148 सेकेण्ड
⇒ 2 मिनट 24 सेकेण्ड
⇒ अतः आगामी परिवर्तन 9 बजकर 12 मिनट 24 सेकण्ड पर होगा।

9. (a) माना पानी की टंकी की क्षमता $= x$

$x \times \frac{1}{3} = 80$

$x = 240$

कुल पानी का आधा $= 240 \times \frac{1}{2} = \boxed{120}$ लीटर

10. (b) अभीष्ट मान

$= 1 - \left(\frac{1}{4} + \frac{1}{6}\right) = 1 - \frac{1}{5} = \boxed{\frac{7}{12}}$

11. (b) प्रश्नानुसार, $A = \frac{2}{5}(B + C)$

या $\frac{A}{B + C} = \frac{2}{5}$

$A : (B + C) = 2 : 5$

$A = 2x$

$B + C = 5x$

$A = 1050 \times \frac{2}{7} = \boxed{300}$

12. (b) कुत्ता : खरगोश = खरगोश की (3×3) छलाँगें : खरगोश की 5 छलाँगें = 9 : 5

13. (d) $M_1 \times D_1 \times H_1 = M_2 \times D_2 \times H_2$

जहाँ M = आदमी (Man)

D = दिन (Day)

H = घंटा (Hour)

$45 \times 30 \times 12 = 60 \times D_2 \times 10$

$\frac{45 \times 3012}{60 \times 10} = D_2$

$\therefore D_2 = \boxed{27}$ दिन में

14. (b) माना कुल आमों की संख्या $= x$

तब $x \times 20\% = 35$

$x \times \frac{20}{100} = 35$

$x = \boxed{175}$

15. (b)

अंग्रेजी ← 39 | 19 | 18 → गणित

माना कुल छात्रों की संख्या = 100

केवल अंग्रेजी में अनुत्तीर्ण = (58 – 19) = 39

केवल गणित में अनुत्तीर्ण = (37 – 19) = 18

दोनों विषयों में अनुत्तीर्ण = 19

दोनों विषयों में कुल अनुत्तीर्ण

= (39 + 18 + 19) = 76

$\therefore$ उत्तीर्ण छात्र = (100– 76) = $\boxed{24\%}$

16. (b) पहले विषय में अनुत्तीर्ण

$= 2500 \times 35\% = 2500 \times \frac{35}{100} = 875$

दूसरे विषय में अनुत्तीर्ण

$= 2500 \times 42\% = 2500 \times \frac{42}{100} = 1050$

दोनों विषय में अनुत्तीर्ण

$= 2500 \times 15\% = 2500 \times \frac{15}{100} = 375$

केवल पहले विषय में अनुत्तीर्ण

= (875 – 375) = 500

केवल दूसरे विषय में अनुत्तीर्ण

= (1050 – 375) = 675

(केवल दूसरे में उत्तीर्ण) + (केवल पहले में उत्तीर्ण)

$675 + 500 = \boxed{1175}$

17. (b) माना कुल छात्रों की संख्या = 100

केवल अंग्रेजी में उत्तीर्ण = (80 – 75) = 5

केवल गणित में उत्तीर्ण = (85 – 75) = 10

दोनों विषयों में उत्तीर्ण = 75

दोनों विषयों में कुल उत्तीर्ण

= (5 + 10 + 75) = 90

$\therefore$ अनुउत्तीर्ण छात्र = (100 – 90) = 10%

कुल छात्रों की संख्या $= x \times \frac{10}{100} = 40$

$\therefore x = \boxed{400}$

18. (d) $n(A \cup B) = n(a) + n(b) - n(A \cap B)$

$600 = \frac{75}{100} \times 600 + \frac{45}{100} \times 600 - n(A \cap B)$

$600 = 450 + 270 - n(A \cap B)$

$n(A \cap B) = 450 + 270 - 600$

$n(A \cap B) = \boxed{120}$

19. (b) माना बकरियों की संख्या $= x$

तो बकरियों का औसत मूल्य $= \frac{4200}{x}$

यदि $(x + 1)$ बकरियाँ खरीदी जातीं तो औसत मूल्य होता $\Rightarrow \frac{4200}{x+1}$

प्रश्नानुसार, $\frac{4200}{x} - \frac{4200}{(x+1)} = 10$

या, $420(x + 1) - 420 \times x = x(x + 1)$

या, $x^2 + x = 420$

$x^2 + 21x - 20x - 420 = 0$

$x = 21 (x + 21)(x - 20) = 0$

या, $x = 20$

अत: बकरियों की संख्या = $\boxed{20}$

20. (a) प्रश्नानुसार, ठोस वर्ग में सजाने पर पंक्ति में सैनिकों की संख्या $= x$

तो कुल सैनिकों की संख्या $= x^2$ हो

अत: शून्य वर्ग में सजाने पर सामने की पंक्ति में सैनिकों की संख्या

$= x + 16$

चूँकि 4 गहराई है, इसलिए अंत: शून्य वर्ग में सैनिकों की संख्या

$\Rightarrow (x + 16)^2 - \{(x + 16) - 2 \times 4\}^2$

लेकिन दोनों ही स्थित में सैनिकों की संख्या बराबर है।

$\therefore (x + 16)^2 - \{(x + 16) - 2 \times 4\}^2$

$x^2 = (x + 16)^2 - (x + 8)^2$

$x^2 = (2x + 24).8$

$x^2 - 16x - 192 = 0$

$x^2 - 24x + 8x - 192 = 0$

$(x - 24)(x + 8) = 0$

$x = 24 - 8$

लेकिन पंक्ति में सैनिकों की संख्या ऋणात्मक नहीं हो सकती है

$\therefore x = 24$

$\therefore$ सैनिकों की संख्या $= (24)^2 = \boxed{576}$

21. (b) माना कि माँ की आयु x वर्ष तथा बेटी की आयु y वर्ष है।

तो प्रश्नानुसार,

$x + y = 60$ ...(i)

तथा $x - y = 30$ ...(ii)

समी (i) और (ii) को जोड़ने पर

$2x = 90$

$x = \frac{90}{2} = 45$ वर्ष

22. (a) माना कि मेरी आयु x वर्ष है, तब मेरे पिता की आयु

$(x + 21)$ वर्ष होगी।

प्रश्नानुसार,

$2(x + 12) = (x + 21) + 12$

$\Rightarrow 2x + 24 = x + 33$

$\Rightarrow 2x - x = 33 - 24$

$\therefore x = 9$ वर्ष

23. (c) माना कि पुत्र की वर्तमान आयु x वर्ष तथा पिता की वर्ततान आयु y वर्ष है। तब प्रश्नानुसार,

$x + y = 40$ ...(i)

तथा $y + 16 + 2(x + 16)$

$\Rightarrow y + 16 = 2x + 32$

$\Rightarrow 2x - y = 16 - 32 = -16$ ...(ii)

समी. (i) और (ii) से,

$x = 8$

अत: पुत्र की वर्तमान आयु =8 वर्ष

24. (c) प्रश्नानुसार, लड़की की आयु = 10 वर्ष

$\therefore$ माता की आयु = 10 × 3 = 30 वर्ष

पिता की आयु = 30 + 5 = 35 वर्ष

पुत्री के जन्म के समय पिता की आयु

= 35 – 10 = 25 वर्ष

25. (c) माना कि श्याम की आयु x वर्ष तथा राम की आयु $2x$ वर्ष है।

अत: सोहन की आयु $= 4x$ वर्ष

$\therefore$ श्याम < राम < सोहन

अत: सबसे बड़ा सोहन है।

26. (c) माना कि पिछले वर्ष राम की आयु $= x^2$ है, जो x वर्ग है तथा अगले वर्ष राम की आयु y^3 वर्ष है, जो y का घन है।

प्रश्नानुसार, $y^3 - x^2 = 2$

अतः x का मान 25 तथा y का मान 27 रखने पर समीकरण सन्तुष्ट होता है।

अतः राम की वर्तमान आयु = 26 वर्ष

26 से अगली घन संख्या 64 है।

अतः उसके प्रतीक्षा के वर्ष = 64 − 26 = 38 वर्ष

27. (b) सबसे कम आयु के व्यक्ति की जन्मतिथि = 13-09-2008

28. (b) $\frac{3}{5} \times \frac{1}{100} = \frac{3}{500}$

$\frac{6}{5} \times \frac{1}{100} = \frac{3}{500}$

$\frac{9}{15} \times \frac{1}{100} \frac{6}{10} \times \frac{1}{100} = \frac{3}{500} = \frac{3}{500}$

$\frac{6}{10} \times \frac{1}{100} = \frac{3}{500}$

अतः $\frac{6}{5}$% अन्य तीनों के बराबर नहीं है।

29. (c) ? का 37.5% = 375

$? \times \frac{37.5}{100} = 375$

$? \times \frac{375 \times 100}{37.5} = 1000$

30. (c) x, y का 40% है, तो y, x का

$\frac{100 \times 100}{40} = 250\%$ है।

31. (c) 75% का 220 = ? × 15

$\Rightarrow \frac{75}{100} \times 200 = ? \times 15$

$\therefore ? = \frac{75}{100} \times 200 \times \frac{1}{15} = 11$

32. (a) बढ़ोत्तरी के पहले की रकम

$= 300 \times \frac{100}{100+20}$

$300 \times \frac{100}{120} =$ ₹ 250

33. (b) यदि किसी वस्तु की लागत में $x\%$ की वृद्धि करते हुए बेचा जाता है और उसके बाद उसकी कीमत में $x\%$ की कमी कर दी जाती है, तो $\frac{x^2}{100}\%$ की हानि होती है अर्थात् निबल प्रभाव $= \frac{10^2}{100} = \frac{100}{100} =$ 1% हानि।

34. (c) यदि किसी आयताकार क्षेत्र की लम्बाई और चौड़ाई दोनों में $x\%$ की वृद्धि की जाती है, तो उसके क्षेत्रफल में $\frac{(100+x^2)}{100} - 100\%$ की वृद्धि होती है।

अर्थात् $\frac{(100+20)^2}{100} - 100$

$= \frac{(120)^2}{100} - 100$

$= \frac{120 \times 12}{100} - 100 = 144 - 100 = 44\%$

□□□

अध्याय

26

शब्द और आकृति वर्गीकरण

शब्द

'वर्गीकरण' के अंतर्गत किसी समूह श्रेणी, वर्ग या वर्गों में दिए गए शब्दों या वस्तुओं को सामान्य गुणों के आधार पर क्रमबद्ध करते हुए शेष शब्दों/अक्षरों या वस्तुओं को अलग करना 'वर्गीकरण' कहलाता है। वर्गीकरण में पूछे जाने वाले प्रश्न सामान्यता अंग्रेजी वर्णमाला, वस्तुओं के गुणों एवं समान गुणों वाली संख्याओं पर आधारित होते हैं। इस प्रकार की परीक्षा में पांच या चार शब्द इस प्रकार दिए जाते हैं, कि उनमें से चार या तीन शब्द किसी प्रकार से एक समान होते हैं या उनमें आपस में कोई सम्बन्ध होता हैं, जबकि केवल एक शब्द/अक्षर भिन्न होता है। परीक्षार्थी को उस भिन्न शब्द/अक्षर को ज्ञात करना होता है। वर्गीकरण के प्रश्नों को हल करने के लिए परीक्षार्थी को दैनिक जीवन में उपयोग होने वाली वस्तुओं, रंगों, फलों आदि के बारे में अच्छी समझ होनी चाहिए।

शब्द वर्गीकरण

इस प्रकार के वर्गीकरण में चार खण्ड दिए जाते हैं, जिनमें से तीन किसी न किसी प्रकार से आपस में समानता प्रदर्शित करते हैं, जबकि एक गुणों में उनसे भिन्न होता है। आपको उसी भिन्न शब्द का पता लगाना होता है।

हल सहित उदाहरण

निर्देश (उदाहरण 1 से 2 तक) : निम्नलिखित प्रश्नों में असंगत शब्द/वस्तु को छांटिये।

उदाहरण 1.

(a) बोलना (वार्तालाप) (b) टहलना
(c) सोना (d) दौड़ना

हल: (c) सोने की अवस्था को छोड़कर अन्य सभी में कोई न कोई क्रिया होती है।

उदाहरण 2.

(a) मराठी (b) गुजराती
(c) तेलुगू (d) हिन्दी

हल: (d) 'हिन्दी' को छोड़कर अन्य सभी किसी न किसी राज्य की भाषा है, जबकि हिन्दी 'राष्ट्रभाषा' है।

आकृति वर्गीकरण

वर्गीकरण का शाब्दिक अर्थ सामान्य लक्षण के आधर पर आकृतियों को वर्गीकृत करना है। वर्गीकरण के अंतर्गत चार आकृतियां दी हुई रहती हैं, जिसमें से तीन आकृतियों में समान लक्षण विद्यमान रहते हैं। परीक्षार्थियों को इन तीन आकृतियों के समान लक्षणों को ध्यान में रखते हुए उस आकृति को चुनना होता है जो इन तीन आकृतियों से भिन्न हो।

आकृतियों के बीच समानता व विषमता के प्रमुख कारण निम्नलिखित हैं—

1. **आकृति की बनावट (Construction of a Figure):** आकृति की बनावट में अंतर हो सकता है।
2. **आकृति में रेखाओं की संख्या (Number of Lines of a Figure):** आकृति में रेखाओं की संख्या में अंतर हो सकता है।
3. **आकृति में रेखाओं का आकार (Size of Lines in a Figure):** आकृति में रेखाओं का आकार समान, छोटा या बड़ा हो सकता है।
4. **आकृतियों की उन्नत या अधोमुख स्थिति** (Upright or inverted Position of a Figure) आकृति की उन्नत या अधोमुख स्थिति में अंतर हो सकता है।
5. **आकृति का विभाजन (Distribution of a Figure):** आकृति का विभाजन बराबर-बराबर हिस्सों में किया जा सकता है।
6. **नई आकृति का निर्माण (Formation of a New Figure):** दो आकृतियों को मिलाने से एक नई आकृति का निर्माण हो सकता है।

हल सहित उदाहरण

निर्देश— (उदाहरण 1-5) निम्नलिखित प्रत्येक प्रश्न में दी गई चार आकृतियों में से तीन किसी एक गुण के आधार पर समान हैं तथा एक भिन्न है। इस भिन्न आकृति का चयन कीजिए।

उदाहरण 1.

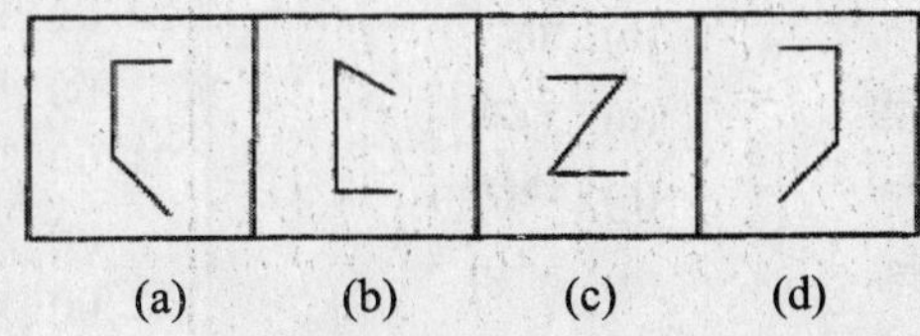

(a) (b) (c) (d)

हल: (c) आकृति (c) को छोड़कर अन्य सभी आकृतियों में खड़ी रेखा के लंबवत् एक अन्य रेखा जरूर है। जबकि (c) में कोई भी रेखा लम्बवत् नहीं है।

उदाहरण 2.

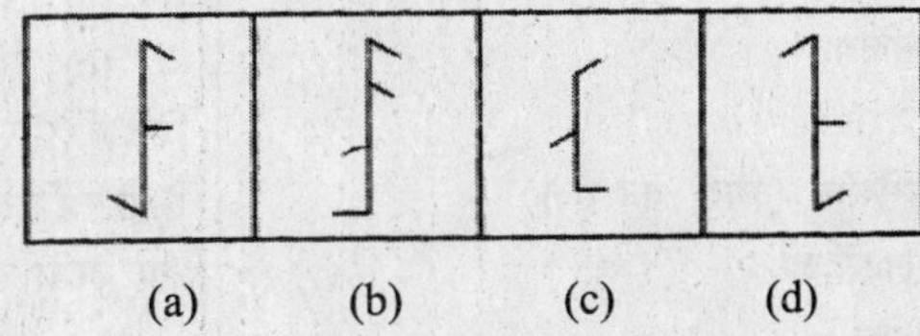

(a) (b) (c) (d)

हल: (b) केवल आकृति (b) में दोनों समांतर रेखाएं खड़ी रेखा के एक ओर उपस्थित हैं।

उदाहरण 3.

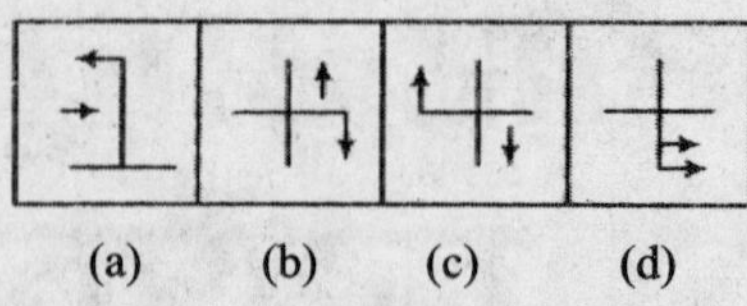

(a) (b) (c) (d)

हल: (d) आकृति (d) को छोड़कर अन्य सभी आकृतियों में दोनों तीर अलग दिशाओं को इंगित करते हैं।

उदाहरण 4.

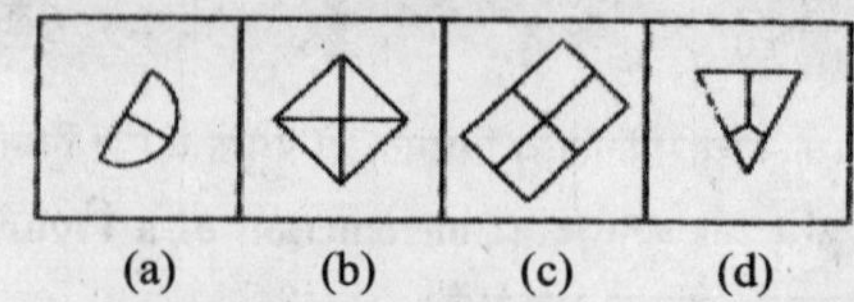

(a) (b) (c) (d)

हल: (d) आकृति (d) को छोड़कर अन्य सभी आकृति के अंदर बनी रेखाएं उसे बराबर भागों में विभजित करती है।

उदाहरण 5.

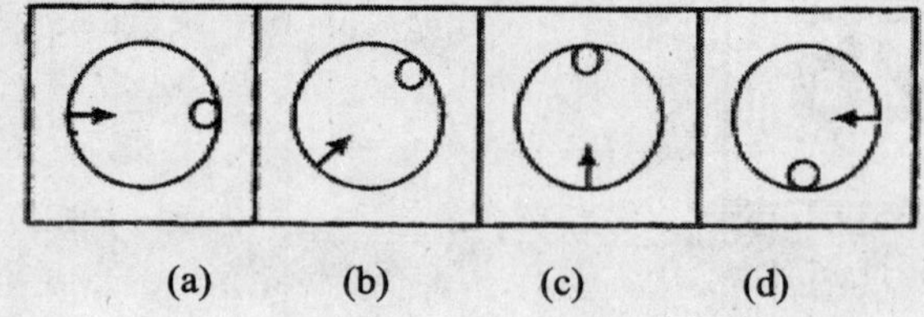

(a) (b) (c) (d)

हल: (d) आकृत्ति (d) को छोड़कर अन्य सभी में छोटा वृत्त तथा रेखा एक-दूसरे की सीध में हैं।

प्रश्नमाला

निर्देश (प्रश्न 1 से 24 तक) : नीचे दिए गए प्रत्येक प्रश्न में चार विकल्प दिए गए हैं। परीक्षार्थी को उस विकल्प का चयन करना है, जो अन्य तीन विकल्पों से भिन्न हो।

1. (a) शिमला (b) दार्जिलिंग (c) ऊटी (d) आगरा

2. (a) बछड़ा (b) मुर्गी (c) मेमना (d) शशक

3. (a) हिन्दू धर्म (b) साम्यवाद (c) बौद्ध धर्म (d) जैन धर्म

4. (a) लक्षद्वीप (b) तमिलनाडु (c) आंध्र प्रदेश (d) केरल

5. (a) बिलौटा (b) शावक (c) टट्टू (d) हरिणी

6. (a) गैंडा (b) घोड़ा (c) हाथी (d) मगर

7. (a) बाल (b) नाक (c) आंखें (d) चेहरा

8. (a) रजत (b) प्लैटिनम (c) जिंक (d) कांस्य

9. (a) विक्रेता (b) ग्राहक (c) फेरीवाला (d) आढ़ती (दलाल)

10. (a) आंत्रज्वर (टाइफाइड) (b) हैजा (कॉलरा) (c) पीलिया (d) एड्स

11. (a) केरोसीन (मिट्टी का तेल) (b) एल.पी.जी. (c) पेट्रोल (d) डीजल

12. (a) वस्तु-विनिमय (b) क्रय (c) विक्रय (d) उधार लेना

13. (a) भोपाल (b) चण्डीगढ़ (c) पटना (d) इलाहाबाद

14. (a) आसमान (b) पवन (c) फौवारा (d) वर्षा

15. (a) धुलाई मशीन (वाशिंग मशीन) (b) मिक्सर ग्राइण्डर (c) टेलीविजन (d) वैक्यूम क्लीनर

16. (a) हीरा (b) पुखराज (c) माणिक्य (d) मोती

17. (a) मेंडोलिन (b) गिटार (c) ढोलक (d) वायलिन

18. (a) वर्ग (b) समभुज त्रिकोण (c) समचतुर्भुज (d) समकोण त्रिकोण

19. (a) अभिक्षमता (b) ऊंचाई (c) अभिवृत्ति (d) व्यवहार

20. (a) प्रतिद्वंद्वी (b) प्रतिपक्षी (c) विरोधी (d) मित्र

21. (a) विकर्ण (b) पंचभुज (c) वृत्त (d) समचतुर्भुज

22. (a) थेक्काडी (b) वेदांतांगल (c) बांदीपुर (d) मुड्डुमलै

23. (a) फायरफॉक्स (b) इंटरनेट एक्सप्लोरर (c) क्रोम (d) गूगल

24. (a) पहाड़ी (b) पठार (c) समतल (d) पर्वत

निर्देश (प्रश्न 25 से 28 तक): नीचे दिए गए प्रश्नों में ऐसी राशियों/ शब्द युग्मों का चयन करो, जो दिए गए अन्य तीन राशियों/ शब्द युग्मों से भिन्न हों।

25. (a) चौड़ा-चकला (b) नन्हा-छोटा (c) बड़ा-विशाल (d) हल्का-भारी

26. (a) सैनिक-छावनी (b) लम्बाई-मीटर (c) कबूतर-दरबा (d) संन्यासी-मठ

27. (a) मृत्यु-रोग (b) दूध-मक्खन (c) अंगूर-वाइन (d) पानी-ऑक्सीजन

28. (a) ऊपर : नीचे (b) सम्पर्क में : साथ-साथ (c) छोटा : बड़ा (d) दिन : रात्रि

निर्देश— (प्रश्न 29-48) निम्नलिखित प्रत्येक प्रश्न में दी गई चार आकृतियों में से तीन किसी एक गुण के आधार पर समान हैं तथा एक भिन्न है। इस भिन्न आकृति का चयन कीजिए।

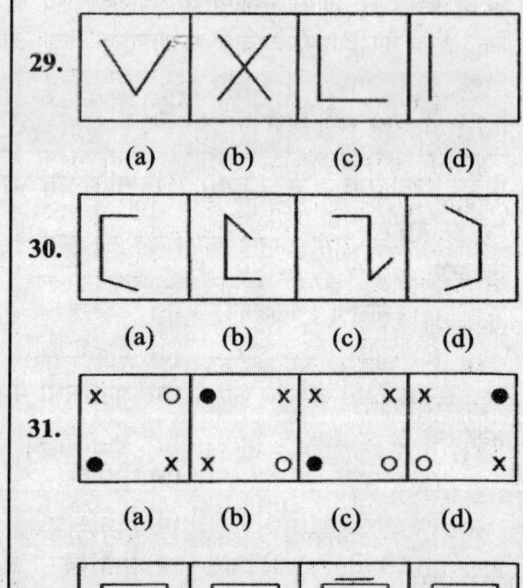

29. (a) (b) (c) (d)

30. (a) (b) (c) (d)

31. (a) (b) (c) (d)

32. (a) (b) (c) (d)

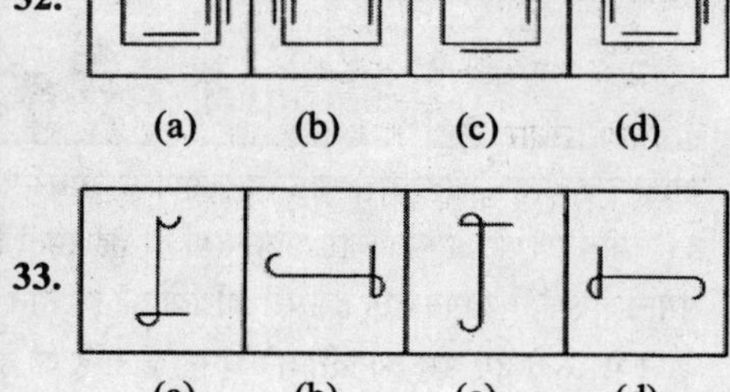

33. (a) (b) (c) (d)

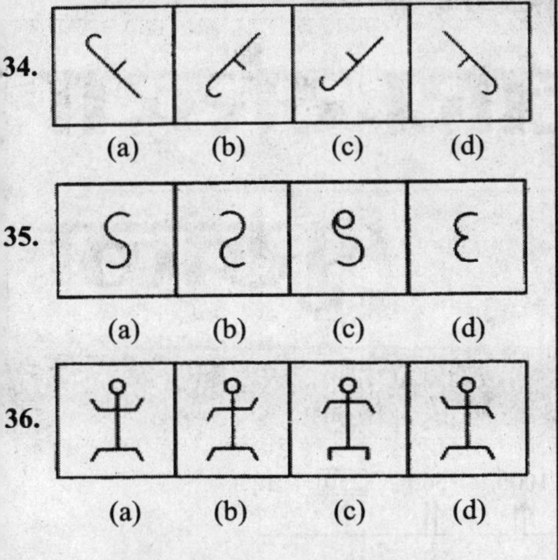

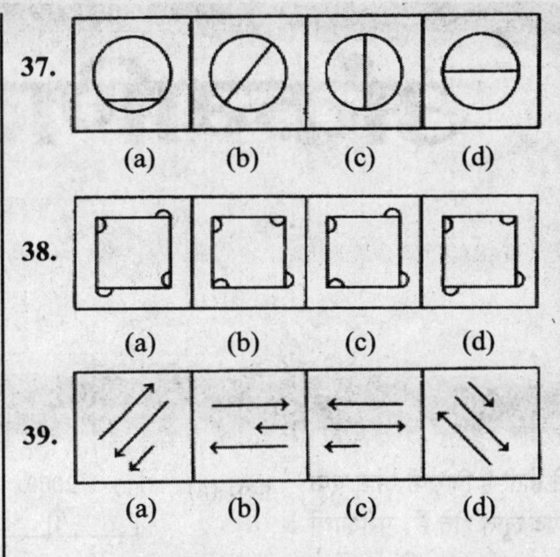

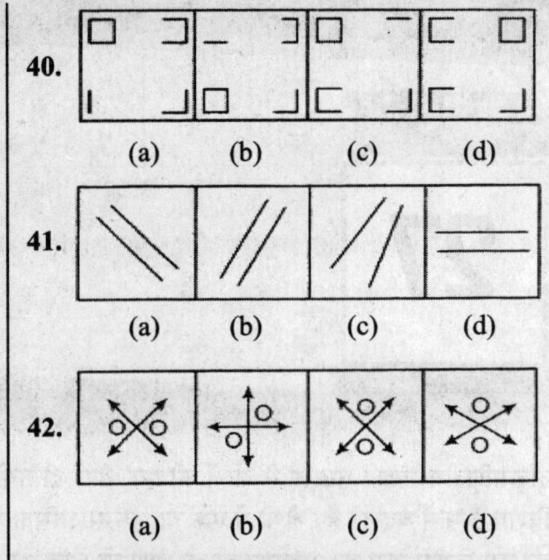

उत्तर (हल/संकेत)

1. (d) 'आगरा' को छोड़कर अन्य सभी शहर पर्वतों के किनारे स्थित हैं तथा वहां सर्दी अधिक होती है।

2. (b) 'मुर्गी' स्त्रीजाति की पक्षी है, जबकि अन्य सभी पशुओं के बच्चे हैं।

3. (b) 'साम्यवाद' को छोड़कर अन्य सभी धर्म हैं।

4. (a) 'लक्षद्वीप' एक केन्द्र शासित प्रदेश है, जबकि अन्य सभी भारत के राज्य हैं।

5. (d) हरिणी, हिरण का स्त्रीजाति है, जबकि बिलौटा पुल्लिंग जाति है। शावक सिंह का नवजात शिशु है। टट्टू एक छोटे आकार का घोड़े जैसा जन्तु है।

6. (d) 'मगर' को छोड़कर अन्य सभी जमीन पर रहते हैं।

7. (d) अन्य सभी चेहरे के भाग हैं।

8. (d) 'कांस्य' को छोड़कर अन्य सभी धातुएं हैं, जबकि कांस्य एक मिश्रधातु है।

9. (b) अन्य सभी सामान को बेचने का कार्य करते हैं, जबकि 'ग्राहक' सामान को खरीदने का कार्य करता है।

10. (d) 'एड्स' को छोड़कर अन्य सभी शरीर की बाहरी बीमारियां हैं।

11. (b) 'एल.पी.जी.' को छोड़कर अन्य सभी द्रव अवस्था में हैं।

12. (a) वस्तुविनिमय का अर्थ है 'वस्तुओं का आदान-प्रदान'

क्रय का अर्थ है 'खरीदना'

विक्रय का अर्थ है 'बेचना'

जबकि उधार लेना अन्य तीनों से भिन्न है।

13. (d) शेष अन्य विभिन्न राज्यों की राजधानियां हैं।

14. (c) शेष अन्य प्राकृतिक वस्तुओं के नाम हैं।

15. (c)

16. (d) मोती विषम है।

17. (c) 'ढोलक' विषम है।

18. (d) समकोण त्रिभुज को छोड़कर अन्य सभी आकृतियों की समान भुजाएं हैं।

19. (b) ऊंचाई को छोड़कर अन्य सभी नियन्त्रित किए जा सकते हैं।

20. (d) शेष अन्य पर्यायवाची हैं।

21. (a)

22. (b) शेष अन्य नेशनल पार्क हैं।

23. (d) गूगल एक सर्च इंजन है, जबकि शेष अन्य ब्राउजर हैं।

24. (c) समतल, अन्य सभी से भिन्न है।

25. (d) अन्य सभी में दोनों शब्दों के अर्थ समान हैं।

26. (b) अन्य सभी में दूसरा, पहले के रहने का स्थान है।

27. (a) अन्य सभी में पहले शब्द वाली वस्तु का उपयोग करके दूसरे शब्द वाली वस्तु बनाई जाती है।

28. (b) अन्य सभी एक-दूसरे के विलोम शब्द हैं।

29. (d) आकृति (d) को छोड़कर अन्य सभी आकृतियां दो सरल रेखाओं से निर्मित हैं।

30. (d) आकृति (d) को छोड़कर अन्य सभी आकृतियों में खड़ी रेखा के लम्बवत एक अन्य रेखा अवश्य है।

31. (c) केवल प्रश्नाकृति (c) को छोड़कर अन्य सभी आकृतियों में विकर्ण के दोनों सिरों पर समान चिन्ह (वृत्त) है।

32. (c) केवल प्रश्नाकृति (c) में वर्ग के अंदर एक तथा बाहर दो रेखाएं हैं। अन्य सभी आकृतियों में वर्ग के अंदर दो तथा बाहर एक रेखा है।

33. (a) केवल आकृति (a) में रेखा के ऊपर का भाग बाहर की ओर मुड़ा है जबकि अन्य सभी में यह अंदर की ओर है।

34. (b) केवल आकृति (b) को छोड़कर शेष सभी आकृतियां एक-दूसरे को घुमाकर प्राप्त की जा सकती हैं।

35. (c) आकृति (c) को छोड़कर अन्य सभी आकृतियां दोनों तरफ से खुली हैं।

36. (c) आकृति (c) को छोड़कर अन्य सभी आकृतियों में भुजाएं तथा पैर समान दिशा में नहीं हैं।

37. (a) आकृति (a) को छोड़कर अन्य सभी आकृतियां दो बराबर भागों में बंटी हुई हैं।

38. (b) आकृति (b) को छोड़कर अन्य सभी आकृतियों में वर्ग के भीतर दो तथा बाहर दो वृत्तखंड हैं।

39. (c) आकृति (c) को छोड़कर अन्य सभी आकृतियों में छोटे तीर के समान दिशा वाला तीर उसके बराबर में है।

40. (d) आकृति (d) को छोड़कर अन्य सभी आकृतियां 10 रेखाओं द्वारा निर्मित हैं।

41. (c) आकृति (c) को छोड़कर अन्य सभी आकृतियों में दोनों रेखाएं समांतर हैं।

42. (d) आकृति (d) को छोड़कर अन्य सभी आकृतियों में दोनों रेखाएं एक-दूसरे को समकोण पर काटती हैं।

□□□

अध्याय

27

अंकगणितीय संख्या श्रृंखला

अंकगणितीय संख्या शृंखला में अंकों की एक श्रेणी दी गयी होती है जिसके अंक एक विशेष क्रम में बदलते हैं। श्रेणी में एक या एक से अधिक पद लुप्त होते हैं। परीक्षार्थी को उस विशेष क्रम का अध्ययन करके श्रेणी के लुप्त स्थान को दिए गए विकल्पों से भरना होता है।

अंकगणितीय संख्या शृंखला दो प्रकार की होती हैं।

(1) शृंखला का लुप्त पद ज्ञात करना

(2) शृंखला का गलत पद ज्ञात करना

हल सहित उदाहरण

उदाहरण 1. 2, 3, 5, 7, 11, ?

(a) 13 (b) 17
(c) 23 (d) 41

हल: (a) हम जानते हैं दी गयी संख्या श्रेणी क्रमागत अभाज्य संख्याओं की श्रेणी है। अत: स्पष्ट है अभाज्य संख्या 11 के आगे की संख्या 13 है।

उदाहरण 2. 4, 8, 16, 32, ?, 128

(a) 52 (b) 64
(c) 48 (d) 72

हल: (b)

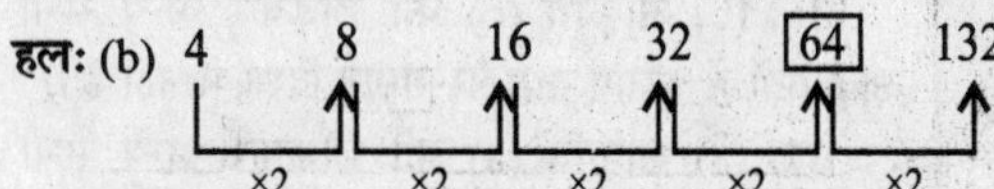

स्पष्ट है प्रत्येक संख्या में 2 का गुणा करने पर अगली संख्या प्राप्त होती है।

अत: श्रेणी का लुप्त पद = 64

उदाहरण 3. 4000, 2000, 1000, 500, ?, 125

(a) 250 (b) 400
(c) 750 (d) 900

हल: (a)

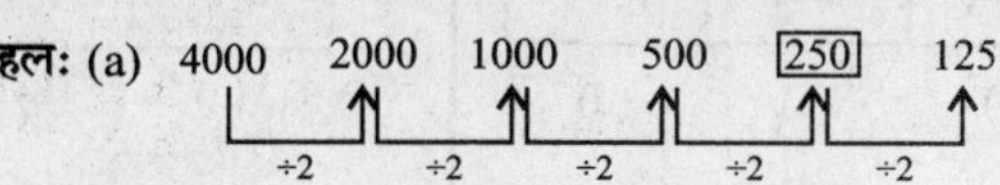

स्पष्ट है प्रत्येक संख्या में 2 का भाग देने पर अगली संख्या प्राप्त होती है।

उदाहरण 4. 15625, 3125, ?, 125, 25, 5

(a) 625 (b) 1525
(c) 725 (d) 975

हल: (a)

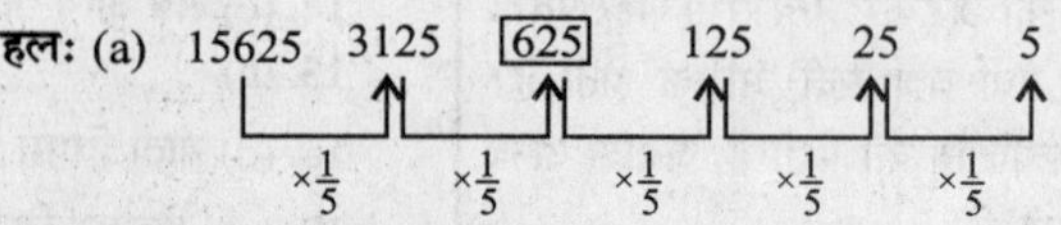

उदाहरण 5. 49, 64, 81, 100, 121, 124

(a) 64 (b) 124
(c) 100 (d) 121

हल: (a)

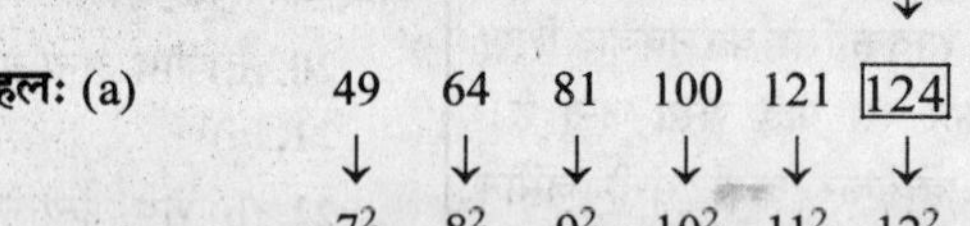

स्पष्ट है संख्याएँ क्रम से 7, 8, 9... का पूर्ण वर्ग है अत: 12 का पूर्ण वर्ग 144 हो ना कि 124 अत: श्रेणी का गलत पद = 124

उदाहरण 6. 1, 2, 5, 14, 41, 124

(a) 5 (b) 41
(c) 124 (d) 14

हल: (c)

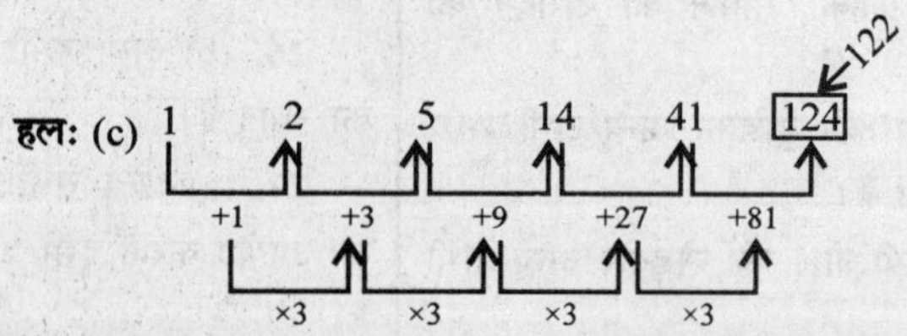

प्रश्नमाला

निर्देश (प्रश्न 1 से 20 तक) : नीचे दिए गए प्रत्येक प्रश्न में एक संख्या श्रेणी दी गई है। इस संख्या श्रेणी में संख्याएँ एक विशेष क्रम बदल रही हैं। नीचे दिए गए विकल्पों में से श्रेणी लुप्त पद को ज्ञात कीजिए।

1. 7, 8, 10, 13, 17, ?

(a) 23 (b) 20
(c) 22 (d) 21

2. 69, 72, 78, 87, ? 114

(a) 93 (b) 96
(c) 111 (d) 99

3. 60, 69, 85, ?, 146

(a) 110
(b) 117
(c) 109
(d) 120

4. 46, 50, 47, 55, 49, 61, ?

(a) 54 (b) 52
(c) 57 (d) 51

5. 17, 22, 52, 165, ?

(a) 648
(b) 468
(c) 334
(d) 668

6. 7, 8, 18, 57, ?
(a) 232 (b) 228
(c) 234 (d) 226

7. 221, 437, 453, 578, 594, (?)
(a) 605 (b) 658
(c) 623 (d) 603

8. 34, 322, 546, (?), 834, 914
(a) 348 (b) 714
(c) 324 (d) 342

9. 48, 24, 72, 36, 108, ?
(a) 115 (b) 216
(c) 121 (d) 54

10. 235 (648) 413 ; 809, (1321) 512; 136 (?) 325
(a) 461 (b) 462
(c) 358 (d) 432

11. 127, 152, 252, 477, 877, (?)
(a) 1524 (b) 1512
(c) 1522 (d) 1502

12. 0, 1, 28, 153, 496, (?)
(a) 1255 (b) 1285
(c) 1225 (d) 1245

13. 1, 6, 15, (?), 45, 66, 91
(a) 25 (b) 26
(c) 27 (d) 28

14. 6, 12, 20, 30, 42, ?
(a) 46 (b) 48
(c) 56 (d) 50

15. 9, 15, 23, 33, ?
(a) 44 (b) 36
(c) 38 (d) 45

16. 4, 7, 14, 24, 41, ?
(a) 71 (b) 68
(c) 72 (d) 51

17. 5, 16, 51, 158, ?
(a) 481 (b) 465
(c) 441 (d) 478

18. 5, 6, 9, 14, 21, ?
(a) 28 (b) 30
(c) 31 (d) 29

19. 4, 11, 30, 67, 128, ?
(a) 219 (b) 228
(c) 231 (d) 237

20. 10, 18, 28, 40, 54, 70, ?
(a) 87 (b) 88
(c) 85 (d) 86

निर्देश (प्रश्न 21 से 30 तक) : नीचे दिए गए प्रत्येक प्रश्न में एक संख्या-शृंखला दी गई है। इस संख्या शृंखला का एक पद गलत है दिये गये विकल्पों में से गलत पद का चयन करें।

21. 3, 5, 12, 39, 154, 772, 4634
(a) 39 (b) 154
(c) 5 (d) 3

22. 544, 509, 474, 439, 405
(a) 544 (b) 474
(c) 405 (d) 439

23. 6, 14, 31, 64, 137, 280
(a) 31 (b) 64
(c) 137 (d) 280

24. 6, 7, 9, 13, 26, 37, 69
(a) 7 (b) 26
(c) 69 (d) 37

25. 1, 3, 10, 36, 152, 760, 4632
(a) 3 (b) 36
(c) 4632 (d) 760

26. 19, 28, 39, 52, 67, 84, 102
(a) 52 (b) 102
(c) 84 (d) 67

27. 4, 3, 9, 34, 96, 219, 435
(a) 4 (b) 9
(c) 34 (d) 435

28. 157·5, 45, 15, 6, 3, 2, 1
(a) 1 (b) 2
(c) 6 (d) 157·5

29. 16, 22, 30, 45, 52, 66
(a) 30 (b) 45
(c) 52 (d) 66

30. 325, 259, 202, 160, 127, 105, 94
(a) 105
(b) 127
(c) 202
(d) 259

उत्तर (हल/संकेत)

1. (c)

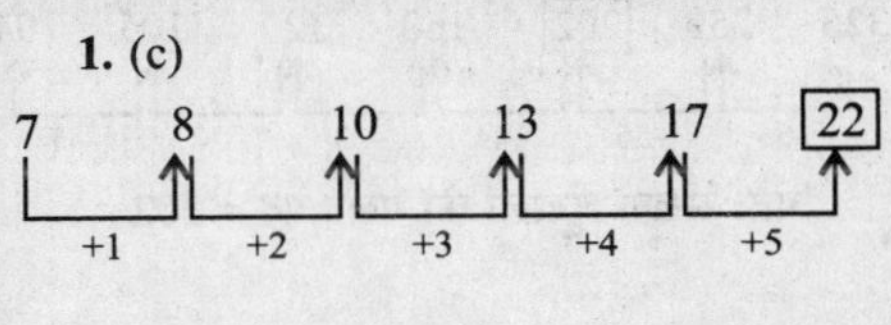

2. (d)

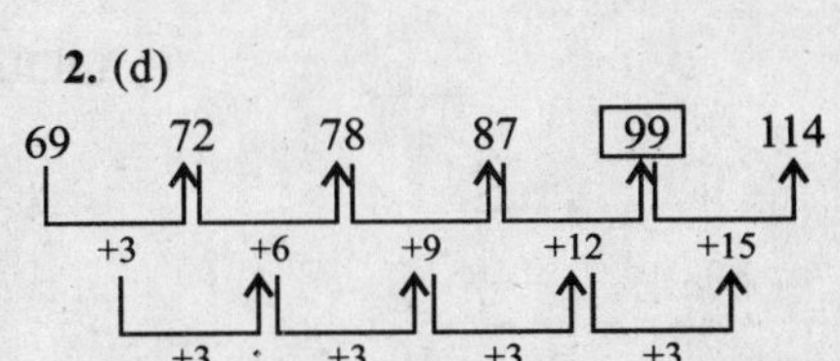

3. (a)

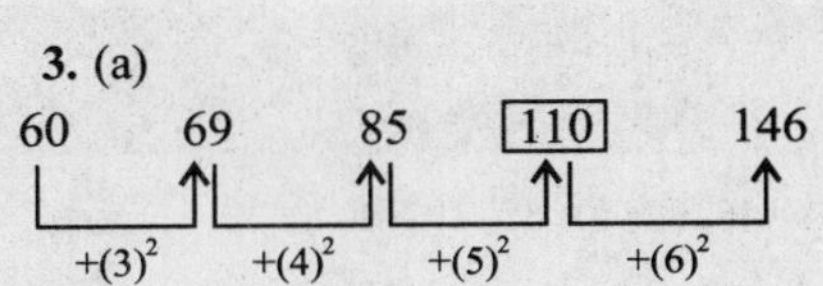

4. (b)

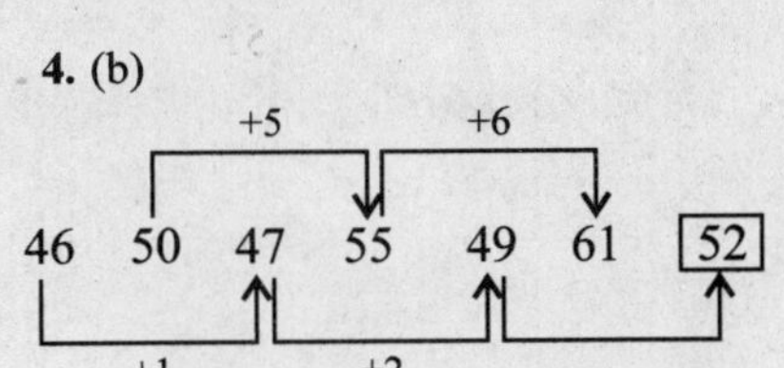

5. (d)

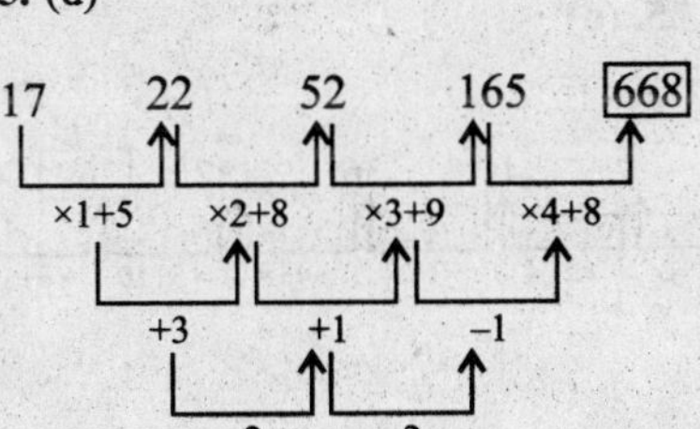

6. (a)

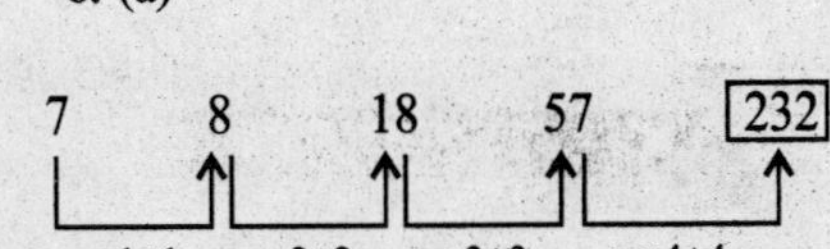

7. (b)

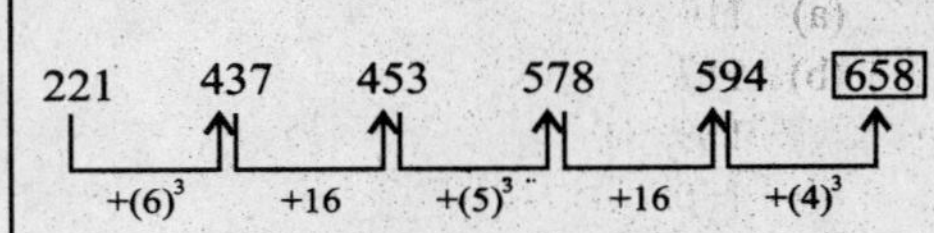

8. (b)

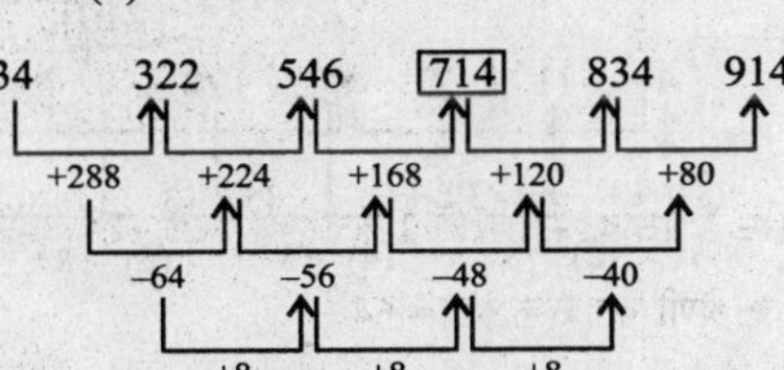

9. (d)

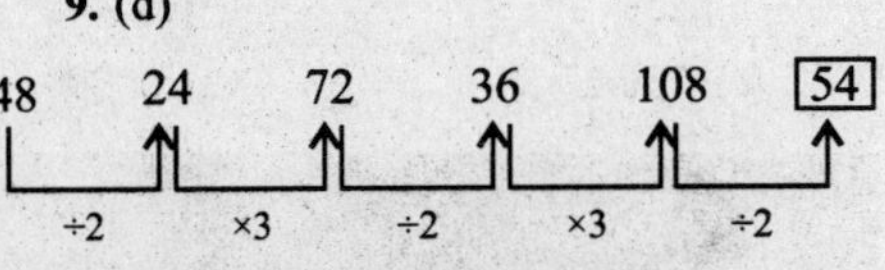

10. (a) जिस प्रकार, 235 + 413 = 648, 809 + 512 = 1321

उसी प्रकार, ? = (136 + 325) = **461**

11. (d)

127 152 252 477 877 **1502**

+(5)² +(10)² +(15)² +(20)² +(25)²

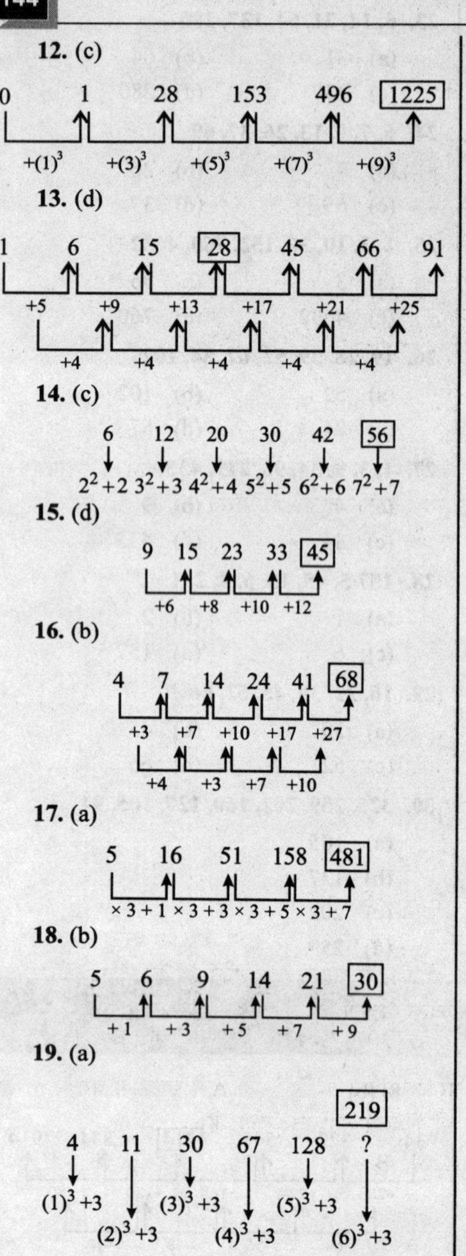

12. (c)

0, 1, 28, 153, 496, 1225

+(1)³, +(3)³, +(5)³, +(7)³, +(9)³

13. (d)

1, 6, 15, 28, 45, 66, 91

+5, +9, +13, +17, +21, +25

+4, +4, +4, +4, +4

14. (c)

6, 12, 20, 30, 42, 56

2^2+2, 3^2+3, 4^2+4, 5^2+5, 6^2+6, 7^2+7

15. (d)

9, 15, 23, 33, 45

+6, +8, +10, +12

16. (b)

4, 7, 14, 24, 41, 68

+3, +7, +10, +17, +27

+4, +3, +7, +10

17. (a)

5, 16, 51, 158, 481

× 3 + 1, × 3 + 3, × 3 + 5, × 3 + 7

18. (b)

5, 6, 9, 14, 21, 30

+ 1, + 3, + 5, + 7, + 9

19. (a)

4, 11, 30, 67, 128, ? (219)

$(1)^3+3$, $(2)^3+3$, $(3)^3+3$, $(4)^3+3$, $(5)^3+3$, $(6)^3+3$

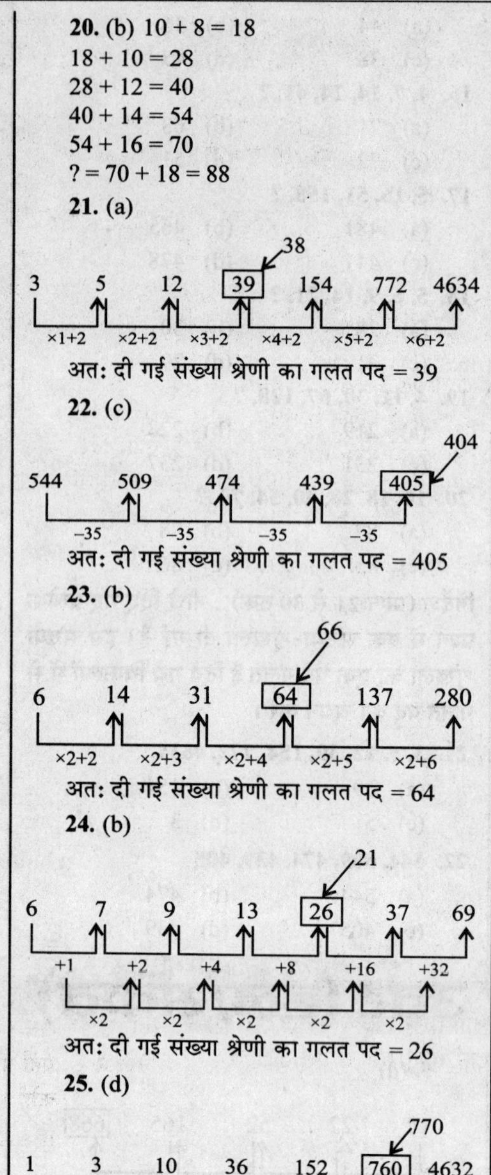

20. (b) 10 + 8 = 18

18 + 10 = 28

28 + 12 = 40

40 + 14 = 54

54 + 16 = 70

? = 70 + 18 = 88

21. (a)

3, 5, 12, 39 (38), 154, 772, 4634

×1+2, ×2+2, ×3+2, ×4+2, ×5+2, ×6+2

अत: दी गई संख्या श्रेणी का गलत पद = 39

22. (c)

544, 509, 474, 439, 405 (404)

−35, −35, −35, −35

अत: दी गई संख्या श्रेणी का गलत पद = 405

23. (b)

6, 14, 31, 64 (66), 137, 280

×2+2, ×2+3, ×2+4, ×2+5, ×2+6

अत: दी गई संख्या श्रेणी का गलत पद = 64

24. (b)

6, 7, 9, 13, 26 (21), 37, 69

+1, +2, +4, +8, +16, +32

×2, ×2, ×2, ×2, ×2

अत: दी गई संख्या श्रेणी का गलत पद = 26

25. (d)

1, 3, 10, 36, 152, 760 (770), 4632

×1+2, ×2+4, ×3+6, ×4+8, ×5+10, ×6+12

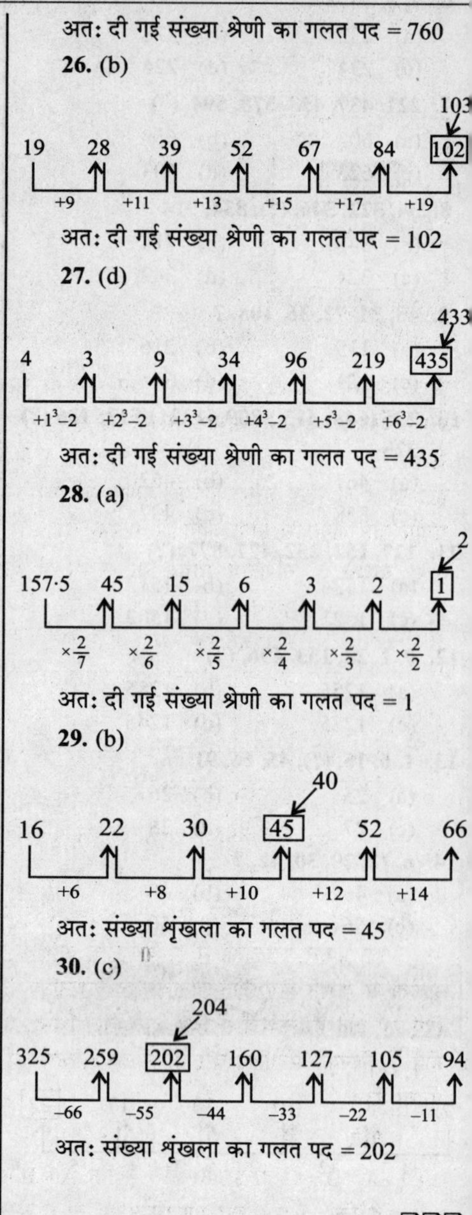

अत: दी गई संख्या श्रेणी का गलत पद = 760

26. (b)

19, 28, 39, 52, 67, 84, 102 (103)

+9, +11, +13, +15, +17, +19

अत: दी गई संख्या श्रेणी का गलत पद = 102

27. (d)

4, 3, 9, 34, 96, 219, 435 (433)

$+1^3-2$, $+2^3-2$, $+3^3-2$, $+4^3-2$, $+5^3-2$, $+6^3-2$

अत: दी गई संख्या श्रेणी का गलत पद = 435

28. (a)

157·5, 45, 15, 6, 3, 2, 1 (2)

$\times\frac{2}{7}$, $\times\frac{2}{6}$, $\times\frac{2}{5}$, $\times\frac{2}{4}$, $\times\frac{2}{3}$, $\times\frac{2}{2}$

अत: दी गई संख्या श्रेणी का गलत पद = 1

29. (b)

16, 22, 30, 45 (40), 52, 66

+6, +8, +10, +12, +14

अत: संख्या शृंखला का गलत पद = 45

30. (c)

325, 259, 202 (204), 160, 127, 105, 94

−66, −55, −44, −33, −22, −11

अत: संख्या शृंखला का गलत पद = 202

❑❑❑

अध्याय

28

अमूर्त विचारों व प्रतीकों तथा उनके संबंधों से सामंजस्य की क्षमता

इसके अन्तर्गत कथन एवं निष्कर्ष का सम्बन्ध मुख्यता गणित से होता है तथा कथन और निष्कर्ष के आधार पर होते हैं। इस प्रकार के प्रश्नों में गणित के चिन्ह जैसे– +, –<, > ≤, ≥ = , ≠, ×, ÷, *, @, %, $ आदि का प्रयोग होता है। इनको हल करने के लिए परीक्षार्थी को गणित के विभिन्न प्रकार के चिन्हों एवं उनके प्रयोग की जानकारी होना अति आवश्यक है।

कथन : गणितीय विषय के सन्दर्भ में दी गई अभिव्यक्ति को कथन कहते हैं। गणितीय चिन्हों, संकेतों या अक्षरों के माध्यम से संयोजित समीकरण जो गणितीय नियमों के आधार पर व्यवस्थित होते हैं। गणितीय कथन कहलाते हैं।

जैसे—$P > Q \geq R$

निष्कर्ष: दिए गए कथनों के आधार पर जो गणितीय सत्यता प्राप्त होती है। उसे निष्कर्ष कहते हैं।

जैसे ऊपर दिए गए कथन के अनुसार,

$P > Q, Q > R$ अथवा $Q = R$

अतः स्पष्ट है—$P > R$ (P, R से बड़ा है)

इस प्रकार परीक्षाओं में दो या दो से अधिक अक्षरों एवं गणितीय चिन्हों या संकेतों से कथन दिए जाते हैं तथा इन कथनों के आधार पर दो या तीन निष्कर्ष दिए गए होते हैं। कथनों में दिए जाने वाले चिन्ह, गणितीय संरचना के आधार पर होते हैं, जिनको संयोजित कर कथन के निष्कर्ष को तर्क संगत रूप से हल करना पड़ता है।

यदि :

(i) $A \times B \neq C$, तो इसका अर्थ है कि $A \times B$ बराबर नहीं है। C से, तो स्पष्ट है कि, A व B का गुणनफल या तो C से बड़ा है या C से छोटा है।

(ii) $A \geq B$ का अर्थ है, A या तो B से बड़ा है या बराबर है।

(iii) $A \leq B$ का अर्थ है, A या तो B छोटा है, या बराबर है। अतः इससे कोई निष्कर्ष नहीं निकाला जा सकता है।

(iv) $A = B$ का अर्थ है, A बराबर है B के।

(v) यदि $A > B$ और $C < B$, तो इसका अर्थ है कि

$A > B > C$

अतः A बड़ा है B से, तथा B बड़ा है C से।

∴ $A > C$ अतः A भी C से बड़ा होगा।

(vi) दिए गए समीकरण आपस में संयोजित तभी हो सकते हैं। जब उनके बीच उभयनिष्ठ पर हों।

जैसे—

(a) $A > B, B < C$ (b) $A \geq B, C < B$

(c) $B < A, B \geq C$ (d) $A > B, C > B$

(e) $A \geq B, B < C$ (f) $B \geq A, C \geq B$

(g) $A \geq B, B \leq C$ (h) $B \leq A, B \geq C$

(i) $A > B, C > D$ (j) $A \leq B, E \geq B$

ऊपर दिए गए उदाहरणों में (i) और (j) में किसी भी प्रकार का संयोजन नहीं हो सकता, क्योंकि सारे पद अलग-अलग हैं। परन्तु (a) से (b) तक पद 'B' उभयनिष्ठ है। अतः

(a) $A > B, B > C$

निष्कर्ष : $A > B > C$

(b) $A \geq B, C < B$

निष्कर्ष : $A \geq B > C$

या $A \geq B > C$

(c) $B < A, B \geq C$

निष्कर्ष : $A > B \geq C$

या $C \leq B < A$

(d) $A > B, C > B$

निष्कर्ष : यहाँ पर A, B से बड़ा है, C, B से बड़ा है। परन्तु यह स्पष्ट नहीं है कि A व C में सबसे बड़ा कौन-सा है। अतः कोई निष्कर्ष नहीं निकल सकता है।

(e) $A \geq B, B < C$

निष्कर्ष : यहाँ पर उभयनिष्ठ पद B है, तो A से छोटा या बराबर है। अतः कोई भी निष्कर्ष नहीं निकलता है।

(f) $B \geq A, C \geq B$

निष्कर्ष : $A \leq B \leq C$

अथवा $C \geq B \geq A$

(g) $A \geq B, B \leq C$

निष्कर्ष : A, B से बड़ा या बराबर है तथा C, B से बड़ा या बराबर है, परन्तु यह स्पष्ट नहीं है कि A व C में कौन बड़ा है। अतः कोई भी निष्कर्ष सम्भव नहीं है।

(h) $B \leq A, B \geq C$

निष्कर्ष : $A \geq B \geq C$

या $C \leq B \leq A$

इसी प्रकार $A \geq B > C$ का निष्कर्ष $A > C$ निकाल सकते हैं, क्योंकि B हमेशा C से बड़ा है। इसलिए A, C से बड़ा होगा।

इसी प्रकार, $A \geq B \geq C$

अतः इससे निष्कर्ष निकलता है, कि A या तो C से बड़ा या बराबर होगा।

नीचे कुछ उदाहरणों के माध्यम से असमता परीक्षण से सम्बन्धित प्रश्नों का स्पष्टीकरण दिया गया है।

हल सहित उदाहरण

निर्देश (प्रश्न 1 से 4 तक) : निम्नलिखित प्रश्नों में ©, δ, $ ★ और % प्रतीकों का नीचे बताए गए अर्थों में प्रयोग किया गया है—

'P δ Q' का अर्थ है, 'P, Q' से बड़ा नहीं है।

'P % Q' का अर्थ है, 'P, Q' से छोटा नहीं है।

'P © Q' का अर्थ है, 'P, Q से न तो छोटा है, न ही बड़ा है।

'P $ Q' का अर्थ है, 'P, Q से बड़ा है।

'P * Q' का अर्थ है, 'P, Q से छोटा है।

अब निम्नलिखित प्रत्येक प्रश्न में दिए गए कथन को सत्य मानकर पता लगाएँ कि उनके नीचे दिए गए दो निष्कर्षों I और II में से कौन-सा निश्चित रूप से सत्य है। उत्तर दीजिए—

(a) यदि केवल निष्कर्ष I सत्य है

(b) यदि केवल निष्कर्ष II सत्य है

(c) यदि न तो निष्कर्ष I न ही II सत्य है

(d) यदि दोनों निष्कर्ष I व II सत्य है

उदाहरण 1. कथन : D δ R, M $ R, M © F

निष्कर्ष : I. R ★ H

II. F $ R

हल : (d) D δ R ⇒ D ≤ R

M $ R ⇒ M > R

M © F ⇒ M = F

∴ D ≤ R < M = F

कथन I से, F $ D ⇒ F < D

कथन II से, F $ R ⇒ F > R

अतः निष्कर्ष I व निष्कर्ष II दोनों सत्य है।

उदाहरण 2. कथन : M % N, N ★ A, A $ B

निष्कर्ष : I. B ★ N

II. A $ M

हल : (c) M % N ⇒ M ≥ N

N ★ A ⇒ N < A

तथा A $ B ⇒ A > B

∴ M ≥ N < A > B

I. B ★ N ⇒ B < N

II. A $ M ⇒ A > M

अतः कोई भी निष्कर्ष सत्य नहीं है।

उदाहरण 3. कथन : H © F, F $ R, R ★ K

निष्कर्ष : I. R ★ H

II. K $ F

हल : (a) H © F ⇒ H = F

F $ R ⇒ F > R

R ★ K ⇒ R < K

∴ H = F > R > K

कथन I से, R ★ H ⇒ R < H

कथन II से, K $ F ⇒ K > F

अतः केवल निष्कर्ष I सत्य है।

उदाहरण 4. कथन : B % D, D ★ T, T δ R

निष्कर्ष : I. B $ T II. R $ D

हल : (b) B % D ⇒ B ≥ D

D ★ T ⇒ D < T

T δ R ⇒ T ≤ R

∴ B ≥ D < T ≤ R

कथन I से, B $ T ⇒ B > T

कथन II से, R $ D ⇒ R > D

अतः केवल निष्कर्ष II सत्य है।

प्रश्नमाला

निर्देश (प्रश्न 1 से 5 तक)—इन प्रश्नों में चिह्न +, –, =, ÷ एवं × को भिन्न अर्थों में निम्नलिखित प्रकार इस्तेमाल किया गया है—

'A + B' का तात्पर्य है कि 'A, B से बड़ा नहीं है;

'A – B' का तात्पर्य है कि 'A न तो B से बड़ा है और न ही B से छोटा है;

'A = B' का तात्पर्य है कि 'A, B से छोटा नहीं है;

'A ÷ B' का तात्पर्य है कि 'A न तो B से छोटा है और न ही B के बराबर है'

'A × B' का तात्पर्य है कि 'A' न तो B से बड़ा है और न ही B के बराबर है'

निम्नलिखित प्रत्येक प्रश्न में दिए गए वक्तव्यों को सत्य मानकर ज्ञात कीजिए कि उनके नीचे दिए गए दो निष्कर्षों I एवं II में कौन सत्य है/हैं : उत्तर दीजिए :

(a) यदि केवल निष्कर्ष I सत्य है

(b) यदि केवल निष्कर्ष II सत्य है

(c) यदि या तो निष्कर्ष I या निष्कर्ष II सत्य हैं

(d) यदि न तो निष्कर्ष I और न ही निष्कर्ष II सत्य है

1. वक्तव्य : K + P, P × T, T = L

निष्कर्ष : I. K + L

II. T ÷ K

2. वक्तव्य : P × Q, Q + R, R ÷ W

निष्कर्ष : I. P + R

II. Q + W

3. वक्तव्य : F = G, G – M, M + V

निष्कर्ष : I. V ÷ M

II. V – M

4. वक्तव्य : F = W, W – T, T ÷ K

निष्कर्ष : I. F ÷ K

II. W = K

5. वक्तव्य : R = S, S – P, P ÷ F

निष्कर्ष : I. F = S

II. F × S

निर्देश (प्रश्न 6 से 9 तक)—इन प्रश्नों में कथन में विभिन्न तत्वों के बीच सम्बन्ध दर्शाया गया है। इन कथनों के बाद दो निष्कर्ष दिए गए हैं।

उत्तर दीजिए—

(a) केवल निष्कर्ष I अनुसरण करता है।

(b) केवल निष्कर्ष II अनुसरण करता है।

(c) न तो निष्कर्ष I या II अनुसरण करता है।
(d) निष्कर्ष I व II दोनों अनुसरण करते हैं।

6. कथन : K > I ≥ T ≥ E; O < R < K
निष्कर्ष : I. R < E
II. O < T

7. कथन : B > A > S < I > C > L < Y
निष्कर्ष : I. B > L
II. A > Y

8. कथन : C < L < O = U = D ≥ S > Y
निष्कर्ष : I. O > Y
II. C > D

9. कथन : B > R > E > A > K; H > A > S
निष्कर्ष : I. H > K
II. S < B

निर्देश (प्रश्न 10 से 14 तक)–निम्नलिखित प्रश्नों में @, $, #, © और % प्रतीकों का नीचे बताए अर्थों के अनुसार प्रयोग किया गया है–

'P $ Q' का अर्थ है 'P, Q से छोटा नही है'
'P © Q' का अर्थ है 'P, Q से न तो बड़ा है न बराबर है'
'P # Q' का अर्थ है 'P, Q से न तो छोटा है न बराबर है'
'P % Q' का अर्थ है 'P, Q से बड़ा नही है'
'P @ Q' का अर्थ है 'P, Q से न तो बड़ा है न छोटा है'

अब निम्नलिखित प्रत्येक प्रश्न में दिए गए कथनों को सत्य मानते हुए पता लगाइए कि उनके नीचे दिए गए चार निष्कर्षों I, II, III और IV में से कौन-सा (से) निश्चित रूप से सत्य है (हैं) और तद्नुरूप उत्तर दीजिए?

10. कथन : R # J, J $ D, D, @ K, K % T
निष्कर्ष : I. T # D
II. T @ D
III. R # K
IV. J $ T
(a) केवल या तो I या II सत्य है
(b) केवल III सत्य है
(c) केवल III व IV सत्य हैं
(d) केवल या तो I या II और III सत्य हैं

11. कथन : T % R, R $ M, M @ D, D © H
निष्कर्ष : I. D % R
II. H # R
III. T © M
IV. T % D
(a) केवल I सत्य है
(b) केवल I व IV सत्य हैं
(c) केवल I व II सत्य हैं
(d) केवल II व IV सत्य हैं

12. कथन : M @ B, B # N, N $ R, R © K
निष्कर्ष : I. K # B
II. R © B
III. M $ R
IV. N © M
(a) केवल I व III सत्य हैं
(b) केवल I व II सत्य हैं
(c) केवल II व IV सत्य हैं
(d) केवल II, III व IV सत्य हैं

13. कथन : F # H, H @ M, M © E, E $ J
निष्कर्ष : I. J © M
II. E # M
III. M © F
IV. F # E
(a) केवल I व II सत्य हैं
(b) केवल II व III सत्य हैं
(c) केवल I, II व III सत्य हैं
(d) केवल II, III व IV सत्य हैं

14. कथन : D % A, A @ B, B © K, K % M
निष्कर्ष : I. B $ D
II. K # A
III. M # B
IV. A © M
(a) केवल I, II व IV सत्य हैं
(b) केवल I, II व III सत्य हैं
(c) केवल II, III व IV सत्य हैं
(d) I, II, III व IV सभी सत्य हैं

निर्देश–(प्रश्न 15 से 19 तक) निम्नलिखित प्रश्नों में, प्रतीक δ, ★, %, # और @ का प्रयोग निम्नानुसार अर्थ में किया गया है :

'P % Q' का अर्थ है 'P, Q से न तो बड़ा है न बराबर।'
'P δ Q' का अर्थ है 'P, Q से न तो छोटा है न बराबर।'
'P @ Q' का अर्थ है 'P, Q से बड़ा नही है।'
'P ★ Q' का अर्थ है 'P, Q से छोटा नही है।'
'P # Q' का अर्थ है 'P, Q से न बड़ा है न छोटा।'

अब निम्नलिखित प्रत्येक प्रश्न में दिए गए कथनों को सत्य मानते हुए, पता लगाइए कि उनके नीचे दिए गए निष्कर्षों I, II, III और IV में कौन-सा/(से) निश्चित रूप में सत्य है/हैं और तद्नुसार अपने उत्तर दीजिए।

15. कथन : H δ J, J # N, N @ R, R δ W
निष्कर्ष : I. W % N
II. W % N
III. R # J
IV. R δ J
(a) केवल I सत्य है
(b) केवल II सत्य है
(c) केवल III सत्य है
(d) केवल या तो III या IV सत्य है

16. कथन : B @ D, D δ F, F % M, M ★ N
निष्कर्ष : I. B %F
II. M δ D
III. N % F
IV. D δ N
(a) कोई सत्य नही है
(b) केवल I सत्य है
(c) केवल II सत्य है
(d) केवल III सत्य है

17. कथन : R ★ T, T δ M, M % K, K @ V
निष्कर्ष : I. V δ M
II. V δ T
III. M % R
IV. K δ R
(a) केवल I और II सत्य हैं
(b) केवल I और III सत्य हैं
(c) केवल II और IV सत्य हैं
(d) केवल I, III और IV सत्य हैं

18. कथन : M % K, K ★ W, W δ V, V @ N
निष्कर्ष : I. N ★ K
II. M % W
III. K δ V
IV. V % M
(a) कोई सत्य नही है
(b) केवल I सत्य है
(c) केवल II सत्य है
(d) केवल III सत्य है

19. कथन : F # Z, Z @ H, H % N, N δ B
निष्कर्ष : I. F @ H
II. N δ Z
III. B % H
IV. B % Z
(a) केवल I और III सत्य हैं
(b) केवल II, III और IV सत्य हैं
(c) केवल I और II सत्य हैं
(d) केवल I, II और III सत्य हैं

निर्देश—(प्र. सं. 20-23) : निम्न प्रश्नों में $, @, ©, % व δ प्रतीकों का नीचे बताए अर्थों के अनुसार प्रयोग किया गया है।

'P % Q' का अर्थ है 'P, Q से न तो बड़ा है न बराबर है'।

'P $ Q' का अर्थ है 'P, Q से छोटा नहीं है'।

'P © Q' का अर्थ है 'P, Q से न तो छोटा है न बराबर है'।

'P δ Q' का अर्थ है 'P, Q से बड़ा नहीं है'।

'P @ Q' का अर्थ है 'P, Q से न तो छोटा है न बड़ा है'।

अब निम्नलिखित प्रत्येक प्रश्न में दिए गए कथनों को सत्य मानते हुए पता लगाइए कि उनके नीचे दिए गए दो निष्कर्षों I और II में से कौन-सा/से निश्चित रूप से सत्य है उत्तर दीजिए

(a) यदि केवल निष्कर्ष I सत्य है
(b) यदि केवल निष्कर्ष II सत्य है
(c) यदि न तो निष्कर्ष I और न ही II सत्य है
(d) यदि दोनों निष्कर्ष I और II सत्य है

20. कथन D δ R, R % M, M © K
निष्कर्ष I. K % R II. M © D

21. कथन F © T, T % N, N δ H
निष्कर्ष I. H © T II. F © N

22. कथन M % E, E δ D, D @ W
निष्कर्ष I. W $ E II. D © M

23. कथन K $ N, N @ J, J $ Z
निष्कर्ष I. J $ K II. N $ Z

निर्देश (प्र. सं. 24-29) : नीचे प्रतयेक प्रश्न में दी गई जानकारी/कथन को ध्यान से पढ़िए और पश्नों के उत्तर दीजिए।

24. निम्न में से किस अभिव्यक्ति में $H < J$ अभिव्यक्ति निश्चित रूप से सत्य होगी?
(a) $G < H \geq I = J$
(b) $H > G \geq I = J$
(c) $J = I \geq G > H$
(d) $H \geq G > I < J$

25. यदि अभिव्यक्ति $K \geq L > M \geq N$ निश्चित रूप से सत्य हो तो निम्न में से कौन-सी अभिव्यक्ति सत्य होगी?
(a) $N \leq K$
(b) $K = M$
(c) $K < N$
(d) इसमें से कोई सत्य नहीं

26. यदि अभिव्यक्ति $M \geq K < T = Q$ निश्चित रूप से सत्य हो, तो निम्न में से कौन-सी अभिव्यक्ति सत्य होगी?
(a) $Q < K$
(b) $M \geq T$
(c) $M < Q$
(d) कोई सत्य नहीं

27. यदि अभिव्यक्ति $Z \geq Y = W \leq X$ निश्चित रूप से सत्य है, तो निम्न में से कौन-सी अभिव्यक्ति सत्य नहीं हो सकती है?
(a) $W \leq Z$
(b) $X \geq Z$
(c) $Y \leq X$
(d) दोनों (b) और (c)

28. निम्न में से किस अभिव्यक्ति में $A > D$ अभिव्यक्ति सत्य है?
(a) $A = B < C \leq D$
(b) $D \geq B > C > A$
(c) $B = D > C \geq A$
(d) $A \geq C > B = D$

29. निम्न में से किस अभिव्यक्ति में $L > P$ निश्चित रूप से गलत होगी?
(a) $L > M \geq N = P$
(b) $P = N \geq L > M$
(c) $P \leq M \leq N < L$
(d) $L > M = N \geq P$

निर्देश (प्र. सं. 30-33) : प्रत्येक कथन को ध्यानपूर्व पढ़िए तथा उस पर आधारित प्रश्नों के उत्त दीजिए।

30. यदि प्रसार $R > O = A > S < T$, निश्चि रूप से सत्य है, तो निम्न में से कौन- विकल्प सत्य होगा?
(a) $O > T$
(b) $S < R$
(c) $T > A$
(d) $S = O$

31. दिए गए प्रसार में प्रश्नवाचक चिह्न (?) क किस प्रतीक से बदल दिया जाए, जिस कि $P > A$ तथा $T \leq L$ निश्चित रूप से सत्‍ हो?

$P > L \; ? \; A \geq N = T$

(a) $\leq$ (b) $>$
(c) $<$ (d) $\geq$

32. दिए गए प्रसार के खाली स्थानों में क्रम कौन-से चिह्न आने चाहिए (उसी सामा क्रम में बाएँ से दाएँ) जिससे कि B > I तथा $D \leq L$ निश्चित रूप से सत्य हो।

B_L_O_N_D

(a) $=, =, \geq, \geq$
(b) $>, \geq, =, >$
(c) $>, <, =, \leq$
(d) $>, =, =, \geq$

33. दिए गए प्रसार के खाली स्थानों में क्रम कौन-से वर्ण आने चाहिए (उसी समा क्रम में बाएँ से दाएँ) जिससे कि A < I निश्चित रूप से असत्य हो?

_≤_<_>_

(a) L, N, P, A
(b) L, A, P, N
(c) A, L, P, N
(d) P, N, A, L

उत्तर (हल/संकेत)

प्रश्न (1 से 5) के लिए हल–

1. (b) $K + P \rightarrow K \leq P, P \times T \rightarrow P < T$
तथा $T = L \rightarrow T \geq L$
$\therefore K \leq P < T \geq L$
(I) $K + L \rightarrow K \leq L$ (असत्य)
(II) $T \div K \rightarrow T > K$ (सत्य)

2. (d) $P \times Q \rightarrow P < Q, Q + R \rightarrow Q \leq R$
तथा $R \div W \rightarrow R > W$
$\therefore P < Q \leq R > W$
(I) $P + R \rightarrow P \leq R$ (असत्य)
(II) $Q + W \rightarrow Q \leq W$ (असत्य)

3. (c) $F = G \rightarrow F \geq G, G - M \rightarrow G = M$
तथा $M + V \rightarrow M \leq V$
$\therefore F \geq G = M \leq V$
(I) $V \div M \rightarrow V > M$
(II) $V - M \rightarrow V = M$
या तो (I) सही है या (II)

4. (a) $F = W \rightarrow F \geq W, W - T \rightarrow W = T$
तथा $T \div K \rightarrow T > K$
$F \geq W = T > K$
(I) $F \div K \rightarrow F > K$ (सत्य)
(II) $W = K \rightarrow W \geq K$ (असत्य)

5. (b) $R = S \rightarrow R \geq S, S - P = S = P$
और $P \div F \rightarrow P > F$
$\therefore R \geq S = P > F$
(I) $F = S \rightarrow F \geq S$ (असत्य)
(II) $F \times S \rightarrow F < S$ (सत्य)

प्रश्न (6 से 9) के लिए हल–

6. (c) $O < R < K > I \geq T \geq E$
निष्कर्ष : I. $R < E$: असत्य
II. $O < T$: असत्य

7. (c) $B > A > S < I > C > L < Y$
निष्कर्ष : I. $B > L$: असत्य
II. $A > Y$: असत्य

8. (d) $C < L < O = U = D \geq S > Y$
निष्कर्ष : I. $O > Y$: सत्य
II. $C < D$: सत्य

9. (d) $B > R > E > A > K$
$H > A > S$
$B > R > E > A > S$
निष्कर्ष : I. $H > K$: सत्य
II. $S < B$: सत्य

प्रश्न (10 से 14) के लिए हल–

10. (d) $R \# J \Rightarrow R > J$
$J \$ D \Rightarrow J \geq D$
$D @ K \Rightarrow D = K$
तथा $K \% T \Rightarrow K \leq T$
$\therefore R > J \geq D = K \leq T$
I. $T \# D \Rightarrow T > D$ या तो I या
II. $T @ D \Rightarrow T = D$ II सही है
III. $R \# K \Rightarrow R > K$ (सत्य)
IV. $J \$ T \Rightarrow J \geq T$ (असत्य)

11. (a) $T \% R \Rightarrow T \leq R$
$R \$ M \Rightarrow R \geq M$
$M @ D \Rightarrow M = D$
$D © H \Rightarrow D < H$
$\therefore H > D = M \leq R \geq T$
I. $D \% R \Rightarrow D \leq R$ (सत्य)
II. $H \# R \Rightarrow H > R$ (असत्य)
III. $T © M \Rightarrow T < M$ (असत्य)
IV. $T \% D \Rightarrow T \leq D$ (असत्य)

12. (c) $M @ B \Rightarrow M = B$
$B \# N \Rightarrow B > N$
$N \$ R \Rightarrow N \geq R$
$R © K \Rightarrow R < K$
$\therefore M = B > N \geq R < K$
I. $K \# B \Rightarrow K > B$ (असत्य)
II. $R © B \Rightarrow R < B$ (सत्य)
III. $M \$ R \Rightarrow M \geq R$ (असत्य)
IV. $N © M \Rightarrow N < M$ (सत्य)

13. (b) $F \# H \Rightarrow F > H$
$H @ M \Rightarrow H = M$
$M © E \Rightarrow M < E$
$E \$ J \Rightarrow E \geq J$
$\therefore F > H = M < E \geq J$
I. $J © M \Rightarrow J < M$ (असत्य)
II. $E \# H \Rightarrow E > H$ (सत्य)
III. $M © F \Rightarrow M < F$ (सत्य)
IV. $F \# E \Rightarrow F > E$ (असत्य)

14. (d) $D \% A \Rightarrow D \leq A$
$A @ B \Rightarrow A = B$
$B © K \Rightarrow B < K$
$K \% M \Rightarrow K \leq M$
$\therefore D \leq A = B < K \leq M$
I. $B \$ D \Rightarrow B \geq D$ (सत्य)
II. $K \# A \Rightarrow K > A$ (सत्य)
III. $M \# B \Rightarrow M > B$ (सत्य)
IV. $A © M \Rightarrow A < M$ (सत्य)

प्रश्न (15 से 19) के लिए हल–

$\% \Rightarrow <$	$\delta \Rightarrow >$	$@ \Rightarrow \leq$
$\bigstar \Rightarrow \geq$	$\# \Rightarrow =$	

15. (d) $H \delta J \Rightarrow H > J$
$J \# N \Rightarrow J = N$
$N @ R \Rightarrow N \leq R$
$R \delta W \Rightarrow R > W$
अत: $H > J = \leq R > W$
निष्कर्ष : I. $W \% N \Rightarrow W < N$ (असत्य)
II. $W \% H \Rightarrow W < H$ (असत्य)
III. $R \# J \Rightarrow R = J$ (असत्य)
IV. $R \delta J \Rightarrow R > J$ (असत्य)
R, J से बड़ा है या J के बराबर है। अत: या तो निष्कर्ष III या IV सत्य है।

16. (a) $B @ D \Rightarrow B \leq D$
$D \delta F \Rightarrow D > F$
$F \% M \Rightarrow F < M$
$M \bigstar N \Rightarrow M \geq N$
अत: $B \leq D > F < M \geq N$
निष्कर्ष : I. $B \% F \Rightarrow B < F$ (असत्य)
II. $M \delta D \Rightarrow M > D$ (असत्य)
III. $N \% F \Rightarrow N < F$ (असत्य)
IV. $D \delta N \Rightarrow D > N$ (असत्य)

17. (b) $R \bigstar T \Rightarrow R \geq T$
$T \delta M \Rightarrow T > M$
$M \% K \Rightarrow M < K$
$K @ V \Rightarrow K \leq V$
अत: $R \geq T > M < K \leq V$
निष्कर्ष: I. $V \delta M \Rightarrow V > M$ (सत्य)
II. $V \delta T \Rightarrow V > T$ (असत्य)
III. $M \% R \Rightarrow M < R$ (सत्य)
IV. $K \delta R \Rightarrow K > R$ (असत्य)

18. (d) $M \% K \Rightarrow M < K$
$K \bigstar W \Rightarrow K \geq W$
$W \delta V \Rightarrow W > V$
$V @ N \Rightarrow V \leq N$
अत: $M < K \geq W > V \leq N$
निष्कर्ष: I. $N \bigstar K \Rightarrow N \geq W$ (असत्य)
II. $M \% W \Rightarrow M < W$ (असत्य)
III. $K \delta V \Rightarrow K > V$ (सत्य)
IV. $V \% M \Rightarrow V < M$ (असत्य)

19. (c) $F \# Z \Rightarrow F = Z$
$Z @ W \Rightarrow Z \leq H$
$H \% N \Rightarrow H > N$
$N \delta B \Rightarrow N < B$
अत: $F = Z \leq H < N > B$
निष्कर्ष : I. $F @ K \Rightarrow F \leq H$ (सत्य)
II. $N \delta Z \Rightarrow N > Z$ (सत्य)
III. $B \% H \Rightarrow B < H$ (असत्य)
IV. $B \% Z \Rightarrow B < Z$ (असत्य)

(प्र. सं. 20-23) :
$P \% Q \Rightarrow P < Q P \$ Q \Rightarrow P \geq Q$
$P © Q \Rightarrow P > Q P \delta Q \Rightarrow P \leq Q$
$P @ Q \Rightarrow P = Q$

20. (b) कथन $D \delta R \Rightarrow D \leq R$,
$R \% M \Rightarrow R < M$,
$M © K \Rightarrow M > K$
$\therefore D \leq R < M > K$
निष्कर्ष I. $K \% R \Rightarrow K < R$ (असत्य)
II. $M © D \Rightarrow M > D$ (सत्य)

21. (a) कथन $F © T \Rightarrow F > T$,
$T \% N \Rightarrow T < N$,
$N \delta H \Rightarrow N \leq H$
$\therefore F = T < N \leq H$
निष्कर्ष I. $H © T \Rightarrow H > T$ (सत्य)
II. $F © N \Rightarrow F > N$ (असत्य)

22. (d) कथन $M \% E \Rightarrow M < E$
$E \delta D \Rightarrow E \leq D$
$D @ W \Rightarrow D = W$
$\therefore M < E \leq D = W$
निष्कर्ष I. $W \$ E \Rightarrow W \geq E$ (सत्य)
II. $D © M \Rightarrow D > M$ (सत्य)

23. (d) कथन $K \$ N \Rightarrow K \geq N$,
$N @ J \Rightarrow N = J$,
$J \$ Z \Rightarrow J > Z$
$\therefore K \geq N = J \geq Z$
निष्कर्ष I. $J \delta K \Rightarrow J \leq K$ (सत्य)
II. $N \$ Z \Rightarrow N \geq Z$ (सत्य

24. (c) $J = I \geq G > H$
25. (d) कोई सत्य नहीं है।
26. (d) कोई सत्य नहीं है।
27. (b) $X \geq Z$
28. (d) $A \geq C > B = D$
29. (b) $P \geq L$, अत: $L > P$ गलत है।
30. (b) $S < R$
31. (d) $\geq$
32. (d) $>, =, =, \geq$
33. (d) $P \leq N < A > L$

❑❑❑